U0469657

“十五”国家重点图书

本书由上海文化发展基金图书出版专项基金资助出版

回溯历史

——马克思主义经济学在中国的传播前史

（上）

谈 敏 著

上海财经大学出版社

图书在版编目(CIP)数据

回溯历史:马克思主义经济学在中国的传播前史/谈敏著.一上海:上海财经大学出版社,2008.9

"十五"国家重点图书

ISBN 978-7-5642-0222-4/F·0222

Ⅰ.回… Ⅱ.谈… Ⅲ.马克思主义政治经济学-研究-中国 Ⅳ.D61

中国版本图书馆 CIP 数据核字(2008)第 051887 号

□ 责任编辑 江 玉
□ 封面设计 陈益平
□ 版式设计 刘 军

HUISU LISHI
回溯历史
——马克思主义经济学在中国的传播前史
(上)

谈 敏 著

上海财经大学出版社出版发行
(上海市武东路 321 号乙 邮编 200434)
网 址:http://www.sufep.com
电子邮箱:webmaster @ sufep.com
全国新华书店经销
上海望新印刷厂印刷
上海远大印务发展有限公司装订
2008 年 9 月第 1 版 2008 年 9 月第 1 次印刷

787mm×1 092mm 1/16 82.75 印张(插页:2) 1 572 千字
印数:0 001—1 500 定价:240.00 元(上下册)

目 录

第五编　马克思主义经济学在中国的传播前史综述

绪 论

从中国经济思想史上考察，在漫长的古代时期，中华民族基于自身的社会经济实践和理性智慧，经过数千年由浅入深、由点及面、由粗疏到具体、由探索到成熟的逐步发展，最后固化为一整套具有特定的思想内容、沿革轨迹、思维方式、表达逻辑乃至话语形式的传统经济思想体系。这一经济思想体系在它的形成过程中，虽然在不同历史阶段，不同程度地吸取并融合与中华民族相互交往的其他民族的经济思想要素，但受历史条件的限制，总的说来，是在相对封闭的环境下完成其形成过程，从而与世界上同样独立发展起来的其他主要区域尤其是欧洲古代的经济思想体系，判然区别开来。中国传统的或古典的经济思想，包含着与同时期世界上任何民族相比都毫不逊色的丰富而光辉的成就[①]，由此构成中华民族文化中足以引为自豪的一个重要组成部分；也包含着有别于世界上其他民族而颇为典型的经济观念和思维习惯特征，并深深沉淀于中华民族文化的底层而不易改变。

从整体上看，自17世纪到19世纪中期，中国古典经济思想作为一个自我发展的相对封闭体系，与同时期欧洲相比，其发展水平日渐落后[②]。其基本特征是，占据支配地位的经济思想，适应于皇权专制统治和小农生产方式的需要，在基本理论原则方面趋于稳定，甚至僵化为固定的教条，变成束缚社会经济发展的桎梏；同时，伴随传统社会内部正在生长的新兴社会经济因素而显现出来的那些非传统的或反传统的经济思想，曾对正统经济思想提出质疑或挑战，却不足以突破原有思想体系的古典式框架，更谈不上取得支配地位。固然，"中国封建社会内的商品经济的发展，已经孕育着资本主义的萌芽，如果没有外国资本主义的影响，中国也将缓慢地发展到资本主义社会"[③]，然而，这种理论上的假设毕竟没有实现。因此，中国经济思想的发展，不可能提出独立于

① 参看胡寄窗：《中国古代经济思想的光辉成就》，中国社会科学出版社1981年版；以及《政治经济学前史》，辽宁人民出版社1988年版。

② 参看胡寄窗：《中国经济思想史》下册，上海财经大学出版社1998年版，第701页。

③ 毛泽东：《中国革命和中国共产党》，《毛泽东选集》第2卷，人民出版社1991年版，第626页。

外国资本主义的影响,从古代传统社会的经济思想自行缓慢地发展到近代资本主义社会的经济思想的问题。事实上,打破中国数千年传统经济思想的体系框架,在比较短的时间里实现由古典模式向近代模式的转型,是借助于外国资本主义影响的冲击和刺激而完成的,尽管这种外力的侵入如此强暴、血腥和令人屈辱。中国经济思想的这一转型,以近代而言,包括两次重大转折。一次是1840年鸦片战争后,面对西方列强在军事、经济、政治等方面的明显优势地位,国人不得不改变长期以来在天朝无所不有的自大心理下养成的故步自封和墨守成规状态,转而向西方学习以求富求强,进而摆脱古典樊篱,带来经济思想上的深刻变革,以致从表述方式到名词术语上,取代古色古香的传统面貌而为之一新。另一次是1917年俄国十月革命尤其是1919年五四运动后,随着科学与民主思想逐渐深入人心,国内围绕社会经济问题的讨论,一方面西方主流经济学在话语权上占据了支配地位,另一方面马克思主义经济学经过此前的累积,开始其持续传播的过程。

本书所回溯的,是在两次转折之间,或在第二次转折之前,马克思经济学说传入中国的初步介绍过程,姑称之为马克思主义经济学在中国的传播前史。对此,作若干说明如下。

一、中国经济思想史界有关研究成果的回顾

从中国经济思想史界的代表性研究成果看,新中国成立后,关于近代部分的研究,其历史下限一般截止到1919年①。随着时间的推移,梳理和总结1919—1949年30年间的中国经济思想史,日益成为本领域研究者亟待着手的重要研究课题。胡寄窗的《中国近代经济思想史大纲》一书,曾将近代经济思想的发展历史划分为两大阶段,即从鸦片战争到五四运动前夕和从五四运动到解放前夕②。前一阶段,又被分为鸦片战争到甲午战争(1840—1894年)和甲午战争到五四运动前夕(1894—1919年)两个小阶段,这也是大多数中国近代经济思想史著作通常考察的历史期限。后一阶段的研究,是胡先生不同寻常的新尝试。这个新的尝试,其考察对象,区别于五四运动以前的经济思想,称之为经济科学的发展。它意味着,在经济思想领域,五四运动引起巨大而深远的变化,"以外生的新思想形态来代替旧有的原生思想状态",是"新的科学的起点",为"采用世界通行的科学的分类体系和科学的分析方法"奠定了

① 20世纪20—40年代,先后出版了几部有关中国经济思想史的著作,其研究时限或多或少地推展到1919年以后,如李权时的《中国经济思想小史》(1927)、赵丰田的《晚清五十年经济思想史》(1939),特别是夏炎德的《中国近百年经济思想》(1948)一书,研究1840—1940年的经济思想,几近包含新中国成立前的整个近代时期。这些著作在价值取向、历史断代、资料取舍和研究方法上,与新中国成立后的同类著作相比,有很大差异。

② 参看胡寄窗:《中国近代经济思想史大纲》,中国社会科学出版社1984年版,第6页。

基础。换言之,五四运动以后经济思想演化变革的重点,与此前不同,它不再是已被外来经济学说代替而事实上退出了历史舞台或变成了历史陈迹的传统中国型经济思想(后者即便有所提及,至多是作为古董来欣赏),而是在现实生活中广泛流传的资产阶级经济学、马克思主义政治经济学和各色各样的社会主义经济学说。[①] 从这里可以看到,中国近代经济思想的历史研究[②],以五四运动为分界线,划分为前后不同的两个阶段,相应地梳理出前后衔接的两条主要线索。在近代中国向西方学习的整个过程里,前一阶段的主要线索,是引进的资本主义新经济思想在与传统的专制主义旧经济思想进行较量和斗争中,不断扩张其势力并最终占据支配地位的过程;后一阶段的主要线索,则是马克思主义经济学在与继续居于统治地位的资产阶级经济学进行较量和斗争中,不断推进其传播并深入扩展其影响的过程。

由此说明,厘清 1919—1949 年即中国近代后 30 年经济思想的发展轨迹,与梳理中国近代前 80 年经济思想的发展线索密切相关,二者的研究重点又有明显区别。系统和深入地考察马克思主义经济学在中国的传播历程,是区别前后两个历史阶段的经济思想之研究重点的显著标志。如果将二者分开来研究,则不可能去考虑它们之间的联系和区别。因此,建国以来专以中国近代前 80 年经济思想作为研究对象的几乎所有中国近代经济思想史著作,一面坚持用马克思主义作为其研究的理论指导,一面又未曾将马克思经济学说传入中国的早期思想资料作为专题研究对象予以全面分析和考察,即使有所提及,也是点到即止。其中具有代表性的著作,例如,赵靖、易梦虹主编的《中国近代经济思想史》一书,在概述辛亥革命前后的经济思想时提到,20 世纪初期,资产阶级革命派中曾有少数人介绍或摘译马克思、恩格斯著作的某些片断,但他们的介绍和评价完全局限于自己的资产阶级、小资产阶级观点,不能理解其精神实质[③]。书中以孙中山经济思想作为“马克思列宁主义传入中国前中国近代的最进步的经济思想”,同时因为他认为中国用不着阶级斗争和无产阶级专政,提出各种有用有能力的分子都创造价值和剩余价值,反而弄模糊了剩余价值的来源,混淆了剥削和被剥削的界限,等等[④]。书中分析朱执信的经济思想,论及他早在 1906 年初著文介绍马克思;摘译《共产党宣言》的若干段落如关于阶级斗争的一段话,表明他的思想确实已在一定程度上受到马克思阶级斗争学说的影响;后来又从俄国十月革命得到新的信心和希望,对马克思主义

---

① 参看胡寄窗:《中国近代经济思想史大纲》,中国社会科学出版社 1984 年版,第 377—382 页。
② 这里所说的中国近代概念,其历史下限截至 1949 年,而不是一些人通常所说的 1919 年。
③ 参看赵靖、易梦虹主编:《中国近代经济思想史》下册,中华书局 1965 年版,第 16 页。
④ 参看同上书,第 81—83 页。

更加倾心，对十月革命和列宁领导下的苏维埃国家热烈向往，等等[①]。这些内容，涉及马克思学说早期传入中国的重要线索，然而，由于其当事人的观点均属于资产阶级或小资产阶级而非无产阶级的理解，又由于"在俄国十月革命后，马克思列宁主义传入中国，并且很快地在中国找到了自己的物质基础——中国无产阶级"[②]，基于这些判断，故对有关线索未予专题分析。书中还提到，20世纪20年代初期，梁启超和张东荪等人一起反对马克思列宁主义，成为马克思列宁主义在中国遇到的"第一批论敌"，因此受到中国马克思列宁主义者的驳斥而陷于彻底破产[③]，这是五四运动以后的事情，超出了断代至1919年的中国近代经济思想史的研究范围。这部《中国近代经济思想史》著作，再版修订时，对于上述线索和内容，有所增删。其中较为重要的补充是如下结论：在辛亥革命前后这段时期，"中国社会中还不存在传播马克思主义的基础"[④]。其他增补如孙中山接触过马克思主义著作，对马克思、列宁非常敬佩，却并不理解马克思主义理论的有关评介；朱执信的摘译是"近代中国人对马克思、恩格斯的《共产党宣言》的最早的翻译活动"；梁启超在五四运动后出来攻击马克思列宁主义等[⑤]。以这些著作为基础改写而成的《中国近代经济思想史讲话》一书，将近代经济思想精炼集中为15讲专题，删减有关朱执信的评介内容，只在论孙中山经济思想一讲里，保留前书有关孙中山接触过马克思主义著作，敬佩马克思和列宁，谈及科学的价值论、货币论和剩余价值论，但"对马克思主义理论并不理解"等内容[⑥]。如此介绍，意在说明，马克思主义经济学在中国的传播，依其性质而论，主要属于五四运动以后经济思想的考察范畴，而现存中国近代经济思想史著作，因主要考察五四运动以前的经济思想，故很难将这一传播过程的先行思想考察，包括将有关马克思经济学说早期传入中国历史的专题考察，提上其研究议程。

又如，叶世昌的《中国经济思想简史》下册，以考察鸦片战争至五四运动时期的经济思想为主，它分析甲午战争后至五四运动时期的经济思想，也提到以孙中山为代表的革命派曾吸收马克思主义政治经济学的一些因素，其中的"激进人物"朱执信还著文宣传马克思主义。对此，书中分别评介说：孙中山认为中国不用采取马克思的"阶级战争和无产专制"办法，反对马克思的剩余价值学说只归功于工人的劳动而忽略了社会上其他各种有用分子的劳动，将亨

---

① 参看赵靖、易梦虹主编：《中国近代经济思想史》下册，中华书局1965年版，第102、108－109页。

② 同上书，第176页。

③ 参看同上书，第124、126页。

④ 赵靖、易梦虹主编：《中国近代经济思想史》(修订本)下册，中华书局1980年版，第438页。

⑤ 同上书，第484、503、384页。

⑥ 赵靖：《中国近代经济思想史讲话》，人民出版社1983年版，第309－310页。

利·乔治和马克思并列等等。朱执信在《民报》上发表《德意志社会革命家列传》一文，介绍马克思、恩格斯的生平，摘译《共产党宣言》的若干段落，简单评论《资本论》；对马克思的资本基于掠夺之说，既有误解，如混同个体劳动者的生产资料与资本家的资本，也有正确之论，如肯定马克思有关资本不是来自个人贮蓄的结论；肯定阶级斗争的分析；赞扬列宁及俄国布尔什维克党的革命精神等等。由此得出的结论是，这一阶段少数人已接触到马克思主义政治经济学。[①] 此外，书中提到，20 年代初，梁启超以违反国民性为由，断言马克思所理想、列宁所实行的集权社会主义若移植到中国，必然失败；这一反马列主义的言论受到了马克思主义者的批判[②]。这些马克思学说早期传入中国的资料线索中所涉及的人物和史料，未超出前面著作的论述范围，惟在引用资料的多寡和思想评述的深浅方面有所不同。这一著作经过修订和扩充，后来改名《近代中国经济思想史》出版。改版后的著作仍以 1919 年为其下限，几乎原封不动地保留了分析孙中山、朱执信乃至梁启超评介马克思主义的有关论述，其结束语则将在这一阶段，“少数人已接触到马克思主义政治经济学”一语，修改为“马克思主义经济学也开始在中国传播并发生初步的影响”[③]。这个修改后的表述，似与前述赵靖、易梦虹之作强调在这段时期，“中国社会中还不存在传播马克思主义的基础”之论，存在差异。这些著作考察中国近代经济思想史，附带论及少数人曾介绍、摘译或接触马克思主义的史料，其中除了列举的资料和所作的分析有详略粗细之不同而外，只是分散的个别讨论，并非专门的系统考察。

再如，侯厚吉、吴其敬主编《中国近代经济思想史稿》一书，其第三册论述1905—1919 年五四运动前夕的经济思想，大为扩充有关马克思学说传入中国的思想资料和评价内容。一是 1905 年以前一些宣传革命思想的报刊，介绍过马克思主义。如马君武 1903 年的《社会主义与进化论》一文介绍马克思，对马克思主义有很多误解，不能认识科学社会主义与空想社会主义、无政府主义的区别；1903 年 10 月《浙江潮》发表以“大我”署名的《新社会之理论》一文，介绍“埋蛤司”即马克思的共产主义。二是孙中山不赞同马克思唯物史观，说以物质为历史的重心和以阶级斗争为社会进化的原动力是不对的；着重介绍和比较亨利·乔治的土地公有主张和马克思的资本论，对马克思经济学说的了解很肤浅，对二者的区别也没有认识，但在接受乔治观点的同时，不完全照搬其主张，对马克思主义的经济观点表示同情，认为马克思的资本公有观点可以补

① 叶世昌:《中国经济思想简史》下册，上海人民出版社 1980 年版，第 144、216、217、221、234—236、250 页。

② 参看同上书，第 189 页。

③ 叶世昌:《近代中国经济思想史》，上海人民出版社 1998 年版，第 293 页。

充乔治的土地公有观点;对马克思的剩余价值理论有许多误解,比如,不了解雇佣工人的劳动创造剩余价值不等于忽略其他有用分子的劳动在生产方面作出的贡献,不了解纱布厂产品的价值与纱布厂工人所创造的剩余价值不是一回事,不了解消费不创造价值和剩余价值等等;当时孙中山受到中国落后的历史条件与自身阶级立场的限制,不能理解和接受马克思的科学社会主义。三是朱执信1906年发表的《德意志社会革命家列传》,粗略介绍《资本论》与《共产党宣言》的某些内容。对《共产党宣言》,评介其关于阶级斗争、资本主义必然灭亡和无产阶级必然胜利的观点,译述十条纲领,但并不真正理解马克思论断的精神实质,实际支配其思想的还是阶级调和观点。对《资本论》,只是片断介绍劳动价值与剩余价值观点,例如,批评马克思关于资本家是掠夺者的观点,把资本与个体生产者的资金混为一谈,把小生产者的贮蓄与资本积累等量齐观,表明他在认识资本起源方面的无知、误解和浅薄,但肯定马克思有关当今资本主义剥削论断的正确性;较早介绍马克思的剩余价值学说,尽管很不准确,却有一个初步的、至关重要的了解;指出资本与雇工之间的不平等关系,清楚反映了对资本的憎恶和对雇佣劳动者的同情;等等。朱氏从马克思主义中汲取若干营养去充实而不是取代自己的资产阶级民主主义观点,但受到马克思主义的某些影响,特别是十月革命和五四运动后,密切关注马克思主义及其他社会主义流派的发展传播动态,深细钻研和理解《资本论》,拥护和向往十月革命及新生的苏维埃政权,更加明显地受到马克思主义的影响,表明他的思想"正在以前所未有的步伐趋向马克思主义",惜乎1920年秋突然罹难,其思想也"随之停留在马克思主义的门前"。四是梁启超乃近代中国人里最早提到马克思主义学说之一人,如1902年的《进化论革命者颉德之学说》一文,又是国人中较早谈及马克思主义经济学内容之一人。他并不赞成马克思的科学社会主义,在十月革命胜利推动马克思主义在我国的传播后,还依据中西国情不同论,与张东荪等人一道,成为反对这一传播并攻击科学社会主义的最初一批论敌。[①] 从经济思想史角度看,这部著作讨论1919年以前国人接触马克思学说的内容,无论史料引用还是思想评介,在前人研究的基础上,更为详细和充分。它强调"在旧民主主义革命走投无路的时候,马克思列宁主义传入中国",或称一些激进的革命民主主义者因辛亥革命失败以及受俄国十月革命影响,"开始在中国传播马克思列宁主义"[②],似乎赞成辛亥革命前后,中国社会还不存在传播马克思主义的基础这一说法;它又说1917年十月社会主义革命的胜利,

---

① 参看侯厚吉、吴其敬主编:《中国近代经济思想史稿》第3册,黑龙江人民出版社1984年版,第45、46、62、68-69、74-76、87、137、140-146、275、285-286页。

② 侯厚吉、吴其敬主编:《中国近代经济思想史稿》第1册,黑龙江人民出版社1982年版,第22、24页。

“加速了”马克思主义在中国的传播[①]，似乎又与1917年以前，马克思主义经济学已开始在中国传播并发生初步影响的另一说法，相互吻合。此作考察马克思主义经济学之传入中国，除了将孙中山和朱执信作为主要对象而稍有增列之外，终究未能脱去以1919年为其下限而断代的中国近代经济思想史著作只是附带进行这一考察的通行研究模式。

以上举例证明，只有打通中国近代前80年与后30年经济思想的研究阻隔，才有可能把马克思主义经济学在中国传播的思想内容，连贯而系统地纳入中国近代经济思想史的研究范畴。胡寄窗的《中国近代经济思想史大纲》，涵盖上述著作有关孙中山、朱执信、梁启超等人评介马克思学说的内容而且更为详尽，借以说明早在20世纪初，科学的和非科学的社会主义思潮就有所传播，《共产党宣言》和《资本论》已不时有人点滴介绍，不过介绍者本人不一定相信甚至有的还反对马克思主义[②]。除此之外，此书贯通五四运动前后经济科学传播与发展的历史背景，系统考察了马克思主义经济学在中国传播的沿革过程和整体面貌。其中关于1919年及以前部分，先以概况形式，指出五四运动以前，尚未出现有关马克思主义政治经济学的专著或中译本。如进入20世纪后，开始不断有一些短篇论文提到马克思及其著作，但语焉不详，甚至五四运动爆发前夕，许多具有初步共产主义思想的知识分子撰写的论文，也很少接触马克思主义经济理论本身，与五四运动以后的情况相比，无论在质或量方面，均不可同日而语。又以专题形式，指出马克思主义经济学说在我国的系统传播稍晚于资产阶级经济学说，五四运动前后出现少数马克思主义的论著，在20年代后期特别是30年代才达到其极盛时期，并追溯五四运动时期及以前马克思主义经济学说在我国的传播进程，包括19世纪末期中文报刊上首次出现马克思的中译名，到20世纪初片断介绍马克思、恩格斯的生平和著作，到辛亥革命后最早发表恩格斯著作的完整中译文，直至1919年有关报刊开辟马克思研究专栏或创办马克思研究专号等一系列线索。[③] 这个考察，充实和丰富了中国近代经济思想史领域截至1919年为止，有关马克思经济学说早期传入中国的研究成果，出现一个崭新的面貌。当然，这个考察的重点同样在五四运动以后。所以，在《中国近代经济思想史大纲》里，不论以概况形式还是以专题形式，谈到马克思主义经济学说的传播与发展，其主要篇幅仍是论述诸如五四运动到解放前夕经济科学的发展概观中马克思主义经济学著作及其译本的情况和特征、20年代到40年代经济思想的争论性问题中马克思主义经济思潮

---

① 侯厚吉、吴其敬主编：《中国近代经济思想史稿》第1册，黑龙江人民出版社1982年版，第14页。

② 参看胡寄窗：《中国近代经济思想史大纲》，中国社会科学出版社1984年版，第10页。

③ 参看同上书，第381—382、429—432页。

与资产阶级经济思想的斗争、20年代到40年代马克思经济学说在中国的发展,等等[①]。由此留下新的研究课题,即如何沿着马克思经济学说早期传入中国的已有线索,作深入的拓展和发掘。这包含进一步考察马克思经济学说初始传入中国、随之逐步积累并为日后广泛传播开辟道路的源流脉络,为支持经济思想史的专题研究提供更为坚实的史料依据;包含更为全面和完整地展现当初马克思经济学说传入中国过程中的内容演化及时代特点。早期传入阶段的真实状况,若仔细探究,实际上是为以后阶段的传播创造了前提、规定了路径、或埋下了伏笔。所有这些,在现有的简化线索和摘录内容中,难以容纳,有待新的专题性研究。

事实上,在《中国近代经济思想史大纲》的贯通式考察之后,相继有一些中国近代经济思想史著作进行了类似的探讨。如马伯煌主编的《中国近代经济思想史》一书,同样写到1949年新中国建立为止。不过,在1919年以前马克思经济学说早期传入中国的问题上,它仍采取通常的写法,选择孙中山、朱执信等代表人物予以评介。比方指出:资产阶级革命中的少数人接触到一些马克思主义的理论;孙中山对马克思深表敬意,但对马克思的革命学说并不十分了解,据说他早在19世纪末留居伦敦时就研究了马克思;朱执信接触《资本论》后,确信和赞同马克思关于劳动创造价值以及资本家的资本来源于掠夺的说法,虽然对资本含义的理解还不十分确切,但某些认识已超越资产阶级革命派的思想范围,对于资本的实质有较为明确的认识,等等[②]。与此前的同类著作相比,史料大致相同,史论稍有增益。此书认为,五四运动后,理论界才逐步展开学习、宣传和研究马克思主义的热潮,以五四运动作为马克思主义经济理论在中国开始传播的标志,或谓这是"运用马克思主义分析中国近代社会经济的开始"[③]。所以,它的贯通式研究,不像《中国近代经济思想史大纲》对于五四运动前后马克思主义经济学说在中国传播的整个源流情况,给予连贯的系统考察,而是分别开来,其早期传入情况只对个别代表性人物作有选择的考察,重点的系统考察放在五四运动之后。后面的系统考察也对五四运动时期及稍前的传播情况有所涉及,尤其是评述"最早向国内人民系统介绍马克思主义的思想家"李大钊时,便系如此。不知何故,书中考察李大钊初步介绍马克思主义政治经济学的基本观点,虽然提到他在1919年曾正面揭露剩余价值产生的秘密,介绍马克思在劳动力问题研究上的辉煌成果,却未见分析他于同年

---

① 参看胡寄窗:《中国近代经济思想史大纲》,中国社会科学出版社1984年版,第386－389、394－406、432－447页。

② 参看马伯煌主编:《中国近代经济思想史》中册,上海社会科学院出版社1992年版,第102、111－114、136－138页。

③ 马伯煌主编:《中国近代经济思想史》上册,上海社会科学院出版社1988年版,第30页;下册,上海社会科学院出版社1992年版,第1－3页。

发表的《我的马克思主义观》这篇重要文章，随即转入分析他于 1922 年发表的《马克思的经济学说》一文。[①] 如此看来，后面的系统考察毕竟与前面的个别考察缺少衔接，存在一定的阻隔。

又如，赵靖主编《中国经济思想通史续集》(中国近代经济思想史)一书，打破以 1919 年为界线的历史分期方法，以 1924 年建立第一次国共合作作为划分中国近代经济思想史前后两个发展阶段的标帜。不论这一划分的理由如何，将研究中国近代经济思想前一阶段的历史下限，从原来的 1919 年延续到 1924 年，这意味着跨越 1919 年的通常分界，按照事物的内在联系，使贯通地研究马克思经济学说在五四运动前后传入中国的历史进程成为可能。此书扩展了原来没有的内容，增设“中国共产党成立前夕关于社会主义问题的论战”一章。按其宗旨，此章说明，在中国近代，主张中国走资本主义发展道路的各种方案遭到失败后，五四运动后中国的早期马克思主义者开始要求按社会主义道路发展中国，却受到梁启超、张东荪等人的攻击，于是爆发一场关于社会主义问题的论战。其中分别论述论战的源起、梁启超攻击社会主义的主要论点、早期马克思主义者李达的反驳、论战的意义等。[②] 有关这场论战，以前的著作论及梁启超等人作为第一批论敌，在 20 世纪 20 年代初反对马克思列宁主义时有所提示，现在又对论战本身及其双方的论点给予更加完整、详细和深入的评介。此章讨论的重点是 20 年代初的论战，其中提到的中国早期马克思主义者的观点只是李达的个别论战性文章，它对于五四运动前后马克思经济学说传入中国的基本面貌，没有作全面论列，也没有考察 1924 年及以前包括李大钊的论述在内的传播马克思主义经济学说的诸多内容。当然，按照新的分期方法，此类内容，可能会放到讨论后一阶段即 1925－1949 年中国近代经济思想发展的著作中进行分析和研究[③]。但根据现有的著述格局，有关马克思经济学说传入中国的发展线索，仍是不连贯的。如五四运动以前，仍以孙中山、朱执信接触马克思学说的个别例证为主，分析上有所增减，内容上大体未变[④]；五四运动以后，则以个别论战为主。二者之间若从马克思经济学说传入中国的线索链条看，许多环节被省略了。

事有巧合，1993 年几乎同时完成的两部著作，以专题形式系统考察了马克思主义经济学在中国的传播历史。一部是张家骧主编的《马克思主义经济学说在中国的传播、运用与发展》，出版在先，另一部是张问敏的《中国政治经

---

① 参看马伯煌主编：《中国近代经济思想史》下册，上海社会科学院出版社 1992 年版，第 3－4、31－36 页。

② 参看赵靖主编：《中国经济思想通史续集》，北京大学出版社 2004 年版，第 12、588－603 页。

③ 参看同上书，“序言”，第 14 页。

④ 参看同上书，第 468－469、518、524 页。

济学史大纲(1899－1992)》,稍后出版。[①] 这两部著作的研究对象相似,研究的历史期限也大致相同,都是起始于马克思及其经济学著作传入中国的最初时期,并将其历史下限延展至二书完成前的一年即1992年,算起来将近100年时间。因为年代颇长,全书的绝大部分篇幅用于研究五四运动以后或新民主主义时期及至当代中国的马克思主义经济学说或政治经济学的发展情况,相对而言,关于五四运动以前马克思经济学说传入中国的专题研究只占较小篇幅。此二书吸收当时学术界有关研究成果,推进了这一专题研究。在推进方式上,相比之下,前书主要考察五四运动时期马克思主义经济学说在中国的早期传播情况,其中简略地提到五四运动以前介绍马克思及其学说的有关线索,以此说明十月革命和五四运动以前,"中国还缺乏选择接受马克思主义的主客观条件",重点引用到1922年为止若干代表人物的著述资料(个别到1923年),论证早期传播的内容、特点与意义[②];换句话说,此书以中国是否具备选择接受马克思主义的主客观条件,作为考察马克思主义经济学说在中国早期传播的历史起点,因而简化了这一历史起点之前的那些传入线索。后书则不同,颇为重视"马克思主义刚刚传入中国时"的相关史料,包括查证学术界关于中国人何时开始知道马克思及马克思主义的各种说法,确信中国人最早知道马克思及其学说始于1899年,中国最早介绍马克思主义为1902年;列举中国早期介绍马克思主义的重要线索,主张马克思主义政治经济学在中国的传播以五四运动分期,此前为传播的启蒙阶段,此后至1949年为系统传播阶段,强调"不能全盘否定1902到1918年在中国介绍马克思及其著作的意义";凸显启蒙阶段的历史,以若干人物或学派的代表作为例,论述这一阶段传播的主要内容及其特点[③]。看来,对于传播概念的理解,直接影响到传播的考察范围。正因为如此,后书考察马克思经济学说传入中国的早期历史,比起前书更加拓展和具体,尽管这一考察本身的取材也是有其选择性的。

1993年两部专题著作之后,仍有同一论题的专著偶见问世,它们考察马克思经济学说早期传入中国的有关论述,更多借用前人的研究成果而鲜有新的发现。如胡希宁、张锦铨主编《二十世纪中国经济思想简史:马克思主义经济学在中国》一书,重点在建国以后,全书16章中,仅第1章曾讨论"五四前后马克思主义经济学在中国的传入和传播"问题。此章将这一问题分为世纪之交(指19、20世纪之交)的"最初传入"与十月革命及五四运动前后的"传播"两

---

① 根据二书的后记和版权页,前书完成于1993年1月5日,出版于1993年4月;后书完成于1993年3月17日,出版于1994年5月。

② 张家骧主编:《马克思主义经济学说在中国的传播、运用与发展》,河南人民出版社1993年版,第7－11、14－96页。

③ 张问敏:《中国政治经济学史大纲(1899－1992)》,中共中央党校出版社1994年版,第2－52页。

部分，意在显示传入与传播之不同，书中区别二者的界线比较模糊，亦时有混用，无需深究。其前一部分，将胡贻谷翻译的《泰西民法志》一书，当作中国“最早”介绍马克思及其经济学说的例证，其实此译本出版于1898年夏一说，并未得到证实；又将那些最早用中文介绍马克思主义及其经济理论的人的“传播”，笼统说成“在很大程度上是不自觉的，因而也是零碎的、粗浅的、不完整的，甚至是不准确的、被曲解的”等等，评价颇低，看来这是为了用以衬托和说明马克思主义理论在中国的真正传播或较为广泛传播，主要在十月革命后，特别是在五四运动前后。其后一部分，大体叙述1917—1922年间，马克思主义经济学在中国初步传播的轮廓，以及思想理论界的有关论战内容和中国共产党若干早期领导人的思想转变情况，主要突出经济思想方面的沿革变化，并不注重相关历史资料的发掘、考证与诠释。这一点，从其简略的引文和注解中，亦可见一斑①。据说，此简史定稿之前，在1992年曾有一个初稿，其考察的时间下限在新中国建立前夕，后来“本着‘厚今薄古’的精神”，对原稿进行“非常大的压缩和修改”，补充新中国成立以后的内容，加大有关邓小平建设有中国特色社会主义经济理论的比重，最终形成现在的书稿②。不知原稿被压缩的内容里，是否包含更多有关马克思经济学说早期传入中国的史料与分析。若有新的发现，应当会保留下来。前面提到的几乎同时于1993年撰成的两部专题著作，已经较为详尽地梳理和概括了此前所发现的相关早期资料，如果沿着既有的研究路径，要取得新的突破，殊为不易。这恐怕也是原稿进行重大调整而转向“厚今薄古”的一个原因。

通过上述文献回顾，围绕马克思经济学说传入中国的早期历史考察，可以留下一些印象。一是国内现有的中国经济思想史著作，凡涉及近代者，不能不研究马克思经济学说的早期传入情况。这是客观存在的史实资料，自应纳入经济思想史的研究视野；正是基于这一传入，才使马克思主义经济学作为马克思主义学说的重要组成部分，逐渐为国人所认识，并共同为后来中国人选择马克思主义作为自己的指导思想，创造了条件。历史不能割断。对于中国经济思想史研究者来说，今天马克思主义在中国的辉煌，使得昨天马克思经济学说传入中国的源流资料，显得弥足珍贵，值得认真追溯。二是从1840年到1949年贯通近代中国经济思想史的研究，有利于马克思经济学说传入中国之源流的系统考察。按照已有的研究，若以1919年五四运动来断代，容易人为地中断考察传入源流的连贯线索。特别是五四运动前后，正处于这一传入的重大变化或转折时期，如果从中间切断，截然划为五四运动以前和以后两个阶段分

---

① 参看胡希宁、张锦铨主编：《二十世纪中国经济思想简史——马克思主义经济学在中国》，中共中央党校出版社1999年版，第9—35页。

② 参看同上书，第438页“后记”。

别考察，难以看清连接前后阶段的内在传入线索。其结果，或者使此前的考察停留在早期个别人物接触马克思学说的零散资料上，缺乏与此后考察马克思主义经济学在中国传播过程的系统性衔接；或者使此后的考察脱离此前的源流，成为无源之水或无本之木。相反，贯通的研究，可以避免中断线索所带来的尴尬，哪怕稍微延至20世纪20年代初，也有利于将五四运动前后的传入变化进程作为一个完整阶段来研究，从而有利于连贯地考察马克思主义经济学说在中国传播的整个源流过程。三是回顾中国近代经济思想史研究的国内代表性著作，它们对于马克思经济学说早期传入中国的起源沿革和基本面貌的研究，总体说来，比较薄弱。大概认为马克思主义经济学在中国的传播具有其严格定义，不得混淆，故一般限定这一传播的起始年代在十月革命或五四运动之后，此前的传入线索和内容似乎可以简化甚至忽略不计。或者认为研究重点有前后之别，在马克思主义经济学向中国传播的过程中，其早期阶段的传入线索应当服从于此后阶段的传播重点，故对早期阶段的考察只是起提示作用或一带而过，未及全面深入的研究。即便作专门的考察，吸收考证成果，发掘历史资料，限于前后阶段的不同篇幅，对马克思经济学说早期传入中国的各种线索和资料全貌，也难以详细探究和充分讨论。

为此，从理论意义上说，分析马克思主义经济学何以在近代逐步为先进的中国人所认识、理解并最终接受，成为当代中国的指导思想，或从学术意义上说，探求马克思主义经济学究竟怎样(通过什么路径、以什么形式、采取什么方式)在近代一步步传入中国，不断扩大其影响，首先弄清马克思经济学说早期传入中国的起源、沿革和演变过程，其代表人物和代表著述，以及相关的历史背景和时代因素等基本线索和史料面貌，是不可或缺和十分重要的。这也是本书回溯式考察的宗旨之所在。

二、马克思主义传播领域有关研究成果的回顾

毛泽东有一句广为流传的名言："十月革命一声炮响，给我们送来了马克思列宁主义。"这句话见于1949年6月30日纪念中国共产党建立28周年而发表的《论人民民主专政》一文，它对于考察马克思主义在中国的传播历史，具有重要的指导意义，当然也适用于考察马克思主义经济学在中国的传播历史。紧接着这句话，后面有一段论述："十月革命帮助了全世界的也帮助了中国的先进分子，用无产阶级的宇宙观作为观察国家命运的工具，重新考虑自己的问题。走俄国人的路——这就是结论。"对此，事实已给予雄辩的证明，无需争议。在这句话之前，另有一段阐释："中国人找到马克思主义，是经过俄国人介绍的。在十月革命以前，中国人不但不知道列宁、斯大林，也不知道马克思、恩

格斯。"[①]对此,国内外学术界产生了不小的争议,认为这个阐释不符合历史事实。

其实,毛泽东的阐释,在很大程度上,是指中国的先进分子在十月革命胜利的帮助下或经过俄国人的介绍,才知道运用无产阶级宇宙观来观察中国的命运,"重新考虑"纠正过去的思路,决定走俄国人的路;换言之,十月革命以前"不知道"马克思、恩格斯、列宁、斯大林的中国人,更多的是特指后来创建了中国共产党的中国先进分子,当时他们还不知道马克思、恩格斯所创立的无产阶级宇宙观,更不知道列宁、斯大林所开创的俄国式革命道路,不是泛指一般中国人当时是否知道马克思、恩格斯其人其名。毛泽东早在1945年4月21日关于"七大"工作方针的报告里,对十月革命以前国人知道马克思和马克思主义的早期情况,曾给予十分生动的具体说明:

> "十月革命一声炮响,给全世界无产阶级及其他先进分子上了共产主义的一课。马克思、恩格斯创立马克思主义学说始于一八四三年(鸦片战争后三年),但由一八四三年到一九一七年,七十四年之久,影响主要限于欧洲,全世界大多数人还不知道有所谓马克思主义。马克思主义产生于欧洲,开始在欧洲走路,走得比较慢。那时我们中国除极少数留学生以外,一般人民就不知道。我也不知道世界上有马克思其人,现在十四五岁的娃娃都晓得。所以我说,同志们,你们很幸福。我们那时候长得很大,还不知道天多少高,地多少厚,根本不知道世界上还有什么帝国主义,什么马克思主义。进了学校,也只晓得几个资产阶级的英雄,如华盛顿、拿破仑。以前有人如梁启超、朱执信,也曾提过一下马克思主义。据说还有一个什么人,在一个杂志上译过恩格斯的《社会主义从空想到科学的发展》。总之,那时我没有看到过,即使看过,也是一刹那溜过去了,没有注意。朱执信是国民党员。这样看来,讲马克思主义倒还是国民党在先。不过以前在中国并没有人真正知道马克思主义的共产主义。十月革命一声炮响,比飞机飞得还快。飞机从莫斯科到这里也不止一天吧,但这消息只要一天,即是说,十一月七日俄国发生革命,十一月八日中国就知道了。那个时候,把俄国的革命党叫做过激党。七十多年马克思主义走得那样慢,十月革命以后就走得这样快。因为它走得这样快,所以一九一九年中国人民的精神面貌就不同了,五四运动以后,很快就晓得了打倒帝国主义,打倒封建势力的口号。在这以前,哪个晓得提这样的口号呢?

① 毛泽东:《论人民民主专政》,《毛泽东选集》第4卷,人民出版社1991年版,第1470—1471页。

> 不知道！这样的口号，这样明确的纲领，从中国无产阶级产生了自己的先锋队——共产党起，就提出来了。”①

可见，毛泽东早在他写出那句名言之前四年，便以当事人身份，诠释了当时所谓知道与不知道马克思主义的实质性差异，是什么涵义。一是以“真正知道”马克思主义的共产主义，也就是无产阶级宇宙观为标准，强调马克思主义学说从1843年创立到1917年的74年间，不仅一般中国人，连欧洲以外的全世界大多数人都不知道。二是指无产阶级及其先进分子而不是指其他阶级的代表人物，以此之故，毛泽东才会以自己和早期同志为例，称以前的“我”不知道世界上有马克思其人，或称“我们”那时候长得很大(1917年毛泽东24岁)，根本不知道世界上还有什么马克思主义。三是马克思主义的传播，以十月革命为其分界，此前的传播主要限于欧洲，发展得比较慢，此后的传播扩展到全世界，发展得这样快。四是中国的先进分子真正知道马克思主义，其标志在于，经过十月革命的上课或帮助，五四运动以后，中国人民的精神面貌为之一变，进而从中国无产阶级中产生了自己的先锋队即中国共产党，并提出反帝反封建的明确口号和纲领；这层意思，后来的表述是，中国的先进分子知道马克思主义，其标志在于，决定走俄国人的路。

以上涵义表明，毛泽东关于在十月革命以前，中国人不知道马克思、恩格斯的说法，是对中国无产阶级的先进分子并不真正知道马克思主义这种状况的一个概括式说法。实际上，他不否认在此之前，马克思的名字和学说曾经通过其他途径零散传入中国这一事实。如谓：中国早期的极少数留学生知道世界上有马克思其人；梁启超、朱执信等人曾提过马克思主义，因朱执信是国民党员而肯定在中国讲马克思主义是国民党在先；据说有人在杂志上译过恩格斯的《社会主义从空想到科学的发展》，此系指上海《新世界》半月刊1912年连载施仁荣翻译的恩格斯这部著作，当时译名为《理想社会主义与实行社会主义》；承认那时他自己没有看到过这些介绍马克思及其学说的文章，即使看过，也是一晃而过，没有引起注意；等等。这样看来，在毛泽东的文章里，对于中国人是否“知道”马克思主义，有严格与宽泛两种理解。严格理解，指“真正知道”，即中国的无产阶级先进分子开始在马克思主义指导下建立自己的先锋队组织，运用无产阶级宇宙观重新考虑中国的发展道路，决定走俄国人的路；宽泛理解，则指一般性知道，包括提过或译过马克思主义，但并不以此作为行动的指南，如梁启超、朱执信、施仁荣等人；区分两种理解的历史动力和时间界线，是1917年十月革命的爆发。

---

① 毛泽东：《“七大”工作方针》，人民出版社1981年版，第5—6页。

(一)海外学者的质疑

显然,有些人混淆了这两种理解,于是认为毛泽东在《论人民民主专政》中的说法,违反了历史事实。最早的公开质疑,似乎来自英文文献。如《亚洲研究杂志》1959 年发表罗伯特·斯卡拉皮诺与哈罗德·谢夫林合写的《中国革命运动的早期社会主义潮流:孙逸仙与梁启超》一文,其中提到:中国共产主义者当权 10 年后,有足够的时间改变过去和现在,出版大量的资料集、专著和论文,旨在告知"社会主义怎样战胜了罪恶和压迫,共产主义者为什么称得上是继承天道",以此"再造"中国现代历史;同时,流亡到台湾的学者们也通过自己的大量出版物来"寻求反驳共产主义的现代历史",包括川流不息地出版资料丛书和再版著作,从国民党档案馆中解禁重要资料,以此作为斗争的主要武器,用历史注释方式来掌握"统治现代中国的权利";而西方学术界"或许比起中国人争论的任何一方,都有更大的自由度来进行解释",愿意回到"社会主义最初被介绍进入中国革命运动的时期,也就是同盟会时代",进而研究"中国社会主义的'胜利'时刻与它诞生时的运动是否相称",以及毛泽东关于中国找到马克思主义是俄国人介绍的结果,在十月革命以前不知道马克思和恩格斯的论断,"这是完全准确的吗"?[①] 最后两个疑问,相互关联。所谓回到社会主义最初被介绍进入中国革命运动的同盟会时期,其意图是说,社会主义在十月革命以前已经诞生于中国同盟会的革命运动中,这一诞生时的经历,当社会主义在中国胜利时,却被忽略了,以此证明毛泽东的断言是不准确的。这个质疑带有浓重的政治色彩,它将社会主义在中国的"胜利"打上引号以示怀疑,还特别强调新中国建立十年来,无论当权的中国共产党学者还是跑到台湾的流亡学者,都围绕着如何解释中国现代历史做政治文章,借以"再造"或"反驳"现实统治权利的法理基础。好像只有西方学者超然事外,既能充分利用两岸中国人的争论所提供的历史资料,又能以"更大的自由度"解释这些历史资料。换言之,好像只有西方学者的质疑是客观和公正的。这是把学术问题政治化了。

过了 10 年,马丁·伯纳尔 1969 年发表《1913 年以前中国的社会主义》一文,又提到毛泽东关于中国人在十月革命以前不知道马克思、恩格斯的那句话,并提到其他现代学者倾向于同意,"1919 年以前,当苏维埃革命的影响最初到达中国时,中国的社会主义和无政府主义运动是无足轻重和微不足道的"。对此,伯纳尔的质疑更多地从学术角度立论。他认为,1898—1913 年期间,类似这样的运动没有与社会的或经济的现实紧密结合在一起,如早期的社会主义拥护者几乎无例外地坚持认为,"在中国社会里,不存在严重的不公平

---

① 参看 Robert A. Scalapino and Harold Schiffrin, Early Socialist Currents in the Chinese Revolutionary Movement, Sun Yat-sen Versus Liang Ch'i-ch'ao, *The Journal of Asian Studies*, Vol. XVIII, No. 3, May 1959,第 393 页。

现象”,他们把社会主义与无政府主义只是“看作防范即将来临的资本主义之不公平与非道德的方法”;20世纪前20年间,社会主义和无政府主义“与各种独特的中国传统诸如大同和井田制相似”,“与正统儒家学说所带有的官方对于民众繁荣和福利的关注相象”,或者“与中国文化中大量的潜在倾向有许多相似之处”,它们的“巨大的潜在支持力”一直“没有得以实现”,连“激进分子本身也未能认识到社会主义和无政府主义与中国现存条件的关联性”;尽管如此,“在这一时期,社会主义和无政府主义的搅动是存在的,并且似乎值得研究”。他提出值得研究的理由是,一方面,1913年以前思考和写作有关社会主义和无政府主义的许多人,后来到二三十年代都成为国民党和共产党的重要人物,“这种早期的感化影响了他们在这个论题上的观念”;另一方面,早期社会主义者和无政府主义者的著述与活动,把马克思主义的某些词汇如阶级、资产阶级、资本家、共产主义等,“传播给成百上千的中国人”,“马克思主义—列宁主义在19世纪20年代早期的快速发展,肯定获得了这个事实的帮助,即对于马列主义的专门术语不是完全陌生的”。同时,他还指出,“在中国社会主义的形成阶段,它与日本的社会主义运动密切相关。因此,关于前者的任何描述,都不得不与后者有着许多联系”。总之,他相信,“在1920年代的中国,马克思主义—列宁主义非同寻常地迅速扩展,得益于这一事实,即诸如‘国有化’、‘共产主义’、‘生产工具’和‘阶级斗争’一类词汇,对于大批人来说,已经不是完全陌生的了”。[①] 看来,伯纳尔提出1913年以前,中国的社会主义和无政府主义“搅动”值得研究的意见,同样针对毛泽东的“不知道”之说,以及国内其他现代学者所谓这种搅动式影响“无足轻重和微不足道”的倾向,认为他们否认或者轻视了这种“搅动”。不过,他不像前两位西方学者那样,把这种质疑建立在唯我独尊并指责他人动机不良的基础上。而且,他对社会主义思想早期传入中国历史的研究,发掘和搜集了不少颇为珍贵的史料,提供了新的分析视角和研究启示。

大致与伯纳尔之文同一时期,李又宁在她就读美国哥伦比亚大学的博士论文《社会主义向中国的传入》(后于1971年出版)里,对于上述质疑作了系统论证。文中开篇即说:中国在文化革命以前出版的大量关于五四时期的“共产主义著作”,通常都提到马克思主义的传入,并“千篇一律地引用”毛泽东《论人民民主专政》中的那几段话。接着强调,其文宗旨是,毛泽东关于这个问题的观点,即中国人经过俄国人介绍才找到马克思主义,以及在十月革命以前,中国人不知道马克思和恩格斯的观点,“是值得商榷的”。商榷的根据是,20世

① 参看 Martin Bernal, Chinese Socialism before 1913. *Modern China's Search for a Political Form*, Edited by Jack Gray, Oxford University Press, 1969, London / New York / Toronto, 第66—68、95页。

纪初，“许多中国知识分子都知道马克思和恩格斯的名字”；那时还“发生了从马克思主义观点来说，可以看作有关中国社会性质的最早讨论，并且预见到以后争论中经常出现的几个主题”；这一时期广泛采用日文译本中的马克思主义词汇并使之大部分流行，也“突出”地证明，“中国人的思想受到来自日本而不是来自俄国的刺激”；等等。此文认为，它的这些论点，可以通过考察 19 世纪末和 20 世纪初中国出版的有关社会主义的基本资料得到证实；其具体考察期限，从西方社会主义概念的最初传入起，至《民报》和《新民丛报》之间围绕中国社会革命问题的争论结束，由此可以认识“到 1907 年为止，中国作者对于社会主义的理解”。此文也承认，“要精确地说中国知识分子什么时候开始大体了解西方社会主义观念，特别是马克思主义学说，那是极其困难的”，但它确信，20 世纪初，许多接触了西方学问的中国学者开始了解一些社会主义知识。[①] 接下来的整篇论文，几乎都是考察历史资料以证实其商榷论点。对于李又宁的论文，哥伦比亚大学中国史教授韦慕庭(C. Martin Wilbur)曾于 1969 年 12 月 7 日撰写“序言”：感谢作者告知人们要注意那些“中国先驱”在使社会主义作为一种政治哲学获得接受甚至变得流行方面所做的工作，又提醒人们这些先驱对于社会主义的兴趣，“只是许多兴趣中的一个”，他们的介绍工作也“只是思想历史的复杂网络中的一根丝线”。似乎意味着社会主义在中国的早期传播，不必全部归功于那些中国先驱们。韦氏借此更想说的是，在现代化的早期阶段，对社会主义的引进，“中国受惠于日本”，而这种受惠，后来“趋于被忽略甚至被掩盖”。为此，他特意指出，在近代，许多中国人曾经转向把日本当作老师，“就像其他人此前转向英国以及后来转向苏联一样”，从日本那里学习和获得各个领域的信息，其中一些中国知识分子“从日本的学究式马克思主义者和改良社会主义者那里，发现了不那么熟悉却又令人兴奋的西方政治思想体系”。他认为，不少历史学者已经指出这一点，并不令人惊奇。在他看来，李又宁的论文“清楚地表明”，中国人获得有关信息的日本渠道，因为“间接获得的缘故”，造成中国人当初关于欧洲社会主义的一些知识“有缺陷”；又运用“更加令人感兴趣的例子”证明，“在本世纪早期，日本开辟的道路，拓宽了中国知识分子的眼界”。由此得出的结论是，在社会主义传入中国的问题上，“很明显，俄国的作用，最初是微不足道的”。[②] 韦慕庭的结论，与李又宁的商榷相互呼应，表达的侧重点有些出入。李又宁的商榷，又与伯纳尔的质疑彼此相近，考察的思路和运用的资料各有千秋。这些研究的出发点，未能理解毛泽东的本意，而这些研究的追根究底，又为弄清马克思学说早期传入中国的历史原貌，

---

① 参看 Li Yu-ning, *The Introduction of Socialism into China*, Columbia University Press, New York and London, 1971, 第 1—3 页。

② 参看同上书，“序言”，第 v — vii 页。

提供了可资参考的丰富史料。

后来,伯纳尔所著《一九〇七年以前中国的社会主义思潮》一书于1976年出版。此书延续和发展了《1913年以前中国的社会主义》一文的研究思路,认为社会主义的早期传入对于20世纪20年代以后马克思列宁主义在中国的迅速扩展具有不容忽视的影响;似乎又接受了李又宁论文中的观点,把研究早期社会主义传入中国的历史下限确定到1907年为止。书中表面看来未再质疑毛泽东的论断,可是字里行间仍充满强烈的质疑意味。如谓:社会主义在20世纪的中国"起决定性的作用",那是"与中国人在一九〇七年以前对社会主义的关注大有关系";早期的社会主义虽然夭折,其影响好像在短期内消失,"其意义却是非常深远的",因为在20世纪20年代,"当苏维埃革命再次与马克思和社会主义有关时,那些早期投身于社会主义运动的人,在政治上起了很大的作用";研究近代中国早期的社会主义,"带有普遍性的意义",其中"最重要的是",说明了"列宁主义以前马克思主义的社会民主主义,实际上与中国毫不相干",指出了20世纪20年代以前,"在经过较有希望的早期阶段之后,为什么对马克思主义的研究竟会中止";尽管1907年以后"简直没有什么人提及马克思",但到1919年,几位中国思想家吸收了许多马克思主义的基本观点,这表明,"早期的这种研讨,无疑加快了五四运动后中国人对马克思主义的反响";等等①。这些议论,一再将1907年以前社会主义的传入与1919年五四运动以后马克思列宁主义在中国的传播相比较,反复陈述二者之间的关联与差异,其矛头所指,暗中仍是针对毛泽东关于中国人找到马克思主义,经过俄国人的介绍,以及十月革命以前,中国人不知道马克思和恩格斯的评价。比起李又宁的论文,此书的论证,在视角和史料上,有其另辟蹊径和多姿多彩之处。

此外,其他一些学者的论述,虽然未曾直接涉及毛泽东的评价,但在不同程度上呼应或支持那些质疑之论。例如,乔治·E.泰勒1967年发表《共产主义与中国历史,苏维埃与中国共产主义之异同》一文,曾概括说:"社会主义运动由欧洲人发起和采取行动,就像它一直延续到今日一样,布尔什维克派只是其中一部分。欧洲社会主义对于非西方世界的影响,确实持续地注入两个主要潮流,一个经由布尔什维克革命和苏维埃国家制度,另一个经由西欧以及美国的观念和模范的力量。欧洲社会主义观念在布尔什维克革命以前很久,能够在孙逸仙的思想中找到。它们在19世纪中期以后不久,进入了日本政治思

① [美]伯纳尔著,丘权政、符致兴译:《一九〇七年以前中国的社会主义思潮》(Martin Bernal, *Chinese Socialism to 1907*, Cornell University Press, Ithaca and London, 1976),福建人民出版社1985年版,第204—205页。

想的潮流。"[①]这段话想表达的意思，直率地说就是，中国早在布尔什维克革命即十月革命以前很久，便受到欧洲社会主义的影响，中国早期从日本引进的社会主义，也是来自以西欧及美国为代表的社会主义潮流，不是来自以布尔什维克革命和苏维埃国家制度为代表的社会主义潮流。显然，这是试图从根本上推翻中国人经过俄国人介绍才找到马克思主义的论断。

又如，前面提到过的罗伯特·斯卡拉皮诺 1969 年主编《亚洲的共产主义革命，策略、目标与成果》一书，其中有《亚洲的共产主义，一个比较分析》一文，里面说到："亚洲的共产主义不是一个新现象。它的最初肇端追溯到 19 世纪末期，当时一小批年轻的亚洲知识分子首先接触到马克思主义"；无论在哪里和什么时候，一旦发生传统民主主义幻想的破灭，"都可能带来对于马克思列宁主义的'新民主主义'的某种诉求"，亚洲知识分子也不例外，他们"赞成民主主义广泛的理论上的价值"，"乞灵于这些神圣的字眼"，同时"从传统的民主主义形式与实践中解脱出来"。[②] 这里所说的亚洲知识分子，当然包括中国知识分子。它以一种泛指方式，虚化了毛泽东关于中国人真正知道马克思主义由谁介绍和以什么时间为标志的基本论断。按照它的说法，在整个亚洲，共产主义都不是一个新现象，早在 19 世纪末期就有人首先接触马克思主义。照此推理，中国同样不存在十月革命以前不知道马克思和恩格斯，或经过俄国人的介绍才找到马克思主义的现象。此其一。其二，知识分子对于马克思列宁主义的诉求，似乎不分地点和时间，只要对于传统民主主义的幻想发生破灭，即随时随地可能出现，意味着中国不存在经过特定的时点即十月革命一声炮响，以及经过特定的地点即来自俄国人的介绍，才送来或找到马克思列宁主义的概念。斯卡拉皮诺的这番议论，为他十年前质疑毛泽东的论断，做了一个独特的注解。

再如，P. R. C. 德克雷斯皮尼所著《本世纪的中国》于 1975 年出版，书中说："中国的共产主义把它的发展归功于俄国革命的榜样，就像归功于卡尔·马克思的理论一样多。这个帝国的末年与共和国的早期，有一些关于马克思和恩格斯著述和讨论的译本，但革命思想的主要趋势建立在立宪理论与西方式民主的基础上。"[③]这里指清末和民国初年，意思是早在俄国十月革命以前，中国已有一些马克思、恩格斯的著述和讨论其著述的译本。同时暗示说，中国

---

① 参看 George E. Taylor, *Communism and Chinese History*, *Soviet and Chinese Communism Similarities and Differences*, edited by Donald W. Treadgold, University of Washington Press, 1967, 第 26 页。

② 参看 Robert A. Scalapino, Communism in Asia, toward a Comparative Analysis. *The Communist Revolution in Asia*, *Tactics, Goals, and Achievements*, edited by Robert A. Scalapino, Prentice-Hall, Inc., Englewood Cliffs, N. J., 1969, 第 1、3 页。

③ 参看 P. R. C. De Crespigny, *China this Century*, ST. Martin's Press, 1975, 第 78 页。

近代早期革命思想的主要趋势，不是建立在马克思、恩格斯学说的传入上，而是建立在立宪理论与西方式民主的基础上。这是以另一种方式，对归功于马克思理论和归功于俄国革命榜样的说法，表示不同的意见。

这里顺便提一下张玉法的论文《西方社会主义对于中国1911年革命的影响》。张氏1968年获福特基金会资助，从台湾赴美国哥伦比亚大学历史研究所进修中国近代史，师从韦慕庭，1970年返台，以后曾任台湾"中央研究院"近代史所所长。他的论文，因部分满足该校政治学系文学硕士的要求而提交，并未正式出版。他的进修，与同样来自台湾的李又宁攻读博士学位，属于同一个时期。他们同在哥伦比亚大学，研究的题目又类似，所以在研究过程中曾经互通信息。张玉法在其文"导论"中向李又宁等人致谢，认为没有他们的开拓性工作，其研究"将难以克服在资料发掘和翻译两方面的困难"①；李又宁在其文介绍《北华先驱》1890年2月28日刊登《德国社会主义》一文，报道社会民主党在国会中正在增长的影响以及把社会骚乱归咎于德国的贫穷和产业工人的增加这条资料时，也表示"很感谢张玉法先生让我注意这一条"②。张玉法的论文完成时间，可能与李又宁的博士论文完成时间相近而稍后，他对于社会主义早期传入中国的基本看法，也与李又宁一致。他试图提供其他一些线索和观点，如以科尔(G. D. H. Cole)所著于1956年出版的《社会主义思想史》一书(此书宣称中国组织社会主义运动，是在1914年以后)划界，认为此前"历史学者在研究中国早期社会主义运动方面，没有很多建树"，自那以后，一些杰出的学者"贡献了许多文章讨论中国社会主义以及中国社会主义运动的起源"。这些学者包括前面提到的哈罗德·谢夫林、罗伯特·斯卡拉皮诺、马丁·伯纳尔等人和李又宁。又如谈到"马克思主义学说和恐怖主义行动都存在于俄国革命运动中"，早期中国革命党人"只是对恐怖主义行动感兴趣"，而俄国虚无主义对于中国的影响，"正像其他社会主义的影响一样，主要通过日本的中介，不是直接来自俄国的资料"等等。③ 这些线索和观点，继续强化了那些"杰出的学者"留给人们的印象，即马克思主义传入中国，既不是在十月革命以后，也不是由俄国人介绍的。

从上面的英文文献中，可以看到，在西方学术界，大致从20世纪50年代

---

① 参看 Chang Yu-fa, *The Effects of Western Socialism on the 1911 Revolution in China*, Submitted in partial fulfillment of the requirements for the degree of Master of Arts, in the Faculty of Political Science, Columbia University, 第2页。

② 参看 Li Yu-ning, *The Introduction of Socialism into China*, Columbia University Press, New York and London, 1971, 第3—4页。

③ 参看 Chang Yu-fa, *The Effects of Western Socialism on the 1911 Revolution in China*, Submitted in partial fulfillment of the requirements for the degree of Master of Arts, in the Faculty of Political Science, Columbia University, 第2、147页。

末到70年代中期，有关马克思主义或社会主义早期传入中国的论题，引起不少学者的兴趣，发表了一系列专题的或非专题的著述。这些著述不论有意还是无意，公开还是暗示，在发掘、提供和梳理颇为丰富的历史资料的同时，纷纷以各种方式质疑、否定或虚化毛泽东的有关论断。这些著述曾对国际学术界产生影响，如在日本得到呼应。另有德国学者李博(Wlkfgang Lippert)的《汉语中的马克思主义术语的起源与作用：从词汇—概念角度看日本和中国对马克思主义的接受》(Entstehung und Funktion Einiger Chinesischer Marxistischer Termini)一书于1979年出版。作者1978年10月的"前言"，一开始便引用毛泽东1949年的那句名言，并表示，"中国共产主义运动或许开始于俄国十月革命"；接着话锋一转，根据中国共产党与苏联共产党之间不光有过合作，也有过激烈和充满冲突的斗争这一"众所周知"的事实，由此推断："马克思主义的中国变体大大区别于前苏联的马克思主义，究其原因就是两个国家迥异的文化和世界观明显改变了他们对马克思主义意识形态的理解。"这个推断，隐含着对前述"或许开始"这个不确定用语的释义。此书并未展开有关中国的马克思主义大大区别于苏联的马克思主义的分析，其重点是探讨截至20世纪20年代中期，大量的马克思主义术语如何在中文里固定下来的问题。在它看来，由于只有将马克思主义的有关概念译成中文，中国的共产主义者才能学会马克思主义的思想范畴，又由于中国的共产主义者谈论马克思主义时使用的是中文，所以，要分析他们对马克思主义的理解程度，"就必须首先分析那些用中文表达的马克思主义术语"；或者说，只有研究这些术语的起源和发展，"才能获得关于这些术语的本质及这一本质所说明的全部表象内容的可靠认识"。这一分析和研究意在证明，日本被西方打开大门后早于中国几十年开始现代化进程，而中国从日本"借用了大量新词汇"。因此，此书又将其副标题定为"从词汇—概念角度看日本和中国对马克思主义的接受"，强调日本在马克思主义术语传入中国过程中的重要性。[①] 这似乎也从词汇—概念角度，印证了前面那些英文论著的质疑，即马克思主义并不是在十月革命以后经由俄国人的介绍而传入中国的。从李博的"前言"看，他着手研究这个课题，主要接受德国著名汉学家傅吾康(Wolfgang Franke，1912—)的提议并获得其多种途径的支持；在他致谢的20余位西方、中国和日本学者中，也全然不见那些质疑作者的踪迹。这表明，李博的研究宗旨，不是跟在那些质疑论后面鼓噪，而是另辟途径的专门学术探讨，尽管他的"或许"之说及其论证初一看容易给人以呼应的印象。

---

① ［德］李博著，赵倩等译：《汉语中的马克思主义术语的起源与作用：从词汇—概念角度看日本和中国对马克思主义的接受》，中国社会科学出版社2003年版，"前言"。

(二)国内学者的研究动态

西方学术界的质疑之声,在我国改革开放后,影响到国内学术界。不过,它们对我国的影响,更多地体现在稀缺史料的挖掘以及具体资料的分析上,至于那些质疑性观点,虽有反响,但未掀起什么波澜。这同国内学者对于毛泽东的论断素有理解,是分不开的。早在新中国建立之初,就有国内学者讨论过这一论题。例如,王亚南1951年的《中国共产党和马克思主义》一文,认为直到俄国十月革命的1917年,"我们始终没有人谈到,甚至没有人知道马、恩或马克思主义";还强调马克思主义通过俄国十月革命的巨大影响传播到中国来,"这是一个极好的开端",或者说,中国输入或接受马克思主义,"幸而迟了一著,幸而是经由另一途径"。在他看来,1917年以后,经由"以俄为师"、以列宁为师的途径输入马克思主义,避免了此前一个时期经由英、法、德诸国的途径,可能遭遇第二国际或各国右翼工党论客们对于马克思主义的"恶意歪曲或肆行蒙蔽",从而使得中国共产党一成立,就"坚持着马克思主义的真理,而极少受到西欧各国右翼工党政客们的改良主义的歪曲理论的纠缠"。[①] 这里说1917年以前始终没有人谈到、甚至没有人知道马、恩或马克思主义的"我们",应当与毛泽东《论人民民主专政》中的论断一致,指的是后来创建了中国共产党的无产阶级先进分子,而不是其他非无产阶级代表人物。此文将中国迟了一步通过俄国十月革命才输入或接受马克思主义,看作一件幸事,恰好避开了欧洲各国社会民主党右翼大肆歪曲蒙蔽的纠缠干扰。对此,其他学者有不同的看法。

比方说,黎澍1954年撰写《论社会主义在中国的传播》一文,先按照毛泽东在《"七大"工作方针》中的大致说法,介绍"中国人中最初有人知有社会主义约在19世纪末和20世纪初。马克思主义的社会主义思想在中国广泛传播并被接受为指导中国革命的中心思想则在1917年俄国十月革命以后"。然后,此文探索马克思主义在十月革命以前为什么没有在中国传播开来的原因。根据此文的分析,其"根本原因"是,"中国社会条件的不具备和社会主义思想在资产阶级、小资产阶级知识分子的狭小的圈子里面被误解和被歪曲",除此之外,第二国际也要承担领导责任。因为第二国际谈民族问题仅是欧洲"文明"民族问题,"殖民地问题完全落在它的视野以外",由此提出"合法斗争"思想,"给予当时中国少数努力摸索救国救民真理的先进分子以极大的毒害,使他们在接近马克思主义的道路上迷失了方向";否则,"社会主义还是可能在中国传播得更广泛一些的"。此文认为,列宁关于帝国主义时代无产阶级革命的理论,"打开了在中国和其他落后国家中传播社会主义的道路";列宁在马克思主

① 王亚南:《中国共产党和马克思主义》,《新建设》第4卷第5期(1951年8月1日),第2页。

义历史上"一个极端重要的发展",是与第二国际机会主义分子作斗争,指出无产阶级革命与殖民地民族运动相结合的重要性,因此,"马克思主义才有了在殖民地民族中广泛传播的可能性";列宁的创造性理论"为马克思主义在无产阶级还很少的殖民地国家中的传播开辟了新的道路",使"马克思主义在东方落后国家中和在西方先进资本主义的国家中一样,能够掌握群众并形成反对帝国主义的伟大的革命力量";中国人抛弃陈腐思想后,新文化运动的倡导者最初接受的"新思想"是资产阶级民主主义,这在当时已不能令人满足,而"伟大的十月社会主义革命回答了中国人迫切要求回答的问题":"它不但指出了实现社会主义是世界人类的不可抗拒的趋势,而且提供了革命的行动的实际榜样";等等。[①] 可见,黎澍并不认为在马克思主义传入的早期历史上,中国有什么幸运可言,第二国际的机会主义思想同样极大地毒害了当时中国的少数先进分子,使之在接近马克思主义的道路上迷失方向,因而丧失了社会主义早期在中国更加广泛传播的可能性。换言之,中国在输入或接受马克思主义上"迟了一著",非但不是有幸避免第二国际机会主义毒害和迷失的机会,恰恰是遭受它的极大毒害从而阻碍马克思主义传播的结果。所以,他对十月革命以后马克思主义在中国传播的分析,也不像王亚南所说的那样,幸亏迟了一步从而得以经过以俄国和列宁为师的另一途径,而是试图说明列宁在理论上的创造性发展以及俄国十月革命胜利的实际榜样,为马克思主义在中国这样的落后国家广泛传播,开辟了必然的道路。

新中国成立初期,国内学者将马克思主义在中国的传播作为重要的研究课题,既是响应毛泽东的论断,总结中国革命胜利的需要,恐怕也受到苏联学者总结自身革命成果的影响。如柯托夫(B. H. Kotob)的《马克思主义在俄国的传播》一书于 1954 年出版俄文版,翌年,被翻译成中文出版。此书分为四章:"十九世纪四十年代至六十年代马克思主义思想之传入俄国";"马克思《资本论》俄文译本在俄国的第一次出版";"'劳动解放社'和俄国第一批马克思主义小组对马克思主义的传播";"马克思主义和工人运动相结合的开始。列宁——俄国和国际无产阶级的领袖"[②]。全书中文版仅 50 页,却比较系统地叙述了马克思主义在俄国传播的历史,提到苏联共产党、苏联人民所取得的胜利具有全世界历史意义,强调这些伟大的胜利正是在马克思主义的旗帜下取得的,相信人类历史的全部进程愈来愈明显地证明马克思主义的正确及其强大的生命力。这种叙述方式,包括对马克思主义思想早期传入俄国历史的探索,对于我国学者考察马克思主义在中国传播及其早期传入进程的历史,显然

① 黎澍:《马克思主义与中国革命》,人民出版社 1963 年版,第 76、82—83、86—87 页。
② [苏]柯托夫著,于深译:《马克思主义在俄国的传播》,时代出版社 1955 年版,"目次"。

具有借鉴和参考的作用。不同的是,从早期阶段开始,俄国的先进分子即直接从马克思、恩格斯的学说中汲取滋养,列宁更是马克思和恩格斯的直接继承者。中国的早期传播过程则颇为迂回曲折,最初既非直接接触马克思、恩格斯的原著,亦非直接来自无产阶级革命策源地的传入途径,而是通过其他的间接渠道,逐渐获得有关马克思主义的理论观点。于是,关于马克思学说早期传入问题的研究,我国也不像俄国那样,具有比较简明清晰的线索,而是多种线索交叉融合,由此还引出后来对于中国究竟从什么时间、通过什么渠道传入或知道马克思主义的争议。这也使得海内外学者对于中国早期传播问题的讨论,显得非同寻常。

据统计,新中国成立以来,特别是1951年到1964年间,国内报刊发表有关马克思主义在中国介绍和传播的专题论文与资料有87篇之多,出版的专题著作亦达10部,其中不少涉及十月革命或五四运动以前马克思学说传入中国的早期史实研究[①]。类似王亚南和黎澍的著述,大概属于那些西方学者所说的中国共产主义者当权十年来大量研究马克思主义传入中国问题的著作,或属于李又宁所说的中国在文化革命以前大量出版的关于五四时期的共产主义著作。看来,这些著述并非千篇一律地重复毛泽东的原话,也并非在认识十月革命以前马克思学说传入中国方面存在着偏差。这些著述提出的观点及其支撑材料,自成体系,对于以后的国内学者,同时也对海外学者研究相关的学术课题,贡献了可资参考和汲取的严肃论点与丰富素材。这一时期,国内的专题研究远盛于国外,而且很少或者说基本上未曾参考国外不多的相关论述。自此以后,尤其"文革"期间,国内有关这方面的专题研究进入低谷,其论著寥寥无几,同时期海外的专门研究,不论出于什么意图,倒是时兴起来。直至1978年以后,国内学术界的低迷现象才为之一变,并迅速达到新的研究高潮。如仅在1978—1982年四年间,有关专题论著分别达到230余篇和十余部[②],大大超过新中国成立前期十多年发表或出版的总量。其中有纪念马克思逝世100周年的因素,更显示改革开放时代所焕发出来的极大研究热忱,这种热忱一直延续到今日。

改革开放以来,国内学术界围绕毛泽东的论断,继承新中国成立前期国内学者的基本认识,同时批判地吸收海外学者的研究成果,加以新的发掘和探索,进一步推动了对于马克思主义早期传入中国历史的关注和讨论。例如,高放等人著文认为,我国早在1911年辛亥革命之前,无产阶级革命运动尚未兴

① 参看林代昭、潘国华编:《马克思主义在中国——从影响的传入到传播》下册,清华大学出版社1983年版,"附录:建国以来有关马克思主义在中国的介绍、传播论著目录索引(1949—1982)",第541—580页。

② 参看同上书,"附录"。

起时，资产阶级革命党人“已经开始向我国人民介绍马克思主义，并且初步探索马克思主义”；与此相关，“我国马克思主义发韧的历史问题”，值得研究；国内外史学界过去有人研究过辛亥革命前革命党人在我国传播社会主义这个课题，“他们的成果对于我们很有帮助和启发”，其中“有的评价过低，有的评价过高”；对于这一初步介绍和探索，“应该有全面的评价”，它们“没有起很大的作用”，存在着“幻想”，“不能正确地介绍”，具有“历史的和阶级的局限性”，但“首先打开了窗户，引进了革命科学理论的第一道曙光”；一些“先进的中国人”最早“初步知道”马克思、恩格斯和马克思主义，主要是20世纪初年“从日本人那里间接学来的，是以资产阶级革命派在日本创办的报刊为媒介的”；1917年以后，随着资本主义进一步发展，中国无产阶级开始形成独立的政治力量，“先进的知识分子主要从俄国布尔什维克那里直接学到了马克思列宁主义”，中国的面貌才焕然一新；等等[①]。这篇文章，在研究马克思学说早期传入中国的问题上，同时反对两种倾向。一种是评价过低，如有人说资产阶级革命党人主观上存在“任意解释和篡改马克思学说的反动的企图”[②]，在“文化大革命”期间更是盛行歪曲和诬蔑革命先行者的历史虚无主义手法。另一种是评价过高，如日本狭间直树的《中国社会主义的黎明》(岩波书店，1976年)，称民生主义是“辛亥时期最有代表性的中国社会主义的理论”；美国人马丁·伯纳尔著《1907年以前中国的社会主义》(康奈尔大学出版社，1976年)，亦称孙中山的思想具有“惊人的预见性”，“最早”陈述了“使中国直接从封建主义进入社会主义”的“跳过历史阶段概念”[③]。此文的最后结论，仍回到毛泽东那句名言，但借鉴了国内外史学界那些“很有帮助和启发”的研究成果。

高放等人的文章之后，国内类似的专题著述和资料汇编持续不断地问世。其中：有的注重评价早期评介者的时代意义。如有人认为，一部分革命党人和资产阶级、小资产阶级知识分子虽然早在辛亥革命以前，开始对马克思主义的介绍、研究和讨论，然而“他们对马克思主义的了解还很肤浅，甚至附会、歪曲”；近几年来，又有人认为，“马克思主义在辛亥革命以前不仅已经传播，而且对中国革命也发生了较大的影响，一部分革命党人曾试图把马克思主义与中国革命实践结合起来”。对此，还有人认为，辛亥革命前后，“由于当时无产阶级还不是一支独立的政治力量，缺少接受马克思主义的社会历史条件，旧的资产阶级的思想武器和政治学说还没有在人们心目中破产，因而也缺少接受马

① 高放等：《辛亥革命前革命党人对马克思主义的介绍和探索》，《东岳论丛》1980年第2期，第69、76—77页。

② 于晋：《社会主义在中国的传播和中国共产党的形成》，《学习》第4卷第12期(1951年10月)，转引自同上文，第76页。

③ 高放等：《辛亥革命前革命党人对马克思主义的介绍和探索》，《东岳论丛》1980年第2期，第77页注释④和⑤。

克思主义的思想,加之第二国际修正主义的影响和干扰,这种状况直到十月革命爆发后才发生了根本的变化”。[①] 此类分析,根据新的研究状况,努力纠正对于马克思主义早期传入中国之影响的过低或过高评价,从发生“根本的变化”而非一般性演变的意义上,强调十月革命的决定性影响作用。

有的注重解释毛泽东论断的原意。如认为毛泽东说的“不知道”,是指“没有人真正了解”之意,不是指是否知道马克思、恩格斯的名字或马克思主义这个词;关于这一点,毛泽东曾在《“七大”工作方针》中“明确指出过”,而很早在自己的著述和口头上谈到过马克思、恩格斯与马克思主义的那几类代表人物,从其思想、学说和政治主张看,也证明“他们都不真正知道马克思主义”;传播有其特定意义,十月革命前有人“提过一下”马克思、恩格斯和马克思主义,这与从事传播是有区别的,“把这‘提过一下’和把马恩著作翻译出版叫‘流传’更确切些”;“马克思主义在中国的真正传播是在十月革命之后”,自十月革命消息传到中国至1922年为止,这是“马克思主义传播的最初阶段”[②]。此类解释,显系针对质疑毛泽东论断的观点而发。此前相当长一段时间里,国人把毛泽东的论断看作至理名言,从未有过异议,加上极少或未曾接触海外质疑观点,也无需作出专门的解释。一旦形势变化,突然面对尖锐的质疑,原先的定论似乎变成了问题,于是,相应的解释和考证便十分必要了。不论具体的考释意见,如区别传播与流传之差异,是否令人信服,这种解释应当说推进了对于毛泽东论断的深入理解。

有的注重吸取国外学者的研究成果。如认为近几年来,国内外学术界对19世纪末20世纪初中国人同科学社会主义最初接触时的情况,表现了越来越大的兴趣,发表了不少资料、论文和专著,“这是很自然的事情”;伯纳尔论述1907年以前中国的社会主义思潮,这段历史在中国近代思想的发展中占着怎样的位置,“应该有一个恰如其分的评价”:估计过高,以为马克思主义当时已在相当大范围内得到传播,“这是不合乎实际的”,估计过低,以为这些介绍无非是些歪曲和谬误的堆积,“看来也未必公允”;伯纳尔的著作“是一部系统地考察中国人最初同社会主义思潮接触的历史过程的专著”,“出版得比较早,内容也比较充实”,因而“能在学术界引起重视”;这部著作的“优点是很显著的”,比如用历史发展的眼光从中外各种思潮相互作用的角度考察,不是单单用思想来解释思想而是企图揭示某种新思想产生或演变的社会原因,治学严肃和勤奋;这部著作在所论述的问题上“认真地考察”对中国产生过影响的欧美和

① 古堡、沈骏:《“五四”以前马克思主义在中国的传播和影响》,湖北社会科学联合会编《马克思主义与中国革命——纪念马克思逝世一百周年学术讨论会文选》,湖北人民出版社1984年版,第357、369—370页。

② 林茂生:《马克思主义在中国的传播》,书目文献出版社1984年版,第2、8、10—12页。

日本思想家的各种学说,中国人对这些问题的认识和思考,并依次作了比较详细的叙述,“这些是很有价值的”;等等。[①] 此类借鉴,提出对于包括马克思学说最初传入在内的中国早期社会主义思潮的历史地位,须有恰如其分的评价,不应估计过高或过低,侧重肯定国外学者的贡献,列举其著作优点,以期引起重视。这体现了我国学术界在开放环境下,为了促进本课题研究的深入,参考和吸收海外研究成果的开阔国际视野与学术宽容精神。

还有的注重整理相关的历史资料。如林代昭、潘国华编《马克思主义在中国——从影响的传入到传播》上下册,包含19世纪末20世纪初中国对社会主义学说的介绍、民国初年中国对社会主义学说的介绍、五四时期马克思主义在中国的传播、建党时期对共产主义理论的宣传四个部分和附录,资料选编的范围从1896年到1923年。编者以此史料汇集,“想为深入研究马克思主义在中国的传播做些铺路工作”[②]。姜义华编《社会主义学说在中国的初期传播》,选编的范围从1873年到1908年,基本上是这一时期内中国出版物上“有关欧洲工人运动和社会主义学说”的资料,所选篇目分类附有说明,依时间顺序编排,大多为摘录[③]。高军等主编《五四运动前马克思主义在中国的介绍与传播》,范围从1899年到1923年。编者认为,我国开始接触马克思主义理论在1899年,当时它是“作为欧洲社会主义学说的一个派别被介绍到中国来的”;十月革命前,中国的资产阶级、小资产阶级思想对马克思及其学说的初步介绍,尽管怀有各种不同的主观动机,不够全面和深刻,“在客观上却为中国思想理论界打开了一扇新的窗户,引进了社会主义学说的曙光,从而为十月革命后马克思主义在中国的传播提供了重要的条件”;马克思主义在中国的传播,是从俄国十月革命后开始的,从1917年十月革命到1919年五四运动,是“马克思主义在中国早期传播阶段”[④]。20世纪80年代相继出版的这些专题资料汇编,集中反映了在改革开放形势下,国内学术界为了弄清马克思主义早期传入中国的来龙去脉,不满足于套用个别的论断,亦不甘心于依赖国外学者摘录的资料,力求从原始资料的系统爬梳和整理入手,提供能够还原历史本来面貌的专题资料汇编,通过这一“铺路工作”,使专题研究建立在充足和翔实可信的史料基础之上。其中比较典型的,当属中央党校选编的资料丛书《社会主义思想在中国的传播》。

---

① 金冲及:《中译本前言》(1984年1月7日),第1、8、10—14页,见[美]伯纳尔著,丘权政、符致兴译《一九〇七年以前中国的社会主义思潮》,福建人民出版社1985年版。

② 林代昭、潘国华编:《马克思主义在中国——从影响的传入到传播》上册,清华大学出版社1983年版,“前言”,第39页。

③ 姜义华编:《社会主义学说在中国的初期传播》,复旦大学出版社1984年版,“编选说明”。

④ 高军等主编:《五四运动前马克思主义在中国的介绍与传播》,湖南人民出版社1986年版,“前言”,第1、11、16页。

此资料丛书含一、二两辑，每辑又分上、中、下三册，共计6册，约240万字，可谓洋洋大观。其范围大致从1873年到1922年，内容搜罗甚广，包括：关于马克思恩格斯生平及学说的介绍，关于列宁生平主张和俄国革命的介绍，关于第一、第二、第三国际历史情况的介绍，关于李卡克内西、倍倍尔及德匈革命和各国共产党的介绍，关于巴黎公社、五一国际劳动节及各国工人运动情况的介绍，关于社会主义之定义及内容的介绍，关于空想社会主义及其代表人物的介绍，关于无政府主义及其代表人物的介绍，关于基尔特社会主义及其代表人物的介绍、关于修正派社会主义及其代表人物的介绍，关于国家社会主义及其代表人物的介绍，关于基督教社会主义及其代表人物的介绍，关于工团主义及其组织的介绍，关于亨利·乔治及其“单税社会主义”的介绍，关于托尔斯泰及其泛劳动主义的介绍，关于罗素及其社会思想的介绍，关于拉萨尔生平及其主张的介绍，关于各国社会党状况及其政治主张的介绍，关于日本社会主义运动的历史和现状的介绍，关于社会问题、劳动问题及其解决方法的介绍，等等。其选编工作早在1983年5月留下“编者的话”，到1984年8月撰写“出版前言”时又称一批人曾积数年之功收集整理，到1985年5月出版第一辑，再到1987年11月出版第二辑，历时经年，终成硕果。诚如其编者所说，这部有关社会主义思想在中国早期传播的资料丛书，是“迄今为止资料搜集比较完整，反映历史也比较全面的专题资料集”，同时由于摘编取舍，也有难录全文之不足①。根据编者的了解和估算，从19世纪末到20世纪前20年近半个世纪里，至少有200多种报纸杂志刊登过数以千计有关社会主义问题的报道和文章，同时出版有关书籍在百种左右。基于此，编者们强调，“社会主义作为一种社会思潮被引进中国，最初远不是中国无产阶级及其代表的功劳……中国先进分子最终找到了马克思的科学社会主义，是经历了各种艰难曲折的”，以此凸显社会主义在中国传播的历史，是“一个持续、复杂和不时充满矛盾的过程”；“确切地说”，社会主义在中国的传播，“应该是俄国十月革命以后才真正开始的”。② 这部资料丛书的代表性，一是像其他同类专题资料汇编一样，确认科学社会主义或马克思主义在中国的传播，“真正开始”于俄国十月革命以后，同时又为恰当地评价十月革命以前的早期思想传播历史，提供大量原始史料。二是资料搜集覆盖的范围，比较完整和全面，即便过了近20年，又出现不少另具特色的专题资料集，如选编马克思主义哲学、史学之类在中国传播的史料，但以专题综合性资料的线索之完整和内容之全面而论，尚无出其右者。三是在社会主义思想的名目下涉及的关联性资料，颇为广泛，其中有直接涉及马克

① 《社会主义思想在中国的传播》第一辑上册，中共中央党校科研办公室，1985年，“编者的话”，第2页。

② 同上书，“编者的话”第1页；“代序”，第29页。

思及其学说的资料，也有间接涉及马克思学说乃至非马克思主义的资料，以后者作为前者的重要背景和补充。当然，此资料丛书的搜罗，追求其广博，面对众多的历史文献，选取全文，难以容纳，结果只能以摘录为主，更多留下的是截断或脱离上下文关系的资料线索，此亦无法避免之憾事。

国内学术界的专题研究成果，以上所述，主要限于20世纪80年代。其实，80年代以后十余年里，各种以马克思主义或社会主义在中国传播为题目的著作和论文，大量出现，一直保持强劲的势头。然而，细察之下，20世纪90年代初以来的新近论著，大多把论述的重点放在建党、建国或改革开放以后，往往沿用有关早期传播的现成资料线索和考辨结论，为各自的推论作些铺垫，对于马克思学说早期传入中国这一历史课题本身的研究，难得看到新的推进和具有突破性的成果。

考察国内外学术界的研究状况，可以说，围绕马克思学说在中国早期传播的课题，新中国成立初期的五六十年代已经涌现出不少相关的论著和资料汇编，而真正引起国内学术界的普遍重视和深入探讨，是在改革开放之后，特别是面对海外学者自50年代末以来十余年间纷纷质疑毛泽东论断的挑战，以及受到海外学者著书立说提供各种早期史料和相应分析的激励，由此带来80年代至90年代初的专题研究高潮。在新一轮的研究高潮中，通过系统地整理和总结马克思学说早期传入中国的史料线索，主要依据对一些早期先驱人物的代表性著述或代表性论点的研究，以详实的资料和具有说服力的对比分析，再次确认了"十月革命一声炮响，给我们送来了马克思列宁主义"的论断，从而在回复各种质疑的学术争鸣中，维护了毛泽东这一论断的历史真实性。自此以后，随着挑战的淡出，关于传播课题的研究重心也发生变化，似以早期传播问题已有定论，便薄古厚今，越来越转向后代乃至当代的传播问题。

总之，马克思主义在中国的传播历史，一般以1917年十月革命以后、尤其以1919年五四运动作为正式开端。对此，尽管一些海外学者持有异议，国内学者从80年代初以来也围绕这一问题有若干新的探索，但迄今为止，这一历史起算时间基于其理论逻辑和经验逻辑的合理性，仍为我国学术界所普遍公认。然而，马克思主义传入中国，并非在一夜之间突然发生，除了伴随十月革命和五四运动这些重大历史事件的爆发而促成急剧的发展变化之外，此前经历了较长时间内逐渐渗入的过程。正如历史资料显示，五四运动以前、包括十月革命以前的颇长一段时间里，通过各种渠道引进的不少有关马克思及其学说观点的零星介绍乃至于专题述评，曾以不同的形式和增长的趋势见诸报刊文章或著作内容。从十月革命到五四运动，这一增长趋势得到前所未有的极大推进，产生了由不知道到开始真正知道马克思主义的实质性转变。马克思主义经济学作为马克思主义学说的一个重要组成部分，其传入中国的时间和态势,亦应作如是解。考虑到深入研究马克思主义经济学在中国传播的早期历史的重要性和特殊性,又考虑到毛泽东的论断以十月革命作为中国人真正知道马克思主义的起始分界的真实性和合理性,本书将十月革命以前的早期传播,称为马克思主义经济学在中国的传播"前史"。这样,以十月革命作为标识,专门考察此前的传入历史,不仅区别于随之而来的十月革命以后的传播历史研究,而且可以显现连接前后两个阶段的一系列历史性特征。本书的研究将表明,在前史阶段,马克思经济学说中有关理论观点的点滴输入,尽管缺乏较为完整的体系,而且在各种外来思潮的裹挟下,或者有道听途说、鱼目混珠之弊,或者有断章取义、似是而非之嫌,甚或被完全曲解者亦有之,但它毕竟为以后马克思主义经济学在中国的传播,起到了历史铺垫的作用;这种铺垫对于理解整个传播过程,同样十分重要。

三、关于研究资料的若干说明

以今天的眼光看,马克思主义经济学作为一个清晰概念,具有特定的内涵与外延。然而,向前追溯马克思主义经济学在中国传播的早期历史,可以发现,因其与形形色色的各种评介和释义错综交织在一起,时间越早,所传入的概念边界越模糊,所具有的含义成分也越混杂。或者说,这一概念与含义的逐渐清晰过程,正是马克思经济学说在其早期传入中国过程里的题中应有之义。因此,考察马克思主义经济学在中国的传播前史,很难摘选出严格限于马克思经济学说范畴的历史资料进行排他性的孤立研究。即便有可能进行这种摘选,所选出的历史资料也将残缺不全,要么割断既有的联系,要么脱离历史的实际,使之变得无从着落,难以解释。

根据本书的研究宗旨,梳理马克思经济学说初期传入中国的历史资料,有两类密切相关的资料要素值得注意。一类是西方社会主义思潮在中国的传播资料,另一类是西方经济学在中国的传播资料。关于前一类要素,实际上,马克思经济学说最初传入中国,也是社会主义思潮之西学东渐的产物。社会主义思潮不是一个严谨概念,其含义和用法颇为复杂,系由"社会的"一词衍生而来。于是,举凡对推崇个人主义的资产阶级社会持反对意见者,如《共产党宣言》中所列举的反动的社会主义,包括封建社会主义、小资产阶级社会主义和"真正的"社会主义,资产阶级社会主义,空想社会主义等,均可归入社会主义思潮的范畴,"社会主义"一词后来还与"共产主义"一词相混用。在社会主义思潮中,真正属于马克思主义的观点,通常指科学社会主义。由于社会主义思潮在内容构成上的复杂性,因此,马克思的名字及其学说最初随着西方社会主义思潮传入中国时,增添了国人区别和分辨马克思学说与其他各式各样社会主义学说的难度,往往把马克思及其经济学说,同社会主义思潮中各种非马克思主义甚或反马克思主义的代表人物及其学说混淆在一起，形成一种难分彼此的局面，使得马克思经济学说的理论边界变得模糊不清。关于后一类要素，从时间顺序上说，西方经济学传入中国，就像西方社会主义思潮传入中国一样，在马克思经济学说传入中国之前。不过，马克思经济学说传入中国，当初主要凭借的是西方社会主义思潮这一传入渠道，而不是西方经济学的传入渠道。以后，随着历史的演进，舶来经济学中，逐渐增多有关马克思经济学说的内容，起初只是当作西方经济学的一个分支流派而与其他理论观点混杂在一起，后来同样成为传播马克思主义经济学的一个重要渠道。从早期的历史资料看，马克思学说常常被等同于一般社会主义思潮，社会主义思潮也常常被看作纯粹用来解决社会贫富问题的经济学说。根据这种理解方式，经济学说在整个社会主义思潮中，马克思经济学说在整个马克思学说中，占有极为特殊的重要地位，其他的哲学、政治等学说，似乎被当作经济学说派生出来的附属物或者强化经济学说的支撑物。这一理解，事出有因，反映了当时国人面对蜂拥而来的西方学说，急于从中找到有效改变中国贫穷落后面貌或防范中国出现西方式贫富悬隔弊端的思想法宝。因此，侧重从经济学说角度看待马克思学说与一般社会主义思潮，成为那一时期的思想特征之一。

因此，追溯马克思经济学说传入中国的早期历史原貌，不可能脱离西方社会主义思潮和西方经济学的传入背景而作孤立的研究，相反，只有置于这个背景之中，整理和研究相关的历史资料，才有可能真切地反映和说明其早期面貌之由来。当然，联系当初社会主义思潮和经济学传入中国的早期思想文献来研究马克思经济学说的传入进程，在资料的引用和分析上会显得有些枝蔓，然而，这是在力图还原历史的真实。马克思主义经济学的传播不同于它的创立，已具有现成的舶来版本，但它在中国的传播同样不是一蹴而就，同样经历了一个从孕育到发展的曲折过程。更何况当时的中国处在远离马克思学说创立中心的落后东方，其社会经济发展水平、思想文化传统与国民素养等，均与马克思学说诞生地的欧洲迥然有别。在这个孕育的过程中，不论马克思经济学说尚未进入中国而开始临近之时，还是已经进入中国却仍属凤麟之时，看似枝蔓的各种社会主义思潮和经济学资料的先期输入，犹如土壤的浇灌培育一般，无不为马克思经济学说从初期幼芽式的传入到后来的广泛传播，逐步创造了匹配和适宜的思想条件。尽可能完整地描述这些先行思想资料的内容，分析它们与马克思经济学说早期传入之间在事实上与逻辑上的关系，正是本书的重要任务。

马克思主义经济学经历最初传入的坎坷和曲折，又持续相当长时间的传播，才逐渐为广大中国人民所接受，并最终确立了它在中国经济思想领域的支配地位。对于这个历史过程的考察，不应只是撷取时人介绍马克思学说的个别经济观点而作单线条的整理和分析,应将其放入当时的真实思想环境中,与前史时期传入中国的马克思学说、各种社会主义学说以及经济学说等内容联系在一起,综合地加以考察。通过这种历史全景式的思想资料研究,力求比较正确地把握在中国这块土地上,马克思主义经济学在其真正得到传播之前的早期历史线索或输入轨迹,认识那时处于困境中的先进中国人为了摆脱落后和贫穷状况而向西方国家寻找真理的道路之艰难,同时从中发现马克思经济学说在其传入中国的早期阶段,受历史条件影响而形成的与以后的传播过程既相互联系又相互区别的若干重要特征。

按照这个意图,在早期思想资料的梳理方面,除了专注于有关马克思经济学说的传入史料之外,还必须考察那些与之关联度较高、难以完全剥离开来、甚至严格剥离即无法完整说明其发展过程的其他传入史料,如广泛考察马克思学说、社会主义思潮和西方经济学在中国的传播情况。这些思想资料,产生于向西方学习的共同时代背景,其传入的时间和轨迹,却并非完全同步。因此,探索马克思及其学说、西方社会主义思潮与西方经济学最初传入中国的起源,它们各自的沿革和演变过程,以及相互的关联结合等思想要素,正如探索马克思经济学说传入的起源和独特进程一样,共同成为我们的研究对象。

一般地说,有关马克思主义与社会主义思想传入中国的历史资料之搜集、整理和分析研究工作,鉴于其重要性,向来受到国内外学者的重视,积累了大量成果,足资后人研究时参考。关于马克思学说早期传入中国的现有历史资料,有力回复了那些质疑式挑战,同时也遗留了许多尚待解决的问题,需要仔细地考证、辨析和讨论。尤其是现有大多数论著,主要摘录历史人物的代表性观点进行概括性论述,虽易于把握早期传播的大致趋势和主要特征,却难以反映早期代表人物的复杂思想因素,难以揭示早期传播时期的变化多端色彩。这些复杂变幻的先行思想资料,作为早期传播过程的历史链条上经历过的各个环节,有必要弄清楚其起源、演变和发展的脉络轨迹,探赜索隐,钩深致远,这与以后“真正传播”时代的历史,有着不可割断的千丝万缕的联系。同样,从中国经济思想史角度考察马克思经济学说在中国传播的早期历史,也不应停留在概略式论述上,应反映其历史原貌。幸运的是,经过此前数十年国内外学者的共同努力,为本专题研究提供了丰富的历史资料,以及延伸出来的大量史料线索和分析参考。可惜的是,对于这些资料的解读和利用,尚限于局部范围,相当大部分犹如藏之深闺,有待开发。

关于西方经济学传入中国的历史资料,其搜集和研究,相比之下,显得较为单薄,须下功夫对此类浩繁的资料专事爬梳整理,用以支持本专题的研究。这种支持至少包括两个方面:一方面,各种西方经济学著述,有相当一部分或多或少地触及马克思的经济理论观点,尽管其中有不少持不赞成、贬抑甚至反对态度，但它们仍为考察马克思经济学说之传入中国，提供了不容忽视的史料来源。这些史料迄今为止，被忽略者居多，未引起足够的注意。另一方面，放眼 19 世纪末叶以来我国经济思想的发展演变历史，截至 1949 年，在之前不长的时间里，我国经济思想经过各种外来经济思想的冲击和影响，完全改变了自古以来的传统面貌，而且与国内特定历史条件下产生的大量经济问题和经济思潮交织在一起，形成错综复杂的局面。这是中国经济思想史研究中一个尚待深化的领域，其中存在不少难点。选择从考察马克思经济学说传入中国的早期历史入手，旨在把握其主要线索和基本特征，然后由前史研究进入以后的传播史研究，以此为基础再分别与每个历史阶段一般经济学的引进和变迁研究结合起来，以期递进地展现出中国近代经济思想发展的历史面貌。

无论专题整理马克思经济学说早期传入中国的历史资料，还是广泛整理同时期国内有关马克思学说、西方社会主义思潮以及外来经济学说的历史资料，本书所奉行的宗旨，一是注重史料的系统性、完整性和关联性，力图使马克思主义经济学传入中国并取得其思想支配地位的发展过程和趋势的研究，建立在更为广泛和深厚的思想史的资料基础之上，并且提供比较完整的上下文关系资料，以利于对照比较研究。二是注重原始资料在保持其原意前提下的通俗性解读。早期中文资料在当时的历史条件下，往往采用文言文或文言、白话交互使用的表述方式，对外来理论观点套用中国传统概念或者生吞活剥，对外来名词术语采用不同汉译形式甚至误译误用等等，以致今天看来，若非给予通俗解释，不是莫名其妙，就是难以卒读，影响理解的恰当和分析的深入。以尊重和严谨的态度对待历史资料，哪怕资料研究者的分析利用存在遗憾，也会给后人留下一份可供严肃探讨的史料资产。

四、马克思、恩格斯关于“中国的社会主义”论述

前面曾经指出，马克思经济学说在中国的早期传播，离不开社会主义思潮在中国传播的历史背景，这里所说的社会主义思潮，作为舶来品，是从外部传入中国的。对此，有人争论说，社会主义从外国强行移植到中国，意味着中国本来不具备产生社会主义的基础。关于这个说法，马克思、恩格斯 1850 年发表于《新莱茵报·政治经济评论》第 2 期的《国际述评(一)》，曾提出“中国的社会主义”概念，值得深思。

这篇评述国际事务的文章，专门谈到“有名的德国传教士居茨拉夫从中国回来后宣传的一件值得注意的新奇事情”，内容如下：

> “在这个国家，缓慢地但不断地增加的过剩人口，早已使它的社会条件成为这个民族的大多数人的沉重枷锁。后来英国人来了，用武力达到了五口通商的目的。成千上万的英美船只开到了

中国;这个国家很快就为不列颠和美国廉价工业品所充斥。以手工劳动为基础的中国工业经不住机器的竞争。牢固的中华帝国遭受了社会危机。税金不能入库,国家濒于破产,大批居民因赤贫如洗,这些居民开始愤懑激怒,进行反抗,殴打和杀死清朝官吏和和尚。这个国家据说已经接近灭亡,甚至面临暴力革命的威胁,但是,更糟糕的是,在造反的平民当中有人指出了一部分人贫穷和另一部分人富有的现象,要求重新分配财产,过去和现在一直要求完全消灭私有制。当居茨拉夫先生离开20年之后又回到文明人和欧洲人中间来的时候,他听到人们在谈论社会主义,于是问道:这是什么意思?别人向他解释以后,他便惊叫起来:

'这么说来,我岂不到哪儿也躲不开这个害人的学说了吗?这正是中国许多庶民近来所宣传的那一套啊!'

虽然中国的社会主义跟欧洲的社会主义像中国哲学跟黑格尔哲学一样具有共同之点,但是,有一点仍然是令人欣慰的,即世界上最古老最巩固的帝国八年来在英国资产者的大批印花布的影响之下已经处于社会变革的前夕,而这次变革必将给这个国家的文明带来极其重要的结果。如果我们欧洲的反动分子不久的将来会逃奔亚洲,最后到达万里长城,到达最反动最保守的堡垒的大门,那末他们说不定就会看见这样的字样:

中华共和国

自由、平等、博爱"①

以上有关"中国的社会主义"论述,苏联共产党中央马克思列宁主义研究院曾在其编辑俄文版《马克思恩格斯全集》第七卷时,有一个说明:"国际述评(一)表明,马克思和恩格斯深信中国革命将会获得胜利。"②也就是说,俄文版编辑者是从积极的意义上看待马克思主义奠基人关于"中国的社会主义"这一论述。

围绕这一论述,我国学术界有进一步的考证,也有针锋相对的争议。考证的结果,文中所说的德国传教士居茨拉夫,中文名为郭实腊(1803－1851),又译作郭士立、郭甲利等,早年毕业于荷兰鹿特丹神学院后即受布道会派遣到东南亚传教,其间学习中国文化和语言,后脱离荷兰布道会转而接受伦敦传教会邀请,1831年被派到澳门,以传教为名,经常沿海北上考察和搜集中国各种情

---

① 马克思、恩格斯:《国际述评(一)》,《马克思恩格斯全集》第7卷,人民出版社1959年版,第264－265页。以上引文,在1995年出版的《马克思恩格斯全集》中文第二版里,作了不少改动。其中,"中国的社会主义"译名被译为"中国社会主义"。

② 同上书,"第七卷说明",第XIX页。

况。第一次鸦片战争期间，他担任翻译，充任向导，参与英国的对华战争和《南京条约》的谈判与签订，曾任港英政府的中文秘书。1847 年在香港设立“福汉会”，1849 年返回欧洲，鼓吹中国基督教化，1851 年重返香港，任港英政府翻译，同年死于驻华商务监督任上[①]。马克思和恩格斯提到离开欧洲 20 年的居茨拉夫，指的就是鸦片战争前后其活动与中国密切相关几近 20 年的郭实腊。此其一。其二，文中说英国人用武力达到五口通商的目的后，因西方廉价工业品如大批印花布进入并充斥中国造成破坏性影响，导致居民的反抗或平民的造反，这是指中国南方如天地会等民间秘密结社及其发动的武装起义活动，不是指影响更大的太平天国运动。马克思和恩格斯把居茨拉夫从中国返欧后的感受，当作国际述评的一个重要内容，此系写于 1850 年 1 月 31 日，也就是 1842 年《南京条约》签订以后 8 年，故不可能去评述 1851 年初才兴起的太平天国革命。

从争议的内容看，也有两点。其一，对所谓“中国的社会主义”如何理解。有人认为，这是“贬意词”而非褒义，意谓“不可能实现的空想”。其理由大略有四：一则马克思用“中国的社会主义”一词“转述”西方传教士的思想，“这句话是含有贬意的”，因为郭实腊“恐惧平民革命、害怕社会主义学说”，于是才“把中国平民造反的要求看作西方的社会主义”；二则这里讲的社会主义，“不是工人阶级的科学社会主义，而是小资产阶级要求一部分财产的平均主义的社会主义，或农业社会主义”；三则在 19 世纪 40 年代末到 60 年代初，马克思一直认为“社会主义是资产阶级、小资产阶级的各种社会庸医的思潮，共产主义才是工人阶级的真正革命的思潮”，直到 1873 年以后，马克思、恩格斯才把自己的学说称为“科学社会主义”；四则马克思“否定”中国农业社会主义的空想，当时“预计中国必将在西方资本主义列强影响之下走资本主义道路，发生资产阶级民主革命，最终建立资产阶级共和国”，建立类似 1792 年法兰西共和国那样的“自由、平等、博爱”的“中华共和国”；等等。[②] 对此，有人“不敢苟同”。其理由亦大略有三：一则“马克思是依据郭实腊说的中国农民起义‘要求完全消灭私有制’做出‘中国的社会主义’论断的”；二则马克思所说“中国的社会主义”，固然是“农业空想社会主义”，但“那时科学社会主义还没有诞生”；三则“这里

① 近年来国内学者提供了更多有关郭实腊的资料。例如，他出生于普鲁士小镇普立兹，早年通晓英文，取英文名字 Charles Gulzlaff；他主编的《东西洋考每月统纪传》（英文名为 Eastern Western Monthly Magazine，1833 年 7 月 25 日创刊于广州），是“在国内印刷发行的第一份中文期刊”，内容从宗教领域延伸到世界各国政治、经济、文化等方面，“切切实实地在士大夫阶层中产生了影响”；与其他传教士相比，他“堪称面目最复杂、涉足领域最广泛的一个”，无论从宗教角度还是从政治、经济、中西关系史等角度看，“他都不应当被忽略”，诸如办报、翻译、著述、参与军事等，“常常领风气之先”；等等。参看梁捷：《西方经济学在中国的早期传播》，《群书博览》2008 年第 3 期。

② 高放：《马克思并未称太平天国为“中国的社会主义”》，《社会科学研究》2004 年第 2 期。

涉及如何正确评价空想社会主义问题”,因为“马克思恩格斯对空想社会主义创始人作了很高的评价”,科学社会主义诞生后,空想社会主义信徒才倒退成为“反动的宗派”;等等①。其二,可否将太平天国称为“中国的社会主义”。有人强调,事实上马克思从未称太平天国为“中国的社会主义”,而且,马克思“从未肯定太平天国的大同理想”,相反地明确指出其弱点和局限性,甚至称之为“丑恶万状的破坏”,“魔鬼的化身”,“停滞的社会生活的产物”等;借此可以澄清一种“误解”,以为马克思当年曾设想“社会主义有西方先进国家和东方落后国家两条道路、两种模式”②。有人不同意这一观点,认为太平天国早在1843年创立拜上帝教,实行“有饭同吃”制度,后来又实行“圣库”制度,郭实腊所指的,可能就是这些农民和平民起义的制度,或是对这些制度的继承和发展;从这个意义上说,“称要求消灭私有制、重新分配财产的太平天国为‘中国的社会主义’,也没有什么不对”③。

这些考证和争议,对于恰当地认识马克思、恩格斯提出“中国的社会主义”概念的时代涵义,是有裨益的。对照原文,所谓“中国的社会主义”,大体说来,涉及几个方面。一是就其背景而言,当时的中国正处于因过剩人口持续增加而使大多数人难以忍受的落后社会状况,突然间西方列强又用武力打开中国门户,中国以手工劳动为基础的传统产品根本无法抵挡外国用机器生产的廉价工业品的竞争,从而动摇了“牢固的”专制统治的基础,出现了国家因丧失税收而濒于破产、居民因贫困无告而起来反抗的社会危机。将这个背景与中国的社会主义概念联系起来看,应当没有什么贬义。二是就其内容而言,虽然“中国的社会主义”一词,是郭实腊用中国造反平民所宣传的那一套学说,附会欧洲的社会主义而连带出来的词汇,但确实包含了不满贫富不均现象,要求重新分配财产,乃至要求完全消灭私有制等体现社会主义精神的涵义。马、恩的述评口吻,说中国造反平民提出这些涵义是“更糟糕”的事,实际上在讥刺维护专制统治的中国反动保守势力,就像讥刺郭实腊之流为了反对社会主义,把欧洲人谈论的社会主义和中国暴民宣传的学说都说成“害人的学说”一样。从这些涵义和口吻看,对“中国的社会主义”概念也没有什么贬义。三是就其比较而言,用中国哲学跟黑格尔哲学的类比来说明“中国的社会主义”与“欧洲的社会主义”之异同,似乎侧重说明二者虽同属社会主义却不在同样的层次上。在黑格尔哲学看来,古老的中国哲学一直停滞不前,只反映了人类精神历史的幼年时代。若以此比较,似乎意谓中国社会主义相比欧洲社会主义,尚处在初级

---

① 方之光:《太平天国史研究如何与时俱进》(2003年10月15日修改稿),“南京文博信息网”(www.njmuseum.cn或www.njwb.com)。

② 高放:《马克思并未称太平天国为“中国的社会主义”》,《社会科学研究》2004年第2期。

③ 同①。

层次上。其实,这种层次之别,仍然谈不上对中国的社会主义有什么贬义,更谈不上"中国的社会主义"和"欧洲的社会主义"都是贬义词。四是就其发展而言,尽管那时"中国的社会主义"比不上"欧洲的社会主义",不那么科学,但它面对"世界上最古老最巩固的帝国"或"最反动最保守的堡垒",毕竟代表了中国社会变革的未来发展趋势,并且预示这场变革"必将给这个国家的文明带来极其重要的结果"。惟其如此,马、恩谈论"中国的社会主义"时,感到"令人欣慰"。当然,这里所说的"中国的社会主义",它的发展前景,按照马、恩的叙述,充其量不过是标榜自由、平等、博爱的资产阶级共和国,但它比起古老、巩固、反动、保守的中华帝国堡垒,连同沆瀣一气的欧洲反动分子,终究是一种进步。如此说来,中国的社会主义又怎么会是贬义呢?!

由此可见,马克思、恩格斯依据来华传教士郭实腊提供的资料,从后者诅咒中国许多暴民近来宣传那一套"害人的学说"中,看到了中国式社会主义思潮得以形成的独特原因,即西方列强打开中华帝国的顽固保守大门后,通过输入廉价的机器工业品以冲击传统的手工劳动制品,彻底动摇古老帝国的经济根基,并激化各种社会矛盾,使中国面临大规模革命的威胁,推动造反平民要求重新分配财产甚至要求完全消灭私有制。在马、恩看来,这是"一件值得注意的新奇事情"。此事之所以"新奇",在于这位来华传教士以其特殊的视角,告知西方人士:文明欧洲国度内所谈论的社会主义,竟与古老中国造反平民所宣传的学说,何其相似乃尔。此事之所以"值得注意",则在于它反映了一种国际趋势:无论中华帝国多么古老和巩固,最终也不能避免社会变革,这个社会变革必将对中国文明产生极其重要的结果,导致万里长城所禁锢的最反动、最保守的堡垒的崩溃,有可能建立起同样为欧洲文明国家所追求的自由、平等、博爱的共和国,从而完全关闭欧洲反动分子为寻求庇护而向亚洲逃难的最后一扇大门。当然,马、恩说"中国的社会主义",既不是科学的社会主义,亦不如欧洲的社会主义具有较高文明程度,至多以信奉自由、平等、博爱的资产阶级共和国或农业空想社会主义作为自己的理想,但其中体现的社会变革精神,代表了从反动保守帝国向文明社会发展的方向。依此而论,俄文版编辑者从中体会"马克思和恩格斯深信中国革命将会获得胜利",有其道理。也就是说,"中国的社会主义"概念具有积极意义,并非贬义之词。

马克思和恩格斯撰写这篇《国际述评》时,中国已临近太平天国革命爆发的前夕,正处于太平军起义的酝酿过程中。文中引用郭实腊所说的中国许多暴民近来宣传"害人学说"的资料,不必专指当时准备太平军起义的那些人和事,但这一说法的确反映了鸦片战争以来,中国各地尤其南方人民的反抗起义普遍发展的时代背景。在西方,19 世纪 30 年代,英法两国的空想社会主义代表作相继问世,到 40 年代,社会主义开始在西欧广为流传。郭实腊于 40 年代末返回欧洲后听到人们谈论社会主义,恰好是社会主义思潮刚在欧洲盛行的时期。那个时期,西方的或欧洲的社会主义思想尚未传入中国。这样,马克思和恩格斯从郭实腊的言谈中提炼出中国的社会主义概念,实际上隐含着一些提示。第一,中国的社会主义,有其产生或赖以存在的自身土壤。第二,中国的社会主义,那时还不曾借助外界力量或受到西方影响,是自发产生的,然而在其若干思想要素方面,却与欧洲的社会主义有共同之点。第三,中国的社会主义,是马克思、恩格斯借助郭实腊之口而使用的专门术语,中国原本并无这一词汇,此术语所包含的思想观点被惊呼为"害人的学说"在中国近代初期之出现,仅稍迟于同类思想在欧洲之流行。

根据以上提示,引申出另外两个问题。其一,既然中国的社会主义概念,有其赖以产生的自身土壤,并非纯系外国强行移植的结果,那么,以当时中国的特定条件,在马、恩看来,这一土壤究竟具有怎样的社会经济涵义,他们又怎样来分析中国当时的基本经济状况。这一分析,并不意味马、恩生前对中国社会产生过什么直接影响。迄今为止,尚未发现任何资料或线索来证明这种影响,而且连马克思的名字,根据目前的研究成果,也是在他去世后多年才传入中国并逐渐为少数知识界人士所了解。尽管如此,考察马、恩生前围绕中国经济问题的观察和分析,有利于理解,他们关于中国社会主义的论述,与他们对中国社会经济状况及其发展方向的判断密切相关,也有利于认识,马克思主义经济学后来传入中国,国人基于这些观察和分析形成了若干特征性因素。其二,既然中国在 19 世纪前半叶的环境中,未借助外来思想的影响、相对独立地产生类似于欧洲社会主义的思想元素,那么,在中国的传统文化中,是否也存在类似的思想成分。这两个问题的答案,同样关系到如何认识和评价马克思主义经济学传入中国的历史进程。弄清这些问题,需要对中国浩瀚典籍中的有关资料,进行梳理和分析。下面,分别就这两个问题作一简要说明。

五、马克思、恩格斯关于中国社会经济问题的论述

马克思和恩格斯生前颇为关注中国问题,据统计,他们撰写涉及中国问题的文章,约 120 多篇,其中又以涉及中国社会经济问题为主。其中尚不包括诸如《资本论》、《剩余价值理论》、《政治经济学批判》等鸿篇巨制,以及大量笔记手稿中有关中国问题的摘引资料或对中国问题的分析评论。

从著述时间看,大体自 1847 年始,马、恩著作已触及有关中国问题。例如,恩格斯 1847 年 10 月底至 11 月间为共产主义者同盟第二次代表大会起草纲领草案即《共产主义原理》,在回答"产业革命和社会划分为资产者与无产者首先产生了什么结果"这一问题时,指出其结果之一,即那些一向或多或少和历史发展不相称、工业尚停留在手工工场阶段的半野蛮国家,现在已经被迫脱

离了它们的闭关自守状态,“甚至中国现在也正走向改革”;而且“事情已经发展到这样的地步:今天英国发明的新机器,一年以后就会夺去中国成百万工人的饭碗”。意谓大工业正把世界各国人民联系起来,使所有地方性的小市场联合成为一个世界市场,从而文明国家的工人自我解放,必然会引起包括中国在内的其他一切国家的革命。[①] 稍后,1847 年 12 月至 1848 年 1 月,受该同盟委托,马克思与恩格斯一道,共同起草著名的纲领性文件《共产党宣言》。其第一章“资产者和无产者”,亦提到“中国的市场”同美洲的殖民化、对殖民地的贸易、交换手段和一般商品的增加一起,使商业、航海业和工业空前高涨,因而使正在崩溃的封建社会内部的革命因素迅速发展[②]。这两处提到中国的文字,比较简单,却标志马克思和恩格斯观察世界形势时,开始把中国纳入他们的视野。

1850 年 1 月,马、恩的国际述评涉及中国的社会主义,延续了他们最初观察中国问题所得出的结论。这个结论是,大工业的推进和世界市场的拓展,不仅促进文明国家工人的自我解放,而且必然引起像中国这样落后于世界历史发展水平、其工业尚停留在手工工场阶段的半野蛮国家被迫脱离闭关自守状态而走向改革,或者说,使包括中国在内的正在崩溃的封建社会内部的革命因素迅速发展。所谓中国的社会主义,其历史背景与发展趋势说的也是英国等西方列强强迫中国对外通商,致使传统的手工劳动产品在与廉价的机器工业产品的竞争中败下阵来,从而引起最古老最巩固最反动最保守的中华帝国出现了动摇其基础的社会危机或社会变革。

自此以后,中国问题日益引起马、恩的重视,并根据上述结论进行更加广泛和深入的阐发。尤其在 1853—1862 年这 10 年间,马克思在美国《纽约每日论坛报》上,发表了一系列有关中国问题的专题论著,如《中国革命和欧洲革命》、《英中冲突》、《俄国的对华贸易》、《英人在华的残暴行动》、《鸦片贸易史》、《中国和英国的条约》、《新的对华战争》、《对华贸易》、《中国记事》等。这一期间,恩格斯主要在曼彻斯特的欧门—恩格斯公司从事商业活动,从经济上帮助马克思,他与马克思频繁书信往来时也经常提到中国事务,并发表多篇论述中国问题的文章,如《英人对华的新远征》、《波斯和中国》、《俄国在远东的成功》等。到 19 世纪 60 年代后期,无论公开出版的《资本论》第一卷,还是马、恩的各种书信,有关中国的资料或评论随处可见。只是整个 70 年代至 1883 年马克思逝世这段时期,现存马、恩著作中,提到中国之处似乎明显减少。这种状况到 1885 年《资本论》第二卷出版后有所改观,并一直延续至 90 年代中期恩

① 《马克思恩格斯选集》第 1 卷,人民出版社 1972 年版,第 214 页。
② 同上书,第 252 页。

格斯去世前夕而未变，特别在90年代前期出版的《资本论》第三卷和同期恩格斯的书信中，涉及中国的议论又明显增多。其实，即便70—80年代初，马克思也未曾减弱对中国问题的研究热情。只是那一时期记载马克思有关中国问题研究成果的主要著述如《资本论》第二、三卷，直到他去世后才由恩格斯加以整理并分别于80、90年代中期出版。此外，根据美国学者劳伦斯·克拉德1972年编辑出版的《卡尔·马克思的民族学笔记》一书，还可以发现马克思晚年将其研究的重点从西方转到东方，其中当然包括对于中国问题的研究。

马克思、恩格斯关于中国社会经济问题的论述，主要集中在以下几个方面：

(一)中国传统生产方式的性质

早在1847年的《共产主义原理》中，恩格斯把中国归入坚持闭关自守状态的落后国家行列，其落后程度甚至比同样“几千年来没有进步的国家”印度还不如。对于印度，马克思分析其经济基础是“建立在家庭工业上面的，靠着手织业、手纺业和手力农业的特殊结合而自给自足”①。这也是马克思对中国生产方式的评价，如谓“以小农经济和家庭手工业为核心的当前中国社会经济制度”②，或谓“依靠着小农业与家庭工业相结合的中国社会经济结构”③；恩格斯称那时的中国为“最后一个闭关自守的、以农业和手工业相结合为基础的文明”④。

认为中国属于闭关自守的国家，这是当时关注国际事务的西方人士的普遍共识。如马克思1857年3月25日分析中英冲突即第二次鸦片战争的原因一文，曾引用英国《泰晤士报》的报道，其中提到英国在远东扩张势力，与“闭关自守的中国社会的结构”相冲突⑤。但是，在一般西方人那里，不能解释诸如世界上最先进的工厂制度出卖其布匹的价格，为什么不能比最原始的织机上用手工织成者更便宜之类的谜，马克思用小农业与家庭工业的结合，解答了这个谜⑥。马克思透过中国闭关自守的表面现象，看到其内部“小农业和家庭工业的统一形成了生产方式的广阔基础”。中国生产方式的这种特征，一方面因农业和手工制造业的直接结合而造成巨大的节约和时间的节省，能够对大工业产品进行最顽强的抵抗；另一方面，这种小规模园艺式的农业虽能产生“巨

① 马克思：《不列颠在印度的统治》，《马克思恩格斯全集》第9卷，人民出版社1961年版，第148页。

② 马克思：《英中条约》，《马克思恩格斯全集》第12卷，人民出版社1962年版，第605页。

③ 马克思：《对华贸易》，《马克思恩格斯全集》第13卷，人民出版社1962年版，第601页。

④ 《恩格斯致奥·倍倍尔(1889年3月18日)》，《马克思恩格斯全集》第36卷，人民出版社1975年版，第456页。

⑤ 《马克思恩格斯论中国》，人民出版社1950年版，第54页。

⑥ 参看马克思：《对华贸易》，《马克思恩格斯全集》第13卷，人民出版社1962年版，第603页。

大的节约”，但总的说来，这种制度下的农业生产率，是以人类劳动力的巨大浪费为代价，这种劳动力又是从其他生产部门剥夺来的。[①] 马克思剖析近代中国落后于世界列强的内在经济原因，抓住小农经济与家庭手工业直接结合这个要素，阐述中国几千年来的传统生产方式性质，并以这一要素之解体，来说明中国古老生产方式在近代的解体过程。

显然，马、恩谈论中国的社会主义，建立在他们对于中国传统生产方式性质的判断之上。另外，马克思提到，建立在土地公有制基础上的村社形式，也是中国的原始形式，并把这种亚洲村社看作“原始共产主义”。这里的公有制或者共产主义，意指它的原始形式，与小农业和家庭手工业的结合一样，表现为劳动者和劳动条件的统一，不适合于把劳动发展为社会劳动，因而不适合于提高社会劳动的生产力。[②] 马克思并不称道这种村社土地公有制或原始共产主义，恰恰相反，认为劳动者与劳动条件的分离，亦即村社的破坏与小农经济的解体，是一种必然趋势。他也是在中国发生这种变革之后，才提出中国的社会主义问题。所以，这里所说的中国社会主义，既不是原始共产主义，也不是科学社会主义。社会主义最初在英法两国的空想社会主义者那里，用来表示为了提高劳动群众的福利和保障社会和平而改造社会制度的思想，尚允许财产不平等的存在。后来，社会主义一词又包括共产主义一词的含义，即通过生产资料公有方式实现社会平等，主张取消财产不平等。马克思、恩格斯对于他们建立科学社会主义以前的空想社会主义和共产主义理论，有时统称为社会主义，有时加以区别。他们分析中国问题时，正值中国社会由漫长的古代社会迅速步入近代社会的重大转折关头，其时使用中国的社会主义概念，虽然只在初期分析中国问题时偶见为之，以后未再使用这个概念，但以此论证了中国传统生产方式变革的发展方向。

（二）外国资本的侵入与中国的变革

马、恩最初为共产主义者同盟起草纲领时，已经注意到在采用机器生产的西方产业革命的推动下，中国也在走向改革。并估计新兴的资产阶级对于中国市场的开辟，势必使正在崩溃的封建社会内部的革命因素迅速发展；甚至预测英国今天发明的新机器，一年后就会夺去中国许多工人的饭碗。意谓在西方资本势力的冲击下，中国将会很快发生变革。

这一分析，马克思在19世纪50年代初的《中国革命和欧洲革命》一文，进一步具体化。其中提到，自1833年起，对华贸易垄断权由东印度公司转到私人商业手中，英国棉毛织品对中国的输入迅速增加；1840年鸦片战争以后，不

---

① 参看马克思：《资本论》第3卷，人民出版社1975年版，第117、373页。

② 参看同上书，第373页；以及《剩余价值理论》第3册，人民出版社1975年版，第465—466页。

仅英国,其他国家也开始参加和中国的通商,输入增加得更多。外国工业品的输入,直接影响中国工业,中国纺织业在外国竞争下遭受很大痛苦,社会生活也受到很大破坏。马克思特别指出,鸦片战争给予迷信万世长存的天朝帝国以"致命的打击",英国大炮的轰击,使影响中国财政、社会风尚、工业和政治结构的各种破坏性因素得到充分发展。在他看来,与外界完全隔绝曾经是保存旧中国的首要条件,当这种隔绝状态在英国的努力之下被暴力打破的时候,接踵而来的必然是解体的过程,正如小心保存在密闭棺木里的木乃伊一接触空气必然要解体一样。[①] 总之,这一时期马克思的论述,强调随着外国资本的侵入,古老的中国必然发生相应的变革。后来马克思在《资本论》第一卷中提到,对中国的鸦片战争,是欧洲各国以地球为战场进行商业战争的继续,同时证明,"暴力是每一个孕育着新社会的旧社会的助产婆。暴力本身就是一种经济力"。[②] 可见这句名言同样源出于中国的事例。

19 世纪 50 年代末,马克思对于中国问题的分析重点有所变化,似乎更强调外国资本侵入后,中国的变革过程之缓慢与艰难。两次鸦片战争的结果,并未如西方商人所期望的那样,大大扩充对华贸易。原来以为从此可以自由进入中国这个蔚为壮观的市场那种想法,被证明是"不切实际的幻想"。不仅如此,自 1842 年中英两国缔结南京条约、打开中国门户以后的十余年间,中国茶叶和丝绸对英国的出口额不断增长,而英国工业品对中国市场的进口,整个说来没有什么变化。中国持续增长的贸易顺差,同样存在于中国与其他西方国家如美国的贸易方面。这是指合法贸易方面,出乎西方人士的意料。

与此同时,第一次鸦片战争刺激非法鸦片贸易的增长。鸦片的输入,不仅抵消中国对外贸易的出超,引起白银外流,破坏了国家的财政收支和货币流通;而且腐蚀天朝官僚体系,破坏宗法制度,致使人民堕落。对此,马克思认为是一个悲剧:在鸦片输入问题上,"半野蛮人维护道德原则,而文明人却以发财的原则来对抗";在这场决斗中,中国被强力排斥于世界联系的体系之外而孤立无援,因此竭力以天朝尽善尽美的幻想来欺骗自己,这样一个帝国终于要在这样一场殊死的决斗中死去。[③] 或者换一种表述方式,用《中国革命和欧洲革命》中的一段话来说,"历史的发展,好像是首先麻醉这个国家的人民,然后才有可能把他们从历来的麻木状态中唤醒似的"。[④] 这里所说的,是鸦片贸易这一独特历史现象在近代中国产生的深刻影响。

鸦片输入对于传统中国的破坏性显而易见,同时鸦片贸易的历史资料也

① 《马克思恩格斯全集》第 9 卷,人民出版社 1961 年版,第 110—111 页。
② 马克思:《资本论》第 1 卷,人民出版社 1975 年版,第 819 页。
③ 马克思:《鸦片贸易史》,《马克思恩格斯全集》第 12 卷,人民出版社 1962 年版,第 587 页。
④ 《马克思恩格斯全集》第 9 卷,人民出版社 1961 年版,第 110 页。

显示,这种非法贸易对于西方(包括垄断对中国鸦片贸易的英国在内)在走私鸦片之外的合法贸易,同样产生有害的影响,使后者受到损失。根据马克思的分析,如果中国政府使鸦片贸易合法化,准许在中国栽种罂粟并对外国鸦片征收进口税,这将打破英国政府对于毒品生产的垄断权,使英国国库遭到严重的损失,英国的鸦片贸易会缩小到寻常贸易的规模,并且很快就会成为亏本生意。[①] 它要说明的是,西方列强用大炮轰开中国门户之后,各参战国得到的利益从纯粹商业的性质看,“大部分都是虚妄的”[②]。也就是说,在门户开放之初,外国资本企图开辟中国市场的努力并未获得成功。

对于这一事实,马克思针对当时西方人士的各种解释,逐一予以剖析。诸如,新开辟的市场,对消费者的实际需要和购买力缺乏精确的估计,这种现象决不是对华贸易所特有的,也是世界市场历史上的普遍现象;各国的竞争引起外国对中国市场输入的停滞和相对减少,这只能表明中国市场可以容纳的外国全部贸易活动是多么有限;中国的太平军革命阻碍了对华贸易,然而1851—1852年对中国的出口,仍然随着贸易的一般增长而增长了,鸦片贸易在整个革命时期,不但没有缩减,反而迅速达到很大规模;等等。这些理由在马克思看来,都不能令人信服。他仔细考察中国贸易的历史,特别是仔细分析1836年以来的贸易动向后,提出:“这个市场失败的主要原因看来是鸦片贸易”,其原因在于对中国出口贸易的全部增长额始终只限于这一项贸易;“第二个原因是国内的经济组织和小农业等等,摧毁这种小农业需要很长的时间”。[③] 前一个原因是说中国市场的容纳程度有限,在既定的市场内,鸦片贸易与一般贸易此消彼长,当时鸦片贸易的增长直接导致一般对华贸易未能增长甚或下降。从这个意义上说,用武力扩大西洋商品在中国的市场,其最初企图之所以遭到失败,鸦片贸易确系“主要原因”。可是,换一个角度看,这个原因仍属表层的原因,未能说明一个人口几乎占人类1/3的幅员广大的帝国,其市场何以如此有限。后一个原因从更为深层的基础上,说明自给自足的小农经济是造成中国市场狭小的内在因素。马克思在《英中条约》一文中说,“一般说来,人们过高地估计了天朝老百姓的需求和购买力”,其基本依据是:在以小农经济和家庭手工业为核心的当前中国社会经济制度下,谈不上大宗进口外国货。[④] 将分析的着眼点,最终归结到落后的古老生产方式上,说明外国资本

① 参看马克思:《鸦片贸易史》、《中国和英国的条约》,《马克思恩格斯全集》第12卷,人民出版社1962年版,第591、622页。

② 恩格斯:《俄国在远东的成功》,《马克思恩格斯全集》第12卷,人民出版社1962年版,第662页。

③ 《马克思致恩格斯(1858年10月8日)》,《马克思恩格斯全集》第29卷,人民出版社1972年版,第348页。

④ 《马克思恩格斯全集》第12卷,人民出版社1962年版,第604—605页。

侵入中国后要摧毁原有旧的生产方式,“需要很长的时间”。

在外国资本的冲击下,中国传统生产方式的解体过程究竟需要多长时间,马克思并未给出答案。进入19世纪60年代后,他仍然关心这一问题。如在19世纪60年代初,他根据英国贸易部的商品出口报告,鉴于英国对中国输出总额的减少(尽管直接的输出额增加了,但经过香港的输出额减少了),重申以往的看法,“从对华贸易中指望不到什么结果”,即英国商品尚难以打开中国市场。[①] 1867年,恩格斯给马克思的信中,还提及中国市场上英国商品充斥的问题。至19世纪60年代末,恩格斯告诉马克思,“中国的市场在逐渐扩大,看来至少在一段时期内它能够再一次地挽救(英国的——引者注)棉纺织业”,而且许多英国商品都运往中国委托推销,从那里来的消息仍颇为乐观[②],似乎意味着中国传统生产方式开始发生变革,从而为英国商品的侵入打开了方便之门。

马克思生前谈论中国问题的重点,不单提出其传统生产方式在外国资本压力下发生内部解体的必然性,还指出它发生解体过程的长期性。这个论点,典型地体现在后来由恩格斯整理出版的《资本论》第三卷中。马克思考察商人资本的历史时,曾以英国人同印度和中国的通商为例,认为它们展示了一个事实,“资本主义以前的、民族的生产方式具有的内部的坚固性和结构,对于商业的解体作用造成了多大的障碍”。所谓“内部的坚固性和结构”,指的正是形成印度和中国原有生产方式之广阔基础的小农业和家庭工业的统一。以印度而言,英国的商业在那里能对旧生产方式产生革命的影响,只是因为英国人通过其商品的低廉价格,消灭这种统一的工农业生产中那个自古不可分割的部分,即纺织业。但是,即便英国人曾经作为印度的统治者和地租所得者,直接使用他们的政治权力和经济权力,对他们来说,这种解体工作也进行得极其缓慢。在马克思看来,中国就更加缓慢了。一是在这里没有直接的政治权力给予帮助;二是农业和手工制造业直接结合而造成的巨大节约和时间节省,在这里对大工业产品进行了最顽强的抵抗,而大工业产品的价格,会加进产品在流通过程中的各种非生产费用。[③] 在马克思生活的时代,外国商业资本的侵入尚处于初期阶段,对中国旧生产方式的瓦解作用表现得还不那么显著,这恐怕是马克思预见这种生产方式必然发生解体,但反复强调这一解体过程将非常缓慢的原因之所在。在他看来,英国人若想像在印度那样,强使中国自给自足的村庄变成生产各种工业原料去交换英国货的简单农场,不仅现在还没有这种势

---

① 《马克思致恩格斯(1862年3月3日)》,《马克思恩格斯全集》第31卷,人民出版社1972年版,第220页。

② 《恩格斯致马克思(1869年12月9日)》,《马克思恩格斯全集》第32卷,人民出版社1975年版,第395页。

③ 马克思:《资本论》第3卷,人民出版社1975年版,第372—373页。

力，将来也未必能够做到这一点。[①]

马克思去世后，外国资本对中国市场的不断渗透已产生日益明显的解体作用，因而恩格斯晚年谈到中国问题，讨论的重点与马克思相比有所不同：一是指出从商品进出口为主的商业资本侵入，转向投资铁路建设的工业资本侵入；二是更加强调旧生产方式必然瓦解的不可逆转趋势。例如，19 世纪 80 年代中期，中国官办矿业自行修筑铁路后不久，恩格斯预计中国的铁路建设可能开放，并且断言："这样，这最后一个闭关自守的、以农业和手工业相结合为基础的文明将被消灭。"[②]90 年代初，恩格斯又提到，中国作为最后一个新的市场，英国资本极力要在中国修建铁路，"中国的铁路意味着中国小农经济和家庭工业的整个基础的破坏"[③]。恩格斯逝世前夕的 1894 年，适值中日甲午战争爆发，这使他更加坚信：战争将给古老的中国以致命的打击，"闭关自守已经不可能了"；因为即使为了军事防御的目的，也必须铺设铁路，使用蒸汽机和电力以及创办大工业，"这样一来，旧有的小农经济的经济制度（在这种制度下，农户自己也制造自己使用的工业品），以及可以容纳比较稠密的人口的整个陈旧的社会制度也都在逐渐瓦解"。[④] 19 世纪末，外国列强对于中国的经济侵略，已经由最初的商品输出方式，逐渐转向以资本输出方式为主，从而加速了传统生产方式的解体过程。恩格斯的上述分析，深刻地反映了这个实际进程。

由上可见，马克思、恩格斯的论述，将中国传统生产方式的变革，与外国资本的侵入联系在一起。对其具体变革过程的分析，从 19 世纪 40 年代中后期到 90 年代中叶的近 50 年内，大致经历了几个不同的发展阶段。最初，英国当局用大炮迫使清政府开放门户后不久，马、恩预言，随着工业化国家的机器产品大量输入，中国社会经济基础立即会发生相应的重大改革。此后相当一段时间里，马克思根据中英贸易史料，更强调中国旧生产方式的解体将是一个非常缓慢的过程。马克思在《资本论》中，曾以这个判断作为重要依据，用来支持其基本理论观点：商业对各种已有的、以不同形式主要生产使用价值的生产组织，都或多或少地起着解体作用，"但是它对旧生产方式究竟在多大程度上起着解体作用，这首先取决于这些生产方式的坚固性和内部结构"[⑤]。19 世纪 80 年代中期以后至 90 年代前期，恩格斯面对新的形势，重点从外国工业资本

① 参看马克思：《对华贸易》，《马克思恩格斯全集》第 13 卷，人民出版社 1962 年版，第 605 页。

② 《恩格斯致奥·倍倍尔（1886 年 3 月 18 日）》，《马克思恩格斯全集》第 36 卷，人民出版社 1975 年版，第 456 页。

③ 《恩格斯致尼·弗·丹尼尔逊（1892 年 9 月 22 日）》，《马克思恩格斯全集》第 38 卷，人民出版社 1972 年版，第 467 页。

④ 《恩格斯致劳·拉法格（1894 年 11 月 12 日）》，《马克思恩格斯全集》第 39 卷，人民出版社 1974 年版，第 297 页。

⑤ 马克思：《资本论》第 3 卷，人民出版社 1975 年版，第 371 页。

输出而非商品输出角度,指出中国古老的小农经济制度乃至整个陈旧的社会制度逐渐瓦解的必然发展趋势。总之,他们分析中国问题的思想进程,与中国旧生产方式实际发生解体的历史进程,是一致的。

(三)中国在世界经济中的地位

马克思和恩格斯关注中国问题,从一开始就着眼于它在世界范围内的地位和作用,特别是与欧美工业化国家之间的关系。在他们看来,资产阶级社会的真实任务是建立世界市场(至少是一个轮廓)及其以这种市场为基础的生产,中国的门户开放作为重要标志之一,意味着“这个过程看来已完成了”[①]。所以,恩格斯把中国看作英国“最后一个新的市场”。也就是说,讨论中国在世界经济中的地位,着眼于中国脱离闭关自守状态、被纳入世界市场体系作为其中一个重要组成部分之后,尽管它加入这一世界市场体系的时间很晚而且是被迫的。

从世界市场角度考察,马克思非常重视中国市场的变化对于欧洲市场尤其对英国市场的影响。例如,他研究太平天国革命对文明世界很可能发生的影响时,曾指出:英国工业1850年以来的空前发展,已不难看出日益迫近的工业危机的明显征兆,即市场的扩大会赶不上英国工业的增长,这种不相适应的情况也将像过去一样,必不可免地要引起新的危机;这时,如果有一个大市场突然缩小,危机的来临必然加速,“目前中国的起义对英国正是会起这种影响”。根据他的分析,一方面,英国需要开辟新市场或扩大旧市场,如增加向中国输出工业品和从中国进口主要消费品及工业原料;另一方面,在太平军起义的革命震荡时期,对中国的出口贸易下降,收购中国茶叶一类产品又要提高价格,会引起非现洋不卖的金银恐慌。其结果,英国面临这样的问题:它的主要消费品涨价,金银外流,它的棉毛织品的最主要市场大大缩小。不仅如此,茶叶的涨价和中国市场的缩小,还发生在西欧农业歉收、各种农产品涨价之时,生活必需品每一次涨价,国内和国外对工业品的需求相应减少,这将引起工业品市场的进一步缩小。英国工商业正好处于经济周期的这样一个阶段,所以马克思预言:“中国革命将把火星抛到现代工业体系的即将爆炸的地雷上,使酝酿已久的普遍危机爆发,这个普遍危机一旦扩展到国外,直接随之而来的将是欧洲大陆的政治革命。”[②]

马克思的这个预言,是在太平天国革命发生两年多的时候作出的。此后不久,马克思又多次提到这场中国革命对英国社会状况可能发生的破坏性影

---

① 《马克思致恩格斯(1858年10月8日)》,《马克思恩格斯全集》第29卷,人民出版社1972年版,第348页。

② 马克思:《中国革命和欧洲革命》,《马克思恩格斯全集》第9卷,人民出版社1961年版,第112—114页。

响。不论这个预言后来实现与否，预言本身建立在中国与世界市场关系的分析上，即中国的事变缩小了英国商品在中国的市场，而商品市场的缩小将加速工业危机的到来；由此得出中国革命将要影响英国，再通过英国影响全欧洲的结论。这样估价中国在世界经济中的地位和作用，体现了那一时期马克思对于中国问题的高度重视。

马克思分析中国与世界经济的关系时，以太平天国革命这一政治因素作为其线索，通过经济分析引申出它的政治后果。恩格斯分析这种关系时，比较集中于经济方面。如19世纪50年代末，恩格斯在他父亲的公司工作期间，正值英国纺织品制造业的繁荣时期，当时他判断，这种看起来极其乐观的情况，实际上是为印度和中国的市场进行过度的生产，难以估计能维持多久，并把印度和中国作为"过度生产的直接导火线"[①]。这是从包括中国在内的亚洲市场的前景中，感觉到处于高涨中的欧洲纺织业存在着过度生产的隐患。

19世纪80年代中期以后，恩格斯似乎更重视中国如果对外移民而可能带来的经济问题。在他看来，以农业和手工业相结合为其基础的闭关自守的中国，对于世界市场上每十年一次的工业周期性危机来说，曾是"最后一个安全阀门"，中国今后若开放，这个阀门将被关死，中国将开始大批向外移民；仅仅这一点就会在整个美洲、澳洲和印度的生产条件方面引起革命，甚至也许会触及欧洲。[②] 所谓安全阀门将被关死，是指中国小农经济和家庭工业相结合的整个基础在外国资本的冲击下被破坏后，由于中国没有大工业予以平衡，亿万居民将陷于无法生存的境地，其后果会出现世界上从未有过的大规模移民。所谓引起生产条件方面的革命，是指外迁的中国人若充斥美洲、亚洲和欧洲，将在劳动市场上以中国劳工的生活水准也就是世界上最低的生活水准，同美洲、澳洲和欧洲的工人展开竞争，从而改变包括欧洲在内的整个生产体系。在这个意义上，恩格斯曾将中国人称为"可憎的中国人"。[③] 此后，他又反复说明，中国在小农经济基础上的陈旧社会制度，可以容纳比较稠密的人口，这个制度一旦瓦解，千百万人将不得不背井离乡，移居国外，同时大批涌入欧洲；中国人的竞争一旦成为群众性的，这种竞争无论在哪里都会迅速地导致极端尖锐化，"这样一来，资本主义征服中国的同时也就会对欧洲和美洲资本主义的

---

① 《恩格斯致马克思(1858年10月7日)》，《马克思恩格斯全集》第29卷，人民出版社1972年版，第344页。

② 《恩格斯致奥·倍倍尔(1886年3月18日)》，《马克思恩格斯全集》第36卷，人民出版社1975年版，第456页。

③ 《恩格斯致尼·弗·丹尼尔逊(1892年9月22日)》，《马克思恩格斯全集》第38卷，人民出版社1972年版，第467—468页。

崩溃起推动作用”。①

马克思在50年代强调的是中国市场的缩小将会加速工业危机的到来,从而引起欧洲的政治革命;恩格斯在80年代后期至90年代前期,强调的是中国大量向外移民将会加剧就业竞争,促使生产条件恶化,从而推动欧美资本主义的崩溃。二者殊途同归,结论都是中国因素的变化将直接影响西方国家的经济乃至政治前途。不同之处在于,马克思依据的是中国传统生产方式尚处于其解体的初期,绝大多数中国人仍被束缚于传统的小农经济体系;恩格斯依据的是这种生产方式正在加速解体,长期禁锢于传统体系的中国人有可能被大量释放出来。基于中国社会经济基础处于发生变革的不同阶段,一个看到的是市场的缩小,另一个思考的是人口的外流。无论如何,他们二人对于正在解体变化中的中国在(或可能在)世界经济中的地位,均给予充分的估价。

马克思和恩格斯既指出西方列强用大炮与资本促进中国社会经济的变革,又指出中国的变革反过来对于西方社会经济产生影响,这种相互关联的世界市场观念,同样体现在他们对于中国各种具体经济问题的分析中。例如,在贸易方面,他们经常注意分析欧美国家尤其是英国与中国的贸易差额情况、引起贸易顺差或逆差的具体原因及其可能产生的后果,其重点放在造成商品大量过剩或市场崩溃的必然性分析上。在货币方面,中国的白银外流、金银比价变动、贮藏金银习俗及其在国际经济关系中的影响等,均曾引起他们的关注并据以作为考察世界经济事务的重要资料。马克思在《资本论》中惟一提到的一位中国人,也属于货币方面的史料。即为了说明“信用货币的自然根源是货币作为支付手段的职能”这一论点,曾在注释里引用清朝户部侍郎王茂荫上奏天子,主张暗将官票宝钞改为可兑现的钞票,并为此受到严厉申斥一事,以资说明。②

总而言之,马克思、恩格斯关于中国社会经济问题的大量言论,归纳起来,大体可分为论述中国传统生产方式的性质、外国资本的侵入与中国的变革、中国在世界经济中的地位三个方面。他们研究中国社会经济问题的资料来源,大部分得自西方的书刊介绍和官方历史记录,可能限制了他们接触有关中国的其他令人感兴趣的社会经济问题,但上述观点足以显示他们对于中国社会经济问题的基本认识。以上几个方面的内容,相互关联,密不可分,只是为了叙述的便利才作此划分。这些内容的核心问题是,引起中国传统生产方式变革的直接动因,是外国资本的侵入,反过来,这一变革又将深化欧美资本主义国家的危机乃至引发革命。他们关注中国社会经济问题,并非就事论事,而是

---

① 《恩格斯致劳·拉法格(1894年11月12日)》,《马克思恩格斯全集》第39卷,人民出版社1974年版,第297页。

② 马克思:《资本论》第1卷,人民出版社1975年版,第146—147页注(83)。

置其于世界经济范围内，从外国资本侵入与中国传统生产方式变革的互动关系中，考察资本主义的局限性及其必然发生普遍危机并将引向革命的发展趋势。他们谈论中国的社会主义，也绝非一时兴起，而是从更为广阔的世界背景和历史趋势方面，评价中国社会变革或革命的影响和意义。他们围绕中国社会经济问题所阐述的这些观点，当时主要以西方人士作为读者对象，并不为中国人所了解。以后随着马克思主义经济学传入中国，才有可能逐步在中国得以传布。梳理和概括马克思、恩格斯有关中国社会经济问题的论述，可以真切地理解他们当时怎样认识和判断中国的社会经济问题，也可以对照比较国人后来如何吸收和运用马克思经济学说来分析自己的社会经济问题。

六、中国传统文化中的社会主义成分之考察

所谓社会主义，按照一般西方人士的理解，有各种不同的含义，当它被用作共产主义的同义词时，指的是一种未来社会的设想，在那里没有富人也没有穷人，没有剥削者也没有被剥削者；或者通过生产资料公有的办法，取消财产不平等，建立社会平等与公义。按照马克思、恩格斯关于中国社会主义的提示，这个词的普通含义，也是指不满于一部分人贫穷、另一部分人富有的现象，要求重新分配财产，完全消灭私有制。以上述理解和提示作为诠释社会主义的要素，不难发现，在中国传统文化中，具有类似社会主义成分的思想观念，集中体现在关于未来社会理想的各种描述中，不仅起源甚早，而且历代相承，延绵不断，留下了相当丰富的历史遗产[①]。

（一）先秦的社会理想述评

早在西周初年至春秋中叶，汇集了最早的诗歌作品的《诗经》，已记录了古代劳动人民反对剥削、追求自由生活的朦胧意愿。如抨击君子"不稼不穑"、"不狩不猎"，不劳而获地享有"素餐"、"素食"、"素飧"之利[②]；把"食我黍"、"食我麦"、"食我苗"的剥削者比作"硕鼠"，向往"乐土"、"乐国"、"乐郊"之类的理想社会，以期最终摆脱"硕鼠"的侵害[③]；形容古人像兔子一样自由自在，"无为"、"无造"、"无庸"，没有劳役负担，不像后人如山鸡一般身陷罗网，受到"百罹"、"百忧"、"百凶"等社会厄运的骚扰或束缚[④]，憧憬往古的黄金世界，寄托被压迫者的内在心愿。凡此种种，表达了中国古人很早便具有改变剥削与被剥削关系的某种粗浅意识。

---

① 以下关于中国历代社会理想的述评，参看陈正炎、林其琰：《中国古代大同思想研究》，上海人民出版社 1986 年版。

② 《诗经·魏风·伐檀》，见《毛诗正义》（十三经注疏），北京大学出版社 2000 年版，第 432—435 页。

③ 《诗经·魏风·硕鼠》，见同上书，第 436—438 页。

④ 《诗经·王风·兔爰》，见同上书，第 309—310 页。

春秋时期,晏婴曾就"取财"问题,提出"权有无,均贫富"主张[①]。"均贫富"一词,按照校注者的解释,系"取财于富有者,以调剂贫乏者"之意[②]。这种财富分配观点,含有某种程度的平均分配意味。孔子从"有国有家者"的立场出发,信奉"不患寡而患不均,不患贫而患不安",由此得出"均无贫"的结论[③]。其实,无论"均贫富"还是"均无贫",都是向统治者呼吁,建议运用均平手段以巩固其统治,并非出于被剥削者的利益。二者的区别仅在于,前者承认富有者与贫乏者之间的差异,试图采用某种均平的调剂方式缓和现实差距;后者不必以贫富差距的存在作为认识前提,强调只要均平即无所谓贫穷。这两个观点在漫长的古代时期,常常成为历代反对社会贫富不均者鼓吹平均分配财富的经典依据,乃至成为起义农民谋求以武力方式改变自身不平等地位的思想武器。

春秋战国之际,墨子基于"兼相爱,交相利"的思想准则,表示"分财不敢不均"[④],提出财富的平均分配原则。墨子设想的公正社会,社会成员"各从事其所能"[⑤],或谓"必量亓力所能至而从事焉"[⑥];每个成员必须靠自己的劳动赖以生活,"赖其力者生,不赖其力者不生"[⑦];反对不劳而获,"不与其劳,获其实,已非其有所取之故"[⑧],意谓那是窃取不属于自己所有的东西;为使饥者得食,寒者得衣,提倡"有力者疾以助人,有财者勉以分人"[⑨];主张强力劳动[⑩],以此当作财用充足的来源,同时重视劳动者的休息,将"劳者不得息"与饥、寒并列为"三患"之一,主张"劳者得息"[⑪];所有社会成员不论老幼各有所得,"老而无子者有所得终其寿,连(幼)独无兄弟者有所杂于生人之间,少失其父母者有所放依而长"[⑫];如此等等。墨子既否定不劳而获,意在维护私有者的利益,又赞成平均分配财富,提倡有财力者主动接济他人,这似乎是一个矛盾。实际上,从他代表小生产者的角度看,在当时低下的生产力条件下,倘若每个社会成员自食其力,大体得到的就是一种较为均平的财富分配状况;个体小生产者力量单薄,难以抵御各种自然的或人为的灾害,相互救助以渡难关,为必然之举,因

---

① 《晏子春秋(内篇问上第三)》第十一,见吴则虞撰《晏子春秋集释》,中华书局 1962 年版,第 203 页。

② 张纯一:《晏子春秋校注》卷三,内篇问上第三,第 81 页,见《诸子集成》第 4 册,上海书店影印本,1986 年。

③ 《论语·季氏篇第十六》,见杨伯峻译注《论语译注》,中华书局 1980 年版,第 172 页。

④ 《墨子·尚同中》,见孙诒让撰,孙启治点校《墨子闲诂》上册,中华书局 2001 年版,第 83 页。

⑤ 《墨子·节用中》,见同上书,第 164 页。

⑥ 《墨子·公孟》,见孙诒让撰,孙启治点校《墨子闲诂》下册,中华书局 2001 年版,第 464 页。

⑦ 《墨子·非乐上》,见孙诒让撰,孙启治点校《墨子闲诂》上册,中华书局 2001 年版,第 257 页。

⑧ 《墨子·天志下》,见同上书,第 217 页。

⑨ 《墨子·尚贤下》,见同上书,第 70 页。

⑩ 参看《墨子·非命下》,见同上书,第 283—284 页。

⑪ 《墨子·非乐上》,《墨子·非命下》,见同上书,第 253、279 页。

⑫ 《墨子·兼爱中》,见同上书,第 111 页。

此培育和鼓励经济上互助的"交相利"观念。总之,墨子描述的理想社会境界中,其经济原则,似乎是各事所能、强力劳动、平均分配、互助互利。

墨子的"兼爱"社会,尚保留私有财产,墨子的论敌,主张"贵己"或"为我"的杨朱,却反对私有财产制度。在杨朱看来,身与物都是自然产物,不能据为私有;如果"有其物,有其身,是横私天下之身,横私天下之物",此非圣人之举;只有"公天下之身,公天下之物",才是最高境界。由于信奉"公物",他反对遗产制度,主张"不为子孙留财",赞成散财。[①] 杨朱是从财产的自然属性而非社会属性中,推导出财产应当公有的结论。

杨朱否定财产私有,消极地服从于自然界的力量。与此相类似,战国初期的《老子》一书,也从自然产生万物的世界观出发,反对人为占有万物、支配万物,所谓"生而不有,为而不恃,长而不宰"。将此应用到社会经济制度上,引申出人们生产财富但不应私自占有财富的观念。《老子》又基于"天之道"的自然规律总是"损有余而补不足"的思想,认为像天降甘露那样,"人莫之令而自均",赞成"有余者损之,不足者补之",批评"人之道"的现实社会"损不足而奉有余"。后人结合《老子》无为思想,曾将其概括为:"无为则无私,无私则均。是故任物之自然,有余者不得不抑而损,不足者不得不举而益。"[②]此乃"无私则均"之论,颇中肯綮。《老子》不满当时一部分人奢侈生活,大多数人民饥饿或轻死的现象,却不想采取任何积极措施加以改变,或者鼓吹统治者"知足"、"知止",自觉改变骄奢习俗,或者逃避现实,企图回到与世隔绝的原始"小国寡民"社会以寄托自己的理想。尽管如此,《老子》作者追求"甘其食,美其服,安其居,乐其俗"的理想社会,仍有其可贵之处。

战国中期以后,在百家争鸣的时代氛围中,各家学派纷纷探求自己的未来社会模式,留下不少值得珍视的思想观点。例如:

《庄子》认为,顺应物之自然而无容私,则天下治,否定"有私"[③],坚持"不拘一世之利以为己私分";主张"富而使人分之",称道"四海之内,共利之之谓悦,共给之之谓安"[④]。它所理想的"至治之世",涉及反对私有、均富济贫、共利共给等经济原则,均建立在天地"化均"或"天下均治"的自然平均主义基础上[⑤]。

孟子的理想社会方案,反映现实社会的要求,主张维持人们的"恒产",尤其是私有土地,在此前提下,保证老者"衣帛食肉,黎民不饥不寒",形成"老吾

---

① 《列子·杨朱》,见杨伯峻撰《列子集释》,中华书局 1979 年版,第 235、228 页。
② 魏源撰:《老子本义》,第 64 页,见《诸子集成》第 3 册,上海书店影印本,1986 年。
③ 《庄子·齐物论》,见王先谦撰《庄子集解》,中华书局 1987 年版,第 12 页。
④ 《庄子·天地》,见同上书,第 100、103、108 页。
⑤ 《庄子·天地》,见同上书,第 99、109 页。

老,以及人之老;幼吾幼,以及人之幼”等良好社会风气①。他的井地方案,保留“私田”,坚持君子与野人的区分以及野人供养君子的赋税制度,规定百姓死徙无出乡,同时也流露出对于“乡田同井,出入相友,守望相助,疾病相扶持,则百姓亲睦”,以及先公后私,“公事毕,然后敢治私事”之类理想社会目标的探索和追求②。这就像他的政治思想,既宣扬贵贱等级秩序,又包含“民为贵,社稷次之,君为轻”③之类的民主因素。孟子以后,井田制一直是后人津津乐道的理想土地分配方案,经历整个古代而未变。

许行与孟子相对立,主张亲自从事体力劳动,认为贤明的君主应是“贤者与民并耕而食,饔飧而治”,如果国君“厉民而以自养”,靠剥夺来生活,便不配称为贤明④。有人认为,这种君民并耕论,作为一定历史条件下小农阶层的意识形态,是激进农业社会主义思想的表现⑤。许行要求“市贾不贰,国中无伪,虽使五尺之童适市,莫之或欺”,也是针对当时商人资本的欺诈行为,幻想建立一个“国中无伪”的公平社会。

兵家著作《尉缭子》探讨“善政”的标准,在于“使民无私”,“民无私则天下为一家,而无私耕私织,共寒其寒,共饥其饥”。这是一种以公有制为基础的分配制度,“如有子十人,不加一饭,有子一人,不损一饭”,绝对平均。民间违反这一分配原则,出现“私饭”、“私用”的“犯禁”行为,应归咎于“为人上”的统治者治理不善⑥。这种无私共有思想,不同于道家消极顺乎自然之本性,积极谋求以“无私”的绝对平均主义分配原则改造现实社会。另一兵家著作《六韬》从“天下非一人之天下,乃天下之天下”的基本观念出发,宣扬“同天下之利”⑦。其核心思想强调“同舟而济,济则皆同其利,败则皆同其害”⑧;关键在于“为国”者要“爱民”⑨。结果,《六韬》将创造“同利共财”、“同舟而济”的美好社会的希望,完全寄托在“贤君”身上。

杂家代表作《吕氏春秋》,注重“贵公”与“去私”。《贵公》篇假托往古圣贤,提出以前圣王治天下,“必先公。公则天下平矣,平得于公”。这里的“公”、“平”二字,后人解释为公正平和之意。这似乎是治理天下者聚众以公、无所偏袒的政治准则而非经济思想,故谓“凡主之立也,生于公”。此说的依据,与《六

① 《孟子·梁惠王上》,见焦循撰,沈文倬点校《孟子正义》上册,中华书局 1987 年版,第 59、86、[illegible]页。
② 《孟子·滕文公上》,见同上书,第 348—361 页。
③ 《孟子·尽心下》,见同上书下册,第 973 页。
④ 《孟子·滕文公上》,见同上书上册,第 367 页。
⑤ 参看胡寄窗:《中国经济思想史》上册,上海人民出版社 1962 年版,第 485 页。
⑥ 《尉缭子·治本》,见《百子全书》第 2 册,浙江人民出版社 1984 年版。
⑦ 《六韬·文韬·文师》,见同上书。
⑧ 《六韬·武韬·发启》,见同上书。
⑨ 《六韬·文韬·国务》,见同上书。

韬》一样，基于“天下非一人之天下也，天下之天下也”。不同的是，《六韬》的天下同利观，着眼于现实社会，《贵公》篇则依循道家者流，每每从自然现象中去寻找治天下必先公的论据，如谓“阴阳之和，不长一类；甘露时雨，不私一物”之类。这种自然的公平观念，也是《去私》篇的主要论旨，如“天无私覆也，地无私载也，日月无私烛也，四时无私行也，行其德，而万物得遂长焉”。以此诠释人世间的统治道理，即为“至公”。换言之，“贵公”、“去私”之说原本抽象于对自然现象的观察，一经概括，便成为治理或改造社会的理想原则而加以运用或予以憧憬，不仅政治上如此，经济上亦如此。

由上可见，先秦时期的大多数学派，在不同程度上描述了自己的未来社会理想，以其原始朴素形态，或多或少地包含了一些后来发展为社会主义学说的先行思想要素或成分。当时各派心目中所理想的未来社会，有的迷恋古老黄金时代，有的美化现实生产关系，更多的混杂着古代的、现实的或将来的，以及自然的和社会的各种因素，形成色彩斑驳的各种矛盾思想体。但是，瑕不掩瑜，先秦思想家对于未来社会制度的早期构思、描绘或猜测，建立在革除现实弊端或改造人类社会的善良愿望的基础上，不论其有所凭借还是纯粹空想，大多为一些创见。这些见解在当时的历史条件下，具有一定的启蒙意义，后来又融入传统文化之中，成为鼓励、激发后人向往和追求未来社会理想之美好幸福的重要精神力量。其中最具有代表性的思想，当推儒家的大同学说。

孔子曾以“老者安之，朋友信之，少者怀之”[①]作为自己的理想志向，可能受此启发，儒家经典《礼记・礼运》勾画大同学说如下：

> “大道之行也，天下为公，选贤与能，讲信修睦。故人不独亲其亲，不独子其子，使老有所终，壮有所用，幼有所长，矜寡孤独废疾者皆有所养。男有分，女有归。货恶其弃于地也，不必藏于己；力恶其不出于身也，不必为己。是故谋闭而不兴，盗窃乱贼而不作，故外户而不闭。是谓大同。”

这段不长的文字，在中国历史上产生了极大的影响。值得注意的，一是大同思想构想“天下为公”的理想社会，在政治制度上要求选贤举能，不以天下私于一家，在经济制度方面，更显示出超乎一般古代理想社会设计者的想象力与启蒙精神。例如，货不必藏于己，力不必为己的提法，从财富和劳动两个方面，坚持公有，否定任何形式的私有制；人与人之间相互亲善，对丧失或缺乏劳动能力的老幼孤寡废疾者予以赡养和抚育，否定社会等级差别；各尽其力，凡有劳动能力者，必须参加劳动生产并充分发挥其才能，否定不劳而获的剥削行为；在财产公有、没有阶级、没有剥削、人人参加劳动、平等互助的基础上，形成

① 《论语・公冶长篇第五》，见《论语译注》，中华书局 1980 年版，第 52 页。

没有勾心斗角,没有偷抢财物,路不拾遗,夜不闭户的安定生活环境。这样一个“大同”世界,尽管是不切实际的乌托邦式空想,却具有极强的感召力与生命力,直至20世纪初年,还被誉为中国古代的社会主义思想。二是大同相对小康,体现了超越现实的进步性。所谓“小康”,指当前“天下为家”的形势下,“货力为己”的私有制占据支配地位,人们“各亲其亲,各子其子”,实行“大人世及”的世袭制,修建坚固的城郭沟池以防他人侵夺;因此,管理国家须以礼义为纲纪,规范君臣之间及各种人际的关系,设立相应的政治、经济制度作为奖惩和考核的依据,同时也难免运用计谋和引起兵争,导致历代君王的兴衰更替[①]。可见,小康社会承认私有制的存在,谋求以礼义治天下;大同社会追求“天下为公”的更高境界,其理想远非小康社会所可比拟。大同理想之“为公”,因小康社会的私有制度乃产生谋用和战争的根源,故主张废弃“货力为己”之制。这比起其他先秦思想家的追求,或者回到早已崩溃的原始社会中去寻找“乐园”,或者求诸自然现象的启示,或者谈论玄虚抽象的“玄同”[②],或者回避现存社会治乱的分析而奢谈理想等等,显然要高明得多,因而也更加难能可贵。

(二)两汉至唐代的社会理想述评

西汉初年,关于理想社会的描述,基本上以亡秦为鉴,强调无为而治将带来美好的前景。例如,陆贾宣扬的“至德”社会,君主治理“无事”、“无声”,于是,“闾里不讼于巷,老幼不愁于庭,近者无所议,远者无所听,邮无夜行卒,乡无夜召之征,犬不夜吠,鸡不夜鸣,耆老甘味于堂,丁男耕耘于野,在朝者忠于君,在家者孝于亲”,完全是一幅安定和谐的生活画图。“至德”理想倡导“强弱相扶、小大相怀”,仍主张忠君孝亲、上下有差、尊卑相承之类的等级秩序与赏罚制度,其思想境界并不高。[③] 刘安主持编写《淮南子》一书,对于黄帝治天下,赞赏其“明上下,等贵贱”的政治公正,产生良好的社会经济效果:“田者不侵畔,渔者不争限,道不拾遗,市不豫贾,城郭不关,邑无盗贼,鄙旅之人,相让以财,狗彘吐菽粟于路,而无忿争之心”[④]。整个社会诚信无欺到如此境地,甚至连猪狗都不争食路边的菽粟,真可谓极尽驰骋其想象力。惟“田者不侵畔”一语,显露其社会理想须以维护土地私有制度为前提。《文子》推崇“至人之治”社会,提出“与民同出乎公”的命题[⑤],其实并未涉及生产资料所有制问题。它描绘“黄帝之治天下”,曾提及“田者让畔”的良好风气[⑥],而不是《淮南子》所说的“田者不侵畔”,这倒是模糊了土地私有制界限。

---

① 《纂图互注礼记》卷七(第2册),《礼运第九》,见《四部丛刊经部》。
② 《老子本义》,见《诸子集成》第3册,上海书店影印本,1986年。
③ 以上引文均见《新语·至德》,见王利器撰《新语校注》,中华书局1986年版,第118页。
④ 《淮南子·览冥》,见何宁撰《淮南子集释》上册,中华书局1998年版,第477—478页。
⑤ 《文子·道原》,见王利器撰《文子疏义》,中华书局2000年版,第14页。
⑥ 《文子·精诚》,见同上书,第73页。

西汉中期,董仲舒看到当时的贫富悬殊现象,根据"不患贫而患不均"之说,分析其原因在于,"大富"与"大贫","有所积重,则有所空虚",意识到富者的财产"积重"与贫者的财产"空虚",是一种对应关系。他认为太富或太贫都会影响社会稳定,却不主张根本消除贫富不均现象,主张"使富者足以示贵而不至于骄,贫者足以养生而不至于忧",以一方足以显示华贵而另一方足以糊口作为衡量标准,"调均"贫富差距,实现"财不匮而上下相安",稳定统治秩序。[①] 他还提出"富者田连阡陌,贫者亡立锥之地"的千古名论,仍然不愿触动土地私有制度,只是建议"限民名田,以澹不足"的限田论,限制民间私有土地的最高亩数,以此作为古代井田法难以恢复情况下比较"近古"的一项举措。[②]自此以后,原本出于抑制贫富悬殊现象的限田设想,蜕变为历代统治者为了缓和社会矛盾而采取诸如王田制、占田制、均田制之类土地政策的思想先行者。

王莽建立新朝,提出"王田"制,试图解决秦以来因土地兼并而造成"强者规田以千数,弱者曾无立锥之居"的贫富分化现象,以及农民受豪民侵劫,"终年耕芸,所得不足以自存"的负担过重状况。其制,总的精神是土地收归国有,禁止私人自由买卖,按一夫一妇百亩标准保留土地或由国家授予土地。[③] 对此,近代有人说王莽是在实行社会主义。殊不知,王莽拟改变土地私有制为土地国有制,以及取消买卖土地的商业活动,以此遏制土地兼并现象,其理由,更多地依据"溥天之下,莫非王土"一类传统训条,而不是凭借他本人对于现实社会中土地私有弊端的敏锐观察。

大致同一时期,扬雄在董仲舒断言古代井田法难以实行后,重新提出井田目标,认为"田也者,与众田之",众人共同拥有田地才是井田制的精髓,并将这一土地制度与"老人老,孤人孤,病者养,死者葬,男子亩,妇人桑"的社会理想联系在一起[④]。东汉时期,仍有人把井田制看作理想制度。如崔寔将"井田之制"说成是古代圣王所设立,"使人饥饱不变,劳逸齐均,富者不足僭差,贫者无所企慕"的最好土地制度[⑤]。荀悦则认为,实行井田之法尚不具备条件,"赡贫弱"、"防兼并"的"善"法,不如以口占田,"不得卖买"[⑥],并反对"专地"[⑦],成为只有使用权而无所有权的古代土地思想之张本。

---

① 《春秋繁露·度制》,见苏舆撰,钟哲点校《春秋繁露义证》,中华书局 1992 年版,第 227—228 页。

② 《汉书》第 4 册,《食货志》,中华书局 1962 年版,第 1137 页。

③ 《汉书》第 12 册,《王莽传》,中华书局 1962 年版,第 4110—4111 页。

④ 扬雄:《法言·先知》,见汪荣宝撰,陈仲夫点校《法言义疏》,中华书局 1987 年版,第 286、306 页。

⑤ 杜佑撰:《通典》卷一,《食货一》,见《万有文库》第 2 集,商务印书馆 1935 年版,第 12 页。

⑥ 马端临撰:《文献通考》卷一,《田赋考一》,见《万有文库》第 2 集,商务印书馆 1935 年版,第 33 页。

⑦ 荀悦:《申鉴·时事第二》,第 11 页,见《诸子集成》第 7 册,上海书店影印本,1986 年。

这一时期,何休为儒家经典《春秋公羊传》作注,从编年体的春秋史中,意识到社会发展有其历史阶段性。他根据董仲舒划分《春秋》鲁国十二公为"传闻"、"所闻"、"所见"三世的历史观,加以发展,构想社会须相继经过"衰乱"、"升平"和"太平"三个阶段①。这个构想,企图说明社会历史循序渐进地向前发展,打消了对于原始黄金时代的迷恋。按照他的构想,"太平"之世实现"天下远近大小若一"的理想,其经济基础,不外是改造过的井田制度。这种新的井田制,其优点据说,授田方面"贵人"、"重公"、"贱私",赋役方面"财均力平",生产方面"民无近忧,四海之内莫不乐其业",生活方面"野无寇盗"、"强不凌弱"、无贫富兼并等,其实只是针对东汉土地兼并的现实而提出的又一改良方案。这个社会理想,不止要求实行井田制,还有一套从基层单位到整个社会进行全面规划和管理的目标蓝图,包括土地分配、农户住房、作物栽培、家畜饲养、女工蚕织、养老送终、土壤分类、保持地力、调剂使用耕牛农具、交流推广经验技术、赋役安排、财货互济,以及推选基层官吏组织农业生产、保证劳动作息时间、充足粮食储备、普及教育、考功授官为国家选拔人才等等。② 这套计划,虽然比不上《周礼》谋划国家理想体制的系统设计之宏大③,也比不上《管子》指导国家经济活动的"国轨"设计之周详④,但它几近于勾画了一个类似于国家计划管理的蓝图,以求实现民间"颂声"大作的太平盛世。

东汉末年,张鲁、张角的农民起义,流行永世"太平"思想。他们根据《太平经》,以"太"为大,以"平"言治,"太平均,凡事悉治,无复不平","太平"意味在"大如天"的广泛范围实现人人平等的"太平均"⑤。人人平等,在于"天生人,幸使其人人自有筋力,可以自衣食者",人人具有自食其力的天生劳动能力;以及天地出产可以供养人类的一切财物,"各当随力聚之,取足而不穷"。因此,那些"不肯力为"或"轻休其力"者,不论遭致饥寒还是过着寄生生活,均犯下"罪不除"的极大罪过。另一大罪过是富者"积财亿万,不肯救穷济急,使人饥寒而死",富者聚财不符合财富"推通周足,令人不穷"的天地"行仁"之道,"与天地和气为仇"。这是道家的自然平等观,寄希望于富者能够救贫济急。同时,又将这种聚财行为引申比喻为独食太仓之粟的"独鼠",认为皇帝的"少内

---

① 何休:《春秋公羊经传解诂》,鲁隐公元年公子益师卒条,见《春秋公羊传注疏》,北京大学出版社 2000 年版,第 31－34 页。

② 以上引文均见《春秋公羊经传解诂》,鲁宣公十五年初税亩条,见同上书,第 417－419 页。

③ 《周礼》作为一部关于国家典章制度的专书,从经济上看,主要涉及土地规划、土地分配、人口管理、社会生产分工、职业教育、备荒救荒、生产经营管理、市场组织与管理、价格与赊贷、财政收支、会计稽核等内容。参看胡寄窗:《〈周礼〉的经济思想》,《中国经济思想史论》,人民出版社 1985 年版,第 427－529 页。

④ 《管子》"国轨"规划的范围包括土地、人口、国用、女事、货币等等方面,并附有关社会经济的详细调查问题。参看胡寄窗:《中国经济思想史》上册,上海人民出版社 1962 年版,第 360－364 页。

⑤ 《太平经》卷四十八,《三和相通诀》,见王明编《太平经合校》,中华书局 1960 年版,第 149 页。

之钱财，本非独以给一人”，流露出对现存私有制度的不满，并将矛头直指专制独裁统治者。[①] 起义农民的“太平”思想，还主张“智者当苞养愚者”，“力强当养力弱者”，“后生者当养老者”，指责反其道而行之的社会悖逆行径[②]。这些观点，在“雄据巴、汉垂三十年”的张鲁政权的统治区域内，曾具体体现为“义舍”、“义米肉”等经济措施。“义舍”提供免费住宿的旅舍，在各地设立，并置“义米肉”，过路者“量腹取足”，按各人需要免费自行取用。[③] 对此，毛泽东在实行人民公社时，几次提到：汉中张鲁也搞过吃饭不要钱，凡是过路人，在饭铺里头吃饭、吃肉都不要钱，尽肚子吃，“他搞了三十年，人们都高兴那个制度，那是有种社会主义作风”[④]；道路上饭铺里吃饭不要钱，最有意思，“开了我们人民公社食堂的先河。大约有一千七百年的时间了”[⑤]。可见，东汉起义农民留下的“太平”经济观念与措施，历经漫长时期，仍对现代中国建设社会主义的探索道路产生过相当深刻的思想影响。

魏晋时期，阮籍感叹现实社会“君立而虐兴，臣设而残生”，幻想“无君而庶物定，无臣而万事理”的太初社会。这个“无主”社会，奉行上古“质朴淳厚之道”，展现一种无贵无贱、无富无贫、无欲无求、无怨无争、各从其命、各足其身的生活境界。[⑥] 这是他心目中的社会理想。稍后，嵇康提出“至德之世”，要求仿效上古尧舜，意谓理想世界不能无君，尚须贤明君主出而实行无为之治：“穆然以无事为业，坦尔以天下为公”，不得“割天下以自私，以富贵为崇高，心欲之而不已”；人人劳动，自给自足，“耕而为食，蚕而为衣，衣食周身，则余天下之财”，不存在“积敛然后乃富”的剥削现象[⑦]。这里多了一个“御无为之治”的君主，除此而外，他所追求的生活境界，与阮籍的理想并无二致。

这一时期还相继产生一些颇为典型的中国式乌托邦思想。例如，东晋初年，鲍敬言向往“无君无臣”的曩古之世。在那里，人们“穿井而饮，耕田而食，日出而作，日入而息”；民心纯朴，没有竞营、荣辱、并兼、攻伐、势利、祸乱、疫厉，“含哺而熙，鼓腹而游”；“凤鸾栖息于庭宇，龙麟群游于园池”，“涉泽而鸥鸟不飞，入林而狐兔不惊”，呈现出人与动物交融相处的自然景象。远古人们“身无在公之役，家无输调之费”，“安土乐业，顺天分地，内足衣食之用，外无势必利之争”；随着君臣制度的建立，聚敛以夺民财，严刑以为坑阱，结果广大人

---

① 以上引文除另注外，均见《太平经》卷六十七，《六罪十治诀》，见同上书，第 242—243、247 页。
② 《太平经钞·辛部》。
③ 《三国志》卷八，《魏书八·张鲁》，中华书局 1959 年版，第 263 页。
④ 毛泽东在郑州会议期间的谈话，1958 年 11 月。
⑤ 毛泽东读《三国志·张鲁传》时写下的一段批语，1958 年 12 月 7 日。见周树留主编《毛泽东评点二十四史》，中国档案出版社 1999 年版，第 860 页。
⑥ 《阮步兵集·大人先生传》，第 15 页，见《汉魏六朝百三名家集》，扫叶山房藏版。
⑦ 《嵇中散集·答难养生论》，第 9—10 页，见《汉魏六朝百三名家集》，扫叶山房藏版。

民"劳之不休,夺之无已,田芜仓虚,杼柚之空,食不充口,衣不周身"。他不像先秦《老子》的"小国寡民"理想,一味怀古以逃避现实,而是以古讽今,宣扬"古者无君,胜于今世",把批判矛头直接指向现实的君主专制制度。[①] 东晋人士陶渊明在其传世名作《桃花源记》中,虚构了一个与世隔绝的人间"绝境"。那里环境优美,田屋具备,"阡陌交通,鸡犬相闻",人们往来种作,"怡然自乐"。逃避秦末战乱而来的先世后裔,在源中,劳动同心协力,遵守天时;劳动成果归劳动者所有,没有赋税负担,"春蚕收长丝,秋熟靡王税";生活古朴无华,关系和睦,顺应自然;如此等等。[②] 这一中国历史上曾令历代人士为之心驰神往的世外桃源,与鲍敬言的理想有异曲同工之处。大致成书于晋人的《列子》八卷,也以寓言和神话传说的形式,提出理想国的若干设想。如"华胥氏之国"崇尚自然,"其国无师长","其民无嗜欲",全然不知生死、爱憎、利害;"列姑射山"有"神人",吸风饮露,不食五谷,即便"不施不惠","不聚不敛",而物用自足,常年谷丰[③];"终北国"人性和顺,"不竞不争",长幼同居,"不君不臣",等等[④]。作者"神游"编造的这些理想国,荒诞不稽,反映了不满于现实生活的遁世情绪。

唐代末年,有人作《无能子》,提出"至公近乎无为,以其本无欲而无私"的命题[⑤]。在这一命题里,太古时期人与动物杂处,过着"夏巢冬穴","茹毛饮血","无夺害之心,无瘗藏之事"的生活,一切"任其自然,遂其天真,无所司牧,濛濛淳淳",当初的无欲无私,成了值得憧憬的理想社会。在作者看来,后世"圣人"强行破坏了这种自然纯真,于是有"君臣之分,尊卑之节","贵贱之等"和"贫富之差",产生"贱慕贵,贫慕富"的"人之争心",酿成社会的争夺与混乱,以致"覆家亡国之祸,绵绵不绝,生民困贫夭折之苦,漫漫不止"。[⑥] 面对这些社会差别,作者主要从人心或主观欲望中寻找原因,同时也认识到人剥削人的客观原因:物质财富本来是"人之所能为者",人人可以生产;然而,自己生产的财富,"反为不为者感之",被不从事生产的人所享用,并"以足物者为富贵,无物者为贫贱",将占有财富的有无多寡作为区别富贵与贫贱的标志;于是人们"乐富贵,耻贫贱",到处都是没有财富的"不得其乐者",而且"自古及今,醒而不悟",至今尚未体悟这一道理[⑦]。作者把"自为之,反为不为者感之"的剥削现象,看作造成贫富差距的根源之一,自认为是洞悉其底蕴的先行者。《无能

---

① 引文均见葛洪:《抱朴子》外篇,《诘鲍卷第四十八》,第190—192页,见《诸子集成》第8册,上海书店影印本,1986年。

② 陶潜:《陶靖节集》卷六(第2册),万有文库本,商务印书馆1933年版。

③ 《列子·黄帝》,见杨伯峻撰《列子集释》,中华书局1979年版,第41、44—45页。

④ 《列子·汤问》,见同上书,第163—164页。

⑤ 《无能子》卷下,《答华阳子问第二》,见王明校注《无能子校注》,中华书局1981年版,第35页。

⑥ 《无能子》卷上,《圣过第一》,见同上书,第2—3页。

⑦ 《无能子》卷上,《质妄第五》,见同上书,第9页。

子》之成书，正值唐末农民起义。它看到社会矛盾的激化，却消极地主张求诸自然，祈望从君主到庶民，人人“无心”、“无欲”、“无私”，以其所亲之亲去亲天下，“化一家而为天下”，以此消弭矛盾，实现“任其自然，遂其天真”的社会理想。与此同时，起义农民在平均思想的激励下，积极地诉诸武力以铲除社会不平等现象。如裘甫起义改元为“罗平”，铸印曰“天平”[①]；王仙芝起义自称“天补平均大将军”[②]；黄巢起义称自己为“冲天大将军”，入长安后又建国号为“大齐”[③]，等等。唐末农民起义留下的这些印记，不同于汉末起义假借《太平经》的宗教经典来表达农民消除不平现象的愿望，公开打出平均的旗帜作为自己为之奋斗的明确目标。

五代时期，谭峭以道教学者的眼光看待当时战乱频仍的世界，祈求“无亲无疏、无爱无恶”的“太和”社会[④]。其哲学基础，顺应世界万物本原的自然之“虚”，“虚实相通，是谓大同”[⑤]。这是一种精神上的“大同”境界，颇类于先秦道家之“玄同”，不同于早期儒家的“大同”理想。其现实社会依据，乃针对各种社会罪恶与黑暗，尤其是统治国家的“有国者好聚敛”行为[⑥]，“穷民之力以为城郭，夺民之食以为储蓄”[⑦]。在他看来，未来的“大和”社会，应当有“太古之化”，君民“异名而同爱”[⑧]，生活上“弃金于市，盗不敢取”，政治上“询政于朝，谗不敢语”，达到“天下之至公”的意境[⑨]。其中必须贯彻“均其食”原则，因为“民事之急，无甚于食”，而“不平之甚”的是君王、卿士、兵吏、工商、道释侵夺民食[⑩]；又因为“食为五常之本，五常为食之末”，道德教化的“善”与“不善”，全在于食，“仁之至”的标准，也是“王者能均其衣，能让其食”，使“黔黎相悦”。因此，民食看似卑微，其实它的作用“甚尊”、“尤大”，可谓“无价之货”[⑪]。所以说，“能均其食者，天下可以治”[⑫]。这里的逻辑是：“食均”则仁义生，礼乐序，民不怨，可达“太平之业”；“均食之道”，无非一个“俭”字，尤其君王须厉行“俭化”或“纯俭之道”，做到“于己无所与，于民无所取。我耕我食，我蚕我衣”，最终归结为君王应与平民一样自食其力[⑬]。这就像“蝼蚁之有君”，蝼蚁社会的

---

① 《资治通鉴》卷二五〇（第 9 册），中华书局 1956 年版，第 8080 页。
② 《资治通鉴》卷二五二（第 9 册），《考异》引《续宝运录》，中华书局 1956 年版，第 8174 页。
③ 《新唐书》卷二二五下，《黄巢传》，中华书局 1975 年版，第 6453、6458 页。
④ 谭峭撰，丁祯彦、李似珍点校：《化书》卷四，《仁化・太和》，中华书局 1996 年版，第 43 页。
⑤ 同上书卷一，《道化》，中华书局 1996 年版，第 1 页。
⑥ 同上书卷三，《弓矢》，中华书局 1996 年版，第 31 页。
⑦ 同上书卷三，《有国》，中华书局 1996 年版，第 32 页。
⑧ 同上书卷六，《君民》，中华书局 1996 年版，第 65 页。
⑨ 同上书卷三，《谗语》，中华书局 1996 年版，第 36 页。
⑩ 同上书卷五，《食化・七夺》，中华书局 1996 年版，第 51 页。
⑪ 同上书卷五，《食化・鸱鸢》，中华书局 1996 年版，第 59 页。
⑫ 同上书卷五，《食化・奢僭》，中华书局 1996 年版，第 53—54 页。
⑬ 同上书卷六，《俭化・太平》、《俭化・悭号》，中华书局 1996 年版，第 61、64 页。

统治者与众蝼蚁一道,“一拳之宫,与众处之;一块之台,与众临之;一粒之食,与众蓄之;一虫之肉,与众咂之”[①]。总之,在“大和”社会,除了理想社会的各种美好特征之外,特别强调“均其食”的物质原则,以社会全体成员人人劳动、平均享有民食和各种物质财富,作为整个社会的经济基础。

(三)两宋至清中叶的社会理想述评

宋元时期,人们对于社会理想的追求,沿袭前代,又各有特色。例如,北宋王禹偁关于“天下者非一人之天下,乃天下之天下”的“同其天下”思想[②],主张“君者以百姓为天”,“以民为先”[③],构想一个“熙熙然殆非人世之所能及”的“海岛夷人”世界。据称,在那里,人们“不闻五岭之戍,长城之役,阿房之劳”,从未听说苛赋和刑罚,“虽太半之赋,三夷之刑,其若我何”;以此推想,如果世上能够“薄天下之赋,休天下之兵,息天下之役,则万民怡怡如吾族之所居”,不必再去追求其他什么仙境。[④] 他的理想王国,看来更关心的是取消现实世界的繁重赋税与徭役。李觏从农民的土地问题入手,要求改变“法制不立,土田不均,富者日长,贫者日削”的不合理状况。一要解决“虽有耒耜,谷不可得而食”或“耕不免饥,土非其有”的农民无地问题;二要解决“土田不均”问题,实行“平土”。他的最高理想不过是“井田之法”,认为“井地立则田均,田均则耕者得食,食足则蚕者得衣”。幻想在保存土地私有权的基础上,实行土地平均分配以减缓严重的社会贫富不均状况。他针对“不耕不蚕,其利自至”的不劳而获现象,坚持认为民众具有先做事而后得食的天生能力,“无事而食,是众之殃,政之害”,这一观点继承了历代有关不劳动者不得食的进步思想。[⑤] 面对当时土地分配严重不均的情况,张载也主张推行“井田”以实现“均平”,所谓“治天下不由井地,终无由得平。周道止是均平”[⑥]。他宣扬“均平”的出发点,与李觏的“平土”之说,同出一辙。

南宋康与之在《昨梦录》里,梦见一个“何必更求仙”的“西京山”隐居之地。这个梦幻世界的经济特征是:“地阔而居民鲜少”;一切生产生活用品,“皆不私藏,与众均之”;计口授地,耕织结合,自食其力,“不可取衣食于他人”;不同姓氏居民相处,“皆信厚和睦”,生活安定,没有纷争,崇尚节俭,杜绝珍异之物,“所享者惟米薪鱼肉蔬果”;等等。以上描画,以“梦录”的虚幻形式,提出了否定现实剥削社会的一系列原则和标准。

---

① 谭峭撰,丁祯彦、李似珍点校:《化书》卷四,《仁化·蝼蚁》,中华书局1996年版,第47页。

② 《小畜外集》卷十一,《代伯益上夏启书》,见《四部丛刊集部》。

③ 《小畜集》卷二(第1册),《君者以百姓为天赋》,见《四部丛刊集部》。

④ 《小畜集》卷十四(第3册),《录海人书》,见《四部丛刊集部》。

⑤ 引文均见王国轩校点:《李觏集》卷十九,《平土书》,及卷二十,《潜书十五篇》,中华书局1981年版,第183、214—215页。

⑥ 《张载集·经学理窟·周礼》,中华书局1978年版,第248页。

宋元之交，邓牧设想的"至德之世"，指的是君王吃粗饭野菜，"饮食未侈"；穿麻衣兽皮，"衣服未备"；住低矮茅草房，"宫室未美"；无等级特权，"其分未严"，"其位未尊"；憧憬"天下有求于我，我无求于天下"的尧舜时代，赞誉君民之间"相安无事"，人人自食其力，"天之生斯民也，为业不同，皆所以食力"。接着笔锋一转，揭露后世君主"以四海之广，足一夫之用"，"夺人之所好，聚人之所争"，"头会箕敛，竭天下之财以自奉"；各级官吏大者"至食邑数万"，小者"数十农夫，力不能奉者"，是一群"均为民害"的"虎豹蛇虺"。正因为"人之乱也，由夺其食；人之危也，由竭其力"，加上"日夜窃人货殖，搂而取之"，使"今之为民不能自食"，所以他主张，在得不到圣君贤臣的情况下，不如"废有司，去县令，听天下自为治乱安危"。[①] 把恢复古代"平天下之道"的希望，建立在废除官吏的基础上，这比起东晋鲍敬言向往古代"无君无臣"时代，有过之而无不及。

从农民起义方面看，唐末起义打出"平均"的旗帜，惟其内容尚感抽象而不具体。五代起义农民提出"使富者贫，贫者富"[②]的口号，在形式上与先秦商鞅的"令贫者富，富者贫"[③]、《管子》的"富能夺，贫能予"[④]之说，颇为相似，但后者意在以调控手段治理国家，前者却反映了农民群众打破贫富对立的原始平均要求。北宋初，王小波起义，代表农民群众号召"吾疾贫富不均，今为汝均之"[⑤]。其后继者李顺将这一号召具体化，强制"乡里富人大姓"如实申报所有财粟，除留足家庭生活所用外，"一切调发，大赈贫乏"[⑥]，没收富家财产充公以接济贫乏。北宋末年方腊起义，以"天下国家本同一理"为据，揭露社会的尖锐对立：处于社会底层的子弟"终岁劳苦，少有粟帛"，而社会上层以"父兄"名义"悉取而靡荡之，稍不如意，则鞭笞酷虐，至死弗恤"，又以应付外敌"仇雠"为由，"子弟力弗能支，则谴责无所不至"。如今"赋役繁重，官吏侵渔，农桑不足以供应"，人民"终岁勤动，妻子冻馁，求一日饱食不可得"。在这种情势下，方腊高呼"东南之民苦于剥削久矣"，把反对"剥削"纳入起义军的行动纲领。[⑦]

---

① 以上引文均见邓牧：《伯牙琴》，《君道》与《吏道》，引自《四库全书》第1189册，上海古籍出版社影印本，1987年，第506—508页。

② 陆游：《南唐书》卷十四，《陈起传》，见《四库全书》第464册，上海古籍出版社影印本，1987年，第467页。

③ 《商君书·说民》，见高亨注译《商君书注译》，中华书局1974年版，第56页。

④ 《管子·揆度第七十八》，见刘向校，戴望校正《管子校正》，《诸子集成》第5册，上海书店影印本，1986年，第386页。

⑤ 王辟之：《渑水燕谈录》卷八，见《中国野史集成》第8册，巴蜀书社1993年版，第296页。

⑥ 沈括撰：《梦溪笔谈》卷二五，"蜀中剧贼李顺"条，见《四部丛刊续编》第53册，上海书店影印本，1984年。

⑦ 引文均见方勺：《青溪寇轨》，见《续修四库全书》第423册，上海古籍出版社影印本，第271页。

南宋钟相起义所说的“均平”,既要“均贫富”,又要“等贵贱”[①],否定富贵与贫贱的差异,更加鲜明地体现了绝对平均主义思想。此后,杨么领导的起义军,提出“无税赋差科,无官司法令”[②],否定政府存在的必要性与合法性。元末红巾军起义,不满“贫极江南,富夸塞北”的民族统治歧视,要求改变“人物贫富不均”的现实生活差距,力图以强制方式推富益贫[③]。这种强制方式,即“不平人杀不平者,杀尽不平方太平”[④]。成书于元末明初的《水浒传》,以小说形式,描述起义农民信奉“取其非有官皆盗,损彼盈余盗是公”的宗旨,否定官府赋敛,为劫富济贫正名,期望建立“八方共域,异姓一家”的理想社会。

明代,何心隐把“君”或国家的作用,理解为“均”与“群”,“臣民莫非君之群也,必君而后可以群而均”[⑤],发挥其组织群众以实现均平的作用。这里的“均”,不是“分人以财”的小恩小惠,而是人的教育和培养[⑥]。根据这些观念,他建立“聚和”堂进行实验,以家族为单位,有教有养,实行公共教育与共同生活。同族子弟“不分远近长幼”,“总聚于祠”接受教育,“除子弟之私念”;同时“不分远近贫富”,由各家送饭食到祠内聚食,并集中祠内住宿。族人子弟之贫寒者由祠堂资助学习,外姓子弟参加亦不以亲疏分厚薄,从小集中进行公共教育,循序渐进,“相亲相爱”,待十年大成,消除私念。[⑦] 此外,堂内设置人等从事教养、催征粮税,兼管“计亩收租,会计度支,以输国赋”[⑧];为族人办理公益救济事务,“捐千金,创义田,储公廪,以待冠婚丧祭鳏寡孤独之用”[⑨];“一切通其有无”,以期实现聚和即“合族”的理想[⑩]。这一实验,虽然未涉及生产与分配制度,却否定等级差别与压迫,反对私念,重视公共教育,期望均平及互通有无的相亲相爱关系,具有极为浓厚的乌托邦色彩,在中国古代的乌托邦传统中,也算独树一帜。

明末李自成起义,超出以往农民起义只着眼于剥夺和均分富人“浮财”的

---

① 徐梦莘:《三朝北盟会编》卷一三七,见《四库全书》第351册,上海古籍出版社影印本,1987年,第263页。

② 李纲:《梁溪集》卷七三,《乞发遣水军吴全等付本司招捉杨么奏状》,见王瑞明点校《李纲全集》中册,岳麓书社2004年版,第758页。

③ 叶子奇撰:《草木子》卷三上,《克谨篇》,见元明史料笔记丛刊《草木子》,中华书局1959年版,第51页。

④ 陶宗仪:《南村辍耕录》卷二七,见元明史料丛刊《南村辍耕录》,中华书局1959年版,第343页。

⑤ 容肇祖整理:《何心隐集》卷二,《论中》,中华书局1960年版,第32页。

⑥ 同上书卷三,《辞唐可大馈》,中华书局1960年版,第67页。

⑦ 同上书卷三,《聚和率教谕族俚语》,中华书局1960年版,第68—69页。

⑧ 邹元标:《梁山夫传》,见容肇祖整理《何心隐集》附录,中华书局1960年版,第120页。

⑨ 容肇祖整理:《何心隐集》附录,《省志本传》、《县志本传》,中华书局1960年版,第124—125页。

⑩ 黄宗羲著,沈芝盈点校:《明儒学案》卷三二,《泰州学案》,中华书局1985年版,第704页。

"均贫富",提出均分土地财产的要求。其"贵贱均田之制"或"均田免粮"口号[①],字面上借用北魏以来的均田思想,内容上则反映农民通过武装斗争均分地主田地的要求。与"均田"相联系的是"免粮"。当时流传闯王来了"不当差,不纳粮"的民谣,意味着既不向地主交纳地租,也不负担国家赋税,再加上均分田地,反映了明末起义农民更为彻底的反专制剥削思想。

明清之际,傅山认为"天道"无所偏袒,犹如江水"自上而下无所捡择而均有沾润";相信"天下者,非一人之天下,天下之天下"。幻想"爱天下之人"的"圣人"治理国家,不仅"爱无差等",对他人和自家"不得背公而私",而且"有功"于天下"兴利之事",甚至"杀己以存天下",形成"仓廪实而知荣辱,故尽爱于一世之人,使食其力而弭盗"的理想社会。不过,这样的社会仍存在赋税,只是"圣人"能"取之有度,爱之不偏"而已。[②]

同时期的黄宗羲也认为,从最初"人各有私","人各自利",天下不能兴"公利"和除"公害"的弊端,转变为古代"不以一己之利为利,而使天下受其利,不以一己之害为害,而使天下释其害"的好风尚,归因于出现了比常人勤苦千万倍的"人者"。他不只是企望圣贤君主的降临,更把矛头指向后来的君主,揭露君主私有天下产业,"屠毒天下之肝脑","敲剥天下之骨髓","离散天下之子女",以供一人之淫乐,因此,"为天下之大害者,君而已矣"。[③] 他以为"天下之治乱,不在一姓之兴亡,而在万民之忧乐"[④],主张社会改革。其经济改革的理想,无非"以实在田土均之"一类,仍未超出恢复井田制的局限。

清初,唐甄像黄宗羲一样攻击专制君主,痛斥"自秦以来,凡为帝王者皆贼"[⑤]。他认为,"天下之官皆养民之官,天下之事皆养民之事",为官者不以富民为功,而欲天下太平,无异南辕北辙[⑥]。富民与均平本来并行不悖,因为"天地之道故平,平则万物各得其所",不平反而造成"此厚则彼薄,此乐则彼忧"。然而,现实世界极为不平:王公之家一顿饭花费"上农"一年的收获,"犹食之而不甘",而"无食者"看到搀杂荞麦秆灰烬的麸皮粥,"以为是天下之美味"。他感慨说:"人之生也,无不同也,今若此,不平甚矣。"[⑦]所以,他的理想是均平与富民的统一,这比起传统的"不患寡而患不均"或"不患贫而患不均"之论宁愿

---

① 查继佐:《罪惟录》卷十七,《毅宗烈皇帝纪》,及卷三十一,《李自成传》,浙江古籍出版社 1986 年版,第 383、2709 页。

② 傅山撰:《霜红龛集》卷三十二,《读子一》,及卷三十五,《读子四》,见《续修四库全书》第 1395 册,上海古籍出版社影印本,第 657、685—690 页。

③ 引文均见黄宗羲:《明夷待访录·原君》,见《丛书集成初编(补印本)》第 0760 册,商务印书馆 1959 年版,第 1—2 页。

④ 《明夷待访录·原臣》,见同上书,第 3 页。

⑤ 唐甄:《潜书》下篇下,《室语》,见《四库全书存目丛书·子部九五》,齐鲁书社 1995 年版,第 506 页。

⑥ 《潜书》下篇上,《考功》,见同上书,第 448 页。

⑦ 《潜书》上篇下,《大命》,见同上书,第 437—438 页。

贫穷也要均平,显然胜过一筹。其追求理想的途径,要求“人君能俭”,百官效法君主的榜样,于是“官不扰民,民不伤财”;或者要求为政者听民自利,“因其自然之利而无以扰之,而财不可胜用”①。这两点均将希望寄托在专制君主的自律之上。

与唐甄同时代的颜元,也讲求经济上的均平。他主张“天地间田,宜天地间人共享之”②,直接反映了农民的土地要求。其弟子李塨将“共享”一说落实到“均田”上,“非均田,则贫富不均,不能人人有恒产”,以均田为“第一仁政”。他承认实行均田,在今世“夺富与贫,殊为艰难”③。实际上又排除了推行均田的可能性。另一弟子王源继而撰《平书》,称其为“平天下之书”。他同样有感于豪强兼并使农民无地而“无以自养”的不平状况,呼吁“有田者必自耕,毋募人以代耕”。由于“自耕者为农”,“不为农则无田”,不参加农业劳动的地主、官僚乃至士人和工商业者丧失占有土地的资格,故“惟农为有田”。④ 此论作为均田的具体办法,无济于事,但它主张只有自耕农民有资格购买或占有土地的论点,成为后来耕者有其田思想的雏形。

清代中后期,李汝珍的名作《镜花缘》,又一次以小说形式描绘社会理想,虚构了游历海外“君子”、“大人”、“女儿”等国的见闻。例如,“君子国”为礼仪之邦,“好让不争”,“惟善为宝”,“耕者让畔,行者让路”,“无论富贵贫贱,举止言谈,莫不恭而有礼”,买卖双方克守“彼此无欺,方为公允”的交易准则,“从公评定”物价,显示了理想中的经济平等之意⑤;“大人国”同样“民风淳厚”,富贵、贫贱之人“遇见恶事,都是藏身退后;遇见善事,莫不踊跃争先:毫无小人习气”⑥;“女儿国”重视与邻邦和睦相处,“自国王以至庶民,诸事俭朴”⑦;“黑齿国”举国上下,“无论贫富,都以才学高的为贵,不读书的为贱”⑧;如此等等。作者承认富贵贫贱的差别,为了缓和这些差别所带来的对立与矛盾,寓其理想于追求礼义和崇尚教育之中。此外,他假借皇帝“恩诏”,设想天下郡县建造“养媪院”,收容贫无所归的老年妇女,“官为养赡,以终其身”;建造“育女堂”,接收贫家幼女,无论衣食缺乏或疾病残废,“派令乳母看养”,养至20岁,“每名酌给妆资,官为婚配”;对于苦志守节,家道贫寒的寡妇,“无论有无子女,按月

---

① 《潜书》下篇上,《富民》,见《四库全书存目丛书·子部九五》,齐鲁书社1995年版,第444—445页。

② 颜元:《存治编·井田》,见《四库全书存目丛书·子部二〇》,齐鲁书社1996年版,第369页。

③ 李塨:《拟太平策》卷二,见《丛书集成初编(补印本)》第0760册,商务印书馆1959年版。

④ 李塨撰:《平书订·制田第五》,见《续修四库全书》第947册,上海古籍出版社影印本,第61页。

⑤ 《镜花缘》第十、十一回,人民文学出版社1979年版,第64—67页。

⑥ 同上书第十四回,第91页。

⑦ 同上书第三十二回,第231页。

⑧ 同上书第十八回,第127页。

酌给薪水之资，以养其身”；对于年已 20 岁的女子，其家贫寒，无力添置嫁妆，不能婚配者，“酌给妆奁之资，即行婚配”；设立医药“女科”，延访名医，对贫寒妇女，“按药施舍”；贫寒之家的妇女殁后，无力置办棺木者，令地方官“给与棺木殡葬”；等等[①]。以上设想，表示作者不满男尊女卑观念，要求维护妇女权益，还提出一套救助贫寒之家妇女，从生到死无所不包的社会福利保险制度。这些带有西方慈善色彩的设想，只是“镜花水月”式的空想，但作为一种细致入微的社会理想，专以拯救贫寒妇女为己任，其反传统思想已远非中国历代的救荒济贫思想与措施所能比拟。

(四)中国古代社会理想之特征

中国古代长达数千年的历史中，不乏出现关于理想社会或未来社会的各种奇思妙想。以上列举，只是历代一些具有代表性的理想观念，足见相当丰富并极具特色。可以说，马克思和恩格斯谈到中国的社会主义时，诸如针对贫富不均现象，要求重新分配财产和完全消灭私有制等内容，追本溯源，都能在中国古代的各种社会理想中找到它们的先行思想资料。这些社会理想从经济思想上看，可以概括为若干基本特征。

首先，在人与人的关系上，设想建立一个平等、和谐、友爱、幸福的社会。如《诗经》记录了向往未来美好社会的最早呼声，其目的是为了摆脱不劳而获的“君子”或人间“硕鼠”，也就是摆脱后来方腊起义所说的长久“苦于剥削”状况。中国古人对于未来理想的描述，其共同点，展现出一幅没有赋役剥削、没有等级压迫、人人不愁吃穿，处处安泰祥和的美好景象。这些描述对于未来的理解，存在很大差异。有的回到原始自然状态中去寻找乐园，如老子的小国寡民；有的将现实的小农经济理想化，如孟子的井地方案；有的追求同现实世界完全隔离的世外仙境，如陶渊明的“桃花源”和王禹偁的“海人”国；有的寄托理想于虚无飘渺的“神游”梦幻或“镜花水月”式的乌托邦，如《列子》的“华胥氏之国”、“列姑射山”、“终北国”，康与之的“西京隐乡”和李汝珍的“君子国”、“女儿国”等；也有的是精心设计可供实验的理想社会模式，如何心隐的“聚和堂”。其中最能代表古人对于未来社会的理想境界者，是先秦儒家的大同思想。“大同”与“小康”相对应，在人际关系上由后者的“各亲其亲，各子其子”进入前者的“人不独亲其亲，不独子其子”境地，体现了大同思想的提出者向前看的发展眼光。在这方面，同样值得称述的是，何休把社会发展看作由“衰乱”到“升平”，再到“太平”的不断进步过程。在设计未来人与人关系的具体内容方面，古代社会理想也不尽相同。如孟子的井地方案仍保持“君子”与“野人”之分，把缴纳一定比例的赋税视为合理之事。又如老子的社会理想主张“民至老死

---

① 《镜花缘》第四十回，人民文学出版社 1979 年版，第 284－287 页。

不相往来”,这与其他许多理想方案强调人们的同舟共济和互助合作,大相径庭。再如大同理想关注矜寡孤独废疾者皆有所养,李汝珍设想为贫寒妇女建立一套社会福利保险制度,这比起其他理想方案泛泛谈论人间和睦,显得更加具体实在。至于许行希望“市贾不贰,国中无伪”,对同类商品规定同样的价格,似乎想从整顿物价入手,希冀一个诚实无欺的市场环境;后来李汝珍虚构的“君子国”,强调买卖双方信奉“彼此无欺,方为公允”,坚持“从公评定”物价,与此类似。不过,一般而论,中国古代的社会理想,绝少提及商品和货币问题。

其次,在所有制问题上,古代社会理想可分为两类,一类反对私有,崇尚公有,另一类主张维持财产私有关系。在反对私有方面,其理由各式各样:有的从自然界万物生长无所偏袒的客观现象出发,认为人世间同样应顺乎自然,不得“有私”,要“公天下之物”。这以道家观点为典型。有的以“天下为公”或“天下一家”为前提,或者推论财富和劳动不必属于个人私有;或者坚持人民放弃私自耕织,“共寒其寒,共饥其饥”;或者强调君主的行为须遵循“天下者非一人之天下,乃天下之天下”的准则,不得“尊己”或“割天下以自私”,应当先天下以为公。前者以大同思想为代表,次者出自《尉缭子》,后者多见于抨击专制统治者横征暴敛的人士。有的把社会私有现象,归于主观意愿之存废,认为有心、有欲即有私,只有无心、无欲才能达到“无私”而“至公”的最高境界。这以《无能子》的论述较为突出,何心隐的聚和堂实验,试行族内公共教育,也是为了“除子弟之私念”。还有的目睹财产占有的极端不平等现象,对财产私有制尤其对土地财产私有制表示异议。在中国古代,明确要求通过生产资料公有来实现社会平等的思想,并不多见,只是从农民起义的“义舍”、“义米肉”等措施中,可以体会古代所谓财产公有的内涵;或者从关于未来社会人们自由取用财富的形象描写中,隐约感受取消财产不平等以后的社会景象。至于王莽的王田制,宣布土地私有改为土地国(王)有,虽然针对“强者规田以千数,弱者曾无立锥之居”[①]现象,其思想来源却是传统“王土”、“王臣”观念的延续。或许颜元的“天地间田,宜天地间人共享之”,具有某种土地公有制的意味,但他最终仍未脱出井田、均田或限田的窠臼。在保留财产私有方面,很少有人提供辩护的理由,这不过是现实私有关系在古代社会理想中留下的倒影而已。在这些倒影中,对土地私有加以约束的观点,或是孟轲的井地方案,提出“公事毕,然后敢治私事”的先公后私原则;或是王源主张“有田者必自耕”、“惟农为有田”,反映农民群众的土地要求;如此等等。

再次,在分配原则上,强调均平乃至绝对平均主义。平等思想从来是人们追求理想社会的共同主张,在中国古代的理想主义者看来,分配上的平等,就

① 《汉书》第12册,《王莽传》,中华书局1962年版,第4110页。

是平均。平均思想的产生，很大程度上针对现实中的贫富对立现象。以平均的方式缓和乃至消除贫富差距，成为历代社会理想的另一共同特征。这个理想目标，以“均贫富”或“均无贫”为其代表思想，各自的途径或要求又不尽相同。例如，墨子认为“分财不敢不均”，靠相互扶助来达到均财，“有力者疾以助人，有财者勉以分人”。老子从天道“损有余而补不足”的自然现象出发，把消除有余与不足之间的差距，看作无需他人干预的“自均”过程。又如，孔子提出“不患寡而患不均”或“均无贫”思想，此后几乎历代士人的平均理想，都不同程度地与安于贫困的说教相挂钩，这也见于有关未来社会俭朴生活的大量描述。唐甄设想在均平的基础上实现富民，倾向共同富裕而非共同贫穷，类似的思想到后期才较为明显。再如，《尉缭子》主张绝对平均，犹如分配饭食，不论人多人少，完全按照统一标准。这和谭峭以蝼蚁生活为例，要求每一处居所、每一点食物与众共享的观点，同出一脉。董仲舒之“患不均”，担心贫富差距太大，主张适当节制，使富者“足以示贵”，贫者“足以养生”，达到“上下相安”，不必绝对平均。谭峭认为均平的关键在于民食，“均食之道”又在于统治者厉行节俭；其他不少人则认为土地的平均分配最为重要，诸如井田、均田、平土思想等等，但在具体的土地分配方案上，莫衷一是；最激进的平均思想来自起义农民，他们所说的“均贫富”或“均田免粮”，试图通过“割富济贫”或“杀尽不平方太平”的暴力手段来实现。

又次，在劳动的态度上，古代社会理想一般主张人人劳动、自食其力。这也可以说是追求和睦生活、平均分配之后的第三个共同特征。其中较有代表性者，如墨子认为人的生存依赖“其力”，只有强力劳动、发挥各自的劳动能力才能获得饱暖，反对“不与其劳获其实”，同时注意劳动者的休息；许行提倡君主与人民一起劳动，“并耕而食”；《太平经》宣扬人们天生就有劳动能力，可以自食其力，反之，若因不劳动而遭致饥寒或仰赖他人，均属罪不可除；《无能子》把物质财富看作人人能够生产的劳动果实，造成贫富差距的原因，在于不生产者窃取生产者的劳动果实；李觏也提出劳动能力是人类与生俱来的本领，运用这一本领者方可得食，不劳动而得食，那是祸害，必将引起饥寒；邓牧的说法与李觏大同小异，人们从事的行业各不相同，都是“食力”、靠劳动生活；等等。也有个别例外，如《列子》作者向往“不耕不稼”、“不织不衣”的坐享其成生活。这种观点，或是指望有“吸风饮露，不食五谷”的“神人”存在，或是臆想自然界充分供给人们所需要的一切，这些就像虚构的理想国一样，属于无稽之谈。

最后，在经济生活中政府作用或国家权力作用的问题上，古代社会理想之间存在着分歧。主要表现在对于君臣的作用，有两种截然不同的意见：一种意见认为君臣的存在理所当然，另一种意见认为君臣的存在没有必要。关于前一意见，总的来说，期待出现贤明的君主来治理国家。就像《六韬》渲染的那样,君主“爱民”如父母兄长,关心人民疾苦,自奉甚薄,赋役甚寡,百姓自会拥戴其君主。这种看法再细分:一类肯定君主积极发挥作用,如何心隐期待君为臣民之主,组织群众实现均平;傅山宣扬圣君“爱天下之人”,“有功”于天下“兴利之事”。一类主张君主无为而治,如老、庄设想君主寡欲、知足,“无为而无不为”;陆贾形容君主统治的理想方式,“寂若无治国之意,漠若无忧民之心”,于“无事”、“无声”之中达到天下大治;刘安反对君主“多事”、“多求”,提倡“处无为之事而行不言之教”;嵇康也把贤明君主“穆然以无事为业,坦尔以天下为公”,视为“至德”之世的标志等等。关于后一意见,似有前后之别。在古代前期,否定君臣作用的人,一般迷恋于无君无臣的远古黄金时代。如阮籍称颂“太初”社会无君、无臣而一切秩序井然,批评今世对人民的残害,是“君立”、“臣设”的结果;鲍敬言以“曩古之世,无君无臣”,人民没有劳役税收的安乐景象,与“君臣既立”,民众不堪忍受重赋苦役的悲惨境况,进行对比,断言“古者无君,胜于今世”;《列子》杜撰“国无帅长”,顺其自然,“不君不臣”,没有聚敛的理想国度,与阮、鲍二人的观点殊途同归。在古代后期,与前期相反,大多承认远古时代有过圣君贤臣,问题是后世君臣改弦易辙,走向民众的对立面。如邓牧认为古代圣君严于律己,君民相安无事,秦以后,历代君主“竭天下之财以自奉”,各级官吏为虎作伥,“均为民害”,不如“废有司,去县令”,听任社会自然发展;黄宗羲也说,古代君主十分勤苦,不谈一己之利,关心天下之利,后代君主倒行逆施,视天下为己有,肆意敲剥人民,遂成“天下之大害”;唐甄宣布,秦朝以来,“凡为帝王者皆贼”。这些否定君臣作用的观点,说法不同,其基本倾向都是抨击现行统治集团的劣行,同时一并否定政府在社会经济生活中的作用。这是一种具有浓厚无政府主义色彩的古代理想观念。

综上所述,从西周开始,我国史籍文献中已出现质疑剥削现象,追求“乐土”、“乐国”理想的思想萌芽。到春秋战国时期,几乎各学派都从不同的角度,提出自己的未来社会理想。百家争鸣的时代氛围,孕育并形成了代表中国古代社会理想境界的典范,即儒家大同思想。自此以后,大同学说作为儒家经典内容,一直为后代士人所奉诵,同时在漫长的古代,很少有人直接利用这一学说阐述自己的社会理想。大致说来,先秦时期的社会理想,勾画出中国古代关于理想社会及其经济特征的大体框架。后代社会理想的演变,或者依循先秦时期的一些理想原则或概念予以解释和补充;或者借用先秦社会理想中的若干要素加以发挥和应用,包括借鉴一家观点为主,兼采各家观点而杂用之;或者依托不同的时代条件提出新的创见,不论这些社会理想直接建立在批判现实弊端的基础上,还是不切实际的悬想;或者诉诸暴力手段来表现自己的社会理想。这些社会理想相互渗透和影响,尤以农民起义的理想,不同于一般愤世嫉俗者的社会理想往往束之高阁,每每付诸行动;也不同于开明绅士的社会理想常常出于缓和社会矛盾的改良目的，尚能见容于专制统治集团，而是将斗争矛头直接指向统治集团本身。历代社会理想，分别来看，对于未来社会经济特征的概括，除大同思想外，均比较零星而不成系统，但综合地看，已形成一个具有自身特色的思想体系。这个理想体系，既有积极因素，也有消极因素，常常是各种矛盾甚至对立的观点混杂在一起。其共同的特征是憧憬生活安乐和睦，要求平均分配财物，主张人人劳动、自食其力，而在财产所有权和政府作用等问题上，则赞成私有与反对私有、肯定君臣与否定君臣两种观点并存。这种瑕瑜互见的驳杂思想，反映了中国古代社会理想带有原始色彩的空想性和不成熟性，同时也体现了相当深厚的历史传统根基。马克思、恩格斯提到中国造反平民“过去和现在”一直要求消灭私有制，似乎也意识到这种理想观念在中国流传之久远。

这些社会理想，构成中华民族文化中有关社会主义思想成分的基本内容，在马克思主义经济学传入中国的历史过程中，作为民族文化的自身土壤或传统影响因素，留下了自己的思想痕迹。讨论马克思主义经济学在中国的传播，不能忽视中国历来的思想文化传统，这是舶来学说本土化的重要前提和基础。中国传统文化中的社会主义思想成分之传承与积累，对马克思主义经济学在中国的传播，也会产生一定的影响。在特定的历史条件下，这二者之间存在难以分割的密切联系。马克思、恩格斯关于中国社会主义的说法，提示中国自身文化中存在着与欧洲社会主义相似的思想因素，而中国古代社会理想的大量史料考察，又印证了这一提示。

（五）近代太平天国的社会理想述评

马克思、恩格斯的提示，恰好在太平天国革命前夕。这一革命，主要转达了中国近代造反平民的激进要求，其实也延续了中国古代农民革命的思想传统。从古代的起义农民到近代初期的造反平民，再到稍后的太平天国革命，其社会理想一脉相承。毋宁说，太平天国的社会理想，从其理念和实践看，在传统农民起义范围内达到一个新的高峰。

太平天国的领导人洪秀全（1814－1864），最初受天地会信徒以“兄弟”相称，实行“米饭主”制度，有饭大家吃、所得财物全部归公的影响，又从西方基督教教义和中国古代典籍中吸取滋养，形成一套争取理想社会的独特思想体系。他早期根据上帝面前“无分贵贱”，“普天之下皆兄弟”[①]或“天下总一家，凡间皆兄弟”[②]的教旨，宣扬人人平等的思想。其中否定君主的“私自专”[③]行为，认为世间各种丑恶现象的来源，“一出于私”，质疑天下男女“何得存此疆彼界之

① 洪秀全：《原道救世歌》，引自中国近代史资料丛刊《太平天国》第1册，神州国光社1954年版，第87－88页。

② 洪秀全：《原道觉世训》，引自同上书，第92页。

③ 洪秀全：《原道救世歌》，引自同上书，第87页。

私，何可起尔吞我并之念”，主张消除人与人之间的自私和侵夺等行为。他“遐想”唐虞远古时代“天下有无相恤，患难相救，门不闭户，道不拾遗”的幻境；将孔子“大同”之说全文抄录于《原道醒世训》中，作为所谓“原道”的佐证。这也是农民起义领袖首次运用大同思想指导实际斗争，意在追求“公平正直”，“强不犯弱，众不暴寡，智不诈愚，勇不苦怯”，“天下一家，共享太平”、“各自相安享太平”的理想世界。[①] 建立太平军后，实行“均产制度”，“将一切所有缴纳于公库，全体衣食俱由公款开支，一律平均”。[②] 这是曾一度推行的废除私有财产的“圣库”制度的起源。后来又颁布《天朝田亩制度》[③]，“凡天下田天下人同耕”，平均分配土地；“有饭同食，有衣同穿，有钱同使，无处不均匀，无人不饱暖”，或“天下大家处处平匀，人人饱暖”；“人人不受私物”，收入除满足基本生活需要外，结余归国库，婚娶弥月喜事等由国库支出，“通天下皆一式”，供养“鳏寡孤独废疾”者；男女平等；保留男耕女织的小农生产方式，同时按军事需要编制社会基层组织。至于批准公布的《资政新编》，作为效法西方资本主义国家而制订的施政纲领，与太平天国的主体理想相矛盾。可见，历代农民起义的理想诉求，直到太平天国革命提出天下田天下人同耕原则，实行一切财物归公，这才把劳动者共同占有包括土地在内的一切财产的公有制含义，真正反映在自己的社会理想之中。

上述社会理想，作为近代造反平民的典型代表，与古代起义农民的思想传统作一对比，既有继承，也有发展。从发展方面看，其理想方案的视野及周详程度，远非历代农民起义的简单口号或临时措施所能及，亦令古代知识分子的许多传世构想难以望其项背。尽管其中夹杂“贫富天排定”[④]之类的消极观点，但反对剥削压迫，主张人人平等、平均分配，宣扬消除一切形式的财产私有特别是否定地主土地所有制等观点，极为鲜明而突出。其理想方案披上一件西方宗教外衣，赋予基督教教义以反对专制皇权的性质。历代的农民起义，假手宗教迷信作为号召者，不乏其见，但从西方基督教中寻求反专制斗争的思想武器并予以有效运用者，以洪秀全为其肇端。为此，毛泽东评价鸦片战争以来“向西方寻找真理”的“先进的中国人”时，第一个提到的就是洪秀全[⑤]。其理想方案随着起义形势的变化不断补充和发展，如先是提出一般平等原则，后来

---

① 以上引文除另注外，均见洪秀全：《原道醒世训》，引自中国近代史资料丛刊《太平天国》第 1 册，神州国光社 1954 年版，第 91－92 页。

② 洪仁玕述，[瑞典]韩山文著，简又文译：《太平天国起义记》，引自同上书第 6 册，第 870 页。

③ 以下引文均见《天朝田亩制度》，引自同上书第 1 册，第 321－326 页。

④ 洪秀全：《原道救世歌》，引自同上书，第 89 页。

⑤ 毛泽东在《论人民民主专政》中说：“自从一八四〇年鸦片战争失败那时起，先进的中国人，经过千辛万苦，向西方国家寻找真理。洪秀全、康有为、严复和孙中山，代表了在中国共产党出世以前向西方寻找真理的一派人物。”《毛泽东选集》第 4 卷，人民出版社 1991 年版，第 1469 页。

实行消费品平均分配或统一供给为主的均产制度，再到要求平均分配土地财产等。包括《天朝田亩制度》在内的理想方案，充满农民意识的空想成分，许多设想并未见诸实行，但这种在斗争实践中不断丰富已有方案并大胆尝试推行的执著精神，为以往所少见。后来孙中山阐释民生主义“贫富均等，不能以富者压制贫者”的主旨，便以洪秀全作为“在前数十年，已有人行之”的先驱者[①]。从继承方面看，洪秀全的社会理想，除了从西方基督教那里借来君权神授观念，用抽象的“上帝”否定现实的专制王朝之外，几乎所有的理想因素，都可以从中国古代传统中找到其思想起源。洪秀全的成就，在于将前人提出的各种理想观点，不论起义农民的主张，还是开明士绅和文人墨客的设想，抑或是被他捣毁了学馆牌位的孔子之大同理想，兼收并蓄，熔于一炉，创建了近代中国早期试图用暴力手段加以实施的社会理想方案。

将太平天国革命纳入马克思、恩格斯论述中国社会主义的近代背景中，显然，与中国传统社会理想形成于封闭的古代不同，这一革命的社会理想形成于外国势力迫使中国开放门户的近代初期。这一时期，由于小农经济与家庭手工业直接结合的传统生产方式的变革，进展缓慢，由于民族文化传统自身独特的思维体系、表达方式和名词术语，尚未改变，又由于洪秀全着意渲染的西方宗教色彩，如引自《劝世良言》[②]的基督教传教手册，只是用来加强已有的观点，与西方社会主义思想全然无涉，因此，太平天国的社会理想方案，其核心内容，仍是道道地地的中国货。唯其如此，在太平天国革命之前，马克思和恩格斯谈到中国的造反平民，其最初的着眼点是许多庶民宣传类似于社会主义的学说，预示中国正在孕育重大的社会变革；此后，他们接触和分析太平天国革命，除了继续强调这种中国式革命对于欧洲乃至世界经济和政治的影响之外，对于其革命本身缺乏外来思想的滋养，主要继承自古以来的社会理想传统，一再批评它的局限性。如马克思指出：这次革命除了改朝换代以外，“没有给自己提出任何任务”；其“全部使命，好像仅仅是用丑恶万状的破坏来与停滞腐朽对立，这种破坏没有一点建设工作的苗头”；这样行动的太平军是“停滞的社会生活的产物”[③]。这表明，在马克思的心目中，太平天国革命难以摆脱古代传统的束缚，不能承担起建立自由、平等、博爱的中华共和国的任务。

附带指出，李大钊曾于 1926 年撰写《中山主义的国民革命与世界革命》一文，依据马克思对于太平天国事件的观察和分析[④]，说明中国革命的成功，将

---

① 孙中山：《欲改造新国家当实行三民主义》，见胡汉民编《总理全集》第 2 集，上海民智书局 1930 年版，第 241－242 页。

② 指中国传教人员梁发所写的《劝世良言》，香港基督教辅侨出版社 1959 年版。

③ 马克思：《中国记事》，《马克思恩格斯全集》第 15 卷，人民出版社 1963 年版，第 545、548 页。

④ 此系指马克思撰写的《中国革命和欧洲革命》一文，此文作为社论载于 1853 年 6 月 14 日的美国《纽约每日论坛报》。

对欧洲乃至全世界产生伟大的影响。其中令人感兴趣的是，提到太平天国革命的参与者曾与马克思领导的第一国际，有过组织上的联系。文章说："第一国际时代的法国有一个'天地会'的记录。这是一个中国人的第一国际的支部。"这里的"天地会"，据说是太平党人即太平军失败后组织的"革命的秘密结社"，其会员号称百万，遍布于全中国尤其中国南部，以及南洋、印度、美洲各地。李大钊说："这一个天地会与第一国际发生关系的事实"，"可以证明太平天国革命是含有阶级性的民族革命，可以证明中国革命自始至终有与世界无产阶级提携的需要与倾向"。[①] 这个说法，将 1864 年 7 月其都城天京被攻陷而失败的太平天国，与同年 9 月在伦敦成立的国际工人协会联系在一起，究竟是历史巧合，还是确有其事，存疑待考。迄今为止，尚未看到这方面历史资料的发掘，而"天地会"也不是太平军失败后才组织起来的秘密结社，此前早已有之并积极响应了太平军起义。即便第一国际内确实有过一个由太平军余部建立、以天地会成员为主体的中国人支部，这个支部对于马克思了解有关太平天国革命或者其他中国的情况，显然也未能提供有价值的第一手资料。要证明这一点，可查阅第一国际创立后，马克思撰写各种涉及中国问题的论著所引用的资料中，均无与此相关的信息来源。

(六)中国与欧洲的传统社会理想之比较

在马克思、恩格斯的提示中，曾将中国社会主义跟欧洲社会主义的类同，比作中国哲学跟黑格尔哲学的类同。后一类同中的古代中国哲学，被认为只反映了"精神的儿童时代"，而黑格尔所继承的古希腊哲学，代表了"精神的成年时代"[②]。如此说来，前一类同像后一类同一样，意味着同一领域内先进与落后的差异。这一比较让人感慨，然而提出中国和欧洲的社会主义比较这个命题本身，仍是有意义的。这里所说的中国社会主义，从其传统思想来源看，可以理解为我国历代社会理想中所积聚和延续的有关文化因素。同时，欧洲社会主义，包括马克思曾从中汲取滋养的空想社会主义，也可以追溯到欧洲古代的社会理想。据此，比较中国和欧洲的传统社会理想之异同，基于西方社会主义思潮在中国传播的历史背景，有助于结合中国原有的土壤条件如本民族的思想传统，深入地考察马克思主义经济学传入中国本土的独特进程与思想特征。

欧洲传统的社会理想，最早可以追溯到有关"黄金时代"的传说。古希腊诗人赫西俄德在其长诗《劳动与时令》里，叙述克洛诺斯神统治的世界，有丰富的土地产品，无需人的劳动，生活无忧无虑，不存在嫉妒和斗争，是光明快乐的

① 《李大钊文集》下册，人民出版社 1984 年版，第 881—883 页。
② 参看侯外庐等:《中国思想通史》第 1 卷，人民出版社 1957 年版，第 271、302 页。

人间天堂。从这一描述中，古希腊作家引申出平等、没有剥削等思想。诸如厄福洛斯勾勒黑海沿岸草原部族西徐亚人的生活方式，狄奥多介绍扬布鲁斯的小说刻画了非洲“幸福岛”居民的生活习俗等，体现了将人类社会的原始自然状态理想化的流行观念。这一期间，不止一次地提到克洛诺斯统治下的黄金时代实行财产共有制。这个看法到古希腊后期广泛流传，如普庐塔克为赛梦作传，说他出于仁慈，“重新实行了一种财产共有制，就像神话中的克洛诺斯时代那样”[①]。与此相伴随，还流行“妻女共有”之说，这是古希腊社会理想的一个重要特点。古希腊神话和诗歌中的黄金时代，传说是人类历史上最初最美好的时代，常常跟没有政权、没有私有制的概念联系在一起。在中国古代，这种观念出现得也很早。如《诗经》表达“我生之初”的祖辈时代，没有官府徭役和人间欺压的自由自在愿望，但它不是描述“乐土”、“乐国”一类的黄金世界，而是直接反映下层群众对剥削者掠夺行径的不满。先秦的平均主义观念后来成为中国历史上起着重大影响的分配原则，古希腊的社会运动中也存在斯巴达特权阶层类型的财产平均主义。将原始自然状态理想化的古代典型，在中国要算《老子》的“小国寡民”理想，那里除了甘美安乐的与世无争生活外，同样看不到政权和私有制的痕迹。

早期关于黄金时代的希腊神话精神，传承到后代，被看作近代社会主义的思想渊源之一。不过一般说来，西方学者探索近代社会主义思想的起源，更多追溯到古希腊学者柏拉图在《理想国》中所提出的理想国家模式。其中论证国家的起源，在于个人须以其所长从事交换，实行社会分工，同时保留社会等级制度；抨击贫富不平等以及社会对立日益尖锐现象，又认为由不平等者实行平等是民主制的主要缺陷；反对拥有任何私有财产，主张“共产”。在此之前，毕达哥拉斯信奉“朋友们共同拥有全部财产”的格言，在柏拉图那里，三个等级的社会自由民中，只有掌握国家权力的哲学家和保卫国家的武士这两个等级按照财产共有原则生活，尤以武士阶层的同食同居式消费生活为其理想模式，属于第三等级的农民、手工业者和商人则允许有适量的私有财产。此外，主张取消家庭，实行公妻共子制度。这就是柏拉图式“共产主义”。此后，他在《法律篇》中，退求其次，事实上论述了一个以自然经济和私有制为基础的城邦制度。在那里，其理想仍是财产和家庭共有，但治理国家不专靠伦理，代之以制定法律；土地和房屋分配后，容许私人占有财产，也容许奴隶制存在，只是分配给公民的财产在理论上为国家的共同财产，以此决定财产界限，防止产生大的贫富差异。在中国古代，墨翟也主张国家的经济起源说，其理想是在人人努力劳动

---

① 参看沃尔金：《古希腊的社会主义》，见其著《论空想社会主义》中译本，中国人民大学出版社1959年版，第22页注6。

的基础上实现平均分配和互助互利,不是财产共有。与柏拉图相似,早期儒家的大同思想,“天下为公”,加上财富“不必藏于己”,劳动“不必为己”,否定财产私有,主张财产公有,颇类于柏氏理想国。次于大同理想的小康社会,“天下为家”,维持“货力为己”的私有制度,实行礼义治国,接近柏氏允许财产私有、用法律治国的次要目标。不同的是,柏氏财产共有理想只适用于社会上层,与第三等级无关,更不用提奴隶,而大同理想乃天下人人都能享受;柏氏厌恶体力劳动,交给第三等级及奴隶去做,而大同理想主张壮者均须劳动,缺乏劳动能力者由社会供养;柏氏宣扬公妻制,而大同理想将男女共享家庭幸福作为必要条件。可见大同理想比柏氏理想国更加合理。古代中国和古希腊这两类社会理想,为了解决所面临的社会危机应运而生,可是,柏拉图坚决反对用革命方式实现其理想,大同作者也未能指出走向大同之路。

古罗马时期,早期基督教揭露帝国统治罪恶,希望建立幸福的“千年王国”。这个理想社会,“叫有权柄的失位,叫卑贱的升高,叫饥饿的得饱美食,叫富足的空手回去”①,此说法颇似先秦商鞅及后来五代农民起义用作战斗口号的“令贫者富,富者贫”;那里的信徒不分彼此,“大家公用”财物,将出卖田产房屋所得的价银,“照各人所需用的,分给各人”②,这和我国公元2世纪后半期的起义农民在天下“太平”的旗帜下,免费供应旅舍和米、肉,否定私有,共同消费,也颇为近似;至于使徒保罗主张“若有人不肯作工,就不可吃饭”③,“工人得工价是应当的”④等言论,被视为后世“不劳动不得食”一语的先导思想,这在我国早期强调人人劳动和自食其力的观念中,亦不乏其见。

中世纪时期,神学家们先是保持早期基督教的传统观点,认为一切来自上帝,财产共有是最美好的形式,对私有财产一般持否定态度。中期以后,他们的态度开始转变,反而论证私有财产的合理性。12、13世纪及以后,欧洲城市的市民异端反对教会内部的封建制,要求恢复早期基督教的人人平等。当时英国农民起义的指导思想,尤以约翰·保尔为代表,反对封建统治及教会占有土地,主张废除农奴制度,没收教会财产,建立“一切财产都归公有”和人人平等的社会,并质询亚当耕地、夏娃织布时代,“谁是贵族”。1419年捷克农民起义,主张建立自由的教会公社,土地交给农民,废除封建制,取消国王;起义过程中模仿早期基督教的共产团体组成社团,彼此以兄弟姊妹相称,财产归社团所有,实行平均分配,没有你我之分。到16世纪前期,托马斯·闵采尔领导德

① 《新约·路加福音》第1章,第52—53节。
② 《新约·使徒行传》第4章,第32—35节。
③ 《新约·帖撒罗尼迦后书》第3章,第10节。
④ 《新约·提摩太前书》第5章,第18节。

国农民战争，提出“接近于共产主义”的政治纲领[①]，从宗教哲学思想出发，攻击天主教会的陈腐教条，揭露财产不平等造成现存社会人间地狱般的生活，要求现实世界建立“千年天国”，也就是没有阶级差别、没有私有财产、没有国家政权高高在上与社会成员作对的平等社会，并希望通过一次“大震荡”达到其目的。相比之下，我国从 9 世纪起，起义农民公开打出“平均”的旗号，以后几个世纪不断出现的农民起义，先是要求“均贫富”，将富豪的财产充公以接济贫乏，反对繁重的赋役，并意识到“剥削”概念；继则从“均贫富”扩大到“等贵贱”，否定富贵与贫贱差异，要求取消一切税赋差科和官司法令，号召以“杀尽不平”的暴力方式实现天下太平，向往“八方共域，异姓一家”的理想社会；到明末农民起义，又以“均田免粮”口号，否定专制国家赋役，要求均分土地财产。可见，中国和欧洲古代起义农民的社会理想，有相同之处，又各具特点。

十六七世纪，欧洲出现两部阐述乌托邦理想的名著，对后代影响甚大。一部是英国人托马斯·莫尔的《乌托邦》，全名为《关于最完美的国家制度和乌托邦新岛的既有益又有趣的金书》。这部书以对话体裁，第一部分猛烈攻击资本原始积累时期的残酷剥削，把英国圈地运动比作“羊吃人”，将一切社会罪恶的根源归于财产私有制；第二部分集中描写虚构的理想社会组织“乌托邦”，包括废除私有财产，实行公有制，产品归全社会所有，计划生产和消费，人人参加劳动，实行劳动教育，按需分配，男女平等，控制人口，公共食堂，公共医疗，公共儿童保姆，以及各种自由平等的生活等等。这个社会以农业和手工业为经济基础，保留奴隶和宗教。《乌托邦》中详尽周密的社会理想方案，陷于纯粹的幻想，虽未提出社会主义的名词概念，但仍被看作欧洲第一部影响较大的空想社会主义著作。另一部是意大利人康帕内拉的《太阳城》。这部书也以对话形式，假托环球旅行的热那亚航海家，想象了处在印度洋赤道线上充满光明的太阳之城。作者批判利己的私有制是现实贫富对立及其他罪恶的根源，幻想公有制的太阳城理想。在那里，不存在私有制和任何形式的奴隶制度，一切公有，没有家庭；人人有劳动光荣感，技术发展，每人每天工作 4 小时，连盲、跛、失去手臂的残疾人亦做力所能及的劳动；产品归国家公有，按需要统一分配；强调科学技术和文化教育，儿童由公共机关培养，人人受劳动教育，学习艺术和工艺；由僧侣阶级和知识分子统治等等。这个社会理想夹杂着浓厚的宗教色彩、占星术迷信及“公妻”之类，但不妨碍它在空想社会主义传播史上的地位，列于莫尔的《乌托邦》之后。

17 世纪的欧洲还产生其他一些乌托邦式思想，颇令人瞩目。例如，英国的杰腊德·温斯坦莱代表无地和少地农民的利益，反对地主土地私有制，主张

① 恩格斯:《德国农民战争》,《马克思恩格斯全集》第 7 卷，人民出版社 1959 年版，第 414 页。

劳动者平均分配土地,人人劳动,共同使用土地和享受土地果实;以法律条文的形式,描绘基于土地公有制改造现有社会、建立"自由共和国"的理想方案,主张理想的实现"勿以恶抗恶";领导城乡贫民共同开垦荒地运动,有"掘土派"之称,也叫"真平均派"。又如,法国的德尼·维拉斯的《塞瓦兰人的历史》一书,以第一人称的类似游记体裁,叙述乌托邦国家塞瓦兰如何由原始公社发展成为"古往今来的国家制度的楷模"。这个理想国家,全部土地和财富归国家所有,废除私人财产所有权;实行义务劳动,人人必须劳动,除老弱病残者外,一天劳动8小时,其余时间休息和娱乐;按需分配,直接供应产品;以及实行政治民主,但保留奴隶制度。

有趣的是,我国古代的《庄子·逍遥游》里,早已见"无何有之乡"一说[①],原指什么东西都没有的地方,后专指空虚乌有的境界。这和"乌托邦"一词源出希腊文ou(无)和topos(处所),意即"乌有之乡",如出一辙。后来,"乌托邦"一词成为"空想"的同义语,所谓空想社会主义,便指乌托邦社会主义。先秦时期集中出现老子的小国寡民、孟子的井田理想、儒家的大同思想,4、5世纪相继产生鲍敬言的《无君论》"曩古之世"、陶渊明的《桃花源记》以及《列子》的"华胥氏之国"等,均系中国式乌托邦思想的典型。这些思想的共同特征,描述人与自然相交融,否定现存社会的赋役乃至君臣制度。此后,要求摆脱繁重的赋役一直是历代社会理想的重要内容,如王禹偁的"海人"国犹如仙境,根本原因是没有赋税徭役。康与之《昨梦录》中的"西京隐乡",似乎更重视所有物品"皆不私藏,与众均之";何心隐的"聚和堂"实验,试行公共生活与教育,目的在于去"私念"。不过,中国古代反对私有的理想,除了泛指一般私有制度,相当程度上专指君主不能一人私有天下,必须以天下为公。如邓牧憧憬"至德之世",谴责君主私有天下之财,"以四海之广足一夫之用"。这一思想倾向在17世纪的中国社会理想中表达得更为明显,如黄宗羲揭露君主一人私有天下产业的罪行,唐甄宣称"自秦以来,凡为帝王者皆贼"等等。

18世纪,欧洲尤其是法国,涌现出一批著名的乌托邦思想家。诸如,梅叶以土地私有制为主要祸害,设想组成"公社"式理想社会,人人劳动,财产公有,并通过教育手段实现这一理想。摩莱里强调私有制是万恶之源,从符合"人性"和"自然法"的"自然秩序"出发,概括未来理想社会具有生产资料公有、人人劳动尽其所能、人人从社会得到生活所需之物等基本特征,社会实行统一计划管理和平均分配,以教育和立法为途径,把希望寄托在人类理性的发展上。马布利也认为私有制不合理、违反人性,人类只有在财产公有制下才能得到幸

① 《庄子·逍遥游》:"今子有大树,患其无用,何不树之于无何有之乡,广莫之野,彷徨乎无为其侧,逍遥乎寝卧其下?"见王光谦撰《庄子集解》,中华书局1987年版,第8页。

福生活；又认为原始公有制社会一去不复返，不可能恢复古代“黄金时代”；面对现存社会私有制占统治地位、自私自利相沿成习的状况，主张采取平均主义和禁欲主义的立法措施防止私有制的发展。巴贝夫组织秘密团体“平等会”，鼓动人民起来消灭私有制，建立“普遍幸福”、“人人平等”的社会；设想通过“全民公社”的立法措施逐步消灭私有制，过渡到以农业为中心、均等分配和生活自然纯朴的“共产主义公社”等等。这些改造社会的理想，凭借主观愿望，从理论上探讨和论述了未来社会的纲领、重大原则及法制轮廓。欧洲16世纪以来形成的各种社会理想，共同反对私有、坚持公有，而在劳动、分配尤其社会政治组织形式等方面，则存在不同程度甚至相反的差异。反观中国这一时期的社会理想，大多憎恨现实罪恶而未深究这些罪恶产生的社会经济根源，向往某种理想社会却不曾对它的制度及其实现方式作具体描述，因而难以同欧洲乌托邦式思想家的社会理想相提并论。

19世纪初叶，欧洲基于300年来延续不断的乌托邦思想基础，发展出以法国的圣西门、傅立叶和英国的欧文为主要代表的空想社会主义。他们尖锐地批判资本主义制度，指出资本主义的固有矛盾和阶级对立，力主消灭雇佣劳动制和私人发财制度；第一次把社会主义作为一种新的生产体系，论证社会主义制度下的生产组织和劳动生产率优于资本主义；预见到共产主义社会的一些特点，如城乡对立、脑力与体力劳动对立的消灭和国家的消亡等。这三位著名思想家改造人类社会的计划，同样属于缺乏现实性的主观愿望。他们的思想存在着分歧，如对待财产所有制，圣西门和傅立叶均不主张废除私有制和建立公有制，前者要求把私有制经济纳入其国家计划轨道；后者认为私有制精神不但不应当废除，还要加以刺激，人人具备私有精神，可以实现公正分配。欧文的理想不同于圣、傅二氏，要求消灭私有制，消灭阶级；区别于以往的财产公有主张常常将生产资料和消费资料混为一谈，要求采取实际的生产资料公有制。不论这些社会主义理论如何不成熟和相互矛盾，它们在历史的继承关系上成为马克思主义的三个来源之一。这一时期，中国的社会理想仍停滞不前，除了李汝珍的《镜花缘》设想一套以贫寒妇女为对象的社会福利保险制度，这在男尊女卑观念盛行的专制社会算是稍有新意而外，其余可资称述的社会理想难得一见，更谈不上与欧洲空想社会主义理论相比较。

经过以上对照，可以看到，中国和欧洲的传统社会理想之间，存在一些异同之处。

首先，从发展历史上看，中国古代的社会理想，在16世纪以前并不逊于西方，此后差距愈来愈大。无论古代中国还是古代欧洲，其社会理想的起源，最初都是针对现实社会的不平等现象，或托古于早先的幸福幻景如西方的“黄金时代”，或想象一个摆脱现存苦难的乐园如《诗经》中的“乐土”、“乐国”。这些零星观点发展成某种思想体系，在古希腊当推柏拉图《理想国》为其佼佼者。柏氏生活于公元前4世纪前后，其时正值古代中国文化高度繁荣的百家争鸣时期，许多学派如儒家、墨家、道家、农家、兵家及其他杂家等，纷纷提出自己的社会理想，综合起来，要比古希腊的同类思想更加丰富多彩。古希腊文化后来中断了，古代中国在先秦以后约200年间，仍保持春秋战国百家争鸣之余绪，其社会理想不断得到新的补充和发展，如陆贾《新语》的"至德"社会，《淮南子》的"修伏牺氏之迹而反五帝之道"，《文子》的"至人之治"等。古罗马时期，西方涉及社会理想的论述，主要见于早期基督教提出的"千年天国"理想。这跟我国早期起义农民依据道教《太平经》作为思想武器以求万年太平的理想，十分相似，亦大致同时。不过，早期基督教寄希望于来世，后为罗马统治者所利用；东汉末年的起义农民则诉诸实际斗争，其"太平"思想也一直为后代社会理想所承袭。从5世纪起，欧洲思想界在中世纪神学的笼罩下，信奉宗教教义，有关社会理想的描述难得一见，一直到十四五世纪，才在宗教异端的城市市民，特别在农民和平民那里，重新看到要求摆脱教会等级束缚的社会理想。这一期间，中国的乌托邦理想不仅在四五世纪又达到一个高潮，如鲍敬言的"曩古之世"、陶渊明的"桃花源记"、《列子》的"华胥氏之国"等，而且接续绵延未曾中断，如9—14世纪的起义农民理想、10世纪王禹偁的"录海人书"、12世纪康与之的"西京隐乡"等。16世纪以后，以莫尔《乌托邦》和康帕内拉《太阳城》为标志，欧洲社会理想进入新的发展阶段。与此同时，我国虽然也产生一些启蒙思想，诸如黄宗羲、唐甄等人的社会理想对专制君主持更加严厉的批判态度，明末农民起义的革命理想较前代有所进步等等，但总的说来，中国社会理想的发展开始呈现停滞状态，未能提出新的理论体系。欧洲经过18世纪的持续发展，到19世纪初叶，以圣西门、傅立叶和欧文为代表，集以往乌托邦思想之大成，把空想社会主义推向它的理论高峰。相比之下，中国社会理想处于沉寂时期，即便有些观点值得一提，也未超出两千年来的旧框框，与正在盛行的欧洲空想社会主义不可同日而语。

其次，中国与欧洲传统的社会理想，涉及一些共同的经济要素，各自的表达方式与名词术语不尽相同，其含义却基本相同。例如，对于所有制，二者都有反对或要求消灭私有制、以及主张公有制的明确表述，同时也都有一些社会理想仍保留财产私有制度；对于分配，二者都指出贫富差距现象的不合理性，要求以某种公正方式重新分配财产；对于生产，二者都有自然界可提供现成丰裕的财富以资人们坐享其成的观点，但更强调人人劳动、自食其力的必要性；对于人际关系，二者都向往没有剥削、没有压迫、和睦幸福的美好社会景象；对于政府的作用，二者都并存肯定与否定两种观点：肯定者大多企盼贤明统治者的降临，否定者则主张取消国家或以无君无臣为社会理想状态等等。对于其他一些具体问题，双方还有许多共同点。二者均曾将原始的自然社会理想化；柏拉图提出共有的理想国与保留私有的次优国这两种理想，接近《礼记·礼运》之区分“为公”的大同思想与“为家”的小康思想；欧洲平民、农民异端的斗争纲领，也和我国历代农民起义的战斗口号有相似之处；如此等等，不必一一列举。

最后，中国与欧洲基于不同的社会经济背景和思想文化传统，其社会理想显示出不同的地方。比如，一是欧洲自16世纪起，随着资本主义生产方式的诞生，逐步形成崭新的空想社会主义理论体系；中国古代即便出现了资本主义生产关系的萌芽，却迟迟未能冲破传统经济体制的束缚，传统经济的长期停滞，导致其社会理想受到严重局限而止步不前。这也是中国和欧洲的社会理想在发展过程中最重要的区别。二是中国古代曾产生类似财产共有的思想，但不及欧洲古代之明确和频繁，各自的理由也不尽相同。欧洲历代社会理想谈论财产共有或公有制，或是确信过去的黄金时代有过这种制度，或是像柏拉图那样认为它体现了社会正义，或是基于《福音书》的启示以及对“世界末日”的恐惧如早期基督教的“千年天国”，或是披着宗教外衣提出激进的世俗要求如中世纪的农民平民异端和闵采尔领导的农民起义，16世纪以后，一些空想社会主义思想家更是在揭露现实私有制罪恶的基础上，建立起公有制的理论体系。中国古代谈论财产公有问题，也曾追溯过去，想象既往的幸福生活，或者不满现实私有状况，但经常引证的理由，要么依据自然界从不偏私一物的客观现象，要么凭借统治者应以天下为公的主观意愿，缺乏更为深入的理论分析。三是中国和欧洲古代的社会理想，都主张财产的公正分配，也都往往将生产资料与消费资料的分配混为一谈，但欧洲古代除了激进派的理想，一般不强调平均分配；而平均甚至绝对平均主义的分配观念，却是中国古代社会理想的典型特征，这既表现在消费品的分配上，也表现在生产资料尤其土地的分配上。四是欧洲的社会理想从古希腊起，带有浓厚的宗教色彩，经古罗马进入中世纪，在神学一统天下的时代，更是处处以宗教教义为其圭臬，直到16世纪以后，各种乌托邦理想乃至空想社会主义方案中，仍留下它的深刻痕迹。中国古代的社会理想也存在“天道”、“神权”一类观念，汉末农民起义还披上道教的外衣，但总的说来，宗教气氛比较淡薄，一般是直接利用世俗生活的现状作为其思想发挥的根据。五是欧洲古代的社会理想包含一些为中国同类理想所少见的缺陷，如柏拉图的理想国需以奴隶劳动为基础，莫尔的《乌托邦》保留奴隶做脏活苦活等，这和中国古代社会理想一般以所有人共享幸福作为目标，有很大不同；又如柏拉图认为只有哲学家和武士的贵族阶级才享有“共产主义”生活，第三阶级的农、工、商只能为前二者服务，这种等级观念在中国古代理想境界里未能避免，但远不及古希腊人表述得如此显露；再如康帕内拉的《太阳城》要求盲、跛、缺臂一类残疾人参加劳动，这同中国古代理想强调照顾老幼残疾之人，也形成鲜明对照；至于柏拉图设想妻子共有制度，康帕内拉宣布不会生育的女子为"公妻"等，更与中国的理想传统格格不入。

通过以上对比分析，就传统社会理想而言，"中国的社会主义"跟"欧洲的社会主义"确实具有一些共同之处，同时也存在某些区别。这些区别中的不少内容，长期以来并未限制中西方古代社会理想的发展，倒是形成它们各自的传统特色。16 世纪以后，由于经济发展上的差距，东西方两种社会理想体系的发展差距，日益拉大。这种差距，给马克思和恩格斯留下深刻的印象。他们在 1850 年初著文评述国际问题时，所谓中国的社会主义还不曾受到欧洲思想的影响，完全是土生土长的传统货色，因此与欧洲社会主义的差别显而易见。马克思、恩格斯特地用中国哲学跟黑格尔哲学的对比来说明那时中国与欧洲两种社会主义之间的关系，大概正是基于这一差别。

马克思、恩格斯对"中国的社会主义"现象本身未作更多的评述，重点评价这一现象预示近代中国正处于社会变革的前夕，必将给中国文明带来极其重要的结果，从而对欧洲也会产生不容忽视的影响。他们把中国的社会主义与中国近代的社会变革趋势联系在一起，以此作为国际上的重要事件加以述评，表现出积极的肯定态度。不过，一些国外学者对于中国乃至整个东方传统中的社会主义思想因素，持消极的否定态度。如苏联学者沃尔金曾断言："东方和远东古代社会中的共产主义思想因素，无论它们本身如何饶有趣味，但对社会主义学说史的意义是不大的。"他的理由主要有两点：一是对于这一思想因素的社会经济基础，尤其对于它们的流传范围和影响大小，"知道得太少了"，不能利用它们作出科学上的结论；二是认为它们同社会主义后来的发展"根本没有联系"，它们在消逝以后并未留下任何痕迹。[①] 毫无疑问，马克思、恩格斯的科学社会主义思想，主要来源于 19 世纪初期欧洲的空想社会主义，后者在思想脉络上，又是继承西方自古希腊以来各种乌托邦理想的产物。但是，马克思主义及各种西方社会主义思潮传入东方和中国后，必然会与本土的社会实践包括它的文化传统发生接触乃至融合，形成其特色。社会主义学说的历史并未终结，仍在发展过程中，正待各国新的活生生的社会主义实践和理论，不断丰富和发展其学说内容。这种发展，以中国而论，不可能割断与本国传统思想文化之间的联系，毋宁说立足于本国传统文化，包括传统社会理想即内生的社会主义或共产主义思想因素，在引进、消化和吸收舶来社会主义尤其是马克思主义的过程中，继续为世界社会主义学说史宝库做出自己的独特贡献。因

① 沃尔金著，中国人民大学编译室译：《论空想社会主义者》，中国人民大学出版社 1959 年版，第 1 页。

此，单凭研究者本人对东方古代社会的共产主义思想因素之社会经济基础知之甚少，便否定这些思想因素的作用和意义，显然太过草率；而未作任何研究就断定东方古代的社会理想在后来社会主义学说的发展中未留下任何痕迹，又显然是西方中心论观念在作祟。中国古代传统中的社会主义文化成分，对于社会主义学说的传播和发展是否有影响，或在多大程度上产生过影响，解答这些问题需要理论和实证的探索，同时也包含在研究马克思主义经济学在中国传播的过程中。

第一编

1896－1904：马克思经济学说传入中国的开端

以1896－1904年作为马克思经济学说传入中国的开端，似乎在历史时间的分界上有些巧合。因为1896年这个时间起点，恰好是1895年恩格斯去世后的第一年。这意味着在马克思、恩格斯生活的时代，亦即在19世纪90年代中期以前的近代中国，中国人对于马克思和恩格斯还十分隔膜，这也为目前掌握的文献资料所证实。自1896年起，有的回忆或猜测以这一年作为国人接触马克思学说的开始，此后不久又留下了马克思学说传入中国的确凿历史记录。

这种偶然的时间巧合背后，是历史发展的必然性在起作用。首先，在这个世纪交替时期，中国经历了一系列重大事件。尤其是1898年的戊戌变法运动，继中日甲午战争失败给中华民族造成极大的心理震撼之后，推动近代中国形成破天荒的思想解放潮流。其重要标志之一，系变法维新人士挣脱传统落后思想的束缚，争取皇帝的支持倡导向西方学习。此风气一开，势不可挡。即使变法运动本身因慈禧势力发动政变，仅止于百日维新，也未能阻挡西方思想的输入和传播，反倒更加激发了忧国忧民的中国人介绍和宣传西学的热忱。毛泽东曾举出那时先进的中国人向西方寻找真理的四位代表人物，其中除洪秀全稍早外，另外三位如康有为、严复和孙中山，都出现于19世纪末20世纪初这一时期。基于这个时代背景，在中国思想文化领域蜂拥而至的大量西学著述中，第一次出现了有关马克思及其经济学说的内容。其次，本时期内，与马克思经济学说相联系，其他形形色色的社会主义经济思想曾以较为系统的方式被介绍到中国。当时的中国人对于这些来自西方的新道理，很大程度上只是略知其皮毛，但已开始尝试用作观察和分析中国经济问题的根据，或者列为评判其理论观点是否适用于中国现实的对象。同时，西方经济学传入中国的扩展趋势，像舶来的社会主义思想一样，共同为马克思经济学说的初步传入，提供了直接的思想条件。再次，早在鸦片战争之后，随着中国由长期的闭关锁国被迫转向门户开放，一些中国知识分子得以有机会走出国门，接触外部世界尤其是西方先进国家的新鲜事物。这些出国人员在旅欧期间，曾耳闻目睹欧洲社会主义运动及其若干重要事件。几乎在中国人走向世界的同时，一些来华西方人士也在他们的各类著述中，向中国知识界零星介绍有关欧洲社会主义的内容，成为国人睁眼看世界的一个窗口。这种中西文化的交流，无论其内容还是方式，都为以后马克思经济学在中国的传播，积蓄了前提条件。

本编主要围绕马克思经济学说最初传入中国的源头与流向，考察1895年以前国内流传西方社会主义知识的前期铺垫，马克思经济学说最早传入和初期流传的有关内容，以及其他相关的背景资料如西方社会主义思潮对于中国的早期影响、西方社会主义思潮传入中国的日本渠道、西方经济学传入中国的早期历史等。由于早期传入的思想内容往往带着初始时期的粗糙痕迹，难以完整和准确地反映马克思主义经济学的原貌，在此，特将涉及马克思的经济学说内容者，简称为马克思经济学说，以示区别。

第一章 1895年以前中国人眼里的西方社会主义

1895年以前，国人中流行的有关西方社会主义的早期知识，为后来马克思经济学说的传入提供了思想铺垫，这包括国人的记述和来华西方人士的介绍两部分。

第一节 国人关于西方社会主义运动的早期记述

自1840年鸦片战争起，中国与外界隔绝的局面被英国的炮艇所打破。但此后数十年时间内，除个别特殊者之外，长期受到禁锢的大多数国人在出洋的道路上仍然踟蹰不前。直到19世纪70年代以后，中国知识分子中，才渐开以外交、留学、旅游及其他身份出国考察与学习的风气，并带回来他们对西方国家的见闻记述。大致从19世纪70年代初到90年代中期的20余年时间里，也就是马克思、恩格斯尚在世期间，旅欧中国人叙述他们对西方世界的观感时，留下了有关欧美社会主义的早期记录。

一、关于巴黎公社的记述

1871年3月18日，巴黎工人不满法国政府在普法战争失败后奉行阶级压迫和民族投降政策，举行起义，推翻现政权统治，于26日进行公社选举，28日宣布公社成立。随即，巴黎公社因凡尔赛政府在普鲁士军队的帮助下攻入巴黎，5月28日遭致失败。对于巴黎公社的建立及其所采取的一系列措施，马克思给予了高度评价，指出工人阶级不能简单地掌握现成的国家机器，并运用它来达到自己的目的；又认为公社实质上是工人阶级的政府，是生产者阶级同占有者阶级斗争的结果，是终于发现的、可以使劳动在经济上获得解放的政治形式①。从经济理论上看，马克思对于巴黎公社经验的总结，提出了社会主

① 马克思：《法兰西内战》，《马克思恩格斯选集》第2卷，人民出版社1972年版，第372、378页。

义代替资本主义须经历一个长期历史过程的重要思想。

当然,马克思的这些思想,那时的中国人无从了解也不可能认识。但有意义的是,曾为马克思所关注的巴黎公社事件,同样引起了旅欧中国人的注意。其中亲历这一事件并作出记述的典型例证,是张德彝(1847—1918)的海外述奇。其事由,1870年天津的法国天主教传教士欺压当地百姓激起民愤,事发后清政府屈从外强威胁,在天津教案结案时,派政府大臣崇厚率团于同年年底专程赴法国道歉,张德彝随该团作为英文翻译同往。次年1月崇厚一行抵法国马赛,先后在波尔多、凡尔赛等地逗留。至3月17日,张德彝奉命到巴黎为使团寻租住所,第二天,便爆发了巴黎工人起义。接连两天,他身处事件中心地带,目睹起义进程,并对所谓"各乡民勇"或"叛勇"(指巴黎人民组织的国民自卫军)与"官兵"(指政府军队)之间的战斗,作了颇为细致的记述。离开巴黎后,他仍关心事件的来龙去脉,包括追述此前普法战争的经过和法国政局的变化,法国人民在抗击德国军队时建立起被他称为"红头"的自卫武装,"欲藉改民政而作乱"或"声言要改'红头民政'",而法国政府向德国妥协投降致使参战法国人退役后"穷无所归,衣食何赖";叙述巴黎起义后,起义军如何抵抗凡尔赛军队,直至5月下旬政府军占领巴黎,对起义者大规模镇压的情形,其中不乏描绘被俘起义者"有仰而笑者","有吸烟者,有唱曲者,盖虽被迫擒,以示无忧惧","虽衣履残破,面带灰尘,其雄伟之气,溢于眉宇",妇女们也视死如归,"气象轩昂,无一毫袅娜态";认为起义穷民乃受"迫胁","未必皆强暴性成而甘于作乱",对他们伏罪受刑存有恻隐之心,等等。①

这些记述,作为"现在所知唯一的中国人写的巴黎公社目击记"②,弥足珍贵。张德彝当时是同文馆出身的兵部候补员外郎,实为24岁的随团翻译,在第四次法国之行中巧遇巴黎公社革命并以相当篇幅记录这件事,只是把它当作一件新奇事件"述奇"。因此,后人从这些叙述的字里行间,仅感受巴黎起义军以"穷民"为主以及被迫"铤而走险,弄兵潢池"的经济原因;人民武装要求建立人民自己的政府,即所谓"民政"的意愿;起义军声言将国家及巴黎军政大权"皆改用其党",迫使各官畏惧逃避而巴黎"无主",亦即起义军通过暴力手段推翻现政府的状况等。至于推翻现政权后拟建立的"民政"究竟为何物,不得而知。

张德彝关于巴黎公社的目击实录,作为个人游记,并未刊行③。当时国内对巴黎公社的报道,较早者如外国人创办的《中国教会新报》于同治十年五月二十一日(1871年7月11日),也就是巴黎起义失败40多天后,才从欧洲报

① 以上引文均见张德彝:《随使法国记(三述奇)》,湖南人民出版社1982年版。
② 钟叔河:《巴黎公社的目击者——张德彝的〈随使法国记(三述奇)〉》,引自同上书,第7页。
③ 直到1982年才由湖南人民出版社以《随使法国记(三述奇)》一名载入《走向世界》丛书出版。

纸上摘译有关“法京民变”的新闻。报道称起义军为“贼党”、“乱党”，肆意破坏京城文物的“叛逆”之徒，称政府军对公社的镇压是“官军戡乱”，“以肃典章，而除凶孽”等。其口吻犹如报道平息一般叛乱，除了提到巴黎妇女成立“娘子军”可能有些新鲜外，很难使当时的中国人感到有什么特别之处，故此报道在国内未曾引起任何反响。

有人认为，“中国最先报导巴黎公社斗争的，是香港的《华字日报》、《中外新报》等报纸”，但未见其详[①]。这大概指王韬等人转述欧洲报道的文章。王韬(1828－1897)早年经常与西方传教士打交道，1862 年到香港，1867－1870 年游历英、法、俄等国，由欧洲返国第二年便爆发了巴黎公社革命。这一事件自然会引起素以文墨为生的王韬的兴趣，他先是通过张宗良的口译撰写了一系列报道文章于当年发表，接着又将这些文章辑录并加以补充，编成《普法战纪》十四卷，惟迟至 1873 年才由中华印务总局刊刻发行。这些报道文字沿用“乱党”、“乱民”一类称呼，其基本内容和倾向无非是那时欧洲有关报道的翻版。王韬选用这类报道时，显示出他的某些识见，也从一个侧面透露了巴黎起义的若干重要特征。

例如，文章记述：巴黎事件“其始发难端者，则民也”，首先源于人民的反抗。其反抗矛头，直指现政府，“坚请廷臣辞职，当另简贤者，以主国是”；指责现行统治者“自立”上台，非由民间“推选”；要求公开选举产生人民自己的政府，“传檄远近，示期于三月二十二日公举人员”，规定“公立朝廷”以“保民而卫国”为职责，若有违背，理应讨伐当权者，“将其所有产业一概充公”。从这个记述中，可以看到巴黎无产者主张夺取政府权力以掌握自己命运的公社原则。

又如，文章侧重报道巴黎起义者坚持“自主”，在法国首都各乡间，“欲行保甲，例各自相辖，赋税则由自征，徭役则由自供，兵勇则由自出，上之人一概毋得钤制之”，并向当时的政府首脑提出：从今以后，“于京师内外，画地分疆，各自治理，毋相统辖，庶几皆得以自主”。对此，王韬以夹叙夹议方式，概括其大意，“虽似自耕自守，各相安无相扰，然税饷所出，悉归诸各乡党，而置不问，则其如朝廷维正之供何”，也就是说，各地赋税“自主”，将使中央政府丧失其经济来源；接着转述执政者梯也尔以“如此则肇离散之端，而事权不归于一”为理由，坚决反对此议；最后把巴黎起义及失败的原因，归咎于“自主二字害之”，认为起义将法国由廷臣关系之国改为“自主之国”，民间“皆以为自此可得自由，不复归统辖，受征徭，从役使，画疆自理，各无相制”，结果引起梯也尔的镇压，以致“死亡之惨，目不忍睹”。[②] 王韬把巴黎起义看作“自主之一念误之”的错

① 姜义华编：《社会主义学说在中国的初期传播》，复旦大学出版社 1984 年版，第 1 页“说明”。

② 以上引文均见张宗良口译，王韬辑撰：《普法战纪》，同治十二年癸酉七月(1873 年 8 月)，中华印务总局活字版，卷六、卷十二。

误举动,但他对巴黎起义宗旨的描述,却为理解马克思《法兰西内战》中的有关分析,提供了某些证据。比如,所谓"自主之国",指的是巴黎公社"通过人民自己实现的人民管理制";有关起义者要求划地分疆,各自治理,免除赋税徭役或自行安排征收与供给的记述,从中可体会"将把靠社会供养而又阻碍社会自由发展的寄生赘瘤——'国家'迄今所吞食的一切力量归还给社会机体"的公社制度之内涵;至于说"兵勇则由自出"一义,除了印证"公社的第一个法令就是废除常备军而用武装的人民来代替它",由此马克思还引申出"这是一切社会进步在经济方面的第一个必要条件",因为由人民组织的国民军代替保卫政府的常备军,可以"立刻消除捐税和国债的这种根源和阶级统治……篡夺政府的这种经常危险"①。

张德彝有关巴黎起义的记述,属于旅欧期间的偶然际遇,作为个人留存的见闻录在当时鲜为人知。王韬关于巴黎起义的文章,有意识地摘录国外报刊的有关报道,通过大众传媒向国人介绍。他们的相似之处,一个勤于记录所见所闻,旨在追求"述奇",一个"午夜一灯,迅笔瞑写",意在捕捉新闻,都不可能对所记述或报道的西方事物有深刻的理解。张、王二人围绕巴黎公社革命所留下的上述文字,不是停留于表面观察,就是单纯转抄外人言论,然而,他们在马克思生活的时代,以中国人身份,及时注意到欧洲社会主义运动的这一重要事件,并于无意之中,触及了曾为马克思所强调的巴黎公社的若干基本特征。

二、关于欧美工人争取缩短工作日与增加工资的记述

张德彝随使团在法国处理外交事务期间,曾于同治十年七月(1871 年八九月间)到英、美两国小游,游历中仍习于述奇。其中颇值得注意的是七月二十九日在纽约市的见闻记录:当天午后,见楼下有"匠人会"即工会队伍游行,起因于"原各种匠人每日作十点钟之工,今众约改作八点钟之工,蒙官允准,定于是日聚众庆贺"。他对这个庆贺场面的描绘既简略又栩栩如生:整个游行队伍一万六千人,作乐举旗,有乘马者如将,余皆似兵,列队而行,各着新衣,腰横白布一幅。② 这段记载,据称是"中国关于美国工人阶级争取八小时工作制的最早记载"③。

马克思曾说,美国南北战争的第一个果实,就是争取"八小时工作日"运动④。这是指 1866 年 8 月在巴尔的摩召开美国工人代表大会,提出颁布法律

① 马克思:《法兰西内战》,《马克思恩格斯选集》第 2 卷,人民出版社 1972 年版,第 382、377、374、413－414 页。

② 张德彝:《随使法国记〈三述奇〉》,第 227 页。

③ 同上书,第 227 页,钟叔河注 2。

④ 参看马克思:《资本论》第 1 卷,人民出版社 1975 年版,第 333 页。

规定“八小时工作日”为正常工作日。稍后，国际工人协会于同年9月初召开日内瓦代表大会，也提出“八小时工作制”的口号。从经济理论上看，马克思重视争取正常工作日的斗争，建立在剩余价值理论之上，即工作日由必要劳动时间和剩余劳动时间两部分组成，其中必要劳动时间取决于再生产劳动力所必要的时间，也就是生产维持劳动力所必需的生活资料所必要的劳动时间；假定必要劳动时间是不变量，创造剩余价值的剩余劳动时间则是可变量，在一定界限内可长可短而不为任何经济规律所决定；因此，在工作日长短问题上，起决定作用的是力量对比，即工人与资本家之间的斗争。为此，马克思在《资本论》第一卷中，以相当篇幅，叙述自14世纪中叶以来西方争取正常工作日的斗争，直至1866年大西洋两岸迅速发展起来的工人争取“八小时工作日”运动。5年后，张德彝记述美国匠人会聚众庆贺官府允准每日作工由10小时改为8小时，表明工人阶级随着自身力量的增长，通过长期斗争迫使政府不得不同意缩短工作日，使“八小时工作日”逐渐成为制度。

张德彝的记述，若按照马克思的理论分析，涉及剩余价值生产的两种方法之一，即绝对剩余价值生产。这是指生产技术条件和劳动生产率不变，通过延长工作日到必要劳动时间以外而产生的剩余价值，它只同工作日的长度有关。美国工人要求工作日从10小时缩短为8小时，在绝对剩余价值生产范畴内反抗资本家延长工作日，从这个意义上说，张德彝客观记述了美国工会缩短工作日的斗争成果，虽简略带过而未深究其内在涵义，仍不失为我国接触西方工人运动这个斗争成果的较早一人。

马克思论述剩余价值生产的另一种方法，即相对剩余价值生产，这是指随着技术进步和劳动生产率的提高，在工作日长度不变的条件下，由缩短必要劳动时间而相应延长剩余劳动时间所产生的剩余价值。这种生产方法在西方实践中，尤其表现为大机器生产过程中工人反抗机器的斗争，对此，在马克思生活的时代，这也引起了中国旅欧人员的注意。其中颇为典型的，是清末外交官郭嵩焘(1818—1891)在其驻外游记中的记载。

郭嵩焘1876年首任出使英国钦差大臣，1878年又兼驻法国大臣，1879年返国。在出使英法3年期间，他留下一部游记并于回国后刊刻流传。这部游记在光绪四年(1878年)四月十八日的记事中，提到英国纺织工人和美国铁路工人为提高工资而毁坏机器设备的斗争。他的记述大意是：英国织布机厂集中于曼彻斯特和布雷德福，布雷德福织布机厂的工匠，曾于数十年前“纠众滋哄，减工加价”，近年，该机厂厂主“以贸易日渐消落，与工匠议仍照旧价，工匠不允，遂至停机”，工匠大汹，捣毁机厂并放火焚烧厂主房屋；去年，“美国火轮车工匠毁坏铁路，情形与此正同”。对此，郭嵩焘有一番评论，认为西洋政教“以民为重，故一切取顺民意”，即便在君主国，也是“大政一出自议绅，民权常重于君”,所以,上述二例,“盖皆以工匠把持工价,动辄称乱以劫持之,亦西洋之一敝俗”。①

姑且不论他的评论,这里记述英美工匠捣毁机厂和毁坏铁路的事例,倒是典型地证明了十几年前马克思在《资本论》第一卷中关于相对剩余价值生产所作的分析。马克思说,尽管资本家和雇佣工人之间的斗争是同资本关系一起开始的,并贯穿整个工场手工业时期,“但只是在采用机器以后,工人才开始反对劳动资料本身,即反对资本的物质存在形式”②。换言之,相对剩余价值的生产,是资本主义生产进入机器大工业时期后,资本家剥削工人的主要的、并且更为隐蔽的方法,使用机器生产,可以取代、排斥工人,或在更加恶劣的条件下重新雇佣工人,自然会引起工人对机器的反抗。马克思特别以英国棉纺织业的兴衰为例,说明了工厂工人不断被排斥又被吸引,尤其在不景气时被工厂主克扣工资的悲惨命运。郭嵩焘所谓英国纺织厂工人纠众滋事要求“减工加价”,或以动乱来“把持工价”的现象,正是马克思分析的现象,在经济危机时期,西方工人通过暴动、罢工等方式,反抗资本家运用大机器生产进行相对剩余价值的剥削。只不过郭嵩焘对于此类现象的了解浅尝辄止,不可能透过这一表面现象去深入认识马克思所揭示的内在经济实质。

郭嵩焘以官居兵部侍郎的朝廷阁僚,又是代表清政府出使西方列强之翘楚英国的钦差大臣,在当时墨守成规的士大夫集团里,有其与众不同之处。他驻外期间,注重考察西方的文化历史及政治经济事务,悉心中西比较研究,并由此得出结论:现在的夷狄(即欧洲国家)和从前不同,他们也有两千年的文明。这种观点在素来强调华夷之辨的中国传统人士看来,简直冒天下之大不韪。所以,当记载着他的新颖思想的驻外日记刊刻后传达到北京时,曾引起满朝士大夫的公愤,人人唾骂,一直闹到奉旨毁板,才算了结。③ 可见那时的中国人士尤其上层人士以较为客观公允的态度看待西方世界之艰难。郭嵩焘也不同于随使出访并热心记述外国新奇事物的张德彝。张德彝记事的一贯风格,重在泰西风土人情,对于国外日常生活细节,“所叙琐事,不嫌累牍连篇”,对于各国政俗或政事得失,以已有西土译书为辞,很少涉及,“不过窃其绪余而已”④。这一区别,也体现在张德彝随郭嵩焘出使英国任翻译官的两年间,二人各自记述的见闻内容上。如郭嵩焘记载英国纺织工人和美国铁路工人的反抗事件,张德彝忽略不记。因此,郭嵩焘对于西方工人反抗事件的观察,尽管

① 以上引文均见郭嵩焘:《伦敦与巴黎日记》,岳麓书社 1984 年版,第 575—576 页。

② 马克思:《资本论》第 1 卷,人民出版社 1975 年版,第 468 页。

③ 参看梁启超:《五十年中国进化概论》,见《最近之五十年:1872—1922》,上海书店影印本,1987 年。

④ 张德彝:《随使英俄记(四述奇)》,岳麓书社 1986 年版,第 273 页“凡例”。

带着偏见，如斥之为西洋"敝俗"；又归罪于西方政教"以民为重"、"一切取顺民意"等等，但他在国内专制统治的思想禁锢时代，能够放眼欧美世界，至少从表面现象上，注意到曾为马克思所重视的"工人奋起反对作为资本主义生产方式的物质基础的这种一定形式的生产资料"①，即工人同以机器为代表的劳动资料对立的问题，亦属不同凡响。

三、关于"平会"的记述

19世纪70年代后期，自郭嵩焘受命出使英国大臣起，清政府先后派遣一些人担任驻欧洲的外交官员。这些政府代表驻外期间，常常对欧洲国家的组织结构和政治新闻表现出较浓厚的兴趣，其中也会涉及当时欧洲社会主义运动和工人运动的有关组织活动情况。另一方面，巴黎公社失败以后，社会主义运动在欧洲曾进入相对沉寂时期，到19世纪70年代末尤其80年代初，无论工人运动还是社会主义运动，重新活跃并很快形成高潮。这一发展形势也为派驻欧洲的中国外交官，提供了第一手的观察资料，并在他们各自的日常见闻录中，留下了值得珍视的早期印记。

黎庶昌（1837－1897）最初随郭嵩焘出使欧洲，曾历任英、法、德及西班牙四国参赞，直到1881年回国并另任出使日本国大臣为止。这一期间，他于光绪三年（1877）十月由驻英改任驻德使馆参赞，在柏林停留约半年，光绪四年（1878）四月初八日又奉调到巴黎。他离开柏林的第三天，听说德国皇帝威廉一世遇刺未中，相隔不到一个月，又听说威廉一世第二次被刺并伤及右臂及腮部。对于这些事件，他的记述中有"开色遇刺"一篇②。"开色"即恺撒，西方帝王所习用的头衔，这里指德国皇帝。德皇遇刺本身并无多大意义，有意义的是黎庶昌记述此事件时，第一次接触欧洲的社会主义概念。他提到：行刺者被官方捕获后，在审讯中以"为民除害"为词，其所属组织后来"乃知为'索昔阿利司脱会党'"。"索昔阿利司脱"为Socialist的中文音译，其会党意指社会主义者或社会党人。黎庶昌还将这一英文词汇意译为"平会"。他的解释是：

> "'索昔阿利司脱'，译言'平会'也。意谓天之生人，初无歧视，而贫贱者胼手胝足，以供富贵人驱使，此极不平之事；而其故实由于国之有君，能富贵人，贫贱人。故结党为会，排日轮值，倘乘隙得逞，不得畏缩；冀尽除各国之君，使国无主宰，然后富贵者无所恃，而贫贱者乃得以自伸。彼会之意如此，非有仇于开色也。其党甚众，官绅士庶皆有之，散处各国。"

① 马克思：《资本论》第1卷，人民出版社1975年版，第468页。

② 有关记述均见黎庶昌：《西洋杂志》，湖南人民出版社1981年版，第56－58页。

作为旁观者,黎庶昌对欧洲社会主义党的认识,十分模糊和浅薄。他说"平会"的宗旨是希望"尽除各国之君,使国无主宰",似乎指社会主义运动中的无政府主义派别。两次企图暗杀德皇威廉一世的那些人,都同该派有些关系。这就是他在记述中所说的,行刺者一曰黑得尔,系工人;一曰诺毕令,系"刀克特尔"(Doctor 的音译,即博士),犹如中国之进士。黑得尔被诛,诺毕令因伤而死。据史料记载,实施第一次暗杀的是埃米尔·海因里希·马克斯·霍德尔,萨克逊的铁匠,后来为左翼杂志的报贩;隔三周步霍德尔后尘进行暗杀的是卡尔·爱德华·诺比林,波森地方上层阶级出身的知识分子。据西方学者说,这两个人的暗杀行动是独立行动,没有任何组织背景。黎庶昌的记述把暗杀行动与社会主义会党联系在一起,恐怕受到那时德国官方宣传的影响。

1871 年以前,法国的社会主义和工人运动为欧洲大陆的典型代表,所以,崇厚率领清政府使团到法国履行屈辱的外交使命时,连不愿过问政事的随从张德彝记述新奇之事,也以有关巴黎公社的内容最为引人入胜。1871 年以后,在马克思和恩格斯的关心与指导下成长起来的德国社会民主党,作为欧洲社会主义运动的杰出代表,成为各国工人效法的榜样。正因为如此,尽管社会民主党同德皇威廉两度遇刺的暗杀尝试没有关系,但时任德国宰相的俾斯麦抓住这个机会,借口于 1878 年 10 月颁布《反社会党人非常法》,禁止成立或保留鼓吹社会主义、社会民主主义或共产主义以颠覆现存国家或社会秩序的任何组织,即勒令社会民主党和所有其他社会主义团体解散。俾斯麦政府处心积虑地将刺杀德国皇帝事件与社会民主党挂钩,出于镇压工人运动的需要。这种无中生有的联系,却使黎庶昌记述此事件时,特别注意到当时鲜为国人所知的西方社会主义组织及其人数甚众、渗透于官绅士庶各阶层、散布于西方各国的蓬勃发展状况,并由此引发有关"平会"及其改变贫贱者供富贵人驱使的极不平等现状,恢复天之生人本无歧视的一套议论。

黎庶昌还用"平会"译名称呼俄国的民粹主义者或民意党人。他在"俄皇遇刺"一篇中写道:俄皇亚历山大二世在位 26 年间,"拓土开疆,横征无度,事皆独断独行,又不设立议院,民情不能上达,素为国人所忌",因此,"其国有名'索息阿利司脱尼喜利司木'者,译言'平会',欲谋害俄皇屡矣"。接着绘声绘色地描述了该党自 1880 年以来,多次设计、并在 1881 年 3 月 13 日成功暗杀俄皇的过程和细节。这里的"索息阿利司脱尼喜利司木"一词,系 Socialist 与 Nihilism 的中文音译合称,意指社会主义的民粹主义。民粹主义作为俄国革命运动中一个派别,主张发动农民反对沙皇专制制度和地主统治,其原因之一,确如黎庶昌所说,俄皇横征暴敛,独断专行,素为国人所忌。俄国民粹派 1862 年建立"土地和自由社",1879 年该社分裂成两派:一派土地平分社,仍然强调在农民中间活动,向农民宣传彻底重新分配土地,不向地主偿付价款的主张，认为只要发展农业村社，就能过渡到社会主义；另一派民意党或人民自由党，主张以恐怖手段报复统治当局的残酷镇压，其最高目标就是刺杀被视为反动首脑的亚历山大二世。黎庶昌所说的民粹派，指的是民意党人。不论民粹主义的哪个派别，其主张与德国社会民主党所接受的马克思主义观点，都是南辕北辙。黎庶昌用同一个“平会”译名，将二者混为一谈，亦见当时他对欧洲社会主义的认识之肤浅。

无独有偶，黎庶昌就光绪四年十一月十二日（1878 年 12 月 5 日）德皇威廉遇刺伤愈由休养地返回都城一事，记述他对欧洲社会主义运动的看法时，出任德国大使的李凤苞（1834－1887）在同一天就同一件事撰写的日记中，也记录了对欧洲社会民主党的有关评论。他谈到德皇屡遭刺杀的原因：“先是欧洲有‘莎舍尔德玛噶里会’，译言‘平会’，欲天下一切平等，无贵贱贫富之分。其愚者遂以为夷灭君相，则穷黎皆得饱暖，故屡刺德君。”[①]所谓“莎舍尔德玛噶里会”，其英文原意为 Social Democratic Party，今译“社会民主党”，李凤苞像黎庶昌一样，把它译为“平会”。相隔约一个月，李凤苞在光绪四年十二月初十日（1879 年 1 月 2 日）的日记中，又一次提到“平会”：“德国查屡次谋杀之‘平会’，西语‘莎舍尔德玛噶里’，各国皆有之”。他对“平会”在欧洲各国的表现形式及发展状况，还有一个简略说明。如谓：“瑞士为民政国，故混迹尤多”，意指“平会”在实行议会民主制的国家，易于发展；“在俄国曰‘尼赫力士’”，此系 Nihilist（民粹主义者）的音译，犹如黎庶昌称呼俄国民粹主义为“尼喜利司木”；“在法国曰‘廓密尼士’”，即 Communist（共产主义者）的音译；无论“平会”以什么形式出现，在欧洲均遭“各国禁逐”，包括“令民间不得自备军火枪械，如备猎枪，亦应报领凭照”，又听说“柏林有平会五万八千人，且有充议员者，德君不能禁”。[②]

李凤苞关于“平会”的说明，与黎庶昌的解释对照，二人的理解大体相似。他们都着眼于德国社会民主党，译之为“平会”；都将“平会”的基本宗旨，概括为反对贵贱贫富之间的不平等；都以取消国家政权作为“平会”实现其目标的主要途径，一个说“冀尽除各国之君使国无主宰，然后富贵者无所恃，而贫贱者乃得以自伸”，一个说“以为夷灭君相，则穷黎皆得饱暖”，大同小异；都注意到“平会”在欧洲各国“其党甚众”，或虽遭禁逐而终不能绝灭等等。此外，他们看待“平会”，还有以下一些共同特征。

一是带有浓厚的中国传统思想色彩。自古以来的中国社会理想，其典型标志一向追求均贫富和人人平等。深受这种思想传统熏陶和影响的中国知识

---

① 李凤苞：《使德日记》，见《使西日记（外一种）》，湖南人民出版社 1981 年版，第 35 页。

② 同上书，第 51－52 页。

分子走出国门之初,看到西方国家旨在反对剥削与压迫的社会主义和工人运动,难免以自己所习惯的思维传统、表达方式乃至名词术语来记述或解释西方的新鲜事物,如把欧洲社会主义者的思想观点,说成改变富贵者驱使贫贱者这一“极不平之事”,“欲天下一切平等,无贵贱贫富之分”等等,使这些国外观感深深烙上本国的传统痕迹。乍一看,有关欧洲社会主义的这些早期描述,与中国传统的社会理想,简直没有什么差别。这表明,对于西方社会主义包括以后对于马克思主义经济学,从隔靴搔痒的记述到按照其本来面貌加以介绍,其间必然要经历一个不断演进和深化的过程。

二是将各种西方社会主义思潮未作区别地相互混淆。诸如把意在遵行马克思主义的德国社会民主党,等同于信奉个人恐怖手段的无政府主义者和俄国民粹主义分子。这不是李、黎二人的有意混淆,当时的欧洲社会,弥漫着官方对于社会民主党的诽谤和蛊惑宣传足以障人耳目,连一些社会主义者也常常分不清各种革命思潮之间的是非曲直而左右摇摆。既然如此,遑论这些受命于清政府的传统士大夫。

三是认为社会主义运动与西方民主政治之间存在某种联系。在那些赴西方担任各种使臣职务的清末外交官眼里,欧洲国家政治制度与中国君主专制之间的重大区别,在于实行议会民主制度,形形色色的“平会”组织,似乎植根于此民主制度。对此,清政府驻外使臣的态度褒贬不一。如黎庶昌对西方议会民主制,持肯定态度,对“中国君主专制之国,有事则主上独任其忧”,颇有微词。他曾介绍西班牙议会中“公”、“保”两党,争论激烈,“于国事无伤,与中国党祸绝异”;法国议会亦分“左”、“右”两党,“左为民,右为君”,“左党”的反对曾迫使总统辞职;英国“虽有君主之名,而实则民政之国”,其国政之权操自会堂即议会,凡遇大事,必在议会内外由众人辩论,“众意所可,而后施行”,由此还引出对中国当权者因循守旧的告诫:“若犹偃然自是,不思变通,窃恐蚕食之忧,殆未知所终极”,始终摆脱不了西方列强的领土瓜分威胁。他特别赞扬瑞士的议会民主制摒弃君主虚名,“无君臣上下之分,一切平等,视民政之国又益化焉”,因而“西洋人士无不以乐土目之”。[①] 他称述瑞士民主政治不分君臣上下,一切平等,与他为西方“平会”所下的定义,相差无几。只是前者的“平等”似乎着眼于政治方面,后者不满西方社会中的“极不平之事”,好像更侧重于经济方面。当他谈到俄国民粹主义者屡次谋害俄皇的原因时,又归结于俄皇凡事独断独行,“不设立议院,民情不能上达”的政治因素。与黎庶昌的观点有所不同,李凤苞对西方民主政治本身未置可否,只是认为它给专事谋杀活动的社会民主党人提供了藏身之处,如许多人“混迹”于“民政国”的瑞士,柏林“平会”

---

① 以上引文均见黎庶昌:《西洋杂志》,第54、55、148、180、181、188页。

成员有担任议员者，统治当局无法禁止他们的活动等。郭嵩焘还明确反对西洋政教"以民为重"，认为一切取顺民意，助长了工人以增加工资、罢工停产乃至破坏机器设备要挟和反对工厂主的"敝俗"。他也提到法国议会中分立君、民二党，民党又因推选议员资格方面的意见分歧而分为三派，即主张从世袭贵族中推选者，主张听民推选者，以及主张"通贫富上下，养欲给求通为一家，不立界限者"。第三派的意见，在含义上颇类于李、黎二人关于"平会"宗旨所作的叙述，郭嵩焘未像他们那样提及西方社会主义组织的名称，但隐含着类似的社会主义与欧洲议会民主制之间有某种联系的观点。

李凤苞和黎庶昌记述欧洲"平会"，除了文字详略以及中文音译上的差别之外，主要表现在他们的思想倾向有所不同。黎庶昌记述行刺德皇的所谓社会民主党人，能够不带偏见，表明他们自称"为民除害"，并转述"平会"的立场认为，设立国君势必将人群区分为富贵与贫贱，铲除国君意在使富贵者无所恃，贫贱者得以自伸；他还以辩解的口吻总结说："该会之意如此，非有仇于开色（即德皇）"，似说"平会"行刺德皇，并非个人恩怨，而是为贫贱者伸张正义。这种客观态度，还体现在他记述俄国"平会"谋害俄皇的原因，不在于"平会"的刺杀举动，而在于俄皇的独断专行一向"为国人所忌"，似乎也是说俄国沙皇咎由自取①。李凤苞对于同一事件的记述，则带着某种有色眼光。他把德国"平会"试图刺杀德皇以使穷人皆得饱暖，看作"愚者"之所为；"平会"在民政之国的活跃，亦不过"混迹"而已。字里行间，透露出对"平会"的鄙夷态度。

有人指出：黎庶昌在1878年写下关于"索昔阿利司脱"即社会主义者的报道，"可算近代中国介绍欧洲社会主义之嚆矢"②。实际上，黎庶昌写下这一报道的同时，李凤苞也记载了"莎舍尔德玛噶里会"即社会民主党的事迹。二人都是从刺杀德国皇帝的事件中，首先注意到欧洲社会主义运动。相比之下，黎庶昌记述这一事件时已经调离柏林七个月，李凤苞当时正担任驻德国大使，对事件的观察显然更为直接和及时；黎庶昌不曾触及李凤苞所介绍的类似于德国"平会"的法国"廓密尼士"即共产主义的内容。那一时期，驻欧洲各国的中国外交官之间经常通信交流情况，黎庶昌为驻外参赞，自会尊重官阶在他之上的驻外大使李凤苞的意见，由此说来，二人关于德国"平会"的介绍如此相似，也不排除黎庶昌可能受到李凤苞的影响。黎庶昌死后由其家人1900年刊刻的《西洋杂志》八卷中，曾摭录李凤苞等人的日记书信之类文字，似可作为旁证。当然，李凤苞对待"平会"的态度谈不上公允；他本人在出使德国，不久又兼使奥、意、荷三国期间，还因订购军舰受贿银60万两于1884年被革职，表现

① 郭嵩焘：《伦敦与巴黎日记》，岳麓书社1984年版，第885－886页。
② 钟叔河：《走向世界》，中华书局1985年版，第275页。

得很不光彩。可是,不能因此而抹煞李凤苞在介绍欧洲社会主义方面的开先声作用,让黎庶昌独专其美。所以,另有人将黎庶昌的《西洋杂志》和李凤苞的《使德日记》,共同作为"使国内最早知道'索昔阿利司脱'名词的材料",或共同作为"中国人对'社会主义'一词的最早翻译"。此论曾讥讽"黎庶昌与李凤苞以一个'平'字对译'社会主义',自以为是深得其奥的",借此强调"十九世纪九十年代以前的中国思想界,基本上是不懂得社会主义为何物的"。[①] 其实,国人最初引进西方社会主义概念,就像引进西方其他重要概念一样,懵懂甚至曲解概念的原意,是很正常的。没有最初的引进,根本谈不上以后的理解。

李凤苞、黎庶昌于19世纪70年代末首次记述欧洲"平会"以后,据目前掌握的资料,整个19世纪80年代,前人未留下关于西方社会主义的有价值的文字记载。按理说,自70年代末期起,欧美工人运动重新活跃,19世纪80年代,国际工人运动出现新的高潮,各国无产阶级政党和社会主义组织相继建立和发展,这一形势应当为中国驻外使节观察西方社会主义运动,提供了新的素材。但事实不然,中国外交官只是在欧洲工人运动和社会主义运动恢复发展的初期,对所谓"平会"一类的社会主义组织感兴趣并见诸文字,此后在高潮阶段,这方面的记载,反而难见踪迹。其中的原因无从考辨。或许19世纪80年代遗存的有关史料湮没无闻而有待发掘;或许当时中国驻外人员关注的是作为欧洲社会主义运动代表的德国社会主义组织,如"平会"一词最初为转译德国社会民主党的名称,而俾斯麦政府1878年颁布的反社会主义者特别法,直至1890年才被废除,此法实施期间,可能在阻碍德国社会民主党发展的同时,也转移了中国外交人员对欧洲社会主义运动的注意力。撇开这些揣测,从已有的资料看,到19世纪90年代初期,我国驻外人员的日记中,才又出现关于欧美工人运动或社会主义运动的内容。薛福成的出使日记,是一个例证。

薛福成(1838—1894)长期为曾国藩的幕僚,与黎庶昌、张裕钊、吴汝纶四人同称"曾门四子"。1890年1月,他以三品京堂衔担任出使英、法、意、比四国大臣,至1894年7月回国。他在欧洲4年半的见闻记录,曾于生前和死后分两次整理为十六卷、五十余万言的出使日记。其中有两段内容,颇值得注意。

一是光绪十七年(1891年)四月初六日记称:"近百年来西洋诸国,多得养民新法",因而带来西方产业的快速发展。诸如美国产业80年内增长43倍,英国85年内增长6倍,法国60年内增长3倍,以及德国两家企业共得银二千五百兆两,法国一家企业得银一千兆两等。接着笔锋一转:"诸商之致此巨富,

① 王劲:《二十世纪初中国的社会主义思潮》,《兰州大学学报(社会科学版)》1983年第1期,第24—25页。

实众工人胼胝辛勤所致"。如此说来，"养民新法"实为剥削工人的新办法。工人为了保护自己，"各工人设会，曰'同心会'，又曰'同合会'"，合计德、美两国各有 60 余万人，英国有 80 余万人，法国人数更多，"动辄停工"；其实"非与上为难，不过求工资饶裕，且一日中限定作工四个时辰，以资养息"。[①] 这段简略的记述，较为典型地反映了那个时期国际工人运动的蓬勃发展情况。包括各国工会组织纷纷建立，参加工会人数激增，英、法、德、美诸国工人频频举行罢工斗争。罢工斗争是当时工人运动进入新高潮的重要标志。例如，英国 1888 年火柴女工的罢工取得增加工资和改善劳动条件的胜利，1889 年煤气工人的大罢工争得八小时工作制，同年码头工人大罢工提高工资和成立工会，被恩格斯称为"这个世纪末的最伟大最有成果的事件之一"[②]，1890 年工人"五一"节示威游行高呼"争取八小时工作制"的口号等；法国 1886 年德卡兹维尔煤矿工人大罢工持续 6 个月之久，1891 年佛米尔市毛纺织工人"五一"示威游行同军警斗争等；德国 1889 年鲁尔区 9 万矿工举行大罢工，要求实行"八小时工作日"和取消"非常法"，获得全国矿工的响应，1890 年间连续发生 200 多次罢工等；美国 1886 年 5 月 1 日芝加哥 20 万工人举行大罢工，要求实现八小时工作制并获得这一权利，为此，1889 年 7 月在巴黎召开的第二国际成立大会上，决定以这一天为国际劳动节。欧美各国工人有组织的罢工斗争及其经济要求，显然给关心海外时局的薛福成留下了深刻印象。他看到西方巨额财富的增长是众多工人辛勤劳动创造的结果，认为工人组织工会，以罢工手段要求增加工资和八个小时工作日，实非与上层为难，乃"以资养息"来保护自己。这表现出他不是完全站在"诸商"即资本家的立场上，相反地对广大工人为维护自身利益进行反抗和斗争，寄予某种同情。

二是光绪十九年(1893 年)六月十二日记载俄国"党祸"问题。薛福成叙述说，俄有"党祸"由来已久，自彼得罗从英荷学艺归国，便有守旧、维新二党，至今，守旧党销声灭迹，维新党通国皆然，谓之"希利尼党"。该党的目标，"因俄为君主之国，小民无自主之权，故欲如法、美、西、比之民之得以自由，常思乘间一逞，改君主为民主"。[③] 遍及俄国的维新党"希利尼党"，指的是民粹派或虚无党；与维新党关系密切的"彼得罗"其人，恐怕是指民粹运动的前期主要代表人物彼得·拉甫诺维奇·拉甫罗夫(1823－1900)。拉甫罗夫长期逃亡国外，熟谙西欧国家民主制度，他提出"到民间去"口号，把农民看作社会主义的主导力量，主张发动农民反对沙皇专制制度。这些内容，从薛福成关于"希利

---

① 薛福成：《出使英法义比四国日记》，岳麓书社 1985 年版，第 364 页。

② 恩格斯：《英国工人阶级状况》1892 年德文第二版序言，《马克思恩格斯选集》第 4 卷，人民出版社 1972 年版，第 285 页。

③ 薛福成：《出使英法义比四国日记》，岳麓书社 1985 年版，第 802 页。

尼党”不满俄国“小民无自主之权”的君主制度，试图效法欧美各国，“改君主为民主”的评述中，可看到某些相近之处。薛福成身处西欧国家，留心俄国社会主义运动的进程与要求，尽管其理解不甚确切，在那时亦属不易。不同于稍后李鸿章亲历俄国，将该国的“倪俐党人”也就是民粹主义者或虚无党人，斥为“谋弑逆”，即谋划刺杀俄皇的“乱党”[①]。俄国1883年出现第一个马克思主义团体“劳动解放社”，是以普列汉诺夫为代表在日内瓦建立的革命组织，当时作为一个不大的宣传团体，在实践上同工人运动很少联系，从未引起薛福成的注意。由列宁创建的彼得堡“工人阶级解放斗争协会”，作为俄国无产阶级政党的最初萌芽，建立于薛福成返国以后的1895年，亦无从为薛氏所了解。所以，在薛福成的心目中，那一时期俄国最进步的政党组织，是被称为“希利尼党”的民粹派。

顺便指出，以上关于西方工人运动和社会主义运动的记述，若不考虑同期游历欧洲的王韬的转录式报道，几乎全是出自中国驻外使节的手笔。其中除了张德彝早自1866年起多次随同赴国外访问，以及薛福成后来于19世纪90年代初才出洋之外，诸如郭嵩焘、李凤苞、黎庶昌等人，都在19世纪70年代末期相继出国任职。这一时期在欧洲国家的中国人，不仅有外交官和旅行者，还有一些留学生。如严复(1853—1921)从福州船政学堂第一届毕业后，于1877年被派往英国海军学校留学，1879年回国。留学期间，他常与出使英国大臣郭嵩焘讨论中西文化比较问题。此后十余年内，严复长期在海军学堂担任教习和教育管理工作，并不问政事。直至1895年受到中日甲午战争失败的刺激后，开始发表一系列政论文章。其中《原强》一文，涉及西方社会主义运动。该文认为，世界太平必得之于其民无甚富甚贫、甚贵甚贱之差别，贫富贵贱过于悬殊常生大乱，据此，西洋二百年来的发展，固然“强且富”，但由此造成生产的集中，“亦大利于奸雄之垄断”，其结果，“垄断既兴，则民贫富贵贱之相悬，滋益远矣”，西洋的贫富差距大大超过中国；“贫富不均如此，是以国财虽雄而民风不竞，作奸犯科、流离颠沛之民，乃与贫国相若，而于是均贫富之党兴，毁君臣之议起矣”。[②] 此所谓“均贫富之党”及其产生原因，类似于李凤苞和黎庶昌所说的“平会”及其主张消除贵贱贫富的宗旨，严复的介绍，比起李、黎二人的记述，晚了17年。

严复谈论西洋的社会主义运动，其表述形式带有更加浓厚的中国古代思想色彩。如以中国古语之“富者越陌连阡，贫者无立锥之地；富者唾弃梁肉，贫者不厌糟糠”，说明西洋社会主义团体兴起的原因，并冠之以“均贫富之党”这

① 蔡尔康、林乐知编译：《李鸿章历聘欧美记》，湖南人民出版社1982年版，第47—48页。
② 严复：《原强》，《严复集》第1册，中华书局1986年版，第24页。

个道地的中国式名称。这种表述特点，他在同于1895年译成的《天演论》一书(1898年正式出版)里，也有所体现。如赫胥黎的原作，根据蜜蜂组织与人类社会的相似点和差异，提出"在蜂群组成的社会中实现了'各尽所能，按需分配'这种共产主义格言的理想"[1]，对于这段文字，严复的译述是："夫蜂之为群也，审而观之，乃真有合于古井田经国之规，而为近世以均富言治者之极则也。以均富言治者曰，财之不均，乱之本也。"原文的"共产主义"被译成"均富言治者"，"各尽所能，按需分配"变成"财之不均，乱之本也"，共产主义理想更被比作古代井田制度。如此译文，热衷用中国古代思想和传统术语解释西方的思想理论，反而把原作本意弄得面目全非。在这里，他还有一段按语，认为"古之井田与今之均富，以天演之理及计学公例论之，乃古无此事，今不可行之制"。换言之，从进化论和经济学的观点看，今天的"均富"就像古代的"井田"一样，此类制度自古以来和从今往后，既不曾存在也不可能实行。所以，他把赫胥黎的蜂群社会比喻，视为"滑稽"而不屑一顾。类似这种否定式结论，又见于他翻译《天演论》"乌托邦"一节，描述"治化无疆"的社会为"古今之世所未有也，故称之曰乌托邦"，而"乌托邦者，犹言无是国也，仅为涉想所存而已"等[2]。由此把原文的共产主义说成均富，均富又等同于古代井田，而均富与井田二者不曾也不可能实现，就像乌托邦的空想一样。当时国人对于西方社会主义运动的认识水平，于此亦见一斑。

另外，李大钊曾提到第一国际时代的法国有"天地会"的记录，由此肯定第一国际有中国人支部。第一国际存在于1864－1876年的12年间，其实际活动主要在1864－1872年的八年里。这一期间，如果中国人真的与第一国际建立了直接的组织关系，早在19世纪六七十年代，中国人对于这个无产阶级国际组织及其领导人马克思，按理说就应当有所了解。果系如此，则向国内传回有关马克思其人其说或有关国际共产主义运动等信息的时间，至少应向前推进20年。可是到目前为止，有关李大钊的说法，既未留下可资查寻的来源线索，也未发现用以支持这一说法的其他文献资料。能否证实这一说法，还是个悬案。

至此，在1895年以前，也就是在马克思、恩格斯生活的年代，中国旅欧人员从1871年起，零星接触一些有关西方社会主义运动的粗浅知识和流行观点，如巴黎公社革命，争取缩短工作日与提高工资的斗争，以及"平会"或"均贫富之党"一类的社会主义团体等。这对于以后了解马克思及其学说，包括马克思经济学说，无疑是同一路径的历史性开端。只是那些开始走向世界的中国

---

① 赫胥黎：《进化论与伦理学》中译本，科学出版社1971年版，第17页。

② 以上引文除另注外，均见《天演论》"导言八 乌托邦"与"导言十一 蜂群"，《严复集》第5册，中华书局1986年版，第1339、1343页。

人,不论对西方工人运动和社会主义运动的新鲜事物怎样有兴趣,在他们的记述中,均不曾提到当时健在的马克思或恩格斯的名字,更谈不上马、恩所创建的科学社会主义学说。这一判断,不仅适用于早期旅欧的中国人,而且也适用于那一时期来华介绍欧洲社会主义的西方人。

第二节 来华西方人士对于欧美社会主义的介绍

19 世纪下半叶,长期处于封闭状态的中国人尤其是中国知识分子,开始睁眼观察外部世界,由此接触西方社会主义运动的知识。这主要通过两条途径,一条途径如上所述,国人跨出国门,走向世界,置身西方社会中直接感受那里的新鲜事物。那时能够出国的中国人毕竟是极少数人,况且他们对于国外事物的记述,或系个人日记不意张扬,或刊刻出版后仅在小范围内传阅,无由广泛流传,因而早期旅欧中国人关于西方国家的"述奇"或观感,在当时虽有一定的启蒙意义,却影响不大。他们关于西方社会主义的点滴记述,容易为国人所忽略,甚至连这些记述本身,也是靠后人的发掘才得以重见天日。比如张德彝的《三述奇》即《随使法国记》稿本,在 1982 年首次出版前的一百余年间,连其后裔也不知道里面还有关于巴黎公社的记载。另一条途径通过西方人士进入中国,凭借办报、译书、教学等各种方式和媒介,在传播西学的同时,也带入有关社会主义的知识,从而使生活在本土的一些中国知识分子,间接地获悉此类鲜为人知的新东西。早期来华西方人士传布西学,在内容上令人耳目一新,作为其载体的书报媒介亦具有比较广泛的发行范围,较易于产生更大影响。来自后一条途径有关社会主义的介绍,同样应引起重视,这也是以后马克思经济学说最初传入中国的一条重要途径。在清末西学东传的过程中,早期来华西方人往往借助国人将外文资料翻译成中文,或者是国人在西方人士的指导和帮助下从事这种翻译工作,所以,凡属这一类由中国人参与翻译或由中国人主译的涉及西方社会主义的史料,均在这里一并予以分析。

一、关于欧美工人和社会主义运动的介绍

大致从 19 世纪 70 年代前期起,来华西方人士介绍西学,开始涉及有关工人运动的内容。其中教会创办的《中国教会新报》于 1871 年报道了巴黎起义,此外较为醒目的,要算设在上海的官办江南制造局翻译馆于 1873 年起编译的《西国近事汇编》季刊(Summary of Foreign Event,Quarterly)。此刊物的编译工作以来华的西方人为主,通晓西语的华人为辅,主要依据英国《泰晤士报》等报刊,逐周综述西方各国的大事要闻,按季度出版,每年汇总为一卷。这是当时国人了解世界各国时事的一个重要窗口。康有为曾将自己"渐收西学之

书，为讲西学之基”的思想变化和发展，归结为《西国近事汇编》等书的影响[①]。梁启超亦说：“欲知近今各国情状，则制造局所译《西国近事汇编》，最可读，为其翻译西报，事实颇多。”[②]该《汇编》中有几方面的编译内容颇值得注意。

（一）关于西方工人斗争的报道

这方面的资料主要见金楷理口译、姚芬笔述的内容。金楷理（Carl T. Kreyer）最初以美国传教士身份于1866年来华，1870年辞去教会职务入江南制造局翻译馆译书直至转任他职。他在馆内工作期间，曾翻译了许多种外文书籍，为此还于1876年得到清政府授予四品衔的嘉奖。他的译书多为军事和自然科学方面，而为《西国近事汇编》编译的内容，包含不少社会时政消息，有关西方工人斗争的报道，亦在其中。这些报道反映英国和西班牙工人在1873－1874年间的斗争情况，各有其特点[③]。

如英国煤矿工人从1873年1月起“勒加工值，一律停工”，以致举国缺煤，煤价日昂；此罢工源于矿主“以煤值日贱，深虞亏折，遂议减矿夫工价百分去十，而矿夫不从”，2月矿主复议，改减为工资5%，仍有数家矿工坚持罢工，“不从减值之议”。所谓矿工“勒加工值”而罢工一说，是工人们为反抗矿主“勒减”工资所采取的行动。这和六七月间谢菲尔德市机器厂工人要求每周增加工资2先令，因厂主不从而“罢工所以示挟制”，以及1874年3月间英国船厂工人要求每小时工资增加半便士，“厂主不从，以致停歇”等报道，同属一类。此外，同年5月间，英国工会请求“定做工时刻”，也就是缩短工作日；议会被迫决定将全国官商各厂的工作日由10小时减为9小时，减去早上工作时间，以免“晚间停工过早，工人酗酒生事”。6月间，英国议会讨论童工劳动时间问题。一则主张仍使用儿童劳动，认为农田劳动不能太照顾幼童，以免引起成年佃农“勒值停工”；或认为幼童“养先于教”，让幼童作工较之读书“尤为要务”。一则主张限制童工的工厂作工时间，如将男女童工和妇女原来每周工作60小时减为54小时，其中10－14岁的童工不得超过33小时，10岁以下不准作工等。这些关于增加工资或反对削减工资、缩短工作日以及限制儿童和妇女劳动的记载，站在统治阶级的立场看问题，仍维持诸如15岁以上童工与成年男工同样的工作时间等，但反映了那一时期英国资本家的几种典型剥削方式，以及这个老牌资本主义国家在1874年的经济萧条之前，工人反抗资本家的各种斗争形式。

又如，西班牙阿耳科伊市各工会于1873年3月间讨论：“藉境内富室积

---

① 康有为：《康南海自编年谱》，中国近代史研究资料丛刊《戊戌变法》第4册，神州出版社1953年版，第115页。

② 梁启超：《读西学书法》，《饮冰室合集·集外文》下册，北京大学出版社2005年版，第1167页。

③ 参看姜义华编：《社会主义学说在中国的初期传播》，复旦大学出版社1984年版，第9－11页。

产，按名公晰，以赡贫困，其工值所得亦公晰，以均有无”。所谓“公晰”，指归入公有财产进行分配之意，似乎既要“公晰”富家私产，以消除贫富差距，又要“公晰”个人工资所得，以实现平均分配。这一主张被认为是引起以后动乱的“乱萌”：各地工会纷纷要求仿照，“藉富家私产而公晰之”或“藉富室私产而公分之”，进而“有夺地以养牲畜者，有越畔以夺耕种者”，以致城中巨室富家，或“深虞祸作，分别移徙避难而去”，或“无一夕之安”。7月间，阿耳科伊等地工人又“会议罢工”，“藉端为乱”，招致政府派军队镇压。这一影响不断扩大，甚至连西班牙议会中也有赞成工会主张者。西班牙工人的这场斗争，被说成是“邪党乱民”、“无赖贫民藉端启衅”等等，从中却透露一个信息，它不同于工人为维护自身利益通过罢工争取提高工资或缩短工作日的斗争形式，提出由工人直接“公分”有产者阶级的私有财产，并试图通过暴力手段达到其目的。

(二)关于西方社会主义组织的报道

这类报道在初期仍以《西国近事汇编》居多，其中除金楷理口译、蔡锡龄笔述的资料对此涉猎一二外，大部分见于林乐知口译、蔡锡龄笔述的内容。林乐知(Young. J. Allen，1836－1907)也是美国传教士，1860年被派到中国，死于上海，在华生活长达47年。前述《中国教会新报》，由他1868年创办和主编(1872年改称《教会新报》，1874年更名《万国公报》)。他最初在上海广方言馆任英文教习，后被聘为江南制造局翻译馆译员，为编译《西国近事汇编》着力甚多。在编译风格上，金楷理较为简略，林乐知颇重详实。二人的特点，在报道西方社会主义组织时，也有所体现①。

金楷理曾编译德国帝国议会1874年1月改选的资料，里面提到“主欧罗巴大同之议者八人”，这是指德国社会民主工党的代表在八个选区当选议员一事。“主欧罗巴大同之议者”，恐怕是国内有关欧洲社会民主党的最早中译名。这里用“大同”作为译名，像后来我国旅欧人员译作“平会”一样，带有中国传统色彩。他编译的另一则资料提到，1875年七八月间，俄国官方发现国内“近有奸民，创为贫富均财之说，欲藉其本境殷富，夺其资财，以予贫乏，是相率而出于乱”。所谓“奸民”，以及主张剥夺殷富之家的资财以接济贫乏的“贫富均财之说”，是否指1875年初在敖德萨建立的第一个工人独立组织“南俄工人协会”，以及它“宣传工人从资本和特权阶级的压迫下解放的思想”与建立新的经济制度的协会章程，不得而知。但从俄国官方如临大敌，认为“邪说诱民，莫此为甚”，要求各地严加防范，使“愚蒙”之民“毋为所摇”的报道看，这个“邪说”在当时俄国的影响不小。金楷理和蔡锡龄刻意用劫富济贫之类的中国古代观点解释发生在俄国的革命事件，反而模糊了事件的本来真相。

① 参看姜义华编：《社会主义学说在中国的初期传播》，复旦大学出版社1984年版，第12－17页。

林乐知编译的内容较为平实，叙述也更加详细。他曾多次报道欧美国家的“乱党”活动。如报道1877年5月间，美国有数处民心不安定，担心“康密尼人乱党”于夏间起事，以及“无赖之人”受这些“奸徒”唆使行凶，“以偿其贫富适均之愿”；此党人颇具号召力，“啸聚甚众”，影响波及各州，警方在各大城市“加意逻察”；据说其危险在于，“今乱党以体恤工人为名，实即康密尼党唆令作工之人与富贵人为难”，“康密尼人”进行武装演练，难以约束，“须用武以制之，或用教会以开导之”；纽约市有来自巴黎“乱党”的“康密尼人”首领被捕，有人要求保释，官方的态度是：“康密尼人乱种，非可行于美国，美国断不容也”。

这里多次出现的“康密尼人”一词，是英文 Communist 即共产主义者的中文音译名。它出现于1877年，早于李凤苞驻外期间在1879年初将同一英文词汇译作“廓密尼士”。这两个译名颇为相近，不排除李凤苞受林乐知一类西方人影响的可能性。李凤苞出国之前，曾与来华西方人士多年在一起，共同从事译书活动。如1872－1876年间，署名金楷理译、李凤苞述的西方军事科学著作，达6部之多[①]。李凤苞用“廓密尼士”称呼在法国的“平会”，而“平会”以“天下一切平等，无贵贱贫富之分”为其宗旨，这与林乐知说“康密尼人”的意愿是“贫富适均”，也极为相似。林乐知的报道，根据美国官方的语气，提到“康密尼党”以“体恤工人”为名，组织“作工之人”与富贵者对抗，从一个侧面揭示该党的阶级性质，旨在推动美国工人运动的发展。这比起当时把西方社会主义组织理解为“均贫富之党”的泛泛之论，更具有真实性和时代特色。报道中所谓“康密尼人乱种”一说，反映了那一时期以共产共妻来诋毁共产主义学说的蛊惑宣传。另外，林乐知的上述报道，以费城来信为根据，而费城恰恰是那时美国工人和社会主义运动的重要区域。如1869年在费城建立的“劳动骑士团”，是美国工人的第一个全国性工会组织；1876年7月15日第一国际宣布解散后，相隔几天，第一国际的美国会员也是在费城成立“社会劳工党”（又名美国社会主义工党）。美国第一批社会主义者绝大多数是欧洲尤其是德国的侨民，所以，当林乐知转述美国官员之声称“康密尼人”不可行于美国，“美国断不容”时，亦体现了19世纪70年代，社会主义理论在美国传播，有其本土因素，而很大程度上是由国外输入的这一特征。

又如林乐知在报道德国皇帝威廉一世两次遇刺的消息时，一再和“乱党”的活动联系在一起，这主要见于汇编中1878年5－7月间的内容[②]。报道中

---

① 这6部著作是：《克虏伯炮弹造法》（4卷，1872年出版）、《克虏伯炮饼药法》（3卷，1872年出版）、《克虏伯炮准心法》（2卷，1875年出版）、《攻守炮法》（1卷，1875年出版）、《克虏伯炮说》（4卷，1876年出版）、《营垒图说》（1卷，1876年出版）。

② 姜义华编辑的这部分资料，不知是编辑者还是原编译者的原因，将其归入光绪三年（1877年），有误；因为德皇威廉一世两次遇刺都发生在1878年，即光绪四年。

提到:第一次刺杀德皇事件,“查此事,皆由康密尼人党而来”,于是俾斯麦政府借此“欲禁绝乱党”;但慑于“德国乱党较英、法之乱党更为可恶”,禁绝之举将会引起“乱党”在议会和新闻媒介的反击,“防民之口,甚于防川”,故未成。第二次行刺后,俾斯麦政府随即“拟定严治乱党章程”,将镇压社会民主党危害治安的法令提交议会讨论,最初未获通过。接着提到德人茂林著《日耳曼民党通议》一书①,内称其党头目有 150 人,党羽建立新报馆、发行刊物,“购观者甚众”,尤其柏林市“乱党较多”等等,意谓政府欲推行“严治乱党章程”,面临的反对力量之强大。这些内容摘要,介绍德国俾斯麦政府假借刺杀德皇事件,嫁祸于社会民主党,借此炮制反对社会民主党危险活动法的过程,从中可感受德国社会民主党在当时欧洲社会主义运动中的领头地位,故俾斯麦政府必欲置之死地而后快。林乐知像李凤苞、黎庶昌用“平会”一词统称西方各国社会主义组织一样,也以“康密尼人党”称呼德国社会民主党,简称“民党”,或诬称“乱党”②。这一报道,将一些与欧洲社会主义运动有关的具体情况,如德国的反社会主义者特别法、专门描述德国社会民主党的著作等,率先介绍到中国。

与上述报道相联系,林乐知还介绍 1879 年 4 月间,俄、德、法三国“民人”在伦敦聚会,“议民政之规”,颇有影响,“赴会者纷至沓来,动以千计,遐迩哄传,附和益众”,德国执政者“闻而恶之”,认为这是“匹夫思夺君上之权”的谋反行为,要求其驻外使馆“从严禁之”;介绍 1881 年 11—12 月间,“德国民党”被柏林、汉堡、莱比锡等地政府驱逐的人数达 420 人之多,分别前往英、美等国。以上“民人”和“民党”指社会主义者和社会民主党,其活动被禁止,其成员遭放逐,由此可见德国反社会主义者特别法于 1878 年 10 月经议会通过后,在其实施期间的镇压情况之严厉。

① 姜义华认为此书是梅林所著《德国社会民主党史》,尚有存疑,而他认为梅林此书作于 1877 年,显然是错误的。因为梅林这部叙述德国社会民主党历史的代表作,其内容一直写到 1890 年,并在 1897 年到 1898 年间分两卷首次出版,不知作于 1877 年之说有何依据。问题还在于,如果此书确系梅林的上述著作,何以会出现在《西国近事汇编》1877 年 6 月 27 日至 7 月 3 日的资料内容中(未见原件,假定姜义华所编资料无误)。对此可能有两种解释:一种解释是假设林乐知将以后的资料编入此年内容,如此一来,资料时间相差约 20 年,与编译西国“近事”的初衷不符;况且林乐知从 1881 年起已辞去在江南制造局翻译馆的职务而自办中西书院,不可能再将 1898 年出版的著作纳入 1877 年的汇编内容,故此解释难以成立。另一种解释是茂林的《日耳曼民党通议》,而非梅林的《德国社会民主党史》,至于前书究竟为何人所著,又系何书,则待考证。

② 根据美国学者伯纳尔提供的资料,林乐知所主编的《万国公报》1878 年报道行刺德国皇帝事件时,曾在同年 5 月引用一则伦敦电讯,称刺客属于法国一个“以不分贫富为主义的政党”;后说刺客是“不分贫富者教中之乱党”。此即指明该“政党”或“乱党”信奉“不分贫富”主义。几周后,《万国公报》使用“赛会”和“赛党”等名词描述西方的社会主义派别。伯纳尔认为这是因为这两个词语在语音上与西语“社会主义”相似。例如此报 1878 年夏报道美国某个“赛会”结党起衅,与“八年前法国起义”(即巴黎公社革命)相关联。在伯纳尔看来,这一报道“可能是有关第一国际的一个旁证资料”,因为 1872 年海牙会议后,第一国际总委员会迁往美国。又如同年另一篇报道称,“美国赛会”据说“意欲造反扰乱国政”,令人恐惧;此会无非“颠倒国是,令高低贫富于一式”,在欧美数国响应者甚多,殊为可惜云云。照此说法,所谓“赛会”、“赛党”,不外乎“乱党”的另一称谓。参看[美]伯纳尔著,丘权政、符致兴译:《一九〇七年以前中国的社会主义思潮》,福建人民出版社 1985 年版,第 22—23 页。

关于西方工人和社会主义运动的报道，早期的《西国近事汇编》较为突出，其他著述也有一些介绍。像林乐知主编的《万国公报》1877 年 9 月 8 日记载：最近美国因商业不景气，各公司“欲减工价以节开销”，“作工者不服，齐心把持大众停工”，甚至面对政府派兵弹压，“作工者胆敢抗拒”，结果被伤毙多人①。这样，有关西方工人斗争的报道，从英国和西班牙延展到美国。

巴黎起义失败后不久，作为《万国公报》前身的《中国教会新报》，曾以法国官军“戡乱”的口吻提到这一事件。此后，1895 年以前，传入中国的外国书刊对此事间断地有所涉及，主要见于一些历史书籍而非新闻刊物。例如，1879 年上海申报馆印的《万国史纪》一书，将巴黎起义者称作“共和党”，系指推翻路易·波拿巴的第二帝国而拥立第三共和国的起义群众；叙述普法战争中法国战败投降，“共和党”在巴黎发动起义，“树赤帜于府厅”，令各区“推举激徒名之曰府会员”即成立公社，组织群众抵抗政府军，以及起义失败后遭政府镇压的大致过程②。其中屡屡斥责起义群众为“乱党”、“暴徒”之类。

另如，英国传教士李提摩太（Timothy Richard，1845－1919）来华 45 年间，于 1895 年 5 月由上海广学会出版其译作《泰西新史揽要》，里面也谈到法国与日耳曼两国政府签订城下之盟引发巴黎起义事件。译作中把反对政府投降而结成“死党”的人称作“通用之党”，其“通用”之意，“盖谓他人有何财物，我亦可以取用，我特处于困穷耳，如有财有物，亦可任人通用，无稍吝惜”，系针对巴黎公社的革命行动而言。在作者看来，后来欧洲出现所谓“鸭捺鸡斯得党者”，沿袭巴黎公社这一“故智”。“鸭捺鸡斯得”一词，与稍前 1894 年出版的《泰西各国采风记》中的“鸭挪吉思”，以及 1894 年 8 月《万国公报》中的“鸭捺鸡撕德”一词，同是英文 Anarchist 即无政府主义者或 Anarchism 即无政府主义这个专用术语的较早中文音译名③。《泰西新史揽要》还认为，“通用之党”发动起义占领巴黎后，“竟改民主之国为通用之国，掳掠抢劫无所不为”，迫使“民主国”政府不得不出兵干预；最后说，这些“视杀人放火为儿戏”的“通用之贼”，其所作所为“无异疯癫”④。憎恶之意，溢于言表。这部译作出版后，风行一时，被国人视为传播新学问的代表作，在当时产生很大影响。此作对巴黎公社这段历史的叙述，无论把公社解释为“通用”个人财物之意，还是译、作者对起义群众赤裸裸的恶意和偏见，将巴黎公社（The Paris Commune）译为“通用之国”，等同于后来的无政府主义者，将镇压巴黎公社的梯也尔集团称作“民主

① 《万国公报》第 10 年，第 454 号（1877 年 9 月 8 日）。

② 冈本监辅撰：《万国史纪》第 11 卷，上海申报馆仿坚珍版印，1879 年。

③ 伯纳尔说“鸭捺鸡撕德”一词是当时中国人给予无政府主义者的“侮辱性的称号”（见其同上书第 25 页注①）。其实，这只不过是西文无政府主义的中文音译，无所谓贬抑之义。

④ 麦肯齐著，李提摩太、蔡尔康译：《泰西新史揽要》第 15 卷，上海书店 2002 年版，第 267－268 页。

国政府”等等，均不符合信史标准，尚不及早期中国人的观察或报道之客观真实。后来西方史学界有人认为此作是“第三流的历史著作中最叫人恶心的渣滓”①，不无道理。

二、关于欧美社会主义学说的介绍

前面的介绍，注重欧美工人运动与社会主义运动中较为引人注目的事件和组织，大多集中于19世纪70年代中后期，其中也涉及若干理论观点，但基本上以报道事件本身或其发展沿革为主。大致从19世纪80年代初起，开始出现一些涉猎欧美各种社会主义理论学说尤其是空想社会主义学说的译作和介绍文章②。在马克思、恩格斯生活的时代，值得注意的现象是，那时首先传入中国的不是马克思、恩格斯的科学社会主义学说，而是其他形形色色的社会主义思想。为了便于以后的比较，这里着重从经济理论角度，对1895年以前传入中国的触及西方社会主义学说的有关著述，作一介绍。

(一)汪凤藻1880年翻译出版的《富国策》③

汪凤藻是上海广方言馆(1863年设立)的最早一批学生之一，1868年被选送至隶属总理各国事务衙门的京师同文馆(1862年在北京成立)，1878年大考(戊寅岁试)获英文第一名、汉文算学第二名，翌年，以户部主事身份毕业留馆，担任算学副教习④，1891至1894年任出使日本大臣，后任二品顶戴记名知府翰林院编修⑤，担任过上海南洋公学校长。《富国策》一书是他在副教习任上翻译、大概用作同文馆同名课程的教材。此书翻译后由丁韪良鉴定即校订。

---

① 科林伍德语，转引自费正清主编《剑桥中国晚清史》上册，中国社会科学出版社1993年版，第642页。

② 从《万国公报》的载文看，在19世纪70年代末，已出现评述类似社会主义学说的文章。如当时发表的一篇据说“最详细叙述社会主义的报道”，介绍法国有人主张，如果仅改变国王公侯的权力，“民之富贵贫贱不改”，仍系“无益”之举；因为“数百年间，贫贱者益贫贱，富贵者益富贵，故大城中有乞丐、疾病、蒙昧、罪恶、犯法等苦楚不可胜数，而亦断断乎不可救药”。又说，“后日之大功，乃要释作工者今为奴仆之微”，即日后成功的标志，在于能够消除当今“作工者”身为奴仆的贫贱状况。对此，文中评议这种主张在1848年“使法国政事颠颠倒倒”。也就是说，它将1848年的法国革命，看作欧洲社会主义运动的起源。文章先称，这次法国革命未遂，作为社会主义派别的“党会”所期望的目标未能实现，“皆如梦梦”。接着不得不承认，“党会初衰于法国，后又兴于德国”，有人“壮胆大论政学”，成立“工作之议会”，其目的在于“以灭有财之类”即消灭有财产者阶级。文章抨击德国“党会”所恃之法，“无非颠倒国政教事而已，并以产业两夺之耳”。同时从近年来“无物不较前更贵，而民亦愈苦”的经济状况，以及从传统习俗、文化特性和政治军事制度等方面，分析了德国“大兴党会之故”与“党会之根”。总之，此文意在要求执政者“深察隐情，及早究治”，以防人们“受党会之迷惑”。对于以上文字，伯纳尔认为它“很可能出自一本美国的社会主义文摘”，主要表达了许多激进的基督教徒对社会主义的看法，同时也反映了英吉利民族对德国人的偏见或感觉；又认为文中所提到的“工作之议会”，可能指第一国际，并暗示所谓德国“党会”即指德国社会民主党。参看[美]伯纳尔著，丘权政、符致兴译：《一九〇七年以前中国的社会主义思潮》，福建人民出版社1985年版，第23—24页。

③ 参看法思德著，汪凤藻译：《富国策》，同文馆聚珍版，1880年。

④ 参看《同文馆题名录》光绪五年，转引自朱有瓛主编《中国近代学制史料》第一辑上册，华东师范大学出版社1983年版，第41、55、56、65页。

⑤ 参看《同文馆题名录》光绪二十四年(1898年)刊，转引自同上书，第63页。

丁韪良（William A. P. Martin，1827－1916）是1850年来华的美国传教士，1869—1894年任北京同文馆总教习，1898－1900年任京师大学堂总教习，死于北京，在华长达66年。《富国策》中译本是丁韪良与汪凤藻二人合作的产物，故放入来华西方人士的介绍范围。

《富国策》的原著，是英国剑桥大学政治经济学教授亨利·福西特（H. Fawcett，1833－1884）1863年撰写的《政治经济学指南》（Manual of Political Economy）。这本详细叙述古典政治经济学的教科书，要给学生提供一个“对经济学知识的清晰、贴切、不算复杂的情况介绍”，意将古典理论通俗化[①]。书中的论述，根据作者的序言，“乃生财、用财、货殖、交易之道”，作者本人对可能引向理论研究的抽象推理不感兴趣，注重把现成的原理应用到政府所面临的具体政策问题上。作为政府对策的理论参考之一，此书搜集和论述了有关社会主义的经济学说，并经中文翻译而为一部分国人所认识。这些内容比较集中地反映在“论制产之义与均富之说”一节。

根据中译本，本节主要分析“制产”与“均富”之间的矛盾对立关系。在作者看来，贫富不均现象源于“私产”，“国愈富则愈不能均”成为天下古今之“常势”，虽然有各种各样的“均富之说”，最终都不可行；即便将民间全部财产“按数而均分之”，经过若干时日，最后“仍归于贫富悬殊而止”。其原因在于各人的“材力赋禀”不同，精明强干者“日致其富”，愚钝柔弱者“渐归于贫”，这是必然趋势。既然“制私产”，允许存在私有财产，则民间“各治其生计，即不能无贫富之悬殊”，加上“遗令传产”即遗产继承，富者益富，贫富相悬也就更明显。这是作者的基本观点。接着，列举“至富之国”曾出现两种“均富之说”，并逐个批驳以证明自己观点的正确。

一种是考虑到“不去私产之制，必无以均民财”，于是创议“革除私产，使人共享其利”的“均富之说”，英国“温氏”即欧文首创此说。其具体做法是：“令若干家联络一气，通力合作，计利均分，相功相济，如家人然”。对此，作者认为，该法只能行之于“一家之亲”，“势必不能”行之于“陌路之人”。由于各人“材力”不同而造成的苦乐悬殊，乃“天地间憾事”，但以均富作为补救之计，缺乏道德基础；今日“人心不古”，不可能具有仁慈宽广之怀，作到“为己谋者兼为人谋”。另一种是在前者基础上“较为变通”，由法国傅氏即傅立叶创立的均富之说。其法：仍保留生产资料私有制，以二千人为一邑，每邑受地方九里，“制为恒产，世世相传”，或劳心，或劳力，或供资本，或合伙经商；在分配上，其地所产，无分老弱壮者，给以衣食之需，有余者计邑人之工力、资本、才能而分之，“以为酬分之法”；由邑长根据邑人“公定”的办法，“区别材力，列为三等，酌其

① 《新帕尔格雷夫经济学大辞典》中文版第2卷，经济科学出版社1992年版，第318页。

多寡,称量而与”,同时各自独立生活,“使其知所撙节”,在消费上有所节制。对此,作者亦认为“其法必不可行”。因为人们之间的竞争会打破等级划分,此其一;其二,由邑长“维制”人们的日常生活所需,“其势甚难”;其三,生产富足后,平均分配财产会鼓励婚嫁,造成人口过多,导致土地不足以维系生存;其四,生产如果不足,将引起粮食价格昂贵,“困于贫乏”。最后的结论是:“欲去民之私产,以均民富,乃断断乎其不能者”。同时作者补充说,创立均富之说的人,其悯世之心,爱人之意,“未可厚非”。

作者对于“均富”学说的批驳意见,所依据的不过是天生禀赋不同、私有观念存在以及道德风气日下之类传统论调。令人感兴趣的是,作者的批驳中,即使不是第一次也属较早一次,以极为粗略的形式向中国读者展现了19世纪初期欧洲空想社会主义学说的有关内容。这里涉及三大空想社会主义思想家中的两位,即英国的欧文和法国的傅立叶,另一位法国的圣西门暂付阙如。关于欧文的“均富之说”,中译本的说明寥寥数语,无非是“去私产”、“均民财”、“共享其利”以及若干家庭联合起来的实现方式;此系指欧文设想未来社会组织形式的合作公社,即建立在财产公有制基础上、实行集体劳动的生产单位和消费单位。对傅立叶的所谓“变通”办法,中译本的解释比较具体,实际上说的是傅氏所臆想的“法郎吉”的构成要素。“法郎吉”一词意谓具有共同目标的集体,傅氏用它来表示理想和谐社会中作为基层组织单位的生产—消费协作社。其设计要点包括:正常规模一平方英里1 620人,劳动者与资本家均可入股参加,人们共同劳动,集体消费,没有雇佣劳动,仍保留私有制;全部收入依一定比例按劳动、才能或知识、资本分配给个人;各成员按照不同的收入,住不同的宿舍、吃不同的伙食等。可见,《富国策》对于英法空想社会主义的介绍,主要限于一些具体方案的概要,对其理论观点一笔带过,但在一鳞半爪的介绍中,触及空想社会主义学说的某些重要经济观点,并显示出欧文主张“革除私产”即反对私有制与傅立叶要求“制为恒产,世世相传”即保留私有制二者的区别。

此译本批驳“均富之说”之余,似乎流露出“未可厚非”的同情之意。特别是谈到欧文的均富之法,尽管认为此法“格于势”,不合情理,仍不得不承认“当今不均之弊,亦有不可不思者”,把英国“民俗”崇尚“以材力相胜”即相互竞争所造成的贫富苦乐悬殊现象,看作一件“憾事”。与此类似,译本在别处提到英国的另一“政教风俗”,也就是工人“结党罢工”,称之为“要挟业主,强增工价”,尤其对工会组织工人试图“主持工价,逼勒业户”,颇多非议,如谓某业主要裁减工价,“工会之会首”以为不可,便“传令各工,宣停工作以要挟之”,以致“罢工滋扰之事立见”等,但仍然承认此举“因生计艰难,不得已而为之”。现实生活中存在贫富不均从而引起矛盾纷争,促使西方经济学者不得不思索消弭争端的办法。因此,《富国策》对于西方工人运动及其产生原因的叙述,可以作为注脚，说明它何以专列一节，来评析空想社会主义的学说与方案设计。

据说福西特致力于就基本经济分析的内容和政策含义，对非专业人员进行不加修饰的现实解释，“比任何其他 19 世纪末的英国政治经济学教授的著作所获得的同时代听众都要广泛得多”[①]。大概正因为如此，《富国策》作为他的代表作，成为传入中国的“此学最早之译本”，以后层见迭出的理财学著作，据说“不如此本之繁简得中，说理清楚为独胜”[②]。或者如梁启超所说，此书在翻译文字上属于“译笔皆劣”一类[③]，但其中的内容，“精义甚多”，非专门名家者，不能通其堂奥，并为中国振兴商务所急需[④]。这样，《富国策》以讲述“商理商情”为中国知识界所看重，同时也使其中附带论及的空想社会主义学说，为国人所知晓。

（二）傅兰雅 1885 年翻译出版的《佐治刍言》[⑤]

傅兰雅(John Fryer，1839－1928)是英国来华传教士，1868 年受聘江南制造局翻译馆，前后 28 年，译书甚丰，为此曾于 1874 年获得清政府授予三品官衔的嘉奖。其中颇享时誉者，是傅氏翻译、应祖锡述的《佐治刍言》(Homely Words to Aid Governance)一书。这部著作被收入英国人钱伯斯兄弟(William and Robert Chambers)所编的教育丛书，是一部较为系统介绍西方社会政治思想的通俗读物，其译本在当时中国思想界产生很大影响，多次重版。此书对于西方经济思想，也多有论述，其中尤以第 18 章“论平分产业之弊”[⑥]，涉及社会主义经济思想。

中译本这一章，曾引述法国“一大工程家”的话说：“人积钱财以为产业，与夺人财物以为己有者无异”，将产业资本的积累等同于侵夺别人的财产占为己有。又说法国一向有人主张“一国产业必与一国人平分，令各人皆得等分方为公道”等。对此，作者评论说，这种主张“以平分产业为一视同仁之事”，纯系贪图虚名，“博一时名誉”，“不计其事可行与否”，其论说只求“使闻者心目为之一快”，结果法国“愚妄之人”不肯认真做事，一心想着“分人所有之财以为己用”，于是“争夺攘窃之衅从此渐开”。作为相反的对照，作者认为英国人“深悉国有产业，贫富皆能受益”，凡事讲求实际，不图虚名，“平分产业之事，英国人从不肯轻赞一辞”。作者对于二者的基本态度，一褒一贬，泾渭分明。

---

① 《新帕尔格雷夫经济学大辞典》中文版第 2 卷，经济科学出版社 1992 年版，第 318 页。

② 《中国学塾会书目》，美华书馆 1903 年版，第 20 页。

③ 关于《富国策》一书的翻译水平，严复也有评论。他根据其友人的看法，将此书与《谭天》、《万国大全》等书归于“皆纰谬层出，开卷即见”一类，认为读此类译书，“非读西书，乃读中土所以意自撰之书而已”。参看严复：《论译才之难》，《严复集》第 1 册，中华书局 1986 年版，第 90 页。

④ 梁启超：《读西学书法》，《饮冰室合集・集外文》下册，北京大学出版社 2005 年版，第 1166 页。

⑤ 参看傅兰雅译，应祖锡述：《佐治刍言》，江南制造总局刊行，1885 年。

⑥ 以下引文凡出于此章者，均见《佐治刍言》，上海书店 2002 年版，第 71－74 页。

接着,此译本围绕“国家欲将富贵人产业平分百姓,其事极难办理”一说,不厌其详地列举各种理由。诸如,厂房和田亩一类产业若割裂平分,或归无用,或不便于耕种;似可将不能分的产业出售而按所得价款平分,但既行平分之法,谁人能有余钱购他人产业或此类产业又向谁出售;产业平分后,每人所有财物均属有限之数,价值昂贵的财产如楼宇、亭园、机器设备、古玩字画、科学仪器等将无从平分;平分产业造成现有财产的损坏或贬值,于贫民并无多少益处,况且无贫富之分,人人工作求食,“工人既多,工价日减,尤为受累无穷”;人有聪明勤谨与顽钝游惰之分,势必造成“国中产业今日平分,明日即判差等”,故欲平分产业,“必须逐日均分或能归于划一,否则终无善法可以均匀”;实行平分产业之法将伤及国脉,“非过数百年后不能复其元气”,而平分促使民之有财者徙居他国,又造成勤苦之民与惰民无别,不肯认真做事,以致“其国虽甚饶富,亦必渐形穷困”;平分产业的本意为调剂穷民,此前尚有富户捐资赈恤穷民无以自给者,若实行平分,则国中无富民,穷苦者更无所恃,“向所谓调剂穷民者今反为穷民之害”;平分产业后既无富家,一则过去许多以工艺仰给于富家做华美细工之人一时难以改做粗工,“国中穷民必比前更多”,二则过去由富家营造大型工程所提供的各种工作机会不复存在,“工价必减”;“平产之害其最大者”,在于“将国内钱财分散,从此极难成聚”,只有富家散财才使众人有工可做,“若令百姓归于平等,不有贫贱富贵之分,则国家钱财必至消散殆尽”,平分产业将使通商贸易、制造之事“一概停止”,财源既竭,百姓无工可做,其艰苦真不堪设想;等等。如此琐细反复的论证都是为了说明,法国人谈论“平分产业”,“皆系空虚荒谬之谈,断不能见诸实事”。

《佐治刍言》所论“平分产业”,与前述《富国策》的“均富”之说相比,意思大体一致,针对那一时期西方流行的社会主义思想。二者都对这一思想持批评态度,具体理由则有详略区别,如后者主要认为人的禀赋不同将使“均富”成为泡影;前者除了这个理由外,着重强调平分产业从技术上说不可能,以及穷人依靠富人提供工作机会和给予接济的观念。后者认为“均富”不可行,却承认社会上存在贫富不均现象是一件“憾事”,创立“均富之说”的出发点“未可厚非”;前者则把贫富不均看作理所当然的自然现象,无须“平分”富人产业,相反有了富人才能支持社会和养活穷人。前者辩称英国人对平分产业之事“从不肯轻赞一辞”,也与后者断言英国欧文“首创”均富之说,形成有趣的对照。这两本著作同为英国人撰写,对待社会主义言论,存在这种差异,恐怕与二者一个重在介绍其“说”,一个旨在揭露其“弊”,不无关系。《富国策》曾逐一对英国欧文和法国傅立叶的空想社会主义观点,作了比较真实的简介;而《佐治刍言》所说的法国社会主义思想,只是笼统言之,同时其译本把“平分产业”解释为绝对平均主义地分配一切产业,这样阐述法国社会主义的本意,也有失公允。

顺便指出，此译本第20章“论人工能定物料之价值”，提到“人所造成之物，其价值皆由人工而来。故天地所产之物，如欲增其价值，惟有加以人工之一法，盖人工实为物价之根源”。它排除人类“公用”的“最珍贵之物”如空气、阳光和人的生命而不论；说明馈赠和遗传而获得的物品之价值，“皆由前人工作而成之”，黄金与金刚石之值钱，在于“多费人工”；强调物之贵贱不等的价值，“无不由人工而定”，物价的涨落，亦“由人工之故”；举例房地产因工商贸易兴盛而增值“暴涨”，其购置资金除购置者本人做工得来外，“其余增涨之价，皆由他人做工所致”；等等。这是指亚当·斯密以来的劳动价值学说，此学说后来成为马克思劳动价值论的直接理论来源。不过，此章论述价值“以人工为根源”，一旦接触地产之主“不做工亦可得利”的现实，就变了调，认为这种“似乎不均”的现象是“自然之理”。因为国家法律保护产业，在这一保护下，既然“不能预定”各处地产的价值及其涨落，则地产的暴涨重价，“亦无不合理”。看来，此书并不想根据劳动价值论来纠正现实的“不均”即不平等现象，更不愿以此触动现行国家法律，它的“佐治”，只是借此说明，自古以来，“人之欲求利益者，皆不能不致力于工”，否则，便无利可图。换言之，拥有产业资本的现代人或后人能够“坐享其成”，得益于他人或前人“用过工力”，必须有人劳动，才能保证资产者获利。[①] 尽管如此，提出劳动（人工）是价值的来源这个观点，对于长期受天下莫非王土、王臣观念愚弄的国人来说，毕竟耳目一新，从而为后来传入马克思经济学说，预先提供了一些理论上的准备。

像《富国策》中译本一样，《佐治刍言》中译本在当时热心西学的中国知识分子中，颇为流行并获得较高评价。这些评论或是称此书“探本穷原，论政治最通之书”[②]，或是欣赏其“探本穷源，亲切有味，译笔亦驯雅可喜”[③]，或是赞叹它提倡自由竞争，“发明此理甚精”[④]等。至于此译本对法国社会主义所作的批判式评价，伴随着它的流传产生过什么影响，例证不多。章太炎（1869－1936）1897年9月25日写的一篇文章里，曾引用此译本中“关于西班牙人尝欲析富家之财以均贫者，而卒至于扰乱”的评述，说明均贫富的举措只会引起“扰乱”而别无他利[⑤]。另外，有人认为，康有为作《大同书》受到《佐治刍言》的影响，一些外国学者也同意此说。这个看法令人联想到，此译本将法国社会主义思想作为反面教材，是否与《大同书》写作的参考来源有某种联系。惟确认此说，尚无令人信服的证据。

---

① 《佐治刍言》，上海书店2002年版，第83－85页。
② 梁启超：《读西学书法》，《饮冰室合集·集外文》下册，北京大学出版社2005年版，第1165页。
③ 黄庆澄编：《中西普通书目表》卷二，木刻本，1898年，第1页。
④ 孙宝瑄：《忘山庐日记》上册，上海古籍出版社1983年版，第401、408页。
⑤ 章太炎：《读〈管子〉书后》，《章太炎选集》，上海人民出版社1981年版，第23页。

(三)艾约瑟翻译出版的《富国养民策》

艾约瑟(Joseph Edkins,1823—1905)系英国伦敦会传教士,1848年来华,直至1905年病逝于上海。《富国养民策》一书,是他被时任总税务司的赫德聘为海关翻译(1880年)以后,独立编译的一部西方经济学著作。此书原作者是英国伦敦大学经济学教授杰文斯(W. S. Jevons,1835—1882),其名著《政治经济学原理》(1871年),曾与奥地利学派创建者门格尔(Menger)的《政治经济学原理》一书同一年出版,比洛桑学派创建者瓦尔拉(Walras)的《纯粹政治经济学纲要》一书,早了3年,西方学者将他们三人作为经济学所谓"边际革命"的创始人。不过,艾约瑟选译的不是杰文斯的这部经济学名著,而是1878年撰写的通俗读本《政治经济学入门》(Primer of Political Economy),即中译本署名哲分斯的《富国养民策》。其最初出版年份,一说1886年由总税务司出版单行本,一说1888年或1889年载入广学会刊行的《西学启蒙》16种之一。此后曾于1892年8月至1896年5月在《万国公报》上分40多期连载,又录入《西政丛书》等版本①。

这个中译本,专门对西方的工会制度和工人运动从经济理论上予以分析,宣扬反对社会主义学说的理论观点。译本中称工会为"工作行会",认为各行业工人成立工会的意图,主要有两点:一是"增工价",工人成立工会"平素视为多增工价之妙法",以此"强逼督工主人增银数";二是"酌定工作时分",即"工人每日操作以若干时分为限",作为成立工会所力争的另一"极紧要"之事。此外,工会还可以利用入会者缴纳的会费,在会员遇非常事件如丧葬、生病时,予以补助,"预防将来不可逆定之祸患,免得穷苦无告之人有乞食叫化之虞";或者在改善工人的工作条件方面,通过"大众俱停手住工,为行主者不能不降心相从"的斗争方式,防止诸如工作室污秽不洁、不通风与炎热难禁、机器有危险等情况危及工人的健康和生命。

对于工会争取提高工资和减少工作时间的要求,此译本从经济理论角度加以否定。如认为计件工资由工人自行选择完成每件产品的时间,工厂主"绝不与闻",因而工会"自不应干预若等闲事";问题是流水作业时,生产者不能在机器运转时随意停止工作,由此产生一个工作日以多少小时为宜的质疑。在作者看来,工厂主希望机器生产的时间越长越好,可以"多获工效",为此需要工人与工厂主"均宜公同商议",确定妥善的工作时间。接着,文中批评工人的"误视之处",老想着干9小时的活计,拿10小时的工钱,错误地认为工厂主可以"随己意增货物价值",纵使不增货价,"赚财利归己者亦甚多",因而可以分惠于工人。对此,作者根据"富国养民学"的道理,提出工人9小时生产的货物

① 参看哲分斯著,艾约瑟编译:《富国养民策》,录自《西政丛书》,慎记书庄石印,1897年夏。

售出后得到的“利银”，减去偿还地租和资本利息后的剩余，肯定少于10小时生产的财货之剩余，“自不足分予同多之工价”，意谓劳动9小时，不可能得到10小时的工资。换言之，“凡工匠欲减短操作之时刻，不宜索取同多之工价，减短操作之时刻自为一事，依若干点钟数酌定工价别为一事”，提高工资与减少工作时间应当分开来处理，“不宜杂参于一时间同办”，此意告诉工人不可能同时享有减少工作时间，又增加工资的好处，这是为工厂主的利益说话。文中还批评说，工人以为不加意力争，工厂主必会多分财利归己囊而不给工人，须成立工会以“停工”相威胁，使工厂主“存畏戒心而勉从其言”，这样把工厂主看作“酷虐待人以利己”之人，乃“大误”。如此说来，工人的看法和行动，都是错误的。文中又说，工人可以“罢事”，工厂主亦可以“闭歇”即停业作为对抗，结果对于双方都不利。所以，此译本自称“启蒙书”的启蒙结论之一，即成立工会乃“无益”之举。其“真确无疑”的论据是，成立工会“大抵罢事之人自失去银钱若干，并连累他人亦受亏损”；假使近30年没有工会罢工等事，工人的工资应比现在高，同时也可免去许多人因罢工而遭受的艰难困苦和丧失的工资。译本举出曼彻斯特市约翰·瓦兹所著的《工价资本持公论》一书为例，证明工会罢工即便强使工厂主俯顺己意，仍让大多数罢工工人因难以“补满所失去数”而“受损”；而工厂主面对罢工，“俯从而受之亏损”与“未俯从时所受之亏损”，相差无几。据此，工人与其成立工会通过罢工向工厂主“争长工价”，不如放弃强制行动，“忍气等候”工厂主为工人“增益”工资，这就是作者的“公平理观”。按照这个观点，成立工会举行罢工，不仅使工人“少得工价之损”，还使工厂主“生意并资本均有亏折”；工厂主能把亏损转嫁给工人，使工会罢工得不偿失，因此，成立工会“大抵为冒昧糊涂”的举动。

批评工会试图通过罢工提高工资的“误视之处”后，此译本进而批评工人“误视人皆平等”的观念。文中提出，人们看到世间存在“贫者多富者寡”现象，往往心怀隐忧，不明白“富者何以若是寡，贫者何以若是多”，指责国家听任“富者富而贫者贫”，未制定条例规章加以限制，岂不是“非大公至正”。对此，作者认为，世人贫富不等，不是国家政令条例不公，而是人们的身体、精神、精明灵巧或愚顽迟钝等天生的赋禀材质条件不同，每千人中只有几个出类拔萃、轶众超群者，必然导致人群中的富者富、贫者贫现象，至富者靠其自身的先天优越条件，“可发至大之财……并非侵夺他人之财”。这样，社会财富聚集在少数富人手中，纯系天生具有超乎常人的不平等条件，与剥削无关，此外的其他说法都“非其真实”。简而言之，各人的自然条件不同，产生贫富差距不可避免。“出力之工人”与“出资本之主人”经常发生争端，“工人不以主人事为己事，主人不以工人事为己事”，在作者看来，最好的办法是由众人推选“德高望重不居官者”作为居中审理判断之人，进行“友谊式善为罢息”的调停工作。其一劳永逸的办法，则赞成“资本主与操作人合归于一”。这种由资本家与工人合伙经营的贸易，俗称“伙计买卖”，据说可以使工人知道年终分得的银两项数之多寡，取决于公司经营贸易之兴衰，因而大家必须齐心努力，不得偷闲懒惰和浪费器具材料，由此逐渐懂得工人自己成立与资本家相对抗的工会，反不如与资本家合伙共同经营为好，“倘能如是办理，立会罢事之举动后此可永免”。

上述译文，不那么准确，大致反映了杰文斯对待工会和工人运动的一些基本观点。如同意工会作为一种联谊团体，为其成员要求劳动时间和条件方面的某些改善，但坚决反对通过集体强制如罢工等形式确定工资的任何努力；坚持认为“当工人想要减少劳动时间时，他们就不应当要求像从前一样的一天工作的工资”；自称没有“怀抱资本家的偏见”，赞成“工业合伙”制度，让资本家同他们的雇工分享利润等等。这些对于工人及其行为的批评性结论，连后来的西方学者都看作“颇为天真的结论”；至于提出资本家与雇工合伙之类的建议，不表明作者“有接受社会主义理论的倾向”。[①]《富国养民策》的此类批评意见，比起前面的《富国策》一书，带有更多的经济分析色彩。而前者认为富者与贫者之间不可能平等，乃起因于各人的天生禀赋之不同，这与后者断言“均富之说”终不可行所持的理由，同出一辙。《富国养民策》一书为西方社会主义思想早期传入中国，从反面提供了可资参考的资料。

(四)李提摩太翻译发表的《回头看纪略》[②]

此译本先于1891年12月至1892年4月在《万国公报》上连载，后于1894年由广学会出版单行本，改名《百年一觉》[③]。《回头看纪略》署名美国“名儒”毕拉宓撰写、李提摩太“聊译大略”。它描画美国未来一百多年的变化情况，据说“西国诸儒因其书多叙养民新法”，至1891年已刊印数十万册，风靡一时。毕拉宓今译贝拉米(Edward Bellamy，1850－1898)，其原作即1888年出版的今译《回顾2000－1887年》(Looking Backward，2000－1887)一书[④]。这部带有浓厚空想社会主义色彩的乌托邦小说，描写主人公1887年进入“蛰眠”状态，至2000年从长期睡眠中醒来时，发现美国已摒除各种弊端，处于理想的社会状态中。为了概略叙述的方便，李提摩太翻译时，将原作第一人称的写法，改为第三人称，同时保留了原作的基本精神。

从中译本看，作者生活的现实社会，人与人之间存在“贫富之分”和“智愚之判”，富者购买股份或做生意致富后，“终身不自操作，而安享其富”，甚至“自

① 参看“杰文斯”条目，《新帕尔格雷夫经济学大辞典》中文版第2卷，经济科学出版社1992年版，第1086－1087页。

② 析津来稿：《回头看纪略》，《万国公报》第35－39次，1891年12月－1892年4月。

③ 毕拉宓著，李提摩太译：《百年一觉》，广学会1894年版。

④ 参看贝拉米著，林天斗、张自谋译：《回顾》，商务印书馆1984年版。

视尊重如神”，驱使贫者出力勤劳，“一如牲畜以为世事”；因为“贫富悬殊”，“视贫贱如奴仆”，所以经常发生争端，如欧洲、美洲的“工匠停工与富户相争”，工匠欲“增工价而犹欲少作工”，又欲“一切比于富户”等。面对这一现实，作者认为，上帝生人本为一体，“贫者富者皆胞与”，“工匠与富户亦兄弟”，为什么“富者自高位置，而于贫者毫无顾惜”，背离“大同之世”，其原因在于未有“良法美意”平等贫者与富者，不能“令其均沾实惠”。现实世界找不到解决这个问题的办法，于是作者幻想到“二千年之世界”，那时一切矛盾迎刃而解，呈现物质丰富、技术先进、环境优雅、“家家生计必皆余裕”的美好社会。一百年间的最大变化是“更改章程”，以前人们“俱为己计，故贫富不等”，现在转变为“与通国之人均等，使贫富一例，安享福乐”，私有企业的消灭被看作“此百年内之变通较前一千年之变通尤大”的举措。

基于这个前提，作者驰骋他的想象力，对憧憬中的新旧社会变化，作进一步对比。例如，从前“工匠会”即工会组织不满于“我等一生劳苦如牲畜，所生之财归尔富户”的现状，经常罢工联合各国工人“与富户争工价”，结果“几欲乱国”；现在人们考虑到诸如铁路、轮船、开矿、制造厂等产业，原先由富户“立股份局”垄断经营，其他“自立生意者”无法与之竞争，以致“利尽归富户”，收益大大超过国家，于是计议“将各局均归国家办理，各行艺业亦尽归国家统辖”，在国有制条件下各工匠大众“均分”所获利息，从而消除贫富不等现象。此变化不是凭借武力骤然实现，而是先由百姓自行试验，感到“甚公平”时登报使人人皆知，再奏明实施，一旦归国家办理，“遍国人无一不乐从者”。根据译本的描述，此法改变历代史鉴所记载的政府不参预民间经济活动的做法，去除“富户之弊”，杜绝游惰之民。国家将土田、矿务、制造、铁路、轮船等事“均归国家”，自此以后，社会上只有两种分工，“一作官，一作工”，21 岁以前读书，21－45 岁皆作官或作工以出力办事，45 岁以后安闲养老，如此则不能为官又不作工者，必受冻馁，人皆不齿，“此章一立，无一游惰之民”。那时国家使用劳动力，除了从小建立各人的簿籍档案外，“因各人姿性所能使之习各事”，或劳力或劳心，“均随其所能使之”，即各尽所能；制定“平允”的薪水工价，使“不愿出力而工食犹欲加增者”无机可乘，其中“劳心之工价自多于劳力者”。又如，从前进行各种交易活动的银行、商店等市场机构，现在一概全无，丧失其作用。作工者所得的薪水由国家发放，需要买卖交易，各人可以持出入账簿到国家所设各局买物，按照本人存于各局的所得工价限额，“随意取货”。取消商品与货币流通的状况，“与前二百年大不相同”。再如，从前常常因穷民饥寒或贪婪不堪而产生偷盗和争斗之类的犯罪活动，现在由于土地、货物、银钱“均归国家办理”，人皆衣食充足，无穷苦不堪之状，即使有贪婪之人亦无由实现，所以犯罪现象自然消弭，等等。

以上列举,是作者理想中的未来美国社会的主要经济特征。此外,在社会、政治以及精神生活等方面,作者也提出与现实社会迥异的各种设想,不必赘述。译本中描述的这番景象,作者曾假借书中主人翁的话说:“真所谓大同之世”。作者还通过主人翁之口,以新旧社会“霄壤之别”的对比,印证他自己关于“百年后世界必要大变”的预言。不过,全书28章的精心描绘,终究是南柯一梦,就像中译本结尾所说的那样,“二千年之事不过如一梦而已”。

《回头看纪略》或《百年一觉》之传入中国,可以说是第一部从正面介绍西方空想社会主义经济学说的较完整译本,这跟《富国策》和《佐治刍言》译本为了批驳空想社会主义而对其某些观点所作的点滴摘录,有很大不同。这部幻想小说设想将一切财产归国家管理或统辖,消灭私有企业;合理安排劳动者的学习、工作与休养年限,实行类似各尽所能,按劳取酬的分配制度;取消商品和货币流通,按各人的工价账簿进行记账消费;根除贫穷和犯罪,人人丰衣足食等等,均系西方空想社会主义者具有代表性的经济言论。此译本以梦幻的形式期望上述变革的实现不用诉诸武力而人人无不乐从,更是典型体现了这一学说的乌托邦性质。大概这种小说体裁更容易使一般人理解其中的政论内容,此译本在当时国内颇为流行。有人读后“为之舞蹈,为之神移”[①];有人认为此书“极有理趣,勿以谰言轻之”[②];有人赞扬书中“多叙养民新法”[③];连光绪皇帝1898年订购的129种西书中,也有《百年一觉》。清末学者中不乏有人将此译本与中国古代的大同之说相提并论,如谭嗣同在《仁学》中谈到理想的人际关系,曾以“若西书中《百年一觉》者,殆仿佛《礼运》大同之象”[④],作为比喻,《百年一觉》给他留下的印象与《礼运》大同之说相差无几。又如康有为曾说“美国人所著《百年一觉》书,是大同影子”[⑤],表明此译本对他产生过某种影响,后人据此判断康有为作《大同书》的思想来源之一,来自西方输入的空想社会主义思想[⑥],有其道理。

(五)李提摩太翻译发表的《救世教益》

此文最初载于《万国公报》1892年1月第36期,有人说它发表于1890年,似不确。它与李氏连载在同一刊物上的《回头看纪略》,应大致同时而稍后。《救世教益》要为拯救世界提供灵丹妙药,归纳起来,不外养民、安民、新民、教民四法。李氏说这四法是当今五洲中西大事之“四要”,一再著文重复,以后又在1895年中国甲午战败之际,以“新政策”名义上书清廷,作为兴利除

① 孙宝瑄:《忘山庐日记》上册,上海古籍出版社1983年版,第97页。
② 黄庆澄编:《中西普通书目表》卷二,木刻本,1898年,第17页。
③ 徐维则辑:《东西学书录》下册,石印本,1899年,第40页。
④ 《谭嗣同全集》下册,中华书局1981年版,第367页。
⑤ 吴熙钊点校:《康南海先生口说》,中山大学出版社1985年版,第31页。
⑥ 参看熊月之:《西学东渐与晚清社会》,上海人民出版社1994年版,第412页。

弊的四条改革措施，可见其重视程度。他在论证“四要”中的第二件要事“安民”时，引述当时流行的社会主义观点作为自己的论据。

他认为，安民之法，一在攘外，二在安内。就安内而言，理想做法是各国的土地、产业、货物等，其利宜“公分”于士农工商各类人，“不使有富者极富，贫者极贫之虑”。西方国家建立“民主之国”以来，由于“格致学”即自然科学的发展，“民间之富户甚多，国家亦因之富强”，眼光短浅者多有“轻道重势之心”，于是造成人们“各相侵凌”的现象。各国工匠看到财产均归富户，自己的生活虽比以前稍显宽裕，仍存在不足糊口者，遂“以为天地之财所分不公，乃自立工匠会，欲增工价以与富户争，否则一概停工”。其中的原因，百年内“商贾借工匠之艺获利无穷，而工匠之价不加增，乃不服”。工会最初成立，虽基于“富室分财不公”，“贪婪过甚”，“富户得所，不思养我贫民”，难以使人顺服等理由，仍被视为反叛行为而遭到官府严厉处罚；直至一百年前法国革命推翻“君王传子”的封建世袭专制制度，实行“民举”推选政府官员，“民议”才受到政府重视，此后，“工匠相约各国工匠同立会，国家愈不敢不听民议”。与此不同，俄国皇帝近 20 年里不听“贫民之议”，不顾民间苦难，一味诉诸权势弹压，反而迫使国民自行成立“尼希利会”（即 Nihilism，今译民粹主义派别），刺杀俄皇亚历山大二世，即因“未得安民之道”而造成国家内乱。所以，当今西方国家的“有识者”认为，“专设法使富户生财，不顾贫民生计”，必然“难以为治”，只有“凡事出以仁爱之心，重道而轻势”，才是避免祸乱的可行办法。

这里的“道”，借用中国传统概念，表达了通过“公分”财产解决贫富悬殊问题以实现“安民”的内涵。对西方国家工人组织工会举行罢工的原因，作者归咎于商人从工人的劳动中获利无穷而不增加工资，似乎是说富者致富来源于对工人劳动的剥削，然而又停留在仅仅谈论商人与工人之间的矛盾以及富户未考虑养活贫民之类。作者用“仁爱之心”阐释“安民之道”，这同《富国策》把法国空想社会主义者创立“均富之说”的初衷解释为“悯世之心，爱人之意”，也是同样口吻。不论如何，李提摩太在《救世教益》中有关“安民”办法及其重要性的叙述，像他在《百年一觉》里转述原作者的“养民新法”一样，带有西方社会主义思想的某些印记。

1895 年以前，以上几种主要由西方来华人士撰写、翻译或校订的著述，从不同角度涉及欧美社会主义学说，在不同程度上对中国思想界产生一定的影响，除此而外，还会有其他类似的关于西方社会主义思想的点滴介绍，不过即便有，在当时的影响也要小得多，很少为人们所注意或提及。如英国来华传教士马林 1894 年 12 月在《万国公报》上发表《以地租征税论》一文，便是一例。此文把以美国经济学家亨利·乔治（Henry George，1839－1897）为代表的经济观点介绍到中国，时间颇早。乔治提出征收单一地价税，使土地增价的收益转归国有的主张，当时无论在西方思想界还是在向西方寻找真理的中国著名代表人物那里，都被看作属于社会主义范畴的理论主张，曾产生相当大影响。但马林的这篇介绍文章，虽触及有关单一税社会主义的内容，却未在中国读者中引起什么反响，很快就被人们遗忘了。这一理论观点引起中国读者的兴趣和共鸣，那是后来的事情，与马林的文章没有什么关系。

第三节 结束语

通过前面的分析，可以看到，1895年以前，马克思、恩格斯关注、考察和研究中国问题尤其中国社会经济事务持续近50年，而马克思及其学说本身对于当时的中国人来说，却一直是一个未知数。同时也可以体会，马克思主义经济学传入中国，其前提条件绝非一夜之间突然形成，而是经历了一个逐渐成熟的过程。从19世纪中叶起，古老中国在西方炮舰的逼迫下，由传统的闭关自守转向门户开放，为西方思想的输入提供了可能性。长期处于封闭麻木状态的中国人开始睁眼看世界时，最初感兴趣的是西方社会的那些外表特点或可资“述奇”的新鲜事物，不是科学严谨的理论体系，随着时间的推移，国人对于外部世界的认识，逐步由浅入深、由表及里，接触到一些具有理论色彩的内容。马克思主义经济学的创立过程，几乎与中国门户的对外开放程度同步，也不是一开始就具备了完整的科学理论体系。在这样的历史背景下，近代中国打开国门以后的半个多世纪里，无论走出国门的中国人还是来华的西方人士，所谈论或介绍的大多是一些有关欧美工人运动和社会主义运动的常识性知识，不曾涉足马克思经济理论体系本身。这些常识性知识的早期传播，对于后来马克思经济学说传入中国，可算是历史的前奏曲。概括起来，这些早期传入中国的西方社会主义知识，具有以下一些特点。

第一，从传入的内容看，主要有三个部分。一是关于西方工人运动，诸如巴黎公社革命，工人争取缩短工作日与提高工资的斗争等。这部分内容在中国出使外交人员的记述和来华西方人士的报道中，均有所涉猎，国人的记述尤以这方面的内容居多。二是关于西方社会主义组织，包括各种组织的早期译名，其音译名或半音半意的译名如“索昔阿利司脱会党”(Socialist Party)、“索息阿利司特尼喜利司木”(Socialist Nihilist)、“莎舍尔德玛噶里会”(Social Democratic Party)、“廓密尼士”(Communism)、“康密尼党”(Communist Party)、“尼赫力士”、“希利尼党”、“尼希利会”、“倪俙俐党人”(Nihilist)等，其意译名如“平会”、“同心会”、“同合会”、“民党”、“通用之党”、“均贫富之党”、“主欧罗巴大同之议者”等；以及各类组织的基本宗旨和有关活动。这部分内容分别见于中外人士各自的著述，双方颇多相似之处。三是关于西方社会主义学说，即带有若干理论色彩的内容。这部分内容从中国驻外人员对“平会”宗旨的叙述中，可略见一二，但与前面两部分内容不同，它主要见于西方来华人士的译述文字。

对上述三个方面的内容进一步分析，还可以看到，那时传播的西方社会主义知识，呈现出混淆驳杂之象。各种有关的记述或报道，提到马克思曾经重视的工人斗争事件、革除时弊的理论观点，以及在马克思学说指导下成长发展起来的德国社会民主党，除此之外，掺杂许多打着社会主义旗号的非马克思主义观点。对于中国知识分子来说，似乎更感兴趣的是西方无政府主义派别的言论与行动；在来华西方人士那里，则较多地议论欧美空想社会主义的乌托邦观点。有关的介绍和叙述，不加区别地将形形色色的社会主义派别混在一起，又连带出那一时期关于西方社会主义组织的中译名之杂乱与混用。这既说明早期传入中国的西方社会主义知识之驳杂和肤浅，也预示马克思经济学说最初传入中国时将面临的认识水准。此其一。其二，那时传播的西方社会主义知识，除了一些叙述暴力斗争和议会斗争的政治内容之外，大部分都与经济问题相关联。例如，记载工人举行罢工或组织工会，主要为了争取缩短工作日、提高工资、反对大量使用童工和女工，甚至为了“公分”富家私产“以均有无”。又如，叙述社会主义组织在西方各国相继建立，其目的也是为了“均贫富”，求“大同”，使“富贵者无所恃，而贫贱者乃得以自伸”，或“欲天下一切平等，无贵贱贫富之分”，又或“通贫富上下，养欲给求通为一家”，甚或赋予上述涵义以“通用”任何人的财物之意等。至于介绍西方社会主义学说如“均富之说”、“平分产业”之论，以及《百年一觉》中的未来美国社会理想等，更是围绕经济上的变化或可行性立论。注重从经济角度了解和介绍西方的社会主义知识，反映社会主义运动在西方世界的兴起，乃以消除资本主义社会严重的经济不平等现象为己任，其知识中自然包含大量经济方面的内容而为采择此类知识者所重视；同时也折射出那一时期极度贫弱的中国，对于西方国家各式各样的治国方案，哪怕对于被西方当权者所排斥的社会主义方案，亦迫切希望从中寻觅到能够摆脱自身经济困境的办法。这些带有社会主义色彩的经济知识传入中国，为后来马克思经济学说的传入，开辟了渠道。

第二，从传入的时间看，虽然早在 19 世纪 50 年代初，马克思和恩格斯已提出比较中国社会主义与欧洲社会主义的问题，但直到 19 世纪 70 年代初，有关西方社会主义的知识才开始传入中国。不论中国人还是西方人，大致在进入 19 世纪 70 年代的最初几年里，相继开始记述或报道欧美的工人运动，成为西方社会主义知识传入中国之肇其端者；接着，国人主要在 19 世纪 70 年代后期，较为集中地涉及有关西方社会主义的组织及其活动。从 19 世纪 80 年代起,情况发生一些变化。国人似乎有一个时期中断了他们对于西方社会主义运动的记录和介绍,这种状况延续到19世纪90年代初期才有所改变。从遗存的史料看,重新恢复之初,关于西方社会主义的记述,仍停留在19世纪70年代的水平,未超出有关工人为增加工资和减少工作时间进行罢工斗争,以及有关社会主义组织一类的常识。与此相对照,来华西方人士自80年代初以来,继续但逐步减少报道欧美工人运动和社会主义运动的一般情况,同时侧重评析社会主义学说中的个别论点或介绍其原作概要。这表明他们的报道不再限于西方社会主义的一般常识,而带有某些理论知识的意味。

第三,从传入的方式看,有几点应予注意。一是国人最初对西方社会主义知识的记述,除个别例外,大多由出使、驻外人员,采用日记或通信方式,将他们在国外亲身经历或耳闻目睹的重要事件和感兴趣问题记录下来,然后或是自行转交国内刊刻发行,虽耽延时日,但仍得以在一定范围内传布;或是仅作为私人保存的家传资料,藏诸内室,以致长期湮没无闻,如张德彝的《随使法国记》和郭嵩焘的《伦敦与巴黎日记》,经今人发掘才得以重见天日。早期西方来华人士主要是来华传教士,通过各种新闻传媒,将欧美报刊和出版物中的有关内容以摘录或掺杂己意的方式转贩到中国。两相比较,有意识地利用报纸和书刊一类媒介进行各种形式的宣传报道,显然比自行处置的个人日记或游记体撰述,更容易产生较广泛的影响。

二是中国的出国人员最初记述西方工人运动和社会主义运动时,即使曾受西方舆论的影响,或不免有中国传统观念的印记,毕竟以旁观者的眼光观察事物,在不少场合保留了比较客观平实的态度。如张德彝关于巴黎公社事件的描述,黎庶昌对"平会"、严复对"均贫富之党"产生原因的说明,薛福成肯定欧美各国工人成立工会举行罢工以增加工资和减少工作时间的要求有其合理性等等,均系如此。与此形成对照的是,西方来华人士介绍舶来的社会主义知识,从一开始便表现出明显的偏见。如金楷理把工会主张"公分"富室财产,说成"邪党乱民"、"无赖贫民"的造反行为,把提出"贫富均财之说"者,看作企图劫富济贫而作乱的"奸民";林乐知将"康密尼人"即共产党人称作"乱党"、"乱种"之人,认为德国"乱党"比英、法"乱党"更可恶;李提摩太将巴黎公社的领导者视为"通用之贼",是一群无恶不作的"疯癫"之徒。尤为典型的是,最先由来华传教士介绍到中国的西方社会主义学说,自始就是当作批判对象而引进的。如《富国策》介绍英、法空想社会主义者的"均富之说",其目的为了证明此说"断断乎其不能";《佐治刍言》提到法国有人主张国家平分富人产业给一国百姓,其重点也是为了"论平分产业之弊",证明此说"皆系空虚荒谬之谈,断不能见诸实事"。惟有未来虚无飘渺的幻想如《百年一觉》,其乌托邦式社会主义的理想境界丝毫不触动现实社会,得以免遭批判的厄运而在引入过程中大致保留了原作面貌。所以，西方社会主义学说传入中国，最初被当作反面教材来看待，人们只是从其否定性言辞的字里行间，依稀感受到这一学说的某些论点。

三是无论国人还是来华外国人，早期记述和介绍外来的社会主义知识时，刻意用中国传统的表述方式和名词术语加工修饰。中国人走出国门，第一次接触西方文化背景下产生的社会主义知识，除了以音译方式翻译诸如社会主义、共产主义一类难以用中文确切表达其涵义的西方陌生名词，只能以中国已有的旧概念，或按照中国人习惯的思维方式，解释和理解崭新的西方式社会主义知识。因为语意上的扭曲而引起理解上的似是而非和牵强附会之处，在所难免。采用这种中国古典式表达方法，中国人自不待言，外国人也是如此，这受制于那时外国人口译、中国人笔述的独特翻译方法。此法根据傅兰雅的介绍：先由"西士"熟览西书以明其理，然后与"华士"同译，"以西书之义，逐句读成华语，华士以笔述之"；其中难译之处与华人斟酌或经讲解使华人明了；最后，"华士将稿改正润色，令合于中国文法"①。这种翻译方法是外国人不精通中文，中国人又不熟悉外文的情况下，二者取长补短的一种合作方式。这也是当时外国人向中国传入西学普遍采用的一种翻译方式，西方来华人士关于欧美社会主义的介绍文字，无一例外均系如此。中国本土人士在外国来华人士的译书活动中担负如此重要角色，也就不难理解外国人的译作中，从内容到形式带有浓厚的中国传统色彩，以致影响原作涵义的准确表达或容易产生误解。最初向国人介绍西方社会主义知识的那个时代，中外人士曾新造了一些词汇如"平会"、"均贫富之党"、"通用之党"、"均富之说"、"平分产业之论"等，试图解释和说明刚从西方引进的新事物、新思想，同时又未能摆脱中国传统表述方法的局限。西方社会主义学说及其经济学说传入中国，必然会带来中国已有的思维习惯、表达方式乃至名词概念方面的巨大变革和创新。革旧出新的条件之成熟，需要一个潜移默化的过程，在本时期的传入初始阶段，这种变革和创新尚未出现。

从上面的概括分析看，西方社会主义知识最初传入中国，无论传入内容的浮光掠影式观察或浅薄介绍，传入时间的不连贯性，还是传入方式用旧瓶装新酒而造成的局限性，都表明传入初期与之俱来的幼稚和不成熟特征。这也从一个侧面说明了那时马克思主义经济学未能传入中国的原因。有人认为，那一时期，中国"不会没有人知道马克思和《资本论》"。其根据是严复 1877－1879 年留学英国海军学校期间，《资本论》出版了十余年，马克思正在英国，科学社会主义学说已很流行，对此，严复应当"显然有些知道"；特别是严复后来宣扬达尔文的进化论思想，而达尔文和马克思在科学界齐名又保持相互的交

---

① 傅兰雅：《江南制造总局翻译西书事略》，《格致汇编》，1880 年。

往和友谊,故留学英国的严复,“知道达尔文而不知道马克思,是不可能的”。严复之所以“对马克思至死讳莫如深,闭口不谈”,乃“出于他的阶级出身和惧怕清朝政府而装聋作哑”,同时也归结于当时“满清封建王朝实行文化专制的可怕程度”。①

可见,严复早已知道马克思和《资本论》的判断,是研究者的揣测。照此推理,马克思健在期间,凡是赴欧洲尤其在英国停留过一段时间并关心西方学术与政制的那些中国人,如前面提到的驻外使官,包括曾与严复时常讨论中西学术之异同、比严复早一年抵英出使并于同年回国的郭嵩焘,都有可能知道马克思和《资本论》。可是,从现存史料看,无一人提及马克思其人其书。若说这是由于那时人们对马克思“讳莫如深”之故,显然缺乏根据。当时连所谓社会党人刺杀德国和俄国皇帝这类直接将矛头指向专制君主的事件,都有人记述和报道,假使国人真的知道马克思及其著作,实在没有必要在一般性新闻和“述奇”中,甚或在当作反面教材的记载中,有意识去避讳。严复留学时,只是一个专攻海军战术及炮台建筑诸学的 24 岁青年。他学习期间留心西方社会政治学说,但相隔十多年后,直到 1895 年才撰文《原强》介绍达尔文《物种起源》中的“天演之学”,并开始翻译赫胥黎推崇达尔文进化论的《天演论》一书。因此,从严复后来介绍达尔文学说,推论他十几年前在英国学习时就应当知道达尔文,又从达尔文与马克思相近,推论严复早就应当知道马克思和《资本论》,这种推理方式未免牵强。至于以严复的“阶级出身”,作为他明知马克思而故意“装聋作哑”的理由,更无必要。姑且不论一个人的“出身”是否决定了他连马克思的名字也不敢提及,严复的家庭出身,其实并不富有,他 14 岁丧父后,家境贫困,被迫放弃传统的科举之路,投考当时并不为人看重的福州船政学堂学习洋务。以后他刻意用佶屈聱牙的古文翻译西书,某种程度上也是为了洗刷当时知识界鄙夷洋务及出国留学、视之为不学无术的恶名声。这个因素,也有利于在“实行文化专制”的晚清时代,熏陶出严复具有启蒙意义的反专制精神,并被毛泽东称为中国近代“向西方寻找真理”的著名代表人物之一。

如此看来,在 1895 年以前的中国近代文献中,未见有人提到马克思及其代表作《资本论》,除了文化专制的理由外,还有其他的原因。诸如西方资本世界对《资本论》的出版采取沉默的态度以期消除其影响;我国早期出国人员侧重于关注西方一般政制与学术,专修自然科学知识,缺乏经济理论素养;等等。马克思经济学说作为揭示资本主义内在矛盾和发展规律的科学体系,不仅为长期禁锢于古老专制社会的中国学人难以理解,连西方来华传教士也鲜能洞悉其意。那一时期西方人引入中国的带有经济理论色彩的论著,像《富国策》、

① 胡培兆、林圃:《〈资本论〉在中国的传播》,山东人民出版社 1985 年版,第 23—24 页。

《佐治刍言》、《百年一觉》之类,或是将古典经济理论通俗化,或是按照治理常识进行浅显介绍,或是采用小说体裁表达未来社会理想等,表明来华西方人对于社会科学包括经济理论的理解程度,尚限于通俗读物的水平,如此又何能理解马克思的深邃理论学说。马克思经济学说所具有的理论难度,恐怕也是影响当时中国人认识其人其说的一个重要因素。无论如何,有关西方社会主义的知识陆续介绍到中国,为马克思经济学说的最初传入,在先行思想方面孕育了不断增长的可能性。

第二章 19世纪末马克思经济学说传入中国之探源

以19世纪末作为分界，在1895年以前马克思、恩格斯生活的时代，中国人还不知道他们的名字，更不用说他们的经济学说(这里暂不考虑李大钊所留下的第一国际中国人支部之谜)。从1896年起，根据已有的研究成果，马克思和恩格斯的名字开始为渴求西学的中国人所了解，并经由书刊媒介传入中国。马克思主义何时传入中国，曾有几种说法，不完全一致。无论哪一种说法，最早提到马克思或恩格斯的名字时，在不同程度上都与他们的经济学说联系在一起。因此，考察马克思的名字何时传入中国，实际上也是探求马克思经济学说传入中国的早期起源。起源时期传入的经济学说之内容，难免简略甚至曲为之解。不过，从某种意义上说，初期重要的是传入，而传入的内容尚在其次。

第一节 说法之一:1896—1897年在伦敦期间的孙中山

孙中山(1866—1925)是中国革命的先行者，有人认为，他可能也是中国最早探讨社会主义和最早知道马克思的人①。孙中山早年即有反清之志，在檀香山、香港等地长期接受西方学校教育，1892年从香港西医书院毕业。他曾寄希望于洋务派官僚，1894年上书李鸿章，提出革新政治主张，遭到拒绝，遂抛弃幻想，赴檀香山组织兴中会，次年在广州发动反清武装起义。至此，他钻研过西方社会科学理论并试图付诸革命实践，但显然不了解马克思及其学说。起义失败后，他亡命国外，由香港赴日本，再经檀香山到美国，又于1896年9月抵达英国伦敦。同年11月被清朝驻英国使馆官员诱捕，面临被秘密押解回国之虞，有赖英国朋友营救，得以释放，这就是有名的伦敦蒙难事件。伦敦遇难脱险后，他为考察欧洲政治风俗，在英国留至1897年7月，对欧洲列强“犹未能登斯民于极乐之乡”，欧洲志士“犹有社会革命之运动”的现象，颇多感触，

---

① 参见皮明庥:《近代中国社会主义思潮觅踪》，吉林文史出版社1991年版，第27页。

开始萌生他的民生主义思想，以为克服欧洲现存弊端的“一劳永逸之计”[①]。这样，1896—1897年，孙中山在伦敦考察欧洲政治期间，是否听说马克思的名字并接触过其学说，在追溯马克思经济学说传入中国的时间起源时，成为一个不容忽视的线索。

孙中山这一时期的活动情况，未留下多少具体资料。直接见证人如营救他脱险的英国人詹姆士·康德黎，曾提到孙中山当时在大英博物馆“不歇地”阅读包括政治、经济在内的各类书籍，“细心和耐心地研究”[②]，未指明这些书中是否包括马克思著作或有关马克思学说的内容。孙中山逗留英国期间，耳闻目睹西方社会的贫富悬隔状况，如伦敦每年冬季，工人失业常有六七十万人，“善果被富人享尽，贫民反食恶果”；同时接触一些有影响的激进分子，如爱尔兰爱国者和土地国有会的组织者戴维特，被孙中山称作“革命同志”的俄国革命党人伏库浮斯基等。这些可能与欧洲社会主义运动有关的经历，也没有留下孙中山是否接触过马克思学说的确切记载。有的西方学者认为，孙中山似乎故意把他在这段时间的思想转变过程，叙述得过于简单，从而“使人们相信，只有他和少数到过欧美的中国人，才具有西方的知识”[③]。不论这种说法属实与否，孙中山很少谈及在伦敦考察和研究的具体细节，为确定孙中山最初接触马克思学说的起始时间，增加了难度。

在这个问题上，重要的判断，大多来自一些间接的旁证资料。例如，梁启超总结甲午战争以后中国思想界的根本变化，举出四个主要潮流的代表人物：梁启超本人和他的朋友鼓吹政治革命；章太炎提倡种族革命；严复翻译英国功利主义派书籍成一家之言；孙中山“虽不是个学者，但眼光极锐敏，提倡社会主义，以他为最先”[④]。这里承认孙中山“最先”提倡社会主义，后来美国学者伯纳尔认为，孙中山早在英国逗留期间，“毫无疑问”地对社会主义运动感兴趣，二者颇相呼应。以孙中山为最先提倡社会主义的中国人，由此很容易作出他同样是最先知道马克思的中国人这一揣测。美国学者史扶龄的推测，就是一例。史扶龄探讨中国革命的起源，追溯到孙中山的早期伦敦之行，认为他在那

---

① 孙中山：《孙文学说》，《孙中山选集》上卷，人民出版社1956年版，第171—172页。

② 康德黎·琼斯：《孙逸仙与中国》，上海民智书店1930年版，第144页。

③ ［美］伯纳尔著，丘权政、符致兴译：《一九〇七年以前中国的社会主义思潮》，福建人民出版社1985年版，第39页。伯纳尔在另一篇文章《无政府主义对马克思主义的胜利，1906—1907年》里，谈到孙中山1896—1897年逗留英国期间开始意识到西方社会问题时，专门加了一条注释，说明孙中山后来夸大他在英国停留的时间，其目的“好像是想要强调他从西方所吸收的知识量，而把他在日本期间所获得的知识量，减少到最低限度”。见 Martin Bernal，The Triumph of Anarchism Over Marxism，1906—1907，转引自 Mary Clabaugh Wright 编辑并作序的 *China in Revolution*：*The First Phase 1900—1913*，New Haven and London：Yale Univ. Press，1968，第103页注21。

④ 梁启超：《中国近三百年学术史》，《饮冰室合集》第十七册，专集之七十五，上海中华书局印行，第30页。接着，梁启超指出，以上几个人始终没有什么合作，重要的是清末思想界“不能不以他们为重镇，好的坏的影响，他们都要平分功罪”。

里"大概还研究了马克思、乔治、穆勒、孟德斯鸠以及其他人"[①]。如果说孙中山早在伦敦时期研究了马克思,根据现有资料,他应是接触马克思理论的中国第一人,至少也应是最先接触马克思理论的中国人之一。这只是"大概"的推测,并非确指。对这个问题作出明确回答的是宋庆龄。她1962和1966年两次撰文说:1896到1899年旅欧期间,"孙中山知道卡尔·马克思和弗里德里希·恩格斯以及他们的活动",不仅如此,"他已经听说过列宁和俄国的革命运动"[②];或者说,在这一海外活动时期,孙中山"知道马克思和恩格斯,他也听到了关于列宁和俄国工人革命活动的消息"[③]。宋庆龄的叙述,对于孙中山知道马克思、恩格斯及其活动的最初时间,虽然只提供1896—1899年这个比较宽泛的时间概念,但有几点值得注意。第一,孙中山最初知道马克思和恩格斯,不像以往的中国旅欧人士看待西方事物,仅仅出于好奇,而是与他本人的思想转变联系在一起。正如宋庆龄所说,"也就是在这个时期,孙中山开始发展了他的社会主义观点,虽然他还没有能够区别马克思和恩格斯的真正的社会主义和西方某些资产阶级改良主义理论家所主张的'社会主义'"[④];换言之,"早在那个时候,社会主义就对他发生了吸引力"[⑤]。第二,孙中山知道马克思和恩格斯的名字和事迹之初,就对马克思的经济理论有所研究。宋庆龄谈到孙中山当时"敦促留学生研究马克思的《资本论》和《共产党宣言》并阅读当时的社会主义书刊"[⑥],可资证明。若确系如此,孙中山又是目前所知研究马克思《资本论》的第一个中国人。第三,孙中山知道马克思和恩格斯的同时,就听说了他们的继承者列宁及其领导的俄国革命运动,这恐怕也是当时中国人中听说列宁其人其事的最早一人。列宁自19世纪80年代末,开始研究《资本论》,从事宣传马克思主义的活动,1895年秋创立工人阶级解放斗争协会,形成俄国无产阶级政党的萌芽,翌年年底被捕入狱,流放到西伯利亚东部直至1900年。那时,孙中山听说的应是正在流放中的列宁,从时间上讲是相当早的。孙中山这样早就听说过列宁,大概是旅欧期间他同一些俄国革命党人有过接触和交谈的缘故。

---

① 史扶龄:《孙中山与中国革命的起源》,中国社会科学出版社1981年版,第119页。另外,其他人也著文指出,孙中山在伦敦时,被介绍看"亨利·乔治和卡尔·马克思的著作","还可能遇见列宁和俄国革命流亡者"。参看 Carsun Chang, The Third Force in China, New York: Bookman Associate, 1952,第69页,以及 Shao Chuan Leng & Norman D. Palmer, Sun Yat-Sen and Communism, Great Britain, 1961, (Greenwood Press),第19页。这些议论似均转述别人的意见,并非出自第一手资料,不足为凭。

② 宋庆龄:《孙中山和他同中国共产党的合作》,《宋庆龄选集》下卷,人民出版社1992年版,第390页。

③ 宋庆龄:《孙中山——坚定不移,百折不挠的革命家》,同上书,第487页。

④ 宋庆龄:《孙中山——中国人民伟大的革命的儿子》,同上书,第242页。

⑤ 宋庆龄:《孙中山——中国人民伟大的革命的儿子》,同上书,第487页。

⑥ 同上。

孙中山知道马克思和恩格斯的最初时间，年代较远，宋庆龄的叙述，也是根据一些听过孙中山讲话的人的回忆。孙中山自己的著述，并未直接述及于此。后来他谈到马克思的研究方法时说，马克思利用大英博物馆的丰富藏书，每天在那里研究，“用了二三十年的功夫，费了一生的精力，把关于社会主义的书籍——不管他是古人著作的，或者是时人发表的——都搜集在一处，过细参考比较，想求出一个结果。这种研究社会问题的办法，就是科学方法。故马克思所求出解决社会问题的方法，就是科学的社会主义”[①]。这段1924年的讲话，若用作证明孙中山1896－1897年间同样在大英博物馆阅读时，就知道马克思的直接依据，显然有些牵强。到20世纪20年代，有关马克思执著研究精神的传闻，对于许多关注西方社会主义运动的中国人来说，已经不那么陌生了。

总之，孙中山很有可能早在1896－1897年间就知道马克思和恩格斯，并且很有可能在那时就接触了马克思经济学说，尤其是其代表作《资本论》，可是，由于缺乏直接的可信资料，这一判断尚待证实。即便得到证实，也只能说明孙中山在国外知道马克思及其经济学说的最初时间，并未回答马克思的名字和学说何时传入中国的问题。从经济思想角度看，那一时期对孙中山影响更大的海外“社会主义”思想，还是亨利·乔治的单税论。有资料表明，早在1896年6月至9月孙中山游历美国期间，即与当地乔治“单一税”的拥护者发生接触[②]。孙中山转到英国期间，类似的土地国有论在那里的社会运动中同样具有相当大影响。孙中山1897年秋从伦敦抵达加拿大的温哥华市，该市已有多年推行乔治的地价税主张，又适逢乔治于当年10月去世，北美和英国等地纷纷举行规模浩大的纪念活动。这一切，使乔治学说在孙中山的头脑里，留下较深的印象。1898年，孙中山到达日本，所结识的日本志士宫崎寅藏，亦崇拜乔治的土地国有论，并在日本成立宣传乔治主义的“土地问题研究会”，提出“平分地权”的激进主张。基于这些早期的影响，后来孙中山谈起欧美学者的经济思想，表示“最服膺者为亨利·佐治(Henry George)之单税论”，承认他本人的平均地权思想，乃源出于此[③]。“平均地权”学说是孙中山最初受社会主义思想影响的一个结晶，这个学说所依据的乔治的单税论，用宋庆龄的说法，乃“西方某些资产阶级改良主义理论家所主张的‘社会主义’”。这似乎也可以解释，孙中山早期在国外虽然很有可能已经接触马克思经济学说，却未见他那时有任何文字记载将马克思学说及时传入中国的原因。

---

① 孙中山：《三民主义·民生主义》，《孙中山选集》，人民出版社1981年版，第810－811页。
② 参看汤良礼：《中国革命秘史》(1930年英文版)，第24页。
③ 冯自由：《革命逸史》第2集，中华书局1981年版，第133页。

第二节 说法之二:“1898年出版”的《泰西民法志》中译本

如果不是从中国人谁最先知道马克思及其经济学说的推测角度,而是从现存文字资料的实证角度,去考察马克思经济学说何时传入中国的问题,有人提出,最早应追溯到1898年夏在中国出版的《泰西民法志》一书①。据说,此书原作为英国人克卡朴的《社会主义史》(The History of Socialism)一书,受李提摩太委托,胡贻谷翻译,1898年夏在上海用《泰西民法志》的译名交付广学会出版。“由于此书发行数量有限,传播范围不广,故未引起中国人的很大反响。”

提出这一说法者,并没有看到此书中译本,主要根据别人提供的资料分析。其依据有二。一个依据是,伯纳尔曾提到:“《万国公报》的编者经常超出自己的信仰,倾向较为激进的思想。一八九八年夏,他们在中国出版了第一部系统讲解多种社会主义学说的著作。”②这是最主要的依据。引用者认为,伯纳尔“这一说法是可信的”。同时又对其可信度提出质疑,感到“遗憾的是伯氏没有提到这本书的名字和内容,或者他自己也没看过此书,要不他也就不会同意把1899年的《万国公报》视为最早提到马克思的中文报刊”。既然有此质疑,为什么又说是可信的?引用者没有回答这个问题,不知何故,却转而断定伯氏提到的这部著作就是克卡朴的《社会主义史》一书的中译本《泰西民法志》,惟其发行数量有限、影响不大云云。依此而论,这个论断没有进一步的证明材料予以支持,不过一种推测。另一个依据是,此译本曾在“《唐庆增经济讲演集》中偶一提及”,但未交代提及的内容是什么。这里隐约地在转移论题,即由伯纳尔所说的1898年“在中国出版了第一部系统讲解各种社会主义学说的著作”这一非确指论题,转到确指这部著作是《泰西民法志》,然后又转到《泰西民法志》“今已很难见到”而容易被忽略的论题上。关于后一依据的论证,已不是伯纳尔以模糊方式提出的中国第一部有关社会主义学说的著作究竟指哪一部著作的问题,而是把这部著作想当然地等同于《泰西民法志》,再以此为前提来说明《泰西民法志》的源流与内容。

令人疑惑的是,引用者不去直接查证《泰西民法志》一书的内容,反而颇费周折地借助原版《社会主义史》的1920年李懋庸(季)的同名中译本,间接地考证。这一考证,试图说明三个意思。一是1920年的中译本曾由蔡元培作序,

---

① 关于此说法的出处及以下有关论证资料,均见陈铨亚:《马克思主义何时传入中国》,载《光明日报》1987年9月16日第3版。

② [美]伯纳尔著,丘权政、符致兴译:《一九〇七年以前中国的社会主义思潮》,福建人民出版社1985年版,第26—27页。

序中对《泰西民法志》"一无提及"，表明"蔡先生看来也不知有《泰西民法志》"，意谓此早期译本在那时已濒临失传。二是1920年李季的中译本，"不是译自克卡朴原著，而是1913年经辟司(Pease)增订的本子"。也就是说，胡贻谷的《泰西民法志》译本，译自1892年布莱克(Black)书局的初版本，而李季的《社会主义史》译本，译自1913年辟司的增订本。这个说明，将辟司的1913年增订本作为李季译本的原作，有辟司的序言为证。但把克卡朴1892年的初版本作为胡贻谷译本的原作，则无甚凭据，恐怕又是说明者的一个猜测。三是上述两个版本虽然在内容和体例安排上有所不同，但根据辟司的序言说明，要了解克卡朴原著及其中译本《泰西民法志》的原貌，"不致有很大困难"。其重点是想说明，辟司的1913年增订本与克卡朴的1892年初版本相比，除新增或修改的内容外，关键的第七章即"马克思"一章，"相信辟司没作变动"。此章包括作者对马克思的评价，如"马克思是社会主义史中一个最著名和最占势力的人物，他及他同心的朋友昂格思都被大家承认为'科学的和革命的'社会主义派的首领。这一派在文明各国中都有代表，而大家对于这一派都认为社会主义中一种最危险和最可怕的新派"；还包括作者对马克思的生平、学说，以及辩证唯物主义与历史唯物主义、科学社会主义、政治经济学等部分的详尽评述和介绍，其中尤为重视马克思主义政治经济学中的劳动价值理论、剩余价值理论、资本理论，以及资本主义必将被社会主义取代理论，并着重加以阐述；等等。

至此，绕了一个很大的圈子，形成其推论的内在逻辑轨迹是：通过1920年李季的《社会主义史》译本，突出其中关于马克思及其学说的介绍；又通过此译本原作、即1913年辟司在其增订本序言中的说明，突出增订本"没作变动"地保留了初版本中关于马克思一章；再通过胡贻谷的《泰西民法志》译本之原作与1892年克卡朴的初版本挂钩，突出后者关于马克思一章，理应在其中译本里得到保留，同时暗示胡贻谷的译本既系译自其原作1892年的初版本，而非此后的版本，则此译本的出版时间应当相当早；然后认定伯纳尔所说的1898年《万国公报》编者在中国出版的第一部系统讲解各种社会主义学说的著作，就是胡贻谷的《泰西民法志》译本，进而断言此译本乃最先在中国传播马克思主义学说。这个推论过程，中间一些重要环节，如谓《泰西民法志》译自原作1892年的初版本、也就是伯纳尔所说的中国第一部系统讲解社会主义学说的著作等，均属猜测，尚未得到证实，而推论者本人显然也未看过胡贻谷的译本，仅根据1920年李季的译本进行推论和联想。所以，推论者的如下结论，"《泰西民法志》一书虽没有引起很大影响，甚至差点被人所遗忘，但马克思名字也好，马克思主义学说也好，说到他们在中国的传播都应把首功归之于它"，是难以让人信服的。

关于这一说法，另外有一些支持的意见，所持理由大致差不多，或者不如说是由前面的说法推演而来。如有人赞同说："在中国最先提到马克思和恩格斯的名字，最先介绍马克思生平和马克思学说的中文读物，应该是1898年上海广学会出版的《泰西民法志》。"这也是以1920年李季翻译的《社会主义史》为主要依据，由其原著即1913年皮司(前译辟司)的增订本，追溯到1892年柯卡普(前译克卡朴，1844－1912)的初版本，再由初版本推定它的最早中译本《泰西民法志》出版于1898年，进而判断《泰西民法志》是"中国第一部介绍马克思学说的译著"，或"第一次在中国介绍了马克思和马克思的学说"，抑或"在中国最早介绍马克思学说和社会主义的译著，在客观上起了思想启蒙的积极作用"等等。① 与前说略有不同的是，此赞同者省略了一个重要线索：伯纳尔曾提出1898年夏《万国公报》编者在中国出版第一部论述社会主义学说的著作。前说根据这个线索，才推导出这部著作就是《泰西民法志》，进而给它戴上"首功"的桂冠。同时，此赞同者承认未曾看到《泰西民法志》译本，只是从李季的译本窥见前译本的主要内容。

上述说法是否成立，关键在于其中的若干前提和推测是否正确。这些前提和推测包括：1898年夏，《万国公报》编者是否在中国出版过一部系统讲解社会主义学说的著作，这是基本的前提；这部著作是否即《泰西民法志》，或者说，《泰西民法志》是否出版于1898年，这是推测的核心部分；《泰西民法志》是否译自克卡朴(或译柯卡普)原著1892年初版本，这属于推测的旁证部分。

关于基本前提部分，到目前为止，除了伯纳尔考察1907年以前的中国社会主义思潮时提到以外，尚未见到其他人(包括伯纳尔本人)提供进一步的证实材料。这可以说是一个未解之谜。为什么有人会联想到《泰西民法志》一书，可能与伯纳尔的简单提示中说到《万国公报》编者有关。因为《泰西民法志》系李提摩太委托胡贻谷翻译，由广学会出版，李氏本人曾担任广学会总干事，主持宣传基督教及传播西学的书刊出版事宜，这与隶属于广学会的刊物《万国公报》(The Review of the Times，1889－1907)，发生一定程度的联系。再加上伯纳尔的提示里说是一部系统讲解社会主义学说的著作，而《泰西民法志》译本的原著《社会主义史》正是这样一部著作，于是更为推测者们提供了联想的空间。推测毕竟是推测，对于伯纳尔的提示，尚需确凿的资料来证实或证伪。

其实，对《泰西民法志》出版于1898年的推测，曾有人提出很有分量的质疑。如指出，推测者"没有见过"此书，也"没有拿出该年版此书存在的确证"，只是根据别人的"不明确提示"而作出"估计"；后来的有关著述"似未加深考"，

---

① 成章：《中国第一部介绍马克思学说的译著——〈泰西民法志〉》，《历史知识》1989年第4期。

便直接引用或认同这一说法，其间或有使用此说法时，认为此说“可能有误，表示存疑”，但仅此而已，亦未提供相关证据。此质疑者本人则对《泰西民法志》一书的初版时间作了考证，并得出“该书首次在中国问世并非于1898年，而是1912年”的“结论”。其考证的根据，一则广学会1912年度英文工作报告中有关该会当年新版和再版书籍的“完整目录”（现藏上海中国基督教三自爱国运动委员会图书馆），里面在1912年新版书目录中，“清楚地”列入《泰西民法志》(History of Socialism [Kirkup] by I. K. Hu)，并记有印数1 000册，而1898年度的工作报告中没有出版此书的记录。二则《泰西民法志》的译者胡贻谷1917年为其师谢洪赉（又名庐隐）撰写的《谢庐隐先生传》（现藏上海图书馆），其中自述1898年初“时年仅十四”，“显然，一个初入中西书院学习的14岁少年是不可能翻译《泰西民法志》这样的著作的”。三则1912年出版的《泰西民法志》，有胡贻谷的译者序写于“宣统庚戌”（1910年），版权页上还标有“上海广学会藏版，上海商务印书馆代印”字样，这是由于广学会当时没有成规模的印刷所，自己出版的书籍多是委托上海美华书馆或商务印书馆分工代印。“如不了解这一情况，亦容易做出商务印书馆代印版本不一定是初版的判断”。[①]这个考证，无疑是有说服力的。然而，考证者本人同样没有看到原译本《泰西民法志》一书。所以，尽管此考证结论具有难以辩驳的可信度，但它所提供的证据，仍然只能算作间接证据，而不是直接证据。

围绕《泰西民法志》译本所作的各种推测，作为主要依据，是否真实。其实，回答这些问题，只需找到此译本查对，一切便迎刃而解。提出1898年出版这一说法的人，因找到《泰西民法志》原件“很难”，轻易放弃寻找的努力，试图借助其他现成的著述予以佐证，由此才产生那些有待证实的推测。现查到这个中译本原件，其封面标明，它是“西历一千九百十二年上海广学会藏版”，或“宣统三年岁次辛亥上海商务印书代印”，另有“翻印必究”字样，换句话说，西历和中国旧历都显示，《泰西民法志》是1912年出版的。这比1898年出版的说法，晚了14年。此译本的目录末尾，标明其原作者“英国甘格士”，译者“元和胡贻谷”，删订“上海蔡尔康”，“上海广学会”印售。书中另有中英文两个内封，中文内封与封面标帜相同，英文内封的标帜是：“HISTORY OF SOCIALISM by Thomas Kirkup”，即托马斯·克卡朴（按姓氏可译作柯卡普，按名字可译作甘格士）著《社会主义史》；“Translated by I. K. Hu”即胡贻谷翻译；“Shanghai：Christian Literature Society of China. 1912”，即上海广学会1912年出版。现存这本书的内外标帜，与前面所说的克卡朴原作《社会主义史》、胡

① 以上引文均见王也扬：《关于马克思主义何时传入中国的一个说法之误》，《马克思主义研究》2000年第2期。

贻谷译为《泰西民法志》,相互吻合,二者应是同一本书。对现存《泰西民法志》译本作深入考察,可以进一步澄清一些问题[①]。

第一,胡贻谷为《泰西民法志》译本作"序",以墨子的兼爱尚同之说为旨归,称赞英国学士李提摩太先生"胸期旷迈,有志于天下之大同",李氏"取甘格士先生所著之泰西民法志授余曰'试译之'",委托胡氏翻译此书,胡氏欣然接受,由此领悟"因溯民法之发原,实当西历十九期之初叶,而将大盛于二十期中",即发源于19世纪初叶的社会主义将大盛于20世纪。胡氏自称翻译此书的目的,为了"矫末学之弊",纠正时弊,或言"墨学者不弃而教之",恢复墨学的指导功能。此序落款:"宣统庚戌仲秋元和胡贻谷谨识",表明胡氏1910年仲秋(夏历八月)着手或完成此作的翻译,正式出版则在1912年。这篇序文,交待了翻译《泰西民法志》的背景和年代,从中看不到1898年出版的任何线索,也看不到与《万国公报》编者有什么联系,由此排除了1912年上海广学会藏版本的《泰西民法志》之前,胡贻谷翻译出版过其他版本同名著作的可能性。换句话说,伯纳尔提到的1898年夏由《万国公报》编者出版的那部讲解社会主义学说的著作如果确实存在,那它肯定不是胡贻谷的《泰西民法志》。

第二,胡贻谷翻译《泰西民法志》有"凡例"八条,其中两条颇值得注意。一是译名问题。"凡例"未曾专门谈论这一问题或为此作出有关规定,其第一条关于书名或全书立意的解释,涉及书名的翻译和理解问题。它说:"西学之界说曰:民聚而有部勒。祈向者曰:民会。民会者,有法之群也。是书详于民生治道而归本一法字。"这句话的大意是,根据西学的定义,社会需要约束,于是有祈求向往"民会"者,"民会"乃遵守一定法则的社会;本书详述社会治理方式依据于根本的法则。基于这一理解,胡贻谷将原著书名 History of Socialism 译为"泰西民法志"。胡氏使用这种现在看来不伦不类的译名,不选择当时已从日本引进、并在国人中较为流行使用的"社会主义"译名,恐怕还与他受李提摩太委托,直接译自英文原著而不像时人那样往往转译自日文著作有关。他在翻译过程中,较少参考日文译名,不得不新创各种译名。当然,也不排除他以一名熟谙英文者,在当时各种新名词纷纷出现却又未定型的情况下,有意自定标准或标新立异,与日式译名相抗衡。不论出于何种原因,"泰西民法志"这一古涩译名,很容易使后人于不明真相中产生一种错觉,认为它出于较早的年代。如想当然地把伯纳尔所说的1898年那部著作当成《泰西民法志》,可能就是受此迷惑。翻开此译本,可以发现,胡氏翻译,在译名的选择上,既有仿古,也有新潮。一方面,犹如"社会主义"译为"民法"或"民法学",他偏爱从传统汉语中选取某个词汇或稍加改动,以适应翻译外来词汇的需要,使各种译名带有

① 此下引文凡出自此书者,均见甘格士著,胡贻谷译:《泰西民法志》,上海广学会藏版,1912年。

一种古色古香的特点。如一词一译，将“工人阶级”译为“劳佣”、“贫困”译为“实祸”、“工资”译为“佣银”、“生产资料”译为“殖产资料”、“使用价值”译为“适用之值”、“生活资料”译为“养命之源”、“分配”译为“分散”、“平均”译为“折中”、“劳动时间”译为“服劳时刻”、“资本”译为“母财”、“唯物论”译为“物理学”等等；又如一词多译，将“经济”或“经济学”译为“生计”、“生计学”、“理财”、“理财学”、“理财实学”，“剩余价值”译为“赢率”、“赢余”、“羡余”、“余剩”、“溢收之利”，“商品”译为“物品”、“货物”、“物”，“劳动”译为“人力”、“人工”、“佣工”，“资本家”译为“富家”、“积财者”，“危机”译为“恐怖”、“扰乱”，等等。另一方面，他在翻译时，也借鉴和掺入20世纪初以来流行的一些新译名，包括从日本引进的舶来译名。如使用“资本”、“资本家”、“价值”、“价格”、“危机”等新译名，只是使用时不那么稳定，经常与带有传统色彩的译名相互混用。于此可见，当时各种外来词汇随着西学东传而大量涌入中国，但形成相对稳定、普遍为国人所接受的统一译名，尚须约定俗成的过程，在这个阶段，自然会有译名选择上的各种尝试和探索。以后的分析会看到，在统一译名的过程中，接受由日本传入的舶来译名在相当一段时间里成为主要潮流，而像胡贻谷翻译英文著作时自创新译名的做法，逐渐被时代所抛弃。如果因为胡氏译作的古朴译法，便想象它应当属于19世纪末的早期译作，那只能说是被时代淘汰的东西所愚弄了。

二是书中内容的截止年代问题。“凡例”第七条说：“全书意在振新民俗，以一千九百七年列国联会为通邮，而以通功营业会为归宿。”这句话比较晦涩，读了书中第十五篇“民法近状”后，不难理解它指的是1907年第二国际在德国斯图加特举行的第七次代表大会。意谓《泰西民法志》一书所用资料的历史下限，至少截至1907年。书中第十三篇“近世民法进行”，还列举了从1899年到1907年间的不少历史资料。这和前述《泰西民法志》成书于1898年的说法，又是大相径庭，1898年出版的书籍不可能叙述1898年以后十年的史料内容。顺便澄清的是，《泰西民法志》译自克卡朴原著的哪一个版本。持前述说法者，断言它译自1892年的初版本。其根据，显然出于1920年李季的《社会主义史》中译本。这个中译本的原作，是1913年辟司基于克卡朴原著所作的增订本。辟司的序言中指出，克卡朴在1892年初版本之后，分别于1900、1906和1909年出版了多种修订版本，后因克氏1912年去世，应出版商请求，辟司才接手，补充1892年以后的资料，形成1913年的增订本[①]。所谓1898年之说，看来与辟司的版本说明有关，猜测者又结合伯纳尔提示的年代，于是便从克氏原著的几个版本中，选择1892年的初版本，因为其他版本都在1898年之后，

① 参看克卡朴原著、辟司增订，李季翻译：《社会主义史》，新青年社1920年版，“原序”。

难以符合这一年代要求。可是,按照《泰西民法志》的内容叙述,若以1908年的史料为其下限[①],它应译自克氏在世时的最后一个版本即1909年版本。蔡元培为李季译本作序,未提及《泰西民法志》,恐怕不知道有这一译本,他也没有必要知道这部1912年出版的中译本。倒是蔡氏在其序中说"西洋的社会主义,二十年前,才输入中国"[②]这句话,为今天探索西方社会主义以及马克思经济学说输入中国的起源,提供了那个时代的认识线索。

第三,胡贻谷所译《泰西民法志》一书,分上下两卷共16篇,上卷10篇分别为"民法总纲"、"法国民法肇基"、"一千八百四十八年法国民法"、"英国曩时民法"、"日耳曼民法学家赖萨勒"、"骆勃德司"、"马格司"、"万国联会"、"日耳曼民会共和"、"扫除政府";下卷6篇分别为"民法正解"、"民法与天演比例"、"近世民法进行"、"民法趋重之势"、"民法近状"、"结论"。这个目录与李季所译《社会主义史》一书的目录对照,不难看出二者之异同。后者亦分上下卷共16章,上卷9章分别为"概论"、"法国初期的社会主义"、"1848年的法国社会主义"、"英国初期的社会主义"、"拉塞尔"(今译拉萨尔)、"拉伯尔塔斯"(今译洛贝尔图斯)、"马克思"、"国际工人协会"、"德国社会民主党";下卷7章分别为"俄罗斯革命"、"无政府主义和工团主义"、"各国社会主义的进步"、"近世国际工人协会"、"英国派社会主义"、"社会主义通论"、"结论"。按照辟司的原序说明,他的增订本,一是将克卡朴原作中解释社会主义的章节,大加裁剪;二是将1892年以后各国社会主义运动的事实,择要编入,尤其对近世英国社会主义的记载,大加扩充,较原书篇幅增加1/8。具体地说,增订本上卷第1－9章,涉及初期社会主义历史和近世社会主义运动早期阶段的内容,辟司自称没有"学识"和"能力"订正克卡朴原来的叙述,实际上"没有改变";从下卷起,第10、11两章补充1892年以后的内容并全部重新编订;第12－14三章的内容差不多完全新增;第15、16两章的多半内容对原版下卷的六章内容加以选择和重编,相合而成。[③] 对比新旧版本,辟司的增订本,依据的是克卡朴1892年的初版本而非此后的版本,这一点,与前面确认《泰西民法志》所依据的原著,决非1892年的初版本,已经没有什么关系。

上面的对比,还可以证实,无论新旧版本,其原著中有关马克思一章的内容没有改变。惟《泰西民法志》译本的"凡例",注明翻译原著时有关内容"从

---

① 例如,此书曾引证1908年芝加哥议员骆奇的证词,说明近年美国商界"私人财富之雄厚,联行霸术之横行,足令全世界震聋变色,且酿成惊怪骇愕、不可思议之结果。不仅动摇美国之民法而已,苟不早为之图,创各人之自由终有如泡如影之一日"。此后又说骆奇之言"似不可信"。类此1908年的史料,书中还有多处引证。见甘格士著,胡贻谷译:《泰西民法志》下卷,上海广学会藏版,1912年,第58、60、72、75页。

② 同上书,"蔡序",第2页。

③ 同上书,"原序",第2－3页。

略”或“间有删汰”，对马克思一章的内容，可能也有压缩。如胡贻谷译本中的“马格司”一篇，共计21页，占整个上卷150页的1/7；而李季《社会主义史》译本中的“马克思”一章，共计42页，占整个上卷266页的近1/7。二者在书中所占比例差不多，但前者的篇幅明显减少。同时，前者的译笔水平，也与后者不可同日而语。如前面引述《社会主义史》译本第七章开宗明义评价马克思的那段话，在《泰西民法志》译本第七篇中被译为：“民法志中之俊爽豪迈、声施烂然者，莫马格司若也。有志同道合之恩吉尔，共倡定律与革命二义，势力最伟，学说亦锋厉无前。凡国人之以文明称者，莫不奉为矩矱。”①这种文言式翻译，还表现在对马克思经济学说中有关劳动价值理论、剩余价值理论、资本理论和资本主义必然灭亡理论等等译文的表述上。孤立地看，这简直像在阅读中国古代经济文献。总之，《泰西民法志》译本虽然与《社会主义史》译本有着共同的原著渊源关系，但《社会主义史》译本并不能证明《泰西民法志》译本同样贴切地表达了马克思学说，更不能证明《泰西民法志》译本出版于1898年。因此，本节题目特地将“1898年出版”的说法用引号标明，以示这个说法不能成立。

第三节　说法之三：1899年发表的《大同学》中译本

关于马克思主义何时传入中国的问题，目前国内学术界比较公认的说法，认为1899年李提摩太翻译、蔡尔康笔述的《大同学》，最先提到马克思及其学说。《大同学》译本的原著，是英国学者本杰明·基德(Benjamin Kidd，1858—1916)1894年出版的《社会进化》一书(Social Evolution)。此译本先节译原书前四章，1899年2—5月连载于《万国公报》第121—124册，随后将原书十章全部译出，同年由上海广学会校刊出版。根据这一资料，国外一些学者持有与国内学者同样的说法。如伯纳尔说：“直到1899年，《万国公报》才提到马克思，或许还有别的社会主义者的名字。”②

一、《大同学》译本关于马克思及其学说的介绍

从《大同学》译本看，主要在第一、第三、第八章里，涉及马克思及其学说。兹将这三章的有关介绍内容，分别论述如下③。

---

① 甘格士著，胡贻谷译：《泰西民法志》上卷，上海广学会藏版，1912年，第87页。

② [美]伯纳尔著，丘权政、符致兴译：《一九〇七年以前中国的社会主义思潮》，福建人民出版社1985年版，第25页。

③ 以下引文除另注外，均见李提摩太译、蔡尔康撰文《大同学》，载《万国公报》第121－124册(1892年2—5月)，以及上海广学会1899年版。

(一)"百工领袖"马克思

《大同学》第一章"今日景象",载于1899年2月,其大意是:西方世界近年来,名家显者纷纷讲求格致诸学即各科自然科学,或生长变化之新学即进化论,惟对"大同之学"或"安民善学",鲜有涉论,偶有道及,也是杂乱无章,与格致、进化等学问有很大差异。其结果,一方面科学技术如大机器、交通工具、电讯等事业迅猛发展,另一方面"民生虽便,民力已殚",不能糊口者"屡见于民之中",贫民竞相要求"更定安民之善法"。当时的境况,有人描述:今世金银气重,压损愁眉之贫民,"有财者富驾侯王,罔知厌足;无财者贫如乞丐,莫可告哀"。有财者经营致富,"巧虽恃乎机器,力终出于工人",靠的是乡间务农之人不断转为城市佣工之子,百工仅养其一口。工人乃"生利者",豪富之家"安坐而享其成",乃"分利之人","分利之人日益富,生利之人日益贫","事之不平,孰甚于此"。不仅如此,豪家将各种利益"一网打尽",若一家独力不能胜任,则成立"纠股公司","合什佰千万之众,尽力以霸占之"。此举使工人"茕茕孑立,生命悬于呼吸,坐视天下之美利,云驱风卷,以尽入于富室之贪囊",工人称之为"股盗"。天下之人分成两等,受苦之人"惨无天日",这种现象应引起"有志安民者"重视。否则,物极必反,况且现实已有企图泄其忿者,合众小工而成一大力,往往停工多日,挟制富室,富室一筹莫展。此类举动似乎"较之用兵鸣炮,尤为猛厉"。接着,译本中引出如下一段有关马克思的议论:

> "其以百工领袖著名者,英人马克思也。马克思之言曰:纠股办事之人,其权笼罩五洲,突过于君相之范围一国。吾侪若不早为之所,任其蔓延日广,诚恐遍地球之财币,必将尽入其手。然万一到此时势,当即系富家权尽之时。何也?穷黎既至其时,实已计无复之,不得不出其自有之权,用以安民而救世。所最苦者,当此内实偏重,外仍如中立之世,迄无讲安民新学者,以遍拯此垂尽之贫佣耳。"

这段话有两个问题。一是称马克思为英国人,属于常识性错误,因为马克思本系德国人。二是关于"纠股办事之人"即股份制资本家的一段看法,是否出自马克思原话。按理说,只需查一下英文原著,即可明了此问题。但以中译文而论,就不那么容易了。有人说,上面转录的原译文里,"马克思之言"所说的第一句话,是"援引"《共产党宣言》第一章的一句话,今译为"资产阶级,由于开拓了世界市场,使一切国家的生产和消费都成为世界性的了①"。但对照原译与今译,二者差异太大。若说二者同出一文,那不是原译偏误过甚,便是后人凭空推测。照此说法,原译文中"吾侪"以后的内容,不属于"马克思之言"范

① 杨金海、胡永钦:《〈共产党宣言〉在中国一百年》,《光明日报》1998年9月13日第3版。

围，应是作者的引申之论。“吾侪”究为何指，成为问题：若指作者基德，有待证据；若指马克思，在援引《共产党宣言》中上面那句话之后，找不到类似“吾侪”之说的引文。也有人说，上面的原译文，是经过译者“窜改”的一节摘要①。窜改在哪里，又语焉不详。按原译文表述的大意，引用著名百工领袖马克思的语录，意在说明，股份制资本家的权势笼罩世界五大洲，已超出一国君主节制其臣相的范围；对此，我们如果不早做应对，任其日益蔓延，恐怕全球的财富，必将尽入其手；然而，一旦发展到这个地步，又正是富家丧失权势之时，因为穷人无计可施时，不得不起来维护自身权利，用以“安民而救世”；最苦恼的是，当今世界，内里畸轻畸重，实际上不公平，外表仍不偏不倚，保持中立，迄今为止，没人讲“安民新学”，共同拯救垂危的贫苦佣工。由此看来，译文中的“吾侪”，似乎主张及早制止富家搜刮全球财富的权势之蔓延，又赞成贫民走投无路时运用“自有之权”安民救世，还苦恼无人讲安民新学以揭露虚伪的中立和拯救苦难的佣工。这些意见，包含着告诫、同情和无奈，充其量是社会改良主义的观点。以此当作马克思的原话，要么窜改，要么荒唐。以此当作基德的意思，倒与他的社会进化宗旨，有些相像。

第一章花费不少笔墨将教会讲道人士与格致家对比，认为格致家的学问无助于教会已起的作用，对于探究治民诸学，“罕有良法以助之”。奇怪的是，译文中用来证明格致之学无补于治民之事的例子，是“师米德”（今译斯密）与“米勒”（今译穆勒）的经济学著作即所谓《富国新策》。据说这一类著作苦心孤诣，推究入微，大多讲“积财之法”，并未研究“安民之学”，不能使抱道忧时者心悦诚服；惟“马尔沙”（今译马尔萨斯）的经济学著作，以道德为宗，以史事为证，以历代之治法为准，值得言治者借鉴。总之，此章的主旨说明，格致之学不同于安民良法，格致之学盛行一二百年，将安民之学置于脑后，结果人民穷而无告，更不必论天下大同之治，故呼吁今后研求格致学者，应由自然界推诸安民学，以造福苍生。

由上可见，此章在指责格致之学不能解决安民问题的论证过程中，附带提到马克思。译文中关于马克思言论的表述，以及对其他一些问题的说明，其错误和“窜改”之处，显而易见。然而，称马克思为著名的“百工领袖”，向国人揭示了马克思在国际工人运动中的领导地位；文中从经济角度解释马克思的观点，尽管其内容有很大偏差，但在马克思经济学说传入中国的历史潮流中，得风气之先。

（二）“主于资本”的马克思

《大同学》第三章“相争相进之理”，载于1899年4月，主要把生物进化中

---

① ［美］伯纳尔著，丘权政、符致兴译：《一九〇七年以前中国的社会主义思潮》，福建人民出版社1985年版，第25页。

的优胜劣汰道理,推衍到人类社会,认为人类可贵之处在于"相争相进之心",否则,无异于"无何有之乡"。由于今世之争甚于古代,为此又带来贫富差距扩大的社会问题。说到这里,接下来译文中的一段话,再次提到马克思:

"试稽近代学派,有讲求安民新学之一家。如德国之马客偲,主于资本者也;美国之爵而治,主于救贫者也;美洲又有柏辣弥,主于均富也;英国之法便,尤以能文著;皆言,人隶律法之下,虽皆平等,人得操举官之权,亦皆平等,独至贫富之相去,竟若天渊。语语翔实,讲求政学家,至今终无以难之。"

这段话的意思,将德国的马克思,与美国宣扬土地国有、以《进步与贫困》一书著称的"爵而治"(今译亨利·乔治),美国著有《百年一觉》一书的空想社会主义者"柏辣弥"(今译贝拉米),以及英国奉行社会改良主义的"法便"(今译费边),拉扯在一起,统统归入主张"安民新学"一派,认为他们以翔实而无可辩驳的证据指出,当今社会,在法律平等和选举平等的名义下,实际上存在犹如天壤之别的贫富差距。对此,译文表示,如今"最可痛者",即"救贫"的"安民之理",一直无人入微体会,同时不赞成安贫无争。文中以英国人穆勒讲求富国新策为例,批驳其"安民之学,宜使无争"的观点,"殊不思人尽安贫,世事即江河日下";还援引达尔文所谓贫民若不自争,"其力不能夺他人之利,而其利反为人所夺"的警句,作为告诫。以此证明,生物进化的彼此相争概念,推诸人事,同样屡试不爽,结论是"人若不争,即一代不如一代"。

第三章论述的要点,不在于马克思的观点,也不在于将马克思之说归入近代"安民新学"一派,此其一。其二,以"主于资本"作为马克思学说的特色,却未说明何谓"主于资本"。其三,以马克思隶属德国,算是纠正了第一章称其为英人的错误,但又将其名译为"马客偲",同一部译作对于同一个人的籍贯和名称出现如此不一致的译法,可见译者对于马克思其人其说之生疏,以及译文质量之粗劣。不论如何,此译文关于马克思乃"主于资本者"一说,在马克思经济学传入中国的初期,率先向国人介绍了马克思重视资本问题的研究,从而以模糊的形式,接近于马克思的经济学代表作《资本论》。

(三)"养民学者"马克思与恩格斯

《大同学》第八章"今世养民策",认为"养民"是世界各国谈论的"第一大题目"。过去150年间,只有英国"善讲养民",对于民间各种事务,"官不敢加以阻挠"或"官不与闻",形成官商士庶农工"各自有其平等之权"。英人讲"富国策",大多主张官吏保护其民不受他人之害,不能"以官法之如炉,妄有所锻炼",此即经济学上所谓自由放任学说。时至今日,国家"任人不论贫富,自立章程",但"巨富之家"设立工厂,雇工时因应招人日多而工价日减,工人"每日所得之佣值,甚至不敷衣食,亦无奈甘心俯就"。结果,一国权势不在官吏,转到“醵金设立公司之富室”手中。更有甚者，富室囤积金银、粮食，或包揽煤油之类日用商品，“独操龙断之求”，并将“独行生意”由一城一镇推广一国乃至全洲全球：“价值任情操纵，忽贵忽贱，惟利是视，万民乃莫不受害”。物价日贵，工价日贱，民众为求一线生路，“立工匠会以勒加工价”，不料富室先行下令闭门停工，“若辈无所得食，其苦更不堪言喻”。民众因富室“任其私意，威福由己”，呼吁国家订立工厂章程，诸如不许使用童工，实行八小时工作日，制定最低工资限额，“皆所以惠于困穷”；国家立法让多数贫民识字，“使贫者可不终于贫”；国家更定新律，“预杜富室苛待贫民之弊”等等。惜乎此类呼吁，在当权官员中，“至今仍无有甚著名望者，能为之振臂一呼，广设养民之法”。可见，过去“任人各自尽其心力，官不加以阻止”的富国旧法，富室当权，贫民深受其害，已不可行，别求善法，一时又无定论。行文至此，第八章对马克思、恩格斯的“养民”观点，作了以下一番议论：

> “德国讲求养民学者，有名人焉。一曰马克思，一曰恩格思。又有美国人伯拉米者，即著《百年一觉》奇书者也。若辈立言大旨，非欲助世人更得新法，高于历代之法也，亦非借民力以教民新法也，惟欲除贫富相争之法。此法果除，觉百姓自无苦难，自然福祉日臻，坚强独立。人之闻其言者，大半觉相争之法，实为民祸之原。”

这里把马克思、恩格斯的学说与贝拉米的《百年一觉》空想混在一起，简单说成“欲除贫富相争之法”，已是曲之为解。接着，此章又以这种失真的观点作为靶子，大加挞伐。其一，养民学家重在“均财”，“人人皆可度日”，但全球15亿人口，自然增长率百分之一，今年若用此法养民，明年新增一千五百万人的衣食又何来，要么引起争端，要么重新设法以养之，结果“所称太平之法者，恐反致年年不得太平”。其二，设使人口自然增长率为零，历代人数正好相等，“既相等，即无比赛，既无比赛，即不必思新法以求进境”，由此国人不振，国势不能免于堕落。况且各国事实上依循“争进之理”，“相赛而相先”，“断无不思比赛之人”，养民学家之论，“空言无补”。其三，养民学家非为后世之人打算，“大半专为当境之艰难，以求解免”。此章承认，“当今第一要事，即在民间之佣值”，受雇贫民所应得者，得半而止，另一半尽归富室积成巨资；贫民遭受富室剥削，所得之值，不敷糊口，富室又以“不为我作工，岂能空予以钱”为由，拒绝帮助贫民，于是“贫富相仇，几成不解”。但在它看来，“此为近代各国第一艰处之事，迄尚未有善法以处之”，意即拒绝接受包括马克思和恩格斯在内的前述养民学家的主张。

此章对于马克思经济学说的概括和解释，一塌糊涂。然而谈到受雇贫民可以利用大公司的经营规模、工艺组织和森严纪律对于他们的训练，“以反制

乎富人,使之不得不按公道以分财”时,曾引用恩格斯的言论为证,却具有一定的真实性。这段译文是:

“恩格思有言,贫民联合以制富人,是人之能自别禽兽,而不任人簸弄也。且从今以后,使富家不得不以人类待之也。民之贫者,富家不得再制其死命也。此言也,讲目下之情形,实属不刊之名论。”

以上译文,尚难查到恩格斯的原文依据,但多少表达了工人阶级凭借其组织性和纪律性,联合起来同资本家阶级斗争的意思。译文称此为“不刊之名论”,可是并未沿着这一思路叙述下去,仅把它归入自古以来就有的“贫富相争之事”;并且认为讲求拯济贫民之法,不能只看到贫富之相争,忘却历代之道德。所谓“道德”,不外从宗教教义中引经据典,说什么“人不论贫富,皆上帝之子女,上帝不观其贫富,而观其善恶”,以此断定人心“必救苦难”之类。除此之外,译文还对今世如何“养民”,谈了两点意见。一则“养民之法,今善于昔”。如英法两国,据统计,数十年来工价岁有所增,物价岁有所减,贫民的衣食居住状况,“绝胜于百年而上”。究其原因,英国“非取富室之财以予贫民”,不是实行“均财之法”,而是实行累进遗产税法,据说国家岁有此款,“不必多取诸贫民,则财不均而自均”;法国发行国债券,将富家财产集资于国家,也带来“先贫窭而后饶裕”的效果。所以说,泰西“济贫之法”虽未完备,比较过去已“渐入佳境”。二则“似此善法,皆因比赛而生”。意思是说,今人胜于古人的“善法”在于竞争。既要避免“贫富之差,几如天壤”,又不能平均贫富,“宜使有财者之处境,仍略胜于平人”。否则,不是“人皆习于懒惰,自堕于贫苦窟中”,就是“人将自以为知足,尽舍新法而不求”。怎样处理好这个问题,译文除了要求“必先使民有平等之机会”,似乎陷入两难之中:既主张国家多掌握各项工程和设立新章程,“以免贫民之受害”,又不赞成国家自立工厂,以防影响民间自由竞争,“仍害于民”;既期望富室多设工厂,实行竞争以保持“斯民获益之源”,又担心富室设厂“专求己利,非为人谋”。最后,绕了一圈,仍回到原来的道德说教,通过各地礼拜堂宣讲天道,“以训众人,使人皆知舍己以救人”。归根结底,此章把今世养民的方策,寄托在宗教说教之上。

这一章与前两章相比,从表面看,介绍马克思是著名“百工领袖”、其学说“主于资本”,褒扬“名人”马克思和恩格斯的“养民”学说“无可驳辩”甚至是“不刊之名论”,其实,文中对马、恩学说的归类,已存偏见,尤其对其经济观点的概括,如“欲除贫富相争之法”、“均财”、“专为当境之艰难以求解免”等等,更是臆造,意在当作批驳的对象。这一点,同19世纪80年代前期传入中国的早期著述介绍欧美社会主义学说,大多持批评态度,颇相类似。换句话说,马克思经济学说传入中国之初,只作为一种流派被介绍,对它的歪曲和批判也与时俱来。所以,我国当代学者谈到《社会进化》的中译本《大同学》最早介绍马克思及其学说时,往往嗤之以鼻。例如,称李提摩太1899年翻译的《社会进化》,"提到马克思、恩格斯和马克思主义绝不会为了向中国人民传播解放的真理"①;《大同学》的出版,"旨在宣传改良、防止革命",其主要内容"根本不是介绍马克思主义学说的,提到之处,极为简略,又对科学社会主义的本质作了完全的歪曲",用"安民新学"称呼社会主义,因此,"马克思、恩格斯的名字在中国的第一次出现没有引起应有的重视"②;等等。看来,"向中国人民传播解放的真理","引起应有的重视"一类说法,是后来研究者对于马克思学说首次传入中国所产生效果的良好愿望。马克思学说最初传入中国的状态和特征,决定于特定的历史条件,不以任何个人意志为转移。我们的任务,首先是确定这种状态和特征,然后再作进一步考察。

二、几点结论

将《大同学》以上三章内容合为一种说法,与前面两种说法比较,可以得出一些结论。

第一,李大钊关于19世纪60—70年代间第一国际曾有中国人支部,以及其他人关于19世纪70年代后期严复在英国留学期间已知道马克思及其《资本论》等说法,带有较多推测成分,尚无真凭实据可资证明。若以执之有据的上述三种说法而论,不管是1896—1897年蒙难伦敦时期的孙中山,还是1898年出版的《泰西民法志》,或是1899年发表的《大同学》,都把中国人了解马克思学说或将这一学说介绍给国人的最初时间,集中在19世纪90年代后期,惟在具体年份上稍有先后。传入的马克思学说,一开始就以其经济学说为主。因此,以19世纪90年代后期作为马克思经济学说传入中国的起始时期,就目前所掌握的材料看,应是恰当的。

第二,在上述三种说法中,第一种说法主要根据回忆,考察中国革命先行者孙中山在海外最初接触马克思经济学说的时间,而现存文字资料记载他在国内介绍和宣传这一学说,已是20世纪初的事。第二种说法单凭一些旁证材料,将自己未看到的《泰西民法志》,断定为1898年出版,并以书中大量涉及有关马克思经济学说的内容,而给予"首功"、"第一部"之类的加冕,未料《泰西民法志》实际出版于1912年。相比之下,只有第三种说法以现存中译本《大同学》为证,由此可以确认它是中国介绍马克思及其经济学说之肇端,又可以通过其译笔水平,典型地体现那一时期刚传入中国的马克思经济学说是以何种

---

① 林茂生:《马克思主义在中国的传播》,书目文献出版社1984年版,第7页。
② 王劲:《二十世纪初中国的社会主义思潮》,《兰州大学学报(社会科学版)》1983年第1期。

面貌出现的。

第三,孙中山早期在国外即使对马克思经济学说有所了解,当时只与他个人的思想发展进程有关,至多是将这种了解与他周围一些人作过某种交流,没有对19世纪末的国内思想界产生什么影响。《泰西民法志》绝非伯纳尔所说的1898年夏《万国公报》编者出版的系统讲解社会主义学说的著作,伯纳尔提到的著作若确有其事,凭借出版媒介的传播作用,理应在国内产生一定反响,然而事实上,这部著作在当时没有留下曾引起国人关注的文字记录,连其本身似乎也销声匿迹,因此,即便此作可能出现过,并可能有介绍马克思及其经济学说的内容,亦无从查寻。与上述二者不同,《大同学》节译本最初发表于当时国内刊物中堪称发行量最大的《万国公报》[①],随即又由主持该报的广学会出版《大同学》全译本,书中有关马克思及其经济学说的记载,可能获得颇为广泛的流传。从这个意义上说,马克思经济学说传入中国的开端,可归结为:一是以19世纪90年代末为起点,二是以《大同学》译本为最有影响的代表作。

① 据统计,《万国公报》1889年复刊时,作为广学会的机关报,印数为1 000份,以后不断增加,如1894年4 000份,1897年为5 000份,至1898年多达38 400份,居当时各种刊物之首,曾在不少官员和士人中广泛传阅。

第三章 20世纪初传入中国的马克思经济学说(上)

19世纪末,中国开始出现记载马克思名字及其经济学说的著述,到20世纪初,有关马克思经济学说的中文介绍文字,逐渐增多。这些介绍文字除个别者外,往往夹杂在各种论题的叙述之中,不那么突出和醒目,除了1900年似乎是空白之外,1901－1904年数年间,传入国内涉及马克思经济学说的各种文字资料,呈现明显的上升趋势。至少可以说,进入20世纪之初,中国思想界对于马克思经济学说的形形色色介绍,不再是凤毛麟角的个别现象。这一时期的介绍,大体说来,通过两条途径:一条途径由国人间接转述国外的介绍或掺入己意予以解释,另一条途径由国人直接翻译国外有关著作。下面先对国人中几位早期代表人物的有关著述,作一分析。

第一节 梁启超关于"社会主义之泰斗"马克思的介绍

梁启超(1873－1929)是19、20世纪之交中国思想界的风云人物,在介绍马克思经济学说方面,也领风气之先。这方面的介绍,在1904年以前,主要见于戊戌政变后他逃亡日本期间,创办《新民丛报》自撰的几篇文章,以及旅美游记。

一、《进化论革命者颉德之学说》

这是梁启超用"中国之新民"笔名,1902年10月在《新民丛报》第18号上发表的一篇文章。或许,前面的《大同学》译本对于基德《社会进化》一书的推介,给梁启超留下颇深的印象。他撰写此文,对英国人颉德(今译基德)1894年出版《人群进化论》(今译《社会进化》)以后,新近于1902年4月即半年前出版的《泰西文明原理》(今译《西方文明原理》)一书,大加推崇,称之为达尔文进化理论以来的"传钵巨子"和"革命健儿"。文中有两处提到马克思的观点。一处评论英国学者斯宾塞将生物界的进化原理应用于人类社会的综合哲学系统,认为斯氏未指明人类将来进化的途径和归宿。对此质疑的依据之一,便引用马克思的论点。它把马克思译作“麦喀士”,引出马克思嘲讽斯宾塞的一段话:

“故麦喀士(日耳曼人,社会主义之泰斗也)嘲之曰:‘今世学者以科学破宗教,谓人类乃由下等动物变化而来。然其变化之律,以人类为极点乎?抑人类之上,更有他日进化之一阶级乎?彼等无以应也。’”

不论这段引文是否正确,它主要涉及社会进化论观点,与经济思想的讨论没有多大关系。其中关于马克思的注释,标明为日耳曼人,特别突出他的“社会主义之泰斗”的身份和地位,比起前述《大同学》把马克思称作“百工领袖”,更为确切。此文并非宣扬马克思观点,而是与赫胥黎抨击斯宾塞之徒“既倡个人主义,又倡社会主义(即人群主义)”为自相矛盾的观点联系在一起,认为二者均系“过激之言”;称“麦喀士、赫胥黎虽能难人,而不能解难于人”,意即二人只能提出问题,不能解决问题,惟有基德的著作才是百尺竿头更进一步,以解决疑难问题为其宗旨。文中介绍基德的观点,不外在达尔文所谓优胜劣汰、适者生存的“不易之公例”基础上,主张人类社会的进化运动,不能不牺牲个人以利社会、牺牲现在以利将来,人类进步必须“以节性为第一义”,就像宗教之“可贵”在于宣扬牺牲个人现在利益以谋求社会全体未来利益一样。对此,梁启超加了一段按语,认为基德成为“进化论革命巨子”,在于其论“使人知有生必有死,实为进化不可缺之一要具,为人人必当尽之一义务”,此论若与各宗教学说并行,则庶人将不为生死一类问题所困扰,而世运可以日进。这是用生死超脱的宗教式说教否定马克思学说的理论地位,可见,当时国人对于马克思学说的说明和理解,何等幼稚和肤浅。

另一处涉及马克思观点的议论,仍由基德的社会进化理论引申出来,比起前面讨论人类进化问题,带有较多的经济学色彩。它以基德的进化论为标准衡量其他各家学说,大意是说,社会进化的关键在于未来,其过去和现在乃向未来过渡的“方便法门”,今世政治、社会学家“皆重视现在,而于未来少所措意”,是最大的不幸。其中提到谋求最大多数之最大幸福的近世平民主义新思想,“亦不过以现在人类之大多数为标准而已,其未来之大利益,若与现在之多数利益不能相容,则弃彼取此,非所顾也”。从一百多年前法国大革命产生的思想,到近世德国社会民主党称述的学说,其最精要之论,“不过以国家为谋公众利益之一机关而已”。例如,孕育法国革命的思想家皆强调现时个人利益,未尝考虑未来的存在。又如,英国平民主义“首倡之者”亚当·斯密的《原富》,发挥民业精神,建设恒产制度,破坏过去习惯,谋求现在利益,对于未来,亦付阙如;此后,边沁、穆勒、马尔萨斯、李嘉图等继起者,“皆以现在幸福为本位,以鼓吹平民主义者”。最后谈到德国，那里有唯物论者、国家主义者、保守党者、社会党者等，“悉皆以现在主义为基础”。接着，基德说到马克思社会主义：

> “今之德国，有最占势力之二大思想，一曰麦喀士之社会主义，二曰尼志埃之个人主义……。麦喀士谓今日社会之弊，在多数之弱者为少数之强者所压伏；尼志埃谓今日社会之弊，在少数之优者为多数之劣者所钳制。二者虽皆持之有故，言之成理，要之，其目的皆在现在，而未尝有所谓未来者存也。”

在这里，无论马克思的社会主义，还是尼志埃（今译尼采）的个人主义，一样被放在批判对象的位置上。连同上述对法、英两国平民主义思想的驳难，按照基德的说法，19 世纪是平民主义时代，即“现在主义之时代”，这种牺牲未来的平民主义思想，包括马克思的社会主义在内，幼稚、谬误，没有丝毫意味与价值；只有以现在供未来之用，现在才有意义和价值。这被说成是基德著书的用心之所在。

根据西方学者介绍，《社会进化》是本杰明·基德的第一部著作，带给他资金收益和国际声望。这部哲学著作曾引起争议，它认为“宗教是人性的中心”，不相信理性。批评者认为，此书类型“更适合煽情的报刊，不适合说明哲学观点”。书中包括“对社会主义的猛烈攻击”。他的《西方文明原理》一书，“话题与他的第一本书相似，但不是一样受欢迎”，因为表述“冗长、罗嗦和晦涩”。[①] 另有人分析说，基德“既受马克思和斯宾塞（特别是斯宾塞）二人的激励，又批评二人”。他反对特权，赞赏“压制自私本性以利于社会和未来的能力”，但“把利他主义归结为宗教的本性”；奇怪的是，他“用最强的种族基于器官遗传的自然选择来解释宗教的进化”，却“从未提到基于社会遗传的选择”；他“把外部竞争看作对种族的持续进化是必须的”，因此“否定社会主义”，“相信那将导致退化”。[②] 从这些介绍和分析中，不难想象当初李提摩太翻译引进基德的《社会进化》，系出于其同胞的这一著作当时在英国甚至在世界的流行，而梁启超急着推介基德的另一部并不那么成功的新作，看来亦为基德第一部著作的成功名声所惑。梁氏对《西方文明原理》一书的介绍，多少表达了此作与《社会进化》一书在论题上的类似之处，如推崇宗教、否定社会主义、批评马克思学说等。这些类似点，恐怕也构成了梁氏称基德学说为进化论“革命者”的理由。

梁启超的介绍性文章，是一篇未完稿，带有明显的译文痕迹，很可能是他旅居日本期间，参照日文译本而撰成。文中两处提到马克思的观点，有人据此判断梁启超是“一个比较了解欧美思潮的知识分子”，是“最早在文章中提到马

---

① 参看 http://www.clarelibrary.ie/eolas/coclare/people/benjamin.kidd.htm。

② 参看 Agner Fog, *Cultural selection*, chapter 2, The history of cultural selection theory, Dordrecht: Kluwer, 1999。

克思的社会主义的人"[①]。实际上,除了马克思为"社会主义之泰斗"的注释或许由梁氏本人添加之外,其他的内容,包括对马克思观点的评介和批驳,都不是梁启超自己的观点,只是转述别人的意见。从梁启超的按语看,他把基德之说视作"颠扑不破"的科学道理,自会赞成基德之说并倾向于同意运用基德之说贬抑或反对马克思的观点。这包括把马克思的社会主义与斯密、边沁、穆勒、马尔萨斯、李嘉图等人,甚至与国家主义或保守党的思想混为一谈,均归入所谓平民主义范畴,也包括对马克思揭示少数强者压制多数弱者的社会弊端,不以为然。梁启超的这种思想倾向,很大程度上是对西方学说的一知半解或囫囵吞枣式吸收,不必说他在接触马克思经济学说的初期,就有意识地对这一学说采取敌对态度。这一点,从他下面的有关论著中,也可以得到证明。

二、《新大陆游记》

这是梁启超1903年1—9月在北美旅行期间的游记,"返日本后,以两旬之力重理之",1904年新民丛报社在日本横滨以增刊形式初版发行,国内由上海广智书局经售。这部游记经过重新整理,和原稿有所不同,其中关于西方社会主义和马克思学说的随笔所记,保留原来的大致面貌,比起前面的译述内容,更真实地体现了那一时期梁启超对待马克思社会主义的矛盾心理。

游记共40节[②],第14、15两节较为集中地记述了梁氏对美国社会主义运动的所见所闻。此前第11节谈到外来移民对美国政治的影响时,提及"外来者多持偏激之社会主义,故社会党投票,为政治上一势力"。所谓"偏激"的社会主义,从后面的记载看,指的大概就是马克思的科学社会主义。这里主要从选举政治的影响立论,尚未涉及经济问题。从第14节起,他谈论访问纽约的观感,从经济角度着眼,开宗明义,提出"天下最繁盛者宜莫如纽约,天下最黑暗者殆亦莫如纽约"的命题。其主要依据,从纽约贫民窟的恶劣居住条件,看到"贫民生活之艰难"。根据"社会主义家"统计,全美8 000万人口中,占总人口1/400的20万富人阶级,拥有全国总财产7/10份额,剩下3/10份额,需在其他7 980万贫民中分配,"财产分配之不均,至于此极"。为此,他发表感慨:"吾观于纽约之贫民窟,而深叹社会主义之万不可以已也!"以"黑暗之纽约"为代表的资本主义社会贫富悬隔之现实,当时在他的头脑里,留下了社会主义在西方不可能停止传播的深刻印象。他认为,救济贫民不足以救弊,因为慈善事业容易使人懒惰,产生依赖心理和丧失廉耻之心,"此所以此等事业虽日兴,而贫民窟之现状亦日益加甚"。为此,他又提出,"知社会之一大革命,其终不

① 高放等人:《辛亥革命前革命党人对马克思主义的介绍和探索》,《东岳论丛》1980年第2期。
② 参看梁启超著,何守真校点:《新大陆游记》,湖南人民出版社1981年版。

免"，断言在西方国家，一场社会大革命最终不可避免。此外，纽约的工厂使用机器生产，分工精细，工人长期束缚于某一生产岗位，"数十年立定于尺许之地而寸步不移"，无异"以人为机器之奴隶者"；以及表面尊重女权，实际从事卖淫业者遍地皆是等现象，也被他用作说明纽约黑暗的补充内容。

第15节，记述4月29日"纽约社会主义丛报"总撰述哈利逊来访情况。由此联想在北美期间，当地社会党员来谒者凡四次，"其来意皆甚殷殷，大率相劝以中国若行改革，必须从社会主义著手云云"。梁启超作为蜚声中外的著名维新派代表人物，变法失败后为免遭专制政权的镇压，逃亡海外，其间受到外国社会党人的重视甚至引为同道，劝告在中国实行社会主义改革。对此，他均以"进步有等级，不能一蹴而几"为由谢绝。尤其对与其渐进小改革，不如径取大改革一类的劝告之辞，以为"其太不达于中国之内情"，不能与之深辩。在他看来，"大抵极端之社会主义，微特今日之中国不可行，即欧美亦不可行，行之其流弊将不可胜言"。何谓"极端"社会主义，其"流弊"又何在，像前面提到"偏激"社会主义一样，他没有作具体说明。他对"思想日趋于健全"的"国家社会主义"的看法，可以透露那时他心目中所倾向的社会主义方案。他认为，国家社会主义，"中国可采用者甚多，且行之亦有较欧美更易者"。中国实行国家社会主义比欧美国家更容易的原因，据说是此主义"以极专制之组织，行极平等之精神"，与中国的历史，"颇有奇异之契合"。二者性质类似，具体言之，虽然土地尽归于国家之说"万不可行"，但各种大事业如铁路、矿务、各种制造业之类，其大部分归国有，"若中国有人，则办此真较易于欧美"。只是"今日"谈这件事，还不是时候。面对"社会主义为今日全世界一最大问题"，他的反应只是将来"研究之"。在发表一番对社会主义的看法后，他提到马克思学说，其中对信奉这一学说的北美社会主义者的热诚精神，表示"令人起敬"，又把这种信奉行为，看作类似于宗教迷信。他说：

> "吾所见社会主义党员，其热诚苦心，真有令人起敬者。墨子所谓强聒不舍，庶乎近之矣。其于麦克士（德国人，社会主义之泰斗）之著书，崇拜之，信奉之，如耶稣教人之崇信新旧约然。其汲汲谋所以播殖其主义，亦与彼传教者相类。盖社会主义者，一种之迷信也。天下惟迷信力为最强，社会主义之蔓延于全世界也，亦宜。"

既然以不适合中国国情为由，无意听取西方社会党人苦心劝告中国实行社会主义改革，将其比作墨子之强聒不舍，既然有先入之见，视马克思学说为"偏激"或"极端"社会主义，排斥进一步的了解和研究，那么，他对西方社会以马克思主义为代表的社会主义运动的观察，只会留下一些似是而非的表面印象，如将信奉马克思主义与宗教迷信混为一谈。因此，尽管他认为各国社会党在全球政治界的迅速发展，乃为意料中之事，由此推断"近来国际社会党最发达,此亦人类统一之一征兆”,甚至以当地华人中有美国社会主义党员为例,回复哈利逊有关中国尚无一人入党的说法,但是,他仍坚持中国人现在的程度,不足以谈社会主义,托辞“期以异日”,回绝哈氏希望与中国维新会(即保皇会,英文名为 Chinese Empire Reform Association)联络,在中国拓殖社会主义,选择内地或海外华文报纸为其机关报等要求。

可见,梁启超目睹西方资本主义社会的黑暗面时,不禁为贫富悬绝的刿心怵目所震撼,深叹社会主义永远不会消失;但有人要求中国推行社会主义改革时,哪怕只是宣传社会主义思想,他又以中国的国情不同或发展程度不够来推托。他谈论“极专制”、“极平等”的国家社会主义,表示可采用者甚多且行之较易,认为中国除土地国有不可行,像铁路、矿务、制造之类的大企业,若维新者当权,其大部分均较易于收归国有;但一接触马克思的社会主义学说,他又借口这一学说“偏激”或“极端”而弃之不顾。这种前后不一致的态度,体现了资产阶级维新派的代表人物看到自己憧憬的资本主义存在令人“感概不能自禁”的弊端后所产生的矛盾心理。

尽管如此,梁启超毕竟是直接接触西方社会主义者,听取他们讲述马克思学说,接受他们赠送有关社会主义的纲领和刊物,并将这些情况特别是马克思其人其说介绍给中国读者的较早一人。他谈论社会主义的泰斗马克思时,对社会主义的理解,较多从经济角度入手。如根据西方社会存在贫民窟、财产分配悬殊、工人为机器奴隶等黑暗现象,认为社会主义在西方的传播不可避免;以国家社会主义为题,把实行社会主义的基本内容,事实上归纳为土地和大企业收归国有等。这种理解,对于国人最初认识马克思的经济学说,是有帮助的。

第 15 节里,他还记录了 4 月 29 日当天下午往访“托辣斯大王”或称“现今生计界之拿破仑者”摩尔根的感触。据说摩尔根支配美国总资本的一半,掌握铁路、钢铁、轮船等 360 余家托拉斯公司,被看作“天然淘汰,优胜劣败”的实业时代,经济界极少数成功者中的“人杰”。令世人瞩目的新兴托拉斯现象,与社会主义学说尤其马克思经济学说在西方的传播之间,存在什么联系,对此,他在游记中没有说明。但是,托拉斯现象给他留下极深印象。在第 9 节,他曾用一节篇幅,专门考察托拉斯这一出现于“前世纪与今世纪之交”的“怪物”:其势力骎骎乎及于全世界,成为“二十世纪全世界唯一之主权”;其趋势由个人主义变为统一主义,由自由主义变为专制主义;其异常现象乃“现今世界资本总额之小半数,全归于此最少数之托辣斯诸人之手中”;其起因为防止自由竞争、生产过度之病,流弊也不少,有十二利,亦有十弊,总的说来,“天演理势,相迫使然”,它作为“二十世纪之骄儿”,非人力所能摧阻;如此等等。这些叙述提醒国人注意,随着美国国内托拉斯演进为国际托拉斯,“受害最剧者,必在我中国”,

我国对此须早作对策。这也为日后梁启超联系托拉斯现象，讨论西方社会主义包括马克思经济学说，埋下了伏笔。

三、《二十世纪之巨灵托辣斯》

梁启超由美国返回日本不久，写下这篇近 2 万字的长文。仍用“中国之新民”笔名，连载于 1903 年 11 月 2 日至 12 月 2 日《新民丛报》第 40－43 号。文章的发端语，言明所谓托拉斯，是访问美国期间所认识的“生计界新飞跃之一魔王”。此文在访美游记有关托拉斯观感的基础上，加工和充实而成。为了突出托拉斯的非同寻常，他进一步发挥说：“不及百年，全世界之政治界，将仅余数大国。不及五十年，全世界之生计界，将仅余数十大公司”。同时，他认为，文明社会区别于野蛮社会的重要标志是，一切政治机关悉为保障生产的附庸物，“观二十世纪以后世界之大势者，则亦于其生产机关焉可耳”，预测经济发展为 20 世纪世界发展的主要趋势。所以，他谈托拉斯，认定这是世界经济发展中最重要的经济现象。他讨论托拉斯问题，有几处提到它与社会主义包括与马克思经济理论之间的关系，颇耐人寻味。

先是分析“托辣斯发生之原因”，根据物竞天择、适者生存的进化论原理，认为世界经济领域近 20 年来的发展大势，与 18 世纪中叶以后倡导个人自由主义的倾向相反，产生主张集权干涉主义的帝国主义和社会主义学说。“为政府当道之所凭借”的帝国主义与“为劳动贫民之所执持”的社会主义，其性质“本绝相反”，其实行方法则相同，“一皆以干涉为究竟”。“现代所谓最新之学说，骎骎乎几悉还十六七世纪之旧，而纯为十九世纪之反动”。同此理，托拉斯的兴起，亦起于自由竞争之极敝。在他看来，18、19 世纪自由竞争的盛行，是16、17 世纪厉行干涉、不胜其弊的必然结果；自由竞争的发展超过一定限度，也暴露“病国病群”的弊端。对于资本家来说，机器大兴和生产力骤增后，消费力的增长速度跟不上，于是生产过度，物价下落，小资本家纷纷倒闭，大资本家疲于应付；对于劳动者来说，竞争减少劳动者的工资，延长劳动时间，导致妇女和儿童从事繁重劳动。总之，并非人之好恶，是竞争破坏了经济生活的秩序，迫使资本家之间弱肉强食、兼并盛行，劳动者为求糊口，不得不乞怜于大资本家，结果造成大资本家的垄断，扣减工资，粗制滥造，独占生产原料，使劳动者、消费者和生产者均受其害。由此引起近世贫富双方日日冲突，产生各种社会问题，以致“举天下厌倦自由，而复讴歌干涉”。厌倦自由和讴歌干涉的趋势，“于学理上而产生出所谓社会主义者，于事实上而产生出所谓托辣斯者。社会主义者，自由竞争反动之结果。托辣斯者，自由竞争反动之过渡”。所谓“反动之过渡”，意指“自由合意的干涉”。竞争中非有大资本者不能取得优胜，竞争中的“大食小，大复食大”现象，又会使经济界产生恐慌，使全社会必受其病；为了克服由竞争的流弊,必须有某种新的经济组织形式"联合之调和之"。这就是他所说的托拉斯产生的原因。

接着,他叙述"托辣斯之意义及其沿革",进一步解释说,托拉斯是多数有限公司互相联合,将全权委托给众人信任的少数代理者的经济组织,俨然如"生计界之帝国主义",此乃符合于物竞天择的自然趋势。拯救自由竞争的弊端,使愿意加入托拉斯的各公司,悉逃其害,共蒙其利,故谓"托辣斯者,平和之战争,而自由合意之干涉"。19世纪后期,托拉斯成立之初,曾遭到激烈反对,然而日益发达,这一历史沿革证明,此事系"天演自然之力,终非以人事所能逆抗"。他参照日本关于"托辣斯独盛于美国之原因"的报告书,根据经济学"以最小率之劳费易最大率之利益"的"最普遍最宝重之公例",肯定托拉斯为"最善法门",列举"托辣斯之利"12条,又将各种非难言论,归纳为"托辣斯之弊"10条。其中第4、9两条弊端,非难托拉斯淘汰多数工厂,采用机器生产以节省劳动力,势必使多数劳动者失业,或"减其庸率而延其劳期",降低工资标准和延长劳动时间。对此,他为托拉斯申辩,认为上述非难虽系事实,却属暂时现象,为了"社会之进步"或"国民社会之公益",这是劳动者必须忍受的痛苦。他在"托辣斯与庸率之关系"一节,专门予以讨论。对于这种"最为当世所注视"的关系,他引用斯密所谓"生计学不灭之公例",证明可以工资标准的高低观察一国民生之舒蹙。在这一节开头,他有意把托拉斯问题与马克思经济理论联系起来,指出:一般人认为,近世社会主义为了多数劳动者的权利,托拉斯则保障资本家的权利,因此,资本家与劳动者"为两军对垒之形,作短兵相接之势",同样,托拉斯与社会主义也应是"不能并容"的对立物;然而,

> "观夫近今社会党之生计学者,其论托辣斯也,不惟无贬词,且以其有合于麦喀士(社会主义之鼻祖,德国人,著书甚多)之学理,实为变私财以作公财之一阶梯,而颂扬之。故知天下事有相反而相成,并行而不悖者,此类是已"。

在这里,垄断资本主义的组织形式托拉斯,被说成符合马克思学说,受到当时社会党经济学家的颂扬,成为改变私有制为公有制的一个阶段。关于托拉斯与马克思学说之间相反相成、并行不悖的议论,究竟出于国外社会党经济学家的观点,还是梁启超掺入己意的转述,抑或是摘译他人著述和报道过程中有失原意,姑且不论。可以肯定的是,这些观点已被他用作支持托拉斯的论据。所以,他为托拉斯辩护,如引用美国官方或学者的统计数字,批驳有关托拉斯强制克扣劳动工资的说法,是不切于实情的杞人之忧;批驳有关托拉斯将减少雇佣工人的说法,亦与实际不符等等,由此证明托拉斯"有益于劳佣而无害",甚至是"调和资本家与劳力者之争阋一法门"。

讨论"国家对于托辣斯之政策",他也注意到垄断流弊不可不防,要加强监

督，以防其弊于未然。但无论采取禁止托拉斯或听凭其自由发展的方法，均不可行。若将托拉斯改为政府官业或公共事业，在他看来，此法在欧美国家往往用之于铁路、电报等业，而施之于一切工商业，“势固不能”。因为现今社会情势不允许这样做，“此惟心醉社会主义者，喜持斯论”。可见，他不赞成社会主义者主张将全部托拉斯收归国有的意见。他赞成的是，国家实行监督，直接或间接地干涉托拉斯，通过关税政策，防止托拉斯势力凭借保护关税垄断物价。他还谈到“托拉斯与帝国主义之关系”，大意说，当初托拉斯的兴起，为了救生产过剩之弊，乃“生产过度之结果”，如今托拉斯的发展，造成帝国主义之盛行，又乃“资本过度之结果”，对于此患，“虽欲御之，乌从而御之”，至今尚无对付的良策。在最后的“结论”中，他提出国际托拉斯组织对于中国的威胁问题，设想对付却又手足无措：吾民要自争权利，“惟有结劳动社会作同盟罢工”，然而一罢工不知吾民将何以聊生，更何况我国国民缺乏竞争精神，结果只能留下其“余痛”。

从《二十世纪之巨灵托辣斯》一文，可以看到梁启超对于包括马克思理论在内的社会主义经济学说的理解，大致基于以下几个论点。

第一，马克思是“社会主义之鼻祖”。类似的意思，他在前面谈论基德学说和北美见闻的著述中，两次以注释形式提到马克思是“社会主义之泰斗”，本文在“社会主义之鼻祖”的注释之外，多了“著书甚多”的说明。文中还以符合马克思学理，作为判断社会主义经济学的标准。这表明，他所说的社会主义，不论理解正确与否，意指马克思的社会主义学说。

第二，社会主义学说是干涉主义的产物。这一论点并非始自本文，此前1902年10月他以“冰子”的笔名发表于《新民丛报》第17号上的《干涉与放任》一文，已提出类似意见。那篇文章，把干涉与放任看作历代“言治术者”贯串古今、交替使用的两大主义。前者集权于中央，一切由政府监督和助长，重在秩序；后者散权于个人，一切听任民间自择、自治和自进，重在自由。二者各有其“颠扑不破之学理”。大抵中世纪为干涉主义时代，16、17世纪为放任与干涉二主义竞争时代，18世纪及19世纪上半叶为放任主义全胜时代，19世纪下半叶为干涉与放任二主义竞争时代，20世纪又将为干涉主义全胜时代，人民恃国家而存立，为国家宁可牺牲一切利益。自今以往，帝国主义必然大行，“帝国主义者，干涉主义之别名”。在生计界，斯密提倡自由政策以来，自由竞争的趋势，造成兼并盛行，富者益富，贫者益贫，于是，“近世所谓社会主义者出而代之”。社会主义，“其外形若纯主放任，其内质实主干涉”。好比将人群合成一部机器，“有总机以纽结而旋掣之，而于不平等中求平等”。总之，“社会主义其必将磅礴于二十世纪也明矣”。干涉与放任二主义，无所谓孰是孰非，须因地因时而异其用。今日中国，应以操干涉主义者十之七，操放任主义者十之三为宜。这些观点,后来论述托拉斯时,又得到体现。其似是而非之处,在倾向干涉主义的抽象命题下,实际掩饰或抹煞了社会主义与帝国主义的本质区别,笼统地将二者看作共同奉行干涉之法的孪生之物。

第三,"巨灵"托拉斯的出现,是向社会主义的过渡。他把托拉斯说成反对自由竞争的产物,为了消除竞争进而对必然产生的垄断弊端,予以"自由合意的干涉"。托拉斯作为垄断资本的典型形式,在梁氏文章中摇身一变,居然成为反对垄断的代表。这种混淆视听的说法,不可能出于他自己的创造,而是转引国外已有的观点。他从这一立论出发,继续推导说,托拉斯能够"调和"兼并的弊病,甚至能够"调和"资本家与劳动者之间的争端,对于雇佣劳动者"有益而无害"。照此推理,托拉斯的出现,成为过渡到"为劳动贫民之所执持"的社会主义的一个阶段。他还引用所谓社会党生计学者的论点,称托拉斯是社会主义者所主张的变私有制为公有制的一个阶段。不论哪一种说法,都把托拉斯同社会主义混为一谈,其根源,在于模糊了托拉斯仍属于垄断资本范畴的实质。

第四,社会主义的经济特征,"变私财以作公财"。他在文中谈到社会主义之处颇多,却很少接触它的经济特征。只是讲述托拉斯与马克思学理的关系时,才附带提及社会主义经济学家颂扬变"私财"为"公财",以公有制作为其目标。另外,他在《新大陆游记》中,表示中国在相当程度上可以接受"国家社会主义"思想,也是一个旁证。其中着重谈论土地以及铁路、矿产、制造等大企业收归国有的所有制问题,把公有制或国有制看作社会主义的经济特征。不过,如何理解是一回事,是否赞同又是另一回事。看来他对马克思的社会主义学说,从一开始就持保留态度,如谓其不达于中国之内情,其土地尽归于国家之说"万不可行",或称将托拉斯产业全部改为"政府官业"或"公共事业",以此施之于一切工商业,"势固不能",视之为醉心于社会主义者的论调,是"极端"或"偏激"之说等等。

总之,《二十世纪之巨灵托辣斯》一文,尽管不是论述马克思经济学说的专文,但却是当时国人撰文涉及这一学说的早期代表作,较为典型地体现了20世纪初国内新兴资产阶级的代言人梁启超,对待马克思经济学说的理解水平和基本态度。

四、《中国之社会主义》

这篇1904年2月14日发表于《新民丛报》第46—48号的短文①,虽然不

① 梁启超后来的《饮冰室读书记》,把这篇文章归入1903年2月26日的《新民丛报》第26号,有误。

长，区区五六百字，但却是梁氏在专论社会主义的名义下，第一次较为明确地提出马克思经济学说的要旨。文章一开头说：

“社会主义者，近百年来世界之特产物也。隐括其最要之义，不过曰土地归公，资本归公，专以劳力为百物价值之原泉。麦喀士曰：‘现今之经济社会，实少数人掠夺多数人之土地，而组成之者也。’拉士梭尔曰：‘凡田主与资本家，皆窃也，盗也。’此等言论，颇有听闻，虽然，吾中国固夙有之。”

这番关于马克思经济学说的说明，在当时的历史条件下，可算瑕瑜互见。一是它将社会主义的“最要之义”，概括为“土地归公，资本归公”的生产资料公有论，以“劳力”为价值源泉的劳动价值论，现今经济社会基于少数人掠夺多数人的组成论等，表述方式欠准确，但在一定程度上已接触马克思经济学说的若干基本内容。二是它列举社会主义的代表人物，把马克思与“拉士梭尔”即拉萨尔等量齐观，显然受到当时流行的西方社会主义论著的影响；将马克思关于现今经济社会存在剥削关系的论述，主要归结于土地问题，纯系梁氏本人的误解。梁氏虽然较早接受西方社会思潮的影响，但终究从小生长在中国传统社会的思想环境里。因此，他早期接触马克思经济学说时，有意识或无意识地会从土地问题为基本经济问题的传统观念中，去找寻易为国人所理解的事例依据，用来解释这一外来经济学说。他把近百年来世界盛行的、以马克思为代表的社会主义，当作“吾中国固夙有之”，忽视古老中国的社会基础与马克思经济学说所由以产生的社会基础具有很大差别的不同时代背景，这恐怕也是出于同样的传统习惯。

中国素来就有的社会主义，究为何指。他从古书中信手拈来两个例子。一个例子，王莽于公元 8 年称帝，改国号为“新”时，指责西汉王朝盛行“豪民侵陵，分田劫假”现象，租佃农民“厥名三十税一，实什税五”，实际税负高达 50%，“终年耕芸，所得不足以自存”，形成“富者犬马余菽粟”而“贫者不厌糟糠”的贫富不均状况①。在梁氏看来，关键是“分田劫假”一词。“分田”指贫者无田，取富人之田耕种，共分其收入；“假”指租赁富人之田，“劫”指“富人劫夺其税，欺凌之”；综合起来，便是“以田主资本家为劫盗之义”。也就是说，王莽的看法，与拉萨尔所谓“凡田主与资本家皆窃也、盗也”的社会主义观点，基本相似。

另一个例子，北宋苏洵谈到，废除人人有田可耕的古代井田制，出现“田非耕者之所有，而有田者不耕”的地主土地私有弊端：借种富民土地的耕者犹如奴仆一样受到鞭笞驱役，富民则“安坐四顾指麾于其间”，监督生产并将田入一

① 《汉书》第 12 册，《王莽传》，中华书局 1962 年版，第 4111 页。

半收归己有。有田者一人,耕者十人,"是以田主日累其半以至于富强,耕者日食其半以至于穷饿而无告"。[①] 这番言论,以梁氏的眼光看,与1866年"万国劳力党同盟"即国际工人协会的宣言书相比,"何其口吻之逼肖"。这里所说的宣言书,不知是哪一个文本。1864年国际工人协会成立之际,马克思起草《国际工人协会成立宣言》和《协会临时章程》,经协会总委员会一致批准。1866年日内瓦召开协会第一次代表大会,主要根据马克思的指示,通过《国际工人协会共同章程》。梁氏可能看到这些协会文件的有关文本或接触其中某些内容,留下颇深印象,所以才会将苏洵的言论与之比较。《国际工人协会成立宣言》中包含工人群众贫困状况、土地集中程度等问题的分析[②],《协会临时章程》里提到"劳动者在经济上受劳动资料即生活源泉的垄断者的支配,是一切形式的奴役即一切社会贫困、精神屈辱和政治依附的基础"[③]等含义。大概基于此类根据,梁氏认为,苏洵以"耕者之田资于富民"的土地私有制弊端作为贫困的根源,此论与国际工人协会的宣言书口吻,何其相似。不仅如此,他从苏洵的井田思想推而广之,认为整个中国古代井田制度,"正与近世之社会主义同一立脚点"。

由上可见,这篇文章对于马克思经济学说的理解,仍相当粗浅。其本意,不是认真研究马克思经济学说的内容,像他的前几篇文章一样,涉及马克思学说,浅尝辄止,另有用意。这篇文章的用意,借此证明,在中国古代,同样存在与包括马克思经济学说在内的西方社会主义思想相类似的内容。在中国传统文化中,确实存在类似社会主义文化成分的思想因素。梁氏所举的两个古代例证,无论王莽指责汉代豪民通过"分田劫假"的欺凌行为造成贫富差距,还是苏洵批评宋代富民靠私有土地积累地租剥削收入而日益富强,均可归入这一思想因素的范畴。马克思和恩格斯谈论"中国的社会主义",也是基于第一次鸦片战争后造反平民不满贫富不均现象,因而提出重新分配财产和消灭私有制的要求。《国际工人协会成立宣言》分析英国地产迅速集中于少数人手中,给农业工人贫困化带来的影响,亦引用罗马帝国有过相似的情况作为例子,指出尼禄皇帝听说非洲一省有一半土地属于六个所有者时,曾露齿狞笑。[④] 马克思运用借古喻今的手法阐述其革命思想,对梁启超津津乐道从古代传统中寻求"中国之社会主义",是否产生某种影响,不得而知。由此却说明,社会主义反对的某些社会现象,或由以形成的某些思想原则,不仅是近代以来的产

① 苏洵撰:《嘉祐集》卷五,《田制》,见《古逸丛书》三编之二十四,中华书局影印本,1986年。
② 参看马克思:《国际工人协会成立宣言》,《马克思恩格斯选集》第2卷,人民出版社1972年版,第126—135页。
③ 马克思:《国际工人协会共同章程》,同上书,第136页。
④ 参看马克思:《国际工人协会成立宣言》,同上书,第129—130页。

物，同样可能以较原始形式存在于古代社会。只不过，梁氏所说的社会主义，指的若是马克思的科学社会主义学说，那以此学说为“中国固夙有之”，或与苏洵的议论口吻“逼肖”，或与中国古代井田制度立足于“同一立脚点”，就显得荒诞无稽。20世纪初，有关马克思经济学说的点滴知识零星传入中国，不久便有梁启超这样的风云人物出而考察和论证这些知识与中国传统文化之间的联系，据说当时中国思想界非梁氏一人如此，“近人多能言之”。这一现象，以后在马克思经济学说传入中国的历史过程中，屡屡出现，颇令人深思。

附带指出，中国史书中，王莽一直是受到贬抑的反面人物。梁启超引用王莽推行王田制的那些理由，树立其作为中国古代社会主义代表人物的形象，可谓与传统定论反其道行之。有人认为，“中国近代首先出面为王莽翻案的是资产阶级革命派”①，其依据是此派推崇王莽的王田制符合社会主义精神。其实，在这一派别之前，已有梁氏于1904年说过类似的意见。照此看来，近代中国为王莽翻案者，应以梁氏为更早一人。这一翻案在学术界引起的反响，可能对国外学者的影响要大于国内学者。较为系统地整理现代国外学者研究中国史的各种论著，就会发现，“传统的中国历史学家曾谴责王莽篡夺汉室，而西方学者一般对王莽有好评，他们有一种倾向，认为王莽是空想的但却是虔诚的社会主义的实验者”②。

五、补充说明

梁启超介绍马克思及其经济学说的早期文字资料，主要见于1902－1904年间的上述几篇文章。社会主义之“泰斗”或“鼻祖”的称谓，无非表达马克思是那一时期西方社会主义运动的主要代表人物。从梁氏思想发展的进程看，他接触西方社会主义思潮在先，认识其代表人物马克思在后；或者说，他在接触西方社会主义思潮的过程中，逐步认识马克思作为其“泰斗”或“鼻祖”的代表地位并予以介绍。他对西方社会主义的最初印象，在一定程度上反映了他稍后对待马克思及其经济学说的看法，不妨在此将他早期论述西方社会主义的若干代表性文字，作一补充说明，以资佐证。

从他编辑的《西学书目表》看，至迟在1896年，已读过广学会出版的《百年一觉》一书，并留下深刻的印象，称此书描述“百年一梦”，是国内可以得到的西方最重要的书籍之一，极力予以赞扬和推荐。此外，他担任总撰述的清末维新派主要刊物《时务报》（1896年8月9日创刊），先后刊载一些报道国外革命活动的文章。例如，该报1896年9月27日《社会党开万国大会》一文，转译日本

① 赵靖：《中国古代经济思想史讲话》，人民出版社1986年版，第322页。

② 中国科学院近代史研究所资料编译组编译：《外国资产阶级是怎样看待中国历史的》第2卷，商务印书馆1962年版，第408页。

人有关两个月前召开第二国际伦敦代表大会的文章;1897 年 9 月 26 日《刺客就刑》一文,转译西班牙处死社会党刺客的新闻;1898 年 1 月 3 日《德国政党》一文,也提到社会党。这些都是他早期接触西方社会主义思潮的史料线索。

他自己撰写的著述中,1898 年的《读孟子界说》一文,提到孔子立井田之制,为了“均贫富”,可谓“不患寡而患不均”,井田乃“均之至”、“平等之极则”。接着笔锋一转,指出,“西国近颇倡贫富均财之说,惜未得其道”。“贫富均财”之“道”,存在于古代井田制:尽管井田不可能行于后世,不必考虑恢复,但应当“法其意”,只有效法其内在含义,才能领悟“井田之意,真治天下第一义”。[①]换言之,西方国家近来倡导“贫富均财之说”,之所以“未得其道”,在于它未能领悟古代井田制之体现平均或平等已达到极致的真髓。所谓西国“贫富均财之说”,应是沿袭 19 世纪 70 年代以来,中外人士将西方社会主义学说及其政党组织译为“平会”、“贫富适均之愿”、“均富之说”一类的传统做法,或直接采纳诸如《西国近事汇编》记载 1875 年俄国“奸民”创为“贫富均财之说”的相同译名,抑或受到此前与梁氏交往颇深的严复、谭嗣同等人称呼西方社会主义组织为“均贫富之党”的影响[②]。谭嗣同(1865－1898)关于西方“均贫富之党”产生原因的解释,与严复的观点大同小异。谭氏又认为,如何限制垄断压迫一类的资本主义弊害,“欧美颇昧于此”,故产生“均贫富之党”以示警醒。这一点,与梁氏批评西方“贫富均财之说”未得其道之论,有相通之处。总之,“贫富均财之说”,是“社会主义”成为约定俗成的中译名之前,国人称呼西方社会主义学说的习惯用法。从这篇文章还可以看到,当时的梁启超,一是像早期的其他一些人一样,对于西方社会主义学说的基本观点,主要从经济角度着眼,将其归结到富于中国传统色彩的“贫富均财”一点上。二是在传统经济观念的长期熏陶下,最初习惯于用井田、均平一类的古老经济说教,比较和衡量西方社会主义思想。三是从“至均”和“平等极则”的绝对平均主义观点出发,对略知其皮毛的社会主义学说之提倡所谓“贫富均财之说”,颇有微词。梁氏以中国传

---

① 梁启超:《饮冰室合集》第二册,文集之三,第 19 页。

② 严复的“均贫富之党”一说,见其 1896 年的《原强》修订稿。同年,谭嗣同给唐才常(即唐佛尘)的信中,提到欧洲各国政府放任民间自主私办各项工商事业,其利虽可求民富国兴之速效,其弊却在“富有财者”富埒国家甚乃过之,贫者只有倚靠富室聊为生活而无从自富;或“富而奸者”囤积以待奇赢,操纵市场使国家和小民均受其害。于是劳工与富商之间积为深仇,导致“均贫富之党”兴起,并使各国执政者至今不知作如何处置。可见,他已意识到西方资本主义社会存在弊端。但他认为,以目前情况而论,“贫富万无可均之理”,这不仅做不到,又恐怕“贫富均”的结果,使能“与外国争商务”的强有力者无由出现,也使在富室驱策下劳动的贫者不再“肯效死力”而致“国势顿弱”。在他看来,实现“均贫富”是将来的事,百年千年以后,“地球教化极盛之时,终须到均贫富地步,始足为地球之一法”;就目前而言,只须对一二人获利、招致不平之怨怒的垄断现象,逐渐调剂盈虚,做到“过者裁抑之,不及扶掖之”即可。欧美国家不明此理,才有“均贫富之党出而警醒之”。当然,从提供“警醒”作用看,“时时倡乱,为世诟病”的“均贫富之党”,也是“不可少”的“欧美之功臣”。参看谭嗣同:《报唐佛尘书》,《谭嗣同全集》卷 3,中华书局 1954 年版,第 444－445 页。

统经济观念对外来社会主义思想评头论足的嗜好，一直延续到后来对马克思经济学说的评介而未变。

同年，他自称戊戌变法失败后在出逃东渡日本的船上，翻译柴四郎的日文政治小说《佳人奇遇》[①]。其中第十四回借小说人物"老伟人"之口，述说欧美各国近日技术发明，艺业精进，富者益富，贫者益贫，于是"天赋贫富平均说"和"社会党论"乘势而起。由此引起贫富双方对抗，造成巨大社会破坏，此乃"惨之又惨"的"贫富悬隔之祸"。按照"老伟人"的说法，避免此祸的一缕希望，在于仁人学者"能以国家社会主义，调和于贫富之间而已，于外实无别法"。[②] 其中"国家社会主义"一词，如果确如梁氏所说，系 1898 年译自日本人原作，那末，这可能是当时将日文"社会主义"用语直接移植于中文的较早一例。同时，从"国家社会主义"具有调和贫富的表述中，也不难发现，后来梁氏访问纽约期间，推崇"以极专制之组织，行极平等之精神"的国家社会主义，又撰文评价托拉斯为调和资本家与劳力者之间争端的不二法门，进而声称它与马克思的学理相反相成、并行不悖之类的观点，早在这部小说译作中，已见其类似思想之端倪。

一些西方学者考察社会主义思潮对于梁启超的影响，特别看重他 1899 年 10 月 25 日发表在《清议报》[③]上的《论强权》一文，认为它"可能是中国人第一篇论述社会主义的文章"[④]。其理由是，梁氏在政治上失败后的一段时期，正处于"激进年代"，并"投身于运用西方观念来进行范围广泛的冒险活动"；这一期间，"政治和经济革命对他来说已不是陌生的论题"，他也许"有某种理由"，主张"给予西方的社会主义和共和主义以同情的关注"[⑤]。这段话的意思是说，由于戊戌变法失败的刺激，梁氏逃亡日本后，一段时间转向激进，有可能对在那里所接触的西方社会主义思想表示同情和支持，从而在国人中写出第一篇有关社会主义的文章。

其实，《论强权》一文，并未提到"西方社会主义"一词。它根据日本人加藤弘之将英文"The Right of the Strongest"一词译为"强权"的解释，引出一番议论。其中基于康有为对《春秋公羊传》"三世说"的阐发，与"强权"概念结合，

---

① 此书又称作者柴四郎为"东海散士"，明治 18 年(1885 年)起分卷出版，曾风靡日本。1969－1970 年间，有人对当时《清议报》登载的《佳人奇遇》由梁启超翻译一事，怀疑其确实性。参看实藤惠秀著，谭汝谦、林启彦译：《中国人留学日本史》，三联书店 1983 年版，第 291 页译者注。

② 梁启超：《饮冰室合集》第十九册，专集之八十八，第 194－195 页。

③ 这是戊戌变法失败后，由逃亡日本的梁启超 1898 年 12 月 23 日在日本横滨主持创办的维新派主要刊物，旬刊。

④ 参看 Robert A. Scalapino & Harold Schiffrin, Early Socialist Currents in the Chinese Revolutionary Movement: Sun Yat-sen Versus liang Ch'i-ch'ao, *the Journal of Asian Studies*, Vol. XVII: No. 3, May 1959，第 335 页。

⑤ 同上文。

论述"人群之初立"的人类社会初期为"据乱世",不存在统治者与被统治者的差别,人人皆无强权,故平等;随后的"升平世",出现贵族于平民、男子于女子等有强权者与无强权者的差别,故不平等;到"太平世",社会进步,过去的弱者即被统治者、平民和妇女,逐渐具备与强者抗衡的强权,人人皆有强权,故重归于平等。在梁氏看来。今天欧洲各国"有强权之人"比200年前显著增加,但未发达至极限。接着,他说了如下一段令研究者们感兴趣的话:

"今日资本家之对于劳力者,男子之对于妇人,其阶级尚未去,故资本家与男子之强权,视劳力者与妇人尚甚远焉。故他日尚必有不可避之二事,曰资生革命(日本所谓经济革命),曰女权革命,经此二革命,然后人人皆有强权。斯为强权发达之极,是之谓太平。"①

这段话是全文的结束语,又被看作梁氏的结论性意见。在一些英文著作里,将这段话中的"资生革命"译为"无产阶级反对资产阶级权力的革命"②,因而容易被理解为西方社会主义的专门术语。不过,翻一下梁氏原文,不难看出,《论强权》一文虽然受到西方社会主义思潮的影响,但可以肯定的是,它并非专门论述西方社会主义。此文未曾提及西方社会主义或其他中译名,它的立论基础也是中国传统的公羊传三世说,而非西方社会主义理论。《论强权》发表前一年,梁氏的其他文章或译作,已触及有关西方社会主义的内容或名称。因此,像伯纳尔那样,把这篇涉及社会主义思想因素的文章,看作梁氏"逃往日本后写的有关这方面的第一篇文章"③,是确切的;但将它看作"第一篇试图把康有为的进化论的方案与社会主义相联系的著作"④,却有待斟酌。

西方学者或在西方的华裔学者,他们研究中国近代早期社会主义思潮,最感兴趣的问题之一,即考证那时的中国人,谁是第一个撰写有关社会主义文章的人。他们的研究结果,说法不一,或有些矛盾。例如,斯卡拉皮诺和史扶林认为,梁氏1899年在《清议报》上发表的《论强权》,可能是此类文章中的第一篇,但又认为梁氏不懂西方语言,依赖于日文和中文资料,对于西方思想的了解,会受到阻碍⑤。言下之意,梁氏不可能通过西方语言直接了解西方社会主

---

① 以上引文均见梁启超:《饮冰室合集》第二册,专集之二,第32—33页。

② 参看"The Proletariat's Revolution against the Power of the Capitalists",引自 Li Yu-ning, *The Introduction of Socialism into China*, Columbia University Press, New York & London, 1971, 第8页。

③ 伯纳尔著,丘权政、符致兴译:《一九〇七年以前中国社会主义思潮》,福建人民出版社1985年版,第77—78页。

④ 同上书,第79页。

⑤ Robert A. Scalapino & Harold Schiffrin, Early Socialist Currents in the Chinese Revolutionary Movement: Sun Yat-sen Versus liang Ch'i-ch'ao, *the Journal of Asian Studies*, Vol. XVIII: No. 3, May 1959, 第335页。

义。又如，李又宁认为，早在1890年，上海的英文刊物 North China Herald[①]已刊登有关欧洲社会革命党人活动的文章[②]，“第一个提到西方社会主义的中国人似乎是严复，他于1895年写了一篇题为《原强》的论文”，在这篇论文里，严复注意到西方的科学进步导致极端的经济不平等，产生所谓的“均贫富之党”(the parties for the equalization of the rich and the poor)，“可能指的就是社会主义党派”[③]。对于这个推论，张玉法表示支持，在表达上有所保留，认为把西方社会主义介绍到中国的“最早媒介之一”，是像《北华捷报》那样在中国出版的外国报纸和杂志，严复“可能是最早直接从西方语言那里了解西方社会主义的中国学者之一”。张氏也以《原强》一文作为例证，同时又说，严复“似乎无意在中国推行社会主义，他只是随便提到它”。这一表达比较谨慎，接着说到，“在那一时期，没有出版有关社会主义论题的中文著述”，实际上仍把严复看作提及西方社会主义的中国第一人。[④] 李氏好像同时赞成斯卡拉皮诺和史夫林关于梁氏《论强权》一文的看法，提出梁氏是“第一个使中国读者了解社会主义观点的人”，并揣测他“最初接触社会主义观点，相当可能是1898年改革运动失败随即逃到日本后不久，通过广泛阅读各种题目的日文论著而得到的”[⑤]，这与前面估计严复是第一个提到西方社会主义的中国人的说法，不免存在冲突。还有人认为，康有为是承认社会主义观点的重要性，并在其著述中提到它们的早期中国作家，但又注明他只是分享了梁启超对于社会主义的兴趣，甚至可能是梁氏向他介绍了社会主义[⑥]。以上考证，有其参考价值，也有隔靴搔痒之嫌。如严复最初发表在1895年3月4日至9日天津《直报》上的《原强》原文，未见有“均贫富之党”一类内容。这类内容后来在《侯官严氏丛刻》所刊的修改稿中，才得以见载。[⑦] 修改稿起因于1896年10月，上海《时务报》要转载《原强》一文，严复在给梁氏的复信中，提出拟用十余天时间将此旧

---

① 此系英国商人亨利·希尔曼(Henry Shearman)1850年8月3日(道光三十五年五月初八)在上海创办的英文周报，中译名为《北华捷报》。

② 例如，该刊1890年2月28日刊登一篇题为“Socialism in Germany”(德国社会主义)的文章，报道社会民主党(the Social Democrats)在国会中影响上升，在德国穷人中发动社会主义骚乱(the ferment of socialism)，以及工业工人增加。见 Li Yu-ning, *The Introduction of Socialism into China*, Columbia University Press, New York & London, 1971，第112页，注2。

③ 参看 Li Yu-ning *The Introduction of Socialism into China*, Columbia University Press, New York & London, 1971，第3－4页。

④ 参看 Chang Yu-fa, *The Effects of Western Socialism on the* 1911 *Revolution in China*, Submitted in partial fulfillment of the requirements for the degree of Master of Arts, in the Faculty of Political Science, Columbia University，第23页。

⑤ 参看 Li Yu-ning, *The Introduction of Socialism into China*, Columbia University Press, New York & London, 1971，第7页。

⑥ 参看 Kung-chuan Hsiao, A Modern China and New World, K'ang Yu-wei, *Reformer and Utopian, 1858－1927*, University of Washington Press, 1975，第454页，及同页注165。

⑦ 参看《严复集》第1册，诗文(上)，中华书局1986年版，第5－15页；《原强》与第15－32页所附《原强修订稿》。

稿删益成篇,不知何故,《时务报》未曾转载修改稿。修改后的《原强》才有“均贫富之党”一词,倘若将此视为中国人论述社会主义的第一篇文章,此时最早也在1896年10月,而这一年谭嗣同在他的信文中同样提到“均贫富之党”,至少应与严复并享“第一”之誉。看来那些喜好追根溯源的西文著作,其论断有些顾此失彼。这里的话题扯远了,下面仍回到梁氏《论强权》以后的思想线索上。

梁氏使用“社会主义”甚至“共产”一词的另一例证,见于1901年底在日本横滨撰写的《南海康先生传》,把康有为的哲学称为“社会主义派哲学”,说明“泰西社会主义”起源于希腊柏拉图的“共产之论”,经过18世纪圣西门、康德等人大力倡导,其组织渐趋完备,隐然为政治上一潜势力[①]。此文发表于《清议报》,文中采纳“社会主义”译名,看来借鉴了日本人的用法。此前1901年7月出版的《清议报》,曾刊载一篇译自日本学者的文章,其中提到“社会主义”在19世纪下半期,针对文明所带来的贫富悬隔现象,呈现日益发展的必然趋势。梁氏素以追求国外新奇之论为时尚,他很可能从此类译文的用词中获得灵感。

1902年,这已是梁氏介绍马克思为“社会主义之泰斗”的年代。同一年他撰写的其他几篇文章,亦可以显示那时他所理解的社会主义,究竟是什么样子。其一,《论学术之势力左右世界》一文提出:“近世所谓人群主义,Socialism,专务保护劳力者,使同享乐利。其方策渐为自今以后之第一大问题。”[②]这里将Socialism译为“人群主义”,与同年论述颉德学说时将此语译为“社会主义(即人群主义)”相比,反映那时移植“社会主义”译名,在使用过程中尚不稳定。他对社会主义概念、内涵及影响的说明,不外乎“保护劳力者”一类的肤浅看法,或“第一大问题”之类的抽象命题。接着把近世社会主义的产生和发展,说成“自斯密氏发其端,而其徒马尔沙士大倡之”。这一说法,乱点鸳鸯谱,莫名其妙地给英国资产阶级经济学家斯密和“马尔沙士”(今译马尔萨斯)戴上一顶社会主义创业者的桂冠,也与梁氏本人的论颉德学说一文自相矛盾。在那里,以斯密“首倡”,马尔萨斯等人继之“讲求”的,是不同于社会主义的英国“平民主义”,而“社会主义”的“泰斗”,是马克思[③]。对于这种矛盾现象的解释,应来自他那时在社会主义问题上的模糊认识和混乱观念。

其二,《论中国学术思想变迁之大势》一文,评论龚自珍的思想“颇明社会主义,能知治本”。龚氏在《平均篇》中,曾说社会衰乱的原因,由“贫富不相齐”即贫富不均造成。其发展过程,先是出现贫富不甚悬殊的“小不相齐”,逐渐演变至“大不相齐”,贫富悬殊的“大不相齐”,造成“丧天下”结局。在梁氏看来,

---

① 梁启超:《南海康先生传》,《饮冰室合集》第三册,文集之六,上海中华书局印行。

② 梁启超:《饮冰室合集》第三册,文集之六,第113页。

③ 梁启超:《进化论革命者颉德之学说》,《新民丛报》第18号。

龚氏这番议论，正是“近世泰西社会学家言根本之观念”[①]。近代学者对龚自珍的《平均篇》评价颇高，但将此篇主张贫富平均，与近世西方社会主义联系在一起，认为它切中社会主义的根本观念，恐怕以梁氏为较早一人。这与他两年后的《中国之社会主义》一文，用中国古代经济思想去阐释马克思的社会主义，也一脉相承。

其三，论述西方经济学说发展史的《生计学学说沿革小史》，将运用中国古代经济观点类比近世西方社会主义学说的做法，推衍至西方古代的某些先行思想。比如，古希腊柏拉图的《理想国》被看作“后世共产主义 Communist 之权舆”，此理想国虚构一个“大同理想”国家，在“大同之世”，人们不得拥有“私财”，“一国所有，当为一国人之公产”。这番议论，与康有为《大同书》废除国家的“去国界”思想不同，仍保留国家概念，但同样诉诸中国传统理想，用大同学说说明柏拉图的《理想国》，以类似《礼记·礼运》有关“大同”的表达方式，诠释柏氏“理想国”的主旨，“人不独妻其妻，不独子其子，货不藏己，力不为己，则奸淫不兴，盗贼不作，而世乃太平”。[②] 梁氏稍后在《亚里士多德之政治学说》中还明确指出，柏拉图著《理想国》鼓吹大同理想，“此实与中国礼运之微言大义相暗合，而理想家之极轨也”[③]。柏氏《理想国》，不论中西方学者，都承认它对后来的空想社会主义产生过很大影响，先秦儒家“大同”论，则是中国古代文献中具有类似社会主义思想成分的代表作。由此证明，无论古老的中华民族还是西方民族，每个民族里面都有劳动群众和被剥削群众，他们的生活条件必然会产生一些哪怕是还不大发达的社会主义文化成分[④]。从经济思想角度，将中西方古代具有社会主义思想因素的文献资料加以比较，梁氏可谓效法其师康有为，开其先河。这种比较那时在他的手里，还显得比较笨拙和粗糙，但比起他用中国古代思想直接推论西方近代社会主义以至于马克思社会主义，具有较多说服力。他又以“大同之乐园”比喻托马斯·莫尔继承柏拉图的“共产主义”理想，于 16 世纪前期虚构其“乌托邦”[⑤]，可见，中国传统大同理想经过康有为的渲染，在梁氏头脑中的记忆之深刻，从而热衷于用作评析西方“共产主义”思想的一杆标尺。

涉及社会主义方面，梁氏 1904 年还写了两篇文章，值得一提。一篇是《论俄罗斯虚无党》。其文章结尾处，为了反驳虚无党的无政府主义观点，曾举例说，“以近世社会主义者流，以最平等之理想为目的，仍不得不以最专制之集权

---

① 梁启超：《饮冰室合集》第三册，文集之七，第 96 页。
② 梁启超：《饮冰室合集》第五册，文集之十二，第 8 页。
③ 梁启超：《饮冰室合集》第五册，文集之十二，第 69 页。
④ 参看列宁：《关于民族问题的批评意见》，《列宁全集》第 20 卷，人民出版社 1958 年版，第 6 页。
⑤ 梁启超：《生计学学说沿革小史》，《饮冰室合集》第五册，文集之十二，第 14 页。

为经行”。社会主义者通过“最专制之集权”手段达到最平等之理想目的一说,是那一时期他讨论托拉斯、干涉与放任等问题的一贯思想,不必赘述,只是该文的表述更为鲜明。文中批评无政府者“非人道”、“非天性”,在经济思想方面,提到“其共产均富之主义,则久已为生计学者所驳倒,尽人而知其非”。① 梁氏认为,“共产均富”之不可行,是尽人皆知的道理,无待喋喋不休予以解释。其实,恰恰这个问题,需要认真解释。根据他在其他场合的分析,近代社会主义包括马克思经济学说,针对现实社会日益严重的贫富不均现象应运而生,他将社会主义思想称为“贫富均财之说”,又把马克思学理解释为“变私财以作公财”,其意正与“共产均富”的说法相契合。为此,他深叹社会主义“万不可以已”、势必“蔓延于全世界”,照此说法,社会主义并非早已被经济学者所驳倒而尽人知其非。对于这个矛盾,梁氏未予解释,不知是未曾意识而有所忽略,还是有意回避。或是在他的心目中,俄罗斯虚无党主张的“共产均富”主义,与社会主义的“贫富均财”和“公财”之说,在内涵上本不相同;或是这种说法,包含着他对持有相似主张的所有社会主义学说的不赞成态度,就像此前他断言“极端”社会主义不可行于中国一样。

另一篇是同年秋季发表的《外资输入问题》。文中多次提到,现今欧美国家“至剧烈至危险至困难”的社会问题,是财富分配不均。如谓 19 世纪初产业革命以来,资本家“居极少数而日以富”,劳力者“居大多数而日以贫”;或谓近两个世纪物质文明的发达,“以利大少数人而病最大多数人”,使“现今欧美各大国劳力者困迫可怜之情状,昭昭不能掩”;或谓欧美各国的社会不平等现象,与百年前相比,“划然如隔世”,“分极富极贫为悬绝之两阶级”,近年来“劳力者之一级,其数岁进,资本家之一级,其数岁减,驯至只有极富极贫之两级,而无复中人产存立之余地”;等等。如何解决这一社会问题,文章引用西方“当代社会主义家”的言论,“必以资本归公为救时敝第一着手者”,或提倡“资本归公(即资本国有)之说”。将“资本归公”与“资本国有”并列,是梁氏文章末尾以“附言”形式阐述的一个观点,表达了对社会主义的看法。他解释说,“国有”还是“民有”,区别在于“由国家管业”还是“由民间一公司或一私人管业”,这是西方经济学家争论的问题。在他看来,实行“国有”,可以防止托拉斯的兼并趋势,调剂劳动者的贫穷问题,因此,“‘国有’政策,自今以往,日益占势力”。但是,无论“资本归公”还是“资本国有”学说,在今日中国,“固万难实行”,即使在泰西各国,“亦未能实行”。这一学说的作用,只是显示将来长远的发展趋势,可供今日制定改革措施时参考,所谓“此实世界之公理,将来必至之符,今若为国家百年长计,则改革伊始,不可不为应此趋势之预备”。为适应未来趋势,他

① 梁启超:《饮冰室合集》第五册,文集之十五,第 30 页。

提出的“预备”建议，一言以蔽之：“吾意新政府若立，莫如大借一次外债，以充国有之资本，而经营各业，纯采国家社会主义之方针，如现今德奥诸国所萌芽者。则数十年后，不至大受劳动问题之困，而我之产业制度，或驯至为万国表率，未可知耳”。换言之，不必触动现存私有制度，只须大借外债，充作国有资本以经营各种产业，在经营中仿效德国方式，采取“国家社会主义”方针。这一建议，据说数十年后，自然减缓劳动问题的困扰，造就成为“万国表率”的产业制度。对此前景，看来梁氏本人也没有多少信心，故称“未可知”；又称“此其理至长，其事至远，今日而言之，其犹语西江于涸鲋”。也就是说，这一建议付诸实行，有待“至长”、“至远”的渺茫未来，远水解不了近渴，只是附带说说而已。①

根据上面的引文资料，可以看到，一是梁氏注意到西方资本主义社会在它的繁荣发达景象背后，存在日益严重的财富分配不均、两极分化和劳资对立等矛盾，由此产生旨在克服这一社会不公现象的社会主义学说，这是他的敏锐之处。二是他认为社会主义学说有其存在的理由，但它奉行的公有制原则，根本不适用于今日中国，在西方各国也不能实行。三是他倾向在不触动现存私有制度的前提下，采纳国有资本经营的国家社会主义方针，即便如此，这一方针若在中国实行，也只能诉诸遥远的将来。这些看法，在他的具体表述中，不乏自相矛盾和混淆概念之处，却代表了他对待社会主义经济学说的基本态度，与1898年以来他有关西方“贫富均财之说”、“人群主义”、社会主义乃至马克思经济学说的各种说法，也是相互衔接的。

总括起来，梁启超对于社会主义知识，基本上是1898年逃亡日本以后，才有意识地予以评介，而且主要集中于西欧和北美国家的情况。有时，也提到其他国家的类似情况。如俄罗斯虚无党主张；圣彼得堡工人1896年举行罢工，号召限制每日劳动时间②；等等。将这些涉及社会主义的议论内容与他对马克思经济学说的介绍联系在一起，第一，从思想来源上考察，他关于马克思经济学说的认识，主要来自两个方面，在国外期间接触的西方社会主义知识，以及通过国内教育获得的具有某种社会主义文化成分的传统经济知识，并非直

---

① 以上引文均见梁启超：《外资输入问题》，《饮冰室合集》第六册，文集之十六，第86－89、98页。一位西方学者曾将这篇文章的涵义概括如下：梁启超显然同情欧洲社会主义者；他为西方的“社会问题”而苦恼，并相信社会主义的解决办法，“不但是而且几乎就是”不可避免的；他的方案没有超出国家社会主义，他对其他社会主义也表示同情，像社会主义者一样，他相信世界历史最终将是“尽善尽美的社会主义”或大同；他只是不同意马上实行社会主义，强调欧洲实现社会主义可能要花费几个世纪，在中国甚至更长（Martin Bernal，The Trumph of Anarchism over Marxism，1906－1907，转引自 Mary Clabaugh Wright 编辑的 *China in Revolution*：*The First Phase 1900－1913*，New Haven and London：Yale Univ. Press，1968，第101－102页）。显然，伯纳尔过分突出了梁启超对于社会主义同情或有信心的一面，对他的怀疑或矛盾一面估计不足。

② 参看梁启超：《俄人之自由思想》（1899年），《饮冰室合集》第二册，专集之二，第64页。

接来自对马克思经济学原著或有关解说本的阅读和汲取。第二,从思想内容上考察,他对马克思经济学说的介绍,涉猎若干社会主义经济常识以及一些似是而非的内容,极为单薄和肤浅。第三,从思想方法上考察,他提到马克思及其学说,虽是为了从西方寻求救国救民的办法,但只是当作一般舶来的新奇知识予以介绍,未曾认真了解这一学说的基本内涵,仅凭个人好恶作些隔靴搔痒式的评价。这几点,也构成那一时期梁启超谈论马克思及其经济学说的典型特征。

第二节　马君武关于马克思社会主义学说的评介

马君武(1881—1940)早年研习英、法文和数学,受康、梁变法维新的影响,曾向康有为创办于桂林的《广仁报》投稿,翻译出版《法兰西革命史》和《代数学》二书。1901 年冬考取官费生赴日本留学,初因生活窘迫,常给各报刊投稿。梁启超创办《新民丛报》,马氏为撰稿人,并在梁氏赴国外游历期间,代行编辑职务。1903 年 7 月考入日本京都大学,专攻工艺化学。根据他的自序,1902—1903 年"壬癸间作文最多",其中不乏翻译介绍西方的社会科学和自然科学著作,为了中国改革,"鼓吹新学思潮,标榜爱国主义"①。同年 9 月,经宫琦寅藏介绍,与孙中山结识,遂断言"康梁者,过去之人物也;孙公,则未来之人物也"②。从此与康、梁二人分道扬镳,追随孙中山,参加同盟会的革命活动,1906 年回国。1907 年为躲避官方搜捕,赴德国考入柏林工业大学冶金专业,1911 年毕业并获工学博士学位,成为我国留德学生中获得博士学位第一人。同年冬回国,历任孙中山总统府秘书长、国会议员、司法部长、教育总长、广西省长等职。后因反对孙中山的政策,1926 年被开除国民党党籍。以后曾任北京工业大学、上海大夏大学、中国公学和广西大学校长,时有"北蔡(即蔡元培)南马"之说。去世后被誉为"教泽在人"的"一代宗师"。

马氏长期在国外留学,通晓英、法、日、德等国文字,注重宣扬国外新学思潮,直接参与革命活动,有条件接触当时西方流行的社会主义思想和马克思学说。可是,学成回国后,他每日译著三千字积累起来的众多成果里,这方面的内容难得一见。照他自己的说法,立志利用所学,"以图新民国工业之发展"。这反映在他的著译作方面,以自然科学方面的成果居多,在马克思的故乡德国留学四年,返国后对马克思的著作未见论及。不过,他在早年,对于介绍包括马克思学说在内的新学思潮,如他所说,"固有力微",尽了微薄之力。这主要

① 马君武:《诗文集自序》,见谭行等人著《马君武诗注》,广西民族出版社 1985 年版,第 12 页。
② 居正:《国立广西大学校长马君武先生碑铭》,见《马君武先生纪念册》,1940 年。

体现在1903年上半年，相继发表几篇有关社会主义和马克思学说的文章。其中《社会主义与进化论比较》一文，谈到马克思经济学说。

一、《社会主义与进化论比较》

此文以“君武”之名，1903年2月15日发表于《译书汇编》第2年第11号。这本杂志的基础，是中国留日学生1900年在东京成立的第一个译书机构即译书汇编社，主要通过转译日文书刊内容，向国人介绍西方社会科学著作。“留学界出版之月刊，以此为最早”，翻译不少具有启蒙意义的西方书籍，对于促进中国青年的民权思想，“厥功甚伟”。[①] 社中成员多为政法专业留学生，译书亦多政法方面，马君武当时对工科颇感兴趣，同时关心政治经济论题，在该刊留下《社会主义与进化论比较》这篇代表作[②]。此文译、叙结合，开篇即点明马克思在社会主义发展中的地位。它说：

> “社会主义者 Socialism，发源于法兰西人圣西门 Saint-Simon、佛礼儿 Fourier，中兴于法兰西人鲁伯龙 Louis Blanc、布鲁东 Proudhon，极盛于德意志人拉沙勒 Ferdinand Lassalle、马克司 Karl Marx。”

在这里，像当时流行的西方社会主义读物一样，将马克思与拉萨尔并列，看作社会主义经法国人圣西门、傅立叶、路易·勃朗和蒲鲁东的创始与发展，在德国人手中达于极盛的象征。对于马克思在内的所有“社会党人”的信仰，文中写到，自圣西门以来，社会党人认为，“人群生计”即社会经济的发展，从古至今，经过由“家奴”变为“农仆”，再由“农仆”变为“雇工”三个阶段；依此而论，社会经济不会停止于“今日之雇工”阶段，将继续发展，必然有一天，“打破今日之资本家与劳动者之阶级，举社会皆变为共和资本、共和营业，以造于一切平等之域”，此即社会党人的“公信”即共同信仰。所谓“共和”资本或营业，说的是破除现存阶级差别，实现公有制，达到“一切平等”的理想境界。

这段开场白，说明社会党人的信仰，建立在社会为“发达不息之有机体”观念的基础上。接着，文章以马克思和拉萨尔为例，指出他们是黑格尔的弟子，黑格尔解释社会问题，主张“发达不息之说”，社会经济“随社会之历史而亦发达不息”。据说拉萨尔推广其义，说经济问题为“进化”问题。由此联系达尔文发明“天择物竞”的生物进化原理。这个原理，阐发“世界事物发达之源”。据此，“马克司之徒，遂指出社会主义与达尔文主义相同之点”，认为两个主义存

① 冯自由：《开国前海内外革命书报一览》，《革命逸史》第3集，中华书局1981年版，第143－144页。

② 此文见高军等主编：《五四运动前马克思主义在中国的介绍与传播》，湖南人民出版社1986年版，第105－117页。

在密切关系。如何解释二者关系，按照此文说法，他们都是唯物论的信奉者：达尔文虽非唯物论者，“然其学说实唯物论 Materialism 之类”；而“马克司者，以唯物论解历史学之人也”。由于马克思“尝谓阶级竞争为历史之钥”，所以，“马氏之徒，遂谓是实与达尔文言物竞之旨合”。照此解释，马克思关于人类社会发展史的阶级斗争学说，符合达尔文关于生物界进化的“物竞之旨”。基于这种似是而非的理解，断定马克思的社会主义与达尔文的进化论具有“相同”之点。

同时，文章又指出，二者对于“发达”即发展或进步的看法，存在“不同”之处。其一，达尔文认为，“物种竞争，最宜者存”；社会党人认为，“人群当共同和亲，利益均享”。一方主张“竞争”，另一方主张“和亲”、“均享”，二者“其异甚矣”。马克思的思想，属于“华严界之类”。所谓“华严界”，乃佛教徒的幻想境地。此即以空想之义类推马克思的思想，批评马克思以为理想中的世界，“经一大革命之后，即可一蹴而致”，实在是“大不可必之事”。其实，“大不可必”的，倒是作者对马克思学说的曲解。其二，社会党人素来反对“争利”，抨击其为“人间之黑兽”；依照达尔文学说，“争利为社会竞争以致进步之鞭”。社会主义主张社会进化，而不争利则进化甚不易，此诚“自相矛盾之论”。其实，这里“自相矛盾”的，也是作者自己的混乱观念。

此文指出社会主义与达尔文主义之间存在上述“反对不可通”的地方，其立足点仍是比较二者“相通”之处。例如，马尔萨斯“民数论”即人口论为达尔文主义的“根据地”，据说，此论发现两个“事实”：人口繁衍“其数可增至无量数”，以及人类生存的星球及其产物，将来“必不能随人数而并增以供养人群之生活”。达尔文主张“争自存论”，可从历史上“人群之竞争”取得的社会进步中，得而观之。竞争的结果，人类由最初杀食俘囚的野蛮时代，变为奴役俘囚的“家奴之制”，又变为“更为良便”的“农仆之制”，今日再变为缺乏资财者靠“服社会中劳动之役，以得酬金，而争其生存”的“自由作工之制”。自由作工制系“各争自存于社会之中”的“争利之制”，它“善于”此前的农仆制。然而，此制兴起近百年，并未解决“人群之数增加如故”的人口问题。于是，社会主义的“独一捷法”，应运而生。社会主义者认为，人口增加终不可免，只有道德与知识的大力进步可以战胜一切自然灾祸，不受其害，而依赖有限的个人力量战胜自然灾祸，其势甚难，因此，“莫若合大群以谋公利”，这可以解决人口困难以及一切困难问题。此乃“社会主义之奇想”。针对于此，作者站在达尔文主义立场上，提出一个问题：“今日欧洲之世界社会党人之势力，可谓极大”，如果它与达尔文主义相反对，在达尔文主义昌明时，“社会主义当摧破而无复余”即不复存在，然而，社会主义“犹能腾万丈之光照耀一世，岂非其主义固有真价值存焉，故不灭而益明”？对此，作者自问自答道：达尔文的“争自存说”，虽然从人类社会的历史现象中得到验证，但社会进步，不止是“争自存”的“单纯之原理”，社会主义者主张“平均”、“和亲”之类，亦为社会进步的原理。所以说，“社会主义者，不惟不与达尔文主义相反对，且益广其界而补其偏；虽谓达氏主义得社会主义，而其义乃完可”。简言之，社会主义能在欧洲社会得到极大发展，自有其“真价值”，应以社会主义补充达尔文主义，方使达尔文主义具备完整涵义。

文中还从三个方面，分别解释社会主义与达尔文主义“相通”的道理。例如，达尔文主义所谓“天择”即自然选择，认为人类由竞争进于高级，其“争自存”之理，实起于人类最初“非道德”的自私自利竞争；社会主义“益进而不息”，欲改造现有旧社会为新社会，改造现有不完全之道德为完全之道德，这和达尔文主义的“天择”之义，没有什么违背。社会主义追求“道德自由之极乐园”，为“今世争利之制”难以企及。所以，以“争自存”作为人类进步的惟一原因，将置道德发达于不顾，乃系偏狭之见。此其一。其二，“争自存”非仅个人与个人之争，还有部落、党派、民族、人种之争，现今世界乃“阶级党类相争之世界”。将来世界种族融合，“争自存”仍将不息，此即人类与“天”即自然之争。“争自存”推动社会组织的改良，“竞争”其名可憎，其象可怖，然而，“实为此世界人种最大最良之一间学校，其价值非一切他物之所可比拟”。对比之下，社会主义无非“人群改良其社会之组织达于极点，以长久昌盛，百战百胜，享福无穷”。谋求“社会之发达以进于文明”，“争自存”不可废，随着社会文明的推进将愈益扩大其作用。其三，竞争造成的各种社会制度，因处于社会进步的不同阶段而有所不同，犹如学校的不同年级使用不同的教科书一样。既明此理，可知“现在争利之制度乃旧教科书，而社会主义乃新教科书”；若迷恋“今世争利之旧制度”，力图保存之，“深惧于社会主义之新制度”，其知识将“出于寻常学生之下”。社会改良是“大难事”，今世争利制度变为社会主义制度，势必引起社会政治、经济、思想道德等方面的深刻变革，难以为世人所理解，故“尤难而又难”。唯有不忘图进步，注重修德行，才是人类福祉之所由生，“社会主义之所由立”，同时也是最适宜于“天择”之所在。

此文不惜笔墨，比较社会主义与进化论之异同，得出二者“相通”的结论，也表现出对于社会主义的赞赏态度。如谓：“凡怀热心图进步之国民，未有不欢迎社会主义者”，因为实行社会主义后，“人群必大进步，道德、智识、物质、生计之属必大发达，此世界之光景一大变”。在作者看来，“社会主义诚今世一大问题最新之公理，皆在其内，不可不研究”。为了研究的便利，它在文章末尾，特地附列“社会党巨子”的“最有名”著作 26 部。“社会党巨子”指开篇列举的六位社会主义代表人物，所附著作名目有圣西门 6 部、傅立叶 1 部、路易・勃朗 1 部、蒲鲁东 3 部、拉萨尔 10 部，以及马克思 5 部。其中列在最后署名“马克司所著书"5部，像其他著作一样，均系西文书名，它们的排列是：The Condition of the Working Class in England，1845；Misere de la Philosophie，1847；Manifesto of the Communist Party，1847；Zur Kritik der Politischen Oekonomie，1859；Das Kapital。以上书名，英、法、德文并用。第一部《英国工人阶级状况》，实系恩格斯著，第三部《共产党宣言》，乃马克思与恩格斯合著，其余第二部《哲学的贫困》、第四部《政治经济学批判》和第五部《资本论》，才是马克思的独立著作。引用者不察，将五部书都算在马克思名下。这个书目非同寻常，在马克思经济学说传入中国的历程中，它是较早一份包含马克思、恩格斯代表作的珍贵目录①。这份书目用西文标示，恐怕当时许多国人读者都看不懂，但它率先把《政治经济学批判》、《资本论》一类马克思经济学说的原著书名，介绍到中国。

上述内容，可能不完全出于马君武自己的学习体会，而是转述那时流传于日本的有关西方著述。文章中穿插马氏一些按语或附言，结合转述的内容，反映他对待社会主义及马克思学说的若干倾向性意见。

第一，"马克司之徒"的社会主义与达尔文主义，有相同之点，关系密切。其理由是，达尔文发明物竞天择的生物进化学说，实际上贯串唯物论观点，而马克思亦以唯物论解释历史。对此，马君武附言说明，他登在《大陆》报第2期上的《唯物论二巨子学说》一文，断言"欲救黄种之厄，非大倡唯物论不可"。将倡导唯物论作为拯救中华民族的必由之途，表现出肯定唯物论的态度。有人望文生义，说"唯物论二巨子"指达尔文和马克思，意在表明后者高于前者②。其实，1903年发表于《大陆》报的那篇文章，专指18世纪法国百科全书派的两位唯物论"巨子"狄德罗和拉美特利。二人相比，狄德罗的学说论述自由无所畏缩，"仅发唯物化之端，而无伦理以实之"；能够大倡此论，"扫一世之陋说习见，独立无惧自标新义"，让唯物论"放一奇彩"者，实为拉美特利。不论何人，关键是倡导唯物论，可以"破宗教之迂说，除愚朦之习见"，促使人们追求真理，有功于法国革命。所以，他赞叹："伟矣哉，唯物论之功。"③可见，推崇西方唯物论以为救治中国的希望，马君武可谓先行一步，但对唯物论的理解，除了提到马克思说过"阶级竞争为历史之钥"，尚未超出18世纪法国唯物主义的认识水平。

第二，以人口问题为社会主义与达尔文主义"相通"的"连合相关之点"，而

---

① 有人认为，这个目录"不仅是近代中国第一份关于社会主义思想史的研究书目，也是迄今为止我国的文字记载中所见到的最早的马克思主义著作书单"。见林代昭、潘国华编：《马克思主义在中国——从影响的传入到传播》上册，清华大学出版社1983年版，"前言"，第6页。

② 皮明庥：《近代中国社会主义思潮觅踪》，吉林文史出版社1991年版，第73页。

③ 《唯物论二巨子(底得娄、拉梅特里)之学说》，《大陆》第二期，1903年1月出版。转引自张枬、王忍之编《辛亥革命前十年间时论选集》第1卷上册，三联书店1960年版，第411—412页。

达尔文的“争自存论”，勃兴于马尔萨斯人口论。达尔文把社会发展看作人类“争自存”的历史，说到这里，马君武有一句插话，称他曾翻译达尔文的物竞天择论，“言此理最详”。这是指 1902 年开始摘译《物种原始》即《物种起源》一书，此后又于 1904 年译《物种由来》数章，1906 年全部译出，题名《达尔文物种原始》，中华书局印行，成为最早翻译这一名著的中国学者。此外，他还翻译达尔文的《人类原始》一书。这表明，马君武在青年时代十分崇信达尔文的进化论，这种信仰后来对他的政治生涯产生过重大影响。因此，仅仅承认社会主义与达尔文主义具有相通之处，或者承认社会主义对达尔文主义有所补充，由此就判断他认为“马克思高于达尔文”，显然过于简单。

第三，比较社会主义与进化论，马君武曾多处插入按语，比较中国与西方之异同。例如，谈到西方经历了家奴、农仆、雇工诸历史阶段时，他认为，在中国，这三者“常兼包并容，而无显然分划之阶级，至今尚然”，成为中西历史“比较之异点”。又如，谈到西方无论社会主义、达尔文主义，都以“道德发达”为人类进步之一大要素时，他认为，对中国而言，“道德进步”、“道德发达”一类字眼，均为“创见”，中国自古强调“天不变，道亦不变”，欧美人则以为道德的发达进化，乃人类进步之“大原”，这是“中国人与欧洲人思想相反之最大者”。再如，谈到社会主义与达尔文主义，均从“争自存”实现最强的世界种族，到“与天争”进行人类与自然的斗争时，他认为，“与天争”一语，“中国自来所无，可与奇甚”，恐怕中国人种将来没有“与天争”的资格，因为这必是“世界最良之种”，若我国人在“争自存”过程中被其他更强的人种消灭，遑论与天相争。这些按语，在与西方的比较中，指出中国社会具有不同的特点，更多地显现当时中国的落后愚昧状态。关于中西方不同国情的比较，存在于西方社会主义思想传入中国之时，同样也出现在马克思经济学说传入中国的过程中，马君武是早期从事这种比较之一人。

第四，此文的结束语，较为典型地体现了对待社会主义的基本态度。马君武说，社会主义思想的传播，随社会文化程度的高低而显著不同，“以今日中国文化之程度，进而与之言社会主义，其不惊疑却走也几希”。意指当时中国低下的文化程度，很少有人不对传入的社会主义思想表示惊奇怀疑和退避拒绝。继续保持现状，在欧洲的“奇伟光明之主义”面前，容忍中国人“昧昧然不知其为何物”，不是“以输入文明为己任者”的本意。问题是，怎样向国人“输入”社会主义这种西方文明？他不赞成近人假托《礼运》篇的片字只义，“演为大同条理，陈设制度以期实行”的做法。这种做法“以一人为牧人，以众生为牛羊，而听己之指挥”，其弊“不知竞争不息之旨”，结果“欲进化社会，而反致之于退化”，“不可以不辨”。他运用物竞天择的进化论思想，阐释西方社会主义文明。这样，在形式上，保留了西方社会主义文明的输入者身份，而在内容上，以进化论取代了社会主义的原有内涵。

总之,从通篇文章看,马君武最为欣赏的,似乎是所谓达尔文发明、马克思社会主义补充的"竞争不息"思想。在文章结尾处,他附有与严复对话的要点。其中提到两年前,曾与严复讨论"天战之理",严氏诧异他从何处得来此"奇思怪语",慨叹"思深哉,子之为学"。所谓"天战",即"与天争",马君武假手严复以表达自己对于此道理的深刻思索,也说明他对竞争一说十分看重。基于此,他当时的研究兴趣,更多放在达尔文主义的进化论上,不大可能像有人说的,"为了评介马克思主义学说,马君武读了许多马克思主义的经典著作"[①]。此文附录载有《政治经济学批判》和《资本论》等马、恩经典著作的书目,为传入马克思经济学说起到最初的引路作用,但并不能说明他本人研究过这些著作,从此文的论述中,也看不到他作过这种研究的迹象。这些书目都是西文,又几种文字并存,未译成中文,更给人以照搬他人所列书目之嫌。他自以为竞争是社会主义与进化论相通的精髓,自诩"以输入文明为己任者",不屑从中国古代的大同理想中寻章摘句,以此附会西方社会主义思想。这一点,他和当时仍有相当大影响的康、梁二人,是不同的。这也体现了那一时期,介绍西方社会主义和马克思学说的另一种倾向。

二、关于空想社会主义及其他

1903 年 2 月至 5 月,马君武又接连发表数篇介绍西方社会主义的文章,其中三篇涉及历史上的空想社会主义,一篇涉及近年社会主义,在当时国人中,可算倾注了少见的热情。自此以后,他的这股热情可能很快消退,或者转移到其他方面,几乎未再留下关于马克思和社会主义的评介文字。早期的这几篇文章,与前述《社会主义与进化论比较》一文相互衔接,从中可以体会到,他那时对于马克思的社会主义学说,是什么样的认识水平。

第一篇文章《社会主义之鼻祖德麻司摩儿之华严观》。这是一篇译文,以"君武"之名,1903 年 2 月 16 日发表于《译书汇编》第 2 年第 12 号[②]。这篇译文发表在前篇文章的次日,前篇文章里,说马克思学说属于"华严界"之类,这篇译文重点说明何谓"华严界",可见选译此文之用心。

此文说,"华严界"系哲人臆想的"虚境",或"远莫能致"、遥远而无法达到的"乐岛"。它起因于诗人、哲学家一类理想高远之士,目睹现实世界的社会罪恶和民间惨苦,无从救助,于是"寄奇想于虚洲,托芳情于诞说"。理想家创造"华严界"中的"极乐世界","伤今世社会之腐败,欲破坏改革之,乃先造一虚幻

① 林雨如:《马克思主义传播与马君武》,《广西日报》1983 年 3 月 14 日。

② 参看《社会主义思想在中国的传播》第二辑上册,中共中央党校科研办公室,1987 年,第 259—263 页。

优美之世界，以为改革之标本”。这个幻想世界的标志是，生活在那里的人民，“贫富平等，无有界限，合力作工，以相养活，雍容乐群，不自私利，奢富怠惰，为最恶德”。世界总在不断进化，人类的大患莫甚于局限于现在而不思将来，害怕破坏和改革社会政治之现状。依此而论，今日欧洲虽谈不上“治极之世界”，但摆脱了过去的腐败现象。数百年前欧洲社会腐败达于绝顶时，英国出现一本“实为欧洲改革之原动力”的小书，这就是英国人“德麻司摩儿”(今译托马斯·莫尔)16 世纪早期写的《华严界》(今译《乌托邦》)一书。与当时“富者结群而敌贫，强者恃力而凌弱”的社会相反，这本书虚构一个“安宁、平等、和乐、自由”的美好世界，以此“惊醒”英国人民的悲惨之恶梦。此书第一卷揭露那时英国贫穷和犯罪现象迅速增加的原因，在于穷人无田、无业和无人雇之为工；贫者的工钱，“或为富人诡诈之所剥削，或为偏颇法律之所侵吞”，官吏和富人，“实一国中之大蠹”。第二卷描述未来乌托邦人的生产方式：“公派”土地而“公耕”之，以养其民；土地所出，属于“公物”，人民需用，则往取之，积其余者，以备后日之需；岛中“无不工者”，“工时极短”，闲暇时间从事各种娱乐、学习和发明活动；其民“无贫无富，各均其分”；人民“一切平等”，“公选”成立政府，不许君主“篡据之为私产业”；其民嫌弃富厚与战争，无美衣、厚积及军需，富厚权势是不值得羡慕的“苦具”；废除货币，“金价同于顽铁，以其无所于用”；无论动产不动产，“据产必不平等”，财产不平等是危险罪恶的来源，故“无据有之私产业”；“土地公有”，其民珍惜土地，合群力以从事耕植，出产多而无饥馑；等等。乌托邦的实行，必待“人人皆良善而后极良善之社会出”，这不妨碍莫尔成为“仁慈之社会改良家”，“社会罪恶大批评家”，以及“提出新社会之大理想家”。莫尔首先独自提出社会改革思想，为后世留下“不死之伟论”，实为“共产主义之开辟大祖师”。

此文颇为推崇莫尔的乌托邦学说，指出这一学说在西方的传承线索，前有古希腊柏拉图，后有“法兰西之社会主义创始人”圣西门和傅立叶。他们的学说相近，反对者总是称其学说“断不可实行”，他们自己则认为其说“不能骤行”，但社会终不免于改良，这些“伟人”理想中的世界，“虽不能尽行其主义之全分，必行其少分”，即使不能全部实现也必然会部分实现。显然，马君武赞成译文中这种观点。所以，他把代表社会主义极盛时代的马克思学说归入乌托邦思想之列，同时反对马克思一蹴而致的革命主张。

第二篇文章《圣西门之生活及其学说》。仍以“君武”一名，同年 5 月 10 日发表于《新民丛报》第 31 号[①]。这篇文章介绍，圣西门为“始倡法兰西社会主

---

① 参看《社会主义思想在中国的传播》第二辑上册，中共中央党校科研办公室，1987 年，第 264－266 页，以及姜义华编：《社会主义学说在中国的初期传播》，复旦大学出版社 1984 年版，第 258－259 页。

义之第一人"。这位"思想高尚"的哲人,觉得现实社会"秽恶不良",孑然一身,无力改革,亦不愿同流合污,忍气吞声,于是诉诸著论。1819 年著《组织论》(今译《论社会组织体》),是其第一部著作,"始表其社会主义之意见"。其"最精之说",以为社会建立在利用物产以满足人生需要的基础上,社会的归旨,在于"合人群之能力,以开拓地球",所以主张"破除劳动者及资产家之界限"。不过,"一般人群共和营业"即全体人民共同经营的观点,系后来社会党的主张,非圣西门之初衷。其最晚出且"最重要"的著作《新基督教》,宣扬社会之人相互平等如兄弟,"社会之中必不应有贫富悬绝之阶级",此乃世间良好社会组织之要素。这是金科玉律,用其门徒的话来说,人类以往经历了家奴、农仆、雇工三个阶级,自今以后,将进入"人群和亲以开拓地球之时代"。圣西门派的取消财产继承权思想,认为今世财产制度,"以少数之业主制驭多数之雇工",雇工有自由之名,却多穷困饿死者,如此"产业嗣续之制",又何能为"善制"。其弊端,一面产业"私有",业主懒惰,无所事事;一面雇工以产业"非己有",无爱其产业之心,自无勤于力作之效。因此,"以世界之公产,一人窃据以为私有",既不合于论理,又影响社会进步。解决此弊的办法,莫如废除财产继承制,"以土地为公产,而合群力以开拓之,还以社会之土地,托诸社会之人民",变家族继承为国家继承,促进社会发达与人民和亲。废除继承权后,其门徒实行社会主义,"弃绝私产,幼年入学,学成则依其才能而授之以职事",免费教育,论才能任事。

从这篇文章,不难看到此前比较社会主义与进化论一文的思想痕迹。谈论社会主义包括谈论马克思社会主义学说,实际谈的却是类似 19 世纪初叶的法国空想社会主义学说。这一点,从他介绍傅立叶学说中,也可以得到证明。

第三篇文章《佛礼儿之学说》。这是马君武附在介绍圣西门学说后面的一篇文章①,二文同载于《新民丛报》第 31 号。此文认为,"佛礼儿"即傅立叶提倡社会主义,在圣西门之先,惟傅氏 1808 年发表有名的《四种运动论》一书,晦涩难懂,初几无人读之。直至圣西门及英国"社会党"人欧文的社会主义风行后,傅氏学说才产生影响。因此,"法兰西社会主义之创始人",必首推圣西门而以傅立叶次之。傅、圣二人的社会主义,"大不相同",后者主张"中央集权",前者重视"地方及个人自由分治"。傅氏认为,救治社会罪恶,莫如先救治自身罪恶,"救治之道,莫大于克己";所倡学说,欲世人行之,莫如先自行之。于是创议"法郎吉"之制,此即成千数百人"同居共产"之意。此制,数百人聚居一地,成一团体,"如其所以,从其所欲,而自由发达";人们"合群力兴农工之业,

---

① 参看《社会主义思想在中国的传播》第二辑上册,中共中央党校科研办公室,1987 年,第 266—268 页,以及姜义华编:《社会主义学说在中国的初期传播》,复旦大学出版社 1984 年版,第 260—262 页。

而享乐利”；所居宫室“广大美丽，人人安适，无虐政压制之害恶”，一般官吏皆由选举产生；男女之间“自由恋爱，自由合并，自由分离”；按劳动分配，“尽人之力，从事力作，聚其产物，量人民之力作之量而分配之”，作困难重要之工者受上赏，作寻常之工者次之，作轻便适意之工者又次之；等等。这一设想，同样是不可实行的“华严界之类”。此制有违人类天性及社会进化之理，不知人类的自利本性，不可纵欲，否则，纵欲而自由无界，与原始野蛮时代无异，不合政治及社会进步之理。同时，傅氏学说“为世所重”，揭示专制政府的罪恶，以及地方和个人的自由不可不发达道理。关于法郎吉的介绍，早在 1880 年汪凤藻翻译英国经济学著作的《富国策》里，已有述及，可是，马君武此文的介绍，显然未曾参考此译本，另有其日文参考来源，而且二者所述内容亦各有千秋。马氏之文还从哲学角度，用不少篇幅，介绍傅立叶的社会主义，以神论、世界论、心灵学三者为基础，末尾归结为后来的“谈生计学者”不可不研究其学说，亦即注重其学说的“生计学”也就是经济学涵义。

关于圣西门和傅立叶学说的专题介绍，尽管仍嫌粗浅，但比起数月前比较社会主义与进化论一文的有关介绍，却详尽许多，大体上勾画出法国空想社会主义经济学说的若干理论要点，表达了圣、傅二氏的若干基本意向，如对于现实生产方式的批判，实际上否定资本主义生产方式为惟一可能的生产方式，以及对于未来社会主义社会经济结构与经济原则的猜测和设想等。然而，介绍到这里，便止步不前。没有认识到，马克思主义以空想社会主义作为其思想来源之一，已从空想发展为科学，反而仍将马克思社会主义视为空想社会主义，并且是空想社会主义的“极盛”阶段。可见，马君武提到马克思经济学说，并未认真研究这一学说的理论内涵，便以空想社会主义的经济内容取而代之。20 世纪初国人刚接触马克思经济学说时，难免产生各种错误理解，马君武算是其中较为突出一人。

第四篇文章《弥勒约翰之学说》。此文仍以“君武”之名，当年 4 月 26 日发表于《新民丛报》第 30 号①。与前述诸篇介绍历史上的乌托邦或空想社会主义不同，此文提到近年以来，“社会主义日益光明，社会党之势力日益增大”。特别介绍社会主义者主张“男女同权”的“大原理”，列举两件事，从一个侧面反映了马克思主义者的活动实践。一件事是 1891 年，各国社会党的国际联合组织即第二国际，在比利时布鲁塞尔召开第二次代表大会，讨论联合“世界之社会主义党人”，确定男女平等的细目，废除世界各国对于妇女的不平等法律。另一件事是同年 10 月，德国社会民主党在爱尔福特召开代表大会，“最初宣

① 参看《社会主义思想在中国的传播》第二辑下册，中共中央党校科研办公室，1987 年，第 78－79 页。

言"涉及男女平等问题,概括起来,大约有教育、经济、政治、婚姻和公民等方面的"女权"。其中妇女享有的"经济权":"女人者,人类也;人类者,有能力以自养,而决不待养于夫父之属者也,则女人当各营其生活职业焉。女人之工规工价,当与男人之工规工价相同,而不容有所差异"。意谓妇女不应当依赖男子,应当享有与男子一样的就业和获得同样工资的权利。上面所说的两个会议,讨论妇女权利固然重要,但不是会议的主题。马君武记述近来西方社会主义的发展,特地选择男女平等议题予以介绍,说明他对马克思社会主义学说体系仍比较陌生,也表明他留意西方社会主义学说中那些直接与中国传统观念相抵触的新颖思想,如"男女同权"思想与传统男尊女卑观念直接对立,故给他留下深刻印象。

三、马君武与梁启超的介绍之比较

马君武的介绍既包含西方历史上的或现实中的社会主义学说,也包含马克思学说及其经济学说。综合起来,与梁启超相对照,二人有相同之处,也存在相异之点。他们都属于 20 世纪初,国人接触马克思学说并著文介绍的早期代表人物。梁氏的介绍与马氏大致同时而稍前,以后又持续相当一段时间,马氏仅在 1903 年间保持几个月的兴趣。以社会地位和声望论,梁氏高于马氏,后者当时只是一个追随前者的 22 岁青年。但从他们对马克思学说的介绍水准看,无所谓孰高孰低。他们较早提到马克思的译名,而对于其学说的理解和评价,不是较为肤浅,就是转译他人观点,无足为凭。那一时期他们对马克思学说包括其经济理论的认识,无非一些皮毛,或仅接触极为有限的几个观点。例如,梁氏介绍,马克思为社会主义之"泰斗"或"鼻祖",抨击现实社会存在"多数之弱者为少数之强者所压伏",或"少数人掠夺多数人之土地"的弊端,主张"变私财以作公财";在马氏看来,马克思代表社会主义的"极盛"阶段,像其他社会党人一样,赞成打破资本家与劳动者的阶级界限,将整个社会变为"共和资本、共和营业",达到"一切平等",同时,信奉"唯物论"和"阶级竞争",著有《政治经济学批判》和《资本论》等"最有名之书"。二人所见,只是给人以初步概念和模糊判断,如此而已。

梁、马二人对于马克思学说的介绍,虽然粗浅,却有一些共同特点。一是用进化论观点解释和衡量马克思学说。如梁氏从基德的社会进化理论引申出对马克思学说的评价,马氏将达尔文的进化论与马克思学说比较等。19 世纪末叶,国内人士出于鼓吹变法图强和提倡维新运动的需要,开始引入西方进化论作为理论武器。严复 1895 年译成并流传、1898 年正式出版的《天演论》一书,大力宣扬"物竞天择,适者生存"的进化论观点,在中国面临列强瓜分的危急存亡之际,曾起到号召国人"保种图强"的振聋发聩作用。对进化论的尊崇,影响到梁、马二人，以致介绍马克思学说时，无法跳出进化论的窠臼。二是强调马克思学说由以产生的西方社会情况与中国不同。梁氏谈中国国情不同，视之为理所当然，毋庸具说；马氏则时时不忘举例说明这种区别之具体所在。三是认为马克思学说在现实世界缺乏实行的可能性。梁氏以此学说过于"偏激"或"极端"，不可行于今日之中国，亦不可行于欧美；马氏则以此学说纯属乌托邦空想之类，其革命主张尤为"大不可必之事"。

他们介绍马克思学说，也表现出若干不同之处。如梁氏既从阅读国外有关论著中了解马克思学说，还目睹西方社会繁荣景象背后存在严重分配不公的黑暗现实，由此领悟马克思学说产生和流行的某些原因；马氏关于马克思学说的知识，基本上是书本知识，而且较多从空想社会主义学说中，推论马克思学说的内容。又如，梁氏热衷用中国古代思想附会西方社会主义，显示对马克思学说的理解，同时利用西方社会主义和中国古代理想两方面的知识来源；马氏关于社会主义和马克思学说的议论，鲜有这种附会，对有人寄期望于古代大同理想，还颇有微词。最重要的区别，在于他们对待马克思学说的基本态度，明显不同。梁氏从一开始，便对马克思学说持怀疑或否定的态度。他将马克思学说混同于一般干涉主义甚至托拉斯，贬抑马克思学说不及基德的进化论革命，或斥之为"偏激"、"极端"。在他看来，马克思学说"蔓延于全世界"，纯粹基于其信徒对此学说像宗教教义一般的"迷信力"。其言下之意，失去这种"迷信力"，马克思学说的影响也将不复存在。相比之下，马氏也认为马克思学说有空想成分，不可能实行，但不赞成用进化论学说排斥马克思学说，认为二者"相通"，相信马克思学说"不灭而益明"，能够"腾万丈之光照耀一世"，自有其"真价值"。他介绍马克思的唯物论，还大声疾呼，拯救中华民族的危亡，"非大倡唯物论不可"。梁氏对于美国社会党人建议在中国"拓殖"和宣传马克思社会主义，曾以"中国人现在之程度未足于是"为由，予以回绝；马氏同样认为"今日中国文化之程度"，难以理解和接受马克思为代表的社会主义主张，但不愿国人茫然不知世界上有此"奇伟光明之主义"，表现出"以输入文明为己任"的昂扬精神。可见，早在20世纪初，我国知识分子刚接触马克思学说，理解尚肤浅时，便伴随着消极抵制和积极输入的两种不同思想倾向。这种不同的思想倾向，在马克思经济学说传入中国的相当长一段时间内，表现形式有所改变，却一直存在着。马氏还从处于"极盛"阶段的马克思学说向前追溯，专题评介西方历史上的空想社会主义，而在梁氏那里找不到可资比较的相应文字。梁氏偶尔提到柏拉图的"理想国"和莫尔的"乌托邦"，只是借此证实中国古代大同理想的微言大义和魅力；马氏的评介，却试图揭示空想社会主义学说的实质。

附带指出，马君武之前，有关空想社会主义的介绍，大体从19世纪80年代初开始,已有零星传入。如1880年《富国策》介绍欧文和傅立叶的"均富之说",1885年《佐治刍言》评论法国人"平分产业"的"空虚荒谬之谈",1891年《回头看纪略》和1894年《百年一觉》转述美国人梦中的乌托邦境界等。这些译作,其主导者均系来华西方人士,除《百年一觉》属于正面介绍之外,其余都是以批判眼光看待空想社会主义。中国人的类似介绍文章,在1903年以前,勉强可举出1902年9月出版《西政通典》中的《用财总论》一文[①]。说到勉强,因为此作乃袁宗濂和晏志清编辑而非自撰,《用财总论》介绍英人欧文创立"均富之说",后由法人傅立叶"变通其意",其内容几乎完全抄自《富国策》一书有关论述。此文评议与前书相同之处,如认为,"财之不均由于人有私产",私产愈多,国家愈富,民间之贫富愈不能均,这是"天下古今之常理";即使没收民间财产实行按户口均分,由于各人智愚勤惰的差别,最终仍归于贫富悬殊。二者也有不同之处,例如,前书强调"私产"与"均富"的对立不相容,有私产即不能避免贫富悬殊,均富必须"去私产之制",此举又"断断乎其不能"。此文承认"均财"一说有"天下之美名",古往今来只闻其声未见真正实行,但着意说明"私产"与"均财"可以融通:"用财之道无他,均而已矣,分而已矣",其"均财之法",人们"各保其私产",可以"分济贫人",此乃"国计民生交资其益"的"尤公"、"尤大"、"尤远"之举。《富国策》反对"均富",它对"私产"与"均富"关系的认识比较真实;《用财总论》赞成"均财",设想在保存私有财产的前提下实行"均财",有些异想天开。不管怎样,《用财总论》一文评介欧洲空想社会主义,与那些持批评观点的西方人士有所不同,信仰"均财"并带有某种传统色彩。此后,马君武著文评论西方空想社会主义,看来沿袭《用财总论》的说法,不像某些西方人士断然否定空想社会主义主张的合理性,能有所取舍,作出一些尚称客观的判断;大概又从日本著作受到启发,强调从空想社会主义到马克思学说的西方发展线索,抛弃了将西方空想理念与中国古代理想混在一起的传统色彩。

第三节 "大我"关于马克思共产主义原理的介绍及其他

20世纪初,尤其在"革命书刊的发行盛极一时"的1903—1904年间[②],我国知识界其他一些人士,也提到马克思及其经济理论。其中颇引人注目的,是署名"大我"的《新社会之理论》一文,在"共产主义"标题下,有一段专门介绍马克思的"原理"。其余提到马克思名字的文章,大多一笔带过,未作更多评论。

① 参看袁宗濂、晏志清编辑:《西政通典》卷六十三,光绪壬寅(1902年)萃新书店刊行。

② 张枬、王忍之编:《辛亥革命前十年间时论选集》第1卷,三联书店1960年版,"序言",第6页。

一、"大我"的《新社会之理论》

这一文章1903年10月和11月连载发表于《浙江潮》第8、9两期①。大我是笔名，恐怕因其文之激进主张，故意隐去真实姓名，这也体现了浙江留日学生1903年2月创刊于东京的《浙江潮》本身，具有激进倾向。此文分三篇，用文言文表述，夹杂一些日文转译过来的新词汇，读起来颇感佶屈聱牙。第一篇"概念"，将"新社会"看作19世纪自法国遍及全欧洲的政治革命之结果。新社会崇尚天赋才能，"弱者贫者"不能不依赖"强者智者"，其国力随"大资本家、大企业家"发达而膨胀。由此引起"经济之革命"，诸如增加工人工资，减少劳动时间，推行工场条例、保险事业、储蓄银行等，以形成社会"公利"。作者借此展望中国社会前途，提出欧洲革命是否扩展到亚洲而造成"世界大同盟"问题。第二篇"新社会之过程"，从退者淘汰、进者留存的社会"生理学之公例"出发，提到"万国劳动同盟"宣布无人种、宗教、国界之区别，而华工在世界上却一再遭到驱逐，面临亡国灭种的危险，并归咎于国人对新社会"无意识"，导致中国出现各种"败象"。未料中国"以四千年来文化荟萃之社会，至今日为百鬼夜行之缩图"，又充斥着"饰肤浅之哲学，侈大同之美名"，"以侵夺为权利，以猥鄙为经济学"等等"败德"。西方社会经历了从奴隶到贵族、到市民、再到平民时代的"愈演而愈上"阶段，中国社会"愈演而愈下"，经历了千余年殷助、周彻的"共产制度"后，由平民时代变为贵族时代，再由贵族时代变为奴隶时代。这又归咎于长期"闭门自守，胶守盲从"。只有今日滨海地区和长江流域，才显现新社会过程的"曙光"。第三篇"新社会之主义"，这也是最值得注意的一篇。

此篇以行医的"卫生术、治疗术"保障健康和消弭痛苦为譬喻，指出，"社会主义者，将以增人间之福祉而消除其厄难"，"普及"人间社会的卫生术和治疗术。社会主义导源于近代，是新生事物，只有60年历史；最初英国人罗伯特·欧文1835年创立"各国民各种属之协会"，专注社会改革而非政治改革，被称为社会主义，其成员组织被称为社会党。这可能指欧文1834年倡导建立的全国统一工会，此会存在几个月便于同年瓦解，从1835年起，欧文开始和工人运动疏远。欧文以后，社会主义适用于各种近似的主义和党派，起到"屏除习俗一切尘障之观念"和"冲决现存一切罪恶网罗"的心理或伦理作用；直至今日，"社会主义之披靡欧美，为雷奔电掣山摧海啸之奇观"，在西方国家造成极大声势。这种社会主义"奇观"，表现为共产主义与极端民主主义"二大现象"，它们作为西方白人的"输入品"，不可漫不介意，应引起国人重视。"共产主义"究为

① 参看张枬、王忍之编：《辛亥革命前十年间时论选集》第1卷下册，三联书店1960年版，第509－516页；以及姜义华编：《社会主义学说在中国的初期传播》，复旦大学出版社1984年版，第316－323页。

何指,按照文中的说法:

> "是派创于法人罢勃(Baboeuf),其后劲则犹太人埋蛤司(Karl Marx)也,今之万国劳动党其见象也。"

"罢勃"指法国空想共产主义者巴贝夫,"埋蛤司"即马克思,"万国劳动党"应指国际工人协会。马克思曾评价巴贝夫建立的平等派密谋革命组织,是"真正能动的共产主义政党"①,认为他领导的革命运动,"产生了共产主义的思想"②。所以,对上述引文,有人认为,这是"中国报刊上第一次介绍共产主义理论发展的历史"③。这一评价未免过誉。这句话在"共产主义"名义下,提到首创和"后劲"的两位代表人物,并未涉及共产主义"理论发展的历史"。其作者并未想过弄清这一理论在各个历史阶段的发展沿革,遑论介绍其发展历史。他考虑的,是将共产主义派别所依据的"原理",用自己的理解方式归纳和表达出来。主要包括以下四点:

其一,土地与资本作为"生产之资",其属性原本脱离地主和资本主而存在。可是,有人靠"先占"拥有这些财产,后起者必然无立锥之地;有人靠"劳力"拥有这些财产,后起者亦必无可劳力之地。加上广泛使用机器,降低工资报酬,现在的劳力者永远不可能成为拥有财产的地主和资本主。所以,"必废私有相续制而归于国有",必须废除私有财产继承制度,实行财产国有。其二,劳动者由于"生产机关"为地主和资本家所"垄断",导致他们的屈从、社会穷困和精神卑屈,并成为"政治上服从"的原因。其三,"劳动之结果,即天然之报酬",随着生产力的发展,理应增加劳动者的报酬,使人类幸福。可是当今世界,"彼坐而攫其利",犹如"盗贼"一般,"劳动者与市价同低昂",犹如"劣等动物"一般。其四,"神圣之劳动"加上"土地资本归于国有",一人的生活费用以劳动时间计算,平均一日 6 小时就够了,而现今劳动者每天工作 12 或 13 小时,尚不足以负担生活,可见"贫者富者"的差距,非相对而言,是"绝对的现状"。

从这些"原理"看,可以判断作者未曾认真阅读马克思原著,可能将当时流传日本的某种或多种有关共产主义理论的著述,撷取其若干内容,转述成自己的理解。诸如以"生产之资"的自然属性作为否定私有制的理由,财产"国有"概念,把劳动的结果看作天然的报酬等等,都不是马克思的原意。除了显而易见的混乱观点和模糊用语之外,作者试图从经济理论角度介绍西方共产主义

① 马克思:《道德化的批判和批判化的道德》,《马克思恩格斯选集》第 1 卷,人民出版社 1972 年版,第 173 页。

② 马克思、恩格斯:《神圣家族》,《马克思恩格斯全集》第 2 卷,人民出版社 1957 年版,第 152 页。

③ 林代昭、潘国华编:《马克思主义在中国——从影响的传入到传播》,清华大学出版社 1983 年版,"前言",第 7 页。

原理，仍不失为可贵的尝试。其中对一些原理的陈述，颇有意义。例如，必须废除私有制；劳动者贫困和没有政治地位的根源，在于地主和资本家对生产资料的“垄断”；地主和资本家“坐而攫其利”的不劳而获，是“盗贼”行为；“劳动者与市价同低昂”，意谓劳动者与商品一样，其价格在市场上浮动；根据一日劳动时间的计算，判断劳动者的入不敷出为“绝对的现状”，似乎涉及绝对贫困理论；等等。据此，文中对马克思为“后劲”的共产主义原理的介绍，可以说接触到马克思经济学说的某些观点。这些介绍的大部分观点，从马克思以前的空想社会主义或空想共产主义那里，也可以看到，真正属于马克思经济学说的基本理论要素，鲜有触及。

对于上述原理，作者的评价，简而言之，“必一跃而登于天，废一切阶级，骤言平等，势固不能”。也就是说，共产主义原理，归纳为废除一切阶级的平等主张，但实现这一主张要一步登天，“势固不能”。能否分步实现，作者没有发表意见。他关心的是不同于西方国家的中国现实，直接把矛头指向满族统治：在中国，没有西方式的地主和资本家，照样有“朘削社会之脂膏”，以供二百万满族人恣意享乐的不平等现象；所谓“满汉一家”，不过使饥者冻者“终不悟劳动之神圣”，甘心做满人的牛马罢了。这样，作者把西方共产主义原理介绍到中国，其目的迥然不同于“原理”本身的意旨，却成了支持推翻满族统治的舆论工具。

除了共产主义之外，被此文看作西方社会主义“奇观”的另一现象，是所谓“极端民主主义”。据说，此派创于法国人蒲鲁东，以俄国人巴枯宁、德国人施蒂纳为其代表，如今日俄国之虚无党。照此说法，“极端民主主义”实际上是无政府主义的同义语。文中对于这一派别所依据的“原理”，也作了一番介绍，强调人类“曰私曰己”的本性，以自我为中心。其中提到，此派谈论社会主义与自由的关系：离开社会主义而言自由，系“不义”的“特权之垄断”；离开自由而言社会主义，系“野蛮”的“奴隶制度”。当今多数人民犹如牛马一般创造财富，“求一饭不可得”，其原因，主要由于他们身为奴隶而缺乏自由。因此，此派认为，当今的大敌不是地主和资本家，而是政府官吏，应口诛笔伐并运用暴力乃至阴谋手段与之斗争。这些无政府主义“原理”，像共产主义“原理”一样，此文作者均视之为增加人间幸福和消除其厄难的“卫生术、治疗术”，表现出赞赏的态度。

不仅如此，作者对于无政府主义的对立面，即西方政府采取的对策，似乎也表现出赞赏的态度。如介绍西方政府采取殖产、保护贸易、殖民等政策，对内“调和各团体以发达国力”，对外“增进社会之利益及福祉”；由此显示，人民与政府之间应当保持“共同利害、相依相互之精神”，劳动者的生计随着机器工业的发达而愈加充裕，没有贫富差距，这才是“消弭民党，释除愤怨”的办法；此所以西方政府放弃以往专擅镇压的"军政主义",转而采取"民政主义"。至此,作者又一次把矛头指向中国政府,抨击它掠夺人民自由,任凭外强宰割,就像霉菌传染一样,造成整个社会的衰败;"去其霉菌,绝其传染",便是社会的"卫生术"和"治疗术"。

看来,作者为了消除中国社会中的"霉菌",才致力于介绍"新社会之主义"的社会"卫生术、治疗术"以资参考。他没有意识到所介绍的诸种主义相互矛盾,企图兼收并蓄,统统用作解决中国社会弊端的灵丹妙药。例如,他先是试图借助反对地主和资本家的共产主义"原理",唤醒受饥挨冻的中国人民领悟"劳动之神圣";接着又对不以地主、资本家为敌而以政府官吏为敌的无政府主义"原理"表示钦敬,慨叹比起国外无政府主义者的视死如归,"我社会中青年愧无地矣",公开宣扬效法国外无政府主义者,利用武器和炸药"开血路于中原,而以个人建廓清摧陷之功",以此拯救中国;同时称赞国外政府实行"民政主义",在经济发展的同时使劳动者生活充裕且无过分倾斜的贫富差距,可以化解人民的愤怨情绪并消弭信奉社会主义的"民党"。其结果,"原理"不同的共产主义与极端民主主义即无政府主义,被并列为社会主义的两大流派,均予以肯定,这已是一个矛盾;而社会主义与旨在消弭社会主义的民政主义相提并论,同样得到承认,这又是一个矛盾。就全文看,作者似乎更倾向于接受无政府主义原理,然而,他在早期提到马克思名字的国人中,不止简单地触及其理论观点,还试图对以马克思为代表的共产主义原理,从经济学角度予以全面的表述。这一表述相当肤浅,但这种尝试却意味着将有关马克思经济学说的介绍向前推进了一步。

二、其他有关马克思的介绍

在《新社会之理论》一文发表前后,其他国人撰写或转述的有关文章,也从不同角度接触到马克思其人其说。这些有关马克思的记述内容极为简略,大多是附带提到。鉴于类似记载在当时的中文出版物中很难见到,十分难得,故不妨摘引出来,以便对于马克思经济学说最初传入中国的时代氛围,有进一步了解。

(一)《俄罗斯之国会》

《译书汇编》社员 1903 年 2 月发表此文于该刊第 2 年第 12 期[①]。其中提到,俄国有所谓"文明党"如"隐滴利郎李阿"(此系 international 的音译,指第二国际),渴望人民自由与"国会之建设"。此党有大学教授,不能变更社会状

① 参看姜义华编:《社会主义学说在中国的初期传播》,复旦大学出版社 1984 年版,第 67－68 页。

态，重在向学生介绍“新学说”；而介绍这种学说，一般又通过新闻传媒影响学生，“如达而文及加路鲁·玛罗科斯之说，皆传自新闻杂志之记者，而非由于教授”，进而当今“文明党”人数，“骎骎乎有增加之势”。这里的“文明党”，恐系指19世纪90年代后期以来信奉第二国际中主张议会道路观点的党派，“加路鲁·玛罗科斯之说”，指卡尔·马克思学说。文中还提到，所谓“虚无党”，“其性质世人往往误解”。应如何理解它的性质，作者又未作出解释，只是对照“文明党”，强调其“非真为社会党、共产党之举动，其实不外改革党而已”。在作者看来，“文明党”在俄罗斯的影响如“洪水之泛滥”，必将产生“怒涛激浪，嚣嚣吼天”的全国性“纷扰”。此文将马克思学说与达尔文学说并列，作为“新学说”的典型，未介绍马克思学说的内容，也未说明它与文中所列举的“文明党”、“虚无党”、“社会党”、“共产党”、“改革党”之间有何联系。根据作者的语气，似乎对“文明党”沦为“改革党”不无微词，对辨别“社会党”和“共产党”的真伪颇感兴趣，倾向于为“虚无党”申辩。遗憾的是，无论哪一种语气，都看不出马克思学说对于上述任何党派的影响作用。

（二）《俄国虚无党三杰传》

这是1903年6月5日发表于《大陆》第1卷第7号的一篇文章[①]，颇似译文。19世纪70年代末80年代初，我国驻外官员对俄国的虚无主义派别有所记述，或称之为“平会”，或直接按其西文原名音译，内容主要是此派别刺杀俄皇的活动。类似的记述在90年代仍零星可见，到20世纪初，特别是1903－1904年间，有关俄国“虚无党”的介绍骤然增多，并侧重于介绍该党的理论观点及其代表人物。这是马克思经济学说传入中国的早期过程中，值得注意的一个思想背景情况。当时“虚无党”一般被看作社会主义的重要派别，从这篇《大陆》文章的介绍中，可见一斑。

《大陆》报1902年12月创刊于上海，其立论的激烈程度，较之刊物编辑人此前在东京创办的《国民报》，虽有所逊色，仍保留某种激进倾向。以所列文章为例，里面介绍俄国虚无党“三杰”，主要指赫尔岑、车尔尼雪夫斯基和巴枯宁。文中称前二人以小说或论文为“鼓舞苛激之革命论者”，后者凭借三寸不烂之舌，“以游说煽动为业者”。如赫尔岑乃“热心于社会主义之人”，主张劳力之人“断不可图第三者之利益而劳动”，凡不能劳力者则“执均产之义以律之”；曾在伦敦建立自由俄国印刷所翻译各种自由主义及社会主义书籍，创办《北极星》等刊物抨击俄国腐败官吏；认为人类社会存在的问题，“不由社会主义，则无解释之道之意”，潜在地抱有“非弃一切”的悲观思想，又被称为“厌世之虚无主义

---

① 参看《社会主义思想在中国的传播》第二辑上册，中共中央党校科研办公室，1987年，第411－424页。

者”。又如车尔尼雪夫斯基写小说宣扬社会主义思想,其哲学著作“皆主唯物主义以立说者”;“于社会主义非有特别创解,不过祖述法国社会党之学说而已,一以保护下级人民为宗旨”,因交往俄国革命党并著文号召农民“暴举”而遭政府逮捕流放。以上二人同属俄国革命民主主义代表人物,其社会主义观点之内涵,从上面的介绍中,可以得到些许体会。至于巴枯宁,在基本政治主张和活动实践方面,与他们二人有很大不同,不知何故被此文并称为“三杰”之一。此文对于巴枯宁生平事迹的介绍,显得更为重要,因为其中有几处谈到巴枯宁与马克思的关系。

根据介绍,巴枯宁早期侨居西欧大陆,正值“一代之风潮,俱靡然于社会主义之中”,他“夙以言论过激著名于巴黎”,或在瑞士“发行共产主义之杂志”,致力于西欧社会运动。其间先是倡导斯拉夫统一主义,转而赞成日耳曼统一主义,因领导德国德累斯顿暴动被判死刑,遂被引渡回国遭监禁流放直至再逃亡英国。自此以后,他由平素“过激”之名,更成为“极端无政府主义者”。1864年加入第一国际后,他每日“运动于国际党中,尤与麦克斯之势力相反抗,而又鼓舞其无政府论,从之者甚众”。这里的“麦克斯之势力”,指马克思的拥护者。意谓巴枯宁在第一国际中鼓吹无政府主义,反对马克思主义。关于巴枯宁的主张,文中简称为“无政府及共产之思想”,介绍意大利“劳动界之团体”,包括巴枯宁派在内,各派有的在哲学上提倡“无神主义唯物主义及宇宙主义”,有的在财产问题上提倡“极端共产之说”,或者“反对私有财产之旨,而执劳动为财产唯一之起源”等等。把巴枯宁的“革命之意见”,归纳为“集产主义”、“无神论”与“无政府论”;其中强调凡革命党人,“须放弃私人之财产身命及一切利害损益,而专尽于革命主义、破坏主义,尤为革命党之唯一之宗旨、唯一之学问”。总之,巴枯宁要求“完全之自由及平等”,要求“举一切之文物制度而非弃之破坏之”。据此,文中引述一段巴枯宁对于“麦尔克斯”即马克思的评价意见如下:

> “(巴枯宁)评麦尔克斯曰:彼据古昔人类社会之历史,而明言富之理,先立于政治法制之中,是为麦尔克斯莫大之功。彼自为破坏之战士,而又执寂灭之主义者也,理想之富,视普尔顿益进,真理之至奇者矣,彼学问不深,往往遗人以笑柄,如称穆勒约翰为唯心论者,亦其无识之代表也。”

这段评论,或因译文质量不高,或因译者取舍不当,或系二者兼而有之,乍一看,不知所云何为。仔细琢磨,似可体会其大意:马克思根据人类社会的发展历史,明确指出“富之理”即经济关系是先于政治和法制而存在的现实基础,这是他的莫大功绩;但他自称破坏现存政治法制的战士,却又信奉“寂灭”主义即悄然无息地使之灭绝,相信经济发展的自然作用,这种理想比起“普尔顿”即蒲鲁东的理想更甚，可谓“真理之至奇者”；这说明他的学问根底不深，再如把约翰·穆勒称为唯心论者，也典型地表明他缺乏学识。如果照此理解，巴枯宁最初似乎肯定马克思提出经济基础决定上层建筑的历史唯物主义原理是一大功绩，惟对这一原理的表述不准确。此其一。其二，巴枯宁从主张破坏的无政府主义观点出发，把经济基础对于上层建筑的决定作用看作单纯的“理想”，实际上又否定了马克思的历史唯物主义原理。这里举出蒲鲁东的例证，试图证明马克思比蒲鲁东更富于理想而不切实际。此前巴枯宁曾评论蒲鲁东的立论建立在“确乎不可拔之基础”上，最终止于理想论者的境界，以致其所提出的经国谋划，“出以虚象之法”即纯系空想。巴枯宁曾深受蒲鲁东无政府主义思想的影响，如此评价蒲鲁东，其项庄之意，无非借此贬抑马克思不如巴氏的祖师爷，更不用说巴氏本人。其三，巴枯宁否定马克思学说为真理，又得出马克思“学问不深”的结论。其另一例证是马克思称约翰·穆勒为唯心论者，在巴氏看来这是“无识之代表”。其实，穆勒本人恰恰认为感觉是唯一的实在，以此唯心论作为其哲学指导思想。若硬是不承认这个事实，那“无识”而“遗人以笑柄”的，恐怕正是巴氏自己。不管这段引文正确与否，巴枯宁近乎漫骂的措词，倒是把他在第一国际内反对马克思主义的激烈态度，活灵活现地勾画出来。这在马克思经济学说传入中国的早期阶段，颇为少见。

此文作者对巴枯宁批评马克思的理由，未予置评，对巴枯宁其人，还颇有非议。如称其一生“所执之说，变迁不一”，或主张泛斯拉夫主义，或主张泛日耳曼主义，或为国际党；其行动“混然与政府相驳击”，是“可惧可怖之革命家”。这与文中评价赫尔岑“可谓之为伟人而无愧色”，评价车尔尼雪夫斯基之名“载诸俄国文史而不朽”，其褒其贬，清晰可辨。可是不论怎样评价，不能从作者对巴枯宁的非议中，推导出对巴氏所反对的马克思的肯定。当初国内知识界引入这些国外学说，尚处于单纯的介绍或转述阶段，很难分辨不同派别学说之间的理论分歧，对于马克思学说也是如此。因此，像此文这样，在介绍主要人物或主题思想的同时，不加任何评论地顺便提到马克思及其经济学说，或者假手文中人物简单复述其对马克思学说的评论意见，正好体现了那一时期马克思经济学说在中国的一个传入特征。

（三）《德国之社会民主党》

这篇文章1903年12月3日发表于《政艺通报》癸卯第21号①。《政艺通报》1902年在上海出版，半月刊，每期分上下两编，上编政治，下编技艺。此文属于政治编，介绍当年6月德意志帝国的国会选举结果，引人注目的是“社会

① 参看姜义华编：《社会主义学说在中国的初期传播》，复旦大学出版社1984年版，第328－329页。

民主党大得胜利”，得票总数约 300 万，当选议员由过去 56 人[①]一跃而为 81 人，“其势力之激进，实为可惊”。又比较国会内各派新旧议员数目的变化情况，以及社会民主党 1871 年以来在选举中得票的增加情况，以此表明该党的发展趋势。文中分析，该党的选举得票之所以能从 1871 年仅 12 万多，猛增至 1903 年约 300 万，推其原因，客观上由于近年来德国“军费日增，国民不堪负担，食物日贵，国民多怀不平”。从主观上看，首先是“该民主党向奉马枯士之革命的共产主义以为圭臬，激烈过度”。“马枯士”即马克思。接着又说，本年选举时，该党发表的政纲“颇合于民心，得全国之欢迎”，所以战胜其他各政党而取得“莫大胜利”。将前后两句话联系起来，德国社会民主党在国会选举中取得胜利，似乎是放弃了“激烈过度”的马克思革命共产主义之所致。至于取而代之的选举政纲，据介绍，除了选举、民兵制、言论出版自由、男女平等、宗教、教育等方面的主张，在经济方面，不外要求实行累进的所得税和相续税。不管怎样，此文作者通过这件事，认为国民“将日厌君主之专制，而社会民主党势力之增加，更有不可限量者”，感慨“帝国主义，呜呼危矣”。对于这次选举胜利的估计，在德国社会民主党内部，存在不同看法。如其左翼领袖弗兰茨·梅林指出，自 1890 年取消反社会党人法到 1903 年的 13 年间，社会民主党的得票数从 150 万发展到 300 万，这是一个胜利；然而这个胜利连同议会内的议席由过去 58 个到现在 81 个，“这不是一个具有重大历史意义的问题”，因为“它没有推翻政治体系”[②]。这一看法如以此文作者的眼光审视，显然“激烈过度”。而“激烈过度”的说法，与当时梁启超把马克思社会主义看作“偏激”或“极端”之说如出一辙。由此反映了那一时期国内知识界对于刚引入中国的马克思学说(包括其经济学说在内)的一种代表性看法，也表明了马克思学说传入中国之初面对各种世俗偏见的艰难处境。

(四)《告保皇会》

这是一篇矛头直指康有为、梁启超等人在海外成立“保救大清皇帝会”的檄文，1904 年 1 月 13 日以征文形式发表于《俄事警闻》第 30 号[③]。《俄事警闻》是蔡元培等人 1903 年底创办于上海的一份日报，其报名以俄国事件为警闻，可感受到它提倡革命的倾向。这篇文章也以西方世界近代以来的各种革命事件为例，诸如“主权在民”几如金科玉律，每年出版大量“革命鼓吹书”，德国社会党打破禁令聚众演说“均贫富之事”等等，以此指斥中国当代“犹有借保皇之名以敛财者”。这一行径被看作“吾国民之文明程度实使之然”即国民素

① 据弗兰茨·梅林介绍，德国社会民主党过去在帝国议会里的议席应为 58 个。见其著《德国社会民主党史》第 4 卷，三联书店 1973 年版，第 328 页。

② 弗兰茨·梅林：《德国社会民主党史》第 4 卷，三联书店 1973 年版，第 328 页。

③ 参看姜义华编：《社会主义学说在中国的初期传播》，复旦大学出版社 1984 年版，第 330 页。

质低下的缘故，又被说成“以保皇二字鼓动中国之下等动物”即愚弄国民的招摇撞骗之举。对此，作者提出应当效法的榜样：“卢骚、马克司（社会党巨子）之徒，怀抱改革旧社会之思想者，莫不倡新义以鼓动一世，受大难，冒大险，百折不挠，九死不悔”。相反，像保皇会首领那样，因循旧俗，企图侥幸成功以摹仿圣贤，“画虎不成反类狗”，势必遭致失败。可见，作者站在与保皇相对立的倾向革命立场上，其对待马克思学说的态度，也不同于梁启超之流，赞扬“社会党巨子”马克思的信徒提倡新学说来改革旧社会的一往无前精神。可是，作者又把马克思与18世纪的法国启蒙思想家卢梭相提并论，混淆二者学说的根本区别，由此亦可见作者对于马克思学说的认识之模糊。

以上几篇文章对于马克思及其学说的介绍，极其肤浅，五花八门。有的把马克思之说看作新闻杂志记者传播的“新学说”，有的转述马克思对手的意见攻击其“无知”和“学问不深”，有的认为马克思的革命共产主义“激烈过度”，有的称赞马克思立志改革旧社会而“百折不挠”地倡导鼓动“新义”，有的将马克思与达尔文并列，有的又把马克思同卢梭归入一类，如此等等。出现这种现象，其实不难理解，这反映了马克思学说传入中国的初期，国人对于这一学说的认识相当贫乏，几乎未曾接触其理论内容，只能援引一些现成的简单结论以资说明，由此形成各种各样的介绍。不管对马克思及其学说的介绍是真是假，是褒是贬，有一点共同的是，各种介绍，包括前述梁启超、马君武及“大我”的介绍文章在内，都承认马克思其人其说在国际上具有极大影响。如称之为社会主义的“泰斗”或“鼻祖”，代表社会主义发展的“极盛”，显示共产主义派别的“后劲”，被德国社会民主党奉为“圭臬”，是社会党“巨子”等等。所以，马克思与他的学说最初引起中国人的注意并被介绍到国内，或许在很大程度上正是基于这种社会影响力因素，而不是基于对马克思学说本身的理解和需求。这一判断，同样适用于马克思经济学说传入中国的早期阶段。尤其这一时期国人对于马克思经济学说的介绍，更是如此。至于本时期国人翻译有关马克思经济学说的论著或通俗读本，与上述国人自撰或转述的介绍性文章相比，则有所不同。关于这一点，下面的叙述，将会提供充分的比较。

第四章 20世纪初传入中国的马克思经济学说(下)

前面的讨论,主要是中国人自己撰写或转述有关马克思经济学说的各种介绍性文字。一般说来,介绍者只是笼统表示个人的倾向性意见,很少对介绍对象本身予以评论,更不用说作为研究本国经济问题的理论依据。本章讨论的内容,与前章不同者,主要通过翻译,把国外有关马克思经济学说的著述,原原本本或有所取舍地传入国内。这种翻译方式对于国人来说,不过是介绍舶来学说的另一个途径,但就其内容而言,其译著涉及马克思经济理论的研究和阐述,比起同时期国人自撰的有关介绍文章,要丰富和深入得多。国外著述的各种中译本,作为外国学者的研究成果,不能反映国人对于马克思经济学说的理解水平。可是,此类译本的传入,对于我国知识界了解和认识马克思经济学说,起到了不容忽视的推动作用。因此,考察并掌握这些相关译本的大致内容,对于全面判断当时国人接触马克思经济学说的基本面貌,不无裨益。20世纪初,一些具有代表性的涉猎马克思经济学说的中译本,其原作几乎清一色来自日文著作。这也是那一时期马克思经济学说传入中国的独特现象,具有典型的时代特征。下面,选择其中比较重要、具有较大影响的几部译作,予以考察。

第一节 《近世政治史》中译本关于马克思经济学说的评介

《近世政治史》的作者是日本学者有贺长雄,由译书汇编社翻译,从1900年12月6日起,分五次连载于《译书汇编》第1、2、3、6、8期。也就是说,《译书汇编》作为中国留日学生最早创办的刊物,自第1期起,便刊载这部译作。其中1901年1月28日载于第2期的译本第三章第一节“社会党之由来”,其内容据说是“中国报刊上第一次谈到社会主义和马克思领导的第一国际的历史,并把马克思和社会主义联系起来”[①]。同样，这些内容论述了马克思领导的第一国际和社会主义运动在经济问题上的主张。

一、马克思与“社会党之由来”译文

这部译著[②]叙述社会党的由来之前，有一小段引言，说明社会主义的由来及其涵义。其文称：“西国学者，悯贫富之不等，而佣工者，往往受资本家之压制，遂有倡均贫富制恒产之说者，谓之社会主义”。其中“社会”一词，意思是“统筹全局，非为一人一家计”；中国古代井田之法，“即所谓社会主义”。这句话出自作者的原文还是译者的注释，待查，从“均贫富”、“制恒产”、“井田之法”等措词看，带有中国传统思想色彩。译著的说明，从这一涵义的社会主义出发，来理解正文所说的社会党。

文中的社会党及其由来，主要指 19 世纪 60－70 年代，德国工人运动中两派斗争的历史。此译本提到，德国社会党本来分为两派，1875 年合并后，改称“劳动社会党”或“劳动下等社会之谓”，它“与君主政体反对，并与资本家及教会之势力相抗”；最初党员甚少，缺乏政治势力，但赞同者甚众，该党利用这一条件，在议会选举时“传播社会党主义”；通过各地“演说社会党主义”，招人入党，久而久之，在增加选票与当选议员方面，取得显著效果[③]。这是对德国社会民主党早期发展沿革的简略介绍，并未涉及代表人物及其理论主张，那些内容在“社会党之由来”一节，有进一步的叙述。

此节说，在社会党外部，德国自俾斯麦政府成立以来，用力镇压国内社会党；先是借用一般司法制度镇压，在 1873 年遭到阻滞，“社会党之势焰顿增”，反而发展势头更盛。在社会党内部，“本分麦克司及拉司来二派，后合为一”，指马克思与拉萨尔派合二为一。“麦克司与拉司来，均以一千八百四十八年倡自由之说而两党之势以炽，然其主义各不相同”。其实，1848 年欧洲革命前，马克思已从事共产主义理论研究和指导工人斗争实践，拉萨尔在革命爆发后，才卷入其中，参加马克思在德国创办和主编《新莱茵报》的工作。因此，说两人自 1848 年起共同提倡“自由之说”，推动社会党势力的发展，并不恰当。可以肯定的是，马克思和拉萨尔二人的“主义”各不相同，这也是此节叙述的一个重点。接着，分别从马克思派、拉萨尔派以及两派合并后的统一党三个方面，详述德国社会民主党的发展演变历史。

---

① 此语见林代昭、潘国华编：《马克思主义在中国——从影响的传入到传播》，清华大学出版社 1983 年版，“前言”，第 4 页。

② 此著引文除另注外，均参看同上书，第 62－66 页，“社会党镇压及社会政策”（摘录）。

③ 参看《社会主义思想在中国的传播》第二辑下册，中共中央党校科研办公室，1987 年，第 47 页。

一是以“万国工人总会及德意志支部”为标题，重点记述马克思领导第一国际及其德国支部的理论主张。按照译文表述，马克思最初在德国科隆开设报馆，“倡均富之说”，为政府所不容，“窜于”伦敦。这是指1848年法国二月革命爆发，马克思重返德国，创办《新莱茵报》以指导德国和欧洲革命，翌年，革命失败，此报被迫停刊，马克思遭驱逐，移居伦敦。1862年(实际是1864年)，各国工人领袖汇集伦敦，成立“万国工人总会”即国际工人协会。下设各国支部，另设“参事会”即总委员会。此会奉行的宗旨，“初极平和”，扩张英国工人同盟的范围，联合各国工人势力，“以求保护工人，脱资本家之束缚”。事实上，这种说法仅反映了围绕第一国际的目的和任务，存在各种不同主张中的一种，特别反映了英国工联主义者的主张，力图成立一个国际性的工联组织，限制资本剥削和保护劳动者权利。译文由此出发，勾勒此会当初奉行“极平和”宗旨，以后随着时间推移而发生变化的脉络。

1866年，在瑞士日内瓦召开会议即第一次代表大会，“议定总会规约”即通过《国际工人协会共同章程》，“麦克司自为参事会长，总理全体”，表明这次大会确立了马克思在“国际”的领导地位。1867年，在瑞士洛桑召开会议即第二次代表大会，“以为欲脱社会上之束缚，须先脱政治上之束缚”。此即大会作出《关于工人阶级的政治斗争》决议，就无产阶级解放的道路问题，驳斥蒲鲁东主义者的单纯经济斗争观点。1868年，在比利时布鲁塞尔召开会议即第三次代表大会，提出“战争及常备兵，宜一律废止”，号召“凡同盟罢工时，各国工人宜互相协助”，体现当时普法之间争霸欧洲的尖锐冲突孕育着爆发战争的危险，战争问题遂成为讨论的中心，决议拟用总罢工来抵制战争。提出“凡铁道、矿山、森林，均为共有，宜一律平分；土地之物产，为国家公有，宜一律平卖”。这个表述，夹杂“平分”、“平卖”等不确切用语，但大致转达了会议关于所有制问题的讨论。大会通过生产资料公有制决议，标志在工人阶级的斗争目标上，马克思主义战胜了蒲鲁东主义。1869年，在瑞士巴塞尔召开会议即第四次代表大会，“欲全废土地私占之制”。译文将这个观点比作1848年以前“所谓均产之说”，但未作说明。其实，这是少数蒲鲁东分子，不服上次代表大会的有关决议，坚持土地私有制原则，要求继续讨论，本次大会又专门就此问题通过决议，阐明社会有权废除土地私有制，土地归公共使用。可见，这与“均产”之说，完全是两码事。

上述第一国际历次大会的主张，此译本有个归纳，认为“德法战争”即1870－1871年法国和普鲁士交战前，“议定其主义纲领，尚未见诸实行”。“国际”成立后，政府恐怕有外国工人为后援，事情更难处理，于是“威逼”资本家顺从同盟罢工者的要求，“实则并无援助工人之心，而未尝为之定工价”。换言之，为了防止本国工人斗争得到国际工人组织的支持，表面上接受工人的罢工要求，结果口惠实不至，从未根据工人要求确定其工资标准。普法战争爆发，第一国际的正常活动“遂为中止”，加上战后“巴黎之乱”即发生巴黎公社事件，第一国际“与闻其事”，支持巴黎公社，遭到英法等国颁布法律“以禁制之”。与此同时，第一国际德国支部的发展势头，却“日见其盛”。为此，译本对德国支部的发展历史，予以简略介绍。

译本说，德国支部的创立者李卜克内西，“革命党新闻主笔麦克司之门弟子”，即马克思的忠实拥护者，曾创设“工人教育会”，得到倍倍尔支持。1868年，他们将教育会转为第一国际德国支部，名曰“国民保工会”，次年在爱森纳赫“议定宗旨”。这是指 1869 年，李卜克内西与倍倍尔共同创建德国社会民主工党即“爱森纳赫派”。此派的宗旨比第一国际“尤为激烈”，如“以设立自由民主国为目的”，“务尽全力”，反抗今日“腐败已极”的政治及社会状态；为了“务求精进”，又主张“限定工作时刻，限定妇女工作，废止幼者工作，制定累世遗产之税法”，以及“国家宜均百姓之恒产而保护之”等。文中还介绍此派“以平权为主义”形成的各种组织原则和管理办法。

二是以“拉司来之德意志全国工人会”为标题，记述拉萨尔组织“德意志全国工人会”即全德工人联合会的理论主张。译文说，拉萨尔派与第一国际及其德国支部“全无关系”，与莱比锡工人组织“互相结合以图改革”。拉萨尔其人，“决非过激之辈，系有识之政治家”，又是“热心爱国之流”。他曾鼓动工人，支持俾斯麦政府合并丹麦的什列斯维希—霍尔斯坦地区，以此争取俾氏“保护工人”。拉氏认为，与其“徒劳”地同资本家协商，不如“激动政府，设立均产公会以仰国家保护”，激动政府的办法，“莫妙于行普通选举法”，推行“全国人民皆有选举议员之权”的普选权。拉氏在柏林时常与俾氏往来，俾氏议会演说中，也说拉氏“非无谋过激之流所可同日而语”。所谓“无谋过激之流”，文中未有确指，同时认为李卜克内西和倍倍尔批评拉氏“卖社会主义于政府”，实属可惜，似已有所隐喻。译文还说，全德工人联合会推举拉萨尔为主席，“一切任其指挥”，“以此会之权，属于一人”，不同于李卜克内西和倍倍尔创立的“国民保工会”。这些介绍，不论对拉萨尔及其经济主张如何评说，其言辞活脱展示了拉氏与俾斯麦政府调情以及在工人组织内实行独裁统治的真实背景。

三是以“德意志工人会党”为标题，叙述爱森纳赫派与拉萨尔派合并后的德国社会主义工人党及其理论主张。这两派“始不相合”，后因普鲁士政府命令各自解散，乃于 1875 年“共相联合”，改称“德意志工人会党”即德国社会主义工人党，意欲形成独立政党，与其他政党进行选举竞争。这里提到当年 5 月在哥达举行的两派讨论，实则统一的代表大会。根据记述，会上讨论两类问题。一类“政治主义”，如普通选举权，参预立法权及民兵、出版、集会等自由权，废止人民裁判诉讼费用，以宗教为一家私事等；另一类“社会改良”，如简易税法,同盟罢工自由,限定工作时刻,禁止幼者工作,失业工人保护法,工场卫生管理法,雇主抚恤疾病负伤工人,整理监狱内工作等。文中未涉及马克思对合并所提出的党纲草案的批判,即《哥达纲领批判》,只是介绍了纲领的有关内容,其中交错并列两派各自的理论主张,以拉萨尔派的观点颇为醒目。统一工人政党的组织办法,“系仿麦克司派之国民保工会”,采纳原德国社会民主工党的集体领导办法,而非拉萨尔派的个人专断式管理。按照这个办法,“工人会党之势力顿增”,表现为捐款和党费增多;聘请专职人士在选举中“大倡社会主义以鼓动全国”;报纸发行量扩大,“以广传社会主义,意欲使无恒产者与资本家相抗而为平民者与政府中反对”,工人日常受“共产党流血之徒”旨在破坏决裂、视行刺者为豪侠、尊举事者为义烈的熏陶。对于这种熏陶,译文提到工人中“尚有以此为不然者”,对这种做法颇有非议。

上述德国社会民主党的发展历史,从中可以看出马克思及其学说的重要影响。对于拉萨尔的作用,译文有些含糊,给人印象较深的是他与俾斯麦之间的关系。俾斯麦对待社会民主党的态度,译文曾提到,俾氏政府“自创业以来,即用力以镇压其社会党”,此外还有一些内容,主要见 1901 年 4 月 7 日连载于《译书汇编》第 3 期部分①。这部分内容,提到俾斯麦实行“禁制社会党法”未能奏效,于是采取“变通之法”解散社会党。其法先通过“理财学者”1872 年成立“社会政策协会”,其宗旨“欲调停资本家与工人之利益,藉以服工人之心”。1880 年政府又设置“理财顾问官”,任命理财学者数十人,第二年向国会提出“负伤工人保护法”,声称“国家扶助贫苦之人,不仅为国家应尽之义,抑亦维持国家之一策”;追溯这种“乐善之举”,自基督教以来即国家当尽之职,也是 18 世纪以来普鲁士王室相传奉行的主义。上述经济学家的“社会政策协会主义”,便是“国家社会主义”。其定义:“盖以资本家及国库中所出之费,养赡贫苦工人,不使失所”。此所以俾斯麦政府在 19 世纪 80 年代先后制定负伤者保险法、疾病者保护法,以及老病者及失业者保护法。联系前面有关德国社会民主党的历史记述,可以注意到,此译本不仅介绍马克思一派的社会主义,介绍社会党内对立的拉萨尔一派的社会主义,同时还介绍旨在“镇压”或“禁制”社会党的俾斯麦政府的“国家社会主义”。这三种“社会主义”并列传入中国后,对其经济涵义,曾引起国内歧见纷纭的各种不同理解。

二、关于译文的分析

《近世政治史》中译本发表于 1901 年初《译书汇编》创刊号,译书汇编社又

① 参看《社会主义思想在中国的传播》第二辑中册,中共中央党校科研办公室,1987 年,第 177 页。

在上海设有总发行所，故此译本不仅对留日中国学生及旅日华人有影响，而且较易于将这种影响扩展到国内。一般认为，《近世政治史》关于西方社会主义的记述，在社会主义思想传入中国过程中，占有一席之地。在马克思经济学说传入中国过程中，这部中译本所起的作用，也要早于梁启超、马君武等人，或者毋宁说，它曾在梁、马等人的有关介绍中，留下自己的痕迹。在它之前，1899年发表的《大同学》，已接触马克思及其经济学说。《大同学》通过《万国公报》的刊载和单行本的发行，也有较广传布。然而，它对马克思及其经济学说的介绍，因含混不清，牵强附会，未能产生什么影响。从实际影响看，那一时期涉及马克思经济学说的各种传入线索，其较早者恐怕应追溯到《近世政治史》中译本。这个说法，基于《译书汇编》在当时的社会影响，又考虑其译文涉及马克思及其经济学说，具有如下一些特点。

第一，译文叙述马克思领导第一国际的经济主张，较为正确。此译文并未直接论述马克思本人的经济理论，只在简略介绍他的前期革命活动时，附带提到他主编《新莱茵报》期间，提倡"均富之说"。文中重点记述第一国际前几次代表大会的讨论主题，并在介绍第一次代表大会时，指明马克思亲自领导第一国际，因此，介绍历次大会关于经济问题的结论性意见，也从一个侧面，反映了马克思赞同的经济主张。比如，铁道、矿山、森林"均为共有"，土地的物产"为国家公有"，"全废土地私占之制"等决议，在所有制问题上，体现了马克思以生产资料公有制作为无产阶级斗争目标的根本经济思想。另外，叙述马克思弟子创立第一国际德国支部，即马克思派的德国社会民主党，在经济方面主张限制工作时间、限制女工、废止童工、实行遗产继承税等，也在一定程度上体现了马克思支持工人的斗争要求。当然，译文使用"均富"、"一律平分"或"一律平卖"之类词汇，容易造成误解，使用"均产之说"评价废除土地私有制思想，颇为模糊，但在当时的历史条件下，这是难以避免的。译文的整个叙述，包括历史事件、人物生平，以及思想观点在内，基本上与事实相符合，有所偏差，应无大碍。这也为国人了解真实的而非虚假的马克思经济主张，提供了必要条件。

第二，译文对于三种类型的社会主义经济主张，作了初步区分。关于马克思派的社会主义经济主张，突出体现在坚持生产资料公有制，推动"无恒产者"即无产阶级与资本家对抗，代表"平民者"反对政府，通过非"平和"手段实现这一斗争目标。关于拉萨尔派的社会主义经济主张，赞成"均产"，却属"非过激之辈"，力求仰赖国家来"保护工人"，在马克思派的德国社会民主党人看来，此举无异将社会主义出卖给政府。关于俾斯麦的"国家社会主义"经济主张，乃凭借国家法律"镇压"、"禁制"社会党未能奏效的"变通之法"，其法由资本家及国家出资，赡养贫苦工人，以免流离失所，目的在于以经济手段调解资本家与工人的利益，使工人顺服。以上区分，不论译作者本人的好恶，提示马克思和其他形形色色的社会主义者在经济主张上的差别，这在马克思经济学说介绍到中国的初期，有一定启发作用。

第三，译文关于马克思社会主义经济学说的表述，比较通俗易懂。这里涉及一些外来专有名词术语的转译。如以"社会主义"一词为例，其中译名的演变分为以下几个阶段。

早在19世纪70年代中后期，我国学者或者通过赴国外的亲历观察，或者通过外国来华人士的间接介绍，已接触这一西方概念。那时国人对于这种陌生的外来新鲜概念，尚不可能创造与此对应的专门中文词汇加以转译，只能采取其他比较笨拙的方式。大致有两种办法：一是中文音译或音译与意译相结合，如黎庶昌将社会主义者译作"索昔阿利司脱"，李凤苞将社会民主党译作"莎舍尔德玛噶里会"，李凤苞同来华传教士林乐知将共产主义者译作"廓密尼士"或"康密尼人"，《万国公报》将社会主义组织译作"赛会"或"赛党"等等，此译法若不作说明，往往使人不知所云。二是借用中国传统概念意译，如黎庶昌、李凤苞等人将社会主义组织译作"平会"，郭嵩焘译作"民党"并赋予其"通贫富上下，养欲给求通为一家"内涵，西方传教士金楷理、林乐知等人所用的译名更是花样纷呈，将社会主义思想译作"主欧罗巴大同之议"、"贫富均财之说"、"贫富适均之愿"、"以不分贫富为主义"、"不分贫富者教"等等，此类译名大都着眼西方社会存在贫富差距的不平等状况，把由此产生的社会主义运动，简单看作平均贫富即分配领域内的事情，所以偏重引用中国古代的"均平"或"均贫富"一类概念，曲之为解，容易造成国人理解社会主义的误差。这是国人刚接触西方社会主义概念的最初阶段，加以转译的情况。

19世纪80年代，关于社会主义的各种中文音译名，似乎销声匿迹，转而采用中文意译办法，除沿用70年代的有关译名之外，出现一些新的译名。如《富国策》将欧文和傅立叶的空想社会主义称作"均富之说"，《佐治刍言》将法国社会主义者的主张称作"平分产业"等。这一阶段关于社会主义的新译名不多，落脚点仍是财富的平均分配，主要见于西方来华人士组织的中文译本。

19世纪90年代，尤其是其后半叶，无论西方来华人士的出版物，还是中国人自己的著述，涉及社会主义的各种提法，明显增多。对比二者各自的提法，有微妙的区别。如在华西方人士的出版物提到社会主义，不再强调平均贫富之类的译名，一则用"与通国之人均等"、"通用之党"、"公分"财产等说法取而代之，似乎带有社会主义主张平均分配外，还主张公有制的意味；二则更多以"养民新学"、"安民新学"、"安民善学"、"养民之法"、"安民之法"一类新名词转译社会主义，《大同学》还径将马克思和恩格斯称为"养民学者"，意在表明社会主义学说与更新或改善人民生活密切相关。与此不同，本时期国人著述触及西方社会主义，仍以"均贫富"为其旨归。如严复将西洋社会主义团体译作

“均贫富之党”，将赫胥黎《天演论》中“各尽所能，按需分配”的“共产主义格言”，转译为“财之不均，乱之本”的“均富言治”之说；谭嗣同也以“均贫富之党”的出现，作为对西方社会弊端的警告；稍后梁启超谈论西方国家近来有人提倡“贫富均财之说”或“天赋贫富平均说”，同样未超出严、谭二人对于社会主义的认识水平。梁氏后来曾说国人中提倡社会主义，以孙中山为最先，此论断若指19世纪90年代，尚无法考证此时孙中山对社会主义的理解程度。孙中山对社会主义的探讨，最早追溯到1896－1897年他在伦敦期间的经历，但直至90年代末，除了他人的回忆资料，缺乏第一手资料以资佐证。梁启超的译作《佳人奇遇》，自称1898年译自日文原作，其中两处译文，一处提到欧美各国的贫富严重分化引起“社会党论”，另一处提到书中人物主张“国家社会主义”以调和贫富差距。这里使用“社会党”和“国家社会主义”中译名，在当时国人著述中十分罕见。对此，一种可能是，梁氏所说的译书时间属实，他是很早将“社会”或“社会主义”一词引入中国者。另一种可能是，此译作当初发表与否未详，后来收入《饮冰室合集》“专集”部分，梁氏编年排列专集的文章时，不乏出现将文章写作时间提前的情况，因此，不免使人对他自称《佳人奇遇》译于1898年的说法产生怀疑。不论如何，这一阶段出现的一些迹象，表明有关社会主义的传统中译名，正孕育着新的变化。

从以上几个阶段看，西方社会主义介绍到中国后，其中译名数十年间历经变化，到90年代末，若不论梁启超令人怀疑的用语，一直未曾摆脱以中国古代经济术语解释或附会社会主义的习惯做法。这种转译方式，容易偏离社会主义的本来涵义。《近世政治史》中译本的出现，意味着翻译用语上的重要变化，直接用“社会党”和“社会主义”译名表述西方工人运动的政治代表及其理论学说，将社会主义内涵，归结为站在“佣工”一方反抗“资本家”压迫，提倡“均贫富制恒产”学说。从而把“社会主义”与过去的“均贫富”之说或“安民”、“养民”之法等，从称谓和内涵上，作了明确区分。可见，19世纪70年代中后期，曾有一个短暂时期，国人对社会主义采用中文音译，看来并不成功，随即放弃这一做法，转而从中国传统辞库里寻找相近的意译词汇，这种表述方式延续一段时间，直到日文译本传入，才发生变化。与此大致同时，70年代初，日本学者以自己的独特方式，新创造“社会主义”译名，这个新词一直沿用下来，后来又随着《近世政治史》一类日文原作译本的传入，被移植到中国。由此显示西方社会主义早期传入中国的两条途径，一条途径通过19世纪70年代中期以来旅欧中国人或来华西方人的介绍，直接由西方传入中国，惟其译名难以统一并有辞不意逮之嫌；另一条途径通过19世纪末、尤其20世纪初以来中国留日学生或旅日中国人的翻译介绍，间接由日本传入中国，连带地把日文所创造的一些专门术语，包括“社会主义”一词在内，一并传入中国。1901年初发表的《近世政治史》中译本，为后一途径之率先者。同年，梁启超为康有为作传，也提到社会主义。有人认为，留日学生主办的《译书汇编》，1901 年“第一次直接移植了日文汉字‘社会主义’”[①]。前述梁氏翻译《佳人奇遇》使用“社会”、“社会主义”等译名，如确系译自 1898 年，肯定也是受日文原作的启发而非他自己的创意。然而，即便《近世政治史》译本里有“社会主义”译名，也不那么稳定，如因袭过去“均贫富之说”之类译法的现象，仍不乏其见，将德国社会主义工人党译作“德意志工人会党”或“劳动社会党”，亦其一例。梁氏 1898 年起旅居日本，到 1902 年还标新立异，撰文把 Socialism 译作“人群主义”，或强调社会主义即“人群主义”。看来，国人曾经历了最初偶尔借用日文“社会主义”译名，后来才比较固定使用的演化阶段，其中正式尝试使用这一名词的典型例证，应不迟于 1901 年。此外，《近世政治史》译本有关外来经济术语的翻译，尚带有较多中国传统色彩。无论如何，此译本借助日本学者的介绍，为国人了解马克思的社会主义经济学说，率先提供了延续至今的表达方式或这种表达方式的雏形。

第四，译文对于马克思社会主义经济学说，带有某种偏见。译文在叙述事实方面，比较客观，包括对马克思派的经济学说，亦能如实介绍。可是，比较作者自己对各派代表人物及其学说的态度或倾向性意见，对于马克思及其经济学说，则存有偏见。例如，译文的用词遣字，把马克思遭普鲁士政府驱逐，流亡伦敦的经历，说成“窜于”伦敦，通过类似贬义词，其态度溢于言表。这种倾向，还表现在译文对马克思和拉萨尔二人的不同评价上。根据译文的说法，马克思亲自“总理”第一国际总委员会之前，“国际”奉行“极平和”宗旨，自此以后，“国际”一系列会议，要求摆脱政治束缚，用“同盟罢工”抵制战争，实行生产资料“共有”或“国家公有”，废除土地私有制，“与闻”作乱的巴黎公社起义等等，言下之意，马克思打破了第一国际建立之初的“极平和”宗旨。“国际”德国支部的宗旨比总会“尤为激烈”，也在于其创始人是马克思的门徒。与此相反，拉萨尔“决非过激之辈”，被戴上“有识之政治家”、“热心爱国之流”等桂冠，借俾斯麦之口，称拉萨尔是马克思一派“无谋过激之流”不可同日而语的德国工人运动领袖。拉萨尔的“非过激”，无非欣赏他与俾斯麦政府相勾联的经济改良主张，把马克思作为拉氏的对立面，贬抑马克思及其拥护者的经济观点为“过激”之论，是此译本的偏袒之见。

第五，译文对马克思经济学说的评介，在我国的影响具有先导性。如把马克思经济学说的有关内容较早介绍到中国，把诸如“社会主义”等专门译名较早应用于介绍马克思经济学说等。更值得注意的是，此译文对马克思经济学

---

① 金安平：《近代留日学生与中国早期共产主义运动》，见任武雄主编《中国共产党创建史研究文集》，百家出版社 1991 年版，第 519 页。

说的理解和评价，在早期中国知识界留下一些先入为主的影响。其中认为马克思经济学说"过激"的说法，后来在国人特别是一些代表人物的言论中，都可以找到它的鼓吹者。如梁启超称马克思社会主义学说为"偏激"或"极端"之说，很像《近世政治史》的口吻。此译文附言部分说，中国古代"井田之法，即所谓社会主义"，这和后来梁启超说"中国古代井田制度，正与近世之社会主义同一立脚点"，也如此相似。早在19世纪末，严复翻译《天演论》，已用"古井田经国之规"，来说明"近世以均富言治者"即共产主义者所主张的道理。但梁氏的说法，似乎更像得自《近世政治史》译本附言部分，抑或二者的说法，共同受严复的启发亦未可知。不论怎样考证，这些说法开启了用中国古代经济思想附会西方社会主义乃至马克思经济学说的趋势。

第二节 《社会主义》中译本关于马克思经济学说的评介

《社会主义》写于1899年初夏，其作者村井知至，东京大学英语教授，曾任1898年创立的日本社会主义研究会会长，1900年辞职，据说该会控制于受过美国教育的日本基督教徒之手[①]。这部著作在20世纪初，有几种中译本。一是上海广智书局出版的罗大维译本，扉页标明"光绪壬寅三月初版"，即1902年4月初版。有人对此提出疑义，认为"壬寅"或为"癸卯"之误，应初版于1903年4月。这个质疑未提出直接论据，只是说此著作的中译文，最初刊登于支那翻译会社编辑发行、1902年12月至1903年1月出版的《翻译世界》第1－3期，作者误刊为"村上知玄"[②]。似乎意味着《翻译世界》的译文既系"最初"出现，则其他译本的出现只能在它之后，此所以将罗大维译本的出版年代向后推迟一年。这一说法未注明此译文的译者，亦未说明其原著的作者，无由得知这一译文究系新的译本，抑或与其他译本之间存在联系。另一是1903年6月上海文明书局出版的侯士绾译本。据说还有1903年出版的唐蟒译本[③]，至今未得一见。

《社会主义》，约25 000字，近人研究说，这是作者"系统阐明自己社会主义观点的一部理论著作"[④]，据说曾被誉为"日本第一部真正的社会主义文献"[⑤]。

---

① 参看[美]伯纳尔著，丘权政、符致兴译：《一九〇七年以前中国的社会主义思潮》，福建人民出版社1985年版，第62页。

② 参看姜义华编：《社会主义学说在中国的初期传播》，复旦大学出版社1984年版，第265页"说明"。

③ 参看林代昭、潘国华编：《马克思主义在中国——从影响的传入到传播》，清华大学出版社1983年版，"前言"第5页。

④ 同②。

⑤ 对这一称誉，研究者没有提出确切的证据，暂以"据说"待之。见周子东等编著：《民主革命时期马克思主义在上海的传播（1898－1949）》，上海社会科学院出版社1994年版，第9页。

从中译本看,无论罗大维译本还是侯士绾译本,忠实于原作,比较完整地反映了原作的理论框架和基本内容,并沿袭《近世政治史》译本借用日本译名表达西方新概念的译笔特点和趋势,今天读起来较易于理解。若将罗氏译本与侯氏译本比较,二者的整体译文水平大体相当,具体内容的理解程度或名词概念的表述方式上,互有短长。为了妥适把握《社会主义》译本的内容,尤其是关于马克思经济学说的叙述,下面以先期出版的罗氏译本[①]为基准,参考侯士绾译本[②],进行对照和比较。

一、《社会主义》中译本的理论框架

《社会主义》译本出现以前,传入中国的西方社会主义知识,都是一些缺乏系统理论内容的零星知识。这部译作的传入,不论水平如何,至少标志社会主义知识的传入,由附带提及或不成系统的点滴叙述,开始进入以某种理论体系的面貌较为系统地转述和介绍的阶段。那一时期,有关马克思经济学说的介绍,常常与西方社会主义的介绍联系在一起。这部专门论述社会主义的译作,将马克思经济学说置于什么地位并如何看待,对此,有必要先就《社会主义》的理论框架,作一考察。

《社会主义》译本除绪言外,共分 10 章。“社会主义绪言”,主要叙述作者留学美国研究“社会问题”及“社会主义”,益加钦佩“‘社会主义’之妙理”,于是产生介绍给国人的念头。回国后到处讲演社会主义,演说稿经辑录,“自知零碎著述,未得斯主义之纲领”,仍出书以示人。可见《社会主义》一书系作者受美国社会主义的影响,由个人整理加工的产物。

第一章“欧洲现时之社会问题”。18 世纪末 19 世纪初,欧洲有两大革命的影响:一是法国革命的政治影响,“手段猛激,光景惨烈”;二是“为经济思想所发达”的产业革命,“不事激烈,专用平和”,通过手工业变为机器工业的神奇手段,形成现今欧洲工业制度。新工业制度使财富骤增,按理贫困者通过“藉分余润”,可“绝迹于社会”,岂知结果相反,“富者益愈富,贫者益愈贫”。其“事实真相”是,新机器发明,“一人运之,可兼数倍数十倍之劳力”,不仅造成“为机器制造而失其职者”,而且机器排斥人工技能,使工资不断降低,并易于用女工和童工取代男工。这种失业现象,可谓“现今文明社会之特有物”。“贫者与富者悬绝若天壤”的“阶级之分”,乃“社会中一大不平之事”。现今欧洲各国政治,表面上“似为民”、“似自由”,实际“以少数之有财产者,能制多数之劳力者,

---

① 参看高军等主编:《五四运动前马克思主义在中国的介绍与传播》,湖南人民出版社 1986 年版,第 45—83 页。

② 参看村井知至著,侯士绾译:《社会主义》,上海文明书局,光绪二十九年五月(1903 年 6 月)发行。

是亦少数专制之政治”，或谓“金权者即政权”。所以说，“十九世纪之文明者，少数者之文明耳”。对于现时工业制度产生的社会问题，当今欧洲学者费尽心力，仅提出一些“姑息弥缝之策”，唯独社会主义者“计图社会之根本的革新”。社会主义学说若实行，“恰如快刀断麻，直截了当”，不似只图弥缝一时的对策，“问题尽释，真足为救济社会之完策”。

第二章“社会主义之定义”。从世上有关社会主义的各种解释中，选择“的当”之说，作为其定义。先列举有关社会主义相互反对的各种议论，似乎莫衷一是。接着对社会主义论说中“最精确者”，着重予以介绍。例如：谢夫莱的《社会主义的精髓》，论说社会主义“最允当”，认为“社会主义之始终，在变更竞争私有的资本，而为联合的协同资本”，言简意赅，“一语道破社会主义之的”。克卡朴的《社会主义史》，称社会主义的精髓，“以生产之手段（土地及资本）与多数劳动者相提携，共营工业”，现今社会“资本家以薪资雇用劳动者以营工业”，将来“宜全更此制，资本家宜与劳动者共营工业，以平等均一，为工业之目的”，此论“尤为简明，得正鹄者”。伊利之说与前二人无大差异，认为社会“宜废私有财产，为合同资本，更宜取生产之利益，分配各个人”，此论“诚经画社会全体之福祉，为社会改良之策”。结论是，社会主义不同于支配现今社会的个人主义，乃“社会中心主义”，主张“社会为一个有机体物，协一群之力，以求可为社会全体之幸福”。进而言之，社会主义是“个人相依相辅而成为结合的有机物”，以社会为单位，“重社会公益”，有如血脉贯通四肢百体，为生命所依赖；“重义务与责任”，依“协力”而动，其动“以仁爱正义为依归”，目的“使社会归于协同”。以上为社会主义的“一定旨趣”。

第三章“社会主义之本领”。社会主义反对“私有资本制度”，绝非反对个人“私有财产”。其要点，“断断不许”生产之用的资本“为富者所私有”，此“实为社会主义之本领”。现今社会“贫富二阶级之悬隔”问题，“实基于私有资本”，故“必废革此制度，而为共有资本之制度”。接着具体解释“私有资本制度”由以产生的“弊失”，以及实行“共有资本制度”的社会主义前景。这部分内容将另行分析。译本认为，社会主义的关键，是对“社会之经济组织”实施“根本的革新”，建立“人人同乐”的“良制度”。“现今之经济界”的“不便利”，在于“其富之分配，诚为不公平之极”，这种分配“利少数者，而苦多数者”，延及影响社会生产发展，是“反社会之自然”的“无理”制度。与此相反，社会主义“不过循自然之势，择其妥适，以期社会之发达而已”，一旦实行，推动社会进步之迅速扩大，非现今社会所能“梦知”。社会主义继承发扬“近世的精神”，合于“十九世纪思想之潮流”。社会主义代表“近世民政思想之经济的一面”：“社会经济上之自由有未完，故政治上自由遂亦无效；必经济上之自由完，而后政治上之自由始得完”。社会主义“实以人情主义为根本，废私有资本，主张劳动之权利”。综上所述,所谓“社会主义之本领”,归纳为:“以共有资本,协同主义,为经营生产事业一大目的;分财出以公平,创经济上平等社会,以发挥十九世纪之一大精神”。社会主义者之间,在主张中央政府还是地方政府,或制定财富分配具体标准等细节问题上,存在不同意见,但对“以社会主义之本领,为社会经济之改革”这一点,毫无异议,并共同“披沥赤诚,以期施设此光明正大之主义”。

第四章“社会主义与道德”。产业革命后,物质财富愈益增加,同时出现道德衰颓的现今社会“一大缺陷”,“人唯以得利为目的”,追求“利己”或“射利”。“近世文明之首称”的西欧各国,自经济界有亚当·斯密出,提倡自由主义个人主义,遂产生当今个人竞争、群起利己的社会。欧美经世之士千方百计,“谋救此大弊,而悉归无效”。唯有实行“社会主义平等主义”,才有“社会之完美可期”。“社会主义最合人生之天性”,以“协同”、“共劳”适于社会组织原理,体现“人人皆负义务的美妙之精神”;其公正精神在于“资本为公有之物,劳动为大众之责,分赢准公平之旨”。社会组织“主于平等”,道德进步自然非今日可比。这正是“热心欢迎社会主义”的原因,因此,“与其慕社会主义及经济上之利益,不若慕其道德上之利益为更伟大”。

第五章“社会主义与教育”。今日自由放任条件下的教育制度,以是否有财力成为教育的无形限制,结果贫民子弟皆不得进入学校,“少数之财产家”专擅教育利益,违背“公理”。“既知今日教育制度之谬误,自必悦服于社会主义”。社会主义教育实行“贫富贵贱,同一教育”,国家负担教育费用,“凡学者之衣食书籍什物,其费皆由国家支给”。社会主义“以经营教育为第一要义”,增进人民的道德,减少军事、治安等国费,“以今日有限之母金,且生他日无限之母金”。教育事业关键在制度之善与不善,一旦实行社会主义制度,进行根本改革,“吾断其著效,必有出人意表者”。

第六章“社会主义与美术”。一些美术家泰斗由于现今经济论鼓吹利己,必不能长成高尚美术,于是相继提倡社会主义。美术是社会的反映,达到美术的境界与精神,“非变资本私有利己的竞争之社会,而组织资本共有协同的劳动之社会不可”,亦即“必使人人互生友爱,谋社会之公益,不唯营一己之私”,形成“高尚雄大”的理想,所以著名的美术家纷纷归依社会主义。

第七章“社会主义与妇人”。社会主义“去私利而谋公益”,既是经济问题,也如同它对政治与教育的影响一样,直接与妇女问题有关,因此,关于妇女的地位、事业与福利,构成社会主义的内容。自古以来,无论东西洋,“皆蒙男尊女卑之余弊”。近世妇女投身工业界者尤众,“其数占合众全国劳动者之半”,在纺织业更超过男子,由此产生种种弊害。如女子与男子共同竞争,“失其天分,损其所长”;女子工资低于男子,资本家多雇佣女子,致使整体工资水平降低，“男女俱困于贫穷”；女子受雇于工场，造成道德沦丧等。“社会主义之可贵者”，在于“救出今日女子不幸之堕落，谋高其地位、完其幸福之实诣”。如果“废今日之私有资本，兴公有资本，仆竞争的主义，行协动的竞争，使社会主义之思想，得应用于实地”，妇女将“与男子相和相扶以享受其幸福”，从事适当工作，使“女子之价值愈显”，获得经济独立，“与男子均富，为至当之事”。唯有社会主义能够提高妇女的地位品格，完善其幸福，所以说，“扩充女权，发挥女子特具之光荣者，舍社会主义外，莫之或是”。

第八章“社会主义与劳动团体”。组织劳动团体为一时之策，真要达到目的，“必仍归着于社会主义”。欧洲劳动者“受资本家之虐待酷遇，实有非人意想所可及者；其终岁勤动，所产出之富，悉为资本家所吸收，劳动者仅得少许之工金”，其情状与牛马无异，如昔日之奴隶，为此，组织劳动团体以求保护劳动者权利，“使资本家不得垄断，而欲跃其身于均富界”，可是，“行之久而无效”。迄今为止，劳动团体只稍增工资和缩短劳动时间等实现“小希望小目的”，“究未能使劳动者与资本家在同等之地位，完对等之利权”。只有社会主义，才是“劳动者最后之救主”。社会主义“企图改革社会之根本，其目的与劳动团体之目的，相去奚啻霄壤”；实行社会主义，自然达到劳动团体的目的。文中关于社会主义目的及其与劳动团体关系的具体论述，将另作分析。总之，译本的基本看法是，近来各国的劳动团体，“无不向社会主义之径路而驰”，劳动团体只是一时之策，其终极目的，“舍社会主义外，无可归着”。

第九章“社会主义与基督教”。在近今欧美国家，二者“正如仇雠，冰炭不相容”，而早期基督教与社会主义“正大相似”。如法国“社会主义之鼻祖”圣西门著《新基督教》，其发明社会主义之“卓识”，合于古代基督教之“神髓”。古代基督教经研究，“确可认为社会主义之真理”，因此，“以古代基督教代表近时之社会主义，以近时社会主义代表古代之基督教，两两互勘，无可疑者”。二者“理想与目的”相同，社会主义的“平等主义”、“人类同胞主义”，与初期基督教“若合符节”，只是社会主义企图改革经济、工业及政治，稍有不同；“传道之热心”相同，如从事社会主义运动者，皆有“宗教的热心”；“同遭社会之患害”，像古代基督教徒一样，法德二国“社会主义党”均受到监禁、剿灭的“残虐待遇”；“传播之速”相同，如德国社会党像古代基督教徒一样发展迅速；“同为世界的思想”，古代基督教与社会主义都不限于一国，“企图运动于世界”；“同对民溅同情之泪”，如圣西门说，这是初期基督教与社会主义“一致之最要点”，社会主义视劳动者为朋友，也表明社会主义之原动力，“实为人情之大道”；“同富于兄弟相爱之精神”。总之，近代社会主义，不仅是社会改革，实为“活宗教”，称之为“现时之宗教”，亦无不可。

第十章“理想之社会”。社会主义的理想，“社会与个人各相调和，协同以营社会全体之幸福,而使个人对社会负责任,社会亦对个人负责任”,此理想社会,又称为“责任社会”。个人对社会的责任方面,今日社会“力求保护财产之私有权”,不过让富有者“得肆其私欲,无所忌惮”,个人财富“实社会协动之产生物”,“不可任一己之使用,宜献为社会之公益”。社会对个人的责任方面,社会给个人必要的生活条件,如衣食起居之类;社会让个人受教育;社会为个人提供娱乐慰藉之预备;社会对个人的疾病、老废、残疾死亡妥善设置保护方法,如财产保险、生命保险之类。这样,社会主义的实行,将达到理想状态,此即基督教所说的“天国”,也是战争时代、实业时代后,达到“完全之点”的“道德时代”。

从上面的介绍可以看到,村井知至担任日本社会主义研究会会长期间,对社会主义的理论体系,试图作完整的阐发,以资“同志斯学者”。这一体系,论述社会主义产生的原因,社会主义的定义内涵与基本特征,社会主义与道德、教育、美术、妇女、劳工组织诸方面的内在关系,社会主义的发展前景等,不可谓不详。比起此前各种有关社会主义的零星介绍,追求体系的完备,正是《社会主义》中译本的特色。除此之外,这部译作还有其他一些特点,值得注意。

第一,其他介绍西方社会主义的著述,或单纯客观介绍而不予置评,或表示同情,或表示怀疑乃至反对,这部译作公开宣扬并论证社会主义必将实现。如谓,唯有实行社会主义才能如“快刀断麻”一般解决产业革命带来的社会问题,“真足为救济社会之完策”;社会主义是增进社会全体之幸福,保佑文明之进步“所不可少者”;社会主义“最合人生之天性”,一旦实行,“人民之道德大进,社会得乐平和”;提高妇女的地位、品格和福利,扩大女权,发挥妇女的特有作用,“舍社会主义外,莫之或是”;各国劳动团体的前途,“舍社会主义外,无可归着”;奉行社会主义,可使社会进步“达完全之点”;等等。这些赞美之辞,远非此前一般介绍社会主义的泛泛之论所能企及。这种热情,同样倾注在译本对马克思经济学说的评述上。不过,此译本对于社会主义“妙理”的热心传播,大多是一些理想性描述,虽有理论剖析,却浅尝辄止,结果徒具社会主义的理想目标,未能深入洞悉其理之“妙”。

第二,这部译作的前三章,从经济方面说明社会主义的产生原因、定义及其“本领”,把社会主义的“最精确”涵义,归结为废除导致贫富悬隔的私有资本制度,代之以“共有资本制度”;认为社会主义的关键,是根本革新现有社会经济组织,没有社会经济上的自由,政治上的自由亦无效,获得经济自由,才有政治自由。以后各章讨论道德、教育、美术、妇女、劳动团体以及理想社会问题,每每从经济角度出发,论证社会主义之“去私利而谋公益”,及其与上述各类问题之间的关系。立足于经济基础以设计社会主义的理论体系,为理解科学社会主义的马克思经济学说,提示了一条正确道路。尽管此译本设计这种理论体系时，仍夹杂不少道德式说教。

第三，正像绪言所说，这部译作关于社会主义的知识来源，得自留学美国期间的研究与观察。此译本曾提到谢夫莱《社会主义的精髓》、亨利·乔治《进步与贫困》、基督教社会主义者伊利等一批美国学者的著述，以及圣西门《新基督教》和圣西门党、法国小资产阶级社会主义者路易·勃朗、英国克卡朴《社会主义史》、本杰明·基德的《社会进化》等一批欧洲学者及其论著。由此表明，作者的社会主义思想来源相当驳杂，对欧美国家形形色色的社会主义学说采取兼容并蓄的态度。其中也有几次提到马克思的社会主义学说，但在《社会主义》译本中，马克思学说并不占支配地位，至多与其他社会主义学说并列相处。尤其是专论社会主义"定义"的第二章，引经据典，列举各种各样的"定义"，甚至包括谢夫莱这样"非社会主义家"①的定义在内，却只字不提马克思为科学社会主义所下的定义。这一译本对于马克思学说的认识水平，于此可想而知。

第四，这部译作的典型特点，将近世社会主义与古代基督教混为一谈。如宣称"古代之基督教，代表近时之社会主义"，而"近时之社会主义，阐发古代之基督教"②；直接称近代社会主义为"活宗教"或"近时之宗教"。这一特点，反映作者本人作为基督教徒的思想倾向，也体现那一时期的日本，出现一股渊源于美国教育而信奉基督教社会主义的异端社会潮流③。这种基督教社会主义思想传入中国后，作为一种理论学说所产生的影响，似乎并不大，但它以基督教徒的宗教狂热比附社会主义的拥护者，难免对马克思经济学说传入中国，产生思想上的阻碍作用。如梁启超谈论美国社会主义党员"崇拜"、"信奉"马克思学说，像耶稣教徒崇信圣经一样，是一种"迷信"，由此可以看到这种影响的印记。

第五，从译文水平看，《社会主义》比起前面的《近世政治史》，在外来专用词汇方面，更加贴近现代用语。其中"经济"一词的使用，已是通篇的规范译名。其他经济术语的转译，也较多采纳日文使用的译名。这种表述，对于转译、解释和传入马克思经济学说，省却了套用中国古代经济概念而容易产生的混淆和歧义，经济学译名的规范和统一，有利于对舶来经济理论的理解。

二、关于马克思的剩余价值概念

《社会主义》中译本里，有关经济问题的论述占有重要地位，其中几处引用

---

① 村井知至著，侯士绾译：《社会主义》，上海文明书局，光绪二十九年五月（1903 年 6 月）发行，第 11 页。

② 同上书，第 56 页。

③ 参看[美]伯纳尔著，丘权政、符致兴译：《一九〇七年以前中国的社会主义思潮》，福建人民出版社 1985 年版，第 62－63 页。

马克思经济理论,将成为考察的重点。这里首先考察第三章内一段论述,它涉及马克思的剩余价值概念。

这一章,先分析私有资本制度的"弊失"。认为过去"资本与劳动本无所区别"的人人自营工业时代,无所谓阶级,贫富差距也不甚远。19世纪初机器发明应用于工业界后,发生"一大变革":自此,"资本家与劳动者分,而贫富之悬隔乃甚",出现种种社会问题。机器发明造成若干大资本家,小资本家与劳动者无此资力,不得不依赖大资本家以谋求衣食,于是,有资本者"建大工场,养尊处优,坐至巨利",劳动者"日困苦于此工场中,日为资本家生利,而莫或分之"。由此划定"资本家劳动者之二阶级",有资本者"终不过少数"。因为占有资本,少数人可以对多数人使用威权,"肆行压制,莫或御之",而"无主张其权利之力"的劳动者只能唯唯诺诺,迎合资本家之意,"劳动之事务时间工资等,一切为资本家所定",稍有反抗,"不免沉沦饿莩之悲境",就像奴隶一样。接着,罗大维译本中有如下一句话:"其余利益莫不为资本家之垄断,乃资本家犹以为未足"。这句蹩脚的译文,文法不通,其中却提到"余利益"概念,意思是说资本家垄断"余利益"还不满足,惜乎译文未注明此意引自何人。对此,侯士绾译本这样表述:

> "劳力者艰难辛苦之余,所生殖之大利,已悉为资本家所占夺,已惟有沾溉余沥,藉糊其口,养身家且不足,况望其他乎?是加路·孟古斯所谓剩余价格者也。故少数(应为"多数"之误——引者注)之劳力者,益困苦无聊。於呼!何不平允若是之甚耶,岂非私有资本之弊哉?"①

在这里,罗大维译本的"余利益",被译作"剩余价格",其概念提出者,标明"加路·孟古斯"即卡尔·马克思。无论"余利益"还是"剩余价格",均指马克思的剩余价值概念。侯士绾译本关于"剩余价格"的解释,似乎包含几层意思。一层意思,此"剩余价格"是"劳力者艰难辛苦"即劳动的剩余产物;二层意思,在整个劳动产物中,劳动者占有很小一部分,"惟有沾溉余沥",仅够糊口甚至不足以赡养全家;三层意思,劳动产物的剩余部分而且是"大利"部分,全部被资本家占夺;四层意思,"剩余价格"是造成大多数劳动者"困苦无聊"和极端"不平允"的原因,是私有资本的弊端之所在。这几层意思,似乎接近马克思剩余价值的理论内涵,但仅此而已。此译文采取的思维方式、分析工具乃至名词术语,除了引入马克思的"剩余价格"概念,并未超出那一时期分析贫富差距原因的常识性范围。这样,译文接触马克思剩余价值概念的同时,难以深入进行

---

① 参看村井知至著,侯士绾译:《社会主义》,上海文明书局,光绪二十九年五月(1903年6月)发行,第16页。

经济理论的分析。

缺乏经济理论分析的不足，没有妨碍译文继续抨击私有资本制度的弊端。根据罗氏译本，社会主义针对这一弊端，“痛下针砭”，意在“变资本之私有为共有，则少数者无垄断之私利，得共图社会之公益”；以共有制度经营国家产业，“决不至如今生资本家与劳动者之二阶级”，贫富悬隔现象将“自销沉于天壤”即自行消失，促使人们共同追求社会幸福，“化罗刹社会为平和天国”，这是“社会主义之一大目的”和“社会主义宣传之福音”。从这里，再一次看到文中对于社会主义的宣传热情，带着浓厚的基督教色彩。

至此，译文着重从生产资料所有制问题入手，主张改变少数人对于资本的垄断私有制度，实行社会主义的共有资本制度，并运用马克思的剩余价值概念，论证私有资本制度的弊害。接下来，重点转入分配制度问题。这方面的论述，又一次触及与剩余价值相关的内容，尽管没有明确提出类似剩余价值的概念。按照罗氏译本，其中提到：“社会主义所最关系者，在社会之经济；故其经济界之结果，实有伟大者存焉。”意谓社会主义的基础是社会经济，经济领域的利益分配十分重要。如果实行社会主义，“从来少数资本者所占巨大之利益，转而为多数劳动者之所共有，于社会全体之幸福，固不待言”。然而，现实的分配状况，劳动者日夜经营的“产出之富”，其分配顺序第一是地租，为地主所有；第二是利息，为资本家所有；第三是赢利，为制造家所有；剩下“劳动者之所得，仅工资耳”。归“制造家”即企业主的“赢利”，译文解释为“赢利者除归本抽息之外犹有剩者之谓”，赢利等于扣除还本和利息后的剩余，这个用词不确切，侯士绾译本另将其翻译为“利润”。为了说明分配问题，译文引用英国1895年的调查数据，证明劳动者一年创造13.5亿镑“国民储额”即国民收入中，“富者”以地租和利息之名夺去4.9亿镑，“雇主”即制造家的赢利夺去3.6亿镑，其结果，占全国总人口1/8的少数地主、资本家和雇主，不劳而坐得8.5亿镑之巨额，而占总人口7/8的多数劳动者，仅得5亿镑，“天下不平之事，宁复甚于此者”。译文还引用有关著作的调查表，同样证明在英国，地主、资本家及制造家人数与劳动者人数之比为8∶63，二者收入之比却是17∶10，“其相去之远，实有可骇者”。

对于上述分配现状，译文强调，提倡社会主义，实行共有资本制度，地主与资本家阶级将“自行废绝”，资本与土地“均为社会公有物”，原来地主和资本家的“垄断之利”也移归社会和劳动者手中，制造家作为“管理工业者”获得应有资俸，“不得肆行贪利”。这样，社会得以廉价购买物品，劳动者享有“极厚之工资”，在生活富足的基础上促进教育与智德发展，将增进社会全体幸福和带来文明进步。换句话说，未来社会主义共有资本制度下，现存极端不平等的分配差距状况，不复存在。在这里，令人感兴趣的，不是译文中一再重复社会主义的未来理想,而是它论述全部国民收入乃劳动者的“产出之富”,地主、资本家及制造家的地租、利息和利润收入,只是瓜分或“夺”取这一劳动成果,由此再一次走到马克思剩余价值理论的边缘。马克思的剩余价值理论,考察各种社会剥削集团瓜分剩余价值的分配规律,以及剩余价值转化为如利润、利息、地租等不同收入形式。此译文以通俗形式,对剩余价值理论所揭示的剥削关系,有一番表象式叙述,然后止步不前。由于译文表述上的缺陷,如把国民总收入译作“产出之富”或“国民储额总计”或“国计储积总计”,把收入分配办法译作“富财支配之法”等等,容易将马克思所说的总收益或总产品,与总收入混淆起来。按照马克思的区分,总收益或总产品除了总收入即工资和剩余价值,也就是工资+利润+地租之外,还包括生产中耗费的不变资本。译文中所谓“富”、“富财”、“储额”或“储积”等译名,其字面理解混淆了这种区别,把全部产品的价值分解为工资、利润和地租,丢掉了不变资本。这种理解,没有走向马克思的剩余价值理论,反而落入马克思所批判的“斯密教条”[①]之中。

从上面的分析看,作者村井知至对马克思经济理论的理解,水平不高,加上译文问题,更加深了这一印象。但重要的是,20世纪初由日本传入中国的《社会主义》中译本里,开始看到马克思的剩余价值概念。以前关于马克思经济学说的介绍,大多是一些具体的经济观点或主张,而剩余价值学说是马克思全部经济理论的基石。此译本并未对剩余价值学说作更多的理论介绍,只是提到其概念,至多接触这个学说的一些皮毛,但它在马克思经济学说传入中国的早期历史中,毕竟是具有标志性的进步,预示中国有关马克思经济学说的介绍,逐步由表面走向深入。当然,《社会主义》的各种译本,即便“剩余价值”这一概念,其译名也不统一,如称之以“余利益”或“剩余价格”。应当说,侯士绾译本的“剩余价格”一词,比较接近剩余价值概念。此译本在本章别的地方曾使用“价值”一词,如认为实行社会主义后,物品“价值立见低廉”即为一例[②],但不知何故,它未直接译作剩余价值,以“剩余价格”相称,而价格不同于价值。由此表明,包括马克思经济学说在内的一些舶来经济术语,取道日本传入中国的过程中,曾经历一个颇费周折的转译阶段。另外,此译本认为,德国俾斯麦的“国家社会主义”,算不上“真确之社会主义”,“为从来社会主义家所不许”即不被其他社会主义者所承认[③]。这个观点不必与剩余价值概念有什么联系,但比起《近世政治史》译本对俾斯麦的“国家社会主义”经济主张采取模棱两可的态度,要鲜明得多。

---

① 马克思:《资本论》第3卷,人民出版社1975年版,第951页。

② 村井知至著,侯士绾译:《社会主义》,上海文明书局,光绪二十九年五月(1903年6月)发行,第20页。

③ 同上书,第22页。

三、关于马克思的工人阶级经济解放思想

《社会主义》中译本里，还有一处段落，未提马克思的名字，却直接抄录其阐述工人阶级经济解放思想的原话，颇为醒目。这一段落见于此译本第八章，主要用来说明社会主义的目的及其与劳工组织之间的关系。

这一章谈到劳动者应该抱有远大志向，不应满足于缩短劳动时间和增加工资以养家活口的“小希望小目的”，此时引用“欧美劳动者之首领”的话：“方今尤进步于世界者，为经济学。以劳动之权利，应占有其产出富之全额。乃劳动者能产之而不以占有之，以未明经济之原理故耳”。不知此首领指何人，这番话的意思，把“经济学”说成专门阐明劳动者权利的进步原理，而劳动者的权利，“应占有其产出富之全额”即享有他们生产的全部财富。运用经济原理揭示劳动者能生产财富却不能占有财富的现象，透露出为劳动者的经济解放呼吁的意味。这段译文的译笔不畅，其用意似乎也不在话语本身的涵义，只是用作旁证，以此说明劳工组织若“姑息”微小的希望和目的，“必终不能达其目的”。

接着，译文论述社会主义的目的，“变革现今之资本制度，即打破现今贫富之阶级”。针对今日社会问题，社会主义对症下药，少数资本家不能“怀私”，土地、铁路、矿山、工场、机器等“所有生产资本悉归公有”；“举国民皆为劳动者，协力经营社会之公益”，这样，游惰坐食的资本家之流将“自行绝迹”。劳工组织对劳动者的“几分之保护”，不可能“高枕无忧”，消除资本家与劳动者之间的阶级冲突，“非假社会主义之利刃，截绝此二阶级，以施最后之治疗不可”。或者说，劳动者为了达到他们的目的，仅靠组织劳工团体争取增加工资，那只是“小战争”，社会主义才是“对资本家开一恶战”。所谓“恶战”，根据译文，指通过议会斗争取得政治权利，使资本家不能把持议会，由此推动资本制度的变革，获得“最后之胜利”。

劳工组织向社会主义的转变，译文举例，自 1889 年以后，英国劳工组织为了发展，抛弃过去的陋见，断然采取社会主义思想，实行社会主义方略。这一年西方社会主义运动的重大事件，是创立第二国际。译文谈到英国劳动者思想的“进化”，显然估计到第二国际的成立对于英国工人运动的影响。奇怪的是，文中论述这一转变的原因时，对此重大事件只字不提，列举的其他理由，给人以主次混杂或喧宾夺主甚至似是而非之感。诸如提到乔治《进步与贫困》一书的影响，1881 至 1883 年社会党的复兴，1884 至 1886 年劳工因遭大恐慌而认识到其社会组织不完备，“社会慈善家”探究贫困的原因“实起于社会制度之弊”等等。还强调亨利·迈尔斯·海德门和约翰·伯恩士等“伟人”，出身劳动者，却大呼劳工组织无能，提倡社会主义的功绩。其实，恰恰这两位英国社会

民主联盟的领袖人物，在1889年第二国际成立期间，参加与恩格斯支持的国际社会主义者代表大会相对立的国际工人代表大会，后者同前者争夺“国际”的领导权，德海门本人也被恩格斯称作“把一切事情弄糟的政治野心家”[①]。因此，译文把欧美社会主义和工人运动中的马克思主义者与非马克思主义者混为一谈，强调非马克思主义者包括亨利·乔治和“社会慈善家”的影响作用，不是有意识表明其政治倾向，就是不自觉透露其关于西方社会主义的认识之模糊，或二者兼而有之。看来，更多属于认识上的模糊，并非心存偏见，因为译文紧接着引用的另一个例证，是马克思为第一国际成立起草纲领性文件中的一段话。

根据罗大维译本，在第八章结尾，为了证实劳动者已经向社会主义转变，专门举出1864年“万国劳动者”在伦敦召开第一次“同盟会”时议决的“纲领”为例，将此纲领中的部分内容抄录如下：

“我党信否？劳动者欲脱资本家之羁绊，斯劳动者不可不自战！而欲劳动者之自战者，为使分资本家阶级制度之特权，全废灭阶级制度，得万人均等之权利，负万人共有之义务是也。

我党信否？劳动者为资本家生命之源泉，专有生产的机关。若生屈从，即生社会的穷困，若精神卑屈，即生政治的服从。

我党信否？劳动者欲解经济的束缚，为最重大之目的，故为百般之政治的运动，单在扶此目的。”

这段引文的翻译，在侯士绾译本中，意思基本一致，文字有些出入。侯氏译本也以这段话出自“万国劳工同盟会”首次聚会伦敦时所议的“纲领”，其译文表达如下[②]：

“吾党思为劳工者，欲脱资本家之羁绊，必先自为战备。且吾党以欲得自由而战，决非欲与资本家俱分阶级制度之特权，实欲全废此阶级制度，使人人均享其权利，而各负其义务。

吾党知为劳工者，以资本家专有生产机关，可为生命之源，因而降心相从，奴隶之唯命，牛马之唯命，所以致社会之困穷，精神之疲败也。

吾党知为劳工者，解目前经济界上之束缚，最为此会之旨趣。他日无论政府如何处置，皆以准此旨趣而行。”

两段出自不同译本的译文，仔细对照，除了文字上显而易见的差别之外，

---

① 恩格斯：《致弗·阿·左尔格(1886年4月29日)》，《马克思恩格斯全集》第36卷，人民出版社1975年版，第472页。

② 村井知至著，侯士绾译：《社会主义》，上海文明书局，光绪二十九年五月(1903年6月)发行，第54—55页。

涵义上也有两处不同。一处是，罗氏译本将劳动者的解脱译为分享资本家的特权，而侯氏译本译为"决非"分享此特权。另一处是，罗氏译本似乎把劳动者本身看作资本家的"生命之源泉"和"专有生产的机关"；而侯氏译本意谓劳工因资本家专有"生产机关"这一"生命之源"，才犹如奴隶和牛马。上述译文均系抄录国际工人协会1864年成立时通过的"纲领"，这正是马克思起草的《国际工人协会共同章程》。译文抄录的，只是这个章程开头说明创立国际工人协会理由的前面一部分内容。这部分内容按照今译本，应当是：

> "工人阶级的解放应该由工人阶级自己去争取；工人阶级的解放斗争不是要争取阶级特权和垄断权，而是要争取平等的权利和义务，并消灭任何阶级统治；
>
> 劳动者在经济上受劳动资料即生活源泉的垄断者的支配，是一切形式的奴役即一切社会贫困、精神屈辱和政治依附的基础；
>
> 因而工人阶级的经济解放是一切政治运动都应该作为手段服从于它的伟大目标；
>
> ……"①

由上可见，罗氏译本和侯氏译本，排除语句上的文言色彩和名词术语上诸如以"生产机关"对译劳动资料之类的早期译法，基本体现了马克思原著的精神，侯译比起罗译，对于原文的理解似乎更准确一些。这些译文，一是比较清晰地表达了马克思的一个重要经济思想，即劳动者在经济上丧失对于劳动资料的支配权，是其他一切社会、精神和政治奴役的基础，因而，工人阶级的政治运动应以摆脱经济上的束缚即经济解放，作为其"旨趣"或"目的"；二是以直接引文而非加工修改过的转述形式，翻译和引进马克思的这一重要经济思想。这两点，在当时马克思经济学说传入中国的早期历程中，可以说别开生面。

四、结语

综上所述，《社会主义》中译本给人留下两方面的印象。一方面，这部著作与当时已有的社会主义理论相比，其理论框架没有什么高明之处。村井知至留学美国，作为专门研究社会主义之"妙理"的大学教授，写出这种普及性质的社会主义通俗读物，不足为奇。此作思想来源驳杂，富于理想，短于论证，带有美国式基督教社会主义的思想痕迹，以此而论，村井不过是日本一位曾经倾心社会主义的普通知识分子，他的这部著作被称为日本第一部"真正"的社会主义文献，似为过誉之辞。这种印象，在考察此作对于马克思经济学说的表述

① 马克思：《国际工人协会共同章程》，《马克思恩格斯选集》第2卷，人民出版社1972年版，第136页。

时,更为明显。姑且不论此作所说的"社会主义"中,马克思经济学说不占据主导或支配地位,与其他社会主义学说相互矛盾;即便对马克思经济学说有所论述,接触其中某些基本经济概念,其表达也是常识性描述,缺乏理论深度。顺便指出,此作抄录《国际工人协会共同章程》的部分内容,曾说这个章程是1864年在伦敦首次召开的"万国劳工同盟会"议决的"纲领"。其实,伦敦的第一次代表会议,只是宣告成立国际工人协会,马克思起草协会章程的最初文本,是在这次代表会议之后,于同年11月1日经协会中央委员会批准为临时章程,再到1866年日内瓦的第一次代表大会,经过某些补充和修改,正式由大会批准。这段史实,此前《近世政治史》一书,倒是正确叙述了"万国工人总会"1866年在瑞士日内瓦召开的会议上,议定包括共同章程在内的"总会规约"。史实记述之疏忽,亦可见《社会主义》运用资料方面缺乏审慎的态度。

另一方面,相对于当时国内对马克思经济学说的了解程度,又不能不感到《社会主义》中译本是一部颇具影响力的著述。首先,原著1899年在日本发表后,时隔三四年,接连有数部中译本竞相问世,表现出它对中国读者的吸引力。涉及西方社会主义包括马克思经济学说的著述传入中国之初,常常有一些比较通俗甚至平庸的著述,最先引起中国学人的注意和兴趣,包括转道由日本输入的相关著述,亦复如此。这是那一时期特殊历史条件下的特定产物,适应了国人当时的理解水平须经历一个由浅入深的过程。《社会主义》中译本便担负了这样一个时代角色。其次,这部中译本与此前有关马克思经济学说的零星介绍相比,体现一些新的特征。诸如,试图将马克思经济学说纳入一个浅显粗糙却力求完备的社会主义理论体系之中,作为其中的组成部分而非游离在外的只言片语;以基督教徒式的虔诚热情宣扬社会主义,一再预言社会主义必定实现,将为消除现存社会弊端和增进人类幸福带来福音,这种带着宗教色彩的宣传,失之偏颇,但显示出一种积极倡导的精神,不同于以往介绍社会主义时那种猎奇、冷漠、不偏不倚甚至诋毁反对的态度;在翻译和转述社会主义及马克思经济学说的过程中,吸收和采纳日本式新创词汇,冲淡了借用中国传统词汇解释外来新兴概念的习惯;等等。这些特征,也给国人在那个时代接触马克思经济学说,留下新的印象。最后,《社会主义》中译本涉足马克思经济学说,由此前个别经济观点的一般性介绍,或介绍者的任意修改、断章取义、道听途说,开始论述像剩余价值这样的基本经济概念,以及较完整地引用马克思原话,表达工人阶级经济解放的思想。在马克思那里,剩余价值学说为论证工人阶级的经济解放,奠定了经济理论基础。不论《社会主义》译本是否具有自觉意识,它在实际论述中,把马克思的剩余价值概念与工人阶级经济解放思想二者的内在联系,摆在了读者面前。此译本的进步,主要表现在形式上而非理论深度上,加上译文存在理解表达失真、翻译质量不高或用词欠妥等问题,不能对这种进步所产生的影响作过高估计。然而它对马克思经济学说早期传入中国所起的推动作用，不容忽视。

总之，《社会主义》中译本，就其理论体系而言，顶多反映了19世纪末刚从美国留学归来的日本知识分子，急于把国外学到的社会主义理论知识，用比较系统的形式表述出来并传达给日本国民的意图。这部中译本在马克思经济学说传入中国过程中所起到的作用，不是没有意义的。如果以罗大维译本初版于1902年4月，在此之前，恐怕没有其他著作或译作，在论述社会主义的专题性和系统性方面，在涉及马克思经济学说的真实性和理论色彩方面，比得上《社会主义》译本。如果以1902年12月至1903年1月发表于《翻译世界》上的中译本作为此书传入中国之初始，则1902年的中文著述，已有多篇介绍马克思社会主义或其经济观点的文章。如梁启超1902年10月在《新民丛报》发表专论基德之社会进化论的文章，附带介绍"社会主义之泰斗"马克思，就是一例。再如留日归国学生1902年在上海创办的作新社（在东京设有发行所），同年7月初版富山房的《万国历史》中译本，是另外一例。这部讲述各国历史的译作，也提到德国的马克思。它分析贫民问题是社会的中心问题，认为：富者益富，贫者必然日益艰窭，其数不断增加，势必败乱社会，破坏道德，成为"一切妨害社会之源"；于是各国都有贫民或同情贫民者"结为社会党"，如俄罗斯有反抗专制政治的"虚无党"、"破坏党"，日耳曼有"过激党"等。其中具备"高旷之思想"的"善良者"，有法兰西的圣西门、德国的卡尔·马克思（原译"咖尔吗克司"）和拉萨尔等人。这些人想"拯贫民之急"，使他们"同享安乐"，为此研究"理财"及"国法"之理，谓之"国家社会主义"，意在"以国家之力，干涉商工等，平分其富，以均之贫民，如此贫者渐减"，坚持下去，人们"产业相埒"，不会产生争夺想法，社会也就安定了。[①] 这番议论，把马克思的经济思想，等同于圣西门和拉萨尔等人，说成拯救贫民、使之同享安乐的"理财"之理，并为这一理论通过国家干涉来平分财富，贴上"国家社会主义"的标签。如此紊乱荒唐的评介，对照《社会主义》译本有关马克思经济学说的平实论述，不可相提并论。这也反映那时涉猎马克思经济学说的著述，无论著译内容还是表述方式，其水准大多在《社会主义》中译本之下。可是，如果以罗大维译本出版于1903年4月，或以出版于同年6月的侯士绾译本作为参照，那么，对《社会主义》中译本的评价，将大打折扣。因为从1903年初起，来自日本的有关社会主义、包含马克思经济学说的各种译作，不仅数量明显增多，质量也显著提高。所以，从传入马克思经济学说的历史作用看，《社会主义》中译本可以说在1902年领一个

① 《社会主义思想在中国的传播》第一辑上册，中共中央党校科研办公室，1985年，第76－77页。

时段之风骚,进入1903年,其领先地位便迅速被更有影响的其他译作所取代。

第三节 《近世社会主义》中译本关于马克思经济学说的评介

《近世社会主义》中译本,福井准造撰写,赵必振翻译[①]。其日文原著于明治32年(1899年)3月完成,日本有斐阁出版,其中译本约16万字,铅印线装式样,分上下两册,由1901年成立于上海的广智书局光绪二十八年十二月二十日(1903年1月18日)印刷,二十九年正月二十五日(1903年2月22日)发行。它被认为是"近代中国系统介绍马克思主义的第一部译著"[②]。单纯从翻译时间上考察,所谓"第一部译著",未必正确。在此之前,曾叙述马克思及其一派某些政治经济主张的《近世政治史》中译本,发表于1900年末至1901年初;《社会主义》中译本更涉及马克思若干基本经济观点,它的出版时间,不管按照1902年4月的罗大维译本,还是按照1902年12月至1903年1月刊载于《翻译世界》的中译本,均在《近世社会主义》中译本出版之前。如果说"系统介绍"马克思主义包含马克思经济学说,《近世社会主义》比起它以前来自日文原著的各种中译本,确实高出一筹。

一、福井准造与赵必振

福井准造在中国,因其《近世社会主义》一书被翻译成中文而扬名,他的具体生平事迹却不详。从中译本"作者自序"中,能够看到作者的一些思想倾向。他认为,社会主义的内涵应当通过社会党的行动稽考,"孟浪过激之凶徒"成为安宁秩序的仇敌,曾招致"世界之嫌恶"。这似乎是说,根据世人的眼光,对社会党的行动颇有微词。他又认为,文明所到之处,必然伴随社会问题,社会党亦随之而兴;根据社会潮流和事物变化趋向,从日本今日形势看,社会问题"隐约胚胎于其中","贫富悬隔之弊,亦将渐显于社会",对此,"经世忧国之士"不能漠然置之。他自称"素暗于实事,迂于时势",不敢"慷慨自任,每以国家之大事为忧",更不敢"以能文达识之士自命,而衔其博览多才",他"稽察欧美诸国事例,以讲究近世之社会主义",是希望有识之士阅后能够有所察觉,"恍然于社会问题之不可轻忽"。简言之,作者担忧欧美国家因贫富悬隔而造成的社会问题,"隐约胚胎于"日本,因此,介绍西方近代社会主义,以期引起人们对这一

① 参看姜义华编:《社会主义学说在中国的初期传播》,复旦大学出版社1984年版,第80—222页,以及《社会主义思想在中国的传播》第二辑上册,中共中央党校科研办公室,1987年,第398—399、403—408页;中册,第177—185、210—216页;下册,第47—58、62—65、396页。

② 姜义华:《我国何时介绍第一批马克思主义译著》,《文汇报》1982年7月26日。

问题的重视。他在原作的“凡例”中说明，以描述18世纪末法兰西革命以后欧美各国的社会主义为主，此前社会主义者的议论，除“间采”外，予以省略；通过“经济学”与“政治学”的学说议论，判定社会主义的“是非善恶”，“说明社会主义之本质”，在解释社会问题方面，搜集多种社会主义议论，以供研究此问题者参考；社会主义的党派运动不可等闲视之，限于篇幅，暂先记述欧美各国社会党的现状。[①] 可见，撰写《近世社会主义》的出发点，不是为了倡导社会主义，而是借此防患于未然，提醒国人注意社会问题。这一看法，与那时日本社会主义者的态度，有微妙差别，虽然此著作在介绍马克思经济学说方面，不逊于甚至胜过一些日本社会主义者的著述译本。

赵必振（1873－1956）着手翻译《近世社会主义》一书，正好30岁。此前，他1900年在家乡湖南常德参加唐才常领导的自立军起义，失败后东渡日本，学习日语，广泛接触西学，并涉猎社会主义学说。1902年返回上海，参加广智书局等机构的翻译工作，根据日文书籍翻译了一大批社会科学论著，其中涉及亚、非、欧洲各国历史著作，还有新世界伦理学、社会改良论等著作，在社会主义著作方面，最有名的是1902－1903年间翻译的《二十世纪之怪物帝国主义》和《近世社会主义》两本书。他翻译这两部社会主义著作后，似乎再未见到这方面的新作。这恐怕与他后来离开上海到香港担任《商报》编辑，民国初年起任职财政部十余年，20年代末以后脱离政治，先后转入北京、湖南等学校任教并专心国学研究，不无关系。1949年以后，他担任湖南省文物管理委员会委员及文史研究馆馆员，直至病逝。

翻译《近世社会主义》之前，他于1902年8月翻译幸德秋水的《二十世纪之怪物帝国主义》一书。这部书抨击帝国主义为了少数人的欲望，掠夺多数人的福利，野蛮阻碍科学进步，是破坏人类自由平等、社会正义道德与世界文明的“蠹贼”，主张“世界的大革命运动”，变少数人的国家为多数人的国家，变资本家横暴的社会为“劳动者共有之社会”，以“科学的社会主义”灭亡野蛮的军国主义。这里未明言“科学的社会主义”究为何指，从它主张通过“革命”手段实现“劳动者共有”的社会看，应是受马克思社会主义的影响，并较早将“科学的社会主义”概念介绍到中国。这部著作从世界范围看问题，较早把矛头指向帝国主义。它1901年初在日本问世，第二年赵必振译成中文出版，显示译者的识见和魄力。这部被称为“中国第一部”分析批判帝国主义的译著，当时翻译出版要承担风险，出版不久，便遭到清政府查禁。到1927年，曹聚仁将这部译作重新标点出版时，不禁慨叹，25年前，中国学术界已有人译述“这么伟大”

① 《近代社会主义》“作者自序”与“凡例”，均见姜义华编：《社会主义学说在中国的初期传播》，复旦大学出版社1984年版，第80－81页。

的读物,“真可使我们现在人十分惭愧”。[①] 这种惭愧感可能出现在国人对帝国主义的理论分析已经有所了解的后代,却很难产生于20世纪之初的中国。不妨将此译本与那时梁启超对帝国主义的认识作一比较。1903年初,赵必振的中译本已经表达了作者用“科学的社会主义”分析和批判帝国主义的明确意图,同年末,曾亲历美国考察并对新生事物颇为敏感的梁启超,在他的与幸德氏书名有些相似的《二十世纪之巨灵托辣斯》一文中,仍将社会主义和帝国主义混为一谈,视作干涉主义的共同产物。赵必振选择日文原作时超乎寻常的鉴别力和胆识,同样表现在他选译《近世社会主义》一书上。

二、《近世社会主义》中译本内容提要

与《社会主义》中译本追求理论上自成体系不同,《近世社会主义》中译本主要对西方社会主义思想发展的历史和欧美各国社会主义运动的概况,作较为系统的介绍。因此,此译本不像《社会主义》那样,构筑自身的理论体系,只对马克思经济学说作些支离破碎的介绍,而可能给予比较完整的论述。为了判断马克思经济学说在全书的地位和作用,有必要先对《近世社会主义》中译本的大致轮廓,作一提要式概述。

《近世社会主义》中译本包含简短的“作者自序”和“凡例”,其主体部分为“绪论”及四编内容,概述如下:

“绪论”[②]。全书“绪论”,主要对西方社会主义产生的原因、社会党内不同派别的主张之异同、社会主义概念的形成及其定义、社会主义的最后目的等,给予简要说明。译文说,一百年前的法兰西革命,实现政治上的自由平等,但从经济上看,这种自由平等不过是一种“虚形”、“空名”。取代君主专制社会而产生的“殖产社会”,随着机器的发明和使用,排挤手工劳动,其显著特征是资本家对劳动者“压抑专制”,造成“世界之富者既日增,世界之贫民亦日益”现象。资本家与劳动者之间构筑起“一大藩篱”,创造殖产事业的发达,使雇者与被雇者的关系,“宛然而似主从”;劳动者犹如昔日奴隶,其自身价格“若牛若马若机械力”,其社会地位陷于“无底之地狱”,所谓自由平等“有名无实”。正如“政治上之不平均”曾引起政治革命一样,今天“财产上之不平均”呈现“异样之压制”,也使殖产社会的革命接踵而生。这是数十年前已开其端并延续至今的社会党所要解决的问题。

关于社会党组织,有人认为它受“无赖无谋之徒”教唆,是“绝灭资本家”的“破坏党”,或者要打破现行社会秩序,是“无秩序”社会的“过激党”,是“国家之

---

① 以上引文均见田伏隆、唐代望:《马克思学说的早期译介者赵必振》,《求索》1983年第1期。

② 参看姜义华编:《社会主义学说在中国的初期传播》,复旦大学出版社1984年版,第81—91页。

贼”、“秩序之敌”、“无识之徒”或“孟浪过激之凶者”。其实，社会党或主张“共产主义”，或倡导“无政府主义”，或指望施行“极端之共和政治”，或希冀设立“强盛之专制政府”，或希望绝灭资本家和颠覆政府等“过激派”言论，只是具体的行动方策，其“主义之纲领”，最后目的集中于“均一之分配”，社会党的“经济上之主义”是一致的。这种经济上的主义，可以分为两端：“改良”现时劳动者状态，减少劳动，增加收入；对富者实行“均配”，他们按“正当之权利”获取收益之外，应面向劳动人民，“以平其财产之不平均，而除诸般之弊害”。如何实现这一目的，社会党内各派意见不尽相同。“共产主义”派别的宗旨：夺取地主和资本家的土地与资本，废除遗产继承制，“全灭其私有之财产”；国家掌握“生产机关”之全权，所得利益“均一”分配于各劳动者，制止不法竞争，改革“悖理”制度；杜绝资本家和地主谋取“不义之富贵”的途径，救济悲惨的劳动者。这样，大资本集中，“惟国家独能之，决非一私人之所能”，劳动者也不能私人使用，实现“生产机关之全部，全然国家而握其主权”。“无政府主义”派别属于“唱过激之论者”，主张“一扫”现有社会制度，尤其反对私有财产和遗产继承制度，实现“真平等”。“公有主义”或“共有主义”派别也“以财产之绝对的平等为目的”，但比主张“全然破坏颠覆现制度”的激进派和主张“共产制度”的派别，要“温和”一些。它反对私有土地和遗产继承制度，其办法，对现有社会组织实行“非常之改革”，先将私有土地收归国家所有，禁止资本家个人役使劳动者从事生产事业；实行“均一”分配，“必自其分量而度之”，根据“劳力之功果”，按职务高低、勤劳多寡、才能良否，实行“等差”分配，“无有偏私”，同时防止储蓄多额者以此为殖产事业的资本，禁止子孙相传。概括起来，“认许一部之财产私有制”，国家掌握全部生产机关，各人以其劳力勤勉之功效，接受国家分配的应得报酬。“讲坛社会主义”系晚近德国大学教授和学者倡导创立的派别，不愿改革现有社会秩序及其基础，维持现有制度，通过生存竞争的自然规律实现社会的“渐次之改革”。先是主张任凭个人主义发达，贫富悬隔乃自然竞争的优胜劣败结果；后以此差别造成“必不能免”的弊害，遂主张“以政府之力，调和于资本家和劳动者之间”，研究劳动者组合、同业储蓄银行保险和制造所条例，以及妇女儿童劳动等问题。此派要求借助国家力量，制止资本家专横压抑，谋求一切改良活动，“其依赖于国家者甚大”，又称之“国家社会主义”。可见，社会党各派议论的基础，“必置于经济上之主义”，力图“改良”土地资本二者与劳动者的关系，采取“均一”制分配其利益，变更其不平等；对经济以外的政治、伦理及科学等问题，各党派的手段方策互有不同。

19 世纪的经济制度，原料及机器等皆为少数资本家私有，劳动者无劳动手段，不能不受雇于资本家，仅得极少“赁银”，全部“利润”悉归资本家所有，于是，富者益富，贫者益贫，雇者与被雇者“共谋私利”，“各逞其野心”，为工资争扰,“生产社会”显出“无政府之惨状”。社会主义攻击现行经济制度,求改良方法,乃出于事理所不容。以“理想社会主义之经济的组织”取代现行经济制度,打破资本家与劳动者分立之弊,使劳动者获得自由职业和适当报酬,依照社会主义者持论,“凡社会全体之人类,悉皆劳动者而后可”,驱逐“无意之徒食者”,由劳动者“共有”公私资本,所得利润,亦由劳动者全体分润之。其组织形式,从劳动者中推举主管资本及各种事业之人,委以劳动者全体的财产,目的在于财富的生产“日见其多”以及“均一之分配”。如此“合同资本”转运及“合同劳力”组织,将大大提高生产效率。所谓“均一之分配”,不像共产主义含有“绝对”之意,除去投入事业的全部资本,其剩余利润“以劳动之多寡,任其各自而分配之”。其分配结果,难以追求个人暴富,使资本家专横乃至贫富悬隔的弊端绝迹,其“终极”目的,“必以均一之分配,实行于生产社会为必要”。这个最后目的,社会主义各派别的意见大抵相同,所以统称为社会党。

“社会主义”名词,初见于1835年英国社会党创立者欧文使用“社会主义”或“社会党”等名词,后来法国人以此语评论圣西门、傅立叶等人的学说,于是传播欧洲各国,为人们所沿用。接着列举蒲鲁东、傅立叶、欧文、谢夫莱等人的定义,证明社会主义的目的,“决不依赖政府之力,惟持劳民自身之力,以改革社会之组织,以打破贫富之悬隔”,由此“定论”社会主义:“要求贫富之平均,以改革社会之组织”。以前的社会主义切望财产上的自由平等,同情劳动者的悲惨状态,计划社会的改善,但方法不善,因“过激”而被世人目为“国家之贼”和“社会之敌”,予以排斥;如今出现“深远学识”的学者,或“参与国家之枢机”、“左右天下之商政”的“大政治家”,出现倾意下层贱民、感悟贫富悬隔、意欲补救“文明特色之累”的“大资产家”,他们以“真挚之意”研究“经济社会之现象”,使以前那些面对社会问题只想“紊乱秩序”的“不平不满之凶徒”,逐渐减少。所以,以后的社会主义“善为用之”,或许“不至妨害治安”,“得自由平等之真境”。

以上“绪论”,概括了作者的写作意图,从中可以看到:一是关于社会主义的产生原因、定义等问题的叙述,从内容或表述方式看,在前面的《社会主义》中译本里,不难找到类似提法。《社会主义》在日本出版,与《近世社会主义》大致同时,都是1899年。当时从日本引进关于社会主义的早期著述,《近世社会主义》译本像《社会主义》译本一样,很大程度上不是日本学者独立研究的成果,而是借鉴或吸收欧美学者研究成果的产物,恐怕《近世社会主义》一书带有更多编译或转述西方同类著作的成分。这一点,从后面关于这部译作的分析中,能得到进一步证明。二是此译本不像《社会主义》译本,以昂扬的精神宣传社会主义,站在它所理解的社会主义立场上表示为之奋斗,似乎保持一种客观立场,站在一旁评价社会主义的是非得失。三是此译本对于社会主义的解释,仅从“绪论”看，比《社会主义》在内的前述各种译本翔实得多，以后的正文叙述将更加说明这一点。同在“绪论”里，也不难看到其解释存在不少疑问。如社会主义的目的被说成平均分配，所谓共产主义与“公有”或“共有”主义的区分，对社会主义定义的“定论”等等。又如说今日“大政治家”、“大资产家”真诚研究经济社会现象，“善用”社会主义的“真境”是不妨害治安，由此才能得平等自由等观点，更使人对此译本的社会主义究竟为何物，不能不表示怀疑。四是这个提纲挈领式“绪论”，提及不少社会主义的派别和代表人物，却没有马克思，而各派经济主张，即便与马克思学说相近，文中对此似乎也采取不偏不倚的态度。若从“妨害治安”的观点推测，给人以倾向“温和”派别而不赞成“过激”派别的印象。所有这些迹象，应当予以认真对待，它们直接关系着后面考察《近世社会主义》中译本关于马克思经济学说的评介，及其传入中国后可能产生的影响。

第一编，“第一期之社会主义——英法二国之社会主义”①。本编绪言首先指出，“社会主义之起点”，由 19 世纪初“资本主与劳动者之间，分配不能均一”而引起。社会主义的发展，分为三期。第一期“创成”时期，始于法兰西革命，终于 1840 年（疑为 1848 年）革命，以英、法二国“独占其声”。如英国的欧文，法国的圣西门等，“空怀改革社会之理想，而偶实施于社会，则反为证明其失败”。第二期因拉萨尔、“马陆科斯”即马克思等人的“学理”研究，社会主义运动“开一生面”，逐步以深思熟虑的“讲究学理”，代替以往“架空之妄说”和“肆口谩骂之声”，近时社会主义者采纳此“学理”作为其“根蒂”。这是“一段之真理”，获得首肯后，“开此派之人”组织“同盟会”即第一国际。1873 年日内瓦召开的代表大会，出现“同志之分裂”，社会党派与无政府党派全然分离，社会运动产生“闭熄之状”。第三期德国因社会民主党运动“渐有转机”，形成“近时之社会主义之发现”，此时社会党内仍存在意见分歧，“纷杂混乱，殆难收拾”。这里对于西方社会主义运动发展线索的概括，基本上符合历史现实。

接着，“英法两国之社会的状态”一章，叙述两国的社会主义，最初由贫民救助方面提出社会改良方策。如英国社会党“巨擘”、“泰斗”欧文，针对当时经济发达和机器发明伴随资本家与劳动者之间“画若深沟”，贫民“日增困惫”状态，谋求救济之策，倡导社会主义，成为“社会主义之前锋”。又如法国大革命以前，出现反对“土地私有制”及“财产制度”一类“急进”社会主义议论，说明“社会主义萌芽，早已胚胎于法兰西人民之脑里”；革命爆发后，“极端社会主义”议论，最惹世人注意，试图实行“共产主义”，诺埃尔·巴贝夫“实为革命时

① 参看姜义华编：《社会主义学说在中国的初期传播》，复旦大学出版社 1984 年版，第 91－147 页。

代社会主义之先驱”。以后几章,“第一期革命时代法国之社会主义”,分别介绍同为“法兰西唱导共产主义之第一人”的巴贝夫与埃蒂耶纳·卡贝的生平事迹与学说观点;“英国之社会主义”,介绍罗伯特·欧文的社会主义原理和改革实践;“复古时代之社会主义”,叙述大革命后,法国二“巨子”圣西门与傅立叶的生平及其各放异彩的社会主义学理与计划;“第二革命时代法国之社会主义”,介绍法国1848年革命时期,路易·勃朗的社会主义“欲解释经济问题,必先解释政治问题”,以及蒲鲁东“最甚之极端”的社会主义论点。此后,法国社会主义几近“偃息之状”,直至1870年普法战争推动,才又重新盛行。

以上第一期英、法两国社会主义的发展,根据中译本说法,其学说“多流于空理,驰于空想,与事物自然之理相矛盾者亦不鲜”,其“实行计划社会组织改革”的企图,“同轨一辙,皆归失败”,只是留下一些“空议”;就像古代柏拉图、摩莱里之辈“唱导空想的学理,以成世界一种之幻影的哲学”,已甚少为人们注意,圣西门、傅立叶、欧文等人的学说,也因世人视为“空理空想”,不复记忆,以致曾“耸动天下之耳目”的社会主义运动,后来“几乎与世相忘”。同时,下等社会劳动者的穷困状态,依然如故。这种贫富悬隔日益加剧的经济社会大势,是“社会主义发达之趋势之前驱”,激起人们提倡新说和从事社会改革事业的热情,于是以德国为起点,进入社会主义发展的第二个时期。

这一编关于19世纪上半叶英、法两国社会主义的介绍,除了蒲鲁东的无政府主义,主要涉及空想社会主义经济学说。其内容与当时传入中国的其他中译本相比,无论列举这一类社会主义代表人物,还是介绍其生平事迹尤其经济学说,要详尽得多。这些资料和说明,很难出于个别日本作者独自搜集、整理和分析的结果,可能直接转述西方学者的现成研究成果。照此看来,关于第一期社会主义属于“空想”学理的观点,应当不是得自日本作者“毫不含糊”的判断①,而是引用他人的结论,尽管这种引用多少也反映作者自己的倾向性意见。

第二编,“第二期之社会主义——德意志之社会主义”②。本编绪言,重申第一编结论,认为英、法二国社会主义者的“全然失败”,在于其“空想的学理”与“儿戏的企图”,社会主义在整个第一期时代,“全为空理空想之一夕话而已”。英法社会主义衰退之际,继起的德意志“忧国者”,为了社会改革,19世纪后半叶倡导社会主义。德国社会党尽管遭到俾斯麦政府的尽力剿灭和打击,仍“勃然开运动之始”。德意志“新社会主义”与英、法二国“旧社会主义”相比,后者“议论徒驰于空理,而唱荒唐无稽之说”,企图以“儿戏的计划”达到目

---

① 姜义华编:《社会主义学说在中国的初期传播》,复旦大学出版社1984年版,第79页,编者“说明”。

② 参看同上书,第147—200页。

的；前者大异其趣，“精密”研究“深远之学理”，讲究“经济上之原则”，多数劳动人民容易实行其社会主义，不仅得到许多学者与经世家的赞成，连嫌恶社会主义者对于此“深远巧妙之学理”，亦苦于无反驳余地。因此，社会主义学问的研究和实行，“实不能不归功于德意志之社会主义”，其学理“最为坚固”，其势力“至今日而不衰”。这是前者比较后者“大有别者”。后者的目的往往局限于一地一国，使社会主义的实行“空属梦想”；前者起初受到范围限制，“其性质则实注重于世界”，旨在扩大运动，促成国际间劳动者的联合。后者与前者相比，其“理想之悬隔”及“计划之大小”，诚不可同日而论。如马克思和拉萨尔周游各国传播其思想，“熏陶最为广至”。今天倡导的，正是此“新社会主义”，即第二期社会主义。

第一期社会主义进入第二期社会主义，“脱理想而入现实”，脱离空中楼阁式议论，确切探讨“定则”的真实基础，是“真个”社会主义。说到这里，本编引入最令人感兴趣的议题，即第一章“加陆·马陆科斯及其主义”。此章分两节，集中介绍卡尔·马克思的“履历”生平事迹以及学说。这些内容作为重点，将在后面专题讨论，兹不赘述。第二章“国际的劳动者同盟”，指国际工人协会。其中较多涉及马克思对该会的指导活动，亦纳入专论马克思部分一并讨论。第三章“洛度卫陆他斯及其主义”，主张在经济理论方面，把德国经济学家洛贝尔图斯放到不逊色于马克思的开创者地位。以洛氏为“学理的社会主义之鼻祖”，对社会主义学理的研究，始于解释现今混乱错杂的社会问题；其功劳在于学理的根据“甚巩固”，秉性好静，不似马克思和拉萨尔在社会上露面，广传其名于世间；其著述“意味深远，富于高尚之理论”，未得到劳动者理解而不受欢迎，却被学术界推为“博识精通”的学者；等等。有关洛氏的具体经济观点，作为补充资料，与文中介绍马克思经济学说，放在一起对照和比较。最后第四章“列陆檄耶度·拉沙列及其主义”，以15 000多字的篇幅，超出前面介绍马克思及其学说在内的每个分章的篇幅，主要叙述拉萨尔的生平、著述、政治活动业绩与学说观点，说他是德国新社会主义运动的“发起”，社会改革的“先驱”，建立德国社会民主党的基础、使之“耸动天下之耳目”的“功首”和“伟人”。

本编内容，与本书研究关系最为密切。其中许多内容，在这里仅为提要式介绍。从简短的介绍里，可以注意到，此译本与当时传入中国的各种有关著述相比，其突出之处，除了对马克思及其学说给予专题论述，一是渲染洛贝尔图斯在经济理论上作出与马克思不相上下的贡献，二是详论拉萨尔在推进德国“新社会主义”运动方面与马克思并驾齐驱。由此也说明，此译本对于马克思及其学说，持有某种保留态度。

第三编，“近时之社会主义”。本编在社会主义名义下，对各个流派的发展沿革、代表人物及其学说观点，分别予以介绍，例如：

关于"无政府主义"[1]。它原本不属于社会主义一派。社会主义反对现行社会制度,一般希望贫富平均,反对阶级特权及财产制度;无政府主义"唯一之目的","主张共产及共有之制度,而排斥一切中央政府之干涉为无用,必绝灭之而后已",二者不同,"不容疑问"。无政府主义思想的根底,"实自社会主义而胚胎之",其议论"与社会主义相近",其所作所为亦"多于社会主义之计划为一致",想尽办法改革现有社会组织,保持社会永久和平,共同造就"一大美善之社会"。它的"最后"目的,不外以"打破阶级制度而匡正贫富之悬隔为宗旨"。无政府主义对现存一切主张实行"极端之破坏主义",使用"过激粗暴"手段,"甘为社会之公敌",以种种狂暴行为"紊乱社会之安宁秩序",以此企图达到社会的改良,自由的畅行,贫富的平衡,却"终难实行"。"无政府主义之首唱者"为蒲鲁东,这一时期此派在俄罗斯"最有势力",到1870年,开始"虚无党组织运动"。其代表人物巴枯宁,乃信奉无政府主义的"巨子",是此派在第一国际内的"最有力"代表者。1872年第一国际海牙代表大会上,他反对马克思的"中央集权之制","以国家而经营生产事业之说",主张国家和政府是罪恶的根源,必须连根铲除,"与马陆科斯一派,全然相反",遂脱离第一国际。俄罗斯虚无党人造成一系列行刺贵族显官事件,在其他各国产生影响。无政府主义者不限于一国,主张无国家、无宗教、无帝王、无统领,破坏一切现存组织,以求消除其不平均,造就"一切平等、贫富均一"的新社会,是"世界的组织"。无政府主义者中"专走极端之徒",挑动下层"贱民"从事疏暴狂乱的举动,达不到自由平等的最终目的,"徒自取暴乱之污名,以自暴其身而已"。

关于"国家社会主义"[2]。它"依赖国家之力",达到保护劳动者,增进人类幸福,缩小贫富悬隔,谋求社会调和,抑制资本家在生产领域的跋扈,救济可怜的贫民,实行政治和经济多种改良等目的。与其他社会主义相比,它不是"必以贫富均一,财产平等,及绝对的平衡等为目的",不是"全灭财产私有制度,收之于社会之手,举其生产事业,一任之于国家"之说,只是作为未来的希望,绝对反对自由主义议论。它强调,必须通过国家保护与干涉,以奖励或监督等办法,发达民业,消除妨害;在现时生产社会,国家的"当然之职务",一面抑制资本家暴富,一面拯救悲苦劳民。其理论代表人物的观点,不像"纯正社会主义",希望"绝灭"社会贫富不平等的"根底",不过减轻其不平等的程度而已。他们连同德国一些大学教授宣扬"讲坛社会主义",其学理研究的基础,区别于其他社会主义,"决不发荒唐无稽之议论,又不希过激疏暴之改革,徐行以图进步之经路,渐以达其目的"。其未来目标走渐进道路,逐年增加国家事业,缩小

---

① 参看《社会主义思想在中国的传播》第二辑上册,中共中央党校科研办公室,1987年,第398—399、403—408页。

② 参看同上书中册,第177—185页。

民间事业，最后“移私人之事业，而收之于国家之手”。实行国家社会主义，亦以德国为发源地，其代表人物是俾斯麦，如主政 30 年间，推行铁道国有、烟草专卖、保险法等“新计划社会政策”。

关于“基督教社会主义”[1]。它的涵义是，社会主义倡导劳动权利，要求消除贫富悬隔，实现平等，包括马克思一派提出“资本者，略夺之结果也”的论点等，都可以从基督教《圣经》中发现相同的教义。经济学者面对经济社会放任富者的贪婪，产生不公平不平等的社会组织弊害，试图借助“伦理说”铲除社会弊害，此举“与基督教的社会主义，即其一”。英国的基督教社会主义创立生产合作社，养成慈善、博爱、仁义的美德，影响政府制定救护贫民的法律等，给予劳动者不少助益；法国的基督教社会主义为社会改革事业，“或信托于宗教教义，或纯然为社会主义的党与”，与英美诸国的基督教社会主义相比，其势力不免微弱；德国的基督教社会主义承认，拉萨尔的铁的工资规律为今日生产社会“真理”，其对现行社会组织的攻击颇得社会民主主义的赞同，并把产生社会困穷的原因归咎于“唯物主义之旺盛”，忽略精神修养，以及“自由政策之施行”促进个人的横暴；等等。

此外，还有关于社会民主主义的介绍。这些介绍，对无政府主义的手段似颇有微词，对国家或基督教社会主义，表现出“客观”态度。这种“客观”态度，不加区别地把近时社会主义各派别的理论观点尤其经济理论观点，混为一谈。这再次证明，此译本要么缺乏自行分析的判断力，要么纯系转述别人的观点，根本无需自己分析。

第四编，“欧美诸国社会党之现状”。上编从学说流派方面叙述社会主义的发展状况，本编再从地域分布角度，分别介绍英国、法国、德国、中欧诸国、东欧诸国及美国社会党的活动情况。

关于英国社会党的现状[2]，据说自 1881 年起，将社会党的名称与目的，“公然发表于天下”。“美国社会主义之勇将”乔治曾到英国演讲，随之著《进步与贫困》，宣扬“土地国有论”，刺激英国社会主义思想“崭然一新”。英国社会主义团体中，“势力最巨，运动最灵”的社会民主同盟，其首领是亨利·迈尔斯·海德门。关于社会民主同盟及海德门，《社会主义》译本有所提及，但一笔带过，未曾详述。本编专门记述海德门的生平、著述与活动业绩，说他“献全身于社会主义”，其忠诚“世所稀有”。他领导的社会民主同盟发表“宣言书”，其目的确立社会生产、分配及交换方法的“经济上之平衡”，以免资本家束缚，“全然开放劳动者之事业”；其纲领要求铁道、交通运输、土地矿山，以及凡生产、分

---

① 参看《社会主义思想在中国的传播》第二辑中册，中共中央党校科研办公室，1987 年，第 210－216 页。

② 参看同上书下册，第 47－52 页。

配、交换诸机关,皆为“共同或共有之财产,以共支持”,财富的生产分配谋求社会全体成员“共通的利益”,实行社会管理;其救治时弊的对策,包括限定每天8小时、每周48小时劳动制,对年所得300镑以上者征收累进所得税,对具有独占性质的铁道及水、电、煤气等事业“为全社会之利益”,实行“共有”、“国有”,或由市府所有和管理,掌握金钱及信用动态以“除去私人独占利益之弊”,没收公债,土地收归国有,各级政府以“共有的旨意”管理等等。英国社会党中还有主张“尽力绝灭土地私有制”,消除阶级和地租之“恶弊”的“特种”势力。这一势力所信奉的社会主义,皆为积极的“公有主义”,其目的是夺取属于个人的土地及生产资本,改造社会和增进社会全体的利益;其方法是将一国的自然所得和生产利益,“分配万人于一样”,改变以往独占的生产方法,把用于生产的资本转移到社会手中,用地租和利息增加劳动者的工资报酬等等。

关于法国社会党的现状①,从时间顺序看,接续第二编“第一期”的法国社会主义,介绍1871年巴黎公社起义以来的活动情况。列举法国社会党内存在六七个党派,以“马陆科斯派”的“公有派”名列榜首。在“公有主义者”中,又分三派,其右翼已陷于失败,左翼无政府党的言论与行动,偏于“激烈粗暴”,竟至“放弃社会主义”,唯有其“中心”的“马陆科斯派之社会主义者”,组织“法兰西革命的社会主义之劳动团体”即法国工人党。随后,党内出现盖得派与可能派的分歧。文中对马克思支持的盖得等人未多着墨,介绍其对立面可能派的代表人物保尔·布鲁斯,说他曾参加巴黎公社革命,后流亡国外追随无政府主义者,70年代末在伦敦受马克思感化,舍弃无政府主义,“全然倾于公有主义”,归国后信奉“马陆科斯之社会主义”,组织党派,成为“发达最速”、“最有势力”的党派之一,被称为“急进革命党之巨子”等等。介绍法国社会党内各主要派别的政治经济纲领,如劳动团体的经济纲领,涉及没收财物归市有,市管煤气、铁道、马车等,逐渐禁止地租支付,政府负责儿童教育,经营各种保险事业,政府支持照顾老者与衰弱者,对一定数额以上收入征收所得税、累进所得税及遗产税,干涉生产事业以保证公众安宁等。又如盖得派的政治纲领提出没收寺院财产归官有及没收公债,经济纲领包括:规定劳动者每周休假一日,成年一天劳动8小时,未成年6小时;根据各地物价水平规定最低工资标准;男女工资一律;保证科学、职业、儿童等教育;“公费”赡养老者及不具者;劳动者在救济时有管理处分其资产之权;雇主应对被雇者遭受“时之灾害”负责;银行、铁道、矿山等公共事业“皆为官业”,工场管理“任其劳动与职工之事”;废除间接税,代以累进所得税;废止间接继承人的财产继承,直接继承人继承的财产若

① 参看《社会主义思想在中国的传播》第二辑下册,中共中央党校科研办公室,1987年,第52—58页。

在两万法郎以上，亦禁止；等等。至于布鲁斯一派的主张，只提到市政"一切自治"，自设各种民用事业"供给市民"，设立生产机构"管理劳动者"，满足其要求等。总之，法国现时社会党的进步"过于迟缓"，不及第一期法国社会主义"极其全盛"，问题在于它只是"向实行之途而急进"，轻视学理研究。

关于德国社会党的现状[①]，先介绍马克思和拉萨尔是"社会党之二骁将"，出生在德国，拉萨尔1864年死去，马克思1849年移住伦敦后，德国社会主义运动"衰退萎靡"。以后马克思援手本国同志，产生李卜克内西和倍倍尔等领导人，拉萨尔的后嗣亦继承"先师之遗意"，共同尽瘁于社会主义，故今日德国社会党的势力，"殆全冠于天下"。当初马克思和拉萨尔并起，"交相唱道，以其教义普及于全天下"，如今德意志的社会主义运动"最为活泼"，研究学理"最进步"。拉萨尔主义与"国际属劳动者之同盟"即第一国际之间，存在不同之点。前者主张现时国家的帮助，后者毫不依赖国家之力，企图通过人民"协力"运动和解放生产领域劳动者达到目的。德国社会民主党的发展历程，最初是李卜克内西和倍倍尔等人1896年在爱森纳赫城成立"社会民主劳民党"，后来德国社会民主党即以此为"发达生成之基础"。1875年，"马陆科斯派"的爱森纳赫派与拉萨尔派在哥达举行合并大会，增进"社会主义之发达"。1878年，俾斯麦政府制定《反社会党人非常法》获议会通过，取缔德国社会民主党及其活动，但"欲严灭之而终不能"，社会党势力仍"进步发达于冥冥之里"。1890年废止此法，社会党运动于"光天化日之下"。在此期间，俾斯麦一面推行此法，与社会党为敌，一面实施国家社会主义政策，与社会党政策"实为无二之味方"，可谓"实施社会党之政策之同志"。1891年爱尔福特代表大会上，社会民主党内出现温和派与急进派的争论，"温和派常执社会党之牛耳"，大会通过的纲领，可见，现今德国社会民主党的"目的与主义"。文中将爱尔福特纲领逐条转录，以资"知其梗概"。德国社会主义中，社会民主党占"绝大之势力"。其余党派，有"旧教的社会党"，在教会保护下进行社会改良，效法国家社会主义之说；有"新教的社会党"，包括富人和劳动者两个团体；还有"国家社会党"，又称"讲坛社会党"，讲求国家社会主义。自马克思之下，其他社会党大多采用此主义，可统称为国家社会主义。德国社会民主党的领袖李卜克内西和倍倍尔二人，前者早年受马克思熏陶，此后立崭新奇拔之说，开拓一新派，"述马陆科斯等之遗志，以传播于劳民之间，以社会主义之理想，注入于其胸里"。其著《土地问题》一书，"为社会主义之著述中最不易得之善本"。后者为李氏"门弟"，遵奉社会主义，同系目前德国社会党之"巨擘"。

---

① 参看姜义华编《社会主义学说在中国的初期传播》，复旦大学出版社1984年版，第200－222页。

本编介绍其他欧美国家的社会党现状，不必一一记述。以上介绍三个国家社会党的现状，足以显示此译本处理“近世社会主义”论题的特点，力求资料详实与论述客观。不过，详则详矣，所谓客观却是相对而言。本编像全书一样，叙述过程中穿插不少作者的评论意见。这些意见对马克思社会主义并无恶意，或者说多少抱有一种钦敬之情，但于评论之中，往往将社会党内的理论斗争，尤其将马克思派与非马克思派之间的深刻理论分歧，轻描淡写，简单提及，或根本抹煞不论。如对英国海德门、法国布鲁斯、德国爱森纳赫派与拉萨尔派合并、马克思和拉萨尔二者关系的评价等等，均系如此。或许原作者缺乏这种意识，并非故意所为，或许日本作者在转述过程中有所删节或遗漏，不管怎样，这些评论意见对马克思学说及其经济学说的沿革如此加工后，再随着中译本传到中国，会给中国读者留下什么印象，可想而知。

至此，对《近世社会主义》中译本的内容，作了一个提要式介绍。乍一看，这个介绍的许多内容，似乎与马克思经济学说没什么直接联系，其实不然。一则，本书无论在日本还是在中国，都被认为是系统介绍马克思主义的“第一部”著作或译著，这样一部在马克思主义的东方传播史上得风气之先的著述，不管其内容及水平如何，单凭这一领先历史地位，即值得给予较为详细的记述，何况其中不少内容，在不同程度上涉及马克思经济学说。二则，本书介绍马克思主义，比较系统，据此，对全书体系作一全面了解，很有必要。全书的体系衬托出有关马克思主义介绍的系统性，这种系统性和整个体系之间又有不可分割的内在联系。三则，本书关于近代欧美社会主义的发展历史、不同派别、各种代表人物及其学说观点的介绍，不论正确与否，为说明马克思经济学说的社会主义思想背景及社会党环境，提供了更为广阔的视野。采取以上考察方式，系因早期资料稀缺，需要从纷繁的史料中，发掘和梳理哪怕点滴涉及马克思经济学说的内容，关注那些曾为传入马克思经济学说起过某种推动作用的各种文献；以后随着这类文献逐渐增多，考察的重点也就转移到专论马克思经济学说的资料本身。在这一时期，所有论及马克思及其经济学说的著述，都颇为难得，《近世社会主义》中译本设立专章介绍马克思及其主义，尤显珍贵。下面，集中考察这一章怎样介绍马克思的生平、著述及其经济学说。

三、关于马克思的生平与经济学说

此译本第二编第一章，以“加陆·马陆科斯及其主义”为名，分两节专题介绍马克思的“履历”和“学说”①。第一期社会主义特别是法国社会主义与第二

① 参看姜义华编《社会主义学说在中国的初期传播》，复旦大学出版社1984年版，第149－165页。

期德国社会主义二者的主张，“其归著之点，大抵相同”。前者倡导的社会主义，是个人“假定”，其立论能够“说明其原理原则者甚鲜”。如圣西门派提出“资本家之所得者，大抵收没劳动者之所得”一说，曾得到路易·勃朗的附和，蒲鲁东的赞许，好像与马克思关于“资本家为无用之徒，而收没其余之劳力”的论点相似。但他们只是“假定与猜疑”，无法断定此“重大之议论”。他们对于资本制度的改革，先考察是否符合道义，然后根据资本发展历史，与现行资本制度比较，推究经济上的学理与历史上的事实，形成“自家学理之前提”，最后得出“资本为强夺之结果”的结论。与此“大异其趣”，德国社会主义以其“学识之深远”和“思想之精致”，不像过去的社会主义者“徒驰无稽之理想，以筑空中之楼阁，费用有用之时间，而为儿戏的事业”，结果招致世人嫌忌和有识者讥笑，而是深思熟虑，“考究其深远之学理，以观察其精致之事物”，探寻适于社会现制的主义方策，为其“特色”。其学理的基础，凭借“论理及心理上之原理，以谋确实”；倡导这一学理的首领，百折不挠，“以忍耐勉强之力维持之”，这又是德国社会主义区别于其他社会主义的相异之点。

德国社会主义的崛起，在于“殖产社会”充满残忍、刻薄、非理、非道等不道德行为，将“劳银之铁则”看作“千古不磨之真理”，将贫富悬隔视为“人类社会之通则”，因而劳动者也以“不正之手段”与“非理之要求”逼迫豪富。所谓“不正”和“非理”，指没有用学理深入研究以确定其主义方针，借此计划社会改革方策，容易招致世人攻击。然而，其势力持续至今并遍布欧美各地，也表明德国学派领导社会主义潮流，绝非偶然。德国社会主义的创立者为拉萨尔与马克思，前者是“社会主义运动之发起者，其名最显”，后者“确立其议论之根底，出无二之经典，以闻于世”。文中的比较，并非将拉萨尔凌驾于马克思之上，是想表明拉萨尔具有实际运动的声望，以此突出马克思在理论研究方面的功绩。因而，此译本专论马克思一章，重点放在介绍马克思从事理论研究，主要从事经济理论研究的生涯、著作及学说内容上。

（一）马克思经济理论研究的生涯与著作介绍

文中介绍，马克思1818年生于特里尔城一名家，先入波恩大学修法律，后入柏林大学研究哲学，尤倾心黑格尔哲学，“大悟人间之本性”。曾担任“急进自由派”机关报《莱茵报》主笔记者，攻击政府，非难当时社会制度，“以唱道革命煽动之说”。因此政府憎恶，1843年禁止该报出版。此后马克思更与政府对抗，其攻击“愈讲究于经济上之议论”。当时德国经济学甚为幼稚，他由柏林移居巴黎，研究经济学之余，撰文攻击本国政府，公开发表意见，遂遭放逐，移居布鲁塞尔，“益从事于经济上之研究，以讲究社会主义”。这一时期他形成“新说”，发表公论，“以达劳动者之事情”。为了批评蒲鲁东《关于贫困之哲理》一书（今译《经济矛盾的体系，或贫困的哲学》），撰写《自哲理上所见之贫困》

(今译《哲学的贫困》),另外发表《自由贸易论》(今译《关于自由贸易的演说》),“二书最有名于时”。

1843年(实为1844年),他居住法国期间,始与“唱导德意志社会主义”的“野契陆斯”(即恩格斯)相见,此后生死与共,投身运动。1847年伦敦召开“共产的同盟会”(即共产主义者同盟),公开发表“宣言书”(即《共产党宣言》),此为“国际的劳动者结合同盟之端绪”。马克思得恩格斯为“有力之同志”,受益不少。恩格斯1845年著《英国劳动社会之状态》一书(今译《英国工人阶级状况》),“扩张马陆科斯派之意见”;马克思1849年被驱逐德国而定居英国后,恩格斯与之共患难,40年“无异趣”。

1848年革命爆发,马克思重返德国,与恩格斯等人创办《新莱茵报》,“特唱社会民主主义”,反对联邦共和组织复旧势力,“为劳动者而吐万丈之气焰,保护其利益,而怜其不幸”,痛斥与劳动者利益相反的阶级,翌年再遭政府禁止,马克思又被放逐。马克思移居英国后,以其余生集注于“国际的劳动者同盟”(即国际工人协会)的结合。1864年在伦敦结成盟约,发表宣言书,在日内瓦召开第一次代表大会。于是,“此同盟会之势力,震动欧洲之全土,一时极其旺盛,马陆科斯之名,轰于全欧,大受劳动者之尊敬”。1872年海牙代表大会上,巴枯宁率领无政府党脱离协会,协会势力逐渐衰微至分散解体,但影响不断扩大,“其主义纲领,至今尚为诸国所认识;各团体之精神与作为,各种之运动与助成,皆基于此”。协会解散后,马克思退隐从事著作,此前于1850年(应为1859年)出版《经济学之评论》(今译《政治经济学批判》),此后博采群书,研炼十余年,“探学理之蕴奥,以讲究资本之原理”,撰写“一代之大著述”《资本论》。此著未完,他即于1882年(应为1883年)去世,享年66岁。马克思家庭幸福,闲居伦敦,生活静隐,或从事著作,或向《纽约每日论坛报》投稿,二女皆嫁法国社会党员。

文中最后综述:马克思“一代之伟人,长于文笔,其议论之精致,为天下所识认”。人称“一大经济学者”,思想保守者亦“称扬其才能而不措”。记述其事迹者认为,他对文明社会的内政,“独具感化之功力”,同时代任何人“无出其右者”;他的经济学感化一般人民,在德国学者中“亦无其比”,其经济学有“最精细之观察”,“为确实推论家之一人”,《资本论》“实为社会经济上之学者之良师”。马克思的社会势力“绝鲜其比”,他死后欧美各地纷纷召开追悼会“以慰其英魂”。如纽约劳动者集会通过决议,悼念马克思为“天下自由之真友,与吾人以劳动者之自由,而除其重大之损害者”,表示将马克思的名字与遗著“传于万世,且扩布其思想,以垂示于世界”,尽全力遵循马克思开拓的道路,“抛吾人之生命,以发挥彼之高尚之经典”,“结合全世界之劳动者”祭奠马克思以“永世无忘”等等。类似决议遍于各地,“马陆科斯之英名,隆于一世”,可见马克思对劳动者“感化之力甚深”。

这是传入中国的各种著述中，至此接触到有关马克思生平最为详尽的介绍。这一介绍，勾勒出马克思一生在理论研究和指导工人运动方面的主要经历、业绩成果与影响，对马克思生平事迹的介绍，基本上客观和真实。介绍中提到马克思与恩格斯之间的终生友谊与合作，可算当时引入恩格斯译名、介绍马克思与恩格斯友谊的第一部中译本。此译本介绍马克思去世后的各种评价意见，未提及恩格斯在马克思墓前的著名讲话，却认真引用纽约悼念活动的决议内容，显示它较多采用来自美国的资料。这段介绍突出马克思的理论研究功绩，从事经济理论研究的经历、著作及影响。文中直接提到马克思的《哲学的贫困》、《关于自由贸易的演说》、《政治经济学批判》、《资本论》，以及恩格斯的《英国工人阶级状况》，并间接提到马克思、恩格斯为共产主义者同盟撰写的“宣言书”即《共产党宣言》等著作。无独有偶，此中译本 1903 年 2 月 22 日出版前几天，同年 2 月 15 日的《译书汇编》上，马君武的《社会主义与进化论比较》一文，末尾也以马克思著作名义，附列一个与上述著作几乎相同的书单，只是缺少《关于自由贸易的演说》一文。马君武的文章与赵必振的中译本，可谓一时双璧，率先将马克思、恩格斯代表作尤其马克思经济学说代表作的名称，介绍到中国。马君武留下的仅是西文书单，尚未译成中文，还将恩格斯的著作误排在马克思名下。赵必振译本的介绍正确无误，赋予这些代表作比较贴近今译水准的中译名，其中《资本论》译名，恐怕是国内转译马克思这部经济学名著之书名的最早中译名。在马君武那里，对《资本论》一书只闻其名不见其实，赵必振译本则以《资本论》是马克思对劳动者具有深刻感化力的理论源泉之所在，予以专门介绍。

（二）马克思的经济学说介绍

这是中译本介绍马克思“履历”之后，重点介绍的内容。

1. 马克思的资本理论

文中指出，马克思创设社会主义，与“国际的劳动者同盟”期待社会雄飞，“其学理皆具于《资本论》”，以《资本论》作为其理论基础。此书“大耸动于学界”，“为社会主义定立确固不拔之学说”，为此，马克思成为“一代之伟人”。《资本论》是“一代之大著述”，为“新社会主义者”发明“无二之真理”，乃研究者服膺的“经典”，不同于从来的社会主义“大都架空之妄说，不过耸动社会之耳目，以博取其虚名”。它的立论，考察资本变迁与历史，叙述其起源与来历，阐明“经济界之现组织，全然为资本之支配”，为保护劳动者利益，必须“反抗资本万能主义之潮流”，“反对资本的生产制度”。这段开场白，意在强调马克思学说的重点，在于说明资本问题。

文中认为，马克思把“殖产界”的变迁，分为三个时期：第一期，“手工劳动者”用自己的资本从事各自的生产，为“资本势力未盛之时”；第二期，资本者与劳动者“分离”，“资本家依其利益，劳动者依自己之劳银”生活，为“资本将盛之时”；第三期，“大工场之大资本家”拥有“无限之势力”，“利益之全额，悉归资本主之所有”，劳动者只获得“仅少之俸给”，为“资本极盛之时”。这种分期法，好像马克思分析相对剩余价值生产时，将资本主义生产方式的发展，分为简单协作、分工和工场手工业以及机器大工业三个阶段的思想，却扭曲其原意。此译本继续解释说，马克思根据“殖产界”的变迁，考察“资本制度发达之结果”：凡欲从事生产者，“必借资本家之力，得其同意”，才可以经营，资本家势力成为“全然与劳动者隔离”的“特种”阶级；结果“贫者愈贫，富者愈富”，劳动者尽其“全身之劳力”只能谋求“自活”，资本家则贮蓄其“利润”以倍增自家财产。说到这里，文中引出剩余价值概念如下：“资本家所以蓄积其利润，增加其财产者，则以生产社会余剩价格之故，即为殖产界制度资本发达之历史，专占此余剩价格，蓄贮之以为增殖之途”。所谓“余剩价格”，就是剩余价值。它与《社会主义》的侯士绾译本(侯氏译本的出版时间，在《近世社会主义》译本之后)将剩余价值译为“剩余价格”，几近相同；与前书罗大维译本(罗氏译本的出版时间，按版权页所示，应在《近世社会主义》译本之前)的“余利益”译名，明显有异。文中进一步说明，要了解资本主义，必须了解“余剩价格”的性质，马克思为了阐明这种性质，从“分离其价格与本质”入手，专门写了“价格论”。所谓“价格”，从上下文关系看，用于解释马克思的剩余价值学说时，几乎专指价值，不是今天所说的价格，按其本意，应当译作“价值”而不是“价格”。下面遇到此类“价格”译名，均应作如是解。

此译本叙述马克思的“价格论”，从“价格”的分离开始，“价格分离之道”，分为“使用价格”与“交换价格”。所谓“使用价格”，属于“供给人类之必要，满足人间欲望之价格”。如空气、水、日光等，为人们“日常生活之必要”，既“不得以他物而交换之”，又是“地上随处而有”。这种“无从交换”的“必要之物品”，“有使用之价格，而无交换之价格”。文中还提到包括日光、食物、金银衣物在内的所谓“总使用价格”，以及“有交换之价格，而无使用之价格”的情况，未予解释。然后得出结论，“有交换之价格者，必有使用之价格，而有使用之价格，不必有交换之价格”。为了人生的必要，须交换使用“天下无数之物品”，故交换与使用“此二种之价格，为人类实用之点”。“相等”交换的“交换价格”，对个人而言，“以无用之物品，变形为必要之物品”。这里，“有一种共通之要素，存乎其间”，人们比较交换“价格”与交换物品，会发现“必有共同之要素，比较交换而后能行”。譬如一斤砂糖与其他物品“平均”交换，通过比较，中间“必有一种共通之要素”。这个要素是“人间之劳动力”。劳动力与劳动力比较，转化为“因社会之平均的劳力”，由此计算制造一斤砂糖花费多少“劳力”，便可以“比较而判定其价格之高下”。以上叙述，简单对照使用价值和交换价值之间的联系与区别，以此取代马克思关于商品两个因素即使用价值和价值的分析，接着跳到“劳动力”或“劳力”之类的模糊概念，用以论述交换价值的内容，即各种使用价值能够按一定比例交换，其中用作衡量的共同东西是什么。“因社会之平均的劳力”这一说法，似乎指马克思的社会必要劳动时间概念。其涵义，译本中表达如下：“社会以一定之时间，计算普通一日之平均劳力，及关于机械及技艺等之劳力，其功力之多寡，以平等之劳力换算之，以规定社会的平均劳力之功果”。这段译文令人费解，它要转达的意思是说，计算商品价值量的劳动量，不是个别人的劳动时间，而是平均必要或社会必要的劳动时间。文中还提到“复杂混合之劳力”应二倍于“单纯平易之劳力”，“‘熟练’‘注意’之劳力”与“普通之劳力”之间应规定适宜的比例等，所有的“劳力尺量之标准”，要以“单纯之劳力”（即平均的简单劳动）为单位。由此而形成的“一切之价格量其劳力之原则”，被说成马克思的“价格算定法之大要”。沿着这个思路往下叙述，接触到马克思关于剩余价值来源的分析。

此译本用自己的语言来表述马克思的分析。它认为，使用与交换两种“价格”的分类，不能混淆，以此观察资本家利用劳动者“求自己之富”的做法，没有什么困难。劳动者自食其力，资本家役使劳动者以“交换之价格”标准供给劳动者的生活费即最低生活费，取自“生产物之全价格而扣除其剩余”后的那部分收入。譬如劳动者日常生活所需物品，值二十钱，他“每日以六时间之劳动，则已足充分而自给之”，资本家却强迫他每日劳动十二小时，按理应得四十钱报酬，可是资本家“割其一半而为己有”，“强割”劳动者六小时劳动，“诈取”其所得二十钱，“资本家之利润之所得者，不出此诈取的价格之外”。结果，一方面，因生产原料和机器为资本家所把持，劳动者“不能不应资本主之雇聘”；另一方面，市场上购买后，资本家可以“不依定额之交换价格，以与劳动者之购求使用，而从事生产”，一旦按某种“定额”价格购得劳动者，便可以不顾“定额”价格来使用劳动者。“驱役劳动”的使用之“度”，以“倍”计算，“资本主以一分之交换价格，而得二分之使用价格”，二者之差，是“余剩之价格”，成为资本家的“资本”，用来“维持扩张其事业”，“蓄积增集其财产”。资本制度的发达，靠的是“余剩价格”“专归资本家之占有”。这里涉及劳动力的买和卖，劳动力的使用产生剩余价值等问题，但它撇开马克思的劳动二重性等分析工具，省略价值增殖和剩余价值生产的基本分析环节，试图直接截取其中有关价值增殖，特别是有关绝对剩余价值生产的分析结论，不免弄巧成拙。

上述介绍之后，此译本转而引用马克思原话作进一步论述。主要涉及以下几方面问题。

其一，马克思把资本制度下的经济组织，看作与旧时专制压抑“无丝毫之异”。其引文大意:过去地主“使役”农奴生产,王侯“强制”领地臣属奉献劳力,都是赤裸裸的;今天资本制度下的劳动者,以契约“自由”形式,“强迫”劳动者生产,在生产品的“全部所要求之权”中,劳动者仅得“一少部分”,故现行资本制度“虽有自由之契约,仍不出自然压制之外”。这个意思,马克思经济学说中有所体现①,此译本未能畅达地表述其意。

其二,马克思“以劳动之生产为唯一之要素,其价格必依劳动之量而定之”,根据此观点,一切生产品必属于劳动者,资本是“资本家强夺行为之表征”;资本为“悖理之贮蓄”,表明资本家在生产社会的权利“必有消灭之理”。马克思的资本“新说”,以“社会的关系”决定其名称。接着引用一段据说马克思的原话,大意是:黑奴最初并非是黑奴,“以关系上而自沦为奴隶”②;资本也是“因其资本与生产的方法而成立社会的关系”。使用自己的工具及种子从事生产的农夫,以及使用自己的器械与原料制造物品的手工劳动者,当他们由别人供给制造原料、种子和器械时,这些东西就成为资本,即资本产生于“资本家与劳动者为分立之时”。如今非“共有”而“大抵皆归个人之私有”的情况下,“无资无产”的劳动者从事生产事业,必须由“资本供给”,于是资本发生于“生产社会”的“发达之极”,造成现时制度下的“资本万能”,使资本成为“一大必要”。这段话,看来想表达资本是一个历史范畴、并非永恒“万能”和“必要”的意思,但用辞含混不清,使人难解其意。这样,马克思关于资本范畴的解释,即“只有当生产资料和生活资料的所有者在市场上找到出卖自己劳动力的自由工人的时候,资本才产生”这一含义③,反而被弄模糊了。

其三,马克思的上述资本“定义”,适用于生产社会中劳动者与资本主的相互关系,这与其他经济学者的定义相比,是一种“狭义”解释。根据这种解释,一方面,现时“殖产社会”中,“劳动者不能支办器械与原料及生品与物产”;另一方面,现时“生产社会”中,劳动者又是“天下唯一”的生产要素,资本主“分取其利益”,是“强夺诈略之非行”。所以说,“资本的生产组织,实为悖理不法之组织”。问题是,现在从事生产的劳动者获得器械与原料,须“藉资本家之力”作为“生产之必要”,那么又应当怎样获得这些生产资料;另外,供给原料与机械的资本家“分预”其利益一部分投入生产事业,势必影响生产,劳动者没有自

① 马克思曾说:工人在市场上以“劳动力”这种商品的所有者出现,“他把自己的劳动力卖给资本家时所缔结的契约,可以说像白纸黑字一样表明了他可以自由支配自己。在成交以后发现:他不是‘自由的当事人’,他自由出卖自己劳动力的时间,是他被迫出卖劳动力的时间;实际上,他‘只要还有一块肉、一根筋、一滴血可供榨取,吸血鬼就决不罢休’”。马克思:《资本论》第1卷,人民出版社1975年版,第334—335页。

② 马克思在《雇佣劳动与资本》中说:“黑人就是黑人。只有在一定的关系下,他才成为奴隶。纺纱机是纺棉的机器。只有在一定的关系下,它才成为资本。”《马克思恩格斯选集》第1卷,人民出版社1972年版,第362页。

③ 马克思:《资本论》第1卷,人民出版社1975年版,第193页。

己的原料器械作为补充，必须如何做才有可能改变这一状况。可见，资本“实为生产社会必要之一要素”。马克思反对现今资本制度，提出“资本无用之说”，倡导社会主义，采用“国有财产制”作为国家的生产事业。说到这里，又引出一段马克思原话，其大意是：我们的社会处于“共同生产的组织”，实行“自由劳动之制”，各人劳动作为“社会劳动”一部分，从其劳动的全部生产数中，分割一部分“以供他日生产之用，贮藏社会之财产”，分配其剩余部分“以与各人，以供其日常生活之费”；各人分配的多寡，“依各自劳动时间之短长为等差，以价格算定法而定其标准”。这句话可能引自马克思的“自由人联合体”设想①，糟糕的是译文措辞欠准确，而译本解释又将榨取“余剩价格”的资本，与社会的必要生产要素，乃至与马克思的“国有财产”以及自由人联合体中的“财产”，相互混淆在一起。

其四，马克思“计划殖产社会之改革的组织”，反对“资本制度”，提倡“国有主义”，尽管“尚未说明”计划的实行办法，即“如何变更经济社会之现制度与国有制度之手段”，只是提出“自然绝灭其资本制度，而缩私有财产之区域，以归着于国有制度”的趋势，或者说“剿灭私有财产之方策”表现为社会进步的一种趋势，但通过考察历史变迁，“预想未来之命运”。马克思的“观察历史之眼”，描画社会“原始之状态”，叙述其“进步之阶梯”，稽察过去与现时，由此进入“未来之社会，而待变革一新之期”。作为印证，此译本搬用一大段原文，其大意如下：社会原始状态，生产之业未开，人们“自求衣食”，“社会无甚贫富之差，又无资本主与劳动者之别”。社会稍有进步，人民“饱食暖衣”之余进行游乐或专注艺术，多数人民仍须“日日从事于劳动，以从事于生产”，如古希腊、罗马时，生产事业“悉使役其奴隶，乃确立奴隶制度”，以奴隶作为“生产社会之一要件”。那时“人间之一阶级”奴隶，作为个人“私有私产”，可以买卖，就像现时土地资本“公许其为私有，而许各人之自由”。到“中世”，农业生产社会渐次发达，奴隶逐渐减少以致完全废除，“创立资本的生产制度”。现在资本主“以巨大之器械，宏大之工场，以使役多数之劳动者”进行生产。从古到今，考察“殖产社会”变迁，“资本的生产制度”以现时“实为旺盛之时”。古代出现买卖奴隶制度，在生产事业“未进步”时，各种工艺“颇幼稚”，生产衣食器具“甚困难”，为满足社会需求，需要多数人民用多数时间从事劳动生产，所以那时的生产社会用奴隶作为原动力，将奴隶劳动用于各种生产事业。生产社会以奴隶劳动者作为“货

---

① 马克思说：“设想有一个自由人联合体，他们用公共的生产资料进行劳动，并且自觉地把他们许多个人劳动力当作一个社会劳动力来使用。……这个联合体的总产品是社会的产品。这些产品的一部分重新用作生产资料。这一部分依旧是社会的。而另一部分则作为生活资料由联合体成员消费。因此，这一部分要在他们之间进行分配。……我们假定，每个生产者在生活资料中得到的份额是由他的劳动时间决定的。”马克思：《资本论》第1卷，人民出版社1975年版，第95－96页。

物生产"的"必要之要件",系"此制度自然之必要者",当时无足为怪。今日土地资本"据为私有"制度,则是"经济社会进步之一阶梯"。今日消灭奴隶制度,意味着废止"私有人身财产之习惯",使"生产社会私有财产"的区域,"减甚大半";社会发达程度更进一步,私有财产区域"更缩一层"。资本及土地作为私有财产,是"过去社会进步之定则"。以后社会逐渐发达,生产方法逐渐改良,凭借机械动力使生产力大为增加,社会必要货物的生产将"绰有余裕";当社会生产力极大提高,仅需一部分人劳动时,即可"改革现时之资本的生产制度,为国家的生产制度与作为"。所以说,"现时社会之进远,渐促此私有资本制度于灭绝"。比起封建时代,资本制度"助一时生产之发达进步",可谓"良法",但少数人民"其利愈厚",多数人民"嫉妒愈深",由此"使生产社会上不平不满之声,亦日甚",形成"反对资本家"运动。劳动者运动一旦开始,资本制度"遂至告终",将建立"贫民"主宰、"生产组织之面目一新"的生产社会,"社会之进步,至此而告其完全"。这一大段引文,读起来似曾相识。它似乎涉及马克思有关社会生产在社会发展中起决定作用、私有制、社会经济形态,以及资本主义制度必然灭亡等论述。经过译文的表达处理,其中随处可见的辞不达意、概念模糊,乃至语无伦次,又使人对这段引文是否出自马克思的原话,不能不表示怀疑。

此译本引述以上所谓马克思的原文后,继续评论说,马克思认为"殖产社会"的发达,"依其自然之变迁,资本私有制必归全灭,而让步于国有制",又对社会组织的"未来",作进一步"推论"如下:今天的政府或国家,都是"治者抑制被治者"。当社会进步"颠覆"资本制度,将政权"归于人民之手"后,"国家必然之结果"是,国家一部分人民作为"治者"代表,"真正为人民全体之代表者",生产社会"必为国家的生产,而绝生存竞争苦斗之迹",以此"制其阶级","御其人民"。未来国家的关键,在"支配其人民"方面,替代政府而"设生产的方法之监督",现时行政组织将来"必灭其迹而自然消灭"。这些所谓"马露科斯之主义"的说明,究竟是不是马克思主义,尚且存疑。更有甚者,此译本将上述所谓马克思的观点,说成"欲设立无政府的组织",只是其"归著"与"无政府党"的希望"颇有异者"罢了。又说,"无政府党"的目的,以"暴力"打破国家组织,马克思则顺着"自然之趋势",等待"国家绝灭之期";前者"欲谋其强行",后者"一任自然以达其目的"。在这个"有异"点之外,据说还有一个共同点,他们建立社会组织的"志愿",都是"以人类之自由结合为基础",不同于其他党派"欲以强制的势力而制驭之"。如此说来,马克思关于资本主义私有制灭亡以后未来国家特征的论述,被归结为"无政府"主张。

2. 马克思资本理论的"驳论"

此译本对"马陆科斯经济上之主义"作"概略"介绍后,总结道:马克思的经济学说与素来的经济学者相反，不是以土地、资本、劳力作为生产“三要件”，而是将生产“要件”“限于唯一之劳动”，以劳动作为惟一生产要素，“排斥资本家之利益，为分取不正之行为”；土地是生产“必要件”，性质上“不许私人之专有”，所以对土地报酬，“无论何人，皆得分配生产之利润”；总之，生产“富利”，“应归劳动者之所有”。以上据说是马克思毕生研究而发表的“大议论”，在经济学上树立的“新说”。这些，主要从正面阐述马克思的资本理论。可是，此译本意犹未尽，又提出不少人向来反对马克思的“议论”或“新说”，认为研究马克思的学理，亦必须“反复研究”这些持反对意见的“驳论”。这些“驳论”包括：

一是反对马克思的资本议论，认为马克思以劳动作为生产社会的惟一要素，斥责资本万能之说，这个解释未免“狭义”：不懂得过去生产“甚为幼稚”时期，“以自己劳力之量，而得自己之利益”，那时依靠劳动作为生产要素；今天工业社会发达，市场范围扩张，产品生产与贸易竞争加剧，除了劳力，还必须具备“经营之才智才能”，“投机心”，提高劳动者生产效率的“保护监督”等能力，这也是“生产社会最大之一要件”，或“为今日生产社会之一要件而不可缺少者”。担当这一职能，是“资本家其人之任务”。

二是认为资本家承担生产经营与监督职能，要求得到若干报酬或分配若干利益，“决不为悖理之要求”。另外，资本家拥有的“必要固定之财本”，由于生产磨损，“必时时修复补理之，始可永久使用其功力”，为此，劳动者不可能有生产的“全部之权”，资本家要不断补充生产的机械与原料，“自当与劳动者而分配其权利”，这是“资本家正当分配之利益，所以得要求其权利”。

三是批评马克思将“余剩价格”说成资本家“收没”劳动者的劳动，“分取”自己的利益，认为“余剩价格”是资本家理应享有的“生产社会必要之价格”。劳动者须依靠资本家供给机械和原料，“若中止其供给，则其事业亦必中绝，劳动者之劳力，亦无任用之途”，所以从生产事业的持续经营看，把劳动说成生产社会的“唯一之要件”，“其说不免谬误”。目前“殖产社会”所必要的生产二要素，“惟土地及资本”，尽管少数人掌握此二要素，对于驱役的多数劳动者仅给少量工资，从而分配“不均一”，但“过重”强调劳动，必然忘却“资本家之职务”，分配“仍为不均平”。这样看来，“余剩价格”应当是“对资本家报酬之量”，使生产事业得以继续，而“算定”“余剩价格”的权利，“必收于资本家一人之掌握，不容劳动者置喙”。利益分配任凭资本家“专断”处理，会产生资本家日增暴富，劳动者日益穷乏的“殖产社会之通弊”，这种“背于正理”状况，是经济学者们“专心熟虑”的问题，但为此要求资本家将利益“全然分与”劳动者，“终非正当之议论”。

以上批驳马克思资本理论的言论“大要”，此译本未作相应分析，只是提出应区分“资本”与“资本家”二者。“以资本为生产社会必要件者，不必认定资本家为必要”,照此推理,倡导社会主义者“以资本家为无用之议则可,直推资本为无用之说亦非”。换句话说,在社会生产中,可以认为资本家无用,但不能由此推断资本无用。文中认为,攻击社会主义的人往往不能区别二者,总是“混视”,“不能不为社会主义而诉其冤”①;对马克思“资本说”的驳论,也是误于此“谬见”,才会张口“妄道”。因此,“凡讲究社会主义者,必须区别此等,而后下以明了之判断”。此译本评论那些批判马克思经济学说的意见,特别奉劝读者要注意于此。根据文中说法,马克思的《资本论》解释资本性质,没有说过“正当之资本”是“掠夺之结果”。接着话题一转,又回到先前讨论过的问题,总结说:马克思以“排斥”的态度“攻击现时之社会制度”,迥然不同于以前的社会主义。以前的社会主义作为社会组织的“改革者”,无所作为,“徒唱荒唐无稽之暴说,驰于空理,流于空论,不顾社会之大势如何,单诉人间之感情”,这种“通弊”,面对资本家专横压抑的“大背正理正道”现象,“未尝企图社会制度之改革”。与此相反,马克思认识到“正道与正理”,要求正当分与一切人民以“公平之权利”,大声呼叫社会改革,“企图劳民之改善”。马克思也不同于以前的社会主义者谈论社会问题,为了“博一时之虚名”,他的社会改革,“必以学理为社会主义之根据”,以此“攻击现社会”,“反对现制度”。所以,“创立新社会主义,以唱导于天下,舍加陆·马陆科斯其人者,其谁与归”。换言之,只有马克思才是“新社会主义”的创立者和倡导者。

3. 几点印象

此译本设立专章介绍马克思经济学说的内容全貌,经过比较完整的描述,粗略浏览一下,大致得到一些印象。

第一,与此前涉及马克思学说的各种介绍性著述相比,《近世社会主义》中译本的专章介绍,最为详尽和突出。其他的介绍,需从各式各样的纷杂资料中爬梳些许马克思的经济观点,与此不同,这个专章介绍的重点,一开始就言明放在介绍马克思的“经济学理”之上。

第二,专章介绍似乎按照《资本论》第一卷的论证顺序,叙述剩余价值的理论依据。其中包括使用价值与交换价值的分离;交换价值以“人间之劳动力”即抽象人类劳动作为“共通”要素;“价格算定法”即价值量由“社会的平均劳

① 这句话见林代昭、潘国华编《马克思主义在中国——从影响的传入到传播》上册,清华大学出版社 1983 年版,第 114 页;高军等主编《五四运动前马克思主义在中国的介绍与传播》(湖南人民出版社 1986 年版)第 135 页辑录同一译本文字。在姜义华编《社会主义学说在中国的初期传播》(复旦大学出版社 1984 年版),第 164 页,这句译文少一个“不”字,写成“不能为社会主义而诉其冤”,这与前两本资料书中的译文意思截然相反。从这句话的上下文看,应以“不能不”的说法为是。附带提及,这几本资料书辑录不少反映马克思主义早期传入中国的著作或译作,提供了珍贵资料,但它们对于同一著述的辑录,或采自不同版本,或抄录笔误,或其他什么原因,往往在文字上互有出入,尤以这里引用《近世社会主义》译本中有关马克思学说的部分为甚。这一点,在使用上述资料书时,应予注意。

力”也就是社会必要劳动时间决定；复杂劳动是“单纯之劳力”即简单劳动的倍数；劳动力的买和卖；资本家“使役”劳动者“以一分之交换价格，而得二分之使用价格”，其差额专归资本家占有即“剩余价格”；现代资本制度在“自由”名义下压制劳动者；资本是历史范畴，劳动价值理论预示资本的生产社会权利必然“消灭”；未来自由人联合体设想；私有制是社会生产力发展的产物，资本私有制比起以往的私有制是进步，它终将随着社会的继续进步而归于“灭绝”；等等。这些内容距离完整和准确地表述剩余价值理论体系，差之甚远，可是已经接触若干要点，对此类要点的论述，远非当时及以前已有的类似介绍所能比拟。此外，这个专章试图按照《资本论》体例和引用马克思原文进行叙述，在用词遣字包括译文选词方面，尽量吸收和采纳一些新的名词与概念，以求贴近原有涵义，不像其他不少介绍资料单凭作者或译者的理解作随心所欲的说明。从这些意义上说，此译本可算是最先系统地介绍了马克思经济学说。

第三，这个专章介绍，从经济学角度，比较详细地引入反对马克思经济学说的理论观点，资以比较。这不同于以往的介绍不赞成马克思学说，只显示反对的观点或倾向，极少作理论的说明；也不同于另外一些介绍把马克思学说放在与世无争的地位，仅作涉猎式的孤立说明。将马克思与反马克思的经济理论对照比较，不论具体内容如何，这种介绍方式至少提示读者：马克思经济学说的传播，在理论上并非一帆风顺，曾招致强烈的反对。认识这一点，对深入理解马克思经济学说，不无裨益。马克思经济学说传入中国的整个历程，同样是接受或抵制其理论传入的斗争过程。此译本介绍马克思经济学说，同时告诫人们了解这一学说，必须“反复研究”那些反对它的理论观点，可谓别具只眼。

以上三点，不论设立专章介绍马克思经济学说的取材广度，还是围绕剩余价值理论体现《资本论》粗略结构的系统尝试，抑或比较正反面理论观点来介绍马克思经济学说的与众不同方式，足以确立此译本在马克思经济学说最初传入中国过程中的领先地位。同时，这种领先地位不可避免地带有其早期痕迹，如译文的艰涩、错讹、粗疏，以及古今概念并用引起的表述混乱等。

这个专章介绍，不仅具有那一时期普遍存在的文字表述缺陷，而且还有两点不足：一是从译者方面看，其翻译内容涉及马克思经济理论中最为抽象难懂部分，限于理解上的障碍，这一部分译文问题也最多，语意不畅、词不达意之处比比皆是，不乏出现扭曲原意或前后矛盾的论述。如把商品使用价值和价值的对立，说成“价格”分离为“使用价格”与“交换价格”；把交换价值的内容即作为抽象人类劳动凝结物的价值，说成“人间之劳动力”表示的“共通之要素”；把劳动力买卖，说成“劳动者”买卖；把价值增殖过程即剩余价值的产生，说成“交换价格”与“使用价格”之间的差额；一面说马克思理想中的资本是资本家“强夺行为”的产物,是“悖理”的储蓄,产生于资本家与劳动者“分立”之时,一面又说马克思解释资本性质,尚未断定“正当之资本”是否归入“掠夺之结果”,不一而足。二是从作者方面看,即使表面上以“客观”立场评价马克思经济学说,也有不少曲解之辞。其中较为典型者,把马克思的未来国家自行消亡思想,说成“欲设立无政府的组织”;将资本这个历史性概念混淆于一般生产资料,以“资本家”与“资本”的“区别”为资本辩护。如此因译文粗陋使人难解其意,或者因评介曲解易对读者产生误导,不能不削弱《近世社会主义》中译本的积极影响作用,使它的领先地位打了折扣。下面讨论此译本里其他有关马克思经济学说的论述,同样会加深这一印象。

四、关于马克思经济学说的其他论述

《近世社会主义》中译本里,专章介绍马克思的生平与经济学说这一部分最醒目,此外,除全书绪论部分和其他各编对于马克思及其经济学说,也多少有所触及。例如,第一编提到空想社会主义之后,拉萨尔和马克思等人的“学理”研究使社会主义别开生面;第三编介绍巴枯宁反对马克思“中央集权制”的观点,从侧面反映马克思与无政府主义“全然相反”的国家观;第四编论及法国社会党诸派别中居于首位的马克思“公有派”,马克思和拉萨尔同为德国社会党“二骁将”,“马克思派”领袖李卜克内西和倍倍尔继承马克思的“遗志”,等等。这些地方,有关马克思及其经济学说的论述,大多偶尔提及,不占什么分量。真正有分量的内容,集中在第二编。这一编除专门介绍马克思的第一章,第二章“国际的劳动者同盟”和第三章“洛度卫陆他斯及其主义”,是译本评介马克思经济学说的重要补充,对于把握那一时期马克思经济学说传入中国的深度和广度,具有其独特的辅助作用。

(一)马克思与“国际的劳动者同盟”

这一章[①]主要介绍“国际的劳动者同盟”如何“成于马陆科斯之设立,又依其指导而发达”。那一时期社会文明进步,各国交流频繁,国家之间为了共同目的而采行“国际主义”,已成为“近时世界之趋势”。于是,各国劳动者以“共同之目的”结合在一起,设立国际同盟,也是“社会之趋势”。建立国际劳动者同盟应予责怪,却“无足深怪”,它发端于1836年巴黎成立的秘密结社“正义同盟”(即正义者同盟)。此同盟先服膺“各人皆同胞”这个“共同的教义”,后来接受马克思学说,“欲举劳动社会,以脱资本家之束缚”,以这一“学理”为指导,根据历史变迁,观察到现时劳动社会“终不能免革命的运动之开始”,“劳动者之

① 参看姜义华编:《社会主义学说在中国的初期传播》,复旦大学出版社1984年版,第165—172页。

革命，与社会进化之趋势，必相出于一致”。同盟成员“深信”马克思学说，“欲以经济的方法，而支配社会之组织”，他们的“革命”，“只此改革经济的方法而已”。1847年，正义者同盟在伦敦改组为“共产的同盟”（即共产主义者同盟）。新同盟发表“宣言书”，陈述其目的在于“平夷”劳动者“平民”与资产者“市民”的关系，“全灭”现存“阶级之争斗”与“旧社会之基础”，“撤去阶级制与私有财产制，以组织一新社会”。这段陈述的意思，是说无产阶级肩负废除一切私有制和一切阶级差别的历史任务，整个“宣言书”，也被说成“大攻击经济社会之现组织，绝叫社会制度之改革，为劳动者吐万丈之气焰”。所谓“宣言书”，应是马克思和恩格斯为共产主义者同盟起草的纲领性文件《共产党宣言》。此章曾引用其中一段“结论”：

> “同盟者望无隐蔽其意见及目的，宣布吾人之公言，以贯彻吾人之目的，惟向现社会之组织，而加一大改革，去治者之阶级，因此共产的革命而自警。然吾人之劳动者，于脱其束缚之外，不敢别有他望，不过结合全世界之劳动者，而成一新社会耳。”
>
> 这正是《共产党宣言》结尾处的著名论断，其今译文如下：
>
> “共产党人不屑于隐瞒自己的观点和意图。他们公开宣布：他们的目的唯有用暴力推翻全部现存的社会制度才能达到。让统治阶级在共产主义革命面前发抖吧。无产者在这个革命中失去的只是锁链。他们获得的将是整个世界。全世界无产者，联合起来！”①

两相对照，由于译文的措辞和信达差别，上面两段话初一看，几乎面目全非。若仔细比较，仍可体会它们的意思之异同。前段译文似乎回避或未能理解“暴力推翻”一词，故用“大改革”代之，与原文本意存在很大出入，这和此译本将马克思的“革命”理解为“改革经济的方法”的错觉，同出一源。不论如何，此译本如实介绍马克思作为“宣言书”的“执笔者”，“以其共产的意见，发为公论，以布于天下，而为一大雄篇”。

继共产主义者同盟之后，此译本又说，1864年9月28日，在伦敦的圣马丁堂，创立“国际的劳动者同盟”，马克思任“监督”。1866年9月在日内瓦召开第一次代表大会，批准“宣言书”并“公表于天下”。这个“宣言书”，实为马克思起草的《国际工人协会共同章程》。这个章程的内容，前面分析《社会主义》一书的罗大维译本和侯士绾译本时，已见其序言部分内容的最初引文。《近世社会主义》译本，同样采用引文形式，对章程序言部分，作了完整而非摘录式介绍，其译文也通俗一些。为了便于分析，兹将此译本中这部分引文的译文，抄

---

① 《马克思恩格斯选集》第1卷，人民出版社1972年版，第285－286页。

录于下：

"我党以解除劳动者之束缚，须自劳动者自身之运动。劳动者为解除其束缚，所以有奋斗之举，以谋分与其特权及专有权，与万人共负担平等之权利与义务，以全灭阶级之组织。我党专有之生产机关，为生命之源泉。而劳动者隶屈于资本主之一事，是即屈从之所由生，即社会之贫困所由生，是为招精神上之耻辱，致政治上之服从之原因。

以故解除劳动者之经济的束缚，为我党毕生之目的。其余政治的运动，只为附属此目的，不过为运动补助之一切。

然至今日为企图运动此目的，以致招致失败之不幸，以各国之劳动者，乏巩固之团体。且万国之劳动社会，不足以相提携，而欠乏同胞的亲情之缘因。夫劳动解放者之一问题，决非一地方一国民之问题。关于近世之社会的组织之成立与成(存)在，必先于此种之问题而解释之，与开明进步之诸邦国，与实行的及学理的互相合同，而谋扩张其基础。

故我党尽其忠告，搅破欧洲劳动者之昏睡，向未来之好望而运动，协力同心，以鉴前车。

以上之理由，敢告第一回国际的劳动者同盟。凡属于此同盟之团体及个人，此同盟会员者，必以正理公道及德义为标准，必遵守之。不以国民信仰及人种之异，而差异于其间。义务者权利之随伴，尽义务者必保其权利，保权利者必尽其义务。"

这段译文，据说由此可以了解"其同盟之精神"。倘若比较今译本①，以上

---

① 马克思著《国际工人协会共同章程》的序言部分，今译如下：

"鉴于：

工人阶级的解放应该由工人阶级自己去争取；工人阶级的解放斗争不是要争取阶级特权和垄断权，而是要争取平等的权利和义务，并消灭任何阶级统治；

劳动者在经济上受劳动资料即生活源泉的垄断者支配，是一切形式的奴役即一切社会贫困、精神屈辱和政治依附的基础；

因而工人阶级的经济解放是一切政治运动都应该作为手段服从于它的伟大目标；

为达到这个伟大目标所做的一切努力至今没有收到效果，是由于每个国家里各个劳动部门的工人彼此间不够团结，由于各国工人阶级彼此间缺乏亲密的联合；

劳动的解放既不是一个地方的问题，也不是一个民族的问题，而是涉及存在有现代社会的一切国家的社会问题，它的解决有赖于最先进各国在实践上和理论上的合作；

目前欧洲各个最发达的工业国工人阶级运动的新高涨，在鼓起新的希望的同时，也郑重地警告不要重犯过去的错误，要求立刻把各个仍然分散的运动联合起来；

鉴于上述理由，创立了国际工人协会。

协会宣布：

加入协会的一切团体和个人，承认真理、正义和道德是他们彼此间和对一切人的关系的基础，而不分肤色、信仰或民族；

协会认为：没有无义务的权利，也没有无权利的义务。"

见《马克思恩格斯选集》第2卷，人民出版社1972年版，第136—137页。

译文表述，虽大体上贴近其原意，仍有不少误译之处。如将原文工人阶级的解放斗争“不是要争取阶级特权和垄断权”，反译成劳动者奋斗“以谋分与其特权及专有权”；将原文由“垄断者”支配的劳动资料，错译为“我党专有之生产机关”等，便是例证。其中有些翻译问题，未必是翻译者过错，客观上也存在对原文的不同理解。如原文“工人阶级的经济解放是一切政治运动都应该作为手段服从于它的伟大目标”这句话，在西方学者那里，有几种不同的解释：或意味工会行动居于首要地位，政治活动相对说来无关宏旨；或意味一种警告或告诫，不要采取任何妥协的政治行动；或意味工人必须采取政治行动作为取得经济解放的手段；等等[①]。既然如此，此译本将这句话的意思，译为政治运动只是解除劳动者的经济束缚之“附属”或“补助”，也不必苛责。

关于国际工人协会的发展历史，前面分析《近世政治史》译本关于马克思与“社会党之由来”时，已经介绍该会在普法战争前，即 1866 年到 1870 年间四次代表大会的简略内容。对照起来，《近世社会主义》译本对这一历史的介绍，同样以 1870 年普法战争爆发，作为其发展历史划分前后两段的分界线，但有两个特点。

一个特点是，介绍前一段历史，重点放在各次代表大会的经济议题上。例如：1866 年日内瓦的第一次代表大会，“议决八时间劳动之问题”，“规定”劳动者的劳动时间，实行八小时工作制，“于现在则短缩其劳动时间，渐次减少，以至八时”；主张劳动者普及“智育及技艺上之教育”。1867 年洛桑的第二次代表大会，讨论“进步社会”产生的“通信运输之诸机关”问题，“绝私立社会之垄断其利益”，即通过交通工具和交换手段方面实行垄断企业公有制的决议；“厉行合资的组织，以图国家之事业”，即鼓励工人成立生产合作社，但这种“合资”组织解放其成员即“第四阶级”，又留下受剥削的非合作社社员即“第五阶级”，如何奖励“合资的生产组织”，乃“此会议之一大问题”；还讨论“劳银腾贵之策”即如何提高工资问题。1868 年布鲁塞尔的第三次代表大会，议题有：“专论运输交通之诸机关”；“举土地、矿山、山林等，皆为民主的国家所有，自其国家而贷与劳动者之组合，决定为社会之基础”，主张在生产资料公有制基础上，建立信贷银行以资助合作企业，“依其正当之分配法，以经营生产事业，而讲究其方法，以图进步”；研究“同盟罢工之事”，举行国际工人总罢工，反对各国之间的战争；讨论教育问题，“以完成学理的实用教育之组织”，但未提及这次大会曾通过一项决议，号召各国工人学习马克思的《资本论》；“议定”缩短劳动时间；等等。同时也提到，信奉蒲鲁东学说的代表，在这次会议上就“生产组织之完

① 参看［英］G. D. H. 柯尔著，何瑞丰译：《社会主义思想史》第 2 卷，商务印书馆 1978 年版，第 104 页。

成"、"生产之机关"、"共同社会"、"信用组合之组织"等问题，坚持蒲鲁东主义的计划。此协会"公认"生产物全额"定为"劳动者所有，这是"社会主义之根本的理想"，因此通过决议，表明"全额之报酬，皆独为劳动者之保有"的"充分之权利"。1869 年巴塞尔的第四次代表大会，标志"同盟之势力，正达其极点"，提交会议的各种议案，一般了结，仍存在诸如"废止相续制之议"即废除继承权的争论，多数意见赞成废除。

此译本关于"国际"前四次代表大会议题的介绍，其兴趣基本集中于经济问题，对其他非经济问题的论述却少见。这恐怕与此译本强调马克思在经济理论方面的贡献，不无关系。以上经济议题的讨论，尽管如文中所述，总的说来受马克思的"指导"，但并非都代表马克思的意见，其中还反映一些非马克思主义者的观点。如前述蒲鲁东主义者的提案，就是一例。再如废除继承权问题，系巴枯宁主义者的观点，它与马克思关于"继承权的消亡将是废除生产资料私有制的社会改造的自然结果；但是废除继承权决不可能成为这种社会改造的起点"这一论断①，格格不入。

另一个特点是对第一国际后一段的历史，作了择要介绍。文中介绍普法战争前，"国际的同盟之精神"已为各国劳动者认识并表示赞同，"国际"会员逐年增加，其势力波及西欧、美国及东欧各国。到战争爆发，文中叙述 1870 年"国际"在其"革命的运动之发生地"法国巴黎召开"例会"，恐系笔误。这时"国际"只是派其全权代表帮助改组巴黎支部，加强巴黎与总委员会的联系，未曾在巴黎召开任何代表大会或代表会议之类的"例会"。按照文中说法，这场战争转移国民对于改善劳民待遇的注意力，加上英国"同业组合"与"国际"疏远，德国社会党内讧，资金缺乏，以及政府"苛法"限制，"国际"的势力"乃渐衰微"。直至 1872 年，间隔数年后，"国际"才在荷兰海牙召开第五次代表大会，又因"党内异说之士"发生内讧，导致分裂。这主要指以巴枯宁为代表的无政府主义者。前面介绍无政府主义时，已说到在这次会议上，巴枯宁一派反对马克思"中央集权之制"的活动，这里的描述大致相似而侧重点稍有不同。如认为当时马克思采行"中央集权政治之主义"，欲"把持"和"指挥"第一国际，巴枯宁派"不喜其策"，提出"地方分权主义"，将权力分与各团体的"联合组织之说"，"两者之议，不能相合"；巴枯宁"唱道极端之破坏主义，绝叫全灭国家及政府，以覆灭社会之组织与根底，然后再出改革之举"，这与马克思"民主主义派"的议论，相互抵触。于是巴枯宁率领其派别脱离"国际"，另组"无政府党"，其"狂乱疏暴之手段"，招致"社会之嫌恶"，终世为"社会党之敌手"，也使暴动"达其极

① 马克思：《总委员会关于继承权的报告》，《马克思恩格斯选集》第 2 卷，人民出版社 1972 年版，第 285 页。

点”。巴枯宁一派“脱党”，是“国际”“一大顿挫”，以致会员“结合渐弛”，其“前途之形势日非”。这次大会的“结局”，决定“国际”本部迁至纽约，“谋藉美国而扶植其势力”。

海牙代表大会之后，随即召开阿姆斯特丹群众大会，马克思为了“鼓舞同志”，作“勇壮活泼”的演说。其中引用马克思三段原话。第一段话是演说的开头，大意说，18世纪，各国君王和权贵往往在海牙集会商讨自身利益，现在“国际”在这里召开工人代表大会。第二段话的译文如下：

“吾人但知英、美及和兰，其国之劳动者，以平和之手段，遂得行其目的。但不知欧洲诸国之大半，皆自革命之力，而后贯彻其目的焉。故吾人待时机之熟，蓄此力而待应用。”

此话乍一看，不解其意。对照今译文，方知其意是说：

“我们也不否认，有些国家，像美国、英国，……荷兰，工人可能用和平手段达到自己的目的。但是，即使如此，我们也必须承认，在大陆上的大多数国家中，暴力应当是我们革命的杠杆；为了最终地建立劳动的统治，总有一天正是必须采取暴力。”①

第三段话取自演说结尾，马克思借以公开宣称自己的“决意”：“吾人之过去者，既已如此，而未来之实行，不奏社会问题最后之凯歌之不已。”这句话的今译文是：“我将一如既往，把自己的余生贡献出来，争取我们深信迟早会导致无产阶级在全世界统治的那种社会思想的胜利。”②这几段话的意思表明，马克思素来“希望平和的改革”，但经济上“自有一种之势力”，“至事情不得已之时，虽至举行非常的手段而不辞”。换言之，马克思的革命思想，是在不得已时，才放弃素来主张的和平改革而采行“非常的手段”。马克思的这场演说，试图“回复其势力”，然而“大厦颠覆，非一木所能支持”，这一努力未能改变“国际”总部迁移后的“瓦解之端绪”，“仅保其一缕之命脉”；到1873年日内瓦第六次代表大会时，“国际”的组织形式，“竟全解散”③。“国际”解散后，“其精神自存于社会之间”，而且“其气焰日高”，以致各国政府处理事务，“必至采用劳动者之方针而后止”；这种“国际主义之势力，极旺盛于朝野之间”的现象，表现出“国际”对于各国劳动者日益明显的“感化”作用，现时社会普及的劳动者团体，

---

① 马克思：《关于海牙代表大会》，《马克思恩格斯全集》第18卷，人民出版社1964年版，第179页。

② 同上书，第180页。

③ 这次代表大会在日内瓦召开，原意加强迁到纽约的总委员会同欧洲各国支部的联系，并未提出解散“国际”问题，但没有几个支部的代表出席。后因马克思主义者左尔格1874年辞去总书记职务，退出总委员会，恩格斯说，从此，“旧国际就完全终结了”（恩格斯：《致弗·阿·左尔格（1874年9月12—17日）》，《马克思恩格斯选集》第4卷，人民出版社1972年版，第412页）。根据马克思的建议，总委员会于1876年7月15日在美国费城召开最后一次代表会议，通过宣言，正式宣告“国际”解散。

也继承了“国际”的“同盟之系统”。

综上所述,此译本关于马克思创立和指导第一国际的史实记述,大致正确,而且比此前有关叙述丰富和翔实得多。它第一次把马克思《共产党宣言》和《关于海牙代表大会》中的语录片断,《国际工人协会共同章程》中的整个序言部分,以中译文形式呈现在中国读者面前。这对于体味马克思学说原意,不无帮助。此译本介绍一般历史事件,其描述基本上符合其本来面貌,可是一旦对理论观点给予判断、概括与复述,作出自己的鉴别和评价,错漏之处明显增多。这里既有作者的理解失误问题,也有译者的翻译失真问题。这一问题,通观全书,普遍存在,非独介绍马克思为然,但介绍马克思经济理论观点时,显得尤为突出。此译本关于马克思与第一国际的关系的介绍,更加深了这一印象:它把马克思的经济学说、时代背景和革命实践介绍给中国读者,功不可没;但以其译文质量,企望国人借此准确理解马克思经济学说,无异缘木求鱼。

(二)马克思与洛贝尔图斯

“洛度卫陆他斯”即洛贝尔图斯(1805—1875)作为德国经济学家,在世时并不引人注意[①]。此译本辟专章予以介绍,其惟一理由,认为洛氏在“主义学说”方面享有与马克思“相等”地位,在“研究学理,以求社会组织之人为的改革”方面,“尤在马陆科斯之上”;又认为洛氏的“人为改革”强调“避轻举,慎疏暴”,与其他社会主义者相比,“全然异其趣”,他“深讲究”社会主义学理,是“学理的社会主义之鼻祖”。实际上,根据这一章介绍,难以看出洛氏够得上“鼻祖”资格。

洛氏身世,其父普鲁士大学教授,本人曾专修法律,1836 年起定居农庄,专心研究经济及其他学理,尽力于地方商业。1848 年革命结束,当选普鲁士国民议会议员,继而升任文部大臣,辞归乡里后,在“闲静幽雅”的生活中继续研究学理。曾与拉萨尔及其他“保守的社会主义家”共谋组织党派,实行其计划,“终不能成功”,于是停止“社会党派”运动,自以为“必为其指导者”。前后30 余年时间,“静养素修”,研究学理,“解释社会问题,观破社会之病源而说明其本性,奖励社会自然之进步”。洛氏“开始”社会主义学理研究,为其奠立“甚巩固”的基础。与马克思相比,洛氏不像马克思活跃在社会运动的表面,“广传其名于世间”,而是靠著书之“意味深远,富于高尚之理论”,为学者所称道。洛氏著述“非劳动者之所能解,而不能得其欢迎”,这是微不足道的事情,重要的是他在学术界拥有不少仰慕其名声的“识者”,“群推之为博识精通之学者”。柏林大学某教授说,洛氏可与“社会主义”的李嘉图并称为“稀世之大才”。一

① 参看姜义华编:《社会主义学说在中国的初期传播》,复旦大学出版社 1984 年版,第 172—179 页。

个脱离工人运动与社会主义运动实践，享受富裕生活的半隐居式人物，被说成创立理论以指导社会主义运动的“鼻祖”和“稀世大才”，如此生平介绍，近乎吹捧。

按照文中介绍，首先，洛氏设立“纯正之经济的组织”观念，与德国社会民主党的说法相同，只是拉萨尔主张依赖国家权力改造社会，洛氏希望“一任社会自然之改革，抑制劳动者之政治运动”。提倡“静稳”等待的渐进论观点，寄希望于日后由德意志皇帝决策“建设社会主义之国家”，呼吁“真正的爱国者”应当“始终奉戴皇室，徐图社会变迁之气运”。在洛氏看来，社会的病毒由来已久，积之甚深，要完成“未来社会之改革”，“必需”200年(应为500年)时间与1万亿经费。这番等待皇室建设社会主义的议论，与其说“社会主义之唱道者”，不如说与虎谋皮。

其次，洛氏的社会主义，与马克思“殆同其趣”。比方说，他像马克思一样，认为劳动是生产性财富惟一的真正来源。对此，译文的表述是：“如马陆科斯以富者之生产之要件，限于唯一之劳动，必与以正理之价格而后可”，既拗口又令人费解。类似这样的表述，译文中触目皆是，为了省去解释译文的不必要麻烦，先把文中列举洛氏的主要经济议论，概略转述于下。

洛氏认为，现存社会有两种“病毒”，一是“贫困”，一是“商业及财政上之恐慌”。所谓“贫困”，指劳动者、资本者及地主三者构成的社会生产组织中，劳动者“自已之消费且不足，且夺其生产之利与富者”，由此产生“社会上之土地及资本而为私有财产制之弊”。在土地及资本属于地主和资本家私有的条件下，劳动者“空具劳力”，他们“逼于饥寒之悲境”，不得不接受“仅得其最低额，存其生命而止”的工资，“劳动之价格，不过依最低生活费之标准而计算之”。经济发展和“货殖之术”进步，其利益“独为资本家一派所垄断，劳动者毫不与其恩惠”，“劳动者生活之标准，毫无进步改良”，即便名义工资有所增长，其增长幅度与生产力发达和社会生活标准提高不成比例，“对劳动者分配之生产品，亦渐次而递减”。所以说，“社会下层贫民之发生，毕竟由私有财产制之结果，富者之分配不得其宜之所致”，此即“社会的毒病贫困发生之原因”。这里把劳动者贫困本身，说成是社会病毒。

所谓“商业及财政上之恐慌”，指“因生产额之增加，而劳民之分配，而日渐于减少”，生产品增加与劳动者工资增长“常不能相平衡”，导致供给与需求的矛盾，“生产品过多之生产，又必溢出于市场，遂造恐慌发生之素因”。资本家与地主可以采取“救治之策”，拿出其“余剩配当额”重新投入市场，通过奢侈消费或扩张事业购买过多的生产品，实现市场供求平衡以消弭恐慌和促进生产发展；但是，这种“救治之策”根本不考虑劳动者，工资收入与生产品的增加不成比例，结果“历之未久，而前者恐慌之状态，又复发生，市场又复沈滞”，呈现周期性恐慌。所以,“对劳动者之配当愈递减,愈为恐慌发生之原因;此配当不得其平衡,则经济社会恐慌发生之时代,虽万世防之而无止期”。这是把工资在国民收入中所占份额的逐渐减少,看作经济危机不断重演的原因。

洛氏把“贫困”和“恐慌”这两种社会病毒的发生原因,归咎于“劳动者配当额之减少”,他的“社会改良策”,也着重于“必增加此配当额与其余之配当额等”。其办法,“依国家之干涉,以求生产额配当之平衡,而保其相互之平均”。国家干涉现时经济组织,规定劳动平均时间,“其策殊不易行”,于是主张发行劳动纸币。国家以人类普通劳力为标准,规定一年的生产劳动时间总数如400万时间,据此发行相应数量的劳动纸币如400万时价格,劳动者在此总数中有权享有一定比例数如四分之一,获得100万个劳动纸币作为工资,他们按此数购买产品后,劳动纸币又流回它的出发点即国家。这一办法可以使现行生产制度的组织,平稳“移于国家之手”,而且随着生产力增加,“劳力之价值,亦必随之”,由此,贫困与恐慌,“必绝迹矣”。

以上记述被看作洛氏经济议论中“最有名于时者”。把经济危机的原因解释为工人阶级贫困造成消费不足,这种说法此前在法国经济学家西斯蒙第那里,其实已经可以看到。译文中津津乐道的劳动纸币论,试图让工资随劳动生产率增长而增长,但如何在保留资本与雇佣劳动关系并维护地主所有制的条件下,实现这一社会改良主张,却避而不论。

再次,洛氏与马克思“大抵相似”之论,包括社会变迁必然经过三个阶段一说。第一阶段“为私有财产与奴隶制度之时期”,奴隶与家臣“全然隶属于一个人”;第二阶段“为废止私有财产之时期”,此时“仅能废止奴隶制度,未能撤去土地资本之私有制度”;第三阶段为“不独禁其私有财产,且生产上之要件,资本及土地,皆为公有,各人悉从其劳动之度,而享有其利益之时期”。今日仅经过第一阶段,处于第二阶段的现行资本生产制度,绝非“进步之极度”,有待社会必然出现的“自然之改革”,进入第三阶段。改变过去的奴隶劳动制度,确立现时劳动制度,“他日资本与资本主而分离,以废除资本制度,必有可预期者”。据称,洛氏的这个理由,与马克思的说法“大抵相似”,以“观察历史之眼”作为依据。这是用洛氏的社会“自然改革”论,附会马克思的唯物史观。

最后,文中总结说,洛氏的“社会主义”与马克思学说“大同小异”。其相同之处,二者皆反对现时资本制度,要求国家干涉生产事业,以造福于劳动者为“唯一之要素”;都主张“变更”资本生产制度,“匡正”分配之不均,土地及资本“皆为国有”,企望未来社会之作为。其相异之处,洛氏“素好静稳之生活”,在社会组织改革问题上“避轻举,慎疏暴”;马克思企图“强力”改革社会组织,组成党派“掀翻”社会,“依赖人为的手段,以行急剧之改革”。二者之说“虽若相等”,其行动却“大异其趣”,马克思“稍急进”,洛氏“渐进”。他们二人的“学理学术”研究“无他异”。这番评价，透露此译本对洛氏的偏爱，这大概是在《近世社会主义》中，区区洛氏能非同寻常地占有如此显赫地位的原因。

不管此译本怎样吹捧，浏览一下洛氏学说的概要，颇为吻合现代西方学者对洛氏的评价：“不能被认为是社会和经济思想史的重要人物”，“无论从他的理论知识水平或他对别人的影响来说，他的著作均没有深度”[①]。此译本意在把洛氏放到与马克思平起平坐的地位。然而，从上述概要看，洛氏的社会改良方案希望维护资本雇佣关系和地主所有制，保留君主制度；认为土地和资本“国有化”作为消灭危机祸害的根本措施，需五百年才能实现；主张社会“自然改革”的渐进论，相信国家机构的仁政等等，这些鼓吹普鲁士“国家社会主义”思想，与马克思的社会主义经济理论，大相径庭。因此，连西方学者也指出，洛氏“从未在马克思主义的社会主义历史中占有一席有利的地位”[②]。

不知是出于作者的疏忽，还是由于译者的遗漏，此译本如此吹捧洛氏，却对洛氏自封为剩余价值的“真正创始人”，指责马克思“剽窃”他的“发现”这桩经济学说史上的公案，未置一辞，只是笼统地指出，洛氏的“社会主义”，与马克思生产要素“限于唯一之劳动”的说法，“殆同其趣”。对于这桩公案，恩格斯曾指出：早在亚当·斯密和李嘉图的著作中，已经提出剩余价值产生的来源，这并不是洛贝尔图斯的新发明；像斯密和李嘉图一样，洛氏也没有把剩余价值作为一个独立范畴同它在利润和地租中所具有的特殊形式区别开来，因而引起了混乱和错误；只有马克思才首先把剩余价值作为生产资料所有者占有工人剩余劳动所形成的价值的一般形式提出来，不但指出了它是从哪里产生的，而且研究了它是怎样产生的，以及它怎样转化为利润、利息和地租的规律，等等[③]。恩格斯的批驳经得起历史时间的考验，数十年后，连西方现代经济学家也承认，“没有任何令人信服的理由可以怀疑恩格斯的看法，恩格斯认为马克思并没有从洛贝尔图斯那里‘借用’什么东西”[④]。像洛氏这样原本在德国以外几乎没有影响、其著作很少译成其他文字的人物，何以会引起《近世社会主义》如此青睐。从客观上看，19 世纪最后 20 年，由于德国讲坛社会主义—国家社会主义信徒的吹嘘，将所谓马克思剽窃洛贝尔图斯一说当作不容置疑的事实加以宣扬，遂使洛氏受到人们的注意，《近世社会主义》一书正好成于 19 世纪之末，很可能沾染这种鼓噪之声。此书给予洛氏与马克思相提并论甚至“学理的社会主义之鼻祖”待遇，清晰地反映它对于马克思经济学说的认识，对

---

① 参看“洛贝尔图斯，约翰·卡尔”条目，《新帕尔格雷夫经济学大辞典》中文版第 4 卷，经济科学出版社 1992 年版，第 235 页。

② 同上。

③ 参看恩格斯：《资本论》第 2 卷，人民出版社 1975 年版，“序言”。

④ 熊彼得著，杨敬年译：《经济分析史》第 2 卷，商务印书馆 1992 年版，第 198 页。

于非马克思经济学说的鉴别，何等轻率与模糊。从这个意义上说，此译本既向国人传输有关马克思经济学说的知识，同时又用其他非马克思经济学说为理由，向马克思经济学说泼洒诋毁和玷污之水。此案例颇为典型。

五、结语

20世纪初，与其他同类论著相比，《近世社会主义》中译本以其评介的连贯性和广度，在马克思经济学说传入中国的历史上占有一席之地。它不同于《社会主义》中译本，引用若干马克思经济理论的内容来填充自己构建的(或抄录他人的)社会主义理论体系框架，而是尝试对马克思的经济理论体系本身，给予客观的介绍和解释。这一评介可能不是出于自己的归纳和整理，或许也是抄录他人的研究成果，但在当时的有关著述中，可算涉及面最广的一种。其涉及面，不仅为那些偶尔涉猎马克思经济理论的论著无法比拟，也为那些专论社会主义的著作望尘莫及。特别是其中关于马克思剩余价值理论的说明，关于《资本论》的评价，关于马克思几段经济议论原文的引述，关于引用反马克思经济学说以资比较的评介方式等等，在当时的中国舆论界，都是闻所未闻的新颖内容和方式。所以可以说，《近世社会主义》中译本是近代中国一部具有标志性的著作，标志马克思经济学说之传入中国，已从以往散见于各类著述的点滴零星介绍，开始进入专题系统性介绍的阶段。

然而，专题或系统的介绍，并不等于真实的介绍，更不等于赞成所介绍的内容。其中的差别，从上面的内容梗概看，大致出于两方面原因。一方面，翻译水平的欠缺，造成译文质量的差别。这种欠缺，或者出于译者对原文的理解不当，尤其对原文理论阐述部分的理解常有偏差，如关于剩余价值理论的论述，对比那些有关马克思生平的一般事实的论述，前一论述的偏差更为明显。或者出于译者转译原文过程中的措辞表达不当，这里既有理解偏差造成措辞不当的原因，如将价值与价格混为一谈，将劳动力的买和卖说成劳动者的买和卖等等；也有单纯措辞的原因。当时积累的经济术语和名词概念，无论舶来品还是传统国货，尚不足以准确表述近代西方传入的精细经济理论，或者说，这些专门的经济术语或名词概念，尚处于约定俗成之前的试用或选择阶段，故在译文中表现为措辞上的不稳定和混乱状态，其例证俯拾皆是，特别对马克思原话的翻译，以今天的眼光看，其文字面目几近全非。这些译文的质量，在一定程度上造成译文的失真。但这并不否认其译者赵必振到日本不过两年，有眼力选择《近世社会主义》并很快译成中文，实属不易。在这样短的时间内，他对此书介绍马克思经济学说的理解，有诸多不甚了了之处，在所难免。至于他翻译时措辞表达上的问题，更是时代局限之所致。

另一方面，原书本身的问题。这些问题，或源于福井准造本人，或存在于他所引用的别人的评介，不论出自本人的理解还是他人的判断，一经采纳用于《近世社会主义》一书，均可看作作者自己的意见。先撇开问题不谈，此书称颂《资本论》为“一代之大著述”，是新社会主义者所服膺的“无二之真理”和“经典”；马克思是“一代之伟人”，为社会主义定立“确固不拔之学说”；“创立新社会主义以唱道于天下”，舍马克思之外，“其谁与归”；等等。这些对于马克思经济学说的介绍和颂扬，确立了《近世社会主义》一书在近代中国的历史地位。可是，只看到这一面，容易产生错觉，似乎此书积极宣扬马克思的社会主义及其经济学说。实际不尽然。举例说，此书叙述近世各种类型的社会主义，对各派观点一视同仁，不仅未突出马克思社会主义，如全书绪言根本未曾提及马克思及其学说，而且列举各派观点分歧与各派之间争论时，表面上不偏不倚，实则将马克思社会主义湮没在不分青红皂白的混沌描述之中。就全书而言，马克思社会主义不过是众多社会主义派别中的一个支派，尽管这个支派的分量相比起来可能要大一些。此其一。其二，此书认为社会主义的产生，旨在解决社会贫富不均，自有其道理。但它的基本倾向，向往不“妨害治安”的情况下，通过“善用”社会主义达到其“真境”。书中明确对无政府派别的激进手段持反对态度，同时较为隐蔽的是，把马克思的若干理论混同于无政府派别的观点，把马克思归入“急进”改革一派，事实上也把马克思社会主义置于不那么受欢迎的地位。其三，此书具有那一时期介绍社会主义的一个通病，把马克思与拉萨尔不加区别地并列为德国社会主义的领袖人物，另外还拉上德国国家社会主义的鼓吹者洛贝尔图斯与马克思抗衡。洛氏在经济理论方面，被说成与马克思无分轩轾，二者“社会之地位”相等，在研究学理以改革社会组织方面，还被描绘成“尤在马陆科斯之上”。此所谓“上”，在于洛氏改革主张“避轻举，慎疏暴”，不像马克思“强力”推行“急剧之改革”，而是“渐进”行之，故洛氏的学理“深讲究”，可谓学理的社会主义之“鼻祖”。既系“鼻祖”，自应为社会主义经济理论体系的创始人，如此一来，不啻冲淡了前面关于马克思经济学说之历史地位的颂扬，将其贬抑到相对次要的位置。以上例证，大而言之。具体地看，还有不少例子说明，此书对于马克思经济理论的理解和评述，存在诸多模糊、混乱及至错误之处，毋庸赘述。

归纳上面两方面的原因，表明《近世社会主义》中译本作为20世纪初一部代表作，率先将马克思经济学说介绍到中国，它所介绍的，不一定是其本来面貌。这里有翻译的原因，也有理解的差距，还夹杂各种偏见造成的障碍。所有这些，也反映了当时国人不可避免存在的局限性。在马克思经济学说传入中国的过程中，从零星、分散的介绍到集中、连贯的介绍，标志着一大进步，但要达到正确完整介绍的水平，尚待进一步努力。另外，从以往猎奇式或反面观点式介绍，到认真考察和正面颂扬，也标志着一大进步，但把颂扬建立在正确理解的基础上并剔除其中的杂质,同样需要跨出新的一步。因此,应当恰当地估计此译本在介绍马克思经济学说方面所起的历史作用,它的传入,确实有利于打开国人的眼界,激起国人的热忱,给中国思想界带来一股清新空气,同时又相当粗糙和不成熟,从不成熟到成熟,其间需经历相当长的过程。

作为补充说明,出版《近世社会主义》中译本的广智书局,1903 年 3 月在《新民丛报》第 27 号插页上作新书广告,反映当时知识界"有志者"对于此译本寄予的期望,比较有代表性。广告说:"本书关系于中国前途者有二端:一为中国后日日进于文明,则工业之发达不可限量,而劳动者之问题大难解释,此书言欧、美各国劳动问题之解释最详,可为他日之鉴法;一为中国之组织党派者,当此幼稚时代,宗旨混淆,目的纷杂,每每误入于歧途,而社会党与无政府党尤在疑似之间,易淆耳目,如社会党本世界所欢迎,而无政府党乃世界所嫌恶,混而一之,贻祸匪浅,是书晰之最详,俾言党派者知有所择。"[①]这里认为此译本对于中国前途最有价值的地方,可以为中国今后工业发达引起劳动者问题提供借鉴,为中国组织党派者选择世所欢迎的社会党和摒弃世所嫌恶的无政府党提供参考。这两点,好像与此译本介绍的马克思经济学说都有些关联,又都将其涵义弄得极为含混,结果,除了渴望将西方社会主义应用于中国前途,剩下的似乎只是"社会党"这样一个兼容各派观点的杂拌。由此不难体会,《近世社会主义》译本关于马克思经济学说的评介,在当时可能产生怎样的影响。

第四节 《社会主义神髓》中译本关于马克思经济学说的评介

20 世纪初传入中国的以上几部中译本,《社会主义》的作者村井知至,出于对社会主义理论的钦佩,产生将这一理论介绍给日本国人的念头;《近世社会主义》的作者福井准造,以"经世忧国之士"自居,认为不能对国内渐显于社会的贫富悬隔之弊漠然置之,拟考察欧美各国近世社会主义以显示"世界识者"对于社会问题的重视。这里将要介绍的《社会主义神髓》中译本,其作者公开申明自己是"一个社会主义者",不满意日本近来出版许多有关社会主义的著作和译本,大多出于"非社会主义者"之手,觉得有责任写书使大家知道"社会主义是什么"[②]。这位作者,就是日本早期社会主义运动的先驱者之一——幸德秋水。

① 姜义华编:《社会主义学说在中国的初期传播》,复旦大学出版社 1984 年版,第 223 页。
② 幸德秋水著,马采译:《社会主义神髓》,商务印书馆 1985 年版,"自序",第 3 页。

一、幸德秋水及其社会主义著述

幸德秋水(1871—1911)早年以中江兆民(1847—1901)为师，后者号称“日本法国学派之第一人”，有“东方卢梭”之美誉。幸德氏 1898 年参加社会问题研究会，1901 年与片山潜创立社会民主党，随即政府勒令解散。1905 年日俄战争前后进行反战斗争，不久转变为无政府主义者。1911 年因反抗日本天皇制被处以绞刑。

自 19 世纪末接触社会主义思想，至 20 世纪初期间，幸德秋水系统研究社会主义理论，逐步加深对社会主义的认识，1901 年 4 月 9 日在《万朝报》上著文宣布，“我是一个社会主义者”。在此期间，他先后出版多种论述社会主义和马克思主义的著作，积极参加日本最初的社会主义活动，1903 年前后，“俨然成为日本社会主义理论和运动的指导者”[①]。他还与堺利彦合作，1904 年完成《共产党宣言》第一个日译本。这个译本出版后成为定本，很长时期内在日本社会广为流传[②]。他的著述和译作，对于马克思主义在日本的传播起了很大作用。他在当时中国知识界，也有相当高的知名度，几部重要著作均被及时翻译成中文。如 1901 年出版《二十世纪之怪物帝国主义》，第二年 8 月即由上海广智书局出版中译本；1902 年出版《广长舌》，同年即由中国国民丛书社翻译成中文，11 月由上海商务印书馆出版；1903 年 7 月出版《社会主义神髓》，仅隔两个月，即由中国达识译社翻译成中文，同年 10 月 5 日由《浙江潮》编辑所出版发行。可见那时中国知识界对于其著作之重视。这几部著作的中译本，关于帝国主义的那部著作，前面介绍其译者赵必振时，已经提到它旨在揭露帝国主义罪恶，推崇“科学社会主义”，要求实现“劳动者共有”社会。关于《社会主义神髓》，后面将予以分析。在此先简要介绍《广长舌》中译本[③]，通过这部宣传社会主义的通俗读本，看看他心目中的“科学社会主义”究竟是什么样子，为后面分析《社会主义神髓》所理解的马克思经济学说，作个铺垫。

商务印书馆为出版《广长舌》中译本，曾在 1902 年 11 月 4 日出版的《外交报》壬寅第 26 号插页上作广告宣称，这部书共 32 篇，其内容所及，“凡当今时势上最要之问题，包括无遗”，对于我国“有志之士”来说，“欲知吾人今日世界之主眼，不可不读是书；欲探世界将来之影响，不可不读是书”[④]。这部据说涵盖世界今日与未来各种最主要问题及其影响的译作，重点是为社会主义宣传

---

① 幸德秋水著，马采译：《社会主义神髓》，商务印书馆 1985 年版，“译者前言”，第 6 页。

② 同上书，平野义太郎著《题解》，第 64 页。

③ 以下引文除另注外，均参看姜义华编：《社会主义学说在中国的初期传播》，复旦大学出版社 1984 年版，第 52—60 页。

④ 同上书，第 61 页。

和辩护。例如其译本各篇：

“十九世纪与二十世纪”篇，认为19世纪文明打破贵族专制从而打破“政权之不平等”，未能打破因自由竞争产生的“经济之不平等”；为摆脱“资本桎梏”，欧美资本家“不得独炫其经济”，向“博爱”与“共和”转变，人类在经济上的进步历史，将从“自由竞争主义”转为“资本合同主义”，再转为“世界社会主义”；帝国主义的产生，为了矫正自由竞争的弊端，同时又是进入世界社会主义的“导火线”，20世纪前半叶，世界人类的进步“必将更组织世界社会主义以代帝国主义，并扫去其一切毒弊”。

“革命之问题”篇，认为社会革命是“世界之公理”，其目的“组织新制度，以更代旧制度”，其依据即德意志社会主义者所说，“革命者，进步之产婆也”。

“社会主义之实质”篇，认为社会主义的“功用实质”对今日社会有“急要适切之关系”，说社会主义为破坏主义、社会党为乱民乃“井蛙之见”，断言“社会主义之发达，为二十世纪人类进步必然之势”。

“社会主义之理想”篇，认为人生在世，“劳动乃可得食”，这是“天地之大法”，如今凭借“生产资本”不劳而获，系“强占社会上之公物”的违背“公理”之举，故挽救社会堕落“第一要著”，在于“视生产资本为社会之公物”，“改革今日之经济制度”，这是主张社会主义者的“不二之理想”；每个世纪，世界上必定产生一种“新主义”和“新运动”，19世纪是“自由主义时代”，20世纪将是“社会主义时代”，现在力行“社会主义之理想”，为达到各种目的之“捷径”。

“社会主义之急要”篇，认为“今日社会之第一急切主义”，乃“胃腑”即民食问题，不先解决此问题，一切教育、宗教、政治等问题，均不可能解决。

“社会主义之适用”篇，认为与“今日之第一急切”问题关系最大的是劳动者，而解决劳动问题“第一著手处”，应“抱持社会主义，以开通劳动问题之前途”。有人说社会主义为“不可实行之空论”，只是为了“同盟罢工”。对此，若社会主义者“举一国之资本尽没收于国家，举一国之工业尽委输于中央政府”，此诚不可实行之“空论”，但社会主义绝非“过激暴乱”，绝非继承“中央政府之无限权力”，无论小至一村大至一国之事业，均提倡“博爱”和“一视同仁”，“各从其宜，准以平等”，主张“凡社会上之资本，皆为社会上民人共有之公物，其生产之利益，亦各分配公平”，据此，何以不可实行。又有人说社会主义为托拉斯，“尤属牵强附会”，持此论者崇拜“资本之残忍刻薄”，不遗余力“排击社会主义”，诋之为“粗暴过激”。劳动者“占据于极有权力之地步”，为的是生产利益“务得公平之分配”，采取社会主义之策，“化私有之资本为公有，化独劳之工业为公劳”。总之，惟有社会主义，才能“解决”劳动者问题，“脱卸”劳动者苦境，“组织”劳动者幸福，“制造”劳动者生命。

“帝国主义之衰运”篇，认为帝国主义造成贫富悬隔，要除去此悬隔，舍弃

"化一切资本为公物，化一切工业为公劳"，别无他法；帝国主义的毒害"其传染进一步"，社会主义的风潮"其传播亦同时高一步"，欧美"志士仁人"无不"企图社会主义之进步，增长社会主义之势力"，使社会主义成为"二十世纪之急切要件，世界文明进步之要害关头"；依此而论，社会主义"非空论"、"非粗暴过激"，乃"拔毒之圣药，生肌之神方"，是矫正帝国主义弊端的"现今之救世主"，提倡社会主义可以"唤起我国民社会主义之感情"。

诸如此类，无非以浅显易懂方式，阐述社会主义的优越性及其实现的途径和必然性。这部译作，像它的书名一样，自称宣传社会主义之喉舌，加上其翻译确如广告宣扬的那样，"精整完美，译笔明畅"，有利于扩大它在中国读者中的影响。概括起来，其一，将社会主义应运而生的理由、内涵、目标、途径等，以清晰简明形式，展现在人们面前，反复强调社会主义是20世纪社会发展之必然趋势，坚决批驳那些反对社会主义论调，此坚定信念和鲜明态度，给人以强烈感受。其二，这些社会主义思想的宣传，仍夹杂作者早年信奉自由民权和人道主义的思想痕迹，如一面主张革命，一面宣扬"博爱"和"共和"；既要解决劳动者生存问题，又想避免任何"粗暴过激"做法；把资本收归国有与收归民有对立起来，不赞成社会主义者掌握所谓"中央政府之无限权力"，把社会主义运动看作一些"志士仁人"推动的事情等等。其三，此译本以通俗方式宣传社会主义，其中若干基本观点缺少深入的理论分析。尤其涉及经济问题的论述，如译本中提到"胃腑"问题的解决先于政治、教育等问题，必须改革现有经济制度，实行"生产资本"公有制，只有社会主义才能根本消除贫富悬隔现象，社会主义是社会发展的必然趋势等等，其论点接近马克思经济理论中的一些意见，但仅此而已，详于既有论点的推广宣传，疏于基本论点的理论论证。即便有所论证，也相当简单和初步，更不用说深入探究和引用马克思经济学说。幸德秋水把马克思经济学说融入自身著述的真正代表作，是很快被译成中文的小册子——《社会主义神髓》。

二、何谓社会主义之"神髓"

从幸德秋水的"自序"看[①]，他撰写这本不到三万字的小册子，是为了克服"非社会主义者"出版的有关社会主义的著译本，往往陷于独断或偏枯，"失其正鹄"的弊端。那些著译本，其篇幅要么浩瀚得"过于烦冗"，要么又简短得"难得其要领"。针对这些缺点，他探索"次序得体"和"繁简适中"的形式，使人对"社会主义是什么?"这个题目，一看就能"领会它的大纲，理解它的要旨"，由此得知其"梗概"。所谓"神髓"，大概就出自此意。为此，他自称这本薄薄的小册

① 参看幸德秋水著，马采译：《社会主义神髓》，商务印书馆1985年版，"自序"。

子,曾易稿十数次,历时达半年之久,仍不满意,只是迫于社会需要之急切,才勉强付印。可见准确表述"神髓"之不易。另外,关于此"神髓"的思想来源,根据他提供的英文参考书目及其排列次序,首先得自马克思和恩格斯的《共产党宣言》、马克思的《资本论》第一卷、恩格斯的《社会主义从空想到科学的发展》这三部书,此外还有柯卡普的《社会主义研究》、伊利的《社会主义与社会改革》、布利斯的《社会主义手册》、摩里斯和巴克斯的《社会主义的产生和结果》,布利斯的《社会主义百科全书》等著作。撰写此书时考虑的阅读对象,除了泛指一般"人"或"大家",似乎特指"社会上还不知道社会主义为何物的人士",或者"社会上想知道社会主义的人",尤其是那些"年轻的初学者"。可见他对社会主义"神髓"的概括,带有一定普及性质。

上述"自序",在《社会主义神髓》的早期中译本里,未见移译。此书曾有多种中译本,根据目前掌握的资料,最早的是 1903 年 10 月中国达识译社翻译、《浙江潮》编辑所出版的译本。《浙江潮》1903 年 2 月在日本东京创刊,月刊,由浙江留日学生编辑,其译本可能先出版于日本,再传入国内。后来的两种译本也是如此,一种是 1906 年 12 月东京中国留学生会馆社会主义研究社出版的蜀魂译本,另一种是 1907 年 3 月东京奎文馆书局出版的创生译本。此后相隔多年,又有高劳和马采的重译本,由上海和北京的商务印书馆分别出版于 1923 年 11 月和 1963 年 11 月,那是中国本土出版的同名译作。早期译本指日本出版的几种译本,这几种译本,均未翻译这个"自序"。那时的中国读者,特别是第一个译本的读者,未见其"自序",只能从译本正文中,去体会其"神髓"之所在。

根据《社会主义神髓》1903 年译本①,全书共分七章。第一章"绪论"。主要指出,"殖产革命"即产业革命的结果,生产力十倍、数十倍增长,近世文明呈现"绝大空前之伟观";与此同时,世界人类的痛苦饥冻"日窘一日,月薄一月",形成少数人"翱翔于灿烂之光天",大多数人"堕入暗黑之地狱"的现象。于是提出殖产革命的成果与近世文明的世界,是否合于"真理、人道、正义"的问题,认为这是 20 世纪舞台的"谜语",能否解决这个问题,将决定"世界人类之运命"。

第二章"贫困之原因"。分析人类多数的衣食不足,在于"分配失公","少数阶级"垄断财产达到"殊骇听闻"地步。这里存在两个问题。一个问题是,社会财富无非人间劳动的结果,按理作为劳动的结果,"唯劳动者可享有之";可是实际上,劳动者没有"生产机关","无资本,无土地",为免饿死,不得不乞怜于有土地有资本者以求其使用而得以苟延残喘;结果劳动者"唯有劳动之力而

---

① 参看高军等主编:《五四运动前马克思主义在中国的介绍与传播》,湖南人民出版社 1986 年版,第 148—182 页。

已”，无从享受劳动成果的财富。另一问题是，“一切生产之机关所自出”的土地和资本，本来是全体人类赖以生存的要素，地主和资本家何以有权利垄断，借此“掠夺多数人类劳动之结果，坐以致富”。审视现时的病源，在于财富的“分配不公”，分配不公的原因，在于生产物不归于生产者，“为地主资本家所掠夺而垄断”，其所以如此，又在于“生产机关”成为地主资本家的“子孙万世之业”。对此，治疗的办法，“唯有移地主资本家之一切生产机关，为社会人民所公有而已”，由此“废灭”地主资本家这一“徒手游食”阶级。掌握了这一点，才可以谈“社会主义之神髓”。

第三章“产业制度之进化”。说明地主资本家对社会生产的统治并非一成不变，根据“社会主义之祖师”卡尔·马克思的观点，“道破”了人类社会组织的“真相”：随着“生产交换之方法”的变化，人类社会组织也相继经历不同的发展阶段。先是衣食“唯全体之生产，充全体之需用”，不知个人与阶级的原始“共产制度之时代”；后来人口增殖，衣食需用渐多，“交换之方法从而复杂”，于是产生“奴隶之制度”，取代共产制度成为“全社会产业之基础”；继奴隶制度而起，是以“农奴耕织”为基础、连带其保护的“封建制度”；地方封建藩篱随着自由民的出现，城市的繁荣，农奴的解放，交通的发达，市场的扩大，以及生产的急速发展，终于无法抵抗“国民及世界贸易之大潮流”的冲击，遂致分崩离析。因“产业方法”变革而形成的社会进化与革命，表明今天的产业制度和地主资本家，也不可能永远不变和永世长存。

中世纪没有现在的资本家和大地主，工商资本家的“天职”，把中世纪“散漫之小规模”的生产资料集中起来，加以扩大，变为“现代产业之有力者之基础”，形成产业历史的“自然之大势”。当一般生产限于“个人的范围”，不能采用“多数劳动之协力”时，资本家也不可能使这些生产资料发挥“伟大”的生产力。蒸气机的发明引起产业革命，使以往“个人之劳动”变成今天“社会之劳动”，使所有产品由“劳动者协力所致”而非“个人之生产物”。工商资本家希图增加和发展他们的商品生产，致力于资本的集中和生产的膨胀，只是急于达到这个目的，才去破坏个人生产和颠覆封建制度。这是一种令人畏惧的“无形革命”。由此产生新的问题，生产变成“合同”的，交换仍是个人的；制造工场的组织出现了新天地，占有却不能摆脱旧世界形式。于是，发生了矛盾。生产还是个人进行的时候，使用自己的生产资料和自己的劳动，获得的生产成果自然也属于个人。过去的生产资料占有者，占有自己的生产物，此乃“应有之报酬”；今天的生产资料占有者，也占有生产物，则系“不义而取诸人”，占有“协同”劳动的“社会”生产物。这难道不是一个“大矛盾”吗？现在社会的一切罪恶，“罔不胚胎于此”。

这个“大矛盾”引出一系列社会矛盾：“阶级之争斗”，“近世工业”兴起，自由独立劳动者"渐就绝迹","赁银"劳动者"日益加多",社会划分两个阶级:一端是"专有生产机关,尽领有其生产之地主资本家",另一端是"食力以外,一无所有之劳动者",二者"彼疆尔界,鸿沟截然",社会生产与占有之间,表现为"地主资本家与赁银劳动者之冲突"。"经济之无政府"是个人占有必然带来"自由竞争"的结果。与过去的个人生产主要供应自家消费不同,今天的商品生产为"逐交换之利"。随着生产力的增加和市场的扩大,弱肉强食的竞争日趋激烈,"世界经济之问题,乃为无政府之主义",表现为"有组织之工场生产,与无政府之市场之冲突"。可见,当今的"产业方法",从一开始就在矛盾的基础上运行,造成"阶级之冲突"与"市场之冲突",终将"酝成产业制造全体之大破裂"。

所谓"大破裂",指现今产业制度的内在矛盾冲突不断激化而达于其顶点。竞争的结果,必然导致多数劣败者破产,工资劳动者增多,促使资本愈益集中,生产机器更加完善;机器的改进势必减少劳动需求,而劳动供给却日众,这就不可避免地造成多数劳动者"无可容身之地",形成"工业的预备兵"。这是近世工业中的"极可哀"现象,又是"欧美现时之惨状":这些人侥幸就业于"经济高声繁盛之时",一遇"贸易途艰",其雇主"弃之如蔽屣,舍之如尘芥,无衣无食,坐以待毙"。同时,多数劳动者之间的竞争,造成"赁银低落之势",工资的低落,又迫使劳动者"欲保其生",不得不长时间从事苦役,资本家得以"逞其掠夺"。在这里,译本简略叙述了马克思的"剩余价格"即剩余价值理论,并指出,由"剩余价格"到"资本"再到改进机器以"加利"的不断运转过程,社会生产力增长不已,最终国内市场的膏血"为资本家绞净",社会多数人的购买力不能再满足他们的需要;于是,资本家千方百计地开拓新市场和扩张领土以寻求出路。可是,面对"无限"的社会生产,世界市场是"有限"的。接下来,"资本之过多",资本家没有可投资的事业;"生产之过多",商品没有可输出的市场;"劳动供给之过多",产业预备军没有可雇佣的工场。由此造成"恐怖"惨祸:贸易极端萎靡,物价突然暴落,货物停滞不动,信用完全扫地,工场陆续关闭,多数劳动者失业,多数工商者破产,"谷肉充库,莫之或食;饿殍横途,莫之或收",如此经过数旬、数月、甚或数年,社会疮痍不得平复。这种危机的来临和消逝不是偶然的,自 1825 年"大恐怖"以来,"每十年而为一期",这是"现时经济之组织"无法逃避的。每当"恐慌"来临,能够抵御"危机"的少数大资本家,常常趁多数小资本家破产之机,"蚕食鲸吞";大资本家害怕互相竞争的危险和危机的袭击,逐渐在个人占有和交换领域采用社会方法,"冀以匡矛盾冲突之弊",如组织"株式会社",实行"同业者大同盟"。这样,建立在自由竞争基础上的"资本家制度",由于发展的结果,不得不放弃自由竞争,以致各国产业,几乎都被"同盟罢工"者(即托拉斯)"独占统一"。只要托拉斯还掌握在资本家的手里,不但不能解决"现今之矛盾冲突",反而"先受大患"。资本家的事业,是限制产量,使“价格腾贵”，利用“专利之权”掠夺“剩余价格”，导致“社会全体困乏”。社会上多数人成为拥有托拉斯的少数阶级贪欲的牺牲品，资本家与劳动者的“阶级之战”发展到极端，转变为托拉斯同整个社会的冲突，故谓“大患”。

至此，社会全体能否容忍这种状态，能否永远承认“资本家阶级”的存在；规模庞大的托拉斯是否必定受支配于“无责任不现律”（指无计划——引者注）的个人资本家，能否“公之有统计、有组织、有调和、有责任之社会”；向来以集中资本增加生产为其天职的资本家阶级，是否已经丧失“应享之权利”，使劳动者和整个社会生产资料的结合“实从此滞”。想一想今天的社会，已经不堪“无政府的自由竞争”，与资本家势不两立，不再承认“少数阶级”存在的理由。总之，“资本家终至有无以驾驭劳动者之生产力之一日”，劳动者将“挟其蓬勃之生产力”，排除“现时之制度”，摆脱“私有者之羁轭”，实现“社会全体之公益”，这就是“世界产业史进化发达之大势”。所有这些都表明，“新时代”就要到来了。

第四章“社会主义之主张”。认为“现时生产交换之方法”，即“资本家制度”，已发展到“极点”。说明“进化之公理”，指出“必然之趋向”，促进人类社会的进步，这是“科学”社会主义的主张。社会主义将以什么样的新时代替代“资本家之旧组织”，“一振气象于大千世界”，可以美国经济学教授伊利的学说，即社会主义“四要件”作为依据。

一是“物质的生产机关即土地资本之公有”，社会全体“均沾利益”，杜绝私有经济“种种毒根”。现在不少事业已经“公于一国”，往往为中央政府所有，但未能达到“完全社会的公有之理想”，在摆脱“个人垄断之私利”方面上，仍有“足多”。社会主义的主张不要求“中央集权”，可是按照“现时之谈经济学者”的观点，听任“个人之竞争”以图进步，殊不知“个人之竞争”的结果，是“资本之集合”，继之，各种事业“不为所独占不止”，尽变成垄断企业，因而期望“由经济之自由竞争以生进步”，已成“过去之梦”。现在或者“以现有独占之事业，仍任小数阶级之所有”，或者“以社会所共有之利益，期诸统一”，二者必择其一。

二是“生产之公共的经营”。“社会之产业”绝不能服务于“个人之私利”，其生产物决不是“为市场之交换”，只能根据“社会全体之耗费”，用来满足“社会全体之需用”。因此，“生产机关”不得假手于私人，必须“公共而管理之”，或者“公选代表者而经营之”，以示对社会全体负责。有人认为，事业的经营管理，“唯私有者方成其效”。其实，现在各种大规模企业的经营管理，“不徒依其所有者之资本家，而并依其无所有者之社会劳动者技能而成”。社会主义要让这些“无所有者”成为“社会公选之代表”。在社会主义社会，社会全体人民都是“业主”，也都是劳动者，没有“劳动失业”问题；既然“全社会皆劳动”并同属“公共的产业”，则没有利息，没有地租，也没有徒手游食者“掠夺劳动之结果”。所以，社会主义“唯要求真理正义之发现而已”。

三是"社会的收入之分配",公共的生产收入必须归社会公有,个人"不能擅夺"。社会公选的代表和职员,首先把收入的一部分充作"改良、扩张及储备荒乏之资",其余部分"概分配于社会全体"。社会主义制度下,任何人从生到死,不独在疾病、灾祸、衰老方面享有"相救相恤之义务",在教育、娱乐及其他一切需用之品方面,"皆有受保护之责任"。重要的问题是"公正之分配",这既是社会主义的"鼓吹",也是社会主义组织产业的"必要目的"。关于公正分配的标准,不同意巴贝夫主张所分配之物的数量与质量必须完全一致,也不同意圣西门主张按照技能贡献的高低给以不同报酬,赞成路易·勃朗主张"准各人之必要而给与"即按需分配。社会生产和分配的目的,为了满足社会全体生活的需要,促进他们的发展,"分配得当,实最终之理想"。

四是"社会收入之大半,归于个人之私有"。增加"私有财产",指个人消费的财产,"决非地主资本家之生产机关",生产资料一定归"社会公有",其生产成果由"社会全体收入所公享"。社会生产"唯在吾人之需用满足",不容个人无厌追求,如学校、道路、音乐、图书馆、博物馆等,都是"共有之产",人们自由使用。将来经济组织统一,公正道德圆满,"以社会所收入为公共之使用","以公共之利益,图公共之进步"。

以上伊利的四个基本原则,社会主义要去实现,以此体现"社会产业之历史的进化"。此译本还引用穆勒、柯卡普、拉法格以及恩格斯的社会主义言论作为根据,认为果能如此,即可"废灭资本家",使劳动者摆脱"赁银之桎梏";各人为社会提供"劳动之义务",社会为各人生产"必要之源泉";"有分配而无专利,有统计而无私积,有协同而无争斗",不再有"人满"之忧和"不足"之虑。

第五章"社会主义之效果"。批驳社会主义剥夺个人自由,阻碍社会进步的谬诬之辞。如认为经济上的自由竞争,在产业革命前后,促进世界工商业发展,但这种竞争时代已经过去了。今日自由竞争,意味着"少数阶级之横暴","多数人类之痛苦","贫富之悬隔","财界之无政府",非但无益于社会进步,恐必将"有人与人相食者"。今日仍以自由竞争为"独一无二"方法,那是愚蠢的。何况,今日的竞争,"决非实际公平之竞争"。"实业经济的竞争",由于世界上大部分产业和土地,均被资本家和大地主独占或兼并,不待社会主义实行,也不免于"废绝"。社会主义改变社会全体遵循生存竞争的"进化之理法",变现时"卑陋之竞争"为"高尚之竞争",变"私利之竞争"为"公益之竞争",变"衣食之竞争"为"智德之竞争"。又如认为"经济之自由"是自由的"保障","衣食之自由"是自由的"枢纽",只有社会主义才能提供真正的自由。

接着,此译本引用亨利·劳埃德在美国工联第十三次代表大会上的讲演、德国社会民主党1891年爱尔福特代表大会的宣言、穆勒的言论和恩格斯的观点,表明社会主义既是"民主政体"和"自治之制",又是"世界上最伟大最平和主义"。

归纳起来，社会主义不是“废止竞争”，而是废除“衣食之竞争”，开展“高尚智德之竞争”；不是“阻碍勤勉活动”，而是扫除人世苦恼和灾难，“还其自由”。社会主义制度不是“奴隶之制度”，而是“平等之社会”；社会主义国家不是“专制之国家”，而是“博爱之社会”。

第六章“社会党之运动”。实现前面各章所说的“一切生产机关为公有，富财分配之公平，阶级制度之废绝，协同社会之组织”，这是一次社会大革命，社会党是“革命党”，它的运动是“革命的运动”。一方面，“古今何时无革命”，“世界何邦无革命”，社会的历史就是“革命之纪录”，人类的进步就是“革命之功果”。另一方面，“革命者，天也，非人力也；可利导，不可制造”。具体的“利导”办法，19 世纪初英国欧文，法国卡贝、圣西门、傅立叶、路易·勃朗，德国魏特林等人的社会主义理想，皆“偏于思想，昧于经验；既未明科学之理，而又逆势以行”，结果相继失败。自 1847 年《共产党宣言》发表以来，社会主义成为科学而非“旧时之空想狂热”。这时的社会党，不是“无政府党”的“个人之凶行”，其运动“必出于团体”；也不是“虚无党”的“一时之扰乱”，其方法“必出于平和”。于是，“万国之社会党”利用言论自由、团结力量、参政权利，展开政治活动。依靠普选制获得参政权，争取社会党议员在各国议会中占多数，其他如保护妇幼，普及教育，限制劳动时间，准许成立工会，完善工场设备等，亦为不易之“大纲”。这样，逐渐在资本和土地方面，“灭人少数特占之权利，收回阶级垄断之利益”，最后不难使“一切生产机关，果归于社会公有”。社会党的运动方针，已经取得实际效果。在文明国家的“立宪政体”下，只要社会舆论“唯我左右”，政体机关“唯我管辖”，任何军警力量和富豪阶级也无可奈何，“社会主义的大革命”就能“正正堂堂，不畏不挠”，循着“平和之秩序”，铲除世界上的地主和资本家，马克思宣告的“新时代之诞生”，将水到渠成。

第七章“结论”。找到“病源”，第一章提出的“谜语”也就迎刃而解。产业革命是社会组织一大发展，带来产业规模的庞大和生产力的膨胀，超出私人经营和占有的局限，由于没有接受社会主义和统一分配，造成无政府的竞争，弱肉强食，人类多数成为独占事业的牺牲品。这是生产资料“为个人之私有”导致的罪恶。要拯救今日社会，摆脱痛苦、堕落和罪恶，“无急于削贫富阶级之峻，无急于分配之公平”，也就是实行“社会主义的大革命”。这是“科学的命令，历史的要求，进化的理法”，想避免也避免不了。世界上抱着“超度人类之观念”，体现自由、平等、博爱之道，向往和平、进步、幸福的“志士仁人”，应当起来，致力于实行社会主义。

以上摘录，可以看出，《社会主义神髓》的第一个中译本，尽管其译文有不少疏漏和偏离原意之处，但基本上表达了作者围绕“社会主义是什么”论题，探索其“神髓”的本意。它立足于剥夺地主、资本家手中的生产资料，移交“为社会人民所公有”这一“神髓”,从理论上给予说明。这个说明在当时国内各种关于社会主义的论著中,可谓出类拔萃。一年前同一作者的另一中译本《广长舌》,已经就社会主义学说,提出一些十分相近的命题,但出于不同的写作目的,《广长舌》偏重以通俗的写法热忱宣传已有的结论,而《社会主义神髓》的写法同样简明扼要,却紧扣所要说明的“神髓”,层层剥离进行理论分析。从理论深度上看,后者明显超过前者。这两年相继传入中国的同类译著的其他代表作中,《社会主义》译本曾率先将有关社会主义的论述,纳入某种理论体系之中,但只是一些常识性描述或理想性渲染,很难见到真正的理论分析;《近世社会主义》译本涉及有关代表人物的学说部分,显现相当可观的理论水准,但主要是转述式介绍他人的理论观点,姑且不论转述中的遗漏和偏颇,至少不能反映作者自己的独立思考。《社会主义神髓》译本则不同,它建立在作者独立研究的基础上,试图从理论上回答社会主义的基本精神即所谓“神髓”问题,表现出贯穿全书的内在逻辑上的一致性和整体性。这一理论水准,不论上述两部同时期的译作,还是当时国内所能见到的其他类似读本,罕有其匹。这在很大程度上,得益于作者对于马克思经济学说的研究。

三、社会主义“神髓”与马克思经济学说

前已指出,幸德秋水讨论社会主义“神髓”,主要参考《共产党宣言》、《资本论》第一卷、《社会主义从空想到科学的发展》,还有其他一些非马克思主义者的社会主义论著。关于《共产党宣言》和《资本论》,其介绍此前稍见于国内有关著述,关于《社会主义从空想到科学的发展》,当时国内似无人提及。那一时期国人自撰的著述,涉足社会主义包括马克思和恩格斯的代表作,还处于起步阶段,十分幼稚。即便有所触及,也多以西洋或东洋的著述作为其蓝本。当时引进的蓝本中,幸德氏与众不同,他以“一个社会主义者”的名义,把马克思学说尤其经济学说,经过一定程度的消化吸收,融入自己的著作。现在需弄清楚的是,最初传入中国的《社会主义神髓》译本,究竟在多大程度上体现了他探索社会主义“神髓”与研究马克思经济学说的结合。

(一)关于马克思的唯物史观

《社会主义神髓》第一个中译本里,第一、第二章论述产业革命后出现的社会矛盾以及解决这一矛盾的办法,其观点不外乎生产资料公有,解决多数人贫困问题。这个观点可见于那时一般的社会主义论著,而且这两章只摘引其他一些社会主义论著中的言论或统计资料,并未引用马克思理论作为其依据。关键是第三章,这一章开篇即指出,马克思是“社会主义之祖师”,“为吾人道破所以能组织人类社会之真相”。接着,文中引用马克思一段原话,其译文如下:

“有史以来,不问何处何时,一切社会之所以组织者,必以经济

的生产及交换之方法为根底。即如其时代之政治及历史，要亦不能外此而得解释。”

这句话截取自《共产党宣言》恩格斯1888年英文版序言中概括马克思基本原理的上半段内容。这段内容的今译文是：

“每一历史时代主要的经济生产方式与交换方式以及必然由此产生的社会结构，是该时代政治的和精神的历史所赖以确立的基础，并且只有从这一基础出发，这一历史才能得到说明。”①

两相对照，前段译文无论理解原文的准确性还是表达的精审程度，均离今译文差之颇远，这也是此译本的通病，但从中仍能体会马克思唯物史观的意蕴。此意蕴原本有一个完整的表述公式。大概在引用者看来，这一公式的前半段说明人类社会从原始共产社会向奴隶社会、封建社会乃至资本主义社会的发展过程，可以删节，以致有断章取义之嫌。此定义的后半段，表达了马克思关于阶级斗争的论断②。删去这一段，不能认识马克思把表现为社会矛盾的阶级对立和阶级斗争，看作推动社会发展的动力。在这里，此译本只想说明“经济的生产及交换之方法”的基础性作用，把阶级斗争的作用撇开不谈。它在叙述各社会经济形态的发展过程后，为了强调，又引用恩格斯的一段话作为凭据。其译文为：

“一切社会变化，政治革命，其究竟之原因，勿谓出于人间之恶感情，勿谓出于一定不变之正义，最真理之判断，夫唯察生产交换方法之态度；毋求之于哲学，但见之各时代之经济而已。若夫现在社会组织，一无定衡，昨日为是，今日非焉；去年为善，今年恶焉；亦其生产交换之方法，默就迁移，适应于当初社会之组织，不堪其用可知也。”

这段译文出自恩格斯《社会主义从空想到科学的发展》一书中，系唯物主义历史观的另一种表述方式③。当时的译文很难恰当地转达原文的精确涵义，

---

① 马克思、恩格斯著：《共产党宣言》，《马克思恩格斯选集》第1卷，人民出版社1972年版，第237页。

② 根据恩格斯的概括，正文中被引用的上半段话用分号分开，下半段是：“因此人类的全部历史（从土地公有的原始氏族社会解体以来）都是阶级斗争的历史，即剥削阶级和被剥削阶级之间、统治阶级和被压迫阶级之间斗争的历史；这个阶级斗争的历史包括有一系列发展阶段，现在已经达到这样一个阶段，即被剥削被压迫的阶级（无产阶级），如果不同时使整个社会一劳永逸地摆脱任何剥削、压迫以及阶级划分和阶级斗争，就不能使自己从进行剥削和统治的那个阶级（资产阶级）的控制下解放出来。”（见同上书，第237页）综合上下两段话，恩格斯认为它构成了《共产党宣言》核心的基本原理，并且属于马克思一个人。

③ 恩格斯这一表述的今译文是：“一切社会变迁和政治变革的终极原因，不应当在人们的头脑中，在人们对永恒的真理和正义的日益增进的认识中去寻找，而应当在生产方式和交换方式的变更中去寻找；不应当在有关的时代的哲学中去寻找，而应当在有关的时代的经济学中去寻找。对现存社会制度的不合理和不公平、对理性化为无稽，幸福变成苦痛的日益清醒的认识，只是一种征象，表示在生产方式和交换形式中已经静悄悄地发生了变化，适应于早先的经济条件的社会制度已经不再和这些变化相适应了。”《马克思恩格斯选集》第3卷，人民出版社1972年版，第425页。

如把一切社会变迁和政治变革的最终原因,说成是“唯察”生产和交换方式的“态度”,带有某种人为意味。不过,这不妨碍此译本转达了幸德秋水的意思,即“世界之历史者,产业方法之历史也;社会之进化与革命者,产业方法之变易也”,把世界上各种社会形态更替和发展的历史过程,看作“产业方法”的变革自然而然带来的结果,好像只须等待生产方式的变革,自然会造成社会经济形态的变化。这是对唯物史观的模糊理解。不论如何,此译本试图根据历史唯物主义原理,揭示人类社会组织的“真相”,在当时的各种中译本里,令人耳目一新。

(二)关于马克思的资本主义基本矛盾理论

原作曾经提问,“现代社会的生产方式——马克思以来所谓资本主义制度的特种生产方式,究竟从哪里来,又将到哪里去”。“从哪里来”问题,它提示,“马克思在其巨著《资本论》中详细地论述了,从十五世纪以来,这些生产方式怎样逐渐通过各种历史阶段最后达到所谓‘近代工业’的情况”[①]。这个提示,似乎指《资本论》第一卷第四篇“相对剩余价值的生产”一章的内容。不知何故,在此译本里,原作上面两句话被漏译了。尽管如此,此译本大致转达了原作对于资本主义基本矛盾的认识。从中还可以看到,作者几乎完全参照恩格斯《社会主义从空想到科学的发展》一书第三部分中的论述顺序[②],来说明这一基本矛盾。

例如:此译本认为,产业革命使“个人之劳动”变成“社会之劳动”,而社会“协同”劳动的产品仍由资本家占有,这是现代社会一切罪恶“罔不胚胎于此”的“大矛盾”。这正是恩格斯说的,“社会化生产和资本主义占有的不相容性”这一生产方式矛盾,“已经包含着现代的一切冲突的萌芽”。此译本认为,这个“大矛盾”首先表现为“阶级之争斗”,表现为“专有生产机关,尽领有其生产”的地主资本家与“食力以外,一无所有”的工资劳动者之间“彼疆尔界,鸿沟截然”的冲突。这正是恩格斯说的,“集中于资本家手中的生产资料和除了自己的劳动力以外一无所有的生产者彻底分裂了。社会化生产和资本主义占有之间的矛盾表现为无产阶级和资产阶级的对立”。此译本认为,个人占有的结果,在世界经济范围内,还表现为“有组织之工场生产,与无政府之市场之冲突”。这正是恩格斯说的,“社会化生产和资本主义占有之间的矛盾表现为个别工厂中的生产的组织性和整个社会的生产的无政府状态之间的对立”。此译本认为,今日“产业方法”从一开始就矛盾地运行,表现为阶级和市场方面的两个冲突,最终将酿成整个产业生产的“大破裂”,如生产机器的改良必然使多数劳动者

① 幸德秋水著,马采译:《社会主义神髓》,商务印书馆 1985 年版,第 15 页。

② 参看恩格斯:《社会主义从空想到科学的发展》第三部分,《马克思恩格斯选集》第 3 卷,人民出版社 1972 年版,第 424—443 页。

无可容身之地而形成“工业的预备兵”[①]；“无限”的“社会之生产”与“有限”的“世界之市场”的矛盾，引起“恐怖之惨象”即傅立叶所谓“充溢之危机”[②]；1825年“大恐怖”以来，“每十年而为一期”，重蹈覆辙；“恐慌”期间，少数大资本家常趁多数小资本家的破产，“蚕食鲸吞”，采取会社办法以防“互自有竞争之危险”，最终世界各国产业都将归于“同盟罢工”的“独占统一”，而“无责任不现律”的个人资本家支配庞大的托拉斯，意味着“有统计、有组织、有调和、有责任”的社会可以实行产业公有；等等。这正是恩格斯说的，“资本主义生产方式在它由于自己的起源而固有的矛盾的这两种表现形式中运动着，它毫无出路地进行着早已为傅立叶所发现的‘恶性循环’”；“机器的改进就意味着愈来愈多的机器劳动者本身受到排挤，而归根到底就意味着形成一批超过资本在经营上的平均需要的、待雇的雇佣劳动者，一支真正的产业后备军”；“市场的扩张赶不上生产的扩张”，自从1825年第一次普遍危机爆发以来，整个工商业世界“差不多每隔十年就要出轨一次”；资本的集聚“是在危机期间通过许多大资本家和更多的小资本家的破产实现的”，它趋向“整个工业部门变为一个唯一的庞大的股份公司”；在托拉斯中，自由竞争转为垄断，而“资本主义社会的无计划生产向行将到来的社会主义社会的计划生产投降”；等等。

比较恩格斯的分析，此译本的叙述几乎如出一辙。其中谈到产业后备军的出现促使多数劳动者之间的激烈竞争，造成一般工资低落，从而迫使劳动者劳动更长时间以维持其生存时，此译本曾插入一段有关马克思剩余价值理论的论述。其译文表述大致如下：

> “马尔盖斯盖谓：交换之时，决不生价格；价格之创造，决非在市场。而资本家运转其资本之间，得自高下其额者，彼实具有创造价格之能力，以购卖商品也。今夫商品者，人间之劳动力是也。惟劳动者为急图生活，不暇待用力相当之价格，而低廉以沽之。计其一日之力，虽以易不相当之价格，尚足一日衣食，有远超于赁金者，然其所以利资本家者大。例如，以日可创造六志（指先令——引者注，下同）价格之劳动力者，日以三志购买之，其三志之差额，名曰‘剩余价格’。彼等资本家谋所以厚其资本者，唯从劳动者掠夺此剩余价

---

① 译文中称这是“音盖尔”即恩格斯所谓“工业的预备兵”。恩格斯在《社会主义从空想到科学的发展》一书中提到“产业后备军”时，专门注明他早在1845年撰写的《英国工人阶级状况》中，就有这样的称呼（《马克思恩格斯选集》第3卷，第431页）。对于这一点，幸德秋水显然留下较深的印象，故特别标明此名词出于恩格斯，在其译文中也有所反映。

② 这里所谓“充溢之危机”，今译本译为“多血症的危机”（幸德秋水著，马采译：《社会主义神髓》，商务印书馆1985年版，第20页）。其实，幸德秋水的原文用语，出自恩格斯《社会主义从空想到科学的发展》中的如下一句话，“傅立叶把第一次危机称为 criseplethorique 即由过剩引起的危机时，就中肯地说明了一切危机的实质”（《马克思恩格斯选集》第3卷，第433页）。也就是说，上面这个傅立叶短语的本意，应该指“由过剩引起的危机”。

格。然则此劳动力之'剩余价格'也,有不全为大盗积者乎?"

这里的"价格"、"剩余价格"之词,应理解为"价值"和"剩余价值"。此译本将"价值"译成"价格",沿袭当时日文原作把 Value 译为"价格"的通行做法,这也是那一时期各种社会主义中译本普遍接受的用语。根据这一理解,上述引文简单解释了:作为商品的劳动力被资本家购买后,在生产过程中不仅再生产出用以维持劳动力衣食生活之需的工资价值,而且创造出超过工资价值的剩余价值;掠夺剩余价值是资本家运转其资本进行生产的目的。这显然引自《资本论》第一卷的结论。以三先令一日价值购买的劳动力,一日可以创造六先令的价值即带来三先令的差额这一数字比喻,也可以原封不动地在马克思原著的举例中看到。另外,此译本还运用剩余价值理论说明各种经济问题,如资本靠"剩余价格"的积累"因而加丰",资本的增加更加磨利掠夺剩余价值的武器,"盗器愈以加利";托拉斯掌握在资本家的手里,"其恣专利之权,则在于掠夺'剩余价格',使社会全体困乏",从而使资本家同劳动者的阶级斗争发展到极端,变成托拉斯同整个社会的冲突等等。

概括地说,此译本第三章对于产业制度进化的叙述,从唯物主义历史观出发,先说明资本主义生产方式从哪里来的问题,再分析这一生产方式的基本矛盾及其表现形式,根据剩余价值理论和资本集中的发展趋势,回答它将到哪里去的问题,最后得出"新时代于是乎来"的结论。这一章是此译本中最具有经济理论分析色彩的一部分,也是全书的精华。此章在经济理论上的深度和内在逻辑上的一致性,得益于作者对马克思主义学说的把握和信奉。这一点,由于当时的汉译缺憾而有些逊色,但在此译本中,还是得到比较真实的反映。

(三)关于马克思和恩格斯的社会主义主张

此译本第四章的内容,主要根据伊利四个基本原则阐述社会主义的主张,其中附带提到恩格斯一个观点。这是介绍伊利的主张后,相继提出穆勒、柯卡普、拉法格等人的观点作为补充,最后引用恩格斯的一段话如下:

> "社会者,掌握生产机关也。商品之生产,即使绝迹,而产者仍不为生产物所制御,一扫社会的生产之无政府者。以规律统一之组织而代之,消灭个人的生产竞争,如人初脱禽兽之域,而得成完全有道义有智识之人类。"

这段话仍出于恩格斯《社会主义从空想到科学的发展》一书第三部分的论述[①],说的是未来由社会占有生产资料以后将会出现的状况,即不同于现存生

---

① 这段论述的今译文是:"一旦社会占有了生产资料,商品生产就将被消除,而产品对生产者的统治也将随之消除。社会生产内部的无政府状态将为有计划的自觉的组织所代替。生存斗争停止了。于是,人才在一定意义上最终地脱离了动物界,从动物的生存条件进入真正人的生存条件。"《马克思恩格斯选集》第3卷,人民出版社 1972 年版,第 441 页。

产资料私有制下人像动物般进行生存斗争的状况。显然译文的表达不能令人满意。本来，这一章还有一处曾引用《资本论》第一卷中关于“剥夺者被剥夺”这句话，但此译本漏译了①。不论哪一句话，在本章内只是起辅助的作用。

此译本第五章谈社会主义的效果或贡献，大部分篇幅用于反驳或解释一些攻击和误解社会主义的观点，然后引经据典予以证明。这些经典包括，德国社会民主党1891年召开爱尔福特代表大会，其宣言说：“社会的革命，不特劳动者之解放而已。凡苦恼于现时社会制度之下之人类全体，宜一律解放”②；恩格斯称社会主义“是从人间之王国，进于自由之王国也”③。第六章谈论社会党的运动，其中有一个论点：1847年马克思和他的朋友恩格斯共同发表《共产党宣言》，“详论阶级战争之由来及其要终，并谓万国劳动者同盟”，自此以后，“社会主义俨然成一科学，非若旧时之空想狂热”。此即在传入中国的译本里，第一次表明《共产党宣言》是科学社会主义形成的标志。第六章末尾，还提到马克思宣告“新时代之诞生”。最后第七章的结论，再次引用恩格斯的观点，其译文是：“社会的势力之运动，骤而观之，未有不骇其为乱暴也。然细而解之，如电光之有助通信，火焰之足供煮炊”。这是说，社会力量完全像自然力一样，在我们还没有认识它们的时候，起着盲目的、强制的和破坏的作用；但是一旦我们认识了它们，便能使它们服从我们的意志并利用它们来达到我们的目的，就像电光可以助人通信，火焰可以供人煮炊一样④。这个意思译文中未能正确表达出来，但与后面的译文呼吁实行“社会主义的大革命”，其基本精神还是一致的。

从上面的内容看，此译本讨论社会主义“神髓”，重视引证马克思、恩格斯的经济学说阐述其观点，尤以第三章最为突出。其余各章除第一、二章外，多少也摘录一些马克思和恩格斯的论述，以此作为科学社会主义的滋养之所在。正如作者序言中的介绍，此译本引用马克思、恩格斯学说，基本上限于《共产党宣言》、《资本论》第一卷以及《社会主义从空想到科学的发展》这三部著作的范

---

① 在这里，被漏译的不仅是这句话，还包含这句话所在的整个一小节内容。这一小节的大意是，土地和资本并不是地主和资本家创造出来的，地主和资本家本来没有权力把它们占为己有，更不能容许他们以此专门掠夺全社会的财富，因此，社会立即把土地和资本从他们手中剥夺过来，如马克思所说，“剥夺者被剥夺”，不用说，这是完全正确的（参看幸德秋水著，马采译：《社会主义神髓》，商务印书馆1985年版，第22页）。据1907年的创生译本，马克思的这句话被译为“马参所谓‘自是等掠夺者掠夺之’”。参看高军等主编：《五四运动前马克思主义在中国的介绍与传播》，湖南人民出版社1986年版，第163页注1。

② 这句话的今译文是：“这个社会革命，不单意味着工人的解放，而且意味着在今日社会制度下苦恼着的全体人类的解放。”见幸德秋水著，马采译：《社会主义神髓》，商务印书馆1985年版，第35页。

③ 恩格斯在《社会主义从空想到科学的发展》中谈到一旦社会占有生产资料以后的变化，其结论：“这是人类从必然王国进入自由王国的飞跃”。《马克思恩格斯选集》第3卷，人民出版社1972年版，第441页。

④ 参看恩格斯：《社会主义从空想到科学的发展》第三部分，《马克思恩格斯选集》第3卷，人民出版社1972年版，第437—438页。

围。这三部著作中,看来作者更加熟悉或者更加倚重恩格斯《社会主义从空想到科学的发展》一书。此译本引用马克思、恩格斯的经济学说,不论在比较集中引用的第三章,还是在分散或零星引用的其他各章,其主要来源,就是恩格斯的这本书。此译本引用的内容,对《社会主义从空想到科学的发展》这本书,特别对其中第三部分、也是全书涉及经济理论最为集中的部分,作了一个简要的介绍。马克思曾把恩格斯的这本书称为"科学社会主义的入门",意谓理论上不是那么艰深,比较适合于马克思主义的普及宣传。幸德秋水向读者特别是年轻初学者宣讲社会主义"神髓",选择以这本书为主,同时辅之以《共产党宣言》和《资本论》第一卷,应当说颇具眼力。在传入马克思经济学说的早期过程中,《社会主义神髓》第一个中译本的历史地位,在于它首次按照科学社会主义"入门"的理论体系,对马克思经济学说,给予了其译文表达形式虽难以尽如人意,其内容仍基本正确的介绍。

四、关于《社会主义神髓》中译本的评价

《社会主义神髓》一书 1903 年 7 月在日本初版,仅 4 个月,到 11 月,已出了六版,可见流传之速,影响之广;1905 年再出第七版,第二次世界大战结束后,又出了四种版本,数十年里始终保持其影响。这本书在中国,与其日文原本问世仅相隔 3 个月,于 1903 年 10 月出版第一个中文译本,此后相继于1906、1907、1923 和 1963 年分别出版四个译本。这本薄薄的小册子,具有如此生命力,显然源于它自身思想内容的感召力。这种感召力同样见于其第一个中译本,推动了它在中国的流行。对此译本的综合评价,有利于比较全面地考察和估价它在介绍和宣传马克思经济学说方面所起的历史作用。就全书而言,《社会主义神髓》中译本,既是珠玉,亦有瑕疵,可谓瑕瑜互见。

第一,此译本贯穿全书的主旨,围绕着说明马克思的科学社会主义,其原作在日本,其译本在中国,早期均产生了难以替代的宣传效果。在日本,这本书被说成"我国社会主义者第一次比较系统地阐述社会主义的文献",是"明治时代日本有关社会主义的代表性文献",标志 20 世纪初日本社会主义理论所能达到的最高水平;幸德秋水被称作日本社会主义的"先驱者",是日本早期"比较科学的和革命的社会主义者"①。学者们曾依据这本书,证明"幸德的社会主义观点在那时的日本是有关这一论题中最为先进的"②。在中国,这本书也有相当大影响,如吴玉章回忆说,他开始接触社会主义思潮,就是 1903 年在

① 平野义太郎:《题解》,引自幸德秋水著,马采译:《社会主义神髓》,商务印书馆 1985 年版,第 63、64 页。

② 参看高坂正显原著,David Abosch 编译:*Japanese Thought in the Meiji Era*,Pan-Pacific Press,1958,第 343 页。

东京阅读了这部著作,“感到这种学说很新鲜”,当时没有时间深入研究,后来重读这种学说,仍“感到格外亲切”,“社会主义书籍中所描绘的人人平等、消灭贫富的远大理想”,大大地鼓舞了他[①];又如这本书1907年的第三个中译本,译者“创生”作序宣称,翻译这本书,因为“社会主义之不能不成立而将见于世”,我国今日由野蛮进入文明,必须遵循其“天演一定不易之公理”[②]。可见其早期译本对于中国读者产生的启蒙作用。此译本说明马克思的科学社会主义,对于恩格斯强调应当归功于马克思的两个伟大发现,即唯物主义历史观和通过剩余价值揭破资本主义生产的秘密[③],有所侧重并予以论述,以较大篇幅说明科学社会主义的经济理论基础。从这个意义上说,《社会主义神髓》中译本从它的第一个译本开始,便高于同时期其他的社会主义中译本。

第二,此译本以说明马克思的科学社会主义为其立足点,同时仍夹杂许多非马克思主义的社会主义观点。这些观点,有的成为社会主义理想蓝图的原则依据,如第四章基本上根据伊利学说阐述社会主义主张;有的成为一些不确切或不妥当论断的理论依据,如认为社会主义要废除“衣食之竞争”,实行“高尚智德之竞争”,是“民主政体”和“世界上最伟大最平和主义”的结合,是“博爱之社会”等等。此外,也有一些引用或赞同的早期空想社会主义观点,曾是马克思科学社会主义学说的思想来源,如路易·勃朗的按需分配观点等。各种马克思的或非马克思的观点不加区别地混杂在一起,它们随着此译本一道传入中国,肯定会给当时尚缺乏鉴别能力的国人带来负面的影响。这个译本对马克思学说本身的理解,也存在着缺陷。例如,抄录恩格斯的唯物史观公式时,删去其中有关阶级斗争及其作用的论述,把历史上各个社会阶段的发展过程,说成只是“产业方法”及其“变易”的历史;把社会的新陈代谢,看作犹如“生物之组织常进化而不已”,等同于生物界的进化,革命不过是社会“平时之进化代谢”的自然结局,即“革命者,天也,非人力也”,简单地用生物进化原理来解释人类社会的发展,把唯物史观曲解为进化论。同时,它撇开阶级斗争这一社会发展的动力因素,宣扬社会党通过普选取得议会多数,可以和平地铲除世界上的地主和资本家,使新时代的诞生“水到渠成”。此译本的最后结论,把实现社会主义的希望,寄托在具有“超度”观念,能体现“自由、平等、博爱之道”的“志士仁人”身上。这同马克思经济学说推导出来的结论,有霄壤之别。所以,有的日本学者分析这本书时,也曾指出,幸德秋水“没有充分研究过马克思的

---

① 吴玉章:《回忆五四前后我的思想转变》,《中国青年》1959年5月1日。

② 创生:《〈社会主义神髓〉译序(1906年11月)》,引自高军等主编《五四运动前马克思主义在中国的介绍与传播》,湖南人民出版社1986年版,第279—280页。

③ 参看恩格斯:《社会主义从空想到科学的发展》,《马克思恩格斯选集》第3卷,人民出版社1972年版,第424页。

《资本论》,并且不理解辩证唯物主义”[①]。可见,《社会主义神髓》的第一个中译本,早期向中国传入马克思经济学说,独树一帜,同时也留下了隐患。

附带指出,评价《社会主义神髓》,有一种观点认为,这本书的第一至第三章关于经济理论以及对社会经济史的理解,“非常肤浅”,这是由于当时日本资本主义不够发达,社会科学的研究不够深入;同时推崇这本书的第四章“社会主义的主张”和第五章“社会主义的贡献”(第一个中译本译为“社会主义之效果”),认为这两章“可以说没有任何别的日本人能够这样系统地写出来,所以特别受到日本青年的爱读”[②]。其实,“肤浅”问题,同样存在于第四、第五及其他各章,用于解释前三章“肤浅”的理由,也可以用来解释包括第四、第五两章在内的其他各章之肤浅。这种评价上的褒贬差别,实际上是评价者本人的偏好。评价者认为“肤浅”的第三章,叙述的基本上是作为“入门”的马克思经济学说;评价者认为别的日本人写不出来,特别受到日本青年读者欢迎的第四章,介绍的主要是伊利的原则。这两章内容都着重于参考别人的东西,不是作者自己的独立观点,对于这两章的优劣之评价,不仅是对作者能力的评价,更重要的是对作者所参考的两个不同范本的评价。这两个范本,一个以恩格斯的《社会主义从空想到科学的发展》一书为主,一个是伊利的《社会主义与社会改革》一书。作者“自序”中把马克思、恩格斯三部经典著作列在其参考文献的前三位,上述评价者在本书“题解”中,首先强调美国伊利教授的著作,对马克思、恩格斯著作的参考,位居其后。由此可以感觉到,评价者在马克思著作与伊利著作之间,倾向于后者。这一评价倾向,已经超出对《社会主义神髓》一书的评价范围,涉及评价者对马克思科学社会主义与非马克思主义的社会主义二者的态度。指出这一点,对认识《社会主义神髓》中译本在介绍马克思经济学说方面的影响,可作参考。

第三,此译本代表那一时期的翻译水平,反映了当时译自日文原作的一些汉译特征。大体说来,此译本从整体上看,除了个别地方漏译,基本上体现原书面貌,书中许多重要论点,译文的词句表达大致能为人所理解。可是,一俟接触原书中具有深邃理论内涵的严谨表述,译文的失真、误译甚至曲解便屡见不鲜。此译本第三章援引马克思、恩格斯语录的几段译文,问题或错误不少,是其典型例证,尤其涉及马克思经济学说的理论阐述部分,其译文更是如此。存在这些翻译问题,主要是翻译者本人受到相应理论素养的制约。这恐怕也是当时国人介绍国外社会主义包括马克思经济学说时,选择翻译那些理论难

---

① 参看高坂正显原著,David Abosch 编译:*Japanese Thought in the Meiji Era*,Pan-Pacific Press,1958,第 343 页。

② 平野义太郎:《题解》,引自幸德秋水著,马采译《社会主义神髓》,商务印书馆 1985 年版,第 63、68 页。

度较低的著述之原因。此译本像当时其他译本一样，仍保持浓重的文言色彩，同时在经济学用语上，又从日文原作中吸收了不少流行的新创词汇，如以“生产机关”代表生产资料，以“产业方法”代表生产方式，包括错误地以“价格”或“剩余价格”代表价值和剩余价值等等。此译本与同时期的其他译本相比，也显示出在用词遣字方面的不稳定性。仅以国外人物的中译名来说，前面介绍过的几种译本关于马克思，就有“麦克司”、“加路·孟古斯”、“加陆·马陆科斯”等不同译名，关于恩格斯有“野契陆斯”译名；此译本又将马克思译为“凯洛·马尔克斯”或“马尔克斯”，将恩格斯译为“音盖尔”，真是五花八门。这种人物译名不统一状况，在马克思经济学说传入中国的初期，不可避免，同时也说明，用规范统一的译名或经济学术语表达马克思经济学说，其约定俗成过程的重要性。

根据日本学者的说法，幸德秋水对西方舶来的社会主义新名词如何翻译为日文，颇费心血。如他出版《社会主义神髓》后，翌年即1904年，与他人合作完成《共产党宣言》第一个日译本，其间，为bourgeoisie（资产阶级）、proletariat（无产阶级）之类新名词的日译，煞费苦心。那一时期准确翻译这类新名词，确属不易。即便在西方，当时这些名词也没有被普遍接受。举例说，熊彼得承认，1900年以前，公众并没有广泛采用“资本家”这一名称，它只是在经济学家的行话中取得了公民资格；“资本主义”一词在整个19世纪，除了马克思主义者和直接受到马克思主义影响的作家，几乎没有被人采用，连19世纪末问世的《帕尔格雷夫辞典》也没有收入“资本主义”这个词条①。这一现实，不仅给日本社会主义的先驱者幸德秋水率先介绍马克思经济学说，带来翻译上的困难；更使得我国初涉此学说的那些转译者们，困难重重。我国早期的著译者们，像《社会主义神髓》中译本一样，往往借用日文创造的名词术语转述马克思经济学说，这正是那个特定历史条件的产物。

第五节　其他中译本关于马克思经济学说的评介

20世纪初，马克思经济学说介绍到中国，主要通过翻译或译述国外原著这一渠道。这个时期的此类中译本，有两个显著特征。一是译自国外有关社会主义的著述，也就是说，那时传入中国的马克思经济学说，基本上包含在有关社会主义的著述译本中而一并传入中国，不是直接译自有关马克思及其经济学说的专题论著；二是几乎全部译自日文原著，很难看到译自西文原著。1904年以前，从日文原作翻译过来的有关社会主义的各种中译本，在介绍过

① 参看熊彼得著，杨敬年译：《经济分析史》第2卷，商务印书馆1992年版，第269页注1。

的几部代表作之外，还有几本书值得一提，它们同样在不同程度上接触马克思经济学说。前面说过的几部中译本，大多出版于1903年，下面将要介绍的几部中译本，也主要在1903年相继问世。所以，1903年是通过汉译日文原著途径，将马克思经济学说传入中国的一个高峰时期。了解这个高潮时期各种有关中译本的大致情况，将有助于对当时介绍马克思经济学说的整体水平，有比较全面的把握。其他中译本从内容看，各有特色，但在介绍社会主义尤其马克思经济学说的深度和广度上，一般说来，均未超过前面分析过的几部中译本。因此，对于其他几个中译本，只需重点指出它们涉及马克思经济学说的内容及其特点。

一、《近世社会主义评论》译述本

这部译述本，作者久松义典，杜士珍翻译，1903年2月至4月连载于上海《新世界学报》第2至第6期①。与其他译者不同，杜士珍强调所谓"译撰"，不仅翻译，而且撰写。他在译本"感言"中说，为了寻求世界上出现风俗腐败、道德衰落、政体不平的原因，"遍阅古今书籍，探微穷源，返而求诸东西政治家社会主义之学说"，发现"我先儒空前绝后之大思想大哲义"，尽在东西政学家的精宏理论之中；世上的罪恶和变乱，来源于一个"利"字，"自有利而后有私，有私而后有争"，古代如此，今世更是这样，"贫富之悬隔愈甚，人事之不平愈多"。假借我国古代讳言财利之说，分析近代社会贫富不均现象，以此作为东西方社会主义学说的精义。他从"先儒"那里找到问题的根源，继续发表"感言"说，我国"先圣"实行"井田"制，"使上下贵贱无甚悬殊"，其间存在"深意"，看来此意已为近时东西方的"哲学大家"们所心知，他们在国内大声疾呼倡导社会主义，"欲均贫富为一体，合资本为公有"，此乃"公之至，仁之尽"之举。我国古代的井田"深意"，又被看作近代社会主义解决贫富悬隔问题的万应灵丹。接着他引用《广长舌》中关于"胃腑"为社会最重要之事，应"以社会主义为今日胃腑之问题"一段论述，认为"日儒"幸德氏深悉社会病因，由此断言，随着地球文明的进步，社会主义无疑"必先于二十世纪中大发达于白析人种"，先在白种人中实现，"吾再拜以迎之，吾顶礼以祝之"，以顶礼膜拜的虔诚心情祷祝和迎接社会主义从西方降临到东方。杜士珍为古老的东方经济观念，披上一件近代西方社会主义外衣，推导出社会主义必将在地球的西方和东方先后实现的结论。这种推论带着古色古香的传统色彩，似乎与近代社会主义理论风马牛不相及，但推论者由此表现出对于社会主义的信念和欢迎态度，在当时中国颇为罕见。

① 参看林代昭、潘国华编：《马克思主义在中国——从影响的传入到传播》上册，清华大学出版社1983年版，第86—89页，以及姜义华编：《社会主义学说在中国的初期传播》，复旦大学出版社1984年版，第237—257页。

正因为如此，他从近世东西方学者的众多社会主义论著中，选择另一“日儒”久松义典的《近世社会主义评论》一书，不止作为翻译的对象，还着眼于此书“采书颇富”，其内容“颇能搜罗宏富”等特点，借此“润其辞，删其繁，先译述之，而断之以己见”，通过对原著修饰删繁，加注按语，在译述过程表达自己的观点。这种译述方式，在当时各种社会主义中译本里，独具一格。采取此种方式，能否正确解说社会主义这一“今日讲求政学者之高等科学”，能否讲清楚其中所包含的马克思经济学说，却令人怀疑。

这个译述本中，涉及马克思经济学说的内容并不多，这与它的一些特点密切相关。

特点之一：此译述本评论近世社会主义，马克思经济学说不在重点考察之列。一方面，从“自序”和“原书例言”看，原书的撰写，鉴于社会主义为“十九世纪之新产物”，其萌芽初蘖，自晚近以来，显示“其文化已为全世界冠”，欧美诸国“莫不受此主义之影响”，说明社会主义对自由竞争是一个进步，“尤为今日之要务”。所谓“要务”，有两层涵义。一层涵义指社会主义为“近代文明之英华，为欧美现今之最大势力者”，这是事物进化“天然之结果”，像日光和空气一样不分东西彼我、自然摆在每一个人面前，如水到渠成之势，推动 20 世纪“社会一大变革”，使政治、经济、教育、道德、宗教等一切实际问题，“莫不被斯主义之感化”。另一层涵义是“不专持空论”，着重解决实际问题，从社会主义学说中吸取一些滋养，像欧美各国政府那样，用来缓解或克服实际存在的严重社会问题。既然社会主义成为不可避免的趋势，可用来解决实际问题，似乎无需强调科学社会主义和马克思经济学说，故原书采纳和开列的十余种参考书目，全是西方非马克思主义者的著作。把马克思的经济学著作排除在参考书目之外，借助非马克思主义著作提供的资料来叙述马克思经济学说，显然对马克思经济学说难有确当的评论。另一方面，中文译述者看来受到日文作者的影响，一则对原书两篇 12 章，只翻译其中马克思主义以前的各派社会主义学说内容；二则在插入的译文按语中，对马克思及其经济学说只字未提。原作的影响，连同译述者本人的理论素养及其所处的历史条件，都限制了对马克思经济学说的正确理解。这些因素加在一起，使得这部专门评论近世社会主义的译述之作，只给予马克思经济学说以极为单薄的评论。

特点之二：此译述本有关马克思经济学说的评论，大多是一些模糊的附带式介绍。在译述本的翻译而非自述按语部分，有几处提到马克思及其经济学说。一处在作者自序中，追溯 19 世纪起，社会主义起源于法国的卢梭、摩莱里、马布利等人“先唱自由平等之主义”，英国的罗伯特·欧文“唱协同作业之理”，以及德国的黑格尔、费希特、拉萨尔等人“为之表章而显明之”，其意逐渐发达；社会主义著述付诸实施，始于 1817 年欧文在英国议院提出其社会建议，继之1830年法国圣西门发表新言论，随即出现傅立叶新计划，此后法国革命破裂，又有“新社会党鲁意蒲郎(今译路易·勃朗)、考鲁玛培斯(今译卡尔·马克思)之变动”，以1872年海牙“万国联大会”(即国际工人协会代表大会)而告终，此会标志“社会党其宗旨与无政府党判然分为两途，实今日社会民政主义之纯团体所由生”。这一表述，意欲勾画西方社会主义历史的简要线索，却把一些毫不相干的历史人物拉扯进来，又随心所欲点出若干历史时间与历史事件，未能正确显示其历史线索，反而给人留下混杂拼凑的印象。这恐怕与译述者翻译时对原文删繁就简，不无关系。不管原文本来如此，还是译述者删改的结果，这段有关社会主义发展史的表述，把马克思及其学说放在无足轻重的地位。译文中还不伦不类地将马克思与路易·勃朗放在一起，共同作为“新社会党”的代表人物，煞有介事地宣称什么“新社会党”是今日“社会民政主义之纯团体”的前身等等。这样，在低估马克思作用的同时，又把人们对马克思及其学说的理解，引向一条荒诞不经的道路。

另一处在正文第二编第五章中，有一段论述大意是，“勤劳”为“天然之利权”，由此得出“物品之价值，不论其使用与交通，唯由勤劳而得之”；接着说：“其后社会学士喀路马路古司(今译卡尔·马克思)及其他社会党皆祖述此说，倡论物品之价值，乃由勤劳于生产及运搬而生之说”。这里说的，是马克思的劳动价值论概念，其中用不确切的表达方式，解释此概念的意思是，商品的价值不是产生于商品使用与交换的消费和流通领域，而是产生于商品生产与运输领域所消耗的劳动。此译述本根本无意讨论马克思的劳动价值论，它在介绍英国哲学家霍布斯尤其洛克的“民约之说”时，为了显示“二氏所倡，颇得势力”，附带引出有关马克思劳动价值论的一段话。因此，译述者紧接着这段译文的按语，着力评述的是洛克之说，对马克思的劳动价值论未置一词。

还有一处在正文第八章中，它说：“近代社会主义，自塞西翁笃西孟(今译圣西门)阐明之，而显彰于考鲁玛古斯(今译卡尔·马克思)，尔后渐蹈入实际问题，而不如前之哓哓于空论矣。此乃向于产业组织与资本制度，及劳动规约之改良，而发生进步者也。”在此推崇圣西门为“近世社会主义中兴之一”，认为圣西门的阐述，经马克思的彰显，表明近代社会主义从以前的“空论”逐渐转入“实际问题”，其标志是推动“改良”产业组织、资本制度及劳动规约方面，取得了进步。与《社会主义神髓》中译本相比，此论有一个明显差别。前者把马克思社会主义看作由空想发展到科学的证明，后者则用马克思社会主义“蹈入”实际问题的说法，取代发展到科学的论证，而所谓“实际问题”，不过是对现行制度的“改良”。这样，此译述本提到马克思社会主义学说涉及产业组织、资本制度、劳动规约等经济问题，因此而“显彰”于世，但在进一步论述中，又走偏了方向。

同一本书中，以上几处涉及马克思及其经济学说的文字，连卡尔·马克思的名字，也没有统一译法，分别给出考鲁玛培斯、喀路马路古司和考鲁玛古斯三个不同译名，更没有专门的评论。书中的评论，一是把社会主义当作一个统一概念，不去考虑它所包含的各种不同含义和用法。例如，译文笼统地说，社会主义一词译自英文 Socialism，其义"专欲以救药社会之不平，故名之曰社会主义"；社会主义的成立，至今尚未及百年，"其意极深，其语极新"；面对天下财富"莫不产出于劳动者之手"，然而"一则甚逸，一则甚劳，一则甚乐，一则其苦，亦天地间至不平等之一事"，社会党"心不忍焉"，于是围绕"近世产业组织之变迁"和"生财机关之发达"，大胆倡导各种言论，遂使社会主义运动成为 19 世纪"所生之健儿"，"真为文明界之新产物"；社会主义"着眼于日用问题"发挥其原理，其目的"专注于共产主义"；等等。对于这些评论，译述者用按语又作了一番发挥。如认为，社会主义在英文 Socialism 中的原意可训为共产主义，此名词始见 1835 年欧文为社会改良而组织的全国生产部门大联盟（Association of all classes of all nations），后传播法国，再通行全欧洲，其日文译名通用社会主义、共产主义或直接音译三者；社会主义的宗旨"专在废私有财产，而为社会财产，为共有财产"，不能混同于英文中的 Sociology 即社会学一词等等。此译述本将实际存在的各种各样社会主义学说，统统归于上面所说的那些涵义，不可能提出社会主义从空想到科学的发展问题。二是强调社会主义"非诡激狂暴之空想"。这里所说的"空想"，不是通常意义的空想社会主义，而是区别社会党与无政府党的标准，意谓社会党不同于无政府党的"诡激狂暴"之辈，其纲领各国政府可以应用于政治经济事务，诸如"国家社会主义"、"综合社会主义"等，均系"实用方略"的基础。在这里，社会主义被描绘成赤裸裸的实用工具。按照这种理解方式，可知此译述本对于马克思经济学说会采取什么样的态度。

特点之三：此译述本注重从中国文化传统中，寻求近代社会主义的思想来源。原作者认为，社会主义发动的原因，在于"社会之不平等"，引致"贫富之悬隔"和"贵贱之区别"，此乃自古有之，与人类生存相伴随，因此，"社会主义者，固早于数千载以前著其名目"，社会主义"名目"早在几千年前就出现了。如孔子之"罕言利"，孟子之"何必曰利"，同样适用 19 世纪以来，"物质大进步"带来"人间万事，莫不受金钱之支配"状况，反映了社会党的卓见。原作者这一说法，刺激了译述者的想象力。后者进一步说，"孔子亦一大社会党"，中国自战国至今，"社会党之兴"在三百余年诸子百家中不乏其人，应借鉴孔孟愤于上下之不平，从井田古制中汲取滋养，"冀以为实行之首策"的先例；欧洲社会党痛声疾呼"产业之不平等"，希冀"产业社会之变革"，我国的"列战大儒"早就"多有发明此意"，只是后来的流转未能继承师旨，"井田均产之法"遂被视为迂阔之举;西方社会党主张废弃遗产继承权,与我国古代"偏重井田之制"、"消灭遗产之政略"等"为我孔子所创而托之古先圣王"的做法,相侔不悖;英国哲学家霍布斯,"殆亦我中国荀卿之流亚",尚不及荀卿;等等。用中国古代学说阐释西方近代社会主义,似乎是那时东方学者的共同时尚,不仅中国学者如此,日本学者亦如此。如久松义典的上述说法;又如幸德秋水在《广长舌》里,以孔子"民富然后教之"之说解释社会主义应以解决民食问题为急务[①],在《社会主义神髓》里,亦以中国古人所谓"衣食足而后知廉耻"来证明社会主义者相信衣食问题为"人生之第一义"。[②] 如此等等,均系例证。我国传统文化中,确实蕴含着颇为丰富的社会主义思想因素,但简单地将中国古代观点与西方近代社会主义学说挂钩,每每从中国古代观念中,去追寻西方近代社会主义学说的来源或依据,则失之偏颇。超出借古喻今的对比参考范围,企图以古代今,势必影响乃至削弱国人对于马克思经济学说的分析与研究。

二、《社会党》中译本

这是一本由西川光次郎撰写、简略介绍欧美各国社会党的小册子,其日文原作出版于1901年,经周子高翻译,上海广智书局1903年3月出版了它的中译本[③]。此译本认为,当时正值"最大最猛最剧烈之世界风潮",出现经济上的帝国主义,"经济革命,为将来世界上之一大问题";世界发展的"大势","社会党发达于内,帝国主义发达于外",须对社会党的发展历史有所了解,认清社会党发展的"自然之势"。从这段开场白中,可以依稀看到后来梁启超讨论"二十世纪之巨灵托辣斯",把社会主义与托拉斯说成一对孪生事物的观点之雏形。书中分前后两编。前编主要介绍欧美14个国家社会党的发展线索、代表人物及其基本主张;后编重点介绍瑞士的各种社会保护和福利制度,宣称瑞士和新西兰是"今日之世界上社会主义者之理想国"。从中不难看到这本小册子对西方社会党感兴趣的真实原因,以及它的基本思想倾向。

此译本没有直接介绍马克思经济学说,只是从一些段落的字里行间,让人间接感受到这一学说的影响力。例如,德意志社会党一节,提到黑格尔与费希特为反对国内极端个人主义,始行"发明社会思想",后来洛贝尔图斯与"马克"(即马克思)出现,使此思想日益扩充。这句话不仅像《近世社会主义》中译本那样,把洛贝尔图斯与马克思混为一谈;还像《近世社会主义评论》译述本那

① 参看姜义华编:《社会主义学说在中国的初期传播》,复旦大学出版社1984年版,第58页。

② 参看高军等主编:《五四运动前马克思主义在中国的介绍与传播》,湖南人民出版社1986年版,第150页。

③ 参看姜义华编:《社会主义学说在中国的初期传播》,复旦大学出版社1984年版,第224—233页;以及《社会主义思想在中国的传播》第二辑,中共中央党校科研办公室,1985年,上册,第16—18页,下册,第65—74页。

样，把黑格尔与费希特的所谓"社会思想"，看作马克思社会主义的思想先驱。在这里，马克思学说的影响力，以一种容易曲解的形式表现出来。这一节不是介绍马克思等人的思想，而是认为这些思想若"鼓吹乏人"，社会党不能遽兴。它主要介绍一些"鼓吹"之人如拉萨尔、李卜克内西和倍倍尔等，在推动德国社会党发展方面所起的领导作用。其中说：拉萨尔"折衷于"洛贝尔图斯与马克思的学说之间；李卜克内西早年在英国因与"隐垓氏"（即恩格斯）相识，遂得与马克思往来；倍倍尔受李卜克内西影响，"弃旧而从之，信马克之说"。这一节还叙述李卜克内西死后，"尚在"的倍倍尔和恩格斯等"伟人"继续推进社会党的发展。其实，恩格斯去世（1895 年）在李卜克内西（1900 年）之前，此"尚在"之说，显系误笔；把恩格斯对德国社会民主党的指导作用放在李卜克内西和倍倍尔之后，也是本末倒置。可见，这个译本对于德国社会党史料的处理，比较粗糙和草率。此译本谈到德国社会党对待妇女的态度时，曾引用恩格斯向德国社会主义者说的一句话，所谓"一家之内，男子为资本家之代表，妇人为劳动之代表"，但不知其出典何处。

又如，俄罗斯社会党一节，提到虚无党中秘密结社之人，"始读马克之书，爱之"，但面对俄罗斯的悲惨境遇，认为与其加入"马克主义"（即马克思主义），不如加入巴枯宁无政府主义；后来俄国社会党领袖"桥旗菩来言夸脑"（今译乔治·普列汉诺夫）出现，"其主义以马克为师"，普氏著述在俄国获得极多读者。这恐怕也是最早将俄国早期马克思主义传播者普列汉诺夫介绍给中国读者的中译本。另外，法兰西社会党一节，提到马克思早年曾在巴黎从事研究；法国社会主义自 1871 年起，内部存在无政府主义与"马克之势力"的对立斗争；法国社会主义在其领导人信奉"马克主义"之后，其势力又重新膨胀；等等。

此译本的上述介绍，一再出现有关马克思、马克思之说、马克思势力、马克思主义之类的字眼，却始终没有告诉人们这些字眼意味着什么，它们的内在涵义是什么。所以，广智书局在《新民丛报》第 27 号插页上为《社会党》中译本所作的出版广告，只是笼统地指出，此译本胪列欧洲（实际上还有北美洲）劳动社会的举动及其因果关系，可以使我国"留心经济问题者"注意到，出现于 19 世纪欧洲的"均产之说"，虽不易达到其目的，却力争"掷汗血为最大多数谋最大幸福"，这与我国劳动者蜷伏在资本家的膝下未得伸张其气，完全"放弃自由权利"的情况，形成了对照①。简而言之，像其他社会主义中译本一样，《社会党》译本的问世，会给国人借鉴西方社会党的理论与实践，观察和思考我国劳动社会的状况，提供某种警醒和启示，但此译本对马克思经济学说避而不谈，或只提其名不论其实，又对国内"留心经济问题"的人们，关上了从马克思经济学说

① 参看姜义华编：《社会主义学说在中国的初期传播》，复旦大学出版社 1984 年版，第 234 页。

中寻求科学真理的大门。

三、《世界之大问题》与《社会主义概评》中译本

这两个中译本,是岛田三郎同一原著的两种不同译本。一个译本由上海通社组织翻译,1903 年 3 月出版,大概因其强调社会主义为“二十世纪世界之一大问题”,故此译本署名为《世界之大问题》。另一译本由上海作新社组织翻译,1903 年 10 月出版,其译笔水准与前者不相上下,稍详于前者,它的译名《社会主义概评》,更贴近其原著意思。后一译本在当时的影响,超过前一译本。考察这两个译本介绍的马克思经济学说[①],可以相互比较,以辨其优劣。

两个译本对于社会主义史实部分的描述,与那一时期各种译本的通行说法相比,没有多大差别。如谓,社会主义产生于“经济上之不平均”,又称“经济上之改革主义”,其目的在于“救治贫富悬隔之弊,以广洽幸福于斯人”;社会主义理想在西方可以追溯到古希腊时代,社会主义萌芽始于 18 世纪末 19 世纪初,尤以英法两国“博爱者”的著述和试验为其标志,当初创自英国欧文的社会主义一词,现已传播于欧美各国;社会主义“滥觞于仁人之理想”,逐渐由理想变成事实,成为“澎湃于十九世纪、二十世纪世界之大势力”,成为世界范围内“二十世纪之大问题”;目前欧美许多国家在不同程度上存在社会党势力;等等。在通社译本或作新社译本中,还可见其原作者论述社会主义问题,时常掺入个人意见的写作特色。这个特色涉及有关评析马克思经济学说部分,主要表现在以下几个方面。

(一)关于马克思经济学说的评析

两个译本里,有一段相同的内容专门谈到马克思及其经济学说,在译文上稍有出入。如关于马克思或卡尔·马克思,通社译本译为“马路可士”、“马路克司”、“马露可司”或“马露可士”;作新社译本则有“咖尔吗科”、“加兰马科”、“卡尔麻娄克司”或“麻娄克司”等几种译法。这段内容,把拉萨尔与马克思并列在一起,以比较的口吻评析马克思及其经济学说。其大意如下:

社会主义超出国土范围和个人局限,具有“万国共通之性质”,社会主义“由理想而进于实行”,归功于德国社会党的拉萨尔与马克思二人。拉萨尔在德国组织“万国职工党”,倡行“万国共通主义”,马克思“以科学精深之学说,发现于世”,经过二人提倡,社会党势力渐臻强大。拉萨尔年仅 39 岁而亡,是留名社会主义史的“伟人”,他并非独闯天下,其“社会主义之科学的基础”,多得之于马克思。近代社会主义发源于英法二国,那时不主张在了解“资本之现

① 参看《社会主义思想在中国的传播》第一辑,中共中央党校科研办公室,1985 年,上册,第 92—93 页;第二辑,中共中央党校科研办公室,1987 年,上册,第 21—25、32—37、263—264、409—411、425—427页,中册,第 188、216—220 页,下册,第 12—15、74—78、80—81、247、416—418 页。

形”的基础上，“执改造现今社会之主义”。而拉萨尔和马克思倡导“新社会主义”，二人“于经济学皆有新见解，而对资本之意见，则与旧日之经济学说相反”。马克思同拉萨尔一样是犹太人，曾在波恩大学和柏林大学修习法律和哲学，在德法两国杂志上发表文章大力揭露社会问题，获咎于普鲁士政府，被迫离开德国，移居英国“研究经济学”，担任“万国劳动协会”干事并为其“主脑”；协会总部迁至美国后，马克思退出“实际之运动”而从事著述，最后著成“有名之《资本论》”，为“其生平最切实者”。数年前美国新闻界推选19世纪“名家大著”十种，《资本论》为其中一种，“足见此书之价值”。马克思与拉萨尔同为“创始之思想家”，就“经济学知识”而言，马克思“胜于”拉萨尔而“出一头地”，因为马克思活的时间更长。他们二人，“均用黑格尔之哲学于经济学”，主张“历史的进化”；各持其理论从事于学术争论，又“极力运动”，成立“万国联合之劳动协会”，使“社会说”在欧美各国广为传布，“其传播之速，直如电光”；都有“极深且大”的理想，不满“现在缺陷之社会”，又适逢“自由竞争极盛之时”，资本家势力的极大增长未能将其“余利”波及他人，故法国1848年革命爆发，“思想界亦随政治界之变革而动摇”，这是他们二人“传播其说于各国之一绝好时会”。那时的欧洲，可以称作社会党的仅有拉萨尔和马克思所主张的“协力同盟”。现在经法国二次革命和机器发明，“资本家和劳动者遂不能相容”，社会党的学说势力已盘踞于欧美各国。拉萨尔和马克思“勃兴”于德意志，还有德国本身的特殊条件。如德国想要统一各联邦，使其国民鲜有移殖海外，以开辟平均劳动之途；1848年以前，没有国会和人民参政之权，救济人民困难任凭政府之意；没有宗教以安其民等等，因此，拉萨尔起而从哲学上或经济上倡导社会改革，“人心翕然而从之”。拉萨尔为“有胆量之变革家”，马克思为“精深之思想家”，前者“以哲学为根据”，后者“以新经济学为组织”，二人“目的虽同，而运动异”。

此译本在其他地方，偶尔提到马克思，一般也与拉萨尔连在一起，而且往往将拉萨尔放在马克思之前，以显示其重要性。如认为德国社会主义自拉萨尔、马克思提倡后，才得以勃兴；拉萨尔是创立“社会平民党”与“万国职工党”的“发议者”，马克思“以科学说明社会主义者”等。只有叙述法国社会党内不同派别时，才单独说到其中的“职工党”“崇奉马露可士之说，以国家之生产原资为社会所固有”。

以上对于马克思及其经济学说的评析，把马克思作为“精深”思想家，在经济学领域著成“有名之《资本论》”，奠定科学社会主义基础等成就，以明确和醒目的方式表达出来，给人留下清晰的印象。与此同时，这一评析将拉萨尔同马克思等量齐观，回避他们之间的深刻分歧；更加推崇拉萨尔领导德国社会主义运动的功绩，把马克思的贡献仅局限于经济学范围，甚至连这一贡献，也说只是由于马克思的在世时间比拉萨尔更长而已，言下之意，如果拉萨尔活得长些,其经济学成就足以与马克思比肩;把马克思的理论成就似乎归因于对黑格尔哲学的运用和对进化论的信奉;对马克思"勃兴"于德国的特殊国情分析等等,又模糊了马克思经济学说在科学社会主义发展史上的地位。这些评析,停留在表面现象上,从未深入于理论层次的考察。这也使两个译本对马克思经济学说的评析,显得十分空泛。

(二)关于社会主义的不同涵义与用法

此二译本另一特点,强调社会主义绝非统一概念,具有不同的涵义与用法。首先,从"社会"二字看,作为西方舶来语,它与破坏行为、黑暗现象、贫民问题联系在一起,使人对社会主义的定义感到茫然。同时,它又用于"世间"、"共同"、"平等"、"平民"、"慈善"等解释,体现"以平等四民为社会主义理想"。这是从社会一词引申出不同的涵义。

其次,从欧美各国的社会主义运动看,其涵义因国家、人物与时代的不同,"随时变迁而不已",这也是社会主义名称中含有"无数异种之成分"的缘故。人们对社会主义的看法各有不同,如有人认为社会主义"有绝好之价值",有人视其"可畏怖",表示"憎恶"。赞成者认为,自古以来,像柏拉图的理想国和莫尔的乌托邦等,显示"社会主义者,有极平和之理想";反对者则说,像英法两国的"共产无政府党"和俄国的"虚无党",在社会党名义下,主张凭借暴力"利器","一废天下之私有财产"。社会主义不是"以精深科学之知识,思改造其社会",就是"唯求破坏现时社会之组织";不是"希冀进化之前途",就是对现实绝望悲观,从而对政府和家庭产生"其极度之反抗意";不是"委己之私财于政府,欲以遏自由竞争之害"如国家社会主义,就是"以政府为过去不完全之遗物而百方破坏之"如无政府党等等,可见欧美社会主义之歧义纷呈。社会主义的经济改革主张,试图杜绝个人竞争之害,使资本家与劳动者进入"同资共动之社会",在共同的前提下,也有不同的方法,或"欲借政府之力以收社会之实益",或"自恃其蛮力以相逞",或"以土地生产为公有物",或"欲全废私有之财产",或"欲平均劳逸与贫富",或"以前途之理想不取急剧改革",或"欲尽收个人私财及私社会之事业,以为都市之公产",如此等等。

最后,从社会党内部看,各自持有不同的社会主义主张,同属社会党名称,"名同实异","各异其派"。如俄国虚无党、意大利无政府党以及德国国家社会党之间,"理想全相反对";法国的无神论社会党与英国和德国的基督教社会党,其基本前提"已有不同";虚无党和无政府党主张破坏,讲座社会党主张改良,"从乱从治,迥然大异"等等。所以说,各国的社会党绝不可一概而论。

强调社会主义的不同涵义和用法,其本意想说明,日本学者近来使用"为日本古来所未有"的"社会"二字乃至"社会主义"一词,"为日尚浅","观念不甚发达",只是取其译名在字面上的新奇,常用其名却未解其意,忽略了社会及社会主义概念中含有各种不同的成分，就像散处于欧美各地的社会党或社会主义者，“以同一名称同一党派，而异其实体”，“令人难得定评”。这种认识，比起《近世社会主义评论》译述本将社会主义看作在内涵和用法上无甚差别的统一概念，应当说是一个进步。唯其如此，作新社在1904年3月6日出版的《大陆》杂志第二年第一号插页上为《社会主义概评》作广告，特别说明日本名家岛田三郎的这本书，对德、美各国的社会党以及俄罗斯的虚无党等，详加评论而定其范围，“俾世之社会主义者不致错杂纷淆，是国民进步之大资助”①，亦即肯定此书在界定“错杂纷淆”的社会主义党派方面，有所助益。

这个进步只是迈出一小步。因为两个译本指出欧美社会主义在涵义和用法上的区别之后，仍给出一个抽象的共同含义，如谓，社会相对于个人而言，社会主义起因于“以协力组织，而实行个人主义”，为的是拯救近代以来的“自由竞争之弊”。照此说来，社会主义原理变得“极其易明”，只要针对“现社会缺陷之世界”，其批评有合于现实者，便可托名社会党。这样，社会主义就像一个包罗万象的大箩筐，或如译本中所说是“一大混合”，凡是“反对社会现状”的不同成员和各种观念，均可置诸其中。本来，此书译本沿着重视社会主义不同涵义与用法的分析道路走下去，或许会触及马克思学说的与众不同之处。但它没有这样做，只限于在一些表面的差别上作原地踏步式的重复，最终又落入它所批评的那些日本学者的窠臼，以一个抽象的社会主义涵义，统辖各式各样的社会主义派别与学说，同时也使马克思的科学社会主义学说，湮没在一般社会主义的抽象概念之中。

（三）关于社会党政策的倾向性意见

两个译本不曾考察马克思学说的思想体系及其与其他社会主义学说之间的理论分歧，但译本对各种社会党政策的评析，仍透露了某些倾向性意见，折射出作者对于马克思学说的态度。

这里所说的社会党政策，在译本中是一个相当宽泛的概念。几乎古今中外所有类似观念或状态，都可以包括其中。译本认为，以西方而言，社会主义理想起于希腊时代，如柏拉图连同以后的莫尔，他们的论说，“往往同于社会主义”。译本里更多的是从中国古代典籍方面引证经典，证明社会主义观念与政策的产生渊源之久远。例如，传说陶唐之世，康衢老人以一曲“日出而作，日入而息，凿井而饮，耕田而食，帝力何有于我哉”，歌颂圣世之德化，“酷似平和的无政府主义之理想”；传说华封人祈祝帝尧“天生万民，必授之职，多男子而授之职，何惧之有？富而使人分，何事之有”，“暗符社会主义之精神”；陶渊明的桃花源记，描写欢乐乡之状态，令人神游其境，脱然无累于困乏穷塞之遭遇，这

① 参看姜义华编：《社会主义学说在中国的初期传播》，复旦大学出版社1984年版，第331页。

也是“社会党所梦想之一黄金世界”。又如，自古以来东洋政治家禁止土地兼并，这是“社会主义之一政策”；儒者设立学校以施行教育，也体现“公同主义之理想”；《礼记·礼运》关于“大同”理想的名论，更是表达“古代东洋社会主义之理想”。这些比较，典型反映了那一时期日本学者吸收西方社会主义观念时的独特文化背景，动辄从中国古代文化中寻求新兴舶来品的传统依据，这一做法随着汉译日文著作相继传入，也会对早期中国学人接受西方社会主义，接受马克思经济学说的思维方式，产生一定影响。此外，译本作这一比较，说古代诸多类似社会主义的理想，具有“极平和”性质，也体现译本作者对于社会党政策的选择偏向。

在译本作者看来，现在“名同实异”的各种社会党，其基本政策分为两种不同类型。一种类型以俄国虚无党和意大利无政府党为代表，主张“破坏”；另一种类型像德国讲座社会党，主张“改良”，或“酌情度势，以适用之改革为改革”。二者之间，作者显然倾向“改良”一派。如谓德国和法国社会党的会员“狂热”，屡用“暴力”，在巴黎公社革命期间“煽乱”，遭致被禁或受困的厄运，“可知改良之理想，决不可以暴力运之”；又谓日本社会民主党或社会平民党，“紊乱秩序”，被指控为“社会主义务以破坏现时之财政，使资本家不克存立，实害国运之进步”，故遭政府禁止和排斥，迫使该社会党中人不得不出而辩白以摆脱干系。凡此种种，表明作者的心迹，赞成把社会党政策纳入改良轨道。

从经济角度看，译本着重谈到社会主义的财产观念。认为社会主义是“进步社会势力”，限制个人，不承认绝对的个人自由和财产私有权，根据“社会力胜个人力之原理”，社会党主张“共同土地、共有财产”。但是，这个理论“不能遽行”，只能“应用之于某事实”。如“移私业为公业扩充之福利”；将瓦斯、水道、轨道、电灯等“胥归公有”；实行铁路国有、土地公有及土地限制；课征所得税和“继续财产”税，“望财产之平均，变私有为公有之一手段”；设立病院、贫院、癫狂院、孤儿院、公园等等。近来德国实行劳动者的疾病保险和养老保险，英国允许“劳动之组合”，成立“相救协会”，以及其他诸如劳动者负伤补偿法、工场卫生法，“协力共动”的组织和发达等，都是“社会主义萌芽发达于十九世纪二十世纪之明证”。其中的关键，“合资本劳力二者为一”，这是“善于用社会主义者”之表征。译本试图以这些具体的经济设想，把社会党政策引导到改良的轨道上。

不仅如此，译本还试图把这种改良政策，进一步引导到“基督教社会主义”的主张。译本说，“非众人之能力平均则财产亦不能平均，财产不平均则政治亦无由发达，而为旧社会之遗习所锢”，因此，要打破旧社会习俗的禁锢，不懂得“进化之理”，诉诸暴动或安于故步，都是荒谬的做法。怎样才是正确的做法？译本的解释是，社会主义意欲解决“经济之不平等”，而不平等的财产现象是历史现象，只有人们的“利己之私心减，兼爱之公心起，放肆之情薄，克己之慎长”，财产情况才会随这种心理的变化而变化；每个人的勤奋和能力如果没有什么差别，“个人能力亦可杀贫富之界限”；所以，借助社会理想，一则不产生新的不平等现象，二则逐渐改正过去的不平等，三则“开发人人之公心”以“育成能力”。据说第三者最为重要，尤须依靠“宗教教育”以为其助力。“由教育减能力之不平等，以宗教道德破私心之迷妄”，译本引用神学士的说教，认为基督教的“兼爱之说”，形成与一般社会主义者不同的财产观念：社会主义“谓汝之财产，即我之财产”；而基督教“谓我之财产，即汝之财产”，为神之所有，“我与汝须共遵神意而使用之”。此译本拿这一神学观念，与社会主义的“私产废止说”互为比较，认为神学的立论更高一筹，还从中归纳出一套建议日本国采纳的“方针”，所谓“正谊为基督，平和为主义，实业为方针，德智为教育”。

基督教社会主义的主张，前面分析村井知至的《社会主义》中译本时，已经有所了解。在村井那里，用早期基督教言行附会近代社会主义运动。岛田三郎的《社会主义概评》或《世界之大问题》两个中译本，有过之无不及，干脆用基督教的说教取代社会主义的主张。依此而论，岛田之作的中译本提到马克思在经济学领域的“精深”建树，并未进入其理论层面，仅仅留下一些空泛之论，这不是他的理论素养所不逮，便是他对“改良”式社会主义乃至基督教社会主义的个人偏好之所致。

四、《新社会》与《社会问题》中译本

这是两个完全不同的中译本。《新社会》系上海作新社译自矢野文雄的原著，1903 年以单行本形式发行；据说此译本的部分译文先在《大陆报》1902 年 12 月创刊号上以“矢野龙溪”的名义刊载①。《社会问题》系高种译自大原祥一的原著，1903 年 5 月 15 日（一说 6 月 10 日）由设立于东京的闽学会收入该会丛书发行。这两个译本，无论内容、写作方式，还是触及马克思及其经济学说的详略程度，有很大差别。将这两个译本放在一起分析，在于它们对马克思经济学说，不管以公开还是隐蔽的形式，采取一种相似的看法。

（一）《新社会》中译本

矢野文雄曾于 1902 年夏宣称自己是社会主义者，其同时代人称之为“极有力的、优秀的社会主义者”。他的《新社会》一书，亦被认为“提出了许多独创的意见，并且还能够充分地说明近代社会主义中的各种问题”。如谓“吸取了

---

① 皮明庥：《近代中国社会主义思潮觅踪》，吉林文史出版社 1991 年版，第 59－60 页。此说可能有误，一则矢野龙溪是否即矢野文雄，未予说明；二则《大陆报》恐系指《大陆》杂志，后者 1903 年出版于上海，由留日回国学生江吞主编，月刊，出至 34 期停刊（见张静庐辑注《中国近代出版史料初编》，群联出版社 1954 年版，第 81 页）。

当时的空想社会主义的优点，详细地叙述了把日本转变成为社会主义国家的方法”；“用非常巧妙的笔法描写了由现代资本主义国家转变成社会主义国家的过渡时期，并且还替社会主义社会的一切形态和国际关系作了精巧的设计”等。据说此书出版后，立刻风行日本，两三个月内，销出几十万册。[①] 从其中译本看，它的写法，像是模仿美国作家贝拉米的乌托邦小说《回顾2000－1887年》，描绘作者梦中幻想的新社会，以及由旧社会进入新社会的途径、方式和选择，为日本的未来社会发展，设计了一个在作者看来理想的“新社会”模式。

根据此译本的描述[②]，书中第一人称“余”托梦，与另一同行者田美察君，来到一处“黄金世界”，其壮丽绝伦超过欧美各国，无人啼寒叫饥，衣食丰足。在此邂逅一位七十多岁、须发皤白的缙绅老人，接着以主客之间对话的形式，展开关于新社会的内容、产生及其未来趋势的问答式讨论。其要点如下：

一是新社会凌驾其他国家之上的崭新特征，表现为“无生而不得教育者，无老而不得赈养者，无求衣食而不得者，无罹疾病而不得医药者，诉讼之事绝，犯罪之人无，气宇和乐，风俗温良，人人相爱如同胞”。这也是作者心目中的理想社会。

二是新社会在革除旧社会弊害的基础上演变而成。旧社会崇尚“恣意竞争”，期望通过个人竞争提高质量、降低价格，促使产品和方法更新，实现各项事业的进步，殊不知旧社会崩坏之端绪，亦生于此。“有资者”与“无资者”、“巨资者”与“微资者”的竞争，势必将“力劣者”逐出竞争场，造成少数人拥有巨额资产，多数人生活陷于困境的危险趋势。这一趋势最初由个别独具慧眼的“经济学者”所指证，以后逐渐为更多的“有识之士”所认识。对此有三种“良策”可供选择：其一，竞争达于“极度”，不如舍弃竞争，“将举全社会之财产归于极少数巨资产者之掌握，其余千百万之人民，皆仰其命为生活”；其二，社会“非为利少数者而造，乃社会人人悉得安乐无憾”，等到竞争使资产“统一”，集中达到“极度”，“将夺少数资产家之所有，均分于全社会”；其三，对以往无力制止的不平均状况，不作任何变更，依然如故，着眼于将来运用“行政”力量，斩断其“垄断之势”，“以社会之事物，求全社会之安乐”，即所谓“预防于中途”。欧美学者曾有人极力主张，“劳力之有微资者”或“无资之劳力者”与“有资产者”合作，均分利益，实现由过去“资产家”、“劳力者”各相分离的“财力分离之组织”，过渡到二者互相结合，形成“劳力者半有资产家之性质”的“财力结合之组织”。这个办法据说在实验中难有成效又不足以防范社会紊乱，因此，唯有上述三种对

① 以上引文均见片山潜著，王雨译，舒贻上校：《日本的工人运动》，三联书店1959年版，第258页。

② 参看《社会主义思想在中国的传播》第二辑上册，中共中央党校科研办公室，1987年，第247—259页。

策才是可行之道。这三种对策，第一策让极少数人掌握社会全部财产，“甚属放任”，遭到社会多数的非议；第二策听任贫富分歧达于极点，然后“夺取少数者之资产平分于社会”，稍逊一筹；惟有第三策主张在“中途”实施社会调剂，“一新其社会之组织”，“较为优胜”，可以选作新社会的途径。总之，旧社会的组织基础，“为人民一己之私业”，新社会的国家生产各业，“十之九移于国家之掌握，为社会之公业”。这反映作者面对资本主义社会的现存弊端，幻想不触动现实经济基础，由不平均的旧社会过渡到平均的新社会。

三是新社会最初建立的关键，在于如何处置“资产家”的财产。先要理解新社会的概念，不能固执“经济学界”一家之言，对其他“新说精意”置若罔闻，如此难免“轻贱社会之义，视如左道异端”。这些“新说”，虽不必“精心研核”“罗德毕邱斯及麻路葛斯之理”，也要对欧美各国的社会、社会主义和社会改良诸种书籍，“深晰其理”。这里的“罗德毕邱斯”，似指洛贝尔图斯，而“麻路葛斯”，即指马克思。将洛贝尔图斯与马克思并提，是那一时期不少日本学者追随在西方学者后面的常见做法；说不必“精心”研究马克思之理，表明作者对于这一理论至少有一定程度的研读，这一点，从下面的译文中也可以隐约看出来。可惜连未曾精研的马克思理论之痕迹，在此译本里也是难得一见，随之便将篇幅让位于其他社会主义或社会改良著作。这也体现了作者构想新社会制度的理论兴趣之所在。

沿着这一理论兴趣，作者假借理想社会中的老人之口，继续阐述“资产家”财产的处置问题。说当初主要有两种意见，一种意见是“激烈者”的“籍没之论”，将个人的土地、工厂、商店等统统没收，“为全社会所有，其产物均平分于社会”。这种意见遭到多数人反对，“皆深戒侵各人之私有权”，从而形成另一种主导意见，主张“偿其价而购入之”。也就是将个人私有的田亩、工厂和商店，依次由国家出价收购归公，按公债之法，将公债证书分配给财产被收购的各股东，其公债本金由国家永久掌握，持有公债的股东个人享有根据一定比例折算出来的公债利息。这样做，改变财产的主人，将财产由个人手中转移到国家，个人仍像从前的“资产家”那样享有生产利益；另外，这有利于改变过去社会生产力不断增长，“贫富益趋于偏倚”的状况，使增加的利益“全社会悉享其利，无不均之患”。在“旧社会”，工资的高低多寡，取决于“劳力者”人数的“极度”增减，“资产家不能私其权”，又“率操诸资产家之掌握”，他们总想着“瘠人肥己”，扣减“劳力者”工资，贪图“过额之利益”。在“新社会”，偿付原“资产家”的公债利息是固定的，由社会生产力增长而产生的超出公债利息和劳动工资的那部分利益，直接或间接地“均分于劳力者”。财产属“国家公业”后，巨资结合，可以改变过去“资产家”个人富力比不上欧美个人资产雄厚的劣势，能在世界上与之抗衡，进而凌驾甚至远远超过。“新社会”工人和农民的劳动收益偿付公债利息后,“其赢利悉归诸已”,激励他们“竞精其技,冀获多资”,仍保留“恣意竞争”所带来的“互矜新奇而著进步”的好处。以上处置财产问题的方案,所谓“过额之利益”,似乎与剩余价值沾点边,但更多被看作克扣工人工资的结果,除此之外,看不到引用马克思经济学说的任何理论痕迹,倒是在否定“激烈者”籍没财产的论调中,流露出作者不愿引用马克思经济学说作为其理论依据的某种情绪。

四是新社会优于旧社会的原因在于“公有”制。新社会具有许多优越性,如“事务局”在全国范围内调剂“劳力者”余缺;人民享有医疗、伤害、养老保险;公有住宅房租低廉;各种技艺、画图、雕刻、歌舞等娱乐消费品,“无不以社会公资”,“人民殆不自出其资,而享有其乐”;都市壮美、社会和乐、诸事发达,人民幸福,环宇之内“绝无而仅有”;农工商业生产的巨大发展,“是亦利之最大者”;等等。相比之下,旧社会“瘠人肥已,损公利私”,“处处皆深阱重濠,求免危险,实非容易”。究其原因,根源在于旧社会“凡百事业尽为私业,恣意竞争,致生此祸”。新社会“土地资本悉为公有,如斯罪恶自不能行”,由此产生的“最大仁惠”是,“以社会之组织,拯一世之贫苦”。这里的“公有”,指一种状态而非过程,相信社会力量大于个人力量。

五是社会主义代表未来世界发展趋势。不止以上所说的“新社会”,欧美各国社会主义有不同的派别。其中有的主张“公共主义”,实行“公共生活”、“公共劳动”;有的强调个人性情各异,“各依所好,亦许私有财产”;二者截然不同。但是,社会主义“大同之要点”,归纳起来,一则“人类社会者,非为少数者而设,当以全社会之利益为主”;二则“恣意竞争之弊害,生于各(个)人主义之极端者,当以国家社会之权禁遏之”。体现这个要点的“行事之法”,可以“土地、财产,皆归公有,不能为一人所垄断”,也可以“依其国俗,土地、资本归私有”,但以主张土地、资本归公有者占多数。具体实行起来,欧美各国仍是人人各异其说,“有急激者,有平和者”,上述“新社会”之法,乃“排斥急激之说,务取中正之法”,个人“无损失其资产之虞,惟变其形容”。这也是新社会组织“得奏成功而收实效”的原因。“社会主义根于理财主义而生,故其发达亦当与理财主义并行而不背”。各国人民以“劳力者最占多数”,通过“定工资之额,乐其生活”,出于切身经济需要,必然会团结起来形成“万国联约”。欧美各国社会主义者以国际条约形式争取八小时工作日的斗争,标志“世界之平和始开端绪”。由此表明,“社会主义实将来世界和平之坚城深池,不复容疑”,或者说,“社会主义实世界平和一善机”。作者从抽象的社会概念和现实的经济需求中,感到社会主义终将实现的未来前景。

六是实现社会主义乃自然而然的过程。如谓:“新社会之组织,是人类(各国皆然)结局必行之事,惟命运有迟速先后”;人类社会“以全社会之福利为百事根基”，“土地、资本皆归公有之法，是万国不易之大道，无论何国，终不得不归于此”。这个改革过程，像“火之燎原”一样明显，又像“千山万岳之流，汇集一川”，是一种自然趋向，人们的认识，终将适合这一趋向。如欧美各国社会主义，其始被看作“空理”，以后经过研究，遂变为“学理”，近来学者皆视以为“真理”，连英国“财政学界之泰斗”约翰·穆勒晚年的著作，也由“个人主义渐倾社会主义”。事物之弊害达到极点，“救止之亦甚不易”，及早拯救，“社会之幸福更大”。以日本为例，其贫富偏倚程度，不像欧美各国已“稍达极度”，“尚不为烈，各人皆有多少资力”，此时着手改革，“人民之享福至大”。新社会的成功需注意“阶梯井然”和“循序渐进”，如果“卒然飞跃”，必致“事物之纷乱”。要重视“个人财产之权”，不宜妒忌“据有巨资之人”以体现“中正之道”，而“巨资者”亦应“严自抑损”以作“几分之退让”。作者把社会主义的自然成功，寄托在人们对拥有巨资者个人财产权的尊重，以及拥有巨资者的自我觉悟之上。

以上要点，集中反映了此译本作者旨在摆脱旧社会弊端，渴望新社会的心情。选择什么样的途径和方式实现新社会，译本的提示有所褒贬。如果说，作者曾不那么“精心”地读过一些马克思经济学说，或许曾把马克思列入最早认识旧社会“恣意竞争”之“危险”的少数具有“慧眼”的“经济学者”之一，那么，他喋喋不休地反对“激烈者”主张“籍没”资产家的个人财产私有权，宣扬用“平和”的“中正之法”调剂资产者与劳力者之间的“贫富偏倚”差距，这实际上以提倡社会改良主义的隐蔽方式，把矛头指向马克思经济学说。然而，怎样才能实现既让劳力者受益，又不使资产者受损而能自觉接受的“中正之法”，作者本人也无法提供进一步的答案，只好推托梦中正在“徬徨”之际，忽然失足而“遽然一觉”，醒来时已无由复续残梦，最终“此梦之结局未审如何”。这等于承认，此译本期待非“急激”的和平方式，自然而然地进入理想新社会的想法，就像它仿效的美国乌托邦小说，同样是南柯一梦。

(二)《社会问题》中译本

矢野文雄的《新社会》，看来曾给《社会问题》的作者大原祥一，留下较深印象。《社会问题》的中译本①，谈到“社会主义之说”近来在日本喋喋蜂起，特别指出，矢野文雄著《新社会》，“以鼓吹社会主义为目的，世人欢迎之、赞美之，于是经济事情、社会思想皆以一变，而社会主义亦传播各地”。照此说法，矢野文雄的梦幻体著作，成了日本传播社会主义的主要源泉。大原祥一的《社会问题》一书，不同于《新社会》用文学手笔描述政治理想，采取典型的政论形式。《社会问题》中译本与《新社会》中译本相比，对于马克思经济学说的评介，还有

① 参看《社会主义思想在中国的传播》第一辑，中共中央党校科研办公室，1985年，上册，第100—102页，第二辑，中共中央党校科研办公室，1987年，上册，第25—32页，中册，第309—312页；下册，第407—416页。

以下区别。

第一,从方法论上看,与《新社会》译本着力描绘一个区别于旧社会的理想新社会不同,此译本从考察现实社会存在的问题入手,试图提出解决问题的办法。在此译本看来,社会问题,首先是“富之不平均”问题。表现为“地球上贫富悬隔之甚,贫者益贫,富者益富”:一边是“贫窭之子”在农田和工场终日劳动,尚不足以糊衣食;一边是富者住高楼大厦,淫乐长夜之饮,二者“状态相悬,不可以里道计”。人之初无贫富之别,后来因脑筋运用和时运不齐产生差异,今天的富人犹有天赋之权力,驰驱劳动者视之贱若犬羊,他们靠“侥幸及经营不正而得者多”,决非来自“天然之产出”或“自然之条理”。贫富悬隔的原因,“当归咎于经济之组织”。贫富相去愈远,贫人之数愈增,“是实政治经济社会上最可忧事”。国家保持平和,日臻富强,“不可不研究富之分配,及调和贫富之法”。

其次是“产业的生存竞争”问题。人类社会的生存竞争有许多复杂原因,最直接者基于“经济之物质关系”的生命繁衍,于是“产业的竞争”或“富之竞争”,成为“人类社会最直接最紧要之竞争”。这种竞争表现为人与自然、人类内部、阶级、事业、国民之间的竞争。譬如阶级之间的竞争,“佣者”与“被佣者”之间因生产分配的争端引起劳动问题,“有产者”与“无产者”之间为“保存”还是“平均”财产而产生对立。说到这里,译文引用马克思如下一句语录:

> “德国麻克士曰:‘万国之无资产者,曷不同起掠夺财产,而均分之乎?’”

这句话可能引自《共产党宣言》,但译文歪曲了原意。引用者想借此“无产者对财产者宣战之言”,渲染“产业的生存竞争”之尖锐化,以期引起“有志社会学者”对于这一问题的研究。

再次是“劳动组合”问题。随着劳动社会的发达,产生必要的劳动组合,乃“自然之势”。让单独劳动者结合起来,对应于今日经济界的“资本之结合”与“共同劳力之结果”,意在“使富之分配得以平均”。劳动组合不止对劳动者必要,“维持经济界之平和,亦不可缺”。这有利于改变“社会组织薄弱”状况,加强竞争,使劳动者避免在经济和政治上受“少数富豪”的控制。

最后是“同盟罢工”问题。“压抑愈甚,反动愈烈”,尤以“今日压抑之甚,非在政治界,而在经济界”。举行“同盟罢工”,无非劳动者受资本家压制,利益减少,“是以合群与之抵抗”,因而资本家与劳动者之间“交相争利”,成为“经济社会之常态”。同盟罢工的要求,一般是增加工资,缩短劳动时间,禁止童工劳动,保持工场卫生等,本属合理,却因“举动之激烈”而为世所诟,斥之为“无理无法”、“暴行”或“强逼之举”。资本家结合资本,压抑劳动者,劳动者因而结合起来,同盟罢工,与资本家对抗,“是不得已事”。对此,译本的意见各打五十大板，一面要求提高劳动者的道德教育，一面主张禁止资本家“利己专制”，使二者“调和圆滑”，做到“经济制度完备”，“利益分配得其正当”，如此可使同盟罢工之事“不戢自泯”。顺便说，前面的译本里，曾将“同盟罢工”一词用作资本家凭借托拉斯实行垄断之义，这同此译本用作工人联合起来对抗资本家之义，背道而驰。

以上问题，相互关联，无非是从经济领域说明，现实社会存在资本家与劳动者两个阶级的严重对立和斗争。此译本强调现存社会的问题，与前一译本赞扬新社会的美好，二者的着眼点不同。可是，换一个角度看，此译本既指出马克思经济理论号召各国“无资产者”联合起来，“掠夺”和“均分”财产；又企图避免“暴力”或“暴行”，主张“调和圆滑”无资产者与资产者之间的矛盾，从这些观点中，仍不难看到前一译本的影子。

第二，从涉及马克思及其经济学说的论述文字看，不像《新社会》译本一笔带过，此译本作了较为具体的介绍。此译本认为，18 世纪以前的社会主义，“皆属政治哲学之空想，终归失败”；“今之所谓社会主义，为科学的社会主义。当前世纪有大进步，实为经济之空想。此主义当十九纪半，麻克士倡之”。在当时有关社会主义论题的各类译本中，这应是较早提到马克思创立“科学的社会主义”的命题。《社会主义神髓》译本曾以恩格斯《社会主义从空想到科学的发展》为依据，明确指出《共产党宣言》的发表，标志着社会主义成为科学而非旧时的空想狂热，这个译本传入中国的最早时间是 1903 年 10 月，稍迟于《社会问题》译本。不过，《社会问题》译本提到马克思“科学的社会主义”，仍把它看作区别于以前“政治哲学之空想”的“经济之空想”。

接着，此译本简单介绍“麻克士”（即马克思）的生平。1818 年生于德国“脱勒卜斯”即特里尔城，1883 年“死于法国巴黎”（应为英国伦敦）。初入本国大学研究哲学，后为新闻记者，“持倡社会主义”。先结识“婴额鲁”（即恩格斯）和“拉沙尔”（即拉萨尔），后“或为革命党，或为英国共产党后援，或立万国社会党同盟”。常有“粉身碎骨”危险，为欧洲各国政府所“苦之”，被逐出德国，转往英国，复移居巴黎。曾著“搭士哈皮达鲁”（即《资本论》）一书，未竟而死，“其书主脑，即言社会主义者”。这番介绍，有个别错误，基本上简明和真实。不知何故，这里音译《资本论》之名，紧接着下面的论述又采用意译之名。对同一著作交替使用两种中译名，表明《资本论》译名在当时或许不稳定，但这不影响此译本对《资本论》有关内容的简略评介。

此译本说：“今日社会主义（即科学的社会主义之经济说），根于麻克士之《资本论》。盖麻克士《资本论》，凡社会主义者，无不评为社会主义之经济说也。”这个说法，同义反复，无非表明马克思的《资本论》是社会主义经济学说的代表作。马克思与“社会党员”们一样，“否认财产私有制度”。对此，译文有一段评论,其大意是,社会党员认为,“个人无财产所有之权利”,此权利“非正当”,因为在历史上,“财产所有者”拥有财产,“决非自然之权利”;但是,“社会党员议论历史,与事实不能相容”,个人权利相对于社会,有必要产生,“财产私有制度”适应了社会的必要。这是一种诡辩,将抽象的个人权利与作为特定历史产物的私有制混为一谈。带着这种看法,此译本进一步考察马克思“论资本之沿革,说明残余价格之说,分产业历史为三时代”。所谓“产业历史”的三个时代,译本中分为自给自足,“无资本家、劳动者之别”的“手工时代”;实行生产分工,“阶级稍分,资本家、劳动者之别,因亦萌芽”的“制造及分业时代”;以及“资本家与劳动者,阶级划然,其所得利益,两相迥异”的“机械发明,工艺勃兴时代”。这是将马克思的唯物史观,加以简化处理。所谓“资本之沿革”,译本未作解释,只是说,马克思认为,“资本家专依资本而生活,为产业革命之恶果。资本者,残余价格所蓄积之物。贫富悬隔之弊,实因以生”。这句话说明,资本家依赖资本而生存,是产业革命的“恶果”,又是产生贫富悬隔的根源。不论这句译文是否正确表达马克思的原意,终究提出了“资本者,残余价格所蓄积之物”的理论命题,把资本与“残余价格”联系起来。

何谓“残余价格”,译文继续说,假定制造一个物品的价格为三元,劳动者工资一元,资本家得二元之利。从劳动者方面看,接受若干工资应当制造相当价格的物品。所谓“残余价格”,指劳动者接受工资而产出物品的结果,是“资本家除生产费用,所得之价格之谓”。可见,“残余价格”应指剩余价值,正如那一时期其他译本把剩余价值译作“余利益”、“剩余价格”、“余剩价格”等等一样。此译本对于剩余价值的解释,概念颇为混乱,舍弃了必要的理论分析环节。它只是借用“残余价格”概念,说明“麻克士以现今资本制度,劳动者虽能生产多额价格,而所得赁银,仅足以糊其口;残余价格,皆为资本家之利”,即说明马克思强调资本家与劳动者“两相迥异”的原因,而不是研究这个概念本身。叙述劳动者随着家庭人口增多,“每陷贫困,不能自立”,资本家却能“自肥”的原因之后,此译本又提到资本家剥削劳动者的两种方法:一则“延长劳动时间,增劳动者之劳力,以间接取利”;一则“减少赁银,省生产之费用,以直接取利”。试图表达马克思关于剩余价值生产的两种方法,即绝对剩余价值生产和相对剩余价值生产。这个表达对相对剩余价值生产的理解,与马克思的原意不符,并且颠倒了两种“取利”方法的间接与直接关系。对于这一点,此译本并不介意,借于此,为的是引出“产业愈发达,资本制度愈炽,则劳动时间愈长,赁银愈低,无职业者愈甚”这一结论。

说到这里,此译本转向评论,“麻克士之说,为劳力价格说”,是“延长”斯密和李嘉图的“劳力说”。把马克思的剩余价值理论说成劳动价值论,而劳动价值论又是“延长”前人“以劳力为价格之唯一原因”的“劳力说”。其中关于“价格”(即价值)的定义，曾引用马克思的话说：“价格者，无形劳力之分量之谓。劳力分量，依劳动时间而计算之”。此译文不够准确，但它使用“无形劳力”、“劳力分量”、“劳动时间”之类的新词汇，大致转达了马克思关于价值是凝结在商品中的抽象人类劳动，其价值量由商品中的社会必要劳动量决定，劳动量由劳动持续的时间来计算等意思。它推断“价格之义，不外物品与劳动时间之关系”，把价值涵义简单地概括为物品与劳动时间的关系，又将马克思的劳动价值论庸俗化了。此译本以马克思的口气提出，“不论何物，当其制造时，必须消费劳力；故其价格之高低，皆视此为准”。这仍停留在斯密和李嘉图关于劳动创造价值的说法上，未能理解马克思的劳动价值学说。

此译本对马克思经济学说的介绍，从“否认财产私有制度”，到“残余价格”，再到“劳力价格说”，其叙述的先后次序，与《资本论》的分析逻辑顺序，正好相反。此译本对马克思指斥资本家“专依资本而生活”，把资本看作“残余价格所蓄积之物”，揭示贫富悬隔弊端的原因，也表示异议，认为此说有“误”。理由是，假如劳动者把工资储蓄起来，由此得利，其所得“皆享过去劳动之报”，这与工人在工厂劳动所得的工资，“其理固相同”，二者“虽有过去现在之别，而于权利上实无异”。这个理由有些拐弯抹角，说穿了，是想借此证明资本家依靠资本生活，就像劳动者储蓄工资获利，从而就像工人挣工资吃饭一样，在个人权利的享用上没有什么区别。如此一来，马克思所揭露的资本性质(即靠剥削雇佣工人带来剩余价值的价值)，便在此译本所谓的共同权利之下，被掩盖起来。总之，此译本较早提到马克思倡导“科学的社会主义”，特别介绍《资本论》为代表的科学社会主义“经济说”，但停留在表面，又不乏理解或表述上的曲解之处，再加上文中穿插一些批评性言论，实际上把马克思经济学说置于被批判的地位。

第三，从作者的态度看，也不像《新社会》译本表现得比较隐晦，此译本公开表明反对社会主义，赞成社会改良主义。它以一种貌似公允的方式，委婉地说：“经济制度不能完全，生产消费之法乱，贫富悬隔太甚”，于是许多人愤懑不平，考虑改弦更张，“组织新制度，一扫旧来之恶弊”，这是“社会主义”兴起的原因。作者排斥社会主义，“社会主义余所摈也”，却注意到今日经济制度不合人意，“谁不望其改良”。也就是激励世人不平不满之心，促其改良进步，“扩充”既往而来的“善者”，“改革”其“恶者”，以期今后“尽善尽美”，此即“社会改良主义”。此译本认为，社会改良主义与社会主义，对现存事物同样“不平不满”，但它们设想达到理想目标的做法，根本不同，“一则渐次改良，期未来完全之结果；一则破坏现社会，创造新者”，二者“速度之差，非可以里道计”。对比之下，社会主义“不图顺序，专主急激，以破坏为目的，不宜于政体已定、秩序井然之国”；包括社会主义主张制定工场法、保护妇女和幼年劳动者、使自然独占事业为市有，等等，即便为“不可易之论”，也“不可偏信”。这些判断，来自译本中所认定的社会主义本身的缺点。

根据此译本分析，社会主义“攻击现制度，必欲创造未来之完全无缺者”，因而对现实持“厌世主义”，对未来持“乐天主义”。这种“乐天主义”，相信“人类性善，不论何种事物皆优为之”，然而人类还有性恶一面，依此想要制度法律臻于完善，“势必不能”。况且，现存事物也有可取之处，“不能一切扫荡之”。此其一。其二，社会主义“以国富为生产要具，政府当经营各种殖产工业”，实行生产资料国有制和国营生产，“此说亦不可行”。除了诸如铁道、电信电话、水道、电灯等“简单事业”可由政府经营外，其他如农业、庭园、美术文学等“繁杂委琐”之事，政府无法经营。由官吏以命令方式监督指挥，“未必皆得其当”，反而会在生产时延缓时日，不能临机应变，阻滞生产力发展；会在消费时强制人民接受政府命令，“不问物品之良否，皆依其所供给者以为生活”，丧失选择的自由。所以，在社会主义，也会“不平之声常不断绝，终至革命，恢复旧社会而后已”；而且实行社会主义，将废去“商业之法”，人们“无交易买卖之便，不自由之甚”。其三，“社会主义政府”掌握生产之权，将掌握“富之分配”。其分配方法或按“各人能力多少而分配之”，或“应各人所必要者而分配之”，或“分配各人以同额同种之富”，或“以同价格之富而分配之”，或“比各人消费力”而分配等等，其说不一。这样，社会主义为了弥合贫富悬隔之弊，要给社会每个人提供足够的财富以资生活消费，“甚至虚掷巨费亦无所惜”，由此将造成“国家生产额少，消费额大，人不敷出”的“社会主义殊不经济”。同时，人民的衣食住等由政府担保，不再有竞争，“竞争以废”，据此，“合理淘汰”，以及“发明心、奋发心”的消失，势必导致“个人与社会终就退化”。列举上述理由后，此译本的结论是，“排斥竞争使社会退化，以多数压制束缚个人自由，实社会主义之二大缺点”。这番议论，不禁使人联想到那一时期甚嚣尘上的社会进化论观点，此译本运用这一观点批判社会主义，在当时传入中国的各种著译本中，显得更加卖力和突出。

此译本还把社会主义视为一种“空想”，意指“凡理想之无可希望，不能实行于今日者”。在它看来，存在于贝拉米等人乌托邦小说里的社会主义，“想象一至美之境，不知是一理想而已”；在社会主义的起源和发展中，以柏拉图著《共和国》为嚆矢，其后斯巴达、犹太各国实行共产主义，及中世纪和十七八世纪的莫尔、卢梭、路易·勃朗、傅立叶等人亦倡导之，此类社会主义“皆属政治哲学之空想”，直到今天马克思的科学社会主义，亦属于“经济之空想”。在这里，此译本区分社会主义有广狭之别。“广义社会主义”，为了多数人民的幸福，个人应当服从社会。今日社会、经济、政治学者，以及热心政治、图谋民福的人，“无不采取广义，集合个人，组成社会，自为会员，以实行利他主义”。“狭义社会主义"，为欧美"普通社会主义"所崇尚，包含四个要素：一是"社会全体生产上所必要之器械财产"即土地和资本实行公有，工场、铁道、汽船、电信、电话、矿山等实行国有；二是国家掌管生产之事，"个人事业一切停止，委于国家"，国营企业由政府官吏监督；三是国家掌管财富分配，不同于现今制度的地主、资本家和劳动者"各依经济法则"进行分配，以国家为地主和资本家，人民悉为劳动者，"政府以其权威行分配之法"；四是生活消费品不是生产资料，"属于私有"。这四个要素均系社会主义之"主脑"，"苟失其一，即非完全社会主义"。从文中口气看，作这种区分，似乎倾向于"广义社会主义"，把马克思经济学说归入"狭义社会主义"，亦即经济之"空想"。将欧美各国的社会主义统一于四要素之说，并与马克思经济学说划上等号，这本身就是件荒唐的事情。

按照此译本的观点，"社会主义"不足取，"个人主义"（包括"极端个人主义"的"无政府主义"在内）也不足取。"个人主义者"倚靠斯宾塞之说，"攻击社会主义为狂论"；"社会主义者"倚靠马克思之说，"排斥个人主义为愚计"，二者形同水火，均"失之极端，终无实行之一日"。社会主义与个人主义都不足以依赖，取代此二主义的是所谓"善良主义"即"社会改良主义"。这个主义据说在数千年间，"个人之建伟大事业，发达社会者，无不实行此主义"，是"最安全，最有进步"的主义。此主义既反对社会主义者"所谓打破现社会根本，建设新社会"的"可言不可行"之举，又反对极端个人主义者"破社会平和，使之退化"的行为，可谓"不偏不党，综合利己利他主义采其长者，以渐次改良社会"。其"本领"，"依过去历史，定现在步骤，察现在恶弊，计未来善果"；其"实行"，"重经验，守顺序，去害兴利，利至而复求他利"。当今经济情态尤为危急，可改良之处甚多，关键是解决贫富悬隔甚大问题，人有贤愚强弱之差，难免产生贫富悬隔之弊，解决的重点应防止"其度过大"，而不是破坏现存社会，努力做到"灭富者所得，而与贫人以得财产与才学之机会"。其具体办法，此译本主要介绍美国学者伊利的"扩大生产力"、"公平分配"与"机会普及"三策，因不满意此三策"专重生产与分配"，又补充"发扬道德心"、"改良交换法（如发达信用制度事）"，以及消费"不能专重个人，亦必有用于社会"等项内容。实行这些"社会改良策"，肯定能"改良社会，增进人民幸福"，使社会自行完善；反之，若以"急激手段"，势必欲速不达。当时中国流传的各种有关社会主义的中译本里，像《社会问题》译本这样，同时抨击"危险倾斜之社会主义"与"极端个人主义"，推崇"社会改良主义"为"最安全而可实行者"，亦难得一见。此译本批评马克思经济学说的态度，和它在社会主义问题上的基本态度，一脉相承。

附带指出，此译本讨论社会主义与社会改良主义的区别，特意争辩说，德国大学教授倡导的"国家社会主义"，"决非近世所谓社会主义者，仔细研究，却纯为社会改良主义"；将国家社会主义、土地单税论等视为"真正社会主义"，那是“尚不知社会主义之实质要素”。此译本推崇国家社会主义“纯为社会改良主义”,对土地单税论颇有非议。它认为,美国学者亨利·乔治首倡“土地单税”,主张土地“价格”增加是社会进步的结果,应予课税;或主张土地所有者不劳而获得土地增殖的“特别利益”,应当负担纳税义务等,存在理论上的谬误。今日社会所有物品,“何一不蒙社会进步之余泽”,岂独土地如此;资本所有者之得利,亦系不劳而得,与土地所有者有何差异,而且单税制的实行也将有害于政治和经济。所以,“单税论者”认为实行土地单税法可以解决各种社会问题,奠定善良财政的基础,“是直梦想”;即使此论有些道理,足以动听,然而改良社会,改革财政,“非一单税所能尽”。乔治的土地单一税主张,曾被当作社会主义的新颖经济思想,使得后来向西方寻找救国救民真理的先进中国人,也受到不小的感染。乔治本人不承认是社会主义者,他所提出的土地单一税主张,也不是什么灵丹妙药,但他的主张被贴上“社会主义”标签并传入后,对于马克思经济学说传入中国所产生的消极影响,不容忽视。在这种氛围中,《社会问题》中译本把乔治的土地单一税论与真正社会主义区别开来,又从社会改良主义范畴中剔除出去,如此态度,较之盛行一时的推崇乔治情绪,倒也别具一格。

综上所述,《新社会》与《社会问题》两个中译本,粗略地对照,在形式和内容上,存在很大差异。前者宣称社会主义“实将来世界和平之坚城深池”,“实世界平和一善机”,对社会主义的实现前景表现出“不复容疑”的乐观态度;后者则摈弃社会主义,认为社会主义的起源和发展,只是从“政治哲学之空想”到“经济之空想”的演变历史,不可能实现。两种观点之对立,不啻南辕北辙。但稍加细心比较,不难发现,这两个译本,不管追求理想社会的实现,还是谋求现实社会问题的解决,它们所奉行的基本精神,都是“改良”。一个呼吁“排斥急激之说,务取中正之法”;一个信奉“不偏不党”的“社会改良主义”。二者对社会改良的迷恋和崇信,又如此一致。不同的仅仅是,一个在肯定社会主义的名义下兜售社会改良主义的货色,另一个则在否定社会主义的旗号下推销社会改良主义以取而代之。外表不同,实质一样。包括《社会问题》译本批评“单税论者”只把税收负担加于土地所有者身上,忽视资本功能这一说法,似乎也可以从《新社会》译本主张用购买方式将资本收归公有的社会改良设想中,得到某种启发。在改良主义思想的支配下,两个译本对于马克思经济学说所采取的态度,也是相同的,只不过《新社会》译本的态度比较隐晦。它劝告人们不必“精心”研读马克思理论,但要“深晰”社会改良著作的道理,继之又反对“激烈者”籍没资本家的私有财产,主张“平和”地调和贫富差距。其中的奥妙,一眼看出,这是将“平和”作为社会改良的标志,予以赞成;至于抨击“激烈者”或“急激者”之所指,虽未与马克思理论挂钩,却很容易从中得出相同的结论。《社会问题》译本的态度堂而皇之。它批评马克思的资本理论有“误”，攻击包括马克思社会主义在内的所有社会主义，称其“不图顺序，专主急激，以破坏为目的”，或是“排斥竞争，使社会退化，以多数压制束缚个人自由”。这样，一个隐晦，一个公开，在否定马克思经济学说的意图上，可谓殊途同归。

第五章 马克思经济学说早期传入中国的有关背景资料

1840年鸦片战争,英国人凭借船坚炮利,打开中国专制王朝闭关锁国的门户。由此算起,中国人睁眼看世界,直至19世纪末,才开始接触马克思及其经济学说,这是一个相当缓慢的过程。这将近60年期间,正是社会主义思想在欧美各国广为流传的时期,又是马克思主义创立和发展的时期。同时,长期处于闭关自守状态的中国人,挣脱思想禁锢,开始将其视野扩展到国门之外,去寻求救国救民的道理,这也是一个逐步深化的过程。

大致在两次鸦片战争,也就是1840－1860年的20年间,失败的苦痛,迫使国人思考"师夷长技以制夷"。明明是以西方为"师",却偏偏鄙视西方为"夷"。这种矛盾心态,在学习西方的初期,如影随形。1851年揭竿而起的太平军,毫无顾忌地接受西方观点,用作号召农民起义的公开旗帜,惟洪秀全那时所接受的,不过是从西方基督教教义中,借用了一个上帝概念而已。19世纪60年代以后,带有贬义的"夷"或"夷务"一词,逐渐为比较中性的"洋务"概念所取代。国人亦逐渐摆脱妄自尊大的传统习俗,以不带偏见的眼光看待来自西方的新鲜事物。其直接成果,从19世纪70年代初,经旅欧中国人和在华外国人介绍,开始输入有关欧美的社会主义知识。这些知识的输入,为以后马克思及其经济学说传入中国作了前期的铺垫。19世纪90年代中期以前,中文报章和著作里涉及社会主义知识的内容,寥若晨星,又十分杂乱和肤浅。19世纪90年代后期,这一状况发生转变。西学的传播发展成为一种时尚,区别于中国旧的传统学识,它不再停留在过去的"洋务"观念上,而是作为"新学",被赋予褒扬的含义。与此相伴,19世纪90年代末,首次出现有关马克思及其经济观点的介绍文字;进入20世纪初,又依托日文著作,经过转译,在较为系统引进西方社会主义知识的基础上,相继接触一些马克思的经济理论观点,并于1903年前后形成一时的热潮,由此拉开了马克思经济学说传入中国的序幕。

19世纪、20世纪之交,即马克思经济学说传入中国之初,正值中国近代史上的风云激荡时期。1894—1895 年对日甲午战争失败，签订丧权辱国的马关条约，继之面对外国列强瓜分势力范围的争夺狂潮，所有这一切，引起中国思想界的巨大震动，使之强烈感受到严重的民族危机，并推动变法维新运动在 1898 年达到高潮。百日维新期间发布的一系列改革措施，大多形同具文，却蕴含非同寻常的思想启迪作用，唤起人们向西洋乃至东洋学习。戊戌变法的失败，证明维新派不能挽救民族危机，同时也刺激国人在民族存亡之际，继续从西方尤其从迅速崛起的日本那里，寻求更加有效的思想武器。1900 年义和团运动高举“灭洋”旗帜，遭到镇压，以屈辱的辛丑条约告终，同时也打击了帝国主义列强瓜分中国的阴谋，迫使顽固的清廷不得不自 1901 年初起，以“仿行西法”的名义，颁布各式各样“新政”，为当时的学习西方热潮，提供了一个相对宽松的环境。随着形形色色的西学知识不断输入中国，有关马克思经济学说的初步介绍应运而生，最初裹挟在西学东渐的浪潮中，一并输入进来。

关于马克思经济学说早期传入中国的特定背景，本章着重考察的，一是西方社会主义思潮对于当时中国思想界的影响，那一时期人们往往把马克思经济学说与一般西方社会主义思潮混淆在一起，尚难分辨二者的区别；二是马克思经济学说传入中国的初期，日本承担中间媒介的特殊作用；三是西方经济学早期传入中国的大致情况，那一时期马克思经济学说不仅与各种社会主义学说混杂在一起，还与各种资产阶级经济学说相伴而来，或者被当作西方经济学的一个分支流派，这一点，是本课题研究特别关注的。

第一节 西方社会主义思潮对于中国的早期影响

1895 年以前，西方社会主义思潮只是通过个别旅欧中国人的耳闻目睹，以及少数在华西方人士的宣传媒介，被零星和分散地介绍到中国，用作“述奇”的对象或传媒吸引读者的舶来之物，尚难形成什么影响。此后，有关西方社会主义的读物逐渐增多，开始引起正处于彷徨、焦虑之中的中国知识界的注意，产生一些不容忽视的影响。这些影响最初表现为思想观念领域若干粗浅和细微的变化，它是一个迹象，指示这一变化的未来趋势，与马克思经济学说传入中国初期所带来的思想影响，不无关系。归纳起来，有以下几个方面值得注意。

一、对西方社会主义思潮的初步认识及其变化

19 世纪最后几年，有关西方社会主义观点和活动的介绍，除了个别例外，如 1899 年率先介绍马克思及其学说的《大同学》一文，其整体水平，比起 19 世纪 70 年代初以来断断续续二十余年间传入的各种评介性文字，高明不了多

少。只是随着时间推移,自会增加一些西方社会主义发展最新情况的介绍。如1896年8月在上海创刊的清末维新派报刊《时务报》(旬刊),同年9月转载日本《国民新报》上古城贞吉的一篇译文,报道"万国社会党人"7月底在英国伦敦召开大会的情况①。这是指第二国际1896年7月27日至8月1日在伦敦召开第四次代表大会。报道中提到这次大会讨论"公学校"从幼儿园一直到大学,"皆以公款办理,庶贫民皆得受高等教育";18岁以下"童子"不得作夜工,一周工作时间不得超过24小时;各国废除常备军等问题。这次代表大会在恩格斯去世后的翌年举行,标志第二国际从1889年成立以来的前期活动告一段落②。对于各国社会民主党和社会主义工人团体的国际联合组织召开这一会议,《时务报》能有所意识,时隔两个月即予以转载报道,应属不易。

总的说来,19世纪末的类似报道,停留在前一时期的认识水平上。例如,《北中国每日报》1897年11月刊载,次月《时务报》又转载的曾广铨译文《论英国机器制造各工匠停工事》③,记述当年伦敦机器制造业工人罢工,"不独欲增工价,且欲议减工作时刻",要求实行八小时工作制。企业主曾以同盟歇业和大批开除工人的办法进行报复,反而引起工人更大规模和更长时间的罢工。对于工人组织起来维护自身利益,此译文说是"有恃无恐"的"要挟之举",会影响英国与其他国家的商务合同,"壅遏钱源,损伤商务",呼吁企业主不必与工人"公会"对抗,以免形成其他行业工人"群起效尤之势"。这番呼吁,为维护英国的国家经济利益,主张企业主"忍气息事",用某种妥协方式平息劳资冲突,以防工人的罢工"要挟"。又如,1897年创刊于上海的《译书公会报》同年11月转载日本《国民新报》的《弹压虚无党议》一文④,其中报道欧美各国苦于虚无党而共同商议镇压对策,附带提到虚无党"以决破贵贱之区别,均分财产,更建新政府为揭橥"的基本主张,"植党巩固,持志坚强,视死如归"的精神面貌,以及"举止秘密,其动机几不可端倪"的行动方式。这里所说的"虚无党",不是专指俄罗斯,其基本主张,颇类于那时的社会主义党派;其行动方式,又像是信奉密谋手段的秘密团体。这些报道说明,那一时期有关社会主义和工人运动的介绍,仍保持此前的若干特征:一是内容上零星、分散而不成系统;二是形式上以翻译或转载外人文稿居多,国人自撰者甚少;三是观念上貌似客观公允,字里行间却带有西方统治者或资产者的固有偏见。

---

① 参看《时务报》第六册,1896年9月27日。

② 现代西方学者注意到,在第二国际内,"1896年以前,改良主义作为一种倾向虽则显然是存在的,但是还没有明显地成为一种向马克思主义挑战,从而在国际上造成壁垒分明的对立态度的学说体系"。见[英]G. D. H. 柯尔著,何瑞丰译:《社会主义思想史》第3卷上册,商务印书馆1981年版,第46页。

③ 参看《北中国每日报》,1897年11月22日,引自《时务报》第四十七册,1897年11月4日。

④ 参看《译书公会报》第二册,1897年11月1日出版。

20世纪初，情况发生了变化。相继传入一些较有系统地介绍社会主义思想体系和发展历史的译著，如前面的日文译本；尤其是中国人自己撰写一些评介性论著，对于西方社会主义思潮的传入，由过去的冷眼旁观或单纯猎奇态度，转向比较认真的认识与思索。梁启超、马君武、"大我"等人著文介绍西方社会主义，即其例证。这里，再分类补充以下资料。

（一）对"均贫富"的认识

"均贫富"是我国古老的经济观念，它在西方社会主义思潮逐步东传的推动下，又被赋予新的时代内涵。20世纪初传入的各种涉及社会主义的著述，无一例外，都把贫富差距的扩大以及改变这种状况，作为社会主义存在的前提。如梁启超、麦孟华等维新派人士1898年底在日本横滨创办的《清议报》，于1900年刊载加藤弘之著《十九世纪思想变迁论》的译文[①]。其中论述19世纪"变幻多端之时代"，由社会至上思想起而取代国家至上思想。社会思想"即关于贫富问题者"，早先已有其萌芽，其"全盛"期在19世纪下半期，"社会主义至十九世纪下半期，其势力逐日增高，此显然之事"。这里的"显然"之事，"凡文明之度愈进，则贫富之悬隔愈甚，乃不易之至理"，"富者愈富，贫者愈贫"成为这一时期"绝大之呈象"，由此产生大量"救济之议"，"无足怪异"。所以说，"社会思想起而思均贫富以救贫民之厄，此势之所必至"。这也是当今"经济学者及社会学者"尽力谋求救济方法的原因。此译文还提到欧洲社会思想对于贫富问题，至今未尝解决十分之一，离解决这一问题相差甚远；日本的社会问题目前"虽未大起"，但贫富悬隔现象今昔对比逐渐显著，不远的将来亦势必面临如何解决贫富差距的问题。

此译文将"均贫富"看作解决社会问题势所必至的办法，究竟怎样"均贫富"，以1902年译自日人所著《十九世纪大势变迁通论》一书的各篇内容看，众说纷纭。有人指出，随着资本主与劳动者之间悬隔逐渐产生不平等的观念，就劳动者而言，要争取"平权"与"平等"。因为"社会主义者于劳动问题最有密接之关系"，而"扶持是主义之最有力者，多在于劳动者之间"，因此，劳动者作为社会主义"无尽藏之预备兵"，其"上策"是与社会主义共同作战，"安住"其地位。[②] 另有人认为，文明的进步不免产生"贫富悬隔之弊"，工业革命后，"社会之权遂尽归于少数之大资本家，其余多数之人民皆为大资本家之奴隶"，于是造成"不公平之社会"。这种情况下，贫者不平之激愤亦"自然之理"，往往酿成

---

① 此译文载于《清议报》第六十一册，1900年7月26日。以后又有加藤弘之著，吴铭译《十九世纪之思想变迁》一文，收录于上海广智书局1902年10月16日发行的《十九世纪大势变迁通论》一书。前者是否亦由吴铭所译，因未标明，不得而知。但显而易见，吴铭的译文，在文字表述上，与前一译文有较大出入。

② 高山林次郎著，吴铭译：《十九世纪大势变迁通论》，上海广智书局，1902年10月16日。

"社会之祸乱",防止此弊,"以享受人众平等之幸福",成为"当然之急务",引起近世各国的高度重视。解决的办法,学者的意见"大概皆欲抑止富者之富,以增进贫者之幸福"。诸如设立救贫院、贫民学校,限制劳动时间,建立公众游乐场等公共设施,"皆为必要之事"。这些做法比起胚胎于"社会党、共产党之谬误理想"的"收夺富者之财产及限制其暴富等政策",据说"高出数等"。因为夺富人财产,"必无肯勤劳者,更何望社会之进步",故应抛弃"社会主义与共产主义最弊之策",或"必不行"上述"社会主义收夺富者财产以应用之事",代之以"效之社会主义之策为略善"的累进所得税及继承税法,也就是采取"财产以平等主义比较的富者之负担而重课之"的办法。① 还有人承认,少数富贵之人与广大贫民的差距现象,是19世纪文明的黑暗面或谓"必然之毒害",促使信奉人类平等与个人自由的人们去探究现存"社会组织之根本问题"。然而其中不少人是"怀疑论陷于不自觉者",他们"全然否认个人财产私有之权利"。如乔治"专反对土地私有之论",或"以关于生产一切事物皆为社会全体之共有物之说";或"以国家不仅单有土地,凡制造所、铁道、交通机关等一切皆为国家所有,归其政府管理之说",即近年德国学者主张的"国家社会主义"等等,统统被归入"不自觉"的怀疑论者。尤以国家社会主义是"社会主义中之最失温和者",其极端者主张"破坏经济组织之根本";至于"极持革命之说"作为社会改造的惟一方法,如无政府党、虚无党之类,"其势力之深,不可轻视"。②

针对同样的贫富不均现象,一个主张劳动者与社会主义的结合,一个主张抛弃社会主义和共产主义的"最弊之策",二者相互对立。后者关于"国家社会主义"的说法,在当时的舶来观点中应属标新立异。梁启超自称翻译于1898年的日人小说《佳人奇遇》,把避免"贫富悬隔之祸"的希望,寄托在仁人学者"能以国家社会主义调和于贫富之间";1901年的《近世政治史》中译本为"国家社会主义"下定义,"以资本家及国库中所出之费,养赡贫苦工人,不使失所";1903年的《社会主义》中译本,认为德国俾斯麦的"国家社会主义"从来不为"社会主义家"所承认,算不上"真确之社会主义";1903年的《近世社会主义》中译本,概括"国家社会主义"为依赖国家之力缩小贫富悬隔,惟其不像"纯正社会主义"以激进手段绝灭社会贫富不平等的基础,期望通过减轻不平等的程度逐渐达到目的;1903年的《世界之大问题》或《社会主义概评》中译本,强调"国家社会主义"是"委己之私财于政府,欲以遏自由竞争之害";1903年的《新社会》中译本,赞成在不触动现实私有制的条件下,采取国家出价购买的"中正之法",将各生产行业"十之九移于国家之掌握,为社会之公业";1903年

① 渡边国武著,吴铭译:《近日社会问题》,引自高山林次郎著,吴铭译《十九世纪大势变迁通论》,上海广智书局,1902年10月16日。

② 高山林次郎著,吴铭译:《十九世纪大势变迁通论》,上海广智书局,1902年10月16日。

的《社会问题》中译本讨论“调和贫富之法”，说明“国家社会主义”的含义，“决非近世所谓社会主义”，而是“纯为社会改良主义”；诸如此类。由此可见，当时列举解决贫富悬隔问题的各种思想方案，除了个别例外，一般都把“国家社会主义”视为区别于激进主张的较为“中正”即温和的改良办法。惟高山林次郎的著述中译本，将“国家社会主义”看作“最失温和者”，并同无政府主义和虚无党的极端态度互为呼应，这与其他的流行观点相比，倒也相映成趣。

以上各类主张，不论具体观点有何差别，都意识到西方社会存在贫富悬隔问题的严重性，呼吁重视和解决这一社会问题，并以此说明社会主义在西方各国产生和流行的必然性。这种现代主张传入中国后，往往被冠以“均贫富”的传统译名，或作如是理解。对于“均贫富”的“均”字，可以有不同解释，终归表达了贫富之间应同享平等权利的意思。所以，1903 年的一部汉译日文著作，又将这一意思直接译作“社会平等主义”，认为此主义在 19 世纪“大发其光辉”，体现“平民主义”世界进步之大势，“平民主义之胜利必可救殖产社会之不平均”[①]。这一社会思潮来自西方(假道日本)，它对于中国思想界的影响，1900 年以前还不那么明显，在 20 世纪初的前几年间，逐渐清晰起来。国人有意识选译这方面的国外论著(主要是日文论著)，颇为集中地介绍到国内，并根据这些资料，开始结合本国国情自行撰文发表意见。关于国人自撰部分，兹以 1903 年 8 月发表的两篇文章作为例，予以说明。

一篇是《最近三世纪大势变迁史》，署名大陆之民，发表在浙江留日学生 1903 年 2 月创刊于东京的月刊《浙江潮》第六期上[②]。这篇文章利用英国社会现实材料，分析物质进步与社会不平等的关系，同意 19 世纪的社会状态“实最可寒心之状态”的说法。这一时期，“生产之额日众，社会之幸福日薄；百实业骤兴，而富者益富，贫者益贫”，故曰“物质的进步，真文明之退步”。由于产业革命形成的工场组织导致“多数人民仅得为资本家之奴隶”，19 世纪后半叶兴起社会党，“殖产界的革命面目一大变”。文明的前途，“要能以社会的精神的进步与物质的进步并行不悖”。社会精神的进步，是发扬光大 18 世纪法国革命追求“社会的平等，政治的自由，四海同胞之大主义”。接着，文章论述“平民的大势”，也就是“社会平等之主义，至十九世纪乃大发光辉”的趋势和原因。这部分叙述，几乎完全引用前述《世界进步之大势》中译本的内容。其他部分的叙述，也不乏抄引之处。作者基于他人特别是日本学者的论述，得出自己的结论：“吾视十九世纪之末二十世纪之初，纯乎社会主义之世界。”前一译本论述“社会平等主义”和“平民主义”的兴起，能否解决“殖产不平均之劳动问题”，

① 东京民友社著，曾剑夫译：《世界进步之大势》，东京民友社 1903 年版。

② 参看姜义华编：《社会主义学说在中国的初期传播》，复旦大学出版社 1984 年版，第 274－278 页。

只是说“今尚未解,他日者或救以社会主义……不能断言”,表现为犹豫的态度。此文的结论颇为明确,可见国人考察和思索世界范围内解决贫富悬殊的社会不平等问题,从一开始就打上了西方社会主义思潮影响的烙印。

“大陆之民”的文章尚带有较重的译文痕迹,另一篇署名壮游的《国民新灵魂》文章,是道道地地的国人手笔。这篇文章发表于江苏同乡会 1903 年 4 月同样在东京创刊的月刊《江苏》第五期[①]。它认为,国家由人构成,人是有灵魂的,“灵魂弱则人弱,灵魂强则人强”;域外之人尊崇灵魂,“特殊之灵魂足以代表一群,多数之灵魂足以代表一国”,不然,“国而无魂,乃以陈死之人而充国民之数”;反观中国“国民之魂”,曾经英雄辉煌,以后凋零褪色,“国力驟缩,民气不扬”,外族入侵而无敢抵抗乃为“奴隶魂”,现今“中国魂”实令人哀叹;要重现中国“伟大之民族”、“高尚之人格”的“国魂”光彩,不能乞助于招回过去的“旧魂”,要“上九天下九渊,旁求泰东西国民之粹,囊之以归,化分吾旧质而更铸吾新质”,广泛寻求和吸取西方和东洋的精粹内容,为我所用以除旧布新,才能“新灵魂出现而中国强”。新灵魂“乃合吾固有,而兼采他国之粹”的“五大原质”,如具有探险精神的“山海魂”,“但祈战死荣,不愿生还辱”的“军人魂”,摒弃儒者之暮气、空谈、保守等特征的“游侠魂”,寄托于平民而非上等社会之人的“社会魂”,以及信奉秘密革命手段为将来“民党”之潜势力的“魔鬼魂”。其中“社会魂”以社会乃“平民之代表词”,认为“革命主义”终不得向上等社会之人鼓吹,须转向平民;中国今日社会之内容及现象,不同于欧洲,应当采取欧洲尚未经历的“经济革命”,作为“政治革命”的“引药线”。中国“个人经济主义”发达,未具有政治思想,加之下等社会经济困难,受到上、中二等社会的压制,所以,“共产均贫富之说”在中国得到个人的欢欣崇拜,以致“香花祝而神明奉”。文中没有述及如何实行“共产均贫富之说”,只是举出诸如俄罗斯富豪出私财援助虚无党运动,从“经济界”入手实现“政治界”革命;以及欧洲今日的“神圣法团”即“社会党”为了追求平等博爱,宁可流血为先之类的例证,以此说明铸造中国的国民之魂,应提倡国民“先献身破产,铲平阶级”,意谓“共产均贫富”的实现,靠的是国民尤其是富人的自觉意识。

《最近三世纪大势变迁史》一文从“物质”进步的角度立论,《国民新灵魂》一文着眼于国民的“灵魂”即精神方面,认为国民若具备了灵魂的五种原质,可以“革命”、“流血”、“破坏”、“建设”、“殖民”、“共产”、“结党”、“暗杀恐怖”、“光复汉土驱除异族”等等,简直无所不能。无论侧重于“物质”还是“灵魂”,此二文分析贫富差距扩大的社会不平等,或“下等社会”在经济上受“上、中二等社

---

① 参看张枬、王忍之编:《辛亥革命前十年间时论选集》第 1 卷下册,三联书店 1960 年版,第 571—576 页。

会”压制的现实，都公开赞成来自于西方的“社会平等主义”或“共产均贫富之说”。甚至连时任工部之职的李翰章的女婿孙宝瑄，私下阅读一些包含社会主义思潮的译著后，也在 1903 年的日记中感叹，“均贫富之说”虽知其不可通，但“欧人贫富之差，程度太远。富者垄断，致贫者无以为生，此亦大可惧”[①]。中国传统的均贫富观念，在 20 世纪初年，受到西方社会主义思潮的渗透和影响。

这一影响，此前曾反映在 19 世纪末中国一些先进分子对待西方社会主义的看法上。如严复 1895 年作《原强》，注意到西洋各国由于贫富不均甚大，“均贫富之党兴，毁君臣之议起”[②]。将“均贫富之党”与“毁君臣之议”并提，隐含着把“均贫富”问题归结为无政府主义观点的意思。看来严复一直持有这种想法，到 1902 年干脆称之为“均富无政府之党人”[③]。他还把西洋人“欲贵贱贫富之均平”，看作其民皆贤智而无不肖、甚愚之后才能采取的举动，否则，这将鼓励惰奢而不利于勤俭，“虽今日取一国之财产而悉均之，而明日之不齐又见”[④]。换言之，“均贫富”的实行，只能在“人心风俗”改变之后，而不是在它之前。稍后，谭嗣同 1896 年给唐才常的信中，也对西方“均贫富之党”的兴起颇有微词，认为目前“贫富万无可均之理”，这将失去“与外国争商务”的强有力者和影响贫者“肯效死力”的积极性，从而削弱国势。在他看来，实现“均贫富”是千百年后的将来之事，当前只须对极端不平的垄断现象稍加调剂即可。[⑤] 至于梁启超 1898 年的《读孟子界说》一文，更以中国古代井田制为其正宗，断言西方国家近来颇为倡导的“贫富均财之说”，“未得其道”[⑥]。此后他在 1903 年上半年游历美国，目睹纽约贫民窟的惨状，“深叹社会主义之万不可以已”，但断然回绝当地社会党人关于中国实行改革，“必须从社会主义著手”的劝告；他感兴趣的是“以极专制之组织，行极平等之精神”的“国家社会主义”，认为这在传统的中国，比在欧美国家实行起来更容易。[⑦] 所谓用专制组织推行平等精神的观念，实际上成了用来对抗西方社会主义的思想武器。他也把均贫富与无政府主义联系在一起，如 1904 年的《论俄罗斯虚无党》一文，一边指责无政府者的“非人道”和“非天性”，一边宣称他们的“共产均富之主义”早已被生计学者驳倒，等等[⑧]。可以说，梁启超始终一贯地坚持了他自 19 世纪末叶起，质疑西方“贫富均财之说”即

---

① 孙宝瑄：《忘山庐日记》，上海古籍出版社 1983 年版，第 645 页。

② 此语未见于《原强》原文，即 1895 年 3 月 4 日至 9 日最初发表在天津《直报》上的那篇文章，见于后来刊于《侯官严氏丛刻》的《原强》修订稿，为简便起见，权将上述所引之语，仍算作成于 1895 年的文字。引自《严复集》第 1 册，中华书局 1986 年版，第 24 页。

③ 严复：《主客平议》（1902 年 6 月 26 日至 28 日连载于《大公报》），《严复集》第 1 册，中华书局 1986 年版，第 117 页。

④ 这句话亦引自《原强》修订稿，《严复集》第 1 册，中华书局 1986 年版，第 25 页。

⑤ 谭嗣同：《报唐佛尘书》，《谭嗣同全集》，中华书局 1981 年版，第 444－445 页。

⑥ 梁启超：《饮冰室合集》第二册，文集之三，第 19 页。

⑦ 梁启超：《新大陆游记》，湖南人民出版社 1981 年版。

⑧ 梁启超：《饮冰室合集》第五册，文集之十五，第 30 页。

社会主义学说的看法。与此相比,20世纪初前述两篇国人自撰的代表作,对于当时以“均贫富”称呼的西方社会主义思潮,率先作出肯定的选择。这在西方社会主义思潮传入中国的过程中,是一个新变化,虽然这个变化只是初露端倪。

(二)对“虚无党”的认识

在中国早期,“虚无党”一词,通常被当作热衷于密谋、暗杀或其他破坏活动以图推翻现行统治的代名词,一般用来指俄罗斯的极端分子,常常也与无政府主义者联系在一起。其涵义,19世纪70年代以来,有关西方知识的报道中已不乏其见;作为一个独立概念,到20世纪初才逐渐流行。在最初注意汲取西方知识的那些中国人眼里,类似“虚无党”的破坏性主张和行动,恐怕是最富于猎奇色彩或最具有报道价值的新闻内容,而且极易与西方社会主义运动混淆在一起,被看作西方社会主义的典型特征。当时国人对待“虚无党”的态度,在某种意义上,也反映了他们对待西方社会主义的态度。大致说来,“虚无党”以破坏现行统治为己任,它被介绍到中国之初,很容易引起主张维持现行统治或安于现状的那部分人的反对甚或诅咒,形成那一时期的支配性意见。如上述梁启超的《论俄罗斯虚无党》一文中对“虚无党”的痛斥口气,便是那种反对态度的真实写照。与此同时,要求推翻满清统治的呼声日渐高涨,也推动“虚无党”的概念开始流行,并相继出现一些不同于主流观点的文章。

例如,《苏报》1903年6月19日刊载的《虚无党》一文①,指出俄罗斯“虚无党”是在“世界第一专制国”里,国民对于中央政府“决然绝望”的著名产物。不如俄国之专制的其他国家,也有诸如“日本之暗杀党”或“美国之无政府党”从事反政府活动,显示“社会主义之发达非充积全球,殆不足以尽其范围”。由此联想中国“此风不盛”,不止感到羞愧,更是“震惊于‘虚无党’之事业”,大声疾呼“杀尽专制者,非此潮流荡薄之声乎”,迎接此潮流的到来。“虚无党”“由专制政体产出”,或者说,专制政府“实制造‘虚无党’之绝好工场”,作为地球上首屈一指的专制国俄国,自会产生“虚无党”;“虚无党”潮流,必将逾越昆仑山和阿尔泰山,蓬蓬勃勃地输入中国。这一潮流“铲除专制,建设新国之域”,“造出灿烂庄严之新政府”,换言之,“不过以国家、社会之不完善,谋改造之,以增进国民之幸福而已”。虚无主义主张“保护劳动”,“万国平和”,“共产党”,“社会党”等“微言精义”,以我国当时的发展程度,支配这些主张,尚差之甚远,但要从中选取某一主张,作为对待政府的方针,并将希望寄托在巴枯宁的无政府主义之上。此文把“虚无党”看作与“共产党”或“社会党”毫无二致,看作世界上社会主义发达的显著标志,以反对专制,改造国家与社会的不完善,建设新国

① 参看张枬、王忍之编:《辛亥革命前十年间时论选集》第1卷下册,三联书店1960年版,第696—698页。

家,以及增进国民幸福为由,对国外“虚无党”的潮流及其输入,表现出极大的关注和欢迎态度。这种态度属望于无政府主义的代表巴枯宁,与各种斥责意见格格不入,对“虚无党”的认识由摒弃转变到赞扬,间接地反映了对于西方社会主义思潮在认识上的某种变化趋势。

又如,《江苏》1903年7月第四期刊登署名辕孙的《露西亚虚无党》一文[①],同样认为,“专制政府”牺牲全体国民公益,是“国民之公敌”,违反“多数政治”,是“人生之大蠹、社会之蟊贼”,由此说明俄罗斯近数十年来,“虚无党之势力所以能弥漫于其国之全社会”,因为俄罗斯是“全球列国所仅有”的专制手段达于极点的国度。对于世人毁谤“虚无党”为“苛暴”和“不仁”,此文反驳说,“苛暴不仁”的是“专制君主”,不是“除暴成仁之民党”;专制统治下国民沉睡不醒,只有采取猛烈的破坏手段,才能使国民苏醒,“变革腐败之政体,唤醒全国之民气,所以重破坏主义”;因此,“破坏专制政体,建设共和政体”,恰恰以“虚无党”的除暴为“大仁”,应给予“可敬而可学”的礼遇。概言之,“虚无主义”这种“坏主义”,是俄罗斯特有的“革命论”,欲除去社会的荼苦,必先建设新国家,欲建设新国家,不得不推翻旧政府,诛灭残暴之君主,“不得不出于破坏之一策”。“虚无主义”产生于俄罗斯,主要由于,经济上“土地所有一切之特权,皆为贵族所垄断,其余人民皆不得享”,阻碍了民间经济的发展;政治上“一切行政、司法机关之腐败”,引发社会反抗政府的念头。加上西欧的“激烈之社会主义与无政府主义”深入人心,于是“革命之思想益发达,革命之志益坚,终至横行于专制极点之大帝国而留恐怖记念于残暴之君主”。至此,文中对于俄国“虚无党”的赞赏态度,一览无遗。中国与俄国同属“专制政体之国”,未能像俄国那样因专制“制造新国民”,制造出“虚无党”及其所作所为,面对于此,文章作者感到“愧恨”,“羞愧无以容身”。

上述两篇文章,观点基本相同,把“虚无党”看作社会主义在典型专制国家俄罗斯的特殊产物,不仅予以同情和支持,还视为中国摆脱专制统治应当仿效的榜样。这里所说的中国专制统治,很大程度上针对满清“异族”统治,赞成采用类似“虚无党”的激烈破坏手段推翻其统治。这恐怕也是对于同一个“虚无党”,两篇文章持肯定态度,而保皇党梁启超却持否定态度的重要原因。前面分析过1903年连续出现数篇涉及“虚无党”的文章,如《俄罗斯之国会》一文提到世人对“虚无党”的“误解”,《俄国虚无党三杰传》一文介绍这些“虚无党”“伟人”或“可惧可怖之革命家”等等,大多转述国外的论点,即便中间透露出转述者的观点,也是语焉不详或模棱两可。这一时期围绕俄国“虚无党”的议论明

---

① 参看张枬、王忍之编:《辛亥革命前十年间时论选集》第1卷下册,三联书店1960年版,第565—571页。

显增多,不管对此表示赞成或反对,还是持模糊态度,这件事本身表明了当时国人对于俄国“虚无党”的兴趣开始升温。同样在1903年左右,传入国内有关社会主义的介绍也明显增多。国人对俄国“虚无党”与社会主义二者的兴趣几乎同时增长,并非偶然或巧合,反映了20世纪初,我国知识界朦胧感受到世界范围内社会主义运动的发展和影响之同时,似乎从具有与我国相类似的专制土壤的俄国“虚无党”身上,看到了在中国实施社会主义的力量和希望。倾心“虚无党”的不成熟,就像认识“虚无党”的不成熟一样,体现了早期国人从西方输入社会主义思潮的阶段性特征。同时,与19世纪70年代以来一直诅咒类似“虚无党”的破坏活动的一片谴责声不同,选择俄国“虚无党”作为改变中国落后面貌的希望之所在,甚至为这种破坏行为辩护,这也是认识上的突破。只是这种选择或辩护,在早期具有强烈的反对满清专制的色彩,以后随着形势的变化,其内涵也在发生变异,并对马克思经济学说的传入,产生直接的影响。

附带指出,20世纪初,国人对“虚无党”感兴趣,曾将眼光转向俄国,试图从这个与中国有些相似的国度中,去寻找其他可资中国借鉴的代表人物与学说。如那时《福建日日新闻》刊载寒泉子的《托尔斯泰略传及其思想》一文[①],即是一例。此文说列甫·托尔斯泰是俄国“一大宗教革命家”,其“新宗教”不同于基督教和佛教,近似于孔子的大同学说。在它的“社会宗旨”里,不以个人为本位,而以社会为本位,有“共同生活之说”,“财产共通之说”,以及“世界大同之说”。托尔斯泰与孔子的大同学说是否相通,姑且不论,这位俄国伟大文学家的作品,“反映了强烈的仇恨、已经成熟的对美好生活的向往和摆脱过去的愿望”[②],其中包含对资本主义剥削及统治阶级的批判成分,同样能为启发先进阶级的意识提供宝贵的材料。由此也为后来中国进步知识分子在引进马克思主义之初,对托尔斯泰的学说表现出非同一般的兴趣,作了解释。

(三)对社会党的认识

从早期传入中国的有关著述看,社会党有广义与狭义两种理解。广义理解,举凡一切倾向于社会主义的组织形式,都可以称之为社会党。诸如19世纪70年代以来曾被赋予“平会”、“同心会”、“民党”、“均贫富之党”、“康密尼党”、“希利尼党”等译名的西方社会组织,均属此列。狭义理解,专指具有较为严格规定的社会主义政党组织。后一理解,包括社会党这一译名,大致在20世纪初逐渐明晰起来。这时,一些人将社会党与共产党并列,以与其他所谓文明党、改革党、“虚无党”或无政府党区别开来,而另一些人不那么强调这种区别。

那一时期对于社会党的看法,同样经历了一个认识过程。最初除了某些

① 此文转录于1904年11月的《万国公报》第190册,以下引文均见于此。

② 列宁:《列甫·托尔斯泰是俄国革命的镜子》,《列宁选集》第2卷,人民出版社1960年版,第373页。

单纯客观的介绍，一般跟在西方来华人士后面鹦鹉学舌，称这些党人为“邪党乱民”或“乱党”、“奸民”，带有明显偏见。后来随着西方社会主义知识不断传入，人们对社会党的看法逐步发生变化。其中较为显著的变化，一是像梁启超那样，1903 年游历纽约期间曾接触过美国“社会主义党员”，对他们的热诚精神表示敬佩，切身体会近来“国际社会党最发达”和“社会主义之蔓延于全世界”；同时认为这是一种宗教迷信式的热诚，并以中国国情不同，断然拒绝与美国社会党的深入联系。二是像提到过的《德国之社会民主党》（1903 年 12 月）与《告保皇会》（1904 年 1 月）二文，或将社会党的成功归因于奉行马克思“革命的共产主义”以为圭臬，或以“社会党巨子”马克思的“百折不挠、九死不悔”精神值得效法，均把社会党理解为依循马克思学说建立起来的政党；同时流露出对社会党言行“激烈过度”的不满，不能区分马克思与其他“怀抱改革旧社会之思想者”如卢梭的差别。这些认识上的变化，着眼于国人自己的有关论述，还可以补充《大陆》月刊上国人自撰的介绍西方社会党的文章为证。

1904 年 10 月 28 日出版的《大陆》第二年第九号，以“大陆报”名义，发表一系列短小的介绍性文章①。先是以“社会革命与总同盟罢工”为题，提出欧美社会党及无政府党共同持有的“主义”，均以为“资本家制度不倾覆，社会不免有一大革命”；在近时欧洲大陆诸国志士看来，实行革命的“最有力”手段，“皆以总同盟罢工为唯一之方法”。文中认为，赞成此说者以“无政府党”为主，在“急进派社会主义者”中亦甚多，不论总同盟罢工的成败是非，“惟深愿”劳动者有选举议员的权利，能参与立法，“社会主义者，可从此达矣”。所谓“深愿”，表达了作者对于欧美社会党斗争目标的一往情深，它与当初称社会党为“乱党”的鄙夷态度，有霄壤之别。

接着，文章分别介绍欧洲各国社会党或社会主义者的情况。譬如，以“比国社会党大会”为题，介绍比利时社会民主党同年 4 月召开全国代表大会，涉及反对军备，妇女投票，以及社会党“常代表劳动阶级之要求，且当贯彻社会主义之宗旨”等议题。以“意国社会党大会”为题，介绍意大利社会党亦于 4 月召开全国代表大会，讨论“党之大方针”，其意见分为主张与政府“妥协提携”、“最注重于保护劳动之政策”、“全然排斥妥协”以及“急激之革命党”等四派，“革命派”支持的“急进非妥协派”获得多数票。由此联系到欧洲大陆各国社会党大会，“急进派屡以多数胜，是为吾侪所深喜”。作者对社会党急进派的胜利感到“深喜”，因为“所谓改良派之妥协提携，实为腐败之根源故”。以“英国租税与劳动者”为题，介绍英国社会主义者以近年来劳动者租税负担加重，富人税负

---

① 参看姜义华编：《社会主义学说在中国的初期传播》，复旦大学出版社 1984 年版，第 332－337 页。

却较少的事实,揭露国会财政政策违反"勿盗贫者"的格言,造成"富者益富,贫者益贫",激励劳动者参与政治运动。以"德国劳动者之祝典"为题,介绍5月1日为"世界劳动者之祭日",这一天欧美各国劳动者"皆欣欣然如庆大典",当年德国劳动者的集会活动更是盛况空前。

此前1903年2月7日《大陆》第三期上,还专门介绍德国社会主义"新闻纸"即报刊数量,以示繁荣。前述《最近三世纪大势变迁史》一文,介绍波兰社会党的"秘密大运动",也对"秘密出版"的大量宣传品,感到"惊骇",对"秘密行军","藉此以唤起革命精神"表示钦佩,对"同盟罢工"不畏镇压向资本家提出要求,赞叹"其势可嘉"、"此气可嘉",感慨波兰以亡国之躯,其"平民社会势力"犹如此强盛,其他各国可以想见。

以上各篇文章,叙述方式不同,显示一个共同特点,对欧美社会党的斗争和发展表现出由衷的热情。这股热情,或"深愿"祈祝社会党成功,或"深喜"表达对社会党斗争胜利的欢欣,或向社会党的革命精神表示敬意,或着意渲染社会党的发展势头,如此等等,不一而足。甚至公然站在"急进派社会主义者"、"急激之革命党"或"急进非妥协派"一边,反对"改良派"的妥协,认为它是腐败的根源。那一时期来自日本的介绍社会主义学说与运动的译作中,占据支配数量的是排斥急激之说、提倡社会改良主义的思想观点。当时,人们以"急激"或"急进"为社会党中革命派,特别是马克思派别的突出特征,对于"急激"或"急进"的态度,在一定程度上成为容纳还是排斥马克思学说的一个标志。以往,国人对于此类问题,大多单纯地介绍各种舶来观点,跟着外国人的说法人云亦云。现在,在20世纪初,国人中开始有人依据国外资料,作出某种具有独立性质的判断,甚至不顾舶来著述中流行的代表性观点,热情支持那些曾饱受抨击的"急激"或"急进"之说。尽管这种支持之声孤立地看,比较微弱,但把它们与肯定西方社会主义的均贫富主张、为"虚无党"辩护等言论联系起来看,形成一股不容置疑的认识演变潮流。这体现了20世纪初国人对于西方社会主义思潮的初步认识水平,也显现出国人开始挣脱外来正统观念或带有官方色彩思想的束缚,根据自身需要对西方社会主义思潮作出某种独立判断的变化趋势。这样的认识水准和变化,与马克思经济学说传入中国的历史进程大致同步,也为马克思经济学说在中国的进一步传播预备了条件。

二、西方社会主义思潮与中国传统思想结合的产物——康有为的《大同书》

康有为(1858—1927),与洪秀全、严复、孙中山并列,代表了中国共产党出世以前向西方寻找真理的"先进的中国人"①。他在1901—1902年间,大体完

① 毛泽东:《论人民民主专政》,《毛泽东选集》第4卷,人民出版社1967年版,第1406页。

成《大同书》文稿。此稿并非一蹴而就，其酝酿和写作，经历了一个相当长的过程。从19世纪80年代中期开始思索未来理想社会算起，到20世纪初基本成稿，将近20年，加上成稿后的陆续增补，写作时间就更长。这部文稿是康有为前半生思想发展与演变的历史记录。它在近代中国思想史上的地位和作用，学术界有各种歧见，但几乎都承认，它是受到西方社会主义思潮影响的产物。此稿完成后，康氏长期“秘不以示人”，他在早期私办的长兴学堂也就是万木草堂，只向个别弟子透露其内容，未曾作为公开的教学材料。直到1913年，出于某种政治目的，他才在自己主编的《不忍杂志》上发表其中甲、乙两部分，后于1919年发行两部分的单行本。全稿十个部分的完整版本，不知何故，拖至1935年方由其弟子交付中华书局出版，此时距康氏去世已有8年。于此可见，《大同书》虽完成于20世纪初，当时未能对思想界产生直接的影响，至多通过个别弟子的私下传播，发生一些间接的影响。不过，这并不妨碍以《大同书》为蓝本，来考察西方社会主义思潮传入中国的初期阶段，康有为如何从这种舶来思潮中汲取滋养，将其与中国传统思想结合，借以建立未来理想社会的理论模式。这一考察或许也为揭开《大同书》长期孕育并藏而不宣的神秘面纱，提供可以参考的资料。

(一)《大同书》的前身

《大同书》成稿之前，曾有一些阶段性成果。最早的成果可以追溯到19世纪80年代中后期写成的《人类公理》稿，稍后还有大致90年代初修订而成的《实理公法全书》稿。前稿失传，后稿尚存。为了分析康有为当初萌生大同理想的思想端绪和内容梗概，可以借助康氏本人及他人后来的追忆，勾勒那些稿本的写作背景与大体轮廓。

1. 关于《人类公理》的记述与质疑

康氏曾分两次编撰个人年谱，前一次撰于光绪二十一年乙未(1895年)前，其叙事亦止于这一年；后一次续撰于戊戌变法失败后流亡日本东京期间，大致在1898年末，主要是1896－1898年间的个人经历。第一次编撰的内容中与撰写《人类公理》有关的记载，按年谱顺序摘录如下①。

1878年，康氏刚满21岁，对士人学子追逐的考据帖括之学，产生“究复何用”的疑问，考虑舍弃此学转而另求“安心立命之所”。同时面对“苍生困苦”的现实，静思中恍若“天地万物皆我一体，大放光明”，自以为“圣人”将使人民摆脱苦难。正在思想转变过程中的康氏，处于“求道迫切，未有归依之时”，尚未找到实现其宏大志向的“归依”之途。

---

① 参看康有为：《康南海自编年谱》，中国近代史资料丛刊《戊戌变法》第4册，神州国光社1953年版，第113－123页。以下引文未另注者，均见此年谱。

1879年,他相信“天与我聪明才力”以拯救“民生艰难”,“以经营天下为志”,选取中国古代的经世实用之作“俯读仰思”,概括“经纬世宙之言”。不久获览《西国近事汇编》、李圭的《环游地球新录》及数种西书,加之“薄游香港”,看到西人宫室之瑰丽、道路之整洁、巡捕之严密,“乃始知西人治国有法度,不得以古旧之夷狄视之”,开始“渐收西学之书,为讲西学之基”。

1880—1881年间,他阅读古代典籍,包括“治经及公羊学”,鲜见涉猎西学。至1882年,他因顺天乡试,出游京师及外地,途经上海,见其繁盛,“益知西人治术之有本”,于是一路上“大购西书以归讲求”。游学返家后,“自是大讲西学,始尽释故见”,热衷于西学而抛弃以往的传统识见。

1883年,他“大攻西学书”,举凡声、光、化、电、重学,各国史志及诸人游记,均有所涉及,购阅《万国公报》,拟编辑万国文献通考,接触乐律、韵学、地图学等学问。这些“新识深思,妙悟精理”,促使他“俯读仰思,日新大进”,坚定了“学者必在发大愿”的志向。

1884年,他钻研佛典、兼为算学,继续“涉猎西学书”。经过“俯读仰思”,“所悟日深”,通过显微镜和电机光线等自然科学知识,从中悟出“大小齐同”、“久速齐同”之理,引申为人类社会的“太平之世”或“以三世推将来”,务以“仁”为主“奉天合地”,达到合国、合种、合教之一统地球,实现“男女平等”和“人民通同公”的“极乐世界”。这是构思人类世界五百年、一千年后未来的深远想象,“想入非无,不得而穷”。其思想原料,“合经子之奥言,探儒佛之微旨,参中西之新理,穷天人之赜变,搜合诸教,披析大地,剖析今故,穷察后来”,对这些原料的融会贯通,达到“六通四辟,浩然自得”的境界。

1885年记述“从事算学,以几何著人类公理”。何以将几何算学与“人类公理”联系在一起,原文未详,这是年谱中首次提到“人类公理”字样。文中还提到,当时严重头痛,医生束手无策,为防不测,“乃手定大同之制,名曰人类公理”,所谓“吾既闻道,既定大同,可以死矣”,表现出为追求大同理想死而后已的献身精神。这时的康氏,自称“信西学”之人,他所说的“人类公理”,指的就是“大同之制”。

1886年,他继续“作公理书,依几何为之”。同时引用时任两广总督张之洞一番话,表达中国的西书太少,来华传教士如傅兰雅之流所译兵、医一类西书,皆不切之学,应注重西学政书,其中甚多中国没有的新理,宜以开设译书局为最要紧之事。另外记载运用气象学以重定天然历法的体会,表现出认真研习西学的孜孜以求态度。

1887年“是岁编人类公理”,所谓“游思诸天之故,则书之而无穷”。其中对编写此稿的内容,作了一些提示。例如,分内外两篇,以经与诸子为主,“兼涉西学”;夏禹以来远古三代的旧事旧制,“犹未文明”;根据孔子据乱、升平、太平之理，观察地球的变化；设想建立“地球万音院”解决全球语言文字问题，创建“地球公议院”谋求“合公士以谈合国之公理，养公兵以去不会之国”，实现“合地球之计”；其他的类似内容“不可胜数”。此后，康氏自编至1898年的年谱里，1890年曾记录“大地界中三世，后此大同之世”，此外似未涉论“人类公理”。因此，人们一般把《人类公理》的写作年代，确定为1885－1887三年间。

按照以上记述，《人类公理》的最初稿本，大致有以下一些特征。其一，此稿系受西学东传影响，抛弃传统识见后的思想产物。其二，此稿乃积年累月地“俯读仰思”、“游思”甚至想入非非的结果，带有浓厚的幻想或空想色彩。其三，此稿以“圣人”自命，力图寻求拯救“民生艰难”或“苍生困苦”，进入“极乐世界”的途径。其四，此稿从西方自然科学知识的大小、久速“齐同”之理中，依据“几何”之学，体悟到人类社会的共同基础是“仁”，未来的理想社会应当“男女平等”、“人民通同公”、“合国合种合教”，通过创立“地球万音院”和“地球公议院”，实现“一统地球”或“合地球”的最终目标。其五，此稿的思想来源包括儒家经典，诸子之说，佛学，“兼涉西学”。其六，此稿以孔子所谓据乱、升平、太平的“三世”之说为表述线索，将“人类公理”的基本内涵理解为孔子“大同”之制。

这些特征，是否掺入康氏后来自编年谱时期的思想认识，并非最初的《人类公理》稿本之特征，尚难定论。这里不妨补充后人的一些研究成果，以资比较和鉴别。

关于《人类公理》的思想背景，可见梁启超《南海康先生传》[①]的说明。梁氏作为康有为1891年在广州长兴里创办万木草堂时的入门弟子，为其师作传自然会述及康氏早期的思想演变过程。其中强调两点。一是排除西学影响。如谓：康氏在老师朱九江去世后，离群索居，在南海西樵山“独学”四年，“其间尽读中国之书”；出游京师时，适逢“西学初输入中国”，因举国学者“莫或过问”，僻处乡邑的康氏“亦未获从事”；途经香港、上海等地目睹西人殖民政治之“完整”，由此联想其“必有道德学问以为之本原”，乃“悉购”江南制造局及西方教会所译各书“尽读之”，不过都是些初级普通学问，以及工艺、兵法、医学之书，或基督教典籍，“于政治哲学毫无所及”，言下之意，当时传入中国的西学内容，极为简陋，不可能对康氏早期萌发政治理想产生什么影响。这番描述，与康氏本人的自述难以吻合，也与梁氏的其他说法相互矛盾。梁氏曾记述康氏劝张之洞开设书局译日本书，编辑万国文献通考；办学教授弟子以中学为体，“以史学、西学为用”，每论一学一事，必考究上下古今之沿革得失，“引欧美以比较证明之”；在长兴学堂的学科纲领中包括“泰西哲学”、“万国史学”、“万国

① 梁启超：《饮冰室合集》第三册，文集之六，第57－89页。以下引文未另注者，均见《南海康先生传》一文。

政治沿革得失”、“外国语言文字学”等。这种矛盾现象,究其原因,无非是梁氏藉此烘托其师为“神童”、“圣人”和“理想界之人杰”,具有“天禀学识”,“别有会悟”,乃至“不通西文,不解西说,不读西书”,单凭自己的“聪明思想之所及”,就能出入天人之间,“无所凭藉,无所袭取”地自成一家之说,同时又“往往与泰西诸哲相暗合”[①]。如此说来,康氏早期思想中,那些与西学相类似的思想因素,纯粹基于个人天资聪颖,无所依傍,自然天成,完全排除了西学对他的影响。二是突出佛学影响。此说与前面“无所凭藉,无所袭取”的说法相矛盾,似乎走向另一个极端。如谓:康氏在西樵山独学期间,“潜心佛典,深有所悟”,其“一生学力,实在于是”,结果“大有得于佛为一大事出世之旨”;那时“潜心佛藏,大彻大悟”,后又阅读基督教之书,“宗教思想特盛”;“于佛教尤为受用”,由王阳明之学进入佛学,最得力于禅宗,以华严宗为归宿,为学主张“即心是佛”等等。佛学思想确系康氏早期思想一个重要来源,梁氏论断突出一点而不及其余,不惜扭曲事实真象,不免失之偏颇。以上两点对于考察《人类公理》的写作,可作参考,不足为凭。尤其第一点对待西学的影响,康氏本人都不曾否认并专门予以说明,梁氏却极力排除,其所作传记反不如康氏的自编年谱来得真实。

关于“人类公理”与“大同”的关系,师徒二人的口径倒是基本一致。康氏说当初“人类公理”写的是“大同之制”,意即运用“大同”之说设计人类“公理”的未来理想社会。梁氏也说康氏独居西樵山两年间(《南海康先生传》中为四年),“专为深沉之思,穷极天人之故”,用《春秋》“三世”之义解释《礼运》篇的“小康”、“大同”之说,以“升平世”为“小康”,“太平世”为“大同”[②],可谓言之凿凿。梁氏 1891 年投学于康氏门下,此前对其师的思想演变,可能不甚了了,很少提及“人类公理”,只是笼统地议论“先生经世之怀抱在大同”,或“以行大同救天下为最终之目的”[③]云云,似乎康氏从来以实现“大同”作为理想抱负,不存在“人类公理”的提法。对此,后世国内外学者,都有人质疑。

国内学者如钱穆曾考证康氏早期各种著述、教学大纲及来往书信,判断他在 19 世纪 80 年代后期至 90 年代初期,从未言及《礼运》“大同”,并推测言及“大同”,似应在乙未时即 1895 年[④]。这一推论与康氏第一次撰写个人年谱的时间吻合,实际上把自编年谱中有关“手定大同之制”之类的说法,看作 1895 年编撰年谱时所增添,并非他早期的真实用语。国外学者如伯纳尔采纳钱穆

① 梁启超在《清代学术概论》中谈到 19 世纪 80 年代后期康有为撰写《大同书》,也说过类似的话:“有为著此书时,固一无依傍,一无剿袭,在三十年前,而其理想与今世所谓世界主义社会主义者多合符契,而陈义之高且过之。呜呼,真可谓豪杰之士也已!”《饮冰室合集》第九册,专集之三十四,第 60 页。

② 梁启超:《清代学术概论》,《饮冰室合集》第九册,专集之三十四,第 58 页。

③ 梁启超:《南海康先生传》,《饮冰室合集》第三册,文集之六,第 63、85 页。

④ 钱穆:《中国近三百年学术史》下册,中华书局 1986 年版,第 700 页。

等人的考证，也认为康氏自称1885年意识“大同”的重要性，以及梁氏证明1891年在万木草堂时听说康氏正在撰写《公理书》的“大同”文章这些说法，难于置信。伯纳尔推测康氏可能1891年后不久使用“大同”这个词，并进一步推测采用这个词，可能受到贝拉米《回顾》中译本（1891年12月至1892年4月连载于《万国公报》）的启示。其理由，一则康氏自述1883年起购买《万国公报》，可能读过刊载在此报上的《回顾》译文；二则康氏的亲密追随者谭嗣同把《回顾》中的西方理想世界比作“《礼运》大同之象”[①]，可能受康氏本人影响；三则《回顾》中译本里使用“大同之世”或“大同世界”一类中译名，描绘未来理想社会。[②] 伯纳尔比起钱穆，推测康氏使用“大同”一词的时间，相差不了几年，更富于想象色彩，也更难于证实。由于康氏自编年谱中提到的《人类公理》或《公理书》原稿，至今未见，故一些中外学者转而从尚存的《实理公法全书》[③]中，证明那时康氏既未提“三世”，也未提“大同”。

2. 关于《实理公法全书》及其与《人类公理》有关记述的比较

《实理公法全书》[④]较早见于约1888年前撰成的《万身公法书籍目录提要》[⑤]，“提要”说，此全书是“万身公法”的“根源”和“质体”，并列举其各篇名目，认为此书应撰于1888年前，或揣测它可能是康氏1886年作《公理书》的修订稿。因书中有1891年的法国人口资料，又说它是19世纪90年代初的改定稿。[⑥]

此书的“凡例”，第一条注明，“凡天下之大，不外义理制度两端”，“义理”包括“实理”、“公理”和“私理”；“制度”包括“公法”和“比例之公法私法”。二者的关系，“凡一门制度，必取其出自几何公理，及最有益于人道者为公法”，其余皆属于不同程度有悖于“几何公理”或“人道”的“比例之法”。“人道”之意不言自明，何谓“几何公理”，此书解释颇为奇特。一是比较“出自人立之法则”，“出自几何公理之法则”，其理不那么“虚”而比较“实”，此“实”不似人立之法为“两可之实”，系“必然之实”或“永远之实”。意谓“几何公理”反映必然的或永远的存在，不同于人为法则只反映两可之间的未确定事实。二是“几何公理”的“公”，就像1、2、4、8、16、32的数学运算一样，具有“一定之法”，由此推导出来的法则是“公法”。“几何公理”产出的法甚少，不足于用，不得不求助于“人立之法”。

---

① 谭嗣同：《仁学》，《谭嗣同全集》下册，中华书局1981年版，第367页。

② 参看[美]伯纳尔著，丘权政、符致兴译：《一九〇七年以前中国的社会主义思潮》，福建人民出版社1985年版，第10－14页。

③ 此书稿原由康有为次女康同璧所藏，未曾刊出。1947年美国Mary. C. Wriosht教授制成缩微胶卷，藏于斯坦福大学胡佛研究所图书馆，后被收入台湾出版的《万木草堂遗稿外编》一书。

④ 参看蒋贵麟编：《万木草堂遗稿外编》，台北成文出版社1978年版，第37－65页。

⑤ 参看同上书，第33页。

⑥ 《康有为全集》第1集，上海古籍出版社1987年版，第275页编者按。

缺乏“几何公理”凭借的人立之法,本无一定,能否成为“公法”,看它是否“最有益于人道”。在人类各种关系中,一些是“几何公理所出之法,最有益于人道”,一些有悖或不合“几何公理”以及“无益人道”,以此作为处理人际关系的“公法”。例如,夫妇之间的“公法”,双方“任其有自主之权”,与谁相爱听其自便,“不许有立约之事”;父母与子女之间的“公法”,凡生育子女,“官为设婴堂以养育之”,人有自主之权,无须孝慈之道;师父与弟子之间的“公法”,有自主之权而讲求平等;君臣之间的“公法”,以平等之意使“法权归于众”;长幼之间的“公法”,“以平等行之”;朋友之间的“公法”,“朋友平等”;等等。其中强调“自主之权”以及“人类平等是几何公理”,人类若存在差等关系,便丧失“几何公理之本源”,因为“天地生人,本来平等”;“地球既生,理即具焉”,支配一切的“实理”或“公理”,和地球一道与生俱来,“几何公理”不单是自然科学的基本准则,更泛指支配人类社会的基本准则。这是借用几何学中的“公理”一词,表达人类社会中同样存在着不以人们意志为转移的共同理想原则。

伯纳尔认为,康氏所说的“公理”,是从有关宗教的小册子里,借用了天主教徒和耶稣教徒用来叙述其教义的这个词,进而以“人类公理”作为理想世界设计的标题和论文篇名①。这个说法,可能有其依据,但未能解释康氏何以一再提及以几何算学为“人类公理”。这里的“几何”一词,不同于中国古语的“几何”之意,而是借用西方舶来的几何概念。对此,《实理公法全书》及其对“几何公理”的理解,回答了这一问题。这一理解表明,康氏当时掌握的西学知识十分有限,却在他构想未来理想社会时起到至关重要的作用。作为这个理想社会的基础,他寻求一种超越不同时代、不同社会、不同人际关系,由人类普遍遵守的共同准则,而来自西方几何算学中的“公理”之说,给他以启示,提供一种比较方便而且颇为时髦的表述工具,来表达自己早期关于人类社会理想的冥思苦想。或者可以说,他模仿古希腊数学家欧几里得那部最早公理化的数学著作《几何原本》,从定义、公理和公设出发,用演绎法建立几何命题的编写方式,把他所确认的人类社会共同遵守的各种关系准则,归纳为若干实理,类似欧几里得的几何定义,由此推衍出各种体现这些实理精神的人为法则,称为公法,并以此与各国法则律例对照,进而表达他关于理想社会的一些基本原则。任何人只能从他所处时代可以接触到的思想资料中去汲取滋养,康有为也不例外。他的敏锐之处,就在于从零散得到的一些西方社会和自然科学知识中,居然发掘出某种共通的内容用于人类社会理想的设计,真可谓心有灵犀一点通。从“几何公理”或“人类公理”到“大同”,只是一步之遥,它们说的都是未来

① 参看[美]伯纳尔著,丘权政、符致兴译:《一九〇七年以前中国的社会主义思潮》,福建人民出版社 1985 年版,第 12 页。

社会追求的理想目标。不过，从《实理公法全书》看，除了通篇的“几何公理”而外，未曾提到“大同”二字。显然，完成从“公理”到“大同”的一步之差，对于康有为来说，仍意味着思想上的一个演进过程。

至此可见，现存《实理公法全书》与自编年谱中谈到《人类公理》时所提供的零星资料比较，其相同之处是，对包括西学在内的各种思想原料兼收并蓄，或像有人说的那样，“对清代新的儒家学说、西方的思想以及道教和佛教的教义的综合独创”[①]。全书强调，许多门类的“实理”或“公法”，须“俟大集五洲各国会通礼”，或“俟译出各国律例”，或“俟访择五洲各教门”，或“俟大集五洲各国之政”，或“整齐地球书籍目录公论”包括万国公法、各国律例、各国字典等等，等到对世界各国的典籍制度进行系统研究后才能作出结论；同时有意识地选取西方国家的案例，证明某些公法隐然存在，如以法国巴黎人口统计中夫妻离婚案及非婚生子女数逐年增多为例，说明夫妇之间不必受婚约束缚，应以自主选择新欢为公法。这样重视西学之说，驳斥了梁启超刻意排除西学对康氏影响的说法。其相异之处是，二者都提到“几何”与“公理”的关系，一个以“人类公理”为“大同之制”，一个只提“几何公理”而未见“大同”之说。这里所说的相异，或许是真实存在，或许是假象。因为自编年谱编至1898年维新变法失败之际，其中回顾当初撰写“人类公理”的内容，很可能添加了后来的思想因素，不排除将后来才有的“大同”思想与“人类公理”混为一谈。不管怎样，康氏早期对“人类公理”或“几何公理”的探索，开启了他后来形成较完备的“大同”理想的大门。

《实理公法全书》的内容，以19世纪90年代初的时代背景而论，颇多激进之处。其中有些内容可以溯源于中国古代传统，例如，主张人际关系平等，反对“差等之意”；将“君”解释为人民“一命之士以上”，乃“民所共立”，以“法权归于众”来确保君民或“君臣”之间的平等关系等，能从我国古代“民贵君轻”和“等贵贱、均贫富”观念中找到其根源。全书的倾向，似乎更注重来自西方的思想资料。此书每每以“几何公理”或“公法”作为判断一切的尺度，这正是道地的西方货色。其具体内容，诸如主张婚姻自由以保障男女个人的自主之权，官府设育婴堂抚养初生子女而免去父母与子女之间的相互责任以保证各自的自主之权，立议院以实现民主，仿效“地球各国官制之最精者”即由人民“公举”官吏的“公法”等等，尽量采择西方的现成资料以为其思想滋养。书中口口声声说“公理”、“公法”，以此作为设计未来理想社会的依据，不同于后来的自编年谱所描述的那样，早期撰写“人类公理”除几何算学的启发之外，乃依据孔子

---

① ［美］伯纳尔著，丘权政、符致兴译：《一九〇七年以前中国的社会主义思潮》，福建人民出版社1985年版，第9—10页。

"三世"之说和"大同"之制进行阐发。这也反映了康氏修订全书时,正处于对西学知识极感兴趣和不断汲取的过程中,以致书中充斥形形色色的西学内容,反倒使中国传统的理想设计如"大同"之类鲜有立足之地。书中这些西学内容,重点从西方社会流行的哪些思潮中吸取滋养,追寻起来,颇为繁复。根据书中内容判断,到编订全书时,康氏几乎未曾接触西方社会主义思潮。全书确定所谓"安息时日"的公法,曾举例说明,如定例每人每日作工 8 点钟,每月共作 240 点钟,依据视民众之贫富以增减安息之日的几何公理,民众甚富,可每月每人只作工 160 点钟,每月有 10 日作为安息日。这里的八点钟工作日概念,是否得自欧美工人运动争取八小时工作制的要求,看来不大像。因为书中对八小时工作日本身不感兴趣,只是以此作为测度的标准,说明引自西方宗教的安息日礼仪每月有多少天为宜。当然,这也不排除这一举例或许取自那时传入中国的有关欧美工人斗争要求的报道,但仅此而已,顶多是间接的影响,绝非以此表示赞成西方工人阶级反对无限制延长工作日斗争的态度。另外,全书中的"公理"或"公法",一般着重于日常人际关系,对生产资料所有制关系根本没有触及。于此亦可见这本专门凭借西学知识探讨社会理想之"公理"与"公法"的"全书",对于西方社会早已流行并开始传入中国的社会主义思潮之隔膜。

3. 关于《礼运注》①的辨析

明确以"大同"表述自己的社会理想,按照前面的质疑,并不像康氏自编年谱中说的那样,形成于早年撰写《人类公理》的时代。要证明这一点,还必须对他的另一著作《礼运注》的成书年代,有所交代。《礼运注》被认为是康氏阐发小康大同之说的代表作,他在《礼运注叙》末尾,标明叙于"孔子二千四百三十五年,即光绪十年甲申冬至日",亦即此书序言撰于 1884 年 12 月 21 日。根据这一说法,早在 1885－1887 年写作《人类公理》或《公理书》之前,他对"大同"理想已作了较为充分的论述。

《礼运》是《礼记》中一篇,描述儒家理想的"大同"社会典型,有"礼运大同"之说。康氏为《礼运》作注,从其序言看,先是慨叹孔子的"素王之大道",因后世蔽于荀学之拘陋、刘歆之伪谬、朱子(熹)之偏安,难以发扬光大,"令二千年之中国,安于小康,不得蒙大同之泽"。继则表明经过研究探索,终于"发见"被湮没 2500 年的"鸿宝",又称孔子之"微言真传"、万国之"无上宝典"、天下群生之"起死神方",也就是体现"孔子三世之变"真谛的"大同小康之道";同时认为中国二千年来的治乱兴衰和先儒所言,"总总皆小康之世",连孔子著作也多为小康之论而寡发大同之道,系因"生当乱世,道难躐等,虽默想太平,世犹未升,

① 参看康有为著,楼宇烈整理:《孟子微》礼运注,中华书局 1987 年版,第 235－267 页。

乱犹未拨，不能不盈科乃进，循序而行”，意即乱世中只能以小康之论拯救人民，不可能超越这一阶段去追求大同。最后批判“泥守旧方而不知变，永因旧历而不更新”或“不求进化，泥守旧方”观念，宣称他的新发现犹如“辟新地”、“揭明月”，公诸天下后，“以仁济天下，将纳大地生人于大同之域，令孔子之道大放光明”，如此，“庶几中国有瘳而大地群生俱起”，有望使中国恢复元气和生机。

序言中这些议论，揭示了康氏注解《礼运》的基本意图和主要论点。《礼运注》正文围绕“大同”问题，又提供一些具体的解释意见，概括起来有以下几点。

第一，解释孔子之道有“三世”、“三统”和“五德之运”，其中“仁运者，大同之道；礼运者，小康之道”。据此，“仁”高于“礼”，“礼”的治理对象是乱世，“拨乱世以礼为治”，就像希腊宪法一样。而孔子“常怀大同之志，制太平之法”，“以群生同出于天，一切平等，民为同胞，物为同气”，认为只有“至平无差等”，才是“太平之礼，至仁之义”；孔子又生非其时，正当乱世，不能遽行其大同之大道，只能留下其“大同之思”。孔子的弟子子游为“传大同之道者”，“大同之道”流传至今以见“孔子之真”，幸赖于子游，此为“孔门之秘宗”。

第二，注释《礼运》“大同”论。涉及几方面内容：总体看，孔子的“大道”，其“人理至公”境界，首推“太平世，大同之道”，次之“升平世，小康之道”，孔子身处“据乱世”，其志向“常在太平世，必进化至大同，乃孚素志，至不得已，亦为小康”；那时大同、小康皆无由实现，遂引起孔子对生民的哀怜之心。具体地解释，“大道”的内涵，一是“天下为公，选贤与能”，意为“官天下”，以天下国家为“天下国家之人公共同有之器，非一人一家所得私有”，应当由大众“公选”贤能以任其职，“不得世传其子孙兄弟”，此系“君臣之公理”。二是“讲信修睦”，意为国与国、人与人之间“皆平等自立，不相侵犯”，信守和约，和亲康睦，无诈无虞、戒争戒杀，不必“立万法”，此系“朋友有信之公理”。三是“人不独亲其亲，不独子其子”，意为贫贱、愚不肖、老幼矜寡孤独废疾者，“困苦颠连失所教养”，造成“教化不均，风俗不美”以致“人种不良”，对于所有人来说是共同承受的“莫大之害”；既然不能保证自己不成为老幼矜寡孤独废疾，“不如待之于公”，形成“公世”，“人人分其仰事俯畜之物产财力以为公产”，用来养老慈幼恤贫医疾，人人不再有老病孤贫之忧，“俗美种良进化益上”，此系“父子之公理”。四是“男有分”之“分”意为“限”，“女有归”之“归”意为“巍”，亦即男子虽强而各有权限不得逾越，女子虽弱而巍然自立不得陵抑，各立和约而共守之，此系“夫妇之公理”。五是货与力不必为己，意为“二禁”，防止“世有公产”后，出现仰人之养而不谋农工之业的“巧者”，乐人之用而不出手足之力的“惰者”。此二者“以公成其私而以私坏公”，毁坏“大道”，为公众所恶。对此不必施之刑措，随着美俗化久,传种改良,“人人自能去私而为公,不专己而爱人,故多能分货以归之公,出力以助于人”。有国有家有己时,“各有其界而自私之”,势必“害公理而阻进化”,这只是“小道”。“天为生人之本”,人人皆天所生而直隶于天,应天下人皆“公之”,不独不得“立国界”,而且不得“有家界”、“有身界”,“天下为公,一切皆本公理”。这里的“公”,意指“人人如一”,无贵贱之分,无贫富之等,无人种之殊,无男女之异,不同于“分等殊异”的“狭隘之小道”,相信“平等公同”的“广大之道”。这样,没有“君”、“国”,“人人皆教养于公产而不恃私产”,有私产亦“当分之于公产”,人们无所用其私,就不会再运用权术诈谋、从事盗窃乱贼,达到外户不闭,不知兵革的境地,此即“大同之道,太平之世”,其要点就在于“人人皆公,人人皆平,故能与人大同”。

第三,解释《礼运》“小康”论。认为在孔子时代,“至公太平之道”隐而未见,“天下皆自私其家”,君主不能公天下而以为一家私有之物,父子间不能以仁平天下而自私所亲,作力运货者不能为公而自营己私,故“无公产、公功以兴公益”,难免出现贫愚老疾者低人一等和俗弊种坏等现象。对此,圣人生当乱世,虽蒿目忧其患,却“不能骤逾级超进而至太平”。此时若“强行大同,强行公产”,在道路未通、风俗未善、人种未良的条件下,必有大害,只能“因其俗,顺其势,整齐而修明之”。先圣以礼为经,著其义、考其信,“礼运之世,乃当升平未能至大同之道”,在礼的规范和制约下,人民得以稍安,若失之则祸乱繁兴,所以,“次于大同而为小康”,仍是明智之举。孔子以“大同之道不行”,“小康亦不可得”,遂明“三世之法”,发明礼制为的是拨乱世,“其志虽在大同,而其事只在小康”。

以上注释内容,体现注释者对于大同、小康思想的理解和阐发,已经比较成熟。无论康氏自编年谱所说的1884年思考未来人类“极乐世界”,还是据说1885－1887年间撰写的《人类公理》,二者涉及的,只是一些关于未来理想社会的零星观点和朦胧设想,处于尚未成熟的冥思苦想阶段。再来看据说撰于1888年以前而至今尚存的《实理公法全书》,热衷以舶来的“几何公理”范式,设计理想社会人们共同遵守的关系准则,绝口不谈大同、小康思想。这样,人们不能不对《礼运注》自称撰于1884年的成书年代表示怀疑。注释者声称从《礼运》的“大同小康之道”中,发现了被埋没长达二千年之久的孔学“真传”、万国“无上宝典”和使天下百姓起死回生的“神方”,这一发现“公诸天下”,将使“孔子之道大放光明”,使中国摆脱黑暗。既然如此,何以在自编年谱的同年记载里,未曾提及《礼运注》的写作;何以在稍后几年写的《人类公理》里,有关“大同之制”的思索记录,反不及此前的《礼运注》来得详实和成熟;又何以在专论“人类公理”的尚存旧稿里,对“大同”之说未置一辞。对此,后代学者提出一些辨析意见。

较有代表性的意见，是钱穆的倒填年月之说①。这一说法根据《礼运注》的思想倾向和措词特点，比较康氏现存其他著述，认为它的成书年代至少应在1891年初刊《新学伪经考》之后，而将完稿日期大幅度提前，是为了掩饰康氏1889—1890年间会晤廖平后，随即尽弃旧说，采纳廖氏学说的剽窃之迹，故有意颠倒著作次序，以欺人耳目。至于《礼运注》的真实成书时间，这一说法对照康氏在19世纪90年代前期的著述里均未言"大同"及《礼运》的事实，又借助后来服膺康氏大同理想的谭嗣同1896年写成的《仁学》，其中偶尔言及大同小康且不甚郑重的旁证，推断康氏在1895年才稍稍言及大同，并进一步推断《礼运注》正式成书，应在1901—1902年间，大致与《大同书》的成书同时。对《礼运注》成于1884年持有异议的其他学者，大抵上沿袭这一意见，在具体的论据、理由和时间推测上又各有所本。如认为《礼运注》包含的进化论观点，受严复1896年《天演论》流传本（1895年译成，1898年正式出版）的影响，又与1898年戊戌变法失败后的进化思想有出入，大致与康氏1897年刊行的《孔子改制考》内容相近，故断定《礼运注》撰于1897年左右；康氏倒填成书年代，为了表示其思想的独立性，"一无剿袭，一无依傍"②。也有人提出不同意见，如认为《大同书》的内容和思想成熟较早，基本上属于康氏前期思想范围，或者说，《人类公理》草稿的思想基本上就是《大同书》的内容③。此观点同样可以推衍到《礼运注》，但对《礼运注》的写作年代被倒填这一质疑，未提出直接的驳议。

（二）梁启超关于康有为作"大同学"的追忆

以上对《大同书》前身的分析，依据康氏自己的著述资料，给后人的研究留下颇多疑问。于是，有人转向康氏弟子的著述，从中寻求解答这些疑问的旁证资料。其中重要的是梁启超的有关追忆资料。

梁氏1890年拜康氏为师，曾在万木草堂受业多年，并协助康氏校勘《新学伪经考》、《孔子改制考》等成名之作，得其真传；又积极倡导其师的维新变法思想，时以"康梁"并称，即便后来产生一些分歧意见，二人仍长期保持密切联系。因此，梁氏回忆万木草堂时期康氏作"大同学"的那些记述文字，是值得注意的。

梁氏1901年11月写的《南海康先生传》④，是人们经常引用的一个资料。传记认为，康氏"一生学力"，形成于1882年以后在南海西樵山屏居独学四年

① 参看钱穆：《中国近三百年学术史》下册，商务印书馆1937年版，第698—701页。

② 参看汤志钧：《康有为"礼运注"成书年代考》，见其著《戊戌变法史论丛》，湖北人民出版社1957年版。

③ 参看李泽厚：《〈大同书〉的评价问题与写作年代》，《中国近代思想史论》，见《李泽厚十年集》第3卷中册，安徽文艺出版社1994年版，第146—147页。

④ 以下内容除另注外，均见梁启超：《南海康先生传》，《饮冰室合集》第三册，文集之六。

期间的心得体会。这也是康氏自传称1883—1887年间,独自俯读仰思、撰写《人类公理》的时期。"一生学力"集中体现为康氏"经世之怀抱在大同","固以行大同救天下为最终之目的";他在数千年后以一人之力发现了"先圣久坠之精神",恢复了孔子教义的本来面貌,即三世说与大同小康论等孔子真意。"三世"指据乱世、升平世和太平世,据乱、升平二世谓之小康,太平世谓之大同;小康为国别主义和督制主义,太平为世界主义和平等主义;"凡世界非经过小康之级,则不能进至大同,而既经过小康之级,又不可以不进至大同";孔子论小康为了治理"现在之世界",论大同为了治理"将来之世界"等等,这些涵义均可归之为"大同之学"。康氏从春秋三世之义的进化观点出发,认为将来必有极乐世界,其思想所极,推衍为"大同学说"。与起源于希腊柏拉图的"共产之论",18世纪圣西门(原文译作"桑士蒙")、康德等人"大倡之"的"泰西社会主义"相比,康氏未尝读过这些人的书,而大同学说"其理想与之暗合者甚多",故康氏哲学就是"社会主义派哲学"①。传记用了几占全传2/5篇幅,对康氏演绎"礼运大同"之义而形成的"大同学说",有一个"提其大纲"的介绍。

根据大纲,"大同学说"分为四部分。

第一部分"原理"。其主旨说明,谋求全体人类的最大快乐,当先去其苦,欲去其苦,应当先找到致苦的根源;为此列举人类社会源于天生、人为或自作的苦恼种类达十七种之多,针对这些苦恼,"普救之术"是开人智、精艺术、进公德、修政事、高理想、大智慧,"其对治之总办法,厥惟大同";"大同"以"人类皆为同胞",与之相反,不顾他人或各私其私,乃是一切苦恼产生的根源;"大同学说"非施之一国,而施之天下,非行之现在,而行之将来,奉行博爱、主乐、进化三大主义。

第二部分"世界的理想"。包括理想的国家、理想的家族和理想的社会。理想的国家,政府"一由人民公举,采万国制度而改良焉",如《礼运》的"天下为公,选贤与能",民选政府依其辖地风俗以施政,"初时不必齐等,久乃归于大同"。为避免各国之间各谋私益,"第一须破国界",仿照美国和瑞士联邦之例,"合全地球无数之小政府为独一之大联邦,而为总宪法以枢纽之",除保留警察外,废除一切军队,如《礼运》的"讲信修睦"。这一涵义虽然"西人发之者固甚多,今后数百年间亦断不能行",但肯定"其为天下之公理,为将来世界所必至"。理想的家族,以家族为多数苦恼产生的根源,"既破国界,不可不破家

① 有的西方学者据此认为,梁启超是第一个将大同与西方社会主义进行比较的人。其理由是,康有为关于社会主义的些许知识,似乎来自日本报纸上对于社会主义带有敌意的报道,他好像看不出社会主义与他的大同思想之间的任何联系;而梁启超阅读了不少同情社会主义的日文文章后,相信这二者几乎是完全一致的。参看 Martin Bernal, Chinese Socialism before 1913,转载于 Jack Gray 编辑的 Modern China's Search for a Political Form, Oxford University Press, 1969,第7页。

界”。破家界之道，人一出生即送政府设立的“育婴院”，为国家和世界所有，父母不得私之；至成年受各种教育后，须为社会尽责任若干年；待老衰之年进入政府设立的“养老院”。16 岁以下、60 岁以上均由政府供养，如《礼运》的人不独亲其亲，不独子其子，老有所归，壮有所用，幼有所长。“使人人皆独立于世界之上，不受他之牵累，而常得非常最大之自由”，像西人那样，夫妇之间以结婚、离婚自由为“第一要义”。

理想的社会，在“无国家”、“无家族”，国家和家族“尽融纳于社会”后，遵循“社会主义派哲学”，“其一切条理，皆在于社会改良”。理想社会的特色，大致包括：(1)人种改良。“欲造大同之世界，不可不使人类有可以为大同公民之资格”，其法，妇女怀孕即入“公立之胎教院”，胎教之学日精一日，人种自日进一日；检查若发现恶种之患，“公局”施以“止产药”，以防生育不良人种。(2)育婴及幼稚教育。与胎教院相连，公家设立“育婴院”和“幼稚园”，由专门名家进行早期教育，“父母不得与闻”。(3)教育平等。“欲使人类备大同之人格，则教育为第一义”，规定 6 岁至 20 岁，无论何人，一律接受同等的“公家教育”，“人类之智德，可以渐臻平等”。(4)职业普及。20 岁教育期满，可以自由选择职业，具备劳动能力而不执业的“坐食分利者”，政府罚之。(5)劳作时刻减少。近世工价不断增加，劳动时间不断减少，“实为进化之一大现象”，这只是“萌芽”；随着物质学和工艺机器不断进步，大大节省人类劳作之力，到大同时，“必有每日只需操数刻之工，而所出物产，百倍于今日，所受薪金，十倍于今日者，除此数刻之外，则皆为行乐之时”。(6)说教。仿效今日泰西政府的“教院”，选择“最良之德育方案”，个人自由决定信奉何教。(7)卫生和养病。保证公众卫生的进步，“公立”养病院和养废疾院，“医药饮食，皆取给于公”。(8)养老。公家根据“社会报德之原理”，报答数十年为公众尽瘁、有助于进步者，设立“养老院”，“务极宏敞”，起居饮食，“务极精良”。其中有功德在民、曾受公赏者，其养老“当令天下第一娱乐之地，无出其右”；寻常老人的养老，亦“较寻常居宅有加”。(9)土地归公。政府直辖事业的费用浩繁，为不苛取于民，“略仿井田之意”，全球土地公有，民不得私名田，政府按土地所产多寡约十而税一，废除其他捐税。(10)公立事业。政府财源除土地税外，兴办如大铁路、大轮船、大矿务、大制造局等“公业”；听任民间出资经营企业，政府亦常募公债自行举办，“务使公业极多，百务毕举”。(11)遗产处置。个人遗产须以一半归公，其余听任本人或分赠亲友，或赠与公家。(12)奖励名实。对于有功德于民者，社会表示敬谢之意，以此劝励后人。规定男女 20 岁后须到养老或养病院充当看护人一年，接受老人和病人的考评，就像现在世界各国国民须服兵役一样。鉴于大同之世妇女不愿生育，优奖那些“为将来世界永续文明之大原”的生育者。(13)刑罚。对于无业者和堕胎者实行特别刑律，罚做苦工。(14)男女同权。

今日泰西各国倡导女权,实则男女远非平等,“大同之世,最重人权,苟名为人,权利斯等”。(15)符号划一。包括语言文字、纪元、货币、度量衡等,皆设法逐渐统一。基于以上特色,“理想的大同政府”,由一个“总政府”和各个“分政府”构成。

第三部分“法界的理想”。包括“世间”与“出世间”的法界。借助佛教术语说明,在“大同之制”下,众生“处同等之境遇,受同等之教育”,个人根器渐次平等,才可以同时成佛;大同之后,仍当立律,保证受社会教养后为社会义务做事,自然而然,人智日进,真理日明,才可以进入“永生长乐之法界”。

第四部分“理想与现实之调和及其进步之次第”。根据“春秋三世”说,“渐进”、“无冲突”地达到至善境地,“不可以大同之法为是,小康之法为非”,言大同不废小康;调和之法以及先后次第,须奉行“其思想恒穷于极大极远,其行事恒践乎极小极近”的原则。

以上“大同学说”的介绍,梁启超说他十年前即1891年左右师从康氏时,“受其口说”,非数十万言,不能尽其意,因时间长久,十之八九已被遗忘,现回忆的内容虽不足以穷尽康氏理想,然皆康氏之言,“毫不敢以近日近涉猎西籍,附会缘饰之,以失其真”。又说,康氏大同学说“现未有成书”,意谓1901年作传时只是回忆早期的“口说”,不是参考后来修饰过的文字资料。进而认为,康氏大同理想在今日欧美国家或许不足为奇,“独怪乎”其师“未读一西书,而冥心孤往,独辟新境”,竟发明“其规模如此其宏远,其理论如此其精密”的大同学说,真可谓“伟人”。这番赞叹,为了突出康氏阐释大同学说的独立性和创造性。

1902年,梁启超著《论中国学术思想变迁之大势》[①],其中也提到这种独创性。如认为康氏在达尔文主义输入中国以前,以“进化之理”阐发《春秋》三世之义,表达经世之志,乃“一大发明”;其功绩解脱了二千年来对人心的束缚,人们敢于怀疑,导入思想自由之途;将此发明的起始年代推到20年前即1882年左右。又认为时隔20年后,今日青年能译读康氏未读之新书,受习康氏未受之学说,但当初康氏著“大同学”,其“渊眇繁赜之理想”,非今日青年所能达到;即便与读过的西书相比,康氏之书仍为“不可思议”的“创说”。康氏之书何以“秘之”不予发布,梁氏的解释是,当今政界学界处于无秩序状态,此书内容“太骇俗”,若发布“必更滋流弊”。同时记录康氏之书在印度“始写定之”,梁氏于“今春”即1902年春在香港“始见之”,其手写本当时存于康氏弟子麦孟华处。这段记载留下的信息是,梁氏1901年底为其师作传时,尚未见“大同学”写定本,相隔数月到第二年春始见之。后来梁氏刊行康氏作序的《延香老屋诗集》,

① 参看梁启超:《饮冰室合集》第三册,文集之六。

内有《大同书成题辞》，其按语提到康氏演《礼运》大同之义，20 年前“略授口说于门弟子”，至辛丑、壬寅间(1901－1902 年)避地印度，乃“著为成书”，成书后因“方今国竞之世”，一直未同意付印发表[①]。

1920 年，大致与《大同书成题辞》同时，梁启超的《清代学术概论》一书，专辟一节，再次回顾《大同书》的成书经过及其主要内容[②]。此书将《大同书》比作“火山大喷火”、“大地震”，认为它不同于《新学伪经考》与《孔子改制考》两本名著系康氏“整理旧学之作”，乃“自身所创作”。这个创作过程，书中肯定，康氏早在独居西樵山两年间，“专为深沉之思，穷极天人之故，欲自创一学派，而归于经世之用”，开始以《春秋》“三世”之义诠释《礼运》，称“升平世”为“小康”，“太平世”为“大同”。书中还把《礼运》“大同”的内容，用现代语言理解为“民治主义”、“国际联合主义”、“儿童公育主义”、“老病保险主义”、“共产主义”、“劳作神圣主义”等涵义，认为康氏基于此类理解，将“大同”作为“孔子之理想的社会制度”，《春秋》的“太平世”，以此来写作《大同书》。其基本内容，看来梁氏依据《大同书》写定本，将其条理归纳为 13 条。这与康氏传记回忆的 15 条对比，大致差不多，似乎多了第 10 条“设公共宿舍、公共食堂，有等差，各以其劳作所入自由享用”，和第 13 条“死则火葬”，缺了劳动时间减少、土地归公、政府多办公立事业诸条。按照梁氏的看法，《大同书》的关键，在毁灭家族。以无家族为“人类进化之极轨”，也就没有佛法出家求脱苦、保留私有财产、存在国家的必要。由此似乎可以说明新 13 条中何以不谈生产资料公有制。此时梁氏记述以《大同书》写定本为依据，仍断言康氏著书在 30 年前即 1890 年左右，仍感慨那时“一无依傍，一无剿袭”，其理想“与今世所谓世界主义、社会主义者多合符契”，甚至“陈义之高且过之”，“真可谓豪杰之士”。至于著书却秘不以示人，从不以此义教学，梁氏的解释，仍引用所谓今方“据乱”之世，只能言小康，不能言大同，言则陷天下于洪水猛兽的一席话。而且透露：陈千秋和梁启超是康氏弟子中最初读过“大同”一书之二人，读后“大乐”并锐意要求宣传，其师不同意，亦不能禁止他们私下传播，以致万木草堂的学徒“多言大同”；惟此时其师主张应以小康拯救今世，虽发明自认为至善至美的新理想，却“以维持旧状为职志”，不愿实现这一理想，且竭尽全力抗遏之，“人类秉性之奇诡，度无以过是者”。据说梁氏曾屡请刊布《大同书》，康氏以“小康主义”的政治思想，长久以来一直不允许，最后刊印在《不忍杂志》上，又因杂志停版，仅登载全书三分之一即中断，可谓“国中有一大思想家，而国人不蒙其泽”。

---

① 转引自汤志钧：《论〈大同书〉的成书年代》，见其著《康有为与戊戌变法》，中华书局 1984 年版，第 116 页。

② 参看《清代学术概论》第二十四节，见梁启超撰《饮冰室合集》第九册，专集之三十四。

梁启超的以上追忆材料，有几点值得注意。第一，这些材料分别作于1901、1902和1920年，回忆的是10年甚至30年前据说已成宏远规模和精密理论的著作内容。其中1902年的回忆材料，提到20年前的写作情况，显系转述康氏自己的说法。为何到1901年才开始回忆万木草堂期间耳闻目睹这部著作的内容，此前10年间却无点滴记载，这究竟是弟子谨守其师"秘不以示人"之道，直至戊戌变法失败后为师者在自传中率先透露此事，才破除成规，以回忆方式予以公开，还是另有缘由，不得而知。但事隔这么长时间，回忆的内容是否符合实际情况，难免引起后人的怀疑。第二，从以上回忆内容和康氏不同时期的记述与书稿看，《大同书》经历了一个不断酝酿、修改和补充的过程，非一蹴即就。梁氏的几次回忆时间，如1901－1902年，正值康氏大体"写定"《大同书》，梁氏至迟1902年春看到写定本；1920年，已是此书甲、乙两部分于1913年发表后的第七年。在这种情况下，如何保证有关此书早期内容的回忆，未掺入后来修改和补充的内容。对此书的发展演变过程，梁氏避口不谈，坚称所回忆的全是对其师早期写作内容的真实记录，这种信誓旦旦，反倒给人以不真实之感。第三，这些回忆材料确认康氏"大同学说"在早期即已成型，其实各次回忆的说法也不完全一致。如1901年的回忆说当初写的是《大同学说》，1902年说是《大同学》，1920年又肯定是《大同书》，均未提及康氏自传中所说的《人类公理》或《公理书》。又如1901年的回忆说最初获知"大同学说"，系康氏"口说"；1920年的回忆有时沿袭前说，有时又说最初极少数弟子"得读此书"，才有"读则大乐"的体会。比较起来，1901－1902年的回忆口吻尚显模糊和笼统，1920年的回忆口气却要明确和具体得多。对于同一历史资料，从个人记忆看，后期的回忆反比前期的回忆更加清晰，有悖常理。第四，提供这些回忆材料的目的之一，借此证明康氏未曾读过一本西书，仅凭个人的"冥心孤往"，所设计的未来社会理想便达到与当今西方社会主义思想多合符契，甚至超过许多西书的境界，可见其具有超凡脱俗的独创性。回忆中谈到康氏"大同学说"的内容，不论详略，统统归之于其90年代初创办万木草堂，甚至80年代初独居西樵山时的思想成果，强调此思想成果在西方达尔文主义输入中国之前，已经形成。其实，这些回忆材料本身，也不乏提到诸如仿效美国和瑞士建立全球联邦政府、参照各国小学制度实行教育平等、借鉴世界各国兵役制度等从西书中援引的例证。指出这一点，并不是否定康氏作"大同学说"的独创性，而是感到梁氏将这种独创性渲染到极点，乃至绝对化，同时也削弱了它的可信程度。

梁氏回忆资料有其参考价值，但它仍未能解决康氏何时采用"大同"一说所引起的各种质疑。在一些学者看来，这些回忆资料或者可用作支持某些质疑的依据，如1901年的回忆只有"大同"、"大同境界"、"大同学说"等称谓，没有《大同书》的记录，而“大同”不等于《大同书》[①]；或者质疑资料本身的若干内容，如1901年的回忆关于大同社会将缩短工作日和提高劳动生产率一项内容，是把后来《大同书》的思想误植到《人类公理》中去，又如1920年的回忆错把早年在万木草堂看到的《人类公理》秘本称作《大同书》，所有这些追忆上的错乱，不外是吹捧康有为[②]。

至此，将康有为的自传、遗稿，以及梁启超的追忆资料等各种线索联系在一起，剔除其中的错讹，可以对康氏酝酿《大同书》的前期思想脉络，有一个大致判断。其一，从《人类公理》到《大同书》，其间经历一个相当长的形成过程。从19世纪80年代初的“深思”算起，到19世纪80年代中期撰写《人类公理》，到19世纪90年代初期在万木草堂向极少数弟子透露其理想，再到19世纪90年代中期以后逐渐转向用“大同”学说表述其理想，直至1901－1902年避居印度期间写定《大同书》，前后粗算达20年之久。这意味着康氏尽管很早有抱负构思人类的未来理想社会，提出若干基本想法，但远未成熟，一直在不断地补充和修改，连以“大同”一词取代“公理”之说，也是较晚出之事。因此，无论从形式还是内容上说，不能将后来的《大同书》与其前身《人类公理》相提并论，这从现存《实理公法全书》与《大同书》的对比中，亦可见一斑。其二，这种未来理想社会的构思，它的思想来源，是早期在独自思索如何摆脱中国现实苦难的基础上，杂糅儒家思想、佛教思想、西方舶来思想包括一些自然科学思想的产物。这种社会理想的独创性，首先不在于它提出多少新颖内容，而在于它借助当时所能汲取的各种中国和西方的新鲜思想养料，最终在《礼运》“大同”的名义下，形成一个将中西方理想结合在一起的独具一格方案。其三，从“公理”到“大同”，二者保持思想线索上的连续性，试图回答未来社会理想应当是什么的问题。以《实理公法全书》为例，“公理”一词更加强调社会规范的涵义，“大同”一词除此涵义外，与“小康”一词相对应，又多了一层通过“小康”阶段达到“大同”理想的进化涵义，试图回答怎样实现社会理想的问题。早期的《公理书》或《人类公理》，偏重于勾勒理想的社会状态，后来的《大同书》，对这种理想社会状态作进一步描述，同时考虑从“小康”向“大同”过渡的实践课题。这恐怕也是后来用《大同书》取代《公理书》的重要原因。康有为提出大同理想，却将它束之高阁，认为那是遥远未来的事情，现实社会只能循序渐进，以实现“小康”作为目标，乃至于对大同理想采取“秘不以示人”的完全封闭手段。对于凝

① 汤志钧：《论〈大同书〉的成书年代》。此文还认为，康有为的“大同”三世说源于儒家今文经学，他最初从今文经学汲取滋养是在1888年以后，而将《公羊》“三世”学说和《礼运》“大同”、“小康”学说相糅更在其后（参看汤志钧著：《康有为与戊戌变法》，中华书局1984年版，第115－116页）。依此而论，康有为使用“大同”一词表达自己的社会理想，是较晚的事情。

② 参看胡寄窗：《中国近代经济思想史大纲》，中国社会科学出版社1984年版，第191－192页。

聚一生心血的《大同书》之传播,康氏竟持如此戒备态度,现在就来看看这本书究竟包含一些什么内容。

(三)《大同书》及其补充材料

《大同书》甲、乙两部分 1919 年发表之际,康有为曾注明,光绪甲申即 1884 年 27 岁时,法国军队的侵略震动羊城,于是“感国难,哀民生,著《大同书》”。后来 1935 年中华书局首次出版《大同书》全书,以“自叙”形式附载此注①。他在《共和平议》第一卷中也说:“吾二十七岁,著《大同书》,创议行大同者。”同样,《大同书》正文中的第一句:“康有为生于大地之上……二十六周于日有余”,曾“荟东西诸哲之心肝精英而酣饫之,神游于诸天之外,想入于血轮之中”,当时法国侵占越南造成羊城惊恐,更促成朝夕拥书“俯读仰思,澄神离形”(第 1 页②),表明自 26 岁起,思考《大同书》的写作。这些是康氏将《大同书》的写作年代追溯至早年的明确表述,它既与其本人自撰年谱中的回忆有些出入,也曾遭致前面引述的那些质疑。1901—1902 年间的《大同书》写定本,可以说积年累月,是长期孕育和不断补充修订的思想产物,或者说,到 20 世纪初年,《大同书》才以比较成熟和完整的形式固定下来。因此,与其分辨现存《大同书》的内容哪些成于早年,哪些后来添加,不如以此书作为整体,考察康氏写定本时期的大同思想体系。

1.《大同书》的基本内容

《大同书》从甲部到癸部共十部分,20 多万字,第一部分叙述人世间现实的或想象的各种苦难,带有总论性质,其余九个部分探寻苦难根源,从所谓“九界”入手,分别描述去除九种界限后的人类理想境界,也就是大同世界。

甲部“入世界观众苦”。根据孔子所立三统三世之法,“据乱之后,易以升平、太平,小康之后,进以大同”,相信现实的苦难将来可以改变。从世界范围看,欧美各国“略近升平”,因妇女为人私属,离开“公理”尚远,未达“求乐之道”;中国则处于“苦道”通行的“乱世”,拯救之法“惟行大同太平之道”。大同之道为“至平”、“至公”、“至仁”之法,追求“治之至”,所以“遍观世法,舍大同之道而欲救生人之苦,求其大乐,殆无由也”(第 8 页)。人世间存在的种种苦难,最为惹人注目的,是欧美诸国的苦难现象。例如,曾目睹那里的工人取煤熏炭则面黑如墨,沾体涂足则手污若泥,“求肉不得,醉酒卧地,执妇女而牵笑”;爱尔兰的小儿“赤足卧地,杂于羊豕”;伦敦的乞妇“牵车索食,掷以皮骨,俯拾于地,甘之如饴”;德国、俄国、奥地利、瑞典、挪威部分地区以及葡萄牙的穷民与

① “自叙”见《大同书》中华书局民国 24 年 4 月版,古籍出版社重印《大同书》时删去此“自叙”。

② 此页码见康有为著,章锡琛、周振甫点校:《大同书》,古籍出版社 1956 年版。以下引文凡出于此书者,均在括号里标明页数,不再详注。

中国蒙古和东三省的穷民“同其苦患”；西班牙尚有“哀怜”、“穴处”之人等等（第16页）。又如，在“号称富盛”的欧美国家，英国的恤贫费每年高达千万镑，工厂资本皆归大富，小本者不足以营业，“贫者愈贫”；参观东伦敦贫民窟，“如游地狱”，巴黎、纽约、芝加哥的贫民窟也是一样，那里的居民“菜色褴褛，处于地窖，只为丐盗”，“小儿养赡不足，多夭者”，聚集成群，“风俗愈坏，监狱愈苦，病须医愈多”，政府每年的恤贫费无济于事，将来机器改良，谋生较易，“贫民终不能免”，就像“人之排泄物，尤为惨矣”（第32页）。再如，欧美各国的刑狱状况较过去有所改善，仍远不如大同之世“刑措不用，囚狱不设”（第34页）；欧美各国“赋税更重”，繁苛及于窗户，琐碎及于服玩、僮仆、车马，各国并立相互兵争，“耗尽民力以事兵费”，截然不同于大同之世“绝无租税，且领公家之工资”（第35页）；欧美各国对劳动者限于八小时工作日，但“劳苦亦甚，焉得不衰”，此“苦工可悲”现象，不到大同，“无术以救之”（第41页）；“号称文明”的欧洲至今保存“贵族平民两争峙”，而孔子扫除“阶级之制”，遂至“全中国绝无阶级”，后者享有的“平等自由之乐”，对照前者，“有若天堂之视地狱”，此“真孔子之大功”（第46页）；欧美各国人人自立，“老而贫者”得不到后辈赡养，“穷独无告”，“老而富者”又受到亲戚瓜分其财产的威胁，“寡得保首领以没者”（第49页）；“号称平等”的欧美国家，寡妻在社交活动乃至生意方面受到排斥（第28页）等等。诸如此类的人世之苦，其根源在于所谓“九界”，即分疆土、部落的“国界”，分贵贱、清浊的“级界”，分黄、白、棕、黑的“种界”，分男女的“形界”，私父子、夫妇、兄弟之亲的“家界”，私农、工、商之产的“产界”，有不平、不通、不同、不公之法的“乱界”，有人与鸟兽虫鱼之别的“类界”，以苦生苦的“苦界”，因此，“救苦之道，即在破除九界而已”（第51－52页）。

乙部“去国界合大地”。历数有国之害，依托孔子的太平世、达尔文的乌托邦（疑指柏拉图的《理想国》或莫尔的《乌托邦》）等中外“实境而非空想”之说，勾画出一条逐步“去国而天下为公”的未来理想道路（第69页）。这条道路几乎完全以欧美国家的历史发展过程作为参照模式，如认为德国和美国以联邦立国，体现了强大吞并弱小的“合国之妙术”，期待将来美国收取美洲，德国收取欧洲诸国，“尤渐致大同之轨道”。法国大革命的爆发使各国“立宪遍行，共和大盛，均产说出，工党日兴”，这种“仁人倡大同之乐利”的现象合乎人心，顺应大势，而民权与宪法之兴起以及“合群均产之说”，是“大同之先声”（第70页），断言“民党平权必将大炽”（第74页）。这是以废除君主专制作为“去国界”的前提条件。“去国界”的步骤，设想先由各国平等联盟，此为据乱世之制；然后各联邦自理内治，大政统一于大政府，此为升平世之制；最后削除邦国的称号与疆域，各建自主州郡，统一于公政府，此为太平世之制，就像美国和瑞士的管理方式，“无邦国，无帝王，人人相亲，人人平等，天下为公”。实现这一过程,预期“二三百年中必见大同之实效”,后来又基于飞船日出,国界日破的新情况,预言“大同之运,不过百年”(第75-76页)。公政府的建立也有一个逐渐发展的过程,不断提高政府在各个方面所显示的公共程度,直至“大同至公”。

丙部“去级界平民族”。法国大革命除去贵族奴隶之别的阶级制度,“各国效之而收大效”;中国自孔子创平等之义,世俗无阶级之害,此“非常之大功,盖先欧洲二千年行之”(第109-110页)。根据“天之公理”,人各有自主独立之权,当为平等,不当有奴;根据“人之事势”,平等则智乐而盛强,不平等则愚苦而衰弱,不可有奴(第110-111页)。所以,只有“全世界人类尽为平等,则太平之效渐著”(第114页)。

丁部“去种界同人类”。大同太平之世都是优良人种,改良人种的办法,首先逐步淘汰劣等的棕色人和黑人,留下白种人和黄种人在才能与形状上相去不远,然后再使黄种人渐变为白色,不过百年,“不待大同之成,黄人已尽变为白人”(第115页)。

戊部“去形界保独立”。“女子当与男子一切同之”,此为“天理之至公,人道之至平”(第127页)。解救女子的苦难,改变对男子的传统依附状况,须“解禁变法”,使女子的地位逐步“升同男子”(第160页),实行“女子升平独立之制”(第162页),男女之间交好,只能订立为期一月到一年的合约(欢好者允许续约),确保“男女平等,各得独立”(第165页)。

已部“去家界为天民”。以古今中外的例证,归纳十几种阻碍太平世实现的“有家”之害(第189-190页),认为“欲至太平大同必在去家”(第191页)。“去家”的“良法”是,“公立政府当公养人而公教之、公恤之”,通过公家设立的胎教院、育婴院、怀幼院、蒙学院、小学、中学、大学、医疾院、养老院、恤贫院、养病院、送终院等,人们的生育、教养、老病、苦死等事,“皆归于公”,养生送死均由政府治理,与个人的父母子女无关,则家庭将逐渐消失,此即“必天下为公而后可至于太平大同”(第192-193页)。在大同之世,自20岁起“上无公家之养,下无父母之蓄”(第218页),须自择职业,以养自身和赡公用,否则送入恤贫院,在官府监督下罚作苦工以防懒惰;至60岁进养老院,“大同之中仍有差等”(第226页),根据其壮年时期的功德大小享受不同的养老待遇。

庚部“去产界公生业”。近世农、工、商各业“皆创数千年未有之异境”,却未能补救“民生独人之困苦,公德之缺乏”(第234页)。为此提出:(1)“农不行大同则不能均产而有饥民”。农业问题,诸如孔子创井田之法和“均无贫”之说,后世不得其道;英人傅氏(实指法国空想社会主义者傅立叶)欲以十里养千人为大井田,“其意仁甚,然亦不可行”,原因在于“各有私产”,结果“贫富不齐,终无由均”。在“有家有国,自私方甚”情况下,倡行“共产之法”,“欲行共产之说”，无异南辕北辙，欧美国家至今不能行之，只有“行大同之法”，才能生民食安乐，农人得均产。(2)“工不行大同则工党业主相争，将成国乱”。发明机器后，“大资本家”对工人的剥夺更加严重，“贫富之不均远若天渊”，势必造成工人的不满，如近年欧美各国“工人联党之争，挟持业主”；“工党之结联”愈演愈甚，“其争不在强弱之国而在贫富之群”，可以预见，“从此百年，全地注目者必在于此”。所以说，“近者人群之说益昌，均产之说益盛，乃为后此第一大论题”。只有去除“有家之私”和“私产之义”，才能“平此非常之大争而救之”。(3)“商不行大同则人种生诈性而多余货以殄物”。近来倡导“天演之说”，崇尚竞争，以此进才智、精器艺，把生计商业中的优胜劣败视为“天则之自然”，殊不知，“此诚宜于乱世之说，而最妨害于大同太平之道”。只要存在“有家之私及私产之业”，不可能消弭竞争而不得不以竞争为“良术”(第 234－237 页)。列举私有制下“必独人自为营业”的“独农”、“独工”、“独商”等种种弊端后，提出实行“公农”、“公工”、“公商”的“公同之营业”，“今欲致大同，必去人之私产而后可；凡农工商之业，必归之公”(第 240 页)。其具体设想如下：

在农业方面，“举天下之田地皆为公有，人无得私有而私买卖之”。政府设立各级农业机构管理天下农田，每年汇总各地农业生产情况。其安排农业生产，先对全体人民需要的食品用品总量，以及水旱天灾造成的损失，作一统计；再根据各种农作物的适宜产地，以及不同地质区域的出产情况，“以累年之比较而定其农额，统计而预算之，定应用若干”；据此确定各地生产的农作物品种与数量，“令各度界如其定额而行之”，定额核定后，由农部向各基层农业管理机构下达生产指令；基层组织将定额“统计而决算之”，分解落实到各地农场，包括应用农人若干，应备化料若干，应备农具机器若干，应开垦若干，应种百谷、果、菜、树木若干，应畜鸡、鸭、鹅与鱼、牛、马、羊、豕若干，厂场若干，“各分其职而专为之极其琐细”，专精分业以保证“地无遗利，人无重业”；农业收成后，各地小政府统计其管辖区内的需求，截留若干，其余归之公政府，公政府“合收全球之农产而均输于各地，以所有易所无，以有余补不足”，留取预备额以防水旱天灾，若无灾而有余则留待下年之用，“下年之统计预算，即扣留之以宽地力”等等，由此形成周而复始的农业生产安排(第 240－242 页)。另外，规定农民应有农学考验证书，凡有农学士、工师、技师资格者可担任各级农业官吏及政府职务；农民劳动有质量要求和时间限制，几如军令，“世愈平乐，机器愈精，则作工之时刻愈少”；农民的待遇以满足衣食之资为起点，按照才能和阅历实行十级工资制度，工资除留十分之一作储金外，听其自由支用，并平等地享用公有园囿、图书馆、戏院、音乐院以备游息，公有饭厅、商店以备食宿，公旅舍以备远游，公室以供男女同居，公共讲堂以增进德行学识等，请假不作工者扣工资，惰于作工及请假太多者遭驱逐，多次驱逐者“削其名誉”。总之，“人无私家”、“民无私产”的大同“公农”之世，广大农民享受“中古帝王士大夫之所不得”的舒适与便利，其作工之惬意，“不惟无苦而反得至乐”；又可以“举全地之百产而操纵之，举全地之农、牧、渔、矿之夫而乐利之”，避免“私产之农”的忧苦愚昧以及农产品重复、赢余、腐败之类的人力与地力浪费(第 243－246 页)。

在工业方面，“大同世之工业，使天下之工必尽归于公，凡百工大小之制造厂、铁道、轮船皆归焉，不许有独人之私业”。政府设立工业管理机构，根据近水或近市的地形之宜，建立各类工厂。其安排工业生产，先由政府部门核查全球人民需要的各种工业品数量，“以累年之报告比较而定其额”；再考察各地工业生产的“精擅专门风俗”，将所需工业品总数按各地生产特长予以分配，由此制定各地工业生产的品种和数额；然后工部核定，向基层管理机构下达督促各工厂“如额而制之”的生产指令。工人有成业证书者，可升迁担任各级专门工业管理岗位，“终身不移官，不贰事”；工资标准按照工作的美恶勤惰分为数十级，每级工资除留十分之一作储金外，其余“听其挥霍”；大工厂尽归公，一厂之巨大可用人至千百万，占地至千百里，“厂内俨如古国土，厂主俨如古邦君”，其中有供工人享用的公园、音乐院、戏院、公室、公厅、公饭厅、讲道院等，“楼阁宏丽，花木幽靓，过于今之大富室”；太平之世尊尚工业创新，政府奖励工业发明创造者，“给以宝星之荣名”，“赏以千万之重金”；数百上千年后，机器不断发展，比起今天的工作日在中国 12 或 16 小时，在欧美 6 或 8 小时，“太平之世，一人作工之日力，仅三四时或一二时而已足，自此外皆游乐读书之时”；奖赏勤精者，惩罚游惰者予以驱逐直至“削其名誉，不得升迁，不得列于上流”等等。总之，太平世的“公工”，工人“不患无生计之才能”，“不忧无工之苦”，工作轻松，环境条件优越，“皆极乐天中之仙人”；能够“公计”全球工业生产，避免“私产之工”“作重复余剩之器，徒耗有用之光阴”，“工人之作器适与生人之用器相等，无重复之余货，无腐败之殄天物”，不断有新的发明创造以造福公众(第 246－249 页)。

在商业方面，“大同世之商业，不得有私产之商，举全地之商业皆归公政府商部统之”。其管理办法，先由商部核准全球人口数量，贫富差距，及每年每月需用品多少，分配于天下的农场和工厂“如额”生产；农工产品完成后，再由商部核定各地区的人口之数和日用之宜，分派铁路、汽船装载货物转运各地；然后由各地商业管理机构根据本地人口分布，将货物分配到各商店。商店的管理，与地方政府衔接，设置各级管理岗位；相隔数里设立商店，一市一店，大市大店，小市小店，大者可达百数十里甚至数百里，汽车汽船联通，机器运货；店内货物分类陈列，“全地之货万品并陈，每品之中万色并列”，任人选择，物不二价；购货可通过电话或记录设备告知，商店送货上门，或预约每年月的日用消费品，开单告知，商店按日按时送货上门；大店用人多达百数十万，比较农、工、商三者，“商之用人至少”，太平时“人无私商，皆工人”，均有商学毕业资历，“日劳数时而即有读书游乐之暇”；商店设有公饭馆、公客舍、戏园乐馆、讲道院等；店内“货无伪品，价无欺人”，物价由政府决定，根据农工生产及运输成本，增加多者十分之一，少者百分之一，以满足部分管理人员的生活需求，计其时物价比今天便宜十倍百倍等等。总之，“公商”时代消除了“私商”滞货居奇造成的货物“贵贱不时而人民受累”现象，由于“总归之公”，运货归一并实行机械化管理，大大减省商业销售、运输等环节的人员耗费，“尽去百数十倍分利之人，而物价可贱百数十倍”；物价低廉方便了购物者，“全地之货皆集，日日皆如赛珍会”，不再有地处偏僻难于购物之患；国家“但以公商养民，权其轻重而充公用”，一扫各国亘古以来的重征厚敛之害，生活在太平世的人“不知抽剥追蔵之苦，只有领得工金为歌舞游观之乐”（第 249－251 页）。

实行“公农”、“公工”、“公商”具有以上优越性，但以全球而论，全部农田、商货、工厂之业至大至广，“从何而归之公”？不可能通过举公债来承办此事。实现大同最难在“去国”，“去民私业”是“甚易”之事，“自去人之家始”，“去国”也是从“去家”开始。“去家”之法，在于“大明天赋人权之义，男女皆平等独立”，取消婚姻依附关系，只许订岁月交好之和约，行之 60 年，全世界人类皆无家，从而没有夫妇父子之私和遗产传承，这样，“农田、工厂、商货皆归之公，即可至大同之世”；在世界范围内“去家”之后，“去国而至大同”也就容易了。所以说，“欲行农工商之大同，则在明男女人权始”，要想“去家界之累”、“去私产之害”、“去国之争”、“去种界之争”、乃至达到大同、太平、极乐、长生、不灭之人间仙境，均“在明男女平等各自独立始”（第 251－253 页）。

辛部“去乱界治太平”。将全球按照经纬线纵横划分为数千度，大同之世无国土之分和种族之异，其治体以度为界，每度立一自治小政府，上通全球公政府，下合人民，大小得宜，多寡适当。全球公政府与各度自治政府，划分职能，各掌其事。其中：铁路、电线、汽船、邮政、飞船为五项大地交通运送之要政，“皆归于一，皆属于公”，公政府各设专部经营，不仅“为公产而不归私有”，而且“所收之费不可胜数”（第 263 页）；公政府“日以开山、通路、变沙漠、浮海为第一大事”，满足人口愈多，用品愈繁的需求（第 264 页）；那时的人口不是归之农、工、运、辟四部，便是属于老幼、疾病、学校等十院“养于公者”，其屋室、园囿、店、厂、场、局“皆出于公，几无私宅者”，因而太平之世“无散人之村乡而但有公家之廨署”，加上道路四通八达，交通工具极为便利，地方自治职能统一而规范（第 266－269 页）；为促进公众和个人不断进化，公政府仍“竞美”（第 271 页）、“奖智”（第 272 页）、“奖仁”（第 275 页）；太平世“以开人智为主，最重学校”（第 278 页），公政府和各度小政府须在各地设立同样平等的学校；大同之世无邦国、无君主、无夫妇、夫宗亲、无私产、无税役、无名分等，亦无狱讼之争

(第283页),但仍须禁懒惰、禁独夺、禁竞争(不同于竞智竞仁)、禁堕胎(第284—286页),那时的刑罚只是削其名誉,再者付之恤贫院作苦工(第267页)等等。此外,大同世界"金行"遍于全球,"皆归于公,无有私产";从公政府到各度、各地,直至各工厂、农场,均设有相互隶属的不同金行机构,公政府金行部总管全球金行出纳度支之金政,定其用之多寡,各度小政府总金行负责本度界内各类经营收入的汇总及对各企事业单位需用的分配,以及收取人民储金并支付利息,各地方自治局分金行负责按年月向公政府和总金行汇报其所收之数,申请拨用所需之费,其地方自治之收支费用听自治局公议而公用之;发行金属货币以金为上币,银为下币,"公金行"发行纸币,每纸百钱,"出之无穷,令民饶裕而多行乐",或只用金币,分作十用、百用、千用三品,故称"金行"而不称"银行";金行各级管理人员挑选来自学校计学出身的"商业富人"或"各业大富人"担任,这些人皆系造出新器而后得富的聪智之人并多系仁人徽章的获得者,大同之世"权至大者莫如金行",须如此挑选以示郑重(第269—270页)。

壬部"去类界爱众生"。人为动物中之一种,大同之世不应私人类而杀戮万物,应像佛教禁杀绝欲,使"大同之至仁"惠及"全地之兽"(除恶毒而噬人者绝其种外)。这是一个逐步实现的过程,由"乱世亲亲"到"升平世仁民",最终到"太平世爱物"(第289—291页)。

癸部"去苦界至极乐"。在大同之世,其"居处之乐",人人皆居于公所,贫者居室已是"珠玑金碧,光采陆离,花草虫鱼,点缀幽雅",富者居室更是"腾天架空,吞云吸气,五色晶璃,云窗雾槛,贝阙珠宫,玉楼瑶殿,诡形殊式,不可形容"(第294页);其"舟车之乐",自行之车的速度超过今天百千倍,"几可无远不届,瞬息百数十里",自行之舟亦同,"铺设伟丽",其大者设林亭、鱼鸟、花木、歌舞、图书,"备极娱乐",以供舟居(第295页);其"饮食之乐",因无私室而在配置壁画歌舞的食堂列座万千,"日日皆如无遮大会",用机器代替奴仆服务,"以机器为鸟兽之形而传递饮食之器",饮食日精,采用延年益寿的健康食品及不食鸟兽之肉的代肉品(第296页);其"衣服之乐",不分男女贵贱,除注意寒暑之宜与养生之要,"燕居游乐,裙屐蹁跹,五采杂沓,诡异形制,各出新器,以异为尚"(第297页);其"器用之乐",各种器用奇妙灵敏,便巧省事,"日有所进,千百万倍,以省人之日力、目力、心力,记事者,殆不可量"(第298页);还有"净香之乐"、"沐浴之乐"(第298—299)、延长寿命"由一二百岁而渐至千数百岁"的"医视疾病之乐",受公政府教养20年及报偿作工20年即40岁以后,人人讲求"长生之论"和"神仙之学",享受"大同之归宿"的"炼形神仙之乐",神仙之乐后又追求佛学之乘光、骑电、御气,"出吾地而入他星",享受"大同之极致而人智之一新"的"灵魂之乐"(第300页)。总之,到大同之世,耶稣教与回教皆灭亡,孔子三世说亦实现,"惟神仙与佛学二者大行";仙学为"长生不死,尤世间法之极”，佛学为“不生不灭，不离乎世而出乎世间，尤出乎大同之外”，后者比前者更加博大精微，故大同之后，始为仙学，后为佛学，下智为仙学，上智为佛学，“仙、佛之后则为天游之学”(第301页)。

以上《大同书》的基本内容，后面将作专门分析。大致与《大同书》1901—1902年写定本同时或稍前几年，康有为的其他几部著作，也在不同程度上涉及或表述大同理想。这些分散的论述对于认识《大同书》的写作内容和背景，可以起到辅助又不容忽视的作用，在此作一补充。

2. 关于《大同书》的补充材料

在《大同书》之前，康有为早期关于未来社会理想的论证，很少直接以“礼运大同”为依据，一般基于仁、公理、平等或兼爱之类的中外思想进行推理。除了前面已引证者外，例如，1886年撰《康子内外篇》，看到“父子而不相养也，兄弟而不相恤也，穷民终岁勤动而无以为衣食也；僻乡之中，老翁无衣，孺子无裳，牛宫马磨，蓬首垢面，服勤至死，而曾不饱糠核”的现象，哀怜“穷民”同为“天生之人”，其生活却连牛马也不如，认为这是“民上者之过”，对人世间的不平等感到“不忍”①。在他看来，“兼爱”为“仁之极”，“兼爱无弊，既爱我又爱人”，信奉“老吾老以及人之老，幼吾幼以及人之幼”，尤其“为君者”应有“兼爱”之心，改变中国传统的尊君卑臣、重男轻女、崇良抑贱风俗，百年之后实现“君不专，臣不卑，男女轻重同，良贱齐一”，以合“佛氏平等之学”②。这是从“兼爱”角度论证百年以后的平等理想。又如，1891年撰《长兴学记》，求仁之义，从人性皆受天命的道理出发，得出人人相等的结论；又从“人者，仁也”的命题推理，要求“能仁及天下”。这里提出，《春秋》根据“古今递嬗，事变日新”的发展观点，“立三统之法以贻后王”，为汉儒笃守，可惜三统之义后来失传，只有明白遮蔽达二千年的失传之误，才能使“孔子之学复明于天下”③。此时，尚未将《春秋》公羊传的“三世”学说与《礼运》“大同”学说相结合。

这种结合经历一个发展过程。先是强调《春秋》三世说，如1893年的《如有王者必世而后仁》认为，“《春秋》托王，所为张三世”，此“三世”指“《春秋》托始乱世，中进为升平世，而终为太平世”④；又如1896年张伯桢整理的听课笔记《康南海先生讲学记》，列“张三世例”一节，举例说明孔子作《春秋》，以鲁国隐、桓、庄、闵、僖五公为“衰乱世”，文、宣、成、襄四公为“升平世”，昭、定、哀三公为“太平世”；或以孔子世系往前推算，“衰乱世”为高祖、曾祖时代的传闻之

---

① 康有为：《康子内外篇·不忍篇》，《康有为全集》第1集，上海古籍出版社1987年版，第181页。

② 康有为：《康子内外篇·人我篇》，同上书，第188—190页。

③ 康有为：《长兴学记》，同上书，第563、565页。

④ 康有为：《如有王者必世而后仁》，《康有为全集》第2集，上海古籍出版社1990年版，第17—18页。

世,“升平世”为王父时代的有闻之世,“太平世”为其父时代的有见之世,“孔子以前,皆讲‘三世’”[①]。接着,1896年另一学生的听课笔记《万木草堂口说》,同样记录有关《礼运》的讲课内容,并未详论,只提到“夫子之言礼,专论小康,不论大同”、“天下为家,言礼多而言仁少;天下为公,言仁多而言礼少”、“孟子多言仁,少言礼,大同也;荀子多言礼,少言仁,小康也”之类[②]。大致在1897年,这已是康氏自称“大同”信徒并与同事们创办“大同译书局”时期。这一时期他的《万木草堂讲义》,既讲孔子“三世”之说,又讲《礼运》“大同”之义,并论证“‘同’字、‘平’字,先同而后能平”[③],意谓《礼运》“大同”与“三世”中“太平世”有不可分割的联系。惟此讲义仅一纲目,难以对这种联系作进一步论述。更加明确和具体的论述,见同年上海大同译书局首次刊行的《春秋董氏学》一书。

《春秋董氏学》后来载于《万木草堂丛书》,其自序标明作于光绪十九年癸巳七月即1893年,《康南海自编年谱》回忆作于光绪二十年甲午即1894年,而大同译书局1897年刊行的早期版本,未见其自序的年代标帜,据此,不妨将这部十数万字书稿的写作,看作始于1893年而最迟完成于1897年。这部书的个别地方提到《春秋》“义分三世”,如政权的继承传贤不传子是“太平世”,传正不传贤是“据乱世”之类,此外,关于“三世”与“大同”、“小康”关系的论述,集中在“三世”一节。这一节说,伪造的《春秋》左传排斥正宗的《春秋》公羊传,使《春秋》乃至孔子之道的真髓湮没无闻。这一真髓的本来涵义应当是:

> “‘三世’为孔子非常大义,托之《春秋》以明之。所传闻世为据乱,所闻世托升平,所见世托太平。乱世者,文教未明也;升平者,渐有文教,小康也;太平者,大同之世,远近大小如一,文教全备也。大义多属小康,微言多属太平。为孔子学,当分二类,乃可得之。此为《春秋》第一大义。”[④]

如此明确地将“升平”与“小康”、“太平”与“大同”联系在一起,这在康有为写作年代无甚疑义而时间又较早的著述中,可谓典型一例。自此以后,康氏的思想演变,似乎侧重将孔子的“三世”说,从原来专指春秋时代的所传闻、所闻与所见三世,转变为泛指人类社会的发展阶段。如谓孔孟以来两千多年的中国历史,均可归入“今升平之世”范畴[⑤]。这也意味,宣扬“太平”或“大同”世界,不再是对已逝去的远古黄金时代的迷恋,而是对未来可以追求的美好理想

---

① 张伯桢整理的《康南海先生讲学记》,《康有为全集》第2集,上海古籍出版社1990年版,第249页。

② 《万木草堂口说》,同上书,第317页。

③ 《万木草堂讲义》,同上书,第581、594页。

④ 康有为:《春秋董氏学》,同上书,第671页。

⑤ 康有为光绪二十四年(1898年)六月所上《请尊孔圣为国教立教部教会以孔子纪年而废淫祠折》,中国近代史资料丛刊《戊戌变法》第2册,上海神州国光社1953年版,第233页。

的憧憬。康氏的《礼运注》，曾表达中国二千年来，“总总皆小康之世”。如果像有些人的考证，此注撰于1897年，则康氏将“三世”说与“大同”、“小康”论相结合的同时，已在思索扩展春秋“三世”说的应用范围。如果按照另外一些人的考证，确信此注撰于1901－1902年间，则康氏在1897年进行这一结合之后的一段时间里，仍局限于从春秋“三世”角度解释“小康”和“大同”；换句话说，摆脱这一局限而将“三世”说从春秋时代推演到人类社会的现在和未来，其间经历了一个思想演变的过程。比较两种考证意见，前一考证未能解释一个矛盾现象，即对于“三世”及“小康”、“大同”适用范围的理解，何以假设撰于1897年的《礼运注》与同样刊于1897年的《春秋董氏学》相差甚远。《春秋董氏学》尚沉湎于这一说法，即“小康”、“大同”是春秋时代继所传闻“据乱”世之后而起的所闻“升平”世与所见“太平”世，《礼运注》则热衷于证明孔子身处“据乱世”，并用“小康之世”比喻两千年来的中国社会。后一考证假设《礼运注》撰于《春秋董氏学》初版之后的1901－1902年间，留出几年的思想演变时间，则避免了这一矛盾的出现。[①]

1901－1902年间，是康有为写定《大同书》的时间，也是他最终选定“大同”作为未来社会理想范式的思想成熟时期。这一点，不仅有《礼运注》的内容可以作为旁证，而且这两年间有他一系列著作可以证明。例如：

> 1901年的《春秋笔削微言大义考》，其“自序”概括说，“孔子之道，其本在仁，其理在公，其法在平，其制在文，其体在各明名分，其用在与时进化”。其中的“公”，指“人人有大同之乐”，达到这一境界的途径，在于“张三世”。据说孔子立“三世”之说，“身行乎据乱”，“心写乎太平”。如果后代遵循孔子之道，本来到隋唐时代，“应进化至升平之世”，隋唐之后，至今千载，“中国可先大地而太平”。然而，秦汉之后，“无人传师说而微言绝”，于是“三世之说不诵于人间，太平之种永绝于中国”，二千年来只是“笃守据乱之法以治天下”。[②]

光绪二十七年辛丑(1901年)春二月作序的《中庸注》，论证“三世之统”包括内其国而外诸夏的“拨乱世”、内诸夏而外夷狄的“升平世”、内外远近大小若一的“太平世”，认为“每世之中，又有三世”，如据乱世中有升平、太平之世，太平世之始也有据乱、升平之别，“每小三世中，又有三世”，“于大三世中，又有三

---

① 1897年以后，康有为的大同倾向已愈益明显。如1898年初，日本横滨的华侨创办一所学校，曾由孙中山起名“中西学校”，后征求康有为的意见，当即改为“大同学校”；1898年秋戊戌变法失败后，康有为在流亡期间，给自己的许多组织冠以“大同”的称号。参看[美]伯纳尔著，丘权政、符致兴译：《一九〇七年以前中国的社会主义思潮》，福建人民出版社1985年版，第16页。

② 《康有为政论集》，中华书局1981年版，第468－469页。

世”,“三世而三重之,为九世,九世而三重之,为八十一世,展转三重,可至无量数,以待世运之变,而为进化之法”。以此说明,一则顺应世运变化,改革旧法以求进化;二则进化之法“务在因时”,不得乱世行太平之制,或升平世仍守据乱之制,譬如“今当升平之时,应发自主自立之义,公议立宪之事,若不改法则大乱生”;三则每世之中的三世可以并行不悖,如今世中国少数民族、南洋人、非洲黑人和美洲部分人种处于据乱世之据乱,同时印度、土耳其、波斯颇有礼教政治,乃据乱之升平,而美国人人自主,可谓据乱之太平。这种“三世”进化论,是为君主立宪制张目。书中还认为,“孔子发明据乱小康之制多,而太平大同之制少”,因孔子处于据乱之世,就像养婴儿者不能遽待以成人而骤离于襁褓一样,虽然预为描画“太平之法、大同之道”,但生非其时,有志未逮。由此说明“进化之理,有一定之轨道,不能超度”;并以“孔子知三千年后必有圣人复作,发挥大同之新教者”,隐喻自己作《大同书》的功绩。[①]

光绪二十七年(1901 年)冬至日作序的《孟子微》,认为孟子继承孔子之学,包括春秋“三世之制”和“大同之道”(自序,第 1 页[②]),然而数千年来全然埋没,须重新从孟子著作里发掘这些微言大义。其中涉及:“天赋定理,人人得之,人人皆可平等自立”(卷一总论,第 7 页),“人人皆天所生,无分贵贱,生命平等,人身平等”(卷四仁政,第 96 页),“人人独立,人人平等,人人自主,人人不相侵犯,人人交相亲爱,此为人类之公理,而进化之至平者”(卷一总论,第 23 页);“家天下者”为“拨乱升平之君主”,“公天下者”为“太平大同之民主”(卷一总论,第 8 页),孟子的民贵君轻思想,早已发明今天西方各国实行的民主公举制度,“近于大同之世,天下为公,选贤与能”(卷一总论,第 20—21 页);拨乱世“仁不能远,故但亲亲”,升平世“仁及同类,故能仁民”,太平世“众生如一,故兼爱物”,“大同之世,人人不独亲其亲、子其子”(卷一总论,第 11 页),而中国二千年来遭受“不仁为道”的“酷毒”(卷一总论,第 10 页);从“世之进化”看,“一世之中有三世,故可推为九世,又可推为八十一世,以至于无穷”,说明不可能逾越任何进化阶段,强制“在拨乱之世遽行平等、大同、戒杀之义”(卷一总论,第 11 页);孔子和孟子皆“以平为第一义”(卷五战,第 120 页),孔子创井田之制,意在“田产平均,人人无甚富贫”,因“不平者天造之,平均者圣人调之,故凡百制度礼义,皆以趋于平而后止”(卷一总论,第 17、18 页);在西方国家,“英人傅氏言资生学者,亦有均民授田之议”,打算千人分十里地以养殖千人,其中士农工商之业,通力合作,各食其禄,这与近年“美国大倡均贫富产业之说”一样,体现了孔子井田封建之制的“均无贫,安无倾”之意,表明“百年后必

① 《孟子微》中庸注,中华书局 1987 年版,第 222—223、227 页。

② 此页码见楼宇烈点校《孟子微》(中华书局 1987 年版),本段括号里的其他卷次和页码,均见此书,不再另注。

行孔子均义，此为太平之基”（卷一总论，第 19 页）；孔子的大同小康之义，大同即平世，小康即乱世，“乱世主于别，平世主于同，乱世近于私，平世近于公，乱世近于塞，平世近于通”（卷一总论，第 21 页）；根据孔子大一统之义，“将来必混合地球，无复分别国土，乃为定于一大一统之征，然后太平大同之效乃至”（卷三仁不仁，第 78－79 页），国界分明时，人们“但知私其国，不知天下为公；至国界既平时，即觉其私愚可笑”（卷八辟异，第 173 页）；“大同之世，人人以公为家，无复有私，人心公平，无复有贪，故可听其采取娱乐”，设立公学校、公图书馆、公博物馆、公音乐院等，“皆与民同”（卷四同民，第 99 页）；今“近平世”，大工大商大农的势力与古代国家无异，“于时纷纷为均贫富之说以散之”，这种状况“必至太平大同世，天下为公，始能变之。然至天下为公时，则一切皆成为大公司，但尽属于公”（卷五政制，第 115 页）；孔子之学的传承，“知小康之法、据乱之治，犹多；若太平大同之理之义，则传者寥寥”（卷八辟异，第 185 页），孟子发愤著书，深虑此理义湮没而不明不行。此类论述，再次寄托了康有为著《大同书》的寓意。

光绪二十八年（1902 年）春三月作序的《论语注》说，根据孔子的春秋三世之义，可以推知百世之变革，“自据乱进为升平，升平进为太平，进化有渐，因革有由，验之万国，莫不同风”。“三世”的涵义，“据乱世则内其国而外诸夏，升平世则内诸夏外夷狄，太平世则远近大小若一”，太平世将消除不同国土、种类和风化之间的界限而达到“若一”。孔子生当据乱之世，但“预知”未来的发展进程，如今“大地既通，欧美大变，盖进至升平之世”；按照一世可分为三世，三世可推为九世，再推为八十一世，乃至推为“千万世，为无量世”的演进路线，还能看到“太平大同之后”的进化之微妙与精深。这些被后儒们遗忘的“孔子微言”，“可与春秋三世、礼运大同之微旨合观”。（卷二为政，第 27－28 页[①]）惜乎西汉末年刘歆篡改圣统，孔子的“改制之说”和“三世之义”几近湮没绝闻，造成“中国二千年不蒙升平太平之运”（卷七述而，第 87－88 页）。从政治上看，“拨乱制”时，“政出天子”，百世以来的“一统之君主专制”，合乎拨乱之世的“一定之序”；“政在大夫”或“君主立宪”，君主不负责任而大夫任其政，此属“天下有道”的升平之世，由乱世进入升平世、从君主专制转为民主制的“自然之数”，是世界各国正在经历的大变革；“政由国民公议”体现“大同，天下为公”精神，此属“有道之至”的太平之世。处理这三者关系的原则，“惟时各有宜，不能误用，误则生害，当其宜。皆为有道”（卷十六季氏，第 249－250 页）。对此，康有为同年写给美洲华侨的信中，有一个明确解答。他以首先提出“公理”与“民

---

① 此卷次和页码见康有为著，楼宇烈整理《论语注》（中华书局 1984 年版），本段括号里的其他卷次和页码，亦见此书。

权"的中国先驱者资格,认为今日"必行"民权而"万不能尽行"公理:"今日由小康而大同,由君主而至民主,正当过渡之世,孔子所谓升平之世也,万无一跃超飞之理";因此,"凡君主专制、立宪、民主三法,必当一一循序行之",如果紊乱其序,"则必大乱"。这样一来,上述进化原则,变成坚持君主立宪制的理论依据,或者说,早先讲学著书时描绘的远大理想即"预立至仁之理",并不打算现在实行,"以待后世之行"①。

以上补充材料,引自康有为在不同时期遗留的可靠著述,不是他后来追忆的或写作年代有争议的文稿。由此可以显示,康氏在19世纪90年代中期以后,才逐渐将"大同"概念明确引入理想社会的设计框架,并在20世纪初用《大同书》方式,给这一概念罩上荣耀的光环,使它成为一切未来美好社会的代名词。

暂且撇开《大同书》,单从19世纪90年代以来、尤其1901—1902年间康氏谈论"大同"的这些著述材料看,他想表达以下几层意思。一是相隔数千年后,首先由他重新发掘出曾被长期埋没的孔子"大同"思想,此功绩堪称孔子之后三千年才出现一个"复作发挥大同之新教"的"圣人"。二是将"大同"学说与春秋"三世"说结合,表明"大同"社会既是一个通过不断变革、在遥远的将来可以实现的理想目标,又是一个必须循序渐进、不能逾越任何细小发展阶段的进化过程。三是即便孔子这样心怀"大同"之志的圣人,也无法摆脱时代的制约,发明"大同"之制少,谈论"小康"之制多,只能提出适应据乱世的"小康"目标,将"大同"目标以微言大义形式留给后人去体会和揣摩;照此推理,当今"圣人"阐发孔子的微言大义之后,同样不能实行"大同"理想,只能追求中国现实条件许可的具体目标。四是将"三世"说的适用范围,从春秋时代扩展到人类社会发展全过程,在世界范围内,不同的发展阶段可以在不同的地区或人种领域并行不悖。五是判断秦汉以来中国两千年发展的基本社会属性,1898年戊戌变法期间认为可归入"今升平之世",1902年春答南北美洲华商书中,又说今日处于由小康向大同过渡的"升平之世",《礼运注》则提出中国二千年来"总总皆小康之世",除此之外,大体上将二千年归于"笃守据乱之法以治天下"的"据乱世",而非与"升平世"相联系的"小康";同时判断欧美各国如今已进入"升平之世",美国、瑞士等国在民主公举方面的做法"近于大同之世"②,隐含着中国须效法欧美国家以为榜样的意图。六是划分"大同"与"小康"以及"三世"之间的区别之后,将"大同"或"太平世"置于可望不可即的虚幻地位,以不可逾越的必经阶段为名,真正贩运的,是君主立宪制。

① 康有为:《答南北美洲诸华商论中国只可行立宪不可行革命书》,《康有为全集》第6集,中国人民大学出版社2007年版,第314、321页。

② 《孟子微》卷一总论,中华书局1987年版,第21页。

这些意思，连同补充材料里围绕“大同”社会所提出的各种具体猜想或理想原则，均在《大同书》中有不同程度的体现，有些连表述方式也很相似。19世纪90年代中期以来的这些著作内容，比起此前那些主要靠追忆保存的，或者成书年代尚存疑义的记述，更为可靠地证明，康有为建立起比较成熟“大同”思想体系，主要在90年代中期以后直至1901－1902年这一段时间。这一证明并不否认在此之前，康氏经过长期思索，形成不少重要的先行思想，但那些思想不是总揽于“大同”理想之下，只能说是一些没有“大同”框架的零散理想观念；这一证明也不否认在此之后，对《大同书》“写定”本又作了不少修改和补充，如增补1904年游历欧美国家的有关内容[①]，但这些多系枝节性改动，无碍写定本大局。

《大同书》的成书带有谜一般的复杂性，其孕育时间之久为同期著作所罕见，成书后秘藏不宣的时间之长更是令人匪夷所思，再加上康氏及其弟子无意有意地掺入一些错乱或进行渲染，因而分析《大同书》的内容以前，不得不花费较多篇幅，先对康氏前期与同时期著述作一番梳理和辨析，冀以弄清《大同书》成书的来龙去脉。现在可以看到，《大同书》的成熟过程，恰好处于马克思经济学说在西方社会主义思潮的裹挟下，开始传入中国的初期阶段。《大同书》为研究那一时期曾站在时代潮流前列的中国代表人物如何设计自己的社会理想，提供了一个不可多得的范例。

（四）关于《大同书》思想的剖析

《大同书》所包含的思想，相当繁杂和奇特。依据这本书的基本内容，同时参考与此相关联的各种补充材料，可以注意到，这些曾令人骇异而秘不示人的思想，既具有某些超凡脱俗的识见，体现了站在时代前列的先进特征，又充斥不少幻想、矛盾甚至荒唐的内容，反映了历史的局限性。

1.《大同书》的现实基础与空想性质

古今中外的社会理想，往往产生于对现实社会状态的不满或失望，将改变这种状态的希望，寄托在未来能有一种理想状态取而代之。《大同书》也不例外，它的第一部分集中概括了世界上形形色色的人生苦难。对这些苦难的描述，大多是真实的，同时也夹杂一些臆想成分。总的说来，其不同于中国传统理想观念的地方，是从现实生活出发，突出了两方面的苦难内容。

一方面，突出了中国近代以来，传统专制的压迫与剥削日益深重，更遭受西方列强侵略带来新的苦难。《大同书》的早期写作动机，起因于1884年法国军队的入侵威胁激起“感国难，哀民生”的强烈感觉。马克思和恩格斯早在英国人用武力打开中国门户不久，就提出外国工业品进入中国市场，势必冲击传统经济根基而引发社会危机，产生诸如“中国社会主义”问题。数十年后，康有

① 参看汤志钧：《康有为与戊戌变法》，中华书局1984年版，第118－122页。

为亦因外国势力的入侵引起“国难”和“民生”危机，试图发掘和重新创立“大同”理想，他未能作出深刻的经济与政治分析，但为宣扬“大同”的古老理想，在传统内部因素之外，增添了以往不曾有过的新的外部因素。另一方面，突出了西方社会因资本主义压迫与剥削所带来的诸多苦难。自古以来，中国历代社会理想，无一不是建立在企求摆脱现实苦难的基础上。这类社会理想的若干方案，其眼界从未超出本国或本地的范围。康有为最初思索摆脱困苦的理想境界，亦针对本国或当地人民的生活状况，又试图借鉴西方的制度思想与治理方法以为滋养，带有不同于古代理想的近代特色。此后，对西方社会的认识由肤浅到逐步深入、由道听途说到亲身游历欧美作实地观察，反映在《大同书》及其补充材料里，不仅以欧美各国进入“升平之世”甚或近于“大同之世”，可资仍处于“据乱世”的落后中国效法，还注意到这些国家同样存在贫民饥寒交迫、贫富差距悬殊、赋役负担沉重、名义平等与实际不平等、严重阶级对立等现象，也必须消除苦难以进入“大同”理想。近代以来打破中国传统的闭关自守状态，才使得《大同书》作者的视野，能够超出本国局限，以拯救全人类的救世主面貌出现，企图为整个世界的未来提供一个理想范式。

无论列举国人苦难现象时引入外国侵略的因素，还是主张仿效西方国家时看到欧美诸国同样存在各种社会弊病，都显示出康有为在他那个时代，对于社会事物的观察具有不同凡俗的敏锐眼光，也使《大同书》由以产生的现实基础，有别于其他一切传统社会理想，更加富于时代特征。但是，他试图分析当今人类社会何以存在种种苦难的内在原因，又暴露出他同传统社会理想的设计者们一样，囿于个人主观意志，从未深入客观社会经济结构的内部，因而将社会苦难的根源，归结于平等、公正、仁爱之类道义或政治观念。他的“九界”之说，是单凭个人主观判断的典型例证。所谓九种界限，其划分标准和逻辑涵义混乱不清，以这些主观臆想的界限代替客观真实原因的分析，又模糊了《大同书》曾经接触的那些现实基础。以破除九界为线索展开议论，意味着离开现实基础越来越远，最终变成纯粹个人想象的产物。康氏将“大同”与“小康”分开处理，不受任何现实约束，驰骋着不着边际的想象：如何破除九界、如何建立“大同”社会甚至如何在“大同”之后进入“长生不死”或“不生不灭”的仙、佛之境等等，更加渲染了《大同书》的幻想性质。他以挽救世界的“圣人”自居，自以为经过冥思苦想，发明了一套改造社会的理想模式，可是这一社会理想脱离了现实根基，试图从外部强加给社会，这种“大同”理想，从一开始就注定是空想。

2.《大同书》与中国传统社会理想的继承关系

在中国传统文化的历史遗产中，包含相当丰富的关于未来社会理想的各种描述，其中不乏类似社会主义成分的思想因素。《大同书》的经年构思和成书过程，植根于传统文化的沃土，从历代流传下来的社会理想那里，汲取不少滋养，经过提炼加工融汇到自己的“大同”理想中。这些留存于《大同书》的传统思想印记，体现了中国古代社会理想的若干基本特征。

一是所有制方面，《大同书》主张“去产界公生业”，消除财产私有界限，实行产业公有制，继承了中国古代社会理想中倾向取消私有制的传统。古代传统根据天公不偏私一物的自然现象或者君主以天下为公的主观愿望，把公有制看作天经地义的事情，缺乏对于公有制合理性的严谨理论论证，缺乏如何从私有制过渡到公有制的真实道路探索。看来康有为也受到这种传统的影响，认为“去民私产”是“甚易”之事，在去除的九种界限中，“去产界”不过排在第六位。如何从私有转为公有，他一会儿说“募公债”，“募公债以公养民，公负之而公运之，有债与无债同，以人人皆公，产业皆公”；一会儿又说全球的农田、商货、工厂之业“从何而归之公”，要是“欲举公债以承之，亦万不能行”，否定了“举公债”，最后干脆撇开生产资料所有制而从男女关系领域找寻处理的办法①。一本书里出现这种摇摆不定的矛盾说法，大概这方面的思索缺乏传统内容可资凭借，或者说，很难从传统社会理想中找到可供启迪的先行思想资料。但他注意到近代社会私有制的各种弊端，并将传统“公”这一抽象概念，具体化为“必去民之私产”或“民无私产”以及“农工商之业必归之公”的明确涵义。这又是他谈论公有制的社会理想时，比起前人的深入和进步之处②。

二是分配方面，《大同书》谈到未来“大同世”生产与流通领域从业人员的收益分配，曾引进等级工资制概念，似乎赞成分配制度上的差别待遇。其实，《大同书》的基本精神，仍像中国历代的社会理想，强调人人平等包括财富分配上的一律均平。如谓“群生同出于天，一切平等”（《礼运注》）；“同”与“平”之间“先同而后能平”（《万木草堂讲义》）；“太平者，大同之世，远近大小如一”（《春秋董氏学》）；“天赋定理”或“人类之公理”在于“人人平等”，孔、孟二人“以平为第一义”，创立“田产平均，人人无甚富贫”的井田之制（《孟子微》）等等。尤其在《论语注》中，推崇孔子的“均无贫”思想，认为“太平大同之治亦不过均而已。均则无贫，今各国人群会党宗旨不出于此”③。还把孔子的平均思想，与西方

---

① 康有为：《大同书》，古籍出版社 1956 年版，第 100、252 页。

② 有人认为，康有为想望的不是“公产”社会，而是建立资产阶级共和国的世界。其理由归纳起来，一是《大同书》除个别章节外，很少涉及“公产”；二是具体提到如何“公产”的庚部“去产界公生业”一章，在“太平世”仍有“至大富者”即私产存在；三是作者本人受“阶级条件的限制”（汤志钧：《论康有为〈大同书〉的思想实质》，见其著《康有为与戊戌变法》，中华书局 1984 年版，第 143－145 页）。其实，非无产阶级代表人物提出建立公有制的理想社会，这在空想社会主义的历史上并不罕见；这些纯系空想方案的设计者，其理想中夹杂与公有制目标相矛盾的说法，也没有什么稀奇。在这方面，与西方空想社会主义者有所不同，康有为既然赞成废除私有制和实行公有制，何以又轻视这一同现实状况迥异的根本性变革，将其看作“极易”之事而置于全书的次要地位。这恐怕除了设计“大同”理想的个人因素外，与康氏倚靠中国历代社会理想的传统背景，不无关系（参看康有为：《大同书》，古籍出版社 1956 年版，第 238－240 页）。

③ 《论语注》卷十六季氏，中华书局 1984 年版，第 248 页。

各国的社会主义党派宗旨等同起来[①]。在这一精神支配下,《大同书》称颂孔子创平等之义,先于欧洲二千年扫除"阶级之制",遂使"全中国绝无阶级"。可见,《大同书》同样恪守古代社会理想的传统,尊崇平等而非差异。惟其对平等的理解,包含不同的层面,既包含社会地位方面人人生来俱有的平等,也包含财产分配方面人人享有公有制的平等。前面所说的等级工资制,主要涉及个人消费品的分配。在这方面,看来康有为不那么坚持传统的绝对平均观念,主张视个人工作的美恶勤惰,支付工资时区别对待,借以激励人们的工作积极性。中国古代对于人们工作的表现和质量的差异,常从个人的自然禀赋找原因,以此作为支持贵贱贫富差距的根据。像康氏这样,既坚持无阶级的公有制,又把奖勤罚懒、扬美惩恶带入大同社会的分配制度以求保持其活力,颇为罕见。从这里,不难看出当时西方进化论思想传入中国的影响痕迹。在康氏看来,"天演之说"崇尚竞争,将造成以强凌弱、互相吞啮、"坏人心术"、"倾人身家"的罪过,不如太平世"乃能大众得其乐利"[②];同时,又担忧太平世的舒适享乐会使人不思进取,仍须提倡"竞美"、"奖智"、"奖仁"以不断进化。为了二者的平衡,在分配制度上,一面要求废除私有制,根本改变生产资料的分配不平等;一面要求公有制除了保障从业者享有良好的生活和社会福利待遇外,个人消费品的分配仍保留一定的等级差别。这恐怕也是康氏分配平等观念区别于古代绝对平均观念的要点之所在。

三是生产劳动方面,《大同书》强调大同社会所有正常的成年人必须自食其力,不得好逸恶劳,这与历代中国社会理想的主要精神一脉相承。不过,《大同书》并未停留于普及劳动的传统理想观念,把劳动看作社会进步和人类自我完善的必要途径。为此,书中规定,逃避劳动者被罚作苦工,享受不同的社会待遇以奖赏勤精者和惩罚游惰者,消费品的分配实施按劳取酬原则而非按需分配等等。大同理想掺入这些规定,包含各种现实因素,体现了与古代理想不同的时代特征。

四是人际关系方面,《大同书》突出平等与仁爱,构想没有剥削压迫、和睦相处的未来社会,这是康有为思索拯救现实苦难的一贯理想,也是我国古典社会理想的重要传统。作为古代传统的近代继承者,康氏自有其特点。譬如,服膺人人平等的原则,同时宣扬人人不受制于他人的独立自主精神;超出传统的平等范围而予以极度扩大,将各种可能有碍人际关系平等的现实的或虚拟的界限,包括所谓国界、级界、种界、形界、家界、产界等,统统归入必须破除之列。

① 有的国外学者,把康氏这里的"人群会党"一词直接译为 the socialist parties,即"社会主义党派"。见 Kung-chuan Hsiao, A Modern China and a New World, K'ang Yu-wei, *Reformer and Utopian, 1858—1927*, *University of Washington Press*, 1975, 第 91 页。

② 康有为:《大同书》,古籍出版社 1956 年版,第 236—237,285 页。

破除这些名目繁多的界限，其中有些同样是传统社会理想所追求的目标，如取消区别贵贱等级的“级界”、划分私有财产的“产界”、独亲其亲的“家界”等；有些也能从传统社会理想中找到其先行思想资料，如破除“国界”思想或许来源于传统的“天下为公”、“四海之内皆兄弟”观念；有此则突破传统社会理想的范围，如取消“形界”以实现“男女平等”，取消“种界”以达到“无人种之殊”等，将男女平等视作消除一切界限差别的基础，有其合理之处，而将消灭种族差别寄托于改造有色人种变成白种人，荒唐之至；另外有些语意含混的界限，如“乱界”、“苦界”之类，与前面各界的内容或重复或交叉；至于“去类界”，超越人际之间的平等关系，要求实现人类与动物乃至与自然万物之间的平等。“去类界”在今天看来，似乎含有环境保护或自然资源保护的意味，与古代天人合一观念有某种联系，其实在康氏那里，这种想法只不过把佛教的禁杀绝欲观带入大同理想罢了。

五是生活水平方面，《大同书》不满足于传统社会理想“甘其食，美其服，安其居，乐其俗”之类的简单描述，结合近代以来感受到的科技发展趋势，极尽奢华的想象。如居室“腾天架空，吞云吸气”，其形制犹似仙境一般不可形容；饮食在环境优雅的食堂，列座万千，“日日皆如无遮大会”，以机器传送食物，享用延年益寿的健康食品；服饰“五采杂沓，诡异形制”，以新奇为尚；交通工具以电力发动，速度奇快，无远不届，舟车设施“铺设伟丽”、“备极娱乐”；各种器用奇妙灵敏，便巧省事，“日有所进，千百万倍”；还有完善的医疗保健办法可延长寿命至千数百岁，甚至成为“长生不死”的神仙，进入“不生不灭”的佛学境界。在古代社会，受生产力发展水平的制约，人们对未来生活方式的想象，比较有节制，有时还幻想退入原始生活状态以逃避现实社会的烦恼，如老子的“小国寡民”论。到《大同书》的成书年代，中国处于门户开放后的经济政治大变革时期，作者通过接触各种中外资料，亲历国外实地考察，勾画未来社会的理想生活方式时，能够以古人从未有过的开阔眼界，参照世界范围内的先进案例，展开自己的想象。《大同书》的悬想为古人不可企及，但它脱离实际，把未来生活方式建立在纯粹幻想的基础上，以致迷恋超越尘世的仙佛之境，这又表明它未能摆脱传统社会理想的窠臼。

六是政府作用方面，《大同书》从传统社会理想中，没有接受主张“无君无臣”一派的无政府观念，而是承袭主张贤明政府的另一派观点，对政府的作用和职能作了颇为详细的论述。它设想废除国家界限后，建立全球“公政府”，全球划分为若干度，下设各度自治“小政府”。据说全世界形成统一政府组织的好处，是废除各国军队军备，杜绝国家之间发生战争的根源，这也是传统社会理想憧憬的目标；公政府成员由人民公举产生，亦颇类于古代大同思想中的“天下为公，选贤与能”。可是，如何“去国界”，却崇尚西方列强恃强凌弱的吞并式做法，展现出赤裸裸的侵略精神，与传统社会理想信奉的平和方式背道而驰。《大同书》对未来社会中公政府的作用颇费思量，赋予众多职能。其中既有古代社会理想曾论列的职能，如教育普及、儿童公养公育、老弱残废公家赡养、疾病死丧公家负责等，而且因“去家界”使其显得更加突出；还有新的其他职能，几乎所有比较重要的社会、生产、经营、福利活动，均纳入公共事务或公共经济的范畴，亦属于公政府的管辖职能。依此而论，公政府概念较之传统的贤明政府概念，在权限职能方面详尽和宽泛得多，在社会理想中更是具有举足轻重的作用，公政府的公共化程度又成为检验未来社会是否进入“大同至公”状态的重要尺度。这也反映了康有为在大同理想中，追求不断提高公有化纯粹程度的一股热忱。

七是过渡方式方面，《大同书》一则受古代公羊三世说和大同、小康论的启发，相信大同太平盛世的实现，须经历不同发展阶段之间由低级向高级演进的逐步过渡，每一阶段只能提出与之相适应的过渡目标；二则认为这一过渡又划分为无数细小阶段，只能循序前进，不能逾越任何细小阶段，意味着向理想社会的过渡只有采取渐进方式；三则由此引申，这一过渡不可能像中国历史上的农民起义或西方的激烈社会变革那样，诉诸暴力的或革命的方式实现其理想，相反，只能沿袭古代社会理想的主流传统，乞灵于自然而然的非激进方式。这样看来，康有为赞赏强制的合国方式，应是偏离传统过渡方式的一个例外，恐怕眩目于当时西方列强在世界范围内的支配性影响之所致。

根据以上特征，康有为对于中国古代社会理想传统的心领神会，体现在《礼运注》等著作对古代大同理想的公理式诠释与现代意味式阐发，更渗透于《大同书》设计未来社会时所依循的基本理念与主要原则。《大同书》是一部系统阐述未来社会理想的专题论著，其内容比起我国历史上曾经有过的任何理想方案都要完整和细密得多；同时，它的架构与设想很大程度上仍保留了传统方案的特色与精神，并在新的历史条件下有所发展，可以说，《大同书》是中国历代社会理想在近代的集大成者。所谓集大成，除了其内容的继承性和系统性，那一时期还延伸出另外两个涵义。一个涵义是《大同书》的形成，意味着我国自16世纪以来相对停滞或沉寂的社会理想观念，再次焕发新的发展生机，在传统框架允许的范围内达到一个新的历史高度。另一个涵义是《大同书》放弃早期西洋式的“人类公理”书名而保留古典面貌，意味着它在西学东传的近代环境里，坚持以古代大同理想统摄一切，为后人运用中国古代社会理想中的经典案例诠释或附会西方社会主义思潮乃至马克思经济学说，提供了可资效法的范例。梁启超就是热衷于这种比较的一个实践者。当然，这样从故纸堆里重新祭起古代大同理想的旗帜，赋予其拯救时艰的历史使命，也有人不以为然。如马君武1903年发表文章，对假借《礼运》大同条理“陈设制度以期实行”

的做法，提出不同意见，认为这种预先安排制度的方式否定竞争的作用，只会使社会退化而不会进化。由此也反映了当时《大同书》尽管秘不示人，仍通过某些途径透露给社会知识界，既有响应者，亦有反对者，显示出一定的影响力。

3.《大同书》的若干非传统因素

《大同书》保持浓厚的古代社会理想传统，冠名“大同”一词，深受孔子的大同理想之感染，将其奉为圭臬。然而，《大同书》毕竟是19世纪末20世纪初的思想产物，又折射出近代前60年的深刻思想变革。这从此书视野之开阔、取材之不拘一格、悬想之源于传统而又超出传统乃至论断之荒诞无稽中，亦可见一斑。特别是在设想未来社会经济生活的若干领域，此书脱离传统观念的原有思路，引入或增补了一系列以往不曾有过的新型社会因素。兹择要说明如下。

第一，引入生产力发展因素。我国历史上的各种社会理想，在经济活动方面，比较注重合理（或平均）分配与满足消费问题，很少谈到生产问题，遑论生产力发展因素。古代社会自然经济占据支配地位，生产力水平低下，增长速度缓慢，决定了古人对于未来社会的理想，只是留连于几种传统模式，如脱离生产力发展水平而抽象谈论安居乐业，或美化包装现有小农经济生活，或将原始生活状态作为黄金世界等。《大同书》则不然，它从近世农工商业发展“比之中古有若新世界”、“创数千年未有之异境”[①]的巨大变化中，推衍出未来工艺技术不断进步，劳动力愈加节省，到大同社会时，一日工作仅三四小时或一二小时，其产品百倍于今日，其薪金十倍于今日；人们每天工作很少时间，其余皆用于游乐读书。生产力大大提高，劳动时间大为缩短的理想，很可能是康有为目睹西方国家经济发展迅速与工人劳动繁重的现象并存，或者是接触并吸收西方有关学说的思想产物，不大可能是他以国内传统经济现象为根据独自冥思苦想的结果。不管怎样，将生产力发展因素引入《大同书》，是对传统社会理想体系的突破。它意味着未来理想社会的实现，应建立在生产力高度发达的基础上；换言之，没有生产力的高度发展，也就谈不上劳动力的普遍解放，以及生活水平的普遍提高。循着这一思路，自然会走出数千年来的社会理想一直徘徊于传统的小生产模式，达到一种新的理想境界。

第二，引入宏观经济的计划管理因素。我国古代的中央集权专制制度，历来赋予政府干预社会经济活动的极大权限，如征课赋役、举办治水灌溉和军事之类的公共工程、分配土地、救灾赈济等等。中央集权政府的这些经济职能，在古人看来，或有利于百姓，或不利于百姓，反映在古代的理想社会方案中，也表现为两种相反的类型，一种主张根本取消政府，另一种希望建立贤明政府。

① 康有为：《大同书》，古籍出版社1956年版，第234页。

不论哪种理想类型,都把政府看作小农经济条件下,从外部有损于或施惠于独立经济个体的权力机构。《大同书》的不同之处,在于它试图用生产力大发展带来的经济社会化,取代分隔落后的小农经济,将实现公有制后建立的公政府,看作承担社会经济宏观调节与管理作用的公共机构。《大同书》强调经济领域内"弭竞争"的重要性,竞争会造成生产的无政府弊害,于是,它赋予公政府以统一规划社会生产和流通事务的特殊经济职能。例如,为了避免私有制条件下缺乏"统算"制度,导致农业生产"少则见乏而失时,多则暴殄天物而劳于无用"、工业生产"作重复余剩之器,徒耗有用之光阴"、商业流通中"全地商店久积有余之货皆当弃地"等弊端[①],在大同社会,由公政府设立农、工、商各部,负责逐年统计汇总全球的生产要素、产出能力、产品种类、专业分工、地域特点、网点设置、交通运输条件,以及人口数量、收入差距与不同消费需求等等;在此基础上,根据消费总需求预定每年的生产总额与品种分布,再按这一预算定额逐级分解到各基层单位作为年度生产或流通计划,借以保证"地无遗利,人无重业",或使"工人之作器适与生人之用器相等,无重复之余货,无腐败之殄天物"[②]。反对生产浪费的思想古已有之,设想政府出面统筹安排生产经营活动的例证在古代亦不乏其见,这些议论从维护专制统治的利益出发,均不如《大同书》那样,针对私有制下自由竞争必然带来社会生产无政府状态,从而造成生产品与资源的极大浪费这一痼疾,要求建立公有制下的宏观经济计划管理体制。《大同书》对于实行计划经济的复杂性不甚了了,对于支撑全面计划管理的社会化大生产的理解相当肤浅和幼稚,对于实现并推行计划管理的认识十分简单和粗糙,也就是说,它提出未来实行计划经济的初步猜想时,还没有褪去与生俱来的成书于国内小农经济环境的痕迹,但它能从考察西方资本主义社会,体会到计划管理具有改变生产无政府状态的优越性,将其作为重要因素引入大同理想之中,在当时的中国仍属空谷足音之论。

第三,引入商品与货币经济因素。我国传统社会理想中,很少看到与商品和货币有关的内容,至多是有感于商人欺诈的现实,想象将来的社会"市贾不贰,国中无伪"即统一市场价格、或"市不豫贾"即没有高价诳骗顾客现象。这和古代社会的自给自足经济加上小商品生产环境,也是相适应的。在《大同书》中,商品经济与货币经济占有重要地位。首先,根据消费多少生产多少的大同社会原则,公营商业通过全球商品流通渠道,为商部逐年逐月核算全球消费需求总量,提供准确数据,用于制定生产计划;生产计划完成后,再由

① 康有为:《大同书》,古籍出版社 1956 年版,第 238—240 页。
② 同上书,第 242、249 页。

商业机构将工农业产品按照各地人口分布和消费特点,逐级分配到各基层商店,满足人们的购物需求。其次,保证商品质量的前提下,政府根据生产及运输成本,加上从1%到10%不等的管理费,以此确定的物价,大大低于今日水平。由于公营商业消除私商的囤积居奇现象,以及规模经营和机械化管理减省各种中间环节的耗费等,又带来物价低廉和购物便利的更大好处。再次,大同社会仍离不开货币,商品用货币标价,劳动者领取货币工资,个人持币购物,生产管理推行货币奖金制,政府抽收货币费用或捐税等;货币有金币、银币和用金币计量的纸币,以金币为重而称公营银行为"公金行";公金行主办货币出纳、货币收支核算、各企事业单位货币资金的分配调拨,吸收存款并支付利息,被视为公政府各部中"权至大者"。在大同社会,商品与货币因素不是可有可无,而是起着影响经济活动正常运行的关键作用。大同社会的计划管理通过商品货币流通得以实现,商品货币经济与计划经济并存,从未透露出未来大同社会将取消商品与货币的任何迹象。这里所说的商品货币经济,企图把西方社会经济中较之中国传统经济发达得多的商品货币关系,原封不动地搬入大同社会,并未真正理解资本主义市场经济由市场供求关系和价格变动进行调节,亦即由价值规律自发调节的内在实质。《大同书》以拯救天下苦难为己任,又意识到西方市场经济在表面上显露出来的那些弊端,因此设想未来大同社会基于发达的商品货币关系,同时实行公有制基础上的宏观经济计划管理,以此限制或杜绝商品货币因素的消极作用,保留或发挥其积极作用。这个设想有其时代局限性,但将计划因素与商品货币因素如此紧密地结合在一起,仍不失为《大同书》区别于传统社会理想的独具匠心之处。

第四,引入劳动者素质因素。一般来说,我国传统社会理想里,人们除了尽力劳动外,以消费者的面貌出现,优游地享受理想生活。关于人的素质,只是注重克服现实的不良习惯,以适应未来生活方式,对于个人劳动能力的培养,罕有提及。如何心隐创设"聚和堂"的公共教育试验,目的在于同族子弟消除个人私念,培养相亲相爱的社会交往情感,与劳动能力无关。《大同书》同样关心大同社会的消费待遇,同时给予生产发展以超乎寻常的关注。它所说的生产,是各行各业普及使用机器的大规模生产,故将提高劳动生产效率和重视产品质量看作推动社会进步的基本动因,这就不能不考虑劳动者素质问题。对此,书中比较突出的设想:一是废除家庭后,对所有未成年人实行公养公育,公政府制订一整套循序渐进的教育方案。从母胎中的胎教开始,婴儿出生断乳后,脱离父母转入公办养育系统。先是进育婴院接受启蒙教育,6岁起进小学院接受正规教育,到11岁进中学院,接受"一生之学根本于是"的高等普通教育,最后16岁至20岁在大学院,接受自由选择的专业教育。经过系统教育,毕业就职自食其力,可保证"人人为有用之美才,人人为有德之成人"[①],保证从业劳动者的基本素质。二是规定就业任职资格,如务农的农学考验证书、务工的成业证书、务商的商学毕业资历等;鼓励在职期间的岗位培训和继续教育,如农民获取农学士、工师、技师资格可晋升农业官吏,工人获取专业证书可迁任工业管理岗位等。这些举措,旨在进入工作岗位后继续提高劳动者素质。重视培育和提高劳动者素质,这是现代化大生产的要求,也是现代社会劳动者追求自我完善的要求,这个观念不可能来源于传统小农经济的思想土壤,更有可能从西方现有社会制度中得到启示。《大同书》的中国式空想方案,在观察纷繁复杂的西方经济制度时,注意并吸收劳动者素质这一因素,将其纳入大同社会作为重要经济要素,想象经过系统的公共教育提高其素质,这一理念,虽嫌粗疏,仍属不易。

对照传统社会理想,还可以从《大同书》中找到其他一些非传统因素。例如,从私有制向公有制过渡的根本途径,竟被归结于废除家庭,把家庭当作产生众多社会罪恶的渊薮,废除家庭又从男女平等开始,或如梁启超的释义,最重要的关键在于毁灭家族,没有家族也就没有保留私有财产的必要等等。以上诸点足以证明,《大同书》在继承我国传统社会理想的同时,未囿于传统成见,而是顺应向西方学习的历史潮流,力求从欧美各国的社会现实与理论观念中,撷取有助于勾勒大同社会理想的新鲜资料。《大同书》关于大同理想的许多描述,在不同程度上留下了照搬西方现行制度的印记,如监狱、警察、捐税、恤贫院、大富人、苦工惩罚、工资差别、生活待遇及社会福利方面的各种等级制度等;包括大同社会的实现方式,更是跟在西方国家后面亦步亦趋,径直以美国和瑞士的联邦制度作为效法的榜样;甚至连人种优化方面,也期待未来全世界人种都变成西方的白种人。这些描述,连同书中的仙佛之说和儒家陈词滥调,难怪有人把它看作一部平庸和充满矛盾之作。其实,剔除诸如此类的庸俗和糟粕,《大同书》无论在继承传统文化,还是在开拓新的视野方面,仍有一些值得称道的理想内容。尤其是吸收西方社会知识,发前人之所未发,把诸如生产力发展、宏观经济计划管理、商品货币关系、劳动者素质等因素引入大同理想,无疑为我国传统社会理想开辟了新的天地。

4.《大同书》与西方社会主义思潮

考察《大同书》的思想来源,无非是儒佛之道及先后从国内外获得的一些西方知识。从康有为的早期著述看,他很早便对传入各种西学知识有浓厚的兴趣,曾运用这些知识探索人类社会建立怎样的公理秩序与公法规则,也就是《大同书》的雏形。戊戌变法以前,他的所有著作,检核起来,没有看到涉及西

① 康有为:《大同书》,古籍出版社 1956 年版,第 218 页。

方社会主义的文字记录。这表明他在那一时期，要么未曾接触零星传入中国的有关西方社会主义的思想资料，要么有所接触，也是浅尝辄止，或者尚未认识其利用价值。变法失败后的流亡国外经历，他看到西方的社会弊端，有可能获悉针对此弊端的各种社会主义学说[①]；同时，维新变法的失败，他逐渐打消变法期间曾踌躇满志地认为中国已是升平小康之世，意味着可以向太平大同之世转化的信念，退而思索中国仍处于"笃守据乱之法"的黑暗之中，与进入升平之世乃至近于大同之世的欧美国家，形成很大差距，因而转向以西方作为学习的榜样。有鉴于此，他在海外撰写《大同书》时，为了解救国人的苦难，自然会留意旨在解救西方社会苦难的社会主义思潮。在这方面，《大同书》及其补充材料里，留下了颇为可观并颇具特点的论述。

一是较多受到空想社会主义思想的影响。书中曾提到"达尔文之乌托邦"，认为那是非"空想"的"实境"[②]。特别对傅立叶设想的法郎吉经济制度，表示欣赏。如《孟子微》介绍傅氏资生学有"均民授田之议"，解释此议"欲千人分十里地以生殖，千人中士农工商之业通力合作，各食其禄"[③]；又如《大同书》评价傅氏的生计之论，"欲以十里养千人为大井田，其意仁甚"，但它允许人民买卖私产而各有私产，"贫富不齐，终无由均"[④]。这些议论，表明康有为看过傅立叶等人的著作或其摘要，留下较为深刻的印象；同时也表明他对西方空想社会主义的认识，极为模糊。如所谓"达尔文"的乌托邦，显系误指。当时或稍后梁启超作《生计学学说沿革小史》，已指出柏拉图的《理想国》是后世共产主义之权舆，与《礼运》大同之说十分相近，并提到托马斯·莫尔的《乌托邦》犹如"大同之乐园"[⑤]，故康氏说达尔文作《乌托邦》，似受达尔文进化论的影响之所惑，应指柏拉图的《理想国》或莫尔的《乌托邦》。至于说"乌托邦"不是"空想"而是可实现的"实境"，更不知"乌托邦"究为何指。又如两处均误称"英人傅氏"，将法国人傅立叶说成英国人；把法郎吉称为"均民授田"或曰"大井田"，亦生搬硬套，歪曲其本意。区区几处记载，已是错误频出，可见当时康氏对于空想社会主义的理解，浅薄到什么程度。

二是对于西方社会主义思潮的一些流派，有所接触。《大同书》未曾用过

---

① 一些西方学者根据康有为曾提到傅立叶这一证据，揣测康氏可能在戊戌政变后逃亡日本的短暂期间，即 1898 年 10 月 26 日至 1899 年 3 月 22 日近 5 个月内，首次接触社会主义观念，并认为他对社会主义的了解相当模糊而零碎（参看 Kung-chuan Hsiao, A Modern China and a New World, K'ang Yu-wei, *Reformer and Utopian, 1858－1927*, University of Washington Press, 1975，第 454 页）。前一揣测尚且存疑，后一分析却是真实的。

② 康有为：《大同书》，古籍出版社 1956 年版，第 69 页。

③ 《孟子微》卷一总论，中华书局 1987 年版，第 19 页。

④ 康有为：《大同书》，古籍出版社 1956 年版，第 235 页。

⑤ 梁启超：《饮冰室合集》第五册，文集之十二，第 8、14 页。

“社会主义”一词[①]，对于西方社会主义思潮的各家流派，更未曾作过明晰区分。但从康氏谈及这一思潮的提法看，应接触过不同的社会主义派别。例如，除了提到空想社会主义，《大同书》里还提到“均产之说”或“合群均产之说”、“人群之说”、“民党平权”；“工党业主相争”或“工人联党之争”、“工党之结联”、“限作工之八时”；“共产之法”或“共产之说”；另在《孟子微》里提到“均贫富之说”或“均贫富产业之说”，在《论语注》里提到“各国人群会党”等等。这些不同的提法，有些只是译名的不同，如当时的流行译法，社会主义既可直译为“合群”或“人群”之说，也可转译为“均产”或“均贫富”之说；有些反映内容的区别，流露出作者对于不同派别的不同态度。如笼统地谈论“合群均产之说”或“民党平权”的一般发展趋势，认为这是今后“第一大论题”，是合乎人心时势的“大同之先声”，表现出肯定的态度；具体地谈到“工党”斗争，又认为工人联合起来组成政党，是挟持业主，将造成国乱，似颇有微辞；至于倡行“共产之法”，更认为在家庭与国家存在的前提下，属于“万不能行”的举措，给予全盘否定，这比起否定傅立叶设想为“不可行”时犹称“其意仁甚”，在措辞上要严厉和坚决得多[②]。梁启超将康氏大同学说归入“社会主义派哲学”，其实为了排斥西方工人运动和“共产之说”，通常与西方流行的“立宪”、“共和”论调以及“仁人倡大同之乐利”之类的温和理想联系在一起。

考察《大同书》的西方思想来源，它一般强调空想社会主义，很少提到其他社会主义。这自然有其道理，《大同书》本身就是一部道道地地的空想代表作。但并不等于说，《大同书》在空想社会主义之外，对于其他西方社会主义思潮毫无接触。它所说的“共产之说”或“共产之法”，显然不同于空想社会主义之说，惟在“大同之法”的圣光笼罩下被轻易抹煞，使“共产”学说的内容未能表露出来。另外，它说“工党”、“工人联党”乃至“工党之结联”，似乎触及西方工人政党的国际联盟，亦非空想社会主义者之所为。早在 1896 年 9 月，由梁启超担任主笔的《时务报》，转载一篇第二国际召开第四次伦敦代表大会情况的文章，其中报道大会讨论“公学校”即用“公款”举办从幼儿园到大学的所有教育，旨在“庶贫民皆得受高等教育”[③]。这与《大同书》提出的公办教育方案，其基本精神极为相似。这也说明，《大同书》对西方工党或工党联盟以及共产学说虽多有非议，仍可能从中汲取滋养，用以装饰自己的大同理想。《大同书》作者接触西方社会主义思潮的过程中，除了空想派别，对于其他各派的代表人物及其

① 梁启超 1901 年 11 月为其师作传，曾将康有为的大同学说与“泰西社会主义”对比，认为康氏哲学就是“社会主义派哲学”(参看梁启超:《南海康先生传》,《饮冰室合集》第三册，文集之六)。这一时期康氏本人写作《大同书》，宁肯使用其他中译名，始终未采用舶来的“社会主义”一词。

② 参看康有为:《大同书》，古籍出版社 1956 年版，第 70、74、235、236 页。

③ 《时务报》第六册，1896 年 9 月 27 日。

学说内容均含糊其辞，亦未提到马克思、恩格斯的科学社会主义思想，由此又可以看到康有为的思想迟钝之处[①]。

三是用中国传统案例诠释西方社会主义思想。大约在西方社会主义思潮传入中国之初，为了使国人理解这一舶来思想，以及中国传统文化中不乏社会主义的思想成分，因此，用中国的思想案例去解释或附会西方的社会主义思想，自会成为一种倾向（且不论有些人固有的天朝自大思想）。《大同书》正是一个代表，甚至可以说是一种癖好。例如，傅立叶的法郎吉被解释成“均民授田”或“大井田”；以“孔子之太平世”比喻所谓达尔文的乌托邦；根据孔子“均无贫”思想，用后儒均田之说、限民名田之议作为正面例证，或用王莽妄行王田制以致乱作为反面例证，说明实行“大同之法”才是正果，欧美各国时有倡行的“共产之法”或“共产之说”不能实行；《孟子微》断言美国近来大倡“均贫富产业之说”，不外乎孔子“均无贫，安无倾”之意，百年后必行孔子之“均义”等。孔子及其学说在康有为心目中具有举足轻重的地位，他面对外来的各种社会主义思潮，每每用孔子学说加以解释和评述，真可谓顺之者昌、逆之者亡。完全以孔子学说为判断标准，后人采纳者不多，但是借助中国传统文化认识西方社会主义思潮的评价方式，却被后人沿袭下来，在相当一段时间内颇为盛行，如梁启超就是突出的例子。

由上可见，西方空想的或其他类型的社会主义思想，不论康有为采取同情、观望或抵触排斥的态度，均对他后来撰写《大同书》产生不同程度的影响。康氏本意是用大同理想覆盖所有其他理想，使大同社会成为高踞于一切社会之上的最终目标。当他以此衡量西方社会主义思想时，无形中又为他塑造理想中的大同社会，在传统途径之外补充了新的思想养料。《大同书》里不少超出传统范围的思想观点或非传统因素，除了一些异想天开和荒诞无稽的内容，或多或少能从西方社会主义思潮中找到它们的影子。康氏排斥“共产之法”或“共产之说”，否定的只是欧美社会仍存在家界和国界，不可能实行此法此说，换句话说，如果废除家庭和国家，则“共产”式公有制也与大同理想趋于一致。梁启超把类似于这种一致性的许多论述，当作“社会主义派哲学”，归功于其师与众不同的独立创造能力。其实，康氏对于西方社会主义思潮的引述，恰恰证明他的大同理想，不仅来源于对中国传统社会理想的继承和发扬，同时也来源

① 国外研究者中有人推测，康有为尽管不了解马克思主义通过残酷阶级斗争达到乌托邦理想的真实理论，却可能把马克思的方案看作是不充分的，只考虑到造成人类苦难各种重大原因中的一个。言下之意，康氏曾接触马克思的方案（参看 Chieng Fu Lung, *The Evolution of Chinese Social Thought*, The University of Southern California Press, 1941，第 52 页）。但也有人认为，猜想康有为已经理解或接受了马克思主义的主要宗旨，那是毫无根据的（参看 Kung-chuan Hsiao, A Modern China and a New World, Kong Yu-wei, *Reformer and Utopian*, *1858 — 1927*, University of Washington Press, 1975，第 454 页）。

于观察西方现行制度基础上对流行社会主义思潮的感受和吸收。因此可以说,《大同书》是西方社会主义思潮与中国传统思想相结合的产物。

(五)《大同书》的启示

分析《大同书》的成书过程、写作内容及其思想来源,留下一个启示:早在19世纪末20世纪初,面对国人处于沉重苦难之中,其知识分子的代表人物,已在思索借鉴西方社会主义思潮的某些内容,建立起理想社会的思想体系。这一借鉴,先是假借西方一般社会知识乃至自然科学知识,发掘人类生活的抽象"公理",如何实现则付之阙如;后来又从欧美国家流行的"人群"或"均产"之说中,看到"大同之先声",燃起实现理想社会的希望。这一借鉴,试图联系中国自身实际,有选择地吸收来自西方的新观点,形成具有自己特色的大同理想。惟其强调中国"无阶级之害"一类所谓特点,以及动辄根据孔子思想牵强附会西方学说,扭曲了有关中国实际和西方观点的客观认识。这一借鉴,在中西结合的基础上有各种创新,但瑕瑜互见,如生产关系方面追求公有制的实现,不仅消灭私有制,还要纯化到废除国家界限的程度;将"男女平等"看作废除私有财产、废除国家、消灭种族以及最后达到"大同"的根源和关键;把宏观计划管理与商品货币关系糅合在一起;等等。总之,一个多世纪以前对于大同社会的这种思考和探索,虽系空想之作,却不失为西方社会主义思潮传入中国之初,国人受这一思潮影响,为摆脱现实困境而制定详尽周密的社会理想方案的最早尝试。

这个尝试,从其吸收外来思潮的途径看,与国内20世纪初主要来自日本的输入渠道没有多大关系。康有为自变法失败后,转道香港抵日本,仅停留近五个月,随即赴欧美等国游历,至1901年底到印度,在印度完成《大同书》的写作时,除了可能在国内零星接触一点舶来的社会主义知识外,此类知识的积累,主要是直接得自于欧美国家的原产地,而不是间接得自日本的加工品(在日本也会获得若干信息)。这样,康氏作《大同书》时借鉴的西方社会主义思潮,与当时国内较多取道日本传入的同类思潮,形成彼此不同的来源渠道。这反映在外来思想和名词术语的表述转译上,也存在不少差距。如康氏之作习惯于中国的古旧名词或沿袭19世纪末的传统译名,较少采纳来自日本的新译名比如社会主义之类。这种特立独行的汲取方式,真切体现了一位叱咤风云的早期忧国忧民之士,当他把中国传统社会理想与新接触的西方社会主义理想结合在一起时,所能达到的最高思想境界。这一结合在今天看来,或许是一个怪胎,夹杂着如此之多的矛盾、谬误和怪诞想法,然而把它放到当时特定的历史环境下,又有其合理之处。《大同书》借鉴西方社会主义思潮,依托传统文化背景形成未来理想社会的若干主张、观念与特征,即便在后来引进马克思主义经济学说乃至确立新中国经济思想的过程中,仍能隐约感受到它们的存在。

这种难以抹去的传统痕迹,也为考察《大同书》在马克思主义经济学传入中国前史中的特殊作用,留下了值得回味的历史内容。

毛泽东曾说:“康有为写了《大同书》,他没有也不可能找到一条到达大同的路。”①人们引录这句话时,通常用来说明康氏《大同书》具有不切实际的空想性质。这是对的。因为连他本人都不愿为大同理想奋斗,或者长期秘藏,或者以条件不成熟之类的托辞搪塞,或者大谈拯救现实苦难的根本途径,只能靠自然渐进式的点滴积累,每一步必须循规蹈矩,不得有任何变革性逾越,最后走上一条在立宪共和的幌子下,朝思暮想由心目中的开明皇帝重掌实权的历史倒退之路。当时我国的知识分子精英,在试图摆脱严重内忧外患方面的软弱性和历史局限性,于此可见其典型一例。同时,这句话用来说明康氏《大同书》曾为近代中国人民向往的未来理想,第一次作出了自成体系的独特探索,同样也是对的。描画大同理想与实现大同,既有区别亦有联系。没有或不可能找到到达大同之路,不等于大同本身没有意义。毛泽东曾继续分析说,西方资产阶级的文明、民主主义和共和国方案,在中国人民的心目中一齐破了产,让位给工人阶级领导的人民民主主义和人民共和国,于是出现这样一种“可能性”,即“经过人民共和国到达社会主义和共产主义,到达阶级的消灭和世界的大同”②。看来,毛泽东也赞同“阶级的消灭和世界的大同”提法,只是更侧重于论证到达大同的道路,而不是大同本身的内涵。因此,不能由于康氏找不到到达大同的道路,把他的大同理想也一并否定;也不能由于《大同书》含有不少糟粕,或者康氏写作《大同书》时开始呈现由进步转向落后的迹象,就把这部凝聚其大半生心血的代表作一笔勾销。《大同书》是一面历史的镜子,显示了一百年前先进的中国人向西方国家寻找真理的执著精神,以及思考选择未来社会理想时留下的思想轨迹与传统特征。这种精神,连同思想演变的最初轨迹和特征,不论其包含积极或消极因素,对今后继续向西方寻求真理的不懈努力,将产生潜在的推动或阻碍作用。

三、围绕社会主义问题的早期论争

20世纪初,传入中国的各种西方思潮中,包含马克思经济学说在内的社会主义思潮,逐渐引起国人更多的注意。介绍社会主义思潮的各种译作或著作数量明显增多,介绍方式也由零星散乱转向较有系统,并初步运用这些介绍内容表达自己的评价意见。19世纪70年代以来,西方工人运动和社会主义运动一些常识性知识陆续传输到我国,本来就夹杂着传输者的个人看法,或表

① 毛泽东:《论人民民主专政》,《毛泽东选集》第4卷,人民出版社1967年版,第1408页。
② 同上。

示同情,或表示厌恶,或通过国外作者的观点间接表明自己的取舍态度。此类看法大多渗透于介绍式文字的字里行间,缺乏独立的论证。对于舶来社会主义问题,国人真正提出自己的看法,起步于20世纪开头几年,其中看法的不同,又引出与社会主义在中国的前途与命运相关的最初争论。这种萌芽形式的争论,孕育着后来对待马克思经济学说的一些实质性内容。

(一)社会主义是否适用于中国问题

面对西方社会主义思潮的不断涌入,国人自然会联想到社会主义是否适用于中国的问题。这恐怕也是早期社会主义思想传入所引起的一系列有待思考的问题中,最紧要的一个问题。在这方面,从一开始便存在不同的理解和意见。其中比较有代表性的观点,有以下几种。

1. 孙中山的社会主义"将现于实际"论

梁启超说,在清末思想界,孙中山是以极敏锐的眼光最先提倡社会主义之一人。孙中山提倡社会主义,其显著特点,一是从欧洲社会革命运动的现实中,感受到那里的人民犹未进入"极乐之乡",认为西方现行制度同样有其缺陷,并非盲目崇信。二是未停留于一味憧憬社会主义的理想,积极探索中国施行社会主义的切实途径。最初,他对亨利·乔治的土地单一税主张颇为倾心,由此推演出平均地权思想,以平均地权作为实行中国式社会主义的重要尝试。

关于平均地权思想的表述,较早可以追溯到1902年春他在日本期间与章太炎的一次谈话。根据章太炎的记录,大意是章氏先提出"衰定赋税"以解决土地负担合理与国家财政收入问题,对此,孙中山表示不同的意见。他认为,"兼并不塞而言定赋,则治其末已",定赋税必须以抑制兼并为前提;土地"业主"向"佣耕者"收取地租,"率参而二",达到农民收获额的三分之二;按照常理,"贫富斗绝者,革命之媒",贫富悬殊将引起革命,但"工商贫富之不可均"有其合理成分,因为工商业者的财富靠"材"即人的资质能力创造,非自然赐予,所以说,"彼工商废居(指贱买贵卖——引者注)有巧拙,而欲均贫富者,此天下之大愚";与此相反,"方土者,自然者也。自然者,非材力",土地是不属于任何人的自然物,非人的"材力"创造,却被少数人占有,"富斗绝于类丑",由此造成贫富差距,"法以均人",奉行平均原则;"以力成者其所有,以天作者其所无",只能占有土地劳动的产物而不能占有"天作"的土地本身,买卖土地产品也只能"庚偿其劳力","非能买其壤地",没有土地私有权,"不稼者,不得有尺寸耕土",故土地所有权一旦收归国有,土地的使用"不劳收受,而田自均"。孙中山陈述平均地权的以上主张,使章氏受到感染,表示"善哉!田不均,虽衰定赋税,民不乐其生,终之发难,有帑荟而不足以养民"。①

① 以上引文均见章炳麟:《訄书·定版籍》,《章太炎选集》第三册,上海人民出版社1981年版。

当时，章太炎接受平均地权口号，保留浓厚的个人色彩。姑且不谈他古奥晦涩的文风，易于扭曲或难以弄清孙中山的谈话原意，单从他的理解和延伸说明看，也表现出异样风格。例如，他用北魏以来的均田制旧法解释平均地权思想，仅在均田的内容和方式方面稍作增删，这同孙中山立足于中国土地现实（也包括历史上的均田思想），主要是从西方学者尤其从所谓"深合于社会主义之主张"[①]的乔治经济学说中，吸取滋养来构建平均地权纲领，在思想来源上明显不同。又如，他一面赞成区分"农耕者，因壤而获，巧拙同利"与"商工百技，各自以材能致利多寡，其业不形"，相应采取"有均田，无均富，有均地箸，无均智慧"的办法，平均"农耕"的土地而不平均"商工百技"的财富；一面又提出"今夏民并兼，视他国为最杀，又以商工百技方兴，因势调度，其均则易，后王以是正社会主义者"，以今天中国兼并问题尚不及外国严重，近代工商业刚兴起，易于趁势采取社会主义的调度干预政策，使之平均[②]。这和孙中山的早期思想，反对传统土地占有制度，推进近代工商业在中国的发展，到后来才补入限制或预防资本主义弊害的内容，在思路上也有所区别。这些不同或区别。在孙、章的谈话意旨基本一致时，好像是次要的附属物，实则蕴涵了二人日后发生思想分歧的萌芽。

平均地权作为解决中国土地问题的独特尝试，实为中国资本主义的发展扫清道路，孙中山却真诚地相信这是践行社会主义。他于 1903 年 12 月 17 日致友人函中[③]表示："所询社会主义[④]，乃弟所极思不能须臾忘者。弟所主张，在于平均地权，此为吾国今日可以切实施行之事。"在他看来，近来欧美国家或在试行类似方案，惟其"地主之权直与国家相埒"，积重难返，"未易一蹴改革"；中国农业生产未实行机器耕作，尚恃人功，生财之力不尽操于业主之手，"贫富之悬隔，不似欧美之富者富可敌国，贫者贫无立锥"，平均地权"当较彼为易"。他预计欧美目前的贫富悬绝之惨境，"他日必有大冲突，以图适剂于平"；因为"天下万事万物无不为平均而设"，所以"欧美今日之不平均，他时必有大冲突，以趋剂于平均"。由此推理，今日中国言改革，不能重蹈欧美国家的覆辙，趁现在贫富差距还不那么严重，着手平均的改革，这也是所谓"弟欲于革命时一齐做起"之意。他对中国与欧美国家贫富现状的对比分析，受到两种观念的支配。一是不加节制，经济愈发达，贫富差距愈严重，欧美国家便如此；中国经济尚不发达，贫富差距亦不严重；另一是贫富差距终将引起冲突，唯有平均才可

① 孙中山：《社会主义之派别与方法》，见胡汉民编《总理全集》第 2 集，上海民智书局 1930 年版，第 110 页。

② 章炳麟：《訄书・通法》，《章太炎选集》第三册，上海人民出版社 1981 年版。

③ 参看孙中山：《复某友人函》，《孙中山全集》第 1 卷，中华书局 1981 年版，第 228 页。

④ 据说，在孙中山遗留的文字著述中，这是能够看到的最早提到"社会主义"的地方。

以避免冲突,而且差距愈大,平均愈难,反之则愈易。这一时期他相信,以平均为标志的社会主义在经济落后的中国反而更容易实现。

在平均与社会主义之间划等号,这是国人最初接触西方社会主义思潮时期的惯性理解,孙中山也不例外。据记载,他在1899—1900年旅日期间,经常与人讨论中国历史问题,“如三代之井田,王莽之王田及禁奴,王安石之青苗,洪秀全之公仓,均在讨论之列”①,特别推崇古代大同思想,表明他在长期接受西方教育后,仍保持中国传统观念的情结。他了解西方社会及其弊端更为真切,因此糅合西方社会主义思想与中国传统平均思想,也不那么牵强附会而更加连贯。与章太炎对比,章氏1897年著文,曾引用《佐治刍言》中西班牙人试图“析富家之财以均贫者”,结果引起“扰乱”的说法,证明工商业者中并存有余与不足的轻重现象,十分正常,不可能人为平均;由个人不均推至全国,同样如此,“人之有轻重,且不能平,况于国乎”,对一国而言也不必采取平均措施②。到1902年,他转而赞成“社会主义”的“调度”,使商工百技及早进入平均轨道,以防日后的兼并弊害。后来这一观点再发生变化。章氏面对不断传入的西方社会主义思潮,虽然说不上朝三暮四或随波逐流,却显现出极不稳定的态度。这在当时并非个别现象,由此也反衬出孙中山利用中外思想来锻造平均地权式理论武器的一贯态度。尽管孙中山的态度,如列宁所说,只是“主观社会主义”③。

总之,早在20世纪初,当国人面对初来乍到的社会主义思想,许多人还拿不定主意,或表示憧憬、或表示欣赏、或表示疑惑、或表示反对时,孙中山已经以这种新思想作为号召民众起来追求真理的精神武器。他1904年8月发表一篇寻求真正解决中国问题的英文文章,随即译为中文,其中提出,“社会主义经济主义之理想的世界,亦将现于实际”,意谓社会主义不仅是理想,将付诸现实;并展望未来,“一个从来也梦想不到的宏伟场所,将要向文明世界的社会经济活动而敞开”④。当初在社会主义问题上表现出来的这种支持信念与探索精神,与同时期其他代表人物相比,确实是提倡最早而且旗帜最为鲜明⑤。

2. 邓实的社会主义“极不切于中国”论

---

① 冯自由:《同盟会四大纲领及三民主义溯源》,《革命逸史》第3集,中华书局1981年版,第206页。

② 章太炎:《读〈管子〉书后》,《章太炎选集》,上海人民出版社1981年版,第23页。

③ 列宁:《中国的民主主义和民粹主义》,《列宁全集》第18卷,人民出版社1959年版,第154页。

④ 孙中山:《支那问题真解》(其英文原名为 The True Solution of Chinese Question),《孙中山全集》第1卷,第248、255页。

⑤ 据说早在1902年,上海南洋公学一些学生“讨论了建立中国社会主义组织的想法”;1903年《苏报》案审理过程中,因撰写和宣传《革命军》而遭逮捕的邹容,公开宣称“社会主义是他今后写作的主题”,主张中国“不应该有贫富悬殊,而应该是人人平等”(均转引自史扶邻:《孙中山与中国革命的起源》,中国社会科学出版社1981年版,第270、238页)。这些赞成社会主义的活动和言论,均昙花一现,在当时未产生多大影响。

孙中山坚信社会主义理想"将现于实际"，以此作为解决中国问题的真髓，正好相反，邓实 1903 年专论社会主义一文[①]，认为社会主义作为一种主义，"极不切于中国"。邓实以一种同情态度看待社会主义，把它何以产生于西方与是否切合于中国作为两个问题，分开来处理。这篇文章的思路是：

20 世纪，欧洲的中心，"忽发露一光明奇伟之新主义焉，则社会主义（即世界主义）是也"。这一主义在现今世界"方如春花之含苞，嫣然欲吐"。其发展前景未可预知，或为大地欢迎，犹如"千红万紫簇全球"；或遭反对者摧折，就像"绿惨红愁飘零无迹"。它"腾一光焰，照耀众脑，万人一魂，万魂一心，以制成一社会党"，使社会党人数占据环球各党人数的最大多数，可知"其主义之价值"。社会主义是"思想最高尚之主义"，首唱于"思想最高尚"的法国人圣西门，在英、德、奥、意等国得到发展，并"聚点潜伏于"俄罗斯。其目的，"打破今日资本家与劳动者之阶级，举社会皆变为共和资本、共和营业，以造成一切平等之世界"；其手段，变少数人的国家为多数人的国家，变军人的国家为农工商人的国家，变贵族专制社会为平民自治社会，变"资本家横暴之社会"为"劳动者共有之社会"，以正义博爱之心压倒偏僻爱国之心，以科学平和主义灭亡野蛮军国主义，以世界主义扫除侵略帝国主义。为了"共认"的目的和手段，社会党人"不惜牺牲其个人之生命，破坏其现在之社会"。其前途曲折莫测，但社会党人的头脑中，"无一不有其所谓极盛之世，人人平等之天国，如花如锦之生涯"，使人心醉魂飞；由此影响全世界的人们，"无不乐有此天国、此生涯，目想而神游"。

这些对于社会主义的看法，杂陈各种学说，不乏称颂之辞。接着，笔锋一转，当今世界仍是"国家主义之世界"，全球上下如饮迷药和发热狂般，关注发扬国威和光辉国旗为惟一荣誉。世上政治家和哲学家都以国家为人群团体的最大范围和宇宙文明发展的最高潮，天下只有国界而无世界，只有国民而无世界之民，"以太平为无是物，归之于乌托邦"，据此，"社会主义者，亦乌托邦之主义"。20 世纪以后的发展状况，究竟"社会主义能取国家主义摧倒而代之"，抑或"国家主义将永永年代"，至今仍是"复杂一问题"。20 世纪的欧洲，不可避免有"二大革命"，一曰"女权革命"，一曰"生计革命"。不实行二大革命，"世界之进化仍未达于极点"。现今社会，男子对于女子，资本家对于劳动者"犹占莫大之势力"，不改变这两种状况，"人类全体之福利犹不可期，而世界之前途将终复黑暗"。相比起来，女权革命的实行前景，随着女子获得选举权的呼声日

---

① 参看邓实：《论社会主义》，载《政艺通报》癸卯年第二号（1903 年 2 月 27 日），转引自姜义华编《社会主义学说在中国的初期传播》，复旦大学出版社 1984 年版，第 62－66 页。以下引文凡出于此作者，不再另注。附带指出，《政艺通报》由邓实主编，1902 年在上海出版，半月刊，1909 年改为月刊后不久停刊。

渐高涨,殆将不远。生计革命则不然,“劳工同盟之组织,其力内犹弱,不足以脱资本家之羁轭”,虽屡屡罢工,很快被瓦解,最终仍分散受雇于资本家。这是否表明“生计革命尚非其时”,而“社会主义将终无实现其理想之日”?对此,作者又援引“今日生计上民数问题之困难”,证明其说不确。

文中的证明颇费周折,先举出马尔萨斯的“民数问题”即人口论为依据,民数的增加可以无量数,地球的天然生产则有量数,“以有量数之星球,而养无量数之人口,势必至有缺乏之一日”。据理财家统计,不愁短缺的欢乐世界,不过再延续200年,200年后接近世界灭亡,进入人类至为悲惨境地。当时欧洲人口大量增加而尚未感觉困难,因为各殖民地疏散其民。一旦殖民地告罄,又无法开辟其他星球来源,上述“今日至急至迫之切要重大问题”,不能不促使地球居民急起研究而解释之。如何解释这一问题,它回到本文的起点,认为“实行其社会主义而已”。在它看来,“社会主义者,所以使人类社会永远发达,而进于郅治者”。怎样使社会进步,“必其社会内之道德之智能与之进而后可”。道德与智能进步,生计上农工商科学不期进而自进,如农业通化殖之学,所获自倍;工业通汽机之学,物巧而易售;商业通计学审物情和精商战之术,不难收倍称之息。“其国民富于经济思想者,则以至小之时间而能营莫大之事业”;反之,其民经济思想薄弱,或者在卑贱之业上消费大量时间,或者一事无成而浪费时间。其中原因,在于民智进步与否。民智进,人治战胜天行;民智不进,天行战胜人治。今日“物竞日深,天行愈烈”,不可能以少数智民与天争战,免除一切人类灾祸,要想“享长久昌盛之幸福,全般安全之乐利”,只有“合大群以共谋公益,共图公利”,才能战胜天。这说明,“世界者,公共之世界也;世界之财产,公共所以谋公利公益之财产也”。如果“少数之资本家”掌握世界财产,“多数之人民”陷于贫困,终究无法逃脱天行的淘汰,同归于消灭。

文章绕来绕去,从最初提出资本家与劳动者之间即人与人之间的矛盾,一下转入人口增长与天然生产之间即人与自然之间的矛盾,论述人类只有靠自我发展和联合起来才能战胜自然,此后,又回到少数资本家与多数人民之间的矛盾关系这一议题,以此证明西方国家实行生计革命即社会主义的必要性。作者预言,19世纪的文明打破政权之不平等,20世纪的文明“必将打破经济之不平等”。作者又预言,大地进化的顺序,由个人自由主义变为国民主义,再变为帝国主义,最后变为“世界平和主义”,将社会主义概念转换成世界和平主义概念。根据后一概念,文中论述到那些抵制社会主义的“反动力”,强调和平主义因素。其逻辑是,当今政府、资本家与军人反对社会主义,视之如蛇蝎,怖之若流行病,把社会主义看作破坏的代名词和乱党的行为,不惜用酷烈手段镇压和剪除;此举必然造成强烈反抗,出现同盟罢工、暗杀等“不祥之事”,而社会党人为实现其理想,亦反对现今政界所涉及者,尤绝决于腐败社会和专制政体,

“俄罗斯党人之横行”即是。文中涉及一个矛盾，“不祥之行为”和“猛烈之暴动”既与“文明国人”的举止不相适宜，又终不能避；它关注的是，“社会党人诸君”应“以平和主义为目的”，不应充其极焰先自蹂躏，乃至流为“专以破坏秩序为快心”的“无政府党”，否则，便是“误用其主义之过”。

此文回避了纠正经济不平等过程中如何处置“反动力”问题，只要求“主动力”的社会党人奉行和平主义原则。怎样才算不犯“误用其主义之过”，文中提出，社会主义如“以笔舌达之”，四周环绕“皆福音之乐国”，前途呈现“皆华严之仙界”，此乃“可喜”；社会主义若“以刀兵达之”，四周环绕“惟万枝之枪光”，前途呈现“惟惨淡之药云”，此则“可悲”。希望社会主义凭借“笔舌”而非“刀兵”，才不是错误运用其主义，真可谓君子动口不动手。此文的形势判断是，社会主义思潮传播于众人心脑之中，“其主义必将飞扬鼓舞于二十世纪”。还提到19世纪末的伦敦大会，以及巴黎博览会大会，似乎指第二国际1896年在伦敦召开的第四次代表大会，1900年在巴黎召开的第五次代表大会，认为这些大会“对于社会主义皆有莫大之影响”；又列举比利时市政设立救贫院和贫民学校、限制劳动时间、允许公众游行等，以此说明社会主义“已实见于政治上”。这些措施在作者看来，都属于“笔舌”之劳的范畴，据此相信“二十世纪以后，必有一新天地新景象”。

这里所说的新天地新景象，就欧洲或西方国家而言，意谓目前社会主义只适用于西方国家，所以作者叹惜未逢其时，不能身历其境，欢欣歌舞于其间。由此引出一个结论：“社会主义者，又极不切于中国之主义”。其理由是，人类进步的次序，遵循一定发展阶段，“由射猎而游牧，而耕稼，而工商，惟入工商之期，而后有社会之主义”。换言之，不经历工商阶段，不可能产生社会主义，中国尚处于耕稼时代，未进入工商阶段，所以，社会主义问题在欧洲已引起高唱者与非难者的对立，终日困扰政治家的头脑，而在中国“视若无动”。作者不仅是一个“视”西方社会主义而“无动”的旁观者，还认为社会主义不切于中国实际，应弃之不顾，呼吁“吾国今日之所急者，亦惟国家主义而已，吾人所抱持而不失者，亦惟爱国心而已”。也就是把爱国心和国家主义，放到排斥社会主义的对立位置上。

邓实此文，代表了当时较多接触西学的国人中，对待社会主义思潮的另一种观点。在这里，不必苛求作者从马尔萨斯的人口论中寻找社会主义思想存在的理由，是一种误解；这就像不能苛求孙中山从乔治的土地单一税学说中，脱胎出自以为社会主义的平均地权思想一样。那一时期国人对于西方社会主义思潮的理解，总体说来相当肤浅和幼稚。邓文的特点在于，它作为旁观者，比起前人，较有理智，初步分析了社会主义产生的原因、现状以及发展趋势，少了一份好奇心，多了一份同情心，其认识水平在同时代人中，也颇显突出；可是,它一旦改变旁观者的身份,需要作出抉择时,又对社会主义表示怀疑。邓实与孙中山,都承认当时中国的经济发展,远不及欧美国家发达,以欧美国家代表中国发展的未来。孙中山强调欧美国家的发展存在贫富差距不断扩大的严重弊端,主张中国从现在起,倡导社会主义以防重蹈其弊端,进而认为社会主义在经济落后的中国,比起欧美国家反倒更容易实现。邓实则不然,他认为社会主义是西方国家进入工商阶段后,资本家与劳动者之间产生阶级矛盾的产物,中国尚未进入工商阶段,处于发展的早期或低级阶段,因而社会主义根本不切于中国实际,中国只能提出与所处的耕稼阶段相适应的任务,即倡导国家主义与爱国心。这是他们二人的思想分歧之所在,表达了在舶来社会主义是否适用于中国问题上的不同看法。这个问题具有根本性质,在当时国内的历史条件下,哪一派代表人物都未能也不可能给出较为深入的理论分析,只是根据个人的主观判断提出一些猜测性意见或似是而非的结论。

3. 关于社会主义是否适用于中国的其他议论

以上两种不同的代表性观点,分别由个人提出,未发生直接交锋,但已孕育着围绕社会主义问题的早期论争态势。在这一态势中,倾向社会主义适用于中国的观点,寥寥无几,处于明显劣势。如 1904 年 6 月《觉民》[①]第七期,有"觉佛"的《墨翟之学说》一文[②],其中提到,近年来群起仿效采取西洋学说以为输入文明的来源,对西方学说以扩张民权为共和政体之先声的内容,却"歌之和之者一二人,而骂之斥之者千百辈",导致我国"人群之不进化,公德之不发生"。这里的民权与共和政体,作者把它们与社会主义联系在一起。文中假借"我国社会学家第一伟人墨子",以香花和神明供奉墨子学说。其理由在于,墨子学说反对儒家"多重阶级"造成的社会不平等,提倡兼爱平等以打破"重重之阶级"或"阶级之制",故"兼爱主义者,社会主义也"。还认为,墨子社会学以兼爱为宗旨,提倡公德,以人群之无形法律来组织统一的新社会,欧美社会党也提倡完备的公德和充足的勇气,社会一分子当尽一分子之责任以"公诸社会",相信"合群"有利于全国,不惜"牺牲一身以救众生",当他人凭恃长枪阔斧侵扰妨碍时,力主"我必合己群抵抗之,不胜不止"。作者对于欧美社会党上演的"震天地、光日月之非常新活剧"十分感慨,大呼"圣哉社会党! 快哉此学说!",倡导将"庄严灿烂、五光十色之自由花"的西方学说与"磅礴郁积、浩荡无涯之国民魂"的墨子学说,作为今日我国的"起死回生之妙药"。此文透露出当时社会主义思想传入我国,赞成者甚少而斥骂者极多,表示站在少数人一边,支持

① 《觉民》1903 年 11 月创刊于江苏金山(今属上海市),月刊,由高天梅等人组织的觉民社编辑和发行。

② 参看张枬、王忍之编:《辛亥革命前十年间时论选集》第 1 卷下册,三联书店 1960 年版,第 865-869 页。

推行社会主义。但它所说的社会主义概念，相当模糊，用墨子兼爱论解释这一概念，未脱离传统的局限性。总的倾向，是以一种比较朦胧的形式，赞成社会主义适用于中国的观点，甚而赞成用非和平的武力方式达到这一目的。

这种模糊概念或朦胧形式，是当时国人理解社会主义的通病①。无论赞成者还是反对者，均无例外，只是倾向上和模糊程度上有所不同而已。赞成者通常从平等角度理解和倡导社会主义，又为这种平等涵义注入浓厚的传统平均色彩。为西方社会主义披上一件墨子兼爱论的外衣，便是一例。另一个例子是，秦力山1903年以遁公之名，在《国民日日报》上发表《"上海之黑暗社会"自序》②，谈到"社会主义畅行"的标志："智识平等，可以免生理上之逼迫；贫富平等，可以免经济上之逼迫"。知识平等，在于"教育普及"，教育普及，又在于"经济充裕"；至于"贫富何以能平等"，只是说，"此事虽欧美已难望之，惟吾国尚有此资格"。欧美国家难以实现而我国却有资格实现的"贫富平等"之举，不外乎实行"公地"。其法："他日"举全国之地，"以今日之不耕而食之佃主，化为乌有"，然后将无主土地分配给具有公民权的成年男女，"皆可得一有制限之地"，作为耕牧或制造之用，土地收获的十分之三四归国家，十分之六七归农民，如此则知识与贫富二者，"何愁而不平等"。此法"独吾国为能"，因为"东西各国之资本家，其所以保护其财产之法，今日已达极点，无术可以破坏之"，东洋和西洋的资本家用以保护其财产私有制的办法"已达极点"，不可能采取"公地"措施。言下之意，中国他日可能推行"公地"，得益于其财产私有制度尚不及欧美国家那么坚固。这一看法颇类于孙中山的平均地权观念，不过孙中山的论证带有更多的西洋理论色彩，秦力山的"公地"之说几乎是中国传统小土地平均分配思想的翻版，认为社会主义将来用于中国，使地主土地私有制"化为乌有"，重新进行土地分配，是易如反掌之事。

20世纪初叶，赞成社会主义适用于中国的观点，大多视之为消除目前各种不平等现象的必经途径，对来自西方的社会主义思想如何移植到今日中国的土壤上，从未产生过疑惑，反而认为在相对落后的中国比起西方更易于社会主义的生长。当时持否定观点的人，以为社会主义不适用于中国的理由，主要是国情不同或条件落后。那一时期，即便反对中国马上推行社会主义的人，对

---

① 对于类似的观念模糊现象，国人有所察觉。如《中国白话报》1904年2月至8月连载的《做百姓的事业》一文中，自命"白话道人"的林獬，曾辛辣讽刺"新党"人士把欧洲哲学家提倡的共产主义，理解为"可以随便乱来，自己没钱，就说要实行共产主义"，并嘲笑他们如果身边有些卖译稿所得的钱，"人家要想共你共产，只怕这时候你又不赞成这共产主义了"。参看张枬、王忍之编：《辛亥革命前十年间时论选集》第1卷下册，三联书店1960年版，第905、907页。

② 参看《国民日日报汇编》第1集，见张枬、王忍之编：《辛亥革命前十年间时论选集》第1卷下册，第719－721页。《国民日日报》1903年8月7日创刊于上海，章士钊任主编，出版仅数月即停刊，由上海东大陆译印局1904年9月出版的《国民日日报汇编》，共四集。

于社会主义的信念,也会表现出崇敬的态度,很少从理论上甚至从情感上加以攻击和诋毁①。这不同于19世纪70年代以来在所谓客观报道中掺入戒备心理,也不同于20世纪以后出现的各种恶意攻击,大致反映西方社会主义思潮涌入中国的初期,国人中一些思想敏锐者,既寻求摆脱困境,又对这一外来思潮犹豫不决。当时那些站在反对立场上的人士中,具有代表性的,仍是康有为。

康氏《大同书》及其前期思想,原本蕴涵以非暴力的循序渐进方式向大同理想逐步过渡的思想因素。这种过渡,不允许超越任何细微的发展阶段,纯属自然演进,对于落后的中国来说,是一个极为漫长的历史过程。基于这一思想逻辑,从中推导出的结论是,落后的中国今日根本不可能采行作为西方先进国家之思想产物的社会主义。康氏当时还没有使用社会主义译名,用的是"均产"一类传统名词,他在1902年春的《答南北美洲诸华商论中国只可行立宪不可行革命书》里,对于上述立场,作了淋漓尽致的表述。在他看来,今日处于由小康向大同、由君主向民主过渡的时期,这一过渡"万无一超飞跃之理"。近年来"工党之变日起,均产之论日多",按照其"转石流川之势",预计"千数百年后,必至太平大同之世",或者说,完全消灭了各种专制,也就实现了大同,"群龙无首之时,公产平均之日";可是,今日"无君均产之事,中国固未萌芽,而欧美亦岂能行哉","欧美之不能遽行无君均产,犹中国之未可行革命民主"。②依此而论,"公产平均"之类社会主义理想,连在先进的欧美国家都是千数百年以后的事情,遑论落后的中国,故中国当前断不可将此理想付诸实施。这样,以描画大同理想而著称的康氏,其实是叶公好龙,走向了大同理想的反面。

反对社会主义或大同理想应用于今日中国的论点,在一定时期得到不同程度的响应,其响应者大体分为比较温和或比较激进两种形式。比较温和的形式方面,《大同日报》1903年刊载《大同日报缘起》一文,给人留下此类印象。《大同日报》原系美国洪门致公堂的机关报,1902年创刊于旧金山,最初由康氏门徒欧榘甲任主编。从该报以"大同"命名、早期主编人选以及"缘起"一文同年10月被梁启超主编的《新民丛报》转载③来看,不难判断此文撰稿人追随

① 这一时期属于攻击和诋毁性质的言论,一般来源于外电的报道。如上海商务印书馆创办的《外交报》(1902年1月4日创刊,1911年1月15日停刊,旬刊),在1902年6月10日出版的第11期上,以《论俄工罢市》之名,转译英国伦敦《泰晤士报》1902年5月2日的一篇报道。其中不乏用鄙视的眼光,记述"俄国工党乱谋日亟";工人罢工日益"蛮横","聚众汹汹,几有殴击厂主之势";煽动工人仇视外人"几与中国团匪相似","无非谋夺利益以图自肥"等。此报道也提到,素来号称安分守己的俄国工人之所以纷起罢工,因为看到了外国工人所享有的权利,故要求参照诸如美国工业行规以争取自身的权利。由此多少透露出俄国工人和外国工人在政治上的觉醒和斗争过程,这恐怕也是张元济任主编、蔡元培等人任撰述的《外交报》对这篇报道有兴趣加以翻译转载的一个原因。

② 《康有为政论集》下册,中华书局1981年版,第486页。

③ 参看《新民丛报》1903年10月4日出版的第38、39期合刊本所载《秘密结社之机关报纸》一文。

康氏的某种思想联系。文章内容更是如此。它援引康氏论述作为根据，认为"大同者，春秋所谓太平世也"，按春秋之义将社会划分为三个发展阶段，即内其国而外诸夏的"据乱世"，内诸夏而外夷狄的"升平世"，以及天下远近若一、人人有士君子之行的"太平世"，认为今天中国处于"据乱世"之时。既然处于据乱世，"曷取乎大同"，为什么要以"大同"为号召。回答是："君子之用心，则以大同为归；君子之行事，则以据乱世为用"。心仪的理想目标是"大同"，当前的行事只能以"据乱世"为依据。当今各国"由帝国主义而升为民族主义，渐由民族主义而变为社会主义，似亦去大同世不远"；同时各国"莫不由专制而改为立宪"以谋取"多数人之幸福"，此举未达到春秋太平世的境界，但"于升平世之景象，则亦渐近"。因此，尽管近世各国由于"贫富远绝，资本家与劳工之冲突"，或者"一国之权，几操于数大公司，生计尽为所揽，贫人无以立足"等问题，不断出现社会风潮，然而，"社会主义起于其间，其影响达于全球，足以鼓舞万国国家之清听"。西方国家对待社会主义，"异日若采其议而为之，以剂大地人民生活之平，则各国人民，无生计悬绝之患，有各能自养之安"；到那时，《礼运》所谓不独亲其亲，不独子其子，老有所养，壮有所用，鳏寡孤独者皆有所归，夜不闭户而天下大同的理想局面，"于欧美诸文明国见之"。这里描述西方社会主义的未来前景，赞成"采其议而为之"，似乎与前述君子行事只能"以据乱世为用"的说法存在矛盾。其实不然。当作者的眼光离开欧美"文明国"回到中国时，口气也随之变化：中国目前"民族主义尚不暇及，何论于社会主义、大同理想哉"？"明知"不能马上达到大同，只能退而求其次，努力"立大同之基"，为将来实现大同奠立基础。这个基础是迫使朝廷"改专制政体而为立宪政体"，以此作为当今"大同主义"的奋斗目标。[①] 在社会主义或大同理想的旗号下，兜售君主立宪的货色，此乃继承康氏思想之衣钵。《大同日报缘起》一文，委婉表达了欧美文明国家对于社会主义或可"采其议而为之"，而处于"据乱世"的中国则断难为之。它的基本倾向，实则同意社会主义不适用于今日中国的论点。

比较激进的形式方面，以《警钟日报》[②]1904 年 11 月 6 日第 255 号上发表的社论《论大同平等之说不适用于今日之中国》[③]较为醒目。此文说，"近世中国所倡学理，有不合于今日之适用者，一曰大同，二曰平等"。此意并非否定大同与平等，相反肯定此二说乃"至精之真理，而亦世界之公言"，唯独不适用于

---

① 本段引文均转引自张枬、王忍之编：《辛亥革命前十年间时论选集》第 1 卷上册，三联书店 1960 年版，第 367－369 页。

② 《警钟日报》的前身为《俄事警闻》，1904 年 2 月 26 日改名，由"争存会"主办，在上海出版，先以蔡元培任主笔，蔡辞职后汪允宗接任。

③ 参看姜义华编：《社会主义学说在中国的初期传播》，复旦大学出版社 1984 年版，第 338－339 页。

今日中国。不适用的理由是,大同为"内外相通之说",平等为"上下相通之说",当内夏与外夷的内外界限不可能泯灭,主治者与被治者的上下界限也不可能泯灭时,"通"与"限"之间的关系相反相成,"通由限而后见,无限制则通亦不见"。这种几近狡辩的理由背后,隐藏着狭隘的民族观念,以及对西方进化论观点的盲目崇拜。例如,文中曾引用孔子的大同说与墨子的兼爱论,以此证明孔、墨二人未尝"破国界",若有人托名内外之通,企图泯灭华夷之界,那是向"异族"满清政府献媚。这纯粹出于推翻满清统治的需要,将大同学说提倡"内外相通"斥为"邪说"。又如,文中仍以孔、墨言论中的贤能之说来证明不可能众生平等,批评许行的人人并耕而食之说违反专业分工和竞争原则,"破坏政治之秩序","阻国家进化之机"。后世社会党主张平等之说,在此文看来,一则"社会党之说,倡于欧西,而中国则古代以来,未闻此说";二则"近日中国袭新学皮毛者,不察中国国度之若何,惟以提倡社会党为主义",因此,欧西社会党之说在中国,"无论其必不能行,即使能行,亦必大乱"。所以将平等学说提倡"上下之通"指为"妄言"。总之,根据此文,"大同、平等之说,非不可行,然以今日之中国,则固未易骤行;若骤而行之,吾未见其不致乱",今日中国有人借大同、平等之名,就像过去西方人假自由之名而行罪恶一样。这番议论,对中外典籍的理解未免偏执和穿凿,却是观点鲜明,辞锋犀利,显然不是出于康有为一类思想体系。此文作者在大同问题上主张严格划分国家界限(实为民族界限)以防异族入侵,在平等问题上赞成通过竞争以实现进化,均与康氏大同和平等思想格格不入。但是,他们强调中国"国度"即国情与欧西国家不同,今日中国不能骤然实行大同平等之说,否则必致大乱等观点,又出奇地一致。基于这种思想认识的一致性,导致那一时期国人中的各种派别,在否认社会主义适用于今日中国这一点上,暂时形成多数人的统一阵营。

另外还有一种论点,似乎介于以上赞成与反对两种意见之间。"君平"在《觉民》1904 年第 9、10 两期合刊本上,发表《天演大同辨》①。这篇文章以辩论形式,举出赞成"物竞天择,优胜劣败"的"天演家"甲方与赞成"众生平等,博爱无差"的"大同家"乙方,双方相互诘难。甲方认为,今日世界文明通过竞争而实现,"我国之衰弱,实由竞争思想之不发达",应以天演学说作为警示来拯救国家,否则空谈悲世悯人,无异缘木求鱼。乙方则认为,既然同属人类,何忍"牺牲多数之血泪,易此少数之文明";优劣无定论,以杀人争优胜,岂不使文明成为"野蛮之变相",实现"不争无竞之大同世界",正是"悯众生之不平,悲人世之多难"。对于双方的辩词,作者作了一番调和:一方面,目前众生根底浅薄,

① 参看张枬、王忍之编:《辛亥革命前十年间时论选集》第 1 卷下册,三联书店 1960 年版,第 872—874 页。

尚不能从竞争的“天择恶果”中解脱出来；另一方面，大同世界以“仁人”为宗旨，应当是君子“梦想魂游而不能一刻离者”。这好像保持中立。又说“无大同思想者，其志行必浅薄，而大同遂无可期之一”，这句话似乎还有倾向乙方之意。其实这是错觉。作者的调和手法，先把“大同”与“天演”放在同等重要的地位上，以大同为“不易之公理”，天演为“莫破之公例”，二者旗鼓相当：“公理不可刹那弃，而公例不能瞬息离；公理因可宝爱，而公例又非能避弃”。随即话题一转，把二者的并列关系转换为一先一后关系，提出当事者“循天演之公例，以达大同之公理”，意即先遵循“天演之公例”，然后才能实现“大同公理”。其最后结论是，“我侪今日断不足以语大同”。运用这一结论，甲方承认“予固非以大同为不足尚也，特以不能实行耳”；乙方亦承认“予亦非以大同为可实行于今日也，所孜孜者，犹冀其盛行于异日耳”。这从表面上看，消弭双方意见分歧，找到甲乙双方都能接受的共同点。实际是偷换概念，主张竞争与主张大同的对立，被转变为今日断不能实行的问题。作者还认为，即便千万年后，也无法实行“一例无差”的平等主义，地球空间有限，存在人满之患，不能避免“天演之狂澜”。可见，作者的着眼点，不是折衷两种不同意见，而是藉此证明今日决不能实行大同的论点，具有普适性。这和前述反对将社会主义应用于今日中国的观点，没有什么两样。

（二）关于国家社会主义问题及其他

西方社会主义思潮传入中国，从一开始，夹杂着形形色色的各种流派与学说观点，一涌而来。其中国家社会主义学说，颇受时人青睐，最初比较集中地见于20世纪头几年。一是当时介绍社会主义的各种著译本，尤其来自日文原著的中译本，曾在不同程度上对国家社会主义有所论列。这些论述也批评国家社会主义破坏经济组织基础，或者将其排除在真正的社会主义范围之外，但一般说来，以比较肯定的态度评介国家社会主义，认为它是依靠国家力量，用较为平和的干预方式限制自由竞争的危害，缩小贫富差距的一种手段。二是有关社会主义的介绍中，国家社会主义通常以温和改良派的面貌出现，与包括马克思学说在内的激进革命派适成对照，在舶来社会主义思潮中取得比较醒目和突出的地位。三是那一时期向西方寻求真理的国人，刚经历变法维新的失败，不少人仍沉浸在自上而下推行改良运动的幻想之中，形成相当大的势力和影响，而国家社会主义思想的传入，正好适应了这些人的某种需要。在鼓吹国家社会主义的国人中，以时间早、影响大而论，当推梁启超为第一人。

梁氏早在1898年翻译日文小说《佳人奇遇》，转达了书中人物将避免贫富悬隔之祸的希望，寄托于仁人学者“能以国家社会主义，调和于贫富之间”，舍此之外，“实无别法”。这段最早采用“国家社会主义”中译名的论述，只是转述小说人物的想法，从中也能觉察梁氏个人的选择倾向。这种倾向在他1902年

10月发表的《干涉与放任》一文中，以另一种形式表现出来。他认为，20世纪将是干涉主义取代放任主义的全胜时代，表现为人民依赖国家而生存，为国家宁可牺牲一切利益，由此必然带来帝国主义的盛行，“帝国主义者，干涉主义之别名”；从经济上看，又是社会主义以其磅礴之势，取代斯密自由竞争的时代，社会主义外形上好像主张放任，“其内质实主干涉”。今日中国的对策，“当操干涉主义者十之七，当操放任主义者十之三”。这里的干涉主义，在概念上与帝国主义和社会主义相混淆，其实想表达的是国家社会主义。这一点，《新大陆游记》记述，他于1903年4月29日谢绝“纽约社会主义丛报”负责人的造访，感觉对比极端或偏激的社会主义，国家社会主义的思想“日趋于健全”，中国“可采用者甚多”，实行起来“较欧美更易”，因为这一主义“以极专制之组织，行极平等之精神”，与中国的历史性质相契合，中国要将铁路、矿务、各种制造业等大型事业大部分归于国有，“真较易于欧美”。何时采用国有措施，他的立场比此前退后一步，认为今日谈此事不是时候，须等待将来的研究。1903年底，他的《二十世纪之巨灵托拉斯》一文，又把访美期间认识的托拉斯这种垄断经济组织形式，说成以“平和”方式纠正自由竞争弊端的“生计界之帝国主义”，体现了“以最小率之劳费易最大率之利益”的经济学原则；认为托拉斯能“调和”资本家与劳动者之间的争端，对雇佣劳动者“有益而无害”，甚至符合马克思学理，是社会党人主张变“私财”制为“公财”制的一个过渡阶段。1904年秋，他在《外资输入问题》中，再次提出，将来成立新政府，经营各业时不如“纯采国家社会主义之方针”，摆脱劳动问题的困扰；同时表示，这是遥遥无期的事情。可见，在梁氏那里，连国家社会主义也是可望而不可即。在他的笔下，国家社会主义、社会主义、帝国主义、干涉主义以及托拉斯等概念，并行不悖地交织在一起或者相互替代，就像一盘概念大杂烩，无论使用哪个概念，万变不离其宗，从不同角度流露出对国家社会主义的向往。

梁氏这一思想倾向，在他当时主持或主编的刊物中，也有所反映。例如，他实际主持的《清议报》①，1901年11月11日至12月21日第97－100期上，发表《帝国主义论》一文。此文着眼于当今各国的激烈竞争，认为伸张国力，最紧要的是“国民之协同一致与调和运动”。为此，根据国民的历史和人种的性质倾向，或“自平民主义而设政治机关”，或“取社会主义之一部而改良社会”，用以谋求“国民之幸福与国家之膨胀”。所谓“平民主义”，又与帝国主义相沟通。像盛兴国民教育、提高国民品位、保证国民参政、防止专制横行、促使政治机关正常运转等等，均系“欲行帝国主义之国家，所可取而法之而施行之者”，

① 《清议报》1898年12月23日在日本横滨创刊，旬刊，名义上以英国人冯镜如为发行兼编辑人，实际由梁启超主持。1901年12月21日出版第100期后因遭火灾而停刊。

故谓“帝国主义者，非平民主义之敌也”。至于社会主义，“亦非全与帝国主义不相容”。那些不相容部分，指的是“社会主义之空想的道理及破坏的手段”，社会主义的其他内容，“欲遂行帝国主义之国家，亦不可不择而采用”。像社会党保护劳动者的工场法、养老法、救助贫民法等，关系“国家之调和发达”，任何国家“不可不尽其力之所及，以求实行”。只有所谓“破坏的社会主义”，才与帝国主义、与国家、与现行社会不相容。“人类大团结之社会，决非排斥今日之帝国主义”，相反，应“发达帝国主义，而使之达世界主义”。这番有关帝国主义的奇谈怪论，设想推行帝国主义的国家，有选择地采纳平民主义或社会主义主张，实现国家内部的协同一致与国势的扩张，进而达到世界的统合，它与梁氏理解的国家社会主义思想，相差无几。梁氏在同一问题上不断转换概念，似乎也可以从这篇模糊帝国主义与平民主义和社会主义概念的文章中，找到某些根源。

又如，梁氏主编的《新民丛报》[①]1903年2月11日第25期，发表“威儿拉里”的《国家社会主义实行于奥大利》一文。这篇文章鼓吹，“国家社会主义，实十九世纪下半之新思潮”，最初学者提倡，后来政府接受。其中主要引用威儿拉里1902年9月在伦敦《每月评论》上的一篇评论，里面谈到奥地利政府渐次实行国家主义的种种方法。其“最有成效者”，利用农业银行向小农贷放资本，发展农业，使小地主数量骤增，建立模范田园推动农事的改良进步，增长普通农民的知识；其“最新奇者”，实行公家旅馆制，吸引世界旅游人士，如偏僻之处修建壮丽清洁的旅馆，铺设狭轨铁路贯通国内，派遣宪兵提供宾至如归的服务，增设公家浴场、公立俱乐部等等。奥国“可谓社会主义之首唱”，创立各项事业“结果皆颇良”，“足以为二十世纪之模范”。政府向小农提供贷款和开辟旅游事业，不过寻常之事，文中将之鼓噪成了不得的重大创举，借以标榜国家社会主义既是19世纪下半叶的新思潮，又是20世纪的模范。这说明当时的变法维新人士为了推销他们所钟爱的国家社会主义，在舆论宣传方面，推崇之至。

面对国家社会主义的倾向性宣传，20世纪初很少看到公开反对的意见。只是从那时个别文章的字里行间，曲折地感受到一些不同看法。比如，同样在《新民丛报》上，1902年7月5日和8月18日的第11、14两期，连载“雨尘子”的《论世界经济竞争之大势》一文。此文认为，世界发展的大趋势已从政治竞争进入经济竞争[②]，随着科学技术的进步和工业生产的发达，供大于求产生扩

---

① 《新民丛报》1902年2月8日在日本横滨创刊，半月刊。其编辑兼发行人署名冯紫珊，实际由梁启超主编。1904年后经常不按期出版，1907年11月20日停刊。

② 这是当时一些留日学生的共识，如杨度为1902年底创刊于日本东京的《游学译编》作叙（见第一期），其中说：“十九世纪之末、二十世纪之初，世界之大势，实由政治竞争入于生计竞争之界线”。（参看张枬、王忍之编：《辛亥革命前十年间时论选集》第1卷上册，三联书店1960年版，第253页）这种共识显然受到那一时期日本思想界的影响。

大市场的欲望，土地报酬递减规律产生开辟新地的需要，由此形成帝国主义盛行于各国的局面。欧洲人以其极端个人主义或达尔文进化论为口实，美化帝国主义是欧洲人的开拓天职，体现文明人代替野蛮人的义务，符合优等人种统治劣等人种的天理，可以无所顾忌地使用暴力达到其目的。对此，作者的看法是，“帝国主义，质言之，则强盗主义”，其强盗逻辑是，“因己之不足而羡人之足，因己之膨胀而芟除世之不如己者”。作者强烈感受到，甲午战争失败以来，“列国经济竞争之中心点，一转而至于太平洋，注乎中国”，经济侵略较之政治侵略，为祸更烈，中国面临“我汉族遂亡于列强经济竞争之下”或“吾国遂亡于列强共同之经济侵略之手”的严重威胁。为了在经济竞争的世界中求得自存，首先要“去依赖政府之心”。中国政府不像外国政府那样依赖和保护商、工业家的利益，极尽刻剥摧折之能事，“我国民欲振兴实业而依赖政府，则万无可兴之道”，特别是国民与当权者之间存在民族仇怨，“固万无可使政府与民间商、工业家两相依赖之理”。把矛头指向满清政府。其自存之道，主张“以自族之力，保固有之土地权力”，实行汉民族自治。基于这一思想，抨击帝国主义为强盗主义，反对依赖本国政府对付强盗主义，也就谈不上对舶来的国家社会主义有什么好感。当时作者的注意力集中于民族存亡问题，尚无暇顾及时人吹捧帝国主义与国家社会主义的言论。后来同一刊物 1903 年 3 月第 28 期又发表雨尘子的《近世欧人之三大主义》一文。其中提到，今日欧洲经济社会，存在多数劳动者供少数资本使役，国家土地权和财产权尽在少数富者手中，富者益富，贫者益贫，日趋于最少数人之手的现象；又认为，处理这些问题“已侵社会主义之范围，故不具论”，回避讨论社会主义问题。① 因而也妨碍了对国家社会主义问题提出直接的评论意见。类似因素，导致那一时期围绕国家社会主义问题的不同意见，未曾产生正面的交锋。

当时发生观点交锋的相关例子，在国家社会主义问题之外，《大陆》②1903 年 5 月 6 日第 6 期，其编辑部针对《新民丛报》第 26 期“谓许行之说与近世社会主义同”的观点，发表《敬告中国之新民》的论说③。这篇论说借题发挥，批驳梁启超自命为“中国之新民”。其一，社会主义是“前世纪以来最大问题”，“实为大中至正、尽善尽美、天经地义、万世不易之道”，绝非许行之说可以媲美。其二，社会主义“在昔日为空论，在今日则将见诸实事”，今日尚不能尽行，“他日则期于必行”。在今日，“人类文明之程度尚未足”，这样说，“非此法之不可行”，

---

① 以上引文除另注外，均参看张枬、王忍之编：《辛亥革命前十年间时论选集》第 1 卷上册，三联书店 1960 年版，第 196—206、344 页。

② 《大陆》1902 年 12 月 9 日在上海创刊，先为月刊，后改为半月刊，由留日回国学生主持，1906 年 1 月停刊。

③ 参看林代昭、潘国华编：《马克思主义在中国——从影响的传入到传播》上册，清华大学出版社 1983 年版，第 90—91 页。

相反,“其理正有甚易者”。就像个人延聘教师、购书阅读、营建庭园、收藏古董,不如集体兴建学校、图书馆、公园、博物园一样,社会主义也是“合一群之事”。一旦实行此法,“可以省去无数劳力,无数消费,而一群之中,无一事不举,无一物不得其所”,乘汽车“可不费一文而遍行于大陆”,乘汽船“可不费一文而优游于江湖”,这就是“太平之世”。对此,“新民”论者大同、小康之说不绝于口,“竟不知社会主义为何物”,只是沉溺于博爱、平等一类说教,不足以概括社会主义真相。其三,许行之说连“计学中分业之说”即经济学的分工论也不懂,又怎么能懂得“计学中至精至当之社会主义”,贸然将二者比较,岂非“重视许行而重诬社会主义”。其四,“新民”论者既以许行为“放任主义之极端”,又以社会主义为“干涉主义之极端”,将二者放在一起是个矛盾:实行社会主义,每每“以国家为至大之保险行”,其他干涉“固莫甚于斯”;按照许行之说,一一放任,“固不必行社会主义”。

这篇论辩性文章,起因于《新民丛报》载文褒贬各家报刊,对《大陆》的评价有不恭和教训之辞,激起后者反击,抓住“新民”论者“无端及于社会主义”,将许行之说与近世社会主义相提并论的漏洞,讥讽“新民”论者大谈“西学精粹”,其实是“外行”,以其人之道还治其人之身。在相互攻讦的气氛中,很难比较冷静地思考社会主义问题,《敬告中国之新民》一文,偏于形式上的辩诘对比,疏于理论上的深入阐述。但是,把这场辩论放到当时的历史环境中考察,其意义不同寻常。其一,这是中国近代史上较早出现的关于社会主义问题的专题辩论,意味着国人对于西方社会主义思潮的传入,从最初的一般性介绍,开始结合中国实际加以思索并产生思想分歧,这对后来认识马克思经济学说的思想论争,也有先期铺垫的作用。其二,这场辩论的《大陆》一方,其论证从形式到内容显得不成熟,把社会主义理解为合一群之事或极端干涉主义,也失之偏颇,但它以醒目的方式,表达社会主义是“大中至正、尽善尽美、天经地义、万世不易之道”,是经济学中“至精至当”学说,将见诸实行,即便今日尚不能尽行,他日期于必行的信念。这与那些怀疑或反对社会主义适用于今日中国的流行论调,形成鲜明壁垒。其三,《大陆》之文着重分析近世社会主义与许行之说的区别,认为二者不可同日而语。《警钟日报》的《论大同平等之说不适用于今日之中国》一文,也曾批评许行的“人人当并耕而食”之说违背经济学的分工原理。不过,后者意在否定平等原则适用于今日中国。《大陆》文章意在指出,将不懂分工的许行之说与社会主义归为一类,无异贬抑和诬蔑社会主义。这不是以许行之说为依据来讨论社会主义是否适用于中国,而是将许行之说与社会主义剥离开来,对那时动辄用中国传统观点比附西方社会主义的做法,提出质疑。马君武同年稍早有一篇比较社会主义与进化论的文章,反对用《礼运》大同思想代替社会主义,二者有异曲同工之处。

第二节 社会主义思潮传入中国的一个特殊渠道

近代社会主义思潮作为资本主义生产关系形成和发展时期的产物，以欧美国家为其发源地。从19世纪70年代起，这一思潮零星而断续地传入中国，其思想资料一般也直接来自欧美国家。到20世纪初，西方社会主义思潮向中国传入的渠道，除了来自欧美的直接渠道，引人注目的是，转借日本的间接渠道，逐渐上升为主要渠道。这在近代中国社会主义思潮的传播史上，是一个独特现象。这种以日本作为特殊渠道的独特现象，在社会主义思潮和马克思经济学说传入中国的早期历史过程中，曾留下特殊的痕迹。

一、日本早期的社会主义思潮

(一)西方社会主义思潮在日本的早期历史

西方社会主义思潮传入日本，可以追溯到明治(1868－1912)初期。1870年，以引进西方思想闻名的加藤弘之(1836－1916)[①]著《真政大意》一书，向国人介绍欧洲的政府、民主和人权理论，被当作首次提及"共产主义"与"社会主义"名词的日文著作[②]。加藤本人早期对西方的自由民主思想感兴趣，后来日本民主运动开始抬头，改变观点反对召开议会，没有迹象表明他赞同社会主义。1875年《明六杂志》四月号上，号称日本统计学之父的杉高司，曾预想日本未来有两种可能性，或者退化为法国式共产主义，或者效法斯巴达人加强其国民性。这里对于"共产主义"的看法，带有一种贬义。1878年6月6日，《东京日日新闻》刊登福地源一郎的《僻说之害》一文，受当年德国颁布社会民主党人法令的影响，攻击"社会党之主义"，从中亦可见"社会主义"一词。1879年，同志社大学拉内德教授讲学时，也从反对的立场介绍了社会主义。有的日本学者还根据间接证据，认为《西周全集》第2卷中有一篇关于社会主义的文章，介绍欧洲空想社会主义的各个流派，它作于1878年6月至1879年底之间[③]。据此，一位德国学者引申说，此文产生于德国威廉一世皇帝遭到暗杀，随即俾斯麦颁布《反社会党人非常法》禁止德国社会主义工人党的消息传来之时，这是"日本人开始注意欧洲社会主义运动的年代"；同时，西周的文章，"显然是出

---

① 加藤弘之早年(19世纪50年代末至60年代初)在蕃书调所工作，对西方事物发生兴趣。1864年任开成所教授。明治维新后为天皇侍读，在教育和外交部门任要职。1890年任东京帝国大学第一任校长，1900年封男爵，1906年任枢密顾问官。参看《简明不列颠百科全书》中文版第4卷，中国大百科全书出版社1985年版，第278页。

② 同年，西周在他的《百学连环》中，以经济学说形式介绍了社会主义和共产主义。

③ 参看大久保利谦：《西周全集》，第2卷，东京：宗高书房1966年版，第743－744页。

于纯粹的无知，他没有提到马克思的社会主义”[①]。值得一提的是，同样在19世纪70年代初，中国派赴海外者或西方来华传教士，不约而同地记述了欧美国家的工人运动。后来，来华西方人在70年代中后期，海外中国人在70年代后期特别是1878年，也同样因暗杀德国皇帝事件而注意到欧洲社会主义运动，相继以音译名“索昔阿利司脱”或“廓密尼士”，以及意译名“平会”等形式，提到英文的“社会主义”和“共产主义”名词。这表明，中国人最初接触西方社会主义概念，与日本人大致同时而稍后，并且都以旁观介绍为主，又夹杂某些偏见。

中日双方在19世纪70年代各自独立地从西方获取有关社会主义的思想资料，这一态势到80年代，发生一些变化。在中国，除了那些来华西方人的报道中仍不时出现有关社会主义的介绍之外，国人自己似乎中断一个时期，直到19世纪90年代初期才又看到类似的文字；在日本，则一直持续未断地引进一些有关西方社会主义的资料。1881年4月，日本基督教会创办的《六合杂志》第7号上，刊登小崎弘道的《论近代社会党产生的原因》一文，其中介绍了当时仍在世的卡尔·马克思的学说并概述其生平，这在日本被认为是第一次尝试，而作者在文中“毫不讳言自己拒绝马克思主义的态度”[②]。照此说来，日本人开始介绍马克思学说，比起《大同学》1899年最初将这一学说介绍到中国的时间，至少早了18年。

19世纪七八十年代，日本产生并推动自由民权运动，以此为号召而建立的社会团体与发表的理论著述，不时利用早期传入的西方社会主义思想作为援手。如1882年樽井藤吉建立东洋社会党，随即被解散，但它作为一年前成立的影响甚大的自由党[③]的激进拥护者，首先提出实现社会主义的主张[④]；一年后以黄包车夫名义组织的“车会党”，有意采用社会党的谐音，要求改善工作及生活条件。又如1882年出版乌尔塞的《社会主义与共产主义》的日译本（译

① ［德］李博著，赵倩等译：《汉语中的马克思主义术语的起源与作用：从词汇—概念角度看日本和中国对马克思主义的接受》，中国社会科学出版社2003年版，第81页。

② 同上。

③ 片山潜早先认为，自由党是日本最初的政党，其政纲中有“改良社会”字句，它的党员在该党成立之初，“就有意于工人运动了”，意即日本工人运动发源于自由党。对此，日本后来的马克思主义者提出不同看法，大意说，自由党起初奉行资产阶级自由主义，然后变成资产阶级和封建地主的政党，接下来通过官僚的媒介作用，逐渐发展成作为统治阶级的资产阶级和封建地主的联合政党。参看片山潜著，王雨译，舒贻上校：《日本的工人运动》，三联书店1959年版，第3页及第231页注释1。

④ 有学者认为，日本和西方著作中有一种不幸的倾向，示意在日本早先的社会主义者与后来的社会主义者之间，存在一种连结关系，经常举出樽井藤吉作为日本社会主义运动的先驱，其实，“这种早先‘社会主义者’的影响，是极其微弱的”。其原因在于，樽井建立的这个流产团体，不见得比一个单纯的农民运动高明多少，“以后的社会主义者的活动，则根源于工业的而非农业的条件”。参看Hyman Kublin, The Origins of Japanese Socialist Tradition, *The Journal of Politics*, Vol. 14, May 1952, No. 2，第261页注13。也有人指出，关于樽井的东洋社会党的评价，言人人殊，存在着诸如无政府主义政党、国家社会主义政党、哲学的无政府主义政党等各种称谓；“无论怎么样，有一点是可以肯定的，就是从该党的纲领中也可以明白看出，它不是所谓社会党。勉强地说，则或许可以认为是像共产党宣言第三章中所称的‘封建的社会主义’”。这个党的纲领据说主要有以下三条：“第一条，我党以道德为言行的规准；第二条，我党以平等为主义；第三条，我党以谋社会公众的最大福利为目的。”参看片山潜著，王雨译，舒贻上校：《日本的工人运动》，三联书店1959年版，第231－232页，注释2。

作《古今社会党沿革说》),以后一些译介欧洲社会主义的书籍相继问世,像原田潜的《自由提纲财产平均论》、井上勤翻译托马斯·莫尔的《乌托邦》(译作《良政府谈》等;1888年,渡垣健藏在《国家学术杂志》上发表《社会主义的讲演》一文;1888—1889年,间寅裕次郎撰写《论财产的性质:一个社会主义的批评》的系列文章。这一时期,以宣传卢梭天赋民权论而知名的中江兆民编辑《政理丛谈》,刊载《近世社会党沿革》、《社会党论》、《革命社会论》、《不平等论》、《社会党之主义》等介绍性文章。德富苏峰主持《国民之友》杂志,发表《社会党之活动》、《在五月一日社会主义运动中》、《五月一日及其总同盟罢工》、《劳动者的组合》、《劳动者之声》、《社会问题》、《社会问题之新潮》等文章或评论;其中1887年的创刊号,登出亨利·乔治关于社会问题和劳动问题的论文,1889年发表《土地所有者即是政权所有者》社论,对封建地主势力表示不满,由此引出城常太郎的《赋税全废·济世危言》、丹城清的《地租全废论》及《单税经济学》等译介乔治学说的著述,乔治的《社会问题》、《土地问题》、《进步与贫困》等书,也相继被译成日文。当时中江兆民的门徒坂井裕三四郎,还经常从巴黎报道那里的社会主义运动情况;诸如此类。可见,整个19世纪80年代,西方社会主义思潮向日本的传入,呈现出逐渐扩大的趋势。

进入19世纪90年代,这一趋势继续发展,涌现出一些同情工人运动的报刊,以及对工人运动产生直接或间接影响的著作①。有人说,此时,"日本的社会主义著作已经显示出了无与伦比的高水平"。如1893年东京民友社出版《现时之社会主义》一书,对西方社会主义的各个流派和欧美社会主义政党所主张的社会主义方针,"作了系统的阐述";其第4章讲述"新社会主义的繁荣",有较长一段讲马克思的《资本论》;日本学者曾赞誉此书为"日本空前的第一本社会主义入门书"。又如1899年出版的《近世社会主义》、《社会主义》,以及1901年出版的《社会党》三本书,后因1903年出版它们的中译本,"对社会科学领域汉语术语的发展具有特殊的意义";不过,这三本书对马克思主义理论的介绍"相当零散":"过分强调了马克思主义历史观的决定论,不重视作为社会变革手段的阶级斗争和革命在马克思理论大厦中的地位,将社会主义运

① 1901年以前,这类报刊主要有《每日新闻》、《万朝报》、《社会新报》、《平民新闻》、《二六新报》、《北海道每日新闻》、《六合杂志》、《社会杂志》、《东京经济杂志》、《东京评论》、《社会》、《天地人》、《东洋经济新报》等;这类著作主要有:城泉太郎著《赋税全废济世危言》(1891),角田刚一郎译《土地问题》(1892),民友社编《现时之社会主义》(1893),松原岩五郎著《最黑暗的东京》(1893),大我居士著《贫天地饥寒窟探险记》(1893),田岛锦治著《日本现在的社会问题》(1897),河上清著《劳动保护论》(1897),铃木纯一郎著《工人须知》(1897),片山潜著《工人的良友拉萨尔传》(1897),片山潜著《英国今日的社会》(1897),松村介石译《社会改良家列传》(1897),横山源之助著《日本的下层社会》(1899),横山源之助《内地杂居后之日本》(1899),村井知至著《社会主义》(1899),福井准造著《近世社会主义》(1899),基特著、角田柳作译《社会之进化》(1899),丰原又男著《劳资间的调和》(1899),久松义典著《近世社会主义评论》(1900),安部矶雄著《社会问题解释法》(1901)等等。参看片山潜著,王雨译,舒贻上校:《日本的工人运动》,三联书店1959年版,第135—137页。

动的所有暴力形式只归咎于无政府主义者和虚无主义者”；等等。① 这一时期的另一标帜，开始组织专门的研究团体。如坂井在《国民之友》1893 年 7 月号上发表《论社会主义与现代文明之间关系》的文章，其中提到，“朋友和同志们聚集在一起，提议创立一个社会问题研究会。我也被邀请参加，因而能够了解这个举动”②。许多日本的和西方的研究者一般认为，“日本社会主义作为一种明显的和持续的运动，出现在 1894－1895 年的中日战争后不久”③。片山潜还明确指出：“在日本，近代的工人运动，可以说是从 1897 年（明治 30 年）的夏天，日中甲午战争之后才开始的。”④战前，这种组织起来研究社会问题的尝试，只限于志趣相投者小范围的民间研究团体；战后，从 1895 至 1901 年间，几乎每年都有类似的研究社会问题的团体成立，1896 年东京大学一批教授还成立日本社会政策研究会，效法德国“讲坛社会主义者”，主张国家出面消除自由竞争的恶果。对此，较有说服力的解释是，日本作为战胜者，掀起发展工业的狂热，建立大批工厂，雇佣劳动者数量迅速增长。与此相伴随，军备扩张，税负增加，物价猛涨，引起劳资双方的尖锐冲突，罢工不断，社会问题和劳动问题变成日益现实和紧迫的问题。战前在理论上存在的那些问题，战后变成现实存在的问题，由此推动社会主义思想在日本的进一步发展。⑤

这些问题，最初在一些倾向社会主义的日本知识分子看来，认为是工业资本主义所固有的弊端，又认为在日本现今的社会经济中表现得还不那么明显。如安部矶雄 1896 年 7 月 20 日在《远东》杂志发表《社会问题及其解决办法》一文，其中描述说：“我们的工业还年轻，贫富之间的广泛差距还不很显著……穷人尚满足于他们的现状，而富人也未试图压迫他们……穷人只知道工业的快速增长给每个人带来谋生的机会，除了作为一个遥远未来的问题外，根本没有人想到社会主义……我们尚未进入这个旋流，我们必须做好准备来加以避免……或者将来万一进入，至少该知道怎样加以对付。”⑥片山潜 1897 年 10

---

① ［德］李博著，赵倩等译：《汉语中的马克思主义术语的起源与作用：从词汇—概念角度看日本和中国对马克思主义的接受》，中国社会科学出版社 2003 年版，第 81－83 页。

② 原载高坂正显：《明治时代日本人的思想》，转引自戴维·阿博什（David Abosch）翻译和改编的 *Japanese Thought in the Meiji Era*，Pan-Pacific Press，1958，第 323 页。

③ Hyman Kublin，The Japanese Socialist and the Russo-Japanese War，*The Journal of Modern History*，Vol. ⅩⅫ，December1950，No. 4，第 323 页。

④ 片山潜：《工人运动在日本》，见片山潜著，王雨译，舒贻上校《日本的工人运动》，三联书店 1959 年版，第 239 页。

⑤ 片山潜分析说，甲午战争后，日本的工业从中国取得战争赔款，“呈现出了日本历史上从未有过的盛况”，日本的工人阶级开始觉醒，工人们因生活费用不断上涨，要求提高工资，出现各式各样的罢工运动；同时，近代化工业制度在日本还是一个新事物，对于工人运动和罢工等等，“并没有加以任何法律上的限制”。参看片山潜：《工人运动在日本》，见片山潜著，王雨译，舒贻上校《日本的工人运动》，三联书店 1959 年版，第 239 页。

⑥ 转引自戴维·阿博什（David Abosch）翻译和改编：*Japanese Thought in the Meiji Era*，Pan-Pacific Press，1958，第 324 页。

月在同一《远东》杂志发表《劳动问题之新旧》一文，也提出相似的看法。这些看法，将社会主义作为日本发展资本主义的弊病尚未彰显之时，防患于未然的一种手段。

到19世纪末，上面提到的那些知识分子研究会，成为最初介绍马克思主义到日本的"所有各种途径中最为有效的途径"①。1897年成立社会问题研究会，许多知识分子参加，引起公众的注意。这个研究会的人员构成复杂，难以统一意见，促使其中一小部分自称社会主义者或对社会经济问题感兴趣的人另起炉灶，于1898年10月18日在东京惟一神教派教堂召开第一次会议，宣告创立社会主义研究会。这个研究会从其章程看，想要"确定社会主义能否应用于日本"②。它向那些倾向其目标的人开放，不论他们是否赞成社会主义学说。先由东京大学英语教授村井知至任会长，其主要成员有安部矶雄、片山潜、幸德秋水、河上清等人，稍后西川光次郎加入，每月在教堂图书馆聚会。第一次会议上，村井讲社会主义一般原理，讨论有关社会主义运动的合适读物。11月20日第二次会议上，片山潜作英国地主制度和欧洲一般社会主义趋势的讲演；讨论期间，美国传教士查尔斯·加斯特(Charles Garst)提出以乔治的单一税思想作为日本实行社会主义的最佳方式③。以后每次会议，着重于介绍一位著名的社会主义作者。如安部矶雄介绍"亨利·乔治的社会主义"，片山潜介绍"斐迪南·拉萨尔的社会主义"，河上清介绍"傅立叶的社会主义"，幸德秋水介绍"社会主义与我们现存的政治社会"，木下尚江介绍"圣西门的社会主义"，村井知至介绍"卡尔·马克思的社会主义"等。这些介绍文章发表在《六合杂志》上。④ 这个研究会对于日本的社会主义者学习马克思主义起了一定作用，所以又被认为"是东方较早的研究马克思主义的团体之一"⑤。也有人说，这个研究会"实际上标志着日本社会主义运动的诞生"⑥。

社会主义研究会作为日本历史上"第一个值得一提的社会主义团体"⑦，聚集一批早期在日本传播社会主义思想的著名代表人物。1900年1月，研究

---

① 参见 Robert A. Scalapino, *The Japanese Communist Movement, 1920—1966*, University of California Press, 1967, 第1页。

② 参见 Hyman Kublin, The Japanese Socialist and the Russo-Japanese War, *The Journal of Modern History*, Vol. XXII, December1950, No. 4, 第325页。

③ 加斯特的遗著《单税经济学》，1900年在日本出版。此前早在1891年，亨利·乔治的《进步与贫困》一书已由城泉太郎翻译并在日本出版。到1896年，日本杂志上出现有关"土地兼并救济方策"、"土地国有论"之类的文章，与乔治的观点颇为相近。

④ 参看 Cyril H. Powles, Abe Iso and the Role of Christian in the Founding of the Japanese Socialist Movement, 1895—1905, *Papers on Japan*, Vol. I, 第109页。

⑤ 李威周:《日共创始人——片山潜》，商务印书馆1985年版，第22页。

⑥ 参见 Hyman Kulin, The Origins of Japanese Socialist Tradition, *The Journal of Politics*, Vol. 14, May, 1952, No. 12, 第261页。

⑦ 参见 Hyman Kublin, The Japanese Socialist and the Russo-Japanese War, *The Journal of Modern History*, Vol. XXII, December 1950, No. 4, 第325页。

会部分成员改组为社会主义协会，只吸收社会主义者参加。村井辞职，安部任会长。1903 年以前，这个协会一直是日本“社会运动的中心”①，直至 1903 年 10 月 8 日解散，由平民社取而代之。其间，1901 年 5 月一天，协会的六名成员即片山潜、安部矶雄、幸德秋水、河上清、西川光次郎和木下尚江作为发起人，在东京创立社会民主党，仍由安部担任党主席，通过日本“最初的无产阶级政党的宣言”②，当时发表于几家报纸③。其中提到“废除阶级制度”；一切生产机关如土地、资本以及铁道、船舶、运河、桥梁等，“应实行公有”；“应公平分配财富”；人民享有“平等的政治权利”、“平等的教育权利”等。安部在草拟宣言过程中起了主要作用，据当事人说，这个纲领“包括一个长篇序言讨论现存社会制度的缺陷……模仿了卡尔·马克思和弗雷德里希·恩格斯于 1848 年所提出的共产党宣言”④。片山潜讲述此事时，提到宣言中称“社会主义是解决工人问题的唯一的根本的方法”，必须参加争取普遍选举权的运动，“确信日本工人阶级从事于政治活动的准备，业已成熟”，因此“创立了一个名为社会主义民主党的社会主义政党”⑤。社会民主党成立的当天，警察当局即勒令解散，它仅存在一天便夭折了。尽管如此，这个政党仍被看作“日本最早的要求以工人阶级为基础的政党”⑥，或“20 世纪之初在日本具有一个马克思主义的令人鼓舞政纲的无产阶级政党”⑦。有的日本学者认为，应该以这一天作为标志，表明在日本，“社会主义的理论与社会主义的实践活动在组织上结合起来，并开始形成社会主义运动”⑧。此后，安部等人恢复以社会主义协会名义开展活动，幸德等人又于 6 月发起成立平民社会党，再遭禁止，于是，他和黑岩泪香等人 7 月在《万朝报》内成立“理想团”，与社会主义协会并存，成为社会主义者的阵地。

与社会主义团体的兴起相呼应，这一时期还相继出现一些日本人自办的

---

① 转引自 David Abosch, *Japanese Thought in the Meiji Era*, Pan-Pacific Press, 1958, 第 326 页。

② 片山潜：《工人运动在日本》注释 5，见片山潜著，王雨译，舒贻上校《日本的工人运动》，三联书店 1959 年版，第 294 页。

③ 发表社会民主党宣言的有东京四家报纸即《万朝报》、《每日新闻》、《报知新闻》和《劳动世界》，以及京都的《日出新闻》。

④ 转引自 Hyman Kublin, The Origins of Japanese Socialist Tradition, *The Journal of Politics*, Vol. 14, May 1952, No. 2, 第 267 页注 37。按照后来日本学者的说法，将这个宣言与马克思当初起草的共产主义同盟的盟约比较一下，“就可以知道当时的日本社会民主党，距离马克思主义政党，是如何遥远的了”。参看片山潜：《工人运动在日本》注释 5，见片山潜著，王雨译，舒贻上校《日本的工人运动》，三联书店 1959 年版，第 302 页。

⑤ 有关片山潜的记述，转引自李威周，《日共创始人——片山潜》，商务印书馆 1985 年版，第 22 页。

⑥ 同上书，第 24 页。

⑦ 参见 Hyman Kublin, The Origins of Japanese Socialist Tradition, *The Journal of Politics*, Vol. 14, May 1952, No. 2, 第 268 页。

⑧ 转引自 David Abosch, *Japanese Thought in the Meiji Era*, Pan-Pacific Press, 1958, 第 325 页。

介绍与宣传社会主义思想的舆论工具及其代表性著述。例如，为了在新兴工人阶级中间推进行业工会运动，工会促进会于1897年12月1日创办日本“第一份工人阶级的杂志”[①]——《劳动世界》，片山潜担任主笔，致力于论述工人事务，传播社会主义学说，从1899年初起，每期设专栏讨论社会主义。1899年10月创办的《大阪周报》，其发刊辞称，“社会的救济，主要是必须实行社会主义”，被视为日本出版的“第一份以工人问题为中心的周刊杂志”[②]。又如，在尝试建立社会民主党的1901年，“后来成为亚洲最伟大的马克思主义革命者”的片山潜，发表了《〈资本论〉及其著者马克思的地位》一文(《六合杂志》1901年3月第243号)，据说“这是日本社会主义者首次研究马克思主义原著”，它没有深入研究马克思《资本论》的内容，而是“说明了《共产党宣言》的主要思想”；1903年7月上旬，幸德秋水的《社会主义神髓》与片山潜的《我的社会主义》相继问世，被看作日本早期社会主义思想史上的双璧之作，这两本书是“产生于世纪之交的日本社会主义运动中的首批代表性著作”，它们“站在唯物史观的基础上对社会发展作了介绍，并描述了资产阶级社会的马克思主义分析和社会主义者的目标”[③]。再如，一些倾向社会主义思想尤其倾向空想社会主义的记者组成改良团体“理想团”，利用《万朝报》进行宣传，成为东京发行量最大的报纸之一；1903年日俄战争前夕，它以鲜明的反战态度，独倡于当时弥漫日本全国的一片主战气氛中。后来居于此报领导地位的黑岩泪香同年10月间突然改变立场，转而决定支持政府的对俄战争，幸德秋水等人遂分道扬镳，11月与内村鉴三和堺利彦等人成立平民社，另创《平民新闻》周刊作为日本社会主义的喉舌。幸德和堺利彦领导的平民社，在1905年10月解散以前，得到安部矶雄、西川光次郎、片山潜，以及社会主义协会的支持，那时已取代社会主义协会的地位，“成为战争期间日本大多数社会主义者的活动中心”[④]。按照片山潜的说法，当时是“日本社会主义者的艰难斗争”时期，人们热衷于战争消息，“他们常常对社会主义者的呼声置若罔闻，也不去读大量的社会主义文献”[⑤]。1904年11月13日，为了纪念创刊一周年，《平民新闻》在周年纪念专刊上，刊登幸德秋水与堺利彦合译《共产党宣言》第一、二章和恩格斯1888年英文版序言的日文本，并配有马克思、恩格斯、拉萨尔、倍倍尔、克鲁

① 片山潜著，王雨译，舒贻上校：《日本的工人运动》，三联书店1959年版，第18页。

② 同上书，第133页。

③ [德]李博著，赵倩等译：《汉语中的马克思主义术语的起源与作用：从词汇—概念角度看日本和中国对马克思主义的接受》，中国社会科学出版社2003年版，第83页。

④ [美]伯纳尔著，丘权政、符致兴译：《一九〇七年以前中国的社会主义思潮》，福建人民出版社1985年版，第69页。

⑤ 转引自Hyman Kublin，The Origins of Japanese Socialist Tradition，*The Journal of Politics*，Vol. 14，May，1952，No. 2，第272页注50。

泡特金和托尔斯泰等人的照片。在此之前，外文本的《共产党宣言》已传入日本，《平民新闻》发表的译本，是第一部日文译本。惟其如此，日本警察当局下令禁止登载此译本的专刊发行，并分别判处幸德秋水五个月和西川光次郎七个月监禁。1905年1月，预料会受到压制，《平民新闻》主动宣布停刊，同时仿效卡尔·马克思在《新莱茵报》被迫停刊时的做法，用粗体红色油墨刊出最后一期即第64期。稍后，加藤时次郎等人创办名为《直言》的刊物，成为日本社会主义者专注于社会改革的新的舆论阵地。它显然不及《平民新闻》有影响，并在日俄战争结束后，因政府查禁和内部政治观点分歧而于同年10月停刊。

战后，日本社会主义者内部分裂，产生不同派别各自的出版物。如1905年11月创办的《新纪元》，由石川旭山任主编，安部矶雄和木下尚江为助手；12月创办的《光》，由出狱不久的西川光次郎任编辑。同时，《共产党宣言》在日本首次出版后，"日文马克思主义著作的数量急剧增加"。如1905年10－12月的《读卖新闻》上，"战前学院马克思主义者领袖"河上肇发表《社会主义评论》的长篇论文，以书信体形式，"从社会革命的立场对欧洲的社会主义学说进行了批判"，1906年又由读卖新闻出版社出版其单行本。① 稍后，受俄国1905年革命的影响，各派弥合分歧，在西川光次郎和堺利彦主持下，于1906年2月24日成立日本社会党。同年3月创刊的理论刊物《社会主义研究》，登载幸德秋水和堺利彦翻译的《共产党宣言》全文；5月，发表堺利彦的《马克思》译文，译自克卡朴《社会主义史》中"卡尔·马克思"一章，它"首次向日本读者相当完整而准确地介绍了马克思主义政治经济学的基本原理和《资本论》对这些原理所作的解释"；7月，刊登堺利彦的《科学的社会主义》译文，译自恩格斯《社会主义从空想到科学的发展》1892年英文版，据说这两篇译文，"对马克思主义理论在日本社会主义者中的传播起了重大的推动作用"②。该党面对政府压力，为了保持自己的合法性，特意在党纲中说明，"党的目标是在法律允许的范围内倡导社会主义"，因此，"在短期内，日本社会主义运动有了一个合法的组织"③。此后，日本的社会主义运动仍在继续。例如，1907年1月，幸德、堺利彦等人创办《平民新闻》日刊，作为日本社会党的机关报；同年6月，片山潜和西川光次郎创办《社会新闻》周刊，后改为半月刊；8月20日至10月5日，山川均在《大阪平民新闻》上分四次连载《马克思的〈资本论〉》，"论述《资本论》的产生及其结构"，向读者推荐"阅读马克思此作品各章的最合理顺序"，以"当时

① ［德］李博著，赵倩等译：《汉语中的马克思主义术语的起源与作用：从词汇—概念角度看日本和中国对马克思主义的接受》，中国社会科学出版社2003年版，第85页。

② 同上书，第87页。

③ ［美］伯纳尔著，丘权政、符致兴译：《一九〇七年以前中国的社会主义思潮》，福建人民出版社1985年版，第74页。

显然是最精通马克思主义政治经济学”的身份,使用一系列此前不为日本社会主义者所知的《资本论》中的概念,使用术语也比日本其他马克思主义理论家“准确”,其中“某些术语后来被认可为日本马克思主义文献(因而也是中国马克思主义术语的)的典范”①;11月,堺利彦和森近运平出版《社会主义纲要》(被禁止发行),“对马克思主义的一般性知识作了详细介绍”,它与幸德秋水的《社会主义神髓》和片山潜的《我的社会主义》一起,“被日本社会主义者誉为‘明治时代伟大的马克思主义著作’”,但“该书的理论水平远远超过其他两本”,尤其是介绍马克思主义政治经济学时“采用了《资本论》的论述方式”②;1909年5月,安部矶雄翻译的《资本论》开始在《社会新闻》上连载等。与此同时,1907年2月,日本社会党第二次代表大会上,以幸德为代表的所谓“直接行动”派意见占据上风,又引起分裂,形成8月底片山潜、田添铁二等人组织的社会主义同志会,与9月幸德、山川均等人组织的金曜会两派,严重削弱了自身力量。外部形势更为严峻,尤其1909—1910年间桂太郎内阁策划所谓谋杀天皇的“大逆事件”,将幸德秋水等12位革命者处以死刑,致使日本社会主义运动进入低潮。在这一“最黑暗的时代”,“几乎没有重要的日语社会主义内容的出版物问世”③。直至1918年第一次世界大战后,在俄国十月革命影响下,日本社会主义运动才重新发展起来。

由上可见,社会主义思潮传入日本的早期过程,以19世纪末叶为界标,到20世纪最初几年达到一个高潮。用亲身经历这段历史的日本社会主义领袖人物的话来说,当时“社会主义在社会上流传最广泛,而且已经成为大家研究和讨论的话题”;这一时期“不失为日本社会主义的英雄时代”④。其中又以1902年和1903年,被看作“工人运动和社会主义运动相结合的各种活动最活跃的时期”⑤。研究日本早期社会主义思想发展史的学者,通常将大约十年的这一时期,归入明治三十年代。

(二)日本早期社会主义思潮的特征

日本在外来社会主义思想最初流传的时代,不可避免地带有其自身色彩,从而日本社会流行的社会主义思想,与作为其思想渊源的欧美社会主义,既相互联系,又有所区别,形成比较显明的早期思想特征。

---

① [德]李博著,赵倩等译:《汉语中的马克思主义术语的起源与作用:从词汇—概念角度看日本和中国对马克思主义的接受》,中国社会科学出版社2003年版,第87页。

② 同上。

③ 同上书,第88页。

④ 分别见片山潜的《日本的工人运动》(王雨译,舒贻上校)第267页及堺利彦的《日本社会主义运动史》第118页,转引自金安平:《近代留日学生与中国早期共产主义运动》,见任武雄主编《中国共产党创建史研究文集》,百家出版社1991年版,第522页。

⑤ 片山潜著,王雨译,舒贻上校:《日本的工人运动》,三联书店1959年版,第254页。

第一，从基督教或人道主义的角度接受社会主义思想。在日本，最初倾向社会主义思想的那一批知识分子代表人物，许多人经过基督教的熏染，才认识社会主义或走上社会主义道路。如1898年成立的社会主义研究会，其创立者除了个别人，绝大多数自称基督教社会主义者，被认为“由基督教徒组成了这个团体的核心”[①]。安部矶雄早年毕业于美国哈特福德神学院，曾担任日本社会主义者的领袖多年，自认为“基督教的人道主义”为他后来信仰社会主义打下基础，意识到以社会福利作为消灭贫困的手段“难以奏效”[②]。片山潜同样在美国加入基督教会，先就读教会学校霍普金斯学院和麦利维尔大学，转入哥林奈尔大学取得硕士和博士学位后，到耶鲁大学从事一年社会学及神学的研究；据说他对社会问题的兴趣，开始于进入麦利维尔前后，并在研究社会问题的过程中深受美国基督教的影响而成为基督教社会主义者。另一位信奉基督教的社会主义者木下尚江也认为，他用“四海之内皆兄弟”的神学观点解释人世间生存斗争的悲剧时，“正是社会主义的经济学说给了我慰藉”[③]。内村鉴三早在1871年十岁时受洗礼，1882年建立独立的日本基督教会，1884－1888年在美国深造，回国后撰写诸如《一个基督教徒的慰藉》、《求安录》、《我是怎样成为基督教徒的》等一系列鼓吹宗教自由思想的著作，此后逐渐接受社会主义思想。如此等等。

有的日本学者认为，明治时期的社会主义运动带有浓厚的基督教色彩，既因为领导这一运动的一些社会主义者曾是基督教徒，也由于那时的社会主义自然地包含人道主义内容。因而，日本早期的社会主义运动，在某种程度上是“法国社会主义和基督教社会主义的携手联合”，这两种不同因素的融合在日俄战争后导致二者的分裂。在研究者看来，这一时期将社会主义与基督教联系在一起，人所共知；而将社会主义与法国式浪漫主义联系在一起，却令人惊奇，说明当时流行于日本的社会主义，同样存在激情和浪漫色彩。由此得出结论：明治时期的社会主义，“在不同于马克思‘科学’社会主义的法国社会主义中有它的来源，同时又深深地扎根于基督教社会主义”；基督教的和浪漫主义的倾向，其来源强有力地支持了明治时期的社会主义，然而这两种性质上完全不同的因素的临时结合，最终又造成社会主义发展的分裂。[④]

对于这一意见，有的美国学者稍作修正，认为日本社会主义发端于基督教

① 此系日本学者的评价，转引自 David Abosch, *Japanese Thought in the Meiji Era*, Pan-Pacific Press, 1958，第324页。

② 安部矶雄：《社会主义的实现》，转引自[美]伯纳尔著，丘权政、符致兴译：《一九〇七年以前中国的社会主义思潮》，福建人民出版社1985年版，第62页。

③ 木下尚江：《我是怎样成为社会主义者的》，转引自同上书，第62－63页。

④ 高坂正显的研究成果，参看 David Abosch, *Japanese Thought in the Meiji Era*, Pan-Pacific Press, 1958，第326－330页。

和自由主义这两种完全不同的来源,但在早年,基督教徒明显控制了这一运动。其主要原因是,如此多的日本基督教徒变成社会主义者或社会主义的同情者,他们的基督教又常常是更为普遍地反抗明治日本之价值观念与统治方式的一个征兆。由于基督教徒身份,后来的社会主义者脱离了原来差不多均出身于武士阶层的日本社会背景,从而在许多方面,采用社会主义成为这条反抗道路上惟一可以跨出的一步。另外,日本的基督教社会主义者,似乎是从低等教会派的美国传教士那里受到教育,他们中很多人对社会问题感兴趣,而这种社会问题似乎在19世纪最后十年间的美国表现得特别严重。后来的日本基督教社会主义者,当初正是通过接触日本的或美国的基督教改革者,从那里遇到了社会主义思想。日本社会主义中的自由主义线索,以幸德秋水为代表[①]。据说,他浸透着日本自由主义传统,是中江兆民的得意门生和传记作者,受到19世纪80年代自由民权斗争的影响,尤其执著政治自由,后来走上无政府主义道路。他通过阅读相同的西方著作而皈依社会主义,却与那些基督教徒有不同的倾向;他同样关心现存社会的道德败坏现象,但更是一个在暴力面前决不畏缩的唯物主义者。幸德以及内村鉴三和堺利彦等一批"不信奉基督教的自由派社会主义者",通过创办《平民新闻》和领导平民社,在日俄战争期间,第一次形成"日本社会主义运动的主要机构的领导权掌握在自由派人物的手中"。自此以后,信奉基督教的社会主义者仍居重要地位,但"唯物主义(主要是马克思主义的唯物主义)已成为日本社会主义思潮中的主流"。[②]

以上日、美学者的分析,不论正确与否,表明19世纪末20世纪初,在社会主义思想传入日本的早期,受基督教的影响显著。1901年5月成立的日本社会民主党的纲领,要求工农大众不计较种族和宗教信仰的异同,像兄弟般团结起来,反对帝国主义,争取世界和平,便是基督教式社会主义影响留下的鲜明印记。日本早期社会主义思想中的基督教特征,非常典型。

第二,社会主义思潮传入过程中的纷杂与偏见。日本知识分子早期接受西方社会主义思想,因其独特的来源,使那一时期流行于日本的社会主义思潮,显得纷繁杂乱,带有特定的政治倾向。日本基督教社会主义者曾在引进、

---

① 在日本的社会主义先驱者中,有些人自称继承自由主义。如河上清在1903年出版的《现代日本的政治观念》一书中,曾说:"在某种意义上,现代社会主义可以被看作是自由放任主义的产物……当群众处于专制政府的统治下时,自由放任主义有它自己的使命。但是,当人民把政府的监管掌握在自己的手中,当社会条件随着政治组织的变化而改变时,自由放任主义也应该加以改造并与新的社会需求相协调。因此,无怪乎日本人民……开始听到社会主义的福音。"转引自 Hyman Kublin, The Origins of Japanese Socialist Tradition, *The Journal of Politics*, Vol. 14, May 1952, No. 2,第261页注12。

② 关于美国学者的意见,参看 Martin Bernal, Chinese Socialism before 1913,见 Jack Gray 编辑的 *Modern China's Search for a Political Form*, Oxford University Press, 1969,第68—69页;以及[美]伯纳尔著,丘权政、符致兴译:《一九〇七年以前中国的社会主义思潮》,福建人民出版社1985年版,第69—70页。

研究和宣传社会主义方面占据支配地位,他们最初主要受到西方四五本书的影响。这几本书大多由一些同情社会主义的美国作者撰写,基本上出版于19世纪八九十年代。这包括美国经济学家理查德·伊利1887年出版的《法国和德国的社会主义》和1894年出版的《社会主义与社会改革》,美国第一个基督教社会主义协会的组织者和社会改革家威廉·布利斯1895年出版的《社会主义手册》,德国经济学家谢夫莱1889年出版的《社会主义精髓》英译本,以及美国作家爱德华·贝拉米1889年出版的《回顾2000—1887年》。

据说,这些著作最有影响力的地方,以通俗方式概括社会主义,论述社会主义信条的基本原则,更多的篇幅用来描述实际从事社会主义活动的各种政治人物与党派。一些西方研究者指出,这些著作有意识地如实描述有关社会主义的争论,在很大程度上取得了成功,"他们确实对社会主义存在着明显的偏见"。这是指他们的著作片面强调,社会主义好的一面在于它的利他主义和理想主义性质,而许多社会主义者并非像他们自己所说的那样是唯物主义者。这些作者贬低暴力和阶级斗争在社会主义中的地位,认为这是无政府主义者主张。总的说来,他们的著述把社会主义世界看作是不可避免的,又认为这个世界是通过议会道路实现的,因而这些著述的大部分内容用于说明社会民主党在规模和投票人数方面的稳定增长。[①] 如伊利的《社会主义与社会改革》认为,可望社会主义的到来,"只能因社会进化到更高阶段",而"不能因人们的愿望引导并促其实现",预期社会主义即将到来是不可能的。意即把社会主义的到来看作一个进化而非革命的过程。又如布利斯的《社会主义手册》说,"从本质上讲,社会主义自始就是人道主义的运动",不是"无产阶级反对有产阶级的阶级斗争",因为"社会主义运动杰出的领袖"像欧文、圣西门、马克思、拉萨尔、海德曼、巴枯宁、克鲁泡特金等人,"都出身于有产阶级的家庭"。此书还以所谓"德国共产主义之父"魏特林的自述为例,说他受了《新约全书》的启示才转而信仰社会主义;又对"德国的社会主义已成为彻底的唯物主义理论"这一说法提出异议,认为此说法对马克思、拉萨尔等人的社会主义哲学来源于黑格尔这个事实强调得不够。另外,书中将"马克思一生最大的功绩",仅仅归结为"把无政府主义者从海牙大会上驱逐出去",或者说,"把社会主义从近代欧洲的无政府灾难中拯救出来"。[②] 实际上假借马克思反对无政府主义的名义,将革命暴力与阶级斗争学说也一并予以否定。

① 参看 Matin Bernal, The Triumph of Anarchism over Marxism 1906—1907, 见 Mary Clabaugh Wright, *China in Revolution: The First Phase 1900—1913*, Yale University Press, 1968, 第98—99页;以及 Matin Bernal, Chinese Socialism before 1913, 见 Jack Gray, *Modern China's Search for a Political Form*, Oxford University Press, 1969, 第68—69页。

② [美]伯纳尔著,丘权政、符致兴译:《一九〇七年以前中国的社会主义思潮》,福建人民出版社1985年版,第63—64页。

以上这些著作,不论是英文原作还是日文译本,曾对日本早期社会主义者的思想,产生极其深刻的影响。例如,片山潜在19世纪80年代末就学美国麦利维尔大学期间,阅读伊利从基督教立场论社会主义的一些社会科学论文,开始引起对社会问题的兴趣①;安部矶雄在90年代初读过贝拉米的《回顾》,自感"仿佛盲人重见天日"②;堺利彦把伊利的《法国和德国的社会主义》一书,看作"首次指明了前进的道路",使他"头脑中的一切其他想法变得条理分明"③;幸德秋水自称,谢夫莱的《社会主义精髓》使他转而信仰社会主义,他自撰《社会主义神髓》一书,其书名与谢夫莱的书名类似,亦被认为很可能受到后者的启发,等等。此外,早期日本人自行编写的一些社会主义书籍,或多或少地带有转述这些美国社会主义著作的思想痕迹。所以有人说:"美国的社会主义,特别是美国人对欧洲社会主义理论所作的概括,是此时期日本社会主义者最重要的思想渊源"④。也有人说,在日本,"虽然大陆欧洲的社会哲学的影响是显而易见的,但主要源泉来自美国基督教社会主义"⑤。

美国式社会主义思想的流行,在介绍欧洲社会主义理论的过程中,也输入马克思学说,成为日本知识分子了解马克思学说的一个媒介;同时,它又用自己的解释将马克思学说改头换面,成为阻隔日本人正确认识马克思学说本来面貌的一个屏障。日本早期的社会主义思潮,呈现这样一个局面:一方面,19世纪80年代初以来,随着西方社会主义思潮的传入,关于马克思生平和学说的资料,被陆续介绍到日本。如《平民新闻》1903年11月22日第2号列举马克思《资本论》和恩格斯《社会主义从空想到科学的发展》的书目;1904年的周年纪念专刊登载《共产党宣言》日译本等。又如片山潜1903年出版《我的社会主义》一书,分析批判资本主义社会,揭示社会主义制度比资本主义制度优越的真谛,论述从资本主义到社会主义的转化问题及无产阶级的历史使命,阐发社会主义的理想;尽管书中企图以合法的普选方式,在日本帝国宪法范围内搞社会主义,但转向接受马克思主义的基本思想,相信社会必将发生革命,"革命的中心问题,就是工人要掌握政权而资本家对此加以抗拒",标志他"成了日本最早的马克思主义者"⑥。

另一方面,最初涌入日本的各种社会主义思潮,马克思主义只是作为其中

---

① 参看李威周:《日共创始人——片山潜》,商务印书馆1985年版,第13页。

② 安部矶雄:《社会主义》,转引自[美]伯纳尔著,丘权政、符致兴译:《一九〇七年以前中国的社会主义思潮》,福建人民出版社1985年版,第63页。

③ 堺利彦:《我是怎样成为社会主义者的》,转引自同上书,第64页。

④ [美]伯纳尔著,丘权政、符致兴译:《一九〇七年以前中国的社会主义思潮》,福建人民出版社1985年版,第66页。

⑤ 参看 Hyman Kublin, The Origins of Japanese Socialist Tradition, *The Journal of Politics*, Vol. 14, May, 1952, No. 2,第261—262页。

⑥ 李威周:《日共创始人——片山潜》,商务印书馆1985年版,第26—29页。

一个流派予以介绍，在相当一段时期内处于陪衬或附属的地位。有人分析说，起初在社会主义研究会中，马克思主义何以遭受冷遇，因为那些人认为，生活表现为精神与道德，唯物主义决定论令人反感；又因为那些人深信，基督教的四海之内皆兄弟一说为崇高信条，阶级斗争学说令人诅咒。“如果说卡尔·马克思曾给日本社会主义运动的先驱者们留下什么印象的话，那就是他被看作社会改革的鼓吹者而不是被看作社会革命的倡导者”①。这一分析，切中肯綮。那时涉及德国社会主义学说，把拉萨尔置于马克思之前。在日本早期一些社会主义领导人中，例如，片山潜的《自传》承认，他成为社会主义者始于早年留学美国期间读了《拉萨尔传》，“当时认为拉萨尔的运动方法是最恰当的”，因而考虑回日本后“要用这种方法进行运动”②。幸德秋水早期提到资本主义的矛盾，从人道主义理想主义者的立场出发，站在拉萨尔主义而不是马克思主义一边；直到 1903 年撰写《社会主义神髓》，才放弃拉萨尔而较多提到马克思和恩格斯的名字，摘要介绍其观点，把《共产党宣言》最后一句话题写在书页的上端③。总之，这一时期日本的社会主义运动，以温和并强烈支持议会政治为其特点。表现在思想意识领域，占支配地位的基督教人道主义深深扎根于日本社会主义思想，流行诸如多愁善感的乌托邦理想、激进自由主义、工会意识、西方乌托邦社会主义、英国费边主义、无政府主义等思想。有人曾以一种鄙屑的口吻说，在日本，“好斗的、空谈理论的马克思主义直到俄日战争以后，都没有产生重要的影响”④。这也从一个侧面，反映了当时日本从西方输入社会主义思潮，尚把马克思主义淹没在其他形形色色的思想之中。

第三，注重社会主义思想的研究色彩与合法性质。西方社会主义思潮传入日本的早期，如何认识和理解这一思潮，自然引起那一时期关心日本社会问题的一些知识分子的兴趣和重视。理论研究是理论应用的前提，不能掌握理论武器，理论武器的应用也无从谈起。照此说来，注重社会主义思想的理论研究，是日本早期社会主义运动的题中应有之义。问题在于，日本最初出现的若干社会主义团体，出于各种外部或内部原因，在 19 世纪末至 20 世纪初，除了个别例外，一直把它们对于社会主义思想的兴趣，局限于研究的领域，不那么强调实际应用，即便有所应用，也把它控制在合法范围内，由此形成这一时期日本社会主义思想演进的另一特征。

---

① 参看 Hyman Kublin, The Origins of Japanese Socialist Tradition, *The Journal of Politics*, Vol. 14, May 1952, No. 2，第 263 页。

② 同上文，第 15 页。

③ 参看 David Abosch, *Japanese Thought in the Meiji Era*, Pan-Pacific Press, 1958，第 343 页。

④ 参看 Hyman Kublin, The Japanese Socialist and the Russo-Japanese War, *The Journal of Modern History*, Vol. XXII, December 1950, No. 4，第 324 页；以及 Robert A. Scalapino, *The Japanese Communist Movement 1920－1966*, University of Califonia Press, 1967，第 1 页。

从外部原因看，日本统治当局的限制和镇压，是造成当时各种社会主义团体只能以研究团体面貌出现的重要因素。其中典型的镇压事件，如前所述，1901年日本社会民主党成立当天，即被勒令解散，从而扼杀了以政党形式将社会主义理论付诸实践的第一次尝试；1903年社会主义协会从事政府不允许的活动，被迫解散；1904年《平民新闻》刊登第一个《共产党宣言》日译文，被禁止发行，当事人幸德秋水和西川光次郎被判处监禁；1907年成立刚一年的日本社会党，被禁止结社，随后，刚创办不久的《平民新闻》作为社会党机关报，被禁止发行；1910—1911年间，政府将幸德秋水等12名革命者，以莫须有的"大逆事件"罪名判处死刑；等等。对于日本政府的这种做法，一位专门研究日本社会主义传统之起源的美国学者曾分析说，在这一时期，日本政府并不反对社会主义作为历史学、经济学、社会学或哲学来研究，它所严格防范的是，把社会主义作为一种政治和经济行动计划，从而可能破坏工业化的稳定发展并激起反政府的骚乱。这一点，据说从日本1897—1905年间出版的社会主义著作和小册子数量(包括译作)，与本期内禁止发行的同类著述数量(不包括报纸期刊)这二者的关系上，可以得到清楚的反映[①]。这位学者还认为，当时在日本，西文原版激进派文献的发行，不曾引起警察当局的真正忧虑，因为"那些能够运用外文来研究这些著作的日本人，通常不去理会书中的革命性诱惑"。当这些激进的西方文献被翻译成日文，有可能在更广泛的读者中流传时，警察当局马上就会表示关注。像桑巴特[②]、左拉[③]、马克思、恩格斯、托尔斯泰和克鲁泡特金等西方作者的著作，在1914年以前，如果被译成日文，就要遭到查禁。[④]

---

① 这种数量关系，见日本大原社会问题研究所提供的资料如下：

年份	出版的社会主义著作数	禁止发行数
1897	9	0
1898	1	0
1899	8	1
1900	3	0
1901	12	0
1902	12	3
1903	34	3
1904	30	5
1905	14	5

转引自 Hyman Kublin, The Origins of Japanese Socialist Tradition, *The Journal of Politics*, Vol. 14, May 1952, No. 2, 第270页注46。

② 威尔纳·桑巴特(1863—1941)，德国经济学家，柏林大学教授。早年受马克思主义理论影响，支持左翼社会改革，主张实行"社会政策"以缓和阶级矛盾，后期强烈反对马克思主义，鼓吹"德国社会主义"。

③ 埃米尔·左拉(1840—1902)，法国作家。第二帝国的崩溃和巴黎公社起义促使他注意社会问题，作品中反映了空想的社会改良思想。

④ 参看 Hyman Kublin, The Origins of Japanese Socialist Tradition, *The Journal of Politics*, Vol. 14, May 1952, No. 2, 第270页及注47。

这一分析，大体勾勒出当时日本政府对于社会主义思想的传入所持的敌视态度。

另外，从1903年后期起，为了重新分割在中国东北和朝鲜的权益，日本政府煽动对沙皇俄国宣战的民族情绪，也给社会主义思想的传播造成损害。以后两年内，主战和反战的分野，分化了早期倾向社会主义思想的队伍阵营，转移了人民群众要求摆脱自身贫苦地位的注意力，同时为政府镇压社会主义者的活动提供了借口。因此，日俄战争的爆发，尽管使一些日本社会主义代表人物经受住考验，甚至推动其中的杰出分子开始向马克思主义转化，但总的说来，加剧了日本社会主义运动的困难处境，成为政府镇压因素以外的另一外部因素。

从内部原因看，这一时期日本社会主义团体的自身弱点，凸现了它们在吸收社会主义思想方面，专注于研究或强调其合法性这一特征。一是"合法主义"观念盛行。其最初表现，理论研究与实践应用完全脱离。如1898年成立的社会主义研究会，以"研究"为宗旨，只研究社会主义，或研究社会主义原则应用于日本的可能性。有人曾给这种"研究"加了一个注释，即"不必做一个推行社会主义的参加者"[①]。后来成立的社会主义协会，据说从单纯的"研究"行为发展为合法的"教育"活动，通过报纸刊物和巡回演说开展积极的传播活动，表明"社会主义运动已经从幼年期进入青春期"[②]。其实，从1901年发表的社会民主党宣言看，这一发展是要申明："社会民主党的主张……虽然颇为激烈，可是所采取的手段却始终是和平的……我们社会民主党是完全反对使用武力的……我们有比刀剑更锐利的笔和舌，有比军队制度更有力的立宪政体……我们之所以要在这里从事于政党的组织，就是要想利用这种文明的手段——政治机构来达到我们的目的……要怎样才能将权力分配给多数的人民呢？这只有一种方法，就是改正选举法，实行普通选举法。选举权如一旦归诸多数人民的手中，就会使他们很快能通过走向幸福前途的第一道难关。"[③]这里所向往的，是一条排斥暴力革命的和平的议会斗争道路。1903年创刊的《平民新闻》，其发刊辞提出自由、平等、博爱三大口号，举起平民主义、社会主义、和平主义三面旗帜，宣布在合法范围内开展反战和平运动。1906年成立日本社会党，其党纲规定，倡导社会主义是在法律允许的范围内，"限于纯粹的

---

① [美]伯纳尔著，丘权政、符致兴译：《一九〇七年以前中国的社会主义》，福建人民出版社1985年版，第65页。

② 参看 Hyman Kublin, The Origins of Japanese Socialist Tradition, *The Journal of Politics*, Vol. 14, May 1952, No. 2, 第269页。

③ 转引自片山潜：《工人运动在日本》注释5，见片山潜著，王雨译，舒贻上校《日本的工人运动》，三联书店1959年版，第300—301页。

'教育'活动"[①],借以保持自身合法性。对此,"日本杰出的马克思主义者和无产阶级革命运动的卓越的领袖,而且也是东方最早的马克思主义者之一"的片山潜[②],晚年作了深刻的自我批评。他认为,早期投身工人运动的失败,"就是由于合法主义者的观念而起的";当时他赞成社会主义,"还是一个议会主义者,而并不是像今天那样的革命家";信奉合法主义的人,实际上是维持现状和容忍资本主义制度的"机会主义者"和"改良主义者",而"毒害工人和农民的,到最后也就是合法主义者"[③]。考察日本早期社会主义的思想特征,片山潜的这一自我批评值得深思。

二是群众观念淡薄。西方社会主义思想之所以传入日本,一个重要原因,是日本国内存在日益严重的贫富悬隔现象。但这并不等于说,早期那些接受社会主义思想的日本知识分子,会自觉地考虑贫苦大众的利益并为之奋斗。事实甚至相反,日本早期的基督教社会主义者,便是例证。有的学者指出,这些基督教社会主义者"从未能够像一个群众性社会主义运动的推动者那样发挥作用,因为他们与被剥削和被压迫者的唯一连结之处,只是发自内心的怜悯与同情",这种感情"很有可能是由他们的宗教信仰而唤起的"。又指出,除了少数人例外,他们可能成为社会主义者,正因为他们是基督教徒;他们主要致力于传播基督教学说,同时相信,"一个社会主义日本应当是一个基督教日本的附带现象"[④]。可见,在大多数基督教社会主义者的心目中,除了廉价的怜悯和同情,考虑的并不是劳动群众的切身利益。那一时期的社会主义者,也有片山潜一类的代表人物,积极参与工人运动,组织工人集会和行业工会。但总的看来,根据日本学者提供的资料,一则"当时的运动并不是以群众为基础的,因而是极软弱的。即使是在被称为全盛时代的工会运动,也只能称为仅以东京为中心的运动而已";这种早期建立的工会的绝大多数,几乎全部,到1906年社会党成立时,都陷入十分软弱的状态,这一点和欧洲社会党以大规模工会作为基础的情形相比,"是根本不同的"。二则当时工人阶级数量不足,也是工会运动不振的原因,"这充分反映出了日本无产阶级的不发达状态"。[⑤] 由于上述原因,日本早期社会主义思想或社会运动的追随者,正如有人所说,"只限

---

① 参看 Hyman Kublin, The Origins of Japanese Socialist Tradition, *The Journal of Politics*, Vol. 14, May 1952, No. 2, 第276页。

② 1959年片山潜诞辰一百周年时,中共中央给日本的纪念电文,《人民日报》1959年12月3日第1版。

③ 转引自片山潜:《工人运动在日本》校订者"后记",见片山潜著,王雨译,舒贻上校《日本的工人运动》,三联书店1959年版,第324页。

④ 参看 Hyman Kublin 同上文,第263—264页。

⑤ 片山潜:《工人运动在日本》注释14,见片山潜著,王雨译,舒贻上校《日本的工人运动》,三联书店1959年版,第309—310页。

于相当少的一些人”[①]。总之，群众基础的薄弱，群众观念的淡薄，促成那一时期为数不多的社会主义者，或者埋首于纯粹的研究，或者寻求合法的保护。

三是缺乏马克思主义的指导。马克思的名字及其理论观点，早在19世纪80年代，已被介绍到日本，此后，在介绍的内容范围上继续得到补充和扩展。到20世纪初，在相继成立的日本社会主义团体里，马克思主义不再是陌生的思想理论范畴。在此之前，马克思主义对于不少接触西方社会主义思想的日本知识分子，仍是一个陌生和模糊的概念。例如，片山潜记述，1898年间，围绕日本工人运动的指导思想问题，有一场争论。争论的一方以桑田熊藏为代表，赞成改良主义。在他看来，“为了经济的进步，工人和资本家必须互相协调和彼此帮助，这是经济上的自然法则、经济上的原则”。因此，他批评那些“社会主义派的工人运动者”，他们以为资本家是无用的废物，必须把资本家打倒，使国家资本完全归国家所有，打破现行经济组织，“建立一个一切生产都属于国家事业的共产国家”，以此解决工人问题，这一见解“是非常错误的”。批评那些“社会主义的理论家”为建立“劳动者的国家”，发表各种议论，作各种设计，“可是这些设计没有一个是能适用的”。争论的另一方以片山潜为代表，赞成社会主义。在他看来，“工人和资本家间的调和是必要的，不过从现在这样的情形看来，……毕竟是件办不到的事”。“真正的调和，是非由我们领导工人举起旗帜不可的”，包括成立工会和同盟罢工。欧美国家的实例说明工人有必要采取社会主义，“社会主义对于工人以及全人类来说都是有益的”。对此，支持桑田观点的金井延驳斥说，社会主义是一种“很生疏而漠然”的东西，“最终目的是在根本破坏现在这种私有财产制，而将基础置诸公共财产制上”，作为日本国民，“对于这种主义是决不能赞成的”。争论的结果，以采纳桑田和金井等人的主张告终。[②] 那时争论的双方作为早期日本工人运动的领导者，均未提到马克思主义，连社会主义尚感“生疏而漠然”，遑论马克思主义。

进入20世纪，马克思主义概念逐渐为日本社会主义者所熟悉。如1901年，片山潜与西川光次郎合著《日本的工人运动》一书，曾引用马克思的话，说明德国工人运动“以社会主义为目的，用阶级斗争的方法以达其目的”[③]。但是，20世纪初期马克思主义传入日本，只是裹挟在各种各样的西方社会主义思潮之中，并不占支配地位。当时姑且不论社会主义团体中那些厌恶唯物主义决定论抑或诅咒阶级斗争的人，即便倾向接受马克思主义观点的片山潜，也不例外。如他与别人合作著书，既引述马克思观点，又把理查德·伊利的社会主义定义说成“最得其要领”，推崇拉萨尔为德国工人运动的“首倡”，以他的演

① 参看David Abosch，*Japanese Thought in the Meiji Era*，Pan-Pacific Press，1958，第361页。
② 片山潜著，王雨译，舒贻上校：《日本的工人运动》，三联书店1959年版，第75－78页。
③ 同上书，第193－194页。

说词作为自己的座右铭,等等[①]。有的日本学者概括说,"当时的社会主义者,有一个共同之点,就是思想不明确",就是"当时我们无产阶级运动的指导精神不十分明确",对于科学社会主义的马克思主义,在日本"并没有正确地加以介绍,而且也没有加以理解"。如对于马克思主义经济学,"可以说是还完全谈不到","对于马克思主义经济学的精华的剩余价值论等等,是完全不明白的";对于马克思主义国家学说,"更是谁都不懂";对于阶级斗争学说,也是"和一种社会改造论相结合的东西";等等。总之,"当时是庸俗社会主义的时代"。[②] 这个分析有其合理之处。缺乏马克思主义的指导,日本早期的社会主义后来发生分歧,形成两个极端,一端像日本社会党,担心触怒政府,小心翼翼地寻求合法保护,另一端像幸德秋水,被称为当时日本"对欧洲马克思主义运动的最高理解者"[③],却走向无政府主义。

第四,对于古代文化传统的依恋。有人研究日本社会主义传统的起源,曾提出,1917年布尔什维克革命爆发以前,东亚社会在学习西方思想和实现工业化两方面做得最好的日本,"一直是发扬社会主义传统的唯一东亚国家"[④]。将日本早期社会主义传统的形成,与学习西方思想和实现工业化两个因素联系在一起,这是一般学者通常的结论。除了这两个现实因素,古代文化传统对日本的影响因素同样不可忽略。

日本自古以来,一直从中国传统文化中吸取滋养,日本的古代文化传统,包含着以儒家为代表的中国文化传统。日本早期的社会主义思想,主要以西方思想为其来源,同时带有浓厚的传统文化色彩[⑤]。一是不少具有社会主义思想倾向的代表人物,早年曾不同程度受过传统汉学的熏陶。例如,中江兆民的著作特点,把西方卢梭的民主思想和东方的儒家伦理观念结合,用西方自由民权思想改造儒家的"理"、"义"概念,提出"民权乃至理也,自由平等乃大义也"[⑥]。片山潜从小受汉学的启蒙教育,学习《孝经》、《四书》、《五经》、《国语》等中国古书,晚年还在回忆录中举出孔子的《春秋》一书与矢野文雄的《经国美

---

① 同上书,第197—198、202页。

② 片山潜:《工人运动在日本》注释14,及原书校订者的"后记",见片山潜著,王雨译,舒贻上校《日本的工人运动》,三联书店1959年版,第310—311、322页。

③ 渡边春男:《日本马克思主义运动的黎明》,青木书店版,转引自刘其发主编《近代中国空想社会主义史论》,华夏出版社1986年版,第151页。

④ 参看 Hyman Kublin, The Origins of Japanese Socialist Tradition, *The Journal of Politics*, Vol. 14, May 1952, No. 2, 第257页。

⑤ 美国学者费正清曾试图解释马克思主义理论对于近代日本知识分子的吸引力问题。他把马克思主义理论在日本得以承认的形形色色理由,简要归纳为两点。第一点就是"正统思想的传统",即"儒家学说在日本,就像在中国一样,一直是政府的官方工具",以此说明儒家思想传统有助于日本知识分子接受马克思主义理论。参看 Fairbank, East Asian Views of Modern History, *American Historical Review*, LXII, 1957, 第532页。

⑥ 伊文成等主编:《日本历史人物传(近现代篇)》,黑龙江人民出版社1987年版,第246页。

谈》和列宁的《国家与革命》并列，作为影响他生平最深的三本书。他最初接受具有改良主义内容的社会主义，从主观上说，与他自幼受儒学影响，后来在美国受基督教的影响有关。[①] 幸德秋水也从8岁起拜汉学家木户明为师，读过《孝经》与汉诗，爱读老子和庄子，以后又在中江兆民的指导和影响下，刻苦学习汉文，研读儒家经典，熟读司马迁等人著作，欣赏孟子"民贵君轻"思想和仁政、非战等学说。他曾表示："我是从儒家进入社会主义的。"[②]其他像堺利彦、内村鉴三等人，在青少年时代都受过汉学或儒家思想的教育和影响。

二是将古代文化传统与近代社会主义思想混为一谈。在这方面，片山潜的著作中有一些生动的例子。他提到，在1902、1903年日本"社会主义的普及"时期，不少政治家、学者、实业家之类的社会名流，以承认社会主义或自诩社会主义者为时髦。当时《劳动世界》杂志发表对几位名流人士的采访记录，这些人以古代文化传统为依据，论证日本社会主义思想的源流。例如，曾任总理大臣的大限重信认为，"从古以来，我国政治家们的想法，就是一个国家社会主义"。并举例说，"德川时代，日本实现了其独特的社会主义"，如那时曾禁止土地资本化，用法律规定工资；加贺的藩主曾下令所辖领地的地主在一定期限内不得收取地租；幕府有时禁止债权人追逼债户还债的诉讼；政府常下令注销人民所欠的一切债务等。以历史学家和学者著称的福地源一郎强调，日本国体"事实上就是社会主义"，国民的基本思想把依靠他人劳动而生活的人，视作罪人，"劳动是日本人民的理想，这不是社会主义吗?"帝国大学的和田垣谦三教授也说，"日本的民族是社会主义的民族，日本人是具有社会主义性格的"。[③] 这些议论，将日本古代传统中的若干社会改良因素，简单地等同于近代西方社会主义思想，而这些传统的改良因素，像劳动观念、地主减收地租、政府减免债务、禁止土地资本化即土地兼并等等，又与中国古代出现过的思想观念与政策措施，何其相似。另一个例子是田冈岭云[④]，他直接引用中国古代传统说明社会主义，如谓，他所理想的小社会，"就像它存在于原始共产主义类型下的古代中国一样"；这个理想社会，能够实现"美学社会主义"并达到世界和平的目标，这是"古代中国圣人的理想社会概念"与西方"唯美社会主义"相融合的产物[⑤]。他心目中有关中国古代圣人的小社会理想，颇类于老子的"小国

① 参看李威周：《日共创始人——片山潜》，商务印书馆1985年版，第15、21页。

② 同上书，第357页。

③ 以上引文均参看片山潜：《工人运动在日本》第三章，见片山潜著，王雨译，舒贻上校《日本的工人运动》，三联书店1959年版，第256－257页。

④ 田冈岭云(1870－1912)当时积极向《平民新闻》投稿，被说成是"一个典型的在中国的冒险家"，曾受聘在罗振玉1897年创办于上海的东文学社任教，是王国维的老师。见 David Abosch, *Japanese Thought in the Meiji Era*, Pan-Pacific Press, 1958，第358页。

⑤ 参看 David Abosch, *Japanese Thought in the Meiji Era*, Pan-Pacific Press, 1958，第360页。

寡民"社会。可见,日本学者早期在理解西方近代社会主义方面,中国古代理想曾产生不同寻常的影响。

三是宣扬传统的均平思想。1901年以前,日本出版的社会主义著作,几乎都是从均平的角度理解社会主义。如1899年的《社会主义》,把"不平者使之平,不允者使之允"作为社会主义的内涵;同年的《近世社会主义》认为,社会出于对贱民之穷困和社会之弊害的同情与怜悯,"欲和其不平不满之念",社会主义的最终目的,其势力所集注者,"曰均一之分配";1900年的《近世社会主义评论》,将社会主义解释为"专欲以救药社会之不平";1901年的《社会主义概评》也说,"社会主义之主眼,在于论究对劳动者报酬之当否,以救财产不平均之患";等等。将"平均"、"均一"与社会主义划等号的思维方式,既出于对现实工业化进程中贫富不均现象日益严重的担忧,又出于对"均贫富"一类传统理想的迷恋。那时日本有关社会主义的议论,曾把佐贺藩领地1838年实行、持续约30年的均田制度,视为社会主义的理想模式。原来规定,单位面积平均产量一石七斗,一石作为年贡上缴藩政府,二斗给地主,剩余五斗才归农民。均田制度仍保持年贡,只是将地主收取的二斗转到农民手中。这一制度不过使农民苟延残喘而已。然而,推崇这一制度的那些人沉迷于"均田"之"均",把它说成日本历史上推行社会主义的典范。1882年成立的东洋社会党,也认为这是社会主义,还在创立这种制度的当地庙中献了一块匾额,以党内三千余名会员代表的名义,在匾额上题写如下一句话:"仁祖天保壬寅年公以博爱之心立财产公平之制我党沐浴其泽钦慕其德乃谨奉献此匾额"①,真是顶礼膜拜。大限重信是佐贺藩士的后裔,故以这一制度印证日本政治家自古以来具有"国家社会主义"。安部矶雄在《社会主义小史》中也认为,命令地主暂缓征收地租的做法,迫使地主与佃农一样亲身耕作,禁止了土地兼并,实现了"耕者有其田",加上当时制订人均五口之家,其耕地不得超过五町步(一町步约合99.18公亩),从而成为"我国历史上承认土地国有说的一个例证"②。日本早期社会主义思想对于传统平均观念的依恋之深,于此可见一斑。

总之,日本早期社会主义思潮的历史与特征,反映了西方社会主义思想传入日本有其必然性,同时也反映了社会主义思潮在日本形成初期的不成熟性。一位西方学者对明治时代的社会主义思想,作过这样的评价:"作为一种社会哲学,社会主义可能对于明治日本未曾产生什么明显的影响。从传统上说,引进新的观念体系是专制国家的特权;没有它的同意和支持,社会主义注定是要失败的。作为工人中的一种社会、政治和经济运动来看,明治时代的社会主义

---

① 片山潜著,王雨译,舒贻上校:《日本的工人运动》,三联书店1959年版,第231页注释2。

② 片山潜:《工人运动在日本》注释7,见片山潜著,王雨译,舒贻上校《日本的工人运动》,三联书店1959年版,第302—303页。

是不成熟的。尽管由国家提倡的工业化取得了显著成绩，但它还处于幼年期，还没有产生不满的无产者大军，而没有这支大军的存在，社会民主仍纯粹是一种理论。社会主义先驱者中意识到这一点的某些人，向往社会主义的希望之乡，并试图使自己和他们的同胞为不可避免地要经历资本主义的荒野作好思想准备；而其他一些想马上实现太平盛世的人，则企图走捷径，并摇摇摆摆地走上自我毁灭的邪路。"接着分析说："日本社会主义先驱者们的著述尽管明显缺乏积极的成就，但也不是完全徒劳的。由于他们不断地大声疾呼，不管怎么样，可能会唤起国内各种不同阶级意识到社会主义的存在。正是他们的艰苦努力，产生了各种传统、传说和殉道者，激励着未来几代社会主义者继续为社会主义日本而奋斗。正是这些先驱者们的理想，孕育了后来的日本社会主义者追求一个社会主义世界的理想。"①摘录这么一大段议论，可以看到，当西方学者不抱偏见地探讨日本社会主义传统的起源时，对于其早期社会主义思潮产生的条件和影响，可能作出客观的评价和分析。这些评价和分析，剔除其中所谓社会主义观念体系的建立须靠专制政府支持一类的杂质，对于我们从总体上认识日本早期的社会主义思潮，仍不失为一种可资参考的意见。这样不厌其烦地说明西方社会主义思想传入日本的最初面貌与特征，原因在于，它们后来给予中国早期社会主义思想的传入，同样带来相当深刻的影响。

二、中国早期的留学日本热潮

在中日文化交流史上，自古以来，占据主导地位的一直是中国对于日本的文化输出，或者说，日本以求学中国作为流行的时尚。进入近代以后，这种情况逐渐发生变化。到 19 世纪末，出现相反方向的逆转潮流，以中国人到日本留学，成为此后持续多年的风靡之举。中国开始掀起留学日本的热潮时，日本正步入社会主义思潮流行的第一个活跃时期。这两股潮流交汇在一起，为社会主义思想传入中国的早期历史画卷，添上异彩的一笔。

日本的社会主义思潮出现于明治 30 年代，有其历史必然性，中国的留学日本热潮产生于 19 世纪 20 世纪之交，也有其历史的内在逻辑。鸦片战争以后，西方列强咄咄逼人，为了摆脱积贫积弱的落后状况，中国统治集团曾效法西方国家，推行以富国强兵或自强新政为主要内容的洋务运动。与此同时，日本也在西方列强的武力威胁下，通过明治维新的改革运动，走上由封建社会向资本主义社会转变的道路。然而，洋务运动难以改变中国丧权辱国面貌，明治维新却使日本跻身世界强国，两种结果形成鲜明的对照。尤其 1894－1895 年

① 参看 Hyman Kublin，The Origins of Japanese Socialist Tradition，*The Journal of Politics*，Vol. 14，May，1952，No. 2，第 279－280 页。

的中日甲午战争,以中方惨败并签订屈辱的《马关条约》告终,更是刺激国人从上到下,反思我国何以失败,日本何以迅速强大的原因。在这一特定历史条件下,甲午战后第二年即1896年,清政府首次选派13名学生赴日本留学,揭开了中国人留学日本热潮的序幕。这股热潮持续若干年,特别反映在以下几个方面。

第一,留学日本观念的变化。这一观念变化,有两层涵义。一层涵义提出向日本学习的问题。中国传统上以地大物博和数千年文明古国自居,常常鄙视环绕中国的其他国家为未开化的番邦或蛮夷之地。鸦片战争的失败,打破天朝自大的传统观念,提出向西方国家学习的问题,这是思想上的一大转变。在国人印象中,日本区区岛国,素以中国为师,14—16世纪期间在中国沿海从事海盗活动造成倭寇之患,文化典章方面更是不足挂齿,而甲午战争的失败,再次打破这种残存的传统观念,提出向日本学习的问题,这是思想上的又一大转变。当时国人的心目中,向东洋学习与向西洋学习,仍有所不同。认为西洋欧美国家乃富强之源,东洋日本的强大,是向西方学习的结果,所以,向日本学习,也就是向西方学习。如杨深秀1896年制订《游学日本章程》并上奏说,日本"明治维新"通过留学生,使西方各种学科在日本"灿然美备","中华欲游学易成,必自日本始"[①]。接着,总理衙门上奏,提出从北京同文馆及各地选派年幼颖悟学生赴日留学,使留学日本成为中国政府推动的一项国策。后来,康有为1898年《进呈〈日本明治变政考〉序》,进一步指出,日本地域和人口均远不及我国,"赫然变法",在甲午之战中使我国丧师辱国,割地赔款,由此证明,"国无大小,民无众寡,能修其政则强,不修其政则弱"。修政的关键,对"欧美之新政新法新学新器","采而用之,则与化同,乃能保全"。日本"极小国",通过"更新变用之则骤强",用30年时间学习西方,"遂能政法大备,尽摹欧美之文学艺术,而熔之于国民",最后"以蕞尔三岛之地,治定功成,豹变龙腾,化为霸国"。因此,他主张清政府"妙用"日本译书之成业,政法之成绩,"考其变政之次第,鉴其行事之得失,去其弊误,取其精华",希冀"在一转移间,而欧美之新法,日本之良规,悉发现于我神州"。[②] 同年,他还在《请广译日本书派游学折》里,提到中国人数千年的积习,认为日本向来遣学于我,其政法文学亦自我出,"足己无待,轻视一切",这是数千年闭关自足之所致。过去日本也闭关自守,但它"早变法,早派游学,以学诸欧之政治工艺文学知识;早译其书,而善其治,是以有今日之强而胜我"。鉴于此,中国"自救"之路,惟有效法日本向西方学习。[③] 康氏这些奏议,典型反映了当时国内形成向日本学习、留学日本观念的转变原因和心态特征。

① 颜世清辑:《约章成案汇览》卷32《游门学下》,清光绪三十一年(1905年)上海点石斋石印本。
② 陈永正编注:《康有为诗文选》,广东人民出版社1983年版,第531—537页。
③ 中国近代史研究资料丛刊《戊戌变法》第2册,神州出版社1953年版,第222—2224页。

另一层涵义提出向日本学习的比较优势。向欧美国家学习，这是鸦片战争以后摆在中国人面前的一个时代课题。经过近半个世纪的学习，到19世纪末，对于改变中国的贫困落后面貌，效果并不显著，尤其相比日本的迅速发展，差距更为明显。于是，转而向日本学习，成为甲午战争以后摆在中国人面前的另一个时代课题。当时不少人认为，取道日本间接地向西方学习，比起直接从欧美国家学习，具有更多优势。如康有为指出，日本当初变法，"与欧美语文迥殊，则欲译书而得欧美之全状难"，经过数十年的学习功夫才成就其变法事业。而中国与日本"同文"、"同俗"，从日本"转译辑其成书，比其译欧美之文，事一而功万"，更加便捷有效。学习西方有日本的前车之鉴，可以避免走弯路，"今我有日本为向导之卒，为测水之竿，为探险之队，为尝药之神农，为识途之老马，我尽收其利而去其害，何乐如之"。正如建房，"欧美绘型，日本为匠，而我居之"，或如耕田，"欧美觅种灌溉，日本锄艾，而我食之"，我国借助同文，从日本吸收欧美新法之精华，比起日本当初"采译欧文之万难，前无向导之盲瞽"，要容易得多。采用这种学习方式，中国的治强指日可待："大抵欧美以三百年而造成治体，日本效欧美，以三十年而摹成治体，若以中国之广土众民，近采日本，三年而宏规成，五年而条理备，八年而成效举，十年而霸图定矣"。[①] 他把眼光转向日本，还因为直接向西方学习的效果不佳。如认为，国内40年来翻译欧美之书，"其途至难，成书至少"，无通学之人，所译皆至旧非要之书，不足以启发民智，白白浪费时间和金钱；而日本30年来，举凡"欧美政治、文学、武备、新识之佳书"，译成日文。日本与我同文，"译日本之书，为我文字者十之八，其成事至少，其费日无多"，如果设立译书局，专译日本书，或以译书多少为标准进行科举选拔，不久，"日本佳书可大略皆译"。我国派人直接赴欧美国家留学，更费时日，且国体不宜；日本早先派赴欧美的留学生已大批学成回国，"惟日本道近而费省，……速成尤易"，应鼓励留学日本。[②] 比较学习日本与学习欧美之优劣，当时最具影响力的著作，应是湖广总督张之洞1898年3月撰成的《劝学篇》。这部著作提出，在留学方面，"游学之国，西洋不如东洋"，留学东洋，有路近省费、东文近于中文、东人对西学中甚繁而不切要者已作删节和酌改、与中国情势风俗相近易仿行等优点，"事半功倍，无过于此"[③]；在译书方面，"译西书不如译东书"，各种重要的西学书，日本皆已译之，"我取径于东洋，力省效速"，比起学西文、译西书，"若学东洋文，译东洋书，则速而又速"。[④]

---

① 康有为：《进呈〈日本明治变政考〉序》，《康有为全集》第4集，中国人民大学出版社2007年版，第104－105页。

② 康有为：《请广译日本书派游学折》，同上书，第67－68页。

③ 《劝学篇》外篇《游学第二》，《张之洞全集》第12册，河北人民出版社1997年版，第9738页。

④ 《劝学篇》外篇《广译第五》，同上书，第9744－9745页。

《劝学篇》曾经上谕令颁布各省，被视为“留学日本的宣言书”①，促成“以东文为主，而辅以西文”的翻译宗旨之流行②。这一切，突出体现了那一时期国人在思想转变过程中，曾把学习日本放在比学习欧美更为优先的地位。

第二，留学日本人数的激增。中国政府于1896年正式派遣学生赴日本留学，最初几年，留日学生的数量比较少，但逐渐增加。1898年戊戌政变后，一批著名维新人士因遭清政府通缉，纷纷赴日避难；加上不少志士仁人利用东洋作为积聚力量以推翻清政府的根据地，或作为国内举事失败后的避难所，遂使当时的日本对于中国青年学子，具有独特的吸引力。那一时期各类赴日人士往往以留学生的身份出现，在某种意义上，留日学生是一个相当宽泛的概念，包括我国在日本的各种类型知识分子。另外，清政府官员屡屡赴日考察，对于留学日本热潮的形成，也起到推波助澜的作用。进入20世纪，留日学生的增长明显加快，经过数年的持续激增，迅速达到高峰，直至第一个十年之末趋于缓和。最初十几年间中国人留学日本的统计数字，存在多种说法，将这些统计数字作一梳理归并，仍能大致看出我国早期留学日本的发展趋势。从1896年起，每年的留日学生数估计如下③：1896年，13人；1897年，9人；1898年，61人；1899年，200人；1900年，159人；1901年，274人；1902年，727人；1903年，1 242人；1904年，2 584人；1905年，8 600人④；1906年，约8 000人；1907年，6 797人⑤；1908年，5 217人；1909年，5 266人；1910年，3 979人⑥；1911年，3 328人；1912年，约1 400人；1913年，约2 000人；1914年，约5 000人。于此可见，留日学生数起初呈直线上升趋势，尤以1905年日本取得对俄战争的

① 实藤惠秀著，谭汝谦、林启彦译：《中国人留学日本史》，三联书店1983年版，第23页。

② 梁启超：《大同译书局叙例》，《饮冰室合集》第二册，文集之二，第58页。

③ 参看实藤惠秀著，谭汝谦、林启彦译：《中国人留学日本史》，三联书店1983年版，第1页和第435－442页“中国人留学日本史年表”；Roger F. Hackett, Chinese Stuents in Japan, 1900－1910, *Paper on China*, Vol. 3, Harverd University, May 1949, 第142页；李喜所：《清末留日学生人数小考》，《文史哲》1982年第3期；以及张海鹏：《中国留日学生与祖国的历史命运》，《中国社会科学》1996年第6期。

④ 有人曾将1905年的留日学生数与1904年比较，指出：1904年留日学生数平均每月增加100人；1905年，由于日本战胜俄国，留日学生数惊人增长，从1月初的2 406人增加到11月底的8 620人，平均每月增加600多人。见张玉法(Chang Yu-fa)的论文 *The Effect of Western Socialism on the 1911 Revolution in China*, Columbia University, 第12页。

⑤ 有人估计这一年的留日学生数约为15 000人，见 Wen-han Kiang, *The Ideological Background of the Chinese Student Movement*, Columbia University, 1948, 第16页。也有人估计1906－1907年，留日学生数每年约在8 000－10 000人之间，见 Scalapino, “Prelude to Marxism: The Chinese Student Movement in Japan, 1900－1910”, Albert Feuerwerker, Rhoads Murphy and Mary C. Wright, ed., *Approaches to Modern Chinese History*, University of California Press, 1967, 第192页。还有人认为，1906年清政府颁布留学规定，要求留学生须具备中等以上学历和掌握日本语等，后又通电停止派遣速成留学生，所以从1907年起，留学生已见减少，参看实藤惠秀著，谭汝谦、林启彦译：《中国人留学日本史》，三联书店1983年版，第81页。

⑥ 有人认为这一年留学生的总数约30 000人，达到最高纪录，恐系过高估计。见 Artyur N. Holcombe, *The Chinese Revolution*, New York, 1912, 第192页。

胜利，我国到日本留学的人数急剧增加，在1905－1906年间达到上升曲线的波峰。此后，这条曲线呈现下降趋势。先是1909年因安奉铁路问题，北京、天津、东三省各地发起抵制日货运动，大批留日学生回国；接着1911－1912年间，因辛亥革命爆发，留日学生又大举归国；随后经过两年的回升，到1915年，因反对日本强加中国二十一条，留日学生再度大举归国，直至20年代后期，留日学生人数多年内相对于留学欧美国家的人数，保持在一个不那么高的水平上。

20世纪初留学日本人数连续多年的激增，一则分布较广。按1905年的统计，留学生98％集中在东京，其中来自湖南的学生最多，占留学生总数17％；其次来自湖北、江苏、浙江的学生，分别约占总数13％；剩下43％的学生大致均匀分布于其他十个省，只有甘肃没有学生在日本[①]。二则年龄较轻。如1905年留日学生平均年龄约为23岁[②]，也有一些中年人，甚至有老翁和幼童，还有举家或数代同时留学的情形。三则自费生比重较大。留日学生最初由政府公派，随着人数急速增加，一些富裕家庭的人士自费赴日留学，其数量后来约占总数的50％，以致清政府多方限制，要求日本学校"应先尽官生，后再收教私费生"[③]。这些数据，显示当时赴日本游学者相望于道，分别从天津和上海的主要海上路线如潮般涌向日本的盛况。

将留学日本与留学欧美的情况作一比较，更能感受这一时期留日热潮的不同寻常。中国1896年首次派遣赴日留学生之前，赴欧美留学的事例已屡见不鲜。从1847年初容闳(1828－1912)等人留学美国算起，比后来留学日本正好早了半个世纪。70年代前期，经容闳建议并直接参与，清政府曾于1872－1875年连续四年每年派遣30名学生赴美留学。其间还有1875年沈葆祯派遣福建船厂学生数人赴法国学习船政，1876年李鸿章派遣学生赴德国学习军事，又选派福建船政学堂30人赴英、法学习机械制造和驾驶等等。自1882年起，清政府停止公派学生出国留学达十余年之久，这一时期留学欧美只能通过其他渠道，人数不多，大多是自费生。1896年重开公派出国留学之禁，赴日本留学人数不久即远远超过赴欧美的人数。据统计，1905年，在美国的中国留学生只有130人；1909年和1910年，中国在日本的留学生人数，是在美国和欧洲的留学生总数的4－7倍，如1909年，留日学生数2 387人，留学美国者207人，留学欧洲者375人，后二者合计仅为582人。这一状况直到第一次世界大战以后才有所改变。[④] 这一数字对比，从另一个角度，衬托出20世纪初

---

① 参看 Chang Yu-fa, *The Effects of Western Socialism on the 1911 Revolution in China*, Columbia University, 第12页。

② 参看当时上海出版的 North China Herald(《北华捷报》), March 16, 1906, 第569页。

③ 吴汝纶：《东游丛录》卷二，《摘抄日记》，《吴汝纶全集》第3册，黄山书社2002年版，第736页。

④ 参看 Philip C., Huang, *Liang Chi-chao and Modern Chinese Liberalism*, University of Washington Press, 1972, 第41－42页及第175页注13。

期国人留学日本的空前热情。

第三,翻译日文书籍的浪潮。根据张之洞、康有为等人的意见,翻译日文书籍是吸收西学之精华的一条捷径,译东洋之书又与游学东洋密不可分。在这一思想的支配和推动下,伴随留学日本潮流的延续和起伏,相应出现前所未有的翻译日文书籍浪潮。从历史上看,日本知识分子的教养素以中国文化为基础,自古以来,以日本人翻译中文书籍为主。即使鸦片战争以后,一些有影响的中文著作,仍引起日本知识界的重视。如魏源的《海国图志》、徐继畲的《瀛环志略》等,先后被译成日文,并有多种日译版本。从19世纪后期起,日译中文书的选题有所不同,大多选译西方来华人士在中国出版的西书汉译本。日本人的目的,借重这些西书汉译本,了解西方的新文化。在他们看来,“新文化的种子在中国被埋葬了,到了日本才发芽、开花”①。反观中国人对于日文著作,在1895年以前,只译过个别日本社会科学方面的书。甲午战争后,情形为之一变。几乎与留日热潮的兴起同步,汉译日文书的数量迅猛增加,并与日译中文书数量的明显下降,形成强烈反差。1896－1911年15年间,据统计,汉译日文书达958种,平均每年译书63.86种,日译中文书仅为16种,年均译书1.06种,二者相差几近60倍。专以社会科学方面的译作而论,汉译日文书达366种,而日译中文书为零。②

再从中国翻译各种国外著作的情况看,近代以来,汉译西文书籍曾经在译作领域一直占据统治地位。如19世纪后期,我国出版界译自英美的书籍占全部译书总数65%,译自日本者仅占15.1%。到1901－1905年间,这一译书比例发生根本变化,译自日本的书籍跃升为60.2%,其中属于社会科学的书籍又占60%以上,构成这一时期我国译书总量的主要部分。③ 这种情况,“大体上直到清朝末年(1911),日书中译,盛况依然”④。以1902－1904年为例,这一期间出版的所有译著中,按各国原著分类:英文书89种,占全国译书总数的16%;德文书24种,占4%;法文书17种,占3%;日文书多达321种,占60%。由此显示,“从甲午到民元,中译日书的数量是压倒性的”。⑤ 当时汉译日文书

① 实藤惠秀著,谭汝谦、林启彦译:《中国人留学日本史》,三联书店1983年版,第5页。

② 参看谭汝谦主编:《中国译日本书综合目录》,香港中文大学出版社1980年版,第41页“中译日文书统计表(1660－1978)”与“日译中文书统计表(1660－1978)”。

③ 参看钱存训:《近世译书对中国现代化的影响》,转引自任武雄主编《中国共产党创建史研究文集》,百家出版社1991年版,第518页。又据徐维则的《东西学书录》(1899年出版)统计,1868－1895年间,汉译日文书54种,同期汉译欧美书籍比其多7倍;到1902－1904年间,据顾燮光的《译书经眼录》(1927年出版)统计,我国总共533种译书中,译自日本的书籍猛增至321种,占总数60%,译自欧美诸国的书籍不过131种,仅占24.5%。参看张静庐:《中国近代出版史料二编》,群联出版社1954年版,第99－101页;以及邹振环:《晚清留日学生与日文西书的汉译活动》,见《中国近代现代出版史学术讨论会文集》,中国书籍出版社1990年版,第98页。

④ 实藤惠秀著,谭汝谦、林启彦译:《中国人留学日本史》,三联书店1983年版,第241页。

⑤ 谭汝谦主编:《中国译日本书综合目录》,香港中文大学出版社1980年版,第63页。

的流行，总体看如此，局部看亦如此。如1904年商务印书馆创刊《东方杂志》，其创刊号上，以相当大篇幅刊登该馆的新书广告。总计153种新书，属于日文原著的译本40种；属于西文原著的译本27种中，只有3种可断定直接译自西文原著，11种标明转译自日文译本，另外未标明的13种几乎也都是以日文译本为基础的重译本；属于中国人原著的86种中，除英语教学用书48种外，其余自撰38种，亦大都与日本密切相关，其内容似多以编译日文资料为主。这样，商务印书馆1904年的新书广告，若不计英语教科书，在105种新书中，标明为日文原著译本或日文西书重译本，就有54种，约占51%；加上未标明的日文译本，受日本书籍影响的比例，达到更加惊人的程度。[①]

这股翻译日文书籍的浪潮，其主要推动力来自中国留日学生。他们受到日本明治维新后走上强盛道路这一范式的激励，对学习、研究新式社会政治制度表现出浓厚兴趣，在留学期间纷纷涌向政治、法律、经济等文科领域[②]。这一趋向，同样体现在当时翻译的日文著作中，以社会科学类为主，尤以政治、经济、教育、军事、法律与社会的著作居多。时人曾说，留日学界的译书，"考其性质，皆藉译书别具会心，故所译以政治为多"[③]，通过选译政治之类的日本书籍，寄托自己的留学志向。留日学生为数众多，他们翻译的大量日文书籍，存在良莠不齐现象，总的说来，保持一定的质量水平。相对于西文书籍的翻译，"西书译手本少，惟日本选译最精"[④]，同时也说明日文书籍的汉译水平自身在不断提高。后来有人评论翻译书籍的质量，认为"最好的还是几部从日本转贩进来的科学书"[⑤]，把借助日文西书的转译质量，放在直接译自西书的质量之上。就此而言，有人评价"留日学生在翻译方面的贡献，实为同时代留学其他国家的学生所不及"[⑥]，此言不虚。

第四，留日学生兴办刊物的活跃。在中国近代史上，20世纪前10年留日

---

① 参看实藤惠秀著，谭汝谦、林启彦译：《中国人留学日本史》，三联书店1983年版，第233－239页。

② 1902年梁启超在《敬告留学生诸君》一文中，提到当时留日学生所学"最著者"为政治、法律、经济和武备等科（《饮冰室文集》卷十七）；1903年杨枢的奏折，查报当年日本各校的1 300多中国学生中，"学文科者"1 100余人（《约章成案汇览》卷32下）；1905年清政府派遣赴日留学的300名官绅，其留学科目亦大体为法律、政治、理财、外交四种（《东方杂志》1905年第4期）。为此，从1908年起，清政府曾多次下令，规定凡官费留学生必须学习农、工、格致（即自然科学）等专科，不得改习他科（《清朝续文献通考》卷114，第8762页，以及《教育杂志》1909年第3期）。但未能改变留日学生"大都趋向法政，愿习实业者少"的状况（《教育杂志》1909年第3期）。

③ 诸宗元、顾燮光1904年合写的《译书经眼录序例》，转引自张静庐《中国近代出版史料二编》，群联出版社1954年版，第98页。

④ 《东华续录》卷169所载1901年《覆议新政有关翻译诸奏疏》，转引自张静庐《中国近代出版史料二编》，群联出版社1954年版，第31页。

⑤ 傅斯年：《译书感言》，载《新潮》第1卷第3号（1919年3月）。

⑥ 黄福庆：《清末留日学生》，转引自谭汝谦主编《中国译日本书综合目录》，香港中文大学出版社1980年版，第63页。

学生创办的各种报刊，对于视野拓展和思想启蒙，起到重要的作用。自1815年英国传教士马礼逊等人在马六甲出版第一份以中国人为对象的近代化中文期刊《察世俗每月统纪传》起，到19世纪末，外国人在中国共创办近200种中、外文报刊，占这一时期我国报刊总数的80%以上[①]。中国人自己创办的最早一批近代报刊，据说是分别创刊于1858年和1864年的《中外新闻》与《华字日报》[②]，又以1874年创刊于香港、王韬主编的《循环日报》，为其中较有名者。进入19世纪90年代中期，迎来国人自办报刊第一个高潮。1895年创刊的《中外纪闻》、《强学报》，1896年创刊的《时务报》，1897年创刊的《知新报》、《湘报》、《湘学新报》、《国闻报》等，都是当时颇具影响的国内刊物。这些鼓吹维新变法的报刊，经1898年9月戊戌政变，在清政府的镇压下，几乎消失殆尽。此后，随着维新派代表人物流亡海外，他们的宣传舆论阵地，也由国内转移到国外，特别是在流亡聚集地的日本。

1898年10月创刊于横滨的《清议报》，是维新派在日本办的第一个刊物。它对于当时在日本的中国留学生利用报刊工具表达自己的意愿，产生一定的启发和激励作用。接着，留日学生自1900年底分别创办《开智录》、《译书汇编》以来，出现一批在日本刊行的中文杂志，其内容范围突破《清议报》的保皇立宪宗旨，开辟了一个崭新的舆论天地。据统计，从1900年到1911年，留日学生出版的报刊共有70多种[③]。这种活跃局面，得益于留学生的数量众多以及留学期间受各种新思潮的影响，此外，"留学东界，颇有译书，然多附载于杂志中"[④]，自办杂志成为传播外来新思想的重要载体和便利园地；比起清政府在国内"严行查禁"所谓"悖逆"书刊的形势[⑤]，在日本出版宣传新思想乃至反清反帝的刊物，具有相对宽松的条件；为了应付日本当局的烦扰，日本友好人士曾给予当地出版的中文杂志或明或暗的帮助[⑥]；等等。这些刊物由留日学生通过邮寄或夹带传入国内，产生不小的影响。如1902年创刊于横滨的《新民丛报》，第一期连续加印四次，以后各期皆有补印，不久发行至5 000份，最高达14 000份，在国内十几个省市及东亚、南亚、澳洲、北美等地设置销售处；浙江留日学生1903年创刊于东京的《浙江潮》，第1—4期三版共出5 000册，第5—6期再版出5 000册，第8期初版即出5 000册，在中国至少28个城镇公开

---

① 参看方汉奇:《中国近代报刊史》上册，山西人民出版社1981年版，第10页。

② 参看张静庐辑注:《中国近代出版史料初编》，群联出版社1953年版，第72—73页。

③ 参看上海图书馆编:《中国近代期刊篇目汇录》第1、2卷，上海人民出版社1965—1982年版；丁守和主编:《辛亥革命时期期刊介绍》1—5卷，人民出版社1982—1987年版。

④ 诸宗元、顾燮光:《译书经眼录序例》，转引自张静庐辑注:《中国近代出版史料二编》，群联出版社1954年版，第98页。

⑤ 参看张静庐辑注:《中国近代出版史料初编》，群联出版社1953年版，第182页注2载清政府光绪二十六年(1900年)的通令。

⑥ 参看实藤惠秀著，谭汝谦、林启彦译:《中国人留学日本史》，三联书店1983年版，第349页。

出售；中国同盟会 1905 年创刊于东京的机关报《民报》，印刷6 000份，3 000份在国内发行；1906 年创刊于东京的《云南》，最高发行数达10 000份等等，可见流传之广。[①] 留日学生举办的新兴报刊不断传入国内，为国内冲破专制政府的束缚，重新掀起创办刊物的新潮，注入新的生机。

兴办刊物的活跃，与留日学生组织团体的活跃相联系。除了国内各省赴日本留学生组织同乡会外，1910 年以前，各种形式的留日学生团体已近 30 个[②]。这些团体鱼龙混杂，但有不少旨在寻求救国救民的道理和扩大新思想的影响，积极从事学习和研究，选译日文书籍，撰写具有启蒙意义的著作，由此形成一个以传播新思想为其职志的日益壮大的译作者群体，并推动创立各种新兴报刊作为宣传喉舌[③]。总之，在 19、20 世纪之交的特定历史条件下，国人对待留学日本观念的转变，带来留学日本人数的激增，翻译日文书籍的浪潮，以及留日学生刊物的活跃，从而促成这一时期西方社会主义思想输入中国的主要渠道，从欧美国家转移到日本。当时的情形，正如 1910 年《留美学生年报》一篇文章所说，“日本之留学界，国人类能道之，美洲之留学界，国人知之甚少”；日本留学界胜过美洲留学界的原因，在于我国似醒未醒之际和新旧彷徨未定之时，日本留学生的书报、詈骂和通电之驱策，“通国之人为之大醒”，使已明者更明，顽固者醒悟，前进者更进，后退者向前，“故曰中国之醒悟，受日本留学生影响之巨焉”[④]。这番评论，用于分析中国早期留学日本热潮在社会主义思想以及在马克思主义经济学说传入中国过程中的特殊历史影响，同样也是适用的。

三、日本对于社会主义思潮传入中国的早期影响

考察日本早期的社会主义思潮和中国早期的留学日本热潮，是为了更好地考察西方社会主义思潮传入中国的早期历史过程中，日本一度作为主要的传播渠道或中介，曾产生哪些特殊的影响。结合前述马克思经济学说以及西方社会主义思想在中国流传的基本情况，可以将来自日本方面的独特影响，作一些归纳。

（一）加快西方社会主义思潮传入中国的进程

19 世纪 70 年代，少数中国人开始注意西方国家的工人运动和社会主义

---

① 参看方汉奇：《中国近代报刊史》，山西人民出版社 1981 年版，第 188－189、386－387、408 页；实藤惠秀著，谭汝谦、林启彦译：《中国人留学日本史》，三联书店 1983 年版，第 348 页注 1；以及［美］伯纳尔著，丘权政、符致兴译：《一九〇七年以前中国的社会主义思潮》，福建人民出版社 1985 年版，第 87 页。

② 参看李喜所：《近代中国的留学生》，人民出版社 1987 年版，第 184－185 页。

③ 关于留日学生组织的译书团体，参看实藤惠秀著，谭汝谦、林启彦译：《中国人留学日本史》，三联书店 1983 年版，第 259－285 页。

④ 见朱庭祺语，转引自实藤惠秀同上书，第 345－346 页。

运动,初步接触社会主义概念,自此以后,到90年代初的30年间,西方社会主义思想向中国的传入,少数凭借国人亲眼见闻或道听途说的著述,多数依靠西方来华传教士口译笔述的零星介绍,经历了一个相当缓慢的过程。这个过程与清政府统治下的思想封闭状态,相互一致。思想封闭状态的开禁,对于清政府而言,是相当被动的无奈之举。甲午之战后,为了摆脱东洋岛国强加给中国的屈辱,不得不选派或同意日益增多的中国青年赴日本留学,以期掌握富国强兵的本领。让清政府始料未及的是,这一举措不仅扩大了留日学生的力量,还通过日本思想界的酵母作用,明显加快了西方社会主义思潮传入中国的进程。具体表现在以下几个方面:

一是翻译日文社会主义书籍的数量明显增多。19世纪末,有关西方社会主义专题的中译本,几如凤毛麟角,除了西方来华传教士翻译贝拉米的乌托邦小说《回头看纪略》,很难找到其他以社会主义为论旨的中文翻译作品。到20世纪初,这种情况发生显著变化。一批译自日文的社会主义专题论著,相继传入中国。姑且不论发表在各种报刊上的文章,单就那一时期的著作而言,短短几年间,专门以社会主义为题或较多涉及社会主义内容的汉译日文著作,即达十余种之多。其中较有代表性的中译本及其出版年代如:《近世政治史》(1900—1901年),《帝国主义》(1902年),《广长舌》(1902年),《社会主义》(1902、1903年),《近世社会主义》(1903年),《近世社会主义评论》译述本(1903年),《社会党》(1903年),《世界之大问题》(1903年)或《社会主义概评》(1903年),《新社会》(1903年),《社会问题》(1903年),《社会主义神髓》(1903、1906、1907年)。这些中译本有几个特点。一则转译速度快。除少数中译本与日文原著的初版时间相隔三四年,其余不少在日文原著出版后的第二年甚至当年即转译成中文。二则译本流传广。上述中译本,相当一部分先连载于当时颇有影响的报刊,然后再单独成书出版;或者同一日文原著有几种汉译版本同时或先后流行。三则大多出版于1903年。不仅有关社会主义论题的汉译日文著作如此,前面引用的国人自撰社会主义论题的文章,也在1903年达到一个高潮。这一现象孤立地看,似乎是个谜。但是,放到当时中日文化交流的背景中去看,不难理解这一特点的形成原因。首先,自1903年起,正是中国留学生开始大量东渡日本的活跃时期,成为稍后几年留日高潮之前奏。其次,日本社会主义运动从这一年起,进入一个转折时期,从社会主义"普及"时期或活跃时期,进入艰难斗争时期。这反映为1897—1905年间出版的日文社会主义著作数量,1903年最多,达34种,以后逐年减少①。最后,汉

---

① 参看 Hyman Kublin, The Origins of Japanese Socialist Tradition, *The Journal of Politics*, Vol. 14, May, 1952, No. 2, 第270页注46。

译日文书籍的出版数量，1903年为“前所未有的年份”[①]，高达224种，1904年骤降至33种，以后有所起伏，很难再现1903年的盛况[②]。将这些因素综合在一起，汉译日文社会主义书籍的数量高峰出现在1903年，也就不是偶然的历史现象了。有人说：“中文出版物中的西方社会主义在1903这一年突然增加，可能是受到日本社会主义者在全国范围内活动的指引。”[③]这一猜测，从上面引证的资料看，有其道理。

二是汉译日文书籍对社会主义的介绍较有条理。以往传入的欧美著作中有关社会主义的介绍，经常混杂在各种论述内附带涉及一些零散或不完整的资料。20世纪初传入中国的汉译日文书籍，在社会主义的介绍方面，无论数量还是内容质量，其整体水平明显超过同时期的汉译西文著述。汉译日文书的介绍内容，不管正确与否，其突出特点是，区别于偶尔提及的零碎和分散之缺陷，用专论形式，给予社会主义以较有条理的介绍。例如，《近世政治史》中译本“社会党之由来”一节，介绍第一国际前四次代表大会的历次主张，以及德国社会民主党的发展演变历史。《广长舌》中译本探讨“当今时势上最要之问题”，重点分析19世纪向20世纪的转化趋势、革命之问题、社会主义之实质、社会主义之理想、社会主义之急要、社会主义之适用、帝国主义之衰运等问题，论证社会主义实现的途径和必然性。《社会主义》中译本分别阐述欧洲现时之社会问题、社会主义之定义、社会主义之本领、社会主义与道德、社会主义与教育、社会主义与美术、社会主义与妇人、社会主义与劳动团体、社会主义与基督教、理想之社会等10个方面内容，试图建立社会主义的理论体系。《近世社会主义》中译本对于西方社会主义产生的原因、社会党内不同派别主张之异同、社会主义概念的形成及其定义、社会主义的最后目的；社会主义发展三个时期，第一期英法二国社会主义、第二期德国社会主义，以及近时社会主义各个流派的发展沿革、代表人物及其学说观点；欧美各国社会党的现状等，作了相当系统而详细的介绍。《社会主义神髓》中译本从产业革命的结果入手，逐次递进地讨论贫困之原因、产业制度之进化即资本主义社会内部矛盾的激化预示新时代的到来、社会主义之主张、社会主义之效果、社会党之运动，最后运用生产资料公有制取代私有制的“神髓”，回答“社会主义是什么”的问题。其他

---

① [美]伯纳尔著，丘权政、符致兴译：《一九〇七年以前中国的社会主义思潮》，福建人民出版社1985年版，第83页。

② 参看实藤惠秀著，谭汝谦、林启彦译：《中国人留学日本史》，三联书店1983年版，第452页中文译者谭汝谦和林启彦编制的附录三，表5“中国译日文书出版数”。其他学者也说：“日文书籍的（中文）翻译从1902年到1907年达到一个高峰，而空前的制高点是1903年，出版了200种。”参看Philip C. Huang, *Liang Chi-chao and Modern Chinese Liberalism*, University of Washington Press, 1972, 第43页。

③ 参看Chang Yu-fa, *The Effects of Western Socialism on the 1911 Revolution in China*, Columbia University, 第18页。

同类中译本的内容,互有短长,未超出上述译作的大致范围。它们借助日本已有研究成果,体现了社会主义思想向中国的输入,从先前的零散介绍,跃升到较有条理介绍的新阶段。

三是汉译日文书籍给予马克思及其经济学说以不同寻常的介绍。在20世纪初以前,日文书籍的中译本尚未涌入中国,译自欧美文本的中文著述,涉及马克思及其学说者,到此为止,似乎只能举出1899年发表在《万国公报》上的《大同学》。它虽有影响,内容却十分浅薄,对马克思学说的介绍之含混其词,令人不知所云,还出现把马克思称为英国人之类常识性错误。对比之下,20世纪初进入中国的一批日文著作中译本,对于马克思及其经济学说的介绍,给人以耳目一新的感觉。这些介绍仍未摆脱割裂支离与曲解附会的弊端,但其清晰和翔实的程度,远非《大同学》之类所能比肩。它们包括马克思的生平事迹和理论观点两部分。例如,《近世政治史》提到马克思作为"革命党新闻主笔"、领导第一国际和形成马克思派德国社会民主党的简单经历。《社会主义》涉及马克思的"余利益"或"剩余价格"即剩余价值概念,引用马克思起草的《国际工人协会共同章程》中关于工人阶级经济解放的一段语录。《近世社会主义》较为系统地介绍马克思从事理论研究和指导工人运动方面的主要经历、业绩成果与广泛影响,包括列举马克思和恩格斯的部分代表作如《哲学的贫困》、《关于自由贸易的演说》、《政治经济学批判》、《资本论》、《英国工人阶级状况》和《共产党宣言》;重点介绍马克思的经济学说,试图按照《资本论》第一卷的内容,经过加工改造,叙述剩余价值理论与资本理论的内涵及其结论;多次摘引马克思《共产党宣言》、《国际工人协会共同章程》和有关演说中的一些语录,惟译文质量欠佳。《世界之大问题》或《社会主义概评》称述马克思发现"科学精深之学说"、奠定科学社会主义的基础,写出与旧日经济学说相反的"有名之《资本论》";其中简要叙述马克思学习、研究和作为第一国际"主脑"的生涯,将其贡献更多地局限于经济学范围。《社会问题》判定马克思倡导的"科学的社会主义"仍为"经济之空想",据此简单描述马克思为社会主义信仰而斗争的生平,简略评介《资本论》关于"否认财产私有制度"、"残余价格"即剩余价值、以及"劳力价格说"即劳动价值论等内容。《社会主义神髓》以第三章为代表,主要参考《共产党宣言》和《资本论》第一卷,尤其是恩格斯的《社会主义从空想到科学的发展》一书,多次引用马克思和恩格斯的原文,以比较通俗的方式,阐述唯物主义历史观,分析资本主义生产方式的基本矛盾及其表现形式,根据剩余价值理论和资本集中的发展趋势,得出新时代必然到来的结论;其他各章也涉及马克思和恩格斯关于社会主义的一些主张。诸如此类的介绍,详略不一,深浅错杂,正误交叉,褒贬各异,综合起来看,对于马克思学说特别是其经济学说的记述,触及若干重要代表作以及一些基本理论概念,并随着相关译本比较集中地传入中国，在国内思想界产生前所未有的影响。这与此前其他译本的同类介绍，或者默默无闻，或者对马克思学说作点滴的贴标签式介绍，形成鲜明的对照。

四是留日学生介绍和宣传社会主义的水准整体提升。19 世纪后期，中国知识界自行撰写涉及西方社会主义的点滴内容，总的说来，只是停留在常识层面的简单介绍，或者说，连介绍也谈不上，仅系肤浅和模糊的印象。到 20 世纪初，这种情况发生引人注目的变化。在留学日本热潮的带动下，一批批留日学生，从广义上说，包括不同类型的中国知识分子代表人物，通过日本的独特渠道，接触和认识社会主义思想，拓展了视野，缩短了与西方发源地的思想距离。他们翻译发表了为数可观的日文社会主义著述，又试图在自己的论述中，根据个人理解并结合中国实际，运用和传播这些社会主义知识。这一时期留日学生自撰的此类著作，往往带有编译色彩或模仿舶来著述，这并未妨碍，或者说，进而推动留日学生并带动更多国人，提升他们介绍和宣传社会主义的整体水准。例如，梁启超流亡日本后，发表一系列介绍和评述社会主义的文章，尤以 1902、1903 年间撰写的《进化论革命者颉德之学说》、《新大陆游记》、《二十世纪之巨灵托辣斯》、《中国之社会主义》等文，对社会主义的涵义及其发展趋势，按照自己的理解，作了通俗浅显和富于感染力的解释，其中多次提到马克思其人其说。梁氏对社会主义的理解，失之偏颇，对耳闻的马克思学说，表现出抵触态度，但他在当时国人中，仍属介绍西方社会主义并产生较大宣传效果之佼佼者。马君武宣称以输入包括马克思学说在内的西方社会主义文明为己任，在 1903 年上半年，接连撰写三四篇关于社会主义观点或空想社会主义代表人物的专题文章，其为文不过一些现学现卖的书本知识，其热情却明白可鉴。大我发表于同年的《新社会之理论》一文，着眼于引进"新社会之主义"，消除中国社会的霉菌，它对以马克思为"后劲"的共产主义原理，尝试从经济学角度，作了几点看似肤浅而在当时却颇为不易的概括。随着留日学生与社会主义思想的接触日益增多，不少人转而信从和倡导这一思想，由此还引发社会主义是否适用于中国之类的早期论争，孙中山是其中的突出代表。这表明，社会主义思想的传播，使国人开始分化，一些人改变过去因敌意宣传所造成的有色眼光，从戒备或抵制的消极态度，转向客观评介的理性观念，甚至转向欢迎和企盼的积极宣传。正面与反面观点的公开或潜在冲突，既是孕育并导致早期社会主义争论的思想根源，也是国人对社会主义的介绍和宣传水平正在提升的一个标志。

（二）注入日本社会主义思想的若干特征

日本的影响，加快了西方社会主义思潮传入中国的进程，表现为引进社会主义书籍的译作数量、介绍社会主义以及马克思学说的内容质量、国人自撰社会主义论题的整体水准等方面,比起此前,取得飞跃式进展。然而,近代社会主义思想的传播,终究以西方为其发源地,以中国为其传播对象,从这个意义上说,日本只是一个中转站。当时中国与欧美国家沟通各种思想的直接渠道不那么畅通,历史的机运,让日本成为思想中转的渠道,这使得西方社会主义思想进入中国之前,先经过日本学人的选择、消化、加工和修改,不可避免地带有日本自己的特色。这一特色伴随社会主义思想传播的中转过程,也会附加到它所传播扩展的中国对象身上,给中国吸收西方社会主义思想,注入某些日本样式的时代特征。例如:

一是为传入中国的西方社会主义思想,规定一个大致的范围。这里所说的范围,以20世纪初的留学日本热潮为其区间,可以作静态和动态两种理解。从静态上看,这一时期中国人所能得到的社会主义著述,基本上是来自日本的二手货。日本早期大多从美国吸收有关西方社会主义的知识,流行的几本社会主义书籍,也大多出自一些美国的、或经美国人转译而出自欧洲的非社会主义作者,如伊利、布利斯、谢夫莱、贝拉米之流。这样,当中国转而以日本作为主渠道,由此引进社会主义思想时,其中除了贝拉米的《回顾》一书曾由英国来华传教士李提摩太于19世纪90年代初译成中文以外,几乎同样充斥着日本学者所转述的美国式货色。如村井知至的《社会主义》中译本对伊利和谢夫莱"最精确"社会主义定义的介绍,幸德秋水的《社会主义神髓》中译本以伊利所谓社会主义"四要件"作为其论述依据等,便是例证。不仅翻译文本如此,当时国人自撰的文章,凡谈论社会主义思想之处,也很难超出日本学人涉足的思想范围。梁启超曾访问新大陆并直接受到美国现实和当地社会主义者的影响,连他撰述社会主义的多篇文章,也未超出在日本获得的社会主义知识范围。或许只有康有为的《大同书》,是一个有名的例外。此书经过长期酝酿,最后大致完成于1901—1902年。这个时间是经过日本加工的社会主义思想传入中国的流行期之初,不排除此书在最后完成阶段曾受到来自日本方面的影响,但总的说来,《大同书》是康氏将西方社会主义思潮与中国传统思想相结合的产物,走的是区别于日本流行社会主义思想的另一条道路。除此之外,在20世纪初的若干年里,以中文发表或出版的社会主义读物,恐怕大多以日本流传的社会主义思想为其出处,未能越雷池一步。

从动态上看,这一时期流传于中国的社会主义著述,大致随日本吸纳西方社会主义思想的盛衰而起伏。梁启超1899年发表《论强权》,被一些西方学者称作中国人第一篇论述社会主义的文章,这里的"强权"一词,只是借用日本早期引进西方社会主义名词时加藤弘之的有关解释,并没有理解社会主义的真正涵义。有人认为,日本1898年成立的社会主义研究会,每月集会提交有关社会主义的文章,并发表在《六合杂志》上,"如果在日本的中国人没有可能参加这些集会，他们也应有机会读到这本杂志”[①]。此时日本的社会主义运动尚处于初期发展阶段，在本国未能吸引更多的日本人注意，又何以能对在日本的中国人产生多大影响？即便可能有中国人读到登载社会主义文章的这本日本杂志，考察当时由日文转译成中文的著述，亦未见这些社会主义文章传入中国的迹象。直到20世纪初，尤其1902、1903年间，随着日本社会主义运动进入第一个高潮，各种日文社会主义著述相继问世，才激励在日本的中国人并带动国内的同气相求者，竞相效法此类日文原作，以翻译、编译或转述等不同形式，将日本学者理解并剪裁过的社会主义思想，介绍到中国，迎来社会主义著述在中国传播的第一个活跃期。此后，日本社会主义运动转入艰难时期，相关领域的著述有所减少，与其相应，传入中国的社会主义著述的数量增长也明显趋缓。早期跟在日本潮流后面亦步亦趋的状况，还反映在马克思主义原著的引进上。以《共产党宣言》的译文为例，当日文著作中鲜见它的译文时，中文著述里也未曾一见。后来，日本学者论述社会主义的著作，开始摘引《宣言》的一些论断以为佐证，才为中国学人所转译。先是1903年初，福井准造的《近世社会主义》中译本里，有《共产党宣言》结尾处一段话的中译文；同年10月，幸德秋水的《社会主义神髓》中译本里，又有此宣言1888年恩格斯英文版序言中表述唯物史观的一句中译文。这些译文零星而片断。此后，幸德秋水与堺利彦合译《共产党宣言》第一个日文本，先后在1904年11月发表于《平民新闻》周年专刊、1906年3月再次发表于《社会主义研究》创刊号，引起中国学人的关注，随即在1905－1908年间东京出版的中文刊物《民报》和《天义报》上，有多篇文章相继转译此宣言的部分章节内容，如1888年英文版序言、第一章、第二章中十项政纲、第三章部分内容，以及有关要点或个别段落等。不久又陷入一个相对沉寂时期，直到1919年，才再次出现转译的热潮，并以1920年陈望道完成《共产党宣言》第一个中文全译本为其标志。以上追溯，已超出本节所讨论的期限，但它足以证明，中国早期输入的西方社会主义思想，经由日本渠道，其内容边界先期被限定在一个大致范围内。

二是为传入中国的西方社会主义思想，提供一个大杂烩式的拼盘。日本早期从西方尤其从美国接受的社会主义思想，具有浓厚的基督教或人道主义色彩。在这种观念的影响下，社会主义作为一种理想，被赋予各式各样的解释。由此造成那一时期日本流行的社会主义思想，除了占支配地位的基督教人道主义外，还从西方转贩来诸如乌托邦社会主义、激进自由主义、国家社会主义、无政府主义等等，不分轩轾，统统纳入社会主义的思想范畴。中国最初

① Chang Yu-fa, *The Effects of Western Socialism on the 1911 Revolution in China*, Columbia University，第17页。

通过日本中转站吸收西方社会主义思想，摆在面前的就是这样一个大杂烩式的思想拼盘。这个拼盘带给中国思想界的影响，既能从各种类型的社会主义思想中，感受与传统专制观念和正统资本主义观念不同的新鲜思潮，又在有关社会主义的五花八门解释中，感到莫衷一是，如坠五里雾中。一般说来，流行于日本的西方式基督教社会主义，在中国，由于传统文化上的差异，没有多大市场。此类著作如村井知至的《社会主义》传入中国后，几乎未曾产生什么反响。但是，这类著作提倡用人道主义观点看待现实社会中的贫富差距等不平等现象，颇具感召力。依此而论，凡是对国内现状甚至国外情况感到不满的人士，都可以从这样或那样的舶来社会主义思想中，找到感兴趣的某种类型思想作为各自的理论武器。这个社会主义的思想拼盘本身，其内容相互矛盾抵牾之处甚多，它传入中国后，又衍生演变出各种思想倾向或流派，它们争相打出社会主义的招牌以壮其声势或赶其时髦，实际上各行其道，并不真正明白社会主义究竟为何物。

经由日本而带来的对于社会主义的模糊认识，特别表现在对于马克思社会主义的认识上。一则从日本传入的马克思社会主义，单独看，比起中国以前通过其他渠道获得的有关介绍要丰富和翔实得多；若综合看，在整个舶来社会主义思想中，仅作为一个思想派别，被放在相对说来比较次要的位置上。这一点，在当时中国学者自撰的介绍社会主义的文章中，表露得更为明显。二则这一时期在日本社会，马克思社会主义不仅遭到当权者和其他敌视社会主义势力的禁绝和打击，还受到以社会主义相标榜的其他派别的非议和排斥。这种背景的影响，极易使一些人戴着有色眼镜来看待由日本传入中国的马克思学说，梁启超的贬抑态度就是一例。受日本影响而沾染上对于马克思学说的模糊认识(当然也有中国自身的内在原因)，曾在中国持续了相当长一段时间。

三是为传入中国的西方社会主义思想，提出引起争议的实践问题。从日本引进西方社会主义思想之前，中国著述中涉及社会主义的文字资料，除了康有为正在酝酿的《大同书》是个例外，其余绝大部分带有新闻甚至猎奇的色彩，从未认真考虑或提出将这一西方思想移植到中国的问题。20 世纪初以来，这种情况开始发生变化。其重要原因之一，无疑受到社会主义思潮在日本思想界崭露头角的启迪。当时日本社会主义者中流行的看法，认为日本社会尚未发展到西方资本主义社会贫富差距悬殊的阶段，因此，对于社会主义着重于研究，以防患于未然，这种纯粹研究的性质，又决定了社会主义组织重在谋求其合法地位。这种具有日本早期特色的社会主义思想，一经传入中国，随即产生两方面的影响。一方面，促使国人思考东西方的社会经济发展差异。在这方面，无论对社会主义思想接受与否，留学东洋的忧国忧民之士中为数不少的人，一般采纳日本社会主义者的分析方式，认为中国既不如西方国家的经济之发达，也没有那里的贫富悬隔之弊端。另一方面，促使国人首次提出社会主义是否适用于中国的实践问题。这一问题与上一问题相互关联，曾引发不同的争议性意见。有人以国情不同为由，认为社会主义“极不切于中国”如邓实；有人同样以国情不同为由，反而认为更有助于社会主义“将现于实际”如孙中山。尤以孙中山的立论，同日本占支配地位的合法社会主义观点相比，较少对“合法”的迷恋，更多付诸实践的追求，成为从实践方面提出社会主义同样适用于落后中国的早期倡导者。此外，也有人追随日本思潮，对所谓偏激或极端的社会主义，一概予以拒绝。当时或稍后一段时间内，曾在中国流行的各种社会主义思潮，或多或少能在日本思潮里找到相应的思想来源。

四是为传入中国的西方社会主义思想，设计一个日本式的表述体例。西方社会主义思想经过日本中转站，不仅在内容上有所加工取舍，在形式上也有所改变。中国最初从日本引进有关社会主义的著述，几乎都是日本人自己的著述，不是西方人的原著。这些日文著作的中译本，主要转述西方著作的有关内容，个别地方摘引西方作者的原文，但在形式上，以日本人自撰的面貌出现，给人以一种有别于西方原著的表述体例之感。这个体例不像西方同类著作显得理论深奥和富于思辨，似乎比较通俗和浅显易懂。这里说“似乎”，因为日本式的通俗或浅显，可以作多种理解。一种理解是日本人学习和吸收西方社会主义思想，按照由浅入深、由表及里的循序渐进过程，最初只能以比较通俗浅显的形式出现。另一种理解是日本著作表现出来的通俗浅显，纯属理论认识上的肤浅甚至曲解[①]。恐怕与这种理解有关，当时一些通识西文的中国人士，据说包括孙中山在内[②]，即使可能从日本获得若干社会主义知识，也断然否认这一来源。再一种理解是把这种通俗浅显形式，看作东方人的理论思维不同于西方人的特有表述方式[③]。不论哪一种理解，不争的事实是，自此以后，中国人自撰的有关社会主义的文章，大多仿效日本人的写法，流行以通俗浅显的方式，阐述有关社会主义的理论原则。

---

① 《纽约每日论坛》(New York Daily Tribune)1907年6月2日发表一篇美国人撰写的《中国人不要日本教习》(Chinese Don't Want Japanese Teachers)文章，其中提到日本人“仅具肤浅之知识，即以学者自任”。日本人自己多少也承认这一点。如表柳笃桓发表在《每日电报》1907年8月间的《清国留学生之减少》一文，指出“日本教师于讲坛上，动辄据美国某某氏云云，学生闻之，莫不以为日本人但为代销知识而已”；儿崎为槌发表在《教育研究》1904年第12号上的《中国学生思想界之一般》报告，转述时论“谓日本人不过为欧美思想之转售者而已”等等。以上均转引自实藤惠秀著，谭汝谦、林启彦译：《中国人留学日本史》，三联书店1983年版，第78－80页。

② 参看伯纳尔在《无政府主义对马克思主义的胜利，1906－1907年》一文中的注释，见Mary Clabaugh Wright编辑*China in Revolution*：*The First Phase 1900－1913*，Yale University Press，1968，第103页注21。

③ 如张之洞在其《劝学篇·外篇》谈游学时，曾提到“西书甚繁，凡西学不切要者，东人已删节而酌改之”，并认为中国与东洋“情势风俗相近，易仿行”。这些说法，不必专指时人对比西方人和东洋人的社会主义知识之繁简程度，但可作为这种对比理解的一个参考。

(三)日文词汇的大量输入

西方社会主义思想假道日本传入中国,伴随而来的是,用于转译西方专有名词概念的日文词汇,也大量输入中国,这是近代中日文化交流史上一个奇特现象。众所周知,在中日两国源远流长的交往历史上,长期以来,其主导方面,一直是日本人士学习、借鉴和吸收中国文化。汉字在日文中的不断积累和频繁使用,是这一历史交往的特点和产物。直至中国近代前期或者日本明治初年,日本人士仍习惯于借助翻译中文书籍,去了解西方,像魏源的《海国图志》和徐继畲的《瀛环志略》等,相继被翻译成日文甚至流行多种译本,在日本产生不小的影响。这些日译中文著作,有不少采用训读方式,在日文中借用汉字写日语词汇,用日语读汉字,训读即借汉字的形和义,不借汉字的音。这种翻译方式,更加密切了汉字与日文的联系。后来国人将"师夷长技"的眼光从西洋转向东洋,一个重要理由,便是中文与日文"同文"。如张之洞所说的"东文近于中文,易通晓"[①];张之春所说的"中东同文,通才学东文,三月便可卒业"[②];康有为所说的"译日本之书,为我文字者十之八"[③];等等。认为转译日文书籍以吸取西学思想,是事半功倍或"事一而功万"的学习捷径。

日文词汇中的这种汉字特点,后来发生了变化。19世纪末尤其20世纪初,中国因落后而遭致列强凌辱的窘况暴露无遗,表现在中日之间的文化交流上,汉语东传曾对日文发展产生持续深入影响的历史趋势,也开始发生逆转。一方面,日本国内凭借西化的成效,在打败满清帝国的胜利鼓舞下,弥漫着轻视中国文化和崇尚西洋文化的风潮。随之而起,要求废止汉字、改良日本国语,嘲骂汉学家,攻击旧有汉学之弊,认为汉文汉学有碍近代学科的修习,文部省1903年还向帝国议会提出废止中学汉文科的动议等[④]。另一方面,中国人虽然素来轻视日本学术,大量翻译日文书籍最初不是出于仰慕日本文化之心,而是希冀借此吸收西洋文化和现代学术,但毕竟是从传统的向日本输出文化,转到由日本输入文化。这些变化反映在文字词汇的使用上,几乎是180度的大转弯。日文方面大大减少吸纳中文新创词汇,而中文方面大量引入日文新创词汇。日文新创词汇,主要指日本人适应翻译西方书籍的需要而新创的词汇。大致与日本同时或稍前,中国也有各种西方著作的中译本,在翻译过程中,同样尝试用中文传统术语或新创词汇,作为大量外来语的中译名。可是,

---

① 张之洞:《劝学篇·外篇》外篇,《游学第二》,《张之洞全集》第12册,河北人民出版社1998年版,第9738页。

② 光绪二十七年(1901年)《覆议新政有关翻译诸奏疏》,摘录《东华续录》卷一六九,转引自张静庐:《中国近代出版史料二编》,群联出版社1954年版,第31页。

③ 康有为:《请广译日本书派游学折》,《康有为全集》第4集,中国人民大学出版社2007年版,第68页。

④ 参看谭汝谦主编:《中国译日本书综合目录》,香港中文大学出版社1980年版,第57页。

在蜂拥而至的日文著作译本面前，中国人自创的外来语新词，几乎纷纷被日本人使用的外来语新词取而代之。

19世纪末叶以来，日文词汇对于现代汉语的发展具有特殊的影响。日本创造的日文外来语新词，多半用汉字意译欧美语言中的外来词汇，“这些汉字的配合也往往和汉语的构词规律相吻合（虽然读的是日语的语音），所以，汉族人民把这些日语的外来词搬进现代汉语里来的时候，除了要把日语语音改为现代汉语的读音之外，已经觉得它们适合于现代汉语的构词规律，几乎无异于汉族人民所自创的，因此就容易拿它们去代替先前汉族人民所自创的外来词（从外语的词‘音译’过来的词）”①；或者简而言之，“日本人当初创造新名词的时候，也是利用汉字，和咱们后来创造新名词的方法大致相同”②。最初接受大量输入的以日本语为来源的新词汇，并非想象的那么容易，又因应接不暇而产生各种责难。例如，1907年钱恂和董鸿祥编撰《日本法规解字》，在“编后话”中提到，“近来东译盛行，政法等书，多沿日本名词，初学颇以为苦”；同年陈介的《汉译法律经济辞典》，其序文亦说，我国人士研究政法多取道于日本，“所惜者，名词艰涩，含旨精深，译者既未敢擅易，读者遂难免误解，差之毫厘，谬以千里”；1915年出版的《盲人瞎马之新名词》一书，专门非难日本词汇，张步先的序文，引用大限重信所谓“日本维新以前，汉文行乎日本；自维新而后，日文行乎中土”一语，感叹来自日本的新学在我国之流行，“非惟不受新学之赐，并吾国固有之文章语言亦几随之而晦”，尤以那些译述或著作，“其中佶屈聱牙解人难索之时髦语比比皆是”，此乃“不治外国文之过”或“治之而未深求”，“盲谈瞎吹，以讹传讹”，“深慨国人之愈趋愈下而不知自振作”③。经过这种感情上和理解上的阵痛，日本人利用汉字创造的许多新名词，最终为国人所采纳，成为“现代汉语词汇中的外来词的主要来源之一，甚至可以说是最大的来源；许多欧美语言的词都是通过日语转传入现代汉语词汇里的”④。正像傅斯年1919年所说：“我们的说话做文，现在已经受了日本的影响，也可算得间接受了欧化了”⑤。

随着日文词汇的不断输入，那时由日文转译而来的中文社会主义著作，在名词概念特别是专门术语方面，几乎清一色采用日语中的外来语词汇。如“社会主义”一词，是一个典型。古汉语中曾有“社会”一词，原指春秋祭祀或节日

---

① 高名凯、刘正埮著：《现代汉语外来词研究》，文字改革出版社1958年版，第185页。

② 王力：《中国现代语法》，中华书局1954年版，第313页。

③ 以上引文均见实藤惠秀著，谭汝谦、林启彦译：《中国人留学日本史》，三联书店1983年版，第298－299、301－302页。

④ 高名凯、刘正埮著：《现代汉语外来词研究》，文字改革出版社1958年版，第158页。

⑤ 傅斯年：《欧化的白话文》，《新潮》第1卷第2号（1919年2月），转引自谭汝谦主编《中国译日本书综合目录》，香港中文大学出版社1980年版，第63页注65。

集会之意，由来已久，与今义迥然不同。19世纪70年代以来，国人认知西方社会主义概念，在相当长一段时间内，或者将其音译为“索昔阿利司脱”，或者将其意译为“贫富均财之说”、“养民新学”、“安民新学”、“均富之说”等等，从未引用古汉语中已有的社会一词。倒是日本人，据说可能是加藤弘之在1870年出版的《真政大意》中，根据古代汉语，创造了shakaishugi的日语新词，也就是将“shakai”即“社会”的古代汉语词素，与“shugi”即表示“主义”的新词素组合，首次把socialism译为“社会主义”。也有人分析，“对日本造词者来说，造出西方概念‘社会主义’（英语‘socialism’）的日语对等词并非一气呵成”；这个词“大约”出现于19世纪“70年代末时”。这个分析还认为，“中国知识分子直到世纪更替之后才在其著作中较为详细地探讨西方的社会问题和西方思想中的社会主义倾向。因而，汉语中表示‘社会主义’概念的术语大约从1902年才开始较为频繁地出现在汉语著述当中”。康有为1902年完成的《大同书》中，曾使用“人群之说”这个“未受现代日语词汇影响的‘socialism’的汉语对等词”，但“没有任何迹象表明，他对西方社会主义有任何具体概念”。① 当时梁启超也曾使用“人群主义”一词，指的是西方社会主义概念。梁氏显然囿于“社会”一词的汉语古意，试图另创新词“人群”取代日文使用的“社会”一词，但已无济于事，“社会主义”最终成为国人约定俗成的外来语中译名。类似的由日本人转译的欧美术语例证，其译名不论运用日语原有词汇，还是借用古汉语词汇，抑或利用汉语词素进行各种组合，在汉译日文社会主义著作中，俯拾皆是。结果，其资料来源于日文社会主义著述的各种汉译本或国人自撰文章，比起以前来源于西文著述的同类译本或自撰文章，在文字表述上简直换了一个新面貌。

当时汉语中融汇大量日本词汇，据说“中国文体为之一变”②。这个变化，从消极的议论看，那一时期不少部门或个人编撰的教科书，“多译自日本书……取材过于日本化”，或“均译自日文，多为日本人说法”，或“日文语气太重”等，为此屡遭学部批斥③。从积极的议论看，如梁启超热衷于采用日本词汇，其文章体裁别具一格。流亡日本一年多，他自称“肄日本之文，读日本之书，畴昔所未见之籍，纷触于目，畴昔所未穷之理，腾跃于脑”，犹如进入全新的思想天地；稍后又描述居东以来，广搜日本书而读之，应接不暇，“脑质为之改易，思想言论与前者若出两人”④。他后来回顾，1902—1903年间，译述日本新书特别兴盛，“新思想之输入”如火如荼，“所谓‘梁启超式’的输入，无组织，无

① ［德］李博著，赵倩等译：《汉语中的马克思主义术语的起源与作用：从词汇—概念角度看日本和中国对马克思主义的接受》，中国社会科学出版社2003年版，第117、119、122—123页。

② 实藤惠秀著，谭汝谦、林启彦译：《中国人留学日本史》，三联书店1983年版，第248页。

③ 《教科书之发刊概况：1868—1918年》，见国民政府教育部编《教育年鉴》戊编第三，开明出版社，1934，转引自张静庐辑注《中国近代出版史料初编》，群联出版社1953年版，第238—239页。

④ 转引自丁文江、赵丰田：《梁启超年谱长编》，上海人民出版社1983年版，第176、188页。

选择，本末不具，派别不明，惟以多为贵，而社会亦欢迎之”；其所以受到欢迎，因为当时国内思想界“如久处灾区之民，草根木皮，冻雀腐鼠，罔不甘之，朵颐大嚼，其能消化与否不问，能无召病与否更不问也，而亦实无卫生良品足以为代”①。这番表白，十分贴切地说出了那时国人对来自日本的新事物新思想之如饥似渴，“梁启超式”的输入，不仅将流行于日本的各式西学内容多多益善地译述介绍，而且连同日本式的外来词汇和叙述风格，也一古脑儿地搬运过来。由此形成我国思想文化界风靡一时的所谓“启超体”或“新文体”，尤使青年学子为之倾倒。当时即有中国学者指出，自光绪甲午以来，“日本文之译本，遂充斥于市肆，推行于学校，几使一时之学术，浸成风尚，而我国文体，亦遂因之稍稍变矣”②。后来，又有日本学者以梁启超为倡导文体变化的典范，并认为：“使用日本词汇，受到日本文体的影响，其实也不仅梁启超一人。即使说所有留日学生都如此，我想亦不为太过”③。值得注意的是，因使用日文词汇、掺入日本式文气而引起汉语文体上的变化，同样体现在梁氏等人撰写有关社会主义的文章中，其影响所及，后来在马克思经济学说传入中国的译述过程中，仍能处处看到这种文体变化所留下的明显痕迹。为此，有的西方学者说：“大约直到1919年，即‘五四运动’那一年，中国人对欧洲各社会主义流派的了解，包括对马克思、恩格斯创立的社会主义学说的了解几乎全部来自日语，或是欧洲语言原著的日文翻译，或是日语的社会主义著作。”④

（四）借鉴中国传统文化所引起的共鸣

从文字角度看，日文和汉文在相当程度上“同文”，有利于国人早期通过日文来认识世界和现代科学，有人认为如此则“中国不免戴着日本的眼镜来观察西方和世界的事物”⑤，但当时的主流观点把它看作一条捷径；同时也有利于日本人借用汉字创造的大量外来语新词汇，较易于为中国人所吸收和接受，并构成现代汉语的一个重要组成部分。不过，文字尚不能代表传统文化的全部。国人包括一些朝廷要员极力推崇翻译东洋书籍，除了“东文东语”与汉文同文、较易通晓这一因素，更重要的是，日本言政言学各书，不论自创自纂、或转译西书、或对西书删订酌改，“与中国时令、土宜、国势、民风大率相近”⑥。换言之，

① 梁启超：《清代学术概论》，《饮冰室合集》第九册，专集之三十四，第71－72页。

② 诸宗元、顾燮光：《译书经眼录序例》（此书作于1904年，出版于1927年），转引自张静庐《中国近代出版史料二编》，群联出版社1954年版，第95页。

③ 实藤惠秀著，谭汝谦、林启彦译：《中国人留学日本史》，三联书店1983年版，第202页。

④ ［德］李博著，赵倩等译：《汉语中的马克思主义述评的起源与作用：从词汇—概念角度看日本和中国对马克思主义的接受》，中国社会科学出版社2003年版，第79页。

⑤ 金耀基：《中日之间社会科学的翻译（代序）》，见谭汝谦主编《中国译日本书综合目录》，香港中文大学出版社1980年版，第32页。

⑥ 参看张之洞与刘坤一1901年会奏关于翻译东西学书的具体办法，载《东华续录》卷一六九，转引自张静庐《中国近代出版史料二编》，群联出版社1954年版，第30页。

日本书籍论述的内容,在气候、地理、历史、文化等条件上均与中国相似,更易于为国人所认识和理解。也就是说,国人认为中日之间,广义而言,具有大致相似的传统文化背景。同样,日本学者包括其早期社会主义者方面,不少人具有良好的汉学素养和儒学教育根底,在他们的著述里,不时出现基于古代传统文化阐释西方社会主义思想的笔触。这样,不论以国人的眼光看待来自日本的新式著作,还是从日本原作所具有的意蕴考察,都把共同的传统文化作为相互沟通的基础。

日本作者自觉或不自觉地借鉴中国传统文化转述西学的做法,在中国读者中引起共鸣。蔡元培1902年的一篇序言,较为典型地反映了这种共鸣。这篇序言,推崇麦鼎华翻译元良勇次郎的教科书《中等教育伦理学讲话》。其理由是,此书以东洋教育家的伦理取代西洋普通学校必设的宗教一科,善于兼采东西洋教育而调和之。"不惟此也,社会主义与个人主义,国家主义与世界主义,东洋思想与西洋思想,凡其说至易冲突者,皆务有以调和之,而又时时引我国儒家之言以相证";如以传统的父子祖孙关系改易西方宗教的前身来世之说,"合于我国祖先教育之旨"。所以,"是书之适用于我教育界,并时殆无可抗颜者"。[①] 此序的意思,无非说汉译日文著作的特色,善于"调和"东西方思想的相互冲突之处、"引我国儒家之言以相证"或"合于我国祖先教育之旨"。推而广之,这是不少日文著作共同的特色,比起缺乏这种特色的西文著作,更易于获得中国读者的理解和欢迎。这一点,同样反映在汉译日文社会主义著作方面。20世纪初,社会主义一类日文译本的数量大大超过西文同类译本而占据绝对支配地位,恐怕与此不无关系。另外,这一时期国人撰文论述社会主义,习惯于用古代观念加以附会或解释,看来既是出于自身文化传统的本能,也是受到日本人依恋同一文化传统的影响。顺便指出,前引蔡氏序言,似乎将社会主义、国家主义与东洋思想归于一方,将个人主义、世界主义与西洋思想归于另一方,作为"至易冲突"的两种不同思想体系。这样也就把社会主义纳入东洋思想及其引以为证的"我国儒家之言"的传统范畴,借此与西洋思想的个人主义传统相区别。我国学者那时对于社会主义的认识水平,怎样受到东洋思想引用儒家之言的影响,蔡氏时论是一个很好的例子。

总而言之,日本作为一个特殊渠道,在西方社会主义思潮传入中国的早期历史中,从时间进程到空间范围、从思想内容到表述方式、从传统特征到时代新潮等方面,均产生极为深刻的影响,这一影响为当时其他任何国家所不可比拟。这一时期西方社会主义思潮的传入,与马克思经济学说传入中国的早期

---

① 蔡元培:《麦译中等伦理学序》,转引自谭汝谦主编《中国译日本书综合目录》,香港中文大学出版社1980年版,第63页。

历程紧密相关。因此，弄清西方社会主义思潮早期传入中国的特殊渠道，也为弄清马克思经济学说早期传入的特殊思想背景铺平了道路。

第三节 西方经济学传入中国的早期历史

考察马克思经济学说传入中国的早期进程，其思想背景，特别值得注意的，一个是西方社会主义思潮传入中国的历史。如前所述，马克思经济学说最初随着西方社会主义思想东传的历史潮流一道进入中国，要弄清马克思经济学说在中国的来龙去脉，不可能脱离西方社会主义思潮传入中国的历史背景。对于这一历史背景的研究，已经引起人们比较广泛的关注。另一个是西方经济学传入中国的历史。马克思经济学说传入中国的深度和广度，既与西方社会主义思潮东传的历史进程相伴而行，从经济学角度看，又与西方经济学在中国的传播历史密切相关。对于后者的探讨，有一些研究成果，相比起来要单薄得多。以后的考察将会看到，马克思经济学说的传入，起初与西方社会主义思潮的传入联系更为密切，与西方经济学的输入似乎关系不大；但随着时间的推移，马克思经济学说的传入与西方经济学的传入之间，显现出愈益密切的联系。

一、早期线索与概况

西方经济学的传入，追溯起来，主要归因于 1840 年鸦片战争以后兴起的“向西方学习”运动。在此之前，或许已经有西方经济知识输入中国，但并未形成潮流，而且基本上出自西方来华人士的介绍，尚未引起国人的重视。譬如，普鲁士传教士郭实腊 1833 年在广州创办的《东西洋考每月统纪传》，系“最早在国内出版的近代化中文月刊”，此刊“旨在使华人了解我们的艺术、科学和思想”①，其中应当包括有关西方经济知识的传播。须指出的是，有些学者认为，“探究西方经济学家在中国最早的传播历史，应该从 1840 年郭实腊编译的《贸易通志》开始。因为在这本书中，郭实腊第一次系统地介绍了西方的商业制度和贸易情况”。不过，当时的中国启蒙学者引用《贸易通志》，一般作为地理学著作，很少重视其中的经济制度，因此，“这本书在中国经济思想史上的实际地位还值得探讨”。另外，有人援引传教士伟列亚力的分析说，郭实腊研究各国贸易状况的《贸易通志》一书，“并非原创”，主要译自英国经济学家麦克库洛赫(John Ramsey McCulloch)的商业词典。麦氏作为李嘉图学派的重要人物，曾在主持辉格党杂志《爱丁堡评论》(Edinburgh Review)期间，搜集大量现实商

① 史和等编：《中国近代报刊名录》，福建人民出版社 1991 年版，第 110 页。

业资料，汇集成书，于1832年在伦敦出版。“这本商业词典详实准确，在西方学者看来也许繁琐沉闷，可正符合郭实腊的需要”。郭氏不是专业的经济学家，但他了解中国文化官员的需求，即渴望了解西方现代社会经济制度，所以，“他有选择地编译了这本西方经济学著作”。而他创办上述中文月刊，用他自己的话说，也是为了“消除”中国人“自认为天下首尊，把其他民族视为‘蛮夷’”的“这种高傲观念”，“让他们认识到我们的艺术、科学和工艺……这是一个很好的方法，向他们表明我们不是‘蛮夷’，编者们更希望通过展示事实的手段使中国人相信，他们还有许多东西要学”等等。研究者认为，“郭实腊的传播工作确实取得了成功”。如19世纪40年代末出版的魏源《海国图志》和徐继畬《瀛寰志略》等启蒙著作，“大量参考了”郭实腊的中文刊物内容，并成为那时孕育“师夷长技以制夷”思想的“夷图”、“夷语”或“西夷”知识来源。[①] 认可郭实腊介绍西学知识包括介绍西方经济知识的“早期传播”作用，固然有其道理，但因此而给他戴上在中国“最早”传播西方经济学的桂冠，则未免言过其实。自鸦片战争以来很长一段时间内，国人包括那些站在向西方学习运动前沿的先进分子，从经济方面接触到一些西学知识，充其量只能算作西方的一般经济常识。其中的佼佼者，诸如魏源1842年编制的《海国图志》，经1847年和1852年两次扩充与增补，达100卷之多，其中曾参考西方各国的进出口统计资料，对我国康熙以来广东海关的进出口折合白银数字，作出类似贸易差额式的综合分析；太平天国后期担任干王总理政事的洪仁玕(1822－1864)，1859年提出系统仿行西方资本主义经济制度的纲领性文献《资政新篇》；冯桂芬(1809－1874)在60年代初提倡“采西学”，主张在人少地区采用西人机器耕种土地；等等。凡此种种，均系发前人之所未见的新式经济见解，亦均未超出对西方资本主义经济的感性认识范围。

19世纪70年代初，一方面，清廷正式向西方国家派遣驻外使馆人员和留学生，加上以访问或旅游等身份赴国外的其他人员，有关西方经济知识的介绍和报道有所增加。此时所引进的，仍大多是些肤浅的经济常识。在70年代，不排除国人尤其留学生中，一些人接触、进而研究过西方经济学的理论体系[②]。如马建忠(1845－1900)1876年被派往法国巴黎政治学院学习，系统进修国际商约、贸易、税则等课程，具有经济学科的若干理论知识。又如严复1877－1879年赴英国海军学校留学期间，出于个人爱好对西方古典经济学有过较浓厚的研究兴趣。可是，马建忠在具体经济问题上表现出超乎一般人的

① 参看梁捷：《西方经济学家在中国的早期传播》，《群书博览》2008年第3期。

② 在此之前，容闳于1847年初留学美国，1854年毕业于耶鲁大学，这一期间可能进修过西方经济学课程。他回国后对国内政要的经济类建议，除了显示其丰厚的西方资本主义经济知识而外，并未在经济理论的传播方面有什么建树。

经济理论见识,并未从学术上介绍过西方经济学说;严复翻译斯密的经济学名著《原富》,到 20 世纪初才问世。另一方面,以来华传教士、在我国海关等行政机构任职的外籍官员为代表的西方人士,通过传教、办学、创设新闻出版刊物和机构等形式,也向中国输入不少西方经济知识。西方在华人士创办的中文期刊,19 世纪 70 年代以前,涉及经济知识者,主要是一些诸如进出口货价单、中英通商事略之类纪实性内容;自 19 世纪 70 年代起,从单纯报道物价行情扩展为介绍各国的制造、农政、贸易、财税、货币、保险、人口等经济事务,开始刊载类似《日本新货币考》、《论英国致富之术》、《读谋富法管见》、《极力谋求富国利民之法》等一些论理性文章。[①] 这些文章对于经济理论问题的认识,仍然相当简陋和缺乏系统。

西方经济学以某种理论体系的形式传入中国,根据目前掌握的历史资料,一般以 1880 年总理各国事务衙门批准刊印的译著《富国策》作为其端倪。这本译著由丁韪良和汪凤藻合作完成,其原著是英国经济学家福西特(时译“法斯德”)1863 年写的教科书《政治经济学指南》。这部书按 J. S. 穆勒修订的斯密的传统,“详细叙述了传统的古典政治经济学”,给学生提供一个对经济学知识的“清晰、贴切、不算复杂的”情况介绍,并说明这些知识在变动复杂的现实世界中的运用;作者“为自己挑选了一个把古典理论通俗化的教师的任务,但当他提出实际的政策建议时,仍明智地注意到需要对其他方面也加以考虑”;他“努力对非专业人员就基本经济分析的内容和政策含义进行直接现实的不加修饰的解释,因此也就比任何其他 19 世纪末的英国政治经济学教授的著作所获得的同时代听众都要广泛得多”[②]。大概正是由于这些“不算复杂”、“通俗化”和具有广泛听众等特征,其中文译者才选择此书,准备作为京师同文馆开设“富国策”课程的教材。创立于 1862 年的同文馆,是“中国教育制度中渗入现代观念的急先锋”,是“革新潮流中最早的一个新教育机构”[③]。据说,此馆曾于 1867 年聘任美国传教士丁韪良博士(又称“丁冠西”[④])为“富国与万国公法教习”[⑤],因丁氏回国深造两年,未能履职,直至 1869 年丁氏重返北京就任新设置的总教习一职,于同年开设“万国公法”这一新课程。依此说法,早在

---

① 参看《六合丛谈》、《中西闻见录》、《瀛寰琐记》、(上海)《万国公报》等,见上海图书馆编《中国近代期刊篇目汇录》第 1 卷,上海人民出版社 1965 年版,第 1—176 页。

② 参看“Fawcett,福西特”条目,《新帕尔格雷夫经济学大辞典》中文版第 2 卷,经济科学出版社 1992 年版,第 318 页。

③ 分别见毕乃德著,傅任敢译:《同文馆考》,以及吴宣易:《京师同文馆略史》,转引自张静庐《中国近代出版史料二编》,群联出版社 1954 年版,第 35、48 页。

④ “丁冠西”一名,据说是恭亲王因丁韪良懂得中文和中国学问,给他“一个十分恭维的称呼”。见丁韪良著,傅任敢译:《同文馆记》中篇,转引自朱有瓛主编《中国近代学制史料》第一辑上册,华东师范大学出版社 1983 年版,第 169 页。

⑤ 毕乃德著,傅任敢译:《同文馆考》,转引自张静庐《中国近代出版史料二编》,群联出版社 1954 年版,第 41 页。

1867年,同文馆就有讲授“富国”课程的打算,未付诸实施。当时可能设想将“富国”与“万国公法”放在一起,或由丁氏一人讲授两门课程。丁氏回国深造是否为了适应承担这两门课的需要,不得而知,后来丁氏仅讲授“万国公法”课程并独自翻译《万国公法》一书[①],看来放弃了当初将“富国”与“万国公法”并在一起的打算。“富国”课程的开设,应在“万国公法”之后。其具体开设时间,有各种揣测[②]。大致在1870年以前,同文馆课程主要是外文与中文,1870年以后,丁韪良主持馆务,相继增设不少新课程。1876年公布新的八年课程表[③],计划分五年制与八年制两类课程,其中正式排列了“富国策”课程。五年制课程以年纪较大、无暇学习洋文、仅凭译本学习新学的学生为对象,八年制课程以年纪较小、能学习洋文并借助洋文学习新学的学生为对象,这两种学制,均安排“富国策”课程在进修其他各科之后,于最后一年开设[④];讲授的内容,即“富国策,农工商之事”[⑤]。照此推算,“富国策”课程若以五年学制为期(因为五年制的学生对象需用外文教材的中文译本),似乎应在1881年正式开课,《富国策》译本于1880年完成,正好为第二年开课提供了教材。此课究竟开于何时,尚待查考,现存有上海美华书馆1882年印行的《富国策》版本。无论如何,京师同文馆筹设“富国策”课程,是1880年首次引进西方流行经济学著作的直接起因。

自此以后,到1900年以前,相继出现一些以“富国策”之类名称命名的专题经济论著。例如,金琥的《富国要策》,1881年6月18日至7月16日连载于《万国公报》第644—648卷;朱逢甲的《富国要策》,同年9月3日至10月15日连载于《万国公报》第654—660卷;德国花之安的《慎理国财》,1882年1月7日载于《万国公报》第672卷,仅有“论义第一”篇;英国哲分斯(今译杰文斯)著,英国传教士艾约瑟译《富国养民策》,1886年总税务司出版单行本,1888年或1889年载入《西学启蒙》丛书,1892年8月至1896年5月连载于改版后的《万国公报》月刊第43—88册(除第45、61、63册未载);英国布来德著,英国传教士傅兰雅口译,徐家宝笔译《保富述要》,出版于1889年;缕馨仙史译《论生利分利之别》与天南遁叟的《欧西金银宜各自为价论》,1893年5月同载于《万

---

① 《万国公法》一书译自美国人惠顿(Wheaton)的原著,这也是同文馆出版的第一部译著,其内容与“富国”即经济学无涉。

② 有人认为同文馆开“富国策”课在1874年(戴金珊:《亚当·斯密与近代中国的经济思想》,《复旦学报》1990年第2期);有人认为此课程最早开在同治十一年即1872年(叶世昌:《经济学译名源流考》,《复旦学报》1990年第5期)。

③ 有人指出,此课程表不是硬性规定或严格的学年制度,故不作说明,把同文馆的学习年限定为八年,不够确切。见朱有瓛主编:《中国近代学制史料》第一辑上册,华东师范大学出版社1983年版,第72页编者注。

④ 参看《同文馆题名录》光绪五年刊载光绪二年(1896年)特谕,转引自朱有瓛同上书,第71—73页。

⑤ 《清会典》卷一百《总理各国事务衙门·同文馆》,中华书局影印本,1991年,第908页。

国公报》第 52 册；英国马林的《以地租征税论》，1894 年 12 月载于《万国公报》第 71 册；陈炽的《续富国策》，刊行于 1896 年；美国李佳白(Gilbert Reid)的《理财论》，1896 年 3 月载于《万国公报》第 86 册；日本古城贞吉翻译《日本名士论经济学》，1896 年 12 月 15 日载于《时务报》第 14 册；英国斯密德著，通正斋生译述《重译富国策》，1896 年 12 月至 1897 年 5 月连载于《时务报》[①]第 15、16、19、23、25 册；程甘园的《述商学》，1897 年 6 月 29 日至 7 月 28 日连载于《富强报》[②]第 9－15 册；谢子荣的《富国策摘要》，1897 年 8 月至 1898 年 5 月连载于《新学月报》[③]第 3－12 本；英国驻厦门领事嘉托玛著，英国传教士山雅谷译《富国新策》，1898 年 2 月至 1899 年 1 月连载于《万国公报》第 109－120 册；英国法思德著，梁溪毋我室主人演《富国策》，1898 年 5 月至 7 月连载于《无锡白话报·中国官音白话报》[④]第 1－3、5－6、11－14 期；英国传教士李提摩太著，梁溪让园主人演《养民新法》，1898 年 5 月至 9 月连载于同一白话报第 1－2、4－6、23－24 期；英国马林著，李玉书译《富民策》1898 年 7 月载于《万国公报》第 114 册；英国马林著，李玉书译《各家富国策辨》，1899 年 2 月至 3 月连载于《万国公报》第 121－122 册；英国戴乐尔的《理财节略》，1900 年 2 月至 6 月连载于《万国公报》第 133－137 册；等等。

以上经济论著，尚未包括那些不以经济为专题却涉及经济内容的论著。这些经济论著，足以反映 19 世纪最后 20 年间西方经济学说最初传入中国的基本状况。其中，有的论著由国人自撰，仿效西方经济学探索经济问题，如陈炽的《续富国策》，仰慕英国“某贤士”著“富国策”，使该国商务之盛冠盖全球，起而效法以“续”之[⑤]，实则所续的农、矿、工、商四书，仍是中国传统的叙事方式，与西方经济理论体系根本不是一回事。有的论著张冠李戴，如通正斋生译述《重译富国策》，说原作者是英国人斯密德即亚当·斯密[⑥]，其实是同文馆译本《富国策》的原作者法斯德即福西特，正如时人所说，把斯密的著作与福西特的著作“乃合为一人，又合为一书”[⑦]，可见译述者对于西方经济学代表作的认识之懵懂。更多的论著仅对西方经济理论作通俗性介绍，如《保富述要》讲货币银行制度；《以地租征税论》讲亨利·乔治的土地单一税主张；《富国策摘要》

① 《时务报》(The Chinese Progress)1896 年 8 月在上海创刊，旬刊，至 1898 年 8 月停刊，另出《昌言报》。

② 《富强报》1897 年 5 月在上海创刊，五日刊。

③ 《新学月报》的前身为 1897 年 6 月创刊于北京的《尚贤堂月报》，自第 3 本起改名，月刊，主编为美国人丁韪良，至 1898 年 6 月停刊。

④ 《无锡白话报》1898 年 5 月在无锡创刊，五日刊；从第 5 期起，改名《中国官音白话报》，每两期合出一册。

⑤ 陈炽：《续富国策·自叙》。

⑥ 参看李竞能：《西方资产阶级经济学在旧中国的流传》，见《中国大百科全书·经济学》第 3 卷，中国大百科全书出版社 1988 年版，第 1045 页。

⑦ 江标：《经济实学考》卷七，见《商学书目提要·重译富国策》，光绪二十三年(1897 年)版。

"论生资财多寡之故"、"论诚实于交易何涉"、"论诸国互相交易"、"论钱币"、"论以金银为货币"、"论铸造钱币";英国麦丁富得力编,美国林乐知口译的《列国岁计政要》,介绍财政赋税制度,其中也叙述西方经济学有关学说等。一般说来,这一时期,西方来华传教士对西方经济学的介绍,尤为卖力。如英国传教士李提摩太撰写《局外旁观论》、《生利分利之别》(1894)、《新政策》(1895)、《养民有法篇》(1896)等,其中一些观点,为国人所引用。有人粗略统计,到1898年,出版与西方经济学有关的著作约12种、26册,大多宣传英国庸俗经济学观点。进而判断说,由于这些著作的译者都是些传教士,"对经济学一知半解,汉语表达能力又差,所以译文质量很差,错漏甚多";这些译本的出现并未引起中国知识界对西方经济学理论的重视。

但是,这些译本的出现,代表了西方经济学传入中国的起点。有人说,19世纪80年代出版的三部经济学译著,即1880年的《富国策》、1886年的《富国养民策》以及1889年的《保富述要》,"可算是资产阶级经济学原理在我国传播的嚆矢"①。这个评价,忽略了同时期另一部经济学译著代表作,即英国传教士傅兰雅口译,应祖锡笔述,1885年出版的《佐治刍言》一书。这部书译自英国人钱伯斯兄弟编辑并于1852年出版的教育丛书之一,名为Political Economy(政治经济学)。钱伯斯兄弟曾在该书前言中表示,相信"有关政治经济学原理的知识,应当成为初等教育的一个组成部分",因此,"在一个完全胜任的作者的帮助下",这本书中,"政治经济学从一门科学被简化为一些原理,其中涉及的各社会组织的定义,并不十分严密"。此英文原著共35章,《佐治刍言》译出31章,其中前13章主要论述有关社会、政治和法律方面的问题,后18章主要论述经济问题,如论财用、论产业、论保护产业、论保护产业所生之利、论平分产业之弊、论工艺并造成之物料、论人工能定物料之价值、论分工并管理人工之法、论机器、论工价、论资本、论贸易之利、论国家准人独造货物出售之弊、论各国通商、论钱法、论钞票、论开设银行、论赊借,未译出最后4章的标题分别为论商业震荡、论积累和消费、论意外保险、论税收。中译本没有改动原著前31章的章节结构,其内容大多不是逐字逐句翻译,而是根据中文习惯,调整语序,叙述大体意思,个别地方加入口译者或笔述者自己的意思。尽管如此,《佐治刍言》仍被认为"是戊戌变法以前介绍西方政治和经济思想最为系统的一部书,出版后多次重印,在晚清知识界产生了较大影响"②。可见,《佐治刍言》就像前述《富国策》,同样选择"初等教育"水平、经过"简化"处理而"不十分严密",也就是通俗性的政治经济学著作,它同样是外国传教士与中国人士

① 胡寄窗:《中国近代经济思想史大纲》,中国社会科学出版社1984年版,第7页。

② 叶斌:"点校说明",见《佐治刍言》,上海书店2002年版。

合译的产物,同样在当时或通过课堂讲授或通过出版发行而颇为流行,区别大概在于《富国策》的原作者明确是福西特,而《佐治刍言》只知其原编者是钱伯斯兄弟,却不知其原作者究竟是谁,同时,《佐治刍言》关于西方经济思想的介绍,可能比《富国策》更为系统。因此,《佐治刍言》亦应算是"嚆矢"之一。

1900－1904年间,以西方经济理论为蓝本的各种经济学译著和论著之传入中国,其数量比较前20年明显增多,其内容比较以往偏重常识性描述,更富于理论色彩。主要包括:德国李士德(今译李斯特)的《理财学》中译本(译自《政治经济学的国民体系》),1901年1月至10月连载于《译书汇编》第2－4、8期;日本笹川洁的《理财学》中译本,1901年3月至1902年1月连载于《译林》[①]第1－6期、第8－11期;日本农学士今关常次郎著,吉田森太郎译《农业经济篇》,1901年5月至6月连载于《农学报》[②]第140－143册;日本法学士清水泰吉的《商业经济学》中译本,1901年5月至1902年2月连载于《湖北商务报》[③]第72－73、77、79、86－91、95－97册;日本法学博士天野为之的《经济学研究之方法》中译本,1901年8月21日发表于《译书汇编》第7期,同期"已译待刊书目录"中,还有井上辰次郎的《经济学史》一书;英国亚当·斯密著,严复译《原富》,1901－1902年先由上海南洋公学译书院出版前两篇,后出版全书共五篇;日本法学士持地六三郎著,顾学成译《经济通论》,1901年11月至1902年4月连载于《南洋七日报》[④]第10－24册、第26－29册;《欧洲财政史》中译本,1902年4月至6月连载于《译书汇编》第二年第1－3期,第3期新书广告中,有钱恂编《财政四纲》,译书汇编社译《欧美各国最近财政及组织》;日本小林丑三郎的《欧洲财政史》,一为金邦平的译本,1902年8月日本译汇编社出版,二为胡宗瀛的译本,1902年上海商务印书馆出版,三为罗普的译本,1902年广智书局出版;日本天野为之著,嵇镜译述《理财学纲要》(原名《经济学纲要》),1902年10月上海文明编译印书馆出版;作新社译《商工理财学》,1902年出版;无逸的《经济原理》,1902年12月10日发表于《译书汇编》第二年第9期;无逸的《经济学之范围及分类说》,1902年12月27日发表于《译书汇编》第二年第10期;英国华立熙选译,张文彬笔述《商贾致富真理》,1902年12月发表于《万国公报》第167册;梁启超著《中国改革财政私案》,1902年上海中华书局出版(此作目录包含"改正田赋之法"、"整顿盐课之法"、"应增之新税目"、"应裁之旧税目"、"租税以外国家之收入"、"将来岁入预算之大概"、"举办公债之法"、"货币政策"、"银行政策"、"改革财务行政之要端"等十项,以及

① 《译林》1901年3月在杭州创刊,月刊。
② 《农学报》1897年5月在上海创刊,初为半月刊,次年起改为旬刊,至1906年1月停刊。
③ 《湖北商务报》1899年4月在武昌创刊,旬刊。
④ 《南洋七日报》1901年9月在上海创刊,周刊。

附论“地方财政”与“八旗生计问题”两项);《最近经济学》,1902年12月至1903年1月连载于《大陆报》[1]第1—2期;日本田岛锦治的《最新经济学》中译本,1902年12月至1903年2月连载于《翻译世界》[2]第1—4期;亚粹的《财政概论》,连载于1902年12月至1903年3月《译书汇编》第二年第9—12期,以及1903年4月至9月《政法学报》[3]癸卯年第1—3期;日本天野为之著,周宏业译《经济政策论》,1902年12月至1903年4月连载于《游学译编》[4]第1—2册、第6册;杨廷栋的《理财学教科书》,1902年初版,1903年4月上海作新社再版;日本和田垣谦三著,上海广智书局译《经济教科书》,1902年出版,另由上海新智编辑局译《理财教科书》,1903年8月出版;王璟芳的《普通经济学》,1903年1月至9月连载于《湖北学生界·汉声》[5]第1—2期、第4期、第6—8期;上海作新社译《最新经济学》,1903年2月出版;王宰善的《普通经济学教科书》,1903年2月教科书译辑社出版;无逸的《生产论》,1903年2月至3月连载于《译书汇编》第二年第11—12期;严复的《计学大家斯密亚丹传》,1903年2月连载于《政艺通报》[6]第二年第1—2号;徐景清的《论经济历史研究之必要》,1903年2月27日发表于《新世界学报》[7]第11号;日本滨田健二郎、伊势本一郎的《经济学史》中译本,1903年2月27日发表于《翻译世界》第4期;日本天野为之著,吴启孙译《理财学讲义》,1903年4月上海文明译书局出版;作新社译《最新财政学》,1903年出版;英国肖达布留耶著,新民译印书局译《欧洲货币史》(二册),1903年上海新民译印书局出版;日本桥本海关译《经济教科书》,1903年江楚编译官书局出版[8];普通教育研究会编《经济纲要》,1903年上海时中书局出版;杉荣三郎编《经济学讲义》,1903年出版;同年出版梁启超编《生计学学说沿革小史》和美国C. 兰德著、陈昌绪译《计学平议》,分别介绍英国“正宗学派”和德国历史学派,“反映了西方资产阶级经济学在中国的流传已引起人们了解其学说源流的需要,同时也反映了一些知识分子在探索中国富强之路时企图比较不同国家发展资本主义的途径”[9];1903年范迪吉等翻译,会文学社出版的《普通百科全书》100册,被称作“本年度汉译日本书最高

---

① 《大陆报》1902年12月在上海创刊,第1、2卷为月刊,从第3卷起改为半月刊。

② 《翻译世界》1902年12月在上海创刊,月刊。

③ 《政法学报》的前身是1900年12月创刊于日本东京的《译书汇编》,自第3年起,因以发表政法论著为主,故改为现名。

④ 《游学译编》1902年12月在日本东京创刊,月刊。

⑤ 《湖北学生界》1903年1月在日本东京创刊,第6期起改名为《汉声》,月刊。

⑥ 《政艺通报》1902年2月在上海创刊,半月刊。

⑦ 《新世界学报》1902年9月在上海创刊,半月刊。

⑧ 参看国民政府教育部编:《教育年鉴》戊编第三,《教科书之发刊概况1868—1918年》,开明出版社1934年版,见张静庐《中国近代出版史料初编》,群联出版社1953年版,第231页。

⑨ 李竞能:《西方资产阶级经济学在旧中国的流传》,见《中国大百科全书·经济学》第3卷,中国大百科全书出版社1988年版,第1046页。

成绩的代表”[①]，其中有池袋秀太郎的《经济泛论》、笹川洁的《财政学》、清水泰吉的《商业经济学》、横井时敬和泽村真的《农业经济论》；爱弥勒的《近世经济学之思潮》中译本，1904年1月15日发表于《政法学报》癸卯年第7—8期合本；《计学大家英儒斯密亚丹》，1904年3月17日发表于《商务报》[②]第6期；英国器宾著，许家惺译《世界商业史》，1904年山西大学堂译书院印行；《东方杂志》[③]1904年3月11日第1期的新书广告中，有田尻稻次郎著、王季点译《理财学精义》，持地六三郎著、商务印书馆译《经济通论》，土子金四郎著、王季点译《国债论》，石塚刚毅著、友古斋主人译《地方自治财政论》，小林丑三郎著、胡宗瀛译《欧洲财政史》，法国伯罗德尔著、日本文部省译、商务印书馆重译《德国工商勃兴史》，英国器宾著、林曾登吉译、商务印书馆重译《万国商业历史》，美国毕克著、颜惠庆译《理财学课本》；美国萨格孟的《历史与经济的关系》中译文，1904年8月6日至9月4日连载于《湖北学报》[④]第二集第17、18、20册；日本和田垣谦三的《经济学之起源及其沿革》中译文，1904年11月11日至12月1日连载于《湖北学报》第二集第27、29册；梁启超著《中国国债史》(附埃及国债史)，1904年11月上海广智书局初版；闽学会1904年的出版广告中，已译书目有小山松寿的《南清贸易》，高田早苗的《货币论》；等等[⑤]。

20世纪初流传于中国的这些经济学著译本，与19世纪最后20年传入中国的同类著述对比，除了数量增加和理论增强，还有几个显著特点。第一，引进近代经济学理论的主要渠道，从欧美国家转向日本。前面列举19世纪末传入中国的经济学著述目录，几乎清一色来自欧美作者(尤其英国作者)的著译本，或者是国人仿效欧美经济学的冒牌之作，偶尔见到日本人谈经济学的译文，一带而过，并不显眼。再看20世纪初舶来的经济学著述目录，情况完全相反，简直成了日本作者的一统天下。显然，这是受到当时留学日本热潮的影响，国人纷起借助日本人的经济学著作，或转译引进，或效法自撰，包括西方人的经济学著作，如德国李斯特的著作，也是由日文转译成中文。结果，译自日文的经济学著作大行其道，译自西文的中译本反倒难得一见，唯有严复的《原富》译本，是直接译自西文且瞄准古典经济学名著的罕见代表作。这一时期，京师大学堂自1902年复校起，辞退以总教习丁韪良为首的一批西文教习，聘用不少日本学者，其课程设置随之由参照西方，转而仿效日本模式，原先的“富

---

① 实藤惠秀著，谭汝谦、林启彦译：《中国人留学日本史》，三联书店1983年版，第229页。

② 《商务报》1903年12月在北京创刊，旬刊。

③ 《东方杂志》1904年3月在上海创刊，初为月刊，自1920年起改为半月刊，1948年12月停刊。

④ 《湖北学报》1903年2月12日在武昌创刊，旬刊，1905年1月停刊。

⑤ 以上书目除另注外，主要参看上海图书馆编：《中国近代期刊篇目汇录》，上海人民出版社，第1卷，1965年版，第2卷上册，1979年版；以及谈敏主编：《中国经济学图书目录(1900—1949年)》，中国财政经济出版社1995年版。

国策”课程被“理财学”课程取而代之，此课的教员，亦改换为日本法学士杉荣三郎(1873－1965)[①]。杉荣三郎编写《经济学讲义》，分总论、生产、交易、分配、消费五编，较详细论述了价值与价格、固定资本与流动资本、货币与信用、分配、消费与扩大再生产等问题[②]。此讲义据说“搜集欧美各经济学大家著作”，1903 年当年出版 4 种版本，在辛亥革命前后仍不断印行[③]。也就是说，这部讲义的内容取自欧美经济学著作，经过杉荣三郎的编写，被京师大学堂采纳为教材，意味着日本人编撰的经济学教材，取代京师同文馆自 1880 年以来相沿已久的直接以西方著作译本为基础的《富国策》教材。

第二，近代经济学在中国的传播，由一般原理的通俗性介绍，开始进入翻译和评介较为艰深的理论专著，并扩展到一些分支经济学科的理论体系。将 19 世纪末与 20 世纪初的经济学著述目录作一对比，不难发现，前一目录包括的范围，即便有杰文斯之类的经济学名家著作，仍不外是些通俗读物，试图用比较浅显的方式讲述“富国”、“养民”、“理财”一类道理，以适应当时国人的理解水平；后一目录则涉及斯密、李斯特等著名人物的经济学代表作，在理论上达到一定的深度，而且显示出一定的广度，开始由一般经济学领域进入农业经济学、商业经济学、财政学、货币学、经济学说史、经济史等其他分支经济学领域，反映国人对经济学的理解水平逐步提高的发展趋势。

第三，近代经济学在 20 世纪初的传入，有一个飞跃式发展。19 世纪末，西方经济学著述在 19 世纪 80－90 年代的传入，基本上循序渐进，20 世纪初，这方面著述的传入，无论在年均数量还是质量上，呈现跳跃式发展的态势，尤以 1902－1903 年间最为突出。这个特点，同当时汉译日文书籍的大量出版并在 1903 年达到高峰的状况，也是一致的。有趣的是，严复的《原富》译本，本不属于译自日文的热门渠道，译自西文原著并早在 1897 年开始着手翻译工作，然而，《原富》全译本于 1902 年正式出版，恰逢日文经济学著述风靡中国的热潮时期，从而与日文著述一道，共同加强了 20 世纪初近代经济学传入中国之跳跃式发展的时代特征。

西方经济学传入中国的早期线索与概况，为考察马克思经济学说早期传入中国的历史背景，从当时国人理解近代经济学的水平程度方面，提供了值得

---

① 据《光绪三十四年三月二十五日(1908 年 4 月 25 日)京师大学堂日本教员五年期满请赏给宝星折》所述，日本法学士杉荣三郎自光绪二十八年(1902 年)应聘到京师大学堂任教，迄今五年，成材甚多，“拟按照外务部定章，请赏给三等第一宝星，以示劝励”。《学部官报》第 52 期，“本部章奏”第 286－288 页，转引自朱有瓛主编《中国近代学制史料》第二辑上册，华东师范大学出版社 1987 年版，第 916－917 页。

② 卢钢：《我国近代大学课本——〈京师大学堂讲义〉》，见 http://news.xinhuanet.com/collection/2003－01/07/content_694310.ntm。

③ 李竞能：《西方资产阶级经济学在旧中国的流传》，见《中国大百科全书・经济学》第 3 卷，中国大百科全书出版社 1988 年版，第 1045－1046 页。

关注的思想资料。

二、"经济学"译名的起源及其演变

近代经济科学最初传入中国时，西文中 economy 或 economics 等专门术语，在古代汉语中没有直接对应的词汇。选择适当的汉语词汇作为这些外来术语的中文译名，或者说，这些西文用语在转译过程中形成约定俗成的中文译名，从一个侧面反映了西方经济学传入中国的早期历史。

（一）"经济学"译名的前身——"富国策"

今天，我们已经习惯于用"经济"或"经济学"作为 economy 或者 economics 的中译名，而在我国近代历史上，形成这一习惯却经历一个过程。在中国传统语汇中，"经济"本来是"经世济民"或"经邦济国"一类名词的缩略语，用来表达治理国家与造福人民的广泛涵义，区别于空疏之论而讲求致用之学。德国学者李博 1979 年的著作，曾分别追溯"经世"与"济民"二词在中国古代文献中的早期来源。如认为"经世"一词见于《庄子》，意思是"整治、调整（政治）世界"、"治国本领"、"国家统治"；"济民"一词出自《书经》中的"惟尔有神，尚克相予以济兆民"；二词组合起来，指"国家的统治和实行救济人民的措施"。又说，东晋葛洪（284－364）的《抱朴子》所谓"以聪明大智任经世济俗之器而修此事，乃可必得耳"[①]，其中"经世济俗"之"俗"，乃"世人"、"时代"之意。这两个词组收缩为"经济"一词，见于王通（584－617）著《文中子·礼乐篇》，假他人之口，表示自己家传七世"皆有经济之道而位不逢"，是说具有治理国家的能力而始终未见录用。《宋史·王安石传论》中，南宋朱熹（1130－1200）评论北宋王安石（1021－1086）"以文章节行高一世，而尤以道德经济为己任"，亦从处理政事要务的意义上理解"经济"一词。《元史》中出现"经济之学"这一与现代词"经济学"字形"几乎完全相同的结构"，它的含义"仍很接近现代术语'政治'的含义，尚为旧用法"。[②] 根据赵靖 1980 年的文章考证，隋代王通之前，早在 4 世纪时已使用"经济"一词，如东晋元帝（317－322 年在位）褒美大臣纪瞻的诏书中说："瞻忠亮雅正，识局经济"[③]。到隋唐时期，"经济"一词的应用已相当普遍，开始出现"经济学"一词，如中唐诗人严维的《秋日与诸公文会天×寺》诗云，"还将经济学，来问道安师"。宋以后逐渐出现以"经济"命名的书籍，如宋

---

① 葛洪：《抱朴子》内篇，《地真卷第十八》，第 94 页（见《诸子集成》第 8 册，上海书店影印本，1986 年）。《抱朴子》在其他地方另有"经世济俗之略，儒者之所务"一语。至于其中所谓"经俗"之才（《抱朴子》内篇，《塞难卷第七》，第 31 页，见《诸子集成》第 8 册），应为"经世济俗"一词的缩略语。

② ［德］李博著，赵倩等译：《汉语中的马克思主义术语的起源与作用：从词汇—概念角度看日本和中国对马克思主义的接受》，中国社会科学出版社 2003 年版，第 197－199 页。

③ 东晋建元年间（342－344），简文（319－372）称赞殷浩（？－356）"沉识淹长，思综通练，起而明之，足以经济"（《晋书·殷浩传》），其中的"经济"，泛指振兴晋朝之意。

人滕珙的《经济文衡》,元人李世瞻的《经济文集》,明代冯琦的《经济类编》等。清代以"经济"命名的书籍更多,清中叶以后,有些学者把"经济之学"同正统的"义理之学"、"考据之学"和"词章之学"并列。[①] 后来,叶坦考证说,《晋书》有西晋"八王之乱"时关于"同产皇室,受封外都,各不能阐敷王教,经济远略"的书信记载,"事在公元303年"。并补充历代古文献中涉及"经济"一词的比较典型例子,证明随着历史发展中经济的内容更加丰富,古代"经济"之书虽不能称其为"学",却也不是与经济学的内涵完全无关。[②] 实际上,无论诗文中的"古来经济才,何事独罕有"[③],诏书中的"凡理学、道德、经济、典故诸书,务研求淹贯"[④],小说中的"留意于孔孟之间,委身于经济之道"[⑤],还是清人讲"经济之学"或清末科举考试中设"经济特科"和"经济正科",其"经济"之义,主要是从传统涵义上立论。也就是说,我国古代的"经济"一词,与今天的"经济"术语,在基本涵义上有着明显差别。

正因为存在这一差别,所以,京师同文馆1880年第一次完整引进西方政治经济学著作时,面对外来新词 political economy,最初没有使用"经济"或"经济学"译名,而是选择"富国策"的意译名。在中国传统词汇中,"富国"比"经济"更为古老和常用,战国荀况(约公元前313—前238)的《荀子》一书,专辟"富国"篇;"富国策"作为专论名称,还见之于北宋李觏(1009—1059)的《富国策》十论。在西方,political economy 一词到19世纪末逐渐被 economics 一词所取代,此前,在相当一段时间内,political economy 几乎专指与国家资源相联系的财富的生产和分配[⑥]。从这个意义上说,用"富国策"翻译 political economy,当时应属于比较妥适的用辞。自此以后,"富国策"译名曾颇为流行,19世纪末20世纪初一些同类著述,不少沿袭此类译名,如《富国要策》、《富国新策》、《富国策摘要》、《续富国策》、《重译富国策》、《各家富国策辨》等;或从这个译名衍变而来,如《富国养民策》在"富国"之外,又从"政在养民"[⑦]或"命在养民"[⑧]等古义中,增补"养民"之意,用"富国养民策"一词转译杰文斯的 political economy 书名。其他如"富民策"译名,也与"养民策"译名有异曲同工之处。

---

① 参看赵靖:《经济学译名的由来》,《教学与研究》1980年第2期。

② 参看叶坦:《"中国经济学"寻根》,《中国社会科学》1998年第4期。

③ 杜甫:《上水遣怀》,见仇兆鳌注《杜诗详注》第5册,中华书局1979年版,第1958页。

④ 《清史稿》第12册,中华书局1977年版,第3114页,清顺治七年(1650年)下谕。

⑤ 《红楼梦》第五回,花城出版社1994年版,第85页。

⑥ 参看"政治经济学与经济学"条目,《新帕尔格雷夫经济学大辞典》中文版第3卷,经济科学出版社1992年版,第968—970页。

⑦ 《尚书·大禹谟》,见《四部丛刊经部》。

⑧ 《春秋左传正义》(十三经注疏)卷第十九下,文公十三年,北京大学出版社2000年版,第628页。

当然，早期“富国策”一类译名，只是相对于其他译名而言，使用得更多或比较集中一些，并未因此而改变最初选用译名时的颇费踌躇状况。如《佐治刍言》之“佐治”，试图在传统经世济国框架内阐释西方的经济学涵义。其第14章“论财用”先说明，全书前13章所论，“只论百姓皆宜守分，免至良莠不齐，作祸乱以为国害”；自本章起，以下所论，“大半为国家撙节财用之事”，即“论各人日用饮食所不可缺之物，并如何能为国内生财，使百姓咸登康乐”，前后二者，分属“治民”与“节用”范畴。这似乎是在说明西方政治经济学概念中政治与经济之间虽有区别，但“其事相关，固不能截然分论”。接着说明，英人亚当·斯密（原译“阿荡司”）“著理财之书”，其书名曰《万国财用》（今译《国民财富的性质和原因的研究》），“言人家生财之法，必于家内随事撙节，免其浪费，铢积寸累，久之自能足食足用，成为小康之家。一家如是，一国如是，即极之万国亦无不如是”。经过如此“探源立论”，所谓“财用”，“并非孳孳为利，欲令国中富强，可以夸耀一时”，而是“使朝野上下皆知爱惜钱财，节省浮费，庶几闾阎有丰亨之象，国家无匮乏之虞”。这是用中国古代的“财用”、“理财”、“生财”、“节用”等名词，探求西方经济学的内涵。至于其译名，文中说：本章“所用伊哥挪谜字样，系希腊古时人语”，此字古希腊人训为“治家之法”，近人释为“节省之意”，二者见解“不无小异”；细察希腊人语意，“亦以节俭为治家之本”，故近人的解释“仍本之古义”；“因特合古今两义，占此字以为是书之目”，这也是区别此章与前面各章的“不同之处”。换言之，古希腊人的economy即音译名“伊哥挪密”一词，结合近人解释，其古今之义，乃以节俭或节省为治家之本，此即本书目命名为Political Economy的原因，以及本章论“节用”区别于前章论“治民”的不同之处。不过，其文中，这个音译名偶尔见之，随即转入所谓“理财之事，似宜于格致学中列为一门，不应列人工艺之内”，或如某位英人解释“理财两字为办理物料之律学”，或如某书称理财学问“无非讲求财物之本质，与夫成聚之由、分散之理”等其他释义，看来倾向于从传统理念和概念中，选择“理财”一词用作舶来经济学一词的意译名。这种选择，仍然犹豫未决和不确定。因为文中提醒说：以上各种解释，“尚不能使初学者洞明其义，故学者初次入门，往往不能骤解其意，必几经考究，始知有益于人”；关键是，“习此学者，必先深明其中界限”，如果将界限以外的事搅入界限之内，一旦遇到“窒碍之处”便以为“此种学问不能推行”，其实问题出在“学者不知界限所致，并非此学难以致用”。这些话给人的印象是，初学者难以洞悉西方经济学的“界限”含义，既然如此，对于中国初学者来说，同样也难以确定这门学问的中文译名。西方经济学的“界限”应当是什么，文中无明确定义。只是含混地说，它实际上“论有形有体之物，且论以何法用各物料，方能有益于人”；至于人的行为以及人们相互交涉之事，“与财物之增减有相关处”，亦可列入此学；而与本学问“毫不相关”者，

“悉归教门中教师及执掌国政之人管理”。[①] 按照这种宽泛而又模糊的“界限”含义，试图从中国传统概念中找到贴切的名词对译西方经济学一词，在当时确实是难乎其难。所以，这部专题翻译西方“政治经济学”的中译本，面对陌生和复杂的“经济学”含义，在思量对译名词时，既不愿苟合时兴的“富国策”译名，又不甘停留于音译的“伊哥挪密”名词，但也找不出其他适当的意译名词，故一会儿说“佐治”，一会儿说“财用”，一会儿又说“理财”甚至“格致学”等等，表现出无所适从的尴尬状态。

大致从19世纪90年代后期尤其自20世纪初起，国内流行一时的“富国”或“富国策”译名，其权威性受到挑战。究其根源，恐怕与西方学者开始用economics(今译经济学)一词取代political economy(今译政治经济学)一词的变化过程不无关系。早先斯密所著《国民财富的性质和原因的研究》(简称《国富论》，1776年出版)，其第四篇“论政治经济学体系”，把政治经济学看作“政治家或立法家的一门科学”，目的在于“富国裕民”，或径称“关于富国裕民的政治经济学体系”[②]。将“政治经济学”理解为“富国裕民”，几乎就是“富国策”或“富国养民策”译名的同义词，可见我国当时采用这些中译名，确有其西方理论依据。这一理解，后来随着西方学术界将political economy改为economics，发生了变异。马歇尔所著《经济学原理》(1890年出版)，其第一篇导言开宗明义说，“经济学是一门研究财富的学问，同时也是一门研究人的学问”；或者说，“政治经济学或经济学是一门研究人类一般生活事务的学问，它研究个人和社会活动中与获取和使用物质福利必需品最密切有关的那一部分”[③]。在这里，并列使用“政治经济学”与“经济学”名称，淡化了以往主要站在政治家或立法家的立场上突出富国裕民的涵义，转而强调这是一门研究财富和研究人的学科。基于这一转变，原来的“富国策”或“富国养民策”译名，似乎也失去存在的依据。旧的译名受到挑战，并不意味着它们的消失。相反，在一段时间内，当新的译名尚未站稳脚跟时，旧译名仍有其市场，或经过某种程度的修正和改进而继续使用。如梁启超1896年的《变法通议·论译书》，分析洋商有学而华商无学，所谓洋商之学，即指“富国学之书”，其学“皆合地球万国之民情物产”，中国欲与泰西争利，“非尽通其学不可”，须广译“商务书”。所谓“富国学之书”，文中特意指明，“旧译有富国策、富国养民策、保富述要等书”。[④] 可见，“富国学”作为一个新译名，是对“富国策”等旧译名的改进。1897年，他在《〈史

① 参看《佐治刍言》，上海书店出版社2002年版，第56—57页。

② 亚当·斯密著，郭大力、王亚南译：《国民财富的性质和原因的研究》下卷，商务印书馆1972年版，第1页。

③ 马歇尔著，朱志泰译：《经济学原理》上卷，商务印书馆1964年版，第23页。

④ 梁启超：《饮冰室合集》第一册，文集之一，第71页。

记·货殖列传〉今义》中又说："西士讲富国学，倡论日益盛，持义日益精，皆合地球万国土地人民物产而以比例公理，盈虚消息之"[①]；或称"西人富国之学，列为专门"。仍然坚持"富国学"译名。到1902年，陈乾生还编写《富国学问答》，经学部审定出版。

（二）我国自创译名的演变

对"富国策"译名的挑战，来自内部和外部两个方面。来自内部的挑战，即国人基于对西方经济学本意的不同理解，予以重新翻译。其中较多采用"理财"或"理财学"译名，如1896年李佳白的《理财论》，1897年梁启超《〈史记·货殖列传〉今义》中的"理财之学"，1900年戴乐尔的《理财节略》，1901年李士德的《理财学》与笹川洁的《理财学》，1902年稽镜译述《理财学纲要》、作新社译《商工理财学》与杨廷栋的《理财学教科书》，1903年吴启孙译《理财学讲义》等，京师大学堂原有"富国策"课程，1902年复校后也被改为"理财学"名称。"理财"一词在中国古代起源甚早，可能比"富国"一词还要早。《周易·系辞下》中有所谓"理财正辞"，北宋初王安石等人针对传统讳言财利的偏见，倡导"理财乃所谓义"[②]，遂使"理财"二字成为我国古代处理国家财政经济事务的专有名词。据此，用"理财"之义翻译economics一词之强调研究财富的学问，其译名应当说适应了这一西方专用术语在内涵上的转变。

当时使用这些不同的译名，姑且用之，并未说明何以如此使用的道理。惟有严复引经据典，另辟蹊径，又将economy译作"计学"。他早期曾试译法国巴黎法典学堂讲师齐察理的一本原著，其中使用"国计学"或"计学"译名，认为过去把"计学"说成"理财之学"，当时看起来"固为至当"，精确考察，"实非吻合"。因为"计学之所论，主于养欲给求，主观之说；而理财，客观之说"。这句话的意思是，没有人的需求即"求欲"在先，也没有必要有"财"，二者若主次颠倒，"人生为财，非财为人用"，是不合理的，所以，"以理财界计学者，是谓以客界主"，用"理财"一词解释"计学"，是反客为主。[③] 在1898年1－2月连载于《国闻报》的《拟上皇帝书》中，他也提到"计学之公例"[④]。特别在《原富》"译事例言"中，他先把economics音译为"叶科诺密"，然后考察此词源于希腊语（即econom）。其中"叶科"（即eco），意为"家"；"诺密"（即nomics）为"聂摩"（即nom）之转义，意思是"治"或"计"（应为"管理"）。也就是说，"计"乃根据希腊语的家政管理原意，"其义始于治家。引而申之，为凡料量经纪撙节出纳之事，扩而充之，为邦国天下生食为用之经"。换句话说，"计"这个译名，从"治家"的

① 梁启超：《饮冰室合集》第二册，文集之二，第35页。

② 王安石：《临川集》卷七十三，《答曾公立书》。

③ 严复：《〈国计学甲部〉（残稿）按语》，《严复集》第4册，中华书局1986年版，第847－848页。

④ 《严复集》第1册，中华书局1986年版，第76页。

基础涵义,引申为一般生活管理事务,由此再扩充为整个国家和社会生活治理的规范。照此理解,在他看来,日本译为"经济",失之"太廓",中国译为"理财",又失之"过狭",故译为"计学"。"计"的涵义,不止于古代掌管土地和人民的"地官"司徒之权限,以及司马迁《史记·平准书》记述调剂供求和平衡物价的范围,以历代典籍中的"会计"、"计相"、"计谐"等语与俗称的"国计"、"家计"等词,似较适合上述希腊语原意。[①] 他还在《原富》译本正文的按语中,解释何以不称"计学"而起名《原富》,因为其体例已超出"计学"的研究"不外财富消长"的范围,"以嫌其与经济全学相混(日本已谓计学为经济学矣)"。这里对所谓"经济全学"或"经济学"的理解,完全是中国传统的"经世济民"观念。他所说的英国学者宾德门心目中的"经济"一词,"谓其术所以求最大之福,福最众之人",是个无所不包的概念。接着,他又分析"计学"与"理财"的区别。一是"计学"属于"考自然之理,立必然之例"的"学",而"理财"属于"据既知之理,求可成之功"的"术","学主知,术主行",二者泾渭分明,"术之名必不可以译学";二是"计学"讨论生财、分财、理财、积财诸端,非"理财"一端所能尽;三是"人云理财,多主国用,意偏于国,不关在民",即"理财"之意偏重国家财政,与人民生活无涉。从古代看,凡属"一群之财消息盈虚"之事,皆为"计事",这也是确立"计学之名"的缘由。[②] 以上论证,坚持在传统概念中寻找现代经济学的对译词,不免有些牵强附会甚至强词夺理,但不妨碍严复是从理论角度阐述如何选择 economics 中译名之第一人。他说这番话,在 1902 年,其中只提"理财"而不提"富国"译名,亦可见那时"理财"译名的流行程度已经超过"富国"译名。

对于现有译名的这些意见,不一定是严复决意采用"计学"译名的主要因素。他本人也曾多次用过"理财"译名。如 1898 年出版的《天演论》按语,几处提到"英国计学家即理财之学"、"理财启蒙诸书"、"理财计学,为近世最有功生民之学"[③];1899 年 4 月写给张元济的信中,告知自己正在翻译"亚丹斯密理财书",述说"理财一学,近今学者以微积曲线阐发其理,故极奥妙难译";同年 5 月告知英国驻厦门领事嘉托玛"新著一理财书,名《富国真理》";1901 年 7 月自称译成《原富》一书,"使泰西理财首出之书为东方人士所得讨论"等[④]。他为什么坚持用"计学"译名代替已有的其他译名,其本意还是不满于已有译本的质量。如认为英国领事的"理财书"新著译本"欠佳";已译《富国策》一书"纰谬层出,开卷即见",译书者"非读西书,乃读中土所以意自撰之书"[⑤];译手们

① 参看《原富·译事例言》,商务印书馆 1981 年版,第 7 页。
② 参看《原富》,商务印书馆 1981 年版,第 347—348 页按语。
③ 《严复集》第 5 册,中华书局 1986 年版,第 1329、1340、1395 页。
④ 《严复集》第 3 册,中华书局 1986 年版,第 527、528、530—531、543 页。
⑤ 严复:《论译才之难》(1898 年 9 月 1 日),《严复集》第 1 册,中华书局 1986 年版,第 90—91 页。

不了解西国普通诸学，以其昏昏，岂能使人昭昭，所译富国策诸书“非徒无益，且有害”[①]；“日本已谓计学为经济学”，更是将斯密的计学“与经济全学相混”[②]；等等。既然如此，他别出心裁，刻意创造“计学”新译名，以此区别于其他译名从而区别于其他译本，也是事出有因。

与“富国”、“理财”之类的译名相比，“计”或“计学”译名发掘古代典籍的计算和计簿之义而加以借用，如果不算蹩脚，也谈不上高明。但是，严复以其《原富》译本作为后盾，推出“计”或“计学”译名，言之有据，似乎带有某种理论权威性，也成为当时颇受瞩目的一种译名。它对梁启超的影响就是一个例子。梁氏在 1899 年间，曾数次提到“资生”或“资生学”的译名。如《文野三界之别》一文称，英国人把亚丹斯密之徒看作“资生学之鼻祖”[③]；《论强权》一文说“资生革命”[④]；《论学日本文之益》一文认为日本明治维新以来，译书尤详于政治学和“资生学”[⑤]等，意谓此时他尚未接受其他已有的译名而试图独创新的译名如“资生学”（以后又新创“平准学”译名）。后来，他在 1902 年 2 月 8 日创刊的《新民丛报》第 1 期上介绍先行出版的《原富》译本前二篇，还对其译文“过求渊雅”提出意见，显然也包括“计学”译名在内。为此，严复曾专门就这一译名，两次致函梁启超予以说明。

一次致函在壬寅（1902 年）三月，曾以《与〈新民丛报〉论所译〈原富〉书》为题，刊载于同年 5 月 8 日《新民丛报》第 7 期[⑥]。其中解释说：一是“计学之名，乃从 Economics 字祖义著想”，就像“名学”（今译逻辑学）从古希腊哲学术语 Logos 一词的最初涵义着想一样。二是“此科最新之作，多称 Economics 而删 Politial 字面”，表明严复注意到西方用 economics 一词取代 political economy 一词的“最新”趋势。三是“又见中国古有计相计谐，以及通行之国计、家计、生计诸名词，窃以谓欲立一名，其深阔与原名相副者，舍计莫从”，认为古代“计”字最符合西方 economics 一词原意。四是“正名定议之事，非亲治其学通澈首尾者，其甘苦必未由共知，乍见其名，未有不指为不通者”，也就是说，一个重要译名的确定并为人们所共同接受，只有建立在对西方学说亲身研读和全面通晓的基础上，才不会有疑义。五是“计学之理，如日用饮食，不可暂离，而其成专科之学，则当二百年而已。故其理虽中国所旧有，而其学则中国所本无，无庸讳也”，不必讳言中国虽早已讲求日用饮食之类的生活道理，却从未像西方近二百年那样形成专门科学；所以说，中国开化数千年，不一定“于人生必需之

---

① 《严复集》第 3 册，中华书局 1986 年版，第 528 页。
② 严复：《〈原富〉按语》，《严复集》第 4 册，中华书局 1986 年版，第 885 页。
③ 梁启超：《饮冰室合集》第二册，专集之二，第 9 页。
④ 同上书，专集之二，第 33 页。
⑤ 同上书，文集之四，第 80 页。
⑥ 参看严复与梁启超书第二封，见《严复集》第 3 册，中华书局 1986 年版，第 517—518 页。

学，古籍当有专名”，像这样“无专名”的情况，“不止计学”，其他学科亦如此。六是“学者试执笔译数十卷书，而后识正名定义惬心贵当之不易”，以自己曾经翻译数十卷外文书的资历，指出梁氏使用“平准”译名之不妥；因为“平准”只是“敛贱粜贵，犹均输常平诸政制”，不同于“计学之书”所论者，故“平准决不足以当此学”。最后，严复“重思之”，又表示，“此学名义苟欲适俗，则莫若径用理财，若患义界不清，必求雅驯，而用之处处无扞格者，则计学之名，似尚有一日之长，要之后来人当自知所去取耳”，简言之，economics 的中译名可用俗称的“理财”，也可用雅训的“计学”，而“计学”比“理财”更准确。

另一次致函在壬寅四月，曾以《尊疑先生覆简》为题，发表于同年 7 月 19 日《新民丛报》第 12 期[①]。此函对梁启超所提“佛经名义多用二字”，即对以单字“计”作译名的疑义，给予答复说：“以鄙意言之，则单字双字，各有所宜。譬如 Economics 一宗，其见于行文者，或为名物，或为区别。自当随地斟酌，不必株守计学二字”。如“计学”有时也可称之为“财政”、“食货”或“国计”，“但求名之可言而人有以喻，足矣”，只要译名言之有理而别人又能懂就可以了；又如，“Economics Laws 何不可称计学公例？Economic problems 何不可云食货问题？即若 Economic Revolution 亦何不可言货殖变革乎？故窃以谓非所患，在临译之剪裁已耳”。照此说法，同一西文不必拘泥于一种译名，除“计学”外，还可以译作“理财”、“财政”、“食货”、“国计”、“货殖”等等。或者换一个说法，“大抵取译西学名义，最患其理想本为中国所无，或有之而为译者所未经见”，在这种情况下，只要“自有法想”，即可选用某一译名，“在己能达，在人能喻，足矣，不能避不通之讥”。这一答复，摆出一副随遇而安的样子，与前一致函坚持“计学”译名的立场好像有些矛盾。其实不然，通观整个答复，他强调翻译难度大的西文名词，“常须沿流讨源，取西字最古太初之义而思之，又当广搜一切引申之意，而后回观中文，考其相类，则往往有得，且一合而不易离”，当时国人中能够按照这个方式翻译 economics 的，恐怕只有严复自己。对于那些不懂得或未曾经历这种翻译方式而又批评“计学”译名为“不通之讥”的人来说，从中不难感受他相当固执的反驳之意。

无论严复采用什么方式维护“计学”译名的权威性，是正面论证方式，条分缕析地证明“计学”译名最适当，还是迂回论证方式，表面容忍其他译名，其实仍以“计学”译名之雅训而自矜，均无法改变此译名的古涩性质。难怪黄遵宪获读《原富》时，曾“疑出北魏人手”，又将其比拟为古人书中东汉王充之《论衡》，唐代陆贽之奏议；还在《新民丛报》上载文抱怨，此译本“文笔太高，非多读

---

① 参看严复与梁启超书第三封，见《严复集》第 1 册，中华书局 1986 年版，第 518—519 页。

古书之人，殆难索解”。[①] 但是，以严复在当时学术界“为第一流人物，一言而为天下法则，实众人之所归望者”[②]的身份，加上他选用“计学”译名的详尽解释，毕竟推进了国人对 economics 之本意的认识，并促使梁启超一类的知名学者一度认可和接受“计学”译名。

梁氏曾在 1902 年 5 月 8 日至 12 月 30 日的《新民丛报》上，分六期连载《生计学学说沿革小史》一文，第二年又出版单行本。其中“生计学”一词，即根据严复所创“计学”译名，在传统国计民生含义上的加工利用。最初梁氏使用“生计学”译名(见第 7 期标题)，后面有一个括号，注明“即平准学”，后来各期的连载标题删去这一注释。对此，他在文章单行本的“例言”中解释说：“兹学之名，今尚未定。本编向用‘平准’二字，似未安。而严氏定为‘计学’，又嫌其于复用名词颇有不便。或有谓当用‘生计’二字者，今姑用之，以俟后人”[③]。看来，他受严复译名的影响，大致在 1902 年严氏两封致函后，放弃自己惯用的“平准”或“平准学”译名(其实此前还有“资生”或“资生学”译名)，转而在“计学”基础上使用“生计学”译名。这一年，他的《论中国学术思想变迁之大势》一文称，“生计，Economy 问题之昌明”，由于“全地球生计学(即前论所屡称之平准学)发达之早，未有吾中国若者”，故设想自行“拟著一中国生计学史，搜集前哲所论以与泰西学说相比较”[④]；《新民说》一文亦称“生计上之自由”、“生计界”、“生计自由时代”、“斯密破坏旧生计学而新生计学乃兴”云云[⑤]；《新民丛报》开设“生计”专栏；《论佛教与群治之关系》一文说明“西人于学术每分纯理与应用两门如……纯理经济学应用生计学”[⑥]，将“生计学”与“经济学”混用；等等。1904 年，他的《子墨子学说》一文，更明确说：“西语之 Economy，此译计或译生计，日本译经济”[⑦]；根据“生计学学理”讨论外资输入问题[⑧]；专门讨论“生计学”一类新译名等。这一译名，也受到其他学者的垂青，如杨度 1902 年作《“游学译编”叙》，使用“生计学之进步”一词，认为当时世界发展趋势由政治竞争入于生计竞争”[⑨]；1903 年作《“列强在支那之铁道政策”译后》，谈论“循生计学之轨则”[⑩]；同年，汪荣宝和叶澜编《新尔雅》，上海明权社出版，其中专列“释计(经济)”部分，用“计”字替代日本的“经济”新语，定义“论生财、析分、交

① 黄遵宪致严复书(1902 年)，见《严复集》第 5 册，中华书局 1986 年版，第 1571 页。
② 同上书，第 1572 页。
③ 梁启超：《饮冰室合集》第五册，文集之十二，第 2 页。
④ 梁启超：《饮冰室合集》第三册，文集之七，第 32 页。
⑤ 同上书，专集之四，第 40、62 页。
⑥ 梁启超：《饮冰室合集》第四册，文集之十，第 49 页。
⑦ 梁启超：《饮冰室合集》第十册，文集之三十七，第 19 页。
⑧ “中国之新民”(梁启超)：《外资输入问题》，《新民丛报》1904 年 8—10 月第 52—54、56 期。
⑨ 张枬、王忍之编：《辛亥革命前十年间时论选集》第 1 卷上册，三联书店 1960 年版，第 253 页。
⑩ 载《游学译编》1903 年 3 月第 5 期，转引自同上书，第 381 页。

易、用财之学科,谓之计学,亦谓之经济学,俗谓之理财学"[①];美国劳林的 The Elements of Political Economy 一书,在奚若 1906 年的翻译版本中,被命名为《计学》;等等。

由上可见,早先的"富国策"或"富国养民策"译名,曾面临来自国内的挑战,由此引出各色各样的替代译名,莫衷一是。在这些替代译名中,"理财学"译名较为流行,"计学"或"生计学"译名更富于论理色彩。

(三)日本译名的传入

对传统"富国策"译名的外部挑战,主要来自日本人的"经济"或"经济学"译名。"经济"一词的汉字写法通行于中日两国,只不过在读音方面有所不同,中国读作 jingji,日本读作 keizai[②]。日本人何时采用"经济"或"经济学"译名,有待查考。显而易见,日本人使用这些词汇,也经历了一个从它们的古代涵义向现代涵义转化的过程。他们最初通过中日文化交流渠道从古代中国引进"经济"一词,同样用于传统的"经世济民"涵义。后来与西方交往的过程中,逐渐赋予"经济"一词以现代涵义。有人指出,据日本学者竹浪聪考证,"经济"一词传入日本后,意义发生了变化,从广义的"经世济俗",变为狭义的经营财务。以天和二年(1682 年)五月一日冈山藩主池田光政遗言中的一段话为例,其大意是:经济乃国家之本。古语云:国无三年之贮,国非其国。今则入不敷出,每向商人、百姓借贷,以应公务之急需,诚为至耻之事。据说,"这是他在现存日本古籍中所见的最早将'经济'二字联用的例子",而且完全是在国家财政的意义上使用"经济"一词。此后又列举数例,均用于说明"经济"一词从中国传入日本后,最终专门指财务政策、财政措施,"这样,当日本人在近代与'economics'这个西语遭遇时,将其译成'经济学',便是自然而然的事了"。这个考证刻意说明,日本人一开始使用"经济"一词,就不同于中国人,具有比较狭窄的带有近代经济学的意味。这或许有其道理,但比较牵强,难以使人信服。竹浪聪考证的这个时期之前,恰好是中国明末即 16 世纪后期至 17 世纪前期各种以"经济"命名的专门著作大量出现的时期,如冯琦的《经济类编》、黄训的《明名臣经济录》、陈其愫的《明经济文辑》等等,其中不少以财政经济论述作为其重要内容之一,足以供当时日本的统治者和文人墨客借鉴参考。另外,竹浪聪考证指出,日本文久二年(1862 年)出版的《英和对译袖珍辞典》,首次将 economist 译成"经济家",将 political economy 译成"经济学"。[③] 这是日本人最早赋予"经济"一词以现代经济涵义的有关举证。

---

① 转引自实藤惠秀著,谭汝谦、林启彦译:《中国人留学日本史》,三联书店 1983 年版,第 312 页。

② 参看同上书,第 311 页。

③ 以上日本学者竹浪聪的考证,均转自王彬彬《"经济"补说》,《中华读书报》1998 年 6 月 24 日第 3 版。

我国学者的考证，与竹浪聪的考证大致相同或略有出入。如认为，明治维新前一年(1867 年)，神田孝平(1830－1898)把英国人 W. Eliss 的 Outlines of Social Economy(1850 年)译为日文，译名为《经济小学》，并在序文中介绍，西方政科分为七门，第七门为“经济学”，“这是使用中国古代的‘经济学’一词作为 Economy 或 Economics 的译名的滥觞”①。或认为，明治维新前的江户时代，太宰春台的《经济录》、海保青陵的《经济谈》、佐藤信渊的《经济要录》等以“经济”命名的书，“大抵取义于古代汉语”；西文日译者，在日本早期的英日辞典《谙厄利亚语林大成》中，尚未收 economy 一词；然后列举前述 1862 年的《英和对译辞典》和 1867 年神田孝平的日译本，以为使用“经济学”这一西文日译名之始；并指出，福泽谕吉 1868 年在庆应义塾讲授美国 Francis Wayland 的 The Elements of Political Economy，是“最早在日本讲授西方经济学”，以及同年翻译《经济学教科书》，是“最早向日本系统传播西方经济学的人”②。还有人补充说，庆应三年(1867 年)，旅日美国传教士黑本(J. C. Hepburn，1815－1911)编纂《和英语林集成》，“用‘经济’对译 economy”；同年，堀达之助等编纂《英和对译辞书》，“将 economics 译作‘经济学’”；福泽的弟子小幡笃次郎翻译《英氏经济论》，“从多侧面界定‘经济学’”；明治六年(1873 年)，林正明将福西特夫人的著作译为《经济学入门》，明治十年(1877 年)，永田健助将此书译作《宝氏经济学》；“自此，日本人普遍在理财、节俭、合算义上使用经济一词，脱离了中国古典词原意”③。

不过，这一时期，“经济”或“经济学”译名，恐怕在日本也未曾流行。黄遵宪(1848－1905)担任驻日使馆参赞期间(1877－1881)，于光绪五年(1879 年)初版《日本杂事诗》，里面提到东京的学校设有“商贾学”，与性理学、天文学、地学、史学、数学、文学等学科并列，并未提经济学④。黄氏 1887 年成书的名作《日本国志·学术志》，其中介绍东京大学分为法学、文学、理学三个学部，文学部又分“哲学、政治学及理财学科”与“汉文学科”⑤。这里的“理财学”名称，像“法学”、“文学”、“理学”、“哲学”、“政治学”等名称一样，均系西文词汇的日文译名。此书“凡例”说，所有名称“皆以日本为主，不假别称”；“此编悉以明治十三四年为断”⑥。照此说法，“理财学”一词至少在 1881－1882 年以前，仍是日

---

① 赵靖：《经济学译名的由来》，《教学与研究》1980 年第 2 期；冯天瑜：《汉字术语近代转换过程中误植现象辨析——以“经济”“封建”“形而上学”为例》，http://www.contemphil.net/article/history/hzsyjdzhgczwzxxbx.htm。

② 叶坦：《“中国经济学”寻根》，《中国社会科学》1998 年第 4 期。

③ 冯天瑜：《汉字术语近代转换过程中误植现象辨析——以“经济”“封建”“形而上学”为例》，http://www.contemphil.net/article/history/hzsyjdzhgczwzxxbx.htm。

④ 黄遵宪著，钱仲联笺注：《人境庐诗草笺注》下册，上海古籍出版社 1981 年版，第 1113 页。

⑤ 黄遵宪：《日本国志》，台北文海出版社 1981 年版，第 804－805 页。

⑥ 同上书，第 7、9 页。

本学术界流行的译名。此书《食货志五》论述货币问题时,有一处提到“日本之谈经济者”[①]。这是作者归纳的后来日本学者对明治初年货币政策的评论意见,其中“经济”一词,究竟是作者沿袭中国古代的传统用辞,还是日本学者采用的新译名,尚不明确。即便那时日本已有此译名,也是偶尔为之,并不普及。黄氏此书对于当时日本从西方引进的各种新学科译名,几乎搜罗毕至,却不见有“经济学”译名;书中谈及今日所说的经济问题,如《食货志》六卷分述日本的户口、租税、国用、国债、货币、商务等问题,除了上述一处曾用“经济”名词外,几乎都是以“理财”一词作为当时流行的日文译名。后来中国知识界用“理财学”译名挑战并替代最初自创的“富国策”译名,大概也与此前“理财学”译名曾经流行于日本,多少有些关系。有人曾以东京大学1880年把“经济学”改称为“理财学”,在这前后翻译西方经济学著作的日译名多为“理财学”,甚至将政治经济学译成“政治理财学”,以及1885年东京大学才又把“理财学科”重新改为“政经学科”等为例,说明“日本在经济学的译名方面也不是一下子确定下来的”[②]。西方学者还从另一个角度论证说,在日语词汇中,“经济学”一词作为economics或political economy的对等词的地位,“并非没有争议”。如井上哲次郎和有贺长雄1884年出版的《改订增补哲学字汇》,认为“经济学”概念的外延比economics“要大得多”,因而将后者译作“理财学”。“理财学”的专门术语在东京大学被采用了很长时间,东京庆应大学的经济学学院直到20世纪30年代还叫“理财学部”,在大学之外,“经济学”的应用“更广,影响也更大”。[③]这也表明,至少到19世纪80年代前期,日本使用“经济学”译名尚远不如使用“理财学”译名之普及,其中的缘故,同样受到“经济”古义过于宽泛的影响。

附带指出,我国在19世纪80年代后期,除了“富国策”或“富国养民策”等译名外,偶尔也使用近代意义上的“经济”译名,如艾约瑟编译《西学启蒙》十六种之一《西学略述》十卷中的第八卷《经济》[④]。这里的“经济”,从卷中小标题看,包括富国、富民、赋税、交通、国债、钱制、河防、海防、户口以及“法国经济始末”和“意国经济始末”等内容。其中“法国经济始末”,简要介绍柯尔培尔、魁奈、杜尔哥、萨伊等人的经济主张与政策;“意国经济始末”,亦以介绍意大利的经济思想为主。这已不同于传统的“经世济民”或“经邦济国”之包罗万象,专

---

① 黄遵宪:《日本国志》,台北文海出版社1981年版,第517页。其原文如下:“日本之谈经济者,谓维新之初,无暇计利害,制造纸币乃出于不得不然,其后谋减纸币,志不果遂,而张脉偾兴,暴动轻举,增发过多,贻今日财政之困,不可谓之无过。”

② 赵靖:《经济学译名的由来》,《教学与研究》1980年第2期。

③ [德]李博著,赵倩等译:《汉语中的马克思主义术语的起源与作用:从词汇—概念角度看日本和中国对马克思主义的接受》,中国社会科学出版社2003年版,第199页。

④ 关于艾约瑟编译《西学启蒙》的刊行年代,有1886、1888和1889年等不同说法。参看叶世昌的《经济学译名源流考》和戴金珊的《亚当·斯密与近代中国的经济思想》,分别载《复旦学报(社会科学版)》1990年第5期、第3期。

指与财富有关的生产、分配、交换、消费等事务，符合近代经济概念。当时仍流行“富国”、“富民”等译名，艾约瑟试图用新的“经济”译名统辖富国、富民以及其他与此有关的内容，自有其道理。这一尝试未被时人所接受，仅仅成为那个时期选择中译名过程中一个小插曲，可见中国传统“经济”观念留给人们的印象之深刻。《西学启蒙》是那时西学同类书中较有名者，可能会引起明治维新后同样关注西学、并善于从汉译西方书籍中汲取滋养的日本学者的注意。若确系如此，这似乎也为以下说法，提供了某种佐证，即“经济学”译名原来由中国人首先使用，后来才被日本人所借用①。对此，1911 年的《普通百科新大词典》，曾以另一种说法指出：“经济者，经纶干济也。而吾国通俗以善计者曰经纪，日人输入中语因音近而误作经济(此类甚多)。今此一名词又回输吾国，而沿用为生计义，与原义全别；虽已积习难返，然其本原界限不可不知。”②意谓当初先是日本人误将中文“经纪”一词读作“经济”，后来又将“经济”译名从日本返回输入中国。此说确否，姑存疑待考。

国内开始用“理财”或“理财学”译名代替“富国策”译名，比较明显的是在1896 年，同样，日本的“经济”或“经济学”译名传入中国，比较明显的也是在这一年。按照德国学者李博的说法，19 世纪末，汉语吸收了日语“keizai”(经济)、“keizai-gaku”(经济学)的字形；“最先收入这个词的辞书”，是 1892 年贾尔斯(Herbert A. Giles)在上海出版的汉英词典 A Chinese－English Dictionary，它以“政治经济学”作为对等词。接着，一是引用意大利学者马西尼(F. Masini)在《现代汉语词汇的形成——十九世纪汉语外来词研究》中的说法，“最先使用‘经济’这一专门词汇的文章是梁启超 1896 年的作品”。二是引用其他人的观察，指出《时务报》1896 年第 14 册上出现了表示“经济学”的概念，但被译为“富国养民策”。同时又说，中国读者群对“经济”和“经济学”术语“很难理解”，这些术语必须在“生存竞争”中，胜过以汉语自造词为主的其他表达，然后作为西方术语的“经济”、“政治经济学”译名才会被认可。③ 换言之，除了外国人贾尔斯的汉英词典，国人引进“经济学”概念或译名以 1896 年为其重要年份。对此，可以补充的是，1896 年创刊于上海的《时务报》，从第 3 期起特辟“东文报译”专栏，专门选译日文报纸上的文章，其中仅 1896 年，标明译自日本“经济杂志”、“东京经济杂志”、“东京经济志”等刊名上的文章，就有 11 篇之多。这些文章有的不一定属于经济领域如“美国共和党宣论新政”、“太平洋电线论”、“吕宋戎备”、“中人幽楼孤岛”、“朝鲜国镇南浦”等，但不少谈的是诸

---

① 参看胡寄窗：《中国近代经济思想史大纲》，中国社会科学出版社 1984 年版，第 9 页注 1。

② 转引自实藤惠秀著，谭汝谦、林启彦译：《中国人留学日本史》，三联书店 1983 年版，第 312 页。

③ [德]李博著，赵倩等译：《汉语中的马克思主义术语的起源与作用：从词汇—概念角度看日本和中国对马克思主义的接受》，中国社会科学出版社 2003 年版，第 200 页。

如财务、商业、财政、产金额、金利一类的纯粹经济问题。尤其 1896 年 12 月 15 日第 14 期译自《东京经济杂志》11 月 14 日的“日本名士论经济学”一文,以转译方式,将日本的“经济学”译名传入中国。同年,梁启超的《变法通议·论译书》一文,谈到泰西“富国学之书”时,附有“日本名为经济学”的注解,在国人中率先以中日译名比较的方式,注意到日本的“经济学”译名。

自此以后,日本的“经济”或“经济学”译名,逐渐渗透到中国的报刊文章中。这个渗透过程最初颇为缓慢,在 19 世纪末最后几年直到 1900 年,来自日本的这一新译名尚未取得稳定的立足之地,只是在报刊上的见载率逐年有所扩大而已。如中文刊物上标明译自日本“东京经济杂志”、“日本经济新报”、“经济报”、“经济新报”、“经济杂志”、“日本经济杂志”、“东京经济报”、“东洋经济新报”、“东洋经济报”等刊名的文章,1897 年从《时务报》扩展到《集成报》[①]、《萃报》[②]、《实学报》[③]等;1898 年又扩展到《渝报》[④]、《亚东时报》[⑤],尤其《东亚报》[⑥]本年度译自上述刊名的文章达 22 篇之多。从《萃报》开辟“萃报馆经济文编”栏目,刊载有关人物传记、地理、货币、土产及张之洞《劝学篇》等文章看,此专栏的“经济”含义,带有浓厚的传统色彩,不同于日文中的“经济”译名。1898 年以后的两年内,译自上述日文刊名的文章,骤然减少。1899 年在出版于日本横滨的《清议报》上看到一篇,1900 年在《农学报》[⑦]上看到一篇;另在《湖北商务报》[⑧]1899 年 9 月 15 日第 15 册上,有译自《大阪朝日新闻》的《中日经济关系》一文。[⑨]

这一时期,国人对日本的“经济”或“经济学”译名最为敏感者,仍属梁启超。梁氏早在 1896 年就提到日本的“经济学”译名。那时,他似乎并不赞成这一译名,在很长一段时间里,一再提到日本的“经济”或“经济学”译名,又一直对是否使用这个译名摇摆不定,企图自创或采用在他看来更为妥适的其他译名,这是传统的“经济”观念在作祟。1896 年,他用的是“富国学”译名。1897 年,他以“经世”为题,谈到“西人最重政治学院”,上依人理,下切时务,穷则建言,达则任事,具有专门学问,“非可枵腹抵掌摭尊攘之说,以言经济”[⑩],这是用传统“经济”一词解释西方“以治天下为事”的“政治”涵义。1898 年,他翻译

---

① 《集成报》1897 年 5 月在上海创刊,旬刊。

② 《萃报》1897 年 8 月在上海创刊,周刊。

③ 《实学报》1897 年 8 月在上海创刊,旬刊。

④ 《渝报》1897 年 10 月在重庆创刊,旬刊,次年改出日报。

⑤ 《亚东时报》1898 年 6 月在上海创刊,初为旬刊,从第 7 期起改为半月刊,1900 年 5 月停刊。

⑥ 《东亚报》1898 年 6 月在日本神户创刊,旬刊。

⑦ 《农学报》亦称《农会报》,1897 年 5 月在上海创刊,初为半月刊,次年起改为旬刊,1906 年 1 月停刊。

⑧ 《湖北商务报》1899 年 4 月在武昌创刊,旬刊。

⑨ 以上参看上海图书馆编:《中国近代期刊篇目汇录》第 1 卷,上海人民出版社 1965 年版。

⑩ 梁启超:《万木草堂小学学记》,《饮冰室合集》第二册,文集之二,第 35 页。

日本政治小说《佳人奇遇》，其中有“败军之将，何敢谈兵，楚囚之身，何论经济”；借外债振兴全国产业，“此为天然之数，经济之理，人世之通义”；贵国中兴以来，“伟略经济，多有可观”等语①。其中“经济”一词，实系中国传统用辞与日本新兴译名混合使用的产物。1899 年，他曾多次试用“经济”和“经济学”译名。如《论中国人种之将来》所谓“二十世纪，为经济上竞争革命之时代”、“经济上竞争之大权，实握于劳力工人之手”、“近年以来，同盟罢工之案，络绎不绝，各国之经济者，屡受牵动”、“商务者，经济竞争之眼目”②；《论中国与欧洲国体异同》所谓“经济世界之竞争，月异而岁不同”③；《东籍月旦》所谓“求政治、经济、法律、哲学等专门之业”、日本现行中学校普通科目中“法制、经济两科，乃近年新增者”、“治政治学、经济学、法律学等者”④；《记日本一政党领袖之言》所谓“政府务绝我辈经济之来源”⑤；等等。与此同时，他又钟情于新创的“资生学”译名，以日本译名作为附注，或反以“资生”一词解释日本译名。如《论近世国民竞争之大势及中国前途》论及欧美各国之竞争“非属于政治之事，而属于经济之事”，在“经济”一词后面注明此系“用日本名，今译之为资生”⑥；《论学日本文之益》提到“资生学”，注明此“即理财学，日本谓之经济学”⑦；《论强权》谈到“资生革命”，解释此即“日本所谓经济革命”⑧等。此后，他曾移情于另一新创的“平准学”译名。如《史学之界说》的“平准学”⑨；《论民族竞争之大势》的“掌握世界平准之大权”或“平准界”，注释“平准”乃“日本所谓经济，今拟易以此二字”，打算以“平准”一词代替日本的“经济”译名⑩。自 1902 年起，他在严复的影响下，又欣赏并采用新的“生计”或“生计学”译名，如《新民说》谈论“生计上之自由”，注明此“即日本所谓经济上自由”⑪。在梁氏著述中，早期的译名游移不定，接受严氏译名后，以独立使用、或加注日本译名、或与日本译名混用的方式，延续了很长时间。直到“经济”或“经济学”译名被国人普遍采

① 梁启超：《饮冰室合集》第十九册，专集之八十八，第 155、156、195 页。

② 梁启超：《饮冰室合集》第二册，文集之三，第 53、54 页。

③ 同上书，文集之四，第 67 页。

④ 同上书，文集之四，第 84、85 页。

⑤ 同上书，专集之二，第 103 页。

⑥ 同上书，文集之四，第 59 页。

⑦ 同上书，文集之四，第 80 页。

⑧ 同上书，专集之二，第 33 页。梁启超后来在 1901 年《清议报》第 100 期上发表《本馆第一百册祝辞并论报馆之责任及本馆之经历》一文，其中也提到“经济革命”，注明此系“因贫富不均所起之革命，日本人译为经济革命”。

⑨ 梁启超：《饮冰室合集》第四册，文集之九，第 8 页。

⑩ 同上书，文集之十，第 21、35 页。此文偶尔径用“经济”一词，如在第 15 页上称“经济上之势力范围”，并解释说：“日本人谓凡关系于财富者为经济。”

⑪ 梁启超：《饮冰室合集》第三册，专集之四，第 40 页。有时，梁启超会直接使用日本的“经济”和“经济学”译名。如他在 1902 年的《敬告留学生诸君》中，说过“今诸君所学者，政治也，法律也，经济也，武备也，此其最著者也”；并认为如不收回利权，留学生“挟持所谓经济学、经济政策，将焉用之”。梁启超：《饮冰室合集》第四册，文集之十一，第 22 页。

用后,梁氏仍固执地不时沿用严氏的古色古香译名,从而使他在日本的"经济"或"经济学"译名传入中国的约定俗成过程中,从早期的敏感者转变成后来的迟钝者。

初期受日本译名影响者,非止梁启超一人。如唐才常(1867—1900)1899年11月20日以"天游居士"名义,在《亚东时报》第17号上刊载一篇文章,几次谈到日本人对"经济学"或"经济"教育的重视[①]。但是,这个日本译名当时在中国并不为人们所看好,并受到国人自创各种译名的抵制。其原因,除了囿于传统观念的束缚外,恐怕与戊戌变法失败之前喧嚣一时的"经济特科"创议不无关系。经济特科是清末政府特设选拔"洞达中外时务"人员的科目,贵州学政严修1898年初请设,光绪帝下令总理各国事务衙门会同礼部核议,随即成为人们议论的热门话题。短短几个月时间内,围绕这一话题,见诸报端或广为流传的各式各样奏章建议,连篇累牍。严修奏请开设"经济特科",包括内政、外交、理财、经武、格物、考工六门,其中理财一门规定,"凡考求税则、矿产、农功、商务者隶之"[②]。可见所谓"经济"特科,仍是典型传统的经邦济国概念。然而,"经济"一词,作为我国沿袭已久却不甚普及的古代缩略语,经过舆论的渲染,居然一跃成为人们耳熟能详的时髦字眼。当时的舆论,既有皇帝谘议"经济特科"或将"经济岁举"归并正科的谕旨,朝廷要员遵旨商议开设"经济特科"或"经济专科"、保荐"经济特科"人员的奏疏,更有各界人士纷起响应开设"经济特科"的诸多文章。最为突出的要算康有为,他在1898年6、7月间屡上奏章,建议仿效泰西政俗,考求"经济农工商矿各学",不能只翻译兵学、医学之书,"政治经济之本"不得一二[③];肯定开设"经济科目"实为转移天下之枢纽,批评"不肯讲求经济"的旧习俗[④];主张"经济特科"专以得古今掌故、内政外交、公法律例之通才为主[⑤];呼吁废弃八股科举制,开设"经济常科"归入大学堂,否则,"别求所谓经济"无异于南辕北辙[⑥];等等。此外,还有类似"恭读上谕开经济特科"的体会文章,相应建立"经济学堂"或"经济公学堂"的各种章程告示,连西方人士如丁韪良也参与发表诸如"论特开经济科参用西法事"、"论经济科应专以经济为科举"之类的意见。这些言论中的"经济"一词,虽然包含更多重视经济问题的内涵,却是道道地地延续自古以来的传统用法。

经济特科的开设,经朝廷批准后,因戊戌政变未及实行,但传统"经济"一

① 唐才常:《日人实心保华论》,《唐才常集》,中华书局1980年版,第193、194页。
② 《清德宗实录》卷四一四,光绪二十四年(1898年)正月庚寅。
③ 康有为代杨深秀拟《请开局译日本书折》,《康有为政论集》上册,中华书局,1981,第254页。
④ 康有为代宋伯鲁拟《请讲明国是正定方针折》,同上书,第262页。
⑤ 康有为代宋伯鲁拟《请催举经济特科片》,同上书,第267页。
⑥ 康有为代宋伯鲁拟《请改八股为策论折》、代宋伯鲁拟《奏请经济岁举归并正科并各省岁科试迅即改试策论折》、《请饬各省改书院淫祠为学堂折》,同上书,第256、294、311页。

词由此广为流行，并与日本式“经济”译名的传入趋势，在二者之间似乎形成一种此长彼消的关系。前面提到政变以后两年间，中文报刊译自日本“经济”刊物的文章明显减少，即是一例。梁启超1898年逃亡日本后作《戊戌政变记》，论及上谕“举行经济特科之外，更举经济常科”，称这是对政治、法律、财政、外交、物理各专门之学的非常之举①。这里使用“财政”一词而不是日本的“经济”译名，看来也是有意避免与中国传统的“经济”一词发生混淆。中日两国人士当初对于“经济”一词的不同理解，尤其中国传统“经济”概念在戊戌期间的一度盛行，无疑成为阻碍国人接受日本“经济”译名的一个重要因素。20世纪初，由于形势变化，这一思想障碍随之逐渐化解。1901年，慈禧重新诏举经济特科，令内外大臣保荐，并于1903年经考试取列一等9人、二等18人，惟此时朝廷颁诏的传统“经济”概念，日见式微，已难以抑止日本式“经济”译名涌入中国的潮流。

(四)“经济学”译名的确立

大约从1901年起，由于留日学生纷纷把日文书籍转译介绍到中国，日本的“经济”和“经济学”译名，也越来越频繁地出现于各种论著文章。最初在一些刊物上，破天荒地连载“农业经济篇”、“商业经济学”、“经济通论”等专题著述；发表诸如“军事与经济”、“经济学研究之方法”、“经济革命之发动”等一系列文章；相继开辟“经济备览”、“经济类志”一类栏目，专论收支、赔款、税收等问题。如法学博士天野为之的《经济学研究之方法》中译文，译者特意题注，“经济云者，理财或富国之义。因原文通用此名，故仍之”，仅在其译文第一页，使用“经济学”、“经济杂志”、“经济要义”、“经济指针”、“经济原论”等含有“经济”译名的用语，即达12处之多②。1902年，更多以“经济学”命名的理论著述，如“最近经济学”、“最新经济学”、“经济政策论”、“经济教科书”、“经济学之范围及分类说”等，陆续问世，还有专门的“欧美日本政治法律经济参考书绍介”；刊物上的“经济类志”、“经济汇志”或“经济杂志”专栏，涉猎更为广泛的经济问题；其他著作如村井知至的《社会主义》中译本里，有关“经济组织”、“经济界”、“社会经济”、“经济上之自由”、“经济上平等”、“社会经济之改革”、“经济学”、“经济之原理”一类的专用术语，俯拾皆是；国人自撰的论著如雨尘子的《论世界经济竞争之大势》，大谈“经济竞争日巨之故”、“经济之理”、“经济竞争之中心点”、“经济之政治”等，可谓运用日本“经济”译名阐发问题的代表作。

到1903年，译自日文的众多经济类或非经济类著述，采用“经济”和“经济学”译名已是普遍现象。如杉荣三郎作为京师大学堂的经济学教习，其讲授内

① 梁启超：《饮冰室合集》第一册，专集之一，第24页。

② 《译书汇编》1901年7月第7期，第89页，转引自实藤惠秀著，谭汝谦、林启彦译：《中国人留学日本史》，三联书店1983年版，第311页。

容用汉文记录整理为《经济学讲义》出版。同年，江楚编译官书局出版日本桥本海关翻译的《经济教科书》。“这两种书是中国采用‘经济学’作为译名出版书籍的开端”。[①] 中文刊物以“经济”译名设置的专栏不断增多。国人自撰的著述，使用“经济”或“经济学”译名也呈现日益扩大的趋势。如王璟芳的《普通经济学》；王宰善的《普通经济学教科书》；徐景清的《论经济历史研究之必要》；《中国之改造》所谓“经济思想”、“经济界之竞争”、“经济术”、“经济能力”、“国民经济”[②]；《新尔雅》解释计学“谓之经济学”；《湖北调查部纪事叙例》所谓“经济上之现象”[③]；邓实《论社会主义》所谓“经济思想”、“打破经济之不平等”；壮游《国民新灵魂》所谓“经济革命”、“经济主义”、“经济界”等等，不一而足。连清政府1903年的《奏定大学堂章程》叙述各分科大学科目，也分别注明：“全国人民财用学”科目，“日本名理财学及经济学”；“各国理财史”科目，“日本名为经济史”；“各国理财学术史”科目，“日本名为经济学史”等[④]，给予日本的“经济”和“经济学”译名以不同寻常的关注。这一年正是日文书籍大量转译输入中国的高峰时期，在这一潮流中，像其他许多新式译名一样，日本的“经济”和“经济学”译名颇为走俏，给追逐西方新学时尚的国人以很大影响。经过这股潮流的冲击，随后在1904年，国人尤其有留学日本背景的国人撰写的论著，效法使用这些日本译名，成为一种比较寻常的现象。如《警钟日报》[⑤]刊载《论中国古代经济学》一文[⑥]；孙中山的英文著作的译本《支那问题真解》[⑦]，多次出现“试由经济上观之”、“社会主义经济主义之理想”一类日本式译名[⑧]；等等。

日本的“经济”和“经济学”译名崭露头角，同时，中国已有的各种译名如“富国学”、“理财学”、“资生学”、“平准学”、“食货学”、“轻重学”、“计学”或“生计学”等[⑨]，仍在不同程度上继续流行。以20世纪初作为转折点，随着时间的

---

① 赵靖：《经济学译名的由来》，载《教学与研究》1980年第2期。胡寄窗亦认为，日人杉荣三郎1903年的《经济学讲义》，“这是在中国出现的第一次以经济学命名的书”。胡寄窗：《中国近代经济思想史大纲》，中国社会科学出版社1984年版，第9页注①。

② 连载于《大陆报》1903年第3、4、8期，见张枬、王忍之编《辛亥革命前十年间时论选集》第1卷上册，三联书店1960年版，第417、419、421、423页。

③ 载《湖北学生界》(1903年1月在日本东京创刊，月刊)创刊号，同上书，第447页。

④ 参看舒新城：《中国近代教育史资料》中册，人民教育出版社1981年版，第580页。

⑤ 《警钟日报》的前身是上海的《俄事警闻》，1904年2月26日改名。

⑥ 《警钟日报》甲辰年(1904年)十一月二十三日；另在《东浙杂志》(1904年在浙江金华创刊，月刊)1904年第3期上亦载有此文。

⑦ 其英文题目为“The True Solution of Chinese Question: An Appeal to People of the United States”，1904年8月31日脱稿于美国圣路易，同年秋在纽约出版单行本，年底被译成中文在日本发行；另一译本题为《中国问题的真解决——向美国人民的呼吁》。

⑧ 《孙中山全集》第1卷，中华书局1981年版，第247、248页。

⑨ 在中国自创的各种译名中，还有“格物家”一词，以此表达今天的“经济学家”之意。如英国人马林著、李玉书译《各家富国策辨》一文(1899年2、3月连载于《万国公报》第121、122册)，将西方从事探究百姓贫苦原因和富国策的人称为“格物家”，并以亨利·乔治(原译“卓尔基亨利”)、马尔萨斯(原译“马耳德”)和李嘉图(原译“黎加多”)为西方“格物家”中的代表人物。

推移，逐步形成日本式译名统一取代中国原有各种译名的发展趋势。这个译名统一的过程，意味着国人从自创、排斥、抵触，到逐步理解以致普遍接受的约定俗成过程，不可能一蹴而就。特别是中日之间在译名创造和理解上的差异，更为"经济"和"经济学"译名的统一，平添了不少麻烦。

例如，1907 年钱恂和董鸿祥编撰《日本法规解字》，专门解释日本法规中的难懂名词，其"编后话"说，"近来东译盛行，政法等书，多沿日本名词，初学颇以为苦"。这一苦衷，也是同年日本人清水澄编写、留日学生张春涛和郭开文翻译《汉译法律经济辞典》的原因。其校阅者陈介在序文中说明，我国人士"多取道于日本"研究编译政法新籍，冀以发达政治思想和普及经济观念，可惜的是，其"名词艰涩，含旨精深，译者既未敢擅易，读者遂难免误解，差之毫厘，谬以千里"，故编此辞典，审取名词以供参考。其中关于"经济"一词的解释是："经济者，人类之获得财货及使用财货之顺序的活动与其状态之谓也"。出于同样的原因，1909 年商务印书馆出版田边庆弥著、王我臧译《汉译日本法律经济辞典》，也解释"经济"说："人类欲得财使用之，以满足其欲望；此种顺序的活动或状态，称之曰经济。通俗亦有以节制俭约之义用者"[①]。这些解释，为国人理解和接受"经济"译名，起着鸣锣开道的作用。1912 年 10 月，孙中山在公开讲演中说，"经济学本滥觞于我国"，如管子即为"经济家"，只是古代无经济学名词且无条理，故未能成为科学，"厥后经济之原理，成为有统系之学说，或以'富国学'名，或以'理财学'名，皆不足以赅其义，惟'经济'二字，似稍近之"[②]。这番论说，显然接受了日本人关于"经济"一词的释义，也被看作"反映了当时中国人已基本上趋向于采用'经济学'这一译名"[③]。事实上，这以后，还有人对使用"经济"译名耿耿于怀。如 1915 年留日学生彭文祖的《盲人瞎马之新名词》一书，张步先作序，痛斥国人谈论新学以来，"吾国固有之文章语言亦几随之而晦"，出版的各种译述著作，不治外国文或治之未深求，"其中佶屈聱牙解人难索之时髦语比比皆是……盲谈瞎吹，以讹传讹"。这里攻击的时髦语、新名词，包括"经济"一词。大意是说，现在所谓"经济"之语，与我国古代用法不同，除了"经济之义即经营人间一切财用以济其生活之意"，还被那些"新人物"用于"经济困难"、"经济缺乏"或"不经济"之类"大谬不然"的组合名词，以致"语病"至深，如此效法日人使"国人日日同化于人而不觉"，此乃可悲之事。[④] 类似观念，影响至深，如陈焕章在 1913 年，还用《孔门理财学》名称翻译

---

① 以上引文均转引自实藤惠秀著，谭汝谦、林启彦译：《中国人留学日本史》，三联书店 1983 年版，第 298－299、312 页。

② 孙中山：《在上海中国社会党的演说》，《孙中山全集》第 2 卷，中华书局 1982 年版，第 510 页。

③ 赵靖：《经济学译名的由来》，《教学与研究》1980 年第 2 期。

④ 实藤惠秀著，谭汝谦、林启彦译：《中国人留学日本史》，三联书店 1983 年版，第 301－302、312－313页。

他借以获得美国哥伦比亚大学博士学位的英文博士论文题目；马寅初 1914 年在美国哥伦比亚大学撰写博士论文《纽约市的财政》，最初翻译成中文时也不用“经济学”译名，而用“富国策”、“计学”等；孙中山在 20 年代前后仍偶尔使用“生计之学”说法。似乎到 20 年代，这一观念才发生根本改变。根据实藤秀惠的分析，1923 年的《新文化辞书》和 1928 年的《新术语辞典》均未刊载“经济”条目，由此推测，此时“经济”一词不再属于“新”文化或“新”术语范畴，“它已经变成一般用语，人们也忘记它是外来语，实际上它已在中国语文内生了根”①。

从梁启超 1896 年最初提到日本的“经济学”译名算起(姑不论黄遵宪 1887 年的《日本国志》中偶尔提到“日本之谈经济者”)，20 世纪早期，伴随着蜂拥而入的汉译日文著述，日本的“经济”和“经济学”译名先是在最初三四年间风靡我国新潮人物，继则与国人自创译名并驾齐驱，然后不断扩大其影响乃至压倒国产译名而占据支配地位，直至 20 年代最终成为国人共同接受的统一译名②，这是一个相当长的过程。按照我国语言学者的观点，当时日本许多译名利用汉字创造，和中国译名的翻译方法没有什么分别；不过，其中有的日本译名与中国字源不合，如“经济”本是“经世济民”之义，“日本把 economy 译为‘经济’，若凭中国人去创造译名，不会得到这种结果的”③。这一观点，从理论上既说明了中日同文，促使中国人最终接受日文“经济”和“经济学”译名的理由，也解释了同文不同义，致使这个接受过程如此漫长的原因。理论的逻辑与历史的逻辑相吻合。考察“经济学”译名的起源及其演变，可以知微见著，由此体会西方经济学传入中国、进而体会马克思经济学说传入中国的早期历史之曲折。

三、经济学著述举要

认识早期传入中国的西方经济学说，除了概况式介绍，不妨从当时国内流行的经济类著述中，选择若干具有代表性的著作或篇目作点评，以资说明。这种举要式点评，主要分析此类早期著述如何从经济学角度看待社会主义问题，或者说，社会主义学说在早期经济学著述中被给予怎样的处理和评价。19 世纪 80 年代最初传入中国的几部西方经济学著作，像汪凤藻翻译的《富国策》、

---

① 实藤惠秀著，谭汝谦、林启彦译：《中国人留学日本史》，三联书店 1983 年版，第 313 页。这一时期，不仅对来自日本的新名词没有疑义，反而认为“年来由日本贩入之新名词，人人乐用”。见丽诲 1923 年的《基督教文字播道事业之重要》一文，转引自同上书，第 293 页。

② 有人认为，“大约到 20 世纪 30 年代中期以后，经济及经济学才成为统一的术语被学界和社会接受并通用”。并将“经济”一词作为“汉字术语近代转换过程中误植现象”的典型案例，认为其“古今义无法对应”，“既与古典义相去甚远，又无法从其词形推导出今义来，是一个在‘中－西－日’词汇传译过程中发生意义歧变的词语”。见冯天瑜：《汉字术语近代转换过程中误植现象辨析——以“经济”“封建”“形而上学”为例》，http://www.contemphil.net/article/history/hzsyjdzhgczwzxxbx.htm。

③ 王力：《中国语法理论》下册，商务印书馆 1951 年版，第 266－267 页。

艾约瑟翻译的《富国养民策》，本编第三章已有专题分析，可以了解那一时期引进的西方经济学译述本，给国人勾勒了一个什么样的社会主义形象。在这里，以马克思经济学说开始传入中国的1896—1904年为限，重点讨论这一时期国内的经济学著作与前一时期相比，涉及社会主义问题的叙述，具有哪些新的内容与特点。这些经济学著作，均以西方经济学为样本，表现形式各不相同，有的纯粹翻译，有的参考国外各种著述内容加以编译，有的基于国外资料自行撰述等等。从这些不同类型的经济学著作中，分别举例如下。

（一）国人编撰的经济学著作

所谓编撰，内容皆有所本，同时在不同程度上反映编撰者的理解判断能力或偏好。严复的著名译作《原富》，是当时国人输入西方经济学的最重要代表作。其译文夹叙夹议，留下数万言的译者按语，抒发个人见解，限于原著性质，未曾涉及社会主义问题。梁启超的《生计学学说沿革小史》（1902年），被称为"我国人所编著的最早的一部西方经济学说史著作"[①]。其实也是"辑译"英国、意大利和日本的有关著作，删繁就简，并参考其他著作加以"补缀"的产物[②]。这本简陋的小册子（不考虑"附论"部分），以亚当·斯密学说为中心点，分为甲、乙两部分。甲部从希腊、罗马思想说起，经过中世纪思想、16世纪思想、重商主义，直到重农主义；乙部主要介绍斯密学说。其中有关社会主义的内容，在介绍希腊经济思想时，论及柏拉图的《共和国》"此实后世共产主义Communist之权舆"，以及亚里士多德对柏拉图"共产说"的批评；又在介绍16世纪托马斯·莫尔的《华严界》（即《乌托邦》），谈到它虚构一个"天然极乐园"或"大同之乐园"，乃"欲衍柏拉图之共产主义，建理想的邦国"之"最著名者"[③]。诸如此类，无非转述一些粗浅的议论。袁宗濂和晏志清编辑《西政通典·用财总论》，没有停留于介绍早期空想社会主义或其思想萌芽，以近世"均财一说"为例，试图说明人的聪明财力"各各不同"，想要"遍藉民间之财产，按户口而均分之"，如英国人欧文的"均富之说"，法国人傅立叶变通其意的设想等，均不可能根本改变贫富悬殊状况；只有"使各保其私产"，才有可能"分济贫人"，提倡"取为我"或"主兼爱"，由富人"维持补救"贫人，"以人力济天事之穷"，实现"国计民生交资其益"、方才是"尤公"、"尤大"、"尤远"的"均财之法"[④]。这番评论，主张保留私有制，通过富人救济穷人的方式达到均财，它同样不是编辑者们的独立见解，但显示出他们选择取舍西方经济观点的某种倾向性意见。

---

① 胡寄窗：《中国近代经济思想史大纲》，中国社会科学出版社1984年版，第311页。

② 梁启超：《生计学学说沿革小史》"例言"，《饮冰室合集》第五册，文集之十二，第1页。

③ 同上书，第8、9、14页。

④ 袁宗濂、晏志清编辑：《西政通典》卷六十三，光绪壬寅（1902年）萃新书店刊行。

另外，国人的经济类论说，有的曾引述同时代西方社会主义者的言论。如1904年10月28日《大陆报》上的《英国租税与劳动者》一文，提到"英国之社会主义者"为了激发劳动者的政治意识，发表演说指出：1901年以来，英国租税中间接税的增加数额和比率，每年明显超过直接税，"是劳动者所担负之间接税，已有岁增之势"；同时，与富人的巨额年收入仅增加少量租税额比较，劳动者工资一年减少三千万镑，税收却增加一千六百多万镑；格言云"勿盗贫者"，主张善待贫乏之人，而当今英国国会之财政政策，"则适与之相反"。对此，作者以同情的态度，发出"富者益富，贫者益贫"的感慨。像这样从租税角度，具体分析劳动者穷困从而造成贫富差距的原因，停留于表面现象的分析，又系转述他人的意见，但在当时国人的经济类著述中，已是难得见到的社会主义见解。这也从一个侧面反映了这个时期国人以经济学观点考察社会主义问题的著述之单薄。

(二)马林对亨利·乔治单税论的介绍

美国经济学家亨利·乔治自称绝不是一个社会主义者，他的土地单一税主张，却在19世纪末以来我国社会主义思想传播的早期历史过程中，产生了颇为独特的影响。当初把乔治的单税论思想介绍到中国的积极推进者之一，是具有基督教会背景的英国来华医生马林。早在1894年12月，马林在《万国公报》第71册上发表《以地租征税论》一文。随后从1897年到1899年间，在《万国公报》上又相继发表《再论以地征租论》(1897年7月第102册)、《富民策》(李玉书译，1898年7月第114册)、《各家富国策辨》(李玉书译，连载1899年2、3月第121、122册)、《论地租归公之益》(李玉书译，1899年6月第125册)等文章。这些文章，连同英国人李特理评论马林《富民策》的《读足民策书后》一文(1899年12月第131册)，对乔治的单一税思想作了专题论述或附带涉及。其中李玉书翻译的几篇文章，夹译夹叙，基本上反映了原作者马林的写作意图。

例如，《富民策》一文指出，泰西致富之术有两种：一种是"富室集金创立公司"，成立股份公司，"其意专为利己，而即以变通世运"；另一种是"工人立会自高声价"，成立工会维护工人自身利益，"其意在于均财，而即以抗拒富室"。国家当权者的"大善"责任，不外乎调剂于二者之间，使贫富之民"彼此相安"。在译者看来，以往中国翻译的西书，多强调前一种方法，马林主张后一种方法，予以介绍，可以产生"兼听并观之助"。后一种方法，注意到今日的致富之法，"只能富一二人不能富千万人，只能富有资本之人，不能富无衣食之人"，"无益而害之"。就像机器本为节省人工的"利民之物"，可是，有能力购买机器者"大获其利"，工作小民却因此丧失原来的工作机会，只好"向隅而泣"，因此，"虽有善法而无道以行之"，反致使用机器成为"病民之事"。由此得出结论："当今之患不在不足，而在不均”。产生不均的原因，又在“富者占地太多”，人为造成“贫无立足之小民”。天之生人，无厚薄贵贱，一视同仁，有如日月照临、雨露滋润和呼吸空气，所有人一样自由享受自然之利，土地的使用也应当这样。事实却相反，按照今世求富之术，“贫富之不能均者，天下之大势”。然而，“贫富不能均而必筹所以均之”，这才是“生人之至理”和“上帝之公义”。对此，有人创为“按地科租之法”，可谓“富国之第一策”。“按地”指“按其价之贵贱”，“科租”指“科其租之多寡”，按照地价的贵贱决定地租的多寡。租税收入充作公用，如修路通道、立学读书以及国家钱粮、官府用度，“皆可取给于中”。如此则有地者因课以重租，“必不欲留多余之地……势必退让与人”；贫者得到土地后也因需要纳租，“可自食其力……多用工而少用地”，“多用工则可格外生财，少用地则可随便得地”。佣工被地主雇佣，是因为他们具有超过地主支付的工价的生财能力，“自食其力，非主之所养”。所谓“今日之工，必待富室之养”，“实由地主将土地占尽，使其无可立足，故听其指挥而不敢有异说”。创立上述“地租之法”，可以改变这种状况。

又如，《各家富国策辨》一文指出，人民的贫富，关系重大，泰西学者“尝欲究其故而清其源，格物家尤视为第一义”，他们著书立说，聚讼纷纭，其中固有精义名言，亦不乏以伪乱真和以非胜是者。惟有美国人乔治“夙精格物，久擅大名”，其著作风行，几遍天下，时人“无不读其书”、“无不服其论”。其书“引证确凿，议论谨严，以无我之公心，筹救人之良策”。他对其他作者的辩驳，阐明了“所以致贫之由”和“所以济贫之道”。历来“作富国策者”所笃信并奉为圭臬的马尔萨斯著作，曾断言，“地球之上，人民孳息之多且速，实迥超于食物之萌芽”，或者说，“地之生物有限，天之生人无穷，以无穷之人居有限之地，而食有限之物，其不给也必矣”；认为“生物之地力，以渐用而渐减，即使倍加工本，终必不能倍收”，提出所谓土地肥力递减规律。这些论点，富人津津乐道，“恃以为助”；贫者产生错觉，以为贫苦是人多相互竞争招致工价不足。对此，乔治批驳其荒诞，认为“马氏人多食少之说”，从亚洲各古国人口数量变化的史实看，找不到依据，表明“上帝生人，具有自然之理，故生是人即有所以养是人者，不以少而有余，亦不以多而不足，此造化之权衡”。又认为马氏“地力用而渐尽，必至减收”之说，“以人匀地之法”，对比欧洲各国人口密度与全球人口密度，前者高于后者 20 倍，不能将“今世民之贫窭，遽归咎于地力之穷”；再以“天下之物为人用者，皆循环不已，从何而来，仍返何处”的道理，证明马氏之说“实属过虑，殊不知地力断无用尽之理”。总之，民之所以贫，根本不是“因人多食少，地不足养之故”，可用孔子一言以蔽之，即“不患贫而患不均”。

再如，《论地租归公之益》一文指出，生财有土地、工人、资本三要素，分财有地租、工价、利息三要素，利息归资本主，工价归工人，“固其人之所作”的结果。而土地非地主之所作,地租亦非地主所应得。地租的产生,“实由人众而成,不尽以地之肥瘠而定”,如城市地租高于郊区,郊区地租又高于荒野。“租即为众人所成,利息应众人所得”,富国者如果只考虑增加工价和利息,不留意于地租,以此“欲筹均富分财之策”,犹如抱薪救火,反受其乱。“当今贫苦之患,不由于生材之不足,而由于分材之不均”,其所以不均,“由于有地无地之故”。当初孟子要求恢复井田制,“欲但征地租,尽免他税”,正是“古今富国之绝大策”。后来乔治“深探本原,创地税归公之说”。此法“不必人皆分地也,而可有其地之租;亦不必分租与人也,而可以之为公用”。具体言之,人之有地,不论城乡已用与未用之地,估算其地之价值,令所有者按年交租以充公用。这样,有地多者因须多出租,“使留地反以受累,势必退让与人”;无地者只要照价出租,“自可随处得地,自食其力,不致见挟于人”;“专于税地”有利于精心用地,改变过去用地未尽其利的状况。另外,地租的交纳便于查验,可以避免其他征税易于中饱、侵渔、贿纵、隐匿之类弊端,“若税地则出之于民,即收之于上,无事琐屑考核,自能涓滴归公”。征地税将过去归之于地主者转移归之于公,“并非别敛于民”,如此则“人人为地主,亦人人为租户,工价、利息不求增而遂自增”。这说明“人之根本在地”。所谓机器可以降低成本和节省工人,不知“地税不归公用,则仍归于无益”。因为机器不断对下等土地开辟利用,以及机器所裁汰的工人另谋营业需要用地,这只会增加地租的数额而使地主获益。“惟地租归公,则以其有余补其不足,不患价贵而租多,且有愈多而之愈足,分之愈均者”。所以,此法“非今世分财均富之术所可同日而语,亦非古世井田分地之法所可等量齐观”。古代分地计口而分,因地有肥瘠,租有多寡,“是均而仍不均”。总之,“地租归公之法行,则天下之人既无大贫,亦无大富”。

李特理的《读足民策书后》一文,也称赞马林所译乔治的“地税归公”一书,如此命名为“足民策”或“富民策”,体现“百姓足君孰与不足”以及“民为贵,君为轻”的古意。认为乔治的著作“以得地为要图,以均材为急务,议论宏大,证据详明,实萃中外各家之精华,而独抒伟论”,再加上译文浅显易于研究,“信乎其为疗贫之药石,而富国之津梁”;相信乔治之说的功效尽管尚待检测,但对“地占民贫”原因的分析已是历验不爽,“于救贫之道不无裨益”;等等。

马林在19世纪90年代末期连续发表的介绍乔治“按地科租之法”或“地税归公之说”的文章,后来联缀编辑成专门著作,如上海美华书馆1911年出版的《富民策》一书。这类著作增补一些内容,在推销乔治学说方面,没有什么变化。以《富民策》一书为例①,其中:“论救贫之策”篇,将过去试图“转贫为富”

① 以下引文凡见于此书者,均转引自《社会主义思想在中国的传播》第二辑中册,中共中央党校科研办公室,1987年,第316-321页。

之法，归纳为“国家节用度而免钱粮”、“教民习工作而安勤俭”、“百士齐行而增价”、“工本合作而分材”、“由国家办工作之事”如以工代赈、“分田与民”等六端，认为它们都是暂且接济一时的枝叶之事，“于大局一无所裨”，未能解决地主占据土地带来的问题。“论天演之说”篇，认为“天下之人，不平则鸣；天下之事，不公则败”，如果地多被占，坐享地租日增之利，势必产生贫富过分和不思进取的弊端，图治者“必以公义为主”，合群均利，人民财产无虞，则不期进而自进。“论地当征租归公”篇，根据李嘉图的地租论，认为地主“一生安享，未尝身执一业，手作一物，惟安坐而受其成，是但取他人之物以自肥，未尝以己作之物以相易”；对此，“合理”的原则，应“以一国之地，属一国之人，一国之地租，作一国之公用”。其办法，当今最好的是乔治的“按地科租之法”，“不必以人分地，但征其地租，亦不必分租与人，但以为公用”，这样，“不动声色，不事更张，行新法于旧章之中，易如反掌”。同时，“国家无论何税，皆足有害于其物，而使作者日少，惟征地不但不使作物者少，且可以勉生材者之多”，促使人们多用力少用地，以冀出租少而获利多。由于“当今贫苦之故，不在于财用不足，而在于多寡之不齐”，所以，实行乔治的按地征租法，将呈现“既无大富，亦无大贫”的“太平盛象”，“将见转弱为强，转贫为富，争攘劫夺天下，一变而为太平熙皞之天下”。“论机器之用”篇，认为推广使用机器，虽有节省人工和盛兴商务之利，但通过土地的开发利用，地价日贵，地租日增，“地主食其利，而工人无与”，由此产生的利益，“终仍归于地主”。诸如此类的议论，从不同角度，证明乔治的主张是最值得推崇的救贫或富民、富国方策。这和马林19世纪末的撰文旨意，在基本精神和表述方式上，几乎完全一致。

与乔治学说传入中国的时间大体相近，也在19世纪90年代，这一学说开始流行于日本。据说乔治的名作《进步与贫困》，从1891年起已有城泉太郎翻译的日文本在当地出版，不过当时未产生什么影响。真正有影响的，是美国传教士查尔斯·加斯特在日本社会主义研究会1898年11月20日一次聚会上，提出用乔治的单一税主张作为日本实行社会主义的最佳方式。以后他又撰写《单税经济学》一书，1900年在日本出版。日本学者曾考察单税论在日本的早期流传情况，特别提到“日本有一美国人，自称单税太郎者，日倡是说”[①]，恐怕指的就是加斯特其人。可见，大致同一时间，乔治学说的西方信仰者，开始积极向东方国家传播这一学说，其中一个是英国人马林在中国宣扬乔治的按地征税或地税归公论，一个是美国人加斯特在日本宣扬乔治的单税论。当时中国还没有单税或单一税译名，稍后，随着日文著作大举进入中国，来自日本的

① 大原祥一著，高种译：《社会问题》，闽学会1903年5月15日发行。转引自《社会主义思想在中国的传播》第二辑中册，中共中央党校科研办公室，1987年，第310页。

单税译名，夹杂在介绍单税论的文章中，一并传入中国。

如闽学会1903年发行的大原祥一著、高种译《社会问题》一书，曾介绍和评论单税论。单税论者自诩，“单税者，除恶税法，免贫富之悬隔，故对劳动问题、贫人罪恶等，可以解决而一扫之”。书中以此作为考察对象说明，“单税”指“废止各税，专就一物而课税之”，欧洲早在17、18世纪已有学者提倡，此后相继出现过家屋单税、收入单税、资本单税等主张，皆被世人斥为谬说，未见实行；近年美国人亨利·乔治(原译“黑利祚止”)“首倡土地单税，课土地价格之说”，此说“最新”，世人称为“单税论”，欧美各国经大力提倡，有日渐兴盛之势。在单税论者看来，此税由地主缴纳，或称可以转嫁负担给一般人民，其负担普及于消费者，不归地主，或称不能转与他人，一般人民不至受苦，不论哪种说法，此税诚属“良税”。其理由是，土地乃“天与之，非人工所能手造”，任何人没有“专用之权利”，土地价格增加，是社会发达的结果，不是个人劳动造成的，其不劳而增加的利益，理应“属于社会全体，非个人所专有”；政府承担统率社会全体，匡正“土地之私有制”所带来的社会弊害之义务，个人可以自己的劳动占用土地，“原地价格仍归国家收取”，如此改良税法，可真正解决各种社会问题；“课税于劳力者，或劳力所得之诸生产物，有碍商工业之发达，减少人民之生产力，流弊甚大”，应废止此类税法，代之以“单纯土地税”。总之，个人可以使用各类土地，因社会进步、价格增加而产生的利益则归政府，“国家者，土地之所有者，个人乃使用者”。对于上述土地单税论者的观点，大原祥一持有不同意见，用不少篇幅批驳其误谬。而他关于乔治学说的介绍，较之马林的介绍，显得更加简洁和明晰，较为准确地表达了“土地单税”(single tax)的理论主张。这也为马林率先将乔治的单税论引进中国，起到了进一步的渲染作用。

亨利·乔治死于1897年，恰恰从这时起，他的经济学说尤其是单税论主张，经过其西方信徒的宣扬，开始在东方的中国和日本得到积极传播。在早期传入中国的西方经济学说中，这恐怕也是少数被当时国人看作代表西方社会主义的理论观点之一。此后，国内曾涌现出一批推崇乔治单税论的热心支持者甚至狂热信徒，特别以孙中山作为其中的代表人物，使单税论热潮在中国思想界持续了一个不短的时期。这种特殊历史环境下形成的特殊追求，对于那一时期马克思经济学说传入中国所产生的特殊影响，值得认真研究和追溯。

(三)作新社编译的《最新经济学》

在早期传入中国的舶来经济学著作中，《最新经济学》一书可算是具有较为完整的教科书式理论体系、以新式名词术语表述的代表作。它发行于光绪二十九年阴历一月十日即1903年2月7日，封面署名“作新社”为著者兼发行者。作新社是1902年留日归国学生戢翼翚等人在上海创办的译书出版机构，在东京设有发行所。所谓作新社为著者，并非自己撰写，是该社组织翻译，亦即内封面里所说的“作新社编译”。以此而论，作新社编译的《最新经济学》，或许是以稍前连载于《翻译世界》的日本田岛锦治著《最新经济学》的中译本，作为其蓝本。

这部230余页、约9万字的经济学著作，似乎面对初学者。在作者看来，经济学乃“人间社会最要之科学”，它研究的目的物极为纷杂，致使其发展落后于“形而下之诸学”如天文、地理、气象、地质、物理、化学、生物、算数、医学、工艺等，亦殊迟于同类的“形而上之诸学”如哲学、政治、法律等；对经济学“造诣尚浅，研究极难”，初学者可先顺序了解其要目，即人类之欲望、货物、效用及价值、生产及消费、交易及分配、所得及财产等六端，然后认识“经济学之真义”①。根据这一思路，全书分为绪论与正文两大部分。绪论主要论及“经济学之要目”、“经济学之定义及分科”、“经济学之历史”、“经济学研究法”等内容；正文则由“生产论”（含消费）、“交易论”、“分配论”三编组成。可见，《最新经济学》一书，基本上按照西方流行的经济学教科书体系，加以编排。

书中涉及社会主义问题的论述，集中于绪论“经济学之历史”，主要在上古、中古及近世经济学之后的“最近时代之经济学”一节，其中一部分属于“非斯密派”的代表，另一部分以“国家社会主义即讲坛社会主义”的面貌出现。

关于“非斯密派”的代表，除了“复古派”和“保护贸易派”之外，便是“共产主义派”和“社会主义派”。“共产主义派”与斯密派“以私有财产为本”的宗旨，正好相反，主张“废私有财产之制，而以天下财产，为各人之公有，而措各人于平等”。追溯起来，这一学派以柏拉图的“共产说”最早，以中世纪托马斯·莫尔的《无何有乡》一书最有名，近世巴贝夫、邦纳罗蒂（1761－1837）等人皆是此派的崇奉者。对于“社会主义派”，先说明“社会主义者，指共产主义以外之社会主义”，换一种说法，“共产主义，乃社会主义之一种而主张共有财产之制而已”。二者的区别在于，“社会主义，仅言土地及资本可为共有，其他享财产皆许其为私有”。此学派反对斯密派，概括起来，一是斯密派所赞成的私产制度和放任自由竞争，决非自称的遵行自然之法则，“不过行人为之方法而已”。二是其说仅考虑土地所有者及资本家的利益，不考虑自由竞争过甚“往往不免私益之害公益”。三是“生产货物，莫不由勤劳而来”，按理应由劳动者“享受生产之权”，但今日制度“妄使土地所有者及资本家横夺劳动之报酬”，以致“起而颠覆”保存这一制度的国家，“结勤劳者之团体以代之”；即使不能颠覆，亦须“矫正”目前关于私有财产及自由竞争的国家法律弊端。此类“社会主义派”的有名人物，据称“法国有山席孟（即圣西门）、富理哀（即傅立叶）、普东（即蒲鲁东）、路意布兰（即路易·勃朗）等，德国有罗托柏芝（即洛贝尔图斯）、嘉玛古士

① 作新社：《最新经济学》，作新社1903年藏版，第1－2页。

(即卡尔·马克思)、法黎德里拉撒(即斐迪南·拉萨尔)等”。[①]

西方经济学历史上有关“共产主义派”和“社会主义派”的这些论述,从理论观点上考察,涉及诸如废除私有财产制、建立“公有”或“共有”财产制;反对过度自由竞争以私人利益侵害公共利益;认为货物的生产取决于“勤劳”,土地所有者和资本家剥夺“劳动之报酬”;呼吁“颠覆”现有国家制度,由“勤劳者之团体”取而代之,或者限制现行私有财产和自由竞争制度等基本观点。这部专论经济学的著作,明确提到卡尔·马克思的名字,意味着马克思经济学说传入中国的早期途径,除了主要依附于舶来的或自撰的涉及社会问题和社会主义问题的著述,开始显露来自经济学著作的传播渠道。不过,这条传播渠道在它的初期,看来不那么畅通,存在各种障碍。如《最新经济学》一书,既包括西方占支配地位的正统经济学对于马克思经济学说的偏见,也包括日本作者在理解“研究极难之经济学”时的偏差,还包括中文译者在转译过程中经常出现的错误或不当之处。例如,将“共产主义派”与“社会主义派”的区别,简单归结为一个主张共有天下财产而废除私有财产制,另一个主张只共有土地和资本而保留对其他财产的私有;以“勤劳”作为生产要素,提及对“劳动之报酬”的剥夺,似乎说的是劳动价值理论甚至剩余价值理论,但在表述方式上几近面目全非;“颠覆”现有国家制度代之以“勤劳者之团体”,与“矫正”现行制度之弊,两种截然不同做法,在同一“社会主义派”中相安无事;把马克思放在斯密派的对立面,归入与“共产主义派”不同的所谓“社会主义派”,使其不仅与德国的洛贝尔图斯和拉萨尔为伍,而且与法国的空想社会主义者圣西门和傅立叶,乃至无政府主义者蒲鲁东、小资产阶级社会主义者路易·勃朗之辈等量齐观。

关于“国家社会主义即讲坛社会主义”,书中认为,国家社会主义是“德国经济学上最新之主义”,介于重农学派、个人主义与社会主义三者之间。它既不像个人主义“欲缩小国家之职务”,也不像社会主义“欲举一切事业悉委于国家”,只是对那些个人不能为或个人能为而不如国家为之的事业,“欲使国家经营之”。它不承认经济有自然法,反对个人主义的自由放任,希望用“国家法制之力”保护弱者,“以持社会之平衡,且以求众民之最大幸福为目的”。它将社会置于个人之上,认为“私益不可不屈服于公益之下”,从这个意义上说,国家社会主义“实与社会主义相同”,均反对个人主义;同时,国家社会主义“欲藉今世国家法制为本,而维持社会之平衡”,又不同于社会主义者“欲改革今世国家之根柢”。国家社会主义的名称,据说起源于 19 世纪 80 年代俾斯麦任德国宰相期间推行的经济政策,当时柏林大学教授阿道夫·瓦格纳为其顾问,称国家社会主义为一种目的,不是一种学派,如 1883 年以来实行劳动者强制保险法

---

① 作新社:《最新经济学》,作新社 1903 年藏版,第 50—51 页。

令，“遂得示国家社会主义之模范于天下”。俾斯麦政府1878年“禁制社会民政党”即颁布《反社会党人非常法》后，为了治疗社会疾病，采取积极方策“以谋劳动者利益”，将灾害、疾病、衰老、劳动等急需的保险，“皆置于国家监督之下”。类似这样的社会政策，曾经体现在上古斯巴达规定贫民继承富民遗产和国家分配土地，雅典梭伦立法规定累进税制，中世英国伊丽莎白女王创设济贫法，法国路易十四设立贫民医院及孤儿院等先例中；在东方古代，如“中国以儒教为立国之原”，实行井田、均田、常平仓、义仓、惠仓等制度，“亦略与国家社会主义相似”。因此，国家社会主义的学说与制度，非创始于德国，“殆亘古今东西，皆有焉”，其中最显著者，仍推德国为首。至于“讲坛社会主义”，亦是“经济学史上最新之学说”，它“欲因国家权力，矫正社会不平等之弊”，等同于国家社会主义。此说初盛行于德意志和奥地利二国，近来渐次传播于英、美、比利时、意大利等国，日本近世也由过去专行英国学派转而辈出讲坛社会派之学者。[①]

比较前面对“共产主义派”和“社会主义派”的介绍，此书关于国家或讲坛社会主义的论述，隐约显现出作者的偏爱倾向。根据书中的叙述，称19世纪为“前世纪”，此书原著，应作于20世纪初的二三年内；又称日本“数年前”专行英国学派，近来不断出现附和国家或讲坛社会主义的学者，如此说来，西方国家或讲坛社会主义思潮开始流行于日本的大致时间，也在19世纪末20世纪初的几年内。这股思潮，通过《最新经济学》一类具有倾向性的中译本，从日本迅速地蔓延到中国思想界，刺激梁启超之流极力为之鼓吹，形成20世纪初传入中国的社会主义诸学说中，国家社会主义独领风骚的一道奇特风景线。

综上所述，在1904年以前，国内各类经济学著述中，国人自撰或自编者，甚少论述社会主义经济学说，即便有所论述，也是浅尝即止，不外粗疏介绍若干空想社会主义者的经济主张，或简单接触一些近世社会主义经济理论的皮毛，从未深入到它的理论内核。社会主义经济理论的内容，在西方，像一般社会主义思想一样，五花八门，派别纷呈，相互之间存在很大差别甚至完全对立。对此，处于初学过程中的国人，很难把握和理解。当时的经济学著述，能够对社会主义经济理论从总体系统或个别观点上作入门式论述者，主要见于一些舶来的介绍文章或翻译作品。这些舶来品又可以分为两条传入线索。一条线索直接来自西方。如早期的《富国策》和《富国养民策》译本，站在反对的立场上，提供一些社会主义经济观点作为批判的靶子。后来沿着这条线索所取得的进展，颇为缓慢，在相当一段时间内很难看到有关社会主义经济理论的正面介绍。马林对亨利・乔治单税论的宣扬，可算是在西方社会主义经济学说传入中国的历史潮流中，曾经掀起一阵小小的波澜。另一条线索间接来自日本，

① 作新社：《最新经济学》，作新社1903年藏版，第52－55页。

《最新经济学》译本是一个范例。从这条线索输入西方社会主义经济学说，其理论内容的涉及面、介绍评价的客观性、表达方式的近代化等方面，超过来自西方线索的进展，而且颇不寻常地提到马克思。那一时期公开发表的中文著述里，经济学著述对于社会主义学说的评介，无论数量上还是质量上，都不能与同期专论社会问题或社会主义问题的著述相比拟。这里有两点值得注意。一是当时经济学著述谈论社会主义问题，重点也是着眼于社会问题的日益严重。如《最新经济学》认为"今日社会问题"的症结，在于近世工业以机械代替人力，小工业被大工业压倒，土地和资本的兼并日益激烈，"独立之劳动其数渐减，多为雇佣之劳动者"，而"雇主与劳动者之关系，亦因其地位悬隔渐次冷淡，有再变而为疾视反目之关系者"。为了解决这种对立关系，社会主义经济学应运而生。所以，有关社会主义经济学的介绍，如果不是追求其专精，可以出现于经济学著作，也可以出现于一般讨论社会问题的著作。二是当时西方经济学对于中国学者，包括对于日本学者，属于研究对象纷杂因而颇难掌握的一门社会科学，谓之"造诣尚浅、研究极难之经济学"，因而阻滞国人用经济学眼光看待和传播社会主义。不论出于什么原因，事实上，20 世纪初以前，关于社会主义经济学，特别是马克思经济学说的评介，大多见于各种非经济学著述，主要见于讨论社会问题或专论社会主义问题的著述；经济学著述除了以宣扬乔治的单税论为其特色外，较少论及社会主义学说，对于马克思经济学说更是轻描淡写，一笔带过。这种状况的改变，有待经济学知识的继续传入与不断积累，尚须假以时日。

第二编

1905—1907：论战期间传入中国的马克思经济学说

1896—1904年之后，1905—1907年期间，马克思经济学说传入中国继续保持其早期一些基本特征。这一时期的有关著述文字，在介绍马克思经济学说的内容方面，未见得比前一时期高明多少，而在增进国人对马克思经济学说的认识方面，则具有相当大的启迪作用。这一进展，同本时期主客观条件的新变化密切相关。从客观条件来说，随着中国半殖民地化的加剧，不甘屈辱的中国知识分子愈益迫切地希望从强势的西方寻求救国救民的真理。特别是1905年日俄战争后，日本取代沙俄在中国东北的支配地位，在人们心目中，"日本瞬息之间已变成了一个现代化国家和世界强国"①，于是推动国人留学日本在1905—1907年间形成高潮，加上1903年左右输入日文著述曾达到一个高峰，这一切，为国人中的先进分子由浅入深地认识和理解西方社会主义包括马克思经济学说，从外部积蓄了初步条件。从主观条件来说，1905年8月由孙中山倡导，在日本东京成立中国同盟会，使分散的革命团体联合组成统一的资产阶级革命政党，并围

① [美]费正清，刘广京编：《剑桥中国晚清史》下卷，中国社会科学出版社1993年版，第557页。

绕革命政党的指导思想，结合中国实际，提出从舶来的社会主义学说包括马克思经济学说中汲取滋养的任务。这些主客观条件的交汇，产生新的思想激荡，促成国人中不同阵营的代表人物之间，对于19世纪末叶以来通过各种渠道(主要是日本)陆续传入中国的形形色色社会主义学说，在怎样理解和能否为我所用等问题上，第一次发生正面的论战，并持续到1907年年底。这场论战，突出社会主义主题，双方纷纷引用有关社会主义的思想资料以为各自的论据，对当时思想界起到一定程度的普及和推广作用，同时引起少数思想敏锐者对于马克思经济学说的研究兴趣，不止作为介绍对象，还将这一学说作为新的研究对象。这场论战具有独特的意义，所以单独列为一个阶段，考察1905—1907年间马克思经济学说传入中国的历程。其中包括论战双方所触及的马克思经济学说，也包括第三方无政府主义者所评介的马克思经济学说，以及经济学著述的相关背景和历史特点。

第一章　孙中山及其支持者著述中的马克思经济学说

孙中山作为民主革命的先行者，在我国最先提倡社会主义并可能早已对马克思经济学说有所研习。他在早期未留下这方面可资凭信的文字著述，难以推断那时他接触马克思经济学说的内容范围及其理解水平。同样，在论战时期，他也没有留下多少相关的文字著述，更没有关于马克思经济学说的专题论述。有些西方学者认为，孙中山作为一个思想家，可能缺乏深度，因为他把绝大部分精力放在革命的实际工作方面，所以在提出革命意识形态的主要轮廓之后，便把详尽阐述革命思想的工作交给别人去做，由别人来填充他的思想轮廓，同时也加进他们自己的意见[①]。这个分析，贬低了孙中山在整个论战过程中，影响并推动革命阵营的许多杰出人物去研究、吸收和宣扬社会主义思想乃至马克思经济学说的积极先导作用。下面，先叙述孙中山的先导作用，然后分别考察其追随者著述中所接触的马克思经济学说。

第一节　孙中山创议民生主义的先导作用

孙中山的民生主义思想，根据后人分析，可以追溯到他的早年。如1894年的《上李鸿章书》，曾多次提到“生民之命脉”，“民间养生之事”，“民生日用”，“裕民生”，“国计民生”等[②]；接着，成立兴中会的宣言，也提到“兴大利以厚民生”。这些有关“民生”的用词，有人认为，可能是他从艾约瑟博士此前连载于《万国公报》的《富国养民策》一文中学到的[③]。其实，这种类型的“民生”思想，在中国古代传统中有着深厚渊源，不必临时求助于一篇洋人的文章。然而，将

① ［美］费正清，刘广京编：《剑桥中国晚清史》下卷，中国社会科学出版社1993年版，第564页。

② 此文曾以广东香山来稿《上李傅相书》之名，连载于《万国公报》光绪二十年九、十月（1894年10、11月）第69、70册。

③ 参看［美］伯纳尔著，丘权政、符致兴译：《一九〇七年以前中国的社会主义思潮》，福建人民出版社1985年版，第38页。

传统的民生观念,提炼升华为民生主义学说,却是孙中山同时吸收西方思想的产物。据他后来的叙述,1896 年伦敦蒙难获释后,曾在欧洲逗留两年(实际 10 个月左右),考察其政治风俗,“始知徒致国家富强、民权发达如欧洲列强者,犹未能登斯民于极乐之乡”,仍有欧洲志士从事“社会革命之运动”,于是,“予欲为一劳永逸之计,乃采取民生主义,以与民族、民权问题同时解决。此三民主义之主张所由完成”①。也就是说,民生主义思想受西方现实的启发,形成于 19 世纪末期。现有资料表明,19 世纪末 20 世纪初,他的经济思想轨迹,主要围绕着解决土地问题,尚未明确提出民生主义概念。例如,1899－1900 年间,他与章太炎、梁启超及留日学生聚谈时,“恒以我国古今之社会问题及土地问题为资料”,在欧美经济学说中,“最服膺”美国人亨利·乔治的单税论,此为“土地公有论之一派”②;1899 年他与梁启超谈到,今日农民的困苦,在于“率贡其所获之半于租主而未有已”,实行“土地国有后,必能耕者而后授以田,直纳若干之租于国,而无复有一层地主从中朘削之,则农民可以大苏”③;1902 年春他与章太炎的谈话已包含“平均地权”思想,这一思想的正式提出,见于 1903 年秋他为组织东京军事训练班制定的誓词④,同年底答复友人的信函里,又把“平均地权”同社会主义联系起来,以期作为防范和改革手段,避免我国像欧美国家那样因贫富悬隔而发生大冲突,到 1905 年同盟会成立,正式提出“驱除鞑虏,恢复中华,创立民国,平均地权”的十六字政纲。

孙中山这时没有明确表达民生主义概念,但与此有关的一些重要思想,正在孕育形成之中。1905 年 5 月间,他以“中国革命社会党的领袖”身份,访问设在比利时布鲁塞尔的第二国际书记处,意在向社会党国际局(第二国际常设执行机构)申请,接纳他的党为其成员。当时的接待者是比利时工人党首领和社会党国际局主席艾米尔·王德威尔得(1866－1938)、时任社会党国际局书记处书记的比利时人胡斯曼(又译卡米尔·惠斯曼斯)以及中介兼撰稿人桑德。这次会谈的内容,同年 5 月 18 日和 20 日先后在比利时的《前进报》和《人民报》上报道,标题是《中国的社会主义》。⑤ 这次“别开生面”的谈话,其报道几乎完全基于孙中山的谈话内容,向欧洲人介绍“中国的社会主义”。从中可

---

① 孙中山:《建国方略之一 孙文学说——行易知难(心理建设)》(1918 年),《孙中山选集》,人民出版社 1981 年版,第 196 页。

② 冯自由:《革命逸史》第 3 集,中华书局 1981 年版,第 206 页。

③ 梁启超:《社会革命果为今日中国所必要乎》,引自张枬、王忍之编《辛亥革命前十年间时论选集》第 2 卷上册,三联书店 1963 年版,第 348 页。

④ 参看《孙中山全集》第 1 卷,中华书局 1981 年版,第 224 页。

⑤ 分别见王以平译:《孙中山访问布鲁塞尔社会党国际局的一篇报道》,见《国际共运史研究资料》第 3 辑,人民出版社 1981 年版,第 285－287 页;以及[美]伯纳尔著,丘权政、符致兴译:《一九〇七年以前中国的社会主义思潮》,福建人民出版社 1985 年版,第 52－54 页。以下有关此次会谈的引文,除另注外,其出处均见上述两种译本。

以看到，孙中山当时解释“中国社会主义者”的目标及其影响，具有以下意蕴和特点。

一是在驱逐鞑虏、恢复中华之外，重点阐述其纲领内容的土地部分。在他看来，中国的土地现状，一方面，“中国的全部或绝大部分土地是公有财产，也就是说，那里的地主很少；土地按一定的规章租给农民”。换言之，“土地全部或大部为公共所有，就是说很少或没有大的地主，但是土地由公社按一定章程租给农民”。另一方面，“中国人实行一种很简便的赋税制度：每个人按其财产多寡纳税；国家开支不像欧洲这里由那些没有财产的阶级即广大居民负担”。据此，他主张，“进一步完善这种税制，给这种制度规定统一的原则，防止一个阶级剥夺另一个阶级”，或者说，“改进这种制度，使之同我们党的原则更趋一致”，防止出现所有欧洲国家都发生过的阶级剥夺现象。这里对于中国土地及其税收状况的概括性描述，如果不是报道有误，并非完全真实。所谓土地是公有财产或为公共所有，按一定规章甚至由“公社”租给农民的说法，或许沉湎于古代的井田、王田或均田等土地国有制，或许憧憬于未来的平均地权制度，均不是 20 世纪初的现行土地制度。他本来的想法，可能冀以表达中国传统上具有土地国有的习俗，现实中又很少有或根本没有大地主，因此较易于推行理想中的平均地权制度。至于他所说的现行简便赋税制度及其改进或完善原则，恐怕也是他推崇土地单一税制的另一种表达方式。

二是分析中国工人及其行业组织的现状。这里包含几层意思：第一层意思，“机器的使用在中国还很不普遍。绝大部分劳动还靠手工”，中国工人的处境类似欧洲行会和同业公会时期的手工业者，或者说，“中国工人发现他们自己还处在过去许多世纪行会一样的地位”。第二层意思，中国“所有的工人都组织起来了，组织得比其他任何国家的都更紧密”，或者说，“境遇比世界上任何国家的都好”。第三层意思，中国“工人的物质生活状况还远远不是悲惨的。赤贫的人很少，富裕的人更加少。富人虽然富有，然而他们享受的舒适和奢侈的程度却不及欧洲资本家的一半”，或者说，“像中世纪的工匠一样，今天中国工人的生活是远非可怜的。穷人很少，而真正富有的甚至更少”。第四层意思，“行会和同业公会一贯激烈反对输入机器和采用欧洲的生产工艺”。结论是，“中国人清楚地懂得他们在做什么：他们是世界上最幸运的民族之一”；“他们深知欧洲无产者在资本主义生产方式下遭受的苦难，他们不愿意成为机器的奴隶”，或者说，“中国人一点也不笨。他们是世界上最幸福的人之一，他们知道欧洲工人在资本主义制度下多么痛苦，因而不希望自己成为机器的牺牲品。这是他们处于落后状况的原因”。以上几层意思，似乎由报道者根据会谈双方的对话整理而成，不全是孙中山的原话。从这个报道中，仍能反映他的一些重要思想变化。他早年长期游历欧美，不难感受西方资本主义生产方式所带来的贫富悬隔弊端,他1903年致其友人的信中,清晰地表达了这种感受。不过,1905年以前,他的注意力集中于国内土地问题,很少谈到工人问题。这次会谈涉及中国工人问题,虽然指的只是与手工劳动相联系的手工业工人,不是与机器工业生产相联系的产业工人,但异乎寻常地把工人问题纳入中国社会主义的目标视野。当时他交谈的对象均系欧洲工人党的领导人物,一向坚持工人阶级的社会主义斗争目标,因而谈论中国的社会主义时想必更为关注中国工人问题。大概受到欧洲工人党领袖的启发或影响,工人问题也成为孙中山的主要话题之一。需指出的是,话题的变化,并未改变甚至更加强化了他的这个基本观念,即中国的贫富差距,远不像欧洲国家那么严重,这是一件幸事,正可为中国的社会主义者所利用。

三是提出中国社会主义的目标设想。它被概括如下:"中国社会主义者要采用欧洲的生产方式,使用机器,但要避免其种种弊端。他们要在将来建立一个没有任何过渡的新社会,他们吸收我们文明的精华,而绝不成为它的糟粕的牺牲品。换句话说,由于它们,中世纪的生产方式将直接过渡到社会主义的生产阶段,而工人不必经受被资本家剥削的痛苦。"[①]这段话,西方学者曾评价具有"一种惊人的预言性",认为它是"有关中国在'超越历史阶段'、从封建主义直接进入社会主义社会的最早例子之一"[②]。这一评价,把孙中山1905年的这个预言,显然与1949年以后中国的社会主义建设实践联系在一起,以此印证其预言的惊人之处。这种评价模糊孙氏预言与新中国实践之间的深刻差异,没有什么实际意义。然而,孙中山当初以此目标设想,号召和鼓动革命同志为之奋斗,由此产生的巨大影响,却不容忽视。尤其其中所包括的基本原则,诸如既要吸收欧洲生产方式的文明精华,又要避免资本主义剥削制度的弊端和糟粕等,构成了民生主义的思想基础。

四是展望中国社会主义的实现前景。当时引用了孙中山的两段原话。一段话是:"几年之内我们就将实现我们最大胆的设想,因为我们的行会和同业公会受社会主义思想的影响。我们将生活在完全的集产主义制度下。你们也将从中受益不浅,不仅因为榜样的说服力,还因为它将表明集产主义并不是虚构和空想。在我们那里完成的事业将比多年的争论和数以百计的会议更能促使人们改变信仰。"另一段话是:"中国的社会主义已不像以往人们想象的那样

① 这段表述见[美]伯纳尔著,丘权政、符致兴译《一九〇七年以前中国的社会主义思潮》里的引文。比利时《人民报》1905年5月20日所载《中国的社会主义》报道的译文表述,与此稍有出入,如:"中国社会主义者为采用机器生产必须同它带来的种种弊端和缺陷作大力的斗争。他们想一举建立新的社会结构;想从文明的进步中取其利而避其害。总而言之,他们深信可以直接从中世纪的行会制度过渡到社会主义的生产组织,而不必经历资本主义制度带来的艰难困苦。"

② [美]伯纳尔著,丘权政、符致兴译:《一九〇七年以前中国的社会主义思潮》,福建人民出版社1985年版,第54页。

还处在襁褓之中。我敢说'它已结束了幼年时代'。所有的行会都会赞成我们的主张，只等一声号令便开始战斗。"[①]看来，孙中山说这些话的时候，有着十足的自信心，相信中国将先于欧洲实现"完全的集产主义制度"或"最纯正的集体主义制度"式的社会主义，并将成为欧洲乃至全世界的榜样。同时，他似乎对欧洲社会党内将集产主义制度视为虚构和空想的观点，对那里持续不断的众多争论和会议现象，颇有微辞，崇尚社会主义的实际行动成果更能改变人们的信仰。这种有关欧洲将从中国实现社会主义中受益的议论，在形式上颇类似于马克思 1853 年估计太平天国革命对西方的影响时，曾预言中国革命将引起欧洲的政治革命[②]。孙中山把成功的希望建立在手工业组织受社会主义思想的影响之上，认为这些行会组织若赞成他们的主张，便意味中国的社会主义已脱离幼年而进入成熟时期，这又像马克思和恩格斯 1850 年预言"中国的社会主义"那样，实际上追求的是建立资产阶级共和国[③]。

此外，根据这篇报道，孙中山在会谈中声称，"中文的社会主义报刊有五十四种，这个可观的数字可以使你们认识到我们的读者和信仰我们思想的人数量之多。更何况中国的文盲比你们这儿多得多"。这些数字不论确否，意在为自己增添更多足资自信的量化证据。谈话结束时，他大概自认为已经属于第二国际的成员，于是宣布中国社会党将派代表出席下一届斯图加特国际代表大会，即第二国际第七次代表大会(1907 年 8 月 18－24 日在德国召开)。

这篇报道，先以比利时当地的佛兰芒语在《前进报》上刊出，数天后以节译形式载于法文版《人民报》，不消数月又远播日本国。如日本《直言》周刊 1905 年 7 月 28 日第 2 卷第 26 号上，以"清国之社会党"的篇名，转载法国社会党机关报《社会主义者》的消息说，"近日清国社会党非常兴盛，意气昂扬，表示当下届万国社会党大会之际，一定派出其代表"。这显然是指孙中山在布鲁塞尔社会党国际局访问期间的作为。此周刊还配合发表日本在华军人(又系日本社会主义组织成员)的一封来函，介绍清国社会党"其势力较我国尤大"；有高级官员"信奉美国均产党(或为共产党)主义"；尽管处于镇压迫害更加严酷的逆境，"仍巧妙传播，联合一切革命派"，在中国本部"即拥有非常多之同志"等等。

---

① 比利时《人民报》中引用的这两段原话，在《一九〇七年以前中国的社会主义思潮》中译本([美]伯纳尔著，丘权政、符致兴译)里只引了前面一段，其译文是："几年内我们将实现我们梦寐以求的理想，因为届时我们所有的行为都是社会主义的了。那时，当你们还在为实现你们的计划而努力的时候，我们将已生活在最纯正的集体主义制度之中了。这对你们将同样是有利的，因为除了这种范例所具有的吸引力外，全世界也会相信，完整的集体主义制度并不是虚无缥缈的梦想或乌托邦。这种办法所取得的转变，将比许多年的著作或成百次会议所取得的还要多。"

② 参看马克思：《中国革命和欧洲革命》，《马克思恩格斯全集》第 9 卷，人民出版社 1961 年版，第 112－114 页。

③ 参看马克思、恩格斯：《国际述评(一)》，《马克思恩格斯全集》第 7 卷，人民出版社 1959 年版，第 264－265 页。

稍后，同一周刊8月6日第2卷第27号，又以“社会主义在中国”的篇名，摘要转载比利时《人民报》的新报道。如谓：孙中山日前访问比利时布鲁塞尔的万国社会党本部，“声明中国有一社会党，欲举党加入社会党国际，望准派代表出席下届国际大会，并称中国目前国内已有社会党报刊五十四种，其运动绝非幼稚”。接着归并他的主张：“将统治中国之满清朝廷及贵族比作主宰波兰之俄国朝廷，称中国之社会党必先攘此外来之压迫者，使中国为中国人所有”；“谈及土地制度及同业工会状况，言中国土地制度将建立在共产基础之上。同业工会为本国社会组织及经济组织之重要因素”；“目前中国装置机械不多，故不仅工人之状态较欧洲诸国甚为良好，且贫富不胜悬殊。而不见机械输入，实因劳动组合顽强反抗之故”；“该国之社会主义者时常宣传种种弊害，并非基于机械本身，其症结在于私有制度，进而教育民众，欲保护工人之利益，唯有在互助组织下经营产业”；等等。据此，周刊编者感慨，“但见今日之世界，到处暗云密布，未审何时暴雨沛然从天而降”，给予孙中山式社会主义“暴雨”以积极评价。① 由此亦可见，他的这次访问谈话，在国际社会主义运动中曾产生一定的影响。

布鲁塞尔的国际社会党本部之行，给予孙中山直接与第二国际的领导人对话的机会。对话者如王德威尔得，被认为“基本上是某些马克思主义者所谓的小资产阶级空想社会主义者，而不是一个‘科学的’社会主义者”，同时“不断使用马克思主义方法和概念”，“总是设法缩小他与马克思主义之间的分歧”②。这也使得孙中山有可能通过这次会谈，不论是以扭曲的形式还是以其他什么形式，对马克思及其经济学说产生更深的印象。仔细加以比较，可以感觉孙中山在会谈中阐述的那些主张，与王德威尔得的理论观点有某些相似之处。后者作为“杰出的理论家”和“不知疲倦的教育家”③，他的言谈可能对孙中山有某种影响。这只是一个揣测，不管能否确证，事实上此后不久，孙中山便在1905年11月创刊的《民报》“发刊词”中，首次明确提出“民生主义”的概念④。

孙中山在“发刊词”中说，“欧美之进化，凡以三大主义，曰民族，曰民权，曰

---

① 以上《直言》周刊里的引文，转引自姜义华编：《社会主义学说在中国的初期传播》，复旦大学出版社1984年版，第346—347页。

② 柯尔著，何慕李译：《社会主义思想史》第3卷下册，商务印书馆1986年版，第129页。

③ 同上书，第125—126页。

④ 根据冯自由的说法：“三民主义之民生主义，旧译为社会主义SOCIALISM，总理在乙巳(1905年——引者注)民报出版以前初亦常用之。其后总理以此名未能包括已所发明之意义，乃别创‘民生主义’一名以代之。在同盟会成立之前，尝语人曰：余之主张为‘大同主义’。在英语应名之曰COSMOPOLITAN，亦即‘世界大同主义’也”。至于民族主义、民权主义、民生主义“此三大主义之名词，始见于乙巳年十一月二十一日同盟会言论机关之民报发刊辞，为总理所手撰。在民报出世前，总理虽有此三大主义之思想，惟尚未有确定之名辞。至民报出世始确定之”。这也提示了“民生主义”概念首次提出的时间。见冯自由：《革命逸史》第3集，中华书局1981年版，第208—209页。

民生”。相继解决民族主义与民权主义问题后，自18世纪末19世纪初以来的百年间，“世界开化，人智益蒸，物质发舒，百年锐于千载，经济问题继政治问题之后，则民生主义跃跃然动，二十世纪不得不为民生主义之擅场时代”。这“三大主义皆基本于民”，其沿革变化改进了欧美之人种。相比之下，“今者中国以千年专制之毒而不解，异种残之，外邦逼之，民族主义、民权主义殆不可以须臾缓。而民生主义，欧美所虑积重难返者，中国独受病未深，而去之易”。因此，别人的“既往之陈迹”，或许正是我们的“方来之大患”，须根据自己的情况，“并时而弛张之”。可是，有人近视或不顾自身条件，“但以当前者为至美”。如“近时志士舌敝唇枯，惟企强中国以比欧美。然而欧美强矣，其民实困，观大同盟罢工与无政府党、社会党之日炽，社会革命其将不远。吾国纵能媲迹于欧美，犹不能免于第二次之革命，而况追逐于人已然之末轨之终无成耶”。所以说，对照欧美国家潜伏数十年之久、今日发觉时已不能马上消除的社会之祸，“吾国治民生主义者，发达最先，睹其祸害于未萌，诚可举政治革命、社会革命毕其功于一役。还视欧美，彼且瞠乎后”。《民报》要发挥“先知先觉之天职”，宣扬“少数最良之心理”与“最宜之治法”，使我国社会进步“适应于世界”，让“非常革新之学说，其理想灌输于人心而化为常识”，最终为实行这一理想创造条件。①

以上说法，简而言之，意谓在欧美国家，民族、民权和民生三大主义乃一千年时间里相继而起的三个进化阶段，在中国，可以从空间上将这三个阶段毕其功于一役，一举超过欧美国家。这个说法的依据，一是强调经济问题已取代政治问题成为近代世界的主要问题，凸显“民生主义”的极端重要性；二是强调欧美国家的富强背后存在“其民实困”的弊端，势必引发社会革命的祸害，而中国情况不同，不必重蹈覆辙，可在此祸害未萌之时率先注重民生主义，较易于避免此祸。这两点意见，在某种程度上，奠定了民生主义概念的理论基础。孙中山对于《民报》的期望，正是借此宣扬民生主义一类的“先知先觉”思想，使之“灌输于人心而化为常识”。

民生主义作为一个新概念，具有其特殊内涵，宣扬起来并非易事。此所以一年后，孙中山在1906年12月2日庆祝《民报》创刊周年大会的演说中，说到民生主义，仍强调“因这里头千条万绪，成为一种科学，不是十分研究不得清楚”。他的演说一再重申，人的眼光要看得远，不要以为社会问题的隐患在将来，不像民族、民权两问题是燃眉之急，很少去理会它。“凡是大灾大祸没有发生的时候，要防止他是容易的；到了发生之后，要扑灭他却是极难。社会问题在欧美是积重难返，在中国却还在幼稚时代，但是将来总会发生的。到那时候

---

① 孙中山：《〈民报〉发刊词》，《孙中山全集》第1卷，中华书局1981年版，第288—289页。

收拾不来,又要弄成大革命了”。在他看来,革命是伤国民元气的事情,万不得已才用,所以,“我们实行民族革命、政治革命的时候,须同时想法子改良社会经济组织,防止后来的社会革命,这真是最大的责任”。他还分析了民生主义到19世纪下半期在欧美国家盛行的原因,“文明越发达,社会问题越着紧”。文明进步使人力不能与资本力相抗,亦使贫民无法与资本家相争,以致“财富多于前代不止数千倍,人民的贫穷甚于前代也不止数千倍,并且富者极少,贫者极多”。在这种情况下,“社会党所以倡民生主义,就是因贫富不均,想要设法挽救;这种人日兴月盛,遂变为一种很繁博的科学。其中流派极多,有主张废资本家归诸国有的,有主张均分于贫民的,有主张归诸公有的,议论纷纷。凡有识见的人,皆知道社会革命,欧美是决不能免的”。以欧美的社会革命作为前车之鉴,“将来中国要到这步田地,才去讲民生主义,已经迟了”,要趁现在还没有这种现象时“预筹个防止的法子”,以避免将来的大破坏;“况且中国今日如果实行民生主义,总较欧美易得许多。因为社会问题是文明进步所致,文明程度不高,那社会问题也就不大”。文明进步不能逃避,欧美各国的问题是少数人把持文明幸福,造成不平等的世界,“我们这回革命,不但要做国民的国家,而且要做社会的国家,这决是欧美所不能及的”。①

孙中山一年后说的民生主义,与一年前相比大同小异。惟更加强调民生主义是一种科学,来源于欧美社会党为解决因文明发达而产生的严重贫富不均现象所提出的繁博主张,须“十分研究”才能清楚地认识和掌握。这说明他的民生主义思想,从一开始,就建立在试图将西方社会主义理论与中国实际相结合的基础上。可以说,在20世纪初,真正从西方社会主义思潮中汲取滋养,为解决中国实际问题而自成体系的思想范例,其最著名者,一个是康有为的大同思想,另一个就是孙中山的民生主义思想。二者的共同之处,均注意到西方社会经济的进步并未消弭反而加剧贫富不均现象,旨在探索超越欧美各国现状的更为理想的社会前景;同时注意到西方社会党出现的必然性及其理论观点的参考价值,试图根据中国的不同情况加以取舍利用。二者又存在明显区别。康有为的大同思想,勾勒出一个具体入微的理想社会方案,同时又认为这一方案的实现是遥远未来的事情,只能等待自然渐进式积累一点点地接近它,这是一个秘不示人从而束之高阁的自我封闭体系。孙中山的民生主义思想,概括出一个适用于指导当前实际行动的基本理论框架,其具体内容有待借鉴西方理论学说,并根据中国自身斗争实践加以充实和丰富,这是一个处于不断发展过程中的开放型思想体系。从这个意义上说,孙中山提出民生主义概念,

① 孙中山:《在东京〈民报〉创刊周年庆祝大会的演说》,《孙中山全集》第1卷,中华书局1981年版,第326—328页。

特别在它的初期，为激励和推动其支持者们从西方社会主义思想包括马克思经济学说中寻找精神食粮，起到了不可替代的先导作用。

顺便指出，孙中山访问社会党国际局的谈话中，有不少篇幅谈到中国工人问题，然而，其随后有关民生主义的经济思想，仍以谈论土地问题为主，尤其对乔治的土地单一税学说推崇备至。如《民报》第 1 期上，登载亨利·乔治（原译为亨利佐治）著、屠富译《进步与贫乏》一书的部分译文。这个译文错误地把乔治说成英国人，又不知何故，原拟连载而在以后的《民报》各期中却未见其下文，它通过转译乔治 1880 年 11 月的第四版序言，为全书的内容及其基本观点提供了一个简要介绍。这包括：作者考察"经济学上普遍所有'何以生产之势力增大而庸之贱几于赤贫'"这一问题的解释，据此批驳"最重要之经济学说之中心及根本"的马尔萨斯（原译"马罗达"）主义关于"人口之增加较其现存生活为尤速"的主张；流行理论不能"释明物质进步与贫乏相联者"，由于"一般之经济学"不懂得地租、庸（即工资）和利息的"分配之三定则不能各相离而不相维系"；地租腾贵的原因在于"土地私有"，分析证明，"于私地私有制度之下，将无论人口之增加几何，物质进步所必收之效，惟有驱劳动者于忍饥待死之乡"；救治进步与贫乏并存的办法，查考"世间所筹措以为劳动阶级改良之术"表明，"救贫乏于无穷，而防庸之倾于不能藉为生活之点者，莫有以土地归公若"；从所有权的基础和性质看，"土地所有权与为劳力之产物之所有权"二者，"存根本的差异，固不能一而视之"，后者有"自然之基础及许可性"，前者却没有，承认土地所有权必然否定劳动产品的所有权，"土地若许为私人所有，势必举劳动阶级而奴隶之"；土地私有只会造成"生产之势力以衰"，与此相反，"土地归公，固非横领强占之谓，而亦不忧骚扰，只须行以最单简便易之法"，即"除土地真值外，凡税俱免之"，这一征税原则证明了它是"最善之税法"；以上改革办法，将使"生产之势力必大加，分配之公平必可保，而文明之进步必达于最高度"；等等[①]。这篇译文，有一些专门术语的转译颇费思量，又受到文言表达的限制，但大体符合其原文意思，同时足以为孙中山最初将民生主义主要归结于解决土地问题，提供理论上的铺垫。

他在《民报》创刊周年的庆祝演说中，曾结合欧美土地现状阐发民生主义思想。他认为："欧美为甚不能解决社会问题？因为没有解决土地问题"。一方面，"文明进步，地价日涨"；另一方面，土地集中于地主之手，改作工业用地由资本家掌握工厂，因此引起贫富不均日甚，"'平等'二字已成口头空话"。比较起来，中国与欧美各国不同，"现在资本家还没有出世，所以几千年地价从来没有加增"，革命之后，经全国改良，"那地价一定是跟着文明日日涨高的"，就

---

① 亨利佐治著，屠富译：《进步与贫乏》，《民报》第一号（1905 年 11 月 26 日）。

像上海黄浦滩边的地价涨高一样,由此也会造成"将来富者日富,贫者日贫"的社会流弊。解决的办法,他自称"兄弟所最信的是定地价的法",在地价未涨时确定土地价值归地主所得,将来土地因交通发达的涨价部分则当归国家,"这于国计民生,皆有大益"。在他看来,依此法,"少数富人把持垄断的弊窦自然永绝,这是最简便易行之法";而"欧美各国地价已涨至极点,就算要定地价,苦于没有标准,故此难行",意谓只有中国目前适用于此法。所以说,所谓社会革命,"在外国难,在中国易,就是为此"。他还认为,实行这个办法后,"文明越进,国家越富,一切财政问题断不至难办";可以将"现今苛捐尽数蠲除",逐渐让物价便宜,人民富足。这样,"中国行了社会革命之后,私人永远不用纳税,但收地租一项,已成地球上最富的国",从而使我国"决非他国所能及",定会成为"文明各国将来所取法"的榜样。此即民生主义"不愿少数富人专利,故要社会革命"。[1] 以上所说"定地价"、"私人永远不用纳税,但收地租一项"的"最简便易行之法",同转译乔治所谓"土地归公"、"除土地真值外,凡税俱免之"的"最单简便易之法",不尽相同,但二者之间的思想渊源关系,一目了然。

孙中山提倡"十分研究"西方社会主义"科学",在这个先导作用影响下,那一时期,他本人特别钟情于乔治的土地单一税学说,他的支持者如朱执信、宋教仁、廖仲恺等著名人物,并未拘泥于这一学说,而是从更为广泛的领域去寻觅可资利用的理论宝藏。在这个寻觅过程中,马克思经济学说进入他们的视野,成为本时期研究和介绍的对象之一。

第二节 朱执信著述中的马克思经济学说

朱执信(1885－1920)早年于1904年以官费留学日本,第二年加入同盟会,担任评议部议员兼书记,从此成为孙中山的忠实追随者。在经济思想方面,他坚定维护和深入阐发孙中山的民生主义学说,积极从西方各种社会主义思想体系中寻找理论依据,在国人中率先对马克思学说尤其马克思经济学说,给予专题介绍和评论。在此之前,马克思经济学说的传入,以1902、1903年间从日本引进的几部社会主义著作为主,揭开了它的序幕。这些著作均系借助国外作者的介绍或评论,其中译本能够在一定程度上显示国人的翻译和理解能力,但毕竟不是国人自己的著述。以国人来说,1902－1904年间,梁启超、马君武和大我等人约略提到马克思其人其事,只是接触马克思的个别经济观点或著作名称,甚至曲之为解,并非真正评介其经济学说。因此,从1906年起,朱执信关于马克思经济学说的评介,可以说是国人早期著述中难得一见的

① 《孙中山全集》第1卷,中华书局1981年版,第328－329页。

突出例证。这些评介内容，比较集中地见于《德意志社会革命家列传》一文，其他文章中也有一些与此有关的零散见解。

一、《德意志社会革命家列传》内容简介

朱执信以“蛰伸”的署名，在《民报》1906 年 1 月和 4 月的第 2、3 号上，连载发表《德意志社会革命家列传》（以下简称《列传》）一文①。这篇文章由“绪言”、“马尔克（Marx）”和“拉萨尔”三部分组成，介绍德国的社会革命及其代表人物，为我国人士认识和理解社会革命，提供参考。

“绪言”开篇指出，“社会主义学者于德独昌，于政治上有大势力”，德国社会党势力如此昌盛，是当初“二三私人”义无反顾的奋斗，“孤诣独行”的发展而来。社会革命与政治革命不同，政治革命“以对少数人夺其政权为目的”，“敌少而与者众”；社会革命将受到资产者和政府的双重阻力，“有政府与有资财者合，则在下之贫民无以抗”。所以，

> “方马尔克之始创说也，窘迫无所投。是非惟政府之专横然，亦一般有势力者无不深恶之使有此也。夫倡之于众莫敢应之秋，亦逆知其有危难，而不能徼幸。然犹竭其能以从事，抑非他有利焉，徒以己以为难而退听，则人之难之亦将如己也，则此问题终于不解决而泯没。抑自解决矣，而使以其解决益重不幸于烝民，则孰若己为之以希冀万一。夫宁豫计党类之众寡哉，假令是数人者舍此不为，震世之名未必不可坐致。不为其可成，而为其不可成，此所以贤于俾士麦辈万万也。说摈不用，固所豫期。而其学说之得流传，亦乃所望而不敢必者。则自今日视之，欲不宗师而尸祝之，其安能也。”

这段议论，一则以马克思（原译“马尔克”）为德国社会党势力发展的“始创说”者；二则指出马克思当初创立其学说，面临政府和一般有势力者的迫害与诅咒，明知身处逆境危难，为了尝试解决社会问题，宁愿舍弃自己可以“坐致”的“震世之名”，挺身而出，知难而进，这种精神胜过时任普鲁士首相的俾斯麦“万万”。三则出乎意料，原本预计被摒弃不用、亦未必得以流传的马克思学说，从今日看，反而“欲不宗师而尸祝之，其安能”，结果普遍受到人们的尊奉和崇拜。

作者注意到，30 年来，德国社会革命家出于斗争策略的考虑，时常与当权者联系；同时，德国当权者出于维持权力的考虑，也“常假社会改良劳动保护之名，以行摧陷有志者之实，阴绝社会革命之根株”。然而，社会势力的演变，“政治上必因顺应焉”，相反，“政治上势力，不能变社会上势力，而因社会上势力以

① 以下引文凡出于本文者，均见《朱执信集》上册，中华书局 1979 年版，第 8—32 页。

变者”。所以,1878－1890年实施反社会党人非常法期间,德国社会党仍“潜滋暗长”,甚至成为“社会党之发达为最速之日”。这是倡导社会革命与政治革命并行的“吾华之为革命所最当注意者”。

因为“社会的运动,以德意志为最,其成败之迹足为鉴者多”,而德国社会运动的发展,论其功劳,“实马尔克、拉萨尔、必卑尔等尸之”,是在马克思、拉萨尔、倍倍尔等人的领导下实现的,所以,此文拟将这些人物介绍给国人,“所期者,数子之学说行略,溥遍于吾国人士脑中,则庶几于社会革命犹有所资”。接着,文中主要介绍马克思和拉萨尔的“学说行略”,倍倍尔则舍去未论。比较起来,有关拉萨尔的介绍篇幅又略多于马克思。为了便于对照有关马克思的介绍部分,这里先将文中介绍拉萨尔部分,作一概述。

根据介绍,拉萨尔最初从拯救犹太民族脱离苦难的观念出发,“推其爱一族之念以爱全国劳动者,爰倡社会主义及共和主义”;他的社会主义思想多出自巴黎革命运动的影响。1848年马克思在德国科隆创办《新莱茵报》,拉萨尔参与该报工作,“犹专醉心共和,而求政治上自由平等,未知所以谋经济上自由平等”,似乎不同于那时马克思已主张“经济上自由平等”。此后,他努力建立德国工人组织,1863年5月23日在莱比锡成立“全德意志劳动同盟会”(今译全德工人联合会),提议选派代表劳动者的国会议员,“以除各阶级间之冲突”,通过“我辈当以平和手段,致力于普通选举”的决议。这一工人组织“实今日社会民主党之权舆”。他认为,“劳动者握政权,而支配国家社会者,实社会发达之所归极”;革命的原因,在于现存“劳动者之取庸钱,高不逾于仅自糊口之额”的“铁则”,对于这个铁的工资规律,“欲救劳动者,不可不先破此铁则,使一切之富归于生产者,而工业属国家社会之共有”;其具体办法,“先以国家资本建生产组合”,劳动者在生产合作社里,“得自为生产,不仰资本家之鼻息,则铁则自无由行”,可先行设点,逐步推广,最终达到普遍设立的目的;以“普通选举运动”为手段,所提倡的学说和运动“皆限于一国家中”,其继承者采取更加严格的限制,“遂不肯与外国劳动者合”;等等。拉萨尔死后,其劳动同盟会的历任领导人“短于才”,该会一直不得发达,“其后李卜尼希及必卑尔等,自其党中别出为一派,颇宗马尔克,倡世界主义”,至1875年,“乃联合而大进步,是为今之社会民主党”。这是指1875年5月的哥达代表大会上,李卜克内西和倍倍尔领导的德国社会民主工党(爱森纳赫派)同全德工人联合会合并。文中还介绍洛贝尔图斯(原译“路俾土斯”)系“社会主义者,时为耆硕,有盛名”。

此文的评价是,“拉萨尔之言社会革命,不如马尔克言之之完也,而其鼓吹实行之功方之多”。拉萨尔在研究社会革命方面不及马克思完备,在实行方面居功甚多。这是一个基本评价,其他的评价,或说明“其社会主义为国家的,不足怪”;或批评“排他国劳动者以自张,其亦过”;或辩解他与掌握“君权”的俾斯麦联系，属于政治运动的策略以为其社会运动服务等。总之，在评价者看来，拉萨尔“以一身唱新说，抵死以谋其进步，后死者食其荫，……可谓无负社会”，这种精神，对我国今日那些不求学习而“藉口欧化，破溃藩篱，驯至牺牲一切”的志士青年来说，远不能及之。

由上可见，这篇文章的其他两部分，多处评论马克思的理论影响和创业功绩，表露出作者对于马克思其人其说的崇敬态度。不过，这些评论是些皮毛之论，未曾接触马克思学说尤其经济学说的内容实质。真正有所接触者，见于此文专论马克思部分。

二、《列传》中关于马克思及其经济学说的评介

以“马尔克(Marx)”为标题的6 000余言专论，大致分为三方面内容：马克思的生平事迹，马克思学说包括其经济学说的片断介绍，作者评论。这一时期国人著述中有关马克思的介绍文字，凤毛麟角，故不妨将这几方面的内容详述如下。

(一)关于马克思的生平事迹

据介绍，卡尔·马克思生于特利尔，其父为“辩护士”即律师，信奉宗教。马克思“少始学，慕卢梭之为人”，在大学研修历史及哲学。毕业后原打算任“大学祭酒”即大学讲师，因“马尔克所学之校为异宗，他宗徒攻之，遂不果进，退而从事日报之业”。此系指普鲁士政府实行反动政策，各大学解聘许多进步学者，于是他放弃在大学执教的初衷，转而从事报刊工作。时值1842年，马克思24岁。

“马尔克既为主笔，始读社会主义之书而悦之”，意谓同年10月他被聘为《莱茵报》主编后，开始研究社会主义。这一期间，“其所为文，奇肆酣畅，风动一时，当世人士以不知马尔克之名为耻；而马尔克日蒐讨社会问题而加以研究，学乃益进”。1843年，《莱茵报》“以论法兰西社会党触政府忌”，遭当局查封，马克思“被放逐”，迁居巴黎。

在巴黎，马克思与“巴黎之名士”阿·卢格(原译“亚那尔卢叙”，实为德国人，时在巴黎)相遇，“倾盖心醉，遂定交焉”，相约合办《德法年鉴》(原译《德法年报》)。自此，“马尔克始研究国家经济学，而探社会主义之奥窾，深好笃信之，于《德法年报》大昌厥词”。不久《德法年鉴》停刊，又在《前进报》(原译《进步》)上“痛掊击普鲁西政府”。因而遭致“法之名政治家”基佐(原译“纪助”)政府的驱逐，再迁往比利时。

马克思在巴黎时，“与非力特力嫣及尔(Friedrich Engels)相友善”，即马克思与弗里德里希·恩格斯1844年首次会面于巴黎，从此开始了他俩的终身友谊与合作。恩格斯少时跟随其父从事商业活动，“习知其利苦，乃发愤欲有

以济之,以是深研有得”。他与马克思交往后,“学益进”,马克思离开法国不久,迁往比利时布鲁塞尔,“因相与播其学说……言共产主义者群宗之”。共产主义者同盟(原译“万国共产同盟会”)委托他俩起草同盟纲领,“是为《共产主义宣言》”。“马尔克之事功,此役为最”,以撰写《共产党宣言》为马克思最重要的功绩。由于“压制之甚”,《共产党宣言》经过曲折在伦敦出版,其时 1848 年 2 月 14 日,正值法国二月革命前夕。

《共产党宣言》出版后,“家户诵之,而其所惠于法国者尤深,时际法国革命”。在法国二月革命的影响下,德国柏林爆发三月革命,遭到普鲁士国王军队的镇压,“功遂不奏”。法国革命期间,“迎马尔克之巴黎而礼之”,新成立的法兰西共和国临时政府 3 月初通知马克思,撤销基佐政府对他的驱逐令,并邀请他返回法国。随后,“德意志之劳动者亦感于马尔克之说,起而与富豪抗”,马克思由巴黎重归德国,“创报名《新来因日报》,声振一时,且斥普王之无道而赞议会之租税拒否,益逢政府之怒”。1849 年 5 月,普鲁士政府将马克思驱逐出境,《新莱茵报》随之停刊。第二年,欧洲大陆笼罩着白色恐怖,“大索社会党,悉放囚之”,放逐中的马克思被迫迁居英国伦敦,自此以后,“与嫣及尔偕,终其身不复归柏林”。

马克思起草的《共产党宣言》,“万国共产同盟会奉以为金科玉律”。此后,“颂美马尔克,诟病马尔克者,咸是焉归”,无论颂扬还是指斥马克思的人,都归结于《共产党宣言》。马克思著述甚多,常与恩格斯合著,“学者宝贵之”。其中“学理上之论议尤为世所宗者,则《资本史》及《资本论》也”。1883 年,马克思卒于伦敦,十数年后,恩格斯亦卒。

以上叙述,是 20 世纪初年及以前国人自撰的著述中,记载马克思生平事迹最为详尽的一段文字。即便与此前一些翻译文本如《近世社会主义》中译本关于马克思生平的介绍相比较,亦不逊色,或者说各有千秋。当然,朱执信的介绍有现成的国外版本可资转述,不必劳神费力地自行搜集素材。但在转述过程中,通过编辑取舍,也能感受到他的某些思想倾向和判断能力。如叙述中颇详于 1850 年马克思定居伦敦以前的活动经历,强调他屡遭各国政府驱逐迫害,居无定所,仍坚持斗争的顽强精神。不过,叙述中的缺陷也显而易见。如为了突出拉萨尔注重实际行动的特征,将马克思的生平事迹几乎完全限于报刊撰稿和理论研究方面,对他亲自参加和领导国际工人运动和社会主义运动的斗争实践,不置一词。又如举出《共产党宣言》和《资本论》等作为马克思的主要代表作,以说明其理论贡献,但对他创建马克思主义科学体系的思想发展过程,语焉不详。由此也表现出年青的朱执信刚刚接触舶来的马克思学说时,既以其影响深远重大而怀有钦敬之情,又因其内容陌生深奥而掺杂混沌之见。这一特征,同样表现在他对马克思若干著作的评介之中。

（二）关于《共产党宣言》的片断介绍

朱执信之文对马克思以前的社会主义思想状况，有一个简单评价。认为："前乎马尔克，言社会主义而攻击资本者亦大有人。然能言其毒害之所由来，与谋所以去之之道何自者，盖未有闻也。故空言无所裨"。也就是说，马克思以前流行不少"攻击资本"的社会主义思想，都属于"空言"，既不能解释资本带来毒害的原因，也不能提出消除这一毒害的办法。对此，资本家讪笑，"以为乌托邦固空想，未可得蕲至"，这些乌托邦式空想社会主义不可能祈求实现。这也是社会革命家自身"为计未审之过"。"马尔克之为《共产主义宣言》也，异于是"，马克思的《共产党宣言》不同于以往的空想社会主义学说。只是朱执信的表述，尚未提到区别于"空言"社会主义的科学社会主义概念。接着，文中较为集中地介绍《共产党宣言》的内容提要如下：

"马尔克之意，以为阶级争斗，自历史来，其胜若败必有所基。彼资本家者，啮粱肉，刺齿肥，饱食以嬉，至于今兹，曾无复保其势位之能力，其端倪亦既朕矣。故推往知来，富族之必折而侪于吾齐民，不待龟筮而了也。故其宣言曰：'自草昧混沌而降，至于吾今有生，所谓史者，何一非阶级争斗之陈迹乎。'"

以上最后一句引文，引自《共产党宣言》第一章的首句"到目前为止的一切社会的历史都是阶级斗争的历史"[①]，可谓此名句最初的中译文。作者将马克思的阶级斗争学说，理解为资本家们饱食终日，至今开始显露出他们不再具有"保其势位之能力"的征兆，由此可以预见这些"富族"必将毁灭而等同于"吾齐民"。这里好像谈到《共产党宣言》里有关资本主义必然灭亡的论点，既未涉及资产阶级的历史作用，也未提到资本主义的掘墓人即现代无产阶级，其理解失之偏颇。接下来强调："取者与被取者相戕，而治者与被治者交争也。纷纷纭纭，不可卒纪。虽人文发展之世，亦习以谓常，莫之或讶，是殆亦不可逃者"。这是说人文世界的发展对于"取者与被取者"、"治者与被治者"之间阶级斗争的长期存在及其不可避免性，已经习以为常。随后一段话说："今日吾辈所处社会方若是，于此而不探之其本原以求正焉，则掠夺不去，压制不息，阶级之争，不变犹昔"，而"中级社会与下级社会改善调和之方，其又将以何而得求之"。这段话看起来，提出了探求今日社会阶级斗争之"本原"的任务，但浅尝而已，未能揭示马克思关于现代资本主义使整个社会日益分裂为资产阶级和无产阶级两大敌对阵营的重要思想。基于这种理解，只承认阶级斗争不可避免的事实，在此基础上追求"改善调和"中下层社会的办法，更加偏离了马克思学说的本来涵义。

① 《马克思恩格斯选集》第1卷，人民出版社1972年版，第250页。

朱执信并非有意曲解马克思的原意，而是努力想去阐发《共产党宣言》中那些在他看来最重要的部分。他再一次引用原文解释说：

“马尔克又以为当时学者畏葸退缩，且前且却，遂驾空论而远实行，宜其目的之无从达也。苟悉力以从事焉，则共产之事易易耳。故其宣言又曰：‘凡共产主义学者，知隐其目的与意思之事，为不衷而可耻。公言其去社会上一切不平组织而更新之之行为。则其目的，自不久达。于是压制吾辈、轻侮吾辈之众，将于吾侪之勇进焉慑伏。于是世界为平民的，而乐恺之声，乃将达于渊泉。噫来！各地之平民，其安可以不奋也。’”

其中的引文，引自《共产党宣言》最后一段话。此前，1903年出版的《近世社会主义》中译本里，已见过这段中译文。看来，朱执信没有仔细读过赵必振这个译本，或是另有所本，故二人对于同一段原作的译文，有较大出入。二人都回避了原文强调“用暴力推翻”全部现存社会制度的涵义，而以“去”(朱执信)或“大改革”(赵必振)等译法取代之。此外，朱执信的译文，与今译文相比，将原作的“共产党人”译为“共产主义学者”，局限于“学者”范围内，此一误；将原作的“共产主义革命”译为“吾侪之勇进”，此二误；将原作的“无产者”这一专门术语译为“平民”这一普通名词，此三误；将原作的“无产者在这个革命中失去的只是锁链。他们获得的将是整个世界”这句斗争格言，反译为“于是世界为平民的，而乐恺之声，乃将达于渊泉”的升平之语，此四误。至于将原作那句铿锵有力的战斗口号“全世界无产者，联合起来！”译为“噫来！各地之平民，其安可以不奋也”，更是不伦不类。总的看来，朱执信的译文，似不及赵必振的译文较接近于原作。这其中有理解上的问题，也存在译笔不熟练的原因。无论如何，当时朱执信直接从《共产党宣言》中体会到实行“共产之事”不尚“空论”，须勇往直前、悉力从事才有望达到其目的，这比起赵必振间接转译日本人士关于此宣言的论述，毕竟前进了一步。

引述《共产党宣言》一头一尾两段原文后，文中回过头来重点介绍《共产党宣言》第二章的10条措施。这一叙述，本来是从《共产党宣言》的最末一段回转到第二章，可是文中却说《共产党宣言》“于是乃进而为言”，给人以按照原文先后顺序叙述的印象。或许朱执信本人未曾阅读《共产党宣言》原著，而是援引别人的转述，故有此说。不管怎样，围绕着十条措施的一大段引文，在他的文章中十分引人注目，其中还附有他的若干注释意见。这段引文的前半段如下：

“既已知劳动者所不可不行之革命，始于破治人治于人之阶级，而以共和号于天下矣。然后渐夺中等社会之资本，遂萃一切生产要素而属之政府。然而将欲望生产力之增至无穷，则固不可不使人民之握有政权也。然则吾人不可无先定其所当设施，而为世界谋万全之道，以待其行之之机也。乃骤闻吾人所语设施之方者，鲜不惊怵，掩耳挢舌，惶惑无措，以谓偭于经济之原则，而不可以一日施。虽然，是固素未尝究焉，而以所习为不可隳。吾辈之所标者，亦未若其所抨击之偏反也。是乃凡社会动摇之所不可不见，而以之为革命方法，抑又欲避之而无所从也。”

对照《共产党宣言》今译本，以上引文前一部分，大体可以看出原作的意思①，但远非准确。如将“工人阶级”或“无产阶级”译作“劳动者”；将“使无产阶级上升为统治阶级”译作“破治人治于人之阶级”；将“争得民主”译作“以共和号于天下”；将“资产阶级的全部资本”译作“中等社会之资本”；将“生产工具”译作“生产要素”；将“国家即组织成为统治阶级的无产阶级”简单译作“政府”；将“无产阶级将利用自己的政治统治”译作“使人民之握有政权”等等。上述引文后一部分，则完全混淆了原作的意思。这部分原文的正确翻译应当是：“要做到这一点，当然首先必须对所有权和资产阶级生产关系实行强制性的干涉，采取这样一些措施，这些措施在经济上似乎是不够充分的和没有力量的，但是在运动进程中它们会越出本身，而且作为变革全部生产方式的手段是必不可少的。”②这里要表达的思想，简而言之，为了实现前面所说的目的，首先必须采取一些必不可少的措施，作为变革全部生产方式的手段。可是，朱执信的译文，却把这些措施说成“为世界谋万全之道”、待机而行的先定“设施”，又无中生有地加入一段辩护词，说什么此类“设施”并非像有些闻之惊惶失措的人所抨击的那样违背经济原则，不可能实行，也并非那么“偏反”，而是发见“社会动摇”时所采取的“革命方法”，若回避则无所适从。照此译文，其原意简直被扭曲成一副世俗说教者的面孔。恩格斯谈到《共产党宣言》第二章的这个结束部分，曾强调这样一个重要观点：“为了达到未来社会革命的这一目的以及其他更重要得多的目的，工人阶级首先应当掌握有组织的国家政权并依靠这个政权镇压资本家阶级的反抗和按新的方式组织社会。”③反观朱执信的译文，这一思想精义被一笔勾销了。

后半段引文，其翻译质量显然胜于前半段。其文如下：

“凡是诸设施，亦不必凡国皆宜，必善因其国情以为变。而在

---

① 这一部分原文在今译本里的表述如下：

“工人阶级的第一步就是使无产阶级上升为统治阶级，争得民主。

无产阶级将利用自己的政治统治，一步一步地夺取资产阶级的全部资本，把一切生产工具集中在国家即组织成为统治阶级的无产阶级手里，并且尽可能快地增加生产力的总量。”

引自马克思、恩格斯：《共产党宣言》“二、无产者和共产党人”，《马克思恩格斯选集》第1卷，人民出版社1972年版，第272页。

② 同上书。

③ 恩格斯：《卡尔·马克思的逝世》，《马克思恩格斯全集》第19卷，人民出版社1963年版，第385页。

最进步之社会,则必当被以如下之制:

(1)禁私有土地,而以一切地租充公共事业之用。

(2)课极端之累进税。

(3)不认相续权。

(4)没收移居外国及反叛者之财产。

(5)由国民银行及独占事业集信用于国家。

(6)交通机关为国有。

(7)为公众而增加国民工场中生产器械,且于土地加之开垦,更时为改良。

(8)强制为平等之劳动,设立实业军。(特为耕作者。)

(9)结合农工业,使之联属,因渐泯邑野之别。

(10)设立无学费之公立小学校,禁青年之执役于工场,使教育与生产之事为一致。"

这段引文,与《共产党宣言》今译文①相比,较为贴近。也可以说,这是我国最早出现的关于《共产党宣言》中共产党人十条措施的完整又比较正确的译文。其中几条,朱执信还加以注释。如第 2 条征收"极端之累进税"(今译"高额累进税"),他注解说,德、法、英等国一些学者主张累进税,反对者赞成比例税,认为累进税"强取于富人,而寒实业家之心"。穆勒的《经济学原理》(今译《政治经济学原理》)提出累进税只宜征于遗产继承,后世学者将其扩至所得税,但须限制其"增加之率"。在他看来,这些反对观点,"一皆虑富家之因而不利耳,未尝比较其轻重",其"误谬之源",在于"未解资本之性质"。他认为,累进税的关键,"使富人应其财产而纳税之率增加,不但数量增加而已",如果"富者以税故渐即贫,而应其贫,税随之轻,卒至凡人齐等,无大贫富,税率亦近均一",因此,累进税实为"不劳而富均,又无所苦,策之最上者";近来实行此税法

---

① 其今译文如下:

"这些措施在不同的国家里当然会是不同的。

但是。最先进的国家几乎都可以采取下面的措施:

1. 剥夺地产,把地租用于国家支出。

2. 征收高额累进税。

3. 废除继承权。

4. 没收一切流亡分子和叛乱分子的财产。

5. 通过拥有国家资本和独享垄断权的国家银行,把信贷集中在国家手里。

6. 把全部运输业集中在国家手里。

7. 增加国营工厂和生产工具,按照总的计划开垦荒地和改良土壤。

8. 实行普遍劳动义务制,成立产业军,特别是在农业方面。

9. 把农业和工业结合起来,促使城乡之间的对立逐步消灭。

10. 对一切儿童实行公共的和免费的教育。取消现在这种形式的儿童的工厂劳动。把教育同物质生产结合起来,等等。"

见《马克思恩格斯选集》第 1 卷,人民出版社 1972 年版,第 272－273 页。

的国家逐渐增多，尤以瑞士成效显著，显现"抨击者日息而颂美者渐多"。他顾虑目前实行的累进税，其累进率甚微，"不足以抑富家"，再加上对最高累进率封顶，"故效不大见"，其结果，"其所助于均贫富者，恐微"。又如第3条"不认相续权"（今译"废除继承权"），他注解说，"马尔克所欲废"的"相续权"，指欧洲人所说的"承继财产上权利义务"或"财产承继"，非日本古时的继承户主权。根据他的看法，废除继承权之意，旨在"无因相续得财产者，则数十年后，且可绝资本家之迹"。他对此法表示怀疑，"于实际能行否，及行之有效否，今尚为问题"；似乎赞成征课遗产税，认为对财产继承课税，自穆勒以来，"皆以为善法，无反对者"。再如第10条教育同物质生产相结合，他说"即使为生产者，必受相当教育之意"，等等。这些注释，表明朱执信在那时已经具有相当可观的经济学知识，他运用这些知识所作的点评，也表明他对《共产党宣言》所提出的经济政策部分，比其理论部分，有更好的理解能力。不过，他将第8条成立"实业军"（今译"产业军"）之"军"，解释为"以军队组织而从事于实业"，不免有郢书燕说之嫌。

上面列举的十条措施，朱执信认为，由此概见"马尔克素欲以阶级争斗为手段"来拯救乱世饿殍之民。他还推论说，"马尔克固恶战争"，但以战争作为铲除"不平"的"所不可阙"之途径，亦不能讳言战争。为了证明这一推论，他又征引马克思的一段话：

"今者资本家雇主无复能据社会上之阶级矣，彼辈无复能使其所以生存之现组织为支配此社会之法则矣。故彼既不足支配社会。何则？彼辈使凡劳动者，虽方供役于彼犹不得以全其生故也。夫彼等既使劳动者贫困使至为穷民而不可不养矣。"

这段生硬拗口的译文，其出处是《共产党宣言》今译本第一章末尾一段话："随着大工业的发展，资产阶级赖以生产和占有产品的基础本身也就从它的脚下被挖掉了。它首先生产的是它自身的掘墓人。资产阶级的灭亡和无产阶级的胜利是同样不可避免的。"[①]两相比照，几近风马牛不相及。朱氏译文里，第一句话提到今天的资本家不再能支配社会，从中多少还可以看出一点原文关于大工业的发展挖掉了资产阶级经济基础的意思，第二句话不知所云，根本看不出现代工人是资产阶级的掘墓人之意，第三句话更使人如坠五里雾中，不仅无从体会资产阶级的灭亡和无产阶级的胜利同样不可避免的涵义，甚至产生资本家既让劳动者至为贫穷而又不能不供养他们的误解。除了这段话，他接着引用马克思的另一段话，其译文的解读，同样令人颇费踌躇。这段话是：

"于此问题当注意者有二：一者，其现以为经济上变迁之阶级

① 《马克思恩格斯选集》第1卷，人民出版社1972年版，第263页。

对抗及阶级竞争。其二,则社会的运动(破资本家雇主之支配权促新社会生产力树立之社会分子所编成组织者)是也。"

此话出处不详。其中所说的"问题",联系上文看,恐怕指马克思主张运用阶级斗争为手段来消除社会不平的立论;对此问题应当注意的两点,又似乎强调现代阶级斗争的经济基础之不同,以及由此形成的社会运动将打破资本家的统治并促进新社会生产力的发展。如此揣摩之辞,不可能真正把握马克思论述的本来涵义。朱执信认为,通过这些引文,"马尔克之意可于是以觇之"。其实,这些译文的晦涩僻拗,非但无助于反而有碍于理解马克思之意。

摘录上面这些引文并穿插若干补充介绍之后,朱执信自信地认为,"《共产主义宣言》之大要如是"。从诸段引文在《共产党宣言》中所处地位的重要性看,此言不虚。这些引文的本来意义,涉及马克思主义关于阶级斗争、资本主义灭亡和社会主义胜利的必然性、无产阶级作为资本主义掘墓人的历史使命、无产阶级要用暴力推翻资产阶级的统治而建立自己的统治、消灭私有制,以及"全世界无产者,联合起来!"的战斗号召等一系列重要思想,以此作为《共产党宣言》的"大要",可以说是实至名归。惜乎引文的汉译水准,除了经济政策部分尚能贴近其原意,实在不敢恭维。其中或者有意无意,漏译引文里有关无产阶级用暴力推翻资产阶级的统治、无产阶级必须夺取政权以建立自己的统治等重要涵义,或者受当时翻译能力的局限,将引文原有的准确内涵弄得模糊不清,甚至干脆用自己的理解来译述原文。从这方面看,他的译文对于马克思原著的忠实程度,有些地方尚不及当时一些日文社会主义著作的中译本。他引用原文段落时经常前后颠倒或缺乏先后次序概念,也让人怀疑是否读过《共产党宣言》原著,抑或只是阅读别人的(尤其是日本人的)著作而接触《共产党宣言》的若干段落也未可知。从他所选择的引文及联系引文所作的补充介绍看,似乎对《共产党宣言》中的阶级斗争学说更感兴趣。马克思曾说:发现现代社会中存在着阶级和阶级斗争"都不是我的功劳","我的新贡献就是证明了下列几点:(1)阶级的存在仅仅同生产发展的一定历史阶段联系;(2)阶级斗争必然要导致无产阶级专政;(3)这个专政不过是达到消灭一切阶级和进入无阶级社会的过渡"①。朱执信将注意力集中于阶级和阶级斗争,意在以此作为社会革命不同于政治革命的一个基本内容,至于马克思说的"新贡献",在其引文介绍中多付阙如。尽管存在这些显而易见的缺陷,但他把《共产党宣言》看作马克思学说区别于此前空想社会主义的标志性著作,试图比较完整地把《共产党宣言》的主要精神介绍给国人,这在当时的历史条件下,仍属不同凡响之论。

---

① 《马克思致约·魏德迈(1852年3月5日)》,《马克思恩格斯选集》第4卷,人民出版社1972年版,第332—333页。

（三）关于《资本论》的片断介绍

朱执信的介绍文章里，数次提到马克思的《资本论》，称颂它的学理“尤为世所宗者”。其具体介绍方式，以《资本论》这样的煌煌巨作，不可能像前面介绍《共产党宣言》那样围绕“大要”作较为细致的摘引和论证，只能极为粗略地言及某些重要观点。或许，他是从其他人叙述《资本论》的二手资料中，捕捉到马克思的若干重要经济观点并以此作为自己评介的依据，故难以查明其引述文字在原著中的准确出处，但他评介的一些观点，究其来源，显然出自《资本论》。

他首先概括地说：“马尔克以为：资本家者，掠夺者也。其行，盗贼也。其所得者，一出于朘削劳动者以自肥尔。”把马克思的基本观点，归结为资本家像盗贼一样是靠剥削劳动者以自肥的掠夺者。接着，他又说，马克思论证这个命题，根据的是斯密和李嘉图的学说。并不知从何处，援引马克思颇长一段话以资说明。为了分析的方便，将这段话转录于下：

> “凡财皆从劳动而出，故真为生产者，劳动之阶级也。然则有享有世间财产之权利者，非劳动者而谁乎。此所谓劳动者，固亦不限于肢骸，指挥监督之劳，非所不与，然而不可无别于其难易也。故数劳动之功以计廪，则不可不先劳力而后劳心。乃于实际，劳心者所受廪给，百倍劳力者而未止。此何理也？近世工业盛用机械，而需大资本。因之，大需监督者。从其末论，余亦不能以谓非然。然而，资本者，本劳动者所应有之一部，而遂全归于彼掠夺者，与循其本，吾不知其所以云也。溯而穷之，欲不谓资本为掠夺之结果而劫取自劳动家所当受之庸钱中者，不可得也。傥劳动者终末由与资本为缘（即无奖励农工贷之资本之银行抑其相类者），而循此以往，则是宜谓之资本家财务者，即为奴隶于依他人劳动以为生之一阶级富族者耳。夫今后产业所资于固定资本者正多，劳动者之地位乃将愈降而不返。是亦理之所难容者也。经济学者以资本为蓄积之结果，是阿合中等社会之意以立说者耳，不足为道。且假令诚由蓄积，宁非夺之劳动者而蓄积之者也耶。”

这段话的大意，依据前人关于“凡财皆从劳动而出”的论点，先从理论上说明，只有劳动者才有权利享有世间财产，劳动不限于体力劳动，亦包括“指挥监督”一类的脑力劳动，惟二者难易程度不同，按照“劳动之功”计算报酬，必须以体力劳动（“劳力”）为先而以脑力劳动（“劳心”）居后。可是实际上，脑力劳动者领受的报酬，超过体力劳动者百倍还不止。究其原因，表面上看，是由于现代工业使用机器生产需要大量资本从而大为增加监督的需求；根本上说，是由于本属劳动者所应有的资本全归于掠夺者的缘故。所以说，“资本为掠夺之结果而劫取自劳动家所当受之庸钱中者”。倘若劳动者始终与资本分离，没有银行或其他类似机构从事资本贷款以“奖励农工”，一直会存在靠他人劳动生存的“资本家财务者”(疑指货币资本家)这一“阶级富族”。现代产业使用“固定资本”愈多，劳动者的地位愈下降，“理之所难容”。“经济学者”将资本看作积累的结果，这是曲意迎合“中等社会”的说法，即使这一说法成立，此积累也是“夺之劳动者而蓄积之”。

以上引文，很难让人相信是马克思的原话。不过，对比分析朱执信关于《共产党宣言》的部分译文后，对他当时的译文水准已经有了足够的思想准备。一个可能的推想是，这段引文确实出自《资本论》中某个段落或马克思的其他经济学著作，因翻译质量上的问题，结果偏离或改变了原作的面貌。如引文以劳动创造财富观点而不以劳动价值论作为依据；对劳力与劳心二者依其难易不同区分计酬之先后；将资本概念模糊地解释为劳动者所应有而归于掠夺者的那部分(财产)，或系掠取劳动者应得的工钱等等，这些表述显然与马克思的严密论证相差甚远。朱执信的敏锐之处是，在马克思的论述中，注意到资本或资本家的掠夺性质。他选择引文，看来更多的是为劳动者受资本的掠夺鸣不平，驳斥经济学者所谓“资本为蓄积之结果”的辩护，至于资本对劳动者的掠夺是怎样进行的，未见说明。

接着，他换了一种方式，以间接转述而非直接引文方式，继续介绍马克思论证这一掠夺现象的内容实质。他认为，马克思的论证，以李嘉图的理论为其出发点，大致包括两点。第一点根据李嘉图的理论，“凡制品之市价以产出之所必需之劳动与运致诸市之劳动而成。无问其所施技者为何材，苟价有所增，即其劳动焉赖”。意即产品的“市价”由生产所必需的劳动与运输到市场的劳动构成，不论劳动的对象是何种材料，其价格有所增加，均依赖于它所耗费的劳动(量)。比如原料素丝织成产品缣，“价兼于前”即两倍于原料价，“是其为价，一则当于丝之原直，一则劳动之庸钱”，产品现价包括丝的原值与劳动的报酬。据此，“机械不得有加于生货之价，交易亦不得有加于生货之价也。然则使价之增，惟劳动者。食其价增之福者，亦宜惟劳动者耳”。也就是说，机器和交换本身不能增加产品之价，使其增价的，只有劳动者，因而只有劳动者才适宜于享受增价的好处。

然而，实际生活中劳动者所得的工资(即“庸钱”)情况，并非如此。这就涉及第二点，同样根据李嘉图的理论，劳动者的工资仅获得“所谓最廉之额，而不得食所增于物价之金”。譬如，“有人日勤十二小时，而其六小时之劳动，已足以增物之价，如其所受之庸钱。余六时者，直无报而程功者也”。劳动者一天劳动 12 小时，其中 6 小时劳动所增加的物价，已足以抵偿其每天所领受的工资，其余 6 小时劳动，属于无偿劳动部分。这是从劳动者方面看，“反而观之，则资本家仅以劳动结果所增价之一部还与劳动者，而乾没其余，标之曰利润，株主辈分有之，是非实自劳动者所有中掠夺之者耶”。这就揭示了资本家集团对于劳动者的掠夺，实质上是在劳动所创造的增价中，仅归还其中一部分给劳动者，其余部分据为己有，并在利润的名义下予以瓜分。

基于以上两点，进而言之：当今资本家之辈天天讲要进行新机器发明之类的工业改良，“所谓改良者，非他，节勤劳之费耳”，以节省劳动费用作为改良的宗旨。“然则职工劳动如旧，而受损益多”，既然工人的劳动状况不变，这种改良只会更多损害工人，“新机械之发明，资本家之利，劳动者之害也。工业改良益行，劳动者益困顿而已”。如此做法，将现代工人置于古代人身依附关系中的奴隶地位：“古之奴隶不知己之程功，何时为自为，何时为主人者也，惟命是从。今之劳动者，则何以异于是。”今天的劳动者像古代奴隶一样，不知道自己的劳动时间中，多少时间为自己劳动，多少时间为雇主劳动。其言下之意，要求现代工人应当懂得资本的掠夺或剥削性质，不应再像古代奴隶那样对雇主俯首听命。

从这些介绍里，可以看到，朱执信以一种朦胧的形式，已经触摸到马克思的劳动价值论和剩余价值学说，及其继承斯密、李嘉图等人劳动价值论的相互关系；其中用作说明的举例，如生产以丝为原料的缣，以及一日劳动 12 小时中仅以 6 小时作为劳动者的工钱，其余 6 小时为无偿劳动等，也与《资本论》中假定生产以棉花为原料的棉纱，以及假定工人在一个工作日里用 6 小时劳动量生产出自己每天平均的生活资料量，另外 6 小时的劳动量创造剩余价值的说法，非常相似。同时，也可以看到，他对马克思经济学说的理解，相当肤浅。如尚未区别“市价”、“价”与“直”（即“值”）之间的不同涵义，混为一谈，更不曾提到价值和剩余价值一类重要概念；将“劳动之庸钱”一会儿说成制品市价中除原料价值以外的全部新创造价值，一会儿又说成劳动者所得的“最廉之额”；不了解马克思与斯密、李嘉图等人在劳动价值论上的重要理论差别等等。今天看来，这些介绍存在着经济学方面的常识性错误，但在将近一个世纪以前的 20 世纪之初，这种错误在所难免。此前，马君武等人的自撰著述，只是提到《资本论》的书名，朱执信不仅在其内容介绍上前进了一大步，强调资本是掠夺劳动者无偿劳动的产物这一重要思想，而且指出“马尔克此论，为社会学者所共尊，至今不衰”，表达了对于马克思《资本论》的敬意。

介绍《资本论》的有关内容后，朱执信像介绍《共产党宣言》那样，又一次把兴趣从理论部分转向政策部分。他说，为了解决劳动者愈益困顿的现代社会问题，“马尔克所取救济之策”有两种方略。一种是“《共产主义宣言》中所举十条”，即前面介绍的《共产党宣言》十条措施；另一种是“农工奖励银行之设置”，也就是他前面引用马克思一大段话中，括弧内附注的“奖励农工贷之资本之银行抑其相类者”。据说:“此种银行,专以贷资本于农工业劳动者为事,使不仰给富家之资本,则能独立不为所屈。尝以提议于万国共产同盟会,众议不谐而止”。这里将所谓设立农工奖励银行与《共产党宣言》的十条措施相提并论,说成是马克思用以解决社会问题的两类基本政策之一,不知有何凭据。按照朱执信的说法,设立这种银行的议案曾提交“万国共产同盟会”即共产主义者同盟讨论,因存在不同意见未获通过。如果真是共产主义者同盟未通过马克思所提出的建立农工奖励银行方案,该同盟同时又委托并通过马克思和恩格斯所撰写的包括十条措施在内的《共产党宣言》,那岂不是说,马克思在同一时间提出了相互抵牾的两套政策方案,只不过一个获通过、一个被否定而已。这种说法,在记载共产主义者同盟的历史文献里,查不到任何根据。如果文中所说的“万国共产同盟会”指的不是早期共产主义者同盟,而是后来成立的国际工人协会,那么后者的前几次代表大会上,倒是可以看到蒲鲁东之流竭力鼓吹举办所谓“人民银行”,对小生产者和工人发放“无息信贷”,以保证他们成为独立的小私有者。这种论调,曾遭到马克思严厉批驳,认为蒲鲁东“发明‘无息信贷’和以这种信贷为基础的‘人民银行’”,想把生息资本看作资本的主要形式,并且想把信贷制度的特殊应用和利息的表面上的废除变为社会改造的基础,这“完全是小市民的幻想”[①]。这种泾渭分明的分歧,在朱执信那里,被弄得模糊不清了。他在介绍时,也注意到所谓“农工奖励银行”与“近世所谓农工银行”的不同,认为后者“固欲以奖励之使成资本家,非出于求锄资本扶劳动之意”,不是以铲除资本弊端和扶持农工劳动者为目的。但是,他以建立农工奖励银行作为马克思的基本政策主张,无异于将马克思所批判的蒲鲁东式小市民幻想,反而套在马克思自己的头上,令人啼笑皆非。可见,他对于马克思经济学说的介绍,既蕴含令人钦敬的可贵探索精神,又夹杂自以为是的难于凭信之处。这一特征,在他接着提出对于《资本论》的个人评价意见时,表现得更为明显。

(四)对马克思《资本论》的评论

朱执信对于《资本论》的介绍,相当支离而肤浅,基于这样的介绍内容予以评论,其效果可想而知。另外,他阅读有关《资本论》的资料,接触一些西方学者对于《资本论》或相关经济学说的评价观点,看来是想借此使自己的评论意见吸收各种不同评价观点,表现出一种比较公允的态度。这些因素加在一起,他首先作出一个总的评论:“马尔克之为学者所长者,以《资本论》,然世之短之亦以是。是亦马尔克立言不审时,或沿物过情之为之累也。约翰弥勒论之,以为张皇夸大,盖亦有由。”这里认为,马克思治学的长处和短处,世人或褒或贬

① 马克思:《论蒲鲁东》,《马克思恩格斯选集》第2卷,人民出版社1972年版,第146页。

的主要对象，都是《资本论》，其短处主要表现为“立言不审”或受到“沿物过情”的牵累，确认约翰·穆勒评论《资本论》夸大其词也是事出有因。但是，与那些对《资本论》持有偏见的西方学者不同，他的这番评论，不是有意诋毁《资本论》，恰恰相反，他想要说明的是，《资本论》即使有瑕疵，也是瑕不掩瑜，无碍于它的基本结论。

这个基本结论，是他介绍《资本论》时反复强调的一个观点，即资本是掠夺的产物。他认为，资本基于掠夺这一说法，应区分不同的时代，不能一概而论。这里涉及资本与“蓄积”的关系，“资本固非一切为从掠夺得，蓄积之事，往往亦自劳动”。这句话的意思是，资本不仅来自掠夺，也来自劳动的积蓄。并以为流行“经济学者”和所谓“事实”可以证明这句话的正确。可见，他一开始就受到流行经济理论的影响，把特定的资本范畴与一般的积蓄概念混淆在一起，偏离了马克思的资本涵义。沿着这一认识，他继续分析说，“谓蓄积者，必得诸人，而非用余庋置”，积蓄由人们不用的剩余积藏而形成，据说这是不容争辩的事实。因为：“凡生产消费，本不必一一同符，时而有余，时乃不足。方有余而念不足，则有贮蓄之事，此于孤立经济时代已见之者”。积蓄或储蓄之事，又被说成早在个体经济时代，生产者为了应付生产支出的有余或不足之难以预期而产生的现象。由此进一步推导，得出如下论断：“既贮蓄而后用之，以使所生产多，是为资本之始。于是时资本家与劳动为同一人”。至此，个体生产者的积蓄变成了资本，劳动者也变成了资本家。这是将资本概念混同于一般积蓄概念的必然结果。以上推论过程，反映了他对《资本论》的理解之浅薄，不懂得马克思所说的生产资料和货币转化为资本的特定历史条件。所以，当他拿着这个推论结果，发出“安有如马尔克所云，自掠夺而蓄积者。故谓之夸大，亦无所辞”的责难时，殊不知正是他自己才难辞其咎。

说到这里，他并未沿着这条思路一直走下去，而是来了个转折，认为以上推论虽适用于早期个体经济时期，却不适用于现代经济社会，“经济既发达之世，则不可以是论”。他的解释不完全符合《资本论》的精神，但再一次表现出过人的理解力。他说：“交通既繁，贷借之事乃起，而劳动者或用他人之资本矣，既乃有雇佣之制。夫雇佣者，受给而生产益多，故久且不废，然而劳动者之祸于是焉兴。蓄积由庋藏之事益少，而其由掠夺之事渐盛矣。”换言之，现代经济社会已不同于“孤立经济时代”的个体独立生产，形成相互之间的繁多经济联系，出现各种借贷事务，劳动者使用他人的资本进行生产，便产生现代雇佣制度；这种雇佣关系，一方面促进生产的发展而被固定下来，成为“劳动者之祸”产生的根源，另一方面使积累中来自原来庋藏剩余的部分不断减少，来自掠夺的部分不断增加。一语道破现代雇佣劳动制度的掠夺性质。对于雇佣制度的形成过程，他不是从劳动者被剥夺生产资料、不得不靠出卖劳动力换取工资为生的特定历史条件去说明,而是讲述了一个当初劳动者对于"所给"资本"乐与为契约"的故事。在他看来,最初,资助劳动者的资本提供者并不贪婪,"远不逮所获果实",劳动者不依赖资本的"所得亦微",在这种情况下,劳动者乐于与资本订立契约。可是,契约一旦签订,劳动者再也无法摆脱它的束缚,"无息肩期矣"。进入"中世","资本家因其所得,益扩张之,发而愈多,遂成积重难返之势",收益的越来越多部分归于资本家之手已是不可避免的趋势,"劳动者所获,仅足糊口,无从更储蓄以得资本",断绝了劳动者通过储蓄积累资本的可能性。到了"近今","资本家益恣肆,乘时射利,不耕不织,坐致钜万",这时资本的来源,"恐自贮蓄者乃无纤毫",不再有任何来自传统储蓄的成分。资本家每年的收入,"大半为赢利,小半为庸钱",此时,"虽欲不谓之掠夺盗贼,乌可得哉"。这个论述过程,分析资本家如何从最初的"远不逮所获果实",后来演变成"掠夺盗贼",仅仅着眼于积蓄与资本之间的此消彼长关系,其疏漏之处,显而易见。

基于以上分析,他作出如下概括:

> "马尔克之言资本起源,不无过当,而以言今日资本,则无所不完也。往者蓄积所生之资本甚微,而其得大,以有今日者,以取息。故其取息之苛重,实同掠夺,此无可诿解者也。一人劳动终身,其蓄积所得者,不足以供资本家一日之费也。资本家昔所蓄积者明既费消,今所有者全非由于蓄积,特以蓄积所得为刀斧鸩毒以劫取之者耳。故马尔克目之盗贼,非为过也。"

由于他对马克思的"资本起源"学说在理解上的偏差,把资本视作一般劳动积蓄物的转型,而不是生产者和生产资料分离的特定历史产物,所以,他批评马克思这一学说"过当",其实是不得要领。他又认为,马克思学说用于论述"今日资本",完全正确。其思维方式不同于马克思的资本原始积累学说,而是先从过去的劳动积蓄中引申出资本概念,再以资本通过取息从小到大的发展,非如劳动者的劳动所得积蓄,最后得出资本家消费完过去的劳动积蓄后,完全依赖于苛重取息即"实同掠夺"的结论。这个结论,表面上看,与马克思的学说可谓殊途同归,实际上隐含着对资本性质的误解,把资本看作由"蓄积所得"转化"为刀斧鸩毒以劫取"利息的产物。无论如何,他表述了某些不同看法后,最终仍对马克思揭露资本的掠夺性质、将资本家"目之盗贼",表示赞成。

从这一立场出发,他还批驳有些人提出"赢利之起源,基于契约"的观点。这些人认为,被雇佣者开始定约时,先领取"庸钱",然后加上利息,"以所生产之价值为偿";这种"雇工契约"的原理,等同于通常"以契约而取息"的一般借贷关系,"不得谓强夺";雇主对雇工"非强使必借,则不能谓劳动者被强迫而出此息也,则疑于非掠夺也"。这个观点,无非以雇主与雇工签订契约的形式上平等，否定资本“赢利”或“取息”是迫使劳动者处于被雇佣地位的事实上不平等。他对于这个观点的批驳，远非彻底，他认为，“其说非无所据”，也有一定道理，只是不那么正确，“有当辨之者”。论辩中的这种摇摆态度，与他自己对资本本质认识的不彻底性相关。在他看来，资本最初“远不逮所获果实”，主要来自以往劳动所得的积蓄，不是占有他人的劳动果实，这时劳动者也可以依赖资本以增加自身收入，故劳动者“乐”于与资本签订契约；后来随着时间的推移，资本才逐渐转化为以强占他人的劳动果实为主，劳动者由此也失去积蓄而成为被掠夺的对象。这一认识与他批驳的观点对比，前半部分同出一源，分歧只在后半部分：他认为资本家消费完自己的积蓄后便纯粹以掠夺式取息为生，被批驳的观点则坚持雇工契约始终建立在非强迫、非掠夺的自愿平等基础上。他的批驳，针对的是这种始终一律的流行说法。

他对这种“雇工契约”论的批驳，不是依据马克思的经济原理，而是诉诸西方法理。他认为，西方自罗马以来，契约必须双方意思一致，否则，“其意思有欠缺者无效，其有瑕疵者得取消”，如果未判无效或被取消，此契约属于“虚伪强迫”之列。产生这些意思欠缺或瑕疵的原因，在英美法中，有所谓“不当权势”(Undue in fluence，今译不正当影响或压力)。“雇工契约所以得以至贱之庸钱，取最贵之劳动者，实缘其以不当权势故，不可以寻常契约论”，意谓“雇工契约”包含不合理内容，乃受不正当影响的结果，不能等同于一般契约。这就像贫穷之人遇有急需出卖物品，富豪之家凭借其权势贱买其物、“直百取十”。“雇工契约”的不合理性，在于“其上下不对等”、“其程功与报酬不相当”，由于相沿已久，众人习以为常，以致“受利益者安之若素，而被害者窘迫不知所诉焉”。其结果，斯密曾经为之叹息和痛恨的“彼挟巨资不待约而联，以苦工人”的现象，“近今益甚”，贫富离隔，犹如天壤之别，“卒使劳动者无所投足，而降心低首以就至贱之庸”。因此，依据法理，应取消雇工契约，“所沾丐于劳动者之泽，终不可不归诸劳动者”，不能凭此契约，认定资本所得乃“由正当而不可夺”。经过这番辩驳，他再次肯定，“马尔克之谓资本基于掠夺，以论今之资本，真无毫发之不当”。肯定之余，他又补充说，并非所有“取息”行为都是受“不当权势”的影响，像当今欧洲百分之三四的利息率，似乎是合理的，而“公司赢利分于股东”百分之十一二的股息，则有“不当权势”之嫌等等。这也表现出他对马克思学说在认识上的摇摆性。

以上评论意见，以《资本论》为话题，只讨论了在朱执信看来最重要的问题，即资本是否具有强制掠夺劳动者的性质。他的意见，认为马克思在这个问题上的观点瑕瑜互见，其基本倾向赞成马克思对“今日资本”的分析，以期引起人们对这个问题的重视。所以，他坦诚公开自己介绍和评论马克思《资本论》的用意，“因序马尔克学说，遂附论以告世之右资本家者”，意在用马克思学说来警示世上那些袒护资本家的别有用心者。

三、其他论著与马克思经济理论的早期运用

在朱执信的早期著述里，除了《德意志社会革命家列传》一文之外，很少看到关于马克思经济学说的其他专题论述。这并不意味他放弃了这一研究，相反，有关研究成果已经渗透到他对所关心的社会问题的分析之中。从马克思经济学说传入中国的早期历史看，他是国人中专门评介这一经济学说的第一人，也是国人中试图运用这一学说的若干理论分析现实社会问题的先行代表人物。这些分析所运用的理论观点，经常不说明出自马克思学说，但只要与评介德意志社会革命家的那篇文章比较，便可发现，其中一些理论观点的出处一目了然，另一些理论观点也明显受到马克思经济学说的影响。这些理论观点在1907年以前，分别见于朱执信的下列论著。

(一)《英国新总选举劳动党之进步》与《北美合众国之相续税》

前一篇文章署名"蛰伸"，发表于1906年4月《民报》第3号①。它以当年英国议会选举，工党(原译"劳动党")当选议员人数的迅速增加为例，说明"社会的运动，所以必于政治上者，固各因于其国之状态，而要之则以阶级斗争之不可无所藉手"，也就是社会运动及其阶级斗争，必须凭借议会斗争之类的政治运动以为其援手。文中又说："社会的运动，以阶级斗争为本据。然后持劳动阶级之利害较衡之，以求得之于资本家阶级。……以政治上之力，为阶级固有之力助，则足以胜其敌。故劳动者阶级必为政治上运动者，势宜然也"。劳动者阶级为了取得对资本家阶级的胜利，既要开展以阶级斗争为其内容的社会运动，也要参与政治运动，这从积极方面说，"可以助己运动之进步"，从消极方面说，"亦可抑富豪将来之势力"。在作者看来，英国工党以往不参与政治运动，如今取得明显的政治进步，是以德国社会民主党为榜样，"德意志社会民主党运动为之模范，其巨者也"。德国社会民主党曾宣布"政治上运动与经济上运动，两不可阙"，这对于英国工党过去"以经济界劳动者与资本家相倚而不相雠"，对政治运动不感兴趣的态度，有很大触动，促使"英国之鉴于德之成效而师之"，或者说，英国工党取得议会选举的政治胜利，"导其机者，要不得不归功于德意志人，英之运动，师其成迹者"。

朱执信对英国工党参加议会选举的兴趣，意在强调社会运动与政治运动之不可分离。他所运用的重要分析工具，就是阶级斗争学说。他对这个学说的理解，比较偏狭，但显而易见，受到《共产党宣言》有关阶级斗争论述的影响。他称述德国社会民主党的模范作用，也可以看到德意志社会革命家给他留下

① 参看《朱执信集》上册，中华书局1979年版，第39—42页。

的印象之深刻。这是他根据自己的理解，有意识运用马克思阶级斗争学说分析现实事件的一个早期范例。

后一篇文章发表于同年5月《民报》第4号[①]，署名“县解”，是朱执信的另一笔名。它以美国总统罗斯福主张征收遗产税（Inheritance Tax，原译“相续税”）为题，认为这是“资本家势力最盛”的美国显现“美洲社会革命”的预兆。其理由是，遗产税作为间接税中财产无偿转移税的一种，“凡社会主义者率赞之”。财富的集中如果仅限于一代，死后分散财富，“旋死旋散，是富终于均”，故取消继承关系，“必无富之集中之患”；反之，如果保留继承关系，富家子弟“无举手投足之劳而享百万”，“使富益集中于少数人之手”，会造成社会苦痛，将无益而有害于今日社会，只是继承关系行之既久，不能马上取消，须另谋“杀其弊害之法”，故近世不少“财政经济学者”主张对财产继承课征遗产税。遗产税制“不能使其富全不集积”，但此税特别是其累进税法，将削去继承财产的相当一部分，“富之集中，不全止息，而其势之促，亦逊于前”。所征税款归于国库，可以减轻一般人的负担，增进其福利，“间接使富平均”。作者特意规劝以资本家为代表的富家不必反对遗产税。在他看来：“凡社会主义之运动，其手段诚为阶级战争，而其目的则社会全体之幸福也。故虽社会革命以后，今之富者，苟不自为蠡贼以取祸，则其一己所享之康宁豫悦，何减今日”。通过阶级斗争手段，实现未来“非己所私，而众所同”的康乐安适目标，其享有的幸福安全而无危险、和乐而无怨恨，与社会革命以前相比，“谓之胜前千万可也”。这是社会主义的共同目标，“凡社会主义所建树者，率如此”，富家目前处于“惨酷之组织”中，如果安于现状，“不忍一时之苦痛，而舍永久之康乐”，那是鼠目寸光。况且对富人征收的遗产税，不取之于生前，而取之于继承之际，未曾影响自己的生前享受；继承遗产者既然不劳而获，又何必吝啬于“以其一部供公众幸福之牺牲”。根据这些理由，他认为，美国富有家族中的“真有智者”，必定不会反对罗斯福总统的遗产税政策。

这番慷慨陈词，劝说资本家阶级响应社会主义者所呼吁的社会革命，抛弃“一时之苦痛”而放眼未来，其想法之幼稚，不言而喻。联系前述《德意志社会革命家列传》中的有关论述，这一想法又同朱执信对马克思学说的理解相关。在列传里，他特别钟情《共产党宣言》的十条纲领，予以全文转述并称之为马克思的“救济之策”。其中专门为征收高额累进税和废除继承权这两条作注，表现出浓厚的兴趣。从注释中可以看出，他赞成征收高额累进税，认为它是实现财富均平而又不会产生任何副作用的“策之最上者”。对废除继承权，则毁誉参半，既认为它在数十年后“可绝资本家之迹”，又怀疑它的现实可行性及其效

① 参看《朱执信集》上册，中华书局1979年版，第43－45页。

果，故降格以求，转向以课征遗产税为“善法”。这两部分注释加起来，构成写作《北美合众国之相续税》一文的思想基础。换句话说，他是以马克思学说的某些内容，作为自己分析社会问题的理论和政策依据。在这一分析过程中，他所借助的马克思学说被修饰成另一种面貌，征收高额累进税和废除继承权变成了课征累进遗产税，同时，课征遗产税不仅被看作所有社会主义者拥护的均富办法和社会革命预兆，还被当作向资本家阶级进行说教的工具。

(二)《从社会主义论铁道国有及中国铁道之官办私办》与《土地国有与财政》

这两篇文章均署名“县解”，先后发表于1906年5月和1907年7月、9月的《民报》第4号、第15—16号。前篇文章[①]的标题下面有个附注，说明“社会主义本译民生主义”，以篇中术语多沿袭日译，故亦从之。这个附注提示，一是朱执信探索社会主义问题受到孙中山倡导民生主义的影响；二是他关于社会主义包括马克思学说的知识来源，主要来自日文著作。此文所谓“铁道国有”，是指“以抑制私营自然独占事业者之专横而达社会上目的，以铁道经营之权归属于国家及公共团体之政策”，也就是“社会主义者之铁道国有论”。它不同于其他以军事、财政、经济利益为目的的官办铁道，也有别于对商办即私营铁道的公共监督。这篇文章未写完，在已发表的专论铁道国有理论部分，曾大量引用西方和日本学者的有关论述，如伊利的《经济学概论》日译本、华格纳的《财政学》日译本、小林丑三郎的《比较财政学》等，作为其权威论据。尽管如此，稍加体味，仍可感觉《共产党宣言》在作者脑中所留下的强烈印象。其政纲第6条，朱执信译为“交通机关为国有”，今译为“把全部运输业集中在国家手里”。由此政纲引申出社会主义者的铁道国有论，对于他来说，应当是顺理成章的事情。他在引申时，又从西方流行经济学中借用诸如私营自然独占事业、经营权归属等理论内容加以装点，以示富于经济学色彩。

另一篇文章为了反驳《新民丛报》对土地国有政策的非难，试图从“土地国有之本源”说明问题。它的基本观点是，就整体而言，随着文明进步，地租渐增，土地却为少数私人所独占，对此，理想的“救治之术”应是，“令其渐增之益归之社会全体，则可以达社会政策之目的”，这也是乔治的“土地单税之说所由贵”的原因。接着，文中用不少篇幅，以论辩方式维护土地国有论，尤其是土地单税论。例如，有人以社会进化势必牺牲一部分人的利益为由，排斥社会主义者的主张，认为“劳动者大多数之阶级，当为少数资本家牺牲，不必为谋，亦不能为谋”。文中批驳这一观点持论之偏颇，举例证明此论违背事实，“断不能以之推倒土地单税论之根据”。又如，针对国内所谓“土地收入不足供国用之

① 参看《朱执信集》上册，中华书局1979年版，第46—53页。

说”，文中强调土地国有的“原始理由”，在于“地租之自然增加，而所欲取以为新政府之收入者，亦在此浴社会的自然恩惠而增加之额”，地租的增加趋势将足以应付土地国有后“新政府”的财政开支。① 这篇文章也未写完，从已经发表的部分看，主要是为乔治的土地单税论及其在中国的运用辩护。此文坚持土地国有政策，其思想来源，同样可以追溯到《共产党宣言》政纲部分第1条，即“禁私有土地，而以一切地租充公共事业之用”（今译“剥夺地产，把地租用于国家支出”）。区别在于，作者不愿通过“剥夺地产”或“禁私有土地”的暴力方式实现土地国有，试图借鉴土地单税论，采取“公债买收”或“定价而国家收其增额之法”②，以收买地主土地的渐进方式，完成土地国有政策。

以上两篇文章，一个主张铁道国有，一个主张土地国有，不论这些主张掺入多少资产阶级经济学的理论成分，其基本精神是向往社会主义的国有论，明显受到马克思学说的影响。如果把朱执信的前面几篇文章联系在一起，至少涉及《共产党宣言》中的阶级斗争学说，以及十条措施中的土地公有、征收高额累进税、废除继承权、运输业实行国有，包括谈到设置农工奖励银行时似乎涉及政纲中的信贷集中于国家等条款。这些涉及的内容，当它们分散于各篇文章，又未注明其本来出处时，由于引述上欠准确或夹杂作者自己的评论意见，容易混同于一般的社会主义见解。一旦把它们集中起来，并联系《德意志社会革命家列传》一文看，作者试图吸取和运用接触不久的马克思学说来观察和分析社会问题的思想脉络，也比较清晰地显现出来。这一点，在下面一篇文章中表现得更为显著。

（三）《论社会革命当与政治革命并行》

这是一篇名作，亦署名“县解”，发表于1906年6月《民报》第5号③。文章认为，社会革命从广义理解，“凡社会上组织为急激生大变动皆可言之”，连政治革命也包括在广义社会革命的范围内；从狭义理解，仅指“社会经济组织上之革命而已”，所谓社会革命与政治革命并行，就其狭义而言。有人说社会主义没有理论根据，又有人介绍圣西门学说“昌言经济革命断不能免”，随即认为这是“空想妄论”，针对于此，文中判断这些人“全不知社会革命之真”。在朱执信看来，马克思学说出现后，今日的社会主义已不同于过去的社会主义，那些“论者”一概排斥社会主义，正是不知道这个道理。他说：

> “夫往者诚有排社会主义者，顾其所排者非今日之社会主义，而纯粹共产主义也。若是谓今日不能即行，吾亦不非之。顾自马尔克以来，学说皆变，渐趋实行，世称科学的社会主义（Scientific

---

① 以上引文见《朱执信集》上册，中华书局1979年版，第80－82、87、101页。
② 同上书，第108－109页。
③ 参看同上书，第54－69页。

Socialism),学者大率无致绝对非难,论者独未之知耳。而吾辈所主张为国家社会主义,尤无难行之理。"

此前,他介绍德意志社会革命家,提到以往的社会主义被视作乌托邦式空想,而马克思的《共产党宣言》"异于是"。既然不同于空想社会主义,则"科学社会主义"一词已是呼之欲出,只是那时尚未使用这个名词。在这里,一并标出它的英文词汇与中译名,同时指出马克思学说标志"科学的社会主义"产生,这一画龙点睛之笔,在当时国人的著述中超乎寻常。上述说法也存在一些模糊认识。如将空想社会主义等同于"纯粹共产主义",认为马克思的科学社会主义未曾遭到西方大多数"学者"的"绝对非难",用"国家社会主义"诠释马克思的科学社会主义等,均属此列。

以马克思的科学社会主义作为前提,此文着重论述了社会革命的原因、社会革命与政治革命的关系以及二者在中国应当并行的理由与效果等问题,其中值得注意的是对社会革命原因的分析。它认为,"社会革命之原因,在社会经济组织之不完全"。具体地说,历来的社会革命,缘起于其制度本身;"今日一般社会革命原因中最普通而可以之代表一切者,则放任竞争,绝对承认私有财产权之制度"。据此,"今日之社会主义,盖由是制度而兴者",针对"放任竞争"和"绝对承认私有财产权"的制度,"因其制度之敝而后为之改革之计画者",于是产生作为其对立面的社会主义。社会一般主张,把社会主义产生的原因,"必归于社会贫富悬隔而起"。对此,朱执信谈了自己的三点意见。

一是贫富悬隔乃"社会经济组织不完全之结果",而非其"本原"。所谓"本原",仍是"放任竞争、绝对承认私有财产制"。一方面,放任竞争的结果,势必产生"无数贫困者,而一方胜于竞争者,积其富,日益以肆"。这绝不像赞成放任竞争者所说的那样,"竞争之胜负,一准于能力之多寡",完全取决于各人能力的高低。事实上,竞争中的各方处于不平等地位,"今乃一决于资本之有无",不是各自"同有资本"或"同无资本"之间的平等竞争。"故放任竞争,与贫富悬隔有必然之关系",或者说,"不由放任竞争,固不得致贫富悬隔"。这样,在贫富悬隔、放任竞争与资本有无之间,形成一种连环关系,"贫富悬隔,由资本跋扈;不放任竞争,则资本无由跋扈"。另一方面,贫富悬隔又与绝对承认私有财产制之间有着密切联系。"无私有财产制,不能生贫富固也;有私有财产制,而不绝对容许之,加相当之限制,则资本亦无由跋扈"。好比可独占的天然生产力,"苟不许其私有,则资本之所以支配一切之权失矣"。因此,放任竞争和绝对承认私有财产制,"二者俱存,而后贫富悬隔之现象得起",这也是造成社会经济组织不完全而产生社会革命的原因。作者还提请注意,"放任之竞争"不同于"自由之竞争",过去主张自由竞争而贵放任,针对当时"干涉使不自由"的现象,今天的问题在于"不干涉乃反不自由"。对于社会经济组织不完全的制度根源，作者的解决方案是："夫绝灭竞争，废去私有财产制，或不可即行；而加之制限，与为相对的承认，则学理上殆无可非难者"。换言之，既然不可能马上绝灭竞争和废除私有财产制，对"放任竞争"加以限制，对私有财产制改"绝对承认"为"相对的承认"，则是学理上所允许的。

二是未达到贫富悬隔的程度，也可以实行社会革命。"盖社会革命者，非夺富民之财产，以散诸贫民之谓"。夺富济贫导致动乱，不可称为革命，纵然均之，仍会重蹈不均的覆辙。革命的"真义"，"取其致不平之制而变之，更对于已不平者，以法驯使复于平"。照此推理，假如"其不平之形未见，而已有可致不平之制存"，则革去其制，同样应算作社会革命。尤其对于中国的前途，这绝不能忽视。一种"巨谬"观念认为："中国今日固不无贫富之分，而决不可以谓悬隔，以其不平不如欧美之甚，遂谓无为社会革命之必要"。其实正好相反，"当其未大不平时行社会革命，使其不平不得起，斯其功易举"。问题在于，贫富不平现象不严重时，一般人不容易了解社会革命以防患未然的必要性，等到问题严重了，容易认识社会革命的重要性时，再进行革命已经相当困难。对比之下，"难知易行之代"比起"难行易知之代"，更有利于实行社会革命以革除造成贫富不平的制度根源。

三是除了贫富悬隔原因之外，社会革命概念还可以广泛用于历代"经济制度变更"。如由"封建时代之经济制度"转变为"放任竞争制度"，从理论上说，也可称之为社会革命。今天所说的社会革命不再包含此义，但从"社会经济组织之不完全"看，则无所不包，由此也表明社会革命不仅仅是由贫富悬隔引起的。

由上可见，他分析社会革命的原因，重点批驳了将其归咎于"贫富悬隔"的流行主张，把矛头直接指向"社会经济组织之不完全"。在他看来，贫富悬隔只是一种现象，是"社会经济组织不完全"的结果，而不是原因；既然存在"社会经济组织不完全"的制度原因，不论由此造成的贫富差距是否达到悬隔的程度，均须实行社会革命，而且越早实行越容易；贫富悬隔现象仅是放任竞争制度时代的产物，而造成社会革命的"社会经济组织之不完全"，是一个包含历代经济制度变更的广泛范畴。这些分析，存在不少名词概念上的混乱。如所谓社会经济组织的"不完全"，含义模糊；将放任竞争视作社会经济生活的"组织"，而不是一种形式；否定"绝对"承认私有财产制，又赞成"相对"的承认等等[①]。但是，他不为流行见解所迷惑，透过贫富悬隔的社会现象，进一步从社会经济组织方面，特别是从私有财产制方面，去考察社会革命的原因，这显然有着更为深刻的理论洞察力。

---

① 参看胡寄窗：《中国近代经济思想史大纲》，中国社会科学出版社 1984 年版，第 361 页。

基于这一分析,他论述社会革命与政治革命的关系,继续说明只是消除某些政治势力,不触动社会制度之根本,"其根本既无改矣,则其枝叶有变动,亦改良进步而已,非革命也"。对改良与革命的区别,作了一个划分。在他看来,"所以为革命者,固非仅欲祛此阶级之人,实由欲去其有此阶级之制度",意谓革命的目标,不仅消除"阶级之人",主要为了去除产生这一阶级的制度本身;从实际过程看,"革命者,阶级战争也",革命运动总是表现为作为主体的"此运动之阶级",与作为客体的"对于此运动为抵抗压制或降服退避之运动之阶级"二者之间的阶级对立。他解释说,一般政治革命的主体为"平民",其客体广义看为"政府";社会革命的主体为"细民",其客体为"豪右"。"豪右"与"细民"分别是英文 Bourgeois 和 Proletarians 二词(今译"资产阶级"和"无产阶级")的中译名。他认为,日本将"豪右"译为"资本家"或"绅士阀",前者只包括拥有资本者,未能包括"运用资本之企业家之属",故"资本家"译名不足以包括一切;后者"更与中国义殊,不可袭用"。至于日本将"细民"译为"平民"或"劳动阶级",亦因其语义容易引起错乱,或过于狭窄,故"难言适当",不如采用"古义率指力役自养之人"的"细民"译名。① 如此解释,看起来是在寻求比起日译名更为贴近其原意的中译名,实际上仅仅把西方的资产阶级概念理解为拥有和运用资本之人,把西方的无产阶级概念理解为靠自己劳动吃饭的"力役自养之人",忽略了两者之间更为本质的剥削与被剥削关系。

这种概念上的理解,并未妨碍他颇具洞见地指出:豪族一旦掌握政府权力,"以其经济上之势力,助政治上之暴",再凭借政治权力"益增其富";细民则"既苦苛暴,复逼贫饿,益不能自聊"。在这种情况下,只有"并行"政治革命和社会革命,才有望拯救细民,所以说,"其政治革命与社会革命,两相依倚,成则俱成,败则俱败"。在这里,他以俄罗斯为例,认为俄国经济制度尚未摆脱封建状态,具有经济势力的贵族、僧侣和地主阶级,同时具有政治势力,故俄国革命一直"并行政治革命、经济革命"。他还提到,俄国有人自称其经济组织尚未陷入"自由竞争制度"的惨况。然而,这种"不竞争"制度禁制一般人民与地主、僧侣相争,造成"非大多数之幸福",仍必须改革。究竟如何改革,是直接实行"共产制",还是仅仅"制限竞争而犹于相对范围内认私有财产制",从他对"虚无党"主张"绝对的共产主义"持怀疑态度看,显然是在推销后一方式,以此表达自己赞成的主张。其中的意味,有意识地选择封建俄国及其革命的案例,作为比较分析中国问题的参照系。

---

① 前已指出,幸德秋水 1904 年首次翻译《共产党宣言》,曾为书中 bourgeoisie 和 proletariant 一类专有名词的日译,煞费苦心,并创造了"资产阶级"与"无产阶级"的新译名。看来,这些新译名在日本本土,相当一段时间内也未流行。所以两年后,当朱执信提到这两个英文术语的日译名时,仍沿用幸德秋水新创译名以前的日本传统译法。

谈到政治革命与社会革命的关系，他还延伸出一个话题，号召社会革命的马克思等人，并非出身于下等阶层，“如马尔克、圣西门皆非窭人子，其所鼓吹者，固大有造于社会革命，然社会革命运动之力，亦不得谓从彼出”。意思是说，马克思、圣西门等人都不是贫家子弟，他们鼓吹的学说固然大大推动了社会革命，但不能说社会革命的“本体”力量来自他们，他们的作用是激发了这一力量。

他分析，在一定历史条件下，政治革命与社会革命可能相互分离。如欧洲诸国在18世纪末和19世纪前半期，牺牲社会革命完成政治革命，结果今日不得不进行第二次革命，带来社会惨状之危机，这是“欧洲之不幸”。换一个场合，并行社会革命与政治革命，使二者“以一役而悉毕其功”，这是中国现在所处的历史机遇。他认为，中国已具备了并行革命的条件，怀疑这一点，乃“误信社会革命原因惟由贫富已大悬隔之故”。其实，“贫富已悬隔，固不可不革命；贫富将悬隔，则亦不可不革命”。结合前面论证放任竞争与绝对承认私有财产制必然产生贫富悬隔这一观点，“以有此制度故，当为社会革命无疑”，中国今日既已存在这一制度，“不得不言中国有社会革命之原因”。不过，中国革命与俄国不同，“绝不以豪右为中心点”，将依赖于“细民”。

另外，针对“社会革命为强夺富民财产而分之人人”，以及“贫民专政”将使富民避畏，导致社会革命妨碍政治革命的批评意见。他辩解说，社会革命“将以使富平均而利大多数之人民为目的”，从制度上进行改革，“既有善良之制，则富之分配，自趋平均，决无损于今日之富者”。他强调，使富者有益无损的革命手段，“要之必以至秩序、至合理之方法，使富之集积休止”。如征收遗产税，防止财富一聚不散，“散则近平均”，此即“社会革命之真谊”。所以，既要看到“凡对于社会主义为抗抵者，必甚富者始力”，“甚富者”一定会拼力抵抗社会主义；也要看到社会革命使富人所损失的，只是将来可能获致的财富，而非其“已集积之富”。对于“已集积之富”，其逐渐分散之法，若“合理的分散”，则不可言失。欧洲豪右甚恶、并深闭固拒社会革命，其原因是“恐惧于绝对共产主义之说”，“中国现在无此原因”。至于贫民当政问题，更不必多虑。就像议会中富民占优势，自然“专偏利富民”一样，若使贫民占优势，也“有偏利贫民之弊”，但他们作为大多数人的代表，可以防止“居少数者欲自利，则可背公而为不正之议决”的现象，从而为大多数人谋利益。

上述分析，无非是说中国进行政治革命的同时，应当并行社会革命。他还认为，中国目前的条件，“有利于速行社会革命”。其理由，一是“中国今日富之集积之事不甚疾”。在他看来，中国久已存在“经济上放任竞争之制”，由于“物质进步之迟，大生产事业不兴，而资本掠夺之风不盛”，贫富差距至今不甚悬隔，没有积重难返之患，所以“社会革命之业轻而易举”。在这种情况下，如果不及早图谋,会丧失此"利便"之机。二是"中国社会政策于历史上所屡见,不自今日始"。也就是说,中国自古以来崇尚"抑豪者而利细民"政策,如古代抑兼并为儒者所称道而深入人心,汉代尊农贱商本着"制富集积之旨",历代"凡谋抑富助贫之策者"均被称作"善政",尤以王安石的青苗法在救济之策中"可称为真为根本之计"等等,表明根本改革适合中国人的传统社会心理。以这两点理由看,"中国今日实最利行社会革命之日",这一"最便行之机"稍纵即逝。而且,社会革命的实行一定要凭借政治权力,应当与政治革命并行。如"土地国有"不靠平时"强夺",而靠实行政治革命之际,在实行之初"甚轻易举"。

他还有一个观点,"社会革命以阶级竞争为手段,及其既成功,则经济上无有阶级"。其涵义是,社会革命成功以后,无论财富的分配或多或少,一律同等,不再存在"特别阶级","绝不能言一阶级(经济的)握有政权,更不能言自此阶级移之彼阶级"。由此也证明,"社会革命与政治革命并行,有相利而无相害"。一方面,社会革命影响政治革命,"政策不受社会经济上势力之摇动,而无为一私人经济上利益牺牲,为大多数幸福计之政策之事,是经济阶级不存之所利"。另一方面,政治革命影响社会革命,只有实行政治革命,才能保证"社会革命后之完备组织"免遭不良政治的破坏,得以"安全永久"。

总之,朱执信自己说,这篇文章根据"社会革命之原理"来"破邪说"。所谓"邪说",指那些非难社会革命应当与政治革命并行,反对中国进行社会革命的论点。社会革命又称为经济革命,是实行社会主义或民生主义的代名词。照此理解,"社会革命之原理",实指社会主义原理。这样,文章的主旨,是运用社会主义原理批驳那些反社会主义的"邪说"。值得注意的是,这篇文章从一开始,鲜明地表示了对马克思"科学的社会主义"的赞扬,并在论述过程中肯定马克思鼓吹的"大有造于社会革命"。看来,朱氏对于马克思科学社会主义原理的认识,引导他超越眼光只是停留于社会贫富差距现象的流行观念,深入到社会经济组织中去探索其经济制度方面的原因。他将造成或扩大社会的贫富差距,归咎于社会经济组织的"不完全",归咎于"放任竞争"和"绝对承认私有财产权"的制度,以及由此衍生出来的各种辩护性观点,这并不完全符合马克思学说的本意,但他将矛头指向私有财产制和放任竞争,毕竟接触到马克思学说所揭示的资本主义基本矛盾的若干主要表现方式。他始终扣住深层次的经济制度问题来分析社会革命的原因,不排除他曾受到马克思学说的影响,才表现出这种与众不同的理论一贯性。从这个意义上说,他的这篇文章,可谓中国早期尝试运用马克思经济理论分析重大社会问题的一篇代表作。

四、结语

朱执信的上述论著,均发表于 1906 年间的《民报》。从经济思想上看,其内容主要围绕孙中山的民生主义学说，阐发民生主义从而社会主义或社会革命在当今世界日益重要；中国的历史和现实条件更易于实行社会革命，避免重蹈西方国家的覆辙，即因贫富悬隔不得不进行第二次革命；借鉴乔治的土地单一地价税办法，逐步实现土地国有化；中国的社会革命与政治革命应当并行，“以一役而悉毕其功”等等。朱执信的阐发，有其独到之处。特别是在马克思经济学说的评介和运用方面，成为那一时期国人中罕有其匹的先驱式人物，同时也不可避免地带有他所处时代的历史局限性。

（一）在马克思经济学说早期传入中国过程中的历史地位

为了有助于判断朱执信的这一历史地位，先对19世纪末以来不到10年内，马克思及其经济学说最初被介绍到中国的大体情况，作一简略的回顾。

从前面的考察看，马克思经济学说传入中国的途径，可以归纳为三条主要线索。

第一条线索是直接翻译西方原著（主要是英文原著）。如1899年先在《万国公报》连载、后由上海广学会出版的《大同学》，译自英国学者基德的《社会进化》一书。其中多处提到马克思以“百工领袖”而著名；马克思属于近代“讲求安民新学”一派中的“主于资本者”，与“主于救贫”的乔治、“主于均富”的贝拉米等人相埒；马克思和恩格斯同为“德国养民学者”中的“名人”，其目标“惟欲除贫富相争之法”；恩格斯曾发表“贫民联合以制富人”的“不刊之名论”等。这些言论评介马克思和恩格斯，只是浅尝而止，谈不上有什么广度与深度。其作用是让国人最初知道了西方代表工人或贫民的有名领导人物之称谓及其笼统主张，并通过时兴的书刊媒体产生一定影响，因此得早期传入风气之先。其缺陷是介绍中不时出现曲解误译之辞，再加上介绍者奉行批驳或否定的立场，从而使马克思学说传入中国之初，就被蒙上一层由偏见眼光所笼罩的色彩。

第二条线索是翻译日文著作。对于日本译作者来说，马克思经济学说同样是西方的舶来品。因此，日文著作中凡涉及马克思及其经济学说者，或者转译西方著作，或者由日本作者根据西方有关资料加工而成。从这个意义上说，此类来自日文著述的中文译本，应是国人获取有关马克思经济学说知识的一个间接途径。在中国当时的历史条件下，这又是一个极其重要的途径。例如：

1900－1901年的《近世政治史》中译本，译自有贺长雄原作，它记述了马克思所领导的第一国际前四次代表大会的某些议题尤其是若干经济主张，以及马克思对德国社会民主党发展的影响；把马克思和拉萨尔看作社会党内“倡自由之说”的两派，前者为打破“平和”的“激烈”一派，后者为“非过激”一派。1902－1903年的几种《社会主义》中译本，译自村井知至原作，曾提到马克思的“剩余价格”或“余利益”概念，摘译马克思起草《国际工人协会共同章程》中关于工人阶级经济解放的几段引文。1903年初的《近世社会主义》中译本，译自福井准造原作，其中一章以马克思及其主义为名，介绍他的生平和学说。在生平方面，介绍马克思从事理论研究和指导工人运动的主要经历，与恩格斯的友谊和合作，以及他们的代表作名称即《哲学的贫困》、《关于自由贸易的演说》、《共产党宣言》、《英国工人阶级状况》、《政治经济学批判》和《资本论》。在学说方面，重点介绍《资本论》第一卷内容，包括从劳动价值论谈到"余剩价格"的形成，资本和私有制范畴的历史性质，未来自由人联合体的设想等；同时介绍那些反对马克思劳动价值论和剩余价值学说的观点，其依据是现代生产需要经营与监督职能、从而需要资本家等。此译本还介绍马克思创立和指导国际工人组织的贡献，包括引用《共产党宣言》的最后一段论断，《国际工人协会共同章程》中与前述摘译相似但更为完整的序言部分，以及在海牙代表大会上的几段演说词；记述第一国际前四次代表大会的各种经济议题，以及后几次代表大会的斗争经历。介绍中将洛贝尔图斯的经济观点与马克思相提并论，认为二者的社会主义学说"大同小异"，行动上存在前者"渐进"与后者"急进"之别。这部中译本对马克思及其经济学说的介绍之突出与系统，在当时颇为醒目，同时又使人隐隐感觉到它似乎以克卡朴的英文原作《社会主义史》作为其参照本。1903 年的《社会主义神髓》中译本，译自幸德秋水原作，它指出《共产党宣言》的发表，意味着社会主义由旧时的"空想狂热"转变成"科学"。此译本一大特色，注重运用马克思学说阐述自己的观点。如引用恩格斯在《共产党宣言》1888 年英文版序言和《社会主义从空想到科学的发展》一书中两段话，论述历史唯物主义的基本原理；参照恩格斯前引书第三部分的内容，说明资本主义的基本矛盾理论，并参照《资本论》第一卷的内容，解释"剩余价格"理论；根据恩格斯前引书中的几段语录，描述社会主义的未来前景；等等。这部中译本试图将马克思学说的主要理论贡献，以通俗易懂的方式表达出来，虽不免肤浅，却有着适合当时认识水准的思想启蒙作用。

此外，1902 年译自富山房原作的《万国历史》中译本，将马克思与圣西门、拉萨尔等人并列，统称为具有"高旷之思想"的"善良者"，专注于研究拯救贫民使之同享安乐、并带有"国家社会主义"特征的"理财"之理。1903 年译自久松义典原作的《近世社会主义评论》中译本，提出马克思与路易·勃朗同系"新社会党"的代表人物；"社会学士"马克思及其他社会党皆祖述"勤劳"创造物品价值即劳动价值论；马克思"显彰"近世社会主义，将其由"空论"蹈入"实际问题"等。1903 年译自西川光次郎原作的《社会党》中译本，屡屡提到马克思之说、马克思势力、马克思主义等字眼，但把马克思与洛贝尔图斯混在一起，又胡诌拉萨尔折衷于二者之间，一直未弄清这些字眼的真正涵义是什么。1903 年译自岛田三郎原作的《世界之大问题》与《社会主义概评》两个中译本，均提到马克思为"精深"思想家，以"有名之《资本论》"为其代表作，奠定了社会主义的科学基础，并担任过国际工人组织的领导，更为推崇拉萨尔领导德国社会主义运动的功绩，把马克思的贡献主要局限于经济学范围。1903 年译自矢野文雄原作的《新社会》中译本，以文学形式描述未来的理想社会，附带地并列提到洛贝尔图斯与马克思的理论，又说对此理论不必“精心研核”。1903 年译自大原祥一原作的《社会问题》中译本，曾引用马克思的话来表达各国“无资产者”起来“掠夺”并“均分”财产之意；认为马克思首倡“科学的社会主义”，不同于以前类似于政治哲学空想的“经济之空想”；简述马克思生平，突出其为社会主义事业不怕“粉身碎骨”和著有《资本论》；把《资本论》看作“科学的社会主义之经济说”的根基，“否认财产私有制度”；拟从资本的沿革说明“残余价格”学说，涉及绝对和相对剩余价值生产两种方法，以及此学说与历史上劳动价值论的关系等。同时批评马克思的资本理论有“误”，赞成“社会改良主义”而反对非“中正”和“急激”的马克思学说。1903 年译自日人著作的《最新经济学》中译本，提到马克思与圣西门、傅立叶、蒲鲁东、路易·勃朗、洛贝尔图斯、拉萨尔等人一道，同属于所谓“共产主义以外之社会主义”一派。

第三条线索是国人自撰。当时的自撰著述，离不开从国外相关著作中吸取滋养，但不是简单地复述或转译国外著作，而是经过我国作者的理解、吸收和加工处理，试图用自己的语言文字进行表达的产物。例如，梁启超 1902 年发表的《进化论革命者颉德之学说》，批评各种“过激”言论和谬误观点时，提到马克思为“社会主义之泰斗”，马克思的社会主义以“今日社会之弊，在多数之弱者为少数之强者所压伏”；1903 年留下的《新大陆游记》，再次提到马克思为“社会主义之泰斗”，认为社会主义者对于马克思著作的崇拜和信奉，犹如耶稣教式迷信；1903 年发表的《二十世纪之巨灵托辣斯》，提到马克思为著书甚多的“社会主义之鼻祖”，认为在西方社会党人的眼里，托拉斯的兴起符合马克思学理，是“变私财以作公财”的一个阶梯；1904 年发表的《中国之社会主义》，又提到马克思把现今经济社会，看作由“少数人掠夺多数人之土地”而组成；等等。马君武 1903 年发表的《社会主义与进化论比较》，指出社会主义“极盛于”拉萨尔和马克思，他俩是黑格尔的弟子；认为马克思乃“以唯物论解历史之人”，他关于“阶级竞争为历史之钥”的说法，与达尔文的“物竞之旨”相合；断言马克思的思想属于空想的“华严界之类”，企图经过一次大革命一蹴而致，是“大不可必之事”；在马克思著书的名义下，开列了《英国工人阶级状况》、《哲学的贫困》、《共产党宣言》、《政治经济学批判》和《资本论》等西文书名。大我 1903 年发表的《新社会之理论》，叙述共产主义派创于法国巴贝夫，马克思为其“后劲”，现为当今“万国劳动党”。另外，1903－1904 年间分别发表在中文报刊上的《俄罗斯之国会》、《俄国虚无党三杰传》、《德国之社会民主党》、《告保皇会》等文章，或者并提达尔文与马克思之说；或者转述巴枯宁对马克思唯物史观的批评;或者认为一向信奉马克思“革命的共产主义”为其圭臬的德国社会民主党“激烈过度”;或者赞扬“社会党巨子”马克思等人为改革旧社会而“百折不挠,九死不悔”的精神等等,内容均比较简略。

这三条线索的内容汇总在一起,大体显示了在朱执信的评介以前,马克思经济学说传入中国的基本格局和整体水平。分别来看,第一条线索有率先传入之功。但 1899 年的《大同学》对马克思经济学说的评介,显得势单力薄,又一开始就摆出一副批判的架势。此后若干年内,在介绍马克思及其经济学说方面,这些直接译自西方原作的中译本,几乎消失殆尽。第一条线索的衰落,恰好反衬出 20 世纪初第二条线索的强势。这一时期译自日文原作的中译本,大多是一些比较通俗的读物,译文中错漏之处俯拾皆是,难以对马克思的深邃经济理论作出准确而深入的介绍。然而,这些转译自日文的介绍内容,集中起来,足以代表那一时期马克思经济学说传入中国的最高水平。其中,《近代社会主义》中译本,以专题形式介绍马克思的生平与学说,所涉猎的马克思经济理论内容,比起其他的泛泛之论,明显高出一筹;它对马克思基本理论观点的批驳和误导,比起其他的反对言论,也更加具有蛊惑性。《社会主义神髓》中译本,传达了真心实意运用马克思学说来开启民智的日本探索者的心声。相比之下,第三条线索所涉及的马克思及其经济学说,显得支离破碎、杂乱无章、带有明显的随意性和猎奇色彩。这种状况,反映了当时国人向西方学习的一般认识水平。基于这一历史背景,对照评判朱执信在马克思经济学说早期传入中国过程中的历史地位,可以归结为以下几点。

第一,朱执信对马克思生平、学说尤其经济学说的介绍,标志国人的介绍水平跨上一个新台阶。他的介绍,从整体上看,与以前三条线索相比,大大胜过国人的有关著述,明显超出汉译西文著作,稍逊于汉译日文著作。例如,他专列论述马克思一章,对马克思的斗争生涯、与恩格斯的交往及其代表作《共产党宣言》和《资本论》(亦提到《资本史》即《剩余价值学说史》)等,作了范围颇广的介绍,为不少外来著作的中译本所不及。特别是对《共产党宣言》宗旨和十条措施的详细介绍,即便在同类中译本里也难得一见。对《资本论》的介绍,同样触及劳动价值论和剩余价值论等基本理论范畴,只是未能像一些译本那样,提出有关剩余价值一类专有名词的中译名。这些介绍内容,距离完整地认识马克思经济学说体系相差甚远,却是我国作者中试图以专题形式对这一学说给予有重点的、初具系统的入门式介绍之第一人。这比起此前国人中谈到马克思者,仅对马克思及其学说作蜻蜓点水式的零星涉猎,向前跨出了一大步。

顺便指出,有人撰文认为,“将《资本化》德文原版最早引进中国的这位‘中华第一人’”,据有关专家考证,“是我国近代著名的学者马一浮先生”。其文引证的第一个依据是，1904年，他到德国柏林学习德意志文学，“在德国期间，他第一次见到马克思的《资本论》德文原版著作”；并绘声绘色地描述说，他“展卷开读，立即被书中深刻的理论、丰富的知识、严密的逻辑与优美精炼的语言吸引住了。他一边阅读，一边欣赏，惊为奇书，叹为观止”。引证的第二依据是，1905年，他携带《资本论》德文原版，经日本回国过程中，在日本住了一段时间，“这时日本人尚不知道《资本论》这本书，从马一浮那里得知此书讯息，纷纷来向他求教，争相传阅，使得《资本论》在日本得以传播”。引证的第三个依据是，约在1905年底1906年初，他回到中国，“《资本论》也随着他的足迹第一次进入中国的国门。这是马克思主义在中国传播史上一件有重大意义的事件。他向亲朋好友热情地介绍宣传这部伟大的著作。中国人从此开始知道《资本论》这一著作”。不过，此文也承认，“可惜的是，由于历史的原因，马一浮对这一巨著仅止于阅读与欣赏，却没有进一步进行翻译与传播”。文中还补充说，“后来”，马一浮到上海与马君武、谢无量创办《二十世纪翻译世界》杂志，介绍西方先进思想，撰写发表有关社会主义、虚无主义和革命党的文章，“却将《资本论》一书束之高阁”；并为之解释说，“当然，这也是由于《资本论》一书篇幅过于浩繁，内容艰深，资料宏富，在20世纪初年的中国，还没有翻译的条件”等等。最后的结语是，“中国人民将永远怀念这位将西方的马克思主义真理引进中国的‘中华第一人’”。① 以上观点提出后，曾在媒体上加以宣传②。显然，这个论证将国人接触《资本论》原著的推测与《资本论》在中国的实际传播这两件事，混淆起来了。《资本论》原著具有多种文字的版本，均可称之为原版。依此而论，有关国人最早接触、阅读或研究《资本论》原版者，曾有多种说法。如认为严复早在1877－1879年留学英国期间，“显然有些知道”马克思的《资本论》③。可是，这纯属猜测，不足为凭。又如认为孙中山1896－1897年逗留伦敦期间，不仅自己研读，还“敦促”留学生研究马克思的《资本论》④。此说若成立，则比所谓马氏1904年第一次见到《资本论》，早在七八年。至于说日本人

---

① 经盛鸿：《引进〈资本论〉原版的第一个中国人》，《历史大观园》1991年第3期。另有趣闻说：马一浮“在1904年于德国柏林读到马克思的《资本论》后，立即把它捎回祖国送给了他当时寄予厚望的光复会会员刘师培办的国学扶轮社，期望得以传播。后来刘师培变节投靠袁世凯。袁世凯倒台后，国学扶轮社被抄，《资本论》进了旧书摊。马一浮在书摊上见到自己题跋过的《资本论》，便又购回送给了浙江大学——前身是求是书院”。见楼达人：《当代大儒马一浮》，http://www.zgsf.com.cn/archirer/?tid－9970.html。

② 《引进〈资本论〉原版的第一个中国人》，《文汇报》1991年4月3日第8版。另外，马镜泉的《马一浮先生小传》沿用了同一说法，提到马一浮“带回马克思的《资本论》德文版一部，是最早把马克思著作引进中国的中华第一人”，同时把马一浮的回国时间，确定为1904年11月。引自刘梦溪主编《中华现代学术经典·马一浮卷》，河北教育出版社1996年版。

③ 参看胡兆培、林圃：《〈资本论〉在中国的传播》，山东人民出版社1985年版，第23－23页。

④ 参看宋庆龄：《孙中山——中国人民伟大的革命的儿子》，《宋庆龄选集》下卷，人民出版社1992年版，第487页。

在1905年以前不知道《资本论》,有待该年马氏携《资本论》原版到日本后才使之得以传播,更是无稽之谈。前面列举的1902—1903年间传入中国的各种日本社会主义著作,如《社会主义》、《近世社会主义》、《社会主义概评》、《社会主义神髓》、《社会问题》等中译本,都在不同程度上介绍了马克思的《资本论》和剩余价值概念,其中尤以《近世社会主义》中译本的介绍,颇为细致和深入,而其日文原著早已出版于1899年。可见,《资本论》在日本的传播,并非等到1905年马氏到达日本以后,与此相反,国人所获知的《资本论》知识,最初主要是由日本传入的。据于此,中国人也不是自马氏1905年底或1906年初回国,经过他向亲朋好友们介绍宣传之后,才开始知道《资本论》的。根据文字记载,马君武在1903年的《社会主义与进化论比较》一文里,已经提到《资本论》的西方书名。到1906年,朱执信作为第一个认真介绍《资本论》内容的中国人,他的相关知识,同样主要来源于日文著述。附带说明,马一浮(1883—1967)与马君武等人创办《翻译世界》,亦非如此文所说是在他回国以后,而是在他出国以前的1902年12月[①]。总之,说马一浮是"引进《资本论》原版的第一个中国人",单就他从国外带回《资本论》德文原版这件事来说,或许有其意义 ,但仍须作排他性论证;而由此引申说他是使"中国人从此开始知道《资本论》这一著作",甚至使《资本论》在日本得以传播的"中华第一人",则过于武断,不符合历史事实。

第二,朱执信对马克思学说(包括经济学说)的理解和信奉,在国人中独树一帜。像那一时期对马克思学说有所了解的其他国人一样,他接触马克思学说,主要通过西方舶来品之中转站的日文著述。他不同于其他国人的地方,不是简单地转译复述他人的观点,或者仅作标签式和概念化的介绍,而是努力在自己理解的基础上予以进一步的理论说明。这同他对理论问题包括经济理论问题孜孜以求的态度,是分不开的。早在1902年就学"教忠学堂"期间及后来组织"群智社"时,他就阅读了严复翻译斯密的《原富》等书。1904年以第一名考取官费赴日留学生后,进入专设政治、法律、经济等课程的东京法政大学速成科学习,尤致力于研究经济学科和钻研数学,为接触和理解马克思经济学说,奠定了为一般留日学生所不及的经济理论基础。如他的前述几篇文章,曾提到或引用斯密、李嘉图、约翰·穆勒、亨利·乔治以及其他不少"财政经济学者"像伊利、瓦格纳、小林丑三郎等人的著作或理论观点,足以显示他的经济理论功底。后来人们悼念他,称之为"犀利的革命理论家"[②]或"政治经济学家"[③]等,同样体现了专注于理论研究特别是经济学研究的特征。这一特征,反映在

① 参看上海图书馆编:《中国近代期刊篇目汇录》第2卷上册,上海人民出版社1979年版,第697—698页。

② 邹鲁编著:《中国国民党史稿》第6册,见《朱执信传》,商务印书馆1938年版,第1562页。

③ 何伯言编著:《朱执信·廖仲恺》,青年出版社1945年版,第15页。

他早期对马克思学说的评介上，不同于其他国人的人云亦云或浮光掠影式介绍，也不完全同于当时相继传入中国的日本著作中各种流行介绍。例如，他介绍西方社会主义，重点介绍以马克思为代表的德国社会革命家；介绍马克思的生平，重点介绍马克思为研究和传播社会主义学说而献身的斗争生涯，以及与恩格斯的友谊；介绍马克思的理论成就，重点介绍《共产党宣言》和《资本论》；介绍《共产党宣言》，重点介绍其中的阶级斗争学说和十条措施；介绍《资本论》，重点介绍资本是掠夺劳动者无偿劳动的产物；等等。这些介绍的重点，尽管各有所凭，仍反映出他对于马克思及其学说的认识，建立在独立思考的基础之上，所以其介绍重点的选择或取舍，表现得与众不同。特别是他对马克思学说的态度，不论介绍评价还是提出异议，均以一种积极探索的精神，加以维护，给予倡导，表现出当时条件下极为难得的尊重。这种信奉态度，环顾此前由国外引进或由国人自撰的各种涉及马克思学说的著述，恐怕只有幸德秋水的《社会主义神髓》可与之媲美。

第三，朱执信运用马克思经济理论分析现实社会问题，在国人中可谓开其先河。早期译自日文著作的不少中译本，以运用马克思经济理论来分析日本或国际问题而言，不论正确与否，已不是个别现象。可是，早期国人的有关著述，对马克思经济理论持否定意见者，固然谈不上运用这一理论；即便持某种赞同意见者，由于所涉及的内容极为零散，对理论本身的介绍不甚了了，也谈不上运用这一理论。朱执信则不然。他对马克思经济理论的理解较诸时人更为深入，又真诚地信奉这一理论，因而分析社会问题时，尽管未必言明运用马克思经济理论作为指导原则，实际上已将其若干理论观点渗透于分析中。例如，他运用阶级斗争学说分析英国工党在议会选举中的进步，代表了劳动者阶级对资本家阶级的胜利；运用累进遗产税思想分析社会革命的预兆；运用社会主义国有论分析铁道国有与土地国有问题；尤其运用马克思的科学社会主义，从社会经济组织的不完全，也就是从私有财产制和放任竞争中，去分析社会贫富悬殊现象形成的原因，进而说明社会革命与政治革命的关系等。这些分析，对于马克思经济理论的分析依据以及各类社会问题的分析对象，夹杂着误解或理解上的偏差，然而，他们却是国人中率先尝试以这一理论来观察和思考社会问题的早期范例。

以上诸点，正是朱执信提出"以不知马尔克之名为耻"这一警语的最好注脚。对于他在马克思主义早期传入中国过程中的历史地位，同为同盟会成员的何香凝(1878－1972)后来曾评价说："朱执信是同盟会中真正研究马克思主义的人"，"如果他还健在，他很可能是坚决信仰马克思主义的。"[①]毛泽东认

---

① 何香凝：《我的回忆》，见《辛亥革命回忆录》第1集，文史资料出版社1981年版，第31页。

为，“朱执信是国民党员，这样看来，讲马克思主义还是国民党在先，不过以前(指俄国1917年十月革命以前——引者注)在中国并没有人真正知道马克思的共产主义。”[①]他们两人对朱执信的历史地位的肯定，一个重在其早就“真正研究”马克思主义，一个重在其讲马克思主义的时间“在先”。毛泽东大概为了说明“讲”马克思主义问题上，共产党与国民党孰先孰后，才强调朱执信的国民党员身份。其实，朱执信讲马克思及其学说的最初时间，在1906年，那时他的身份是同盟会会员，不是1912年以后的国民党员。毛泽东的意思，朱执信虽然“讲”马克思主义在先，却并不“真正知道”马克思主义。这里的“讲”，应包含何香凝所说的“真正研究”涵义，否则，在朱执信之前，已有梁启超、马君武和大我等人“讲”过马克思及其学说了。“真正研究”不等于“真正知道”，“真正研究”作为朱执信的特征，使他区别于以前那些浅尝辄止者；而“真正知道”是更高的标准，用这一标准对照朱执信的研究，他还存在着明显差距。这些评论意见，同样适用于他对马克思经济学说的评介和运用。

(二)评介和运用马克思经济学说的历史局限性

这里所说的局限性，已经散见于前面对朱执信的分析中。为了便于集中，兹将这些分析内容归纳如下。

第一，对马克思经济学说的理论体系缺乏完整的认识。朱执信对马克思经济学说的介绍，比起他的前人前进了一大步，这是相对于前人极为破碎零星的介绍而言。相对于这一理论体系本身，他的介绍又显得贫乏了。例如，他介绍最为翔实的是《共产党宣言》一书，主要转述书中头尾两段引文以及十条措施及其他个别观点，大体是一些结论性意见。这种选择性的跳跃式介绍，遗漏了诸如第三章“社会主义的和共产主义的文献”等内容，还割断了原有论述的内在逻辑联系。他的介绍略于一般基本原理而详于十条措施，这恰恰与马克思、恩格斯1872年德文版序言中的说法相反。他们认为，经过25年的情况变化，“这个《宣言》中所发挥的一般基本原理整个说来直到现在还是完全正确的”，而这些基本原理的实际运用，则随时随地都要以当时的历史条件为转移，“所以第二章末尾提出的那些革命措施并没有什么特殊的意义”，又认为现在包括十条措施的这一段“在许多方面都应该有不同的写法了”[②]。这些“没有什么特殊的意义”的十条措施，在朱执信的介绍里，被放在特殊的位置上，视之为具有根本意义的救济之策。这种本末倒置的做法，也反映了他理解上的缺陷。他对《资本论》的介绍，只触及个别理论观点，远未认识其宏大理论体系的本来面貌。在这方面，他的介绍与同时期作出类似介绍的日文著作中译本相

① 《“七大”工作方针》，人民出版社1981年版。
② 《马克思恩格斯选集》第1卷，人民出版社1972年版，第228页。

比，尚存在不小差距，更不用说与《资本论》原作进行衡量。

第二，对马克思经济学说的理解存在诸多偏差。朱执信在当时扑面而来的众多外来社会思潮中，惟独选择马克思学说作为专题评介对象，殊为不易。不过，他的理解水平，受时代的局限，停留在比较表面的层次上，对马克思学说的许多深邃理论涵义，由于缺乏理解或难于理解而不可避免地产生各种评介上的偏差。如介绍《共产党宣言》时强调阶级斗争之说，却不了解在马克思以前很久，资产阶级的历史学家和经济学家已叙述过阶级斗争的历史发展，并对各个阶级作过经济上的分析，这样的介绍反而忽略了马克思在阶级和阶级斗争理论上的新贡献。又如热衷于介绍具体的经济措施，不那么理解基本原理对于形成具体措施所起的支配性作用，容易偏离基本理论上的判断，以某项具体措施的实行与否作为主要的判断依据，甚至把美国总统罗斯福的征收遗产税主张，也说成美洲将实现社会革命的标志。特别是对《资本论》中关于资本原始积累学说的评介，不能理解马克思著作里，资本家的资本概念与个体劳动者的劳动积蓄概念属于本质上不同的两个经济范畴，所以面对那些批评言论，自然会产生理论上的摇摆，为否定资本的掠夺性质之说，开了附和之门。另外，他的介绍将拉萨尔与马克思并列，称述洛贝尔图斯为社会主义者中享有盛名的“耆硕”，也可见他对马克思学说的理解缺乏坚实的基础，难免受到当时流行的各种西洋或东洋著述中一些模糊甚至错误倾向的影响。

第三，运用马克思经济学说的改良倾向。朱执信始终站在以孙中山为代表的资产阶级革命派一边，围绕社会革命问题，与改良派代表人物展开了旗帜鲜明的论战，维护了革命派的立场。但是，他对马克思经济学说理解上的缺陷，也反映在运用这一学说阐述社会革命问题时，带有非马克思学说的改良倾向。如他引用《共产党宣言》一段译文，选择“去”这个模糊字眼，代替“用暴力推翻”全部现存社会制度的涵义，由此还引申出一个愿望，想从根本上寻找办法来“改善调和”中级社会与下级社会即资产阶级与无产阶级的关系。根据这个想法，尽管他曾在理论原则上，以触动阶级对立制度本身还是仅变动其枝节这一点，来说明和划分革命与改良的区别，但在具体论述我国社会革命的必要性、国有铁道与土地、遗产或累进税等问题时，往往从“改善调和”的愿望出发，如对私有制从“绝对承认”改为“相对的承认”、对放任竞争有所限制、借鉴乔治的“土地单税之说”、征收遗产税代替废除继承权等等，企图探求一条避免既得利益阶级受伤害的社会改良之路。为此，他有时还把希望寄托在说服富人认识以上措施没有使他们受到多大的损失，甚至寄托在资本家阶级能够放眼未来以自觉响应社会革命的号召之上。

第四，译述马克思经济学说的质量问题。在马克思经济学说传入中国的初期，译述质量问题是一个普遍存在的问题，朱执信也不例外。比较那一时期的中文同类论著,他的译述质量好于一些自撰者如梁启超、马君武或大我的有关著述,逊于一些翻译日文著作的中译本如赵必振的《近世社会主义》译本。这里既有对学说内容的理解问题,也有专门名词术语的表述问题。从内容理解上看,那时要弄懂弄通马克思经济理论,绝非易事。同样,朱执信的译述里,能够准确表达马克思理论原意的段落,颇为少见,寻常可见的是正误混杂现象,把原文意思弄得面目全非亦不足为怪。他对原文政策措施部分的叙述较接近于其原意,恐怕也是由于这一部分内容比之其理论部分较易于理解。从名词术语表述上看,译述中的漏译误译、缺乏规范或相互矛盾之处,更是随处可见。例如,此前的几部中译本里,已多次提到马克思的"赢率原理"、"溢收之利"、"余利益"、"残余价格"、"余剩价格"或"剩余价格"等以不同译名表达的剩余价值概念,而他介绍《资本论》时,除了将"市价"、"价"与"直"或"值"混为一谈外,对此基本概念不置一词。又如,他曾说明应将西文的 Bourgeois 和 Proletarians 二词分别译作"豪右"和"细民",并批评日本的"资本家"或"绅士阀"与"平民"或"劳动阶级"译名不正确,可是在其他地方,他使用的未必是自创译名而常是日译名,反而又造成混淆。类似这样的例证,他的译述中俯拾即是。其实,这也不必怪罪某一人,其中除了个人认识上的差误,主要是当时国内处于整体理解水平不成熟,外来名词术语尚未统一规范的历史阶段所使然。

朱执信像其他一些人,在介绍马克思经济学说的同时,也喜欢从中国古代传统中寻找与之相类似的证据。如将中国历史上的反对兼并、尊农贱商、抑富助贫、青苗法等,统统称作自古以来崇尚"抑豪者而利细民"政策的表现形式,认为由此形成了中国最适于社会革命的传统社会心理。这番议论的目的,同他评述德国"社会革命家"马克思及其经济学说的意图,正相吻合。从这里,再次看到马克思经济学说早期传入中国的过程中,人们常常习惯于用中国古代事例加以比照或攀附的明显特点。

第三节 宋教仁与廖仲恺著述中的马克思经济学说

在孙中山的早期同盟会支持者中,探索与宣传马克思经济学说的代表人物,首推朱执信。居其次者,恐怕就是宋教仁与廖仲恺。他们在留学日本期间,接触流行于西方的各种社会主义思潮,从中感受到马克思经济学说的影响力。根据何香凝的回忆,当时同盟会会员中,存在三类思想状态。第一类仅推翻清朝的单纯民族主义思想,对推翻清朝以后中国往何处去的问题,模糊不清甚至根本没有接触;第二类想在推翻清朝以后,把中国引上欧洲或日本式资本主义道路;第三类人"接受了当时已经在日本青年学生中开始流行的早期社会主义思想,并试着把那种尽管还是处于萌芽状态的早期社会主义思想传播到中国来”①。第三类代表人物中，曾提到朱执信和廖仲恺，宋教仁未包括在内。在同盟会建立之初的短暂历史时期里，宋教仁为传播“处于萌芽状态的早期社会主义思想”，特别是为介绍马克思及其经济学说所作的早期努力，同样功不可没，故将他的有关著述一并列入此节予以分析。

一、宋教仁的《万国社会党大会略史》

宋教仁(1882—1913)从1904年起，先与黄兴等人在长沙组织华兴会，后策动湖南起义失败，逃亡日本，留学东京。翌年参加发起同盟会，任《民报》撰述。此后一直从事革命活动，尤致力于在中国实行资产阶级民主宪政，遭袁世凯派人行刺，死于上海。他不像朱执信和廖仲恺，在思想理论上与孙中山保持高度一致，但他早期对社会主义思潮与马克思学说的探索和宣传，却与孙中山的先行倡导一脉相承。

(一)早期视野里的社会主义思潮

根据他留学东京时的日记所载，1905年6月就学法政大学，曾进修“经济学”和“民法”等课程。这里所说的“民法”，不是《泰西民法志》中的“民法”指社会主义之意，是一般的法律含义。稍后，通过日本友人宫崎寅藏结识孙中山，受其影响，参与建立同盟会，并以“革命”作为自己创办《二十世纪之支那》杂志的“主义”。1906年元旦，他在宫崎寅藏家做客，见其胞兄、“日本之社会主义者”宫崎民藏；后又得观其“言平均土地之说”的《人类之大权》一书。3月间，他专门致函宫崎民藏，索要其书，获赠，并经宫崎民藏介绍，与俄国“革命志士”、民粹党人彼尔斯特基会面。由此获知“俄国革命党派之多，主张不一，人民程度又不齐，革命成功不知何日可期”；“革命之事不可从一方面下手，专讲政治的革命必不能获真自由，专讲社会的革命亦必不能获真自由，必二者俱到，然后自由之权利可得，而目的可达”；这位俄国人还表示自己“向来系极专主张民主主义的”，看到美国、法国、日本、英国或德国，其国已是民主国或有政治上自由，其人民在社会上并不自由，转而主张“实兼政治、社会两方面而并欲改良者”等。4月，他购得《社会主义研究》等书刊。5月，购得日文《独立评论》一册，内有《社会主义年表》，按年列表详细记载“自德国大革命以来至近日各国社会之运动”。8月，他又从日文《读卖新闻》中，看到有关俄国一般同盟罢工事件的报道和《记世界之社会党》一文，文中转载美国新闻评论关于“世界社会主义者之总数”的计算、按国别关于“西洋各国之社会主义者”(包括欧洲、北美和大洋洲22个国家)的统计，以及“社会主义者”参加议会选举的情况。12月2日，他出席《民报》创刊周年庆祝大会，孙中山“演说社会主义”，由此感慨

---

① 何香凝：《我的回忆》，《辛亥革命回忆录》第1集，文史资料出版社1981年版，第19页。

"未有之盛会","足见人心之趋向"。[①] 诸如此类的记载,从一个侧面,真实反映了他在留学日本初期,尤其在 1906 年,从一般性接触西方社会主义思潮到主动寻求这一思潮影响的演进过程。

以上日记,可以看到宋教仁最初尝试介绍各种社会主义思潮的判别能力和热忱。引人注意的是他的两篇译文。一篇是 1906 年 2 月 10—20 日期间,译自《东京日日新闻》的《一千九百〇五年露国之革命》,以"强力斋"的署名,连载在《民报》同年 4 月和 9 月发行的第三、第七号上。另一篇是 4 月 8—17 日期间,译自《社会主义研究》杂志的《万国社会党大会略史》,以同样的署名,发表在《民报》6 月发行的第五号上。关于第二篇译文,将在后面予以分析,这里先介绍第一篇译文的内容。

这篇译文颇为详细地叙述了俄国 1905 年革命的经过。其中提到,这一革命"其机之熟盖已久矣",革命时机经过长久的孕育早已成熟。它表现为民族矛盾日益尖锐,知识分子提倡自由学说,劳动社会普遍感到愁怨,农民因土地问题心怀不平,军队产生愤慨之念,各种叛乱和反抗事件不断出现。特别是俄国在日俄战争中失败,进一步暴露了政府的腐朽,激化了国内矛盾,"至以酿成今日之大危机"。革命的端绪,起因于响应宣言的精神,"认许私人身体之自由,民家之不可侵,与地方之自治,为官民和协之手段",以及"设置国民议会,使人民参与立法权,决定预算案,并监督国政"。彼得堡的工人 1905 年 1 月 21 日(应为 22 日)发生"大骚动",惨遭沙皇政府镇压,标志革命的开始。这一"大骚动"的爆发,"传播自由主义社会主义于职工及农民间,而使之投入革命党者,此既往四十年间革命党所皆劳心焦思者",意谓这是革命党人 40 年来努力向工农群众传播社会主义思想的结果;同时也是"欧洲劳动问题之大势"早已侵入俄国,"露国劳动社会之夙受影响于西欧之劳动问题"的证据。沙皇政府的镇压,造成人民更大的反抗,"其始不过为社会主义之唱导,继则民主共和之说,亦加于稳和之党派中";各地工人罢工"如火之燎原",要求八小时劳动日、增加工资、政治自由、地方自治、设置议会等;农民暴动频仍,"劫据贵族之庄园,夺取其财产",要求土地国有,政治上主张言论集会自由与普通选举权等,可见"革命主义之传播甚广,已无容疑";加上军队兵变,"全国纷如乱麻而莫可收拾"。革命的发展,导致"十月之大总同盟罢工"即十月政治总罢工,"实倒独裁君主制",同盟的"主义方针",在于"一切之公用机关,皆须使之窒废"。从铁道工人率先罢工开始,各地工人起而响应,"各种公共之机关全行停止",十余天内,"国内常为黑暗之世界",全国陷于瘫痪状态。这次总同盟罢工,步

① 宋教仁:《我之历史(宋教仁日记)》,《宋教仁集》下册,中华书局 1981 年版,第 538—539、547、553、560、565、586—587、604、629—630、694—695 页。

伐整齐,静肃坚确,让沙皇政府和外人感到骇异或惊叹。此前德国社会党"尝以总同盟为劳动者之最终武器,盛主张之,然人皆视之为空言,而不能实行",如今俄国劳动者"以最烈最可恐之势,一次应用之,遂得以仆露国独裁之政治,其结果必及于欧洲诸国"。总罢工一旦举行,沙皇政府今后以其武断政治,"欲一时镇定其爆裂,岂能断其根株耶"。总罢工期间,"国人皆欢迎翼赞不绝,虽穷困苦迫之境日甚一日,而乃不少变";同时,"革命党诸首领,皆有蹈死不悔之气象",最终迫使俄国"独裁君主"尼古拉不得不有所退让,颁布 10 月 30 日(俄历十月十七日)诏敕,允诺给人民以"自由之权利"。至此,"以铳火之声,漂血之迹,而得奏革命之功,此可为露国人民之大胜"。当时,欧洲各国无论何人,未尝预期俄国人民通过"诉之于干戈"的革命获得如许权利,认为沙皇政府掌握各种国家暴力机构,"能以暴力应付暴力",足以镇压人民的反抗。然而,俄国人民创造出"法国革命以来所未行之新手段",采取"各社会一致运动,全国皆敌"的总罢工方式,切断一切交通、饮食、消息的供给,麻痹和降服政府的"暴力之诸机关",迫使政府为避免坐以待毙而最后屈服。沙皇政府的暂时退让,又引起"翻赤色旗、唱革命歌"者与守旧派之间新的冲突。一方指斥政府改革为虚伪,企图欺骗"温和自由党"入内阁以丧失其党势力;另一方咎责自由党不肯协助政府以共负其责,批评"革命动机之社会党"在"独裁君主制之原则"消亡后,又要求"推倒立宪君主制而强取民主共和制",这是"革命之乱日益激烈"的根源。自此以后,"反动派势力"在政府中重新占据支配地位,政府与人民"遂益反目",接着爆发十二月武装起义,终遭政府镇压。①

把宋教仁的上述译文内容与他的日记联系起来,不难看出他的早期视野里,社会主义思潮已经占据一定位置,他所认识的社会主义思潮中,俄国革命又是其重要内容之一。将探求的眼光,从西欧的社会主义理论与实践,延展到俄国的革命运动,这是受时代条件的影响,也体现了他认识社会主义问题的若干特征。这些特征,可以概括为以下几点。

第一,认识国外社会主义思潮中新事物的敏感性。他在日俄战争期间抵达日本留学,其初衷如同其他许多留日学生,意欲从日益强大的日本那里寻求救国救民的道理。日俄战争促使他从 1905 年起,开始关注俄国的动向,包括"俄国革命党"的活动,如 1906 年初阅读《地下之露西亚》稿件和应允撰写《俄国革命党女杰列传》一文②。稍后会晤俄国革命志士,又使他得以直接了解俄国革命党派的主张。在这一背景下,他能够敏感地从日本报刊文章中,注意到俄国 1905 年革命这一新的重要历史事件,以此作为西方革命党人数十年传播

---

① 以上引文均见《宋教仁集》上册,中华书局 1981 年版,第 27—39 页。

② 参看宋教仁:《我之历史(宋教仁日记)》,《宋教仁集》下册,中华书局 1981 年版,第 533、568 页。

社会主义思想的显著成果，并及时加以转译，在国人中率先专题介绍。他还在译文末尾的按语中指出，自1905年俄国革命以来，“至今年尚未有已”，虽然召集国民议会(即国家杜马)，发布帝国宪法，但“政府与议会日见冲突，势如水火”，尤其沙皇政府强力解散议会，引发全国人民愤起反抗，陆海军亦加入革命运动，“其结果尚未知若何，吾人且拭目以观其后”①。到1906年，俄国革命逐渐转入低潮，可是他对这一革命仍保持继续跟踪观察的浓厚兴趣。列宁曾评价俄国1905年革命说：“没有1905年的‘总演习’，就不可能有1917年十月革命的胜利。”②从这个意义上说，宋教仁对俄国1905年革命的转译介绍，也为后来国人对俄国十月革命的宣传介绍，做了某种思想认识上的先行准备。

第二，选择舶来社会主义文章的洞察力。他选译这篇文章时，留日学生或国人中撰写或翻译有关社会主义的文章者，已不是个别现象，其中涉及俄国革命党人的内容，也时有所见。但是，他的选译对象，与时人相比，有其不同寻常之处。例如，别人介绍俄国革命，较多地注意那些民粹派代表人物，特别是他们的暗杀活动。他却选择俄国1905年革命作为重点介绍对象，在它的高潮刚过、尚未结束之时，选取相应的报道文章予以转述。后来的国际共运史著作，一般称述这次革命是俄国历史上第一次资产阶级民主革命。当时他选译的这篇文章，对革命的原因、经过、要求、性质、影响的报道，应当说比较客观和公正，有助于认识整个俄国革命的真实背景和本来面貌，不仅局限于个别人物的个别行为。又如，围绕着这次革命，当时在国际范围内引起不同的反响，有人诅咒，有人怀疑，有人观望，有人欢呼，真正支持这次革命的舆论处于少数地位。他选译的文章，正是站在少数人的立场上，给予这次革命以相当程度的同情和理解。其中肯定革命形势的成熟是俄国内外矛盾日益尖锐的结果，是俄国劳动社会受西欧劳动问题的影响，特别是受革命党人长期传播社会主义思想影响的产物，肯定俄国人民对待革命的欢迎态度、革命党领袖的“蹈死不悔之气象”，以及推翻俄国独裁君主为“人民之大胜”，等等。另外，文中指出革命期间的总政治罢工，是俄国人民创造的“法国革命以来所未行之新手段”，它不仅提示俄国1905年革命结束了1871年巴黎公社失败以后欧洲社会的“和平”发展时期，而且印证了列宁对于群众的革命首创精神的高度评价，即“使武装起义同无产阶级特有的武器——群众性的罢工结合起来，这在世界历史上还是第一次。很显然，这个经验对全世界一切无产阶级革命都是有意义的”③。译文的这些持论和倾向，也反映了其选译者对于俄国1905年革命这一重大事

① 宋教仁：《一千九百〇五年露国之革命》，《宋教仁集》上册，中华书局1981年版，第39页。

② 列宁：《共产主义运动中的“左派”幼稚病》，《列宁选集》第4卷，人民出版社1960年版，第184页。

③ 列宁：《关于专政问题的历史》，《列宁全集》第31卷，人民出版社1958年版，第306页。

件，在国外各种不同评述意见中加以鉴别和选择的独到洞察力。

第三，以俄国革命为借镜的感悟力。宋教仁选译介绍俄国1905年革命的文章，不是为了消遣，也不是为了猎奇，而是以此作为中国革命的借镜。他在译文之后，曾有感而发，加了一段按语：综观俄国人民对于政府的方法，总不外“革命”与“要求”二者。这里的“革命”一词专指暴动、暗杀、同盟罢工等“一切以强迫力反抗政府者”；而“要求”的实现程度，“常视革命之度之强弱为准”，经常得不到满足，只能实现十分之三四而已。预期今后“要求之法”将无所用于俄国，“革命”与“要求”二法，“孰轻孰重，孰缓孰急”，于此可见。“世有言政治革命，徒主张要求而谓无事于他方面者，其亦知所反焉否耶？”[①]这段按语以俄国革命为例，体悟到施加“强迫力”的暴力“革命”方法与非暴力的“要求”方法之间的联系和区别：以前一方法的推行之强弱来衡量后一方法的实现之程度；在轻重缓急方面，采用前一方法重于、急于后一方法；预言俄国未来将更为注重前一方法而放弃后一方法；针对《民报》的论敌，批评那些谈论政治革命而只主张后一方法的人，不啻反其道而行之。这些议论不论正确与否，体现出值得注意的感悟力：一是受俄国革命的启迪，将采取暴力手段推翻现政府这一选择置于突出的地位。那一时期各种中文著译本的有关论述，包括朱执信的著述和赵必振的译本引用《共产党宣言》有关文句，均回避“用暴力推翻”的涵义，与此相比，形成了鲜明对照。二是批评国内侈谈政治革命却放弃暴力革命手段的主张，事实上把俄国1905年革命当作中国革命可资借鉴的榜样。也可以说，这是为后来伴随社会主义思想的成长过程，国人转而以俄国为师，开启了端倪。

宋教仁早期接触社会主义思潮时在认识上的这些特征，又在同时期他的另一篇译文《万国社会党大会略史》中，得到了更为清晰的体现。

（二）《万国社会党大会略史》译文所介绍的马克思一派及其经济学说

这篇译文，主要介绍第一国际解散后，建立第二国际并召开前六次代表大会的历史情况。宋教仁翻译这篇文章时，因原文“篇幅文格稍有不整”，曾略为修改，仍保留原文的本来面貌。在此之前，译自西洋或东洋的各类有关文本，论及社会主义运动，对第一国际的活动情况有详略不等的记述，鲜有述及第二国际者。这篇译文，正好弥补了这一缺陷，详细介绍第二国际的活动内容，不乏涉及马克思派的经济理论和政策主张。

译文[②]“叙论”部分一开始提出，“社会革命之说”出现后，作为“人道胚胎”和“天理萌芽”，将来是否以此解决“世界之问题”。所谓“世界之问题”，指“人

① 宋教仁：《一千九百〇五年露国之革命》，《宋教仁集》上册，中华书局1981年版，第39－40页。
② 以下引文凡出于此译文者，均见《宋教仁集》上册，中华书局1981年版，第40－56页。

类共有之世界”，被区别为“掠夺阶级与被掠夺阶级”的“二大阶级”，或者“富绅Bourgeois与平民Proletarians之二种”。前者“独占生产之机关”，后者“以劳力而被其役使”。由于这种区别，“资本与劳力乃生出佣金之一问题，其不平等之极，一若陟天堂，一若居地狱”。对于这一不平等现象，“不有以救之，世界人类其尽为刍狗矣”。同时，“平民非羸弱”，对其施加异常之压力，就像压榨空气一样，势必产生“可恐怖之爆裂弹之原料”。面对财产的盗夺、权利的蹂躏、人格的污辱，平民不可能一直无动于衷。他们的“自觉之声”，用蒲鲁东的话说，“财产者，赃品也”。这句话代表“平民对于富绅宣战书”，由此拉开“阶级斗争之幕”。对立的双方，站在富绅一边，有政府、警察、军队、学人、僧侣等为之援助；在平民这边，似乎只是“蚁集”而“高声叫唤”的乌合之众，其实不然，他们代表了多数人，这是“至优强之势力”，其结阵而进战，“可决其必得战利品”。为了说明平民的力量，文中特意引用《共产党宣言》中的结束语作为见证：

> “马尔克之作Karl Marx《共产党宣言》Communist Manifesto也，其末曰：‘吾人之目的，一依颠覆现时一切之社会组织而达者，须使权力阶级战栗恐惧于共产的革命之前，盖平民所决者，惟铁锁耳，而所得者，则全世界也。’又曰：‘万国劳动者其团结！’呜乎！是可以观万国社会党之大主义矣。”

这段著名语录的完整译文，继赵必振和朱执信之后，第三次出现于早期中文著述。相比之下，宋教仁的这段中译文更加贴近其原文意思。他用“颠覆现时一切之社会组织”的译文，表达“用暴力推翻全部现存的社会制度”之原意，此“颠覆”一词离“用暴力推翻”的涵义相差不远，基本上纠正了赵、朱二人的译文回避暴力概念的倾向，体现了宋氏对俄国1905年革命采取暴力手段“以强迫力反抗政府”的新认识。另外，采用《共产党宣言》这一汉译书名，恐怕亦以宋氏译文为其最早者之一。此前马君武曾提到Manifesto of the Communist Party的西文书名，惜未译成中文；朱执信译为《共产主义宣言》。不知何故，宋教仁在中译书名的西文附录里，沿用Communist Manifesto一词，仍系“共产主义宣言”之意。不论如何，“叙论”起初泛指“社会革命之说”，最后归结为马克思的《共产党宣言》思想；进而从号召平民实行“共产的革命”、“万国劳动者”团结起来的思想中，又引申出“万国社会党之大主义”。

接着，译文考察“万国社会党之起原”。这一起源，以“万国劳动者同盟The International Workingmen's Association”(今译“国际工人协会”即第一国际)为其嚆矢，“实由于马尔克之指导而成，而亦为经济的情势必然之结果”。该同盟前期在1866至1869年间，分别于瑞士日内瓦、瑞士洛桑、比利时布鲁塞尔、瑞士巴塞尔召开前四次代表大会，每次大会各国劳动者的代表都在增加，“其发达正可惊者”。同时，同盟在发展过程中存在“以急于团结之故，遂不暇问旗色之如何”的问题，各派并存引起同盟内部的斗争。其中提到1872年荷兰海牙召开的第五次代表大会上，“无政府党（即巴枯宁派 Bakuninist）”与“社会党（即马尔克派 Marxist）”争论，“两党遂布离散之势”。在这次代表大会上，以马克思为代表的多数最终决定将巴枯宁及其同党开除出国际。此文似对这两派之间的分歧颇感兴趣，介绍到1876年第一国际宣布解散之后，仍津津乐道“巴枯宁派与马尔克派”1877年9月因“欲谋统一”而在比利时根特召开所谓“两党联合大会”上的对立斗争。一方的社会党者“欲使一切之生产机关为国家所有”，另一方的无政府者“绝对的排斥国家，主张单归于自由自治团体之所有”。最终以多数通过大会决议宣言，其大意是：作为社会存在基础的土地与其他一切生产机关，如果掌握在个人或特别阶级的手中而成为私有财产时，必然产生使劳动阶级受压迫而导致贫穷饥饿的结果，因此，大会宣言：“以自由自治之团体组织之，而以土地及其他一切之生产机关，归于代表全国民之国家之所有”。这个宣言中的“国家”二字，显然不能为无政府党所接受。无政府党除了“准备激烈革命”，毫不关心其他“政治的运动”，而社会党主张“由政治的运动以全万国平民之解放”，二者均排除折衷派的出谋调停，毫不让步，所以大会“不能达其目的”，没有产生实际效果。

此文还提到马克思派与其他一些派别的分歧与斗争。如英国是马克思的“亡命之地”，又是“建筑劳动者运动之基础”，曾推动“激烈的产业革命之劳动者”加入万国劳动者同盟。然而，“英国国民有徒喜实行之癖，常不免流于姑息因循之弊”，这大概指英国工人运动中具有改良主义思潮的工联主义倾向。这些工联领袖在1871年法国“巴黎暴动 Commune”（即巴黎公社）失败后，看到“万国劳动者同盟之发布赞同此事之宣言”（指国际工人协会总委员会通过由马克思起草的致欧洲和美国全体会员的宣言，即《法兰西内战》），“恐怖战栗掩耳而走”，公开反对这一宣言，并有一部分人因此宣布退出总委员会。自此以后，这些工联分子“其足遂渐远于万国劳动者同盟之激烈场，其口遂仅甘于社会改良主义之温和说”。这反映了第一国际后期马克思一派同英国工联主义派之间的斗争。又如，1888年召开的伦敦国际工人代表大会，其组织者规定，必须是“劳动者团体、劳动组合、产业组合”直接推选的代表，才能出席，其目的“盖所以妨德国社会党首领之来会也（即马尔克派）”。也就是说，此规定提出参加大会的代表要由工会直接选举产生，旨在把马克思派的社会主义团体特别是德国社会民主党排除在外。参加组织这次大会的法国社会党中的“可能派 Possibilitist”，“与马尔克派尤为势不两立”。可能派的政治意图，“虽亦以共产制度为信仰之条件，然以为使一切生产机关归于国家或社会之所有，则犹须期于数十年或数百年之后，故主张先使之归于自治村邑之所有，尤为易易”等等。可能派主张把工人阶级的活动局限于资本主义制度允许或“可能”的范围内。因此,“其主张与马尔克派所祖述者大相龃龉”,形成两派分立之势。这又反映了马克思一派与法国可能派之间的斗争。

文中介绍1888年的伦敦国际工人代表大会,曾提到大会决议第二年在巴黎召开另一次代表大会,此即“巴黎万国社会党大会之萌蘖”。这是委托可能派组织下一次代表大会,以期建立新的国际。按照此文的说法,这个新的代表大会,可能派仍排斥马克思派,于是马克思派在荷兰海牙集会,讨论应采取怎样的态度。当时德国的李卜克内西和倍倍尔、法国的拉法格、比利时的安西尔、荷兰的纽文胡斯等人与会,决定“以马尔克派申请加入于可能派大会”,如果后者不接纳,则同时于巴黎另行召开“马尔克派大会”。结果可能派拒绝这一申请,马克思派遂于1889年6月(应为7月)14日,在可能派的大会举行前一天,召开自己的巴黎代表大会,“此即旧万国劳动者同盟之复活而万国社会党大会之第一回”,标志第二国际的建立,此后“近时万国社会党运动之步伐整齐,皆基于此”。这段叙述,触及马克思主义者同以可能派为代表的机会主义者争夺对国际工人运动的领导权问题。它比较侧重于强调马克思派与可能派调和妥协的一面,未指出马克思去世以后,恩格斯指导马克思派召集这次巴黎国际社会主义者代表大会的原则立场以及反击可能派的斗争。至此,文中对于“万国社会党”也就是第二国际的起源,作了一个颇为完整的说明。接下去转入介绍第二国际的历次代表大会。第二国际从1889年成立起,到1914年为止,共召开九次代表大会,最后一次在1912年。这篇译文的日文原作发表于1906年,不可能涉及1907年以后的三次代表大会,故其介绍的重点,是1904年以前的六次代表大会,并按“回”数即召开次数分别介绍如下。

关于第一次巴黎代表大会,其小标题注明为“马尔克派之运动及第一回大会之开会”,意味第二国际的创立是马克思派运动的产物。其中提到先前“旧万国劳动者同盟大会”即第一国际代表大会的代表,经常不过五六十人,代表的国家亦在十国以内。如今“马尔克派万国社会党大会”即第二国际成立大会上,有381名代表(实为393人)出席,代表20多个国家的200多万劳动者。显示了马克思派运动的发展壮大。大会决议“多系万国劳动者保护法案”,实系通过倍倍尔提出的国际劳工立法决议草案。文中摘记了八项主要内容,包括:缩减劳动时间为八小时;禁止14岁以下的童工以及14至18岁的“少年劳动者”,从事六小时以上劳动;除了“甚为紧急之性质之工业”,废除夜工;杜绝妇女和18岁以下者从事夜工;不得让妇女从事“特别有害身体之劳动”;提供劳动者一周36小时的休假;设置由政府支付报酬的监督官,“使极力监督一切之工场”,监督官人数应由劳动者选出其一半;“禁止有害劳动者之健康之一切工业及一切劳动”等等。可见这次大会的中心议题是广泛开展工人阶级的经济斗争,改善工人的劳动和生活状况。作为实现这些决议的重要方法,大会通过从1890年5月1日起，各国社会党团体为争取八小时工作日的立法，举行“大示威运动”。自此以后，5月1日“遂为万国劳动者之大纪念日，其示威运动，亦逐年赴于旺盛之途”，连远东的日本也闻风而动，并附注写作此文前一年(实为1906年)，成立了日本社会党。

对于“以五月一日定为万国劳动者团体之大示威运动日”，此文考察其来龙去脉认为，此事固然是马克思派巴黎大会的决议，但作出此决议，起因于先前在1886年5月1日，美国劳动者为争取八小时工作日曾发起“大示威运动”即举行全国总罢工，未能达到其目的，为此而“求万国劳动者团体之协力”；作为对美国社会党提案的支持，于是有此项决议。这项决议通过后，各国“政府、绅士、资本家等”本来以为“并无何事，不过空啸者”。未料届时“示威运动之势甚形强大”，他们“惊恐而一变其态度，遽遽然惧不免于迫害焉”，以为示威运动“实为激烈革命运动之第一步”。事实上，“社会党者，平和党也”，世界工业大城市举行的“五一”示威运动，“皆以静肃整齐为之，而毫不紊其秩序”。富绅派控制的新闻媒体，原先主张禁止和解散这一示威活动，现在也表示“赞美之意”，连警察亦感谢示威运动的首领保持“平静之态度”。“激烈革命运动之文明气象无过于是”。这番议论，赞扬有关“五一”国际劳动节的决议，以及随后由劳动者组织的大规模国际性示威游行活动之整齐平静。作者提出社会党为“平和”党的看法，与马克思主义的暴力革命思想相抵触，似乎也与宋教仁前述对暴力革命手段的肯定态度相矛盾。宋教仁作为译者，或许不赞成原作者的这一观点，假设赞成，那又从一个侧面，表现出他在这个问题上的思想摇摆性。

关于第二次布鲁塞尔代表大会，介绍它根据马克思派巴黎大会的决议，召开于1891年8月，各国有360名代表出席。文中认为，第一次巴黎代表大会“复活”各国社会党的团结，第二次代表大会巩固加强这一团结并“成立其组织”。后一宗旨体现在大会8月21日的重要决议里，其要点大意：现今社会制度中，资本家阶级掠夺劳动阶级的政治权力越多，劳动阶级的经济状况越危殆。此时劳动者采取同盟罢工(Strike)和联合抵制(Boycott)手段，乃“出于不得已之最良武器”，用以防止“公敌之来袭”导致劳动者政治和经济地位的堕落，使劳动者在现今社会的可能范围内“向上发展”。使用这一武器既给予劳动阶级以利益，若使用不当，也使之必然蒙受损害，故使用时“不可不熟虑精察其时机及其方法”。为了使其达到“完全结果之域”，劳动者“须先自组织团体”，将它的“团结力”建立在“强固之基础之上”。据此，劳动者“绝对反抗”政府和资本家的企图，尽力“废止”禁止劳动者团结的国家法律。各国建立“劳动者团体”，为了“资本与劳动者之间而起争斗”，可直接通告各国劳动者团体，“将以协力而举行万国劳动者团结之实”。

以上决议的产生，“实由德国革命党经验之结果而来者”。这是指德国社会民主党在1878－1890年长达12年期间，受俾斯麦政府制定《反社会党人非常法》的束缚，“苦斗困战，不可名状”，经过“残暴”的考验，作为经验的总结，提出上述决议案。这个决议的通过，“不啻起万国劳动军于一命令之下，一鼓而使绅士资本家惊倒狼狈，以为将军从天而下者”。此文认为，这次代表大会体现社会党“进步之猛烈”的另一个例证是，荷兰社会党首领纽文胡斯提出：爆发国际战争时，交战国双方的劳动者应当响应动员举行“总同盟罢工”①。其实，德国社会民主党人经受“非常法令”的考验而得出的经验总结，与纽文胡斯的总罢工提案不可同日而语。后者带有明显的无政府主义倾向，最后被大会否决，它所反对的李卜克内西的提案，即从马克思主义的观点分析军国主义的根源并相应确定无产阶级对军国主义态度的提案，被大会通过。对此，恩格斯曾指出，“欧洲工人已经把高调盛行的时期完全抛在后面了”②。相比之下，此文作者对纽文胡斯式高调颇加赞赏，大概对事实真相缺乏了解，或借此表达作者自己的相似思想倾向。不管怎么说，此文对第二次代表大会在汲取德国革命党经验方面的肯定性评述，与恩格斯所说的“我们有充分理由对布鲁塞尔代表大会表示满意”③的评价，仍有相通之处。

关于第三次苏黎世代表大会，介绍当初马克思派召集第一次代表大会，“英国劳动组合之团体”即工联组织聚集在“可能派”的旗帜下，“附从其温和说”；如今他们在“马尔克派之主义”不断兴盛的感召下，逐渐领悟过去的错误，于是脱离“可能派”，重新投入马克思派阵营。1893年8月召开的本次代表大会，悬挂马克思的半身肖像和六种语言书写的“万国劳动者团结万岁”标语，恩格斯(原译“因革尔士”)也不顾“龙钟之老体”，专程由伦敦赶来参加会议，“祝其友马尔克之胜利”。这是此文第一次提到恩格斯与第二国际之间的关系。第二国际的成立和初期路线，是在恩格斯的指导和影响下实现的。这次代表大会有来自20个国家的338名代表出席(此数字皆有误)，其议程包括：继续讨论上次代表大会所提“团结组织之事”，规定组织各国的社会党团体、统一社会党的国际总部、选举各国劳动委员以保持各国社会党团体之间的联络关系；“认许阶级斗争，使生产之法成为社会的，而以一切之团体及一切之政社属之”。后一部分似乎重申布鲁塞尔大会关于阶级斗争的决议，强调在反对资本主义剥削制度的斗争中，绝对有必要组织全国性与国际性的工会和其他联合

---

① 这是指代表大会期间，讨论有关军国主义问题时，荷兰代表纽文胡斯(1846－1919)在提交大会的决议草案中主张：“国际社会党人布鲁塞尔代表大会宣布，各国社会党人将号召人民举行总罢工来对付在任何地方爆发的战争。”参看布拉斯拉夫斯基编：《第一国际第二国际历史资料(第二国际)》下册，三联书店1964年版，第16页。

② 恩格斯：《关于布鲁塞尔代表大会和欧洲局势》，《马克思恩格斯全集》第22卷，人民出版社1965年版，第281页。

③ 同上。

团体，这也就是大会所通过的关于“组织全国工会和国际工会问题”的决议。据介绍，大会还讨论了诸如尽快实现八小时劳动日、极力争取普遍选举权等重要议题，再次否决了纽文胡斯关于战时举行总同盟罢工的提案。

关于第四次伦敦代表大会，介绍它于1896年7月27日召开，说明选择在伦敦召开这次代表大会，“欲使尔来渐近于马尔克派主义之英国劳动团体合同而统一”，即用马克思主义统一英国各派工人团体的力量。开会之前，一些国家的代表登台握手，与会代表高唱革命歌曲，“以表万劳动者团结之意”。“可惜”的是，试图联合英国诸派劳动团体的目的“未能完全达到”；纽文胡斯因战时总同盟罢工提案第三次被否决，遂率荷兰社会党的多数代表退出大会，造成会场的喧嚣，是此次大会的“耻辱”和第二国际历史上的“污点”。以纽文胡斯为首的荷兰代表退出大会，其真实原因是抗议大会拒绝无政府主义者的决定。这是第二国际内部社会主义与无政府主义最后决裂的一个重要标志，不是什么“耻辱”和“污点”。说到“可惜”，倒是这次代表大会的召开正值恩格斯去世后的第二年，大会宗旨出现单纯追求和平或合法议会道路的倾向。这一倾向在此文记述大会各项决议的重要性排序中，也有所体现。

根据此文的归纳，这次代表大会通过的决议，其重要者是：一切成年公民具有“总选举”权；劳动者“自治之权”；妇女解放；反对殖民政策；16岁以下青少年享受义务教育；大学开放让听讲者免纳学费；18岁以下劳动者禁止从事夜工；土地国有；学校免费供给儿童午膳；废除常备军而代之以民兵；召开下次代表大会的时间和地点等。这里将“总选举”权问题提到首位，可见当时大会对开展工人阶级政治斗争的理解。至于其中的土地国有问题，此文还提到各种有关方法的讨论，意见纷繁，莫衷一是，最后的决议只是说“各随其国情，采适当之方法以行之”。此外，文中指出，这次大会尤应注意“奖励农民之团结”。因为此前各国社会党“皆仅注目于工业大会，视农民若无正关与也者”，只重视工人问题而忽视农民问题。直到这次代表大会，“始以农民之团结为革命之一大要素，各国遂皆势力运动，而社会党势力自是愈膨胀”，把团结农民问题纳入社会党的活动范围，将壮大社会党的自身势力。其实，这次大会在如何对待农民问题上，并没有提出任何具体政策和措施，没有解决无产阶级革命的同盟军问题。

关于第五次巴黎代表大会，据介绍，1900年9月大会召开时，正值巴黎举办“万国大博览会”，各国人士荟萃，借此“以谋党势之扩张”。此次大会的代表多为新人，议决的事项甚多，包括：使万国社会党的团结更加强固的方法；设立关于劳动时间与工资最低额的各国规约；劳动者的解放，“为社会的阶级而组织平民之团结”；废除常备军，各国和平建设；殖民政策；海上劳动者的团结组织；直接立法进行普遍选举；与“富绅诸党”（意即资产阶级政党）的联合；“五一”示威运动;“多拉斯特之问题”;总同盟罢工等等。所谓“多拉斯特之问题”,大概指亚历山大·米勒兰(Alexandre Millerand,1859－1943)入阁事件,即法国“独立社会主义者同盟”首领米勒兰1899年加入资产阶级内阁的事件。此事件涉及社会主义者如何对待资产阶级政府的问题,曾引起这次大会的激烈辩论,成为会议讨论的中心问题。此次会议讨论的另一个重要问题,是第一个事项,如何使各国社会党的组织“更加强固之方法”,即建立第二国际的常设领导机构问题。对此,文中补充说明了大会四项有关决议,包括设立“万国社会党中央委员会”,即建立国际社会党执行局;将执行局本部设在比利时的布鲁塞尔;设立国际议会委员会,负责协调各国议会中社会党议员的行动,以期“政治的行动皆成一致”;以及设立国际社会党图书馆与“记录所”即档案室。

对于这次代表大会,此文粉饰其盛况,描述大会闭幕日那天,举行“巴黎大祭”,各国代表列队站在“巴黎暴动殉难劳动者”墓前,行礼并高呼“社会革命万岁”,“呜乎盛矣”。其实,这次代表大会已经预示第二国际的危机。前四次代表大会,属于第二国际前期,虽存在一些严重问题,基本上是在恩格斯的指导和影响下开展活动,取得了不少成就。第五次代表大会,尤其围绕米勒兰入阁事件所形成的妥协决议,意味着自此以后,第二国际逐渐转入修正主义分子占据统治地位的后期。如此重大的转变,此文的介绍中,似乎仅从“与富绅诸党之联合”的记载里,看到一点痕迹,极为模糊,总的说来没有什么体现。后来介绍第六次代表大会时,才以回顾的方式,对这一转变有所触及。

关于第六次阿姆斯特丹代表大会,据介绍,召开于1904年8月14－20日,来自世界各国社会党团体的代表超过千人,在指定的各国委员中,以荷兰委员为会长,以俄国委员普列汉诺夫和日本委员片山潜为副会长。关于这次代表大会的议题,恐怕因为距离此文写作的时间最近,其介绍也最为详细。此文着重叙述了其中三项内容。

一是反对日俄战争。此次大会的召开,在日俄战争爆发后不久。为此,文中专门描述出席会议的日俄两国社会党代表片山潜和普列汉诺夫二人,曾一齐登上讲坛,庄严握手并发表讲话。一方表示,日本对俄国发起“惨绝之战争”,但日本社会党“时时希望日本之社会的革命”;另一方应对说,俄国人民不希望战争,这是“俄国人民公敌者之政府”以其冒险的专制政策挑起对日战争。交战国双方的代表“握手”,表示工人阶级团结一致,共同反对两国专制政府的举动,作者还抒发一番感想,认为此事“实世界社会党发达历史之可大书特书者也,且不仅对于世界之同志而已,实对于世界各国之君主贵族富豪绅士及一切之阶级而表示社会运动为世界一致之运动者”;由此表明,“社会党之主义,为民胞物与之主义,为太平大同之主义,无国界,无阶级,只以纯粹之人道与天理为要素”。从这番感想中,可见当时日本社会主义者对待战争的思想认识,似乎也流露出某些康有为式大同理想观点。文中另附有日本社会党反对日俄战争的提案，其大意说，日俄战争乃“两国之资本家的专制政府之行动”，使两国“平民社会”遭受“惨痛之损害”，“日本之社会主义者”希望参加阿姆斯特丹大会的各国社会党代表，“各督励自国之政府，尽其全力，使日俄战争速告结局”。同时附有大会决议，向在战争中“被虐杀之日俄两国平民”表示悼念，呼吁各国社会党“当各以其方法反对此战争之蔓延及永续”。

二是“社会党硬软二派之分裂”。这里提出“关于世界一般社会党之政策”问题，指这次大会的一项主要议程，“社会主义策略的国际原则”。文中叙述这一问题时，连带对前述米勒兰入阁事件作了一个回顾。介绍此事件起因于法国犹太籍军官德雷福斯被诬告泄露军事机密而入狱，由此引起法国各派中，“国王政党”试图利用这一政府丑闻“颠覆共和政府，以恢复专制政治”；社会党人则从维护平民的自由权利出发，“与其为王党专制之政治，宁仍共和政治”。结果迫使政府改组内阁，由瓦尔德克·卢梭出任总理，同时吸收社会党人米勒兰入阁任商务大臣。米勒兰入阁后，“不守社会党之目的”，“反助资本家政府之暴戾政策，以残害劳动阶级”。为此，法国社会党内部分为两派，盖得一派反对米勒兰入阁，饶勒斯一派予以支持。盖得派“主张马尔克以来之强硬政策，排斥一切之调和让步说，纯然取革命的态度”；饶勒斯派则“主张不妨为多少之让步，与他之急进诸政党提携而组织联合内阁，以渐握政权”。在 1900 年的巴黎代表大会上，盖得派为此曾提出“强硬政策”的大会决议草案，据说各国代表不愿卷入法国社会党内部的倾轧，于是通过考茨基议案，“大抵以调和两派而折衷之为主义而已”。此后，米勒兰因背离“社会党之主义”被开除，“软派之思想”却蔓延到各国，“一时稳和派、改良派、临机应变派、入阁派等之势力几于无处无之，遂与马尔克派、革命派、非调和派并驾齐驱”。这也是社会党分裂为所谓“硬软二派”的原因。

接着，文中继续分析“社会党硬软二派分裂趋势”，特别介绍德国社会民主党 1903 年在德累斯顿市召开党代表大会的情况。其中“软派首领”福尔马尔发表了 4 个小时演说，提出所谓“纲领改正案”，大意“须实行社会主义之故，不可不变易其手段”。“硬派首领”倍倍尔“大反对之，斥其为降服于富豪之政策”。大会否决福尔马尔的“改正案”，通过倍倍尔等人的提案，形成德累斯顿决议案。此决议案中的有关结论性内容，曾转译引用如下：我们断然拒绝“改正派调和之企图”，我们的目的正是要“从速变更现在之社会组织”，以实现“共和民政之社会”为归宿。我们必须纠正“改正派”的企图，即“改易其根据于阶级斗争之革命的政策，而仅谋现在社会组织之改良者”，换言之，“吾人实信夫将来之阶级斗争断不可有缓和之态度者”。为此，我们提出如下宣言：“吾党今对于由资本家制度所生之政治上及经济上之状态，不感有何等之责任，故如政府有援助彼等阶级而足以续长其权力之一切手段方法，则抗拒之”；我们的“社会民主主义”支持1900年巴黎代表大会所采纳的考茨基议案，“不许参列于资本家政府”，反对社会党人参加资产阶级政府。进而言之，我们应当排斥为了将政党与资本家“联合”起来，掩饰“现在社会之矛盾”以及“反目者”(似指上述“改正派”)的一切企图。这段译文，不一定准确[①]，但它反映了德累斯顿党代表大会谴责“改正派”的决议内容。这一决议的通过，此文认为，它表明“德国社会党硬派之势力遽增”。此文还介绍“硬软两派”的斗争在其他社会党内的表现情况。如意大利社会党1904年4月召开党代表大会，经过两派的激烈纷争，“为马尔克派独占胜利”；又如法国社会党“革命派”召开国内代表大会，通过决议采用德国社会党的德累斯顿议案。此文对这一斗争结果，持乐观态度，认为自此以后，“万国社会党硬派之势力遂为中心点，而软派者几如疾风扫叶，虽有残存，亦无几许矣”。

回顾介绍后，此文回到第六次阿姆斯特丹代表大会的讨论议题，提出硬软两派的争论也是这次大会“一大问题”。“主硬派”以德国的倍倍尔为代表，“主软派”以法国的饶勒斯为代表，二人都是雄辩家，舌战数日不分胜负。最后大会通过投票表决，废弃由比利时的王德威尔得(实际上与奥地利的阿德勒一道)提出的折衷修正案，通过以德累斯顿大会决议为基础的提案，也就是以“大多数硬派之主张”的胜利而告终。

三是“一国一党之决议”。这是倍倍尔等人在大会上，继“社会党硬派既以大多数而制胜利”之后，又提出的一项得到全会一致赞成而通过的决议。这项决议向世界宣言：“凡劳动阶级对于资本家制度之斗争，不可不发展其全力，故一国内只可有一致之社会党，犹如一国内只有一层之劳动阶级也。我社会党各国之同志乎，其如为保本党一致之故，而尽全力之义务。”在此文看来，前述硬软两派的激战，“令人不无遗憾”地感到，“社会党似有内部轧轹之患”，而一国一党决议的通过，“仍足以见社会党公德心之圆满而团结力之强固”。同时又为此后一国一党决议逐渐得到实施，如法国两派合并成一大政党，英美各国诸派交涉联合之事，发表感慨说：“呜乎，人道与天理不诚为尽人能知之而能行之者哉！”

---

① 根据英国学者柯尔的著作，德国社会民主党德累斯顿代表大会所通过的决议有关内容，表述如下：

“修正主义者力图改变我党以阶级斗争为基础的几经考验、累战累胜的策略，大会最坚决地谴责这一图谋。修正主义者妄图以迎合现存秩序的作法来代替战胜敌人以夺取政权的政策。采用这种修正主义的策略必然会使我党质变。我党目前的工作是迅速把现存的资产阶级社会秩序改变为社会主义秩序，换言之，就革命一词最精确的含意来说，我党是真正的革命政党。如果采用修正主义政策，我党就会变成一个仅仅满足于改良资产阶级社会的政党。

此外，大会谴责任何掩饰当前日益加剧的阶级矛盾，从而使我党变为资产阶级政党仆从的企图。”参看柯尔著，何瑞丰译:《社会主义思想史》第3卷上册，商务印书馆1981年版，第58页。

此外，文中还介绍，大会再次决议，每年须为争取八小时劳动日举行示威运动，每年5月1日的“劳动祭日”须“休业”即停止工作。这是第二国际的代表大会第五次讨论五一节问题，其所以反复讨论，因为有人担心“五一”这一天如非休息日，停止工作会影响工会同企业主订立的契约。这次代表大会最后一次讨论这一问题，通过的决议也只是说：“凡在有条件于五月一日停工而无损于工人利益的地方，应当争取停止工作。”①此决议为党内那些以各种理由阻碍停工者提供了某种口实。同时，文中介绍大会预定下次代表大会于1907年在德国的斯图加特召开时，曾插入一个“最近所闻”，听说第七次代表大会为“祝俄国革命之胜利且援助其势力之故”，拟改在俄国某个城市召开，以示支持俄国1905年革命。后来大会仍按原定计划进行，并未更改地方。

此文对于第六次代表大会的介绍，较之前五次更加细致和深入。尤其对于社会党内硬软两派的产生原因及分裂趋势的介绍，源流脉络清晰，观点泾渭分明。看来，此文比较倾向所谓硬派即马克思派的非调和让步或革命的态度，对所谓软派即临机应变派、入阁派、改良派或改正派的观点稍有微词，同时指出考茨基的两派调和方案为折衷主义。另一方面，它对第二国际内部出现的这种分裂，存在一些模糊认识。如认为社会党内的硬软两派斗争有相互倾轧之嫌，令人遗憾；对不论基于什么原则而片面强调党内统一的做法，给予盲目的赞扬；将考茨基的调和方案，一会儿指为折衷主义，一会儿又说成反对社会民主党人参加资产阶级政府的依据等等。特别是对党内斗争的严重性和长期性缺乏认识，在介绍中似乎仅凭一纸决议，便乐观地认为马克思派“独占胜利”，其对立派几如疾风扫落叶一般只能苟延残喘。介绍此次大会的结尾处，渲染决议通过后，“会众皆拍掌，呼万岁而散会”，好像前述的分裂斗争不复存在了。总的看来，关于这次大会的介绍，揭示了第二国际内部马克思主义与修正主义或机会主义的斗争实况。

（三）结语

以上从宋教仁1905－1907年间的留学日记和译文中，考察他早期对马克思经济学说的认识程度，难免有其局限性。因为留学日记里只是记述了他最初接触社会主义思潮的求索精神和大致范围，极少涉及这一思潮的具体理论内容，偶有记载，也纯系转述他人意见如俄国人彼尔斯特基的观点，日记里未曾留下有关马克思经济学说的任何资料。说到他的译文，除了个别地方译者的注释，完全以别人的著述作为翻译的基础。如果换个角度，不仅考察他本人的理解程度，同时着眼于其译文在马克思经济学说早期传入中国之历史沿革

---

① 布拉斯拉夫斯基编：《第一国际第二国际历史资料（第二国际）》，三联书店1964年版，第129页。

中的地位和作用,他的上述译文尤其是《万国社会党大会略史》,也有不同寻常的意义,这又与他当时试图从舶来的社会主义思潮中寻找真谛的积极探索精神,是分不开的。这种不同寻常的意义,可以概括如下。

第一,率先将马克思经济学说在西方传播历史的介绍,从第一国际延展到第二国际。马克思经济学说被介绍到中国,通常包括它的理论内容与传播历史两部分。从传播历史的介绍看,在宋教仁的译文发表之前,也有一些中文著译本提到西方社会主义的不同发展阶段,叙述马克思学说包括其经济学说的传播和影响情况,其中又以《近世社会主义》中译本颇为详尽,它们涉及马克思学说对于国际共产主义运动的影响,其历史阶段,至多介绍到第一国际时期或马克思生前德国社会民主党的发展态势。现在,《万国社会党大会略史》中译文,不仅介绍第一国际解散后马克思派的继续活动情况,而且将马克思派创立第二国际的前期历史作为介绍的重点,这样也就填补了向中国读者介绍马克思学说(包含其经济学说)传播历史方面的一个空白。这里所说的第二国际前期历史,主要指它的前六次代表大会。此译文原作的写作年代,在1906年初,即第二国际的第六次(1904年)和第七次(1907年)代表大会之间,不可能反映第二国际后期的历史即后三次代表大会。这篇文章的写作,几乎与第二国际的历史发展同步。这样近距离的介绍,可能使得中国读者尤其那些革命党人,对于马克思学说的巨大影响,不再感到遥不可及。此前国内涉及第一国际历史的介绍性文章,突出马克思及其学说的影响力。宋教仁的这篇译文,介绍恩格斯专程参加第三次苏黎世代表大会以庆祝其友马克思的胜利,隐约暗示了恩格斯在马克思去世之后,继续按照马克思学说指导第二国际初期活动的影响力。第七次代表大会,在宋氏译文的介绍年代之后,那次代表大会又恰好是列宁首次出席第二国际的一次代表大会。照此说来,他的这篇译文,向国人介绍国际共产主义运动,从马克思、恩格斯到列宁一脉相传的影响方面,起到某种衔接作用。概括地说,这篇译文的特殊价值,在于它率先介绍了马克思去世以后,马克思经济学说继续在国际共产主义运动中传播的历史。

第二,介绍马克思经济学说的传播历史,突出欧洲社会党内马克思一派与其他各派的斗争线索。以《万国社会党大会略史》一文为例,此文的叙述,从第一国际后期起,开始考察马克思派的"社会党"与巴枯宁派的"无政府党"的斗争,巴黎公社问题上马克思主义与英国工联的"社会改良主义之温和说"之间的对立。然后,又依次考察:第二国际建立前夕,马克思社会主义政党尤其德国社会民主党与法国社会党中可能派之间的斗争;第二次布鲁塞尔代表大会上,德国社会民主党与荷兰社会党首领纽文胡斯对待国际战争问题的不同提案;第三次苏黎世代表大会上,原先附从温和改良主义学说的英国工联组织脱离可能派而转向马克思派阵营,以及马克思派再次否决纽文胡斯的战时总同盟罢工提案；第四次伦敦代表大会上，因纽文胡斯的提案被第三次否决而发生分裂，这是第二国际内部社会主义与无政府主义的最后决裂；第五次巴黎代表大会上，围绕米勒兰入阁事件，法国社会党内持反对意见的盖得派与持支持意见的饶勒斯派之间的尖锐冲突，以及考茨基的折衷方案；特别对第六次阿姆斯特丹代表大会，比较详细地叙述了社会党内"硬软二派"分裂的来龙去脉，也就是马克思派的革命或非调和主张与"改正派"的改良主义或机会主义主张之间的对立等等。此类介绍，以马克思派同非马克思派之间的对立斗争作为其重要线索，这在当时传入中国的早期社会主义文献中，不论自撰还是翻译之作，均难得一见。这不是说，这篇译文关于第一国际后期至第二国际前期马克思主义与非马克思主义之间斗争史实的概括、理解和叙述，都是准确的（一般有其事实依据），而是说，在它之前的有关著述，尽管其中有少数曾提到社会主义内部的不同派别或对马克思学说的不同意见，但从未像它那样，把马克思主义同其他非马克思派别之间的斗争，作为贯穿社会党内斗争的一条突出线索。这种介绍方式系日本作者之所为，作为译者的宋教仁，对此有相当深切的理解。他在译文后面的"编者识"中，似乎针对正文中第六次代表大会一国一党决议的实施，促成法国两派社会党合并成一个大党这个问题，曾发表意见说："万国社会主义进行之势方兴未已，故记事亦不得即视此为杀青之期，如近日法国社会党两派已经复合，别生出'社会主义与爱国心'之一问题，将来次期万国大会必为剧烈之争点。吾人暂搁笔，以拭目候之焉可也"①。预期社会党的不同派别合并之后，仍不能避免社会主义进程中各派之间的对立斗争。这一预期所体现的理解能力，也提醒国人树立一种意识，即马克思经济学说是在斗争中不断开辟自身传播和发展的道路。

第三，以党内斗争为线索，正面阐述并倾向于马克思及其经济学说。这篇专论第二国际前期代表大会简史的译文发表以前，以中文形式流传有关马克思及其经济学说的介绍性著述，已非鲜见，其中除了那些批评性议论，也有一些正面阐述并表示钦佩或赞成的文字。这些文字往往见之于对马克思学说的独立评述，很少涉及党内斗争线索，更不用说从党内不同派别的对立比较和是非较量中，去考察和判断马克思学说正确与否。宋教仁这篇译文的一个特色，从党内斗争角度去印证马克思学说的普适性。它指出，社会革命学说产生于人类世界的阶级对立，面对掠夺阶级的富绅与被掠夺阶级的平民，马克思站在平民一边，成为社会革命学说的理论代表，在《共产党宣言》中，提出万国社会党的"大主义"；在马克思指导下成立万国社会党的前身即万国劳动者同盟，是实践社会革命学说的组织形式，同时也产生党内马克思一派与其他各派的争

① 宋教仁：《万国社会党大会略史》"编者识"，《宋教仁集》上册，中华书局1981年版，第56页。

论或斗争。接着叙述,第二国际成立前夕及其前六次代表大会上,马克思派与英国工联主义、法国可能派、无政府主义、温和改良主义、“临机应变派”以及“改正派”等各种派别的斗争。介绍这一党内斗争线索,此文的描述不一定确切,某些描述还有抹煞分歧或粉饰一致之嫌,但它的基本倾向,肯定和支持马克思学说或马克思派的立场,以马克思派在与其他各派不断斗争的过程中获得胜利,作为万国社会党发展的一条主线。例如,它认为第二国际的成立,是马克思派与可能派斗争的结果,标志着“近时万国社会党运动之步伐整齐”;将第二国际前几次代表大会称作马克思派的大会,赞扬“马尔克派之主义”一年比一年兴盛,尤以第三次代表大会盛况空前,年迈的恩格斯亦专程赴会以“祝其友马尔克之胜利”;介绍第四次代表大会,指出向来附和于温和学说的英国劳动团体也逐渐接近“马尔克派主义”;特别在专论社会党硬软二派的分裂一节,肯定两派的斗争最终“为马尔克派独占胜利”;等等。类似这样的正面介绍,在当时涉及马克思学说的各种中文著译作中,可谓绝无仅有。

第四,偏重工人经济斗争思想的介绍。从《一千九百〇五年露国之革命》一文,可以看到它强调俄国革命受西欧社会主义思想的影响,包括工人要求八小时劳动日和增加工资,农民要求土地国有和财政监督等“经济之改良”内容。《万国社会党大会略史》一文,更为集中地记述了马克思经济学说的若干基本理论,以及第二国际前期将此类经济理论付诸实施的决议讨论情况。例如,此文指出人类世界划分为掠夺与被掠夺两大阶级,建立在前者“独占生产之机关”与后者“以劳力而被其役使”的不平等的经济关系基础上。因此,马克思号召“共产的革命”,指导成立第一国际,“为经济的情势必然之结果”,其目的是“使一切生产机关归于国家或社会之所有”。然后,文中介绍第二国际前六次代表大会,颇为具体地叙述了有关决议中的经济内容。包括第一次代表大会各项决议中的保护劳动者法案,如缩短劳动时间和保证休息时间、保护童工和女工、限制夜工、监督和改善劳动条件,以及确定“五一”为劳动者团体大示威运动日,支持争取八小时劳动的倡议;第二次代表大会的决议,鉴于资本家阶级掠夺劳动阶级的政治权力,日益威胁“劳动阶级之经济的状态”,提出加强和巩固各国社会党的团结;第三次代表大会的决议,强调通过阶级斗争,“使生产之法成为社会的,而以一切之团体及一切之政社属之”;第四次代表大会的决议,禁止 18 岁以下劳动者从事夜工、土地国有、义务或免费教育;第五次代表大会的决议,设立万国规约,确定“劳动时间与佣金之最低额”;第六次代表大会的决议,坚持社会革命而非社会改良政策,改变“由资本家制度所生之政治上及经济上之状态”,再次确定每年五月一日为“劳动祭日”;等等。以上介绍内容,其本意,从马克思经济学说出发,据以说明第二国际前期的历次代表大会,如何为工人阶级制定有关经济斗争的政策措施。文中所依据的经济学说,并非完全是马克思主义的，其中掺杂一些其他货色，其日本作者似乎还借助康有为，从中国古代移植所谓无国界、无阶级的“太平大同之主义”。值得注意的是，这篇译文考察的重点，不在于马克思经济理论本身，而在于由这一理论派生出各种实际的经济斗争措施。也可以说，这是它的又一特点。

二、廖仲恺的早期社会主义译述

廖仲恺(1877－1925)生于美国旧金山一个华侨家庭，1893年回国，1897年在广州与何香凝结婚，1902年赴日本留学，先后毕业于早稻田大学经济预科和中央大学政治经济科。1903年在东京结识孙中山后，投身民主革命活动，1905年参加同盟会，成为孙中山的忠实信徒。

他早期的理论宣传，一个特点，注重国外社会主义的思想内容。如1905至1907年间发表的几篇主要译作，包括《进步与贫乏》、《社会主义史大纲》、《无政府主义之二派》、《无政府主义与社会主义》、《虚无党小史》等，其论题直接或间接地都与社会主义有关。另一个特点，强调译而不著。按照他的说法，一是“深喜研究”当今世界几大革命主义的真相，拟将它们介绍给国内学界，但“恨学识浅陋，言不成章，故立志专译泰东西各国名著，以导我先路，其外不著一字”。因“学识浅陋”而立志专译不著，是一种诚实态度，也是当时国人对接触不久的世界革命主义尚感陌生现状的真实反映。所以，他一再说明译者只对所译内容的意旨字句负责，“惟依原文口吻，适可则止，固无所容心于其间”，不能在译文中掺入译者自己的看法。他也提到，从原著的观察议论中，可以判断出作者对于各种主义或派别的主观倾向，译者如果知道作者的主观倾向，“自当注明其属于何主义何派别，以醒眉目”。依此而论，从他选择翻译的原著题目中，也可以在一定程度上判断出他的个人倾向。二是强调只译不著，“深恨近人专尚獭祭工夫，每活剥他人所有，以为己说”，不满当时有人以罗列堆彻的方式，生吞活剥别人的著述作为自己的观点。他不屑于这种剽窃式做法，自称“今日尚在研究时代，自不欲发表意见，姑俟他日”，等待以后对各种主义的研究有了一定基础，才发表个人意见。[①] 以上两个原因，是同一问题的两个方面。面对新颖而陌生的西方社会主义思想，一种态度是，对这一舶来思想不甚明了，便将他人的论述作为自己的观点加以发表；另一种态度是，先介绍他人的论述“以导我先路”，经过深入研究后才发表个人的意见。廖仲恺赞成后一种态度，这也是他早期介绍西方社会主义思想、包括介绍马克思经济学说方面，倡导只译不著的特点之由来。

---

① 以上引文均参看廖仲恺译：《无政府主义与社会主义》译者按，见尚明轩、余炎光编《双清文集》上卷，人民出版社1985年版，第22－23页。

(一)《社会主义手册》的部分节译内容

《社会主义手册》(A Handbook of Socialism)是美国基督教社会主义者威廉·布利斯(William Dwight Porter Bliss,1856—1926)1895年出版的一部著作,曾对日本早期的社会主义思想,产生显著影响。这一影响也给当时留学日本的廖仲恺,留下颇为深刻的印象。他最初探索社会主义理论,受孙中山的影响,首先选译乔治的《进步与贫困》一书,接着自行选择翻译的,就是布利斯的这部著作。他并非完整地翻译原著,而是有选择地节译其中两部分内容,一部分题名《社会主义史大纲》,另一部分题名《无政府主义与社会主义》。两部分内容均以"渊实"的笔名,分别发表于《民报》1906年9月5日第7号与12月1日第9号。这些译作向国人介绍欧美社会主义理论的同时,也输入了马克思的有关学说。

1.《社会主义史大纲》[①]

这部译作的开端,有一段"译者按"如下:

> "此篇为 W. D. P. Bliss 氏所著 A Handbook of Socialism 之一节。柏律氏为基督教社会主义者,故与麦喀氏、英盖尔等其观察之点,不无少为异同。然吾人为初学之研究,则正乐得有所比较,而提揭短长也。爰介绍之于我国学界读者,幸与《万国社会党大会小史》对照之可也。"

以上译名中,"柏律氏"今译布利斯,"麦喀氏"与"英盖尔"指马克思和恩格斯。在廖仲恺看来,布利斯的基督教社会主义,与马克思和恩格斯的社会主义,二者的"观察之点"存在差异;这种差异对于初学者,可以借此比较研究,以揭示二者之短长。他把译自布利斯原作的《社会主义史大纲》介绍给我国读者,其目的之一,是与宋教仁译自日本《社会主义研究》杂志、代表马克思一派观点的《万国社会党大会简史》,互为对照。换句话说,他主张从不同的研究角度,观察西方社会主义的发展历史。

《社会主义史大纲》一文,将近世社会主义的"新纪元",确定为1817年。这一年,罗伯特·欧文在其上书下议院的《致工业贫民救济委员会的报告》中,提出"社会的村落之制度",计划建立合作新村或合作公社以消灭失业;圣西门的研究也"确乎达社会主义的方针";拉梅内则发表"基督教社会主义第一之著述"。同时认为,"真理解"社会主义,须追溯到19世纪以前,"社会主义者,实与人间社会,自太古以来,同生同长"。如太古原始制度萌芽和生长"诸部落之家族的共产制度",残存至今;古希腊雅典有"社会主义之实例",包括自由民之间的"社会主义之都市";希伯来神权政治支配一切土地和财产,个人没有所有

① 以下引文凡引自此译作者,均见同上书,第7—15页。

权，“更多为社会主义者”；等等。特别是宗教与共产主义常相提携，如古代犹太教诸宗派之行处，“莫不为共同生活”；原始基督教教会“企行共产制度”，后来的僧庵制度“多为均财者”，宗教改革前后亦多倡言者，如约翰与保罗可称为“中世纪之基督教社会主义者”；德意志的再洗礼派也“说教种种共产主义”；其他还有日内瓦和荷兰的教派在“近年美洲建诸种之共产的殖民”。如果从中推选“欲实行共同生活之制度，其理想在历史为足屈指者”，当以柏拉图的《共和国》为其巨擘。后来基督教各教父的著述，“多含此理想之天国”。托马斯·莫尔1516年著《乌托邦》，康帕内拉1600年（实为1602年写成）著《太阳城》，哈林顿1656年著《大洋共和国》等，“皆善传此大理想者”。以上均为“十九世纪以前社会主义之萌芽”。

近世社会主义的起源，文中认为，它的神髓在于“爱他心之冲动”，出于人道而为贫乏阶级抱不平。社会主义运动中的领袖，多数人诸如欧文、圣西门、高尔、马克思、拉萨尔、莫利斯、海德门、福尔马尔、巴枯宁、克鲁泡特金等，本来是富人甚至是贵族。他们的社会主义与宗教的新约圣书并不矛盾。德意志的社会主义主张“物质”即唯物主义，马克思、拉萨尔、巴枯宁等人传播的社会主义哲学，却发源于“近世哲学中所谓最有精神”的黑格尔哲学和“非常自谓为基督教社会主义者”的费希特哲学。此外，法国的圣西门、傅立叶、拉梅内、卡贝等，“皆深于宗教之人”；英国的欧文，亦以“爱他的人道”获得人们的信任。“爱他心”实在是“产出社会主义之一大原动力”，再加上产业革命兴起，出现生产机关“全伏于资本之腋下”，劳动阶级“全被颠倒于富有阶级之中”的“社会组织之不良”现象，于是促使社会主义“乃新登世界之舞台”。

社会主义运动作为“遭新运会所产之骄儿”，据说有三个组成部分。一是“以个人之自由为目的”，始自法国革命。二是“欲组合产业上之协助同志会(Cooperation)为可能”，始自英国，其代表为欧文及英国的基督教社会主义者。三是“欲扩张此协助会，举全社会之兄弟，为完全康乐和亲之一组织体”，始自德国，以黑格尔、费希特、拉萨尔、马克思等人属于“发展此理想的国家者”。法兰西革命的爆发，起初非为社会主义，其结果，必然推翻旧的组织而“适以增长社会主义”。英国自斯密的《原富》一书问世后，“经济上即生一大革新”，逐渐废止特许、限制和保护贸易制度，取得一致的效果。到18世纪初，英法二国发挥“为社会主义之准备而调和者”的作用。其中“社会主义实际之起原者”，首先见于欧文在纽拉纳克(New Lanark)工厂区的管理改革，及其提交国会的“社会主义的理想村落之提案”；其次见于圣西门梦想的“科学的教会，以救济贫民为其生涯者”；再次见于黑格尔及费希特的“国家之哲学”，与基督教相通，“惟其哲学不能容于当时之教会，遂产出拉萨尔、麦喀氏辈之物质运动者”，从黑格尔等人的唯心主义哲学中产生了马克思的“物质运动”哲学。

文中将社会主义的发展阶段，划分为五大时期。一是法兰西革命后至1817年的消极或准备时代。又称作“世人只渴望个人之自由，殆不知如何而后可达其目的”的时代，它以欧文着手改良产业的立法与斯密的经济论，为这一时代最有特色者。二是1817－1848年的成形或理想时代。其代表人物如欧文、圣西门、傅立叶、拉梅内、卡贝以迄于拉萨尔，“皆相率而入梦境，汲汲然实际经营其理想的社会”。同时，实现理想乐土的现实困难带来一连串失望，又“唤醒群公之迷信”。接着，“拉萨尔、麦喀氏、英盖尔等，导其先路，遂成一八四八年之《共产党宣言》”，于是，“民岩犹洪水也，一决其堤，浩浩滔天，势莫能御”，造成1849年“政治的及社会的革命之爆发”。三是1849－1863年的反动或休息时代。如法国推行国立工场，路易·勃朗反对其为“伪社会主义”。这一时期，“欧洲社会主义之光之声，暂暗暂歇”，犹如“淡云微雨”。四是1864－1872年的“万国劳动者同盟时代”。从1864年起，“万国劳动者同盟设立于伦敦，主此同盟者为麦喀氏，其宣言书之结尾绝叫曰：‘万国之劳动者团结！’”这个时代，“入梦之夜已去，实行之日方来，革命的社会主义，遂如洪水时至，泛滥大陆”。此同盟在欧洲各国的代表，因“经济上产业之发达”程度不同，表现为各种形式。如英国有劳动协会，德国有国家社会主义，其他诸国为巴枯宁的无政府主义势力范围。巴枯宁之流极力宣传“‘全破坏’(Pan-destruction)之福音”，将整个万国同盟卷入无政府主义的旋涡之中。“麦喀氏辛苦经营，几为之破釜沉舟，麦喀派岂忍弃此大事业”。于是，1872年的海牙代表大会上，社会主义者与无政府主义者分裂，宣布解散同盟，“万国同盟实因之后活，社会主义亦因之得救”。五是万国劳动者同盟解散至今的“社会民主主义(Social Democracy)运动时代”。这是一个“惹起热心者之研究，静观休美，改良组织”的时代，在1880－1883年间，“全然脱无政府党之习气”，逐渐形成“建设的进化的政治的”有机体，使“社会民主主义”成为这一时期流行的固有名词。

以上各发展阶段，表明“社会主义之运动，为国民的同时而为万国的”。万国劳动者同盟的建立，只是“万国联合运动之第一步”，近年召开“诸万国大会”(大概指宋教仁所说的“万国社会党大会”即第二国际历次代表大会)，有“步步引人入胜之观”。这种“政治上精神上运动之纲领”，基于产业革命的思想，将随着各国产业上政治上的发达，被普遍接受，“颇可近于成功”，其进步将巧夺天工，由“人为的万国连合”到“自然的万国连合”。

廖仲恺的《社会主义史大纲》译文，对照宋教仁的《万国社会党大会简史》译文，涉及马克思及其学说的评介方面，存在一些差异。例如，《社会主义史大纲》从“人道”中追溯社会主义的思想来源，本来与《万国社会党大会简史》联系“人道胚胎”谈论社会革命之说，没有什么区别。但是，前者以“爱他心”作为立论的基本依据，刻意强调宗教与社会主义或共产主义之间的“常相提携”关系，进而把马克思的唯物主义哲学，混同于黑格尔的精神哲学或费希特的基督教社会主义哲学。后者也从“人道”观念出发，重点强调人类世界划分为掠夺与被掠夺两大阶级的不平等现象，进而论述马克思站在被掠夺阶级一边号召“共产的革命”。显然，二者的侧重点不同。又如，《社会主义史大纲》分析社会主义发展的五大时期，提到，随着理想社会梦境的破灭，人们从迷信中被唤醒，从此以马克思和恩格斯 1848 年的《共产党宣言》“导其先路”，进入社会主义革命时期。这里似乎隐含着社会主义从空想到科学的发展之涵义。同时又把社会主义看作自古以来与人类社会“同生同长”的普遍现象，用抽象的“爱他心”概念掩盖了社会主义思想在不同历史发展阶段的本质区别。这和《万国社会党大会简史》考察第二国际社会党前期代表大会时，专门探讨代表被掠夺阶级利益的马克思一派的自身发展历程，也是不同的。再如，《社会主义史大纲》述及马克思主持万国劳动者同盟即第一国际期间，与以巴枯宁为代表的无政府主义势力的斗争，认为马克思领导的社会主义力量同无政府主义势力决裂，拯救了万国同盟乃至整个社会主义事业。但在其他场合，又把马克思和巴枯宁说成同脉相传的社会主义哲学。另外还把马克思与其他形形色色的社会主义或非社会主义代表人物混为一谈，完全模糊了马克思学说与非马克思学说的界限。这同《万国社会党大会简史》突出马克思与非马克思派别之间的党内斗争线索，更是判然有别。《社会主义史大纲》叙述的是整个社会主义的发展历史，对其中马克思学说的介绍，极为粗疏，除了提及《共产党宣言》及其末尾的“万国之劳动者团结！”（即“全世界无产者，联合起来！”）一句话外，几无其他引述。这与《万国社会党大会简史》着力描述马克思派在历次代表大会上的理论和政策主张，同样形成鲜明的对照。

2.《无政府主义与社会主义》[①]

廖仲恺在这篇译作的“译者按”里，首先概括“现世界之革命者，有三大主义”，即社会主义（Socialism）、无政府主义（Anarchist）和虚无主义（Nihilism），认为“三大主义”在学说、历史、派别和运动方面，“各各不同”。然后表白自己的态度是专译不著，力求客观研究这些主义的真相，并将其介绍给学界。

这篇译文比较无政府主义与社会主义之异同，站在社会主义立场上评析无政府主义观点。它提出：无政府主义有两派，一派是“个人的无政府主义”，又称“哲学的无政府主义”；另一派是“共产的无政府主义”。

前一派无政府主义与社会主义相比，“全为异质”。因其哲学主张“个人之主权”，完全不同于社会主义信奉的“确保个人之自由”。在社会主义者看来，

---

① 以下引文凡引自此译作者，均见尚明轩、余炎光编：《双清文集》上卷，人民出版社 1985 年版，第 22—26 页。

无政府主义者渴望的不过是“哲学的空想”,虽然美妙,却缺乏事实根据。社会主义者的思维,“必生长于一种族一社会之中,无论何人,决不能外此事实而生存”,由此出发,“改良其制驭此社会组织者,而与人以自由”,不像无政府主义者,试图抹煞现实,“不惜一拳碎黄鹤楼以求之”。二者“哲学”上相异,“手段”上更是相互背驰。社会主义者“为欲得自由,宜利用国家”;无政府主义者“欲废绝国家”。根据无政府主义者的定义,政府“强个人使屈从于他人之意志”,国家作为一人或一群人的代表,“于范围内占有全人民”,或体现为“主人翁”的权利、主张和行动,“有侵略主义者”。社会主义者不承认这一定义,认为国家从起源到今日具有侵略性质,以此推论自今以后国家将永远保留侵略性质,这是“可笑之论理”。从历史上看,“国家有普遍之权利时,则同时当大减其侵略之度”。对国家可以“收其强大权力,而均分之,而利用之,以洗其过去之恶迹,与以更始”。就像过去令人恐怖的电气,今天可以利用来为人类服务一样。国家作为“人民之意志的集合而发现者”,古往今来,不可能存在“大反民意而得统治”的“专制君主”,“民意恶者,国家亦恶,不得专咎国家”。今后“处于产业组合与自由生活之下,减民意侵略之度,则国家亦自减其侵略之度”,所以说,要获得自由,应“思用国家”而不必去颠覆它。从最终目的看,二者没有什么不同,“皆以求个人之最完全的自由者”,只是各自实现的途径有所不同。多数无政府主义者认为,“可以任意之组合而得之,若其有不欲者,则得各任其所好”。社会主义者认为,“先施民主的国家,而行产业组合,其组织平均,而利便较多,故无论何人,可信其不另谋个人事业”。个人事业中的不适应者,可以预期其终将失败。在社会主义者中,也有人认为个人事业“亦可放任其经营之为善”,但相信有必要成立国家,绝不同于无政府主义者,或可称其为“任意的社会主义者”。社会主义者的目的大致相同而方法各执一端,其结果,“无论在于何国,均服从法律,维持政府,尊重生命,为政治的运动”;无政府主义者则“不论至于何国,均轻蔑政治,破坏法律,倾覆政府,戕贼生命,搅乱平和”。所以,社会主义者“尚平和,守秩序,博爱事业”;无政府主义者“蔑视一切,肆行破坏,质直之自己主义”。

另一派“共产的无政府主义”,据说主张“天下之物为天下之人所有”,“一切世间所有之物,为一切世间所有之人所公有,无有疆界彼此”。照此理解,“吾人苟尽其应分之力于衣食住之产出时,即有受其应分分配之权利”,实行分配必须以“人民之名”,不得以“宗教之名”或“国家之名”。这里,“共产的无政府主义”与“哲学的无政府主义”相比,同样要求“个人主权之主义”。然而,它们一个允许个人保持其私有财产如后者,一个加以拒绝如前者,二者相互矛盾。不论如何,“共产的无政府主义”出自个人主权的哲学思想,其根本观念与社会主义的立足点完全不同,其手段更是与社会主义绝然相异。“共产的无政府主义"像"个人的无政府主义",主张颠覆国家,采取实际行动"更为猛迅"。后者顾虑少数人的力量不足以成事,在今日"只研究科学的革命方法而已"。前者不然,其代表人物如巴枯宁、克鲁泡特金等人,无不称扬诉诸行动。近年来,欧美等国实行暗杀主义,使用爆裂弹及毒药等事件,大抵十之八九,皆"共产的无政府主义"之所为,"实社会主义所最厌恶者"。依此而论,"社会主义者,如何近于共产主义乎,又如何深望个人之自由乎,彼其于欲得之方法,两者之间,真有黑暗与光明之别矣!"

根据以上论述,社会主义与无政府主义之间在根本哲学观念和方法手段方面截然对立,基于此,这篇译文实际上解释了,何以 1872 年"万国劳动者大会"即第一国际海牙代表大会之后,"麦喀氏(Marks)与巴枯宁,互率其党,分社会主义与无政府主义之二大军",自此以后,"二党相提携共事者无矣"。最后,此译文引用伊利教授的如下一段话作为结论:"社会主义到处与无政府主义相激战,社会主义者势力巩固处,则无政府主义即不免仅延残喘。"如德意志社会民主主义者极力排斥无政府主义倾向,在那里,"无政府主义所以衰弱者,以有社会民主主义故";又如"社会民主党之大会,每遇有无政府主义者,必除其名",第二国际 1891 年比利时布鲁塞尔代表大会和 1893 年瑞士苏黎世代表大会,均发生此类除名事件。

这篇译文,维护社会主义,反对无政府主义尤其反对"共产的无政府主义"。文中所说的社会主义,似乎指马克思一派或以德国社会民主党为代表的社会主义。这一倾向,与前述出于同一著作的另一篇译文《社会主义史大纲》,在表述上基本一致。《社会主义史大纲》也强调,马克思为拯救"万国劳动者同盟"免遭无政府主义的破坏,与巴枯宁代表的势力进行斗争的事例。不过,从全篇译文看,它说的社会主义是否指马克思派社会主义,又有疑问。一则文中认为,社会主义与个人的或哲学的无政府主义在"究极之目的"上,"可谓无不同"或"其相距固不甚远",二者最终目的都是为了谋求"个人之最完全的自由"。这是以一种抽象概念,模糊社会主义与无政府主义的区别,偏离马克思主义的立场。二则文中对社会主义最厌恶的"共产的无政府主义",归纳其主张包括"一切世间所有之物,为一切世间所有之人所公有,无有疆界"、"吾人苟尽其应分之力于衣食住之产出时,即有受其应分分配之权利",以及拒绝私有财产等。由此又将"共产的无政府主义"等同于"共产主义",从而把社会主义与共产的无政府主义的对立,转换成社会主义与共产主义的对立。这与马克思主义的本意,也是不合拍的。三则文中为了区别于无政府主义的颠覆国家手段,把社会主义的手段说成"服从法律,维持政府"或"尚平和、守秩序,博爱事业"等,无异于否定了马克思主义的暴力革命思想。诸如此类的疑点,若不是翻译上的问题,很难使人相信此译文指的是马克思派社会主义。或者说,译文打着马克思的旗号,实际谈的社会主义却与马克思主义风马牛不相及。这一点,在《社会主义史大纲》译文中,已有所领教。现在,在《无政府主义与社会主义》译文中,又有所体现。

(二)其他有关社会主义的译文内容

廖仲恺1907年以前的早期译文,除了上述两篇译文的标题突出社会主义之外,还有其他若干篇译文,在其论述过程中,或多或少地涉及社会主义的内容。兹列举如下。

1.《进步与贫乏》

这篇译文以"屠富"的笔名,发表于1905年11月26日《民报》第1号。其内容选译乔治的名著《进步与贫困》第四版序言及绪言"当前的问题"中开篇前两段。这篇序言大体提出了乔治的主要看法,其译文部分,前面讨论孙中山最初倡导的民生主义时,已有介绍,兹不赘述。这里只需指出两点。第一,廖仲恺选择乔治著作为自己的第一篇译文,显然受到孙中山推崇乔治学说的感染[①],由此也表现出他是孙中山的忠实信徒。第二,乔治在其著序言中声称,通过调查研究得出的结论,力求符合"真实自然之定则",揭示文明差距的原因不在于个人,在于"社会之组织",社会"不平等之发生",导致人类进步的倒退;于是宣布,其调查结论将完全改变政治经济学的性质,使它成为"真诚无妄之科学":把斯密、李嘉图学派与蒲鲁东、拉萨尔学派所发现的真理,"一炉而冶之",使事物遵循自然,"以开社会主义之幻梦",开辟实现社会主义崇高梦想的途径。[②] 可见,廖仲恺选译此序言,确实把它当作社会主义的一种主张。因为其原作者针对社会不平等现象,试图采取相应对策,即后来书中所主张的土地国有,征收地价税归公共所有,废除其他税收,使社会财富趋于平均等,以期实现"社会主义之幻梦"。廖仲恺的选择,和欧美国家有人把乔治的主张看作社会主义流派之一种,即所谓"单税社会主义",在理解上也是一致的。

2.《无政府主义之二派》[③]

这篇译文以"渊实"的笔名,发表于1906年10月8日《民报》第8号。从表面上看,这是一篇专门讨论无政府主义的译文,似乎不属于社会主义的议题范围。但他选译这篇文章的动机,是与社会主义者的类似论述进行比较。他在"译者按"中说,这篇译文选自日本人久津见蕨村的《欧美之无政府主义》一

---

① 据冯自由说,孙中山发明"民生主义"后,多数党员莫名其妙,有心研究者百无一二,于是,"总理初命廖仲恺译述美人亨利佐治所著《进步与贫困》一书(Progress and Poverty)载于民报,以广宣传",惟廖仅译数千字即搁笔。冯自由:《革命逸史》第3集,中华书局1981年版,第209页。

② 转引自尚明轩、余炎光编:《双清文集》上卷,人民出版社1985年版,第4—5页;并参看亨利·乔治著,吴良健、王翼龙译:《进步与贫困》,商务印书馆1995年版,第9页。

③ 以下引文凡引自此译作者,均见尚明轩、余炎光编:《双清文集》上卷,人民出版社1985年版,第16—21页。

节，将它与前述布利斯的著作比较，“不无矛盾”。布利斯“原为社会主义，且属于基督教的社会主义（此派为社会主义中最温和者）”，是局内人，久津氏系从事研究的局外人，二人的政言“相去甚远”。在廖仲恺看来，这一矛盾正好为他进行比较研究提供了条件，“译者每喜持此论以读矛盾之书”。于此说明，他选译这篇文章，不是就无政府主义论无政府主义，而是把它放在与社会主义著述比较的位置上。他还提到，久津氏出版上述著作时，正值日本法令严密、警察森严、监谤有余的“大权改治”时期，其书“不无却曲之处”，否则，像北辉次郎的“纯正社会主义”论著，发行不到一周，即遭禁止而被警察没收。由此也透露出，他把有关无政府主义和社会主义的书籍，归入同一类不受当时日本政府欢迎的著述。

这篇译文，将无政府主义分为两派，“以个人之发现进步”实现无政府主义的一派，由施蒂纳的“非基督主义”、韦希代的“基督主义”和尼采的“进化主义”作为其共同代表；“以社会经济之改革”实现无政府主义的另一派，由蒲鲁东的“集产主义”、巴枯宁的“破坏主义”和克鲁泡特金的“共产主义”作为其共同代表。前者“以个人为主”，强调人的“内部之修养”，注重理论；后者“以社会为主”，强调人的“外部之改革”，注重行动。

关于“社会的无政府主义”，其理论包括：土地、动产及不动产“总归于社会所有，各个人惟得使用之而已”；生产“归诸致力于生产事业之团体，为全体所公有，不得为一人一个之私”；社会作为“经营一切事业之最大团体，故总一切所有之物，均为社会所有”；消费“定社会全体中人之共通平等，决不使二三私人行多消费”；物价“惟社会得定之，决无可妄为变更者”；男女自由结婚或离婚，“其所生子女，社会可教育之，不得专委其任于父母”；等等。其纲领可概括为：职业自由；财产、土地、矿山、通信机关、生产机关等，“一切社会所有之业，任各个人自由使用”；“私有财产废止”；政府、军队、立法等机构，“尽行废止，行社会的开行”；“无政府之事”。

关于“个人的无政府主义”，其理论温和，认定“以今日国家强制之力，使人服从，是剿灭吾人之自由”，主张“个人各以绝对之自由，相互联合，毫不被他人之干涉、强制者”；根据个人能力而获得的财产，“亦可属于个人所有”，个人之间“各自互尊敬其自由，无敢有私其一己者，此之谓自由之人”；“盖人人不侵人，即人人不爱人，无爱非无爱，非非无爱，对待之界已消，是谓大同”。

以上译文，使人联想到前述《无政府主义与社会主义》译文。尽管廖仲恺声明，这两篇译文的原作者分别为东洋人和西洋人，持论相互矛盾，但二者所描述的无政府主义，都是区分所谓个人的或哲学的无政府主义与社会的或共产的无政府主义。前述译文多从哲学上和手段上立论或比较，本篇译文介绍的理论学说或党派纲领，则突出经济方面的内容。这就为从经济理论上研究和比较社会主义与无政府主义之间的差异，开辟了一条途径。这两篇文章从译文措辞上看，存在一些令人疑惑之处。如本篇译文谈论个人的无政府主义，有所谓"无爱"以保障个人绝对自由一说，这与先秦墨翟的"兼爱"之说，有异曲同工之妙或相反相成之趣，又与杨朱的"拔一毛而利天下不为也"的贵己、"为我"之说，有似曾相识之感。它从"无爱"引出消除"对待之界"的"大同"一说，更令人怀疑是在仿效康有为的"去九界"之大同思想。又如前篇译文概括共产的无政府主义理论为"天下之物为天下之人所有"，颇类于"天下者，乃天下人之天下"的中国古训。这些译文措辞，套用中国古代的传统概念。其原因或许像廖仲恺所说的那样，"切当之译颇难，故用其最普通者"[①]。所谓"最普通者"，对于他而言，恐怕就是从中国传统文化中继承下来的那些习惯用语。用中国传统概念比附舶来思想的做法，在我国早期引进西方社会主义思想包括马克思经济学说的过程中，是一个难以避免的现象。

3.《虚无党小史》[②]

这篇译文以"渊实"的笔名，连载于1907年1月和10月《民报》第11、17号。根据"译者按"，此译文出自日本文学士、早稻田大学讲师烟山专太郎的原作《近世无政府主义》第三章，其原名为《革命运动之历史》。原作罗列数十种著名参考书，又经法学博士有贺长雄的校阅指正，故称"东邦之虚无党信史，当以此书为第一"；廖仲恺作为译者也说，"得读虚无党信史，实自斯篇始"。在这篇译文中，曾数次提到社会主义思想尤其是马克思的《资本论》。

译文记载俄国虚无党的历史，包括两个时期。前一时期是19世纪初至1863年的文学革命时代。这一时期，先是尼古拉一世统治，采东方之专制和西方之利器，"以钤制其民党"。同时，随着诸如"日耳曼之唯物论"一类外国思潮传入，在俄国产生各种派别，其中包括"虚无党之鼓吹者巴枯宁"。稍后，流行于西欧各国的圣西门、傅立叶和欧文等人的社会主义，"亦输入俄罗斯，大耸动一时耳目"，社会革新思想逐渐蔓延。亚历山大二世上台，推行新政，俄国留学生又从德意志等国输入唯心哲学和费尔巴哈等人的"唯物论无神论"两种新思潮，"思想界则一变而麇集于唯物主义之旗下"，新闻出版领域"群倡唯物论、无神论"。当时还有人承袭西欧风潮，"别树赤帜"，专门研究"生计上生活"，代表农民的利益。如有一派社会党主张"身体宜自由"、"土地宜均分"、"财产宜共有"。一般说来，这一时期接受新思潮的俄国人所信奉的宗旨，甚为芜杂，尚未明了"西欧革命党各派所持主义"，"每有混立宪思想、民族主义、社会主义为一谈者"。

---

① 廖仲恺译：《无政府主义与社会主义》按语，见尚明轩、余炎光编：《双清文集》上卷，人民出版社1985年版，第25页。

② 以下引文凡引自此译作者，均见同上书，第27—61页。

后一时期是1863年至1877年的游说煽动时代。这一时期以1871年为界，分为前后两段。前一段由于俄国中央专制集权的加强，革命党和虚无党的势力遭到打击。虚无党中曾有人计划与西欧“国际党International”结合，事未成。“当是时也，西欧诸国，有麦喀氏、巴枯宁者，唱导社会主义、无政府主义，风动一时”。逃亡西欧的俄罗斯革命党，“群集附和”，发行各种出版物鼓吹革命论和无神论，“其势颇猖獗，青年学生大受其影响”。1868年，巴枯宁组织“社会民主党万国同盟会”，受其影响者发誓“废从来之平和的革命主义，而采用阴谋暗杀之铁血主义”。后一段，虚无党加强组织宣传活动，“密输入麦喀氏之资本论(Kapital)”及其他人的著述。革命党在反省其失败原因的过程中，涌现出普列汉诺夫一类的代表人物，“另起炉灶，专持武器，反抗政府为其目的”。总之，这一时期，“革命党之运动，渐以增加，而政府对之，亦渐极酷烈”。

廖仲恺在其“译者后记”中认为，这篇译文可以使读者“考究虚无党所以必取暗杀手段之所以然”。其实，这篇译文不仅考察了俄国虚无党的简单发展历史，还透露出在这一发展过程中，西欧社会主义思潮、特别是马克思所倡导的社会主义包括其《资本论》向俄国传播的历史轨迹。这样，也就为国人通过俄国史料，间接地认识马克思的社会主义学说和经济学说，提示了一个新的资料来源。尽管这一新的资料来源，从这篇译文看，是相当粗疏的。

(三)结语

廖仲恺像朱执信、宋教仁一样，是同盟会的早期支持者中热心介绍和研究西方社会主义的代表人物。从时间上看，他们三人早期的相关代表作(包括译作)，大多发表在1906年的《民报》上。如朱执信的《德意志社会革命家列传》，连载于第2号、第3号；宋教仁的《万国社会党大会略史》，发表于第5号；廖仲恺的《社会主义史大纲》和《无政府主义与社会主义》，分别发表于第7号、第9号。按照这个顺序，似乎三人在接触西方社会主义学说方面，朱执信最早，宋教仁次之，廖仲恺殿后。其实不尽然，如廖仲恺早在1905年11月《民报》第1号上，发表被看作代表社会主义流派之一的《进步与贫乏》部分译文。可以说，他们经孙中山的倡导，又受到当时日本国流行社会主义思潮的影响，大致在同一时期激发了考察西方社会主义的兴趣，难分孰先孰后。他们的文章彼此呼应，相互唱和，共同利用《民报》的舆论阵地，树起了传播社会主义思想的早期旗帜。但是，从这些文章本身看，他们对于社会主义特别是马克思学说的认识程度和介绍方式，存在不小的差异。

第一，从涉及社会主义思想特别是马克思学说的理论内容来说，相对而言，朱执信最为深入，宋教仁有些平铺直叙，廖仲恺则显得比较单薄。朱执信的文章不仅介绍马克思的斗争事迹、同恩格斯的友谊以及著名代表作如《共产党宣言》和《资本论》等，还试图概括马克思学说的若干理论要点，尝试运用这些理论分析现实社会问题。此类介绍和尝试存在诸多缺陷甚至偏差，但朱执信终究是他们三人中专论马克思及其学说之一人。宋教仁的译文重点描述第二国际的起源、历次代表大会的召开及其发展沿革情况。按照历史的顺序，重在叙事，而非分析其理论内容。不过，既然专门叙述马克思或马克思派所领导的国际工人和社会主义政党组织的发展历史，自会接触马克思学说的若干理论原则和政策思想，如引用《共产党宣言》中的某些论断等。相比之下，廖仲恺的几篇译文(包括译者按语)，虽然论及马克思或恩格斯的名字有十数处之多，但大多作为社会主义发展过程中的历史人物之一，与其他历史人物并列而一带即过。其他提到马克思的历史地位之处，如倡导《共产党宣言》式社会主义，或组织"万国劳动者同盟"，或领导与无政府主义的斗争等，均极为简略，很少触及其理论涵义。所以说，从理论内容方面考察，早期在《民报》上介绍马克思及其学说的三位代表人物中，廖仲恺可算比较单薄的一个。

第二，从对待西方社会主义特别马克思学说的态度来说，相对而言，朱执信最为鲜明，宋教仁亦较清晰，廖仲恺则寓其态度于比较分析之中。朱执信的文章几乎站在维护马克思及其学说的立场上，公开宣扬马克思指导社会主义运动的斗争业绩和理论贡献，向世人传达了"以不知马尔克之名为耻"的信念。宋教仁的译文转述日本作者的意见，他选译的原作，一般从正面叙述社会主义运动的发展趋势，肯定马克思派战胜其他非马克思派的斗争历程，从中不难看出选译者本人的思想倾向。宋教仁的译文按语和早期日记里，也不时流露出对社会主义问题的专注和倾心，使他那时在这一问题上的态度更趋明朗。廖仲恺采取另一种介绍方式来表达自己的态度。他一再强调，对于当今世界"革命者"的学说、历史、派别和运动，最好的介绍方法是翻译各国有关名著，"其外不著一字"，只求符合原文，"无所容心于其间"，不发表个人的见解。在他看来，专译不著方式，可以避免因自己"学识浅陋"而歪曲原作，也可以避免剽窃抄袭，"每活剥他人所有，以为己说"。他认为，初学者在翻译过程中，应多选择不同观点的国外著作比较研究，"自不欲发表意见"。这种坚持初学者客观转译和比较的介绍方法，从实际效果看，如比较基督教社会主义者布利斯与马克思、恩格斯的观点以"提揭短长"，显然不如朱执信的介绍那么明确。而且，他的介绍，大多是"最温和"社会主义或无政府主义的观点，马克思和恩格斯的观点只是附带提及。恐怕他以为，既然《民报》已发表朱执信和宋教仁等人专门介绍马克思及其学说和活动的著述，他应侧重于介绍那些不同的观点以资对照。若系如此，或许可以解释他何以更加注重介绍那些非马克思派的"革命者"。另外，专译不著乃至不发表个人意见的说法，有些绝对化。照此推理，朱执信关于马克思学说的评论意见，也一并被否定了。尽管有这些值得推敲之处，廖仲恺仍属较早以"现世界之革命者"的学说真谛，作为自己"深喜研究"的对象。其译文借原作之口，总体倾向于批评无政府主义观点，推崇社会主义主张，多处提到马克思在社会主义运动中的领导作用和影响，由此也迂回地表达了自己的志向态度。

第三，从论述社会主义特别是马克思学说的经济观点来说，相对而言，朱执信最为丰富，宋教仁亦属可观，廖仲恺则鲜有论及。朱执信评介马克思学说，不仅提到《资本论》和《资本史》（即《剩余价值学说史》）等经济学名著，还粗略分析了劳动价值论和剩余价值论等重要经济理论范畴；他率先介绍《共产党宣言》的十条措施，也大多属于经济方面的内容。此外，他尝试分析现实社会经济问题的一些理论依据，细加体味，同样来自于对马克思经济学说的个人体会。宋教仁的译文介绍第一国际尤其第二国际马克思派的发展历程，较少理论色彩，却不乏介绍其中有关工人经济斗争的思想，叙述第二国际前期历次代表大会讨论或通过有关开展经济斗争的各种政策和措施。令人不解的是，廖仲恺那时就学于日本早稻田大学经济预科和中央大学政治经济科，以经济学为其专业，何以在他选译的文章中，仅一处简单提到俄国虚无党曾秘密输入马克思的《资本论》，其他论及西方社会主义的地方，几乎看不到有关马克思经济学说的介绍。朱执信对马克思经济学说的评介，可能靠自学钻研。宋教仁只在日本法政大学短期进修过经济学课程。按理说，他们三人中，廖仲恺在学业背景上最有条件介绍马克思经济学说。可是，事实恰恰相反。如果说他缺乏研究经济理论问题的兴趣，似乎难以成立。他自称“深喜研究”，不应排除研究经济理论问题；他对无政府主义的理论概括，尚包括不少经济方面的内容。如果说他受制于自己的比较介绍方式，与朱执信等人的著译内容相区别，有意避开介绍马克思经济学说，似乎也难以成立。要研究世界“革命者”的社会主义学说，不可能回避马克思经济学说。也许这种令人费解的现象，仅是偶然现象。即便如此，也让人感到遗憾。

总之，孙中山提倡研究西方社会主义，在这一先导作用的影响下，朱执信、宋教仁和廖仲恺等人群起响应，凭借《民报》阵地，率先发起一轮介绍社会主义的热潮。其中涉及马克思及其经济学说的论述，综合起来看，无论广度还是深度，在当时的条件下，均达到相当不易的水平。个别地考察，首推朱执信，他对马克思经济学说的理解，堪称国人理解水平的时代标志。宋教仁对于马克思派社会主义的介绍，亦站在这一领域的前列。而廖仲恺的有关介绍，相比之下，退居其次。

第二章　论战双方关于社会主义的辩诘

探索马克思经济学说传入中国的早期历程，不能不考察在1905至1907年间，以孙中山为代表的《民报》一派，与以梁启超为代表的《新民丛报》另一派，围绕“中国民族前途的问题”[①]，展开一场针锋相对和影响深远的大论战。这场论战，涉及领域相当广泛，虽不必集中于社会主义论题，但双方有关社会主义及其经济理论的讨论和辩诘，吸引许多国人关注这一论题，使之逐步普及，并为相伴而来的马克思经济学说的传入，开辟了道路。

第一节　论战的缘起与社会主义论题的提出

戊戌变法失败，犹如分水岭，促使主张变革的阵营发生分化。其代表性划分是，以康有为和梁启超为首的保皇派，和聚集在孙中山旗帜下的革命派。最初，这两派的思想分歧只见诸个别争论性文章，尚未明朗化。康、梁一派挟维新风云人物之影响，1902年在日本横滨创办《新民丛报》，宣扬“保皇”、“立宪”；而孙中山倡议的同盟会成立不久，于1905年底在日本东京创办《民报》，传播资产阶级革命理论，两派迅即展开一场公开的论战。

《民报》从1905年11月26日创刊起，鲜明打出革命的旗号，当期刊载《论中国宜改创民主政体》、《民族的国民》等文章，对康、梁颂扬君主立宪，“妖言惑众”，点名批判。《新民丛报》方面的反驳，起初只是老调重弹，随后梁启超亲自执笔，在1906年1月至3月，连载发表《开明专制论》一文。这篇洋洋五万余言的驳论文章，自诩“用严正的论理法(演绎法归纳法并用)”，阐发“近年来所怀抱之意见”；不外乎针对革命派的主张，论证中国今日不能实行共和立宪制，甚至实行君主立宪制也不具备条件，只能“以开明专制为立宪制之预备”[②]。

---

① 孙中山：《在东京〈民报〉创刊周年庆祝大会的演说》(1906年12月2日)开头语，《孙中山选集》，人民出版社，1981年版，第80页。

② 梁启超：《开明专制论》，《饮冰室合集》第六册，文集十七，第13－14、50页。

此文是梁氏“不惮以今日之我与昔日之我挑战”[①]的典型例证，撕掉他以往戴过的“名为保皇，实则革命”面具，抛弃诸如《论专制政体有百害于君主而无一利》(1903年)中关于“专制政体之不能生存于今世界，此理势所必至”[②]之类的论断，站到革命派的对立面。至此，革命派与保皇派分别以《民报》和《新民丛报》为主要阵地，拉开了中国近代史上一场著名论战的序幕。

这场论战的争论要点，从《民报》的办报宗旨中，可见一斑。孙中山曾为《民报》写《发刊词》，其中第一次完整地提出民族主义、民权主义与民生主义的三民主义政治纲领，作为其指导思想。以此为基础，经过增删修饰，形成《民报》“六大主义”：倾覆现今之恶劣政府；建设共和政体；土地国有；维持世界真正之平和；主张中国日本两国之国民的连合；要求世界列国赞成中国之革新事业[③]。这六项内容，前三项对内，是三民主义的另一表达方式；后三项对外，体现了对待外国列强的认识和态度。六个主义“又得合为一大主义，则革命也”，从各个方面涵盖了有关革命目的、实力及手段的研究。根据这些宗旨，当《新民丛报》发表《开明专制论》一类有系统的论战性文章时，《民报》很快作出反应，在4月的第3期上回敬了长篇批驳文章，还以第3期号外形式，将两报的分歧，归纳为12个方面，即“民报与新民丛报辩驳之纲领”，宣布从第4期起，“分类辩驳，期与我国民解决此大问题”[④]。双方争论的要点，因此而彰明较著。

这12条辩论纲领包括：(1)《民报》主共和；《新民丛报》主专制。(2)《民报》望国民以民权立宪；《新民丛报》望政府以开明专制。(3)《民报》以政府恶劣，望国民之革命；《新民丛报》以国民恶劣，望政府以专制。(4)《民报》望国民以民权立宪，鼓吹教育与革命，以求达其目的；《新民丛报》望政府以开明专制，不知如何才符合其希望。(5)《民报》主张政治革命，同时主张种族革命；《新民丛报》主张开明专制，同时主张政治革命。(6)《民报》以为国民革命，从颠覆专制看，为政治革命，从驱除异族看，为种族革命；《新民丛报》以为种族革命与政治革命不能相容。(7)《民报》以为政治革命必须实力；《新民丛报》以为政治革命只须要求。(8)《民报》以为革命事业专主实力，不取要求；《新民丛报》以为要求不遂，继以惩警。(9)《新民丛报》以为惩警之法，在不纳租税与暗杀；《民报》以为不纳租税与暗杀，不过革命实力之一端，革命须有全副事业。(10)《新民丛报》诋毁革命，鼓吹虚无党；《民报》以为凡虚无党皆以革命为宗旨，非仅以

① 梁启超：《新民说》，《新民丛报》第38、39号(1903年10月4日)。

② 梁启超：《饮冰室合集》第四册，文集之九，第101页。

③ 参看汉民(胡汉民)：《民报之六大主义》，引自张枬、王忍之编《辛亥革命前十年间时论选集》第2卷上册，三联书店1963年版，第383页。

④ 中国近代革命史资料丛刊《辛亥革命》第2册，上海人民出版社1957年版，第272－273页。

刺客为事。(11)《民报》以为革命所以求共和;《新民丛报》以为革命反以得专制。(12)《民报》鉴于世界前途,知社会问题必须解决,故提倡社会主义;《新民丛报》以为社会主义不过煽动乞丐流民之具。以上纲领条目,由《民报》归纳得出,其中对《新民丛报》论点的概括,未必准确,但大体反映了两报争论的基本内容。

围绕这些辩论内容,在1906－1907年间,两报连续发表数十篇相互辟驳的文章。《民报》除了从正面阐述自己观点的文章之外,单是在标题上指名道姓的驳斥性文章,就有十余篇之多。诸如:《希望满洲立宪者盍听诸——附驳新民丛报》(1906年4月、6月第3、5期)、《驳新民丛报最近之非革命论》(5月第4期)、《斥新民丛报之谬妄》(第5期)、《驳革命可以召瓜分说》(7月第6期)、《就论理学驳新民丛报论革命之谬》(第6期)、《再驳新民丛报之政治革命论》(7月、9月第6、7期)、《新民丛报之怪状》(第6期)、《革命军与战时国际法——并驳新民丛报论暴动与外国干涉》(10月第8期)、《驳革命可以生内乱说》(11月第9期)、《答新民难》(第9期)、《杂驳新民丛报第十二号》(12月第10期和1907年1月、3月第11、12期)、《新民丛报杂说辨》(第11期)、《告非难民生主义者——驳新民丛报第十四号社会主义论》(第12期)、《法国革命史论——附正新民丛报第十五号明夷作》(5月、7月、9月、12月第13、15、16、18期和1908年2月第19期)、《土地国有与财政——再驳新民丛报之非难土地国有政策》(第15、16期)、《斥新民丛报土地国有之谬》(10月第17期),等等。可见,《民报》从创刊起,直至1908年2月的前19期,几乎每期都有与《新民丛报》论战的文章出现,甚至一期刊载几篇论战文章。《民报》的论战文章出自多人之手,或者经集体讨论后由某人执笔而成,这也显示了它在论战阵容方面的人多势众。

反观《新民丛报》上刊载的论战性文章,除了少数例外,几乎由梁启超一人完成。其中一些主要代表作,诸如《开明专制论》(1906年1－3月第73－75、77期)、《申论种族革命与政治革命之得失》(3月第76期)、《答某报第四号对于本报之驳论》(4月第79期)、《暴动与外国干涉》(7月第82期)、《杂答某报》(8月、9月第84－86期)、《再驳某报之土地国有论》(1907年3－5月第90－92期)等,均署名"饮冰"即梁启超。

这场论战,延续到1907年下半年,其结局已清晰可鉴。连《新民丛报》也载文承认,数年来盛行于中国的革命论,"其旗帜益鲜明,其壁垒益森严,其势力益磅礴而郁积,下至贩夫走卒,莫不口谈革命而身行破坏";革命党"指政府为集权,詈立宪为卖国",革命党人"公然为事实上之进行",而立宪党人"不过为名义上之鼓吹,气为所慑,而口为所箝"①。沮丧之情,溢于言表。此后,《新

① 与之:《论中国现在之党派及将来之政党》,《新民丛报》第92号(1907年5月)。

民丛报》于1907年底自行停刊，《民报》亦于1908年冬被日本政府封禁。两报停办后，这场论战并未偃旗息鼓，在香港和一些国家仍见诸革命派和保皇派分别举办的一些报刊，一直继续到1909年左右。《民报》和《新民丛报》之间的论战，作为其主战场，实际上在1907年已见分晓，以革命派取得优势地位而告一段落。

值得注意的是，这场论战辩论社会主义问题，双方注重运用经济理论作为论据。这样，围绕社会主义论题，从一个新的角度，反映了那一时期国人中代表人物对于马克思经济学说的理解程度或认识水平。在这场论战中，社会主义论题的提出，具有特殊的意义和作用。

第一，从横向看，这场论战在诸多论题中，社会主义论题占有举足轻重的地位。孙中山的三民主义，其民生主义就是西方社会主义理论与中国实际相结合的产物。由三民主义扩展而成的《民报》六大主义，以土地国有体现社会主义精神。至于12条辩驳纲领，主要针对梁氏《开明专制论》，其中较多涉及批驳专制或开明专制方面的论题，仍强调以提倡社会主义作为解决社会问题的原则。辩论的进展表明，辩论的真正主题，如汪兆铭归纳《民报》的立场，集中于四个问题：政治革命当与种族革命并行，社会革命当与政治革命并行，革命不至于召瓜分，革命不至于生内乱。进一步概括，前两个问题属于《民报》的"宗旨之本体"，后两个问题讨论对外、对内关系，属于"实行宗旨时所缘附而生之现象"。[①] 照此理解，舍去因本体宗旨附带产生的现象，前两个问题是最重要的论题。这两个本体性论题，又以社会革命表达了前述提倡社会主义以解决社会问题之意。可见，在这场论战中，社会主义论题，或者说，涉及社会主义内涵的论题，比起其他众多的一般性论题，具有基础性的理论意义。

第二，从纵向看，通过这场论战，极大提高了社会主义论题在社会上的影响力。在此之前，西方社会主义思潮的传入和渗透，曾在一部分主张向西方学习的中国知识分子中，引起不同程度的反响甚至共鸣，并且提出了社会主义是否适用于中国的问题。这比起当初国人将西方社会主义仅仅看作可供鉴赏或猎奇之用的舶来新鲜事物，有了明显进步。但是，这个进步依然很有限。那时在一些寻求救国救民真理的中国人眼里，只有极少数人如孙中山愿意看到社会主义"将现于实际"的前景，其他大多数人尚障目于社会主义"极不切于中国"的论调。极少数人的观点仅系微弱之声时，虽然也能提出若干论争性看法，却难以与大多数否定的观点形成抗争交锋之势。这场激烈的论战，使这种状况发生很大的转变。它不仅将社会主义问题作为重要论题之一，放在论战双方的聚焦位置，而且把社会主义问题与中国民族的前途联系在一起。从这

① 精卫(汪兆铭)：《驳革命可以生内乱说》，《民报》第九号(1906年11月)。

场论战起，社会主义被列入解决中国问题的选项，哪怕时人尚未真正认识社会主义，它事实上已被摆上了议事日程。

第二节 围绕社会主义论题的辩诘内容

西方社会主义思潮最初传入中国，人们只把它当作一种新鲜的外国知识加以品味，谈不上有什么争论和辩诘。随着时间的推移，一方面，这一思潮的传入日积月累，特别是经过20世纪初来自日本中转站的集中输入，国人中的佼佼者对于有关知识和理论的掌握，逐步丰富起来；另一方面，先进的中国人向西方寻求救国救民的真理，兼收并蓄，也把这一思潮纳入自己的视野，思考能否为我所用的问题。由于知识的积累和实践的需要，人们不再满足于对这一舶来思潮的猎奇或鉴赏，进而提出在中国的可行性论题。围绕这一论题，当时形成各种不同的看法。这些看法的存在和发展，先是并行不悖，积蓄到一定程度，最终爆发为对立双方的正面交锋。1905－1907年的论战，正是一个标志。它反映国人对于西方社会主义思潮的理解和态度，从单纯的旁观者身份，转变为试图运用这种舶来理论解决中国问题的参与者角色；进而从泛泛议论其可行与否的层面，转变到针对可行性问题进行专题辩诘的直面论争阶段。辩论的结果，推动了国人对于社会主义认识的深化。

一、《新民丛报》关于社会主义问题的论述

论战期间，《新民丛报》发表的文章中，涉及社会主义问题的论述，主要集中于梁启超的《开明专制论》、《杂答某报第四号对于本报之驳论》、《社会革命果为今日中国所必要乎》、《再驳某报之土地国有论》，吴仲遥的《社会主义论》及其梁氏序言等。

(一)《开明专制论》①

这篇文章开篇之初，一则假托陈天华烈士的遗著中“欲救中国必用开明专制”一语，阐发其理由，说明这也是自己“近年来所怀抱之意见”；二则说明主张开明专制与立宪主义“不相矛盾”；三则说明本文的论证方法采用演绎法与归纳法并举的“严正的论理法”；四则说明文中的附注与正文一样重要，不应忽视。全文共八章，前三章分别解释“制”、“专制”和“开明专制”，无非为强制或专制寻找凭据，准此证明“国家所最希望者，在其制之开明而非野蛮”。第4、5章分别讲述“开明专制之学说”与“开明专制之前例”，意在根据中外各家的说法，显示开明专制论“为政界上独一无二之学说”；列举中外各国实行开明专制

---

① 参看梁启超：《饮冰室合集》第六册，文集之十七，第13－83页。

的事例，表明其中"类多能得良结果"。第 6 至第 8 章分别议论"适用开明专制之国与适用开明专制之时"、"变相之开明专制"以及"开明专制适用于今日之中国"，其中第 6 章强调，开明专制时代是普通国家过渡到立宪时代之前的必经阶段，对今世各有名国家中唯一实行开明专制最久的普鲁士民族透露出向往之意，认为"此族盖骎骎有全世界主人翁之资格"；第 7 章着重论证天下古今一切国家"未尝有绝对的非专制者"，近世国外专制政治消灭后，仍存在变相的开明专制。

这八章中，最值得注意的是第 8 章，前七章论述为第 8 章作铺垫，第 8 章也大致占去全文一半的篇幅。这一章包括：一是"中国今日万不能行共和立宪制之理由"，主要引用德国人波伦哈克的学说，批评"持革命论者"以共和立宪的美名为护符，证明"与其共和，不如君主立宪，与其君主立宪，又不如开明专制"；历史的演进只能祈求于"拾级而升"，不能越级，因为"今日中国国民非有可以为共和国民之资格"，故"今日中国政治非可采用共和立宪制"。二是"中国今日尚未能行君主立宪制之理由"，主要指出"人民程度未及格"与"施政机关未整备"两个理由。三是"中国今日当以开明专制为立宪制之预备"，这一论旨包含于前两个申述之中。以上三者，其重点又在批判"持革命论者"。全文涉及社会主义问题的论述，也见于这一批判。

这些涉及社会主义问题的内容，有两段意思相近而表述有所不同的论述，均提到马克思的名字。第一段论述针对民生主义学说，以揶揄的口吻说：

> "所谓民生主义者，摭拾布鲁东、仙士门、麦喀等架空理想之唾余，欲夺富人所有以均诸贫民，即其机关报所标六主义之一云'土地国有'者是也。夫以欧美贫富极悬绝之社会，故此主义常足以煽下流，若其终不可以现于实际。即现矣，而非千数百年以内所能致。此世界学者之公论，非吾一人私言也。"

这段论述，把马克思与蒲鲁东、圣西门相并论，统统视作"架空理想"即空想社会主义的代表人物；将民生主义与土地国有主义相等同，看作继承西方社会主义理想，意欲"夺富人所有以均诸贫民"的学说；认为民生主义的夺富均贫，是不切实际的空想，是贫富相差悬殊的欧美社会用来煽动下流贫民的工具，即便有可能实现，也是千数百年以后的事情，与现实无关。接着，文中又把矛头指向革命论者"所戴之首领"即孙中山，称其宣扬民生主义，对西方情况偶有了解，"见夫各国煽动家利用此主义而常有效"，东施效颦。这一主义无异于煽动"游荡无赖子乃至乞丐罪囚之类，艳羡富民之财产，可以均占"，屠掠上流社会，荒唐地让那些"家无担石、目不识丁者"掌握国家政权。梁氏认为，孙中山主张政治革命与社会革命并行，乃期待大革命后中国四万万人口死亡过半，田土多数无主，此时最利于民生主义实行，批评这一主张"以此至剧烈至危险之药以毒之而速其死”,进而表示他与孙中山领导的革命论者之间的分歧,“于他端可以让步焉,若此一端则寸毫不能让”,坚决反对民生主义或社会革命。

第二段论述以“忠告”形式,同样把矛头指向革命论者及其首领,认为他们谈论革命,一定不能并举种族革命、政治革命与社会革命三者。特别在社会革命问题上,梁氏的看法是:

> “公等欲言社会革命,则姑言之以自娱,能更发明新学理,补麦喀所不逮,以待数百年后文明社会之采择,亦一奇功也。若乃欲以野蛮之力杀四万万人之半,夺其田而有之,则靡特人道不应有此豺性,即社会主义之先辈,亦不闻有此学说。麦喀谓田主及资本家皆盗也,今以此手段取之,则国家其毋乃先盗矣乎?人之言土地国有,谓渐以收之,仍有所以为偿,而识者犹笑为乌托邦之论,顾未闻有谓宜尽殄之臂而夺之者也。”

这段论述,将谈论社会革命视作“自娱”式空论,纵使它能发明新的学理,具有补充马克思学说所未逮的“奇功”,那也要等待数百年后才有可能为文明社会所采择。更何况,此社会革命之论,企图通过消灭一半人口的野蛮方式夺取和占有田地,尚不及社会主义先辈的学说来得人道。如马克思指责地主和资本家盗取他人财物,而社会革命论者夺取土地的手段,无异国家率先为盗。又如,先辈们主张以渐进和有偿的方式实现土地国有,有识者尚且取笑为乌托邦之论,社会革命论者却企图断其臂而夺之,更是闻所未闻。因此,他极力反对将社会革命论等同于其他种族或政治之类的“普通”革命论,认为社会革命论者“利用此以博一般下等社会之同情,冀赌徒、光棍、大盗、小偷、乞丐、流氓、狱囚之悉为我用,惧赤眉、黄巾之不滋蔓,而复从而煽之”。在他看来,这样做于事无成,只会荼毒一方,即便借此推翻中央政府取而代之,其结果也只能像波伦哈克所说,最初由“无资产之下等社会”掌握政权,然后“反动复反动”,或者产生“伟大之专制君主”以压制人民自由方式恢复秩序,或者不得其人而使国家“永坠九渊”以致“亿劫不可复”。他对社会革命的评价一无是处,并用仇视的语言发誓说:“虽以匕首揕吾胸,吾犹必大声疾呼曰:敢有言以社会革命(即土地国有制)与他种革命同时并行者,其人即黄帝之逆子,中国之罪人也,虽与四万万人共诛之可也。”这番誓言,必欲置社会革命论者于死地而后快,可谓刻骨铭心。

以上涉及社会主义的两段论述,用来批判民生主义者或社会革命论者的土地国有思想。其主要依据,概括起来无非两点。一是土地国有思想由以产生的西方理论渊源,即以马克思学说为代表的西方社会主义思潮,只是些不切于实际或其实现遥遥无期的空想,孙中山的土地国有主义,其实行方式,连这些西方乌托邦思想还不如。二是土地国有制本无实现的可能,民生主义者或社会革命论者宣扬此制，只是用夺富济贫的诱惑煽动下流或下等社会推翻现行政权，这将使国家陷入危险境地。梁氏兜售的“开明专制论”，洋洋洒洒五万余言，其实从论辩的角度看，它想要表达的就是这两点意思。

（二）《杂答某报第四号对于本报之驳论》①

梁氏这篇辩论性文章，针对《民报》第4期“精卫”的《驳新民丛报最近之非革命论》一文而发。其主旨，维护《开明专制论》断言“今日之中国万不能行共和立宪制”的结论，以及中国今日“未有共和国民之资格”的论据。文中的辩词，拉杂枝蔓，长达3万字，“极言共和立宪主义之约法万不可行，复顺言土地国有主义之约法万不可行”，一再“劝告现政府之开明专制，实今日独一无二之法门”。他也主张将来的政治革命，其定义不外乎“革君主专制而为君主立宪”而已。

此文主要辩论政治革命和种族革命的议题，末尾附带谈到有关社会革命的问题。它提到这一问题，为了反驳《民报》第3期号外上公布12条辩驳纲领的最后一条，即《民报》鉴于世界前途，知社会问题必须解决，故提倡社会主义；《新民丛报》以为社会主义，不过煽动乞丐流氓之具。对此，梁氏认为不可不辩：

> “吾认社会主义为高尚纯洁之主义，且主张开明专制中及政治革命后之立法事业，当参以国家社会主义的精神，以豫销将来社会革命之祸。若夫社会主义中之极端的土地国有主义，吾所不取。今日以社会革命提倡国民，吾认为不必要。野心家欲以极端的社会革命主义与政治革命、种族革命同时并行，吾认其为煽动乞丐流氓之具。盖辨理的社会主义，与感情的社会革命，决非同物。非必由人民暴动举行社会革命，乃可以达社会主义之目的。此吾所主张也。”

这个答复，对于社会主义的理解，可与《开明专制论》中的有关说法作一比较。一是似从正面肯定社会主义“高尚纯洁”、“辨理”，可以达到其目的，而《开明专制论》多从反面批评社会主义乃“架空理想”、“终不可以现于实际”或其实现“非千数百年以内所能致”、属于“乌托邦之论”等，二者有明显出入。二是回避西方社会主义意在解决贫富差距悬殊这一《开明专制论》曾提到的社会问题。三是与《开明专制论》的笼统称呼不同，将社会主义大致区分为两派：一派为“极端的土地国有主义”、或“极端的社会革命主义”、或“感情的社会革命”；另一派为“辨理的社会主义”、或不必要提倡国民诉诸“人民暴力”的主义。前者隐含着《开明专制论》中所提到的“欲夺富人所有以均诸贫民”的马克思学

① 参看梁启超：《饮冰室合集》第六册，文集之十八，第59－102页。

说,后者则明确指向消除将来社会革命祸害的“国家社会主义”。四是像《开明专制论》一样,指责土地国有主义和社会革命煽动乞丐流氓之类下等社会夺权,渲染“革命时实行土地国有主义足以亡国”,主张把开明专制与“国家社会主义的精神”掺和在一起。

上述关于社会主义的理解,其核心是反对所谓极端的社会主义。梁氏这一观点,在论战之前已经成型,在论战过程中继续得到延展和加强。例如,他1905年1—2月连载于《新民丛报》第61、62期的《俄罗斯革命之影响》①一文,即其在论战前类似观点的一篇代表作。此文认为,俄罗斯革命的爆发,标志“全地球唯一之专制国遂不免于大革命”。其首要原因,在于贵族阶级“握全国土地之所有权”,“其余农民皆等奴隶”,特权上的悬殊差别造成“经济上种种不平”。接着叙述俄国革命的动机及其民党在各阶段的方针,介绍俄国革命中的“持土地国有之主义”与“持资本均沾之主义”,为民党各种主义中最有力者。至此,文章的分析尚属合理平和。最后谈论俄国革命的影响,才显露其真实观点。他说:俄国扰乱的动机,属于政治问题者不过十之三,属于生计问题者实为十之七,“其间最有力之一派,即所谓社会主义者流,以废土地私有权为第一之目的者”。这一派势力之大,连老成持重的托尔斯泰都主张社会主义。“使俄国忽易专制而共和也,则取今政府而代之者,必在极端社会主义之人,将举其平昔所梦想之政策而实行之”。说到这里,话锋一转,以反问的口气说:“试问土地私有权废止之议,果可以行于今日之世界乎?是不啻举全俄立国之基础而摧翻之,其不至如法国革命之绝对反动力而不止”。可见,在他的观念里,俄国革命中起主导作用的“所谓社会主义者流”,是以废除土地私有权为主要目的、试图推翻现行政府的“极端社会主义之人”,是推行今日世界不可能实现的“梦想之政策”,也是摧毁整个国家基础的“绝对反动力”。这一判断,又归结为俄国革命放弃“君主立宪”,以致“主动之急激民党”力图控制议会,“汲汲焉欲行其所信”。基于以上推论,他断言,俄国人民的这些要求,要么不成功,若成功,其影响相当危险,“或则使地球上忽失去一大帝国,或则使此大帝国将来之骚扰,倍蓰什伯于今日”。这番言论,无论宣称废止土地私有权是今日世界不可能实现的“梦想”,还是指责推翻现存专制政府为激进的“绝对反动力”,都把矛头指向所谓极端社会主义。他后来在论战中攻击《民报》革命派为极端社会主义的那些理由,与先前评论俄国革命影响的上述观点,在基本精神上一脉相承。

① 参看张枬、王忍之编:《辛亥革命前十年间时论选集》第2卷上册,三联书店1963年版,第10—21页。

(三)《社会革命果为今日中国所必要乎》[①]

这是梁氏《杂答某报第四号对于本报之驳论》一文的第五部分，1906年8、9月间连载于《新民丛报》第84－86期。从上面两篇文章可以看出，他对革命派提出的各种革命主张，反对最激烈也最痛恨的，是社会革命主张。在那两篇文章里，他对社会革命论的批判，尚以附带形式出现。而在这一部分，则用一万多字的专论篇幅，试图全面和系统地否定社会革命论。

这一专论，其标题以疑问形式出现，似乎不那么确定。开篇之初，又提出，“社会革命果为今日中国所必要乎”问题，其含义甚为复杂，“非短篇单词所能尽”，似乎更加深了这种不确定性。实际上，他对这一问题的回答，十分确定，甚至非常武断。他认为，回答这一问题，须先区分：“中国今日若从事于立法事业，其应参用今世学者所倡社会主义之精神与否”；以及“中国今日之社会经济的组织，应为根本的革命与否”。是否参用社会主义精神来改进现行立法事业，与是否实行社会主义革命来根本改变现行社会经济组织，二者不可混同。在他看来，首先要解决后一个问题。在划分革命与进化两个概念的界限后，他断定：“欧美今日之经济社会，殆陷于不能不革命之穷境，而中国之经济社会，则惟当稍加补苴之力，使循轨道以发达进化，而危险之革命手段，非所适用”。断然否定了革命手段对于中国经济社会的适用性，认为这一革命手段只适用于欧美经济社会，中国应走非革命的进化之路。为了证明这个结论言之有据，他煞费苦心，论证了“中国今日有不必行社会革命之理由，有不可行社会革命之理由，有不能行社会革命之理由”。

所谓“中国不必行社会革命”，相对欧洲社会而言。他认为，欧洲十七八世纪之交，各国土地所有权掌握在少数人手里，“其贫富之阶级，早随贵贱之阶级而同时悬隔”。此后，亚当·斯密学说风靡，反对政府干涉，宣扬自由竞争，以及工业革命兴起，用机器生产取代人力和加强分工，大大提高了生产力，以致“欲求公平之分配，终不可期”，“资本家与劳动者之间，划然成为两阶级而不可逾越”。在自由竞争的工业组合制度下，“牺牲无量数之资本，牺牲无量数人之劳力，然后乃造成今日所谓富者之一阶级”，同时也造成“一将功成以后，处乎其下者乃永沉九渊而不能以自拔”的今日欧洲经济社会。对于欧洲社会，社会革命论不可避免，“此富族专制之祸，所以烈于洪水猛兽”。欧洲工业革命的结果，“非自革命后而富者始富贫者始贫，实则革命前之富者愈以富，革命前之贫者终以贫”。这番议论得出的结论是，欧洲今日的经济社会状态，来自以前的革命，工业革命又扩大了已有的贫富差距，“而今之社会革命论，则前度革命之

① 参看张枬、王忍之编：《辛亥革命前十年间时论选集》第2卷上册，三联书店1963年版，第332－359页。

反动”。

与此相对照,中国完全不同,“中国可以避前度之革命,是故不必为再度之革命”。中国现时经济社会组织,不同于欧洲工业革命前的组织,“中产之家多,而特别豪富之家少”。其原因,一则秦以来消灭贵族制度;二则汉以来实行“平均相续法”,其庶子继承传统不同于欧洲各国的长子继承习俗;三则自古以来赋税极轻。这三者,“皆所以说明我国现在经济社会之组织,与欧洲工业革命前之经济社会组织,有绝异之点”,“本来无极贫极富之两阶级存”。由此推理,我国今后不得不采用机器生产,也不得不因此而改变经济社会组织,但绝不可能产生欧洲工业革命那样的恶劣结果。进一步推理,“欧人今日之社会革命论,全由现今经济社会组织不完善而来;而欧人现今经济社会组织之不完善,又由工业革命前之经济社会组织不完善而来”。欧洲前度的工业革命,是“生产的革命”,今后的社会革命,则是“分配的革命”。对比之下,“我国现今经济社会之组织,虽未可云完善,然以比诸工业革命前之欧洲,则固优于彼”;中国今后的生产问题,属于进化性质,分配问题可循此进化轨道进行,“两度之革命 ,殆皆可以不起”。我国经济社会中“分配均善”,前有表征,后有朕兆,足以印证“我国经济界之前途,真可以安辔循轨,为发达的进化的,而非为革命的”。我国在分配方面“已比较的完善”的“天然之美质”,为贫富阶级悬隔已积重难返的欧美国家所望尘莫及。总之,“举国无一贫人,则虽行极端社会主义之后,犹将难之。但使不贫者居大多数,即经济社会绝好之现象”。其言下之意,中国目前处于不贫者居大多数的“绝好”经济社会中,只须进化而不必实行社会革命。

所谓中国“不可行社会革命”,从生产与分配二者不同的角度论证。他认为,社会革命论期待“分配之趋均”,“抑资本家之专横,谋劳动者之利益”,这只适用于欧美社会,不适用于今日中国;中国正好相反,“吾以为策中国今日经济界之前途,当以奖励资本家为第一义,而以保护劳动者为第二义”。其理由是,“今日中国所急当研究者,乃生产问题,非分配问题”。生产问题属于国际竞争问题,其解决与否直接关系国家存亡;分配问题属于国内竞争问题,先解决生产问题才有可能予以考虑。生产方法革新后,只有资本家才能“食文明之利”。现在世界各国都挟持其资本,觊觎中国廉价地租与工资的“最良之市场”,“我中国若无大资本家出现,则将有他国之大资本家人而代之”,将使中国“永无复苏生之一日”。因此,“我中国今日欲解决此至危极险之问题,惟有奖励资本家”。与此相反,社会革命论者“以排斥资本家为务”,煽惑劳动者减少劳动时间、增加工资,或举行同盟罢工,使资本家蒙受损失,不适于国家生存,与国家全体利害相反,“其亡国之罪,真上通于天”。他还搬出西方“经济学公例”,自诩奖励资本家为救国之举,指责社会革命论者从欧美人倡导的社会革命中“闻其一二学说，乃吠影吠声以随逐之”，犯有亡国的滔天之罪。

所谓“中国不能行社会革命”，针对社会革命论者的土地国有主张而发。他认为，社会革命非得圆满不可能有功效，而圆满的社会革命以欧美现在的程度，经历百年以后犹未必能实行，更不必说现在的中国了。中国的社会革命论者“以土地国有为唯一之揭橥”，是“不知国有者，社会革命中之一条件，而非其全体”。在国外，“各国社会主义者流，屡提出土地国有之议案，不过以此为进行之著手，而非谓舍此无余事”。我国的社会革命论者相信“欧美所以不能解决社会问题者，因为未能解决土地问题，一若但解决土地问题，则社会问题即全部问题解决者然”，这是“未识社会主义之为何物”。社会主义究竟为何物？“近世最圆满之社会革命论，其最大宗旨不外举生产机关而归诸国有。土地之所以必须为国有者，以其为重要生产机关之一也。然土地之外，尚有其重要之生产机关焉，即资本是也”。追溯欧美现今社会分配不均的根源，衡量土地与资本二者，“资本又为其主动”。具体地说，欧洲自工业革命改变生产方法后，已不同于此前少数人占有土地的情况，资本的作用日益重要，土地价值及地租腾涨，亦“资本膨胀之结果”，也是“以资本之力支配土地”的结果。现代土地问题不过是“资本问题之附属”，“欲解决社会问题者，当以解决资本问题为第一义，以解决土地问题为第二义”。所以说，“必举一切之生产机关而悉为国有，然后可称为圆满之社会革命；若其一部分为国有，而他之大部分仍为私有，则社会革命之目的终不能达”。

这一论断，演绎“中国不能行社会革命”的理由，无非是说，社会革命论者只谈土地国有、不谈资本国有，终究不能达到社会革命的目的。这个论断并不意味着梁氏赞成土地与资本统归国有，他认为那是遥远将来的事情，其目的，一要证明，他对社会主义或社会革命的认识，比他的辩论对手更为高明；二要证明，中国目前还不具备实行社会革命的条件。至于后者，他又补充说，圆满的社会革命论所赖以建立的“新社会之经济组织”，应是“国家自为地主自为资本家，而国民皆为劳动者而已。即一切生产事业，皆由国家独占，而国民不得以此竞”。这种新的社会经济组织，不同于现在的地主和资本家攫夺劳动所得，它在劳动结果的分割中，劳动者自得部分的分量必然超过今日，上缴国家的那一部分“亦还为社会用，实则还为我用而已”。在他看来，“如此则分配极均，而世界将底于大同。此社会革命论之真精神，而吾昔所谓认此主义为将来世界最高尚美妙之主义者，良以此也”。说到这里，他似乎重新焕发了曾经对“分配极均”的世界大同的憧憬，甚至像往昔一样赞美社会主义“为将来世界最高尚美妙之主义”，热衷于宣扬“社会革命之真精神”。其实不然，紧接着，他转而反诘：“试问今日之中国，能行此焉否也？”他的答案是不能行。其理由，一是欧美学者尚未解决诸如取消自由竞争、进化将停滞，采取报酬平等、劳动动机将遏绝之类问题,难于实行社会主义。二是实行社会革命,建设社会主义国家,“必以国家为一公司,且为独一无二之公司,此公司之性质,则取全国人之衣食住,乃至所执职业,一切干涉之而负其责任”,我国尚缺乏能适应这一任务要求的政府和人才。既然如此,“知其不能,则社会革命论,直自今取消焉可也”。

以上批评社会革命论的“三不”论据,概括起来,所谓“不必行”,指中国的社会经济组织不同于欧洲,自古以来贫富差距不明显,所以不必要实行社会革命;所谓“不可行”,指中国当今亟待解决与外国资本竞争的生产问题,应将奖励本国资本家放在第一位,将分配趋于平均以保护劳动者放在第二位,所以不可以实行社会革命;所谓“不能行”,指中国尚不具备将资本、土地等一切生产机关统统收归国有,对全体劳动者的生产和消费进行统一管理与分配的基础和条件,所以不能够实行社会革命。讲了一通“三不”理由,梁氏意犹未尽,又在文章的附论中,运用这些理由,针对孙中山在《民报》周年纪念大会演说中有关社会革命论的论述,逐段逐句给予“痛驳”。

这些驳斥,大抵是重复、加强或引申“三不”的观点。例如,针对孙中山的欧美不能解决社会问题,其原因没有解决土地问题这一见解,他反驳说,“欧美所以不能解决社会问题者,因为没有解决资本问题”,资本问题决定土地问题,资本的进步又表现为文明的进步,地价日涨不过是文明进步的结果,“非解决资本问题,而一切问题,皆无从解决”。另外,“能以资本土地一切归诸国有,则可以圆满解决此问题而无遗憾,近世欧美学者所持社会主义是也”,如果不能一切归诸国有,“但使一国之资本,在多数人之手,而不为少数人所垄断,则此问题亦可以解决几分”。他期望将来实现多数人而非少数人掌握全国资本的设想,“吾所希之中国将来社会是也”,对于孙中山的见解,则说是连一分社会问题也不能解决。

又如,针对孙中山“最嫌恶”资本家一词,“恶其富之日以富,而使他部分之贫日以贫”,主张“压抑资本家使不起”,以此达到民生主义目的这一思想,他反驳说,我国今日处于国际经济竞争你死我活的一大关头,“我若无大资本家起,则他国之资本家将相率蚕食我市场,而使我无以自存”。因此,当前我国“其第一义所最急者,则有大资本以为之盾”,不应惧怕资本家独占利益,还应鼓励他们利用国内的低廉成本赚钱,并鼓吹人民以爱国心协助他们。如谓,“吾之经济政策以奖励保护资本家并力外竞为主,而其余皆为辅”,谁反对这一政策,谁就是“国贼”,应全力讨伐之。

再如,他嘲笑孙中山不懂“社会学者”概念,“岂有倡民生主义之人,而不知Socialism与Sociology之分”,随即针对其“新发明之社会革命的政策”即定地价之法或土地单税论,反驳说,这一政策与土地国有主义矛盾,尤其它着眼于扩大财政收入的国家营利目的,“若绳以社会主义所谓均少数利益于多数之本旨，则风马牛不相及”，这种土地国有难以避免“富者愈富贫者愈贫之趋势”。在他看来，这一政策反不如孙中山过去的土地国有后授田耕者，耕者向国家纳租从而免去地主从中剥削的办法，“此颇有合于古者井田之意，且于社会主义之本旨不谬，吾所深许”。但后一办法的实行，仅限于采用传统耕作方法的农村地区，不适于机器耕作或工商业界。这些缺陷，均源出于“仅言土地国有而不言资本国有”的观点。土地单税论是亨利·乔治的结论，后人视之为一种财政学说，并不认为它能解决社会问题。“盖社会革命家所以主张土地国有者，以凡一切生产机关皆当国有，而土地为生产机关之一云尔，惟一切生产机关皆国有，国家为唯一之地主，唯一之资本家，而全国民供其劳力，然后分配之均，乃可得言”。欧美现今社会杌陧不可终日，“惟资本家专横故”，鉴于此，只解决土地问题而不解决资本问题，不可能改变今日之现象。再说，“社会主义之目的，在救自由竞争之敝而已，生产机关皆归国家，然后私人剧烈之竞争可不行，若国家仅垄断其一机关，而以他之重要机关仍委诸私人，国家乃享前此此机关主人所享之利，是不啻国家自以私人之资格，插足于竞争场里，而与其民猎一围也，是欲止沸而益以薪已耳”。这些论述，都是证明没有必要将单税论与土地国有论二者联系在一起，至于“以土地国有为行单税之手段”，更被看作解决不了任何问题。

他还在批驳其他观点的过程中，多次表达了自己对于社会主义问题的认识和理解。比如，驳斥实行土地国有政策，物价必然下降这一论点，他提出，主张实行“圆满的社会主义”即将生产机关全部归国家的学者，曾设想“宜依各人每日劳力之所直，给以凭票，其人即持凭票以向公立之种种商店换取物品”，按照这一设想，“货币亦废置不用，只以种种劳力与种种物品比价而立一标准，则物价无复贵贱之可言”。当一切生产机关归国家所有后，也就不存在货币和物价贵贱问题了。又如，批驳土地为“可独占之天然生产力”，不许土地私有，资本也就丧失其所以支配一切的权力这一论点，他认为，这只是不完全地叙述国外社会主义论者的观点。资本家不必皆有土地，社会主义论者要限制其私有财产权，亦不能仅限于土地，他们主张：“凡不为生产机关者如家屋器具古玩等，则承认其私有，其为生产机关者，则归诸国有而已”。“必如是而后可以称社会革命”。再如，为了表明其辩论对手“始终未识社会主义为何物”，他分析，今日欧美的社会恶果日积日著，各国政治家和学者莫不承认此为“唯一之大问题”，孜孜不倦地研究，其中提出各种“救治之方”，言人人殊，基本的区别，可分为两派：

“一曰社会改良主义派，即承认现在之社会组织而加以矫正者也，华克拿须摩、拉布棱达那等所倡者与俾士麦所赞成者属焉。二曰社会革命主义派，即不承认现在之社会组织而欲破坏之以再谋建设者也,麦喀、比比儿辈所倡率者属焉。两者易于混同,而性质实大相反。”

这里以是否推翻现存社会组织为标志,将西方社会主义区分为以俾斯麦之流为代表的社会改良主义和以马克思、倍倍尔为代表的社会革命主义两派。其本意是想证明,孙中山及其追随者,既不同于社会改良主义派,也不同于社会革命主义派,无法从互不相容的两派意见中各取所需,可见他们根本不懂得西方社会主义。梁氏对于这两派社会主义的态度,可见另一处他反驳其论敌的指责,“笑我谓前此昌言经济革命断不能免,又绍介社会主义之学说,而今乃反排斥之”,这里所说的经济革命不能免,“就泰西论泰西”,其言下之意,经济革命应将中国排除在外。接着,他表示:“社会主义学说,其属于改良主义者,吾固绝对表同情,其关于革命主义者,则吾亦未始不赞美之,而谓其必不可行,即行亦在千数百年之后”。看来,他既同情改良主义,亦赞美革命主义,其区别在于前者可行,后者不可行,或可实行也是遥远将来的事。因此,他执意纠正“今之社会主义学说,已渐趋实行”的观点,强调各国民法正趋重民生主义或日本通过铁道国有案来体现国家民生主义等说法,“不知此乃社会改良主义,非社会革命主义,而两者之最大异点,则以承认现在之经济社会组织与否为界也,即以承认一切生产机关之私有权与否为界”。由此讥讽其论敌的观点,乃“四不像的民生主义”。

他对待社会主义的这种态度,不止表现在反对中国今日社会经济组织实行根本革命,还表现在“绝对赞成”中国今日从事于立法事业,应参用今世学者提倡的“社会主义之精神”。他认为,“此种社会主义,即所谓社会改良主义”。其表现形式,可以多种多样。譬如,铁道、街市、电车、电灯、煤灯、自来水等事业皆归诸公有、国有或市有,“事业之带独占性质者,其利益不为少数人所专”;制定各种产业组合法,“小资本者及无资本者,皆得自从事于生产事业”;制定工场条例,“资本家不能虐待劳动者,而妇女儿童,尤得相当之保护”;制定各种强制保险法,“民之失业或老病者,皆有以为养”;特设各种储蓄机构,向人民提供储蓄的方便,“小资本家必日增”;征收累进的所得税和遗产税,“泰富者常损其余量以贡于公”;等等。在他看来,西方学者研究得出的这些社会改良主义措施,行之于欧美社会,其效不彰,却可行之于中国。因为中国现在的社会组织,已是“小资本家多而大资本家少”,将来改变生产方法后,大资本家与小资本家的资本数量同时并进,不会扩大差距,“造成如欧美今日积重难返之势”。只要我国在生产方法改良的初始,能够借鉴西方国家放任过度之弊,及时采用上述社会改良主义措施,“可以食瓦特机器之利,而不致蒙斯密学说之害”。他还归纳说:“我以本质较良之社会,而采行先事预防之方针,则彼圆满社会主义家所希望之黄金世界,虽未可期,而现在欧美社会阴风惨雨之气象,其亦可以免矣。而何必无故自惊，必欲摧翻现社会之根柢而后为快”。可见，他推崇社会改良主义的心迹，就是为了防范社会革命推翻现存社会的所谓“自扰”。

梁氏的最后结论是，在各种革命中，“社会革命，尤不必要者”；相比起来，“今日欲救中国，惟有昌国家主义，其他民族主义、社会主义，皆当诎于国家主义之下”。将这一结论与前面的论辩联系起来，可以看到他的逻辑线索是，想方设法从各个方面否定社会革命对于今日中国的必要性：或者从中国不同于西方的角度立论，认为中国的贫富差距不大，当务之急是鼓励资本家发展生产，故“不必行”也“不可行”社会革命；或者从社会革命不等于土地国有的角度立论，认为在西方资本比土地更重要，只谈土地国有不谈资本国有不符合社会主义原则，而在中国谈资本国有又不具备条件，故“不能行”社会革命；或者从取舍西方“社会主义之精神”的角度立论，认为社会革命主义一派追求圆满的社会主义，固然值得赞美，却缺乏现实可行性，而社会改良主义派承认现存社会经济组织并提出各种预防措施，应予“绝对赞成”。其实，即便社会改良主义，在他的心目中，由于归属于社会主义范畴，仍有些犯忌。所以，他最后的结论，又提出以倡导国家主义作为今日拯救中国的唯一任务，各种涵义的社会主义，皆屈从于国家主义之下。这样，在他的排列顺序中，不仅社会革命主义应当服从于社会改良主义，整个社会主义都应当服从于国家主义。

*(四)《社会主义论》及《社会主义论序》*①

吴仲遥的《社会主义论》一文发表于《新民丛报》1907 年 10 月 18 日第 89 期，梁启超为之作序即《社会主义论序》。在此之前，吴氏写过《英国政党最近之政况》一文，发表于《新民丛报》1906 年 8 月 4 日第 84 期。其中谈到英国劳动政党的发展形势，主要指 1900 年以“劳工代表委员会”名义在伦敦成立、1906 年改称工党的“劳动党”。据说，劳动党由同业组合与独立劳动党联合而成，同业组合“为劳动者势力之所存”、“以人数及财力奠安党基”、“强大独立”，独立劳动党“为社会主义之所存”、“以思想主义联贯党脉”、“薄弱孤立”。其党纲曾决议，劳动党议员在下院提出必要的法律修正案以巩固同业组合的地位；劳动者失业的原因，“在于土地资本归诸私有之故，因而产业组织不与社会全体之利害相伴”；在成年男女中推行普遍选举制；现行租税法“名为社会的共同富源，而实则为私人独获利益者”，应予改正以执行“使其归诸国有之方针”；儿童教育应以“得均等之机会为至要之宗旨”；等等。此文还表达了“劳动党今后之势力，必日达于强大”；“所谓市町村社会主义，已见诸实际者不少”；“国家社

---

① 参看姜义华编：《社会主义学说在中国的初期传播》，复旦大学出版社 1984 年版，第 403－417 页。

会主义,亦非如昔时之为人所嫌忌”等观念。[①] 从中多少可以看出,他当时关注西方社会主义问题,以及关注的认识水平和个人倾向。

他的《社会主义论》,继续以往对社会主义问题的关注,试图给予更为系统的阐述。此文按计划共分八章,即社会主义之语源及分类、社会主义之起因、狭义的社会主义之内容、广义的社会主义之内容、社会主义之历史、社会主义、论狭义的社会主义之得失以及论中国当酌采广义的社会主义,事实上发表的,仅系其中前三章。他在前言中说,首先,早就想撰写此文,因为社会主义问题,“匪惟以其为世界各国一大问题,抑亦我国前途一大问题”。其次,广征各国之学说,详稽我国之情实,觉得“狭义的社会主义实万不可行,而广义的社会主义又必不可少”。最后,开列了一大串中日文“最重要之参考书”,中文部分包括《周礼》、《左传》、《管子》、《孟子》、《荀子》、《汉书》、《通典》、《资治通鉴》、《文献通考》等;日文部分包括日本人撰写或翻译意大利、奥国、美国、德国等国人士的著作如《最新经济论》、《社会经济原理》、《经济原理》、《经济学概论》、《十九世纪社会主义及社会运动》、《经济学通论》、《社会问题解释法》、《近世社会主义论》、《近世社会主义评论》、《社会主义评论》、《劳动政策》、《商业大辞书》、《日本现时之社会问题》、《国体论及纯正社会主义》、《劳动保护论》,以及《太阳》、《经济世界内外论丛》、《国民经济杂志》、《社会主义杂志》等刊物,借以显示其论述之中外兼通、广征博引及言之有据。前言里还对撰写此论时获得梁启超的不少教益表示谢意,同时声明愿意聆听海内积学的赐教以深相论磋,“既无独断自是之心,尤无党同伐异之见”。这番表白,看似谦逊,好像他的专论社会主义一文,站在不偏不倚的立场上,与当时论战正酣的两派均无关系。然而,揭破这一假象的,不是别人,正是为他作序的梁启超。

在《社会主义论序》中,梁氏说,国人研求本国情况,“不可不研求世界之大问题及其大势之所趋向”,以思考对应之策;同时,“今我国人于世界的知识之缺乏,即我国不能竞胜于世界之一大原因”。世界诸多问题中,“最大者宜莫如经济问题”,经济问题众多,“今日世界各国之最苦于解决者,尤莫如其中之分配问题”,分配问题的存在,“有所谓社会主义者兴”。他的思维逻辑是,“社会主义,虽不敢谓为世界唯一之大问题,要之为世界数大问题中之一而占极重要之位置者”;社会主义问题的发生,“与国富之膨胀为正比例”,我国当今产业萎靡,尚不存在发生此问题的条件;随着我国的进步能够驰骋于世界竞争之林,“今日世界各国之大问题,自无一不相随以移植于我国,又势所必至”,故国人不应对社会主义问题采取隔岸观火的消极态度;社会主义问题“条理复杂,含

① 《社会主义思想在中国的传播》第二辑下册,中共中央党校科研办公室,1987 年,第 87—89 页。

义奥衍”，需要懂得经济原理和了解欧美各国现实才能深知其意，由此增加了国人认识这一问题的难度；近来“一二野心家”利用这种状况，“思假为煽动之具”，他们所说的社会主义，“未经研究，于其性质全不明了，益以生国人之迷惑”；对此虽然给予“斥妄显真”的批驳，告知国人“吾国现在将来所宜采择之方针”，但此乃“我国适用社会主义之研究，而非社会主义其物之研究”，不免留下缺憾；吴氏此文，广搜群籍，对各名家学说尤其日文书籍关于社会主义的论述，采择毕包，并以个人的研究心得推补而批判之，犹如“为世界知识之馈贫粮”，弥补了前述论辩中的缺陷。可见，梁氏的序文兜了一圈，最后的落脚，是用吴文作为砸向其论敌的一根大棒。现在看看吴氏论社会主义，究竟是些什么内容。

其第一章“社会主义之语源及分类”，首先考察西文各语种中的社会主义一词，皆渊源于拉丁语 Socius 的形容词 Socialis，日文转译为社会主义。接着考察，使这一名词广为传播的先驱，是法国人雷博（Reybaud）1839 或 1840 年公之于世的《略论最新的改革家或社会主义者》一书。书中将英国人欧文、法国人圣西门等社会改革论者的学说，称为“社会主义”，与其说是“谋政治上之改革”，不如说是“谋社会上之改革”更为恰当，“自此以后，社会主义四字之名词，遂见著于世界”。继之，此文将社会主义分为“狭义的社会主义”与“广义的社会主义”二者。所谓“狭义的社会主义”，“欲破坏现在之社会组织，以建设者”，又名“社会革命主义”。依据日本学者小川学士的说法，它又可以细分为三派，即法兰西社会主义，包括英国派及其后继者；耶稣教社会主义，包括那些以耶稣教圣经为其论之本者；以及“学问的社会主义”，包括“奉玛鲁柯士之主义者”即信奉马克思主义者。所谓“广义的社会主义”，“欲于现在之社会组织之下，谋有以矫正个人主义之流弊者”，又名“社会改良主义”或“社会政策主义”或“讲坛社会主义”。依据日本学者添田博士的说法，它也可以细分为三派，即“国家社会主义”，主张“谋假国家之力，以达其矫正之手段”；“自助的社会主义”，主张“不假国家之力，劳动者自相团结，以谋达其矫正之手段”；以及“慈惠的社会主义”，主张“社会上之慈善家，谋专以慈善事业普济社会”。

在他看来，以上这些主义，无论何派，都以救济社会为其宗旨，均可附以社会之名。它们采取的手段，概括起来，一则“并贫富两阶级而救济之”；一则“眼光仅及于贫之一阶级”。后者“推至其极，并贫者亦将不获救济，徒扰乱社会而已”。这表明吴氏否定第二种手段，从而否定“狭义的社会主义”。他说，从能否实行的角度看，广义或狭义的社会主义，就像行走的道路，“一则广而易行；一则狭而难至耳，故定今名”。对于两类社会主义的褒贬态度，泾渭分明。他还提到与“狭义的社会主义”似是而非的其他两种主义：一种是共产主义，“其宗旨在全废私有财产，与社会主义之仅主张废私有土地、资本者有异”；另一种是无政府主义，“其宗旨在废绝政府，使个人各以自由意思而活动，与社会主义之主张以产业上之活动移于国家之手者正反对”。他刻意强调这两种主义与社会主义的“界说”区别，以求“其判断乃不致谬乱”，由此可以推测他对共产主义和无政府主义同样持否定态度。

其第二章“社会主义之起因”，提出“狭义的社会主义”起因于“经济上不平等”，而“广义的社会主义”起因于“矫正个人主义(即经济上不平等)及狭义的社会主义之流弊”，二者看似“峙然并立”，其实它们的“根本之起因”，均归于“经济上不平等”。造成经济上不平等的原因，是“根本的根本之问题”，对此，学者们分析各异。吴氏“所信为切当”的原因有五。一是经济原因。西方自18世纪下半叶经历经济上的革命以来，形成“小资本家之利益为大资本家所并吞之一现象”，以前的小工商业者不能与机器和资本竞争，纷纷失业而不得不受雇于富者，“贫富阶级遂划然如鸿沟，而永不可越”，由此产生种种弊端。二是政治原因。西方各国原来盛行奴隶制度，进入“政治上自由主义”的文明国家以后，那些生产上无能力者“既不能适生存于自由竞争制度之下，复不能退而入被保护之列”，由此造成经济上不平等的祸害“日烈”、“日著”。三是法律原因。欧美社会消灭封建制度后，同时取消了以前国家对于人民从事工商业者的许多法律限制，由此产生各种虚假、伪恶、垄断、操纵现象，足以加剧经济不平等的流弊，这些“皆富而不肖者之所优为，而贫而愿者之所难能”。四是学术原因。亚当·斯密作为“近世首唱经济上自由主义之人”，其《原富》一书，针对18世纪中叶的干涉主义之弊，主张自由主义，“厥后一倡百和，自由主义遂为近世各国经济社会上独一无二之原则”，同时前后数十年间的科学大家，又发明机器助长了经济上的革命。五是宗教原因。欧洲古代基督教流行，富人“率皆志在力事善行，消灭罪恶，以求他日得登天国而躬侍上帝”，因而慈善事业十分发达；近世黑格尔派无神论哲学受到人们推崇，削弱了基督教的影响，人们“为善为恶俱未必获报，乃至恣睢骄戾，随意所欲”，故近世慈善事业难以再现古代盛况。

以上五个原因，即“经济上不平等之起因，而亦即社会主义之起因”。经济上不平等的影响，连带产生“影响之影响”，可以说明“欧洲社会主义之所以昌”。为此，吴氏举出13条例证，列表逐条显示“经济上不平等之影响”与“影响之影响”之间的因果关系。其中最基本的或总的因果关系是，“无资本者不能与有资本者竞争，小资本家不能与大资本家竞争”，因而无资本者及小资本家不得不沦落为有资本者及大资本家的工场或商店里的被雇佣者。由此派生出来的其他因果关系，比如，被雇佣者仅能获得少数工资，不能分到多数利润，只能以工资谋衣食，不可能另营事业，“被雇者之地位遂永定”；被雇佣者对于雇佣者形同仆主关系，由贫致贱，“贫而遂贱”；被雇佣者身体不能自由往往劳动过度，“生理上蒙损害”；被雇佣者受外界各种刺激常自悲其境遇，“精神上蒙损害”；被雇佣者常不能家庭团聚，“无家庭之乐”；被雇佣者是壮年夫妇二人，“所生之幼儿，不能自活，势必备尝饥寒、疾病之苦，或遂毙命，或遂被弃”；被雇佣者是儿童，“家庭教育，无法可行”；被雇佣者是妇女，“家庭无由得理”；被雇佣者男女混杂于工场商店，“生暧昧之事，长早婚之弊”；被雇佣者因雇佣者喜欢选用指法柔细和工资低廉的妇女儿童，“壮年之男子因以失业，而雇资遂永成低落”；被雇佣者在工商业恐慌时往往立即失业，“失业以后，以前此之技能偏于一方之故，不能从事他业，遂不免顿沉于悲境”；被雇佣者在困苦达到极点时采取同盟罢工办法，因资本家可以长久坚持，“被雇者必为最后之降伏，而经此一度之后，困苦或更逾于前”；等等。

这些因果关系的举例，见证了“欧洲经济上不平等之祸”，也提示了不可以把社会主义说成“非应于时势之需要而发生之一物”。说到社会主义的产生适应于时势的需要，吴氏未忘记申明：“使徒执狭义的社会主义以进行，则亦俟河清之类而已；此又广义的社会主义所以不能不起而救其失也欤”！坚持把“狭义的社会主义”看作难以实现的幻想，不能偏执此一端，把“广义的社会主义”说成补救前者之缺失的必然产物。

其第三章“狭义的社会主义之内容”，主要说明“狭义的社会主义”主张达到的目的及其理由。在“目的”方面，文中分别引用美国“经济学大家”伊利博士和日本田岛博士的说法，各提出四个内涵。前者是：共有生产手段；共同经营生产；经共同官宪之手，以分配生产物；收入之大部分分配之于人民，且令其私有之。后者是：物质的生产手段之重要部分，归诸社会公有；生产事业，社会公营之；以社会之公权，分配社会之所得；社会所得之大部分，归人民私有。在引用者看来，两位博士的意见大致相同，田岛博士关于第一条内涵的表述较为严密，将生产手段区别为重要部分与非重要部分，如道路、运河、邮便、电信、铁道、矿山、森林、水道等属于其非重要部分；土地、资本二者属于其重要部分。其实，这一区分标准相当模糊，所谓非重要部分的那些生产手段，同样可以看作土地和资本的具体表现形式。引用者继续说，“近世各国，其非重要部分之归诸官有或公有者，不一而足，惟土地、资本二者，则终属诸私有，此正与狭义的社会主义相异之点”。接着，又对以上四条涵义，作进一步的推演。

第一条涵义包括：物质的货财，可以分为享受手段与生产手段两部分。享受手段指“吾人为维持生命健康与谋慰安娱乐而使用消费之货财”，以衣食住为最重要者。生产手段指“吾人为生产各种享受手段而使用消费者”，如土地与资本等。生产手段又分为物质的与非物质的，如土地、资本、邮便、电信等属于物质的，人力则属于非物质的。按现今世界各国制度，享受手段本来属于私有，生产手段“亦大率属诸私有”。对比之下，“狭义的社会主义，则承认享受属诸私有,而主张以生产手段归诸公有,而此归诸公有之生产手段之全体中,则又以非物质的一部分置诸例外”。此意与狭义社会主义关于“国家建设成立后,采社会公营制度”的理想并不矛盾,到那时,整个国家不存在阶级,“人人皆属公有,人人皆非属公有”。在狭义的社会主义范畴内,“公有”或“共有”专指其大者而言,同时允许“私有最小之生产手段于家庭”。

第二条涵义包括:现今各国制度下,生产手段大率归诸私有,“生产事业自亦属诸私营”,与此不同,狭义的社会主义“既主张公有,复主张公营”,除了老、弱、废、疾者外,人民“皆各以其能力从事于社会上各种有形无形之生产事业”,社会公营生产事业,“非如现今之为谋交易而生产,而为应使用消费而生产,若生产额超于实际的需要之时,则减少生产者之劳动时间以调整之”。

第三条涵义包括:实行公有公营之制,社会生产的全部生产物,“自亦为社会之所得,而非个人之所得”,由此产生用何种方式处分社会所得的问题。根据“狭义的社会主义者流之所见”,可以分为两种方式:一是储蓄起来,“以维持共同之物质的生产手段,或以备异日改良之之用”;二是加以分配,“以社会之公权,采正当之方法,举享受手段之全部,分配之于社会各分子”。其自信为正当的分配办法,有三种意见。一是“绝对的平等主义”,“以同质同量之生产物,平等分配于社会各分子”,除非衣服等有老幼男女之别,可设为差等。这是法国人巴贝夫的意见。二是“劳动效果比例主义”,“以社会各分子对于社会之功勋为标准,而视其功勋之大小,以差等分配之”,由此不免在社会中造成“人格高下之阶级”,但较诸现今制度的世袭爵禄阶级,相去甚远。这是法国人圣西门的意见。三是“需要比例主义”,“以各分子需要之实际为标准,而视其需要之程量以差等分配之”,由此个人“自当各尽其心力、体力之所能,以服义务”,社会对于个人“不应即以其功勋之程度,定分配之标准”。这是法国人勃朗的意见。

第四条涵义包括:社会所得的大部分归人民私有方面,狭义社会主义的看法不同于共产主义。共产主义认为,“社会的国家建设成立后之生产物,仍当采绝对的共有主义”;狭义的社会主义认为,“现今私有主义之弊,固当矫正,然使如共产主义之所主张,则焚琴煮鹤,过杀风景,而社会将不堪其弊”,反对共产主义的观点。不过,狭义的社会主义也“非绝对的以享受手段之全体归诸私有”,如认为公园及公共的博物馆、美术馆、学校、图书馆、动植物园等,仍应属诸公有。

在“理由”方面,文中将“狭义的社会主义者流”提出以上目的之理由,归纳为五种说法。一是“人身自由说”。今世自由竞争制度,划然并立贫富两个阶级,贫者受雇于富者的指挥,形成人身不自由。将来建立“社会的国家”,社会上不再有贫富阶级,“人人皆当尽其心力、体力,以服义务于社会”。未来这种情况，“以言乎自由，则人人皆非自由；以言乎不自由，则人人又皆非不自由”。这时的不自由，“有平等而无差等，故仍可谓自由”。二是“修养卫生说”。人身自由的标志，不在其名而在其实，要看能否经常“从事于修养及卫生之事”以提高自身素质和保持身心健康。这样做的基础，“诉诸个人之经济问题而已”。古往今来的贫穷之人，不乏具有天才禀赋和远大志向者，却往往湮没不彰或憔悴以死，其原因，“一言以蔽之，曰贫之害为之”，是贫穷带来的祸害。这也是“狭义的社会主义者之修养卫生说所由兴”。三是“国民人格说”。“社会的国家”，人人为社会尽力，没有不劳而获的富豪和旷职失业的穷民，“人民将不屑于衣食等小问题，而必相与谋国家之演进”，由此造就新的国民人格。所以说，“国家之所恃者，国民之人格也，而国家之经济问题，又国民人格所攸关”。四是“人满不患说”。近代学者预测世界未来的发展趋势，断言会出现人满为患一天，对此又缺乏补救之法。狭义的社会主义者则认为，忧患不在于人口增殖，在于“无人人劳动之制度”；如果建立“社会的国家”，人人劳动成为“生产之最大原动力”，“安见人口增殖之程度与生产之程度不能相应”？马尔萨斯等人的人口论，不过杞人忧天。五是“人类道德说”。现今世界是竞争的世界，包括世界内不同国家之间的竞争，国家内不同社会之间的竞争，社会内不同成员之间的竞争，究其原因，全在于“不足”。国家之间以领土主权等不足而进行兵战、商战以谋竞争，社会之间以权利财货等不足而杀人流血以谋竞争，成员之间以势位富厚等不足而欺诈弄权以谋竞争，都违反了“人类最高之责任”与“人类最大之幸福”。因此，出于人类道德上的理由，“社会的国家必不可不成立”。

述说了“社会的国家所以必不可不建设之理由”后，吴氏根据已有的学说，还对社会国家建立后的体制问题，列举了五种设想：共和立宪；局部分权（地方分权之意）；以社会之公权，干涉教育、经济之事，其余皆主放任；有管理（Administration）而无统制（Government）；求达世界主义（Internationalism）。

在他看来，以上关于狭义社会主义的解释，已揭示其荦荦大者。这种社会主义国家能否成立，“暂可无论”，假设它能成立，“固通古今独一无二之完善国家”；这种国家成立后是否有流弊，“亦暂可无问”，按照狭义社会主义者“所示之片面”，“固极高尚极美妙之一乐土”。但是这一切，有诗云“清愁消不得，梦入莲花国”，意谓狭义社会主义的理想不过是供人“冥想神游”的梦想。

看完前三章内容，对于此文的基本意图，可以说一目了然。《新民丛报》何以在刊登前三章后未再续刊后面各章内容，恐怕与此也不无关系。梁启超赞赏此文并为之作序，无非用它来驳斥其论敌；此文前三章提供的一些主要论点，在很大程度上满足了梁氏这一期望。稍作对比，不难发现吴氏关于社会主义的论述，与梁氏对于社会主义的认识和态度，大体相似。譬如，吴氏把马克思主义归入主张破坏现存社会组织的狭义社会主义范畴，认为它是单纯站在贫穷阶级一边的扰乱社会者或社会革命者,梁氏同样把马克思学说看作煽动下等社会的极端革命主义或偏激之论;吴氏推崇对现存社会组织加以改良而非革命的广义社会主义,梁氏同样赞成与马克思派相反的社会改良主义派;吴氏认可狭义的社会主义是"通古今独一无二之完善国家"或"极高尚极美妙之乐土",却仅系消愁的梦想,梁氏同样认定极端或革命的社会主义固然高尚圆满,但那是遥远将来的梦想或系根本不可能实现的空想;等等。这些论述社会主义问题的基本判断,二人的意见如此相同,难怪梁氏迫不急待地推出吴氏此文作为攻击其论敌的得力工具。倒是吴氏自己显得有些羞涩,特意声明此文无党同伐异之见,在遮掩之中反而给人留下了此地无银三百两之嫌。

(五)《再驳某报之土地国有论》①

这篇文章连载发表于《新民丛报》第 90—92 期,约 4 万余字,恐怕是梁氏在论战期间撰写的最后一篇较有分量的辩驳性文章。继此前《杂答某报第四号对于本报之驳论》一文否定社会革命对于今日中国的必要性、驳斥孙中山的社会革命论之后,它针对《民报》的反击文章,专门围绕土地国有论问题,进行所谓"扫荡魔说"之战。此文在序言中说,"社会革命论,在今日本不成问题;社会革命论中之简单偏狭的土地国有论,即在将来亦不成问题"。这一说法比起此前断然否定今日中国有必要进行社会革命的不妥协立场,似乎有些松动,但并不妨碍它仍然抓住土地国有论中的所谓谬误,引用财政、经济、社会问题方面的西方学说,结合中国今日之现象,试图纠正其谬误。

一是"就财政上正土地国有论之误谬"。它不同意《民报》宣扬土地国有以实行单税制作为财政之良法,或以土地国有作为将来整理财政的不二法门。主要从攻击土地单一税入手,依据西方财政理论尤其"国家社会主义派之泰斗"、"德国财政学大家"毕克拿的学说,列举 15 条理由,证明土地单一税"决不能支持国家经费",进而证明土地国有论"谬于学理,反于事实,而毒害于国家",是一种不能成立的主张。

二是"就经济上正土地国有论之误谬"。它的出发点是,谈论经济学应当以国民经济为中心,国民之富又表现为"私人之富之集积",所以,"不根本于国民经济的观念以言私人经济,其偏狭谬误,自不待言;然在现今经济制度之下,而离私人经济以言国民经济,亦无有是处"。这句话标榜无所偏倚的公平眼光,其目的是为了论证,当前谈论国民经济离不开私人经济。为此,文中重在批驳"土地国有论最有力之学说"即亨利·乔治的学说。如谓,"社会主义之理想"不能单凭制度组织的改革,必须先造成适应于新制度的人,"而欲改变人类

① 参看梁启超:《饮冰室合集》第六册,文集之十八,第 1—59 页;以及张枬、王忍之编:《辛亥革命前十年间时论选集》第 2 卷下册,三联书店 1963 年版,第 580—607 页。

之性质，绝非一朝一夕之效，故社会主义派之理想，必非现在所能见诸实事”。既然难以改变“现今全世界人类心理”，也就没有适当的人去实现土地国有的新制度。又如，现今交易的经济组织中，财产私有制是刺激国民财富增长的来源，一旦剥夺个人土地所有权这个财产所有权的最重要部分，“个人勤勉殖富之动机，将减去泰半”。“圆满之社会主义”绝对不承认财产所有权，采行阻碍此动机的制度，将不利于国民经济的发展。再如，社会主义者说土地私有是地主榨取劳动者的劳动结果，这不符合事实，因为现今大部分土地的所有者是自耕农，他们不希望废止土地私有制，由此证明土地国有制之不可行。接着，文中又认为，国家收买私人土地之说“万不可行”，并引用“现世经济学者中最以持论公平著者”的理论，说明国家不可能在收买私人土地后成立经营土地之法。此文还针对其论敌反对奖励私人大资本家的出现、主张国家为大地主和大资本家以形成“社会的国家”等观点，一再强调，现在人类的文明程度，万不足以用公有公营取代私有私营，“虽欧美号称最文明之国，犹且不能，而中国更无论”。凡此种种，总共列举了 18 条经济上的反驳理由。

三是“就社会问题上正土地国有论之误谬”。它再次表达了对于社会主义问题的看法。“社会问题之真意，要以分配趋均为期，凡以使全国中各社会阶级（不论贫富）皆调和秩序以发达而已”。或者说，“社会主义，即以救私人之过富过贫为目的者”。具体言之，趋于平均的分配过程，一则“救资本兼并之敝，对于大资本家而保护小资本家”；二则“调和资本家与劳动者之利害冲突，对于资本家而保护劳动者”。在这里，“社会问题，不当专以现在贫者一阶级之利益为标准，盖社会者，全社会人之社会，固非富者阶级所得专，亦非贫者阶级所得专”。也就是说，社会主义应当同时保护贫富两个阶级的利益。在各种社会主义学说中，他认为，就解决社会问题而言，“欧美学者所倡道之社会主义，举生产机关悉为国有，最足以达此目的，然其事非可实行，即行矣，而于国民经济亦非有利”，意指革命的、极端的或空想的社会主义不可行，或行之非有利；“社会主义改良派所发明种种政策，苟能采用之，则不必收土地为国有，而亦可以达此目的”，意即用改良的社会主义来纠正土地国有论的谬误。在此，文中还列举了 6 条具体理由，说明土地国有不可能实现分配趋均，无须赘述。

以上纠正土地国有论谬误的理由，共达 39 条之多，其富于理论色彩部分，几乎均抄自西方或日本学者的理论著作，只是抄引的内容根据自身需要有所选择而已。梁氏盯住土地国有论，引经据典给予批驳，不仅是这一论点与他本人的基本立场不相容，很大程度上还出于当时论战的需要，因为土地国有论是以孙中山为代表的社会革命派的一个主要论点。一旦脱离硝烟弥漫的辩论战场，梁氏对于土地国有论的看法，似乎缓和了许多。例如，他 1907 年撰写《国文语原解》，曾解释“均”字从土从匀。匀之意求遍求齐，如《论语》所谓“不患寡而患不均，均无贫”。在他看来，此即表明“我国经济思想，以分配之平均为期”。土即土地，《周礼》大司徒“以土均之法制天下之地征”；小司徒“乃均土地以稽其人民”；均人“掌均地政，均地守，均地职，均人民牛马车辇之力政”；土均“掌平土地之政，以均地守，以均地事，以均地贡”；等等。他认为，所有这些处理经济问题的原则，以“均”为宗旨，古代的井田之制，也由此产生，比较起来，“近今欧洲倡社会主义土地国有论，其精神正同之”。① 按照这个解释，近世欧洲提倡社会主义土地国有论，就其精神而言，早在古代中国已经付诸实施，而且我国始终以平均分配作为传统经济思想的特征，如此说来，在今日中国，土地国有论又有什么理由不能成立呢？梁氏之说，前后对照，岂非以己之矛攻己之盾。可见，为了论战的需要，他宁可攻其一点，不及其余。

二、《民报》关于社会主义问题的论述

前一章讨论孙中山及其支持者的著述，对于他们在《民报》上发表的一些涉及社会主义问题的文章，诸如朱执信的《德意志社会革命家列传》、《从社会主义论铁道国有及中国铁道之官办私办》、《论社会革命当与政治革命并行》，宋教仁的《万国社会党大会略史》，廖仲恺的《社会主义史大纲》、《无政府主义与社会主义》等，已有所评介。这些文章中，朱执信的《论社会革命当与政治革命并行》出于论战的需要，其余大多数从正面介绍和论述社会主义问题，尽管也为当时的论战主题提供了重要铺垫，毕竟不是站在论战第一线。下面介绍一些积极捍卫《民报》立场的论战性文章，在辩诘过程中，阐发了自己对于社会主义的认识和态度。其代表作包括胡汉民的《“民报”之六大主义》，冯自由的《民生主义与中国政治革命之前途》，“民意”的《告非难民生主义者》，等等。

(一)《“民报”之六大主义》②

胡汉民的这篇文章，1906 年 4 月 5 日发表于《民报》第 3 期，据称，它“足为是报详确之宣言”，与朱执信的《论社会革命当与政治革命并行》等文一道，“胥足以为民报时代革命理论之重要文献”③。所谓六大主义，即颠覆现今恶劣政府、建设共和政体、土地国有、维持世界真正和平、主张中日两国人民友好、要求世界列国赞成中国革新事业。略去其他主义不谈，关于土地国有，文中认为：

“近世文明国家所病者，非政治的阶级，而经济的阶级也，于是

① 梁启超：《饮冰室合集》第七册，文集之二十，第 53 页。

② 参看张枬、王忍之编：《辛亥革命前十年间时论选集》第 2 卷上册，三联书店 1963 年版，第 371—383页。

③ 曼华：《同盟会时代民报始末记》，见中国近代革命史资料丛刊《辛亥革命》第 2 册，上海人民出版社 1957 年版，第 439 页。

而发生社会主义,其学说虽繁,而皆以平经济的阶级为主。言其大别,则分共产主义与国产主义,而土地国有,又国产主义之一部也。”

换句话说,近世文明国家产生社会主义,不是起因于政治上的等级差别,而是起因于经济上的贫富差别,其主要宗旨即平均经济上的贫富差别;社会主义又分为共产主义与国产主义,土地国有属于国产主义范畴。此文似乎认为中国既不存在“政治的阶级”,也不存在“经济的阶级”。“吾国之贵族阶级,自秦汉而来,久已绝灭,此诚政治史上一大特色”,满清异族实行贵族阶级制度,只要推翻满族统治,“而一切之阶级无不平”。此指中国不存在“政治的阶级”。另外,“美国犹有经济的阶级,而中国亦无之”。此又指中国不存在“经济的阶级”。

文中接着说,世界上实行国产主义,只有“民权立宪国”。其统治权在国家,国家的总揽机关是人民代表的议会,能够反映“社会心理”,“国家以之为国民谋其幸福,无乎不公,无乎不平”,任何具有政治等级差别的国家都不能比拟。按照当今我国的发展程度,还不能实行“一切国产主义”,“惟土地国有,则三代井田之制已见其规模,以吾种智所固有者,行之于改革政治之时代,必所不难”。根据西方理论,“大土地国有之论,以反对私有者而起”。土地生产要素,像空气和阳光,非人为造成,本来不应当私有。后来由于各种原因产生地主制度,最初或许以自己的劳动储蓄作为资本以供生产之用,继则“封殖日盛,地利为所专有”,拥有大量资本雇佣劳动者并优先获取劳动所得。“盖劳动者每困于资本家,而资本家之所以能困劳动者者,又以劳动者不能有土地故”。此外,土地价值随社会文明的进步日益增大,这种增值,“非地主毫末之功,而独坐收其利,是又不啻驱社会之人而悉为之仆”。可见,土地私有之流弊,使地主对于社会具有绝对强权,使土地遭致吸收并吞,使农民废业,使粮食缺乏,使全国困穷,“资本富厚悉归于地主”。面对这些流弊,西方国家不断有人提出土地国有问题,然而积重难返。现今中国的土地,在通商口岸已大幅度增值,内地随着文明进步,其趋势也是一样。在这种情况下,“倘复行私有制度,则经济阶级将与政治阶级代兴,而及其始为之备,则害未见而易图”。换言之,趁着贫富差距的害处尚未显现,中国早作准备,将较易于取消私有制度而实现土地国有。

实行什么样的土地国有制度,文中的意见是:“吾人用国有主义,其为施行政策不一,然其目的则使人民不得有土地所有权,惟得有其他权(如地上权,永小作权,地役权等),且是诸权必得国家许可,无私佣,亦无永贷,如是则地主强权将绝迹于支那大陆”。这里所说的土地国有,严禁土地所有权的个人私有,对各种形式的土地使用权,经国家许可,在不会导致土地私有化的前提下,可以灵活掌握。同时,国家对于土地的征课,须经国会批准,“必无私有营利之弊,以重征而病农”。实行土地国有制度后,地利既厚,非躬耕之人无缘从国家得到土地,“民日趋业而无旷土”;昔日坐而分利的地主,如今与平民一样转入生利的企业,“此于一国经济已著莫大之良果”。我国若为民权立宪政体,将丰厚的地利收入用于民政方面的种种设施,“其为益愈大”。所以说,“盖专制政府之富,民之贼也;而民权立宪国之富,犹共产也”。由于“均地之政,至平等耳”,因而文明各国的社会志士和政府常常拥护或利用这一政策。不过在那里,运用这种政策往往受到试图保持阶级制度的政治势力的牵制,故其成效绝鲜。在中国,情况迥然不同:

> “若中国者,仅一扑灭异族政府之劳,而国中一切阶级,无复存遗。社会主义乃顺于国民心理,而又择其易者以从事,其成功非独所期,殆可预必也。”

此文对中国实现土地国有,持乐观态度。认为只须推翻满族政府统治,国内不再有任何阶级差别,而国民在贫富差别不大的传统社会中养成的心理状态,习惯于接受社会主义,此时选择较易于推行的土地国有作为革命的目标,其成功不独可以预期,而且势所必然。

以上关于土地国有主义的论证,大体沿袭孙中山的思路而有所修饰。稍后孙中山在庆祝《民报》创刊周年的大会演说中,同样提到,政治革命要建立民主立宪政体;欧美社会党提倡民生主义,为了挽救贫富不均,但这一社会问题在欧美已是积重难返,中国还处于幼稚时代;文明程度越高,社会问题越严重,欧美不能解决社会问题,是没有解决土地问题,土地增值的巨额利益归于少数富人;中国今日实行民生主义,要比起欧美容易得多;定地价之法即土地增值归国家之法,是永绝少数富人把持垄断弊窦的最简便易行之法;等等。对比胡汉民之文,这一演说在后,但其演说的主旨早已成熟于前,可资胡氏论证土地国有主义时参考。这就是说,孙中山的观点具有原创性,胡汉民的论证有所凭借。胡氏之文在论战期间,较早以宣言形式打出土地国有主义的旗帜,将其列为《民报》六大主义之一,予以较为翔实的论述,也算是得风气之先。

(二)《民生主义与中国政治革命之前途》①

冯自由的这篇文章,先是刊载于香港《中国日报》,后经修改又转载于《民报》1906年5月1日第4期。这次转载,据说“以篇中发挥与本报宗旨有合,故录之”,适应了《民报》与《新民丛报》辩论的需要②。

---

① 参看张枬、王忍之编:《辛亥革命前十年间时论选集》第2卷上册,三联书店1963年版,第418—433页。

② 关于这篇文章,冯自由后来自称“是为阐发民生主义之第一篇文字”。冯自由:《革命逸史》第3集,中华书局1981年版,第209页。

此文开篇指出，19世纪下半期，欧美国家因为殖产兴业的膨胀，产生“关于经济上、社会上最重大、最切要之新主义”，经过数十年演进，“此主义之暗潮灌输人群，磅礴世界，有逆之者，辄如摧枯拉朽，猗欤盛矣”！这种所向披靡的新主义，就是民生主义。“民生主义（Socialism），日人译名社会主义”。20世纪初以来，基于生产兴盛和物质发达，“斯主义遂因以吐露锋芒，光焰万丈”。其原因在于，物质进步造成了地租腾涌和工值日贱。所以说，“社会党之昌盛，有由来矣”。具体言之，“欧美诸国社会党之气焰，如日中天，其尤盛者厥惟德国，美、法、英、俄等国次之”。例如，德国下议院中社会党员的席位占据半数，今日德国政府的对内政策，“已无不根据民生主义”，其工商业的发展速度，大有凌驾于英美之气势，其城市治理之整齐有序，为列国之冠，“此宁非民生主义之成绩哉”！另外，法国社会党急进派的发展蓬勃郁葱，“久有左右议会之势力”；英国社会工党的成功，“为空前重要之问题”；俄国革命大风潮雷动全球，“世皆知为俄国社会党之力”；美国工党举行同盟罢工以抵制资本家等。这表明，“民生主义泛滥于新世界，其成效固昭然若揭矣”。不仅如此，“近年来此主义之狂涛，更骎骎然以万马奔腾之势，横流于亚东大陆”。如在日本，幸德秋水、片山潜等人提倡建立日本社会党；日本政府采用“国家民生主义”，将烟草、铁道、火柴、糖酒等逐渐收为国有或专卖；有人设立国家社会党；在东京议员补选中，社会党成员木下尚江获20余票，被日人视为空前重要之事；等等。由此联想到中国，“民生主义之成绩，于欧美诸国也如此，而于亚东之日本也又如彼，则其影响之大及于中国，岂惟关于社会上、经济上之问题而已”。也就是说，如何理解民生主义，将直接关系中国的政治革命前途。

文章认为，关于民生主义的解释，其条理甚繁，非一朝一夕可言尽。就其纲领看，民生主义得以发达，“以救正贫富不均，而图最大多数之幸福故”；贫富不均的原因，“以物质发舒，生产宏大，而资本家之垄断居奇故”。自19世纪以来，欧美列强大多解决了民权和民族问题，民生方面却“富豪之无形专制更烈”，使得“富者资本骤增，贫者日填沟壑”，其结果，“遂驱使一般之劳动阶级，而悉厕为大资本家之奴隶，且次第蚕食中等资本家，而使之歼灭无遗”，最后存留下来的，“惟有大资本家及工人之二大阶级”。以美国而言，考察其贫富不均，“由二十年来各大资本家以垄断土地及货物价值之涨落使然”。大资本家的垄断，使整个工商业，乃至一国的立法行政机关，不啻为之傀儡。可见，“大多数市民之受少数大资本家之无形专制，实较君主专制及贵族专制为尤烈”。因此，实行民生主义，“为一刻不容缓者”。

特别是，托拉斯制度与民生主义完全对立，前者“蹦蹂天赋之人权自由，而增长少数富豪之私利”，后者“救正贫富之大不平等，而维持多数人民之公安”，二者的利害得失，固已判若云泥。接着笔锋一转，直指梁启超的《新大陆游记》

对于托拉斯的“一知半解之谬论”,此论导致某些报纸将大怪物托拉斯介绍到中国,发出“吾爱中国吾尤爱托辣斯”的呓语,这是中国国民乃至世界人类之不幸。现在西方各国都在防遏托拉斯的祸害,托拉斯之为祸中国,只是时间问题,是“中国未来之大毒物”,对此,“救治之法舍实践民生主义之末由”,只有实行民生主义才能使中国防止托拉斯之祸。

19 世纪下半期即民生主义的萌芽时期,欧美学者中有人认为,实行民生主义,人类没有贫富贵贱的区分,将使竞争心消失,导致世界退化。针对这一说法,此文质疑,“民生主义之实践,讵非社会文明之催进器耶”。它认为,人类的公德心、名誉心使社会文明愈益发达,据此,“民生主义行,而人类之公德心、名誉心以进,世界文明有此保障之二大神圣,遂万无退化之道”。为了彰明“民生主义之极乐世界”,文中还批评欧美政治经济学者对于民生主义的不同看法,“其论旨大都为不平等而积弊深之欧美社会状态设想,而于民生主义之精髓已不复能置一辞”,因此才会产生削平贫富悬殊适足以酿成最大灾害的杞人忧天之见。文章称颂“挽近民生主义之精髓,以德国学者为发挥无余蕴,欧美诸国,靡然从风”。这里的“德国学者”,似指以马克思、恩格斯为代表的社会主义者。基于德国学者对民生主义精髓的阐发,文章发出如下感慨:“伟大哉民生主义!神圣哉民生主义!敢以民生主义之灵幡,招展于我中国,而苏我四万万同胞之国魂”。表达了用民生主义拯救中国的志向和期望。

在历史传统上,此文认为,“民生主义之滥觞于中国,盖远在希腊罗马之文明以前”。例如三代井田之制,每人授田百亩,“分配公平,后世以为至治”。井田蕴含平均地权之意,还不足以包括整个民生主义。三代以后,不断有人实行类似的办法。如王莽新制规定国人不得自名其奴,不得自名其田,禁止私有奴婢和实行土地国有,“尤为民生主义之精理”。比起美国解放黑奴的南北战争,王莽早在二千年前已“具其释奴之伟识,其贤于林肯远矣”;其不得自名其田的王田制,直达“平均地权之要旨”,尽管未实现其目的,但不能如世俗之见以成败论英雄。又如王安石新法,“多含民生主义的性质”,可惜用人不当,功败垂成。再如太平天国特设利民之公仓,“公仓亦民生主义之一端”。由此可见,“民生主义实为中国数千年前固有之出产物,诚能发其幽光,而参以欧美最近发明之新理,则方之欧美,何多让耶”,以为中国具有数千年的民生主义传统,再吸收欧美最近发明的新理论,其发扬光大民生主义理想,将不会落后于欧美国家。说到这里,文章又一次把矛头指向梁启超之流,认为梁氏宣称“社会主义不适用于中国”,出尔反尔,不屑一顾;而上海《警钟日报》自命维持公理,却跟着说什么“社会主义若行,可以立亡中国”,实在大可奇怪。

关于民族、民权与民生的关系,文章认为,提倡民族民权二大主义,与民生主义“企图最大多数幸福之真理”,是不相同的。诸如欧美国家实现了共和政治或联邦政体，却不知富豪之跋扈较君主为烈，或不知托拉斯于无形中毒害大多数人民，有悖吾党“建设新中国无上之宗旨”。考察最近欧美社会之大弊，如果不设法预防，蹈其覆辙，蔑视最大多数幸福这一真理，容忍吾民遭受资本家的惨害，则“预隐第二社会革命之伏线”，预示完成第一次政治革命后，还隐伏着第二次社会革命。所以，考虑祖国同胞和世界人类，“不可不综合民权民族民生三大主义而毕其功于一役”。这是对孙中山三民主义思想的通俗解释。

此文还认为，必须研究实施民生主义的时机，是在中国政治革命的初期还是在此后，这是异常重大的问题。今日欧美，物质进步和国家富强造成少数资本家的增长，即使欧美人士已经觉察资本家的积弊，但病入膏肓，很难治疗，以致危言今日的同盟罢工不绝如缕，终将难免经济上的社会革命，其祸害之酷烈，将百倍于政治革命。以此作为借镜，“今日中国之资本家犹未林立者，特患物质未发达耳”，一旦革命成功，中国人口众多，物产丰繁，实现富强指日可待。如果不加防范，富强之后，资本家随之膨胀，横施垄断政策，大多数人民不得不罹于富豪的无形专制。因此，中国在政治未革，商业未广，“其受病犹未特深”之时，“乘政治革命之良机，而同时实施民生主义”，可以芟除“将来之大害”。不要像欧美列国，先进行政治革命，以后要实行民生主义，“惹起资本家之反对”，使行政方针的运用陷于上下掣肘之困境。“是知民生主义之实行，舍政治革命之时期，决无良机，可无疑义矣”。此文主张民生主义与政治革命应同时并举，认为世界上只有中国具备了这一独特的良好条件。它说：

> “横览世界列国，其受资本家之害未深者，惟我中国；其能实施民生主义而为列国之模范者，惟我中国。登昆仑之巅，而俯视中国处世界上之地位，及中国人处人类上之身世，伟大哉中国，美满哉中国人。吾惟有发扬民生主义之光焰，由祖国而次第普及于一般人类。”

如此豪言壮语，把中国说成世界上惟一有可能率先实施民生主义并泽及全人类的模范，其惟一根据就是中国目前受资本家之害未深。这里说实施民生主义，强调“行为之秩序”，不那么赞成“极端之民生主义”，认为那只适用于社会秩序不正常时期。在它看来，最适合并应努力研究以期实践的，是“国家民生主义”。“国家民生主义（State socialism）日人译作国家社会主义”。德国政府的对内政策采用此主义，“其效果大著”；日本政府近年的行政事务，“亦大有倾于斯主义之趋势”；其他各国政府也大多采用这一主义。国家民生主义的要旨，“勿使关于公益之权利为一二私人所垄断，而次第干涉之”。诸如邮政、土地、电线、铁道、银行、轮船、烟草、糖酒，“凡一切关于公益之权利，皆宜归入国家所有”。文明立宪国的政府，人人共有，“若收回私人可垄断之权利，而使之归公，则其收回事业所得之利益，即不啻全国人共享有之”，不同于专制政府攫取人民所有的权利。总之,国家民生主义有其纲领,“苟先解决之,则凡百条理皆可迎刃而解。而极端之民生主义之实行,亦胚胎于是”。

国家民生主义的纲领,此文认为,就是土地问题,也可以概括为平均地权。此学说亨利·乔治鼓吹最力,欧美学者亦推举其为倡导这一学说之“巨子”。文中简单叙述了乔治的治学生涯,称颂他的《进步与贫困》、《土地国有论》等著作具有非凡价值。但不知何故,此文将美国人乔治屡屡称作“英人”。它还断言,“平均地权之要旨,即吾国三代井田之微意”,看来这是从前面的观点引申而来,认为民生主义滥觞于中国。

接下来的篇幅里,此文集中论述:土地对于人类生存的重要性;19 世纪以来,随着生产的进步,“野心家大地主”实施垄断政策,蚕食人民的土地,造成地租猛涨和贫民增加;“地主之为害于社会,如此其酷,不有平之,则大多数人民将生生世世厕于奴隶阶级之境遇”。文中还列举欧美各国土地私有的弊害,“实证均地说之刻不容缓”;即便有的国家实行土地国有制,也只是临渴掘井的权宜之策。于此可知,地主的流弊,“不特使贫民陷于地棘天荆之苦况,抑亦为商工界之一大障碍物”。

救治这些弊害的办法,此文认为,“惟有实行土地国有(Land Nationalization 即平均地权)之政策,不许人民私有土地而已”。不仅森林、矿山及交通机关等应为国有,“都会耕地”亦“万不可不收为国有”,以免城市土地私有将伤害社会多数人的公益和造成卫生上的危险。地主的最大弊害是“居奇”,不问人口增加、事业发达对于文明进化的要求,只顾垄断土地房屋达到其金钱上的利己主义目的。如果国家以雷厉风行政策,从私人手中收回土地房屋,还付社会公共所有,则“地主之野心遂无从施其伎俩,而土地家屋之价格,于以保其平准,大多数人民乃得脱却地主专制之牢笼”。西方曾推行一些以土地国有事业为其特征的民生主义,成效显著,而中国数千年的专制政体,其矿山、森林、道路大多官有,各省官田也很多,故中国“举行土地国有之政策,实较列国为轻易”。

当时学者中有一种意见,认为地租随物质进步而腾贵,“工值”必然随之倍加,劳动界未尝不受益。对此,文章驳斥说,事实恰恰相反,资本家及地主操纵工资的涨落,在对抗不绝如缕的同盟罢工方面又得到国家军队的支持,以致“地租愈起,而工值日贱,劳动界日臻于奴隶之境遇而已”。对于人满为患之说,认为这是土地私有,“世界虽广,而尺地莫非地主所有”的恶结果。统观近年经济发展大势,因机械发明、生产发达而产出的财富,第一为地租,归地主所有;第二为利息,归资本家所有;第三为“溢利”即利润,亦归资本家所有;“劳动者之所得,仅工值耳”。“天下不平之事,宁有甚于此耶”。生产进步的速度与贫富所得的悬殊,“诚有令人惊骇不置者”。由此可知,“近世机械发明生产发达之结果，其受益者，不过少数之富豪，而大多数之贫民，则反以此受害焉"。这更加表明，"实行土地国有制度之万不容已"，切不可等闲视之。

此文还解释，土地国有制不是横领强占土地，只是"牺牲少数之私利，而化为大多数之公益"。对此，各国社会党团体关于土地国有的宣言，其意见大多一致。至于税法问题，社会党各派倡导旧税法者，回避后起崭露头角的单税论一派。文中自称研究各种税法的利弊，"取其最适合于吾国政治社会之状态者，盖莫如单税论之切实易行"。前面曾介绍乔治的土地国有学说，这里又介绍单税法(Single Taxation)亦滥觞于其人，乃"各税法中为最善之税法，且单简便易，可无骚扰之虞"；其主旨"除土地真值外，一切租税俱捐免之"。[①] 由此认为，乔治自创此论尽管与社会党各派的征税之论不免冲突，却受到社会绝大欢迎，他与各派脱离而独树一帜，可称为"单税派之元祖"。

前面论证"大地列国之易行民生主义者，无如中国；而易行土地国有制者，亦无如中国"，同样，这里认为，"单税法则更为中国之现行制度，诚能以共和立宪之精神，而斟酌损益，则不徒成为尽善尽美之税法，且于民生主义大纲领之次第举行，亦端赖之焉"。其中所谓"单税法"为中国现行制度，指清朝颁布一条鞭法(此法在明代万历九年即 1581 年正式推行于全国)，纳丁入地，"一条鞭法即轩氏唱道之单税法，其条理虽有不符，而大旨则无以异"，意谓乔治的单税法无异于中国古代的一条鞭法。只是满清专制国家推行一条鞭法，随着近年来开征各种苛捐杂税，已弃同敝屣。因此，应当参考此制，"吾党因而改良之弛张之，自较他国之特别创作者为轻易"。

根据其说，单税论不仅适合中国现行税法，对于一般社会利益，也有显著好处。一是"调和社会上贫富不均之弊害"。救治贫富不均，根本在提倡民生主义；提倡民生主义，首先在实行土地国有制；实行土地国有制，"不可不向唯一之土地而赋课租税"。土地适宜于确定税率，以免贫民苦于地价腾涨；如果地价由于社会原因腾涨，应人人负担腾涨之价格，人人享有腾涨之利益。"以此租税而供国家公共之享有，实为最公正之处置"。考察租税原则的结论，"当以此法为最完善税法"。二是"维持财产之增殖力"。实行土地国有制度后，"单向之课税"即对土地的课税，将改变现行税制剥削贫民所得，助长社会不均，减少生产力从而使产业社会萎靡衰退的流弊；相反，将使国家维持其生产力，使产业社会因增殖力膨胀而增殖利益，"固一般社会所享有，决非如今之仍为地主等所垄断者"，所以说，"单税论为财产增殖力之保障，良非过言"。三是"课税之单简易行"。现行各国税法，纷然淆杂。"为大多数之幸福计，诚不可

---

① 此处关于单税法的介绍文句，引自《民报》第 1 号(1905 年 11 月 26 日)上所载亨利佐治著、屠富译《进步与贫乏》一文。

不委其税源于唯一之土地，而确定其税率”，这样，征课租税方法简单易行，国家可以“因土地而得确实之收入”。四是“收入之确实”。目前各国对于各种事业的课税，征集纷扰，存在不确定之弊。“若实行单税法，则其收入将较各事业之课税为确实”；税率确定，国家预算甚为便利，“此实租税原则上之必要条件”。

基于以上理由，此文反问：“单税论之有利于普通社会若是宏大，吾党可不努力研究，以为实行之准备乎？”单课地租而废止其余一切租税，是否会影响中国今后的财政开支，此文以近年来欧美列强的财政收支为依据，认为中国实行土地国有制度，全部地主所得概为国家所有，以全国的土地地租总收入计算，可与整个欧洲的地租收入相埒。一旦获此“重大之国用”，足以支持政治和社会的充分改良，并让欧美列强瞠乎其后，故完全不必担心单税法不敷国用。

最后，此文总结说，本党派“建设新政府唯一之行政方针”，即民生主义、土地国有制和单税法。并大声疾呼：“吾深愿吾党研究民生主义。吾深愿吾党研究民生主义之土地国有论。吾深愿吾党研究土地国有论之单税论。”

冯自由的这篇万言文，从民生主义即社会主义在世界上尤其在欧美国家和东洋日本形成不可阻挡的蓬勃发展趋势说起，解释实现民权主义和民族主义后，面临19世纪以来生产迅猛发展导致更为突出的富人无形专制，迫切需要拯救日益严重的贫富不均局势，为最大多数人谋幸福。由此联系中国的发展前途，文中排除了走西方托拉斯即垄断资本主义的道路，主张实现民生主义。其理由是，中国自古以来具有民生主义的传统精神，不存在欧美国家积重难返的资本家积弊，故不必重蹈西方国家在政治革命之后又要进行社会革命的覆辙，可以将民权、民族、民生三大主义毕其功于一役；世界上惟有中国有条件较易于达到这个目的，并能率先为各国树立实现民生主义的模范。同时，此文也不赞成走极端民生主义的道路，要求讲究行为秩序或社会秩序，鼓吹国家民生主义，这大概也是胡汉民所说的国产主义。关于国家民生主义的纲领，归结为土地问题，即乔治倡导的土地国有或平均地权，禁止人民私有土地，特别将城市土地收归国有。将土地私有看作地主独吞社会进步所带来的土地增值利益，造成贫民困厄和阻碍工商业发展的症结。如何实现土地国有，此文不同意强横占领的办法，主张采取乔治创议的单税法，除了土地课税外，免去其他一切租税。将单税法说成像民生主义和土地国有制一样，在中国具有较易于实行的现行基础和传统条件；其中体现了调和社会上贫富不均、维持财产增值力、课税简单易行、收入确实等优点，属于最完善的税法。

综上所述，此文的论证，从民生主义到国家民生主义，再到土地国有制度，最后落脚在单税法上，这一逻辑顺序，与胡汉民关于土地国有主义的论述，大体一致。只是二者论述的侧重点有所不同，相比起来，胡文更加突出土地国有主义命题本身，冯文则试图从民生主义不可阻挡的时代趋势中，引申出中国最理想的前途，是在实行政治革命的同时，走实行土地国有制和单税法的道路。

(三)《告非难民生主义者》①

这篇辩论性文章，发表于《民报》1907 年 3 月 6 日第 12 期，其副标题“驳新民丛报第十四号社会主义论”，针对该报前一年第 14 期(总刊第 86 期)上《杂答某报》一文第五部分，也就是驳斥前述梁启超的《社会革命果为今日中国所必要乎》一文②。其署名“民意”，系胡汉民的笔名。

这篇驳论，先是围绕社会主义问题，指出梁氏议论中一些自相矛盾之处。例如，梁氏自称绝对赞成社会改良主义，反对社会革命主义，将社会主义学说区分为何者属于改良，何者属于革命，以此掩盖其前后议论的矛盾。梁氏四度挑战《民报》。一是曾极力将社会主义学说介绍到中国，可是《民报》一谈社会主义，他转而批评社会主义在欧洲社会常足以煽动下流。二是随后承认土地国有主义为将来世界最高尚最美妙之主义，无异于承认前面斥为煽动下流者，各国煽动家可以有效利用之。三是后来一面说土地国有论对社会主义断章取义，冀以欺天下之无识；一面说简单的土地国有论可以矫正现行社会组织，避免富者愈富、贫者愈贫的恶果。同时还把先前赞美土地国有论为最高尚最美妙之主义、只是适合于将来而不能实现于现在，一概斥之为在体系上不圆满。四是既把社会改良主义归类于社会主义，又说社会主义今日当屈于国家主义之下。这意味着梁氏自称绝对赞成或绝对表示同情的，都是些次要之事；或者意味着他只以社会革命主义为社会主义，而把社会改良主义看作非社会主义。

此文认为，梁氏犯这些错误，根本原因“在不识经济学与社会主义之为何”。如经济观念上有八个方面的谬误：以土地为末，以资本为本；以生产为难，以分配为易；以牺牲他人而奖励资本家为政策；以排斥外资为政策；不知物价之由来；不知物价贵贱之真相；不知地租与地税之分别；不知个人经济与社会经济之分别等。数落了这些谬误后，文章接着对梁氏本论，即所谓中国不必行、不可行、不能行社会革命之说，逐一驳正。

第一，驳斥中国不必行社会革命之说。文章认为，梁氏以欧洲的经济社会历史为唯一论据，只字未提美国。恰恰美国早期因经济不发达和地大物博，其社会进步是进化式过渡而非革命，避免了欧洲工业革命的苦痛。今日美国社会分配不均甚剧，不免与欧洲同陷于不能不革命的穷境，“今世言社会主义者，

---

① 参看张枬、王忍之编：《辛亥革命前十年间时论选集》第 2 卷下册，三联书店 1963 年版，第 662—709页。

② 这篇反驳梁启超的论文，据说，是《民报》针对梁氏在《新民丛报》上非难民生主义，与其进行笔战中“最精采者”，其中“关于民生主义之资料，则皆由总理所口授”。冯自由：《革命逸史》第 3 集，中华书局 1981 年版，第 209 页。

亦群认美为急于欧”,以致美国在社会革命问题上比欧洲更加急迫。比较之下,我国今日的经济社会现象,断不如当初的美国。依此而论,梁氏所谓我国的经济社会组织及经济社会现象,要优于工业革命前的欧洲,我国既然可以避免欧洲的工业革命,亦不必由前度工业革命引起再度社会革命,此说面对美国史实,理屈词穷而不攻自破。另外,梁氏以为,我国现时经济社会组织无贵族制度、实行平均继承法、赋税极轻等,要优于当初的欧洲,于是宣称可免将来革命之患;殊不知美国的经济社会组织,更优于我国,仍不可避免社会革命,“乃视欧洲为后来居上”。其原因,美国对于具有天然独占性质的土地,“放任于私有,且以国家奖励资本家之故”,导致土地入于少数人之手,酿为贫富悬隔,“陷社会于不能不革命之穷境”。所以,要解决社会问题,必先解决土地问题,“解决土地问题,则不外土地国有,使其不得入于少数人之手”,以此防患未然,可免于陷入欧美今日之穷境。

梁氏还争辩土地与资本二者哪个更重要,提出资本能支配土地,土地不过是资本的附属物,对此,文中坚称,直接造成今日西方社会之恶果者,“由于土地在少数人之手,使资本亦自然归之,而齐民无立锥地”,据此,“知土地问题,决为社会问题之源,而不能解决土地问题,即为不能知欧美社会受病之源”。此外,梁氏极力反对土地国有,却提出铁道国有、制定产业组合工场条例、实行累进税等补苴漏罅之法来救治社会弊端。在此文看来,这表明,“梁氏亦赞成社会主义”,但不懂得病源治法,“病源治法不外土地国有”。

第二,驳斥中国不可行社会革命之说。文章指出,梁氏主张奖励资本家“使与社会主义反对”,与他绝对赞成社会改良主义,自相矛盾;同时以排斥外资为政策,宣扬社会革命不可行。又分析说,我国近百年来,因人口繁殖、生产分配方法不见改良进步,产生社会穷蹙现象,将此归咎于外资的输入,是“不通之论”,是“以经济问题与政治问题混为一谈”。如收回铁道矿山等利权是政治问题,不必像梁氏那样畏外资如虎,一切以排斥抵制外资为务。针对梁氏引用今世各国的保护贸易政策为其论据,文中认为,自由贸易原则为了促进企业的改良进步,保护贸易政策为了扶助本国产业以防他国产业的抑压,二者均不是奖励国内资本家以抵制外国资本家,梁氏的排斥外资政策,“求之各国,无其类例”。增进开发重要利源及经营一般独占事业的国家能力,是经济发展的必然趋势,由此需要的国家资力,“惟用土地国有主义使全国土地归于国有,即全国大资本,归于国有”。照此政策,“不必奖励资本家,尤不必望国中绝大之资本家出现”,相反,“惟以国家为大地主,即以国家为大资本家”。由国家核定地价,地主只能收取定地价之前的原有租额,随着文明进步而增加的租额则归国家,“地主无损,而国计民生大有利益”。在这种情况下,新政府以其“莫大之信用”引进外资,最初可以补助本国资本力之不足,以后通过产业发达实现自身资本的充实有余。可见，奖励国内资本家以抵制外资输入的政策，不仅难以抵制，徒生社会贫富阶级，而且无异退回攘夷锁国时代；如果"以中国国家为大地主大资本家，则外资输入有利无损"。况且，排斥外资，"不知外资输入，乃使我国资本增殖，而非侵蚀我资本者"。外资输入我国后，其企业或为中国人，或为外国人，利润所得或归中国人，或归外国人；其生产事业雇佣中国劳力，工资所得归中国人；实行"社会主义土地国有"，国家为地主，得其地租；这样，仅剩利息归外资所有。梁氏担忧我国资本力不足以经营一切重大事业，主张铁道等事业归国有公有，"正宜崇拜吾人所主社会主义之不遑"。

此文认为，梁氏重视生产问题，轻视分配问题，以二者为互不相容，所以谈论分配问题时，"崇拜社会主义"，谈论生产问题时，又反对社会主义，形成极大矛盾。根据近世经济学者的意见，分配问题的重要性，体现在个人财产的贫富，以及工资与地租、利息、利润之间的关系两个涵义上，"二者皆社会主义学者所重"。只知生产，不考虑社会个人的贫富，难免出现生产过剩，这是"不计分配而专言生产之病"。社会主义者常常说，"欧美今日之富量，惟在少数，贫富阶级，悬绝不平，劳动者之痛苦，如在地狱"，这是生产方法变革后"徒急于生产问题，而置分配问题不讲"的结果。勿论社会主义学者，即使当世经济大家，"其所郑重研究者，皆分配问题，而非生产问题"。因为生产问题大半可听任自然趋势，分配问题则"不可不维持之以人为的政策"。兴利除弊，解决生产问题，"固与社会主义无丝毫之反对"。反过来，"土地国有之制行，国中之生产业必大进"。因为消除了坐食分利的地主和无业废耕者，国家不允许其久拥虚地，将促使大家尽力于生产事业。"依吾人所持土地国有主义，既一面解决分配问题，而国家自为大资本家，得从事路矿各种事业"，不会出现生产与分配不相容现象。由于排斥外资和奖励资本家政策无立足之根据，故所谓社会革命不可行之说，不待取消而先行失效。

第三，驳斥中国不能行社会革命之说。文章指出，梁氏的逻辑，"以圆满之社会革命，非中国所能行，又以吾人所主张为非圆满之社会革命"。这是以欧美国家所不能者，断言中国也无足论，这种说法盲目崇拜欧美而"不识社会主义"。"近世社会主义学者，恒承认一国社会主义之能实行与否，与其文明之进步，为反比例"。如南洋蛮岛国家新西兰，"可倏变为社会主义之乐土"。所以，社会问题对于欧美国家来说，积重难返，对于中国来说，可防患于未然。所谓圆满之社会革命，"以社会主义之争鸣于今世，其派别主张，言人人殊"，没有定论。欧美社会问题起因于"其国富量在于少数人之手"，其所以如此，又起因于"土地为少数人独占"，根据这一致病之源，采取土地国有的解决办法，这就是"圆满之社会主义"。

土地与资本的关系，"惟土地与人工合，而后生资本，此一般经济学者所以认土地为福之源”。因此,与梁氏以资本为主动力不同,“以土地为资本之原动力”,“地主有左右资本家运命之势力,而资本家不能不仰地主之颐指”。资本不同于少数资本家,“即社会主义实现,土地与大部分之资本归国有,而其社会的国家,亦未尝不从事于生产以增殖其资本”,这时资本增殖与少数资本家无关。社会主义学者常说“地主者食文明之赐”,而非梁氏所说的“地主食资本之赐”,其道理,土地乃天然之利而后人力因之。不废除土地私有制,则资本家兼为地主,劳动者以一敌二,“斯所以恒败而不可救”。

梁氏必举一切生产机关悉为国有,然后称之为圆满之社会革命,文章反驳,此说乃以绝对的为圆满,以相对的为不圆满,这样只有走向极端,才可享圆满之名。这种绝对的说法,不允许有折衷之说,其结果,“言社会主义,则一切生产机关皆为国有,而不容私有,不言社会主义,则一切生产机关皆当为私有,而不容国有,更无介乎其间之第三说而后可”。照此说法,一切悉为国有的生产机关,必须劳力与土地、资本一同国有才行,因为劳力也是一个“生产大机关”。劳力国有不能行,即认为不圆满,这就是梁氏的逻辑。从劳力国有不能行来说,不能行全部资本国有而只能行大部分资本国有。为此,文中引用马克思、恩格斯以及一些日本学者的观点作为依据:

> “今之最能以资本论警动一世者,莫如马尔喀及烟格尔士。而二氏不惟认许自用资本之私有,即农夫及手工业者之资本私有,亦认许之。故日本河上学士曰:‘社会主义者,往往慢言,凡资本以为公有,禁其私有,故世人惊之,识者笑之,若夫拘墟之学者,则喋喋其不能实行,以为复斯主义之根本。’又谓安部矶雄及幸德秋水所论资本国有,其曰‘悉’曰‘凡’,实为用语不当。盖即最极端之社会主义,亦不能言一切资本国有。”

在这里,马克思和恩格斯的《资本论》被视为“最极端之社会主义”,连他们的学说都没有提出一切资本国有,不知梁氏所期待的圆满社会革命论究竟何指。这种讥讽之言,又用来衬托“土地国有”与“大资本国有”的社会主义之合理性。所谓土地国有,指“国家为惟一之地主,而以地代之收入,即同时得为大资本家,因而举一切自然独占之事业而经营之”,其他的生产事业,归于私人。“盖社会主义者,非恶其人民之富也,恶其富量在少数人,而生社会不平之阶级”。今日我国社会贫富阶级状况不十分显著,但土地已在私人之手,不改变这种私有制,他日少数地主兼有资本家资格,将垄断社会之富,成为经济界莫大专制者。所以,“惟举而归诸国有,则社会之富量,聚于国家,国家之富还于社会,如是而可期分配之趋均”。同时,“即当世之热于极端社会主义者,亦只能言土地国有与大部分资本国有而已”,故土地国有之外,以独占事业为限,将社会资本的大部分归于国有,对于竞争性事业,则容许私人经营。

对于竞争性事业，此文与热衷极端社会主义者的主张不同。后者禁止私人经营，惟其干涉过度，发生种种问题，“令人疑社会主义为理想的而不可实现”。前者允许私人经营，只是防止社会的不平等竞争，“分配自然趋均，不为过度之干涉”，不会产生自由竞争消失而使进化停滞，报酬平等而使劳动者丧失进取动机等问题。经济社会的分配趋均，是心理的而非数理的，“心理的之平等，真平等，数理的之平等，非平等”。社会革命论的精神，不必干涉各种生产消费之事，只是使经济界没有不平等阶级，个人各立于平等地位，就像立宪国没有贵族等阶级一样，个人所得各视其材力聪明，“虽有差异，不为不均”。换句话说，“非使将来之中国，损富者以益贫”，而是“富者愈富，贫者亦富”。由于“中国土地已为私人所有，而资本家未出世”，故社会革命“但以土地国有为重要，从而国家为惟一之大资本家所不待言”。这样，“土地国有者，法定而归诸国有者也；大资本国有者，土地为国家所有，资本亦自然为国家所有也”。以上论证，“其主义切实可行，其精神始终一贯”，不像梁氏崇拜社会改良主义，一会儿企求不改变现行社会组织，一会儿又望其改革；忽而主张奖励资本家，认为分配趋均乃病国，忽而又绝对赞成社会改良主义，其观点前后矛盾，枘凿不入。

对于梁氏认为中国不能行社会革命的其他论点，此文也一一批驳。例如，认为土地国有要解决的是财政问题，无关多数平均少数利益之旨。文章反驳说，国家代表“国民之团体人格”，土地国有将少数地主的利益移诸国家，“土地国有即均少数利益于多数”。又如，把孙中山的“必能耕者而后授以田”之法，与古代井田制联系起来。文章反驳说，说此法颇合于古者井田之意是可以的，但说它就是古者井田之法则是错误的。“井田之法为数理的分配，吾人社会政策为心理的分配，此其大异之点”。所谓心理的分配，以国家为惟一的地主，国内人人皆为租地者，“其立脚点为平等”；每人具体的租地面积，“不妨依其业异其标准，而为之制限”，不必像井田之法人均百亩。再如，以土地定价收买法之不可行，证明社会革命不能行。文章反驳说，“吾人社会革命之政策，为土地国有，土地国有之办法，为定价收买”，梁氏只对土地收买后的情况持怀疑态度，岂非已承认土地国有主义；梁氏的怀疑，是对经济学上一些基本概念如地价、地租与地税、土地买卖与土地出租等不理解。

综合以上反驳意见，最后概括说，所谓社会革命不必行，不了解“吾国经济现象之不足恃，而当消患未然者”；所谓社会革命不可行，不了解“国家为大地主、大资本家而外资无足忧者”；所谓社会革命不能行，不了解“国有土地主义其定价买收方法，更无驳论者”。至于孙中山何以将民生主义译为 Demosology 而不是 Socialism，文章轻描淡写地说，这是“由理想而见诸实际之意”，社会主义往往被看作一种理想，民生主义则避免停留在理想状态，探求将这一理想付诸实际。

这篇文章,与朱执信的《论社会革命当与政治革命并行》一道,坚决捍卫《民报》的社会革命立场,同梁启超的攻击性观点针锋相对,都是从社会主义乃至马克思学说的观点出发,宣扬社会革命的必要性、紧迫性和可行性,其论辩性具有典范意义。

(四)涉及社会主义问题的其他文章

论战期间,《民报》还发表和转载了其他一系列文章,或者直接参与论战,或者间接发表意见,或者作为背景资料,也在不同程度上论及社会主义问题。兹分几类,举例如下。

第一类是章炳麟的文章。章氏自 1906 年《民报》第 6 期起,担任主编,同期登载他的《演说录》,其中特别提到中国传统合于社会主义。如谓:“中国特别优长的事,欧美各国所万不能及的,就是均田一事,合于社会主义”。三代井田之外,从魏晋至唐代,都实行均田制度,“贫富不甚悬隔,地方政治,容易施行”。自两宋至今,与唐代以前的政治相仿佛。“其余中国一切典章制度,总是近于社会主义,就是极不好的事,也还近于社会主义”。如刑名法律不许富人罚钱赎罪,像穷人一样受刑;又如科举制度不专让富人,穷人也有做官的希望。“这两件事本是极不好的,尚且带几分社会主义的性质,况且那好的么”? 所以,“我们今日崇拜中国的典章制度,只是崇拜我们的社会主义,那不好的,虽要改良,那好的,必定应该顶礼膜拜,这又是感情上所必要的”。① 可见,他认为中国贫富不甚悬隔的制度传统,是中国比起欧美国家更容易实行社会主义的优势,也是中国人应该崇拜社会主义的感情基础。

《民报》第 7 期,他发表《俱分进化论》,亦称,在欧洲,除“少数之持社会主义者”,一般都以富商大贾与贫民分立的等级观念为天经地义之事,而在东方诸国,虽然人人趋附势利,但在观念上以此为必不应为之事。这意味东方诸国的观念趋于平等。从进化论的观点看,“惟择其最合者而倡行之”,在“最合者”中,“社会主义,其法近于平等”,似乎最符合倡行的要求。② 与东方诸国的平等观念联系起来,这又意味着东方诸国比欧洲更适合于倡行“其法近于平等”的社会主义。

偶尔,他对西方社会主义宣传中的白人至上观念表示异议。如谓,“社会主义者流,名曰以圆顶方趾尽为同胞者”,以全人类作为同胞,可是有些欧洲学者却说,社会主义之利应只泽及白种人而不与黄种人,这种社会主义“名实背

---

① 太炎:《演说录》,《民报》1906 年 7 月 25 日第 6 期,见张枬、王忍之编《辛亥革命前十年间时论选集》第 2 卷上册,三联书店 1963 年版,第 453—454 页。

② 太炎:《俱分进化论》,《民报》1906 年 9 月 5 日第 7 期,见同上书,第 486、490 页。

驰”。他还对空言社会主义“无术以行之”的做法，表示非议。[1] 稍后，他从社会主义转向所谓共产主义即无政府主义。又提出，共和政体下，其经济上的节制之法，一是均配土田，使耕者不为佃奴；二是官立工场，使佣人得分赢利；三是限制相续，使富厚不传子孙。这颇类于社会革命论者的社会主义或民生主义设想，但是这种共和政体仍属于两害相权取其轻的类型，因为必须有政府、国家和民族，而超过民族主义的“五无”境界，首先就是“无政府”。从经济上看，“有钱币在，则争夺生而阶级起，于是以共产为生，则贸易可断，而钱币必沉诸大壑”，意谓取消了政府，不必再有划分彼此的钱币和贸易，“人类之财产可以相共而容”。或者说，在无政府情况下，“共产同内，则一身无利之可损，亦无利之可增”。[2] 把无政府主义的经济内涵，等同于共产主义。后来，他在“社会主义讲习会”里，也宣扬“遮拨国家之论”即否定国家的观点，认为这一观点不仅有利于“期望无政府者”，对于劝导“期望有政府者”，同样有说服力[3]。

第二类是驳论性文章。如汪兆铭驳斥《新民丛报》的政治革命论，附带提到，“盖民生主义既实行，无所谓财产阶级”[4]，意在民生主义具有消除贫富差别从而消除财产阶级的涵义。他驳斥《新民丛报》的革命可以生内乱说，又提到社会革命“以实行国家民生主义为目的”，以“破坏不完全之社会经济组织”为手段。或者说，革命后的建设目的，包括民族国家，民主立宪政体，以及“国家民生主义”三者。其中“国家民生主义”，《新民丛报》诋毁其为“杀四万万人之半，夺其田而有之”，足以生内乱，使人骤闻“国家民生主义”，“杀越人于货之观念必生”。其实，研究民生主义，会发现它“固有一种之科学，而千经万纬，实足以周于社会”。[5] 这里所说的国家民生主义，和冯自由讨论民生主义与中国政治革命前途时所说的国家民生主义，完全一致。冯文试图把国家民生主义与一般民生主义尤其极端民生主义区别开来，而汪文几乎以国家民生主义与民生主义为同一个概念。

又如，叶夏声（1882－1956）发表于《民报》第 7 期的《无政府党与革命党之说明》一文[6]，反驳保皇党诋毁革命党的主张为无政府主义的惑众之言，强调实行社会主义并非如无政府主义的破坏说，必使国家安宁与社会秩序“尽倾复而无遗”。它与无政府主义的区别，最重要者，无政府主义“废灭政府”，社会主

---

① 太炎：《“社会通诠”商兑》，《民报》1907 年 3 月 6 日第 12 期，见张枬、王忍之编《辛亥革命前十年间时论选集》第 2 卷下册，三联书店 1963 年版，第 657－658、659 页。

② 太炎：《五无论》，《民报》1907 年 9 月 25 日第 16 期，见同上书，第 755、756、761 页。

③ 太炎：《国家论》，《民报》1907 年 10 月 25 日第 17 期，见同上书，第 777 页。

④ 精卫：《再驳“新民丛报”之政治革命论》，《民报》1906 年 9 月 5 日第 7 期，见同上书，第 479 页。

⑤ 精卫：《驳革命可以生内乱说》，《民报》1906 年 11 月 15 日第 9 期，见同上书，第 521、526、529 页。

⑥ 参看《民报》1906 年 9 月 5 日第 7 期，见张枬、王忍之编《辛亥革命前十年间时论选集》第 2 卷上册，三联书店 1963 年版，第 490－497 页。

义"利用政府",由此引申出前者轻蔑政治,破坏法律,阴谋推翻政府,主张"绝对的自己主义",后者服从法律,通过政治运动维持善良政府,尊重生命,主张"平和而有秩序且博爱者"。二者的终极目的相同,"皆求个人之最完全自由",二者为达到目的所选择的道路却相异,相比之下,"社会主义较无政府主义其根据确实"。这也是作者"所以袒社会主义"的原因。这篇文章旨在说明无政府党与革命党的区别,重点论述国家、政府、法律、秩序的重要性,一再辩白革命党人利用政府进行革命,是平和的、建设性的、具有可实行基础的,不同于无政府党人废灭政府的破坏性、非法律性以及"梦幻"空想性。这些基本观点,体现了《民报》作者们的共同秉性。

第三类是译文。这一时期,除了论战性文章外,《民报》还转译日本学者特别是那些倾向于土地均权的日本学者关于社会主义的文章,作为辩论同类问题的支持材料。例如,《民报》第 4 期,发表日本巡耕社撰稿、《民报》社员翻译的《欧美社会革命运动之种类及评论》一文①。文章指出,近世以来,百工发达,产业繁殖,可是由于富者垄断,只有少数豪富享受文明的恩泽,大多数人民相率沦丧。19 世纪初期,西欧各国的志士仁人如波涛汹涌一般竞起其间,主张"改造社会,拯救民命",可惜其语未足精详。19 世纪中叶,出现社会主义、无政府主义与土地均有主义三派,"皆以根本改革应用于社会者"。

社会主义的"大目的","以土地、资本(此二者,人民生活所由产也)公诸社会,使政府掌治之,而民以其劳,自易其利,不容各人私有"。其理由,一种说法,人们各有其生产机关,不免个人竞争纷起,以致优者兼并,劣者覆没,产生贫富霄壤之别。所以,要消除这种可悲现象,使人人均富,"生产机关不应主自个人,而社会共主之"。另一种说法,"收取个人私财",在于个人拥有的财产,并非个人生产所获得,而是"或农或工一般社会之合力"的结果。因此,"利无私有之理,而社会有公收之权"。基于以上说法,于是,

> "社会党大倡制限私财及其使用之权,卑视个人之资格,而推社会为本位,并以社会为本位体制,建设于人类之上,以谋人类之财产及权利一律平等。此其说创自德儒卡玛、般杰二氏,近乃风靡全欧。"

这是把 19 世纪中叶以来风靡全欧洲的社会主义学说,归于马克思和恩格斯二人的创始之功。受这一学说的感召,又出现了"理想趣于极端"的共产派;"以宗教精神为重",以占据议院多数席位为目的的基督教社会党即温和派;以及不考虑议院多数席位,"实力充足,直起而改造社会以行其主义"的社会革命

① 参看姜义华编:《社会主义学说在中国的初期传播》,复旦大学出版社 1984 年版,第 368—371 页;以及《社会主义思想在中国的传播》第二辑,中共中央党校科研办公室,1987 年,上册,第 38—39、431—432 页;中册,第 315—316 页。

派。尤以社会革命的气运"进而不已"，政府感觉无法限制其进展，于是提倡"国家社会主义"，假托仁政，怀柔众庶，借此"既欲消人民不平之气，遏其急进之行，又谋自固其君权贵族富豪之位"。如德国"奸雄"俾斯麦苦心经营之，各国政客也有附和者。但是，社会革命大势所趋，不能容忍这种"姑息之障害"，更何况它"奄奄无生气久矣"，意谓俾斯麦式国家社会主义已失去其生命和活力。

无政府主义"使人民各得极端之自由为目的"，举凡帝王贵族、国家、政府、教权、所有权等，限制自由，都要破除，否则，"不足以人类平等自由之合意，创立新社会"。其理由是，"人类之幸福，在全其天性；全天性之道，在人各得极端之自由。自由者，人类幸福之根本也"。其中否定财产所有权，其依据，"凡人所有财产，非独力所致，乃合力使然，而一人据有，未当也"，与社会党的论旨相同。无政府主义又分为哲学的无政府主义、基督教无政府主义、破坏的无政府主义三派，破坏的无政府党亦称共产无政府党或虚无党，创自俄国人巴枯宁，"志在毁销旧社会之组织，创人类平等自由之新世界，牺牲生命运动革命者"，其运动常常使帝王将相感到恐怖。

土地均有主义"欲使人类平等利用土地"。其理由，土地乃天造而非人为，人为者人可得而有之，非人为者均不可得，哪里有天下一样的人却差别占有土地的道理。所以，"平均地权者，人类之大道也"。为此，要改造社会，使生产所凭借的土地，"人各得而均享之"，"权利既均，则皆为独立自营自由之人"，也就消除了贵族富豪"擅越吾民之财产权利"的祸患。当今欧美信奉此主义者，有土地民有派和土地单税派。土地单税派主张，"废人民负担各税，而唯代以土地所有之税"。土地是人类平等共有者，从道理上说不能个人兼并、擅有其利，但考虑到骤然取消土地所有权，难于实行，不如保留土地所有者的名义，对土地赢余课税，缴纳国库充公，同时免去其他税收，"劳心劳力赖以营生者不受征，而兼擅天下共有之土地者，代之负担"，这样也就无所谓垄断和兼并，"天下多数之贫民乃实沾其惠"。这种保留名义的实际征取做法，是"策之至善者"。此派盛行于英美，几乎流传全世界，其创始人是亨利·乔治。

对比以上三派主义，译文认为互有短长，相持不下。如社会主义者把近世产业繁殖所产生的贫富差距，看作重视个人权利、放任自由竞争的结果，因而要保持人人的平等幸福和自由权利，必须限制个人势力和自由竞争。这是以个人为社会本体的一部分，本体确立，个人也各得其所，所以，社会党主张"以社会为人生之本位，举个人所有生产机关（即土地、资本），而委诸社会机关之政府，使掌治之"。对此，无政府党不同意，认为这是政府万能主义，束缚人民的自由，"痛斥中央政府之权能，而希望人民以个人之合意，组织地方自治团，以联邦政治为社会成立之要素"，或称之为"自治联邦政团"。土地均有派反对无政府党所提倡的共产主义,认为个人所有财产,得之于勤俭,失之于怠荒,无产者因怠荒也可共有共用,无异于盗窃,是对个人所有权利的侵害。只有土地这一自然产物可以平均,这是"世界之公理"和"人世之正道",由此可确保地球上人类的生活与自由。对此,社会主义者又反驳说,近世生产机械的发明,助长了资本垄断,如果只是平均地权,资本不均,仍不能改变贫富悬殊状况。土地平均派的回答是,土地为生产之本,地权平均了,贫富之别的恶态由于各人勤惰不同,也自然解决了,因为此派"非望绝对之均富",只是"衡正"当今达于极点的贫富之差而已。

最后,译文评论说,要从根本上改造社会,此类革命运动的进行,对于人类至关重要。如何解决当世人类这些大问题,又不可不深察。在它看来,"以人类之幸福为本,而达社会改革之目的,当以个人为本位,此俟诸百世不惑者",因此,不同意社会党"以社会为本位,举人之生产业务及财产使用权,而尽委之社会机关之政府",无政府主义一派批评这一主张侵犯人的权利,束缚人的自由,"一语破的"。同时,它对无政府主义否定个人所有权利,重视共产主义,也表示非议,"此亦与社会主义同",难免侵犯人的权利和束缚人的自由。它认为,人各有权利,应当包括劳动生产权利和所有权利,"此理之至明者";有劳动生产权力,没有所有及使用权,无从获得自由幸福。鉴于此,社会主义者"偏重经济之平均"而轻视自由之权利;无政府主义者"重自由太过,转失自由",视政府为无用,也否定了政府对于人民幸福的保护作用。最终结论是,"破贫富之障,苏人民之生,衡权利于平等,保幸福于正当",以此而论,较为妥善的办法,"不能不推土地均有说"。阿弗里德·罗素·华莱士(1823—1913)的土地地方团体支配法和亨利·乔治的单税主义,作为这一学说的代表,存在令人遗憾之处,如单税法能获得土地的果实,却不能平均土地的占有及使用,又如地方团体支配法不能保障个人直接享有使用土地的权利,但可以肯定地说,"社会革命,挽救民命之第一术,唯天造之土地,使人各得均其权利而已"。

这篇译文对于社会主义的理解,如将土地均有主义与社会主义相并列,而不是归属于社会主义概念之内;批评国家社会主义是现政府用来笼络人心、维系其自身垂暮地位的手段等,与《民报》社会革命论者的理解不尽相同。但译文将社会革命的立脚点放在土地均有说之上,却与《民报》论者突出土地国有主义这个主题一拍即合。这恐怕也是《民报》热衷于转载这篇译文的原因。此前,《民报》还翻译刊载了日本土地复权同志会的《土地复权同志会主意书》①。文中宣扬:土地乃"人类居住之根源、生产之基资、造化所惠赐、为吾人所最需

① 参看《民报》1906年1月22日第2期,转引自《社会主义思想在中国的传播》第二辑下册,中共中央党校科研办公室,1987年,第247—248页。

要者"；土地非人力之所造，乃依天然力而成，绝不允许任何人排除他人的共同享有权，"土地之利用，为人类所当平等享受者，乃天赋之权利，万世不易之正道"；现行土地所有制度违背平等享受法则，允许个人对土地的永久擅有权，放任其无限兼并，结果，"天造之土地，竟被少数富豪所专占，多数之人仅得托足他人土地之上，保其残喘，其境涯亦大可哀"，因此，不革除土地擅有制度，"人类各个独立自营之基础永无确立于此地上之日，年年代代生存于奴隶的境涯而已"；本会同志鉴人类之大义，遵人道之正路，主张土地"回复人类正当之权利，以全各个人独立自营之良性"。这番宣示，号称秉承上天示旨、古贤垂迹，它和前篇译文一样，被《民报》用来为其土地国有主张服务。

论战期间，其他一些报刊与论战相呼应，也参与讨论社会主义问题。如《复报》[①]支持《民报》立场，其第 4 期（1906 年 9 月 3 日）发表漱铁和尚的《贫富革命》一文。其中谈到，欧洲 19 世纪贵贱界之革命成功后，贫富界之革命又胚胎萌蘖，"近日社会主义，既已轰轰于东西洋，以意料之，二十世纪贫富界之革命，或者比十九世纪之革命而尤剧也，亦未可知"。不少浅见之人把社会主义视为邪说乱道，"不知所谓社会主义者，人人于社会有应享之权利，即人人于社会有应尽之义务"。社会主义的均财，不是夺富济贫，"非夺诸富者之手，而纳诸贫者之怀"；而是一国的矿产铁路田产之类，"均归公家出卖，富者不得独多，贫者不得独少"，即"以中国古者井田之法，而行之于全部分"。就像中国古时的大同学说，"人之生也，少时受公家完全之教育，壮时任公家完全之义务，及其老也则享公家完全之幸福"。可见，"社会主义者，盖谓统筹全局，非为一人一家计"，社会主义即大同主义。今日中国处于危乱之中，离小康境界相差很远，一听大同之说便感骇诧。这是"乐小康而恶大同"的"不智"想法。贵贱界之革命解决"君主贵族之压制"以获得自由，贫富界之革命要解决"资本家之压制"以获得平等。"讲自由而不讲平等，仍属缺而不完之学"，所以说，"平等主义者，即社会主义也，亦即大同主义也"。[②] 此文崇尚贫富革命以追求社会主义或大同主义的积极态度，一则出于对欧洲社会主义发展趋势的理解，一则出于对中国古代大同理想的信赖。这两点都与《民报》论者宣扬的社会革命主张息息相关。

作为对比，当时支持《新民丛报》立场的报刊，也有如《中国新报》[③]关于社会主义的议论。此报第 6 期（1907 年 7 月 18 日）发表刘显志的《论中国教育

① 《复报》，1906 年 5 月 8 日创刊，在日本东京出版，月刊，由同盟会员高天梅、柳亚子等主持其事。

② 张枬、王忍之编：《辛亥革命前十年间时论选集》第 2 卷上册，三联书店 1963 年版，第 553－554 页。

③ 《中国新报》，1907 年 1 月 20 日创刊，在日本东京出版，月刊，由杨度、陈家瓒等主编。

之主义》一文,其中论及社会主义,认为基督教的自由、平等、博爱教义,“诚得社会主义之神髓”。批评近世谈论社会主义者,“专从事实上着眼,以破坏现在社会之外部组织为目的”。在他看来,社会组织不是不可以改良,但像一些社会主义者那样,“必破除能力之竞争,而悉归于平”,“必取私人之财产,胥由国家经营”,其结果,或者优劣同等,逐渐断绝进化生机,或者人人依赖国家,失去个人的独立自治,导致社会无由进化。总之,他奉行“以促社会之进化为目的”,不赞成以破坏现行社会组织为目的。他还主张,“采社会主义个人主义之学说,熔化于国家主义之中,合此三主义而为一”,以此扩充先哲的修己善群教义,作为今日新国民的精神教育。[①] 这种融合个人主义、国家主义的社会主义,可谓不伦不类。

《复报》与《中国新报》载文论及社会主义问题,不是面对面的直接交锋,各自的观点却针锋相对。一个强调社会主义的根本任务是解决贫富之间的不平等问题,将社会主义理解为平等主义或大同主义;另一个宣扬社会主义的神髓是基督教的自由、平等、博爱教义,所谓平等,又被理解为“人对于神为同等之子孙,四海皆同胞”之类的抽象教条,无关于与现实生活中的贫富悬殊现象。一个主张社会主义意味着贫富界革命,通过革命摆脱资本家的压制;另一个鼓吹社会主义应以社会进化为目的,只能改良,不得破坏现行社会组织。一个赞成社会主义将一国的矿产、铁路、田产之类收归公家所有和出售经营,“富者不得独多,贫者不得独少”;另一个反对将私人财产交由国家经营,由此必然导致个人依赖国家,丧失个人独立自主,从而阻碍社会进化。诸如此类的对立观点,表明《民报》与《新民丛报》之间围绕社会主义问题的争论,并非囿于两报之一隅,而是延伸到其他舆论工具,在当时产生不小的反响。

第三节 论战双方关于社会主义的辩诘之分析

20世纪初始的这场论战,发生在日本,在中国思想界产生具有震荡性的深远影响。这场论战,恰好处于历史的交汇点上:一方面,面对内忧外患的日益深重形势,急迫地提出中国民族前途问题;另一方面,伴随西方思潮的持续不断传入,突出地显示社会主义学说解决欧美社会弊端的诱人魅力。二者结合在一起,对于关注中国前途的国内政治家和学者来说,自然会促使他们思索和研究社会主义究竟为何物,以及社会主义是否适用于中国等问题。论战的爆发,正是这种思索和研究发展到一定阶段的产物。这是中国近代史上,第一

① 张枬、王忍之编《辛亥革命前十年间时论选集》第2卷下册,三联书店1963年版,第888—890页。

次以公开论战的形式，把社会主义与国家的前途命运联系在一起。从《民报》和《新民丛报》各自关于社会主义的论述看，它们相互辩诘或争论的问题，主要集中在以下几方面。

一、什么是社会主义

对于这个问题，《民报》和《新民丛报》的作者基本上是从西文尤其日文著述中寻找答案，谈不上自己的独立见解。所以，双方关于社会主义的议论，有不少相似之处。同时，双方的立场不同，在选择舶来资料时往往各取所需或有所侧重，因而各自对社会主义的理解，又显现出一些重要差别。

（一）社会主义的产生原因、目标和前途

社会主义何以产生于欧美等西方国家，两报的看法似乎没有多大区别，一般是从贫富差距的日益悬殊中寻找原因。贫富差距扩大的原因，通常也被说成自18世纪以来，产业革命在西方国家相继完成，机器工业带来生产力的极大发展，同时斯密学说广泛流行，自由竞争打破封建限制取得社会的支配地位，这些新的条件，大为增强了富者愈富、贫者愈贫的可能性和必然性。在这个共同的认识基础上，再往前走一步，双方的分歧逐渐显现出来。例如，梁启超强调西方国家出现社会主义革命的要求，基于产业革命不可避免地造成贫富悬隔的结果，换言之，有了第一次产业革命，才会有第二次社会主义革命。其真实意思是说，没有第一次产业革命，也就不会有第二次社会主义革命。对此，“民意”之文举出美国的例证反驳说，美国因其经济历史背景的不同，避免了欧洲工业革命所经历的痛苦；但今日美国却面临同样甚至更为严重的贫富分配不均状况，结果仍不能避免像欧洲一样进行社会主义革命。也就是说，无论是否经历过欧洲式产业革命，近代工业化扩大社会的贫富差距，都是不可避免的，因而实行社会主义革命，也是不可避免的。在这个问题上，《民报》作者中屡屡有人提出资本家的垄断或无形专制扩大了贫富差距，却只有朱执信一人明确表示，不能把社会主义产生的原因归结于社会的贫富悬隔，而应归咎于其制度本身即“社会经济组织的不完全”。贫富悬隔仅仅是社会经济组织不完全的结果，不是其本源。社会经济组织不完全的制度弊端，指“放任竞争”和“绝对承认私有财产权”二者。可见，朱执信除了和《民报》其他主要撰稿人一样，认识到放任竞争的害处，还透过社会贫富差距现象，进一步指出私有制才是造成这一现象的本质原因。由此也表明，《民报》一方，各人对于社会主义产生原因的理解，存在深浅程度的差别，不尽一致。

关于社会主义的目标，单纯从理论上说，双方观点也没有多少差异，都着眼于通过分配手段解决贫富不均问题，这和他们对于社会主义产生原因的大体相同看法，亦相吻合。此外，双方引述国外社会主义学说，都提到废除私有

权的目标,尽管很少对这一目标本身进行论证。梁启超认定“圆满的社会主义”应该废除土地和资本私有权,否则,就不是真正的社会主义。对于这种非此即彼的绝对说法,在《民报》作者看来,它排除一切折衷做法,最后将走向极端。这一分歧意见,双方论及社会主义的前途时表现得更为明显。恐怕是反对走极端,《民报》文章申明其分配趋均、解决贫富不均的指导原则,追求心理的平等而非数理的平等,不是损富益贫,而是实现“富者愈富,贫者亦富”的目标。这种不触动富人既得利益的所谓共同富裕目标,即便不是《民报》一方的共同看法,也是其主导观点。

论战双方对于社会主义产生原因及其目标的认识有差异,双方展望社会主义的前途,也不可避免地存在歧见,而且形成尖锐的对立。梁启超作为国人中较早介绍社会主义之一人,在论战中,并未把社会主义说得一无是处,而是试图用抽象肯定、具体否定的方式,打消人们现在去憧憬社会主义前景的念头。他的论证方式,抽象地看,或就理想而言,社会主义是“高尚纯洁之主义”或“将来世界最高尚美妙之主义”。其追随者吴仲遥也附和说,社会主义理想是“通古今独一无二之完善之国家”或“极高尚极美妙之乐土”。但具体地看,或就现实而言,社会主义又是根本不可能实现的“空想”、“幻想”或“梦想”,是像无政府主义一样的“梦幻”,即便有可能实现,也是在千数百年以后的遥远未来,可望而不可即。这种对社会主义前途的悲观估计,引起《民报》一方的猛烈反击。他们一面讴歌社会主义是当今经济、社会上“最重大、最切要之新主义”,其演进摧枯拉朽,磅礴世界,“吐露锋芒,光焰万丈”,其成效在欧美昭然若揭,其狂涛“以万马奔腾之势,横流于亚东大陆”;一面针对各种批评社会主义或民生主义的论调,寸土不让,坚持社会主义是可行的,进而宣扬应当把中国命运的改变与社会主义的前途联系在一起。

(二)社会主义的理想模式——国家社会主义

论战双方对于社会主义的认识有不小分歧,但谈到理想的社会主义模式,似乎都赞成国家社会主义模式,这是论战中值得注意的现象。稍作考察,可以发现,双方所谓的国家社会主义,基于对社会主义各种派别的不同倾向,仍显示出不同的涵义。

论战之前,梁启超介绍西方社会主义,就提出抵制“偏激的”或“极端的”社会主义,主张采纳“国家社会主义”的若干因素,这些因素,按照他的提示,似乎与托拉斯有着千丝万缕的关系。论战期间,他提倡开明专制,继续坚持国家立法事业须参照国家社会主义精神,以防范将来社会革命的祸害。后来,为了反驳孙中山的土地国有思想,他申辩说,解决社会问题,仅土地国有还不行,关键在于解决资本问题,一切资本与土地均归诸国有,至少使一国资本掌握在多数人手中而不为少数人所垄断。这番申辩,并非他所谓国家社会主义的真正涵义，只是为了炫耀他对社会主义的理解比孙中山的土地国有论更“圆满”。紧接着，他重点说，当今中国应以奖励保护资本家特别是大资本家为主，根本不是什么资本国有。奖励和保护资本家的意思，从他引申国家社会主义的涵义看，也是社会改良主义。他认为，社会主义包含性质相反的两个派别。一是社会改良主义派，承认现存社会经济组织，只要求加以矫正；另一是社会革命主义派，不承认现存社会经济组织，主张在破坏的基础上重新建设。现存社会经济组织，即“一切生产机关之私有权”。换言之，社会改良主义与社会革命主义的分界线，在于是否承认现存私有制。对此，梁氏立场鲜明，“绝对”同情社会改良主义，视社会革命主义为必不可行的“自扰”举动。他提倡国家社会主义精神，在维护现存私有制的前提下，实行若干社会改良措施。诸如同意限制独占性质的事业由少数人专利、制定产业组合法以利于小资本者和无资本者、制定工场条例以防止资本家虐待劳动者和保护妇女儿童、制定强制保险法以保护失业和老病者、特设储蓄机构以便利一般人民、征收累进所得税和遗产税，等等。总之，采行这些措施，为了缓和社会贫富差距扩大的矛盾，避免发生旨在推翻现存社会经济组织的社会革命。

梁氏的国家社会主义精神，吴仲遥论述社会主义时有进一步注释。如将社会主义区分为“狭义的”与“广义的”两类：狭义社会主义主张破坏现存社会组织、谋求重新建设，又称“社会革命主义”；广义社会主义主张现存社会组织设法矫正个人主义流弊，又称“社会改良主义”，“国家社会主义”包含在广义社会主义之内，“谋假国家之力，以达其矫正之手段”，借助国家力量作为矫正个人主义流弊的手段。在他看来，狭义社会主义仅着眼于救济贫穷阶级，主张采取革命手段，“徒扰乱社会而已”，其道路狭隘，难于达到目的；广义社会主义立足于同时救济贫富两个阶级，其道路广阔而易行，故呼吁中国应当“酌采广义的社会主义”。这表明，梁、吴二氏的国家社会主义，都是从西方社会主义中与社会革命主义相对立的社会改良主义一方去寻找理论根据。二人稍有差异的是，吴氏似乎侧重于从历史角度说明，在西方世界，国家社会主义已“非如昔时之为人所嫌忌”，人们已经捐弃前嫌而接受或赞成国家社会主义了。梁氏更为强调的是国家而不是社会主义，宣扬在中国，社会主义和民族主义都应当屈从于国家主义之下。《中国新报》的文章不赞成破坏现行社会组织，主张社会主义和个人主义学说“熔化于国家主义之中”，以另一种形式表达了梁氏的类似想法。

《民报》作者几乎在涉及社会主义的各种重大问题上，都提出针对梁氏观点的反驳意见，惟独对国家社会主义问题，好像容忍了梁氏观点，没有提出公开的批评意见。不仅如此，《民报》作者中谈论国家社会主义优越性的也大有人在。他们的理解除了字面上相同，在内涵上仍与梁氏之流有明显区别。

大概为了突出自身特色,《民报》作者偶尔称国家社会主义为"国产主义",经常称作"国家民生主义"。关于国家社会主义的解释,仔细分析,《民报》作者内部也不尽一致。主导的意见,以冯自由的文章倡导国家民生主义为代表,依据德国、日本等国政府"效果大著"的内政趋势,认为政府出面干涉,对邮政、土地、电线、铁道、银行、轮船、烟草、糖酒等一切涉及公益的权利,"皆宜归入国家所有",将私人垄断的权利收回归公,不啻将其利益让"全国人共享有之"。这种意见不那么赞成极端民生主义,却断言极端民生主义胚胎于国家民生主义。"民意"为民生主义辩护的那篇文章,同样理解社会主义为铁道等事业归国有公有。至于这种社会主义与极端社会主义的区别,按照"民意"的解释,前者以独占事业为限,将社会资本的大部分归于国有,竞争事业则容许私人竞争;后者干涉过度,连竞争性事业也禁止私人经营。《民报》主导意见的国家社会主义或国家民生主义,与梁氏的国家社会主义,在对待现存社会制度的态度上,有不同之处。梁氏主张维护现行社会组织,反对社会革命。《民报》恰好相反,如汪精卫的文章所说,他们的社会革命以"实行国家民生主义"为目的,以"破坏不完全之社会经济组织"为手段。

非主导的意见,恐怕可以朱执信的文章为代表。他分析德国社会革命家的斗争策略和德国社会党的发展道路,曾提到德国当权者面对这一革命形势,为了维持自身权力的需要,常常假托社会改良和劳动保护的名义,以求从根本上摧陷反政府的有志者,阴绝社会革命。他的这番议论,不为社会改良的表象所迷惑,其矛头直指德国俾斯麦政权的所谓国家社会主义政策。他不像《民报》有些作者参与非议所谓极端社会主义,把自己主张的国家社会主义,建立在社会经济组织革命的基础上,视之为走向科学社会主义的初期步骤,这也是他的一贯想法。从当时《民报》转载日本学者的文章中,可以看到与他相类似的观点,批评西方政府所提倡的国家社会主义,用怀柔众庶的虚伪仁政来对抗社会革命"进而不已"的趋势,与社会革命的蓬勃生机相比,以德国政府为代表的俾斯麦式国家社会主义,已呈现出"奄奄无生气"的衰败景象。

梁氏的国家社会主义模式,大致以社会主义中的社会改良一派作为其依据。《民报》的国家社会主义模式,基本上以社会主义中的社会革命一派作为其依据。《民报》主导意见除了其理论依据外,还在现实中援引德国、日本等国政府的所谓国家社会主义做法作为参考,因此与梁氏的国家社会主义说法有更多的易相混淆之处。其非主导意见的国家社会主义模式,揭露俾斯麦式国家社会主义的改良主义实质,更为彻底地贯彻了社会革命的精神。

(三)社会主义的实现方式

在上述问题上,论战双方围绕社会主义的辩诘,至少从表面看来,分歧不十分明显,而在社会主义的实现方式这个问题上,双方的分歧即便从外表看,也给人以水火不相容的感觉。梁氏的说法，比较直率，也比较容易剖析。他认为，社会主义从其圆满形态来说，是不可能实现的空想或者是遥远未来的理想。若从社会改良的角度来说，可以实现的是国家社会主义形态。但它的实现方式，应当循序渐进，"拾级而升"，或像康有为评论法国革命时所说的那样，"苟未至其时，实难躐等"[①]，避免任何越级的革命。梁氏又把社会主义区分为"辨理的"与"感情的"，认为"辨理的社会主义"不同于"感情的社会主义"，不必经过人民暴动；或者认为国家的管理可以"参用"社会主义精神，但不必实行社会主义革命。在他看来，革命论者追求共和制度，徒劳无益，无论人民的程度还是施政机关的整备，均难以适应，也就是说，人民的管理能力和政府机关的管理水平，都不可能满足社会主义国家犹如独一无二的大公司、高度集权并负责全国衣食住及职业分配的管理需要；况且，社会主义取消自由竞争将阻碍社会进化、采取平等报酬将遏绝劳动动机。在这种情况下，采取革命方式实现社会主义，无异于煽动下等阶层甚至流氓无赖乞丐罪囚之类下流阶级起来造反，屠掠均分富人的财产，并非真正的社会主义。

与梁氏一派的观点针锋相对，《民报》一方从一开始就打出社会革命的旗帜。其社会革命同旨在推翻专制帝制、推翻清朝统治的政治革命和民族革命并列，故《民报》一方又被称作"持革命论者"或革命派，与梁氏一方的改良派形成对照。《民报》在社会主义的实现方式问题上，至少从其公开的论纲看，坚持社会革命的立场。仔细斟酌其社会革命的涵义，会发现其中有一些不同的解释或者模糊之处。宣传社会革命最为坚决的朱执信，从广义上理解社会革命，凡社会组织发生"急激"大变动者均属此列，在狭义上是针对不完全社会经济组织的革命，也就是汪精卫所说的对不完全社会经济组织的"破坏"。这种理解，依据的是马克思的"科学的社会主义"。所以，他反对当权者以社会改良的名义排斥社会革命。这同梁氏等人主张维护而不是破坏现存私有制或社会经济组织，只对其社会弊端加以矫正的社会改良观点，恰好形成对立的两端，二者的界限泾渭分明。但是，究竟应根据什么样的原则来从事革命或"破坏"，进一步的解释显得有些模棱两可。

朱氏认为，社会革命的涵义，关键在于改变可能导致不平等的制度即"致不平之制"，而不论这种制度是否已经产生不平等现象。这个涵义似乎与他的上述理解一脉相承，其实，它还派生出另一种解释，即社会革命不是夺取富民的财产分配给贫民，那是"动乱"而不是革命。这种劫富济贫式的平均做法，没有触动制度本身，不可避免地仍会重蹈不均的覆辙。这一解释，把改变不平等

---

① 明夷（康有为）：《法国革命史论》，见张枬、王忍之编：《辛亥革命前十年间时论选集》第 2 卷上册，三联书店 1963 年版，第 295 页。

或不完全的制度与夺取富民的财产二者区别开来，一面强调必须用革命方式改变“致不平之制”，一面又表示要谨慎处理现有富民手中的财产，不能随便剥夺。既要革命以消除产生不平等的社会经济制度，又要注意同时维护富民和贫民的利益，这里是有矛盾的。对此，“民意”的一段话，似可作为另一种注解：社会革命的分配趋均之取向，指心理的平等而非数理的平等，各人在经济社会中从心理上感觉处于平等的地位，即察觉不到不平等阶级的存在，至于各人因其材力聪明的不同而带来所得上的数理差异，仍属于分配均平的范畴；如此则不必损富者以益贫，便能实现富者愈富、贫者亦富的目标。以心理平等为内涵的社会革命，意在区别极端社会主义者禁止私人经营而过度干涉的主张，并非朱氏原意，但他们对待富民财产的小心翼翼态度，却是共同的。朱氏本人，不是从心理的或数理的平等角度出发，而是着眼于将来，认为社会革命既不是强夺富民财产以平均分配，也不是“贫民专政”，要建立财富分配自然趋于平均的“善良之制”、同时又“决无损于今日之富者”，通过诸如征收遗产税之类，预期将来自然而然地分散集积者的财富以近于平均。很明显，所谓社会革命，既然不能损害今日的富者，只有寄希望于将来，而将来是什么样子，只须凭想象来做猜测。

朱氏的想象有：劝说资本家阶级放弃自身一时的苦痛，接受累进遗产税的社会革命政策，以期未来实现民众共同康乐安适的目标；对地主的私有土地采用非暴力的逐渐收买方式，推行土地国有政策；等等。他转引马克思在《共产党宣言》结束语中的那句名言时，也有意无意地回避了原文“用暴力推翻全部现存的社会制度”中“用暴力推翻”这一关键词。对待富人财产问题上，这种非暴力的社会革命主张，显然受到孙中山思想的影响。孙中山曾说，社会革命“不愿少数富人专利”，但革命往往伤国民元气，万不得已时才用，所以，最大的责任是实行民族革命政治革命的同时，“想法子改良社会经济组织，防止后来的社会革命”①。这里的“改良”，就包含非暴力的意思。此外，《民报》引用一些日本学者关于社会主义的文章，也主张维护个人所有权利，不能指望绝对的均富，只须对严重的贫富差距加以“衡正”。类似的观点，既为《民报》所垂青，同样会受到它们的影响。处于这样的氛围中，自会产生朱氏那样的主张。其他的《民报》作者或支持者更是如此，或者如宋教仁的译文把社会党称作“平和党”，把社会党之主义看作“太平大同之主义”；或者如廖仲恺的译文认为各国社会主义者均“服从法律，维持政府，尊重生命”，“尚平和，守秩序”；或者如《贫富革命》一文解释社会主义的均财，不是夺富济贫，只是公家出卖矿产、铁路、

① 孙中山：《在东京〈民报〉创刊周年庆祝大会的演说》，《孙中山选集》，人民出版社 1981 年版，第 83、86 页。

田产时，“富者不得独多，贫者不得独少”；等等。

两相对比，在社会主义的实现方式上，梁氏等人认为，没有实现的必要，只有“参用”的可能，可以参考社会主义精神对现行社会作某些改良，无须革命，革命无非是煽动下等贫民掠夺富人财产的人民暴动。相反，《民报》作者认为，必须通过社会革命实现民生主义即社会主义，社会改良无济于事；不过，革命指的是改变不完全的社会经济组织或求得心理上的平等，绝非夺富济贫式的均富，也绝不诉诸暴力。辩论的双方，本来在革命与改良的立场上势不两立，可是，当革命概念被赋予非暴力、无损今日富民之类的内涵后，双方原本清晰的对立界限，便又模糊了。

二、社会主义是否适用于中国

20 世纪初，在论战发生之前，曾经提出社会主义是否适用于中国的问题。在那时，孙中山就对此表示肯定和支持，认为社会主义的经济理想世界“将现于实际”，平均地权“可以切实施行”于今日中国。反对者如邓实等人，则表示社会主义“极不切于中国”。不过，两种对立的观点，在当时各自并行地提出，并未形成直接的交锋。它们各自所依据的理由，未经历针锋相对的辩驳和锤炼，也显得比较单薄。如肯定的观点无非说，先进的欧美国家存在贫富日益悬殊的弊端，落后的中国依托均平的传统和贫富差距较小的现实，可以实行社会主义或类似社会主义的措施以避免西方的弊端。否定的观点也无非说，社会主义是先进欧美国家才出现的问题，中国国情不同，尚处于比较落后的发展阶段，故社会主义根本不切于中国实际。

论战前夕，孙中山曾赴布鲁塞尔访问第二国际书记处，在那里陈述了中国实行社会主义的理由。据史料记载，其理由大致如下：一是中国缺少地主，流行按财产多寡纳税的简便税制，有利于防止阶级剥夺；二是中国工人的生产手段虽然落后，但他们与富人之间的差距远不如西方国家悬殊；三是中国采用欧洲的机器生产方式，应避免其种种弊端，设想不必经过工人遭受资本家剥削的痛苦阶段，由落后的中世纪阶段直接过渡到社会主义阶段；四是中国将率先实现“完全的集产主义制度”或“最纯正的集体主义制度”，为欧洲甚至全世界作出榜样。在这些理由的滋润下，后来形成独特的民生主义概念。就像《民报》“发刊词”概括的那样，民生主义针对欧美积重难返的社会经济弊病，趁着唯独中国受病未深之际，利用这一机会，比较容易避免重蹈欧美社会的覆辙，实现社会革命与政治革命毕其功于一役。这个论点，在随即到来的论战中，成为双方争论的一个焦点。它既是《民报》及其支持者的重要论据，也是梁氏及其支持者攻击的主要对象。

梁氏反对孙中山的社会主义或民生主义观点，也不是一时冲动的心血来潮，同样有其来历。他作为国人中较早接触和介绍西方社会主义思潮的得风气之先者，几乎从一开始，就表现出不相信社会主义适用于今日中国的怀疑心理。这种心理，或许秉承其师康有为的旨意，把实现大同看作至少需要千数百年逐级演进的缓慢自然过程，是遥远将来的理想；或许面对当时中国积贫积弱的现实，更倾向有一个非暴力的环境，能够沿着西方列强走过的资本主义道路亦步亦趋，不愿选择诉诸革命的社会主义道路。不论持有哪种心理状态或兼而有之，他早期涉及社会主义问题的著述中，已经透露了怀疑社会主义在中国有其适用性的信息。论战的序幕拉开后，这种早期的信息经过加工、粉饰和扩充，形成一套较有系统的东西，用作掷向孙中山一派的炮弹。

综合起来，梁氏的反对观点，可以分为几类。一是沿袭西方反对者的有关说法，如实行社会主义以取消自由竞争和采取平等报酬，会导致进化停滞和丧失劳动动机等等。二是以中国情况特殊为口实，提出否定社会革命的“三不”理由：中国传统的社会经济组织不同于欧洲，如早已取消贵族制度、实行庶子平均继承法、赋税极轻等，表明分配方面比较完善，不存在严重的贫富差距，故“不必行”社会革命；中国今日所需解决的迫切问题与欧美社会正好相反，是生产问题而非分配问题，我国只有产生大资本家才有能力同外国资本进行国际竞争而免遭亡国，由此应以奖励资本家为第一义，以保护劳动者为第二义，故“不可行”社会革命；中国比起欧美国家，更不具备实行圆满的社会主义所必备的基础和条件，社会主义国家如同一家独一无二的大公司，将土地、资本等一切生产机关均收归国有，承担全体劳动者生产和消费的统一管理和分配，我国的政府和人才条件不能适应这一任务的要求，故“不能行”社会革命。三是抓住孙中山及其支持者的个别观点，甚至以莫须有的观点，抨击孙中山一派期待通过革命使中国人口死亡过半，土地多数无主，最有利于民生主义的推行；嘲笑他们的主张既不同于西方社会主义中的社会改良主义，也不同于其中的社会革命主义，是“四不像的民生主义”；等等。这几类反对观点中，最有影响的是“三不”之说，因而也成为《民报》批驳的重点。

社会主义是否适用于中国问题，《民报》作者坚定地站在孙中山的立场上，给予肯定的答复。针对梁氏的反对理由拾人牙慧，他们批评欧美学者没有根据地散布所谓社会主义取消人类贫富贵贱的差别，将消弭人们的竞争心并导致世界退化。在他们看来，实行社会主义是社会文明的催进器，将大大激发人类的公德心与名誉心，保障世界文明的不断进步；同时，社会主义的平等并不意味着绝对数量上的平等或夺富济贫式的平等，而是建立平等的制度从而达到心理上的平等或未来长久的平等。他们并未纠缠于这种抽象论理式的争辩，始终围绕中国的实际情况，集中论证社会主义对于中国的适用性问题。

要证明社会主义适用于中国，必须回击梁氏的“三不”理论。对此，《民报》

的反驳文章，一是以美国为例，认为美国不同于欧洲，它在工业革命前的经济社会组织，比起分配比较完善而贫富差距较小的中国，更为优越，可是后来却未能避免其分配不均甚至比欧洲还要严重。由此证明今日中国，社会革命非“不必行”，而是必须实行，以消患于未然。二是认为奖励中国资本家尤其大资本家，以此排斥外资，是将经济问题与政治问题混为一谈；以此重视生产而轻视分配，是将相互联系的二者对立起来。由此证明今日中国，社会革命非“不可行”，而是可以实行，国家可以担负起大地主和大资本家的职能。三是认为社会主义圆满与否，只能相对而言，一国能否实行社会主义，往往与其文明进步的程度成反比，关键是解决财富集中于少数人之手的弊病。由此证明今日中国，社会革命非“不能行”，而是能够实行，能够运用诸如定价收买方式从根本上实现土地国有和人人平等。这些驳论，从理论上看，不见得比梁氏的“三不”理由高明多少，却紧紧扣住社会主义适用于中国这一主题而展开。

梁氏的其他责难，《民报》一派或者以其荒谬，不予理睬，或者反唇相讥，以其人之道还治其人之身。前者如指责民主主义要杀四万万人之半，夺富人之田为己有，对于如此危言耸听的攻击，后来孙中山在集会上只是附带提到，说此话者“未知其中道理，随口说去，那不必管他”，引得听众大笑[①]，足见言者闻者对此均不屑一顾。梁氏如讥笑民生主义为四不像，引来《民报》作者嘲弄梁氏一会儿主张奖励资本家而反对分配趋均，一会儿又表示绝对赞成社会改良主义而要矫正少数人独占的弊端，陷于相互矛盾之中难以自拔。

在社会主义是否适用于中国这个问题上，涉及如何认识社会主义，对此，论战双方的理解，存在偏差，但二者的偏差建立在比较肤浅的理解水平上，也就谈不上孰优孰劣。同时，双方对于中国的认识，都承认当时中国具有不同于欧洲国家的一些经济特征，如产业不发达、贫富差距不明显、传统上重视平均分配等等。在这些相同或相似的素材基础上，双方得出的结论却是南辕北辙，一个断然否定社会主义对于中国的适用性，只能参用而不能实行；另一个则充分肯定社会主义对于中国的适用性，只是更多地借用民生主义这个中国式用语。双方的对立，稍加揣摩，可以体味到他们在研究方法上的区别。梁氏等人研究社会主义，把它束之高阁，纯粹看作遥远未来的理想，从理论上片面追求怎样才称得上圆满，不必顾及现实，从而既脱离欧美社会的实际，更脱离中国社会的实际，自然容易得出社会主义不适用于中国的结论。孙中山等人研究社会主义，从中国的实际出发，借鉴西方社会的现实弊端，力求从流行的社会主义学说中，找到一条符合中国国情、能够趋利避害的发展道路。这是一个探

---

① 孙中山：《在东京〈民报〉创刊周年庆祝大会的演说》，《孙中山选集》上卷，人民出版社1956年版，第327页。

索的过程,不可能简单地照搬任何现成理论,也不可能置中国的历史和现实于不顾。所以,当梁氏用西方社会主义的标尺,批评他们"四不像的民生主义"时,从某种意义上说,这种民生主义,恰恰是他们那个时代探索舶来理论与中国实际相结合的阶段性产物。

社会主义作为舶来品,在其发源地的先进西方国家尚未实行,何以当时落后的中国会讨论其适用性问题。照此说来,梁氏的否定观点,似乎理直气壮,至少有它在国外的事实根据。可是,孙中山的胜人一筹之处,在于他面对梁氏也同样观察到的西方国家贫富差距悬殊的弊端,不是消极旁观、听之任之或束手无策,而是紧密联系中国自己的发展实际,试图改变西方资本主义的常规路径,以积极的方式避免其弊端再现于未来中国。在这一摸索过程中,他选择了社会主义,并加以民生主义的改造。因此,在论战期间,孙中山的追随者们,比起梁氏等人,更加重视分析中国区别于西方国家的不同特征,不遗余力地从我国古代传统中去发掘可资证明中国适宜于实行社会主义的各种因素。例如:胡汉民的《"民报"之六大主义》认为,与西方近代文明国家不同,中国自古以来,既不存在"政治的阶级",也不存在"经济的阶级",随着文明的进步,完全有条件在贫富差距尚未扩大时,及早准备,从而较易于取消私有制度和实现土地国有。冯自由的《民生主义与中国政治革命之前途》强调,中国远在希腊罗马文明以前,已有民生主义之滥觞,如三代井田制的公平分配,后代王莽的禁私奴婢和王田制体现"民生主义之精理",王安石变法包含民生主义性质,太平天国特设利民公仓显示民生主义之一端等,毫不逊让于欧美最近发明的新理论,从历史传统上证明了社会主义适用于中国;而且世界上惟有中国受资本家之害未深,可能率先实行民生主义而成为各国的模范。朱执信的《论社会革命当与政治革命并行》同样指出,中国目前贫富差距不甚悬隔,有利于速行社会革命;中国自古以来"抑豪右而利细民"的传统政策,比如抑兼并、尊农贱商、以抑富助贫为善政、王安石的青苗法重在救济等等,均表明旨在根本改革的社会政策适合于中国人的传统社会心理。章炳麟的《演说录》,宣扬中国古代均田制度,为欧美各国万不能及,合于社会主义的特别优长之事。由此推衍到中国的其他典章制度,无论好坏,总是"近于社会主义",因而具有感情上的优势,比欧美国家更容易实行社会主义。他的《俱分进化论》进一步谈到,东方诸国比起欧洲,观念上更趋于平等,因此也比欧洲更适合于提倡"其法近于平等"的社会主义。《复报》的《贫富革命》一文,从中国古代的大同学说,说明贫富界革命解决资本家压制和获得平等问题,是社会主义,也是大同主义。诸如此类的理由,无一不从中国的历史和现实中去寻找不同于欧美国家的独特根据,由此形成了孙中山及其追随者为社会主义适用于中国论题进行辩护的特色。

三、社会主义与土地国有论

这场论战，围绕社会主义论题，内容颇为广泛，其中论辩最频繁、最集中、也最激烈尖锐的核心问题，是所谓土地国有论。尤其是辩论触及社会主义是否适用于中国、中国采取何种途径实现社会主义等敏感话题时，情况更是如此。

早在论战发生前几年，孙中山已提出平均地权思想，后来又将这一思想作为主要的经济内容，纳入同盟会十六字政纲。平均地权的思想来源，就国内而言，受到两千年来一直纷扰历代政治家的土地问题的影响；就国外而言，他自己承认，受到乔治土地国有论的影响。惟其如此，论战期间，平均地权的思想，一般以土地国有论的形式表现出来，双方的辩论，也针对土地国有论而展开。那时国内流传的有关西方资料，对于乔治学说，有的归入社会主义范畴，有的排斥在外，存在不同意见。但在国人眼里，很难也没有必要分辨其中的差别，笼统地将其学说特别是土地国有论，看作西方社会主义思潮的某种代表形式。他们(除个别人外)一般不去计较这种形式的土地国有论是否属于社会主义范畴，他们更为关注的是，这种土地国有论是否适用于中国，或者说，在多大的程度上适用于中国。这也是这场论战所要解决的一个基本问题，是社会主义是否适用于中国这一抽象论题的具体化。

就梁氏来说，论战之前，他对孙中山的平均地权或土地国有思想，并未公开表示异议。甚至曾“深许”孙中山的土地国有办法，认为国家授田给耕者，耕者直接纳租给国家，可以免去地主从中剥削，此法符合古代井田之意，也不违背社会主义之本旨，可谓古为今用。可是，当孙中山为代表的社会革命派，高举土地国有的大旗，尝试以此作为中国实行民生主义或社会主义的基本途径时，矛盾便爆发了。梁氏迫不急待地率先站出来，代表反对派从不同角度，攻击土地国有论。

他的反对理由，或集中或零散，或引证或揣测，或论理或狡辩，无所不用其极，涉及面颇广。这些散见于各篇论战文章中的理由，归纳起来，可以分为以下几类。

第一类，假托西方正宗的社会主义作为依据。其中最典型的是所谓“圆满”论，认为土地国有论过于强调土地问题，从西方社会主义理论看，不够圆满，忽略了更为重要的资本问题，无法解决全部重要生产机关归诸国有的问题，也就无法解决全部社会问题，此论“未识社会主义之为何物”。这似乎还隐含另一种超过论，认为用最激进的马克思学说衡量，土地国有论主张剥夺田主权利而收归国有，在社会主义先辈那里未曾听说过，超出了马克思以田主及资本家皆为盗的说法，乃以国家先为盗。乔治的土地单税论作为土地国有论者的重要依据,更被说成连社会主义的基本概念都不符合,仅为一种不能解决任何社会问题的财政学说。

第二类,试图贬为社会主义的极端之论。前一类理由说孙中山等人的土地国有论不够圆满,或暗示其越轨,意在表明此论不符合西方正宗社会主义的本旨,使其失去理论上的凭借,却未答复此论本身是否可行的问题。在这里,则断言土地国有论即便符合社会主义之理,也属于其中极端一派,不是梦呓之想,便是乌托邦之论。如谓:社会主义谈土地国有,哪怕主张有偿和逐渐地收归国有,尚被讥为乌托邦,遑论孙中山一派主张采用剥夺手段来推行其土地国有;"社会主义中之极端的土地国有主义"之不可取或不必要,在于它是煽动乞丐流氓起来造反的工具;"极端社会主义之人"废除土地私有权,乃今日世界不可能实现的梦想政策;等等,极尽渲染之事。

第三类,针对土地国有论的具体主张提出驳议。譬如,此论主张征收土地单一税以解决财政问题,绝不可能,而且谬于学理,反于事实,毒害国家;此论主张经济学应当以国民经济为中心,偏离了私人经济,有违于人们不希望废止土地私有制的心理和个人勤勉致富的动机,以现在人类的文明程度,也无法解决国家收买私人土地后的土地经营问题,无法以公有公营取代私有私营;此论主张分配趋均,未能考虑同时保护贫富两个阶级的利益,偏向于专以贫穷阶级的利益为标准,不利于国民经济,也不可能实现分配趋均;等等。这些驳议,意在以系统化的理由,推翻现今中国实行土地国有的主张。此外,还零星地提到类似古代井田制的土地国有办法,即使可实行于采用传统耕作方法的农村地区,也不适用于机器耕作区或工商业界,否则将有严重缺陷;指责土地国有论者的定地价之法或土地单税论,其目的为了扩大财政收入,违背社会主义的平均原则,也扭曲救治自由竞争弊端之本旨,不啻国家代替私人插足于竞争领域;诸如此类。

第四类,曲解对方观点以为批驳的对象。其中最典型的是说,土地国有在中国实行,意味着先使中国四亿人口死亡过半,使大多数土地丧失其主,此时才最为有利。臆造这一假想目标后,再大加挞伐,指责此论以"至剧烈至危险"的毒药残害我国同胞,绝不能对此作丝毫让步云云。

这些带有攻击性的反对意见,把土地国有论贬得一无是处,自然激起《民报》阵营的强烈反击。他们的反击意见,以孙中山的观点为基准,大体一致,稍有发挥。孙中山的观点,结合中国实际情况,很大程度上借鉴和吸收了亨利·乔治的土地思想,以致《民报》作者看来,引证乔治的思想,就是转述孙中山的思想。这些维护土地国有论的反击意见,概括起来,主要表达了以下几方面内容。

一是将社会主义或民生主义的纲领,尤其将国家社会主义或国家民生主义或国产主义的纲领，主要归结为土地问题，倡导土地国有或平均地权。在土地与资本的关系上，以土地问题更重要，是社会问题的根源。土地问题不解决，其他社会问题均无从解决，无论中外，概莫能外。如美国的贫富差距原来并不严重，后来国家放任私人占有土地和奖励资本家，竟酿成比欧洲国家更为严重的贫富悬隔恶果。又如西方一些国家推行土地国有为特征的措施，取得显著成效，也是明证。实行土地国有制度，不必奖励私人资本家尤其私人大资本家，而以国家为大地主、大资本家，同时也不必排斥和抵制外资输入，相反借助外资补充本国资本力的不足和发展现代产业。故实行土地国有制度，将有利于同时解决生产发展与分配平等问题。其中分配的平等，指心理的分配而非数理的分配，在国家为惟一地主的前提下，人人都是租地者，大家的立脚点是平等的。总之，少数人独占土地乃产生社会问题的病源，针对于此，采取土地国有的解决办法，就是“圆满之社会主义”。

二是土地国有论反对土地私有系决定于土地生产要素的特殊性质。土地是自然而非人为的产物，土地的增值是社会文明进步的结果，土地对于人类生存具有极端的重要性。地主把持和垄断土地，极不平等、极不公正，地主不劳而获地独享地利，势必使广大农民失业，粮食缺乏，导致全国困穷。这一点，见之欧美各国盛行土地私有的弊端，已是洞若观火。救治弊害的惟一办法，是实行土地国有或平均地权政策，不许人民私有土地。土地国有的范围，包括农村耕地和森林、矿山、交通用地等，城市土地也必须包括在内。否则，城市土地私有，将伤害社会多数人的公益，造成卫生上的危险。还有人对土地国有制度的具体表现形式，进行探索。如谓：土地国有严禁土地所有权的个人私有，但对各种形式的土地使用权，经国家许可，在不会导致土地私有化的前提下，可以灵活掌握等等。

三是中国比起西方国家更容易建立土地国有制度。土地私有引起的社会问题，一目了然。相比之下，这一问题在欧美社会，文明程度越高，贫富差距越大，已是积重难返，中国趁着贫富差距尚未扩大之机，防患于未然，将更容易改变私有制度以实行土地国有。况且，中国古代的土地制度如井田制、王田制，早已蕴含平均地权的历史传统，在数千年的专制体制下，矿山、森林、道路大多官有，各省官田也很多，再加上吸收欧美国家最近发明的新理论，将更有利于实现土地国有制度。

四是实行土地国有制度最简便易行的办法，是定地价之法，将土地增值部分收归国家。国家核定地价，地主只能收取定地价之前的原有租额，此后随着文明进步增加的租额，全归国家所有；或者发行公债收买土地，既可以永远消除少数富人把持土地的垄断弊窦，又可以避免强制收回土地的草率做法。此法来源于单税法，除了征收土地税，免除其他一切租税。这种比较缓和的良善之法，牺牲少数人的私利而化为大多数人的公益，无损于地主而于国计民生大有利益。它的目的不是期望“绝对之均富”或“损富者以益贫”，而是“衡正”贫富差距不断扩大的趋势，使“富者愈富，贫者亦富”。据说此法颇类于中国古代的一条鞭法（实际指清朝推行的摊丁入地法），它适合于中国国情，在一般社会利益方面，具有调和社会上贫富不均、维持财产增殖力、课税简单易行、收入确实等好处。至于单课地税而废止其他一切租税，能否满足国家的财政开支，则断言中国实行土地国有制度，全部地主所得收归国有，将足以应付国用而无虞。

从整体上看，梁启超对于土地国有制的重要反对意见，都从《民报》方面得到了回应。不过，这种攻击与回应，并非一一对应，而是各自有所侧重。从梁氏一方看，他运用一切手段，欲置土地国有论于死地，连带地想切断《民报》土地国有论与社会主义的联系，或者干脆否定社会主义的土地国有论有任何可行性。可是，他除了批评和挑剔，对于如何解决中国所面临的问题，只知仿效西方国家已经走过的道路，提不出有现实意义的新建议。从《民报》一方看，他们着眼于中国实际，一旦从舶来社会主义思潮中领悟到土地国有论的思想要素，便抓住不放，力求为我所用，把它改造成适用于解决中国现实经济问题的指导性纲领。在这个改造过程中，他们并不注重从社会主义的基本原理中推导出土地国有论的每一个结论，或者并不注重保持土地国有论的理论表述必须严格符合社会主义的本来涵义，因而也不大理会梁氏在这方面的质疑。似乎在他们看来，乔治的土地国有论及其单税法，已经足以从理论上应付梁氏的任何批评，只须引证即可。他们着力争辩的，是土地国有制作为解决社会贫富悬殊的主要方式，不仅适用于中国，而且在中国有着得天独厚的土壤和优势，比欧美国家更容易实行。在如何实现这个问题上，面对梁氏的指责，他们的辩解要多于反击，无非是说土地国有制以及单税法不是横夺强占，不是绝对均富，不会损富益贫，不会影响国用，等等，显得理不直气不壮，倒是给人以迁就或顺从梁氏的批评之感。当双方辩论土地国有制和单税法的可行性时，可谓针锋相对，当论题转向如何实现此制此法时，双方的思路似乎又走到一起去了，或多或少地担心强制行动伤害了富人的既得利益。

四、社会主义与马克思学说

20 世纪初的论战年代，人们谈论社会主义，往往联系谈到马克思学说。这已成为寻常可见的情况，不像以往那样仅是偶然出现的现象。这一时期人们的观念，又往往把社会主义的产生，主要理解为从经济上解决贫富不均日益严重的社会问题。这样，与社会主义联系在一起的马克思学说，通常更受到重视的，是马克思的经济学说。

从马克思经济学说传入中国的早期进程看，这场论战的历史意义，在于论战双方围绕社会主义是否适用于中国这一主题，第一次以正面交锋的形式，直接或间接地从马克思学说中寻找理论根据。这意味着马克思经济学说在中国，从最初阶段比较单纯的引进和介绍，开始进入一个新的阶段，用作探索中国未来发展道路的借鉴和参考。这种借鉴和参考，还相当简陋和粗疏，毋宁说只是极为初步的尝试。重要的是有了这样一个开端，为以后的进一步尝试，提供了可资凭借的新的起点。

论战期间，马克思学说在梁启超等人的手中，大致有两种用途。一种用途用于定位，确定马克思学说在整个西方社会主义体系中，具有怎样的地位和作用，以此判断它在中国的可行性。按照梁氏的说法，马克思学说属于社会主义阵营中的社会革命主义派，“不承认现在之社会组织而欲破坏之以再谋建设者”，与“承认现在之社会组织而加以矫正者”的社会改良主义派，处于相互对立的位置上。这个说法，显然来自那时西方或日本思想界的流行评价。梁氏为之作序的吴仲遥论社会主义一文，曾广泛征引国外著述，也把马克思主义归属于“欲破坏现在之社会组织，以谋再建设者”的狭义社会主义即社会革命主义，与“欲于现在之社会组织之下，谋有以矫正个人主义之流弊者”的广义社会主义即社会改良主义相对应。梁氏抓住这个定位做文章，其用意是想表明，欧美社会贫富极为悬绝，试图以“革命”或“破坏”方式改变这一现状，无异于煽动社会下流阶层起来造反，这是不可以用于实际的。马克思学说像圣西门、蒲鲁东等人的学说一样，是“架空理想”的空想社会主义，即使有可能实现，也是千数百年以后的事情。他把这一结论，说成“世界学者之公论”。当初，他率先向国人介绍马克思及其学说时，已经染上这种偏见，将马克思学说称作“偏激”、“极端”、乌托邦等等。他把这种一以贯之的思想用于论战，无非将其中的逻辑从欧美各国推演到中国，借以证明无论信奉社会革命主义的马克思社会主义，还是打着社会革命旗号的孙中山民生主义，都不切合实际，因而也都没有实行的必要和可行性。

另一种用途当作参照系，衡量和判断其论敌的观点比起马克思学说，有过之而无不及。在梁氏看来，孙中山及其追随者的民生主义思想，主张社会革命，“欲夺富人所有以均诸贫民”，那是摭拾马克思学说之唾余，效法或渊源于马克思学说。这样也为诋毁和贬斥民生主义，提供了马克思学说的标尺。如谓，民生主义者倡言社会革命，即便从好的方面想，企图发明新的学理以补充马克思学说之不足，那也要等待数百年以后的文明社会，才有可能成为采择的对象。其言下之意，无论社会革命之说怎样花样翻新，也逃不脱像马克思学说一样落入空想社会主义的窠臼。从坏的方面看，社会革命试图“以野蛮之力”，通过残杀一半国人的非人道方式，达到夺其田而实现土地国有的目的，那是在马克思这样的社会主义先辈那里,也不曾见如此骇人听闻的学说。这番比较,仍是从马克思学说中引申出民生主义的社会革命之说,不过在比较者看来,后者的表述要比前者更加不人道。又如,他比较马克思学说和民生主义者的土地国有论,马克思的分析曾把地主和资本家归结为“盗”,而土地国有论者诉诸杀人夺田的残忍手段,岂不是以国家为“先盗”。梁氏这些比照,掺杂诬陷和臆想成分,没有什么高明之处。他的目的,主要是把民生主义与马克思学说绑在一起,既然马克思学说是不可能实现的空想,那么民生主义也难逃此厄运;如果指认民生主义比马克思学说更为过激、野蛮或残忍,也就更加难有其容身之地。此外,就像从“圆满的”社会主义角度指责民生主义的缺陷一样,他故伎重施,从其论敌的理论来源入手,凡属民生主义观点与马克思学说的区别之处,都被怀疑为民生主义的自身破绽。这似乎可以让梁氏面对论敌,自我感觉处于居高临下之势,显示出比论敌更加熟知马克思学说。这种雕虫小技,在论战中并未给他的论敌造成什么困难,倒是他紧紧咬住夺富均贫、杀人夺田之类的“革命”、“破坏”或“野蛮”方式具有强制暴力性质这一点,给对方带来了不少麻烦。

《民报》作者对于梁启超的攻讦,在许多问题上给予针锋相对的反击,而在如何对待马克思学说这个问题上,除了朱执信的专题论述和叶夏声的附带论述,其他作者显得有些反应迟钝。他们既未回避可以从马克思学说中汲取滋养,也未挺身维护马克思学说的名誉和地位。只是从辩论的字里行间,能够感受到他们对待马克思学说的若干倾向性意见。这种让人觉得有些模棱两可的态度,一方面,反映了那一时期国人中的代表人物对于马克思学说的理解远未成熟的客观状况;另一方面,也透露出《民报》作者在马克思学说问题上所存在的有些犹豫不决的主观心态。

《民报》的论战性文章,如果不算朱执信的那篇专论以及叶夏声的那段附论,涉及马克思及其学说之处屈指可数。例如,有人针对欧美学者散布民生主义消除人类贫富贵贱的区别,将导致竞争心消失从而世界退化的说法,批评这是庸人之见,转而赞扬德国学者充分发挥“民生主义之精髓”,不仅使欧美各国“靡然从风”,而且将“伟大”、“神圣”的民生主义传播到中国,成为唤醒我国同胞国魂的“灵幡”。这是以暗示或隐晦的方式,道出了孙中山的民生主义与统称为“德国学者”的马克思学说之间的相互联系,间接地反驳了梁氏等人对于以马克思为代表的社会主义的批评。也有人批驳梁氏的圆满社会主义之说,列举“警动一世”之马克思、恩格斯的资本论,认为“最极端之社会主义”尚且允许农民和手工业者私有其自用资本,则主张一切资本国有的所谓圆满之说,不攻自破,以此维护土地国有论与大资本国有论的正确性。这一批驳,按照梁氏把极端当作圆满的惯常思路,寻找所谓最极端理论与圆满之说相抵牾之处,正是以其人之矛攻其人之盾。不过，其中也确实含有批驳者对马克思学说的一些看法，认为它偏于极端，禁止私人经营，干涉过度，引起人们怀疑社会主义仅是一种理想而不可能实现等等。还有人通过译文，引用外国人的观点说明，德国学者马克思和恩格斯创立的学说，其所以风靡全欧洲，是以社会为本位，限制个人的私财和使用之权，以此谋求人类财产和权利的一律平等。不管这一说明是否正确，可以算作对梁氏指责社会主义只重视社会不重视个人说法的一个响应。引用者的倾向，似乎附和土地均有主义一派的意见，同时不赞成以社会为本位，推崇以个人为本位，从而又与梁氏站在同一立场上。

以上例证，见于论战期间《民报》的众多文章之中。由此表明，其大多数作者辩论社会主义问题，虽然对马克思学说有所了解，却缺乏深入认识，故参用这一学说者寥寥；其作者对于马克思学说的既有认识，不尽一致甚至相互抵触，如有的隐约承认马克思阐发"民生主义之精髓"对于中国革命的指导意义，有的把马克思学说归入"最极端之社会主义"范畴，还有的倾向土地均有主义而对马克思学说颇有微词，等等。同一阵营里发出这些不同声音，也从一个侧面反映了当时《民报》作者对待马克思学说的模糊、犹豫和矛盾态度。《民报》阵营里阐述马克思学说的出类拔萃者，当数朱执信，他专论马克思及其学说的文章，以当时的水平看，其涉及理论的深度或广度，大大挫去了梁氏在这一问题上素以老资格自居的咄咄逼人气势。

在研究马克思及其学说方面，朱执信与一般《民报》作者的不同之处，简而言之：一是研究社会主义，不能不研究其势独昌的德国社会主义学者，而德国社会革命家又以马克思为其宗师，所以，须专门为德意志社会革命家作传，并且首选马克思入传。二是介绍马克思学说的目的，为了让它"溥遍于吾国人士脑中"，以期对社会革命有所资助，用来指导中国的社会革命。三是考察马克思的革命生涯和理论著述，指出马克思学说已不同于以往"空言无所裨"或"驾空论而远实行"的乌托邦社会主义。后来的论社会革命应当与政治革命并行一文，又明确指出，自马克思以来，其学说逐渐付诸实行，被世人称作"科学的社会主义"。四是指出马克思的代表作如《共产党宣言》和《资本论》，以其理论贡献，被国际共产主义同盟奉为金科玉律，获得广大社会主义者的共同尊崇并至今不衰。五是指出马克思关于"资本基于掠夺"的论断，适用于当今一切资本，"真无毫发之不当"，以此警告那些袒护资本家的人。以上这些论点，发表于论战期间，不止是介绍和宣扬马克思学说，还带有很强的针对性。梁氏贬斥马克思学说的那些观点，在朱执信评介马克思学说的专题论述中，几乎都可以找到反击的理论根据。

惟一难以寻出反击依据的例外（如果不考虑朱执信理解马克思学说方面的其他偏差），反映在朱执信对马克思学说中有关革命方式的介绍上。按理说,这一点应当是他的社会革命论与梁氏的反社会革命论或社会改良论之间的根本分歧之标志。朱氏注重介绍马克思的阶级斗争学说和资本掠夺劳动论,在这一介绍的基础上,又阐述了社会革命的原因,在于社会经济组织的不完全,即存在放任竞争和绝对承认私有财产权,从而造成或势必造成现今社会的贫富悬隔现象。他还认为,革命即阶级战争,社会革命是以阶级竞争手段达到经济上的无阶级状态,其主体是细民,即欧语 Proletarians(今译无产阶级),其客体是豪右,即欧语 Bourgeois(今译资产阶级);以中国而论,自古以来抑豪右利细民的政策倾向,形成中国今日最利于实行社会革命的传统社会心理。至此,他以根本的改变为革命,以枝叶的变动为改良进步,应当说在革命方式问题上,与梁氏站在完全不同的立场上。但是,沿着他对革命问题的进一步解释来考察,这个判断却随之发生了动摇。

按照他的进一步解释,社会革命的涵义,"非夺富民之财产,以散诸贫民之谓"。采取夺富民财产散给贫民的做法,只能称为"动乱"而非革命;以此均贫富,最后仍将回复贫富不均的老路。革命的"真义",是改变"致不平之制"。[①]这个解释的意思,是说革命的真实涵义,要从造成贫富不均的"不平"社会制度上进行改革,而不是停留在贫富不均的社会现象上。但他把制度改革与夺富民财产对立起来,从制度改革中排除了"夺"这一暴力革命方式。基于这一认识,他在回答梁氏指责"社会革命为强夺富民财产而分之人人者"时,一再申辩,社会革命虽然"以使富平均而利大多数之人民为目的",但绝不是如强夺富民财产进行分配那样简单,它是从制度上改革,其"善良之制",使财富的分配,"自趋平均,决无损于今日之富者"。在这里,"决无损于今日之富者"成为检验制度改革"善良"与否的基本标准。如何通过制度改革使财富分配"自趋平均",如何让社会革命对富者"有益无损",他认为,关键在于"必以至秩序、至合理之方法,使富之集积休止"。换句话说,要小心翼翼地不损害富人的既得利益,通过最有秩序、最合理即非强制的方法,使富人积聚的财富得到分散,例如欧美国家所实行的遗产税制。在他看来,"散则近平均",只要聚集的财富有所分散便接近于平均,这才是"社会革命之真谊"。[②] 这种方式的社会革命,富者无"甚困之理",也避免了欧洲豪右因"绝对共产主义之说"而产生的恐惧心理。叶夏声想方设法区别于"破坏的无政府主义",特意把马克思的社会主义说成服从法律,遵守秩序,主张博爱的"平和的社会主义",恐怕也是出于这一意旨。从以上解释和申辩中,几乎很难区别朱氏所谓社会革命对富人利益的维护,与梁氏所谓社会改良对资本家利益的维护之间,还有什么本质上的不同。

---

① 《朱执信集》上册,中华书局 1979 年版,第 58 页。
② 同上书,第 64—65 页。

朱执信所说的制度改革，包含土地国有因素，并在这一点上与梁氏的反对主张形成尖锐对立。可是，他谋求达到目的之革命方式，仍然以非强制为其特征。一方面，如上所述，他从理论上强调制度改革的非强夺、有秩序性质，对富人有益无损。另一方面，他又从实践上强调中国今日即便有贫富之分，尚不如欧美国家悬隔，或者说“中国今日富之集积之事不甚疾”，不存在对富人财产的强夺问题，从而表明中国比起欧美更有利于速行社会革命。这些辩解观点，也为理解他转译《共产党宣言》中“用暴力推翻全部现存的社会制度”一句时，何以用中性的“去”字，代替“用暴力推翻”一词，提供了注释。

他的社会革命概念主张从制度改革入手，却对“用暴力推翻”之类的强制涵义避之三舍，从理论渊源上考察，这可能与他解释马克思关于资本来自掠夺这一思想时，把特定的资本范畴与一般的积蓄概念混淆在一起，不无关系。与他同在《民报》战壕里的那些战友，恐怕连这些马克思学说的初步理论素养也很少具备，同时持有大致相同的社会革命观念。这表明，《民报》阵营面对梁氏质疑中的关键者，如社会革命来自马克思学说，无异于夺富均贫、野蛮破坏一类，除了矢口否认、疲于应付之外，实在作不出像样的反击，反而在辩解过程中走到双方相似的维护富人利益的共同立场上。这恰恰是社会革命论的软肋，也恰恰是社会革命论者在理解马克思学说方面的薄弱之处。

第三章　无政府主义者著述中的马克思经济学说

马克思经济学说在中国的早期传播，进入论战期间，形成一些新的特征。究其要者，一是论战双方争辩中国向何处去这个问题时，以孙中山为代表的《民报》一方，开始探索从马克思学说包括其经济学说中，寻找支持中国实行社会革命与民生主义的理论依据，初步回答了以梁启超为代表的对立一方对于理解和运用马克思经济观点的若干质疑，将马克思经济学说的传入，从以往的单纯介绍层面，提升到作为理论根据的研究层面。这是在关系中国前途命运的问题上，两个对立阵营、两类不同思想体系之间初次碰撞所带来的质的变化。另一是在论战末期，无政府主义思潮的影响不断扩大，在上面两个对立阵营之外，又开辟了一个向国人传布马克思经济学说的新途径。那个时候，无政府主义思想亦属于舶来的新思想，作为社会主义思潮的一个派别，被介绍到中国。中国早期的无政府主义者介绍马克思经济学说，将自己列入社会主义阵营，表现出与孙中山的社会革命派相互呼应的作用；然而，他们又极力分辨自己与其他社会主义者的区别，预示着将与孙中山的社会革命派分道扬镳。与前一特征显示不同阵营之间的对立相比，后一特征可谓同一阵营内部的相互分离。由此带来的重要变化，给予马克思经济学说在中国传播所带来的影响，同样不容忽视。

第一节　中国早期的无政府主义思潮及其基本涵义

“无政府主义”一词作为舶来品，它的法文原名 Anarchisme，音译“安那其主义”，其意译中译名来自日本。在中国早期，还使用过其他各种音译或意译的相应名词，尤以“虚无党”一词颇为流行。其涵义，无非转达国外无政府主义代表人物的典型观点。在无政府主义思潮传入中国的过程中，由于各个时期历史积淀的差异，传入途径或选用国外参考资料的不同，再加上引用者理解或转述上的偏差乃至掺入己意，曾出现各种类型的无政府主义版本。总的说来，它们的基本涵义大体一致，而早期无政府主义思潮表述无政府主义与社会主义的联系和区别，又显示出若干特征，并蕴含某种积极进取精神。

一、无政府主义思潮传入中国的早期进程

中国近代，关于西方无政府主义思潮的记载和评介，最早可以追溯到19世纪70年代末期。大致在西方社会主义这一新奇事物进入国人视野的同时，有关西方无政府主义的报道和介绍，便相伴而行。

从近代典籍看，最先记载西方无政府主义事例的中文著述，出自两类人之手。一类是出游西方国家、尤其以外交身份派往国外的中国知识分子，他们早期走向世界，以其所见所闻，辑录成各种游记、随使记、驻外日记等等，描述了在国外的实地观察和切身感受。另一类是来中国的西方人士、特别是来华传教士，通过办报、译书、讲学等，或在中方举办的书刊机构中，通过实际主持编撰业务，向国人传播西学。这两类人的著述，成为国人最初得以接触舶来无政府主义的主要渠道。

前一类著述里，最早记述西方无政府主义的，恐怕是驻欧洲使官黎庶昌和李凤苞二人。据黎庶昌1878年的出使记载，当年发生德国皇帝威廉一世遇刺事件，系"平会"之人所为，"平会"认为人天生平等，而产生贫贱与富贵一类"极不平之事"，是由于"国之有君，能富贵人，贫贱人"，故必须"尽除各国之君，使国无主宰"，才能消除贫富不平现象。这里指的，便是社会主义运动中的无政府主义派别。19世纪80年代初的记载中，他又把"平会"与暗杀俄国皇帝联系起来，在"平会"的"索息阿利司脱"(Socialist)即社会主义涵义之外，赋予其"尼喜利司木"(Nihilism)即民粹主义的涵义①。大约同一时间，李凤苞1878年底和1879年初的出使日记，也提到德皇遇刺事件，认为"平会"的宗旨"欲天下一切平等，无贵贱贫富之分"，其中"愚者"以为"夷灭君相"，可以拯救穷黎。这里的"愚者"和其他地方所说的"屡次暗杀之'平会'"，似乎都带有无政府主义的意味。他还谈到"平会"在欧洲各国的表现形式，诸如德国的"莎舍尔德玛噶里会"(Social Democratic Party)即社会民主党、俄国的"尼赫力士"(Nihilism)即民粹主义、法国的"廓密尼士"(Communism)即共产主义等②。

后一类著述里，涉及西方无政府主义的最早介绍，亦出现于19世纪70年代末和80年代初，大多见诸《西国近事汇编》和《万国公报》之类的流行书刊。如《西国近事汇编》70年代末，报道俄国创立"贫富均财之说"的"奸民"、美国鼓吹"贫富适均之愿"的"康密尼人乱党"(指Communism)、"德国乱党"行刺德

① 黎庶昌：《西洋杂志》，湖南人民出版社1981年版，第56－58页。
② 李凤苞：《使德日记》，见《使西日记(外一种)》，湖南人民出版社1981年版，第35、51－52页。

王等。80年代初，介绍俄国"乱党"名为"尼释利"(Nihilism)，又称"虚无党"，转译为"化有为无"之意；提到"克拉霸京"即俄国无政府主义代表人物克鲁泡特金在伦敦"民政会"上讲演"俄国致乱之源"，大意是俄国皇帝专与"民党"为仇，横征暴敛，搜刮民膏，以致民不聊生，铤而走险，又因捕获杀戮，促使"那阿离斯党"(Nihilist党即民粹党)成员发誓，"若不令国家咸与维新，则弑逆之谋决无中止"，号召暗杀俄皇。又如《万国公报》在此期间，以"行刺未成"、"俄皇被刺续闻"、"尼党逆书"、"乱党揭帖"、"皇帝逝世"、"凶犯处决"、"乱党渐灭"等题目，连续报道了俄国虚无党刺杀俄皇亚历山大二世前后的情况。

以上两类著述，作为先期传播渠道，前者以记述个人观感为主，带有较浓厚的猎奇成分，注重叙述事件本身，显得较为客观平实；后者以向大众宣传为主，带有强烈的政治倾向，介绍国外无政府主义时，指责其为"奸民"、"乱党"之声不绝于耳。前者可能因记述者多系驻西欧国家的使官，其有关无政府主义的记载，似重在德、法等国，兼及俄国；后者的报道面广泛涉及欧美各国，似更重视俄国的无政府主义活动。二者均提及西方无政府主义的一些基本特征，如揭露社会不平等现象、主张均贫富、鼓吹国无主宰和化有为无、矛头指向专制君主并热衷于暗杀行动等，包括点名介绍无政府主义的代表人物；同时也都把无政府主义与社会主义、共产主义、社会民主党乃至不反对国家政府存在的俄国民粹主义或民粹党，混为一谈。这两类传播渠道，从它们最早提供有关西方无政府主义的零散信息看，可谓不分轩轾，平分秋色。到19世纪90年代，在介绍西方无政府主义方面，前一渠道的来源似乎有些萎缩，至少未见加强之势，后一渠道的来源却在不断扩大。

例如，这一时期的国人著述，从目前所掌握的资料看，仅见：出使欧洲的薛福成谈到俄国"党祸"之由来，包括"希利尼党"即民粹党在"小民无自主之权"的君主之国，其斗争目标是"改君主为民主"[①]；李鸿章访问俄国期间，对"倪俙俐党人"即民粹党人只留下"谋弑逆"的"乱党"印象[②]；严复留学回国，曾述及西方国家在垄断形势下，社会贫富贵贱过于悬殊，"均贫富之党兴，毁君臣之议起"[③]，产生社会主义和无政府主义思潮；以及《译书公会报》曾在"弹压虚无党议"标题下，报道欧洲虚无党"以决破贵贱之区别，均分财产，更建新政府为揭橥"，引起欧洲各国统治者的苦恼并共谋镇压对策[④]。同一时期，来华西方人创办或实际主持的各种书刊，有关的报道相对较多。其中突出的是，无政府主

---

① 薛福成：《出使英法义比四国日记》，岳麓书社1985年版，第802页。

② 蔡尔康、林乐知编译：《李鸿章历聘欧美记》，湖南人民出版社1982年版，第47、48页。

③ 严复：《原强》，《严复集》第1册，中华书局1986年版，第24页。

④ 《译书公会报》第二册，1897年11月1日出版。这里的"虚无党"以"更建新政府"为目的，可见它反对的只是旧政府，而不是政府本身，这与无政府主义的涵义，还是有区别的。

义一词的中文译名，开始见诸报端。如1894年出版的《泰西各国采风记》，有“鸭挪吉思”一词；《西国近事汇编》续编1894年第24卷，有伦敦“阿那基斯忒党”一词；1895年出版的《泰西新史揽要》，亦有“鸭捺鸡斯得党”一词。这些稀奇古怪的名词，都是Anarchist即无政府主义者或无政府党的舶来概念在中国的最初音译名。清末维新派创办的《时务报》1897年10月16日第42期，提到“欧洲哀那克司脱乱党”一词，那是英国人在中国出版的英文报纸《字林西报》(North China Daily News)摘译有关文章内容时，用音译方式转译Anarchist这一外来词汇。稍后，《时务报》载文介绍：“安纳基党，或译作无君党”，其立党“欲使国无君上，人人得自由”；并指责该党“明目张胆，所行不法之事甚多”，主要指刺杀各国君王的行动①。这恐怕是早期国人书刊中，对于西方无政府主义其名其义较为清晰的介绍，同时也反映了19世纪末无政府主义思想传入中国的初期，连其译名亦不曾统一的颇为混乱状况。

在19世纪末期，有关无政府主义的介绍和报道，都是一些不成系统的点滴或零星内容，其来源，不论亲身实地观察或转摘转译，均得自欧美国家的社会舆论或书刊消息，尤以来华西方人士的介绍和报道占据优势地位，国人对此除了猎奇上的兴趣，或同情以资愤世，或反对以示警戒，未曾引作处理中国事务的思想借鉴或指导原则。依此而论，西方无政府主义思想的最初传入，仅仅停留在粗浅的介绍阶段，还谈不上对国人产生影响，更不用说形成有较大影响的思潮，同时也为后来国内形成这一思潮，从历史传承上提供了先行思想准备。到20世纪初叶，情况为之一变。就像西方社会主义学说在中国的传播由此进入一个新阶段一样，西方无政府主义思想的传入，从此也发生明显的变化，并出现一些新的特征。

一是传播的渠道来源，在重心上发生转移，从以往直接诉诸欧美国家的书刊报道，转向取自日本人的有关著述和言论为主。这一重心转移的原因，前面分析20世纪初西方社会主义学说传入中国的过程中，日本方面曾施以重要影响的各种因素时，已经有所说明。从日本引进无政府主义思想，往往裹挟在传入中国的各种社会主义学说之中，一并引进。以1903年翻译出版日文著作为例：福井准造的《近世社会主义》中译本，曾用相当多篇幅，介绍无政府主义。如“主张共产及共有之制度”，其惟一目的，运用暴力手段“排斥一切中央政府之干涉为无用，必绝灭之而后已”；其组织“不局限于一国一家之下，必无国家，无宗教，无帝王，无大统领，破坏一切之现组织，以除其不平均，而造一切平等贫富均一之新社会”，具有世界性；其代表人物为“亚度列·海陆度”即约瑟夫·蒲鲁东和“美加意陆·卫科意”即米哈伊尔·巴枯宁，介绍二人的生平、交

① 《时务报》第51期，1898年2月11日。

往、著作、影响、主要理论观点，以及在第一国际因反对马克思一派学说而形成两派分裂；无政府主义与社会主义的关系，既“非社会主义之一派”，又在思想根底上“实自社会主义而胚胎之”；无政府主义活动“最有势力者”为俄罗斯，表现为“虚无党组织运动”，采用阴谋暗杀和爆炸手段反对专制政府；等等。同时流露出介绍者对于无政府主义和无政府党的“极端”或“过激”学说、“徒发空想”特点、“疏暴狂乱”举动以及“自取暴乱之污名”或“自暴其身”而“孤立无援”的结局，持有异议。[①] 幸德秋水的《社会主义神髓》中译本，提到两种涵义的无政府主义：一种涵义是，“经济之无政府”或“世界经济之问题，乃为无政府之主义”，指的是马克思学说中关于社会化生产和资本主义私人占有之间的矛盾引起社会生产的无政府状态；另一种涵义是，依靠“个人之凶行”的“无政府党”或造成“一时之扰乱”的“虚无党”，作者对此表示非议。此前他的《广长舌》中译本[②]，还收录了《无政府之制造》一文，文中指出各国无政府党源于“彼等对于今日之国家社会绝望”，日本今日社会组织正可谓“制造无政府党极敏便之机器”或“培植无政府党极美佳之肥料”，日本的“无政府党之长养滋生，蔓延广被将冠甲于全球”。久松义典的《近世社会主义评论》中译本，强调社会党与陷于“诡激狂暴之空想”的无政府党的区别。西川光次郎的《社会党》中译本，谈到俄罗斯虚无党中秘密结社之人与巴枯宁无政府主义之间的密切关系，以及法国无政府主义势力与马克思主义力量的对立斗争。岛田三郎的《社会主义概评》中译本，分析俄国虚无主义或虚无党主义，“无以异于无政府党”，采用暗杀爆炸等危险凶暴手段，不同于自由国家的社会党趋于进化温和，它产生于专制国家的社会党，其名与实，“皆超乎社会主义之原意以外，为无政府党，为虚无党，而著凶暴猛烈之象”[③]。诸如此类，不一而足。

1903年，相对于20世纪初的前二三年，来自日本方面涉及无政府主义的译作，在数量上突然增长，与来自欧美方面的同类译作相比，取得压倒性优势。这也是考察本时期社会主义学说包括马克思学说传入中国的历程时，从译作方面看到的同一现象。自此以后，持续若干年，译自日文评介无政府主义问题的著述，在我国一直保持这种优势地位而未曾动摇。这并不否认同一时期，译自或述自欧美原版的介绍无政府主义的著述，时有所见，而且其水准质量，也胜过以前的有关著述。例如，美国来华传教士林乐知主持的《万国公报》，1902年曾以答问形式，论述“无君党”要求打破君主专制的束缚，“无论为帝、为皇、为君主、为民主、为孤立之政府、为代表之政府，而一切掀翻之以为快”，具有甚

① 参看《社会主义思想在中国的传播》第二辑上册，中共中央党校科研办公室，1987年，第398—408页。

② 《广长舌》中译本1902年11月由国民丛书社译印，商务印书馆出版。

③ 参看同上书，第426—427页。

为猛鸷的"强忍敢死之气"，同时对欧美各国无君党"横行"，表示恐惧[①]。又如，廖仲恺1906年译自美国作者威廉·布利斯的《无政府主义与社会主义》一文，将无政府主义区分为"个人的"或"哲学的"与"共产的"两派，申明其异同，提出无政府主义与社会主义二者"全为异质"，在哲学根据、定义手段、最终目的等方面不同，特别是巴枯宁代表"共产的无政府主义"，在欧美国家实行暗杀主义，为社会主义所"最厌恶者"，体现了二者实现其目的之方法上"真有黑暗与光明之别"，导致马克思领导的社会主义与巴枯宁率领的无政府主义在"万国劳动者大会"海牙代表大会上分裂[②]。再如，1907年翻译发表意大利人马剌跌士达(E. Malatesta)的《工人之无政府主义谈》一文，用一问一答方式，解释Anarchism一词即"无政府之意"；政府只考虑富人的利益，贫困者要维护自身利益，"必先自倾复政府始"，实现共产主义；目前鼓吹社会主义的团体中最重要的，"实推万国无政府党会"，此会"无首领，亦无会章，一切皆照无政府主义实行"；传布无政府主义，可"使世界早登大同"云云[③]。这些直接以欧美版本为来源的译文，其整体数量或质量，横向比起来，无法与来自日本的译本相抗衡，所以说，这一时期舶来无政府主义思想传入中国的主渠道，由欧美转到了日本。

二是国人自撰的评介性文章，急剧增多，显示国人对于无政府主义的关注或兴趣在迅速升温。这个状况，与19世纪末只有少数国人出于猎奇心理作零星的记述，而来华西方人主导其事的报道相比，更加醒目。20世纪初，国人热衷于翻译发表国外有关无政府主义的著述，也烘托了这个状况。前面介绍的相关译作，便是例证。此外，例如，1903年译书汇编社社员翻译《俄罗斯之国会》一文，提出今天所谓虚无党，世人往往误解其性质，"非真为社会党、共产党之举动，其实不外改革党而已"[④]。1906年《民报》社员翻译《欧美社会革命运动之种类及评论》一文，介绍"无政府党"以"使人民各得极端之自由为目的"，主张举凡国家、政府、教权、所有权等，皆应视作逆贼而加以破除；"无政府主义"分作"哲学的"、"基督教"、"破坏的"三派，后者又称"共产无政府党"或"虚无党"；"破坏的无政府党之运动"有"鼓吹"、"密交"和"暗杀"三种形式；俄国人巴枯宁创立无政府党，当今代表人物有俄国克鲁泡特金等[⑤]。同年，廖仲恺翻

① 林乐知答问，范祎笔记：《论无君党》，《万国公报》第157册，1902年2月。

② W. D. P. Bliss著，渊实译：《无政府主义与社会主义》，《民报》第9期，1906年12月1日。廖仲恺在留学日本期间翻译的这篇文章，究竟直接译自布利斯的原著，还是转译于日本人的译作，尚有存疑。至少可以说，此文使用的各种专门术语如"无政府主义"之类，是取自日本的流行用语。

③ E. Malatesta著，信者译：《工人之无政府主义谈》，《新世纪》第21－27号，1907年11月9日－12月21日。

④ 《译书汇编》第2年第12期，1903年2月。

⑤ 《民报》第4期，1906年5月1日。

译久津见蕨村的《无政府主义之二派》一文,叙述施蒂纳、韦希代、尼采三人所谓以个人为主的无政府主义,与蒲鲁东、巴枯宁、克鲁泡特金三人所谓以社会为主的无政府主义,形成两个派别;"社会的无政府主义",其纲领是职业自由,一切社会所有之业任个人自由使用,废止私有财产,所有政府、阶级、陆海军、裁判所、贵族宫省政治等"尽行废止",实行"无政府之事",其"科学的革命方法"是投放爆烈弹、以毒药杀人,"破坏现在黑暗的组织"①。1907 年廖仲恺翻译烟山专太郎的《虚无党小史》一文,被称为"东洋之虚无党信史,当以此书为第一",其中重点记述俄国虚无党自 19 世纪初至 70 年代末的发展历史,分为文学革命与游说煽动两个时期②。同年,"无首"翻译久津见蕨村的《巴枯宁传》一文,介绍巴枯宁的生平经历、继承蒲鲁东的理论和传布实行"破坏的无政府主义",以及其思想学说和组织纲领,指出他与马克思及其学说之间的分歧和对立,如巴枯宁加入"万国劳动者同盟会",奔走传道社会主义,"不喜麦喀氏之共产主义,而欢迎布隆东之集产主义";1873 年的海牙代表大会,"麦喀氏居首座",与会的巴枯宁"忽与麦喀氏异其意见,遂告分离";社会主义者认为巴枯宁与马克思的分歧是"过激说与温和说之不相容",巴枯宁认为是"共产主义与集产主义之不相容",共产主义论者主张"社会之公权力"支配社会所共有的一切财产资本,集产主义论者不承认一切权力的存在,不允许稍有强制,主张"财产资本非公有非私有说",因而"巴枯宁之过激说,麦喀氏之温和说"互相冲突;巴枯宁一派自海牙代表大会"始与麦喀派告分离"后,其势力仍对拉丁语国家的社会主义"大有影响";等等③。

以上这些译文,从一个侧面反映了当时国人对于舶来无政府主义思想的关切心态。引人注目的是,这一时期,一部分国人不再满足于转译国外有关著述,纷纷以自撰形式,选取国外各种素材,按照自己的理解和表述方式评介无政府主义问题(也不排除其中有些以自撰的名义,行翻译或编译之实)。这样一来,国人逐渐取代了来华西方人士原先在这方面的主导地位。譬如:

1901—1902 年间,康有为定稿《大同书》,曾论及"革命日出,党号无君",似乎将这一观念用于自己的"无邦国,无帝王,人人相亲,人人平等,天下为公"或"无邦国,无君主,无夫妇,无宗亲,无私产,无税役,无名分"的大同理想④。1901 年,梁启超作《难乎为民上者》一文,提到"无政府党者,不问为专制国,为自由国,而惟以杀其首长为务,彼等之目的,在破坏秩序",对不问专制秩序与

① 《民报》第 8 期,1906 年 10 月 8 日。
② 《民报》第 11、17 期,1907 年 1 月、10 月。
③ 《民报》第 16 期,1907 年 9 月 25 日。
④ 康有为著,章锡琛、周振甫点校:《大同书》,古籍出版社 1956 年版,第 75、283 页。

自由秩序，一律为“秩序之敌”和“文明之敌”，似颇有微词[①]。后来，他的《论俄罗斯虚无党》一文，论述无政府党的发展历史分为文学革命、游说煽动和暗杀恐怖三个时期，其中包括“拍格年”即巴枯宁1868年“始联合西欧各国之革命党立一国际革命党”等，1870年以后，“虚无党达于全盛”，“虚无党之事业，无一不使人骇，使人快，使人歆羡，使人崇拜”；介绍虚无党采取暗杀手段，“实对于俄罗斯政府最适之手段，而亦独一无二之手段”，“虚无党持均富主义”；进而说明，“虚无党之手段，吾所钦佩，若其主义，则吾所不敢赞同”，因为“彼党之宗旨，以无政府为究竟”，“岂有无政府而能立于今日之世界者”，将来进入大同太平后，亦不可能完全无政府，所以，“今世社会主义者流，以最平等之理想为目的，仍不得不以最专制之集权为经行”，无政府者之“非人道”，“非天性”，“其共产均富之主义”，早已被经济学者驳倒，等等[②]。1902年，马君武翻译英国人克喀伯的《俄罗斯大风潮》一书，他在“序言”里，把“无政府主义”称作19世纪发生的“一种新主义”，从理论来源看，它是法国圣西门之徒倡导且“其势日盛”的“社会主义（即公产主义）”，与英国人达尔文、斯宾塞之徒发明的“天演进化之理”两种学说结合的产物，此译书即“此种主义之历史”。英国人克喀伯对“各国政府之最大公敌”的无政府党人称赞不已，真是“美哉”，体现“言论自由”。其正文以蒲鲁东为无政府主义创始人，重点介绍其继承者巴枯宁和克鲁泡特金的生平与思想，宣扬无政府主义“有翻天覆地之精神，具挟山超海之气力，弄神出鬼没之手段，扫去世间一切君主教主重重网罗，万人一魂，欲造出其理想中之新世界”。[③]

1903年是国人撰述有关无政府主义或虚无党的文章著作颇为流行的一年。诸如：《大陆》[④]载文《俄国虚无党三杰传》，介绍赫尔岑、车尔尼雪夫斯基与“弥哈尔孛克林”即米哈伊尔·巴枯宁的经历、著述、思想与影响，前二人为“鼓舞苛激之革命论者”或“厌世之虚无主义者”，后者则“以游说煽动为业者”；巴枯宁后来成为“极端无政府主义者”，在国际党中“尤与麦克斯之势力相反抗，而又鼓舞其无政府论，从之者甚众”，其“革命之意见”在“集产主义”、“无神论”及“无政府论”方面，乃一“可惧可怖之革命家”[⑤]。《苏报》载文《虚无党》，认为俄罗斯为“世界第一专制国”，造就“今最著号之虚无党”，专制政府是制造虚无党的“绝好工场”，虚无主义主张保护劳动、万国平和、共产党或社会党“种

① 《清议报》第98册，引自梁启超撰《饮冰室合集》第二册，专集之二，第70页。

② 《新民丛报》第40、41期合刊，1903年11月2日，引自梁启超撰《饮冰室合集》第五册，文集之十五，第19－30页。

③ [英]克喀伯撰，马君武译：《俄罗斯大风潮》，上海广智书局1902年版。

④ 《大陆》1902年12月创刊于上海，署名编辑人仅为名义，实由曾在东京主办《国民报》的一些留日回国学生主持。

⑤ 《大陆》第1卷第7期，1903年6月5日。

种微言大义”，我国目前尚难以实现，但可以取其“所以对待政府”之“方针”，像巴枯宁主张的那样，“杀尽专制者”；为“虚无党之事业”感到心动、血喷、胆壮、气豪，大声疾呼迎接此潮流，预言它“必有逾昆阿尔泰之山，蓬蓬勃勃，以输入支那内部之一日”①。《江苏》载文《露西亚虚无党》，分析俄罗斯虚无主义，产生于贵族垄断一切土地所有特权与行政和司法机关的腐败，尤其在青年学生中，“激烈之社会主义与无政府主义又深入彼等之脑髓而不可拔，于是革命之思想益发达，革命之志益坚”，他们“可敬而可学”；鼓吹国民迷惑不清、沉睡不醒时，须用暗杀专制君主方式，“挟猛烈之势行破坏之手段，以演出一段掀天撼地之活剧”，才能唤醒民众②。马叙伦的《二十世纪之新主义》一文，赞扬“俄罗斯之无政府主义”，是20世纪的“新主义”，俄罗斯之所以“可以文明雄二十世纪之机纽”，道理在于无政府党比起别的主义，“其宗旨高，其识见卓，其希望伟”，使人不能不倾倒皈依无政府党人；介绍这种新主义由蒲鲁东倡导，由巴枯宁扩张，“此主义遂排山倒海而大出现于此世界”，惟有无政府党“抱至高无上之宗旨，具无坚不摧之愿力，誓昌明天地间之真自由而糙粕种种人为之机关，直欲挈此污秽混浊之世界一反而为华藏庄严、金光琉璃之乐土”；抱怨以无政府主义之“高尚”、“博大”，无政府党却仅将其作用止于刺杀活动而未能扩大；无政府主义以恢复天然自由，除去人为束缚“为独一不二之宗旨”，“其兴味已直与佛氏涅槃、孔氏太平、耶氏天国无以异”，它不同于多数“社会党钜子”的劳而无功，“独能均贫富贵贱老稚男女而一熔之”，难怪无政府主义“蓬勃日盛而未有艾”；无政府党的巨大潜势力，靠其党人“坚忍不摧之志强毅不摇之力为之孕母”；现存专制政治是产生无政府党的“大制造厂”，“专制政治愈甚者，则所制造之无政府党愈众”，此乃“我为中国喜”；无政府党超出其他各党，能破坏各种人为治法而返归自然，“二十世纪者，其无政府党执牛耳握霸权主盟全球之时代欤”；等等③。“大我”的《新社会之理论》一文，将无政府主义理解为“极端民主主义”，与共产主义并列为“今社会主义之披靡欧美，为雷奔电掣山摧海啸之奇观”，其创始者为法国人蒲鲁东，以俄国人巴枯宁等人代表当今的俄国虚无党；其理论以“我”为“唯一之裁判”，其国民“皆可自主，可自由，有自治之权利”，其手段“舍志士之身”，以“行铁血手段”为“天职”，毫不犹豫地通过辩舌、笔、剑、铳、爆裂弹、阴谋等打开血路④。杨笃生的《新湖南》一文“破坏”篇指出：“今世界各国中破坏之精神，最强盛者莫如俄国之无政府党”；“无政府党

① 《苏报》，1903年6月19日，转引自葛懋春、蒋俊、李兴芝编《无政府主义思想资料选》上册，北京大学出版社1984年版，第3—5页。

② 辕孙：《露西亚虚无党》，《江苏》第4、5期，1903年6月25日、8月23日。

③ 《政艺通报》第二年癸卯第14、15、16期，1903年8月23日、9月6日、9月21日，转引自葛懋春、蒋俊、李兴芝编《无政府主义思想资料选》上册，北京大学出版社，1984，第6—16页。

④ 《浙江潮》第8、9期，1903年10月10日、11月8日。

者，言破坏之渊薮也"，其原因在于社会阶级之制不平、官吏之腐败、司法行政机关之颓坏、学校教育之箝制等各种专制压抑行为，"夫压抑者，反对之良友，而破坏之导师也"；俄国虚无主义，其"党人之势力，乃如水银泻地，无孔不入"，其"无政府哲学，弥满充塞于国民之脑质中"；主张破坏者为"仁人君子"，应予仿效以建设崭新社会结构①。《国民日日报》的《理想的虚无党绪言》一文宣扬："虚无党，虚无党，我爱你，我崇拜你，你们所作的事业磊磊落落，能杀那混帐王八蛋的皇帝，能打救那一般受苦的兄弟姐妹，无一件不警天动地"，应学习它的方法，以此作为榜样，等等②。

此外，1904 年，如蔡元培的《新年梦》，幻想未来世界没有国家、政府、君臣，也没有人类的互相争夺，只须协力同自然争，成立"胜自然会"③；金一的《〈自由血〉绪言》，把"虚无党"形容为"自由之神"、"革命之急锋"、"专制政体之敌"，以此作为"吾愿吾国民知其所奋"的楷模④；《时敏报》的《论俄国立宪之风潮及无政府党主义》一文，认为"专制之与无政府乃一反比例，于反比例之两端而生一比例差"，因而今日的立宪主张得以产生⑤；《中国白话报》的《国民意见书：论刺客的教育》一文，引述无政府主义者有关暗杀的言论⑥；江西一青氏的《虚无党女英雄》和冷血的《虚无党》相继出版；等等。1905 年，如《大陆》"纪事"中报道"无君党行刺西班牙君主"、"均产党欲谋害太子"⑦等。1906 年，如"梦蝶生"（叶夏声）的《无政府党与革命党之说明》一文，区分无政府主义为"平和的"与"急激的"两派，后者主张共产主义、集产主义、破坏主义，又称"社会的无政府主义"，其目的"不认国家之统治权，更不认法律之存在，而惟以破坏手段达其平等自由"，绝不同于革命党人的政治革命与社会主义等等⑧。1907 年，如章太炎的《五无论》，宣扬"无政府"、"无聚落"、"无人类"、"无众生"、"无世界"⑨；其《国家论》提及"无政府说"以及巴枯宁和克鲁泡特金之辈⑩；廖仲恺的《苏菲亚传》和《无政府主义实行者巴枯宁传》，介绍无政府主义人物⑪；铁铮（雷照性）的《政府说》，认为推翻满清政府，"在鼓吹之时，无政府主义与民族主

---

① 湖南人之湖南：《新湖南》，载《新湖南》，1903 年，见张枬、王忍之编《辛亥革命前十年间时论选集》第 1 卷下册，三联书店 1960 年版，第 641－642 页。

② 《国民日报》，1903 年。

③ 《俄事警闻》，1904 年 2 月 17－25 日，转引自葛懋春、蒋俊、李兴芝编《无政府主义思想资料选》上册，北京大学出版社 1984 年版，第 51 页。

④ 金一（金天翮）译：《虚无党》，东大陆图书译印局，1904 年 3 月，"绪言"，转引自同上书，第 53－54 页。

⑤ 《时敏报》，1904 年春，该刊 1903 年创办于广州。

⑥ 《中国白话报》第 17、18 期，1904 年 8 月 1 日、8 月 10 日。

⑦ 《大陆》第 3 年第 7、8 期，1905 年 5 月 28 日、6 月 12 日。

⑧ 《民报》第 7 期，1906 年 9 月 5 日。

⑨ 《民报》第 16 期，1907 年 9 月 25 日。

⑩ 《民报》第 17 期，1907 年 10 月 25 日。

⑪ 《民报》第 15、16 期，1907 年 7 月 5 日、9 月 25 日。

义可相辅而行",但无政府主义终究无济于事,它"将以大同为圆满,而又无能力去各国政府",结果也不能推翻满清政府①;等等。

这些国人自撰的评介无政府主义的文章,在那一时期较有影响的中文书刊中,唾手可得,它们不论采取积极还是消极的态度,共同拓展了无政府主义思想传入中国的渠道,并与来自日本的有关译作一道,构成引进这一舶来思想的主导力量。与此同时,来华西方人士控制的早先曾居主导地位的各种宣传渠道,在这方面则相形见绌。

三是传入的各种评介资料,一改以往的零散杂乱面貌,形成较有系统的引进态势。19世纪末期,有关国外无政府主义的介绍和报道,大多是个别事件、个别人物、个别名词或个别观点的零星点缀,只能给人留下只鳞片爪和杂乱无章的初步印象。20世纪头几年,各种来自东洋的译作大举传入中国,在这股浪潮中,也带来用较为完整轮廓反映出来的无政府主义思想体系。这个思想体系,包括无政府主义的理论学说、政策主张、方法手段、派别分歧、历史沿革、代表人物、世界影响、与社会主义的联系和区别等等。尽管不同的作者或译者对无政府主义的评价各异,但他们介绍给中国读者的这一思想体系,比起当初的支离破碎介绍,已不可同日而语。像福井准造的《近世社会主义》中译本,以专章形式较为详细地介绍无政府主义,惟作者对它持有异议,故刊载在《新民丛报》第29期(1903年4月11日)上的出版广告,也说"社会党本世界所欢迎,而无政府党乃世界所嫌恶,混而一之,贻祸非浅",拟根据此中译本来鉴别社会党与无政府党以作区别对待。幸德秋水的《广长舌》中译本,其中有《无政府之制造》一文,讴歌无政府党产生的必然性及其影响,由此激发国人如马叙伦著《二十世纪之新主义》一文,赞赏俄罗斯无政府主义代表20世纪"新主义"。烟山专太郎1902年由东京专门学校出版的《近世无政府主义》一书,详尽考察和研究俄国虚无党产生和发展的历史,成为当时我国不少专题著述的范本,如《俄国虚无党三杰传》(《大陆》1903年6月5日第7期)、《弑俄帝亚历山德者传》(《大陆》1903年8月2日第9期)、《俄罗斯的革命党》(《童子世界》1903年6月16日第33期)、《俄国虚无党女杰沙勃罗克传》(《浙江潮》1903年9月11日第7期)、《俄国虚无党源流考》(《警钟日报》1904年第28至65期连载)、《自由血》(金一译,东大陆图书译印局1904年4月出版)等等,纷纷取材于此。

1903年底,张继(1882—1947)署名"自然生",译纂出版《无政府主义》一书。这本小册子,其原著作者是意大利人马剌跌士达,根据幸德秋水的日译本转译而来,分上下编。上编《无政府主义及无政府党之精神》,讲述无政府党的

① 《民报》第17期。

思想主张和方法手段；下编《各国无政府党》，介绍无政府党在各国的发展情况。此书重点之突出、对象之专一与体系之周备，成为中日人士相继选译以宣扬无政府主义的样本之作。张继是我国早期倾向无政府主义的有影响人物，曾在此译作中掺入自己的意愿。如"燕客"为其作序，以"杀尽财产家资本家，使一国之经济均归平等，无贫富之差"为目标，将无政府主义视作一种革命，肯定"革命为图存之良药，革命为进化之利器"，指望"革命风云"能够"速起"，冲击目前死气沉沉的大陆，"演一种雄烈壮快之活剧"。书中推崇无政府主义，如谓无政府党"以灭亡资本家为保全人民幸福之上策"、"无政府主义之元素"即憎忌富人、贱视兵役、热衷绝对平等、求社会幸福、杀戳官吏为正义等；"无政府党之大主目"为"鄙视所有权之心，不异待奴隶，扫尽社会上阶级等差之道，以废灭私有财产为最上策，社会之富，由富人之手夺回，还诸社会"；"无政府党乃理想之最高、自信之最坚者，故其勇力大而视死生如一"；无政府主义者"当以唯物主义为最"，"以叛乱为正当，以变乱为文明要素"，"以暴力为进步之大法"，"主张破坏之权利"，像"饥而食，渴而饮"那样渴求自然生存权利，"除破坏殄灭之外无所信仰"。[①] 在 1904 年 1 月 2 日《中国白话报》第 2 期的一则告白上，张继还明确指出："夫欲建设，必先大破坏，无政府党可谓达于破坏之极点"，编译此书，正值今日中国"破坏时代"之初，书中介绍的无政府党，想必将受我国同胞欢迎，"藉其手段以铲除此野蛮奴隶世界，则幸甚矣"。这种把未来希望寄托在无政府党上的期待，有某种思想体系作为支撑，曾感染不少人引以为同道，连此书末所附各国暗杀活动的大事年表，也被那些效法无政府党而鼓吹暗杀的文章奉为榜样和根据。这本《无政府主义》译作，在当时产生这样的影响力，除了各种时代因素外，它以较有系统的论述代替以往点滴零星的介绍，显然是其重要原因。

四是试图把舶来的无政府主义，从过去的一般评介对象，提升到拯救中国的指导思想地位。无政府主义刚被介绍到中国时，主要是以乱党邪说的面目出现，人们除了好奇，最初并没有什么好感。后来，传入中国的无政府主义思想资料逐渐增多，不时用来宣泄对国内专制统治的不满，或用作给满清专制政权的警示。20 世纪初，各种类型评介无政府主义的著述大量涌入，国人逐步认识无政府主义究竟为何物，同时形成各色各样的复杂心态。有的坚决反对，有的毁誉参半，有的折衷评价，有的仅限于对政府有某种惩戒作用，有的借重其影响为我所用，有的视若救星欢呼它的到来，等等。种种心态，在前面引述的各类专题或非专题论著中，均不难找到其代言人。当时有人因无政府主义

---

① 转引自葛懋春、蒋俊、李兴芝编：《无政府主义思想资料选》上册，北京大学出版社 1984 年版，第 23－24 页。

与同盟会的民生主义迥殊,曾专门请示孙中山的意见。他的回答是:“无政府论之理想至为高超纯洁,有类于乌托邦 UTOPIA,但可望而不可即,颇似世上说部所谈之神仙世界。吾人对于神仙,既不赞成,亦不反对,故即以神仙视之可矣。”①可见那一时期,无政府主义在国人中乃至在革命党内部产生的独特和微妙影响。总的看来,20 世纪初无政府主义思想传入中国所引起的反响,一是由以往比较单一的猎奇心理或旁观角色,转向更为多样的反应,特别是以参与者的眼光来评判无政府主义在中国的适用性;二是由以往几乎呈一面倒的反对或谴责性舆论,转向有褒有贬,并以赞扬者的激进态度形成醒目的时代特色。在这一基础上,到 1907 年中叶,相继产生中国历史上第一批公开以无政府主义作为其指导思想的代表性团体,即“天义派”与“新世纪派”。

“天义派”以 1907 年 6 月 10 日在日本东京创刊的《天义报》作为阵地,此报“极力鼓吹社会主义学说,是为我国人发刊社会主义机关报之嚆矢”②。其代表人物有刘师培(1884-1919)、何震(刘师培之妻)、张继、汪公权等人。此派曾追随日本社会党中以幸德秋水为代表的“硬派”(又称纯粹共产主义或无政府主义派),仿效他们的社会主义金曜(即星期五)讲演会,组织“社会主义讲习会”,同年 8 月 31 日在东京召开第一次大会。在这次大会上,刘师培宣布:“吾辈之宗旨,不仅以实行社会主义为止,乃以无政府为目的者”。③ 为此,在 1907 年下半年,“天义派”借助《天义报》和“社会主义讲习会”,掀起一阵阵围绕无政府主义的宣传声势。

例如,从 1907 年 6 月 10 日第 1 期到 12 月 30 日第 14 期,《天义报》每期都或多或少地刊载宣扬无政府主义的文章。第 1 期有《破坏社会论》、《请看俄国虚无党》、《巴枯宁学术要旨》;第 2 期有《废兵废财论》、《社会革命大风潮》;第 3 期有《人类均力说》、《政府者万恶之源也》、《保满与排满》、《苦鲁巴特金之特色》;第 4 期有《无政府主义之平等观》(第 5、7 期连载)、《西汉社会主义学发达考》(第 5 期连载)、《欧洲无政府党宗旨汇录:布鲁东无政府主义大纲》、《毁家论》;第 5 期有《中国无政府主义发明家老子像》、《论女子劳动问题》(第 6 期连载);第 6 期有《论种族革命与无政府革命之得失》(第 7 期连载)、《欧洲社会主义与无政府主义异同》、《社会主义讲习会第一次开会记事》;第 7 期有《女子解放问题》(第 8-10 合期连载)、《万国无政府党大会记略》、《社会主义讲习会预告》、《日本社会主义金曜讲演会记》;第 8-10 合期有《克鲁巴特金像》、《论

① 冯自由:《革命逸史》第 3 集,中华书局 1981 年版,第 209-210 页。

② 同上书第 2 集,第 214 页。

③ 公权:《社会主义讲习会第一次开会记事》,《天义报》第 6 期(1907 年 9 月 1 日),引自张枬、王忍之编《辛亥革命前十年间时论选集》第 2 卷下册,三联书店 1963 年版,第 944 页。在此之前,刘师培已表现出对于“虚无党之风震于寰宇”的向往。见韦裔(刘师培):《利害平等论》,《民报》第 13 期,1907 年 5 月 5 日,转引自《无政府主义思想资料选》上册,北京大学出版社 1984 年版,第 64 页。

新政为病民之根》、《斯撒纳尔无政府主义述略》、《万国无政府党大会决议案记》、《社会主义讲习会第二次开会记略》、《社会主义第三次开会记略》、《社会主义第四次开会记略》；第13、14合期有《苦鲁巴金学说述略》、《社会主义讲习会记事》；等等。

又如，社会主义讲习会自1907年8月31日起，到年底四个月里，至少举行8次讲演会，每次都充斥无政府主义的内容，几乎逢会邀请日本的著名无政府主义人士参加。第一次会议，刘师培宣讲无政府主义之必要、讲演无政府主义在中国之易行，张继诠释无政府主义，幸德秋水讲演无政府主义之起源及其与社会主义之区别；9月15日第二次会议，刘师培讲演中国民生问题和宪政之病民，张继介绍堺利彦之学术宗旨并论自由结合之益、堺利彦讲演人类社会之变迁；9月22日第三次会议，刘师培讲演中国财产制度之变迁，章太炎讲演国家学说之荒谬，景定成讲演欧美社会党之分派，某君讲演无政府之利益及人民不受压制之幸福，汤君质疑言无政府不若言民族主义，以及张继对汤君质疑的解释；10月6日第四次会议，山川均讲演互助主义之道理；11月10日第五次会议，刘师培讲演中国经济界之变迁，大杉荣讲演巴枯宁联邦主义；11月24日第六次会议，张继讲演无政府党大会事，大杉荣讲演巴枯宁联邦主义，乔宜斋讲演基督教中无政府共产主义；12月8日第七次会议，山川均讲演，张继介绍无政府党本部情况；12月22日第八次会议，大杉荣讲演巴枯宁联邦主义；等等。

"新世纪派"以1907年6月22日在法国巴黎创刊的《新世纪》作为阵地，其代表人物有张静江、李石曾、吴稚晖、褚民谊等人，后来张继为躲避日本警察的追捕，逃往巴黎，亦加入其中。《新世纪》诞生于著名无政府主义者蒲鲁东的故乡，"专提倡无政府主义，奇谈异说，震惊一世"，曾对国人产生不小影响，"我国人之言无政府者自兹始"①。这一派代表人物中，出资创办此刊的张静江(1876－1950)，以驻外使官身份旅法数年，其间"渐结识西欧无政府党诸学者，获聆蒲鲁东、巴枯宁、克鲁泡特金等学说，因之思想锐进，立论怪特，隐然以中国无政府主义之宣讲师自任"②。李石曾在驻法学习期间，也为无政府党所引诱，"以浪漫泊蒲鲁东、巴枯宁为神圣，尊崇其学说"③。吴稚晖(1865－1953)在巴黎避难期间，受李石曾影响，"明便挂了无政府党的口头招牌"④。褚以谊(1884－1946)自称走上无政府主义的道路，在阅读克鲁泡特金的《告少年》后，

---

① 冯自由：《革命逸史》第2集，中华书局1981年版，第211页。

② 同上书，第210页。

③ 朱和中：《欧洲同盟会记实》，见《辛亥革命回忆录》第6集，文史资料出版社1981年版，第18页。

④ 《一个信仰的宇宙观及人生观》，见《吴稚晖学术论著》，上海出版合作社1925年版，转引自蒋俊、李兴芝《中国近代的无政府主义思潮》，山东人民出版社1990年版，第73页。

明白只有解决社会组织问题这一“根本问题”，才能求得社会的公平正当[①]。“新世纪派”受欧洲无政府主义思想的影响之深，就像“天义派”深受日本无政府主义思想的影响一样。后者仿效日本无政府主义者的社会主义金曜讲演会，组织社会主义讲习会；前者亦创立中文《新世纪》刊物，与法国无政府党人的法文《新世纪》编辑部，建立密切的联系。“新世纪派”之所以“一骤而取此宏大不经、迂阔难行之无政府论”，时人分析，是国人陷入迷梦之际，“凭借此种奇辟透露之议论以唤醒国人，并师仿其种种运动之方法，以求实在进行”[②]。关于无政府主义的言论，集中发表在每周刊行的《新世纪》或新世纪丛书上，其数量之多，密度之高，截至1907年底，仅半年时间，已蔚为大观。

例如，1907年6月22日创刊到12月21日总共27期中，《新世纪》以每期一张四版的不大篇幅，刊载宣扬无政府主义的文章有：《新世纪发刊之趣意》、《新世纪之革命》、《新世纪程度》、《近日法兰西革命之风潮》、《祖宗革命》(连载2期)、《驳官比民好》(连载2期)、《女界革命》、《法兰西近日革命风潮》、《万国无政府党会》、《伸论民族、民权、社会三主义之异同再答来书论新世纪发刊之趣意》、《答旁观子(代驳新世纪丛书革命之附言)》、《谈学》、《蒲鲁东》、《告国魂》、《男女之革命》(连载2期)、《与友人论种族革命党及社会革命党》、《某氏与新世纪书附答》、《巴枯宁学说》(连载2期)、《端方》、《近日暗杀之风潮》、《中外日报论暗杀主义附评》、《三纲革命》、《克若泡特金学说》(连载4期)、《谈新世纪(附录兽与人)》、《记社会党无政府党万国公聚会》(连载2期)、《俄罗斯暗杀历史之一》、《法兰西暗杀历史之一》、《普及革命》(连载5期)、《与人书》、《与赞成立宪之同胞一谈》(连载2期)、《劝读新世纪者毋骇新世纪之议论》、《问满汉意见于革命党(录神洲日报原题为宣言消除满汉之价值)》、《进化与革命》、《问革命》、《社会主义释义》、《工人之无政府主义谈》(连载6期)、《革命原理》(连载9期)、《惨杀世界》、《社会主义讲习会第一次开会记事(录天义报)》(连载3期)、《意大利暗杀历史之一》、《好古》、《野蛮之计度》、《书天义报社会主义讲习会第一次开会记事后》、《日本之无政府党》、《投赠西班牙王之炸袭弹》、《好古之成见》(连载4期)、《读〈书后〉后之意见》、《苏菲亚》等。

“天义派”与“新世纪派”，一个在日本东京，一个在法国巴黎，几乎同时出现，共同担起在国人中宣传无政府主义的主角角色。二者一唱一和，相互呼应，公开乞助于无政府主义的灵丹妙药以解救中国问题，标志无政府主义的传入，在中国徘徊若干年后，至此不再是点滴观念的渗透，形成一股颇具号召力的思潮。

---

① 民(褚民谊)：《无政府说》，《新世纪》第46期(1908年5月9日)。

② 时居英国伦敦的杨笃生写给于右任的信，见《于右任辛亥文集》，复旦大学出版社1986年版，第197—198页。

二、中国早期无政府主义思潮的基本涵义

无政府主义思潮作为舶来品,其基本涵义也是引自国外。在引进的早期阶段,较有代表性或有粗略体例的理论著述,多是一些翻译或编译作品。这一点,从前面引述的各类有关著作和文章中,可见一斑。仅将这些译作中的基本涵义加以整理和归纳,无异于复述国外无政府主义代表人物的主要观点,没有多少意义。惟其如此,这里的梳理,注重"天义派"和"新世纪派"的早期著述,以 1907 年底为限,考察他们在初创时期吸收的无政府主义思想,达到什么样的程度,尤其是运用国外无政府主义处理中国问题时,具有怎样的特征。通过国人中首次出现的以信奉无政府主义思想为其共同宗旨的有组织团体,了解和把握中国早期无政府主义思潮的基本涵义,比起考察当时或此前个别人所流露的对于无政府主义思想的兴趣甚至崇尚,更加具有典型意义。它可以某种系统或互为补充的方式,比较集中而不是零散地体现出,无政府主义思想随着西方社会主义思想的大潮涌入中国后,它所形成的早期阶段性标志。这能够为后面考察中国早期无政府主义思潮与社会主义思潮、重点是与马克思学说之间的相互联系,提供了不可多得的背景资料。

(一)"天义派"初期的无政府主义思想

《天义报》的创刊启事,首先着眼于世上"无一事合于真公",包括异族欺凌、君民悬隔、贫富差殊等,都属于"不公"之事,由此认识种族革命、政治革命、经济革命"为人民天赋之权"。延续至今的"固有之社会",均系"合无量不公不平之习惯相积而成"的"阶级制度",只有破坏固有之社会,扫除阶级,才能"尽合于公"。阶级的基础,又"以男女阶级为严","欲破社会固有之阶级,必自破男女阶级始",如此则其他"破坏社会之方法",才可顺次施行。把办报的落脚点放在宣传打破男女阶级上,恐怕与当初《天义报》的创办,作为女子复权会的机关报,不无关系。所以,它在所附的《简章》里,"以破坏固有之社会,实行人类之平等为宗旨,于提倡女界革命外,兼提倡种族政治经济诸革命",看来把"女界革命"当作最重要的"天义"。[①]

稍后,刘师培作《废兵废财论》,把矛头指向"兵"和"财",认为"有兵然后有强弱之分,有财然后有贫富之分",由此造成强弱悬殊和贫富迥隔,严重背离"平等之公理",使富强二字也成为人类公理的"大敌"。同为人类,本无区别,不应专由强者富者独私"世界之权利",故"弭争端而破阶级,莫若废兵废财"。其实行办法,"必颠复政府,破除国界,土地财产均为公有,人人作工,人人劳动,于民生日用之物,合众人之力以为之,即为众人所公用"。这恐怕取自当时

---

① 《〈天义报〉启(附简章)》,《复报》第 10 期(1907 年 6 月 15 日)。

"共产无政府主义"或"社会无政府主义"的观点。在他看来,"一切之威力,均生于财",如果"使人人不以财产自私",则民无所求即无所争,兵亦不废而自废,从此强弱平等,贫富相均,带来"人类之大幸福";中国自古以来一向流行贱兵贱商思想,固胜于欧洲人之贵兵贵商,推行废兵废财之说,"当先施之于中国",可预知"其推行必广"。在这里,"废兵废财",又成为维持人类和平之"权舆"。①

同期的《社会革命大风潮》一文,历数席卷欧亚的社会革命风潮,围绕"欧美文明,均劳动者所造成"一说,发表一番议论:过去言国家者,以人民为主体,因为没有民何有君;如今"言社会主义者,亦当以劳动者为主体",因为"不有劳动之人,即不能制造资本。资本家之富,孰非劳动者所赐乎?"所以,不应说劳动者的生死系于资本家之手,而应说"资本家之死生,系于劳动者之手。资本家之富,劳动者之所与"。有与之之权,即有夺之之权,"今日欲行社会革命,不仅恃罢工已也,必合世界劳动者为一大团体,取资本家所有之财,悉占为己有"。驱逐所有监督管理人员,"为农者自有其田,为工者自有其厂,自为自用,不复认为资本家之产"。世界劳动者团体"结合群力",坚决抵抗资本家的武力威胁,"须臾之间,土地财产均可收为公有,岂非世界之一大创举耶"。② 社会革命旨在伸张公理,虽不可能像作者所说的那样翘足可待或须臾即成,但其中揭示劳动者为资本家创造财富、全世界劳动者联合起来共同对付资本家的道理,在当时却是振聋发聩之论。

实行"废兵废财"理想的办法,刘师培在《人类均力说》一文中说,"今之言共产主义者,欲扫荡权力,不设政府,以田地为公共之物,以资本为社会之公产,使人人作工,人人劳动"。在这里,他有一个修正,指出人人作工是表面权利上的平等,无法改变作工有难易苦乐不同这种内在义务的不平等。要实现真正的"义务平等",必须人人独立,"人人不倚他人之谓也,亦人人不受役于人之谓也。是为人类均力说"。进而言之,"夫均力主义者,即以一人而兼众艺之谓也"。他设想:破坏固有之社会和破除国界后,按千人以上区划为乡,各乡有固定的"阅书会食"场所,"为人民共集之区",并设老幼栖息所;幼童 6 岁起学习世界通行文字,11 岁起学习普通科学,学习制造器械和"民生日用必需之物",20 岁起作工并须轮换担任不同工作岗位,至 50 岁入栖息所从事养育幼童及教育工作;农业劳动辅以机器,"每人所获之谷,约计足供四五人之食";制造业劳动实行机器生产,"无论制何职业,均通力合作";各类工作以每日 2 小时为限,工作性质超过此限,将通常担任这一工作的期限由五年缩短至一二

---

① 申叔(刘师培):《废兵废财论》,《天义报》第 2 期(1907 年 6 月 25 日),转引自张枬、王忍之编《辛亥革命前十年间时论选集》第 2 卷下册,三联书店 1963 年版,第 900—904 页。

② 《天义报》第 2 期,转引自同上书,第 905—906 页。

年；残疾者免去正常人担任的工役，做较轻松之事，每天亦 2 小时，“其权利与齐民同”；各种工作的轮岗，“先难后易，年愈高者役愈轻”；制造业产品“置于公共市场，为人民所共有“；房屋标准一律，人各一室；等等。照此设想，“苦乐适均，而用物不虞其缺乏”，人人皆为平等独立之人，人人都为工、为农、为士，“权利相等，义务相均”，可实现“大道为公之世”。其中又赋予“适于人性”、“合于人道”、“合于世界进化之公理”、“泯世界之争端”等四“善”功能，更加坚定了“所由信均力之说，足以治天下”的信念。甚至还托庇于战国许行倡导的君民并耕之说，认为许行之说比起均力说虽未圆满，却是“中国第一人”。[①] 他的“均力主义”，在其妻何震看来，“与男女平等之说相表里”[②]。“人类均力说”不满足于在无政府的土地资本公有制条件下，人人须作工与劳动这种表面权利上的平等，设想打破国界，在全人类范围内，按照统一的区划和模式，把所有人纳入相同的培养、工作与生活格局中，经过不同工作岗位的轮换锻炼，达到“一人而兼众艺”或“万能毕具于一身”，从而实现“人人苦乐平均，无所差别”的内在义务上的平等。这种异想天开的设计，把追求人类平等的美好愿望，与否定政府、否定社会分工、主张绝对平均、立足小农生产水平等混乱落后观念，掺和在一起。

《政府者万恶之源也》一文，顾名思义，就是否定政府，凡有政府，“不必论其为君主为民主，不必论其为立宪为共和”，均“授以杀人之具，与以贪钱之机”。在作者看来，公理与政府二者水火不相容，“成一相反之比例”：“有政府者，其公理必不昌；则行公理者，其政府亦必消灭”。政府既为万恶之源，不破坏政府，难免世界人民“相率而陷于禽兽”。[③] 这是典型的无政府主义观点。同期发表的《保满与排满》一文，从民族主义乃“不合公理之最甚者”角度，呼吁无论满人、汉人，不应存有维持或新立政府的观念，“使人人知革命以后，不设政府，无丝毫权利之可图，而犹欲实行革命，则革命出于真诚”，否则，就是“利己”心作祟，尤以汉人驱逐和取代满人而自设政府之说最为荒谬。[④] 排除君主政府或民主政府或立宪政府或共和政府之后，又排除满人政府或汉人政府，此可谓中国特色的无政府主义。《毁家论》一文，继续鼓吹“今日欲从事于社会革命，必先自男女革命始”。它更强调，“盖家也者，为万恶之首”，家是产生人类自私的根源，只有从“毁家”或“破家”开始，才能“开社会革命之幕”，造就人类“乃皆公民无私民，而后男子无所凭借以欺陵女子”。[⑤] 这样又把政府为“万恶

① 申叔（刘师培）：《人类均力说》，《天义报》第 3 期（1907 年 7 月 10 日），转引自张枬、王忍之编《辛亥革命前十年间时论选集》第 2 卷下册，三联书店 1963 年版，第 907－913 页。

② 见上文末“震附记”。

③ 《天义报》第 3 期，转引自同上书，第 914－915 页。

④ 志达：《保满与排满》，《天义报》第 3 期，转引自同上书，第 916 页。

⑤ 汉一：《毁家论》，《天义报》第 4 期（1907 年 7 月 25 日），转引自同上书，第 916－917 页。

之源”,转换成家为“万恶之首”了。

《无政府主义之平等观》,反映了刘师培的重要思想特点。它不是跟着当时流行的“无政府说”如个人无政府主义、共产无政府主义、社会无政府主义等说法后面鹦鹉学舌,而是强调无政府主义“当以平等为归”,因人类天赋的平等、独立与自由三大权利中,独立自由之权以个人为本位,平等之权为人类全体谋幸福,故“当以平等之权为尤重”。其理由有人类一源说、原人平等说、同类相似说等,以此证明人类平等“出于天性”,不平等“出于人为”。人类不平等的原因,又归结为阶级不同、职业不同、男女不平等之类,沿袭古昔之陋恶风俗。人类有恢复平等的天性,“人类希望平等,乃人民共具之心”。世界人类的不平等现象,主要表现为政府以上凌下、资本家以富制贫、国家以强凌弱三大弊端,三者中资本家受政府保护,国家的代表是政府,故“政府尤为万恶所归”。关于“资本私有之弊”,形成阶级社会“只享权利不尽义务”的资本家与“只尽义务不享权利”的佣工;资本家的财富并非得自勤勉及节俭,来源于“强者对弱者之掠夺”与“用欺谲之政策”,此所以欧洲社会党称资本家之富“均不法掠夺之结果”,蒲鲁东亦称“彼等所为,直盗贼耳”;资本家独占土地资财等生产机关,迫使独立之民沦为佣工以供其役使,今日佣工之制“实劳力卖买之奴隶制度”,资本家之富“均工人血汗之所易”;资本家对佣工为养家糊口而争取提高工资的“同盟罢工”,或解雇佣工,或借助国家武力镇压,剥夺佣工的财产权乃至生命权,同时“不耕而食,坐收其税,以奢淫相尚,以纵乐为生”,可见“资本家之道德,最为腐败”;资本家凭借财富贿赂政治,操纵选举结果,使“贫富不平等,至今日而达于极端”,一言以蔽之,“今日之世界均富民之世界”,富民对贫民残暴役使,“非惟为社会之大蠹,亦且为贫民之大敌”。中国数十年后,如果不实行无政府主义,“亦必陷于此境”。对此,文中认为,改造世界的理想,从社会主义与无政府主义两派看,社会主义不如无政府主义。社会主义自古希腊柏拉图倡共产之说以来,延续不断,近世学者面对富人的压制,从宗教、哲理、科学等角度,“竞倡社会主义”,他们的“立说之大旨”差不多,“大抵谓生产机关,均宜易私有为公有,依共同之劳动,蓄积共同之资本,即以此资本为社会共同之产业,以分配全部之民”。最近数十年,欧洲“有共产党宣言,有万国社会党大会,而各国社会党或抗争选举权,或运动同盟罢工”,本来足以颠覆资本家,可是,近来社会党无论硬软两派,“承认权力集于中心”,大多数劳动人民无异由昔日个人的奴隶转为今后国家的奴隶。就像汉武帝与王莽政权施行“国家社会主义”政策,导致病民。今日社会主义虽然依靠平民而非君主,但“支配之权,仍操于上,则人人失其平等之权,一切之资财,悉受国家之支配,则人人又失其自由权”,能颠覆资本家之权,不能消灭国家之权,故“社会主义所由劣于无政府主义”。文中自称,其无政府主义不同于个人无政府主义,采纳了共产、社会二主义，“恢复人类完全之自由”，“兼重实行人类完全之平等”，“人人均平等，则人人均自由”，既不同于“社会主义之仅重财产平等者”，也不同于“纵乐学派之主张个人自由者”。最后，实行无政府的方法，其宗旨，“实行人类天然的平等，消灭人为的不平等，颠覆一切统治之机关，破除一切阶级社会及分业社会，合全世界之民为一大群，以谋人类完全之幸福”；其“最要之纲领”，废灭国家、不设政府，破除国界和种界；实行人类均力之说，男女绝对平等，通过书报刊行和演说向人民宣播无政府主义，发动人民组织劳动团体罢工、抗税、暗杀以诛民贼等革命方式，推翻政府。总之，无政府主义“无中心、无畛域”，“无中心故可无政府，无畛域故可无国家”。[①] 如此突出平等的重要性，并非人云亦云，简单抄袭国外无政府主义观点，而是试图根据自身的理解加以消化吸收，这是刘师培阐述无政府主义道理的一篇代表作。

根据这种无政府主义平等观，不赞成社会主义“仅重财产平等者”，当然也不会同意土地国有以平均地权的民生主义思想。刘氏的《西汉社会主义学发达考》一文，指责“土地国有之说，名为均财，实财易为政府所利用，观于汉武、王莽之所为，则今之欲设政府，又以平均地权愚民者，均汉武、王莽之流也”[②]。看来，这一指责的重点，不在“均财”或平均地权，而在土地“国有”，因为保留政府作为分配土地财产的决定者，与无政府主义的基本思想格格不入。

他曾与其妻何震合写《论种族革命与无政府革命之得失》一文，批驳今日中国“只宜实行种族革命，不宜施行无政府主义”的说法为“大谬不然之说”。其理由：“中国自三代以后，名曰专制政体，实则与无政府略同”。中国数千年支配其一切政治的学术来源，均来自儒道二家。儒家不欲以政刑齐民，“一任人民之自化，此固主张非干涉者”；道家要求废灭一切人治，“一任天行之自然，制度典则，弃若弁髦，则亦主张非干涉者”。这样，“中国之学术既以非干涉为宗旨，故中国数千年之政治亦偏于放任，视人治为甚轻”。中国政府“以消极为治，以不干涉为贤”，虽有政府之名，离无政府差不了多少，人民可利用其政府之腐败，“以稍脱人治之范围，而保其无形之自由”。基于这种特殊条件，“中国现今之政俗，最与无政府相近”，汉族中无平民贵族之分，此制胜过德、日两国；举国鲜巨富之家，富者役贫也较泰西为善，此制胜过英、美两国。所以，“实行无政府主义，以中国为最易，故世界各国无政府，当以中国为最先”。在另一篇文章里，他还引用魏晋之际鲍敬言的无君论，说明“中国政由君出，既言无君，

---

① 申叔（刘师培）：《无政府主义之平等观》，《天义报》第 4、5、7 期（1907 年 7 月 25 日、8 月 10 日、9 月 15 日），转引自张枬、王忍之编《辛亥革命前十年间时论选集》第 2 卷下册，三联书店 1963 年版，第 918－932 页。

② 申叔（刘师培）：《西汉社会主义学发达考》，《天义报》第 4、5 期。

即系废灭人治,与无政府之说同"[1]。利用这一政俗,动员国人反抗在上之人,"为农者抗其田主,为工者抗其厂主,为民者抗其官吏,为军者抗其统帅",联合起来采取同盟抗税或全体罢业等方式,推翻政府和君主,"直易如反掌耳"。为了多数之民,中国的无政府者施行"公产之制,均力之说",与国外无政府党联络,"由无政府之制,更进而为无国家",使"世界归于大同,人类归于平等"。依此"圆满"学说,"无政府主义,在欧美各国为理想之谈,然中国数千年来,即行无政府之实,今也并其名而去之,亦夫复何难之有"。无政府实行共产或公产之制,"使人人不以财物自私,则相侵相害之事将绝迹于世界";公产之下实行均力之制,防止放任自由带来的弊端,则"物无匮之虞,而纷争尽弭"。总之,"利用中国固有之政俗,采用西欧最圆满之学理,以实行无政府之制",这与种族革命推翻满族政府并不矛盾,作为"一劳永逸之计",应在初次革命后即推行无政府,以免汉族新政府代替满族旧政府后,再实行无政府革命势必使人民"屡经惨劫"。[2] 此文一再强调中国人民"易于实行无政府"或无政府之制"可以先行于中国",一举多得,一是针对当时《民报》为代表的民族主义主张,二是信奉无政府主义为中国自古以来的政俗传统,三是宣扬实行无政府主义可以避免欧美各国的社会弊病,四是鼓吹在欧美国家只是理想之谈的无政府主义,在中国已具备施行的现实基础等等,可谓用心良苦。

与上述论文写作相交错,作为理论准备,在社会主义讲习会第一次大会上,刘氏再次概述何以不局限于实行社会主义,而以无政府为目的。一则无政府主义"于学理最为圆满"。如原人平等、人类有平等理性、人类有躲避障碍之心等,证明"政府必应消灭","人类必当无政府"。当今世界,政府压迫人民,为保护资本家,为逞其野心,这是上通于天的"政府之罪",引起欧美各国"渐倡无政府之论"。二则欧美各国推行无政府"其事较难",而"中国无政府则其事较易"。中国数千年来支配其政治的儒道学说,均主放任而不主干涉,"名曰有政府,实与无政府无异"。依据这一传统,人人去阶级观念,由服从转为抵抗,不难"由放任之政府,一变而为无政府"。因此,"世界无政府,以中国为最易,亦当以中国为最先"。三则无政府不同于排满主义之贵己而贱他、革命为了满足获得特权的自私希望,以及少数人享有排满革命的幸福,它的排满"在于排满人之特权,而不在于伸汉族之特权";"真诚"表达"无丝毫权利之可图";主张联合广大农工劳动者进行革命,"必多数人民均享幸福"。"以无政府为目的",其

① 申叔(刘师培):《鲍生学术发微》,《天义报》第 8、9、10 合期(1907 年 10 月 30 日),转引自葛懋春、蒋俊、李兴芝编《无政府主义思想资料选》上册,北京大学出版社 1984 年版,第 117—118 页。

② 以上引文除另注外,均见震(何震)、申叔(刘师培):《论种族革命与无政府革命之得失》,《天义报》第 6、7 期(1907 年 9 月 1 日、9 月 15 日),转引自张枬、王忍之编《辛亥革命前十年间时论选集》第 2 卷下册,三联书店 1963 年版,第 947—959 页。

内涵："惟无政府以后，必行共产，共产以后，必行均力，而未行革命以前，则联合农工，组合劳动社会，实为今日之要务"。要达到这一目的，先全面调查全国民生疾苦，"此实与社会主义无异者"，但无政府主义者"不欲以社会主义为止境"。① 以上概括，典型体现了本时期刘氏等人对于无政府主义的理解水平，以及信奉无政府主义作为解决中国问题之指导思想的明确态度；同时试图划清无政府主义与社会主义的界限。当初筹备社会主义讲习会时，这个界限相当模糊。如谓，"近岁以来，社会主义盛于西欧，蔓延于日本，而中国学者则鲜闻其说"，担心有识之士只知提倡民族主义，不考虑"民生之休戚"，对"以暴易暴"存有偏见。因此，他们提出研究社会问题，"搜集东西前哲各学术，参互考核，发挥光大，以饷我国民"，并创设此讲习会以"普及"社会主义②。这里所谓社会主义，恐怕含有无政府主义的涵义，但未能加以区别。其第一次大会则表明，无政府主义虽与社会主义有相同之处，却不局限于一般社会主义的道路和宗旨，应以无政府为目的。这样，在"社会主义讲习会"的名义下，他们从终极目标上，把无政府主义与社会主义区分开来。

此外，"天义派"的早期文章，还从不同角度揭露了现行社会制度的黑暗和罪恶。例如，《论女子劳动问题》一文指出，近世欧美各国的制度最不公平，"富民社会以女子为生财之具"。19 世纪以来，富者凭借其资本，"以贫民之劳力供富民之生财"，先役使男子，继则役及妇女。机器工业排挤传统的家庭妇女劳动，迫使妇女"不得不仰资本家之鼻息"，成为"赁银制度"的雇佣劳动者；机器产品又提高民生日用物品的价格，单凭男子作工不足以维持家庭生计，从而迫使妇女作工以资补助。可见，由于"财产之不均"和"资本家之罪"，妇女沦为雇佣劳动者，既有害其自身，亦破坏家庭和乐。经社会主义鼓吹，妇女"企图根本之改革，势必要求财产平均，以尽削富民之权利，而不复受役于人，此则世界女子之幸"。女子劳动本为天职，惟人人劳动，非专责役使其中一部分贫女。其根本出路在于，"公产之制行，无论男女，人人均力，对于民生日用之物，尽相当之劳力，即有自由使用之权"，如此则不仅女子、整个世界都将"由雇工之劳动，一变而为平等之劳动，庶几人人均独立不复倚于人，亦不复受役于人"。③ 这是从现代资本家制度下，女子被迫加入雇工劳动者队伍的社会弊病角度，宣扬"公产"、"均力"、"独立"之类的无政府主义信条。

又如，《女子解放问题》一文着眼于女子的奴隶地位，认为要纠正数千年

---

① 公权：《社会主义讲习会第一次开会记事》，《天义报》第 6 期，转引自张枬、王忍之编《辛亥革命前十年间时论选集》第 2 卷下册，三联书店 1963 年版，第 944－946 页。

② 张继、刘光汉（刘师培）等：《社会主义讲习会广告》，《天义报》第 2 期，转引自姜义华编《社会主义学说在中国的初期传播》，复旦大学出版社 1984 年版，第 425 页。

③ 畏公：《论女子劳动问题》，《天义报》第 5、6 期，转引自张枬、王忍之编《辛亥革命前十年间时论选集》第 2 卷下册，三联书店 1963 年版，第 934－944 页。

“人治之世界”、“阶级制度之世界”、“男子专有之世界”的弊端，“使世界为男女共有之世界”，实现人类平等，“必自女子解放始”。文中剖析妇女解放问题，认为在“今日经济界之组织，少数富民垄断生产之机关，平民失业，其数益增”的情况下，不可能通过妇女职业独立方式来解决，只有“实行共产，妇女斯可解放”；在无法人人参政的情况下，也不可能通过男女平等参政方式来解决，今日妇女与其同男子争权，不如“尽覆人治，迫男子尽去其特权，退与女平，使世界无受制之女，亦无受制之男”。这些“根本改革”，归结到一点，就是“废灭政府”，极力推崇“欧美妇女之冠”，通过讲演、书报、串连等办法“侈陈暴政”，通过暗杀暴动等秘密活动“公然排击政府”。① 这不啻把无政府主义当作女子解放的惟一出路。

再如，《论新政为病民之根》一文认识到，“实业”兴起，少数富民控制民生日用之物的生产机关，垄断市利，以“无形之兼并”方式取代小民的自营之业，使之转为富民的雇工，形成“赁银之制度”，“使一国之中，只有资本家与工民二级”。这种“东西各国已呈之象”说明，今日中国政府采取奖励资本家政策，“不出数年，舍资本家而外，殆无一而非劳动之民”；各种数据也揭露了西方各国普遍存在“贫民窟”、“贫民军，或呼为饿鬼之行列”等现象。其结论：“西人物质文明，虽多可采，然用之无政府之世，足以利民，用之有政府之世，适以病民”，因此，“矫今之弊，惟有实行无政府”。尤其中国民众传统上“习于放任政治，以保无形之自由”，贵贱贫富的差距不大，如果仿行欧美日本之制，不仅改变放任为干涉，还于无形中扩大阶级制度，成为“豪族富民之政治”，这将无所裨益。鉴于此，文中老调重弹，一面呼吁，“今日为人民谋幸福，舍实行无政府制度外，别无改造世界之方”；一面又强调，中国实行无政府之制，“较之欧美日本，尤属易行”。这里的无政府，指“人民共产，无统治被治之分，然后物质文明，力求进步”之类。惟其将矛头指向“新政之病民”或“维新之害”，似以梁启超之流的论点作为其靶子。② 此文对于现行资本主义制度的揭露，注重其表面现象，仍不乏给国人以警醒，但它把现代社会一切弊端的症结，归咎于政府的存在，幻想政府一俟废除，即可推行所谓“共产”、“均力”之说，实现人世间的和平幸福，却是荒谬幼稚之极。这也是“天义派”早期无政府主义思想的一个通病。

(二)“新世纪派”初期的无政府主义思想

《新世纪》的发刊词，自命“一种刻刻进化，日日更新之革命报”，提倡同人

① 震(何震)述：《女子解放问题》，《天义报》第7、8－10期(1907年9月1日、10月30日)，转引自张枬、王忍之编《辛亥革命前十年间时论选集》第2卷下册，三联书店1963年版，第959、967－968页。

② 申叔(刘师培)：《论新政为病民之根》，《天义报》第8－10合期，转引自同上书，第968－975页。

“发愿与世界种种之不平等者为抵抗”，要求载文受“世界公理之约束”或“自己良心之裁判”，未见无政府主义宗旨，相反倒是说“不为一偏之见，以立浅隘之门户”①。其实，那只是表面文章，同期发表的《新世纪之革命》一文，才透露其真意。此文阐释革命与公理的关系说，科学公理的发明与革命风潮的膨胀，是19、20世纪人类的特色，“盖公理即革命所欲达之目的，而革命为求公理之作用”，“舍公理无所谓为革命，舍革命无法以伸公理”。1789年法国革命为“新世纪革命之纪元”，1871年法国“平民社会革命”即巴黎公社革命，“由于社会主义鼓吹所致”，虽未成功，却在“革命进化史”中留下“一大记念”，“足以为将来社会革命之先导”；近年来法国等国革命风潮日扬，“抗税罢工之事，反对陆军，反对祖国，废弃议院，主张共产诸主义，报不绝书”，此为革命之进化。何谓“刻刻进化、日日更新之革命”，其目标是通过革命思想的不断进化，最终进入“扫除一切政府”、“纯正自由”、“废官止禄”、“无有私利”、“弃名绝誉”、“专尚公理”的新世纪。此文对3月18日爆发的巴黎公社革命或谓“巴里‘公民’Commune之革命”，尤感兴趣。它简单叙述了革命受“社会集产主义之鼓吹”的远因、受普法战争之困迫的近因，以及巴黎公社成立和政府残酷镇压的经过；分析了革命失败的原因，即“革命之思想尚未普及”、“不肯取掠”旧政府财库、“不肯施以最强烈之手段”等等。还以自己的眼光，总结了革命的经验：一是3月20日“劝告各邑独立”宣言，体现“由公民自由组织，扫除政府，此新世纪革命之要点”；二是4月16日公社下令接管逃亡资本家的工厂，交给“工作者协合组织”管理，恢复生产，体现“即取财产，置诸公共，此今日社会主义之方策”等。这两点都可以作为“将来社会革命之先导”。② 至此，不难发现《新世纪》的主要宗旨，是“扫除一切政府”，并以法国无政府主义作为其榜样。只不过此时，它仍习惯于社会主义或社会革命概念，尚未用无政府主义一词取而代之。

《与友人书论新世纪》一文，对“新世纪派”的社会主义和社会革命概念，作了进一步解释。它认为，社会主义“主博爱”、“求众生幸福”，“主牺牲己身，以伸公理”，“主扫除一切帝王以及政府”等，与“厌世主义”和“保王主义”水火不相容。社会革命即“大同主义”，由过去的种族革命与祖国主义进化而来，“未明社会主义之前”，出于公理良心曾放弃个人自私主义而选取种族革命及祖国主义，“既知社会主义之后”，懂得社会革命与大同主义比种族革命与祖国主义更正当、更文明，“即取社会主义，亦公理良心使然”。基于这番解释，“新世纪”的主旨是，“众生一切平等，自由而不放任，无法律以束缚箝制之，而所行所为，

---

① 《新世纪发刊之趣意》，《新世纪》第1期（1907年6月22日），转引自高军等主编《无政府主义在中国》，湖南人民出版社1984年版，第15页。

② 《新世纪之革命》，《新世纪》第1期，转引自张枬、王忍之编《辛亥革命前十年间时论选集》第2卷下册，三联书店1963年版，第976—978页。

皆不悖乎至理,为善纯乎自然,而非出于强迫”。这里的“自由”、“无法律”、“自然”等词,意即“无所谓武备,更无所谓政府,无所谓种界,更无所谓国界”,直至“无所谓人我界”,那将是“含哺而嬉,鼓腹而游,无争无尤,无怨无竞,怡怡然四海皆春,熙熙然大同境象”。为了实现这一“宏大高明”的目的和志愿,其实行方法,无非刚柔并用,采取柔和的“书报演说,以化吾民之心”,同时采取“强硬手段,以诛人道之贼”。[①] 所有这些,是在社会主义和社会革命的名义下,兜售道道地地的无政府主义货色。

同样,李石曾的《革命》一文,也从无政府主义涵义上使用社会主义与社会革命概念。他提出:“社会革命为二十世纪之革命,为全世界之革命。社会主义与国家主义不能并立者”。社会主义“主至公”、“来自平民”、“尚自由,尚平等”、“保众人之幸福”,不同于主自利、来自帝王、尚专制、尚自私,保少数人利益的国家主义。社会主义的目标,“一言以毕之曰自由、平等、博爱、大同”,为了达到目的,“必去强权(无政府),必去国界(去兵),此之谓社会革命”。按照这种涵义,文中还展开阐述:“社会革命始为完全之革命,即平尊卑也,均贫富也,一言以毕之,使大众享平等幸福,去一切不公之事”,为此必须推翻强权和皇帝,“政治革命为权舆,社会革命为究竟”;社会进化有其演成性和遗传性,因此,并非“社会进化不可躐等”,也并非“中国无行社会主义之资格”;事实上,“近年社会主义无政府主义方兴,革命风潮普及,于是万国联结之举,不一而足”,每年5月1日各国工党举行罢工示威、各国社会党和无政府党联络组织、各地都有社会党运动及无政府党暗杀活动等,由此否定了“恐社会主义有不利于本国”之非难;如此等等。[②] 有人曾批评这篇文章,《新世纪》载文予以反驳。例如,批评社会党的均贫富之论,认为不可能“聚世界所有之钱财货物,再聚世界所有之人类而均分之”,对此,文中引用西方贫富悬隔而导致经济革命的事实,“足以证明社会主义之要”;申辩经济革命不是少数人聚世界所有之财而分之,而是依赖世界之众人,使人人自信自由与公理之道而为之;宣扬“各尽所能,各取所需”之要旨,本无所谓“均而不平”或“平而不均”之意。又如,质疑社会党提倡社会主义(实则无政府主义),将导致他国乘此机会瓜分中国,对此,文中宣称,像“世界之无政府党社会革命党”一样,谈此问题应“纯然置国界种界于题外”,寄期望于不论何国何种之人,“皆力求公理,反抗一切强权”。再如,诘问“同作同食,无主无奴,无仇无怨,各取所需各尽所能,是谓大同世界”,

① 《新世纪》第3期(1907年7月6日),转引自张枬、王忍之编《辛亥革命前十年间时论选集》第2卷下册,三联书店1963年版,第983—984页。

② 真民(李石曾):《革命》,《新世纪丛书》第一集,转引自同上书,第998—1003页。

何以实现，对此，文中辩称，“除传布公理使其普及，无第二法”，等等。[①] 由此也可以体会，“新世纪派”最初表达其无政府主义思想时，具有哪些主要观点和特征。

“天义派”主要从正面阐述自己的观点，“新世纪派”似乎有些不同，开始时经常通过辩论方式表达本派的意见。这里再举一例。《就社会主义以正革命之义论》一文，批评当时侈谈革命者，不本于社会主义，义狭而理偏。当经济上的困苦取代政治上的困苦，“酿成今日贫富悬隔之患”或民众“憔悴于经济的垄断贫富阶级之中”时，更显示了“不本于社会主义的革命之结果”。社会主义革命，其作用是破旧立新；其目的是社会平等自由幸福，痛绝专制阶级祸根，“实行科学的进化，求世界之真文明”；其根本是“人道大同，世界极乐”；其手段是平和如教育传播，激烈如暗杀行刺与革命军。这是“最适于中国”的革命。同时，社会革命又是“光明正大的革命”，旨在“涂灭一切之弊病，无种界，无国界，惟以公理为衡”。此即“义广理全，至公无私”。[②] 为了辩清道理，作者又著文说，社会主义“反对一切强权，破坏种种恶习，削去等等阶级”，不只推翻一个满清政府，还要推翻世界上一切政府，摈斥一切“世界社会上背道逆理者”。在这里，“强权”指政治制度和国际交涉即战争；“恶习”指宗教迷信、家庭伦常和社会仪式；“阶级”或等级指经济组织和纲常法制，“平等级”即“平经济的组织，以绝贫富尚共产”，“平纲常的法制，以绝尊卑尚平等”。因此，社会主义之“求世界人类自由平等幸福”，比起民族主义民权主义只求一国一族少数人的自由平等幸福，“义广理全，至公无私”。按此标准，社会主义的完整诠释是：“社会主义者，无自私自利，专凭公道真理，以图社会之进化。无国界，无种界，无人我界，以冀大同；无贫富，无尊卑，无贵贱，以冀平等；无政府，无法律，无纲常，以冀自由。其求幸福也，全世界人类之幸福，而非限于一国一种族也。故社会主义者，无自私自利也。吾敢断言曰：至公无私之主义也。”[③]这个诠释，与其说是社会主义，不如说是无政府主义更为贴切。可见，“新世纪派”起初将社会主义混同于无政府主义，即便在辩论过程中亦然。

后来，“新世纪派”试图从概念上区分无政府主义与社会主义，见于李石曾借助翻译“和孟”的《社会主义释义》一文所作的努力。此译文认为，“今讲社会主义者日众，自号为社会党者亦日众”，社会主义一词因其词意宽泛，以致“鲜能得其确当之义”，必须加以解释以使人闻而明之、无误会和名实相符。将社

---

① 真：《驳新世纪丛书“革命”附答》，《新世纪》第5期（1907年7月20日），转引自同上书，第992—998页。

② 千夜：《就社会主义以正革命之义论》，《新世纪杂刊》之一，转引自张枬、王忍之编《辛亥革命前十年间时论选集》第2卷下册，三联书店1963年版，第1009—1015页。

③ 民：《伸论民族、民权、社会三主义之异同再答来书论“新世纪”发刊之趣意》，《新世纪》第6期（1907年7月27日），转引自同上书，第1003—1008页。

会主义解释为“使社会改良之法”或“政治之一法”或“工作之组织”等，皆属不当，明确社会主义“以生财之物与所生之财皆属之于社会”，才符合各地“政治社会党”、“革命社会党”与“共产无政府党”的主张，最接近其原意。这是指社会主义的经济性质，它的总称之外，还有分称，如集产主义，“产业为众所集有”，其大旨“各取其所值”；共产主义，“产业为众所共有”，其大旨“各取其所需”。从其他性质看，还可以划分许多类型的社会主义。社会主义与无政府主义的本意，“亦非反背”，没有什么矛盾，一个就“经济上”言，另一个就“政治与道德上”言。无政府主义指“无强权之意”，社会主义指“财物属于社会之谓”，可以合并二意，统称为“无政府的社会主义”。以集产与共产、有政府与无政府为标准，“明了而无误”的社会主义，释义如下：社会主义分为“共产社会主义”与“集产社会主义”，前者又分为“无政府的共产社会主义”与“有政府的共产社会主义”，后者亦分为“无政府的集产社会主义”与“有政府的集产社会主义”。对于这一释义，李石曾认为“社会主义之意乃明晰”，并据此提出，主张无政府者若以社会党或社会主义为名，不免有宽泛之弊，宜选择第一称为“无政府党或无政府主义”，第二称为“无政府共产党或无政府共产主义”，第三称为“无政府的社会共产党或无政府的社会共产主义”，而“第二词似最繁简得宜”。在他看来，这是就原理与本意来说，如果就现在的习惯来说，社会主义与无政府主义之间“确有冲突之时”。按照习惯，“人皆以有政府之社会党，名之以社会党；以无政府之社会党，名之以无政府党”，将“社会”与“无政府”看作“两相对待之党派”，所以，切不可以为“名固无足重轻”，轻忽了无政府党或无政府主义的称呼。① 这篇译文及李石曾的按语，一则把社会主义与无政府主义的含义，区分为具有经济上与非经济上（即政治与道德上）的不同性质；二则倾向于社会或共产的而非个人的无政府主义；三则致力于改变无政府党或无政府主义与社会党或社会主义两类不同概念相互混淆的局面。关于第一点，“天义派”未作此区分，却同样给予无政府主义以经济上的分析；关于第二点，“天义派”似与“新世纪派”有某种共同之处；关于第三点，“天义派”从一开始就作了比较明确的划分，不存在此类问题，这说明“新世纪派”混用概念的情况，已到了非专门区别不可的地步。

与“天义派”的“废财”观点相似，“新世纪派”也把对现实社会的不满，发泄到金钱上。如谓“世界社会上凡多之悲惨残酷”，由金钱而生；“惟金钱是命，以致世界社会，终入于黑暗之狱，永无极乐之日”；“金钱金钱，至今日而为社会上万百悲惨罪恶之源”；“知有金钱而不知有公道”，“知有金钱而不知有真理”，

---

① 和孟著，真(李石曾)译：《社会主义释义》，《新世纪》第21期(1907年11月9日)，转引自林代昭、潘国华编《马克思主义在中国——从影响的传入到传播》上册，清华大学出版社1983年版，第243—246页。

"知有金钱而不知有科学"，"知有金钱而不知有性命"；等等。社会上各种悲惨残酷现象，来源于金钱，而金钱的存在，促使政府支持富绅从中取利，又产生经济上的不平等，因此，"政府不去，则贫民无出头日"，要去政府，就要消灭金钱，"金钱一消灭，则社会始真有平等自由幸福之日"。[①] 这种消灭金钱的想法，其幼稚不言而喻，其诅咒钱财带来社会经济不平等以及妨碍无政府主义思想传播的特征，则为"天义派"与"新世纪派"所共有。

《普及革命》一文，是当时"新世纪派"比较全面论述无政府主义观念的另一篇文章。此文从"革命凭公理，而社会进化"的老生常谈出发，向往"强权扫地，人始各尽其所能，各取其所需，作息自由，享受平等"的"文明世界"。强权中以政府为最盛，故"排强权者，倾复政府也"。要做到这一点，须获得大多数人的承认或赞成，所以需要普及革命。普及革命要传达或鼓吹的意向，分为反对与实行两方面：反对政府的军备、法律和赋税，反对资本家的财产，反对社会的宗教；实行对政府的暗杀，对资本家的罢工，对社会的博爱。反对方面，"政府无赋税，不能成军备；无军备，不能行法律；无法律，不能收赋税"，三者综合才有政府，故欲倾覆政府，非反对此三者不可。倾覆政府后，"无政府，则无国界；无国界，则世界大同"，将形成"人不役人而不役于人，人不倚人而不倚于人，人不害人而不害于人"的"自由平等博爱"局面。"今之大资本家，实凶悍之大盗"，有无财产，"此贫富之所以有悬隔"；中国现今大资本家不多，欧美国家却是工人仰资本家之鼻息，显示"其困苦与不自由之差，当以资本家之多少为比例"；所以，"反对财产，实为锄资本家之横暴，而救平民之困苦"，只有"财产废而为公共，无食人与食于人之分"，才能去绝"贫富之别，饥寒之忧"，实现"同作同乐，同息同游"的"将来共产社会之现象"。实行方面，暗杀可以惊醒大多数人的迷梦，促成革命风潮，加速社会进化；罢工可以"使彼贵富者不得借财产，避工作之劳苦，而专责之于贫贱"，从而使贫贱者脱离做牛做马的奴隶状态，不受制于人，获得"尽其所能，取其所需，同受工作之劳苦，同享工作之安乐"的自然生活云云。[②] 以上论述，触及当时社会尤其西方社会的种种弊端，发人深省，惟由此引出的无政府主义结论，除了综合已经提出的各种观点，了无新意。

此外，"新世纪派"根据中国的传统特征，还为无政府主义观点注入其他一些因素。例如，《祖宗革命》一文认为，科学和公理所反对的迷信与强权，在家

---

① 民：《金钱》，《新世纪》第3、4期（1907年7月6日、7月13日），转引自张枬、王忍之编《辛亥革命前十年间时论选集》第2卷下册，三联书店1963年版，第986—992页。

② 民：《普及革命》，《新世纪》第15、17、18、20、23期（1907年9月28日、10月12日、10月19日、11月2日、11月23日），转引自同上书，第1021—1041页。

庭的遗毒至深,其中最愚谬者,莫甚于崇拜祖宗,故主张祖宗革命[①]。《三纲革命》一文的"革命之要点",也是去迷信与去强权,其矛头直指传统的三纲,主张君为臣纲转为人人平等,父为子纲转为父子平等,夫为妻纲转为男女平等。其中既有提倡真理破除迷信的直接思想革命,也有支持自立以去强权的间接经济革命,也就是"经济平等"、"共产实行"、"人人得以自立,互相协助而无所用其所倚附"、"各尽所能,各取所需"之类。[②]《进化与革命》一文,以近数十年来国人思想的变迁为例,证明社会进化已由王国进入共和再进入无政府。文中历数康有为、梁启超、革命党同情者以及《民报》等不同类型的代表在进化中的历史作用,最后将希望落脚在所谓"真理进化派"上,"此类乃混同夹杂之无政府党,文言之,亦可曰不立宗派之无政府党"。此派目前在中国尚处于"萌芽幼稚"阶段,而在当今世界社会早已确立,必将"日益隆盛"。[③]《好古》一文以为,"无政府主义大明"标志着20世纪的变化局面,国人中有人"目无政府党为多事、为不知足",是好古观念深入人脑,难以接受新学理。如共和论者指责"倡无政府主义者,徒扰乱和平";立宪论者指责"无政府党卖国欺人,徒煽惑人心";专制论者指责"无政府党,必欲去一切政府而快其心……徒好动喜事"等等。这些"菲薄无政府主义"的议论,都是"好古之成见使然"。[④] 显然,"新世纪派"的早期文章,不仅注重引进国外无政府主义的理论观点,而且注重结合中国的传统特点进行有针对性的宣传,冀以清除国内传播无政府主义的思想障碍。

(三)"天义派"与"新世纪派"之比较

两派于1907年下半年发表的上述代表性文章,各自所坚持的无政府主义立场,大同小异。诸如,他们揭露现实世界(无论中国还是欧美国家)因国家和强权造成各种不平等现象和罪恶行径,将其归咎于政府这一社会赘瘤;向往未来出现一个无政府、无国界、无种界甚至无人我界,实行共产、至公无私,人人劳动、自由平等、均享幸福的理想社会;主张通过书报演说之类的和平方式或罢工暗杀之类的激烈方式,达到推翻政府的目的;相信西方流行的无政府主义思想适用于中国,并结合中国实际旨在扫除阻挡这一思想传播的各种障碍;等等。换句话说,两派在无政府主义的基本观点上,大体一致。同时,两派天各一方,一派在日本东京,一派在法国巴黎,尽管相互有呼应,毕竟所处的环境背景不同,因而他们宣扬无政府主义,也显示出若干差异。这些差异,对两派的

---

① 真:《祖宗革命》,《新世纪》第2、3期(1907年6月29日、7月6日),参看张枬、王忍之编《辛亥革命前十年间时论选集》第2卷下册,三联书店1963年版,第978—983页。

② 真:《三纲革命》,《新世纪》第11期(1907年8月31日),转引自同上书,第1015—1021页。

③ 真:《进化与革命》,《新世纪》第20期,转引自同上书,第1041—1049页。

④ 民:《好古》,《新世纪》第24期(1907年11月30日),转引自同上书,第1049—1052页。

思想体系本身，或许未曾带来根本性变化，但对他们引进马克思经济学说方面的不同表现，却是不容忽视的因素。考察两派宣传无政府主义的文章中涉及社会主义和经济分析的内容，可以将这些差异大致归纳如下。

第一，无政府主义思想的来源渠道不尽相同。“天义派”主要取自日本无政府主义者的著述，《天义报》上的不少文章，都是翻译或编译日文无政府主义著作；社会主义讲习会的每次会议，都要邀请日本无政府主义人士赴会发表演说。日本人的这些著述或演说，大多转述欧美国家的无政府主义思想，乃系其流，而非其源。可是，一旦经过日本，便有了新的特点。一方面，以日本作为西方各种无政府主义思想的聚集地或中转站，起到吸收不同思想流派的兼收并蓄作用；另一方面，外来无政府主义思想经过日本无政府主义者的加工、消化和吸收，不可避免地带上他们自己的印记。与“天义派”联系密切的日本著名无政府主义人士，如幸德秋水、堺利彦、山川均等人，本来是信奉社会主义的日本社会党人，后来转向无政府主义[①]，这个转变在他们身上留下的痕迹，同样对“天义派”有所影响。“新世纪派”则主要取自法国以蒲鲁东为代表的无政府主义思想，其中文刊物《新世纪》上的不少文章，转译自法国无政府主义刊物《新世纪》。此派的无政府主义思想虽然兼及其他各派观点，但相比起来其思想来源比较单纯。

第二，对无政府主义与社会主义关系的理解不尽相同。在一些国外人士的眼里，无政府主义是社会主义的一个派别，常常联系社会主义来谈无政府主义，这一点，“天义”与“新世纪”二派，亦莫能外。在“天义派”那里，有时让人感到无政府主义与社会主义的界限比较模糊，但在大多数情况下或在其专题论述中，这个界限是清晰的，强调社会主义不如或“劣于”无政府主义。既然有此区别，便须对二者的不同之处作出说明。其代表性的解释是，社会主义虽然提出生产机关公有、共同劳动、用共同积蓄的资本进行生产并分配于全民、通过各种方式推翻资本家的统治等思想，但承认权力中心即国家组织，结果人民由过去资本家的奴隶转为今日国家的奴隶，还是没有解决人人平等自由的问题，故无政府主义的无中心、无畛域之说，要更胜一筹，旨在消灭一切人为的不平等，恢复人类天然的绝对平等。不论此类解释是否合理，指出并尝试比较无政府主义与社会主义之间的优劣之分，也为引进各种社会主义学说包括马克思学说以资对照比较，开了积极利用之门。在“新世纪派”的早期文章里，事情正好相反，有时似在分别使用无政府主义与社会主义二词汇，甚至专门为社会主义释义以划分出无政府党或无政府主义概念，但在大多数情况下，将这两类词

---

① 如幸德秋水于 1904 年被捕入狱，5 个月后获释，从此发生转变，自称：“我进去是一个马克思的社会主义者，回来则是一个激进的无政府主义者。”参看章开沅、林增平主编：《辛亥革命史》中册，人民出版社 1980 年版，第 191 页。

汇并行使用或混为一谈,好像二者没有什么区别。惟其如此,当他们从西方社会主义者那里接过“各尽所能,各取所需”等原则,并赋予它们无政府主义的涵义时,几乎没有遇到什么障碍。这样,不论此派是否因此于无形中,关闭引进其他非无政府主义学说的大门,至少是没有必要或没有对照比较的积极性,来引入和利用马克思学说以及其他社会主义学说。

第三,重视经济分析的程度不尽相同。在当时国人看来,社会主义继西方解决政治民主问题之后,主要解决社会经济不平等即民生问题。无政府主义作为社会主义一个流派,自然也以经济问题为重。确实,在“天义派”和“新世纪派”的文章中,不论揭露现实社会的罪恶,还是憧憬未来世界的理想,都不乏从经济角度分析问题。如指出资本家的财产来源于对佣工的役使、政府的实质在于保护资本家、贫富悬隔势必引起经济革命、雇佣劳动制度危害社会,以及追求公有制和均贫富的大同社会等等;甚至把“财”和“金钱”当作万恶之渊,鼓吹“废财”、“消灭金钱”以拯救贫民和获得社会平等。不过,比较起来,“天义派”更为重视经济分析,与此相关的论述也显得深入一些。如所谓“人类均力说”尽管荒唐,却注意到人人劳动的观点含有形式上平等与实质上不平等这一内在矛盾,从而标新立异,突破了舶来的无政府主义思想;又如着眼于男女在经济上的不平等,或者着眼于现代经济组织因少数资本家垄断生产资料,迫使妇女不得不加入雇佣劳动者队伍从而陷于苦难的深渊,强调男女革命或女子解放或女界革命的基础,必须从经济领域入手;等等。与此对照,“新世纪派”的经济分析显得比较疏略,乃至于将无政府主义局限在非经济的政治与道德范围内,笼统地重复那些科学公理,更加注重祖宗革命、三纲革命之类的思想革命,基本上与经济问题无缘。这一差别,同样会显现在两派对待马克思经济学说之引进的不同态度上。

第四,将无政府主义思想应用于中国实际的方式不尽相同。“天义派”与“新世纪派”的一个共同特征,是标榜无政府主义思想最适用于中国,试图以此作为指导思想来解决中国所面临的一切重大问题。一旦运用这一思想接触中国的实际后,他们又以各自的方式走入不同的路径。这既与他们对无政府主义思想的理解有关,也与他们对中国实际的理解有关。在“天义派”看来,原人平等即原始人类在无政府的自然状态下所形成的人人平等,是最理想的平等状态,以后政府支配下的各种社会形态,均破坏了天然的平等而造成人为的不平等,越往后越严重,到了资本统治的社会,更将人为的不平等发展到极端,意味着社会的倒退,因此,实现真正的人类平等,只有以无政府为目标,重新回到人类原始的天然平等状态。根据这种理解,“天义派”依照无政府主义思想考察中国实际,看到的是中国传统上支配其政治的儒道两家学说,均主张放任而不主张干涉,实与无政府无异,再加上中国尚未像西方国家那样出现许多大资本家及其奴役贫民的严重状况，因此反而比欧美国家更有利于或"最易"实行无政府主义，可以在世界范围内成为"最先"达到这一理想状态的表率。有趣的是，大约同一时期，在《民报》作者那里，也能听到与此十分相似的论调，以中国现实社会经济发展落后于欧美国家，如机器工业不发达、缺少大资本家、贫富差距不甚悬殊等，以及中国古代具有倾向社会主义传统，作为中国反比欧美各国更有利于实现社会主义或民生主义的优势条件。这两种相似的说法，恐怕同处于日本的环境氛围内吸收外来思想和考察中国实际，不无关系。同时，这些相似说法的背后，也存在着冲突。这就是"天义派"攻击《民报》代表人物的社会革命尤其土地国有思想，仍保留了政府的决定和支配地位。

再来看"新世纪派"，他们从社会进化观点出发，认为社会从专制到共和再到未来的无政府，是一个发展的过程。其言下之意，资本主义社会尽管存在种种不平等现象，但比起以往的各种社会形态，毕竟是一个进步，无政府社会属于更高级的社会发展形态，完全克服了资本主义社会的所有弊端。照此理解，追求无政府社会的理想，根本没有必要诉诸远古自然状态和社会传统习俗。因此，"新世纪派"虽然也说中国现今大资本家不多、无政府主义革命"最适于中国"之类的理由，但他们基本上不从中国的落后与传统中去寻求所谓有利条件。相反，他们把重点放在批驳中国传统中那些妨碍无政府主义思想传播的观念要素上，诸如祖宗崇拜、三纲约束、权力迷信、妇女歧视等等。这样，两派基于对无政府主义学说的不同理解，引申到考察中国的实际，显现出迥然有别的两种相反态度。

"天义派"与"新世纪派"宣扬无政府主义思想，可能还有其他一些差异，不必赘述。这里只需指出，在20世纪初，当无政府主义思潮伴随着社会主义思潮，以各种理论体系的形式传入中国，进而首次由新生的无政府主义团体宣布为最适用于中国的指导思想之后，并没有关闭继续传入西方社会主义特别是马克思学说的大门，反而由此开辟了新的传入渠道。这种新渠道的利用，对于早期两派无政府主义团体而言，由于环境条件的不同包括存在上述差异，实际上形成一热一冷的鲜明对照。从下面的记述可以看到，在一段时间内，"天义派"居然成为马克思学说的热心评介者，其评介内容比起以前还有所突破，而"新世纪派"则以一副冷面孔，对此几乎没有做什么工作。

第二节　中国早期无政府主义思潮中关于马克思经济学说的评介

这里所说的中国早期无政府主义思潮，主要指以"天义派"和"新世纪派"为代表的无政府主义团体在其成立初期宣扬的那一套无政府主义思想，及其在中国思想界引起的波澜。无政府主义从来与马克思主义相对立,然而中国早期的无政府主义团体,却为马克思学说(包括其经济学说在内)传入中国,开辟了一条十分独特的途径。毋宁说,这条途径的开辟和存在,进一步拓宽了马克思经济学说早期进入中国的道路。在国际共产主义运动史上,无政府主义者又一直与马克思主义者相互较量,直至被逐出第一国际,因此,谈论无政府主义,往往联系说到马克思主义,这本来不是什么值得奇怪的事情。可是,在中国早期,当人们对马克思及其学说还比较陌生时,哪怕经由无政府主义团体的媒介而向国人介绍马克思学说,也显得弥足珍贵,并对后来马克思经济学说逐渐为国人所认识和了解,在一定程度上起到积极的推动作用。下面,分别对"天义派"、"新世纪派"以及反对无政府主义派别的著述中涉及评介马克思经济学说的有关内容,作一综述。

一、"天义派"关于马克思经济学说的评介

从《天义报》的文章看,"天义派"关于马克思学说的评介,曾在1908年春出现一个高潮,而1907年下半年发表的若干篇文章,已经显露出这一高潮即将到来的某些端倪。

(一)刘师培的《欧洲社会主义与无政府主义异同考》

"天义派"评介马克思学说的著述方面,首先值得一提的,是刘师培的这篇文章①。此文从考察欧洲社会主义发展的源流入手,认为其始于希腊柏拉图所倡之说,那是"多偏于共产,然仅托之于理想"的空想学说。接着,宗教僧侣或曾实行共产主义,基督教希望在教会中实行共产主义。到16世纪,因推行殖民政策而到海外的移民,"抱共同生活之理想";基督教神父重新祖述柏拉图之义;更有莫尔于1516年出版《无何有乡》即《乌托邦》。继则,康帕内拉1600年出版(实为1602年写成、1623年出版)《太阳之都》,"哈林枯顿"1655年出版《太阳洲》,"社会主义,已萌芽于斯时"。18世纪末,日益昌盛的社会主义按照其立说根据,分为三派:一是以宗教为根据者,如德国人魏特林认为《新约》"已寓共产之制";法国人圣西门、傅立叶、拉梅耐、卡贝都深信宗教;英国人欧文以"爱他心为人道之至情",意谓"实行社会主义,其子孙必登天国"。二是以哲学为根据者,如德国人黑格尔(原译"海克尔")继承柏拉图之说,其哲学以自由意志完成国家目的,提倡团体协同的自由。三是以科学为根据者,如谓:

> "有以科学为根据者,则始于犹太人,一为马尔克斯,一为拉萨尔。彼以海克尔之说涉于空漠,乃从事于实际之经验,以倾向物质

---

① 申叔(刘师培):《欧洲社会主义与无政府主义异同考》,《天义报》第6期(1907年9月1日),以下引文,均转引自姜义华编:《社会主义学说在中国的初期传播》,复旦大学出版社1984年版,第426—429页。

主义（马尔克思所著书有《由空想的科学的社会主义之发达》，而拉撒尔刊行之著作亦有《劳动与科学》一篇），此以科学为根据者。”

这是以犹太人马克思和拉萨尔为科学社会主义的创始人，其所谓“科学”具有不同于黑格尔的“空漠”学说、从事于实际之经验、倾向物质主义等特征，而且把恩格斯的著作《社会主义从空想到科学的发展》一书，张冠李戴地套到马克思头上。看来，此文以马克思和拉萨尔的著作名称中有“科学”一词，故称此派为“以科学为根据者”。文中认为，以上三派，立说不同，各派的精神却有“共同之意”：“凡生产上物质之机关，均易私有为公有；凡产业社会之制度，均易为合同经营之制度；以社会收入之财，分配社会，以期经济之平等”，笼统地把生产资料公有制、生产合作经营制和收入分配平等制，说成三派的共同属性。

在另一个地方，此文根据欧洲学者的说法，把社会主义的发达期划分为五个阶段：法兰西革命至 1817 年的“准备时代”，1818 年至 1848 年的“成形时代”，1849 年至 1863 年的“休止时代”，1864 年至 1880 年的“万国者同盟时代”，以及 1880 年以后的“社会民主主义运动时代”。其中也提到马克思及其学说：

“至第二时代始有《共产党宣言》（一八四八年）。至第四时代，始有劳动者之团结，始有无政府主义之纷争；自巴枯宁倡破坏之说，而劳动同盟或倾向无政府主义；及一千八百七十三年，巴枯宁为马尔克斯所排斥，无政府主义遂与社会主义分离。二派既分，由是劳动同盟仍属于社会民主党，而无政府主义则别树一帜。此社会主义变迁之大略也。”

这里将马克思、恩格斯 1848 年发表的《共产党宣言》，作为社会主义发展的时代标志，专门加以提示，虽非新见，却尊重历史事实。同时，作者以无政府主义者自居，特别关注第一国际中马克思一派反对巴枯宁主义的斗争，并把所谓无政府主义与社会主义的分离，当作社会主义变迁历史中的一件大事予以最多的着墨介绍。

此文介绍社会主义的发展历史包括马克思学说，其用意为了说明，“社会主义多与无政府主义相表里”，二者颇多共同之处。如谓，无政府主义从学术上考察，分为“以个人为主”和“以社会为主”两派。前者以施蒂纳等人为代表，期望通过个人的发达进步实现无政府主义，侧重于理论、内部改革、心意性格的发达，属于“哲学的无政府主义”；后者以“主集产”的蒲鲁东、“主破坏”的巴枯宁、“主共产”的克鲁泡特金为代表，期望通过社会经济的改革实现无政府主义，侧重于实行、外部改革、境遇事态的变迁，属于“合群的无政府主义”。这两派中，哲学的无政府主义“以个人主权为重，诚与社会主义不同”；合群的无政府主义,“其共产一派,则与社会主义不殊”,二者的不同之点,“一欲利用国家,一欲废绝国家”。进而言之,“社会主义之目的,在于冀一切财产之平均,以易私有为公有”,这一点,与“共产的无政府主义”相同。如克鲁泡特金认为,实行共产之制,不必存在政府和国家。其理由,社会主义以平等为其旨归,而设立政府,上有统治之人,下有分配机关,均背离平等宗旨,可见,“由社会主义扩张之,必达无政府主义之一境”,所以说,“共产的无政府主义,实由社会主义而生,乃社会主义之极端,不得别之于社会主义之外”。换言之,社会主义“欲借国家之力,以均平财产”,容易被国家所利用,形成类似法国国立工场的“伪社会主义”;当今提倡土地和财产国有之说者,“说非不善,然不善用之,必致一切权利均为国家所垄断”,相反,“若行无政府主义,则此弊无自而生”。这些议论,看来倾心于“共产的无政府主义”一派,认为无政府主义中的这一派与社会主义同出一源,同时又是社会主义的“扩张”、“极端”或更为完善形式。

除了“共产的无政府主义”之外,作者还推崇近年来欧洲学者所谓“社会的无政府主义”,认为二者“立义多同”,后者主张破坏现今社会,本于巴枯宁,为当今欧美大多数无政府党所笃信。无政府党虽与社会民主党分离,但在整个欧洲社会党中,除硬、软两派之外,也有要求脱离政府和国家而独立的派别,其宗旨与无政府主义大致相同。由此“足证社会主义必有趋向无政府之一日”,如果坚持社会主义而排斥无政府主义,“此则偏于一隅之见”。说到这里,又补充道:社会主义的实行,“以劳动集合为嚆矢”,无政府主义的实行,“亦以劳动集合为权舆”;大多数平民只有明了无政府主义,才能实行无政府革命,所以,无政府党人也要从劳动集合入门,“其宗旨虽与社会党不同,至其行事则未尝迥殊”。作者在理论方面寻求无政府主义与社会主义的异同之处,似乎意犹未尽,又在“行事”方面寻求二者的相同途径。

刘师培的这篇文章,更多强调无政府主义与社会主义的相同点,其相异点,利用还是废绝国家,则认定无政府主义比社会主义更优越。惟其如此,这篇文章对于欧洲社会主义特别是马克思学说的评介,不论其固有的无政府主义偏见与蹩脚的领悟能力,尚能持比较公允的态度。例如,考察欧洲社会主义的变迁历史,把重点放在描述它从空想到科学的发展之上,以马克思学说作为科学社会主义的代表;将《共产党宣言》作为社会主义完成其“成形时代”的标志;承认马克思领导第一国际反对巴枯宁主义的斗争,源于“巴枯宁倡破坏之说”;等等。另外,此文将18世纪末以来社会主义包括马克思的科学社会主义的含义,主要归结为经济方面的内容如公有制、合作经营、平等分配等,也体现了当时国人对于舶来社会主义的流行看法。可是,这篇文章毕竟站在无政府主义、特别是“共产的无政府主义”或“社会的无政府主义”的立场上看待社会主义,把社会主义视作一个统一体,极易模糊马克思主义与其他形形色色社会主义派别的界限，如将马克思与拉萨尔相提并论；将马克思的科学社会主义与所谓宗教和哲学社会主义混为一谈；将马克思学说的某些思想来源如圣西门、傅立叶、欧文的空想社会主义与黑格尔哲学，用所谓的经济"要归"，说成与马克思学说本身有"共同之意"，抹煞了它们的根本区别。至于文中将马克思社会主义的"科学"意义，说成"从事于实际之经验，以倾向物质主义"，以此区别于以往的或其他的社会主义学说之"空漠"理想性质，也是语义混沌，表现出作者对于马克思学说的理解只知皮毛、不知其详。在这样的前提下，断言无政府主义是各种类型社会主义（也包括马克思的科学社会主义）发展的必然趋向，其妄自张狂和荒谬无稽可想而知。刘师培的这篇文章，其价值不在于它的结论，而在于它对马克思及其学说的简单评介，尽管这一评介的水准比较粗劣。

（二）幸德秋水在社会主义讲习会第一次会议上的演说

社会主义讲习会是"天义派"在东京成立的以宣扬无政府主义为其宗旨的论坛性组织。幸德秋水在日本，先以社会主义者著称，曾推动马克思主义在日本的传播，后又转为无政府主义的著名人士。"天义派"的社会主义讲习会一俟成立，便邀请"日本有名之无政府社会党员"幸德秋水赴会发表演说，可见活跃在日本的中国早期无政府主义团体与日本无政府主义者的联系之密切，受后者的影响之深刻。这种影响，从一开始便通过像幸德秋水这样曾经兼有社会主义者与无政府主义者双重身份背景的代表人物，带上了一些特殊的印记，并表现于他在社会主义讲习会第一次会议的演说中。

他演说的主题是"社会主义中一部分之无政府主义者"，实为无政府主义之起源及其与社会主义的区别。其中提及一般社会主义及无政府主义的起源，可以追溯到中国、印度及欧洲的古代，其对世界的影响，始于19世纪60年代。接着，他以马克思领导"万国劳动组合"或"万国劳动同盟会"与激烈派巴枯宁主义的斗争为线索，考察无政府主义的起源：

> "当一千八百六十四年时，欧洲有万国劳动组合。此会之宗旨，在于谋劳动者之幸福，及高劳动者之位置。乃马尔克斯所创也。欲使土地财产，均易私有为公有。该会之中，虽主义大略相同，而行事之手段则相异。盖无论何国，其人民之谋改革者，均有激烈、平和二党，该会之分派，亦犹是也。故平和派属马尔克斯，激烈派则属巴枯宁。时万国劳动者之势力，甚为拓张，自是以降，历十余年。则二派相争，至其结果，致万国劳动同盟会，因以解散。属于马氏者，为德国派，属于巴氏者，为法国派。一欲利用国家之力举土地财产为私有者，易为公有，一欲不用国家政治之力惟依劳动者固有之力，出以相争，此二派不同之点也。"

此后，马克思的德国派日盛，其势力及于德国和奥地利，而巴枯宁的法国派势力，亦延展至法国、意大利、西班牙等拉丁语国家。普法战争后，德国俾斯麦政府对两派严加镇压，特别对巴枯宁一派尤甚，此派不得不转为秘密运动，其党人反而日益增多，“遂成今日之无政府党”。

这一考察，把无政府主义或无政府党的产生，与马克思主义联系在一起，认为二者的“主义大略相同”，只是行事的“手段相异”，区分为巴枯宁“激烈派”与马克思“平和派”两种手段，如土地财产变私有为公有，前者主张“不用国家政治之力”，后者主张“利用国家之力”。在幸德氏看来，两派斗争导致第一国际的解散，是正常现象，人民谋求任何改革都不会完全一致，故其谈论无政府主义的起源时未去贬抑马克思主义，而是把今日无政府党转入秘密状态，说成政府镇压的直接结果。这样，他的考察重点，从无政府主义与马克思主义之间的对立，转向无政府主义与专制政府之间的对立，马克思主义似乎与无政府主义结成了“大略相同”的同盟军。

如果将巴枯宁派与马克思派的相异，扩展为无政府主义与社会主义之间的区别，他的一般结论是，无政府主义“欲为劳动者谋幸福，必先尽去资本家并颠复一切政府”；社会党则“借政府之力，化土地财产为公有”，行之不善，势必举土地财产均归于政府，使过去属于少数资本家的土地财产转而属于统一的政府，“不啻以政府为一大资本家”。无政府党反对社会党，正是基于多数劳动人民过去受少数资本家的压制，而今要受“最大资本家”的压制这一理由，“岂非不平之甚乎”。无政府党“不迷信政府为必要”，克鲁泡特金等人的理论和政府根据法律与税收压制人民的恶行，证明了政府从来“有功于人民者甚少”，“不过以暴力加于人民而已”。他还分析了今日政府与少数资本家相互勾结压制大多数人民的状况：一则资本家对其雇佣的劳动人民有压制之权，“政府亦欲利用其力以间接压制一般劳动者”；二则政府制定法律保护资本家，如规定劳动者反对资本家必治罪而资本家解雇劳动者则无罪，许以资本家特权及经商利益，干涉劳动者聚议罢工之事等，“此皆利于资本家不利于平民者”，即“政府用少数资本家以压制多数贫民”。在这里，他提醒说，中国人过去对于此类事未之或闻，“自今以降，必有利用资本家以压平民之一日”。

从演说中，可以看到他对资本家和政府的仇恨，提出“政府为万恶之源”。他告诫人们，自古以来没有“良善之政府”；希望政府得人、期待明君良相的出现是“昏愚之见”；所有类型的政府不论专制、立宪、共和，均“立不平等之政府以居于人之上”。在他看来，“人民均能自治”，不必由政府统治多数人民，因此，“人民必当脱政府之治，以成个人之自治；能成个人之自治，即无政府可也”。对于质疑无政府的各种观点，他解释说，人类天性互相亲睦；“今日行共产之制，较之古代共产之制，必尤为完全”；“近世纷争之历史，均资本家劳动者之冲突”，一旦去此阶级制度，竞争自息；不必担心无政府后会出现野心家及招致他国瓜分等等。世界各国无政府党中，他最推崇法国，认为法国人民“不计一己之安乐，以传布无政府主义为天职”，针对“镇压民党”或“妨碍民党之第一阻力”的军队，开创非军国主义运动，为其他各国所效法；如此一来，“实行无政府，其事至易”，而且一国无政府，各国无政府党，均可成功，“盖此乃世界变迁自然之趋势”。他推断，由无政府革命推及国界、种界之革命，“在于视世界万国为一体，无所谓国界，亦无所谓种界”，在于“各政府团结之力远出无政府党之下，故知无政府主义至于异日，必为万国所通行”。他寄“深望”于中日两国的无政府主义者同奉一旨，“此后两国国民，均可互相扶助，均可彼此互相运动，及联合既固，以促无政府主义之实行”。同时称赞无政府党人不惜牺牲自己来追求公共自由，比起社会党人借助劳动社会力量来竞选国会议员以谋取私利，在人格上有天渊之别；要求提防“多抱野心”的东方人种，“虽口谈革命实则欲为帝王、大统领、大臣及官吏”，这种“为一己计，非为人民计”之人，是“东方人格之最不善者”，要成为无政府党人，其“第一重要者”是先消除利益心、名誉心、权位心及希恋安乐之心，“不为一己谋幸福，以养成高尚之人格”。最后，他还谈了自己从“素抱社会主义”转向无政府主义的原因，即到美国与各国社会党交往后，“见无政府党之人格，远出社会党之上”，于是对社会主义者“颇抱不满之意”，开始接近无政府主义者。①

幸德氏不论作为社会主义者还是无政府主义者，其著述都对中国早期倾向革命之人士产生过重要影响。作为社会主义者，他的代表作《社会主义神髓》，从1903年起有多种中译本，其中不少观点，出自马克思、恩格斯的《共产党宣言》、《资本论》、《社会主义从空想到科学的发展》等著作，这对于国人以比较通俗的方式接触马克思学说，起到了最初的宣传作用。直至1907年出版的中译本，其译者序中还在大谈，东西洋社会的苦痛“特出于地主资本家之阶级”，“阶级制度不废灭，财产组织终不公平”；“社会主义之不能不成立而将见于世”，“社会主义尤所以成进化之功”；“社会主义者，民生主义也，亦即维持世界平和之主义也”，等等②，显示原作所传达的包括马克思学说在内的社会主义精神，在感召和激励着译者。

作为无政府主义者，幸德氏的上述演说是另一种类型的代表作。他用“单简之语”概括其论旨，未对马克思学说作详细论述，但他的演说并未排斥马克思学说，把矛头直接指向一切形式的政府，惟从人格的忘我程度考虑，不满社

---

① 以上引文均见《续社会主义讲习会第一次开会纪事（录天义报附张）》，《新世纪》第25、26期（1907年12月7日、14日），转引自高军等主编《无政府主义在中国》，湖南人民出版社1984年版，第22—30页。

② 创生：《〈社会主义神髓〉译序》，转引自高军等主编《五四运动前马克思主义在中国的介绍与传播》，湖南人民出版社1986年版，第279—280页。

会主义者或社会党人并转而诉诸无政府主义者或无政府党人。演说中以马克思主义与无政府主义的"主义大略相同"而行事手段"相异"的思想精神，在刘师培考察社会主义与无政府主义之异同的那篇具有类似主题的文章里，得到了继承①。这一演说把无政府主义作为社会主义的激进派别；以土地财产公有制为无政府主义与社会主义的共同目标，以利用还是反对国家政府为二者的主要分界；攻击政府为万恶之源；揭露政府与资本家相互勾结压制劳动者；为无政府理想百般辩解；将无政府与无国界、无种界联系在一起；断言实行无政府必为各国所通行，或为世界历史发展的自然趋势；谴责东方人种之"最不善"，含蓄地批评中国那些不赞成无政府主义的早期革命者为野心家或口谈革命而实谋私利者；等等，这些观点都可以在"天义派"论述无政府主义的文章里，或多或少看到它们的影子。幸德氏的其他有关文章，也为该派津津乐道。如《天义报》第1期节译刊载其《平民主义》一文，其中宣扬社会主义"以社会富人之土地，为劳动者所有"，从此不再有失业和穷困；其他的选举、议会、道德、法律、国家、政治、兵力等等，统统是恶魔、压制、束缚、强盗、杀人、战争之类的代名词或工具，不足为凭；"社会主义憎富者，富者亦憎社会主义"②。这里充斥着无政府主义言词，同时又紧扣经济上的所有制要素，揭示社会主义与富者阶级之间的对立关系，从中仍可使人感受到作者的马克思主义素养。在这一点上，幸德氏给予"天义派"的影响，也是有目共睹③。

(三)刘师培的《亚洲现势论》

这篇文章谴责今日世界为强权横行之世界，主张排斥白种人对于亚洲之

① 幸德秋水的演说发表于1907年8月31日召开的社会主义讲习会第一次会议，刘师培的文章刊登于同年9月1日出版的《天义报》第6期，二者时间大致相同，似乎不存在相互影响的余地。其实，早在这个时间之前，包括刘师培在内的"天义派"主要成员，就与幸德秋水等日本有名的无政府主义者接触频繁，表示"敬聆雅教"，仿效成立论坛组织等。刘师培受幸德氏无政府主义思想的影响，是很自然的事。

② 幸德秋水著，击石火节译：《平民主义》，《天义报》第1期，转引自《社会主义思想在中国的传播》第二辑上册，中共中央党校科研办公室，1987年，第52页。

③ 当时日本与幸德秋水并肩而立的其他无政府主义代表人物，不乏深入研习马克思学说的理论背景，并以各种方式渗透到他们的著述和演说中，从而对"天义派"分子产生潜移默化的影响。如与幸德氏合作翻译《共产党宣言》第一个日译本的堺利彦，曾受邀在社会主义讲习会第二次会议上发表演说，其大旨是：人类社会历史分为蒙昧、野蛮和文明三个时代，划分的标准以经济发展为断，先是生产力薄弱，"财产之状态决无私有，实为共有"；后来随着奴隶制度和分业社会的兴起，共产制遭到破坏，除奴隶外，人民分为富民、贫民二阶级，"富民居上，贫民居下"，并逐渐形成完备的政治组织；到文明时代，"贫富之阶级甚严，资本家之势日以增加"。纠正这一弊端，"莫若改革财产私有制度，复为上古共产之制"，而且今日人民生产力较上古之民增加几十、几百倍，"生产无缺乏之虞，则争端不起，共产之制，固无虑其行之不终"。这种通过经济上的所有制变迁来考察社会发展历史、将改革矛头指向财产私有制度的论证方式，曾使"天义派"人物颇受启发。接着在社会主义讲习会第三次会议上，刘师培以"中国财产制度之变迁"为题发表演说，称财产私有起于游牧耕稼时代；中国在三代时仍保持土地国有制，井田宗法的家庭共产制，后世亦不时实行"国家社会主义"；今日则纯为财产私有制，"非实行共产制度不足矫贫富不均之弊"云云。这两个演说，内容不同，其论证方式却很相似。参看《社会主义讲习会第二次开会记略》及《社会主义讲习会第三次开会记略》，《天义报》第8、9、10合期，转引自林代昭、潘国华编《马克思主义在中国——从影响的传入到传播》上册，清华大学出版社1983年版，第259—261页。

强权，1907 年 11 月 30 日发表于《天义报》第 11、12 合期。它揭露白种强权压迫亚洲各弱势民族，“帝国主义乃现今世界之蟊贼”[①]；呼吁亚洲弱族联合起来颠覆白人强族政府，“盖此乃世界和平之兆机”；并举出亚洲弱族将兴起的三个例证。一是“人民抱独立之念”，不甘受压迫。二是“渐明社会主义”。这一项内，文中指出，近日亚洲诸弱族一切财源悉为强种所吸收，人民无以为生，“势不得不趋于社会主义”；随着亚洲境内逐渐财尽民穷，“社会主义亦渐次而兴”。接着列举印度已出现社会主义团体“社会民主同盟”，旅英印度人刊行社会主义报纸，旅日印度人“研究社会主义，醉心马尔克斯布鲁东之学说”，还有人出席“万国社会党”会议；朝鲜安南在日本的留学生，均乐于赞成社会主义，“社会主义之振兴，此其嚆矢”；中国有人提倡平均地权，东京和巴黎刊行《新世纪》一类的“社会主义之书报”等等。此外，亚洲各国的暗杀活动，“隐与无政府党暗符”。凭此预测，数年之内，“社会主义无政府主义必为亚洲所通行”。三是“渐明大同主义”，预期亚洲各弱小种族，不久将由国家主义进为“大同之团结”。这三点中，第二点顺便提到马克思学说，并与蒲鲁东的无政府主义学说并列。

文中还有两处提到《共产党宣言》。一处考察帝国主义发达的原因，提到欧美各国不断增加殖民属地，本国资本家得以扩张市场，富民赢利倍蓰，“贫富不平等之况亦随之而呈”。这种状况，“观马尔克斯所撰《共产党宣言》，谓欧洲资本家之势力增于新土发见之后，即苦鲁巴特金亦以富民扩张市场，影响及于平民者甚巨，其言甚当”。这里又把马克思、恩格斯《共产党宣言》中关于资产阶级开拓世界市场的论述，与克鲁泡特金在《无政府主义之哲学》中的议论，扯在一起。另一处分析当时社会党和无政府党分别召开大会，讨论殖民地问题，反对强国军备预算案或提议举行总同盟罢工来阻止战争，认为“此均世界主义非军备主义发达之徵”，对强国政府不利，弱种人民获益甚巨。由此引申出：

> “《共产党宣言》发布后，万国劳动者团结渐次见之实行，而今岁无政府党决议案亦希望万国同志结成无政府主义之团体，并结成诸团体之联合，是弱种人民与社会党无政府党相结合，均彼党所欢迎。”

在这里，一面指出《共产党宣言》的发表，对于团结各国劳动者的指导意义；另一面给无政府党以醒目地位。在接下来的论述，大谈无政府党势力在欧美各国以罢工、暴动、暗杀等形式显示其发展，日本社会党盛倡直接行动论，亦

---

① 1907 年 4 月，流亡在日本的亚洲各国爱国志士在东京成立“亚洲和亲会”，由章太炎起草该会约章，其中约定，“本会宗旨，在反抗帝国主义，期使亚洲已失主权之民族，各得独立”。据说，这是“在近代中国史上首次明确提出‘反对帝国主义’的口号，并把争取民族解放同反对西方侵略联系起来”。（参看章太炎：《亚洲和亲会约章》及编注者“说明”，见《章太炎选集》（注释本），上海人民出版社 1981 年版，第 427—428、430 页）当时刘师培作为中国代表入会，看来，他这里关于帝国主义的提法，系受此影响。

表现"由社会主义进为无政府主义"的趋势云云。由"亚洲现势"再谈到"中国现势",鼓吹中国人民要消除强权侵凌之祸,应"与各国同行无政府",如果世界各国难以同时实行无政府,则"莫若中国先行无政府"。作者向往无政府主义的殷切之情,跃然纸上。①

刘师培以无政府主义者的身份讨论亚洲和中国形势,当他把矛头对准欧美国家奉行的帝国主义政策、即对亚洲各国实行的殖民统治政策时,同时引用马克思学说和无政府学说作为其援手,称道《共产党宣言》的理论判断"甚当"并以此作为劳动者国际联合的开端;当他稍微离开反对帝国主义这个共同的攻击目标,需要对统一阵线中的社会党与无政府党孰优孰劣略作评判时,又会毫不犹豫地撇开《共产党宣言》和马克思学说,津津乐道社会主义向无政府主义的进化,把马克思社会主义学说仅仅作为一种过渡性凭借,最终以无政府主义作为未来革命的发展趋势。这活脱地勾勒出"天义派"援引马克思学说的用意或动机。

(四)《天义报》上关于《共产党宣言》的书刊预告和按语

在早期接受革命思潮的国人中,幸德秋水以他的名声,其许多著作和译作引起了国人的关注,纷纷予以介绍和转译。其中又以《共产党宣言》一书在社会主义运动中的重大影响,以及它的第一个日译本由幸德氏等人完成,从而成为最早一部被国人选中并试图予以完整翻译的马克思主义著作。幸德氏的《社会主义神髓》中译本,在 1906 年 12 月由日本东京社会主义研究社编译出版的蜀魂中译本的书末,附有一则广告,内含五部书的"社会主义丛书出版预告",标明"中国蜀魂"翻译或译述或重译。其中三部是幸德秋水的原著《社会主义神髓》、《社会民主党建设者拉萨尔》与《廿世纪之怪物帝国主义》,一部是西川光次郎的原著《土地国有论》,排列最后一部是"德国马尔克、嫣及尔合著,中国蜀魂译"的《共产党宣言》②。这个译本的《共产党宣言》,后来未见其书,但由此可以推见,将《共产党宣言》列入社会主义丛书中译本,受到幸德氏影响,此译本若出版,估计不会直接译自其西文原著,很可能转译幸德的日译本。

或许出于同样的原因,《天义报》1907 年 10 月 30 日出版的第 8－10 合期上,也刊登一则关于社会主义书刊的预告。其中将"马尔克斯等著"《共产党宣言》一书,放在预告新书的第一部,另外还有巴枯宁、克鲁泡特金等人的著述,据说已由社会主义讲习会请同志编译,"不日出版"③。不仅如此,《天义报》12

① 以上引文凡见于《亚洲现势论》一文者,均转引自葛懋春、蒋俊、李兴芝编《无政府主义思想资料选》上册,北京大学出版社 1984 年版,第 120－133 页。

② 转引自姜义华编:《社会主义学说在中国的初期传播》,复旦大学出版社 1984 年版,第 420 页。

③ 转引自林代昭、潘国华编:《马克思主义在中国——从影响的传入到传播》上册,清华大学出版社 1983 年版,第 262 页。

月30日出版的第13、14合期上，还专门就《共产党宣言》中“论妇女问题”，加了如下一段按语：

“马氏等所主共产说，虽与无政府共产主义不同，而此所言则甚当。彼等之意以为资本私有制度消灭，则一切私娼之制自不复存，而此制之废，必俟经济革命以后，可谓探源之论矣。”①

这段按语，说的恐怕是《共产党宣言》针对整个资产阶级攻击共产党人实行公妻制的言论，指出资产阶级的婚姻实际上是公妻制，“不言而喻，随着现在的生产关系的消灭，从这种关系中产生的公妻制，即正式的和非正式的卖淫，也就消失了”②。“天义派”不以此论与无政府共产主义为忤，反而认为其中所说的经过经济革命消灭资本私有制度，进而铲除一切私娼之制的基础这一观点，乃“探源之论”。此说出自无政府主义者之口、意识到马克思共产学说与无政府共产主义不同、仍承认马克思学说所言“甚当”，究其原委，大概一是经过理论上的比较，不得不服膺马克思学说本身的洞察力；二是受幸德氏一类日本无政府主义者的影响，尊重马克思学说。按语选择《共产党宣言》中“论妇女问题”加以评析，无疑与“天义派”重视女界革命的特征有关。总之，这段按语虽短，涉及的问题也比较单一，但它表述马克思、恩格斯关于妇女问题的论点，较为接近其原意，而且摒弃派别门户之见，对此予以肯定。这比起刘师培评述《共产党宣言》的标志性作用后，对于马克思社会主义的科学涵义之说明不知所云，同时盲目崇信无政府主义是社会主义未来发展的最完善形式，要来得更加妥贴和真切。

就《共产党宣言》的有关论述作按语，说明按语者研读过这部著作，这是一个重要信号。在此之前，根据所掌握的资料，大约在1903年左右，先是来自日文社会主义著作的中译本，以中文形式传达了有关《共产党宣言》的讯息。其中较有影响者，一是福井准造的《近世社会主义》1903年初的中译本，曾提到马克思、恩格斯为共产主义同盟撰写“宣言书”，并用粗拙的译文，引述了《共产党宣言》末尾关于“共产党人不屑于隐瞒自己的观点和意图”那段著名论断。另一是幸德秋水的《社会主义神髓》1903年10月的中译本。此译本介绍马克思与恩格斯共同发表《共产党宣言书》，标志社会主义脱离过去的空想狂热，“俨然成一科学”；节译其中有关唯物史观的部分论述，直接依据《共产党宣言》来表述社会主义之“神髓”。从国人的著述看，马君武1903年2月发表《社会主义与进化论比较》一文，曾在文章末尾附列一份马克思有名代表作的西文清

① 转引自林代昭、潘国华编：《马克思主义在中国——从影响的传入到传播》上册，清华大学出版社1983年版，第262页。

② 马克思、恩格斯：《共产党宣言》，《马克思恩格斯选集》第1卷，人民出版社1972年版，第269—270页。

单,中间有“Manifesto of the Communist Party”即《共产党宣言》。此后相隔数年,至1906年初,朱执信在其《德意志社会革命家列传》里,一鸣惊人地对《共产党宣言》作了评介。其中称此作被国际工人协会奉为金科玉律,试图对“《共产主义宣言》之大要”作完整介绍,实则重点引述书中第一段和最后一段的论断、有关阶级和阶级斗争的几则论述,以及共产党人的十条措施。这些引述的译文水平不能令人恭维,但它们涉及《共产党宣言》一书的深度和广度,在当时罕有其匹。此外,宋教仁1906年6月发表《万国社会党大会略史》一文,曾同样引用“《共产党宣言》Communist Manifesto”的结束语,其翻译较贴近原意。同年9月廖仲恺发表《社会主义史大纲》一文,提到1848年《共产党宣言》在社会主义唤醒民众破除迷信的发展中“导其先路”,以宣言结尾处号召“万国之劳动者团结!”的口号,作为社会主义由迷梦时代进入实行时代的特征。叶夏声9月发表《无政府党与革命党之说明》一文,也引用“共产党之宣言”中的十条措施,以此证明倡导“万国劳动者其团结! 其团结乎!”的社会主义不是乌托邦①。以上回顾,可见《共产党宣言》一书介绍到中国的早期历史,也是国人在吸收舶来社会主义思潮的过程中,逐渐认识马克思和恩格斯这部代表作的重要性的历史。这一认识过程并未停滞,仍在继续发展中。1907年间“天义派”关于《共产党宣言》中译本的出版预告和个别按语,除了“论妇女问题”的按语涉及一点新的内容,并未超出前述评介已经达到的水准,但它们显示出来的信号,表明《共产党宣言》向中国的传入,在已有的基础上,正孕育着新的突破。

(五)景定成的《罪案》

景定成(1879－1958,字梅九)早年留学日本,加入同盟会,后来受无政府主义思想影响,参加“天义派”组织的社会主义讲习会。《罪案》是他的回忆录,其中涉及1907年间在无政府主义思想的感染下参与各种活动的记录和感受,回顾了当时通过日本社会党人举办的讲演会,获知马克思《资本论》中“剩余价值说”的情况,颇显珍贵。此记载不是即时文字,是后来发表的回忆文字,其内容恐有错讹失实之处,同时为了避免遗漏这些珍贵史料,故将评析《罪案》中的有关内容②,附录在“天义派”关于马克思经济学说的评介之末。

这个回忆录提到他1907年出于好奇心,参加日本社会党人召开的一次“社会主义演说会”,演讲内容涉及“经济学上关于社会主义方面的政策”、“俄国虚无党”、“美国托拉斯的弊害”,以及“社会主义突过前辈”的日本特出人物幸德秋水之论道德与暗杀,等等。此后,他开始研究社会主义,认为它是三民

① 梦蝶生(叶夏声):《无政府党与革命党之说明》,《民报》第7期(1906年9月5日),参看张枬、王忍之编《辛亥革命前十年间时论选集》第2卷上册,三联书店1963年版,第494－495页。

② 以下引文凡见于《罪案》者,均转引自葛懋春、蒋俊、李兴芝编《无政府主义思想资料选》下册,北京大学出版社1984年版,第905－910页。

主义里的民生主义，与同盟会不相违背，因此经常和日本社会党人一起谈论“世界革命大势”，发展到迷信的程度，其处所也“一变而为社会主义的传教所”。据说当时日本社会党分成“国家社会主义”与“纯粹讲共产主义”两派，“一派缓，一派急；一派柔，一派刚”，他专同“急且刚”的一派交往，反对“迷信国家主义”，以致“走了极端”。同年夏季，日本社会党召开讲演会，讲演各种社会学说，在他看来，“里头最有研究价值的，是马克思的《资本论》”。他回忆说，《资本论》篇幅甚长，当时的讲演者只着重从理论上分析其“剩余价值说”。至于这位讲演者所说的大致内容，景定成在“心折剩余价值说”的标题下，根据记忆作了如下记载：

“讲演者，但把他的剩余价值说，详细理论出来。就是论价值二字，本然无定标准，有人说供人生活满人欲望的东西有价值，本然不错；但天然的空气、井水，都能供人生活，满人欲望，也没有特别价值。惟有把天生的原料，如棉花，本然从农家劳力来的，再加一番劳力作成线，就另有价值；更加一番劳力，把线作成布，就越发有了价值了。如今资本购来原料和用大家劳力作成的机器，雇来许多工人，譬如每天作四点钟工，把所有的线作成布，卖出去，得来的钱，除过原料费、补助费（如机器用煤油等）、机器磨损费、工人赁金等，已经有些余钱；资本家犹嫌不足，每天要工人作六点钟，这多做两点钟所得的价值，全归了资本家，就叫‘剩余价值’。计算起来，为数很大，这就是资本家偷窃劳动者的东西。如今讲社会主义，要把这剩余价值归了大家劳动的人，不用问，这些资本家是不愿意了；并且还有贪心不足的，每天要工人作十点钟，甚至有作十二三点钟十四五点钟的也有。所以马氏提倡罢工为救急的方法，迫求资本家，减少作工钟点（每天至多不得过八点），增加劳动赁金，也很生些效果。自从马氏剩余价值说发表后，世界经济学者，莫不赞同；但替资本家帮闲的学者，很是有些不爽快。”

这些叙述，以通俗易懂的方式，诠释马克思的价值和剩余价值理论。它把价值同劳动产品联系起来，与那些不花费劳动即可获得的有用物如空气区别开来，说的是有关劳动价值论的内容。它把剩余价值看作雇佣工人在生产过程中所创造而被资本家无偿占有的价值，即工人生产的产品销售所得收入扣除其生产资料费用如原料费、辅助费、机器磨损费和工人工资后的“余钱”，全归了资本家，资本家靠延长工作日提高对劳动者的剥削程度是“偷窃劳动者的东西”，说的又是绝对剩余价值论的内容。基于以上论述，它把社会主义理解为消灭资本家剥削劳动者的制度，“要把这剩余价值归了大家劳动的人”。同时强调马克思“提倡罢工为救急的方法”，争取减少工作时间，实行每天劳动八小时制度,反对资本家随意延长工作日。对于日本社会党人所讲述的马克思剩余价值学说,景定成表示“心折”佩服,肯定争取八小时工作制的斗争对于限制资本家和提高工人工资,很有效果;宣扬“马氏剩余价值说”发表后,“世界经济学者”莫不赞同,打击了那些“替资本家帮闲的学者”,其褒贬之意,流露无遗。

受日本社会党人的影响,在日本的中国学生效法成立“社会主义研究会”,景定成“自然”参与其中。不过,他并未继续研究曾为之“心折”的“最有研究价值”的剩余价值说和《资本论》,而是逐渐转向无政府主义。根据他的回忆,两次提到参加社会主义讲习会在东京清风亭举行讲演活动的情况,体现了他的无政府主义思想倾向。一次在“劳心劳力不平说”的标题下,提到讲演者从社会主义的历史及最近的变迁,引出无政府主义,听众为之感动。在这次会议上,他也作了一个讲演。大意是依据中国古代社会学说,上溯《礼运》的“大同之世,天下为公”、“选贤与能”、“货恶其弃于地也,不必藏于己;力恶其不出于身也,不必为己”等观点,认为“这些话就是共产主义和无政府主义的神髓”。又谈到战国诸子百家,“也很有些道理和社会主义吻合”,如许行的君民并耕论,“就是讲无政府主义的”,它否定政府所依存的仓廪府库,“自然是无政府主义了”;又如孟子主张井田说,“可以叫做国家社会主义”;只是孟子以劳心者治人、劳力者治于人为天下通义,乃“不平等的思想”,以此用于“劳心的资本家”,“说他役使劳动者,和劳动者被他役使是通义,如今拿社会主义看起来,真是不通之义了”。这个讲演的要点,景定成在其原作中加以引号,可见是当时的现场记录或已发表的讲稿,不是事后的回忆内容。这些他“自己研究所得”的体会,无非是从中国古代经典中找寻和发掘无政府主义的思想来源。

另一次在“相互扶助”的标题下,提到讲习会曾邀请几位日本党人讲演“无政府学说”。其中一位讲“相互扶助的真理”,针对达尔文的天演论主张生存竞争、优胜劣汰,造成世界上弱肉强食的现象,克鲁泡特金发明“相互扶助的真理”,它与生存竞争学说就像鸟之有两翼、车之有两轮一样,形成相反相济的“妙用”:“没有生存竞争,则个人的精神不现,没有相互扶助,则团体的魂魄全失”。按景定成的解释,在进化的历史上,“生存竞争是离心力,相互扶助是向心力,两者调和,世界才能圆满进步”,孟子的“出入相友,守望相助,疾病相扶,则百姓亲睦”一说,“正是这个道理”。总之,“世界有和平的趋势,社会有共产的组织,全赖这相互扶助的精神”。于此亦可见他对无政府主义思想的赞颂态度。

以上回忆和记载,可以看到景定成最初接触社会主义并转向无政府主义的心路历程。他和“天义派”其他成员一样,受日本社会党人特别是那些具有无政府主义思想倾向的代表人物的影响,走上宣扬无政府主义思想的道路。

在他的身上，留下了那一时期“天义派”的若干特征，或者勿宁说，留下了那一时期日本社会党里“急且刚”一派的某些影子。一面把无政府主义与一般社会主义加以区别，视之为社会主义发展的必然结果或极端形式，又以是否“迷信国家”为分水岭，区分为国家社会主义与纯粹共产主义两派，斥前者为带有官吏臭味的“御用社会党”，以后者为自己的榜样；一面对马克思学说寄予不同寻常的尊重和关注，推崇马克思的《资本论》“最有研究价值”，称道“马氏剩余价值说”所产生的世界性影响，表示“心折剩余价值说”，这在1907年及以前国人有关马克思经济学说的介绍中，颇显突出。

早期向国人介绍马克思的《资本论》特别是剩余价值理论方面，根据目前掌握的资料，最初连载发表于1899年《万国公报》的《大同学》一书，曾提及马克思乃近代讲求安民新学一派中的“主于资本者”，模糊地介绍了《资本论》这部代表作。此后，直接来自西方渠道的有关介绍，似乎一直停留在这种比较模糊的水准上，直至留学日本热潮开创了新的介绍渠道，这种停滞局面才为之改观。

中国留日学生的自撰著述方面，较早有马君武1903年发表的《社会主义与进化论比较》一文，其末尾以西文形式附录了马克思的Das Kapital即《资本论》书名。有关《资本论》的中文介绍内容，那一时期大多出自翻译日人的著作。例如，1902－1903年间出版村井知至的《社会主义》中译本，提到马克思的“余利益”或“剩余价格”即剩余价值概念，以此分析贫富悬隔和私有资本制度的弊端。1903年出版福井准造的《近世社会主义》中译本，专章介绍：马克思积十余年之研炼，写成《资本论》这部“一代之大著述”，“探学理之蕴奥，以讲究资本之原理”；马克思的社会主义以及他领导的国际工人协会，“其学理皆具于《资本论》”，不同于以往社会主义的架空妄说，是“新社会主义者”的“无二之真理”和“经典”；《资本论》阐明“经济界之现组织，全然为资本之支配”，资本家的目的是生产和占有“余剩价格”；“余剩价格”以劳动价值论为基础，来源于资本家在劳动者一天6小时“自给”劳动后，强迫其加倍劳动如一天劳动12小时所产生的超额部分，“以一分之交换价格，而得二分之使用价格”；有人批评说，马克思的“余剩价格”论说资本家剥削工人劳动，其实是资本家提供机器和原料雇佣和养活了工人，“余剩价格”是资本家理应享有的报酬，“不容劳动者置喙”；等等。同年出版幸德秋水的《社会主义神髓》中译本，进一步介绍“马克思在其巨著《资本论》中”论述资本主义生产方式的形成过程；马克思分析“剩余价格”，如谓，资本家在市场上购买了作为商品的劳动力，用于生产过程，不仅再生产出用来维持劳动力的工资“价格”，而且创造出超过工资价值的剩余价值，如以三先令日价值购买的劳动力，一日可以创造六先令的价值，由此带来三先令的差额，“名曰‘剩余价格’”，资本家“从劳动者掠夺此剩余价格”来积累其资本,可谓“大盗”;建立在剩余价值基础上的资本积累,反过来又加强了用以掠夺剩余价值的“盗器”,形成托拉斯的“专利”即垄断,从而加剧资本家同劳动者的阶级斗争并酿成“使社会全体困乏”的“大患”;等等。此外,1903年,如岛田三郎的《社会主义概评》中译本(另一译名为《世界之大问题》),提到马克思著“有名之《资本论》”乃“其生平最切实者”。又如大原祥一的《社会问题》中译本,也指出今日“科学的社会主义之经济说”植根于马克思的《资本论》;介绍“残余价格”系资本积累的来源,是资本家靠延长劳动时间、增加劳动强度和减少工人工资,从工人的劳动产品中扣除生产费用后“所得之价格”,给马克思这一学说贴上“劳力价格说”的标签;不过,作者对于资本家靠“残余价格”积蓄资本造成了贫富悬殊的弊端这一说法,表示异议。

1903年,是中国早期传入有关马克思《资本论》特别是剩余价值理论的介绍性资料比较集中的一年,那些资料的引进,基本上通过转译日文著作而来,在国人自撰的著述中,这类资料难得一见。此后,似乎沉寂了一段时间,到1906年,朱执信发表《德意志社会革命家列传》一文,以此为标志,再次揭开了国人介绍马克思《资本论》的新篇章。这篇文章称颂马克思的《资本史》及《资本论》,其“学理上之论议尤为世所宗者”;把马克思的基本观点归结为资本家是剥削劳动者以自肥的“掠夺者”和“盗贼”,其所得和资本,来源于“掠夺之结果而劫取自劳动家所当受之庸钱中者”,把劳动者所得据为己有;注意到马克思继承了斯密、李嘉图等人的劳动价值论观点,并以丝制品的生产为例,指出劳动者一天劳动12小时,仅以6小时作为工钱,其余6小时为无偿劳动等,接触到马克思的剩余价值理论,尽管尚未说出剩余价值这一概念;一面评论马克思《资本论》中的“资本起源”即资本原始积累学说存在“过当”之处,却不得要领,一面又依据马克思学说,警告世上那些袒护资本家的人;等等。继朱执信之文,翌年社会主义讲习会上曾令景定成“心折剩余价值说”并深信马克思《资本论》“最有研究价值”的那次讲演,恐怕就是向国人传播马克思经济学说方面的另一重要事件了。

景定成的回忆,从内容上看,不见得比此前列举的那些日人著述中译本的介绍更深入,它使用“剩余价值”这一概念,大概也是这个回忆录成于辛亥革命以后,有条件采纳更为贴切准确的译名。但回忆录表达出作者1907年聆听演说后的那种心境,即马克思的《资本论》尤其剩余价值学说带给作者的那种震撼和心悦诚服的感受,却为当时的国人罕有其表。惟此表达是事后的回忆,难免在用词遣字和内容观点上与即时的记录有出入,故只能附录于此,以供参考。

二、“新世纪派”关于马克思经济学说的评介

其实，“新世纪派”对于马克思及其学说，没有做什么评介工作，只是他们转译的无政府主义文章中，对此附带有所提及。这里的论述，其作用不在于挖掘“新世纪派”介绍了马克思经济学说中哪些新的内容，而在于比较此派与“天义派”处于不同的环境时，对马克思学说采取了未予重视的态度。

这一派成员自己撰写的论著，几乎不曾涉及马克思学说，更不用说其经济学说。同时，他们又从国外转译和搬运了不少有关无政府主义的文章和报道，这些译文，间或也提到与无政府主义派别相对立的马克思一派。

例如，《新世纪》1907 年 8 月 17 日、24 日第 9、10 两期，连载“真”译《巴枯宁学说》一文。其中叙述巴枯宁的生平时，赞扬他“鼓吹社会主义甚力”，1869 年加入“万国劳动会”即第一国际；“因欲行其意旨，致与马克司（Marx）有隙”，无可奈何之下，遂创立“万国社会党”即社会主义民主同盟，“以平等级、平男女、共财产、去政府、覆强权为宗旨”；1872 年，“会于荷京与马氏分离”，在荷兰海牙的代表大会上与马克思派分裂；随即，巴枯宁创建新会，“此无政府党发达之始”。这段叙述，站在巴枯宁一派的立场上，马克思领导第一国际同巴枯宁主义的斗争，被说成巴枯宁与马克思的个人矛盾；巴枯宁背着“国际”建立以无政府主义为宗旨的密谋组织，被说成受马克思压制的无可奈何之举；海牙代表大会决定将巴枯宁等人开除出“国际”，被说成无政府党摆脱了束缚，迎来了其发达的开始。译文还对巴枯宁无政府主义学说的原文，分类作了大段的引述，其间穿插引述者的一些注释或概括。如解释巴枯宁自称的集产主义，不是“专制共产主义”，而是“自由共产主义”；其哲理为“大自由大平等”。又如总结巴枯宁学说，一则人道进化必由有政府而至于无政府，由不自由不平等而向于自由平等，“此乃进化自然之公例”；二则破坏相互助虐害民的政府、法律、产业；三则实行社会革命，图谋世界革命；等等。[①] 这些介绍，未去理会马克思领导第一国际对巴枯宁主义所作的批判，也未像“天义派”那样去比较社会主义（包括马克思的科学社会主义）与无政府主义之异同，这无疑同“新世纪派”的倾向，及其选择翻译介绍的无政府主义原著类型，很有关系。

又如，《新世纪》1907 年 9 月 21 日第 14 期，从法文《新世纪》转译一篇报道性文章《记社会党无政府党万国公聚会——社会党万国公聚会》的记者序言[②]。文中对当时的社会风潮及各党派的组织和观念，作了一个略述。它把

---

① 以上引文分别转引自《社会主义思想在中国的传播》第二辑上册，中共中央党校科研办公室，1987 年，第 442－443、447、449 页。

② 以下有关这篇文章的引文，转引自同上书，第 457－458 页。此辑所注“本报记者序言”，实指法文《新世纪》记者“德伯郎”，不应误认为中文《新世纪》的记者。

当前社会风潮日进的鼓吹激扬者即社会党与无政府党,归纳为三大党派。第一个党派是所谓"一致之社会党",据说:

> "此派出于德之马克斯,赞行之者如法之鸠尔斯、格斯德,德之伯伯尔(见民报第五期第百零四页)。一致之社会党,实一政党也,故以得权位为作用,以就现在社会而改变之为目的。此党之主义之手段,殊较和平,而政府仍视为仇敌。虽代议绅之数常增,所希望者不能达。至其流弊,则名为社会党,阳以主张公理为名,以和平改革为词,阴以得权位利益为目的有之。(按此派和平社会党之于欧美略似立宪党之于支那)。"

这里把法国的饶勒斯、盖得,德国的倍倍尔等人,都说成赞成实行马克思学说的继承人。译者在括号里标明参见的《民报》第5期一篇文章,即宋教仁译《万国社会党大会略史》一文,那里曾提到第二国际中社会党硬软两派的斗争情况:当时法国社会党方面,围绕米勒兰入阁事件,支持一方的饶勒斯派与反对一方的盖得派,代表所谓软派与硬派之间的斗争,是法国社会主义运动中右翼与左翼派别之间的斗争;德国社会党方面,倍倍尔作为硬派首领领导了同改正派的斗争;最后以大多数硬派的主张获得胜利而告终。《新世纪》这篇译文,把硬派软派或左翼右翼混淆起来,归之于马克思一派的名下。其中的原委,恐怕与1905年盖得派的法兰西社会党与以饶勒斯为首的法国社会党合并,成立统一的法国社会党即"一致之社会党"有关,其中或许也与倍倍尔等人提出一国一党决议并获得通过,形成"实一政党"的制度有关,更与作者的无政府主义思维方式有关。在作者看来,源自马克思的社会党派别,谋求获得权位来改变现在社会,试图通过议会选举的和平手段达到目的,结果仍被政府视为仇敌,尽管当选议员人数增加,却不能达到所希望的目的,以致表面上主张公理、和平改革,暗地里"以得权位利益为目的"。贬抑至此,译者觉得不过瘾,又在附注里把此派的和平社会党在欧美比喻为类似立宪党在中国。通过诋毁"一致之社会党"这个所谓马克思一派的继承人,也诋毁了马克思本人的声誉。类此做法,在"天义派"那里未曾见到过。

另外,其他两个党派,文中介绍,一是社会革命党即"社会党之激烈者",它与普通社会党不同,"主张革命,倾复现今之政府,纯以破坏为主",如举行反对军国主义运动、赞倡工会罢工暴动以及一切革命举动,在主义上主张集产,含有中央集权性质。它与社会党相比,"其主义相近而作用异";与无政府党相比,"其主义异而作用近",可以说"介于社会党与无政府党之间"。另一是无政府党,即过去蒲鲁东、巴枯宁、克鲁泡特金等人的社会党,为避免与"社会党专制之遗性"混淆,改以无政府为名,"皆主倾复一切政府,推倒一切强权"。对于后两个党派的介绍,相比前一个党派的介绍,带有先抑后扬的倾向,这也是记者作此文的意图之所在。

此译文又将现在的社会风潮，概括为两大主义与作用。一是“反对军国祖国主义”，宣扬“反对祖国之观念，出于无政府党，其原理即大同也，人道也”。说明近年来这一理论“大兴”并“卓然成一大主义”，是社会革命党和无政府党极力鼓吹之所致，“和平之社会党”则不赞成，“此主义为公聚中一极大争点”。二是“工会主义”，提出社会主义由早期互助联结的工会团体中逐渐发展起来，在法国及各地工会演变“成一革命之机体”，是无政府党“鼓吹组织”的功劳，它主张“由平民组织团体，以强劲手段，倾复政府及资本家”，对外具有独立性质，对内没有中央强力。所谓作用，指组织罢工、反战等革命运动。关于社会风潮中两大主义与作用的概括，与前面三大党派的归纳，相互配合，突出无政府党的“革命”主张与行动，形成社会风潮的主流，代表大同、人道、大兴、大主义等，而马克思派的和平社会党站在这一风潮的对立面，代表流弊、专制等。这种泾渭分明的态度，与“天义派”强调马克思主义与无政府主义在“主义大略相同”前提下的“手段相异”，有很大区别，其实质是用无政府主义否定马克思主义。

受这种态度的影响，“新世纪派”选译的无政府主义文章，常常不去提及马克思及其学说。如《新世纪》1907 年 9－10 月所载《克若泡特金学说》译文，曾提到俄国无政府主义者克鲁泡特金 1872 年在瑞士加入“万国劳动会”即第一国际（属巴枯宁派），大谈其“无政府共产主义”学说，只字未提马克思及其学说①。又如《新世纪》同年 11－12 月所载《工人之无政府主义谈》译文，作者马剌跌士达回答他何以既主张“共产主义之无政府党”、又为“万国劳动党员”的提问时，涉及当初 1864 年“万国劳动者聚议于伦敦，联合一会，即名万国劳动会”即成立第一国际的问题，承认此会“以鼓吹革命为主”，虽早已解散，“然近年社会主义之发达，实以此会之功为多”。说到这里，他回避马克思领导第一国际的功绩和马克思学说对于“国际”的指导意义，话题一转，谈论目前各国鼓吹社会主义团体中最重要的，“实推万国无政府党会”，推崇此会“无首领，亦无会章，一切皆照无政府主义实行”云云②。可见，以无政府主义为“最要者”的情结，严重干扰了“新世纪派”对马克思学说的评介采取比较客观和理智的态度。

① “真”译：《克若泡特金学说》，《新世纪》第 12、15－17 期（1907 年 9 月 7 日、9 月 28－10 月 12 日），参看《社会主义思想在中国的传播》第二辑上册，中共中央党校科研办公室，1987 年，第 449－457 页。

② E. Malatesta 著，信者译：《工人之无政府主义谈》，《新世纪》第 21－27 期（1907 年 11 月 9 日－12 月 21 日），转引自同上书，第 470－471 页。

三、反无政府主义者关于马克思经济学说的评介

社会主义思潮传入中国,反对之声一直萦绕于耳。有的言辞激烈刺耳,有的内敛隐晦。后者如《万国公报》1907年初,载文评述各国工党"皆欲显其国事上之能力,而主义则近于社会党,以共产为手段,以均财产为目的",其所以如此兴盛,因为劳动者与资本家对立,"贵贱贫富积处于不平之世界",势必产生工党这样的"反对之力",此乃"天演之自然,不可得而逃者"。好像认可社会主义为自然趋势。紧接着却说,"惟是挟众以滋,故则不能为无害耳",结果社会主义变成了挟众滋事的有害之举,从根底上抹煞了工党或社会党存在的理由[①]。这是将整个社会主义思潮作为反对的对象,随着无政府主义思潮的传入,在赞成社会主义的国人各个派别之间,又引起不同的争执。特别是以孙中山为首的革命派与无政府主义派别之间,逐渐形成思想观念上的对峙。

最初在同盟会的统一阵营里,出于某些共同的利益和目标,曾聚集了各种类型的革命者,无政府主义派别也参与其间。当时孙中山的革命派与无政府主义分子之间,相互容忍,其界限并不清晰。比如孙中山把无政府论的理想看作高超纯洁、类似乌托邦的神仙世界,对其既不赞成,亦不反对。在《民报》上,有关无政府主义的文章连篇累牍,廖仲恺也刊登了好几篇此类文章,章炳麟作为《民报》主编,更是一度加入无政府主义派别,宣扬"五无论",批评国家学说的荒谬。两派在思想理论上的分歧,不可能一直和平相处,终究要爆发出来。如"天义派"点名批评民生主义的土地国有论容易为政府所利用,他们尊重的幸德秋水曾含蓄地指责孙中山一派属于东方人格中的最不善者,口谈革命,内存争权夺利之野心。当时孙中山一派腹背受敌,一面须应付梁启超等人的挑战,一面要回击无政府主义派别的责难,而两面的问题联系在一起看,有时令人啼笑皆非。如梁启超等人攻击孙中山一派的社会革命主张杀人盈野,激烈过度,其原因在于他们所依据的马克思学说是激进、极端之说;而"天义派"鄙夷孙中山一派的社会革命主张,不满他们的有政府论,认为马克思学说是非激进的平和之说。在这里,马克思学说被人随意摆弄,一会儿是激进之说,一会儿又是和平之说,完全因各派之所好而定。对于无政府主义者的观点,孙中山一派也不是无动于衷。如朱执信曾针对俄罗斯的情况,指出"虚无党等所主张为绝对的共产主义,余辈亦不能无疑之"[②],对共产的无政府主义学说表示过怀疑。这一派中比较系统地驳斥无政府主义学说,试图站在维护马克思学说(包括其经济学说)的立场上予以驳斥者,是叶夏声的《无政府党与革命党之说

---

① [美]林乐知著,范祎述:《工党之关系国政》,《万国公报》第216册(1907年1月),转引自《社会主义思想在中国的传播》第二辑下册,中共中央党校科研办公室,1987年,第89—90页。

② 朱执信:《论社会革命当与政治革命并行》,《朱执信集》上册,中华书局1979年版,第61页。

明》一文。

这篇文章的直接起因，不是同无政府主义者论战，而是梁启超一派批评革命党的主张为无政府主义，故起而反驳。文中说明无政府党与革命党“其主张不能两立”，却成为革命党反对无政府主义的重要代表作。此文指出，对于社会主义与无政府主义，人们往往“罕有能知其区别者”，因此，听到社会主义之说，必将望而去之，“以为社会主义之实行，国家之安宁与社会之秩序，必将尽倾复而无遗，其与无政府主义之破坏说无以异”，从而产生对革命的恐惧。为了加以区别，文中先介绍何谓无政府主义。

据说，无政府主义可分为两派，“一平和的而一急激的”。平和派有基督主义、非基督主义、进化主义三说，均主张“以个人心理之发达进步，期无政府主义之实现”。急激派亦有共产主义、集产主义、破坏主义三说，均主张“以社会经济改革期无政府主义之实现”，又称“社会的无政府主义”。前一派认为，个人道德发达，不必有政府和法律，可于无形中实行其主义，故称为个人的或哲学的无政府主义。后一派不然，“以破坏社会的组织而发达者”，提倡采取非常手段。其理由是，“以贫富之不均，贵族富豪借政府以拥肥产，陷人民于无可生活臻富之地位”，所以，“平贫富之阶级，而至用急激手段破坏政府，排除豪族，而均分其财产”。可见，“无政府主义直可谓不认国家之统治权，更不认法律之存在，而惟以破坏手段达其平等自由之目的”，这是“仅有破坏而无建设”的革命。它与革命派所说的政治革命对照，二者存在正相反对的五个方面的区别：“废绝政治”与“革新政治”、“破坏政府”与“改良政府”、“因欲废灭政府而至摈斥国家”与“为巩固国家而革新政治”、“不论专制与立宪之政体皆破坏之”与“仅破专制而企图立宪”、“蔑视法律”与“尊重法律”。无政府党的革命“以爆烈弹为之”，而革命党的政治革命是“人民对于政府为公然之战争”，足以证明二者“非仅不同，且大相悖谬”。

说明无政府主义及其与政治革命的区别，接着指出它与社会革命的区别。所谓社会革命，“基于社会主义而为革命”，“欲知社会革命，先宜知社会主义”。为此，文中简单考察了西方社会主义的发展历史，特别是马克思学说的有关内容。

按照作者的说法，社会主义起源于法国，人民渴望个人自由，随之倡导社会主义。19世纪中叶，开始作成“共和党之宣告”，翌年爆发“社会的革命”。此时“社会主义与无政府主义实际相同”，都是“实行破坏主义之手段”。直至1864年，马克思领导的国际工人协会成立，情况发生了变化：

> “殆一八六四年万国劳动者同盟设立于伦敦，马尔克(Moic)为其首魁，于是平和的社会主义，泛滥全欧，有若洪水。‘万国劳动者其团结乎！其团结乎！’大声疾呼，以醒其寐寐。劳动者乃试

团结。”

错将马克思的西文名字Marx写为Moic,为了与“破坏的”无政府主义区别,又给马克思学说套上了一顶“平和的社会主义”帽子。这段引文肯定马克思在国际工人运动中的领导地位,引文中的口号,无疑也出自《共产党宣言》中提出的“全世界无产者,联合起来!”的号召。此文继续说,各国的经济和产业形势不同,其劳动者组织也各异,英国有劳动组合,德国为社会主义,其他国家受“无政府党巴枯宁之主义”的蛊惑,“大倡虚无之说”,信奉“破坏之外无他物”,万国同盟也被引入无政府党的道路。为此,在海牙代表大会上,“社会党乃宣言驱逐无政府党而以社会主义救之”。自此以后,到1883年,“遂全脱无政府之习气而趋于建设的、进化的、政治的之良风,此即社会主义之历史及其与无政府主义分离独立之特色”。以上叙述,主要介绍马克思领导社会主义同无政府主义进行斗争的历史。

社会主义与无政府主义分裂以后的主张,这篇文章的观点是,“社会主义者以调和各个人之利益与社会全般之利益为目的”。这种调和社会与个人的方法,是“扶助社会之人民”的“协力法”。当今世上,产业组合试图废止自然竞争,鉴于“以少数压多数,富强者压贫弱者,优者恣意独占种种之事业而杜绝公共事业”,社会党谴责豪族掠夺造成人民的贫苦困敝,呼吁“不除豪族,斯财产不平均”,而财产平均不能指望个人,须授权国家和利用政府才能获得“真自由”。这样的政府,应当是以平等为其旨归的共和政体;其所采取的方法,从“共产党之宣言”中提议设置“农工奖励银行”看,“可证其主义之非乌托邦者”。这一观点没有提出《共产党宣言》所代表的社会主义是科学的社会主义,但它强调这种社会主义不属于乌托邦的空想范畴。此文用以论证的理由,似乎更重视一些具体措施而不是基本原理。文中专门列举《共产党宣言》里关于共产党人的十条措施,以示证明。其译文如下:

“(1)禁私有财产,而以一切地租充公共事业之用。

(2)课极端之累进税。

(3)不认相续权(不认承继财产之事)。

(4)没收移外国及反叛者之财产。

(5)由国民银行及独占事业集信用于国家。

(6)交通机关归之国有。

(7)为公众而增加国民工场中生产机械,且开垦土地,时加改良。

(8)强制为平等之劳动,设立实业军。

(9)结合农工业使之联属,因以泯邑野之界。

(10)设立无学费之公立小学校,禁青年之执役,使教育生产事业为一致。”

这十条措施,被称作“皆社会党之谋实行之事业”,意谓非乌托邦之类理想所可比拟。至于其具体内涵，作者借口“殊非本论所能一言以蔽之者”，未作进一步解释和研究。对于其他措施如设置农工奖励银行，说明它虽未实行，其目的却是“欲贷金于企业之徒，使不仰给富者而独立营业”，借此“能独立营业则资本家自不能压制贫民，而贫民亦能进于资本家之地位”，描绘了一幅将来贫民也能当上资本家的图景。

以上内容，据说是“社会主义所主张之概”，以此比较它与无政府主义的区别。前面已经比较了无政府党与革命党的政治革命主张在五个方面的区别，这里要说明无政府党与革命党的社会革命主张的区别，把它归结为三点。第一点也是最重要的一点，即无政府主义以国家具有的强制力必会侵犯人民的自由，故要“废灭政府”；社会主义以国家强制力正可为我所用，故要“利用政府”。由此引申出其他两点区别，即第二点，无政府主义不论什么国家，“皆轻蔑政治，破坏法律，对于政府企为阴谋”；社会主义则“服从法律，维持善良之政府尊重生命，且为政治运动者”。第三点，无政府主义为“蔑视法律之绝对的自己主义”；社会主义则为“平和而有秩序且博爱者”。这三点区别，同前面五个方面区别有许多重复之处。总括起来，作者的意思是，无政府主义与社会主义从终极目的看，二者都追求“个人之最完全自由”，“二说距离本不甚远”，但它们为达到目的所选择的道路却相异，如无政府主义多采用“任意的组合”方式，对不参加组合者听之任之；社会主义则由“民主的国家行组合产业”，依此而“推定他人之无为个人事业者”，不主张人们在产业方面发展个人事业。对这二者加以评定，“社会主义较无政府主义其根据确实”。无政府主义“以产业共同之力属之个人”，认为可以在无国家的条件下，“以个人之力而欲实行共产制者”，将平均财产的希望寄托在个人身上，可能出现无道德心的个人相互之间争夺无已的状况，实行这一主义，不得不先注重个人的道德以免产生争夺，因而“其实行之期难定，其理想之为梦幻”。与此相反，社会主义认为产业“当属之国家”，依靠社会习惯与道德上的制裁，通过个人服从国家的强制力，保障人民的权利自由，因此，“社会党常欲借国家以行共产主义，其理想有根据可实行”。这也是作者维护社会主义的初衷。

这篇文章针对的是混淆无政府党与革命党，不是直接针对无政府党的挑战，所以，作者一方面把革命党与无政府党区别开来，批评无政府党“重个人而轻政府，恶政府而欲废绝之”为“不当”；另一方面又申明，革命党不是袒护一切类型的政府包括恶劣政府，也不是因存在恶劣政府便要废除一切政府，而是主张“颠复现今之恶劣政府而建设新政府”。对待法律的态度亦如此，革命党的革命，“断无有排除法律者”，它不同于无政府党指责法律者为“争夺吾人之权利者”，否定一切法律；也不同于有人利用西方学者所谓“恶法律诚不如善法律,然犹愈于无法律"的说法,在攻击无法律的名义下,连恶劣法律也加以包庇。①

这篇具有申辩性质的文章,不论面对保皇党方面的直接攻击,还是面对无政府党方面的间接指责,始终坚守革命党是"平和的"社会主义这一特性。在保皇党的攻击面前,可以区别于无政府党的无法无天和不切实际之弊,在无政府党的指责面前,又可以区别于保皇党的因循守旧与助纣为虐之害。这些辩白,有其机智之处,但未能掩饰其和平的社会主义革命如何在中国实施这个软肋。文中引人注目的,是作者诉诸西方社会主义学说的过程中,突出马克思社会主义同无政府主义的斗争以及马克思学说的若干内容。这包括:第一国际在马克思的领导下,团结各国劳动者,传播"非乌托邦"即科学的社会主义,同以巴枯宁为代表的无政府主义者进行斗争的简单情况;《共产党宣言》中关于共产党人十条措施的完整中译文。此前,朱执信评介马克思学说的著述中,同样有十条措施的译文,叶夏声的译文与之相比,除了个别用词上的差别,几乎完全相同。或许是叶夏声转引朱执信的译文,因为二人的文章均刊载于《民报》,朱文在先,叶文居后;或许是二人皆引用他人(也可能是日本人)的同一译文。朱执信对这一译文的研究更为深入,附有不少自己的释义,以此说明马克思运用阶级斗争手段来拯救乱世贫民的本意;叶夏声引用这些译文,只不过比照无政府党的"梦幻",用来证明社会党"谋实行之事业",对译文本身未作任何解释和研究。尽管叶夏声将马克思的社会主义理解为"平和的社会主义",失之偏颇,但凭此译文,可使叶夏声之文继朱执信的《德意志革命家列传》和宋教仁的《万国社会党大会略史》之后,在《民报》介绍马克思学说尤其《共产党宣言》的宣传舆论中,占有一席之地。

① 以上引文均见梦蝶生(叶夏声):《无政府党与革命党之说明》,《民报》第7期,转引自张枬、王忍之编《辛亥革命前十年时论选集》第2卷上册,三联书店1963年版,第490-497页。

第四章 论战期间马克思经济学说传入中国的经济学背景与特点

以1905－1907年的论战作为一个阶段，考察其间马克思经济学说传入中国的有关背景情况，有些勉为其难。这三年从历史上看，只是短暂一瞬，很难与前后时期截然划分开来，作独立的背景考察。不过，换个角度看，对论战时期的若干背景情况作些梳理，如同抓住中间环节，对于衔接前后两个阶段的历史背景，从而对理解马克思经济学说早期传入中国的不同阶段及其进程和特点，无疑也是有帮助的。

关于背景的考察，按照前面的思路，在马克思经济学说传入中国的早期，着重考察两方面背景资料，一是社会主义思想传入中国的情况，另一是经济学传入中国的情况。考察前者，因为早期传入中国的马克思学说包括其经济学说，往往与同时传入中国的形形色色社会主义思想交错联系在一起，甚至掩埋在或混淆于各种社会主义思想的迷雾之中，需要细心分辨剔抉加以发掘。换句话说，那时马克思学说的传入，尚未形成独立的传入方式或渠道，在很大程度上依存于整个社会主义思潮的西学东渐之势。从传入的依存关系到相对独立发展，须经历一个过程。在其依存阶段，不能不考察社会主义思潮的传入背景，随着摆脱依存关系，逐渐转变为相对独立的发展趋势，历史的考察也将逐步专注于马克思学说自身的传入进程。考察后者，因为马克思经济学说作为马克思学说的重要组成部分，它的传入，或者说，它传入的广度和深度，与国人的经济学素养有着密切联系。这种素养的提高，在20世纪初，又与现代经济学的传入密不可分。所以，考察经济学之传入中国，也成了考察马克思经济学说传入中国的早期历史中一个重要的背景因素。

考察本时期社会主义思想传入中国的背景，本编以上各章，已经作了比较详细的叙述。如孙中山及其支持者关于社会主义问题的探讨，《民报》与《新民丛报》之间关于社会主义论题的相互辩诘，"天义派"、"新世纪派"为代表的无政府主义派别关于社会主义的论述等等。除此之外，还有其他介绍或涉猎舶来社会主义思想的著述，未予论列。但从总体上看，以上叙述基本上概括和表达了那一时期社会主义思想传入中国的大致面貌、认识水准与时代特点。本章的背景介绍，对此不再赘述，将重点放在这一时期现代经济学传入中国的背景考察上。最后，还将对论战期间马克思经济学说传入中国的若干特点，作一概述。

第一节 马克思经济学说传入中国的经济学背景

三年论战期间，以各种形式传入中国的各类经济学著述，延续着 20 世纪初以来的基本趋势，并未产生什么特殊的变化。其间经济学书籍的出版情况大致如下：

日本山崎觉次郎著，王璟芳译《经济学》，1905 年；易奉乾的《经济学》，1905 年作为“法政丛编第十三种”，湖北法政编辑社出版；易奉乾的《经济学奥妙》，1905 年作为“法政粹编”，东京并木活版所出版(与易氏前书同为 142 页，可能是同一著作的不同版本)；葛冈信虎讲授，罗伯勖等编译《法制经济学》，1905 年作为师范教科书丛编之一由湖北官书局出版；胡之清编《财政学奥付》，1905 年作为“法政粹编第十三种”，东京并木活版所出版；冈实著，叶开琼、何福麟编辑《财政学》，1905 年作为“法政丛编”，湖北法政编辑社出版；作新社编印《外国贸易论》，1905 年；日本清水澄著，张春涛、郭开文译《法律经济辞典》，1905 年上海群书局出版，1907 年东京奎文馆出版；蔡承焕编译《经济学概论》，1906 年；日本松崎藏之助著，铃木虎雄译，杨度补译《经济学要义》，1906 年东京东亚公司出版；日本山崎觉次郎讲述，王绍曾编辑《经济学讲义》，1906 年日本翔鸾社印刷、清国留学生会馆与天津北洋官书局发行；江苏师范生编《经济学大意》，1906 年江苏宁属学务处印行；江苏师范生编《法制经济》，1906 年江苏学务处印行；日本林松次郎著，郭开文、张春涛译《法制经济要论》，1906 年作为“普通教育”本，东京博信堂出版；日本田中穗积著，戚运机译《公债论》，1906 年东京政治经济社出版；田中穗积著，戚运机译《租税论》，1906 年政治经济社出版；日本高田早苗著，孙云奎译《货币论》，1906 年分别由上海昌明公司和日本政治经济社出版；杉荣三郎讲授，唐宗愈译《纸币论》，1906 年北京京师仕学馆出版；魏声和的《中国实业界进化史》，1906 年北京点石斋出版；魏声和的《最新中国实业界进化史》，1906 年上海点石图书局出版(与前书可能为同一书)；韩国钧著《实业界之九十日》，1906 年分别由日本东京秀光社和上海商务印书馆出版；英国揭槃著，商务印书馆编译所译述《商业理财学》，1907 年 3 月商务印书馆初版；李佐庭的《经济学原论》，1907 年作为“法政讲义”，丙午社出版；日本天野为之著，嵇镜译述《理财学纲要》(原名《经济学纲要》)，1907 年上海文明编译印书局再版；美国罗林著，奚若译《计学教科书》,1907年上海商务印书馆再版;日本松崎藏之助、神户正雄著,黄可权编译《财政学》,系依据日本松崎藏之助及神户正雄所著两种财政学讲义,1907年作为法政讲义第1集,天津丙午社出版;彭祖植编译《统计学》,1907年作为政法述义丛书二十七种之一,政法学社出版(此丛书根据日文原著编译);日本河津暹著,陈家瓒译《货币论》,1907年上海群益书局出版;英国吉赛斯著,丁雄口译,裴熙琳笔述《英国实业史》,1907年上海广学会出版;日本岸木辰雄著,张恩枢等译《法律经济辞解》,1907年;等等。①

除经济学书籍外,这一时期的各类刊物,也发表或转载了一些经济学文章。例如:章宗元的《生财论》和《交易论》,《美洲学报:实业界》1905年2月23日第1期;《论中国古代经济学》,《东方杂志》1905年2月28日第二年第1期(录甲辰十一月初一日《警钟报》);《经济与外交之关系》,《大陆报》1905年2月28日至3月15日第三年第1、2期;"中国之新民"的《中国货币问题》,《广益丛报》1905年3月5日至5月13日第65－70期;译编《英文计学》,《四川学报》1905年4月起乙巳第3－11、18期;子纯的《泰西生计学学说沿革古今递变有重商主义有重农主义自斯密亚丹原富书出始倡两利为利之说能略陈其梗概否》,《之罘报》1905年6月4日第10期;"中国之新民"的《中国国债史小叙》,《广益丛报》1905年7月12日第76期;日本葛冈信虎讲述,直隶留学日本速成师范生笔记《经济学讲义》,《教育杂志》1906年1月第一年第21、22期;日本掘江归一著,林昆鸟翔译注《银行制度概要》,《[东京]法政杂志》1906年3月14日至7月14日第一卷第1、2、4、5期;刘光汉的《古代田制论》,《政艺通报》1906年5月8日至23日第五年丙午第7、8期;汪有龄译《论近世英国商业政策之发展》,《商务官报》1906年5月8日至7月25日丙午第2－6、8、10期;刘光汉的《古代商业论》,《政艺通报》1906年6月22日第五年丙午第10期;章宗元的《论古今生计界之竞争》,《商务官报》1906年8月24日丙午第13期,《东方杂志》10月12日第三年第9期;日本金井讲述,刘冕执节译《货币政策》,《新民丛报》1906年9月3日第86期;杨荫杭的《论经济界恐慌之理》,《商务官报》1906年9月13日至22日丙午第15、16期;汪有龄译《论产业组合》,《商务官报》1906年10月12日丙午第18期;《财政学新发明之大义》,《广益丛报》1906年10月17日至27日第119、120期;张一鹏译《国际贸易论》,《北洋法政学报》1906年10月至1907年5月第5、7、24、25期;夏仁瑞的《论国民经济变迁进步之趋势》,《南洋商务报》1906年11月1日至16日第4、5期;杨志洵的《近世最近经济学派别略说(附人名表)》,《商务官报》1906年

① 参看谈敏主编《中国经济学图书目录(1900－1949年)》,中国财政经济出版社1995年版;胡寄窗:《中国近代经济思想史大纲》,中国社会科学出版社1984年版,第383页注①;以及谭汝谦主编:《中国译日本书综合目录》,香港中文大学出版社1980年版。

11月11日丙午第21期;勇立的《王船山学说多与斯密暗合说》,《东方杂志》1906年11月11日第三年第10期;重远的《外国贸易论》,《新民丛报》1906年12月16日至30日第93、94期;谛真的《经济学》,《地方白话报》1906年12月30日至1907年5月12日第2、6—9期"地方生计"栏目;《最新泉币论》,《北洋学报》1906年第3、5、7、9、10期;孙雄的《财政学中新发明之大义》,《北洋学报》1906年第7、12期的"经济文编类"栏目;杨毓辉的《论计学理财之公例》,《北洋学报》1906年第12、16期"经济文编类"栏目;《论国际商业之政策》,《北洋学报》1906年第16、23期"经济文编类"栏目;日本掘江归一著,林昆鸟翔译《论世界银行之概要》,《北洋学报》1906年第23、39期;杨志洵的《经济社会述》,《商务官报》1907年1月9日丙午第27期;杨荫杭的《巴西国经济界之现状及将来之大势》,《商务官报》1907年3月9日至28日丁未第1、3期;沈其昌的《论近世经济学派之趋势》,《〔东京〕法政学报》1907年3月28日第2期;日本神户正雄著,汤一鹗译述《最近俄国财政经济情势一斑及其小评》,《〔东京〕法政学报》1907年3月28日至5月12日第2—4期;杨荫杭的《德意志最近之经济政策》,《商务官报》1907年4月27至5月7日丁未第6、7期;《财政学》,《四川学报·四川教育官报》1907年4月至1908年12月丁未第3—10、12期和戊申第1—4、7—11期;王琴堂编辑《地方财政学要义》,《北洋法政学报》1907年4月至7月第22、25—30期;日本金井延著,刘冕执译《监狱学与经济学之关系》,《新译界》1907年5月25日第5期;吴兴让的《理财政策》,《北洋法政学报》1907年5月第24、25期;《银行总论》,《南洋商务报》1907年6月至1908年1月4日第19、21、23—30、32期;杨志洵的《生产与消费相关说》,《商务官报》1907年7月24日丁未第15期;章宗元的《交易论》,《南洋商务报》1907年7月24日至8月9日第21、22期;《论研究经济为民权发达之要素》,《振华五日大事记》1907年7月14日第19期(录《津报》);"青"的《经济革命》,《新世纪》1907年7月6日至27日第3、6期;日本佃一豫著,晏如译《中国币制论》,《远东闻见录》1907年7月19日至29日第1、2期"经济界"栏目;日本浅井虎夫论著,穆都哩译《中国纸币起源考》,《〔东京〕大同报》1907年8月5日第2期;刘石荪的《中国纸币及货币论》,《振华五日大事记》1907年9月27日第34期;《论近世经济学之趋势》,《广益丛报》1907年12月14日第156期;章乃炜的《供求说》,《商务官报》1907年12月29日丁未第31期;等等。①

以上经济学论著尤其经济理论著述,集中起来看,似颇为可观,若分散地

① 参看上海图书馆编:《中国近代期刊篇目汇录》,上海人民出版社,第1卷,1965年版;第2卷上册,1979年版;第2卷中册,1981年版。

从当时众多的出版物或期刊中去搜寻、爬梳和整理，仍给人以凤毛麟角之感。总的说来，论战时期传入中国的各种经济学论著，经历了此前特别是1902－1903年间带有跳跃式发展的高潮期后，在这个新的起点上，进入一个相对平稳的发展时期。这一时期，以上述论著为例，不难看出，它们依然保持20世纪初以来所形成的各种特征。诸如来自日本的经济学论著和译作、或以日文作品为其蓝本的中文经济学著述，在当时国人发表的具有近代经济科学意味的著译作和文章中，占据压倒性优势；一些带有普及性而又自成体系的经济学著作如《经济学要义》、《经济学讲义》、《经济学大意》、《经济学纲要》、《经济学概论》、《经济学原论》、《经济学奥妙》、《计学教科书》等，逐渐引起国人的兴趣；引入中国的经济学著述从一般原理向各种分支经济学科如财政学（含租税、公债等）、货币银行学、统计学、国际贸易、世界各国经济等领域延展的趋势，仍在继续；国人相继尝试运用近代经济学理论，如发表专题论著或在刊物上开辟经济专栏，分析中国历史上和现实中的经济问题，乃至世界经济事务；等等。这些特征，既是当时舶来经济学传入中国的独特历史条件与环境的客观写照，也是舶来经济学传入中国以后，开始沿着中国自身需要的轨道向前发展的真实反映。

马克思经济学说传入中国的经济学背景，表现在论战时期国人的经济学水准方面，应当辩证地去看。一方面，与以往相比，国人对于舶来经济学的接触和理解，经过20世纪初以来的显著变化，已非同日而语。特别是国人中的留学海外人士或对外国新生事物颇为敏感者，越来越多地抛弃传统的经济思维方式，转而从舶来经济学中吸取滋养，在不同程度上受到近代经济科学的逻辑体系与分析方法的熏陶和锻炼，进而也为他们接触和理解马克思经济学说，奠立了初步的基础。有了这样一个基础，哪怕极为简陋，才会有人意识到马克思学说的经济学意义，试图从经济学角度评介马克思学说，也才会出现朱执信那样的代表人物，注重介绍马克思通过研究经济学来探求和笃信"社会主义之奥窍"，并根据马克思经济学说来论证"社会经济组织上之革命"的必要性。此外，在这一时期引进的经济学著作中，也出现一些类似于介绍西方社会主义运动的内容。如商务印书馆编译的《商业理财学》一书，曾转述其英国原作者对"工党"的介绍：为了对抗资本家的托拉斯等"团结"组织，工业中丧失货币资本的工人"苟欲于工商界中稍占地位，以要求夫权势"，于是"不得不群集各工，以联一党，此即所谓工党"。工党为工人谋利益的方式，改变了过去"独力无助之工人"向雇主争取工资份额、改善工作条件过程中，"其势必不能胜"，只能被动接受雇主所定的工资和条件，无法与拥有充足资本的雇主抗争的不利状况。工党通过集合众多工人，既可采取罢工等方式，"为执业之工人争庸率"，亦可自行集资救助工人。"就计学上言之，工党最要之事，一曰增进庸率，一曰减节时刻,其实一而已”。即从经济学上看,工党所争取的最重要事情,一是增加工资,二是减少工作时间,二者实为一事。不过,此番介绍,并非为工党张目,反而对工党的作为颇有微词。如谓应兼顾雇主与雇工的利益,不应使庸、赢二者即获得工资与利润的双方“并受其害”,并强调工人增加工资和减少工作时间不能损害“国之岁殖”即一国的年收入总量云云。① 举出这一资料,作为例证,说明当时舶来经济学著作中类似社会主义潮流的介绍,不论褒贬与否,表示了一种迹象,即从国内流传的经济学著述角度,逐渐累积有关社会主义经济理论的评介内容,沿着这条道路发展下去,最终一定不能回避对于马克思经济学说的评介。

另一方面,与真正理解马克思学说所要求的经济学基础相比,国人那时的经济学知识,差距甚远。此所以在论战时期,国人通过自撰或转译方式评介马克思及其学说的内容,尽管时有所见,却很少触及其经济学原理,即便有所触及,也是简单带过,难以深入,或者想当然地解释,不免与原作本意有出入,以致扭曲其原意。这一时期国人的经济学知识,大多引自日本,而日本人掌握的经济学内容,又引自欧美等西方国家。这样,经过日本人转贩或咀嚼过的经济学知识,从时间上看,比中国人着一先鞭,却处处留下了日本人自己的思维痕迹,其中既有他们的理解特色,也有他们的修饰解释,更有他们在认识深度与广度上的偏差或失真。这些思维痕迹,同样体现在他们对于马克思经济学说的介绍和评论上。这些经过加工改造的西方经济学知识,由日本输入中国后,其可能达到的水准,可想而知。从前面引录的中文经济学著述看,到论战时期,少数人开始尝试用近代经济科学分析经济事务,西方经济学经典的个别名著如有《原富》中译本在少数人中间流行,除此之外,绝大部分著述是对一般经济原理或零星经济理论的介绍、转述或解释,带有一定的系统性和更多的通俗性特点,表明尚处于引进西方经济学理论体系的初期阶段。基于薄弱的国民经济学素养,国人对于马克思经济学说的认识和理解,虽有进展却只能停留在比较表象的层面,深入的研究,尚难以得到强有力的经济学基础的支撑。

因此,论战时期,像此前一样,马克思经济学说传入中国,从其思想线索看,更多地依赖于西方社会主义思潮向中国传播的线索,与西方经济学的东传线索似乎脱节。当然,舶来经济学的传入,也在潜移默化之中,影响国人对于马克思经济学说的认知能力。但不可否认,这一时期国人著述中有关马克思及其经济学说的评介文字,几乎都见于那些专门或涉猎论述社会主义思想的论著,在国人的那些经济学论著中,此类文字,不曾一见。看来,直接通过经济

---

① 参看英国揭槃著,商务印书馆编译所译述:《商业理财学》,商务印书馆,光绪三十三年三月(1907年2月)初版,第73—77页,“第十一章 论工党与作工之时刻”。

学论著引进和评介马克思经济学说，尚待国人经济学素养的培育和提高。

第二节 马克思经济学说传入中国的若干特点

马克思经济学说向中国的传输，尤其在它的早期，经历了一个渐进过程。这同当时国人的经济学素养有关，更同当时中国所处的社会经济条件有关。单纯从引进马克思经济学说的数量和质量看，三年论战时期与前一时期相比，谈不上有什么质的变化。但是，这不等于说，在马克思经济学说传入中国的早期过程中，三年论战带来的影响，无足轻重。这一时期围绕社会主义问题的争论曾留下了深深的印记，论战也给马克思经济学说的传入，留下了它自己的标记。这些标记，或许多多少少带有上一时期传承下来的某些色彩，但引人注意的是这一时期增添的新特点。

第一，在涉及中国命运与前途的早期论战中，对于马克思学说（包括其经济学说）的认识，第一次被提到论战的议程上，并且形成三足鼎立的局面。从19世纪末有关马克思及其学说的介绍文字见诸中文书刊算起，到论战前夕，总共不到十年时间。这一期间，马克思学说的传入，最初仅表现为猎奇式或单纯转述式的介绍，后来逐渐掺入介绍者本人带有好恶倾向的一些评价性观点，尤以梁启超比较明显。整个介绍文字，以当时国人对于马克思学说的懵懂状况，还不可能提出真正有价值的评介意见。论战的爆发，似乎打破了这一局面。用“似乎”一词，因为论战期间马克思学说的传入水准，无论以其数量还是质量衡量，均不足以使国人理解马克思学说的水平产生根本性变化。可是，论战提出中国向何处去这一命题，又促使国人在关系国家前途命运的重大问题上，急切地寻求和探索救国救民的道理。在寻求和探索的过程中，受近代初期以来一直延续而方兴未艾的向西方学习运动的感染，国人自然会把眼光更多地投向西学东传的各种舶来道理。这场论战，其中一个重要论题，即各式各样的舶来社会主义学说，是否可以选作指导原则，用以改变中国的贫穷落后面貌。这场论战以社会主义论题作为其重要内容之一，前所未有。以往顶多在讨论者相互独立的场合下，各自表达社会主义是否适用于中国实际的不同看法，从未发生过直接的思想冲突。这些不同意见的酝酿和积蓄，到论战期间，首次爆发为面对面的公开交锋。依托围绕社会主义问题的论战，当时已经或正在引进的各种社会主义学说，包括马克思学说在内，均成为人们讨论的对象。这一时期引进的马克思学说，特别是其经济学说，水平不高，甚至相当粗陋，在论战中只是被附带提及，未像一般社会主义论题那样成为人们聚焦的重点，但它一旦进入论战各方的视野，意味着马克思学说在中国，开始超出一般介绍对象的范畴，进而成为供人们选择的道理之一，尽管这一选择的实现后来经历了一个艰难曲折的过程。这也是马克思学说第一次被提上论战议题的意义之所在。

当时的论战各方，首先从论战角度提出认识马克思学说者，恐怕要算以梁启超为代表的《新民丛报》一方。梁氏对于马克思及其学说的认识，定型较早，在论战以前，他最初介绍这一学说，就断言这是一种偏激、极端或乌托邦之说。在论战期间，他又一再重复和阐发这一观点，说马克思学说是"架空理想"，是千数百年以后的文明社会才有可能采择的学理主张，并把马克思学说定义为"不承认现在之社会组织而欲破坏之以再谋建设者"的社会革命主义派，以区别于他所赞同的"承认现在之社会组织而加以矫正者"的社会改良主义派。对此，吴仲遥引经据典，贬斥所谓狭义社会主义即社会革命主义而褒扬所谓广义社会主义即社会改良主义，予以支持。这一唱一和，率先挑起争端，企图通过否定马克思学说，否定其论敌的社会革命主张。对于这一挑衅，以孙中山为首的《民报》一方即主张社会革命派，其反应不尽一致。一种反应以朱执信为代表，指出马克思学说不同于过去"空言"或"空论"的社会主义，是"科学的社会主义"；其理论贡献的洞察力"真无毫发之不当"，被广大社会主义者普遍接受；应让这一学说"溥遍于吾国人士脑中"，用于指导中国的社会革命；等等。宋教仁介绍第二国际中马克思一派与其他各派的斗争线索，赞扬"马尔克派主义"在斗争中取得的胜利，也从一个侧面支持了朱执信的论证。不过，朱执信竭力回避社会革命概念中的暴力或破坏涵义，有其薄弱之处。另一种反应比较含混，如廖仲恺以纯客观的比较方式转述国外关于马克思学说与非马克思学说的介绍内容，自己则"无所容心于其间"或"其外不著一字"，不发表任何个人意见。这种介绍方式，一方面反映了当时对马克思学说的探索尚处于初期阶段的谨慎心态，另一方面又在貌似公正的语境中，反而混淆了马克思学说与其他非马克思学说的界限。又如《民报》曾载文笼统地称颂"德国学者"发挥了"民生主义之精髓"，以此暗示孙中山民生主义与马克思学说之间有着某种继承关系。再如《民报》登载日本人评论欧美社会革命运动种类的译文，把"风靡全欧"的马克思、恩格斯学说与其他社会主义学说、无政府主义学说及土地均有主义之说相提并论，最后以土地均有主义为其旨归，无异于排斥了马克思学说。还有人把马克思学说当作"最极端之社会主义"，以此为例驳斥梁氏的圆满社会主义之说不能成立，无形之中却与梁氏极端论站到了同一立场上。除了这两种反应外，其他《民报》作者面对梁氏的挑衅，似乎保持沉默态度。在当时的论战中，保持沉默其实也是一种反应。

以上是《民报》与《新民丛报》之间的论战涉及对马克思学说的不同认识之处。与此同时，还存在另外一种类型的论战，同样涉及对马克思学说的不同认识。那是发生在主张革命的派别内部，表现为以孙中山为代表的民生主义一派与以“天义派”和“新世纪派”为代表的无政府主义一派之间的论战。前者对于马克思学说的认识，其基本态度已如上述。后者谈到马克思学说，又因其分属不同的派系而有所差异。例如，“天义派”一再肯定，马克思学说“以科学为根据”，不同于那些“空漠”之说；《共产党宣言》标志社会主义进入“成形时代”，其理论“甚当”，在显著位置上预告将出版马克思等人的《共产党宣言》中译本；马克思主张通过经济革命消灭“资本私有制度”，“可谓探源之论”；马克思《资本论》“最有研究价值”，世界经济学者“莫不赞同”马氏剩余价值说，回忆者本人亦“心折剩余价值说”；等等。相比之下，“新世纪派”除了议论社会主义发展历史时，附带提到马克思及其学说，几乎不曾表现出主动介绍这一学说的任何热情，相反倒是流露一些诋毁之词。无论如何，“天义派”与“新世纪派”站在共同的无政府主义立场上，对于马克思学说的基本认识，持有一致的看法：把马克思一派归属于社会主义的“平和派”或“和平社会党”，甚至将它比喻为中国的立宪党，以此区别于无政府主义这一社会主义的“扩张”、“极端”形式或其“激烈派”。这里的“平和派”被称为“软派”，以示软弱之义，带有贬称的意味；“激烈派”被称为“硬派”，寓有刚硬不屈服之义，是一种褒称。由此引申出他们对于孙中山一派主张民生主义的批评。面对这一批评，孙中山有言在先，把无政府论的理想视为“可望而不可即”的乌托邦或“神仙世界”之论，置之于“既不赞成，亦不反对”的地位，因此，他所领导的一派很少公开反驳无政府主义派别的意见。但从叶夏声之文说明革命党与无政府党的区别中，仍能看到此派反对无政府主义、维护马克思学说声誉的态度。此文承认马克思学说代表“平和的社会主义”，称之为“非乌托邦”和注重实行的主义，不同于“急激的”无政府主义“仅有破坏而无建设”，故“泛滥全欧，有若洪水”，能唤醒广大劳动者团结起来。这样，围绕着马克思学说，在论战中看到了分别由孙中山一派、梁启超一派和无政府主义一派代表的三种不同认识和态度，此即三足鼎立之势。

鼎立三足中，简而言之，梁启超一派批评马克思学说是乌托邦式空想，是偏激、极端之说。孙中山一派有人维护马克思学说，说它是科学而非空想，可用于指导中国的革命与建设，同时回避了马克思革命思想中的暴力含义。无政府主义一派批评马克思学说偏于平和或和平，是革命中的软弱派，不如无政府主义革命之激烈、极端和强硬；孙中山一派也有人辩护马克思代表的“平和的社会主义”，着眼于实际，不像急激的无政府主义一味讲求破坏，纯属神仙世界的乌托邦之论。结果，在不同派别的代表人物眼里，马克思学说呈现出截然不同甚至完全相反的样子。其中，梁启超一派与无政府主义一派对于马克思学说的认识，一个称之为激进、极端，一个称之为和平、软弱，尽管相互矛盾，各自的观点却是鲜明的。孙中山一派对于马克思学说的认识，除了朱执信等个别人物，其清晰程度似乎不及其他两派，此派的一贯思想，看起来是相信或解释马克思学说的所谓和平与非暴力性质。在理解马克思学说方面，论战中各派出现这种混乱状况，当然与各派的政治立场有关，另外也与当时各派均缺乏对于马克思学说较为深入的认识有关。当时各派谈论马克思学说，除了个别例外，停留在浅尝辄止的表象层面上，以此根底而遽然作出判断或选择，焉有不乱之理。不过，从马克思学说的传入历程看，梁启超一派的排斥态度，客观上为这种传入设置了思想障碍，而无政府主义一派尤其是"天义派"，强调包括马克思学说在内的社会主义"多与无政府主义相表里"，因而同孙中山一派一道，共同推进了马克思学说在论战期间向国人的传输。因此，论战中的三足鼎立局面，尽管带来对于马克思学说的不同认识，却第一次以辩论方式，提出了马克思学说是否适用于指导中国实际的重大问题，从而构成了马克思学说早期传入中国历史中的一个独特现象。

第二，在论战形势的推动下，评介马克思学说方面，开始转变几乎全靠翻译文本特别是日文著述中译本的一统天下，初步显现出以朱执信的自撰评介文章为代表的新发展趋势。马克思学说传入中国，像其他思想文化方面的舶来品，比较贴近其原作的许多内容或精神，最初基本上通过翻译文本的渠道传输。比如，早期向国人提供了较多涉及马克思学说内容的那些评介性著述，像《近世社会主义》、《社会主义神髓》等，均系国外著作的中译本，无一例外。只是国外译本的来源，因时而异。起初一般选自欧美国家的原作，后来由于中国所处的特殊情况，进入20世纪以来，连续若干年间，从依赖欧美国家转向日益倚重来自日本的著述，形成日文著述中译本几乎独霸天下的状况。这种状况，在舶来社会主义思潮的传播方面如此，在马克思学说的评介方面，同样如此。论战之前，我国的自撰著述中，也有人曾多少接触一点有关马克思的消息，如梁启超提到马克思为"社会主义之泰斗"或"社会主义之鼻祖"，马君武开列包括马克思的《共产党宣言》、《政治经济学批判》、《资本论》在内的5部代表作的西文名称，"大我"之文称马克思为共产主义一派的"后劲"代表人物等等。此类介绍，如蜻蜓点水，给人一点朦胧印象，甚至是隔靴搔痒之谈，不仅无从体会马克思学说之原意，也无法与那些评介质量参差不齐的中译本相比。所以说，马克思学说的最初传入，是靠各种翻译文本开辟道路。从纯粹依靠翻译文本到尝试以自撰方式来评介马克思学说，对于我国学人来说，需要一个急迫的需求环境，也需要一个理论知识的消化和累积过程。当需求环境开始形成，消化和累积过程达到一定阶段时，便为国人自撰的评介马克思学说的著述相继出现，提供了适宜的土壤。在这一土壤条件下，首先涌现出像朱执信这样的代表人物。

朱执信率先以自撰著述专题评介马克思及其学说，出于对国家命运和前途的关注，论战的展开，又把这种关注提升到十分迫切的程度。其核心问题，想尽快解决中国革命的指导思想问题。为此，在向西方学习的过程中，仅从国外原著或其译本里照搬一些现成的结论，显然不能满足中国人自己的需求。从国外各种思潮中究竟选择什么样的指导思想才符合中国的实际，当时的论战迫使参与者结合中国实际回答这一问题，由此推动朱执信放弃过去简单粗略地引用或转述国外介绍马克思及其学说的一般性做法，转而在自行研究的基础上，选择那些在他看来可用于指导中国实际的有关内容予以重点评介。例如，他介绍马克思的生平事迹，突出介绍马克思遭受欧洲各国政府的迫害仍坚持斗争的顽强精神，以及《共产党宣言》和《资本论》两本主要代表作；介绍《共产党宣言》，主要介绍无产阶级反对资产阶级的阶级斗争思想，以及共产党人的十条措施；介绍《资本论》，主要介绍资本家靠剥削劳动者以自肥，一切现代资本均是掠夺的产物这一观点；强调马克思的社会主义是科学而非空想，尝试运用马克思经济理论分析一些现实社会问题。此类评介内容，与马克思学说本身的丰富内涵相比，仍嫌支离肤浅且未必正确，而且评介者的研究很可能更多参考了国外研究者尤其日本研究者的有关著述，很可能不是他自己直接阅读马克思原著后的研究成果。然而，这些评介内容，在马克思学说传入中国的早期历程中，颇为珍贵。它们标志着国人在介绍马克思方面，第一次从单纯地转译国外著述或作猎奇式介绍，转向以自撰方式选择或突出那些被认为最适用于指导中国革命实际的重点内容。这个转变，一则受当时理论水平的局限，尚不足以准确地把握马克思学说的重点内容；二则在当时的历史背景下，仅表现为朱执信这样的个别代表人物的自撰专题著述，换句话说，尚未形成一种比较普遍的现象。可是，从转译走向自撰，蕴含着国人从听说马克思学说到开始研究马克思学说，从孤立看待马克思学说到开始结合中国实际来思考马克思学说，哪怕在最初这只表现为个别的现象，它毕竟预示了未来的发展趋势。朱执信评介马克思学说的自撰著作，其价值也正在于此。

第三，论战各方涉及马克思学说的内容，主要集中于经济领域，特别是对其中的具体经济措施，表现出更大的兴趣。前已指出，马克思学说的传入，与西方社会主义思潮的传入，是分不开的。西方社会主义思潮自传入之日起，在国人看来，被赋予了解决贫富悬隔这一重大社会经济问题的历史使命。如20世纪初以来相继翻译成中文的各种国外社会主义著作和文章，以不同的方式证明西方国家在政治上解决了从专制向民主的转变之后，又在经济上面临着工业革命以来形成贫富之间的巨大差距以及由此而引起的各种社会矛盾，社会主义思潮的出现，正是针对这种经济差距，旨在消弭相应社会矛盾的产物。受这种观念的影响，国人纷纷把社会主义看作主要用于解决经济问题的理论体系和行动方案。其中最典型的是，孙中山认为，百年间的世界大势，表现为经济问题继政治问题而起，并在社会主义概念的基础上独创民生主义概念，借以突出其经济的涵义。与此相联系,人们对于马克思学说的认识,把它归属于社会主义范畴,也往往从经济角度来介绍或阐释这一学说。这在论战以前是如此(主要表现在译作方面),在论战期间更是如此(同时表现在译作和自撰著作两方面),而且对立的各方,均系如此。

论战期间,国外引进的著述,如宋教仁翻译的《万国社会党大会略史》一文,把马克思指导成立的第一国际,看作"为经济的情势必然之结果";指出马克思派社会党的目的,"使一切生产机关归于国家或社会之所有";注重介绍第二国际内马克思派提出各种经济措施以保护工人阶级利益的决议内容;等等[①]。又如《民报》翻译的《欧美社会革命运动之种类及评论》一文,认为马克思和恩格斯创立的社会主义学说,"大倡制限私财及其使用之权",用社会本位取代个人本位,"以谋人类之财产及权利一律平等"[②]。再如署名"无首"以示其无政府主义倾向者翻译的《巴枯宁传》一文,把马克思与巴枯宁之间的对立分歧,说成"共产主义与集产主义之不相容",即主张以"社会之公权力"支配共有财产资本与不承认这一权力而主张"财产非公有非私有"之间的分歧[③]。幸德秋水受"天义派"之邀在社会主义讲习会上的演说,也把马克思创立欧洲万国劳动组合的宗旨,概括为"谋劳动者之幸福,及高劳动者之位置",主张"使土地财产,均易私有为公有"[④]。这些介绍马克思学说的内容,都带有较为浓厚的从经济角度立论的意味。国人自撰的著述,首推朱执信的文章,他对马克思经济学说的重视和理解,毋庸赘述。另外,如梁启超的《开明专制论》,称马克思学说指责"田主及资本家皆盗",为"欲夺富人所有以均诸贫民"之论或为"土地国有"主义提供了理论依据;吴仲遥的《社会主义论》,把马克思学说归入狭义社会主义范畴,认为它起因于"经济上不平等"这一最根本问题,着重分析狭义社会主义看待经济上不平等的成因及其经济上的对策;"民意"的《告非难民生主义者》,指出马克思和恩格斯是"今之最能以资本论警动一世者";《天义报》为《共产党宣言》中"论妇女问题"作按语,也强调马克思主张的共产说,旨在通过消灭资本私有制度的"经济革命",废除一切私娼之制,此可谓"探源之论"。景定成回忆当初参加日本社会党人的社会主义演说会,更以"心折剩余价值说",表达他对"最有研究价值"的马克思《资本论》的崇敬。

由上可见,论战期间的各派,无论《民报》、《新民丛报》还是无政府主义派别,都把马克思学说主要理解为一种经济学说。这一理解,同他们对于世界形势的判断有关,认为社会主义包括马克思学说的产生,起因于世界各国尤其西

① 《宋教仁集》上册,中华书局 1981 年版,第 40—56 页。
② 《民报》1906 年 5 月 1 日第 4 期。
③ 《民报》1907 年 9 月 25 日第 16 期。
④ 转引自高军等主编:《无政府主义在中国》,湖南人民出版社 1984 年版,第 23 页。

方文明国家的矛盾焦点，已从贵贱等级差别的政治问题转入贫富阶级差别的经济问题；也同他们受到国外学者评价的影响有关，如那时传入中国的各种日本学者的著述译本，大多集中于评介马克思学说的经济内容。这里也不排除马克思经济学说留给国人的印象，像景定成在其回忆中所说的那样。不过，当时国人中极少有人接触马克思经济学说的原著，一般均咀嚼或借助国外学者特别是日本学者已经消化或加工过的内容。这样，国人谈论马克思经济学说，不论是否符合其原著精神，更多地受到国外学者的影响。

把马克思学说主要理解为经济学说，这是本时期初露端倪的一个阶段性特征。当时国人限于自身的经济学素养，还不可能从经济理论角度对马克思学说作比较深入的领会和研究，同时，人们认为马克思学说因应社会贫富差距不断扩大的严峻形势而产生的强烈意识，又推动国人中的主张社会改革者，希望从马克思学说中找到改变或预防贫富差距扩大的现成办法。这样，他们在论战期间提到马克思学说，往往把眼光更多地投向那些具体经济措施。以朱执信为例，他评介马克思学说，接触到《共产党宣言》和《资本论》中的若干理论问题，并提出造成贫富悬隔的根源在于社会经济组织的不完全等较为深入的论题；但他的兴趣，明显放在共产党人十条措施和设置农工奖励银行等具体内容上。《共产党宣言》中十条以经济内容为主的措施，在马克思和恩格斯看来，是将来无产阶级为实现利用自己的政治统治，一步一步地夺取资产阶级的全部资本，把一切生产工具集中在国家即组织成为统治阶级的无产阶级手里，尽可能快地增加生产力的总量，因而首先必须对所有权和资产阶级生产关系实行强制性干涉所采取的一些措施。换句话说，这些措施为实现其目标服务，这些措施本身，"在经济上似乎是不够充分的和没有力量的"，它们会在运动进程中越出本身，显示其是变革全部生产方式所必不可少的手段。[①] 而根据朱执信的理解，这些措施是"为世界谋万全之道"、待机而行的"先定"设施，突出的不是措施为之服务的目标，而是措施本身。所以，他花了不少笔墨解释这些具体经济措施，又臆造出农工奖励银行的具体措施与共产党人十条措施并列，作为马克思倡导"救济之策"的两个方案。可以说，在他看来，这些经济措施本身就是社会改革追求的目标。

当时具有这种兴趣倾向者，并非朱执信一人。其他如宋教仁选译《万国社会党大会略史》一文，其中介绍第二国际内马克思派的主张，也偏重于叙述那些为维护工人阶级利益而提出的各种具体经济措施，包括缩短劳动时间和保护休息时间、保护童工和女工、限制夜工、监督和改善劳动条件、争取八小时工作日、禁止 18 岁以下劳动者从事夜工、土地国有、确定最低工资额、确定五一

① 《马克思恩格斯选集》第 1 卷，人民出版社 1972 年版，第 272 页。

国际劳动节等等。又如叶夏声说明革命党与无政府党之间的区别,亦以《共产党宣言》中共产党人十条措施和所谓农工奖励银行为依据,辩护马克思社会主义是实行的而非空想的。这同朱执信用这些具体经济措施区别于马克思以前的乌托邦或空想社会主义,如出一辙,抑或叶夏声原本就以朱执信的论证作为其援手。以上数例,不论采取何种表达形式,表现出对于马克思学说中涉及具体经济措施的那部分内容(甚至是假设的内容如农工奖励银行)的特殊兴趣。当时论战中各方的经济学理论素养不够,恐怕只能对马克思学说中的具体经济措施或政策作较为清晰的表述,或者,当时倾向于社会主义的一方急切寻求救国救民之策,有意突出马克思学说中的具体经济措施或政策。不管出于什么原因,谈马克思学说的适用性而将兴趣集中于其具体经济措施,是那一时期的特点。

第四,论战期间有关马克思经济学说的评介,其局限性带有以往若干痕迹,同时随着形势的变化又增添了某些新的印记。马克思经济学说从最初传入到逐渐为一些人理解和接受,需要一个过程。在这个过程中,存在各式各样的局限性,在所难免。其中有些局限性为时人所共同,另外一些则因时因人而异。论战的产生,意味着这个过程经过一段时间的积累,开始推动马克思经济学说的传入,从先前一般的介绍性对象,初步提升为可否适用于指导中国实际的理论或政策之选择性对象。这种阶段性的变化,给马克思经济学说的早期传入带来了新的活力,伴随这种早期传入,也留下了那个时代所特有的局限性。

考察这些局限性,须注意几点。

一是本时期对马克思经济学说的评介,比起此前,在形成国人自己的研究成果并确信这一学说是科学而非空想方面如朱执信、在扩展视野由第一国际进入第二国际方面如宋教仁、在领悟剩余价值等重要经济理论概念并留下较深刻印象方面如景定成,诸如此类,都有不同程度的进步,但在总体上,仍缺乏对这一学说系统和完整的介绍,以零散和个别观点的叙述居多。这种状况,可称之为时代的局限性,过去如此,到论战时期基于经年的传入积累而有所改善,却未发生根本的变化。

二是国人对于马克思经济学说的理解,考虑到引进资料的严重不足尤其缺乏第一手的原作资料,加上自身素养之差距与各人立场之不同,自然会发生偏差。不过,这种理解上的偏差,在不同时期又有不同的表现形式。最初马克思经济学说的传入,被作为猎奇对象或反面案例看待时,既系猎奇对象,不会考虑它的理论体系,只须截取其具有新闻效果的某些面貌特征即可;既系反面案例,又会把它置于有色眼镜的观察之下,从此染上偏见的色彩。后来,随着国人中的有识者逐渐认识到马克思学说在社会主义运动中的重要性,开始有人认真对待这一学说。这时限于资料的欠缺或在有限资料中以国外学者的第二手研究观点为主,其偏差比较突出地表现为,将马克思学说的严谨理论体系简单粗糙地概括成一个或几个通用性论点,与其他非马克思主义的社会主义者甚至是非社会主义者的观点,混为一谈。到论战时期,认识前进了一步,实质上围绕马克思学说在中国的适用性问题,各方的态度,无论赞成还是反对,明朗还是含混,均在辩论中表面化,乃至发生直接的交锋。其中的偏差,反对者如梁启超、吴仲遥等人,把马克思学说同所谓法兰西社会主义、耶稣教社会主义并列,统统归入狭义社会主义范畴,以与广义社会主义相区别。另一种类型的反对者如"天义派"的刘师培,承认马克思学说以科学为根据,却将马克思与拉萨尔一同看作"倾向物质主义"的代表,结果也走向偏差。《民报》中有人假借日本学者的分析,把马克思和恩格斯创立的学说之谋求人类平等,说成在限制私财及其使用权方面,"卑视个人之资格,而推社会为本位",也就是偏重经济平均而轻视自由权利,以此证明所谓土地均有主义的正确,这同样是偏差式引导。即便赞成者推进马克思学说的传入,仍未能避免或者说带来另一类型的偏差。如朱执信解释马克思的资本原始积累学说,模糊了资本概念与一般劳动积蓄概念的界限;一些社会革命论者推崇马克思学说,同时本末倒置地淡化甚至忽略其中那些起着基础性作用的一般基本原理,而去突出"并没有什么特殊的意义"[①]的具体革命措施;等等。

三是论战各方根据各自不同的偏好,对马克思经济学说采取各取所需的态度。其中典型的是,在马克思经济学说的性质判断上,各方的意见相左甚至完全对立。例如,以梁启超为代表的《新民丛报》一方,为了标榜自己保护资本家一类的改良观点是正确的,一再批评马克思经济学说站在贫穷阶级一边,宣扬使用暴力手段来剥夺富人或以革命方式来破坏现存社会组织,这是激进、极端和空想之论。对此,《民报》一方为了坚持自己的革命主张,同时为了防止别人产生诸如革命将夺富人之财产以散诸贫民的错觉,有人在寻觅理论根据的过程中,一面强调马克思经济学说是科学的社会主义,一面又说它是"平和的社会主义"。这里的"平和"一说,在他们看来是褒义,意谓社会革命不会损害富人的利益,相反会使贫富二者皆利,其实抽去了或回避了马克思经济学说中原有的暴力涵义。作为另一方的"天义派"和"新世纪派",有人也承认马克思经济学说是科学而非空想,甚至可以与无政府主义主张互为表里,但他们为了追求自己的无政府主义目标,更多径称或意指马克思学说为"和平"或"和平改革"。这里的"和平"一说,在他们看来是贬义,意谓软弱和虚伪,与无政府主义的激烈和极端主张格格不入。这三种意见,显示出不同的偏好。其根源,倒不

---

① 《马克思恩格斯选集》第1卷,人民出版社1972年版,第228页。

完全在于三方对于马克思经济学说在理解上的偏差(这也是重要原因),而在于他们站在不同立场上的需要。由于立场上的不同,再加上理解上的偏差,使得三方的意见像瞎子摸象一样,各从马克思经济学说那里获得一点一知半解的内容,便根据自己的需要,贸然对整个马克思学说作出本质上的判断。从这个意义上说,这种各取所需的做法,应是三方共同的弱点,反映了那个时代的局限性,不必以五十步笑百步。

四是外来概念术语的表述缺乏规范统一的标准,也给引进和理解马克思经济学说带来某种阻碍。马克思经济学说作为舶来品,无论其内容还是形式,对于早期刚接触它的国人来说,是新鲜而陌生的。从其内容看,国人出于不同的立场、偏好或理解角度,往往给予同样的马克思经济学说以不同的甚至相反的解释。就像前述论战中,一方说马克思学说是激进的、极端的,一方说它是和平的,而另一方又说它是软弱的等等。又如梁启超从马克思学说中看到的是,必须举一切生产机关悉为国有,才可称为圆满的社会革命;《民报》作者却认为,马克思学说即便是最极端的社会主义,也承认农民和手工业者的资本私有,不同意一切资本国有等等。这些内容理解上的差异,姑且不考虑居心叵测者的有意歪曲,显然与各自的立场和经济学素养有关。内容离不开形式,舶来经济学内容的表现形式,即各种经济理论的范畴概念和表述方式,当它们缺乏统一规范的口径时,对其内容的理解自然会出现五花八门的现象。这种现象,既成为国人理解舶来内容的障碍,也是舶来内容传入中国过程中的必经阶段。这一点,从经济学译名由最初的杂乱多样到后来逐渐归于统一的演进过程看,不难想见。同样,马克思经济学说在它传入中国的过程中,最初也免不了受制于这种名词概念的困扰。起先,马克思及其学说,是以最一般的概括方式,诸如“百工领袖”、“养民学者”、“社会主义之泰斗”、“主于资本”、“欲除贫富相争之法”等,介绍给国人,那时似乎还不怎么强烈地感受到名词概念上的障碍,同时也难以体会马克思学说在理论上的深邃洞察力。后来,随着国外学者评介马克思学说的著述相继引入中国,其译文上的缺陷,比较集中地反映在对马克思学说特别是对其经济理论的阐释上。其中尤其令人困扰的,是转译和解释经济理论概念方面的混乱状况。这里有译者缺乏经济学的理论训练问题,也有概念译名或直接译自欧美著述或间接取自日文著述的问题。这个问题一直延续到论战时期而未变。论战的主战场在日本,各方主要借用日文概念来转述或自撰评介马克思经济学说,故在理论概念方面,不必纠缠其译名的来源问题,却迷惑于对既定译名的经济学概念如何理解和使用的问题。而且,越是接近马克思经济学说的理论体系,越是不易准确领会其中那些特殊概念或专门术语所具有的深刻涵义。从论战时期代表国人评介马克思经济学说最高水平的朱执信那里,处处可见误译或误用马克思经济学概念的痕迹,就是一个明证。这说明，伴随马克思经济学说的传入，需要相应地统一和规范其经济学概念的术语译名，以改变其使用的混杂不一状况。这是一个过程，尚须假以时日。至于景定成提到这一时期有关马克思的价值和剩余价值理论的讲演内容，其概念表达比起朱执信之文更为清晰和规范，这是后来回忆的结果，恰好证明马克思经济学说的概念术语在中国获得比较统一规范的运用，经历了一个过程。

此外，论战期间，延续了前一时期的另一个特征，即尝试运用中国古代的文化传统，比附马克思经济学说。不过，这种尝试在本时期，更多地用来比附舶来的社会主义学说，用于马克思经济学说者则显得比较少见。

“十五”国家重点图书

本书由上海文化发展基金图书出版专项基金资助出版

回溯历史

——马克思主义经济学在中国的传播前史

（下）

谈 敏 著

上海财经大学出版社

图书在版编目(CIP)数据

回溯历史:马克思主义经济学在中国的传播前史/谈敏著．—上海:
上海财经大学出版社,2008.9
“十五”国家重点图书
ISBN 978-7-5642-0222-4/F・0222

Ⅰ.回… Ⅱ.谈… Ⅲ.马克思主义政治经济学-研究-中国
Ⅳ.D61

中国版本图书馆 CIP 数据核字(2008)第 051887 号

□ 责任编辑　江　玉
□ 封面设计　陈益平
□ 版式设计　刘　军

HUISU LISHI
回溯历史
——马克思主义经济学在中国的传播前史
(下)
谈　敏　著

上海财经大学出版社出版发行
(上海市武东路 321 号乙　邮编 200434)
网　址:http://www.sufep.com
电子邮箱:webmaster @ sufep.com
全国新华书店经销
上海望新印刷厂印刷
上海远大印务发展有限公司装订
2008 年 9 月第 1 版　2008 年 9 月第 1 次印刷

787mm×1 092mm　1/16　82.75 印张(插页:2)　1 572 千字
印数:0 001—1 500　定价:240.00 元(上下册)

第三编

1908—1911:马克思经济学说传入中国的新起点

1908—1911年,是清王朝统治末年处于苟延残喘的最后几年,也是辛亥革命的前夕。这一期间,马克思经济学说传入中国的进程,有一些背景因素值得注意。一是清政府对新思潮的控制有所松弛,甚至上层阶级中也企图改变或难以遵循旧的统治方式,长期以来用有形和无形方式阻隔国人接触新思潮的那个貌似威严的专制思想牢笼,难以为继,呈现式微之势。比如,1908年11月光绪和慈禧相隔一天先后死去,迫使继任的清朝统治者不得不采取笼络人心的缓解方式维持其政权;清政府玩弄预备立宪的骗局,最后仍以皇族组织内阁,宣告立宪派活动的破产,更加促进国人的觉醒;日本国强调高压帝国主义政策的桂太郎政府(1901—1906年和1908—1911年执政)与奉行较温和路线的西园寺政府(1906—1908年和1911—1912年执政)之间的更替,为日本知识分子传播社会主义和无政府主义思潮,提供了新的机会,又通过留日学生对国人产生了持续而深刻的影响;等等。二是中国近代民族资本主义工业的逐步发展、帝国主义争夺中国的不断加剧,以及清政府出卖利权的更加露骨,刺激中国人民反帝思潮和爱国运动的明显高涨,因而对舶来社会主义思潮中的革命因素，抱着越来越亲近的态度。三是1905—1907年论战之后，以孙中山为代表的革命派阵营，将精力更多地投入组织国内武装起义以期推翻清朝统治；同时同盟会内部的意见分歧甚至内讧，导致对外声音的不和谐，因而影响革命派在思想舆论领域继续站在潮流的前列，宣传和介绍舶来社会主义思潮包括马克思学说，显得有些沉寂。倒是无政府主义派别在这一时期，仍然孜孜不倦地以引进西方社会主义学说为己任。其本意是借此支持和佐证无政府主义理想，无意中却为马克思经济学说的传入，开拓了新的途径，并成为该时期一个亮点。

本编着重分析无政府主义派别特别是"天义派"的刊物中，有关马克思和恩格斯代表作的部分中译文，及其对马克思经济学说的评介。这是较早把理解马克思经济学说的着眼点，尝试放在比较完整地翻译马克思著作的基础上。从这个意义上说，本时期是马克思经济学说传入中国的一个新起点。另外，1905—1907年论战引起有关社会主义的辩争，其影响在这一时期依然存在，只是各种不同论点未再采取集中交锋的辩论形式，而是散见于各类报刊。这些论辩性观点连同当时评介社会主义的各种非论辩性观点，构成了那一时期认识马克思经济学说的思想基础。同时，舶来经济学传入中国的历史沿革，到本时期也出现新的变化，经济学著述中，不仅继续评介社会主义经济学说，还开始评介马克思经济学说。对于马克思经济学说的评介，此前均见之于各种非经济类著述尤其社会主义著述，现在则显露于经济学著述自身，这一新变化及其所包含的起点涵义，一并成为本编的考察对象。

第一章 无政府主义刊物关于马克思经济学说的翻译和评介

前一时期的论战，《民报》成为传播舶来社会主义学说的重要阵地，这也为马克思经济学说的引进并从正面加以宣传和评介，创造了难得的氛围和条件，朱执信的评述，便是其中的突出代表。相比起来，那时以《天义报》和《新世纪》为代表的无政府主义刊物，也不乏涉及社会主义的文章并提供了有关马克思及其学说的些许信息，但逊色很多。那时，引进社会主义思潮包括马克思经济学说，革命派站在主导的地位，无政府主义派别只是起辅助的作用。可是，进入本时期后，这种主次关系好像颠倒了过来，无政府主义派别的刊物比较集中地刊载有关马克思学说和社会主义学说的文章，而革命派的刊物似乎无暇于此，几乎销声匿迹。不过，从下面的分析可以看出，与前一时期的革命派相比，本时期无政府主义刊物的介绍，更多侧重于翻译而非评析，而且无政府主义派别无论怎样划分组合，他们的介绍，万变不离其宗，都是为无政府主义宗旨服务的。

第一节 关于《共产党宣言》的部分中译文及其评介

在马克思主义早期传入中国的过程中，人们最初把眼光投向马克思和恩格斯的代表作《共产党宣言》，是可以理解的。具体地说，这是受到流行于日本的社会主义思潮的影响。19世纪末，当马克思、恩格斯的名字通过来华西方人所主持的媒体，刚被介绍给国人时，还只是与“百工领袖”、“主于资本”、“养民学者”之类的朦胧和模糊概念相联系，尚未提及《共产党宣言》这部代表作。20世纪初，日本社会主义著作译本的不断引进，以“宣言书”、“共产党宣言书”、“共产主义宣言”、“共产党宣言”等不同译名出现的有关《共产党宣言》的点滴、节译或评述式介绍，逐渐进入国人视野。同时，本时期留学日本热潮的兴起，一些关心或接受社会主义思潮的留学生，也相继注意到《共产党宣言》在社会主义运动中的重要性，并涌现出像朱执信那样悉心研究和细致评介这一名著的代表人物。从历史上看,《共产党宣言》所显示的远见卓识和深刻洞察力,其自身具有极大的吸引力。时至今日,世人仍为这种吸引力所震撼。作为例证,一位美国学者在《共产党宣言》发表150周年之际曾这样评价说:“今天读来,这部著作大概可算作对一个在当代世界上造成大劫难的过程——即不可抗拒的全球化压力——的最简洁也最具震撼性的描述。……《宣言》的许多部分读起来有如美妙的诗篇。很少有什么著作对19世纪的辉煌和神秘的表述比这篇宣言更加有力。以往的理论著作……现在都被抛进了故纸堆,充其量也只能供学术界使用,但马克思和恩格斯的这些充满活力的词句却会继续给下一个世纪带来震撼和启迪”[①]。这种震撼和启迪,对于19世纪末、20世纪初追随社会主义思潮的日本和中国学者,同样产生了不小的吸引力。

国人对于《共产党宣言》的认识,特别在其初期,经历了一个过程。这表现在对《共产党宣言》的早期介绍,最初无非是其书名、个别观点的简单概括,或对原著中只言片语的摘译,连朱执信的专题评介,也只提供一个“大要”轮廓,其中大量穿插他个人的表述、解说以及对书中有关具体措施的偏好,令人难以真正认识原著的本来面貌。进入本时期之初,一些有识之士不再满足于支离零碎的介绍,把目光转向寻求其原著的直接译本。在当时中国的独特环境下,这项寻求翻译原著的任务,最初竟落在无政府主义的早期代表即“天义派”的身上。1907年下半年,《天义报》曾相继刊登多种关于《共产党宣言》的评论和广告。如第6期提及《共产党宣言》标志欧洲社会主义的发展进入“成形时代”,第11—12合期称道马克思的《共产党宣言》“其言甚当”,并以《共产党宣言》的发表作为促进国际劳动者团结的开端;第8—10合期的社会主义书刊出版预告,突出马克思等人的《共产党宣言》,是社会主义讲习会同志编译的排行第一部的重要新作;第13—14合期为《共产党宣言》论妇女问题所作的按语,亦称马克思等人的共产说“甚当”,认为此说通过消灭资本私有制度的经济革命来铲除一切私娼之制,乃“探源之论”;等等。凡此种种,预示“天义派”引进《共产党宣言》的热情,正在升温,将步入一个新阶段。

1908年伊始,《天义报》1月15日第15期的“学理”栏目,第一次刊出[德]因格尔斯著、民鸣译《共产党宣言(The Communist Manifesto)序言》,即恩格斯所作《共产党宣言》1888年英文版序言的中译本。这一期还附有下期主要内容的目录预告,介绍下期将“汇列新译各书成一最巨之册”,其中赫然列在第一位的新译之书,便是“马尔克斯因格尔斯著”的《共产党宣言》。接着,第

① 美国《洛杉矶时报》1998年2月8日载汉斯·马格努斯·恩岑斯贝格尔在题为《重新研究马克思》的研讨会上的发言。据该报编者按,此学者是多部著作的作者,1963年获得毕希纳奖。转引自《参考消息》1998年2月18日书评《美报发表署名文章说〈共产党宣言〉仍具吸引力》。

16－19合期[①]，首先刊出的正是［德］马尔克斯和［德］因格尔斯著、民鸣译的《共产党宣言》，其内容是这个宣言的前言和第一章“资产者和无产者”的中译文。此合期本还发表了“申叔”即刘师培为《共产党宣言》中译本所作的序。这些译文和序文，在已有的基础上，进一步推动了《共产党宣言》传入中国的进程；其中对于经济理论和经济问题多有论及，同时意味着马克思经济学说传入中国的一个进步。

一、关于《共产党宣言》1888年英文版序言中译本

《共产党宣言》自1848年公开发表后，被译为多种欧洲文字并多次重印。马克思、恩格斯曾对其中一些版本做过某些修改或亲自校订并撰写序言，包括他们两人合写的1872年德文版序言和1882年俄文版序言，马克思逝世后，恩格斯一人写了1883年德文版序言，然后就是1888年英文版序言，此后还有1890年德文版序言、1892年波兰文版序言和1893年意大利文版序言。这些序言，其中尤以1888年英文版序言显得格外重要。它讲述了起草《共产党宣言》的起因、背景及其传播影响，概括了《共产党宣言》的基本思想或基本原理、作者特别是马克思的贡献以及对这一贡献的评价，还完整地引录了1872年马克思和恩格斯合写的第一篇序言中关于《共产党宣言》经过25年实践检验的重要判断。正因为如此，《天义报》刊登这篇序言的中译文，不论出于什么原因，对于国人认识和理解《共产党宣言》，都是非常重要的。

从《天义报》刊载的民鸣译本看，与以往顶多摘译马克思、恩格斯著作中的个别观点或部分论述不同，这是关于恩格斯1888年序言的完整中译本。或许也可以说，这是中国近代史上目前可以查到的关于马克思、恩格斯论著的第一个公开发表的完整中译本。民鸣的这个译本，像那个时期的其他许多翻译一样，用文言文译成，对照现代译本，它在转译概念术语和用词遣字上，不免有些差误。这里不妨用对比的方式，从民鸣译本[②]中逐段选出一些译文例子，与今译本[③]相互参照，以资佐证。

原译本第1段的开篇译文是：“此宣言者，乃发表共产主义同盟之纲领者也。共产主义同盟为劳动者之团体。始仅限于德意志，后乃播于各国。当一

① 根据目前所掌握的资料，这本合期的出版时间不明。对此，有人以模糊的方式，估计这一期出版于1908年春。也有人大概根据《天义报》的半月刊性质，推算本期既然是16－19四期的合刊本，则它应出版于1908年3月15日。

② ［德］因格尔斯著，民鸣译：《共产党宣言（The Communist Manifesto）序言》，《天义报》第15期，第19－26页；同时参看高军等主编：《五四运动前马克思主义在中国的介绍与传播》，湖南人民出版社1986年版，第287－293页。

③ 马克思和恩格斯：《共产党宣言》1888年英文版序言，《马克思恩格斯选集》第1卷，人民出版社1972年版，第234－239页。

千八百四十八年以前处欧洲虐政之下，不得已而为秘密结社。”今译本译为：“《宣言》是作为共产主义者同盟这一起初纯粹是德国工人团体，后来成为国际工人团体，而在1848年以前欧洲大陆的政治条件下必然是秘密团体的工人组织的纲领发表的。”二者相比，意思相同，风格则迥异，前者的“劳动者之团体”一说，与后者的“工人团体”或“工人组织”概念对照，有出入。本段原译1847年11月在伦敦召开同盟代表大会，“焉尔克斯及马格尔斯，乃发表其理论及实行之完全政见，被选为起草委员”；今译这次同盟代表大会，“委托马克思和恩格斯起草一个准备公布的完备的理论和实践的党纲”。其他差别，如原译本将法国革命译为“佛兰西革命”，起义译为“暴动”，法译本译为“佛译之书”，丹麦文译本译为“和兰译”，人名及刊物名称如《红色共和党人》杂志保留西文原样未有中译名等等，比比皆是。

第2、3两段原译在今译中合为一段，其中涉及一些重要概念，原译文的提法与今译文不同。如谓“平民绅士间之第一战争”乃1848年6月的“巴里暴动”，指1848年巴黎六月起义这一无产阶级和资产阶级间的第一次大搏斗；“欧洲劳动阶级”，指欧洲工人阶级；“权势之争夺”，指争夺统治权的斗争；“富豪阶级诸党派”，指有产阶级的各个集团；“中等阶级之急进派”，指资产阶级激进派极左翼；“独立之平民运动”，指独立的无产阶级运动；“有名之哥浓共产党裁判”，指有名的科伦共产党人案件；“而此宣言，亦如永归埋没焉者”，指1848年巴黎六月起义失败后，无产阶级运动遭到无情镇压，共产主义者同盟正式解散，“至于《宣言》，似乎注定从此要被人遗忘了”。

第4段至第6段三段原译文，在今译文中也是一段。原译本说“万国劳动者同盟(The International Workingmen’s Association)初兴之时代”，指国际工人协会的产生。所谓“此同盟者意在集合欧米全体之战斗平民为一团，故所标之旨，不能尽与宣言同”，指这个协会成立的明确目的是要把欧美正在进行战斗的整个无产阶级团结为一个整体，因此，它不能立刻宣布《共产党宣言》中所申述的那些原则。所谓此时“如英国之劳动组合，佛白伊西之布鲁东门下各党，以及德国之拉撒尔党，皆与加盟，故所揭政纲必包含各党派所认之广义”，指国际应该有一个充分广泛的纲领，使英国工联，法国、比利时、意大利和西班牙的蒲鲁东派以及德国的拉萨尔派都能接受。所谓“此政纲亦由马尔克斯起草，自宜与各党以满足。况彼之所确信者，以为协同之运动，加以相互之讨究，则劳动阶级之智力，必可发展”，指马克思起草了这个能使一切党派都满意的纲领，当时把希望完全寄托于共同行动和共同讨论必然要产生的工人阶级的精神的发展。所谓“又彼与资本阶级斗争，既历几多之变更，以至败北，其平生所特(‘持’字之误——引者注)之旨，仍不克奏效，则关于劳动阶级解放之政策，不得不更进一层。马尔克斯之所见，洵不谬也”，指反资本斗争中的种种事件和变迁——而且失败比胜利更甚——不能不使人们认识到他们的各种心爱的万应灵丹毫不中用，并使他们更透彻地了解工人阶级解放的真实条件，从而证明马克思是正确的。接着，原译本正文第5段译文，提到拉萨尔“恒承认为马尔克斯之弟子，于此宣言之根据上，亦居弟子之地位”，然而他在1862至1864年间，“其所运动，不过要求依国家之信用机关，以支持共动工场而已”。在今译本里，这段译文并非正文，是恩格斯为德国拉萨尔派所作的一个注释，用以说明拉萨尔自认为是马克思的学生并站在《共产党宣言》的立场上，但他在1864年马克思创立国际工人协会时期所进行的公开鼓动中，“却始终没有超出靠国家贷款建立生产合作社的要求”。原译本第6段译文，主要说明1874年第一国际解散时，较之1864年创立时，“劳动社会全然改观”，法国蒲鲁东派和德国拉萨尔派“皆濒于湮灭”，保守的英国工联也于1887年代表大会上以主席名义声明，“大陆之社会主义，亦不足使吾人生恐怖之感”（今译为“大陆社会主义对我们来说再不可怕了”）；由此观之，“宣言之趣旨，已明布于万国劳动之间矣”。后一句总结语，今译文是，“《宣言》的原则在世界各国工人中间都已传播得很广了”。

第7段原译文，其首句“因此之故，此宣言之旨，亦再显于世”，今译为“这样一来，《宣言》本身就重新提到前台上来了”。接着叙述1888年以前，《共产党宣言》以欧美各种文字翻译和刊行的情况。在这段里，原译本有关人名、地名、书名、刊物名称的翻译，与今译本屡屡不同。此段的末尾，原译文是：“盖此宣言之历史，即近世劳动运动之历史也。当今之世，此宣言在社会主义文书中最为广行，且最为世界上广行之物。自西伯利亚以西，至于加里富阿尔尾亚之间，合数百万之劳民，均承认为共通之纲领。”今译文则是：“因此，《宣言》的历史在很大程度上反映着现代工人运动的历史；现在，它无疑是全部社会主义文献中传播最广和最带国际性的著作，是从西伯利亚起到加利福尼亚止的千百万工人公认的共同纲领。”两相比较，今译文比起原译文，其表述显然更加贴切和顺畅。

第8段解释《共产党宣言》写作时，为什么不能叫做社会主义宣言而选择叫做共产主义宣言的理由。原译本称社会主义宣言为“社会党宣言”，其译文大意是：在1847年，所谓社会主义者，其一，“恒属于梦想制度其流派”（今译为“一方面是指那些信奉各种空想学说的分子”），如英国欧文派和法国傅立叶派，“亦不过空想团体之一派，渐将濒于消灭”（今译为“这两个流派都已经变成纯粹的宗派，并在逐渐走向灭亡”）。其二，“复有以社会主义为名者，实则社会改良家。此改良家者流，以种种补苴之术，欲于资本与利润，不加何等之危害，惟除去社会一切之害恶”（今译为“另一方面是指各种各样的社会庸医，他们都答应要用各种补缀办法来消除一切社会病痛而毫不伤及资本和利润”）。这两派都属于“劳动阶级以外之运动者”,向“既受教育之人士”(今译为“‘有教养的’阶级”)寻求支持。共产主义者,是当时劳动阶级中“以悟单纯政治革命之无力,其有知社会根本变革之必要者”(今译为“确信单纯政治变革全然不够而认为必须根本改造全部社会的分子”)的自称。这种共产主义虽然“粗杂荒芜”,是“纯然之共产主义”(今译为“颇为粗糙的、尚欠修琢的、纯粹出于本能的一种共产主义”),但“其主张颇善,于劳动阶级之间亦最有力”,像法国卡贝、德国魏特林的“梦想共产主义均由此而生”(今译为“但它却接触到了最主要之点,并已在工人阶级当中强大到足以形成法国卡贝的和德国魏特林的空想共产主义”)。可见,在1847年,“社会主义者,中等阶级之运动;而共产主义者,劳动阶级之运动也”(今译为“社会主义是资产阶级的运动,而共产主义则是工人阶级的运动”)。当时的欧洲大陆,视社会主义为“上品”(今译为“有身份的”),对共产主义则相反。我们自始就说,“劳动阶级之解放,不可不依劳动阶级自身之行动”(今译为“工人阶级的解放只能是工人阶级自己的事情”),所以我们选定共产主义的名称。

第9段内容,概括了《共产党宣言》的基本思想。其原译文开篇说:“此宣言虽二人所合作,然予所为者,仅外观之语,而成其实际者,则根本之提案,乃出自马尔克斯者,是固当明言者也。”这句译文不准确,未能尽其原著之意。按照今译本,这句话是:“虽然《宣言》是我们两人共同的作品,但我终究认为必须指出,构成《宣言》核心的基本原理是属于马克思一个人的。”关于构成《共产党宣言》核心的基本原理,原译本翻译如下:

> “其提案非他,即谓古今各时代,其关系生产分配者,必有经济上特殊之方法。社会组织,因之而生。其政治及文明之历史,亦建设于此基础之上。又依此基础说明,则人类之全历史者,自土地共有之种族社会消灭后,常为阶级斗争之历史,即掠夺阶级与被掠夺阶级、压制阶级与被压制阶级对抗之历史。而是等阶级斗争之历史,连续而呈成社会进化之阶段。今又达于新阶段,被掠夺被压制二阶级,欲脱掠夺压制之权力,以求解放己身并消灭一切掠夺压制之差别,以泯阶级斗争。由此而测未来,则社会全体,必有解放之一日。”

这段译文,触及某些寓意,又给人以辞不达意之感,难以准确表达这一基本原理的重要内涵。作为佐证,兹将今译本的同一段译文转录如下:

> “这个原理就是:每一历史时代主要的经济生产方式与交换方式以及必然由此产生的社会结构,是该时代政治的和精神的历史所赖以确立的基础,并且只有从这一基础出发,这一历史才能得到说明;因此人类的全部历史(从土地公有的原始氏族社会解体以

来）都是阶级斗争的历史，即剥削阶级和被剥削阶级之间、统治阶级和被压迫阶级之间斗争的历史；这个阶级斗争的历史包括有一系列发展阶段，现在已经达到这样一个阶段，即被剥削被压迫的阶级（无产阶级），如果不同时使整个社会一劳永逸地摆脱任何剥削、压迫以及阶级划分和阶级斗争，就不能使自己从进行剥削和统治的那个阶级（资产阶级）的控制下解放出来。”

如果停留于原译文而不去阅读今译文，相信不易理解这一基本原理所蕴含的深意。新旧译文的对比，也反映了当初着手翻译原著时，对于其理论涵义、逻辑体系乃至名词术语特别是生产方式、交换方式一类专门经济概念，相当陌生，因而在翻译中留下不少让人难以捉摸其原意的遗憾。

第10段关于上述思想的评价，原译文表述说：“以予所见，此提案之有益于史学也，恰如达尔文进化论之有益于生物学”；今译文是：“这一思想在我看来应该对历史学作出像达尔文学说对生物学那样的贡献”。二者意思相近。接着，原译本大致转达了恩格斯的下述意见：在1845年以前他就同马克思一起已经逐渐接近了这个思想；最初他个人的研究进展，“与此有异”，可观于那时所著《英国劳动阶级之状态》（今译《英国工人阶级状况》）；但是到1845年春他在布鲁塞尔会见马克思时，后者“已完成此提案，与予今日所记者相同，以明晰之字句而提出于予之眼前”。原译本中最后这句引文，今译本说，在1845年春时，马克思“已经把这个思想整理出来，并且用几乎像我在上面的叙述中所用的那样明晰的语句向我说明了”。可见原译本的表述还是未尽其意。

第11段转录马克思和恩格斯1872年德文版序言中一段话，即根据《共产党宣言》发表25年来的实践经验作出新的重要判断。这又为我们将新旧译文加以对比，提供了一个很好的案例。关于第一句，原译是：“最近廿五年之间，社会之状态虽大变，然宣言中所陈之主意，今犹正确。”今译是：“不管最近二十五年来的情况发生了多大的变化，这个《宣言》中所发挥的一般基本原理整个说来直到现在还是完全正确的。”在这里，原译将“一般基本原理”译成了“主意”，简则简矣，却有失允当。接下来，原译是：“至其细目，则不无删正之点。至此主意实际之适用，亦如宣言中所示，无论何处，常依其现存之历史状态。故于第二章末所提出之革命方法，亦不必置重。盖彼之一段，于今日当改之点颇多。”今译是：“个别地方本来可以做某些修改。这些基本原理的实际运用，正如《宣言》中所说的，随时随地都要以当时的历史条件为转移，所以第二章末尾提出的那些革命措施并没有什么特殊的意义。现在这一段在许多方面都应该有不同的写法了。”新旧对照，孰优孰劣，一望即明。只是不知原译本何以将“没有什么特殊的意义”之涵义，译成“不必置重”。然后，原译本说，1848年以来由于产业的进步而产生劳动阶级团结的进步，又由于有了法国二月革命特别是有了“巴里一揆平民,得握二个月间之政权”(今译为“无产阶级第一次掌握政权达两月之久的巴黎公社”)的实际经验,所以“此宣言中之政纲,其细目中,有既归于无用者(今译为“这个纲领现在有些地方已经过时了”),更有一事可依此证明者,即‘劳动阶级单握已成之国家机关,不能使用之以谋自己之利益’(今译为‘工人阶级不能简单地掌握现成的国家机器,并运用它来达到自己的目的’)是也”。这一表述,对于理解原著来说,还算差强人意。原译本又说,《共产党宣言》对于社会主义文献的批评,因限于1847年以前,故“关于现时,不无缺点”(今译为“在今天看来是不完全的”);共产主义者对各种反对党的态度的解说,“其主意虽不失为正确,然其实际亦既归于无用”,因为“政界之形势今既全然变化,加以历史进步,彼解说中所数诸政派之多部分,皆一扫而空故也”(今译为第四章的意见“虽然大体上至今还是正确的,但是由于政治形势已经完全改变,而当时所列举的那些党派大部分已被历史的发展进程所彻底扫除,所以这些意见在实践方面毕竟是过时了”)。这一叙述,与今译文对照,也勉强说得过去。转录1872年序言中的末尾一句话,原译为“虽然,此宣言者,今既成历史之文书,吾人不复有变更之权利”,今译为“但是《宣言》是一个历史文件,我们已没有权利来加以修改”,这个原译表述倒是比较妥适的。

最后第12段,关于英译文之译者、校阅和附注的说明,这对于中文原译者来说,不存在什么障碍。其中提到,英译本的译者曾译过“马尔克斯资本论”,这在当时的中国,也算是对马克思《资本论》的一个附带宣传。

《天义报》刊载上述译文之末,还以按语形式,加了如下一段跋文:“共产党宣言,发明阶级斗争说,最有裨于历史。此序文所言,亦可考究当时思想之变迁。欲研究社会主义发达之历史者,均当从此入门。宣言全文,亦由民鸣君译出,另于下册增刊号载之。记者识。”这段跋文,比较典型地反映了1888年英文版序言的中译本,当时给《天义报》编者所留下的印象。其印象之一,序言所概括的作为《共产党宣言》基本原理的阶级斗争学说,被看作最有利于历史分析的依据。其印象之二,序言关于《共产党宣言》传播历史的叙述,被认为应当成为研究社会主义发展历史的入门。另外,此按语还透露一个信息,在那时,《共产党宣言》全文的中译本已经完成并将在《天义报》上刊载。这也是下面分析的重点。

二、关于《共产党宣言》前言和第一章中译本

《共产党宣言》除了简短的前言部分之外,共分四章,其中文全译本如果完成,理应包括所有各章。《天义报》第15期预告下期增刊号将刊载其全译本,此增刊号应是第16—19期合册。可是实际上,这个合册刊载的,只是民鸣译《共产党宣言》前言和第一章的部分中译文。《天义报》的停刊时间未详,这四

期合刊本之后，未见其续期，亦未见民鸣译《共产党宣言》其他各章的中译文。这样，在1908年初，是否曾有以“民鸣”名义翻译的《共产党宣言》的中译全文，或者是否曾刊出其全译本，也就成了一个未解之谜。

目前仅有《共产党宣言》前言和第一章的初译本，但它是一个重要标志，意味着早期马克思学说向中国的传入，由先前零敲碎打式的片断摘译阶段，开始跨入较为完整地翻译其代表作阶段。前言和第一章中译本，体现了这个新阶段的引进内容和翻译水准。为此，下面根据这个中文原译本①，对照今译本②进行比较分析。

在前言部分，原译本第一自然段表述说：“欧洲诸国，有异物流行于其间，即共产主义是也。昔欧洲之有权力者，欲施禁止之策，乃加入神圣同盟。若罗马法皇、若俄皇、若梅特涅、若额佐、若法国急进党、若德国侦探。”这是一段名论，今译为：“一个幽灵，共产主义的幽灵，在欧洲徘徊。旧欧洲的一切势力，教皇和沙皇、梅特涅和基佐、法国的激进党人和德国的警察，都为驱除这个幽灵而结成了神圣同盟。”就内容而言，原译文的表述并不错，论其意境，与今译文相比，原译文就差远了。

接着，原译本叙述，“在野之政党”（今译为“反对党”）被“在朝政党”（今译为“当政的敌人”）诋毁为共产主义者，“在野之政党”又拿共产主义这个罪名去骂“急进各党及保守诸政敌”（今译为“更进步的反对党人和自己的反动敌人”），从这一事实中，足以知道以下两件“事”（今译为“结论”）：一是“共产主义者，致使欧洲权力各阶级，认为有势力之一派”（今译为“共产主义已经被欧洲的一切势力公认为一种势力”）；二是“共产党员，克公布其意见目的及趋向，促世界人民之注目，并以党员自为发表之宣言，与关于共产主义各论议，互相对峙，今其机已熟”（今译为“现在是共产党人向全世界公开说明自己的观点、自己的目的、自己的意图并且拿党自己的宣言来对抗关于共产主义幽灵的神话的时候了”）。为此目的，各国共产党人集会于伦敦，草拟了如下的宣言，以各种文字公布于世。关于前言部分的以上原译文，看来不存在理解方面的困难，但在表达方面，似乎限于文言格式，又未能成熟地把握专用外来语，总显得有些隔膜或令人费解。

进入正文，原译本把原著第一章的标题译为“绅士与平民”（今译为“资产者和无产者”），可见当时日译本使用这些新的专门概念尚处于不确定的摸索阶段，由此也影响中译本用一些人们熟悉却不准确的传统名词来转译这些新

① 参看《天义报》第16－19卷合册，并参看《社会主义思想在中国的传播》第一辑上册，中共中央党校科研办公室，1985年，第112－116页。

② 参看马克思、恩格斯：《共产党宣言》“一、资产者和无产者”，《马克思恩格斯选集》第1卷，人民出版社1972年版，第250－263页。

概念。对于所谓"绅士"和"平民"概念,原译本曾记录了恩格斯 1888 年英文版的注释,其译文是:"绅士云者,即近世资本阶级握社会生产机关以赁银雇用劳民者也"(今译为"资产阶级是指占有社会生产资料并使用雇佣劳动的现代资本家阶级");"平民云者,即近世赁银劳动阶级以生产机关非己有惟卖力以求生活者也"(今译为"无产阶级是指没有自己的生产资料、因而不得不靠出卖劳动力来维持生活的现代雇佣工人阶级")。这条注释的译文,使用一些新鲜的经济学名词。译者对于这些新名词,恐怕只是现成地照搬日译本里已有的译法,并未真正理解其中的涵义,所以仍把"资产者"或"资产阶级"译作"绅士",把"无产者"或"无产阶级"译作"平民"。

原译本翻译正文首句的著名论断是,"自古以来,凡一切社会之历史,均阶级斗争之历史也"(今译为"到目前为止的一切社会的历史都是阶级斗争的历史")①。这句原译文,除了它的古典形式外,在内容的表达上与今译无异。不仅如此,通观全文,原译本对于原著中有关阶级斗争的论述,似乎能较为妥当地传译,而对于涉及经济原理的内容,则难免传译上的障碍。例如:

关于资产阶级时代以前的阶级斗争历史的概括性论述,原译是:"希腊之自由民与奴隶,罗马之贵族与平民,中世之领主与农奴,同业组合员与被雇职人,蔽以一言,则均压制者与被压制者之阶级。此两阶级自古以来恒相冲突,或隐或显,纷争不休。然每次战争之结果,即成社会全体革命后之新建设,否则两败俱伤而后止。"对此,今译是:"自由民和奴隶、贵族和平民、领主和农奴、行会师傅和帮工,一句话,压迫者和被压迫者,始终处于相互对立的地位,进行不断的、有时隐蔽有时公开的斗争,而每一次斗争的结局都是整个社会受到革命改造或者斗争的各阶级同归于尽。"这两段译文,除去原译中如"同业组合员"之类的生僻词汇,基本相同。接着,原译是:"吾人若溯上世之历史,则各地之间,其社会及秩序,组织恒多复杂,而阶级差别亦至多。例如古代之罗马,有贵族、骑士、奴隶诸级,至于中世纪,复有封建领主、家臣、同业组合员、被雇职人、艺徒及农奴诸级,而斯等诸阶级间,复各有其附属之阶级。"今译是:"在过去的各个历史时代,我们几乎到处都可以看到社会完全划分为各个不同的等

---

① 关于这个著名论断,恩格斯 1888 年英文版有一条重要注释。这条注释,表达在民鸣的原译文里,其大意是:"兹所称历史,指有指录者言之"(今译为"确切地说,这是指有文字记载的历史")。在 1847 年,"凡未有记录以前之社会,其组织之况,尚无所知"(今译为"社会的史前状态,全部成文史以前的社会组织,几乎还完全没有人知道")。后来,哈克斯特豪森"于俄国发见土地共有制"(今译为"发现了俄国的土地公有制"),毛勒"证以条顿人种,当未有记载以前,皆以土地共有为社会基础,此外若村落共产制,自印度以至爱尔兰,随处皆可考见"(今译为"毛勒证明了这种所有制是一切条顿族的历史发展所由起始的社会基础,而且人们逐渐发现,土地公有的村社是从印度起到爱尔兰止各地社会的原始形态")。最后,摩尔根著《古代家族之性质》,"于原始共产之组织,昭然著明,盖原始共产制分解以后,社会之中,始区阶级,而各阶级间,遂出于相争"(今译为"摩尔根发现了氏族的真正本质及其对部落的关系。随着这种原始公社的解体,社会开始分裂为各个独特的、终于彼此对立的阶级")。

级，看到由各种社会地位构成的多级的阶梯。在古罗马，有贵族、骑士、平民、奴隶，在中世纪，有封建领主、陪臣、行会师傅、帮工、农奴，而且几乎在每一个阶级内部又有各种独特的等第。”二者对照，今译文比原译文更为清晰地表达了资产阶级时代以前的社会，具有不同等级多级并存的特性。

关于资产阶级时代的产生及其阶级对立状况的论述，有一段原译是：“自封建社会废灭而新绅士社会发生，亦不外此阶级斗争也。其所以代旧物者，则设立之新阶级也、压制之新政策也、斗争之新形式也。”今译为：“从封建社会的灭亡中产生出来的现代资产阶级社会并没有消灭阶级对立。它只是用新的阶级、新的压迫条件、新的斗争形式代替了旧的。”看了今译文，才能真正理解原译文说了却未能说清楚的原著意思。另一段原译是：“虽然阶级斗争，至于今日，至为单纯，乃现今绅士阀时代之特观。故今日社会全体之离析，日甚一日，由双方对峙之形，以呈巨大之二阶级。此阶级惟何？一曰绅士；二曰平民。”今译是：“我们的时代，资产阶级时代，却有一个特点：它使阶级对立简单化了。整个社会日益分裂为两大敌对的阵营，分裂为两大相互直接对立的阶级：资产阶级和无产阶级。”在这里，原译文的缺陷，是把资产阶级和无产阶级这一对特殊概念，分别译作俗不可耐的绅士与平民之词。

关于资产阶级产生的历史过程的论述，原译大意是：从“中世之农奴”中产生了“初代都市之特许市民”（今译为“初期城市的城关市民”），“是等市民乃绅士阀发达之第一要素”（今译为“从这个市民等级中发展出最初的资产阶级分子”）。美洲的发现、绕过非洲的航行，“均为新绅士阀盛昌之地”（今译为“给新兴的资产阶级开辟了新的活动场所”）。印度和中国的市场日辟、美洲及其他殖民地的贸易日兴、交换机关及货物的日有所增，使商业、航海、制造工业“受空前之刺激”，“由是改革封建社会之思想发达至速”（今译为“因而使正在崩溃的封建社会内部的革命因素迅速发展”）。昔日掌握在“严密同业组合”手中的“工业生产权”即“封建时代之工业制”已不足以供给新市场之需，代之以“工场制度之制造业”（今译为“以前那种封建的或行会的工业经营方式已经不能满足随着新市场的出现而增加的需求了。工场手工业代替了这种经营方式”）。昔日的“同业组合员”遂为“中级制造家”所排斥，“同业之数种联合者其间分业制”亦因“各工场间分业制”的兼并而归于消灭（今译为“行会师傅被工业的中间等级排挤掉了；各种行业组合之间的分工随着各个作坊内部的分工的出现而消灭了”）。市场愈扩大，需用品愈增加，“现时工场之组织”不足以应付其需求，于是，“发明蒸汽及机械以促产业界之变迁”（今译为“蒸汽和机器引起了工业生产的革命”）。“庞大之近世产业制”代替了“工场制度”；“工场之富豪实业家、即产业界之总首领、即所谓当代之绅士者”，代替了“中等制造家”（今译为“现代大工业代替了工场手工业；工业中的百万富翁，整批整批产业军的统领，现代资产者,代替了工业的中间等级")。"近世产业制"建立了最先发见美洲而出现的世界市场,使商业、航海运输及交通均因此而得到巨大的发展,反过来又促进了产业界的发展。因此,"绅士阀之发达,与产业、航海、通商、铁道之扩张成比例,又因资本之增加,致中世纪所遗各阶级,均瞠乎其后"(今译为"工业、商业、航海业和铁路愈是扩展,资产阶级也愈是发展,愈是增加自己的资本,愈是把中世纪遗留下来的一切阶级都排挤到后面去")。"由是观之,则所谓绅士阀者,历几许之变迁,始有今日之发达,而生产交换之方法,亦由历几多之革命之联续而生"(今译为"由此可见,现代资产阶级本身是一个长期发展过程的产物,是生产方式和交换方式的一系列变革的产物")。以上主要从经济角度来阐述资产阶级的产生过程,这也是原译文表达的薄弱之处。看来,原译者对于《共产党宣言》中所揭示的导致现代资产阶级产生的一系列生产方式和交换方式的变革,有所认识却不甚明了,所以原译文的遣词用句也显得有些含混。

关于资产阶级取得政治上的成就的论述,原译文将正文与恩格斯 1888 年英文版的注释混合在一起,其大意是:"绅士之发达,每进一步,其政治之权力亦随之而进"(今译为"资产阶级的这种发展的每一个阶段,都有相应的政治上的成就伴随着")。它最初"受制于封建贵族政权之下",或者是"独立之都市共和政"(今译为"在一些地方组成独立的城市共和国")如意大利和德国,或者是"课税于王政下者之第三团级"(今译为"在另一些地方组成君主国中的纳税的第三等级")如法国,均不过"中世 Commune 之'武装自治团体'而已"(今译为"在公社里是武装的和自治的团体")。到工场制度时代,亦不过"反抗半封建制及专制王国,以图立国家统一之基"(今译为"在工场手工业时期,它是等级制君主国或专制君主国中同贵族抗衡的势力,甚至是大君主国的主要基础")。最后,"自'近世产业制'成立,世界之市场扩充,遂举近世代议国家之政权悉操于其手,彼现今国家行政部不过绅士阀全部理事之一委员会耳"(今译为"从大工业和世界市场建立的时候起,它在现代的代议制国家里夺得了独占的政治统治。现代的国家政权不过是管理整个资产阶级的共同事务的委员会罢了")。此处,原译文附有关于 Commune 的注释,乃"初期都市附于法国者之名",它"对于封建领主,仍未得地方自治及第三团体之政权"(今译为"法国的新兴城市,甚至在它们从封建领主手里争得地方自治和'第三等级'的政治权利以前,就已经称为'公社'了")。又称"绅士阀经济发展,以英为标准。至于政治上之发展,则始于法"(今译为"一般说来,这里是把英国当做资产阶级经济发展的典型国家,而把法国当做资产阶级政治发展的典型国家")。阅读以上原译文,大概知道资产阶级随着其经济发展而取得在政治权力上的相应进展,至于其具体论述,如果不对照今译本,真是不知所云。

关于资产阶级的历史作用的论述，原译文漏掉一句话，今译为“资产阶级在历史上曾经起过非常革命的作用”。除此之外，原译文可分为以下几部分。一部分揭示资产阶级的本性，其大意是：“绅士阀”使人和人之间的关系，“舍单纯之私利刻薄之‘现金勘定’外，别无关系”（今译为资产阶级“使人和人之间除了赤裸裸的利害关系，除了冷酷无情的‘现金交易’，就再也没有任何别的联系了”）。“绅士阀者，以公然无耻直接残忍之掠夺，代昔日以宗教政治粉饰外观之掠夺”（今译为资产阶级“用公开的、无耻的、直接的、露骨的剥削代替了由宗教幻想和政治幻想掩盖着的剥削”）。“绅士阀”把医生、律师、僧侣、科学家这些受人尊敬的职业都变成了它雇佣的“赁银劳动者”。“绅士阀者，又离析家族者之感情，致使家族间之关系成一金钱上之关系”（今译为“资产阶级撕下了罩在家庭关系上的温情脉脉的面纱，把这种关系变成了纯粹的金钱关系”）。

另一部分揭示资产阶级对旧的生产方式及其社会关系的冲击，其大意是：“绅士阀者，非生产机关及关系，屡生变迁，以促社会全体关系之变化，则不能存在。至于保存生产旧方法，使之一成不易，则为前代工业阶级存在之要件。故绅士阀时代，其生产变迁必相续不已，而一切社会组织，均亦纷乱杂淆，时呈煽动及不安之态，此其与前代一切社会迥殊者也”（今译为“资产阶级除非使生产工具，从而使生产关系，从而使全部社会关系不断地革命化，否则就不能生存下去。反之，原封不动地保持旧的生产方式，却是过去的一切工业阶级生存的首要条件。生产的不断变革，一切社会关系不停的动荡，永远的不安定和变动，这就是资产阶级时代不同于过去一切时代的地方”）。“绅士阀者，因掠夺世界市场之故，致使各国人民，其生产及消费，均含世界之性质”（今译为“资产阶级，由于开拓了世界市场，使一切国家的生产和消费都成为世界性的了”）。它“惟以产业为基础，而破国家之藩篱。故昔时国民之产业，悉为所覆，或日即衰亡，而代以新产业”（今译为资产阶级“挖掉了工业脚下的民族基础。古老的民族工业被消灭了，并且每天都还在被消灭。它们被新的工业排挤掉了”）。“夫此产业之开始，即诸文明国人民生死之问题也。其原料所产，不必限于己国，恒从远域运输；劳民所生产，亦不必仅售本国，恒兼输于世界各邦。故昔之生产，仅以充本国之用而止，今则于辽远之地，亦相其土地气候所宜，制物品以供其求。昔之人民，甘闭居于一国或一隅，今则与世界各民，均有交互之关系”（今译为“新的工业的建立已经成为一切文明民族的生命攸关的问题；这些工业所加工的，已经不是本地的原料，而是来自极其遥远的地区的原料；它们的产品不仅供本国消费，而且同时供世界各地消费。旧的、靠国产品来满足的需要，被新的、要靠极其遥远的国家和地带的产品来满足的需要所代替了。过去那种地方的和民族的自给自足和闭关自守状态，被各民族的各方面的互相往来和各方面的互相依赖所代替了”）。

再一部分揭示资产阶级所促成的重大变化,其大意是:“绅士阀者,于一切生产机关,锐于改良,于交通机关,亦恒期其便利,因是一切国民之中,虽野蛮之族,亦相率入于文明之域”(今译为“资产阶级,由于一切生产工具的迅速改进,由于交通的极其便利,把一切民族甚至最野蛮的民族都卷到文明中来了”)。它凭恃“商品所得之价值”作为巨炮,摧毁支那城壁,降服蛮族对外人顽强成性之憎恶。“若国民欲免于危亡,又不得不采绅士之生产方法。故彼等以文明输入他国者,即所以保持绅士阀而使之相续无已也。蔽以一言,则彼等欲于世界各国均创造与彼等相同之形式”(今译为“它的商品的低廉价格,是它用来摧毁一切万里长城、征服野蛮人最顽强的仇外心理的重炮。它迫使一切民族——如果它们不想灭亡的话——采用资产阶级的生产方式;它迫使它们在自己那里推行所谓文明制度,即变成资产者。一句话,它按照自己的面貌为自己创造出一个世界”)。“绅士阀者,使地方屈从于都市支配之下。又创设多数之都市,使都市人民驾于农村之上,而多数人民,亦脱离愚昧之田园生活”(今译为“资产阶级使乡村屈服于城市的统治。它创立了巨大的城市,使城市人口比农村人口大大增加起来,因而使很大的一部分居民脱离了乡村生活的愚昧状态”)。它还“使野蛮及半开化诸国民屈服文明国民,农作国民屈从绅士国民,以使东洋屈从于西洋”。“绅士阀者,又以昔时之人口、生产机关及财产,均散布而非丛聚。乃改除其制,使人口团聚,生产机关集中,财产蓄积于少数人民。而其必然之结果,则为政治上中央集权。凡各州府中,其有因利害、法律、政府、税法不同而独立者,有联合不甚固者,均统属于同一之政府、法典、利害、国境、税关之下,而为一国之民”(今译为“资产阶级日甚一日地消灭生产资料、财产和人口的分散状态。它使人口密集起来,使生产资料集中起来,使财产聚集在少数人的手里。由此必然产生的后果就是政治的集中。各自独立的、几乎只有同盟关系的、各有不同利益、不同法律、不同政府、不同关税的各个地区,现在已经结合为一个拥有统一的政府、统一的法律、统一的民族阶级利益和统一的关税的国家了”)。

最后一部分揭示资产阶级创造的生产力。“绅士阀者,其权力之支配,不过百年,而其创造之生产力,则为开辟以来所未有。彼于天然之力,均屈之以供已用,若机械,若工艺,若农业之化学应用,若汽船、航路、电信,若新土之垦辟,若河川之流通,一若有神秘存其间者。若人类处于前时代,孰料其一切生产力竟伟大至于此极哉”(今译为“资产阶级在它的不到一百年的阶级统治中所创造的生产力,比过去一切世代创造的全部生产力还要多,还要大。自然力的征服,机器的采用,化学在工业和农业中的应用,轮船的行驶,铁路的通行,电报的使用,整个整个大陆的开垦,河川的通航,仿佛用法术从地下呼唤出来的大量人口,——过去哪一个世纪能够料想到有这样的生产力潜伏在社会劳动里呢？”)。这一段有关资产阶级历史作用的名论，在原译文里，像以上几个部分的原译文一样，意思虽在，却缺乏韵度。

关于资产阶级生产力与生产关系的论述，原译是：“绅士阀之生产及交换机关，其基础实萌于封建时代。而其发达之程度，则封建社会之生产交换方法(即农业及制造工业之封建组织，及封建时代之财产关系)，不能与其发达之生产力相伴，又因受许多之障碍，不得不趋于破裂。故封建社会，终归于破灭”(今译为“资产阶级赖以形成的生产资料和交换手段，是在封建社会里造成的。在这些生产资料和交换手段发展的一定阶段上，封建社会的生产和交换在其中进行的关系，封建的农业和工业组织，一句话，封建的所有制关系，就不再适应已经发展的生产力了。这种关系已经在阻碍生产而不是促进生产了。它变成了束缚生产的桎梏。它必须被打破，而且果然被打破了”)。“由是自由竞争代之兴，而与此社会相适之政治组织，亦随之而成，即绅士阶级之经济上、政治上各权力，亦继之而生”(今译为“起而代之的是自由竞争以及与自由竞争相适应的社会制度和政治制度、资产阶级的经济统治和政治统治”)。这里的原译文，大致说明了封建的所有制关系因不再适应已经发展的生产力而被打破的历史进程。但是，当它进一步表达资产阶级的所有制关系也不再能支配自己所创造出来的生产力这段论述时，其译文语义不清的毛病又凸显出来了。如谓：“虽然，与此相同之变化，又呈于吾人之前，即现今握生产、交换、财产诸权之绅士社会(即唤起此生产及交换大机关之社会)，亦如彼之魔术师，以咒文唤兴下界之诸魔，今既失其驾驭之力矣。”这一段译文，令人如坠五里雾中，不知说些什么东西。看了今译文，才明白这段话的原意是：“现在，我们眼前又进行着类似的运动。资产阶级的生产关系和交换关系，资产阶级的所有制关系，这个曾经仿佛用法术创造了如此庞大的生产资料和交换手段的现代资产阶级社会，现在象一个巫师那样不能再支配自己用符咒呼唤出来的魔鬼了。”于此可见，译文的偏误，对于正确理解原文的影响之显著。

关于资产阶级社会经济危机的论述，原译大意是：“最近商工业历史，即近代生产力对于生产方法(即对于绅士阀及其统治权之存在与其必要之财产关系)而试其背叛之历史也”(今译为“几十年来的工业和商业的历史，只不过是现代生产力反抗现代生产关系、反抗作为资产阶级及其统治的存在条件的所有制关系的历史”)。要证明这一点，可见“商业之恐慌，必有定期，且愈进愈猛。绅士社会全部，均为震惊”(今译为“周期性的循环中愈来愈危及整个资产阶级社会生存的商业危机”)。“当此等恐慌之际，不惟现存生产物之多数，由成而堕。即前此生产之物，亦多被毁”(今译为“在商业危机期间，总是不仅有很大一部分制成的产品被毁灭掉，而且有很大一部分已经造成的生产力被毁灭掉”)。“此等恐慌之态，在于上世，乃一种奇幻之传染疾也，即生产过饶之疫疾是。致社会于猝然之间,呈野蛮状态之观,既如饥馑之突生,复类战争之掠夺。凡衣食之供给,恍如杜绝。而工业商业,亦恍若破坏”(今译为“在危机期间,发生一种在过去一切时代看来都好象是荒唐现象的社会瘟疫,即生产过剩的瘟疫。社会突然发现自己回到了一时的野蛮状态;仿佛是一次饥荒、一场普遍的毁灭性战争,吞噬了社会的全部生活资料;仿佛是工业和商业全被毁灭了”)。“此故非他,即文明过进,衣食过饶,工商业过盛之故也”(今译为这是“因为社会上文明过度,生活资料太多,工业和商业太发达”)。“彼劳民应社会之命,从事于生产,今不甘为绅士利用,以发达其财产制度。然认此制度为有力,乃超其上而加以躏践,使绅士社会,全部驿骚,即其存在之财产制度,亦陷于至危”(今译为“社会所拥有的生产力已经不能再促进资产阶级文明和资产阶级所有制关系的发展;相反,生产力已经强大到这种关系所不能适应的地步,它已经受到这种关系的阻碍;而它一着手克服这种障碍,就使整个资产阶级社会陷入混乱,就使资产阶级所有制的存在受到威胁”)。“盖今日绅士社会之制度,至为狭隘,故于巨大生产力所生之富,不足包容”(今译为“资产阶级的关系已经太狭窄了,再容纳不了它本身所造成的财富了”)。绅士阀者用什么办法来避此恐慌呢?“一方以强力破坏生产力之大部,于他方则征服新市场,或更扩其旧市场掠夺,而因以避此恐慌”。这“不啻向愈广大愈猛烈之恐慌进其步,以减却防遏恐慌之手段云尔”(今译为资产阶级用什么办法来克服这种危机呢?“一方面不得不消灭大量生产力,另一方面夺取新的市场,更加彻底地利用旧的市场”。这种办法,“不过是资产阶级准备更全面更猛烈的危机的办法,不过是使防止危机的手段愈来愈少的办法”)。这表明,“绅士阀恃以颠覆封建制度之武器,今转倒戈而向绅士阀矣”(今译为“资产阶级用来推翻封建制度的武器,现在却对准资产阶级自己了”)。

以上这一大段译文的新旧对比,不难看出原译者表述经济理论问题时,大概对资产阶级社会的那一套东西比较陌生,特别是对马克思、恩格斯剖析资产阶级社会的独特经济学说缺乏深入研究,翻译时显得有些捉襟见肘。比如,将生产力与生产关系这对专用概念,一般译作生产力与生产方法的矛盾;将所有制关系这一资产阶级及其统治的存在条件,模糊地译为一种属于生产方法范畴从而作为必要条件的财产关系;将资产阶级社会周期性循环的商业危机,用算命先生式的口吻译作绅士社会“必有定期”的商业恐慌;将危机期间势必毁灭掉很大一部分已经造成的生产力,译作“前此生产之物,亦多被毁”,即生产力被译成了“生产之物”;将生产过剩危机所揭示的社会生产力已经不能促进资产阶级文明和资产阶级所有制关系的发展这一性质,莫名其妙地译为劳民“不甘为绅士所利用,以发达其财产制度”;将资产阶级所有制关系对于生产力发展的阻碍,以及克服这一阻碍意味着资产阶级所有制本身的存在受到威胁之义，不伦不类地译作财产制度超于劳民生产之上而加以躏践，使绅士社会"全部驿骚"之类；等等。由此显露出来的翻译弊病，在下面的译文中，尤其在叙述经济理论问题时，仍不乏其见。

关于无产阶级产生的论述，原译大意是："绅士阀者，不惟铸造有害己身之武器，并造成使用此武器之人。此人惟何？即近代劳动阶级（即平民）是也"（今译为"资产阶级不仅铸造了置自身于死地的武器；它还产生了将要运用这种武器的人——现代的工人，即无产者"）。"平民（即近代之劳动阶级）发达亦与绅士阀（资本）发达同一比例。居此平民阶级者，惟从事于劳动生活，且因劳力所增加之资本，以得职业，故不得不恒卖其身，与商品同。至于竞争场际，变化叠生，经济市场，价值匪一，则随其自然而已"（今译为"资产阶级即资本愈发展，无产阶级即现代工人阶级也在同一程度上跟着发展；现代的工人只有当他们找到工作的时候才能生存，而且只有当他们的劳动增殖资本的时候才能找到工作。这些不得不把自己零星出卖的工人，象其他任何货物一样，也是一种商品，所以他们同样地受到竞争方面的一切变化的影响，受到市场方面的一切波动的影响"）。由于"机械增加及分业"（今译为"机器的推广和分工的发展"），平民之劳动"悉失其个人性，并失其兴致"（今译为"已经失去了任何独立的性质，因而也失去了对工人的任何吸引力"）。劳动者变成了"机械附属物"（今译为"机器的单纯的附属品"），其所为者"乃简易一小技"（今译为要求工人做的"只是极其简单、极其单调和极容易学会的操作"）。因此，"所产商品虽多，所得费用品不过仅给其身，以繁殖其子嗣"（今译为"花在工人身上的费用，几乎只限于维持工人生活和延续工人后代所必需的生活资料"）。"夫商品价值，恒视其而定生产之费。今以劳民亦一商品，致亦与理相同。由是操业者益失意，其赁银亦次第减少"（今译为"商品的价格，从而劳动的价格，是同它的生产费用相等的。因此，劳动愈使人厌恶，工资也就愈减少"）。更有甚者，因机械及分业增加，"致延长劳动时间，或时间仍昔，劳力骤加，又或因机械速力之增加"（今译为"由于工作时间的延长，或者是由于在一定时间内所要求的劳动量的增加，机器运转的加速"），使得苦力的负担按同比例增加。

从上面译文中，又一次感受到原译者的局限性。不仅是文字表述方面的欠缺，更重要的是其翻译表现出对马克思经济学说的一些基本原理，不甚了了。例如，根据马克思学说，无产阶级产生的条件，基于资产阶级生产关系中工人的劳动力转化为商品这一理论。尽管马克思和恩格斯在早期发表的《共产党宣言》里，尚使用"劳动的价格"概念，未像后期的著作使用"劳动力的价格"这一比较确切的概念，但这并不影响《共产党宣言》对于上述理论要点的清晰阐述。可是，原译者在他的译文里，往往将这些原本清晰的阐述，又弄含混了。举例说，无产阶级是在同一程度上"跟着"资产阶级即资本的发展而发展，被译成二者在同一比例上的并行发达;现代工人只有找到工作才能生存,而且只有当他们的劳动增殖资本时才能找到工作,这种内在的相互联系,在原译文中不见了;工人像商品一样出卖自己,同样会受到竞争变化和市场波动的影响,这一涵义在原译文中被割裂开来了;迫使无产者丧失劳动的独立性质而成为单纯的机器附属品,表现为要求他做的只是极其简单、极其单调和极易学会的操作,这一论述,被随便译作"简易之一小技";工人所得费用仅限于维持工人生活和延续工人后代所必需的生活资料,此义被译作"所得费用品不过仅给其身,以繁殖其子嗣",不那么严谨;商品的价格,从而劳动的价格(这里尚未用"劳动力的价格"概念),同它的生产费用相等,这一论述被曲解地译成"商品价值,恒视其而定生产之费",不仅混淆了价格与价值概念,还把有关商品价格与生产费用相等的概念,变成了由商品价值来确定生产费用的另一概念;等等。

关于无产阶级状况的论述,原译大意是:近世产业的变迁轨迹,"由族制之小工场而扩为资本家之大制造所"(今译为"把家长式的师傅的小作坊变成了工业资本家的大工厂")。在工厂里,"劳民团体"(今译为"工人群众")就像士兵组织一样,作为产业军士兵卒被置于士官的全权监督之下。他们不仅是资产阶级(原译为"绅士阶级")、资产阶级国家的奴隶,"且为机械监督者制造家各个人之奴隶,以受其驱役"(今译为"并且每日每时都受机器、受监工、首先是受各个厂主资产者本人的奴役")。这是"以专制政治之实而托为营利之名,故其可憎或嫉,亦愈进一层"(今译为"这种专制制度愈是公开地把发财致富宣布为自己的最终目的,它就愈是可鄙、可恨和可恶")。随着产业的发达,"男子之劳动渐代以女子"(今译为"现代工业愈发达,男工也就愈受到女工的排挤")。在劳动阶级中,年龄之别,男女之差,"于各社会所生利益,无复异同",都是"劳动之器械,不过因年龄男女之差别而生赁金之差别耳"(今译为"对工人阶级来说,性别和年龄的差别再没有什么社会意义了。他们都只是劳动工具,不过因为年龄和性别的不同而需要不同的费用罢了")。"劳民"既受"资本家"的掠夺,又把所得"赁银"用于支付"绅士阀之他部"(今译为"资产阶级中的另一部分人")如地主、小卖商人及质屋者等人。以前的"中等阶级之下层"如行商、小卖商、一般商人及农夫等,"渐次而降为平民"(今译为"所有这些阶级都降落到无产阶级的队伍里来了"),有的是因为他们的小资本"不能加入近世产业界,以与大资本家相竞,遂受其颠覆";有的是因为他们的"专门技术以新生产法之故,归于无效"。因此,"社会各阶级间,其降平民之额者,相续不绝"(今译为"无产阶级就是这样从居民的所有阶级中得到补充的")。这段译文,用词上有些别扭,但大体能符合原著的意思。其中偶尔使用"资本家"一词,不同于原译文里一贯坚持的"绅士阀"一词,倒是有些别开生面。

关于无产阶级反对资产阶级斗争的论述,原译大意是:"平民阶级之初生,与绅士阀之斗争，实同时而起”（今译为“无产阶级经历了各个不同的发展阶段。它反对资产阶级的斗争是和它的存在同时开始的”）。初始是个别“劳民”（今译为“工人”），然后是某个制造所的工人结合，然后是同一地方的同业工人结合，直接抵抗“对于掠夺己身之一绅士”（今译为“直接剥削他们的个别资产者”）。他们未能攻击“绅士之生产方法”（今译为“资产阶级的生产关系”），仅仅攻击“生产之器具”（今译为“生产工具本身”），破坏那些竞争性输入的东西，捣毁机器，焚烧工场，力图恢复过去中世纪工人的状态。这时，“劳民之团体”分散在全国各地并因相互竞争而分裂。坚密团体的结合，“非由于自动，乃为绅士阀而结合者”，因为“绅士阀欲达政治上之目的，乃激动全国之民，其激动亦间有效力”（今译为广大工人群众的团结，“还不是他们自己联合的结果，而是资产阶级联合的结果，当时资产阶级为了达到自己的政治目的必须而且暂时还能够把整个无产阶级发动起来”）。因此，这个阶段，“平民非与己身之敌战也，乃共与敌人为敌者战也”（今译为“无产者不是同自己的敌人作斗争，而是同自己的敌人的敌人作斗争”），同专制王国的地主、产业界以外的资产者和小资产者作斗争。因此，“历史上一切之运动，悉集中于绅士阀之手，故所得胜利，均绅士阀之胜利也”（今译为“整个历史运动都集中在资产阶级手里；在这种条件下取得的每一个胜利都是资产阶级的胜利”）。但是，随着产业的发达，“贫民”（今译为“无产阶级”）人数在增加，而且结合成更大的团体，它的力量日益增长，并自觉到自己的力量。机械的使用“泯灭各种劳动之阶级，致劳动诸阶级间，其厉害及生活状态，渐以平均，所得赁银，亦同时低落”（今译为“机器使劳动的差别愈来愈小，使工资几乎到处都降到同样低的水平，因而无产阶级的利益和生活状况也愈来愈趋于一致”）。资产者之间的斗争引起商业恐慌，使工人的工资不稳定；机器的不断进步，使工人的生活愈来愈不安定，于是个别工人和个别资产者之间的冲突，“渐含两阶级冲突之性质”。工人开始成立反抗资产者的“劳动组合”（今译为“工联同盟”），以维持其工资数额。有些地方的斗争呈现“骚动破裂之象”（今译为斗争转变为“起义”）。工人斗争有时也得到暂时的胜利。“其真正之效力，不在直接之结果，而在劳民团结之扩张”。这种团结由于“交通机关”（今译为“交通工具”）的进步而得到发展，使各地的工人互相联系。“欲合多数同式之斗争，而为一巨大之团结竞争，则是等触接，其必要也。但凡所谓阶级斗争者，均含政治斗争之性质”（今译为“只要有了这种联系，就能把许多性质相同的地方性的斗争汇合成全国性的斗争，汇合成阶级斗争。而一切阶级斗争都是政治斗争”）。中世纪市民在道途险恶时代需要数世纪才能达到的“大团结”，“平民”（今译为“现代的无产者”）利用铁路只要数载就达到了。“平民由如斯之阶级组织，而成一政党，虽或因竞争不绝之故，至于颠覆。然颠覆以后，必有勃兴之机，且较之昔时，尤为坚固”（今译为“无产者组织成为阶级,从而组织成为政党这件事,不断地由于工人的自相竞争而受到破坏。但是,这种组织总是一次又一次地重新产生,并且一次比一次更强大,更坚固,更有力")。它"利用绅士党派之争,要求立法部,俾知劳民之特殊利害,如英国十时间劳动法案是也"(今译为"它利用资产阶级内部的分裂,迫使他们用法律形式承认工人的个别利益。英国的十小时工作日法案就是一个例子")。

这段论述无产阶级斗争历程的原译文,恐怕因名词术语与今天不同,如将无产阶级译为"平民阶级"或"贫民"、工人译为"劳民"、资产阶级译为"绅士阀"、生产关系译为"生产方法"、工资译为"赁银"、利益译为"厉害"或"利害"、十小时工作日法案译为"十时间劳动法案"等等,加上文言式生造词汇和直译表达,读起来十分吃力。总的说来,其译文大意,基本上符合原著的意思,未出现大的偏差。

关于无产阶级发展因素的论述,原译大意是:首先,旧社会内部所经历的冲突,"皆有利于平民之发达"。绅士阀"恒自立于竞争之中",最初与贵族斗争,后来又因"产业界利害关系",与其他部分绅士阀斗争,最后与外国绅士阀斗争。"此等斗争,绅士阀恒诉之平民,以借其力,致不得不引平民入政界,故绅士阀者,恒以平民之政治教育等,均由彼供给。易而言之,即与平民以能斗绅士阀之武器"(今译为"在这一切斗争中,资产阶级都不得不向无产阶级呼吁,要求无产阶级援助,这样就把无产阶级卷进了政治运动。于是,资产阶级自己就把自己的教育因素即反对自身的武器给予了无产阶级")。其次,已经看到,"权力阶级之各部,恒因产业进步致堕落于平民,在彼等固不安其生,然在平民,则得其知识及进步新要素之供给"(今译为"工业的进步把统治阶级中的整个整个的阶层抛到无产阶级队伍里去,或者至少也使他们的生活条件受到威胁。他们也给无产阶级带来了大量的教育因素")。最后,"阶级斗争去决战之期甚迩"时,权力阶级内部"亦有含激烈冒险之性质","彼之一小部,亦脱其所属以投身革命阶级中(即欲握未来权利于手中之阶级)"(今译为"在阶级斗争接近决战的时期,统治阶级内部的、整个旧社会内部的瓦解过程,就达到非常强烈、非常尖锐的程度,甚至使得统治阶级中的一小部分人脱离统治阶级而归附于革命的阶级,即掌握着未来的阶级")。所以,正像往昔贵族中有一部分"恒投身绅士阀"一样,"今之绅士阀之一部分(即绅士之有学者研究理论概念及历史运动而得其理解者),亦赴于平民"(今译为"现在资产阶级中也有一部分人,特别是已经提高到从理论上认识整个历史运动这一水平的一部分资产阶级思想家,转到无产阶级方面来了")。

以上三个层面的论述,涉及旧社会内部冲突在许多方面促进了无产阶级发展,原译文的表达在精细之处往往不得要领,如所谓绅士阀"因产业界利害关系之故”而反对其他绅士阀，应译为资产阶级“反对其利益同工业进步相矛盾的”那一部分资产阶级；又如所谓革命的阶级，非指“欲握”即主观上要求掌握未来的阶级，而是事实上“掌握着未来的阶级”；再如文中所说转到无产阶级方面的那一部分资产阶级，其原译为“研究理论概念及历史运动而得其理解”的“绅士之有学者”，显然不如今译“已经提高到从理论上认识整个历史运动这一水平的一部分资产阶级思想家”来得清晰明确；等等。但从总体上看，原译文对于原著精神的把握，基本上是正确的。

关于无产阶级运动未来发展趋势的论述，原译大意是：“今日与绅士阀对立各阶级，其为革命阶级者，惟有平民。故‘近世产业’，能令他阶级渐次衰颓，归于泯灭。惟此平民，则为其重要及特殊之产物”（今译为“在当前同资产阶级对立的一切阶级中，只有无产阶级是真正革命的阶级。其余的阶级都随着大工业的发展而日趋没落和灭亡，无产阶级却是大工业本身的产物”）。“中等阶级”（今译为“中间等级”）“保守而非革命”；“危险之阶级”（今译为“流氓无产阶级”）处于“旧社会之最下层”中“陷于自然之堕落”部分；无产阶级则“无财产”，他们对于妻子儿女的关系“不与绅士家族同”，“凡属平民，均剥削国民之特质”（今译为“都使无产者失去了任何民族性”）。过去一切阶级掌握权势后，“制定分配条件，使一般社会，屈从于其下，以防护其既得之权”（今译为“总是使整个社会服从于它们发财致富的条件，企图以此来巩固它们已经获得的生活地位”）。平民废止“往昔分配法”，废止“往昔之一切分配法”（今译为“消灭自己的现存的占有方式，从而消灭全部现存的占有方式”），使绅士阶级失其保卫己权之具，才能掌握对于社会生产力的主权。“盖平民之责任，在于破财产私有，并破其一切防卫彼等之律”（今译为“无产者没有什么自己的东西必须加以保护，他们必须摧毁至今保护和保障私有财产的一切”）。历史上的运动都是少数人的运动或者是“少数利害之运动”（今译为“为少数人谋利益的运动”）。“平民运动”（今译为“无产阶级的运动”）与此不同，是大多数人的、为大多数人谋利益的自觉独立的运动。“社会最下级之平民，非与社会之上级相接，亦不能自奋而自兴”（今译为“无产阶级，现今社会的最下层，如果不炸毁构成官方社会的整个上层，就不能抬起头来，挺起胸来”）。平民反对绅士阀的斗争，其实质不同，就其最初的形式来说，“必以一国为限，故各国平民，对于己国绅士阀，不得不先施处罚”（今译为“首先是一国范围内的斗争。每一个国家的无产阶级当然首先应该打倒本国的资产阶级”）。描绘平民之发达状态，“第一要点，即公然革命（即历几多之内乱以至以战争破裂）；第二要点，则颠覆绅士阀以确立平民之权力基础也”（今译为在叙述无产阶级发展的最一般的阶段的时候，我们“循序探讨了现存社会内部或多或少隐蔽着的国内战争，直到这个战争转变为公开的革命，无产阶级用暴力推翻资产阶级而建立自己的统治”）。

以上原译文,传达原著关于无产阶级未来发展趋势的涵义时,具有前面一再提到的文言表达方式和夹生使用外来词汇的缺点,如将“平民”即无产阶级译为近世产业“重要及特殊之产物”,不如译为“大工业本身的产物”之恰到好处;将原著关于处于社会最下层的无产阶级要昂首挺胸,“炸毁构成官方社会的整个上层”之意,译为“与社会之上级相接”,让人不知所云等等。除此而外,还有两个问题。

一是对于重要经济名词的译法欠妥。如原译文中数次出现“分配条件”和“分配法”一类名词,与今译文对照,前者指“发财致富的条件”,后者则指“占有方式”,二者均与原译文使用同一个“分配”概念有出入。看来,原译者给“分配”这个经济学外来语,赋予更多的涵义,以致混淆了其中的差别。这也反映了早期译文使用经济学概念方面的驳杂和不确定性。

二是回避“暴力”的提法。原译文表述无产阶级发展状态的第二要点说,“颠覆”资产阶级以确立无产阶级的权力基础,对此,今译本的表述是,无产阶级“用暴力推翻”资产阶级而建立自己的统治。这两句译文的意思差不多,区别在于原译文未提使用“暴力”一词。在此之前,赵必振、朱执信、宋教仁等人,曾分别就《共产党宣言》末尾的一段话,提出自己的译文。其中原著有一句话,即共产党人公开宣布,“他们的目的只有用暴力推翻全部现存的社会制度才能达到”。这句话不同于这里正在讨论的那句话,但它们有一个共同特点,都强调“用暴力推翻”资产阶级或全部现存的社会制度。对此,赵必振的译文是,“惟向现社会之组织,而加一大改革,去治者之阶级”,用“大改革”和“去”的译法,代替“用暴力推翻”之意;朱执信的译文是,“公言其去社会上一切不平组织而更新之之行为”,亦采用“去”的译法,并辅之以“更新”一词;宋教仁的译文是,“吾人之目的,一依颠覆现时一切之社会组织而达者”,应该说,宋译更为贴近其原意,并且使用与民鸣的译文相同的“颠覆”用语。比较起来,赵译和朱译的用语相近,似偏向选择缓和的译法,有回避“用暴力推翻”之嫌。宋译与民鸣译文的用语相同,谋求用“颠覆”一词表达其原意,仍漏掉了“用暴力”的涵义。如果说赵必振、朱执信、宋教仁等人出于某种考虑,有意避免使用“用暴力”一词,那还容易理解。令人疑惑的是,民鸣的译文刊载在无政府主义刊物《天义报》上,而鼓吹暴力或“以暴易暴”,恰恰是此刊宣扬无政府主义的一个标志性特征,何以也在其译文里漏掉“用暴力”一词。对此,可能的解释,或是在原译者看来,汉语“颠覆”一词本来就包含了用暴力的意思,毋庸赘述;或是原译者参照日译本,而日译本经过转译,已经舍去用暴力这一层涵义。这些解释,只是揣测,尚待证实,或者另有他说。

关于无产阶级是资产阶级掘墓人的论述,原译大意是:我们已经看到,至于今日,“压制被压制二阶级,已立于斗争方面。然彼压制阶级,欲永保其奴隶之存在，不得不增设法律”（今译为“到目前为止的一切社会都是建立在压迫阶级和被压迫阶级的对立之上的。但是，为了有可能压迫一个阶级，就必须保证这个阶级至少有能够维持它的奴隶般的生存的条件”）。“农奴”和“小作人”（今译为“小资产者”）都是如此。“惟近世劳动阶级则与相反，产业日进，而己身所处阶级，转日即于低，渐次而降为平民”（今译为“现代的工人却相反，他们并不是随着工业的进步而上升，而是愈来愈降到本阶级的生存条件以下”）。“平民者，与人口及富之增加为比例，且更促富力之富达。由是社会之间，对于绅士阀之权力阶级，及其蔑视他人之法，均认为不适当”（今译为“工人变成赤贫者，贫困比人口和财富增长得还要快。由此可以明显地看出，资产阶级再不能做社会的统治阶级了，再不能把自己阶级的生存条件当做支配一切的规律强加于社会了”）。绅士不适于为治，“如斯制度，决不适于社会之生存，换而言之，则绅士之存在，久已不适宜于社会”（今译为资产阶级不能统治下去了，“社会再不能在它统治下生活下去了，就是说，它的存在不再同社会相容了”）。“绅士阀之存在，及其权力之最要条件，在于资本之状态及集合；而资本之要件，又在于赁银劳动。至于赁银劳动，则又劳民竞争之因”（今译为“资产阶级生存和统治的根本条件，是财富在私人手里的积累，是资本的形成和增殖；资本的生存条件是雇佣劳动。雇佣劳动完全是建立在工人的自相竞争之上的”）。“彼等绅士阀，欲促产业之进步，于无意之间，致孤立之劳民，成为协力之团结”（今译为“资产阶级无意中造成而又无力抵抗的工业进步，使工人通过联合而达到的革命团结代替了他们由于竞争而造成的分散状态”）。“观近世产业之发达，生产者，绅士也，领有者，亦绅士也，一切基础，均彼刬其根。而其所产出者，即葬瘞己身之具，而授平民以胜利者也。然彼等则欲避无由矣”（今译为“随着大工业的发展，资产阶级赖以生产和占有产品的基础本身也就从它的脚下被挖掉了。它首先生产的是它自身的掘墓人。资产阶级的灭亡和无产阶级的胜利是同样不可避免的”）。

这一段带有结论性的论述，在原译文里，像其他部分的论述一样，被表达得时通时滞、时明时晦。其中，前一部分的大致意思是，作为被压迫阶级的现代工人的状况，甚至不如农奴制度下的农奴和封建专制制度下的小资产者，连它的奴隶般的生存条件也不能维持，由此说明作为压迫阶级的资产阶级再不能统治下去，也就是资产阶级的存在不再同社会相容了。可是，这段意思在原译文里，显得模糊不清。比如，压迫阶级为了有可能压迫一个阶级，就必须保证这个阶级至少有能够维持它的奴隶般的生存条件这一意思，被莫名其妙地译为“彼压制阶级欲永保其奴隶之存在，不得不增设法律”；现代工人变成赤贫者的增长，比人口和财富增长得还要快这一意思，也不尽妥当地被译为“平民者，与人口及富之增加为比例，且更促富力之富达”，可见那时的财富概念尚被译为“富”或“富力”;资产阶级把自己阶级的生存条件当作支配一切的规律强加于社会这一意思,更是云遮雾罩般被译为“蔑视他人之法”;等等。后一部分的原著意思,在此译文里,有的差强人意,有的相去甚远。例如,关于资产阶级生存和统治的根本条件、资本的生存条件以及工业进步对于工人通过联合而达到革命团结的促进作用等意思,原译文里基本上能得到体现,尽管那里仍存在把资本的形成和增殖译为“资本之状态及集合”之类的词不达意状况。然而,当原译文转入第一章末尾最后那几句论断时,它的老毛病又重犯了。明明说资产阶级赖以生产和占有产品的基础,原译文却说成“生产者,绅士也,领有者,亦绅士也”,仿佛“绅士”即资产阶级也成了“生产者”;明明说随着大工业的发展,这个基础本身也就从资产阶级的脚下被挖掉了,原译文却说成“一切基础,均彼创其根”,似乎资产阶级正在创建这个基础;明明说资产阶级首先生产的是它自身的掘墓人,原译文却说成“其所产出者,即葬瘗己身之具,而授平民以胜利者也”,好像资产阶级正在生产一种埋葬自己的器具,并把它授给作为胜利者的平民;明明说资产阶级的灭亡和无产阶级的胜利是同样不可避免的,原译文却说成“彼等则欲避无由矣”,留下了一句不着边际的空泛之言。通过这一对照,大体上对于原译文的理解和翻译水平,也就心中有数了。

在这一章译文之末,刘师培用“申叔附识”的方式,补了一段按语如下:“绅士阀,英语为 Bourgeoisie,含有资本阶级、富豪阶级、上流及权力阶级诸意义。绅士,英语为 Bourgeois,亦与相同。然此等绅士,系指中级市民之进为资本家者,与贵族不同,犹中国俗语所谓老爷,不尽指官吏言也。”这个解释,应当说基本上正确。在马克思和恩格斯的用语里,这两个英语词汇,就是分别指资产阶级或资本家阶级,以及资产者、资本家或资产阶级分子之意。民鸣的译文里,一开始引用恩格斯的脚注,也说明译文中所谓“绅士”,即“近世资本阶级握社会生产机关以赁银雇用劳民者”。既然如此,何以此原译文,仍固执地使用“绅士”或“绅士阀”之类的蹩脚译名。这种现象,或许从一个角度,反映了那一时期,无论民鸣那样留学日本的中国学人,还是他们所由以取材的日本思想界,面对来自西方的大量社会主义(包括马克思主义)著述的纷纷传入,来不及将其中的各种专用新名词,加以消化、吸收,并转化成贴切或约定俗成的东方译名。幸德秋水 1904 年翻译《共产党宣言》时,尚且为 bourgeoisie、proletariat 一类西文新名词的日译名而煞费苦心,既然如此,民鸣 1908 年初发表《共产党宣言》第一章的中译本时,把这些名词译作“绅士”或“绅士阀”,也就不足为怪了。更何况民鸣的中译名,显然以日译名作为其参考。

三、关于刘师培为《共产党宣言》中译本所作的序

《天义报》1908 年春季的第 16—19 期合刊本,除了刊登“民鸣”翻译的《共

产党宣言》前言及第一章的部分译文，还登出刘师培以“申叔”名义为这个中译本所写的序文。这篇序文，交代此译本的原作者、日译者和中译者，述说《共产党宣言》形成的有关背景及其影响，并站在无政府主义立场上，对马克思、恩格斯及其《共产党宣言》的原则宗旨，进行评析。它是一份不可多得的历史文献资料，由此看到在中国早期无政府主义者的眼里，当他们第一次尝试系统引进马克思和恩格斯的代表作时，是怎样来认识《共产党宣言》的。

此序文[①]开篇说明：“共产党宣言，马尔克斯、因格尔斯所合著。欧美各国，译本众多，具见于因氏叙中。日本堺利彦君，曾据英文本直译，而民鸣君复译以华文。”这里说明了几个意思。一是《共产党宣言》由马克思和恩格斯合著，这是指原作者。二是译本众多，在欧美各国广为流传。其依据的恩格斯序言，显然指《天义报》第 15 期所刊载的恩格斯 1888 年英文版序言的中译本。看来刘师培认真读过这个中译本，故有此说。三是《共产党宣言》的民鸣中译本，根据日本学者堺利彦的日译本转译而成，而堺利彦的日译本又直接译自《宣言》的英文本，也就是 1888 年由恩格斯作序的那个英文版本。于此可见，《共产党宣言》的全译文被引入中国，其最初尝试受到日本的影响，而沟通这一影响的具体渠道，又是通过堺利彦。他最早将《共产党宣言》全文翻译成日文，同时也是日本早期无政府主义的代表人物。这种双重身份带来的影响，也在一定程度上可以解释当时中国存在的独特现象，即为什么是中国早期的无政府主义者首先试图引进《共产党宣言》的全译本。

接着，序文介绍《共产党宣言》产生的背景和经过。这一介绍，可能是刘师培转引堺利彦的叙述，也可能是根据他人的文章整理而成，至少不像是刘氏自己的研究成果[②]。其大意是：共产主义同盟（Communist League）创立于 1836 年，先由德国人魏特林“以共产主义标其学”，受到德国青年的钦慕，后来他们大多逃亡到巴黎，组织秘密会社，信奉魏氏学术为其皈依。1839 年，巴黎发生起义变故，德国人多遭驱逐，转赴伦敦。这时会员人数逐渐增多，德国人、英国人、丹麦人、波兰人、匈牙利人、瑞典人都来加盟。至 1847 年，成立“共产主义同盟”（今译为“共产主义者同盟”）。同年召开两次代表大会。此时，马克思和恩格斯“均为社会主义大师”，恩格斯著有《英国劳动阶级状态》（The Condi-

① 以下引文凡出于此序文者，均转引自林代昭、潘国华编：《马克思主义在中国——从影响的传入到传播》上册，清华大学出版社 1983 年版，第 264－265 页。

② 根据林代昭和潘国华编辑的史料，刘师培的序文中作这一介绍之前，注明“堺写既成，乃书其端曰”，即援引堺利彦完成其日译本后所撰写的前言。可是，此注在姜义华编《社会主义学说在中国的初期传播》（复旦大学出版社 1984 年版，第 431 页），葛懋春、蒋俊、李兴芝编《无政府主义思想资料选》上册（北京大学出版社 1984 年版，第 137 页），以及高军等主编《五四运动前马克思主义在中国的介绍与传播》（湖南人民出版社 1986 年版，第 293 页）等史料里，均为“移写既成，乃书其端曰”，即把“堺”改作“移”，因而给人的印象，变成了刘师培为民鸣的中译本撰写前言。

tion of the Working Class in England,今译为《英国工人阶级状况》),马克思著有《困贫之哲学》(Philosophie de Misere)[①]。他们居住在伦敦,适逢同盟成立,委托他们起草宣言。第二年即1848年2月初,宣言"公于世"即正式发表。自此以后,欧洲政府"威令日严",遂致同盟于1852年宣告解散。1864年,"万国劳民同盟"(International Workingmen's Association,今译为"国际工人协会")"复兴"创立于伦敦,现今的"万国社会党大会"(大概指各国社会民主党和社会主义工人团体的国际联合组织即"第二国际")"权兴于兹"。"万国劳民同盟"的宣言最初由意大利人马志尼撰述,遭到"劳民"反对,故"仍由马氏起草,是为《万国劳民同盟宣言》,与《共产党宣言》不同"。

以上介绍,讲述《共产党宣言》起因于共产主义者同盟的宣言、不同于后来国际工人协会的成立宣言这一段历史。其中对共产主义者同盟的发展沿革着墨颇多,意在强调它是产生《共产党宣言》的基础;论及国际工人协会,既指出它与同盟之间的前后继承关系,也说明它和同盟分别为不同的组织,二者都是由马克思起草的,其宣言的类型却相互不同。这层意思,其实恩格斯在他的1888年英文版序言里,已经阐明了。恩格斯对两个宣言不同之处的分析,更为深入和深刻,不像上述介绍浅尝辄止。这一介绍突出马克思和恩格斯作为"社会主义大师"而接受委托起草《共产党宣言》一事,不过叙述了一个客观事实。序文自己的评价性意见,是在这段介绍之后,说了如下一段话:

> "夫马氏暮年宗旨虽与巴枯宁离析,致现今社会民主党利用国会政策陷身卑猥;然当其壮年,则所持之旨固在共产。观此宣言所叙述,于欧洲社会变迁纤悉靡遗,而其要归,则在万国劳民团结,以行阶级斗争,固不易之说也。惟彼之所谓共产者,系民主制之共产,非无政府制之共产也。故共产主义渐融于集产主义中,则以既认国家之组织,致财产支配不得不归之中心也。由是共产之良法美意亦渐失其真,此马氏学说之弊也。"

这个评价,用无政府主义作为准绳来衡量马克思学说,顺之者昌,逆之者亡。按照无政府主义的标准判断,《共产党宣言》细致分析欧洲社会变迁的历史,其"要归"是各国无产阶级团结起来进行阶级斗争,这是"不易之说",似乎可以接受。这一看起来肯定的评价,恐怕是把马克思的阶级斗争学说,等同于无政府主义的斗争学说了。除此之外,上述评价的重点,是批评和否定。先是

① 此系误将蒲鲁东的《贫困的哲学》一书当作马克思的《哲学的贫困》。另外,这个法文书名,在此作了更正,其原名不知出于原来的引用者刘师培还是后来的引用者的缘故,存在着拼写错误,而且在后来的引用者那里,此拼写错误还不一样。参看林代昭、潘国华编:《马克思主义在中国——从影响的传入到传播》上册,清华大学出版社1983年版,第264页;以及高军等主编:《五四运动前马克思主义在中国的介绍与传播》,湖南人民出版社1986年版,第294页。

批评马克思晚年的思想与巴枯宁"离析"，导致如今社会民主党热衷于议会政策，陷入卑贱鄙俗的境地难以自拔；由此把马克思晚年宗旨与"利用国会政策"联系起来，借此否定马克思领导第一国际反对巴枯宁主义的斗争。这里的批评，还比较收敛，似乎肯定马克思壮年时的共产宗旨，否定他在晚年与巴枯宁离析的宗旨。其实，这只是一个幌子。在评价者看来，一切是非曲直，必须依无政府主义观念为转移，包括"共产"说也不例外。据于此，马克思及其《共产党宣言》中的"所谓共产"，是"民主制之共产，非无政府制之共产"，与无政府主义的共产之说属于完全不同的两个范畴。进而言之，所谓"民主制之共产"，是带有"集产主义"涵义的一种共产主义，以承认国家组织为前提，致使财产支配不得不归于某种（以政府形式存在的）中心。这被认为与无政府主义学说中的共产理想格格不入，使共产之良法美意"渐失其真"，因而断言此乃"马氏学说之弊"。换句话说，马克思的共产主义学说不同于无政府主义理念，那就是它的弊端。

评价者作了一番批评的宣泄后，也承认《共产党宣言》具有巨大的研究价值和不可磨灭的历史功绩，可作参考和典范，并以此作为中译本的翻译宗旨。其正面认可的评价如下：

> "若此宣言，则中所征引，罔不足以备参考。欲明欧洲资本制之发达，不可不研究斯编。复以古今社会变更均由阶级之相竞，则对于史学发明之功甚巨，讨论史编，亦不可不奉为圭臬。此则民鸣君译斯编之旨也。"

从这一评价中可以看到，中国早期无政府主义者（或许也是日本早期无政府主义者）推崇《共产党宣言》的，一是有关欧洲资本主义制度发展过程的分析；另一是有关到目前为止的一切社会的历史都是阶级斗争的历史的论断，称之为可奉为圭臬的巨大的史学发明，这同前面称述阶级斗争为"不易之说"，异曲同工。肯定性评价与否定性批评结合在一起，不难看出中国早期无政府主义者当初引进马克思学说的选择性偏好，同时也不难看出他们最先把目光转向引进《共产党宣言》全译本的率真动机和企盼。

最后，刘师培的序文结语是，"用书数语，以志简端。申叔识"。照此口气，这篇序文是他自己的作品。然而细品之下，序文中关于《共产党宣言》形成的起因、背景以及与《国际工人协会成立宣言》的区别，关于从共产主义者同盟到国际工人协会即第一国际、再到第二国际的历史沿革和相互联系，关于马克思和恩格斯的早期著作及其起草《共产党宣言》的经过，关于马克思学说之弊的分析、尤其对其共产学说不符合无政府制的批评，关于《共产党宣言》的阶级斗争学说为"不易之说"、"史学发明"、可"奉为圭臬"的评价，关于欧洲社会变迁和资本制发展的论述足以备参考的说法，等等，均不似刘氏本人的独立见解。

但有一点可以肯定,刘师培在其序文中,不论转述还是摘引别人的意见,都表明他赞同这些意见,从而也在一定程度上代表了那一时期中国无政府主义者的基本看法。

四、结语

《天义报》所载有关《共产党宣言》的译文及其序文,为马克思经济学说的早期传入,注入了新的内容,同时也带着那个时期的明显痕迹。

第一,这是首次完整地翻译引进马克思、恩格斯代表作的一次尝试。19世纪末,国内报刊上开始出现有关马克思及其观点的介绍文字,以后将近十年时间内,这类介绍逐渐增多和扩展,却一直徘徊在其原著的外围作些转述式评介,顶多寻章摘句,对原著的个别内容或观点提供一些枝节的译文,难以使人窥其全貌,包括那一时期介绍颇多的《共产党宣言》,亦不例外。这种介绍方式,在引进初期,恐怕是必要的也易于为国人所接受。因为马克思学说作为新鲜而陌生的舶来品,它所阐述的深刻道理,对于当时处在贫穷落后条件下的中国读者来说,并不那么容易认识和理解。所以,最初经过一个通俗介绍阶段,乃势所必然。例如,从国外引进的著述看,1903 年翻译出版的《社会主义神髓》一书,是幸德秋水依据《共产党宣言》等马恩原著所作的通俗性阐释,因其通俗,无论在日本和中国均比较普及。又如,从国人自撰的著述看,1906 年发表的《德意志社会革命家列传》一文,也是朱执信以"大要"的通俗形式讲述《共产党宣言》基本思想的一个范例。可是,当时这些有影响的专题介绍性著述,由于作者根据自己的理解或偏好评介《共产党宣言》等原著,难免掺入己意而产生与其原著的偏差。因此,这类有关《共产党宣言》的通俗性介绍,积累到一定程度,再向前推进,国人显然不能满足原来的介绍方式,将寻求更加贴近其原著的介绍方式。适逢其时,当时作为国人引进马克思学说的主要来源的日本,出现了《共产党宣言》的日文全译本,可供中国留日学生参考。在这样的条件下,全文翻译《共产党宣言》中译本的渴望,应运而生。由此也为国人直接接触其原著,从而比较完整和准确地理解马克思学说,提供了真实的可能性。尽管正式发表的文本,刊载在《天义报》上的只是宣言的前言和第一章中译文,但它是国人介绍《共产党宣言》乃至介绍马克思学说的一个新的突破。

第二,此译本为认识马克思经济学说提供了新的启示。根据这个译本,其译文存在不少缺陷,但从中可以大致认识到,每一历史时代主要的经济生产方式与交换方式以及必然由此产生的社会结构,是该时代政治的和精神的历史所赖以确立的基础;从这一基础出发,人类的全部历史都是阶级斗争的历史,它现在已经达到这样一个阶段,即无产阶级如果不同时使整个社会一劳永逸地摆脱任何剥削、压迫以及阶级划分和阶级斗争,就不能使自己从资产阶级的控制下解放出来。这段唯物史观的著名论断，是构成《共产党宣言》核心的基本原理（原译为“根本的提案”）。对此，以往国人介绍《共产党宣言》，几无涉猎。那时给人留下的印象，只知这本书是马克思、恩格斯一部名著，以及其中的某些论断和措施。朱执信是一个例外，他当时相当详细的介绍，犹如鹤立鸡群。但他介绍《共产党宣言》之“大要”，其重点之一，强调阶级斗争学说，对阶级与阶级斗争所由以产生和变化的经济基础，则有所疏漏。只是在介绍的末尾，才附带提到所谓“经济上变迁之阶级对抗及阶级竞争”，以及社会运动意指“破资本家雇主之支配权促新社会生产力树立”的社会分子所组织的运动等[①]，似乎接触到经济基础的涵义，却语焉不详。后来他论述社会革命应当与政治革命并行，认识到社会革命即无产阶级与资产阶级之间的阶级战争，其目的在于改变现行不完全的社会经济组织[②]，这是一个进步，而且显然得益于不断研究《共产党宣言》一类著作（或其解说本）的结果。当然，这番论述，仍然未能讲清阶级斗争与经济基础之间的关系。此前若干年，《社会主义神髓》中译本里，倒是摘译了《共产党宣言》1888 年序言中论述历史唯物主义的部分内容。可惜的是，这段译文只截取论断的前半部分，对于其后半部分关于阶级斗争历史的论述，付之阙如，割断了二者之间的联系。可见，过去的介绍，在正确表述原著涵义方面，不那么可靠。现在，有了原著的中译本，国人可以直接体会其原意，从序言中去体会关于构成《共产党宣言》核心的基本原理的概括式论述，从正文第一章中去体会关于这一基本原理的具体论述。这里不是说，有了这个译本，国人能够自然而然地体会其中的启示。而是说，有了这个译本（姑且不论其译文质量），才为排除以往有关介绍中的不正确解释，较好地理解其原著的本来涵义，提供了可能。

另外，根据这个译本，恩格斯在 1888 年英文版序言里，引录了 1872 年马克思、恩格斯德文版序言的有关内容，其中指出，经过 25 年来的实践证明，《共产党宣言》中所发挥的一般基本原理整个说来直到现在还是完全正确的，而第二章末尾提出的那些革命措施并没有什么特殊的意义，现在这一段在许多方面都应该有不同的写法了。这里所说的革命措施，便是朱执信和叶夏声等人所介绍的十条以经济内容为主的具体措施。在朱执信那里，这十条措施被看作具有根本意义的社会救济办法；在叶夏声那里，这十条措施又被看作社会党崇尚实行而非寄托于乌托邦理想的表征。不论哪种看法，表明他们很看重《共产党宣言》中的十条具体措施，尤以朱执信更把这些措施置于超出一般原理的非同寻常地位。殊不知，按照马克思和恩格斯的观点，重要的是一般基本原

---

① 《朱执信集》上册，中华书局 1979 年版，第 15 页。

② 参看朱执信：《论社会革命当与政治革命并行》，同上书，第 54－62 页。

理,具体的革命措施没有什么特殊意义,随时随地要以当时的历史条件为转移。由此也可见,当时国人中像朱执信这样研究马克思学说颇有心得者,对于《共产党宣言》的理解与其本意尚存在如此大的差距。应当说,马克思、恩格斯著作中译本的出现,对于纠正这种偏差,是有益处的。

《共产党宣言》的中文初译本所包含的唯物史观和革命措施内容(当时发表的民鸣译本,未见包含十条措施在内的第二章),对于认识马克思经济学说,同样是有帮助的。其中发表的部分章节译文,从经济理论角度看,有一系列新的观点。如资产者和无产者的经济涵义,现代资产阶级是长期发展过程中生产方式和交换方式的一系列变革的产物,资产阶级所有制关系下周期性循环的商业危机及其表现形式,无产者即现代工人随着资本的发展变成机器的单纯附属品即劳动(力)的商品化,机器的推广和分工的发展不断强化工人的劳动并减少工人工资以使其劳动(力)的价格同它的生产费用相等,工人群众在现代工业的大工厂里像士兵一样被组织起来及其反对资产阶级的斗争,工业的发展使无产阶级的利益和生活状况愈来愈趋于一致、愈来愈没有保障、从而使无产者和资产者之间的冲突愈来愈具有阶级冲突的性质,无产阶级是同资产阶级对立的一切阶级中真正革命的阶级、是大工业本身的产物,无产者必须摧毁至今保护和保障私有财产的一切等等。这些经济学意义上的新观点,大多数在以往的介绍中,闻所未闻,而在较为完整的译本里,它们以一种相互衔接和前后连贯的逻辑形式被表达出来,不像在以往的介绍中常常被肢解,那种片断式摘录难免有以偏概全或断章取义之嫌。总之,《共产党宣言》中译本的发表,比以前的零星枝节介绍,会进一步帮助国人对马克思经济学说作比较完整的理解。现在的问题是,此译本的译文质量,是否有助于达到这种理解的目的。

第三,此译本存在译文质量的参差不齐状况。民鸣的《共产党宣言》中译本,显然凭借此原著的日译本。这一点,既有刘师培的序文中说明"日本堺利彦君曾据英文本直译,而民鸣君复译以华文"可以为证;也有幸德秋水的《社会主义神髓》中译本引用《共产党宣言》的文句,以恩格斯 1888 年作序的英文版为据,可作参考。换句话说,当时日本学者用于研究和着手翻译的《共产党宣言》版本,较为流行 1888 年的英文版,所以,依据日译本翻译的民鸣译本,也反映了这一英文版的内容。民鸣的中译本既然不是直接译自其英文版,而是转译其日译本,就不可避免地带有日译本的译文痕迹。可以举出一个典型的例子。

如中译本将资产者或资产阶级译作"绅士"或"绅士阀",将无产者或无产阶级译作"平民",系照搬其日译本的译名。对此,朱执信曾专门就这些译名作过探讨。他认为,日本人将西文中的 Bourgeois 和 Proletarians 二词,分别译作“资本家”或“绅士阀”与“平民”或“劳动阶级”，其译名不完全符合中文文义，不如分别译为“豪右”与“细民”，更贴近西文意思。日译名的资本家，仅包含拥有资本者，未包含运用资本的企业家，不像汉语的豪右足以包括一切；日译名的绅士，在中文里另有其他涵义，不可袭用。日译名的平民，本来相对于政府而言，不可再重复用来相对于豪右，引起错乱；日译名的劳动阶级，因劳动者观念在中国自古以来甚为狭窄，连农人等亦未包含在内，故难言适当，不如汉语的细民一词在古义中指力役自养之人，更为可取。[①] 其实，朱执信建议使用的中译名，现在看来，同样难言适当。但他面对不断涌入的舶来新词汇，不是盲目崇信日本人的译法，积极思索其本来涵义，殊为难得，这也是他与民鸣译本一味照搬日本译名的不同之处。不过，民鸣的译本毕竟反映了那一时期仿照日文译笔来翻译引进西方著述包括马克思经济学说的发展趋势。以“绅士”和“平民”两个译名来说，其中译本根据恩格斯的注释，将二者分别译为“近世资本阶级握社会生产机关以赁银雇用劳民者”与“近世赁银劳动阶级以生产机关非己有惟卖力以求生活者”，这与原著将资产阶级解释为占有社会生产资料并使用雇佣劳动的现代资本家阶级、将无产阶级解释为没有自己的生产资料因而不得不靠出卖劳动力来维持生活的现代雇佣工人阶级的本来涵义，已经比较接近了。至于刘师培为民鸣译文所作的“附识”，解释“绅士阀”一词“含有资本阶级、富豪阶级、上流及权力阶级诸意义”，以及“绅士”一词“系指中级市民之进为资本家者，与贵族不同”等语句，也不像刘氏自己的研究心得，在一定程度上反映了当时日本翻译界的讨论内容。

类似这样的译名例子，在民鸣的中译本里，还可以举出很多。这并不等于说，当时的中译本只需照抄日文译名，即可成文。事实上，当时的中译本，仍离不开中译者自己的理解和表述功夫。不妨作个对比，同样以《共产党宣言》中的日译文作为参照，当时不同的中译者有不同的译文。如恩格斯 1888 年英文版序言，表述构成《共产党宣言》核心的基本原理时，里面有一句话，今译为：“每一个历史时代主要的经济生产方式与交换方式以及必然由此产生的社会结构，是该时代政治的和精神的历史所赖以确立的基础，并且只有从这一基础出发，这一历史才能得到说明”[②]。这一句话，在幸德秋水的《社会主义神髓》以及堺利彦的《共产党宣言》日译本里，都有其译文。这句日译文被翻译成中文时，出现了不同的表述方式。中国达识译社 1903 年 10 月翻译的《社会主义神髓》中译本，将此译为：“有史以来，不问何处何时，一切社会之所以组织者，必以经济的生产及交换之方法为根底，即如其时代之政治及历史，要亦不能外

① 参看朱执信：《论社会革命当与政治革命并行》，《朱执信集》上册，中华书局 1979 年版，第 60 页。

② 《马克思恩格斯选集》第 1 卷，人民出版社 1972 年版，第 237 页。

此而得解释"[①]。民鸣的中译本,将此又译为:"古今各时代,其关系生产分配者,必有经济上特殊之方法。社会组织,因之而生。其政治及文明之历史,亦建设于此基础之上"[②]。这两句译文,与今译文比较,均有较大出入。这也表明,早期中译者(通过日译本)对于马克思基本理论的理解和表述,存在不小差距。不过,若将这句早期译文的两种译法相互比较,亦互有短长。总的看来,民鸣的译文整体上稍强于中国达识译社的译文,对原文的基本涵义有所表达,但它把"主要的经济生产方式与交换方式"译作"生产分配"方面的特殊之方法,显系误译,反不及中国达识译社之译作"经济的生产及交换之方法"。这些差别,同样表现出不同的译者在体味马克思学说方面的不同理解程度。

总之,从译文质量上看,民鸣的译本采取直译方式,力图忠实于原文,基本保持了译文的完整性。其中涉及阶级斗争学说与社会历史变迁部分的译文叙述,大致体现了原文的主要意思。但对其中经济分析部分的翻译,包括对各种经济术语的使用,其差谬明显增多。再加上译文的文言表达形式,更增添了正确传译原文本意的难度。所以说,民鸣的中译本质量,比起前人,有其进步之处,但仍未摆脱那一时期的固有弊病,呈现参差不齐之状态。

第四,此译本受到无政府主义评论的束缚。民鸣的中译本,首次发表在无政府主义的刊物《天义报》上,容易使时人产生一种联想,把《共产党宣言》看作用来支持无政府主义的凭据。刘师培为此译本所作的序,是典型的无政府主义评论,它又会强化人们的这一联想。

这篇序文,如前所述,简要介绍了国际共产主义运动的早期发展历史,其中提到,《共产党宣言》是马克思和恩格斯为"共产主义同盟"起草的纲领,马克思还为后来成立的"万国劳民同盟"起草了"万国劳民同盟宣言",并指出这两个宣言"不同"。序文的介绍,可能与《共产党宣言》1888 年英文版序言中译本里的说明有关。在那里,恩格斯提到《共产党宣言》是共产主义者同盟的代表大会委托马克思和恩格斯起草的"一个准备公布的完备的理论和实践的党纲"(民鸣译为"发表其理论及实行之完全政见"),也提到国际工人协会成立后,其明确目的是要把欧美正在战斗的整个无产阶级团结为一个整体,因此,"它不能立刻宣布《宣言》中所申述的那些原则"(民鸣译为此同盟"所标之旨,不能尽与宣言同");为了有一个充分广泛的纲领,使英国工联,法国、比利时、意大利和西班牙的蒲鲁东派以及德国的拉萨尔派都能接受,于是,马克思起草了这个"能使一切党派都满意的纲领"(民鸣译为此政纲"自宜与各党以满足")。这里提到的国际工人协会的纲领,与前面提到的该协会的宣言,不尽相同,它应该

① 转引自姜义华编:《社会主义学说在中国的初期传播》,复旦大学出版社 1984 年版,第 286 页。

② 转引自高军等主编:《五四运动前马克思主义在中国的介绍与传播》,湖南人民出版社 1986 年版,第 291 页。

同时包括马克思起草的《国际工人协会成立宣言》与《国际工人协会共同章程》这两个文件。按理说，以“天义派”为代表的早期无政府主义派别，更感兴趣的应当是国际工人协会的纲领而不是《共产党宣言》，因为前一纲领在国际共产主义运动的初期，旨在使包括蒲鲁东派在内的无政府主义派别也能接受或满意，不像《共产党宣言》旨在表述科学共产主义的原则。然而事实上，“天义派”更感兴趣的是《共产党宣言》。1902年和1903年间从罗大维和侯士绾的《社会主义》译本，以及从赵必振的《近世社会主义》译本里，曾看到一些摘录《国际工人协会共同章程》部分内容的汉译文字。刘师培的序文里，仅仅提及马克思起草《国际工人协会成立宣言》，对其内容置之未顾。这或许也从一个侧面，证明了恩格斯在1888年英文版序言中所说的，在反资本的斗争过程中，各种党派的人们越来越认识到他们心爱的万应灵丹毫不中用，并且更透彻地了解了工人阶级解放的真实条件，从而使《共产党宣言》的原则在世界各国工人中间得到了广泛的传播。“天义派”像他们在日本的同道一样，把眼光投向《共产党宣言》，虽然不可能透彻了解工人阶级解放的真实条件，但可能受到某种感染。同时，刘师培说国际工人协会与共产主义者同盟的两个宣言不同，其实并不了解恩格斯所说的区别之真实涵义。相反，刘氏或者他所赞同的堺利彦，是站在无政府主义的立场上，来理解这种区别的。

首先，刘师培的序文，把马克思的宗旨“与巴枯宁离析”，也就是把第一国际后期马克思主义同以巴枯宁为代表的无政府主义的斗争，说成导致“现今社会民主党利用国会政策陷身卑猥”即导致社会民主党衰落的原因。其次，又对《共产党宣言》的共产，“系民主制之共产，非无政府制之共产”，提出非议。认为这会使“共产主义渐融于集产主义中”，“既认国家之组织，致财产支配不得不归之中心”，换言之，承认国家组织，使共产主义偏离了不允许任何中心支配财产的无政府主义宗旨，这是“共产之良法美意亦渐失其真”的“马氏学说之弊”。这样一来，恩格斯在其序言中分析的那种区别，即《共产党宣言》的一般基本原理经过斗争的实践，最终超越各党派的纲领而得到广泛传播的观点，到刘氏序文那里，被篡改得面目全非。甚至被曲解为，《国际工人协会成立宣言》与《共产党宣言》的不同，导致马克思晚年错误地与巴枯宁分道扬镳，而《共产党宣言》宣扬“非无政府制之共产”，又错误地使“共产主义渐融于集产主义”。这两点，都把无政府主义奉为圭臬。所以说，完整翻译和发表《共产党宣言》中译本的最初尝试（实际发表的只是它的部分节译本），从它着手的那一天起，就被笼罩在曲解篡改的阴影之中，受到无政府主义评论的羁绊。

不过，民鸣的中译本，是以独立译本的形式出现。它不同于幸德秋水的《社会主义神髓》中译本和朱执信的《德意志社会革命家列传》一文。后者也在不同程度上介绍《共产党宣言》的内容及其“大要”，但采取夹叙夹议的方式，将引用或转述原著的观点与作者自己的评论意见结合在一起。这种介绍方式有时不顾上下文意思而截取、或者干脆用自己的语言来表达,难免偏离原意;即使引述不走样,边引述边评论或者以评论替代引述的方式,也会使读者难以分辨或者难以正确理解原著的意思。相比之下,中译本的独立性质,总是力求忠实于其原著,尽管仍存在翻译方面的问题,却可避免夹叙夹议者任意掺入己意。从这个意义上说,发表在具有无政府主义倾向的《天义报》上、并由无政府主义者作序加以评论的《共产党宣言》中译本,其实可与附着在它身上的那些无政府主义赘物区分开来,保留自己的独立性。

此外,那一时期刚刚出现的中国无政府主义派别,置身于革命阵营内部,对于舶来马克思主义代表作《共产党宣言》,既有站在无政府主义立场上的批评之词,也有立足社会主义之同道的赞美之论。诸如肯定《共产党宣言》的叙述,"于欧洲社会变迁纤悉靡遗,而其要归,则在万国劳民团结,以行阶级斗争,固不易之说";其所征引的内容,足以备参考,"欲明欧洲资本制之发达,不可不研究斯编,复以古今社会变更均由阶级之相竞,则对于史学发明之功甚巨,讨论史编,亦不得不奉为圭臬";它"发明阶级斗争,最有裨于历史";恩格斯的序言,"可考究当时思想之变迁,欲研究社会主义发达之历史者,均当从此入门";等等。所有这些议论,对于当时推动《共产党宣言》中译本在国人中的传播,应当说有其积极意义。因此,早期无政府主义者传入中国的《共产党宣言》译本,尽管当初曾被附加了各种无政府主义的标帜,但它一经传入,当人们阅读了这个独立的译本后,会逐渐形成自己的判断和理解,进而摆脱无政府主义观念的束缚。以后的发展进程,也证明了这一点。

第二节　关于马克思恩格斯经济学说的若干转载与评介

这一时期,在无政府主义刊物上,以《天义报》为主,除了刊登有关《共产党宣言》的部分中译文及其评介,还发表了其他一些涉及马克思、恩格斯经济学说的文章。这些文章,大多以转载而非自撰的形式出现,它们或者直接摘译马克思和恩格斯原著的有关内容,或者翻译转录他人著述时论及马克思和恩格斯的有关观点。总之,不是靠自己的撰述,而是借助原著的摘译或别人的研究成果,在介绍的基础上再以按语形式提出自己的若干评价意见。另外,同期《新世纪》以及其他具有无政府主义色彩的刊物,也有文章接触到马克思和恩格斯的观点,但不及《天义报》那么突出和集中。

一、关于恩格斯《家庭、私有制和国家的起源》的部分中译文及其评介

恩格斯这部代表作的部分中译文,见于《天义报》所载《女子问题研究》一

文。“天义派”重视妇女问题的研究或强调女界革命，基于其无政府主义理想，主张打破男女阶级的界限，进而破除固有社会阶级的基础，实现社会公平。这一点，从《天义报》的创刊宗旨以及不断刊载有关妇女问题的文章中，都可以看得出来。这里所关注的重点，不是“天义派”研究妇女问题的具体观点，而是他们在研究过程中，为了寻找理论依据，曾一再把眼光转向马克思和恩格斯的著述。例如，1907 年底出版的《天义报》第 13、14 合期上，对《共产党宣言》所谓“论妇女问题”，有过一段简短的按语，评价马克思等人有关必须在消灭资本私有制度的经济革命之后，才能废除一切私娼之制的观点，“可谓探源之论”。此类按语，因其简略，易为读者所忽视。看来，“天义派”没有放弃从马克思、恩格斯学说中进一步寻求更多理论依据的努力，不久之后，在 1908 年春季的《天义报》第 16－19 合期上，又发表了内容更为详细的《女子问题研究》一文。

文章署名“志达”，可能计划连载发表，根据目前掌握的史料，现存只发表其第一篇“因格尔斯学说”，介绍恩格斯学说的有关内容。文章开头，有一段按语：

> “因格尔斯(Friedrich Engels)所著，书名《家族私有财产及国家之起原》(Origin of the Family Private Property and the State)。其推论家族之起源，援引历史，以为此等之制，均由视妇女为财产。其中复有论财婚一节，约谓今之结婚均由金钱。试摘译其意如左。”

根据这段按语的提示，此文介绍恩格斯的著作《家庭、私有制和国家的起源》，重点是借此证明家庭的起源，建立在所谓“视妇女为财产”的基础之上。为此，文章选择恩格斯著作的“论财婚一节”，实为原著第二章“家庭”里论述资产阶级缔结婚姻的数段内容，作为翻译的对象，以资佐证“今之结婚均由金钱”之意。这段按语之后，是正文的中译文。将这些译文与原著今译文对比，可以看到它们不是逐段逐句地翻译，而是跳过一些在译者看来不必要的内容，有选择地翻译，正像按语中所说，这是“摘译”。现将这些原译文①转录如下，并与今译文②作一对照。原译文第 1 段是：

> “今日结婚之状况，计有二种。旧教之国，仍沿旧习，择配之权，操于父母，故其自然之结果，即失其一夫一妇制而互染淫风，如男恒蓄妾，女恒奸通是也。新教之国，则中流子弟，择妻较为自由。然此等婚姻，非含几多之恋爱也，故恒因财产而起。且新教喜以伪善自饰，故奸通蓄妾之行，亦较旧教国为鲜。然此不过形式上之夫

① 参看《女子问题研究》，《天义报》第 16－19 合期，第 135－138 页。

② 参看恩格斯：《家庭、私有制和国家的起源》，《马克思恩格斯选集》第 4 卷，人民出版社 1972 年版，第 66－69 页。

妇耳。至其幸福,则较之未结婚以前,固靡有所加。盖新教国民,其忌嫉心最富,故以一夫一妇制为良。及所遇难堪,则互相慰藉。其夫妇之乐,不过如斯耳。”

对照今译文,这一段的意思应当是:“在今日的资产阶级中间,缔结婚姻有两种方式。在天主教国家中,父母照旧为年轻的资产阶级儿子选择适当的妻子,其结果自然是一夫一妻制所固有的矛盾得到了最充分的发展:丈夫方面是大肆实行杂婚,妻子方面是大肆通奸。”其间有关天主教会禁止离婚的一句话被删去,然后又是:“相反地,在各个新教国家中,通例是允许资产阶级的儿子有或多或少的自由去从本阶级选择妻子;因此,恋爱在某种程度上可能成为结婚的基础,而且根据新教伪善的精神,为了体面,也经常以此为前提。在这里,丈夫实行杂婚并不那么厉害,而妻子的通奸也比较少些。不过,在任何婚姻形式下,人们结婚后和结婚前仍然是同样的人,而各个新教国家的资产者又大多数都是些庸人,所以,这种新教的一夫一妻制,即使拿一般最好的场合来看,也只不过是导致被叫做家庭幸福的极端枯燥无聊的夫妇同居罢了。”可见,原译文中所谓新教国家中流子弟的婚姻“恒因财产而起”的意思,今译文中指的则是新教国家的资产阶级通例在本阶级中间婚配。原译文第2段是:

“此等二种之结婚,恒验之于小说。旧教代表,法之小说是也;新教代表,德之小说是也。二种小说,亦各殊异。故法之小说,德人狭量者读之,斥为不伦;德之小说,法国中流社会亦斥为干燥鲜趣旨。特近日以来,伯林于蓄妾奸通之事,亦不复怯于著笔。盖此等事实,亦久为该地所重矣。”

这一段内容,在今译文里,紧接着上文合为一段,应当是:“小说就是这两种婚姻方式的最好的镜子:法国的小说是天主教婚姻的镜子;德国的小说是新教婚姻的镜子。”随后关于两面镜子的说明,原译文未提。接着又是:“两者之中究竟谁的处境更坏,不是常常都可以弄清楚的。因此,法国资产阶级害怕德国小说的枯燥,正如德国的庸人害怕法国小说的‘不道德’一样。可是,最近,自从‘柏林成为世界都市’以来,德国小说也开始不那么胆怯地描写当地早就为人所知的杂婚和通奸了。”这是借助小说来说明资产阶级的婚姻方式。原译文的第3段是:

“婚姻者,其周围恒受抑制者也。观其习俗,则不啻卖淫之男女耳。其与娼妇相异者,则以彼犹商品恒由时间以定其卖身之金。此则与奴隶相同,乃永卖其身者也。一夫一妇之制,其男子之权力,均由保护财产相续法而起者也。一切之根基约束,均生于此。”

这段译文压缩原著一些内容,意在强调资产阶级婚姻的卖淫性质。今译文则是:“在这两种场合,婚姻都是由双方的阶级地位来决定的,因此总是权衡利害的婚姻。这种权衡利害的婚姻，在两种场合都往往变为最粗鄙的卖淫”……“妻子和普通的娼妓不同之处，只在于她不是象雇佣女工计件出卖劳动那样出租自己的肉体，而是一次永远出卖为奴隶”。看来，原译文把原著有关资产阶级婚姻“由双方的阶级地位来决定”之意，理解为“其周围恒受抑制者”，把“权衡利害的婚姻”理解为婚姻“习俗”。然后，它跳过原著中所引用的傅立叶一句话以及关于无产阶级婚姻的说明，直接选译原译者颇为看重的一个观点，即今译文所谓“一夫一妻制和男子的统治原是为了保存和继承财产而建立的”。原译文关于“一切之根基约束，均生于此”之语，大概是译者为了强调上述观点而添加上去的。与此相联接，原译文第 4 段是：

> “保护男子权力之民法，唯行于富裕阶级耳。至于下流阶级，则不适用。盖以劳动者之贫困，对于其妻之关系，殆若无兴趣者然。且近世大工场林立，女子亦出谋职业，舍家室而趋工场，故下流阶级，男子之权力，几全坠于地，不过沿一夫一妇制之旧习，仍恒以暴行施于女子耳。”

这段话的前一部分，今译文表述为：“维护男子统治的资产阶级法权，只是为了有产者和为了他们同无产者的相互关系而存在的；是要钱的，而因为工人贫穷的缘故，它对于工人对他的妻子的关系是没有任何意义的。”对照原译文，“资产阶级法权”被译作“民法”，“无产者”被译作“下流阶级”，客观性质的“没有任何意义”被译作主观上的“无兴趣”等等。同时，原译文忽略了原著中关于工人与妻子关系的一个重要观点，今译为“在这里，起决定作用的完全是另一种个人的和社会的关系”，是不同于资产阶级法权的另一种新型关系。以上这段话的后一部分，今译文是：“此外，自从大工业迫使妇女走出家庭，进入劳动市场和工厂，而且往往把她们变为家庭的供养者以后，在无产者家庭中，除了自一夫一妻制出现以来就扎下了根的对妻子的虐待也许还遗留一些以外，男子的统治的最后残余也已失去了任何基础。”可见，原译文未能表达出无产者家庭的妇女进入工厂劳动后往往变成家庭的供养者之涵义，此外大体符合原著精神。接着，原译文第 5 段是：

> “因此之故，故下流阶级之家族，其严正之一夫一妇制久不复存。其伴之而生者，则为蓄妾奸通之行。盖妇人于实际上，已早得离别之权利也。故伉俪不和，宁相离异。是则下流阶级，于言谈上之一夫一妇制，已失其历史之意味矣。”

这段话对原著也作了一些删节，其今译文是：这样一来，无产者的家庭，“也不再是严格意义上的一夫一妻制的家庭了”。所以，“一夫一妻制的经常伴侣——杂婚和通奸，在这里只有极其微小的作用；妻子事实上收回了离婚的权利，当双方不能和睦相处时，他们就宁愿分离。一句话，无产者的婚姻之为一夫一妻制，是在这个名词的词源学意义上说的，决不是在这个名词的历史意义上说的"。对比之下，原译文未讲清楚杂婚和通奸作为一夫一妻制的经常伴侣，在无产者家庭里只有极其微小的作用，但这不妨碍它大致讲清楚了无产者家庭的妻子得到了离婚的权利。原译文第6段，把原著两段内容合并为一段如下：

"法律家或曰，若立法进步，则妇人境遇，可减其悲惨。如今日民法之制，结婚虽由法律上认定，然先于两者之间，互立承诺之契约。又夫妇之关系，其权利义务，亦立于同等之地。然此等条件，不过理论上之强制耳，未尽满妇人之望也。盖此等事实，亦犹佣主被佣人之间，其劳动契约，由表面观之，亦由两者之相愿而成。然其所谓相愿者，不过法律纸上对等之文耳。实则因阶级之高下，一为有权力者，一为受压服者。此两者之关系，其实际均由经济，与法律固无涉也。质而言之，则两者之间，必有一抛弃权利者。若依契约上之条件，则两者均有同等之权利；背其实矣，盖依经济上之地位。凡劳动者均弃其平等之权，此固非法律所与闻也。"

这段译文，与原著比较，基本意思相近，其表达却颇费思量，不免影响读者对其原意的理解。先从前一段话看，今译文是："诚然，我们的法学家认为，立法的进步使妇女愈来愈失去申诉不平的任何根据。现代各文明国家的立法愈来愈承认，第一，为了使婚姻有效，它必须是一种双方自愿缔结的契约；第二，在结婚同居期间，双方在相互关系上必须具有平等的权利和义务。如果这两种要求都能彻底实现，那末妇女就有了她们所能希望的一切了。"这里的意思是，法律条文上的自愿与平等是一回事，事实上又是另一回事；所谓立法进步使妇女失去申诉不平的依据，只是使她们的婚姻徒有法律上的而不是事实上的自愿与平等。原译文的表达则是，法律家说，如果立法进步，则妇女的境遇"可减其悲惨"；然而法律上的"同等"契约，不过是"理论上"的强制，"未尽满妇人之望"。在此，多少也表达了法律在"理论上"强制要求婚姻"同等"，事实上却未能满足妇女的婚姻平等愿望之意，不过表达得有些晦涩。

再从引文后一段话看，相应的今译文是：这种纯法律的论据，同资产者用来击退和安抚无产者的论据完全一致。"劳动契约仿佛是由双方自愿缔结的。但是，这种契约的缔结之所以被认为出于自愿，只是因为法律在纸面上规定双方处于平等地位而已。至于不同的阶级地位给予一方的权力，以及这一权力加于另一方的压迫，即双方实际的经济地位，——这是与法律毫不相干的。而在劳动契约有效期间，只要任何一方没有明白表示抛弃自己的权利，双方仍然被认为是权利平等的。至于经济地位迫使工人甚至把最后一点表面上的平等权利也抛弃掉，这仍然与法律毫不相干。"现代雇佣关系的特征，是法律上的形式平等与经济地位上的事实不平等，以此比喻现代婚姻关系，正是《女子问题研究》一文引用此译文的重点之所在。所以，这段原译文发表时，几乎每句话下面都标有重点符号。而且，前面引用的原译文，凡是涉及经济与婚姻关系的论述者，如新教中流子弟的婚姻"恒因财产而起"，娼妓"犹商品恒由时间以定其卖身之金"，婚姻像奴隶一样"永卖其身"，一夫一妻制和男子权力"均由保护财产相续法而起"等等，也都用重点符号标出，以示重视。于此亦可见此文摘译恩格斯的著述之主旨。原译文第7段，继续上一段的意思说：

"今之结婚亦犹是耳。虽有最进步之法律，以表示形式上两者之合意，然其生活之状态如何，固非法律家所知也。故仅由简单之法律，以证明其两者之合意，其合意之证，果何在乎？"

这一段的今译文是："在婚姻关系上，即使是最进步的法律，只要当事人在形式上证明是自愿，也就十分满足了。至于法律幕后的现实生活是怎样的，这种自愿是怎样造成的，关于这些，法律和法学家都可以置之不问。但是，把各国的法制做一个最简单的比较，也会向法学家们表明，这种自愿究竟是怎么一回事。"这段文字，旨在揭露资产阶级婚姻关系上法律的虚伪性，即形式上的自愿与现实生活的不一致性，对此，原译文有所表达，但它以反诘方式，责问简单的法律何以能证明"两者之合意"即婚姻双方的自愿，却有失原著精神。原著说的，不是"简单之法律"不能证明这种自愿，而是通过各国法制之间"最简单的比较"，揭示这种法律形式上的自愿背后的现实生活却是另一回事。接着，原著论述了这种比较后的证明。对此，原译文最后一段即第8段说：

"现今以法国法律为基之国，以及德意志诸邦，凡两亲之财产，必由其子承袭，决不能夺其相续权，故其子结婚，当得父母之同意。若以英国法律为基之国，其子结婚，依法律上之资格，虽需得父母之同意，然父母所有之财产，可自由分给他人，不必尽归其子。故英美各国，较之法德诸国，其结婚之权，亦较为自由也。"

在今译文里，同是这一段文字，其大部分意思可以从原译文中找到相似的痕迹。如谓："在法律保证子女继承父母财产的应得部分，因而不能剥夺他们继承权的各国，——在德国，在采用法国法制的各国以及其他一些国家中——子女的婚事必须得到父母的同意。在采用英国法制的各国，法律并不要求结婚要得到父母的同意，在这些国家，父母在传授自己的遗产时有着完全的自由，他们可以任意剥夺子女的继承权。"经过比较，分别以法国和英国为代表的法制，二者对子女婚事的选择意向，与财产继承权问题有密切的联系。对于这一层涵义，原译文像今译文一样，有所表述。但是，依据这一比较得出有关结论时，原译文出现了偏差。它的意思是，英美各国的法律规定父母可以自由分配自己的遗产，不像法德各国的法律规定父母不能剥夺其子女的财产继承权，所以,英美各国较之法德各国,其子女在婚姻上享有更多的自由权利。根据今译文,这个结论的意思正好相反,其意应是:“很明显,尽管如此,甚至正因为如此,在英国和美国,在有财产可继承的阶级中间,结婚的自由在事实上丝毫也不比在法国和德国更多些。”其中的道理,在于英美各国表面上的婚姻自由,事实上仍受到授予还是剥夺其财产继承权的制约,所以,它们与法德各国表面上的婚姻不自由取决于既定的财产继承权,二者在实质上是一样的,都没有真正意义上的自由。

以上摘译的内容,不论译笔如何,其用意显而易见。目的是借助恩格斯的学说,证明现代婚姻关系实际上附属于财产关系,或者说是现代经济关系的附庸。摘译者从恩格斯十数万字的著作中,选取并自行命名所谓“论财婚”一节,形象地把财产与婚姻联系在一起,颇有寓意。这一节内容,在原著第二章“家庭”中,属于一夫一妻制家庭在今日资产阶级中间的发展形式那一部分论述,本无分节,穿插于通篇的叙述。现在,将这部分内容独立出来,予以专题翻译。这样做,如果不是受到别人的启发,显示摘译者的眼光颇为不俗。这一部分内容,以生动和深刻的笔触,揭露了资产阶级的男女婚姻关系,在法律形式上的自由与平等背后,实质上受到不平等的经济利益关系的驱使和支配。摘译者以这部分内容作为理论依据,说明自己关于妇女解放的观点,是很有说服力的。摘译者在文章最后的按语中说:

> “以上所言,均因氏所论财婚之弊也。彼以今之结婚均由财产,故由法律上言之,虽结婚由于男女间之契约,实则均由经济之关系而生耳,无异雇主之于工人也。观于彼说,则女子欲求解放,必自经济革命始,彰彰明矣。编者识。”

这段按语,把恩格斯的论述,说成“论财婚之弊”,未免偏狭。恩格斯的这部著作,根据美国科学家摩尔根的《古代社会》一书,特别是根据马克思对此书所作的详细摘要、批语观点以及其他补充材料,用历史唯物主义的观点,研究人类社会早期发展阶段的历史,由此阐明了关于私有制、阶级、国家产生的一系列重要观点,其中也厘清了各个不同社会经济形态中家庭关系发展的特点。这些论述,包括论述资产阶级家庭及其婚姻部分,显然,不能简单地归结为讨论“财婚”的弊端。而且,也不能像按语那样,脱离原著以资产阶级家庭作为其特定历史条件的讨论前提,笼统地说今天的一切婚姻,都是由财产来决定的。此按语的敏锐之处,是从恩格斯的论述中理解到,讨论妇女在现代家庭中的地位,不能就婚姻论婚姻,尤其是不能受法律契约形式的字面或表面迷惑,而应洞悉其中真正起支配作用的经济关系。在这里,按语中以雇主与工人之间的现代雇佣关系,比喻男女之间的现代婚姻契约关系,可谓画龙点睛之笔。基于这一认识,《女子问题研究》一文的作者,得出结论说,妇女解放的“彰明”出路,

"必自经济革命始"。这个结论，比起此前《天义报》为《共产党宣言》"论妇女问题"作按语中的结论，即马克思等人的"探源之论"，即资本私有制消灭，则一切私娼之制自不复存在，而废除此制"必俟经济革命以后"，二者极为相似，都把妇女问题与"经济革命"联系在一起。不过，"论妇女问题"的按语，强调经济革命将废除一切"私娼"之制；《女子问题研究》的按语，则强调经济革命将是"女子"即所有妇女谋求解放的希望所在。在倡导经济革命问题上，从谋求废除私娼之制，到谋求整个妇女的解放，这是一个进步。通过这个进步，也可以看到中国早期无政府主义者对于马克思恩格斯经济学说的理解，处于逐步深入的过程中。

二、关于海德门《社会主义经济论》的译介资料

《天义报》第15至19期上，有几篇介绍马克思和恩格斯经济学说的代表性文章，其中比较突出者，除了《共产党宣言》、《家庭、私有制和国家的起源》的部分中译文及其评介外，恐怕就要算英国人哈因秃曼(Hyndman)著、齐民社同人译的《社会主义经济论(首章)》了。

哈因秃曼，今译海德门或海因德曼，是英国成立于1881年的民主联盟、改组于1884年的社会民主联盟的创始人和领袖。"天义派"1907年8月成立的社会主义讲习会，同年10月改称为齐民社。齐民社同仁何以看重海德门的著述并加以翻译介绍，这篇译文前的按语[①]，表达了如下看法：

> "近世言社会主义者，必拥阐历史事实，研究经济界之变迁，以证资本制度所从生。自马尔克斯，以为古今各社会，均援产业制度而迁，凡一切历史之事实，均因经营组织而殊，惟阶级斗争，则古今一轨。自此谊发明，然后言社会主义者，始得所根据。因格尔斯以马氏发见此等历史，与达尔文发见生物学，其功不殊，诚不诬也。当今之世，其确守马氏、因氏之学派者，有英人哈因秃曼，乃社会民主同盟之首领也。当数载以前，彼于中央会堂(即社会民主同盟之总会所)演说生产方法之变迁，嗣作社会主义经济论，将讲演之词，悉行列入。观其所述，大抵于古今制度，讲述其变迁之由，并援引事实，互相证明，谓之经济变迁史大纲可也。今中国言史学者，鲜注意经济变迁，不知经济变迁实一切历史之枢纽。凡观察一切历史，不得不采用哈氏之说也。兹将哈氏此书第一章，译为汉文，用备学者之观览。"

---

① [英]哈因秃曼(Hyndman)著，齐民社同人译：《社会主义经济论(首章)》，《天义报》第16－19合期，第21－22页。

照此看来,以齐民社为代表的"天义派",旨在宣扬马克思经济学说,而海德门又是今世"确守"马克思、恩格斯学派的代表人物,故选择其社会主义经济论著作,作为汉译观览的对象。此外,这段按语,还讲述了其他三层意思。一是社会主义发展到近世,强调从经济领域的历史变迁中,去考察资本制度产生的原因。二是马克思发明了古今各社会"均援产业制度而迁"和一切历史事实"均因经营组织而殊"的经济学说以及阶级斗争学说,为"言社会主义者"奠定了基础。恩格斯说马克思的这一发现对历史学作出了像达尔文对生物学那样的贡献,此评价"诚不诬也"。三是当今中国学者谈论历史学,很少注意经济的变迁,"不知经济变迁实一切历史之枢纽",所以需要以海德门的著作为借镜,改变中国学者的这一缺陷。这些涵义肯定社会主义经济学说,特别肯定马克思经济学说,考虑引进和传播这一学说来更新中国学者的观念。不过,齐民社为什么选择海德门的著作来转达马克思的发明,颇耐人寻味。按照按语里的说法,其中的原委,无非两个。一是海德门忠实继承了马克思恩格斯的经济学说,即所谓"确守"。另一是他的著作,援引事实讲述生产方法的变迁以及古今制度变迁的理由,俨然为"经济变迁史之大纲",人们"不得不采用"其说来观察一切历史。除此之外,齐民社受到当时日本社会主义者或无政府主义者对海德门的偏好之影响,可能也是一个原因。那么,海德门又是何许人?

根据西方学者的描述,海德门(1842—1921)是"英国第一个重要的马克思主义者"[①],或是"一个不列颠马克思主义理论家和政客"[②]。毕业于剑桥大学三一学院,1880 年读了马克思《资本论》的法文本,转而信仰马克思主义的社会主义,并在伦敦认识了马克思本人。从此以后,在 19 世纪 80 年代,他所扮演的角色,"作为不列颠马克思主义先驱,一个马克思主义政党(社会民主联盟)的创建人和领导,以及不列颠马克思主义的第一流理论家和宣传家而出现"[③]。这些评价似乎是正面和积极的。但是,涉及他所理解和宣传的马克思主义,西方学者的评价就不那么客气了。例如,以撰写五卷本《社会主义思想史》见长的英国学者柯尔认为,海德门"对马克思主义理论作了特别枯燥无味的发挥,主要侧重价值学说,几乎毫不重视马克思理论的历史方面",他逢人就"摆弄"马克思主义的经济术语,"使听者感到莫名其妙"。另外,他"不是一个创造性的思想家,他对于从马克思那里学来的东西并没有做出任何实质性的

① 参看"海因德曼"条目,《简明不列颠百科全书》中文版第 3 卷,中国大百科全书出版社 1985 年版,第 665 页。

② 参看"海因德曼,亨利·迈耶斯"条目,《新帕尔格雷夫经济学大辞典》中文版第 2 卷,经济科学出版社 1992 年版,第 759 页。

③ 同上书,第 759 页。

发挥”。[①] 安东尼·赖特撰写人物条目时，从经济学角度，评价海德门“对马克思主义经济学的表述是狭隘地逐字照搬和缺乏灵活性的，这意思就是说他既不能创造性地发展它，又不能以足够的精确性反击对它的批评来捍卫它”；他脱离马克思的立场，“或者因为他未能在这一点上理解马克思，或者因为他只在有限的范围内接受了马克思的著作，或者因为当他引用其他经济权威（例如洛贝尔图斯或拉萨尔）的著作时，他没有意识到马克思不同意他们的观点”；“把拉萨尔的‘工资铁律’当作正统的马克思主义来讲解”；后来的《社会主义经济学》（1896 年）一书最充分展开对经济学的讨论表明，“他仍然在实质上依附当时被马克思的成熟著作所否定的理论”；面对人们使用诸如边际效用理论进行的批评，他未能捍卫马克思的价值论，“缺乏装备来自己发动一场有效的反击”，“他继续为他所理解的马克思主义者的经济正统观念充当一个精力充沛的宣传家，但智力斗争却输了，只能留给后一代的不列颠马克思主义经济学家把辩论继续下去”；[②]等等。

这些西方学者的评价，还注重从一些细枝末节中考证马克思、恩格斯同海德门之间的个人恩怨矛盾。如谓海德门在其 1881 年的著作中，表示希望《资本论》不久能出英文版，又不愿提马克思的名字。这种略而不提的做法使恩格斯大为恼火，以致恩格斯不喜欢海德门，反对马克思同他交往，并劝马克思同他决裂。或谓海德门在书中间接地称赞马克思的著作，却略去他的名字一事，导致他和马克思及恩格斯的个人分裂云云。[③] 其实，马克思和恩格斯对海德门及其一伙的批评，并非基于这些琐屑之事，而是针对他们脱离工人运动的教条主义和宗派主义。他们借口工会的反动性拒绝在工会中展开工作，把本来是行动指南的马克思学说变成死板的教条。对此，恩格斯曾多次提出尖锐的批评。例如，认为海德门一伙暗地里互相倾轧，不是真正的革命家，而是“把一切事情弄糟的政治野心家”[④]，“是撒谎者和骗子手”[⑤]，“是一个不可救药的阴谋家和嫉妒者”[⑥]；形容他的社会民主联盟是只有军官没有士兵的军队的滑稽

---

① ［英］G. D. H. 柯尔著，何瑞丰译：《社会主义思想史》第 2 卷，商务印书馆 1978 年版，第 407－408 页。

② 《新帕尔格雷夫经济学大辞典》中文版第 2 卷，经济科学出版社 1992 年版，第 759－760 页。

③ 参看［英］G. D. H. 柯尔著，何瑞丰译：《社会主义思想史》中译本第 2 卷，商务印书馆 1978 年版，第 392 页，以及《新帕尔格雷夫经济学大辞典》中文版第 2 卷，经济科学出版社 1992 年版，第 759 页。

④ 《恩格斯致弗·阿·左尔格（1886 年 4 月 29 日）》，《马克思恩格斯全集》第 36 卷，人民出版社 1975 年版，第 472 页。

⑤ 《恩格斯致弗·阿·左尔格（1889 年 5 月 11 日）》，《马克思恩格斯全集》第 37 卷，人民出版社 1971 年版，第 194 页。

⑥ 《恩格斯致弗·阿·左尔格（1889 年 12 月 7 日）》，《马克思恩格斯选集》第 4 卷，人民出版社 1972 年版，第 467 页。

剧①;斥责他随声附和"以同样的造谣诽谤来攻击权威的马克思主义"②;批评他的社会民主联盟"竟把我们的理论变成了正统教派的死板的教条",而且"在国际政策中还固守着腐朽透顶的传统"③;等等。至此,对于海德门其人,已有一个大概的了解。

现在,就来看看齐民社所推崇并部分转译的海德门《社会主义经济论》一书,怎样理解和宣传马克思经济学说。那时的中译名《社会主义经济论》,今译为《社会主义经济学》(The Economics of Socialism),为海德门1896年所著,据说是"他后来对经济学的最充分展开的讨论"。齐民社翻译了其中首章前两节,显示其原著采取讲演正文加注释的方式。兹将其中译文内容概述如下④,并给予必要的评论。

第一节"共产制之再来",提出讲演序论之命题为"生产方法史之小观察"。注释是,今世人们以为,现代财富的生产方法,产生于古代共产制的破坏,"财产私有制"取而代之,这是"一定不可更易"的。但在作者看来,现今"以交换利益为目的之生产"的生产方法,行之数千年,从古希腊、罗马到19世纪末,相沿未已。其研究结论是,"今欲全废此制,此至可慰者"。而且,根据"近今经济学之历史派",排除了"旧派之实验说",对于古代社会经济状态,"说明其变迁,并以此时代生产之思想及方法,与他时代相拟,而得其理蕴"。作者希望用这种"精密之思想"来取代和消灭"现今之愚论"。

作者认为,今人想象和解释古代诸人种的社会组织以及产业与社会的关系,是很困难的。所幸通过今天的澳洲、南美、印度等土著人生活,与"资本文明最发达"的英美诸国互相推勘,仍可以全面地观察到"各时代之社会组织"。今日人们普遍认识到,"人类社会之初期确为共产制",或者说,"社会最古形式,为粗大之共产制,确无丝毫之疑义"。进而言之,"今吾人于诸种财产私有制,考其未来之发达,并及人类所趋向,知其必归于共产,而此等共产制,则更为高级之组织"。作者认为目前处于从私有制向共产制的过渡时代,表示对于古代共产制,"有特殊之兴味";还把这种过渡,比喻为自然界一粒种子会生出更多的米粒,一颗星体会产生各种星群或星云等现象。据此推理,社会主义者"依此法则以考人类社会之发展,知其必以共产制为适用",因为"人类社会最后之发展,其所呈形态,虽与中代不相符,或转与原始所经者相近"。上古共产

① 参看《恩格斯致弗·阿·左尔格(1889年1月12日)》,《马克思恩格斯全集》第37卷,人民出版社1971年版,第129页。

② 《恩格斯致弗·阿·左尔格(1889年6月8日)》,《马克思恩格斯选集》第4卷,人民出版社1972年版,第466页。

③ 《恩格斯致弗·阿·左尔格(1894年11月10日)》,《马克思恩格斯选集》第4卷,人民出版社1972年版,第509页。

④ 参看《天义报》第16—19合期,第21—30页。

制的生产力未充分发展，“流为狭隘仅行之于一种一族间”；今日知识和交通发展的结果，完全有条件“利用自然之进步为高级之组织，以成世界共产制”。对于这一结论，作者继续解释说，可以根据“资本家生产时代”的初期和中期，推测其未来的发展趋向，“初期共产制既为私有财产所从生，及其最终，必又成高级共产制”，换言之，初期共产制既然是财产私有制的由来，私有制发展的最终结果，势必成为高级共产制。

接着，作者讨论进化与革命二者的区别，认为“进化之社会主义”与“革命之社会主义”，是两种完全不同的学说。前者不以“科学之社会主义”作为基础，属于“误解社会进化之理论”。因为“革命之起，即社会之进化”，革命的发生来自内外两方面压力，“乃刻不容缓者”，由此发展下去，进入“完全变易”时期。如果时机不成熟，任何个人或人群决不足以发起革命；一旦按照社会发展进程，唤起人们的意识，“革命之强力，决不可避”；比起“平和之进步”，革命更为适宜。作者还补充说，“凡一切成功之革命，于昔时旧社会间，已久蓄潜滋之力”，革命是孕育于旧社会之中长期积蓄其潜在力量的结果。观察者很少注意这一现象，或者视若无睹，对于“新主义”，拒绝其“合法之发表”。然而，“新主义”就像孵化发育中的鸟卵一样，最后的诞生必须借助于“几多之强力”。说到这里，作者引述马克思的一句名言以资比喻：

> “昔马尔克斯喻之曰：‘强力者，进步主义之产婆，彼孕于旧社会间之新社会，乃凭此以取出者也。’”

这句名言，出自马克思《资本论》第一卷中论述工业资本家产生时的一句话，今译为“暴力是每一个孕育着新社会的旧社会的助产婆”①。这句引文之后，作者还指出“强力”的反面功能，即“保守主义堕胎之物，乃压灭旧社会间所孕之新社会者”，像堕胎一样，是压制和消灭旧社会内所孕育的新社会的反动保守力量。针对保守的“强力”作用，“必有与彼相伴而生之一物”，这里的“所生之物”，大概指进步的“强力”作用。附带指出，所谓“强力”，作为“暴力”一词的早期中译名，意味着国人开始正视马克思的暴力思想。在此之前，无论翻译过《共产党宣言》末尾一段话的赵必振、朱执信、宋教仁，还是发表《共产党宣言》中译文的民鸣，都不曾给原著中的“暴力”一词以相应的译名。他们或者回避使用这类词汇，而以“改革”、“更新”等比较温和的字眼取代；或者将这类词汇寓于“颠覆”一词中，殊不知颠覆方式可以是暴力的，也可以是非暴力的。似乎在齐民社的这篇译文里，开始突出马克思的暴力概念并将它翻译成“强力”。看来，这既同海德门原作中强调马克思的暴力概念有关，也同译者崇奉“以暴易暴”的无政府主义秉性有关。如果说稍前无政府主义刊物选登的民鸣译文，

---

① 马克思：《资本论》第1卷，人民出版社1975年版，第819页。

疏漏了暴力一词,尚有点不可理解的话,现在纯系无政府主义派别的齐民社在其译文中率先采用类似暴力的"强力"一词,也就顺理成章了。

在第一节译文之末,译者加了两段按语。第一段按语,主要概括本节大意,认为此节的宗旨,通过上古共产制,推测未来社会,"知其必为高等之共产制";文中为此举证米粒及星云二例,"最为确当"。由此联想,中国古代哲人总是"反世风于上古,以为世运推移,无往不复",此论与本节所说的学理暗中符合;只是古人"不知返古以后,其形式则较古代进化"。这番联想,不过附会之说,却也提示第一节题目"共产制之再来"中的"再来"之意,似乎带有经济制度上的否定之否定意味。第二段按语,认为海德门的《社会主义经济学》一书,弥补了马克思等人写作《共产党宣言》的缺陷。其按语如下:

> "马尔克斯等作《共产党宣言》,时于原始共产制,尚未发明,故彼之所言,仅以阶级斗争之社会为限。此书所言,诚足以补其缺矣。"

这段按语,弄巧成拙,正好暴露了"齐民社同人"作为译者,对于刚引进(抑或是刚接触不久)的马克思学说,还相当陌生。事实是,马克思和恩格斯于1847年撰写《共产党宣言》时,确实写下"到目前为止的一切社会的历史都是阶级斗争的历史"这样一句话。但是,到1888年恩格斯出版其英文版时,已经就这句话作了重要更正,指出"到目前为止的一切社会的历史"这个概念,"确切地说,这是指有文字记载的历史"。作此重要更正,恩格斯解释说:在1847年,社会的史前状态,全部成文史以前的社会组织,"几乎还完全没有人知道"。后来,哈克斯特豪森发现了俄国的土地公有制,毛勒证明这种所有制是一切条顿族的历史发展所由以起始的社会基础,而且人们逐渐发现,土地公有的村社是从印度起到爱尔兰止各地社会的原始形态。最后,摩尔根发现了氏族的真正本质及其对部落的关系,"这一卓绝发现把这种原始共产主义社会的内部组织的典型形式揭示出来了"。随着原始公社的解体,社会开始分裂为各个独特的、终于彼此对立的阶级。关于这个解体过程,恩格斯还说,他曾经试图在《家庭、私有制和国家的起源》中加以探讨。[①] 这个英文版的注释表明,虽然在1847年撰写《共产党宣言》时,几乎还完全没有人知道社会的史前状态,其中也包括上述译者按语中所谓"尚未发明"的原始共产制,但至迟到1884年,恩格斯已经根据摩尔根的研究成果以及其他大量材料,特别是利用马克思在1880年到1881年间对摩尔根的《古代社会》一书所作的详细摘要,其中包括马克思的许多批语和论点,写成并出版了《家庭、私有制和国家的起源》一书,

① 参看恩格斯在《共产党宣言》1888年英文版上加的注,《马克思恩格斯选集》第1卷,人民出版社1972年版,第251页注②。

运用历史唯物主义的观点，系统而科学地阐明了人类社会早期发展阶段的历史。换句话说，不必等到海德门 1896 年著《社会主义经济学》来弥补所谓缺陷，马克思和恩格斯早就关注有关原始社会史的新材料并予以科学的总结。显然，译者并不熟悉这一背景，才会在按语中把海德门的经济学书籍视为继《共产党宣言》之后“足以补其缺”的著作。

齐民社的译者应当对恩格斯的上述注释有所了解。因为在同一期《天义报》上，刊载了民鸣的《共产党宣言》译本，其中便有这个注释的中译文。其表述是：“兹所称历史，指有指录者言之”。1847 年时，“凡未有记录以前之社会，其组织之况，尚无所知”。后来，哈克什达孙（今译为哈克斯特豪森）在俄国发见“土地共有制”，马乌勒尔（今译为毛勒）又证明条顿人种“当未有记载以前，皆以土地共有为社会基础”，此外如“村落共产制”，自印度以至爱尔兰，随处皆可考见。再有，依据摩尔根所著《古代家庭之性质》，“于原始共产之组织，昭然著明”。“盖原始共产制分解以后，社会之中，始区阶级，而各阶级间，遂出于相争”。[①] 这段有关恩格斯注释的中译文，与今译文比较，基本上符合原著精神。其中一再提到的“原始共产之组织”或原始“土地共有制”等，即类似于齐民社译者在其按语中所说的“原始共产制”。照理说，有此注释译文可供稽考，作为《天义报》主持人员的齐民社同仁，完全可以避免信口把海德门的《社会主义经济学》看作补阙之作。惜乎他们对现成的译文资料视若无睹，又对马克思恩格斯的著作了解无多，加之自己的偏爱，于是给了海德门的著作以如此地位。另外，同期《天义报》上，还刊载了志达的《女子问题研究》一文，摘译恩格斯《家庭、私有制和国家的起源》一书的有关内容。其文的按语提到，此书援引历史来“推论家族之起源”，无异为包括齐民社同仁在内的国人感兴趣者，提供了获知马克思和恩格斯如何研究原始社会历史的重要线索。但齐民社的译者好像醉心于海德门的著作，对此线索同样无动于衷。这恐怕也是他们在译文第一节末尾的按语中放言无忌的原因。

译文第二节“上古之共产制”，撇开“古今相沿之私有财产制”不谈，“对于古代共产制，则有特殊之兴味”。针对流行的看法即“一切人类，处于私有财产制之下者其日长，处于共产制之下者其日短，故人间共产制之历史，仅太古之事”，引用许多例证予以反驳。例如，有人推算，“人类生活若历十万年，其中九万五千年属于共产制度时代”。人类在共产制下，“由最下级之蛮族，进入文明之境域”。那时的“生产诸机关”为家族和种族所有，“以分配团体内各人民，以供其必要之需”；以家族和种族为主的“社会单位”，总是与其他家族和种族争斗，“其各小团体内，则互相调和”；其中结合的纽带，不是财产或地方区划，而

---

① 《天义报》第 16－19 合期，第 2 页。

是"血统之关系"。近世的美术工艺,如今产生各种发明,"此皆昔日共产制之下所使用者";根据社会主义的发明来推其进步,也"可以考见人类初期之历史"。各种利用人间自然力的发明,如车、弓、船、帆、棹、板、火、织物、土木建筑装饰、谷类耕作、动物饲养、金属锻冶等,"皆共产时代所发明"。近世工业大经营,同样"据昔人所营之基础而设立者",如果没有"原始共产人"的事业和发明天才,今日人类恐怕还生活于茹毛饮血之中。另外如农业制造业、船运航海业以及其他工业机械的发明,都是"永久相续"才形成"人间生产力"的发达,都是"人类社会一般思想进步之结果也,决非数人所能为"。"要之,一切人类之进化,均由此时代与他时代相连续者也。以劳动为平易,则遗传之习练也"。据此,所有大发现、大发明是成千上万人长期努力的结果,不能归功于少数个人。"依人间之进步,以考社会发达之历史,则人类之互相关系,联续而莫分,固昭然可知者"。进而言之,"近世资本家,发明产业商业诸制度,此诸制度之基础,悉成于共产制度之时代"。此外,文中还举例说明,在今日澳洲、印度、南美、新西兰等地,仍存在"原始共产制"的遗迹,可供研究。

此节有关上古共产制的考察和叙述,在译者看来,证明于"原人之社会"。同时,意犹未尽,译者又在最后的按语里利用中国的事例予以补充和印证。按语认为,"中国之社会,至于今日,亦有沿共产制度之风者"。主要有三个例子:一是"乡镇之民,恒聚同族者千百户于一所,均有共通之产业,为阖族人民所分享,此同族之共产者";二是"滇黔粤湘边境,会党杂居,既入彼党,无论行经何地,与同党相值,则居处饮食,均可自由,此同党之共产者";三是"僧徒持有度牒者,无论行经何省,凡寺宇所在,腹饥则食,躯倦则休,此僧侣之共产者"。此外,还列举"蒙古各部,纯为共产之风;北方各省,亦间存此制"。这些中国的事例,被用来加强同一个结论,即"上古确为共产,明矣"。

以上两节的译文和按语,可以看到,译者对于海德门的《社会主义经济学》最感兴趣的,无非两个观点,一是财产共产制观点,另一是"强力"即暴力观点。这两点,都与齐民社作为无政府主义派别的思想倾向相吻合。两个观点中,关于暴力观点,其意较明确,不必赘述,所以译者除了转译外,未另加注或作按语。关于共产制观点,不仅是译者摘译的重点,也是译者通过按语来抒发自己感受的重点。把两节译文的内容联系起来,简而言之,前一节是说,人类社会初期或原始的粗陋共产制演变成延续至今的财产私有制,就像自然界的谷物和星云成长呈现循环往复或否定之否定的发展变化法则一样,随着知识和物质上利用自然的进步,最终必然再进化成高级和世界性的共产制,带有理论阐述的色彩;后一节着重叙述上古或原始共产制的特征、通过"永久相续"的历史联系对后代发展所起的奠基作用、以及它留在今日部分地区和人种中的各种遗迹等等,带有历史验证的色彩。这些译文就其整体内容而言,看不出海德门如何“确守”马克思和恩格斯学说，倒是给人以理论论述显得有些武断和轻率，历史考证又失之牵强和肤浅的印象。译者穿插于译文中的一些按语意见，如引用中国传统的“世运推移，无往不复”观念，或中国社会沿袭已久的若干“共产制度之风”，来辅佐和印证正文的结论，亦未免有流于庸俗之嫌；而把海德门其书称为弥补《共产党宣言》缺陷的补阙之作，更是一种误导。

无论如何，齐民社同仁的这篇译文，传达了马克思经济学说的若干观点。如以比较隐晦的方式，提到“近今经济学之历史派”的“精密之思想”，即说明古代社会经济状态的变迁，通过比较不同时代的生产思想与方法来揭示其理蕴；引述马克思关于“暴力是每一个孕育着新社会的旧社会的助产婆”这一论断。此文强调从经济学角度研究社会主义，给予齐民社译者以强烈的感受。此所以他们在译文的开篇按语里说，近世谈论社会主义的人，必须根据历史事实研究经济界的变迁，以考证资本制度产生的根源。由此接触到马克思构成其核心思想的一些基本原理，以及恩格斯的评价，即马克思的发现对历史学的贡献就像达尔文的发现对生物学的贡献一样。译者表述这个基本原理，有些走样并且残缺不全，但他们指明，自此以后，言社会主义者才开始有了理论根据。借于此，译者把海德门“确守”马克思恩格斯学说，理解为讲演生产方法之变迁，形成经济变迁史之大纲，并呼吁中国学者应当注意经济变迁，以此作为一切历史的枢纽和观察一切历史的依据。可见，以“天义派”或齐民社为代表的早期无政府主义者，为自己的主张从马克思学说中寻找滋养，同时也在一定程度上宣扬了马克思的观点。这种宣扬，不单介绍个别的具体观点，更是介绍马克思注重生产方式演变的研究方法。这表明他们走到了这样一个边缘，接近于认识马克思经济学说运用科学方法来研究社会生产关系及其经济发展规律，虽然他们仍踯躅于它的边缘，但在介绍马克思经济学说方面多少又前进了一步。

三、其他有关马克思恩格斯学说的译介资料

本编叙述的时期，还有其他一些刊载在无政府主义刊物上的译文或国人自撰文章，零星涉及马克思、恩格斯生平或学说中的若干内容，一并介绍如下。

（一）关于布利斯《社会主义史大纲》的中译文及其按语

这篇译文发表于《天义报》第16－19合期，系无名氏翻译比利斯 W. D. P. Bliss（今译布利斯）的《社会主义史大纲（A Handbook of Socialism 之一节）》[①]。对于这篇文章，不再陌生。此前1906年9月5日《民报》第7期已发表过廖仲恺翻译的同名译文，而且廖氏译文比起《天义报》的无名氏译文，更为

① 参看《天义报》第16－19合期，第31－38页。

完整和详尽。从两篇译文的风格和用辞看,各自独立翻译成文,不存在后者对前者的抄袭或照搬转引问题。比较起来,二者依据同一原著,借此表达的思想倾向,却不尽相同。廖氏认为布利斯(原译柏律氏)是基督教社会主义者,他的著作同马克思、恩格斯等人的观察点存在差异,这种差异正好可以为初学者的研究提供比较,如可以对照宋教仁翻译发表的《万国社会党大会小史》,以资"提揭短长"[①]。无名氏翻译此文的意图,从其"译者识"看,也有比较的意味,但明显站在维护无政府主义的立场上,由此可以判断无名氏或许就是无政府主义者,至少是具有无政府主义思想倾向的人。其观点是:

> "比利斯学说,以基督教为根据,故所言社会主义,与马尔克斯诸派不同。此篇所言,以为社会主义,多出于基督教徒,且于巴枯宁无政府主义,颇有微词,均不足为定论。惟于社会主义发达之历史,则叙说简明,足备参考。今中国人士于社会主义,多昧其源流派别,故剌取此篇,译为汉文,以为社会主义学派之提要,非以其评断为可取也。"

可见,无名氏也注意到布利斯的基督教社会主义学说不同于马克思学说,但其着眼点不像廖仲恺那样,意在比较它与马克思恩格斯学说之异同,而是急于申辩布利斯著作中对巴枯宁无政府主义的不利评断"不足为定论"或不可取,同时认为此作对于不了解社会主义源流派别的中国人士来说,其参考价值,在于它对社会主义发展历史的叙述简明扼要。这个"译者识",还评价了布利斯著作的不足。如认为它论述"上古共产制"多有缺略,未能考虑到"原始共产制"多存在于俄国,不是仅存在于中世纪日耳曼村社的公地"马尔克";忽略了"考历史者所应知"的斯拉夫或泛斯拉夫文化优越论者称扬此制的那些观点。这个评价,不禁使人想起齐民社翻译海德门的著作,对于其中论述上古或原始共产制的特殊兴趣。由此也可见中国早期无政府主义者的某种共同嗜好。又如认为布利斯的著作述及"万国社会党同盟",以 1884 年为其历史下限,此后尚有 20 余年的历史,应当选取其他有关书籍"以补其缺"。这里所说的"万国社会党同盟",似乎泛指各国社会主义运动的发展。第一国际 1876 年解散后,第二国际到 1889 年才成立,并延续至 1914 年第一次世界大战之初,此外没有其他在 1884 年以后延续了 20 多年的各国社会党的国际联合组织。而且,布利斯的《社会主义史大纲》一文,选自其 1895 年出版的《社会主义手册》一书中一节,这个出版时间,也限制了它叙述社会主义史的历史下限。可见,译者虽然认为布利斯之文"足备社会主义参考",却已在考虑选择译述其他

① 廖仲恺译:《社会主义史大纲》"译者按",见尚明轩、余炎光编《双清文集》上卷,人民出版社 1985 年版,第 7 页。

的参考书以补其缺失。

布利斯的《社会主义手册》一书，是当时流行于日本的几部西方社会主义书籍之一。因此，活跃于日本的中国学人如廖仲恺和无名氏等人，相继从此书中选取翻译有关内容以作为介绍和宣传社会主义的资料，是容易理解的。令人不解的是，无名氏对于此前发表在颇有影响的《民报》上的廖仲恺同一译文，似乎置若罔闻，不仅未予提及，而且同样在《社会主义史大纲》标题下，其译文篇幅只及廖氏译文的一半，也就是说，另一半内容被删节了。下面先浏览一下无名氏译文的内容。

此译文叙述，近世社会主义始于 1817 年，以罗伯特·欧文、圣西门、拉梅耐等人的同年著述为标志。19 世纪以前，社会主义的起源可以追溯到古代，由古制萌芽生长起来，在一些国家仍留有"家族共产制残遗之迹"。古代"发见社会主义之实例"，如古希腊雅典"纯属社会主义之都市"，希伯来神权政治"亦多含社会主义"。此时，宗教和共产主义互相提携；基督教时代，原始教会"多企共产制度"；中世纪，僧庵制度亦多此想；其他有如美国的"共产殖民"。另外，追求"共同生活之理想"方面，柏拉图的《共和国》曾拟出"空想社会"。此后 1516 年摩尔作《无何有乡》，1600 年康伯内拉作《太阳之都》，1656 年哈林顿作《太阳洲》。所以，"社会主义之萌芽，实在十九世纪之前"。考察近世社会主义的起源，基德认为存在于"爱他心之冲动"，这是社会主义的"精髓"，为"人道上之运动"，"非贫民阶级对于富豪之运动"。其运动首领中的多数如欧文、圣西门、马克思、拉萨尔、莫利斯、海德门、福尔马尔、巴枯宁、克鲁泡特金等人，"其初均属于富豪阶级"。文中还举例说，社会主义的"爱他心"性质，表现为"德国共产主义创始者"魏特林曾依据新约圣书来说明共产主义。接着又说：

> "盖德国社会主义，其纯属于物质观者，如马尔克斯、拉撒尔、巴枯宁是。若夫社会主义之哲学，则海克尔（Hegel）氏及布依比叠氏发其源。而海氏于近世哲学中，富于精神；至于布氏，则直以基督教社会主义自标。"

这段话的意思是，德国社会主义者如马克思、拉萨尔、巴枯宁（译者注明，巴枯宁不是德国人，"乃居德而德人被其思想"即受到德国人思想的影响）等人，纯属于唯物主义者，但他们的社会主义哲学思想，来源于黑格尔和费希特，在近代哲学中，黑格尔"富于精神"即主张唯心主义，费希特自我标榜为基督教社会主义。这里的"物质观"一词，比起廖仲恺译文里所谓"云物质的"，要贴切一些。它们被用来表达原作者这样一个用意，即企图证明像马克思这样信奉唯物主义的社会主义者，也离不开"爱他心"的唯心来源。译文接下来，反复说明这个观点。如谓：法国圣西门、傅立叶、卡门"均深于宗教"；英国欧文出于"人类爱他心"的"人道之至情"，呼吁"社会主义者，当牺牲己身"；像基督教殉教者希望身后入天国一样，社会主义者也希望自己的子孙入天国，其途径是为主义而弃身命；等等。所以说，“爱他心一端，实产生社会主义之一大原力”。这个原动力真正发挥作用的机会，来自产业界猝然发明大机械与蒸汽力，“一切之生产，均依资本之力而成，至举劳动阶级之生命，操于富有阶级之手”，从而产生富者愈富、贫者愈贫现象，这就刺激人们从“爱他之心”出发，“说明人类平等，以促人类于共同联合，而革命遂由之而起”。

无名氏的译文，到此为止。其译笔与廖仲恺相比，显得简练一些，但通篇未见前面按语中曾提到的有关“万国社会党同盟”之类的内容。对照廖氏译文，才知道这些内容均在被删掉的后半部分之列。删掉的部分，包括近世社会主义运动的三个组成体，法兰西革命，特别是社会主义发展的五大时期等内容。照理说，这些内容对于不了解社会主义源流派别的中国人士，正可供参考，无名氏却省略不译。其中的原委，很难用节省篇幅之类的托辞搪塞，恐怕最能说明问题的，还是译者开头按语中点破的那一点，即原文对于巴枯宁无政府主义“颇有微词”。原文的后半部分，尤其关于社会主义发展五个时代的论述，多次提到马克思为代表的社会主义一派与巴枯宁的无政府主义派别在第一国际内部的斗争，两派的分裂，以及马克思社会主义战胜巴枯宁主义、清除无政府党的影响以拯救社会主义运动等内容，这些历史资料，并非具有无政府主义思想倾向的译者所愿意接受，故对译者来说，略而不译或许是一个不错的选择。

这篇译文的末尾，译者还用按语形式，对文中涉及的重要人物作了一些注释。如注明欧文，英国人，生卒 1771—1858 年，其著名代表作《新社会观，或论人类性格形成的原理》，曾在美国印第安纳州“试行共产殖民制”，名为 New Harmony(今译新和谐社区)，又于一岛上试行，“乃热心共产制度者”；圣西门，法国人，生卒 1760—1825 年，主编刊物有《实业》、《组织者》，著作有《论实业制度》、《实业家问答》、《新基督教》等，“乃法国社会主义之始祖”；拉萨尔，犹太人，居于德国，“全德劳民同盟”(今译“全德工人联合会”)的“创立者”；傅立叶，法国人，其作以《四种运动论》为最著名，亦一“空想家”。另外，“若马尔克斯、哈因秃曼、巴枯宁诸人学术，则知之者众，兹不复注译者附识”。看来，译者考虑到至少在《天义报》上，马克思、海德门等人的论著已经专题刊载，巴枯宁则是他们所心仪的无政府主义祖师爷，均属“知之者众”之列，不必再作注释。这于无意之中，也透露出当时“天义派”人物的心目中，马克思及其学术对于国人来说，不再完全陌生，是流传颇广的西方社会主义的代表和象征。

(二)《国粹之处分》

这篇署名“反”的文章，发表于《新世纪》1908 年 4 月 25 日第 44 期[①]。其

① 参看张枬、王忍之编：《辛亥革命前十年间时论选集》第 3 卷，三联书店 1963 年版，第 191—193 页。

主旨根据进化论观点，反对保存或发挥国粹的主张。这里面没有什么特出见解，不过借此宣扬无政府党之判断世界进化，“当视政府及私产二者受若何之处分”，作者认为判断中国文化进退，“当视国粹之受若何之处分”。值得指出的是，文中曾引用恩格斯的语录，来支持自己的观点：

“社会党烟改儿士论家族、私产、国家三者曰：‘待社会革命之后，此种种者，当置诸博物馆，与古之纺车、青铜斧并陈之。’余亦曰：中国之国粹，若世人之所谓种种者，尤当早于今日陈诸博物馆。是诚保守之上策，亦尊重祖先之大道也。”

恩格斯这段语录，见于《家庭、私有制和国家的起源》，它的原意是：国家并不是从来就有的。在经济发展到一定阶段而必然使社会分裂为阶级时，国家就由于这种分裂而成为必要了。在将来新的生产发展阶段上，这些阶级的存在不仅不再必要，而且成了生产的直接障碍。阶级不可避免地要消失，随着阶级的消失，国家也不可避免地要消失。“以生产者自由平等的联合体为基础的、按新方式来组织生产的社会，将把全部国家机器放到它应该去的地方，即放到古物陈列馆去，同纺车和青铜斧陈列在一起。”[①]可见，恩格斯使用纺车和青铜斧的比喻，形象地说明未来国家消亡以后的情形。对此，《国粹之处分》的作者引用时，不解其深意，只是取其表面意思，把像纺车和青铜斧一样放到古物陈列馆陈列，看作对待中国各种国粹的最佳方式，所谓“保守之上策，亦尊重祖先之大道”。不仅如此，对于染上无政府主义癖好的作者来说，有兴趣选用恩格斯的语录，恐怕还来源于对其国家消亡理论的曲解，把这一理论同无政府主义的无政府观相提并论。作者在文章末尾祭出无政府党的宗旨，认为应当根据“政府及私产二者受若何之处分”的情况来判断世界的进化形势，也就是把取消政府和私产视为世界进步的表征，隐约地使人感觉到恩格斯的国家消亡理论被阉割为无政府主义的观点。在这里，真是应了偏见比无知更可怕的谚语。

（三）非无政府主义著述中关于马克思学说的评介文章

以上有关马克思恩格斯学说的翻译和评介性文章，主要见于《天义报》、《新世纪》等无政府主义刊物，这是本时期一个特征。除此之外，同期其他非无政府主义的著述中，也可以零星看到一些涉及马克思及其学说的评介性文字。非无政府主义著述中的评介文章，不像无政府主义刊物上的有关文章，以尝试翻译马克思、恩格斯的原著为主，在此基础上再作若干点评，基本上仍沿袭以前的惯常做法，把国外的有关评介资料移植过来，再以自己的叙述方式或掺入

① 恩格斯：《家庭、私有制和国家的起源》，《马克思恩格斯选集》第 4 卷，人民出版社 1972 年版，第 170 页。

自己的某些观点来介绍和评判。下面,举出两个例证,以资补充。

1.《维新人物考》关于马克思的介绍

华承沄的《维新人物考》1911年在天津出版,其中有一段对马克思作了如下介绍:

> "马格斯,德国社会学家及法学家也。法国千八百四十八年革命,马氏与闻其事。后之伦敦从事著述。千八百六十四年立万国工人会。其最著之著作则为'产业'。今各主张国家社会主义,以运动选举为作用,纯然立一政党地位者,马氏即为其元祖。如英法德等议会皆有社会党,咸宗马氏学者也。"

紧接着,后面一段简略考察"社会操议政之权即议院所自始",社会党开始在议会中发挥其支配性影响。文中以英、法、德、美等国议会章程为例,认为议会关键对筹款负责,国家仰给于议会决算,以舒展国用。议员人选公而忘私、国而忘家,其出谋划策,自必轨于正而不涉于邪,形成"天下一家,中国一人气象",形成"社会与国家呼吸相通,命脉亦无不相属"的良好氛围;否则,议员空言无裨于实际,无异于"处士横议之流"。所以,可在故人中"举第一社会学家为天下后世法",以此"戒法戒昭",使天下后世"可以知所从事"。[①] 这里推举为天下后世效法典范的"第一社会学家",指的也应当是马克思。

以上介绍,其实相当糟糕。其中基本事实部分,如马克思关注法国1848年革命,"与闻其事",后来在英国伦敦从事著述,1864年推动成立"万国工人会"即国际工人协会,以及其最著名的代表作是"产业"即《资本论》等,尚有案可稽,其余评论马克思部分,几乎都是错误的引导。例如,称马克思为"社会学家及法学家",甚至是"第一社会学家",却回避了或者未曾意识到马克思是科学社会主义的创始人;把马克思看作"主张国家社会主义"的各派通过选举运动来建立其政党地位的"元祖",等于说马克思提倡国家社会主义,而且是其政党派别之肇端;宣扬英、法、德等国议会中的社会党"咸宗马氏学者",推举用马克思的社会学来规范议员们的行为,使马克思学说混同于热衷议会的学说。凡此种种,说明当时一般国人关于马克思及其学说的介绍和认识,比较模糊甚至相当混乱。

2. 钱智修的《社会主义与社会政策》

这篇文章发表于《东方杂志》1911年8月19日第八卷第六号。《东方杂志》创刊于1904年3月11日,由上海商务印书馆出版,1949年停刊,是旧中国历时最久的综合性期刊之一。它在办刊前期,鼓吹立宪,反对革命,是改良

---

① 以上引文均转引自高军等主编:《五四运动前马克思主义在中国的介绍与传播》,湖南人民出版社1986年版,第297—298页。

主义刊物。钱智修后来曾任该刊主编，他撰写发表这篇文章，旨在纠正社会主义的流弊，并就中国应当采取的社会政策，提出建议。文章的开篇，说了如下一段话：①

> "社会政策者，整理国民生活所当采之手段也。社会主义者，以改变现社会之组织为整理国民生活之手段也。近世社会主义之开山，咸推德人楷尔·麦克(Karl Marx)。其《资本论》所述，意在集土地、资本于社会，以经营共和的生产事业，所谓社会民主主义是也。同时，法人路易·勃朗(Louis Blanc)反对之，以为共和的生产事业非可亟图，但当以国家强制力，求分配之平均而已，故又有国家社会主义。"

在这段话里，一方面，认为卡尔·马克思是近世社会主义公认的创始人，突出其《资本论》在社会主义发展历史中的重要意义；另一方面，又给马克思学说戴上一顶"社会民主主义"的帽子，并以路易·勃朗的"国家社会主义"与之相对立，使人产生这是社会主义学说中两个并列流派的错觉。在作者看来，"二说既积盛于欧美，近且有骎骎及我国之势"，即把马克思的学说与路易·勃朗的学说归并成不仅流行于欧美、而且迅速影响到我国的两大社会主义学说。对于这两种学说在国人中的影响，作者均持否定的态度说："返观我国之人，一方面方持狭隘的国家主义，而不知国民生活之重要"，以"国民生活之重要"为理由，批评路易·勃朗的国家社会主义之狭隘；"一方面又有偏信学理，盲从袭取之积习"，以"盲从袭取之积习"为借口，指责对马克思社会主义学理的偏信。所以，作者举出马克思及其《资本论》，不是为了客观介绍，也不是为了宣扬这一学说，而是树立这个学说作为靶子，辑录各种反对观点，掺以个人意见，"先正社会主义之流失，而以中国所当采之社会政策终"。换句话说，作者的用意，诉诸中国"留意民生之士"，批评社会主义，向他们兜售中国应当采取的社会政策。

这篇文章把马克思及其《资本论》作为欧美社会主义中最重要的代表之一，作为影响我国的社会主义学说中可能最有势力的代表之一，它对于社会主义的批评，除了隐约指责国人对于马克思学说出于"偏信学理，盲从袭取"的积弊，未曾针对马克思学说提出具体的批评意见。其中的缘故，一部分可能是，作者不了解马克思学说抑或了解一点皮毛，他把马克思学说理解为"社会民主主义"，即可见一斑；另一部分可能是，作者自认为对于一般社会主义的批评，包含了对于马克思学说的批评。

---

① 以下引文凡出自该文章者，均转引自林代昭、潘国华编：《马克思主义在中国——从影响的传入到传播》上册，清华大学出版社 1983 年版，第 287－297 页。

文章的批评,基于两个冠冕堂皇的理由。其一,一个学说的兴废,“每与时势为仆缘”附着于时势发展的需要;其二,一个学说的得失,“以违合人性为标准”,衡量的标准看它符合还是违反人性。二者的关系,本着人性之自然损益张弛,以求适应于时世发展,以此为基础奠立“一切政治公例、经济公例”;否则,任何学说纵然“吊诡新奇”,付诸实行时也不可能达到其预期目的。据此,文章把矛头指向社会主义,一方面,辩解“欧洲之有社会主义,盖在贫富相悬、工佣积悴之余,故其说既兴,遂足以张皇一时之耳目”,承认现实社会存在“贫富相悬、工佣积悴”的不平等状况,同时又把由此产生的社会主义学说,说成“张皇一时之耳目”的暂时现象;另一方面,攻击社会主义学说“违反人性”,由此造成的“纰缪之点,为世人所抉摘者,已难悉数”。

文章将所谓世人抉摘社会主义学说的“纰缪之点”,分为“经济学上之谬点”和“社会学上之谬点”两部分,列举如下:

所谓“经济学上之谬点”,一是社会主义遏绝企业心。舍弃人类从事企业受利己心驱策的“自为”之利,要求尽力于社会,社会的酬报不分勤惰巧绌,结果产生偷安苟且之心,窒息人们的生产动机。此即“社会主义所以不能成立”。二是社会主义违反分工律。违背鼓励人们“各量所能,以选择其恒业”的分工原则,就像托尔斯泰崇信社会主义,转而从事制鞋业,结果既不能消弭“世界贫富不均之缺陷”,反倒荒弃了他的天才独绝之文学事业。此即“社会主义之过”。三是社会主义减少资本额。共产主义取代私产制度,个人不必考虑储蓄问题,社会代为之谋又必不及个人善于节俭,结果势必减少全社会的资本额,导致生产事业的停滞。此即“社会主义之害”。

所谓“社会学上之谬点”,一是援引马尔萨斯人口论,断言只有个人考虑子孙教养之资费,才会有节制生育的“克己之心”,社会主义将教养子孙的责任皆移于社会,势必使人口增加超出正常限度,以致采取严酷之法限制生育,“不若个人自为节制之善”。二是援引社会学家主张政治干预“愈少为愈善”的政治范围论,断言社会主义“欲举社会上一切事物皆受政府之干涉”,属于“政府万能说之旧见”,必然导致冗吏众多、消耗国家富源而民力竭,民事皆赖政府保护而民德衰,“社会之自治力亦不进而自退”。三是援引进化论所谓有自由意志才有新希望,有个别活动才有社会共同目的等观点,断言社会主义学说强调个人服从社会,机械地执行政府命令,“自由意志、个别活动皆陵夷殆尽”,从而“窒塞进化之道”。

以上数端,被认为是“社会主义违反人性之大端”。在作者看来,社会主义发生于欧美国家,情有可原。那里贫富阶级积重难返,劳动者受资本家的压迫而谋求反抗,政治家同情劳动者的困难而谋求拯救,如此则“社会主义犹足备救时之一说”,惟其方法“未尽善而已”。但是,对于今日中国来说,它的社会情形与欧美国家“绝异”，社会主义“不合用”于中国。所谓“绝异”，一是中国劳动者的佣金虽低于欧美工人，由于物价低廉，生活程度低下，故衣食住等开支后的节余，仍在欧美工人之上，可供中国一般工人用此节余从事小资本经营，有此“调和贫富之方”，也就“不必社会主义之救助”；二是中国不像欧美诸国“资本家之组合太强”，托拉斯垄断使小资本家没有投资余地，操纵物价压低工人佣金，由此构成“贫富不均之危象”，相反，中国的生产事业一切待举，“小资本家既得结合公司自由活动，而劳动者亦将赖公司事业之兴以增进佣率”，在这种情况下，“又何取夫社会主义”；三是中国不同于欧洲国家经过工业革命（原文将 The Revolution of Industry 译为“工业组织之转变”或简称“工业转变”），机器的应用减少了流通资本，节减了佣工数量，工人受其影响沦入困境，中国今日尚处于这一转变的初期，无论是机器的应用、资本的流通，还是工人的应时酌量调剂，都未对金融市场产生强烈的影响，未在工人中引起转变的恐慌，鉴于此，“何必社会主义之极端干涉”；四是中国区别于欧美各国，后者的本土生产力发泄已尽，对外开拓殖民地未足以缓解劳动者的困境，我国则有大量土地正待开发，加上内地路矿诸业的发展需要众多劳动力，因此劳动者不受竞争的压力，“不必忧分配之不均”。

批评社会主义“违反人性”，论证社会主义“不合用”于中国之后，作者作了一个归纳，无非用进化论观点，反复说明社会主义学说不符合社会进化的所谓“公例”。其大意是：“社会主义者，自由竞争制度之结果也，天然淘汰说之反动力也”。针对自由竞争和天然淘汰二者的流弊，社会主义家企图“绝其根株，以谋民生之幸福”。但是，二者的根株“本无可绝”，民生的幸福又“非与二说绝对不相容”。“贫富之阶级”不过“能力之阶级”的结果，人的天然能力造成了优胜者与劣败者的差别，这种天然淘汰，“诚不能无过渡之苦痛”。人们只能缓解而不能消除这种过渡的苦痛，“必欲变现社会之组织，以为极端之防制”，那是不可取的。根据人类进化的“天然淘汰之公例”，自然界的“最适者生存”转变为人类社会的“最良者生存”，这里的“最良者”，包括“智力上之优胜”和“道德上之优胜”，所以，应当倡导“天然淘汰与博爱主义之调和”。

以上结论，也是作者提出其社会政策的出发点。在他看来，所谓社会政策，旨在“救治自由竞争之流弊”，其“救治”不同于社会主义者主张的“绝其根株”，而是“调和天然淘汰与博爱主义之冲突”。如何“救治”或“调和”，作者引进“机会均等说”的新提法。此说与社会主义对抗，不必像社会主义那样“均齐贫富”，同时又要有社会保护，给人以致富机会；不必像社会主义那样“壅遏竞争”，同时又要有社会辅助，授人以从事竞争能力。社会主义属于“数理的平等主义”，抑制个人“以求暂时之苟安”；机会均等说属于“心理的平等主义”，襄助个人“以促共同之进化”。社会政策的宗旨，在过渡时期，强调不应当阻碍强者的进步,又应当拯救弱者的失败,任凭失败者沦为劣弱的种子而传播于社会,亦非强者之福,由此导致道德心的堕落,将更加令人担忧。

依据这些宗旨和原则,作者不厌其详地列举了其社会政策的“进行方法”,包括三纲十二目。其纲目大略是:第一“保全均势”方面,开展义务教育尤其初等教育须人人同受;保持公共卫生并由社会监督;实行累进税率作为“调和贫富之善法”以期租税负担平等,同时确立征税的一定限度,“以别异于社会主义者之没收说”,保护富者有余力以增进税源;限制独占事业,以利自由竞争,其防制之法或由国家监督私人所有之业,或由政府或地方官厅直接管理。第二“振起生产”方面,奖励小股东,减低股票价格使人人有投资机会;加强生产组合,处理好雇主与佣工之间的直接利害关系,如采取劳动者与企业家同占公司股份的佣主组合制或企业家与劳动者均分其公司赢利的分配制;仿行西方国家的信用借贷,鼓励人们从事生产经营并增强责任心;创立实业探险队,以志愿探险队为先导,有实业经验者组成团体,从事移民开拓事业,借以调和竞争压力。第三“救助贫弱”方面,建立游民习艺所,吸收工业竞争中的失败者,按工给食,教养兼施,储备其部分工作所得以作将来自力营生之资本,即“科学的慈善事业”;仿行职工公所,听任私人设立,关系密切者自行定期交纳其部分佣金储为公积金,遇患病、失业、亡故时给予补助或赡家,兼有劳动保险及人寿保险的长处;推行以工代赈制,私人团体出面组织灾民浚河筑路等,可省却官治的繁复,又可带来私人道德的发达;设立地方医院,每个自治区资遣一二人就近学习新法医学,学成后可开地方医院。

作者开出社会政策的药方,据说遵守三不涉及的准则,一是以不改变现存社会组织为主,“凡与旧制违反过甚者”,皆不涉及;二是以养成个人能力自谋进取为主,“凡须政府之极端干涉者”,皆不涉及;三是以国民全体的共同生活为主,“凡利益之偏于一局部者”,皆不涉及。此三准则,都是针对他所理解的社会主义精神,或者说,凡是社会主义主张的政策精神,在他提倡的社会政策中,都不涉及和采纳。如此鲜明的对抗态度,在当时反对社会主义的言论中,也是不多见的。作者还提请关注推行其社会政策所需要的人才,特别是“我国今日所最缺乏”的社会特殊人才,这在一定程度上显示了他的识见。他所说的“现社会所需要最急之特殊人材”,特指那些不受制于目前习惯、不拘泥于一时利害、降志辱身、从事某种职业而致力于“改良其内容”的人才,或称之为备极辛苦、另辟途径一类的人才,这又使人感到,他把希望仅仅寄托在少数信奉改良宗旨的社会精英之上。

至此,作者比较完整地表达了批评社会主义的态度,他为中国开出的社会政策药方,也含有对抗社会主义政策的意味。文章的末尾,还借着某些人的诘难,补充了一段辩词。起因是,有人认为,社会主义在中国,不过是少数学者的提倡，当务之急是对外的政治竞争，如实行立宪和军国民教育等，不必把社会政策当作刻不容缓之事。对此，作者的辩词是，政治竞争离不开生活竞争，无秩序的生活竞争无法与有秩序的生活竞争相匹敌，所以，进行政治竞争，必须加意生活竞争，而生活竞争又必须在“整理秩序”上下功夫。据此，他的社会政策如机会均等和共同进化等，在不违背竞争主义的原则下，“以整理秩序而已”。对诘难者关于社会主义的说法，他还表示忧虑说：社会主义之于中国，目前尚未形成何等势力，但民生凋敝达到极端，必有仇视现行制度之时，又必有急病不择药之时，至于此时，“社会主义乘之而起，乃真一泻千里而不可收拾，则又何如先事预防之为愈哉！”在作者的眼里，社会主义犹如洪水猛兽，必须防患于未然，而他的社会政策便被当作事先防范的灵丹妙药。可见，作者提出“社会主义与社会政策”的命题，把社会主义当作批评的靶子，又把社会政策作为中国防范社会主义的替代物，二者相辅相成。

读罢钱智修的文章，再来看他最初的命题定义，将社会政策理解为“整理国民生活所当采之手段”，将社会主义理解为“以改变现社会之组织为整理国民生活之手段”，其中想要引起人们注意的差别之焦点，就在于是否需要“改变现社会之组织”。对此，钱文的态度是否定的，为了支持这一否定观点，其文所突出的，一是试图从根源上扭转人们对近世社会主义“开山”鼻祖即马克思学说的“偏信”，二是试图汇总各种反对观点以纠正社会主义的“流失”。不过，文中对马克思学说的批评，只是虚晃一枪，未曾深入，对社会主义的批评，也是一些鼓噪已久的老生常谈，如违反人性、遏绝利己心、无视勤惰巧绌之分、破坏各量所能的分工规律、废除私产制度将影响储蓄心理从而减少用于生产事业的社会资本额、不利于节制生育并导致人口增加超过正常限度、政府干涉扩张将滋生闲官冗吏和消弱社会自治力、妨害个人自由意志会阻碍社会进化的道路等等。文中为当时中国设计的社会政策，即所谓三纲十二目，亦借助于各种流行方案而挑选拼凑起来，谈不上什么新意。实际上，醉翁之意不在酒，重要的不是提出哪些具体的社会政策以供国人采纳，而是意在强调我国应当采纳社会政策，并且不得改变现社会之组织而过分违反旧制，不得助长政府之极端干涉而影响个人能力的发展，不得偏向部分人的利益而损害全体国民的共同生活。这三项反对条件归结起来，其核心仍在于“不变现社会之组织”。也就是说，整篇文章综合起来看，分述社会主义与社会政策，均围绕着反对改变现社会之组织这一点，先后呼应和相互配合。一则从批判的角度，攻击社会主义旨在改变现行社会组织，存在经济学和社会学上的谬误，违反人性；一则从选择的角度，声称中国应当采纳社会政策，切不可改变现行社会组织。全文宗旨一脉相承，包括对马克思及其《资本论》的非议，都集中在反对改变现行社会组织这个核心问题上。

钱文维护现行社会组织，搜罗各种理由和方案为之辩护，可谓竭尽心力，绞尽脑汁。这种辩护方式，以汇集和摘引别人的或舶来的观点为主，比起以往国人的同类论述，增添了一些新的特点。一是承认近世欧美社会主义的产生“与时势为缘”，适应了解决“贫富相悬、工佣积悴”之困窘状况的时势需要；承认社会主义作为拯救劳动者贫困的“犹足备救时之一说”，反映了“劳动者受资本家之压抑而思反抗”的要求；描述马克思学说在欧美国家“积盛”，我国人士“偏信”这一学理，无异于承认马克思学说在世界的传播，不局限于欧美，对“绝异”于欧美的中国也产生了影响。惟其如此，作者对于防范社会主义在中国的兴起，表现出非同寻常的紧迫感。鼓吹趁目前社会主义对于中国“尚无何等之势力”，抓紧“先事预防之”，以免国内民生极端凋敝，必然出现仇视现制的情绪，产生“急病不择药”的盲目选择，为社会主义大举进入中国提供可乘之机，造成“一泻千里而不可收拾”的难以挽回局面。这种对抗社会主义的强硬态度，在社会主义传入中国之初，便与之俱存。钱文的观点，继承了这一态度，表现得更加忧心忡忡，处心积虑地拼凑了一套社会政策与之对抗。这样一来，反倒衬托出本时期社会主义传入中国，比起此前又深入了一步，此所以才会有钱文那样急不可耐地把事先预防放在如此突出的地位。

二是关于社会主义不合用于中国的分析，基本上沿袭前人的思路，同时又试图形成一个更为系统而具体的理论分析框架。前人反对将社会主义用于中国，其论证的出发点，主要是中国不同于近代社会主义发源地的欧美各国，二者国情不同。具体的反对理由，可以说都是从这个出发点引申出来的。举例说，1903年邓实的《论社会主义》一文，曾赞扬欧洲新生的社会主义是“光明奇伟之新主义”，不论赞扬的是借助“笔舌”而非“刀兵”实现的社会主义，还是设立救贫院和贫民学校、限制劳动时间等式样的社会主义，一谈到中国，立即表示社会主义乃“极不切于中国之主义”。所谓“极不切于”，因为中国处在落后于欧洲的不同发展阶段上，不具备适用社会主义的条件。1906年梁启超的《社会革命果为今日中国所必要乎》一文，表面上认为可以参用社会主义精神改进中国现行的立法事业，实质上是要表明今日中国的经济社会完全不同于欧美国家，可以走一条区别于后者不能不革命的进化补苴之路。据此，梁氏推衍出中国“不必行”、“不可行”、“不能行”社会主义革命的各项理由，也是我国早期把社会主义不适用于中国的理由加以条理化和系统化的一个典型。循着这些思路，1911年钱文的论证未脱其窠臼，它分析社会主义不合用于中国的重点，仍是强调中国与欧美国家的区别。不过，钱文比起前人的“进步”之处。一则承认欧美国家贫富阶级的积重难返形势推动了社会主义传播的同时，坚持认为欧美社会主义本身在方法上“未尽善”，存在先天的缺陷，这与前人认为社会主义不适用于中国，仍肯定欧美社会主义的观点，是不同的。二则突出中国今日的社会情形与欧美国家“绝异”，把二者的差别绝对化，意味着中国不仅今日、即便将来都绝对不需要实行社会主义，这与前人考虑不同发展阶段的差异，强调中国目前不能像欧美国家那样实行社会主义，似乎中国未来发展到一定阶段后可以实行社会主义的观点，也是不同的。三则从“生活程度之低下”、“资本组合之未大”、“工业转变之不骤”、“自由地及工场之广阔”等方面，概括了中国区别于欧美国家、从而不必寻求社会主义“救助”或“极端干涉”的具体理由，体现出综合各种反对理由的系统化趋向。这些具体理由，均从经济角度立论，力图挖掘和凸显中国社会经济中难以适用社会主义的那些特殊之点，它们既与前人的反对观点相联系，又自我补充或借助国外学者的分析而增添了一些新的佐料，因而也给以后的类似论证提供了某种系统化的铺垫。

三是为了排斥社会主义，着力在改良的途径和方法上做文章，甚至从拥护社会主义的观点里借来某些分析工具，稍加改造，为我所用。钱文像许多反对者一样，把社会主义看作必欲改变现存社会组织的一种极端思想和行为，主张用和缓的改良相抗衡。钱文与此前不少反对者不同的是，它既不承认社会发展到一定阶段势必产生社会主义，也不赞成改进中国立法事业可以参用社会主义精神，倾向于根本否定社会主义有其存在的合理性。在这里，它承认现行的自由竞争制度和天然淘汰学说有其“流弊”，又认定社会主义反对这种制度和学说，“欲绝其根株”，是徒然“克制天然之力”，有害“人类之福”的无益举措。如何兼得克服社会流弊与防范社会主义二者，钱文变通解释人类进化的所谓“天然淘汰之公例”，改变“最适者生存”为“最良者生存”，在“求智力上之优胜”之外，又补充“求道德上之优胜”的因素，为“调和”天然淘汰与博爱主义二者“冲突”的改良思想，从理论上铺平道路。这种旨在“救治”现有流弊的“调和”方式，乍看起来，有三纲十二目的社会政策，不过都是些具体的派生物，其中起“中坚”作用的支配原则，按照作者的说法，是“机会均等说”。此说否定所谓社会主义之“均齐贫富”和“壅遏竞争”，试图提供某种社会保护和帮助，给人以致富的机会和从事竞争的能力。据说这个学说追求“心理的平等主义”，以期帮助个人，促进共同的进化；而社会主义追求“数理的平等主义”，重在抑制个人，只着眼于暂时的苟安。运用所谓“心理的”或“数理的”平等主义这一分析工具来贬抑社会主义，不禁使人想起1905－1907年论战期间，主张中国应当实行社会革命的“民意”著《告非难民生主义者》一文，同样以心理的平等为“真平等”，以数理的平等为“非平等”，这一道理却是用来阐述社会革命论的精神。“民意”之文也不赞成损富益贫的“数理平等”或极端社会主义，企盼贫富二者共富的“心理平等”或平和社会主义，恐怕也是从国外学者那里借来“心理”、“数理”之类的分析工具。钱文把先前用于维护社会主义的分析工具，几乎照搬过来用于诋毁社会主义，也算是急中生智。在“心理的平等主义”优于“数理的平等主义”的“机会均等说”基础上，钱文建立起用来对抗社会主义的社会政策体系，试图既不违背“竞争主义之原则”，又对生活竞争“整理秩序”以实现“共同进化”。这种做法，为以后的类似论辩，开创了一个新的先例。

总之，钱智修的文章，从评介马克思学说的意义上说，作为另一种类型的代表，与同时期无政府主义者的译介文章相比，走的是不同的道路。第一，以《天义报》为代表的无政府主义刊物，开始把介绍马克思学说的重点，转到直接翻译马克思、恩格斯的原著上来，而钱文仍是间接依赖别人提供的第二手资料，来揣测马克思学说的基本特征。第二，《天义报》等刊物关于马克思学说的评价，即便使用无政府主义的衡量标准，亦赋予其不少积极肯定的内容，如谓“固不易之说”、“对于史学发明之功甚巨”、“不得不奉为圭臬”、“最有裨于历史”、“当从此入门”等等，而钱文公开声明要纠正国人对于马克思学说的“偏信”和“盲从”，二者显露出相反的价值判断取向。第三，《天义报》等刊物的译文，既为研究马克思学说准备了原著素材，也为辨识马克思学说与其他一般社会主义学说的联系和区别提供了条件，而钱文却置马克思学说于不顾，固执地用一般社会主义学说替代马克思学说，把二者混为一谈，自以为肃清一般社会主义的缺失，也就批倒了作为社会主义开山鼻祖的马克思学说。第四，《天义报》等刊物转译马克思和恩格斯著述，逐渐尝试根据其原著资料来理解和阐释，意味着向国人介绍马克思学说在途径上和方法上的重要转变，而钱文还停留在“辑述旧闻，略申己见”的阶段，主要整理编辑他人的意见以为自己的理解并供作批驳社会主义学说和马克思学理的依据。如此看来，钱文关于马克思学说的介绍，虽然比《天义报》的译文晚了三年，却显得陈旧和简陋。浏览同一时期其他涉及马克思学说的介绍文章，姑且不论其评价立场，单凭其介绍的广度和深度，与《天义报》的译文相比，同样十分蹩脚。所以，可以说，本时期国人介绍马克思学说的各类文章中，若以无政府主义刊物《天义报》的译文为其代表，则其他的同类文章，均无出其右者。

第二章 早期社会主义论争之余绪

马克思经济学说传入中国，尤其在它的早期，往往作为西方社会主义思潮的一个组成部分。在本时期，《天义报》等无政府主义刊物专门发表《共产党宣言》等经典原著的部分中译文，似乎开始与一般社会主义思潮区别，揭开了独立介绍马克思学说的序幕。不过，就整体状况而言，当时国人关注国际思潮趋势者，仍习惯于联系整个社会主义思潮而附带谈论马克思学说，或者简单地用前者涵盖或替代后者。从这个意义上说，人们对待一般社会主义思潮的认识和态度，在某种程度上也代表了他们对待马克思学说的认识和态度。因此，考察马克思经济学说传入中国的早期历史，不可能离开考察西方社会主义思潮传入中国的早期历史，而西方社会主义思潮本身，又常常被看作一种用来对付或纠正贫富差距日益悬殊弊端的经济学说。本时期社会主义思潮的继续传入，值得注意之处，不在于补充了哪些新的具体内容，而在于由此所引起的不同意见和争议。20世纪初，国人围绕社会主义问题出现的最初论争，到1905－1907年间，发展为《民报》和《新民丛报》之间论战的重要内容，进入本时期后，虽然未再采取这种论战的激烈交锋形式，但其中有关社会主义的相互辩诘，以其他论争形式继续延展下去，同时仍保留了早期论争的某些特点，姑称之为早期社会主义论争之余绪。

第一节 社会主义学说评介中的不同倾向及其争论

西方社会主义学说自传入中国之日始，就伴随着评介者的不同倾向和意见。最初，它主要作为猎奇对象或新闻消息被介绍到中国，当时国人尚不了解其真正涵义，却已感受到不同倾向的引导，特别是那些戴着有色眼镜的反面报道，更是占据支配的地位。以后，传入内容的逐渐增多，传输渠道的不断拓展，尤其20世纪初来自日本方面的较为客观介绍产生比较集中的影响，促使国人中的积极求索者开始思考社会主义学说的合理性，相继出现一些肯定和赞扬这一学说的中文著述。这些持肯定意见或持否定意见的对立倾向，经过不断的积蓄、酝酿和碰撞,一直孕育着公开的思想冲突。这个阶段,一旦有人提出探索社会主义适用于中国的可能和可行性时,冲突便爆发了,并且形成论战中的重要一幕。这场论战只是冲突的公开化,并未解决冲突双方关于社会主义的不同意见。论战之后,冲突依然存在,争论仍在继续。这也是进入本时期后,社会主义学说继续传入所显现的形势。无论如何,面对社会主义学说,两种不同思想倾向的持续争论,就像一部提供思想动力的发动机,推动了社会主义学说在中国的传播,也推动了国人逐步加深对社会主义学说的认识和理解。

一、从论辩性文章看有关社会主义的分歧观点

这一时期,未形成上一时期那样的论战态势,因此,国人中随着接触舶来社会主义学说的不断增多而出现的形形色色看法,也显得比较散乱,未曾划分为相对集中和壁垒分明的对立阵营。但稍加剖析,仍不难看到其中的分歧之处及其时代特点。兹从本时期涉及社会主义问题的著述中,举出几篇具有代表性的论辩文章,以资佐证。

(一)李石曾的《无政府说》

这篇文章是"新世纪派"代表人物李石曾使用"民"的笔名,1908 年 1 月 25 日至 8 月 15 日连载发表在《新世纪》第 31—36、38、40、41、43、46、47、60 期共 13 期上,洋洋洒洒达36 000字之多,专门用来批驳 1907 年 10 月 25 日《民报》第 17 期上"铁铮"即雷照性的《政府说》一文。雷文本来针对《民报》第 16 期章太炎的"五无论",反对所谓无政府、无聚落、无人类、无众生、无世界,提出政府产生的必然性或"自然"性;认为无政府是未来大同理想的"世界文明之极",需要经历长久的"进化盈虚自然之序"才能达到,在当今野蛮时代,实行无政府,我国"内治外交均无提纲挈领者",将意味着国民受蹂躏和种族灭亡;主张政府"非满政府而汉政府"、"非专制政府而共和政府";指出目前无法实现世界大同的情况下,无政府者"惟有于中国求大同",这是"遁于无何有之乡,离此世界而独立"的空想,结果,"此主义之终不成立,徒存此理论于天壤",反而保护和巩固了满清政府;等等[①]。此番议论,激起当时同为革命党的无政府主义者极为不满,李石曾的反击之文,便是其典型。

李氏文章,主要为无政府主义辩护,用他自己的话说,"实欲开展吾所主张之无政府主义,使其界说分明,不致人误会"[②],或者说,"实欲开展无政府主义,使其主义昌明于世界,不解悟者解悟,解悟者更解悟"。其辩护方式,"拾一

① 铁铮:《政府说》,《民报》1907 年 10 月 25 日,第 17 期,见张枬、王忍之编《辛亥革命前十年间时论选集》第 2 卷下册,三联书店 1963 年版,第 807—812 页。

② 以下引文凡出于李石曾的《无政府说》一文者,均见张枬、王忍之编《辛亥革命前十年间时论选集》第 3 卷,三联书店 1963 年版,第 133—179 页。

二师友之唾余，参以己意，以伸论之”，不免显得冗长空泛。此文从抽象的“政府之始终有无”，推导出“政府之所以可无”，再推导出“无政府之所以合于公道、真理”，进而得出“无政府主义，全世界之知道明理者公认为至公之主义”的结论。这里“合于公道、真理”的涵义，是指“无国界种界，更无彼吾之别，无利己害人，此真自由、真平等、真博爱能见之日”。据此，文中提出“无政府与有政府的革命之比较”，意在比较关乎社会主义革命问题的两类不同观点。

李文与铁铮之文的分歧和对立，不在于是否主张革命，二者同属革命党，在此前提下，前者对于革命的强调，比后者有过之无不及。如谓：“纵览世界之历史，革命为社会进化之不可缺者”；“革命，革命！自有世界以来，无年无月无日无时无分无秒无革命。革命者，直前不息，勇往不倦，质言之，大千世界进化之大关键也。物质之聚散，生物之变化，由粗而精，由旧而新，由简单而繁复，由不尽善而至较为尽善，此皆革命之效力也。谓革命胚胎新世界，殆无不可。何以故？以世界之事事物物，旧由革命死，新由革命生故”；“革命之进行，勇往直前，其催促世界之事事物物之进化也，如风动云，如潮动水”；“革命之风潮，无时或息。风潮烈，则革命之进行疾；进行疾，则世界之进化迅如霹雳。快矣哉，风潮！快矣哉，革命之风潮”；“社会由革命之作用而得进化，革命由社会之进化而得为正当。故社会愈益进化，革命愈益正当”；等等。这些议论，与社会主义思潮中主张革命的不少言论相比，没有什么两样。由此出发，作者提出“昔之所谓革命”与“今之所谓革命”的不同概念，这时，分歧出现了。

根据李文的定义，“昔之所谓革命”指“寡人之革命，少数之革命”，或谓“政治革命”；“今之所谓革命”指“多数人之革命，全体之革命”，或谓“社会革命”。借此进一步区分，形成“有政府的革命”与“无政府的革命”两类革命的对立。前者“不出乎政治之范围”，体现为“国家革命”、“种族革命”与“政治革命”，后者“出乎政治之范围”，体现为“社会革命”。这里所说的社会革命，又可分为相互关联的三种革命：一是“贫富悬隔，人民之生计困苦，欲废私产行共产而起革命，谓之经济革命”；二是“政府横暴，人民不堪其压制，欲去政府而求个人完全之自由而革命，谓之平民革命”；三是“苦乐不均，人民疲于工作，所获反不能生活，欲工作自由、享受共同而革命，谓之劳动革命”。两类革命的区别，据说“关系于中国前途之革命甚大”。二者都奉行“倾覆政府之方针”，它们的根本差异，在于一个主张“于倾覆政府后，不立政府，社会上一切制度阶级，含有政府之性质者，皆革除之，婚姻也、财产也、家庭也、国界也、种界也，俱欲一扫而荡平之，始可见较为尽善较为正当之社会”；另一个主张“于倾覆政府后，立新政府，社会一切制度，仍旧或加改良，最重政治之机关，大加振顿，内以治民，外以应敌”。作者站在“无政府的革命”立场上，贬抑“有政府的革命”不过“社会之改良”，只是“少数人求幸乐之革命”。他也抨击大资本家的垄断行为，认为“一大资本家之财产,值数万人之财产而有余”,造成“无财产者,劳而苦;有财产者,逸而乐”现象,违反了人类平等之初衷,实属“无人道、乏人理极者”,可是,其解决办法除了说“此财产之应废”外,别无他论。与此同理,所谓废婚姻、废家庭、废国界、废种界等说法,也是沿袭一样的逻辑。

作者还把“无政府的革命”观点,延展到教育中来。在他看来,教育属于“积极的人力进化”,革命属于“消极的人力进化”,教育与革命并行,人力的进化得以无穷尽。他不同意“教育的社会主义”提法,认为应提“无政府教育的社会主义”,以此保证“军队可无”、“法律可无”、“宗教可无”。取消军队和法律,本来就是无政府主义的宗旨,比较容易理解,而“宗教可无”,指“宗教中所可取者,已为社会主义所包含,而其不可取者,当于淘汰之例,而可消灭于社会主义发生之日”,因为“社会主义所讲者,皆凭公理,重科学,其有裨益于世人者足多”。作者担心,“社会主义之至公无私,光明正大”,如果界说不明,恐怕会被一般自私自利者所利用,趋于不正当之途,如追求有政府的社会主义或有政府的教育,所以,“以无政府三字限其定义,始无丝毫私利之可图”。换言之,一定要在“教育的社会主义”前面,加上“无政府”三个字,才不致引起歧义。一言以蔽之,无论教育与革命,必须以无政府为目的。

最后,文中对“无政府之名实”,对照有政府之名实,归纳说:无政府以无强权之名,反对军备,而行人道之实;以无制限之名,反对法律,而行自由之实;以无阶级之名,反对名教,而行平等之实。从经济角度看,“无政府者,无私产也”,这是针对“政府借资本,而分种种区别,以致有贫富,而苦乐不均”的状况,反其道而行之,“无政府主共产,而反对之”,所以说,“无政府以无私产之名,反对资本,而行共产之实”。这些观点,鼓吹无政府名实相符、“公平而正当”,针对的是“有政府的革命”,凸显了当时革命阵营内部对于革命、对于社会主义日趋对立的两种不同看法。这同论战时期主要表现为革命派与改良派两个阵营之间的观点对立,存在着差别。

与李石曾的《无政府说》相配合,那一时期的无政府主义刊物尤其是《新世纪》,还刊登了各色各样为无政府主义申辩或造势的文章。例如,鞠普的《〈礼运〉大同释义》一文①,认为“今之无政府党、社会党,皆大同主义”,在于“言主义者多,言方法者少”。言下之意,考究其方法,似乎可立判无政府党与社会党的区别。接着,此文用无政府主义的眼光,重新诠释“概括一切方法”的《礼运》大同学说。其中,“大道之行也,天下为公……”一语,被解释为“废政府之说”;“故人不独亲其亲,不独子其子……”一语,被解释为“废家庭之说”;“男有分,

① 参看鞠普:《〈礼运〉大同释义》,《新世纪》1908年3月14日第38期,见张枬、王忍之编《辛亥革命前十年间时论选集》第3卷,三联书店1963年版,第179—182页。

女有归”一语，被解释为“废婚姻之说”；“货恶其弃于地也，不必藏于己……”一语，被解释为“废金钱之说”；“是故谋闭而不兴……”一语，被解释为“废法律之说”；最后“是谓大同”一语，被解释为天下一家、四海兄弟、众生一切平等、远近大小若一、“凡可同者无不同”，达到无政府主义的理想境界。这是假托古代经典，通过牵强附会的重新释义，臆造出废政府、废家庭、废婚姻、废金钱、废法律等理想方法的凭据，借此把无政府党与一般社会党区分开来。又如，署名“反”的《去矣，与会党为伍！》一文[①]，对于“欧美近年主张社会革命者，率以总罢工、非军备二事为根本之作用”，认为可为“吾辈师法”。号召“持简单之无政府共产”来联合会党，“虽无欧美工党之名，而诚有工党之实”，其造反思想又“非德国派之社会党所可比”。这里所隐含的，是炫示“无政府共产”之宗旨要超过“德国派之社会党”即马克思主义一派的宗旨。再如，署名“四无”的《无政府主义可以坚决革命党之责任心》一文[②]，主张“急急广传无政府主义，使知世界之人民，不久有大同之革命”，强调“无政府革命者，乃大同之革命”，只认无政府党为“真社会党”，其他如奉行民族革命、共和革命的社会党，均为“假社会党”。另外，署名“燃”即吴稚晖的《无政府主义以教育为革命说》一文[③]，宣扬无政府主义“唤起人民之公德心，注意于个人与社会之相互，而以舍弃一切权利，谋共同之幸乐”，因此，“无政府之革命”是“最良之革命”。凡此种种，集中起来看，无政府主义不论在当时中国思想界的标新立异中，还是在舶来社会主义思潮的派别抗衡中，都形成不容小觑的势力。

（二）李石曾的《驳〈时报〉〈论中国今日不能提倡共产主义〉》

这篇文章仍用“民”的笔名，发表于《新世纪》1908 年 11 月 7 日第 72 期，是一篇火药味很浓的论辩性文章。此文的靶子是《时报》上“惜诵先生”的《论中国今日不能提倡共产主义》一文，贬斥它为“颠倒是非，真背于公道、真理者”，重点驳正其似是而非之处，“一以正共产主义之界说，一以明无政府与共产主义之为二而一”。这一辩驳，表露那时中国一部分无政府主义者对待共产主义的态度，或者不如说把无政府主义等同于共产主义的观点，颇为典型。

此文摘引对方主要观点，从《时论》的靶子文章中引录或长或短的段落达 14 处之多，然后逐一驳斥，针对性极强。例如：[④]

---

① 参看反：《去矣，与会党为伍！》，《新世纪》1908 年 4 月 11 日第 44 期，见张枬、王忍之编《辛亥革命前十年间时论选集》第 3 卷，三联书店 1963 年版，第 188－191 页。

② 参看四无：《无政府主义可以坚决革命党之责任心》，《新世纪》1908 年 8 月 1 日第 58 期，见同上书，第 214－217 页。

③ 参看燃：《无政府主义以教育为革命说》，《新世纪》1908 年 9 月 19 日第 65 期，见同上书，第 218－220 页。

④ 以下引文凡出于李石曾的《驳〈时报〉〈论中国今日不能提倡共产主义〉》一文，均见同上书，第 221－229 页。

对方提出“天下有至仁之术,而适得至不仁之效果者,新学家所倡之共产主义是已”,李文斥之为“浮而不实”,“文通理不通”。其理由是,“共产主义,富贵人决不主张的”,他们一定要保住自己的私产,甚至比性命还重要,一旦失去私产,“平日间靠着私产所享受之荣华便失,反比贫人更觉苦恼”,所以,“教富贵人主张共产,犹教吸乌烟者不吸乌烟”,是不可能的。据此,所谓共产主义为至仁之术,而适得至不仁之效果的说法,是富贵人保护其私产的障眼术,或者说,“主张私产的,便是用这种不让人家吃饭的手段”。

对方提出“共产主义,亦谓之社会主义”,李文认为,共产主义可以混同于集产主义,“至于社会主义四个字,起初没有什么派头可以分别,现在最为含糊”,现在有各种各样的社会主义,“说共产主义就是社会主义,便是胡说”。进而言之,“主张共产者,都是无政府党”,“无政府党,主张社会主义实行共产者,不必称无政府的共产社会党,而曰无政府共产党,词简而意备,无可假借”。单说社会主义,就有毛病,因为现在一般社会党主张有政府或国有主义,“想要把一国的土地物产,都归国家所有”,实为“假社会党”或“作官党”。文中还借两位法国人的对话,说明国有主义企图解决贫富悬隔和资本家垄断的弊病,无异于“政府做了一个最大的资本家”,“一切与资本家之作恶相同”,恐怕更加恶劣,就像中国官办公司“昏天黑地”一样。连普通的法国人都有如此看法,表明“国有主义之弊,不待无政府共产党亦能指摘之”。

对方提到共产主义“其学说始倡于德国,而欧西诸国幡然从之,盖自专制之政体既颓,而学说之占势力于世界者,无如此派”,李文借题发挥,不仅肯定“谓共产主义为现今学说之占有势力于世界者,那自然不错”;还宣扬其势力逐渐壮大的道理是,新主义比旧主义“青出于蓝”,“有经验,有学理”,提倡“由理想而言论普及,由言论而见之于实事”,企盼“能早一日实行,即早一日脱贫民之苦”,由此预期其势力的扩大数年后更非论敌所能逆料。文中对于共产主义学说“始倡于德国”是否指马克思学说的产生,未予探究,似乎感兴趣的只是共产主义学说在后代的无政府主义变异体。

在对方看来,共产主义“以其所倡土地归公、资本归公之说,最利于多数之贫民”,那些“生计界之不得志者”,群起而趋之若鹜,“几奉为民生之救主”,不明白“其足以召乱而蹙国”,正像孟子所说,“非徒无益,而又害之者”。对此,李文的看法针锋相对,如谓“私产主义,利于少数资本家;共产主义,自然利于多数贫民。故共产主义之合于公道、真理,不待明言”。文中分析说,社会上“最不公平的事情”,是专门逢迎少数,统辖于一尊,少数人有私产享福,多数人无私产受苦;在私产情况下,“无生计”者并非他本人的罪恶,“他所应受的一分,未出世之先已经被人家夺了去,并且用一切法子保护起来”,那些“生来贫的”人没有能力向有私产者争回属于自己的一分,“只好苦吃苦作,一旦工没有作,连饭亦没有吃了”。因此,“贫人讲共产主义,实在是他的本分”;如果“争了私产来,化为公共所有”,自然也就没有“生计界之不得志者”,“人人已有所应受的一分了”。面对“共产主义足以召乱而蹙国”之词,李文表示,“共产主义,全为大多数贫民设法,并非要富国强兵”,必须打破“叛乱”、“祖国”、“爱国”之类的成见,“召乱,然后可以拨乱反正,以杜天下之大患;蹙国,然后世界可以大同,同进增人类正当自然之幸乐”。可见,论敌挥舞着用来攻击共产主义的那根大棒,在李文那里,却变成呼唤和平与大同的橄榄枝了。

对方辩护说,“以智役愚、以贤役不肖”,原本是“今日天演之现象,虽圣哲所不能违”,通过“智愚贤否之不齐”,可以区分勤惰,通过“勤惰之不齐”,可以判别贫富,因而“智且贤,未有终身于贫窭者”。对此,李文反驳道,人们的智愚或贤不肖自然有些分别,不过将来教育普及、消除学问上的自私自利和各有专长,此差异将甚微。今日出现智愚贤不肖现象,并非天生,“皆本于贫富”,所谓智役愚,贤役不肖,“实则富役贫耳”,并不是天演自然之现象,“此即不平等之大原因”。况且,智者与愚者、贤者与不肖者之间,从社会公益着想,“人人各当尽其所能,各当取其所需”,无所谓“役人”与“役于人”,否则便存在“主”“奴”之成见。从今日状况看,“智与贤者未必勤,而愚与不肖者未必惰;勤者未必富,而惰者未必贫”。如“今之工人固贫,日日勤劳,惟恐无工作,何暇思惰”;只有“富者不耕而食,不织而衣,非惟不作有益于社会,反暴殄了许多”;同样,富人有钱读书却不思发明,贫人受生活所迫只要读一点书就想着发明。所以说,并非富者智贤而贫者愚不肖。真实的结果是,“有私产者富贵,苟无私产,未有不终身于贫窭者”。

对方的辩护结论是,“今必夺富民之所有,以均之贫民,使之不劳而获”,这是单纯为贫民考虑,让“游手偷闲之辈反得以坐享其成,而无匮乏之忧”,智而贤者“积终岁之勤劬,曾不得一享其利”,以致无人“尽心于殖产之途”;其结果,“吾恐贫者之益习为游惰,而富者悉不免于俄空”。另外,这将使“一国之总殖,将消耗于无形”,无法竞争于“商战剧烈之场”,难以“助前途之进化”。这个结论,在李文看来,纯系颠倒是非,混淆黑白,因为不劳而获乃“一般有私产者之所为,享受贫民以血汗所得之收成”,只有“专为富贵人着想”,才看不到贫人的劳苦、饿死或受刑罚,所以,李文慨叹,“吾不知论者之何以厚富人而薄贫人若是其甚”。至于说消耗“一国之总殖”,李文从无政府主义观念出发,认为“既讲了共产,那里还有国”,没有了国家,一国之总殖和商战之剧烈,也就成了“真好笑”的“梦话”。

对方还引经据典,说明“吾国井田之制,与均产主义如出一轨,而其法不能行于三代以后”,此所以孟子等先儒怀疑井田制是“理想而非事实”。后代尝试推行此制者,“大则亡国,小则致乱”,如新莽政权实行井田制,其理由类似“西儒以田主资本家为劫盗之说"，结果造成"新莽之乱天下"；又如王安石推行新法，"所据之原理，亦不过抑末务而禁兼并"，结果"宋卒以愈弱"。由此昭然可见，"井田之不可行，而均富之为理想空谈"。对于这些历史典故，李文不屑一顾，认为"均产与共产，是风马牛"，井田"有些象均产主义"，井田之不能行，自有其原故，它"与共产主义有什么半点瓜葛"，二者毫无关系。

对方又申辩，世界未达到大同之前，"人民之程度不能平等"，故"劳心劳力，职业有难易高下之殊，则食报亦从之而异"；许行并耕之说早已被孟子斥为不可行，何必再复嘘其余焰。李文的回答是，在"各尽其所能"的原则下，职业的难易自然不容强人以所难，私己以所易；"食报"与功过毁誉赏罚荣辱相连接，更是野蛮地违反了共产主义原则，因为"共产主义原要打破一切不平等之原因，故其实行公共，不论功绩，而取用本乎所需，此即人类自然之公例"；许行并耕之说，乃属"极端之个人主义，与共产主义尤相去十万八千里"，其可行与否，那是孟子两千年前所论之事，"现在是再也没有工夫论到"。

对方论辩的真实用意，反对将均产之说应用于中国。其推论过程分为三个层次，一层说有人企图搬用西方均产之说来拯救今日中国，"近亦有人提倡均产之说，以为欲救今日之中国，非均产主义不为功"；二层说西方人自己也难以施行均产之说，"顾西人之主张均产者，犹谓以土地专归国家，而以之分配于人民，然其事已极困难，而不能见诸施行"；三层说今日中国尚不若西方贫富差距那么严重，不必强行均产之说，"若必强行之，则必至于激人民之暴动，而尽废一切人治之法，举一切法制禁令而尽去之，至成为无政府之现象，其将何以为国"。对此，李文的驳斥几乎锱铢必较。一则不同意"救国"一说，认为这是"强权"的别名，"主张强权，而欲其行共产主义，犹南辕北辙"。照李文看来，"所以必欲普及共产主义于中国者，非救中国，实救世界上之弱者"，因此，以中文鼓吹共产主义"此最新之主义"，并非"单救中国之弱者"，而是"与一般新发生之祖国强权党为敌"。依此而论，西方人与中国人鼓吹共产主义的方法与地位不同，然而二者"同抱一目的，其所向之方针未有异"。二则不赞成"以土地专归国家，谓之集产主义；或分配于人民，谓之均产主义"。这里存在"国有"、"集产"之弊，亦存在"均产之难于均匀"之弊。人口增减生死使分配难以划一，均而不匀，等于不均，"故不若共产主义之最为善"。强者争夺造成物产占有的彼此之分，根本不要相信"贫富有命，贵贱在天"的迷信。"富贵人拿了私产传子孙，传了数代数十代，现在可以传完了。把他纸老虎打破，便可将共产主义见诸施行了"。三则批评主张强权者"效法欧美，欲重造一欧洲于亚陆，乃极为糊涂"，他日中国若以"今日欧洲经济之组织"为榜样，势必"为害于人民"，"不如乘此未养成贫富悬隔太甚之时，实行共产，便省一重困难"；又批评"实行共产能激人民之暴动"一说，纯系为富人辩护，"在富人眼里看了，叫那革命为暴动，殊不知贫人看着野蛮的和平，便是富人暴动”。对尽废一切法制禁令之说，李文宣称：“共产主义，没有什么法律，‘各尽所能，各取所需’是他的大纲，其他一切法制禁令都是不要”，政府没有了，哪里还有国，“成了无政府世界，那就自由平等了”，也就不再求助于任何法制禁令了。

最后，李文引用对方有关天演过程的一段议论，大加挞伐。这段议论的大意是：世界天演过程“必由竞争而后进化”，如勇力之争演进为智力之争，君民之相争演进为贫富之相争，显示进化无止息，竞争亦无止息；“欧西今日君民之争已去，贫富之争方来，而识者犹谓大同之盛，非旦夕所可遽致”；相比之下，中国尚处于君民之争的起点，“又乌能骤及贫富之问题”；为此，“吾惧均产之说之足以激吾国劳动家思乱之心也，故不惮尽其辞如此，以质于精研群学者”。这里的“群学”一词，看来是指社会主义或共产主义学说，李文站在无政府主义立场上，似乎也以“精研群学者”自居。它秉持无政府主义的互助学说，不承认生存竞争、优胜劣败的天演学说，“进化未必赖竞争，竞争未必有进化”。李文承认，“欧洲君民之争固稍淡，贫富之争固方盛”，却反对中国跟在欧洲后面亦步亦趋，大声疾呼“中国睡了数千年，到了现在，还不醒起来，赶紧跑上去”。在李文笔下，对方所说的“天演之现象”，是“中国人应该役于西洋人”的可笑观念，是自暴自弃的乌烟瘴气。至此，李文的批判，已从论理性辩驳，演变成怒其不争的感情流露，其锋芒所向，倒也颇见豪气，酣畅淋漓。

李石曾的这篇批判文章，与他的前篇文章属于同一革命阵营内部的相互辩驳不同，涉及两个不同阵营之间的论争。此文亦不尽同于前文的批判风格，表现出一些鲜明的特点。一是明白无误地引用原文，开列对方的主要观点，然后逐一加以批驳，显示作者在理论问题上的勇气和自信。二是站在大多数贫民的立场上，批判现行私产制度维护富民权利，纵容富民不劳而获地享受贫民的血汗所得之收成，呼吁破除“贫富有命，贵贱在天”的迷信，打破私产制这个“纸考虎”。三是强调共产主义与社会主义的区别，将共产主义等同于无政府主义，称其奉行的惟一大纲是“各尽所能，各取所需”；将社会主义视为“最为含糊”的概念，与“国有主义”、“政府做了一个最大的资本家”、“集产主义”、“均产主义”等内涵或弊端相联系。四是否定“以智役愚、以贤役不肖”的所谓今日天演之现象和“必由竞争而后进化”的所谓世界天演之进程，认为前者出于以富役贫的“不平等之大原因”，后者导致“中国人应该役于西洋人”的自暴自弃观念。五是竭力划清中国古代理想与所谓共产主义之间的界限，提出井田式均产与共产风马牛不相及，井田之不能行与共产主义没有半点瓜葛，被孟子斥为不可行的许行并耕之说亦与共产主义相去十万八千里。六是坚信主张共产者都是无政府党，或曰“无政府共产党”，在理论上，意味着遵循“人类自然之公例”，打破一切不平等之原因，实行公共，不论功绩而取用本乎所需，实现没有国家、没有政府、没有法律的自由平等，通过“召乱而鏖国”，拨乱反正以杜绝天下之大患，世界大同以增进人类正当自然之幸乐；在实践上，意味着共产主义“能早一日实行，即早一日脱贫民之苦”，既非理想空谈，亦非只救中国，“实救世界上之弱者”，而且趁中国未养成贫富悬隔太甚就实行共产，“便省一重困难”，实行共产在富人眼里是“革命”的暴动，犹如贫人将“野蛮的和平”视为“富人暴动”一样。总之，李文挥舞着无政府主义的大旗，充斥着不切实际的幻想，但它批判现实世界的不平等、揭露私产制度的剥削性质、否定与生俱来的富人奴役贫民现象、鼓吹贫民的暴力革命、鄙夷中国人不如西洋人的自卑观念，同时为了驳正“中国今日不能提倡共产主义”的论点，反其道而行之，宣扬“必欲普及共产主义于中国”的思想，这又为李文视作同盟军的马克思学说的传入，扫除了某些思想障碍。

（三）宋教仁的《社会主义商榷》

这篇文章以“渔父”的笔名，1911 年 8 月 13、14 日连载于《民立报》。该报自 1910 年 10 月 11 日在上海创刊后，成为革命党人往来的重要联络机关，同年冬季，宋教仁刚从日本来到上海，便担任其主笔，后来又以此作为同盟会中部总会的活动据点，“是当时国内发行数字最高的一家日报，也是当时国内最有影响的一家革命派报纸”[①]。毛泽东曾回忆说，《民立报》是他在长沙看到的第一份报纸，“那是一份革命党的报纸……满篇都是激动人心的消息”[②]。早在 1906 年，宋教仁发表了几篇介绍国外社会主义思潮的文章，尤其《万国社会党大会略史》一文，显现出作者不凡的观察力和理解力。此后数年，宋氏似乎未再发表有关社会主义的专题文章，给人以销声匿迹之感。其实，他未曾停止对社会主义思潮的关注和研究，所以，当社会主义思潮传入中国出现新的发展变化趋势时，他又以《社会主义商榷》一文，及时作出回应。此文的商榷，对当时颇为流行的无政府主义等极端社会主义思潮，从“有志研究社会主义者”的角度，提出委婉的批评。既表达了宋氏一贯思想倾向，也反映了他对社会主义问题的认识尚处于不断深入之中。

撰写此文的起因，按照宋氏的笼统说法，因为“近来国人往往唱社会主义，以为讲公理，好人道，进世界以太平，登群生于安乐，皆赖于兹”，把提倡社会主义看作实现太平安乐的惟一途径，这是“仁人之用心”的善意之举，然而值得“怀疑”。怀疑的依据有二，一是“社会主义派别甚多，果以何者为标准”；二是“行社会主义，则于中国前途果有何影响”。对于这两个问题，宋氏自忖“实不

① 方汉奇：《中国近代报刊史》，山西教育出版社 1981 年版，第 492 页。

② 埃德加·斯诺著，李方准、梁民译：《红星照耀中国》，河北人民出版社 1992 年版，第 101 页。此译著将《民立报》译为《民力报》，系误译。参看斯诺：《西行漫记》，1949 年启明版，第 117 页，那里均译作《民立报》。

能不与世之有志研究社会主义者一商榷之”，并推想这也是“识者所乐闻”之事。由此形成撰文之动因。

在宋氏看来，“社会主义之发达，盖原于社会组织之弊”。此弊端又来自欧洲各国物质文明的进步导致产业制度发生大变革，遂使“经济组织成不平等之现象，贫富悬隔，苦乐不均，于是向来所有平等自由之思想，益激急增盛，乃唱为改革现社会一切组织之说，而欲造成其所谓理想社会”，此即社会主义学说产生的原因①。这一学说在欧洲各国逐渐繁衍，分解为各种派别，分驰并茂，直至今日。选择其中“旗帜鲜明，主张坚实”的派别，大约可以归纳为四类：一是“无治主义，即所谓无政府主义，在社会主义中最为激烈”，其主张的要点，国家实施政治法律，目的专门用来保护国家本位的资本家与地主，其偏私实甚，故“国家及政府万不可不废去之”，“各国之无政府党皆属此派”；二是“共产主义”，其主张的要点，“一切资本及财产”皆为社会共通生活的结果，实不当私有，“宜归之社会公有，由各个人公处理之”，“各国之共产党及科学的社会主义家皆属此派”；三是“社会民主主义”，其主张的要点，现社会的生产手段，皆归于少数富人私有，实侵夺大多数人的自由，“宜一切之生产手段归之社会共有，由社会或国家公经营之，废止一切特权，而各个人平等受其生产结果之分配”，“各国之社会民主党、劳动党、社会民主主义修正派皆属此派”；四是“国家社会主义，即所谓社会改良主义，亦名讲坛社会主义”，其主张的要点，现今国家及社会的组织不可破坏，“宜假国家权力，以救社会之不平均，改良社会之恶点”，“各国之政府及政治家之主张社会政策者皆属此派”。

以上四类社会主义派别中，宋氏认为，第一、第二两类派别“绝对否认现社会之组织，不认国家为必要，惟以破坏现状为事，与现社会万不能相容，故称为极端的社会主义”；第三类派别“不绝对否认现社会组织，惟欲以人民参与政权，而实行其国民主权及生产公有、分配平等之制度，故称为稳和的社会主义”；第四类派别“承认现社会之组织，于不紊乱国家秩序之范围内，而实行其政策，所重在国家而不在社会，故亦有以为非社会主义者”。这四类派别，“根本理想与见解”各不相同，有各自的立足点，卓然成一家之言，并且各有手段推行其运动，以期实现其理想的社会。据此，“今吾中国而欲行社会主义，果以何派之学说为标准乎?”这也是文章开始提出的第一个问题，中国若实行社会主义，应在众多的社会主义派别中，选择哪一派学说作为自己的标准。宋氏的分析是，采纳第一派学说，“必用极激烈之手段，破坏现在之国家政府及一切主治之机关，此后无论何种美善之政治，皆不复建设”；采纳第二派学说，“除以极激

① 以下引文凡出于宋教仁《社会主义商榷》一文者，均见陈旭麓主编《宋教仁》上册，中华书局1981年版，第287－291页。

烈之手段破坏现在之国家政府外,更必消灭现在之一切资本家、地主及生产机关,此后既不建设政治,复不存留私有财产”;采纳第三派学说,“必组织大团体日与现政府战,以谋参与政权,此后且以舆论势力,改革现在之主权者与政府之组织,并一切生产分配手段”;采纳第四派学说,“必己身亲居现政府之地位,假藉国家权力,以实行其政策”。对于这些选择的不同结果,宋氏说,“今之唱社会主义者”有什么见地和决心,“确以为何派之学说可行于中国而谋其实行之道”,不能不亟为商榷之事。

上述分析不偏不倚,接着,宋氏提出自己的商榷性意见。他先说,以自己的想法衡量,“苟不主张真正之社会主义则已,果主张真正之社会主义而欲实行之者,则非力持无治主义或共产主义不为功,而社会民主主义与国家社会主义,皆非所宜尊崇者”。照此看来,他似乎把无政府主义和共产主义称为“真正之社会主义”,把社会民主主义与国家社会主义排除在“宜尊崇”的范围之外。他的解释是,“真正社会主义”旨在“改革社会组织,以社会为惟一之主体,而谋公共全体之幸福”,不允许其他团体的权力,诸如“政治的权力”如国家、“经济的权力”如资本家、“宗教的权力”如教会、“伦理的权力”如家族等,加于社会之上;否则,若主张此等权力的类似观念插入其学说中,“皆不得谓为真正之社会主义,此固理论所当然”。根据这一理论,无治主义与共产主义,“其基础既在绝对否认现社会之组织,则凡各种权力,自不能容其存在,而其目的即在以社会为惟一之主体而谋公共全体之幸福,亦无所于疑”,故要实行真正的社会主义,“舍此实无他可采之说”。社会民主主义与国家社会主义则不然,前者靠政治权力才能实行,“实不过改良国家组织与国家经济组织之说,而不可语于改革社会组织”,与其说是社会主义,不如说是“社会的国家主义”;后者不但不能改革社会组织,连“主义”也谈不上,宜称之为“社会的政策”或“国家政策之一端”。此二者“皆与真正之社会主义异其性质与统系”,从学理上看,不应附和流俗之见而概称其为社会主义,它们只是“维持现社会之组织而使之永久不变”,其结果“与唱社会主义之本意相悖”,故欲实行真正之社会主义,“此二派之说,实无可主张之理由”。如果一定坚持此二派主张,“必其无行真正社会主义之见地与决心,且未尝以社会主义揭橥于世而后可者”,这也是理论上的必然逻辑。据此,宋氏重申他的意见说:“吾国之唱社会主义者,其所揭橥虽不明确,吾以为必是主张无治主义或共产主义,若不是之务,而徒拘墟于所谓社会民主主义与国家社会主义者,则是由不解社会主义之真正意义为何物者”。换句话说,从社会主义的真正意义上理解,我国提倡的社会主义,必定是无治主义或共产主义,而不是社会民主主义与国家社会主义。

至此,宋氏的意见倾向,似乎明白可鉴,毋庸置疑。殊不知接下来的论述,峰回路转,又提出,“凡一主义之推行,每视其客体事物之现状如何以为结果，其客体事物之现状与其主义相适者，则其结果良，其客体事物之现状与其主义不相适者，则其结果恶”。这是从选择某一主义的标准问题，导入推行某一主义的影响问题，由此引申出此文开始提出的第二个问题，即“今假定行真正之社会主义（无治主义、共产主义）于中国，则其所生结果为何如？”。对此，他试图从“良结果之现象”与“恶结果之现象”两个方面，分别论述其产生的影响。

从前者看，“使吾国行真正社会主义而得良结果也，则是吾国社会必已跻于不可不行无治、共产二主义之现状，与能行无治、共产二主义之程度”。换言之，假使我国实行真正社会主义并获得良结果，从必要和可能条件而言，意味着我国社会已经进入“不可不行”或“能行”无治主义和共产主义的现状和程度。具体的解释是，“维持安宁，增进幸福”的政治，以及“满足生活”的财产，“盖皆为社会进化上不得已之制度”，如果“今因破坏一切组织而并去此”，废除一切现存政治与财产制度，必定是各方面条件已成熟到可以取消这些制度的地步。这表现在，国家之内部外部“皆已康乐和亲，达于安宁之域，而无待维持”；人民之精神和物质“皆已充实发达，臻于幸福之境，而无待增进”；社会经济之生产分配“皆已圆满调和，适于生活之用，而不必再求满足之方”。在这样的条件下，其安宁、幸福及生活“过高”，使“政治与财产制度变为不必要之长物”，由此产生种种不自由不平等的弊害，“不得不”实行无治主义和共产主义来加以“救济”；除去政治与财产制度，将带来“真正之自由平等因以享得，人类社会乃成太平大同之景象”。对此，宋氏用一段颇有寓意的话语，讥讽地表达了他对今日中国已经具备以上这些条件的看法。他说，古人所谓大道之行，天下为公，选贤与能，讲信修睦，人人不独亲其亲，子其子，货物弃于地，不必藏于己者这一境界，将实现于今日中国，“各国社会主义学者所拟之理想的社会而求之不得者，而吾人乃竟一跃而达，其快乐固可知”。其言下之意，我国若能超越西方各国难以实现社会主义理想的追求，一跃达到这一理想社会，其快乐固然可知，但也是根本不现实的。

从后者看，“使吾国行真正社会主义而得恶结果也，则是吾国社会必尚未跻于行此二主义之现状与程度”。换言之，假使我国尚不具备条件，未达到实行无治主义或共产主义的现状与程度，强制实行此类真正社会主义，势必获得恶结果。具体的解释是，政治方面不足以维持安宁和增进幸福，财产方面不足于满足国民生活，国家之内部外部忧患丛生，人民之精神和物质颓落备至，社会经济之生产分配耗竭凌乱而莫可名状，此时，“国之所以幸存者，盖亦不过赖有此仅存之政治与财产制度以为维系”，在此条件下，政治与财产制度不可或缺。否则，一旦废除政治与财产制度，“人类社会必至全然不得安宁幸福及生活，以成为毫无秩序之世界，亡国灭种之祸，因是促成，乃至欲求政治与财产制度时代之不自由不平等而不可得”。因此,缺乏条件而强行真正社会主义,“画虎不成,反至类狗”,会造成“不能不生恐怖之心”的“悲惨之状况”。宋氏感慨“行社会主义结果之良恶如是”,于是奉劝提倡社会主义者用心观察、推测“将来必得如何之结果,且于中国前途必有如何之影响”,要谨慎从事。这也是他提出不能不亟为商榷的第二个问题之原委。

最后,宋氏概括说,“吾人非反对社会主义者,吾人惟以为凡唱一主义,不可不精审其主义自身之性质与作用,并斟酌其客体事物之现状,以推定其将来所受之结果,夫如是乃可以坐言而起行”。本着这个意图,他在结束语中诚恳地表示,本文所陈述的社会主义派别与将来之影响,供“研究之参考”,并以此求教于“世之有志于社会主义者”。

综观全文,乍一看,宋教仁的立场似乎模棱两可。他除了从理论上明确否定所谓社会民主主义和国家社会主义或社会改良主义二派别,对于所谓无治主义即无政府主义和共产主义,一面从理论上予以抽象的肯定,誉之为“真正社会主义”;一面又从实践上给予其在中国的应用以“良结果”与“恶结果”两种解释,“良结果”超越了中国的现实,“恶结果”又意味着画虎不成反类狗的恐怖前景,无异于对“真正社会主义”作出具体的否定。究竟肯定还是否定,表面上看,宋氏没有明确的答案,好像置身事外,只是用纯粹客观的眼光进行不偏不倚的评点。其实,稍加品评,便不难发现,他是用比较隐晦的商榷方式,针对当时风头正劲的无政府主义思潮,指出其应用于中国将会产生的为害和弊端。恐怕考虑到同一革命阵营内部的意见分歧,宋氏在整个行文过程中,保持善意商榷的姿态,以免引起内讧式论战。同时,恐怕担忧文中对于社会主义四个主要派别的论述,从理论上否定了社会民主主义和国家社会主义二派,又从实践上否定了无政府主义和共产主义二派,不啻否定了全部社会主义,所以,他在文中起始处和结尾处一再辩白,自己“非反对社会主义者”,而是“有志研究社会主义者”或“有志于社会主义者”。这个辩白,显示宋氏所追求的社会主义,是在理论上站得住并在实践中行得通的社会主义,是对上述社会主义类型尤其对无政府主义或共产主义派别的修正;同时,也显示他所理解的社会主义,存在重大偏误,如落入某些无政府主义观念的窠臼,把无政府主义与共产主义混为一谈,将“科学的社会主义家”归入否定国家、政府和一切形式私有财产的派别等等。但无论如何,宋教仁提出应从众多的社会主义派别中辨别真假,提出实行社会主义应结合中国的实际并考虑对中国前途的影响这一观点,还是值得称道的。

(四)江亢虎的《社会主义商榷案——社会主义商榷之商榷》

这篇文章,江亢虎(1883—1954)以“亢虎”之名,发表于 1911 年末《社会杂志[①]第1期，系针对宋教仁《社会主义商榷》一文的再商榷之文。江氏曾游学日本和欧美各国，受社会主义和无政府主义思想影响，辛亥年间回国后，着手组织社会主义研究会(1911年7月9日在上海成立)，发起出版其机关刊物《社会星》[②]，辛亥革命光复上海后，又将社会主义研究会改组为中国社会党。他当时对于社会主义的基本认识，从他发表在1911年7月30日《社会星》第2期上的《社会主义研究会开会宣言》[③]中，可见一斑。

此宣言颇为狂傲张扬，开篇宣称，“今日为社会主义研究会在上海开幕之始，即社会主义在中国开幕之始”。同时提出，今日中国了解社会主义名称者“已居最少少数”，偶有了解者，又往往抱谬误之见解，“此大足阻碍社会主义前途之进行”，亟须明辨，建立起关于社会主义的“正当之概念”。何为正当概念，宣言列举了四层涵义。一是“社会主义者，正大光明之主义，非秘密黑暗之主义；平和幸福之主义，非激烈危险之主义；建设之主义，非破坏之主义”。实行社会主义过程中有时不幸出现“悲惨恐惶之景象”，那是反动势力逼迫的结果，非“社会主义本体”所使然。二是“社会主义者，大同之主义，非差别之主义”。这是指“不分种界，不分国界，不分宗教界，大公无我，一视同仁，绝对平等，绝对自由，绝对亲爱”。为此，社会主义不赞成党同伐异、民族革命、国际战争、教团仇杀等，必须一致反抗“强权无限者”和“为富不仁者”之类的“人道公敌”。三是“社会主义者，世界通行之主义，非各国禁止之主义”。社会主义“利于将来多数普通之人，而不利于现在少数特权之人”，曾遭到各国禁止，然而时至今日，其趋势已成，传布甚广，“禁止之时代，已为过去之历史”，如各国在朝在野社会党，均在议院里“公然独树一帜”。所以，中国当权者企图“摧抑中国社会主义之萌芽”，既可笑又可悯。四是“社会主义，人类共有之主义，非西人独有之主义”。中国今日的礼教政刑和风俗习惯，“诚多与社会主义大相反者”，为此，“不可不亟图改良，以期推行之尽利”。人类的思想“无往而不大同”，如中国古代典籍著作中，“其吻合社会主义者，随在而是，特触类引申，发挥光大，则存乎其人”，所以说，“社会主义为中外古今含灵负秀者所同具之思想”。自西汉罢黜百家、统于一尊，无独立精神和自由言论，“故社会主义在中国迄未成一有系统之学科，而不能不认西方诸哲人为先进”，这是中国专制政体及种种法

---

① 《社会》杂志原系上海惜阴公会创刊于1911年10月11日的机关刊物，从第2期开始，与中国社会党合办，由江亢虎任总编，后自第6期起又由该公会自办。该刊自称“意在提倡社会教育，以为推行社会主义之先声”。参看史和等编：《中国近代报刊名录》，福建人民出版社1991年版，第198－199页。

② 《社会星》1911年7月9日在上海创刊，此刊英文名称为Socialism Star，取“社会主义之星”之意。其目的据说有四：(一)输有全世界广义的社会主义之学说；(二)评载国内外关于社会主义之事情；(三)发挥中国古来社会主义之思想；(四)交通中国近来社会之言论。参看同上书，第199页。

③ 参看林代昭、潘国华编：《马克思主义在中国——从影响的传入到传播》上册，清华大学出版社1983年版，第283－285页。

律束缚之罪。

讲述社会主义概念之后,此宣言声明,社会主义研究会的发起,"其宗旨在研究广义的社会主义"。所谓"广义",指"一致而百虑,同归而殊途,消极并陈,主奴无择,有辨难之余地,不偏倚于极端,亦不强作解事人为武断折衷论者";表现在介绍西来学说,发挥古人思想,交通近世言论,"一以公平的眼光,论理学的论法出之"。除研究学说外,研究会"单注重鼓吹二字,至于实行,当别为组织,非本会所有事",不去关心学说研究和鼓吹之外的实行之事。"鼓吹之道,惟在言论",只须建立起承载谈话和文字内容的言论机关即可。

上述宣言,可以看出江亢虎心目中的社会主义,有几个特征。一是将社会主义与无政府主义两个概念混淆在一起,其所谓不分种界,不分国界,绝对平等,绝对自由之涵义,与其说是社会主义概念,毋宁说是无政府主义概念。二是在平和幸福的名义下,宣扬非激烈危险、非破坏或不偏倚极端的社会主义。三是把"广义的社会主义",用模糊的"一致"、"同归"、"公平"、"论理"等标准衡量,说成一个无所不包的大杂烩。四是重视研究和鼓吹社会主义,把社会主义的实行排除在外。五是强调社会主义思想中国古已有之,尚待发掘,只是在长期专制政体的钳制下未能形成有系统的学科。这些思想特征,在江氏与宋教仁商榷的文章中,得到进一步的体现,或者不如说,成为江氏据以展开商榷的重要依据。

江亢虎的这篇商榷文章①,以一种居高临下的口吻,自称寰游归来,"极力倡导社会主义",近数月间,社会主义名词遂"渐渐输入一般人头脑中",激起同志之人"大都愤慨现社会组织之不平,而对于本主义掬热血以表同情者"。惟其中缺少"平心静气,办难质疑,为理论之研究者",阅得宋教仁《社会主义商榷》一文,"为之狂喜"。因为宋文"非反对社会主义者",恰与(江氏)自己极力提倡社会主义,形成异同之处,故须商榷加以澄清,"非有对垒之心",不必刻意造成两军对垒的论战。

针对宋文提出的两个商榷问题,江氏看法是,关于众多社会主义派别以何者为标准问题,属于"学理的商榷";关于实行社会主义对于中国前途有何影响问题,属于"事实的商榷"。对此,他的"简括之答案":一是他倡导"广义的社会主义";二是他认为"中国今日或尚非社会主义实行之时代,而确是社会主义鼓吹之时代"。既然否定了实行的必要性,也就回避了实行社会主义对于中国前途有何影响的问题。所以,商榷的重点,剩下所谓"学理的商榷"。在这方面,江氏自信采用"论理学解剖之方法"加以考察和论证。

① 参看林代昭、潘国华编:《马克思主义在中国——从影响的传入到传播》上册,清华大学出版社1983年版,第303—306页。

先从名称上考察，认为有关社会主义的各种名称，皆由国外翻译展转而来，译名不尽准确，“原有之语义与现用之字义不尽密合无闲”。例如，宋文说的“无治主义”，通称“无政府主义”，其意不止推翻政府，连礼教、政治、法律及各种契约一概推翻；其党无章程、无规则、无仪式、无组织，惟以合意相联结，实不成其为党。“共产主义”所说的“产”，分为动产与不动产，此派“有主张一切共有者；有主张不动产共有，而动产仍私有者；有主张不动产公有，而动产则废除者，即废产主义”。“废产主义”中，又有“名实俱废者，各尽所能，各取所需，不计价值”；或有“名废实不废者，即一种进化的银行汇划法”。此外，“更有均产主义、集产主义，与共产颇不同”。“社会民主主义”体现“有民主，即有国家”之意，又可称为“社会国家主义”或“国家社会主义”。其“理想的国家”，以法、美、瑞士等国为胚型，“大加修改”参政制度、生产制度、军备问题、关税问题等，“以期益进于民主立国、根本自由、平等亲爱三者之精神”。“国家社会主义”，或称为“帝国社会主义”，其名称均不甚妥当，也与前条相混同，不如称为“国家主义之社会政策”。

再从种类或性质上考察，他认为，“社会主义分类法聚讼纷如，迄无定论”，其中“有相反者，有近似者，有名相反而实近似者，有名近似而实相反者”。上述四类名称，一则“无治主义与社会主义根本的理想相同，历有密切之关系”。只是长久以来产生歧异，“无治主义”自成一宗，源远流别，它与社会主义声气相求，但“社会主义之名词，殆不足以包括之”。不必将“无治主义”纳入社会主义的商榷范围中，以免“使社会主义愈为惊世骇俗之主义”。二则“共产主义乃社会主义之中坚”。社会主义本来“直接缘经济之不平等而发生者”，废产主义“其精神仍与共产相同”，均产主义、集产主义则“其方法不如共产之善”，因此，可以共产主义作为社会主义的“不祧之宗”即其始祖。三则“社会民主主义乃社会主义最普通者”。将社会民主主义与共产主义并列或相承，均不适当，不过二者“交互存之”，“民主主义仍可主张共产，共产主义仍可主张民主主义，民主主义是政治一方面事，共产是经济一方面事，虽可合，亦可分，然必相辅而行，庶几各得其道耳”。四则“所谓国家社会主义，正名定分不可加入社会主义种类中，故不论”。

然后从作用上考察，他排除“无治主义”和“国家社会主义”属于社会主义种类，只需讨论共产主义与社会民主主义的作用。对于共产主义的作用，他解释：“必须根本上改革现在之经济制度，而举个人私有者悉变为社会公有者”。其进程从土地着手，然后用“整进法”或“渐进法”，从固定财产推广至流通领域一切财产，使所有财产“名义统属于总团体之社会，而利益匀配诸各分子之个人，惟按其所尽义务、劳力或劳心之程度，以为制定所受权利之标准”。其办法有“天然调剂”与“人工计算”两种。不论用什么办法，生计和普通教育方面，必须"一致普及,尽人得而享用之"。这样,"抽象之社会"代表资本家,"具体之个人无一不为劳动家,更无贫富、贵贱等阶级"。其实施有两种手段,或者"用平和手段,由教育实业输进,以全社会大多数之同意起行";或者"用激烈手段,先举大革命、大罢工,俾现社会恶制度破坏无余,然后重新改造、建设,丝毫不受历史与习惯之拘束,而纯由理想实现之"。两种手段,难以判断各自的难易当否,"近世学者多赞同后说"即赞成采用激烈手段。对于社会民主主义的作用,他解释:"绝对的反对世袭君主之存在",选举总统,人民有弹劾权及任免权,政府组织可予留用,或以单院制的国会取而代之;"地租归公";废止或严格限制军备;"豁免内地税",订立国际关税同盟以"停征出入境税";不定国教,按"新个人主义"修改法律;等等。除了未成年人和不完全人外,人人参与政权,"无支配人者,亦更无支配于人者",即便总统,也只是国会假定其为"国家主权之代表",出了国会,仍为"社会普通之平民",此即"共和政体之极轨"。至于其实施手段,"亦分平和、激烈两派"。

江亢虎的分析,比起宋教仁的文章,表面看来,对学理的商榷更加细致,但深入比较,就会发现江氏从宋氏已经达到的起点上,后退了一大步。首先,江文只是跟在宋文后面亦步亦趋,围绕宋文提出的两个商榷问题和四类社会主义派别,作些拾遗补阙的探讨,几乎未提出什么值得重视的新问题。而且,对于宋文中相互联系的两个商榷问题,江文撇开其中一个商榷问题,认为中国今日尚非社会主义实行时代,等于破坏或肢解了二者之间的密切联系,实质上把理论与实践相统一的问题,分割为单纯的学理问题。这是一个退步。

其次,江文用"广义的社会主义"概念取代宋文"真正之社会主义"概念,不止偷换了概念,而且把本来着意区别各类社会主义派别的真假是非问题,变成了注重各类派别的相互融合问题,在"广义"的名目下,将形形色色的社会主义派别统统包罗进来。宋文的区别有其偏颇之处,但它尝试从打着社会主义旗号的各式各样派别中,根据"改良"国家组织或国家经济组织还是"改革"社会组织为其标准,把真正的和假伪的社会主义派别甄别开来,依此从理论上排除属于"改良"范畴的社会民主主义和国家社会主义,采纳属于"改革"范畴的无治主义与共产主义。反观江文,缺乏既定的标准,单以"论理学解剖之方法"为名义,把无治主义说成"与社会主义根本的理想相同",把共产主义说成"社会主义之中坚",把社会民主主义说成"社会主义最普通者",结果,除了国家社会主义像宋文一样,归入"非社会主义者",未算入社会主义种类中,其他各派都在社会主义的统一框架内相安无事。这恐怕也是江文提出"广义的社会主义"概念之用意所在。它与宋文的"真正之社会主义"概念,背道而驰。一个旨在揭示社会主义各派别之间的分歧,辨伪存真;另一个则弥合或掩盖这种分歧,不辨真伪。这是江文又一个退步。

再次，江文用“社会主义鼓吹之时代”代替“社会主义实行之时代”，以此适用于今日中国，这又是偷梁换柱的手法。在宋文那里，社会主义的实行，需根据中国客体事物的现状来检验它对中国是否适合及其对中国前途将产生何种影响。本着这一观点，文中考察可能产生正反两方面的结果即所谓“良结果”与“恶结果”，由此得出结论：如果中国具备实行“真正社会主义”的条件而实行之，意味着中国竟然超越各国社会主义学者而一跃实现了他们所设想却难以实现的理想社会；如果中国尚不具备实行的条件而强行之，则意味着悲惨的灾难。这两个结论，实际上对中国实行无治主义或共产主义的“真正社会主义”，提出了质疑。这一考察和结论，固然存在漏洞或缺陷，但它强调必须联系中国实际来考虑社会主义的实行问题，却是值得重视的。江文的做法，有意回避这一重要问题。所谓“鼓吹”，按照江氏的说法，无非是谈话和文字，与“实行”风马牛不相及。用“鼓吹”代替“实行”，无异于将社会主义的讨论，局限在纯粹学理的范围内，与实践脱离开来。失去了实践的检验，关在书斋里的纯学理讨论，也将成为无源之水、无本之木。这可以看作江文第三个退步。

最后，江氏关于社会主义的再商榷，貌似客观公允，如把无治主义从社会主义概念中分离出来，介绍共产主义和社会民主主义的作用时区分其实施手段为平和与激烈两派，指出近世学者大多赞同激烈办法等，似乎与此前他在《社会主义研究会开会宣言》中的表态特征有些出入。其实，这些都是表面现象。他认为无治主义或无政府主义与社会主义“根本的理想相同”，说明他倡导的社会主义中，包括倾心于无政府主义的根本思想，这与他在宣言中把社会主义概念与无政府主义概念混淆在一起，相互一致。同时，他对“无治主义”颇有异议，也是因为此主义“使社会主义愈为惊世骇俗之主义”，过于极端或激烈，这里隐含着对激烈手段的排斥。他的介绍将平和手段和激烈手段并提，乃至承认近世大多数学者都赞成激烈手段，这并不等于他本人也赞成激烈手段。因为他把社会主义的实行问题从商榷对象中排除掉以后，剩下的只是些书斋里的纯理论问题。这时再来谈论实施手段的激烈与否，已经于事无碍。因此，他在这里介绍激烈手段，与他在宣言里宣扬非激烈危险、非破坏之主义，并没有什么冲突。或许正是江亢虎惧怕激烈破坏手段、鼓吹平和或温和社会主义的肤浅理解和性格特征，导致他后来坠入卖身求荣、攀附权贵的泥潭。

二、关于社会主义评介中不同倾向和争论的分析

本时期关于社会主义问题的论辩性文章，决不止以上数篇，但以上李石曾、宋教仁、江亢虎的辩诘之文，连同钱智修批驳社会主义的文章，比较典型地反映了那一时期围绕社会主义问题争论的若干焦点。稍前的论战虽已鸣金收兵，却硝烟未散，与此相比，这些论辩性文章的不同倾向和争论焦点，既代表了

它们与论战之间的继承关系,又有区别于论战或在论战基础上发展变化的某些新特点。下面就这些联系和特点,作一分析。

(一)早期社会主义论争之余绪的若干特点

如果说,1905—1907年涉及社会主义论题的论战,是社会主义思潮持续传入中国后所引起的不同或对立意见之间的第一次激烈碰撞和集中爆发,那么,1908—1911年间,在社会主义问题上相继出现的一些论辩性文章,只能算作前一场论战的余绪。这样说,与论辩性文章本身所具有的若干特点,不无关系。比如:

从文章的类型看,尚未像论战那样,形成主导论辩格局的泾渭分明的两派。虽然每篇文章大致有自己的论辩对象,但集中起来看,其对象相互交叉,并无定势。如李石曾的《无政府说》一文,以《民报》上"铁铮"的《政府说》一文作为批驳对象,此乃同一革命阵营内部的论争;李氏的《驳〈时报〉〈论中国今日不能提倡共产主义〉》一文,则以《时报》上惜诵先生的同名文章作为批驳对象,又属于不同对立阵营之间的论争;宋教仁的《社会主义商榷》一文,似未点明具体的商榷对象,其实它的针对性极为鲜明,对国人中主张无治主义或共产主义者提出异议,仍属于同一革命阵营内部的论争;江亢虎的《社会主义商榷案——社会主义商榷之商榷》一文,是对宋教仁之文的回应,自然归入同一革命阵营内部的论争之列;钱智修的《社会主义与社会政策》一文,站在批评社会主义的立场上攻击那些赞成者或提倡者,并不拘泥于某个具体的论辩对象,却明显属于两个对立阵营之间的论争;等等。这些论辩性文章,一般说来,反映的只是一些局部的甚至是个人之间的论争,它们在当时具有一定程度的代表性,其中有些文章开展论辩的激烈程度,也不亚于论战之时,但总体上显得势单力薄和力量分散,不足以构成论战时引人瞩目的声势格局。似乎只有李石曾的批驳《时报》之文和钱智修的反对社会主义之文,较为接近于论战时那种水火不相容的两军对垒式论辩态势。如此看来,难以集中论辩的火力并造成时代的影响力。

从文章的论题看,尚未像论战那样,围绕共同关心的问题进行比较集中的论辩。这是与前一特点密切相关的另一个特点。论战时期,对立双方涉及社会主义的论题,经过梳理,较多集中于诸如社会主义产生的原因、目的和前途,国家社会主义,社会主义的实现方式,社会主义是否适用于中国,土地国有论等问题。这些论题,不必是当时参与论战的每篇文章都论及的问题,也不必是每个问题上双方的参与者中间始终保持一致的意见(尤以《民报》阵营的众多参与者更是如此),但是,一般而言,它们确实是对立双方共同关心的论题,在每个重要论题上大体形成了相互对立的不同意见。相比之下,本时期的论辩文章不是各个阵营之间有组织论辩活动的产物,更像是论辩者各人的随心所欲、散兵游勇式行为，所以，其论题的提出，自然比较随意和分散。例如，《无政府说》一文，争辩“无政府的革命”比“有政府的革命”更加符合革命的本来涵义；《驳〈时报〉〈论中国今日不能提倡共产主义〉》一文，显示“中国今日不能提倡共产主义”与“必欲普及共产主义于中国”两种观点之间的对立；《社会主义商榷》一文，在实行无治主义或共产主义之类的“真正社会主义”，对于中国前途会产生什么影响这一问题上，用商榷方式提出了质疑；《社会主义商榷案——社会主义商榷之商榷》一文，与其说是回应前篇商榷文章，不如说是用“广义的社会主义”和“社会主义鼓吹之时代”一类模糊概念，回避社会主义在中国的实行问题；《社会主义与社会政策》一文，专事批评社会主义“违反人性”，论证社会主义“不合用”于中国，兜售救治现存流弊或调和目前冲突的社会政策；等等。这些看似散漫的论题，汇合起来考察，仍能看出一些趋向性的变化。如将论辩的重点，从论战时涉及社会主义的各种论题，不约而同地相对集中于社会主义是否适用于中国的问题，反映了本时期论辩者比起前人更加重视这一论题；又如论战时对立双方津津乐道的国家社会主义论题，本时期几乎遭到众口一词的唾弃；等等。这些变化，无论是论题重点的转移，还是某个论题的强化或削弱，体现了社会主义思潮传入中国的过程中，本时期的论辩对于此前论战的继承和延续。

从文章的立场看，尚未像论战那样，划分为截然对立的两大阵营。论战时期，以《民报》为代表的一派，共同聚集在社会革命的旗帜下，以《新民丛报》为代表的另一派，则打着社会改良的大旗，二者势同冰炭，让人一目了然。主张社会革命与主张社会改良之间两种立场的分明界限，到了本时期，在各种论辩文章的参与者那里，似乎变得复杂起来。有的唱着高调、吹嘘自己为革命阵营中的最为革命者，把在中国普及共产主义视若探囊取物，如李石曾；有的自称“非反对社会主义者”，却对“真正社会主义”是否适用于今日中国表示怀疑，如宋教仁；有的试图把各种类型的社会主义搅和在一起，鼓吹一种没有棱角、失去锋芒的“广义的社会主义”，如江亢虎；有的否定社会主义在中国的可行性，乃至视社会主义为洪水猛兽，如钱智修；等等。这些持有不同立场的论辩文章，界限不甚分明，不能简单地以主张社会革命或主张社会改良的非此即彼标准加以划分，反映了当时国人对于社会主义的认识，不同于论战时的两军对峙局面，呈现出多样化的特点。其实，细加甄别和归类，仍能从这些多样化的论辩文章中，大致区分出对于社会主义是持赞成还是反对态度的两种基本立场。只是这种基本立场的具体表现形式，已经不像论战的两派那么清晰明了，而是各持一辞，各有特点。不仅如此，连论辩的口吻和方式，随之也发生某些变化。有的仍像论战那般咄咄逼人，口诛笔伐；有的转以商榷的口吻，委婉曲折地提出问题或疑虑；还有的采取和风细雨方式，论辩之前特地向其对手致意，表示

"寄执鞭之慕,而非有对垒之心"[1];等等。这些变化,也可以看作早期社会主义论争之余绪的另一种表现形式。

(二)社会主义论争中无政府主义地位的凸显

论战期间,国人中的无政府主义思潮已崭露头角,但相对于论战双方从主观或客观上推动社会主义思潮的传播而言,只能算作一个配角。到本时期,无政府主义思潮经过国人中不少信奉者的宣扬,日趋显赫,俨然成为最具有影响力和渗透力的思潮之一。这一点,同样体现在本期围绕社会主义问题的论争中。例如:

李石曾的两篇论辩文章,不论面对同一革命阵营内部的意见分歧者,还是面对来自不同阵营的反对革命者,始终如一地以捍卫和宣讲无政府主义为其职事。在他的眼里,无政府主义胜过其他一切主义,是合于公道、真理的"至公之主义",体现了"真自由、真平等、真博爱";无政府主义引导的"无政府的革命",废除财产、婚姻、家庭、国界、种界等,可谓"多数人之革命"、"全体之革命"或"社会革命",胜过过去其他一切属于"寡人之革命"、"少数之革命"或"政治革命"之类的"有政府的革命"。他把无政府主义等同于共产主义,将其从"现在最为含糊"的社会主义概念中剥离出来,以示真假之别。换言之,无政府主义或共产主义似应取代社会主义来代表社会未来发展的主流。如此理直气壮地为无政府主义鼓吹造势,成为当时我国思想界的一道风景线,足见无政府主义思潮的影响力。李氏以一个无政府主义的信仰者,宣扬此类思想不足为奇,值得注意是这一思想向其他代表人物的渗透。像宋教仁并非无政府主义者,他的论辩文章还对无治主义或共产主义在中国的适用性提出异议,但并未妨碍他一再将此二主义称为"真正之社会主义",肯定它们属于社会主义各派别中"宜尊崇"的范畴,其目的"以社会为惟一之主体而谋公共全体之幸福"。此类评价意见,哪怕言不由衷,不可否认无政府主义思潮留给宋氏的深刻印象。江亢虎与宋教仁有所不同,在国外游学期间已受到无政府主义思维习惯的影响,这一影响又与李石曾的说教似乎不尽相同,如江氏感兴趣的是包罗各种社会主义派别在内的所谓"广义的社会主义",不仅限于无政府主义,还认为社会主义名词不足以包括久已产生歧异的无政府主义;又如他提倡非激烈危险或非破坏之主义,也就是平和或温和的社会主义,这与当时国人中流行的无政府主义思潮之宣扬激进或极端手段,也是判然有别。然而,这些差异不曾从根本上改变江氏作为极力提倡社会主义之一人,就像他在论辩文章中所说的那样,实则把无政府主义与社会主义二者看作"根本的理想相同";再联系到他在社

① 亢虎:《社会主义商権案——社会主义商権之商権》,转引自林代昭、潘国华编《马克思主义在中国——从影响的传入到传播》上册,清华大学出版社 1983 年版,第 303 页。

会主义研究会的开会宣言中，宣扬“不分种界，不分国界，不分宗教界，大公无我，一视同仁，绝对平等，绝对自由，绝对亲爱”之类言论，活脱是一副无政府主义者的嘴脸。至于钱智修的论辩文章，未涉及任何无政府主义观点，若考虑到他竭力反对社会主义的一个重要依据是反对“政府万能说”，那么，一旦接触无政府主义的废除政府主张，他的反对理由就要打些折扣了。

无政府主义思潮在这一时期的影响和渗透作用，与论战时期比较，显得更为突出。论战期间，无政府主义思潮已在流传，但对许多国人包括主张社会主义和社会革命的人士来说，这还是一种异端邪说。比如，梁启超一派用来诋毁革命党的一个撒手锏，便是给它扣上一顶无政府主义的帽子；革命党的追随者如叶夏声为此还专门撰写《无政府党与革命党之说明》一文，孜孜于说明二者的主张“不能两立”，二者“非仅不同，且大相悖谬”，尽力摆脱革命党与无政府主义的一切干系，惟恐避之不及。可是，在本时期，革命党人谈论无政府主义几乎趋之若鹜，有的执之甚笃，奉若神明；有的趋炎附势，随声附和；有的撷取精华，为我所用；有的依样画瓢，以资应付；等等。无论如何，无政府主义不再是人见人怕的一种祸害，反倒成为显示革命党人彻底精神的一种时尚。这一点，典型地表现在那些论辩文章中。如批评一切“有政府的革命”为假革命，标榜“无政府的革命”为真革命，把无治主义描画成“真正之社会主义”等等，试图在革命阵营中供奉无政府主义具有至尊地位。在这种思想倾向的影响下，同样引人注目的是，本时期的论争比起论战时期，连带形成一系列不同的甚至相反的特出之处。

例如，论战时，主张社会革命论者存在一个共同的薄弱环节，面对主张社会改良论者指责他们企图夺富均贫、野蛮破坏一类的攻击性言论，步步退缩，穷于招架，生怕被人误解，最后竟致小心翼翼，尽量回避使用激进、极端、破坏、“用暴力推翻”之类的词汇，以免损害自己“尚平和，守秩序”的形象；或者调和折衷，矢口否认夺富均贫式均财方式，在“富者不得独多，贫者不得独少”的口号下，转到维护富人利益的立场上来。对比之下，本时期的论辩，尤其那些主张无政府主义或无治主义论者，也包括一些受此影响的论辩者，突破了以往束缚社会革命论者的各种禁忌，公开宣称社会革命是“多数人之革命”、“全体之革命”，是“全为大多数贫民设法”、打破纵容富民不劳而获地享受贫民血汗所得的私产制这个“纸老虎”，毫不讳言革命在社会主义中具有“最为激烈”、“破坏”或“极端”性质，只有这样才算得上“真正之社会主义”；为革命的“暴动”辩护，认为它对富人是合理的，就像贫人处于“野蛮的和平”中，无异于“富人暴动”一样，两类暴动的区别仅在于是站在富人一边还是站在贫人一边；鼓吹革命的“叛乱”或“召乱”，相信由此可以“拨乱反正，以杜天下之大患”；等等。这些直言不讳的说法，与此前革命党人在同一问题上的畏首畏尾状态，形成鲜明的对照。

本时期的革命党人像论战时的革命党人一样，从理论上赞成中国趁着贫富差距尚未过于悬殊，抓紧实行社会主义或共产主义。这个论点在论战或论争中所遇到的诘难，无非是缺乏可行性或属于乌托邦式空想、取消自由竞争和个人激励将导致进化停滞和劳动动机丧失、影响同外国资本的国际竞争而有亡国之虞、不适用于中国的古代传统和现实国情等等。对此，论战时的革命党人着眼于国家富强，力求从理论上、从国外的案例中、从中国古代传统的发掘里、包括从《共产党宣言》中引用共产党人的十条措施来证明社会主义决非乌托邦或空想等方面，反驳对手的诘难。而本时期受到无政府主义思想浸染的革命党人，面对几乎同样的诘难，采取另一种反驳方式，在完全或倾向于抛弃国家和政府的前提下，谈论共产主义的实施。其中的典型者，不必考虑国家的富强、爱国或担心亡国，不必强调社会主义或共产主义在中国的适用性，不必承认“以智役愚、以贤役不肖”的天演现象和“必由竞争而后进化”的天演进程，这样就回避了关于乌托邦理想或空想的指责，中国古代传统也成为有利时加以利用、无利时随手丢弃的可有可无之物。表面看来，后者的反驳似乎比前者更加直率和彻底，但揭开那层气壮如牛甚至大言不惭的无政府主义面纱，留下来的那些理论依据，不少是建立在沙滩上的楼阁，根本不可能兑现。因此，前者与后者的反驳，尽管各显神通，但在论证社会主义或共产主义实施的问题上，同样存在着理论上的漏洞和实践上的软肋。

(三)革命阵营内部围绕社会主义的论争

随着西方社会主义思潮的不断传入，持续引起不同的理解乃至争议，这在反对或抵制社会主义思潮的人群中是如此，在赞成或倾向这一思潮的人群中也是如此。从中国早期的传入进程看，一般说来，这种争论最初主要发生在赞成和反对的人群之间，先是各自酝酿不同的意见，然后逐渐形成对立的双方，直至双方交火产生公开的冲突也就是论战。在这个过程中，包括论战期间，若深入观察，赞成或倾向社会主义思潮的一派，其内部同样在不同程度上存在一些分歧意见。总体而言，到论战时期为止，这些内部分歧意见大多见于一些细枝末节而不那么明显，或者为了对付共同的论敌而被有意无意地掩饰起来。随着论战的汹涌浪潮逐渐消退，论战双方剑拔弩张的对立态势平静下来，原先革命派内部潜在积累的各种矛盾、分歧和不协调之处，也像海底的礁石一样逐渐暴露出来。因此，本时期的论争，除了惜诵先生和钱智修等人的论辩文章，仍继承了论战中反对社会主义一派的衣钵，并在反对理由的系统化方面有所发展之外，引人注意的，恐怕就是革命阵营内部围绕社会主义问题所展开的论争或商榷了。

这一时期，革命阵营内部论争的爆发，很大程度上，由于无政府主义势力大为增长的扩张。其中一些较有代表性的论辩，几乎都是直接或间接地因无政府主义思潮的介入而引起的。这些内部的论辩，如上所述，有“无政府的革命”与“有政府的革命”之间的分歧，有实施“真正社会主义”对中国前途影响方面的分歧，还有诸如“广义的社会主义”、“无治主义”、“共产主义”、“社会民主主义”、“国家社会主义”等概念内涵及其相互关系的分歧，等等。这些分歧，表现出革命的多样化主张，不像论战时革命派基本上聚集在社会革命的统一大旗下面，但除此之外，没有提供更多有价值的新内容，只不过把内部蓄积的潜藏分歧表面化或公开化了。因此，本时期的内部论争，并未在加深社会主义的理解方面作出多少贡献，反而带来更多理解上的肤浅、模糊和混乱。例如，宋教仁所说的“社会民主主义”，指“改良”而非“改革”的“稳和的社会主义”，其麾下包括“社会民主主义修正派”，与包括“科学的社会主义家”（似指马克思一派）在内的共产主义或“极端的社会主义”区别开来，被排斥在“真正社会主义”范畴之外。这和钱智修把马克思《资本论》称作“社会民主主义”学说，有着相反的涵义。江亢虎把“社会民主主义”称为“社会国家主义”或“国家社会主义”，认为它与共产主义“交互存之”，二者在政治上和经济上“相辅而行”，也不同于宋教仁的说法。又如，江亢虎所说的“广义的社会主义”，指“不偏倚于极端”、包罗各种类型的社会主义，这同吴仲遥所谓“广义的社会主义”，指现存社会组织“矫正个人主义（即经济上不平等）及狭义的社会主义之流弊”，又名“社会改良主义”一说，也是大相径庭。再如，李石曾总是不加区别地把“无治主义”或无政府主义与共产主义混淆在一起；宋教仁则略加区别，提出二者既分列于不同的社会主义派别，又同属于“极端的社会主义”类型；江亢虎又强调社会主义名词殆不足以包括无政府主义之歧异，应以共产主义为其“中坚”和始祖；这三人在概念理解上的差异，恐怕会让时人无所适从。

革命阵营内部在社会主义问题上的意见纷争和混乱状况，既是社会主义思潮的传入进展到一定阶段所不可避免的现象，也反映了当时国人对于这一思潮研究本身所存在的缺陷。这方面，孙中山 1911 年 12 月 30 日与江亢虎的谈话，曾有所分析，颇中肯綮。这次谈话，江亢虎介绍了社会党的历史，他对社会主义的看法，孙中山询问有关社会党的近况后，表示自己对社会主义“必竭力赞成之”。然后指出：“此主义向无系统的学说，近三五年来研究日精，进步极速，所惜吾国人知其名者已鲜，解其意者尤稀。”这是他对当时社会主义在中国传播情况的一个基本评价。据此，他对江氏代表社会党提倡社会主义，感到“良可佩慰”，建言“必广为鼓吹，使其理论普及全国人心目中。至于方法，原非一成不变，因时制宜可耳”。接着，江氏提出，孙先生的民生主义、平均地权、专征地税之说，实与其党宗旨相同。对此，孙中山的回答是，“余实完全社会主义家也”，以上一端因“较为易行”，故先宣布，其余尚有甚多内容待讨论。并说，

“余此次携来欧美最新社会主义名著多种，顾贵党之精晓西文者代为译述，刊行为鼓吹之材料”。① 这是孙中山在武昌起义后被推选为中华民国临时大总统的第二天，也是他“军事粗定”之前的一次谈话。此次谈话两天后，他还遵嘱托人赠交社会党书籍四种，均系“欧美最新社会主义名著”，即《社会主义概论》、《社会主义之理论与实行》、《社会主义发达史》和《地税原论》。在繁忙紧张的日子里，孙中山仍执著地追求社会主义家的“完全”意境，关心社会主义学说的发展进步，推动欧美最新社会主义名著在中国的译述传播，这立足于他本人对社会主义的“竭力赞成”，也着眼于他对国人“知其名者已鲜，解其意者尤稀”状况的不满。当时国人对社会主义很少知其名而更少解其意，在这一背景下，指望革命阵营内部参与论争的各类人士对社会主义能够有深入和正确的理解，也是不现实的。正如毛泽东回忆他在辛亥革命前夜政治观点上尚“糊里糊涂”，对康有为和梁启超他们与革命党的区别“不甚了了”②，那时不少激进青年连革命党与保皇党之间的区别都不甚了解，遑论革命党内部的争辩差异。

（四）马克思学说在社会主义论争中的作用

与论战时相比，本次论争谈到社会主义论题，很少从马克思学说中寻找理论根据。例如，李石曾引用其对手的观点，附带提到共产主义学说“始倡于德国”，隐约涉及马克思学说的产生问题。按理说，李氏作为无政府主义的代表人物，本时期又是国人中推崇无政府主义者翻译介绍马克思、恩格斯原著的活跃时期，应当有条件利用马克思学说为自己辩护或作为攻击对方的理论武器，可是事实上，李氏在论辩中，除了对“始倡于德国”的共产主义学说之势力扩展到全世界表示欣喜外，对马克思学说本身未置一词。当时国人提倡无政府主义的群体中，更多表现出对马克思学说的兴趣者，聚集于在日本的“天义派”，而不是李石曾一伙在西欧法国的“新世纪派”；李氏论辩的重点，推销无政府主义涵义的共产主义，自然也无暇或不必顾及马克思学说。宋教仁在论战期间，曾颇富新意地细致介绍马克思学说在第二国际前期的传播历史，然而本次论争中，他仅从分析社会主义派别的角度，粗略提到“科学的社会主义家”意即马克思主义者属于共产主义一派。看来事过境迁，当年宋氏介绍马克思一派与其他各派的斗争，突出的是马克思派“社会党”与巴枯宁派“无政府党”之间的斗争线索，而本次论争中，不论出于什么原因，他突出的是“无治主义”或无政府主义一派与共产主义一派同属于“真正之社会主义”。原来介绍中对立两派的分明界限，如今在商榷中被抹煞得一干二净，似乎也用不着再对马克思学说作专门的深入介绍了。钱智修或许是本次论争中提到马克思及其《资本论》名

① 以上引文均见上海《民立报》1912年1月1日所载《大总统与社会党》一文，转引自《孙中山全集》第1卷，中华书局1981年版，第579－580页。

② 埃德加·斯诺著，李方准、梁民译：《红星照耀中国》，河北人民出版社1992年版，第101页。

称的极少数人之一，但他理解马克思学说为“社会民主主义”，其水平之幼稚肤浅可想而知，此所以他挥舞着反对社会主义的大旗时，除了泛泛之论，未能对“社会主义之开山”的马克思学说，提出任何有针对性的反对意见。江亢虎的商榷，侈谈“广义的社会主义”，其中连重要的马克思学说或其代名词，都只字未提，这又岂是无意的疏漏所能搪塞的。

总之，本次论争中各方对于马克思学说的运用，不如论战时期的对立双方，未能涌现出像朱执信那样诠释和运用马克思学说的典型人物。这与本时期转译介绍马克思、恩格斯原著方面的新进展，似乎形成矛盾的反差。这一事实表明，在论战时期，尽管马克思学说的传入还处于比较初级的阶段，却已被论战双方加以利用以加强本方的观点或削弱对方的观点；而在本时期，马克思学说原著的传入进入一个新的起点，而论辩各方对此却好像置若罔闻。这大概与无政府主义者一度主导马克思学说原著的译述形势不无关系。无政府主义者真正关心的是在中国传播、鼓吹甚至实现无政府主义，介绍和宣传马克思学说不过为这一目的服务罢了。无政府主义起初在国人中流行时，其部分信奉者尚认为它的目的与马克思学说有着共同之处，或者说分不清二者的真正区别，故在推荐和转译马克思学说原著的过程中不曾有过彷徨犹豫，甚至敢为人先；然而一旦发生论争，需要在对手或同路人面前展示和较真自己的真实心迹时，无政府主义者便自矜高人一等，不再那么相信马克思学说了。这预示着，我国无政府主义者译介马克思学说，只是一个暂时现象，随着国人对马克思学说的认识逐渐增多，二者分道扬镳是不可避免的归宿，只不过在时间上或早或迟而已。

第二节　各家非论辩性文章中的社会主义评介之对照

上面若干篇论辩性文章，反映了本时期国人中持有不同政治倾向的一些代表人物在社会主义问题上的各种分歧、商榷或争论，其中既延续了论战时期的某些共同特征，也显示了区别于论战时期的某些特点。这些论辩，只是从一个局部，反映了论战余绪阶段的部分面貌。随着论战的休战，原来参与论战的双方，除了个别人如宋教仁(他也改变了商榷或论辩的对象)之外，其他人似乎与本时期的论辩保持一定的距离，表现出一种置身事外的姿态。换句话说，论战的当事人几乎均未参加本时期的论辩活动。但这并不等于说，他们后来对社会主义问题采取漠不关心的态度，恰恰相反，他们中的大多数人仍在关注、研究或撰文议论各种有关社会主义的问题，只是未再使用直接思想交锋的形式而已。所以，讨论余绪阶段社会主义思潮在中国的沿革和发展，不能不提到此前论战期间一些风云人物后来对于社会主义的认识。另外，参与本时期论辩的人士里,有的仅代表某个支派而非整个派别,如李石曾代表的是无政府主义派别中的"新世纪派",并非"天义派";有的在论辩文章中发表针对其对手谈社会主义问题的意见,又在非论辩文章中发表涉及社会主义问题的其他意见。当然,本时期还有其他未曾涉足论辩之人,留下若干评介社会主义的资料。这些评介资料,与那些论辩文章互为补充,有助于全面观察这一时期社会主义思潮在中国的发展和变化动向,也有助于完整地理解在早期中国,这一思潮的演进与马克思学说的传入之间的相互依存关系及其时代局限性。因此,从这些评介资料中选取若干文章加以介绍和对比,不是无关紧要的。

一、原论战双方关于社会主义的评介

论战期间,以《民报》和《新民丛报》为阵地的对立双方,围绕社会主义等论题展开激烈辩争,曾名噪一时。此后,《新民丛报》于 1907 年 11 月停刊;《民报》延续到 1908 年 10 月,也在日本政府封禁和同盟会内部分歧的双重压力下,被迫停刊,后来又于 1910 年初在日本秘密复刊并托名法国巴黎为其出版地,仅出版两期再告停刊。到本时期,原来论战的双方阵地,一个不复存在,另一个处于风雨飘摇之中。间断尚存的《民报》,此时在社会主义论题上的影响力,已大不如前,几乎未再看到登载有关社会主义的文章。几位论战期间叱咤风云的撰稿人,这一时期发表于《民报》的文章,哪怕是专论革命问题的文章,都未涉及社会主义论题,像朱执信的《心理的国家主义》、汪精卫的《论革命之趋势》、"民意"的《土耳其革命》和《波斯革命》等均是如此。涉及无政府主义的图文,倒是时有所见,如《千九百八年俄罗斯虚无党女子击莫斯科总督之图》、《无政府主义序》(分别见《民报》1908 年 2 月 25 日第 19 期、4 月 25 日第 20 期)等。另外,原来《民报》一派参与论战者,本时期在其他刊物上发表文章时,也较少涉及社会主义论题。像宋教仁在《民立报》上发表《社会主义商榷》的专题文章,当时的同仁中已颇为少见。他于同一刊物上连载发表《近日各政党之政纲评》一文,评价"宪友会"的政纲时,附带提到所谓的"社会经济",认为从"社会的经济"上看,"该会殆欲行社会主义的经济政策",直接称"社会政策"足矣,不必称为"社会经济",否则是滥用经济学上的术语观念。[①] 这里提到"社会主义的经济政策",只是用作"社会经济"的名词解释,谈不上对社会主义的评介。

本时期,原来《民报》一方在社会主义论题上的相对沉寂,并不意味他们对社会主义问题失去了兴趣,相反,他们中间的一些坚定分子,仍执著地以追求

① 渔父:《近日各政党之政纲评》,连载于 1911 年 6 月 23 日至 7 月 15 日《民立报》,见陈旭麓主编《宋教仁集》上册,中华书局 1981 年版,第 236 页。

社会主义理想为己任。孙中山作为此派的旗手，如前面引述与江亢虎的谈话所示，甫任临时大总统，便公开表示他“竭力赞成”社会主义，是“完全社会主义家”，建议在国人中广为鼓吹和普及社会主义理论。这一表态，足以显示此派在指导原则上，从未放弃社会主义理论，同时也预示此派对关乎社会主义在中国的前途和命运等重大问题的研究和讨论，将重新发挥重要的作用。在本时期的短暂时间内，此派对待社会主义的态度表现在公开刊物上，何以显得比较消极，其中的缘故，有待考证和澄清。推想起来，恐怕与此派这一时期工作重心的转移如集中力量组织一系列旨在推翻清王朝的武装起义，一些消极因素的滋长偏离了原来的革命路线如《民报》后期宣扬种族复仇主义或佛教教义之类的内容，内部矛盾的激化牵制和干扰了既定思想原则的贯彻执行如在办报思想和内容上持续出现的分歧，以及论战后需要时间来补充、消化和吸收有关社会主义的新知识和新内容等原因，不无关系。从这个意义上说，暂时的休整与纠正偏差，也为后来进一步介绍和宣传社会主义做了准备。

附带指出，论战的《民报》一方所宣示的社会主义观点，本时期内虽然未见新的发展，可是经过论战的洗礼和传扬，产生广为晓谕的效果，延续到本时期仍在发挥其作用。如江亢虎会晤孙中山时，表示“前读先生民生主义、平均地权、专征地税之说，实与本党宗旨相同”[①]，便是突出一例。此前，江氏署名“元文”，在《社会星》1911 年 7 月 30 日第 2 期上，还发表了《介绍地税归公之学说》一文。此文的基本思想，能看出它借鉴孙中山的民生主义、平均地权和专征地税思想。不妨将江氏此文内容作一介绍如下[②]。

文中认为，社会主义产生于东方严格的贵贱区别与西方巨大的贫富差别一类“人间世极不平等事”。“社会主义多主张土地国有”，因土地为致富之源，故“土地归公”，可以减除大地主大资本家的淫威，使劳动者摆脱主奴式关系。学者考虑，这一主张易为“恶政府”利用，所谓国有反而变为皇室及政府等少数人的私有物，造成更大的不平等；况且土地买卖已成为历史习惯，“一旦收为国有，价购则不赀，强夺则非理，亦有所不能行”。在这种情况下，美国人亨利·乔治“创为地税归公之说”：地产仍属本人，地税纳诸公用，有地皆课税，税率约为地价 5%，每年核定地价征税，地面建筑栽种等物，凡人工所作者均不计税。其法如能实行，“广田无自荒之虞，游惰有归农之路，而所征税额，即充本地方公共事业费用”。这样，仅靠地税，举凡行政、教育、交通、慈善等一切所需，“皆不必别事诛求而取携悉足，并罢地以外各税，以便商旅而惠闾阎”。乔治此说初版于 1879 年，销售达 2 亿余册，今日英、美、德、瑞士、加拿大等国大

---

① 孙中山：《与江亢虎的谈话》，转引自《孙中山全集》第 1 卷，中华书局 1981 年版，第 579 页。

② 以下引文凡见于此文者，均转引自林代昭、潘国华编：《马克思主义在中国——从影响的传入到传播》上册，清华大学出版社 1983 年版，第 285－287 页。

城市多有采用其制者,“措施易而收功效速,故坐言即可起行”。其著原名《惟一税》(今译《进步与贫困》),曾由“留华二十余年,能读周秦古书”的英国医学士棱棱氏译为汉文,起名《富民策》。此君认为乔治之说“深有合于我孟子之义,特较井田为圆活耳”。为此,他曾作《孟子与地税归公》一篇,梗概如下:《孟子》一书的立言大旨,于“以民为邦本,本固邦宁”之意确有发明,“隐然有王者之气象,民主之规模”,非常类似于昔之杰斐逊、近之斯宾塞“人当自由平等”之意。孟子“所注意者莫如地,盖以地为生民托足之新策,乃养命之源”,可见翻译地税一书,“实为当世富民之新策,其法非今之所创,自古已然,兹不过变通而行之耳”,意谓地税归公之法不过是对中国古法的变通实行。中国古代,黄帝创井田之法,至尧舜而大备;及夏商行贡助之法,亦本此制;周文王循此大行仁政,制民之产,使无冻馁之虞;可惜后至春秋战国,其制渐沦亡;孟子崛起其间,毅然以天下为己任,娓娓不倦,历详尧舜之法、文王之政,“盖孟子一生之志在行王道,而王道之本在复井田,此诚万古不易之经,一时无雨之法”。本篇摘引孟子的要言善政并加以注释,正是以此作为地税归公的一个证明。

江亢虎的这篇文章,在一定程度上显示了它与《民报》论战方的某种继承关系,赞成乔治的土地国有论与单税法主张。细加斟酌,江氏所谓孙中山的主张“实与本党宗旨相同”,似乎含有二者各自独立地得出了相同的主张或宗旨的涵义,江氏并非从孙中山那里获得了或接受了相同的观点。这一点,从前篇文章看,也不难察觉。它言必称西洋,大谈乔治的地税归公之说,甚至连中国古代类似此说的思想诠释,也是引自英国人棱棱氏的汉文著述,相反,绝口不提早在中国倡导引进乔治学说的孙中山的主张。孙中山的主张,强调结合中国实际来借鉴乔治的学说,或者说,参考乔治学说并加以修改以适应中国的实际;而江亢虎的文章,除了介绍乔治学说的原始涵义,照搬棱棱氏的著述来解释地税归公之说与中国古法的相互契合,并未提出新的个人观点。这正是江氏观点虽然与孙中山有相同之处,却远不及孙中山的一个明证。

在本时期,原《民报》一方对于社会主义的评介,似乎显得有些沉闷,而原来的《新民丛报》一方,也就是梁启超等人,这一时期所发表的各类文章,从其点滴论述中,仍可以零星看到关于社会主义的评介,多少延续着论战期间的看法和态度。例如,梁氏借王安石变法,评价其青苗、均输、市易诸法,意在摧抑兼并,“举财权集于国家,然后由国家酌盈剂虚,以均诸全国之民,使各有所藉以从事于生产”,这就像近数十年来“大盛于欧美两洲”的社会主义,“以国家为大地主、为大资本家、为大企业家,而人民不得有私财”。这些社会主义学者“往往梦想之以为大同太平之极轨”,而“识者”认为“兹事体大,非易数世后,未或能致”。欧美今日未能实现社会主义,王安石想在数百年前的中国加以实现,又何能成功,此即时间与地点的不相适合,也是王荆公受蒙蔽之处。梁氏接着分析，“社会主义所以难行”，由于掌握国家理财大权的人，“甚难其选”，问题是“集权既重，弊害易滋”；西方国家提倡社会主义的人，考虑行之于立宪政体确立之后，“犹以为难”，更何况王安石处于专制时代；因此，本想摧抑兼并，“万一行之不善，而国家反为兼并之魁”，倒让人民恐惧，盗臣因缘以自肥。梁氏从青苗法的贷款方式谈到近世银行制度，认为它们都不能解决“实为数千年来万国所共苦而卒未能解决之一宿题”的“贫富不均”问题。要加以解决，只有发挥国家的枢纽作用，其中“圆满之解决法，则如吾国古代之所谓井田”，也就是“泰西近世所谓社会主义，使人民不得有私财”；如果未能圆满而考虑其次的办法，则由国家贷款限制豪右居奇之人的伎俩。[①] 这又回到前面不能解决贫富不均的老话题上。类似议论，似乎肯定社会主义的实行可以解决贫富不均问题，但梁氏的真实意图，在于强调社会主义的“难行”和“梦想”属性，那是未来遥远的事情，而且他所谓的社会主义，指国家社会主义，这也是他在论战期间的一贯立场。

又如，梁氏对管子大加称扬，认为亚当·斯密开创经济学这一专门科学，“以个人为本位，不以国家为本位”，其学说有益亦有弊，“晚近数十年，始有起而纠其偏匡其缺者”，重点强调“言经济者不能举个人而遗群”，应以国家为“群体之最尊者”，“善言经济者，必合全国民而盈虚消长之”，此即“国民经济学所为可贵”之处；这一涵义，至最近二三十间“始大昌于天下”，我国早在两千年前已由管子“导其先河”。管子着眼于根除“贫富之不齐”或豪强兼并病民并引起政治经济上种种弊害的根源，这一弊病中国和西方古代“尝深患之”，如今仍是欧美各国的“共同膏肓不治之疾”。如何治疗此疾病，我国儒家主张恢复井田，由此形成汉唐以来的均田、限田等政策，西方社会主义学派的土地国有主张一切财产皆归国有的主张，“其意亦与吾国之井田略相近”。只是随着世界文明的进化，“私有权”相沿既久，骤然废除，“不能见诸实行”。而管子的“均贫富之政策”，有所不同。所谓不同，指管子“调御国民经济”的轻重之术，操持国家权力利用市场手段，旨在使“全社会公共经济”造成物价涨落现象所带来的利益，或豪强“矫揉”而“随己意”左右物价高下所带来的利益，“当归诸国家，而不当归诸少数之人”，由此“其利归诸全国人民”。近世“所谓社会主义一派之学说”，针对商业自由放任“过甚”，导致卡特尔和托拉斯等产业组织左右全国甚至全世界物价的专制淫威，“欲尽禁商业之自由，而举社会之交易机关，悉由国家掌之”，此说“虽非可遂行于今日，然欲为根本救治，舍此盖无术”。此主义

---

① 以上引文均见梁启超：《王荆公》(1908 年)，《饮冰室合集》第七册，专集之二十七，第 65－66、68－69 页。

"当二千年前有实行之者",即中国的管子。[①] 梁氏如此推崇管子,与谈论王安石相比,无非换个说法,仍以社会主义难以骤然废除私有权和坚持国家社会主义理念为其旨归,只不过将国家社会主义如何在私有权条件下进行运作的方式,试图表达得更清晰一点而已。

再如,梁氏曾介绍1910年英国议会解散,源于英国宪法的根本改革问题,以及全世界"生计政策"的根本改革问题。他分析此事的若干"真相"背景,其中一条提到社会主义问题。他的分析是:"当知现今世界上有所谓是社会主义者,实为各国公共之大问题,欧美政治家所最苦于解决者";社会主义产生于各国机器生产盛行,"大资本家之公司及托辣斯等踵起"以后,靠体力劳动糊口的小民"咸失其业,不得不投入大工厂以为之佣",受雇佣者"所获至微",雇佣者"所获至巨","富者日以富,贫者日以贫",加上一国内雇佣者至少,受雇佣者至多,多数人"常呻吟憔悴"于少数人手下,改变原来的"贵族专制"为现在的"富族专制","其害恶莫甚焉","仁人君子"不忍心看到"贫萌之无告",于是提倡社会主义学说"以谋匡救之";社会主义具有不同种类,"其最稳和者则曰国家社会主义";国家社会主义的主张具有不同的条理,"其最重要者则为租税系统之改革",减轻一切消费税,重征大地主及大资本家的直接税,"此实救时之一良策";近十年来,欧美各国议会中,"社会主义党"选出的议员数量日增,有识者认为"将来全世界一大革命,从此起焉";英国的自由党和统一党(即保守党)两大政党之外,近来又有所谓社会党,"其势力渐骎骎不可侮",自由党本来具有平民性质和急进精神,"其势自易于与社会党相接近",并出现二者合并为一的迹象,故自由党的财政方针"采诸社会主义者颇多"。以上是英国政界剧争的动力之一。[②] 梁氏此番分析,延续他以前对社会主义产生原因的看法以及欣赏国家社会主义的观点,其中既流露出对贫富差距扩大和富族专制的不满,也流露出理想的国家社会主义属于非激进的即"最稳和"的类型。与以前有所不同的是,他在这里,又把理想中国家社会主义的实现,寄托在租税系统的改革上,通过议会内社会党或具有类似性质党派的议员的不断增多,调整国家财政方针,把税收的重点从不利于一般小民的消费税,转向重征大地主和大资本家的直接税,借此达到缓解贫富差距的目的。这样一种缓解对策,并不触动大地主和大资本家的根本利益,但在梁氏看来,不仅是当前"救时之一良策",甚至意味着将来"全世界一大革命",其所谓"最稳和"的涵义,于此亦可想见。

另外,梁氏论述国有铁路问题时,也提到"今世之治国民生计学者,以国家

① 以上引文均见梁启超:《管子传》(1909年),《饮冰室合集》第八册,专集之二十八,第46、52、57、62—63页。

② 以上引文均见梁启超:《英国政界剧争记》(1910年),《饮冰室合集》第九册,文集之二十五(上),第4—5页。

社会主义为最协于中庸，而国有铁路政策实能使此主义之精神现于实者”，并世多数国家逐渐采取此政策，吾党亦素来服膺此政策。我国是否应当采取这一国有政策，首先看其动机是不是考虑公益，“果能有协于国家社会主义之精神否”，其次看国家机关的能力能不能贯彻这一精神而行之无弊，否则，政府将铁路收归国有便是出于趁机筹款的自私动机。这是从政治方面说。从财政方面说，“国有铁路策之所以可贵者，以其能使国家社会主义现于实际，为国民全体增进利益，而绝非欲借此以为国库增收入”，其收入自然增加时，应进行铁路的扩充改良或减轻运费，然而我国政府做不到这一点。再从国民生计方面说，铁路国有的精神，用来裁抑豪强兼并，“使国家社会主义得现于实”，因而，“国家社会主义既为生计学最协于中庸之理，政府采之，要不失为先见之明”，可是，依照中国目前的腐败官僚政治，“断不能假其手以行国家社会主义之真精神”。今日中国的发展状况，也不是“必须事事效法国家社会主义”。欧洲人士提倡国家社会主义，基于工业革命以来，“一切事业皆垄断于少数资本家之手，富者愈富，贫者愈贫，生计上之分配不均”，成为社会动乱的根源；我国商工业幼稚，资本涸竭，尚须“竭全力以保护企业家”。这样，今日中国国民生计问题，是生产问题，非分配问题，欧洲经过百年奖励生产，今日以生产过剩为患，其重要问题已转移到分配问题，所以，今日中国非但不能效法欧洲去强调分配，反而必须“奖励企业为最重要之政策”，其中鼓励铁路由商人自由举办而不能让政府推行国有铁路政策，便是一例。①

初看起来，梁氏反对国有铁路政策的主张，与他在其他场合多次表示赞成国家社会主义的观点，似乎有些矛盾。其实，稍加琢磨，不难看出这些矛盾不过是表面现象。在他那里，谈论国家社会主义有一条警戒线，不得触动那些以企业家或商人身份出现的资本家的基本利益。在这个前提下，他愿意承认贫富悬隔的不合理性以及社会主义产生的必然性，愿意思索社会主义尤其国家社会主义实现的各种可能性。可是，一旦超越了警戒线，他就按捺不住，要出面制止或起而反击，不论这种超越发生在中国古人还是中国今人乃至外国人身上，概莫能外。一般说来，对于国外社会主义思潮包括激进学说的流行，他尚能持有比较容忍的态度（即使同样认为难行并带有梦想的性质），特别对国家社会主义主张，更是抱着“素所服膺”的态度，认为那是西方社会经济发展到新的阶段之所致。但一谈到今日中国，他的容忍态度便收敛起来，绷着脸孔摆出一副势不两立的架式，认为社会主义难以在中国实行，顶多是一个遥不可及的未来梦想。他用作撒手锏的理由，无非中外国情不同，今日中国尚未达到今

① 以上引文均见沧江（梁启超）：《收回干线铁路问题》，《国风报》第2年第11期（1911年5月19日），转引自张枬、王忍之编《辛亥革命前十年间时论选集》第3卷，三联书店1963年版，第786－794页。

日西方的发达程度，只能继续走从生产方面竭尽全力保护或奖励企业家即资本家的西方式老路，不能转向从分配方面缩减贫富差距的西方社会主义新路。在这里，再一次领教了论战期间面对《民报》之防止随着经济发展而扩大贫富差距的社会革命主张，《新民丛报》的主要反对理由。不过，离开了当初的论战语境，梁氏反对中国实行社会主义的言论，似乎也有所缓和。他口口声声称道国家社会主义"最稳和"、"最协于中庸之理"等等，与那时《民报》论者对于国家社会主义的理解，还有某些相似之处，这恐怕也是后来原《民报》阵营与原《新民丛报》阵营在有关社会主义问题上，未再重燃辩论战火的原因之一。

二、"天义派"关于社会主义的评介

早期社会主义思潮传入中国的历程中，本时期是无政府主义派别颇为活跃的时期。这不仅表现在对于马克思学说的翻译方面，而且表现在围绕社会主义问题的论辩方面，同时还表现在关于一般社会主义的评介方面。这种评介，就像在马克思学说的翻译和社会主义问题的论辩方面一样，带有浓厚的无政府主义色彩。比较而言，无政府主义内部各派在上述几方面的侧重点似乎有所不同，如"天义派"侧重于马克思学说的原著翻译，"新世纪派"侧重于社会主义问题的论辩等。无论哪个派别，在一般社会主义的评介方面，都投入不少精力。下面，先介绍"天义派"以及与此派密切相关的《衡报》的有关著述，然后介绍"新世纪派"的相关著述。

本时期"天义派"关于社会主义的评介，以《天义报》1908 年前期出版的第 15 期尤其以第 16—19 期合册为例。第 15 期曾刊载《共产党宣言序言》中译本，另外刊载了诸如《社会主义与国会政策》、《未来社会生产之方法及手段》等属于社会主义评介性质的著译文章。

《社会主义与国会政策》一文，刘师培以"申叔"之名评价欧美各国社会党奉行的议会政策。这篇文章，从无政府主义角度，批评此类议会政策。如谓：议会政策即使未遭政府迫害而获得政权，亦"未必解放"劳动者全体；少数社会党议员根本不足以"限制上级特权以期劳民全体之解放"，甚至为取媚上级转而"背叛本党"；社会党人以选举为目的是出于政党而非"民党"利益，"利用社会主义以为一己进身之径捷，所持之术愈高，斯进身之阶愈易，而其人格愈卑"；此政策利用广大劳民与政府抗衡，"牺牲多数劳民之生命以博一二人之权利"，"害归劳民，利归己党"；社会党凭持国会政策反对"直接行动派"的无政府党，可见其"处今之世，尚未握最大之政权，已排斥异己，妨遏言论"，倘若掌握国家政权，"对于人民之反抗，其压抑之法，或甚于现今之恶政府"；等等。据于此，作者断言议会政策乃"万恶之源"，不论出于何党派，凡以此政策为目的者，"决无有利平民之一日"。最后，作者点明其文意图，担心"中国持社会主义者"

中只有他们的党派主张“直接行动说”或“行根本之革命”，那些“持议会政策者”将步欧美社会党之后尘。因此，他们的宗旨是，让那些“希望政权者”知道，“不能假社会主义之名，以行其运动”；宣布今后“如有借社会主义之名希望政权者，决非吾人所主张之政策，虽目为敌仇不过矣”，将“持议会政策者”视为敌仇。在这里，作者所代表的无政府党，成了社会主义的正宗代言人。究竟怎样才能期待“中国劳民”直接行动而“决不望其求选举”，作者最终乞助于克鲁泡特金《面包掠夺》一书第八章第一节“论集产主义及赁银制度”中的说法，寄希望于“中国之劳民”努力发明“新理”和认识“真途”，以“消灭信仰代议政策之心”。[①] 可见，那时在作者的眼里，社会主义就是无政府主义，反对国会政策的观点与无政府的观点相互一致，其理论来源于像克鲁泡特金这样的无政府主义代表人物。

《未来社会生产之方法及手段》一文，刘师培同样以“申叔”之名，翻译克鲁泡特金《面包之略取》(今译为《面包掠夺》)第 8 章第 2 节的一段译文。这段译文，根据一个劳力生产日应劳动多少时间这一“固社会主义间所起之问题”，讨论生产力增加后，一个社会只需较少的劳动时间，其产品即可满足人类生活的一切需求。在作者看来，这种对于未来社会“计划精详”的描述，乃“不刊之论”。[②] 在这里，再一次看到作者对于无政府主义祖师爷的崇拜之五体投地。

《天义报》第 16－19 期合册，几乎是一部有关社会主义评介的专刊，其中除了《共产党宣言》、《社会主义经济论》、《社会主义史大纲》等中译文以及《女子问题研究》一文前面已有介绍之外，剩余部分如《面包略夺》、《无政府主义之哲理同理想》、《俄国革命之旨趣》、《致中国人书》、《俄国第二议会提议之土地本法案及实施法案》、《无政府党第四次大会决议》、《无政府共产主义之工人问答》等译文以及《区田考》及其序言等文章，其内容都是运用无政府主义观点来诠释社会主义或为阐扬无政府主义寻找各种依据。

《面包略夺》一文，刘师培仍以“申叔”之名，尝试完整翻译克鲁泡特金的原著。文中的译者序言，介绍这部著作“无政府党咸奉其说为依归”，其内容“于未来社会之生活，计划周详，其与空想家不同者，则援引现今之实例，以统计之法推测未来，其可施之于实行，殆无疑义”。译者肯定这部无政府主义代表作关于未来社会生活的设计，毫无疑义不同于空想家的描述而切实可行。此作关于代议政府和赁银制度的论述，也被认为“排斥其非，不遗余蕴，此尤非他书所克拟”，给予特殊的褒扬。译者开列全书篇目的汉译清单，“以公同好”。总共 17 章，其名称分别是：现今人类之富力、万人之幸福、无政府共产主义、收

---

① 以上引文均见申叔：《社会主义与国会政策(续)》，《天义报》第 15 期(1908 年 1 月 15 日)，第 9－18 页。

② 申叔：《未来社会生产之方法及手段》，《天义报》第 15 期，第 33－38 页。

人、食物、住居、衣服、未来社会生产之方法及手段、华奢之需要、快愉之劳动、自由合意、反对论、集产主义与赁金制度、消费及生产、分业、工业之地方分权、农业。[①] 其中第13章"集产主义与赁金制度",与刘师培《社会主义与国会政策》一文提到《面包掠夺》一书第8章第1节"论集产主义及赁金制度"的说法,不相一致,这里面或许存在译者将原著章节颠倒错乱的现象。

关于正文的翻译,本期刊载第1章的三节内容,其中转述"社会主义之神髓",大意说少数者通过"丑劣之方法"掠取"劳民产额之多数",属于"暴力之分配",少数者"非为万人生活之所需计",相反,"惟欲所产之物为一己所占有,以获巨大之利益"。据此,作者认为,"产业独占"的结果,社会生活的快乐不能普及,导致"今日强制及危亡",势必使人间社会返回"生产要件由人类共同力作以成共有之财产"的古初形式,从而暴露了"个人私有制"违反正义、"无利益之可言"的本质;理想方式只有"以万物属于万人,又依万人之力而共为,凡万人之所需,则互尽其力,以从事生产,使世界生产之富,均经各力之负担而成,不复为个人所私取"。译者按语说,作者关于"一切事物,依共力发明"一说,与海德门《社会主义经济论》所言"大抵相同";作者的有关论述归纳为"一切工艺,发明者非一人,以证利益不当为一人所私有"。[②] 在这里,可注意的是,克鲁泡特金的无政府主义观点,也是通过或依据"社会主义之神髓"的形式来表达的。

《无政府主义之哲理同理想》一文,是齐民社同人翻译克鲁泡特金原作的另一篇译文。正文前面的译者按语,认为克鲁泡特金的学说,"其最精者为互助";互助学说又来自基德的《社会进化论》,内称"社会主义之精髓,存于爱他人",后来英国的欧文也"以爱他心为人道至情",这些都属于"以心理言互助"。此后,傅立叶作《四种运动论》,"以为宇宙之间,有普遍之引力",即物质之引力、组织之引力、智力之引力、社会之引力;其中大者调和太空间千万星辰,小者使微小昆虫并育不害,显示"宇宙之万物,均受同一之引力法则所支配",包括人类的精神生活及社会生活,亦受此引力支配。人们的心理,由三个方面的引力发展为十二类性情:一则"感觉"方面,含有视、听、味、嗅、触五类性情;二则"同感"方面,含有恋爱、友爱、希望、恩爱四类性情;三则"指导"方面,含有选择、竞争、组织三类性情。其中"感觉"方面的性情产生快乐,"同感"方面的性情促成结社之事,"指导"方面的性情带来"一切离合之事";三者之间,"感觉"及"同感"之类性情"均受指导之性情所支配",支配的内容"以属组织性情者为多",最终,"指导之性情,虽含不和及斗争之要素,而其大体则主于调和,即所谓社会之性情"。由此得出"主于调和"性情处于支配地位的结论。在译者看

---

① 申叔:《面包略夺序目》,《天义报》第16—19合期,第37—38页。

② [俄]苦鲁巴金(今译克鲁泡特金)著,申叔译:《面包略夺》,《天义报》第16—19合期,第41、44、45、50页。

来，克鲁泡特金的学说，“多本于斯”，基本上以傅立叶的上述结论作为其依据。本篇译文的原著宗旨，“仰观太空，俯察物众，近取诸身，远取诸物，均由各体互相结合，以成自然之调和，彼此调和，斯成秩序”，强调“调和”。本篇曾援引各例证明人类的“互融”，又援引历史说明人类的“社会生活”在“国家生活”之先，以此展望近来遍于世界的“自由结社之风”，进一步发展，“能以社会代国家”，由此实现的“要归之旨”，在于“实行互相扶助”。按语还指出，克鲁泡特金的《互助论》一书，以及《面包掠夺》中的“自由合意”一章，所诠释的宗旨，与此篇“互相发明”；欧洲近日出现的诸如铁道联结、航路交通、医院创立等现象，均“由于自然之互助”，表明“互助之说，愈以有徵”，越来越多的例子可以证明互助学说的有效性。[①] 于此可见，此篇译文的译者，最为推崇克鲁泡特金的互助学说，把此说看作早期空想社会主义者有关著述的继承与发展。这和刘师培更多着意于克氏对未来社会的设计，既有所不同，也相辅相成。

此篇正文的翻译，共分六节，间或插有译者的注文。各节大意：第一节提及无政府主义往往被作“仅属空想”，或“破毁现今之文明”的“凶暴”之举，即便有人“钦其主义之美并惊其理想之高远”，也把它看作将来的事，能否实现尚在疑似之间；大多数人则不了解它的“科学根据”。考虑到社会主义“尚易生误解”，对无政府主义哲学更需“公言于众”，为之“竭力辩解”。第二节拟对“无政府主义之理想”一语作“科学说明”，经译者解释，其方法是“科学之归纳法”。从天体学方面看，随着16世纪以来宇宙观的变化产生思想界的变迁，“无政府主义，亦遂于新时代萌芽”。这是指过去以地球为宇宙中心论，改变为现在以太阳为宇宙中心论，“更进一步，则达于无中心之说”。“最近之科学”研究，证明“宇宙之间无数游星，其秩序及组织，均不依他力而互相调和，简而言之，则支配宇宙而整其组织及秩序者，非由中心，乃无量无数之星辰散布宇宙之间，而成自然之大调和”。据此，译者解释，此系作者以“太空无中心之说”，印证“人类组织亦可无中心”，“人类组织无中心，即无政府”。第三节从物理学方面看，电磁现象的出现，“非受外界所加之力”，而是产生于物体及其周围物质的内部构成，以及由“极小分子互相联续”在各方面产生的“活泼之运动”。译者解释，这一举例可以证明“一切事物均不受外界所加之力”的影响。由此推衍到生物学和生理学方面，表明人体“由各机关调和而成”，各机关“由各细胞调和而成”，各细胞“又有极小原子之调和而成”。由此译者引申认为，“各物均由互相结合而成，乃人类互相结合之小影”。第四节从心理学方面考察，认为18世纪以来“持唯物论者”排除了“人间之中心”为灵魂的说法。译者解释：“人类

---

① [俄]苦鲁巴金著，齐民社同人译：《无政府主义之哲理同理想》“译者识”，《天义报》第16－19合期，第53－54页。

非以灵魂为中心也,足破中国古昔心为身主之说”。或如作者所说,人身是各种独立生存的能力“得其平衡则呈调和之象,决无所谓中心也,亦非受灵物之支配,而后生此调和也”。第五节总结说,今日自然科学家确信“自然界大调和”,支配各种现象的法则蕴含在现象之中,不能脱离现象,不存在“神物之幻力”,相信现象之外有“神之法则”者,均属“梦想”;达到调和之前,必然会出现“破坏组织,更造新组织”的“无秩序之时代”,这也是“人类革命”的涵义。译者的解释是:“调和则成自然之秩序,不调和则生冲突”。第六节从历史学、法律学、人类学、经济学等方面考察,认为其研究方法与自然科学的研究方法“大抵相同”,如译者的解释,须研究“各个人之传”、“人民之习惯”,或“研究经济学当从民生问题入手”,等等。[①] 总之,这篇文章的基本观点,说明无论自然现象还是社会现象,均由无数个体的相互协调或内部“调和”而成,因而不存在或不需要任何外在的中心。这种典型的无政府主义理论,对于“天义派”具有相当的诱惑力。

《俄国革命之旨趣》一文,译自俄国大文豪托尔斯泰(1828—1910)的原作。译者在序言中,对于发表此译文,有一个说明。大意是:必当效法欧洲人之“善于革命”,却不必效法他们革命的目的及结果。欧洲人的革命“未尝有利于多数人民”,凡是“革命后进国”应当引以为殷鉴,转而筹划其他的革命方法。当今世界各国人民反抗君主,“以俄国及中国为最著”。俄国革命党的宗旨非仅一端,托尔斯泰的著作主张“俄国革命,决不可再蹈欧洲之弊”。他认为,欧洲各国实行君主立宪制或共和制,“大抵皆为代议政体”,让国家公民参与政权,“趋于堕落”,并使“人民之灾厄”相续而存。在专制之世,权力属于一人,染其弊恶者仅限于君主及其周围的少数人;当权力由众人分掌时,会有更多的人去追逐权力,“其为弊恶之薮者,亦必增其数”。其结论是,“西洋之国民,必归于灭亡者”。俄国人民应当改变对于权力的态度,否定“西洋国民所执之方法”。他所谓“西洋现行之政”,指“代议政府”,“其弊或甚于专制”。相比之下,近今中国人民中间,有持立宪说者,“主张君主立宪制,其识固属至卑”;即便持革命说者,亦有“主张民主立宪制,此固不得不加以深辩者”。“无论君主民主,其为代议政府则同”,使人民“决不能脱权力之羁绊”。要改变“以新权力代旧权力”的弊端,今后革命不能“仅去现今操握权力之人”,以免“第二之操握权力者又将代之而兴”以“病民”,“必尽锄一切之权力”。[②] 刘师培反对借社会主义的名义推行议会政策,这篇译者序言的观点,如出一辙;或者毋宁说,它试图从享誉世界的著名作家托尔斯泰那里,为国人中

---

① [俄]苦鲁巴金(今译克鲁泡特金)著,申叔译:《面包略夺》,《天义报》第16—19合期,第55—62页。

② [俄]杜尔斯德(今译托尔斯泰):《俄国革命之旨趣》“译者识”,《天义报》第16—19合期,第63—64页。

新兴的无政府主义观点，寻找新的理论依据。

这篇译文，选自托尔斯泰同名著作。原作共八章，最初作者将其英文稿交付日本革命评论社，由日本人译为日文，并将日文与英文二稿并刊在东京发表，本期《天义报》仅转译其中的自序及第一、二两章部分内容。从其自序看，此作意在解释权力的性质、起源及实力，以及筹谋对于权力的最良政策。第一章说明人类社会的基础，不是建立在经济状况上，"实由恶者压制善者而立"。对此，译者似有些不同意见，认为此族受制于他族取决于经济状况，彼族"逞征服他族之心征服他族"，亦因其"生产之不足"，"为生计谋"。第二章提出自古以来，世界各国统治者与被统治者之间的关系，均建立在"暴力"基础上，并分析其变迁以及不得不变更其权力关系的原因。[①] 由此可以看到，作者的思想倾向，对经济的决定作用持有异议，对任何形式的暴力持有非议。不过，译者似乎不重视这些思想倾向，因为它与"天义派"的无政府主义宗旨存在某些矛盾，译者更为强调的是原作者否定一切权力的主张，而这一主张恰好体现了无政府主义的共同特征。

《致中国人书》一文，同为托尔斯泰所著，由忱刍翻译。据编者说明，此文大旨"使中国人民实行消极无政府主义，不可效泰西代议政府"；比较巴枯宁之提倡破坏，克鲁泡特金之主张共产，此旨"虽有殊异，然其重农数端，则固中国人民所当遵守者"。[②] 从其正文看，托尔斯泰对于中国人的说教，集中于几点。一是称道中国人民"以宽容弘大之概"或"以宽大沉静之度"应对欧洲人的肆虐侵掠，忧惧中国人若"竞为尚武之风"对抗欧洲人的残暴，以暴制暴，将丧失"国民真识之导师"的资格。二是强调"所谓真识，即农业生活"，认为农业实为"人类天然之职业"，现今西方列强不重视农业，"弃若敝屣"，然而它们"旦夕之间，必自觉而转徙恐后"，仍将争先恐后地把重点转移到农业上来。三是宣扬包括中国人民在内的东方民族肩负的"天职"，在于"启示世界人民，俾趋于真正自由之路"。所谓"自由"，矛头直指"主治者"对于"被治者"的"主权"关系，特别反对西洋各国"以代议政体制限权力"的"普及之法则"，认为这是"扩张权力"，"夺权力于少数强权之手，转以畀多数强权之手"，因此告诫中国和东洋各国在力求摆脱专制政体弊害的改革时代，切不可"以强权为正道"而效法西方的代议政体。[③] 这些说教，编者称之为"消极无政府主义"，大概以此与主张暴力等激进行为的积极无政府主义相区别。

《俄国第二议会提议之土地本法案及施行法案》一文，"怪汉"翻译。刘师

① [俄]杜尔斯德(今译托尔斯泰)：《俄国革命之旨趣》"译者识"，《天义报》第16－19合期，第65－71页。

② [俄]杜尔斯德著，忱刍译：《致中国人书》"记者识"，《天义报》第16－19合期，第73页。

③ 同上文，第74－78页。

培曾以“申叔”名义，为这篇译文作序，以述其始末。序文说：现今土地问题研究，分为“单税派”、“国有派”与“民有派”三派，以“民有”一派为“较善”。此派的大旨，“举全国土地，按口均分，由地方公共团体管理”，简而言之，“人民对于土地有平等享受之权利”。此派的进展，在英、俄二国最快。英国创立于26年前的“土地民有会”，主张废止土地私有，土地管理属于代议机关，地租由公益使用，使用全世界土地“当确立全人类平等权利”等。美国创设“借地人同盟会”，比较英国“民有会”，二者“宗旨略同”。在俄国，“第一议会”(今译第一届杜马)开会时，议员要求“土地均有”，他们联名发布檄文，“要求土地分配法，举所谓私有地、寺院领地、皇室料地者，悉由人民分配”，如果政府强行解散，人民应拒绝对政府的纳税和服兵役责任，并迫使政府偿还国债。此举曾遭政府迫害。“第二议会”建立后，社会党联合社会平民党、劳动党、农民联合党、社会民主党等，又向议会提出《土地本法及土地本法之施行法案》，在议会中“颇占优胜”，却再次遭到政府的迫害，其土地法案也不克施行。此即“俄国土地民有派运动”的大致情况。近来日本创立“土地复权会”，像“民有派”一样，主张“土地均享，为人类之大权”，并将俄国的土地法案译为日文。此类土地法案，“以全国土地，为全国人民财产，当由全国民平等享受”。它比起单税说、国有说，“均有进”；它的实行，“其美备虽逊于共产”，但近几年间，“社会主义者诸运动，不得不盛推此派”。此法案“不啻社会主义之一记念物”，凡欲研究土地问题者，不可不参考于此。[①] 显而易见，刘师培代表“天义派”，在各种社会主义土地方案的选择方面，既不赞成孙中山一派所推崇的单税说，也不赞成其他社会主义派别所主导的国有说，而是祭出了用“地方公共团体”或“代议机关”或“人民分配”取代一切国家权力的无政府主义民有说。

译文中的俄国土地法案，共计土地本法案11条，施行法案12条，施行法规10条，据说“简明易解”。其中主要规定：“凡俄国境内土地私有者，今后永远废止”；“凡包含俄国内水陆及其地盘之土地，为全国人民之财产”；“俄国全国人民，对于此财产，有平等享受之权利”；全部土地的最高管理，“属于国民之代议机关”，其最低管理，“属于数个村邑组成之地方共同团”；等等。[②] 这些规定，大致是本土地法案的基本原则，也是刘师培所谓“民有派”的基本要素。

《无政府党第四次大会决议》一文，幸德秋水译为日文，“公权”据此“直译”为中文。本期刊载的，并非完整译本，是译者夹译夹注的文本。译者说明，“万国无政府党”这次大会，1907年8月在荷兰阿姆斯特丹召开，后由伦敦“无政府党万国事务局”将大会各项决议案汇编成册刊行，幸德将其译为日文。“凡

① 怪汉译：《俄国第二议会提议之土地本法案及施行法案》“申叔序”，《天义报》第16－19合期，第79－81页。

② 同上文，第83页。

欲晰无政府党内容者，不可不阅此册”。文中开列原册的目录，重点叙述列在目录首位的“团结”问题。提出这个问题，因为人们或许认为无政府观念与团结思想有“至相矛盾之点”。根据无政府原理，此二者有“相待而成之趣旨”，关键在于“生产者之自由团结”，个人行动脱离共同行动，或仅有共同行动而无个人行动，均“不能谓之完全”。对此，译者概括有关“团结”的各种意见如下：一是最强者独立的个人观念，代表“绅士阀”即资产阶级的“利己之观念”，它“有害于无政府主义之行动”，无政府主义的团结不同于资产阶级的利己，其决议提出，“无政府主义与团结，非相反者也，依劳动者共通物质的利益，以及思想上相互之关系，其团结必然发生也”。二是从事团结，当以个人利益为基础，否则，“专制之权力或将由之而生”。三是世人诬蔑无政府者“偏于破坏，异于建设，与团结之性不相容”，不了解现今社会制度下的“团结”，国家方面是建立在民众之上的“专制制度”，产业方面是“富者对于贫民所施之盗贼手段”，军事方面是“暴力残忍之器具”，教育方面是“仅与人民以知识开发之机会”等等，而无政府者的“团结”，“以一致之精神，实行共同利益之团结，此等团结，固吾人深望其进步发达者”。根据“团结”的定义，决议案提出，“可将革命的联合主义传播于劳动阶级中”，奉劝“万国同志结成无政府主义之团结，并结成诸团体之联合”。对此，译者解释说，一则世人总以无秩序等理由攻击无政府党，故以此决议案作为无政府党大会“全体之答辩”；二则“表明此会宗旨在于联合‘各国’、‘各团体’、‘各个人’之间为一致结合之运动”。[①] 换句话说，译者选择无政府党大会关于“团结”的决议加以宣传，不过以此粉饰或修补其党派的外部和内部形象，尽管其中对于现存社会制度下团结状态的解释，还是比较别致的。

《无政府共产主义之工人问答》一文，马拉叠斯丹著，国雠和吴弱男翻译。刘师培为之作序称，马拉叠斯丹“为欧洲无政府主义大师”，其著《无政府主义》由张继译为汉文；此文以威廉与杰克二人问答对话的方式，言及现今政府富豪之无状、无政府共产主义的原理及其施行方法，或引证或举例，“其理论则始终一贯，无复矛盾，于反对无政府共产主义各言皮词，扫除廓清，功比武事，可谓传道最良之册”；此译本将艰深之语译为“浅夫共解之词”，使庸夫隶卒均可观阅，可见译者“劳民自觉之心”。[②] 从正文看，其中用通俗的语言，谈到我们做工的心里“都是高尚的”，吃食“都是从汗血得来的”，而“那种主人家就都是吃人血剥人皮，把我们当畜生看待的”；我们“想把世界不公平的事情，以及一切压人的事情，都一切除去”，死也甘心；上流人“都是强盗”，“驱遣牛马一般”把

---

① ［日］幸德秋水译，公权重译：《无政府党第四次大会决议》，《天义报》第16－19合期，第99－105页。

② 马拉叠斯丹著，雠译：《无政府共产主义之工人问答》“刘申叔序”，《天义报》第16－19合期，第107页。

一切吃苦的事情放在我们身上，又把我们做出来的东西“任性的抢了去，乱花乱用”；政府“就是那一班财奴集合出来的”，还有“当政府奴隶的”，都是为虎作伥；上帝也是“那财奴拿来欺骗人的”；有钱人家的财产，应当“一起拿出来当做公众的财产，教社会上的人，大家一同儿享用”，“归大家共有”；世界上的东西，“都是供大家使用的，并不是只供那般高贵的人使用的”，特别是“土地应该归大家公有”；等等。① 看了这些以工人名义宣讲无政府主义理论的译文摘要，难怪刘师培说它是“传道最良之册”。刘氏强调文中理论“始终一贯，无复矛盾”，廓清了反对无政府共产主义的偏颇之词，更显出他对这篇通俗文章的宣传作用之重视。

《区田考》一文，作者梅毓，刘师培写了一篇颇长的序文，名曰《区田考序》。从序文看，意在说明“世界之治乱，与人口之众寡相比例”的道理。如中国历史上的历代之治，“非有求治之术也，徒以人口之寡少耳”；历代之乱，“亦非有致乱之术也，徒以人口之增加耳”。历代户口极盛之时，往往伴之以大乱，“岂非大乱之生，皆由于人民之过庶哉”；反之，大乱平定之后，户口减少，“昔之养给数人者，今仅为养给一人之用”，故家给户足，歌咏太平，“一乱之后，所以有一大治”，或谓“天下之大治，皆由于民数之减少”。人类总是不断地繁衍增多，如英国“计学家”马尔萨斯说，人类繁衍，“二十五年，其数自倍”；另照“均平之法”计算，“百年之中，户口必增十倍”。所以，“使人口日益，而生产之力不增，则大乱之作，为期匪远，此必然之势”。现今中国人口四亿，所产谷物不足供人民之食者十分之四，“此固前途之隐忧”；欧美各国，因人口日增而推行殖民政策，“此亦非持久之策”。即便将资本家的财产私有制度“易为共产”，也不能解决问题。上古时代“均行共产制”，为何后来奴隶制度取代共产制度，因为“人民薄于生产力，所产食物不足供一境人民之求”，引起部落间的战争并将战败者蓄为奴隶，“遂为财产私有之滥觞，而共产制度因以废堕”。可见，“上古共产制之灭亡，由于生产力之不足”。吾辈主张共产主义，共产实行后，“若生产之力不复增加，则人民将复以争食之故，破坏平和，此亦今日之首宜计及者”。克鲁泡特金等人主张“加力耕作法”，对于未来农业计划精详，“此固不易之说”，可是，若真的实行共产无政府主义，“百年之后，人口之额必倍数倍，增加不已，必有人浮于地之一日”，田畴仅有此数，即使耕作方法不断进步，“人口骤增数倍，亦恐有不给之虞”。当此之时，“必推行中国区田法”，由此可以大量扩张田亩并增加产量，此乃“维持共产制之惟一要务”。特此举荐刊出“经学大师”梅毓（卒于1882年）于同治年间所作《区田考》一文，他日再译为西文，“以昭告于世

① 马拉叠斯丹著，觎译：《无政府共产主义之工人问答》“刘申叔序”，《天义报》第16—19合期，第108—116页。

界，使世之持共产主义者，咸取法此制，以足民食，以泯争端，则此制推行之广、传布之速，安知其不与世界新语相同乎？此则亚东之荣矣”。中国区田制度，不仅是关系“未来之事”的“维持共产制之良法”，对于现今中国，“亦不得不推行此制”。由此可以避水旱之灾，“虽天灾叠至，亦必野无饿殍”，可以使无田之人“脱佃民之苦，而从事于自由耕作”，还可以使农民安于农耕，“不复执工场之役，而所生之谷，亦永无不给之虞”。有此三利，推行区田制度，乃“中国现今之急务，世有持民生主义者，不可不提倡此法”。①

刘师培推崇备至的区田制度，根据梅毓的记述，其创始相传出于商初大臣伊尹，惟六经不详其说，古农书又缺佚过半，直至北朝贾思勰的《齐民要术》，本于西汉汜胜之遗书，才言及区种之法并推衍之；后来金、元二代下诏推行此法，金、元两史的食货志，以及元代王祯的《农桑通诀》、明代徐光启的《农政全书》中，均有记载。② 根据现代学者的研究，宋代失传的《汜胜之》十八篇，靠《齐民要术》保存了部分佚文，其中区田法是最为突出的内容。其法有两种布置方式，一为带状区种法，一为小方形区种法，又分为上、中、下农夫区。这些不同的布置方式，适应不同的土地情况。大抵带状区种法只能用于平地，小方形区种法可以用于斜坡。上农夫区用于较好的土地，中农夫及下农夫区用于较坏的土地。“区田法中的一系列的技术要点，从现代农业技术观点看，基本上都是合理的。因此，区田法确实可以获得高额产量”。③ 这种古代行之有效而后来又失传的农作方式，在刘师培那里，被渲染成取之不尽的宝库：一切山陵、近邑、高坡、邱城皆可用为区田，其收获较之普遍田亩，可增加数十倍；原产谷之地推行此法，可以骤增一倍；此法还可以在水上造田，使海洋、湖泊变为产谷之区，所产之谷亦可倍增等等。看来，他相信世之治乱与人口多寡有对应关系时，设法解决的是生产力不足，尤其是土地供给及其产量不足的问题；他相信共产制或共产无政府主义的实行，也就是从生产关系方面消灭财产私有制度为不易时，设法解决的仍是生产力不足问题，担心未来人浮于地将重蹈争食之覆辙。为此，他从古人的故纸堆里，似乎觅到了区田法这个曾经“足民食以泯争端”、如今益农三利的万应灵丹，比克鲁泡特金的精详农业计划更为高明，乃“维持共产制之良法”；此法即便在世界新潮中也足以显示东亚之荣耀，故应为“现今中国之急务”。此所以刘氏获得梅毓的“世鲜传本”时，如获至宝，惊叹“深可珍贵”，迫不及待地推荐刊出。其实，任何明眼人都可以看出，把解决当前甚至未来世界生产力问题的希望，寄托在某种失传的中国古代土地制度上，将会是一个什么样的结局。

---

① 申叔：《区田考序》，《天义报》第16—19合期，第117—122页。

② 参看梅毓：《区田考》，《天义报》第16—19合期，第122页。

③ 胡寄窗：《中国经济思想史》中册，上海人民出版社1963年版，第126页。

如果说刘师培一味热衷于从古人那里获得灵感，也不尽然。他在这一时期的旨趣，仍专注于推广无政府主义。凡有利于这一推广者，则加以利用，凡不利于这一推广者，则加以排斥。所谓区田法，是可资利用之一种。相反，若古人思想有悖于此，同样在批驳之列。如他1909年7月7日发表于《国粹学报》[①]第55期的《论中国古代财政国有之弊》一文，便是一例。文中指斥中国古代的理财总是坚持"财政国有说"，而任何朝代施行国有政策者，"罔不病民"。其中，一是"土地国有之弊"。从井田制开始，"太古土地恒近共有，然其实则专制首长所有"，依照首长利益，驱使其臣民像奴隶一样在土地上劳动，此制"谓之原始共产，无宁谓之原始奴隶制"。井田"非良法"，可是汉以后学者多崇尚其制，如限田、王田之制，均系"土地国有说易为扩张国权者所利用"。魏晋至隋唐的均田制，名为土地国有，实则"与贵职以殊利"，"不过役人民为国家农仆"。中唐以后的公田或官田，一直存在高税额弊害，"中国土地，其属于国有者，所取税额必浮于田主"。古史证明，"土地国有之病民，较田主病民为尤甚"。二是"茶酒由官专场专卖之弊"。汉代开始酒业官营，"酒酤设官而人愈病"，官与民争"锥刀之利"。宋代开始茶业官营，结果"民不聊生"，被斥为"秕政"。三是"盐铁国有之弊"。历代盐铁国有，"不过巧为立法，以阴夺民利"，不仅"确为病民之大政"，还引起"盗贼多而刑法滋"。四是"均输平准之弊"。这是"以国家之力操纵商业者"，诸法"均不克有利于民"。另外，山泽国有亦"为中国古代之一弊政"。其结论是，国有之说，从理论上看，"以一切利源操于国家，以均配于民间，可以泯兼并之风，收抑商之效"，或者说，其目的是"均民间贫富"，"欲收富民利源为国有，以分配全国之民"；实际上，古代实行国有制，"均君主利有此策，假限制富民之名，垄断天下之利源，以便其专制，兼为黩武穷兵之用，实则商民未必抑，而贫民亦未必富"，或者说，国有之策，"名曰抑富商而利贫民，实则富商无所损而贫民转失其利"。[②] 这番批评，强烈地表达了无政府主义者对于一切形式国有政策的敌视态度，无论它是现代旨在消除贫富差距的社会主义国有学说，还是古代意欲均贫富的国有或专卖政策，包括素来受到人们尊崇的井田制度，均无例外。

以上，主要摘录《天义报》1908年头两期评介社会主义的有关内容，从一个侧面，揭示了本时期"天义派"用无政府主义眼光看待社会主义的若干特点。比如，此派主要从俄国无政府主义者的著述，像克鲁泡特金、托尔斯泰和俄国杜马提议的土地法案那里，汲取有关社会主义的滋养。这也与此派身处日本，

---

① 《国粹学报》1905年2月在上海创刊，月刊，1911年武昌起义后停办。由邓实、刘师培创办，以"发明国学，保存国粹"为宗旨，反对"醉心欧化"。

② 刘师培：《论中国古代财政国有之弊》，见张枬、王忍之编《辛亥革命前十年间时论选集》第3卷，三联书店1963年版，第439—447页。

受日本学者传布俄国无政府主义者著述的影响，不无关系。此派曾转述无政府党在荷兰召开第四次代表大会的决议，以及“意大利无政府主义共产主义者”[①]马拉叠斯丹（今译埃里科·马拉特斯塔，1853－1932）的通俗著作，表明他们具有一定的视野，但比较起来，仍以取自俄国无政府主义者的内容居多，显示了他们所倚重的资料来源之差别。

又如，此派习惯于把无政府主义等同于社会主义或共产主义，甚至认为无政府主义才真正体现了社会主义的神髓。此派推崇的重点，是无中心、无政府、不受外力干扰的相互间调和、互助等等，反对一切谋求或保留权力的企图，包括假借社会主义名义的议会政策，反对一切国有政策，无论它以现代的还是古代的形式出现。此派也述及社会主义学说的其他一些特点，像揭露有钱人对劳动者牛马般的剥削、抨击政府是有钱人用来骗人的工具、反对维护现存社会制度下的“团结”而追求生产劳动者的“自由团结”、强调农业的重要性以免农民沦落受工厂的奴役即“执工场之役”、赞美精详的未来社会计划是不同于空想的切实可行设想，还离开正统无政府主义观点而主张通过宽容的、非暴力手段来否定一切权力和残暴行径等等。其基本宗旨，亦即区别于其他社会主义学说的重要之点，是把所谓社会主义或共产主义，建立在无中心、无政府的自然调和基础之上。

再如，此派重视解决土地问题，主张土地公有，这也是那一时期主张社会革命论者的共同特征，但此派的土地公有论，非流行一时的“单税论”，亦非沿革已久的“国有论”，而是所谓“民有论”。土地民有涵义，据说稍逊于共产，将全国土地按人口均分，由非国家政府性质的“地方公共团体”管理。实际上将无政府思想贯穿到土地所有制方案中去。此派从这一土地思想出发，专门揭露“土地国有之弊”，对民生主义者提倡的单税论，未作议论。恐怕此派更多地是从提高土地生产力而非解决土地所有关系的角度，看待单税论问题，所以，此派从故纸堆里发现了古代区田制度后，马上认为推行此制才是“中国现今之急务”，奉劝“世有持民生主义者不可不提倡此法”，意谓民生主义者应当放弃单税论转而支持区田法。

这些特点，体现了思想上的某种一致性。可以说此派出于共同的无政府主义指导思想，故解说社会主义或共产主义时有其一致性；又可以说刘师培几乎承担了此派代言人的身份，从上面举例的文章或译文里，都可以看到刘氏独撰、作序或加注的踪迹，故以一人之手笔也较易于达致逻辑连贯的一致性。至少从《天义报》上述两期的内容看，刘师培在其中所起的作用，就像当初梁启超

① ［英］G. D. H. 柯尔著，何瑞丰译：《社会主义思想史》第 2 卷，商务印书馆 1978 年版，第 354 页。

在《新民丛报》参与论战时所起的作用一样,以一种近似单打独斗的方式,来宣扬、争辩或引证本派别所坚持的观点主张。

三、《衡报》关于社会主义的评介

《衡报》是《天义报》1908年前期出至第19期停刊后,继起于同年4月28日在日本东京创刊[①],却托名在澳门出版的秘密刊物。此刊为旬刊,同样寿命不长,当年8月出版至第11期停刊。其编辑署名刘申叔(即刘师培),大多数议论性文章像《天义报》一样,也出自他一人之手。《衡报》的发刊词说,在"大道之行,天下为公"的宗旨下,坚持"芸芸众生,禀性惟均",反对区分卑高等级;提倡"藏富于民",反对专利役贫;指责兵、刑、财三者为"民蠹",主张"爰荡其制,化私为公,共财之法,利与民同";呼吁实现"天有远迩,大同为臬,是田郅治,群情洽浃"的理想境界[②]。这番旨趣,在创刊指导思想上,继承和体现了《天义报》所倡导的无政府式社会主义或共产主义观念。从《衡报》所刊载的涉及社会主义的文章看,它与《天义报》之间的继承关系,表现得更为明显。

例如,《衡报》1908年5月8日第2期上的《论共产制易行于中国》一文[③],叙述作者"近读"克鲁泡特金的《面包掠夺》一书,对于其中第3章详述"无政府共产主义",体会尤深,认为此章的"最精之语",说明了"由无政府而生共产制,由共产制而至无政府"的道理。其要点包括,古代之制,农民各自勤于耕织,但道路、桥梁、排水工程及牧场垣墙的建设,"均同力合作",是一种"村落自治制度";近今工业界,"均由劳民互相依倚","由共同劳动所生之效果,必为共同享受";现今社会趋势,"已渐以共产主义为倾向",只要保存"古代共产制",当今民生日用事物"悉依共产主义建立",则"此制实行非远矣"。据此,作者又用克鲁泡特金的说法验证于现今中国,得出中国"共产之制行之至易"的结论。其理由主要见诸中国自古至今的历史记载或生活习俗,以及中国社会状态与欧美社会的比较。

在历史记载或史实方面,作者相信"共产制度于中国古史确然有征",并引经据典,从《礼记》、《汉书》等经典中,考证"太古以前确为共财之制",三代"有宗族共产制",即"古代一族之财为一族所共有,合于裒多益寡之义";把孟子的井田制解释为"乡里共产制",意谓"八家虽各受私田百亩,然同力合作,计亩均收,于均财之中寓共财之义"。在作者看来,这些"古代制度之近于共产者"的

---

① 方汉奇称"《衡报》1907年创刊于日本东京",有误。见其著《中国近代报刊史》,山西人民出版社1981年版,第435页。

② 《〈衡报〉发刊词》,转引自高军等人主编《无政府主义在中国》,湖南人民出版社1984年版,第30—31页。

③ 以下引文凡出于此文者,均见葛懋春、蒋俊、李兴芝编《无政府主义思想资料选》上册,北京大学出版社1984年版,第139—141页。

案例，尤其在《礼运篇》大同之说中得到证明，"此即共产之确据"，或者统而论之，"盖上古之制，确为共产"，"非尽理想之谈"。自此以后，到东汉时，张鲁（东汉末天师道首领，曾率徒众攻取汉中，称师君）占据汉中，由"祭酒"实行管理，在各地路间亭传处设立"起义舍"，舍中"县置米肉以给行旅，食者量腹取足"，表明"共产制之行于一方者"，其做法"与近今无政府党所谓'汝所欲，任汝取'者，密相符合"。又如古语"行百里者不裹粮"，被唐史用来称颂开元之盛，"足证当此之时，凡行旅所经，莫不遂其欲而给其求，人民视食物为共有，未尝私为一己之供"。这也表明，"共产制度，中国古代诚见施行，中古以还，仍存遗制"。中国近代，"共产之制犹有存者"。例如，城市以外的乡镇和山区偏僻之地，同族之民环村居住，多者千余户，少者数百户，各户私有财产之外，"均有公产为一族所共有"，就像古代的义庄义田之制，"阖族之民，无论亲疏贵贱，凡婚嫁丧祭之费均取给于兹，而鳏寡孤独亦分此财以为养，下逮应试之费、入塾之费亦均取财于公"。此风在皖南徽州最盛，闽、赣、黔、粤之间亦存此制，此即"同族之共产者"。又如，一些地方的会党成员，无论走到哪里，凡与同党之民相遇，"饮食居处惟所欲，不复取丝毫之值"，或者"均确守共财之旨，互通有无以赡不足"，听说山西某会党居于山中不下千百人，"每逢进食，则同席而餐，所得财帛亦为共有"，此即"党人之共财者"。再如，中国僧徒无论行经何省，凡寺宇之地，"腹饥则食，躯倦则休"，身经万里，无饥寒之虞，此即"僧侣之共财者"。另外，居住塞外的蒙古种族各部落，行经他部落，"饥则索食，渴则索饮，入夕则入庐投宿，不必通姓名，而室主亦不求施报"，汉人行经其境，若熟悉其语言，"饮食居处亦克自由"，此即"共产制之存于域外者"，"足征未进化之民族其共产制度犹存上古之风"。

在中国社会与欧美社会的比较方面，作者认为，欧美法律重视个人财产权，父母兄弟莫不异财。中国人民则"以异财分居为薄俗"，同族中有身跻显贵者，宗族均沾其惠，或允许乡里贫民困难时向同姓殷室索财以自给；乡僻各村落，一家有急，阖村之民互相周恤；淮北贵州等地，遇有凶荒，无食之民群集于有积蓄的殷户之门，向之索食，至食尽而止；北方数省行旅之民若资费不给，亦有供以食饮而不复取值者。这些做法，不同于欧美风俗，可见，在中国，"共产制度未尽脱离，而财产私有制度亦未尽发达"。所以，"中国欲实行共产制与欧美稍殊"。二者实行共产制的道路之不同在于，欧美各国共同劳动的团体日以发达，由共同劳动进而为共同享受，对于资本家实行收用政策，"共产制可见之实行"。在中国，必先行之于一乡一邑中，将田主所有之田，官吏所存之产，官商所蓄之财，"均取为共有，以为共产之滥觞"；各地人民互相效法，此制可立见施行；此制实行后，再改良物质，图谋生产力之发达，使民生日用之物足供全社会人民之使用，则争端不起，"共产制度亦可永远保存"，此乃"万民之幸福"。

在这里,作者似乎指出了欧美国家先发展生产力、再改变财产私有制度为共产制度,以及中国先建立共有财产制度、再发展生产力的两条不同道路。对此,作者专门注释,说明"上古共产制"不能保存,原因在于人民的生产力薄弱,所生之物不足以供全社会之求,不得不与他人相争,导致"奴隶制度兴而共产之制失"。这恐怕也是他谈论欧美和中国建立共产制度时,特别强调生产力发达的缘故。最后,作者再次乞助于中国传统观念,引用中国平民中流行"你的就是我的,我的就是你的"之语,"观此二语,则共产主义久具于民心,使人人实行此二语,则自私之心何由而生?即共产制度又奚难实践哉!"

总之,作者论证"共产制易行于中国"的理由,从基本理论看,援引克鲁泡特金的无政府共产主义;从历史传统看,相信中国自古至今始终保存共产制度的遗风;从中外比较看,强调中国不必走欧美各国重视并发达财产私有制度的道路。这些理由的潜台词,以共产主义倾向作为现今整个世界的发展趋势,只是中国和欧美各国由于各自历史传统和发展道路的不同,二者达到共产主义的途径也各不相同,相比起来,中国更容易实行共产制度。表面看来,这一论证同孙中山为代表的《民报》一派所谓社会革命与政治革命毕其功于一役之说,非常相似,都承认欧美各国生产力发达从而财产私有制度发达,却拒绝走欧美各国的老路而另辟蹊径,相信可以更容易地通过实行社会主义或共产制度,探索走出一条适合中国自己的发展道路。其实,《衡报》作者的指导思想,根本不同于孙中山及其《民报》追随者,而是秉承《天义报》的衣钵,把俄国式无政府主义视作护身法宝。刘师培在《天义报》中重点引述克鲁泡特金《面包掠夺》一书第1章和第8章的内容与观点,《衡报》作者的这篇文章重点引述克氏此书第3章的观点,二者一脉相承,不同的只是后者更多地从中国历史传统中去寻找证明材料。《衡报》作者指责"近今欺骗之流"假借中国传统之言,"以攫他人之财为一己之私有"、"背于公理莫甚"云云,也带有影射包括孙中山等人国有主张在内的各种非无政府主义观点或反无政府主义观点之意。

又如,发表在《衡报》1908年5月28日第4期上的《汉口暴动论》一文,主要通过具体事例,说明"近岁以来,中国民生日即于贫困,由是由贫困而生愤激,由愤激而思叛乱";同时指出,"中国革命非由劳民为主动,则革命不成,即使克成,亦非根本之革命",希望"劳民之直接行动",把汉口暴动看作"含有社会革命之性质"且"其效尤著"的事件。这一暴动据说符合西方社会总同盟罢工方式,由小商罢市带动各商罢市,举行示威运动与军警为敌,袭击大商店与富民为敌,继续发展下去,"一切生产机关均可为劳民所占领,以实行收用(Expropriation)之政策",即实行没收或剥夺政策。因此,这一暴动被说成"平民之反抗政府"、"平民之反抗资本家"的"平民革命"。作者感到兴奋的是,此次暴动呈现"无政府之现象",表明"无政府之先机","足证欲达无政府之目的,必自劳民革命始”。为此，作者大声呼吁充分利用汉口的中国适中之地，大力推行总同盟罢工这一“无政府革命之惟一方法”，将“无政府共产之社会”由汉口推行到全国，并希望通过组织“劳民协会”达到这一目的。[1] 如果说在前文里，作者的真实意图还掩饰在共产制度或共产主义一类词汇里，那么在此文中，作者的无政府主义面目表露无遗。一个附带的收获，即前文曾提到欧美国家实行共产制度的道路，通过共同劳动团体的发达，由共同劳动进入共同享受，并对资本家实行“收用政策”，所谓“收用政策”，从此文引用的英文词汇看，指的是“没收政策”。

关于组织“劳民协会”的用意，《衡报》中也多有表述。如第 4 期刊载《张继君由伦敦来函》，其背景是，张继 1908 年初离开日本（毕业于日本早稻田大学，早年加入同盟会），同年 3 月到达巴黎，不久去伦敦，他在欧洲经过考察，来函提到“西方普通人士均言中国人无革命之资格，革命党人亦谓中国仅有革命之空言，恐难成事”。其原因，“欧美革命均属社会革命，与中国革命之性质不同”，更重要的是在欧美国家，“无论行何种革命（政治革命社会革命），均当以劳民为基础，即劳民无革命程度，亦宜竭力运动，方为革命之正道”，所以，“吾党之要务”，是在各地设立“工党”，依照“法国劳民协会之法”在各省设立，“此乃吾党最大之事业”。另外，“中国革命党”未能深入工人、农民、士兵和贫民之中，是一大弊端，只要改变作风，深入下去，不出数年，必能成立“中国革命之基础”。[2] 又如，1908 年 6 月 8 日第 5 期发表《论中国宜组织劳民协会》一文，依据蒲鲁东的《什么是财产》及他人的《社会总同盟罢工》等著作，概括当今之世，“一切革命均由经济革命发生，而经济革命又由劳民团体发生”，本党应遵循此“必然之势”，在中国“首冀劳民之革命”。同时，为了证明“劳民协会之制必可推行于中国，嗣后真正大革命，亦必由劳民协会而生”，此文还从历史和现实中发掘其佐证。如堆积史实以强调“中国历代之革命均发端于劳民，则现今中国革命必以劳民为根本”；“欲提倡劳民革命，必先从事于劳民结合，而中国劳民素有结合之团体”等等。文中还不时用无政府主义理论诠释中国史实，称中国的会党团体即克鲁泡特金所谓“由互助感情而生自由之集合者”；并运用这些史实驳斥“中国劳民无革命之资格”一类言论。[3] 此类宣扬组织劳民协会的论述，可以说是《衡报》的一个特色。

在劳民革命方面，《衡报》似乎更为重视农民革命，因为农民革命更加符合无政府革命的精神。6 月 28 日第 7 期发表的《无政府革命与农民革命》一文，

---

① 以上引文均转引自葛懋春、蒋俊、李兴芝编：《无政府主义思想资料选》上册，北京大学出版社 1984 年版，第 142、145－147、150－151 页。

② 以上引文均转引自同上书，第 151－152 页。

③ 以上引文均转引自同上书，第 153－158 页。

一上来就提出无政府革命应当遵循什么方法施行于中国,“此诚今日最大之问题”。文中的一般解释是,“中国农民果革命,则无政府之革命成矣。故欲行无政府革命,必自农民革命始”。农民革命的涵义,“以抗税诸法反对政府及田主”。在这个命题下,文中进一步陈述其理由:一是“中国大资本家仍以田主占多数”,田主被推翻,资本家之大半亦因之而覆,故“抗抵田主即系抗抵多数资本家”;二是“中国人民仍以农民占多数,农民革命者即全国大多数人民之革命”,以多数抵抗少数,收效至速;三是“中国政府之财政仍以地租为大宗,农民对政府抗税,则政府于岁入之财政失其大宗,必呈不克维持之象,而颠覆政府易于奏功”;四是“财产共有制必以土地共有为始基,而土地则以田亩为大宗,惟农民实行土地共有,斯一切财产均可易为共产制”。针对中国农民无团结本性,无抵抗力量,不了解共产无政府主义的说法,文中引证历史事实予以申辩,农民一则“有团结之性”,在中国各阶级中,“其富于团结性者以农民为最优”;二则“含有无政府主义”,中国农民“无信从政府之心”,“以人治为可废者”,加上存在“实行无政府之农村”,故“国家主义政治思想以农民为最薄,无政府主义不啻农民之第二天性,乃由习惯而成”;三则“保存共产制”,中国农民虽以土地为私有,但其他制度“恒有与共产相近者”,一些地区的农村犹存“共产之古制”,尤以同姓村民实行“血族共产制”,更是“农村实行共产制之征”;四则“有抵抗之能力”,中国历代农民起义不乏其见,表明“农民均生抗力,则农民革命为期匪远”。基于这些适宜的条件和土壤,文中认为,中国农民一旦实行革命,“势必由小团结进为大团结,由小抵抗进为大抵抗,由固有之无政府共产制进为高级之无政府共产制”,此即“农民革命所由为无政府革命之权舆”。文中还胪列农民革命的方法如抗税、抗粮、劫谷等,相信农民起事后,市民必定参与,“举凡所谓官吏资本家者,均可颠覆于一朝,彼政府又安有不灭之理”。革命成功后的农民问题,文中强调,一是“土地共有”,“扩充其固有之共产制,使人人不自有其田,推为共有,以公同之劳力从事于公同之生产而均享其利”,也就是采用克鲁泡特金在《面包掠夺》中详述的办法;二是“改良农业”,即“采用科学耕作法,节省劳力以尽地利,庶几有利于人民”,也就是采用克氏《面包掠夺》尤其《田野制造所及工场》一书详述的办法。[①] 把无政府革命的落脚点放在农民革命之上,这可以说是《衡报》的又一个特色。

《衡报》第7期所载另一篇文章《论农业与工业联合制可行于中国》,还注意到中国近代农业新出现的一种经济现象:中国往昔之民,“为农业者恒兼营他业,以成半农半工之制”;如今资本家使用机械逐渐形成垄断之势,遂使“农

① 以上引文均转引自葛懋春、蒋俊、李兴芝编:《无政府主义思想资料选》上册,北京大学出版社1984年版,第158—162页。

民仅从事力农，悉失其兼营之业，工民必舍农村他适，亦不克兼营农业”。简言之，“昔日之工业，多合于农业之中，今日之工业，则与农业分离”。农民既失去所兼营的工业，必愈趋于贫困，不得不将自有土地卖给地主；舍弃农业转而作工者，又不得不屈从于资本家之下，从事“赁银劳动”。换句话说，“由昔日自由之农民，降为农奴、工奴之位置，乃今日已呈之现象”。对此，文中认为，要使农民摆脱这种境况，其办法即“维持昔日兼营之业，而渐握一切生产之实权”。此法的要点，“资本阶级”能够杜绝农人兼营之业的手段，“恃有机械及公司之制”，若将这些行业仍由农人自营，“较之公司所费，约省数倍”。资本家设立各业公司，需在购置机械、原料和支付劳民工资上耗费巨款；农人自营，除机械一项，原料产自农村，作工共力经营，可节省原料和工资之费，其产品“所售之值必较工场产品为廉，则工场之利必转为农村共营之业”。这样，资本家设立的公司势必不能长久支持下去，以致趋于衰败，所以说，这是“农民竞胜资本家惟一之政策”。此文还运用“剩余价格”（似剩余价值）理论分析这一问题，说明今日农民弃农作工不仅荒废农事，而且除了得到“赁银”之外，“其剩余价格均为资本家所吸收”；相反，实行文中建议的办法，“所谓资本主者，即全部之劳民，其全部之利，亦为劳民所分享”，由此前进，“全国富力悉集于农村，而农人无复困穷之虑”。作为依据，此文又一次搬出克鲁泡特金关于法国小工业的论说，“以农人于兼营之业，欲求其发达，不外互相结合及使用器械二端”，这也是此文所代表的党派寄期望于中国农民的灵丹妙药。比较法国农民，此文认为中国农民实行兼营之法更为容易。一则如前文所述，“中国各农村犹存共产制，而农民亦富于团结，则集共同之资本，尽共同之劳力，必可见之于实行”；二则中国的“资本阶级发达不越十年，薄于实力，以农村共同营业之制并之而兴，其势易于颠覆，非若欧洲资本阶级发达百年之久”。依此而行，中国农村一边“与资本家相竞”，一边“复设立高等共产制”，从而“社会主义家所期画，均一一见之实行”，此即克鲁泡特金所谓“万人之幸福”。所以，“今日惟一之要务”，就是让多数农民晓以利弊，促使其知识之发达。[①]

从上面列举的文章看，《衡报》坚持无政府主义的立场和观点，同《天义报》没有什么两样。二者几乎都是从克鲁泡特金的学说中汲取滋养，都是把无政府主义与社会主义或共产主义混为一谈，都是相信中国的历史传统和现状比起欧美国家更容易实现无政府的共产制理想等等。《衡报》的文章基于其时代背景，运用无政府主义观点讨论社会主义或共产主义问题，又有其特点。比如，更加注重中国革命的具体方式如赞扬汉口暴动，认为这种起因于小商罢市

① 以上引文均转引自葛懋春、蒋俊、李兴芝编：《无政府主义思想资料选》上册，北京大学出版社1984年版，第163—166页。

的运动将引致无政府主义者最为欣赏的总同盟罢工运动;更加注重中国革命的具体途径如组织劳民协会,认为它是开展经济革命乃至一切革命的基础性条件,是中国历代革命已证明的必经途径;更加注重中国农民革命,尽管这种革命在作者眼里仅表现为抗税和劫粮,却被赋予"富于团结"、"敢于抵抗"、"无政府共产制度最适宜于农民","无政府革命之权舆"等各种光环;更加注重中国的经济特征如探讨"农业与工业联合制",提出中国农民在互相结合和使用机器的近代条件下继续坚持兼营工业,是农民竞胜资本家、全国财富集中于农村而使农民无穷困之忧、设立高等共产制、实现"社会主义家所期画"之理想的不二法门。值得注意的是,《衡报》作者开始借鉴近似于马克思剩余价值学说的"剩余价格"理论,分析资本家吸收的是作工者"赁银"之外的"剩余价格",若全体劳民当家作主成为"资本主",便可以分享包括工资和剩余价格在内的"全部之利",从根本上免除穷困之虑。这同《天义报》刊载有关社会主义尤其马克思恩格斯著作的文章,注重翻译和评介而缺少运用以分析实际问题的做法相比,应当说进了一步。另外,《衡报》载文介绍欧美国家若实行共产制,是在生产力发达从而在共同劳动团体发达的基础上,对于资本家实行"收用"即没收政策的结果,这也算是比较接近于马克思学说的一种新诠释。

四、"新世纪派"关于社会主义的评介

本时期,"新世纪派"关于社会主义的若干评介意见,已见于其论辩性文章并曾予以介绍。兹以《新世纪》1908—1909 年间刊载的其他有关文章为例,再作些补充。

这一期间,《新世纪》曾发表多篇介绍国外革命和社会党发展情况的文章。例如,署名"一个人译"的《俄国革命》一文,介绍俄国"社会民政党"及其刊行社会主义报纸和召开代表大会的情况。其中提到大会的决议包括:创设全俄议院,所有成年男女享有选举权;废除社会上各种阶级及特权,各人享有同等之权利,不得以男女之别,信教不同,民族不同而有异视;废除常备军,建立国民军;强迫教育至 16 岁为止,学生费用由政府承担;社会"公养"年老或多病之人;革除各种"无用之税",按照收入多少征税;以及工人方面的决议如每日作工不得超过 8 小时、每周不得超过 46 小时,禁止夜工和童工,16—18 岁工人每日作工不得超过 6 小时,有害工作不得雇佣女工,雇佣工人必须保险,工资"不得少于公众议定之数"并用现银支付,公费设立"代觅工作处之事务所",为达到目的"必先推倒专制政府",等等。① 这里介绍的,显然不同于反对议会政

① 一个人译:《俄国革命(续)》,载《新世纪》第 33 期(1908 年 2 月 8 日),转引自《社会主义思想在中国的传播》第二辑下册,中共中央党校科研办公室,1987 年,第 90—92 页。

策的俄国无政府党观点，吸取了一般社会党中比较常见的政策主张。这一时期的《新世纪》，几乎每一期都刊有《万国革命之风潮》专稿，报道诸如意大利、法国、英国、荷兰、瑞典等各国工人的罢工运动，宣称持续的罢工引起革命，"资本家必尽失其所有"；在5月1日"工党革命纪念日"，全世界各地工人举行示威集会，"历述政府资本家之如何虐待，工人如何困苦"，以"反对军国主义，反对祖国主义，反对资本家，反对政府"为"切要之大纲"，等等①。专稿之外，相关的报道也不乏其见，如《土耳其铁道之罢工》一文，将罢工列入"土耳其之革命"范畴②。

这些介绍性文章，主要涉及社会党的主张或各国工人运动的情况，其中所透露的无政府主义倾向，尚不明显。其实，《新世纪》的大量文章，赤裸裸地宣扬无政府主义。例如，"一个人"撰写《世界暗杀表》一文，强调"经济不均，贫富悬绝，人类相杀，此为大因"，帝王被暗杀，"民党之人，则鼓掌称善，而有喜色"。这意味着"世纪进化，由恶至善，革命主义外，又有较高尚之无政府主义"。③这是一篇比较典型的鼓吹无政府主义革命的文章。"真"翻译《法国无政府党之一段历史》一文，认为"无政府哲理之源"，由来久远，在蒲鲁东以前，尚未确立"无政府"之名，自巴枯宁以后，"其革命之作用乃实行"。随着1878年以来的抵抗强权、鼓吹暗杀之风，"无政府主义之书说益盛"。1892－1894年间巴黎暗杀极盛，"实与革命之风尘，有绝大之关系"，"今法国革命之风潮日进，诸实行家传布之功为最大"。过去谈"学理之无政府书"曾遭到禁罚，如今"明斥政府之非"则通行无阻，促成亿万人集会"直接运动革命"，政府无以禁之。这表明"革命风潮之普及"，敲响了"旧世界沉睡之警钟"，拉开了"新世纪革命之开幕"。④ 这同样是一篇宣扬无政府主义革命的文章。"夷"参考翻译《朝日新闻》和《二六新闻》的《日本无政府党之开场锣鼓》一文，主要报道日本无政府党的公开集会活动，打着"革命"、"无政府共产"、"无政府"的旗帜，高呼"无政府万岁"、"无政府党万岁"、"社会主义者，吾辈之生命"的口号，与警察发生激烈冲突，等等⑤。"夷"的《日本无政府党红旗案之结束》一文，接续报道日本无政府党成员遭政府逮捕的名单，包括大杉荣、堺利彦、山川均等十余人，说明"日

① 转引自《社会主义思想在中国的传播》第一辑下册，中共中央党校科研办公室，1985年，第1014－1017页。

② 民：《土耳其铁道之罢工》，《新世纪》第72期(1908年11月7日)，转引自《社会主义思想在中国的传播》第二辑下册，中共中央党校科研办公室，1987年，第421页。

③ 一个人：《世界暗杀表》，《新世纪》第34期(1908年2月15日)，转引自《社会主义思想在中国的传播》第二辑上册，中共中央党校科研办公室，1987年，第477－478页。

④ 真译：《法国无政府党之一段历史》，《新世纪》第53、54期(1908年6月27日、7月4日)，转引自同上书，第480－481页。

⑤ 夷译：《日本无政府党之开场锣鼓》，《新世纪》第57期(1908年7月25日)，转引自同上书，第482－484页。

本政府横暴已极”[①]。“真”翻译的《伦敦无政府党报〈自由〉之二十年小史》一文，译者认为“可作英国无政府党发展史观，亦可作英国伪社会党之退化史观”，此译文简要叙述“无政府共产主义”、“无政府原理”或“无政府党”在英国的进步，与普通社会党的“分离”，以及“政治工党”或“社会党”转向“议院选举主义”或“议院社会党”的退化过程[②]。“民”的《世界唯一之无政府大日报〈革命〉出现》一文，重点介绍巴黎的无政府日报，“自此《革命》始”。确定此刊名，表示它是一份“不可须臾离之政府反对物”，承担作为“社会经济抵抗之机关”；它对公众“公正”地大声疾呼，宣示“革命的工会主义”；它把经济与社会问题放在“紧要及起首”的位置，救助劳动者，盛倡公平，“与工人同生命，呼其疾痛，助其反抗，而求适其希望”；它“纯然反对政府”，认为“国家不过为富贵挟全权者之一利用物”，这是一份“激急的社会革命报”。[③] “真”还翻译《无政府党报》一文，列举欧洲专讲无政府主义的报纸。其中提到，全世界“温和社会主义”最为兴盛的德国，表面温和，实际“信仰激急之宗旨”，产生不少“无政府党坚实之分子”；在意大利、法国、英国、对虚无主义“提倡最力”的俄国、无政府主义“潜势力之最大”的西班牙与葡萄牙，都有影响颇大的无政府党报。[④] 如此等等，不一而足。

这些文章或译文，大多是一些报道式文字，可见作、译者的兴趣旨向，却较难判断其在理论上对于社会主义的理解力。这方面，《新世纪》的若干篇文章或译文，较具代表性。例如，李石曾以“真”笔名，在《新世纪》1909 年 8 月 21 日第 109 期，翻译发表了曾刊载于《自由报》的《无政府道理之要素》一文。此文回顾 20 年前无政府党员对于“共产主义及自食主义”的讨论和争执，认为二者在“党论”上有参差，在行动上相类似，“对于倚恃强权，吮彼自己及彼等同人之血者，严刻指骂”，受到各国议会制定法律的禁遏，因此，二者“热狂”地“共相扶持，运动毁灭中流社会政策之革命”。这是肯定“共产主义”和“自食主义”在反对强权政治或“中流社会政策”的革命中，具有共同的立场。同时，文中认为，纯粹的自食主义或纯粹的工会主义，又与无政府主义冲突，违反“无政府之道德原理”。因为无政府主义不同于“‘乌托邦’之徒”的幻想，“必有其原理上不可侵犯之道德”。主张自食主义者，偏执于“各个之个人”，“以‘我’字包括一

---

① 夷：《日本无政府党红旗案之结束》，《新世纪》第 70 期(1908 年 10 月 24 日)，转引自《社会主义思想在中国的传播》第二辑上册，中共中央党校科研办公室，1987 年，第 487 页。

② 真译：《伦敦无政府党报〈自由〉之二十小史》，《新世纪》第 57 期(1908 年 7 月 25 日)，转引自同上书，第 484－487 页。

③ 民：《世界唯一之无政府大日报〈革命〉出现》，《新世纪》第 82 期(1909 年 1 月 30 日)，转引自同上书，第 490－491 页。

④ Tit Bits 述，真译：《无政府党报》，《新世纪》第 88、89 期(1909 年 3 月 13 日、3 月 20 日)，转引自同上书，第 491－493 页。

切，即为全能之上帝"，这就像"专制之暴君"，把世间人为或天然生产的百物"皆视为个人之私产"，凡事均以个人的无限威权为"惟一调剂之法"，导致个人之间的永久争夺和弱肉强食，此乃夹杂"不道德之成分"；主张工会主义者，偏执于"贫民之威权"有"无上之资格"，以"我们"为"全能上帝"，或"以贫民之一部分，统治全世界"，这如同自食主义者的"个人之主义"，"欲全世界之服从于一部分，而一部分即成为多数之个人"，也是不道德的。无政府党为了"发展社会之道德"，要与不道德者"奋争而不休"，通过阶级之争，"乃欲平去一切之阶级"，其行动之"纯乎"、"昭然"，全部"为人道而已"。[①] 这里转述的意见，似乎把无政府主义等同于共产主义，对"同立于一面"的同路人，即极端个人主义同义语的"自食主义"，以及主张服从多数人的"工会主义"，从"无政府道德之原理"的角度，提出了批评。

李石曾还以"真"笔名，在《新世纪》1909 年 8 月 28 日第 110 期，翻译发表了英国人摩尔（Moore）撰述的《社会党与社会主义》一文。这篇译文认为，所谓社会主义，"今日欲为人类中生利一种之人群，代争自由者"，其党派"甚繁"。其中不同意无政府主义的那些人，"皆不知攻倒主张绅士派之学说者"。无政府党与此学说的"抗战"，乃"以社会主义之原理绳之"。所谓"绅士派学说"，指一心想利用议会权力的社会党所依据的原理。它们的根本错误，"皆不过欲取社会向有之组织，稍加改正"，存在"轻信议会权力"的劣根性。"绅士派之腐败组织即为资本家垄断主义及雇役主义所变相者"，明白这一点，反可以"助力"社会主义。社会党的报纸讽刺无政府主义为"梦境"和"幻想"，"毫无把握足以为抗争之原动力"，针对于此，文中就"社会主义之经济问题"，反诘社会党企图解决"不生利之人群""夺工人所生之利之大半，而仅以粗衣恶食之工值予工人"问题的办法，让"事其事者皆得享其利，而且能保持互相之精神"，无异于"言应当全改经济上之基础，而非言小加补苴即可得之"。这种"毁弃一切雇役界之组织"的概念，"必应知世界之个人，各有其自由之进行"。具体言之，既要看到"物之必生于劳力"，又要看到"人之生命均相等"，只看到前者，"犹未圆满"，后者最终反对"阶级之管治"，所以说，变更经济的同时，"政治则已包于其中"，必须进行政治变革。根据此说，经济上"毁灭资本家之制度"，等于政治上"反对一切议会之制度"。只要求解决工人工资的报偿条件，"仅仅争持于工人劳给之增多"，未超出资本家制度的范畴，反而使社会主义"自取其惑乱"，这就是"绅士派学说"的"报偿之理论"。这种偏见"所喜调和"，它的"革新政治之教育"，不过"为人类投充奴才之新法，使之善择其主人"，是奴才选择新主人的方

① 《自由报》述，真译：《无政府道德之要素》，《新世纪》第 109 期，转引自《社会主义思想在中国的传播》第二辑上册，中共中央党校科研办公室，1987 年，第 494－496 页。

法。真正"爱重社会主义",要看到将来政治组织"实为进化之原阻力,万不能为我辈所利用"。进化的"重要之原素","在于个人,不在于多数",所有"人造之法"都是个人自由的桎梏。所以,"人道之进化,断不能止恃补苴政治之组织,而必从个人之自由,实加体验而得"。换句话说,无政府主义的社会,不是建立在"暴力及人造之法律"的基础上,而是"和同之团体,互相合意,藕此联结,共扶持于公善"。这也是"互致同情、联合能力之精神"的"社会生活之真实基础"。只要讲求"个人之自主与自由之合群,为社会较良之生活",必然是"无政府党"。[①] 此译文通篇反对社会党或"绅士派学说"轻信议会权力、补苴社会经济组织的谬误,以"社会主义之原理"作为准绳,阐扬无政府党反对"强人为奴隶之服从"的任何权力,支持人类以"自然之能力与自由之结合"为"相互之要素"的个人进化。这同前文把无政府主义等同于共产主义,并无二致。但它的批评重点,从社会主义党派中的个人主义或工会主义,转向热衷于议会权力的社会党。

除了李石曾的译文,《新世纪》还刊载了其他一些类似的文章。如马利斯(H. Morris)述,四无译《无政府党系如何一种人物乎》一文,发表于1908年12月12日第77期。此文针对富翁的报纸将无政府党形容为"一种善起风波,甚为凶悍之人物",或一种以"倒乱秩序,骚扰社会"为其所好的人物,申明无政府党"甚乐受其恶名"。借此可以使"大多数之受苦而不知、知之而强忍者"看清楚,所谓"秩序"和"社会"都是"帝王卿相富豪"等利用来迫害人类的工具。无政府党揭露国家的真面目,"阳假伪文明,实行真野蛮";揭露它"掠夺人民,把持私产"的罪过,以及用"神圣之法规"掩盖其"实为无意识之暴力,以为自由平等之死敌"。无政府党伸出其利爪撕破国家的面具,"使之在破面具中,露出一真相",即"獐头鼠目、专贩奴隶之黑客",或"醉生梦死、止知守旧之么魔"。国家是"社会上一种传染政治毒之微生虫",是"屠人肉之会社、骗子之俱乐部、强盗之公司",又是"牢监之别名,绞台之变相"。无政府党首先攻击"政治世界之私产",因为一切等级、服从、依赖之心,"皆由私产而生"。今日为"野蛮之时代","彼等将收拾他人大多数之私产,为彼等少数之私产",社会的一切土地、工厂、车船等,"皆为少数懒惰舒服者所把持","每一个千万贯资财之富豪发生,即千万头受苦之贫民愈苦"。可见,"私产结果之不仁,直为不仁世界之罪魁"。资本家敲骨吸髓和积累资财而建造的宫室府库,无异于"建造之以他人之骨,而涂之以他人之血",历史上"终未有过于渔猎万贯家财之富豪",其弊端超过一切黑暗时代和惨恶行为。据此,无政府党确认,今日社会组织,"为祸于

① [英]摩尔述,真译:《社会党与社会主义》,《新世纪》第110期,转引自林代昭、潘国华编《马克思主义在中国——从影响的传入到传播》上册,清华大学出版社1983年版,第279-283页。

人类者至险恶，戟刺于良心者至悲愤”，必须消灭之；无政府党“皆愿肩此辛苦及正当之工作，传达此等观念”，与那班作恶而使多数同胞受苦的少数人“决一死战”。而且，无政府党“决不信仰久助专利者造孽之上帝”，只是崇信“自由之行动及共同之生活”；反对“腐败社会之习惯”形成的所谓道德，那是“私产时代之道德”，用于保护“专利强盗”来“强迫多数之弱者”，其道德中“神圣不可侵犯”的婚配关系，亦“无非一资财之关系”。所以，要问无政府党是怎样一种人物，那是“剧烈的与现今国家主义最反对之人物”，是采取行动“谋人类异日较幸乐之人物”。[①] 以上关于无政府党的说教，矛头直指现存的国家、私产制度、社会组织，以及为此服务的国家主义观念、上帝信仰和道德体系，许诺将拯救大多数受苦贫民和整个世界，俨然一副救世主的面孔。这也是“新世纪派”借此表明自己是什么样人物的最好寄托。

还有意大利学者冯鲁（Enrico Ferri）著述、“辟异”翻译的文稿《社会主义与实验科学》，发表于《新世纪》1908年5月2日第45期。冯鲁生于1856年，意大利研究犯罪病理学者，曾任某大学教授，1895年“因提倡社会主义被斥”。据说，他撰写同名著作，鉴于“近数年来，社会主义倡行几有一日千里之势”，于是，反对社会主义的人“往往以达尔文之进化学说为护符”，辩言“社会主义欲藉互助，使人人生存”，达尔文则谓“生存竞争，优胜劣败，乃天演之公理”；两相对照，可知“社会党所希望者，皆属理想而不能实行者”。对此，冯鲁“以科学之真理辟除今人之谬说，谓达尔文进化学说，非特不与社会主义冲突，实为社会主义立足之根据”。按照此译文的介绍，对于类似达尔文学说“其实与社会主义相合”的观点，一直存在反对意见。如认为达尔文主义曾“直斥社会主义为不可实行者”，意谓二者不可能“相合”。又如认为社会党以“平人类、均贫富，人人有同一之义务，有同等之安乐”为目的，达尔文学说则强调“权利义务、贫富安乐万不能一”，只有少数人才能享受富裕安乐，因为各人的“遗传性不同”，“人生之初，即有智愚之判，强弱之分”；从社会进化的观点看，“各事皆用分工之法”，也是依据每人的“特别之优点”，故“所得之权利，遂不能同”，人类像动植物界一样，“其生存者只优胜之少数，其劣败者实居多数”，由此观之，“达尔文进化学说与社会主义为直接反对更无疑矣”。文中列举这些反对意见，实际上作为陪衬，突出冯鲁之作的“科学之真理”，即如何纠正那些持反对意见者的“谬说”，证明达尔文学说并不与社会主义“冲突”，而且还是社会主义的“立足之根据”。[②] 看来，《新世纪》选登这篇译文，倾向于冯鲁的观点。这是一篇将

---

① 马利斯述，四无译：《无政府党系如何一种人物乎》，《新世纪》第77期，转引自《社会主义思想在中国的传播》第二辑上册，中共中央党校科研办公室，1987年，第488－490页。

② ［意］冯鲁著，辟异译：《社会主义与实验科学》，《新世纪》第45期，转引自林代昭、潘国华编《马克思主义在中国——从影响的传入到传播》上册，清华大学出版社1983年版，第267－268页。

涉及社会主义的不同观点加以对照比较的争鸣性文章。

另一篇争鸣性文章，是“箴俗”的《欧洲社会主义实行之始即支那人灭种之日》以及针对此文的编辑部按语，发表于《新世纪》1909 年 2 月 13 日第 84 期。原文的观点是：今日“支那人”即中国人以为“社会主义无国界、无种界”，一旦实行社会主义，“欧人将平等视我，不复如今之横行”，这是“休想”，是以肤浅的“牛马之知识”来企望“人之平等相待天下”的不可能有的“便宜事”。世界各洲“虐待华人”，今日中国得以苟延残喘，由于“欧洲社会主义尚未实行之力”。英、法、德等国议院近来通过的议案，“几无一不向社会主义而行”，“稍有见识者”都可知“社会主义之行不远”。当此之时，中国人“若不乘此机会于欧洲社会主义实行之前，极力增尽民智，则必至环球无立足之地”。因为两种民族的知识程度“相去愈近，则愈易混合而调和，相去愈远，则劣者愈危”。他人的知识高到连“一般普通人民皆有社会主义思想”，我国人还是“昏愚自大”，就像“盲人骑瞎马夜半临深池”，哪怕他人“至仁”，恐怕也“难与蠢蠢之鹿豕为伍”。所以，中国人要想“与人同享大同之福”，只有“求诸己”。这篇文章的立论，是说社会主义在欧洲的实行已是必然趋势，中国人不能消极地等待别人给予平等待遇，应积极地提高本民族的知识程度以争取“与人同享大同之福”的平等待遇，否则，中国人将丧失世界上的立足之地而遭致灭种之灾。对此，《新世纪》编者在其按语中，虽然肯定不求知识增进而指望他人厚遇者自会遭到天然的淘汰，却质疑原文既称社会主义为“无国界、无种界”，又称这种社会主义由议院通过，“似已混近日无政府社会主义与帝国社会主义二而一之”，将“无国界”即“无政府”与保留议院的“帝国”两类社会主义混和为一。另外，既然“无种界”，就不应当“忧灭种”，所以，“人类各当以智识共助，社会主义之实行，本不当以牛马知识望人以平等相待，占独得之便宜”。那些“虐待异族”，坚持以知识相等作为享受平等待遇之条件的人，不配享有社会主义的称号。因为“寻常所称社会主义，大都指帝国社会主义而言”，而帝国社会主义“实无社会主义之价值”，故欧洲的各种“政府社会党”，应当“斥之为假社会党”。[①] 这里的歧义，不在于是否应当增进知识，而在于欧洲实行的社会主义，不是真正意义上的“无政府社会主义”，而是“政府社会党”或“假社会党”的“帝国社会主义”，亦即“实无社会主义之价值”的一种主义。从这一按语里，再次看到我国早期无政府主义者心目中衡量社会主义的价值标准尺度。

与《新世纪》周刊相匹配的，还有《新世纪丛书》，也由李石曾编辑。李石曾(1881－1973)原名李煜瀛，笔名真民，1902 年留学法国，不久接受无政府主义

---

① 箴俗:《欧洲社会主义实行之始即支那人灭种之日》,《新世纪》第 84 期,转引自林代昭、潘国华编《马克思主义在中国——从影响的传入到传播》上册,清华大学出版社 1983 年版,第 278－279 页。

思想，1907年创办《新世纪》，同年编辑《新世纪丛书》。此丛书与周刊一样，是“新世纪派”的舆论阵地。如李石曾以“真民”之名，在丛书中编入其《革命》一文。此文以“政治革命为权舆，社会革命为究竟”，认为排除满清皇族政权只是政治革命，“犹不足以尽革命”，而“平尊卑”、“均贫富”的社会革命“始为完全之革命”，“使大众享平等幸福，去一切不公之事”。社会革命必须自倾覆强权始，倾覆强权又必须自倾覆皇帝始。据此，文中驳斥诸如中国人无革命之资格、无实行社会主义之资格、害怕革命导致瓜分、惟恐社会主义不利于本国等对于中国革命的各种非难。作者的主要观点包括：革命是“为社会除害，为众生求平等之幸福”，必须具有“革命之精神能力”；“社会革命为二十世纪之革命，为全世界之革命”；“社会主义与国家主义不能并立”，“国家主义主自利，社会主义主至公”，前者的根性来自帝王，尚专制和自私，后者来自平民，尚自由和平等，帝王主义与国家主义二者名异而实同，质言之，“国家主义保少数人之利益，社会主义保众人之利益”；用社会进化不可躐等一说评价中国无实行社会主义之资格，只知道社会演成性而忽视其遗传性；破除世界不公之事，“惟有合世界众人之力，推倒一切强权，人人立于平等之地，同作同食，无主无奴，无仇无怨”，故“大同世界”远胜于“今之强国”；“二十世纪之革命，实万国之革命”，可见证于“近年社会主义无政府主义方兴”，表现为每年五一节“各国党皆罢工”，各地皆有“万国社会党、无政府党结会之组织”，“社会党之运动、无政府党之暗杀”等“世界革命之风潮”；“革命之大义”包含自由去强权、平等共利益、博爱爱众人、大同无国界、公道不求己利、真理不畏人言、改良不拘成式，进化更革无穷；“革命之作用”包含书说（书报、学说）以感人，抵抗（抗税、抗役、罢工、罢市）以警诫，结会以合群施画，暗杀（炸弹、手枪）去暴以伸公理，众人起事革命以图大改革；等等。①

《新世纪》包括《新世纪丛书》登载的上述文章，与同时期《天义报》登载的同类文章作一比较，可以看到二者对于社会主义的理解，都从无政府主义的立场出发，但各自的侧重点，有所不同。例如，《新世纪》选登的文章，尤其是译文，无论其稿件原作的作者身份，还是其文稿内容的取材来源，涉及面相当广泛，仅标明作者国籍者，即有法国、英国、意大利、德国、荷兰、瑞典、俄国、日本、西班牙、葡萄牙等国。其中或翻译转述这些国家的作者关于社会主义或无政府主义的论述，或报道介绍这些国家的革命风潮事件，或引用阐发这些国家革命党或社会党的理论和实践案例，等等，可见“新世纪派”取材的范围和眼界相当开阔，不拘泥于某国某人之说。这与《天义报》注重刊登俄国无政府主义者

① 以上引文均见《新世纪丛书》第1集（1907年），转引自葛懋春、蒋俊、李兴芝编《无政府主义思想资料选》上册，北京大学出版社1984年版，第167－171页。

的著述,或者以日本学者的评介内容为尚,有明显区别。或许,这也正好反映了聚集于法国的“新世纪派”与聚集于日本的“天义派”在取材问题上的不同特点。本时期,“新世纪派”的文章或译文,以出于李石曾的手笔者居多,却不像同期的“天义派”那样,几乎由刘师培一人包打天下,这也为“新世纪派”的作、译者在共同的宗旨下,各自从不同的来源选题取材,提供了条件。

又如,“新世纪派”和“天义派”一样,都把社会主义或共产主义打扮成无政府主义的模样,宣扬反对强权、反对国家、反对私产、反对议会政策、反对现存社会组织,揭露少数资本家在国家权力或道德体系的庇护下对大多数贫民的肆意剥夺等等。不过,“新世纪派”似乎更加重视的是,在所谓社会主义阵营中,无政府党与其他非无政府党或非正统无政府党的区别。如批评“自食主义”或“个人之主义”是以“我”为“全能之上帝”,“工会主义”是以“我们”为“全能之上帝”,均有违无政府道德;批评诉诸议会权力的“社会党”之“绅士派学说”是小修小补地“调和”而非“全改”现有经济基础;批评任何形式的“国家主义”观念,最“剧烈”地加以反对;批评把达尔文学说与社会主义对立起来的“谬说”,宣称此学说“非特不与社会主义冲突,实为社会主义立足之根据”;批评将“帝国社会主义”与“无政府社会主义”混合为一,把所谓“政府社会党”称为“假社会党”;等等。既然强调这些区别,自会把论证的重点放在各种形式的论辩或争鸣上,此所以“新世纪派”常常是以论战者或挑战者的姿态出现来撰文和选择译文。其中如《新世纪丛书》所载《革命》一文对于各种非难革命或社会主义言论的驳斥,简直就是论战内容的简单翻版,只不过添加了一些无政府主义的佐料而已。这和“天义派”一般平铺直叙地从正面宣讲社会主义或无政府主义的道理,也是不同的。另外,“新世纪派”较多宣扬的是“个人之自由”、“个人之自主与自由之合群”或“自由之行动及共同之生活”,而“天义派”较多宣扬的是无中心、无政府条件下的自然调和,二者似乎各有侧重。至于“新世纪派”所信奉的“社会主义之原理”或“科学之真理”,像“天义派”一样,无非是些无政府主义的货色。

再如,在“新世纪派”的同期文章或译文中,几乎很少看到有关土地问题的论述,这与“天义派”十分重视土地问题的特征,形成强烈的反差。对此,可能的解释是,“新世纪派”主要活动于法国和欧洲范围内,在当地社会主义尤其在无政府主义思潮的直接影响下,较易于照搬欧洲的模式而脱离中国的实际,自然会形成忽视土地问题重要性的倾向。而“天义派”主要活动于与中国一衣带水的近邻日本,较易于直接观察和感受中国的现实状况特别是其土地弊端,同时受到孙中山土地思想的影响,再加上受到日本社会主义者或无政府主义者重视土地问题,以及他们所援引的俄国社会党土地方案的影响,故把解决土地问题放到突出的位置上,也就成为“天义派”论述的题中应有之义。

五、其他关于社会主义的评介

在这一时期，除了以上各家关于社会主义的评介相对集中一些之外，其他散落在各种报刊著述中的有关评介资料，也不乏其见，但从总体上看，鲜有超过以上各家的特出见解。以下摘引数例，以示其准。

例如，由陕甘留日学生1908年2月在日本东京创刊的《夏声》（Sharh Shing）刊物，从其创刊号起，开始连载署名“侠魔”的《兴办西北实业要论》一文，其中提出，中国今日创办和振兴产业，既要看到西洋各国的经济发展，又要看到那里“生活愈进步，贫富悬隔、上下等差愈甚，穷苦者乃一限于卑屈奴隶之域，终身莫返”，其指导思想应当是，“鉴欧美富豪强横之恶果，播社会经济平均之善因”，或者说，不仅要给实业界的发展带来曙光，还要“免此肥彼瘠之过悬等差，而社会可享共同利益”。针对有人讥讽此指导思想是痴人说梦，是企图超过西洋各国的发展阶段即“遽欲越级而登”的说法，文中又指出，那些盛称经济发展的西洋各国，其社会内部多数人民所受惨剧“不堪言状”，故我国从一开始，必须谨慎从事，“以免后日同胞相阋于经济分配之战争”。在作者看来，这里不存在什么“越阶而升”的问题，只要每个人都有兴业思想并勤于劳动，再引进股份公司的“利益均沾”制度，就可以泯灭“贫富大悬隔之患”。他还分析说，西方各国从“自由学派之泰斗”亚当·斯密“首倡自主自由主义”以来，“反乎社会主义，于个人主义而唱导之；脱乎干涉束缚，于自由放任主义而主张之”，结果，“生存之竞争愈激烈，贫富之悬隔愈甚，乃演出一种社会之悲态”，一面造成经济社会情况的“俄然一大革新”，一面又造成数千万贫民露宿屋外，零丁孤苦，“无衣无食号泣之声闻于终夜”。总之，自机械发明，技术进步以来，“社会财源遂一举归富豪之专有”。物极必反，随之形成一种“气焰炽张”的反动力，“震撼欧美社会之基础，而谋继政治改革复兴经济界改革之大战争，以恢复社会旧观”，这就是“近日社会主义所由因经济问题而得盛行”的缘故。以此为鉴，我国应当“参酌共利主义”，不仅要研究“击破个人经济主义，渐进于社会经济主义为目的”，还要“共期推行”，在社会中“广播此主旨”，如此才能振兴我国从而西北的实业。[①] 以上议论，似曾相识。它一方面主张振兴实业，在生产上努力缩小与欧美国家经济发展水平的差距；另一方面又要求从社会主义中汲取养料，在分配上尽力防范由经济发展所带来的贫富悬隔现象。这正是前《民报》论者呼吁我国将社会革命与政治革命二者毕其功于一役观点的衍生品或派生物。

---

① 侠魔：《兴办西北实业要论》，《夏声》第1期（1908年2月26日），转引自张枬、王忍之编《辛亥革命前十年间时论选集》第3卷，三联书店1963年版，第397－401页。

又如,《夏声》从1908年4月起,还连载"侠魔"的《二十世纪之新思潮》一文,兹以载于1908年8月25日第7期上的一部分为例。此文指出,近世纪以来,耸动欧美人士之耳目的滔滔"社会主义风骇浪涌",其要旨不外乎维社会公安,谋人民幸福,思平均贫富之悬隔,思压抑贵族之骄横,思改革和补救政治之失平与国民道德之堕落。对照于此,要改变中国目前的腐败现象,"使知社会组织之原与其所以成立之要素",不允许绝灭人权者久踞于其上,"社会主义之仿行固无容或止"。同时,各国的趋势已由政治问题进入经济问题,"社会经济革命之运动继政治革命而起者,皆胎于产业分配之失当,贫民耕而免于饥,富民坐而饱且嬉,苦乐悬隔,判若人禽"。鉴于欧美社会动摇之危机,我国在社会经济问题上虽未病入膏肓,但为了避免重蹈前辙,使社会多数人陷于牛马卑屈之境,"社会主义之仿行更不能或已"。不过,"社会主义之旨趣本不一致",不敢说都适宜于我国,文中只选取社会主义方面与中国"现在社会有攸关者"或"非可遽行之,现时采其主义以期杜渐防微于后日者"来加以说明。这里包括社会主义与奴隶制度、与人类阶级问题、与土地问题、与劳动问题、与个人及国家主义、与民族主义、与无政府主义等七个方面的关系。从前三对关系来看,一是"社会主义以克复天赋人权为宗旨,而奴隶制度则沉没其天赋人权",很明显,"社会主义与奴隶制度相反背"。二是"人类阶级之分,于古则名实相符,行之有益民生,于今则名实相左,行之反蠹社会",故"社会主义之盛行于各国也,均以颠覆人类阶级为最要之目的"。惟在阶级习惯不能遽破的情况下,我国可以先推广倡行"平民主义"以为"摧倒人类阶级之利器"。三是起于后世的"土地私有之制",乃"没灭天赋人权之背逆不道"中最甚者,致使少数地主"无耕莳之劳,无纺绩之苦,而锦绣缠身,肥甘慰口",而劳动者"终日役役,劳其筋,汗其颜,尚难于一饭之饱、一衣之蔽"。正是由于土地配置失宜、产业归于私有之为害甚烈,故"土地国有之说乃得风行于欧美社会间",而"土地国有之说,洵足以分配田产于齐民,使利益均沾"。我国土地问题虽非如此严重,着眼于预防,必须考虑对占据土地为家有者"挫其锋而颠覆其背逆之谋"。① 可见,二十世纪的新思潮,指的就是流行于欧美国家的社会主义思潮。作者主要从借鉴和预防的角度,主张吸取这一新思潮的养料或加以"仿行",以期尚待发展的中国避免出现已经发展起来的西方国家的弊病。这一思想,与作者在前篇文章中的论述主旨,有异曲同工之处。

再如,《东方杂志》1909年2月一期,曾刊载一篇有关美国社会党的译文,介绍该党从数年前不过极小一部分人的组织,"一跃跻于政党之列",在国内各地"莫不推广殆遍"。特别介绍该党纲领中,包括解救失业工人的苏困之法;明确工

① 侠魔:《二十世纪之新风潮》,《夏声》第7期(现藏复旦大学图书馆)。

人“每日工作时间定为八小时”；所有铁路、电报、电话、轮船等一切社会交通机关以及一切土地，“均当用共产主义”；所有实业本由国家组织，在消除了竞争的实业领域则“均当用共产主义”；推广包括矿山、油井、树林、水力等在内的“公有之物”；等等。[①] 此外，这一杂志同时期还在“世界时事汇录”专栏里，刊载诸如“德国之社会党”、“世界社会党大会”、“列国社会党现状”等涉及社会主义评介的报道性文章[②]。其中像转录《神州日报》的《记日本审判社会党》一文，报道“日本持无政府主义之社会党幸德秋水一案”的审判情况。内容提到受审者“皆为无政府主义者党员中之杰将”；此党在日本“势力伟大”，实为日本皇室与政府之巨患，日本政府不遗余力地加以扑灭，然而“今日世界中如此党者，其心力坚卓，终非势力所可扑灭”；其代表人物幸德秋水与美国无政府主义者接触后，“始信个人之绝对自由，而为理想之无政府共产主义”，在日本组织“社会革命党”，首倡直接行动论，主张“破坏日本现在之国家组织，以求实行其理想”，翻译出版了“无政府主义者之泰斗”克鲁泡特金及其他人的著作，引起日本国内“盛倡无政府主义”等等，显现出报道者对于日本社会党的心仪之情。[③]

另如，《建国月刊》1909 年 11 月第 7 卷第 1 期，登载陈春生的《熊成基谋杀载洵始末记》一文。其中转引熊成基本人的一段话如下：“余所主张在倾倒政府，非有满汉成见。盖西洋各国明达之士，无不盛唱社会主义，重在彰人权均贫富而已。”[④]熊成基（1887－1910）少年进入练军武备学堂学习后，投身于反清革命活动，先加入光复会，在军队中发展革命力量，参加和组织武装起义。1908 年因组织安庆起义失败，流亡日本，加入同盟会，旋即回国，后被告密遭逮捕，就义时年仅 23 岁。熊氏以年青人的满腔热忱，如此执著地从事反对清政府的斗争，不是出于满汉之间的民族成见，其思想动力，来自于社会主义“重在彰人权均贫富”的信仰。这是一个缩影，表明了西方社会主义思潮传入中国后，在当时的青年革命者身上所产生的强烈影响。

由上可见，本时期围绕社会主义评介的其他各类文章，大体上伴随着当时或此前几个主要派别的宣传口径而稍有变化。或者接受某派的观点再补充若干新论据或变换角度加以论证，或者跟踪报道新的事实以衬托和突出整个或某些社会主义派别的发展动态，或者借助某个事件发展的叙述来寄托对于某个派别的倾向，或者依托社会主义思潮来坚定自身的信仰，如此等等，不一而足。

---

① 甘永龙选译：《美国评论之评论报》中的《美利坚之政党》，《东方杂志》第 6 年第 1 期（1909 年 2 月 15 日），转引自《社会主义思想在中国的传播》第二辑下册，中共中央党校科研办公室，1987 年，第 92—93 页。

② 《东方杂志》第 7 年第 10 期（1910 年 11 月 26 日）及第 7 年第 11 期（1910 年 12 月 26 日）。

③ 《记日本审判社会党（录〈神州日报〉）》，《东方杂志》第 7 年第 11 期，转引自《社会主义思想在中国的传播》第二辑下册，第 248—250 页。

④ 转引自中国近代史资料丛刊《辛亥革命》第 2 册，上海人民出版社 1957 年版，第 236 页。

六、结束语

对这一时期各种类型涉及社会主义的论著,作了一个比较完整的考察之后,可以看到,其中无论那些论辩性文章,还是非论辩性文章,它们所表现出来的一些突出特点,相当吻合。前面一节分析若干论辩性文章关于社会主义评介的不同倾向和争论时,曾就这些特点提出一些概括性意见,特别是对其中联系早期论战体现了社会主义论争之余绪的那些特点,更有所侧重。在此基础上,利用本节所提供的各家非论辩性文章关于社会主义评介的对照资料,不妨对上述余绪性特点,作些补充。

第一,若干社会主义论题显示了论战的持续影响力。从本时期的非论辩性文章看,似乎不存在相对集中和比较稳定的社会主义论题,好像居无定所,言人人殊,每位作者随心所欲地提出某个论题,或就某个论题随意提出自己的看法。其实,只要将这些非论辩性文章中涉及社会主义的各种论题,与论战期间的相关论题稍加对照,不难发现这些论题之间存在着无法割断的内在联系。

例如,论战时的一个重要成果,是联系中国实际,辩论社会主义甚至马克思学说是否适用于中国的问题,姑且不论参与辩论的各方观点是否正确,这件事本身,表明社会主义学说之传入中国,已由一般的新闻性或学理性介绍,开始进入探索其实践价值的阶段。这一重要演进趋势,并未因论战的结束而止息,而是渗透到本时期讨论社会主义论题的方方面面,不仅在论辩性文章中如此,在非论辩性文章中也同样如此。不少非论辩性文章,除了继续报道或从学理上介绍和探讨有关社会主义的内容之外,曾从中国的历史传统、中国的现实状况、中国与欧美国家的比较等多重角度,分析社会主义对于中国的可行性,由此得出具有不同倾向的结论,其中最醒目的是所谓共产制易行于中国一说。换句话说,受大论战的影响,这一时期国人谈论社会主义的话题,不再是把它单纯作为一种舶来品,而是逐渐习惯于思索它对于我国自身的适用价值。

又如,论战的双方,在不少涉及社会主义的论题上,唇枪舌剑,势不两立,唯独在国家社会主义问题上,表现出少见的一致性。到了本时期,鼓吹国家社会主义的观点仍然时有所见,但更为抢眼的却是抨击甚至诅咒国家社会主义的意见。这种截然不同的对比,并不说明论战的影响力削弱了,恰恰相反,这正是其影响力加强的表现。因为论战双方的一致性强化了国家社会主义这个命题,才引起后来者对于这个问题的格外关注。当然,后来者的反对意见,不是无事生非,而是基于他们自己的时代背景、理论素养、价值取向和判断能力,这一切促使他们站到了国家社会主义的对立面。可是,不容否认,论战双方对于国家社会主义的推崇,既然与后来反对者的观点冲突,自会促使后者视之为眼中钉,必欲着力批驳以清除这一障碍而后快。

再如，论战双方辩论社会主义是否适用于目前中国的过程中，各自提出不少理由，其中一条重要理由，是所谓生产与分配的关系问题。反对者认为中国目前应当解决的是生产问题而非分配问题，意谓不应当用注重分配以期消除贫富悬殊的社会主义或社会革命，来干扰和影响对国内资本家发展生产的鼓励以便与外国资本竞争；赞成者则认为不能将二者割裂和对立起来，目前中国应避免重蹈欧美社会严重贫富差距的覆辙，在生产发展的必然趋势中通过社会革命优先解决分配问题。这两种观点的对峙，发展到本时期，似乎被磨去了激烈辩诘中所形成的锐利言词棱角，但其论题主旨，仍在持续着。像梁启超强调今日中国不同于欧洲，国民生计的关键是生产问题，非分配问题；作为无政府主义一个支派喉舌的《衡报》，也强调中国不同于欧美国家，不过讲的是欧美国家走的是一条先发展生产力、再实现共产制度的道路，而中国的传统和现实决定了应当走另一条先建立共有财产制度、再发展生产力的不同道路；那时国人中的其他无政府主义派别，几乎都把分配问题放在十分突出的地位，对生产问题着墨不多或只放在次要地位；孙中山兼顾生产与分配二者，向往中国在发展生产的同时能够防止贫富两极严重分化，《夏声》的"侠魔"文章，主张一面振兴实业以缩小与欧美国家的差距，一面作分配上的防范以免产生贫富悬隔，也带有此意。总之，这一论题，还有论战期间所提出的涉及社会主义的其他不少论题，都在本时期的讨论中得到延续，只不过讨论的方式发生了变化。

第二，无政府主义势力一时几乎成为社会主义思潮传入中国最为醒目的传播者和诠释者。前面已经指出，在本时期，国人中的无政府主义组织及其信奉者，十分活跃，显示出不小的能量。这一点，在当时翻译和介绍马克思学说包括其经济学说方面，得到了证明；在当时涉及社会主义论题的论辩性文章中，也得到了证明。现在，从更为宽泛的范围，即从当时一般介绍和评论社会主义的非论辩性代表文章看，同样证明无论在评介社会主义文章的数量、深度还是影响力方面，这一时期都以刊载在无政府主义刊物尤其是《天义报》（连同《衡报》）和《新世纪》上的文章，独占鳌头。相比之下，本时期内，曾经在宣扬社会主义方面名声大噪的原《民报》一派，比较沉寂；同样以介绍西方社会主义思潮而著称却极力阻止这一思潮适用于中国的梁启超，仍抱守残阙，坚持论战中的反对信念而未提供多少新的内容；江亢虎自称孙中山的民生主义、平均地权、专征地税之说与他的党派宗旨相同，其实除了停留在诠释舶来学说的原有涵义或用中国古法来附会外国人的学说，未见前进一步；"侠魔"的文章主张取西方国家经济发展之长而避其苦乐不均之短，似与孙中山的观点相同，然而其"社会主义之仿行"一说，充其量不过是追随各家的议论，与孙中山结合中国实际创造性地运用西方社会主义学说之精神，相距甚远；至于其他涉猎社会主义的论著，多则多矣，鲜见有超过前人和无政府主义者论述的力作。

这一时期中国的无政府主义势力，主要以创办于日本的刊物《天义报》及其继承者《衡报》，和创办于法国的刊物《新世纪》，为其舆论阵地，据此形成既相互联系又有所区别的两派即“天义派”与“新世纪派”。从考察的内容看，两派的共同特征，受国外无政府主义思潮的激励，以无政府主义精神向国人诠释、传播并推行社会主义学说。无政府主义在当时传播新思潮的部分国人中的得势，有其深刻的历史根源、社会政治经济原因和国内外背景。传统小农生产的经济基础，长期君主专制的政治统治，近代以来社会政治经济的急剧变化，帝国主义侵略造成国家积贫积弱局面对于国人的强烈刺激，国门洞开使国人看到中国与列强的巨大差距以及列强自身存在的弊端，辛亥革命前夕各种思潮的相互激荡，无政府主义思潮在世界上许多国家的时兴流行，国人受时代和历史的局限尚缺乏对各种思潮的识别和洞察能力等等，这些都为本时期无政府主义思潮在中国的流行，或者说为社会主义思潮传播中无政府主义流派的显赫一时，提供了土壤和条件。

除了共同的特征之外，“天义派”和“新世纪派”有一些各自不同的特点。这里姑且不论它们在翻译介绍马克思学说方面的差异，只以一般评介社会主义思潮来说，二者也存在诸多不同之处。例如，“天义派”的主要喉舌《天义报》，译文与自撰文并举，其特点是汲取国外思想养料的渠道比较单一，尤其侧重以俄国无政府主义者的著述为其来源；强调社会主义或共产主义的基础，应当建立在无中心、无政府的自然调和之上；重视解决土地问题，惟其土地公有方案以无政府精神一以贯之等等。《衡报》沿袭《天义报》的基本立场和观点，更加突出中国的历史传统和现状使共产制易行于中国，同时更加注重中国经济的特征、中国农民的革命、中国革命的具体方式和途径等。与此相比，“新世纪派”从国外取材的范围比较广泛，包括无政府主义思想的取材来源不拘泥于一国一人之说；比较强调无政府党的正统性或与其他非无政府党派的区别，更富于论辩或争鸣；较多宣扬个人自由条件下的无政府，而不是无中心的无政府；几乎未涉及土地问题等等。这些差别的存在，使“天义派”与“新世纪派”在共同的无政府主义宗旨下，各具特色。但不论有什么差别，以这两个派别为基础所形成的无政府主义势力，在这一时期推动社会主义思潮的传播上，确实起到了独领风骚的作用。

第三，马克思经济学说的运用尚处于襁褓之中。这一时期有一个看起来似乎矛盾的现象，一方面，有关马克思经济学说的传入，借助于马克思和恩格斯原著的翻译和评介，达到一个新的起点；另一方面，对于中国经济问题的分析，虽然不断有人尝试从舶来的社会主义原理那里汲取滋养，逐渐加以深入和拓展，但是鲜有人直接运用马克思经济学说作为分析的理论武器。这种现象，即原著译介引入上的进展，与分析中国现实经济问题上的隔膜二者并存现象，其实不难理解。它恰恰说明，马克思学说包括其经济学说的传入，仍处于不成熟的初期发展过程之中。

从时间方面看，自19世纪最后几年算起，到本时期不过十来年时间，在这段时间里，国人对于马克思学说的了解，尚须经历从开始接触到逐渐有所认识的过程，其不成熟性显而易见。从内容方面看，这短短的十来年时间里，最初关于马克思及其理论学说的评介，大多是一些新闻报道式的简单零星介绍，给人以浮光掠影之感；后来假手国外主要是日本若干社会主义著述的翻译，或多或少地夹带着涉及马克思、恩格斯生平经历、著作名称、派别主张的内容，而在其理论观点尤其经济理论的介绍上，除了个别例外，大多数仍是只言片语、或断章取义、或望文生义式的叙述，加上译文本身的缺陷，难免使人如坠雾中；直至本时期，才出现少量马克思、恩格斯原著的比较完整的译介，意味着马克思学说的传入从完全依赖第二手资料，开始进入诉诸其原著的阶段，惟这种原著的译介，比较集中于1908年，稍后几年似乎又沉寂下来，故显得有些突兀，说明此时国人对于马克思学说的认识也是起伏不定的。再从传入者方面看，早期向国人介绍马克思、恩格斯及其理论观点的那些人，当初几乎都是一些猎奇者或深怀戒心者，其中有的纯系把马克思学说当作新奇的舶来品，有的则持敌视态度或用怀疑的眼光看待之，加以介绍不过是用来防备或引以为训而已，根本谈不上结合中国实际运用这一学说；随着时间的推移，逐渐有个别代表人物如孙中山和朱执信，初步意识到这个学说对于解决中国问题的价值，但语焉不详，且属凤毛麟角；至于早期无政府主义者在一段时间内热衷于译介马克思学说，无非是将这一学说暂且归入自己的同道，作为壮其声势的护身符，一旦联系到中国的实际，他们宣扬的都是些赤裸裸的无政府主义货色。总之，在这一时期马克思学说的传入上所出现的似乎矛盾现象，有其历史原因和时代背景，其中一个重要原因，取决于对马克思学说理解上的偏见和浅薄。换句话说，当时传入的马克思学说在同中国实际相结合上的隔膜，与这种认识上的不成熟性，是联系在一起的。

这里值得一提的是，《衡报》1908年第7期上的一篇文章，曾运用“剩余价格”概念，分析中国近代随着机器工业的发展，可以实行农业与工业联合制，农民在自营农业的同时兼营工业，以免农民弃农作工，仅从受雇生产的“全部之利”中获得微薄的工资，“其剩余价格均为资本家所吸收”，因而造成农民的穷困。此文并未展开对“剩余价格”概念本身内涵的说明，亦未指出其出处，而是直接运用这一概念进行论证，故不能妄下断言说此概念就是作者引自马克思的剩余价值概念。但从其分析论证的内容看，此“剩余价格”概念，指的是在近代机器工业发展，促成传统农业经济结构逐渐解体，农业生产者转化成雇佣工人的条件下，资本家对于雇佣工人的剥削，即掠取“全部之利”中扣除工资后的剩余部分。这一内涵,应当说,与马克思的剩余价值概念有相近之处。再者,从剩余价值概念传入中国的过程看,有案可稽者见之于1902年特别是1903年间一些日文原著的中译本,那时曾把马克思的剩余价值概念译为“余利益”、“剩余价格”、“余剩价格”或“残余价格”等各种名称,尤以“剩余价格”的译名居多,并加以程度不等的通俗解释。此后,在1906年,当留学于日本的朱执信介绍马克思的《资本史》和《资本论》时,亦曾约略述及剩余价值的内容,未提到相应的译名。到1907年,根据景定成的回忆录,他在日本参与聆听社会主义讲习会的讲演,感到“心折”的是马克思《资本论》的“剩余价值说”,这里的“剩余价值”一词,不是当时的译名,而是若干年后的记述。再往后,便是1908年同样出版于日本的《衡报》上的这篇文章,又一次用到“剩余价格”概念。于此可见,《衡报》中援引“剩余价格”概念,虽然没有提到是否引自马克思学说,但与数年来从日本方面持续引进马克思剩余价值概念的传入线索,有着内在的联系。

《衡报》中的“剩余价格”概念,既然与马克思的剩余价值概念有联系,就不能忽略它在马克思经济学说传入中国过程中所起的特定历史作用。特别是它不同于以往的介绍,一般仅停留在概念本身的理解或诠释上,而是进一步运用这个概念分析中国的经济问题,尽管这种分析还是相当浅陋的。从这个意义上可以说,这预示着马克思经济学说的传入过程将有一个新的深化。经济学说作为马克思学说中一个重要组成部分,既令人心折,又有理论难度,不易为当时的国人所理解,或主要按照那些被一再通俗化(同时不免曲解和庸俗化)的释义来加以理解,也在情理之中。这种时代的局限性,不仅表现在理论概念的理解上,而且表现在对理论概念的应用上,所以说,在这一时期,马克思经济学说的应用,尚处于襁褓之中。

第三章　辛亥革命前夕马克思经济学说传入中国的经济学背景材料

辛亥革命前夕，指本编所考察的 1908－1911 年时期。从 1911 年 10 月 10 日爆发武昌起义开始，此后两个月内，各省纷纷宣布独立，翌年 1 月 1 日孙中山在南京宣誓就职临时大总统，成立中华民国临时政府，接着清帝被迫宣告退位，结束了清政府乃至中国两千年来的君主专制统治，标志辛亥革命的胜利。所以，这个时期，既包含革命前期的酝酿准备阶段，也包含革命本身的进展阶段。为了叙述的方便，同时考虑到革命的酝酿准备时期较长，其爆发仅在 1911 年末一个较短期间内，故将这两个时期合二为一，统称为辛亥革命前夕。

这个时期短短几年，与前一时期的论战年份相比，西方经济学传入中国（其中相当多内容由日本中转而间接传入），就像西方社会主义思潮的传入一样，无论其数量还是质量，又有明显的进展。或者可以说，西方经济学的传入，比起西方社会主义思潮的传入主要表现为少数派别或人物的翻译和著述活动，在接触面上，要更广泛一些。在这个阶段，西方经济学不止代表来自西方国家的经济学说，还代表建立在更为先进的资本主义社会经济基础上的现代经济科学体系，它是那一时期仍滞留在专制体系框架内的中国传统经济思想，所不可同日而语的。因此，伴随西方经济学的传入，国人通过学习现代经济科学并吸取其滋养，从广义看，意味着掌握先进科学体系，破除陈旧经济观念；从马克思经济学说传入中国看，意味着为它的传入奠定经济学的理论基础。按照这一理解，本时期西方经济学著述的传入，尽管不像西方社会主义思潮的传入，相继出现一些介绍、翻译和评介马克思学说包括其原著的文章，但是引进西方经济学著述的不断积累和增进，意味着国人从经济学著作方面偶尔引进马克思经济学说的可能性也在增加。从这个意义上着眼，作为重要的背景材料，比较系统地梳理本时期现代经济学的引进以及运用它来分析中国现实问题的大致状况，也就不是可有可无，而是十分必要了。

第一节 西方经济学的引进概况

本时期西方经济学的引进,其内容可以分为两方面:一方面介绍、翻译和评述西方经济学原著,这也是引进内容的主要部分;另一方面运用西方经济学原理分析和评论中国甚至世界范围内的现实经济问题。后一方面的内容起初比较薄弱,充其量只能算作引进内容的一个辅助部分,以后随着国人消化吸收现代经济学理论知识的能力与日俱增,这种为我所用的评析部分比重也不断提高,直至与单纯引进的内容比重并驾齐驱,构成现代经济学在中国传播的重要组成部分。下面从经济学著作、经济类刊物上的经济学文章以及一般刊物上的经济学文章三个角度,概述本时期西方经济学传入中国的轮廓性面貌。

一、经济学著作概述[①]

本时期刊行的经济学著作,其中较多富于理论色彩者,仍以翻译本为主。此时选择翻译的原作,似乎显现某种新的迹象,即从原先高度集中于日文原作(包括许多西文原作也是经过日文翻译后再成为中译本参照的原作),转向日文原作仍占相当大比重的同时,兼而选择西文原作为中译本的直接依据。这些中译本涉及的内容,延续前一时期的势头,既有经济学原理类著作,更多属于经济学分支学科特别是应用学科一类著作。其间,国人自行撰写的经济学著作(基本上以国外著作为其参考本),也时有所见,意味着经济学领域几乎清一色的翻译本局面,出现了新的变化。上述经济学著作有:日本水岛金夫也著,刘鹤年译《银行及外国为替》,1908 年 4 月至诚书局出版;日本佐野善作著,汪廷襄译《商业簿记教科书》,1908 年 4 月上海商务印书馆初版,1913 年 5 月第 9 版;日本星野太郎著,李澄译《商品学》,1908 年 10 月上海中国图书公司出版;李佐庭编《经济学》,《法政讲义》第一集第六册,1908 年丙午社初版;美国麦喀梵(Macvane)著,朱宝绶译《经济原论》(Working Principle of Political Economy),1908 年中国图书公司印行;瑞士原著,潘承锷译《国际民商法论》,1908 年出版;沈秉诚、赵毓璜编《统计学纲领》,1909 年 7 月日本三田印刷所印刷;日本横井时敬著《农业经济论》中译本(农学丛书第十二编),1909 年 11 月日本东亚公司出版;陈家锟编,朱寿朋译《中国工业史》,1909 年上海中国图书公司初版;日本小林丑三郎著,张锡之译《比较财政学》(上下卷),1909 年 12 月财政调查社出版;日本田中穗积著,陈与年译《公债论》,1910 年 1 月上海

① 以下所引经济学著作主要见谈敏主编:《中国经济学图书目录 1900—1949 年》,中国财政经济出版社 1995 年版。

商务印书馆初版，1913 年第 3 版；日本盐谷廉、坂口直马著，王我臧译述《经济学各论》，1910 年 3 月上海商务印书馆初版，1914 年第 5 版；小林丑三郎著，中国经世学社译《比较财政学》（上下卷），1910 年 4 月日本东京本社事务所出版，1917 年第 4 版；谢霖、李澂编《银行簿记法》，1910 年 5 月，上海中国图书公司初版，1920 年第 9 版；覃寿公译《经济政策要论》，1910 年 8 月北京顺天时报馆初版，1913 年 9 月增订再版；美国伊利著，熊崇煦、章勤士译述《经济学概论》，1910 年 11 月上海商务印书馆初版，1916 年第 4 版；谢霖、李澂编纂《银行制度论》，1910 年上海中国图书公司初版，1916 年第 7 版；美国马林著，李玉书译《富民策》（上下卷），1911 年上海美华书馆出版；刘晓岚编辑《中国货币沿革史》，1911 年 4 月东京秀光舍印刷；美国敦巴（C. F. Dunbar）著，王建祖编译《银行学原理》（Theory of Banking），1911 年 4 月上海商务印书馆初版；李澂、谢霖编《银行经营论》，1911 年 4 月上海中国图书公司出版，1916 年第 7 版；谢霖著《银行论》，1911 年 6 月上海商务印书馆出版；安徽法学社编《财政学》，1911 年 6 月编者自刊初版，1914 年第 4 版；日本工藤重义著，易应湘译《最近预算决算论》，1911 年 7 月上海群益书社出版；黄遵楷（黄幼达）著《币制原论》，1911 年 8 月东京中国书林出版；飘萍吉人著《失业者问题》，1911 年 9 月上海泰东图书局再版；周棠编《中国财政论纲》，1911 年 6 月上海群益书局出版（1912 年 10 月上海政治经济学社再版）；吴琼编著《比较预算制度论》，1911 年出版；日本长谷川著，两湖总督署译《中国经济全书》，1908 年出版；经济学会编译《中国经济全书》，1910 年 8 月出版；日本东亚同文会编，何祁麟译《中国经济全书》，1910 年 9 月日本经济学会出版；经济学会编译《中国经济全书》，1911 年 9 月出版；等等。

国人自撰的经济学著作中，本时期不满足于单纯照搬国外经济理论、较有主见且颇具影响者，当属康有为和梁启超。二人的共同特点，试图运用外国列强的经济理论或政策，诠释中国经济问题并找出解决问题的办法。二人的写作内容和风格，明显不同。康有为对于西方经济理论的理解，较为肤浅，集中体现在他的三部“救国”之作上，即《物质救国论》、《金主币救国议》和《理财救国论》。三部著作据说撰于 1905 年前后，发表的时间却滞延不一，第一部作为其著《欧洲十一国游记》的附录最初发表于 1905 年（较为流行的恐怕是上海广智书局 1908 年版本），第二部发表于 1910 年，第三部发表于 1911 年，后两部著作发表时比起当初的著作有较多改动[①]。它们的著述与发表时间，正是康

---

① 参看萧公权著，汪荣祖译：《近代中国与新世界：康有为变法与大同思想研究》，江苏人民出版社 1997 年版，第 365 页注 5；赵靖、易梦虹主编：《中国近代经济思想史》下册，中华书局 1980 年版，第 336 页注 1。也有说发表在《不忍杂志》1913 年 2 月 20 日第 1 册上的《理财救国论》，乃其文第一次刊出。见胡寄窗：《中国近代经济思想史大纲》，中国社会科学出版社 1984 年版，第 208 页。

氏游历欧美各国的活跃时期,其间目睹和感慨西方国家的经济发展现实,想必也接触或研究西方的经济制度、政策和理论观点,借以比较和分析中国经济事物。从西方寻找救国的道理,显然是康氏巡游西方的主要动机之一[①]。同样显而易见的是,他当时所掌握的西方经济理论知识,可能由于走马观花或无暇深究,尚停留在浅尝辄止的阶段或隔靴搔痒的水平上,他急于将这些有限的知识用来指导迫在眉睫的"救国"实践,不免产生一些矛盾和夸张之处。如一会儿将"物质"说成"救国至急之方",一会儿将"金主币"说成"起死之第一方",一会儿又将以银行为主的"理财"说成"国可不亡"的妙方,令人无所适从。难怪有人批评康有为大约同一时期写成这几部著作,"哪来这许多起死回生的妙方,究竟哪一种才真正是救国至急之妙方",这反映了他的经济观点缺乏一定的专业理论作为基础,势必出现矛盾荒谬的论点[②]。

梁启超被称作"辛亥革命以前真正接触到西方资产阶级经济学的有名著作家"中少数几个人之一,这主要指戊戌政变流亡日本以后,他逐渐采用日文通用经济术语并参用我国习惯用语从事经济论述,"第一次嗅到以现代风格或气息进行的经济分析",不论其论点是对是错,"他的逻辑形式、分析方法和所用辞汇,仍是属于近代化的,与我国传统的经济论述判然有别",在我国经济思想由古老的中国型经济论述到近代的经济分析这一巨大转折或飞跃过程中,做出了"很突出"的贡献,发挥了"极为突出"的作用[③]。从这个意义上说,梁氏对于西方经济理论的接触和理解,比康氏要广泛一些,深入一些。另外,梁氏像康氏一样,注重联系中国的历史和现实尝试用近代经济理论进行分析,这一联系也比康氏要广泛和深入。本时期,梁氏的类似著述,有不少先发表在期刊上,然后经上海中华书局或上海广智书局出版,大多收入其《饮冰室合集》。其中如:1908 年的《中国古代币材考》;1909 年的《管子传》内含第 11 章《管子之经济政策》(目录包括"国民经济之观念"、"奖励生产之政策"、"均节消费之政策"、"调剂分配之政策"、"财政策"、"国际经济政策"等 6 项),《论各国干涉中国财政之动机》,《发行公债整理官钞推行国币说帖》,《论国民宜亟求财政常识》,《读度支部奏报各省财政折书后》,《公债政策之先决问题》(内含"非国家财政上之信用见孚于民则公债不能发生"与"非广开公债利用之途则公债不能

① 据统计,康有为 1898 年 9 月戊戌政变后出逃,到 1913 年 12 月回国的 16 年间,曾去过亚洲的日本、新加坡、印度、越南、缅甸等 15 个国家和地区,欧洲的英国、意大利、法国、德国等 21 个国家和地区,非洲的埃及和摩洛哥,北美洲的美国、加拿大和墨西哥,南美洲的巴西,共计 42 个国家和地区,不少是多次出入,如日本之外,曾 4 次进加拿大、瑞士、瑞典、锡兰(现为斯里兰卡)等国,6 次赴槟榔屿,7 次游法国,8 次入英国,11 次至德国,十余次过比利时等。其中游历欧洲国家主要在 1904 年以后。见林克光:《革新派巨人康有为》,中国人民大学出版社 1990 年版,第 415—416 页。

② 胡寄窗:《中国近代经济思想史大纲》,中国社会科学出版社 1984 年版,第 210—211 页。

③ 同上书,第 308—310 页。

发生"两项），《地方财政先决问题》，《论地方税与国税之关系》，《国民筹还国债问题》（目录包括"筹还国债之当急"、"筹还国债之办法"、"筹还国债与普法战役后法人偿还普款之比较"、"筹还国债与爱国心之关系"、"筹还国债与现在国民生计能力之关系"、"筹还国债与将来国民生计进步之关系"、"筹还国债与财政之关系"、"筹还国债与对外政策之关系"、"筹还国债之执行机关"、"结论"等10项），《再论筹还国债》，《偿还国债意见书》，《论直隶湖北安徽之地方公债》（目录包括"内债过去之历史"、"直隶公债办法及成绩"、"湖北安徽公债办法及成绩"、"公债条件评"、"募债失败之原因"、"募债目的之当否"、"结论"等7项），《节省政费问题》，《外债平议》（目录包括"公债之作用"、"公债之用途"、"外债之性质及其功用"、"各国外债利病实例及其受利受病之由"、"中国宜借外债之故"、"中国不宜借外债之故"、"外债之先决问题"、"今日中国可以利用外债之事项"、"债权者之选择及募集条件"、"新债与旧债"、"国债与地方债公司债"、"外债与不换纸币"、"外债与内债"等13项），《读度支部奏报各省财政折书后》，《读度支部奏定试办预算大概情形折及册式书后》（内含"地方行政费性质"、"谘议局之议决预算权"2项），《各省滥铸铜元小史》，《论币制颁定之迟速系国家之存亡》，《格里森货币原则说略》，《币制条议》（目录包括"论中国当急颁币制之故"、"论本位银币之重量"、"论中国当采用虚金本位制及其办法"等3项），《读币制则例及度支部筹办诸折书后》，《中国最近市面恐慌之原因》；1911年的《论政府违法借债之罪》，《利用外资与消费外资之辨》，《饮冰室理财论文集》，《论中国国民生计之危机》；等等。

从以上著述看，这一时期梁启超的经济分析，主要集中于中国的财政金融问题（其实，前一时期的论战中，梁氏辩论的经济内容同样集中于财政金融问题）。就其分析而言，明显带有近代经济色彩，他凭借西方经济理论对于当时中国某些经济症结的诊断以及若干治疗处方，也不乏新颖独到之处。但他"仅满足于对西方财政金融知识的肤泛猎取"，未曾"较全面而系统的深入钻研经济理论"①。他的经济分析成果，停留在开风气之先的水平上，未见更加深入的探索。依此而论，他掌握西方经济理论方面比起康氏的高明之处，十分有限。

二、经济类刊物上的经济学文章概述②

本时期，经济类刊物的发行不再是偶然现象，颇为流行。其中有以前创办延续到本时期的经济类刊物，也有本时期新创办的经济类刊物，二者合在一起，蔚为可观。这里所说的经济类刊物，无论官办还是民办，都是些实用的商务性刊

---

① 胡寄窗：《中国近代经济思想史大纲》，中国社会科学出版社1984年版，第310页。

② 参看上海图书馆编：《中国近代期刊篇目汇录》第2卷，上海人民出版社，中册，1981年版；下册，1982年版。

物,不是理论性刊物,所刊载的文章,也大多以新闻消息、奏议文牍、实业状况、调查报告、参考资料等务实性内容为主。不过,每本经济类刊物,总要比其他非经济类刊物,有可能刊登较多具有理论色彩的经济学文章。这一时期,所谓经济学文章,一方面指翻译转载或自行编撰的纯粹经济理论性文章,尤其是那些多期连载的大块头理论篇章;另一方面更多的指运用近代经济学说分析现实经济问题的理论文章,包括国外的转载文章和国人的自撰文章,篇幅长短不一。下面将这一时期经济类刊物中登载经济学文章的情况,作一概述。

《商务官报》,1906 年 4 月在北京创办,旬刊,商务官报局编辑,商部工艺局发行,1911 年停刊。自创刊起,开辟论说、译录等栏目,通过翻译和自撰方式,大量即时翻译转载欧美、日本等国家的报刊篇目,刊登不少富于理论色调的经济学文章。其中 1908 年 1 月 8 日到 1910 年 3 月 6 日,杨志洵和章乃炜发表的文章或译文占了很大比例。以较具分析色彩的文章为例,杨志洵的文章有:《论纽约恐慌之实况及其结果》,《石油为国家之需要论》(译自日本经济新报),《近世国民经济之一现象》,《公债票与股票贵贱不同说》,《商业变迁说》(译自日本太平洋),《银行之功用与其职务论》,《近世银价升降之原因》,《世界各国最近十八年贸易之进步》,《英人论自由贸易》,《奥国人之日本经济谈》,《银价贵贱与中国之关系》(译自美国爱谷诺米斯脱氏著),《欧洲物价腾贵之原因》,《日本之论米价》,《国民银行说》,《欧洲铁路政策略说》,《论商业之资本》,《日人论中国米禁》(译自日本经济新报),《论商品之集散》,《论银之将来》(连载 3 期),《俄人论东方商务》,《论欧美会计士制度》(连载 4 期),《铁路与国家之关系》(译自英国威廉氏演说),《论美国挽回财力之法》(译自美国爱谷米斯氏论),《关税起原说》,《英国贸易之消长》(译自日本东洋经济杂志),《德国保护政策之影响谈》(译自日本太平洋),《美国与斐律滨自由贸易之影响》(译自日本通商汇纂),《论中国之对外贸易》(译自日本经济新报,连载 2 期),《维持银价说》(译自日本经济杂志),《银行钞票说》(节译银行论,连载 6 期),《职工寄宿舍之利益说》(译自日本国家学会杂志),《论英德两国实业竞争之真相》(译自日本太平洋),《论国际贸易政策之变迁》等等。章乃炜的文章有:《论英国自由贸易》(译自英国瓦伦氏近论),《英国经商类别说》,《专利说》,《述英国扩张属地贸易之办法》,《撰世界商业新舆图议》(节译自英国白爽朗近著),《述英国商业发达新状态》(译自英人近著),《美国天生利源补救策》,《论英国关于海上商务之工程》(连载 2 期),《论各国簿计币》,《论国际兑换》,《论商业信用》,《论陆路输运》,《论中国商务》,《论欧美托辣斯》,《商业隐害说》(据英国商业家言),《论铜产铜价》,《论商业广告》,《论金与物价》(译自美国劳氏论说,连载 2 期),《世界茶叶销路考察谈》,《论国与国贸易进出差之真际》,《论美国流通币》(译自美国劳褒脱氏论)等等。自 1910 年 3 月 15 日起,二人的文章声音似乎戛然而止。至1911年7月10日，又出现一些新人或未署名人士的经济学文章和译文，如朱肇扬的《论各国赛会之种类及其沿革》(连载3期)；王克明的《外国贸易学说及主义之变迁并现今各国之趋势》；余先觉的《论今日欲振兴生产事业不宜拒绝外资》(连载3期)，《论经济界恐慌之原因》(连载2期)，《对于外国人投资营业之研究》，《论救风俗奢侈宜利用租税政策》，《论政府对于经济界之责任》(连载3期)；《利权收回论》(译自东邦协会报，连载2期)；《论满洲大豆粕之贸易》(译自东洋经济新报载关东都督府调查，连载2期)；日本根岸佶的《满洲贸易论》(译自支那调查报告书，连载15期)；《美国对外之国际贷借》；《最近劳动者工钱之趋势》(连载2期)；《币制改革与人民之关系》(连载3期)等等。此外，本时期还刊载了其他一些带有理论意味的经济学文章，如杨荫杭的《美国商法大意》(连载2期)，李鸣谦的《论日本实业界最近二十余年间之趋势》(连载2期)，李榘的《论欧洲商务》，何永绍的《论纽约茶丝衰落之由》，黄遵楷的《日本贸易与国债之参考》(连载3期)，等等。

《南洋商务报》，1906年9月在南京创刊，半月刊，江南商务局编辑，南洋官报局排印。此刊1908年1月4日至1909年12月13日所载的经济学文章，有论说、译录或译述、群议以及学术类文章，如：铎那的《警告国人亟宜合力经营全国工商业以抵制外来资本之害》；《银行总论》(连载)；《论商业上之竞争》(连载2期)；《银行论》(连载11期)；陈福颐编辑的《商业通论讲义》；《银行及外国汇兑论》(连载12期)；《论商港》(连载3期)；晦鸣的《论商人宜筹扶助工人之策》，《论农业团体之关系》(连载2期)；日本岸根佶著，周珍译的《中国货币改革难》(连载4期)；质的《商战论》(连载3期)；日本堀光龟著，陈训旭译的《海运保护策》(连载3期)；王建祖的《银行浅说》(连载4期)；《森林盗用论》；等等。

《商工旬报》1907年6月在广州创刊，1907年7月20日第4期起改名《农工商报》，1908年12月14日第55期起再改名《广东劝业报》，其宗旨“志在讲明生财好法，俾大众捞翻起个世界”。1908年1月14日至1910年12月2日期间，发表不少经济学类文章，如：侠庵的《独市生意之利害》，《讲商人之信用》(连载2期)，《农业保险论》(连载2期)，《论专利与工艺发达之关系》，《讲利》(连载2期)，《海外贸易》(连载3期)；何耀庭的《演说今日农工商大势》(连载2期)；铁庵的《论用本求利》，《林业之利益说》；《论商人当知全球贸易之要》，《德国农业发达史演义》(连载3期)，《演说农学》(连载6期)，《钱银非真富论》，《论广东禁米出口之利害》，《再论广东禁米出口之利害》，《论禁抑商业之非》，《原力说》(连载3期)，《论油价之昂贵及其将来》，《农业衰落最确的原因》，《论物价腾贵之影响》，《利用物价腾贵说》；陈铁庵的《商家致富策序》及其编辑的《商家致富策》(连载29期)；张石朋的《商业论》(连载2期)，《论输入农工商新法之难》,《商学论》,《欲兴工艺者看》(连载2期),《论发达农业必须簿记》,《论物价贵贱与地方盛衰之关系》;日本工业杂志社著,江侠庵译《列邦以中国为商工业之战场论》;日本稻垣民政局乙丙著,侠庵译《丰凶预知新论》;《资本之用法》(连载3期);《论中国币制之积弊》;留日学生的《保存中国之根本》(连载2期);张亦农的《论农工业之调和》;原颂周的《振兴农业之要素》;《论实业不振之原因及补救之方法》;《中国商业不振之原因》;《论商业投机非有计学家之特识者不能立于不败之地》;等等。

《实业报》,1908年3月在广州创刊,旬刊。从目前收录的若干期看,此刊1908年间发表的属于经济学类的文章有:《农工商三业之比较论》(连载);《中国商务现势之维持》(连载2期);曾公健的《论机器与实业之关系》(连载2期);石朋的《中国实业思想论》(连载);何剑涛的《矿业经济论》(连载4期);公健辑《生计学》(连载),《论中国商业衰落之原因》;《论公司》(连载2期);《学术为实业之母说》(连载);《论中国商业失败之原因及拯救之方法》;《论银价涨落之变态》;《商业与人民说》(连载2期);《论英国自由贸易之失策》(连载2期);《银行对于资本之关系说》(连载);等等。

《万国商业月报》(International Trade Journal),1908年4月在上海创刊。此刊仅收录1909年8月前若干期,其中属于经济学的文章有:《公司之制人人可商论》;《英国银行历史》(连载);《银价涨落之变态》;《考较日本预算表盈绌情形》;《英报评议亚君理财政见》(译自英国商报);《英国泰晤士报论外国资本置于中国之形势》;《论德法商务之关系》;《日本财政》;《论美国增设邮政储蓄银行》;《论中国财政》;《论斐律滨商务之消长》;《论中国宜求为工业国》;《德国之新税则》;等等。

《杭州商业杂志》,1909年12月在杭州创刊,杭州商业公会编辑并发行。现存第1、2两期,刊登的经济学类文章如:日本根岸佶撰,亹盦译《中国贸易之大势》(连载);日本田尻稻次郎著,千里译《经济学泛论》(连载);知白的《论商学之关系》,《论我国商人见轻于社会之故》,《论商人不可乏绝无形之资本》;程宗植译述《商业盛衰之原因》(连载);等等。

《中国商业杂志》,1910年2月在上海创刊,留日学生主办。仅收录第1、2两期,其中的经济学文章有:刘辅宜的《中国商业政策之方针》(连载);公元的《关于缩期筹还外债问题之研究》(连载),《银行经营学》(连载);刘希纲的《论外债》(连载),《平米价议》;罗上霓的《铁路政策与经营》(连载);张绍周的《商业之分类研究》(连载);向乃祺译述《在支那之外国银行及其发展势力之要点》(连载);日本佐野善作著,邓昭袁译《论股份有限公司之利弊》;等等。

《华商联合会报》,由1909年在北京创刊的《华商联合报》于1910年2月改刊而成,半月刊。涉及经济学的文章比较少,至1910年8月发行的13期中，值得一提的仅有遁庵的《借外债平议》，《公债票种类得失之比较》（连载）等。

《福建农工商官报》，1910年2月在福建创刊，福建农工商局编辑及发行。目前收录前3期，涉及经济学的文章有：何琇先的《论中国商政之困难》，《述往古中西贸易以勖吾国人》；日人井上辰九郎著，何琇先译《国家与商业》；陈与年译述《中国田制》；日本根岸佶著，陈与年译《支那盐之买卖》；陈与年辑译《农政》（连载）；等等。

《中国商业研究会月报》，后改名《中国商业月报》，1910年3月创刊，中国商业研究会日本东京编辑部编辑，上海本部发行，1920年5月停刊，共出12期。其前两期经济学的文章有：印焕门的《中国商业不振之原因》，《商业经营法》（连载）；唐在章的《中国银行私议》（连载），《中国钞票制度议》，《世界各国钱市情形》（连载）；赵廷彦的《中国货币制度问题》（连载）；钱永铭的《自由贸易主义与保护贸易主义》（连载）；陆家鼐的《中国通商沿革志》；姚东彦的《中国商业平议》（连载）；张康培的《中国路矿航运与国民经济之关系》（连载）；朱其振的《国际贸易与工业政策之关系》（连载）；黄宗麟的《论股份有限公司》（连载）；等等。

《南洋商报》，1910年3月由《南洋商务报》改组而成，旬刊，在南京出版。其1910年发行的若干期，涉及经济学的文章有：曹赤霞的《论实业界之前途》，《论生计与教育之关系》，《论经济恐慌之原因及补救之方法》（连载）；李佐廷译《说管理商社对于经济上之注意》；左成译《外国贸易之概念》（连载）；江宁商会来稿《币制刍言》（连载）；译文《银行论》；冯承钧的《中国商业概观》（连载）；江九成的《中外商家性质比较》（连载）；日本高山圭三讲演《中国贸易之现状》；等等。

《湖北农会报》，1910年5月在武昌创刊，湖北农务总会会刊。不以农业问题为限，但发表的经济学文章多涉及农业问题。到1911年5月16期中，有黄立猷的《论中国重农学派之始祖》（原载直录官报第83期）；日本多静六讲义，程鸿书译述《森林效用论》（连载4期）；单宗棠的《孟子为提倡农业之伟人说》；邓礼寅的《中国农学源流考》，辑译《农政学第一篇》（连载2期）；孙纬的《农作物利国说》（连载）；等等。

《南洋群岛商业研究会杂志》，1910年6月在日本东京创刊，第3期起移至北京出版，季刊。前4期涉及经济学的文章较少，可以提及者，有醒吾的《论商业教育》（连载），李文权的《论推广土货仿造洋货之轻重（浅说）》等。

《奉天劝业报》，1910年8月在沈阳创刊，月刊，奉天劝业公所编辑及发行。较少刊载经济学文章，至1911年1月出版7期，刊载者仅有余仑光的《劳动问题》（连载）；《各国航业之比较及政府资助航业之通论》（译自德文报）；等等。

《江宁实业杂志》,1910年8月在南京创刊,月刊。至1911年6月11期,涉及经济学的文章有:主编曹赤霞的《论振兴实业着手之方法》,《论恐慌之原因并预防及善后之方法》,《外债平议》,《根本救贫论》,《实业界伟人列传(弦高、计然、白圭、卜式)》;左亭译《农业上之生产组织》(译自菲立坡维治的经济政策,连载),译《农民与资本之关系》,译《论改劝业及农工银行为土地抵当银行之非策》,译《论物价腾贵及低落》,译《论殖民政策之本义(对韩政策论之一种)》,节译《论中国之工商》,译《论日本公司事业之弊》,译《关税同盟论》(连载);希元译《工业之要素》,译《论支那人之轻视实业》,译《论实业之性质》;译文《论博览会之经济价值(对于日英博览会之批评)》;江葆清的《生计问题一(论男子执业)》;启新来稿《禁米出口问题》(连载2期);《日人根岸佶氏论中国致贫之原因书后》;《论中国宜采用美国重农政策》(连载);酒臣的《生计问题二(论女子执业)》(连载),《生计问题三(论残疾人职业)》,《生计问题四(论散勇流氓难民乞丐等执业)》;汤波绿译《煤铁为强国之本论》;烦奴的《官商债权不平等影响于国家经济问题》;等等。

由上可见,这一时期发行经济类刊物及其刊载经济学文章,成为一种时尚。经济类刊物发表的经济学文章,与同期出版的经济学著作相比,其论题涉及面更广泛,尤其论述实际经济事物的文章,举凡生产、分配、流通、消费等领域许多具体问题,几乎都有所涉论。总体来说,本时期经济刊物的经济学文章在类型结构上,与经济学著作的情况相类似。例如,纯理论文章微乎其微,绝大多数是应用性文章,甚至不如经济学的理论著作有其醒目之处;直接译自日文、西文或参考国外著述译述和编辑的文章占相当大比例,比起前一时期,自撰文章的比例呈上升趋势,或许比自撰经济学著作的比例更高一些;各类文章经常环绕的主题,试图借鉴和运用国外列强的理论和实践,比较、解释和解决当时中国所面临的紧迫经济问题,这也是引进和自撰经济学著作中常见的现象;等等。

三、一般刊物上的经济学文章概述①

本时期,经济类刊物已如上述,其他刊物可称之为一般刊物,以人文社会科学类刊物居多。这类刊物也有不少追逐时尚,发表了多少不等的经济学文章。一般刊物发表的经济学文章数量,就单个刊物而言往往比不上那些经济类刊物,但以一般刊物之多,汇集起来,不逊色于经济类刊物。例如:

《广益丛报》(The Universal Progressive Journal)是清末一家综合性刊

---

① 参看上海图书馆编:《中国近代期刊篇目汇录》第2卷,上海人民出版社,上册,1979年版;中册,1981年版;下册,1982年版。

物，历时稍长，登载的经济学文章亦较多，如：《论中国经济当采用保护主义》、《论商业与各种学科之关系》(1908 年 4 月 20 日第 166 期)，《财政改革与国会》(6 月 8 日至 18 日第 171、172 期)，《中国经济之现状》(7 月 27 日第 176 期)，《论征收地方税之计划》(10 月 24 日第 185 期)，《理财当先研究学理说》(11 月 23 日第 188 期)，《整顿中国财政论》(12 月 13 日第 190 期)，《经济战争论》(1909 年 1 月 1 日第 192 期)，《论整理财政》(3 月 1 日第 194 期)，《清理财政之胎观》(3 月 21 日第 196 期)，《统计不可再缓论》、《中国人满之问题》(4 月 29 日第 198 期)，《清理财政之研究》(8 月 25 日第 212 期)，《中国宜重视经济学》(10 月 3 日第 213 期)，《论累进税之得失》、《论中国古代财政国有之弊》(12 月 2 日第 219 期)，《论公债之种类及其得失》(1910 年 1 月 20 日第 224 期)，《论实业不振之原因及补救之方法》(3 月 10 日第 225 期)，《日本商船论》(5 月 9 日至 18 日第 231、232 期)，《铁道与实业之关系》(9 月 23 日第 245 期)，《借款问题与财政经济》(12 月 11 日至 21 日第 253、254 期)，神的《日纸论吾财政之难题》(1911 年 1 月 10 日第 256 期)，《论划分国家税地方税之标准》(4 月 8 日第 261 期)，《论理财失当之误国》(5 月 18 日第 265 期)，《铁道国有平议》(6 月 16 日第 268 期)，《论自由贸易与保护贸易之比较》(7 月 15 至 25 日第 271、272 期)，《生计困难之原因》(10 月 21 日第 277 期)，等等。

《北洋法政学报》[①]亦属刊登经济学文章较多者，其主编吴兴让先后发表《币制私议》(1908 年 4 月第 58 期)，《富贵贫贱劳逸说》(8 月第 71 期)，《货币学》(9 月第 75、76 期)，译文《我国之重农主义》(1909 年 8－9 月第 110－112 期)，《论物价与币价》(11 月第 118 期)，《中国财政调查书》(1909 年 12 月至 1910 年 11 月第 120－123、125－139、141－156 期)，《商业政策》(1909 年 12 月至 1910 年 3 月第 122－129 期)，《货币学答问》(1910 年 3 月第 129 期)，译自日本河津著《农业政策》(3－6 月第 130－140 期)，译文《工业政策》(6－11 月第 140－142、144－156 期)，《论新币制之市价主义》(9 月第 148 期)等等。另有杨毓辉的《论国家征税之公理》(第 60 期)；徐家驹译《欧洲劳动问题》(1908 年 7 月至 1909 年 3 月第 68、72－73、75－80、82－91 期)；日本杉荣三郎授，严启丰编《纸币论》(9－10 月第 111－115 期)；柴四郎译《埃及国债史》(12 月第 120－121 期)；涂景瑜编《统计学讲义》(6－8 月第 141－147 期)；《论国民宜亟求财政常识》(9 月第 149 期)；《论地方税与国家税之关系》(9 月第 150 期)；等等。《北洋政学旬报》于 1910 年 12 月由《北洋法政学报》改变体例而成，继续连载主编吴兴让的《中国财政调查书》(1910 年 12 月至 1912 年 1 月第 2－11、13－16、18－24、26－29、31－43 期)；另有《国民生齿与国民经济

① 《北洋法政学报》，1906 年 9 月在天津创刊，旬刊，袁世凯任直隶总督时的北洋官报总局主办。

问题》等等。

《国风报》①创刊时间较晚，1910 至 1911 年间刊登不少经济学文章。其中有沧江即梁启超的一些经济学文章，如《地方财政先决问题》，《论地方税与国税之关系》，《国民筹还国债问题》，《各省滥铸铜元小史》，《改盐法议》，《中国古代币材考》，《论中国国民生计之危机》，《公债政策之先决问题》，《节省政费问题》，《外债平议》，《利用外资与消费外资之辨》等，均发表于此刊。署名明水的经济学文章亦较多，如《中国现行盐政说略》(1910 年 4 月 10 日至 20 日第一年第 6、7 期)，《货币主位制略论》(5 月 19 日第 10 期)，《银行业务论》(10 月 3 日至 13 日第 24、25 期)，译自日本根岸佶著《日人论中国整理财政策》(1911 年 1 月 1 日至 3 月 1 日第 33、35 期和第二年第 1、3 期)，《预算制度概说》(2 月 19 日至 4 月 9 日第二年第 2、4、7 期)，《中国人口问题》(3 月 21 日至 4 月 29 日第 5、9 期)等。另外，还有双涛的《格里森货币原则说略》(1910 年 3 月 11 日第一年第 3 期)；竹坞的《欧美七大国财政现状》(3 月 11 日至 21 日第 3、4 期)；茶圃的《中国对外贸易之大势》(9 月 14 日至 24 日第 22、23 期)；等等。

其他刊物因目前收录的期数残缺不齐，难窥其所载经济学文章之全貌，但可见其一斑。例如:《四川教育官报》②上，有施召愚编述《财政学》(1907 年 4 月连载至 1909 年 1 月)等。《关陇》③上，有日本根岸佶著，沣逸译《中国财政改革私见》(1908 年 2 月 2 日第 1 期)；日本崛光龟著，如虹译《经济状态之发展与海运业》(3 月 3 日第 2 期)等。《半星期报》④上，有张石朋的《家政用财学》(1908 年 4 月 10 日至 8 月 4 日第 3－8、10－19 期)，愚公的《评论日人对于贸易自由之评论》(5 月 28 日至 6 月 4 日第 13、14 期)等。《竞业旬报》⑤上，有乘桴的《经济问题》(1908 年 4 月 11 日至 5 月 10 日第 11－14 期)等。《学海(甲编)》⑥上，有高彤墀的《论股分有限公司》(1908 年 5 月 27 日第 4 期)；余铨的《经济学与欲望》，日本山崎著、刘冕节译《论银行券兑换准备制度》，王桐龄的《信用论》和《经济丛谈》，日本井上辰九郎著，高彤墀译《商业政策》均发表于 6 月 26 日第 5 期等。《福建法政杂志》⑦上，有陈耀妫的《论中国财政之紊乱及整理之方法》和陈海瀛编译的《论中国上古之地租》(1908 年 9 月 15 日第 4 期)；日本若槻礼次郎著，陈耀妫译述《现行租税法论》(1909 年 1 月 11 日第 7、

① 《国风报》，1910 年 2 月在上海创刊，旬刊。

② 《四川教育官报》从 1907 年第 9 册起由创刊于 1905 年 3 月的《四川学报》改名而成，四川学务处的公报，至辛亥革命时停刊。

③ 《关陇》于 1908 年 2 月由《秦陇报》改名而成，在日本东京出版，月刊，陕西留日学生举办。

④ 《半星期报》，1908 年 4 月在广州创刊，双周刊。

⑤ 《竞业旬报》，1906 年 10 月在上海创刊。

⑥ 《学海》，1908 年 2 月在日本东京创刊，月刊，北京大学留日学生编译社编辑及发行，其甲编为哲学、社会科学刊物。

⑦ 《福建法政杂志》，1908 年 6 月在福州创刊，月刊，福建法政学堂发行。

8期)等。《法政介闻》[①]上，有普鲁士孔阿特著，胡钧译《财政学》(1908年9月27日第2期)等。《湖北地方自治研究会杂志》[②]上，有张文煐的《论地方财政》(1908年11月15日至1910年6月2日第1－2、5－8期)等。《宪政新志》[③]上，有吴冠英的《论地方税之性质》(1909年9月14日第1期)，《论田赋》(又名《地税改革案》，1909年9月14日至1910年1月13日第1－5期)；张嘉森的《日本租税制度论》(1909年9月14日至11月15日第1、3期)；景辉的《列国财政比较》(1909年9月14日至1910年7月14日第1、3、10－11期)；杜国庠的《列国国产税制度概要》(1909年11月15日至1910年1月13日第3－5期)；刘馥的《变盐法议》(1910年4月15日至6月15日第8、10期)；贾士毅的《田赋改革私议》(1910年5月15日第9期)等。《民声丛报》[④]上，有《生计学沿革小史》(1910年6月7日第2期)等。《外交报》[⑤]上，有《论法国之对华经济关系》(译自日本外交时报，1909年10月28日第258期)；《论日韩经济关系》(译自日本东京日日新闻，1910年1月15日第266期)；《论中国赋税》(译自英国泰晤士报，3月15日第269期)；王倬的《中国国际经济上之危机》(12月26日第298期)等。《东方杂志》上，有寂音的《论近来经济恐慌宜筹调护之长策》(1910年8月29日、10月27日第七年第7、9期)；王我臧译《论中国外债及财政之前途》(译自大阪朝日新闻，1911年6月21日第八年第4期)等。《热诚》[⑥]上，有公武的《中国国民生计问题》(1910年11月1日第3期)等。《法政杂志》[⑦]上，有日本神户正雄著，郑剑译《租税及国费法则之新提案》(译自日本国家学会杂志)和《论财政上二大原则之应制限》(译自日本国民经济杂志，1911年6月21日第4期)；金井延著、陈承泽译《财政学之近况》(译自法学新报)和吴琼的《比较预算制度论(总论)》(7月20日第5期)；陈承泽译《欧美租税之沿革》(译自田中穗积所著租税论之一节，9月17日第7期)等。在《法学会杂志》[⑧]上，有志田钾太郎的《各国商法法典编纂小史》，连载发表于1911年6月11日至7月10日第1、2期；汪振声的《中国财政史论》，发表于第2期；毅盦的《论不动产登记制度》，发表于9月7日第4期等。《北京法政学杂志》[⑨]上，有其主编马有略的《国家财政与个人经济之差异》(1911年10月1

---

① 《法政介闻》，1908年8月在上海创刊，月刊，商务印书馆发行，留德法政学生编辑。

② 《湖北地方自治研究会杂志》，1908年11月在日本东京创刊，月刊，留日学生主办。

③ 《宪政新志》，1909年9月在日本东京创刊，月刊，吴冠英编辑兼发行，上海谘议局事务调查会事务所为发行所。

④ 《民声丛报》(The Minsin Magazine)，1910年5月在上海创刊，似出二期即停刊。

⑤ 《外交报》创刊于1902年1月，旬刊，上海外交报馆编辑，普通学书室总发行，1911年1月停刊。

⑥ 《热诚》创刊于1910年10月，在日本东京编辑，上海发行，旬刊。

⑦ 《法政杂志》(Political Science Magazine)，1911年3月在上海创刊，月刊。

⑧ 《法学会杂志》，1911年6月在北京创刊，同年10月停刊，共出五期。

⑨ 《北京法政学杂志》创刊于1911年9月。

日第2期)等。

以上不厌其烦,罗列经济学著述的名目,包括分门别类地从经济学著作、经济刊物的经济学文章以及一般刊物的经济学文章等不同角度,概述其书名篇目,一是为了比较完整地展示辛亥革命前夕四年间,西方经济学传入中国并影响国人学习和应用过程的全貌;二是为了比较系统地反映这一时期引入的西方经济学,或者说国人所接触(毋宁说国人出于自身需要或兴趣所选择)的各种类型的西方经济学著述,具有一些共同的特点。如偏好应用经济学尤其财政、金融、贸易之类著述的引进而较少理论经济学的探讨,翻译与自行编撰并重的引进格局正在形成,西方经济学在很大程度上替代传统经济观念而日益成为指导解决中国经济问题的理论依据,往往按照当时所面临的经济问题的紧迫程度而就事论事地从外来经济学中寻找现成的解救药方等。

这样的展示和对照,可以看到,西方经济学的传入,无论直接来自欧美国家还是间接来自日本的中转,本时期比起前些时期有明显进展。引进经济学著作和文章的数量,显示不断增长的趋势,引进经济学著述的论题,更显示它们与中国经济问题不断融合的趋势,二者表明,当时西方经济学传入中国,成为不可逆转的潮流,进入一个新的阶段。从这个意义上说,西方经济学的传入,也为马克思主义经济学说的传入,从思想资料背景上提供了铺垫。国人在学习、接触和引进西方经济学的过程中,逐步吸收和掌握近代经济科学的思维逻辑、分析方法和名词术语,借以结合中国实际进行分析,获得在传统经济观念支配下不可能得到的理论和实践成效,只有这样,才有助于国人认识马克思主义经济学说并寻求它的传入。这一时期,外来经济学的传入还处在这样一个阶段,偏重于应用经济学或某些实用内容以期照搬来立即解决中国现存的若干经济问题,不那么重视或受时代条件的制约尚未懂得重视理论经济学及其在研究中国经济问题过程中的运用,这种限制,多少妨碍了引进外来经济学的领域内,马克思主义经济学说的传入。从上述列举的本时期经济学著作和文章的名目标题看,尚无一部著作或一篇文章属于或涉及马克思主义经济学说。尽管这并不排除在那些经济学著述里,没有任何关于马克思经济学说的评介内容,但终究难得一见。这也从另一个角度,反映了当时传入中国的西方经济学著述的背景状况。

第二节　经济学著作的例证分析

本时期西方经济学著述的引进概况表明,西方经济学的传入在这一阶段,对于马克思主义经济学说的传入来说,既作了必要的铺垫,又存在时代的局限性。不过,这个结论的依据,仅基于当时各种经济学著述名目的介绍,尚未深入这些经济学著述的内容之中。为此，本节选取这一时期的若干经济学著作作为例证，观察其大致内容，予以分析和印证。这里选取的经济学著作，一般属于经济学原理类型的著作，都是从国外翻译而来，或是由国人自行编撰而冠之以"经济"名称。此类具有较多经济理论色彩的著作，以其研究的领域和篇幅的容量，最有可能涉及马克思主义的经济理论学说。如果有所涉及，则代表了那一阶段引进马克思主义经济学说可能达到的理论水平。从书名篇目的介绍看，排除了本时期出现专题马克思主义经济著述的可能性。那么，同期若干经济学理论著作中，其内容是否会有所涉及，这也是本节所关注的课题。

一、李佐庭的《经济学》译本

本时期的舶来经济学中，很难看到有关马克思经济学说的评介资料，李佐庭的文言体译著《经济学》，可以算作一个例外，破天荒地论及马克思经济学说。它于1908年初版，1911年再版①，其初版与再版间隔，正好属于本时期的初始与结束阶段。这两个版本均未查到，目前仅有它的第三版即1912年9月26日版本。第三版译著本来属于后一时期的分析对象，考虑到这部译著的特殊性，以其第三版为据，纳入本时期予以考察。

此译著的第三版，未曾说明对其前两版作过什么修改，似乎与前两版没有什么区别。当然，这只是猜测，尚待核对。第三版"经济学例言"②，有四点简要说明。一是"本班讲义，原系山崎觉次郎博士讲授。今见坊间，已有博士经济著述之译本，乃译小林丑三郎讲义录（日本大学本）以易之。译者之意，欲使吾国人多得一家之学说，以供参考。故于山崎氏之讲义，不重行编辑"。可见，李佐庭的编辑，取自日本大学的经济学讲义，用小林丑三郎的讲义代替山崎觉次郎的讲义，系翻译之作。李氏编辑，乃选译外文原著并编入国文讲义体系之谓。山崎氏讲义与小林氏讲义的内容是否相近，涉及马克思经济学说方面是否内容相似，由于未能查到山崎氏经济著述在当时的中译本，不得而知。二是"本讲义论据，系搜集欧美各经济学大家著作，而出以剀切详明之创论特解，学士所自道也。其于经济学中各种定义，尤力求确实。读者平心静气以研究之，则于纯正经济学之真理，思过半矣"。看来，李佐庭甚为推崇小林氏之作，欣赏他的经济学讲义来源于欧美各经济学大家的著作，其中又不乏作者本人的创论特解。译本里经常出现的"余"，指小林氏本人。书中格外重视经济学各种定义的阐释，有助于国人对"纯正经济学之真理"的理解，推进了经济学概念在中国的普及。三是"法律不备，欲求国民经济之发达，不可得也。今日中国经

---

① 北京图书馆编：《民国时期总书目（1911－1949）》"经济"部分上册，书目文献出版社1993年版，第1页。

② 李佐庭编辑：《经济学》，上海丙午社，1912年9月26日第3版，"经济学例言"。

济界之恐慌,其原因宁不坐是。书中论经济要件时,就法律制度,说明法律与经济之关系,反复周详,彼空持振兴产业奖励工商之论者,一读是书,当知所反”。书中论述“经济要件”即“经济一般发达之要件”,分别论述了自然的、人身的与社会的三类要件,在“社会的要件”里,又包含“社会的组织”与“法律制度”二者。这里的“法律制度”,指按照西方国家的立法、司法、行政三权分立制度,建立“私有财产制度”、“自由交易制度”、“刑罚制度”(防范危害个人经济自由与财产以“补助自由法则之活动”)、“保安制度”(考虑“产业之安全与分配之平均”)、“助长制度”(保护产业及贸易特别是幼稚产业与经济),以及“财政制度”等①。李佐庭强调法律制度,针对的是国内那些鼓吹振兴产业奖励工商而不重视法律制度建设者。然而,他把缺乏法律制度当作那时中国产生经济恐慌的原因,设想通过法律制度建设以求得国民经济的发达,又何尝不是“空持”法律制度之论。四是“译是书时,以付梓仓卒,未遑修饰,且因不敢多所损益,致失真意,故辞不达意处,往往有之,窃望读者细心研究,庶不至于误解”。由此透露的信息,除了表示谦逊,一则此译本力求忠实于原著而未作损益修改,二则此译本的表达往往辞不达意。后一点是那一时期以文言体翻译经济学著作的通病,在李佐庭的译本里又比较突出。

(一)《经济学》译本之内容简介

李佐庭编辑的《经济学》译本,系法政讲义第 1 集第 6 册,上海丙午社出版,上海群益书社总发行,全书 331 页,共分 5 卷。

第一卷“绪论”,包含“概言”与“经济学说之发达”两章。“概言”里,提醒读者注意三点:一是参考书方面,主要采择英国系统学者与德国系统学者两方面的著作及论文;二是参考诸学者论著,给经济学下定义:“经济学云者,论价值之成立、变动及消灭之理法者也”,依此形成全书编制体例的“新奇独断之处”;三是“以实用为主旨”,不去详论经济学的职能、功用、地位、范围、研究方法及其与诸学科的关系等非实用问题,依据书中各种论述自可推知其大要,对于接近现实的问题则力求研究其原理。“经济学说之发达”一章,考虑“现实经济之现象及理法,罔非基因于过去之现象及学说之发达”,强调“经济学说之历史,为本论重要之基础”。其中提到:古希腊时代出现“经济学之嚆矢”,经历古罗马时代与中世纪,在 17 世纪以前,“不以个人之价值利益为社会之价值利益,而个人之价值利益常被抑于嫌忌严禁之下而不能扩张”,因此经济学说难以发展。变化出现于“贵金主义及商业政策”时期即重商主义时代,“使个人之价值与社会之价值稍感联络”,但误认货币为价值之本体,采取商业保护办法通过干涉进出口贸易以吸收金银为目的。由此唤起“自然法主义重农学派”的反

① 李佐庭编辑:《经济学》,上海丙午社,1912 年 9 月 26 日第 3 版,第 64—67 页。

对，形成“自然法主义及重农政策”时期即重农主义时代，认为价值的主因不在货币而在自然的土地，农业利用自然，对其他诸业皆无保护的必要，撤除对农业的束缚“于社会之价值有密接之利益”。继起者以亚当·斯密的《国富论》为代表，首倡“自由勤劳主义”，经济学上以“勤劳”为价值之要素，提倡绝对自由学说，极力排斥干涉经济政策，主张自由放任，各人依于自利心以成价值，从此个人主义、自由放任主义流行于欧洲各国。此后，马尔萨斯的人口论注意到贫富悬隔在于价值分配的不平等，论述这种不平等非起因于人为，乃天为之结果，人口的增长超过了食物的增长，此为“至论”。李嘉图的地租论，论述土地因其肥沃程度不同和位置差异而产生的地租，让地主往往不劳而获并随着社会进步和人口增加而获得日益增大的侥幸之利，同时劳动者因人口增加反致工资日益减少，由此造成“不平之甚”：劳力作为天下货物价格的基础，其报酬日益减少，地主对于劳力无任何贡献，其报酬增加无已。约翰·穆勒综合前人学说，“奏一大经济学之成功”，为“英国学派中殿之将”，其“劳银基金说”即工资基金说，为最有特色的救世之说，认为工资取决于人口与资本的比例；由此提出限制人口和增加劳动报酬的政策，“有脱离自由放任之正统学派，以趋于近世社会主义及德意志新学派之意向”，或者说“留左足于正统学派，投右足于社会主义，盖其徘徊于此二主义间”。接下来，分别论述“社会主义及社会政策”与“国家社会主义”，两个部分尤其前一部分，提到马克思经济学说，这也是考察此书的重点，将放在后面专门分析。① 以上是此书论述经济学说发展历史的基本脉络，由此亦可大致把握其论及马克思经济学说的背景、思路和线索。

第二卷“纯正经济学泛论”，包含“经济学字义之沿革”、“经济学之主眼及定义”、“经济”、“经济单位”、“经济制度”、“经济要件”及“经济理法”共 7 章。第 1 章考察经济、政治的经济、政治的经济学、经济学、广义经济学、狭义经济学、国民经济学、个人经济学、应用经济学、纯正经济学等概念及其涵义的历史沿革和分类变化，以纯正经济学研究作为其落脚点。第 2 章考察英国学派和德国学派的经济学定义，自认为经济学“为论心的现象与物的现象之相关现象”，“以人欲与物能之关系为经济学之眼目，而称之为价值，定经济学之范围为价值之学问”，经济学乃“论价值之成立、变动及消灭等理法之学问”。第 3 章从纯正经济学的意义上辨析经济一词，非指人的行为，系人与物的一切关系之现象及组织。第 4 章将“价值之供给及需要于一人格支配之范围内”，简称为经济单位或经济体，又分为个人经济与共同经济二种。第 5 章将经济制度理解为“各人对于经济现象有继续的关系而贯通一定之主义于其中”，在独立

---

① 以上引文均见李佐庭编辑：《经济学》，上海丙午社，1912 年 9 月 26 日第 3 版，第 1－35 页。

经济单位之间,“以交换主义为永续的制度”,即“交换的经济制度”或称“私经济的制度”,在共同经济内部,贯彻“公经济的原则”,即“非交换的经济制度”。第6章提出“经济现象变动之要件”,“经济依之以为发达之动因”,分为自然的、人身的与社会的三种要件。其中“自然的要件”谈到“人口数之异同”,对照马尔萨斯的人口论,提及马克思一派的社会主义学说。第7章说明“经济理法”,“以经济学为实学”,纯为记述一般事实,不是从道德上评价其善智,“无真实之定理”,只表示“关于原因结果一般的倾向”。其重要者包括“欲念顺位法”、“饱念法”、“效用渐减法”、“报酬渐减法”、“报酬渐增法”、“不变报酬法”、“需用供给之法则”、“生产费之法则”、“不偏法”、“代位法”等。①

第三卷“价值成立论”,说明价值乃“以物之性状应于人之欲望而成立者”,作为抽象名词,或称“价值者,为经济学之主眼”,即“心的现象与物的现象之关系”。共分9章。第1章论述“人欲”,“人之欲念”。第2章论述“物能”,“物之效能”。第3章论述“物能之种类”,分为自然与生产两种。第4章论述“生产之物能”,断言“生产为作用而非勤劳”,生产不仅依赖于人的劳力,还依赖于畜力、机械等动力和原料,以及自然作用的结合,批评英、德学者一面把生产归结为劳动,一面又把自然和劳力并列为生产要素,认为地主、劳动者、资本家一样,分别是自然、劳力、资本的人格表现。第5章论述“生产之种类”。第6章论述“生产之要素”,包括天然即土地、劳力即“非目的自体而为对于目的之手段行为”、资本即“生产手段之产物”。第7章论述“生产之企业”,使土地、劳力与资本三者结合起来共同完成生产的企业。第8章论述“生产之发达”,包括土地、劳动和资本三者生产力的增进以及企业的增进。第9章论述“生产之结果”,针对土地报酬渐减学说作出评论。②

第四卷“价值之变动”,共分14章。第1章概论,认为“经济学上之价值与物理学上之重量相似”。第2章论述“价值之种类”,声明不采纳有用价值与交换价值的区别,以及主观价值与客观价值的区别,认为狭义的价值为有用价值,此即价值之本质,其中包含全部价值与部分价值的区别,部分价值之间的比较称为价格,即“交换比量”。第3章论述“价格之意义”,价格为“价值与价值之交换比例”,交换乃“在私有财产制度之下依于彼我权利之有差别而行于各人各物间之经济行为”。第4章论述“价格变动之一般原则”,即“供给之竞争自由”条件下的原则。第5章论述“价格法则与自他竞争之关系”,即“供给竞争不自由”条件下的例外情况。第6章论述“交换之种类”,如实物交换与货币及信用交换,让渡的交换与贷借的交换。第7章论述“价格之种类”,分为消

---

① 以上引文均见李佐庭编辑:《经济学》,上海丙午社,1912年9月26日第3版,第37—75页。

② 参看同上书,第77—169页。

费价格与分配价格两种。第8章论述“物价之变动”，包括变动的理法与结果。第9章论述“为替之变动”，包括变动的理法与结果。“为替”是指“一国通货与他一国通货之交换比例”，即汇率。第10章论述“分配价格”，即社会资本消耗及人的给付之报偿。第11章论述“地代”，“因使用土地而定其报酬之分配价格”即地租，包括其意义、种类及理法。第12章论述“劳银”，“因使用劳力而定其报酬之分配价格”即工资，包括其意义、种类及理法。第13章论述“利子”，“定资本使用的报酬之价格”即利息，包括其意义、种类及理法。第14章论述“利润”，“定管理生产之报酬的剩余”，包括其意义、特质及理法。①

第五卷“价值消灭论”，分两章。第1章论述“消费之意义及种类”，说明价值的消灭，“一般称为消费”。第2章论述“消费与生产之关系”，说明消费与生产、需要与供给须保持均衡，一旦均衡破坏，“急激”表现为“经济的涩滞状态”，“经济上之恐慌”，其“根本的预防之策”，常在于限制有害消费，抑制无益生产和信用滥用，“保持生产与消费之均衡”。②

由上可见，李佐庭译自小林丑三郎讲义的《经济学》译本，所论述的，是典型的西方主流或正统经济学的理论体系和观点内容。作者强调此书在英、德两国学者的论著之外具有“新奇独断之处”，编译者也推崇此书对于欧美经济学大家的著作有“创论特解”。这些创新特殊之处究竟在哪里呢？作者归之为全书的编制特点及各处的说明如资本论、通货论、物价论、为替论等，自信此类见解面对今日纯正经济学的“衰微不振”状况，将有益于“资学理之发达”③。对此，编译者未曾具论。考虑到此译本对于当时国人可能产生的独特影响，至少有以下几点值得注意。

一是此译本申明其参考书同时采择英国系统学者与德国系统学者的论著，将传入中国的舶来经济学，从一般引进以英国系统学者的论著为代表的传统正统经济学范围，延展到德国系统学者的论著。根据书中的说法：“英国系统之多数学者，置重于个人观察，依于个人之意思而决定之；德意志系统之多数学者，置重于社会观察，依于产物之社会的效用而决定之”④。不论此说法是否正确，类似小林氏的日本学者同时兼顾英国系统与德国系统的学者之经济学论著，也会吸引中国读者或学者把一部分注意力移向德国系统学者的经济学论著，唤起他们在经济学领域的新的好奇心，借以适应或满足他们的新的理论需求。

二是此译本对经济与经济学之类名词及其内涵的阐释，不厌其详。作为

---

① 参看李佐庭编辑：《经济学》，上海丙午社，1912年9月26日第3版，第171－324页。
② 同上书，第325－330页。
③ 同上书，第2页。
④ 同上书，第105页。

经济学教科书，如此阐释在情理之中。它对于国人的影响，则在于这些来自西方的专有名词，经过日本学者的转译，冠之以经济与经济学之类的特殊译名，又赋予其系统严谨的理论内涵。这使经济类译名进一步脱离中国古汉语中原本具有经世济民意味的笼统概括，成为富于特定科学含义的专门术语。经济学译名为国人所接受而得到普及，既系日本学者率先使用经济学译名而引致国人效法，更是日本学者不遗余力地阐释这一译名而给国人留下深刻印象。当时国人著述中有众多并存的相关译名，最终经济学译名脱颖而出，与不断引进日本学者的论著及其理论阐释的独特影响，是分不开的。

三是此译本突出作者在经济学定义的理解基础上所创立的全书编制体系，其影响可从两个方面说明。一方面，此书的分卷按照价值成立论、价值之变动及价值消灭论的逻辑，试图建立新奇别样的经济学体系，其实是将传统经济学关于生产、交换、分配、消费的四分法体系，改头换面，作了新的包装，基本内容未变。因此，全书关于纯正经济学的论述，充斥着西方正统经济学的论调，它对于国人的影响，无异于那些来自欧美主流经济学的论著。另一方面，此书刻意求新，搜集不少同时代新出现的经济学观点，批评分析各种权威的理论观点，以期拯救经济学理论发展的“衰微不振”状况，如此理念和作为，虽未脱传统经济学的窠臼，却给予国人脱离传统经济学的局限以新的引导和启示。

四是此译本较早在纯粹理论经济学的舶来著作中，以一定篇幅并数次论及马克思经济学说。书中论及马克思经济学说的具体内容及其评价意见，下面将作专门分析。从此译本的内容简介看，在当时逐渐增多的舶来经济学论著中，小林氏之作与众不同地涉足马克思及其经济学说的评介，恐怕与它重视经济学说的发展历史，视之为全书“重要之基础”，以及务求“新奇独断之处”的秉性，不无关系。

(二)《经济学》译本关于马克思经济学说的评介

这一评介，比较集中见于书中第 1 卷第 2 章第 7 节。此节在分别论述经济学说发展的各个代表性阶段或观点，即重商主义、重农主义、斯密的《国富论》、马尔萨斯的人口论、李嘉图的地租论、穆勒的工资基金说等之后，提出“社会主义及社会政策”作为新的代表性观点。

此节将社会主义归入“主张国家干涉者”，“谓个人之价值必非社会之价值，故国家者，因社会之价值，不可不干涉个人之价值，是为社会主义”。社会主义名称，系“反对资本主义之用语”。由此追溯到 1838 年的法国，那时一面保持大革命之余绪，一面自由主义盛行，机器技术发达，又使资本主义占据产业优势，对此，法国人“慨然忧之，乃倡导社会主义以反抗焉”。自此以后，社会主义流派纷呈，衍生广狭诸种意义，但社会主义者“欲求标示之大目的”，具有“共通之意义”：“以社会为本位，为谋社会之幸福，乃认国家有支配经济方法之权力（即生产、分配及消费之方法），而于个人本位之经济方法，无妨制限者”。换句话说，社会主义者的目的，大抵相同，达到目的的方策及其论据，则各派互异。如法国的圣西门、傅立叶与英国的欧文，为“宗教的及道德的社会主义”。他们要求“缓和因自由经济而起之弊害”，认为世界的纷乱，“实个人的世界产业战争有以致之”，挽救此祸害，只有依靠宗教和道德的基础，“组织一般的平和国家，无论强弱，一体保护”。又如1848年法国革命时代的路易·勃朗，脱离宗教及道德的基础，“确立所谓共和的社会主义”，又称“社会民主主义”。他与政治上的共和主义配合，提出“经济上之革命”，主张劳动者的权利，认为“国家有组织劳动团体之义务”，设立国民工场，“国家自为最大资本家，而极力与资本家竞争，则资本与劳动之冲突，可以绝迹”。此后，“法国之社会主义”传播于欧洲诸国，从比利时移往瑞士，又进入德国而“定其基础”。接着，书中笔触转向德国社会主义的代表人物马克思，其文如下：

> “以社会主义的巢窟见称之德意志，有卡耳麻苦斯其本人者，于千八百五十九年，著经济学评论，至千八百六十七年，改名为资本论，大成其业。盖旧来之社会共和主义，属于政治上之党派。麻苦斯氏，乃一进而主张纯然之科学的社会主义。根据于其经济学上之价格论，即彼所谓价格者，社会必要之结晶的劳力是也。此价格论，与斯密氏及里卡多氏等之勤劳主义，殊无异致。故称麻苦斯氏者，谓其依于斯密氏、里卡多氏之勤劳主义而立脚。而其结论，乃与二氏之自由主义，成意外之正反对也。于是千八百六十四年，麻苦斯氏为国民劳动团体之首领，攻击资本主义及契约劳银不遗余力。其主要者，以为私有财产制度中，最易陷于独占者，为资本及土地，故唱导关于资本及土地之共产主义。”

这番介绍，其用语限于时代的局限，有些晦涩。若转换成今天的通俗话语，其大意是：以社会主义大本营而著称的德国，有卡尔·马克思于1859年撰写《政治经济学批判》，至1867年修改更名为《资本论》，遂“大成其业”。旧的社会共和主义属于政治党派，马克思进而主张科学社会主义，他在经济学上的“价格论”即价值论，把价值归结为社会必要劳动的结晶。此价值论与斯密和李嘉图等人的“勤劳主义”即劳动价值论，没有多少差异，故马克思之论又被说成依赖于斯密和李嘉图的劳动价值论而立足。但马克思的结论却与斯密和李嘉图所主张的自由主义，正相反对。1864年成立的国际工人协会，马克思成为其领袖，不遗余力地攻击资本主义和雇佣劳动制度。其主要观点是，在私有财产制度中，资本和土地最容易被“独占”，故倡导实行资本和土地的共产主义。

以上内容，主要介绍马克思在社会主义中的领袖地位、代表著作、理论主张、思想来源及其先行代表人物，为了进一步说明这些主张和观点的理论依据，书中“今试约述麻苦斯氏之立论于左”，又试图大略叙述马克思的立论根据如下：

“价格者，社会必要的劳力之分量也。所谓劳力之分量者，即可以决定价格之劳动时间。故凡货物者，于同一之劳动时间生产者，即不可不有同一之价格。乃今之所谓价格者，不依于劳力之分量而决定，而依于市场之需要供给(交换的劳力)而决定，又依于一种之标准(货币)而计算，致使价格之全部，不归于劳力者之手。试观卖却绵布数匹于市场者，非于除却劳力者之劳银外，更取得巨额之收入耶。何者？彼劳力者，因计自己及家族之生存发达，作成应用之生产物，于一日之间，为六时间之劳动而已足。然因欲买取衣服于市场，乃不得不为十时间之劳动，此当然之事实也。然则此四时间之剩价，果何所适归乎？不问而可知其归于彼等佣主之手，及贷付资本于佣主者资本家之手，或以佣主而兼资本家者之手矣。由此事实而推之关于劳力及资本之现行制度者，法人补耳敦氏之所谓掠夺之组织也。何以言之，彼劳力者，日日劳动，为社会生育新劳力者，使劳动者常继续不绝，以生产价值者也。若使其劳银，不足以偿劳力之维持费，则社会上其何以望得将来之劳力者耶。夫资本家者，掠夺者也。而其敢于为掠夺者，实因其地位之优胜，足以制劳动者之死命。呜乎，使劳力者与佣主之间，以自由契约决定劳银，徒见其掠夺竞争，而正当制度之存在，终不可谓而望。换言之，即物的生产之要具(土地及资本)，被占有于私人之手，万事殆无可为也。于是而欲救正现行产业制度之弊害，其唯一之方策，实不能外于私有财产制度之破坏。取私有财产制度而解除之，而取物的生产要具之私有者，以为国家之所有，及归于成立于国家监督之下之团体。解散社会上各种市民之阶级，为劳力者唯一之阶级，使彼等直接间接为国家，而劳动从国家之所决定，受取劳银，其劳银之额，则应其劳动时间而优给之。是则计将来劳动永续之利益，并可以豫算维持此制度之费用，而社会之平和，可长保矣。”

这个叙述不是直接引自马克思的原话，而是经过叙述者的加工改造，再加上译者的蹩脚翻译，令人感觉这一大段马克思的“立论”，不仅难以捉摸，而且颇为混乱。如谓“价格”乃“社会必要的劳力之分量”，又系“决定价格之劳动时间”，恐怕指价值决定于社会必要劳动量即社会必要劳动时间。如此便将价值混同于价格，将劳动混同于劳力。由此出现货物的两种“价格”，一种是同一劳动时间生产同一价格，此价格实为价值；另一种是市场供求关系决定并由货币计量的价格，亦即市场价格。前一价格即价值转化为后一价格即市场价格后，所谓“致使价格之全部，不归于劳力者之手”，隐含的意思是，本来转化前的全部价格应当归于劳动者，转化后发生了变化。举例说明，在市场上出卖棉布，何以除了劳动者工资之外，还有巨额收入。原因在于一个劳动日内，劳动者用于维持自身及其家庭生存和发展而生产有用物品所需的劳动时间，只需 6 小时，实际上劳动者为了从市场上得到其生活必需品，不得不劳动 10 小时。其中的缘故，文中未作进一步解释，只把它作为“当然之事实”，然后转入 4 小时“剩价”如何分配问题，即全部归入雇主或贷放资本的资本家之手。这一事实的形成，来源于“关于劳力及资本之现行制度”，对于这一制度的认定，又插入法国人蒲鲁东所谓“掠夺之组织”的说法。其掠夺性的特征是，让劳动者天天劳动并为社会养育下一代新的劳动者，连续不绝地生产价值，如果他获得的工资不足以补偿其维持费，则社会上的劳动者将难以为继。资本家“敢于”作掠夺者，因为居于优胜地位，“足以制劳动者之死命”，雇主与劳动者之间通过自由契约决定劳动者的工资，只会导致“掠夺竞争”，不可能指望存在“正当之制度”。这是土地与资本等“生产之要具”被私人占有的必然结果。因此，纠正现行产业制度的弊害，其惟一办法是“破坏”私有财产制度。也就是，“解除”私有财产制度，将生产资料由私有转为国家所有，归于国家监督之下的团体；“解散”社会上的各种“市民之阶级”，使劳动者成为惟一的阶级并直接或间接地服务于国家，由国家决定和发放工资，工资数量根据劳动时间作为分配标准。据说这样做考虑到劳动者将来的长远利益，并可以预算维持这一新制度的费用，从而“长保”社会和平。

经过梳理，可以看到书中“约述”马克思立论，分为两部分。前一部分试图解释马克思的劳动价值论，却语焉不详，乃至扭曲为全部价值应归于劳力者之手；后一部分用蒲鲁东的“掠夺”论替代马克思的观点，其浅薄和荒谬之处更是不乏其见。

叙述马克思的立论之后，书中继续说，“在麻苦斯指导之下，为德意志共和的社会主义之创设者”，似指在马克思指导下，创设德国社会民主党。又说，斐迪南·拉萨尔 1863 年“组织劳动组合”（今译“全德工人联合会”），提出“有名之劳动铁则论”（今译“铁的工资规律”）。其“大要”是，劳动者依循货物的市价而“上下其赁银，增减其人数”，这一“猛恶的劳银铁则”，能使工资“自然低落”，劳动者“无复有回复幸福之望”；要破坏这一规律，只有“计划协同作业，以大规模组织之，与资本家竞争”，并须政府出资一亿钱，无息贷款给劳动组合云云。书中还介绍，洛贝尔图斯是享有“盛名”的“德意志社会共和主义者之一人”，“以渐次变更私有财产制度为主”，主张“国家因保护劳动者，宜示劳动时间之标准，规定劳动率，以渐次改革社会之现状”，德国国家社会主义及讲坛社会主义的一部分内容,乃汲取洛氏之余流者。

以上关于社会主义及社会政策的介绍,意在叙述其中的代表人物及其主要观点,接着,书中提出自己的评论意见:“惟是以价格为劳动,则不可不辩明其论据”,须辩明劳动价值论的论据。这里关于劳动的涵义,如斯密等人所说,是广义的,“指称一切之勤劳”即代表所有人的辛劳,“固不可谓为不当”。但是,

“至如麻苦斯氏之说,仅指劳动者对于资本家及事业主之劳力,盖大误矣。此论据既误,则麻苦斯氏之所谓取得剩价之资本家及事业主,必不可谓为偷盗。故如麻苦斯氏等所主张,谓当撤废掠夺的财产制度,其铁案颇为薄弱也。或者谓其论据虽误,然私有财产制度之解除,于救正现行经济上及政治上之弊害,非为唯一之手段耶?余于此不多辩,唯以简单数言断之曰,私有财产制度者,非单纯之人为制度也。人者,既非如鱼鸟之仅依于水、日光、空气等之自由物得以生存,又其生存时用品之增加,较人口之增殖为迟缓,依于此二者之自然的事情,而有必然之结果。于是私有财产制度,可谓为准自然的制度。故非此自然的事情归于消灭,则私有财产制之撤废,终不能实行也。”①

这段评论,鲜明地表达了作者反对马克思经济学说的态度。其反对理由,从上述引文看,大致有两点。其一,创造价值的劳动不仅包含雇佣劳动者的劳动,还包含诸如资本家及企业主等一切人的辛劳,因此,资本家及企业主等获取“剩价”即剩余价值,不能称之为偷盗或掠夺。其二,人类不能像禽兽那样仅仅依靠自由获取的自然物生存,而生产品的增加又迟缓于人口的增殖,所以,私有财产制度的产生是其必然结果,并非单纯的人为制度,可称之为“准自然的制度”,既然“自然的事情”不可能消灭,则私有财产制这种自然制度的撤废也不可能实行。

第7节之后,第8节是“国家社会主义”。根据此节介绍,为了避免“极端之改革”,一面排除“共和社会主义”,一面指出自由竞争的弊害,斥责英国学派的个人主义,以历史为基础,研究“相对的经济理法”,即“历史派之所主张”。历史学派势力的勃兴,适应1870年普法战争后“政治上之统一主义”,以德国为中心点,传播于奥地利和意大利,“始有社会主义之一部”。其后建设“社会政策学会”,认为“价值分配之不平均,乃自由竞争之结果,故救济之方法,不可仍委于个人之自由竞争,而当依于国家之助力,以为解决”,于是倡导“国家社

① 以上引文凡出自第1卷第2章第7节者,均见李佐庭编辑:《经济学》,上海丙午社,1912年9月26日第3版,第24—30页。

会主义”。国家社会主义与历史学派的产生，依据于历史，认为“现存社会秩序之不可悉为改废，于重要之私有财产制度及家族制度，当保存之”；又认为“私有财产制度之自由竞争者，其结果实足致价值分配之不均一，不可不豫为之防”。它的应对政策，不是采取英国派的自由竞争，而是采取“德意志社会主义之一部，调和历史主义与社会主义”，对于社会上的特别事项，实行“社会改良政策”。它与共和社会主义相异的要点，“不改废历史的秩序，如私有财产制度及家族制度，皆保存而利用之，并不别行组织保护国民之新团体，而仅以补助国民之一部分为目的，加改良于特别之事项”。这里所谓“国民之一部分”，指竞争中的弱者，通过补助使之“恢复利润均沾之旧幸福，致社会全体于健全，而永远保持其幸福”，这就是它的精神。国家社会主义的社会改良政策，仅适用于各社会的特别事项。诸如，自由竞争产生体力与智力上的不平均，国家为矫正此弊，提出工场条例、妇女儿童保护法、强制保险法、强制教育制度等适切方法；自由竞争产生财产不平均以及贫民状态，国家为矫正此弊，提出租税改良、储金奖励、产业组合、小企业保护、殖民救助、殖民奖励、行商保护等重要方法；自由竞争在铁道、轮船、煤气、自来水及其他需要大资本的公益事业领域，产生不顾公益、抬高物价、使社会不堪其弊的企业独占行为，国家须加以干涉和监督，甚至自取为官业或直接为国有。国家社会主义在理论上的代表，为“讲坛社会主义者”，他们“不希望革命的改废，并自理论上排斥麻苦斯氏之剩价论，及拿萨儿氏之劳银铁则论”。讲坛社会主义者与他们反对革命的主张一致，从理论上排斥马克思的剩余价值论和拉萨尔的工资铁律论。国家社会主义在实行上的代表，为德国俾斯麦的保护立法和国家强制保险法，以及其他国家的工场法、土地条例、职工疾病赔偿法、煤电水等事业公有等等。国家社会主义这一“新学派”，在“个人价值非即社会价值”方面“有所发明”，在特别事项方面也有提案予以救济，这是它比较其他诸学派“占优势”的地方。它的弊端是“往往夸大其广告”，其货色除极少数者外，“悉仰给于旧来之老店，其成于自家之创意者甚鲜”。[①] 作者承认国家社会主义一派除了自吹自擂，没有什么新意，但对它仍给予优先于其他各学派的评价。

上述两节，第 7 节较为集中介绍马克思经济学说，并作出批评性评价，第 8 节附带提到马克思的剩余价值论为讲坛社会主义者所反对。此外，书中第 2 卷第 6 章谈到马尔萨斯预言“人口常有超于食物而增加之倾向”时，为了证明这一预言“大体上不得不认之”，曾将马克思一派与主张“人口增加，则劳力增加，而产物亦可增加”的乐天派联系在一起，批评道：

---

① 以上引文凡出自第 1 卷第 2 章第 8 节者，均见李佐庭编辑：《经济学》，上海丙午社，1912 年 9 月 26 日第 3 版，第 30—35 页。

“又如麻苦斯一派之社会主义，谓断行经济及社会上之根本的改革，则可得见总数生产之增加。然其所谓增加生产者，皆不过一时耳。至于不可遏抑之人口新增加显见时，呈出关系的超过人口之现象，遂有益进于绝对的超过人口之势，总生产物为此增多之人口所分配，必惹起一般之贫弱。”

换句话说，马克思一派的社会主义断言实行经济和社会上的根本改革，可以增加生产的总数，但这种增加不过一时之举，终究满足不了不可遏抑的新增人口，新增加的生产物总量由新增加的人口分配，必然导致“一般之贫弱”。况且，“今日因私有财产制，而生产物之分配不能均等，致助长贫富之悬隔，其结果必有非常之困苦”。如居住条件不卫生、食物恶劣、疾病、罪恶、死亡等原因，直接增加了婚姻的困难与生育的限制，间接增加了一般贫困的“自然之势”。即使试图向外殖民及通过对外贸易方式缓和一国人口增加的压力，也会因外国经济状况发展到与本国一样困苦的地位而最终无法缓和其压力。所以，从纯正经济学上观察，“终必到达于一般的绝对超过人口”。[①] 作者把马尔萨斯的人口论预言，当作导致一般贫困的自然趋势，而私有财产制造成的分配不均和贫富悬隔，只是对这一自然趋势起着辅助或助长的作用。既然根子在自然的趋势，非人为所能制止，所以，不论马克思一派怎样主张废除私有财产制的根本改革，也无济于事，因为自然趋势是无法改变的。这也是作者批评马克思经济学说的内在逻辑。

以上是从李佐庭编辑的《经济学》译本中，能够检索到的评介马克思经济学说之处。

(三)对于《经济学》译本评介马克思经济学说的分析

前面引述和解释《经济学》译本评介马克思经济学说的内容，作过一些分析。现在，将这些分析再作进一步的补充和汇总。

第一，此译本对于马克思经济学说理解的局限性。译本论及马克思经济学说的几处内容，综合地看，其局限性颇为明显。一是提到马克思的经济学代表作如《政治经济学批判》和《资本论》，却不曾按照这一理论体系的自身逻辑结构予以介绍，只是简单抽出其中的劳动价值理论，便仓促得出马克思反对资本主义的私有财产制度和雇佣劳动制度，主张实行资本和土地公有的笼统结论。二是将马克思劳动价值论的解释庸俗化，把劳动创造价值的理论说成分配上应将全部价值归于劳动者之手；以“当然之事实”为假设，“不问而可知”即不作任何分析地从劳动价值论转换到“剩价”即剩余价值理论；用蒲鲁东的“掠夺”论解释马克思的立论，如“解除”私有财产制和“解散”社会各阶级而合为唯

① 以上引文均见李佐庭编辑：《经济学》，上海丙午社，1912年9月26日第3版，第56—57页。

一的劳力者阶级,对未来由国家行使所有、监督和分配权力的社会和平作出憧憬等等,这些已脱离了马克思经济学说。三是术语概念上的模糊和混乱。如将马克思所说的价值统称为价格。这恐怕与作者对于价值的特殊理解有关,如称价值为"人欲与物能之关系"或"论心的现象与物的现象之关系"等,以这种具有特殊涵义的价值之成立、变动与消灭作为全书论述的主线,然而,价格称谓使人难以理解马克思的劳动价值论和剩余价值论,模糊了它与受供求关系支配的市场价格概念的区别。又如给马克思的劳动概念以劳力、勤劳或劳动等多种称呼。译本中的劳力概念不同于马克思的劳动力概念,指创造价值的劳动或衡量价值的劳动量,如称价值乃"社会必要之结晶的劳力"或"社会必要的劳力之分量"。译本里,劳力概念一面与勤劳概念同义,如称马克思的"劳力"论与斯密、李嘉图的"勤劳主义""殊无异致",系依托后者而立脚;一面又与勤劳概念不同义,如称斯密等人从广义上泛指一切人的"勤劳",马克思的劳力从狭义上"仅指劳动者对于资本家及事业主之劳力"。同时,劳力概念也与劳动者概念容易混淆。专业术语上的含混以及由此引起的矛盾,或者来自作者理解上的差误,这是一个层次上的局限性,或者来自译者理解上的差误,这是另一个层次上的局限性。四是突出马克思作为德国社会主义的代表人物,同时对其他德国社会主义的代表人物如拉萨尔"有名"的工资铁律论和享有"盛名"的洛贝尔图斯之论点,给以与马克思学说并列的地位。这也是那个时期一些舶来论著评介马克思经济学说时的通行做法。五是认为国家社会主义在理论上往往夸大其说而实际上没有什么创意,但比较马克思经济学说却"占优势"。其原因,二者在谴责个人主义的自由竞争弊端方面,马克思经济学说主张"极端之改革",或"断行经济及社会上之根本的改革",要求废除私有财产制度;国家社会主义"不希望革命的改废",排斥马克思的剩余价值论,主张"社会改良政策",在保存私有财产制度的"历史秩序"的基础上,利用国家来保护弱者,实现利益均沾。这里贬抑前者,褒扬后者,不止是理解上的局限,更多表明作者自身的立场观点。诸如此类,从内容到形式,从内涵到外延,反映此译本对于马克思经济学说作为一个完整理论体系的理解和把握,很不准确,存在诸多偏差。

第二,此译本批评马克思经济学说的偏狭性。前已述及,译本介绍国家社会主义与马克思社会主义的区别时,强调后者主张废除财产私有制的根本改革属于"极端之改革",前者正好相反,主张在保存私有财产制的前提下实行由国家主导的"社会改良政策",借此评论前者优于后者。这表达了作者本人的思想倾向,成为支撑他批评马克思经济学说的重要理由之一。站在社会改良派的立场上批评社会革命派的主张,作为当时批评马克思经济学说的一种流行观点,更多地纠缠于政策性结论,没有从理论上回答问题。作者似乎为了弥补这一缺陷,对马克思经济学说提出两点理论上的质疑。一是认为马克思的剩余价值论以劳动价值论为其基础,这里的劳动仅指资本家雇佣的劳动,这是错误的。其错误在于未将资本家和企业主的"勤劳"计算在劳动之内,从而把他们获取剩余价值的行为视为掠夺或偷盗。这是把生产中创造价值的劳动问题,与生产中的经营管理、各种生产要素的参与以及价值的分配等问题混为一谈,是从所谓"一切之勤劳"角度,划分劳动为广义与狭义两种解释,从广义上模糊劳动与勤劳的区别。这番关于资本家"勤劳"的煞费苦心解释,是要证明资本家取得剩余价值有其合理性。二是认为马克思主张废除资本主义的私有财产制度,论据薄弱。其理由既在于前述劳动价值论的所谓错误,还在于私有财产制的存在是不可能人为废除的自然制度或历史秩序。在这方面,此译本特别推崇马尔萨斯的人口论,相信此论断言人口的增加势必超过生活资料的增加,是不可抗拒的"自然的事情",私有财产制度作为这一自然事情的"必然之结果",同样不以人们的意志为转移。这个观点,把私有财产制视作不可更替的永久性制度,其维护资本主义制度的偏狭性,甚为显明。像这样以自然制度为理由为资本主义私有财产制度作辩护者,在那时的舶来著作中,也不多见。

第三,此译本评介马克思经济学说的若干特点。撇开此译本理解马克思经济学说方面的局限性及其批评的偏狭性不说,它评介马克思经济学说的路径方式,有几个特点值得注意。一是强调并列参考与采择英国系统与德国系统的经济学论著。传统上一般倾向参考和采择注重个人的英国系统论著,它同时重视参考和采择注重社会的德国系统论著,进而接触到同为德国系统中的马克思经济学说。其接触方式,如在"社会主义及社会政策"一节,提出社会主义是反对资本主义的对立物,反对资本主义只重视个人价值而非社会价值,社会主义进入德国才奠定其基础,德国作为社会主义的"巢窟",其代表人物是以《政治经济学批判》、《资本论》等著作而大成其业的马克思。这里强调的是马克思的德国身份。不仅以马克思为德国社会民主党的指导创设者,译本列举的其他社会主义代表人物如拉萨尔、洛贝尔图斯,以及国家社会主义在理论上和实行上的代表,也都来自德国。译者选择如此突出德国系统的论著作为其翻译对象,无疑受到日本学者的影响。这种影响推动德国系统的论著向中国传入,同时也为其中马克思经济学说的传入,创造了机会。二是重视经济学说的发展历史,其中既包含近代经济科学的发展历史,如从重商主义到重农主义、斯密、马尔萨斯、李嘉图、约翰·穆勒,再到社会主义和国家社会主义;也包含近代社会主义经济学说的发展历史,如从圣西门、傅立叶与欧文的宗教及道德社会主义,到路易·勃朗的共和社会主义,再到马克思的科学社会主义,及至后来的国家社会主义或讲坛社会主义等。这样条分缕析和比较完整地叙述包括社会主义经济学在内的近代经济学说的发展阶段与过程，自然较易于接触马克思经济学说。这种接触也可以有两层涵义。一层涵义是说马克思经济学说对于经济科学的发展做出了贡献，如形成纯然科学的社会主义；另一层涵义是说马克思经济学说在经济学的发展历史上已经成为过去，如因其极端改革主张而被崇奉社会改良政策的国家社会主义所取代。看来，此译本更倾向于把马克思经济学说当作经济学历史上已经过时的学说加以评介。三是在纯粹经济学的语境中评介马克思学说。此译本作为一部经济学专著，凡评介对象，必然将重点放在其经济学意义上。因此，对于马克思的介绍，集中于他的经济学代表作如《政治经济学批判》和《资本论》，他的经济学主要论点如劳动价值论和剩余价值论，他的经济主张如反对私有财产制和雇佣劳动制、倡导资本及土地的共产主义，其他的经历介绍如领导成立国际工人协会和指导创设德国社会民主党，只是一带而过。对马克思理论的评介，无论试述还是批评，更是集中于他的经济学说。按理说，这一特点，乃经济学著作之本色，无需声张。但在马克思经济学说传入中国的早期，比较那时其他评介马克思学说的形形色色论著，此译本的这个特点，格外地显露出来。这里所说的经济学语境，还存在早期翻译上的缺陷，如将剩余价值概念译作"剩价"，便是一例。由此也反映1912年出版的第三个版本，其译文并未随时代的推移而另按新的译笔作重新修饰，仍沿袭了1908年初版时的老面孔。

第四，此译本在早期引进马克思经济学说中的历史地位。专门的经济学著作给予马克思经济学说以较大篇幅的评介，这个译本可算是率先者。1903年左右，译自日本的几部社会主义论著相继问世，自此，向国人介绍马克思及其经济学说内容的水准，通过社会主义的认识角度，一下子超过前人留滞于只言片语的点滴介绍，达到一个新的水平。现在，李佐庭译本的出版，又通过经济学或谓纯正经济学的认识角度，一下子改变以往流传于国内的经济学论著几乎不曾触及马克思经济学说的境况，呈现一个新的局面。不过，就整体而言，此译本不论1908年初版本还是1911年再版本，它从纯粹经济学角度对于马克思经济学说所作的评介，尽管有其特点，但在广度上和深度上，仍无法与同时期及此前国内各类社会主义论著对于马克思经济学说所作的评介相媲美。或者说，就推动马克思经济学说传入中国的影响力而言，至此为止，来自经济学论著的作用，仍落后于来自社会主义论著的作用。而且，李佐庭的译本，经过日本学者戴着有色眼镜的加工修改，带有其局限性和偏狭性，可谓舶来经济学著作方面反对马克思经济学说的典型之作。评价这个译本在早期引进马克思经济学说中的地位，它就像一个矛盾体，既开创了经济学著作中评介马克思经济学说的先例，又树立起用所谓纯正经济学排斥马克思经济学说的样板。前者意味着随后将出现更多的经济学论著会涉足马克思经济学说的评介,从而推进马克思经济学说在中国的传播;后者意味着在经济学领域向国人引进马克思经济学说,从一开始便遭受西方正统经济学的强烈反对和抵制。可见,通过经济学论著传入马克思经济学说,自始就是一个反对与引进并行的过程,这也预示马克思经济学说经由经济学论著的渠道传入中国,在今后相当长时期内,将是一个伴随反对声而成长起来的艰难过程。

二、其他经济学著作案例

就提供有关马克思经济学说的评介资料而言,李佐庭的《经济学》译本,不论臧否,恐怕在当时舶来经济学著作的荒漠中,算是独树一帜。此所以称之为荒漠,是指同时期流传于国内的其他理论经济学著作,哪怕论及社会主义的内容,对于马克思及其学说,也绝口不提,在评介马克思经济学说方面,犹如荒漠一般。兹举其例如下。

(一)《经济原论》

此书由美国人麦喀梵著,朱宝绶译,上海的中国图书公司于 1908 年 10 月编译印行。先从书中所载 1889 年 12 月麦氏原序的中译文来看,作者强调"人生社会之中,于经济学之理不可不知",而"经济学之理,最切于日用,他家著述于此每多忽略",所以,本书旨在"明日用之常","于细事特详",认为如此才符合"匡救之义"。同时,从"达用之学,宜莫如经济"的观点出发,批评"一二前哲大家往往偏于理想,略于事实,遂使经济学一科变而为甚深微妙之哲理,学者明理之后,往往难达于用"。在作者看来,"经济学如生理,然必使学者亲身体验,切实受用,而后兴味始浓"。为了引起学者对经济学的浓厚兴趣,书中设计根据"明体"、"达用"二义,"每立一例,必取寻常之事实为之证,学者依此公例解决其事而已",这样就可以排除那些好高骛虚者,"其用力劳者,其收效必美"。序文中还自称,此书立说取证事实,"非好为立异,抑亦未敢苟同",接着对书中的若干内容作了一些说明和评价。最后承认此书"立言持论未免失之太繁,学者或病其艰",恐怕有违经济学的普及之期望,但仍坚持说,对于研习经济学,没有胜过此书者,只要稍加思索书中的"指正匡辨之处"并尽心研习之,"未有不能者"。

从此书的目录看,共分 27 篇,其篇名译文顺序如下:论经济学;甲辟钱币之误解,乙论分功,丙论交易;甲论钱币为易中之用,乙原购售;论财及天然人工之别;原天然之财不能常无价值;论人工及其生财之量;论资本之性质及其需用之殷;论资本为生业进步之代表;论主佣;论物值;论真值为物值之源;再论物值;论价;论诸金之出产;论纸币;辨金银问题;论国钞;总论庸赢;论分庸;再论庸;论分赢;论贳贷之息;论租;论减效之害;论国际商业;论任商保商;结论。

以上序言和篇目的译文，表明译者当时在翻译直接来自欧美的西文原版经济学著作的过程中，比起时人翻译来自日本的日文版经济学著作（包括西文原版著作的日译本），遵循不同的遣词用字准则。此书译者似不屑于采用那时在经济学概念术语方面已开始流行的日译名和通俗译法，坚持以文言文和中国传统词汇来作对应翻译，还留下不少受严复译文影响的痕迹。其中除了少数来自日文的译名如“经济学”可能已经约定俗成，故为译者所采纳而摒弃了严复的“计学”译名之外，其他如以“分功”代表分工、以“租”代表地租、以“庸”代表工资、以“赢”代表利润等译名，均源出于严复的《原富》译本。另外还有一些译名也是生僻晦涩，如“易中之用”似指交换媒介，“真值”似指真实价值，“物值”似指商品价值，“价”指价格，“主佣”指雇主与雇工，“資贷之息”指借贷利息，“国际商业”指国际贸易，“任商保商”指自由贸易与保护贸易等等。

据作者序言中的说法，此书在“一二大经大例”即少数基本原理方面，“与前哲略同”；而在“真值之分析、资本积贮之差别”方面，“略取鄙意以润饰之”，稍不同于前哲的论述；此外“似于工庸、物值之理，较有发明”，在工人工资和商品价值的理论方面，有其堪称“发明”的独立见解；至于论述钱币、物价问题，“未免离题太远”，而论述物价又不能不提到纸币的“凡政府之所立银行之所行，皆是”一类问题；最后关于自由贸易和保护贸易两种政策，书中“只取其辨驳之言，不加论断”，因为涉及抽税之事并关乎政界问题，导致两派立党纷争，所以此书的取舍“适乎中学课本之用”，而不敢有所偏向。至此，不难看出这部《经济原论》，大体沿袭自亚当・斯密《国富论》以来正统经济学的逻辑思路而稍有增删，与马克思经济学的理论体系枘凿不合，自然也就不可能在书中论及马克思经济学说的理论观点。

另外，此书极力排斥经济学科所谓不关心细琐之事的“大智”，认为这样的“前哲大家”往往偏于理想、忽略事实，把经济学变成“甚深微妙之哲理”而不切实用，并自诩每每选取“寻常之事实”来阐发“明体达用二义”，其立言持论太繁过艰也毫不顾忌。译者选择这部约20年前的美国著作，为此倾注不少翻译的热忱，大概正是受到书中关于经济学为达用之学、其理最切于日用、具有匡救之义以及此书弥补了他书“于此每多忽略”的缺陷等等言词的诱惑，这些意旨，也确实迎合了当时国人企求从外来经济学那里找到现成药方来救治中国诸多经济病症的某种情绪。书中所说的“大智”或“前哲大家”，究系何指，不得而知，它把矛头指向那些“偏于理想”者，与国人中如梁启超等人指责马克思学说为“架空理想”，似将产生难以分舍的联系。至少根据这部分国人的理解，既然排除了经济学科中“偏于理想”者，也就排除了马克思经济学说。至于这位美国原作者是否也作同样理解，没有明说，但他用事实抵制理想的初衷，实际上不过是用所谓事实来证明现实经济即资本主义经济的合理性，由此也从根本上否定了马克思经济学说通过揭露资本主义社会的内部矛盾而旨在推翻这一剥削制度的"理想"。

(二)《经济学概论》(Outlines of Economics)

这又是一部美国人伊利(Ely, Richard Theodore, 1854—1943)原著,熊崇煦和章勤士译述的经济学著作。此原著初版于1893年,它的中译本由上海商务印书馆初版于1910年底,至1916年10月发行第四版①,可见在我国当时颇为流行。据西方学者评论,"从19世纪末到20世纪初,伊利是美国最出名的经济学家,甚至是名声很糟的经济学家",并且,"伊利是个激进的基督教社会主义者,他直言不讳地批评自由放任的个人主义和'老派的'英国古典主义经济学"②。照此说来,伊利的经济学著作应当与前述麦喀梵的著作有所不同,至少不会回避有关社会主义的经济学说。那么,国人为什么选择翻译伊利的这部经济学著作呢?

从熊崇煦1910年初为此书中译本所作的序言看,较为详细地说明了其中的原委。首先是受到日本榜样的启发和激励。观察日本在明治维新之始,百废俱兴,特别是经济社会的变迁和国民经济思想的发达,体现了少数"始事者"泽及今日的甚大功效。这少数人便是福泽谕吉和田口卯吉通过翻译荷兰人的经济学书,搜译欧洲人的经济学说,聚众讲授,刊行杂志,比较论述日本的经济改革状态,以此"启导国民经济智识";另有天野为之究心于经济学,创办《东洋经济杂志》传以至今。此三人被誉为启导日本经济思想的"元勋"。虽然日本人至今仍自称其所著经济学书"犹在幼稚之域",但"自吾辈观之,实有叹羡不能自已者"。尤其感慨这数位"先辈"或"豪杰傲岸之士",既有"驱走风雷,崭磨日月,震撼呼啸"的热忱,又能保持"头脑冷静",以"深邃绵密"的思维探悉学理、发明新说,并为当局者所用,"足以为全国、社会人民之幸福"。其次是体会到经济学本身的重要性和难度。"经济学为今日重要之学科,而经济政策,又为今日当局者所极宜研究",这是"尽人知之"的道理。然而,经济学"旨奥而理繁,趣宏而识泛"。仅涉猎其中一二便轻言自诩,"不免见一指而遗肩背,窥枝叶而忘本根"。同时,经济学作为一门科学,不可能"一览而得之","取之太易,则病其粗","求之过深,亦嫌其隘",二者均不可取。再次是重视进入经济学之门的路径。无论选择师事之人或精研之书,关键是"善于裁取"。熊崇煦的合作者章勤士曾亲身受业于日本早稻田大学讲师盐泽昌贞,盐泽氏作为专攻经济学而"有闻望之学者",曾留学美国威斯康星大学,师事"美国经济大家"伊利,常称引伊利的著述"以导今之学子"。熊崇煦亦有志于经济学,曾读过天野

① 以下引文凡出于此书者,均见其第4版。

② 参看"伊利·理查德·西奥多"条目,《新帕尔格雷夫经济学大辞典》中文版第2卷,经济科学出版社1992年版,第138页。

氏的著作并“粗识其梗概”，从章勤士那里闻知伊利的《经济学概论》一书，了解到其著作为大学教材，内含经济史和经济学史，在纯正经济学方面“网罗公私二篇”，凡是对经济学初有知解力者，都能通过阅读其著“增进智力”并带来难以言喻的愉快。正因为此书“宏旨精义，实为今日吾国人有志经济学者必读之书”，加之日人山内正瞭的日译本与伊利的原著对照，间有出入之处，为我国人所不能普读，故加以汉译并译之者得其人，相信会奏其效，“于当世经济思想界，必有所启导裨益”。最后，译者在序言中指出，我国时局的紧迫与经济界险象的环生，比起日本明治维新之初，“夷险殆各殊乎倍蓰”，而且全国学人志士中，真有实力并勉力献身于社会者，“未易得其人”，所以译者“乃妄冀乎日本先辈学者”，试图仿效他们通过译述经济学诸书“以贡诸宗国”，借此“不忍吾国社会长此暗弱”，以思有所进献。

据此序文可知，当时选译伊利的《经济学概论》一书，主要受日本人影响。另外，从译者所作的翻译“凡例”看，他们不仅经日本人介绍而注意伊利这部著作，在全书的翻译过程中，也充分参考了山内正瞭的日译本。如谓“是书之译，既有山内正瞭氏日译在前，故一切名词，多从山内所定”。又谓经济学在我国方启萌芽，无定称可据，近年研究经济学的学者“复多采取日本名词”，故此汉译本也“不敢别加拟造”。“凡例”中还提到，对照英文原著，汉译与日译在字句语气之间“每多间隔”，汉译本里有数十处“不能尽同于山内氏之日译”，但承认此汉译本“本诸山内氏者最多”。如此看来，这个汉译本明显不同于前面提到的《经济原论》译本，它不是直接译自其英文原著，而是对照其日译本为主、参较其原著为辅，在经济学专有概念的翻译上，也不是自行创造，而是一切名词大多依据日译本而定。由此形成两种不同的译文风格，相比之下，最终还是取自日译名词的汉译本占据了支配地位。

1. 此译著关于社会主义的评介

我们知道，在日本早期的社会主义思潮中，具有较大知名度的是所谓日本基督教社会主义者，他们当初又主要受到来自美国的一些社会主义书籍的影响。在这些美国的社会主义书籍中，颇有代表性的正是伊利这位“激进的基督教社会主义者”的著作。有了这个背景，在日本人那里，从关注伊利的社会主义著作到关注他的经济学著作，应当说是顺理成章之事。唯其如此，国人受日本人兴趣的影响拿来伊利的经济学著作加以汉译，也就自觉或不自觉地将经济学与社会主义二者联系在一起。从伊利《经济学概论》汉译本的目录看，里面将“社会主义”专列一章，予以论述。此目录分四编：第一编历史之序论，内含 11 章，即野蛮人之经济生活，半开人之经济生活，文明人之经济生活（其第一期），文明人之经济生活（其第二期），英国之工业革命（第一），英国之工业革命（第二），英国之工业革命（第三），美国经济史之注意，美国对政府消极政策所生反动之趋势,经济学研究对象之性质,经济学之定义及经济学与他诸社会科学之关系。第二编私经济学,内分四部,第一部生产论,内含序论,生产之要素,生产要素之组织三章;第二部交换论(原名货财之移转),内含序论,交换之起原及组织,货币及其种类,货币之分量变化(附复本位论),信用及其机关五章;第三部分配论,内含分配及地代之意义,自由地尚残存及其消灭时之地代,赁银,劳动者之运动,利润分配及组合,利子及利润六章;第四部消费论,内含序论,消费与贮蓄,奢侈论,有害消费,恐慌及消费之分解五章。第三编公经济学,内分三部,第一部论公工业并及国家与私企业之关系,内含绪论,根本之权利第一私有财产权,根本之权利第二保证特权,国家之干与工业,国家以租税调整工业,国家以法令调整工业,国家之经营工业,社会主义八章;第二部公支出,内含绪论,保安费,救恤费,教育费,通商外交及政务费五章;第三部公收入,内含国有财产公工业及他种财源之收入,租税,公债三章。第四编经济学史,内含四章,即绪论,上古中古之经济思想,近世之经济思想,最近经济学者。可见,此书将社会主义一章放入"公经济学"之内,所谓"公经济学",并非仅指社会主义,讲的是在保护私有财产权和特权作为根本权利的前提下,国家对经济的干预和国营经济,以及公共收入和支出,社会主义只是其中一部分内容。

对于我们的研究来说,感兴趣的是书中有关社会主义部分内容。在这部分内容里,最有可能涉及马克思经济学说。现在就来看看伊利的《经济学概论》汉译本里,是怎样论述社会主义问题的。

此书在"社会主义"一章里,分列几个题目。一是"社会主义之要素"(The Elements of Socialism)。指出现代经济界的状态,"富者安佚而愈富,贫者终岁劳苦而不免于贫",无异于政治上的专制时代。于是,"愤时嫉俗之士"纷纷要求冲破这一罗网以追求"理想之工业民主政体",并提出不少方策以供抉择。择其要者,有所谓"工业改良案","凡竞争的企业,宜一任私人之任意的协力(voluntary co-operation),惟独占的企业,则宜归国家经营"。其他方案则为"社会主义",即:"不仅独占的企业宜归国家统辖,凡企业无论大小,皆宜一任国家之强制的协力"(coercive co-operation)。具体言之,社会主义"以国家为一有机体,人民为其机关,而以平男女之权利为目的",为达到这一目的,"不得不主张废土地资本之所有权,而仅许人民私有生产利益之配份,且必其不以此配份为资本更兴生产事业"。从表面上看,往往以为社会主义反对财产集中而主张财力均一,实则"彼社会主义者,不独不反对之,且甚望其能完全集中",而完全集中,"非以归诸国有不可"。这样,社会主义的要素包括四项:(1)"生产手段之共有";(2)"生产之共同经营";(3)"经共同官宪之手,分配生产物";(4)"收入之大部分,以分配人民,且许其私有"。据此,社会主义不排斥资本,但排斥个人资本。其论旨:"资本若皆为国家所有,则资本家一阶级,即可泯迹于今日，而资本亦不至分散而不集中”。进一步说，社会主义以劳动为致富之根源，同时承认资本土地为“生产必需之要素”。只不过土地资本是“受动的要素”(Passive factors)，是生产所需的器械和手段，由劳动加以“运用”和“活动”，故“劳动为其惟一能动的要素”(active factors)。生产者为了增进人类福祉，如果只偏幸无功于社会者而给私有莫大利益，无疑“为悖义与道”。然而，今日经济界之组织，“以土地、劳力、资本三要素分割经营，使地主、资本家、劳动者之权势鼎峙而立”，对于土地、资本的报酬将不会止息。此所以社会主义“急求改造工业组织”，其箴言或其“主义之精神”是，“一日不作则一日不得食”。

二是“分配上之正义”(Distributive justice)。指出“社会主义之神髓，即在正义分配”。关于正义分配的含义，或谓“以分配之均齐为正义”；或谓“宜以人类对于社会功劳之多寡为分配之标准，但父祖之勋功不得润及子孙，而遗产遗赠悉行禁止，惟所有绘画、书籍、什具等家居娱乐品可使相传”，以此防范“徒食之民”继起。

三是“社会主义者不过欲扩充现存制度”。指出世人动辄误解社会主义“意在颠覆现存制度”，感到畏惧恐怖并加以排斥，“此诬社会主义之甚者”。现存制度没有一国不采用“国家经营工业主义”，如美国的邮便、电信、运河、铁道等种种事业，“皆为国有”；道路几乎在各地都由国家经营；其他山林、制造所，亦多有归政府直辖者。社会主义只是“欲扩充政府事业之范围，使普及于一般生产事业”，如农工商业等。况且今日社会收得的利益即国民所得部分，虽然大多属于个人私有，其中也有由“社会共有财产”所产生的“社会共有之利益”(Common income)。如公园、公立学校、公共展览会等，即为共有财产，“其所生之利益，皆社会所共有者”。实行社会主义，必然大大扩张这些共有财产和共有利益。根据“社会主义之精神”，如前述第四要素，本来就承认利益私有，依此而论，“社会主义亦未与现行主义制度相背驰”。

四是“社会主义之长处”。指出社会主义“最足取法者”，一为“社会生产力之学理的组织”；二为“社会收入之公平分配”。根据其说，“自由竞争为最不经济之制度”。近来人口繁殖率猛进而生产增加率不足以应付，全归咎于“竞争之余弊未除”。自由竞争招致无益于社会的巨大浪费和损失，如果生产组织得宜，可以节省大量劳力费用。自由竞争的更大弊害，会产生“懒惰游食之民”，而社会主义得以实行，“人皆有一定之业，而能自食其力，生之者众，国富焉得而不增加”。显然，“其说之足倾听”。但在承认此说之前，有两个先决问题，(1)“社会组织若不从根本上改良，则今日之冗费与游惰终将难矫正”。(2)论者所主张的社会主义，“果能实行于今日”。另外，社会主义标榜正义与人道。但是，改良现今社会之情态，难道“舍社会主义即更无他道”吗？换言之，如果现存制度不足以匡救时弊,“加意改良,终不免为姑息,必断然废绝之而后可”吗?

五是“社会改良策”(Social reform)。这是“吾人”也就是作者所“采择”即赞成的方策。他提出,“遗赠相续之法律,本为无益于私人,而有害于社会”。同时强调,“吾人不必不许其变更”,可以用改良的办法加以变更,“变更之结果,非必不能致财产分配于公平”。接着指陈自然独占事业对于社会有密切之利害,主张“宜归国家所有”。至于自由竞争,认为“其弊害虽多,而改良之道亦更不胜计,何难压抑而锄除之”。他的“改良之道”:如果遗赠相续有害于分配,自由竞争有害于生产,可以在此范围内去除,“何须并生产分配全体之经济组织而悉变更乎”?社会问题很多,因噎废食,何异于坐以待毙。何况社会期望自由与平和,讲自由,“不得束缚社会人人之自由”;讲改革,“必为平和的改革”。由此看来,那些“矫激如社会主义者,岂能行于今”。所以,“吾人以为能收实效者,惟社会改良策其庶几耳”。

六是“社会主义之短处”。“吾人”承认,就“主义与理想”而言,“无如社会主义之高且美”,谈到它的实行,则“不敢附和”,而且“其实行之危险,有不能不使吾人寒心者”。“其危险最大者,莫如自由之灭亡”。文中先假设政府的设施比之于民间“公平忠实”,接着又说,因此而“宜举一切事业皆委诸政府”,“未免过于粗忽”。因为人间常情不可能凡事做到毫无遗算地“注意周到、画策绵密”,更何况将一切事业委诸政府,无异于“与以多数人生杀与夺之权委诸少数人”。可以设想,一旦社会主义实行,让少数“不逞之徒”掌权,其结果:“彼数人者,其一举一动,皆足以制吾人之死命;人民虽欲有所反抗,而衣食之资,皆握诸彼等之手,势必枵腹徒手以从事;且生死之权,皆操之于人,则吾人已无发言之余地,而无所用其言论批评,如今日所最信赖之舆论代表机关为新闻为杂志,决无存在之理;吾人又必先自翦其舌而后可与之争,岂非吾人之自由束缚殆尽乎”。据说其弊害犹不止于此,甚至比今日之害还要过甚。再从学理上看,实行极端的“工业独占主义”,足以导致文明退步。这可以从历史上得到证明,“社会一元主义实行之后,无不立招衰败”。自然界也是如此,那些“孤耸特立者”因违背“进化之道”而不能繁荣昌盛。正像在实业界“独占事业为危美国文明之具”,“政府独占事业”也同此道理。因此,应当提倡“刺激民心,发扬民力”以“利于民业”,然后社会生活“不至流于孤寂”。总之,“社会文明所最希望者”,是“官业民业两者并立如今日”,正因为如此,“吾人愈不得不主张社会二元论”。

七是“社会主义者之人格”。从理论上说,不可抹煞“社会主义之功绩”。此派论者指出所谓社会问题,“矜矜于理欲之辨,使人去私利之念而发悲怜之心”;此派论者解释社会问题,“务从社会公益著眼,而示人以政府之工业的机能”。这些都是社会学史和经济学史上可以“特笔大书之伟勋”。人们所服膺的是，“其主义之精神，一根原于道德”。然而，一旦看到“宣传此主义之人”，则“不能无玉石混淆之感”。这就像当今基督教的名僧讲道德，其中不乏为此主义尽瘁者，亦多有“劣败于竞争之场，利之以欺世而盗名者”。如果社会上只观察此主义的“宣传之人”，不论其内容如何，马上会产生“憎恶之念”；更何况其中“浅薄之徒”宣扬一些“枝节之论”如无神论、自由恋爱说等，故社会主义不可能不为世所嗤笑。这些浅薄之徒被社会所摈斥，咎由自取，原无足惜；可惜的是，“此极可尊崇之主义，亦因此而失坠其名声，是则不能无憾”。当然，这些都属于“其人之罪，而非主义之愆”。

八是“虚无主义”(Anarchism)。此派属“过激之论”，与“吾人所主张之社会改良策”不相容，有甚于社会主义者。它的主张是，“政府不亡，则自由不全”；“以人类制人类，是亦无道之极”；“政府不存，人民自可任意协力，以图生产之进步，而又何求于政府”。此派论者又称“虚无党”(Anarchist)、“虚无社会党”(Anarchist-Socialist)或译为“无政府党”。此种社会主义，“实不过一梦想而已”，可以断言“其不能实行于今日”。

九是“共产主义”(Communism)。这一名词，今不多用，以往用来称呼“极端社会主义”。今日学者还有称呼“社会主义中之平和者”为社会主义，其“激进者”为共产主义，以示区别。现在，美国的共产党“皆平和主义之人”，此名称已无存在之必要。法国的“综合主义”(Collectivism)之称，与社会主义同义。

这一章末尾，大概作为大学教材的范式，作者还将以上论述归纳为如下“摘要”：“社会主义者，对于各种企业而主张用强制协力”；“社会主义虽许个人私有收益，然不许其私有生产手段”；“社会主义以劳动为致富之本，而主张正义之分配”；“社会主义者，不过欲扩充现存制度”；“社会主义之长处，为能惜冗费、均分配”；“其短处在以不能企及之道德为标准，欲据以应万事”；“虚无主义为社会主义之正反对，乃主张无政府者”；“共产主义与社会主义异名同义，然在今日多不用其名词”。同时又提出如下“设问”：“试说明社会、共产、虚无三主义之定义”；“社会主义对于私有财产制之态度若何”；“使此主义成功，其及于生产之效果若何，其影响及于分配者如何”；“其实行之困难若何”；“社会主义者之人格若何(非心理学上之人格，而伦理学上之人格)”；“现今美国政府之措置，有与社会主义相符者乎，此种措置为增大乎，抑减少乎”；“社会主义所谓国富之根源若何，其理由果正确乎”；“虚无主义何以为梦想乎”。

除了这一章集中讨论社会主义问题之外，此书在其他地方也曾涉及社会主义话题。如其第四编经济学史内第三章近世之经济思想，提到李嘉图的著述“率为悲愤嫉时之语，敢言而无忌”，加上他本于抽象演绎法的“精到奇拔之说”，以后为社会主义者所利用，故又称其为“开社会主义之端绪”，“为社会主义之祖”。

2. 对此译著评介社会主义的分析

这部经济学的译述之作,设立专章评介社会主义,颇不同于当时的舶来经济学著作。但是,纵览全书,无论集中论述社会主义的专章,还是零散提到社会主义的其他各处,均未论及马克思经济学说。这是一个值得思索的问题,围绕这一问题,需说明以下几点。

第一,这部著作从经济学角度,给予社会主义以一定程度的肯定。自20世纪初以来,国人引进的社会主义著述中,对于社会主义加以肯定甚至称颂者,不乏其见。但在同期引进的经济学著述中,连社会主义问题都甚少提及,遑论肯定与否。即使个别经济学著作曾论及社会主义经济学,也往往站在反对的立场上或带有强烈的偏见。《经济学概论》的一个特出之处,可以说是当时引入我国的经济学专著里,率先从正面比较系统地介绍社会主义经济学的著作。如书中专论“社会主义之长处”,其核心在于“能惜冗费、均分配”;把社会生产力的组织理论和社会收入的公平分配看作社会主义“最足取法者”;阐释社会主义指责自由竞争制度的“最不经济”之处,即近来生产增加率不足以随着人口繁殖率的猛进而增益的原因,好比两个城市之间设一条道路通车已足以来往联络,却设了无数条平行道路,“以招无用之失费”,致使今日市场活动无视“实际必需者”不过其十之二三的客观要求,“徒招损失而无益于社会”,其“生产组织得宜”的节省劳力费用效果当在三分之二以上;认为社会主义关于人有定业、自食其力以消除懒惰游食之民,可期生之者众并增加国富的说法,足资“倾听”;承认在主义与理想方面,“无如社会主义之高且美”;强调社会主义的理论“功绩”不可磨灭,特别是在“点醒”社会问题以“使人去私利而发悲悯之心”,以及在“解释”社会问题之“务从社会公益着眼”并显示政府的工业机能等方面,具有“伟勋”,值得在社会学和经济学的历史上大书特书;表示“服膺”社会主义“根原于道德”的精神,称其为“极可尊崇之主义”;等等。如此推崇社会主义,从经济学专著的角度看,此前国内几乎不曾一见。按理说,这部著作对于社会主义所持的上述态度,可以引导它去介绍或评论当时已为社会主义学说奠定了科学基础的马克思主义经济学。可是事实上却没有,其中必有缘故。撇开此书谋篇布局上的技术原因不论,这既与作者对社会主义涵义的理解有关,也与他论述社会主义问题的真实意图有关。

第二,这部著作给它所理解的社会主义,加上一定的限制条件。根据译者的介绍,此书论述的“纯正经济学”,网罗了“公经济学”与“私经济学”两部分内容。其言下之意,一般经济学著作建立在“私经济学”的理论基础之上,而此书涵盖“公经济学”,应为其特色。在“公经济学”内,包含了社会主义。可是,从“公经济学”部分的目录看,它首先强调的是把“私有财产权”和“保护特权”放在“根本之权利”的第一和第二位，有关社会主义的论述排列在国家干预经济、国家的租税和法令手段、国营经济等问题之后。这样的框架结构，隐含着给社会主义问题设置了某些限制性前提。再来看此书所说的社会主义，似乎源出于所谓“理想之工业民主政体”，为了改变富者愈富、贫者愈贫的社会现实，主张采取完全集中的国有方式，实现各种企业的强制合作，并突出以生产手段共有、生产共同经营、官府统一分配生产物、人民私有其所分配收入四者为其基本要素。这样一种社会主义，更多地被理解为一种具体的“方策”，与其他可供选择的方策并行不悖，与针对现实社会弊端的深刻理论剖析相互割裂或分离开来。同于此，作为“社会主义之神髓”的所谓“正义分配”，也被归结为按劳功多寡分配和禁止遗产遗赠之类的具体措施。此类理解，回避了对于现实社会本质的揭示，无异于又给社会主义的论述划定了一个限制性范围。惟其如此，此书谈论社会主义“急求改造工业组织”问题之后，极力申辩这种“改造”绝非“意在颠覆现存制度”，只不过“欲扩充现存制度”，只是把现在各国普遍采用或普遍具有的国有国营事业以及社会共有财产与利益的范围，有所扩大而已，表明“社会主义亦未与现行主义制度相背驰”。既然社会主义与“现行主义制度”不相背离，二者理应和平共处。所以，此书一再宣称它所描述的是社会主义中的“平和者”或“平和主义”，不是其极端或激进者，这既不同于“为社会主义之正反对”的“过激之论”如虚无主义或无政府党，也不同于作为“极端社会主义”或其“激进者”的共产主义。于此可见，此书对于社会主义的理解，被严格限制在承认私有财产权和保护特权为根本权利、其方策措施与现行制度不相背离、不走极端的平和主义等范围之内。在这些限制条件的约束下，当然也就排除了马克思主义经济学在其社会主义论述中的立足之地。

第三，这部著作借讨论社会主义之便，意在宣扬自己的社会改良主张。此书在社会主义一章的开篇，提出诸多匡救时弊的方案，首先是作者所采择的所谓“工业改良案”，然后才是其他的社会主义方案。据说二者的区别在于：前者主张竞争性企业宜由私人自愿协作，独占性企业宜归国家经营；后者则主张所有企业归国家统辖，实行强制性协作。据此，书中讨论“社会主义之长处”，着重对所谓长处提出几点质疑，即矫正社会弊端是否非得“从根本上改良”社会组织；社会主义是否真能实行于今日；改良现今社会状态难道“舍社会主义”别无他法，或对现存制度的任何改良难道都是姑息，非要‘断然废绝之”吗；等等。这些质疑，事实上对实行社会主义作出了否定性回答。由此引申出作者对所谓“社会改良策”的赞誉，认为它可以通过变更遗产继承法引致“财产分配于公平”，可以通过许多改良之道克服自由竞争的弊害。在作者看来，根本不需要对“生产分配全体之经济组织”彻底变更，只有他那种不同于“矫激”社会主义的“平和的改革”，才能保证社会人人自由，才能实行并收到实效。作者还渲染说,社会主义的“短处”是其道德标准“不可企及”,其宣传之人玉石混淆,一旦实行,将会产生导致自由灭亡的最大危险。根据他的推理,社会主义“粗忽”地要求将一切事业委诸政府,等于让政府承担周密谋划所有事务而毫无遗漏的不可行职能,又等于让政府内少数“不逞之徒”掌握大多数人的生杀与夺大权,势必使人民的自由丧失殆尽;推而广之,不论实业界的“政府独占事业”,还是社会上的“一元主义”或自然界的“孤耸特立者”,都必然导致失败。所以,他的“社会改良策”,又主张官业与民业并存的所谓“社会二元论”。总之,社会主义虽然高美并值得尊崇,却不可能实行,唯有不从根本上触动现存制度的社会改良办法,才是匡救时弊的最终选择。在这种指导思想支配下,如果说前述有关社会主义的限制性理解,只是消极地排除了书中介绍马克思主义经济学的可能性;那么在这里,书中宣扬用所谓“社会改良策”取代任何形式的社会主义,尤其是极端或激进的社会主义,已是积极地抵消来自马克思主义经济学的影响。这些,恐怕正是此经济学专著曾以不小篇幅谈到社会主义,却丝毫未提马克思主义经济学的深层原因。

第四,这部著作对于国人的影响。从译者的序文看,熊崇煦和章勤士二人选择此书作为译述对象,有其远与近两层动因。远者受到日本明治维新之初少数元勋翻译传播近代经济学说来启导国民经济知识并造就国家与社会人民幸福这一事例的激励,志在仿效日本先辈学者,从事经济学原著的汉译以启导裨益我国经济思想界,为改变国家的“长此暗弱”状况做出贡献。近者是章勤士的日本老师盐泽昌贞曾师事伊利常以其著述为典范,受此熏陶,章氏也倾心这位“美国经济大家”并向熊氏推荐他的《经济学概论》一书,判断此书的“宏旨精义”可以成为国人有志于经济学者的“必读之书”,由此恰好解决了二人的初衷,即寻求从“旨奥而理繁、趣宏而识泛”的经济学中,选择一部能克服“取之太易则病其粗,而求之过深亦嫌其隘”之类弊端的代表作来翻译。可见,无论远近动因,都来自日本方面的影响才促成伊利这部著作的汉译。一旦选择此作,其中所包含的“激进的基督教社会主义者”的经济学观念,也一道传入中国。这种经济学观念,根据上面的分析,直接与马克思主义经济学说相抵触。此外,从前一时期国人有关社会主义的论争看,尤其梁启超一派的观点,除了从形式上肯定社会主义是“将来世界最高尚美妙之主义”,实质上坚决反对所谓“极端”或“偏激”的社会主义,即主张在破坏现存社会经济组织的基础上重新加以建设的社会主义,“绝对”同情在承认现存社会经济组织即承认“一切生产机关之私有权”的前提下只对其加以矫正的社会改良主义,其理由是,典型的社会主义国家以高度集权为其特征,人民的程度和施政机关的整备,均难以适应这种集中管理的需要,以及实行社会主义意味着取消自由竞争将阻碍社会进化、采取平等报酬将遏绝劳动动机等等,这些观点及其理论逻辑,与伊利书中有关社会主义的论述，何其相似。即便站在梁氏对立面的孙中山一派，其中不少人也不赞成暴力，把社会党理解为“尚平和，守秩序”的“平和党”，与伊利所描述的社会主义之“平和者”或“平和主义”，如出一辙。前已指出，以伊利为代表的基督教社会主义，曾在日本早期的社会主义思潮中颇为流行。国人中两派以日本为基地展开论战，也正值其时，处于这一思想背景的影响下，显然直接或间接地从伊利关于社会主义的论述中，吸取过滋养。这表明，早在伊利的经济学著作被翻译成中文之前，其著作的日文转述已经给留学日本的一些国人留下较深的印象。因此，论战期间，不论梁启超一派把马克思学说视为“极端”或“偏激”，还是孙中山一派谈论社会主义，除了朱执信等个别人，其他多数人对马克思学说置之不理，其中的缘故，从思想资料的来源看，不能低估来自伊利此书的影响。此书的中译本自 1910 年初版后，六年间再版三次，其如此流行也说明了它对国人的持续性影响。对以后一段时期内舶来经济学著述的分析还将进一步表明，即便这些著述中的一些特出者逐渐不再回避对马克思经济学说作出或多或少的评介，但其评介的依据，仍不乏将伊利质疑社会主义的理由，奉为圭臬。

（三）《社会经济学》

此书系日本人金井延原著，陈家瓒译述，上海群益书社于 1908 年初版，至 1912 年底已发行第三版。根据作者 1902 年的原序，他撰写此书，被迫而为之。原因是作者自知经济学乃“攻究人类社会极复杂之现象者，其决非容易之业”，故除了在新闻杂志上就某些特别经济问题发表意见外，“未敢贸然”撰写完整的经济学著作。可是近来市场上有人冒名将作者在东京帝国大学及其他学校教学的讲义，擅自出版，其中谬误曲解之处甚多，流毒世人，为正本清源，“挽狂澜于万一”，作者才匆忙执笔以著此书并“急速告成”。由于此书仓卒撰成，其中说理之处“往往有流于杜撰而前后相矛盾者”。但书中陈述也并非作者“一人之私见”，其一般学理“多依据于欧美各学者之著述”。在作者看来，欧美学者的经济学著作，即便那些精密深远浩瀚之作，亦不免留下缺憾，表明经济学的发展有待学者们“不急急于近功，而孜孜不倦以期其大成”。为此，作者的急就之书，“重要惟一之目的，则以简单为主，务使学者以知了经济学之大意而止”。这样，在撰写过程中，作者“务避繁冗”，仅摘述欧美著作之大要，对其中细密观点多加损略，对疑难之处亦不暇详细论究，让读者自己根据所开列引用的欧美参考书来深入研究那些“详密精确之理论”。作者又强调，其著以“讲究经济学之大要”为方针，看似容易，其实不然。连“欧美之大家先辈”都承认治经济学之难，何况作者之“浅学寡识”。特别是鉴于东洋之大势将不得不与欧美诸大国竞争，“其最可忧者”，不在其他，实在国民经济之幼稚薄弱，其缘故又决非缺乏自然富源和资本，也不一定由于经济政策的不适宜，“其重要之原因”,在于“经济事业家不得其人”以及“国民一般不富于正确的经济思想”,这也是“我国最大之缺点”。其补救办法,“惟使有秩序之经济智识之普及”。作者自称从1892年以来,依此倡导普通教育有必要普及经济学,并在学友中有不少志同道合者如和田垣谦三与天野为之。因此,其《社会经济学》一书,“以简略为主”,不专从英法之学说,不全袒德奥之理论,不偏于美,不党于意,“惟以有秩序之经济思想之普及,希望多少有所助力”。同时,作者还希望此书可供中学教员与其他有志读者参考,以利于国民教育和经济学研究。①

由上可见,作者撰写《社会经济学》一书,为了在国民教育中普及经济学之用。这一宗旨给予国人的激励,应当说,与前述《经济学概论》一书给其译者留下的印象,有相似之处。所以,向瑞琨为《社会经济学》一书中译本作序,开宗明义指出:“世界之经济竞争急,其中心遂集注于吾国,故吾国经济问题,即吾国存亡问题,欲解决此问题,则非输入学说不为力。”将翻译输入国外经济学说,放到关系国家存亡的高度。他接着介绍,此书译者陈家瓒在日本留学期间,“专治经济学”已达六年之久,以金井延博士为师,是留日学生中研究经济学“得之最深者”。此译本序文还将我国经济学说与欧洲经济学说的发展作一对比。认为先秦孔孟儒家论国计民生与公利,与欧洲古代经济学说“多相合”;汉以后儒者始将个人经济与国民经济混视为一,仍有论生财分财之旨、平准货殖诸书与诸子百家的零散言论等,多与近代经济学说相同,却“悲吾国经济学说之不振”。反观欧洲经济学说的发展,自希腊罗马至中世纪以后,不少关于富国的论述可“行于今日之中国”;到亚当·斯密提出集大成之作,“为后世之先导”,其中价值论“尤为世界言经济学者不祧之宗”,自此带来“欧洲经济学说之盛”。以后欧洲经济学说的发展沿革,看来序文作者颇为推崇德国的“先登者”李斯特,认为他关于工业幼稚国家宜采取保护政策的主张,“此固吾国所急宜效法者”;还认为在世界经济学界,法国经济学“多为社会主义所阻碍”,英美经济学“多偏于理论”,惟有德国学者在经济实情和经济政策方面“独具特识”,只是有些轻视理论而偏重事实。文中又提到,最近不少日本学者“积极鼓吹德国学说”,也评论其不足,以金井延的著作“折衷为较当”。于此可见,日本经济学虽然还是“未完全发达之学科”,但它的进化轨迹“有令人瞿然以惊者”。从我国的典籍看,除了春秋战国时期曾有人主张通商惠工或重商重工或善货殖,数千年来一直固守重农主义宗法,导致“经济学说之不振于吾国,盖四千数百年而有余”。由此造成我国当今在“世界之经济主义”的环境里,一向所保持的生产交换诸现状,“岌岌有不自保之虞”,此乃不可逃脱的“经济竞争之公例”。最后,此序大声疾呼,我国生产机关不发达,交换现状与经济主义不变革,则

① 金井延著,陈家瓒译:《社会经济学》,上海群益书社1908年版,金井延“原序”。

“国民经济永不能成立”，如此而欲“国家离危亡之域”，从经济历史方面看已知其不可能。为此，像陈家瓒的译书那样，致力于输入欧美经济学说，将收“作始简而终巨”之效。①

与向瑞琨的序言几乎持完全一致的意见，译者陈家瓒在其“弁言”里，一开始便感慨列强各国不论东洋西洋，人种不论黄种白种，何以称雄世界，都是肆无忌惮地侵夺我国利权，置拥有四千余年文明历史、四百余万平方英里版图、四亿人口的堂堂中国于日益衰弱而濒临灭亡之地。尤其日本与我国同种同文，何以能割占我国领土“一跃而僭入于一等强国之林”。其中原委，一言以蔽之，实在是我国“经济思想之缺乏而经济能力之薄弱”。20世纪只有“经济的战争”，我国民要与列强角逐于竞争领域，惟有“发达其经济思想，促进其经济能力”，否则“国将不国”，我种族将丧失幸存的希望。在译者看来，“经济竞争”中的竞争概念，“不独为社会上最上之法则，又实宇宙间最上之法则”，宇宙间的一切都是因竞争而存立和发展，国际经济竞争不过它的表现形式之一。因此，今日的经济竞争，“鉴于宇宙之大势，万无可避之公理”，尤以经济竞争更是世界上种种竞争的“中坚”。这就促使我国不能听任自然地消极等待，必须“急起直追以谋抵抗列强之方策”。接着，译者分析了我国在国民经济竞争中的地位，国民的缺点和优点，以及提高国民素质的途径即开立国会、普及教育、组织海陆军、修明法律、确定政策如不宜实行自由贸易政策而适当采取保护贸易政策等等，呼吁我国与列国“以经济竞争相抵抗”的过程中，无论地位如何危险，缺点如何夥多，一定要“上下一心，循途而进，用其所长，去其所短，各鼓其坚忍不拔之气，共励其百折不回之心”，如此虽然前途辽远，将“人定胜天”。译者的结束语颇富哲理和眼光：“安见二十世纪之舞台，遂不容我国国民争妍斗巧于其间也。西谚有言曰：天助自助者。是在我国民之各自奋勉而已矣。”②

在陈家瓒的“弁言”里，又一次看到熊崇煦在其《经济学概论》中译本的序言里所表达的那股豪情壮志，试图通过翻译引进国外经济学说，促进我国振兴经济思想，提高经济能力，为改变国家的落后面貌做出贡献。这恐怕也是那一时期大多数致力于西方经济学的国人汉译者们的共同志愿。此二译作还有其他一些相同之处，如二者都是译自日文著作，惟熊氏译作的原著由美国人所撰，而陈氏译作的原著则由日本人摘述欧美著作之大要而成；熊氏选择伊利之作因为其人乃“美国经济大家”，其作乃“宏旨精义”，而陈氏选择金井延之作，从翻译“凡例”看，亦因为其著者为“日本经济学者泰斗”，其议论“精深博大”；熊氏注明其译作多采用日本名词，而陈氏在其“凡例”中亦称，由于“经济用语，

① 金井延著，陈家瓒译：《社会经济学》，上海群益书社1908年版，向瑞琨“序”。
② 同上书，译者“弁言”。

我国向无一定名称”,故翻译时对日文原著中所载经济名词,“其有通俗易解之字可易者则改之,无适当之字可易者则仍之”,仍沿用日文名词;等等。这些相同之处,体现了那时经济学著作翻译的一些基本特点。

当然,这两本译作的内容,仍有明显区别。熊氏译作反映了作者伊利的美国情结和基督教社会主义倾向,陈氏译作则在叙述西方经济学一般原理的同时,也夹杂一些日本作者的个人偏好。后者除绪论外,全书分上下两卷,上卷总论含绪言,以及经济学上之根本概念、经济学之定义并其分科二编;下卷纯正经济学含绪言,以及财货之生产、财货之循环、财货之分配三编。据陈氏“凡例”,原书本极浩繁,此译本作了一些删节和补充,其中十分之七内容遵照原本,十分之三参考作者的讲义,而补入部分“皆著者精心结撰之文”。对于我们的研究来说,更关心的是这些经济学译作中有关社会主义内容的论述。前已述及,熊氏译作在其目录里,曾于公经济学一编内专辟社会主义一章,十分显明。陈氏译作的目录里未有任何涉及社会主义的字样,但其上卷第一编“经济学上之根本概念”第六章“经济的活动之前提”第三节“私有财产制度”内,以及散见于书中的一些地方,仍有一定篇幅谈到社会主义问题,不过其论述方式不同于熊氏译作。

1. 此译作关于社会主义或共产主义的评介

陈家瓒的译作里,涉及有关私有财产制度和社会主义或共产主义财产制度的对比分析。文中认为:财产制度方面的“根本主义”分为两大类,一是“总合主义”,一是“个人主义”。总合主义或称“共同主义”,又称“国家主义或社会主义”,指“一个人之对于货物仅有一定期间之使用收益之权利”,只有国家或其他政治团体“专有”“自由处分之所有权”。在这种财产制度下,一个人对于重要货物“无有自由处分买卖让与之之权利”,此即“共有财产制”。它意味着“凡重要之货物,皆为国家或其他政治团体之所有,一个人对之,不过仅有使用权”。奉行此主义的财产制度,大多见于史前的未开化时代,一般以土地作为实行对象,“对于一般之财产,则绝无行之者”。赞成这种主张的,不乏其人,“如共产党社会党即是”。

个人主义又称“私有主义”,指“人人对于总经济财货可以永久所有,而有完全的财产所有之权利”。从财产法角度看,古代以来曾存在奴隶制度,但今日文明各国一般禁止“视人类为财产者”,承认“人为一般财产权之主格(主体)”。另外,今日社会虽然有人认为存在阶级,但未曾以法令形式按照“其经济上之能力”来规定各阶级之间的区别。所以,“当论经济现象,自无区别阶级以立说之必要”,无必要运用阶级分析方法讨论经济现象问题。比如社会上虽然存在贵族和平民阶级,但从“经济的能力”方面看,在法令上“皆一切平等”。经济学便根据“此平等主义”讨论经济现象。至于实际上往往存在如资本家和劳动者之间在“社会阶级经济阶级”上的差异，“不能将之与法令所认者同一视”。

关于“财产所有之法制”的历史沿革，在太古之世，“全采总合主义而不认一个人之私有财产”，所有经济财货“当悉为社会之所有”。在现今社会，总合主义思想仍存在于铁道、邮便、电信、电话等“极新事物”，既有理论上的倡导，又有实际上的施行。其最显著者是国有论主张，另外还有“制限一个人之财产所有权者”如土地收用法；这只是例外，一般而言，当今文明各国“所行之财产制度则专据个人主义”。当个人所有权被法律承认后，势必不断扩张，由此造成在社会进步条件下，“一私人之利害与公共一般人之利害互相冲突”增加无已。所以，要保护社会一般人的“正当利益之进步”，不断增加对私人利益加以限制的必要，因而促使国家出面或设强制收买法，或定土地收用法，或对田野、森林、矿山、铁道、电话等财货的所有权加以种种限制，以至于将它们“总归于国有”或实行地方一级的“公有之议”。

同时，面对贫富悬隔过甚的事实，自古以来就有“基于共产主义与社会主义二者”来代替私有财产制度的议论。其中，“共产主义之说”在废止私有财产的共同目标下，涉及具体的程度、顺序、方法等，异说颇多。“社会主义者之说”则要求“全然打破”社会和经济状态上“反于正义之弊害过甚”的“现今之私有财产制度与自由竞争”，“仅以劳力为定富之分配额之标准”。为此，“采社会主义者”提出不少“极巧妙之计划与方法”，此主义的结局，“皆不免陷于共产主义”，也就是“归于私有财产（资本及土地之私有财产）之废止与个人自由之废灭”。这种社会主义论者的“共通之观念”，体现在具体的手段方法与实际采取的运动方针上，也不免大有所异。简而言之，可以确信的是，“一般设定共有财产制度，使个人之自由全然束缚，自由竞争全然歇绝”，这是“戾人类之天性”的制度，与太古至现今文明进步发达的事实，“全相矛盾”。

进而言之，以土地资本等“生产之要具”作为“社会之共有物”，完全根据“各人之劳动”分配生产物，不仅与“过去之文明进步之状态”矛盾，而且由于它“排斥自利心而仅依据公共心”，将造成经济上的进步“当全静止”，造成整个经济和一般社会“皆当静止而同归于退步”。所以说，“据共产制度以组织社会者，终无成立之一日”，或者一旦实行，很可能产生“自有人类历史以来，所未曾有之最甚之专制社会”。另外，废止私有财产制度，必然会一道“打破”或“毁损”对于道德和经济繁荣所“必要不可缺”的“家庭之神圣与家族制度”，这将是人类社会的“无上之不幸”。

况且，要强制实行“社会党所主张之共同经济组织”，须承担作为“总生产者”监督生产和监督一般消费的责任，由此不免产生“需要多数官吏之弊”。令人感到可怕的是，担当监督者的官吏，均承认上级官吏“有无限之权力”并应当

"常立于实行之地位"。这样,就使社会"至苦于古来无类之专制",又因为"有无限之干涉与监督",将比现今制度断然减少生产。其原因就在于减少或泯灭了当今社会的"自利心之活动",导致其生产"不免有甚少之结果与恶结果",这也是"彰彰在人耳目间"的"一般之事实"。①

这类对比分析,考察同时期及以前传入中国的社会主义著述,并不陌生,但在传入的经济学著作中寻找其似曾相识者,除了李佐庭的《经济学》译本,却不多见。可以说,陈家瓒译述金井延《社会经济学》的中文本,在这一分析方面,是把社会主义的内容与经济学的内容结合起来的又一个例子。其分析要点:社会的根本财产制度分为社会主义或共产主义共有制(实际上主要指国有制)与个人私有制两大类,前者在太古时代占统治地位,后者在现今社会占主导地位;当今要求限制私有制而宣扬共有制的主要理由是,社会进步条件下私人利益与公共利益的冲突,以及贫富悬隔过甚的事实;社会主义的主张是,以废止私有财产为目标(与共产主义相同),完全打破严重违反正义的现今私有财产制度与自由竞争,实行按劳分配。至此,作者分析的逻辑,似乎是在维护社会主义观点。其实不然,他的真正用意,是树起社会主义观点的靶子之后再加以攻击。如谓社会主义与共产主义如出一辙,要求废止资本和土地之类的私有财产以及废灭个人自由,由此带来的共有财产制度,将完全束缚个人自由和取消自由竞争,从而违背人类天性并与自古至今文明进步发展的历史事实完全矛盾。作者把社会党所主张的"共同经济组织",一般理解为国有制度,须任命许多官吏来承担监督社会生产与消费的执行责任,由此势必产生拥有无限权力的官吏及其可怕的专制弊端,势必减少或泯灭社会"自利心"活动从而导致减少社会生产的"恶结果"。这个例子表明,与当时引进的攻击社会主义的一些非经济学著述不同,作者从经济学理论角度,推导出在他看来毋庸置疑的"一般事实",其中还夹杂着日本人对于社会主义的某些特殊理解。

与熊崇煦和章勤士翻译伊利的《经济学概论》中文本相比,陈氏译本从经济学角度论述社会主义的结论,可谓殊途同归。二者最后都是以束缚个人自由、造成政府内少数人专权以及与人类进步的历史事实"全相矛盾"或取消私有制的"一元主义"必然招致失败等为由,否定社会主义存在的合理性。惟在各自的表述方式上,熊、章二氏的译本显得更为巧妙一些,它没有完全回避现存制度的弊端以及为解决这些弊端应运而生的社会主义的"长处",而是将社会主义区分为"平和的"与"过激的"或"极端的"两类,适当肯定前者在承认私有财产权和保护特权的前提下决非颠覆现存制度而"欲扩充现存制度",然后

① 以上引文凡出于此书者,均引自金井延著,陈家瓒译:《社会经济学》,上海群益书社 1908 年版,第 165—168,176—178 页。

再引申出自己的“社会改良策”亦即官营与民营并存的所谓“社会二元论”，事实上用社会改良策否定社会主义。而陈氏译本除了提到社会主义或共产主义的产生有其针对社会弊端的历史原因之外，其重点几乎全是站在私有财产制度上批驳社会主义或共产主义的财产制度，至于如何克服现存的社会弊端，则无暇论及。由此也可见，熊、章二氏译本的原作者，不论他的结论如何，至少在其书中表现出前后一贯的逻辑一致性；对比之下，陈氏译本的原作者，恐怕由于引用较多欧美学者的经济学著作并加以简略论述之故，难免顾此失彼而缺乏自身思想上的连贯性。当然，陈氏译本中也有些观点颇费心机，如用所谓“无阶级”论为私有财产制度辩护，称今日社会法律规定人们在“经济的能力”方面一切平等，不存在阶级差异，此即经济学所依据的平等涵义，与实际上存在的社会或经济阶级差异相区分。类似论调，可以从论战期间一些社会革命论者的辩词中，即用所谓心理的平等而非数理的平等来解释分配均平概念，以期同时维护富民和贫民的利益这一主张中，看到它的影子。

陈氏译本也提到社会改良对策问题。如解释所谓“经济政策学”中的“社会政策论”时，论及贫富悬隔所引起的“一大难题”，须采取相应的解决这一社会问题的政策。此问题指近世社会的资本家和企业家与劳动者之间的关系“不得其宜”，劳动者仇视资本家，而资本家也把劳动者视作奴隶，于是二者关系“颇呈危险之现象”。对此，研究进行拯救的手段方法时，出现了各种议论。其中“持极端论者”，主张将现今社会“从根柢打破而欲全然发行之”。此论在一些国家引发产生了社会党，其势力“非常可恐”。其结果，一方面，资本家和企业家与劳动者之间的“倾轧益甚”，前者给予后者的待遇，只是视之为“机械之一部”，即机器的附属物；另一方面，职业劳动者每每采取同盟罢工等手段加以对抗。同时，面对这一“冲突状态”，一些学者或“笃志之资本家”试图“调和之”。惟其“大势滔滔”，难以抑制，其冲突程度日益增加，于是又有“所谓社会政策之语”。社会政策的主义大体分为“自由放任说”与“依赖国家之力以讲救济之途”二者，后者又细分为两种。一种是“极端社会党所主张之社会改造说”，完全依赖国家力量解决社会问题；另一种根本否定“自根柢改造社会组织”的说法，只是主张“渐次改良其不得宜者之说”，“在从来存在的法律制度之上”，改变给予富者多数利益的状况，给予贫者同等利益，如此则可能“富之分配渐得公平”。此“极端的急进主义”与“渐进主义”二说，不仅是表面的差异，探究其内在“真相”，还存在“根本的”不同。① 可见，陈氏译本对于所谓社会政策论的理解，颇为含混。它既可以从广义上将自由放任说、依赖国家说、极端的急进主义与渐进主义等统统包含在内，意指“社会总问题之政策”，又可以从

---

① 金井延著，陈家瓒译：《社会经济学》，上海群益书社 1908 年版，第 209－211 页。

狭义上将其等同于渐次改良之说。这种狭义的理解,才与熊、章二氏译本的理解相一致。陈氏译本的论述,并非推崇社会改良对策,只是面对资本家与劳动者之间因贫富悬隔而呈现的危险现象,面对由此而产生的极端社会党要求从根底上改造或打破现存社会组织的恐怖主张,面对由此而形成的劳动者经常举行同盟罢工等难以遏制的社会冲突大势,出于维护"从来存在的法律制度"即现行社会制度的目的,不得已而为之,颇有无可奈何花落去之感。所以,它的论述重点,不是如何实行社会改良政策,而是如何以此政策来对抗社会党的极端急进主义主张。

这一点,可以有关财富分配方面的论述为例。在陈氏译本里,一则谈到分配方面的渐次改良,依据既有的法律制度,纠正其中"不得宜"的缺陷,让贫者与富者得到同等利益。至于如何落实这一改良,未予具论,只是推想实行此说,或许能使财富分配渐得公平,"亦未可知",在分配改良方面仅止于一种模糊的猜测。① 一则大谈"人为的分配"不如"自然的分配"。所谓"自然的分配",即"自由分配",以土地与资本等生产资料的私有财产制度与生产者之间的自由竞争二者为其根据。所谓"人为的分配",即"强制的分配",完全依据统治社会的权力主体的决定,此决定又建立在"指导一切之生产"的基础上。人为的分配方面,其"绝对的"实行者,"惟基于极端社会主义之共产的国家"。此"共产的国家",作为社会党的理想,纵令一时实现,也不可能持久,它是"极拙劣之手段",对于社会国家的安宁来说,"断然有不可许者"。在这两种分配制度中,现今文明各国"专行"的都是自然的或自由的分配制度,而人为的或强制的分配制度,只在太古时期的狭隘社会稍有实行,时至今日已经绝迹。自然的自由分配也不是绝对的,不免受到若干限制,但它"犹胜"于国家干涉的强制分配。国家对于分配的干涉,不像社会党所主张的那样有其必要性,这些"主张财产平等主义者",终究不过是一种"空想",如果加以实行,"不免有害而无益"。即便为了缓解实际存在的分配上贫富悬隔之弊害,需要对今日的分配制度"渐次改良",使之形成更好的"善良分配",也不能为了贫困者而在分配上"陷于空想之平等愿望"。② 说来说去,不外乎强调现行的基本经济和法律制度是不能触动的,对于实际存在的悬殊分配差距,只需渐次改良加以缓和,完全不必要考虑社会主义的分配平等"空想"。

总之,不论像熊、章二氏译本那样,用经济学的语言来抽象肯定和具体否定社会主义,还是像陈氏译本那样,给反对社会主义的言论点缀上经济学的理论色彩,它们除了以虚饰形式或从反面传递一些有关社会主义思潮的信息,对

① 金井延著,陈家瓒译:《社会经济学》,上海群益书社 1908 年版,第 210 页。

② 同上书,第 447—454、517 页。

于马克思经济学说的传入，无非是设置障碍，不可能起到推动作用。

2. 此译作关于经济学译名的说明

考察马克思经济学说传入中国的早期轨迹，不能不考察当时的话语环境，特别是舶来经济学术语从最初五花八门到逐渐约定俗成的翻译沿革情况。经济学译名的成熟程度，直接影响对于马克思经济学说的认识和理解。此所以在前面不同时期的考察中，曾持续地随着经济学译名的演变多次论及这一问题。到了陈家瓒的译本，它不仅大量沿用其原著中的日文经济名词，以及系统转译关于这些经济名词的涵义解释，还显示其原著的一个特色，即对经济名词传入日本的沿革情况，从学术上作了颇为详细的说明。

陈氏译本的这个特色，见于其讲述经济学定义的内容。它认为，经济学是研究"关于人类社会极复杂无定之现象之学问"，给予它以完全的定义，亦颇困难，只有仔细研究经济学的全部内容之后，才能知其定义。为此，先要了解经济学一词的来龙去脉：所谓经济一词，在西洋学未进入日本以前，已先存在；在"经济"后面附加"学"字，则适用于英语中的 Political Economy 一词，为三十余年前之事。换言之，日本在 1870 年左右（原作者关于三十余年前的估计是在 1902 年），开始采用经济学一词。原先的经济二字，相当于西文中"叶科诺密"一词。其一般使用意义为俭约节俭等，"有多少为修治一身整顿一家之秩序所必要"之义，又"含有自然事物之秩序"之义，意谓"在宇宙万物自有一定之经济法则之处"。譬如实行节俭和俭约，须先知一家的收入支出之大概。接着追溯西文 Economy 起源于希腊语，原为"家之法则"或"一家之秩序整顿"之义，其后冠以 Political 一词，遂超出一家的范围，适用于县、市、国等公共团体，自小推移于渐大。日本与中国原来使用"经济"一词，可谓"由广义而渐入于狭义，由大以渐移于小者"。如中文的"经"字，在古代典籍里，有"君子以经纶"（《易·屯卦》），"太宰以经邦国"（《周礼·天官》），"为夫妇外内以经二物"（《左传·昭公二十五年》），"经之营之"（《诗·大雅》），以及"经纬"、"经度"、"经纪"等。"经"字作为动词，有"治之之义"；作为名词，指"治道之常则"，含有"一致、和合、整理、秩序"之义。中文的"济"字，通"齐"，与"定"、"调"等字同义，最终也与"经"字无异。二字连用为"经济"一词，与西文的 Economy 相当。中国自秦代以来，常用"经济"一词，"适用于治天下或天下理财之道之义"，"有用于政治之意义"。日本古代亦然，如太宰纯所著《经济录》一书，其中所言"皆治国平天下之术"，可知当时"经济"二字的用法与后人相同，都是用来"论富国强兵"，今日所说的经济学，不过是其中一小部分。此后"经济"一词的用法稍狭，其中治国平天下之术的一部分如财政等，也适用于"一身一家之事"。泰西文化输入日本以来，"经济"这一熟语，适用于"研究理财及图国家之生存所必要之原理原则之学术"，进而又及于"一身一家之会计"。日本及中国现在使用"经济"

二字的意义,可谓“由大至小,由广入狭”。这一变迁轨迹,与欧洲使用“经济”一词,其意义不得不谓为“全呈反对之变迁”。①

以上说明,着重解释日本何以采用经济或经济学一词,作为对应于西方舶来专门术语 Economy 或 Political Economy 一词的译名,以及古语经济一词用作现代专有名词后,其在内涵上的演变。基于此,陈氏译本进一步考察以往西方学者对于经济学所下的定义,非流于广即失之狭,不能得其中庸的幼稚之处。表述作者自己给予经济学的定义:“经济学者,关于人类社会之学问,而专攻究关于经济上之财货之现象者”。根据这个定义,作者对他当时观察日本经济学领域,近年社会上“往往有好逞新颖之名词”的风潮,提出批评。如“以国家二字冠于经济学者”,对所谓“国家经济学”一词,认为这是误解国家主义而产生的一种“偏见”,直译自德语名词,“虽非有重大之过失,然实不得不谓为自作聪明”。因为按照向来的用语习惯,经济学无疑是关于社会国家的经济,再新添一个国家经济学名词,反而使学术界的耳目感到眩惑,“殊为无味”。一方面,此新名词往往使世人误解其范围超过单称为经济学的范围,可谓“多事”。另一方面,所谓国家经济学,既似单论国家财政的学问,又似专门研究一国内部所遵行的经济法则,这些都是经济学中一部分内容,因而有误解为经济学的一部分之虞。所以,对于国家经济学这个新名词,“全不可用”,不如遵从传统用语习惯,使用经济学这个简单名词更好。又如所谓“理财学”名词,作者也认为“决为不足采”。其理由,一是日本向来未尝使用此名词,至近年出现后,“其语意既甚不明,则世人多不能了知其真义”。日本在距今二十余年前即 1880 年左右开始使用理财学名词,这种“佶屈聱牙之文字”不如使用“通俗易解”的文字更能成为“使学术进步最良之方法”。二是理财这个熟语,其涵义较狭隘,如同财政,或谓某大臣理财得宜或某人长于理财术之义。从古代典籍看,“财”字为“满足人类之欲望之材料”;“理”字“与法则之义相同”。“财理”即“关于财之法则”,若直译英语 Political Economy 一词,与其译为理财学,不如译为财理学。这是以“理”为名词,若为动词,则有治之之义,所谓理财即为治财之义,所谓理财学者“实不过如今之财政学”。反之,若以财理学解释经济学,大致无所不宜,但不如经济二字“自古沿用以来更无窒碍者之尤为可用”。所以,作者表示“不用新颖之名词,而宁采简单之语,遂认经济学之名词为适当”。作者还提到理财学一词曾在日本“一时风行”,如专修学校常交替使用经济学与理财学二词,文部省所辖各学校至明治 26 年即 1893 年,设大学讲座皆用理财学名称。在作者看来,理财学名称终究不如今日的经济学名称更为适当。同时,作

① 以上引文均见金井延著,陈家瓒译:《社会经济学》,上海群益书社 1908 年版,第二编第一章“经济学之定义”,第 180—184 页。

者也认为，如果一定要用新颖名词，毋宁使用国民经济学或社会经济学名称较为适当。①

至于经济学名词本身，作者认为即使在国外，亦颇有异说。如自穆勒等人开始，英国人大抵皆称之为 Political Economy，独有马歇尔称之为 Economics；法国人、意大利人提出的各种名词，基本上与穆勒及其他英国人所使用的名词略同。德语中同一名词的用法，比英法意三国的含义要广，含有未被德国以外的各国认可为学问的经济政策学与财政学。若用德语中不包含此二学科而类似于以上三国用法的专有名词，则意谓国家经济学或国民经济学，其涵义"不仅稍嫌狭隘，且于经济上之国民之活动与国家之活动之间，若判然有区别者，又动辄有惹起误解之缺点"。作者从自己的定义出发，提出只有把德语中这一专有名词嵌入英语相应名词之中，称之为"社会经济学"，才"无短处"。他对于社会经济学名词，既自信其"适当"，又自称十余年前即倡导之，于五六年前始见与他见解相同的德国著述出版，其中亦将纯正经济学部分称为社会经济学。所以，作者认为，日本学者若使用新颖名词，不如采用社会经济学名词为"适合"。同时，他说，外国人使用新颖名词"固甚珍重"，因为它与向来使用的名词之间"模糊暧昧，易惹种种误谬之发生"；在日本则无此必要，因为一直使用经济学名词"至今日亦无特别之不便"。此语似乎是说，对于社会经济学这一新颖名词，西方人必须谨慎使用以免引起歧义，东洋人则不必有此顾虑可以大胆使用。最后，作者也承认，他提出经济学的定义，"颇觉漠然，欲明其意义不免感多少之困难"，或"似有甚觉漠然而缺明了之嫌"。但他坚持认为，由于近来经济学的长足进步，这种"漠然"的定义是势所必然之事，不可能提出滴水不漏、极能包容的圆满经济学定义，只有进一步探究经济学的分科来加深对其定义的理解。②

根据前面日本学者金井延对于经济学译名的考察说明，再联系这一译名传入中国后的使用情况，可以得出如下结论。第一，日本最迟到 1870 年，开始正式使用经济学译名，以适用于英语中 Political Economy 一词③。使用经济学译名，系借用早在中国古代已经存在并为日本所习用的传统熟语"经济"一词。惟经济二字的内涵演变，在日本和中国，经历了由原来的治国平天下之意到研究国家理财乃至家庭单位会计之意的转变，可谓由大至小，由广入狭；而在欧洲，经历了由原来的家庭俭约法则或收支秩序整顿之意到各种团体乃至

---

① 以上引文均见金井延著，陈家瓒译：《社会经济学》，上海群益书社 1908 年版，第 187、191－195 页。

② 以上引文均见同上书，第二编第一章"经济学之定义"，第 195－198 页。

③ 本书第二编第四章第三节考察西方经济学传入中国的早期历史时，曾提到日本学者竹浪聪的一个考证，即日本在 1862 年出版的《英和对译袖珍辞典》里，首次将 Political Economy 译为"经济学"。这一译名时间似乎稍早于金井延所说的时间。

国家的经济法则或秩序之意,可谓自小渐大,由狭入广。二者正好呈现完全相反的演变趋势。第二,西方学者对于经济学的定义广狭不一,曾引起日本学者提出其他新的译名,如国家经济学或理财学之类。在金井延看来,国家经济学一词直译自德文,据说其涵义易产生或超出或不及经济学范围的误解,"全不可用"。理财学一词自1880年左右开始采用以来,风行一时,却被认为更是不足以采用,因为此词语意模糊且含义狭隘。金井延颇反对在"通俗易解"的经济学译名之外,使用其他的新颖名词,但又提出使用像国民经济学或社会经济学这样的新颖名词,较为适当。这种自相矛盾的说法,特别是将其著作取名为"社会经济学"而不是经济学,与他本人把经济学定义为关于人类社会的学问并专门研究经济上的财货现象一说,也就是突出经济学的社会涵义,有密切的关系。他不讳言,即使他自己的经济学定义,理解起来也不免令人感到隔膜而不甚明了。他将此归结为经济学本身的发展变化,难以适应这一发展变化而作出准确圆满的定义。于此可见,经济学译名早先在日本学术界,也经历了初期使用时的游移不定过程,各种新颖名词与之争夺正统译名地位,这种局面的出现,除了译名本身需要一个为人们所普遍接受的成熟过程,尤其离不开对于舶来经济学涵义的深入理解。第三,经济学译名由日本传入中国,以其明显者而论,大致在19世纪90年代后期,这比起日本最初正式使用这一译名,晚了近30年。这一传入时期,在国内稍后有严复关于"计学"译名的权威解释,以及随着《原富》一书问世对于计学译名的推广;在日本则有各种新颖译名出现,尤其是理财学译名甚至与经济学译名并驾齐驱。如此情势下,何以经济学译名最终脱颖而出,看来同金井延一类的日本学者矢志不渝地从学术上宣扬和阐释经济学译名的科学性与合理性,大有关系。所以,经济学译名在中国的普及,不应仅仅看作先入为主式的约定俗成过程,还应看作日本学者的强力推动而从学术上战胜或排挤如计学、理财学一类有影响力的其他译名的过程。总之,陈家瓒的《社会经济学》译本,尽管对于马克思经济学说未置一词,但它在传播经济学概念的规范用法方面,不遗余力,从而也为今后至少在概念用语方面比较规范地引进马克思经济学说,起了铺垫的作用。

(四)其他经济学著作举例

以上列举的几部经济学著作汉译本,可称之为原理类著述,即如书中自称的"纯正经济学"之类,在它们中间,撇开李佐庭的《经济学》译本这一特例,均未见到有关马克思经济学说的评介。除了这些代表作,在这一时期,另外还有其他一些较有影响的经济学类著作,不妨再举出若干例证,看看其中有否可能涉及马克思经济学说。

日本法学博士小林丑三郎的《比较财政学》一书,是当时传入国内颇为引人注目的一部专题经济学著作。几乎在同时,它有两部汉译本问世。一部是张锡之、晏才杰、熊钟麟等人翻译的上下卷本，1910 年初以财政调查社的名义由日本东京九段印刷所发行；另一部是设在日本的中国经世学社翻译的上下卷本，上卷本 830 页，下卷本 615 页，1910 年初在日本东京付印，同年 4 月发行。这是一部财政学方面的煌煌巨作，在日本初版于 1905 年，仅过四年便有我国留日同仁争相翻译。其所以引起国人的兴趣，见录于这两本译作的序言。

前部译作吴冠英为之作序，其中提到中国学术不发达为普遍现象，财政便是其一。由于数千年来正人君子均不屑于讲求理财之事，将工于此道者讥为计臣并引以为戒，故国家财政一直听其自然甚至为理财必将病民之类的谬论所支配。可是，"今世讲社会政策者，其欲调和贫富阶级之悬殊，实以财政上之制度为最好之武器"，财政作用之重大，"关系于国家之发达与人民之幸福"，不容掉以轻心。我国历代所谓名臣硕学正因为不懂得此涵义，才造成历朝财政常陷于紊乱窘急之中。今日革新潮流之际，人们日渐注意财政问题，却苦于不得其良法，由此形成有识者的"同认"："今日欲谋整顿财政，必不可不先输入财政之学识，俾朝野上下先知其原理，而后可以求见诸施行"。鉴于小林丑三郎的著作于财政学理"推阐入微"，对比较各国制度"极其精详"，可资我国采择利用。其中除了财政原则"推之四海而皆准"之外，各国有自己的特别国情，我国财政正处于"过渡时代"，在财政制度的改革上更应当不拘于成见，"博采各国之所长"。① 可见，国人输入财政学的理由，与输入一般经济学原理的理由一样，都想把那些"推之四海而皆准"的原理和"各国之所长"拿来，使我国国民也像西洋东洋国家一样发达与幸福。尤其财政方面我国一直受传统讳言财利观念的影响，更需先输入财政学原理以为财政改革之指导。在这里，序言论者特别注意到财政制度在调剂贫富悬殊方面的重大作用，以此作为实行社会政策的最好武器。由此伸展开去，很可能会触及旨在解决贫富阶级悬殊问题的社会主义内容，但论者就此打住，仅仅提了一下带有改良意味的"调和"字眼，便转入财政兴革事宜的具体思量之中，根本不可能去理会马克思经济学说。

后部译作有中国经世学社的译员萧翼鲲为之作序，序中强调欲矫正今日财政之弊，必自国民能负责任始，于此又必自养成国民之常识始，常识指"能顺财政学上之学理解决财政上之问题"，这就要求将财政学的学理从财政学者的"专有"中解放出来，"普及之于国民使成为普通知识"，让国民对于财政负担"知其所以然"，知其"于国家安危民生休戚之故"，这样自然而然会使国民负起责任。所以说，学理是常识的源泉，言理财者首先应着手"普及财政学理于国民之心目中以养成其常识"。小林氏的著作内容赅博，以"精确之学理"比较论

① 以上引文均见小林丑三郎著，张锡之、晏才杰、熊钟麟译：《比较财政学》，东京九段印刷所宣统元年十二月二十日发行，吴冠英序。

述各国财政制度,突出其得失利害,可供谋国者知所取舍并有利于养成国民的财政常识,其"裨益于吾国前途"实非浅鲜。[①] 此序同样对小林氏的著作推崇备至,如果说前一译本的翻译初衷突出的是借此扫除传统的讳言财利观念,则此译本的翻译初衷强调的是借以在我国国民中普及财政学常识。萧氏序文中未提及任何有关消除或减缓贫富差距的内容,自然也不会给人带来有关社会主义的联想。然而在其原作正文译本里,仍可见涉及社会主义之处。

此原作译本分上下两卷,共六编,其目录分别为财政学总论、国家经费论、国家收入论、国家公债论、国家财务论、财政史论。第六编"财政史论"第四章"近世之财政"内,第三节"十九世纪之财政",论述自法国革命以来,"国家主义,社会主义"的学说与运动,"发达于政治上经济上"。同时,欧美国家坚持个人主义自由主义的多数学者,最近在财政学上"与国家主义社会主义两相对立",形成两大系统,国家主义社会主义者内部亦有不同论系。其中在财政学方面"唱导国家的社会主义者",不过瓦格纳一派,然而自德国"铁血宰相"俾斯麦根据瓦格纳的建议,为"镇抚社会党之政略,采用国家社会主义"以来,最近在中央欧洲已"大有势力"。[②] 财政学中涉及社会主义的这些论述,稍微点到有关社会主义学说与运动发展的背景,重点介绍瓦格纳的国家社会主义观点。根据西方学者的评介,瓦格纳(Wagner,1835—1917)自1870年起担任柏林大学政治经济学教授达46年,是"德意志帝国最重要的经济学家之一"。他"影响最久的杰出成就"在财政学方面,其中赋予国家以"十分重要"的职责,必须放在他自称为"国家社会主义"的特殊社会哲学这个较为广泛的背景下加以考察。"这个'国家社会主义'的观念,应该被理解为一种特殊德国类型的社会保守主义,建立在一种关于国家的有机概念和反对自由放任主义的基础之上"。其目标"把工人阶级结合在君主专制的国家之内,是和正在成长的社会民主党针锋相对的。这个目标要通过自由资本主义逐渐改造成为一个国家干预的经济来达到"。他主张把高度垄断化的部门收归国有,特别是运输、公用事业、银行与保险业;赞成废除房地产的私有制;提倡实行累进的所得税、财产税、遗产税、奢侈品税和资本增殖税;等等。他把德国国王威廉一世和俾斯麦也称为"国家社会主义者"。纳粹党上台时,他"被誉为国家社会主义的先驱"。[③] 如此看来,瓦格纳的所谓"国家社会主义",根本不是真正意义上的社会主义学说,而且与马克思学说指导下发展起来的德国社会民主党"针锋相对",难怪早

① 以上引文均见小林丑三郎著,张锡之、晏才杰、熊钟麟译:《比较财政学》,东京九段印刷所宣统元年十二月二十日发行,萧翼鲲序。

② 以上引文均见同上书下卷,第496、498页。

③ 参看"瓦格纳,阿道夫·海因里希·戈特黑尔夫"条目,《新帕尔格雷夫经济学大辞典》中文版第4卷,经济科学出版社1992年版,第914页。

在20世纪初引进我国的社会主义著作里，有人提出要把俾斯麦的国家社会主义排除出社会主义范畴。据于此，想在小林氏的财政学著作中寻觅有关马克思经济学说，不仅徒劳无功，而且很可能被引领到完全相反的错误方向。

日人盐谷廉、坂口直马原著，王我臧译述的《经济学各论》一书，乍看书名，似是一本专论经济学原理的著作。此译本自1910年由上海商务印书馆初版后，到1914年已发行第五版，足见其在当时的流行程度。可是，稍作翻阅，发现此书并非纯粹经济理论著作，而是用很多篇幅讲述经济实务的较通俗读物，原系日本甲种商业学校的教科书。从其目录看，全书共分四编，即货币论、银行论、外国贸易论和外国汇兑论。其中论及经济原理的内容，集中于各编的总论部分以及某些专章，如外国贸易论一编第四章外国贸易学说中，专门讨论自由贸易派与保护贸易派等。更多的内容，则大量是有关货币、银行、外贸、国际汇兑方面的经济实务。例如，银行论一编内，除总论外，各章分别论述存款、期票贴现、贷款、兑换券之发行、汇兑、农工信用、独立银行及支店、恐慌等；外国贸易论一编内，除总论和外国贸易学说一章外，各章分别论述关税及奖励金、通商条约、自由保护贸易之沿革等；外国汇兑论一编内，除总论外，各章分别论述汇兑行情、异常之汇兑行情、裁定汇兑、汇兑行情与金利之关系、汇兑行情与输出入品市价之关系、银行之汇兑事务等。可见，这部译作在"经济学"的名称下，谈论的主要是各种金融与外贸方面的专业知识，唯其实用，颇受欢迎。至于经济学理论本身，提供了一些与金融和外贸专业有关的通俗理论知识，并非其论述的重点。这样，此类著述号称"经济学"著作，徒有其名，因而也很难从基本理论方面，论及有关马克思经济学说的内容。

当时出版的"经济"译著中，还有一类属于中国经济百科全书性质的著作，主要由日本人编撰，为了系统和完整地搜集、整理与掌握中国的经济情报之用。如日人长谷川著，两湖总督署藏版《中国经济全书》，1908年5月在日本翻译出版；日本东亚同文会编，詹翰藻译《中国经济全书：中国铁路各论》第一集、第二集，1910年8月在日本出版；日本东亚同文会编，何祁麟译《中国经济全书》，1910年9月由经济学会在日本出版；经济学会编译《中国经济全书》，1911年9月出版；等等。这些著述，带有浓厚的资料性质，更少理论色彩。比如，两湖总督署藏版的《中国经济全书》译著，共分农政、土地权利之移转、劳动者、资本家、物价、人民生活程度、财政等七编，洋洋洒洒达762页，十分详细地记录了中国在这些方面的经济状况。特别是财政一编，占全书一大半篇幅，其汇总中国地方财政、中央财政、公债等方面的信息资料之详尽具体，令人叹为观止。又如《中国经济全书：中国铁路各论》，对中国境内所有铁路线路，几乎逐一排查记载其发展沿革、工程技术、沿线情况、经营方式、客货定价、营业状况等等。如此经济全书，与理论叙述无缘，自然也谈不上接触包括马克思经济学说在内的各种经济理论观点。

(五)结束语

以上关于经济学著作的举例分析，与前一节关于经济学书名篇目的系统介绍，相互印证，彼此呼应，为理解和把握辛亥革命前夕马克思经济学说传入中国的经济学背景状况，提供了第一手资料。通过这些资料，可以对这一时期西方经济学的引进与马克思经济学说的传入二者之间的关系，作出以下几点理解。

第一，国人对于西方经济学的兴趣受到时代局限性的影响，制约了马克思经济学说的传入。从广义上说，马克思经济学说也是发源于西方的一派经济学说，独成体系，卓然而立，当时在西方乃至世界上产生日益巨大的影响。按理，随着西方经济学引进中国，马克思经济学说的同时传入应是顺理成章之事。可是，本时期见诸中文报刊出版物的众多经济学文章与著作的名目，以及有代表性的若干中文经济学著述的内容，除了李佐庭的《经济学》译本为偶尔一见，几乎没有其他一书一文之名目提到马克思经济学说，亦几乎没有其他代表作之内容涉及马克思经济学说。如果只是随便选取当时的一些经济学读物，其中未见有关马克思经济学说的书名篇目或理论内容，或许还可以归结于某种偶然因素。但上述经济学著述的名目概况，经过系统梳理而成，其代表作的分析，也是选择那些最有可能或至少从题目上看来最有可能接触马克思经济学说的理论著作，如此搜索考察仍鲜见触及者，其中一定有它的必然原因。这里姑且不论那些深层次的政治经济原因，仅以思想资料而论，根据前面的概述与分析，至少有几点值得注意。一是国人中的有识者当时对于引进西方经济学来指导改变中国的落后经济面貌，寄予很大的期望，但这种期望的执行，停留在单纯仿效国外先驱者的行为、或借以抵制中国传统保守的经济观念、或用作在国民中普及经济学常识的宣传教育等浅显层面上。二是国人当时对于西方经济学的兴趣，较多集中于它的实用价值，希望借此能尽快解决我国所面临的一些最为紧迫的具体经济问题，特别钟情于那些论述财政、金融、外贸之类的著述。三是国人当时存在着对于西方经济理论在理解上的障碍，如国人自撰的经济学著述中，真正属于经济理论的著述难得一觏，引进的西方经济学著作中也鲜有基本理论之作；又如在经济理论的表述及其概念术语的翻译上，尽管来自日本方面的译名已占得先机，仍同时并存译自日文与译自西文的各种不同译法，尚未完成其约定俗成的过程；等等。处于西方经济学引进的初级阶段，自然对马克思经济学说的传入造成了各种约束性障碍。

第二，流传于我国思想界的西方经济学著述的主导倾向，限制了马克思经济学说的传入。考察马克思经济学说传入中国的早期历史，最初不是从引进的西方经济学中去寻找它的线索，而是从引进的西方社会主义思潮中去寻找它的线索，这既有其历史上的原因，也有其逻辑上的原因。从历史上看，西方社会主义思潮虽然与西方经济学的粗略形态大致同时，也就是在我国国门被强迫打开后不久，便被陆续引进国内，但二者的传播各循其途、各衔其命。西方社会主义思潮的传播过程，早在19世纪之末，已开始接触马克思及其学说，包括其经济学说中的某些理论观点；而西方经济学的传播过程，及至辛亥革命前夕，除了偶然的例外，极难看到涉猎马克思经济学说的内容。这是不能改变的历史事实。再从逻辑上看，西方社会主义思潮的产生，针对现实社会贫富悬隔的弊端，谋求加以克服或有所缓解，这与马克思学说以无产阶级的解放为其宗旨，有着天然的联系，故西方社会主义思潮的东传发展到一定阶段，势必涉及马克思学说，至少作为其中一个流派予以评介。西方经济学则不然，它的主流趋势体现的是西方国家占据统治地位的资产阶级的经济利益和价值观念，与马克思经济学说的主旨格格不入。所以，当时传入中国的各种西方经济学著译本，几乎清一色在宣扬这种正统经济学或“纯正”经济学的内容，很难给马克思经济学说留下容身之地。即便有些书如《经济学概论》和《社会经济学》之类，谈到有关社会主义的经济学说，也是在肯定私有制和经济特权，赞美自利动机和自由竞争对于推动经济发展的动力作用，以及抨击公有制束缚个人自由、造成政府专制、导致经济倒退等前提下，要么根本否定社会主义存在的合理性，要么把社会主义引向与资本主义并存的“社会二元论”，或者引向平和而非过激极端的社会改良之路。凡此种种，都以西方经济学中的主导倾向作为依据，从而阻滞了马克思经济学说向中国的传入。

第三，东传过程中西方经济学和社会主义思潮两股力量的相互渗透与结合，为马克思经济学说的传入透露出未来的曙光。迄今为止，马克思经济学说的传入，多见于东传的社会主义思潮。这一传入一直到辛亥革命前夕，局限于某个或某些经济理论观点的零星评介，既缺乏经济理论体系上的全面和完整性，也缺乏经济理论底蕴上的深度和准确性。这和当时国人中有些人出于对社会主义思潮的猎奇式兴趣，有些人只是满足于把社会主义思潮的若干观点拿来作为自己选择一般社会政策的根据，而更多的人缺乏经济学的素养，是分不开的。要培养国人的经济学素养，那时只有在引进近代经济学的学习和借鉴过程中教育和提高自己，这是一个循序渐进的过程。在这个引进过程的初期，西方经济学与社会主义思潮几乎完全隔膜，也谈不上国人用经济学的理论眼光看待社会主义思潮。后来在引进的西方经济学著述中，逐渐渗入一些社会主义的内容，尽管是附带提及或把它置于批判对象的位置上，却起到引导国人学习从经济学角度来看待社会主义的作用。到本时期，西方经济学著述的引进，仍不足以使国人具备分析和评价社会主义经济学说的良好素养，但出现《经济学概论》这样的汉译本，在宣扬作者自己的社会改良方案的同时，又从纯粹经济学的角度对社会主义作了某种肯定的评论。这显示了一种趋势，即近代经济学的传入，正与社会主义思潮的传入逐渐结合起来，在经济学著述里不断增多关于社会主义的论述，这种论述逐步褪去一些固有的偏见（或将这些偏见隐蔽起来而非赤裸裸地表达），并加入一些相对客观的成分。这一趋势，尽管限于在体现西方主流社会意识形态的经济学范围内谈论社会主义，但它就像一把双刃剑，既传播了西方所谓纯正经济学的价值观念，也为经济学领域传播社会主义思潮，创造了条件。在这种趋势的孕育下，势必突破原来主要从社会主义角度引进和评介马克思经济学说的局限，使类似李佐庭的《经济学》译本之评介马克思经济学说不再成为个别偶然现象，从而拓展直接从经济学角度引进和评介马克思经济学说的新领域。从这个意义上说，这一趋势已经透露出马克思经济学说未来传入中国的新的曙光。

第四编

1912—1916:马克思经济学说传入中国的初步扩展阶段

辛亥革命之后,中国面临的国内外形势,在1912—1916年,既是多事之秋,又发生深刻变革。1912年4月1日,孙中山解除临时大总统职务,中华民国临时政府仅存在3个月便夭折,被袁世凯的专制统治取而代之,从此进入军阀专权独裁和割据混战时期。同时,辛亥革命推翻清朝统治,结束了延续两千多年之久的君主专制,建立了共和国,又使国民在思想观念和社会生产力方面,突破传统专制统治的长期禁锢,得到空前的解放。1913年4月,袁氏政权未经国会同意,非法与英、法、德、日、俄五国银行团签订《善后借款合同》,用中国全部盐税为担保,以寻求帝国主义的支持。这一卖国行径表明,为了反对中国民主派,"整个欧洲的当权势力,整个欧洲的资产阶级,都是与中国所有一切反动势力和中世纪势力实行联盟的",由此揭示了"辛辣的真理",即"落后的欧洲和先进的亚洲"①。1914年8月第一次世界大战爆发,给日本帝国主义妄图独占中国以可趁之机,袁氏政权出于复辟帝制的需要,与日本

① 列宁:《落后的欧洲和先进的亚洲》,《列宁选集》第2卷,人民出版社1960年版,第449—450页。

政府秘密签订丧权辱国的“二十一条”。这一卖国条约激起中国人民的强烈反对，加上反对袁世凯恢复君主制的护国运动迅猛发展，迫使袁氏于 1916 年 3 月取消帝制，随即在全国一片唾骂声中病死。大战期间各帝国主义国家忙于战争，暂时放松对中国的压迫，加上全国掀起抵制日货、提倡国货的爱国运动，给中国资本主义经济的发展提供了有利机会，形成民国初年的“黄金时代”。随着中国资本主义的发展和外国在华投资的增加，国内产业工人队伍不断成长，在反剥削反压迫的经济斗争和反帝反专制的政治斗争中成为一支坚强力量；1915 年 9 月，陈独秀在上海创办《青年杂志》，不久改名《新青年》并于 1916 年迁至北京出版，标志着提倡民主科学、反对尊孔复古、推动文学革命的新文化运动的兴起。这些重大事件相继发生，集中于本时期短短几年内，意味着中国过去在专制皇权末期作为常态的僵化顽固和停滞不前的沉睡状况，正被各种新兴力量打破而透露出日益觉醒的前景。

对于中国的形势变化，列宁曾于 1913 年 5 月 7 日在《真理报》上，以《亚洲的觉醒》一文指出：“中国不是早就被称为长期完全停滞的国家的典型吗？但是现在中国的政治生活沸腾起来了，社会运动和民主主义高潮正在汹涌澎湃地发展。”世界资本主义和 1905 年俄国运动“彻底唤醒了”包括中国在内的亚洲，“几万万被压迫的、沉睡在中世纪停滞状态的人民觉醒过来了，他们要求新的生活，要求为争取人的起码权利、为争取民主而斗争”。世界解放运动的强大增长，使欧洲资产阶级“投身到反动势力、军阀、僧侣主义和蒙昧主义的怀抱里去”；而“欧洲各国的无产阶级以及亚洲各国年轻的、对自己力量充满信心和对群众充满信任的民主派，正在起来代替这些活活地腐朽了的资产阶级”。并预言：“亚洲的觉醒和欧洲先进无产阶级夺取政权的斗争的展开，标志着二十世纪初所揭开的全世界历史的一个新的阶段。”[①]列宁的分析，突出了中国从沉睡中觉醒起来的基本特征，形成蓬勃发展的“社会运动和民主主义高潮”，他的预见，同样为中国未来发展的历史进程所证实。

中国的觉醒，为马克思经济学说的传入，创造了继续扩展的有利条件。这一传入在本时期的扩展，仍是初步的，尚未摆脱一般社会主义思潮或无政府主义思潮的附属物形态，尚未形成独立的发展态势。但这种扩展，又是不容忽视的。它不仅表现为涉及马克思经济学说的评介著述在数量上的增多，而且表现为著述质量的提高和接受其学说观点程度的加强。这一时期，以孙中山为代表的革命民主派，重新掌握引进和介绍马克思学说的主导权；以《资本论》为主的经济理论内容，逐渐成为国人关注马克思学说的一个热点；围绕马克思经

① 列宁：《落后的欧洲和先进的亚洲》，《列宁选集》第 2 卷，人民出版社 1960 年版，第 447—448 页。

济学说的评介，出现一些新的争论性观点；等等。这些，都是本编考察的重点内容。此外，经济学论著中评介马克思经济学说的例证，已非个别现象，在逐步扩展。伴随马克思经济学说的传入，本时期流行于国内的社会主义思潮以及经济学著述，作为其背景资料，无论从纵向衔接还是横向影响看，具有不同寻常的意义，亦放入本编加以考察。

第一章 孙中山的革命民主派与马克思经济学说的传入

纪念孙中山诞辰九十周年时，毛泽东撰写文章指出，孙中山在中国民主革命准备时期，“以鲜明的中国革命民主派立场，同中国改良派作了尖锐的斗争。他在这一场斗争中是中国革命民主派的旗帜”[①]。孙中山在革命党人向袁世凯妥协，被迫辞去临时大总统后，仍一直坚持领导中国民主革命派展开同国内外反动势力和改良派的不懈斗争。1912 年 8 月，以同盟会为基础，联合其他几个小党派，组成国民党，推选孙中山为理事长，成为当时国会中第一大党。1913 年 3 月，袁世凯派人刺杀宋教仁，孙中山力主并筹划起兵讨袁，发动“二次革命”，旋即失败，再度逃亡日本。1914 年 7 月在日本东京召集部分国民党员组成中华革命党，重举革命旗帜，两次发表讨袁宣言，促成声势浩大的护国运动，直至 1916 年袁氏死后，将其党总部迁至上海。这一期间，孙中山领导的革命民主派未曾放松革命舆论的宣传。唯其如此，1905－1907 年论战后，连续几年在评介马克思学说方面似乎比较沉寂的革命民主派，本时期再露锋芒，一改前些年在翻译和介绍马克思学说领域，几乎由无政府主义者独领风骚的局面，重新主导马克思学说的引进局势。在马克思经济学说的评介方面，孙中山同样是中国革命民主派的一面“旗帜”。

第一节 孙中山对于马克思经济学说的评介

根据宋庆龄的叙述，孙中山早在 1896－1899 年旅欧期间，已经知道马克思和恩格斯及其代表作《资本论》和《共产党宣言》，只是未能将马克思、恩格斯所代表的真正的社会主义与西方某些资产阶级改良主义者所主张的社会主义

① 毛泽东：《纪念孙中山先生(1956 年 11 月 12 日)》，《毛泽东选集》第 5 卷，人民出版社 1977 年版，第 311 页。

加以区别;当时他也听到了关于列宁和俄国工人革命活动的消息[①]。不过,查阅这一时期孙中山自己的著述、讲演或谈话记录,并未看到其中任何文字涉及马克思及其学说,倒是提出最服膺美国人亨利·乔治的单税论,表现出对于土地公有或土地国有论的兴趣。20世纪初的几年间,有关孙中山经济思想的国内与外电报道中,表述平均地权思想者居多。1905年5月,他曾以中国革命社会党领袖身份,访问设在比利时布鲁塞尔的国际社会党执行局,解释中国社会主义者的目标如不必经过资本主义制度的过渡而从封建主义社会直接进入社会主义社会、设想将来生活在完全的集产主义制度之下等[②],这一时期,同样没有看到他论及马克思学说的文字记载。直至1905－1907年论战期间,在社会革命派阵营中,第一次出现朱执信主要从正面评介马克思学说包括其经济学说。孙中山本人的理论关注点,本时期似乎集中于创设和阐释民生主义概念,为此更多地参考乔治的土地单一税思想,对于马克思的经济学说,仍未置一词。此后,辛亥革命前一段时间里,孙中山一派在评介马克思学说方面几乎未闻其声,让无政府主义支持者在转译介绍马克思、恩格斯著述方面争得先机,同时在论述社会主义方面也乏善可陈,显露出一派沉寂景象。至此为止,孙中山没有公开论及马克思学说,并不排除他可能早已接触或研习过马克思学说并以此影响他的支持者,而是说从目前保留的文献记载看,未能提供他在以上时期内以某种公开形式引进和评介马克思学说的文字依据。根据现有文献,孙中山对于马克思学说的公开评介,最初见于辛亥革命刚结束的民国初年。他的评介,与民生主义即社会主义相联系,大多着眼于经济方面,其内容主要属于马克思经济学说,体现了革命民主派旗手的理论视野和评介重点。下面,先对本时期孙中山的民生主义或社会主义思想作一概述,然后分析他评介马克思经济学说的内容与特点。

一、孙中山的社会主义思想概述

孙中山的社会主义思想,在辛亥革命前后,表现出相互联贯的持续发展过程。他很早便接受了西方社会主义思潮的影响,并致力于结合中国实际加以理解和运用。从1905年访问国际社会党执行局的外电报道看,那时他已经以代表中国社会主义者的中国革命社会党领袖为己任。同时,他为社会主义起了一个独特的中国式名称即民生主义,突出其解决“民生”问题的经济涵义,最初把重点放在解决土地问题上,提出有名的平均地权论。平均地权的要旨,谋

① 宋庆龄:《孙中山——坚定不移,百折不挠的革命家》和《孙中山——中国人民伟大的革命的儿子》,《宋庆龄选集》,人民出版社1992年版,上卷,第487页,下卷,第242页。

② 王以平译:《孙中山访问布鲁塞尔社会党国际局的一篇报道》,见《国际共运史研究资料》第3辑,人民出版社1981年版,第286页。

求国民平等享有"文明之福祉"。主张"改良社会经济组织，核定天下地价"，核定的地价，仍属原主所有；"社会改良进步之增价，则归于国家，为国民所共享"。由此创造"社会的国家"，将使家给人足，四海之内无一夫不获其所，其矛头指向那些"敢有垄断以制国民之生命者"。[①] 这一思想，主要参考乔治的单一税论，又以"无有贵贱之差、贫富之别，轻重厚薄，无稍不均"的"国民平等之制"内涵[②]，带有浓厚的中国传统均平观念。他创设民生主义一词，区别于西方的社会主义，恐怕还有一个重要原因，认为中国与欧美国家所面临的社会问题，不尽相同。在他看来，欧美国家的社会问题已是积重难返，不能避免破坏式社会革命；中国尚处于幼稚时代，现在着手改良社会经济组织，比较容易防止将来像欧美国家那样发生大灾祸式社会问题以及随之而来的社会革命。换句话说，似乎民生主义针对的是经济比较不发达因而贫富差距也不甚悬殊的中国情况，而社会主义针对的是经济发达因而贫富差距悬殊的欧美国家。不过，民生主义与社会主义这两个名词，从孙中山的使用看，区分不那么严格，常常交换替代使用，如称欧美社会党所提倡的民生主义是一种很繁博的科学，等等。

辛亥革命之前，孙中山已形成这些社会主义的思想要素及其特征，辛亥革命之后，不仅继续保持下来，而且发扬光大。1911 年末他与江亢虎的那次著名谈话[③]，表明对社会主义的理解还在不断深入。一是表示自己"竭力赞成"社会主义，认为社会主义处于发展之中并代表了进步的方向，如谓"此主义向无系统的学说，近三五年来研究日精，进步极速"等等；同时痛惜国民知悉社会主义之名并了解其意者甚少，主张"广为鼓吹"社会主义，"使其理论普及全国人心目中"。意味着要以社会主义作为指导中国人民的理论基础，尽管这一主义在他看来尚缺乏系统的学说。二是区分社会主义的理论与方法，对于理论，要求鼓吹和普及；至于方法，"原非一成不变者"，强调"因时制宜"。在这里，似乎提出了不能一味照搬社会主义理论，要联系中国实际加以应用的问题。三是自称"完全社会主义家"，其"完全"之义，不仅限于民生主义、平均地权、专征地税之一端，此端"较为易行，故先宣布"，其余部分有待参考"欧美最新社会主义名著"再予以展开。照此说来，以平均地权为其特征的民生主义，只是"完全社会主义"的一个组成部分，而且是中国当时相对于欧美国家"较为易行"的一个特定部分，这恐怕也是"因时制宜"的涵义之一。进而言之，"完全社会主义家"意味着，中国实现民生主义目标，只是阶段性目标，还要继续追求"完全"的

① 《中国同盟会革命方略》(1906 年秋冬间)，《孙中山全集》第 1 卷，中华书局 1981 年版，第 297 页。

② 同上书，第 317－318 页。

③ 参看《与江亢虎的谈话(1911 年 12 月 30 日)》，同上书，第 579－580 页。

社会主义目标。这样的社会主义理念，与同期孙中山就任临时大总统时，其宣言书表示倡言“革命主义”或以“革命之精神”确立中华民国的基础，将临时政府视为“革命时代之政府”的信念①，也是一致的。

自此以后，社会主义或带有深刻社会主义印记的民生主义，成为孙中山矢志不渝追求并广为宣扬的理想。以1912年为例，诸如：

3月3日，中国同盟会本部在南京召开会员大会，推举孙中山为总理，制定《中国同盟会总章》，规定本会“以巩固中华民国，实行民生主义为宗旨”，其九条政纲中又提出“采用国家社会政策”②。所谓“国家社会政策”，应与论战中以孙中山为代表的社会革命派所主张的“国家社会主义”或“国家民生主义”无异。

4月1日，孙中山在南京同盟会会员饯别会上发表演说：中华民国成立，在三大主义中，已实现民族与民权两主义，“唯有民生主义尚未着手，今后吾人所当致力的即在此事”。其背景，“社会革命为全球所提倡”，乃针对今日“最富强”、“最文明”的英、美、法等国，“贫富阶级相隔太远”，“不免有许多社会党要想革命”。在那里，“未经社会革命一层，人民不能全数安乐，享幸福的只有少数资本家，受痛苦的尚有多数工人，自然不能相安无事”。英美诸国文明进步，工商发达，存在资本家之类障碍物，“社会革命难”，须用武力加以推行；中国文明未进步，工商未发达，未产生资本家，“社会革命易”，且“不必用武力”。中国作为穷国，没有资本家，“行社会革命是不觉痛楚的”。但不能因此搁置社会革命，须防患未然，否则，待形成贫富阶级时再图此事，失之已晚。将来资本家的压制手段恐怕更甚于专制君主，到那时再实行社会革命，难说不会产生杀人流血等“何等激烈手段”和“何等危险现象”。在中国，“若能将平均地权做到，那么社会革命已成七八分了”。如今新政府成立，应将从前所有土地分三等照面积纳税，改为按各种不同的等级照价收税，“贵地收税多，贱地收税少”。土地升值“大抵为铁道及地业发达所坐致，而非由己力之作成”，不能让有田地者坐享其成，导致“地权不平均”。其平均之法，由于国家无力量收买全国土地以实现土地国有，所以，“最善者莫如完地价税一法”。其法，富人须照地价按比例纳税；国家在地契中注明，国家一旦需要，随时可照地契之价收买，以防地主故意高下其地价。二者互相表里，土地“不必定价而价自定”。土地为生产原素，“平均地权后，社会主义则易行”。土地问题外，还有资本问题。我国欲兴大实业，不能不借外债以解决“苦无资本”问题，随着产业勃兴，又将因资本家的出现而产生流弊。“一面图国家富强，一面当防资本家垄断之流弊。此防弊之政

① 《临时大总统宣言书(1912年1月1日)》,《孙中山全集》第2卷，中华书局1982年版，第2—3页。

② 《中国同盟会总章(1912年3月3日)》，同上书，第160页。

策，无外社会主义”。中国同盟会的政纲中规定“采用国家社会主义政策”，即此原因。现今德国以英美等国为鉴，思患预防，已采用这一政策，“国家一切大实业，如铁道、电气、水道等事务皆归国有，不使一私人独享其利”。“中国当取法于德”，而中国优于他国之处，除田土房地之外，一切矿产山林多为国有，便于实行“国家社会政策”。总之，中国文明将来“不止与欧美并驾齐驱”，关键在于“思患预防”，“采用国家社会政策，使社会不受经济阶级压迫之痛苦，而随自然必至之趋势，以为适宜之进步”。[①] 这篇演说辞，是孙中山被迫辞去临时大总统的同时，第一次较为系统地阐述新建共和体制下如何认识和实行民生主义。其中的主要论点和基本原则，在考察论战期间社会革命派关于民生主义或社会主义的观点时，已经有所了解。这表明，孙中山一直是社会革命派阵营的领袖和理论旗手，只不过在论战期间，其理论阐述更多由他的支持者们来表达，现在，他从后台的运筹帷幄站到前台，亲自公开宣讲自己的理论主张。这也表明，他对于中国实行社会主义，或者说，对于独创区别于欧美国家的中国民生主义之路，有着一以贯之的执著精神。

4 月 4 日，孙中山在上海回答《文汇报》记者问，再次申明解去临时大总统后，“当竭力从事于社会上革命”。在他看来，社会革命比起已经完成的政治革命“愈属重大”，不能诉诸武力，“必须以和平手段从事”；中国未经开发的经济条件，又使中国的社会革命事业“比诸欧美各国较易达到目的”。他自称“极端之社会党”，表现为“甚欲采择显理佐治氏之主义施行于中国”。其目的，一是实现“中国无资本界、劳动界之竞争，又无托拉司之遗毒”，消除阶级斗争和托拉斯式的资本垄断；二是实现“国家无资财，国家所有之资财，乃百姓之资财”，似含有全民所有制意味。其实行方式，民国政府“将国内所有铁路、航业、运河及他重要事业，一律改为国有”。[②] 在这里，他钟情于亨利·乔治的思想，由来已久，而将这一思想称为社会党中的“极端”者，却属罕见。探求他的民生主义思想来源，很明显，非常倚重乔治的思想，除此之外，也不能忽视中国传统理想对他的影响。如当时他赞成“使先贤大同世界之想象实现于二十世纪”，以此理解理想中的“文明之域”[③]，就是一例。

4 月 10 日，孙中山在武昌发表演说，批判反对社会革命的言论。如有人说，中国生活程度低，资本家未尝发见，欧美国家的现象正与我国相反，它们尚且担忧难以实行社会主义，遑论我国，故中国的当务之急远非社会问题。他称此论者为“浅见之徒”。其观点是，欧美各国正在改良政治，忽视了社会事业，

---

① 以上引文均见《在南京同盟会会员饯别会的演说（1912 年 4 月 1 日）》，《孙中山全集》第 2 卷，中华书局 1982 年版，第 318－324 页。

② 《在上海答〈文汇报〉记者问（1912 年 4 月 4 日）》，同上书，第 331－332 页。

③ 《批黄兴等呈（1912 年 4 月 3 日）》，同上书，第 331 页。

遂使社会事业败坏,以致今日无从扭转,只能采取补苴罅漏政策,这是“失策”。由此带来资本家的专制,更甚于专制皇帝。后者专横“犹不敢公然以压抑平民为帜志”,资本家则“以压抑平民为本分”,“对于人民之痛苦,全然不负责任”。一言以蔽之,“资本家者无良心者也”。以此为借镜,“今吾国之革命乃为国利民福革命,拥护国利民福者,实社会主义”,所以,“欲巩固国利民福,不可不注重社会问题”。照此理解,社会问题等同于社会主义问题。他还认为,近来欧美工人为反抗资本家,经常举行同盟罢工,总归无效,因为资本家掌握经济命脉,最终迫使贫穷的工人不得不屈从。所以,他否定“同盟罢工为社会主义”,提出罢工是“无法行其社会主义”时采用的方式,借此表达工人的痛苦,“非即社会主义”。[①] 姑且不论他对欧美工人罢工的诠释是否正确,他对西方国家资本家专制的弊害之刻骨铭心,极具震撼力。正因为如此,他更加坚定了中国在改良政治的同时,未雨绸缪,重视社会问题并推行中国式社会主义的意志和信心。

4 月 16 日,孙中山在上海同盟会机关发表演说,其主旨,一边提倡同盟会的“唯一之政纲”三民主义中,应以民生主义为“今后吾人之所急宜进行者”;一边批驳那些反对提倡民生主义的说法。针对有关欧美文明国家尚无“社会主义之实际”,更何况中国;以及若不极力提倡资本家和图谋发展实业,将无法抵制外国资本家势力对于我国经济的垄断控制,中国人将在当今经济竞争世界中无立足之地等理由,他阐述了自己的观点。认为:民生主义并不反对资本,而是反对资本家作为“少数人占经济之势力”,“垄断社会之富源”。例如,全国铁道掌握在一二资本家手里,其力量可以垄断交通,制旅客、货商、铁道工人之死命;土地归少数富人所有,可以控制地价及其所有权,妨害公共建设,使平民永无立锥之地。只有“土地及大经营皆归国有,则其所得,仍可为人民之公有”。国家的举措,其利益着眼于国民福利,不像少数人垄断,“徒增长私人之经济,而贫民之苦日甚”。概言之,民生主义的实质,“排斥少数资本家,使人民共享生产上之自由”,故“民生主义者,即国家社会主义也”。[②] 这番阐述,令人再次想起当初论战时,社会革命派对梁启超等人以同样理由反对民生主义的批驳立场。不同的是,论战时期,在孙中山看来,尚未完成推翻满清政府统治的任务,不可能实施诸如铁道国有之类的国有政策。因为满清政府是“君主专制之政府,非国民公意之政府”,此时国有,“其害实较少数资本家为尤甚”。首先是“排斥少数人垄断政治之弊害”,只有完成推翻清政府的民权主义任务

① 《在武昌十三团体联合欢迎会的演说(1912 年 4 月 10 日)》,《孙中山全集》第 2 卷,中华书局 1982 年版,第 332—333 页。

② 《在上海南京路同盟会机关的演说(1912 年 4 月 16 日)》,同上书,第 337—339 页。

后，才可以实行民生主义。[①] 由此也说明了他在辛亥革命之后，将民生主义问题放到如此突出和重要地位的内在思想逻辑。

4月17日，孙中山在上海中华实业联合会欢迎会上发表演说，面对实业界人士，先强调其信奉三民主义，“以民生为归宿，即是注重实业”，强调非振兴实业不能拯救“极贫之国”。接着，话锋一转，着重论证民生主义“非以社会主义行之，不能完全”。一是对“社会主义系反对资本家”的质疑作出解释：此质疑“不知资本家应维持，如何反对，特资本家之流弊，则不能不防备”。如美国的煤油大王、铁路大王等大资本家，几乎操纵全国经济命脉，“任其专利，以致其国虽强，其民仍复苦楚”。中国应以此为鉴，“既求国利，更应求民福”。二是对“社会主义系均贫富，中国万做不到”的疑虑给予说明：所谓“贫富相均”，意谓“富者不能以专制剥削民财，贫者乃能以竞争分沾利益”，不能将“均”误解为“夺富者之财以济贫”。提倡实业的宗旨，与自己主张“实行民生主义，而以社会主义为归宿，俾全国之人，无一贫者，同享安乐之幸福”的素志，紧密联系在一起。[②] 前一解释，似乎从原先民生主义不反对资本而反对资本家的立场，后退了一步，变成社会主义应维持资本家而只是反对或防备“资本家之流弊”。同一演说的另一记录稿，未见这个说法[③]，此或系漏记，或系前一记录误记。不过，稍加斟酌，孙中山一向反对的并不是资本家，而是资本家的“专利”或“专制”。在他看来，这是两个概念，可以分开处理，在现阶段，可以允许资本家，但不能允许资本家的专利或专制。后一说明，保持论战以来的一贯立场，把均贫富之“均”，理解为约束或制止富人的“专制剥削”，在此前提下，提供贫民参与竞争以分沾利益的平等机会，并非通过暴力强制方式夺富以济贫。采取何种非暴力方式实现这一前提，此论未及，大概是所谓的平均地权之法。照此理解，前一解释与后一说明，其涵义便相互一致了。看来有关现阶段不反对资本家、只反对资本家专利之流弊的解释，原本就是孙中山思想中的应有之义，不存在立场后退之类的矛盾。由此延伸，去除资本家的专制剥削，形成人人平等竞争以获利的局面，将来也就没有什么资本家了。或许这就是他“实行民生主义，而以社会主义为归宿”的寓意，即通过现阶段的民生主义来达到将来的社会主义。

5月4日，孙中山在广州报界欢迎会上发表演说，又提出今后欲谋国利民福，“惟有实行提倡民生主义”。他认为，像美国和法国实行共和制的先进国

---

① 同上书，第338页。

② 《在上海中华实业联合会欢迎会的演说(1912年4月17日)》，《孙中山全集》第2卷，中华书局1982年版，第339－340页。

③ 此篇演说词有两份不同的记录，二者内容文字互有异同，一份见于上海《民立报》1912年4月18日《中华实业联合会欢迎孙先生记》，另一份见于中国国民党中央委员会宣传部编《总理演讲新编》(南京1930年3月版)。参看《同题异文》，同上书，第340－341页。

家,何以今日"社会主义尚阻碍不行",因为两国政治操于大资本家之手。所以,我国革命"不必取法于各国,或且驾美法而上之"。凌驾于美、法二国之上的办法,乃并举"事简而易行"的税契及平均地权之法。此法之平均,不同于古代井田之法。今日地少人稠,面积不能平均,税率也不同,如繁华区域和荒僻之地的地价有天渊之别。随着我国工商发达和物质进步,如不及早平均地权,大资本家将争先恐后投资土地进行投机,土地有限,势必产生经济大恐慌,"至有与平民以失业之痛苦之一日"。实行税价法及土地收用法,大资本家不必投机于此,投资于工商业,然后才可以达到大多数人幸福之目的。这是"自然平均之法",以"照价纳税"和"土地国有"二者互为因果,双方并进。此法意在谋子孙幸福,摆脱"大地主、大资本家无穷之专制"。它不是民生主义的全部经济内容,只是"在今日宜实行民生主义之第一级"。① 他希望通过报界舆论宣传,使全国人民都了解按价纳税及平均地权的大利。所论其法内容,一如前述,无甚新意,但他创设此法,不是跟在西方先进国家后面亦步亦趋,而是根据中国实际另辟蹊径,并力图超越它们而上之,亦足见其雄心壮志。稍后,5 月 13 日,孙中山为广州报界人士解疑释惑,对比欧美国家的"大资本家富有土地者",指出今日中国尚无有此类人物,"土地国有,无损于民"。否则,像今日欧美国家,一国需要和"民生权"掌握在少数托拉斯手里,它们违背供求规律,供大于求时藏而不沽,使物品有贵而无贱,此可谓"经济界之无政府"。有鉴于此,我国将来要预防"土地之托拉斯",平均地权之法正是"以其利还之大众,而不使利归于数托拉斯"。② 这是运用西方垄断条件下的经济无政府主义理论,作防患于未然的警示和告诫,为我国推行平均地权方案扫除思想障碍。

6 月 9 日,孙中山在广州行辕先后对议员记者发表演说,与各界谈话,其内容几乎都是围绕着平均地权思想中的就地征税或地价抽税问题。在他看来,按地价抽税之法,当今世界多用,"平均之甚","从根本上解决"地权不平均问题。此法"视地价之贵贱,为抽税之多寡",最为简单,比清代一条鞭法更加公平。我国若不早作预防,会使少数人独享随社会进步而增长的地价之利,"聚此大资本以垄断高贵之地,则可以制世界之死命,将来必变出资本家与工人划分两级之世界"。当今外国土地权全掌握在少数大资本家手上,"其势必流于资本专制,其害更甚于君主专制"。土地来自天然而非人为,就地征税,"义所应有"。此项税收足以应付国用,进而可以免去其他一切租税,故又称"单税法"。为了防止业主自行申报地价时以贵报贱,须附加一个条件,声明公家随时可以照价购回土地。这不同于世界学者大多主张的"地归国有",而是

① 《在广州报界欢迎会的演说(1912 年 5 月 4 日)》,《孙中山全集》第 2 卷,中华书局 1982 年版,第 354—356 页。

② 《在广州对报界公会主任的谈话(1912 年 5 月 13 日)》,同上书,第 364—365 页。

"地不必尽归国有"，只在公家需用土地时加以收购。收购中要求确定公道价格，对于原有地主，"不惟无损，且有利益"。实行就地抽税，国家变成"何等富厚"一大业主，"国家为人民所有"，由此"无论贫富，皆能享受幸福"。所以说，此法"实为民生主义社会主义手段之一种"，而且机不可失，失不再来，"及今不行，后将无及"。[①] 初看起来，这些演说或谈话的起因，似乎是为民国成立后急需重建财政以支持新兴建设的形势所迫，才谈及税收问题。其实，他从未因财政困难而沉湎于一时权宜之法，相反，谈税收问题，总是着眼于根本制度，试图凭此改变曾经导致贫富悬殊的现成西方模式，在中国的土地上建立起公平合理的社会经济制度。这也是他把就地抽税看作"民生主义社会主义手段之一种"的真意之所在。

7 月中下旬，孙中山在上海接见美国代表的谈话中指出，他的思想与精力正集中于从社会、实业与商务几个方面重建国家，进行"中国的社会革新"。这一社会革新的重要背景，看到"西方国家劳资间的不协调以及劳工大众所处的困境"，因而"希望在中国能预防此种情形的发生"。他认为，实业的发展和生产的增加，"必将有加深劳工阶级与资本所有者之间分野的危险"。面对这一危险，"希望看到人民大众的生活状况获得改善，而不愿帮助少数人去增殖他们的势力，直至成为财阀"。中国迄今尚没有形成大量中产阶级，没有欧美产业发达国家社会存在的那些缺点，需要开发自己广大的资源，对数量上占优势的农民灌输新观念，建立有助于资本成长与流通的新实业等，"完成一些有益于我们民众的事"。[②] 在这里，他没有指明"中国的社会革新"，是何涵义。他希望避免出现西方国家劳资对立的危险和劳工大众的困境，不愿帮助国内少数人发展成为欧美国家大资本家那样的财阀，以及关注走出一条没有欧美发达国家的社会缺陷的中国式发展道路等，从这些内容看，他所指的，正是民生主义意义上的社会主义。他不仅在国内广为宣扬民生主义，还把这一主张介绍给国际社会，其坦荡磊落之处，是他的立足点，站在为人民大众而非为少数人谋利益的立场之上。

8 月 13 日，孙中山致电同盟会各支部，表示赞成五党合并组建国民党的宗旨和党纲。其中"采用民生政策"一条，明确为"施行国家社会主义，保育国民生计，以国家权力，使一国经济之发达均衡而迅速"。[③] 党纲中的这一条，与前述中国同盟会政纲中"采用国家社会政策"即采用国家社会主义政策，一脉

① 《在广州行辕对议员记者的演说(1912 年 6 月 9 日)》和《在广州行辕与各界的谈话(1912 年 6 月 9 日)》，《孙中山全集》第 2 卷，中华书局 1982 年版，第 369－371、371－372 页。

② 引自孙中山在上海接见纽约《独立杂志》特约代表、美国长老会在华代言人李佳白(R. G. Reid)的谈话记录。此记录曾以《中华民国》之名，发表于 1912 年 9 月 9 日出版的纽约《独立杂志》(The Independent)。同上书，第 392－393 页。

③ 《致同盟会各支部电(1912 年 8 月 13 日)》所附《国民党宣言》，同上书，第 399 页。

相承。不久,他给社会党崇明支部地税研究会的复函中,再次明确"单税一事为社会主义进行之一端",具体体现为自创的土地照价征税之法。同时对社会党的江亢虎"发起社会主义,深具救世之婆心",予以称道。[①] 他为了推广其中国式社会主义思想尤其国家社会主义思想,可谓不遗余力。

8月25日,孙中山在国民党成立大会上发表演说,重申三民主义主张,宣传至今民族、民权已达目的,惟民生问题尚待解决。有所不同的是,这次讲演偏重于申辩民生主义不是"劫富济贫,扰乱社会秩序"。为了打消富人的顾虑,宣称"要知民生主义,富人极应赞助提倡之",因为民生主义的实质"防止富人以其富专制毒害贫民","以富人虽富,不使以其富害贫人"。换言之,民生主义不是剥夺富人,而是防止富人恃富凌贫。我国不同于欧美国家,曾受君主专制之苦,"尚未受资本家之苦",不了解"资本家以富毒害人民之法"。我国"资本家尚无","不可不预为富人劝告,预为贫人防备",此即民生主义。[②] 同一演说的另一记录,将"富人"说成"小康之家";民生主义的目的,关键在于"预防资本家压制贫民",或谓我国"资本家尚未发生,但能预防资本家之压制,民生目的即可达到"[③]。据此,所谓富人极应赞助提倡民生主义的说法,包含两层含义。一层含义是民生主义将有助于富人即小康之家的发展,另一层含义是民生主义将有助于富人发展的同时不损害贫民的利益即二者共同发展。这里的前提是,中国目前尚无资本家,富人不是资本家,亦不存在资本家压制毒害贫民的情况。所以,民生主义只是预为之谋,着眼于未来防备产生类似欧美国家的资本家专制现象。既然是预防,当然不会触动现实中富人的既得利益,反而给他们描绘一幅继续致富的美妙前景。这恐怕是他设想中国的富人们应极力赞助提倡民生主义的缘由。

9月4日,孙中山在北京共和党本部欢迎会上发表演说,坚信"民生主义关系国民生计至重,非达到不可",或"使大多数人享大幸福,非民生主义不可"。他解释,所谓民生主义,"并非均贫富之主义,乃以国家之力,发达天然实利,防资本家之专制"。这里的"国家之力",指国家社会主义。他认为,从国际上看,德国俾斯麦政府"反对社会主义,提倡国家社会主义,十年以来,举世风靡";日本政府杀害社会党多人,又主张烟草专卖等事,"仍是国家社会主义";于此可知,"此主义并非荒谬,世界通行"。他还认为,英、美各国皆受资本家专制之害,中国十年以后,亦必会出现十万人以上的大资本家,要防微杜渐,"惟有提倡国家社会主义",这也是他本人"提倡国家社会主义之微意"。在他看

---

① 《复社会党崇明支部地税研究会函(1912年8月20日)》,《孙中山全集》第2卷,中华书局1982年版,第401—402页。

② 《在国民党成立大会上的演说(1912年8月25日)》,同上书,第408—409页。

③ 见所附《同题异文》,同上书,第410页。

来，主张铁路国有，既是国家社会主义，又为民国富强之基。[①] 此外，他主张从速实行的地价单税法，也被看作"国家社会政策之一种"，是民生主义之"最要政策"[②]。以上对于国家社会主义的理解，似乎宽泛得多，包括反对社会党人的德国俾斯麦政府和杀害社会党人的日本政府在内，举凡由国家出面从事经济活动，均可称之为国家社会主义。这里以德国俾斯麦政府和日本政府为例，或许并非推崇它们的政策，而是借此说明国家社会主义在世界上之风靡通行。但这是他将自己的民生主义或国家社会政策，公开与俾斯麦政府和日本政府的所谓国家社会主义联系在一起。由此联想到论战期间，社会革命派的主导意见，同样参考德国和日本两国政府的做法，为国家社会主义摇旗呐喊，唯有朱执信揭露德国俾斯麦政权以此为幌子来达到其反对社会革命的目的。显而易见，当国家社会主义概念被抽象到只剩下一些国有或国营的形式后，也就失去了它的真实意义。主张社会革命与反对社会革命的界限被模糊了，为人民大众谋利益与为少数当权者谋利益的界限也被模糊了，这一切，在国家社会主义的抽象概念掩饰下，可以颠倒黑白、以非为是。孙中山的初衷，决非如此，但他对国家社会主义的上述解释，难免使人误入歧途。这也是他的局限性之所在。

9 月 19 日，孙中山在山西同盟会欢迎会上发表演说，出席对象均系革命阵营的同仁，其讲演主旨也侧重于纠正社会弊端方面。他指出，现在世界上的机器发明，使得资本家可以轻易取代千万人之力，"以致全国财货尽归其手"；依仗此财力，资本家"不惟足以压制本国，其魔力并可及于外国"。结果，随着经济发展，"世界财力悉归少数资本家之掌握，一般平民全被其压制，是与专制政府何异"。他感慨系之，大声疾呼："今坐视资本家压制平民，而不为之所，岂得谓之平等乎？"他又指出，中国革命的背景不同于欧美革命，当初未发明机器，欧美国家不急于实行民生主义；如今机器盛行，我国此次革命成功后，"若不预为防范，将来社会上必生种种不平等"。欧美国家要解决已经形成的资本专制，非常困难，这提醒我国要预为防之。就像人身预讲卫生之术，则病不生，等到生病始言救治，必苦不堪言，故曰"民生主义即卫生主义"。在他看来，"惟今日讲民生主义，可以不用革命手段，只须预为防范而已"。这是中国与欧美不同之处，"机会却不可失"。民生主义"第一件事"，是平均地权，"此事做不到，民生主义即不能实行"。这取决于土地对于人类生活与生产的极端重要性，"必地权平均，吾人始能平等"。按价征税是平均地权"最简之法"，不同于专制时代按地征税，随地价贵贱而定征税重轻，"得享平均之利益，至公平也"。

---

① 《在北京共和党本部欢迎会的演说(1912 年 9 月 4 日)》，《孙中山全集》第 2 卷，中华书局 1982 年版，第 441－442 页。

② 《在北京答记者黄远庸问(1912 年 9 月 4 日)》，《孙中山全集》第 2 卷，中华书局 1982 年版，第 446 页。

平均地权之法直接关系“最大”建设事业即交通事业的发展，乘此革命大变动之际，正可实行此法。至于土地国有涵义，“非尽土地而归之国家也，谓收其交通繁盛之地而有之”，仅将交通繁盛区域的土地收归国有。如此数年，将彻底改变中国目前的穷困状况，“所谓教育费、养老费皆可由政府代为人民谋之”，“吾党革命主义”始为圆满达到，“中华民国在世界上将为一安乐国”。[①] 这篇演说给人的启示，一是孙中山阐述民生主义，区分党内外不同对象而其说明的侧重点有所不同，通常在党内重在说明反对资本家专制一面，对党外人士尤其对实业界人士则重在说明它不同于传统劫富济贫一面。其中期待通过预防而不用革命手段达到其目的，却是始终一贯的。二是不厌其烦，反复宣扬民生主义的意义，力求使其通俗化、形象化，以为广大国民所理解。其中倾注着他的满腔热血，也反映了他在这一时期的乐观精神。

10月10日，孙中山为纪念武昌起义一周年，用英文为《大陆报》撰写《中国之铁路计划与民生主义》一文。其中译文里，分析了“在文明世界各国之中，尝见劳资争执不已”现象，“平心思之”，提出“资本家所获甚丰，皆由工人之劳力而来，工人争其所应得之权利，亦理所当然”，为工人鸣不平。认为西方各国工人罢工运动，“盖皆直接受实业主义进步之影响者”。为了中国未来发展不再重蹈当今西方社会之覆辙，“深长思之”，应当力图避免“近世资本主义之天然演进，对于劳动者常与以不平之待遇”，经过深思熟虑的解决对策，便是民生主义。在他看来，民生主义未能适用于西方各国，因为那里弊端已成，用之未免矫枉过正，“不能使劳资间得一调和之点，而收利益平均之效果”；对于“新进”的我国，则宜及早图之，“随实业主义之进步，努力以避免其恶劣之结果”。民生主义的意义，非如“反动派”所言，荒谬绝伦地“将产业重新分配”，而是“使物产之供给，得按公理而互蒙利益”，此即“民生主义的定义”，“将使劳工得其劳力所获之全部”。他的理想，“将来中国之实业，建设于合作的基础之上。政治与实业皆民主化。每一阶级，皆依赖其他阶级，而共同生活于互爱的情形之下”。按照这种理想，“生产将日益增加，以最少限度之穷困与奴役现象，以达到最高限度之生产”；“对于待开发之产业，人人皆得按其应得之比例，以分沾其利益，享受其劳力结果之全部，获得较优良之工作状态，并有余暇之机会，可以思及其他工作以外之事件”。使劳工知识日进，获得充分娱乐与幸福的待遇，“本为一切人类所应享”，但其他国家的劳工与穷苦人，“常无享受之权利”。所以，他希望，“在一个民族之中，须给人民全体以生活之机会，并与以完全之自由”。这是“民生主义制度”的效用，一方面，“使国民对于国事发生直接之兴

① 《在山西同盟会欢迎会的演说(1912年9月19日)》，《孙中山全集》第2卷，中华书局1982年版，第472—474页。

趣，愿全国人民皆享受其生产之结果”；另一方面，“更愿国家对于直接管辖之税源，得到其所产利益之全部”，即“凡铁路、电车、电灯、瓦斯、自来水、运河、森林各业，均应收归国有”，“地产收入与矿产收入，为国家收入之渊源”。据此，国家收入除了“最易施行于中国”的地价税外，还包括铁路收入、矿业收入，以及其他尚待开发之税源如各种公共兴办之事业。换句话说，地价税将“不作单税征收”。这些收入，足以供给国家政费需要，还有余额兴办教育及最要紧的慈善事业，特别注意青年之养育与衰老羸弱者之安抚。总之，“新中国之人民”生存于“开明政治”之下，解除了数百年的专制压迫以后，还要追求“将来愉快之黄金时代”。[①] 这篇文章，用英文撰写，是写给外国人看的，其民生主义的基本思想，与他面对国人的宣讲没有什么两样，比他7月中下旬接见美国代表时的谈话还要透辟和深入。所不同的似乎是，此文倾向于用“劳工得其劳力所获之全部”来定义民生主义，较侧重于描述民生主义的理想前景，并放弃了用地价税代替其他各种税收的单税制说法。

10月14－16日，孙中山应中国社会党邀请，在其上海本部发表演讲，系统阐述了19世纪初以来社会主义的发展历程，以及他本人对于社会主义的理解和信念。这次演讲，论题集中，内容丰富，既有关于社会主义发展的整体论述，也有关于马克思学说的专题论述。它对于比较全面地了解和把握孙中山的社会主义思想之理论基础，极为重要；对于认识和梳理他评介马克思学说以及掌握其经典著述的时代特征，尤显珍贵。从以前的文献记录看，他的支持者特别是朱执信，曾多次提到马克思其人其事及其思想观点，但他本人的论述，却鲜得一见。从这个意义上说，此篇演讲词，可谓孙中山以公开形式评介马克思学说的代表作，十分珍贵。有关这次演讲的内容，将放到后面讨论他对马克思经济学说的评介时予以专门分析。在这里，只是按照时间顺序，排列此次演讲在1912年他有关社会主义或民生主义的各种演讲、谈话及撰文中的位置。借于此，一则有助于显示他的社会主义思想之发展轨迹，从而表明他对马克思学说的评介，决非心血来潮，有其相当深厚的专注于社会主义思想的历史积淀；二则有助于判断他论述社会主义或民生主义思想与他评介马克思学说之间的联系和区别，从而明了他当时对于马克思学说的认识水平及其在传输马克思学说中的历史地位。

1912年末，孙中山多次发表演说，其中不乏提及民生主义的思想观点，基本上重申已有看法或附带提到某些论点，鲜有新的补充。自此以后，本时期内，大概由于国内政治情势的变化，他逐渐将注意力转向别处，乃至无暇顾及

---

① 《中国之铁路计划与民生主义(1912年10月10日)》，《孙中山全集》第2卷，中华书局1982年版，第491－493页。

于此,有关社会主义或民生主义的论述也日益减少。只是1913年特别是其前期访问日本期间,延续上一年的热门论题,又数次论及社会主义或民生主义问题。例如:

1913年2月23日,他在东京中国留学生欢迎会上发表演说,鼓励留学生为了中国建设事业,追求大家的利益和事业,不必计较私人利害,把个人的幸福和利益"自然包括"在大家的幸福和利益之中,"此之谓人道主义、社会主义"。这不同于从前"只求一人之利益,不顾大家之利益"、信奉物竞天择的"准物质进化之原则",而是适用于今日的世界日进文明时代,"今日进于社会主义,注重人道,故不重相争,而重相助"。他又认为,近日"社会学说",虽大昌明,仍保存国家之间的严格界限,故不能消除国与国之间的争斗。从"道德家必愿世界大同,永无争战之一日"的信念出发,其"无穷之希望"和"最伟大之思想"是,"将来世界上总有和平之望,总有大同之一日"。他将中华民国视为"世界最伟大之国",立志"我中国以最短促之时间,成就最伟大之事业,为地球上亘古所未有","恢复数千年历史上之文明";进而以中国和亚洲人口之众,造成世界幸福,"令世界有和平,令人类有大同,各有平等自由之权利"。他呼吁留学生"不但须担任亚东和平之责任,并要担任世界大同之责任"。[①] 这一演说,推崇社会主义的人道互助原则,试图打破国家界限,将"社会学说"即社会主义学说与世界大同理想相互沟通。从原先着眼于国内以和平手段实现社会主义或民生主义,扩展到世界范围内谋求以和平手段实现大同理想。在这种善良愿望的支配下,他主张原谅日本对中国的侵略举动,变愤恨为亲爱,采取亲日政策来化解日本人对于中国的种种误会等等。在当时日本政府对于中国领土的虎视眈眈之下,这不过是他一厢情愿的单相思而已。

3月1日,他在东京留日三团体欢迎会上发表演说,提出三民主义中,民生主义不同于与满族君主相争竞的民族主义,也不同于与专制政体相对抗的民权主义,而是"与不良之社会争",反对社会上的不良现象。他认为,"今日中华之社会,尚未趋于极端不良之地位",在中国推行民生主义"稍易着手";而且,"民生主义,不难以平和方法逐渐促社会之改良"。[②] 须注意的是,这一时期他在日本的演说,反复强调社会主义或民生主义"不重相争而重相助",须采用和平方式或平和方法推行。这是他的一贯思想,也同他的演说面对中国留日学生或团体这一特定对象有关。按照他的分析,"中国之初醒"即提倡政治改革,在中日甲午战争之后,尤其1900年义和团运动后,形成国人留学日本之势,"感于日本政治改革之效,群以为中国革命之不可缓"。最盛之时,在日留

---

① 《在东京中国留学生欢迎会的演说(1913年2月23日)》,《孙中山全集》第3卷,中华书局1984年版,第24—27页。

② 《在东京留日三团体欢迎会的演说(1913年3月1日)》,同上书,第35页。

学者达两万人，“其十之七八皆持革命主义者”。数年后，返国者极众，“革命思想遂普及于全国，以收前年革命之效”。所以说，“中国革命事业，实全国人心理所成”。[①] 他将辛亥革命的成效，与留日学生之提倡革命主义联系在一起。将创造民国的革命者，看作发源于留学日本者，又将革命党的事业，看作“必须流血冒险，牺牲性命财产，才能做成革命之功”[②]，所以，民国建立后，他认为从破坏时期转入建设时期，特别提醒留日学生应作相应转变，从革命方式转为和平方式。然而时隔不久，袁氏政权的反动面目日益暴露，他不得不将注意力转移到筹划起兵讨袁之事，这种和平之议论，也就很少去说了。

此后若干年，孙中山只是偶尔谈到与社会主义有关的问题。如江亢虎1913年秋冬间离国赴美时，孙中山为此专门致函原任同盟会美洲支部长的黄芸苏，请予代为介绍和指导。信中提及江亢虎赴美求学，“欲专从事研究社会主义”；孙中山在上海“因提倡社会主义”而与江氏相识，知江氏“热心斯道”，今又远学于美，“他日心得当未可限量”；江氏“向主和平，并未从事于激烈之举”，却为袁氏政府所不容云云[③]。这表明，他转向其他重要事项后，难以再像以往那样对社会主义或民生主义论题作直接或间接的阐释和宣讲，但在他的心底里，仍念念不忘为实现这一理想而奋斗，将希望寄托于一切热心提倡社会主义并想要专门从事研究社会主义的国人。

综上所述，1912－1916年间，孙中山表述社会主义或民生主义思想，集中于1912年，主要借助公开演说方式宣讲。其内容，无论将社会主义的中国化归结为民生主义，以欧美国家经济发展后贫富悬隔的社会弊端为借镜，主张中国在经济发展前尚未出现大富大贫时及早采取措施以预防重蹈资本专制的覆辙；还是将民生主义的实施归结为平均地权与国家社会主义政策，参考乔治的土地单一税思想创为地价税法，强调具有垄断性质的行业须实行国有等等，均在此前论战期间由他的支持者从不同角度给予了不同程度的阐发。这并不等于说，这一时期孙中山的表述，只是咀嚼以往的陈词。他作为社会主义在中国的早期倡导者和民生主义的创立人，保持思想逻辑的连贯一致，同时善于根据形势进展和条件变化来调整或加强自己表述的重点。例如，辛亥革命前，谈论民生主义须服从于民族与民权二主义的实现条件，辛亥革命后，认为民族与民权问题已经解决，故紧扣民生主义这一主题作为新中国建设的指导思想。又如，强调民生主义的独立性，随之而来的思索显得更为缜密和具体，像地价税法的实施方案、土地定价与土地国有的关系、国有收入的来源、政府支出的福

---

① 《在日本日华学生团欢迎会的演说(1913年2月22日)》，同上书，第20页。

② 《在东京留日三团体欢迎会的演说(1913年3月1日)》，《孙中山全集》第3卷，中华书局1984年版，第35页。

③ 《致黄芸苏函(1913年11月18日)》，同上书，第71－72页。

利对象、包括个人幸福在内的社会公众幸福准则等等,相继进入考虑的范围。另如,实现民生主义的方式,一再呼吁改变过去反对满清专制政权的革命方式,转入民国建设时期的和平方式。再如,区别不同对象进行有针对性的宣传,在党内支持者面前强调防范资本专制从而避免扩大贫富差距的重要性;在党外人士尤其企业界人士面前,强调民生主义不同于劫富济贫式平均主义,贫富二者均可从中得益。他在各种场合论述民生主义,也不免出现一些观点上的波动、修正或矛盾。如认为需要开辟各种国有收入来源,改变了以地价税为单一税的看法;认为社会主义学说不足以解决国与国之间的争端,须用消弭国家界限的世界大同理想取而代之;等等。

从这些粗略的概括中,不难看到孙中山的社会主义思想,具有理论的执着、情感的热切和与时俱进的精神,用于指导中国的实践,则主要体现为民生主义思想。为了实现这一思想,特别在辛亥革命后民国建立初,他认为实现其抱负的时机来临,几乎利用各种场合和各种形式,包括在国内外公开讲演,与国内外人士谈话、为国内外报刊撰文、确立党派章程等等,站在第一线,倾尽全力开展舆论宣传和实践筹划活动。在这个过程中,他回顾社会主义的发展历史并展望其前景,阐述自己对于马克思及其学说的认识,从而也为考察他对马克思经济学说的评介,提供了难得可贵的思想资料。

二、孙中山在上海中国社会党的演说

1912 年 10 月中旬,孙中山在上海连续三天,发表关于社会主义的专题讲演。讲演的对象,是以宣扬社会主义为其宗旨的中国社会党成员,讲演的内容,亦不同于面对一般听众的宣讲,带有更多的理论和专题化色彩。他论述社会主义的过程中,多次涉及对于马克思及其经济学说的介绍和评价,在马克思经济学说传入中国的历史上,不仅具有一席之地,而且以其思想指导者的身份,给予这一传入以不同凡响的推动作用。

这次演说①中,他首先提出:“社会主义之名词,发于十九世纪之初,其概说既广,其定义自难。”如何定义社会主义,他的解释是,人类头脑中具有社会主义思想,乃“不满意于现社会种种之组织,而思有以改良”,于是,社会主义潮流应时顺势,趋向人们的脑海,种种社会主义学理也附着于社会主义名词,以供人们讨论研究。考察欧洲最初的社会主义学说,属于“均产派”,“主张合贫富各有之资财而均分之”。然而,贫富之间的激战风潮,导致政府的严格取缔,从而又刺激党人的反抗主张日趋激烈,其结果,“无政府主义之学说,得以逞于

① 以下关于这次演说的引文,均见《在上海中国社会党的演说(1912 年 10 月 14—16 日)》,《孙中山全集》第 2 卷,中华书局 1982 年版,第 506—524 页。

当时，而真正纯粹之社会主义，遂湮没于云雾之中，缥渺而不可以迹”。接着，他提到马克思学说的出现：

“厥后有德国麦克司者出，苦心孤诣，研究资本问题，垂三十年之久，著为《资本论》一书，发阐真理，不遗余力，而无条理之学说，遂成为有统系之学理。研究社会主义者，咸知所本，不复专迎合一般粗浅激烈之议论矣。惟现社会主义，尚未若数理、天文等学成为完全科学，故现在进行，尚无一定标准，将来苟能成为科学一种，则研究措施更易着手。”

这段引文，有三层意思。一层意思，马克思研究资本问题及其代表作《资本论》，揭示了真理，使社会主义从原来的无条理学说，转变成为有系统的学理。二层意思，马克思学说为研究社会主义奠定了基础，使“一般粗浅激烈之议论”失去了市场。似乎针对无政府主义学说，隐约反映了马克思主义与无政府主义斗争的历史背景。三层意思，即便有马克思学说，社会主义仍不像数理和天文等科学，成为具有精确标准的“完全科学”，故社会主义的实行，现在尚无“一定标准”可资依据，有待将来社会主义成为完全科学后“更易着手”其实行措施。最后一层意思，就世界范围尤其是就社会主义发源地的欧洲而言，其中大概受到当时西方思想界特别是经济学界主张用类似数学的精确语言改造社会科学这一流行意见的影响。

讲述了社会主义从最初的“均产派”到无政府主义学说的得逞再到马克思学说的产生这一简要历史后，他指出，社会系对个人而言，社会主义亦系对个人主义而言。如英国尊重个人，主张极端自由；德国以国家为本位，个人为国家一分子，不惜牺牲个人。国家政体不同，其主义亦各异，“主张个人主义者，莫不反对社会主义；主张社会主义者，又莫不反对个人主义”。其实，社会与个人“本大我、小我之不同”，均有其道理，不存在是非之别。社会主义不同于社会学，“社会主义，一言以蔽之，曰社会生计而已矣”，把社会主义归结为社会经济问题。“均分富人之资财”的激烈主张，“于事理上既未能行，于主义上亦未尽合”，不符合社会主义的本意。“欲主张平均社会生计，必另作和平完善之解决，以达此社会主义之希望”，以和平方式取代激烈方式。在他看来，社会主义的思想因素可以追溯到我国古代，“考诸历史，我国固素主张社会主义者。井田之制，即均产主义之滥觞；而累世同居，又共产主义之嚆矢”。证明我国民早已具备社会主义精神传统，有利于社会主义在中国的推行，“足见我国人民之脑际，久蕴蓄社会主义之精神，宜其进行之速，有一日千里之势”。同时对比欧洲社会党的政治势力，“深望”中国社会党在民主政体之下，组成强有力的政党，掌握政治势力，“实行其社会主义之政策”。

他否定进化论者将天演淘汰公例适用于人类社会，说明“社会主义不独为国家政策之一种,其影响于人类世界者,既重且大”。自然界物竞天择、优胜劣败的进化理论,一旦用于印证人类社会的国家强弱之战争和人民贫富之悬殊,无异于承认“世界仅有强权而无公理”或“绝对以强权为世界唯一之真理”。诉诸良知者不能赞同之,“诚以强权虽合于天演之进化,而公理实难泯于天赋之良知”。所以说,“天演淘汰为野蛮物质之进化,公理良知实道德文明之进化”。如社会组织不善,虽有天演因素,仍可以借助人为之力改良社会组织。这里遵循的进化之理,由天演而至人为,“社会主义实为之关键”,“社会主义所以尽人所能,以挽救天演界之缺憾”。社会主义的本意,“推翻弱肉强食、优胜劣败之学说,而以和平慈善,消灭贫富阶级于无形”。这不同于“均分富人之资财”的另一主张,“表面似合于均产之旨,实则一时之均,而非永久之均”,所以,“欲永弭贫富之阶级,似不得不舍此而另作他图”。这里特别强调和平方式,其中提到,近来社会主义学说有许多发明,欧洲不少国家采用和履行这一学说的内容,连反对社会党的日本政府也尝试采用社会政策,何以政府还反对社会党人,因为“其主张激烈,妨碍秩序,为法律所不许”。为此,他呼吁,“我国社会主义流行伊始,尤望党人持和平之态度,与政府连络,共图进行”。社会主义本不能与专制政体并存,而我国社会党发生于民主政体成立时,须把握这一“不易得之机”或“良好之机”,循序渐进,造福前途。

关于社会主义的派别,他列举了共产社会主义、集产社会主义、国家社会主义、无政府社会主义等,以及所谓宗教社会主义和世界社会主义。按照他的看法,后两种以宗教、世界划分社会主义的范围未必适当,而前四种社会主义可归纳为集产社会主义和共产社会主义两派,国家社会主义本属于集产社会主义,无政府社会主义又属于共产社会主义者。所谓集产,“凡生利各事业,若土地、铁路、邮政、电气、矿产、森林皆为国有”;所谓共产,“人在社会之中,各尽所能,各取所需”,如父子兄弟同处一家,“各尽其生利之能,各取其衣食所需,不相妨害,不相竞争,郅治之极,政府遂处于无为之地位,而归于消灭之一途”。两相比较,“共产主义本为社会主义之上乘”。但今日一般国民的道德水准未能达于极端,只有少数人可以做到尽其所能以求所需,随处可见的是任取所需却未尝稍尽所能者,于是因狡猾诚实之不同而造成勤惰苦乐之不同,“其与真正之社会主义反相抵触”。因此,共产社会主义的实行,有待人民道德知识的完美,那是数千年以后的事,今天的人不必为之穷思竭虑。今日之人民有今日应负之责任,“应改良今日社会之组织,以尽我人之本分”。据于此,“主张集产社会主义,实为今日唯一之要图”。具体言之,“凡属于生利之土地、铁路收归国有,不为一二资本家所垄渔利,而失业小民,务使各得其所,自食其力,既可补救天演之缺憾,又深合于公理之平允”。本着这种“社会主义之精神”,可“和平解决贫富之激战”。

他申明，自己所抱惟一宗旨，“不过平其不平，使不平者底于平而已”。如种族革命起于满清少数人压制多数汉人的不平，政治革命起于专制政体帝王压制多数人民的不平，社会革命原本起于“少数大资本家之压制多数平民”。各国贫富阶级相差甚远，“遂酿成社会革命，有不革不了之势”；我国尚未出现大资本家，似可不必言及社会革命，此议不知将来物质文明的发展势必产生“资本大家之富”，“与其至于已成之势而思社会革命，何如防微杜渐而弭此贫富战争之祸于未然”。譬如西欧各国疾病缠身，不得不投以猛剂，我国尚未染疾，尤宜注意卫生之道。所以说，“社会主义者，谓为疗疾之药石可也，谓为卫生之方法亦可也”。我国与西方各国社会的状态不同，“社会主义施展之政策，遂亦因之而有激烈、和平之不同”，“各国尚多反对社会主义之政府，我国则极赞成采用社会主义者”。这种情况下，“我国主张社会主义之学子”，应当斟酌目前国家社会情形，鼓吹“和平完善之学理”，以供政府采择。

在考察了社会主义派别，表达了自己选择社会主义的宗旨后，他继续说，“社会主义者，人道主义也”，人道主义主张博爱、平等、自由，“社会主义之真髓，亦不外此三者，实为人类之福音”。我国古人的博施济众、尚仁、兼爱等，近似博爱，皆“狭义之博爱”，其爱不能普及所有人，“社会主义之博爱，广义之博爱”，“社会主义为人类谋幸福，普遍普及，地尽五洲，时历万世，蒸蒸芸芸，莫不被其泽惠”。“此社会主义之博爱，所以得博爱之精神”。为人类谋幸福，不得不追溯人类痛苦的原因，由此发现人类社会有疾苦幸福之不同，“生计实为其主动力”，人类生活莫不为生计所限制，若生计完备，始可以存，生计断绝，终归于淘汰。“社会主义既欲谋人类之幸福，当先谋人类生存；既欲谋人类之生存，当研究社会之经济”。因此，社会主义又是“人类经济主义”。经济学者专从经济方面着想，其学说已成为“完全之科学”，而社会主义从“社会经济”方面着想，“欲从经济学之根本解决，以补救社会上之疾苦”。

在讨论社会经济问题之前，他有一段按语，说明“经济学，本滥觞于我国”。如谓管子乃经济家，兴盐鱼之利，治齐而致富强，只是“当时无经济学名词，且无条理，故未能成为科学”。以后经济原理成为有系统的学说，国人曾以富国学或理财学命名之，“皆不足以赅其义，惟经济二字，似稍近之”。经济学之概说，千端万绪，分类周详，主要不外乎生产、分配二事；生产指物产及人工制品，分配指对所产之物的支配以供人之需。这些道理看起来似不高明深渊，仔细考虑，“社会之万象，莫不包罗于其中”。接下来，他指出，生产原素包括土地、人工和资本，三者缺一不可。人类依附生存的土地，经济学上不仅指陆地，还包括海洋空气等占有空间面积者。根据经济学原理，仅有土地而无人工、资本，物产仍不能成。对此，较易明了土地与人工之界说，最难区别资本与人工之界说，这也是“社会主义家与经济学者相争之点，至今犹未解决”。在经济学家眼里,资本不等于金钱,“其人工造成之物产,消费之余,以之补助发达物产”,作为资本;剩余物产不用于生产事业,不得称为资本。譬如房屋和车辆用于出租即为资本,用于自居自乘不能生利,不是资本。随着世界文明进步,社会组织与事业日益复杂和繁多,“凡物产或金钱以之生产者,可皆谓之资本”。资本为人工所出,人工又需要资本。生产依赖资料,用以供给生产者费用以获得其生产结果,犹如《鲁滨孙漂流记》中主人公的斧头与粮食,供其生产之费用,“其作用与资本同,谓之为资本,固未尝不可”。考察资本的来源,“多由于文明祖传,以供吾人今日之生产,欲穷其始,则未易知”。据此,“资本与人工之关系,可略知其崖岸”。关于分配问题,他指出,“以土地、人工、资本所生之产物,按土地、人口、资本之分量配成定例”。此定例之原理,“为人类以来所固有”,由经济学者加以昌明,“遂成铁案”。西方国家均根据经济学原则确定各种科学,如英国的亚当·斯密始著经济学,极有条理,“其主脑以自由竞争为前提”;英人功利派据此提倡个人主义,“求合于达尔文进化之理”。

在介绍了西方经济学中的生产和分配观点后,他进而论述,百年前,英国社会“以机器代人工”的实业革命,使个人丧失参与生产竞争的能力,“工人遂受一种之大痛苦”。以人工与人工比较,其生产力之差,不过两倍乃至十倍,而机器与人工比较,其生产力之差竟有至百倍者。“既机器之生产力较人工之生产力为大,则用机器以生产者,亦较用人工以生产者为多,于是工人多失其业”。这种情况下,一方面机器生产所需人工寥寥无几,另一方面工人拥挤求业者鳞次栉比,以致所得之工资与所造之物产不能成正比例,而且为求雇佣,不惜自贬其工价。其结果,“失业者固沦落而受天演之淘汰,即有业者亦以工价之贱,几几不能生存于社会”。同时,资本家利用机器增加产额,贱价雇佣良工,坐享利益之丰,对于工人饥寒死亡之痛楚,漠然视之,“以为天演淘汰之公例应如此者”。按照斯密的生产分配学说,地主、资本家、工人各占一部分,深合于经济学原理。“殊不知此全额之生产,皆为人工血汗所成”,地主与资本家坐享其全额 2/3 之利,工人所享 1/3 之利分散给多数工人,每一工人所得,与资本家所得比较,相去甚远。这就是富者愈富、贫者愈贫,阶级差距愈趋愈远的原因,“平民生计遂尽为资本家所夺”。对此,慈善家目击心伤,思有以救济,“于是社会主义遂放大光明于世界”。如英国社会主义家欧文,深痛工人的困苦,自己出资创设一极大工厂优待工人,“为社会主义之实行试验场”,终归于失败,“其主义遂不果行”。又有法国社会主义家傅立叶、路易·布朗等人,也曾开设“社会主义之工厂”,亦受现行社会习惯的影响,未能达其苦心孤诣之希望。这些试验失败,反对派遂群起“论社会主义之不善”,一般学者也相率“诟病社会主义”。

他举出英国人马尔萨斯的《人类物产统计表》一书(似指《人口原理》一书)

为代表。其主旨，物产额有一定限制，人类繁衍却以级数增加，25 年增加一倍，将来势必有人多地少之患；生众食寡时，自然灾害、瘟疫和战争可以减少人口之众，防止孳生之害，而“合于世界演进之原理”。基于此原理，形成国家殖民政策，弱肉强食、优胜劣败，导致死于刀兵，强族蹂躏，沦落而至于种族灭绝的现象比比皆是。面对于此，“社会主义家又起而反对，主张人道，扶持公理”。由此引出截然不同的两种反应，一是一般政治经济学者“莫不目之为颠狂”；另一是下流社会中的工人贫民，因社会主义能救自己的疾苦，遂崇信之并聚集在社会党周围。“压制究不能敌反抗，伪说终不能胜真理”，过去那些学说逐渐暴露其“不合公理之破绽”，使得社会主义学说排除经济学、统计学、天演论等等科学，“巍然独标一帜，而受社会之欢迎”。

在社会主义学说中，他推崇亨利·乔治学说。一则其学说依据经济学分配理论，研究社会主义的实行，“社会主义虽为救拯社会疾苦之学说，其希望见诸实行，仍必根据经济学之分配问题而研究”；二则其代表作《进步与贫困》，揭露“世界愈文明，人类愈贫困”，鉴于经济学均分之不当，主张土地公有，“其说风行一时，为各国学者赞同”，同时“其发阐地税法之理由，尤为精确，遂发生单税社会主义之一说”。土地公有“实为精确不磨之论”，因为土地的自然存在不以人类的存在与否为转移，“土地实为社会所有，人于其间又恶得而私之”，没有理由私有土地；或谓地主以资本购买土地，但追溯到第一占有土地之人，又从何处购得土地。所以说，乔治学说“深合于社会主义之主张”，实现生产分配平均，“必先将土地收回公有，而后始可谋社会永远之幸福”。土地公有之说逐渐流行于英国，其原因，英国土地原本为贵族大资本家所占有，因工商业发达，务农者减少，国内生产的谷物供不应求，从国外进口粮食反而比本国生产便宜，于是地主不事耕耘，转而从事畜牧业，迫使佃农颠沛流离，谋生于美国，造成英人恐慌。一般学者深痛地主为富不仁，视土地公税之说“为救世之福音而欢迎赞同，遂成单税之一派”。此派主张土地之分配归公，国家从地价中抽什一税，其他苛税皆可减轻，“资本家于是不能肆恶”。

接着，他对比亨利·乔治的学说与马克思的学说，认为：

> “亨氏与麦氏二家之说，表面上似稍有不同之点，实则互相发明，当并存者也。……土地本为天造，并非人工所造，故其分配不应如斯密亚丹之说也。故土地之一部分，据社会主义之经济学理，不应为个人所有，当为公有，盖无疑矣。亨氏之说如是。麦氏之说则专论资本，谓资本亦为人造，亦应属于公有。主张虽各不同，而其为社会大多数谋幸福者一也。”

何以作此对比，他没有说明，但流露出对乔治学说的特殊偏好后，专门选择马克思学说作为比较的对象，足以表明马克思学说亦给予他以深刻的影响。

从内容看,这一对比把乔治与马克思的学说放在并存不悖的地位,各有发明,相互补充,只是表面上稍有不同,一个从土地入手,一个专论资本,二者都主张公有,为社会大多数谋幸福的目标是一致的。在这里,乔治学说被放在主导地位,马克思学说仅用作辅助说明。从主导地位看,意在用乔治学说纠正斯密学说尤其是后者的分配学说。如谓,世界土地本来有限,所有者垄断其租税,取得生产的1/3之利,坐享其成,与工作者同享相等利益,此乃极为不平之事。土地不像人工的劳心与劳力之分工,均应取得其报酬,它本为天造而非人工所造,不应当如斯密学说所主张的由地主享有1/3分配利益,应当依据"社会主义之经济学理",将土地的部分利益由个人所有转为公有。其言下之意,乔治学说是应当凭借的社会主义经济学理。

两家学说,一个以土地"非人工所造",应属于公有;另一个以资本"为人造",亦应属于公有,二者看似不同,实则同一。据此,他又对马克思的资本公有之说,作了别具一格的说明:"麦克司之《资本论》,主张资本公有。将来之资本为机器,遂有机器公有之说。"将马克思的资本公有概念转化为机器公有概念。接着,他反驳经济学者的下述说法,既然铁道和机器的发明人分别是司蒂芬孙和瓦特,则铁道和机器的利益,应归二人专有。他认为,这一说法不了解机器虽由个人发明,但发明者的知识不仅出于个人天赋,还"受社会种种之教养,始为发明机械之知力,及发明机械之机会";否则,发明者若处于荒岛僻地,将无从启发其智慧,即使其天资极为聪明,也将陷于耕食织衣之劳作,无暇从事机械发明。由此可知,"铁道、机械虽二氏发明,实二氏代社会发明"。进而言之,"社会之教养,原为社会谋幸福之代价,二氏既藉社会之力发明机械,则机械即不能私有其利益,其利益即应公之社会"。这是说明个人发明者不能私有机器利益即所谓机器公有的道理,同时,根据"社会经济分配之原理",社会也对机器发明人按照其付出的劳心劳力,给予相当报酬,就像无线电的发明者马可尼只得到劳心的报酬,而"无线电之生利资本,应归公有"一样。以上解释,被说成"麦克司学说之所由来"。

介绍乔治和马克思的学说后,他综合指出,二人分别将土地和资本归为公有,于是,"经济学上分配,惟人工所得生产分配之利益,为其私人赡养之需";土地资本所得的那部分利益,足供公共之用费,"人民皆得享其一份子之利益,而资本不得垄断,以夺平民之利"。这也被看作社会主义从根本上解决问题的"经济分配之原理"。

据此,他更进一步把经济学者分为以下二派:

"一、旧经济学派,如斯密亚当派是;二、新经济学派,如麦克司派是。各国学校教育多应用旧经济学,故一般学者深受旧经济学之影响,反对社会主义,主张斯密亚当之分配法,纵资本家之垄断而压抑工人。实则误信旧经济学说之过当，其对于新经济之真理，盖未研究之耳。社会主义家则莫不主张亨、麦二氏之学说，而为多数工人谋其生存之幸福也。”

这一分析，是对前面论述的总结，主要从分配角度，把经济学者划分为以亚当·斯密为代表的旧经济学和以马克思为代表的新经济学两大派别，二者相互对立，前者当时颇为流行，占有支配地位，带有旧的诱人误信的“过当”成分，其实质“纵资本家之垄断而压抑工人”；后者为社会主义家所信奉，包含新的“真理”，其实质“为多数工人谋其生存之幸福”。这一结论性论断，是他展开后面论述的思想基础。其中连带着对乔治学说的特殊偏爱，故将此说与马克思经济学说并列甚至置于首位，视为社会主义家“莫不主张”的主要学说。

为了说明旧经济学的“生产三种之分配”理论“似未得其平允”，他不仅依据经济学之纲领与实业革命之理由，还从历史演进角度予以分析：机器发明以前，工作要素皆为人工，生产力亦甚薄弱，资本不过是工人的生活资料，此时经济学“三种之分配”理论“未平允之处”即其缺陷，“尚未易见”。实业革命后，工作中所需人工要素逐渐减少，生产力却在增加，“资本家以机器为资本，垄断利源，工人劳动所生之产，皆为资本家所坐享”，分配中的“不平之迹”，遂为一般学者所关注，开始提出经济学的分配之法，“有未尽合于经济学之学理者”。我国古代的生众食寡学说，强调生产者少消耗者多，“社会经济必起恐慌之现象”。这也是欧美大多数旧经济学者的主张，认为经济恐慌源于财货匮乏，财货匮乏又源于“人工所成之物产有限，劳动者少而消耗者之多，则所生之产者有不足供给之势”。其实，这一现象只产生于实业革命以前，经历实业革命后，机器取代人工，带来生产力增长，超过人工竟至万倍，以至于生产的物品，销路不广，反而有滞销之忧。所以，今日谈社会经济，“不患生之者不众，而患食之者不众”，过去主张工多用少，与今天主张工少用多，“适成一反比例”。这一事实，正是“旧学说不适用于现社会之证”。

反观我国，未经过实业革命，一向主张闭关主义，后来受外人胁迫，不得已开放海禁，又担心货物出口导致物价上涨，采取轻入口税、重出口税办法加以防范。殊不知外人之意，恰恰是要畅销本国洋货而不是购买中国货。结果我国种种防范手段，反被外人所利用。现时洋货充塞，土货停滞现象，“实由于我国人民不知经济学之原理所致”。

前面的论述主要从理论上对比新旧经济学之优劣，后面的论述着重于运用新经济学理论分析现实社会问题，并继续批判旧经济学。他提出一个问题：人们都知道解决社会贫困应当求助于生产的发达，但何以“生产既多而社会反致贫困”？回答是，“生产分配之不适当”。工人之所得不过其生产的一小部分，地主与资本家所得反居多数，加上以余利作资本不断发展其经营，遂致货物充塞，竞销夺利，社会经济受到莫大影响，故“根本解决”这一问题，“不能不从分配上着手”。

他认为，全用人工时代，其生产结果，按经济学旧说分配，土地、人工、资本各得一份，尚不觉其弊害。可是，使用机器后，仍然按这一比例分配，“此最不适当之法”。此时“劳动者多，而机器厂所雇之工人少，生产物多，而工人所得之酬报少，人工贱而土地资本贵”。因为“贫富阶级日趋日远，社会主义学者遂欲研究分配平均之善法以救其害，以为现世界人类贫富苦乐之不同，社会上因之而少安宁之幸福”。所以说，“社会主义之主张，实欲使世界人类同立于平等之地位，富则同富，乐则同乐，不宜与贫富苦乐之不同，而陷社会于竞争悲苦之境”。社会主义发生于实业革命后，“一般学者始悟旧经济分配之不当，主张人工宜得多数生产之余利，地主、资本家则按其土地、资本生产之应得之利息可矣”。分配人工报酬的多寡，应视劳心劳力的多寡，劳动大则报酬多，劳动少则小；余利公之于社会，发展社会各种事业。如此，“凡为社会之分子，莫不享其余利一分子之利益，斯即分配最平允之方法，而社会主义学者所深主张者”。

可是，近日欧美国家，仍然根据旧经济学来分配，地主和资本家占据优胜地位，工人处于劣势地位。“法律上又保护资本家与地主之专利，故地主益垄断其地权，资本家益垄断其利权，而多数之工人虽尽其劳动之能力，反不能生存于社会”。存在这种“阶级悬殊”现象，“难怪不平者主张均产主义”。举例说，英国伦敦是最富的区域，人口六七百万，每年冬季却因工厂停歇造成失业饥民达百万之众。“以富庶之区，人民尚不免有饥寒，此非生产之不足供应，实分配之未能平允故”。按英国人口平均计算，每人每年应得收入三千余元，实际上雇佣工人的一般工资不过五六百元，工人五口之家依赖工资生活，“实有不能生活之概”。所得报酬与工人的生产相比，人工所得不及10%，地租、利息则占90%。此分配之不当，甚至不符合旧经济学的三原素分配法。可见，“有生利之工人，则恒受饥寒，而分利之大地主及资本家，反优游自在，享社会无上之幸福，岂非不平之甚”。

在他看来，社会主义学说的发展和马克思学说的产生，正是基于这种不平现象：

> “社会主义学者目睹此不平，其激烈派遂倡均产之说。盖最初之思想甚属简单，固未尝为事实上计也。厥后学说精进，方法稳健，咸知根本之解决当在经济问题，有是亨氏之土地公有，麦氏之资本公有，其学说得社会主义之真髓。”

这里仍将乔治学说与马克思学说并提，又将马克思学说与激进派提倡的均产学说区别开来，视为社会主义学说进一步发展的产物，发展的标帜是突破最初脱离事实的简单思想，不仅表现为学说的精进和方法的稳健，还表现为把根本解决问题的立足点放在经济领域。

对于源自欧洲的社会主义学说，他提到中国与欧洲具有各自背景的区别。如谓：今日中国的地主和资本家眼光尚浅，只知保守不知进取，许多野山荒地仍为无主之物，未曾禁止樵采游牧，一般平民也有自由使用之权。在欧洲，山野荒地皆为资本家所领有，他人不能樵采游牧于其间。社会党极端反抗的，正是"地主、资本家之专横，有支配全国经济之势力"；地主、资本家受国家法律保护，其势力难以动摇，社会党的反抗，"实不异星火之一扑即灭"。其激烈派打算摧毁机器和铁道，破坏其营业资本，使之无利可生，却遭到法律干涉，终不得根本之解决。资本家与社会党之间日益激烈的斗争，"首蒙其害者为一般工人"。因为"一般工人莫不赞同社会主义而为社会党人，同心设法抑制资本家之专制"。他以旁观者的身份看，"当知世界一切之产物，莫不为工人血汗所构成，故工人者，不特为发达资本之功臣，亦即人类世界之功臣"；既如此，工人受强有力者之蹂躏虐待，应为其鸣不平，更何况其"有功于资本家而反受资本家之戕贼"。工人受资本家之苛遇而思反抗，不能归咎于工人，这也是工党组织为增加工资而兴起同盟罢工风潮的原因。但是，举行罢工为不得已之事，乃"世界上最惨最苦之事"，为了谋求增加将来的工资而不得不牺牲现在的工资。工人无业不能生活，罢工必不能持久；资本家却泰然处之，不为所动。工人饥寒交迫时，不得不饮恨吞声，重新回到资本家的势力范围；"资本家虽因一时罢工，稍有损失，然有资本以供养生活之需，究不至若工人困苦，而所损失者又终有补救之一日"。

对此，他介绍，社会主义学者认识到罢工要挟决非根本解决办法，"当于经济学上求分配平均之法"，分配平均之法，"须先解决资本问题"。在他看来，资本消长，有种种原因。如美国铁路公司先是以廉价转运农产品和贱价销售，打击资本低微难以持久的小商，遂独享其利。其他如煤油、钢铁等公司，莫不效尤，故意操纵，肆力吞并，小商自知力之不敌，拱手退让，所有生产厚利，皆为大资本垄断。"于是托拉斯一出，几有左右全世界经济之势力，而煤油、钢铁咸有大王之称，兼并多数人民之资财，而成一己之富"。实业革命以前，人人皆奉斯密学说为圭臬，一致主张自由竞争。待机器出现，仍遵循这一旧法，最终酿成社会上贫富激战之害。其中缘由，实业革命以前，工人勤劳俭朴，逐渐可以致富；机器出现后，"利源尽为资本家垄断，工人劳动终身所生之利，尽为资本家所享有"，工人工资尚不敷赡养，遑论储蓄，故"目击欧美近日经济之现状，万无工人可致富之理"。由此推理，中国今日机器工业尚未十分发达，利源亦未十分开辟，贫民犹有致富之机，然而向前演进，"亦将与欧美同一概"，将与欧美国家的贫民一无所有状况一样。

他引用社会主义学者的观点指出，"社会主义学者尝谓物极必反，专制若达于极点，推翻即易如反掌”。他预测，“将来社会革命，首在美洲”。美国大资本家专擅经济特权，使农工如奴隶牛马一般，“专制既甚，反抗必力，伏流潜势，有一发而不可抑者”；资本家专制与政府专制的结局一样，“政府有推翻之日，资本家亦有推翻之日”。为此，他说：

> “各国社会主义学者鉴于将来社会革命之祸，岌岌提倡麦克司之学说，主张分配平均，求根本和平之解决，以免激烈派之实行均产主义，而肇攘夺变乱之祸。故收回土地，公有资本之二说，为谋国是者所赞许，而劳动应得相当酬报之说，又为全世界学者所赞同也。”

看来，他一提到欧美国家的资本专制造成贫富悬殊状况，就把解决的希望寄托在马克思学说身上。在他的眼里，马克思学说的核心主张分配平均，既不同于激烈派的均产学说而仅限于土地和资本公有，也不同于攘夺变乱的激进方式而通过和平方式解决。前面的论述把马克思学说作为社会主义学者的信奉对象，这里的论述则扩大为连“谋国是者”和“全世界学者”都赞许或赞同马克思学说之所谓土地、资本公有和劳动应得相当报酬。

有人将我国提倡社会主义斥之为无病呻吟，他批评其“未知社会主义之作用”。认为，处于今日中国而言及社会主义，可以预防大资本家的发生，“此非无病之呻吟，正未病之防卫”；中国不必像欧美国家发生激烈对抗，可以根据社会主义的根本学理来“和平防止”。欧美国家已形成资本家势力，当土地和资本收归国有时，社会党对待资本家，就像辛亥革命对待满清皇室一样，非采取激烈恐吓以逼之退让手段不可。我国鲜有资财数千万的资本家，稍有资本，也不善于利用资本经营生产，即使在经济繁荣时代，我国资本家的最富者也不过相当于“中人”财产，无必要逼其退让。

在说明中国资本家不同于欧美资本家之后，他进一步解释何谓资本。资本非专指金钱，包括机器和土地，今日世界现状，“其资本生资最巨者，莫如铁道”。多年研究铁道政策，比较美国铁道公司，认为美国铁道的巨额赢利为公司所有，“为少数资本家所有，故利皆为私人垄断”，而“我国铁道应提倡归为公有”。公家利用铁道收入，兴办生产事业，利仍归公，“大公司大资本尽为公有之社会事业，可免为少数资本家所垄断专制”。所谓“归公”或“公有”，在他看来，既等于“国有”，又等于“民有”。其逻辑是，依据“国家社会主义”原理，“公有即为国有，国为民有，国有何异于民有”；国家以所生之利办便民之事，“我民即公享其利”，此亦“民有”涵义。换句话说，本来国家的行政经费和地方经费直接由自民众负担，若实行“公有”制，“公共之利兴，府库之藏足”，则“我民即间接减轻租税之担负”。实行“公有”后，由于铁道以及各种生产事业大量获利，“工人之佣值，即可按照社会生活程度渐次增加，务使生计宽裕，享受平均，则工人亦安于工作，不至再演同盟罢工之苦剧”。似乎是指公有制条件下由国家统一分配工人工资。以上这些，被看作“资本问题之解决”的思路。

接着，他又提出“解决土地问题”的思路。他的想法，解决这一问题，“我国今日正一极佳时期”。趁我国资本未发达、地价未增加之时，土地问题“先行解决，较之欧美，其难易有未可同日以语”。何以中国土地问题比较欧美国家更容易解决，为了说明这一点，须“先知土地价值之变迁”。以上海土地为例，开商埠前后，一亩地价从最初不过五两上升到今日三四十万两。今日之上海与今日之内地比，同一土地有不同价值，今日之上海与昔日之上海比，同一土地也有不同价值，其所以如此，“非限于天然，实社会进化有以影响之”。通过上海地价昂贵之势，可以预见，“将来工商发达，交通便利，内地地价，亦必有如上海之一日”。随社会进化而带来的土地增值之利，迄今均归属地主，外人皆知其理，所以出资托名以购地者，不知凡几。据于此，“我国以广大之土地，若无良法支配，而废弃此社会生产之物，将必为外人所乘，而夺此土地生产之权”。面对这一形势，“研究土地支配方法，即可得社会主义之神髓”。其“神髓”，用他的话来说，咸知土地价值增加受社会进化的影响，试问社会进化是否依靠地主的力量，若非依靠地主之力，则随社会进化而增加的地价，“岂应为地主所享有”。于此可知，“将来增加之地价，应归社会公有，庶合于社会经济之真理”；如果不收为社会公有，归地主私有，“将来大地主必为大资本家，三十年后，又将酿成欧洲革命流血之惨剧”。所以说，“今日之主张社会主义，实为子孙造福计”。

根据上述理论，他指出：“我国今日而言社会主义，主张土地公有，则规定地价及征收地价税之二法，实为社会主义之政策。”其政策含义是，调查地主所有的土地，由地主自由呈报其地价，国家按其地价，征收1%地价税；地主报价欲昂，纳税不得不重，纳税欲轻，报价不得不贱，二者相权，所报地价不得不出之于平；国家将其报价载于其户籍，所报之价即为规定之价，此后地价的增加部分，咸为公家所有，私人不能享有其利，以此打破地主垄断。据说此政策法案当时在广东已提交省议会议决。对比美国纽约市每年城市地租收入达八亿之巨，“惜均为地主所私有，若归公有，则社会经济上必蒙其益”；我国土地之大，物产之富，甲于全球，将来工商发达交通便利，地租收入较纽约不啻几十万倍，“国家之富，可以立致，讵若今日之民穷财尽，非向外人借款不能立国者乎”。可见他当时对建立在土地公有基础上的地价税政策主张，寄予多么大的期望。

总之，他“对于社会主义，实欢迎其利国福民之神圣，本社会之真理，集种种生产之物产，归为公有，而收其利。”他“极抱乐观”地表示：“实行社会主义之日，即我民幼有所教，老有所养，分业操作，各得其所。我中华民国之国家，一变而为社会主义国家”。

在这一信念支配下，他还简略概括了“理想一社会主义之国家”的种种设施。社会主义国家在其“真自由、平等、博爱之境域”，掌握铁路、矿业、森林、航路等收入以及人民缴纳的地租和地税，“府库之充，有取之不尽用之不竭用之不尽之势”；收入极为丰富后，“社会主义学者遂可进为经理，以供国家经费之余，以谋社会种种之幸福”。包括：教育方面，针对生于富贵之家能受教育、生于贫贱之家不能受教育的社会“不平之甚”状况，“社会主义学者主张教育平等，凡为社会之人，无论贫贱，皆可入公共学校”，公家承担各种有关费用；或尽其聪明才力，分专科接受高等教育，或按其性之所近，授以农、工、商技艺，使有独立谋生之才；毕业后分送各处服务，以尽所能。这样，“教育之惠，不偏为富人所独取，其贫困不能造就者，亦可以免其憾”。养老方面，对于那些为社会劳心劳力辛苦数十年，衰老后筋力残弱、不能事事之人，“社会主义学者谓其有功社会，垂暮之年，社会当有供养之责”，建设公共养老院，收养老人，供给丰美，俾之愉快，以终其天年，借此“可补贫穷者家庭之缺憾”。病院方面，为了改变患病后富者固有医药之资，贫者无余资而终不免沦落至死的不平现象，“社会主义学者遂主张设公共病院以医治之，不收医治之费，而待遇与富人纳资者等，则社会可少屈死之人”。此外，如建立聋哑残废院以济天造之穷，建立公共花园以供暇时之戏。其基本精神是：“人民平等，虽有劳心劳力之不同，然其为劳动则同”；官吏与工人的区别，不过因分工各执一业，“并无尊卑贵贱之差”。进而言之，“社会主义之国家，人民既不存尊卑贵贱之见，则尊卑贵贱之阶级，自无形而归于消灭。农以生之，工以成之，商以通之，士以治之，各尽其事，各执其业，幸福不平而自平，权利不等而自等，自此演进，不难致大同之世”。

上述便是孙中山演讲三日的主要内容。他在结束语中自称，这一讲演“发挥社会主义尚未详尽”，其区区之意是希望与中国社会党诸君“共相研究，一致进行”。

三、孙中山对于马克思经济学说的评介之分析

这一时期孙中山对于马克思经济学说的评介，集中见于在上海中国社会党的演说。初一看，他第一次在公开场合以醒目的形式评介马克思及其学说，显得有些突兀。其实，换个角度看，这种评介又在情理之中。他的评介建立在对于社会主义积极探索的思想基础之上。这一点，既有此前多次谈到社会主义问题，特别是在论战期间领导社会革命论者围绕社会主义议题（其中也包括马克思及其学说）作出多方面阐述的史实，可资为证；更有本时期在大量讲话和著述里反复论证社会主义道理的详实资料，作为凭借。现在，来看看他评介马克思经济学说的若干特点。

第一，突出马克思学说中的经济要点。这篇演说里，重点评介马克思学说的几个主要段落，几乎都围绕着经济问题而展开或从经济问题入手。诸如，介绍马克思历时30年研究资本问题而著成《资本论》一书，不遗余力地阐发真理，使得研究社会主义者可以有系统的学理作为依据，与那些无条理的学说及一般粗浅的议论区别开来；强调马克思的社会主义经济学理，专论资本，主张人造的资本应属于公有，为社会大多数人谋幸福；提出马克思一派属于新经济学派，其真理不同于纵容资本家垄断而压抑工人的旧经济学派的分配法，乃为多数工人谋其生存的幸福之道；评论马克思的资本公有学说，体现了社会主义的学说精进和方法稳健，确认经济问题的解决才是根本，掌握了社会主义之真髓；认为各国社会主义学者迫不及待地提倡马克思学说，系鉴于将来社会革命之祸，其公有资本之说和劳动应得到相当报酬之说，也分别获得谋国是的赞许和全世界学者的赞同；等等。这些评介之词，不论准确与否，其鲜明之处，是对于马克思经济学说的特出强调和高度重视。孙中山在辛亥革命推翻满清政权、自认为已解决民族和民权问题后，立志把重点转移到解决更为艰难的民生问题。显然，他是想从马克思经济学说中汲取滋养，以中国式社会革命的思路解决这一社会经济问题。

第二，论马克思学说与论社会主义学说相辅相成。孙中山关于马克思学说的论述，虽然颇为醒目，但相比起来，大量的篇幅，还是放在关于社会主义学说的论述上。后一论述，既有马克思学说的内容，也有许多非马克思学说的内容。总的看来，处理二者关系时，倾向于运用马克思学说的观点或接近于马克思学说的观点，阐释一般社会主义学说的基本内容和发展趋势。较为典型的例证，一是对马克思学说的评价中，概括这一学说有系统地阐发真理，为研究社会主义者奠定了理论基础，作为掌握社会主义之真髓的新经济学派的代表而区别于旧经济学派，得到各国社会主义学者的提倡。换言之，马克思学说是社会主义学说的典范，标志社会主义研究的未来发展方向。基于这一评价，评述一般社会主义学说时，自会重视马克思学说。二是对社会主义学说的阐释中，不少观点恐怕来自他对马克思学说的理解。例如：认为资本家的丰厚收益，来自工人的劳力，甚至世界一切产物，均由工人的血汗所构成，工人不特是发达资本的功臣，还是人类世界的功臣，工人有理由争取其应得的权利，当工人受资本家蹂躏虐待，起而反抗如罢工时，不能归咎于工人；其矛头针对的不是资本，而是少数资本家利用其经济势力垄断社会财富的来源，使一般平民无立锥之地，所以赞成取消资本家专制，将土地及大经营、大企业或大资本收归国有，利益归公，归人民公有；指出西方社会因机器工业的发展带来生产的极大提高，社会问题的重点已由生产问题转为分配问题，进而反对地主、资本家和工人按照土地、资本和人工的比例进行分配的传统方式，批评这是对工人血汗的剥夺;分析欧美国家的少数托拉斯垄断民生权,为了追求自身利益而违背供求规律,这是造成“经济界之无政府”的根本原因;宣传社会革命的目的,要制止或防范贫富差距的扩大,为大多数人民谋利益;等等。这些论述社会主义的观点,透露出他在不少问题上曾不同程度地受到马克思学说的影响。

第三,联系中国实际积极借鉴马克思学说。马克思学说的传入,发展到论战时期,开始从最初的一般性介绍或引进,进入借鉴或引用这一学说来分析中国的现实与前途。当初,在社会革命派阵营里,接触研究马克思学说者,除了像朱执信这样的个别人,其他孙中山的支持者们大多浅尝而止,其争辩中国社会革命的论战性文章,亦仅偶尔零星地涉及马克思的个别观点。在对立阵营里,梁启超等人倒是多次公开引用马克思理论作为驳斥对方的论据。不过,其意图并非赞成马克思理论,往往借此强调马克思学说不适应中国实际,不具有借鉴和指导作用。现在,孙中山自己挺身而出,着眼于西方国家的严重社会弊端,积极推崇马克思学说,运用这一学说并结合他自己对于社会主义学说的理解,论证社会革命或民生主义对于当前中国势在必行的理由和前景,这意味着国人结合中国实际借鉴马克思学说的学习和探索,又向前跨进了一步。他的借鉴,为了避免重蹈欧美国家贫富悬隔的覆辙,从以马克思学说为代表的西方社会主义学说中得到启示,主张中国趁其尚未发展之机,着手防范将来的社会革命之祸,以便较易于走上一条既能保持经济不断发展、又能避免贫富差距扩大的两全道路。他自称“完全社会主义家”,表示在推行与当时中国条件相适应的较为易行的民生主义办法后,还要参照欧美最新社会主义名著继续推行更加理想的办法。在这里,他所面临的是一种两难选择,既要发展资本主义,又想避免资本主义的弊端。尽管有这种矛盾,他仍执着地追求在落后的中国率先实现社会主义的理想,由此反映了中国革命先行者力图使国民摆脱苦难的责任和志向,以及尝试从马克思学说中寻找救国救民真理的胆识和勇气。

第四,用乔治学说附会马克思学说。孙中山论述社会主义,既有马克思学说的内容,更有不少非马克思学说的内容。这两者的区别,除了将马克思学说与所谓激烈派的均产之说或一般粗浅激烈之议论作些笼统的划分,通常是模糊不清的。他把乔治的学说与马克思的学说混为一谈,便是突出一例。如谓:此二家之说只是表面上稍有不同,实则互相发明,应当并存,一则以土地为天造而非人工所造,主张土地不应为个人所有而应属于公有,一则以资本为人工所造,主张资本应属于公有,二者均为社会大多数谋幸福;乔治的土地公有与马克思的资本公有二学说,均获得社会主义之真髓;等等。他特别偏爱乔治学说及其单一地价税主张,自有其缘故,而他用这一学说附会马克思学说,表明他对乔治学说的性质,尚不明底细,对马克思学说的理解,尚停留在所谓资本公有的肤浅层面,所以才会渲染土地公有与资本公有二者互相发明的并存关系，把乔治学说放在比马克思学说更为优先的地位。根据他当时的思路，中国亟待改变落后面貌，优先解决的是土地问题而非资本问题，要把发展必然带来的土地升值利益，通过某种行之有效的方式，及时掌握在实行民主共和的国家手中，以避免地主私人垄断；至于资本，我国尚未发展，只须事先预防资本垄断而造成的弊端即可。在他看来，重点解决土地问题的乔治学说，似乎更适合于中国的需要，可资倚重并用来指导解决中国的土地问题；重点解决资本问题的马克思学说，作为欧美国家资本主义发展的产物，似乎对中国更多具有某种警示意义，只须用作参考以备将来的防范。马克思曾批判乔治的主张"是资产阶级经济学家的观点"，"是产业资本家仇视土地所有者的一种公开表现"，"是在社会主义的伪装下，企图挽救资本家的统治，实际上是要在比现在更广泛的基础上来重新巩固资本家的统治"；同时指出其积极意义在于，"这是想从正统的政治经济学中解放出来的第一次尝试——虽然是不成功的尝试"[①]。对于马克思的这个评价，孙中山是完全隔膜的。

第五，给马克思学说附加若干偏颇解释。用乔治学说附会马克思学说，是这种偏颇解释的一个典型。此外，还有其他一些例证。其实，早在论战期间，从孙中山的支持者那里，已经看到此类偏颇解释的一些苗头或迹象，只不过那时尚未与马克思学说挂上钩罢了。等到孙中山出面解释马克思学说时，这种迹象就更为明显了，或者说，已发展成一种比较固定的理解。例如，强调马克思学说的所谓分配平均主张，可以通过和平方式从根本上加以解决，可以避免激烈派均产主义所造成的攘夺变乱之祸。与此相联系，又强调推行民生主义决不是劫富济贫，是不损害富人或富人与贫人共同发展前提下的"自然平均"过程。这一论调，考察论战双方的辩词时，已经有所耳闻。当时梁启超指责社会革命派的宗师马克思属于社会主义阵营中的过激派或极端派，孙中山的支持者则大多辩称自己赞成不损害富人的和平方式。现在，孙中山大概认为推翻满清政权后，更不必诉诸激烈方式来实现经济领域的变革，况且中国未有像西方国家那样严重的贫富差距，完全可以未雨绸缪地通过和平方式解决问题。这种理解，与马克思的学说格格不入，但并未妨碍孙中山毫无顾忌地将这一理解套在马克思学说的头上。又如，将《资本论》中的消灭资本主义私有制概念，转换为资本公有概念，再转换为机器公有概念，然后解释机器的发明须借助于社会知识的积累，实系社会发明，故不能由发明人私有其利益，应实行社会公有，由此证明马克思学说之由来。这一解释，可谓别出心裁，但它与《资本论》的内在逻辑，实在是风马牛不相及。再如，事实上把马克思学说归入所谓集产

① 《马克思致弗·阿·左尔格(1881 年 6 月 20 日)》，《马克思恩格斯全集》第 25 卷，人民出版社 1974 年版，第 190 页。

社会主义或国家社会主义的范畴,称民生主义即国家社会主义,又认为世界各国,包括镇压社会党人的德国俾斯麦政府和日本政府在内,通行国家社会主义。这就以一种极为抽象的形式,在国家社会主义的笼统概念下,把马克思学说与民生主义思想甚至反马克思主义的强权国家政策,统统混淆在一起。

以上分析,主要围绕孙中山对于马克思学说的评介之特点,给予分类整理和总结。同时期,列宁曾在1912年7月15日俄国布尔什维克报纸《涅瓦明星报》第17期上,发表《中国的民生主义和民粹主义》的专题评论。他是看了孙中山的《中国革命的社会意义》译文后,才作此评论。孙中山译文的出处,见于1912年4月1日在南京同盟会会员饯别会上发表演说的前半部分,被译成法文,载于同年7月11日比利时工人党机关报即布鲁塞尔《人民报》;后被转译成俄文,与列宁的评论文章同期刊载在《涅瓦明星报》上。孙中山的这个演说,前已介绍,是辛亥革命后,第一次就民生主义所发表的较为系统的阐述。其译文截取演说前半部分,又压缩删略,但基本上反映了演说的主旨,只是由于翻译的关系而在表述上有所差异。如谓:因清廷退位而实现民族与民权两大主义后,现在应该实行民生主义即"经济革命";西方各国虽然富足文明,但国内贫富悬殊极为明显,如果不进行社会革命,大多数人仍然得不到生活的快乐和幸福,只有少数资本家才能享受;资本主义国家对既得利益紧抱不放,要实现社会革命确是难事,而中国既无资本家,也没有既得利益,进行社会革命比较容易,"我们有可能预防资本主义制度的进攻";进行社会革命,在英美国家需要动用武力,在中国则不需要;必须从中华民国存在之日起,就"考虑如何防止资本主义在最近将来的孳生崛兴",否则等待我们的是更为酷烈的新专制暴政;新政府成立后,"必须改变不动产的全部法权根据",这是"革命的必要手段",消除土地所有者目前缴地价税的不合理现象,"必须使税和地价相称",实行贫瘠土地少纳税、优等土地多纳税的办法;有远见的人现在要作出决定,"使地产价值的增殖额,成为创造这一价值增殖额的人民的财产,而不是成为那些侥幸成为土地私有者的个别资本家的财产";等等①。

对于这篇译文,列宁"非常感兴趣"。它表明,孙中山这位"中国民主派的代表"或"先进的中国民主主义者",其议论"同俄国民粹主义者十分相似,以致基本思想和许多说法都完全相同";它作为"伟大的中国民主派的纲领",也为"研究亚洲现代资产阶级革命中民主主义和民粹主义的相互关系问题",提供了"新的世界事变"的根据。鉴于"中国资产阶级民主派也具有完全同样的民粹主义色彩",列宁以孙中山为例,引申其论文涵义,提出"目前已经完全卷入全世界资本主义文明潮流的几万万人的深刻革命运动所产生的思想的'社会

① 孙中山:《中国革命的社会意义》,《孙中山全集》第2卷,中华书局1982年版,第324—326页。

意义'究竟在什么地方"的问题。列宁的分析，肯定"孙中山纲领的每一行都渗透了战斗的、真诚的民主主义"，其标志，"它直接提出群众生活状况及群众斗争问题，热烈地同情被剥削劳动者，相信他们是正义的和有力量的"。这是"真正伟大的人民的真正伟大的思想"，这样的人民不仅会痛心于自己历来的奴隶地位、向往自由和平等，而且会同中国历来的压迫者作斗争。将孙中山这位"充满着崇高精神和英雄气概的革命的民主主义者"，与欧美各先进文明国家的领导相比，可以看到他们各自所代表的阶级的前途：在西方，资产阶级已经腐朽了，在它面前已经站着它的掘墓人即无产阶级；而在亚洲，"却还有能够代表真诚的、战斗的、彻底的民主主义的资产阶级"，这个"还能从事历史上进步事业的资产阶级"的主要代表或主要社会支柱是农民。孙中山的纲领，正是体现了"真诚的民主主义的高涨"。

列宁继续分析说，"中国民粹主义者的这种战斗的民主主义思想体系"，一是"同社会主义空想、同使中国避免走资本主义道路、即防止资本主义的愿望结合在一起"；二是"同宣传和实行激进的土地改革的计划结合在一起"。这两种"政治思想倾向"的产生，其原因在于，"先进的中国人，所有的中国人"，从欧美吸收解放思想，正在经历"对劳动群众生活状况的最真挚的同情和对他们的压迫者及剥削者的强烈憎恨"，但在欧美，"摆在日程上的问题已经是从资产阶级下面解放出来，即实行社会主义的问题"，因此，"必然产生中国民主派对社会主义的同情，产生他们的主观社会主义"。此其一。其二，他们反对压迫和剥削群众，"在主观上是社会主义者"，但中国的客观条件却是"落后的、半封建的农业国家"，农业生活方式和自然经济占统治地位是其封建制度的基础，中国农民受土地束缚是他们受封建剥削的根源，因此，"这个中国民主主义者的主观社会主义思想和纲领，事实上仅仅是'改变''不动产'的'一切法律基础'的纲领，仅仅是消灭封建剥削的纲领"。以上便是"孙中山的民粹主义的实质"，也是"他的进步的、战斗的、革命的资产阶级民主主义土地改革纲领以及他的所谓社会主义理论的实质"。

在列宁看来，孙中山的理论从学理上说，是"小资产阶级'社会主义者'反动分子的理论"。其中认为在中国可以"防止"资本主义，认为中国落后比较容易实行"社会革命"等等，都是"极其反动的空想"。然而，孙中山不像那些"自由派假马克思主义"，用自己反动的经济理论来捍卫真正反动的土地纲领。与此相反，"中国社会关系的辩证法就在于：中国的民主主义者真挚地同情欧洲的社会主义，把它改造成为反动的理论，并根据这种'防止'资本主义的反动理论制定纯粹资本主义的、十足资本主义的土地纲领"。基于这种土地纲领的"经济革命"，无非把地租转交国家，"以亨利·乔治式的什么单一税来实行土地国有"。根据马克思的论证，这是在资本主义范围内可能实行的改革，是"最纯粹、最彻底、最完善的资本主义”。其“历史的讽刺”在于:“民粹主义为了‘反对’农业中的‘资本主义’,竟然实行能够使农业中的资本主义得到最迅速发展的土地纲领”。在中国这样一个“最落后的农民国家”中,能够使人们接受“最先进的资产阶级民主主义土地纲领”的经济必要性,是因为“必须摧毁以各种形式表现出来的封建主义”。至于能否或在什么程度做到这一点,取决于许多因素,以孙中山为代表的资产阶级民主派,“正在尽量启发农民群众在政治改革和土地改革方面的主动性和勇敢果断精神,从中正确地寻找‘复兴’中国的道路”。

最后,列宁预言,中国资本主义的蓬勃发展和中国无产阶级的日益成长,“它一定会建立这样或那样的中国社会民主工党”,这个党在批判孙中山的小资产阶级空想和反动观点时,“一定会细心地辨别、保存和发展他的政治纲领和土地纲领的革命民主主义内核”。①

列宁对于孙中山的评论,没有涉及、而且也不可能涉及孙中山评介马克思经济学说的言论(当时他尚未发表有关演说),但评论中揭示孙中山的纲领与理论之实质,同样适合于表达孙氏对马克思经济学说的评介之实质:主观社会主义者在吸收马克思经济学说的过程中,面对欧美国家的社会弊端,产生了在落后的中国防止资本主义和较易实行社会革命的天真愿望和空想理论,实际上推行的却是摆脱封建剥削制度尤其封建土地束缚的纯粹资本主义的土地纲领。列宁肯定孙中山的民主主义是战斗的、真诚的、革命的、彻底的、充满着崇高精神和英雄气概;同时认为他的民粹主义概念,比民主主义的含义更广泛。这是因为孙中山所代表的中国资产阶级,当时还是向上发展的阶级,这个阶级憎恨过去,相信未来,奋不顾身地为未来而斗争,不同于西方已经腐朽的资产阶级正面临其掘墓人的无产阶级。显然,孙中山不了解这一区别,所以才会把欧洲社会主义和马克思经济学说在西方资本主义发展的基础上所要解决的推翻资产阶级统治的历史任务,与他在中国推翻君主专制统治的基础上所要解决的发展资本主义的历史任务,混淆起来,形成其理论上的“反动”或其“独特的少女般的天真”。通过孙中山的译文,列宁敏锐观察到中国民主派纲领的实质,深刻剖析了产生这一纲领的中国社会经济政治基础及其发展方向。这对于研究孙中山的社会主义思想以及他对马克思经济学说的评介,具有指导意义。列宁根据这篇译文所提示的中国资料,还富有远见地判断,中国的发展一定会促使建立某种形式的“中国社会民主工党”,这个党在批判孙中山纲领的基础上,一定会对其中所包含的“革命民主主义内核”予以细心地辨别、保存和

① 以上四段引文,均见列宁:《中国的民主主义和民粹主义》,《列宁选集》第2卷,人民出版社1972年版,第423—428页。

发展。果然,不到十年时间,中国共产党在1921年的创立,验证了列宁的这一预见。而且正如列宁所预期的那样,中国共产党在马克思列宁主义指导下,批判地继承了孙中山纲领中的“革命民主主义内核”并加以发展,走出了一条具有中国特色的新民主主义革命道路。

[附]陈独秀及其《新青年》对于马克思和社会主义的评介

陈独秀(1879—1942)不归属于孙中山的民主革命派,但在创办《新青年》初期,他对于马克思和社会主义的评介,有些近似于孙中山一派的认识,故附在本节后予以分析。

在《新青年》前身即《青年杂志》1915年9月15日的创刊号上,有陈独秀四篇文章,其中第二篇是《法兰西人与近世文明》一文。文章意在说明,以印度和中国为代表的东洋文明尚未脱古代文明之窠臼,“名为近世,其实犹古之遗”,绝然不同于“欧罗巴人”所独有的近世文明或西洋文明;对于欧洲文明的贡献,“其先发主动者”是法兰西人。文中举出近世文明“最足以变古之道,而使人心社会划然一新”的三大特征,即人权说、生物进化论与社会主义,然后逐一考察,证明“此近世三大文明,皆法兰西人之赐世界”,如果没有法兰西“恩人”,今日世界不知处于怎样的黑暗之中。此文考察近世文明特征之一的社会主义之由来,其论述如下:

> “近世文明之发生也,欧罗巴旧社会之制度,破坏无余,所存者私有财产制耳。此制虽传之自古,自竞争人权之说兴,机械资本之用广,其害遂演而日深。政治之不平等,一变而为社会之不平等,君主贵族之压制,一变而为资本家之压制。此近世文明之缺点,无容讳言者也。欲去此不平等与压制,继政治革命而谋社会革命者,社会主义是也。可谓之反对近世文明之欧罗巴最近文明,其说始于法兰西革命时,有巴布夫者,主张废弃所有权,行财产共有制,其说未为当世所重。十九世纪之初,此主义复盛兴于法兰西,圣西孟及傅里耶,其最著称者也。彼等所主张者,以国家或社会,为财产所有主,人各从其才能以事事,各称其劳力以获报酬,排斥违背人道之私有权,而建设一新社会也。其后数十年,德意志之拉萨尔及马克斯,承法人之师说,发挥而光大之。资本与劳力之争愈烈,社会革命之声愈高,欧洲社会,岌岌不可终日。财产私有制虽不克因之遽废,然各国之执政及富豪,恍然于贫富之度过差,决非社会之福,于是谋资本劳力之调和,保护工人,限制兼并,所谓社会政策是也。晚近经济学说,莫不以生产分配,相提并论。继此以往,贫民

生计，或以昭苏。此人类之幸福，受赐于法兰西人者又其一也。”①

这个论述，与孙中山一派的观点相比，有三点颇为相似。一是认为社会主义的主旨，在政治革命即解决君主贵族压制的政治不平等问题之后，谋求新的社会革命，解决资本家压制的社会不平等问题。社会不平等问题，是近世文明随着竞争人权学说的盛行和机器资本的广泛运用而出现的新的弊害或缺点，也是欧洲社会主义产生的原因。二是不那么赞成立即废除财产私有制，颇为欣赏欧洲各国的执政者和富豪们自我意识贫富差距过于悬殊决非社会之福，进而采取调和劳资矛盾的各种社会政策或自我约束措施。三是把社会主义学说，主要理解为将分配问题提升到与生产问题并重的经济学说。相信解决这一经济问题，便可以改善贫民生计，达到全人类幸福。

陈独秀的论述，其重点不是阐释实行社会主义和社会革命的必要性和可行性，而是说明法国的先驱者如巴贝夫、圣西门、傅立叶之辈对于社会主义学说的原创性贡献，以及德国的后来者如拉萨尔和马克思师承法国人学说而发挥光大的源流关系。此时陈氏之论，不像孙中山一派，把社会主义与社会革命问题与中国实际联系起来加以论证，以期走出中国自己的民生主义之路；也不像孙中山本人，对马克思经济学说的内涵、作用和地位从不同角度比较分析，希冀为中国社会革命找到某种借鉴。相比起来，陈独秀 1915 年的论述，论及马克思，浅尝即止，只是强调近世社会主义代表人物中德国马克思与法国空想社会主义者之间的继承关系，并将拉萨尔与马克思并列，尚不如孙中山三年前即 1912 年的演说，对于马克思经济学说的理解之深入和广泛。陈氏此论，正值第一次世界大战爆发不久，面对法兰西人和德意志人作为交战的对立双方，其论流露出来的倾向性，也是推崇法兰西人为近世文明所作的贡献。如谓：德意志人中的文豪大哲和社会党人也有热爱平等自由博爱者，但多数人崇奉强国强种，“不若法兰西人之嗜平等博爱自由根于天性成为风俗”，即使法国战败，也不能因此而忘却法兰西人“创造文明之大恩”②。其言下之意，追随马克思学说的德国社会党人，也不如从空想社会主义者前辈那里熏陶出来的法国人之具有纯正的文明天性。按照这一思想倾向，显然不会把评介欧洲社会主义的重点，放在马克思及其学说之上，而是强调德意志人马克思的思想来源，同样离不开法兰西人的贡献。他的论述，谈到从法国空想社会主义者到马克思的历史沿革，也有其敏锐之处。即不像时人那样泛泛议论西方国家日益严重的贫富差距现象，直指“资本与劳力之争”这一西方资本主义社会的实质问题。科学阐释这个根本性问题，是由马克思学说完成的。陈独秀能透过西方

① 陈独秀：《法兰西人与近世文明》，《青年杂志》第 1 卷第 1 号(1915 年 9 月 15 日)。
② 同上。

社会表面的贫富差距现象，意识到其中起支配作用的是“资本家之压制”，认为社会革命将随着资本与劳力斗争的日趋激烈而愈益深入，这也为五四运动以后转向接受马克思学说，奠立了一定的思想基础。

陈独秀的文章，对马上废除财产私有制持有异议，对欧洲各国政府调和资本劳力之争的社会政策颇为欣赏，但从未否认社会主义纠正近世文明缺点和促进人类幸福的积极意义。这也体现为创办《新青年》的指导思想。在这一思想影响下，自会刊登一些与众不同的文章。如第 2 期李亦民的《德国之社会党》一文，介绍德国社会民主党具有与其他国家的普通社会党和纯粹民主党不同的“党义”，其内容之一是反对君主皇室制度。该党曾遭受德意志帝国所施加的“非常之惨遇”，即俾斯麦政府自 1878 年起颁行“社会党镇压法”，“关于社会主义、共产主义、社会民主主义之结社禁止，集会解散，印刷物没收，并禁止刊布”等，厉行 12 年之久，至 1890 年才宣告废止。在此期间，德国社会民主党处于“黑暗地狱”之中，“匪惟不足减杀社会党之势力，且以促其猛进，十余年之纷扰，徒多事耳”。于此表明，德国社会民主党作为政治团体，就像人之生于忧患死于安乐一样，“受外界之刺戟，必坚其内部之人心，而固其沉郁敢为之气”，锻炼其“临事手腕之渐趋敏活”。简言之，帝国政府镇压之法，不仅未能“歼灭”德国社会民主党，反而促使其更加成熟和蓬勃发展。此文也说，德国社会民主党近年来“无极端反对君主之党义，而富于平民之趋向”，似乎意味着该党比较过去发生某些转变，但它如此夸赞和宣扬德国社会民主党对抗政府镇压取得胜利的典范作用，却很少见。[①] 评介德国社会民主党，往往与评介马克思学说联系在一起，反之亦然，这也是马克思学说传入中国以来，相关评介著述中常见的一种现象。评介者对待德国社会民主党的倾向性，同样会影响到对于马克思学说的评价。李亦民之文只谈及德国社会民主党，未接触马克思学说，但它把该党在逆境中奋起的事迹当作范例加以讴歌的热忱，使人感受到《新青年》杂志所创造和鼓励的舆论氛围，正在孕育着接受和宣传马克思主义的土壤。

第二节　《新世界》载文关于马克思经济学说的评介

《新世界》是中国社会党绍兴支部 1912 年 5 月在上海创办的半月刊。按理说，中国社会党并不隶属于孙中山的革命民主派，该党宗旨根据其创始人江亢虎的阐释，摇摆于社会主义与无政府主义之间，或者说，带有浓厚的无政府主义色彩。然而，该党成立初期，赞成孙中山的主张，专门邀请孙中山在其上海本部连续三天宣讲社会主义。这一时期，孙中山也曾将江亢虎及其党派引

① 李亦民：《德国之社会党》，《青年杂志》第 1 卷第 2 号（1915 年 10 月 15 日）“世界说苑”栏目。

为同道,给予关注和支持。从这个意义上讲,孙中山与江亢虎建立的中国社会党之间,事实上在政治主张方面结成暂时的联盟。《新世界》的办刊持续时间不长,据目前所藏版本,仅在1912年的5—8月间出版了8期,但它颇为瞩目地刊登了一些孙中山支持者以及其他人评介或翻译马克思、恩格斯学说的文章,成为当时引进马克思经济学说的一个前沿阵地。基于这些理由,故把《新世界》上有关文章的分析,归入本章。除了重点分析《新世界》的若干篇文章,也附带分析直接归属革命民主派人物的一些有关著述。

一、朱执信的《社会主义大家马儿克之学说》

这篇文章由蛰伸[①]即朱执信译述、煮尘"重治",发表于《新世界》1912年6月2日第2期。初看篇名,似乎朱执信新写了一篇专论马克思学说的文章。稍加核对便发现,这篇文章,其实是1906年初发表于《民报》第2、3期《德意志社会革命家列传》一文中专论马克思一节内容的翻版。或者更准确地说,这是《新世界》主编煮尘借用朱执信的文章,对其加以"重治"即重新整理、修订并配加按语的结果,与其说是朱执信译述,不如说是煮尘在朱氏文章基础上加工修饰的作品。将这篇文章与朱执信1906年的那篇文章作一对比,煮尘的"重治"成分一目了然。其中比较醒目的改动包括[②]:

一是增加了一节"绪论"。其中借鉴朱执信原文"绪言"的某些含义,基本上用煮尘自己的话来表述。如谓:"今日社会主义之学说,磅礴郁积,社会党之势力,澎湃弥蔓",能使全世界大多数人聚集于这一旗帜之下,并使自有历史以来的富家豪族感到惶恐畏惧,"致此者谁乎?德之马儿克也",只有马克思才能做到这一点。接着是对马克思的一段评价:

> "马儿克之智识、之能力,何以能使全世界之人类,倾倒若是,嫉视若是乎?则以万国社会党之《共产宣言书》,草之者马儿克也。然则马儿克者,不啻全世界之造时势者,而万国社会党之《共产宣言书》,又不啻二十世纪社会革命之引导线,大同太平新世界之原动力也。马儿克所草之万国社会党《共产宣言书》,具如许之势力,占如许之效绩,又乌可以不使我中华社会党,共闻之而共见之乎?"

这段评价,推崇马克思为全世界"造时势者",推崇马克思起草的《共产党宣言》乃20世纪社会革命的"引导线"和大同太平新世界的"原动力",其落脚点是为了引起同样命名为中国社会党的党内同仁重视马克思及其《共产党宣言》。评价马克思的"势力"和"效绩",撰文者意犹未尽,又说:马克思所处的背

① 此译述者原文误作"势伸"。

② 以下引文凡出于此文者,均见势伸译述,煮尘重治:《社会主义大家马儿克之学说》,《新世界》第2期(1912年6月2日)。

景，正当德国铁血宰相俾斯麦执政，凭借其炙手可热的威权，不遗余力地放逐社会党和遏绝社会主义。然而，

> “今德国之社会党，卒能占全国选举权之大多数，社会主义学说之盛行，又为全世界各国之冠，岂非因马儿克精密之思想、高尚之人格、敏妙之文词，有以耸动大多数人民之效果乎？且马儿克丁兹困究放逐之生涯，卒能百折其身而不变其志，又岂非豪杰人士？见道甚深，处义至勇，而吾党所宜崇拜之而景仰之者哉！”

这里着重评价马克思的思想、人格和文词，同样产生赢得大多数人民的效果。对此，撰文者不仅要求给予重视，而且还呼吁本党同仁应崇拜和景仰马克思之“见道甚深”与“处义至勇”。以上介绍马克思的行义和学说，为了使我国同党和同胞“知所信从而知所则效”，为他们提供信从和仿效的榜样。这段开场白，表达了煮尘对马克思及其学说的尊崇态度，事实上也说明了他何以借用朱执信文章的原因。

二是对原文段落作部分增删调整。朱执信原文评介马克思及其学说部分，只列出总标题即“马尔克(Marx)”，煮尘的重治文章，抽出这一部分独立成文后，按照原文意思，分列三个小标题。第一个小标题“传略”，介绍马克思生平事迹。其内容根据朱氏原文，颇详于《共产党宣言》发表以前马克思的经历、与恩格斯的相识，以及《共产党宣言》的产生，至于马克思在《共产党宣言》发表后的经历，原文稍后有几处简略论及，此文将这些简略叙述一并归入第一个小标题内，形成比较完整的“传略”内容。第二个小标题“共产主义宣言书之概略”，几乎完全照搬原文，论述《共产党宣言》若干内容，特别是其中关于共产党人的十条措施。所不同的是，关于十条措施的注释性按语，此文比起朱氏原文，既有删改，也有增添。如对第2、3、10条措施的原注按语，作了不同程度的删改，对第1、4、5、6、7、8、9条措施，新增一些按语。有关《共产党宣言》影响的一些评价文句，或被调整到上一节，如万国社会党遵奉此宣言为“金科玉律”，此宣言颁布后“家户诵之”等；或被删节。第三个小标题“资本论之概略”，主要引录朱氏原文中马克思以资本家为掠夺者的观点和李嘉图关于劳动价值的观点两段议论，原文中朱执信对于马克思学说的评论部分，被全部删去。这样一来，煮尘的重治文章，似乎与朱氏原文有了许多不同。其实，二者大同小异，经过如此调整，前者比后者更为突出对《共产党宣言》的评介，更为有利于体现煮尘及其党派的自身意图。

三是修饰原文的表述方式。煮尘的重治文章，基本内容转录朱氏原文，但并非一字不差地照抄，时常凭自己的理解作些修改润色。这种修饰，包括将原文“马尔克”改为“马儿克”、“共产主义宣言书”改为“共产宣言书”等等，几乎比比皆是。例如：原文提到马克思担任《莱茵报》主编时，当世人士以不知马克思

之名为耻，煮尘据此补充说，“马儿克之文章、之学识、之价值，亦于此可见”；原文叙述马克思在共同编辑《德法年鉴》期间，开始研究国家经济学，探索并笃信社会主义之深义，煮尘改述为，马克思“遂大张社会主义之旗帜于该报中”；原文提及马克思在巴黎与恩格斯相识，煮尘望文生义，将恩格斯称作“法人”即法国人；原文指出“万国共产同盟会”推举马克思起草《共产党宣言》，煮尘不了解这一历史背景，删去此说，仅笼统言及“一时社会党，群翕然宗仰之，而《共产主义宣言书》，遂于是时出世”；原文评价马克思的《共产党宣言》第一次阐述了资本的毒害之所由来以及怎样去之之道，不同于以前攻击资本的社会主义主张只是空言无所裨的乌托邦，煮尘看来不那么接受这一评价，在重治时将此全部删除；原文试图表述马克思关于“到目前为止的一切社会的历史都是阶级斗争的历史”之意，煮尘画蛇添足，将阶级斗争说成“证之历史，其胜败之迹，显然少数者必不能与多数者相抗衡”；原文对第 2 条措施即征收高额累进税的注释，曾批评视此税为强取于富人或不利于富人的谬误，煮尘将此全数删去；原文对第 3 条措施即废除继承权的注释，曾从学理上阐发，同时对此措施能否实行或行之是否有效提出异议，煮尘大为简化并充分肯定此措施；原文叙述李嘉图的劳动价值原理，曾解释机器和交易均不增加“生货之价”即商品价值，煮尘亦删去此解；等等。此外，对于原文表述理论观点的晦涩拗口之处，煮尘作了一些通俗化处理，并将原文中个别典型的日本式用语加以汉化，如把“株主”改为“股东”等。

四是新增数段按语。煮尘在原文基础上增加长短不一的几段按语，均集中于十条措施，对其内容发表自己的看法，程度不同地带有一些无政府主义色彩。例如：

关于第 1 条措施即剥夺地产并把地租用于国家支出，煮尘有两段按语。第一段涉及剥夺地产问题。如谓：土地像阳光空气，是天生之物，其本质非人力所能造成，“应归社会公有，以供一般人民之利用”。自私有土地制度产生以来，产生富豪兼并和贵族掠夺的弊端，由此产生社会上种种阶级，这是“造成世界人类不平等之源泉”。其发展结果，“全国土地势将尽归于少数大地主之手，使小民无地可耕”，盛行“可恨”的“农奴之制”；文明进步和交通便利促成地价日增，地主不劳而获莫大之巨利，“酿成贫富悬隔之阶级”，这是欧美社会的现状。解救这一弊病，“惟禁私有制，而以土地尽数归之国家，使人民不得有土地所有权，惟得有其他权(如地上权、永小作权、地役权等)，且是等权必得国家许可，无私佣，亦无永贷”。这样，自然会淘汰地主的强权，使他们由过去的“坐而分利之徒”，转变为与平民同等的“生利之企业者”；经过转变，“一国之富，自必蒸蒸日上，且无巨富极贫之悬隔，同为平等之齐民，此社会主义之基础，而太平大同之起点”。第二段专论马克思国家观念。如谓：

"马儿克之意，仍认国家之存在者，以一时国界尚不能破，政府亦尚不能废弃，不如仍之以为人民之公仆。其所谓国家，乃共和政体之国家，非君主专制君主立宪之国家也。观于上文，以共和号于众之语，其意自明。盖国既为民主共和国矣，其所收入之地租愈丰，仍还之以为民政种种设施之用，利于国，即不啻于民也。马儿克醉心共和，以社会民主主义号于众，不认普君之威权，此所以屡被放逐欤。"

后一段按语，显然有针对性地解释前一段按语有关土地归于国家的说法。在煮尘看来，马克思将来要取消国家、破除国界和废弃政府，只是目前还不能这样做，故将其重点放在改变君主专制或立宪国家为共和政体国家之上，只有民主共和国家才能把大量地租收入用于国家支出即有利于国与民，这也是他不承认普鲁士君王的威权而屡遭放逐的原因。这番解释，实际上是给所谓马克思的国家观念，刻上了无政府主义的印记。

关于第 3 条措施即废除继承权，煮尘节选原文按语有关内容，又自行加了一段按语："盖世袭遗产为一切罪恶之源泉，必破除之，然后社会乃有进步，社会主义乃可实行。此条本党已著为党纲，想同党诸君均能明了"。把遗产继承当作一切罪恶的源泉，这是典型的无政府主义言论。此条已纳入党纲，是指《中国社会党规章》中，标明"破除世袭遗产制度"为其宗旨，提出"建设社会银行，筹划遗产归公之方策"为其事务。这一主张，与规章中"融化种界"、"组织公共机关"、"破除家庭制度"等主张混杂在一起，无异于一盘无政府主义大杂烩。①

关于第 4 条措施即没收一切流亡分子和叛乱分子的财产，因原文将流亡分子译作"移居外国"者，为此，煮尘加按语注明，"此条自为国家存在、国界未破时言之"。意在憧憬国家消灭、国界破除的理想，惟此理想未实现时，才言及没收"移居外国"者的财产问题。

关于第 5、6、7 三条措施即拥有国家资本和国家银行把信贷集中在国家手里、把全部运输业集中在国家手里、增加国营工厂和生产工具等，煮尘以按语形式强调，凡银行、铁路、矿山、大工厂、大农场等，"以土地归国有，废灭大地主及大资本家"，这些事业"自当以国家任之"，"共和政体为人民之国家，大利归国，即大利归民"。这一按语，也是呼应第 1 条措施的按语。

关于第 8 条措施即实行普遍劳动义务制和成立产业军（特别是在农业方面），朱氏译作"强制为平等之劳动，设立实业军"。对此，煮尘按语："现社会之

---

① 《中国社会党规章》，《天铎报》1911 年 11 月 24 日，转引自林代昭、潘国华编《马克思主义在中国——从影响的传入到传播》上册，清华大学出版社 1983 年版，第 306—307 页。

劳动，最不平等者”，有劳心、劳力之分，劳力中又存在作工时间多寡不能一律的苦乐不均之不平；“强制之为平等，则无大苦极乐之分，乃现亲爱和同之象，此亦社会主义之滥觞”。这是从绝对平均主义观点来理解义务劳动。所谓“实业军”，煮尘定义为“以军队组织而从事于实业”，认为“此与我国古时之屯田相近，而亦与目下遣军实边以开垦荒地者相类”。这一理解，把马克思、恩格斯所设想的无产阶级统治下的“产业军”概念，特别是在农业方面成立类似于工人队伍的“产业军”概念，变换成中国古代的屯田、特别是边疆地区的军屯概念，其偏差不可以道里计。

关于第9条措施即农业和工业结合以逐步消灭城乡之间差别，煮尘的按语仍将重点放在“平贫富之等”上。他说：社会组织现状，多以农者在野，工者在邑，农之所出皆生货，必经工人之手始能成熟，于是富厚者聚集于邑以便于取用熟货，导致“邑野遂几成贫富之两阶级”；实行农工结合，使之联属，“非独以泯邑野之制，亦所以平贫富之等”。用“平贫富之等”解释消灭城乡差别，固然是他的一个心得，同时也透露出以绝对的平等或平均来简单地衡量各种革命措施的特殊心境。

关于第10条措施即对一切儿童实行公共的和免费的教育，马克思和恩格斯针对的是资本主义工厂使用童工劳动，主张取消之，并把教育同物质生产结合起来。朱氏原文把这里的“儿童”译作“青年”，提出禁止青年在工厂劳动。煮尘的按语进一步演绎朱氏原文，认为青年作工“不但绝彼教育之生涯，即于体育亦大有妨碍”，故“必禁之”，只有进入免费的公立小学校受“相当之教育”，才为“平等”。

以上是煮尘增加几段按语的大致内容，可以看出，他对于《共产党宣言》十条措施的兴趣，比起朱执信，有过之无不及，几乎在每条措施后面，都加上按语，用以抒发自己的心得。不论这些按语内容如何，所表达的倾向显而易见，他当时接触马克思学说，最容易接受或自以为最容易了解的，是其中一些具体措施而不是更为重要的基础性理论。

分析至此，重点在分辨和剖析煮尘的“重治”内容，容易使人产生一种错觉，似乎这篇文章是煮尘重新撰写的。其实，文章的基本内容，仍未脱朱氏原文的框架，或者说，煮尘无非附着朱氏原文，作了一些增删修改而已。对朱氏原文，已有详尽分析，不必再作赘述，故将此处重点，用于分析煮尘所附加的这些增删修改内容。煮尘的做法，谈不上什么创新，但它在马克思学说传入中国的早期历史上，反映了两个值得注意的动向。

一是反映了朱执信评介马克思学说一文的社会影响力。朱执信的专论文章发表6年之后，煮尘还郑重其事地拿过来重治发表，这不是一个偶然现象。按理说，过去6年间，发表在中文书刊上有关马克思及其学说的评介文字，不乏其见。特别是与煮尘及其所在党派具有相似倾向的无政府主义刊物《天义报》，曾于1908年刊登一些介绍马克思、恩格斯原著的文章，颇令人瞩目。煮尘何以不从近期或具有近似倾向的评介文章中选择素材加以重治，偏偏选取6年前朱执信的文章。其中的缘故，值得思量。自马克思学说最初传入中国起，到煮尘发表这篇重治文章，这一时期有关马克思学说的评介文献，可以划分为多种类别。诸如，一般猎奇式介绍马克思学说的个别观点；结合中国国情对马克思的某些理论观点作肯定或否定的评价，展开相互对立的争辩；引进国外学者对于马克思学说的评介著述，其中包括褒扬、贬抑或自诩客观中立等各种态度；摘录或比较完整地转译马克思学说的某些原著，并配以简单的说明式介绍；等等。这些评介文献里，以国人身份，比较认真地研究马克思著作并给以较为系统的评介，同时积极主张运用马克思学说来指导中国的革命实践，其首屈一指者，当推朱执信的专论文章。当然，朱执信的文章，也借鉴外国人特别是日本人的有关论述（如煮尘称其文为“译述”），也存在对于马克思学说的理解偏误，但他下了番功夫，试图通过自己的消化吸收，把握马克思的代表著作之理论要点，真诚地推崇马克思学说，以为可以依据来解决中国的现实和未来问题。当时国人中研习马克思学说达到如此境界者，除了朱执信，还应当推举孙中山，孙中山更是鼓励其支持者研习马克思学说的推动者和指导者。这一点，可以从孙中山在上海中国社会党的演讲中得到典型的体现。不过，那次演讲关于马克思学说的评论，稍后于同年煮尘文章的发表，煮尘无缘借鉴。所以，当煮尘对马克思学说表示出同样的尊敬和信从，需要阐明其理由，以为同党和同胞树立起马克思及其学说的榜样时，他引用和“重治”朱执信的文章，便是顺理成章之事。从重治文章看，煮尘不像朱执信那样，曾对马克思学说作过较为认真的研究，只是咀嚼朱执信已有的理论概括，还不时暴露出一些理解上的偏差，而以按语形式，将其兴趣点转向其中一些具体经济措施，也是煮尘的重治文章不及朱氏原文之处。无论如何，煮尘于6年之后，仍将朱执信的文章作为样本，借此宣扬马克思学说，足见中国早期引进马克思学说的过程中，朱执信文章的重要地位和社会影响力。

二是反映了一些具有不同政治倾向的派别曾以马克思学说作为它们的共同理论来源。孙中山一派信奉社会革命，主张民生主义即社会主义，他们尊崇马克思学说，自不待言，此前有朱执信的专论文章，这一时期又有孙中山的专题演讲，均可作为其范例。新成立的中国社会党及其党魁江亢虎，也自称倡导社会主义，却带有明显的无政府主义倾向。他们对待马克思学说的态度，与此前公开以无政府主义相标榜的“天义派”之类，似有某种继承关系。“天义派”曾致力于马克思和恩格斯若干重要原著的翻译和介绍，这一不同寻常的举动，透露出它们对马克思学说的兴趣，超出单纯的猎奇尝鲜模式，转向为本派别的纲领主张寻找理论依据。《新世界》作为中国社会党的地方支部刊物，其主编煮尘宣扬中国社会党应当共闻共见马克思及其《共产党宣言》在世界上所形成的势力和效绩，应当崇拜和景仰马克思的精密思想、高尚人格、敏妙文词和百折不挠精神，应当传播马克思的事迹和学说而为本党同仁树立信从和效法的榜样。这番慷慨激昂之词，可与朱执信的评价比肩，甚至超出孙中山的评价。不过，煮尘像"天义派"一样，他们对于马克思学说的认识，不同于孙中山和朱执信建立在对这一学说作理论研究的基础上(尽管这一研究仍相当粗浅)，而是建立在对马克思及其学说的影响力的感触上。所以，无论"天义派"还是煮尘，或者转译马克思著述，或者拿来别人关于马克思的评介文章再"重治"，从某种意义上说，都是吃现成饭，不必经过自身努力来深化对于马克思学说的理论认识。虽然存在这些区别，煮尘的经济和政治主张，在当时毕竟与孙中山一派的主张有明显的相似性，诸如赞成土地及其他银行、铁路、矿山、大工厂和大农场等应归社会公有或国家所有，赞成社会主义强调平等而反对贫富差距悬殊，赞成征收高额累进税和废除遗产继承权等措施作为实现平等的手段等等。这也表明，在辛亥革命推翻了君主专制统治之初，面临新的救国救民的社会课题，孙中山一派的民生主义主张曾经具有相当大的号召力和感染力，并使中国社会党等一些有着不同倾向的政治团体，也附和或响应其主张。这种事实上的联盟，促使具有不同政治倾向的派别不约而同地从马克思学说中吸取理论滋养，也就不足为怪。此所以讨论本时期各派关于马克思学说的评介，可以暂时把中国社会党的刊物《新世界》上的有关评介资料，归入孙中山一派加以考察。至于中国社会党或其变种与其领导人后来同孙中山一派分道扬镳，那是势所必然，也是后话了。

二、施仁荣译述的《理想社会主义与实行社会主义》

这是马克思学说早期传入中国的过程中，一篇相当有名的译文。这篇基本完整的译文，署名德人弗勒特立克恩极尔斯原著，余姚施仁荣译述，连载发表于《新世界》1912年5月至8月第1、3、5、6、8期。今译名是弗里德里希·恩格斯的《社会主义从空想到科学的发展》。这篇译文之所以有名，基于两个理由。

其一，它第一次将恩格斯的这部名著，比较完整地介绍给国人。在此之前，国人对于这部名著，也有所触及。幸德秋水的《社会主义神髓》中译本里，明确提到以恩格斯的《社会主义从空想到科学的发展》为其重要英文参考书目之一，又参照其表述方式或论述顺序，表达或说明有关唯物主义历史观和资本主义基本矛盾理论等内容，并引用恩格斯书中的个别段落。幸德的著作，只是参考恩格斯的著作，其中掺杂着其他非马克思主义者的观点或参考者自己的解释，并非完整忠实地阐述恩格斯原作的精神。其他中文著述或译述对恩格斯原著有所接触者，更是支离破碎，无从见其全貌。换句话说，在施仁荣的译文发表之前，那些点滴摘录或部分参考恩格斯原著的中文文本，顶多为呼唤或催生恩格斯原著的完整中译本起到某种铺垫作用，第一个完整中译本的问世，则归功于施仁荣。

其二，它翻译恩格斯原著的完整性，在当时引进马克思、恩格斯代表作的早期历史中，恐怕也难有望其项背者。1908年《天义报》发表民鸣翻译的《共产党宣言》前言、第一章及恩格斯1888年英文版序言，是以完整形式翻译引进马克思、恩格斯代表作的首次尝试。相比之下，民鸣的译文，只翻译了《共产党宣言》正文四章中的第一章，仅为部分译文；而施仁荣的译文，已是《社会主义从空想到科学的发展》正文三大部分的基本完整译文。因此又可以说，施仁荣的译文，是中国近代引进马克思、恩格斯代表作的第一个完整译本。就其完整性来说，此译本也有一些缺陷。如未能译出恩格斯1882年德文第一版序言和1892年英文版导言；又如原著第三部分末尾的数段内容以及最后对全部发展进程的简单概述，不知是否由于《新世界》第8期以后停刊或其他什么原因，未能见到其译文。从施仁荣译文的连贯性看，舍去原著的序言和导言部分，应是有意为之，未见第三部分的后续内容，则有其缘故，决非译者有意遗漏或省略。

施仁荣的翻译，称之为译述，似乎翻译原作之外，还有译者自己或转达他人的叙述成分，即夹译夹叙。是否如此，其译本是否忠实于原作，或者说，其译本是否掺入了或在多大程度上掺入了叙述的成分，要证实这一点，须比照此译本与原作今译本，进行大致的核对，以辨明真伪。总的看来，此译本按照原著结构，分为三个部分，只不过译者根据自己的或参考他人的理解，把这三部分称作三编，并分别加上标题："第一编　理想社会主义"；"第二编　实行社会主义"；"第三编　实行社会主义"。这些标题的设计，不尽合理，恐怕为了附会其原著命题。下面，按照三编的顺序，将其译文内容与今天的中译本，作一对比。

（一）"第一编 理想社会主义"

本编原译文分28段，在今译本中，第一部分为20段，二者在总段落上有些出入。原译文的分段，同今译本不尽相合，二者互有错落。原译文的表述，也同今译本存在颇多差距，二者难以相提并论。例如：

第1段原译文："社会主义，乃地主与非地主，或资本家与工人竞争而生之一种主张。以实行其生产无治主义也。此主义孕育于十八世纪法国哲学潮流浸淫澎湃之时，而于经济学所论之事实，实有密切关系。"今译本则表述："现代社会主义，就其内容来说，首先是对统治于现代社会中的有产者和无产者之间、资本家和雇佣工人之间的阶级对立和统治于生产中的无政府状态这两个方面进行考察的结果。但是，就其理论形式来说，它起初表现为十八世纪法国伟大启蒙学者所提出的各种原则的进一步的、似乎更彻底的发展。和任何新的学说一样,它必须首先从已有的思想材料出发,虽然它的根源深藏在物质的经济的事实中。"两相比较,毋庸分析,对原著本意的理解和表述,原译文的缺损、晦涩、难解,与今译本的准确、明白、晓畅,一目了然。原译本的这一译文特点,几乎贯穿其各编始终,无须一一指出。

第2段原译文把法国伟大启蒙学者所谓用思维着的悟性作为衡量一切的惟一尺度,译作"真理者,万事之基础"。又把黑格尔所说那时的世界是用头立地的时代,译作"世界由人脑组织而成";并删去原著中恩格斯为黑格尔这句话所作的一个注释。

第3段原译文将法国启蒙学者的理性的王国不过是资产阶级的理想化的王国之意,译作"所谓真理组成之世界"(今译"所谓中等社会所结合之理想世界");又把资产阶级民主共和国,译作"中人民主政体"。还将"十八世纪的伟大思想家们,也和他们的一切先驱者一样,没有能够超出他们自己的时代所给予他们的限制"之意,译作"十八世纪法国大思想家脑中所孕育之真理,竟得见诸二十世纪以后之世界矣。吾人对此,能不生惑",对其原著含义给出一个几乎相反的译文。

第4段原译文是今译本第4段的前半段。其中把资本家没有雇佣工人就不能生存,而且随着中世纪的行会师傅发展成为现代的资产者,行会帮工和行会外的短工便相应地发展成为无产者的原意,译作"资本家无劳动家以作工,则资本家无所施其技;贫民无中人以提携之,则贫民无以谋其生。则中人者,实社会之中干耳",即扭曲地变成贫民没有"中人"就不能生存之意了。

第5段原译文是今译本第4段的后半段。它把16、17世纪有理想社会制度的空想的描写,18世纪已经有直接共产主义的理论,分别译作"理想社会主义渐发见"和"实行社会主义亦渐萌芽";把平等的要求已经扩大到个人的社会地位方面,译作"及于个人经济问题之中";把三个伟大空想社会主义者中,圣西门除了无产阶级的倾向,资产阶级的倾向还有一定影响,欧文在资本主义生产最发达的国家里,已经系统地制定了消除阶级差别的方案之意,译作圣西门"提倡贫民与中人当如何排去资本家",傅立叶和欧文均"竭力鼓吹推翻阶级制度"等等。

第6、7段原译文,是今译本第5段的内容,但作了很多省略。它归纳三大哲学家扶掖全世界人民,以及为真理和公德而不懈地争辩,却未能译出其真正含义,如他们三人的共同点,都不是作为当时已经历史地产生的无产阶级的利益的代表出现的;都把真正的理性和正义至今还没有统治世界,看作是缺少个别的天才人物;都把天才人物出现并认识到真理,看作纯粹是一种侥幸的偶然现象,并不是历史发展的进程所必然产生的、不可避免的事情;等等。不仅如此，它还将这些含义，作了相反的表述，说什么世界所缺乏的正是人才，“世界而有人才，则真理自见”；不然，有人而不知真理，设想其人诞生在五百年前，五百年间的人类不免遭到背谬、争夺和劫难云云。

第8、9、10段原译文，是今译本第6段的内容。其本来涵义，在18世纪，和启蒙学者的华美约言比起来，由“理性的胜利”建立起来的社会制度和政治制度竟是一幅令人极度失望的讽刺画；那时只是还缺少指明这种失望的人，而这种人随着世纪的转换出现了，其标志就是19世纪初圣西门、傅立叶和欧文等人著作的出版。这一涵义，在原译文里，被笼统地译作“与哲学家光明正大之理想，较短而量长之，其相去奚啻霄壤之判”，其原因，“实以当时无大文豪发为辞章以实其理想故也”。此一译文，单独地看，让人无从揣摩。

第11段原译文，更明显地暴露出它难以揭示原著深刻内涵的弊端。如今译文指出：“一方面，只有大工业才能发展那些使生产方式的变革和生产方式的资本主义性质的消灭成为绝对必要的冲突——不仅是大工业所产生的各个阶级之间的冲突，而且是它所产生的生产力和交换形式本身之间的冲突；另一方面，大工业又正是通过这些巨大的生产力来发展解决这些冲突所必需的手段。”这段阐述，寓意深刻，用语形式也颇为复杂。对此，原译文表述为：工业制度兴，“不特引起生产革命，及生产改良之纷争，抑且搅扰生产行为与转移行为之关系。然此工业制度，在一方面，虽有搅扰生产机关之能力，在他方面，亦有消弭生产机关纷争之方法”。对比两个译文，原译文的辞不达意，便凸现出来。

第12段原译文，表述社会主义创始家的局限性，“由粗鲁之资本生产行为及粗鲁之社会现象，必生一粗鲁之学说”。更准确的翻译应当说，在社会主义创始人那里，不成熟的理论，是和不成熟的资本主义生产状况、不成熟的阶级状况相适应的。原译文还漏掉了原著关于那时解决社会问题的办法还隐藏在不发达的经济关系中，所以只有从头脑中产生出来这一涵义，仅强调“理想社会主义家”的学说愈是制定得详尽高尚，愈是“不能免入幻虚之景象”。

第13段原译文，跳过今译本第9段内容，即肯定社会主义创始人的观点中，不乏突破幻想的外壳而显露出来的天才的思想萌芽和天才思想；径入今译本第10段前半段内容，即关于圣西门是法国大革命的产儿的论述。原译文又提出革命时代的胜利者乃“中人”或“中人之有产业者”概念，这一概念在今译本里，是指从事生产和贸易的“第三等级”，是指第三等级中享有社会特权的阶层即资产阶级夺得政治权力。

第14段原译文，是今译本第10段后半段和第11段前半段的内容。主要叙述圣西门关于“平民与富人之竞争，即勤者与惰者之竞争”的思想，在他的头脑中，第三等级和特权等级之间的对立采取了“劳动者”和“游手好闲者”之间的对立的形式。今译本表述，圣西门在其1802年的著作中，了解到法国革命是阶级斗争,并且不仅是贵族和市民等级之间的,而且是贵族、市民等级和无财产者之间的阶级斗争,这在当时是"极为天才的发现"。对此,原译文却表述,"若认法国大革命为社会战争,不仅贵族与中人之角逐,实贵族、中人及无业游民三者之纷争",这是1802年"最幼稚之发明"。今译本说,圣西门宣布政治是关于生产的科学,并且预言政治将完全为经济所包容,这是以萌芽状态表现出来关于经济状况是政治制度的基础的认识;同时已经明白地表达出来对人的政治统治应当变成对物的管理和对生产过程的领导的思想,即"废除国家"的思想。对此,原译文又表述成:圣西门宣言,"政治学乃一种生产行为学","政治学将终为经济学所消灭";对于"经济团体为各种政治机关之基础"的言论,圣西门"知之已深",而在普通学者那里,"实为梦想";此论将来见之实事,"政治管理,一变而为生产行为、各种事物之管理,及各种方法之布置",即"废置国家"。可见,原译文的翻译,用今天的眼光看,不仅常常偏离原意,而且相当笨拙。①

第15段原译文,是今译本第11段后半段的内容。继续叙述圣西门在谋求"全欧势力平均工业发达之地步"即争取欧洲的繁荣和平方面,"迥异侪偶",比他的同时代人优越之处。

第16段原译文,是今译本第12段前面一段。它描述圣西门"思想之远,实开异日非纯然经济的社会党之先河,而为一切理想社会主义学说之所宗"。今译本的描述是:"我们在圣西门那里看到了天才的远大眼光,由于他有这种眼光,后来的社会主义者的几乎一切并非严格地是经济的思想都以萌芽状态包含在他的思想中"。二者显然有出入。接着,它又描述傅立叶的论著,"讥法国社会心理之狡猾诈伪,未足以实行社会主义";其立言,"常注重中人,盖中人实法国大革命时代之中干";他"恒以中人世界,比之于哲学家所梦想之理想世界,……然法当革命之时,社会虚骄成习,欺诈为常,其未臻郅治之境,相去不可以道里计"。这些有关"中人"或"中人世界"即资产阶级世界的论述,给人一种模糊印象。今译本则明确表达,这是傅立叶对于现存社会制度所作的深刻批判,抓住资产阶级,"无情地揭露资产阶级世界在物质上和道德上的贫困",并拿这种贫困和以往的启蒙学者关于理性社会的诱人约言、特别是和当时的资产阶级思想家的华丽辞句作对比,辛辣嘲讽这种词句的无可挽救的破产。

第17段原译文,是今译本第12段中间一段。它把资产阶级社会称为"中等社会";又把傅立叶关于"在任何社会中,妇女解放的程度是衡量普遍解放的

① 以上第1—14段原译文,均见施仁荣译述《理想社会主义与实行社会主义》,"第一编 理想社会主义",第1—11页,《新世界》第1期(1912年5月19日);与上述原译文相对照的今译文,均见恩格斯:《社会主义从空想到科学的发展》,《马克思恩格斯选集》第3卷,人民出版社1972年版,第404—411页。

天然尺度”这一思想，表述为“欲谋世界人群之进化须从男女平权入手”，并附上一句“旨哉言乎，非社会主义家，乌足以出此”的多余评论词。

第18段原译文，是今译本第12段后面一段。它把傅立叶划分社会历史为蒙昧、宗法、野蛮和文明四个发展阶段，最后一个阶段相当于现在所谓的资产阶级社会这一看法，翻译成把社会分为禽兽制度、野蛮制度、家族制度、文明制度“四大阶级”，并以其第四阶级“实为今之所谓文明，或中人社会制度时代”。

第19段原译文，把傅立叶所巧妙掌握的辩证法，译为“辩学理论”或“辩学辩论之方”。

第20段原译文，是今译本第14段前面一段。它将英国正在进行一场变革，通过蒸汽和新的工具把工场手工业变成了现代的大工业，从而把资产阶级社会的整个基础革命化了这一涵义，翻译为“机器之发明，工厂之设立，使中人社会制度销磨殆尽”。又将社会愈来愈迅速地分化为大资本家和无产者，现在处于他们二者之间的，已经不是以前的稳定的中间等级，而是不稳定的手工业者和小商人群众这一涵义，翻译为资本家与工人对垒争雄，“使固有之坚固中人社会制度，一变而为技艺家与小店主争权夺利之时代”。这些译文，都与原著涵义相差颇远。

第21段原译文，是今译本第14段中间一段。叙述当时新的生产方式还处在上升时期的最初阶段，就已经产生了惊人的社会恶果。在历数这些社会恶果时，原译文无中生有，加出“工业发达，时趋专利，富商大贾，得以垄断”，“时见不安之象，抑非资本家横揽财权之过”等原著所没有的词句。

第22段原译文，是今译本第14段后面一段。它将欧文接受唯物主义启蒙学者的学说，说成他本人是“实践哲学家”；还将欧文认为工业革命是运用其心爱的理论并把混乱化为秩序的好机会，说成欧文“乘机发挥其平日所抱之理想，一一见诸实行，使社会转危为安，人民转劳为逸”；诸如此类。

第23、24段原译文，是今译本第15、16、17三段的内容。主要叙述欧文的观点，即劳动阶级创造的果实也应当属于劳动阶级，以前仅仅使少数人发财而使群众受奴役的新的强大生产力，提供了改造社会的基础，作为大家的共同财产只应当为大家的共同福利服务。这些观点，到原译文那里，变成了欧文依赖“工人既能尊重个人，自营生计”的事实，“始能重行组织社会，使生利之人日多，分利之人日少，而社会共产主义，或可有实行之一日”。这段译文，比照其原意，几近面目全非。

第25段原译文，述及欧文的社会主义，“乃纯然根于事业之经营”，其“毕生所谈，不越此范”。此译文颇难理解，对照今译文，方知这里是说欧文的共产主义就是通过这种纯粹营业的方式，作为所谓商业计算的果实产生出来的，

"它始终都保持着这种实践的性质"。

第 26 段原译文,叙述欧文"进信"社会主义,"实其平生之一大关键",意即转向共产主义是欧文一生中的转折点。这段原译文在译名、表达等许多方面,截然不同于今译文。如把共产主义、共产主义理论或共产主义试验译为社会主义或社会政策;把全国各工会联合成一个总工会,译为"英国统一商会之第一任总统";把组织合作社(消费合作社和生产合作社)作为向完全共产主义的社会制度过渡的措施,并在实践上证明,无论商人或厂主都决不是不可缺少的人物,译为"据社会主义学理,以改造社会",其入手办法"提倡公共团体以从事于零卖与生产",此举实行,"商人与制造家二者,足以证其不敷社会之应用";把劳动市场、劳动券译为"劝工场"、"工票";把医治一切社会病害的万应药方,译为"杜绝各种社会交通不便病根";等等。

第 27、28 段原译文即第一编最后两段,相当于今译本第 20 段即第一部分最后一段的内容。这是结论性部分,对比原译文和今译文,其差异同样明显。例如:今译文指出,空想主义者的见解曾经长期地支配着 19 世纪的社会主义观点,而且现在还部分地支配着这种观点;原译文却说,"总而论之,理想社会主义者,实十九世纪最高尚最精密驰驱宇宙之一大主张,而益浸淫澎湃奔放浩荡于二十世纪及二十世纪以后之世界也"。今译文指出,法国和英国的一切社会主义者不久前都还信奉这种见解,包括魏特林在内的先前的德国共产主义也是这样;原译文却说,"及至今日,英法社会主义家无一不顶礼崇拜且毕生研究此理想社会主义也。最初德国社会主义与伐亦忒零之社会主义学说,亦理想社会主义"。今译文指出,对所有这些人来说,社会主义是绝对真理、理性和正义的表现,只要把它发现出来,它就能用自己的力量征服世界;因为绝对真理是不依赖于时间、空间和人类的历史发展的,所以,它在什么时候和什么地方被发现,那纯粹是偶然的事情;原译文却说,"理想社会主义,表扬真理,宣示大公;扩其主张,足以压倒世界一切学说。较之佛之无我,孔之大同,耶之博爱,理想社会主义,亦何多让。此主义之磅礴郁积于世界也,亘天地,贯古今,通中外,无有乎弗具,无有其或变者也"。今译文指出,同时,绝对真理、理性和正义在每个学派的创始人那里又是各不相同的;因为在每个学派的创始人那里,绝对真理、理性和正义的独特形式又是由他的主观理解、生活条件、知识水平和思维发展程度所决定的,所以,解决各种绝对真理的这种冲突的办法就只能是它们互相磨损;原译文却说,"顾近今欧西社会主义家,虽大致相似,而思想异人,各执一说,以阐发真理,学说既异,门户亦分,有时不无党同伐异之弊,意见因之而生,真理反为泯灭"。今译文指出,由此只能得出一种折衷的不伦不类的社会主义,这种社会主义实际上直到今天还统治着法国和英国大多数社会主义工人的头脑,它是由各学派创始人的比较温和的批评意见、经济学说和关于未来社会的观念组成的色调极为复杂的混合物，这种混合物的各个组成部分，在辩论的激流中愈是像石子在溪流中一样地磨光其锋利的棱角，这种混合物就愈加容易构成；原译文却说，"浅见者流，遂以理想社会主义为诟病矣。于是有实行社会主义出而济理想社会主义之穷。英法社会主义家，遂以其畴昔研究理想社会主义之工，转而讨论实行社会主义。于是而实行社会主义，又风驰雨骤奔流扬波于二十世纪之世界，新理创说，层见叠出，图书课本，汗牛充栋，其受社会之欢迎也，骎骎乎有超轶乎理想社会主义之势矣"。今译文指出，为了使社会主义变为科学，就必须首先把它置于现实的基础之上；原译文却说，"然以社会主义作科学观，而名之为实行社会主义，则其第一步所当注意也，曰根真理"。经过以上对比，简直可以说，原译文中每一句话，几乎都或多或少地存在着错误、曲解，甚至随意掺入像佛教无我、孔子大同、耶稣博爱之类纯系译者自己的看法。[①]

(二)"第二编　实行社会主义"

本编原译文分18段，今译本第二部分只有12段，这是形式上的差别。其实，更大的差别，仍在译文内容方面。例如：

第1段原译文，提到黑格尔哲学的"大功"，"善用名学以剖解真理"，其来源的古希腊哲学家"皆天然名学家"；又提到新哲学界"一变而为全凭幻想毫无实学之人"等等，其意颇为晦涩。查今译本，才知道说的是黑格尔哲学的最大功绩，"恢复了辩证法这一最高的思维形式"，古希腊哲学家都是"天生的自发的辩证论者"，而近代哲学却日益陷入"所谓形而上学的思维方式"，故先要简略分析这两种思维方式的实质。

第2、3段原译文，是今译本第2段内容。它表述，研究事物究竟的一种方法，"只能用以考察其分枝，而不能用以总揽其全体；用之于物体休息之时，而不能用之于物体运动之际；视物体为静物而非动物；视物体具死状而非见生象"，这种方法"由博物学上之研究，一变而为哲学上之研究"时，表现为"狭隘虚幻思想，始表异于前世纪"。这段话在今译文里是，把自然界的事物和过程孤立起来，撇开广泛的总的联系去进行考察，因此就不是把它们看作运动的东西，而是看作静止的东西；不是看作本质上变化着的东西，而是看作永恒不变的东西；不是看作活的东西，而是看作死的东西。当这种考察事物的方法被从自然科学中移到哲学中以后，就造成了最近几个世纪特有的局限性，即"形而上学的思维方式"。

---

① 以上第15－28段原译文，均见施仁荣译述：《理想社会主义与实行社会主义》，"第一编　理想社会主义(续)"，第1－12页，《新世界》第3期(1912年6月16日)；与上述原译文相对照的今译文，均见恩格斯：《社会主义从空想到科学的发展》，《马克思恩格斯选集》第3卷，人民出版社1972年版，第411－416页。

第4、5、6、7、8段原译文，是今译本第3段内容。它继续表述“所谓狭隘虚幻思想者”即形而上学思维方式的特征，仍难以准确表达其原著的精深涵义。

第9、10段原译文，是今译本第4段内容。它指出，“名学家”不见合于“狭隘思想家”，认为“事物与思想，恒有密切关系，一致举动，同一起原，同一结果”等。这些译文，莫名其妙。其实，它想表达的是，辩证法与形而上学思维不同，辩证法考察事物及其在头脑中的反映时，本质上是从它们的联系、它们的连结、它们的运动、它们的产生和消失方面去考察的。另外，它述及达尔文极其有力地打击了形而上学的自然观这一例证时，毫无根据地提出达尔文“实开各种实践哲学之先河”，还节外生枝地把“物竞弥烈，适者生存，优胜劣败，天演公例”一语，硬塞入译文之中。

第11段原译文，有谓，“欲知宇宙真相，进化历史，及人群发达原由，非名学莫属矣。盖名学所论，与吾人生死关头，施动反动，及进化退化各种举动，有密切关系”。这又是一段让人不易捉摸的译文。在今译文里，则十分清晰：要精确地描绘宇宙、宇宙的发展和人类的发展，以及这种发展在人们头脑中的反映，就只有用辩证的方法，只有经常注意产生和消失之间、前进的变化和后退的变化之间的普遍相互作用才能做到。

第12段原译文，讲述黑格尔哲学体系的功绩。其原意是要表达，从黑格尔的观点看来，思维的任务就在于通过一切迂回曲折的道路去探索人类本身的发展过程的依次发展的阶段，并且透过一切表面的偶然性揭示这一过程的内在规律性。然而，在原译文里，这一涵义被说成“人群既属进化，则滋补培养，教导维持，俾教化日隆，文明大进，是在哲人矣”。

第13段原译文，与今译文对照，作了一些删节，并有不少走样。如未提及黑格尔的划时代的功绩是提出了上述任务，至于他的体系没有解决它给自己提出的这个任务，在这里是无关紧要的，因为这不是任何个别的人所能解决的任务；把黑格尔和圣西门一样是当时最博学的人，同时又受到了三种限制，说成黑格尔具有“短于”圣西门的三个缺点；把黑格尔是唯心主义者，说成是“幻想家”；把黑格尔的体系作为体系来说，是一次巨大的流产，包含着不可救药的内在矛盾，说成是黑格尔之言“详加思辨，则常嫌其虑焉不密，语焉不详”；把黑格尔的所谓绝对真理概念，与辩证思维的基本规律相矛盾，说成“研究真理之准的”，按照“名学之条例”，犹未“节节中肯，时时吻合”，表明他升堂后，“犹未能入室”；等等。

第14段原译文，同样与今译本有很大出人。如唯物主义被译作“重实践”、“尚格物”；现代唯物主义把历史看作人类的发展过程，它的任务就在于发现这个过程的运动规律，被译作“新格物家则恒藉过去历史，以究人群进化之由，以阐发真理，以发明公例”；关于自然界是一个在狭小的循环中运动的、永远不变的整体这一占统治地位的自然观，在原译文里未见译出；现代唯物主义概括了自然科学的最新成就，被译作"万派归源，千峰接脉，无一不纡徐曲折而至新格物之一途"；现代唯物主义本质上是辩证的，不再需要任何凌驾于其他科学之上的哲学，被译作"格物学出，工业日行发达，学说时趋实践，一扫从前重农轻工之积弊，而旧日哲学傲睨万物藐视群学之丑态，亦因之获免"；以往的全部哲学中还仍旧独立存在的，就只有关于思维及其规律的学说即形式逻辑和辩证法，其他一切都归到关于自然和历史的实证科学中去，被译作"由格物学而言，名学与论理学，为研究诸学之必修科，盖一则言理精明，一则述例详悉，皆与研究天理与历史之格物实践学，有密切关系"；等等。①

第15段原译文，其中把自然观的变革称作"天理思想革命"，把旧的唯心主义历史观称作"旧学陈言"，已是次要问题。重要的是它叙述无产阶级和资产阶级间的阶级斗争时，毫无根据地加入一段话，"劳动家恶资本家之专横，资本家怨劳动家之挟制，始则相倾相轧，继则相残相害，终至同归于尽，而社会亦受其害"，这是对双方各打五十大板，决非原著之本意。同时，原著指出，事实日益令人信服地证明，资产阶级经济学关于资本和劳动的利益一致、关于自由竞争必将带来普遍协调和全民幸福的学说完全是撒谎，这一段论述在原译文里，又消失得干干净净。

第16段原译文，涉及原著中一个重要思想，其表述如下：

> "顾以近今哲学家之眼光，观察人类过去历史，则旧学家之所主张，乃有大谬不然者。近今哲学家之所主张，咸谓：各种过去历史，舍上古史外，皆系人类竞争史，而所以竞争之故，皆缘于经济之不平等。并云，有经济组织，始有司法、政治、宗教、哲学及其他各组织，故经济实为万事之母，人类一切历史所由生也。"

这一思想在今译本里的表述是：

> "新的事实迫使人们对以往的全部历史作一番新的研究，结果发现：以往的全部历史，除原始状态外，都是阶级斗争的历史；这些互相斗争的社会阶级在任何时候都是生产关系和交换关系的产物，一句话，都是自己时代的经济关系的产物；因而每一时代的社会经济结构形成现实基础，每一个历史时期由法律设施和政治设施以及宗教的、哲学的和其他的观点所构成的全部上层建筑，归根到底都是应由这个基础来说明的。"

---

① 以上第1－14段原译文，均见施仁荣译述：《理想社会主义与实行社会主义》，"第二编　实行社会主义"，第1－10页，《新世界》第5期（1912年7月14日）；与上述原译文相对照的今译文，均见恩格斯：《社会主义从空想到科学的发展》，《马克思恩格斯选集》第3卷，人民出版社1972年版，第416－422页。

对比之下,原译文的这一表述,多少接近于原著精神。但接下来的叙述,如谓黑格尔考察历史,"虽不以幻想观念,而以名学观念,然其所谓名学观念者,虽非幻想,亦理想耳";或谓近世哲学"既不偏乎幻想,亦不趋重理想,其所执中而深究者,实为物质思想";一般研究哲学者始知"必先行后知,非先知后行";等等,又不知其所云。这里的意思,实际上是说,黑格尔把历史观从形而上学中解放了出来,使它成为辩证的,可是他的历史观本质上是唯心主义的;现在,唯心主义从它的最后的避难所中,从历史观中被驱逐出来了,唯物主义历史观被提出来了,"用人们的存在说明他们的意识而不是像以往那样用人们的意识说明他们的存在这样一条道路已经找到了"。

第 17 段原译文,应当叙述唯物主义历史观被提出来以后的社会主义,却语焉不详。它称自此以后,"欧西学子始公认社会主义,为因经济不平而生之一定不易主张",这是对社会主义现在已经不再被看作某个天才头脑的偶然发现,而被看作两个历史地产生的阶级无产阶级和资产阶级之间斗争的必然产物这一原意的误译。它还把以往的社会主义固然批判过现存的资本主义生产方式及其后果,但是不能说明这个生产方式,因而也就不能对付这个生产方式,只能简单地把它当作坏东西抛弃掉这一涵义,模糊地译为"当时社会党草创伊始,能力未充,既不能挽狂澜于既倒,又不能作砥柱于中流",并凭空添加诸如"发展吾党之大愿力,普济吾党之大慈悲"之类的废话。接着,它涉及原著中另一个重要思想。原译文为:"欲解决此根本问题,其要有二。(一)须研究资本生产行为之历史,其发达时代之不能免,及其销灭时代之亦不能免;(二)阐发资本生产行为之特质。缘此种理论,近今尚未发明。解决此二问题者,为余利之发明。"这又是一段如同云山雾水般的翻译。查对今译文,明白其意是指:"问题在于:一方面说明资本主义生产方式的历史联系和它对一定历史时期的必然性,从而说明它灭亡的必然性,另一方面揭露这种生产方式内部的一直还隐蔽着的性质。这已经由于剩余价值的发现而完成了。"对于发现剩余价值的意义,原译文笼统地提及,"自余利发明,而后资本家始得以少数之资本,购多数之工作,以工人之脂膏,供其挥霍,于是社会生活程度日高,而贫富阶级益严矣"。今译文的表述是:由此已经证明,无偿劳动的占有是资本主义生产方式和通过这种生产方式对工人进行剥削的基本形式;即使资本家按照劳动力作为商品在市场上所具有的全部价值来购买他的工人的劳动力,他从这劳动力榨取的价值仍然比他为这劳动力付出的多;这种剩余价值归根到底构成了有产阶级手中日益增加的资本量所由积累而成的价值总量。"这样就说明了资本主义生产和资本生产的过程"。

第 18 段原译文即第二编最后一段,相当于今译本第二部分最后一段即第 12 段的内容。这里表达了一个著名的结论,其原译文是:"夫以上所述二大发明，一为以物质思想观察历史，一为以余利所得维持资本生产行为，皆归功于往社会党领袖马克斯氏。具此二大发明，而后社会主义始克成为一科学，即所谓实行社会主义，或称科学的社会主义是也。欲闻其详，以待下编。”其今译文是：“这两个伟大的发现——唯物主义历史观和通过剩余价值揭破资本主义生产的秘密，都应当归功于马克思。由于这些发现，社会主义已经变成了科学，现存的问题首先是对这门科学的一切细节和联系作进一步的探讨。”①

（三）“第三编 实行社会主义”

本编原译文未曾译完，从保留下来的25段译文看，它相当于今译本第三部分前面19段的内容，后面约有14段的内容未能发表。原著第三部分从唯物主义历史观的原理出发，阐述现代社会主义的情况，揭示了资本主义生产方式的基本矛盾，这是全书的精髓部分。对此，原译文和今译文的表述，仍显示出不小的差距。例如：

第1段原译文，叙述“所谓以物质思想观察历史者”是：“以生产行为与交换行为维持吾人经济；有生产与交换行为，然后有分配行为，而社会于是阶级分矣。故吾人欲知社会之组织法，须首研究生产交换二行为，生产交换二行为既明，则各种政治革命及社会革命，皆足以溯源竟委，悉其曲折；所以然者，非藉哲学穷其理，实赖计学述其详也”。这段译文，似是而非，其准确表述，见之于今译本，则是：唯物主义历史观从下述原理出发：生产以及随生产而来的产品交换是一切社会制度的基础；在每个历史地出现的社会中，产品分配以及和它相伴随的社会之划分为阶级或等级，是由生产什么、怎样生产以及怎样交换产品来决定的。所以，一切社会变迁和政治变革的终极原因，不应当在人们的头脑中，在人们对永恒的真理和正义的日益增进的认识中去寻找，而应当在生产方式和交换方式的变更中去寻找；“不应当在有关的时代的哲学中去寻找，而应当在有关的时代的经济学中去寻找”。两相对比，孰优孰劣，泾渭分明。另外，今译本指出，用来消除已经发现的现存社会制度弊端的手段，必然以多少发展了的形式存在于已经发生变化的生产关系本身中；这些手段不应当从头脑中发明出来，而应当通过头脑从生产的现成物质事实中发现出来。可是原译文却大谈什么“现今社会之组织，大背人道，不合公理，混淆黑白，颠倒是非，欲救其弊，仍当从改良生产行为入手，而改良之方，非由真理推解，而自实事审察”等等，与本来的涵义风马牛不相及。

第2段原译文，叙述“近今社会主义对于此点所处之地位如何”，即现代社

① 以上第15－18段原译文，均见施仁荣译述：《理想社会主义与实行社会主义》，“第二编 实行社会主义(续)”，第1－4页，《新世界》第6期(1912年7月28日)；与上述原译文相对照的今译文，均见恩格斯：《社会主义从空想到科学的发展》，《马克思恩格斯选集》第3卷，人民出版社1972年版，第422－424页。

会主义的情况究竟怎样。它自以为是地译述说,“今日之社会,一治人之社会也,治于人者,曷尝敢参议于其间”,“自马克思发明实行社会主义,而后知一般强有力富有财之人民,共趋于资本生产行为之一途,而贫民无与焉”等等,模糊了原著中关于现存的社会制度是由现在的统治阶级即资产阶级创立的,以及马克思将资产阶级所固有的生产方式称为资本主义生产方式等涵义。或者异想天开地谈论,“工业发达,时趋专利,资本家得以出其狼吞虎咽之手段,以垄断生业,横揽财权;而劳动家手胼足胝,终岁勤劳,计其所入,仰不足以事父母,俯不足以畜妻子;同是圆颅,同是方趾,而劳逸忧乐,相去天渊,抑何不平之甚耶?以故近世社会党人,恒欲发其昭耀日月之志愿,出其经纬天地之手段,倾太平洋之水,以一洗工人之耻,而共登之于彼岸”等等,完全偏离了原著的意蕴。原著中一些重要涵义,诸如大工业比较充分的发展同资本主义生产方式用来限制它的框框发生了冲突;新的生产力已经超过了这种生产力的资产阶级利用形式;生产力和生产方式之间的这种冲突,并不是产生于人的头脑中,而是实际客观地存在着;现代社会主义不过是这种实际冲突在思想上的反映,首先是在工人阶级头脑中的观念的反映;等等,在原译文中却一无触及。

从第3段原译文起,开始叙述“资本家与工人究因何而纷争”,以上这种冲突表现在哪里。它指出:资本生产行为不同于中古世纪“其生产之结果乃纯然属于生产者之个人行为”,而“富商大贾,招股集资,创办公司,……究其所得,则固资本家也,而劳动家安能沾实惠于其间哉”。此即今译本所说,把这些分散的小的生产资料加以集中和扩大,把它们变成现代的强有力的生产杠杆,这正是资本主义生产方式及其体现者资产阶级的历史作用。它又指出:“马克斯之论资本也,分为三大时期:(一)手工时期,(二)制造时期,(三)近今工业时期;条分缕析,深切著明。马氏又言,当资本家变手工事业为制造事业也,同时不能不变个人生产行为为社会生产行为”。此亦即今译本所说,关于资产阶级怎样从15世纪起经过简单协作、工场手工业和大工业这三个阶段历史地实现了这种作用,马克思在《资本论》第四篇中已经作了详尽的阐述;但是,正如马克思在那里所证明的,资产阶级要是不把这些有限的生产资料从个人的生产资料变为社会化的,即只能由大批人共同使用的生产资料,就不能把它们变成强大的生产力。可见,原译文中即便有一些表述比较接近于其原著含义,仍言之不确。本段末尾处,述及“自个人生产变为社会生产,而后社会奢侈之风益张,个人勤俭之日衰,分利之人益多,而生利之人愈少”。这又是篡改原意之辞,被涂抹上译者自己惯用乐见的道德色彩。

第4段原译文,简化了原著的表述。它把无计划的分工和有计划的分工,分别称作“无定分工”和“有定分工”。又说,“无定分工,纯系个人性质;有定分工,则系个人而兼有社会性质”,前者为个人生产而获利少,后者为社会生产而获利厚等等。对照今译本，这里主要说的是，在以自发的、无计划地逐渐产生的社会内部分工作为生产的基本形式的地方，这种分工就使产品带有商品的形式，而商品的相互交换，就使个体生产者有可能满足自己的各式各样的需要。换言之，在支配全社会的自发的无计划的分工中间，它确立了在个别工厂里组织起来的有计划的分工，即在个体生产旁边出现了社会化的生产。

第5、6、7段原译文，是今译本第5段的内容。其中关于中世纪商品生产中，产品所有权是以自己的劳动为基础这一涵义，在原译文里，被译作中古世纪的劳动家，一面故步自封，不相闻问，“工艺难期改良，进步时嫌窒滞”；一面又各执一艺，自食其力，“实有合于社会主义之精意”。这些译文，几乎全是译者自行臆造的。另外，关于后来生产资料开始集中于大的作坊和手工工场，生产资料和生产实质上已经变成社会化的，但现在由社会化劳动所生产的产品已经不是为那些真正使用生产资料和真正生产这些产品的人所占有，而是为资本家所占有这一涵义，在原译文里，又被译作“劳动家因人众而杂，杂不易辨，而生产者，遂阳则易为社会，阴则易为资本家”，“具生产之名，而无生产之实，徒以血汗工资，供人挥霍，揆诸事理，岂得谓平，于是而社会主义之精意全失”。这些译文，显然也是译者曲之为解。原著概括了一个重要观点，这个使新的生产方式具有资本主义性质的矛盾，“已经包含着现代的一切冲突的萌芽”；新的生产方式愈是在一切有决定意义的生产部门和一切在经济上起决定作用的国家里占统治地位，从而把个体生产排挤到无足轻重的残余地位，“社会化生产和资本主义占有的不相容性，也必然愈加鲜明地表现出来”。这个重要观点，在原译文里，被表述如下：“资本家与劳动家起角逐之事，而社会乃时呈不安之象，于是资本生产行为愈发达，则个人生产行为愈衰落；资本家财产日积日厚，而小民生计益形困艰，于是知主张以资本行为为谋社会生产者大背人道，而为社会主义所不容”。不论原译文的译者是否能够理解原著中关于资本主义生产方式的基本矛盾的阐述，他的习惯性译法，是对本来属于客观性矛盾或冲突的论述，倾向于用主观的人道伦理标准加以衡量，从而把社会化生产和资本主义占有的不相容性这一客观存在，变成了所谓“大背人道”的主观判断。

第8段原译文，继续上面的论述。原著强调的是，生产资料一旦变为社会化的生产资料并集中于资本家手中，雇佣劳动也就成了整个生产的通例和基本形式，集中于资本家手中的生产资料同除了自己的劳动力以外一无所有的生产者彻底分裂了；“社会化生产和资本主义占有之间的矛盾表现为无产阶级和资产阶级的对立”。对此，原译文表述为：“当资本生产行为发生之际，恒以工资绳劳动家”，劳动家贫穷无力，任其奴隶、牛马、鱼肉，“不顾天下伤心之事，孰有过于此者”；“工人即以众而贱，以贫而卑，资本家以稀而贵，以富而尊”，“资本家所掌者生产主有权；而劳动家有作工之应尽义务，无丝毫之特别权”；

"就社会主义而论,社会生产与资本行为之不相合,犹资本家与劳动家之不相容"。与今译文相比,原译文虽有近似之处,但差异依然,而且又加添了不少具有道德伦理成分的佐料。①

第9、10段原译文,是今译本第7段的内容。这里指出,每个以商品生产为基础的社会,都具有生产者丧失了对他们自己的社会关系的支配这一特点,即社会生产的无政府状态占统治地位,产品支配着生产者。原译文将此译作"社会生产之无治状态",以及"生产物能随时束缚生产者,而生产者不能始终主有生产物"等等,比较接近其原意。

第11、12段原译文,是今译本第8段的内容。叙述的是,中世纪社会,最初生产基本上是为了供自己消费,因此没有交换,产品也不具有商品的性质;只有当农民家庭在满足自己的需要并向封建主交实物租税以后还能生产更多的东西时,他们才开始生产商品,拿去出卖的多余产品就成了商品。对此,原译文的表述大体符合原意,惟将产品变为商品译作"生产物变为货物",并增加了"而后生产者始无直接管理生产物之权"这一原本没有的语句。

第13、14段原译文,是今译本第9段的内容。在这里,原译文描述"资本生产"产生后,"转移行为"或"商业"的发达及竞争,"演成十七、十八两世纪之国际商战";又添油加醋地虚构出英、法、美、日、俄等国的对外扩展情节,来印证达尔文进化论的"物竞弥烈,适者生存"之意;最后归结"此社会生产与资本行为之相冲突,因而演成工家生产组织与社会无治生产之相仇怨"。原译文忽略了原著强调的要点:随着商品生产的扩展,特别是随着资本主义生产方式的出现,以前潜伏着的商品生产规律也就愈来愈公开、愈来愈有力地发挥作用了;社会生产的无政府状态已经表现出来,并且愈来愈走向极端;资本主义生产方式用来加剧社会生产中的这种无政府状态的主要工具正是无政府的直接对立物,即每一个别生产企业中的社会化生产所具有的日益加强的组织性。在这些要点的基础上,最后才引出"社会化生产和资本主义占有之间的矛盾表现为个别工厂中的生产的组织性和整个社会的生产的无政府状态之间的对立"这一结论。原译文的忽略,对于翻译忠实于原著来说,是致命的。

第15、16段原译文,是今译本第10段的内容。二者稍作比较,即可见原译文之错讹几乎随处皆是。例如,今译文说,资本主义生产方式在它由于自己的起源而固有的矛盾的这两种表现形式中运动着,它毫无出路地进行着早已为傅立叶所发现的"恶性循环";原译文译为,"资本生产行为见存于世界一日,则世界无一日之宁矣,即社会无一日之安矣",此所以傅立叶"痛哭流涕于资本

① 以上第1—8段原译文,均见施仁荣译述:《理想社会主义与实行社会主义》,"第三编 实行社会主义",第4—10页,《新世界》第6期;与上述原译文相对照的今译文,均见恩格斯:《社会主义从空想到科学的发展》,《马克思恩格斯选集》第3卷,人民出版社1972年版,第424—429页。

家之阴毒险狠，致言资本为万恶之总源也”。今译文说，社会的生产无政府状态的推动力使大多数人日益变为无产者，而无产者群众又将最终结束生产的无政府状态；原译文译为，“欲使资本消灭，银钱废弃，必待教育普及，群治优美，人人有高尚之道德心而后可”。今译文说，社会的无政府状态的推动力，使大工业中的机器无限改进的可能性变成一种迫使每个工业资本家在遭受毁灭的威胁下不断改进自己的机器的强制性法令；原译文译为，“若夫处今日竞争之世，资本家以机器为利薮，劳动家无抵抗之实力，以资本家凌劳动家，如虎吞蝇，如石压卵，以劳动家敌资本家，吹灰之力，九牛一毛，孰胜孰败，孰存孰亡，必有能辨之者”。今译文说，机器的改进造成人的劳动的过剩，形成一支真正的产业后备军；原译文译为，“机工益形发达，人工益归无效”，亿兆工人“不得不群趋于流荡无业、荒嬉无度之一途，而社会无宁日矣”。今译文说，马克思所说的机器就成了资本用来对付工人阶级的最强有力的武器，劳动资料不断地夺走工人手中的生活资料，工人自己的产品变成了奴役工人的工具；原译文译为，“德国社会党魁马克斯氏有言曰：机器者，资本家战胜劳动家之利器也。机工发达，则劳动家之手工为无用，而资本家足以箝制劳动家之生命矣”。在此，译者还借机发表一番感慨：“呜呼！马氏此言，痛快淋漓，言之确凿，凡负灵秀之气而略具天良，闻此言而不痛恨切齿于资本家之横暴凶悍者、无人心者也？”今译文中引用马克思在《资本论》中的论述，揭露使相对的过剩人口或产业后备军同资本积累的规模和能力始终保持平衡的规律，制约着同资本积累相适应的贫困积累等涵义，在原译文中被大量删节，其剩余部分又被任意译作“欧西工厂，工人如蚁，或以过劳而致疾，或以压制而罢工，或流为荡子，或沦为奴隶，于是小工重足而立，侧目而视，哀鸿遍野，怨声载道。嗟我同胞，罹此惨祸，得非资本家挟机器以蹂躏手工，持资本以欺凌工人之过欤”；等等。

第 17 段原译文，大谈大资本家与小资本家在扩张中的竞争，以此说明“资本家与资本家犹自相鱼肉如是，况等而下之若彼工人乎？呜呼，此资本生产行为之又一恶果也”。这段译文驴头不对马嘴。其实，原著要说明的是，由于社会中的生产无政府状态变成一种迫使各个工业资本家不断改进自己的机器、不断提高机器的生产能力的强制性法令，以致市场的扩张赶不上生产的扩张，冲突便成为不可避免的了，而且，因为它在把资本主义生产方式本身炸毁以前不能使矛盾得到解决，所以它就成为周期性的了；于是，资本主义生产产生了新的“恶性循环”。可见，原译文又偏离了原著之意。

第 18 段原译文，回到原著本意，述及 1825 年“第一次经济恐慌”即普遍危机爆发。其中未提到自那时以后，整个工商业世界的生产和交换，差不多每隔十年就要出轨一次这个涵义。却提到危机的表现形式，以及从 1825 年以来，这种情况已经历了五次，目前即 1877 年正经历着第六次。在表述傅立叶把第一次危机称为由过剩引起的危机,从而中肯地说明了一切危机的实质这个涵义时,再次不伦不类地翻译说,傅立叶将经济恐慌"名之为盛极必衰之恐慌,呜呼,此亦可见资本生产行为发达后流弊之一斑"。

第 19 段原译文,又是一个典型例证,可用来对照它与今译本在翻译方式上的差别。其原译文是:"此种经济恐慌,皆社会生产与资本行为互相冲突之结果也。当社会生产与资本行为激烈交战之时,货物之流通不灵,银钱之运划窒滞,各种货物生产与运用,例皆适成反比。于是经济恐慌自达极点矣。此生产行为与转移行为,互相匹敌之确证"。其今译文是:"在危机中,社会化生产和资本主义占有之间的矛盾达到剧烈爆发的地步。商品流通暂时停顿下来;流通手段即货币成为流通的障碍;商品生产和商品流通的一切规律都颠倒过来了;经济的冲突达到了顶点:生产方式起来反对交换方式。"可见,在语句划分上,原译文与今译文一一对应,而在语意表述上,原译文却与今译文迥然有别。这恐怕正是原译文的时代局限性之所致。

第 20 段原译文,同样带有真真假假、亦真亦假的成分:关于工厂内部的生产的社会化组织,已经发展到同存在于自己之旁并凌驾于自己之上的社会中的生产无政府状态不能相容的地步,被译作"社会生产组织虽如是完备,然究未足与社会无治生产竞争";关于资本的猛烈集聚是在危机期间通过许多大资本家和更多的小资本家的破产实现的,被译作"当经济恐慌之余,资本家无论大小俱破产于狂涛巨浪之中";关于资本主义生产方式的全部机构在它自己创造的生产力的压力下失灵了,被译作"一切投资事业,亦群消灭于生产抵力之下";关于资本主义生产方式已经不能把这大批生产资料全部变成资本,生产资料闲置起来,因此产业后备军也不得不闲置起来,被译作"当经济恐慌之际,而欲变产物为资本,化无用为有用,吾恐虽有圣智,不能与谋";关于傅立叶所谓"过剩成了贫困和匮乏的源泉",被译作傅立叶"所以言多乃贫乏之源,恐慌之渐,旨哉言乎,洵不刊之论也";关于正是这种过剩阻碍生产资料和生活资料变为资本,被译作"夫多之一字,足以阻生产法及谋生术之化为资本";关于在资本主义社会里,生产资料要不先变为资本,变为剥削人的劳动力的工具,就不能发挥作用,被译作"盖资本社会,各种生产法,非其初经人工或机工之作用,不能化为资本,而贪多则自必无得耳";关于生产资料和生活资料具有资本属性的必然性,一方面暴露出资本主义生产方式无能继续驾驭这种生产力,另一方面,这种生产力本身以日益增长的威力要求消除这种矛盾,要求摆脱它作为资本的那种属性,要求在事实上承认它作为社会生产力的那种性质,被译作"由内而观,则资本生产行为不能直接发达生产力,由外而视,则此种生产力渐次发达,养成消灭冲突恶障,废弃资本性质,确变社会生产之实力";等等。

第 21 段原译文,有两处值得注意。一处把原著关于猛烈增长着的生产力对它的资本属性的这种反抗，要求承认它的社会本性的这种日益增长的必要性，迫使资本家阶级本身在资本关系内部一切可能的限度内，愈来愈把生产力当作社会生产力看待这一清晰涵义，模糊不清地翻译成“生产革命，既如是其急进，其欲必进为社会生产，无疑义矣；彼拥资自肥之资本家，其亦有何魄力，以为之捍格耶”。另一处把原著论述在股份公司中所遇见的那种社会化形式，不着边际地翻译成“铁路生产分配权，邮电交通掌握权，近世各国，皆归国有，资本家则又有何能力以为之抵抗”。

第22段原译文，也把原著意思弄反了。原著说：在托拉斯中，自由竞争转为垄断，而资本主义社会的无计划生产向行将到来的社会主义社会的计划生产投降。原译文却是：“夫托刺斯，乃世界最恶之经济团体也。设托刺斯，则自由竞争变为专制专利，无定资本生产化为有定资本生产，如是则去社会世界远矣。”二者涵义一正一反，南辕北辙。原著又说：托拉斯当然首先还是对资本家有利的，但在这里剥削变得这样明显，以致它必然要被消灭。原译文则是：“或谓托刺斯之设，利在资本家，然以少数股东而握重大财权，监理不周，易于失败，故近世各国，罕用托刺斯以谋生产事业也。”在这里，用“监理不周，易于失败”取代剥削的明显性，而托拉斯必然被消灭的涵义，又被偷换成目前各国罕用托拉斯的现实。

第23段原译文，说无论有没有托拉斯，“国家者乃资本社会最有力之代表……终有监督各种生产之一日”，如邮电、铁路即“今日生产中之已为国家所管理者”。对照今译本所说“资本主义社会的正式代表——国家终究不得不承担起对生产的领导”，这种转化为国家财产的必然性首先表现在大规模的交通机构，即邮政、电报和铁路方面；在这里，原译文未能译出恩格斯对上述所谓“不得不”所作的一个重要注释。即：“只有在生产资料或交通手段真正发展到不适于由股份公司来管理，因而国有化在经济上已成为不可避免的情况下，国有化——即使是由目前的国家实行的——才意味着经济上的进步，才意味着在由社会本身占有一切生产力方面达到了一个新的准备阶段。”这个注释里，还批驳“自从俾斯麦致力于国有化以来，出现了一种冒牌的社会主义，它有时甚至堕落为一种十足的奴才习气，直截了当地把任何一种国有化，甚至俾斯麦的国有化，都说成社会主义的”。这个注释，应当说，对于当时中国正在流行的所谓国家社会主义主张，很有教益，可惜它未能见诸原译文。

第24段原译文，说了两层意思。一层意思说：“设中人对于各种生产事业，不能投资振兴，则自后之生产机关，若托刺斯，若银行，若公司，不为资本家所攘夺，则为国家所占有，是吾中人必将为天涯沦落人而已矣。”其实，它的原意是：如果说，危机暴露出资产阶级不能继续驾驭现代生产力，那么，大的生产机构和交通机构向股份公司、托拉斯和国家财产的转变就表明资产阶级在这方面不是不可缺少的。二文对比，原译文的偏差显露无疑。另一层意思说："彼资本家，始则挟资本以排斥工人，继则因资本而为国家所排斥。呜呼！纵观史乘，横览五洲，世间大害，首推金钱，抉此祸根，厥惟废置。"这段译文的前半句，在原著中还有案可查，即资本主义生产方式起初排挤工人，现在却在排挤资本家了，完全像对待工人那样把他们赶到过剩人口中去，虽然暂时还没有把他们赶到产业后备军中去。它的后半句，却是译者自己加上的赘物，隐约还带着诅咒金钱为祸根而主张废除的无政府主义印记。

第 25 段原译文，更是假手原著思想，推出赤裸裸的无政府主义结论。原著论证：无论转化为股份公司和托拉斯，还是转化为国家财产，都没有消除生产力的资本属性；现代国家只是资产阶级社会为了维护资本主义生产方式的共同的外部条件使之不受工人和个别资本家的侵犯而建立的组织；现代国家，不管它的形式如何，本质上都是资本主义的机器，资本家的国家，理想的总资本家；它愈是把更多的生产力据为己有，就愈是成为真正的总资本家，愈是剥削更多的公民；工人仍然是雇佣劳动者，无产者；等等。这些论证，在原译文里，被依次译作："各种生产机关，若托剌斯、银行、公司之类，或为资本家掌握，或归国家主有，皆非资本不足以谋进行"；"国家所持以经营投资事业者，一则利用资本家以资臂助，一则雇用劳动家以供驱策"；"是国家者，乃运用资本经营生产之一大机关也"；"以全国之资本，谋全国之生产，获全国之净利，天下势力之厚，孰有过于此乎"；等等。至此，原译文的表述，虽非准确，还算是在原著框架内作逐句的翻译。接下来，原译文的话锋一转，其矛头直指现代国家说："欲除世间之大害，谋郅治之极轨，则非主张无治社会主义不可。若夫国家社会主义，犹不过一时补苴罅漏之计，非足以为根本上之解决也。"这番主张无政府社会主义而质疑国家社会主义的观点，超出原著的范围，毋宁说是利用原著对于现代国家的资本属性的揭露，趁机抒发自己的政治意图。由此也暴露了译者本人的真实面目。①

原译文到此，即《新世界》第 8 期，尚标明"未完"待续。可见此刊本来要继续刊登其译文，而且根据前面各期已发表的译文篇幅估计，大致再有一期，全部译文将连载完毕。可惜，未见《新世界》后面各期，剩余一小部分或许已经完成的译文，也就未能见其刊出。在剩余未刊出部分，原著论述了资本主义生产方式所固有的矛盾的解决，是通过无产阶级革命取得社会权力，并利用这个权力把社会化生产资料变为公共财产，从而使生产资料摆脱它们迄今具有的资

① 以上第 9—25 段原译文，均见施仁荣译述：《理想社会主义与实行社会主义》，"第三编　实行社会主义(续)"，第 1—10 页，《新世界》第 8 期(1912 年 8 月)；与上述原译文相对照的今译文，均见恩格斯：《社会主义从空想到科学的发展》，《马克思恩格斯选集》第 3 卷，人民出版社 1972 年版，第 429—436 页。

本属性，给它们的社会性以充分发展的自由，并使按照计划进行的社会生产成为可能。其中论述：随着社会生产的无政府状态的消失，国家的政治权威也将消失，到那时，对人的统治将由对物的管理和对生产过程的领导所代替；“国家不是‘被废除’的，它是自行消亡的”，这也表明“所谓无政府主义者提出的在一天之内废除国家的要求”，是没有科学根据的。[①] 看了这些内容，不知原译文将作如何翻译，尤其面对原著中国家自行消亡的思想及其对无政府主义者要求废除国家的批判，不知译者将如何使自己所宣扬的无政府主义观点自圆其说。这是一个谜，其谜底随着《新世界》的断刊，恐怕也无从得到解答了。由此还可以猜测，《新世界》的无疾而终，或许与译文结尾明确反对无政府主义的结论，有某种联系。

综上所述，施仁荣译述的《理想社会主义与实行社会主义》与今译本的《社会主义从空想到科学的发展》，逐段一一对照，进行比较分析，现在，对于施仁荣译本的认识，从最初视之为马克思、恩格斯代表作的第一个完整中译本的笼统印象，进入较为全面和具体地把握这一译本的真实面貌。或者说，已经不再停留在一般性地肯定这个原译本具有其完整性的肤浅层面上，而是深入于考察在它的完整性框架里面，其表述内容和表述方式具有哪些特征。这种考察，把原译本在完整地翻译介绍恩格斯的原著方面具有开创性的功绩，当作它的外在特征，同时力求对原译本的内在特征，作出实事求是的评价。

第一，施仁荣的原译本，基本上按照恩格斯原著即其正文部分的结构和顺序，进行翻译。施氏自称其译本为“译述”，似有夹译夹述之义。就其整体而言，还是以译为主，述乃其次。这也取决于施氏致力于比较完整地转译介绍恩格斯原著作这一突出特征。这个译本对于原著的基本精神、重要论点以及引用表述马克思经典论断，不论完整或准确与否，哪怕采用依葫芦画瓢方式，尚能在循规蹈矩、逐段逐句的翻译过程中，给人以新的启迪，至少给予了或加深了国人对于恩格斯这部名著、对于科学社会主义精神、对于“社会党领袖”或“德国社会党魁”马克思的理论学说等新事物新思潮的印象。从这个意义上说，原译本在马克思学说传入中国的历程上，起到了积极的推动作用。即使这个译本的具体内容存在诸多缺陷，它是在尝试完整地而不是零散枝节地翻译介绍马克思主义经典著作方面，着先一鞭，从而也为后人在这个完整框架内继续提高其翻译质量和水平，开辟了道路。

第二，施仁荣的原译本，在表述内容和表述方式方面，还算不上一部忠实于恩格斯原著的可信版本。前面用大量篇幅，比较详细地列举了原译本与今

① 恩格斯：《社会主义从空想到科学的发展》，《马克思恩格斯选集》第3卷，人民出版社1972年版，第438、443页。

译本之间几乎随处可见的差异。今译本准确表达其原著内容的可信度，具有公认的权威性。原译本与今译本从而与原著的偏差，归结起来，主要表现在三个方面。

一是在译名方面，姑且不论人名和地名，主要指恩格斯原著中的专有概念术语，转译为中文名词时，原译本同今译本有不少差别。如将理性、真理或绝对真理统译作"真理"，将资产阶级译作"中人"或"中等社会"，将空想社会主义译作"理想社会主义"，将科学社会主义译作"实行社会主义"，将启蒙学者译作"哲学家"，将辩证法译作"名学"、"辩学理论"或"辩学辩论之方"，将形而上学思维方式译作"全凭幻想毫无实学"或"狭隘虚幻思想"，将唯心主义者译作"幻想家"，将唯物主义译作"重实践"、"尚格物"、"格物学"或"物质思想"，将规律译作"条例"或"公例"，将自然观译作"天理思想"，将自然科学译为"博物学"，将劳动市场译作"劝工场"，将阶级斗争译作"人类竞争"，将经济关系译作"经济组织"，将资本主义生产方式译作"资本生产行为"，将剩余价值译作"余利"，将统治阶级和被统治阶级分别译作"治人"和"治于人者"，将无计划的分工和有计划的分工分别译作"无定分工"和"有定分工"，将社会生产的无政府状态译作"社会生产之无治主义"，将商品译作"货物"，将危机译作"恐慌"，将资本主义占有译作"资本行为"，将过剩译作"多"，将生产资料译作"生产法"，将生活资料译作"谋生术"，将驾驭现代生产力译作"投资振兴"，将经济学译作"计学"等等。原译本的这些译名，其来源颇杂，或得自东洋舶来品，或沿用古汉语，或纯系译者自创。中译名的合理与统一，是一个约定俗成的过程。在此之前，译名的杂乱不一，在所难免，原译本便是典型例证。再加上它的一词多译、多词一译或干脆回避专有译名，致使整个译文难以建立在良好的译名基础之上。

二是在内容增删方面，原译本不时游离于恩格斯原著之外，作些即兴发挥，不像今译本严格遵循原著的表述。一般说来，原译本的删节部分，或为原著中涵义精细深邃部分，或为历史叙述、案例举证和多角度论证部分。前者在原著中的文字表达通常十分严密，恐怕由于理解上的阻滞和困难，原译者干脆采取回避态度，不予译出或绕道而行；后者在原著中的文字表达看起来比较通俗，恐怕由于难以体味其中的奥秘，原译者亦作简化处理，予以舍弃或压缩。无论出于什么原因或采取什么形式，此类删节均对原著精神的传译造成损害，不是断章取义，就是割裂原来的上下文关系。原译本的增添部分，则多为原译者强加于译文的引申、铺陈或感慨之词。其中颇为典型者，如将理想社会主义与佛教、儒学、耶稣教的教义和学说比较；推崇达尔文所谓适者生存、优胜劣败的天演公例实开各种实践哲学之先河；模糊资本家与劳动者之间的剥削与被剥削关系；大谈现今社会组织和资本家的垄断不符合人道、公理、平等，要倾倒太平洋之水来洗刷工人的耻辱；等等。这些增添的内容，大概就是原译者所说的"译述"之"述"部分。它犹如画蛇添足，同删节所造成的损害一样，从另一个方面歪曲了原著的精神。原译者的随意增添部分，与其他译文混淆在一起，使人难以分辨，容易被误认为属于恩格斯本人的论述，因而它造成的损害，相比删节，更为严重。

三是在表述的信达方面，原译本既缺乏"信"即忠实于原著的良好基础，更谈不上"达"即晓畅明白的遣词用句功力，与今译本相比不啻霄壤之判。由于时代的局限，原译本在译名的使用和内容的增删等方面，已影响到原著精神的表述。这些客观背景上的局限和主观理解能力上的缺陷，还带来译文中不胜枚举的漏译、误译或反译现象。诸如：贫民无"中人"即资产阶级提携，贫民无以谋其生，或称劳动家与资本家相互倾轧残害，终至同归于尽；世界上缺乏的是个别天才人物，而天才人物的出现又是真理发见的原因；把经济状况是政治制度的基础，译作政治学将终为经济学所消灭；把 19 世纪得出的一种折衷的不伦不类的社会主义，译作实行社会主义出而济理想社会主义之穷；把黑格尔的所谓绝对真理概念与其辩证思维的基本规律相矛盾，译作他在升堂后犹未能入室；把中世纪劳动者的自食其力，说成实有合于社会主义之精义；把托拉斯将来必然被消灭的展望，译作目前各国已经罕用托拉斯的现实；把资产阶级在驾驭现代生产力方面不是不可缺少的现实证明，译作对"吾中人必将为天涯沦落人"的感慨；等等。这些译文，根本不是恩格斯原著中的思想，有些还是恩格斯着力批判的思想，然而在原译本里，它们被当作恩格斯的思想，强加在他的身上。此可谓译文之缺乏"信"。用"达"的译文标准衡量，原译本古涩、扭曲、阻滞、粗疏的表述方式，同样相距甚远。它不仅对原著论述中比较复杂深邃的涵义，难以作出细致和准确的翻译表达；连原著中看似简单的论述部分，其翻译表达也往往不甚明了和漏洞频出。

第三，施仁荣的原译本，用经济学眼光审视，在推动马克思经济学说传入中国方面，既有显著进展，也存在明显不足。恩格斯的《社会主义从空想到科学的发展》，是选取其另一经典著作《反杜林论》中的三章，在此基础上改写成比较通俗的独立著作。《反杜林论》阐述了马克思主义三个组成部分即哲学、政治经济学、科学社会主义。《社会主义从空想到科学的发展》，虽然只取《反杜林论》中《引论》第一章，以及第三编《社会主义》的第一章和第二章等内容，实际上明确论述了三个组成部分的结论性观点，其中对于马克思主义政治经济学的结论性观点，也有所论述。因此，考察马克思经济学说在中国的早期传播历史时，可以注意到：一是此前或当时已有一些译本，如 1903 年出版的《近世社会主义》和《社会主义神髓》，以及下面将要介绍的 1912 年出版的《泰西民法志》等，曾经论述了或比较系统地论述了马克思经济学说的理论观点，但其内容都是取自他人转述马克思经济学说的第二手资料,不是取自马克思和恩格斯原著的第一手资料,不免存在引述上的错讹之处,以及出于转述者自己的不同观点。施仁荣的原译本,则直接译自恩格斯原著中涉及马克思经济学说部分。二是此前已有一些译本,特别是 1908 年发表在《天义报》上的《共产党宣言》英文版序言以及正文前言和第一章内容的译文,可谓比较完整地直接翻译马克思、恩格斯经典原著的第一次重要尝试,但在马克思、恩格斯撰写《共产党宣言》的时代,尚未形成他们的政治经济学代表作,不可能在宣言中阐述他们后来才有的经济理论发现。至于其他译本零星或片断地摘引马克思经济学说中的若干语录,又失之于缺少上下文前后连贯的完整逻辑。施仁荣的原译本,则是按照恩格斯原著的完整表述,转译了马克思在《资本论》里所作出的发现,特别是通过剩余价值理论揭破了资本主义生产的秘密。由此表明了施仁荣的原译本在转述介绍马克思经济学说方面的进展。此其一。

其二,施仁荣的原译本,在译述马克思经济学说的过程中,由于翻译上的各种局限和缺陷,导致其译文不可能对马克思经济理论提供全面和正确的表述。尤其原著中关于马克思经济理论部分的阐述,逻辑严密,涵义深刻,即使其通俗著作,也非浅尝者所能轻易理解和掌握,难怪施仁荣的译文涉及经济理论部分时经常出错。例如,关于发现剩余价值的意义,关于唯物史观的一切社会变迁和政治变革的终极原因应当在生产方式和交换方式的变革中去寻找的原理,关于社会化生产和资本主义占有的不相容性,关于社会化生产和资本主义占有之间的矛盾表现为无产阶级和资产阶级的对立,关于个别工厂中的生产的组织性和整个社会的生产的无政府状态之间的对立等等,原译本叙述这些原著精神时,总是或多或少地走样,无法准确地反映其精义。原著最后十几段特别是包含经济内容的译文部分,由于原译本遽然中断,也给叙述原著经济学说的完整性,带来了缺憾。所有这些,都是它的明显不足。

第四,施仁荣的原译本,夹杂恶劣的私货,即借机宣扬无政府主义。按理说,既是译本,只能翻译原著之所言,不能附会原著之所未言,更不能将原著没有的意思强加于它。看来,译者强调译述,不仅"译",还有"述",便为自己在翻译过程中信口开河,留下了余地。其中所"述"部分,统而言之,突出者有二,一是对资本家剥削劳动者的严重现象发表一些廉价的道义谴责,二是宣扬无政府社会主义。前者的道义谴责或许还是附着于原著论述的一种情感流露,后者的宣扬则纯系居心叵测的借机发挥。译者翻译原著关于资本主义生产方式发展到排挤资本家自身这一涵义时,突然偏离原著精神而把矛头指向金钱,指责金钱为世间大害的祸根之首,只有废置之一途,这番言论已经隐含无政府主义的思想情绪,只是未明言而已。稍后,译者翻译原著关于现代国家本质上都是资本主义的机器这一论断时,再也按捺不住自己的思想情绪,终于发泄出来，假借批判现代国家，宣扬惟有主张“无治社会主义”，才能除世间之大害，谋郅治之极轨，同时抨击“国家社会主义”不过一时权宜之计，不足以从根本上解决问题。这里须说明的是，原译本的剩余未刊出部分，涉及恩格斯原著的最后数段，其中已经提出未来国家自行消亡的思想，明白无误地批评无政府主义者的废除国家要求没有科学根据。对此，译者应当了解。但他仍坚持在译文中塞进与原著精神截然对立的无政府主义私货，显系有意为之。译者是否将恩格斯批判无政府主义者的原话如实译出，抑或加以回避、篡改或抵制，由于这部分译文未曾刊出，不得而知，或许这也正是这部分译文未能刊出的一个原因。另外，原译本对于国家社会主义的抨击，可谓其译者主张无政府社会主义的一对孪生子，是同一个私货的另一个方面。中国早期的社会主义思潮中，国家社会主义观念颇为流行，甚至论战中相互对立的孙中山和梁启超两派，从整体上看，在赞成这一观念上也没有什么异议。直至无政府主义思潮传入中国，才在早期社会主义阵营内部出现了强烈反对国家社会主义的对立派别。原译本的译者，看来是这一无政府主义思潮在中国的传承者。他的矛头，其实指向辛亥革命以后试图把国家社会主义理论应用于建设中国实践的孙中山一派。这表明，当时译者所在的中国社会党与孙中山一派，尽管尚处于暂时联盟的时期，但这一联盟里面，已经暗藏着导致未来破裂的重大思想分歧因素；译者在译文中如此迫切地以夹带私货的方式反对国家社会主义，预示着这种联盟的破裂为时不远了。总之，施仁荣的原译本，并非单纯的译作，还有挟天子以令诸侯之嫌，打着恩格斯名著的旗号，与恩格斯的论述混淆在一起，来推销自己的无政府主义私货。这也是此译本的恶劣之处。

三、煮尘关于马克思经济学说的评介

前面分析蛰伸译述、煮尘重治的《社会主义大家马儿克之学说》一文，已经接触煮尘其人。他是《新世界》的主编，负责刊物的日常编辑、出版和发行事宜，如其卧病兼旬，曾使第 7 期延期出版，不得不公开致歉，疾病“略痊”即“赶出”补救；还承担刊物的撰稿工作，如现存八期，每期约 6－8 个栏目，其中署名煮尘的栏目文稿平均每期达 2－4 个（以连载文稿居多如“社会主义讲演集”、理想小说“新村”、短篇小说“梦中人”等，另有固定栏目如“自由笔”），占据相当醒目的篇幅。所以，《新世界》大量刊载有关社会主义、同时包含马克思和恩格斯学说的文章，显然与他及其所在党派的指导思想有密切关系。在这些刊载马克思和恩格斯学说的文章里，除了施仁荣译述恩格斯的《理想社会主义与实行社会主义》一文，恐怕以煮尘的评介文章为最突出。

（一）煮尘评介马克思经济学说的内容

他曾以朱执信的译述文章为基础，重新编撰《社会主义大家马儿克之学说》

一文,可算是论述马克思学说的专题文章,其中涉及马克思的若干经济观点。不过,严格说起来,这篇文章不能算作煮尘的文章,特别是论及马克思学说的理论观点部分,他只是现成地拿来别人的东西,至多在已有的评价上面,作些修饰,或者在较易于理解的具体经济措施方面,补充些心得。有关这篇文章的分析,前面已见其详,不必赘述。可以肯定的是,他颇为看重这篇专论马克思学说的文章,不仅重治,还将其放在第2期的显著版面位置,连文章的小标题如"绪论"、"传略"、"万国社会党共产主义宣言书之概略"、"资本论之概略"等,也在文章前的目录里一并列出,可见他对传扬马克思学说的特殊兴趣。除此之外,他的这一兴趣,还体现在他为《新世界》撰写或加按语的其他几篇文章里。

其一,《新世界》第4期,曾登载据说经孙中山亲自订正的《孙中山先生社会主义谈》一文。其内容是1912年4月1日在南京同盟会会员饯别会上的演说,本章第一节第一部分概述孙中山的社会主义思想时,已经有所论及。这一演说由"克恭"按照自己的理解附以数段按语,被转录于《新世界》。其中有一段按语在此文末尾,提醒读者注意:

"(孙中山)先生所论,纯系马克斯之学说,主张以国家为公共机关,举人民一切公共事业,悉纳之于国家而任其支配。是为纯粹的国家社会主义,与吾党今日所主张,有不尽同之点,读者其细绎之。"

对此,煮尘特地补充如下一段按语以资说明:

"煮尘按马克斯即马儿克。其所主张,虽为国家社会主义,然亦为急则治标、一时权宜之计。缘目下国界尚未破,政府尚存在而为言,故不如藉国家之力以推行之,并非谓社会主义之究竟目的当如是也。孙中山先生之意,盖亦若是已耳。"①

以上两段按语表明,克恭和煮尘二人对待马克思学说的看法,大同小异,大体反映了当时中国社会党的主流意见。在他们看来,马克思学说等于国家社会主义学说,其经济学和政治学上的涵义,即所谓"以国家为公共机关,举人民一切公共事业,悉纳之于国家而任其支配"。这和施仁荣译述恩格斯的《社会主义从空想到科学的发展》时,将"无治社会主义"主张混迹其间,既给不明底细者造成恩格斯赞成无政府主义的错觉,在表述方式上也是有所区别的。对照起来,克恭更强调马克思学说具有国家社会主义的特征,因为煮尘在重治朱执信的文章时,曾提出马克思将来要取消国家之意。他们都认为国家社会主义凭借国家之力推行社会主义,这与中国社会党的主张,在追求"社会主义之究竟目的"方面,不尽相同。说穿了,中国社会党最终追求的,是所谓无政府

---

① 两段引文均见《孙中山先生社会主义谈》,第14页,《新世界》第4期(1912年6月30日)。

社会主义。他们二人追求其最终目标的认识，存在微妙的差别。克恭倾向于采取无条件排斥国家社会主义的立场，其理由是这一立场与中国社会党的“今日”主张一致，而所谓“今日”主张，隐含着从现在起必须针对“纯粹的国家社会主义”，坚持无政府社会主义的纯粹性。相比之下，煮尘倾向于采取有条件地与国家社会主义相通融的立场，其理由是目前尚未破除国界和取消政府，作为急则治标的一时权宜之计，不如凭借国家之力推行社会主义。这一立场，与他重治朱执信文章中的说法，前后一贯，反映了他将实现无政府社会主义的最终目标与现阶段利用国家或政府来推行社会主义的阶段性目标相结合的主张，这和克恭一味坚持无政府社会主义而反对国家社会主义的立场，是有差别的。他们二人对待孙中山的态度，由于上述原因也存在不同之处。克恭侧重于指出，在如何认识国家或政府这一问题上，孙中山的主张与中国社会党的目标之间不尽相同；煮尘则侧重于指出，在目前尚存在国家和政府的前提下，孙中山的主张与中国社会党的阶段性目标之间有其一致性。在克恭的眼里，孙中山连同他所赞成的马克思，都是“纯粹的国家社会主义”者，对他们的主张保持一种戒备心理。在煮尘的眼里，不论孙中山还是马克思，他们所主张的国家社会主义，似乎并不那么纯粹，不过用作急则治标的一时权宜之计，对他们的主张表现出一种暂且可以接受的宽容态度。由此表明，基于煮尘一派的观点，在一定阶段上或一定限度内，马克思学说可以被中国社会党所接受，中国社会党与孙中山之间，具有结成联盟的共同理论基础，这也是当时中国社会党的刊物上热衷于宣传马克思学说并形成与孙中山的蜜月结盟的原因。然而，这也预示着，一旦超出这一阶段或限度（不论在理论上、观念上还是在实践中），他们就会放弃马克思学说，与孙中山的联盟也随之破裂。同时，基于克恭一派的观点，这种放弃和破裂的可能性，随时随地存在着。

其二，《新世界》第6期，刊登了煮尘辑述的《社会主义讲演集》第7章“社会主义与宗教家”。其中曾列举所谓宗教家与社会主义相同之点共七条，第五条是“其思想俱以世界为本”。先叙述基督教不同于此前的犹太教之顽固闭塞，其做法“大启门户，包乎全世界”，从而使其思想之发达遍于全世界。然后作为对比，用如下一段话解释社会主义思想：

> “社会主义之思想，其博大精深，可称无匹。加尔孟古为社会主义之倡首者，其组织万国劳动同盟会之纲领，大脍炙人口。曰吾党无国界、无种界之区别，惟望同盟会中人，人人信从之，人人奉行，使社会主义之真脉，运输于万国，无一人不得其所。呜呼！其志愿，其魄力，其精神，为何如乎！”①

① 《社会主义讲演集》第七章“社会主义与宗教家”，第7－8页，《新世界》第6期。

这里所谓"加尔孟古"，指卡尔·马克思；所谓"万国劳动同盟会"，似指国际工人协会；所谓"大脍炙人口"的纲领，似指马克思为协会起草的成立宣言和共同章程等，或径指此前的《共产党宣言》。对于马克思的中译名，煮尘曾颇费思量，如重治朱执信的文章时，将原译名"马尔克"改为"马儿克"，补充克恭的按语时，又强调"马克斯即马儿克"。何以在这里，却采用另一译名"加尔孟古"。这或许与他的辑述方式有关，《社会主义讲演集》并非自己的著述，而是采辑他人的著述为主，辅以自己的整理和补缀而成。如《社会主义与宗教家》一章里，关于上述相同之点的比较，据其自称，系采纳村井知至著《社会主义》一书中第9章《社会主义与基督教》一篇的内容。这样，在采辑过程中，可能把此日文著作中译本里关于马克思的译名，不加分辨地搬进自己的辑述本，从而造成上述译名的混淆。事实上，考察村井至知的《社会主义》中译本时，已经注意到它有多种中译本，侯士绾的译本里有称马克思为"加路孟古斯"[①]，这和煮尘辑述时所采纳的"加尔孟古"译名，非常相近。当然，也有可能煮尘辑述别人的译本内容时，不明白"加尔孟古"即为马克思，照搬原文，未将其纠正为自己所中意的"马儿克"译名。

不论如何，他以赞赏的口气，提到马克思作为博大精深的社会主义思想的首倡者，形成了脍炙人口的国际工人协会纲领。同时，他出于党派的本能习惯，一提及"万国"、"全世界"之类的字眼，马上联想到"无国界、无种界"的无政府主义宗旨，视之为"社会主义之真脉"，祈望马克思组织同盟会中的所有人都能信从和奉行这一宗旨，进而传播于万国，以此展示无政府社会主义的志愿、魄力和精神。可以看到，在他心目中，马克思学说并非"纯粹的国家社会主义"，具有世界或"万国"的一面。他又将这种超出一国的世界或"万国"性，与无政府主义联系在一起。基于这种认识，也可以解释前面克恭强调马克思学说是"纯粹的国家社会主义"及其与无政府社会主义的区别时，煮尘为什么不同寻常地加上一段按语，予以调和或纠正。

其三，《新世界》第7期，刊登了煮尘的《社会主义讲演集》第8章"社会主义与社会政策"。其中提到：社会主义虽然有"世界社会主义"与"国家社会主义(社会民主主义)"两个派别，这只是手段上的区别即"此乃应于时势，为施行手段之或异"，不是目的上的区别即"非立于反对地位，而各有目的之不同"。"国家社会主义"的主旨，"以今日之大势，国界不可以猝破，政府不可以骤除，故毋宁藉国家之权力，以为推行国内社会主义之计"。这里所能"容受"的国家，必须是"共和政体之国家"，"绝对否认"君主贵族、资本家、地主之阶级。论述至此，文中以马克思学说为例，说了如下一段话：

---

① 村井至知著，侯士绾译：《社会主义》，上海文明书局1903年版，第16页。

“马尔克以共和号于众之宣言,可以见矣。且马氏固未尝以此而遂自足也。故其资本史有云:今之所谓政府与国家者,即以治人者为代表,然至施行社会主义以后,其进步之结果,而为人民真正之代表者,必在乎生产社会之全体,势必代政府而为组织之机关,则所谓政府国家者自演至乎消灭而止。此马氏之主张,与世界社会主义、无政府主义未尝不相通也。特无政府主义之倡道者,欲以暴力打破国家之组织,而马氏则任社会自然进步之结果而废置国家,此近世目之为科学的社会主义,又曰实行社会主义之由来。”

在煮尘看来,马克思的科学社会主义与无政府主义或曰世界社会主义二者之间,只存在手段上的差异,不存在目的上的不同。进一步归纳,此文认为,社会主义各派的主张中,虽然对于“国家政府废置”这一问题“或有先后”,但在“废灭资本家与地主,剿绝贫富之阶级,以土地资本尽归之社会或社会的国家,使一般人类共立于平等之地位,求经济分配之平均”方面,则“无不同”。这一归纳,旨在划清社会主义与社会政策之间的界限:社会主义“从根本上着想,废去一切之旧组织,改造一新社会,以谋人类全体永久之幸福”;而社会政策“以不变现世界之政治制度、经济组织,惟因其弊窦乃稍稍修改之或补救之”,以图“社会暂时之治安”,它“虽亦有稍税富者以补助劳民之一计划,然不清其源而浚其流,无异剜肉以补疮,疮未愈肉已烂,终于无补”。[①]

综上所述,可以发现,煮尘对于马克思学说的维护,以竭力抹煞马克思社会主义与无政府主义之间的差别、或模糊二者之间的界限,作为其前提。为什么这样做,恐怕与施仁荣译述的《理想社会主义与实行社会主义》,有很大关系,或者说,是以这个译述本作为其理论依据。在《新世界》刊物上,只有这个译述本保存马克思主义经典原著的形式,又被放在突出的位置上加以连载;而且只有这个译述本以醒目的方式论述了马克思、恩格斯的国家学说。在这个译述本里,施仁荣假借恩格斯之口,趁着论述现代国家的资本主义性质之机,兜售自己的私货,声称只有“主张无治社会主义”才可以“除世间之大害,谋郅治之极轨”,而“国家社会主义,犹不过一时补苴罅漏之计,非足以为根本上之解决”。煮尘深受这一论调的影响,认为马克思学说与无政府主义没有多大差别。他也注意到对待国家问题,马克思社会主义与无政府主义或世界社会主义的不同之处,如谓无政府主义的倡导者主张“以暴力打破国家之组织”,马克思主张“任社会自然进步之结果而废置国家”或“政府国家者自演至乎消灭而止”。这说明他了解恩格斯关于未来国家自行消亡的论述,只是其译述文字不

---

① 以上引文均见《社会主义讲演集》第八章“社会主义与社会政策”,第 1－3 页,《新世界》第 7 期。

那么确切而已。由此也印证了施仁荣的译述本是一个完整译本，其最后部分未能刊出，应当另有原因，否则，煮尘不可能读过这后面部分的内容。在煮尘看来，这一不同之处无关紧要。他要强调的是马克思学说与无政府主义之间的“相通”之处，其言下之意，既然双方说的都是国家最终将消灭，那么用什么方式来消灭它也就是次要的了。

根据这种理解诠释所谓马克思的国家社会主义学说，在煮尘的一系列文章里，一以贯之。例如，他重治朱执信的文章，提出马克思承认国家存在的含义，“以一时国界尚不能破，政府亦尚不能废弃”，不如仍以国家为“人民之公仆”，但这必须是“共和政体之国家”，不能是君主专制或立宪的国家；他为《孙中山先生社会主义谈》作按语，亦强调马克思主张国家社会主义，乃“急则治标，一时权宜之计”，因为“目下国界尚未破，政府尚存在”，不如借国家之力推行之，不是说此即社会主义的最终目的；他在《社会主义与宗教家》中，干脆把马克思组织万国劳动同盟会的纲领，与“无国界、无种界之区别”的所谓“社会主义之真脉”联系在一起。到了他的《社会主义与社会政策》一文，仍喋喋于马克思未尝以共和国家而自足。有所不同的是，在这篇文章里，他除了揣测，还试图按照“资本史”的原意，复述马克思的国家消亡观点，即现代政府与国家“以治人者为代表”，实行社会主义以后，则以“人民真正之代表”取而代之，由“生产社会之全体”的代表取代政府而作为“组织之机关”，由此将推动政府与国家的自行演进以至于消灭。这番叙述，有些接近于“国家不是‘被废除’的，它是自行消亡的”的本来涵义[①]。然而，接下来有关这一叙述与无政府主义“未尝不相通”的判断，很快堵死了沿着正确方向理解的道路，更不用说运用马克思学说来批驳无政府主义者所谓在一天之内废除国家的要求。其结果，他不可能为揭示马克思学说与无政府主义之间的区别提供有益的启迪，反而在模糊二者界限的基础上变本加厉，把马克思社会主义与无政府主义捆绑在一起，共同作为废除一切旧组织的社会主义一方，与主张不改变现存组织的另一方即所谓社会政策相对抗。换言之，煮尘是无政府主义中倾向于调和一派的代言人，自认为不仅在国家消灭问题上，而且在根本改变现存世界政治制度和经济组织问题上，都找到了与马克思学说的共同点。这大概也是他与无政府主义中那些反对马克思学说的极端派有所区别的原因。总之，他为马克思学说辩解的论点，带有明显的无政府主义色彩，其浅薄荒谬自不待言。但是，他因此而宣扬马克思学说，在其主编的刊物上为马克思学说的译述文章大开方便之门，尽管难以持久，昙花一现，却不同寻常，值得珍视。

---

① 恩格斯:《社会主义从空想到科学的发展》,《马克思恩格斯选集》第3卷,人民出版社1972年版,第438页。

(二)煮尘与欧阳溥存之间关于马克思经济学说的辩论

煮尘为马克思学说的早期传播，从两个方面提供了助力。一个方面利用主编《新世界》的理论舞台，积极登载介绍和宣扬马克思学说的文章，包括他自己身体力行；另一个方面站在维护马克思学说的立场上，以论辩的方式，批驳那些否定马克思学说的言论。前者见于上面的引述和分析，后者集中见于其《驳社会主义商兑》一文。

从这篇文章可以了解到，他以《社会主义讲演集》第 8 章的形式，撰写《社会主义与社会政策》一文，"略述二者之同异与得失，并言欲解决根本上之改革，非主张社会主义不为功，而社会政策不过弥缝补苴之一计画"，除此之外，针对《东方杂志》第 8 卷第 6 号一篇同名文章所提出的相反论述，"历举其谬而驳之"[①]。这篇同名文章，即钱智修的《社会主义与社会政策》一文。钱文的内容，在梳理前一时期其他有关马克思恩格斯学说的译介资料时，已作过分析。钱文的主旨，选择所谓"整理国民生活之手段"方面，坚决反对以马克思《资本论》为代表的社会主义主张"改变社会之组织"，极力提倡采用改良式的社会政策"救治"或"调和"现存社会的弊端。钱文将近世社会主义分为社会民主主义和国家社会主义两个派别，均予以反对。煮尘之文对待社会主义与社会政策二者的态度，反其道而行之，还从社会主义的两个派别中，看到它们与所谓"世界社会主义"即无政府主义的共同之处。煮尘不满足于此，当他看到《东方杂志》发表欧阳溥存的《社会主义商兑》一文把矛头指向社会主义和马克思学说后，再次奋起，写下《驳社会主义商兑》一文。此文与欧阳之文，曾围绕马克思经济学说，展开针锋相对的辩驳。为了有助于分析，先将欧阳溥存对于社会主义和马克思学说的理解，作一评介。

1. 欧阳溥存的《社会主义》与《社会主义商兑》

1912 年 6 月 1 日《东方杂志》第 8 卷第 12 号上，欧阳溥存的《社会主义》一文以征文当选。此文主张"察言辨理"，对鼓吹社会主义提出疑问，并着重从三个方面试图介绍和作出回答。[②]

第一，"社会主义之名称及其由来"。在作者看来，社会主义乃"经济上所主张之一种义旨及其策略"，迥然不同于"考辨群制变迁之社会学"。命名为社会主义，因为 19 世纪以来，个人主义盛行，倡导自由之说和利用蒸汽机，资本家逐渐取得独占优势，劳动者日益穷窘，由此引起仁人谊士的感慨和忧伤，其中的"极端社会主义"，"欲尽破社会中资本劳动两阶级之制，使人人平均其幸福"，主张"排挤个人主义，颛以社会为本位，而定其生产分配之衡"。社会主义

---

① 煮尘：《驳社会主义商兑》，第 1 页，《新世界》第 8 期。

② 以下引文凡出自该篇者，均见欧阳溥存：《社会主义》，第 1－5 页，《东方杂志》第 8 卷，第 12 号。

的涵义是“社会中人人同享经济上之权利,胥无甚贫甚富之差”。

从演变沿革上看,社会主义昌盛于近数十百年间,其思潮则远启自希腊柏拉图的共产主义。社会主义的主张有别于共产主义,“共产主义徒资谈助,而社会主义则日新月异,渐进于实行”,此乃起因于近代“法律上皆行保护私有财产之制度,政治上皆行奖励资本主义之策略”。以社会现象而论,近百年来,一方面,随着艺学和汽机的进步,手工经营和国内市场普遍转化为机械经营和国际市场,小企业者和小资本家被并兼于大企业者和大资本家,由此带来经济社会的发达繁荣;另一方面,“悲惨之端”随之而起,小企业者和小资本家被大企业者和大资本家凌压,师徒关系被雇佣契约取代,在产业革命的优胜劣败过程中“富者益富,贫者益贫”,产生“资本家劳动家两种之新阶级”,又由于“个人主义发达太甚”,“彼资本家惟有利己心而乏公共心”,为私利和小己而不考虑公德和社会,造成上下相嫉视和贫富相仇雠。对此,社会主义者推究其由来,认为在于“财产之私有”、“资本之万能”以及机器兴行后“企业组织之日趋张大”。试图以“小小补苴之术”改变这一状况,是无效的,“必须从根柢上一改革经济社会之制度,荡除资本劳动两阶级,使人人咸公役于国家,不得任一部分人私据资本以役使一部分人”,只有大家都成为劳动者,“社会中乃真正平等幸福”。

第二,“社会主义之流别”。作者认为,在众多的社会主义派别里,最有代表性的,一是“极端社会主义”或称“共和社会主义”,二是“社会改良主义”或称“国家社会主义”。所谓“共和社会主义”,其名称来源于“以社会主义与政治上之共和主义合同而图革命”。它因法国人卜南(1813—1882)的学说而昌盛,其说认为,要破除私有资本制度,应当“使国家自为惟一之大资本家,建设国民大工场,群一国之人民咸于国家大工场共同劳动,如是,则国中资本劳动二家之迹俱销,而以富凌贫之弊终莫由启”。此说曾得到比利时和瑞士学者的共同响应,德意志人亦“剧嗜其说”。在此之前,圣西门、傅立叶和欧文均为“社会主义之钜子”和“社会主义者之典要”,惟三者之说符合宗教道德,“殊不足以自张其军”。到19世纪下半期,“德国乃有麦克司”即马克思。接着,这篇不长的文章,用不少篇幅,专门介绍马克思的《资本论》。其总的评价如下:

> “麦克司所著资本论,社会主义者尊为圣书。盖麦氏一刊虚想浮议,纯用科学为根,极确乎不拔,而系统秩然。社会主义至此,乃为一进步,而价值愈高,得世界之同情益厚。”

作者认为,马克思学说大抵推本斯密和李嘉图的学说为之前绪,主张“经济上之生产者独在勤劳,勤劳所获之剩余价值,则并归业主。主与佣之所得,遂日趋于不平”。判别主与佣,“起于土地及资本之有与无”,“占有土地,取得资本,则为主矣,否则为佣”。由于国家立法“保护个人之私财产权”,占有土地取得资本者始终为主,而为佣者始终为佣,由此“知主佣之事为不平”。因此,

"改革社会制度，首当灭弃私有财产法，使万民无得席丰履厚，贻其逸乐于累世而不休；鼓一国之众，咸依于国家而赴工作，计业为酬，无偏无颇，则真人道之平等幸福"。尤其是拉萨尔著"劳银铁则论"，依据"供少求多则值贵，供多求少则值贱"的"百物交易之通则"，提出劳动者的供给日多，受治于"供求之通则"，其所得劳银势必日降而微薄，此所以劳动者的困苦积年而益深；并认为国家宜出资设立"劳动组合"，使之协同作业，则"资本家无复能制其命"。后来又有洛贝尔图斯认为，"私有财产制度不能一蹴而废"，目前急则治标之计，亟待由国家确定"劳动时间之标准，申明定率"，使资本家不能利用契约愚弄劳动者，以致"作苦过度而授值复不中程"，只有这样，佣者的困苦稍能缓解。这些主张，在作者看来，都是"开国家社会主义派之先声者"。

接着，作者附上"剩余价值解"，预先按语说明，"社会主义至麦克司乃秩然为科学的研究，然其所作书，号为深玄难通"，日本一些翻译剩余价值学说的学者，"虽苦心分明，而览者恒猝难得其指"。于是，作者尝试"捃取大纲，推本原意，而更为之词"，意即在日本学者翻译的基础上，尝试用更为通俗的表述方式解释剩余价值学说。其释文如下：

"麦氏之意曰，财之生也，惟在劳动力，无劳力则资本无能生新财。今斥寻尺之木，易径三寸之铜，价各百钱，其值相等，是为不生，固已。即令木贾诈称价值两百，铜商误信，授以二铜，仍为不生，何也？木贾虽赢，铜商已损，国财总额，不因而增。假使解木为轮，铸铜为镜，轮镜所值，不止百钱，百钱以上，斯名新财。而曰解曰铸，劳动力之所为也。故曰惟劳动力为能生财，而谓劳动力非价值之本体乎。

劳动力实已生新财矣，顾所得转见攘于资本家。资本家之所以能攘取其财，则以凭藉法制，而理则实等于欺诈强迫之为者也。所攘维何？即劳动力所生之剩余价值是。

譬有布商，购纱辟厂，佣工就职，每阅六时，辄成丈布，值六百钱，资本劳银，各当三百。如是，则剩余价值不生。今也不然。工值三百，职时十二，成布二丈，货之得钱千二百文。所余三百，法当归商。此三百者，剩余价值。据此例推，商利兹大。使无商者，则工作六时，赢钱三百，已足资生，而无庸为过度之劳作。十二时实获六百，则生事弥丰，而不坠于困辱。顾商得重取其六时之劳，巧夺其三百之利，此劳动者之所以可哀也。夫岂不知劳动者之不能自享其剩余价值，由于己无资本。然何为使资本得为个人所私有也，则社会制度，为之罪魁。"

这几段释文之后，作者确信："麦氏之说，大略如此。资本论为社会主义者之圣书,而剩余价值说为论中之精旨。览者苟遍观日本诸家所述,然后有以知不材之译解此段为颇劬也”。作者自称以上关于剩余价值学说的翻译解释所包含的辛劳,读者只有广泛观览日本各家学者的著述之后,才能有所了解。此意无非是说,他的译解综合了日本诸家的论述,颇下了一番功夫。随即,他进一步补充说:

> “又考社会主义,其欲从根本上改革者,则尽取资本土地归诸国有。而欲及时改良救济之者,则务减损工场之作业时间。知此以观麦氏之说,则悟其澈上澈下,诚为社会主义之一大宗也。”

这里将马克思学说置于社会主义的整体考察之中。根据作者的说法,社会主义似乎被划分为“欲从根本上改革者”与“欲及时改良救济之者”两派,前者主张尽取资本土地归诸国有的彻底改革方式,后者主张务必从减少工厂工作时间入手的及时改良救济方法。由此联系到作者关于马克思剩余价值学说的释文,前者涉及改变资本土地为个人私有的社会制度,后者涉及改变厂商增加劳动者的工作时间以享受其剩余价值的剥削手段,二者的主张均与马克思学说有关。所以说,社会主义的主张,无论求其“上”即从根本上改革,还是求其“下”即作及时的改良救济,都可以在马克思的学说中得到透彻的领悟即“悟其澈上澈下”,故又称马克思学说实为社会主义之“大宗”。

此外,所谓“国家社会主义”,被认为是“社会改良主义中之一派”。其涵义“排斥极端的社会主义,而谓社会之现状,仍当维持,不可从根本上悉加破坏”。由于资本与劳动两个阶级“日趋而悬远”,无法保持安宁,故不可不讲“恤贫之政”,对于资本家的弊害,也“不可以不去其泰甚”,“当除其垄断之机,杀其跋扈之势”。德国历史学派经济学者多主张于此,其中最显著的是1872年开大会研究(成立“社会政策学会”,主张实施“社会政策”),被世人称为“讲坛派”。俾斯麦号称“实行派”,其“威名震宇内”,只是国人疑忌他的社会党人身份。总之,国家社会主义理论,“初无奇特之观,独能布列政策,以祈实行,故又称社会政策”。众多社会政策概括起来,大致是:“矫正因自由竞争而致身体及智识不平均之弊”,由国家订立工场法、妇稚保护法、强制保险法和实行普及强制教育;“矫正财产不平均之弊”,改良租税制度、奖励储蓄、广行殖民,以助长产业组合的发达;“矫正企业独占之弊”,铁道、汽船、电气、自来水等大规模经营,“均应收取为公有,为国家主办”。

两相比较,“纯粹的社会主义”,专推前一派即共和社会主义,国家社会主义一派,“实因于共和社会主义而起”。此外还有基督教社会主义一派,“诉诸吾人之良心,诱之以灵魂之至乐,戒富者勿骄、贫者勿嫉,相爱相护,以平均其幸福”,惟此说“非经济学者之所志”。

第三,“社会主义与共产主义、无政府主义之区别”。其一,社会主义与共产主义的区别。社会主义“以经济上关于生产的财，归诸公有”；共产主义“并以经济上享受的财，亦一切归诸公有”，社会主义“犹共产主义之得半者”。按照共产主义的主张，固应收取土地、矿山、工场、交通机关、机械器具、原料等“生产的财”，归诸公有，万民皆听从政府命令，从事于农场、商店、工厂、铁道、矿山等工作，“政府乃各按其所需要之品，而就公有仓库所贮者，取而给之”，同时“应取万民之享受的财，亦化为公有”，作公同之家屋使人共居之，衣食共有之，儿童共教育之，翁媪共抚养之(甚至“主妇女共有”)。这样，“生产固共同矣，享受亦共同，政府如家父，万民如众子，毕社会化为一大家族，举社会经济化为一家事经济”。对比之下，社会主义“初不至是”。

其二，社会主义与无政府主义的区别。社会主义“从经济上起义，而欲破除贫富之阶级”；无政府主义也发愤于资本家的专横，只是其志“不仅于破除贫富，尤欲并废官民之区别”，主张“去政府，去国家，去法律，去宗教，人人各如其意，放任自由，其得而宰制我者，惟有我之理性，我之感情，自我而外，无得更有一物羁束。苟能化成一如此之社会，则吾人乃能真乐”。因此，社会主义乃“国家万能主义”和“干涉主义”；无政府主义乃“个人万能主义”和“自然放任主义”。推而论之，“社会主义之精神，近于专制者也，无政府主义之精神，主于自由者也；社会主义为个人主义之敌，无政府主义为个人主义之友；社会主义者之图谋，为经济上之革命，无政府主义之图谋，为政治上之革命”。可见，无政府主义与社会主义并非一事，亦非社会主义的“支流”。

最后，作者说，以上介绍仅“社会主义之大凡”，欲语其详可见各类成书。至于“社会主义者在现今世界上之情状及其成功”，以及“经济学家对于社会主义之批评”，待他日再论。

从介绍的内容看，这篇文章关于社会主义的叙述，还算平实，看不出有什么明显的偏向。这恐怕与作者撰写此文的意图有关，主要用于阐释“何谓社会主义”与“何缘而有社会主义”的问题，暂将“吾人对于社会主义应如何”的问题撇在一边，故可以较为客观地叙述社会主义的内涵与来龙去脉，不必急于针对社会主义表明自己的主观态度。另外，作者的阐释基本上在照搬日本学者的现成东西，再做些摘选加工，也无须掺入自己的个人评价。值得注意的，一是作者颇为得意自己对于马克思剩余价值学说的通俗解释，自信它克服了众多日本学者的译解始终难以使读者理解其旨意的缺陷；二是作者介绍社会主义，强调社会主义内部所谓极端社会主义或共和社会主义与所谓社会改良主义或国家社会主义二者的区别，将社会主义与共产主义的区别次之，更将无政府主义排除于社会主义的范畴之外。这两点，后来在质疑社会主义的《社会主义商兑》一文里，得到了进一步的发挥。

欧阳溥存的《社会主义商兑》一文①,1912 年 8 月 1 日发表于《东方杂志》第 9 卷第 2 号。此文开篇,说明近来国人研究社会主义者越来越多,他本人曾撰写《社会主义》,介绍其大凡,以冀与同声者共明其真相。其意以为,"二十世纪不采社会政策之国家,可以号之为聋瞽;不讲社会政策之经济家,可以谥之为冥顽"。在作者看来,国家社会政策与极端社会主义"有殊",世人习惯以社会主义概言之,校论辨析之际,应当加以区别。对于国家社会政策,其具体办法可以商酌,而"主义无可否拒"即不能否定和拒绝;相反,对于极端社会主义,经济学者"固不能无攻驳之加"即必须攻击和驳斥。至于如何攻驳,作者从一些日本学者的著述中拾取其纲要,再转译给国人。其大意如下:

社会主义论者的"第一要旨","考核世间真正生产之财,非由资本土地而来,实属劳动之结果"。无劳动则土地荒废、资本滞积,"财曷从生";得劳动之后资本土地才得以适应生财之用。因此,"生财惟一之手段,不外乎劳动。财之生也,劳动之结果云尔"。这样,劳动的结果"应归劳动家所有",怎么能"听资本家坐取其赢息,地主安享其租资"呢?劳动家不能享受其结果,由于"资本家及地主依托今日私有财产制度,以肆其豪夺巧取"。对此加以救正,"当建设社会主义的国家"。这些理由和手段就是"极端社会主义(后均略称社会主义)之要领"。作者认为,攻驳极端社会主义,应当从这些"要领"或"中坚"入手。其中首先应当辨明的,是"劳动之结果果应悉归劳动家所有乎"。肯定或否定这一问题,将决定社会主义者与非社会主义者之取舍。对此,"尤有一先决问题"须辩明,即"生产之财果皆为劳动之结果乎"。接着,作者把矛头指向马克思学说。

他说,"社会主义之渐由虚论趋于学理",从经济学上观察,"断推麦克私"(与前篇文章将马克思译作"麦克司",稍有出入)。"麦克私著论之本根,即为财之生产悉出劳动之一义"。假使马克思学说"果不诬",则"破坏私有财产制度之说,姑毋问事实上能否实行,而其理论,固足以自通"。为此,他主张"昭以科学的眼光,征诸历史的现象",不能随意袒护马克思学说。按照这个思路,他展开了自己的批驳。

他认为,自足经济时代变为交通经济时代,兴起分业与交换,从此"断无能以生产之结果归功于一己",任何一物"皆莫不赖数人或至数十人直接间接之协助乃克有成"。譬如一靴之成,不仅是靴工的劳动,还有皮革工、屠牛者、牧牛者、厂房建筑者、织麻者、锻铁者、组丝者、调墨者等等的劳动为之先,再推而广之,还有其他诸业的助力,处于今日经济时代,说某物成于某人,系"不学浅

---

① 以下引文凡出自该篇者,均见欧阳溥存:《社会主义商兑》,《东方杂志》第 9 卷第 2 号,第4—6页。

人”之论。因此，“今夫漫然以天下生产之物为悉出于劳动之结果者，乃谓靴之结果悉出于靴工之类”。主张一切财产归劳动家者，无异于主张靴值都是靴工的“享乐财”，皮革商、牧夫及至农樵诸家，“均无得取偿于靴工，致分其利”。于是，他自以为得意地评论说：“呜呼！浚哲如麦生，顾颠倒至此，岂非有所蔽之过哉”。认为像马克思这样的浚哲之士，其理论也不免有颠倒错乱的遮蔽之过失。

根据他的说法，以上这些议论，“盖就理论折麦氏等，以为生产财物、不应悉归劳动家所有”，意即从理论上折服马克思，由此得出与马克思学说相反的有关生产财物不应悉归劳动者的结论。除了理论，他还“以事势衡之”，证明“生产财物亦万不能悉归劳动家所有”。在他看来，社会主义者哀怜劳动家，却不知有比劳动家更可哀怜的独老、孤幼、病废之类“皆不能劳动者”。对于这些人，“社会固不能屏弃之死地，亦将有以匡救而生活之”。如果“一如社会主义者所言，人人咸须劳动以得资，舍劳动无余事，舍劳动家无他流”，则独老孤幼病废之辈将无法得到妥善安置，仍会像“今日社会之所以处之者处之”。那样，“社会主义的国家又破其例而乱其纲”。

对于“尽破今日社会制度”，对于“建设社会主义的国家”，他表示反对，“期期以为不可”，或称“社会主义者之心不吾服”，认为对社会主义不能“纵之以从其志”，而要“演推矛陷盾之观”，攻击其矛盾之处。比如说：

经济学者熟知生产与消费二者不平衡则恐慌起，对此社会主义者亦不能不考虑。然而社会主义者却说：“以一切之生产悉属公营，政府则每年预为测算供求之大数，使咸济于平，无侈无啬，万众各得其所，恐慌无自起”。对于此说，姑且不论“政府之神力”能否达到此境地，社会发达以来，经济已无国界，所谓供求之数决不能只根据本国情况来平衡，而各国殊别，人情各异，时迁年隔，风尚不同，面对世界上如此复杂的情况，“社会主义的国家之政府，将何以计其供求之大数乎”？此其弊一。

政治革命以来，人们万口一声，痛詈专制为蛇蝎，而“社会主义的国家，实足以形成专制的国家者”。社会主义国家实行“资本公有，生产公营”，国家以外无资本家、无雇主、无择业之竞争，“一听政府之支配而已”；无双方契约，“一听官吏之指示而已”。社会主义国家“固欲制造其政府为万能者”，而形成万能政府，个人自由势必减少。“往日政府之专制，犹止握有司法权警察权，今如社会主义的国家，则并一国之财产权，悉索以授之政府”。想到这里，不寒而栗。所以说，“社会主义者，其诸专制主义之发达进步者”。此其弊二。

“社会主义者，反对自由主义、个人主义者”。从严复翻译斯密的著作看，自由主义、个人主义有其“胜处”。此二主义“实由吾人性分中来”，芸芸众庶，“莫不以利己为祈向”。惟其利己，所以谋虑周，趋赴勇，忍现在之苦，冀未来之乐,“于是一切事业,乃缘之以发达进步”。社会为个人之积,“个人奋则社会乌得而不昌”。如今社会主义者则不然,“人民咸受事于国家,受廪于政府”,成败利钝,非吾一己之事,则听之不问;损益贷借,非其责任义务之所关,则忽之不计。即便深计勤作,也不能多取以为富家翁,则不如抱嬉游态度;受廪仅限于自给,生产的余财既不能送给自己的子女,也不能贮藏起来馈赠他人,则又何必早作夜思来拓展多数人的利益。这些都是“人情之大同”。照此下去,“无竞争,无发明,无未来之希望,无勤俭贮蓄之风”,不出数十年,社会将不成其为社会。如今“万族不齐,未可纯化之以道德,直诉之于仁慈者”。在这种情况下,若使群众的活动遵循一定的范围和标准,“惟有率循其利己心而已”。“利己心”是人之性而非伪,依循利己心进行治理,是“道”而非“术”。违背一般人民的利己心,即为“贼性”;化之以道德,诉之于仁慈,希望万族皆有极浓挚之“他爱心”,不惜为同胞国民劳动、勤奋和思虑,自然会促进社会的发达进步,只不过此说“大类宗教家之指示天国净土,非政治论非经济论”。此其弊三。

“建设社会主义的国家,必世界各国同时改组而建设之,方有以相底于平”,否则,“一国建设,则此一国者必先覆,数国建设,则此数国者必与其非社会主义的国家交轧而互距,世界混乱,将有出于意计外者”。当今尚不能建立国际货币同盟,不肯实施国际复本位制度,哪里还谈得上“世界各国能同心合德一致改组建设社会主义的国家”。如果说“诉诸世界人人之本心,使咸协于同”,而不是依凭各国政府代表的赞成,这如同“亚欧宗教家”之诉诸人人之本心“必将咸归于吾所持之正义真理”。两千年来,最大的教宗如佛教和耶稣教,尚难看到“其教义之真见诸实行”。所以,“社会主义者固仁人也,如之何勿思”。此其弊四。

不考虑“经济上之分业”,仅从“社会历史之发达”看,社会进化,必赖有不限于一人一时的思想制作为之先,思想制作又“必出于富裕优闲之家”。然而,“如社会主义者之作为,举一群之中,无资本家,无相续之财产,而所谓富裕优闲者,乃旷世而无其人”,既无富裕优闲者,则文章之美、工艺之精、音乐之善、道术之闳深、宗教之高尚,“咸无人焉有余力以举之”;“社会主义的劳动国家之人民”,无暇顾及“发见发明探考创造之事”。其原因在于“私有财产制度废,无复中流以上社会一阶”,以致“万众劳动,终年局促,能以力自资其生而止,其形而上诸事,固匪其思之所存”。社会主义国家将缺乏思想制作,“社会主义的国家,其结果不当至此乎”?此其弊五。

以上五弊,加上对马克思学说的诘难,共称“六难”。作者宣称,此“非一家之议,当为言社会主义者所不可置焉者”,主张社会主义者对此不能置之不理;如果不能有“正确满足之解答”,则“社会主义不克餍夫人人之心以实见诸行事”,社会主义不可能为人们所接受而见诸实行。并预言,“此改良的国家社会政策,所由以代之而兴",即"改良的国家社会政策"与"尽破今日社会制度"的社会主义有所区别,它将因此取代社会主义而兴起。

欧阳溥存关于社会主义的两篇文章,可谓姊妹篇。前篇回答什么是社会主义以及为什么会产生社会主义的问题,似乎比较客观;后篇回答如何对待社会主义的问题,其真实态度毕现。他反对所谓极端社会主义或即马克思社会主义的观点,其特点,一是把驳论的范围,限于极端社会主义或简称社会主义与国家社会政策二者的对立关系之内,排除共产主义或无政府主义之类的枝蔓干扰。这同他将社会主义分为极端社会主义或共和社会主义与社会改良主义或国家社会主义二者,分为从根本上改革或破坏今日社会制度与维持社会现状而去其弊害二派,密切相关。这同钱智修反对社会民主主义或国家社会主义等各种派别形式的社会主义,以此为基础来讨论社会主义与社会政策之间的对立关系,大旨相同而小有区别。二是把驳论的焦点,集中于马克思学说的剩余价值理论。认为这一理论是社会主义论者的"第一要旨"或其"要领",以此作为攻击的对象,才算抓住了要害。这也是他不同于其他反对社会主义论者的特出之处。三是把驳论的依据,扩展到更广的领域。如谓社会主义国家的政府不可能平衡生产与消费之间的供求之大数;社会主义国家无异于专制国家;社会主义反对自由主义和个人主义乃违背人的利己心并阻碍社会的竞争、发明和进步;建设社会主义国家必须诉诸世界各国同时进行就像诉诸宗教一样不可行;社会主义国家废除私有财产制度将消灭富裕优闲之家从而丧失发现发明等思想创作的基础;等等。这些论据,连同前述反对马克思学说的理由,都不是欧阳溥存自己的独创(尽管他认为有关马克思剩余价值理论的通俗解释表现了其创意),而是梳理摘录日本学者相关著述的结果,但是从这一梳理摘录中,可以看到他选择取舍的取向,以及强调从经济理论角度而非政治或宗教角度来把握驳论尺度的特色,从而使他成为这一时期国人中反对社会主义尤其反对马克思社会主义的首当其冲者。煮尘为了维护社会主义,拿欧阳溥存的文章作为靶子,同样有其眼光。

2. 煮尘的《驳社会主义商兑》

此文见于《新世界》第8期[①],在欧阳溥存的《社会主义商兑》一文发表后不久即抓紧写成。在煮尘看来,钱智修之文与欧阳溥存之文,作者不同,持论亦略有出入,但"大抵皆暗袭日人之说,以为攻击社会主义之具者"。针对欧阳一文的所谓"六难",他认为,其中若干项内容自己已在以前的文章里给予了批驳,如谓:社会主义国家无异于专制国家之诘难,即前文之政治范围论;社会主义反对自由主义和个人主义乃违背人的利己心并阻碍社会的竞争、发明和进

① 以下引文凡出自该篇者,均见煮尘:《驳社会主义商兑》,第1-10页,《新世界》第8期。

步之诘难,即前文之企业心遏绝论;社会主义国家废除私有财产将消灭富裕优闲之家从而丧失发现发明等思想创作的基础之诘难,即前文之进化论;等等,这些内容所用词句不同,但意义不二,对此,“种种纰缪,已具前驳不复赘”,不必重复前文已有的批驳。新发表的这篇反驳文章,重点将前文未及的三项内容,“复一一斥之,以告反对社会主义之徒”,看他们是否心服,是否还“为资本家作护符,与劳动者为公敌,以抗逆世界之大势”。根据他的分析,比较钱文与欧阳之文,二者“同袭日人”,但欧阳之文比起钱文,“实每况而愈下”,因为钱文“沿日人之说,尚能持之有故,故言之成理”;欧阳之文却“于己所不知,辄复吊奇弄智,以自炫其能。其开宗明义之第一难,欲排马克司资本论,为摧折社会主义根本之计。其设计弥巧,而不知已陷于巨谬极戾而不自觉”。接着,针对其“第一难”,他集中篇幅,名为“诠释之”,实则批驳如下。

欧阳氏诘难马克思引用“经济学物产关系之理”,絮絮达数百言,并参照斯密论制针的例子来说制靴,由此否定天下生产之物悉出于劳动之结果以及否定一切财产宜归劳动者的主张。对此,煮尘反问,作者难道能够证明“天下生产之物能不悉出于劳动之结果”吗?因为作者曾引用社会主义的观点说,无劳动则土地废荒、资本积滞,有了劳动之后,土地资本才得以适应生财之用,因此生财的“惟一之手段”不外乎劳动。所以说,“天下生产之物为悉出于劳动之结果者,固定论也”。至于说“生产之于劳动,犹靴之结果悉出于靴工”,则属诬陷,此乃大谬不然。社会主义者从未说过此话,而且认为有助于制靴的种种条件,如革商、牧者以及农樵诸家,“亦未始非劳动”,同属劳动范畴。社会主义“统以社会为计”,其所谓物产为劳动之结果,乃简言之,推而言之,应称作“社会之物产,社会协同劳动之结果”。可见,作者“自误”,却反过来诋毁别人,可谓“陷于巨谬极戾而不自觉”。所谓劳动,有广狭二义。狭义“指劳腕力而言”即体力劳动;广义则“凡劳脑力用思想者,亦未始非劳动之一”,同时包括脑力劳动和体力劳动。社会主义者认为,“个人或用腕力或用脑力,劳动于社会,而社会则供给生活需要于个人,当此之时,惟抽象之社会字样为资本家,而具体之个人,无一不为劳动者,然则谓一切财产宜归劳动者,亦何不可”。意思是说,在社会主义条件下,无论体力劳动者还是脑力劳动者,都为社会劳动并从社会的供给分配中获得个人生活必需品,在这种情况下,抽象的社会代表资本家,每个具体的个人都是劳动者,从这个意义上,为什么不可以说“一切财产宜归劳动者”。

他还批驳说,作者有意诬陷“社会主义欲屏弃独老孤幼病废之俦于死地,以强入社会主义者之罪,因以挑拨人类对于社会主义之恶感”。社会主义不论如何剧烈,就像无政府家主张的破坏一切、或像虚无党的行动,“按其揭橥,惟曰反抗强权,而对于是等无告之人,固无一人不哀怜之”。他反问作者,能否

“在世界社会主义家所主张中，指出其有屏弃独老孤幼病废之俦之一条”，不能指出，就是无的放矢，可见“绞其脑汁，金术其心肝，以谋反对社会主义，盖亦心劳日拙而无益”。他讥讽作者的诬陷，好比自称爱其父而由此却推导出不爱其母的荒谬说法一样，未知社会主义者哀怜劳动家，固当哀怜那些“较劳动家尤苦者”。他又指出，在那些人中，“老者，其初固劳动于社会者也；幼者，其将来亦劳动于社会者也；病废者，其未病废时及其病愈时，亦劳动于社会者也；即使病废，亦属少数。而社会主义实行，则老院、婴院、病院等，已无不毕具。其处之之方，固美善而完备矣。礼运大同之言，不啻为社会主义结果之写照”。也就是说，社会主义制度对于老幼病废者的关心，要比那些诋毁社会主义者更加措意，本来就具有美善而完备的办法。

经过上述批驳，他断言：

> “作者自谓以科学的眼光，破马克司资本论，摧折社会主义根本之第一义。吾今已驳斥之，使无立足地。所谓科学的眼光，殆作者眼光中之科学欤”。

接下来，他继续批驳作者的另一个诘难，即“暗袭日人之说”，所谓社会主义国家的政府不可能平衡生产与消费之间的供求之大数。他的反驳理由：“社会主义，本以社会为主体，固期无政府为终极者，更何劳政府之神力；且经济本无国界，以有易无，挹彼注此，任供求自然之趋势，则人自无有不得其所者，初未尝劳政府之干涉”。这是用无政府主义的理由来驳斥反社会主义的观点，既然无政府、无国界，自然也就谈不上由政府平衡供求之大数的问题。此外，在他看来，社会主义的实行，关键在于“共产”。所谓“共产”，“凡社会中之物，为社会协同劳动所得者，自为社会人类所取求。既无游手无业之民，又无军队、盗贼、僧道、娼妓等分利之辈，则社会之生产额，将加至不可限量。兼之物质进步，机器大兴，则今日一年之生产，尔时可以一月或数日之期制出之。铁道棋布，交通便利，则甲地之有余，不数日间即可以补乙地之不足。虽万品纷纭，不可计极，然人类生活所需要者，不过衣食住三端为最急，彼此相剂，断无不平，固不劳政府之计算”。简言之，社会主义的实行，已是社会发展高度发达之时，各类生产和交换活动均极为丰富和便利，不必再由政府计算其供求。

对于作者所谓建设社会主义国家必须诉诸世界各国同时进行，如同诉诸宗教一样不可行的诘难，他指出，这一诘难乃作者“自论自驳”，未能说明何以建设社会主义国家若仅一国必先覆、若仅数国必交轧而引起世界混乱的理由，不过是“作者意中之混乱而已”，不必予以驳斥。他着重批驳作者引用亚欧宗教家的故事来牵强比附社会主义。认为，这一比附“不知宗教创于草昧初民之世，其时智识未启，每多误会，其所持论，尤多牾牴，此所以不能得全世界人之信从”；而“社会主义发明于文明大进之时，用科学的观察，求人性之本原，其所设施,无不循社会学经济学之公例,即有未当,更听人之自由研究,以期其进步",不像宗教家尊奉教主,"禁人之唯有强信无所折衷"。他还批评作者看不见"十八世纪民权自由之说发明以来,百余年间,全世界竟绝君主专制之国","社会主义则更进一步推见人类之本心,适合社会之原理",因此,"世界各国为一致之进行,时不论迟早,势无论强弱,而社会主义之目的,必有达到之一日。所谓真理必明,正义必胜,固非若宗教之偶然施行于一时一地而已"。他的结论是,欧阳溥存以宗教家来比附社会主义,"适明其不知社会主义而已"。

最后,他的总结,似乎有意识借用欧阳氏在《社会主义商兑》开篇中关于"国家社会政策"的一段评价,将其移植到社会主义上来,提出,"社会主义,其条段有可商酌,而主义则无可否拒者"。"条段"即具体主张可以商酌,故有共产、无政府、民主等派别存在;主义无可否拒,故"无论各党,皆以废灭现制度而以改造新社会为目的"。即便在实现社会主义问题上,共产、无政府、民主等各派相互竞争,亦"无伤"。因为此等派别,"不过因手段有急进缓进之异耳,其目的则无不同"。现今世界之政党,号称以国家为前提,实则以权利势位为归宿。实行社会主义,"已无所谓权利势位,而所争者,确以社会为前提,人类幸福为归宿而已。此所谓真理的竞争,正义的竞争,岂现时政党所能及"。这段总结,表面看来,好像与《驳社会主义商兑》一文的主旨没有什么关系,在谈论社会主义的派别问题。其实,这是以比较隐晦的驳论方式,对欧阳氏有关社会主义派别的分类,提出质疑。似乎不同意欧阳氏将社会主义分为极端社会主义与国家社会政策两大派,主张分为共产、无政府、民主等派别。前者处于"尽破今日社会制度"与维持社会现状而除其弊这两个目标的对立冲突中,后者则"皆以废灭现制度而以改造新社会为目的"。用后者取代前者,多少体现了煮尘将实行国家社会政策的成果视作实现社会主义过程中的阶段性目标,而非其终极目的的一贯思想。另外,他提及现世界之政党并予以非议,似乎也是有所指,对于欧阳氏在其文开头宣扬20世纪的国家几乎普遍采用社会政策这一现象,隐约指责这是世界各国政党打着国家招牌,为自己争夺权利势位的表现。这一指责,与他反对将中国社会党建设成国家政党的宗旨相一致,也隐含着他反对欧阳氏用"改良的国家社会政策"取代社会主义的主张。

3. 关于辩论的分析

煮尘与欧阳溥存之间的辩论,论题明确,直指社会主义的合理性与可行性问题。在此之前,像欧阳氏的《社会主义商兑》与煮尘的《驳社会主义商兑》那样,以社会主义为辩论题目者,恐怕只有1911年间宋教仁的《社会主义商榷》与江亢虎的《社会主义商榷案——社会主义商榷之商榷》了。宋教仁与江亢虎之间的论辩,尚属赞成社会主义思潮之同一阵营内部的事情。又由于江氏回避了宋氏所提出的核心问题,即社会主义的实行问题,这一论辩流于纯粹思辩式的学理纠纷。与此不同，无论欧阳溥存对于社会主义的质疑或谓“商兑”，还是煮尘对于这一质疑的反驳，二者均从理论与实践的结合上，争辩社会主义是否具有其合理性和可行性的问题，由此也表现出两个对立阵营所代表的两种截然相反的立场和观点。随着这一社会主义辩论的深入，围绕马克思学说尤其是马克思经济学说的讨论，也凸显出来。这也是下面所要分析的重点。

第一，这场辩论，可谓马克思学说传入中国的早期历史中，直接以马克思学说作为辩题的最突出者。此前，随着社会主义思潮在中国的传播，国人从中文报刊著作中，越来越多地看到有关马克思及其理论观点的介绍报道和评论分析。这些内容由少渐多，由浅入深，由零星分散而渐趋较有体例，直至比较完整地译介如《共产党宣言》之类的个别代表作。但是，在辛亥革命之前，所有关于马克思及其学说的评介意见，一般说来，都停留在简单笼统地表示赞成或者表示反对的初期阶段，当然也谈不上两种不同观点之间据理相争的交锋。辛亥革命之后，随着推翻君主专制统治而带来的思想解放，表现在对待马克思学说的态度上，一方面，无论赞成者还是反对者，都在逐渐深化对于马克思学说的认识和了解。例如，不仅表示赞成一方的煮尘，在其主编的《新世界》上，曾以醒目的方式比较完整地连续刊登诸如《社会主义大家马儿克之学说》、《理想社会主义与实行社会主义》等介绍或翻译马克思、恩格斯学说的著述；就连反对一方的欧阳溥存，也在其《社会主义》一文里，用不少篇幅专门介绍马克思的《资本论》特别是剩余价值学说。这种现象，以前不曾有过。另一方面，双方基于对马克思学说的各自理解，联系中国当时的实际，即推翻满清帝王统治后，中国应当选择什么样的发展道路问题上，产生了尖锐的分歧。以往关于社会主义的纷纭讨论，已经涉及社会主义发展道路是否适用于中国的争论。只是这些讨论的理论基础，五花八门，莫衷一是。尽管偶尔也涉及马克思学说，但更多被淹没在形形色色的社会主义理论之中，甚至出于维护君主专制统治的目的而反对社会主义或马克思学说。现在，煮尘与欧阳溥存之间围绕社会主义命题的辩论，其理论基础，较多建立在对于马克思学说的理解之上。这种现象，也是以前不曾有过的。这场辩论，体现了辩论双方在认识马克思学说方面具有事先的理论准备，也显示了双方把积蓄在马克思学说方面的不同认识以公开交锋的形式表露出来的迫切愿望。从历史的沿革看，这可以说是我国首次出现的围绕马克思学说的公开辩论。它的出现，自然与马克思学说不断传入中国的逐渐积累过程有关，同时也与辛亥革命后提出了中国向何处去的迫切历史任务的时代背景有关。

第二，这场辩论，把马克思经济理论放在显著的地位加以强调。这一点，尤其表现在欧阳溥存的论述里。根据他的逻辑，社会主义的涵义本来从“经济上起义”，图谋“经济上之革命”即破除贫富阶级，不同于无政府主义之图谋“政治上之革命”即同时废除官民之区别;社会主义的先驱者如圣西门、傅立叶、欧文等人,多从“符合宗教道德”方面立论,均不足以扩张其队伍;马克思的《资本论》被社会主义者尊为“圣书”,因为它排除了宗教道德之类的“虚想浮议”,从经济理论上建立起“确乎不拔”和“系统秩然”的科学基础。简言之,社会主义主要着眼于经济问题,马克思的《资本论》又是社会主义经济理论的最高代表。此其一。其二,既然马克思的《资本论》是社会主义的主要代表作,必须对其“精旨”即剩余价值说给予专门的解说或阐释;同时,批驳以马克思为代表的社会主义,也必须从批驳剩余价值论这一“要领”或“中坚”入手,才能推翻其经济理论的“本根”。欧阳氏作为挑起论战的一方,从反对的立场出发,将马克思经济理论摆上突出的位置。同样,作为应战的另一方,煮尘清楚地认识到,拿马克思《资本论》开刀的做法,是“摧折社会主义根本之计”或“摧折社会主义根本之第一义”,必须予以反驳。为此,他也不得不先从辨正对马克思“经济学物产关系之理”的理解着手,来回答挑战者的诘难。其结果,辩论的双方都给予马克思经济理论以特殊的强调。从历史上看,自马克思学说伴随着社会主义思潮一道被传入中国之日起,它就被看作主要用于从经济上解决或防范贫富差距扩大的专门科学。孙中山创设三民主义的提法,将民生主义与民族、民主二主义区分开来,认为民生主义就是社会主义,并从马克思学说中寻找理论根据的思路,是其典型例证。惟其如此,历史上第一次出现围绕马克思学说所展开的辩论时,对立双方都把注意力集中于马克思经济理论之上。

第三,这场辩论,体现了当时国人对于马克思剩余价值学说所能达到的理解水准。关于剩余价值概念,国内最早见于 20 世纪初一些日文社会主义著作的中译本,其译名有所出入。稍后朱执信 1906 年专论马克思一文介绍《资本论》,曾论及有关剩余价值的内容,可惜未提到此概念的名称。其他国人著述中偶见接触剩余价值概念的各种译名,基本上照搬已有的译名,浅尝辄止。也有个别人如 1908 年《衡报》第 7 期一篇文章,曾用“剩余价格”概念来说明农民若弃农作工,难免受资本家剥削的道理,但对这个概念的内涵及出处,语焉不详。直至欧阳溥存发表《社会主义》一文,在国人著述中才明确使用“剩余价值”的概念译名,并提出剩余价值学说是社会主义“圣书”即马克思《资本论》中的“精旨”,剩余价值学说“深玄难通”,试图给以通俗解释。这些新鲜内容,不是欧阳氏自己的创见,而是沿袭和转述日本学者的意见。令人深思的是,剩余价值学说在中国的点滴传播,发展到这一阶段,因反对这一学说的人如欧阳氏出于“攻驳”的需要,才把它作为一个辩题提到人们面前,引起旨在维护这一学说的人如煮尘的反驳,从而引起国人的注意,结果反过来又促进这一学说在中国的传扬。不过,在这一时期,辩论双方对于剩余价值学说的理解,均有很大的局限性。

先看欧阳氏的解说和批判。他的解说有几个要点：一是马克思的剩余价值学说系继承斯密和李嘉图的学说之前绪即劳动价值论，由此推演出雇主凭借私有财产法占有土地和资本，故能攫取雇佣劳动者通过劳动所创造的剩余价值，造成主与佣的所得日趋不平。所以，此学说主张人道的平等幸福，只有改革社会制度，灭弃私有财产法，使人人依靠国家从事工作，无所偏颇，计业为酬，由此才能实现。据此，还将拉萨尔根据铁的工资规律，主张国家出资设立“劳动组合”来防止资本家对劳动者的控制，以及洛贝尔图斯提出急则治标之计，主张国家确定劳动时间和工资标准以防范资本家对劳动者的过度剥削二者，与马克思的剩余价值学说一道，称为“开国家社会主义派之先声者”。二是马克思所谓“财之生也，惟在劳动力，无劳力则资本无能生新财”，意即交易中直径一尺的木材与直径三寸的铜材“价各百钱”，是“其值相等”之物的交换，并不生产新财。木商在交易中诈骗铜商获利，不会改变交易双方总的价值额，“国财总额，不因而增”。只有经过劳动力对木材和铜材的加工使之成为车轮或铜镜，才会产生超过各值百钱的新财。所以说“惟劳动力为能生财”，劳动力是“价值之本体”。这是以交换领域不能产生新价值为由，解释马克思的劳动价值论。三是马克思所说的“劳动力所生之剩余价值”，是资本家根据法制从劳动力那里攘取的新财，这种剩余价值又是怎样产生的呢？譬如布商购买原料开厂，雇佣工人劳动，每天劳动 6 小时，制成一丈布，价值六百钱，分别用于补偿资本和工资各三百钱，如此则“剩余价值不生”。如今工人拿三百钱工资，每天劳动 12 小时，制成二丈布，价值一千二百钱，除去用于补偿资本六百钱和工资三百钱，所余三百钱“法当归商”，这三百钱就是“剩余价值”。假如没有布商，工人一天劳动 6 小时，可获三百钱，已足资生，不必从事过度劳动；若一天劳动 12 小时，可获六百钱，足以丰裕生活，不会坠于困辱。可是，布商多取工人 6 小时之劳，巧夺其三百钱之利，“此劳动者之所以可哀”。劳动者为什么“不能自享其剩余价值”，原因在于没有资本；资本为什么个人私有，则归咎于社会制度，“社会制度，为之罪魁”。这番解说，欧阳氏自称在遍观日本诸家论述的基础上，系个人归纳的心得，颇为得意。这也是他理解剩余价值学说的核心之所在。四是根据马克思的剩余价值学说，要求从根本上改革，尽取资本土地归诸国有；又要求及时的改良救济，务必减少工厂的工作时间。

以上关于剩余价值论的解说，与朱执信的有关评介比较，其实没有多大的差异。根据朱执信的评介，一则马克思所谓资本家靠掠夺劳动者以自肥之说，源于斯密和李嘉图的学说，认为“凡财皆从劳动而出”，故劳动者应当有权利享有世间财产。劳动包括体力劳动和指挥监督一类的脑力劳动，资本将本来应归劳动者所有的一部分劫取为己有。这样，“蓄积之结果”的资本，实系“夺之劳动者而蓄积之”。二则任何产品的市价，都得之于生产所必需的劳动与运输至市场的劳动,即增价有赖于劳动。如丝织品之价,由丝料原值与劳动工资构成,机器和交易本身不增加产品之价。由于增价的来源惟在劳动,故“食其价增之福者,亦宜惟劳动者”。三则劳动者的工资与其劳动贡献不相符合。如劳动者每天劳动12小时,其中6小时劳动所增加的物价足以补偿其工资,剩余6小时则被资本家以“利润”的名义无偿掠夺。四则资本家所谓改良,只是节省劳动的费用,新机器的发明,乃“资本家之利,劳动者之害”,工业改良越推进,劳动者越困顿。此评介早于欧阳氏的解说六年,两相对照,后来的欧阳氏比起先行的朱执信,除了引用的名词术语随着时间的推移更为确切一些,未曾点明的剩余价值概念得到清晰的表达之外,究其内涵,实在高明不了多少。应当说,他们二人对于马克思剩余价值学说的理解,还相当狭窄和肤浅。他们引用的资料具有相似性,可能都是借鉴日本学者的著述,同时也都在阐释剩余价值学说时,省略或忽略了一系列的重要理论环节,使这一学说看起来只剩下一些干瘪的结论。他们在评介或解说过程中,又掺入一些模糊不清的概念或说法,如欧阳氏把马克思的理论与拉萨尔和洛贝尔图斯的观点混为一谈,未能区分劳动与劳动力这两个不同概念;朱执信用资本起源于储蓄之说评点马克思的资本掠夺论等等,都在不同程度上歪曲或损害了剩余价值学说的本来涵义。尽管如此,他们二人仍存在一个重要区别。即朱执信评介剩余价值学说(虽然没有点明此概念),借以警告世上那些袒右资本家的人,为旨在纠正社会经济组织弊端的社会革命作舆论宣传;欧阳氏解说剩余价值学说,其用意却是为了攻驳或否定这一学说。

欧阳氏的攻驳,没有直接回答剩余价值学说所提出的问题,他解释这一学说时所强调的核心问题,也未见于驳论之中,而是把矛头指向与一般劳动价值论有关的问题。如谓:要从理论上批驳马克思的“破坏私有财产制度之说”,首先须辩明是否“劳动之结果应悉归劳动家所有”,而解决这一问题,又须辩明一个“先决问题”,即是否“生产之财果皆为劳动之结果”。或者说,马克思著论之根本,全在于“财之生产悉出于劳动之一义”。在这里,可以看到恐怕连他自己也没有意识到的概念转移。即从《社会主义》一文将剩余价值学说作为马克思著作的“精旨”,转到《社会主义商兑》一文将所谓“财之生产悉出于劳动”即劳动价值论作为马克思著作的“本根”。马克思的剩余价值学说,是在批判和改造传统劳动价值论的基础上,揭露资本主义生产方式的剥削实质而建立起来的科学理论;所谓“财之生产悉出于劳动”,仅停留在传统劳动价值论的一般涵义上,不能等同于马克思更为彻底的劳动价值理论。因此,他煞有介事地以一般劳动价值论作为批驳对象,实在是文不对题,张冠李戴,毋宁说借此躲避了对于剩余价值学说的正面回答。然而,这并不妨碍他夸下海口要在理论上折服马克思。其折服之道,无非两条。一条以制靴之成品为例,认为它不仅包含靴工的劳动，还包含其他原料提供和加工者的劳动，因而不能说靴制品悉出于靴工劳动，也不能说靴值悉归于靴工，借以否定“天下生产之物为悉出于劳动之结果”，并肯定“生产财物不应悉归劳动家所有”。另一条认为若“哀怜”劳动者，主张人人必须劳动才得以资生，那么更为可怜的老幼病废等“不能劳动者”，不得匡救而被弃之死地，或妥善安置又破坏了“人人咸须劳动以得资”的社会主义纲纪，由此证明“生产财物亦万不能悉归劳动家所有”。凭着这两条驳论，不要说折服马克思，连一般传统劳动价值论的信奉者，也难以折服。真该佩服他说大话的胆量，明明自己还没有弄清最普通的劳动价值论的基本涵义，以致陷于浅薄庸俗的论据中而不能自拔，却狂妄地指责马克思学说的“颠倒”与“蔽之过”。可见，欧阳氏率先挑起有关马克思剩余价值学说的论争，限于当时的条件和自身的理解水平，只不过产生一个平庸的结果。

再看煮尘的反驳。欧阳氏作为挑战者，名义上抓住马克思学说的“本根”提出诘难，事实上只是攻驳一般传统的劳动价值论，所以，煮尘回击此“第一难”，也只是在维护传统古典政治经济学的劳动价值论。他针对欧阳氏的两条驳论，一则以其之矛攻其之盾。因为欧阳氏曾表示土地和资本若无劳动便会荒废或积滞，有了劳动才能适于生财之用，无异于承认生财的“惟一之手段”就是劳动，从而承认“天下生产之物为悉出于劳动之结果”这一“定论”。至于制靴与靴工关系，在煮尘看来，那是参照斯密论制针之例，表明靴工的劳动之外，与制靴相关的各种劳动，都属于劳动的范畴，而社会主义所说的社会物产，本来就不是指一个人劳动的结果，而是“社会协同劳动之结果”。考虑到广义的劳动包括体力劳动和脑力劳动，在社会主义条件下，抽象的社会像资本家一样进行个人生活品的社会分配，具体的个人都是劳动者，由此也可以说“一切财产宜归劳动者”。二则怒斥其强词夺理的诬陷。社会主义从未提出过摒弃老幼病疾之人，况且这些人曾经有或即将有劳动的经历，社会主义的实行正是创造更加完备的条件来安置这些人，说社会主义者哀怜劳动者意味着不哀怜比劳动者更苦的老幼病疾之人，完全是无稽之谈，就像说爱其父意味着不爱其母一样荒谬。从这两条反驳意见看，煮尘对于一般劳动价值论的理解，要比欧阳氏深入一些，其眼界也更开阔一些。他放眼“世界之大势”，反对“为资本家作护符，与劳动者为公敌”，所以，他能脱出单纯为资本家辩护的局限，寻求更多的理由为劳动者呼吁。他批评欧阳氏之文沿袭日人之说，比起钱智修之文每况愈下，尤其对马克思《资本论》的诘难“自炫其能”却“陷于巨谬极戾而不自觉”，不仅痛快淋漓，而且确有道理。

概括地说，欧阳氏的挑战与煮尘的应战，始终未能超出一般劳动价值论的框架。欧阳氏曾自负其通俗解释了《资本论》之“精旨”剩余价值学说，并自信能攻驳这一学说而摧折社会主义之“本根”；煮尘也在“重治”朱执信的《社会主义大家马儿克之学说》一文、在连载施仁荣的《理想社会主义与实行社会主义》译文里，接触有关剩余价值学说的评介资料，但是，他们围绕马克思《资本论》而进行的相互辩诘式交锋，都没有真正就剩余价值学说展开其争论。或许，这一事实本身，就说明了当时国人对于剩余价值学说所能达到的理解水平。

第四，这场辩论，为认识社会主义的可行性问题，从理论上增加了新的内容。社会主义是否适用于中国或在中国的可行性问题，自西方社会主义思潮传入中国不久，便应运而生。此后，围绕这一问题的各种争论，从未止息，并在《民报》与《新民丛报》的论战中，曾达到一个高潮。那时论战的双方，各自汇集种种舶来的或自创的理由，为社会主义可行性问题作肯定或否定的争辩。论战的结束，非但不曾终结、反而推进了国人对于这一问题的认识和兴趣。到欧阳溥存与煮尘二人提出社会主义商兑与反商兑的辩论时，他们手中又积蓄了不少新的辩论理由和资料。在欧阳氏那里，这些新的理由和资料，就是攻击社会主义的所谓"六难"，几乎清一色来自日本学者的著述。在煮尘看来，这"六难"中，就其反对马克思《资本论》"第一难"的答复，已如上述，诘难社会主义为专制国家、违背人的利己心从而阻碍社会竞争与进步、废除私有制将影响发明创造等数条，另见于其他批驳文章无须重复，还有两个诘难必须予以驳斥。一个诘难根据经济学所谓生产与消费不平衡势必产生恐慌的理论，指责社会主义国家的政府不可能在全部公营生产的基础上，面对极为复杂的情况，每年预测出万众各得其所、咸济于平从而避免恐慌的"供求之大数"。另一个诘难是建设社会主义国家不可能在一国或数国先建成，必须"世界各国同时改组而建设之"，而这种同心合德的一致情况根本不可能存在。如果说，煮尘对于其他各种诘难的反驳，尚有其道理，那末对于此二难的反驳，就显得有些苍白无力。以前者而论，他的反驳带有浓厚的无政府主义色彩，认为社会主义的实行，意味着无政府、无国界，"未尝劳政府之干涉"；那时已实行共产，无脱离劳动的分利之人，社会生产极大丰富，交通极为便利，"不劳政府之计算"。换言之，实行社会主义后，无须政府预测供求之大数，自然从根本上解决了生产与消费的平衡，避免了恐慌问题。再看后者，他的反驳同样带有不着边际的想象色彩，先是认为诘难者未曾提出一国或数国不可能建设社会主义国家的理由，故不便反驳，实际上回避了对这一问题的正面回答；接着又说社会主义因符合人性的本原或人类的本心，遵循社会学经济学的公例，故必将在世界各国实现云云。这些反驳意见，简单地套用国外社会主义或无政府主义的有关理论，脱离中国实际，基本上未涉及如何实现社会主义的问题。他的反驳带有乌托邦色彩，情有可原。因为这两个诘难的提出，反映当时西方学者包括日本学者关于社会主义问题的研究，已经偏离了马克思主义经典作家对于资本主义生产方式的运行特点和基本矛盾的揭示。马克思学说科学预见了社会未来的发展方向，却没有提供关于这种未来社会的具体现成答案，这应该是由未来实践去解决和回答的问题。例如，社会主义国家的政府如何预测供求之大数，解决好生产与消费之间的平衡问题，至今仍在探索之中；建设社会主义国家能不能首先在一国或数国建成的问题，也是经过 1917 年俄国十月革命的实践，才由列宁从理论与实际的结合上予以突破。这些新的问题，想从煮尘那里得到答案，显然是不可能的。但它们却为当时的国人加深对于社会主义可行性的认识，增添了新的内容。

总之，这场辩论，与以往的类似辩论相比，其特出之处，是把有关社会主义论题的辩诘，引导到它的理论焦点，即有关马克思学说特别是有关剩余价值学说的辩诘之上。这是以往历次辩论都不曾达到的理论高度。本次辩论如果作为 1905－1907 年论战的延续，又表现出其自身的缺陷与不同。那场论战的一大特点，无论孙中山一方还是梁启超一方，不管是非曲直，都能比较紧密地结合中国实际，争辩社会主义是否适用于中国的问题。反观本次辩论，虽然起源于社会主义的可行性问题，双方却很少联系中国实际讨论这一问题，只是在纯理论的圈子里打转转。此其缺陷。另外，本次辩论的双方，几乎在每一个辩题上都格格不入、针锋相对，不像孙中山与梁启超二派的论战似乎还在国家社会主义问题上取得某种共识。煮尘信奉无政府主义，自然不会赞成以国家社会主义作为未来的理想。欧阳氏则一会儿说马克思是“开国家社会主义派之先声者”，一会儿又说马克思属于极端社会主义者，国家社会主义排斥极端社会主义，是“社会改良主义中之一派”，让人莫衷一是。其真实用意，反对“尽破今日社会制度”去建设社会主义国家，表示在保持现行社会制度的基础上可以接受“改良的国家社会政策”。这一点，与梁启超的所谓国家社会主义，倒有些相似。同样，煮尘在辩论中的立场，也与孙中山一派有相似之处，对于马克思学说，不论理解得正确与否，始终采取维护的态度。由此也构成了煮尘作为无政府主义的支持者，却与孙中山一派建立起暂时同盟关系的一个理论基础。煮尘与孙中山一派的联盟，较为集中地表现在他们对待马克思学说的态度基本一致，更为广泛地表现在他们致力于社会主义思想传播的共同兴趣。或者不如说，他们在传播社会主义方面的共同兴趣，促成了他们维护马克思学说的类似倾向。

第三节 革命民主派及其他同盟者关于社会主义的评介

这一时期，孙中山的革命民主派方面，或许由于未再创办《民报》那样的专门刊物，或许由于孙中山的著述讲演充分代表了该派的指导思想，或许由于辛亥革命后不久又致力于讨伐袁世凯政权的革命斗争，所以，除了 1912 年间孙中山较为集中地提出有关社会主义学说包括马克思学说的论述,甚少见到革命民主派内部那些曾经耳熟能详的代表人物提出有关的专题著述。从他们遗留下来的若干著述里,仍能感受到其中一些代表人物对于社会主义理想的深入认识和执著追求。在这种情势下,孙中山革命民主派的主力阵营忙于实际的革命斗争,倒是为他们在思想上的同盟者(哪怕是暂时的)从事社会主义的舆论宣传,提供了较为广阔的空间。历史经验证明,马克思学说包括马克思经济学说向中国的传入,不是孤立无援的。从思想意识领域看,它的早期传入,在很大程度上是伴随于并依赖于社会主义思潮不断增强的传入趋势。这个趋势一旦形成,不再随着某些人物或某个派别的兴趣和注意力的改变而转移。因此,革命民主派的代表人物无暇于从思想理论上作社会主义的评介时,其他人物和派别,特别是像中国社会党之类的临时同盟者便参与其间,在一段时间内成为一支积极的宣传力量。

一、革命民主派关于社会主义的评介

在革命民主派里,一直追随孙中山的一些有名代表人物,这一时期似乎很少公开问津于社会主义问题。例如,朱执信曾在1914年间撰写多篇政论性文章,诸如《未来之价值与前进之人》,鼓励中国人不惜牺牲现在,以前进精神追求将来社会进步;《无内乱之牺牲》,呼吁讨伐袁世凯政府;《暴民政治者何》,为革命党的共和政治正名;《生存之价值》,根据近世经济学者的欲望论,分析今日中国国民之生存价值日趋下降的原因在于不良之政府;《革命与心理》,揭示革命党反对袁氏政权的主张将面对国民的采择;《开明专制》,批判开明专制论;等等,无一不与中国选择什么样的政治制度相关,却又无一篇涉及他曾经为之向往的社会主义制度理想。其中的缘故颇令人费解,可能的解释是当时他正倾全力于推翻袁氏统治的现实斗争。同此理,本时期廖仲恺留下的文稿,只有个别者谈到如何落实孙中山的平均地权思想。如广东省议会讨论地税换契案,时任广东军政府财政司长的他曾作案由说明:“目前孙先生发起土地国有问题,亦宜先从租税着手”,而“欲整顿租税,又必以换契为前提”,地税换契时,“其价值准由民间自由呈报,惟声明如将来政府或收用此土地,即照所报数目给价,可以不虞有少报之弊”①。此外,他的其余书信,多与筹措反袁斗争经费有关。这一时期忠实信奉孙中山的民生主义,并借此宣传社会主义的革命民主派领导人,当推黄兴。

黄兴(1874—1916)自留学日本起,便积极参加革命活动,拥护孙中山组成

① 廖仲恺:《在广东省议会对地税换契案的说明》,原件录自上海《民立报》1912年6月20日,转引自尚明轩、余炎光编《双清文集》上卷,人民出版社1985年版,第64页。

中国同盟会，作为主要领导者之一，一直站在民主革命斗争的第一线，多次策划和指挥推翻清政权的起义，武昌起义时期被推为革命军总司令。辛亥革命后，他像孙中山一样，利用演讲宣传民主革命派的主张，突出民生主义思想。其中如：曾在中国同盟会上海支部夏季常会上发表演讲，开宗明义第一条强调，本会有“特别之党纲”，即“孙中山先生夙所主持之民生主义”；其他党人多认为此主义没有必要，甚至视为危险，“实则世界大势所趋，社会革命终不可免”，只不过“本会所主张之社会主义，又极为平和易行”。他把民生主义标识本会与他党的“特异之点”，归结为“平均地权”；认为本会“抱持社会主义”，类似于欧美各国的“民权党”，区别于“国权党”。在他看来，孙中山提倡三民主义，“特注重”平均地权，说明“民生主义繁博广大，而要之则平均地权。反而言之，即是土地国有”。其原因，“土地是不能增加的，而生齿日繁，土地私有则难于供给”，由此说明，他人“惊讶”于“吾党持社会主义”，乃“不知吾人于建国之初，不先固根基则难以立国”。①

不久，在北京社会党欢迎会上发表演讲，他引申说，辛亥革命不仅限于种族上和政治上的革命，而且“其结果乃是社会上革命”，将放宽人们的眼界，致力于“化除私心，将富贵贫贱各阶级一律打破，使全国人人得享完全幸福”。他认为，“社会主义，在世界上尚未十分发达”，即使在法国和美国两大共和国，社会上仍存在资本家与劳动家的区别，更有美洲资本家一人可敌全国之富；劳动家常受资本家的虐待，因而发生冲突，“将来社会革命在所不免”。他希望社会党人“将社会革命包在政治革命之内，抱定国家社会主义，免去欧洲将来社会革命之事。提倡土地国有，使多数国民皆无空乏之虑”。这里把“抱定国家社会主义”与“提倡土地国有”联系在一起，也是基于“一国之土地有限，人民则生生不穷；土地为生财之源，应供一般人民受用”的理由，如果财产为少数人所垄断，势必如欧美资本家，“实足为社会上之恶”。所以，“必须财产归公，不使少数人垄断”，再通过高尚知识的教育，使一般社会之人脱离依赖性而具有独立经营能力，“从此社会一切不平等之事铲削无遗，是我中华民国为世界社会革命之先导，而各国社会之所欢迎”，表达了他对我国社会党人的“无穷之希望”。② 这层意思，他在国民党鄂支部欢迎会的演讲中，又表述为：“本党所抱持之国家社会主义，实于国民今日现状最为适当，盖其精神纯为全体国民谋完全之幸福”。加之本党主张保持国际和平，谋求人类真正的和平幸福，故本党亦当为世界上“必不可少之政党”，只要抱定此决心，扩充此主义，力争完全圆

---

① 黄兴：《在中国同盟会上海支部夏季常会上的演讲》(1912年6月30日)，《黄兴集》，中华书局1981年版，第238－240页。

② 黄兴：《在北京社会党欢迎会上的演讲》(1912年9月18日)，同上书，第267－268页。

满之目的,本党“前途正未可限量”。[①]

此后,在国民党湘支部大会的演讲中,他再次强调,“本党党纲,其特别之点为民生主义,亦即国家社会主义”;以法国和美国为先河的世界共和国家,如今其社会皆嚣然不清,说明“政治革命之后必须社会革命”。在他的心目中,“苟实行民生主义,则熔政治、社会于一炉而革之矣”。因此,他反对政治上循序渐进、政治革命不能与社会革命并行的说法。鉴于“欧美各国土地,多为富豪所据”的教训,为了防范我国出现和扩展“以少数之权力,阻公益之利权”的“大不平等”现象,他确信“民生主义之大要素,即在削除此制,而行一种抵价税(言不论土地之大小,但视其产之丰饶以定税额)”;主张“强力之政府”统一国家的财政兵力,以便“互相贯注,可收指臂之效”。[②] 同样在湖南,面对政界欢迎会作演讲时,他比较婉转地说:共和政治求达于完全的方法甚多,“吾人夙所主张者则民生政策,即国家社会政策是也”。因为“大凡政治革命告成,而后社会革命在所难免。采用此策,自可永享清平幸福”。他分析说,欧美各国的治国大政“每为大资本家所左右”,如美国托拉斯的专横造成社会不平,“革命风潮随之而起”。所以,“吾人谋国,必为百年长久之计。我国近虽无此现象,要当预之为防”。至于具体的预防办法,在他看来,“以我国之地大物博,若能采取地价增差税,富强自可立至”。而且“国家社会主义,为立国二十世纪者所莫能外”,如德国实行此政策,英国在其殖民地注意及此等,均系明证。[③]

以上各次演讲,一再涉及民生主义,如谓民生主义反映了社会革命终不可免的世界大趋势;民生主义的要点在于平均地权即土地国有;民生主义等同于社会主义尤其是国家社会主义;民生主义式的社会主义极平和易行;民生主义的提出,以欧美国家少数大资本家垄断财产尤其土地财产,造成劳动者的日益贫困从而难免发生社会冲突为借鉴;民生主义将政治革命与社会革命熔于一炉或将社会革命包含在政治革命之内,二者能够并行;民生主义追求打破一切富贵贫贱阶级,使人人享受完全幸福或永享清平幸福;民生主义解决土地私有带来不平等的办法是征收“地价增差税”或按土地产量定税额的“抵价税”;民生主义的实现将在世界上体现我国社会党人的“无穷之希望”,其前途“未可限量”;等等。这些涵义,与前面孙中山的论述或论战期间社会革命派的辩论理由相比,大同小异。这里除了更多地强调民生主义为其特色、平均地权为其特异之点、国家社会主义最适合国民现状,以及平均地权的具体办法之表述稍有差异之外,可以说完全照搬孙中山的思想,很难看到演讲者自己对于民生主义

① 黄兴:《在国民党鄂支部欢迎会上的演讲》(1912年10月28日),同上书,第289页。

② 黄兴:《在国民党湘支部大会上的演讲》(1912年11月3日),《黄兴集》,中华书局1981年版,第294页。

③ 黄兴:《在湖南政界欢迎会上的演讲》(1912年11月5日),同上书,第295页。

学说的新颖独特观点，有的恐怕只是同时称民生主义为民生政策、社会主义、国家社会主义、国家社会政策等不同用法。以黄兴在辛亥革命期间的显赫声名，以及曾任南京临时政府陆军总长兼参谋总长、后任南京留守的瞩目身份，如此不遗余力地宣扬民生主义，这对于扩大民生主义乃至社会主义在国内思想舆论界的影响，极为有力。可惜为时不久。这个围绕民生主义的宣传事业，就像孙中山为此奔走呐喊一样，主要集中于1912年，随后便被讨袁斗争的迅速展开打断了。黄兴担任讨袁军总司令，失败后流亡日本，此间未再见他论述有关民生主义和社会主义问题，直至1916年病故。

附带指出，这一时期，曾有几篇介绍俄国著名作家托尔斯泰的专文，其介绍者是李大钊。在此之前，国内有关托尔斯泰的介绍文字，早已有之。如1904年寒泉子著《托尔斯泰略传及其思想》一文，提出托尔斯泰是俄国的"一大宗教革命家"。文中认为，他的宗教思想不同于佛教和耶稣教的旧宗教，是"新宗教"，颇类于孔子之说和大同思想；他看到俄国人民大多数"食而不饱"、"衣而不暖"、"居而不安"，"孳孳营营，惟日不足，犹且不能以脱于饥寒，而又为无慈悲、无正义、无公道之政之教之所凌虐"，为拯救其同胞而提倡新宗教；他的新宗教之宗旨，强调溯源、实行、平和、平等、社会、精神等，"以爱为其精神，以世界人类永久之平和为其目的，以救世为其天职，以平等为平和之殿堂，以财产共通为进于平和之阶梯"；此社会理想之淳朴，与初期基督教徒和庄周之说相似，而且披上19世纪"不以个人为本位，而以社会为本位"的思想服装，"惟以社会为本位，故有共同生活之说，故有财产共通之说，故有世界大同之说"；等等。[①] 此文发表时，托尔斯泰尚在世，文中介绍当时在国人中似乎并未产生什么反响。他去世不久，正值我国经历辛亥革命的磨炼，他的思想精神再次引起了李大钊的关注。

最初在1913年间，李大钊（1889－1927）就学天津北洋法政专门学校时，开始办报，曾担任该校北洋法政学会会刊《言治》的编辑部长[②]，在其第1期，翻译发表了日本中里弥之助的《托尔斯泰主义之纲领》一文，"读之当能全得托翁之精神，爰急译之，以饷当世"。此文论述"托翁之精神"：今之文明为"少数阶级之淫乐与虚荣，几千万多数之下层阶级穷且饿"的"虚伪之文明"、"可怖之文明"；"革命之真意义"是，"人类共同之思想感情遇真正觉醒之时机，而一念兴起欲去旧恶就新善之心觉变化，发现于外部之谓"；所谓善者，"人间本然之理性与良心之权威"；"劳动者最大最初之善"，"无劳动则无人生"，"无劳动则

---

① 寒泉子：《托尔斯泰略传及其思想》，载《福建日日新闻》，转载于《万国公报》第190册，1904年11月。转引自《社会主义思想在中国的传播》第二辑中册，中共中央党校科研办公室，1987年，第339－342页。

② 参看方汉奇：《中国近代报刊史》，山西人民出版社1981年版，第757页。

不能生活，即离劳动无人生。于是知劳动为人生之最大义务……为最大善”；劳动的定义，“生产人生必需之衣食住之‘四体之勤’之谓”；“理想之劳动国”表现为，“人类将以半日之劳动易得衣食住，而将以其余半日得逍遥(遥)于灵性之安慰与向上”；等等。[①] 此后，李大钊赴日本早稻田大学留学，其间在1916年创办并由他担任主编的留日学生总会机关刊物《民彝》杂志[②]上，发表《民彝与政治》一文，其中引用前述托尔斯泰关于“革命之义”的诠释，歌颂辛亥革命“此真人心世道国命民生之一大转机”，呼吁同胞面对袁世凯大盗窃国的“君主专制之祸”，“以心求心，同去旧恶，同就新善，庶不负革命健儿庄严神圣之血”。[③] 随即回国在亲任主编的《晨钟报》[④]上，又发表《介绍哲人托尔斯泰》一文。认为：托尔斯泰乃“近代之伟人”，“举世倾仰之理想人物”；生于专制之国，却热诚倡导博爱主义，“扶弱摧强，知劳动之所以为神圣”；身为贵族，却“甘于敝衣，与农民为伍，自挥额上之汗，以从事劳作”；以人的性质“本由灵性与兽性相合而成”，应当使兽生服从灵性，“离自己之利害，增进他人之安宁之幸福，人始得入于灵界，享永远美丽之心灵的生活”；其著作“字字皆含血泪，为人道驰驱，为同胞奋斗，为农民呼吁，彼其眼中无权威，无富贵，无俄罗斯之皇帝”。总之，“托氏人格之崇高，气魄之雄厚，足为兹世青年之泰斗”。李大钊还表示，若有余暇，当完整传布托氏的生平和学说，“以饷吾最亲爱纯洁之学子”。[⑤]

早期作为热血青年的李大钊，何以对俄国的托尔斯泰产生兴趣，恐怕不是偶然的。其中原委，可以从列宁对托尔斯泰思想的分析中得到一些启发。托尔斯泰在世80寿辰时，列宁曾于1908年撰文指出，“列甫·托尔斯泰是俄国革命的镜子”。从俄国革命的性质、革命的动力出发，一方面分析托尔斯泰处在显著的矛盾中，“绝对不能了解工人运动和工人运动在争取社会主义的斗争中所起的作用，而且也绝对不能了解俄国的革命”；另一方面肯定托尔斯泰“作为俄国千百万农民在俄国资产阶级革命快到来的时候的思想和情绪的表现者”是“伟大的”，他“富于独创性”，其全部观点“恰恰表现了我国革命是农民资产阶级革命的特点”。从这个角度看，“托尔斯泰观点中的矛盾，的确是一面反

---

① 中里弥之助著，李大钊译：《托尔斯泰主义之纲领》，《言治》第1期(1913年4月1日)。转引自《社会主义思想在中国的传播》第二辑中册，中共中央党校科研办公室，1987年，第342—343页。后者转录文中关于“革命”的涵义时，既有文字上的错讹，又有断句上的差异，现对照《李大钊文集》中有关引文予以修正。

② 参看方汉奇：《中国近代报刊史》，山西人民出版社1981年版，第757页。

③ 守常：《民彝与政治》，《民彝》创刊号(1916年5月15日)。转引自《李大钊文集》上册，人民出版社1984年版，第175—176页。

④ 《晨钟报》1916年8月15日创刊于北京，日报。

⑤ 守常：《介绍哲人托尔斯泰(Leo Tolstoy)》，《晨钟报》1916年8月20日。转引自《李大钊文集》上册，人民出版社1984年版，第186—187页。

映农民在我国革命中的历史活动所处的各种矛盾状况的镜子”。[①] 托尔斯泰去世后，列宁又多次发表专文予以评价，其中有一段寓意深刻的论述：“托尔斯泰的学说无疑是空想的学说，就其内容来说是反动的(这里是就反动一词的最正确最深刻的含义来说的)。但是决不应该由此得出结论说，这个学说不是社会主义的，这个学说里没有可以为启发先进阶级觉悟提供宝贵材料的批判成分。”[②]这些分析和评价，足见李大钊在接受马克思主义之前，曾经以表现俄国“农民资产阶级革命的特点”的托尔斯泰作为其理想人物。托尔斯泰学说所反映的俄国实际生活条件，与当时中国的状况有某些相似之处；托尔斯泰学说所具有的批判成分，如“无情地批判了资本主义的剥削，揭露了政府的暴虐以及法庭和国家管理机关的滑稽剧，暴露了财富的增加和文明的成就同工人群众的穷困、野蛮和痛苦的加剧之间极其深刻的矛盾”[③]等，也为启发像李大钊这样的中国进步知识分子的觉悟，提供了包含社会主义思想因素在内的宝贵材料。由此表明，李大钊经历了先从“反动的”、“空想的”然而具有社会主义批判成分的托尔斯泰学说中吸取思想滋养的路径，然后才走上马克思主义的道路[④]。他和前面所介绍的那些代表人物包括孙中山一派在内，同样受到舶来社会主义思潮的熏陶和影响，同样借助于日本学者著述的传播渠道(在这一点上，当时或许只有个别例外，如孙中山习惯于直接借鉴欧美学者的著述)，但在选择走什么样的道路问题上，显然不同。李大钊早年关注托尔斯泰学说，较早把注意力投向毗邻的俄国，这同他在俄国十月革命后坚定地转向马克思主义，二者之间是否存在着某种内在联系，值得探究。

二、其他同盟者关于社会主义的评介

这里所说的同盟者，从评介社会主义的关注和相似程度而言，主要指当时接近于孙中山革命民主派并与之结成暂时同盟的中国社会党。这一点，可见于那一段时期孙中山与中国社会党及其发起组织人江亢虎的不同寻常关系。

---

① 列宁：《列甫·托尔斯泰是俄国革命的镜子》，载于1908年9月11日《无产者》第35号。引自《列宁选集》第2卷，人民出版社1960年版，第369—371页。

② 列宁：《列·尼·托尔斯泰和他的时代》，载于1911年1月22日《明星报》第6号。引自《列宁全集》第20卷，人民出版社1958年版，第103页。

③ 列宁：《列甫·托尔斯泰是俄国革命的镜子》，载于1908年9月11日《无产者》第35号。引自《列宁选集》第2卷，人民出版社1960年版，第370页。

④ 在李大钊之前，托尔斯泰学说已引起国人的注意，但往往纠缠于一些枝节，而非汲取其理论滋养。例如，钱智修批评社会主义违反分工律，曾举出托尔斯泰的例证，说他作为小说家，因为“崇信社会主义之故”，转而从事制鞋业，结果此业非托氏所习，凭其手足劳作也无法消弭“世界贫富不均之缺陷”，反而荒弃了他独绝于文学事业的天才，这正是“社会主义之过”。对此，煮尘反驳说，托氏乃俄罗斯贵族，他的文学小说多以讥讽笔触表达其厌恶现社会之恶劣，宗教家之横暴，“所持论颇有合于社会主义者”；其实托氏“非社会主义家”，因其晚年曾作忏悔书检讨以往小说诋毁宗教之过失，此正说明他“不知社会主义”，而制鞋乃寓有托而逃之意。所以，若借此将托氏“强附以为崇信社会主义之故”，岂不荒谬。见煮尘：《社会主义与社会政策》“附驳去岁《东方杂志》第六号论文”，第14—15页，《新世界》第7期。

例如,1911年底中国社会党成立不久,时任临时大总统的孙中山曾与江亢虎谈话,对该党提倡社会主义"良可佩慰",鼓励其继续广为鼓吹并因时制宜改进鼓吹方法,还就江氏提及民生主义"与本党宗旨相同"一说,表示作为"完全社会主义家",尚有许多问题"需与贵党讨论"云云;1912年10月,孙中山应邀在上海中国社会党本部,连续三天发表关于社会主义的著名演讲;1913年11月,孙中山受托专门为江亢虎致函其友人,介绍江氏赴美求学,"欲专从事研究社会主义",因在上海"提倡社会主义"而与江氏相识,知其"热心斯道","他日心得当未可限量",江氏"向主和平,并未从事于激烈之举",却为"野蛮恶毒"的袁氏政府所不容[①];等等。这些交往,由于提倡、宣传和研究社会主义的纽带而把他们联系在一起。这一时期中国社会党对于社会主义的评介材料,从上面分析《新世界》有关马克思经济学说的载文资料中,可见一斑。下面,根据江亢虎及其他代表人物和刊物的著述资料,作进一步补充。

(一)江亢虎提倡的社会主义

1911年末,江亢虎曾与宋教仁商榷社会主义问题,从那里,对于江氏所持的社会主义观点,已略知一二。此后,1912－1914年间,他一直热衷于鼓吹、特别是向当权者鼓吹社会主义。

1912年5月,他以中国社会党主任干事身份,在《社会世界》上发表致大总统袁世凯的信。信中自称"夙昔怀抱社会主义,国内苦无同调之人",于是周游欧美各国,通过交往社会主义人士和观察全球趋势,"益信社会主义为二十世纪之天骄,人群进化必至之境界,而在我国,则今日其鼓吹倡导之绝好时期"。他"鼓吹倡导"的内容,可见于成立中国社会党"必应预知"的"要义"和"大凡",共十条:一则"社会主义乃光明正大和平幸福之主义,其目的在使人人同登极乐,永庆升平,而激烈危险黑暗恐惶等现象,与社会主义之本体,绝不相关"。二则"社会主义虽有无政府一派,然其意乃谓个人自治,万国大同,则政府自退归无用,并非现在即须推倒一切政府,破坏一切国家"。三则"社会主义在中国方始萌芽,而自全世界观之,于学理上已成最有根柢之学科,于政治上已成最有声援之党派,其发源远而无从遏抑,其树木坚而不可动摇"。四则"社会主义有温和、激烈两种,大抵随各国政府之待遇为转移,压制愈甚,则爆发愈烈"。如英、美、德、法之社会党因放任自由,故宁谧无迕;俄、日、意、西之社会党因干涉严重,故祸变相寻。此可引为法戒。五则"社会主义与共和政体,谊实相成"。共和的根本思想为自由、平等、博爱,"社会主义即本此精神,以课诸行事"。六则本党主张"虽系世界主义,而并不妨害国家之存在,且赞同共和,

① 孙中山:《致黄芸苏函(1913年11月18日)》,《孙中山全集》第3卷,中华书局1984年版,第71－72页。

融化种界，尤与中国今日之国是契符”。七则“本党提倡教育平等、遗产归公，多与三代井田、学校制度及孔子礼运所称道者先后一揆，实吾人固有之理想，在中国特易于施行”。八则本党行事，“不欲琐琐干预政府之行为，更无取而代之之野心”，对于执政者不存在成见，不到互不相容时，“固无所用其抵抗之手段”。九则“国内尚无大地主大富豪，故先事预防，推行无滞，不至蹈欧美覆辙，而酿成经济界之大剧战”。十则“本党奖励劳动家，振兴直接生利事业，正为国人对症下药，可以祛依赖之劣性，矫游惰之敝风”。掌握以上十条，据说对于社会主义与中国社会党的性质，即思之过半，对于民国前途“有百利而无一害”，曾得到孙中山等人“绝对赞成”。[1]

这十条内容，稍加剖析，不难看到，它们与其说是“鼓吹倡导”社会主义，倒不如说是祈求袁世凯政府的“赐教”和“同情”。其中除了第三条介绍社会主义在世界上的发展趋势，第九条沿袭孙中山的民生主义思想，其余八条或者小心翼翼地向现政权示好以免触犯其权威，或者将社会主义的理想削足适履以期符合统治者的要求。前者如一再声明社会主义不会产生“激烈危险黑暗恐惶等现象”；“并非现在即须推倒一切政府，破坏一切国家”；如果政府放任自由，社会党自会“宁谧无迕”；社会党“并不妨害国家之存在”，“不欲琐琐干预政府之行为，更无取而代之之野心”，对于执政者一般不会“用其抵抗之手段”；等等。据此，后来讨论修改中国社会党的章程，涉及“本党性质之确定”的议题时，特别议决，在规章宗旨条约党纲前加上一条，“本党于不妨害国家存立范围内主张纯粹社会主义”[2]。因而《中国社会党纲领》中多了如下一句话：“社会主义欧美极盛，在中国则本党实最初惟一之团体机关，其宗旨在于不妨害国家存立范围内主张纯粹社会主义”[3]。后者如将社会主义与“自由、平等、博爱”的抽象信条划等号，把社会主义限制在“教育平等”与“遗产归公”等中国古代理想的范围内，宣扬在中国奖励劳动家是为了矫正劳动者的依赖劣性和游惰弊风等等。这番表白，实际上为鼓吹社会主义划定一个边界，不得越过现政权所允许的限度。说到遗产归公，稍作一点补充。中国社会党于 1911 年 11 月 5 日在上海成立时，江亢虎作为该党所推举的本部部长，编制八条党纲，其中便有“破除世袭遗产制度”一条。当时北洋政府内务部曾断定这一条表明该党意欲破除私有财产制度，与中华民国临时约法有关保护私有财产制度的规定相抵触，因而以不惟破坏约法精神，抑且大为妨害安宁秩序为由，不批准中国

---

① 《江亢虎致袁世凯信》，《社会世界》第 2 期（1912 年 5 月 15 日），转引自林代昭、潘国华编《马克思主义在中国——从影响的传入到传播》上册，清华大学出版社 1983 年版，第 311－313 页。参看《录中国社会党主任干事江亢虎君致袁总统书》，第 5－8 页，《新世界》第 3 期（1912 年 6 月 16 日）。

② 《中国社会党第二次联合大会报告》，《民立报》1912 年 10 月 30 日、31 日。转引自林代昭、潘国华编《马克思主义在中国——从影响的传入到传播》上册，清华大学出版社 1983 年版，第 387 页。

③ 《中国社会党纲领》，《社会党月刊》第 4 期（1912 年 11 月）。转引自同上书，第 291 页。

社会党的立案申请。对此,江亢虎辩解说,这一条"乃学理的断案,尚未著手于实行",即使实行,也不过是本党党员的个人志愿,"其与保有财产之自由,亦属毫无抵触"。意即此条不会触犯现行私有财产制度。尽管如此,内务部发给各省的批文中仍坚持"碍难准予立案"。[①] 可见,江亢虎所宣传的社会主义,有时调门挺高,可是一旦遇到政府的质疑,马上缩起头来,力图把它限制在纯属学理探讨或个人自行其是而非党派意志的范围内。

不仅如此,江亢虎的所谓社会主义,几乎成了他向各位当权者表示效忠或求得晋见的敲门砖。例如,他曾代表社会党致信时任临时副总统的黎元洪(1864—1928),特意申明本党"不妨害国家存在范围内主张世界的社会主义,并认今日为鼓吹时代,不欲与现行政治法律相冲突"[②]。他与内务总长赵秉钧谈话后,认为能消除误解,使之"深信社会主义决为有利无害",未始非本党之益[③]。他晋谒袁世凯时,表示"本党所主张乃世界社会主义,但不妨碍现存国家之存在",希望袁氏政府"实行国家社会主义"以改变"无强有力之国家"、"无强有力之政府"的局面,并献策"唯有厉行国家社会主义,即利用国家之势力以推行社会主义,如是足促政府成强有力之政府,国家成强有力之国家",借此还可以消除同盟会的"猜忌之心",同时表示社会党愿作"声援",以致袁氏"闻之甚为动容,且甚表借重江君之意"[④]。期望袁氏政权推行社会主义,无异与虎谋皮,鼓动袁氏政权借国家社会主义以建立"强有力"政府,更是助纣为虐。

撇开这些向统治者邀功的文字不论,单看江亢虎倡导社会主义的著述,这一时期有三篇文章的内容值得注意。第一篇文章在辛亥革命爆发后,他曾以"社会主义家某君"名义致书革命军。此书自称"为中国倡道社会主义之一人,尝以为社会主义当自破除世袭遗产之恶制度入手","发理想为言论",对革命军宣布反对君主专制、赞成民主共和的"国是",感到钦佩并表示同情。但对于所谓民族革命的兴汉灭满之论,提出异议。一则表明自己"夙昔倡导社会主义,泯差别而企大同",从不计较于满汉之别;二则指责武昌起义后的排满风潮,势将演成"暴民专制"。[⑤] 此论赞成革命,批评排满,颇具识见。然而,它据此否定孙中山的民族革命之说所具有的反对君主专制涵义,并夸大其词,将此比作与"君主专制"相埒的"暴民专制",又暴露出江氏擅长"发理想为言论"而

---

① 参看黄波:《江亢虎:从弄潮儿到落水者》,《群书博览》2008 年第 4 期,第 118 页。

② 《录社会党代表江亢虎致黎元洪书》,第 4 页,《新世界》第 7 期(1912 年 8 月 14 日)。

③ 《赵秉钧与江亢虎的谈话》,《民立报》1912 年 8 月 14 日。转引自林代昭、潘国华编《马克思主义在中国——从影响的传入到传播》,清华大学出版社 1983 年版,第 354 页。

④ 转引自煮尘:《中国社会党与中国大总统》,第 1—3 页,《新世界》第 7 期。

⑤ 江亢虎:《致武昌革命军书论兴汉灭满事》,《洪水集》(1913 年 9 月)第 52—53 页。转引自林代昭、潘国华编《马克思主义在中国——从影响的传入到传播》上册,清华大学出版社 1983 年版,第 394—396 页。

怯于革命实践的软弱一面。由此也能说明,他后来何以频频向权势者传递信息,把提倡社会主义限制在不妨害国家范围内、甚至寄情于袁氏以“强有力”政府来推行社会主义的内在动机。

第二篇文章题为《社会主义演说词》,是江亢虎撰文与宋教仁商榷社会主义之后,又一篇较为系统论述社会主义的文章。此文认为,“社会主义根本思想”的由来,是人类根据其经验,“觉现世界一切,尚未达最圆满时代,而生一种观念,于此不真不美不善之境外,必须求最真美善之境界,此即社会主义根本之所由发生”。接着,分别论述:一是“社会主义之动机”。“因经济困难生计不平等之故,而发生种种之问题”,于是有学者提出“特别之主张”:“推翻现世界道德习惯法律上种种恶劣,欲为彻底之改良”。此即社会主义。二是“社会主义之解释”。从学理上定义社会主义,很难正确和完整,只能作“比较的解释”,如以猫来形容虎。三是“社会主义与社会学”。社会党作为一个特别团体,“以社会学为根据,而生出一种之主张,谓之曰社会主义”。四是“社会主义与宗教”。二者相同之点是“同为救助”,社会主义的相异之点是,“诸凡以实行为目的,无丝毫假他力之救助,且无丝毫迷信力存乎其间”;主张“人人平等,无丝毫阶级之可分”;认为最圆满之境界“在生前吾人必以肉体享有之”。五是“社会党与政党”。不同于政党以国家为前提,社会党“以维持全世界之社会道德为宗旨,故以世界为前提”,其党纲“任人自由遵守”,其手段“始终相一致,无所出入,无所抵牾”。六是“社会党之派别”。其派别“异途同归”,大端有三:一为“国家社会主义”,“以国家为范围,以国家为目的,与普通之社会主义稍有出入”,本党“不甚注意”。二为“共产社会主义”,此为“社会主义之正宗”。三为“无政府主义”,“因各种道德政治法律之恶劣,皆由政府发生,故欲彻底改良世界之罪恶,必使世界上永无政府之存在”。七是“社会主义与各国之关系”。“社会主义自法国革命后发生,风行各国”,其表现:英国“社会主义颇为冷淡”;美国“社会主义异常发达”;德国“社会主义颇受影响”;法国“实为社会主义之先导,而其国之派别亦最多”;俄国社会党“多由虚无党之改组,现多入万国无政府党同盟会,其主张激烈者居多,然平和者亦有之”;比利时“党派多集于此”,乃召集会议之处;瑞士“世界称为理想国家,故抱大同主义最甚,虽未能称为至美至善,然暂时可作为模范”;日本社会主义“不能发达”,“实因君主存在,社会主义绝对不能实行之故”。八是“中国易于提倡社会主义之理由”。其所以“甚易”提倡,首先,从正面看“不得不提倡”:古代种种学说思想均极发达,“其见解多有进于社会主义者”如孔子大同学说;中国上古制度“多采共同主义”如井田、会馆、公所等“公共机关甚多发达”,“今日采用易实行”;“革命成功,人民思想经一大变动,人人心目中既以为种种进化如此之速,则无论何种当亦如之”;“共和国之精神,以自由平等博爱三者为最重要,而三者欲求其真,非实行社会主义不可”。其次,从反面看也“须提倡”:“家族制度为万恶之源”,破除此制“必不可不行社会主义”;“生计不平等”产生种种罪恶,为谋发达个人直接生利事业,“必须提倡社会主义”。以上所论为“社会主义之大要”。总之,研究社会主义思想的由来和历史,“实有急不可缓之势”,又面临提倡社会主义的“大好时机”。先进行“圆满”的鼓吹使之普及,才可望“自然水到渠成,必能一致实行”。同时社会主义又是“超然之学说”,不因个人的违反而有所牵累。①

这篇演说词,自诩包含“社会主义之大要”,概括起来,不外乎三个部分。一部分解释何谓社会主义,这也是江亢虎同宋教仁商榷的老生常谈,可是他除了提出“以猫之形容一虎或可得其真似”的比较解释,连什么是社会主义也讲不清楚,只是在重复圆满与不圆满之说。他将社会主义与社会学和宗教比较,可能是那一时期谈论社会主义的时髦做法。而区分社会党与政党的不同及其派别,典型体现了他的无政府主义倾向。如识别社会党的标准“以世界为前提”而非“以国家为前提”,实系无政府党的立党宗旨;“不甚注意”国家社会主义,以共产社会主义为“正宗”,称颂无政府主义“欲彻底改良世界之罪恶”等,更是把无政府主义以及与无政府主义相表里的所谓共产社会主义放到显著的地位。这种倾向的流露,比那篇商榷之文来得更为明显。另一部分论述社会主义与欧美和俄国、日本等各国的关系,主要依据各国政治、经济、社会、文化背景的不同,描述社会主义在各国的不同表现形式,颇具趣味。其中突出了美国因富力实权多在少数资本家,造成经济不平等,故该国“社会主义异常发达”,以及法国因人民思想异常自由,产生各种新奇学说,故该国“实为社会主义之先导”;还强调瑞士因“无政府,仅有议会,无海陆军”,故“抱大同主义最甚”,可以作为“模范”。这和他在商榷文中以法、美、瑞士等国作为“理想的国家”之胚型,异曲同工,只不过在这里与他标榜无政府主义的倾向相适应,更加钟情于“无政府”的瑞士。第三部分陈述中国易于提倡社会主义的理由。这一论题的提出及其理由的陈述,早已有之,尤其在1905—1907年论战期间,曾经为此展开相当深入的辩驳。江氏之论除了补充“革命成功”的影响因素以及照搬资产阶级的自由、平等、博爱精神,没有什么新鲜货色,有的只是增添了“破除家族制度”之类的无政府主义佐料。如此看来,这篇关于社会主义的演说词,不过是一篇掺和无政府主义杂碎的率性之作。

第三篇文章题为《社会主义学说》②。江亢虎在国外期间,阅读中文报纸

① 亢虎:《社会主义演说词》,第1—8页,《新世界》第8期。

② 以下引文凡出自此文者,均见江亢虎:《社会主义学说》,见《江亢虎文存》中编(1914年)。转引自林代昭、潘国华编《马克思主义在中国——从影响的传入到传播》上册,清华大学出版社1983年版,第397—403页。

和国内来函，一面“深喜国人对于社会主义无政府主义研究之心久而倍热”；一面又以其流派复杂、异议纷纭而“坐生歧路之悲”。为此，他特作此文回答下述问题，借以释疑解惑。

一是“共产集产之名义及其区别”。先从译文看，“共产”二字译自 Communism，“此无疑义”。“集产”二字或译自 Collectivism，或译自 Co-operation，“用者不一”，存有疑义：后者“近似社会主义一种工作营业之方策”，其生产分配机关并非悉归公有，不过资本家兼为劳动家，“股东自为工人或顾客兼为店主而已”；前者“近人所取以与共产主义并列，分为二大宗”，其实，此名词“与共产之名词实无严重明晰之界说”，或谓“共产为总名而集产为专名”，或谓“集产为总名而共产为专名”。大抵说来，“集产之名词发生较早，名义较广，共产之名词则自万国劳动同盟宣言始认定采用，特别表章之”，一般论著不加区别地任意沿袭，“实相通非并列”。近人的说法中，产生“社会主义是集产主义，非共产主义，无政府主义是共产主义，非集产主义”这种“误会中之误会”，都“源于日本人，成于孙中山，而断案则定于刘师复，鄙人亦与有罪焉，不敢讳也”，也就是说，这种说法因孙中山、刘师复和江亢虎等人继承了日本人的误会用法而造成。从“实际之历史”看，集产与共产两名词“古来本无界说”，何以产生分界，文中叙述第一国际内部马克思派与巴枯宁派相互对立的一段历史如下：

> “自一八四七年万国劳动同盟成立，马克斯始专用共产主义之名词。自一八七二年万国劳动同盟分裂，马克斯派始专用社会主义之名词，巴苦宁派始专用无政府主义之名词。又以无政府主义之名词对于财产之主张无表示之含义，而又不愿袭马克斯已专用之共产主义之名词，一时乃反采用集产主义之名词以示异。其后见马克斯派习用社会主义之名词，而不复仍用共产主义之名词，于是乃又转而采用共产之名词，合称为无政府共产主义。故知两名词之区别属历史的性质，不属学术的性质。若单就共产、集产中西字义推求之，故无从索解也。”

在江氏看来，共产和集产两个名词在实际使用过程中一直取舍互异、分合无常，胶葛混淆，不可究诘，“使我东方学者目眩头晕唇焦笔秃，千辛万苦，始终搔不着痒处”，参考这段历史后，足以解开其困惑。

二是“社会主义各派对于财产之主张”。对于财产的主张，“谓社会主义是集产主义犹可通”，“谓无政府主义是共产主义不可通”，因为无政府主义不与共产主义合称，“对于财产无任何主张之表示”。近人以为集产主义因而社会主义乃“各取所值”，共产主义因而无政府主义乃“各取所需”。“各取所需”译自“According to needs”，是无政府共产主义的定义，“各取所值”译自“According to deeds”，是社会主义的定义，二者在西文中“早经公用”。但在汉文里,"deeds"不宜译为"价值",应作"作为"解。其原因在于,社会主义对于财产的主张,除"生产机关必归公共"外,在"分配法"方面,言人人殊。其中可分为:"平均法",又"通称均产,其说最旧";"需要法",即无政府共产主义所谓"各取所需",社会主义也用此说,但多数主张"各取所作为之说"。在"各取所作为"一说中,又可分为:"时间标准法","无论何项工作,时间同则所得同";"勤劳标准法","按劳心劳力之程度分量,精密计算";"牺牲标准法","凡污秽幽苦之职业,动劳少时间少而所得独多";"结果标准法","不问时间动劳牺牲如何,惟以工作结果之价值定所得之比例";等等。数种分类中,"结果标准法"乃"真所谓各取所值",但此法让才能卓越者独优游占便宜,"诚自然界不平等之现象,未尽善",对此,"社会主义家亦多不赞同"。这样看来,"以'值'字译'作为',以此一派之学说赅括社会主义,并赅括集产主义,诬先辈而误后人,所当明辨而切戒"。换句话说,用"各取所值"一说作定义,等于用社会主义的一派学说来概括整个社会主义或集产主义,这一作法诬陷先辈并误导后人,应当加以明辨并切戒。

三是"无政府主义与共产主义根本上之冲突"。无政府主义名词译自"Anarchism",从"无",从"治","译为无治主义最佳"。其信仰"纯以个人为前提",主张"完全独立,均等自由",在个人与个人的关系即社会关系方面,"以相互扶助为枢纽,有亲爱而无强权,有合意而无法律"。它与"以社会为前提之共产主义"相比,"一属消极,一属积极;一属离心,一属向心",二者"在理论上实无可以同时并行之道"。自巴枯宁派提倡无政府共产主义学说,克鲁泡特金予以发挥光大。对照无政府主义和共产主义二者,"一方主张极端个人主义,一方主张极端社会主义"。"如以共产为目的,以革命为手段,实社会党人事,非无政府党人事"。因为"共产必须法律,革命必用强权,而法律与强权固无政府主义所不许"。法律与强权,就其广义而言,凡有机关与契约之处,即含有政治性质与政府作用。近时无政府共产主义家也知道机关与契约的必要,应明白机关行动之事即政治,机关管理之人即政府,契约即法律,制行此契约者即强权。说到这里,文中引用恩格斯的一个"结论":

> "恩格尔氏(F. Engls)之科学社会主义,其结论曰:从来政府为统治人民之机关,后此政府则为整理物件之机关。"

据此,文中问道,无政府共产主义是否承认"此整理物件之机关之存在",如果承认,则无政府共产主义也有法律和强权,"是即社会主义矣"。就其狭义而言,社会主义绝对反对"矫伪之法律"和"军武之强权",主张社会革命只以"大同盟总罢工"为惟一手段,从不采取无政府党人所使用的暗杀暴动等手段。因为在社会党人看来,"经济之组织革新,政治之根柢全变"。接着,又引用恩格斯的一个"结论":"科学社会主义之结论又曰:燎原之火,可以为炊。杀人之电气，可以疗疾”。以此比喻世间一切势力，“其本质无善恶之可言，惟视人之能否利用而已”，而政治也是如此。在此，文中再次引用大概是恩格斯关于国家自行消亡的观点如下：

> “又曰社会全体掌握生产机关，阶级及国家自归无用，不待废止，立见消灭。”

据此，文中又问道，无政府共产主义不是主张“阶级制度国家制度之消灭”吗？如此则社会主义亦无法律和强权，“是即无政府共产主义矣”。总之，“个人的无政府主义既格于事实而不能行，共产的无政府主义又悖于理论而不可通”。据说他本来就对无政府共产主义一说“窃窃疑之”，近来看到西方的个人主义和社会主义著作中皆有反对无政府共产主义之说，而国人鲜知之，故“略发大凡以启学者自由研究之渐，勿徒震惊其名而盲从之”。

四是“社会主义各派进行之方法”。概述政治运动等“颇不同”的六种方法并分析其利弊。采取何种方法，要两害相权取其轻，两利相权取其重，其利害之轻重，又依据各国“历史地理民族周围事情种种之关系而万有不同，不可执一以概论”。他说：“吾人夙信历史唯物论，一切现象皆循因果相生之定律，而所谓当然者，乃皆不得不然，若虚悬一定见而是非可否之，无当也”。也就是说，根据因果相生定律，应顺其自然，不能拘泥于事先某一“定见”，以此来看六种方法，“知六事者各有其特别相宜之时与地与人”。他本人无法预计各种特别事件，“平日所用之方法，则惟有据超然的公例，自由选择其最通常之一则”；况且六种方法之间“互有关系，或分途而并进，或相反而相成”，切戒胶柱鼓瑟或是丹非素的愚妄之举。

五是“鄙人从前之学说”。在这里，他一面反省自己以前的学说，“趋于理想而忽于实情”，以及“附会古人及迁就时势之弊”，存在“不尽惬意处”；一面又针对近时评论者的“误会”或“别有用心”，声称自己以前的学说“大体自信无讹，始终亦尚一贯”。他自我评价：“本自附于社会主义，其于无政府主义非反对亦非主张”，曾创立无宗教、无国家、无家庭的“三无之说”；在政治经济方面，“明白宣布土地、资本、机器三者当归公有，教育、实业、交通三者当归公营；军备、赋税、刑罚三者当由减免以达于消灭”；在政治法律方面，“承认广义的政治与法律”，即管理机关和合意契约，“排除狭义的政治与法律”，即现世制度中“主治与被治阶级之政治”，以及“少数人强迫多数人或多数人强迫少数人之法律”，或谓之“无政治无法律”。对于有人怀疑其学说中“遗产归公”一义，“似乎仍许私有财产之存在”的观点，他的答复是，“遗产归公”在土地资本机器“未尽公有”以前，假借这一办法作为“破除一切私产制度之简便手术”。其含义有二：一则“遗产归公”不像政治运动、军事革命、模范殖民等事“皆须旷日持久”，“随地随时随人可自由行之，无流血之惨变，无外界之干涉，而既归公者自不更归私";管理遗产的公共机关,是"将来共产社会之实地试验场,而为国家制度之政府之瓜代人",可以替代目前国家制度下的政府。二则土地资本机器"既尽公有"之后,通过分配得来的个人生活享乐的费用物品,如果积之太多,传之甚久,势必又成为"一种私有之财产";对此,"惟注定遗产归公,然后财产及家族之恶弊可以断绝根株,永无萌蘖"。所以,"遗产归公","未共产时代为共产之一种进行法",其时遗产包含土地、资本、机器等私有财产;"既共产时代为共产之一种补助法",其时遗产是除去土地、资本、机器之外的私有财产。他一再申辩自己的意思并非"反对无政府",但"全同"或"全然同意"那些"自命无政府主义者"的主张。

比起前两篇文章,第三篇文章似乎更富于学理色彩。看来,江亢虎远赴国外后,仍在关注国内的社会主义和无政府主义研究动态,并在思考自己主持中国社会党期间所确立的理论原则之正确与否。但是,不管怎样关注和思考,万变不离其宗,只不过在表达方式上变换了一些花样。这篇名为"社会主义学说"的文章,通过考证,检讨过去沿用的一些名词概念从而理论观点,并不合理。比如共产与集产二名词并列使用的误会,用"各取所值"代表社会主义的偏差,"无政府共产主义"一词的误用等等,其中特别分析了无政府主义与共产主义之间的根本冲突。按理说,他确信个人的无政府主义"格于事实而不能行",共产的无政府主义"悖于理论而不可通",等于从理论和实际两方面否定了无政府主义。他还自我反省过去因"切磋无人,读书太少",不免趋于理想忽视实情,又因西方理论输入之初"阻碍万端",为图说法方便不免产生附会迁就之弊等,给人以痛改前非的印象。然而,这种印象是不真实的。换一个地方,他不仅固执地坚持过去的主张"大体自信无讹,始终亦尚一贯";而且以浑水摸鱼的狡辩方式为过去的主张辩护。如借用法律与强权的所谓广狭二义,一会儿从广义上说无政府共产主义也有法律和强权,与社会主义无异;一会儿又从狭义上说社会主义亦无法律和强权,与无政府共产主义无异。使人捉摸不清社会主义和无政府共产主义、有政治有法律和无政治无法律之间,究竟有何界限,成为可以听凭论者任意选择和置换的掌上玩物。他对于自己所检讨的那些问题,除了依据西方典籍作些学究式的寻章摘句和咬文嚼字,没有实质性改变,总是试图掩饰,结果欲盖弥彰,反而陷于自相矛盾之中。例如,他一面自称信奉社会主义,对于无政府主义"非反对亦非主张",好像在无政府主义问题上保持中立客观,超然物外;一面又自诩创立无宗教、无国家、无家庭的"三无之说",追求消灭军备、赋税和刑罚,把无政府主义形象表现得淋漓尽致。他一面说研究"无机关、无契约之世界"能否安居和进化,必然导致"反对无政府"、至少"反对有机关、有契约之无政府"的结论,这是"真研究学理之言";一面又向那些抓住他"反对无政府之证据"的"自命无政府主义者"表示,实际上"全同"

或“全然同意”他们的主张。这样说来，他充其量只是一个披着社会主义面纱、羞羞答答的无政府主义者。其实，不管他自称依附社会主义，还是同意无政府主义，赞成土地、资本、机器公有，还是主张教育、实业、交通公营，这些都是表面文章，他在经济理论上的真正基石，一则如其党纲中所说，“专征地税，罢免一切税”[①]，一则建立在所谓“遗产归公”之上，也就是他在前述第一篇文章里所说，“尝以为社会主义当自破除世袭遗产之恶制度入手”。在他看来，采取这一办法，在实现公有以前，可以避免旷日持久的革命运动、流血惨变和外界干涉，可以随地随时随人地自由行使，成为破除现在一切私产制度的“简便手术”，或成为将来共产社会的“实地试验场”，此即“未共产时代为共产之一种进行法”；在实现公有以后，还可以成为断绝财产及家族恶弊之根株，使之永无萌蘖的妙方，此即“共产时代为共产之一种补助法”。“遗产归公”简直成了共产主义实现之前后解决一切问题的万应灵丹，而且简便易行，没有任何风险。这种如意算盘，犹如哄骗孩童的把戏，居然振振有词地出现在江亢虎的“学说”里，令人啼笑皆非。

江氏这篇文章，或许应当算作他在鼓吹社会主义方面较为重要的一篇文章。这不是因为他提出了什么新的理论观点，也不是因为他忏悔以往鼓吹中的失误或偏差，而是因为他解疑释惑的依据中，数次涉及有关马克思、恩格斯的史事和学说。其一，叙述“无政府共产主义”一词的来源，曾追溯第一国际时期马克思派与巴枯宁派分裂后，巴枯宁派在专用名词的选择上极力突出本派性质并刻意与马克思派区分，又因无政府主义一词未能体现其对于财产的主张之含义，再转而采用马克思派原先使用后来放弃的共产主义名词，并将二者合称，由此创立了无政府共产主义学说。这段史料，在江氏看来，如获至宝，认为从此解决了“我东方学者”在这类名词判断上的严重困扰，为他后面评析“无政府共产主义”一词的内在冲突作了铺垫。其实，举出这一史料的更有价值之处，在那时曾引导国人注意到马克思学说及其反对无政府主义的立场。这一点，显然不是江氏叙说的初衷。

其二，引用恩格斯“科学社会主义”中有关政府的结论，从广义上证明法律与强权之必要。其中引用“从来政府为统治人民之机关，后此政府则为整理物件之机关”一句话，颇类于恩格斯在《社会主义从空想到科学的发展》中所说的“那时，对人的统治将由对物的管理和对生产过程的领导所代替”一语[②]。其引文出处若确系如此，则是首次向国人介绍恩格斯的这一观点。此前施仁荣

---

① 《中国社会党纲领》，《社会党月刊》第4期（1912年11月）。转引自林代昭、潘国华编《马克思主义在中国——从影响的传入到传播》上册，清华大学出版社1983年版，第392页。

② 恩格斯：《社会主义从空想到科学的发展》，《马克思恩格斯选集》第3卷，人民出版社1972年版，第438页。

译述恩格斯这部著作,上述观点应包括在内,惜乎在最后未刊出部分中,未能与国人见面。

其三,继续引用恩格斯"科学社会主义"中两个结论,从狭义上证明法律与强权之不必要。一个结论以火可以燎原又可以为炊,电气可以杀人又可以疗疾为例,比喻世间事物本无善恶,惟视"人之能否利用"为转移。以此暗指法律与强权之必要或不必要,同样可以如此理解。经过这一引文过渡,从前一个肯定式论证,轻易地转换到后一个否定式论证。恩格斯的结论也出于其前述著作①,只是被引用者曲解了或偷换了概念。另一个结论所谓"社会全体掌握生产机关,阶级及国家自归无用,不待废止,立见消灭",可在恩格斯的原著中,见到其痕迹。在那里,恩格斯说:"当国家终于真正成为整个社会的代表时,它就使自己成为多余的了。当不再有需要加以镇压的社会阶级的时候,……就不再需要国家这种特殊的镇压力量了。……国家真正作为整个社会的代表所采取的第一个行动,即以社会的名义占有生产资料,同时也是它作为国家所采取的最后一个独立行动。那时,国家政权对社会关系的干预将先后在各个领域中成为多余的事情而自行停止下来。……国家不是被'废除'的,它是自行消亡的。"②这段文字,《新世界》发表施仁荣译述的《理想社会主义与实行社会主义》,亦未见刊出。同一刊物刊登煮尘所撰写的《社会主义讲演集》第8章"社会主义与社会政策"中,曾提到,马克思在"科学的社会主义"的"资本史"里,论述今日"以治人者为代表"的政府与国家,在实行社会主义后,作为进步的结果,成为"人民真正之代表者",必将以"生产社会之全体"的名义,"代政府而为组织之机关",使"所谓政府国家者自演至乎消灭而止",这是"任社会自然进步之结果而废置国家"的马克思学说。这里尚未弄清"自演至乎消灭"与"废置"的不同涵义,但毕竟是马克思主义关于国家自行消亡思想的较早中文表述。不过,由于弄不清其中的差别,不免把科学社会主义与无政府主义混为一谈,认为二者在国家消灭问题上"未尝不相通",只是使用的方法有所不同,一则使用暴力,一则听凭社会自然进步。无独有偶,江氏在其引文里,虽然强调国家是"自归无用"而消灭的,不是被"废止"的,但更加倾心"立见消灭",这和恩格斯所批评的"无政府主义者提出的在一天之内废除国家的要求"③,如出一辙。江氏引用此文的目的,也是为了证明社会主义和无政府共产主义都可以从狭义上归入无法律、无强权一类,把二者混淆起来。

总之,江亢虎提倡社会主义,最为擅长的是抽象的理论概念,并以此自炫。

---

① 恩格斯:《社会主义从空想到科学的发展》,《马克思恩格斯选集》第3卷,人民出版社1972年版,第437页。

② 同上书,第438页。

③ 同上书,第439页。

除此之外，他的功夫，一是下在与权势者的疏通邀宠上，一是下在为无政府主义观点的梳妆打扮上。在这一过程中，他也提到马克思、恩格斯的有关学说，而且不无值得注意之处，但与《新世界》上译载和评介这一学说有所不同的是，他更多的是给予马克思和恩格斯的观点以扭曲的解释，以便为自己的目的服务。这样，他在文中所引用的涉及马克思、恩格斯的史事和观点，经过如此加工和演绎，也就大大变味了。附带指出，有人认为，江亢虎"在中国第一个鼓吹社会主义"或"在中国最早鼓吹社会主义"；并引用时年18岁的叶圣陶（1894—1988）1912年1月14日的日记："江君亢虎素抱社会主义，曾周游各国，专为考察此主义，归国后竭力鼓吹……其语详括简要，条理明晰，不愧为此主义之先觉者，而其演说才亦至可钦佩"等。江氏当时鼓吹社会主义，确有不小的影响，曾吸引一些青年知识分子"深赞成"社会主义并参加中国社会党，如顾颉刚（1893－1980）与叶圣陶、王伯祥（1890－1975）等人加入其苏州支部。[①] 其实，在这种表面声势的背后，支撑着的无非是江氏上述文章中的那些理论货色，并且崇尚空谈，怯于实行，结果基层支部活动如同一盘散沙。正如顾颉刚后来的回忆："每天踏进支部一似踏进了茶馆，大家尽说些闲谈笑话来消遣时间，早把社会主义丢向脑后，有些人竟放手同女党员们打情骂俏"[②]云云。由此可见，江氏社会主义，与孙中山的理论阐述和躬行实践相比，实在不可以道里计。此所以梁启超总结甲午战争以后给中国思想界带来根本变化的几个主要潮流时，以孙中山作为"最先"提倡社会主义的代表人物，而不是其他的什么人。

（二）中国社会党内关于社会主义的分歧意见

从前面的分析里，隐约可见中国社会党内部围绕社会主义问题所形成的不同意见。在这里，以《社会世界》[③]的载文为例，将这些分歧意见清晰地展现出来。有人曾将中国社会党主张社会主义的派别，划分为三派："世界社会主义（本部及多数支部均主张此主义）；无政府主义（吴稚晖、李石曾、张继等人及心社同人多主张此主义）；国家社会主义（孙中山、殷仁等少数支部主张此主义）"[④]。如此看来，中国社会党简直是一个大杂烩。不过，该党仍注意将自己与其他非社会主义观点、包括挂着社会名称的其他观点区别开来。例如，《社会世界》曾载文提醒该党党员注意，社会、社会学、社会主义、社会党四者，"其名称虽冠有社会二字，而其意义则异"。社会指"人间活动之现象"；社会学是"研究社会之原素及原理之学"；社会主义乃"大同主义"，旨在"销除现社会之

---

① 参看黄波：《江亢虎：从弄潮儿到落水者》，《群书博览》2008年第4期，第116－119页。

② 同上文，第119页。

③ 《社会世界》系中国社会党在上海创办的刊物。

④ 《社会党月刊》编辑部：《中国社会党主张社会主义之派别比较表》，《社会党月刊》第3期（1912年9月）。转引自林代昭、潘国华编《马克思主义在中国——从影响的传入到传播》上册，清华大学出版社1983年版，第367页。《社会党月刊》亦系中国社会党在上海创办的刊物。

气焰,改革人心之阴私,计图社会全体之幸福,而发露公共之精神之主义";社会党系"由研究社会主义之人集合而成,鼓吹社会主义之机关"。由于"今人往往以社会解为社会主义,或以社会学解为社会主义",造成种种误点,必须加以区别和戒备。[①] 这是对外一致,划清界限,对内在统一的社会主义或社会党名称下,仍是派别鼎立。就内部派别而言,所谓"世界社会主义",与无政府主义有许多相近之处,二者共同形成与国家社会主义派别的对立。下面的梳理,主要以这一对立为其基本内容。

首先来看主张国家社会主义一派的意见。其具有代表性的观点,当推蔡鼎成的《社会主义之进行,以国家社会主义为手续,以世界社会主义为目的》一文。此文命题,一语道破此派之宗旨。在作者看来,"当社会主义鼓吹时代,重空言不重实行",鼓吹的目的,为了"排斥旧社会之狂惑,发明新社会之理由,实行以拔除旧社会之恶根,造成新社会之幸福",所以,"鼓吹之中必寓实行之事"。在如何实行问题上,面临"国家与世界两主义之界说",东西方学者对此聚讼纷纭,迄无定论,影响中国现行方针"亦无确指之点"。执此两说莫衷一是,不考虑将来的结果,势必产生"为高远之希望,而忽于现行之时"的困顿和危险。为此,作者申明自己的观点说:"国家社会主义者,实行之基始,非实行之终极,而为世界社会主义之媒介物也。名称虽异,性质则同,为躐等之施行则异,为顺序之施行则同"。为什么说逾越国家社会主义阶段而直接施行世界社会主义则异,经过国家社会主义阶段再顺序施行世界社会主义则同,因为"此两主义之性质,皆以共产为归宿",惟其施行的方式"一似激烈,一似和平";"弃置国家社会主义,径行世界社会主义,必将权力家一齐划除,赀本家悉数推翻,起社会之大革命,杀人流血,此所以纯出于激烈而难用其和平"。考虑到世界社会主义的实行,"必俟世界各国成均势之局,乃克收效",所以在其初始阶段,"宜以国家社会主义为媒介",这就像挖井以防渴,耕田以防饥一样,届时欲饮则饮、欲食则食,"求之易得,行之易成",如此则"社会革命之功成于无形,而世界社会主义之目的以达"。循序渐进,"多为和平之设施,而鲜用其激烈"。反之,"势有不能保其和平,而必纯用激烈者",就像俄国虚无党因政体专制和政府压迫而兴起,将社会革命变为政治革命,"其势至危"。我国已完成政治革命,正处于共和建设伊始,要实行社会主义,可以采取"以国家为之导引,以世界为之极则,共产为其实行,大同为其结果"的"驾轻就熟,不劳而获"办法。[②]

---

① 《时事月旦》编者:《社会·社会学·社会主义·社会党》,《社会世界》第 4 期(1912 年 7 月 15 日)。转引自同上书,第 336—337 页。

② 以上引文均见蔡鼎成的《社会主义之进行,以国家社会主义为手续,以世界社会主义为目的》,《社会世界》第 3 期(1912 年 6 月 15 日)。转引自林代昭、潘国华编《马克思主义在中国——从影响的传入到传播》上册,清华大学出版社 1983 年版,第 325—326 页。

在煮尘那里，曾看到与蔡鼎成相类似的观点，惟以蔡氏表述更为典型。其表述之要点，一则强调世界社会主义虽系最终目的，却不能“躐等”施行即跨越任何等级一步实现；二则强调国家社会主义应作为实现最终目的不可逾越的“实行之基始”、“媒介”、“导引”或“手续”；三则强调国家社会主义和世界社会主义的性质都“以共产为归宿”，二者施行的方式却截然不同；四则强调放弃国家社会主义而直接实行世界社会主义，势必使用激烈手段铲除权力家和推翻资本家，导致杀人流血的社会大革命局面；五则强调先实行国家社会主义，才可能以和平手段于无形之中“易得”、“易成”社会革命之功，“驾轻就熟，不劳而获”，实现向世界社会主义目标的过渡。这些要点，其框架是带有无政府主义色彩的世界社会主义，其核心不外乎主张用和平方式推行国家社会主义。持同样观点的还有殷仁，但说法有所不同。

殷仁的上中国社会党第二次联合会总代表江亢虎一书，其中表示，“以个人之理想，实醉心无政府主义，且甚服其学说之真”。要达到这一理想境界，“必借津梁”，可是，今日主张无政府主义者，“率皆望彼岸而忽津梁”，而国家社会主义“正欲为之津梁”。他比喻说，国家社会主义像有线电信阶段，无政府主义像无线电信阶段，不能绕过有线电信而直接发明无线电信，只能先发明有线再发明无线，由此可信：“国家社会主义必实行于现在”，而“无政府主义必实行于将来”。以此推论，“国家社会主义与无政府主义可两不相非”，纵有冲突，也不过如马克思与巴枯宁两派于荷兰海牙代表大会上，“彼此分离，各行其是”。他自称中国社会党首先“高唱国家社会主义”，孙中山提出同一主张后，“闻于耳者但有马氏之学说，而无巴氏之学说”，此后党人只听到马克思的学说而未闻巴枯宁的学说。在他看来，党纲加上“本党于不妨害国家存在范围内主张纯粹的社会主义”一条，自相矛盾。因为“纯粹的社会主义，必为无政府主义无疑”，无政府主义的目的就是铲除一切强权，首先去除政府；不承认政府的存在，哪里有什么国家范围。既是国家社会主义，又标明纯粹的性质，既是无政府主义，又承认国家的范围，二者“何异合水火于一器，贮乾坤于一壶，无乃谬甚”。他批评主张无政府主义者“辄思一跃而登天堂，往往视国家社会主义者如入地狱”，认为这是“社会主义者之不能大行其道”的原因，不知道要分先后实现社会主义家追求人类幸福的“最大之希望”。总之，“无政府主义者盖欲为将来造幸福，国家社会主义者则欲为现在造幸福，进行有远近之别，幸福有大小之分，并无盈虚消长于其间”。①

殷仁所谓“无政府主义”，即蔡鼎成所谓“世界社会主义”，所谓“津梁”，即

① 参见太虚：《社会党与中国社会党之八面观》“一、殷仁上中国社会党第二次联合会总代表江亢虎书”，《社会世界》第5期(1912年11月)。转引自葛懋春、蒋俊、李兴芝编《无政府主义思想资料选》上册，北京大学出版社1984年版，第225—229页。

所谓“媒介物”。蔡氏重在正面阐述，殷仁则于阐述之外，重在辩驳。殷仁批评主张无政府主义者“望彼岸而忽津梁”，“辄思一跃而登天堂”，“想登天堂者多，愿入地狱者少”；不满意将“不妨害国家存在”概念与“纯粹社会主义”即无政府主义概念糅合在一起；把马克思与巴枯宁之间的分裂说成“彼此分离，各行其是”，以此淡化国家社会主义与无政府主义之间的冲突；等等。无论说法怎样变化，殷仁和蔡氏一样，都是国家社会主义一派的积极维护者。对此，看来江亢虎持赞成态度，恐怕也正是基于此，才达成了孙中山与江氏及其中国社会党暂时合作的默契。不过，孙中山的主张，力图建立在对中国实际情况的具体分析之上。他主张国家社会主义，寄希望于推翻满清专制统治后由民主共和国政府建设人人平等幸福的社会主义社会，绝然不同于无政府主义理想。他主张和平方式，为了新中国避免欧美资本主义国家因贫富差距悬殊而必然发生的社会大革命局势，绝不是害怕激烈手段。所以，袁世凯政权倒行逆施，孙中山即丢掉幻想，重新举起反袁的革命大旗，并在 1912 年以后直至袁氏政权垮台之前，几乎不再提及国家社会主义。江亢虎及其国家社会主义一派，却始终执迷于空洞的理论推导，一味把希望寄托在当权者的宽容和怜悯之上。江氏修改党纲，专门添加“不妨害国家存立范围内主张纯粹社会主义”一条，试图折衷调和党内两派意见，用来约束自己以取媚于权势者，结果引导中国社会党成为乞求得到袁氏独裁政权羽翼保护的庸碌之辈。

其次来看主张世界社会主义一派的意见。这以沙淦为其代表。沙淦(?—1913)又名宝琛、愤侠，后废姓改名为愤愤，曾是早期同盟会会员，《社会世界》主编。他的意见，集中见于《狭义社会主义与广义社会主义》一文。此文认为，“社会主义者，始十九世纪之初”，产生于“经济上之不平等”。其涵义，有狭义和广义之分：“狭义者，欲破坏现在之社会组织以谋建设者也，是为社会革命主义；广义者，欲于现在社会组织之下，谋有以矫正个人主义之流弊也，是为社会改良主义”。由此产生两派，“其目的虽同，而其手续则异”：“一则以个人之铁血，颠覆无益之政府，破坏现社会之制度，建设新社会之事业，而为世界的组织，即所谓世界社会主义是也；一则以国家之权能，干涉私人之产业，移富豪独占之财产，维持社会之调和，而期国家之安宁，即所谓国家社会主义是也”。依此而论，“狭义派似甚急激，非社会主义之行为”，往往为人们所不取。殊不知，“狭义者，真社会主义也，真平等也，真自由也，真亲爱也”，它“以个人之牺牲而为多数谋幸福”，正是实行社会主义。与此相反，“广义者，伪社会主义也，不平等也，不自由也，不亲爱也”，它“以专制之手段而抑人民之自由”，以虚假之词愚弄人民。国家社会主义如同“无形之法律”，而“无形之法律”自上古以来就被用来“愚民”，这与近世之人知识日开和眼光日远，背道而驰。“今日吾国社会主义日益发达”，若主张国家社会主义，不仅违反中国社会党党纲之“融化种界”以追求“世界的组织”，而且不合于我国目前政体蕴含着“为平等而除专制”之意。①

与蔡鼎成的意见相比，沙淦的意见也是着眼于“手续”即手段相异而目的相同，其结论却相反。他把社会主义分为狭义和广义两种，认为狭义社会主义即“社会革命主义”，在“手续”方面的代表是世界社会主义一派，此乃“真社会主义”；广义社会主义即“社会改良主义”，在“手续”方面的代表是国家社会主义一派，此乃“伪社会主义”。他不回避世界社会主义主张“以个人之铁血”颠覆无益政府和破坏现存社会制度的方式“似甚急激”，但相信这是以个人牺牲谋求多数人幸福，有利于形成“世界的组织”。相反，他批评国家社会主义主张“以国家之权能”进行干涉和调和以保持“国家之安宁”，是以有形的专制手段压抑人民的自由，以无形的法律愚弄人民。沙淦的意见，建立在政府“无益”与“融化种界”等无政府主义观念的基础之上。《侠团宣言》与其声气相求，将此称为“抱定平除强权为社会平所不平唯一之宗旨”②。

与沙淦的意见相呼应，以《社会世界》为例，还发表了各种带有无政府主义色彩的文章。如太虚的《社会党与中国社会党之八面观》一文，便是其中的突出者。太虚和尚（1890－1947）又名乐无，俗名吕淦森，曾与沙淦等人共同组织社会党。他在文中针对殷仁“以无政府主义为彼岸，以国家社会主义为津梁”之说，反驳道：“无政府主义以世界为前提”，而“国家社会主义以国家为前提”，如果说需要“津梁”，达到国家社会主义的彼岸，则“须以巩固国家为津梁”，由此推演，须建设强有力政府，进而以实行开明专制、以乾纲独断、以得英明皇帝等等为津梁，结果无异于恢复“独裁政体”。所以，“津梁”之说，“固无不可假之以为口实”。况且，国家社会主义本来“不妨害君主政体”，如德国是国家社会主义的“出产地”和“盛行国”，从未稍减其君主权威和军国主义。由此观之，“国家社会主义虽行之亿万万年，亦何能达到无政府主义之境域”。世界历史证明，国家社会主义不能减损政府之强权，化除国家之界限，“适以巩固政府之强权，深划国家之界限”。所以，在“无政府社会主义”出而危及政府地位的情况下，国家社会主义不过是狡辩者“维护政府之强权”的一种计谋，“助政府以虐人类”。于此可知，“欲达无政府主义之彼岸，不必以国家社会主义为津梁，不能以国家社会主义为津梁，不可以国家社会主义为津梁”。至于有线电与无线电的比喻，不足为凭，因为“无政府主义之发明，早于国家社会主义之发明，因政府主义与无政府主义相冲突，始产出国家社会主义，依违调和于两者之

① 愤侠：《狭义社会主义与广义社会主义》，《社会世界》第1期（1912年4月15日）。转引自葛懋春、蒋俊、李兴芝编《无政府主义思想资料选》上册，北京大学出版社1984年版，第223－224页。

② 《侠团宣言》，《社会世界》第1期。转引自葛懋春、蒋俊、李兴芝编《无政府主义思想资料选》上册，北京大学出版社1984年版，第224页。

间”。文中批评，殷君既醉心无政府主义，又力主国家社会主义，同样自相矛盾；提出“非巴非马之社会主义”即非巴枯宁非马克思之社会主义，其原因正是“以国家社会主义为津梁，以无政府主义为彼岸之心理”。说到天堂与地狱之喻，文中更是嘲讽国家社会主义论者维持强权者之势力来博取“强权者之欢心”，乃追求“以政府为极乐土”、“以政府为目的物”，何论下地狱。唯有无政府主义家才具备入地狱的牺牲精神，他们视政府为地狱，视身处政府恶劣制度中的整个人类社会在受地狱的煎熬，甘愿冒天下之大不韪，“以极端社会主义之福音，撼动全人类之耳鼓，以极端社会主义之真理，输入全人类之脑海”，引导人类走出地狱，“相携手于平等自由安乐之天堂”。① 太虚的意见，与沙淦一脉相承，其言辞更为激烈。为了彻底划清与国家社会主义论者的界限，他寸土必争，锱铢必较，径以“无政府主义”或“无政府社会主义”代替“世界社会主义”，以“极端社会主义”代替“纯粹社会主义”，以免论辩过程中在概念上产生任何模糊和纠葛。

又如，《三无主义之研究》一文，同样站在“极端社会主义”立场上，坚决抵制反对者的非难，并极力阐扬其内涵。文中认为，“极端社会主义”即“三无主义”，“无宗教、无家庭、无政府之主义”；“三无主义”又由“自由平等亲爱”而来。论述何以三无之后，又分析如何可以三无。其中：无宗教一项，对于世界上中毒宗教迷信者来说甚难，“对中国言则甚易，因中国人素鲜宗教观念”，只要破除宗法观念，即易求得自由；无家庭一项，“断断以必先实行爱恋自由为始”，先破夫妇一纲，再破父子一纲，否则，遗产不能归公，社会主义不能实行；无政府一项，“必先去依赖性，有独立性始可”。除去依赖性的次序是：第一步“联络万国社会党”，因为“社会革命之运动，系世界革命之运动，国亡则万国皆亡，无主人奴隶之别”，所谓“亡国”，指打破“野心勃勃之政府”自行划出的“人为的，非自然的”国界；第二步“划除世界之君主国”，必先经过“共和”阶段；第三步“采用减政方法”，“扩张自治能力，缩小官治范围”，直至“无政府之目的达到之一日”；第四步“有契约之秩序”，去除政府后，不能马上消灭将来“无存在之必要”的契约，“姑存之以待自治完善之一日”；第五步“废契约而人道大倡”，此时世界之民“俱为自由民”，不存在契约之类的“无形之强权”，实现了“纯乎天理，真自由，真平等，真亲爱，大同社会”的人道境界；云云。② 将实现无政府分为五个步骤，似乎也是针对国家社会主义论者的“媒介”或“津梁”之说，即不必经过国家社会主义这个媒介或桥梁，完全按照其自身演进次序和步骤，到达无政府主义的彼岸。

---

① 太虚：《社会党与中国社会党之八面观》，《社会世界》第5期。转引自葛懋春、蒋俊、李兴芝编《无政府主义思想资料选》上册，北京大学出版社1984年版，第225—230页。

② 社会党人来稿：《三无主义之研究》，《社会世界》第5期。转引自同上书，第231—234页。

另如，《社会主义之世界观》一文，宣扬“二十世纪之世界，社会主义之世界”，“社会主义者，救世之良药”，“世界各国，靡不有社会党为之鼓吹”等等；炫耀“此主义发生于中华为最早”，如老庄之无为、墨子之兼爱、孔孟之大同，“皆抱纯粹之社会主义”，只可惜后人失之研究，未能形成系统的学说；感慨19世纪初英法学者提倡此学说，“以至今日，风靡全球”，真是“盛哉社会主义！美哉社会主义！”此文目的不仅于此，它还考察说，世界上，“国无社会党鼓吹社会主义者甚罕”，连专制国家如俄罗斯也有无政府主义一派，其他如德、法、美等国，均为“社会党著名之国”；可是，只有瑞士才是其“成绩最优者”。它的社会制度大纲如保护劳动者、平和产业、保护失业者、酒法限制、保护贫民、职业教育等，值得“供社会主义家之研究”；它聚萃欧洲各国各种同盟组织之要件，有人评价，“他日欧洲结联邦，其以此国为首府”。此文又引申：“他日世界大同，其以此国为中心点”。基于这一分析，最后表明自己的观点：随着人类日趋进化，知识日趋平等，世界日趋大同，他日最美好理想，“合世界为一家，五大种为一族，弭战争，废金钱，无贱无贵，无贫无富，万民平等，恋爱自由”。[①] 这种无政府主义的理想，也是沙淦所说的“融化种界”后形成“世界的组织”。

再如，《巴枯宁小引》一文，介绍俄国“无政府家”巴枯宁，经过反对“政府之专横”、“诋毁俄政府”的斗争，“从此主张社会主义益坚”并“到处鼓吹革命”。其中提到：巴枯宁“初与马格斯为同党，既而不满意于马氏之政府社会主义，卒至主张平等级、共财产、废法律，创为无政府党，遂与马氏各分派别”，有名的荷兰海牙社会党大会即第一国际1872年海牙代表大会，乃“巴马分党之大纪念会”。[②] 此文意向，不同于殷仁所说的马克思与巴枯宁在海牙大会上只是“彼此分离，各行其是而已”，模糊二者的分歧，而是清晰地褒扬巴枯宁所谓“平等级、共财产、废法律”的无政府社会主义，同时含有贬抑马克思的“政府社会主义”之意。这与沙淦认为政府“无益”的倾向，也是一致的。

综合起来看，所谓国家社会主义一派，期望“以国家为之导引”，通过和平手段，尽量避免“杀人流血”的激烈革命，经由“易得”、“易成”的道路，甚至“不劳而获”，于无形中实现社会主义；所谓世界社会主义一派，则否定“国家之权能”，不惜采用“个人之铁血”的急激手段，颠覆政府，破坏现存社会制度，建设新社会事业并形成“世界的组织”。两者的对立，其实质源于对当时袁氏政府的认识。前者一直对袁氏政府寄予幻想，希望托庇于政府来发展自己。后者则痛恨袁世凯篡权和独裁，进而对所有政府不抱任何希望。唯其如此，沙淦等

---

① 《言论》编者：《社会主义之世界观》，《社会世界》第5期。转引自林代昭、潘国华编《马克思主义在中国——从影响的传入到传播》上册，清华大学出版社1983年版，第390－391页。

② 《巴枯宁小引》，《社会世界》第1期。转引自《社会主义思想在中国的传播》第二辑上册，中共中央党校科研办公室，1987年，第502－503页。

人决定另行组织社会党而与中国社会党分离，并指出二者的差别，“社会党无国界，而中国社会党明明有之；社会党反对政府，而中国社会党明明不妨害之”。为了表明不同于中国社会党的主张之“鱼目混珠，似是而非”、“不伦不类，非驴非马”以及“用滑头伎俩，阻真理之进行”，沙淦在社会党“约章”里，明确删去中国社会党纲领经修改加上的“于不妨害国家存立范围内”这一限制词，仅保留主张“纯粹社会主义”这一宗旨。[①] 后来，在《社会党纲目说明书》里，又明确“本党以极端社会主义为宗旨”，不仅消灭贫富、贵贱、智愚等阶级，还要破除国家、家族、宗教等界限[②]，将所谓“三无主义”写进其党纲。所以，沙淦等人的世界社会主义，又称之为纯粹社会主义或极端社会主义，实则反政府或无政府的社会主义，也就是与广义社会主义相对立的狭义社会主义。这里的广义一词，同江亢虎所说“广义的社会主义”有所不同，后者企图将所有社会主义派别包括沙淦所说的狭义社会主义涵盖在内。其结果，江亢虎的广义社会主义破产了，而沙淦的狭义社会主义也没有出路。

沙淦等人的世界社会主义或无政府主义主张，已经超出本节所考察的革命民主派同盟者的范畴。如太虚对殷仁国家社会主义观点的评论，曾提到国民党“即是主张国家社会主义者也，且其党魁孙中山，尤为志同道合”，讥讽殷仁为何不率中国社会党并入国民党[③]。此论站在孙中山一派的对立面，何谈同盟。随后他们退出中国社会党而另组社会党，更表明二者的对立发展到不能相容的地步。但是，从中国社会党的领导人物和主导思想看，主张国家社会主义一派仍有相当势力，并保持与孙中山革命民主派在一段时间内的短暂同盟；而且，党内反对国家社会主义的一派，其意见在主张世界社会主义的框架内也与国家社会主义一派藕断丝连，同时具有反衬作用；二者意见作为对比，一并放入本节考察，也算是顺理成章。至于本时期其他主张无政府主义者关于社会主义的评论意见，后面再作考察。

(三)煮尘关于社会主义的辩论文章

前面的论述，集中于中国社会党内的两派围绕国家社会主义与世界社会主义之是非而展开的辩论，这里的论述，则是中国社会党的代表与党外那些非议社会主义论调进行的辩论。煮尘以《新世界》主编身份担当辩手的水准，在他与欧阳溥存辩论有关马克思经济学说的文章中，已有所展示。下面，再从对社会主义思潮的理解方面，看看他的辩论识见。这方面，他有两篇文章值得

① 沙淦:《社会学缘起及约章》,《民立报》1912年11月2日。转引自林代昭、潘国华编《马克思主义在中国——从影响的传入到传播》上册，清华大学出版社1983年版，第388－389页。

② 《社会党纲目说明书》,《良心》第1期(1913年7月20日)。转引自葛懋春、蒋俊、李兴芝编《无政府主义思想资料选》上册，北京大学出版社1984年版，第251－253页。

③ 太虚:《社会党与中国社会党之八面观》,《社会世界》第5期。转引自同上书，第228页。

一提。

一篇文章是《答亚泉》①。据作者介绍，“亚泉”乃杜亚泉，为“吾国学界之泰斗”，曾在绍兴等地创设书报社以期将世界新知识灌输于内地，开通大多数人民，“学深望重，凡有所言，均足以动一般学者之视听”，曾有恩于作者。作者投身社会党，创办《新世界》杂志，鼓吹社会主义后，二人产生了分歧。其中重要的分歧，即有关“社会主义不宜行于中国，以中国无资本家与大地主之出现，劳动者亦未受雇主之虐待，所以社会主义在欧美可行，在中国必不可行”之类的质疑。对此，作者答复如下：

按照社会主义学说，“去旧社会组织之弊，而以科学的理想合一切人事，括全社会之种种制度、风俗习惯，而更以真理新法组成之”，不必等到资本家与劳动者冲突、巨富与极贫悬隔，才可以施行社会主义。说社会主义不必行，只有“中国之社会组织、制度习惯皆已臻于极完善、极安宁之域”，才有可能，可是，今日中国社会风俗存在诸多弊端，当权者不可能从根本上解决。作为正本清源的计划，“惟有实行社会主义，尽去一切旧有之弊窦，而易以满足人类欲望之新组织”。正如造屋一样，数千百年的破旧巨室摇摇欲倒，仅采取补苴罅漏之策以图偷息苟安，无济于事。“此中国必宜行社会主义者一也”。

欧美社会主义盛行，虽然由于资本家与大地主之专横而造成“劳动者与贫苦者之反动力”，就像物理学上所谓压力愈重则反动力愈大的道理一样，但也不能说，“无此反动力，即终古无社会主义之发现”。如古希腊柏拉图著《共和国》，“以共产同内为主旨，此则社会主义之滥觞”。以后，此类著述不一而足，均在资本家大地主未出现以前。中国古籍如礼运言大同，老子言无为，庄子言闻在宥天下、不闻治天下，孔子言均无贫、安无倾等理论，“何尝非社会主义之精神乎”？所以说，必先有资本家大地主，然后才有社会主义的论点，是不确切的。况且，欧美不能马上实行社会主义，也是因为“资本家与大地主不但握有生产之机关，且并握有政治之机关，借政府、军队、警察之武力，有以制劳动者与贫民之死命”。有见识者认为，“欧美今日之社会，外观虽似文明，内界实含黑暗”。所谓“最大多数最大幸福”一说，已成为历史陈言，不见于今日事实，“欲救其弊，甚觉其难”。如今“我国尚幸，受病不至如欧美之甚”，事先预防，不使出现那些恶现象，“为顺序和平之进化，施行社会主义，以渐臻乎大同太平之域，岂非美事”。就像人患病，等到病重才就医，还是病初即医治，或是无病时注意卫生以免生病，孰得孰失，必能辨之。“此中国必宜行社会主义者二也”。

欧美资本家与大地主专横，劳动者与贫民困苦，其根源来自“物质文明之发达，机器夺人工之结果”。今日世界大通，洋货进入内地，利源外溢，势将竭

① 此下引文凡出于此篇者，均见煮尘：《答亚泉》，第1－8页，《新世界》第2期。

泽而渔。因此,一定要实行社会主义,“废私有财产,使一切资本生产机关尽归于社会,而以劳动普及于个人,使一社会如成一极大之公司,合全社会之力,购办机器与种种之实业,以图存活于今日经济剧烈竞争之场里,再破国界以共进世界于大同,斯乃为今日救亡之至计”。否则,仍保持旧社会不变,即使富者尽出其财产以振兴生利事业,博得可能的竞争效果,“数十年后,亦不过演进如欧美现今之状态,而劳动者与贫民大多数人类之困苦,已不堪闻问”。“此中国必宜行社会主义者三也”。

再说,“中国亦曷尝无资本家与地主乎,不过比之欧美,有大小高低之程度比率耳”。任凭中国今日资本家与地主在经济上自由竞争,不救其弊,势必导致上述结果,更何况“外来之大资本家”行将侵入。因此,“今日而欲图救贫之策,缮群之方,舍社会主义尚有何道耶”。

北京某报曾以中国科学不发达、机器不盛行、资本家不出世为由,力诋中国不能施行社会主义,“是等论说乃暗袭数年前梁启超《新民丛报》之唾余,水母目虾,更不足与言社会主义”。

由上可见,这篇论辩性文章的主旨,驳斥所谓中国无资本家与大地主,“不宜”或“必不可”实行社会主义的论点。此论点的提出者并不否认欧美国家实行社会主义的必要性,但认为中国不具备实行的条件,未曾出现资本家与大地主及其对劳动者的虐待。对此,煮尘的反驳理由,首先承认这一条件为前提,然而,一是从理论上强调,社会主义旨在“尽去一切旧有之弊窦,而易以满足人类欲望之新组织”,只要存在社会弊端,不必等弊端发展到资本家与劳动者激烈冲突或贫富悬殊的地步,便具备了实行社会主义的条件。二是从历史上强调,早在出现资本家与大地主之前,中外古代已不乏社会主义之精神;一旦出现资本家与大地主如欧美,再要纠正其弊已甚难,不如在出现弊端之前即实行社会主义以事先预防。三是从实践上强调,中国正面临外国资本侵入的威胁,按照旧社会方式让富人出资兴利作为救亡之策,最好的结局也不过重蹈欧美现今大多数人民无法摆脱困苦的覆辙,故“必宜行”社会主义。其次对于这一前提条件本身提出异议,认为中国已开始出现资本家与地主,加上外来大资本家的侵入,如果不加以救治,势必产生类似欧美的弊端,其救治之法,只有实行社会主义。这些理由,孙中山一派批驳梁启超关于中国“不必行”、“不可行”、“不能行”社会革命之说时,已有不同程度的阐述。煮尘的表述似乎更有系统,也更为明确,并且吸纳了上次论战以来一些新的经济因素,如质疑中国无资本家与大地主一说。看来,他在辩论中国是否适合实行社会主义这一前人提过的问题时,并不想照搬前人已有的论述,试图根据新的情况给予新的回答。所以,他对于那些随声附和数年前论战中反对实行社会主义的论调,不屑于答复。

另一篇文章是《社会主义与社会政策》中"附驳去岁《东方杂志》第六号论文"[①]。这里所说的《东方杂志》论文，指钱智修发表于1911年8月刊的《社会主义与社会政策》一文。煮尘写完《社会主义与社会政策》一文后，偶然捡拾去年的《东方杂志》第6号，发现了钱智修的同标题之文，阅后方知"其说系主张社会政策而历诋社会主义者"。煮尘最初自忖今年共和的成立与去年处于满族政府之下的情势不同，钱文诋毁社会主义的观点"往往流为外行语而不自知"，本无辩驳的价值；但考虑到此杂志销路颇广，加上"我国明社会主义者尚少"，读者见到这篇"诬蔑"文章，或先入为主，会对社会主义"存轻视之心"，或凭借其说作为护符，"以阻遏社会主义之输入与吾党之进行"。因此，附加此反驳之论。钱文颇长，分前后两节，前节批评社会主义，又分两部分，一部分从经济学和社会学上举出社会主义违反人性之谬点，另一部分从四个方面列举社会主义不合用于中国的理由；后节推崇社会政策，分为三纲十二目。煮尘的反驳，主要针对其前节第一部分内容。

一是针对所谓社会主义在欧洲仅"张皇一时之耳目"，因"违反人性"而遭世人抉摘，似乎社会主义即将消灭之说，他先举出今日世界社会党人数增加的事实予以反驳，接着又指出，"社会主义，正因现世政治经济组织之弊，乃推究人类之本性，发明适应之之方法"。不能狭义地说"利己心为人性之自然者"，因为社会中的人不同于动物，"彼此相剂，有无相易"，有利于社会，才能"得真正之利己"，此即"大利所存，必在两益之微旨"，因此，社会主义主张"正合于经济学之公例"。社会主义遵守自由平等亲爱的"共和政治之原则"，以此检视一切行事，"正合于政治之公例"。社会主义者"研究政治经济之进化，损益张驰适应于时世而为是主张"，而"漫诬社会主义"的批评者"并不知社会主义与人性为何物"。

二是针对所谓社会主义遏绝人类勤苦劳作、奋工于企业以求衣食报酬的企业心之说，他承认人们在一般企业的劳作是为衣食之酬，衣食足则努力于企业之心顿绝；又说在"高等之企业"，人们并不计较个人利益和报酬。生产之盈绌由于实业之进步，实业之进步由于科学之发明，"发明科学又多系中等社会不孳孳于衣食之辈，巨富极贫两阶级之人均不与焉"，富者耽于逸乐，贫者迫于衣食，二者决无余力从事科学发明。实行社会主义以后，"胥社会而为平等之人，于钻谋衣食竞争权利之心皆无所施，则人之精神脑力将悉用之于科学、美术等事业"。这样，一方面"助实业生产之发达"；一方面"增性情怡悦之美满，熙熙昊昊，大同太平之世由是而成"。"此社会主义之结果"，决非"漫诬社会主

---

① 以下引文凡出于此篇者，均见煮尘：《社会主义与社会政策》"附驳去岁《东方杂志》第六号论文"，第9－26页，《新世界》第7期。

义”的批评者所能梦见。“今日社会主义之学说,已成为一繁博精密之科学,凡高智远识之士,莫不群趋附之而栖息于是旗帜之下,此稍悉世界大势者所能知”。

三是针对所谓社会主义违反分工律之说,他认为批评者错误地将社会主义混同于许行的君民并耕之说。相反,“社会主义使脑力敏者治劳心之事,腕力强者治劳力之事,正与分工律所定各量所能以选其恒业相符合”。

四是针对所谓社会主义消除个人储蓄、减少资本额致使生产事业停滞之说,他指出,资本为“掠夺之结果”,资本家为“盗贼”,这是“社会主义中之铁案,而为确切不磨之公理”。废除私产制度代以共产主义,正是“废灭资本家而人人胥为劳动者”。到那时,“全社会无一游手无业分利坐食之人,则生产额之增多,不知加至几千万倍”,谈不上停滞。可见,批评者“不过为资本家着想”。像小农和苦工即便俭啬矜慎之极,也未见其资本储蓄和生产发达。所以说,“今日我国生产额之日形减少,欧美工业界之时起恐慌,正因不行社会主义之害耳”。

五是针对所谓实行社会主义将使人口超常增加,生产趋于贫瘠,以此印证马尔萨斯人口论之说,他认为乔治已将此人口论驳斥得体无完肤,证明了“食之比人滋生更速”;科学家也证明“将来之人非惟不至饿死,且所食反胜于今”;再以“人匀地之法”计算,亦不必担忧“人满”为患,“殊不知地力断无用尽之理,天下之物为人用者,皆循环不已”。经过这些驳斥,马尔萨斯人口论虽风行数十年,“近已销声匿迹,不复能自树立”。鉴于社会主义的批评者津津乐道于马氏人口论,奉为圭臬,对此,“不必引学理与之辩,但以至浅至显之事实以证之而立破”。如力农作苦之辈通常子女繁多,富厚之家却生育不多,非马氏人口论所能解释。至于其他“私生苟合之弊”,只有“社会主义兴,自由恋爱实行”以后,才能消除。

六是针对所谓社会主义信奉政府万能,政府干涉一切社会事物,势必因冗吏增多而导致民力竭、民德衰和社会自治力日退之说,他认为这是“知其一而遗其二”。所遗之二,一则“社会主义根柢之理想,究竟之目的,正以养成社会之自治力,且欲废置国家为终极者”,根本不在乎什么政府;即使主张国家社会主义,亦不过“格于现势国界未能破,故不如藉政府以推行社会主义”,其政策有干涉有放任,“决无举社会上一切事实皆受政府干涉之理”,更谈不上政府万能。在社会主义时期,“一切法制,均以平等自由为原则”,官僚不过各机关办事人员,又何来冗吏。二则“社会主义使人人各执一业,各治一事,而不使有一游手无业之民”,如此“举社会胥为生利者,而不为分利者”,参与生产者既多,民力何由而竭;大家“各事其事,各职其职,无衣食之足忧”,没有什么权利可去竞争,只知道德与学术,民德何由而衰;因此社会自治力日益增加和巩固,又何由而日退。

七是针对所谓社会主义限制个人自由意志与活动，窒塞进化道路之说，他反驳说，今日工厂的苦力劳动之辈，像金铁受铸于模具一样，只能作机械行动，“至社会主义实行以后，每人每日不过操作一二小时之时间，或者治劳心之事，或者治劳力之事”。到那时，中材以下者不忧衣食之冻馁，高智之士每日有余暇从事精深完美之科学或怡悦性情之美术，促进个性活动的发达和新发明的演进。“去私利，谋公益，灭奸诈，重感情，联个人之道德”的进步成为社会制度后，人们将“同登乐土，共庆太平”，此即“世界进化之极轨”，根本不必虑及批评者的杞人忧天。

总之，“社会主义以人性为本，以人情为用，期于人人相助，人人相保，各知其性分之所固有，职分之所当为”；其殖产聚多，分财平允，“合于人生之至情，适于社会之原理”。这些“精义”，在他看来，批评者未能见及，却肆口诋毁社会主义违反人性而不能成立。经过上述反驳，可知批评者“于社会主义之真相尚未能明晰”。正本清源之后，批评者谈论“中国不必施行社会主义”的具体理由，不辩而自明，不必一一驳斥。他还声明，其驳论不是出于对批评者个人的意见，是“以今日社会主义方始萌芽，苟有人欲摧折之者，吾必竭吾力以扶植之”；因为“社会主义为医群之圣药，二十世纪之世界期在必行，中国同处此潮流之中，势不能独异”，要拯救民生之疾苦，“舍此又更无余道”。

他写完此驳论，正好购得《东方杂志》第 9 卷第 1 号，见其载有《社会主义神髓》重译本，曾欣喜此刊宣传社会主义，不料它的第 2 号刊登《社会主义商兑》一文诋毁社会主义，由此又引出他的《驳社会主义商兑》一文，也就是煮尘与欧阳溥存之间有关马克思经济学说的辩论，其内容已见诸前面的分析。

煮尘的驳论文章，以一种舍我其谁的精神，捍卫社会主义，不论对社会主义的批评来自他所熟悉的杜亚泉，还是来自他不熟悉的钱智修，概莫能外。相比起来，杜亚泉的批评，尚停留在比较浅显的层次上，并不否认社会主义在欧美国家推行的合理性，只是认为它不适宜于与欧美国家不同的中国；而钱智修的批评，以违反人性的深层次原因为由，否定社会主义在任何国家存在的必要性。对于这两类批评意见，煮尘反驳的有效性不尽相同。对于前者，似乎游刃有余；对于后者，显得有些力不从心。他对于钱氏七条批评意见的反驳，瑕瑜互见。其中既有从经济学公例和政治公例方面驳斥社会主义违反人性的见解，有揭露资本和资本家为掠夺和盗贼的义愤，有引经据典对于马尔萨斯人口论的批驳，有对社会主义为“医群之圣药”和“进化之极轨”的信念与憧憬，有比朱执信更坚决地否认资本来自“储蓄之结果”的社会主义“铁案”或“公理”意识等等；也有其社会主义理想中仍保留脑力劳动与体力劳动的分工差别、中材以下与高智之士的等级差别等缺陷；更有带着浓厚无政府主义色彩的鄙夷政府和国界之腔调。这些驳论，很难说已经明晰“社会主义之真相”。但从中可以感受到，这一时期的煮尘，竭力扶植在中国尚处于萌芽状态的社会主义理念以防他人摧折，对于社会主义能够拯救中国民生之疾苦，抱着真诚的期望。正因为如此，他在这次辩论中，像他与欧阳溥存的辩论一样，不断根据新的理论与实践搜集和整理新的辩论依据，不是简单地重复以往说过的那些理由，这也使他的驳论内容，比起当初孙中山一派在社会主义论题上反驳梁启超一派攻击的论战，又有所发展。孙中山一派的社会主义思想，自论战之后，也在发展，其传播社会主义的证据，已如前述。而煮尘除了以上辩论文章外，还可补充见于其主编《新世界》时所奉行的社会主义宗旨。

(四)《新世界》的社会主义宗旨

《新世界》第1期扉页上，印有“读者注意”四个粗体大字，下面标明“新世界之纲领与特色”，即：“社会主义之大本营”；“中国数千年破天荒之新学说”；“解决二十世纪之大问题”；“造成太平大同之新世界”。以上四纲，代表了《新世界》的社会主义宗旨。以后各期的同一显著位置，一直保持这种印制形式而未变。《新世界》所说的社会主义，作为大本营的社会主义，究为何指，从前面引述朱执信的重治文、施仁荣的译述文、煮尘评介马克思学说的文章以及围绕社会主义的辩论文章中，可见其一斑。这里，再对其现存仅有8期的内容作些扫描和补充。《新世界》是公开打出社会主义旗帜的专门刊物，在当时各种刊物中可谓独树一帜，具有典型意义。较为完整地把握《新世界》的社会主义纲领与特色，作为背景资料，对于更为深入地了解它评介马克思经济学说的意图和内涵，也是有帮助的。

先看《新世界》第1期，其《发刊辞》写道：我国刚建立共和民国，正待稳固其基础，“深察世界之趋势，方自政治之竞争而移于经济之竞争，各国劳动者与资本家之冲突，几于无日不闻，势将演出社会革命之惨剧”，此乃共和无能补救。“所幸吾国受病尚浅，贫富阶级未甚相悬，设乘革新之际，改良社会经济之组织，力求分配之平均，则他日之社会革命，庶几可免”。故先觉之士应“以民生主义唤起国民”。今日欧美国家贫富差距悬殊，只有社会革命才能谋求真正平等自由，此即“能以民权主义平贵贱之权，而不能以民生主义均贫富之等”。鉴于此，“我中国苟乘今日受病未深，又值改建共和千载一时之会，采择社会主义之精理而实行之，融经济改革于政治改革之中，不第可免将来物质发舒、贫富悬绝之大患，而且并力精进，造成太平，由国家主义进而为世界主义，亦非难事”。孙中山先生烛察于机先，借鉴欧美国家，主张我辈实行民族革命、政治革命之时，“须同时设法改良社会经济组织，防止后来之社会革命，此真是最大之责任”。我国实行社会主义，必须通过学校教育，尤其报纸鼓吹，“使人人咸知社会主义之良而信仰之，而实行之”。创办《新世界》的责任，就是让“世界所趋之大势，暨夫社会主义之精神，日盘旋于心脑间，于以造成真自由、真平等、真最大多数之最大幸福之实境”。[①] 这个发刊宗旨，清晰可见创办者沿着孙中山的民生主义思想，着眼于社会经济组织的改革或改良，以此理解和宣传社会主义，同时为打破以民生主义为标帜的社会主义概念，宣扬“从国家主义进而为世界主义”的无政府主义观念，埋下了伏笔。

第二篇文章《新世界》，与其刊名相同，似乎为了诠释其刊名之涵义而作。其中着眼于财产争夺，论证争夺者为了个人而“无公共之思想”，引起财产不均和贫富悬绝，“资本家与劳动者之间，遂生绝大之阶级；人类之世界，几成为富族之世界。质言之，则一绝不平等之世界”。这是“社会主义之所由起”的原因。社会主义乃“平均财产，改造社会之主义”。平均财产，改造社会，“非脱离宗法社会，破除家庭制度，以个人为社会之单位不可”。据于此，“吾党抱社会主义者，所以必破家族以绝本根也”。家族制度的根本在夫妇，然后有父子、兄弟、君臣等五伦，“欲破家族制度，不得不自废夫妇之伦始”。孔子为宗法社会之圣人，其《论语》言均无贫，《礼运》言大同，“皆有合于社会主义”，但他极力倡导五伦，故“欲实行社会主义，必先废孔，孔废则五伦之说亦废”。如此，“无所谓世袭遗产而贫富不至于不均”，进而实现“无家界，无国界，无种界，无不平等，无不自由，无不亲爱”。总之，“脱离宗法社会，并脱离国家社会，合世界人类而共进于大同，夫是之谓新世界。我党于是乎本社会主义，而发挥之作新世界以新世界”。[②] 这篇诠释之作，可谓无政府主义宣言书。它与《发刊辞》是姊妹篇，《发刊辞》提出以宣传社会主义为己任，《新世界》则说明社会主义就是无政府主义。《发刊辞》由大白与煮尘合写，在目次页面上只标明煮尘一人，而《新世界》一文由大白独著，二文的不同风格，似乎也反映了煮尘与大白二人在推销无政府主义上的不同表达方式。一个较为现实，注重依托社会主义大势并将国家主义视为实现无政府主义的必经阶段；另一个富于理想，热衷于宣扬无政府主义在社会主义阵营中最为纯正的特殊地位。

第三篇文章是施仁荣的那个译述本，分 5 期连载，不必赘述。第四篇文章即《社会主义讲演集》第 1 章，作者煮尘。他原来想写社会主义浅说一书，已拟定 13 章编次，却未着笔。后担任《新世界》杂志编辑，有机会随写随刊，其中论旨，“多采前人之学说，间或参以己意”。[③] 此讲演集自本期始，连载 6 期，不妨一并介绍。

其第 1 章“绪论”，副标题“社会主义者太平主义也大同主义也”。大意是：人人期望太平之世，关键“先去社会中不平之种子”，而贫富不均为“扰乱世界

---

① 大白、煮尘：《发刊辞》，第 1－4 页，《新世界》第 1 期。
② 大白：《新世界》，第 1－10 页，《新世界》第 1 期。
③ 煮尘：《社会主义讲演集》“述者识”，第 1－2 页，《新世界》第 1 期。

之本根者”。对此,“社会主义者,即去此不平之种子,而欲使全世界之社会,同归于平者”。或者说,“以废除现存之政治、经济、家族各种阶级之弊制,以组成全世界之平等人类为归宿,以太平大同为目的”。《礼运》大同之说,“此即社会主义所实行时之现象,而世界社会党所期望之极乐世界,又即吾侪所极力鼓吹而欲所造成之目的物”。我国古籍虽未见社会主义名词,其理想与希望,“固已与近世欧美所创之说,不谋而合”,惟因数千年专制限制思想自由,“不能成一精博严密之学说”。①

第 2 章“社会主义之起原”,大意是:近世以来,面对社会组织之弊,富豪专横之毒,大多数人民日趋困苦之境,学者们纷起而探求其原因,寻找拯救的办法,其中“必以社会为组织之本位,以个人为平均之分子,使一切财产悉纳入于社会,而以社会之力再分配诸个人,如是,富量乃无畸轻畸重之偏,而人类乃皆得享平等自由之福”,此即“社会主义名词之所以发现,而社会主义学说之所以盛行”。古代也有贫富之差,到近世才出现极为悬殊现象,原因在于“机器夺人工”,即“近世物质文明之进步,反徒益少数富豪之贪欲,于吾侪多数之贫民,曾不得沾一滴之余惠”。“今日社会受病之源”,也是“多数人类之所以日陷于困苦饥寒之境”的原因,“实由于财产分配之不公”,又“由于生产物不归于生产者而为地主资本家少数富者之所掠夺”,更由于“土地资本一切之生产机关,其初皆由地主资本家所占有”;所以,“今欲谋治疗之术,亦惟有使一切之生产机关,悉夺之地主资本家之手,而移之于社会人民之公有,质言之,即废灭地主资本家徒手游食之阶级”。这也是“近世社会主义”又称“科学的社会主义”之精神。②

第 3 章“社会主义之名称”,大意是:“社会主义 socialism 之名称,系由日本从欧美屏转移译而来”。尽管原有语音与现用字义不尽密合,但经过数十年数十辈学者的思索考求,约定俗成,无须另行更张。因为现行社会组织之弊,“凡一切政治法律与生产制度,不能使人类得享安宁之幸福,满足生活之欲望”,于是先觉之士“从社会根本上观察彻底而更新之,以其所主张,名之曰社会主义”。换言之,“凡从前所谓国家、种族、宗教、家庭一切之界限,皆足以阻碍人类之平等自由亲爱和睦者,尽数而扫除之,惟以个人为平均单纯之分子,社会为直接组织之团体,一切设施,皆以社会为主体,此社会主义之所以名也”。社会主义,孙中山又译民生主义,容易产生混淆,不知其所以然。日人亦有译共产主义,“实由于社会经济组织之不平等,乃以其所主张,用真理新法,组成一新社会,去钱币,废商务,使一切财产皆归纳于总团体之社会,而以利益

① 煮尘:《社会主义讲演集》第一章“绪论”,第 2—6 页,《新世界》第 1 期。
② 煮尘:《社会主义讲演集》第二章“社会主义之起原”,第 1—10 页,《新世界》第 2 期。

则匀配于各分子之个人”，根据所尽义务即劳力或劳心程度制定所受权利的标准，“使一社会，如一家人，如一公司，人人皆衣食于社会，居处于社会，执业于社会，任事于社会，无财产，无贫富，无家族，无贵贱，此所以又名为共产主义”。总之，“社会主义，民生主义，共产主义，皆一主义”。其中：“社会”就全社会而言，意指“去旧社会之弊制，而另以真理组织新社会”；“民生”所指，仅取去旧社会之弊制一义，“缘社会经济组织之不平等，大多数人类生计之困苦而发生”；“共产”所指，另取以真理组织新社会之义，“以财产归社会之公有，个人皆衣食居处执业任事于社会”；后二者的涵义比起社会主义涵义，“取其一而遗其一”。以上是“社会主义之真谛之解释”。①

第 4 章“社会主义之派别”与第 5 章“社会主义之历史”，作者按语：“自十八九世纪以来，社会主义之学说，已弥蔓世界，纷纭错杂，流派繁多”，须悉心研索，非短时间所能详述，且欲知“社会主义之款要”，下一章内容尤急于前二章，故此二章内容暂付阙如。②

第 6 章“社会主义与人群各学之关系”，大意是：比较解释能使“社会主义之真相”愈易明了。从“社会主义与社会学”看，社会学因为现行社会种种不善，为了探索人道之正义，“近世学者别具一种远大之眼光，从社会上根本解决之，特立一方法，以谋改造一完善之新社会，谓之社会主义”。从“社会主义与经济学”看，经济学与社会主义历来有“密切相通之关系”，“其所创道，往往有足为社会主义之先导者”。如斯密所言“大利所存，必在两益”，社会主义以社会为主体，主张利于社会与社会中之个人；又如社会主义“以土地归公为第一入手办法”，而“备价收买土地之说”创自约翰·穆勒。所以，“研究经济而欲期人类之进化者，其眼光所到，自有与社会主义家之主张，有不期然而暗合者”。从“社会主义与政治学”看，社会主义不同于政治学者与政党政客，“以普及教育，增进实业为要件，以满足欲望为目的，以实行共产为究竟”，最终废弃国家政府，使军队、刑法为不必要。从“社会主义与道德学”看，“社会主义实行人类之交际，乃自能悉趋于道德，而无有奸诈权力奸其间”。“不明社会主义，不行社会主义”而侈谈道德，无补于社会；或者说，道德学“不根据于人类天性，不解决于社会主义”，那是“伪道德”。③

第 7 章“社会主义与宗教家”，大意是：宗教与社会主义，“一创于草昧未开之世，一启于文明大进之时”。宗教家对于社会主义，或认为有相同之点，遂依附而创为“基督教社会主义之一派”；或视之有相异之点，便大力排挤，嫉若仇

---

① 煮尘：《社会主义讲演集》第三章“社会主义之名词”，第 1－4 页，《新世界》第 3 期。

② 煮尘：《社会主义讲演集》第四章“社会主义之派别”、第五章“社会主义之历史”，第 1 页，《新世界》第 5 期。

③ 煮尘：《社会主义讲演集》第六章“社会主义与人群各学之关系”，第 1－6 页，《新世界》第 5 期。

雠,势不两立。其“相同之点”表现为:“理想之志愿相同”,如社会主义“毅然废个人主义而扫其自私自利之战场,归于相爱相助之乐国”,比基督教更进一步,“直施之于经济界工业界,企图变更旧制度,而组成一新社会”;“传道之热心相同”;“遭世人之危害相同”,古代基督教初兴时曾遭迫害,法德二国社会党亦曾因鼓吹社会主义而遭受政府反对;“其传播之速亦相同”,像基督教一样,社会主义的传播如1860年以前,德国无所谓社会党,其后一经发起,大量人参加;“其思想俱以世界为本”;“其对于贫民共溅同情之泪”,如社会主义“去私利谋公益,废私人之资本,立公有之制度”,尤其帮助贫苦劳动者,其原动力与古代基督教思想同出一源,“实人情之大道”;“其同胞相爱之情俱盛”,古代基督教信徒所率行者,“恰如今日之共产党”,即近代社会主义“以爱情相团结,以能力相资助,立法尤为美善”。二者的类似,不独现象,其精神宗旨亦复如一。近世社会主义“非但改革一时之社会,实又可发挥万世之宗教”,故“以社会主义为今日之宗教,亦无不可”。二者的“相异之点”表现为:“其希望目的之归宿有异”,如社会主义的目的,“造成一真平等真自由真幸福之极乐世界”,使人类能亲身体验享受,不同于宗教家的灵魂来世、虚无缥缈之谈,且社会主义“皆用科学的理法,切实可据,使人之信从者,皆有一必能达到此希望目的之一日”,故“社会主义已如旭日升天,光耀世界”,与今日宗教家的苟延残喘不可同年而语;“其知识思想之精疏有异”,不同于宗教家,“社会主义用科学的理法,追求人类过去之历史,以研索社会未来之现象,并推究人类本原之性质,发明社会进化之真诠”,其主张“盛水不漏,原始要终”,此乃“社会主义之特长”;“依他力与依自力之有异”,宗教家依赖教主的他力救度,社会主义则“以人人自由,各以自力实行为主,而无丝毫假他力之救助”。总之,“社会主义发明,已足以代一强毅之宗教而有余,且立于必胜之地”,社会主义实行以后,“人类之所以营求衣食、竞争权利者,将悉数沙汰,而惟有以相亲相爱,相处以道德”。①

第8章“社会主义与社会政策”,前已述及,其大意是:社会主义与社会政策的区别,打个比喻,如一千年巨厦,凋零破败,社会主义“必统盘筹算,去其旧而图其新”,当其改造之时,居住之人不免有餐风露宿之苦,一旦改造完成,即一劳永逸享受安宁欢乐;社会政策不过对破旧之屋作补苴罅漏式修补,只顾眼前,其结果仍不免在狂风骤雨中遭受坍塌之难,最后还得考虑重建之策,而人类已罹惨祸。社会政策的主张,有所谓保护劳工,奖励小资本家,限制独占事业,征课富者以累进税等,“以为平均贫富之善法”,不同于“直截了当实行社会主义,废灭地主资本家,而以土地资本归之社会为正本清源之计,使永绝此劣制度恶阶级”。社会政策还以主张国家主义为要件。至于注重义务教育,不实

---

① 煮尘:《社会主义讲演集》第七章“社会主义与宗教家”,第1—14页,《新世界》第6期。

行社会主义难以解决。归纳起来，主张社会政策者，“以社会主义非一时所能几及”，毋宁修补以图目前之暂安；或“以社会主义不过一种空想，而不可见诸实行”，不予考虑。“深思好学之士”则认为，只有先解决社会问题，一切制度之良恶、人心之诚伪、风俗之厚薄问题，才能迎刃而解。[①]

煮尘本来打算写13章，前面提到其中8章，后5章如“社会主义与国家主义”、“社会主义与家族主义”、“社会主义与个人主义”、“社会主义施行所必经之阶级”、“社会主义之究竟目的”等，在《新世界》第8期中，未见载之，以后此刊物中断，也未再延续。从刊出的内容看，这个《社会主义讲演集》，以采撷当时流行于日本的有关社会主义著述为主，其中既有马克思学说，也有欧美非马克思学说如伊利学说、基督教社会主义，还有孙中山的民生主义和中国古代大同学说等等，是一个杂烩拼盘。细心考察，其资料辑述，贯穿始终并体现作者真实倾向的一条主线，是打着社会主义旗号的无政府主义。

第五篇文章“世界大事记”，严格说不是一篇文章，而是一个栏目，由沈豫编辑，连续见于《新世界》前5期。其中以报道国内外重大事件为主，特别对国外发生的革命或罢工事件表现出浓厚的兴趣，如欧洲矿工大罢工、意大利“无君党人”刺杀皇帝未遂、英国女子争取选举权、俄罗斯罢工风潮、英国轮船火车转运工人罢工、美国酒楼工人罢工、高丽革命党人被获、葡萄牙电车工人罢工、英国转运工人罢工等[②]。选择这些事件作为报道对象，也体现了《新世界》的社会主义色彩。在这个栏目里，还提到孙中山辞去总统一职后，“努力于民生主义，其办法从征地税入手”等，并给予“详悉中肯”的评价，推崇孙中山“真可谓造时势之英雄”，期待他来沪到中国社会党党部讲演社会主义，“使吾人皆得悉社会主义之真谛，以期与世界列国共进于太平大同之域”云云[③]。可见当时中国社会党承认孙中山在中国造就社会主义时势的“英雄”地位。

第六篇文章“自由笔”，也是一个较为固定的栏目，由煮尘主笔，《新世界》前7期一直保留这一栏目。第1期栏目开篇时说明，命名“自由笔”，在于内中之作，“或从旧书堆中，随手翻来，觉其说与新世界可印证；或由新闻纸上，偶然触目，觉其事与新世界有关系者；时或闲步人丛，见他新怪之事；时或静居禅室，悟我奇异之天；随笔记之，无门类无秩序”[④]。其实，此栏目仍遵循一定的门类或秩序，就是搜集各种资料来印证和维护所理想的“新世界”，亦即无政府主义式社会主义。谓予不信，请看各期“自由笔”中的随笔记文。

---

① 煮尘：《社会主义讲演集》第八章“社会主义与社会政策”，第1—9页，《新世界》第7期。

② 参看沈豫编辑：《世界大事记》第7—11页（《新世界》第1期），第4页（《新世界》第2期），第4页（《新世界》第3期），第3—4页（《新世界》第4期），第3页（《新世界》第5期）。

③ 沈豫编辑：《世界大事记》“孙总统解职后之行动”，第4页，《新世界》第1期。

④ 煮尘：《自由笔》，第1页“记者识”，《新世界》第1期。

例如:第1期栏目里,“社会主义之妙喻”一文,赞赏村井至知的《社会主义》一书第4章“社会主义与道德”中,用种植蔷薇花作比喻,说明社会主义观点的正确,“不欲社会改革而为姑息之谈”的错误,以及“社会制度关系于人生之道德”的重要。“秘密结社之方法”一文,介绍欧洲“革命党、虚无党、无政府党”所采用的秘密手段与方法。[①] 第2期栏目里,“答亚泉”一文,如前所述。第3期栏目里,“中华民国与社会党”一文,举证因德国下议院占多数地位的社会党党员反对,中国免遭瓜分,故应告诉我国同胞,“社会党之有德于吾国与吾人”。“中俄社会党联合之先声”一文,声称有俄国社会党党员加入中国社会党,“极赞成党纲中遗产归公一则,以为探骊得珠,切中要肯,较之共产均产集产等主张,尤为切实可行,且其事不至与现行政法相冲突”云云。“自由之花”一文,强调自由“必待社会主义实行以后”,否则只是少数富者之自由,大多数贫者无与。“自治之果”一文,面对现行政府和议会中的腐败现象,“不得不梦想社会主义实行以后,或始见真自治之真相”。[②] 第4期栏目里,“新世界之四面观”一文,解释《新世界》为何不径称《社会主义杂志》,理由是:“社会主义者,实不啻即世界主义也。是主义之究竟,固不以一国一隅为限,而以全世界为的者”;如果实行这一主义,荡涤旧世界而易一新观,“真现一新世界”,则“社会主义为其本体,而新世界实吾侪之目的物”,故以此目的物为名鼓吹之。目前我国社会党成立不过半年,一般人民尚不知社会主义为何物,久而久之,“自能知社会主义为世界之真理,人道之正谊,幸福之源泉,进化之极轨,崇拜之,信仰之,实行之,而吾党之目的达,太平大同之新世界成矣”。[③] 第5期栏目里,“误认教育平等者曷听诸”一文,反驳那些诋毁教育平等者,强调这是“社会主义施行之起点”和“吾党主张之微旨”[④]。第6期栏目里,“绍介新著”一文,推崇卢信的《人道》一书“原本社会主义,透彻发挥”,“诚社会主义之健将,汉土著作中一杰构”,“能明悉社会主义真相者”;《新世纪》“专事鼓吹社会、无政府、共产等主义”;英国医生马林的《富民策》一书,以乔治的“单税论”或“地租归公”为根据,乃孙中山“按地价征税”观点之出处,主张“富国不如富民,富一二有资本之民,不如富天下无衣食之民,可谓知所先务”,其“右劳动者而左资本家,纯为社会主义之言”等[⑤]。第7期栏目里,“无政府党之势力”与“社会党之发达”二文,意在说明“无政府主义与社会主义,其根柢理想与期望目的,未尝不相同,然所以有二者之别者,实各国政府之有以制造之”。[⑥] 诸如此类,从不同角度

① 煮尘:《自由笔》,第3—8页,《新世界》第1期。
② 煮尘:《自由笔》,第1—5页,《新世界》第3期。
③ 煮尘:《自由笔》,第1—2页,《新世界》第4期。
④ 煮尘:《自由笔》,第4—5页,《新世界》第5期。
⑤ 煮尘:《自由笔》,第1—4页,《新世界》第6期。
⑥ 煮尘:《自由笔》,第1—10页,《新世界》第7期。

反映作者的“自由笔”,是在宣扬带有无政府主义色彩的社会主义之“自由”。

第七篇文章“新村”,是“理想小说”即幻想小说的第一回。此小说采用章回体形式,仅存三回,连载5期,借助“为全世界做了个模范”的虚构“新村组织”,抒发作者对未来理想社会的憧憬和追求。如谓:“这新村就是新世界的根本”,富人看了新村知道钱财是无用之物,会主动投降从而以“和平解决”方式完成社会革命,完全改变旧世界,创造一个新世界,那时“全世界的饮食居处都是一般”即实行统一标准;当前欧美各国正是资本家与劳动者大激战之时,“社会主义已如日月经天,江河行地,照耀世界,澎湃全球”;中国社会党作为“先觉的志士”,知道“非社会主义,决不足救贫弱残废之数,致太平大同之效”,惟党内存在分歧,或言社会主义一时恐难实行,不如急则治标,“先施行国家社会主义”,或对此甚不以为然;主张国家社会主义者认为,“纯粹的社会主义,非到人民程度十分高尚的时候,断然不能施行”,“社会主义只是以社会的人自己去组织社会,不用政府来治理他”,我国目前大多数人民“尚不晓得社会主义是什么一件东西”,加之今日中国经济的恐慌已达到极顶,若先实行“国家主义的社会政策”,将一切土地、矿山、铁道、大工厂等归了国家,“社会主义的基础已经立定”,“将来实行那社会共产主义或无政府主义,不过除去一个政府,将国家改了个社会,岂不是事半功倍”;主张无政府主义者则认为,“必定要人人能都知社会主义,然后才能施行”是不可能的,应当“将社会主义先实地施行起来”,生活在这个社会里,“那社会主义自然人人能够知道明白的”,此后人们不必营求衣食,竞争权利,只有名誉和学术的竞争,有益于增进人类的知识,也有利于维持人类亲爱和睦的道德,只要同志们拼着一腔热血,联合“万国社会党”实行社会革命,就能如快刀斩乱麻一般废除旧社会制度,“用真理组织个新社会”;另有第三者认为,“要先造一个模范社会,将社会主义的真理新法统通在这模范社会里先施行起来”,以此影响人们,这是“最要紧而且最易行最有效力的”;最后的表决说:“社会革命是全世界的事情,断不是一国一隅可以行的,将来自然须联着万国社会党,同时举行,同时结果,到了此时,始得造成一个太平大同的新世界”;鼓吹“模范社会万岁,社会党万岁,社会主义万岁”;宣扬“现今世界大势,已如万水朝宗,非施行社会主义不可”;等等。① 可见,作者把这个“新村”,当作寄托自身理想和弥合中国社会党内分歧的最佳选择。

以上关于《新世界》第1期所述社会主义内容的介绍,由于其文章或栏目连载的缘故,已经述及此后各期的内容,所以,对于后面各期的介绍,只须作些补充即可。譬如:《新世界》第2期,有《死人世界与生人世界》一文,反对造坟

---

① 煮尘:《新村》第一回,第8－10页(《新世界》第1期);第二回,第16－20页(《新世界》第2期);第21－31页(《新世界》第3期);第三回,第6页(《新世界》第4期);第14页(《新世界》第5期)。

之俗占用土地，提倡火葬、水葬或深葬，借此大谈“社会主义者，人类求存于世界之主义”[①]。透露作者“大白”所追求的社会主义，乃世界主义即倾向无政府主义。

《新世界》第3期，大白的《私爱世界与公爱世界》一文，针对人类社会相倾相轧、相戕相贼的自残现象，提出“自广其爱，以及于世界，至于爱及世界，诚吾党之所祈，而大同之起点”。欲由今日私爱盛行之世界，广而为公爱世界，“固非实行社会主义，以个人为单位不可”。世界乃一大社会，以人类为其分子，“实行社会主义，而破其意识所造之种种界，使知人类舍世界外，无可倚赖”，这样由个人积而为人类世界，可将个人的私爱推广而为人类世界的公爱。所以说，对公爱世界，“吾党之有志大同者苟知其美，无畏其难，但人人自融其意识，自泯其界限，自广其私爱，而公爱即于是乎成”。[②] 关于实行社会主义以实现公爱世界的论述，意在破除或泯灭因私爱而在意识上产生诸如家族、乡党、州郡、国家等种种界限，用典型的无政府主义式语言，为作者所标榜的社会主义即世界主义涵义，作了一个注脚。另有《参观欧乡学堂演说词》一文，批评我国历来重男轻女，致使女子无教育，主张男女同校以为男女平权之始基。对此，煮尘加按语称赞此说“多有合于社会主义，且切中时弊”。[③] 于此亦可见其编辑刊物时对于社会主义的热衷，不放过任何表达的机会。

《新世界》第4期，有崇侠的《答苏部党员顾诵坤书》及原书附录，这是社会党内围绕建党宗旨问题而以答问形式发表的论辩性文章。顾诵坤曾致信提出，社会主义传播于我国，为时不久，以其学理灌输于人心，其道不易，因此，中国社会党应与外国联络，互相扶持，以资进行。他认为，“社会党极端主义，必在于无政府，非然者，不足谓为真正之社会主义”；外国的社会党与无政府党，历史上久已歧异，我党应抛弃这一成见。“今日所提倡之共产主义”要实行于将来世界，若不破除政府，意味着“讲共产主义者”仍将社会权力委于国家，一切财产亦为国家所有，如此，“上得挟权以临下，下将奚堪”。所以，“政府一日不去，则倒悬一日不解，而权利之心，亦一日不去”。即便实行社会民主主义，每人有参政权，也不能解决保留政府所带来的问题，以致“社会主义一篑之功，遂竟止于此”。鉴于此，他主张“以无政府主义，遍播于吾党员之心，使知赞成共和为手段之一，实行无政府主义为目的之一”，克服“依赖政府之奴性”。对于这一意见，崇侠的答复是：“社会革命，为全世界解决问题，非区区中国一隅所能奏绩”，甚至设想本党选择深明社会主义且熟谙世界语言者为代表，周游各国，筹备召开“世界社会党联合大会”，共商合并方法，宜将国名取消，只称社

① 大白：《死人世界与生人世界》，第7页，《新世界》第2期。
② 大白：《私爱世界与公爱世界》，第1—6页，《新世界》第3期。
③ 崇侠：《参观欧乡学堂演说词》，第1—4页，《新世界》第3期。

会党，这样更符合“无国界、无种界之本旨”，国界既破，政府也没有存在的必要。但是，“政府之去留，当视乎人民之能自治与否”，如果不能自治，一旦取消政府，反而让暴徒和列强得逞，成为平等自由的障碍，故“未可轻言”去政府。去政府是吾党所期望的“极端之归宿”，何况远古之世“本无政府”，其区别在于，以前乃“人人无治之大同”，以后将是“人人自治之大同”。总之，“今吾党欲以无政府主义破少数之专制，以共产主义破富族之专制”，此奋斗目标本无待言，然而应当明白，“社会主义本期和平改革”，若他日“必用激烈之手段”，也是“为全世界解决问题，必合世界社会党全力，同时爆发，断非区区一隅之地所可举事”。[①] 其言下之意，不同意一国实行无政府主义，主张在培育人民自治能力的基础上，全世界社会党合力一并实行无政府主义。

还有允中译述《社会主义与无政府主义》一书第 1 章“理想社会主义家之旨趣”。其中提到，18 世纪法国“抱唯物主义者”与 19 世纪“社会主义家”，二者理想相同，“法国唯物家之法则，亦即社会主义家之法则”；“理想社会主义家”的理想，“以人心思想之理法，以求一完全社会之组织”，其依据“惟天然性质而已”[②]。另外，转载孙中山在南京同盟会会员饯别会上的演说时，克恭附加数段按语。其按语，一是阐释孙中山的共和政体思想，认为此制较优于专制与立宪制，却“非谓郅治之极轨”。因为“政府为万恶之泉源”，不论怎样改良，终不免牺牲一部分人民的幸福，这是“近世文明国之通病”，也是世界学者绞尽脑汁仍难以解决的弊端。对此，“惟社会主义实行，斯弊可免”。这里的社会主义，实际指无政府主义。有人认为中国不同于那些文明国家，无资本家和大地主，可以不实行社会主义，按语说，社会主义起源于人类的不平等，“国家愈文明，事业愈发达，贫与富之阶级日趋愈远，不平等之事亦日以多，社会革命遂应时而产生，尽推翻旧有之组织，而成一社会主义之新世界，大势所趋，各国将悉止于此境”，中国当然也不例外。否则，孙中山关于中国重蹈文明国家覆辙的预言，将不幸而言中。二是赞成孙中山的征收地价税思想，认为大地主大资本家的垄断，势必反对社会主义而阻滞地权平均，实行专征地税之法，“地权可均，于无形中祛除社会主义之障碍”；现在各国都深信地税之利，力求推行征收办法，其国家公共开支亦皆取资于地税，故中国社会党拟接受这一主张。三是对孙中山借债用于生产事业的思想提出异议，认为它适用于海外各国，不适用于丧失信用的中国。最后对孙中山所论“纯系马克斯之学说”，为“纯粹的国家社会主义”，认为它与本党主张不尽相同。[③] 可见，在社会主义问题上，克恭对于孙中山的思想，若即若离，其差别在于用无政府主义眼光审视所谓国家社会

---

① 崇侠：《答苏部党员顾诵坤书》并附顾诵坤原书，第 1—10 页，《新世界》第 4 期。
② ［美］乔治泼来且诺甫著，允中译述：《社会主义与无政府主义》，第 1—7 页，《新世界》第 4 期。
③ 《孙中山先生社会主义谈》克恭按语，第 4—5、8—9、11、14 页，《新世界》第 4 期。

主义问题。

从《新世界》第5期起，设立“新世界之祝词及评语”专栏，刊登本党成员或读者寄来的祝愿和评论之词。如谓：“发挥社会主义之真理，议论宏通，识见高卓，必为世界所欢迎”；“理想高尚，恳切发挥”；“社会主义方在萌芽，非得大声疾呼之杂志以鼓吹之，决难继长增高”；“著述宏大，学说新颖，实为今世唯一之杂志”；[①]“贵报之于现世界，诚暗室之明灯，苦海之慈航”；“学理奥颐，实为空前之杰作”；“鄙人当幼稚之年，即抱社会主义，痛社会之所谓是非多不凭公理，贫富之阶级既严，遂以贵贱为善恶，哀吾民何以堪此？自贵杂志出版，一般为富不仁之辈，得此当头棒喝，或可稍改其面目乎？吾党之目的，誓以必达，将来吾人类同胞，共吸新世界之空气，可预卜也”；“社会主义为晚近最新之学说，吾国书报之阐发斯主义者，有同凤毛麟角，贵社乘时崛起，为斯主义之先河，其获人群所欢迎，可不言而喻”；“贵杂志议论透彻，不特迥出庸众，实能发前人所未发”；[②]“思审缜密，议论透辟，所评断者亦皆精当不易，能以社会主义之真光湔除现社会之伪道德恶习惯，涌现真美善之新世界，俾人类共臻于真平等真自由真大同境域者，必此新世界”；“搜罗宏富，议论精确，为烦恼世下棒喝，为大众生救苦辛，允推空前杰构”；“贵杂志出版新思伟论，溢于行墨，凡我党员无不同声赞颂”；[③]等等。凡此种种，有自吹自擂之嫌，却多少显示出《新世界》以宣扬社会主义为其宗旨，在当时中国思想界所产生的具有开风气之先的震撼作用和不俗影响。

第5期有大白的《分产世界与共产世界》一文，以公与私对应共产与分产，认为人类世界原无家室，“本一共产之局”，此即孔子所谓大同时代。后来因家室出现而产生分产之制和私爱之心，于是盛行个人、家族、乡党、州郡、邦国之间的相互倾轧戕贼现象。其中遗产造成子孙坐食荒惰的习俗，便是分产之害的具体体现。[④] 此文未完待续，后面各期也未见续载，但其意旨早已昭然，无非宣扬无政府主义的取消私产主张。另有寄虫的《中国社会党绍兴部常会演说词》，宣讲社会主义不同于社会学，“盖社会主义者，人道主义也，所以改良社会，谋社会之幸福。以自由平等亲爱为体，以教育平等、遗产归公、直接生利、专征地税为用，而以尊重个人、破坏家族、促进大同为归。自抽象的观之，亦可谓之民生主义”。社会主义“方始萌芽”，在改良法律、普及教育、专征地税、限制军备等方面，“苟能借政府之力以行之，而使社会得速蒙改良之幸福，亦未为不善”。但这只是“借权”，不是止境，最终目标“相期进乎大同”，而“借权之事

---

① 《新世界之祝词及评语》，第3—4页，《新世界》第5期。
② 《新世界之评语》，第1—2页，《新世界》第6期。
③ 《新世界之评语》，第1—2页，《新世界》第8期。
④ 大白：《分产世界与共产世界》，第1—5页，《新世界》第5期。

不过手段，非吾党本意”。社会主义尊重个人，“以个人为单位者”，反对女子为男子附属品。① 这一宣讲，颇类于煮尘的主张，不同于极端无政府主义，赞成暂时借助政府为手段来实现无政府主义的初期阶段性目标，但宣讲中将破坏家族也归入民生主义的内涵，却是对孙中山民生主义思想的亵渎。

《新世界》第6期，煮尘的《规孙中山》一文提出，“信为道德之总源，社会主义中唯一之要件”。此文起因于孙中山1912年10月14至16日在上海中国社会党发表演说之前，曾于同年6月1日和7月2日两次接受该党邀请，拟赴沪讲演社会主义，均未践约，引起煮尘等人批评他失信不来，“使我国初萌芽之社会主义，迎头受一莫大之打击”。由此又推衍出一番有关守信与社会主义关系的议论：“社会主义者，无国界，无种界，无家族，无宗教，将旧日之所谓尊卑阶级悉行废弃，而惟存一人类平等交际之社会，此社会主义实行时之现象”，在这种环境里，“信则尤为重要”。② 从这番议论中，依稀可辨在中国社会党方面，即便像煮尘这样推崇孙中山主张的人，受无政府主义的熏染，也与孙中山的社会主义主张在理论根基上，存在深刻的分歧。这种分歧一旦孵化成熟，便由潜在的隐患，转为公开的决裂。

第6期还设立“社会主义问答”栏目，以问答形式传播社会主义思想。如有人问，社会党实行“均富”，“是否夺取富人之财，以接济贫人”。回答是：均富一语系社会主义初期“最粗浅之学说”，如今“久行废弃，无人道及”，它鼓励游手挥霍之人而损害勤俭善积之人。今天所说的社会主义，“以财产公诸社会，而以职业分之于个人，人但执一业，任一职于社会，其衣食居住等，皆由社会供给之，此各尽所能、各取所需之正义”；人人执业于社会则无一游手无业之人，社会生产物将增至不可限量，个人亦得以减少工作时间，“岂非成一无忧无虑之极乐世界”，此即“社会主义所主张”。③ 这一栏目曾经延续，如第7期有若干问答内容。一则各国在野社会党总是“以急激为手段”问题，回答是：“世界之社会党，原有和平激烈两派，大抵随各国政府之待遇为转移”。如英、美、法、德等国社会党，放任自由，趋于和平，其主义逐渐“普灌于社会”，等待信从者增多，大多数人民将起而执行之。又如俄罗斯、意大利等国政府压抑社会党人，迫使该国社会党“不得不报以激烈之手段”，进而“一变而为无政府党，欲先去政府之障碍”，尤以俄罗斯人在政府暴戾之下相率成为“虚无党”，“不特欲废除政府，且欲以破坏一切”。我党纲领“固以和平相期望，而不以激烈为手段”，若执政者逼迫，亦不得不仿效俄、意等国社会党的恐怖行为，只是“在今日又何必执急激之手段为方针”。二则党纲主张“遗产充公”问题，回答是：应为遗产“归

① 寄虫：《中国社会党绍兴部常会演说词》，第1－10页，《新世界》第5期。

② 煮尘：《规孙中山》，第1－6页，《新世界》第6期。

③ 《社会主义问答》，第1－2页，《新世界》第6期。

公”而非“充公”,充公“有强制的性质”,归公则“由于本人之自愿”。此法“为平均贫富逐渐施行最敏妙之方法,苟能实行,则必无甚富极贫之两阶级,而于社会主义之成功,已思过半矣”。其实行方式,可先由生计自立者“组织为实行团以为之倡”,集款巨大后,“组织一模范社会,使人人各执一业而无游手之民,则以生产之赢余,以资教养”,此即“大同世界之权舆”。三则入党资格问题,回答是:凡了解本党宗旨及能自营生计者,皆可为本党党员,不分国界、种界、宗教界,无论男女,权利义务平等。四则社会党假手政党而为进取之利器问题,回答是:本党发起时,“固为纯粹的社会党,其目的专注于改造社会,而不以厕身政界为利器”,近来少数党员“以早日施行国家社会主义”,欲将其改为政党。① 又如第 8 期也有类似的问答。提问现今社会私欲充斥,道德堕落,对社会主义的进行实多障碍,有什么办法挽救。回答是:此现象“正因不施行社会主义之故”,而道德风俗的伪劣,“无不从社会组织之弊而发生,经济问题,实为其首”。今日欲救此弊,“首在推行社会主义”:使人不必有衣食之钻谋,权利之争竞,饱暖终身,优游卒岁;无子孙财产之图,家室牵顾之累,人人独立;劳动于社会,每日不过一二小时,其余暇或研求或休息;如此无所谓私欲,惟以道德相处。所以,实行社会主义是“从根本上解决”问题的办法。② 以上问答,不难看出栏目主持人(或许就是煮尘本人)心目中的社会主义,既寄托着对未来美好社会理想的憧憬,又弥漫着不用激烈手段或强制方式夺富济贫、单靠个人自愿或组织模范社会的和平办法平均贫富的期待,这种矛盾心理,在坚持无政府主义理念的前提下,也为接纳所谓国家社会主义留出了某些空间。

《新世界》第 7 期,有端庄的《覆友人陈述本党意见书》,说明社会党产生于中国,可从广义上理解为社会党人在中国组织的团体,也可从狭义上理解为中国人在本国组织的团体。由此形成两派,一派隶属于广义范围,“恒趋重无治与共产”;一派隶属于狭义范围,“常注意民主及国家”。后者视前者“陈义过高”,前者称后者“眼光卑陋”。就社会党的主张而言,“国家之社会政策及民主制度,为社会必经之梯阶;无治共产之精神及世界大同之极轨,则本党所希望最大之目的物”,连接二者的桥梁是教育与道德。通过这种循序渐进方式,“无政府无家族等惊世骇俗之言论,亦渐渐萌芽于鼓吹,将来最大幸福,当悉止于此境”。这种言论目前不见之于实行,也不会破坏现有政府;同时极端鼓吹这一主义,断断不能止于国家社会政策。社会党在中国可分为三大时期,即鼓吹时期、模范时期和实行时期,其相互关系:“国家社会主义其津梁,无政府共产其彼岸”。③ 这一陈述,旨在协调国家社会主义与无政府主义的关系,以前者

① 《社会主义问答》,第 1—4 页,《新世界》第 7 期。
② 《社会主义问答》,第 1—2 页,《新世界》第 8 期。
③ 端庄:《覆友人陈述本党意见书》,第 1—4 页,《新世界》第 7 期。

为手段，后者为目的，将二者统一于所谓广义社会主义的涵义内。这是《新世界》的主导思想，也是对这一主导思想的简明清晰表述。还有姚乃光的《社会党教育团征求发起同志启》，批评私有条件下的“经济不平等之世界”，难言“教育平等”。主张“以教育归公为调和之至计”，或组织各级学校实现“平民教育之普及”；或将地方学款和学校“全数归公”，实行以盈补绌的经济分配和公众担任一切事务的管理方式，“正所谓以公共之赀财，造公共之人才”，以此实现“教育平等”。[①] 这些关于教育的主张，也可看作是对前述通过教育逐步实现无政府主义理想这一观点的具体补充。

《新世界》第8期；有关江亢虎的《社会主义演说词》，前面已予分析。此外，《绍兴部对于中国社会党重大问题之意见》，主要针对江亢虎拟用社会党名称包含党内“无治民主两党”，借以“调和两派之争点”，提出质疑。其理由：“世界社会主义与国家社会主义，虽其目的，皆在民生，然国家社会主义既以国家为范围，则其见有所画，而与世界社会主义之主张无治，由现在之国家社会以渐进于世界社会，固有大相径庭者”。抱持国家社会主义者要求成立有系统的政党，不同于社会党之“非政党”宗旨，虽以平等为揭橥，“终不能得真平等”，就像用药一样，可以使病暂止，不能去其病根，甚至会增重其病根而后发病更烈。与此相反，在国家存在时主张世界社会主义，“由现在之国家社会，以渐进于世界社会”，犹如“知其病根在国家而不可以骤去，则暂留之而投以缓性之药，以求其渐渐化除而徐拔其病根”，这是与前者的差异之所在。所以，不如让那些“主张完全政党者”另行组织“民主社会党”，与“纯粹社会党”脱离关系，后者不妨将前者视为外援，收其以民生为目的之利，救其以国家为范围而不能得其平等之弊，以期殊途而同归。[②] 这是中国社会党内比较典型的坚持极端无政府主义一派的观点，类似于前面所介绍的主张世界社会主义或纯粹与极端社会主义一派的观点。与此对应，还有《煮尘客废姓说》认为，既然知道社会主义为“最高尚、最美善、最完全、最公正、最和平之主义”，社会主义“以社会为直接之团体，个人为单纯之分子，断不容有一间接之家族团体奸其间”，则作为革除数千年来根深蒂固之旧俗的一个起点，“当以废姓为第一义”，借此逐渐去除家族观念而进入社会思想。预言此举不出十年，“必将风行大地而为社会主义施行之先河”。[③] 将废除姓氏作为实行社会主义的先期步骤，反映了无政府主义者心目中的所谓社会主义是何等货色。由此也提醒读者，《新世界》上的文章，其作者或译者多以化名出现如“煮尘”、“大白”、“崇侠”等，较少标明真实姓名，并非单纯的化名偏好，原来还有废除姓氏进而废除家族的无政府主义寓意。

---

① 姚乃光：《社会党教育团征求发起同志启》，第1－2页，《新世界》第7期。
② 《绍兴部对于中国社会党重大问题之意见》，第1－2页，《新世界》第8期。
③ 《煮尘客废姓说》，第5－6页，《新世界》第8期。

以上不厌其详,列举《新世界》现存第1期至第8期刊载各类文章的题目及其内容,说明一个事实,即《新世界》正如它公开晓谕读者时所宣称的那样,以"社会主义之大本营"作为其纲领与特色。它的各类文章,无论新闻报道还是自由撰稿,理论阐述还是幻想小说,自撰还是翻译,社论还是辩论,讲演还是答问,长文还是题词等等,各自的表达方式和角度有较大差别,但几乎无一例外,都以阐发社会主义理想信念作为其宗旨,或者说,此刊物有意识地将社会主义理念通过不同的表述形式渗透到各个领域,以期给人留下难忘的深刻印象,这简直是一本有关社会主义的专题刊物。如此连篇累牍、心无旁骛地推崇并宣扬社会主义,以刊物而论,在当时的环境里,可谓绝无仅有。正是置身于这一氛围,才使得《新世界》成为那一时期刊登有关翻译或评介马克思学说的文章最为集中和最有代表性的刊物。《新世界》所说的社会主义,往往被赋予无政府主义的内涵,毋宁说就是无政府主义式社会主义。不过,在无政府主义思潮中,《新世界》的主导倾向,似乎偏于较为缓和一派,追求无政府主义为最终目标,同时承认现阶段作为过渡措施,借助政府来改造社会而不是马上破坏或取消政府的合理性,在一定程度上能够接受诸如民生主义、国家社会主义一类主张。因此,它能够与不赞成无政府主义的孙中山一派,结成暂时的联盟,由衷地拥戴孙中山在中国倡导社会主义方面的领导地位。反过来说,孙中山受邀到中国社会党党部,用不同于无政府主义的理解来讲演社会主义并诠释马克思学说,也能够获得众多的响应者。这恐怕是本时期以《新世界》为代表的无政府主义者,区别于前期以"天义派"和"新世纪派"为代表的无政府主义者的一个特点。须指出的是,本时期《新世界》热衷于介绍和宣传马克思学说,不必追随孙中山的兴趣,尽管它认为孙中山所主张的国家社会主义得自马克思学说;单凭它误以为马克思、恩格斯的国家自行消亡思想是简单地取消国家或政府,就足以煽起那些无政府主义者对于马克思学说的浓厚兴趣。无论出于什么动机,那一时期《新世界》对于马克思学说的传扬,不同凡响。在《新世界》的众多文章里,同样含有极端无政府主义的倾向,要求划清与马克思学说乃至与孙中山所主张的国家社会主义的界限。这种倾向,代表了无政府主义派别的实质性要求,意味着该派与孙中山一派的暂时结盟,终将破裂,对马克思学说的一时兴趣,也终将消失并走向其反面。

第二章　《泰西民法志》及其他著述关于马克思经济学说的评介

本编考察的这一时期，马克思经济学说向中国的传入之扩展，其标志，不仅表现为以孙中山为代表的革命民主派及其同盟者积极主动地介绍和宣传马克思学说特别是它的经济学说，而且表现为其他非革命民主派甚至反对孙中山一派的人士，也不时提出转译或评介马克思经济学说的有分量之作。粗略比较，还可以感受到，这两类人士评介马克思学说，尽管采取的态度往往不同或者截然相反，但他们接触马克思经济学说的广度与深度，却不能简单以其态度划线，一概而论。换句话说，那些不赞成甚至反对孙中山一派、因而不一定赞成甚至反对马克思学说的人士，述及马克思经济学说的具体内容时，也可能不乏见识，其理论眼光不一定逊于孙中山一派。而且，1912 年以后的若干年内，孙中山一派由于反袁斗争的需要，不得不转移其注意力，除了个别例外，很少谈及马克思经济学说。本时期评介马克思学说方面的这种断裂现象，在其他人士那里，即使有所表现，也不那么明显。马克思经济学说传入中国的这一势头，从一个方面印证了列宁所说的中国乃至亚洲的觉醒。

第一节　《泰西民法志》关于马克思经济学说的评介

最初考察马克思经济学说传入中国的源头，已经证明，《泰西民法志》并非如传言所说出版于 1898 年，而是出版于 1912 年。此书出版后，似乎沉寂于世，未见到有人留下什么评价文字。这部标明“英国甘格士”原著、“元和胡贻谷”翻译、“上海蔡尔康”删订、“上海广学会”印售的译作，近年被发掘出来，给予不同寻常的关注，主要由于书中不少地方并以专篇形式，介绍马克思的生平事迹与学说观点，给予评析，从而为今天考察马克思主义学说传入中国的早期历史，提供了值得珍视的新资料。可惜的是，一些推崇此书的关注者，大概只闻其名，未见其书，或者假手后来的《社会主义史》中译本，悬揣此前《泰西民法志》一书的有关内容，因而对于此书究竟怎样评介马克思及其学说、其译文质量如何等，难免语焉不详。为此，不妨先将《泰西民法志》一书的基本框架与内容，特别是其叙述所谓“泰西民法”即西方社会主义的历史沿革情况，作一简介；然后重点分析它对于马克思经济学说的评介内容。

一、《泰西民法志》内容简介

《泰西民法志》，上下两卷，上卷10篇，下卷6篇，共16篇。

第1篇“民法总纲”[①]，宣称“泰西民法之学”也就是西方社会主义学说，胚胎于1833年，至今“积书充栋”，“其理犹有未尽圆足之处”，却像种子一样广泛播布，“几于风靡五州”，文明之国“更奉此说以鼓吹后进”，各地“一唱百和，迭起环兴”，甚至称此学“不仅左袒劳人，实为遍地球人之保障”。其势好比朝潮夕汐，无人能够阻挡。“民法”产生，必有其“大不得已者”，惟“持论过激”导致杀人盈野之祸，与“民法之本旨”有毫厘千里之差。为了避免可悲的“民间之剧疾”，亟宜悉心研究，对症下药，去其病根。研究“民法”，一要有爱心，关心劳佣的艰难、贫妇的困苦、孱弱国家与民族的冤枉。二要有公心，不带偏见，指出“醉心民法者”与“反抗民法者”二者之弊。

“民法”之名，起始于1833年“保贫党”，两年后，以欧文为其领袖的“万国万民会”揭橥此名以示于众。此名自英国人创始号召以来，风行欧洲，19世纪学子们以其“至坚极卓之名，且蕴绝大之力”。“民法之学”在英国必推欧文为导师，在法国则由圣西门、傅立叶倡导之。此后宗法其说者提出种种奇想和新理，“民法”名词产生多种歧义，从时局和舆论的发展趋势看，其中“一成而不可变”的涵义是：“凡为穷黎造福而干涉私人之财产，为公众纾祸而限制物力之偏胜，或筹更新以改旧，或议除旧以布新，总谓之曰民法”。其实质反对今世自由竞争制度。

“民法”本为“民之法”，若视之为“国政之附庸”，是错误的。“民法”之名“卓然屹立”，各人“不惮艰苦，几经集议”，以达“得当”。它自始创至今，不分种族、国家和宗教，“只知联合万国之工党，倾覆凭权藉势之政府”。在这方面，“最有魄力之马格司实倡之，民间多靡然从之”，意谓马克思是倡导社会主义联合各国工党推翻现存政府的“最有魄力”和极具影响者。

“民法”的实质，并非“变动不居，周流六虚”，但随时势为转移，依人心而更改，人们往往难以了解其是非或不识庐山真面目。若汇总各种见解，可以发现“有一线真理贯彻其间”，此乃“晶莹不滓”而“粹然”的“理财实学”，亦即通透和精确的经济学原理。“民法”追求的目的，“俾食力之徒，同受教育之栽培，均沾

① 以下引文凡出于此篇者，均见甘格士著，胡贻谷译：《泰西民法志》上卷，上海广学会藏版，1912年，第1—17页。

天产之利益，无一人抱向隅之戚，熙熙然同登春台”。然而，数百年来“民众之势运”，一方“富者益富”，另一方“贫者终岁勤动，仅得薄薪微俸，苟延喘息，绝不得掌财产之权”，反被“为之主者”像牲畜般奴役。于是，“民法学家有财产必归公众宰理之议”，以期“劳逸均而安危共”，无畸重畸轻之弊，亦无出尔反尔之祸。“民法”的“持平之道”，“举凡工艺各厂，不分主客，权则公操，利则均分”。这是各家学说的一致主张，如何实行，各执偏见，莫衷一是。说到“利益均分之法”，意见也各不相同。如圣西门一派提倡“按工给值之联合会”；傅立叶一派主张营业赢余先提成若干让“任事者略占其泽”，其余析分为十二成，“佣力者”五成，“输资者”四成，“运筹者”三成；路易·勃朗在1848年革命时倡议彼此衡量公司营业人所得酬金，“无少歧视”；德国“共和党”在其纲领中宣告，营业获利“当按群佣之所需用，养其欲而给其求”；等等。从哲学与宗教上看，“民法学”的伦理，虽然不适合基督教法，却“殊途同归，不能离而二之”。

“民法之根据在理财”，主张“合劳力家与输资家为一炉之冶，俾之各弃其旧习，重订分利之新章”。此举若成，“一切生计之顿改常度”，连政治、伦理、工艺、美术等都将“蒙其利”并“革故鼎新”，自上古至中世再至今世以来，“举凡丰功伟绩，罕有足以比方者”。具体言之，一则“民法”将专断的国政改易“纯属共和”，并“以理财原理补益共和”。二则“民法”以“忠恕”为本，不论人种、国籍、宗教之区别，像过去的仁人一样，“矢兼爱之宏愿，竭力为民请命”。三则“民法不立，民智不开”，一旦确立“民法”，执业者与佣力者将免去劳怨与忿争，“有诚而无伪，有公而无私”，有利于提高技艺水平和产品质量。四则实行“民法”将增加“富室之自由”，并改变过去只有少数得天独厚之人才能开发才智和享用优美的状况，使人人得到这样的机会。

以上“新民之大概”，仅系“略述”，其“意趣”还包括：一是“民法”为“专重通力合作，力戒离群索居”的营业原则，创造了“圆满之机”，“民法之在天下，真有畅茂条达之一时”。二是“民法”由理想进于实行，须循序渐进，“民法之明效大验，尚须期诸将来”，它已引起诸如“德国理财名家”的注意并使该国宪法深受其熏陶，表明“由小康而进大同之理，天壤间无可易”。三是“民法”与“现行之财政”即现行经济制度“不能并行”，今世屈指可数的寥寥之人“盘踞财政要津”，彼此倾轧，肆意诛求，使“劳力之佣”供其指挥、受其笼络而绝无“支配之力”和“享用之权”，对此应不遗余力地抵拒。四是实行“民法”，“万众之重负释”，富室亦有“无穷之沾溉”，避免民众发难，得以“寝息宴然”，故“民法虽为贫户揭义旗，实不啻为富家巩坚垒”。

总之，“民法”的涵义繁衍博奥，它自19世纪以来的发展，在法国以圣西门一辈为前驱，在英国滥觞于欧文，“以迄于今，马格司一派尤为万众之所宗仰”。追溯起来，早在太古时期，已有“共产公享之例”，后发展为“共产私有之例”，再变为“私产之独擅”直至18世纪末，近世又出现“贸易家之肆情争竞”。古史记载“恤民之善政”，如英国“保贫律”，以及其他“重整财产以苏民困之豪举”，其要旨均为“民法之胚胎”；自古以来的哲士仁人如柏拉图与莫尔的“乌有国”，亦“民法之嚆矢”；天主教会“严守共产公享之誓言”，也是“民法之先声”。19世纪的“民法”与以前的“共产法”有什么区别？“民法”是“时势”发展到一定阶段的产物，不能一蹴而就。18世纪末，“时势”发展最紧要者，在英国发生了“工业之革命”。与此相应，同样重要的是“心思之改革”或“心理之变迁”。它表现为，法国大革命宣布“据公义为对簿之准，执自由为醒世之钟”；“理财学家”如亚当·斯密对“民事”的影响；圣西门特标一帜，志在完成伏尔泰、卢梭和斯密的未竟之志。可见，“民法”为“时势之所生”，一是生于18世纪末英国的“工业革命”，欧文“实挹其流”；一是生于同时法国“心思革命”，圣西门和傅立叶“益煽其焰”。以前的“共产之事实”，大都猥琐庸陋，只见于古籍之余烬，非“当今之瑰宝”。从这个意义上说，“民法之发轫”，始自1817年，当年欧文向下议院提出“共和党条陈”；同年圣西门亦建议“确定民法之指归”。到1850年，英法两国传播此种学理的人士，“后先并起”。法国自圣西门以后，以蒲鲁东、路易·勃朗为代表；英国自欧文以后，以教会中的“民法学家”为代表。尔后，德俄两国“哲学家”对此“推阐之力居多”。其表述是：

> “四十八年，宣告共产之露布，已崭然见头角。至六十七年，马格司删汰而润色之。近岁又经各国著作名家细加考核，义益完固，同志者多奉为金科玉律，且载入列国议会之盟书矣。”

1848年“宣告共产”之问世，应指《共产党宣言》的发表；1867年马克思删汰润色的，似应指同年出版的《资本论》第一卷。这里关于马克思两部代表作的提示颇为模糊，但指出马克思的著作被志同道合者奉为金科玉律并在各国产生极大影响，却十分清晰。

从第2篇“法国民法肇基”[①]起，开始介绍一些“民法”倡导者的“卓见”。本篇先介绍圣西门一派，称圣西门为“法国民法学家之泰斗”或“法国民法之开山”，其著作抽绎“民法学”之意绪，大都言庞旨晦，无足深览，“其祈向之所存，固与人以共见”。后介绍傅立叶一派，称傅立叶引导“民法之发于文心”，在圣西门与欧文二派衰替之际，“始簇然露其锋芒”。他不同于圣西门主张“中枢集权”，“以国家操纵实权”，倡导“公团自由”，“以各团代表国家，而各团之自相维系，则集要于一种新会”，此即“法轮治”(今译法郎吉)。其主旨，“使人无一不能自立”，含有“科学中之民法学家所亟当采择”的合理要素，曾“鼓舞一世者”，

---

① 以下引文凡出于此篇者，均见甘格士著，胡贻谷译:《泰西民法志》上卷，上海广学会藏版，1912年，第17—30页。

乃“一神圣之乌有国”。

第3篇“一千八百四十八年法国民法”[①]，介绍“法兰西新民法之发达”，“向为革命之火山”的巴黎，“今更为民法之炉锤”。其代表人物如路易·勃朗和蒲鲁东之辈，“先有感于民生之不均”，研求改革之学术，接着有“日耳曼之民会共和家赖萨赖，万国民会学家马格司，与扫除政府党领袖裴古宁”，连翩出现。路易·勃朗和蒲鲁东二人的学说，“已臻成熟，此啸彼应”，促成巴黎革命；“赖、马、裴三人之理想”即拉萨尔、马克思、巴枯宁三人的学说，与前二人相比，“迟之久而始显，当时未见重要”。以路易·勃朗来说，他不同于圣西门与傅立叶二人之高谈阔论，以共和自治国家“为重建民会之进阶”，其“学理属于积极”，又“有实际应用之性质”，且“坚忍不拔，务达其鹄”，可谓“民会共和党之魁杰”，在1848年法国革命中“其感力颇盛”。再看蒲鲁东，他“改造理财之学，注重大同平等”，其“最高之希望”是消灭社会旧制，“以按工报酬不分等差为首务”。他设想社会变更分为“过渡”与“造极”二期，在过渡时期盛倡“删革产业私领权”，主张从“蠲租减息”入手，循序渐进，“不蹈乌有国之邪径”；最终希望人人“自治”与“自由”，其“最高之度”达到“人各自为法律”，不借助任何“外力”而“秩序咸备，无为而治”的“民俗郅隆之世”。又介绍蒲鲁东的《产业论》(今译《什么是财产？》)与马克思的《资本论》“见解略同，盖皆目为吸收众力，安居而茹利者”。

第4篇“英国曩时民法”[②]，介绍英国“民法学”的振起，在法国之后，欧文为“英国民法学之宗匠”。他“广布利物”与“乐生”，为“民党之领袖”；其“创佣值均配之制”，为“最足动人者”；又倡立“万国万民会”，使“民法”之名“如芽斯萌，如泉斯达”。他对于人口“不患其多而患其贫”，“以生财为度人之法航，而以均财为获福之津梁”。在这里，“其分配余利之条划，知其为财政之作用”，“后此马格司即本此旨而扩充之”。马克思所依据并扩充的“此旨”，即“夫余利者，由劳力而生”。虽然“劳力为殖富之原”，可是劳力者“居至瘠之地，仅能免于冻馁”，他们创造的羡余，“悉饱雇主贪囊”；豪族缙绅终日优游娱乐的享用，“皆劳力者之血汗，乃余利未能均享”，可见“不平孰甚”。

第5篇“德国民法学家赖萨勒”[③]，先介绍拉萨尔的传略，称英法两国“民法学派”消沉之后，“民法之豪杰”崛起于日耳曼联邦，以拉萨尔“尤著”。此时“日耳曼民法学家”中，“其最负盛名者”，除拉萨尔外，还有马克思、恩格斯和洛贝尔图斯。拉萨尔与马克思、恩格斯的关系，可以追溯到1848年，“马格司与

① 以下引文凡出于此篇者，均见甘格士著，胡贻谷译：《泰西民法志》上卷，上海广学会藏版，1912年，第30－42页。

② 以下引文凡出于此篇者，均见同上书，第42－53页。

③ 以下引文凡出于此篇者，均见同上书，第53－82页。

恩结尔诸人刊发民会共和报，赖望风赓和”，当年马克思和恩格斯主办《新莱茵报》，拉萨尔也参与其间。介绍拉萨尔“其想望太平，则较马格司为尤炽”；又说当时日耳曼俊杰中，“实抱匡济之伟略者，厥惟二人”，只有德国首相俾斯麦与拉萨尔二人。

接着介绍拉萨尔的学理，认为他在“民法”中所占的地位，“与骆勃尔司、马格司二人绝相类”；他取资于洛贝尔图斯和马克思二人的学说“亦复不少”，不仅继承，还“妙想绝尘，发挥精义，别立一格，未尝有依草附木之心”。他所提倡的内容，“皆推本于事实，视马、骆辈肤辞游语，按之无一实际者，盖有间矣”，即拉萨尔的理论基于事实，与马克思、洛贝尔图斯的理论之空洞而不切于实际，适成对照。只是拉氏理论“无章法”、“前后矛盾”。他的“民会财政之标格”即社会主义经济学的标准，乃“排击佣率编制”：

> “其于佣率编制之异论，与马格司羡余之议，同占重要之位置。抑二家更自有其独到之见。马所属意者，在富家享利之过当；而氏之著眼，则在佣工所得之瘠薄也。各据半面，而合则一事。”

换句话说，拉萨尔的“佣率编制”论，可与马克思的剩余价值论相提并论而各有特点，一个针对富家获利过多，一个关注佣工所得过薄，说的是同一事物的两个方面。所谓“佣率编制”，指工资“随应求之涨落为消长”，常使工人仅足赡养。具体言之，工资总是围绕工人“仅足赡养”的平均工资水平“或有升降”，工资高于平均工资而“人有余蓄”时，人口繁殖率提高，“佣者因以增额，供浮于求”，工人增加，其供给大于需求，结果“佣率必降，至于仅敷衣食而后已，视前适剂于平”，导致工资下降至原有平均水平；与此相反，则造成人口减少，“佣者渐少，供不应求”，又促使“佣率亦必升而至于平”。据说这是一个固有的“盈虚消长之定理”，今译为“铁的工资规律”或“工资铁律”。对于“佣率编制”造成的结果，拉氏曾指出其弊害：“赢余者，佣工所生产，今取其一分，以疗生产者之冻馁，而其余尽为富家之所吸收，徒手游食，饱暖逸居，可谓平乎?”除了这个“经济学理”，文中还介绍，拉氏对于“民会演进之方”即推进社会发展的方式，“取径虽别，其归宿则与马、骆辈同，百变不离乎共产”。认为他组织德意志工人运动的途径，不同于马克思等人，其归宿却相同，都以共产为其宗旨。

第 6 篇“骆勃德司”[①]，介绍洛贝尔图斯为德国“最和平之民法学家”，“以排斥革命自居”，主张“调和国家以发达民会”，受到“当世民法学家”的讥讽，显出与他人不同的风格，但“指归则同”，观其大而远者，他的学理“所以合于民法者，了如观火”。他论述“民法学理”，效法斯密和李嘉图，提出“劳力与佣值相

---

① 以下引文凡出于此篇者，均见甘格士著，胡贻谷译：《泰西民法志》上卷，上海广学会藏版，1912 年，第 82—87 页。

维系之定理”,“后世民法学家多奉为枕中鸿秘”;又推论“劳佣为资本之祖”,“凡劳佣所生者,即为劳佣所应有”。此即“理财先定佣值之大要”。文中还介绍,他把“民会财政”即社会经济的进步,分为“据乱世”、“拨乱世”与“升平世”三级,“历级而升”,不可造次,可称之为“柔化积习,渐改大同之计划”。总之,“骆之宗旨,与赖、马辈同,惟作用则异耳”,即他的宗旨与拉萨尔和马克思等人相同,只是作用相异。所以,时人推尊洛贝尔图斯者,“目为民法之始祖”。

第7篇“马格司”,专题介绍马克思的生平与学说,也是考察的重点,后面专门予以评析。第8篇“万国联会”,介绍“国际工人协会”,第9篇“日耳曼民会共和”,介绍“德国社会民主工党”,此二篇与马克思学说的指导和传播密切相关,一并放在后面分析。

第10篇“扫除政府”①,介绍“以扫荡政府为职志者”即无政府主义者中,蒲鲁东“开其先”,俄罗斯虚无党“衍其绪”,巴枯宁是“提倡最力、声望最著者”。巴枯宁曾加入“万国联会”,后“遭马格司党之屏逐”。从“民法”角度看,“扫除政府之党”分为三类。第一类“理财学会”,属于“民法之所应有”,无须深论。第二类“革命”,一方面“类于马格司之物理学”即马克思的唯物论,“宜于昔不宜于今”,于今唯物论“是否合于民法”,迄无定评;另一方面类于巴枯宁之“讥讪宗教,荡废婚制”,其荒谬可笑,“实足障人类之进化”。第三类“非政无法”,颇似蒲鲁东之说,主张“人道完备,群化日新”,取消“刑法之绳”,不懂得这种演化“无可期成于旦夕”。

第11篇“民法正解”②,先说明上卷略述社会主义历史中派别之沿革与各家学说之异同,强调其相同者,“要以共产、合工、丰财、和众为本体”;其相异者,“或主中枢集权,或重地方自治”。其中,“虽以马格司之未尝明定权限,亦与裴古宁扫除政府意旨,不相融洽”,但各种学说“随时随地,各有所宜,不能胶持一说以求决”,意谓不能只坚持一种学说。接着,下卷这一篇解释说,“民法学家”的条理千差万别,表明“民法”乃“百变而常新”的“至变之学理”,或谓“民法无定制”。这些理论,“前人之通病”,先是“过当失真,不知循序渐进之理”,后又“醉心革命,误以为进化之枢机”,以致“扰攘之徒,更于排斥竞争之制,失之过激”,“尚气任性,不留余地”;近世流行欧美的“民法”,“拘执条教,阒无生气”。究其原因,以前的“才人哲士”,其设想“大都知摧毁而不知改革”,存在诸如“排击资本租息诸论,尤多苛激,以暴易暴,不知其非”等弊端,对此,“讲民法学者”须事先“廓清”。其中,德国学者在“民法学”方面,“惟重格律,而忘其有善变之机”,如马克思和洛贝尔图斯等人“徒狃于普鲁士之方略,侈谈集权之民

① 以下引文凡出于此篇者,均见甘格士著,胡贻谷译:《泰西民法志》上卷,上海广学会藏版,1912年,第140－151页。

② 以下引文凡出于此篇者,均见同上书,第1－13页。

法”。他日“若能扫除物理、革命、专断诸说，其造福人群，当尤胜于前”。这些“民法学家”的理论也有瑕不掩瑜之处，如其“见理明而规划大，实奠将来理财学之始基”，废止私人资本之争，百工得以集资营业，亦“履行共产均利之善法”。要了解“民法学”之“正解”，应当深入观察“民生进化之大势”。一方面，生产器具的“汇集”与销路的“扩充”，将“公众权力”统辖于资本之下，传统的“私人独营”方式几乎绝迹；另一方面，“共和党人”提出“享受生计之权利，资本、土地无此疆彼界之分”的“合理之要求”。社会进化已经奠定“治平”的基础，通过“工业革命”与“民法革命”两个“险象”阶段即可达到目的。所谓“民法”，无非“循理结团，通功合产，使劳力与资本合为一家，弭争端于无形”；或者说，“输财”与“用力”合为一体，“以树工界平和之根本”。如何实现，“不尚躐等，不加强迫”，按照人类恪守的定律及自然演进之势，“因势利导”而已。

第12篇“民法与天演比例”[①]，认为西方社会主义的发展，与达尔文的进化论“相通”。并以马克思和拉萨尔为例：

“马格司与赖萨勒二人，盖私淑于黑智尔者也。其论民会也，必推本于师说，故多由史学中理财之计划，入于哲理之理财。及读达尔文天演论，心向往之。马格司派之学者为尤甚。夫达氏未尝有物理之想也，然有时纵论所及，不免落物理学派之窠臼，与马说绝相类，故从马者竞附之。且达、马二家，更有可互证者。马尝称世间诸史，为千古党争之纪录，与达氏物竞之说，颇称同调。”

这段引文，无非说，马克思与拉萨尔二人论社会，原先依据于黑格尔学说，将经济从史学引入哲学；接触达尔文进化论之后，又有了新的向往，以马克思一派尤甚。这表现为，达尔文学说中的唯物论倾向，与马克思学说相类似，二者可以相互印证；马克思的阶级斗争学说，也与达尔文的物竞天择之说，属于同一论调。

第13篇“近世民法进行”[②]，介绍“德国工党”在近世，仍为世界各国“民法”运动之“前驱”，其例证为1893年的议会选举结果。1898年德国召开议会时，会场中设立马克思与拉萨尔二人铜像并用花圈枣枝环绕，第二年召开议会时增加恩格斯的塑像。这表明他们的“感化力”之扩张，“行见其为世界之所崇奉，将遍于日所出没处”；他们的著作，“或邃于理学，或洞于时务，文化各国，家有其书，人守其学”，将来一定“为史册中主要之人物”。接着说，“民会共和”有利于德国工人，但不可以拘泥于其“定律”，因为，

“若执马氏之遗轨，而谓可以推行皆准，则于势为不顺。彼党人泥古不通，坚僻自是，偏重马氏革命之谈，不察时局蜕故入新之

① 以下引文凡出于此篇者，均见甘格士著，胡贻谷译：《泰西民法志》下卷，上海广学会藏版，1912年，第13—21页。

② 以下引文凡出于此篇者，均见同上书，第21—40页。

理。曾亦思日耳曼今日之象，已非昔比乎？即有旧染未尽去，而恶焰亦不至如往日之甚乎？且马固别有和平之条理焉。联合优胜之党徒，共赴坦平之大道，固彼所恒言者。是彼亦知激进派之未必有功也。至如美英和诸国之工人，马又许其能以柔胜刚。然则处今日方新之世运，不当重柔和进化之理乎？”

以上这番议论，一言以蔽之，不必坚持马克思的革命学说之“遗轨”，德国社会民主工党因为“泥古不通”而今不如昔，应寻求马克思学说中不赞成激进派的“和平之条理”，以适应今日形势，重视“柔和进化之理”。

文中还提到，1899 年伯恩斯坦（原译“盘司敦”）“著书条论马氏之学说”称，对于现行制度，“若不问其善否而概辟之，则贻害民生者实大”，提倡“柔化国家，推广协团，以渐进化之议”；倍倍尔（原译“裴耳”）以锋利言词批判此议，“坚马氏之壁垒，而振起其宗风”，坚持马克思主义学说，通过决议否定伯恩斯坦的观点。此系德国党 1899 年召开汉诺威代表大会，党内马克思主义者与修正主义者之间展开第一次尖锐斗争。至于其他国家的“民法”运动，文中提到，1879 年以后，法国党分成两派，“一主激烈，推马格司为党魁；一主乘机，与共和党联为一体”。此系 1879 年建立法国工人党以后，马克思、恩格斯支持的革命派同奉行机会主义的可能派（后来组成“社会主义工人同盟”）之间的斗争。又如，提到俄国以 1896 年圣彼得堡罢市为其发轫，“宗奉马格司之党人，亦于斯时奋起有为”，“俄国民党”还于 1896 年参加在伦敦召开的“万国民法议会”即第二国际伦敦代表大会。后来俄国党亦分两派，“一曰民会共和党，主静待财运之转机；一曰民会革命党，主厉行狙击之辣手”。此似指拥护列宁的布尔什维克与反对列宁的孟什维克二者的对立。再如，提到英国“民法”自欧文和基督教社会主义消沉之后，几成绝响，到 1864 年“创立万国联工会”即建立第一国际，英国工会联合会曾予以支持，过后只作壁上观。其原因在于，“马格司、恩吉尔之久居英土，接其道貌，闻其绪论者，改移气质，颇有其人，然皆异种人居多，而与英国土著，固未能沆瀣一气”，意谓马克思和恩格斯虽然长期居住英国并从事研究和组织活动，其影响多是在英国的外国人，对英国本地人的影响不大。直至 1883 年，受亨利·乔治学说的影响，“英国民法始若睡狮之初醒”，其“动机实由于马格司之教理”，惟此时英国“理财新民一大改革”，以乔治为“首功”。“英国民法志纪元”即英国社会主义发展的标志，是 1884 年“民会共和党倡设一会”即改称社会民主联盟，其党员揭露当世经济之弊窦，“马说于是盛行”。因此，考察英国近代之“民法”，其“盛行马格司学说”，以“共和党”持之最力，而“温和党”（即以费边社为代表的改良主义）的宗旨，与马克思学说凿枘不合。后来，以“温和党”为主成立英国工党，于 1908 年加入第二国际，此党活动最适合于英国情势，“旨趣纯正，不杂马格司嚣张之旧说”，尤其值得称赞；

它避免"大兴作大变革"中的意气用事,属于"开明之民法"。总之,"昔年马格司之事功,要在警觉工人,与之更新;今后之所望者,惟在得命世之英,为之先导",也就是说,近世社会主义的发展,过去马克思的功绩,使工人觉醒,要求改变他们的地位,今后的期望,则寄托在新的命世之英才"为之先导",实现这一要求。

第14篇"民法趋重之势"①,介绍各国实行"民法"的例证,一是"国定民法"即国家社会主义为近30年来"创见之新象",如英国"恤贫之律",德国政府"推行民法",新西兰国家银行以及妇女选举权、累进税则、寿险卫生等"善制";二是建立"通功营业会",即"工人自治独立之机关";三是建立"民党改良会",要求更新以"矫正财政竞争之规制","以民法为万法之归宗,而以重整民会为枢纽";四是建立"工业合会",似指股份公司,"已渐脱私团专制之局",易于"改归国有";五是"劳佣共和",工人通过教育和各种新政增强自身力量;六是"解脱争财之网",不可因袭"竞争之旧制",又不可实行"专利之新律",应"保障人群之自由";七是"心思之促进",实行"适中"八小时工作时间,以及"合宜"满足普通生计所必需的工资,促使工人进入"道德与科学之范围"。这表明,"民法"既非"托诸冥想,垂诸空文",亦非"偏于革命之侈谈",其"最急最切之事"是效法上述例证,以此为"讴歌太平之左券"。

第15篇"民法近状"②,介绍德国社会民主工党的宏旨:"欲合佣工之心力,导之以赴福林,必先举营业之私产化为公产,不求利于一党,而求利于全地球之人群"。1889年继"万国联会"即第一国际而起的"万国新议会"或"万国新联会"即第二国际,其决议宗旨与此略同。相比之下,

"万国新联会,关于马格司之学理,抑甚微也。夫马固主张革命,而欲利用政权,以改良民会者也。新联会则异是,虽谓之同源异流可也。然而规制精神,后胜于前,抑又马所早料。"

联系上下文,此意根据1907年斯图加特代表大会形成的详明规制,说明第二国际接受马克思学说的影响在减弱,脱离马克思利用政权改造社会的革命主张,称马克思学说与第二国际"同源异流","后胜于前"。又说,德国"民党"50年的发展,其影响深入人心,"即谓马、赖、恩诸儒之学理播种于前,而收获于今,无不可也",承认马克思、恩格斯的学说传播之影响。总的说来,文中认为,"民法"在20世纪最重要的问题,"不当涉于暴激",应通过普遍选举制等方式来实现"和平变革"。为此,文中批评说:

"今之民法,犹复拘牵于马格司之学说,且变本加厉,不恤饮鸩

① 以下引文凡出于此篇者,均见甘格士著,胡贻谷译:《泰西民法志》上卷,上海广学会藏版,1912年,第41—52页。

② 以下引文凡出于此篇者,均见同上书,第52—73页。

以自祸也。当马氏学说之初行也，学者略不屑意于治心，而惟注重于宰物。前之号治心派者，亦舍其旧而新是谋。虽学殖肤浅，不能名家，而群趋若鹜，革命之狂热，遂乃深中人心，毒遍闾里。当其时，理财学家之矫矫者，李嘉图也。李学陋识庸，附会马说，遂流为定式之教理，转为劳佣之缚轭。夫工人之当去其缚轭，马氏尝言之矣。今复加缧绁以縶其手足，是落井下石之类也。以释放人类之豪杰，转为人类之蟊贼，斯可怪矣。而人类入其彀中，负重轭而甘之如饴，非所谓大惑不解者耶？何以见之，于马氏之后学，勇猛突过其师见之。”

简言之，批评今天的社会主义者仍拘泥于马克思学说的革命主张，甚至有过之无不及，连带批评作为马克思学说来源之一的李嘉图经济学说为浅陋平庸之学，成为束缚工人手脚的教条与桎梏。接着说，“马说之所以不谐于世者，大原有三”：一是对于婚姻伦常之悖论，授人以口实；二是对于现行法制主张“一切破坏”，令人质疑；三是对于宗教，“悍然反抗”。此三者“皆为工党进步之阻障”，难以“和平解决”经济剧争之风波。基督教的训旨“兼爱相役和平”，反对这一“精理”，势必造成横暴纵欲的恶果，因此，不能接受“马党专就教会之败象而纠正之”的做法。对于社会主义学说，“马氏尝萃毕生精力于此一途，雄才伟器，名列前茅，后人绳武之，师法之，亦意中事”，但不能因此“蔑视外党”或“党同伐异”，特别是对那些温和的党派；可以预料，工人利用议会的知识和参与政治的权利，才是将来“不易之定例”。

第 16 篇“结论”[①]，说明“民法”之行于各国，有众川归海之势，可知“民法之发展，有博大精深之学理为其中坚”，今日只见其“先兆”，其含蓄未露者“无有限量”。强调“民法”解决社会问题，须“和平解决”而不是流于矫激之举。说到这里，对马克思及其学派的学说提出批评：

“马格司学派所预言者，富家由盛而之衰，必将败于工业世界也。然觇之美、德近世联行制度之发达，乃有大不然者。素封之子，才雄力厚，非弱不任事者比。是故联行巨子，理财产，定佣率，制物价，广业场，不独运筹一国，兼能操纵全地，其勃兴也，亦何足怪。……诚如马格司之言，富人贵族，其势自衰，则亦安用是民法为者，惟不得不用也。故顺前局而整饬之，使群庶皆振刷精神，以谋功利而避毒害，斯为民法学者之专责。……马氏又有误解者，则注重破坏，而忽视积累也。故其立言也，以为资本之势，日长炎炎，

① 以下引文凡出于此篇者，均见甘格士著，胡贻谷译：《泰西民法志》上卷，上海广学会藏版，1912年，第 73－87 页。

则为暴日益甚;工人之积困,愈无可以解免。抑知不然。劳佣共和,为民会进化之祖。劳佣之智识道德,与世运同时并进,诚无愧为新民之导师,万国大同之前驱。”

这段批评有两层意思:一层意思否定马克思学派的“预言”,认为欧美工业世界势必“勃兴”,像美国和德国那样以托拉斯等“联行制度”为代表的愈益雄厚的富家巨子,其富家不会自行衰败。因此,需要“民法”作趋利避害的“整饬”。其整饬之法,无非扩大“文明工团”等和平方式。另一层意思纠正马克思的“误解”,认为马克思把资本的发展等同于日益加深的资本为暴与工人积困,所以产生“注重破坏而忽视积累”的倾向。在批评者看来,这种倾向是错误的,因为劳动者的知识道德与世与时共进即“劳佣共和”,才是社会进化的根本,才是使劳动者成为“新民之导师”并实现“万国大同”的“前驱”。因此,“民法至终之归宿,乃在群德”,道德“足以宰天下民法之重要”,发展经济的“真自由”,必须“以性理与道德为基”。换言之,只有道德才是“民法”的归宿和重要内容。可见,一则以和平方式,一则以道德进化,这就是作者关于“民法”的结论。

以上简介,可以大致看出,《泰西民法志》一书的主要内容,比较系统地评述了社会主义在整个 19 世纪及 20 世纪初的发展状况。其中涉及社会主义的沿革演变、派别异同、代表人物、学说观点、发展趋势等方面颇为详细的介绍,也有反映作者个人态度与倾向的夹叙夹议式表述。另外,这部译作还有一些特点,值得一提。

第一,此书的结构划分与史料运用,别具一格。在《泰西民法志》之前,我国关于社会主义史的专著,不论翻译的还是自撰的,均不及这部书来得新鲜和完整。从结构上看,此书上卷除了第 1 篇论述“民法总纲”外,其他 9 篇基本上按照历史顺序或内在逻辑,依次叙述了法国社会主义先驱圣西门与傅立叶,1848 年法国革命时期社会主义代表人物路易·勃朗与蒲鲁东,英国社会主义先驱欧文,德国社会主义代表人物拉萨尔、洛贝尔图斯、马克思,国际工人协会,德国社会民主工党,无政府主义及其代表人物巴枯宁等;其下卷在“近世民法进行”、“民法趋重之势”及“民法近状”等篇,又介绍了 19 世纪末和 20 世纪初第二国际前期的活动内容以及社会主义在各国的发展情况。这样,对于近代社会主义发展的全貌,不论其叙述正确与否,有了一个比较完整、而且接近于当时年代的历史概念。作者没有专门上溯介绍古代的乌托邦理想和探寻历史遗迹中的社会主义因素,而是集中于考察近代以来,或按其说法,是 1817 年“民法之发轫”以来的社会主义发展历史,这也是它的特色。再从史料上看,此书所引证的资料,其历史下限已是 1908 年。此书原作自 1892 年初版以后,曾于 1900 年、1906 年和 1909 年多次再版,每次再版补充新的历史资料,直至其原作者 1912 年去世。换句话说,原作者去世前修订的最后版本即 1909 年版本中，充实了社会主义运动在1908年的佐证资料。这也使得它在历史资料方面的新鲜程度，超过了以往传入中国的任何一部社会主义史著作。新补充的资料主要是恩格斯去世以后的社会主义史资料，从坚持马克思主义一派的评介资料看，原作者更重视西欧国家尤其是德国社会民主工党的有关资料，对于俄国革命运动特别是列宁学说，颇多忽略。因此，其中译本里，看不到当时社会主义运动中已经崭露头角的有关列宁学说的介绍。

第二，此书原作者对待社会主义运动的态度，典型反映了当时第二国际中机会主义和修正主义思潮的影响。恩格斯去世后，第二国际内部曾经被恩格斯批判过的机会主义思潮，以及质疑马克思学说的修正主义思潮，或者死灰复燃，或者招摇过市，汇合成一股新的势力。对此，作者有所介绍，还随声附和并引为著书立说的评介标准。作者贯穿全书的一个基本观点，反对社会主义运动中的过激主张而主张和平方式，以此作为这一运动在19世纪和20世纪具有不同特征的一个分水岭。比如，书中一开始就申明，“民法”即社会主义的发展趋势不可阻挡，但要防止“持论过激”，亟宜研究“醉心民法”之弊。所谓“持论过激”或“醉心民法”，从后面的叙述看，指的是违反循序渐进之理，只知摧毁不知改革，偏重以暴易暴的革命，倾向集权等等。根据作者的观点，这些前人的“通病”，尤以马克思学说为其代表，反映了19世纪社会主义发展的特征。到20世纪，在作者看来，应当放弃马克思革命学说之“遗轨”，提倡和平解决和道德进化方式的“柔和进化”，推崇“温和党”的“旨趣纯正”，剔除马克思一派的“嚣张之旧说”。总之，此书的基本倾向，认为以马克思为代表的革命学说在过去曾发挥“警觉工人”的作用，现在不合时宜了，要以温和派的主张取而代之。作者这一态度，其实是当时社会主义运动中修正马克思主义思潮泛起的一个缩影。

第三，此书强调社会主义的理论基础，离不开经济学说。它在“民法总纲”中指出，贯穿于社会主义的“一线真理”，是通透精粹的“理财实学”，“民法之根据在理财”。附带说明，此书译者除了个别地方采用当时已经较为流行的“经济学理”一词作为译名外，一般坚持使用中国传统文字中的“理财”或“理财学”名称作为西文经济或经济学的译名。这和当时国人大多通过日文著述转译西方学说、从而大多采纳日文译名的主流方式，不大相同。不论用何译名，此书的意图，着重从经济和经济学角度论述社会主义产生的必然性和合理性。它以历史为序，把贫富差距、生产垄断、市场竞争等经济现象或弊端的存在及恶化，看作社会主义产生与发展的理由；又把从经济学上研究这些弊端存在的原因并提出相应的解决办法或经济政策，看作社会主义付诸实践的根据。所以，它评介历史上出现的各个社会主义前驱与流派，其重点几乎都放在他们的经济理论、经济方案和经济政策上。其他方面的理论和政策，往往一带而过。由此给人的印象,很大程度上把社会主义等同于经济方面的理论或学说。

第四,此书对于马克思学说的地位和作用,给予不同寻常的重视。书中专论马克思的篇章,下面另行分析,这里从其他篇章看,也有不少内容论及马克思及其学说。例如,第1篇论及马克思是社会主义运动中“最有魄力”者,“民间多靡然从之”;马克思一派自社会主义发展以来“尤为万众之所宗仰”;马克思著作“同志者多奉为金科玉律”等。第3篇论及马克思为“万国民会学家”;马克思《资本论》阐述资本家为“吸收众力,安居而茹利者”等。第4篇论及马克思采纳欧文关于“劳力”产生“余利”之旨而“扩充之”等。第5篇论及马克思是德国“民法学家”中“最负盛名者”之一;马克思与恩格斯早年主办《新莱茵报》;马克思的“羡余之议”即剩余价值论属意“富家享利之过当”问题等。第6篇论及马克思的宗旨与拉萨尔和洛贝尔图斯相同等。第7、8、9篇专论马克思的生平、学说及其对第一国际与德国社会民主工党的指导。第10篇论及马克思与无政府主义的对立,以及马克思的“物理学”即唯物论等。第11篇论及马克思“侈谈集权之民法”,不同于巴枯宁的扫除政府学说等。第12篇论及马克思“私淑于”黑格尔学说,与达尔文学说的唯物论有类似倾向等。第13篇论及德国尊崇马克思、恩格斯;马克思学说有“革命之谈”,也有“和平之条理”;过去马克思的功劳在“警觉工人”,后来激进派宗奉马克思则偏重革命等。第15篇论及马克思、恩格斯的学说在第二国际的影响;马克思尝言“工人之当去其缚轭”,即《共产党宣言》所说的“无产者在这个革命中失去的只是锁链”;所谓马克思“不谐于世”的三个原因;马克思对社会主义学说“尝萃毕生精力于此一途,雄才伟器,名列前茅”等。第16篇论及马克思的“预言”和“误解”等。可见,此书除了专论篇章和个别篇章,其他各篇几乎都在不同程度上接触有关马克思的资料与学说。其中有史料介绍,也有作者评价;史料的介绍未必正确,作者的评价也有褒有贬。不管其具体内容如何,它们体现一个共同的特点,即以马克思学说为标尺,衡量社会主义在不同历史阶段的发展水平和相互联系。围绕马克思学说作为评介的中心环节,由此展开有关社会主义历史的叙述,这同样给人留下深刻的印象。即便此书的最终意图,是宣扬马克思学说过时了,也不必抹煞它给读者的这一印象。

第五,此书从翻译上看,其译者似颇为赞同其作者的基本观点。前面的分析,已经表明《泰西民法志》一书原作者的政治态度,其译者胡贻谷持有怎样的政治倾向,本来不必考察,因为翻译之作只是转述原著的意见,顶多反映了译者选择原著方面的偏好,并不能代表译者自己的观点。可是,这部译作的字里行间,多少透露出译者的某些倾向。特别是当翻译内容不那么严格按照原著文句表达,不时掺入译者个人意向时,情况更是如此。例如,译者为了强调社会主义从理想到实行必须循序渐进,曾用“由小康而进大同之理,天壤间无可易”的中国传统观念，进行比附；把社会主义学说的“正解”，说成循着社会进化趋势，一步一步走，“不尚躐等，不加强迫”，和平而自然地实现其目标；等等。这种思想倾向和表述方式，似曾相识，其实早在康有为和梁启超等人关于“大同学”的描述里，已经有了近乎一样的文字。胡贻谷在翻译过程中，可能或多或少受到康、梁等人改良思想的影响，并从他所翻译的原著那里，找到了与这种改良思想近乎一致的精神，所以沿用康、梁二氏的中国传统语言，直接转译原著的类似思想。另一例证是，译文叙述洛贝尔图斯的社会经济思想时，说洛氏把社会经济发展分为“据乱世”、“拨乱世”与“升平世”三个阶段，借此强调只能按部就班而不得逾越任一阶段的重要性。这番译述，显然照搬康有为所鼓吹的孔子“三世”说。由此可见，此书译者胡贻谷很可能是康、梁一派的追随者，胡氏在译者序言里自命崇奉墨子的兼爱尚同之说，也与康、梁二氏的渐进大同理念，一脉相承。所以，胡氏欣然接受李提摩太的推荐，“试译”这一社会主义史原著，同时也接受了原著所宣扬的基本观点和倾向。

二、《泰西民法志》专论马克思经济学说的内容

《泰西民法志》涉及马克思及其学说的内容，大致分为三类。第一类集中于第 7 篇“马格司”中关于马克思及其学说的专题介绍；第二类散见于全书其他各篇中关于马克思及其学说的零星论述；第三类是作者关于马克思及其学说的评价意见。第二类有关内容，前面的简介已有所论及，剩下第 8 篇“万国联会”与第 9 篇“日耳曼民会共和”两篇，与第 7 篇专论的联系较为密切，留待下面与其他两类内容放在一起，作一完整介绍。

（一）关于马克思生平和学说的介绍

此书一大特色，专辟一篇，对于马克思的生平和学说，给予比较详细和系统的介绍[①]。其开篇第一段话，是前面第二编考察《泰西民法志》一书的出版时间时，曾引用的一段有名文字，意即马克思乃社会主义史中“俊爽豪迈、声施烂然者”，他与恩格斯“志同道合”，“共倡定律与革命二义”，其“势力最伟，学说亦锋厉无前”，凡文明之国人“莫不奉为矩矱”。

关于马克思生平，文中介绍，他与拉萨尔都是犹太后裔，祖辈皆为犹太法学士，他的父母“皆邃于实学”。1824 年 6 岁时，全家放弃犹太教皈依基督教。马克思“天性肫挚，才思敏捷”，对于日耳曼最高之学业“无所不览”。在大学曾学习法律，其精神则专注于史学与哲学，对于当时盛行的黑格尔学说，“颇得其神髓”。早年“游心革命”，为《莱茵报》撰稿，极力驳斥普鲁士政府的各种悖谬，

---

① 以下引文凡出于此篇者，均见甘格士著、胡贻谷译：《泰西民法志》上卷，上海广学会藏版，1912 年，第 87－101 页。

一年后被迫离去。他“主张革命”,“不得志于时”,仍“意气不挠”,实得力于其贤内助燕妮。婚后赴巴黎“以求所学之大成”,其间与“法国民法诸名家”关系密切,还与蒲鲁东“促膝谈计学”。交往最密切的还是被放逐的本国人,对于“朋党中之要人”恩格斯,“尤所心折”。恩格斯出生于1820年,为德国巴门市制造家之子,幼习家传世业,后居曼彻斯特多年,1844年与马克思在巴黎会晤,自此“两雄相遇,倾盖订交,垂四十年如一日”。1845年马克思移居布鲁塞尔,历时3年,脱离普鲁士国籍,“长甘漂泊,不别作归附计”。同年,恩格斯的“伟著”《英伦劳佣镜》(今译《英国工人阶级状况》)出版。两年后,马克思的《哲学实祸》(今译《哲学的贫困》)一书,反驳“旧交”蒲鲁东的《实祸哲学》(今译《贫困的哲学》),“出全力以败其名”,体现“凡于真理有所心得,即当直抒胸臆,为百万劳佣请命”,“于大局有所补救,虽损故交不计”;此书意蕴“颇晦,不足动人观听”,发表的见解却不落俗套,为有心人所“亟赏”。1847年,马、恩二人公开发表“兼爱之志趣”,使“劳人终古奇冤,赖以伸雪者不少”,又使不少听闻者“叹为得未曾有”。当时,伦敦“民法学家”结社讨论问题,对马克思的“造极之学理”翕然从风,与恩格斯亦“遥通声气”。此社乃“万国联会之先导”,“学者重之”。1848年革命之际,马克思曾回德国,与其同志创办《新莱茵报》,力赞此报“绝顶之共和”。一年后再赴伦敦,专心于“理财实学”即经济学研究,“以求达其革命之志”。晚年“持论益纵横有奇气,抨击王室典章,卒倾覆之”。后积劳成疾,1883年在伦敦去世,继其志者,非恩格斯莫属。恩与马相交“最契”,曾共事40年,马克思去世后十余年里,恩格斯“独任劳怨,为穷民所托命”,亦忧勤致疾,1895年去世。总之,“顽劣之政党”所恶闻的“民法”即社会主义,在马克思等人看来,“直为群理政治财权一贯之教宗”,十分重要;马、恩之辈为了让“民法”的“微眇闳深”之涵义依循“科学之纪律”,达到“实事求是之一日”,倡导“表里洞彻之法”,一则“使民法依科学为模范”,一则“以乘机之革命,传布欧洲各国”。

关于马克思学说,文中介绍:“推衍马格司派者,当知其要在赢率之原理。夫赢率为劳佣所生,今劳佣所得者,仅足赡家,此外则尽遭雇主之渔夺。”用今天的话说,马克思学说的要点在于剩余价值理论;剩余价值由雇佣劳动者创造,而雇佣劳动者只能得到其中仅够赡养家庭生活部分,其余部分均被雇主无偿占有。又说,早在1832年,欧文为了避免对“赢率”的侵夺,曾实行“标签之法”,按“签”标明工作时间,进而核定商品价值,依此确定商品生产者的报酬。后来的理财学家曾“微引其端绪”,却未得到斯密的“畅发”。马克思剩余价值理论的内容,按照文中的梳理,可归纳如下:

一是马克思“倾心之要义”乃“价格随劳力而定”,并“尽力标而出之”。这一理论“有功于”雇佣劳动者“至大而远”。对此,洛贝尔图斯和蒲鲁东“各有所造诣”，但“或失之偏，或流于激”，二者“皆未能中彀”。此论“发明之先后”，曾围绕归功于马克思还是此二人，“论者疑而未定”，这种“至均之法”，已“为民法学家所同宝，而无待随声学步者”。洛贝尔图斯的功劳，“究不足与马氏媲肩”。马克思的“雄辩毅力，唤醒睡梦”，为社会主义史上所“仅见”。总之，“赢率之原则”，到马克思才得以“发挥光大”，“非他人所胜任”。掌握这个原则，用来推求资本的沿革与感力，“何扃钥不可启”；用来考察今日“能左右一世财政”的资本之因果关系，亦“无或遁形”。马克思的发明，“实为民法哲理之基”，其“匠疏独运”，绝不限于洛氏之成说。如果怀疑马克思“剿袭”洛氏之说，那是“轻量豪杰”。马克思作为19世纪“破天荒之思想家”，他研究近世欧洲经济，“直以毕生之精力，推陈出新，故独于诸儒学说外，放一异彩”。其中所说的理论似指建立在劳动价值论基础上的剩余价值理论。

二是马克思的研究从“推论资本”到“发明民法”，“大有造于民”。他证明，“资本之演进，本于史学自然之理”，追溯下去，必然得出“民法之倾向”即社会主义趋向。他关注“发明近世生计之公例”，从中揭示“生计大势，随资本而转移，即生计之盈朒，以验资本权之隆替”，以此预料其发展结果，“必不离乎民法”。所以，马克思学说，“皆理之至常，绝不矜奇炫异”；对于现行法制“不甚疾视”，认为它是实现“民法”的“必历之阶段”。促进现行制度向社会主义转化的方式，“一任资本家之势力，自由发展，而终必为至善之法更代焉”。此系指资本主义必然为社会主义所替代的观点，如何实现这一替代的方式，又添加了作者所谓听凭资本家势力自由发展的观点。

三是“资本日富”的真相，无非“置母财征地租者，搜括羡余，以自肥其私”。了解资本制度，不可不先明了“赢率之原理”。马克思掌握这一原理，“以佣值为赢率之确解”，由此入手展开其“硕画”即庞大体系。这里所谓“佣值”，似模糊地涉及无产者把自身劳动力当作商品出卖给资本家而提供剩余价值的劳动力商品涵义。

四是社会财富表现为“浩繁之物品”(实指商品)。这些“物品”无论“天产”还是“人为”，必在“适人之欲”才有“相当之价”，所以说，“适用之值”(今译使用价值)构成“财富之源”。在市场供求关系中，适用物品的“得值”(似指价格)，“视人类需要之缓急为比例”。市场中众多物品的“交换之比例”，既“万有不同”，又“必有同之者”。这里所说的“同”，是一物能与他物有“交换之作用”的共同内容，不在于“物之本体”，而“成于力作之人”。进而言之，“物数无量，莫不以人力为结晶，其得值也，亦惟以人力为引线”。所以说，“在物无值，惟人工为有值”。此话可解释为物品本来无“值”(此指价值或交换价值)，只有包含在物品内的“人工”即劳动才有“值”。这样，“以人工为交换之准则，而物之价于以定”，物价以劳动为基准来确定。物价的确定不是决定于某个工人生产的劳动时间,而决定于"折中"确定的共同的"工作时刻之标准"。所谓"劳力与价值相维之原则",即劳动价值论。

五是分析资本得以"占优势"的"来源"。其一,"必有凭借权势者囊括殖产资料",出现垄断生产资料的有权势者;其二,"必有转徙觅食者隔绝殖产资料",出现丧失生产资料的自由劳动者;其三,"必有交换制度运货于世界商场",出现为世界市场而生产的交换制度。马克思考察英国历史,"确知"如何形成这些条件。英国中世纪时,握有少量生产资料的农民尚能自给自足;中世纪末,随着政治变革、美洲开发、通航扩展、工业渐兴等因素的出现,农家承租之地沦为农场,农民弃农入城,"托命于工场",这也是"工党"日多的原因。在这个转变时期,富户的财富"盖藏"成为"资本发起"即资本起源的原因之一;鬻奴垦地又成为"资本家封殖之时机"。到18世纪末,工厂群起,机器盛行,工业之新,造乎其极,于是"资本殖产法,遂如赤日方中"。此似指资本的原始积累历史。

六是在既定的资本制度下,富商"欲藉赢余之资,以益厚其财力",为今昔所同。问题在于,"赢余"既然"非资本家能自致",又"何从得之"。投资生产的产品用于交换,交换只是"以物质相易,别无加于物质之上者",因此"赢余"不可能从交换中产生,必须找到一种可利用之"物",它"所生逾于所费,而赢余出焉"。这个"物",就是"佣工"。其含义,一方面,工人缺乏生产资料,只能"献身于市场,出其力以求售",由此"博得代价",获得"佣银"以"偿其劳,赡其家";另一方面,雇佣者依赖"佣工"生产,在支付工厂的各项费用后,"尚有余剩,遂攫为己有",所攫取的无非"抑勒劳力者之佣银"。所以,马克思认定,"雇主溢收之利,即为被雇者力作而未受偿之利"。这里涉及劳动力商品的特殊使用价值,它是价值和剩余价值的源泉。

七是指出资本家"侵蚀佣银"的方式。它不同于过去封建主对待奴隶雇工暴戾如虎,而是表面上"若无损乎工人之自由",实则"吮其脂膏,俾之痨瘵以死",劳力者"虽欲不听命而不得",资本家的剥削计划"百变而不穷"。对此,马克思以百万言巨著篇幅,反复论之,"独奸有类温犀,抽茧不亚董狐",对于英国工业制度的大弊,"抉摘靡遗,非直不以工业发达为荣,且引以为大耻",揭露诸如"迫佣工以久役,待妇孺若羊豕,视生命如草菅"等现象,指出这种"富家弋利之秘钥,伤天害理,莫此为甚"。他的著作出版后,"和者颇众",引起英国工厂议案争持达50年之久,"欲裁抑富家之恣横,而救工人之隳落"。这里所说马克思的论述,大概指《资本论》中关于资本家榨取剩余价值的各种方法的论述。

八是提出"古之营利者公,今之营利者私"的观点。理由是古代之人"独力"生产,资本和劳动皆出于一己,所获赢利亦归自己享受。今天的工厂"合群力"生产,富家"舍业而嬉,安坐而食",结果"力出于群,而利归于独"。二者对比，“前则取诸己，今则掠诸人”，这是现行法成为“怨府”的原因。富家们利令智昏，“非特不知悔祸，且更肆其爪牙，其焰益张，其害亦必益烈”。这种“以公众之劳力，供私人之婪索”的状况，势必造成人们对于现行制度的怨恨，难以忍耐而“倒戈相向”，又因“失其人格”而损害“民间元气”。日益激烈的竞争，使机器的进步日臻完备，更造成“技巧胜而生涯隘，游手失业者日众，而劳力者困”的劳动者供给过剩现象，资本家对劳动者的需求“不患乏人，操纵惟己所欲”。其中潜伏着生产量“有加无已”，世界市场终有“溢满之患”，无数劳佣“无力购求”等“隐祸”。一旦“滋生之额，浮于消耗”，资本家之间势必“彼此倾轧，不恤同业”。可见，资本制度的特点，一面“开拓市场”，一面又“抑制销路”，其“矛盾之形若揭”。矛盾发展的结果，不可幸免地导致“货物积压，贩卖之术穷，成本暗亏，破产之家夥，商业萧条，生机瑟缩，富者贫，贫者益贫”。这些描述，大体接触生产社会化与资本主义私人占有形式的矛盾、产业后备军、生产无限扩大趋势和劳动群众购买力相对缩小的对立、生产过剩危机等涵义。

九是叙述“无涯恐怖”即经济危机的发展趋势。它“久而一阅”，具有周期性，并“逐度增高”，逐步加深危机发展的程度。时至今日，资本家“赢率日高”，刺激他们创立大公司“盛行兼并”；劳动者“抑久必扬”，在长期的压抑下日益觉醒，组织大工团以“实行破坏”。“将来危机爆烈”，资本家“深陷重围，四面楚歌，不啻自为阱而自陷之”。按照“近世共和之义日进”的发展趋势，劳动者将从“参预政权”更进一步，“实握闾里之财权，而解除私人资本之制，群生利而群享之”。这种“自然之势”，“莫之为而为，莫之致而致”。对此，“承天而时动”的仁者之士和“料事于未萌”的智者之士应当“鼓吹之，促成之，去其阻力，祝其早娩”，“顺之者昌”才能“蒙其泽”；反之，“昧于大势，妄思抵抗”，就像“孺子人没人之渊，懦夫举乌获之鼎”，不自量力。当此时机，其“共勉”之大功是“合力协谋，因势利导”。总之，“赢率”乃“毒天下者”，“赢率”的积累与扩张，“诞育”和“助长”了资本制度；“赢率”的郁积充塞，又“覆灭”了资本制度。此似指资本主义积累的历史趋势。

十是关于消灭资本制度以后的“新民之概象”。文中引用马克思如下一段话：

> “吾侪所主持者，集大群，用公产，同心协力，共建民会。所产之利，民会共有之。而储其一分，以备扩张营业之需，是为公积产。又储一分，为团体养命之源，须随时分散之，分散之法，随营业而异。要之各人之所得者，以服劳时刻为定衡。服劳时刻，既为劳役多寡之率，亦为分利之鹄”。

马克思这段“精理”，可能引自《资本论》里关于“自由人联合体”的设想①，

① 马克思：《资本论》第1卷，人民出版社1975年版，第95－96页。

惟此译文距离原意相差甚远。接着，文中介绍恩格斯引申马克思之义，“更推及于国家”。认为“旧有之国家，名为一国之民所托庇，实则富商豪族之私仆，用之以摧辱小民者”；将来推翻旧国家，“劳力家既得政权，国中财产，悉入国籍，则国家为公器，非复前此之私团”，如此“既无党争，又无臣仆”，国家威权由“治人之具”转变为“治业之具”，但不是“灭国体，废国界”，只是“一变其作用”。这一介绍，似乎出自恩格斯的《反杜林论》及《家庭、私有制和国家的起源》等著作①。文中又补充说，恩格斯这一观念，“与扫荡政府党所差豪芒，殆未易辨”，即恩格斯的国家学说与无政府主义的国家观点只有细微差别，难以分辨。

十一是总结马克思学说的特点，“特立一宗，阐理綦详，乃本物理而具蜕故入新之优胜”。据此，“民法”的作用，一则“基于国史进化之理，以除苛解娆”，排除社会历史发展中的烦琐干扰；二则“进探财富之源，以给求养欲”，发展生产满足需求。二者“并驾齐驱，为鼎新民会张本”。又将马克思的“民法学之纲要”，归纳为八点：“上下古今，以物理学贯彻之”，似指唯物史观；“民间政法、教宗、哲理诸要端，一以理财为本”，似指上层建筑和意识形态以经济为基础；15世纪以后，“积财与劳力者，始分资本制度之阶级”，似指资产阶级与无产阶级的分化；“积财者以克减佣银而日富，劳力者以仅足养生而日贫，民间殖产，惟富者承其利”，似指资本家对雇佣工人的剥削；“工人结团，民俗日趋扰乱”，似指工人阶级联合起来进行反抗；“扰乱并起，愈进愈剧，将使中人以上之富户，不复能掌财产之权”，似指危机期间许多中小资本家纷纷破产；“劳力家握政权，化私财为公有，人益晓然于殖产公共之理，为止乱第一法”，似指消除危机的根本办法是公有制取代私有制；“永废旧政府，以去生计之赘疣，别建新政府，以实行董理工业之权”，似指推翻旧国家并创建新国家。

以上大致是书中介绍马克思学说的主要内容。不论其原著水平如何，单就其译文而言，它在表述方面的断章取义、模糊凌乱、似是而非、生僻难解等，也反映了此译本在中国初版时的若干特征。

(二)关于第一国际与德国社会民主工党的介绍

按照书中的说法，马克思学理曾产生两个“动机”，即“万国联会”与“日耳曼民会共和”，说的是在马克思学说指导下成立了国际工人协会与德国社会民主工党。此二者“于近世影响颇大”，前者“发原于”马克思，后者拉萨尔“倡之”，不久拉萨尔之说亦被马克思学说所吸引；尤以“万国联会”在社会革命中“占势颇优”，对于推广马克思学理“功亦不少”②。

---

① 参见恩格斯：《反杜林论》第三编“社会主义”，《马克思恩格斯选集》第3卷，人民出版社1972年版，第320—321页；以及恩格斯：《家庭、私有制和国家的起源》九“野蛮时代和文明时代”，见《马克思恩格斯选集》第4卷，人民出版社1972年版，第170页。

② 甘格士著，胡贻谷译：《泰西民法志》上卷，上海广学会藏版，1912年，第107页。

先看第 8 篇关于“万国联会”的介绍①。其背景是，世界经济联系日益密切，资本家为防止倾覆之祸，共同“抑制现世潮流”；劳佣者要惩治为富不仁者，也争先恐后地“广求同志于世界”，为创立“万国工人联会”打下基础。1836 年，被放逐的德国人在巴黎秘密成立名曰“公道”的结社（即正义者同盟），“执守共产主义”，后移居伦敦，其旨“不在煽动革命，而在广布公道”。受马克思学说的“熏化”，此社“盛唱民会革命，必从财政革命始之说”。1847 年在伦敦开会，易名“共产会”（今译共产主义者同盟），通过其“条教”即章程如下：“本会宗旨，在推翻资本家，拥护劳力家，废止党争之旧会，别建共和之新会。”②此数语，“其宏远之志，略可见一斑”。另外，会上公推马克思、恩格斯二人“同著新书，宣示立会宗旨于天下”。此“新书”义蕴，文中大略引用恩格斯为《共产党宣言》1883 年德文版所作的序言如下：

> “吁嗟乎！昊天不吊，竟使欧美工人敬爱之马格司，长作古人，而今后死之吾，含哀雪涕，独叙斯编也。盖自马格司逝后，宣告书绝无进益。马氏手纂之警语，则谓古今诸史，一党派相争之日记耳。役于人者与役人者争，治于人者与治人者争，其争也，依群化之演进而有异。而工党之摧残，于今为烈，不合大群之力，以拯起之，使永脱于压制剥夺党争种种之厄境，其能脱资本家之罗网哉。”③

对此，文中解释说，“宣言书”的要领，“发明古今之民俗志”，继今以往，“党争”由繁趋简，只有“恃财”与“务力”二党相敌，并“三复申论”二者的远因、现状、后果，及其“猜嫌倾轧之故”。此“宣言书”的论述，“辞气矫激，不免授人口实”。如有人“责其废止私人财产权”，书中回应说，“劳力家应有之财产权被废止久矣，今所欲废止者，但资本家之攘夺权耳”；又有人“斥其灭除家庭伦理”，回应说，“工厂鱼肉妇稚，淫虐成风，伦理之灭除不自今始”；再有人“病其无爱国心”，回应说，

---

① 以下引文凡出于此篇者，均见同上书，第 107－122 页。

② 此系“共产主义者同盟”第一次代表大会上通过恩格斯和威廉·沃尔弗两个主要起草人所拟定的新章程的第一条，其今译文是：“同盟的目的：推翻资产阶级政权，建立无产阶级统治，消灭旧的以阶级对抗为基础的社会和建立没有阶级、没有私有制的新社会。”引自《共产主义者同盟章程》，《马克思恩格斯全集》第 4 卷，人民出版社 1972 年版，第 572 页。

③ 为了便于比较此译文与今译文之间的差别，不妨将这篇不长的序言之今译文完整转录于下：“本版序言，不幸只能由我一个人署名了。马克思——这位对欧美整个工人阶级比其他任何人都有更大贡献的人物——已经长眠于海格特公墓，他的墓上已经初次长出了青草。在他逝世以后，根本谈不上对《宣言》做什么修改或补充了。因此，我认为更有必要在这里再一次明确地申述如下一点。

《宣言》中始终贯彻的基本思想，即：每一历史时代的经济生产以及必然由此产生的社会结构，是该时代政治的精神的历史的基础；因此（从原始土地公有制解体以来）全部历史都是阶级斗争的历史，即社会发展各个阶段上被剥削阶级和剥削阶级之间、被统治阶级和统治阶级之间斗争的历史；而这个斗争现在已经达到这样一个阶段，即被剥削被压迫的阶级（无产阶级），如果不同时使整个社会永远摆脱剥削、压迫和阶级斗争，就不再能使自己从剥削它压迫它的那个阶级（资产阶级）下解放出来，——这个基本思想完全是属于马克思一个人的。

这一点我已经屡次说过，但正是现在必须在《宣言》本身之前也写明这一点。”

引自《马克思恩格斯选集》第 1 卷，人民出版社 1972 年版，第 232－233 页。

“劳力家本无国可依,何爱之有”;等等,这些都是“强词夺理”之论。

文中还说,读了“宣言书”,“当知作者之境遇”,知道此书“出于放逐国外少年之手”;而且撰写《共产党宣言》的1847年,正值“欧洲劳佣之悲伤愁苦,初次骇人观听”。正因为如此,“宣言书”发表,成为“各国工人联合之导源,于史策中为最重要事实”,加上它“意义翻新,雄辩惊人”,更成为19世纪中期的“杰作”。接着不知从哪里引用恩格斯一段话,说“宣言书”在伦敦刊印时,正逢二月革命之前,被翻译为各国文字,遍布全球,“各国工党之起义,多奉此为指南”;此书刊印前,“以世界同胞为标号”,如今更名为“万国工团”,以号召徒党,“遂成万国攻取之形势”;再过17年,此形势蔓延全世界,公认“工团”之名义,以此为“万国工人联会之桀范”。这段话是说,《共产党宣言》的发表推动了各国工人运动的发展,并为第一国际的成立奠定了基础。

接着介绍,1848年欧洲革命后,资本家的势焰增长,劳佣者“吁求幸福”之势处于逆流,“殊苦操舵之无术”。马克思之辈“倡言资本家之倾覆,必待其恶贯已盈,共知其阻碍民生,无复怙恶之力,至是而一举荡平,势若摧枯”,意谓推翻资本家的统治尚须等待时机。他提出这一“建议”后,退处伦敦埋头于研究,“以期志业之克成”。至“万国工人联会”(今译国际工人协会)1864年9月在伦敦成立,马克思与会,作为“维持工党之奇杰”,矫正起草章程之初曾出现的局限,对来自各国工人代表的各派主张“一视同仁,不限于国界”,他起草的“条令”和“讲义”(即国际工人协会成立宣言和临时章程),“深入人心,至于今不替”。关于“讲义”,分为三层涵义,一是1848年以后,“工业骤盛,国富日增,而民困如故”;二是劳佣作工“日限十钟”,此后“供求之权,必由民间公执”;三是一些“志士”试行“殖产会”并“有成效”,足以证明“工业之振兴,无待乎富家之主理”;富家视劳佣为奴隶“操之过蹙,发之愈烈”,最终“权必归于统合之劳佣,于是始能各奋其智,各宣其力”,所以,“工业分则败,合则成”,此乃“万国联会所以为当务之急”。这段介绍,实际上是简述马克思《国际工人协会成立宣言》的有关内容①。关于“工会法章”,它的“序文”陈述“万国民法之纲领”如下:

“民间茹苦含冤,智沦道丧,莫不由于劳佣之困苦,与夫雇主之

---

① 上述几层涵义,马克思在《国际工人协会成立宣言》中的表述大致是:“工人群众的贫困在1846年到1864间没有减轻,这是不容争辩的事实,但是这个时期就工业的发展和贸易的增长来说却是史无前例的”;1848年革命以来“两件重大的事实”,一是英国工人阶级经过长期斗争,“终于争得了十小时工作日法案的通过”,这“不仅是一个重大的实际的成功,而且是一个原则的胜利”;另一“更大的胜利”是“合作运动”,特别是“由少数勇敢的‘手’独力创办起来的合作工厂”,“对这些伟大的社会试验的意义不论给予多么高的估价都是不算过分的”。对于后者,马克思还说:“工人们不是在口头上,而是用事实证明:大规模的生产,并且是按照现代科学要求进行的生产,在没有利用雇佣工人阶级劳动的雇主阶级参加的条件下是能够进行的;他们证明:为了有效地进行生产,劳动工具不应当被垄断起来作为统治和掠夺工人的工具;雇佣劳动,也像奴隶劳动和农奴劳动一样,只是一种暂时的和低级的形式,它注定要让位于带着兴奋愉快心情自愿进行的联合劳动。”《马克思恩格斯选集》第2卷,人民出版社1972年版,第126—135页。

贼仁害义，制劳佣之死命也。居今日而谈匡济，无论政治家若何高见，必使劳佣不受贫穷之束缚。顾其义至广，必由一乡一国而普及于世界。是宜合各国俊秀之士，同心戮力，胜此巨艰也。”

“造诸种因，万国工人联会乃立。凡隶会籍者，须以公义善道为行事之标准，不以异国异种异教而分畛域。权利与义务有相济而无偏胜。”

这段介绍，实际上是摘录马克思所著《国际工人协会共同章程》中有关段落①。对此，文中认为，这些叙述，旁通曲畅，讲明“万国民法之条件”，至于“其理想之能否中肯，尚难悬断”，它的“奇才杰构”，显现出“其生气远出，阅世如新”。

所谓“万国联会”，被称作“万方一致之工人总会”，此系“联合之总枢，交通之尾间，而非独揽大权之谓”。其组织构造，“一则合群策群力以赴功；一则使各分会工人皆得完其自由，而因地制宜，分职任事”，可谓“虑周藻密”。这一组织，马克思“为肇造联会之人，综理百务，更著勤劳”。召开会议，不外遵行马克思“手授之方略，续加商榷，修整而补缀之耳”。马克思凭据“理势”，迫使追随蒲鲁东一派“不得不俯首以就马氏之衔勒”，反映第一国际前期马克思主义同蒲鲁东主义的斗争。第一国际1866年9月第一次召开日内瓦代表大会，与会60位代表通过“马氏之条令草案”（即马克思为大会撰写的《临时中央委员会就若干问题给代表的指示》），包括“渐减工时，至每日八点钟为额”（即提出争取8小时工作制口号），设立“完备之教育机关，使工人资格渐跻于中人以上”等。这些议题“一本常理，为民法之最易行者”。1867年第二次召开洛桑代表大会，“民法之擘画，益见进步”。1868年第三次召开布鲁塞尔代表大会，“联会所持之民法，至是益彰”。1869年，巴枯宁率领“扫除政府党”若干人“附名

---

① 以上两个段落的涵义，今译本《国际工人协会共同章程》的表述如下：

“鉴于：

……

劳动者在经济上受劳动资料即生活源泉的垄断者的支配，是一切形式的奴役即一切社会贫困、精神屈辱和政治依附的基础；

因而工人阶级的经济解放是一切政治运动都应该作为手段服从于它的伟大目标；

……

劳动的解放既不是一个地方的问题，也不是一个民族的问题，而是涉及存在有现代社会的一切国家的社会问题，它的解决有赖于最先进各国在实践上和理论上的合作；

目前欧洲各个最发达的工业国工人阶级运动的新高涨，在鼓起新的希望的同时，也郑重地警告不要重犯过去的错误，要求立刻把各个仍然分散的运动联合起来；

鉴于上述理由，创立了国际工人协会。

协会宣布：

加入协会的一切团体和个人，承认真理、正义和道德是他们彼此间和对一切人的关系的基础，而不分肤色、信仰或民族；

协会认为：没有无义务的权利，也没有无权利的义务。”

引自《马克思恩格斯选集》第2卷，人民出版社1972年版，第136－137页。

会籍”,参加当年第四次召开的巴塞尔代表大会,“深恶马之力主政府集权”,反映马克思主义与巴枯宁主义斗争的开始;1872 年的海牙代表大会,因“扫除政府党忿戾不可复制”,于是“马乃驱令出会”,大会通过决议把巴枯宁等人开除出“国际”,并决定总委员会驻地迁至纽约。接着,文中转述马克思在海牙代表大会闭幕后,“慷慨淋漓”地对听众说了如下一段话:

“海牙者,十八期国君交会之地,所以固其威权、保其国祚者也。顾昔日冠裳盟会,今转为工党之集议厅,从可知世运之渐进大同也。”又说:“工人欲入蔗境,有不劳而获者,如英美和等国是;有竭蹶以图者,如此外欧州各国是。”最后“自言”道:“愿矢残年,以谋群福,虽遭遇迍邅,壮志一如畴昔也。”

这番讲话,“语重心长,合座陨涕”。可是,乍一看,这段话不知所云。经查,这是马克思 1872 年 9 月 8 日在荷兰阿姆斯特丹群众大会上所作《关于海牙代表大会》演说的部分节选内容①。据介绍,此后,巴枯宁主持“纵火焚林之扫除政府党”,“自号任天党”继续活动,到 19 世纪 70 年代后期“灭迹销声”。

关于“工人联会”的评价,文中认为,“群服其设想至高,造端至宏,欲合大地之劳人,共登熙熙之春台”,由于各种原因,国际工人协会“萌蘖方生,旦暮即萎”,未能持续多久即行解散。它“宣扬大义,警觉人心,功固有不可没者”,显示了“移填海,有志竟成”的精神,能够“集大群以彰公道”,“为世界人群所归心,为各国政府所侧目”,也使得马克思之辈“赫奕一时,垂声后世”。它还使得那些在第一国际内部“暂奋私智,逆折其机”,宣扬蒲鲁东主义或巴枯宁主义的顽固政党,“终必回心向化,投诚旗下,无可疑虑”。这表明,“联会”即使解散,它的“精神”和“魄力”仍在,“其动力固自在天壤”,他日势必东山再起。

至此可见,第 8 篇“万国联会”,重点介绍第一国际的缘起及其沿革,其中突出马克思一派的领导核心作用以及与反对派之间的斗争历史。

---

① 为了比较,不妨将这一演说部分节选内容的今译文转录如下:

“在十八世纪,世界上的君主和权贵往往在海牙集会,商讨与自己王朝的利益有关的事情。

就在这个地方,我们不顾一切恫吓,决定召开工人代表大会。我们要在最反动的居民当中证实我们伟大的协会的生命力、发展和未来的希望。

……

我们知道,必须考虑到各国的制度、风俗和传统;我们也不否认,有些国家,像美国、英国,……工人可能用和平手段达到自己的目的。但是,即使如此,我们也必须承认,在大陆上的大多数国家中,暴力应当是我们革命的杠杆;为了最终地建立劳动的统治,总有一天正是必须采取暴力。

……

至于我个人,我将继续自己的事业,为创立这种对未来具有如此良好作用的所有工人的团结而不倦地努力。不,我不会退出国际,我将一如既往,把自己的余生贡献出来,争取我们深信迟早会导致无产阶级在全世界统治的那种社会思想的胜利。”

引自《马克思恩格斯选集》第 18 卷,人民出版社 1964 年版,第 178—180 页。

再看第 9 篇关于“日耳曼民会共和”的介绍[①]。文中简述德国近世发展大事记和德国工人运动发展历史，然后介绍“民会共和党”即社会民主党是工党中的“矫矫者”，原先“绝望于平和”，后来“从赖马诸人而急进，驯至革命”，意谓放弃对和平方式的幻想，追随拉萨尔和马克思等人走上急进和革命的道路。这起源于拉萨尔 1863 年创立“德国工会”即全德工人联合会。最初倡设“民会共和报”（该会机关报《社会民主党人报》）时，“马格司与恩吉尔之俦，始亦赞助之”，后拉萨尔派支持俾斯麦政策，“旅英之改革党”如马克思和恩格斯“因与割席”，断绝关系，认为“当拒之如蛇蝎，不容两立”；拉萨尔派认为马克思和恩格斯“远托异国，不悉内情”，仍坚持己见。1869 年，“工人会共和党”即德国社会民主工党（爱森纳赫派）成立。1875 年，爱森纳赫派与拉萨尔派在哥达城合并，名曰“日耳曼工会党”（今译德国社会主义工人党），奠定了“日耳曼民会共和之盛业”，其党员“力主和平，未尝逆时势而为蠢动”，保持“马格司之遗风”。可是，俾斯麦政府视“民会共和党”如芒刺在背，遂于 1878 年 10 月实行“民会禁律”即反社会主义者非常法令。对此，“马格司尝谓：工厂即工党之产地，工业之演进，工党团力亦随而发达，如影与形之不相离。苟工人不自暴弃，则勃兴之机，虽临以刀锯鼎镬，不能夺其志而挫其气”。此言促使德国工人恢复镇定，“摄心定虑，任虐制之横行，举不足扰其宁静之天”，1879 年在苏黎士出版“民会共和报”（今译《社会民主党人报》）。随后在议会斗争中，社会民主党候选人的票数不断增长，“民会厚集势力，驾日耳曼各党之上，莫敢与之抗颜行者”，最终俾斯麦的严酷禁令“虎其头而蛇其尾”。“民会共和党”的胜利，表明它是“堂堂正正之师，纵横无敌于天下”，而且“坚忍不拔，严整有序，慎始彻终，保守和平，无编制之形式，而有完备之精神”，有历史记载以来，“劳佣之事业，未有若是之可咏歌可忾慕者”，体现了社会民主党人“皆有高尚之胸襟，优胜之资格”，其业绩实足以“辉映前古，照耀来今”。

介绍德国社会民主党在 1890 年“非常法令”废除后，1891 年用新的爱尔福特纲领代替旧的哥达纲领，并摘述新纲领的要旨。文中评论，党人“固饫闻马格司之绪论者也，然不拘拘于马之理想，故所订规律，既不言赢率，亦不涉宰物”，意即德国社会民主党人熟知马克思学说，却不拘泥于马克思的理想，所制订的新纲领既不提及剩余价值论，也不涉及唯物论。称誉新纲领“宏深肃括，合万象之心思才力，融铸于一炉”。德国社会民主党 1863 年至 1890 年的发展，像马克思等人的“空谈悬想”，无补于德国统一实际，但社会民主党实现“迥非他党所及”的大发展，则有赖这些“命世之奇英”为之冲锋陷阵和开辟道路，

① 以下引文凡出于此篇者，均见甘格士著，胡贻谷译：《泰西民法志》上卷，上海广学会藏版，1912 年，第 122－140 页。

其他人士“以视马格司、赖萨勒之才之美,则瞠乎远矣”。社会民主党的名声,由马克思和拉萨尔“播其种”,它的发芽、生长和结果,是全国工人的力量。

以上简略介绍,表明第9篇“日耳曼民会共和”的内容,叙述德国社会民主党的发展过程,始终贯穿马克思及其学说的影响力,不论对这种影响力给予积极或消极的评价。

总之,书中上述内容的介绍,不乏著述者的评论之语,大体上说,带有铺陈史实的客观成分。这种铺陈经过作者的取舍,在史实的完整性和准确性方面要打些折扣。加上转译过程中,可能由于译者对原著的草率删略以及对文义的理解偏差,其译文关于马克思和恩格斯领导第一国际以及指导德国社会民主党之事迹的叙述,给人以断续而不连贯或支离零碎之感。

(三)关于作者对马克思及其学说的评价意见

上面的介绍可以看到,作者叙述马克思的生平和学说,以及第一国际与德国社会民主党的发展历史时,往往穿插一些评论性意见,其中也涉及对于马克思及其学说的评价。更为集中的评价意见,见于书中第7篇关于马克思的专题论述。若将第7篇以及散见于其他各篇内、由作者本人或经其汇集他人意见而成的对马克思及其学说的评价观点,加以整理爬梳,大致包括以下几个方面:

一是指摘马克思的学理,“其于解释佣役一端,似有欠缺”。认为“佣役为财富之源”,也就是劳动为财富源泉的说法,仅适用于“工业简陋、商场狭隘之世”,不适用于“近世工业大进,商场广辟”之形势。“争竞日烈,计学日精”的社会,“万不能仅恃劳力以集事”,如果缺乏“明敏之才,果敢之识,神妙不测之机权,恢廓有容之智量”,怎么能“战胜于五州大通之日”。所以说,“持佣役为财富之源,何所见之不广”。这是强调经营管理才能为财富的源泉,质疑“资本家之营利,只为敛取佣役之所赢”的论点,“其说亦偏”。并辩解富者创业,一则“惨淡经营”,忧虑和渴望获得报偿以“维持永久”;二则营业初始,尚未赢利,其创业所需财产,系自身所固有或由其他途径获得,不可能“敛取佣者之所赢”。马克思这一学理,“殊觉其说之不可通,是以知资本未必尽由剥夺而来”。另外,自由交换的经济社会遵循“互相获益之公例”,借贷取息是合乎公例的“无可疑”行为,因而马克思“解释资本制度递进”的学说,“不免贻失实之诮”。

二是为资本家辩护,批评剩余价值理论。认为“资本家之于民生,担荷重任,而大有造于演进者”。相比之下,“劳佣”只占次要地位。马克思“以次要者为主要,其亦昧于新民之秩序”。新社会建立,“将有若干新动机辅之以行”,这些“新动机”必不能全以“佣役”来概括,像“学识技巧”等都是推动工业进步的“必需”因素。那些“掷资财以肇造若干新动机者”,自然应当“享受利益”。至于出现“狠戾奸险”的“非正当之资本家”,“自当别论”。按照马克思“广其界说”的理论，把发展经济“推翻封建”的“振起自由之原力”，归功于“深明大义之富商”，这与社会演进的理由，“相济而不相背”；他倡言“赢率”得自“向隅之佣役”，虽然“动听”，与其“自创之历史哲理，显相刺谬”。“劳力为赢率之原”的说法，当世“理财学家”已多次提及，但未曾提出“赢率者，劳力家当捆载以去”，即剩余价值应归劳动者所有的观点。马克思“纵心革命之极端”，其“辞锋非不英锐”，却“与史册事实不相合”。因此，马克思以“赢率之创解”作为“其学派之中坚”，乃“自示其弱点”，无非是“反攻富家列传，使之无所存”。在这里，批评者还以“解嘲”之名，暗喻马克思的剩余价值理论，差不多“袭取博学家之陈说”。

三是否定恩格斯对马克思的评价。书中提到，恩格斯追叙马克思的功绩，分为“二义”，一曰“发明史策中之物理论”，二曰“发明资本家之利用赢率”①。对于第一义，作者认为，“似古籍中陈腐语，为新学家所唾弃”。此义主张宗教、哲学等“皆依附财政而起”，即上层建筑决定于经济基础，与“史策为心思发展之纪录”的认识相抵触，未考虑“积众因以成果”的多元起因，“举一节而概全体”，此所以马克思学说“授人口实”。他能“破除俗见，直言不讳，使人咸注目于理财学”，重视经济发展在历史发展中的作用，也不能说“无裨于信史”。他“旷观古今变迁之大势，而逆料资本制度将以溃败决裂为终局”，这一预言如果“不幸而中”，民间必经历“非常之痛苦”，由这种痛苦进于安乐，“非图治之上策”。他一面认为“劳力者久被束缚，处境微而志量卑”；一面又要让这些“微且卑之人”将来做“民会之谋主”即社会的主人，相信他们能“手创奇绩，躬任巨艰，而不虞陨越”。二者相互矛盾，“势有所不顺”。对于第二义，作者认为，马克思“解释赢率”，不过“年少之日”，仰承斯密之余绪而“未加深察”，便“以毕生之力从事于此”。想借此“鼎新民俗”和“收拾人心”，反而“见理未真”，适足造成危害，何况其中又有“不可解者”。在作者看来，马克思“固确守物理论者”即坚持唯物论，然“临事则反忘之”，他“所立程式，与事理相背谬者，不胜枚举”。比较马克思与斯密，“明者”必能辨识前者不如后者之“切理餍心”：二者在学力方面足以相颉颃，但以虑事之审，析理之细，前者比后者“瞠乎其后”；后者以哲理为经，以实事为纬，马克思则“直情径行，违乎情，拂乎俗，而岸然不顾”，以致马克思“熔铸古今之大手笔，自损其声望”，大有负于“造物之笃生”。以马克思之“天才卓荦”，应不难“立伟业，成令名，起龙蛇于大陆，垂金石于千年”，然而他“限于宰物之狭义，拘于赢率之谬解”，其呕心沥血留给后人的“绝大著作”，都是些“愤世嫉俗之言”和“过当失中之语”，遂使这位“惊才绝学，旷世而一见之人”，令人痛心地留下“缺陷”，并为世人所“诟病”。惟不能单独“苛求”

① 此系指恩格斯在其《社会主义从空想到科学的发展》一书中的评价：“这两个伟大的发现——唯物主义历史观和通过剩余价值揭破资本主义生产的秘密，都应当归功于马克思。”《马克思恩格斯选集》第3卷，人民出版社1972年版，第424页。

马克思，他也有“特别之功”，能够“警觉劳力者，使其自知责任与位置”，以及“发明科学新理，使全世界之劳佣，努力孟晋，以臻灿烂光明之一境”。

四是对马克思及其学说的历史地位给予重新评价。在作者看来，马克思“危言激论，实含扰乱种子”，但他以“盖世雄才”，在那个时代作“鲸钟之怒吼”，也有其缘由。他“养成浩气”之品质，“不慑于利害，不屈于威武，不以时局绝望而生怯心，不以舆论拂逆而萌退志，守死不变，惟愿造福于群伦，以求魂梦之安”，实足以为“末俗之针砭，后生之师表”；他“视富贵如浮云，等王侯于蝼蚁，不以尘世之显耀为己荣，而以贫民之释放为己任”，应使那些趋炎附势的自私自利之徒，面视马克思 40 年“辛苦垫隘，坚毅勇任”的执著精神，感到羞愧。另外，就天赋、学力和文才而论，19 世纪“理财学家”中，无人能与马克思“分庭抗礼”。马克思的名声见重于世，“不在其解释赢率一端，而在揭示工场财产之进运，与其推阐民会之转机”，亦即马克思为世人所看重的功绩，不在于提出剩余价值理论，而在于揭示工场生产的演进过程与阐发社会发展的转变时机。无论马克思“以财为主”的学说正确与否，他“论理财学之重要，使凡治群学者，萃智毕力于此一途，则收效于他日，未可量也”，意谓马克思强调财产或资本的学说，引起社会学者对于经济问题重要性的关注，未来将产生不可限量的效果。总之，“综观”马克思学说，可归纳为“研究近世生计之性质，而据古史以释明资本之制度”。考察数千年的事变，“莫不有递进之迹象”，每发展到一个阶段，各有其“特别适宜之处”，经济上的发展沿革同样如此。马克思超过一般史学家，进一步论证了自由竞争制度“以土地、资本、人物三者，分体组织，其制流弊孔多”，以前提倡此制的社会，今天反而受到此制的羁轭以致“同声怨咨”。这表明，如今大势所趋，趋向于“理想更高、范围更广”的经济社会，这也是“民法”产生的原因。凡“留心世道者”，都知道社会主义成为社会发展趋势的“中枢”，马克思的历史地位，“可于此途之呈效定之”。①

五是将马克思与其他人简单类比。这种类比，从前面的介绍看，涉及许多方面。如谓：蒲鲁东的《什么是财产?》与马克思的《资本论》“见解略同”，二者都把矛头指向“安居而茹利”的资本家阶级；拉萨尔在社会主义中所占的地位，与洛贝尔图斯和马克思“绝相类”，前者重视事实，不像后者“肤辞游语”，脱离实际；拉萨尔论铁的工资规律，与马克思的剩余价值论，“同占重要之位置”，各有其“独到之见解”，一则属意于“富家享利之过当”，一则着眼于“佣工所得之瘠薄”，二者是同一事情的两面；拉萨尔关于社会发展归宿的观点，与马克思和洛贝尔图斯之辈相同，“百变不离乎共产”；德国社会民主党的发展，由马克思

---

① 以上四点内容除另注外，其引文均见甘格士著，胡贻谷译:《泰西民法志》“篇七 马格司”，上卷，上海广学会藏版，1912 年，第 101—107 页。

和拉萨尔“播其种”；洛贝尔图斯的宗旨，与拉萨尔和马克思之辈相同，“惟作用则异”；马克思与拉萨尔“私淑”于黑格尔，后又向往达尔文的天演论，以马克思的学说“尤甚”；马克思的阶级斗争学说，与达尔文的“物竞之说”，属于“同调”；马克思、恩格斯关于未来国家的观念，“与扫荡政府党”的观点，没有什么差异；与巴枯宁的“扫除政府意旨”相比，洛贝尔图斯和马克思等人限于德国式方略，偏于“集权”社会主义；马克思学说与第二国际“同源异流”，且“后胜于前”，马克思“主张革命”，第二国际则“异是”；马克思与斯密学力相当，但前者不如后者“切理餍心”，虑事析理审细，以及兼顾哲理与事实二者；等等。

六是责难马克思学说不适合今世需要。作者评析马克思学说及其对于后代的影响，不时流露马克思学说已经过时的言论。例如，马克思的“物理学”即唯物论与无政府党的革命学说一样，“宜于昔不宜于今”，唯物论是否符合社会主义，“论者迄无定评”；马克思学说对于现行制度不论其善否，一概反对，“贻害民生者实大”；德国社会民主党后来不拘于马克思的理想，订立章程时不提及剩余价值论，也不涉及唯物论，表明不以马克思的“遗轨”作为标准，否则，“于势为不顺”，“泥古不通，坚僻自是”，“不察时局蜕故入新之理”，故今后要从偏重马克思的“革命之谈”，转为重视“柔和进化之理”，“和平之条理”；英国社会主义的兴起，其初得益于马克思的教理，值得称赞的是英国劳工党“旨趣纯正”，不夹杂马克思的“嚣张之旧说”；等等。作者评述社会主义的近期发展状况，将所谓过时论作进一步发挥。如谓：今日社会主义仍“拘牵于”马克思学说，而且“变本加厉，不恤饮鸩以自祸”，这是强调马克思唯物论，不重视“治心”的结果，以致“革命之狂热”的毒害深入人心；马克思学说“流为定式之教理”，未能除去工人的束缚，反而“落井下石”，加强了对工人的束缚，“释放人类之豪杰，转为人类之蟊贼”；马克思学说“不谐于世者”，如违背婚制伦常，主张破坏现行法制，反抗宗教等，都是工党进步的“阻障”；马克思学派预言“富家由盛而之衰，必将败于工业世界”，已为欧美国家的“近世联行制度之发达”所否定；马克思“注重破灭，而忽视积累”，以为资本为暴益甚，工人积困愈深，是一种“误解”，未能看到劳佣者的知识道德，随着社会进化，“与世运同时并进”；等等。

这些评价意见，对于马克思学说的一些基本原理，如劳动价值论、剩余价值论、唯物论、唯物史观等，几乎都提出异议；推翻恩格斯关于两个伟大发现归功于马克思的评价，只是抽象地提出马克思的历史地位可以由社会主义发展的成效来确定；将马克思与历史上形形色色的人物、包括马克思所反对的人物，或等量齐观，或归入同类。作者的评价常常出现一些矛盾之处，如一会儿说马克思的学力与斯密相当，却不及后者之切理审细，一会儿又说 19 世纪经济学家的天赋、学力与文才，无人能与马克思分庭抗礼；一会儿说蒲鲁东和洛贝尔图斯等人与马克思的见解“略同”或“绝相类”，一会儿又说他们的功劳不足与马克思媲美；一会儿说马克思主张革命之说，一会儿又说马克思有着和平条理；等等。从总体上看，无论怎样评价，作者的意见，最终归结于马克思学说过时了，不再适应现时的需要。

三、《泰西民法志》在马克思经济学说传入中国进程中的历史地位

对《泰西民法志》一书的全貌，尤其对其专论马克思经济学说部分，进行比较系统的考察后，不禁为这部论述西方社会主义历史的早期译著涉猎马克思及其经济学说的篇幅之多、内容之广，感到惊异。为了恰当评价这部译著在马克思经济学说传入中国进程中的历史地位，先对它论述马克思及其经济学说的内容，在前面分析的基础上，概括出若干特点。

(一)关于《泰西民法志》的若干特点

将此书专论马克思一篇的内容与其他各篇论及马克思的内容结合起来看，大致确认它在铺叙马克思及其经济学说方面，具有如下一些特点：

第一，此书对于马克思的专篇介绍，强化了它在其他各篇论及马克思时显现出来的若干特点。比如，以第二国际中的机会主义或修正主义思潮作为标准，断言马克思学说“宜于昔不宜于今”，已经过时了；把马克思学说中的经济理论，置于显著地位予以强调，是否赞成这一理论则另当别论；重视马克思学说在社会主义历史发展中的地位和作用，同时又对这种地位和作用，按照作者的观点，给予重新解释；从中译本表达原著专论马克思一篇的用词遣字里，依稀可见译者把原作者对待马克思学说的基本观点，也当成他自己的信仰；等等。

第二，此书对马克思和恩格斯的生平事迹与代表著作的介绍，从其译文看，尽管残缺不全，却有一个基本轮廓。其生平介绍，大体以 1848 年革命为界，详于此前而略于此后。此后的经历与业绩，在介绍马克思学说以及第一国际和德国社会民主党时，有所论及。通过这种轮廓式介绍，多少能够体会马克思和恩格斯的友谊、为“劳人”伸张正义的共同志趣、在严酷环境中探索真理的执著精神、投身国际工人运动的“先导明白”作用、从事“理财实学”即经济学研究的“革命之志”等等，由此依据，也使人们明白他们何以能够在社会主义的历史上确立其典范和领导地位。

第三，此书介绍马克思“民法学”，突出其“赢率之原理”即剩余价值理论。这个介绍，大致按照《资本论》第一卷的内容，涉及诸如商品分析、劳动价值论、劳动力价格和价值、剩余价值的来源及其形式、资本的形成条件、社会化生产和资本主义占有之间的矛盾、产业后备军和无产阶级贫困化、生产过剩危机及其周期性、资本原始积累、社会主义取代资本主义的历史发展趋势、自由人联合体的新社会设想等理论涵义，最后还归纳为马克思的八项“民法学之纲要”。

这些论述,跳过或简化了马克思逻辑体系中的许多重要理论环节,只选取其中一些作者感兴趣的理论观点,加上翻译上的阻滞,难免有零敲碎打和上下脱节之嫌。不过,它为人们了解马克思经济学说,提供了蔚为可观的思想资料。

第四,此书对于马克思学说的介绍,除了间接转述其论点外,还直接摘引马克思、恩格斯的一些语录。例如,马克思关于"自由人联合体"的设想;恩格斯关于未来国家作用及国家消亡的叙述;恩格斯起草的《共产主义者同盟章程》里关于"本会宗旨"即同盟目的的一句表述;恩格斯撰写《共产党宣言》1883年德文版序言的主要内容;马克思在《国际工人协会成立宣言》、特别在《国际工人协会共同章程》里的一大段表述;马克思在海牙代表大会后阿姆斯特丹群众集会上演说的几段内容;恩格斯关于马克思两个伟大发现的评价;等等。这些语录式内容,不论那些专门翻译他们著述的有关译文,在此前介绍社会主义、从而涉及马克思学说的译作里,极少见到。仔细对照,可以在1903年出版的《近世社会主义》译著里,找到类似的引文,其中引人注目的,恰恰是有关"自由人联合体"设想,《国际工人协会共同章程》序言部分,阿姆斯特丹群众大会演说等几段引文。这不由得使人联想,《近世社会主义》或许像《泰西民法志》一样,也是源出于英国人的《社会主义史》同一部原著。《近世社会主义》译本出版更早,其对于马克思论述的理解以及相应译文的表述,比起晚了近十年的《泰西民法志》,也更加糟糕。从这个角度看,《泰西民法志》引述马克思和恩格斯的语录,为马克思学说向中国的传入,尝试增添了带有原汁味道的新内容。

第五,此书对马克思及其学说的评价,有褒有贬,貌似客观公正。仔细分析,其褒扬之处,主要体现在马克思的个人品质、天赋才学、在国际工人运动和社会主义历史中的实际影响力等方面。其贬抑的重点,则集中于马克思的理论学说,尤其是剩余价值学说。如谓:其劳动价值论"似有欠缺",表明"所见之不广";剩余价值论"其说亦偏"、"不可通"、"失实"、"与史册事实不相合"、"见理未真",系"过当失中之语",主次颠倒,忽略资本家的作用而"自示其弱点",其"纵心革命之极端"和"危言激论","实含扰乱种子";其学说存在"注重破灭,而忽视积累"的"误解",仅有"警觉工人"作用,已不适应现实需要,反而束缚了工人;《共产党宣言》主张废止资本家对财产的攘夺权等是"强词夺理";否定恩格斯关于马克思两大发现的论断;等等。又质疑马克思坚持其理论学说"为世诟病","自损其声望",有负天生造化云云。此书将蒲鲁东、洛贝尔图斯、拉萨尔及无政府主义者之流的著作或观点,与马克思和恩格斯的《资本论》、剩余价值理论、关于未来国家消亡的设想等相提并论,其混淆是非的迷惑作用,也不能低估。

第六,此书的翻译,古涩扭曲,限制了对马克思学说的正确表述与释义。其原因,一是如译者所说,"记事非难,述义维难",本来不易把握原著的理论涵义,加上译者对原著的“删汰”,更造成译文脱离原文的变形和偏差。其典型例证,譬如,恩格斯 1883 年德文版序言关于《共产党宣言》始终贯彻的基本思想的表述,本来有三层重要涵义,其一,每一历史时代的经济生产以及必然由此产生的社会结构,是该时代政治的精神的历史的基础。这一涵义在译文里消失不见了。其二,从原始土地公有制解体以来全部历史都是阶级斗争的历史,即社会发展各个阶段上被剥削阶级和剥削阶级之间、被统治阶级和统治阶级之间斗争的历史。这一涵义在译文里变成了“古今诸史,一党派相争之日记耳”以及“役于人者与役人者争,治于人者与治人者争”。其三,这个斗争现在已经达到这样一个阶段,即无产阶级如果不同时使整个社会永远摆脱剥削、压迫和阶级斗争,就不再能使自己从剥削它压迫它的资产阶级下解放出来。这一涵义在译文里被说成由于“群化之演进”,“工党”受到的摧残“于今为烈”,如果“不合大群之力”加以拯救,永远摆脱“压制剥夺党争”的厄境,则不能摆脱“资本家之罗网”。经过翻译的改造,译文与其原意相比,大相径庭。然后,译文又将无产阶级与资产阶级的斗争概念,变换成“恃财”与“务力”二党之间的相互“猜嫌倾轧”之意,以此配合原作者批评《共产党宣言》“辞气矫激,不免授人口实”,并把《宣言》强调废止“资本家之攘夺权”,主张灭除工厂鱼肉妇女儿童的“淫虐成风”等等,统统说成“强词夺理”。这样,在译文里,恩格斯的论述经过加工被庸俗化了,倒真的给那些批评恩格斯和《共产党宣言》的观点,提供了“口实”。又如,马克思在阿姆斯特丹群众大会上的讲话,曾说有些国家的工人可能用和平手段达到自己的目的,但在欧洲大陆的大多数国家中,暴力应当是革命的杠杆,而且为了最终地建立劳动的统治,总有一天必须采取暴力;译文中引用这段论述时,把用和平手段达到自己的目的说成“不劳而获”,又把暴力革命说成“竭蹶以图”,使原来的论述面目全非。像这样因翻译质量的差误,严重曲解或阉割原文含义的例证,在前面征引的译文里,比比皆是。从表面看,这是译文拙劣造成的偏差,其实,译文的困扰,其根源在于译者尚未理解马克思学说的真实涵义,感到“述义维难”,因此表现在译文上,难以把握和说清马克思学说的确切内容,也难免给当时的读者带来理解马克思学说的障碍。二是在当时条件下,原著中许多外来专门概念或名词术语,缺乏约定俗成的对应中译名,此译者在翻译英文原著的过程中,又未能顺应时人大量借用日译名的时代趋势,试图另辟蹊径,从汉语文言里寻求自创译名。结果《泰西民法志》引述和评介马克思学说的许多段落,让人看来,如坠五里雾中,像在阅读中国古代文献。这样,也给时人理解书中提到的马克思学说,添置了新的障碍。

(二)关于《泰西民法志》的历史地位

这里所说的历史地位,是指在马克思经济学说传入中国的早期历史进程中,《泰西民法志》一书处于什么样的地位。为了说明这个问题,除了上面的分析，还应当把这部译著放到当时中国引进马克思经济学说的历史背景中，去加以考察。马克思经济学说传入中国，最早从1899年的《大同学》算起，到1912年出版《泰西民法志》，已有十多年的历史。这一期间，大体可以分为以下几个阶段。

第一阶段在19世纪20世纪之交的数年间。自《大同学》通过转译英文著作而涉猎马克思经济学说以来，相继出现一批含有评介马克思及其经济学说内容的文章或著作，不论自撰或翻译，其资料来源几乎清一色得自日文著述。其中，国人自撰的文章，如1902－1904年间梁启超发表《进化论革命者颉德之学说》、《新大陆游记》、《二十世纪之巨灵托辣斯》、《中国之社会主义》等文章，1903年马君武发表《社会主义与进化论比较》一文，"大我"发表《新社会之理论》一文等等，均曾提到马克思的名字以及他的某部经济学著作或个别经济观点。这些文章的提法，都是偶尔或附带论及，多少带有一些猎奇成分。这一阶段值得注意的是，数部译自日文著作的有关社会政治或社会主义论题的中译本，接踵问世，其中不乏涉及马克思及其经济学说。例如，1900－1901年连载于《译书汇编》的《近世政治史》译本，曾约略记述马克思的早期革命活动及领导第一国际的某些主张。1902年和1903年分别出版的两个《社会主义》译本，曾介绍马克思的"剩余价格"概念，并节录马克思在《国际工人协会共同章程》里关于工人阶级经济解放的一段话①。1903年出版的《近世社会主义》译本，可谓"近代中国系统介绍马克思主义的第一部译著"②。此书曾以专题和分散形式介绍马克思及其主义，包括马克思的生平与著作；其资本理论，试图按照《资本论》第一卷的论证顺序，叙述剩余价值产生的理论和历史依据，以及未来自由人联合体设想和资本私有制终将灭绝的发展趋势；对于马克思资本理论的"驳论"；马克思和恩格斯在《共产党宣言》、《国际工人协会共同章程》、《关于海牙代表大会》中的若干言论节选；马克思与洛贝尔图斯的理论比较；等等。可以说，此书的介绍方式与内容，与《泰西民法志》一书颇为类似。1903年出版的《社会主义神髓》译本，日本社会主义运动的先驱者幸德秋水参考马克思、恩格斯的《共产党宣言》、《资本论》第一卷、《社会主义从空想到科学的发展》等著作，以及其他西方社会主义著作，表达他对于社会主义之"神髓"认识。书中多次引述马克思和恩格斯关于唯物史观基本原理、剩余价值理论和社会主义主张的原话或论点，被称作日本社会主义者"第一次比较系统地阐述社会

① 参看村井知至著，罗大维译：《社会主义》，上海广智书局1902年版；以及村井知至著，侯士绾译：《社会主义》，上海文明书局1903年版。

② 姜义华：《我国何时介绍第一批马克思主义译著》，《文汇报》1982年7月26日。

主义的文献"[①]。《社会主义神髓》与《近世社会主义》是这一时期评介马克思及其学说最具声誉的两部译著。此外,还有1903年出版的《近世社会主义评论》、《社会党》、《世界之大问题》或《社会主义概评》、《新社会》、《社会问题》等译自日文的著作,也零星提及马克思的名字或个别经济观点,多为空泛之说或持批判态度。

第二阶段在1905—1907年《民报》与《新民丛报》的论战期间。侨居日本的对立双方,以孙中山为代表的一方和以梁启超为代表的另一方,均在不同程度上诉诸马克思经济学说作为己方的理论依据。孙中山一方,最为突出的是朱执信的《德意志社会革命家列传》一文。其文秉持对马克思其人其说的崇敬态度,专列一章,论述马克思的生平事迹;阐发《共产党宣言》的内容要点并引录若干原文,特别是共产党人十条具体措施的引文;片断介绍《资本论》的部分观点如有关资本的掠夺性质,对此给予不同意见的评论;等等。他的《论社会革命当与政治革命并行》一文,推崇马克思学说为"科学的社会主义"。宋教仁的《万国社会党大会略史》、廖仲恺的《社会主义史大纲》和《无政府主义与社会主义》等译文,以及叶夏声的《无政府党与革命党之说明》一文,主要在叙述国际工人运动和社会主义运动的历史过程时,或多或少接触马克思、恩格斯及其代表作中某些经济主张和措施。作为对立的一方,梁启超的《开明专制论》、《社会革命果为今日中国所必要乎》和吴仲遥的《社会主义论》等文章,一再说马克思学说"架空理想"、"欲破坏现在之社会组织"等,借此攻击孙中山的民生主义主张和社会革命思想。这场论战,同时意味着马克思学说在中国,已从最初的一般性介绍和引进,开始用作探索中国未来发展前途的借鉴和参考。1907年下半年,还有无政府主义的代表,如"天义派"和"新世纪派",陆续发表一些简略评介马克思及其学说的文章,其中尤以《天义报》刊登关于《共产党宣言》的出版预告和按语,颇引人注目。

第三阶段以1908—1911年为期。在传入马克思学说方面,曾领风骚的一些人物或派别显得有些沉寂,最为活跃的是无政府主义派别。如创刊于日本东京的《天义报》,连续刊载《共产党宣言》1888年英文版序言、正文前言和第一章的完整中译文,以及刘师培为《共产党宣言》中译本所作的序;发表《女子问题研究》一文,介绍恩格斯的《家庭、私有制和国家的起源》一书并摘译其数段内容,附有摘译者的简短按语;转录海德门《社会主义经济论》第一章中译文,以为这是"确守"马克思、恩格斯学派的代表作;另外还有其他一些站在无政府主义立场上解释马克思、恩格斯学说观点的文章。创刊于法国巴黎的《新

① 平野义太郎:《题解》,引自幸德秋水著,马采译《社会主义神髓》,商务印书馆1985年版,第64页。

世纪报》不及《天义报》，其载文论及马克思学说者，偶尔见之。本时期其他非无政府主义著述中，零星看到评介马克思经济学说的文句，寥寥无几。须指出的是，按照《泰西民法志》的译者序文，此书着手翻译乃至完成，应在 1910 年，恰好也在这一时期。其正式出版日期，恐因辛亥革命爆发或其他什么缘故，延迟至 1912 年。依此而论，《泰西民法志》若及早出版，或许在马克思学说的传入方面，对无政府主义"天义派"之外曾笼罩着当时的相对沉寂气氛，会有所缓解。

及至 1912 年，马克思学说向中国的传入，出现新的气象。诸如：孙中山在上海中国社会党连续三天发表关于社会主义的专题讲演，其中多次提到马克思经济学说，将自己所钟爱的乔治之说与马克思学说附会比较，借以阐发"社会主义之真髓"并奉作指导原则；煮尘"重治"发表《社会主义大家马儿克之学说》一文，专题译述马克思传略、《共产党宣言》概略和《资本论》概略，呼吁中华社会党同仁"崇拜"和"景仰"马克思及其学说，并在《社会主义与社会政策》、《驳社会主义商兑》等文章中，运用马克思观点批判其论敌的主张；施仁荣译述恩格斯的原著《社会主义从空想到科学的发展》；欧阳溥存在《社会主义》里介绍"社会主义者之圣书"《资本论》，附带解释"剩余价值说"；等等。《泰西民法志》的出版，正是处于这一背景之下。

从历史沿革看，与上述各阶段传入中国的各种涉及马克思学说的著译作相比，《泰西民法志》具有其特出之处。一是试图以比较系统的方式记述马克思及其学说尤其经济学说，这不同于对马克思观点的零散介绍，也不同于对马克思原著的片断翻译。此前大概只有赵必振的《近世社会主义》中译本，可与之媲美。二是直接译自英文著作，与 20 世纪初以来通常以日文著作为蓝本、从中获得有关马克思学说资料的流行趋势不同。三是对马克思学说的评论，显然超出一般猎奇或浅尝者的表面趣味，也有别于专事攻击者的偏狭眼光，摆出一幅全面系统和不偏不倚的样子，在公开赞扬马克思具有超凡脱俗能力的同时，又寻找种种理由否定马克思的理论贡献和历史功绩，与那些主张借鉴和信奉马克思学说的著述，如孙中山和朱执信之文，形成差距。四是从国外众多著述中，选取这部较为系统评介马克思学说且具有较强理论性的原著作为翻译的对象，颇具眼力和胆识。惟其译文水准，不论疏于对原文的理解，删汰不当，还是别出心裁地自创译名概念，均影响了此译本对于马克思学说的表述以及在当时的传播。此所以到 1920 年，又有李季的新译本《社会主义史》问世，蔡元培为此新译本所作的序言里，谈及西洋社会主义输入中国时，竟对此译本之前身的《泰西民法志》只字未提[①]。可见，仅隔数年，《泰西民法志》几乎销声

① 参看克卡朴原著，辟司增订，李季翻译：《社会主义史》，新青年社 1920 年版，"蔡序"，第 2 页。

匿迹。但无论如何,《泰西民法志》的特征卓尔不群,在马克思经济学说传入中国的历史上,占有一席之地。

经过考察,可以得出如下结论:《泰西民法志》一书在马克思经济学说早期向中国传入的过程中,没有像一些研究者所说的那样,立下什么“首功”,但仍然值得给予重视;它的诸多特点,决定了它在这一过程中具有不容忽视的历史地位;它的自身缺陷,包括其译文缺陷以及对马克思经济学说理解上的时代局限性,又阻碍了它在当时的传播。

第二节 《东方杂志》载文关于马克思经济学说的评介

对于《东方杂志》,并不陌生。这本1904年在上海创刊的杂志,本来很少涉猎有关社会主义的内容,进入1912年后,这方面的介绍和评论,骤然多了起来,其中论及马克思及其经济学说者,也不时见诸刊物。前面考察过煮尘与欧阳溥存二人围绕马克思经济学说的一次辩论,而欧阳氏评介马克思经济学说的姊妹篇文章《社会主义》与《社会主义商兑》,先后载于《东方杂志》1912年6月1日与8月1日两期。欧阳氏的文章对马克思经济学说持批评态度,由此也可以看出《东方杂志》的政治倾向。另外,担任过此刊物主编的人士里,有两位颇为眼熟,一位是杜亚泉,曾向煮尘质疑“社会主义不宜行于中国”;另一位是钱智修,曾在1911年8月19日发表《社会主义与社会政策》一文,旨在纠正时人“偏信”和“盲目袭取”马克思学理的弊端。透过这两位人士的理念,又为认识他们主编同一刊物之政治倾向,留下更深的印象。大体说来,《东方杂志》的政治倾向,与梁启超的《新民丛报》一样,不赞成激进革命,主张温和改良,因此对极端社会主义与马克思经济学说,颇多微词。这样一本刊物,在辛亥革命后一段时间里,也破天荒地屡屡刊登评介社会主义与马克思经济学说的文章,尽管这些评介文章有一些纯系出于抵触的心理。这表明,马克思经济学说向中国的传入,到了这一时期,又出现新的扩展。下面,选择此刊物一些较有典型意义的载文,予以分析。

一、高劳的《社会主义神髓》中译本

《社会主义神髓》是幸德秋水的名作,又是转译成中文最为及时的一部社会主义专著,其日文原著1903年7月出版,同年10月便由中国达识社翻译成中文并由《浙江潮》编辑所出版。其第一个中译本,前面已经作了比较详细的分析。当时译者何以选择这部日文著作即时翻译介绍给国人,未予说明,但显而易见,以幸德秋水在日本的名声和社会主义思潮在日本的影响力,他的代表作,自会吸引那些探求救国救民真理的留日中国学生为之付出更多的关切和

注意。在这种氛围里，力求尽快将这一名著介绍给国人，也在情理之中。几年后，留日学生对于这部著作的热情依旧不减，相继在日本出版了诸如署名“蜀魂”、“创生”的中文重译本。此时，译者已不单为了介绍而翻译，还进一步思考它对于中国可能带来的意义。

比如，1907年3月5日日本奎文书局出版的《社会主义神髓》中译本，创生有一篇“译序”，基于这一思考提出：“世界之革命”生于“世界之苦痛”而成于“世界之进化”，表现为种族革命、政治革命和财产革命；出现“财产而偏重于少数”的“不公平之患”，在西方和日本等国家，由于“社会上一切之生产机关，不定公平分配之制，致成积中垄断之弊”，造成“富者日肆其骄纵贪残之欲而不知足，贫者日增其饥寒死亡之忧而不能免”；贫者为了生活，“牺牲其一生之权利幸福而供其奴隶虐遇，以至于堕落罪恶之举，无所不为”，富者为了获得财利，“丧失全体之文明进步而供其掠夺环征，以至于剥仁削义之极，亦无所不至”，二者“流毒于无穷”；这种“众人生财，而少数人独占之”的极为“不平等”现象，与“不博爱”、“不自由”现象合为一体，一直存在着，近世多次召开“万国劳动者同盟大联会”，联合起来开展“竞争改良”运动，始终未能解决；最终，要摆脱这一“经济桎梏”，“社会主义之不能不成立而将见于世”，因为“阶级制度不废灭，财产组织终不公平”；只有让劳动者“以其固有之生财，返之于其手”，让地主资本家“解其守财之奴域，相率入于道”，让人们“绝去人生之大苦恼”，三者缺一不可，“社会主义尤所以成进化之功者”；目前欧洲和日本的痛苦“特出于地主资本家之阶级”，各派社会党均大声疾呼，“急欲改弦而更张之”，相比之下，我国“抑富扶贫之政见”不突出，“无阶级可寻”，与文明发展相伴随的“产业制度之祸”也不存在，只须防患于未然，可望“一时变革之易为功”，不像新起的文明之国“循次改良之难为力”；只要趋利避害，实行大同理想，“自我国产出灿烂庄严之世界”；“社会主义者，民生主义也，亦即维持世界平和之主义也”，这也是我们今日由野蛮进入文明过程中，防止出现偏重于一端的“天演一定不易之公理”。① 以上“译是书之旨”，其核心是，社会生产机关和财产分配不公正地垄断于或集中于少数地主资本家之手，遂使世界上文明国家贫富严重分化，势必导致社会主义的产生并以革命方式纠正其弊，中国没有西方国家的严重弊端，应未雨绸缪，并更容易实现社会主义或民生主义的理想。这一逻辑，很明显，是孙中山一派在论战期间坚持的基本理念。换句话说，译者翻译《社会主义神髓》一书，要证明社会主义不仅对于贫富差距悬殊的文明国家具有摆脱经济桎梏的重要性，对于尚未出现这种差距的中国来说，同样具有防患于未然的重

① 创生：《社会主义神髓》译序，转引自高军等主编《五四运动前马克思主义在中国的介绍与传播》，湖南人民出版社1986年版，第278—280页。

要性。

高劳的译本,出现于前述各种译本之后。有人提到,1923 年 11 月由上海商务印书馆出版的译本,似乎是他的最早译本[1]。其实,在此之前,已有署名日本幸德秋水氏著、高劳译《社会主义神髓》文本,连载于《东方杂志》1912 年 5 月 1 日至 9 月 1 日第 8 卷第 11、12 期和第 9 卷第 1—3 期,总共 5 期。高劳的译书宗旨,颇不同于创生之宣扬社会主义为"天演一定不易之公理"。他在"译者记"里,用一种模棱两可的口吻说,社会主义"发达于欧美,渐暨于东亚",既有崇拜者,也有非难者,或者"称为人类幸福之源泉",或者"目为世界危险之种子";究竟是幸福还是危险,"不敢言,亦不能言",因为对社会主义未尝研究,但无论幸福或危险,社会主义有"研究之价值",或是"不可不为研究之准备";因此,翻译"东亚社会主义之先导者"幸德秋水的著作,"非将以此造幸福于吾人,亦非敢以此贻危险于社会",只是提供给世人研究,"知其幸福之如何,明其危险之安在";进而言之,"自社会主义盛而社会政策兴",社会政策"本源于"社会主义,属于"趋其幸福而避其危险之政策",了解"社会主义之真髓",可以了解"社会政策之不容缓",这关系中华民国的前途,"岂浅鲜哉"[2]。这些话语,看似骑墙,对社会主义应该崇拜还是非难、究属幸福还是危险,不予置评,实际上,稍加辨析,不难感受其明显倾向,把社会主义研究,最终归结为社会政策刻不容缓。这就像发表在《东方杂志》上钱智修和欧阳溥存等人的文章一样,在他们那里,社会主义与社会政策具有特定的涵义,它们之间相互联系,又截然区别,结论是反对社会主义和赞成社会政策。这恐怕也是当时《东方杂志》的政治倾向之特征。

看来,高劳重译《社会主义神髓》一书,并非赞同此书观点,而是另有图谋。不过,对重译本的考察,不必为此图谋牵扯精力,重要的是,幸德秋水以马克思经济学说作为其重要依据之一的这部名著,在它的第一个中译本出版之后,相隔近 10 年,又有了新的重译本,这也为考察提供了一个机会,通过同一部著作在不同时期的不同译本,比较和分辨不同译本关于马克思经济学说的表述,有哪些异同之处,由此可以判别高劳对于马克思经济学说的理解,比起 10 年前的中国达识社,是否有所进展。

高劳译本,其全书框架与中国达识社的译本对照,除了第一章题目"绪论"改译为"绪言",其余六章题目一字未易[3];在内容的翻译表述方面,依据同一

① 参看高军等主编《五四运动前马克思主义在中国的介绍与传播》,湖南人民出版社 1986 年版,第 147 页注 1。

② 幸德秋水著,高劳译:《社会主义神髓》,《东方杂志》第 8 卷第 11 号,第 9 页。

③ 其余六章的题目分别为:第二章"贫困之原因";第三章"产业制度之进化";第四章"社会主义之主张";第五章"社会主义之效果";第六章"社会党之运动";第七章"结论"。

原著，两个译本也有许多相似之处。但相隔近 10 年，翻译的话语环境发生了变化，反映在高劳译本里，弥补以前译本的一些缺漏，在努力符合原著精神的遣词用字方面，也有所改进。这些补充和改进，对于正确理解和表达原著有关马克思经济学说的评述，同样是有助益的。

例如，书中第三章“产业制度之进化”，较为集中地阐述了马克思的经济理论。此章在高劳译本里[①]，开篇说：

> “近世社会主义之祖师麦克斯 Marx，能为吾人道破人类所以组织社会之真相。其言曰：有史以来，不问何时何地，一切社会之所以组织，无不以经济上生产及交换之方法为根柢，而其时代之政治及文明之历史，建于此根柢之上者，亦可从此根柢释明之。”

这段译文，比之 1903 年的译文[②]，稍有差异而差别不大，更为贴近原文之意。它截断源出于恩格斯原话的上下两段完整内容，只取其上段，将下段有关人类的全部历史都是阶级斗争的历史这一论述，弃之不顾，此系作者幸德秋水之所为，与译者无涉。接着，作者试图运用马克思这一唯物史观，概括社会的发展，即高劳的译文所谓“其人民生产交换之方法异，则其社会之组织历史之发展亦从而异”，这比起 1903 年的译文之所谓“人民苟一异其生产交换之方法，渐而社会之组织，历史之发展，无不异其状态”，也较为简洁清晰。

此章叙述人类社会由共产制度变为奴隶制度、再变为封建制度、进而封建制度在国民及世界贸易的大潮流冲击下发生崩溃等一系列社会组织的进化后，又引用恩格斯一段话，其在高劳译本里如下：

> “故恩兀尔氏曰：一切社会的变化，政治的革命，其究竟之原因，不能以寻常之理想、及一定不变之正义真理推定之，当观其生产交换之变化如何。亦不必求之于哲学，当审察夫各时代经济之状态。试观现在社会之组织，凡昨日之正义，今日见为非理，去年之真理，今年见为罪恶者，乃由其生产交换方法渐渐暗迁默移而去，故适应于当初之社会组织，遂至有不能仍前沿用者。”

已知这是恩格斯在《社会主义从空想到科学的发展》中的一段表述[③]，尽管译文不甚准确，如把原文的“终极原因”译为“究竟之原因”；把“不应当在人们的头脑中，在人们对永恒的真理和正义的日益增进的认识中去寻找”，译为“不能以寻常之理想、及一定不变之正义真理推定之”；把“对现存社会制度的

---

① 以下引文凡出自此章者，均见幸德秋水著，高劳译：《社会主义神髓》第三章“产业制度之进化”，《东方杂志》第 8 卷第 12 号，第 5－10 页。

② 以下引文凡出自 1903 年译本者，均见高军等主编：《五四运动前马克思主义在中国的介绍与传播》，湖南人民出版社 1986 年版，第 155－162 页。

③ 参看《马克思恩格斯选集》第 3 卷，人民出版社 1972 年版，第 425 页。

不合理和不公平、‘对理性化为无稽，幸福变成苦痛’的日益清醒的认识，只是一种征象”，译为“试观现在社会之组织，凡昨日之正义，今日见为非理，去年之真理，今年见为罪恶者”；把“适应于早先的经济条件的社会制度”，译为“适应于当初之社会组织”；等等，但它优于1903年译本，排除了后者诸如“人间之恶感情”、现存社会组织“一无定衡”等画蛇添足的提法，纠正了后者所谓“唯察生产交换方法之态度”之类带有主观意味的错误理解，用“当观其生产交换之变化如何”这一比较接近原文涵义的译文替代之。

译文继续说，世界的历史是“产业方法之历史”，社会的进化与革命是“产业方法之变易”，依此而论，今日的产业制度不可能“常存而不变”，今日的地主资本家也不可能“永劫而不易”。接着提出一个问题：“现时社会之产业方法，麦克斯以来，所谓资本家制度而知为特种方法者，果从何处来乎？果从何处去乎？”这个有关马克思以来称为特种产业方法的资本家制度之来龙去脉问题，1903年的译本未见译出，显然被遗漏了。这是严重的疏漏，因为接下来的论述，都在试图回答这个问题。回答这个问题的逻辑，按照高劳译本，先说明中世纪时散漫小规模的产业机关，通过集中与扩大，变成现代产业的有力杠杆，再通过世界市场的开辟，成为势所不得不然的趋势，15世纪以后，这种产业方法经过几个历史阶段，达到“近代工业”阶段。对此，“麦克斯所著之‘资本’中，固已详说之矣”。这里关于马克思所著《资本论》一语，在1903年译本中，又被遗漏了。这两处遗漏，模糊了原著一个重要用意，即关于产业制度的进化、特别是关于资本家制度的来龙去脉，书中的意图，按照马克思《资本论》的精神加以论述。谓予不信，请看高劳译本的如下论述。

当“一般生产机关”还限于“个人的方法”，未能“集多劳动者之协力，采用社会的方法”时，资本家们终究“不能显现伟大产业的势力，一变是等生产机关”；只有时势所趋产生蒸汽机的发明时，“产业革命”才“告厥成功”。这时，手工织机变成了纺织机器，个人工场变成了容纳数千百人的工场，“个人的劳动，变为社会的劳动，个人的生产，变为社会的生产”，一切纺织产品，都是“多数劳动者协力之结果，无复有一手一足所成之生产物”。这种“产业之革命”，乃工商资本家追逐其商品增加发达、资本集中、生产机关膨大的过程中“利导而助成之”，同时破坏了个人的生产，颠覆了保护这一生产的封建制度，“不知不觉之间，乃演成产业革命之历史”。当工场组织焕然一新时，其“领有之权”即占有权“仍不脱旧时之形式”，“矛盾即由此而生”。具体言之，过去的个人生产时代，生产机关所有者占有其生产物，同时也是“自身劳动之结果”；今天的生产机关所有者占有其生产物，却不是其自身劳动的结果，“实为他人之所生产”。如今是协同的劳动，社会的生产，此类生产“不为社会所共有，仍为地主资本家个人所领有，岂非一大矛盾”。这一“大矛盾”，在作者看来，“可信为现时社会一切罪恶，皆由此胚胎而来”。此类罪恶，首先表现为“阶级之争斗”。近世工业的勃兴，扫除“个人之小产业”与“个人之小器械”，使之“趋向于大工场，以从事于社会的生产”，但他们的生产物“乃为资本家个人所领有者”，工人的所得，“仅为支持一日生命之赁银”；加上封建制度破坏后，土地兼并的盛行迫使小农进入都市，“求赁银以供其衣食”，随着工业不断发达，“自由独立之劳动者渐渐绝迹，赁银劳动者乃日见其多”。其结果，在社会上，“一方面生专有生产机关尽领有其生产之资本家之一阶级，他方面生劳动力外一无所有之劳动者之一阶级，两者之间，划若鸿沟，而大矛盾之生于社会生产与资本领有间者，先发现地主资本家与赁银劳动者之冲突”。私人占有的结果，“必为自由之竞争”，而“自由竞争之结果，必为经济界之无政府”。过去的个人生产时代，自给自足为主，“支配竞争之法则”的适用范围狭隘，“竞争亦不甚烈”；如今生产不是为了消费，“专以竞交换之利息，且从而扩大市场，以求生产力之增加发达”，故“竞争日益激烈”，引起世界经济社会“遂全陷于无政府之状态，优胜劣败，弱肉强食，惨不可言”。这样，产生于社会生产与资本领有之间的大矛盾，进一步发展为“组织的工场生产与无政府的一般市场之冲突”。矛盾之极即冲突，冲突之极即破坏。如今“资本家的产业方法”，在“根本上”存在“大矛盾”，依循这种矛盾的发展，“一方面为阶级之冲突，他方面为市场之冲突”，两方面的冲突汇集起来，逐渐趋于激烈，势必“将现时产业之制度，全体大冲突大破坏”。“经济的自由竞争及阶级战争”的发展结果，必然是“多数劣败者之失产”，“赁银劳动者之增加”，“资本集中之强大”，“生产器械之改良”。机器改良，则雇佣劳动者人数“必逐渐省减”；同期劳动者人数“日见其多”，则“必有多数劳动者无业可就”。这种人浮于事现象，“恩兀尔所谓工业的预备兵是也”。“工业预备兵”即产业后备军出现于近世工业，乃“极可哀之事”。意味着劳动者在市场隆盛时能够“辛勤以各就其职”，一旦贸易萎靡，即被抛弃于工场之外，“俾冻馁于道路”。这种现象在欧美诸国“实屡见之”，日本虽未发展到如此惨状，其社会经济“一任资本家之自由竞争”，将来终不能幸免于此，二者的差别只是时间早晚而已。同时，劳动者自身的竞争，将造成“一般赁银之低落”，工资下降，又促使“劳动者为欲支其生命之故，不得不从事于长时间过度之劳动”，这也为“资本家所以逞其掠夺之技”，创造了条件。

至此，译文的叙述，稍加对比，不难发现，它几乎完全以《社会主义从空想到科学的发展》一书第 3 章前半部分，作为其蓝本。其核心思想是，社会化生产和资本主义占有的不相容性这一矛盾，已经包含着现代一切冲突的萌芽，它既表现为无产阶级和资产阶级的对立，又表现为个别工厂中的生产的组织性和整个社会的生产的无政府状态之间的对立；资本主义生产方式在它的固有矛盾的这两种表现形式中运动着，又通过机器的改进造成人的劳动的过剩即产业后备军,这一规律制约着同资本积累相适应的贫困积累[①]。对于这一思想,作者的表达,经过修饰,有其自身的行文特点,它的基本思路,显然取自恩格斯著作。恩格斯的著作,本来是对杜林"将满腹怒气发泄在马克思身上"这一挑衅的应战,恩格斯利用这一机会在争论中阐明"马克思和我对这许多形形色色的问题的见解",并且注意书中所用的新的经济学名词,"都同马克思的《资本论》英文版中所用的一致"[②]。既然如此,幸德秋水转录恩格斯在《社会主义从空想到科学的发展》中的观点时,说是按照马克思的《资本论》来论述资本主义生产方式的来龙去脉,也就不足为怪了。对于幸德秋水的转述,单从译文看,高劳的译本与1903年的译本大体差不多,只是前者比后者显得更为通俗、流畅和明了一些。但换一个角度,考虑到1903年译本上述两个遗漏,使人一下看不清幸德秋水的叙述,是在引用马克思和恩格斯的观点,高劳译本的补漏,恰恰让人从一开始就看清了这一来源。接下来,这两个译本翻译原著中有关马克思的一段论述时,又产生新的差异。高劳的译文如下:

> "麦克斯尝曰:交换者,决非创造价格者也;价格者,决非创造于市场者也。而资本家于转运其资本之间,乃得自由增加其额何也?无他,彼等所有创造价格之能力,乃得之于购买商品者也。夫商品者何?人间之劳动力是已。具此劳动力者,为其生活必要之故,不得不低廉卖却。而此力一日所造之价,必较其所受足支一日生活之赁银而有余。例如一日得造六先零财产之劳动力,以一日三先零购买之,其差额名为剩余价格。彼资本家之增加其资本,无非从劳动者掠夺此剩余价格,而堆积于自己之手中而已。"

这段引文,显然不是马克思的原话,经过幸德秋水的加工和整理,但它出于《资本论》第1卷有关结论,却无疑义。在这里,高劳译本像1903年译本一样,也把价值译为"价格",把剩余价值译为"剩余价格"。但高劳译本显然胜出1903年译本一筹,它不仅比后者更为顺畅并贴近原意,而且避免了后者表述上的一些错误。如用"彼等所有创造价格之能力,乃得之于购买商品",即资本家拥有创造价值的能力,来自于所购买的劳动力商品,亦即用资本家购买商品这一真实关系,代替了后者所谓"彼实具有创造价格之能力,以购卖商品"之意,即资本家具有创造价值的能力以购买劳动力商品,亦即能力购买商品的混乱说法;用"具此劳动力者,为其生活必要之故,不得不低廉卖却"一意,代替了后者所谓"惟劳动者为急图生活,不暇待用力相当之价格,而低廉以沽之",即劳动者无暇等待更高的售价,才廉价出卖自身这一节外生枝的用词;用资本家

① 参看《马克思恩格斯选集》第3卷,人民出版社1972年版,第424—432页。
② 恩格斯:《社会主义从空想到科学的发展》英文版序言,同上书,第379—381页。

掠夺剩余价值而“堆积于自己之手中”的客观分析，代替了后者所谓资本家掠夺劳动力之剩余价值，“有不全为大盗积者乎”的主观义愤；等等。

原著曾运用“剩余价格”概念作分析，高劳将此译作“为掠夺剩余价格故，乃求资本之增加；因资本之增加故，愈得改良其器械；器械改良而后，再转而为掠夺剩余价格之武器。由是循环转辗之间，社会生产力层层膨胀，无所底止”。这一译文，比起1903年译本所谓“积无量数之剩余价格，资本因而加丰；积无量数之资本，盗器愈以加利。自是一运一转，货物如云”，要清晰得多。高劳译本的相对优势，同样表现在下面的叙述里。如谓：

资本家绞尽国内市场的膏肉，以致“社会多数之购买力”不足以应付其要求，又千方百计开拓新市场，扩张领土，扫荡外国货物，“以求生产力疏通之途”。然而，“世界之市场有限，而现时生产的洪水泛滥无限，欲以有限之市场，壅蔽此无限之洪水，其势盖有所不能”。这种“大难”，在于“资本之过多”；资本家无处投资，在于“商品之过多”；货物无市场，在于“劳动供给之过多”；这种“工业预备兵苦无可就之职业”状况，是今日文明诸国无一能免的普遍现象，被称为“生产过多”。由此又产生一种“奇现象”：资本家锐意追求资本集中和生产增加，而今却反受生产过多之累；改良机器以省减人力，多数劳动者却陷于衣食匮乏之境；社会多数人制造大量衣服，其自身衣服却不足以蔽体；等等。这表明，“现时产业制度之矛盾冲突，更大踏步而来”。因此，“生产过多”的呼声，是一种“警信”，预示“破坏将至”，而“一旦破坏，则恐慌将次第出现”。“恐慌之祸”，表现为贸易极其萎靡，物价俄然低落，货物停滞不动，信用全然扫地，工场频频锁闭；“初为多数工商之破产，继为多数劳动之失业”，其后“谷肉充于库中，而饿莩横于道上”，如此延续数旬数月甚至数年而不能恢复，“所谓充溢之危机是已”。恐慌的发生与消失均“决非偶然”，自1825年“大恐慌”以来，“殆每十年必被此祸”，由此“足知现时经济组织，其根柢上盖深伏此祸机，而有以驯致之者”。恐慌到来时，“少数之大资本家”常乘机吞并“多数小资本家”；同时，大资本家为了防止自相竞争的危险，又在“其领有交换的个人方法之范围”即在资本家私人占有范围内，“渐示让步，采用社会的方法，以求缓和此矛盾冲突”，如组织股份公司及同业者大同盟之类，进而建立托拉斯，“以为最后之恶战”。这样，“以自由竞争为根柢之资本家制度，其发达之极，转将自由竞争一扫而去之，而世界各国之产业，殆为托辣斯所独占统一”。托拉斯为资本家所占有，“仍不脱资本家之阶级”，对于现时的矛盾冲突，不仅不能“为最后之解决”，反而“增进一层之激烈”。资本家利用托拉斯的独占方式，其目的在于限制生产数额以便价格上涨，在于“掠夺法外之剩余价格”，在于“增大社会全体之穷困溃乏”。于是，社会大多数人都成为占有托拉斯的少数阶级满足其贪欲的牺牲品，资本家对于劳动者的“阶级战争”，在“发达之极”阶段，变成“托辣斯对于社会全体之冲突”。社会全体不可能“永远堪此状态而承认资本家阶级之存在”；庞大的托拉斯也未必“支配于此无责任不规律之个人资本家之手”，相反可能被“有统一有组织有调和有责任之社会公有物”所取代。所以，一向以资本集中和生产增加作为其“天职使命”的“资本家之一阶级”，至此结束其“天职之使命”，也丧失其“存在之理由”。他们的托拉斯之“妨碍财富分配”，不独“劳动者蒙其影响”，实为“社会全体与生产机关之间之大障害”。总之，“今日工场协同的社会的生产组织之发达”，“与一般社会之无政府的自由竞争，不能两立”；而且“势不能承认少数资本家之存在”。其“矛盾之冲突，盖已达于极点”。它一方面说明，“以资本家个人领有之制度，决无支配是等生产力之能力”；另一方面预示，“以是等生产力无限膨大之压力，排除现时制度之矛盾，脱去私有资本之范围，而要求承认其社会的性质”。这一发展趋势，“岂非一大变转之世运”、“岂非一大破坏之时代”，它是“世界产业历史所以进化发达之大势”。对此，“资本家之阶级及其亿万黄金之资本”都奈何不得，表明“新时代于是乎来”。

这一大段译文，与1903年译本的表述，大体相合，更明了达意。联系上下文看，此段译文的原作，经作者之手作了具有个性特征的表述，其基本依据，仍未超出前述《社会主义从空想到科学的发展》一书第3章后半部分的范围。这部分的大意是，在社会生产的无政府状态中，大工业的巨大的扩张力使得市场的扩张赶不上生产的扩张，于是冲突不可避免；自从1825年第一次普遍危机爆发以来，差不多每十年出轨一次，在这种由过剩引起的危机中，社会化生产和资本主义占有之间的矛盾达到剧烈爆发的地步，经济的冲突达到了顶点：生产方式起来反对交换方式；生产资料和生活资料具有资本属性的必然性，阻碍着生产的物的杠杆和人的杠杆的结合，妨碍生产资料发挥作用，妨碍工人劳动和生活；由此一方面，资本主义生产方式暴露出自己无能继续驾驭这种生产力，另一方面，这种生产力本身以日益增长的威力要求消除这种矛盾，要求摆脱它作为资本的那种属性，要求在事实上承认它作为社会生产力的那种性质；猛烈增长着的生产力对它的资本属性的这种反抗，要求承认它的社会本性的这种日益增长的必要性，迫使资本家阶级本身在资本关系内部一切可能的限度内，愈来愈把生产力当作社会生产力看待，如组织股份公司和托拉斯；在托拉斯中，自由竞争转为垄断，而资本主义社会的无计划生产向行将到来的社会主义社会的计划生产投降；股份公司和托拉斯都没有消除生产力的资本属性，反而被推到了顶点，但在顶点上是要发生革命的；冲突的解决只能是在事实上承认现代生产力的社会本性，因而也就是使生产、占有和交换的方式同生产资料的社会性相适应，即由社会公开地和直接地占有已经发展到除了社会管理不适于任何其他管理的生产力；那时，资本主义的占有方式，即产品真实奴役生产者而后又奴役占有者的占有方式，就让位于那种以现代生产资料的本性为基础的产品占有方式：一方面由社会直接占有，作为维持和扩大生产的资料，另一方面由个人直接占有，作为生活和享乐的资料；等等[①]。可见，前面引用的译文，不仅在思维逻辑与观点论证方面，与恩格斯的著述大致相似，在若干词句的表达应用方面，也与恩格斯的用语相差无几。

换句话说，高劳译本和 1903 年译本一样，反映其日文原著第 3 章，从题目上看叙述“产业制度之进化”，而内容上参照恩格斯《社会主义从空想到科学的发展》第 3 章的思路，或者说参照恩格斯《反杜林论》第 3 编“社会主义”中“理论”一章的内容[②]。幸德秋水在这一章里，不是简单复述恩格斯的思想，而是使用他自己的语言，并加入其他一些内容，例如，其开篇转述马克思的唯物主义历史观（用的是恩格斯在《共产党宣言》1888 年英文版序言中的表述）之后，接着描述人类文明从太初即原始时代到奴隶时代再到中世纪时代的发展过程，其中曾引用摩尔根和恩格斯的观点；沿袭恩格斯思路的过程中，又插入一段马克思关于剩余价值理论的论述以及插入者运用这一理论分析资本扩张的文字；等等。这些内容，都不是出自恩格斯的原作，而是经过幸德秋水的加工和修改，加上幸德氏在书中总是试图按照自己的理解来表达恩格斯的思路，容易使人忽略其著述的真实思想来源。在这方面，高劳译本的长处，比较忠实地转达了幸德氏本意，明确指出马克思的《资本论》已经回答了“资本家制度”作为产业制度沿革中的“特种方法”，从何处来到何处去的问题。言下之意，他不过是介绍和宣传马克思的这一思想（其实是借助恩格斯的通俗著作进行这种介绍和宣传），而不是他自己的新发明。1903 年的译本，遗漏了幸德氏原著中这些关键性说明，从而模糊了他从马克思和恩格斯著作中汲取滋养的坦诚态度。

高劳译本的这一长处，除了第 3 章，还体现在其他数章。例如，第 4 章里[③]，表述“现时之生产交换方法，乃资本家制度进化发育之极点”，只有破坏之才能“结新果”；围绕“社会产业之组织”说明其“进化之公理”，指示其“必然之归趣”，以促进“人类社会之向上”的学说，是“科学的社会主义之主张”，它指示了新时代必然取代“私有资本之旧组织”。这一表述，比起 1903 年译本所谓“社会主义之主张，实科学的”等表述，要顺畅得多。接着，后一译本里，还漏译

---

① 参看《马克思恩格斯选集》第 3 卷，人民出版社 1972 年版，第 432－438 页。

② 《社会主义从空想到科学的发展》第 3 章内容，系根据《反杜林论》第 3 编社会主义中“二、理论”的内容改写而成。从改写部分看，主要增加了有关托拉斯的内容（参看《马克思恩格斯选集》第 3 卷，第 435－436 页），其他地方除了个别的修改，几乎一字未动。幸德秋水在他的著作第 3 章里，突出有关托拉斯的论述。这也表明，他所参照的，应是恩格斯的《社会主义从空想到科学的发展》一书，而不是《反杜林论》一书。

③ 以下引文凡出自此章者，均见幸德秋水著，高劳译：《社会主义神髓》第四章“社会主义之主张”，《东方杂志》第 9 卷第 1 号，第 4－8 页。

了一段,此段在高劳译本里,翻译如下:

"夫土地者,人类未生之前已有之,非地主之所制造也;资本者,社会协同劳动之结果,非资本家之所生产也。其存在也,因社会人类全体而存,非因个人及少数阶级而存也。故地主资本家独享专有之权,虽本为理论所不许,然苟能使用之以惠济社会,犹可恕也。若专以土地资本而掠夺社会全体之富财,并为牺牲社会幸福及阻碍社会进步之具,则社会直可从彼等之手而掠夺之。麦克斯所谓掠夺于掠夺者,夫亦至为适当者也。"

这段译文,不是阐述马克思关于土地和资本的思想,而是引用美国经济学教授伊利关于社会主义主张第一个"要件"即土地资本公有的剖析。由此引申出马克思在《资本论》中的著名论断:"资本主义私有制的丧钟就要响了。剥夺者就要被剥夺了。"[①]这一论断,在1907年创生的译本里,被译作"马参所谓'自是等掠夺者掠夺之'之为至当者,无俟言矣"[②]。于此可见,幸德氏颇为欣赏马克思这句名言,视之为"至为适当者"。高劳译本传达幸德氏的原话时,不仅弥补了1903年译本之缺漏,而且比1907年的创生译本更为贴切。

另外,在本章,高劳译本有关恩格斯与马克思女婿及"法国麦克斯派之首领"拉法格二人的两段语录的译文,也比1903年译本更贴近原文的意思。前一译文是,"万革尔曰:生产机关,既为社会所掌握,则商品生产,绝无所用,而生产者又得制御其生产物。使社会的生产,一扫无政府之状态,代之者为有规律统一之组织。而个人的生存争斗,亦将消灭。如是则人类得脱于禽兽之域,而人之所以为人,与其应有之权利义务,皆完全而无缺。"对照恩格斯原话[③],高劳的译文仍有不准确之处,但避免了1903年译文[④]中可能产生歧义的地方,基本上体现了原文的精神。后一译文是,拉法格"其言曰:社会主义,不论改良家之企画如何,但以现时之组织,既迫于重大经济的进化之运,故其结果,必将变其资本私有之制,而为劳动团体所共有。盖社会主义之特质,实准诸历史上之大势如何而后发见"。这段译文,即便没有拉法格的原文可资对照,比起1903年的译文[⑤],也要更加清晰和明白。

---

① 马克思:《资本论》第1卷,人民出版社1975年版,第831—832页。

② 参看高军等主编:《五四运动前马克思主义在中国的介绍与传播》,湖南人民出版社1986年版,第163页注①。

③ 恩格斯:《社会主义从空想到科学的发展》第三章,《马克思恩格斯选集》第3卷,人民出版社1972年版,第441页。

④ 1903年译本中关于恩格斯语录的这一段译文,参看高军等主编:《五四运动前马克思主义在中国的介绍与传播》,湖南人民出版社1986年版,第169页。

⑤ 1903年译本中关于拉法格语录的译文是:"社会主义,非有改良之企划,惟视现在之组织范围,促进于经济的进化之运,以孕进化之结果也。即变为资本私有之制,而对于劳动者亦公同团体中有应尽之义务也。故社会主义之特质,在于历史的发见之点。"参看高军等主编:《五四运动前马克思主义在中国的介绍与传播》,湖南人民出版社1986年版,第169页。

又如,在第5章里[①],高劳将德国社会民主党1891年爱尔福特代表大会宣言书中关于社会主义主张的一句话,译为"此社会的革命,不仅解放劳动者已也,实含有解放处于现时社会制度之下苦恼人类全体之意味",此一译文,比之1903年译本所谓"社会的革命,不特劳动者之解放而已,凡苦恼于现时社会制度之下之人类全体,宜一律解放"[②],二者形似,意却不同,前者以其内含的客观性,改变了后者强调所谓"宜"的主观意志。此外,高劳译文中关于"安格尔氏称社会主义曰:'是从人间必要之王国,一跃而进于自由之王国者也'"一语,也比1903年译文所谓"音盖尔称社会主义曰:'是从人间之王国,进于自由之王国也'"[③],更接近于恩格斯所说的"这是人类从必然王国进入自由王国的飞跃"[④]。须指出的是,1903年译本里,一直把恩格斯译作"音盖尔",而高劳译本里,关于马克思的中译名比较稳定,始终称为"麦克斯",可是关于恩格斯的中译名却变幻不定,先是第3章里译作"恩兀尔氏"或"恩兀尔",接着第4章里又译作"万革尔",到了第5章再译作"安格尔氏"(第6章、第7章亦译作"安格尔"或"安格尔氏")。同一人物在同一译作里,其译名几变,这种译笔上的败迹,不论出于什么原因(或许因为分期刊载未及统一),难以掩饰高劳在翻译过程中所流露出来的草率粗疏心态。

另须注意的是,在本章,高劳有一句译文:"盖社会主义,一面为民生主意,而同时之他方面,实含有伟大的世界平和主义之意味。"这句译文,在1903年译本里,只有"社会主义者,世界上最伟大最平和主义"之文[⑤],没有"民生主意"即民生主义的说法。对此的解释,除了1903年尚没有民生主义概念、而1905－1907年论战后这一概念已经广泛流行的客观原因,似乎还有更深一层意思。高劳译介《社会主义神髓》,并非推崇社会主义,而是主张趋其幸福避其危险,呼吁采取社会政策,这和孙中山一派倡导社会主义、并结合中国实际倡导民生主义思想,凿枘不合。高劳在译文中把社会主义与民生主义联系在一起,隐含着把中国民生主义的倡导者孙中山与"东亚社会主义之先导者"幸德氏乃至"近世社会主义之祖师"马克思置于同一社会主义立场,都在社会政策论者的批评反对之列。

在第6章里,高劳的译文涉及1847年发表《共产党宣言》及其涵义,与

---

① 以下引文凡出自此章者,均见幸德秋水著,高劳译:《社会主义神髓》第五章"社会主义之效果",《东方杂志》第9卷第2号,第3—7页。

② 参看高军等主编:《五四运动前马克思主义在中国的介绍与传播》,湖南人民出版社1986年版,第175页。

③ 参看同上书,第175页。

④ 恩格斯:《社会主义从空想到科学的发展》第三章,《马克思恩格斯选集》第3卷,人民出版社1972年版,第441页。

⑤ 参看高军等主编:《五四运动前马克思主义在中国的介绍与传播》,湖南人民出版社1986年版,第176页。

1903年的译文表述相差无多。二者都提到马克思所宣布的“新时代之诞生”一义。在第7章结论里，高劳翻译恩格斯的一段话，与1903年的译文有所不同。高劳的译文说：“社会的势力之运动，虽为盲从、为暴乱、为破坏，然一为理解其性质，随意驱役之，适足为吾人之用，犹电光可助通信，火焰可供炊爨也。”[①]1903年译文则称，这种社会的势力之运动，“骤而观之，未有不骇其为乱暴也”，可是“细而解之”，又如所谓电光火焰[②]。这些译文，均出于恩格斯在《社会主义从空想到科学的发展》第3章中一段话：“社会力量完全像自然力一样，在我们还没有认识和考虑到它们的时候，起着盲目的、强制的和破坏的作用。但是，一旦我们认识了它们，理解了它们的活动、方向和影响，那末，要使它们愈来愈服从我们的意志并利用它们来达到我们的目的，这就完全取决于我们了。……这里的区别正像雷电中的电的破坏力同电报机和弧光灯的被驯服的电之间的区别一样，正像火灾同供人使用的火之间的区别一样。”[③]上述两个译文，均未能准确表达恩格斯的原意，相比起来，高劳译本的差距似乎要小一些。

总之，高劳的《社会主义神髓》中译本，就其意图而言，为了“知社会主义之真髓，而知社会政策之不容缓”，倾向以社会政策取代社会主义，但从其译文质量看，明显好于1903年初译本。根据高劳译本，可以进一步认识到，幸德氏撰写《社会主义神髓》一书，旨在以纲要和通俗的方式宣传社会主义，特别是依托马克思和恩格斯的著作，力求将其中的精髓融会到社会主义宣传之中，其用心可谓良苦。所以，此书的译本，如果译文质量得到提高，能够较好地传达其原著精神，那么，不论译者有什么另外的企图，都有利于马克思和恩格斯的学说特别是他们的经济学说，随着这一译本的流行而得到传扬。高劳译本在介绍马克思经济学说方面，比起此前的其他类似译著，又具有以下一些特点。

第一，通过高劳译本，更清楚地看出幸德氏著述，以马克思和恩格斯学说作为其重要的思想基础。尤其《社会主义神髓》第3章，根据作者的说法，此章结构似乎按照《资本论》来论述资本主义生产方式的来龙去脉，实际上，除了摘录恩格斯在《共产党宣言》英文版序言中的部分观点和简要介绍马克思的剩余价值概念，它基本上按照恩格斯《社会主义从空想到科学的发展》一书第三部分的思路来叙述的。在第4至第7章里，也不时引用马克思、恩格斯及其他马克思主义者的观点，如《资本论》中的语录、法国马克思派首领拉法格的言论、

---

① 幸德秋水著，高劳译：《社会主义神髓》第七章“结论”，《东方杂志》第9卷第3号，第3页。

② 参看高军等主编：《五四运动前马克思主义在中国的介绍与传播》，湖南人民出版社1986年版，第181页。

③ 恩格斯：《社会主义从空想到科学的发展》第三章，《马克思恩格斯选集》第3卷，人民出版社1972年版，第437页。

德国社会民主党爱尔福特代表大会的宣言内容等等，仍以引用《社会主义从空想到科学的发展》一书第三部分的观点居多。幸德氏还参考不少其他人的社会主义论著并在其书中有不同程度的摘引，相比起来，他参考和引用马克思恩格斯著作的分量更重。此所以他排列其英文参考书目时，把《共产党宣言》、《资本论》第一卷和《社会主义从空想到科学的发展》依次排在前三位，将其他的社会主义论著列诸其后。不过，依照他在书中实际引用的参考书内容，似应将《社会主义从空想到科学的发展》一书摆在各类参考书的第一位。

第二，通过高劳译本，便于厘清评介马克思学说特别是其经济学说中的一些缺漏和差误。在这方面，一是可以与此前1903年初译本比较。初译本中涉及马克思学说的一些漏译段落，在高劳译本里有所弥补，初译本表述马克思、恩格斯观点方面的不足甚至曲解，高劳译本谈不上根本解决，却有明显改进。二是可以与同时期施仁荣译述的《理想社会主义与实行社会主义》比较。按理说，施氏译述本基本上对照《社会主义从空想到科学的发展》原著翻译，应当比高劳译本通过幸德氏之口转述恩格斯著作的精神，更为真实和完整。其实不然，且不论施氏译本未曾刊出原著第三部分最后十几段内容，就其刊出的译文而言，错讹累见。此译本采用边译边述的方式，不时掺入译者自己的解释，更难免偏离原著意旨。依此而论，若幸德氏较为忠实地转达恩格斯原著精神，而高劳译本又比较贴切地将这一转达以中译文形式表述出来，这对于马克思经济学说向中国的传入，恐怕比起那些质量不高的原著译本，更易于为国人所理解和接受。

第三，通过高劳译本，可以进一步体会当时评介马克思经济学说的动机背景之复杂。分析施仁荣译述《理想社会主义与实行社会主义》，已知他试图假手恩格斯原著，推销其无政府主义主张。高劳译本则比较隐晦地将民生主义置于译文之中，给人留下民生主义等同于马克思经济学说和社会主义的印象。借于此，高劳在其“译者记”里提醒读者，不要以为社会主义“造幸福于吾人”，可能还“贻危险于社会”，意在用社会政策来代替社会主义。对此，细加玩味，他在非议社会主义的同时，也把马克思的经济学说和孙中山的民生主义一并放在其对立面。不管高劳和施仁荣之流怎样在译介马克思经济学说的名义下暗渡陈仓和兜售私货，他们的译介成果，仍为马克思经济学说在中国的传播铺垫了道路，其翻译质量越好，也越有利于这一传播的推进。

二、《挽近社会主义之派别与宗旨》及其他

这一时期，在《东方杂志》上，除了登载《社会主义神髓》中译文，几乎未看到其他类似的涉及马克思恩格斯学说的中译本，更不用说直接翻译马克思恩格斯原著的文章，倒是一些自行撰写的有关社会主义的文章，程度不等地提到

马克思经济学说并给予评论。比如前面分析过的钱智修的《社会主义与社会政策》、欧阳溥存的《社会主义》与《社会主义商兑》等文章，均系如此。这里，再举出《挽近社会主义之派别与宗旨》一文为例，考察和印证《东方杂志》在评介马克思经济学说方面的基本倾向。此外，本时期这一杂志还刊登不少介绍各国社会党和工人运动发展情况的文章，表现出不同寻常的关注态度。

(一)晓洲的《挽近社会主义之派别与宗旨》

此文最初发表于《进步杂志》[①]1914年11月第7卷第1号，1915年4月《东方杂志》将其转录在该刊第12卷第4号上。《东方杂志》选录其他报刊的文章，尤其涉及社会主义和马克思学说的文章，决非随意盲目，有其目的，必须符合它的政治倾向。晓洲的《挽近社会主义之派别与宗旨》一文之被选中，也无例外。现在就来看晓洲一文，是怎样评介马克思经济学说和社会主义的。

此文共分7章[②]，根据作者的说明，社会主义盛行于晚近，其范围广博无涯，其学说纷纭繁复，本文取其中的派别与宗旨内容，“稍加诠次，聊示读者，俾不致迷眩于五色而已”，至于社会主义的“精髓所在，则窘于边幅，犹未遑焉”。幸德氏将其重点放在阐述社会主义的“神髓”上，此文作者正好相反，无意于社会主义“精髓”，将其重点放在纠正对于“五色”社会主义的“迷眩”之上。

此文第1章“社会主义之界说”。认为社会主义名词出现于近代，但社会主义理想早在太古之世，“固已有研究而提倡之者”，到了今天，社会主义学说之纷纭，千端万绪，“其相差之钜，颇可惊愕”。其中“解释社会主义界说之最重要者”，分为三种。第一种是“辖治个人之社会主义”。政治学家认为，无论政治上道德上，“凡有利于社会者，个人之行动自由，皆当牺牲而勿惜”，又谓“牺牲个人于社会之社会主义”，此属“政治派之学说”。第二种是“破除个人之社会主义”。经济学家反对“私产与个人自由求利之制”，“以必达全社会之幸福为目的”；现阶段，政府或私人团体应当“筹画补救之方”，逐渐破除个人制，逐渐消灭产销分配等“重弊”，由此“得达社会共产之境域”，此属“宗教派之社会主义”。第三种是“废弃个人之社会主义”。这也是“今日各国主张社会主义之学派，所下最确切而最普通之界说”。主张“废弃个人，废弃私产，而代以社会的与共产的”，这一“共产”概念，无论其范围之广狭，“要为社会主义嫡派之学理”。

第2章“社会主义之种类”，是此文最值得注意部分。它根据上述第三种界说，将社会主义学说划分为理想的、科学的与政治的三大类，并分别介绍其

① 《进步杂志》(Progress)1911年11月在上海创刊，为基督教青年会所办刊物，1917年2月出至第11卷第4号后，与另一基督教青年会刊物《青年》合并为《青年进步》。

② 以下引文凡出自此文者，均见晓洲：《挽近社会主义之派别与宗旨》，《东方杂志》第12卷第4号(1915年4月1日)，“内外时报”第1—8页。

纲领。一是“理想的社会主义（Utopian Socialism）”，或称“合团的社会主义（Association Socialism）”，鉴于现存社会组织的缺点，“纯在理想上构造一尽善尽美之社会”，以此作为现在改革的指南和将来建设的模范，它“大都以个人自由组织之团体，为其运行之主体”。此派学说的代表人物，在16世纪以托马斯·莫尔的《乌托邦》为其“最着”者；19世纪前半叶，英国有欧文，法国有圣西门、傅立叶、蒲鲁东等派，“皆相继推阐其理，且有施之实行者，惜乎时机未熟，动遭失败”。以傅立叶学说的中心点法郎吉制度为例，他的经济学说，含有虚构性质，“绝无激烈的社会主义之状态”，惟其对于男女夫妇及改良政治习俗的意见，超过当今社会党“最激烈之分子”，世人“每称傅氏为激烈的社会主义之鼻祖，且一健将”。概言之，“当马克斯学说未昌盛以前，傅氏学说之在法国，于其劳动界，有极大之势力，自马氏学说出，而后稍杀。然其于实验组织上，究不失为模范与先导”。如今法国的生产共济会和消费共济会，即效法傅氏法郎吉组织；法国社会党右翼主张保守私产和废除佣工制，也是傅氏学说之嫡传。

二是“科学的社会主义（Scientific Socialism）”，“以历史事实为立论之根据，而研察已往及现在之社会制度，以推测未来之社会，而不预断其组织若何者”。这一学说，“以马克斯 Marxism 为其中枢，盛行于十九世纪之末叶，至于今日，普通所称为社会主义者，犹指此也”。关于马克思学说，包含“余值”与“资财由渐汇聚之公例”两大学理。对此，文中分别解释如下。

关于“余值 Surplus Value”，指“自物价上除去其工料等费，而为资本家以其资本所得之余利”。例如制作一双靴子，人工与原料花费2元，其售价3元5角，相差的1元5角“以资本而得”，就是马克思所谓“余值”。这一学理以李嘉图“物值论”为基础，“一切货物之价值，乃制造该货之工作力”。马克思也说，“以价值论货物者，人力工作之精液也”。假设某工匠为其雇主作工，每日工资5角，其所制造之物，出售可得1元5角，此物售价除去原料5角外，雇主与佣工各得5角。按理说，“货物之成，完全为工人之力，则其价值理宜全归之于工人”，雇主“以资本之权，操纵其间，彼遂不必用力，而坐收五角之利，与工作者等，其不公允为何如乎”。因此，“资本家与劳动者，处于绝对相反之地位，而冲突不已”。一方面，“凡野心之资本家，为求自己之利益，如延长工作时间，如减少工资，苟可以加增其余值者，其法层出而不穷”；另一方面，“劳动者之愤激而出于战，遂无幸免之理”。激战的最终结局，何者为胜，马克思说，“必劳动者也”。其所以致胜，马克思又说，“当资财由渐汇聚于极少数人之手中时，即所以授劳动者以革命之利器，一朝爆裂，私产制度推翻之日，即共产制度告成之秋”。

关于“资财由渐汇聚”，乃“为个人私产制之天然效果”。大资本家与小资本家竞争，大商业家与小商贩家角逐，“其大者必胜，而小者必败”。观察近代工商界现象,托拉斯主义盛行,可知"此抽象的论断,初无疑义,循是而往,他日全球之资财事业,必汇聚于极少数人之手,而斯时彼极多数之人,必尽为无毫厘私产之劳动者"。于是,在政治方面,"此辈劳动者,必假革命之助,没收此极少数人全数之私产,而公之于社会";在经济方面,"全国之生产制度,久已由少数人指挥而操纵之矣,则变而由公立之政府,代斯极少数人以经营全国之生产,亦极合乎时势"。所以说,"私产制度之进行,则必达资财汇聚于极少数人之公例,而此公例者,固私产制度自杀之道,亦不啻玉成共产制度之终南捷径"。

上述解释后,作者列举了如下批评意见:"马氏学说,虽风靡于十九世纪之末叶,而于欧洲占绝大之势力,然经挽近学子之潜心研究,则马氏所揭橥之二大学理,固无科学上之价值,而与事实相背驰者"。第一个学理即"马氏之所谓余值",根据李嘉图"物值论"。李氏之论,"经大多数经济学家之宣布,斥为诬罔之说"。"物值"应当"以各物末级之实用为准则 Final Utility",即物品价值应以其最终效用为标准。李氏"物值论"已经失败,"马氏之余值,自不得有立足之地"。第二个学理即"资财汇聚之说",对照最近的实业,也"颇足证其不确"。如在农业领域,"非惟大农不能吸取小农,抑且小农有日渐扩张之气象";在工商业领域,"钜大事业,固日增月盛,而零星卖买,未尝衰退,因此种小商业,于商业组织上,有不可缺少之原理";至于说托拉斯主义风行于今日,"非二三大资本家所私有,乃千百零星小股东所共有"。所以,"马氏之资财汇聚,小资本灭绝之说,其不合乎事实,无可疑也"。

在作者看来,面对这些批评意见,"此科学的社会主义,于政治上之势力,即今日尚未见其衰退"。各国社会党"莫不以共产为产业革命之目的,以均贫富为政治革命之方针,借多数劳动党员之气焰,以逼迫当道者,使由渐实行其要求"。当社会党的活动和平民政治平民教育的呼声在各国日见高涨时,为了反抗贵族与富有者,"犹不得不以科学的社会主义相号召"。

三是"政治的社会主义(State Socialism)",或称"国家的社会主义","假国家之力,以调停个人与社会制之争执者"。它明知私产制度的种种弊害,亟求改革,但并不主张废弃之,"不过欲于偏重资本之习惯上,藉国家之权,均匀分配之,使资本家、劳动者、办事人三项,各得其宜而已"。这一学说的"鼻祖"是德国人洛贝尔图斯(Rodbertus),从 20 世纪初到今日,各国政客学子隶属此派者日益增多,尤以德国最盛。此派学说,主张"暂时保存私产之制,以为生产之基础,而于各个人订约之自由,则加重限制,以绝富者欺贫强者陵弱之不平";这样,仍然存在"资本家安坐致富之重弊",但对于劳动者的报酬,"固已不能任资本家之惟所欲为"。这一学说,对于"挽回"造成少数富豪多数贫民的"危险世界","不无影响"。"政治的社会主义"在学理上,"舍倚重政府外,绝无特着之经猷”；在实验上，“已有最优美之效果，而真能裨益于人类”，晚近各国的种种规定，如渐进税率、工人保险储蓄制、工厂卫生防灾法，以及工价之限制、工作时间之限制等，体现了“此派社会主义之效力”。

第 3 章“社会主义之目的”，提倡社会主义和废弃私产制度，“以行共产制，较易于达到全体人类之幸福”。按经济学理，“共产制之生殖与分配，均遥胜于个人制，而足以增进人群之幸福”。可惜各派的社会学说，往往偏重于分配，置生产于不顾。傅立叶的法郎吉设想在生产上有详确建议，属于理想而不易实行。其他各派不仅在生产上没有什么建议，所主张的分配问题，“复杂纷纭，鲜有完善者”。其中“最简明最普及”的四种主张：一是“完全平等的分配”。此种主张“最为普及”，却“断不能见之于实行”，对于人类幸福“毫无裨益”。二是“各得所需之分配”。此种主张“似为完美无遗”，从长远看，忽略了“各人之智愚贤不肖，万有不齐”，不利于“以惰性强于勤性之人类”，“长奋其力，以增加生殖而供全人类之用”，也使此主张的可行性“销灭无余”。三是“准工作之成绩以分配”。此种“自食其力”的主张，认为“今日之私产制，舍工人所得工资而外，其余分利者之所得，悉为不义，当归之于全社会或劳动界之全体”。这一制度“极能刺激人类，而使增加其生产力”，但“智愚天赋”，遵循此制度可能导致“优胜劣败之剧烈，将更甚于今日”，因而“人类之不平等，亦将更胜于现在”。其结果，本来用以“改良社会”的社会主义，“不啻反破坏之”。四是“准工作之功力以分配”，不按成绩而按所用的功力分配。此种主张看似“最公允”，但它不考虑天赋才能，也不考虑所受教育与“所得机会之特别资格”，“仅以各人工作所费之时间力量为断”，其“不公允”更为严重，也“万无实行之理”。人类智愚不一，此制鼓励费时多效率低的愚者而抑制费时少效率高的智者，阻碍世界进步。况且功力的涵义除了以时间计算，“古今中外尚无可以测算功力之一术”。是否还有其他“完美之分配法”，如“各尽其能，各得所需”，将二者联系在一起，“生殖自阜，分配自均，庶几尽善而尽美”。可惜“竭从来学子之脑力，此完全之制度，犹未出现”。这表明，现在所能实行的，只是“假国家之力，以稍轻私产制之弊害已耳”。

第 4 章“共产制度之范围”，提出社会主义家“视私产制为社会万恶之本源，必欲废除之，以一切资财归之于全社会，而为全体人类之共产”，然而“共产之范围”，“主张纷纭，有相差至钜者”。例如，其一，“极端社会主义者”主张“完全之共产”，无论消费和生产，都纳入共产范围，连自己的衣服也不能作为私产，此谓“均产制”。在这里，共产制即“Communism 与私产制作绝端之反对”。其二，“处乎均产制私产制之中间者”，共产制仍“保存私产之一部分，而分其又一部分为公产”，大抵“以人生日用所需之销耗品为私产，而以器具机械等生殖品为公产”。生产与消耗的区别，没有明晰界限，需要随时随地观察其使用的性质才可以区分。其三,共产制再分为两派,一为“无限共产制”,“凡属生产品,均收没之以为共产”。另一为“有限共产制”,仅选择“最重要而有关于全体人民者”,如“天然之物,亦人生需要品之大源”的地产,以及“营业之有专利性质”的铁道矿山等,“皆当由社会代表,直接管理之”;其他的农工商事业,“其资本与工作,可划分而立于相对之地位者,则此种资本,亦可归公”。总之,共产制的目的,在于“防遏富有者之专横,借资本力,以盗取由工作而生产之利益,且居其最大部分”。以上三者,“均产制为最不适用”,因为人类的道德知识,还没有达到极高境界,能够“各尽其应尽之义务,各作其应作之劳动”,所以无法实行此制。共产制的两派,按学理说,“自以无限者为较善”,它“具有科学之价值,成一完备之经济学”;从“实验”即实践上说,以“有限的较易于实行”,因而近代各国实施社会政策,“大抵本乎有限主义而行之”。

第 5 章“共产制度之组织”,认为无论何种共产制度,都视生产品“必当为共产”,对于“共产之管理权果当属于何人”,研究者有两派意见。一是“国家派”,主张一切共产“皆由国家管理之,以国家固代表全体人民,而具有保护人民增进人民幸福之义务”。另一是“会社派”,主张“由私人组织之会社管理之,国家不得干涉,以国家之职务,保守治安维持秩序而已,余则非所当问,此盖隐含个人自由主义之意味,而不愿信任国家者”。国家作为“全体人民之集合体”,“具有特别职务”,它“主持全国生产之权”,应“无用疑虑”。有人说国家是政治团体,没有经营经济的能力,此论不知国家即便没有营业能力,“何至无监察与支配之能力”。这一点,看看今日各国现行的经济政策,即可了然。

第 6 章“社会制度之实行期”,指出有两种办法。一是逐渐推广生产或消费的团体,培育人民的社会知识,以此巩固他日共产制度的基础。二是“准马克斯之学说,个人制与社会制之递嬗,乃一自然之现象,迨他日资财汇聚于极少数人之手,而由多数人以革命之举动,达共产之目的,易如反掌”,即按照马克思的学说,社会主义制度取代资本主义制度是一种自然现象,将来资本积累达到高度集中的程度,也就为大多数人通过革命实现共产的目的,创造了条件。在作者看来,这两种办法,“均非完美易行者”,此项改革关系“人群之根本”,“断非强权所能为力”。所以,只有依赖法律教育的力量,“由渐养成之,使全体人民,尽具共产之资格”,才会有“佳美之效果”;制度的变迁,“由递嬗而成,始得减免种种之损失”。总之,新社会制度的实行,“当在种种社会政治逐渐施行之后,人民觉悟其为尽善,而后完全执行之日,庶不远矣”。

第 7 章“结论”,概括地说:“十九世纪以来,社会主义,日益昌明,凡研究政治经济等学,欲探其蕴奥者,无不需沉潜乎社会主义之学理,而后可造其深。”从事实上看,掌握政权或经营工商业者,“亦不能藐视社会主义而不之顾”。社会主义已成为平民劳动者的“宗教信条”,近日平民受到“普通之教育”,享有

“参政之权利”，可想见其政治上“势力之膨大”。社会主义能发展到如今程度，“以其不避权势，不畏迫害，能奋勇宣布社会上之重大弊病，而亟求改良之”。如在学理上“宣布个人自由制之不善”；在事实上“告发资本家之压制”；在政治上“提倡政权之普及，人道之尊重”。其关键在于“追求全体人民之幸福，而与有权力有资财之优胜者搏战”，搏战的结果，“视平民之知识进步以为断”。

晓洲之文，其体例结构，大体上沿袭那时日文著述中比较流行的关于社会主义问题的行文方式，如分列“社会主义之界说”、“社会主义之种类”、“社会主义之目的”、“共产制度之范围”、“共产制度之组织”、“社会制度之实行期”等小标题，作教科书式论述。采用这种论述方式，适应了当时国人对于社会主义的认识尚处于早期阶段的状况，也便利于论述者从纷纭繁复的社会主义学说中按照自己的兴趣和倾向选取其内容或确定其重点。此文在比较常见的形式下，提供了一些不那么常见的内容和观点。晓洲不是这些文章观点的原创者，但他在选取和评价这些观点的时候，有一以贯之的鲜明态度。

第一，此文倾向于所谓“政治的”或“国家的”社会主义。这一倾向，未曾空悬于嘴上，是在对比和评介晚近社会主义各种派别与宗旨的过程中透露出来的。这里所说的晚近社会主义，主要指 19 世纪初叶以来的社会主义。文中将社会主义的界限，从政治派、宗教派与嫡传派的角度，区分为“辖治个人”、“破除个人”与“废弃个人”三种。这是一种十分模糊和混乱的概念。其真实涵义，把“共产”概念尽可能放大，只要含有任何废弃个人或私产而代之以共产的意味，不论其涵盖范围大小，均可归入社会主义嫡传学理的范畴。这样，也为作者不受限制地肆意评论社会主义学说，提供了便利。接着，在所谓社会主义嫡派学理的名义下，又将社会主义划分为理想的、科学的与政治的或国家的三个种类。类似的划分方法，在当时专论社会主义的著述里，各有其说，大同小异，此文之说并不稀奇。值得注意的是，文中认定理想的社会主义均以失败告终，同时以傅立叶为例，对他的经济学说“绝无激烈的社会主义之状态”，表现出浓厚兴趣。所谓傅氏之说的要点，其法郎吉设想兼有生产和消费的合股共济团性质，“不脱私产之制”，以此普及于全体，对“现在资产由渐而入于少数人之掌握”的弊端，作“最大之补救”；或者说，傅氏之意，防范资本家逐渐专横，“非欲废除私产制，但求去泰去甚而已”，通过“人人皆为股东，人人皆须作工，人人皆得被选为经理与各项办事人”，使资本家、劳动者、办事人三者“化而为一，其间界限，无迹可寻，而利益上冲突之永弭，人类和平幸福，可以长保全”①。这番论说暗藏玄机，假手傅立叶学说，表达作者所心仪者，探寻一种既不废除私产制度又能防范资本家过于专横的社会主义。继则否定科学的社会主义，对此

① 晓洲：《挽近社会主义之派别与宗旨》，《东方杂志》第 12 卷第 4 号，第 3 页。

下面将专门予以分析。直至评析“政治的”或“国家的”社会主义时，作者才流露出相当肯定的态度。在他的描画里，这种社会主义不主张废弃私产制度，假借国家权力，对个人订约的自由加强限制，防止富者欺贫和强者凌弱现象，不能任凭资本家对劳动者的报酬为所欲为，以此纠正偏重于资本的习惯，使资本家、劳动者和办事人等各得其宜。据说这一“倚重政府”的学说，对于避免贫富差距的扩大，“有最优美之效果，而真能裨益于人类”，并在已经实行的各种维护工人利益的措施中，显示了此派社会主义的效力。在这里，作者没有公开支持此派学说，但赞同之意溢于言表，而且此派学说与前述傅氏经济学说，有相通之处。此后，他论及社会主义目的时，曾对其学理中各种流行的分配主张之不完善处，逐一评点，认为均不可行，惟有“假国家之力”的方式才能实行，才可以减轻私产制之弊害。讨论共产制度的范围时，又宣扬所谓“有限共产制”，除了地产、铁道矿山等资本可归公外，其他资本仍保留私有，此举较易于实行，同时体现在近代各国所实施的社会政策中。讨论共产制度的组织时，也强调国家具有“特别职务”，在经济方面应当“主持全国生产之权”，至少有“监察与支配之能力”，就像今日各国现行的经济政策一样。最后在结论中，作者还指明19世纪以来，所有操持政权者和经营工商业者，都不能忽视社会主义的存在。

以上勾勒，循着作者文章中的逻辑线索，先是从扩大共产概念的涵义开始，将有所限制个人私产的经济举措，纳入共产的范围，从而为形形色色“政治的”或“国家的”社会主义算作其正宗或嫡传，埋下伏笔。接着在嫡传的社会主义中，相继排除理想的和科学的类型，突出其“政治的”或“国家的”类型。后一类型在随后各章的讨论中，一直占据主导的地位。如实现社会主义目的的分配方面，只有假借国家之力才能稍减私产制的弊害；共产制度的范围方面，近代各国大都实行有限共产制的社会政策；共产制度的组织方面，今日各国现行经济政策表明国家有主持生产之权或国家具有监督与支配能力；等等。可见，作者倾心于这种类型的社会主义，不是偶尔为之，而是成为其文章的基本脉络。文中倾向的“政治的”或“国家的”社会主义，一则产生于19世纪以后所有掌握国家政权者都不能藐视社会主义的存在这一事实；二则它在学理上属于所谓“有限共产制”或“有限主义”，在实践上等同于近代各国所实行的带有国家调节色彩的社会政策和经济政策。如此说来，这一类型的社会主义在作者的眼里，已经实现了。

第二，此文否定马克思经济学说。作者介绍“科学的社会主义”，以历史唯物主义为其根据，以马克思或马克思主义为其中枢，对于马克思学说的介绍，又突出马克思经济学说。这一介绍与以往的类似介绍相比，既有联系，又颇具特点。它把马克思学说简单地说成包含两大学理：其一是所谓“余值”即剩余价值。关于剩余价值概念的中文介绍，早已有之，它的中译名却各色各样，难以统一，就像此文译为“余值”一样。此文的新鲜之举，率先将 Surplus Value 的英文原名与其中译名并列刊出，使人能够清楚地了解和比较此译名的英文涵义，有其合理之处。不过，此文关于剩余价值理论的解释，极为粗疏。如谓：剩余价值是资本家从物价上扣除工料等费用后按资本所得的“余利”，这无异于利润概念；剩余价值学理以李嘉图的“物值论”为基础，货物的价值系制造货物的“工作力”或“人力工作之精液”，这是对劳动价值论的庸俗表述；资本家与劳动者之间的对立冲突，建立在资本家凭借资本权力，“坐收”工人创造并“理宜全归之于工人”的那部分价值这一“不公允”之上，这是把揭露剩余价值秘密的科学论证，转换为是否理宜、是否公允的主观意志；资本家追求增加“余值”的办法层出不穷如延长工作时间和减少工资等，此法仅提到绝对剩余价值方式；等等。这些解释，支离零碎，每每偏离剩余价值理论的本来涵义，不禁令人对解释者的理论素养产生种种疑虑。倒是他叙述马克思坚信劳动者在与资本家的激战中最终将必胜，或许透露出一些马克思剩余价值理论的本意。

其二是所谓“资财由渐汇聚”即资本积累。这是此文较有新意的介绍，但把它与剩余价值理论等量齐观，作为两大学理之一，又失之过当。按照马克思学说，资本积累的实质，是剩余价值转化为资本，它是剩余价值理论的组成部分之一。这个介绍有新意，因为它表达了资本积累是资本主义发展的必然趋势之意，或称“个人私产制之天然效果”；同时强调资本集中的过程，通过大资本家与小资本家竞争中“大者必胜，小者必败”的大鱼吃小鱼方式，社会财富愈来愈集中在少数资本家手中。这个过程被称为“资财汇聚于极少数人之公例”，似指资本主义积累的一般规律：一面“全球之资财事业必汇聚于极少数人之手”，另一面“极多数之人必尽为无毫厘私产之劳动者”，二者结合起来，等于授予劳动者反对资本压迫的“革命之利器”，引导私产制度走上“自杀之道”，并为没收极少数人的私产“公之于社会”，为“公立之政府”代替极少数人经营全国生产，也就是为实现共产制度，开辟了“终南捷径”。有关资本积累和资本集中及其必然趋势的内容，此前涉及马克思经济学说的各种评介里，难得一见。从这个意义上说，此文的介绍，有其价值。可是，此文在介绍过程中，恣肆删改原意，又把马克思的资本积累学说描绘成一种求取“捷径”，指望一朝事成的“公例”。

不论作者怎样介绍马克思的科学社会主义，其最后落脚点，却是否定马克思学说，贬之为“无科学上之价值”，“与事实相背驰”，简直一无是处。与以前那些批评马克思学说的观点相比，他的否定方式，先是把马克思的全部学说压缩为两大经济学理，然后炫耀晚近学子的“潜心研究”以便逐一批驳。如称马克思的剩余价值理论之根据，归结为李嘉图的“物值论”，后来大多数经济学家接受最终效用或边际效用论，斥责李氏“物值论”为“诬罔之说”，故李氏之论的“失败”，表明马克思的剩余价值论失去其立足之地，意味马克思学说“无科学上之价值”。又如称马克思的资本积累理论不能在农工商业领域得到证实,小农的日渐扩张,小商业的不可缺少,特别是今日风行的托拉斯拥有千百万零星小股东即股份公司的最新发展,都对小资本灭绝之说提出了质疑,意谓马克思学说“与事实相背驰”。这些批驳意见,引自当时西方经济学界的流行观点,作者搬运这些最新的“潜心研究”内容,用作攻击马克思经济学说的新的炮弹,大概也可以算作他评介马克思学说的“新颖”之处。对于马克思经济学说,此文作者论述的简陋和牵强,证明他除了照葫芦画瓢式的搬运,并不真正了解其理论涵义,只是拿着鸡毛当令箭,加上解释的低俗和偏颇,更可见他在理论理解力上的局限。尽管如此,他的政治倾向却相当鲜明,这也是他信口开河,不必依据充分的理论和事实,就说马克思的科学社会主义既无科学价值又与事实不符的根本理由。

第三,此文意旨与其他相关评介文章的比较。此文的意旨之一,倾向于国家社会主义。自 1905—1907 年论战以来,国人中凡是主张预防或纠正贫富差距扩大的社会弊端者,无论属于改良派还是革命派,大多在介绍或引进社会主义学说的过程中,不同程度地对国家社会主义表现出特别的兴趣。这里也有例外。一是无政府主义者,他们谈论社会主义,既然否定政府和国家,也就谈不上赞成国家社会主义。不过其中仍有煮尘一类人,认为无政府主义是终极目的,作为阶段性的过渡做法,可以先实行国家社会主义。二是革命派阵营中的朱执信,他反对俾斯麦政权的国家社会主义政策,主张真正的国家社会主义只是走向科学社会主义的前期步骤,不是目的。一般革命派与改良派所说的国家社会主义,不尽相同,主要区别在于实现的方式,通过革命方式还是改良方式实现国家社会主义。显然,晓洲之文所倾向的国家社会主义,不同于革命派而接近于改良派。这恐怕也是改良派的《东方杂志》愿意接纳和转载晓洲一文的原因。晓洲的国家社会主义观点与《东方杂志》上其他介绍社会主义的观点比较,在形式上仍有些差别。如欧阳溥存主张改良的国家社会政策,这和一般改良派所说的国家社会主义,其实没有多大区别,但他只是在对比极端社会主义如马克思学说时,才表现出对非极端的国家社会主义的宽容态度,通常情况下,他将所有的社会主义都置于可“商兑”即应予排斥的地位。钱智修的观点更是如此,他干脆把社会政策与社会主义放在完全对立的地位,以社会政策抵制社会主义,不论社会主义包含什么不同的派别。钱氏所主张的社会政策,其内容并未超出改良派所谓国家社会主义的窠臼,只不过其社会政策的力度更为缓和一些。晓洲与他们的差别是,公开场合不反对社会主义,相反还不乏褒扬之辞,如认为 19 世纪以来,凡研究政治经济理论之蕴奥者,都离不开对社会主义学理的思索,凡掌握政权或经营工商业的实践者,都不能忽略社会主义的主张;社会主义发达的原因,在于大胆宣布社会的重大弊病,亟求改良,并从学理、实践和政治等方面批评自由竞争之不善和资本家之压制，提倡政权普及和人道尊重以追求全体人民的幸福；等等。然而，这是表象，究其实质，不难发现，晓洲倾向的社会主义，一则与近代各国已经实行的社会经济政策差不多，乃所谓国家社会主义；二则断非强权所能实现，需要依赖法律和教育逐渐使人民养成共产资格后才得以自然而然地实行，即所谓"胥视平民之知识进步以为断"。这两个涵义，其实是一回事，都不能用革命方式触动现存社会制度。依此而论，晓洲的观点同欧阳氏和钱氏的观点，也就同出一途了。

此文的意旨之二，否定马克思经济学说。马克思学说传入中国后，各种评论文字随之而来，早期的评论大多隔靴搔痒，不知就里。随着传入内容的积累和增多（也出于中国自身发展的需要），人们开始把关注的眼光投向马克思的经济学说特别是剩余价值学说。这方面见诸文字发表的文章，仍属凤毛麟角。这也是我们为什么对这一时期各种有关剩余价值学说的评介文章，哪怕十分肤浅或持批评意见，都给予充分的重视。晓洲之文，属于肤浅的批评者类型。他对于剩余价值理论的评介，有些类似欧阳溥存的观点。他们一个译为"余值"又配以 Surplus Value 的英文原名，一个译为"剩余价值"，二人都把剩余价值理论的基础，归于李嘉图或斯密与李嘉图的劳动价值论，也都把对剩余价值论的批评，建立在对一般劳动价值论的批评之上。以一般劳动价值论代替剩余价值论，恐怕是那一时期的通行理解，意在维护马克思学说的煮尘，其反驳欧阳氏的辩词，也是如此。比较起来，晓洲评介剩余价值的水准，不如欧阳氏。他们都提到"工人之力"或"劳动力"与价值的关系，都以制靴或织布举例，但欧阳氏尚能从工人从事劳动的时间量用以补偿其工资而有余中去说明剩余价值的来源，晓洲却自以为是地把剩余价值说成从物价中扣除工料等费用后的余利。真可谓差之毫厘，谬之千里。晓洲评介比起欧阳氏的可取之处，或许能提到两点。一是他引进资本积累概念。虽然他把这一概念与剩余价值论并列，未能说明剩余价值转化为资本的实质，偏重强调资本的集中等，表明理解这一概念上的偏差，但他是较早引进资本积累概念之一人，并以所谓"公例"形式接触到资本主义积累的一般规律。另一是他承认马克思经济学说的客观影响力。欧阳氏批评马克思经济学说后，自鸣得意，疾呼"社会主义者之心不吾服"，宣称今日万万不可实行以马克思学说为代表的社会主义，否则破例乱纲。而晓洲批评马克思经济学说后，未回避现实，仍承认马克思的科学社会主义势力至今"尚未见其衰退"，各国社会党为了反抗当权者和富有者，"犹不得不以科学的社会主义相号召"。这一意思，他谈到情有独钟的傅立叶学说时，也有所表露，称马克思学说昌盛后，在法国劳动者中有极大势力的傅氏学说，"稍杀"其势。这种面对现实的起码客观态度，在欧阳氏等人那里，已不见踪影。

(二)其他关于马克思与社会主义学说的涉论

这一时期的《东方杂志》,以其对于国际上重要事件和社会新闻特有的敏感性,时常刊载一些有关当时各国社会党和工人运动的介绍性或评论性文章,其中不乏涉及马克思主义和社会主义学说。这些文章,大多转译国外报刊的稿件,亦有一些自撰之作。它们同前面已经分析过的那些文章一道,共同构成了《东方杂志》评介马克思经济学说的组成部分或其背景资料。兹举例介绍如下:

《纪近世英日等国暗杀党事》一文①,发表于1911年,应属上个时期之末,为了行文的方便,放到这里一并分析。这篇文章译自同年2月的美国《纽约新报》(Current Literature),提到俄国首相斯托雷平(1862—1911)在其执政期间(1906—1911),曾指责俄国大学乃"革命思想为最剧烈"之处,"尤以彼预抱一社会主义可以救国之意见",难辞其咎。这显然是针对俄国1905年革命而进行报复的理由之一。他还认为今日俄国不会有"真革命之举动",因为"本系散播社会主义者所最易充畅发达"的劳动社会,尚未支持知识分子中的革命者。政府的政策,"专务于驱除大学校中之无政府党及社会党"。这是从赞成斯托雷平政策的角度进行叙述,也从一个角度反映了当时列宁从事革命活动的特殊背景。此文提及日本幸德秋水为"骇人党之一","所抱为麦克斯主义(Karl Marx,德国社会学者、主张万国社会主义),乃日本社会学者先锋之一",其"醉心社会主义"乃权舆于数年前游历美国的经验,系"劳动界杰出者";日本社会党"最易散播其主义"的地方是工厂社会,日本办实业受到西洋文化的鼓励,而日本政府从未领略西洋劳动界崛起反对之患,留意本国工人力作太过之事,幸德秋水则不厌倦地专注于在劳动者中开展运动且"颇有成效";他"始则研究麦克斯主义,终则趋入于无政府党派",被认为不过是"改进派之社会学家而已","不过变通所学以求合用耳";等等。此文对于幸德氏研究马克思主义的评介,尚较客观,却颇为戒备,因为它把马克思主义与所谓"骇人党"联系在一起,带有渲染马克思主义会导致极端性与危险性之意。至于说它把马克思称为"社会学者"、或把幸德氏称为改进派即改良派的"社会学家",不是译者将社会主义误译为社会,就是原作者将社会主义者混淆于社会学者或社会学家。

当时国内的文章里,也的确存在着试图用社会学来抵消社会主义影响的倾向,《东方杂志》转录《民立报》的《社会学与社会主义之关系》一文②,便是一例。此文把社会学看作世界学者的"绝新之纪念",促使研求人类治术者"无不以社会学为依归","向之以个人为单位者,今悉以社会为前提";而且"主张社

① 以下引文凡出自此文者,均见《纪近世英日等国暗杀党事》,《东方杂志》第8卷第1号(1911年3月25日),第20—24页。

② 以下引文凡出自此文者,均见《社会学与社会主义之关系》,《东方杂志》第8卷第12号(1912年6月1日)"内外时报",第3—4页。

会主义之流，亦思应用社会学之定义”。因为社会事物至为繁杂，“非灼知其真理，无从施补救之方”，而社会主义的主张终究不能违背社会的原则，于是出现所谓科学的社会主义，也就是“本夫社会之原则，企图实现之社会主义”。我国近年来输入社会主义名词，知其根源者寥寥，重要的是能认识其为“调剂贫富之策术”；而对于社会学鲜有能解说者。日本最先倡导社会学的有贺长雄，亦将社会学“往往与社会主义并为一谭”；其后经人一再置辩社会政策与社会学的区别，人们才逐渐了解二者的区分，但未能明示社会学与社会主义的区别。其客观原因是，社会学的进步甚迟，社会主义则一日万变且流派纷繁，因而应用社会学之原则主张社会主义，“实为最近之事”。一般说来，“社会主义者之流派虽多，其属于经济之范围则一”，都是谈论经济问题。在社会学昌明之前，社会主义者“多驰于抽象之空想，不问对于社会之影响如何，惟以拥护一己之主张为神圣，其补救社会之方，又皆拘牵于皮毛”；其中的高明者明知其说难以实现，但发愤于社会罪恶之难消除，“以破坏为快心之举”，如无政府主义者“深知社会主义诸支流”皆不足以救治社会罪恶，被迫“以绝对之破坏为良法”。其所以如此，均系“不明社会由来之故，遂不解所以补救之方”。从社会学者的眼光看，“社会主义者，不明因果之道，不深察社会变迁之真相，昧社会之心理，而欲为冀幸之图。……其败象之呈，燎如庭炬”。只有治术诸科学“皆宜以社会学为原则”，“本社会学之定理，以求救济社会之良方”时，才能期望其实践较之“空言之无当”的“抽象之说”为高明。社会学是“综人事之本末变迁，综核其情能，而审缔未来，即臧往以知今之学”，根据社会学研究社会主义，是“最近之良法”。研求社会学已应用于人类治术各学科，社会主义作为“人类治术最大之学科”，如果不是根据社会学的定理为规则，则如同数学违背其公式。我国今日盛言社会主义，若能先潜心于社会学，然后再求补救社会之方，“将见稳健之社会主义，新现于中国”。这篇文章颇合《东方杂志》编辑者如钱智修等人的口味之处，恐怕在他们看来，它带有用社会学来排斥从经济上“调剂贫富之策术”的社会主义之涵义，就像他们曾用社会政策来排斥社会主义一样。此文的真正意图，反对将社会主义置于经济范围之内，认为由此或者导致拘牵于皮毛的“抽象之空想”或“空言之无当”，或者导致绝对破坏的无政府主义，二者均呈现出“不明因果之道”的“败象”，因而主张将社会主义建立在社会学的“稳健”基础之上。这样理解社会主义，未必与《东方杂志》的编辑们一致，而与马克思的科学社会主义之本意，更是格格不入。

《二十世纪之政治问题》一文①，译自《新日本》，原名《非天下太平论》。此

① 以下引文凡出自此文者，均见许家庆：《二十世纪之政治问题》（译新日本二卷一号），《东方杂志》第8卷第10号（1912年4月1日），第1—5页。

文提出20世纪的特色是“人类之解放”,其中劳动者“其形式固俨然自由之公民,实则除隶属于资本家外,他无生活之途”,他们“实无异于资本家之所有物,毕生为奴隶之生活”,应当改变这种人类大多数“今尚为少数者牺牲其生活上之幸福”的状况,这是“弱者欲图脱其束缚之运动”。为此,虽然眼下在日本倡导社会主义受到多数人的反对,但在欧美国家社会党的势力“日盛一日”,各国议会选举中社会党的影响不断扩大,足以证明“其社会主义的精神之发达为不寻常”。概括地说,一方面,不难发现“主张社会主义者之学说”存在着“失于独断,其议论又过于极端”等“缺点”,另一方面,“世界之欢迎社会主义者,其势又如是之盛”,这表明,社会主义的主张“投合于现今欲脱离经济压迫之多数人民自主的感情”。因而,作者自称,“吾等非主张社会主义者,故对于社会主义的运动,非但全然不能同意,且欲从而善导之,然吾辈对于注全部之精神欲贯彻其主义者,不能不表其敬意”。这是当时日本人中对待社会主义的一种典型态度:既承认社会主义学说源于少数资本家对多数劳动者进行经济压迫的客观现实,有着不断扩大的影响力;又嫌弃这个学说意味着“独断”而过于极端,全然不能同意;其理想出路是避免社会主义运动的“缺点”,对其加以“善导”。这种态度,也是《东方杂志》的主持者们所乐于接受的。

1912年,《东方杂志》相继刊载一些有关各国社会党的译文。如《德国社会党之胜利》一文,译自日本《太阳杂志》,主要介绍德国社会民主党在议会选举中的胜利、“可称为纯粹社会主义之主张”的纲领,以及它在传播“扶植贫弱”的社会主义方面的宗教式热情等①。又如《论各国社会党之势力》一文②,译自《美国评论之评论报》,认为今世到处是“以增进民生乐利为依归”的社会党活跃之地,世界社会党的发展,又总是由德国为之“先导”。如谓,德国社会民主党由“社会党之一派”的拉萨尔党与“麦克斯党 Marxists(亦社会党之一派,系德人麦克斯 Marx 所创,故名)”合并而成,“该党以从容坚毅之气,进而愈锐,挠而不惑”;德国社会党一直存在着派别,拉萨尔和马克思“两大潮流”至今尚有“并驾齐驱相为雄长之势”,近年又出现伯恩斯坦“修正派”,与拉萨尔、马克思两派“成鼎足之势”,无论拉萨尔派、马克思派或伯恩斯坦“修正派”,均“长驱而前,以资交绥”,其特色“惟知有共同之大目的,惟知有倾覆资本主义厉行社会民主之大事业,人共一心,心共一理,其敌忾同仇之气,自然感发于无形”,从而化解了各派相互之间的矛盾冲突。此外,欧美乃至亚洲等国社会主义的传播,表明“世界之趋向社会主义”,其中英国社会民主同盟会为“极端之麦克斯

① 参看章燮臣译:《德国社会党之胜利》,《东方杂志》第8卷第12号(1912年6月1日),第3—15页。

② 以下引文凡出自此文者,均见[美]汤麦赛尔周著,甘永龙译:《论各国社会党之势力》,《东方杂志》第8卷第12号(1912年6月1日),第15—21页。

派”；日本社会党所奉行的主义学说也“允系麦克斯派”；等等。这里口口声声说的马克思派或极端马克思派，很大程度上，已被混同于当时国际上流行的修正主义派别。再如《法国社会党之势力》一文[①]，钱智修译自美国《世界杂志》。它提出，社会主义是“世界之发酵物”，以廓清特权政府、常备军及私产制度三大“秕政”为其“职志”，旨在“尽力摧破”这一欧洲文明的“命脉”，社会主义的“发酵”，开始于法国。关于法国社会党，论述“麦克司派 Marxians 之急激的革命方法”传入以后各个派别的发展沿革情况，其中盖得倡导“麦克斯派之流传于法国”，并在与其他派别的联合中，“参取麦克斯派之说”制定其政纲。此文一个重点，分析法国社会党内各派的分歧意见，由此认为，“社会主义之潜势，多由不正确之观念所构成”，以致“徒托幻想”；“社会主义之危险”还表现为“一种心理上之势力”，使那些失业抱怨者像经过催眠术一样，一旦着迷，“一任其驱使而不自觉”。最后总结说，“社会主义之流行，既无孔不入，自亦无阻止之方法”，此其一；其二，“其流行之广，与失望心及反抗心相伴而俱来，而尤须有极大之才能以匡导之”；其三，“然可以匡导与否，盖犹在不可知之数”。换言之，社会主义的流行趋势无法阻挡，必须加以“匡导”，防范其流行之危险，怎样有效“匡导”尚不可知。这种“匡导”之说，与前面《二十世纪之政治问题》中的“善导”一说，如出一辙。钱智修选择此文作为翻译介绍的对象，也是借此来表达他自己的心迹，设法用所谓社会政策来“匡导”和取代社会主义尤其是马克思派社会主义。

钱智修对法国社会党发生兴趣，意在宣扬“匡导”马克思派的急激革命式社会主义；对发源于法国的工团主义感兴趣，其意同样是要防范救治社会弊害时的激烈行为。他发表《劳动界之新革命》一文[②]，译自《美国时文报》。此文提出，“新革命之朕兆，已弥漫于空气中”。这种新革命，“实最大之社会革命，而置国家之界限、政府之形式于不顾”；它不满足于减少工作时间、增加工资、改良工业状况等，主张“必资本家之权力尽归工人，各种工业皆由各业工人自己管理，而后达革命之目的”；提倡采用“强迫手段”。这种“实发源于法国”的劳动界新革命，即所谓工团主义（Syndicalism）。它的目的，一言以蔽之，“欲推翻现在之资本社会，而联合工人，以管理工业之全部而已”。这被认为“已超过政治运动与宪法运动之界限”，凭借“阶级战争”，集合产业工人结为团体，以“同盟罢工”为其“惯用之武器”，“共同一致，互相呼应”。其意将工业资本从现在的所有者移入工人之手，废止“佣金制度”即雇佣制度，每个工人自己作工以

① 以下引文凡出自此文者，均见钱智修译：《法国社会党之势力》，《东方杂志》第9卷第2号（1912年8月1日），第1－12页。

② 以下引文凡出自此文者，均见钱智修译：《劳动界之新革命》，《东方杂志》第8卷第12号（1912年6月1日），第59－65页。

供给其自己需要物与奢侈品。“其理想与方法,盖与无政府主义同”。这种关于“雇主与工人,必当继续战争,至全世界之工人成一阶级,取得地上之物产,生产之机械,及废除佣金制度而后止”的主张,旨在“取资本家财产”,废止与资本家订契约,乃“万国工党之宪法”,“过于激烈”。钱氏关注工团主义,并非偶然。与这篇译文相联系,接着他又翻译《北美评论报》上的《论工团主义之由来及其作用》一文①。此文把工团主义这一“新脚色”称为“特殊国法兰西之特产”,它与近百年间一直作为“世界之先导”的法兰西之“狂幻的社会观念与空想的社会计划”有所不同,已经付诸实施,使世界各国“惊恐不置”。工团主义“挟其新主义以宣播于世界”的内容,合社会主义与工联主义(Trade Unionism)于“较高之联合”,以工联主义为社会主义之基础、社会主义为工联主义之表示或企图。社会主义是工团主义的“种子”,为解决劳动家的受苦问题,要求废除雇佣制度以至私产制度,主张“以共同联合及连带责任为基础,重组工业”。由此一方面形成所谓“武装社会党之劳动家”,他们“吸聚于社会主义,既与劳动家相杂,则自以为材能卓著,而要求首领之地位”;另一方面从多数劳动者改良自身目前处境的简单愿望出发,形成所谓“职工同盟主义”即工联主义。近年来各国社会党在议会选举中的胜利,又使“和缓的革命观念,输入于社会主义,而欲与资本家之政党,为平和及外交的协商”,于是社会主义带有“绝对的政治性质及立法性质,循平和稳健之路而进行”,这是“可惊可喜之现象”。社会主义“从绝对的政治平和及立法运动之倾向而更变”,不免引起“武装社会党之劳动家”的愤懑,促使他们追求别种方式的社会运动,逐渐形成工团主义理论,“欲以直接行动,破坏现今社会之基础,除去劳动社会之阶级”,以此作为社会革命的途径。他们主张生产、运输、交换等机关“均为组织工团之劳动家所管理”,将各种生产机关收归“共有”。“工团主义之发达,首推法国,其克占胜利,亦以法国为最”,法国社会主义先变换其性质,有其特殊原因,这是社会党及无政府党的劳动家互相联合,“以革命的方法”推行工团主义,视之为“未来社会之萌芽”。以上两篇介绍工团主义的译文,描述了19世纪末20世纪初国际工人运动中流行于欧洲的一种思潮,认为工团或工会是工人运动的惟一组织形式,其最终目的是把生产资料转入工团之手,依靠工团采取诸如罢工、示威等直接行动,保证工人阶级的胜利。它幻想以各地工团在经济上的联合代替国家机构,又被称为“无政府工团主义”,这显然与钱智修所秉持的社会政策思想无法相容。列宁曾指出,无政府工团主义和改良主义作为两个极端,都

① 以下引文凡出自此文者,均见黎佛恩(Louis Levine)著,钱智修译:《论工团主义之由来及其作用》,《东方杂志》第9卷第7号(1913年1月1日),第5—12页。

是“资产阶级世界观及其影响的直接产物”[①]。看来，钱氏发表此二译文，除了追逐新奇，其内心世界，更多地站在改良主义的立场上，对当时的社会党走人与资本家政党协商的和平议会道路这一“可惊可喜”现象，表示赞赏，而对工团主义运动的“过于激烈”言行，表示异议。

介绍国外的工人罢工，是这一时期《东方杂志》刊载谈论社会主义的文章里，又一个比较流行的话题。此前曾有伧父的《大同盟罢业》一文[②]，描述英国同盟罢业之风，造成“船埠市场，一切事业，全然停止”，以及“食品骤贵，有乏食之虑”，由此“其终必为劳工所胜利无疑”；罢工还史无前例地“一时演出猛烈之暴动”，引起军队竭力镇压的惨状，后经政府与劳动党调停，亦以罢工者获胜告终。罢工据说是出于劳动者不满其工资的经济原因而非政治原因，因此使“英国之食料问题，即死活问题，乃悬于社会主义者之手”，改变了过去“英国人民之性质，不适于社会主义”的认识，在数年内，“英国竟为在欧洲社会主义最盛之国”。这番议论，在工人罢工与社会主义运动之间，直接划上等号，罢工成了社会主义的主要标志。这里的罢工，还包含着镇压与反镇压的“猛烈之暴动”。到本时期，关于国外工人罢工的报道仍颇热门，而关于罢工中的暴动之说，似已销声匿迹。如《英国煤矿工之大同盟罢业》一文，介绍当时英国全国煤矿工人大罢工，“实为亘古未有之事”，其采取集体“休止业务”形式，闭锁工厂，迫使矿主提高最低标准工资，致使整个英国产业界，“陷于空前之危机”[③]。在此报道中，偌大规模的罢工，不见了暴动，给人以平和的印象。更为典型的是孙祖烈译自美国《世界杂志》的《论万国工党》一文[④]，此文对于罢工的推崇，可谓登峰造极。它先是引用万国工党首领或近世万国工党发起人的观点，归纳起来，大致有三。一则认为在大工业中心，工人的处境极为艰窘，为了改变这种雇主与工人之间有如天渊之别，多数工人饥寒穷困、少数雇主安富尊荣的处境，“一夫攘臂，万众呼应”，举行罢工，造成工业停滞，万国工党也由此而产生。二则认为厂主最害怕“万国工党之同盟罢工”，因为它“能使多数愚民团结一气”，真确地领悟“万国工党之主旨”，将世界人类分为“以本逐利”的资本家、“熟练之工人”与群民三种；为了“不永为工业之奴隶”，以工党作为群民的代表，号召群民“相率罢工，而使资本家之工厂不能进行”，引致破产之趋势；在资本家破产的基础上，将“操纵工业大权”掌握在群民之手，也就“消灭”了资本家。三则认

---

① 列宁：《欧洲工人运动中的分歧》（载1910年12月16日《明星报》创刊号），《列宁选集》第2卷，人民出版社1960年版，第394页。

② 以下引文凡出自此文者，均见伧父：《大同盟罢业》，《东方杂志》第8卷第8号（1911年10月16日），第29－36页。

③ 高劳：《英国煤矿工之大同盟罢业》，《东方杂志》第8卷第11号（1912年5月1日）。

④ 以下引文凡出自此文者，均见孙祖烈译：《论万国工党》，《东方杂志》第10卷第6号（1913年12月1日），第1－8页。

为今日工党领导的“工界革命”,“绝不至于流血”,因为世界已经“厌恶干戈”,现在的“工界之战争”在方式路径上与过去不同,“力戒暴动”,转而采取“袖手而不工作”的方式作为万国工党的“罢工之法”,可称之为“新式之暴动”,其“所恃实力,在于众志成城”。对于上述观点,特别是工党组织的罢工“不主暴动”之说,作者给予突出地强调,申明此举“今试诸事实,良为不诬”,表现出“恒以革命家自命”的工党之人,“其精神在于扰乱,而行动则出于平和”,其例证如当时纽约大罢工,“既无烦警吏之弹压,亦无一人被逮”,据此总结工党的“罢工之方法”,“使所有工人各家居不出,而自以为于工界革命之进行为最重要者”。关于“万国工党罢工之特质”,此文又总结说,其辈虽非无政府党员,其目的却在于通过“红旗飘展,绝未流血”的和平方式,“造成无政府之地位”。这里所谓无政府地位,指凭借百万工人“果不工作”的罢工,造成工业的失败,其结果,“势必至社会党人起而为资本家之代,而后有复兴之望”。可见,在这里,罢工或同盟总罢工,简直被奉为万应灵丹,成了改善工人穷困处境的惟一出路,亦成为“工界革命”或“工界之战争”的代名词。从暴力罢工向非暴力罢工的过渡,也被吹捧为社会主义运动方式的最新进展,并给人们留下这样一种幻想,工人只须通过袖手不工作的和平或不流血罢工,就可以“进行无阻”地剥夺资本家操纵工业的大权,进而消灭并由社会党取代资本家的统治。听了这番言词,《东方杂志》的主持者,哪怕仍然不赞成罢工形式,也可以对其中反对暴力而鼓吹平和的含义,感到聊以自慰了。

陶履恭的《平等篇》①,虽非译文,也是“摘拾西儒成说,略抒鄙见”之作。此文从“人本不平等”的前提出发,指责“生计平等之说,发端社会主义”,认为这是“名词惑人”的“陈腐”之说。具体言之,社会党根据“人本平等”的理由,把矛头指向“弊害丛生”的现今“人为制度”,认为这是造成“贫富悬绝,分财弗均”的“今日最不平等之世界”的原因;又归罪于“私产制度”,认为这是导致“生计之不平等”即收入有丰有薄、报酬有盈有不足,从而产生“人类之不平等”的渊薮等等。这种社会主义,在作者看来,“尤非吾务”,决不赞成。他批评说,社会党的主张,或者是“绝对的生计平等”,一切收入和享受等莫不相同,这违反了“人类不齐,嗜好各异”的天性;或者是“比例的生计平等”,此乃“挽近社会党所倡导者”,“或因需要,或因工劳”来实现其平等,这也是不现实的。一则以满足人们的需要求平等,将刺激人性中的“贪婪之欲”,“只计需要而不计生产之多寡”,将因“仓廪匮府库空”而促使政府垮台。二则“工劳不能为酬报之准衡”,因为“今世工作,分功畸微”,在细致的分工下,每一产品均须经过多人之手才

① 以下引文凡出自此文者,均见陶履恭:《平等篇》,《东方杂志》第9卷第8号(1913年2月1日),第5—10页。

能成物，"吾不识何由分别人人之工役，而计其值"，难以分清和计算每个工人的劳动之值；另外，"工之劳逸不同，而庸不相称者亦多"，无法区分不同工作的劳逸差别以及确定相应的报酬多少，连那些"主张因工计偿者"，恐怕对此也是"目真目无以答"。因此，"生计平等"的主张，"乏意旨"，不能成为谋国者"欲求分财之中庸"的"准衡"，只有"改善"现行"人为制度"之不足，"驱其害而救其弊"，才能济其事，今后社会所依赖的民生之要义，"非生计平等所能为力"。进而言之，社会所应注意，国家所应实行的，是"机会平等"，考虑到"人类不齐，智愚不一"，"此机会平等为教养国民之前提"；或者说，"生计之平等无它，救民于冻馁，保凡民之机会平等是已"，如此则"凡人得逞其才，展其能，其失败者，必寡才乏能之辈"，非若社会党所说之"限于门阀，限于物质者"。这些从"生计"角度（可见此时陶履恭仍坚持严复的"生计"译名而不接受来自日本的"经济"译名），批评社会党或社会主义的平等学说的理由，我们已经不陌生了。其中稍能感兴趣的是，此文用来反对生计平等之说的重要依据之一，乃所谓劳动分工的细化已使现有产品难以区分个别劳动者的贡献而计量其工役之值；这一依据，是欧阳溥存用来攻驳马克思剩余价值论之所谓要领即劳动价值论的主要论据。陶氏尚能承认他的见解带有"摘拾西儒成说"的成分，欧阳氏则炫耀他对剩余价值的解释，将日本学者"难得其指"的翻译内容通俗化了。其实，无论欧阳氏还是他所借鉴的日本学者，看来当时他们对马克思经济学说的批评之理论根据，都未超出"西儒成说"的范围。

章锡琛的《欧美劳动者之独立自助运动》①一文，译自《新日本杂志》。此文认为近世欧美各国劳动者在社会经济上地位的提高，应归功于劳动组合与产业组合。所谓劳动组合，其主旨"不仅以反抗雇主为其本领，当使组合员得经济上实际之良果"，它的最近发展趋势，"常退出政治界而为纯粹经济上之机关"，即便免不了政治因素，其活动"无论若何，自以经济关系居其第一位"。近时的劳动组合，已是"社会改良之一主体"，也是"社会政策之实行者"。劳动组合的纲领，可分为两种。一是"过激之思想"，要求"实现未来之理想国家"；另一是"较为和平"主张，这也是最近的思潮，倡导"抛弃未来之空想，但当专务获得现代之利益"。据说过激思想在 19 世纪 80 年代的德国及奥地利主张最力，赞成"劳动者宜尽全力于实现共同生产组织之理想，务使社会内之总生产，悉入劳动组合之掌握"，反对费时费力只顾"区区衣食之是争"，可称之为"理想之倾向"；反之则"以获得现在之利益为满足者"，可称之为"实际之主张"。在作者看来，"前者不外乎社会主义，吾人所不取者"。这里的前后之分，可以德国

---

① 以下引文凡出自此文者，均见章锡琛译：《欧美劳动者之独立自助运动》，《东方杂志》第 10 卷第 9 号（1914 年 2 月 1 日），第 5－11 页。

为例。前者以1868年"抱社会主义者"拉萨尔所建立的所谓"自由劳动组合"为嚆矢,重在"注入阶级战争之观念于劳动者脑中";后者是其反对者,主张资本与劳力二者的"利益之调和","第一主旨"在于"渐渐增高劳动者之生活状态"。其中所谓"自由劳动组合",在1875年以前,又分为拉萨尔主义与"马克斯氏思想"两派,以后二者合一,此系指1875年5月德国爱森纳赫派与拉萨尔派在哥达城举行的合并代表大会。总之,德国的劳动组合,被看作"自助的社会政策之主体",使德国劳动者的工资及其他劳动条件得到了改良,欧美各国公认这种劳动组合为"增进一般社会平和之机关"。文中也指出劳动组合所存在的缺点,显而易见,此文翻译者及刊载者的兴趣所在,是原作者表达了"不取"社会主义而以劳动组合这一"社会政策主体"为尊的意见。这种来自国外评论者的意见,无疑也为钱智修之流宣扬社会政策以排斥社会主义的主张,提供了新的凭据。

第一次世界大战爆发后,《东方杂志》上相继刊登一些国外社会党对待战争态度的文章或译文。例如,章锡琛的《社会党对于大战争之运动》一文[①],介绍欧美社会党的"非战论",认为这场战争"仅有利于权力阶级,而于劳动阶级不特毫无利益可言,且所受之损害特巨",如牺牲生命、增重税负、扩大失业、腾贵物价等,以致生活困难益甚;即使战争获胜,"其利益悉归于资本家阶级,而劳动阶级乃一无所得"。因为这场战争是权力阶级"牺牲劳动阶级,以谋自己之利益",故不得不反对战争,这是"社会主义之主张"。如果是"推倒资本家权力阶级之战争",纵有牺牲,社会党人也决不回避。一年多后,章氏选译发表日本《太阳杂志》中的《欧洲战争与劳动运动》[②]一文,又表达了另一种完全不同的声音。此文把欧洲先进国家的劳动团体中"为势颇盛"的"非战主义与世界主义",看作损害今日民族国家组织的"殊有危险之态"。它提到,各国社会主义家曾是国际上非战运动的中心,战争爆发后,劳动运动中的大多数人以保卫国家为由,改变其反对立场,转而赞成政府的战争主张。接着评论说,"今各国无产者,其所希冀,实与有产者同在今日以同民族为基础之历史的国家,得以存立",即各国不论无产者或有产者,其生存都离不开民族国家的基础。尤其一国的文化为全体国民所共有,"固未尝有贫富之分"。平时,无产者和有产者感觉不到本国文化的宝贵,仅以增进本阶级的经济利益为事,"惟知宝重衣食与居住",其结果,"各国在经济上同等境遇之无产者,不仅互相提携以谋颠覆有产者之支配权,甚至图谋打破民族的国家组织,以改营世界的之共同生活";可是,一旦战争爆发,忽然会重新觉悟平日所忘却的本国文化之贵重,这种"实

① 《东方杂志》第12卷第3号(1915年3月1日),第44—46页。

② 以下引文凡出自此文者,均见章锡琛译:《欧洲战争与劳动运动》,《东方杂志》第13卷第7号(1916年7月10日),第10—18页。

根于人类之良知良能"的"种族保存欲"，对于民众而言，"往往较思想上财产上之贵族阶级为强"，随着社会的进步，各民族要求独立自主的国民生活也益甚。那些"社会主义家视经济生活为人间生活之全部，欲使无产者因经济上之利害，提携接合，打破今日之国家组织而实行其世界主义，实乃大谬"。所以，开战后当无产者转变对待战争的态度时，世人认为这表明了"社会主义破产"，"其破产者，乃为轻视民族的国家组织之一端"。如果说"各国无产者对于有产者之阶级的斗争，究不能因此战争而绝灭"，那么世界主义也是不确切的，它不足以包括"以经济组织革命为目的之社会主义"，亦非"社会主义之重要部分"。依此看来，不论社会主义家所谓"可由经济上之利害而实现世界主义"，还是其他关于"造成一种经济上之共同关系，即为新式国家组织之基础"的观点，都属于"同一谬误"。此文还批评那些"全不知有爱国之心"的人士或运动，只知道"个人的阶级的利益而轻视国家之安宁秩序"，比起那些"理论上过激之社会主义家，现在不惜献生命以卫国家者"，要更加危险。可见，此文的意旨与章氏前文相比，背道而驰。它的基本观点是，在战争时期，一切经济的阶级的利益，不分贫富，不论无产者与有产者，都必须在所谓"爱国之心"面前俯首称臣，不管这个国家实际上代表谁的利益。其矛头，显然指向当时反战并主张各国无产者联合起来的社会主义运动。

又如，那位曾经重译《社会主义神髓》一书的高劳，也对大战中的各国社会党消息，表现出一定的兴趣。他先是从《日本及日本人》杂志里，转译了《欧美社会党之消息》一文①。文中介绍"国际社会党"即第二国际曾就世界战争问题提出议案，要求各国劳动阶级及其议会代表采取总同盟罢工等手段，努力防止战争爆发，甚至提出若不能阻止战争，也应当利用战时的经济及政治恐慌，"颠覆资本阶级"；在一次大战前夕，筹备召开大会，以期"表现全世界劳动者所抱绝对平和之意志"，并拟举行反战示威运动来保持和平。开战之后，各国社会党尤其德国和法国社会党的态度为之一变，变成"帝国主义之社会主义"，表明"劳动者之国际战争防止运动，遂完全失败"。这从另一个侧面，揭示了大战爆发后，欧洲大多数社会民主党背叛第二国际 1912 年巴塞尔大会反战宣言的原则，宣告了第二国际的破产。此后，他又根据日本安部矶雄的《欧洲战乱与社会党》一文，翻译发表同名文章②。其文亦称，战乱勃发之初，各国社会党"均各持其向日之主义，反对战事，维持平和"，然而大势所趋，终不能遏止战乱。如英国社会党的多数党员"舍其非战说而赞成战争"；法国社会党在开战

① 以下引文凡出自此文者，均见高劳译：《欧美社会党之消息》，《东方杂志》第 12 卷第 2 号（1915 年 2 月 1 日），第 32－35 页。

② 以下引文凡出自此文者，均见高劳：《欧洲战乱与社会党》，《东方杂志》第 13 卷第 2 号（1916 年 2 月 10 日），第 46－50 页。

后全然一变,“全党赞成战争,无不讴歌战胜”;德国为“社会党之出产地”,战事爆发时,其社会党令人“惊异”地“一致赞助政府”,或“全党一致,赞成战争”;俄罗斯社会党的势力“殊形薄弱”,其五名党员议员对于战争虽与政府一致,仍因反对政府的军费案而以“紊乱国宪”罪于 1915 年 1 月被判终身流放;等等。于此可见,战争一开,“无论何国之社会党,均不复贯彻其向日之主义,而一般国民,无不卷入于国家思想之旋涡中”。此文谈到俄罗斯社会党时,未曾明确表达以列宁为首的布尔什维克党所坚持的国际主义立场。其实,文中提到的那五名党员议员,即布尔什维克的五位工人代表,他们在杜马中坚决反对沙皇政府的战争拨款案,并在群众中广泛宣传,因而遭到沙皇政府的逮捕和流放。尽管如此,此文的描述,同前文一样,再一次印证了这样一个事实,即第一次世界大战爆发后,第二国际因其大多数社会民主党公开违背国际主义原则,支持本国资产阶级政府参加帝国主义战争,沦为社会沙文主义政党,最后陷于破产。

(三)结语

这一时期,《东方杂志》就像一面镜子,折射出本时期国内有关马克思学说与社会主义学说的论述之若干特征。它作为大型综合性刊物,本来以摘录中外报刊为主,涉及面颇广,自 1911 年起转为以自撰、征文和译文为主,以政治、经济等社会科学方面的文章居多。辛亥革命以后,《东方杂志》所载涉及社会主义的文章明显增多,恐怕也与此刊物编辑风格的转变,不无关系。此刊物登载有关社会主义的文章,也曾全文转载孙中山在上海社会党关于社会主义的讲演录①,却非兼容并蓄,而有其强烈的倾向性和选择性。换句话说,按照既定的政治倾向进行选择和引导,这是《东方杂志》刊登评介马克思和社会主义学说文章的一个基本特征。这一特征,已渗透于前面所评析的各类文章之中。在这里,再补充作些归纳。

首先,《东方杂志》评介马克思与社会主义学说的基本政治倾向,从国内看,与论战时期梁启超一派的观点,一脉相承。梁启超一派,和孙中山一派相比,同样承认西方资本主义社会存在贫富悬殊的弊端,同样肯定马克思与社会主义学说的产生有一定的合理性,同样注意到我国亦有出现类似西方弊端的可能性,同样认识到适当防范这种弊端的扩大或恶化有其必要性,但是,梁启超一派在试图解决问题的路径上,选择了一条与孙中山一派截然不同的道路,不触动社会的基本组织结构,以社会改良代替社会革命。与此相似,《东方杂志》的主旨,也是宣扬以和缓或稳健的社会政策取代激进的社会主义。因此,在《东方杂志》上,凡是涉及马克思与社会主义学说的文章,不论自撰或翻译、

① 参看《孙中山先生之社会主义讲演录(录民立报力子笔述)》,《东方杂志》第 9 卷第 6 号(1912 年 12 月 1 日),“内外时报”,第 23—29 页。

征文或转载，除了形式上稍有区别，几乎是同一个口径。这就是以钱智修和欧阳溥存等人的评论文章为代表，划一标准，选录各类文章，致力于“善导”或“匡导”马克思与社会主义学说的缺陷甚或危害，将读者的注意力引导到非激烈的带有改良性质的社会政策之上。在这一点上，此杂志出自多人之手的诸多相关文章，其口径之一致，简直就像当初梁启超一人撰写的大量论辩性文章一样，由此也可见此杂志的择文倾向之突出、标准之严格。再作进一步分析，还可以发现，论战期间的社会改良论与社会革命论之争，并非完全以西方纯粹的社会主义学说或马克思学说作为其理论依据，而是结合中国自己的实际，在参照西方舶来学说的基础上，以加工过或改造了的理论作为立论的根据，尤以孙中山一派独创的社会革命理论或民生主义学说为其典范。在这一前提下，持社会改良论的梁启超一方，因以孙中山一派的社会革命论作为靶子，而后者自创的社会革命论又难免其时代局限性，所以，这两种观点的论争，既有针锋相对之处，也有不少模棱两可的地方。而《东方杂志》的此类文章，则基本上全以西方学说为根据，其所坚持的社会政策论如此，其所反对或曲解的社会主义论亦如此。这表明，此杂志的主持者秉承梁启超一派的社会改良主张的同时，一方面，在更多的国外社会主义学说不断输入的背景下，刻意选择和突出那些有利于自己的观点以为我用；另一方面，将注意力更多地集中于对国外文献的筛选，忽略了对于中国实际情况的分析。换句话说，《东方杂志》所奉行的社会改良路线，纯然在国外文献里转圈子，坐而论道，脱离了中国实际。

其次，《东方杂志》评介马克思与社会主义学说的基本政治倾向，从国外看，与导致第二国际破产的社会思潮，遥相呼应。自西方社会主义学说传入中国以来，中国的社会改良主张，就与西方社会主义阵营内部或反社会主义阵营中的社会改良思潮，有着千丝万缕的关系。梁启超可算是一个代表，《东方杂志》则把这一关系体现得更加清晰。钱智修和欧阳溥存等人的文章，已可以看出他们推崇改良式的社会政策而摒弃所谓激进的马克思学说与社会主义学说的观点，几乎都是取自国外的思想资料。更值得注意的是，在《东方杂志》上，这一时期刊载了不少第二国际后期有关各国社会党和工人运动情况的评介文章。这些文章从积极的方面看，它们为国人比较及时地跟踪了解国外社会主义运动的发展状况，特别是在马克思和恩格斯去世以后社会主义学说的发展、沿革和变化，提供了几乎与国外报道同步的史实资料。同时，从消极的方面看，由于受杂志主持者自身思想倾向的支配，这些文章或译文的大多数，是在宣扬或导向第二国际后期修正主义和机会主义的倾向。对于这种倾向的表达，在那些文章中主要通过两条线索加以显示。一条线索是介绍和渲染欧洲社会党走上了一条与极端马克思派不同的和平议会斗争的道路，其理论代表是“修正派”学说的出现；沿着这条道路，特别是一次大战爆发后，各国社会党纷纷抛弃“非战”即反战的国际主义原则，在爱国主义的旗帜下与本国资产阶级政府站在了一起，从而也宣告了第二国际的破产。另一条线索是介绍和渲染国际工人运动中以无政府为其标帜的工团主义道路，或以调和资本与劳动二者利益为其职志的劳动者独立自助亦即劳动组合的道路。在前一线索里，作者表达的是肯定修正派对于激进派的“善导”或“匡导”作用；在后一线索里，作者表达的是对于工人运动中这一“可惊可喜”现象的赞叹，自信从中找到了用来抵制过激社会主义思想的和平稳健方式。这两条线索，是一个缩影，反映了国际风云的变幻对于国内思想界的刺激和影响。这也意味着国内思想界对于世界动向，这里主要指西方社会主义学说和马克思学说的发展动向，原来那种比较封闭和隔膜的状况，逐渐被打破，国人中的敏感者日益关注即时发展着的国际动态，并随时通过国内媒体加以介绍和传播。就《东方杂志》的上述载文而言，这种关注正逢国际上修正主义和机会主义思潮鼓噪而起，因而为国内社会改良派排斥或修正马克思学说和社会主义学说，提供了新的国际版本；同时也为他们继承和张扬梁启超以来的改良路线，增添了新的国际范例。自1913年以后的若干年内，国内社会改良派的活跃和得势，以及以孙中山为代表的社会革命派在思想舆论界的又一次相对沉寂，似乎也可以从这一国际背景中得到某些说明。国内思想界与国际思想界从最初的陌生隔阂、到相互沟通、再到形成比较密切的联系，这是近代中国思想界的动态演进过程。用这一动态观点观察马克思学说和社会主义学说在中国的传播过程，更是意味深长。它不止解释了这一时期《东方杂志》载文中颇为盛行社会改良观点的国际舆论环境及其渊源，而且预示不久的将来，随着1917年十月革命一声炮响，将同样通过这一国际沟通渠道，向中国传入先进的马克思列宁主义的必然性。

最后，《东方杂志》对于马克思及其经济学说的评介，存在明显的偏见和缺陷。囿于基本的社会改良倾向，《东方杂志》决不会对在它看来属于极端的或采取急激革命方法的马克思派给予肯定的评介，而且很难保持一种客观的立场，往往落入偏狭之中。比如，它屡屡刊载有关马克思学说的评论之作，却从未转载或翻译马克思原作，使人很难从其本来的理论体系中去理解马克思学说，只能受制于支离零星的批评或曲解之辞；它即便转译个别有价值的马克思主义论著如幸德秋水的《社会主义神髓》，也使之变了味，通过译者的按语刻意引导读者注意其著作里可能包含着“贻危险于社会”的内容；它推崇那些批评马克思经济学说的论作如晓洲的《挽近社会主义之派别与宗旨》，不论此作的批评论据之肤浅错讹，只须得出马克思学说既无科学价值又与事实背驰的结论，便可刊用。至于它登载的不少评介第二国际后期各国社会党情况的文章或译文，其中涉及马克思及其学说者，亦有两种动向，一则淡化马克思及其学说在社会主义运动中的地位，仅视之为一个流派，似乎已不大适应运动的发展而趋于落伍；二则突出修正派的地位，至少将修正派放到与马克思派并列的地位，而且倾向于以前者取代后者。看来，《东方杂志》主持者关于马克思经济学说的知识，本来就不甚了了，即便有所接触，也是隔靴搔痒，加之受自身政治倾向的驱使，又急于否定与己见相左的马克思学说，在这一偏见的支配下，必然会造成其杂志所载评介马克思经济学说的各种文章，存在诸多缺陷。附带指出，当《东方杂志》载文津津乐道第二国际后期各国社会党中出现修正主义和机会主义的转变时，国际上反对此二主义的马克思主义者仍在坚持斗争，特别是产生了以列宁为代表的新的马克思主义力量。对此，《东方杂志》载文里，似乎也有所涉猎，如介绍社会党内对于一次大战的"非战"观点，但未提到列宁坚持马克思主义的立场观点及其所领导的布尔什维克党。在本时期内，从目前掌握的资料看，似乎各种中文杂志都未曾提到列宁。本来《东方杂志》颇有可能透露有关列宁的信息，它曾论及俄罗斯社会党亦即布尔什维克党的五位党员代表因反战而遭流放的内容，大概由于一叶障目，它所感兴趣的只是国际工人和社会主义运动中背离马克思主义的那些变化，对当时继承并发展马克思主义的列宁思想，不感兴趣，即便有所听闻，亦无动于衷。其结果，列宁及其学说在中国的传播，要等到1917年十月革命之后。

第三节 师复等人关于马克思经济学说的评介

师复是本时期国内无政府主义思潮的另一个代表人物，曾在其著述里一再提到马克思及其经济学说。我国早期无政府主义者关注马克思学说的介绍、翻译和评论，成为引入马克思经济学说的前驱者之一，这是中国近代史上一个比较独特的现象。最初以"天义派"和"新世纪派"为代表的无政府主义者，早在孙中山与梁启超两派论战末期，已开始涉足译介马克思和恩格斯的代表作，在1908年间形成一个高潮。辛亥革命后，继起的无政府主义势力仍以翻译和评介马克思学说为己任，推出一批新的成果，尤以发表在1912年《新世界》上的成果颇引人注目。这一时期，无政府主义阵营内部出现各种分歧和派别。如以江亢虎为代表的中国社会党，一度与孙中山一派结成暂时联盟，他们对于马克思学说的译介，带有借鉴参考以资实现其无政府主义目标的用意。师复一派，则将孙中山与江亢虎等人视为论敌，他们对于马克思学说的评介，意在划清自己与孙、江之说及其所依凭的马克思学说的界限。因此，特意将师复一派关于马克思经济学说的评介，与《新世界》、江亢虎等中国社会党代表的有关译介，分离开来，单列一节，另作分析。此外，其他无政府主义者或非无政府主义者关于马克思学说和社会主义学说的评介内容，也放在本节一并予以介绍。

一、师复的无政府主义观点及其对马克思经济学说的认识

师复(1884—1915)原名刘绍彬,又名刘思复[①]。早年加入同盟会,后因信奉无政府主张而脱离,1912 年 5 月成立"晦鸣学舍",同年 7 月发起组织"心社",1913 年 8 月创办《晦鸣录》周刊,未几改名《民声》,成为他生前短暂几年内集中阐发和宣传无政府主义思想的主要阵地。1914 年成立"无政府共产主义同志社",以此名义对内扩展和联络同道,对外与世界各国无政府主义组织或人士联系,俨然成为那一时期国内无政府主义运动的核心。师复恪守无政府主义思想体系,要掌握他对马克思经济学说的态度,先要对这一思想体系有所了解。

他最初从自由平等的公理出发,反对"大敌"阶级制度。他认为,"有政治则有治人者与被治者之阶级,有私产则有富人与平民之阶级"。从理论上说,"欧美之资本家,以贱值雇贫民工作,已则渔其厚利",言社会主义者不遗余力地抨击之,称之为强盗,"以其掠夺劳动家神圣之劳力所获得之结果(即资财),而以为一己之私利"。劳动者出其劳力,或治农,或治工,其结果为农产或工业品,"此农产或工业品所得之利,皆劳力之所致(其用以生产之材料机器及土地,亦皆由劳动家所制造及垦辟,资本家无丝毫之力),即应为劳动家所享受";可是,"今其利乃尽归于资本家,而劳动家则为其牛马",这是"掠夺他人劳力所获之结果"。社会分工,在大同之世,人人平等,无尊卑贵贱之分,教育平等,智识齐一,所享乐利,一切平均,此时人人执一有益于人之业,以成互相扶助之社会,这是分工之"极义",亦即"人类进化之趋点"。"今日不正当之社会",凡为人类生活所不可或缺的正当职业,必有人分任其事,然后可成社会,断不能求备于一身,此为今日之分工;那些非生活所必需的职业以及奴隶职务,或为不正当职业,或为丧失人格之人、牺牲神圣之劳力,既无益于社会,复无益于一身,必随社会进化而废灭,不能谓为分工。[②] 这是运用社会主义经济理论包括劳动价值理论来观察和分析社会中的不平等现象。他并未由此走上信奉马克思经济学说的道路,而是转向无政府主义,如引用巴枯宁的自由之说作为其理论支持。他所谓"废婚姻主义",以"女子之经济不能独立",导致女子隶属于男子并为男子所私有,"于经济界不能与男子平等",提倡废婚主义以唤起一般女子的自觉心,养成独立生活能力以恢复其本来之人格[③];所谓"废家族主义",以家族为"进化之障碍物",导致个人不知对社会负责任而惟私于家族,无人无

---

① 亦有人以刘师复称之,他本人从无政府主义的废家族信念出发,废去姓氏,以师复自称。

② 师复:《不用仆役不乘轿及人力车与平等主义》(1912 年 5 月),转引自高军等主编《无政府主义在中国》,湖南人民出版社 1984 年版,第 226—228 页。

③ 师复:《废婚姻主义》(1912 年 5 月),转引自同上书,第 229—234 页。

日不以私产为念而造成今日贫富悬绝黑暗悲惨之社会，青年男女皆卑屈服从于家族、缺乏独立人格而成为专制政权之胚胎，提倡家族革命，直接从事“尚真理以去迷信”的思想革命，间接从事“求自立以去强权”的经济革命[①]；等等，这些都是他重视社会经济问题，却沿着无政府主义道路越走越远的明证。

他目睹社会苦难，试图为社会底层的平民呼吁，《晦鸣录》发刊词曾自喻为“平民之声”即代表平民言论之机关，也为后来改名《民声》作了铺垫。他认为，如今天下平民的生活幸福被强权剥夺，自陷于痛苦秽辱之中，其原因在于“社会组织之不善”，欲救其弊，“必从根本上实行世界革命，破除现社会一切强权，而改造正当真理之新社会以代之”。其改造之纲要有共产主义、反对军国主义、工团主义、反对宗教主义、反对家族主义、素食主义、语言统一、万国大同等。[②] 此纲要内容，与以往的无政府主义宣言大同小异，其中工团主义一项似参考欧洲工人运动之动向，如谓，欧洲的总同盟罢工乃“社会革命惟一之利器，而无政府党所视为神圣之事业者”[③]。相比起来，关键性内容在于对共产主义的理解。这里的共产主义，其前提是无政府。

如其《无政府浅说》一文[④]，根据“近世无政府大家克鲁泡特金之说”，把政府执行法律，看作“不过集录社会固有之习惯而已”，只要敬守习惯，不必有政府。因“政府之无用而厌恶之”，故“无政府主义之发明，既如旭日当空，无政府之世界，不难实现者”。按照“正当之道理”，生产人们衣食住所依赖的物产方面，“凡能出力以致此生产者，当然能满足其生活之欲望”，可是事实并非如此，在“社会之私产制度”下，“有金钱者斯得最高之生活，而不必为出力生产之人”，于是造成“今日悲惨黑暗罪恶危险之社会”。无政府的宗旨，“剷灭私产制度，实行共产主义，人人各尽所能，各取所需”，如此，“贫富之阶级既平，金钱之竞争自绝”，自会呈现“生活平等，工作自由，争夺之社会一变而为协爱”景象。此其一。其二，“若万恶之政府既去，人类道德必立时归于纯美，不必俟久远高深之教育”。今世的不道德行为起源于贫，“人之有贫，由于富人之垄断财产，富人之所以能垄断世界公有之财产而贫民莫敢谁何者，以有政府法律为之保护”，所以，“若无政府，则私产制度同时废绝，世界之产物，世界之人共作之共用之，既无贫富之阶级，强盗劫掠之事自然绝迹于世”。将来的无政府之世，“无私产，无家族，社会为个人之直接团体，个人为社会之单纯分子，人人各为

① 师复:《废家族主义》(1912 年 5 月)，转引自高军等主编《无政府主义在中国》，湖南人民出版社 1984 年版，第 234－240 页。

② 师复:《〈晦鸣录〉编辑绪言》，《晦鸣录》第 1 期(1913 年 8 月 20 日)，转引自同上书，第 269－270 页。

③ 师复:《政治之战斗》，《晦鸣录》第 1 期，转引自同上书，第 278 页。

④ 以下引文凡出自此文者，均见师复:《无政府浅说》，《晦鸣录》第 1 期，转引自同上书，第 270－276 页。

社会尽力工作,所获得之幸福(即以工作而得之衣食住交通等)已与人共享之,所作所为无一非为己,亦无一非为人,此时既无公私之可言,即私利亦无非公益,则不谋私利之公德,又自然人人皆备"。可见,无政府可用来"改革此恶劣之社会,而铲灭今日所谓罪恶,所谓不道德之根苗者"。将"无政府之真理"传达给愚民,是"先觉者之责任",其中"最要之道德格言不外'各尽所能,各取所需'二语"。今日教育不能普及,由于"经济之不平等",也由于"政府之保护私产",故有政府之世断无教育普及之理。其三,今人好逸恶劳,亦由于"私产制度阶之厉"。"私有财产之制既行,贫富之悬隔日甚,金钱之势力日大,富者驱策贫民如牛马",使得社会人类生活不可一日缺少的农工等劳动,富者皆不必自作,惟由贫者独任之,"富者逸而荣,贫者劳而辱",造成社会上的好逸恶劳、好富恶贫心理。所以,"无政府必反对私产,同时以共产主义代之"。"私产既废"的共产社会,人皆躬亲力役,人人平等,无有富贵尊卑之别,自然无视工作为贱役之理;人人各执一业,合之而成协助之社会,愈勤劳生产愈丰,社会幸福愈大,亦即一己幸福愈大,自然也不会有人好逸恶劳。此时"人人皆从事于人生正当之工作,其时物产之膨胀,必不可思议"。将来每人每日作工二小时已足供社会之所需,"劳动之苦恼"将彻底消失。其四,实行共产后,教育平等,人人皆有科学知识从事于发明,不像"今人困于私产制度之下",为竞争私利进行科学发明,且为少数人专有之事,"思为社会谋幸福",更有利于社会进化。以上各点证明,"无政府主义不但理论上正确,且必可以实行"。此文针对世人对无政府之说持疑问者,为解其惑,阐发了无政府与取代私产制度的共产主义之间的紧密联系。

有时,他以社会主义与共产主义通用,如谓"社会主义排斥一切总统,一切政府"①,但标准的提法为"无政府共产主义",并为此著文专门作名词解释②。他说,"提倡一种主义欲以号召天下",必须有"正确之定名",以示根本之主张,统一学者之观听。"无政府"和"共产"名词系华文新产物,舶来自东亚日本,其主义在日本尚如襁褓时代之婴儿,因而不解其说者、恶其名骇俗者或饰以离奇可笑代名词者甚多,须加以正名。根据"最近无政府主义之大师克鲁泡特金"的解释,"无政府者,无强权也","政府实为强权之巨擘,亦为强权之渊薮",无政府的要义是"反对强权政府"。同时,"强权之为害于社会最显而最大者即为资本制度",无政府主义首先予以反对,"凡无政府党必同时主张社会主义"。社会主义乃"主张以生产之机关(即土地器械等)及其产物属之社会之学说",又分为"共产社会主义"与"集产社会主义"两大派。共产主义主张"以生产机

① 师复:《政治之战斗》,《晦鸣录》第1期,转引自葛懋春、蒋俊、李兴芝编《无政府主义思想资料选》上册,北京大学出版社1984年版,第278页。

② 师复:《无政府共产主义释名》,《民声》第5号(1914年4月11日),转引自同上书,第279—283页。

关及其产物全属之公共，人人各尽其所能，各取其所需”；集产主义主张“以日用之物（如衣食房屋之类）属之私有，生产之物（如机械土地之类）属之公有（或国家）”。此外还有“独产主义”。无政府党主张共产主义，集产主义为社会民主党即俗称国家社会党或简称社会党所主张，独产主义为独产党所主张，二者皆为无政府党所不取。无政府党即“无政府共产党”，其主义为“无政府共产主义”或简称无政府主义。按照这一解释，须辨正各种代名词。一如称无政府主义为社会主义，不知社会主义就经济而言，无政府主义就政治而言，不应混为一物。“无政府党未有不主张社会主义者，故无政府主义可以兼赅社会主义，社会党则多数不主张无政府主义者，故社会主义不能代表无政府主义”。社会主义一语，“近世已习用为集产社会主义之简称，尤与无政府党所主张相抵触”。二如称“极端社会主义”，不知社会主义只可分为共产、集产等派，无所谓极端不极端，强而言之，只谓“共产主义为极端，集产主义为不极端”，二者均与无政府主义无关。三如称“纯粹社会主义”，当世学者多认为它来源于圣西门派学说，其实圣西门主张土地资本等生产机关属公有，日用需要物品属私有，类似于近世之集产主义，在主张共产者看来并不纯粹，谈不上“纯粹社会主义”。近世往往误会纯粹社会主义为完全社会主义，或以为无政府主义之代名，此乃不察之甚。四如易其名曰“无治主义”，义无定释，或误以为反对政治。无政府主义，“在习惯上已足包举社会主义之意”，无治被认为“破坏政治”，此“与社会主义之意不相连属”。此外如所谓“三无主义二各学说”，即无政府、无家庭、无宗教之“三无”与各尽所能、各取所需之“二各”，将“堂堂正大之主义，饰以诡诞滑稽之名词”。无政府主义是“赅括之名”，非“偏举之名”，其字面为反政府，其含义则反对强权，“其义几无所不赅”，所谓“三无”只是部分含义，不必如此一一胪举。“二各”是共产主义的格言，执此一二精理名言以名其学说，“恐古今东西无此奇闻”。此类支离可笑之名，皆名不正而言不顺，“此后当相戒勿用”，使之绝迹。此文与前文相映成趣，从不同角度概括了师复关于无政府或无政府共产主义的基本理论观点。

为了使自己的理论观点简洁清晰，他还试图以“简明之语”、用条文形式叙述和解释何为“无政府共产党”、“无政府共产党之目的”何在等内容。所谓“无政府共产主义之最终目的”，被归纳为14个方面：一切生产要件如田地、矿山、工厂、耕具、机器等等，“悉数取还，归之社会公有，废绝财产私有权，同时废去钱币”；“一切生产要件，均为社会公物，惟生产家得自由取用之”，不必如今日之耕者受雇于地主或工人受雇于厂主；“无资本家与劳动家之阶级，人人皆当从事于劳动”，此劳动乃从事人类正当生活事业，且力所能及，自由工作，不存在强迫与限制；劳动所得之结果均为社会公物，“人人皆得自由取用之，一切幸福人人皆得共同享受之”；“无一切政府”，无论中央政府或地方政府，“凡为统治制度之机关,悉废绝之”;无军队警察与监狱;无一切法律规条;自由组织公会以改良工作及整理生产,公会组织无管理他人之权,亦无章程规则限制个人自由;废除婚姻制度,男女自由结合,生育及子女保养由“公共产育院”和“公共养育院”负责;儿童皆入学受教育,男女皆获得最高等学问;退休后进“公共养老院”,人有废疾及患病者由“公共病院”调治;“废去一切宗教及一切信条”,道德上人人自由,无义务与制裁,自由发展互助之类的天然道德;每人每日劳动约2—4小时,其余时间自由研究科学及陶冶于美术技艺,以助社会进化和个人体力脑力的发达;推行“万国公语”,渐废各国语言文字,远近东西全无界限。实现以上目的,应当循序采用的手段包括:通过媒体、演说和学校向一般平民传播其“主义之光明,学理之圆满,以及将来组织之美善”;兼用抗税、抗兵、罢工、罢市等抵抗手段,或暗杀暴动等扰动手段,既反抗强权,伸张公理,又激动风潮,遍传遐迩;实行“平民大革命”,众人起事“推翻政府及资本家,而改造正当之社会”;实行“世界大革命”,将来时机成熟,以欧洲为起点,由一国先举或数国合举起事,工党罢工,军队倒戈,使欧洲政府次第倒毙,中国更要急起直追,以免成为世界进化之大梗。达到此境界,存在两种主要疑虑,一则“欲实现无政府共产之社会,须先传播吾人主义,要求平民多数之赞成”。对此,无政府的道德,并非高深难行,不外“劳动”与“互助”二者,皆人类的天然本能,只要摈除少数人的强权之患,这一天然美德必能随社会改善而得到自由发展。二则“凡是不合天然之公理者其传播难,合于天然公理者其传播自易”。对此,如今无政府共产主义,“实人人良心上所同具之公理”,自其出世和传播以来,不过数十年,在欧洲各国已异常发达,近十年间,其进步更是一日千里,工党脑中“皆已深印社会主义无政府主义之义理”,显出“无政府实行之朕兆”。由此预期此主义在中国的传播,如群策群力,必为吾人所亲见,决非不可实现之理想。[①] 经过这一简化处理,他的无政府主义理论,更为明确醒目,也更适于宣讲传播。

基于以上理论要点,他向国内外宣扬和拓展其无政府共产主义主张,可谓费尽心机。一是积极与国际上的无政府党联络沟通。他曾专门致信1914年召开的“无政府党万国大会”,呼吁关注无政府党在东亚的实况,借机陈述中国无政府党的短期历史、他本人的主张及对大会的意见。根据他的陈述,从历史上看,辛亥革命之前,中国革命党人因言论行动自由受到绝对限制,多避居西方各国和日本,“得吸收各国社会主义无政府主义之思想,而转贩于国人”。1907年6月21日以李石曾为主笔、创办于巴黎的“华文无政府七日报”《新世纪》,“是为吾党第一之言论机关”。同年张继、刘师培等人在东京发起“社会主

① 以上引文均见师复:《无政府共产党之目的与手段》,《民声》第19号(1914年7月18日),转引自高军等主编《无政府主义在中国》,湖南人民出版社1984年版,第273—277页。

义讲习会”，与日本党人幸德之辈交游，“不但研究社会主义，实研究无政府主义”；次年刘氏密刊《衡报》，“鼓吹无政府主义”。张、刘二人以著名革命党身份提倡此道，中国留日学生对于社会主义无政府主义诸名词耳熟能详。惜乎当时留学生关注种族革命政治革命，对于社会革命的义理不免冷淡。未几刘师培返国，张继赴巴黎，“东京社会主义之声响阒然沉寂，而巴黎之《新世纪》遂为独一之机关”。《新世纪》继续出版 3 年，翻译克鲁泡特金等人著述，虽不能输入内地，却传播了“中国无政府主义之种子”。此报 1910 年四五月间停刊，李石曾仍居巴黎潜心译著，“欲以科学教育灌输无政府主义”，欧洲的中国留学生感受其思想者殊众。1911 年 10 月革命后，江亢虎在上海发起“中国社会党”，自称无政府社会主义却批评无政府。1912 年 5 月，晦鸣学舍发起于广州，“是为中国内地传播无政府主义之第一团体”，乃数年前《新世纪》播下的种子，经灌溉而培植成。它介绍其学说于内地，“一时风气颇为之披靡，凡一般研究社会主义者，皆知无政府社会主义之完善，且知国家社会主义之无用”。1912 年 10 月中国社会党召开大会，内部分裂为“无治党”与“民主党”两派，后另组“社会党”，此党思想及其组织与本人见解微有出入，可谓“昙花一现之无政府的社会党”。其发起仅一月，即为袁世凯政权所禁止。1913 年夏中国社会党又遭解散。此时全国硕果仅存广州之晦鸣学舍，“风雨飘摇，传播事业仍孜孜不已”，8 月 28 日，其机关报《民声》“乘南北战争风潮最烈之时而出世，直接鼓吹无政府主义”。仅出二期即被禁止，晦鸣学舍亦被封，《民声》转移后续刊至今。最近 1、2 月间，上海同志发起“无政府共产主义同志社”，旨在传播主义，联络世界同志，鼓励内地同志，以为将来组织联合会及实行革命运动之预备。上述中国无政府党十年来的历史及现状，可见“无政府之在中国，所谓襁褓时代之婴儿耳”。在他看来，无政府党在中国，“有较欧美为易者，亦有较欧美为难者”。其易者有二，一则中国的无政府同志，“几皆主张共产主义，而无主张个人主义(亦译独产主义)者，思想既一致，门户之见自泯”；二则“中国向无社会民主党，亦无人倡集产主义之学说”，即使有此说，也信者绝稀，不足为大梗。其难者亦有二，一则中国工人知识极低，绝无社会的及政治的思想，“欲激发之使能抵抗资本家，颇非易事”；二则中国政府嫉视无政府党，严禁其书报和阅读，“因之传播事业异常棘手”。对此，他表示“绝不畏其难，抱至死不挠之精神，竭尽能力，以与境遇战斗，非至达吾目的不止”。此外，他还向大会提议组织万国机关、注意东亚之传播、联络工团党一致行动、实行万国总罢工、采用世界语等，并致以“无政府万岁”的祝词。[①] 通过这一信函，对中国无政府主义的

---

① 师复：《致无政府党万国大会书》，《民声》第 16 号(1914 年 6 月 27 日)，转引自葛懋春、蒋俊、李兴芝编《无政府主义思想资料选》上册，北京大学出版社 1984 年版，第 299－304 页。

早期发展历史,可以有脉络清晰的了解。其中也透露出师复渲染其自身判断力与影响力,以期引起国际无政府党重视的意图。他诉诸国际无政府党,特别提到激发中国工人以抵抗资本家。当时我国革命党人谈到国内问题时,较少触及工人问题,更谈不上宣传和组织工人反抗资本家,往往把工人与资本家之间的对立看作西方发达国家才有的社会现象,似与刚从专制君主统治中脱胎出来的贫弱中国无涉。此前孙中山 1905 年访问比利时的第二国际书记处时,曾罕见地大谈中国工人问题。师复的分析,与此有些类似,不知他的这一分析,究竟是为了迎合欧美国家无政府党的宗旨,还是确实把解决中国工人与资本家之间的矛盾斗争,提上了自己的无政府主义目标议程①。

二是试图为组织国内无政府主义团体奠立共同的思想理论基础。在他的影响下,"无政府共产主义同志社"于 1914 年 7 月在上海成立,为了表明参加者志同道合,他曾撰写宣言书,公示于众。其主旨:无政府共产主义主张"灭除资本制度,改造共产社会,且不用政府统治",以"求经济上及政治上之绝对自由"。此主旨可分述如下:一则资本制度乃"平民第一之仇敌,而社会罪恶之源泉"。具体言之,"土地、资本、器械均操之不劳动之地主资本家之手,吾平民为服奴隶之工役,所生产之大利,悉入少数不劳动者之囊橐,而劳动以致此生产者反疾苦穷愁,不聊其生",所以说,"社会一切之罪恶匪不由是而起"。吾党发誓歼灭此巨恶,"废除财产私有权,凡一切生产机关,今日操之少数人之手者(土地工厂及一切制造生产之器械等等),悉数取回,归之社会公有,本各尽所能各取所需之义,组织自由共产之社会,无男无女,人人各视其力之所能,从事于劳动,劳动所得之结果(衣食房屋及一切生产),劳动者自由取用之,而无所限制"。二则政府名为治民,"实即侵夺吾民之自由,吾平民之蟊贼"。吾人有自由生活的权利和个人自治的本能,无需强权统治者,"政府必废",将来的社会无政府,"行无政府于共产社会,是之谓无政府共产主义"。三则无政府的要义是反对强权,"现社会凡含有强权性质之恶制度,吾党一切排斥之,扫除之",本着"自由平等博爱之真精神",达到没有地主、资本家、官吏、家长、军队、监狱、警察、法律、宗教、家庭制度等等的理想社会,那时社会"惟有自由,惟有互

① 师复曾在 1915 年 5 月 5 日《民声》第 23 号上,发表《上海之罢工风潮》一文。其中谈到,上海漆业、水木业、码头堆装业等工人罢工的"如火如荼之风潮",并不意味着"劳动界之进步"或"于劳动界所处地位有所觉悟",因其仍采用"最旧之故技",遭到社会上一般人的轻视,此"实由工人知识缺乏之故"。因此,他建议"结团体,求知识",组织工团及工团联合会,以期"资本制度之死命,将由此工团操之";多设平民学校,以为工团"最要最急之事"。工团的宗旨"当以革命的工团主义为骨髓,而不可含丝毫之政治意味",以免像各国工人那样受社会民主党的煽惑;或者说,"革命的工团主义之精神","不恃政治而惟恃自己实力以灭除贫富阶级,是即用革命手段以反抗资本制度"。(以上引文均转引自葛懋春、蒋俊、李兴芝编《无政府主义思想资料选》上册,北京大学出版社 1984 年版,第 327—330 页)可见,师复关注工人罢工运动,最为关切的问题,如何将工人运动引入所谓"不可含丝毫之政治意味"或"不恃政治"的无政府主义范围。

助之大义，惟有工作之幸乐”。四则实现无政府共产的社会，“唯一手段”是革命，以直接行动方式铲除“真理之障碍物”。无政府共产主义乃“光明美善之主义，出汝等于地狱，使人正当愉快之社会者”；无政府乃“社会进化必至之境，近世纪科学之发明，与夫进化之趋势皆宛与无政府之哲理相吻合”，是可以实现的“理想世界”；无政府的社会乃“人人自由，人人自治，以独立之精神，行互助之大道，其组织之美善，必远胜于政府之代谋，故不必虑无政府即秩序扰乱”；无政府党万国联合包括各国而非仅一国，不必多虑“中国无政府他国必来干涉之说”；反对资本制度乃“主张废除资本私有，非但反对大资本家而止”，所以，“中国尚无大资本家，社会革命非所急务之说，亦不足以阻吾人之前进”；人类的罪恶“实生于社会制度之不良”，改造现行社会组织，“即所以灭除人类罪恶之根苗，改造社会，同时即改造个人，故人类道德不良不可无政府之说亦无由成立”。总之，“无政府共产乃人类天然生活之本则，社会进化之要道，亦为二十世纪不可避之趋势”。根据以上理由，他认为，无政府共产的实行，有赖于吾党的实力，而增进其实力，“今日惟一之要务”，就是联合全体宗旨相同者，创设自由集合之团体，作为传播主义联络同志之机关，“务使散在各地之同志，精神上皆联为一体，实际上皆一致进行”，同志社可以作为将来组织“支那无政府党联合会”之预备，并承担与世界各国同党的团体或个人进行国际联系的交通机关云云。[①] 国人早期成立无政府主义团体，无一例外，遵奉某种无政府信条作为其理论支撑，但像师复这样以宣言书形式，基于无政府主义理论，向所谓“支那之平民”、“支那之同志”及“世界各国之同志”公布其宣言，表达其信仰，却很少见。

三是努力吸收国外无政府主义理论以转贩和滋养国人。师复向国人传播无政府主义思想，其理论原料取自国外货色，一些内容经过自己的加工整理而成。他孜孜于将国外货色以翻译或译述的形式，原汁原味地转达给国人。例如，他译述《共产主义之原则》一文[②]，宣称共产主义的“万世不易之大原则”，即“各尽所能各取所需”，其发明人系法国“有名之社会主义家”路易·勃朗。据说勃朗处于19世纪中叶法国圣西门、傅立叶等派社会主义逐渐萎靡，德国社会主义尚未勃兴之际，乃连络其间，“为社会主义吐万丈之光焰者”；其发明“各尽所能，各取所需”二语，“实为共产主义不易之原则”。接着介绍，其“有名之著作”《劳动组织》谈到，“社会主义之第一问题，即各人业务分任之方法是也”，公平确定各人业务分任的标准，“各人当视其所有能力之多寡，而定其当负义务之大小”；须确定各人取自社会的需要品，其大小多寡之标准，不同于圣

① 以上引文均见师复：《无政府共产主义同志会宣言书》，《民声》第17号（1914年7月4日），转引自葛懋春、蒋俊、李兴芝编《无政府主义思想资料选》上册，北京大学出版社1984年版，第304—306页。

② 参看师复译述：《共产主义之原则》（1914年5月），转引自《社会主义思想在中国的传播》第二辑上册，中共中央党校科研办公室，1987年，第61—63页。

西门体现“社会平等之理”的“各人所得之报酬,当视其工作之多寡以为比例”原则,发明了适合于“高尚道德之标准”的“各人随其所需,而得物产之分配”原则。后人由此获得“万万世不易之大原则”,亦即“近世共产主义金科玉律之格言”。在师复的眼里,所谓“不易之大原则”或“金科玉律之格言”,都是无政府共产主义学说的内容。他尤其推崇克鲁泡特金,认为蒲鲁东、巴枯宁“显著”无政府哲理之后,克氏主张“废除政府,实行共产,而手段则取急进,盖学者而兼实行家”,使无政府共产主义“如旭日当空,卓然成一家之言,斯诚吾党之先觉”[①]。他曾翻译克氏自述其从少年时代起即有“纯粹成为无政府党”的抱负之一节内容[②];将克氏的“无政府共产主义”学说概括为摆脱资本势力、政府和宗教三者束缚的“经济上之自由”、“政治上之自由”与“道德上之自由”[③];称克氏无政府学说依据归纳法的科学方式,以“共产无政府主义”而区别于“集产无政府主义”和“个人无政府主义”[④];等等。他还翻译俄罗斯无政府共产党第一次联合大会的文献,宣扬此会为了“创造无政府共产之社会,期吾人神圣之实现”,自创“无牧师、无皇帝、无法官、无狱吏、无治人者、无管辖者、无资本家及寄生虫之社会”;从地主资本家手里,“取回吾人所应有之产业及千百年来所被掠夺者”,“取回一切土地,一切制造厂、物产所,一切生产器械,一切消耗品,一切房屋及一切狡者之财产”,把掌握在少数资本家强盗及政府教会恶徒手里的一切,“悉数归于原主(平民)自治而自用之”;在“新地”上“创造各尽所能、各取所需之有人格的生活”[⑤]。这些译述之词,既可见师复的无政府共产主义理论之舶来源流,又可体会他在国内传播这一理论之煞费苦心。

四是竭力为无政府共产主义的传播清除思想障碍。舶来无政府主义思想在中国的传播,有适于其发育的思想土壤,亦有隔膜抵触的思想障碍。为了培育其根基,清除其障碍,在一段时间里,师复屡屡以个人书信答问形式,或解释,或剖析,或批驳,不厌其烦地阐扬和发挥其主张。其中专事批驳的部分,较为集中地涉及他对于马克思经济学说的评介,留待后面予以分析。这里仅举出他解释或剖析的一些例子。例如,致吴稚晖书中,他将无政府党人“借政治能力可以达社会主义之目的”而担任议员,视作“半面的社会主义”,“实足为社会主义之玷”,并为“主张无政府主义之人,提倡有政府之战斗”的“骇人听闻”

① 师复译述:《近世无政府党之师表》(1914 年 5 月),转引自《社会主义思想在中国的传播》第二辑上册,中共中央党校科研办公室,1987 年,第 504—505 页。

② 师复译:《克鲁泡特金自述之一节:西伯利亚之观察》(1914 年 4 月),转引自同上书,第 504 页。

③ 师复译述:《克鲁泡特金无政府共产主义之要领》(1914 年 6 月),转引自同上书,第 509 页。

④ 师复译述:《克鲁泡特金学说之特点》(1914 年 8 月),转引自同上书,第 509—511 页。

⑤ 师复译:《俄罗斯无政府共产党第一次联合大会告失败同志书》(1914 年 5 月),转引自同上书,第 505—506 页。

之说感到痛哭[①]。提倡无政府主义之人竭力排斥政治，“不应反置身于政治上之生活”。今日欧洲的社会党与无政府党，“其宗旨本非绝对反对”，二者相异之处，即社会党参与政治，“欲以议员之力达社会主义之目的”，无政府党则“排斥政治以为无济”，相率从事社会运动。“无政府主义乃世界的主义，无所谓适用于某国与不适用于某国”，无政府党提倡无政府，以为“世界无论何国，皆当无政府，非专为一国说法者”，因而也不能以“无政府主义不适用于今日之中国”作为理由。[②] 与李石曾的通信，称赞其为“中国提倡无政府主义最先之一人”，在巴黎发行《新世纪》报和《新世纪丛书》等，“鼓吹主义不遗余力，中国人略知有所谓无政府主义，实先生之力”[③]。《答悟尘》中，解释共产主义与无政府主义“明明为两种学说”，无政府主义乃“对于政治之学说”，其对于经济的意见，不限定为共产；共产主义“纯为对于经济之学说”，未表示对于政治的意见。共产主义兼无政府，谓“无政府共产主义”。此主义乃“绝对自由”或“完全自由”之主义，不同于重视繁密之组织的“集产主义”。共产主义能实行，不同于英雄革命或少数人革命的政治革命，是平民革命或大众革命的社会革命，“以平民多数已知共产主义之真理，乃同起而革命”。应摒弃“迷离扑朔，无从分辨”的“纯粹社会主义”概念，将集产主义视为“伪社会主义”，尊重克鲁泡特金关于“无政府主义，即真正社会主义”的说法，将“真正社会主义”作为无政府共产主义的“注释”，不可作为其“别名”云云。[④]《答李进雄》中，解释“各尽所能，各取所需”的实施，不足虑“徒取所需而不尽所能者”。依据克氏格言，“共产之世无私利之可谋，无金钱之可争”，可以按照人类良心的“天然之公理”或“天然之法律”，由众意将此类人摒之社会之外；共产之世，人们想到扶助，各事其事，以工作为幸乐，以无业为耻辱，“断无不尽所能而徒取所需之人”。[⑤]《答恨苍》中，解释无政府主义者所谓“急进”二字，即“激烈行动之代名词”，其作用，一方面“反抗强权，伸张公理”，一方面“鼓吹风潮，迅速传播”，在口舌笔墨之外，助之以罢工、暴动、暗杀等激烈行动，其用意“无非欲使多数人明白无政府之真理，赞成无政府之组织”，只有用急进方法，才能“较速”普及无政府思想。无政府主义“实即革命主义，断无改良变法可以达到之理”，反对“不彻底推翻现社会之组织，而以变法之手段从渐改良之”的改良派，赞成

① 师复：《致吴稚晖书》（1913年5月），转引自高军等主编《无政府主义在中国》，湖南人民出版社1984年版，第260－261页。

② 师复：《再致吴稚晖书》（1913年7月），转引自高军等主编《无政府主义在中国》，湖南人民出版社1984年版，第258－260页。

③ 《真民与师复书》“师复附识”，《民生》第6号（1914年4月），转引自葛懋春、蒋俊、李兴芝编《无政府主义思想资料选》上册，北京大学出版社1984年版，第290页。

④ 师复：《答悟尘》（1914年5月16日），转引自林代昭、潘国华编《马克思主义在中国——从影响的传入到传播》上册，清华大学出版社1983年版，第408－411页。

⑤ 师复：《答李进难》（1914年5月23日），转引自同上书，第413－414页。

"以实力推翻现社会之组织"的革命派。[①] 另一《答悟尘》中,解释科学教育及平民教育对于传播其主义的重要性,"共产主义,无政府主义,质言之,实即劳动阶级与富贵阶级战斗之主义",教育的重点应当分清"不劳动而亦能生活者"与"必赖劳动而后能生活者",其传播事业"自然不能出乎劳动阶级之范围"[②]。诸如此类的解疑释惑之答问,可谓殚精竭虑,师复乐此不疲。在他看来,决意"精确"的无政府共产主义,是"研究已熟"的选择,为之清除障碍与为之呼号相同,是一种乐趣,就像他编辑《民声》每日执笔 10 小时以上,"反不以为苦而以为乐"一样[③]。

基于以上介绍,对于师复所信奉的无政府共产主义思想体系,可以有比较全面的了解。由此出发,再看他对于马克思经济学说的认识,不难理解他与江亢虎等其他无政府主义者的不同之处。江亢虎等人谈论马克思学说,虽有分歧,侧重的是寻找共同之点以资利用;师复谈论马克思学说,即使有相似之处,侧重的是它们的歧异以予排斥。这一点,在后面介绍师复批驳江亢虎等人的辩论中,看得更加清楚。这里不妨先举一例,从中体会师复追溯无政府主义先驱,怎样从总体上来评介马克思的经济学说。

他曾译述《无政府主义之元祖》,根据最为尊崇的克氏说法,以蒲鲁东 1848 年著《革命之思想》发表无政府意见,"是为无政府学说之权舆";无政府运动始于 1869 年巴枯宁加入"万国劳动会"三年后"与马格斯派分离","是为无政府党之权舆"。所以,追溯无政府主义之元祖,"必首推蒲鲁东、巴枯宁"。蒲鲁东关于由国民银行按各人工作时间发给相当之交易卷的主张,被世人视为"集产无政府主义",此说从共产者角度看,"不能不谓为蒲氏千虑之一失",惟无政府主义初创之始,"其理想纵有不能十分圆满之点,究不足为蒲氏病"。巴枯宁作为"极端急激之无政府家",加入第一国际后,当时"德意志之马格斯派为势颇盛,马氏主张政治运动,巴氏反对之而主张革命论;马氏主张共产,巴氏反对之而主张集产主义"。屡次大会,两派争论至烈,至 1871 年伦敦代表会议,巴枯宁派拒绝大会决议,另组同盟,1872 年的海牙代表大会,"巴枯宁派遂与马格斯派完全分离"。此同盟"纯取无政府主义之组织",其发展殊盛,"是即近世无政府党发达之雏形"。对于巴枯宁的集产主义之说,师复解释说,当时的共产乃"中央集权之共产主义","巴氏之所谓集产,即今日之自由共产主义,

---

① 师复:《答恨苍》(1914 年 7 月 25 日),转引自葛懋春、蒋俊、李兴芝编《无政府主义思想资料选》上册,北京大学出版社 1984 年版,第 320—323 页。

② 师复:《答悟尘》(1914 年 7 月 25 日),转引自葛懋春、蒋俊、李兴芝编《无政府主义思想资料选》上册,北京大学出版社 1984 年版,第 324—326 页。

③ 师复:《答恨苍》(1914 年 7 月 25 日),转引自同上书,第 322 页。

质言之，马氏实主集产，巴氏实主共产”。[①]

所谓“自由共产主义”，即“无政府共产主义”，这也是师复最为钟情的学说。根据这一学说，他评判国外的社会主义或共产主义学说，可谓泾渭分明：尊敬蒲鲁东开创无政府学说之权舆的元祖地位，同时挑剔其学说仍留下“集产”痕迹之微瑕；欣赏巴枯宁一派立场，以无神论、无政府论及自由共产主义为其学说大要，主张废政府、法律及私产，土地机器及一切资本均归社会，惟工作者得而用之，实行的方法采取革命手段，然后组织公民会，经营经济及传布革命，联合各地之人以图世界革命等等；敌视马克思派主张政治运动特别是所谓中央集权之共产主义。师复主要以无政府共产主义为标尺来衡量各种学说，在他的心目中，蒲鲁东的集产无政府主义，缺憾在于其生产分配方法所主张的国民银行策不属于共产主义范畴，此弊出于无政府主义创始人，可以原谅；马克思的共产，意味着中央集权之共产主义，违反了无政府主义否定一切强权尤其中央集权的基本原则，必须加以反对；只有巴枯宁的集产主义实即自由共产主义，才符合无政府主义学说的内在要求。我国早期无政府主义者讲述其历史渊源，往往论及第一国际内巴枯宁派与马克思派的斗争及分裂经历，师复的译述也不例外，他不同于别人泛泛提及这段历史，专门注明这一斗争中，巴枯宁针对马克思的共产主张而提出其集产之说，从无政府主义的观点看，二者正好相反，马克思主张的是集产即中央集权之共产主义，巴枯宁才主张共产即自由共产主义之人。经过如此颠倒的处理，巴枯宁派反对马克思派，显得更加理直气壮了。由此也说明，师复译述巴枯宁派与马克思派的斗争历史，具有更加鲜明的倾向性，不像本时期有些无政府主义者那样，为巴枯宁派辩护的同时还时常将马克思学说引为同道，更突出地将马克思学说置于对立的地位。

二、师复关于社会主义和马克思经济学说的驳论

师复阐释和传播其无政府共产主义学说，采取各种方式进行多方位的宣传和拓展，想方设法排除人们的思想障碍。在他的眼里，最大的思想障碍，恐怕来自孙中山和江亢虎所主张的社会主义及其对于马克思经济学说的理解。当时孙中山与江亢虎两派的暂时结盟，其影响之大，在社会主义思想传播领域，一度几占压倒优势。他们对于马克思经济学说的认识，在国内思想界也起着引领思潮的先行作用。对此，师复囿于其理念，即便不是格格不入，也难以容忍。他接连抛出多篇文章，矛头直指孙中山和江亢虎，主要批驳他们的社会

① 以上引文均见师复译述：《无政府主义之元祖》（1914 年 6 月），转引自《社会主义思想在中国的传播》第二辑上册，中共中央党校科研办公室，1987 年，第 506－508 页。

主义主张以及作为其理论依据的马克思经济学说，尤其对自称信奉无政府主义的江亢虎之反复无常和背信弃义，大加挞伐。

(一)《孙逸仙江亢虎之社会主义》[①]

在师复的批驳文章中，这是颇具代表性的一篇。他承认，“今日一般人之心目中，以为中国言社会主义者有二人焉，即孙逸仙与江亢虎是也”。有感于二人“有志提倡”社会主义，又对他们提倡的是否“真正的社会主义”，表示怀疑。在他看来，近世学子，耳食者众，崇拜他们作为总统和社会党领袖，“不暇论列是非，辄盲信为社会主义之真相，其结果有反足为社会主义之大障者”。为了清除此“大障”，他先阐明自己对于社会主义定义及其派别的理解。

他认为，社会主义反对私有财产，主张土地器械等生产机关及其衣食房屋等产物归社会共有。其理由，作为人类生活的依赖和来源，“土地为天然之物，非个人所能私有，器械亦由人工造成，人工则为劳动者之所出”，按照“正理”，“凡劳动者当得衣食住”。现在的“资本制度之社会”，地主占据土地，资本家独有工厂器械，大多数平民服役于此二者，为其生产各物，“大部分利益均为地主与资本家所掠夺”，劳动者仅得微薄工资，终岁勤动，不足以赡其生，地主与资本家却深居大厦，坐享最高幸福，“其不平孰甚于斯”。救治这一弊端，“惟有由地主资本家之手，取回其土地器械，归之公共，由劳动者自作之自用之，人人共同工作，人人共同生活，夫然后谓之平”。这是“社会主义之原理”。社会主义主张“以生产机关属之公有”，谈论社会主义者公认之，“无有异辞”。惟对于“生产物之分配方法”，言人人殊，在社会主义中产生种种流派，主要分为“共产社会主义”与“集产社会主义”两派。共产社会主义主张“以生产机关及其所生产之物全属之社会，人人各尽所能以工作，各取所需以享用之”；集产社会主义主张“生产机关属之公共，其所生产之物则由社会或国家处理而分配之”，其分配方法不外视各人工作之多寡，付给不同报酬，各人所得报酬，为个人私有物。两派主张不同，其共同点是，实现其主义，“必须从根本推翻现社会之组织，由资本家之手取回生产机关”。二者之优劣，当世已有“定评”：社会相对于个人而言，既是社会主义，则“凡社会之物，皆当属之公有，而不能复容个人之私有权”。如今集产主义以衣食房屋之类属于私有，还保有个人私产，“根本上已背乎社会主义之定义”。集产主义主张按各人劳动之多寡而异其酬给，如此则强有力者将享有最高幸福，能力薄弱者将不足以赡其生，因生理差别导致结果的不幸和幸福的不均等，所以说“集产主义为不完全之社会主义”。所谓社会政策，其意“不欲从根本推翻现社会之组织，惟欲借政府之力，施行各种政策，以

① 以下引文凡出于此文者，均见师复：《孙逸仙江亢虎之社会主义》(1914 年 4 月 18 日)，转引自林代昭、潘国华编《马克思主义在中国——从影响的传入到传播》，清华大学出版社 1983 年版，第 419—426 页。

补救社会之不平”，如限制资本家、保护劳动家、实行累进税及单一税、设置公共教养机关等等。此类政策，“不过在恶浊政治中自标一帜，不能名之为社会主义”。对照之下，孙氏和江氏倡导的均系社会政策，而“非社会主义”。

他分析说，孙氏本系政治革命家，“社会主义非其专治”，惟醉心于乔治的单一税学说，欲以“平均地权”纲领实施于中国，然而单一税乃社会政策，“非社会主义”。社会主义无论共产还是集产，“必须由富人之手取回一切土地器械归之公共，使社会上无复留地主与资本家之迹”，单一税只是限制大地主，略减其势力，不能使之消灭。根据“社会主义之根本理论”，土地为天然之物，本来不容许有所谓地主，更不应有所谓赋税。孙氏不但主张单一税，又自称主张集产社会主义，大谈“集产主义之元祖麦格斯之资本论”。集产主义虽非“圆满之社会主义”，却主张土地器械均归公有，绝对不容私产制度存在，孙氏既主张集产主义，应从根本上推翻一切地主及资本家，“何必有所谓单一税者以骈枝于其间”。孙氏明知此二说矛盾，才改名曰“单税社会主义”，又调和解释乔治与马克思二家之说表面上稍有不同，实则互相发明，应当并存；不知单税论乃“惮于改革，惧社会主义所倡向地主取回土地之说之不易行”，于是期望代之此法以稍煞地主势力，其实质“不敢实行社会革命”。集产主义无论其合理与否及手段如何，“终不免改革现社会之组织，取回今日地主所占之土地归之公共”，“断断不必复有事于单税”。今日孙氏同时主张集产主义与单一税制，推其原故，“实由孙氏误认社会政策为社会主义，复误认社会政策之所谓国有事业即为社会主义之资本公有，故至以麦氏资本公有亨氏土地公有相提并论”。所谓资本公有，乃“取回生产机关，操之劳动者之手，由劳动者自使用之，非如国有事业以国家为资本主，劳动者服役于国家，无异其服役于工厂主者比也”。说到这里，他专门引用一段马克思关于“资本之意义”的解释如下：

> “资本者乃货物生产之际所发生之一种社会的关系也，故生产机关苟操之直接生产者(即劳动者)之手，此时即无资本之可言，惟藉生产机关以剥夺劳动者之利益，至是始称为资本。”

这段引文引自何处，不得而知。师复据此得出这样一个结论：“社会主义之资本公有，即生产机关操之直接生产者之手之谓，使资本之势力无可表现者”。如果国有营业，“仍藉生产机关以剥夺劳动者之利益，而资本势力反益膨胀”。所以，资本“公有”与“国有”二者，在学理上相互“背驰”。孙氏认为铁道及生利事业收为国有即解决资本问题，无异于公有，“是直不知资本之意义者耳”；孙氏主张集产社会主义，就像满清政府和现政府所喧哗的铁道国有一样，“可谓为社会主义否乎”；孙氏以“纯为支支节节之社会政策”的亨氏单税论与马克思资本论并举，“尤为不伦”。在这里，师复又一次提到马克思学说，“麦氏虽但言资本公有，然土地实可包括于其中，土地亦生产机关之一，凡集产家无有不主张土地公有者也，且其所谓公有，实以土地归之直接生产者之手”。据此，单一税只从地主手中分润其税金，不能名为土地“公有”，且不能名为“国有”，只可名为政府与地主“分有”。可见，孙氏“以为能解决土地问题，是又不知所谓公有之意义”。“孙氏之所谓社会主义，只不过国有营业专征地税之两种社会政策而已，曾何社会主义之足云”。

批过孙中山，又把矛头指向江亢虎。称其观点芜杂，自相矛盾，一会儿主张共产主义，一会儿又说共产主义阻滞进化，两说极端反对，“真足以令人骇怪”。表明江氏“未尝深知共产主义之真谛”，也“未知其定义与派别”。江氏将共产主义与集产主义统统纳入共产主义之中，“以集产主义为共产主义已属可骇”；又说集产主义“与共产颇不同”，可见学派源流之“淆乱”。最近江氏在美洲演说，更将社会主义各派一例推翻，“真可称怪剧者”。江氏“实主张社会政策者，固无怪其取社会主义之各派一律推翻”，如教育平等、营业自由、财产独立、废除遗产制度等为其“最简明之主张”。这与社会主义各派的“共同之点”即反对私产制度与主张生产机关公有都不同，明明是“有私产”和“保护私产”。中国社会党仅以专征地税为党纲，未尝主张生产机关公有，“与孙氏政策如出一辙”，只不过其遗产归公一项稍异于今世资本制度。在私有前提下谈营业自由和财产独立，“今日之托辣斯大王不难复见于江氏之所谓社会主义之世，虽遗产归公，终不足以绝其垄断之欲望”。“万恶之资本家”一向以奴役操纵为乐事，其目的不仅为抚养子孙计，“自由竞争一日不绝，即资本家与贫民之阶级永无消灭之日”。可见，江氏以此言社会主义，“直南辕而北辙耳”。江氏对“社会主义之根本思想”茫然无知，却大谈社会主义，自称“社会主义特殊之主张”，其实只是“特殊之社会政策”。谈社会主义，必先承认土地器械当归公有这一“社会主义之根本共同点”。江氏所谈大抵皆为社会政策之条件，“于社会主义之根本精神相去固不可以道里计”。连圣西门学说都不能企及，不敢附和圣西门主张土地器械公有的“根本要义”，江氏虽千方百计地躲避社会政策之名，又怎么可能呢?

经过上述批驳，师复感慨道：“孙江二氏所言皆社会政策，而皆自称为社会主义，世人亦皆奉为社会主义，此真不可思议之怪事”。他认为孙、江二氏又有所不同，孙氏对于社会主义派别，“厘然能辨”；江氏忽而推崇共产主义，忽而排斥共产主义，忽而以集产主义为共产主义，忽而以遗产归公为共产之真精神，“颠倒瞀乱尤难究诘”。孙氏不讳饰其社会政策，其领导国民党亦采用社会政策之党纲，除了“混称社会政策为社会主义之一误点”外，不失为宗旨一贯；江氏明明主张社会政策，却坚称社会主义。相比之下，江氏模棱两可，饰说欺人，达于极点，“比孙氏抑尤下”。二氏“共同之谬误”，担心各尽所能各取所需的情况下，“但取所需而不尽所能”，故谓“共产主义为不可行”，这也是一般人流行的见解。对于这一问题，师复认为在《无政府浅说》里已经讲清楚了，而且此驳论"纯为研究学理"，不是故为苛求，更不是非议个人。"社会主义在中国方始萌芽，正当之书说寥若晨星"，世人往往将孙、江二氏之论视为"社会主义之模楷"。殊不知误信孙说，以国有营业单一地税为社会主义；误信江说，以遗产归公为共产之精神，以营业自由财产独立为社会主义所尚，"社会主义之真谛遂荡然无存"。如此，"实社会主义前途之大祸"。为了"发扬社会主义，保障社会主义"，所以他挺身而出，著文直言。

以上驳论，批评孙中山和江亢虎的社会主义主张，言词尖利，不留情面，充满着势不两立的火药味。其实，师复的批判理由，无非是前面反复论述过的那套无政府共产主义货色。他选择孙、江二人作为批驳的对象，一则以他们的主张有代表性，二则注意到他们联手形成某种联盟，故以发扬和保障社会主义的名义对其发起攻击，旨在抹去国人心目中以他们二人主张作为社会主义楷模的印象，其良苦用心，不言自明。他的五千言批驳之文，归结到一点，试图证明孙、江之所言，并非真正的社会主义，不可"盲信"或"误信"，否则会成为社会主义之"大障"或社会主义前途之"大祸"。师复此论，意在打假，不能全以无的放矢和耸人听闻言之，也是事出有因，有一定道理。如他批评孙中山醉心于乔治的单一税论，调和乔治学说与马克思学说进而将二者相提并论，惮惧改革现存社会组织以实行资本和土地公有的社会革命，误认国有营业和单一地税为社会主义等等，均有较强的针对性，触及孙中山民生主义学说中回避改革现实经济基础的薄弱环节及其改良倾向。师复的批驳，对于孙中山及其党派纲领尚肯定其宗旨一贯，对于江亢虎的左右摇摆和见风使舵秉性，则投以鄙夷的眼光，斥责江氏用遗产归公、营业自由、财产独立之类作冒充，使社会主义之真谛荡然无存。师复既提及江氏之说与孙氏政策如出一辙的共同之点，又注意到江氏不如孙氏的歧异之处，表明他对二人同盟的暂时性和脆弱性，也有所察觉。

此文站在无政府共产主义的立场上，批评孙中山和江亢虎提倡的，不是以生产机关属之公有的社会主义，而是不欲从根本上推翻现社会组织，只欲借政府之力施行各种政策以补救社会不平的社会政策。社会主义与社会政策之争，在那一时期关注社会主义的国人中，是一个颇为热门的话题。师复以社会政策质疑孙、江二人的社会主义，不足为奇。在社会主义思潮传入中国的早期历史过程中，打着社会主义旗号的各种学说纷至沓来，各类代表人物基于自身的立场，选择不同的学说为己所用并相互质疑，也是寻常之事。问题在于，这些选择中，哪一个较为符合中国的国情和未来发展道路。这是需要实践和历史来检验的。这里的研究，更关心的是师复的驳论里，曾提到和引用马克思经济学说，那他又是如何理解这一学说的。

师复谈及马克思经济学说之处，主要见于文中批驳孙中山学说部分。其他部分如综述社会主义定义及其派别，基本上按照他自己对于社会主义的一贯理解；又如批驳江亢虎学说，似乎不屑于旁征博引，只须揭露其前后矛盾即足以置之于死地。尽管其他部分没有直接提到马克思经济学说，但联系上下文看，能更好地把握他对于马克思经济学说的理解。

一是把马克思经济学说归入"不完全之社会主义"或"非圆满之社会主义"范畴。他的依据是，马克思的代表作《资本论》，乃"集产主义之元祖"；社会主义两大流派中，集产社会主义与共产社会主义孰优孰劣，已有定评，集产主义容许生活资料个人私有，不如共产主义决不容许任何个人的私有权之彻底，甚至从根本上违背了社会主义定义，故为"不完全之社会主义"；马克思既然主张集产主义，则其学说属于"不完全之社会主义"。同此理，集产主义又是"非圆满之社会主义"，意谓马克思学说也属于同一范畴。在他的头脑里，社会主义通常指经济学说，所谓共产或集产社会主义，主要说的也是经济上的所有权制度，所以，他谈到马克思的社会主义学说，实际上说的是马克思经济学说。他对马克思经济学说的评价，不出乎无政府共产主义的狭隘眼界，而且一以贯之。有的地方，如前述《无政府主义之元祖》一文，他作为对比，强调马克思实主集产即中央集权之共产主义，巴枯宁实主共产即自由共产主义，将褒贬取舍之意暗寓其中。在这里，他公开宣示二者的优劣高下，所谓集产主义不如共产主义，亦即马克思学说不完全、非圆满和有缺陷，不如师复所信奉的无政府共产主义学说之完全圆满。这是他对马克思经济学说的基本理解，其他理解都是受此支配或由此派生出来的。

二是用无政府观念诠释马克思经济学说。为了批驳孙中山，师复曾两次引用马克思的观点作为论据。一次解释"资本之意义"，似乎是直接引文；另一次关于资本公有与土地公有的关系，似乎是间接述义。前者说资本反映了生产过程中的社会关系，即凭借生产机关以剥夺劳动者利益的剥削关系，如果生产机关掌握在直接生产者手里，没有了这种剥削关系，也就无资本可言。由此资本的意义，引申出资本公有的意义。后者说土地作为一种生产机关，包括在马克思关于资本公有的范围内，主张资本公有也就主张土地公有。两个引述之文的具体出处，他均未交待，无从查对。他的引述并未停留在资本或资本公有的涵义上，又给予新的诠释。如强调社会主义的资本公有意味着生产机关"操之直接生产者之手"，土地公有也意味着土地"归之直接生产者之手"。按照他的理解，操归直接生产者所有，指取消诸如国有、国营、由社会或国家处理和分配之类的一切干预，完全由直接生产者个人或其联合体自由处置。显然，这已超出或篡改了马克思学说的本意，带有无政府主义的废除国家色彩。这里存在一个恐怕连他自己也未意识到的矛盾，即一边从马克思的资本公有论中得出无政府的结论，一边又指责马克思的集产主义主张由社会或国家处理和分配生产物，是不完全和非圆满的。或许，这个矛盾是无意中留下的。由此也可见，他维护无政府共产主义立场的意识之强烈，以致在批驳过程中，只要有利于此，任何矛盾都无所顾忌。

三是利用马克思经济学说作为打击其论敌的工具。师复的批驳，把孙中山和江亢虎视作"大障"或"大祸"异类，试图从社会主义阵营中清除出去。在他看来，孙、江二人不是不足论社会主义，就是未尝深知共产主义之真谛，充其量只能算作社会政策论者。由此把辩驳的阵营划分为主张社会主义一方与主张社会政策一方的对立，而不是社会主义阵营内部以马克思为代表的所谓集产社会主义一方与以无政府党为代表的所谓共产社会主义一方的对立。在这种对垒格局下，他可以把自己装扮成整个社会主义一方的代言人，包括马克思学说在内，以此身份来批驳划入另一方社会政策论阵营的孙中山与江亢虎。这也为他利用马克思经济学说作为工具打击孙中山等人，开了方便之门。以他对马克思学说的评价，并不推崇这一学说，为什么又要利用这一学说。看来只是一种论辩策略，以其之矛攻其之盾。在他的眼里，孙中山曾盛称《资本论》，俨然赞成马克思一派，只要能够证明孙中山的观点根本不同于马克思学说，便能够达到把孙中山排除出社会主义阵营的目的。根据这一策略，他强调马克思的集产社会主义虽非圆满，却与社会主义阵营内部其他各派有共同之点，如主张土地器械等均归公有，绝对不容许私产制度的存在等。对比之下，孙中山要在中国实行乔治的单一税制，将马克思的资本公有与乔治的土地公有并论，或将乔治的单税论与马克思的资本论并举，主张国有营业与专征地税等，凡此种种，不伦不类，均与马克思学理相背驰，实际上仍以国家为资本主，让劳动者服役于国家，就像服役于工厂主一样。据此，他断定孙中山之说背离了马克思的资本公有学说，算不上社会主义论者，只是一个不敢触动现行社会组织的社会政策论者。这一驳论，除去国有问题上的模糊观念，有其合理成分，特别是指摘孙中山在学理上混淆单税论与资本论，更是一针见血。但必须看到，他用马克思经济学说批驳孙中山之说，并不是尊崇马克思经济学说，只是把它当作一个权宜的辩论工具，用来封住推崇马克思《资本论》的孙中山之口。他的真实想法可以概括为：马克思学说乃不完全之社会主义，而孙中山之说连社会主义也不是。

（二）《驳江亢虎》及其他

师复的辩难对象中，着墨最多也最费心思的，是江亢虎及其中国社会党。其中原则之争，大体见于前面的分析。其他各种辩论，基本上循着其主要思路或论点作延展和发挥，其中也不乏较量正宗地位的无谓之争。对于这些辩论性文章以及江氏反驳之论，不必过多介绍，只须抓住其重点，尤其看他们如何评介马克思学说即可。

江亢虎发起成立"中国社会党"之初，师复就对其党纲与宣言的自相矛盾提出异议,认为它不过是普通政党,“殊无取名社会党之价值”。以后该党分化为主张“政府社会主义”或“国家社会主义”与主张“无政府主义”两派,江氏主张“纯粹社会主义”在不妨害国家范围内加以调和,引起师复更为激烈的批评,指斥其矛盾益甚,违背了“废除私有财产制度而以生产之机关属之社会”的社会主义定义,断言中国社会党号称数十万党员中,“深明社会主义者绝无而仅有”。① 当江氏表示不赞成无政府共产主义后,师复集中以江氏为靶子,声称社会主义在中国幼稚已甚,如果放任江氏标准的社会主义,将“贻误后学,实非浅尠”。接着揭露江氏如何从“俨然一宗旨极定之无政府共产党”,转变为“不赞成无政府主义共产主义”或“极端反对共产主义”,对其“一生言论,几乎处处矛盾”的反复无常举止,充满蔑视,必欲清除之而后快。②

其实,何止江氏领导“中国社会党”,连从中国社会党里分裂出来的主张无政府共产主义的“社会党”,师复也持有异议,认为应当名为“无政府共产党”而不是“社会党”。在他看来,命名社会党,是“误认社会主义可以包括无政府主义之故”,反映了社会主义在中国尚属极为幼稚,时人均不注意社会主义的定义及界说,好古者又“执其保存国粹崇拜祖国之陋见,取中国经籍牵合而附会之,以为社会主义本吾国所固有”,使人们对于社会主义,“愈觉迷离诞幻不可究诘”,认为社会主义包括一切近于自由平等之类的革新事业,“社会主义之真谛反因此而愈晦”,此“实社会主义在中国之不幸”。无政府党不可名为社会党,他的理由,一是“学理上之不可”。社会主义“纯为社会的学说,而非政治的学说”。其学说千流万派,核心大致离不开两个定义,主张“废除私产而以生产机关(土地器械等)属之社会公有”的“普通之定义”,与主张“废除私产而以生产机关及其所生产之物(衣食住等)全属之社会公有”的“严确之定义”二者。“无政府党”“宣言消灭治人者与被治者之阶级”,纯为政治的学说。故社会主义与无政府主义“不能和混”,无政府党也不是社会党所能包举的。二是“事实上之不可”。社会主义有共产与集产之分,近世所谓社会党或各国社会民主党,“大抵为主张集产者之通称”。主张无政府共产而又取名社会党,将无法与各国的社会党及社会民主党区别,亦易混同于江氏之中国社会党,何必取此“含糊影响”的社会党名称。他还从无政府党没有必要组织机关、制定党纲、预定建设事业、有戒约等方面,对“社会党”提出意见。③ 上述论述,不难看到师复坚持无政府主义的立场之执著,对于任何在他看来有违无政府主义原则的

① 师复:《政府与社会党》,《晦鸣录》第2期(1913年8月27日),转引自高军等主编《无政府主义在中国》,湖南人民出版社1984年版,第250—252页。

② 师复:《答李进雄》,《民声》第11号(1914年5月23日),转引自林代昭、潘国华编《马克思主义在中国——从影响的传入到传播》,清华大学出版社1983年版,第411—414页。

③ 师复:《论社会党》,《民声》第9号(1914年5月9日),转引自葛懋春、蒋俊、李兴芝编《无政府主义思想资料选》上册,北京大学出版社1984年版,第293—299页。

观点和做法，采取毫不妥协的批评态度。事实上，在其他地方，他自己也出现过类似的把无政府主义包容在社会主义之内的说法，但二者一旦发生矛盾如上所见，他所选择的，是坚持无政府主义而抛弃社会主义。

基于这一立场，他不能容忍的，还不是江亢虎的变化无常和闪烁其词，而是打着“无政府之正解”旗号发表对于无政府主义的不同意见。他指出，江氏不赞同无政府党采用强权，实则不赞同无政府党采用激烈手段或武力，与“当世之资本家及绅士常诋无政府党为暴徒”，同声相应；江氏不赞同无政府党否认机关，实则不赞同无政府党否认政府，等于背离“无政府党主张完全自由，排斥一切政府”的“无政府主义之根本思想”，也就是“不赞同无政府主义”。[①] 在这里，江氏不仅被赶出无政府主义阵营，还被视为与诋毁无政府党的资本家一伙是一丘之貉。确实，江氏对无政府党的涵义作了不少修饰，试图使之远离暴力活动，树立温和形象，保持与政府的联系，但他确实口口声声自称信奉无政府主义。师复如此绝情，不允许无政府主义问题上的任何含混与修正，断然划清与江氏的界限，除了道不同不相为谋以及争夺正统地位的因素，还与他对国际共产主义运动史上马克思一派与巴枯宁一派的对立斗争的理解，密切相关。

《驳江亢虎》一文曾回顾国际上无政府主义的发展历程，其内容与同期译述的《无政府主义之元祖》一文有些类似，更集中于论述巴枯宁与马克思的对立关系。文中说：无政府主义始于蒲鲁东，以其1848年发表无政府意见为标帜，早在巴枯宁与马克思二派分离20余年前；巴枯宁的无政府运动之活跃，也不限于“万国劳动会”，在两派未分离之前。1867年，“万国和平自由会”在瑞士新建立“和平和自由同盟”，巴枯宁在会上首先提出无政府主义，“主张废除政府以保全和平与正义”，为会议所采用，巴氏亦参加该组织。翌年又提出方案，“主张极端破坏”。此时巴氏尚未加入第一国际。1864年，第一国际在伦敦成立，“是为劳动者国际同盟成立之始”。它的宗旨在于“联合各国之劳动者，谋直接推翻资本家，取回生产机关，由劳动者自用之”。采取什么手段及何种分配制度，起初未有规定，屡次大会均未形成确定的决议，“万国劳动会乃劳动者反抗资本家之团体，其命名非社会党，其性质更与国家社会党悬殊”。据此，凡赞成劳动革命者，无论其属于何派，均可以加入。于是，“主张国家社会主义之马格斯”与“主张无政府主义共产主义之巴枯宁、克鲁泡特金”等派别，加入了第一国际。这些学派各有不同，“关于进行之手段及目的，均必有所争论”。由于这一原因，“马格斯之国家社会主义派”与“巴枯宁之无政府主义派”互相角逐，互有胜败。巴氏1869年加入第一国际，此前有自己的同盟组织，

① 师复：《江亢虎之无政府主义》，《民声》第17号（1914年7月4日），转引自葛懋春、蒋俊、李兴芝编《无政府主义思想资料选》上册，北京大学出版社1984年版，第311页。

“与马格斯派意见不合，而赞成无政府主义”。入会后巴氏势力益张，“反对马格斯派最烈”。1870 年普法战争倾覆拿破仑三世政权后，巴氏乘势运动，“欲实现其理想之无政府社会”，并以里昂为根据地，宣告废弃国家，“不幸而遭失败”。1871 年，第一国际在伦敦召开第五次代表会议，“马格斯派势力日盛”，巴氏联合其他组织，“以无政府主义为宗旨”，至 1872 年乃“与马格斯派完全分离”。师复总结这一观察：“巴氏之无政府运动，在未入劳动会以前，已明标无政府主义，固与马氏无关。即入会以后，亦时时有独立之运动，亦明揭无政府主义之名，既与劳动会不一致，更与马氏绝对不一致。是巴氏之无政府主义，与马氏之社会主义，始终绝对不相合。所谓合者，不过同在劳动会之三年中互相角逐互相争辩而已。”①

叙述这段历史，师复是要证明无政府主义有其独立的发展历史，从不苟合于社会主义，如巴枯宁派虽与马克思派同处第一国际，却始终不渝地坚持无政府主义，特立独行地反对马克思派的社会主义，直至最后分裂。这一用意，在驳斥江亢虎时，具有很强的针对性。江氏曾宣称自己闻知社会主义无政府主义以来，见个人本位与社会本位两派极端之冲突，“常妄思有以调和而折中之”，对于社会党，不赞同其趋重国家，迷信政治；对于无政府党，不赞同其采用强权或暴力，否认机关，以期在两派极端学说之间，“能调和无间折中至当”云云②。可见，处理无政府主义与社会主义的关系，师复与江亢虎二人的态度，截然不同，一个主张划清界限，一个主张调和折中。另外，师复竭力反对好古者取中国经籍牵强附会社会主义无政府主义之说，江亢虎偏偏从中国古哲学家如黄老杨墨的学说中，挖掘“个人无政府主义或共产无政府主义之思想”，并自诩“极信仰社会主义，而亦极喜研究无政府主义”，是介绍无政府主义进入中国之一人。江氏还有意识突出他与师复的区别，“未尝倡言无政治”，认为政治本来有国家政治或官治与人民政治或自治两种性质，后者“实政治万能之枢纽”，应以积极的态度对待。至于采用何种方法，他“大不赞成”无政府主义以暗杀暴动大破坏为先锋。江氏称自己的信仰为广义上“有机关非强权之无政府主义”。表面上看，江氏像师复一样，不愿混用无政府主义名词为社会主义名词，其真实意图是质疑师复：“既痛诋社会党与社会主义，又痛诋纯粹社会主义与极端社会主义之名词，而亦自称其主张者曰完全社会主义，曰真正社会主义，而反谓社会主义之原始人圣西门、卡尔·马克斯所主张者非社会主义，不太离奇乎？”说到底，江氏不想绝对划清无政府主义与社会主义的界限，只是建

---

① 师复：《驳江亢虎》(1914 年 6 月)，转引自《社会主义思想在中国的传播》，中共中央党校科研办公室，第一辑下册，1985 年，第 835—836 页；以及第二辑上册，1987 年，第 508—509 页。

② 江亢虎：《新大陆通信片宣言》(1914 年 7 月)，转引自葛懋春、蒋俊、李兴芝编《无政府主义思想资料选》上册，北京大学出版社 1984 年版，第 311—312 页。

议社会主义无政府主义既已分离，“不妨各行其是”，鉴于“两者原出一本，距离非远，同点甚多”，期望“对于外界异党，断宜互相提携，互相劝勉”，不可像师复等人，“专心致志以攻击社会党为惟一之天职”。[①] 在这里，江氏又一次露出他那副调和折中的老面孔，难怪师复揶揄他领导的中国社会党只是“国家社会主义与无政府主义之中立派”。

江亢虎反过来批评师复离奇地把社会主义创始人马克思的主张称为非社会主义，不足为训。因为师复并未否认马克思的社会主义，相反，还时常从马克思的社会主义学说里寻找某些共同点在辩论中加以利用。但是，当对象变化，不再以马克思学说为援手，而要比较马克思学说本身的优劣时，师复的无政府主义信念便膨胀起来。他一面用无政府主义的理论眼光，评价马克思学说不完全或非圆满，相比优势的无政府主义处于劣势地位；一面又回顾无政府主义的发展历史，强调以巴枯宁为代表的无政府主义学派，从不依附或服从于以马克思为代表的社会主义学派。当时国内的无政府主义阵营中，不少代表人物如“天义派”、《新世界》作者、江亢虎等人，试图凭借翻译、评介和宣传马克思学说，扩大自身的影响，师复却想通过贬低马克思学说，数落它的缺陷，抬高共产无政府主义的身价。这一做法，与其同道相比，也算别出心裁。

（三）结语

以上论述，谈及马克思及其学说之处，大致见于三篇文章，而且集中在1914年4－6月间。其中《无政府主义之元祖》一文，述说了第一国际内巴枯宁派与马克思派的斗争，并给马克思派戴上一顶主张集产主义或中央集权之共产主义的帽子。《驳江亢虎》一文，追溯了以巴枯宁为代表的无政府主义派别的发展历程，它与马克思一派的对立斗争，并给马克思派戴上另一顶主张国家社会主义的帽子。《孙逸仙江亢虎之社会主义》一文，一面评论马克思派的集产社会主义不完全和非圆满，一面又说马克思的资本公有论体现了社会主义派的共同点，与孙中山的国有营业主张在学理上相互背驰。这些强加于马克思派的概念，分散于各篇，说法有异，其意图始终如一，离不开无政府主义的废除国家宗旨。

孙中山和梁启超等人，往往把马克思学说称作国家社会主义，无政府主义一派则更为关心自身所信奉的学说与马克思学说之间的区别，常常以归属共产或集产之说作此划分。对于每个派别，这些称谓的使用，也不是从一而终，经常混用。师复的用法，便是一例。即便在无政府主义阵营内部，对于同一种用法，如所谓共产与集产的区别，也有不同的认识。如江亢虎认为，这种用法

① 江亢虎：《中国无政府主义之活动及余个人之意见》（1914年），转引自同上书，第312－314页。

是误会社会主义的根源，其原因是孙中山误用日本人的说法，再由师复确定下来，他本人也"有罪"于其间；师复无此悔意，相反，正是凭此作为鉴别无政府主义与马克思学说之差别的理论根据。无论江亢虎还是师复，解释共产与集产这对概念的来源，都引用巴枯宁派不愿因袭马克思派专用的社会主义和共产主义名词，转而采用集产主义名词以示区别的历史故事。在进一步的解释中，江氏介绍后来马克思派习用社会主义名词，不再使用共产主义名词，于是巴枯宁派又拿来共产一词，合称为无政府共产主义，这是历史形成的，不具备学术上的理论差别，亦无须从共产或集产二词的西文原义中推求索解。这是江氏认为共产或集产之说没有什么特殊意义的理由之所在。师复则反复强调马克思的共产与巴枯宁的集产有本质区别，前者意味着"中央集权之共产主义"，后者意味着"今日之自由共产主义"；根据这一解释，他把集产的帽子反扣到马克思头上，认为实质上马克思主张集产，巴枯宁主张共产。换句话说，他认为，巴枯宁先提出集产主义一说对抗马克思的共产主义学说，但巴枯宁的集产主义是自由共产主义，比起马克思的中央集权共产主义更为完全和圆满，是真正的共产主义，所以应该反过来把巴枯宁的主张称为共产主义，把马克思的主张称为集产主义。这也是师复用共产或集产之说区分巴枯宁派与马克思派的理由之所在。

巴枯宁用来对抗马克思学说的所谓集产制，究竟是什么货色。在第一国际期间，巴枯宁于 1868 年 9 月抛出"一个离奇的社会主义的纲领"[①]，自称其理论扩大和发展了蒲鲁东的无政府主义体系。其内容无非宣扬个人绝对自由，鼓吹各阶级平等；反对一切国家，否认任何权威；主张完全放弃一切政治，反对任何政治运动等等。在社会经济问题上，他主张无政府社会实行所谓的"集产制"。他在和平和自由同盟 1868 年伯尔尼代表大会上发表演说，声明自己是"集体主义者"，不是"共产主义者"，因为"共产主义将不可避免地使财产集中在国家手里"。他主张废除国家建立无政府社会后，通过自由联合自下而上地实行"集产制"，财产应属于人们自愿组成的工业和农业组合，这种组合不应受到任何自上而下的集中的权力的限制，完全自由。又认为国家法律规定的继承权是生产资料私有制存在的主要条件和造成社会不平等的基础，废除继承权，可以把财产交给社会，于是私有制将变成集产制，可以实现各阶级平等，故应以废除继承权作为社会革命的起点。[②] 这些"东一点西一点地草率拼

---

① 马克思、恩格斯：《社会主义民主同盟和国际工人协会》，《马克思恩格斯全集》第 18 卷，人民出版社 1964 年版，第 375 页。

② 巴枯宁：《在和平和自由同盟 1868 年伯尔尼代表大会上的演说》，参看北京大学国际政治系编《国际共产主义运动史》上册，商务印书馆 1970 年版，第 186 页。

凑起来的杂拌”①，暴露了“巴枯宁及其信徒在理论上的极端无知”②。但在师复那里，它们不仅成了金口玉言，甚至成了用来衡量马克思学说不完全或非圆满的重要标尺。所不同的是，师复从无政府共产主义观念出发，非要给巴枯宁的主张做一番改头换面的装扮，把巴氏的集产说成事实上的共产，把马克思的共产说成真正的集产。

其实，师复尚未明白，巴枯宁的所谓集产制，指财产归属上的集体主义，财产不受任何来自上面的集中权力的限制，属于自愿组织起来的各种自由分散经营的工业组合和农业组合，其实质与废除国家联系在一起。对此，恩格斯曾指出，巴枯宁这一“独特的理论”，即“蒲鲁东主义和共产主义的混合物”，其“最主要的东西”认为，“应当消除的主要祸害不是资本，就是说，不是由于社会发展而产生的资本家和雇佣工人的阶级对立，而是国家”。硬说国家创造了资本，资本家由于国家的恩赐才拥有自己的资本，因此必须首先废除国家，资本就会自行完蛋。马克思学说的说法恰巧相反：国家权力不过是统治阶级即地主和资本家为维护其社会特权而为自己建立的组织；废除了资本，即废除了少数人对全部生产资料的占有，国家就会自行垮台。在这里，“差别是本质性的：要废除国家而不预先实现社会变革，这是荒谬的；废除资本正是社会变革，其中包括对全部生产方式的改造”。③ 这一分析，揭露了巴枯宁所谓集产制的荒谬性。与巴枯宁“无政府主义的谬论”不同，马克思和恩格斯从1845年以来的一贯观点是：“未来无产阶级革命的最终结果之一，将是称为国家的政治组织逐步消亡和最后消失。这个组织的主要目的，从来就是依靠武装力量保证富有的少数人对劳动者多数的经济压迫。随着富有的少数人的消失，武装压迫力量或国家权力的必要性也就消失。但是同时，我们始终认为，为了达到未来社会革命的这一目的以及其他更重要得多的目的，工人阶级应当首先掌握有组织的国家政权并依靠这个政权镇压资本家阶级的反抗和按新的方式组织社会。”然而，“无政府主义者把事情颠倒过来了”。他们宣称，无产阶级革命应当从废除国家这种政治组织开始。但是，“无产阶级在取得胜利以后遇到的唯一现成的组织正是国家。这个国家可能需要作很大的改变，才能完成自己的新职能。但是在这种时刻破坏它，就是破坏胜利了的无产阶级能用来行使自己刚刚获得的政治、镇压自己的资本家敌人和实行社会经济革命的唯一机构，而不进行这种革命，整个胜利最后就一定会重归于失败，工人就会大批遭到屠

① 《马克思致弗·波尔特(1871年11月23日)》，《马克思恩格斯选集》第4卷，人民出版社1972年版，第395页。

② 《马克思致保·拉法格(1870年4月19日)》，同上书，第383页。

③ 《恩格斯致泰·库诺(1872年1月24日)》，《马克思恩格斯选集》第4卷，人民出版社1972年版，第400页。

杀，巴黎公社以后的情形就是这样”。①

于此可见，巴枯宁学说的荒谬，导致了其追随者师复之流理论上的幼稚。在师复的眼里，马克思学说属于中央集权派或国家社会主义派，不完全和非圆满，惟有巴枯宁学说否认一切权威，宣扬绝对个人自由，才是彻底的共产主义观点。殊不知，这一论调恰恰跌入了马克思和恩格斯所批判的荒谬理论的泥沼。顺便指出，师复曾指责废除遗产制度的主张是典型的社会政策观点，根本不属于社会主义范畴，那又怎么解释其祖师巴枯宁鼓吹废除继承权以为社会革命的起点这一主张。看来他只是逞一时口舌之快，并不了解这一指责把其祖师也包括在内。当然，他更不了解马克思对于巴枯宁这一主张的批评。马克思认为，“继承权的消亡将是废除生产资料私有制的社会改造的自然结果；但是废除继承权决不可能成为这种社会改造的起点”。有关继承权的一切措施，“只能适用于社会的过渡状态”，在生产资料私有制继续存在的条件下，只是工人阶级旨在最终实现社会的彻底改造的“过渡性措施”。巴枯宁的主张在理论上的错误，在于它“不把继承权看作法律后果，而把它看做现今社会组织的经济原因”；在实践上的反动，在于“承认废除继承权是社会革命的起点，只能意味着引诱工人阶级离开那实行攻击现代社会真正应持的阵地”。② 宣布废除继承权将是一种愚蠢的威胁，“这种威胁会使全体农民和整个小资产阶级团结在反动派周围”③。因此，“废除继承权不会使社会革命开始，而只会使社会革命完蛋”④。如此尖锐严厉的批判，师复当时若能获知，恐怕会左右为难。赞同这一批判，无异把自己的宗师推向对立面；反对这一批判，又无异否定了自己。这一尴尬局面，当时并未出现，所以也未妨碍师复批驳孙中山和江亢虎时，照样把他们所赞成的、亦为巴枯宁所竭力鼓吹的废除遗产制，连带批了一通。这不是玩笑，说明那一时期，马克思经济学说的若干内容开始传入中国十余年后，国人对于这一学说的认识，仍处于一种朦胧的状态。惟其如此，各种批评的论调，才有恃无恐，就像师复批评马克思学说不完全和非圆满一样。

三、其他人士关于社会主义和马克思经济学说的评介

在社会主义和马克思经济学说的介绍者方面，本章所论述的代表人物或代表著作，比较杂散，不像前一章主要集中于孙中山及其同盟者。这也从某种

① 《恩格斯致菲·范一派顿(1883 年 4 月 18 日)》，同上书，第 438 页。

② 马克思：《总委员会关于继承权的报告》，《马克思恩格斯选集》第 2 卷，人民出版社 1972 年版，第 285 页。

③ 《马克思致保·拉法格(1870 年 4 月 19 日)》，《马克思恩格斯选集》第 4 卷，人民出版社 1972 年版，第 384 页。

④ 《卡尔·马克思关于继承权的发言记录》，《马克思恩格斯全集》第 16 卷，人民出版社 1964 年版，第 652 页。

程度上,反映了社会主义思潮和马克思经济学说传入中国的趋势,不局限于少数人,而是逐渐扩散开来,更多的人参与对这一舶来学说的传输和评介。下面,再补充本时期的一些例子,以资佐证。

(一)其他无政府主义人士的评介

本时期国内的无政府主义人士,对于马克思经济学说的评介,无非两种意见。一种意见给予积极评价,并借助马克思经济学说为无政府主义观点造势;另一种意见给予消极评价,认为马克思经济学说尚不及无政府主义学说完全或圆满。两种意见,前面分析无政府主义的代表人物时,分别作过介绍。这一时期其他无政府主义人士的评介意见,大致依附于这两种意见,或偏于积极,或偏于消极,或游离于二者之间。

从理论上说,这一时期信奉无政府主义者具有一些共同特征,只在具体的表述上有所不同。其中反对政府便是一例。如安真的《政府乎？盗薮乎？》一文,宣扬追求幸福“必当求诸已,不当依诸人”,须通过“自治”或“自身”来实现,求诸政府是“养虎”“揖盗”,指望“良政府”更是“幻象”或“徒劳梦想”。因为“政府之无益于吾民”,才有“无政府主义之所由高标远播,愿得个人自治,万国大同之究竟”。无政府“特去除政府特权专制之罪恶,而易以平等亲睦之组织”。一句话,“权不在民而在官,虽在官如在盗”;自古以来如此,“政府之罪恶,果不自今日始”。政党政客乃“攘权夺利之代名词”,以权利为“群盗之目的物”,要清除政府“恶源”,“必先去政府之权利而后可”。总之,应摆脱“政府万能之迷信”,相信“个人自治之真理,苟景仰于众人,则社会万象必焕然可观”,从而实现“平民人人如政府,政府无异于平民,利禄不足以熏心,杀伐无当于声势,秽腐不生,蝇蚋绝迹”的美好景象。[①] 这样痛斥政府并憧憬无政府前景的文辞,在类似的文章里,各逞其能,俯拾皆是。

主张变更现行社会组织是另一例。如无政府刊物《良心》的发刊辞,追溯困苦生于争夺倾轧欺凌,最终起于“偏重不平等”即“幸福之分配不均”。因此,要从根源上解决问题,“非变更社会之组织,平均人类之幸福不可”。此“治本之术”,否定政府为少数人的“专有物”,政府“恒偏于富贵智强者之利益,而于贫贱愚弱者之疾苦呼吁,竟漠然如不相关”;或者说,“只以社会组织之不良,致幸福为少数富者、贵者、智者、强者所垄断,而贫者、贱者、愚者、弱者遂均陷于困苦颠连之域而不能拔”。根本的办法是变更社会组织,“使人类所受生活之度数均跻于平,各得其所,各称其心,以遂其各谋幸福之通性”。人类谋求享其幸福,“今社会组织不良,无人得享幸福者也;故变更社会之组织,实为人类谋

---

① 安真:《政府乎？盗薮乎？——良政府徒劳梦想 活地狱就在眼前》,《人道》第12期(1913年4月20日),转引自葛懋春、蒋俊、李兴芝编《无政府主义思想资料选》上册,北京大学出版社1984年版,第240—242页。

幸福之大本”。[1] 所谓变更社会组织,又往往被无政府主义者解释为生计革命或经济革命。如叔鸾探讨中国革命的本原,认为根子在民生困穷,中国革命“与其曰政治革命、种族革命,毋宁曰生计革命”。如果“不察其本”,误以为生计革命为政治革命、种族革命,就像“医者之不审病源,而妄投方剂”。既如此,“生计革命仍当于生计上整理之,不当于政治上补救之”。又说目前的“挽救之道”,“惟实行无治主义而已”,以此去除政治“恶物”。因为“无治主义者,郅治之极轨”,故“为同胞全体、为世界全体谋最大多数之最大幸福,则舍无治主义外,其道固末由”。[2] 看来,主张经济上变更社会组织与政治上实行无治主义,在无政府主义者那里,像是一对孪生子,形影不离,这也是其理论学说的核心内容。他们心目中的经济革命或生计革命,一般而言,其革命的矛头指向私有制。

如迦身的《无政府之研究》一文,解释无政府即无强权,强权主要包括军国主义、祖国主义、宗教主义、私产主义和家族主义。其中论述“反对私产主义”时,特别指出,“今日种种之罪恶,无一不从私产而来,私产乃最背于公道”。比如拥有私产的富贵者享有幸福、利益和人生之乐趣,并得到政府保护,“一手握尽工商权,呼唤大多数之平民”,其结果,“富者自肥,贫者愈困,造成今日一极不平、极纷扰、极苦恼之世界”。“私产制度,有害无利”,表现在许多方面:土地为天然之物,“乃为少数人所占据之,农民费许多心力,仅得耕种之权,而彼饱食暖衣之资本家,则坐收其利”;矿产亦天然之物,“复为少数人所占据坐收资本之营利”;机器由众人之心力制成,“乃又为资本家占去,故添一机器,虽增加生产力若干倍,而因之失业之工人往往数千,资本家坐收其利”。所以说,“民有饥色,野有饿殍,皆私产之结果”。当今条件下,“作者无财而被制,不作者有财而制人;作者苦,而不作者安乐”,这不是天地厚于富贵者而薄于贫贱者,而是“富者曾用种种强权狡计,夺土地财产为私有,因传既久,遂成习惯”,以致“私产愈增大,平民愈困苦”。如今欧美各国的平民,“因富之集中,其困苦颠连之状,触目皆是”。中国目前虽无“绝大之资本家”,但“不急抵制,将来产业制度变更,贫富愈益相悬,平民之受苦当远胜于欧美”。挽回的办法,“惟有废除私产而已”。废除私产后,土地、路矿、机器等财产,“均属之于全社会,凡有能力,均应工作,凡是人类,均能享用”。其理想方式,“组织工会、农会,分理其事,人人能劳动,即人人能生产,人人能生产,则用力少成功多,人人得有衣食住之条件”。这样,不难看到“各图公益,众济个人,无贵贱之分,无贫富之别,融融陶陶,彼此平等,民无饥色,野无饿殍”的“大同之世”。废除私产的道路,

---

① 《良心》第1期(1913年7月20日),转引自同上书,第246—249页。

② 叔鸾:《中国革命原论》,《人道》第14期(1913年5月4日、11日),转引自同上书,第242—245页。

就是“经济革命”。经济革命并非大多数人认为的那样，利于平民，不利于资本家，如此“虽益者多而害者少，然究非人道所宜”。从“人道”出发，经济革命不仅对平民有利，对资本家亦未必无益。资本家拥有大量财产，平民受其苦，其自身亦未必安乐，须防人暗算，成为金钱的奴隶，还会养成子女挥金如土的不良习惯，所以，“实行经济革命，私产罢除，既可免盗贼之抢劫，又可免子弟之不良，此资本家之受其益也，想资本家亦有预料及此者”。总之，“私产存，则资本家与平民共蒙其害；私产废，则资本家与平民共受其利”。故曰“绝对反对私产主义”，或曰“讲人道者，当以废除私产为根本要图”。文中论述反对家族主义，颇为推崇“废除遗产”，认为“遗产废，世界无不均之患，即无攘夺之事”。这一结局，与“反对私产主义，以谋共产”的经济革命，似有异曲同工之妙。①

这篇研究无政府的文章，就反对私有制而言，与其他同类文章比，有其共性。如谓私有制是造成贫富差距的根源，私有制起因于强权狡计的掠夺并导致财富集中，私有制纵容不劳而获和苦乐不均，私有制的弊端在欧美发达国家愈益明显，主张废除私有制以实现共产等等。基于这些理由，一些无政府主义者从国外的社会主义学说中，找到马克思经济学说作为理论依据；又从国内的孙中山一派那里，吸收中国目前虽无大资本家，亦须及早防范欧美私有制弊害的说法，借此建立暂时的同盟。同时，它也有其个性。如期望废除私产后的社会通过组织工会、农会分理其事，似乎沾染无政府工团主义的味道；又如宣扬废除私有制的经济革命，应利于平民亦利于资本家，才符合人道，这与论战中孙中山一派的辩护词，颇相类似；再如把废除遗产制理想化为解决世界上不均之患与攘夺之事的关键举措，这同江亢虎之流的鼓吹，若合符节；诸如此类。这篇文章发表在《良心》上，此刊的出版，是从中国社会党分离出来另组社会党的激进无政府人士，出于宣扬所谓“纯粹社会主义”、坚决反对国家与政府的动机。这篇文章主张无政府式的废除私产，比起江亢虎及其临时同盟的孙中山一派主张国有的观点，来得更为“彻底”。但是，它主张平民与资本家兼利以及推崇废除遗产制，又不及师复的否定态度之坚决，尚带有由以脱胎的中国社会党及其同盟者的主张之痕迹。由此也可以看到那一时期无政府团体在思想上和组织上的复杂性。

发表在《良心》上的文章，对待马克思学说方面，与中国社会党不同的较有代表性文章，当推侬侠的《致丁女士崇侠论无政府党与社会党派别书》②。此

---

① 迦身：《无政府之研究》，《良心》第1期(1913年7月20日)，转引自葛懋春、蒋俊、李兴芝编《无政府主义思想资料选》上册，北京大学出版社1984年版，第253－261页。

② 以下引文凡出自此文者，均见侬侠：《致丁女士崇侠论无政府党与社会党派别书》，《良心》第1期(1913年7月20日)，转引自葛懋春、蒋俊、李兴芝编《无政府主义思想资料选》上册，北京大学出版社1984年版，第262－265页。

前,《新世界》第 4 期,曾发表崇侠的《答苏部党员顾诵坤书》并附顾君原书,依侠的致书,即针对此文。依侠先肯定中国社会党"提倡社会主义甚力",《新世界》"持义尤高,发挥较畅"。接着商榷:"社会主义之与无政府主义,其主持宗旨,同为平民谋幸福,而所抱持进行方法适相反"。从历史上观察,对"无政府主义,真正的社会主义"的传统说法,"实有大相歧异者"。其历史例证是,"社会主义之源流,实宗于万国劳动大会,即无政府主义之开祖巴古宁氏,亦未尝不与社会主义巨子马格斯同派"。其后,巴枯宁认为马克思的"国家主义仍不合于真正公理",反对宗派主义、私产主义、家族主义、祖国主义及军国主义,"以此五大主义别组无政府党,始与马氏之社会主义割席"。至此以后,无政府主义虽为真正的社会主义,但"'社会主义'即不能包括无政府主义"。当时马克思的社会党主张,"以国家为主体,承认国家之存在,以国家之力,使达其主义之目的,此实宜可称之为政策上之一种",就像近来孙中山所提倡的一样。今日中国社会党党纲赞同共和,亦承认国家的存在,"与马氏之社会主义,同盟会之民生主义,本无差异,实毫无无政府的主义在"。该党若主张"国家社会主义","于论理上似不宜涉及无政府之学说";若主张"无政府社会主义",不宜附以赞同共和之党纲而以"社会党"来包括。无政府乃"极端主张自由平等,决不承认国家之存在者",不肯赞同共和之事。巴枯宁之脱离马氏社会党,幸德秋水之脱离日本社会党,"盖其二者,实极端反对者"。作者自称"最崇拜最敬爱无政府主义之一人",绝对反对混淆无政府党的性质,赞成中国社会党中"纯粹的无政府党人,当别组无政府党,名正言顺,而后足以示人以识别"。无政府党所抱宗旨,"均以个人为单位,当各就其个人能力所及以行事","将来无政府之平民革命,必起于一二国,而后各国即随之而起"。今日无政府主义以法国为最盛,预期法国无政府主义"举事之时亦不远,大同之世界或又法开其端"。在依侠一文的末尾,《良心》杂志附加编者按,认为它叙述无政府主义与社会主义的历史"最为详晰",其议论"悉中窾要";只是不同意其"社会党不能窃无政府之美名"一说。在编者看来,"虽马克司巴枯宁辈久已分道而驰,然吾人主张,固不必奉彼等为圭臬也。盖变更社会政治之组织,即为无政府;变更社会经济之组织,即为共产;至无政府与共产两主义实行,斯真成一完全之社会矣。故吾人取名社会党,而不标异名者,职是故耳"。此编者按,代表了既不同于中国社会党又不完全同于依侠的社会党的观点。

从上文可见,本时期的无政府主义团体,依照对政府或国家的观点之区别,划分为截然对立的两派,由此又决定了它们对待马克思经济学说的不同态度。其中一派认为,作为权宜手段或过渡步骤,可以先利用政府或赞同共和达到阶段性目标,为最终实现无政府理想创造条件。这一派可以江亢虎及煮尘为代表,他们的无政府主张,依侠的文章称之为与马克思的社会主义和同盟会的民生主义，“本无差异”。这里不论是否有差异，事实上他们对于宣传马克思的社会主义，采取比较积极的态度，而且与孙中山的同盟会结成暂时的联盟。另一派坚决反对以任何理由或任何形式承认国家或政府，主张立即实现无政府的要求。这一派可以师复为代表，侬侠的观点也接近于此。二人的观点在主要方面近乎一致，即便细微之处，也比较相似。如师复预料未来的平民大革命或世界大革命，应当以欧洲为起点，由一国先举或数国合举，其余各国必皆闻风响应；侬侠也相信将来无政府的平民革命势必起于一二个国家，特别是由法国开其端，带动各国随之而起。他们手中，有两个参照系。笼统谈论社会主义时，使用的是一般参照系，由此显现出无政府主义与社会主义包括马克思经济学说的某些共同特征。需要比较无政府主义与社会主义时，使用的是特殊参照系，由此显现出无政府主义压倒社会主义包括马克思经济学说的优越性，或者说，社会主义包括马克思经济学说尚不如无政府主义之完全与圆满。后面一派更强调无政府主义与社会主义特别是与马克思经济学说的差别。这一差别，按照师复的说法，马克思经济学说偏于中央集权的社会主义或集产主义，仍保留国家或政府的存在；按照侬侠的说法，更直截了当，马克思经济学说“以国家为主体，承认国家之存在，以国家之力，使达其主义之目的”。他们认为马克思经济学说存在这些不完全或非圆满之处，因而从未对宣传马克思经济学说，发生过任何兴趣。无论师复还是侬侠，他们热衷于谈论历史上巴枯宁与马克思二派的分歧乃至分裂事件，只是为了证明以巴枯宁为代表的国际无政府主义势力，从未依附于马克思的社会主义，更加符合所谓“真正公理”。

从中国社会党分离出来的社会党，按理说也应归入师复或侬侠一派。大概由于他们选择“社会党”这一冠名，既受到师复的公开批评，又遭遇侬侠的隐晦责难，被认为不够彻底，所以，他们借编者按表明自己的心迹：一则马克思派与巴枯宁派，皆“不必奉彼等为圭臬”；二则其党名称，取意为变更社会政治与经济组织为无政府共产主义，真正建成“完全之社会”。这一按语式解释，主张实行无政府与共产两主义，应与师复和侬侠等人没有多大差异，而主张不必奉马克思和巴枯宁为圭臬，则大异其趣。师复和侬侠等人未曾说过是否奉马克思为圭臬，但他们确实奉巴枯宁为圭臬，否则他们谈论无政府主义与社会主义孰优孰劣，也不必一再将巴枯宁与马克思作比较。社会党人不仅认为不必奉马克思为圭臬，这也为他们不愿宣传马克思经济学说作了注释；而且认为不必奉巴枯宁为圭臬，这在视巴枯宁为无政府主义开山祖的同道眼里，难逃犯忌之咎。由此看来，这一时期国内的无政府团体，即使派别类似，也存在这样那样的分歧意见，并直接或间接地反映到对待马克思经济学说的态度上。

除了刊载于《人道》、《良心》上的无政府主义文章之外，同时期其他书刊上的同类文章，论述社会主义或无政府主义也是见解纷呈。如《天声》载《吴稚晖之社会主义谈》,谈到中国的社会党前景,强调“必以无政府为归宿”的自然趋向。以此为标准,断言“世界各国尚无真社会党”,如法国和意大利等国只作研究尚未实现,英国和德国的社会党为一种社会政策,“仅可谓之假社会党”。他的意见是:“各国尚无真社会党,中国亦不妨先各国而有,非东方之人必步西方人之后尘的”,中国可以先树立“真社会党之标帜”;“无政府主义根本之组织,西方人尚无确切之成绩方案,东方人或能为之”。在他看来,“社会主义之精神,不外抑强扶弱”;无政府党“肯牺牲自己之性命,以为多数人民除害”;“无政府主义,不但中国人有惑听闻,即西人亦有颇不愿闻,掩耳却走者”,这是由于缺少始终一贯的研究和良好的研究成果;“无政府党人反对天演家及旧政治家,较之反对君主官吏为尤烈”;世界文明不断进步,世界只有较美的而无至美的,“无政府主义亦不过在此时期中为最善的”,据眼光所及择其至善者,“社会主义就是近世至善的主义”,相比之下平均地权等事不屑一顾;无政府主义主张“人人自治,自然政府就用不着,自然没有了”;等等。他反驳“社会主义在中国是不切当的”,“社会主义无竞争,日益退化,不过复古主义”之说。表示自己“常常主张唯物的一说”,物质文明可以助精神快乐,人类的物质幸福必至不可思议,使人智愈开,“社会主义亦何不可冀及之有”。因此,他主张“社会党当具一庄严美大之现相,不可牵合目前,不图久远”。① 如此云云。

吴稚晖作为“新世纪派”的主要成员之一,可算中国早期老牌的无政府主义人士,他所说的社会主义,其实就是无政府主义。他的社会主义谈,与国内其他无政府主义者相比,不同或较为突出之处,一是认为世界范围内的社会党都是假的,中国人或东方人可以先于西方人树立起真社会党的旗帜,拿出关于无政府主义根本组织的确切成绩方案。这一思想的形成,恐怕与他当年在法国转向并从事无政府主义的经历有关。二是认为无政府主义并非终极目标,只是一段时期内相对的最善或至善主义。世界在不断发展,他日达到无政府主义,“必有更高之主义群学向之,而无政府主义将为将来人类所贻笑”。这种发展的观点,在迷信无政府主义永远完美无缺的同道中,显得卓尔不群。三是主张“唯物”一说,从物质文明不可思议的发展前景中树立起未来实现社会主义即无政府主义的信念,借此主张社会党应当具有“庄严美大”即超脱目前的久远眼光。这里所谓的“唯物”学说,尽管着眼于物质文明的发展,却决非马克思的唯物主义学说。因为它以世界各国的社会党包括马克思学说都是假的为前提,并以无政府主义为近世最善目标。事实上,吴稚晖之辈从一开始就很少谈及马克思学说。他所在的“新世纪派”,在《新世纪》创刊前曾以世界社名义

① 《吴稚晖之社会主义谈》,《天声》第1集(1912年),转引自葛懋春、蒋俊、李兴芝编《无政府主义思想资料选》上册,北京大学出版社1984年版,第338—342页。

编印《世界六十名人画像》，其中包括马克思的画像，被认为"这是中国最早印制的马克思像"[①]，但这一派别连同吴稚晖在内，都不曾像同时期的"天义派"，以宣传马克思学说为己任。发表这篇关于社会主义的谈话，吴氏更是把按照马克思学说建立的社会党，与其他社会党一道，统统看作是假的，而他自己的社会主义观点，整体看来，也确实与马克思的社会主义学说格格不入。

又如，鲁哀鸣1912年初版《极乐地》亦名《新桃花源》，乃幻想小说，曾在《国风日报》副刊《学汇》上连载。其中宣扬辛亥革命后建立的共和政治，未解决"贫富仍然不平等，贵贱的阶级消不掉"问题，主张"金钱革命、组织无政府平民制度，为的是万国成一家，没有国界、种界的分别，无贫富贵贱的阶级，人人享自由平等的真幸福"，实现"世界大同的日子"。或曰，"废掉金钱，消灭政府，合五洲为一家，合世界人类如兄弟姊妹，合和成一团，痛痒喜乐，各各皆相关"。如此才能解决"无论走到那一国去，总是穷人多，富人少"，"富人贪而无厌，拿金钱骗人，垄断钱少的人的生计"，因而饿死、冻死、苦死、逼死多少人的问题。[②] 同于1912年创刊的《新世界》前5期，也曾连载名为《新村》的幻想小说。在小说虚构的新村组织里，试图弥合中国社会党内部的分歧，无论主张先施行国家社会主义，还是主张立即实行纯粹社会主义即无政府主义，或者主张先建造一个模范社会作为示范，或者主张联系万国社会党共同建造一个太平大同的新世界等等，各个派别都能够在新村内寄托自己的理想。这个新村，似乎与凡俗之世保持千丝万缕的关系，各种观点都有其存在的理由。而《极乐地》的故事，描写与世隔绝的海外极乐岛的理想，其创立之初就排斥各种主张，奉行纯粹的无政府主义，旨在依此消除一切世俗社会的弊端。这两部幻想小说，主旨稍有不同，但都是鼓吹无政府主义的理想精神。这恐怕也是受到西方空想社会主义著作的启发，它们对于马克思经济学说在中国的传播，除了容易将人们引入歧途，未必会有什么帮助。

（二）其他非无政府主义人士的评介

前面介绍的，多是一些无政府主义者的言论，他们对于社会主义和马克思经济学说的看法，自有其特点。现在来看另外一些非无政府主义人士的有关评介。在这些人士中，首先要提的是梁启超。

梁氏乃国人中较早接触并介绍西方社会主义学说和马克思学说的先驱者之一。他在戊戌变法失败后流亡日本之初，就把目光投向社会主义学说，附带提到马克思及其学说观点。那时他的眼光搜寻，尚带有遭遇失败后重新寻找救国救民真理的意味，同时又流露出对于社会主义学说中偏激或极端派别的

---

① 参看蒋俊、李兴芝：《中国换代的无政府主义思潮》，山东人民出版社1990年版，第72页。

② 哀鸣：《极乐地》（1912年），转引自葛懋春、蒋俊、李兴芝编《无政府主义思想资料选》上册，北京大学出版社1984年版，第342—347页。

疑虑。论战期间,当辩论涉及社会主义是否适用于目前中国这一问题时,他采取明确的否定态度,认为社会主义作为美好的理想,那是未来遥远的事情,需要经历数百上千年的逐渐演进,是一个自然的过程,现在则不必行、不可行也不能行。由此推及主张以革命方式破坏现行社会组织的马克思学说,当然更是在反对之列。此后若干年,他似乎心移他处,在社会主义学说和马克思学说的评介领域,几乎听不到他的声音。直至本时期,辛亥革命推翻清王朝统治,他结束国外的流亡生活重新回国后,又不时提起社会主义话题。例如:

1912 年 10 月 30 日,他以"国民先觉,且于生计学研究最深"的身份,应邀在北京商会的欢迎会上发表演说,畅谈自己离国 15 年后对于世界经济大势及我国地位的看法。其中谈到,19 世纪各国革命的原因,从表面看起因于政治,"自里面言之,则实在于经济上之原因"。当时各国政治不良,阻抑人民经济的发达,如果不先行改革政治,人民几将困穷以死,为了图谋生计改革,人民始出死力以革新其本国之政治。简言之,"十九世纪各国政治之革命,究其原因,亦仍为经济之革命"。最近数十年,欧美各国发展其经济势力后,转而侵迫他国,尤其对经济能力薄弱的中国进行经济瓜分,以致今日"全国困穷,各业凋弊,人人有生计艰难之叹"。今日中国工商业实已为外国经济势力所压倒,所有职业皆失其自存之力,"非大为革新,以谋抵御此潮流,则全国人民,舍为外人苦力以外无他事可图"。欧美的经济现象,产业革命以后,贫富悬殊日甚,"吾人观其社会主义之发达,即可以知今日欧美经济界之不平等"。欧美贫富之差,皆起于本国之人,"资本家与劳动者,同为一家弟兄,无外来经济势力之压迫",资本家之富,即其国力之富,多数贫民也可以通过各种手段,要求分配的平等,"尚不足深惧"。与此相反,中国的资本家多为外国人,"非我国人资本家日多,则我国家即日即于亡,可不惧哉"。针对国内有人提倡社会主义,"欲以此防资本家之出现,而剂国中之贫富不均",他的意见是,若资本家皆为外人,我国人不能发达本国工商业与之抗衡,"此后亦仅有倡社会主义之一法而已",这是令人"痛心"之事。为此,他主张,"今日当竭力提倡中国之资本家,发达其势力,以与外国之资本家相抵抗,庶我国之工商业,可以发达,而我国民尚有自立之地";如果以为外国有社会主义,我国亦必须仿效而行之,则"舍全国国民为外国资本家之牛马奴隶以外,又安有他种结果可言乎"。他的结论,考虑发展本国经济势力以抵御外人经济势力的办法,固然要抓紧采用外国的机械方法以制造器物,要仿行外国的资本制度以改良组织,但最重要的是要改良政治,"中国今日欲振兴实业以救国难而舒民困,自不可不效十九世纪初之欧洲各国,先改良本国之政治,然后始可以抵御外国之经济势力"。[①]

① 梁启超:《莅北京商会欢迎会演说辞》,《饮冰室合集》第十一册,文集之二十九,第 25—29 页。

应当说，梁启超对于19世纪西方各主要国家完成的资产阶级政治革命，从内在经济中去分析其原因，颇具识见。然而，一谈到社会主义问题，他又回到论战时期的立场。在他看来，中国与欧美国家情况不同。一则欧美国家产业革命后经济发达而产生贫富差距扩大问题，"其社会主义之发达"源于其"经济界之不平等"；二则欧美国家无论贫富，都是一国范围内之人，富者代表了国力之富，贫者也有望通过分配平等加以改善，不必更多担忧。相反，中国是穷困凋弊之国，意谓无所谓贫富差距问题；正遭受欧美强国的经济侵迫，缺乏抵御外国经济势力的本国经济力量。据此，他认为，中国当务之急是提倡国内资本家发展自身势力，以便与外国资本家相抗衡，不提倡预防资本家出现后产生贫富不均的社会主义。这些观点，大多是当初与孙中山一派辩论时说过的话，只不过现在面对北京商界人士，用词有所不同而已。他有一个新提法，只有当我国的资本家都是外国人而没有本国人，我国已无法发展本国工商业与外国抗衡时，才有提倡社会主义的必要；换言之，如果仿效外国而实行社会主义，其前提意味着舍弃全国国民而沦为外国资本家的牛马奴隶。显然，这是不可能成立的前提，既如此，提倡或实行社会主义，自然也就被否定了。于此可见，论战以来，虽然梁启超在有关社会主义的评介问题上比较沉寂，但他坚持社会主义在中国不必行、不可行、不能行的"三不"立场始终未变。至于他提到振兴中国实业须仿效欧洲各国先改良本国政治一说，事实上不过是改良税法、交通、银行金融及币制而已，并未触及政治的根本问题。

梁氏强调中国国情不同，认为社会主义不适用于中国，但他并不否认社会主义在欧美国家的出现有其必然性，而且预期它会进一步发展。前述欧美国家经济界的不平等导致社会主义之发达，即其一例。1914年，他的《欧洲战役史论》预测，战后世界大势之变迁主要有二，一是"政治思想必大变动，而国家主义或遂课衰熄"；二是"生计组织必大变动，而社会主义行将大昌"①。第一个预测不必赘论。第二个预测断言经济组织必然产生大变动，社会主义将获得大发展，这是一个不同寻常的见解。关于这个预测的理由，他说"当别为专篇论之"，这里未曾展开，稍后未见他的专篇，不得而知。第一次世界大战末期，在俄国诞生了第一个社会主义国家，印证了"社会主义行将大昌"的预测。预测是否符合事实，是一回事，是否赞成或欢迎这一预测变为事实，又是另一回事。看来，梁氏承认世界范围内社会主义产生与发展的客观事实，但并不赞成将社会主义运用于中国的实践，在中国，他一心追求并公开宣示的是资本主义的发展道路。

严复是另一位较早了解和提及西方社会主义的中国学者，他对于社会主义的评介，从其数量和质量看，远不及梁启超。若从对待社会主义的态度看，

---

① 梁启超：《欧洲战役史论》，《饮冰室合集》第八册，专集之三十，第73页。

他在这一时期,与梁启超颇为一致。他曾应梁氏约稿,1914年2月在梁氏主编的《庸言》[①]第25、26期合刊上,发表《〈民约〉平议》一文,批驳法国启蒙思想家卢梭的社会契约论。社会契约论宣扬天赋人权、人生而平等自由、国家是社会契约的产物、国家主权属于人民等主张,严厉抨击封建等级特权与专制制度,对此,严复逐一批驳。或者认为人有贤不肖、智愚、勤惰的天生差异,不可能平等;或者认为自由平等社会"考诸前而无有,求诸后而不能",不能以此"华胥、乌托邦之政论"来"毒天下";或者认为倡言自由平等是"无益"之举,"今之所急者,非自由也,而在人人减损自由,而以利国善群为职志",应"慎用此平等";或者认为土地出产有限、人口增长迅速以及竞争的情况下,反对私有制的观点"将不攻而自破";等等。总之,在他看来,卢梭之说乃"误人"之说,不懂得孟子所谓"物之不齐,物之情也"的道理,"深恶不齐者,以其为一切苦痛之母",由此"深恶痛绝"地认为"世间一切主产承业之家,皆由强暴侵陵诪张欺诈而得之",未看到"无论何国,其产业起点,皆由于草莱垦辟者为最多,而不必尽由于诈力"。简言之,卢梭之说的错误,在于把私有制看作人类不平等的根源,不了解人类不平等是必然的,以及任何私有产业的积累,起初多数是辛勤劳动获得的。基于这些理由,严复批评卢梭的"民约"即社会契约论,"尝一变而为社会主义,于是有领土国有之政谈",而社会主义的土地国有论"繁重难行,行之或以致乱"。同时批评其说导致今日欧美二洲"倡为社会主义者,又集矢于资本之家产",把矛头对准资本家的产业。[②] 看来,严复不仅像梁启超一样,否定社会主义适用于中国,还更进一步,从人类天生不平等的基本理念出发,否定社会主义在世界范围内有其适用性。这种反对态度,甚至执拗到不愿承认社会主义正在发展的客观事实,正好反映了严复从革命立场倒退后的思想急剧变化。

像严复这样曾留学英伦、以反对顽固保守和主张维新变法名闻一时的中国启蒙思想家,在辛亥革命以后思想日趋保守,反转来批判西方启蒙思想家,乃至闭眼不见西方社会主义的发展现实,这是一个比较典型的极端例证。一般说来,当时国人观察世界局势,凡涉及社会主义问题者,不论赞成与否,尚能在不同程度上承认欧美社会主义的产生有其客观原因。如《新纪元星期报》1912年11月7日载文论述"社会主义之趋势",其中分析了"社会主义发生原因,多以贫富不均为其激动力"。并根据美国财政统计资料,指出该国1/10的人口占有全国9/10的财产,其余1/10的财产则为9/10的人口所得,"贫富不均已达极点,遂至多数之人群趋于社会主义,有异常增加之势力"。又说瑞典某市全无租税,民众学校不收学费,使用电话及乘车不取分文,此费用皆来自

① 《庸言》1912年12月在天津创刊,系梁启超主编的一份以政论为主的理论性半月刊,1914年以后改为月刊。参看方汉奇:《中国近代报刊史》,山西人民出版社1981年版,第698页。

② 严复:《〈民约〉平议》,《严复集》第2册,中华书局1986年版,第333—340页。

市有森林收入，“已实行社会主义”。[①] 又如绾章1914年1月在《进步》上发表《巴黎劳动社会记》一文，谈到巴黎的劳动者每年因起居不善而患各种不治之症者，其人数“最堪惊异”，包括住在不健康地点、栖息于狭小房室内，以致贫苦劳动者七八人杂居一室习以为常，“此有心人士所以有社会主义之唱导”[②]。这些文章，都把西方社会主义的产生，归结于贫富差距的扩大和劳动者绝对贫困的加剧，注意到这种情况的日益恶化，推动了社会主义的发展趋势。这也表明，社会主义学说和马克思经济学说传入中国，不单是纯粹理论的传入，同时伴随着西方事实资料的传入。或者说，西方资本主义国家的严重社会弊端，作为不容否认的事实，教育着国人，同时也为社会主义学说和马克思经济学说的理论传播，提供了实证材料。当时的中国，逐渐增多的人参加到传输与评介社会主义学说和马克思经济学说的队伍中来，除了这一理论学说本身所具有的吸引力，在相当程度上直接或间接地受到西方国家严酷现实的刺激和教育。

（三）梦渔的《论社会主义》

这一时期其他的非无政府主义人士中，值得一提的，还有梦渔连载于《独立周报》[③]1913年3月30日至4月6日第26、27两期的《论社会主义》一文。此文内容，分为导言、现世社会主义与政治生计发达之关系、现世社会主义之学说、批评四个部分。其中第三部分现世社会主义之学说，简略介绍了马克思恩格斯学说。

1.《论社会主义》一文关于社会主义和马克思经济学说的评介。这篇文章的导言，首先说明略述社会主义问题的目的，为了“挽时人之误会”，纠正当时人们对这个问题的错误理解。它说，科学可分为天然科学与精神科学两大部分，前者又称理科，包括有关外界物质的各种科学如天文、物理、化学、博物等，后者包括历史学、哲学、社会学、国家学等。精神科学有一个“共同之特性”，其研究对象“乃人之心理所造成”，而且“随心理学之复杂而复杂”，可称为“广义的心理学”，亦可称为“应用的心理学”。天然科学旨在解决“是与不是”，或谓“惟求真理而已”；精神科学的目的在于“当与不当”或“可与不可”，既要观察事实，又要判断优劣、批评价值，“此点乃精神科学之艰难处，亦其危险处”。换言之，这一判断与批评，在学问家那里依据“物观的科学”，在常人那里“出于感情”。这番有关精神科学的解释，为后面判断和批评社会主义，埋下了伏笔。

此文第二部分，言归正传，直接论述社会主义问题。其重点分析现世社会主义产生的原因，即现世社会主义与政治经济发展之间的关系。它认为，现世

---

① 《新纪元星期报》第1卷第4期（1912年11月7日），转引自《社会主义思想在中国的传播》第二辑下册，中共中央党校科研办公室，1987年，第428页。

② 绾章：《巴黎劳动社会记》，《进步》第5卷第3号（1914年1月），转引自同上书，第430页。

③ 《独立周报》(The Independent)1912年9月在上海创刊，编辑人章士钊，发行人王无生。

社会主义不同于古代的乌托邦,“有科学的性质而非徒空想”,并实际发生于各国,值得人们“精思致意”,因为具有“必要之历史的前提”。这个前提,或是政治方面的,如宪法建立、民权巩固;或是“生计”方面的,如工业兴盛、资本发达。这两个条件,“与社会主义密切之关系,诚文明史中最有趣味之事实”。现世社会主义的目的,一言以蔽之,“生计之平均”,追求经济上的平均,若国家没有宪法,人民呻吟在强权统治之下,连生命廉耻都顾不上,又何暇争取经济的平均;若无辜小民动辄遭残酷官吏的杀戮,人人自危,连免受冻馁都不易,又何暇考虑衣食之美、资财之厚。所以,从历史上看,“各国社会主义之发生,必在宪法成立、法律修明、民权巩固之后,此一事实,最足破今日谈社会主义者之梦幻者”。此其一,即从政治上言之。其二,只谈政治还不行,另须从经济上言之。比如,古代乌托邦的“理想学说”甚多,不闻其有“实际之价值”,一直到现世社会主义,“始能脱除空想而有科学的性质,有实行之希望者”,因为近世以来,文明诸国工业大兴,人民生活日进,国富日增。在这种情况下,倘若分配稍均,或许有全体人民“同登黄金世界之望”。如今劳动者生计比以前优裕,由于只有少数“厚资之人”获其重利,“劳动之人恒不能与资本家居同等之地位,相形见绌”,所以产生不平之鸣。换句话说,欧美各国产生现世社会主义,“非劳动家贫之故,乃资本家富之故;非资本有害于劳动家而专利于资本家之故,乃资本固亦利劳动家矣,然其利较少,而其利资本家也,则较多之故”。“此一事实,亦最足破今日谈社会主义者之梦幻者”。纠正了关于欧美国家的社会主义“梦幻”或错误理解后,文中笔锋一转,联系我国现象,认为中国既无政治前提,又无经济前提。如国家组织恶劣,小民日遭官吏摧残,朝不保夕,加上水旱和盗贼灾害,饥寒无告,“此则无政治之前提”;又如全国资本涸竭,生计凋敝,新式实业未兴,而旧日的纤微小工也莫不渐为外人所攘夺,“此则无生计之前提”。至此,虽未见下文,其寓意已明白无误:当时中国不同于欧美各国,不具备发生社会主义的前提条件。

此文第三部分,接着分析现世社会主义的学说。它把社会主义主要归于解决经济问题及其派生问题的学说,如谓,“社会主义,为于生计学”,社会主义学说与乌托邦空想不同,“皆生计学之学说”,因而研究社会主义,须治生计学及其各种辅助之科学,如心理学、历史学、法学、政治学,或关于社会之心理,或关于社会之变迁,或关于社会之公理观念,或关于社会之组织,这些问题,需要免除“空想之弊”而予以“深察”。为此,文中从“现世社会主义之学派”中,举出五个学派的学说加以略述。

一是所谓“农业社会主义”。此派主张“只废土地之私产”。其学说根据“自然法”,认为人民本来对于土地“有同等之权利”,现行土地私产的结果是地主获得奇利,工资低下,工人困苦,其“改良之法”在于国家以一定税则没收地主专恃土地所得之利，“免各种之税而实行单独税”。此学说经前人倡导，最近的代表人物为亨利·乔治。

二是汤普森“科学的”理论。其学说依据李嘉图之说，认为财富的来源“咸出于人工”。劳动者系增进财富之人，其生活却不优裕，原因在于劳动者增进的财富，须以其一部分给地主和资本家，“此乃背于公理”。由劳动者的人工创造的财富，“当然属于劳动家”，劳动者只应当补偿资本家用于制造时所花费的物器。所以，他主张，组织社会的乡镇，人人可以自由加入，在乡镇内自己耕织为衣食、制造为货物，每人作同样时间的工作，其日用生活亦仰给于公家之产。此派可称为“自由社会主义”，其内容类似于“生产组合”。①

三是无政府主义者蒲鲁东。他认为，今日社会交易不公平、不自由，要想公平自由，“须无政府之存在”。“反对私产，亦反对公产”，私产促成资本家垄断劳动者之利，公产又不免限制个人自由和实行社会强迫，惟“无政府制”以条约取代法律，可以保存自由与平等。其法创立维持公益的交易银行，通过无利息借贷，使能作工者摆脱资本家束缚而自行营业，“人人可为资本家，而昔日资本家既无利息之可图，遂不得不失其特殊之位置，与劳动家平等”。

四是洛贝尔图斯。他反对个人主义，“国家乃独立之单位，社会的有机体”，个人是服从于国家的“执役者”，借此达到国家全体的目的。其“生计学说”根据斯密之说，认为“人工所造之物，人工自然之代价”。上古时代劳动者得到自己的全部“劳力之所获”，此后由于土地为私人所有，劳动者须以其“勤劳所获”的一部分归诸地主，自己往往无积蓄以度日，无器械以作工，“不得不仰资本家之借贷”，须以其“勤劳所获”的另一部分给与资本家。这样，劳动者所得，“恒少于其所造者”，无法享有文明进步与生产增加的恩赐，“此乃现世生计之恶现象”，有损于劳动者，有害于全社会。劳动者作为社会的大多数，工资过低，缺乏购买力，由此会造成大量生产的货物停销，市面恐慌。结果一面是劳动者因工资太低、不能消费而有失业之虞，一面是资本家因销售停滞而有亏损之虞，“两得其害，莫蒙其利，此大妨于文明之进步者”。欲去除此害，“须使劳动家所得较昔为多”，让全社会沐浴文明福泽。其法通过国家干涉，“定万货之价，百工之资”，建立国家货物所收纳生产的物品，对生产者按其生产所费的时间和所用的心力，“授以工价票”，有此票者可持之到货物所换取其所需货物，于是“私产尽废，代以公产，社会之生计既平，则文明之进步可待”。

五是“马克思、恩格司 Marx Engels”。文中介绍他们的学说如下，

“批评现世之资本时代曰：今日资本时代，制造货物自由竞争，

① 以此为分界，上述有关《论社会主义》一文的引文，均见《独立周报》第 26 期（1913 年 3 月 30 日），第 4—6 页；下面引自同篇文章的内容，见《独立周报》第 27 期（1913 年 4 月 6 日），第 7—9 页。

无诸机关以节制之。故资本家之制造也,难预计将来之销售。是以有时市面兴旺,百工厚利,有时货物滞塞,市面萧条。由是劳动家之生计,旋得旋失,且时时有多数之无业者,待机作工,因以压抑工价,永远不能有所增益。此皆私产资本为之害也。欲除此弊,须兴公产之制。凡生计之事,由国家规定组织,当过渡时代,则当以国家强迫之力,干涉私产及资本。二氏之睹察历史,所谓物质的历史观察也。其意以为凡人类之文明,如政治、法律、社会之现象,精神之生活,以至宗教、哲学之高远,未有不依生计之制度而定者也。生计制度,为一切文明之基础,而造成历史之原因也。"

这一介绍,形式上似乎引用马克思和恩格斯学说的原话,实际内容却经过引用者的概括修改而非其原话,文中所使用的译名亦不完全迎合来自日本的时代潮流,坚持国人自己的译法,如将经济译为"生计"等,难以准确传达马克思恩格斯学说的真实涵义,只能从中揣摩其大意。

此文最后部分,作者提出自己的批评意见。在他看来,判断以上学说之"当否",并排除感情的影响,"须以物观的科学为观察之仪器"。这种考验和研究的"科学之事",范围极广,非撰此文之所欲为,只想举出以下几点以期引起国人的注意。一是认为精神科学"咸以心理学为根据",无论何种法律与制度,"未有背乎人之心理而能实行者"。依此而论,所谓"兴公产"和"废私人资本",是否符合人类的心理?他认为,常人的各种复杂动机中,"利己之动机则最强",如求生动机、男女动机、荣誉动机等。因此,"若欲社会主义之实行,必须思一制度与人类之心理不相违背者,然后乃能行之无弊"。二是认为应当从组织上工业上观察,其组织能否统一,其工业能否集中。这是着眼于农工诸学,不同于前面着眼于心理法政诸学。三是认为应当"深察"人口增长大势,考察其原因和结果,以此"测度将来之生产,能否供将来之需求"。欲使社会生计优裕,"决不能徒注意财富之分配,而不顾财富之增进"。因此,要研究社会生计制度及其改良之法,必须解决生产、消费与分配、生产与消费之均势诸问题。四是认为"欲财富分配之平均,其目的在增长全社会之幸福,促进全社会之文明"。因此,必须研究财富分配与文明进步之间的关系。一方面,"贫富太不均,则富者淫侈而无恒业,贫者饥寒而失教育,此大阻碍社会之进化者";另一方面,"使社会毫无贫富之别,则优秀者困于生计,不能尽其心力以专其物殊之业,社会无分工之益,则伟人奇才无出类拔萃之机,此亦阻碍社会之进化者"。以上四点,其实从不同方面,对于社会主义的可行性,提出了质疑。

2. 对于《论社会主义》一文的分析

分析此文之前,有必要先对刊载此文的《独立周报》之背景,作一简单考察。其时任主编的章士钊(1881—1973),早年参加爱国学社,曾任上海《苏报》

主笔，并协同黄兴筹建“华兴会”，1904年涉嫌被捕，出狱后赴日，1907年转赴英国苏格兰大学留学至1911年回国。此后曾任时为同盟会总机关报《民立报》的实际编辑负责人，其间“因为编发了一些和同盟会主张相抵触的评论和来稿，又不是同盟会员，不为会众所谅解，挂冠而去”，转而主编《独立周报》，继续致力于追求资产阶级民主。[①] 了解这一背景，也就较易于理解《独立周报》何以发表《论社会主义》一文，以及这篇文章在评介社会主义和马克思经济学说方面所具有的若干特点。

第一，关于社会主义的介绍之特点。这篇文章的四个部分，除了第一部分的开题说明和第四部分的作者批评意见，第二、三两个部分均系介绍社会主义，其显著特点，把重点放在所谓“现世”社会主义的介绍上，专注于介绍现代社会主义发生的原因以及它的若干代表性学说。文中首先承认社会主义发生于世界各国这一现实，表明现世社会主义已经不同于古代乌托邦的空想性质而具有“科学的性质”。接着强调社会主义从古代的空想到具有科学的性质，是因为现世时代具有古代未曾有过的“必要之历史的前提”，出现了政治上“宪法成立、民权巩固”和经济上“工业大兴、资本发达”这两个与社会主义密切相关又决非偶然的文明条件。其内在逻辑是，社会主义的目的在于“生计之平均”，实现这一目的，只有人民摆脱了无宪法国家官吏残酷、人人自危的强权统治，建立起法律修明，民权巩固的宪法国家之后，才有可能；也只有工业发展，国富日增，劳动者的生活比以前优裕而比起少数资本家尚相形见绌的情况下，才有“实行之希望”。从政治与经济发展的角度，探寻现世社会主义发生的原因，或者说探寻现世社会主义之具有“实际之价值”而区别于古代乌托邦理想学说的原因，不必是此文作者的独立见解，很可能引自国外学者，但终究是当时国内不多见的有见地之论。文中提到这两个必要历史前提，隐含着一个限制性条件，即社会主义只能消极地等待这些历史前提的自然形成并达到一定的发展程度，无须担当这些历史条件成熟过程中的积极促进因素。如谓社会主义的发生“必在宪法成立、法律修明、民权巩固之后”，社会主义对于这一政治革新本身产生怎样的作用与影响，则不必考虑。又如谓工业发展与国富日增之后，就具备了经过平均分配使所有人“同登黄金世界之望”的条件，只是如今劳动者的生计虽较前优裕，却不能与利用资本获得重利的少数资本家居同等地位，仍存在“不平之鸣”，故社会主义的发生，不是因为劳动者贫穷，而是因为资本家富裕，也不是因为资本有害于劳动者而专利于资本家，而是因为资本有利于劳动者较少而有利于资本家较多；换言之，社会主义的发生，无须改变现存资本状况，只要使资本家与劳动者之间的利益“分配稍均”即可。于此可

① 方汉奇：《中国近代报刊史》，山西人民出版社1981年版，第236、677、691－692页。

见，文中对于现世社会主义的理解，建立在既适应政治经济的发展又不触动现实政治经济关系的基础之上，实即社会改良主义。

此文论述现世社会主义与政治经济发展的关系后，进一步举例说明现世社会主义的学说。在这方面，它有两个特点。一是把社会主义归结为"生计学说"。文中比较古代乌托邦的空想与现世社会主义的科学性质的差异，曾以是否实行或是否有"实际之价值"作为依据。现在又提出另一个依据，即二者的差异在于是否遵循"生计学之学说"。古代乌托邦未曾遵循，故为空想，社会主义则反是。所以，文中认为，研究社会主义要避免空想之弊，必须深入考察生计学及其各种辅助科学。在社会主义的科学性质方面，如此突出它的经济学性质，并且把涉及社会的心理、变迁、公理、组织等问题的心理学、历史学、法学、政治学诸学科，作为经济学的辅助科学，颇为独特。当时其他有关社会主义的著述，虽然也强调社会主义的经济学意义，却不及此文之突出。二是在众多现世社会主义学派中，按照经济学的标准选择五个学派的学说作为其代表。这五派代表性学说，在当时流行的介绍社会主义学说的论著中，除了汤普森的所谓自由社会主义学说鲜见介绍，其他各派学说均曾以不同形式见诸各种中文出版物。此文介绍的侧重点有所变化，而且将五派学说拼凑并列在一起，也算别具一格。例如，所谓"农业社会主义"，指以乔治等人为代表的单一地价税主张。这一主张曾由孙中山一派大力介绍和极力举荐，并不稀奇。然而乔治本人都说自己绝不是一个社会主义者，遑论他的主张为社会主义的代表性学说。所谓"自由社会主义"，单指汤普森的理论，似乎比较陌生。如果说它沿袭李嘉图的劳动乃财富之源学说，表现出对地主和资本家"背于公理"占有劳动产品的某些不满，主张建立劳动者的自由合作组织加以抗衡，或谓之实际上等同于生产组合学说，则其理论又不那么陌生了。所谓"无政府主义"，特别是以蒲鲁东为其代表，在那一时期不时有人坚持将它排除在社会主义之外，不过流行的评介仍以它为社会主义的一个重要派别。这里的介绍着重于它既反对私产，亦反对公产，期待创立一个通过无息借贷以"维持公益"的交易银行，自然消弭劳动者与资本家之间的差别而实现平等，这种经济学主张更多给人以华而不实之感。至于洛贝尔图斯的经济学说，不仅单列为一派，介绍的篇幅也最多。其实所介绍的内容，不外乎依据斯密的劳动学说，主张国家干涉来缓解工人工资过低从而消费能力不足所引起的市场销售恐慌，推行所谓"工价票"来废除私产和代以公产等。此文何以如此重视洛氏学说，未予说明，或许它与无政府主义之强调个人自由正相反对，强调国家的重要性而反对个人主义，显示了独立派别的特征。最后介绍马克思恩格斯的经济学说，下面专门予以分析。这里须指出的是，此文关于现世社会主义各派学说的介绍，其取材范围，截至马克思恩格斯学说为止，对于此后的社会主义学说未予理会。这并不表明此文像前述有些社会主义论著一样，将马克思恩格斯学说视为社会主义科学的最新成就，因为文中并未论及于此，看来它只是把马克思恩格斯学说之论资本时代，当作不同于其他各派而有自身特色的一派予以论列。另外，前述那些评介社会主义的论著，论及马克思学说，往往将拉萨尔学说或洛贝尔图斯学说与之并论，成为模糊界限的障眼之法。此文更将驳杂混乱的所谓五个派别并列在一起，不加区别地作为现世社会主义的代表性学说，尽管它试图取各派之特点作比较，却进一步模糊了马克思学说在科学社会主义学说发展史中不可替代的重要地位。

第二，关于马克思恩格斯经济学说的介绍之特点。前已指出，这个介绍，不是引自原文，而是述其大意。主要表达了两个方面的内容。一是对于现世资本时代的批评，即资本家在自由竞争中难料将来销售的无节制生产，带来"市面兴旺，百工厚利"的繁荣，同时也往往造成"货物滞塞，市面萧条"的危机，导致劳动者队伍中经常存在"待机作工"的"多数之无业者"，因而得以压低工资，使之"永远不能有所增益"；消除"私产资本"的这一弊害，必须建立"公产之制"，所有经济事务，应当"由国家规定组织"，从私产资本进入公产之制的过渡时代，还应当由国家以"强迫之力"干涉私产和资本。二是"物质的历史观察"，即一切人类文明，包括政治、法律、社会等现象以及宗教、哲学等精神生活，依赖于"生计之制度"而确定，"生计制度"是"一切文明之基础"和"造成历史之原因"。将马克思恩格斯学说的要点归于这两个方面的内容，似乎有其所本。恩格斯将唯物主义历史观和通过剩余价值揭破资本主义生产的秘密"这两个伟大的发现"，都归功于马克思，"由于这些发现，社会主义已经变成了科学"。[①]此文的表述，或许受到恩格斯这句话的启发，至少参考过《社会主义从空想到科学的发展》一书的有关内容或其简略读本，所以文中特意将马克思和恩格斯的中文与外文名字标示出来，一并作为一派社会主义学说的代表人物。不过，就表述的准确性而言，此文的偏离显而易见，甚至使人感到面目全非。

比如，此文批评现世资本时代的表述，对照《社会主义从空想到科学的发展》的有关论述，好像包含了后者论述里的若干要素，如社会生产的无政府状态、产业后备军、生产过剩的危机、首先把生产资料变为国家财产、暴力革命等。但是，这些要素又不曾在此文里得到明确的阐述，只是模糊地有所涉及，若不是对比恩格斯的论述，恐难作出类似的发掘。而且，此文的表述重在描述现世资本时代的表面现象，未曾深入它的内在秘密。换句话说，马克思通过剩余价值揭破资本主义生产秘密的这一发现，在此文的表述中，变成一种有关资

① 恩格斯：《社会主义从空想到科学的发展》，《马克思恩格斯选集》第3卷，人民出版社1972年版，第424页。

本主义生产现象的肤浅描述，揭破其秘密的剩余价值理论消失不见了。它不仅未曾提到资本主义生产中社会化生产和资本主义占有的不相容性、无产阶级和资产阶级的对立、个别工厂中的社会化组织和整个生产中的社会无政府状态之间的对立等基本矛盾，连剩余价值概念也未触及。文中所谓由国家消除私产资本之弊、兴建公产之制的表述，更是扭曲了恩格斯关于无产阶级将取得国家政权并首先把生产资料变为国家财产，以及国家自行消亡的思想。可见，经过此文的表述，马克思恩格斯学说失去了科学的内核，只剩下一个空架子。将这个空架子与其他派别的社会主义学说相比，也就没有什么实质上的区别了。照此表述，像农业社会主义主张单一地价税、自由社会主义主张生产组合、蒲鲁东主张无息借贷的交易银行、洛贝尔图斯主张工价票等等一样，马克思恩格斯也不过主张由国家组织经济事务而已。恩格斯在评论马克思的两个伟大发现之前，曾说过："以往的社会主义固然批判过现存的资本主义生产方式及其后果，但是它不能说明这个生产方式，因而也就不能对付这个生产方式；它只能简单地把它当做坏东西抛弃掉。"[①]此文的做法，不论有意无意，在抽掉了马克思恩格斯学说揭露资本主义生产方式秘密的科学内核之后，恰恰也把这一学说等同于"以往的社会主义"。

又如，此文关于物质的历史观察的表述，对照恩格斯关于唯物主义历史观的论述，看来比较前面关于资本主义生产方式的表达，要更为真实一些。它把唯物主义历史观译为"物质的历史观察"，不必苛求；它对唯物史观内涵的表述，也大体上与恩格斯关于"每一时代的社会经济结构形成现实基础，每一个历史时期由法律设施和政治设施以及宗教的、哲学的和其他的观点所构成的全部上层建筑，归根到底都是应由这个基础来说明的"的论述[②]，有吻合之处。然而，此文的表述，仍存在明显缺陷。它不曾完整表达马克思恩格斯关于唯物史观的全部内容，割裂并删除了与恩格斯上面的论述紧密联系在一起的另一段论述，即以往的全部历史，除原始状态外，都是阶级斗争的历史；这些互相斗争的社会阶级在任何时候都是生产关系和交换关系的产物，一句话，都是自己时代的经济关系的产物。它采用一切人类文明均"依生计之制度而定"、作为一切文明基础的生计制度乃"造成历史之原因"一类的译法，其误差不完全在于用生计制度一词转译恩格斯原文中的经济关系或社会经济结构之意，尽管这是不确切的，而在于这种译法将唯物史观作了机械的理解，抹煞了它的科学含义。恩格斯的论述是从归根到底的意义上说明经济关系是全部上层建筑的基础，是从终极原因的考察上阐明一切社会变迁和政治变革不应当在人们的

① 恩格斯:《社会主义从空想到科学的发展》,《马克思恩格斯选集》第3卷,人民出版社1972年版,第424页。

② 同上书,第423页。

头脑中或在有关的时代的哲学中去寻找，而应当在生产方式和交换方式的变更中或在有关的时代的经济学中去寻找。可是，此文的表述，不作区别地将整个人类文明中所有政治、法律、社会等现象和精神生活，乃至于“宗教、哲学之高远”，笼统地都说成直接由生计制度来确定，似乎生计制度直接决定了上层建筑中每一种现象和观念的出现，并成为其变化的原因。这种机械的理解，不是别有用心，就是自作聪明，可谓真理向前多走一步，便成了谬误。

第三，关于社会主义的批评之特点。此文论社会主义，其出发点和归宿，都建立在对于社会主义的批评之上。这一批评，不仅集中见于第四部分的批评专论，而且分散见于文中其他部分。概括起来，其批评矛头之所指，有两个对象。一个批评对象，针对时人理解社会主义方面的“误会”，特别是针对国人中主张在中国推行社会主义的倡导者或鼓吹者。在这方面，它的基本理论依据，认为现世社会主义作为科学，就像它所归属的整个“精神科学”即哲学社会科学一样，其共同特性是研究与人的心理有关的事物，可归入广义心理学或应用心理学的范畴。精神科学与“天然科学”的一大区别，不同于后者惟求解决“是与不是”问题，在观察事实的同时，还要解决“当与不当”或“可与不可”问题，给予优劣是非的价值判断。这被认为是精神科学的“艰难”和“危险”之处，因为它在“物观的科学”即客观事实的观察之外给予价值判断与批评，往往带有个人感情因素。由此引申出来的结论是，在是否应当或可以实行社会主义的问题上，难免感情用事。为此，文中首先标榜其排除感情因素来考察现世社会主义在各国发生的客观事实，论述它与政治经济发展的关系。这一考察强调两个必要的历史前提，而且一再声明，无论政治上宪法成立、民权巩固的历史前提，还是经济上工业大兴、资本发达的历史前提，最足以破除“今日谈社会主义者之梦幻”。所谓“梦幻”，其隐含的解释，一是从抽象的意义上宣扬对社会主义的追求，不能超出其历史前提的限制，只有在取得政治上宪法和民权的保护之后才有可能去争取经济上的平均，而争取经济上的平均，也只有在资本主义经济发展之后，资本家和劳动者均沾其利而仍存在差别的情况下，才有可能。总之，只须等待这些历史前提的自然形成，不必有实行社会主义以破除现存社会经济组织的“梦幻”。二是从具体的意义上宣扬中国尚不具备政治上和经济上的必要历史前提，更没有必要陷于实行社会主义的“梦幻”。这一批评，看似客观，试图从精神科学的角度立论，剔除在个人感情判断方面的危险或梦幻成分，保留在事实观察方面的科学成分，可是它自己也免不了在个人感情判断方面，选择加入了当时反对在中国实行社会主义的合唱团。

另一个批评对象，针对社会主义学说本身。在这方面，文中作了一个说明，却自相矛盾。它一面说，判断前面所列的各派社会主义学说是否妥当，须以“物观的科学”即事实的观察作为工具，可以免除感情的影响；一面又说，这种科学的观察范围极广，不是作者今日之所欲为。这样，当作者脱离事实的观察，有选择地列举若干观点批评社会主义学说时，实际上已使自己置身于感情判断的影响之下。他说这一批评为了引起国人的注意，也与前面旨在破除今日谈社会主义者的梦幻相呼应，都是否定社会主义学说适用于中国的可行性。文中所罗列的四点批评理由，多系老生常谈，也稍有别出心裁者。如以精神科学的心理学性质为据，大谈任何制度的实行都不能“背乎人之心理”，由此引出兴公产与废私人资本“果合乎人类之心理”的质问，并从利己动机是一般人心理中的最强烈动机出发，流露出实行社会主义制度是否能保证与人类的心理不相违背以及行之无弊的深深怀疑。这种以人类的利己动机为私有制辩护并借以抵制社会主义的观点，在当时国内流传的著述中不胜枚举，而为这种观点装配上心理学性质的精神科学外衣，则属于新的“创造”。此其一。其二，质疑组织上能否统一与工业上能否集中，似乎是说社会主义的实行，不仅有悖于心理法政诸学，也不合于专论经济组织结构的农工诸学，对预想中的社会主义之统一集中管理提出异议。其三，以人口增长趋势为凭借，提出将来的生产能否供给将来的需求问题，批评社会主义学说只注意财富的分配而不顾财富的增长，最终难以实现社会生活优裕的目的；并提出研究社会经济的制度及其改良办法，须依次解决生产、消费与分配，以及生产与消费的均衡等问题，强调分配与消费的重要性须居于生产之后。从这种人口增长的立论中，隐约可以看到马尔萨斯人口论的影子。其四，谈论财富的分配，既要考虑纠正贫富“太不均”现象，以免阻碍社会的进化；又要考虑保留适度的“贫富之别”，以免混淆社会分工，使优秀人才与伟人奇才失去发挥专长和出类拔萃的机会，结果同样阻碍社会的进化。这些妙论，各有所指，都是从经济学中寻找理论根据，对付同样被视作“生计学之学说”的社会主义学说。它们除了关于心理学的理论装点有些奇特，也不是什么新鲜论点，均可以在先行流传于国内的论著中找到类似的说法。此文前面谈论科学，口口声声以避免感情的影响为戒，现在批评社会主义学说，又完全以质疑性的感情色彩为断。其翻云覆雨，恐怕只有从怎样有利于批评社会主义的理由中，才能得到解释。

《论社会主义》一文发表在《独立周报》上，多少也从一个侧面反映了这个刊物的“独立”办刊风格。一方面，这篇文章关于社会主义的评论，显然不同于孙中山一派。它把包括乔治单一地价税在内的所谓各派社会主义学说，都列为批评的对象，而孙中山一派正是以仿效乔治之说为己任来探索在中国推行其理想社会主义的可行性，二者不相融合。以此为例，难怪有人说章士钊的办刊宗旨与同盟会主张相抵触。另一方面，此文对于社会主义学说的批评，又不完全相同于那些激烈反对社会主义的论调。它试图用理论分析的方式，证明社会主义既不适用于当时缺乏必要历史前提的中国，也不适用于所谓人类本性如利己心，或自然法则如人口增长的大势等。在这一点上，它与那些反对社会主义论调所引用的理由，无大差异。它的不同之处在于，不曾使用公开指责的语言诋毁社会主义，反而认为社会主义有其区别于乌托邦幻想的“科学之性质”或“实行之希望”；同时对马克思恩格斯学说的介绍相比起来也较为平和，不曾施以“偏激”、“极端”一类的贬词。这种批评方式，不论是否自矜其独立性格，比起那些激烈的反对派，终究多了一些回旋余地，试图用论理的方式而非谩骂的方式来评介社会主义乃至马克思恩格斯学说。

第三章 民国初期马克思经济学说传入中国的经济学背景材料

辛亥革命结束了两千年的传统君主专制制度，建立起具有资产阶级政权性质的中华民国。这是中国历史上一个翻天覆地的大变化。这一变化对于马克思经济学说传入中国的影响，在民国初期的1912－1916年间，还谈不上“翻天覆地”即实质性转折，更多地表现为传入数量上的逐步扩展和积累。同时，这一变化对于舶来经济学在中国的传播，却起着相当大的促进作用。历史考察显示，马克思经济学说知识的早期传入，到目前为止，似乎主要伴随着社会主义思潮的引进而传入，与舶来经济学的传播关系不大。这使得我们曾经说过的两条重要思想线索，即马克思经济学说向中国的传入，须借助于社会主义思潮与舶来经济学的传播这两条思想线索，好像显得有些偏枯。其实，这是一种错觉。马克思学说的传入，凡涉及其经济理论或观点者，必须有一定的经济学知识作为铺垫，才可能为国人所理解。这一点，考察“经济学”译名之由来时，可见其一斑。否则，也就无由称呼马克思的“经济学”了。马克思经济学说的传入，除了依托社会主义思潮的传入，与同时期舶来经济学的传播程度，相辅相成。在初期阶段，舶来经济学的传播，主要在名词术语、思维方式或表达形式等方面，间接为马克思经济学说的引进创造一个话语环境，不是直接介绍马克思的经济学著作或经济理论观点。本时期，舶来经济学的传播，其数量和类型，明显增多。这种增长的持续，作为重要的思想资料背景，也为马克思经济学说传入的继续扩展和取得新的突破，创造了更好的平台基础。舶来经济学的持续增长，尽管在其名目上，目前仍未看到有关马克思经济学说的专题论著，但在其内容里，已经开始显示出有关马克思经济学说的明确或模糊信息。

第一节 本时期西方经济学的传播概况

本时期西方经济学传播的路径和特点，基本上延续前一时期。如以著作和刊物文章为其主要载体，以翻译介绍为主而兼有国人自撰著述，以应用类著述居多而兼有理论类著述，以译自日文著述者占较大比重而兼有译自英文及其他语种著述者等等。延续中也有变化，其变化的方向，除了引进中国的西方经济学著述在数量和种类上不断增多，还表现为原来相对薄弱的部分，如自撰著述、理论性著述、直接译自英文原作的著述等，逐步得到加强或呈上升趋势。下面的概况介绍，参照前一时期的分析方法，以资相互对照。

（一）经济学著作概述①

这里介绍的经济学著作，个别初版于前一时期，却不为时人所重视，或因其出版正值辛亥革命期间而“生不逢时”，直至本时期再版本问世后才逐渐引起国人的关注。此类著作，目前难于见到其初版的流传本，故将其再版本与本时期的其他经济学著作，一并介绍如下。

安徽法学社编《经济学》，作为京师法律学堂笔记，1911 年 5 月编者自刊，1914 年 12 月发行第 4 版，内分总论、生财、交易、用财等；杨廷栋的《经济学》，1912 年 10 月上海中国图书公司再版；胡愿深编《经济原论表解》，1912 年 8 月上海科学书局初版，以表解形式说明经济基本原理；孙鹏图的《经济学各论表解》，1913 年 4 月上海科学书局出版；贺绍章编《经济大要》，教育部审定的中学教科书，1913 年 8 月上海商务印书馆初版，以文言体讲授生产、交易、分配等；李作栋编《中国今日之经济政策》（上、下卷），1913 年 8 月日本东京日清印刷株式会社初版，分“会计”、“货币”、“国债”、“银行”、“租税”五编，以文言体论述，辑录当时颁行的各项法规和条例，并对世界各主要国家的情况作对比介绍；胡翔云编译《日本地租论》，1913 年 10 月编者自刊，依据日本各类财政租税书籍辑译；日本金井延著，康宝忠译《经济学研究法》，1913 年上海民主图书公司出版；日本石坂橘树著，沈化夔译《农业经济教科书》，1913 年上海新学会社出版，概述农业经济的特性及其与技术、企业等的关系，并分述生产、交易、分配、消费等；陈宗劭编《经济学问答》，1914 年 2 月上海会文堂书局出版，内分“价值成立论”、“价值变动论”与“价值消灭论”三部分；益友社编译《经济政策大全》，1914 年 2 月天津益友社出版，参照日本大石定吉的原作《经济政策》，论述国家部门经济政策（包括农业、工业及社会、商业、交通、殖民等政策）的制定和依据等；美国人斯密史著，曾鲲化译《经济统计》，1914 年 3 月北京共和印刷公司出版，总论“经济上应用之统计”，另分“消费及生产”、“交换”、“分配”3 编；东方法学会编《经济学要览》，1914 年 6 月上海泰东图书局初版，7 月再版，以表解形式说明生产、交易、分配、消费等经济原理；宋任的《（傅克思氏）经济学》，1914 年 8 月泰东图书局初版；周锡经编《经济学讲义》，1914 年出版，

① 以下所引征的经济学著作书目，主要见于北京图书馆编：《民国时期总书目（1911－1949）》“经济”部分，上下册，书目文献出版社 1993 年版；以及谈敏主编：《中国经济学图书目录 1900－1949 年》，中国财政经济出版社 1995 年版。

论述国民经济发展的主要条件及生产、交易、分配、消费等问题;日本津村秀松著,彭耕译《经济学大意》,1915年2月上海群益书社初版,1928年第6版;叶弼著述《公司条例详解》,上、下卷,1915年6月福州利福印刷公司印刷,以文言体概述公司的定义、种类、设立、住所,并解释无限公司、两合公司、股份有限公司、股份两合公司的条例;经界局编译所编辑《各国经界纪要》,1915年7月编者自刊,侧重论述日本、琉球、中国台湾、朝鲜、越南、法国、德国、美国等国家及地区的地租、地制问题;经界局编译所编辑《中国历代经界纪要》,1915年7月编者自刊,以文言体论述中国历代田制、赋制等;覃寿公著《救危三策》,1916年8月北京华国印书局印刷,提出"军队改制"、"发展交通"、"开发产业"等对策;美国泰罗著,穆湘玥译《学理的管理法》(The Principles of Scientific Management),1916年11月上海中华书局初版,1934年第7版,以文言体介绍工厂科学管理方法的必要性、原则、效益、注意事项等,并以实例说明;李作栋著《最近各国经济状况纪实》,1916年12月北京经济学会出版,论述第一次世界大战前后的经济危机以及英、法、德、美等国的经济状况;等等。

相比之下,本时期的经济学著作,仍集中于商业贸易、财政税收、货币银行等应用领域。例如,商业贸易方面的著作有:日本和田垣谦三著,徐宗稚、周保銮译述《世界商业史》,1911年11月上海商务印书馆初版,1916年第4版,以文言体叙述"太古"、"中世纪"、"近世纪"三个历史阶段的世界各国商业发展史;俄国柴索维著,李垣、王樾译《太平洋商战史》,1912年5月北京新智囊初版,内分殖民地与销货场、太平洋沿岸之商业、东亚之销货、各国欲开放中国门户政策,以及日、英、美、法、德、俄在太平洋之竞争等;杨汝梅编《最新商业簿记》,1913年出版,介绍商业会计原理及其应用;日本津村秀松著,覃寿公译《商业政策》上、下册,1914年8月汉口维新印书局出版,以文言体论述国际贸易学说及政策的发展、国际贸易政策诸手段、国际贸易方面的列强现势与将来、日本的外贸发展方向与国策;赵玉森编《商业历史》,上、下册,1915年4月上海商务印书馆初版,上册为中国商业史,1924年第8版,下册为外国商业史,1924年第5版;曾牖编《商业算术》(上册),教育部审定的商业学校教科书,1915年5月上海商务印书馆初版,1920年4月第6版,内分"四基法"、"复名数法"、"分厘法"、"利息法"等5编,讲授有关的计算方法;刘大绅编,蒋维乔校订《商事要项》,教育部审定的商业学校教材,1915年7月上海商务印书馆初版,1922年第10版,包括绪论、商事、管理、银行、堆栈、运送、保险等8章;日本井上辰九郎著,吴瑞译《商业政策》,1915年9月上海泰东图书局出版;英国裘昔司著,程灏译述《上海通商史》,1915年11月上海商务印书馆初版,1926年1月第3版;柳准编《商业经济》,1916年4月上海商务印书馆初版,1926年第8版,内分"经济通论"与"商业经济"两编,以文言体阐述经济学的定义及贸易、货币、银行、国外汇兑等理论与实践问题；盛在珦编，刘大绅校订《商业实践》，教育部审定的商业学校教材，1916 年 5 月上海商务印书馆初版，1922 年第 4 版，内分总论、零售业、批发业、媒介商业 4 编；吴江、王言纶编《最新商业学》下册，1916 年 11 月上海中国图书公司初版，讲述与商业贸易有关的银行、堆栈铁路、海运、保险、交易所、税关等方面的实务；等等。

财政税收方面的著作有：日本工藤重义著，李犹龙译《各国预算制度论》，1912 年 9 月上海群益书社出版；过耀根等译《财政渊鉴》，上册 1912 年 9 月初版，1913 年再版，下册 1912 年 11 月初版，1913 年第 3 版，内分租税、公债、会计、货币、银行、财政学 6 编，分别译自日本田中穗积、田尻稻次郎、堀江归一及德国怀格那等人的原著；龙骧著，蒲万龄校阅《国家财政四大先决问题》，1912 年 10 月上海东亚文学社出版，提出“规定行政阶级以划清财政之界限”、“先定国家税项以建树财政之基础”、“划定国家职务以统计经费之范围”、“确定行政宗旨以配置经费之分量”等 4 个问题；吴兴让著《划分财政管见》，1912 年出版；蒋筠编《预算决算论表解》，1913 年 6 月上海科学书局出版，用表解形式介绍预算决算的历史、范围、制度、程序、方法等主要概念；杨汝梅编著《官厅簿记讲义》，1913 年 2 月著者自刊，8 月第 3 版；杨汝梅著《财政实业集论》，1913 年 10 月著者自刊；陆定著《国库制度》，1913 年 10 月北京经济协会出版，多取材于日本有关著述及陈宗妫考察日本讲稿；日本小林丑三郎著，陈启修译《财政学提要》，1914 年 4 月上海科学会编译部出版，内分财政学之意义及职分、财政学之发达、财政之特别原则、财政之计划、预算案、公共经费论、公共收入论、租税论、公债、岁计等；东方法学会编《财政学要览》，1914 年 6 月上海泰东图书局初版，7 月再版，多取材于小林丑三郎的《财政学提要》、《比较财政学》及松崎藏之助的《最新财政学》；蒋筠编《公债论表解》，1914 年 9 月上海科学书局出版，用表解形式介绍公债之沿革、学说、定义，公债与租税的关系，公债种类及其得失等；晏才杰著《田赋刍议》，1915 年 4 月北京共和印刷局印刷，叙述清季及民初田赋概略、北京政府整理田赋计划，以及中外人士和作者本人对整理田赋的意见等；日本泷本美夫讲述，孟森译述《财政学》，1916 年 3 月上海商务印书馆初版，文言体，作者在东京高等商业学校的授课讲义，除绪论外分为支出、收入、收支之合适 3 章；王琴堂编《地方财政学要义》，民国初年出版，内分总论、地方经费论、共有财产论 3 编；等等。

货币银行方面的著作有：法国德孚斐尔著，王鸿猷译《泉币通论》上、下卷，1912 年 3 月著者自刊，上卷论货币的作用、沿革、种类、本位及各国币制等，下卷论币值、物价与纸币等；荷兰卫斯林、陆德著，邵长光译《中国币制改革初议》，1912 年 7 月青岛市观象台出版，包括“总论币制改革”与“论金汇兑本位制之重要及实行”两卷；王俊臣著《最新银行学指南》，1912 年 8 月上海商务印书馆初版,上编存款、贷款、贴现、汇兑、银行“附随”业务等,下编银行簿记;陈宗蕃编《古今货币通论》,1912年著者自刊,内分中国古代之货币、中国现行之货币、各国通用之货币3章;张天爵著《货币学表解》,1913年4月上海科学书局出版;彭继昌著《整理纸币意见商榷书》,1913年9月著者自刊,内分整理纸币之概论、收回旧纸币之办法、发行新纸币之办法、收回发行之次第等4章;黄遵楷著《金币制考》(又名《建设金银货币案》),1913年著者自刊,概述货币的性质及作用、中国应采用金本位制的理由、各国币制等;美国辖益脱著,郑之蕃译《法兰西纸币祸史——中国财政之殷鉴》,1914年2月上海国华书局出版;刘冕执著《中国币制及生计问题》,1914年3月北京生计研究社出版,论文集;王毓炳编辑《银行营业法表解》,1914年3月上海科学书局初版;蒋筠编《银行实务表解》,1914年4月上海科学书局出版;马国文著《货币学》,1914年5月著者自刊,上编“正货论”为货币的起源、职能、铸币、流通法则、制度、本位论、国际货币等,下编“纸币论”为纸币的性质、发行方法、兑换、证券准备、发行机关等;蒋筠编《银行学表解》,1914年12月上海科学书局出版,用表解形式介绍银行的定义,中央银行和商业、农业、工业、储蓄各类银行以及票据交换所等基本知识;上海实业编译社编《银行讲义》(第1期),1915年3月编者自刊初版,包含银行概论、银行经营论、外国汇兑、银行簿记、上海钱庄近况及上海中外各银行调查录等;章宗元著《中国泉币沿革》,1915年11月北京经济学会初版,内分历代泉币沿革大略及制钱沿革、铜元沿革、银元沿革、铸造币局厂沿革、金银铜换算价格及银铜币统计、金银进出口及国际贸易之差额、国家纸币及银行兑换券、币制本位及单位问题等8章;周锡经编《银行论》,1915年,内分银行之概念、资本金与公积金、存款、贴现、贷款等5章;佟灿章著《东三省金融币制论》,1915年著者自刊;张廷健著《银行论》,1916年11月初版,内分总论、商业银行、特殊银行等3编,讲述银行学基本原理及各类银行的职能和一般业务;黄遵楷编《调查币制意见书》,1916年12月北京商务印书馆出版,调查我国当时的币制,提出应行金本位制,介绍日本实行的货币制度与各类银行的性质等;姚传驹著《纸币政策》,著者自刊于民国初年,内分绪言、纸币政策之目的、纸币政策之内容及其实行方法、纸币政策之先决条件等问题;等等。

以上主要初版于本时期的经济类著作,就其整体而言,与前一时期相比,可以说进一步加强或凸显了前一时期已经显现出来的若干趋势。首先,经济类著作的增长势头,颇为强劲。这一增长势头,前一时期已可见其先兆,到了本时期,更为明显。舶来经济学的引进本来有一个逐渐扩展的演进过程,同时与辛亥革命后国民意识的转变不无关系。如孙中山一派认为,推翻满清政府,意味着政治革命告一段落,社会革命上升为最突出的问题,面临促进经济发展过程中防范贫富悬殊的经济领域革命。这是当时一种很有代表性的观点。即便不赞成这种观点者，也或多或少地存有以经济事务为重的意识。在这种意识的影响下，重视并推动舶来经济学的引进和运用，也就成为顺理成章之事。

其次，在经济类著作中，理论性著作增长较为缓慢，应用性著作增长十分明显。上述书目，已经剔除了相当一部分纯粹实务性的经济类著作，尽量选取那些带有理论意味的著作，但从书名和著作简介内容看，应用性著作仍占相当大比重。这一增长的相对比例态势，与国人对于舶来经济学的时代需求，是相适应的。尤其在商业贸易、财政税收、货币银行等应用经济领域，反映出时人的特殊兴趣。这与前一时期流传的经济类著作的特征相似，并且更为显著突出。这里提出经济理论著作增长缓慢的事实，不能简单地从人们对于应用类或实务类经济著述的需求更为广泛而强烈的客观对比上去说明，还应看到当时国人对于舶来经济理论本身的主观理解，仍比较隔膜或者存在障碍，由此也影响了此类经济学著作的引进。

再次，注意经济学知识的运用，成为引进经济类著作的一个特点。西方经济学知识的最初引进，开始只是当作新奇的舶来品来把玩和观赏，很少考虑有什么实用价值。即使有所考虑，也是凤毛麟角，而且往往被西洋人或东洋人用作向中国人灌输其价值观念的工具，就像早年京师大学堂选用翻译西方经济学著作为教材，便是如此。随着时间的推移，国人逐渐感受到舶来经济学无论作为理论体系还是分析工具，对于观察经济事物和解决实际经济问题，确有其应用价值。于是，运用舶来经济观点分析处理中国经济问题，以及通过撰写教材和通俗读物推进经济学的普及，不断有人尝试，日趋形成一种风尚。到本时期，这种风尚的轮廓，比前一时期显现得更加清晰。这一点，后面叙述同时期各种刊物发表的各类经济学文章，还会继续加深这一印象。本时期更多的国人参与尝试运用经济学知识作分析或普及推广，使得前一时期曾以自撰经济学著作而风云一时的代表人物，不论是仍孜孜于经济学分析的梁启超，还是已转向宣扬其《大同书》甲、乙两部和孔教救国的康有为，不能再专其美。这一风尚，只是就引进舶来经济学著作的新特点而言，相比较而言。从本时期经济类著作的整体看，属于翻译引进的经济类著作（包括那些以编著名义出现而其内容均系翻译货色的经济类著作），仍占相当大比重。国人自撰的经济学著作中，也带有不少照抄照搬外人著作的浓重痕迹。由此亦可见本时期国人吸收和运用舶来经济学的阶段性特征和时代局限性。至于说当时国人利用经济学知识分析本国经济事物，多属具体的实务性问题，鲜有基本经济理论问题的探索，那也是当时经济理论环境的不成熟之所致，无怪于个人。

最后，舶来经济学的取材范围，反映在经济类著作方面，显示出由单一趋于多样的趋势。20世纪初以来，在一段时间内，舶来经济学的直接供应地，除了个别例外，几乎清一色来自日本。舶来经济学的要素，基本上由欧美国家的经济学构成,日本却成了向中国转贩或加工改造后再向中国销售舶来经济学的要冲和基地。这是当时中国特殊历史条件下形成的引进西方经济学的特殊路径,路径一旦形成,不易改变。直到前一时期,才在大量译自或取自日文原作的经济类著作之外,偶尔和零星地看到个别译自非日文原作的经济学译本。本时期,原来的个别现象进一步变得不那么个别了:经济类著作中,不仅直接来自非日文原作的译本有所增多,而且直接译自诸如英国、美国、法国、俄国、荷兰等不同国家作者的经济学著作亦时有所见。当然,本时期来自日本的经济类著作仍占压倒性优势,这一变化只是一种趋势,但它的延展,却为将来打破传统路径,改变或丰富舶来经济学的取材范围,开辟了局面。

(二)经济类刊物的经济学文章概述①

前一时期,经济类刊物的风行,成为期刊业中引人注目的现象。当时此类刊物,一般以商务、商业、商工、实业等词汇命名,换言之,都是些注重经济实务的应用性刊物,不是经济理论性刊物。这一特点,本时期仍沿袭下来。不过,此时也出现一些由经济学会或商学协会编辑发行,直接以经济、财政经济或商学等命名的经济类刊物,似乎带有较多的理论色彩。总的看来,这些刊物还是以经济实务为主,属于应用性刊物。这同那一时期舶来经济学传入中国的基本形势,是相适应的。所以,将本时期发表在经济类刊物上的经济学文章情况与前一时期对照,没有什么实质性变化,更多地表现为数量方面的增长。随着数量的增长,实用性文章大幅度增加,理论性文章同样在增加。这与舶来经济学传入中国的发展趋势,也是相适应的。下面,将本时期发表在经济类刊物上的经济学文章情况,作一概述。

《中国实业杂志》(Industrial China),1910 年 10 在日本东京创办,月刊。此刊发表的绝大多数经济类文章,都是具体的务实性文章,可以删去不论。剩下来有些理论分析内容的文章,也就不那么多了。例如 1912 年到 1916 年间有:李文权(杂志社社长)的《奢侈亡国论》(连载 2 期),《论国货与洋货之消长》,《论借外债以兴实业之利害得失》,《论借债与共资兴业而参以己见》,《论机器入口者多有益于国无害于民》,《中国四千年盐政沿革考》,《市价不二之利害比较》,《论中国茶之古今得失》,《兵战商战优劣说》,《中国实业之存亡在此欧洲之一战》(连载 2 期),《善夫整饬国货以利民生说》,《论货币与欧战之关系》,四论《国际贸易之根本在国民外交》,《论欧战之结果及于中国实业将来之恶影响》(连载 2 期);《最近之世界各国贸易》(译自英国杂志,连载 2 期);醒吾的《论我国经济势力之幼稚实业因以不兴》;吴我尊的《兴实业以救奢靡论》,

① 参看上海图书馆编:《中国近代期刊篇目汇录》,上海人民出版社,第 2 卷下册,1982 年版;第 3 卷上册,1983 年版;第 3 卷下册,1984 年版。

《民国之实业观》；周宏业的《论中国币制之本位》；杜亚泉的《中央财政概论》（连载 2 期）；林兵爪的《农矿比较论》（连载 2 期）；日本伊藤重治郎著，砀鱼译《美国商业政策之将来》；被选的《论强国弱国振兴实业之不同》；《论中国关税可以增进收入之理由》；黄遵楷的《拟定金本位制说略》；杨肇嘉的《商品之魔性及其价值》；《论中国振兴农业以裨益经济之方法》；《论我国经济奇绌之原因》；蒋锡韩的《论商工业与地理上之关系》；骝鸿的《经济政策之商榷》；《中国通商贸易补救说》；英国威林球氏著，陆霭云节译《海上保险之历史》（连载 4 期）；冷眼的《论实业与失业》；俞逢清的《中国今日之保险政策》（连载 2 期）；等等。

《山西实业报》，1912 年 5 月在太原创刊，初为旬刊，第 15 期起改为半月刊。其 1912 年至 1913 年间载文，涉及理论分析的经济类文章有：抱冰的《论工》（连载），《论商》（连载 2 期）；次郊的《论矿》；黻卿的《欧美列强对中华贸易政策》；《万国货殖论》；《理财学纲要（生产论）》（连载 2 期）；《理财论纲要（循环论）》（连载 3 期）；《论实业不振之原因》；等等。

《经济杂志》，1912 年 7 月在北京创刊，双月刊，北京经济协会陆定主编。其前 5 期的经济学文章有：陆定的《民国初期之财政计划及整理》（连载 4 期），《财政统一论》；潘敬的《中国国债与外国国债之比较》；黄宗麟的《英国之国家信用》，《日本所得税之报告》（连载 3 期）；黄艺锡的《公债政策之成绩》（连载 2 期），《世界经济界》译文，《论国民经济》译文；何福麟的《米国新关税法之要报》（连载 2 期）；姚东彦译《日本中央财政及地方财政近情》（译自日本时事集录）；沈其昌的《英日战后之财政与军国主义之关系》；唐肯的《日本官业之膨涨与其经济的效果》；陆耀焜的《各国财政近状》（译自日本时事集录）；陈经的《论日本新年度之预算案》；等等。

《生活杂志》，1912 年 8 月在上海创刊，半月刊，平民共济会机关刊物。其前 14 期的经济学文章有：倚瘘的《东大陆国际商业竞争与民生问题之关系》（连载 2 期）；康宝忠的《国家问题与劳动保护之关系》（连载）；转译《东洋经济新报》的《劳动问题性质之变化》；日本本多精一著，百愚译《现时国民生活问题》（译自日本地球杂志，连载）；百愚译述《共同组合之作用》（连载 2 期）；日本津村秀松著，百愚译《各国劳动者之保护法》（译自日本国民经济杂志，连载 5 期）；无衺的《我国人现今之疗贫方》（连载 4 期）；枝指生译《生活问题之三要素》（译自板垣退助著社会政策）；妫的《平物价议》；罗甸的《劳动保险制》；琴的《均富论》；潘咏雷的《论大农制度不适用于中国》；逊的《日本产业组合法》（连载 2 期）；玄父的《组合论》（连载 3 期）；仲琴的《论经济三要素当以人力为第一关键》；喀司登著，特夫译《原贫》；东阜的《农本主义之社会观》；戚的《自力资生说》；等等。

《农林公报》（Agricultural Journal），1912 年 8 月在北京创刊，旬刊，农林

部编辑发行。其1913年底以前的经济学文章有：崔学材的《论农业与今后国家之前途》(连载2期)，《产业组合之效用》(连载3期)，《厘定田制刍议》(连载3期)；饶如棼的《重农说之施诸民国论》(连载5期)；潘咏雷的《重农重商之研究》，《救济小农金融说》，《重农救国说》；曾公智的《就输出入贸易论我国农业之前途》；王治焘编译《蚕桑经济史》(连载10期)；等等。

《经济杂志》，1912年9月在武昌创刊，月刊，中华民国经济学会编辑发行。其第1期有巨木的《论民国反正后经济界之危机及其救济策》，何膺恒的《日英会计检查院制度》，胡葆萼的《企业之财源》，刘先振的《银行史论》，雨廷讲演《经济学讲话》等经济学文章。

《民国经济杂志》，1912年10月在武昌创刊，月刊。其前4期的经济学文章有：蒋义明的《租税论》(连载2期)；黄玉墀的《民国现时财政救济策》，《中国财政根本救治策》(连载2期)；石厂的《贫民救济法》；寿珩的《论中华民国宜断行纸币政策》(译自《东洋经济新报》)，《支那财政观》(译自日本早稻田大学岸根桔讲演)；日本小林庄太郎著，绍勤译《米专卖策》；王世杰的《财政革命篇》(连载3期)；孙振宗的《论银之世界需给关系及其市价》(译自《东洋经济新报》)；徐方庭的《欧亚财政比较观》(连载2期)；李焦的《日本财界之现状及前途》(译自《东洋经济新报》)；等等。

《生计》(National Wealth)，1912年12月在北京创刊，旬刊，法律书报社编辑发行。其前12期的经济学文章有：念农的《农学概说》(连载6期)；《商业通论》(连载10期)；山骨的《释中国财产之公有私有制》；英国阿尔托耶尔巴著，铁飧译《德意志理财政策之始末》(连载3期)；英国支宾著，豹藏译《英国实业史》(连载2期)；香谷的《各国实业政策之比较》；等等。

《中央商学会杂志》，1913年2月在北京创刊，月刊。其前2期的经济学文章有：吴瑞的《我国输入超过与实业家之责任》；浦拯东的《论吾国关税及其整顿策》；潘承业的《信用组合论》；林志章的《公债利害说》；裘毓麟的《国际贸易均衡之理》；等等。

《实业丛报》，1913年4月在长沙创刊，初为半月刊，第13期起改为月刊。其1913年至1915年的经济学文章有：熊大垣的《吾国实业衰落之由来》，《实业家不可不知经济学之原理》，《广棉铁主义》；韬的《劳动组合与罢工》；日本寺岛成信著，韬、邓若钦译《日本对外商工策》(连载4期)；日本坂口武之助著，止止生译《中日贸易论》；等等。

《中华实业丛报》(The Technical of China)，1913年5月在上海创刊，月刊，次年9月停刊。其总共17期的经济学文章有：荆可恒的《中国对外贸易政策》(连载2期)；李善宜的《欧洲商业政策之统系》(连载2期)，《公司之区别及中国公司不能发达之由》；汪幼安的《航路不能国有论》；兰皋的《中国借外债与世界金融之关系》,《七年前之币制说》;等等。

《商学协会杂志》,1913年7月在宁波创刊,季刊。其第1期的经济学文章有:醒麟的《振兴中国商业策》,《重商篇》;狂生的《论中国商业衰败之原因》;胡祖同的《商学说》;季英的《创设银行之先决问题》,《银行问题之研究》;叔豪的《银行与钱庄之比较》;天仇的《产业发展策》;悲庵的《论股份公司》;大公的《论商业》;柴苹的《中国织物之需要与日本织物之消路》(译自日本实业杂志);滨山的《商业之实质》(译自日本商业报);等等。

《中国商会联合会会报》,1913年10月在北京创刊,月刊,次年改名《中华全国商会联合会会报》。其1916年底以前的经济学文章有:《说国民经济》;《公司浅说》;《商业的信用论略》;《释所得税》;《产业组合论略》;《资产与资本》;《说银行的效用》;《商业发达之变迁》;《经济及于政治法律之影响》;《论消费》;《商业成立之必要》;《货币之必要及其职务》;《说经济根本之事实》;《生产与营利》;《论器械应用及于经济上之影响》;《论交易机关及于经济之影响》;《利己心与爱他心》;《平民生计与平民教育问题》;日本河津暹著《最近世界商业之发达》(译自新日本杂志);陆子明的《过渡时代之实业政策》(连载2期);等等。

《财政经济杂志》(Eastern Economist),1914年6月在上海创刊,月刊。其前2期的经济学文章有:青来的《民国财政之前途》,《民国经济界与懋迁公司》;竞斋的《意大利整理国债考》(连载2期);记者的《世界银市之大势》(连载2期);发蒙的《我国革命前后经济状况与法国之比较》;微尘的《说关税》;惰民的《今后之财政果有转机乎》;彭心如的《埃及借债亡国小史》;叶尔钧的《论银本位之损失及设立金汇总本位之方法》;等等。

《中华国货月报》(The Home Products Journal of China),1915年9月在上海创刊,月刊。其前8期的经济学文章有:李卓民的《国货主义之八面观》(连载2期);美国斐斯克著,裴山达译《国际商业政策》(连载7期);《中国实业之前途》(译自英文远东时报,连载3期);《我国去年财政及贸易之外论》(译自伦敦泰晤士报);等等。

《商学杂志》,1916年1月在天津创刊,月刊。其1916年的经济学文章有:修父的《论中国公司事业之前途》(连载6期);杨梦超的《论商业盛衰与商业政策之关系》;张鬲阳的《论中国今日亟宜培植商业》(连载);牛维坦译《欧洲战争与中国贸易之关系》(译自中国公认西报);今生的《论银行与经济社会之关系》,《论中国商业不发达之原因》;镜清的《论流动资本与固定资本》,《商人与贩卖组合》,《中国今日之保商政策》,《社会进步利息是否下落》,《币制问题之商榷》,《人口与国民经济》,《我国古时之土地单税法》,《驳累进税不公正之学说》,《对于孟子赋税法之疑窦》,《自由贸易与产业之关系》,《自然的欲望命名上之疑点》,《余之中国人数观》,《中国今日宜否利用机器》,《天然与国民经济之关系》;愚公的《论物价腾贵与振兴国货》,《商人与无形资本》,《财政整理与经济发达之关系》,《论商业在经济学上之地位》,《我国劳银之研究》,《中国古代之经济行政》,《施行经济政策最要之十六字》,《李悝之农业政策》;Wiliam Atherton Du Puy 著,李培禄译《世界金融之潮流》(译自美国 The Outlook);李培禄的《银行券准备金制度谈》(连载 2 期);无逸的《人弃我取人取我与》;Samuel E. Sparling 著,钱书城译《制造业之组织》(连载 3 期);等等。

《福建劝业杂志》,1916 年 3 月在福州创刊,月刊。其前 3 期的经济学文章有:日本户田海市著,王倬译《日本对于中国之贸易》(上、下);日本冈实著,王倬译《欧洲战乱与商工业》(上、下);日本增田义一著,王倬译《自足自给之新经济政策》;等等。另在 1916 年 11 月创刊于昆明的《云南实业周刊》上,有童振藻的《近数年国际贸易之概况》等文章。

以上介绍的经济类刊物,绝大多数在本时期创刊。另外还有一些经济类刊物,也在本时期延续或创刊,由于其宗旨以具体的经济实务为主,未被包含在内。上述经济类刊物所刊载的经济类文章,在介绍时作了一些筛选,尽量剔除那些纯系实务性的文章,选取和保留带有理论色彩的文章。这样,从介绍的文章总量看,本时期刊载于经济类刊物的经济学文章,似乎少于前一时期,至多旗鼓相当。其实,以前一时期的选文标准衡量,本时期的同类文章,在数量上有比较明显的增长。只不过这种增长,基本上延续前一时期的发展轨迹,未有突出的变化。前面谈到经济学著作在本时期的若干传播特征,同样体现于这一时期经济类刊物的文章。如果说二者有什么区别,可能由于文章比著作更适于简练和及时表达,加上各种经济类刊物的各自专业取向日趋明显,因而这些经济学文章,虽然逊于理论的系统性,却也显示出一些不同的特点。如涉及面更广泛,更贴近经济实践,也更倾向于运用舶来经济理论或知识分析中国的现实和历史经济问题等等。

(三)一般刊物的经济学文章概述①

这一时期经济学文章的特点,无论综合还是分类看,有其共同性。或者说,在经济类刊物上显示出来的一些特点,在非经济类刊物上也多少有所显示。在经济类刊物上发表的经济学文章,由于比较集中,比起散见于非经济类刊物上的经济学文章,似乎更容易显现这些特点。在这里,把零散登载于各种非经济类刊物上的经济学文章,参照前面的选文标准,汇总起来,那些共同的特点,也清晰在目。例如:

---

① 参看上海图书馆编:《中国近代期刊篇目汇录》,上海人民出版社,第 2 卷中册,1981 年版;第 2 卷,下册,1982 年版;第 3 卷上册,1983 年版;第 3 卷下册,1984 年版。

《东方杂志》几乎历时20世纪整个前半叶，创办初期，很少看到有关经济学的文章。自1912年起，经济学文章不时出现，本时期累积了可观的文章数量。如：伧父的《中央财政概论》，《论依赖外债之误国》；汪笛帆的《官俸议》；钱智修译《中国赈济问题》（译自公论西报）；George Kennan著，钱智修译《论美国之对华贸易》（译自外观报）；钱智修的《美国新税则之施行》；经斯保雷著，钱智修译《美国之失业问题及救济事业》（译自美国评论之评论）；英国霍西著，钱智修译《中华盐政概论》（连载）；美国毓希尔著，钱智修译《德国战时财政论》（连载2期）；转录《民立报》的《论消费组合》，《我之经济政策》；美国彼得格洛史克著，杨锦森译《托辣斯问题》（译自美国北美洲评论报）；转录《民权报》的《资力集合论》；转录《民声日报》译《中国关税考》；日本石井与三郎著，卢尚同译《贫困论》（译自日本京都法学会杂志）；周宏业的《论中国币制之本位》；陈裕青的《中国户口问题》；壹庵的《币制本位之参考》；日本崛江归一著，章锡琛译《欧洲物价问题》（译自东京日日新闻）；日本汤原元一著，章锡琛译《就职困难问题之解决》；章锡琛译《世界财政观》（译自美国时论报），《英国今日之土地问题》（译自日本新日本杂志）；郁少华译《物价增涨之原因》（译自英国近世评论）；转录《经济杂志》译《世界贸易之趋势》；叶言咸译《美国产出物之增加与生产程度之关系》（译自旧金山报）；转录《时报》的《论近世国家岁出增加之原因》；冯国福译《中国茶与英国贸易沿革史》（译自英国财政时报）；美国勃洛克著，长风译《币制考》；棠公的《理财学沿革小史》；转录《生活日报》译《中国财政论》（译自大阪每日新闻）；转录《生活日报》的《古今生计之竞争》；萨摩尔滕著，甘作霖译《铁路估价论》（译自大西洋月报）；转录《神州日报》的《农地所有权之分配问题》；陈蕨的《欧洲战时之经济及财政》；高劳译《日人之开发中国富源论》（译自太阳杂志）；张文生译《欧战中之民食问题》（译自美国评论之评论）；转录某外报的《银价与吾国经济界之关系》；日本小川乡太郎著，俞颂华译《德意志军国主义之经济》；田尻稻次郎著，周鳌山译《时局与美德英法之经济界》（连载2期）；海期的《中国物价腾贵问题》；Frank W. Mahin著，止戈译《美与英法德之经济比较》（译自北美洲评论）；胡学愚译《中国现时之经济》（译自远东时报）；孟森的《财政学序》；孙恒的《银辅币赢余问题》；美国赫斯敦著，程景灏译《广告与商业道德之关系》（译自世界杂志）；美国李佳白的《论中国财政之奇窘应以何法为解救》；等等。

上海《法政杂志》，1911年创刊，其经济学文章侧重于财政金融方面，1912至1915年间有：吴了予的《论新中国之财政宜采用社会政策及其采用之方法》；日本高野岩三郎调查，希白译《法兰西国债》（译自欧美国债整理始末之一篇）；日本池岛诚三著，天顽译《金库制度论》（译自日本国家学会杂志）；日本神户正雄著，天顽译《信托公司论》（译自日本京都法学会杂志）；日本工藤重义著，天顽译《论年度开始前豫算之未议决》(译自国家学会杂志，连载2期)，《国会两院议决财政案世界各国之现况》(译自国家学会杂志)；日本熊崎良著，天顽译《租税转嫁概论》(译自国民经济杂志)；哈思经氏著，作霖译《论各国所得税制》(译自大陆报，连载)；甘作霖译《最近各国所得税法概论》(译自伦敦比较法制会杂志)；姚成瀚译《法国现行租税制度》，《德国现行租税制度》，《普国现行租税制度》(译自日本小林丑三郎所著财政整理论之一篇)，《美国所得税法之制定》(译自日本国民经济杂志)；日本神户正雄著，姚成瀚译《租税通论》(连载6期)；日本小川乡太郎著，姚成瀚译《论逋税争斗》，《意大利最近财政小史》；日本田岛锦治著，姚成瀚译《经济与道德之关系》；日本井浦仙太郎著，姚成瀚译《财与财产权》；日本神户正雄著，毕厚译《财政负担之国际比较》；德国泰赫古著，日本横见补一原译，毕厚重译《预算之原则及其法典之编纂并监督之适用》；毕厚译《论租税法与豫算之国法的关系》；日本松崎寿著，王倬译《论保险在经济学上之地位》(译自日本法学志林)；日本作田庄一著，王倬译《经济学之职分》(译自日本国家学会杂志)；钱景贤的《自课税原则上观察吾国新旧诸税》；日本泉精太郎著，陈承泽译《美利坚联邦所得税概论》(译自日本社会及国家)；英国惠勒氏著，王官彦译述《证券交易所通论》(连载3期)；陶保霖的《理财十弊》；日本田中穗积著，刘峙一译《二十世纪财政十五年史》；美国费斯克著，廖应铎译述《国际商业政策》(连载3期)；《评论中外人士整理田赋之意见》(转录晏才杰所著田赋刍议，连载2期)；等等。

《独立周报》(The Independent)，1912年9月在上海创刊，周刊。其至1913年6月的经济学文章有：梦渔的《生计问题一二》；秋桐的《国税与地方税》；汪炳台的《租税原则之研究》，《对于各种租税之评论》，《论经费之原则及其分类》，《论公债》，《单税制与复税制》；率群的《田赋篇》，《恶税篇》，《兴业篇》，《欧洲经济学思想变迁论》(连载13期)，《中国财产私有制之起原》，《新国家之国民经济》；日本金井延著，率群译《经济学研究法》(连载2期)；叶尔钧的《论金本位之难行》(连载2期)，《论内国债政策》(连载2期)；吴麋的《交易所与今日经济界之关系》；逐微译《德意志联邦财政制度》(译自日本地球杂志，连载5期)，《我国最近经济状态》(连载2期)，《欧洲都市之现状》(译自东洋经济新报，连载2期)；《公经济与私经济》；松岑的《税制因革谈》；等等。

《庸言》(The Justice)，1912年12月在天津创刊，第一卷为半月刊，编辑人吴贯因，第二卷改为月刊，其经济学文章主要见于1913年底以前的第一卷。如：吴贯因的《外资及于国民生计之影响》(连载)，《划田赋为地方税私议》(连载3期)，《中国动产私有制及不动产私有制之起源》，《中国复税制之起源》，《经济上政论之职掌》(连载2期)《论会计年度之短长并其得失及与岁出岁入施行效力之关系》，《中央经费与地方经费》，《论今日欲整理财政宜采用社会政策》(连载 3 期)；梁启超的《治标财政策》(连载 2 期)，《论审计院》；梁任公谈，李犹龙笔述《币制条例之理由》；梁任公谈《整理滥纸币与利用公债》；梁任公谈，姚传驹笔记《银行制度之建设》；梁启勋的《国民银行制度说略》，《中央银行制度概说》；叶景莘的《论利用外资振兴实业不能救财政之危险》；吴钩的《风俗奢侈及于国民经济之关系》；贾士毅的《论划分田赋当先决前提》；周宏业的《善后借款详论》，《论战时及乱后之财政》；吴鼎昌的《大借款与财政之将来》，《新币制谈》；张东荪的《财政与道德》，《预算制度论》，《关税救国论》；陈诜的《发行纸币宜取单独制不宜取多数制说》；林志钧的《免厘加税之研究》；贺绍章的《关税问题》(连载 3 期)；陈宗蕃的《论今日之豫算》；等等。

《言治》(Statesmanship)，1913 年 4 月在天津创刊，月刊，北洋法政学会编辑发行。其前 6 期的经济学文章有：荆可恒的《中国对外贸易政策》(连载 3 期)；李瑞锡的《采用保护贸易政策私议》(连载 2 期)；杨玉璠的《税制革新论》(连载 4 期)；郭须静译《银价高低与对华贸易》(译自日本国民经济杂志)；郁嶷的《论金本位制》，《欧洲人口出生率衰减之原因》；日本津村学士著，郭子默译《论奢侈》；等等。

《国民杂志》(The National Magazine)，1913 年 4 月在日本东京创刊，月刊。其前 5 期的经济学文章有：建极的《银行之本能及其效用》；李其珩的《我国财政实业之将来》，《地方财政概论》；登泽的《物价腾贵与民生问题》；日本根岸佶著，梁之柱译《中国财政之危机》；梁之柱译述《币制改革之问题》(连载 2 期)；叶江楫的《货币宜定金本位制议》；尔钧的《银行发达与金利之趋势》；梁绍璇的《谨蓄积以储国用论》；金承厚的《论发行兑换券之方法》；等等。

《说报》，1913 年 4 月在日本东京创刊，月刊，进步党东京支部的机关刊物。其前 14 期的经济学文章有：曾鑫的《国债与租税》(连载 2 期)；晦卢的《英国理财纲要》(连载 7 期)；麓樵的《币制概要》(连载 6 期)；方宗鳌的《国民储蓄机关论》(连载 2 期)，《经济上奢侈之问题》，《分功与共乐》，《楮币论略》(连载 2 期)；王灿的《银行救国论》(连载 3 期)；张鉴的《币制改革私议》(连载 2 期)，《中央银行特殊组织大纲》；戴正诚的《租税负担之归着》，《关税改正问题》，《非外债论》；孙孔厚译《日本货币制度》(译自日本堀江归一的货币论之一节)，《日本公债之沿革》；向岩的《国民生计问题之将来》(连载 2 期)；蔡允的《理财平议》，《原租税》；孙仲先的《对外贸易论》(连载 2 期)；叶尔钧的《论内国债政策》(连载 2 期)；朱赞勋的《整理财政刍言》；马筠的《劳动者失职问题》；徐钟英的《论保护政策与国民经济之关系》；持平的《中国商业消长之原因》；日本河津暹著(译自日本法学协会杂志)，又山译《论日支贸易之将来》；等等。

《雅言》，1913 年 12 月在上海创刊，半月刊。其前 12 期的经济学文章有：主编康宝忠的《国家经济上之劳动问题》(连载 4 期)，《论吾国今日物价问题与货币之关系》,《论今日国民之救贫事业》;率群的《世界最近经济学说变迁论》;一孔的《列国对于支那政治经济之竞争》;等等。

《正谊杂志》,1914 年 1 月在上海创刊,月刊。其前 9 期的经济学文章有:日本小林丑三郎著,周珏译《财政整理论》(连载 2 期);康宝忠的《中国经济之现象(资本问题)》;日本田中穗积著,殷铸夫译《各国最近十五年之财政》(连载 3 期);日本田中穗积著,姚成瀚译《战时财政上之公债观》;等等。

《中华杂志》,1914 年 4 月在北京创刊,半月刊,后改为月刊,次年 1 月停刊。其经济学文章有:黄遵楷的《金币制考》;Hermam Schwargwald 著,马幼生译《中国币制之改革》;杜师业译《中俄商业关系之改革》,《经济上之二大思潮》;胡家鑫译《论战争与经济》(连载 2 期);日本清水文之辅著,李其荃译《日人对我之恶毒的经济政策》;王郁骏译《欧洲战后经济政策之预测》(连载 2 期);蒯晋德的《外资与战争》(连载 2 期);光升译《战时经济及财政事情》(译自日本国民经济杂志);日本乌拉加米著,黄广澄译《日本财政之现状》;等等。

《甲寅杂志》(The Tiger),1914 年 5 月在日本东京创刊,月刊,次年 10 月停刊,共出 10 期,编辑人秋桐(章士钊)。其经济学文章有:秋桐的《银本位制》;KS 生的《列强与经济借款》;运甓的《立银行制之先决问题》,《非募债主义》,《欧洲战争与中国财政》;李大钊的《物价与货币购买力》;端六的《英国战时财政经济概观》,《战争与财力》(连载 2 期),《国币条例平议》,《战时财政论》(连载 2 期);皓白的《欧洲战争与吾国财政经济上所受影响》;等等。

《大中华杂志》(The Great Chung Hwa Magazine),1915 年 1 月在上海创刊,月刊。梁启超主任撰述,次年 12 月停刊,共出两卷,每卷 12 期。其经济学文章有:子云译《中国国债票与欧洲战争》(译自公论西报);马寅初英文原稿,严桢译《中国之盐税问题》;严桢译《交战国之经济状况》(译自北美杂志);梁启超的《余之币制金融政策》(连载 2 期),《论中国财政学不发达之原因及古代财政学说之一斑》;吴贯因的《中国经济进化史论》(连载 2 期);日本田中穗积著,农生译《最近十五年世界财政史》(译自新日本杂志);吴延清的《推行新国币宜速定新辅币及其种类私议》;叶景莘的《过渡时代之实业政策》(连载 2 期);日本盐泽昌贞著,徐大纯译《经济上之变态政策与常态政策》(译自新日本);晏才杰的《田赋刍议总论》;日本小川乡太郎著,友箕译《战后世界之金融》;日本堀江归一著,友箕译《一九一六年之世界经济观》,《欧洲联合诸国之经济同盟》;徐沧水的《中国银行最近之概况》;日本稻田周之助著,卢寿篯译《人口问题之将来》;法孝译《战后之贸易与国际经济战》(译自日本国民经济杂志,连载 2 期);芥舟的《德意志之经济》;陶祖侃的《财政问题》;观化的《论欧战原于经济之理由》(译自日本经济论丛);张效敏的《中国租税制度论》(连载 2 期);日本田岛锦治著,立明译《孔孟之政治经济说》(连载 2 期);王沤波的《中国纸币小史》；等等。

《新中华杂志》(The New China Magazine)，1915 年 10 月在上海创刊，月刊，次年 6 月停刊，共出 6 期。其中经济学文章有：实生的《今后之财政问题(利国福民之财政策)》(连载 2 期)；昶清的《关税与外债》；石公的《经济侵略之危险》，《经济独立与出入贸易之关系》；法国雷伟氏著，石公译《法国战时经济财政》；日本堀江归一著，其尤译《欧洲战后之经济问题》(译自太阳杂志)；复初的《我国民经济之弱点及其救济》；作栋的《民国三年各国经济状况记实》；等等。

《民彝杂志》，1916 年 5 月在日本东京创刊，不定期，留日学生总会所文事委员会编辑，李大钊任编辑主任。其前 2 期中的经济学文章有：博生的《新民国今后之经济财政重要问题》；天籁的《金融与产业》，《金本位制与金汇兑本位制》；胡希瑗的《论中国货币制度及其本位之采用》；其尤的《欧战中之经济》；张亦元的《中国最近财政概况》；日本根岸佶著，邓亮译《支那之经济》；等等。

这一时期，除了以上刊物，另有一些经济学文章零散见于其他各种非经济类刊物。如 1911 年 11 月创刊于上海的《进步杂志》，有绾章的《八十年银价之涨落与其关系》(1914 年 2 月第 5 卷第 4 期)；1912 年 10 月创刊于北京的《女子白话旬报》，有杨煜奇的《经济论说》(第 4—7 期)；1914 年 10 月创刊于成都的半月刊《共和杂志》(Republic Magazine)，有钟山的《中国财政史》(第 2 期)；1915 年 5 月创刊于武昌的双月刊《光华学报》，有梁楚珩的《中国工业史》(第 1 期)，欧阳启勋口述、冼震笔记《国家对于经济生活之干涉》(第 1 期)，觉民的《中国国际贸易之沿革概略》(德文，1916 年 3 月第 3 期)；1915 年 11 月创刊于北京的月刊《清华学报》，有魏文彬的《中国币制演说词》(第 1 期第 2 号)，张可治的《美国实业发达记》(1916 年第 1 期第 4、第 6、第 8 号)，程其保的《农业浅说》(第 1 期第 6、第 8 号)；1915 年 11 月创刊于上海的《英商公会华文报》，有《中国币制论》(1916 年第 2 期)；1916 年 5 月创刊于上海的双月刊《环球》(The World's Chinese Students' Journal)，有美国爱德华欧如普灵吞著、刘大钧译《工厂尽利论》(第 1—3 期)；等等。

比起前一时期，本时期发表在非经济类一般刊物上的经济学文章，显著增多。这也从一个侧面，反衬出那一时期发表在经济类刊物上的同类文章，应具有类似的增长趋势。这些经济学文章，因各刊物间相互转载，或作者一稿多投，或同一原作多种译文等，不免重复。总的看来，经济学文章的流行，不仅体现于经济类刊物，而且成为许多非经济类一般刊物的共同特征。在这里，既有编辑者个人偏好的主观因素，如一些刊物的编辑发表了不少经济学文章，更有受时代影响的客观因素。如沿着上一时期运用西方经济学理指导和处理中国经济实践的轨迹，国人更为专注于西方应用经济的理论和知识，继续扩展了在财政税收、货币银行、商业贸易等领域的研究、翻译和探讨,发表了大量的此类文章。又如辛亥革命打破清政府的禁忌,越来越多的国人出国留学考察或回国参与国事,推动了舶来经济学的传播,涌现出一批致力于经济学研究的人士,他们也是各刊物发表经济学文章的热衷者,其中既有梁启超这样活跃在前面几个时期的名人,也有李大钊这样初露头角而在以后时期引领时代潮流的新人。本时期处于民国初年和第一次世界大战爆发的特殊时期,如何建设新的中国,如何应对一次大战的国际环境,成为热门话题,自然也吸引不少人从经济学角度思考和研究这些问题,从而带来经济学文章的趋于繁荣。

综观以上的经济学著作、经济类刊物的经济学文章以及非经济类刊物的经济学文章之概述,虽然只是些皮毛,从中不难看出当时舶来经济学向中国传播的大致面貌。作为阶段性观察,这一时期舶来经济学的传播,仅从上述题目看,似乎仍像前面几个阶段一样,尚未提供令人感兴趣的内容,即未见经济学著述里专题介绍或评论马克思经济学说。这里给人留下一些不解之处:既然当时国人更多地把舶来的马克思学说看作主要解决社会经济问题的学说,何以在引进舶来经济学说的各种专题时,又把马克思经济学说排除在外。对此,曾尝试提出各种解释的理由。诸如,在西方经济学里,马克思经济学说不是居于主流派别的地位;国人限于自身的条件,对于西方经济理论的理解,尚须待以时日;马克思经济学说本身,显得比较艰深难懂;等等。这些解释合理与否,无须深责。值得注意的是,根据以上考察,可以得出一些初步判断。一是经过比较,可以判断,马克思经济学说传入中国,时至于此,仍主要通过社会主义思潮向中国的传播这一渠道,而不是通过西方经济学说的传播渠道。二是随着舶来经济学说的不断传入,既包括数量上的积累,分类上的扩展,更包括认识上的深化,尤其加强了运用舶来经济学说分析和指导中国的经济事务,经过这一铺垫,可以判断,国人引进和选择各种舶来经济学说作为自己的指导思想,同时也日益接近于把眼光转向马克思经济学说。后者一旦实现,马克思经济学说向中国传入,将从原先伴随着社会主义思潮的传播这一单行轨道,转入同时以社会主义思潮与舶来经济学说作为载体的双行轨道。

第二节　本时期经济学论著关于马克思经济学说的评介

本时期各类经济学著述(包括著作和论文)在中国的传播情况,从其书名篇目看,可以印证如下说法,截至 1916 年,马克思经济学说向中国的传入,尚未体现在经济学著述的传播领域。与此对照,随着社会主义思潮的传播,特别在社会主义著述的流传领域,显现出马克思经济学说传入中国的早期历史线索。这条线索最初表现为对马克思经济学说中个别观点的偶尔或附带提及,然后逐渐形成对其更多观点的有意识介绍,直至出现专论性质的评述以及从片断到比较完整的专题译文。单看所梳理的著述的表面题目,马克思经济学说传入中国的线索,到本时期为止,主要集中于社会主义著述的传播领域而非经济学著述的传播领域,几可成断语。但是,再深入一步,选取同时期所引进的若干经济学著作详察其内容,似又不尽然。前一时期经济学著作的例证分析,可以看到有些经济学著作把社会主义观点作为经济学的分析对象,甚至占有不小篇幅,这在一定程度上反映了社会主义思潮流行于西方国家的时代特征。不过,选取那一时期代表性经济学著作作为例证,除了个别例外如李佐庭的《经济学》译本,其他的经济学著作,即便专章论述社会主义问题,也丝毫未论及马克思经济学说。到了本时期,同样选取一些具有代表性的经济学著作进行个案分析,其中会有什么新的进展,特别在马克思经济学说的评介方面,会发生什么新的变化,这将成为分析的重点。

一、马凌甫的《国民经济学原论》译本

这是马凌甫译自日本津村秀松原著,经康寄遥校订的一部文言体译著,上海群益书社 1915 年 12 月初版,1920 年 6 月订正再版,这两个版本基本一致,下面引用的是它的订正再版本。

(一)关于译本序文的分析

马凌甫的朋友康炳勋曾为此译本作序,其中提到,马氏"素嗜经济之学",曾留学日本专治此学六年多,鉴于世界经济竞争,担忧中国前途危机,早就"有志于输入学说以救时",故译成此书。"吾国经济学说之不振"实为可悲之事,考察欧洲经济学史,可以追溯到希腊罗马时代,中世纪以后相继出现重商与重农之名哲,英国亚当·斯密出而"集前哲大成,开后贤先河",经济学独立为专科,其学说亦为"正宗派";此后社会主义起于法国,新旧历史两派踵于德国,最近奥地利又因袭德国学派而折衷之。其主义经历了"由干涉而自由,由自由而又趋干涉"的变化,其学说自始至今 160 余年。东瀛日本扬其余波不过 30 余年,已著作如林,风靡全国,直逼欧西国家。返观我国,虽然古代典籍里不乏"与近世经济学说相印符"的"片羽吉光",而且"终古不能掩没",但"数千年如一日",墨守重农教条,在经济进化面前濡滞迟回,其根源即经济"学说不倡之咎"。"值此经济竞争剧烈之秋,国民犹懵然于经济学说",势必落后。泰西经济学说传入中国以严复译斯密《原富》为始,此后十余年,我国研究经济学者不断增加。然而西方国家的经济学发展更快,"鸿儒辈出,思潮翻新,又月异而岁不同"。尤其德国新派"今方盛于东邦",津村秀松乃日本"后起之杰",曾"亲学于柏林",其著作"当亦斯学之后劲"。马氏翻译津村氏之书以饷国人,不出三

年,将如"朝夕之水火菽粟"一样为人们所需要。[①] 此序痛惜我国经济学之不振,全力为马氏之译作摇旗呐喊,其精神可嘉。这里所强调的西方经济学说,不是初盛时期的斯密学说"正宗派",或严复翻译介绍到中国的斯密《原富》,而是西方经济学发展过程中崛起不久的所谓德国"新派"。不论此派是德国的新旧历史两派,还是继承德国学派加以折衷的奥地利学派,重要的是德国新派经济学说正盛行于日本,其代表作是津村秀松的《国民经济学原论》。津村氏曾亲赴柏林留学,其著作可称为德国经济学之"后劲"。马氏曾在日本留学六年多并专攻经济学,其选择翻译津村氏著作以偿其输入经济学说以救时之宿志,亦可视为获得新派经济学之真谛。这恐怕也是康序对马氏译本大加赞赏的原因。

马凌甫在"弁言"里,进一步阐述了选择翻译津村之书的理由。他认为,"经济竞争之激,莫过于今日,而今日经济竞争之焦点,集注于吾国"。国门开放以来,帝国主义列强攫取我国利权,高价售我熟货,廉价易我生货,造成外贸漏卮之深,"诚令人目惊心悸而不能自已"。考察欧美经济界趋势,其发展日新月异,经济组织之分化与经营之集中并存,"资本万能主义,在欧美遂成唯一无二之问题"。我国则事事相反,"他人之忧,在资本之无所投,而我则迫于事事无资本;他国劳动者痛恨资本家之专制,吾国劳动者惟苦无大资本家经营大事业以为糊口之途"。所以说,我国经济问题,"非分配问题,生产问题也;非排斥资本问题,奖励资本问题也"。他斥责"欲引社会主义以适用于吾国"者"昧者不察","饮鸩以自毙"。今日刻不容缓之举,"普及经济知识,使人皆知经济上之新思潮,与夫各国经济界之新趋势"。接着,他追溯经济思想进化的轨迹,"迄今凡三变,一见于经济主义,一见于研究方法"。

经济主义的变动,"由干涉而自由,由自由而又趋于干涉"。中世纪以前不论,封建制度破坏后,重商主义励行干涉政策,奖励输出,限制输入,其弊丛生。重农主义应运而生,排干涉而主放任,继则经英国学派的修饰,"经济上之自由主义遂传播于一时"。其结果又产生今日经济界资本与劳动两阶级,"资本家累世安佚而愈富,劳动者终岁勤动而不免于贫",那些愤时嫉俗之士从救世之苦衷出发,复詈自由而主干涉。他们认为,"贫民困厄,病在分配不均,而致病之源,则在自由竞争与私有财产",要铲除贫富阶级,唯有"限制自由竞争,破坏私有财产"。此即社会主义主张。其政策纲要有三:"资本土地之公有";"生产事业之官营";"依分配上之正义,由共同机关分配收入于人民"。归纳起来,"其目的惟在使分配之公平,以期维持人类财产上之平等"。这些办法若实行,

① [日]津村秀松著,马凌甫译:《国民经济学原论》,上海群益书社,1920年6月订正再版,康炳勋"序"。

无异造成文明退步和消灭人类自由，它把一切事业尽委诸政府，给予其少数人以生杀予夺之权，由他们掌握一般人民的生命财产，如有不逞之徒占据共同机关，将何其危险。所以，"社会改良政策"取代社会主义而为现今各国所采用，它主张，"凡竞争的企业，一任私人自由经营，惟独占的企业，则归国家直接管理"，如此则"一面矫正自由主义之弊，一面又为社会主义之渐"。

研究方法的变动，"由演绎而归纳，由归纳而复趋于演绎"。斯密创立正统学派经济学，专用演绎的研究法，不一定适合实际情况。经济学独立而自成系统后，为切合实用减少空想，"有反对演绎而专主归纳的研究法之历史派，勃兴于德国"，主张世上没有绝对的经济对策，只有相对者，如自由贸易宜于工业萌发时代和发达时代，保护贸易宜于工业幼稚时代。此派分为温和与极端两派，前者主张演绎归纳并用，后者专主归纳。后来主张新演绎法者反对历史派，也分为两派，即数理学派与心理学派。前者以数理关系推演经济理法，以英美学者为代表；后者又称奥地利派，以价值论、限界效用说（即边际效用论）为其立论之关键。奥地利派终结了历史派，"藉其所供献之材料，推陈出新，为经济学将开一新纪元"。

在日本，经济学说的输入，在明治维新以后，数十年来，其经济学术，"尤若河出龙门，一泻千里"。其中津村博士乃"东邦后起之杰，而新派之泰斗"，其著《国民经济学原论》，"固冶英德奥各派于一炉，并折衷日本诸耆宿愿之说，系统的发挥而阐明之"，此书一出，日本人士"推为空前名著"。现中译本即根据其原著的订正增补本而移译，以贡诸国人。①

马凌甫在日本写成的以上译本序言，表达了在激烈的经济竞争中，面对西方列强对我国实施经济攫夺的危局，志在引进和普及国外经济学新思潮与经济界新趋势知识以救时弊的抱负，还流露出其他一些意见或判断，借以影响国人读者。一是从理论上和实践上否定社会主义的可行性。从理论上看，社会主义被归结为公有、官营和分配公平，其锋芒指向自由竞争和私有财产，将导致文明退步和人类自由丧失。从实践上看，政府设施本意为了一般公共利益，然而社会主义将一切事业交付政府中少数人，由其掌握一般人民生命财产的生杀予夺大权，一旦掌权之人居心不良，将产生危险后果。故对付资本与劳动两阶级恶化的恰当办法，应是独占性企业归国家直接管理、其他一切竞争性企业仍放任私人自由经营的社会改良政策。这些理由，并不新鲜，以前分析各种评介社会主义的著述时，不乏其见。下面还将看到，这也是津村氏原著的主要理由。马氏根据津村氏的观点，从经济学角度，在赞成和反对社会主义的两派

---

① 以上引文均见[日]津村秀松著，马凌甫译：《国民经济学原论》，上海群益书社，1920 年 6 月订正再版，马凌甫"弁言"。

对立观点中，旗帜鲜明地站在反对派的立场上。

二是强调社会主义不适用于中国的特殊国情。既从欧美国家的经济思潮方面判断社会主义的不可行性，又联系中国自身实际，在马凌甫看来，国情不一样，要引进社会主义以应用于我国，更是饮鸩止渴的自杀举动。他还将缺少资本的落后中国与奉行"资本万能主义"的欧美发达国家相比，意谓我国不存在"资本家之专制"问题，解决经济问题的根本途径，不在分配而在生产，不在排斥资本而在奖励资本。这也是十年前的论战中争论过的老问题，当时论战双方对于中国落后于欧美国家的特殊国情分析没有什么异议，但基于特殊国情选择什么样的发展道路，在这一问题上却有重大分歧。孙中山一派主张中国借此避免重蹈资本主义国家贫富悬隔的覆辙，减轻实行社会主义的代价和痛苦；梁启超一派则认为社会主义是西方国家发展到一定阶段才产生的问题，中国根本没有条件和必要实行社会主义，唯有选择走欧美国家的资本主义道路。显然，马凌甫继承了梁启超一派的观点，并敷以经济学的粉饰。

三是指出西方经济思潮进化的若干特点。其中所谓经济主义和研究方法的"三变"进化，不同于英国正统学派的经济学发展新特点，其实都与勃兴于德国的经济学变化有关。它称之为由干涉到自由再趋于干涉的特点，最终表现为将独占企业收归国家直接管理的社会改良政策，这一政策的理论基础之典型形态，是德国国民经济学。它称之为由演绎到归纳再趋于演绎的特点，也是先由德国历史学派打破正统学派的研究方法之传统。这些特点，与前面李佐庭的《经济学》译本、陈家瓒的《社会经济学》译本以及后面将要分析的一些经济学译本，有相似之处，均重视德国学派或"新派"对于传统经济学旧派的影响。比较起来，马凌甫对于这一影响的理解，眼界更为开阔一些。他选择津村氏《国民经济学原论》作为翻译对象，亦因其不止强调德国学派之一端，而是熔冶英、德、奥各派于一炉，并折衷日本诸耆宿之说，加以系统的发挥和阐述。这也算是他的译本一个特点。津村氏是日本经济学的"后起之杰"和"新派之泰斗"，当时国内流传的经济学著述中，有不少以津村氏《国民经济学原论》作为参考书目，因此，选译他的名著将会产生更大的影响。

(二)关于马克思经济学说的评介

此译本分七编30章，洋洋842页。第一编总论，除绪言外，含欲望、财、经济行为、经济、经济之发达五章；第二编国民经济发达要件，除绪言外，含天然、人口、国家三章；第三编生产论，除绪言外，含生产、土地、劳动、劳动之调和、资本、技术、企业七章；第四编交易论，除绪言外，含交易、价值、价格、货币、纸币、信用六章；第五编分配论，除绪言外，含所得、地代、利息、赁银、利润、保险六章；第六编消费论，除绪言外，含消费、恐慌二章；第七编结论，除绪言外，含经济思想之发展一章。可见，此书的体系结构，第一编主要介绍经济理论的基本概念，第二编重点介绍国民经济理论，第三至第六编是生产、交易、分配、消费的四分法体例，关于马克思经济学说的评介，主要见于第七编第 30 章经济思想之发展中第 3 节有关社会主义的论述。

此书第二编国家一章内论述私有财产制度之利害，曾提到，近世文明与经济上的进步，皆为私有财产制度及自由竞争之“赐物”，此即私有财产制度之一利；私有财产制度发达的结果，资本占生产最重要地位，势必由资本的不平均引起财产的不平均，“致使贫富之差日甚，贵贱之别日遥”，无财产无资本者将“憔悴呻吟于资本主义之下，而永无向上发展之机”，这“决非善良社会之状态”，此即私有财产制度之一害。面对此害，共产主义与社会主义应运而起。共产主义的主张，“全然不认所有权，而欲造一完全共产的社会”，又名“完全共产主义”；社会主义的主张，“非全然不认所有权，仅欲使一部之生产手段化为共有，以造半共产的社会”，又称“半共产主义”。在“否认所有权之存在”方面，两者则一。对于这两个主义，作者的见解是，“所谓人类有先天的平等之权利者，不过一种妄想的前提”。人类在法律上的平等，“乃就财之获得或其他行为而与以平等机会之意，非使其可得平等之结果之意”。各人在精神和肉体上存在“优劣之差，贤愚强弱之别”，若一定让人类在财产的获得及其他方面取得平等，这是“不正之甚”，“置不平等之人类于平等之境遇，乃真不平等”。至于说资本家因土地资本私有“横夺劳动结果之具”，此说“虽含一部之真理，然谓生产全为该劳动者之功，亦误”。今日社会分业与协力盛行，无论何人，“不得以自己之产物，自己之劳力，全然归功于自己之一身”，所以，共产主义与社会主义，“其论据均含多大之误谬，则其论自不能免失当之讥”。作者也承认，“纯然私有财产制度，决非完全之社会组织，而不可不促其改良”。其所谓改良，“乃修正而非革命，乃制限而非破坏”。人类的利己观念远胜于利他，利己心虽不是经济行为的唯一动机，无疑是推动经济行为“最有力”者。可以说，“一切文明之进步，非于私有财产制度之基础上有个人利害之紧切，终难望其大成”。因此，以今日人文程度，“舍私有财产制度外，不能期国家社会之发达与幸福”，其有害一面，主要表现在私经济与国民经济相反，个人利益与国家利益冲突，经济利害与政治利害不相容等，因而有必要对所有权加以限制，但必须谨慎行事，因为“私有财产制度者，为近世文明发达之根本的基础”。[①] 以上对于共产主义和社会主义的批评，只是序曲，大致表达了作者的基本见解，其“详细批评”，包括对马克思经济学说的评介，则见第七编内“社会主义”一节。

“社会主义”一节里，首先，介绍社会主义概念。社会主义思想源于古希腊

---

① 以上引文均见[日]津村秀松著，马凌甫译：《国民经济学原论》，上海群益书社，1920 年 6 月订正再版，第 136－139 页，“第三款 私有财产制度之利害”。

柏拉图,它的勃兴发达在19世纪以后,尤其是19世纪下半期。其起因在于,产业革命明显扩大了资本主义社会内部的贫富差距,现代文明的进步使社会以财产的有无大小作为衡量标准,以富凌贫和以大压小的物质不平等造成人生一切不平等,人类平等思想的觉醒,相信人类不平等的恶果来自现存社会组织的私有财产制和分配不均等等,"社会主义乃应时而起"。社会主义如何实行,其说不一,其共通的主张,"社会为主,个人为从,而以私有财产制度下个人为主、社会为从之不适,乃欲改组共有财产制而为之颠倒其位置",换言之,"个人之利与社会之利相一致,惟理想之社会可望其然,若现在私有财产制,非惟不相成而实相反,故欲改为共有财产制而企图其间之一致者"。社会主义一致将现行社会的罪恶归咎于私有财产制度;其矫正方法,惟有财产共有。依照改变私有财产制为共有财产制的程度,它又有所区别。"欲举一切财产而为共有",是谓"共产主义";"仅主生产财产为共有",一般称为"社会主义"。二者区别不甚明确,学者多以共产主义与社会主义为"异名同体"。对此,作者在附注中提出其他的分辨办法。如谓共产主义主张"共同生产,共同消费",社会主义制度主张"共同生产,私的消费";又如"无政府主义"更与共产主义社会主义"相混用而实则大异",主张"废政府而建设一切放任个人自由行动之社会","虚无主义"乃无政府主义之"别名","虚无党"亦"略有同一之性质"。进而言之,社会主义与无政府主义的区别,前者为"国家(社会主义之国家)万能主义","灭视个人","过重公力","极端专制主义","极端干涉主义",为"个人主义之敌";后者为"个人万能主义","灭视国家","过重私力","极端自由主义","极端自然主义",为"个人主义之友",二者的思想与主义"固皆若枘凿不相入,而黑白相反者"。社会主义"置重富之分配之公平",为"经济上之革命主义";无政府主义"置重权力分配之公平",为"政治上之革命主义"。"不满足现状而谋所以破坏之"这一点,二者一致;经济上的革命必须依赖政治上的革命,因而近时社会主义者尤其社会民主党亦多注重政治运动,"两者遂相接近,而呈互相提携之奇观,是以外部亦若无甚差异"。①

其次,介绍共产主义论旨。共产主义又名"集产主义",主张"社会一切之财(即财产)尽归公有",实则"欲全废今日私有财产制度而易之以完全共产制度,使现社会组织由根柢破坏,而变为一大共同组织,如大家族之关系"。共产主义若实行,土地、房屋、矿山、工场、交通机关、机械器具、原料燃料等一切"生产财产"尽归共有,"万民从政府命"共同从事生产;所有生产物悉为共有,储存在公设仓库,"政府应各人所需,渐次给付于各人,而使之消费";生产财产与享

① 以上引文均见[日]津村秀松著,马凌甫译:《国民经济学原论》,上海群益书社,1920年6月订正再版,第810—813页,"第一款 社会主义之概念"。

乐财产都是共有物，“万民共家屋，共衣食”，乃至“一国一切经济无不共通，政府如家长，庶民若儿童，举社会而成一大家族，举社会经济而为一家事经济”。其理由是，“自土地以至一切天然及天然之恩惠物，皆神之所造者”，非为私人而造之，乃为天下万民而造之，故“使用之权利，万人同等；一私人而占有之，贼也”。不论动产与不动产，生产财产与享乐财产，“凡斯世所有一切之财产，悉置之共有财产制度之下，此乃正义而合致于神意”。如此则世间无贵贱之差，贫富之别，一国如一家，一国之民如一家族，“共同事耕稼，即以其所得而共同制造之，复以其制造所得而共同消费之”，和睦相处，共享其惠，这才是真正的人类幸福。希腊先哲柏拉图首先主张“废除一切所有权而建设完全共产主义之国家”；然后英国的莫尔、欧文、汤普森，法国的巴贝夫、卡贝等，自投资购置土地企图实现共产体，“然皆以失败终”；另外，法国的圣西门、傅立叶基于学理提倡社会主义，或有蒲鲁东、路易·勃朗探索实行之途径，“然大体犹不免为妄想的社会主义”。此时共产主义社会主义的发生与发达，都在英国和法国，

> “厥后继承其说而大成者，反见之于德意志。马克斯（Karl Marx，1818－1883）、般格尔（Friedrich Engels，1820－1895）、罗多伯尔斯（Johann Karl Rodbertus，1805－1875）、拉萨尔（Ferdinand Lassalle，1825－1864）等，皆尽力主张，而为近代社会主义学者之中坚。而社会主义，实因是等社会主义者之研究，始整然为一学说，世称‘近世社会主义’（Modern Socialism），又曰‘学理的社会主义’（Scientific Socialism）。”①

这是把马克思、恩格斯、洛贝尔图斯和拉萨尔都作为德国继承英法二国社会主义学说并集其大成者，或并称为“近代社会主义学者之中坚”；强调经过他们的研究，社会主义才成为一种完整的学说，即“近世社会主义”，又称“学理的社会主义”（今译科学社会主义）。

第三，介绍社会主义论旨，也是“近世学理的社会主义”之论旨。社会主义主张“社会一切资本之公有”，亦即“公有社会一切‘生产手段’而新组织共同的生产经济”。在各人财产内，只许私有“享乐财产”，“生产财产”则共有，“变现在私的生产状态而化为公的生产组织之主义”。可见，社会主义在生产方面与共产主义相同，在消费方面与共产主义相异；共产主义“主张生产消费公营”，社会主义“惟主生产公营而已”。故又称共产主义为“完全共产主义”，社会主义为“半共产主义”。社会主义若实行，生产手段一切皆归国家公有，“除国家公有之资本外，无所谓私的资本，国家为唯一之资本家而又为唯一之企业家，

---

① 以上引文均见［日］津村秀松著，马凌甫译：《国民经济学原论》，上海群益书社，1920 年 6 月订正再版，第 813－815 页，“第二款 共产主义之论旨”。

因而为唯一之雇主”;人民“除从事于国家生产外,他无所事,万民同为国家之劳动者,国家统辖此无数劳动者,分类之,指挥之,监督之,供给一切之资本,使事适宜之生产”;生产所得的一切财产“悉数归诸国家之有”,储存在公设仓库,各地有公设店铺以供贩卖,劳动者持“劳动纸币”即国家按照劳动者的劳动日数所支付的代货币券随意购买其所需物品。社会主义国家允许享乐财产的私有,“家事经济仍为私经济组织”,人们各住自己的家屋,乘自己的车马,自购之物,自为所有,“其理想固与今日之状态无异”。作者在附注中说,按照劳动结果分配的方法,“固系马克斯一派之说”。其他的分配方法还有平分法,乃巴贝夫等人的主张;酬劳法,“为散西门及马克斯派之主张”,谓人生天性有贤愚强弱之别,适应于不同的劳动种类,表现为不同的劳动功程或成效,“财之分配,亦不可不视劳动之种类与功程而有所增减”;以及应需法,为路易·勃朗等人的主张。

社会主义的理由是,古代人们曾共同生活在共产制度下,后来随着所有权日益发展,形成今世私有财产制度,并伴随极端自由竞争,致使“强者侵占日多而渐富,弱者丧失益巨而日贫”,贫富悬隔于近时为最甚,其发展趋势“直有富者益富贫者愈贫之概”。造成此状况,“皆不外资本主义增长之结果”。按理说,财的生产虽由土地、资本和劳力综合而成,但土地为天赐之物,“非人所得私”;资本为过去生产的结果,“非可分其效果于现在生产者之间”;所以,“现在生产之所得,当独归功于劳力,故宜独归现在劳动者之有”。实际情况却不同,因为“私有财产制度下,有资本家之存在”。19世纪产业革命的结果,企业组织大变,资本地位大增,“有之者益荣,无之者益衰,胜负之决,一在资本之多寡”。富者独得事生产,贫者却不能,只有屈从于富者而供其役使。“富者愈富而数愈少,贫者愈贫而数愈多”,劳力的供给“常过于求”,劳动者后面“恒有无数‘工业上之豫备军’”,“在职劳动者及无业劳动者之群”随时等着取代“现役劳动者”。资本家即雇主趁此大势,强迫推行“不当之劳动契约”,使劳动者不得不忍受不利的劳动条件,其所得仅够满足“生存之限度”;在资本家役使下,“唯唯诺诺,惟命是从,而为过度之劳动”;劳动者在自己的生产成果内,只能取得一小部分工资,“余悉归诸资本家之手”。说到这里,作者引用马克思的观点如下:

> “据马克斯之说,凡人日为六时之劳动,可得足以维持生命之资。果尔则一日六时之劳动时间,即人类生活‘必要之劳动时间’。今日劳动者‘实际之劳动时间’,往往有至十二时以上者。此‘必要之劳动时间’所生之结果,以赁银名义而支付,其余‘实际之劳动时间’所生之结果,则不归于劳动者而尽为资本家所强夺。是以劳动者终岁勤动而仅得糊其口,资本家安坐而长享‘剩余价值’之利益。

因此社会之贫富，悬隔益甚，人生幸不幸之别，相差亦愈远。是非虚伪社会而何？吾人所以主张举现社会组织而为根本的改革者，一在变此虚伪之社会而求真正社会之实现而已。”

对引文中所谓的资本家“强夺”，作者专门注释说，所谓“强夺说”，指一切生产物都是劳力的成效，本应归劳动者所有，如今劳动者只获得生产物的一部分，其大部分被资本家所强夺，这是私有财产制度下贫富悬隔，资本家以强霸之势压倒劳动者之所致。关于此说的来源，今日“一般皆信为马克斯之创论，实则出于布尔登(今译蒲鲁东——引者注)，不过布氏本之以倡无政府主义，马克斯宗之以倡社会主义而已”。

所谓“现社会组织之根本的改革法”，社会主义者认为，“富者所得之富，乃‘不正利得’之堆积；资本家资本之大部分，实成于应归劳动者‘劳动结果之强夺’”。因为“世有资本之存在”，允许“资本私有”。所以，“欲一扫此罪恶，而使之绝迹于斯世，须先破坏其所由起之资本私有制度，举一切资本为公有”。也就是说，让国家为唯一的资本主、企业家和雇主，国民在国家的指挥监督下从事劳动。国家不外国民的综合，“自无复有横夺劳动结果之事，劳动者乃可收得劳动结果之全部”；根据劳动的成效增减其收入，“得见正义之昌明，而理想之社会出焉”。现在的私有财产制度不过是共有财产制度转化而来的“历史的产物”，何以不可“举而破坏之”，再“复古”共有财产制度。

社会主义承认享乐财产的私有，主张包括土地在内的一切资本即一切生产财产公有，以期实现“共同的生产经济”。“家事经济”仍维持其私经济状态，不至于形成不公正的基础，此即“仅生产经济移之公经济，消费经济仍放任于私经济”。总之，社会主义者主张，“共同一切之生产，生产之结果，则应各自之劳动而公平分配之，使各自之所得，各得随意为消费，以之划各人财产之最高限而同时又划各人财产之最低限者”。实现社会主义国家，第一个利益是“财富之分配之公平”；第二个利益是奠定“社会和平之基，犯罪绝迹而恶行将不复再见”；第三个利益是针对私有财产制度造成经济界恐慌频仍，劳动者与一般社会不堪其苦痛的弊端，社会主义国家实行“一切土地资本皆为公有，一切生产皆为公营，政府常测定一国一年间之需要，使各人分担以为生产，故万事无过不足，一切恐慌不起，四民得安事其职，社会亦得常避意外之损失”。①

第四，介绍对于社会主义的批评。共产主义与社会主义“大体上基于同一之思想”，社会主义即“半共产主义”，因此，“仅就社会主义证明其不当，则较此更甚之共产主义，其非理不辨而自明”。这里评论的社会主义，特指“学理的社

① 以上引文均见[日]津村秀松著，马凌甫译：《国民经济学原论》，上海群益书社，1920年6月订正再版，第815－819页，“第三款 社会主义之论旨”。

会主义”。据说“今日对于社会主义之批评,其声渐高”,各种论说千头万绪,并不一致,在此仅选择与作者“见解相同者”,揭示其批评的五个要领如下。

一是“劳动之结果非尽应归劳动者之有”。社会主义的“第一论据”,“以一切生产物为劳动者劳动之结果”,主张根本破坏将大部分劳动成果归资本家所有的现存私有财产组织。此见解正确与否,“尚不能无疑”。不考虑往昔“自给经济时代”,今日“以分业交换为基础之交通经济时代”,除个别例外,无论何人都不能将生产成果归功于自己之一身,它是数人、数十人或数百人“直接间接协力”的结果。这一点,非独社会主义者,斯密及其英国学派学者,“亦多误解”。如斯密将制靴生产仅归于靴工的劳力,忽略了其他各种各样的助力。今日任何人已不能独占生产之功,“若深究其源,则一国之生产,至少亦必为其国全体人民之共同生产物”。照此推理,“现经济组织下之一切生产物,决不得谓为当该劳动者劳动之结果”,这一劳动结果,可分配于劳动者之间,但是仅分配于直接从事这一劳动的劳动者之间,“同为不正之分配”,如同“救弊而躬自蹈于弊”,也免不了遭到批难。究竟采取什么标准、使用什么比例,将每个劳动结果分配于每个劳动者才合乎公正,这是“终不可解之问题”。社会主义“仅以劳力为生产之要素”,不知劳力“决非单为社会主义所谓劳动者之劳力”,还应包括计划、组织、经营、调节等行为,从社会上看,它们对于财富的生产,比一般普通劳力“尤为重要”。即使在社会主义国家,这也是“必要之劳力”,为生产上“不可缺之要素”,同样应当享受生产结果的分配,如此又提出基于什么标准来分配才为公正的问题。退一步讲,一切劳动的结果即便宜归于劳动者所有,劳动的种类与技能水平各不相同,以劳动时间为标准,也不符合“公正之分配”。社会主义国家像今日社会一样有儿童、老弱、病夫等不具备劳动能力者,需要社会、国家保育和抚养,提供相当的衣食住条件;另外还有官吏、公吏、医师、教员、僧侣、学者等,也为社会主义国家所必需。这些阶级,不得不分享劳动者的劳动之结果。社会主义对于直接劳动者的分配,因其劳动种类的不同,“尚苦未能籀得公正之分配”,所以,对于那些不从事任何劳动的人以及从事广义劳动而非直接生产者,“欲求得一公正之分配法,夫固断无是理”。

二是“在社会主义之国家,终难期需给之投合”。社会主义者认为,在社会主义国家,一切生产归公营,政府可以预先就其国民一年间所需要的一切种类品质数量加以测定,让各地各人按其预算生产,一切生产不会担心过多或不足,也不会出现市场疲滞恐慌现象,从而一国之财,不会有丝毫浪费。然而,这只是过去自给经济时代或地方流通时代才可能期望的情况。如今流通经济组织发达,有趋于世界经济时代的倾向,国际间的流通贸易日益繁剧,一国的需要,非仅仰给于一国,直接仰给于全世界;一国的产物,亦非仅销售于本国,大量输出于国外。“市场为世界的,需给投合为国际的”,财物的种类千差万别,个人的嗜好五花八门，“谓以少数之官吏而得以豫算如此复杂之一国一年间需给之投合”，能否实现，“颇为一疑问”。

三是“社会主义之国家，有化专制国家之危险”。社会主义国家“公有一切资本，公营一切生产”，国家之外无其他资本主和雇主，要从事劳动而求衣食之途，“势不得不委身于国家而托庇其生命，任属何事，一不可不听政府之指挥，而仰官吏之鼻息”，个人没有职业选择的自由，工资约定的自由，只有忍受官吏指定的职业和工资，“四民殆若奴隶，而生杀予夺之权，悉举而委诸政府之手，世遂一变为政府万能主义之国家”。人事无常，人心变幻，一旦不逞之徒执掌大权，其后果不堪设想。

四是“社会主义之国家，难期世运之进步与发达”。社会主义认为，现社会分配不均，弊在私有财产制，并归罪于极端之自由竞争。极端自由竞争之不可，尽人皆知，因此埋没自由竞争“本来之价值”，“更有所不可”。自由竞争虽不像个人主义所说，为世运进步之唯一原动力，但是“有力之动力”，“固无疑义”。当今各国激烈竞争，要在国际间占据有力地位，“不可不鼓舞国民之元气，奖励国民之活动，而于农工商文武各方面，又不可不力图其发达”，否则国势颠危，存亡莫保。“理之易明”的是，除非世界各国都变为社会主义国家，不然“决不能以一国实行社会主义”。即令各国都变为社会主义国家，因此而“减灭国民利己心”，将难以再看到“伟大之活动，振奋之作为”，所有过去的发现与发明也不可能在将来看到，“社会已往之进步发达，此后将不能复见”。对此，社会主义者一定会反驳说，社会主义国家不许一切资本私有，禁止一切生产私营，“其足灭杀国民利己心”，但是按照劳动时间分配劳动成果并允许其私有，“自不至全然灭却国民利己心”；况且人不是仅靠利己心生活，还有爱他心，社会主义国家可以增进爱他心、博爱心、公共心来补利己心之缺，使世运的进步发达大体上“可无异于今日”。然而，此说“非吾人所能尽信”。或许社会主义国家不至于全然消灭利己心，但爱他心的增进也不见得，说爱他心与利己心有同样的动力，“又非吾人所能信者”。社会的进步靠的是社会的分化，文学技艺道德的发达，这有待于“内有资产外有发展余裕之社会阶级”，高尚优雅的欲望，“先起于上流社会，渐及于中流社会，后遂普及于一般，而为文明之发达”。作为文明先觉的上流社会，“唯于私有财产继承制度之下，得以见其发生”。照社会主义的说法，废除此制度，“社会无上下之别，人皆当孜孜汲汲，日事劳动以谋生”，这样固然可以实现苦乐平均，但免除了从来的苦痛，也失去了旧有的余裕，“将不复见”借余裕而发展的文明，“致使社会渐化为无趣味而已”。

五是“社会主义之国家，罪恶不灭，恐慌不绝”。社会主义认为分配公正，罪恶自不复见，此说“仅得真理之半面”。犯罪动机既基于物质生活的缺陷，亦不乏来自精神生活的缺陷。社会主义国家实行分配平均，“足致减灭”基于物质的生活缺陷之犯罪,但"不能断其基于精神的生活缺陷之犯罪"。总之,"社会主义之人生观,乃偏于唯物论",这一点"非吾人之所取"。所以说,社会主义国家的出现将消灭罪恶之迹,这是"一偏之见"。在这里,作者特地以附注形式对马克思唯物论作了如下一段诠释:

"'物质的幸福,为一切幸福之母。故理想的社会,可单依分配之公平以期待之。此种唯物的人生观,在马克斯一派之学理的社会主义,固奉为圭臬也。然就此点言,则学理的社会主义,较之以人类性情圆满之发达为社会主义的国家成立之要件,如散西门、傅立叶、路易蒲兰等所主张之妄想的社会主义,犹为稍逊一筹也。'

这个注释,简言之,就唯物论而言,马克思一派'学理的社会主义',尚不如圣西门、傅立叶、路易·勃朗等人'妄想的社会主义'。又说,社会主义国家的生产全归公营,自然容易使需求与供给的关系相互投合,不会产生恐慌。但是,恐慌有时来自人为,有时来自天灾,有时由于生产过多,有时由于生产过少,来自人为的恐慌可以人为防止,来自天灾的恐慌则非人为所能左右。况且,'社会主义之国家,身既非神,其计算自不能无毫厘之差,欲尽投合此复杂经济社会之需要,非惟不可必,设当局不得其人,其恐慌将愈繁而愈趋于猛烈'。"①

以上批评,针对社会主义的论据为主,此外还针对共产主义"根本的论据"。如谓"吾人人类,生而平等,对于天然及天然之恩惠物,生而当有平等之权利,无问何人,不许取此天然及天然之恩惠物,而置之自己一身独占之下者"。对于此论据,可以补充的批评是,"共产主义之国家,决非极乐净土之国家"。共产主义者以此类国家"为所梦之理想国",就像莫尔的乌托邦,没有犯罪恶德,衣食足而礼节兴,"为太平无事之世"。即便实现共产主义,也是"一时现象"。惟有"今日私有财产制度之世,文明国民,自制心盛,而人口增加之势,亦不甚激"。如果变为共有财产制,马尔萨斯人口论所列举的悲观现象,"将行之而无碍"。结婚率和生育率将剧增,食物与人口的比例将失调,"穷则思乱,掠夺强劫之祸将次而起,社会之秩序不得不为之破坏"。关键是太古时代人口稀薄,"共产时或可行";今日实行共产主义,"恐极乐净土,不久即化为修罗场(意即战场——引者注)"。②

综上所述,作者批评社会主义,主要针对"稍有一定学说之学理的社会主义"。对于学理的社会主义,除了以上批评,"固有未尽",还有其他"可批评可

---

① 以上引文均见[日]津村秀松著,马凌甫译:《国民经济学原论》,上海群益书社,1920 年 6 月订正再版,第 820-825 页,"第四款 社会主义之批评"。

② 以上引文均见同上书,第 825-826 页。

研究之问题”。就上述批评的要点看，社会主义“其论旨多未可置信，而又皆不可以实行”，于是“社会改良主义”代之而起。[①] 为此，继“社会主义”一节，作者专设“社会改良主义”一节，详细论述“社会改良主义之概念”，以及“自由的社会改良主义”、“保守的社会改良主义”与“基督教社会改良主义”[②]。

最后，在“结论”中，作者综合前面的论述考察说，现存社会组织有优点也有缺点，长处固然多，短处亦不少，“对于现社会组织，决不以为完全，然亦非尽信为不可；不认为全然可满足之状态，亦非认为全然不满足之状态”。现存社会组织，“固有及早改良之必要，然仅改良而非革命，仅修正而非破坏”。这种改良，“固信其不可委于个人主义之增长，同时又信社会主义之不可采用，唯信社会改良主义为最正当而已”。在社会改良主义的各派内部，还要研究“以何者为适”。“自由的社会改良主义”以“自助”为主，基于“团结主义”或组织原则，依靠“自己之保护”巩固社会改良的基础；“保守的社会改良主义”以“国助”为主，基于“国权主义”，依靠“国家之保护”推行社会改良。前者倾向放任主义，偏于个人主义；后者倾向干涉主义，偏于国家主义。这两种社会改良主义又“皆独置重于物质的生活之改良”，倾向于“唯物论”；“基督教社会改良主义”则“专置重于精神的生活之改良”，偏重于“唯心论”。由此可见，“自由的社会改良主义”与“基督教社会改良主义”可以期望带来坚实的成效，但难以期望其成功迅速普及；“保守的社会改良主义”易于期望成功的迅速普及，未必带来坚实的成效。作为“社会改良主义之一派”的“国家社会主义”，主张“万事悉依国家之权力，以期完全社会改良之实，决不免陷于‘官僚政治主义’之弊”。它“举一切大资本的生产尽为国有”，最终结果是否产生“社会主义之国家”，还是一个疑问。即令不至于此，它“闭塞一般国民营利之道，妨碍资本之构成，消磨企业之精神，灭杀活泼有为之美风”，其结局亦阻害社会进步和文明发达，“与社会主义，殆无所异，又与社会主义，俱不能免矫枉过正之讥”。对于以上三种社会改良主义，作者“不尽取亦不尽弃”，取长补短，斟酌损益，“以求一公正之道于其间”。此即：“依教育之普及，振起一般人民自觉心，因以养成独立自助之精神”，此乃“社会改良之实起于下”；“依宗教道德之发达，增高一般社会之公德心，因以举和衷协同之实”，此乃“社会改良之精神发于中”；“依国家之权力，防社会阶级间之轧轹，因以调和一般国民之利害”，此乃“社会改良之举作于上”。“三而合一，庶几可期其完成”。作者对于寄托着他本人夙愿的“社会改良之事业”，还举例说明，如国民教育、社会教育、产业组合、劳动组合的发达；宗教改革、德育奖励、慈善事业的勃兴；工场法、劳动保险法及其他劳动保护法

---

① ［日］津村秀松著，马凌甫译：《国民经济学原论》，上海群益书社，1920年6月订正再版，第826页。

② 参看同上书，第828－839页，“第四节 社会改良主义”。

的制定;等等。①

(三)关于马克思经济学说的评介之剖析

从马凌甫的中译本看,津村秀松著《国民经济学原论》一书的订正增补本,其论述经济思想的发展,特别是社会主义经济思想的发展,确如马氏"弁言"中所说,乃融合和折衷各派各家之说,予以系统的发挥和阐明。这一点,它比起此前和同时期传入国内的其他经济学著作,显得更加富于学术上的系统性和综合性。津村氏在其书每一节末尾,附有参考书目。"社会主义"一节的参考书,列入大量介绍共产主义、社会主义、无政府主义和马克思主义的书目,以及有关社会主义与社会运动、马克思主义与社会主义、社会主义史、现代社会主义、社会主义本身及其扩展、社会主义谬误、达尔文主义与近代社会主义、社会主义理论与实际、新社会主义之类的专题论著,其中也包括马克思《资本论》三卷本。这些参考书目兼有英文与德文著作,以德文者居多;还有不少1908－1911年间新出版的著作。可见津村氏著书时的涉猎范围相当广泛和新潮,难怪其著作当时在日本被推崇为"空前名著"。马凌甫"弁言"里所表露的若干观点,在津村氏的著作中均可以找到其出处,尤其马氏反对社会主义的那些理由,更以津村氏之说为其皈依。下面,主要围绕此译本关于马克思经济学说的评介,作一剖析。

第一,此译本将马克思经济学说等同于一般"近世"或"学理"的社会主义。马氏译本里,没有专门的章节论述马克思经济学说,而是放入社会主义一节作为其组成部分加以论述。这里的社会主义概念,可以是广义的,也可以是狭义的,二者掺杂在一起。其广义从横向看,包括共产主义与社会主义,连无政府主义也与社会主义逐渐接近,二者互相提携,外表"无甚差异";从纵向看,自古希腊柏拉图算起,一直延展到近代。其狭义,横向上将社会主义与共产主义相区别,二者在共有财产的程度上不同,一个主张生产资料公有和消费资料私有,另一个主张生产与消费资料均公有;纵向上侧重于德国学者创立的"近世社会主义"或"学理的社会主义"。从译本中的行文看,所谓"近世"或"学理"的社会主义,主要指马克思学说。由于作者认为社会主义有广义、狭义之分,其意义"不明了"或"复杂不可捕捉",又模糊了"近世"或"学理"社会主义的内涵以及与其他社会主义观点的差别。所以,此译本介绍的马克思学说,其边界是不清晰的,有时似引自马克思学说本身,更多的是泛指"近世"或"学理"的社会主义,后者又往往与形形色色的社会主义观点混淆在一起。

例如,此译本所说的德国近代社会主义学者之中坚,包含马克思、恩格斯、

① 以上引文均见[日]津村秀松著,马凌甫译:《国民经济学原论》,上海群益书社,1920年6月订正再版,第839－841页,"第五节 结论"。

洛贝尔图斯和拉萨尔等各类代表人物，他们被看作继承前人社会主义之说的集大成者，共同创立了完整的社会主义学说，被统一命名为“近世社会主义”或“学理的社会主义”。把马克思与恩格斯并提，有其识见；把洛贝尔图斯和拉萨尔与马克思或马、恩并提，未脱那时一般社会主义论著的俗套。无论洛贝尔图斯还是拉萨尔，他们的理论观点难以与马克思学说媲美，可以说道不同不相与谋。这一点，连当代西方学者也不否认。如谓：洛贝尔图斯“在经济学方面主张社会主义，在政治上却是保守的”，希望“维护资本的立法和地主所有制，并保留君主制度”；“寄信任于现有国家机构的仁政”，警告“将精力投入争取政治自由主义运动是危险的”；其“工资铁律”理论遭到马克思和恩格斯的驳斥，结果是他从未在马克思主义的社会主义历史中占有一席有利的地位等等①。又谓：拉萨尔与马克思的主要分歧是，“他以一种从资本主义向社会主义转变的进化论观点代替马克思的革命过渡思想”；恩格斯曾“对拉萨尔提出的工人阶级运动政治行动路线做了严厉的批判，认为那是朝着使工人运动与德国的国家主义和君主政体结成联盟而迈出的一步”；马克思“对拉萨尔作为一个经济学家和政治思想家的能力评价甚低”，曾“猛烈批判了包含在哥达纲领草案中的拉萨尔思想，特别是批判了拉萨尔错误地把劳动手段的所有权这一概念仅限于资产阶级，而把地主排除在外，以及‘工资铁律’这个思想混乱的理论概念”等等②。以上评论正确与否，另当别论。显而易见的是，这些评论中所提到的马克思、恩格斯与洛贝尔图斯或拉萨尔在理论观点上的根本分歧或差异，并不为那一时期侈谈社会主义的论著所认识，甚或有意加以掩饰。此译本也不例外，它把马克思经济学说等同于洛贝尔图斯和拉萨尔之流的所谓“近世”或“学理”的社会主义，进而对马克思经济学说理解上的偏差或认识上的扭曲，也就不可避免了。

又如，此译本介绍社会主义论旨时，谈到社会主义国家的分配方法。一切生产资料归国家公有，国家统辖所有劳动者的生产性使用，国家将生产所得的一切财物储存在公共仓库或陈列在公共商店，然后由国家按照劳动者的劳动天数，付给其相应的“十日券”或“七日券”之类票据即所谓“劳动货币”，劳动者持劳动券可以随意购买所需物品，并可以将用于生活消费的家屋、车马和自购之物据为私有等。此译本断言这一分配方法，“固系马克斯一派之说”。其实，马克思设想过“自由人联合体”，用公共的生产资料劳动，自觉地把许多个人劳动力当作一个社会劳动力使用；这个联合体的总产品是社会的产品，其中一部

① 参看“洛贝尔图斯，约翰·卡尔”条目，《新帕尔格雷夫经济学大辞典》中文版第 4 卷，经济科学出版社 1992 年版，第 235 页。

② 参看“拉萨尔，斐迪南”条目，《新帕尔格雷夫经济学大辞典》中文版第 3 卷，经济科学出版社 1992 年版，第 144 页。

分重新用作社会的生产资料，另一部分作为生活资料由联合体成员消费，在他们之间进行分配；“这种分配的方式会随着社会生产机体本身的特殊方式和随着生产者的相应的历史发展程度而改变”，如假定每个生产者在生活资料中得到的份额由他们的劳动时间来决定；这样，劳动时间既是计量生产者个人在共同劳动中所占份额的尺度，也是计量生产者个人在共同产品的个人消费部分中所占份额的尺度；在那里，“人们同他们的劳动和劳动产品的社会关系，无论在生产上还是在分配上，都是简单明了的”。马克思还批评在商品生产的基础上实行“劳动货币”是一种“平庸的空想”；同时指出欧文的“劳动货币”不是“货币”，而是以直接社会化劳动为前提的劳动券，它“只是证明生产者个人参与共同劳动的份额，以及他个人在供消费的那部分共同产品中应得的份额”。[①] 于此可见，马克思所设想的“自由人联合体”的分配方式，在此译本的描述里，被涂抹得面目全非，还掺入了马克思批判过的“平庸的空想”。此译本又把所谓“酬劳法”说成圣西门及马克思派的主张。将圣西门和马克思归为同一派别，足见其荒唐，而此法所谓人们生来俱有的贤愚强弱决定了他们从事不同劳动的种类和成效，故应以此差别作为财物分配的依据云云，明显是抄录其他社会主义的观点或自行杜撰，更加偏离了马克思经济学说。

再如，此译本陈述社会主义反对资本主义私有财产制度的理由，曾引用马克思经济学说中一些重要理论概念。比如，资本势力支配下劳动力的供给常大于其需求的“工业上之豫备军”概念，此即马克思分析资本主义社会的失业大军时所说的“产业后备军”；劳动者获得维持生命之资的 6 小时“必要之劳动时间”，与 12 小时“实际之劳动时间”及超过 6 小时部分的劳动不付工资等概念，此即马克思用 6 小时与 12 小时劳动过程为喻，说明前 6 小时是工人生产必需的生活资料价值的“必要劳动时间”，后 6 小时是不为工人形成任何价值的“剩余劳动时间”；资本家坐享“剩余价值”之利益的概念，清晰表达了马克思关于剩余价值的专门用语。凡此种种，是这个译本介绍马克思经济学说言之有据之处，也是值得称述的地方。但是，除了这些概念，译本在社会主义或学理社会主义的名义下引述所谓马克思经济观点，就不免张冠李戴甚至南辕北辙了。如谓，财物生产的三大要素中，土地系天赐之物不得私人占有，资本属于过去生产的结果亦不应参与现在生产者的分配，故现在的生产所得只能归功于劳力，宜独归现在的劳动者所有；或称一切生产物都是劳力的成效，不可不归劳动者所有。这一论断，与马克思经济学说风马牛不相及，国内有的学者如欧阳溥存恰恰利用全部生产所得悉归劳动者所有一说来诋毁马克思，看来此说的来源，正是出于津村秀松一类的日本学者。又谓，马克思学说认为，劳

① 马克思:《资本论》第 1 卷，人民出版社 1975 年版，第 95—96 页，第 112—113 页注(50)。

动者超过必要劳动时间所生产的成果，不归于劳动者而尽被资本家“强夺”；还专门解释“强夺”之说一般相信由马克思创论，实则出于蒲鲁东，马克思宗奉此说为了提倡社会主义，蒲鲁东却借此提倡无政府主义云云。这些说法，用庸俗的“强夺说”篡改马克思的剩余价值论，把蒲鲁东说成马克思的理论先驱，更是无中生有。随后又从“强夺说”推导出社会主义要求根本改革现存社会组织、破坏资本私有制度和实行一切资本公有的理论依据，并引申出社会主义自称实现社会主义国家，可以产生分配公平、犯罪绝迹和恐慌消失三大利益等等，那是打着马克思学说的旗号，同时试图兜售非马克思学说的货色。

总之，这个译本对于马克思经济学说的介绍，不是按照其自身的逻辑体系叙述，仅摘取其中某些观点，与各色社会主义观点混杂在一起，并冠之以“近世”或“学理”社会主义的统称。采用这种叙述方式，把马克思经济学说等同于某种笼统的称呼，能使读者从中接触若干马克思经济观点，但同样容易产生迷惑作用，引诱读者对于马克思经济学说的理解，于不知不觉中步入歧途。

第二，此译本极尽批评马克思经济学说之能事。此译本专论社会主义一节，分为四款。第一款社会主义之概念，用了 3 页半篇幅；第二款共产主义之论旨，用了 2 页篇幅，其末尾一段已引入有关马克思等人的“近世”或“学理”社会主义的介绍；第三款社会主义之论旨，用了近 5 页篇幅，主要描述以马克思学说为代表的社会主义之要点；第四款社会主义之批评，用了 7 页篇幅，其中除了附带批评共产主义的根本论据，几乎全是针对社会主义的批评之要领，而且特地标明其批评矛头指向所谓“学理的社会主义”，实质指向马克思经济学说。可见，此节篇幅，大部分用于介绍和批评马克思经济学说，尤其将重点放在批评之上，批评部分占有最大的篇幅。这些批评的内容，文中条分缕析，归纳为五大要领，而且意犹未尽，强调当时对于社会主义日益增高的批评声浪，其论点“千头万绪，不一其说”，这五点要领只是选择列举其中与作者见解相同的部分。意谓五条主要的批评意见之外，还有许多批评意见未予列举。此译本如此重视对于社会主义亦即马克思学说的批评，在篇幅上明显超过对于马克思学说和社会主义论旨的介绍，这是一个突出例证。它表明，作者在著书过程中，所谓熔冶和折衷各家各派之说，涉及马克思学说和社会主义的论述，有其倾向性，更侧重于选择那些批评性观点。这些批评性观点，经过作者取其同意者而去其异议者的筛选，到目前考察的这段时期为止，是传入国内的舶来经济学著作中此类论述之最有系统和最为详尽者。此类批评观点都来自国外学者的论述，未曾包含我国学者的批评言论。如果把马凌甫的译者“弁言”里，根据津村氏的批评意旨，以中国国情特殊为由而警告不能引进社会主义的批评意见也考虑在内，那么，此译本可算是那一时期国外和国内学者批评社会主义的各类观点之集大成者，亦可谓批评马克思经济学说的典型。

译本的批评,还有一种说法,叫做"评论",冠冕堂皇地表示,介绍共产主义与社会主义的论旨之后,按照顺序,理所当然应对此加以评论。其实,所谓评论,并非通常所理解的褒贬是非的客观分析,而是清一色的否定式批判。它的批评矛头,名义上对着社会主义,实际上对着马克思经济学说。既然它介绍社会主义论旨时,把不少非马克思学说的东西硬栽在马克思学说的头上,那么,它的批评,也就不可避免地把那些本不属于马克思学说的东西,当作马克思学说的内容加以批评。

例如,此译本的五大批评要领中,位列第一项的"劳动之结果,非尽应归劳动者之有"命题,就是一个伪命题。在马克思学说中,从未如此译本所说的那样,从个人消费品的分配角度,认为全部劳动成果应归直接劳动者所有。此译本煞有介事以这一命题为靶子,展开对马克思学说的批评。它的批评逻辑,主要质疑一切生产物都是劳动者的劳动结果、亦即劳动价值论这个社会主义的"第一论据":如果此论据成立,劳动的结果"当然尽归劳动者之有",由此也可以证明今日资本家获取大部分劳动所得的行为"不正之甚",甚至还可以证明根本破坏现存私有财产组织"亦未始不可";但是,这一论据值得怀疑。换言之,如果此论据不成立,随之形成的上述结论,也不正确。因此,这里批评的重点,全放在否定这个论据上。如谓:今日以分工为基础的交换经济时代不同于往昔的自给经济时代,由众人协力完成生产过程,如制靴产品是众人的共同生产物,并非某个靴工的劳动成果,故仅在直接劳动者之间分配,"同为不正之分配";即便在劳动者之间分配劳动成果,也是"终不可解之问题",因为很难划定相应的分配标准与比例,况且社会主义的劳力概念还包括组织管理等生产上不可或缺、甚至比一般劳力更重要的"必要之劳力",对他们的公正分配标准更难确定;面对不同的劳动种类与技能水平,仅以劳动时间为分配标准,不符合公正分配的要求;儿童、老弱、病残等不具备劳动能力者,如何获得国家、社会的保育和抚养;官吏、医生、教师、学者、僧侣等不从事任何劳动或从事广义劳动的非直接生产者,被排除在公正的分配之外;等等。这些批评的理由,大部分颇为眼熟,分析欧阳溥存的《社会主义商兑》一文时,已经有所领教,无须赘言。借此倒可以作相互印证的补充。一方面,欧阳氏的文章,也是从否定"财之生产悉出于劳动"即劳动价值论这一"本根"来反驳马克思的剩余价值论,其论据如分工之普及,甚至靴工的举例,以及老幼病残等不能劳动者如何安置等,都可以在津村氏著作里找到大致相同的说法,只是欧阳氏的论述尚不及津村氏的论述之细密和综合罢了,比如疏漏了有关管理劳动、非直接生产者劳动的分配等论据。这样看来,欧阳氏的批判性文章,可以说是以类似津村氏著作为样本的转录之作。其文在当时国内批评马克思学说的著述里颇为显眼,不过是它抄袭日本同类著述并转贩国内的时间稍早一些而已。另一方面,津村氏的著作译本批评社会主义的第一要领，明明针对马克思的剩余价值学说，却犹抱琵琶半遮面，先从纠正劳动价值论方面斯密以及英国学派的误解开始，再把矛头指向社会主义，一直未点出马克思的名字。欧阳氏的文章则不然，它跟着津村氏的批评意见亦步亦趋，却直率地点明其批评意在否定马克思的剩余价值学说。从这一点来说，欧阳氏之文道出了津村氏的批评观点之真意。

又如，此译本的第二个批评要领，说在社会主义国家，难以期望需求与供给之间相互适应。此系针对社会主义国家实行一切生产公营，由政府预先计划用于满足国民全部需求的一切生产，防止生产的过多或不足，彻底避免市场出现疲软或恐慌等造成国家财产浪费的现象这一说法，认为这是不可能实现的。因为贸易流通已经超出一国范围而进入世界经济时代，无法预先计划一国的需求与供给关系，也不可能由少数政府官吏对极其复杂的需求与供给关系制定计划预算。这番批评言论，强加在马克思身上，真是欲加之罪，何患无辞。马克思曾经设想在自由人联合体里，假定每个生产者的劳动时间决定他在生活资料中得到的份额，“劳动时间的社会的有计划的分配，调节着各种劳动职能同各种需要的适当的比例”[①]。此类设想，只是大致的原则，并未具体描述未来社会主义国家的所谓计划经济。倒是那些空想社会主义者或其他社会主义者，曾津津乐道于未来理想国家的各种具体细节。在康有为的《大同书》里，也可以看到废除私有财产界限和实行生产资料公有制的条件下，由“公政府”统一规划社会生产和流通事务以防止浪费的细致猜测。康氏想象的“公政府”，建立于废除国家界限后的全球领域，已超出上述批评要领所局限的一国范围。显然，不能把这些具体描述或猜测都算在马克思的头上，作者据此所作的批评，可谓不得要领。再联系译本中第五个批评要领，那里认为社会主义国家不可能消除罪恶和恐慌。其理由除了上面所说的供求关系之平衡不可能实现以外，又提出犯罪不仅基于物质生活的缺陷，更基于精神生产的缺陷难以根除，以及天灾带来的生产过多或过少的恐慌不可能人为防止和控制。这些理由，不值一驳。但作者从所谓物质生产与精神生产的对比中，得出一个批评马克思经济学说的新结论。即马克思一派的社会主义人生观，偏于唯物论，以物质幸福作为一切幸福的根本，强调通过公平分配实现理想社会；圣西门、傅立叶、路易·勃朗等人则以“人类性情圆满之发达”的精神幸福作为建立社会主义国家的要素；相比起来，马克思一派“学理的社会主义”，较之圣西门等人“妄想的社会主义”，稍逊一筹。此前，译本中介绍社会主义的发展历史，曾指出英、法二国的社会主义者不论怎样在学理上或实行上提倡和探索，“犹不免为妄想的社会主义”；后来德国的马克思和恩格斯等人经过继承和发展，才创

---

① 马克思：《资本论》第1卷，人民出版社1975年版，第95—96页。

立了完整学说的"学理的社会主义"。根据此说,"学理的社会主义"是对"妄想的社会主义"的继承和发展,前者胜于后者。第五个批评要领摇身一变,又说前者稍逊于后者。孰是孰非,看来在批评者的心目中也未必有固定的标准,一切以是否符合批评的意图为转移。

再如,此译本批评社会主义的第三个要领,即有转化为专制国家的危险,与第四个要领,即减灭社会进步与发展的动力之类,虽非直接驳斥马克思学说,却是针对从马克思学说中引申出来的社会主义国家。这些批评理由,是西方经济学或反社会主义著述中习见的老生常谈。如谓公有制将导致任由少数官吏指挥一切而没有个人选择自由的政府万能主义之国家;社会主义国家将埋没自由竞争的价值,减灭利己心的原动力,废除在私有财产继承制度下才会产生的作为社会文明先觉者的上流阶级,使社会上人人疲于谋生劳动,无余裕发展社会的文明进步;等等。此类理由受到批评者的青睐,无非是它们较有蛊惑力,又俯拾皆是。看来,批评者无法直接从马克思学说下手,于是东拼西凑,用其他社会主义的观点,甚至莫须有的假设或推想作为证据,一古脑儿地充塞到马克思一派的学理社会主义之中,作为批评的对象。此译本的这种假借式批评手法,其运用可谓炉火纯青。它一面声称批评社会主义的五个要领,都是对准"稍有一定学说之学理的社会主义",即马克思一派社会主义;一面又通过熔冶或折衷各派学说,把那些非马克思学说的东西偷偷塞进马克思学说,而且掩饰得颇为巧妙。在这一点上,欧阳氏商兑社会主义的所谓五弊或六难,似亦仿效津村氏的批评之法,只不过他对马克思学说的批评,更加赤裸而无须掩饰罢了。

此译本批评马克思经济学说,得出了与马克思经济学说相反的结论,即现存社会经济组织尽管优缺点兼有,长短处并存,但必须保留,决不能废弃,即使有必要及早调整,也是改良而非革命,是修正而非破坏。所谓改良或修正,作者摆出一副不偏不倚的样子,自称不偏于个人主义,亦不偏于社会主义,只相信"社会改良主义为最正当"。接着又对社会改良主义内部的各派学说作了一番熔冶和折衷,总结其"公正之道",乃普及教育、宗教改革、立法保护之类的"经世济民之志"。这里所说的现存社会经济组织,其核心,是私有财产制度。此译本评论私有财产制度之利害,曾概括说,纯粹的私有财产制度决非完全的社会组织,有必要限制,又绝不能破坏这一制度,因为它是近世文明发达的根本基础。所谓"公正之道",无非在维护这一根本基础的前提下做些修补式改良。至此,作者的批评,花费了一番周折之后,露出它的真相,主张用社会改良主义取代马克思一派的学理社会主义。这也是译者在其弁言里所称道的,社会改良政策"所由代社会主义而为现今各国所采用"。当时在国外引进或国人自撰的著述中,要求以社会改良主义代替极端或激进社会主义的观点,颇为流行。津村氏的《国民经济学原论》中译本，其特点不止是强化了这一观点倾向，还把所要取代的对象集中于马克思一派的学理社会主义，并为批评马克思经济学说渲染了更多的理论色彩。

第三，此译本与李佐庭的译本之比较。李佐庭的《经济学》译本在前，马凌甫的《国民经济学原论》译本居后，二者都是我国引进的经济学著作中，较早而且较多提到马克思经济学说的例证。两相比较，它们对于马克思经济学说的评介，其异同之处颇有可观。

从相同或类似之处看，其较为突出者，一是李氏译本与马氏译本评介马克思经济学说的基本结构，均系从介绍其学说的若干观点入手，再对整个学说加以评论实则给予否定式批评，最后归结为应由更占优势的国家社会主义或最正当的社会改良主义取而代之。简言之，它们都是站在否定的立场上评介马克思经济学说。在一些细节上，二者也多有相似之处。如把马克思剩余价值学说的理论基础，理解为与斯密以来的英国古典经济学无甚差异的劳动价值论，对于剩余价值论的批评，也往往变成对于一般劳动价值论的批评；用蒲鲁东的“掠夺”论或“强夺”说，曲解马克思的剩余价值论；习惯于将拉萨尔和洛贝尔图斯等人的理论，与马克思的经济学说相提并论；倾心于马尔萨斯的人口论，认为马克思一派社会主义或共产主义的实行，终究不能违反人口增长超过食物增长的客观规律，会放松对人口增长的节制，导致社会的混乱；等等。二是李氏译本评介马克思经济学说的若干特点，在马氏译本里均有所体现。如马氏译本同样强调由英法二国兴起的社会主义，其大成见于德意志，并以马克思等德国学者作为其代表人物；从马氏弁言看，它像李氏译本那样，也将后起的德国学派甚至奥地利学派的经济学与老牌英国学派的经济学并列。这意味着舶来经济学大致在强调德国学派的同时，才一反过去对马克思学说保持缄默的方式，转而花费篇幅评介马克思学说。又如马氏译本同样重视从经济学说的历史发展中，引出对于马克思经济学说的评介。不过李氏译本尚能连贯一致地肯定马克思创立“纯然之科学的社会主义”，是对旧有社会主义的发展；马氏译本则一会儿说马克思等人创立的“学理的社会主义”是对以前“妄想的社会主义”的继承与发展，一会儿又说“学理的社会主义”稍逊于“妄想的社会主义”。再如马氏译本同样注重从经济学意义上评介马克思学说。只是它出于批评的需要，偶尔纠缠于所谓马克思的唯物论不如其他空想社会主义者的唯心论之类人性精神的争辩。这种相同或相似现象的出现，或许由于此二译本的日本原著对待马克思学说持有相近的立场观点，或许由于他们所参考或引用的欧美国家原著同出一源。不管怎么说，这表明经济学著作对于马克思经济学说的评介，当时在日本已成为某种流行的观点，这种流行趋势现在又通过舶来经济学的传入，逐渐在我国蔓延开来。

从不同或差异之处看，其较为突出者，一是马氏译本以综合或折衷各家之说为特点，其评介马克思一派的学理社会主义，比起李氏译本以作者个人评介方式为主，在内容上显得更加系统、多样和细致。二是马氏译本注重博采众人之说，在引述过程中评介马克思一派学说，实际上按照作者的个人偏好作了取舍选择，但在表面上却给人留下客观叙述的印象，此乃李氏译本所不及。其例证是，对于马克思学说的批评，马氏译本洋洋洒洒地归纳出五大要领并逐一展开论述，似乎说的是各家共识，作者只是附和这一公论；李氏译本则直率提出个人的两点批评意见，并非将个人意见隐晦地埋藏在众人意见之中。三是马氏译本的译文质量，看来要好于李氏译本。这一对比，反映了那一时期引进经济学著作的译文水平处于变化之中，译名有待统一，表述方式亦须规范。经济学译名或表述方式的不尽一致甚至各行其是，将直接影响读者对于舶来经济学、进而对于马克思经济学说的理解。两个译本的比较，提供了一个直观的范例。如李氏译本评介马克思经济学说，往往因为其特殊名词术语或表达逻辑的翻译颇多模糊与生涩，令人不知所云。在这方面，马氏译本既以其文言翻译方式重复其中一些毛病，亦有所进步，较为接近于现代译本的译名和表述方式。由此也显示，李氏译本的成书，要早于马氏译本。二者同译自日文原著，但在借鉴和吸收流行于日本的经济学概念及其表达方式方面，李氏译本不如马氏译本更加贴近现代翻译方式。这里除了翻译者的自身素质因素，与不同时期外来经济学译名和表达习惯的口径之统一及其普及程度的不同这一背景因素，也密不可分。一般说来，在评介马克思经济学说的那些外来经济学著作的早期翻译引进过程中，其后起者的用语表达之成熟程度，总是胜过其先行者。在这里，引进外来经济学从而引进马克思经济学说的质量，可能不仅体现在原著质量上，更多体现在国人的翻译质量上。

根据以上的异同比较，可以说，马氏译本在引进马克思经济学说的早期历史中的地位，与李氏译本大致相类而稍有区别。类似的是，它们均系经济学著作中率先或较早评介马克思经济学说的突出案例，又都试图从这一评介中引出否定式结论，形成一种固定的限制模式，使经济学论著无法像同时期的社会主义论著，给予马克思经济学说的评介以更加多样化的内容和视角。稍有区别的是，马氏译本在李氏译本之后，李氏译本通过经济学著作评介马克思经济学说，占了先手；然而，马氏译本的评介内容与表述，相对李氏译本，又具有某些优势，由此凸显了它自身的影响和地位。总之，马凌甫的《国民经济学原论》译本，以其原著的名声和译文的改善，在吸引读者注意马克思经济学说和强化否定马克思经济学说等方面，形成早期经济学著作传入我国链条中的重要一环。

二、经济学著述评介马克思经济学说的其他例证

除了马凌甫的《国民经济学原论》译本，本时期出版或再版的一些有关经济学的专门论著，也在不同程度上论及马克思及其经济观点。现举出其中的若干例证如下。

(一)《经济政策要论》

这是覃寿公的文言体译著，初版于1910年8月，以日本守渥源次郎的《经济政策概论》为底本，后于1913年9月增订再版。这里选取它的增订再版本作为分析对象，有其再版本“凡例”说明为证。根据说明，当初译作者撰写此书时，兼任湖南省法政学堂讲授，时间匆促，加上湖南的图书馆缺乏“最近各国新政策之参考书”，以及当时专制时代限制言论自由，“初版之引述与民国建设之方针不无凿枘”。民国建立之初，“鉴于世界大势之趋向与国体更立之亟务”，必须增订改补。增订改补后的全书目次与初版相同，仍分九编，除了第八篇“殖民政策”与第九篇“社会政策”二者“少有增改”，其余各编即第一编“总论”、第二编“货币政策”、第三编“银行政策”、第四编“运输交通政策”、第五编“农业政策”、第六编“工业政策”、第七编“商业政策”等，都有增补。修改增补的内容，取自最近世界各国新政策译著的篇幅占十之五六，著论者自己讲述的篇幅占十之三四，“关合民国之政体与艰难缔造之良图”。为了避免“空谭元理、苦人头脑之弊”，文中“微采各国最近之事实，以为论断之标准”。由于当时国内政客苦于各种舶来的专书之难读，往往昧于文明各国臻于强盛“必非偶然”的世界倾向，本书专就各种政策指点其大要，力求做到“详不逾繁，简不逾略”。书中对于林业、矿业及土地政策的论述稍嫌简略，未暇再及，有待日后三版时增订。可见，此再版本只在书名与目次形式上与其初版本相同，内容叙述方面则大有改观。其中的重大变化，是基于辛亥革命前后由限制言论自由的专制时代转向推翻君主帝制的民国时代，此书的宗旨，也由原先隔膜于民国建设之方针转向积极提供“世界大势之趋向与国体更立之亟务”的借鉴和进言。这一变化反映在全书的论述里，参照最近世界各国的新政策和新事实，加上著译者自己的概括和解释，对初版本作了较大幅度的增订改补。因此，选择再版本进行分析，显然更贴近译著者的原意。

对于覃寿公的这本书，时人给予相当高的评价。如汤化龙在其序文里，肯定覃氏“图国家之发达，不注意于经济，而鳃鳃于财政之支绌，是犹不培植其根本，而希枝叶之荫庇”之说，其中对单纯重视财政的流行观念颇有微词，强调注重经济，并建立在国家而非个人的基础之上。如谓“国家之发达，固必在于经济，而经济之实施，尤必在于国家国民共竭其智力”。序文认为，风靡于19世纪的斯密自由主义学说，存在根于个人主义的流弊，其极端发展

有害于国家经济和社会经济，不久为欧陆学派所取代。我国的现状需要采纳欧陆经济学者的国民经济学说，重视德国学者带来的“新世纪之福音”。这些观点，出自覃氏此书，所以，序文称“吾国今日尚无经济政策之书”，覃氏将各国最近的经济政策译著为书，“以惠我颠沛之民国，是亦可谓新民国之福音”，深望此书成为国家国民的指导，使之普及，在经济实用方面收到群策群力之功效。①

所谓经济政策，此书根据德国学者的定义，涉及面颇广。其中令人注目者是各种变化中的“经济社会基础之变动”。从前的“共同主义”已经垮台，现在代之以个人主义跋扈于社会，一切均由“利己心”起支配作用。对此，“晚近之新思潮”的攻击逐日增长，从“伦理道德进步之阶级”的眼光看，个人主义之跋扈“恐其终有推倒之一日”。书中颇为推崇德国政治家经济家，他们不同于以斯密为代表的“正统经济学派”之提倡自由放任主义，以“明敏之手腕”，通过政府的经营干涉，“无不力使社会有圆满之调和”；从学理上也显示出经济政策之“必要而不可缺”。书中列举了几位研究经济政策的著名学者，认为他们“达观社会之事实，欲依于政策之力，为之调和与整备”。其中一人的中译名为“马尔克士”，因一笔带过，不知是否指马克思。在作者看来，这数位“著名者”均“以社会之分配，益益不调和，而贫者日陷于悲境，故舞其纵横之笔，以鼓吹社会主义的思想”；他们的研究范围，“仅及于分配与关于劳动之经营设施，不涉及于其他”，能从实际问题中捕捉各种事实进行研究，故推之为“经济政策学者”。②可见，作者对于西方正统经济学派的自由主义观念持有异议，推崇德国式政府干预以调和社会矛盾的经济政策观念，后者又与鼓吹改变社会分配的社会主义思想有内在联系。西方作者的这一旨意，经过日本学者的加工传达，同样对中国的译著者产生了影响。

关于经济政策学的分科，书中按照目录列举了若干项政策。值得指出的是对社会政策的说明：“社会政策者，所谓社会之不调和，图救济整齐之策，以为目的者”。社会不调和，不是由于政治、战争或宗教的原因，“实经济上，财之分配，不得其宜”。也就是，“资本家势力强大，坐占巨大之利益；劳动者溽暑严寒，呻吟于苦役，尚不能得相当之生活之费用。以故富益富，贫益贫，终陷社会于不平均之境”。国家对此“不图补剂之方法，将其危险，有一发而不可收拾之势”。必须研究对付危险的政策，而且其中有无数的解救手段。在社会政策中，“最重要者，乃对于劳动者，关于其保护与发达之事，即所谓劳动问题”。同时，“社会政策者，非社会主义也”。其区别在于，“社会主义者，乃欲破坏现今

① 覃寿公译著:《经济政策要论》，北京顺天时报馆，1913 年 9 月增订再版本，汤化龙“序文”(1913 年 9 月 16 日)。

② 以上引文均见同上书，第 5－8 页。

之社会组织，或破坏国家制度，而创设新社会，应于各人劳动之结果，而为至当之分配”；而“社会政策者，非以现今国家之组织为否定，乃欲依凭现时国家之力，而调和于贫富之间，图劳动者之保护”。[①] 依此而论，可知作者宣扬的社会政策，不同于社会主义，它主张依靠而不是否定或破坏现行的国家制度或社会组织，借此达到调和贫富差距的目的。

书中强调社会政策与社会主义的区别，谈到社会政策，又离不开社会主义，因为二者面临的社会问题，有其相似之处。此书第九编社会政策总论，进一步凸显了这一特点。此论共分四节，各有侧重。首先，阐述“社会政策之意义”。社会政策的意义，不外乎“整齐社会各阶级之分配，图下级社会之健全，以增进其幸福，及计彼等社会之地位日进于上”。今日社会不论何人，都知道“贫富不均”将导致“贫富之战争”。今日在理论上打破了资本万能主义，但它在事实上仍然跋扈于经济界，生产三要素里，有资本者掌握霸权，劳力与自然二者瞠乎其后。于是，“以资本家而侵陵劳力家，而社会之分配，遂至于极不平均。社会所得之分配，既如是之不平均，则贫益贫，富益富，而贫者遂益侧目于富者，而战争之机于是乎伏”。所以，社会政策之说“在今日尤汲汲焉”，显得格外重要。社会政策的范围有广狭之分，其中“受资本家之压迫最多，立于最困难之地位，而又最有影响于社会之平和状态者”，当属工业劳动者，“社会政策中，往往以工业改良为首屈一指”，以免同盟罢工风潮。其次，阐述“社会的自觉”。19世纪为“社会变迁之时代”，伴随物质发明以及经济政治发展，同时产生严重的劳动问题：压倒以往的小工业者、手工业者，迫使以往处于中等独立地位的自营工业者失业而变为大工场的劳动者，导致以往的劳动者现在每况愈下而不堪生活。解决这一问题，只有求助于“以社会各个人有自觉心为前提”。追究起来，“英国自由放任主义之说，实有以酿此等之现相”，此说风靡，“遂使资本家之势力屈服劳动家如摧枯拉朽，而资本万能不加以何等之制限”，由此“社会之下流于是始呻吟慑伏于资本势力之下，而富者于是为怨府，而贫富之争于是朕兆”。社会的健全尤当注意中等和下级社会，它们占社会绝大多数，直接关系社会的生产力、购买力和积累力，即国力的富强。救济社会的方法，不能只靠政府，还要靠道德的辅佐，克服完全受经济观念驱动的利己心。这是“社会各级人民各自有社会上之知识相助相扶持，而共期于发达”的“圆满”社会政策。具体而言，国家依于法令手段随时计其改良，下游社会自砥砺奋勉以期地位上进，雇主或第三者以道德观念收获永远利益。[②] 再次，阐述“关于社会改革之制度”。其中最令人感兴趣部分，留待后面专门分析。最后，

---

① 以上引文均见覃寿公译著：《经济政策要论》，北京顺天时报馆，1913年9月增订再版本，第12页。

② 以上引文均见同上书，第281－285页。

阐述“社会政策之机关”。社会改良必须依靠社会全体的协力，社会政策的实行不仅是政府的事情，还要公共或私人团体辅助政府，“以社会改良之目的，采进步之方法”。广义言之，国家、公共团体、雇主及劳动者，“皆为社会政策之执行者”；狭义言之，中央政府、公共团体及有行政权力的公益团体，为社会执行机关，其他雇主和劳动者处于辅助地位。①

关于社会政策的论述，其基本出发点，担忧资本家压迫劳动者所造成的极度贫富不均孕育“贫富之战争”危机，将引起占社会绝大多数的底层人民的动摇甚至反抗，打破社会的“平和状态”或“健全”机制，最终影响资本家自身的长远利益。对此，社会政策论者诉诸社会改良，其“圆满”之处，除了政府的适当干预，还借助于雇主资本家的“自觉心”或克服利己心的道德观念，以及劳动者在道德上的自我约束。为了显示社会政策论或社会改良论的正确性，书中特地举出社会主义的“社会改革”论为其对立面，以资证明。如此一来，社会主义观点不论作为批判对象或是反面教材，在经济学著作里，得到明确的介绍。这个介绍，与以往的类似著作大多笼统地讲述社会主义观点不同，具体提到马克思及其经济观点。这些介绍，见于第 3 节“关于社会改革之制度”。

这一节里②，述及各种学者为了“调和社会贫富之悬隔，以计社会全般之幸福”，提出各式各样的议论，针对的都是“个人主义往往以利己心为一切之经济的行动”，忽略其他人和整个国家的利害。经济上的生存竞争假令放任个人自由，其结果，“资本家必益益压倒下级社会，下级社会于郁勃不平及极困穷难堪之时必至如火山然，一爆发而不可收拾”，就像近时欧洲的同盟罢工，我国各省的抢米风潮，“是皆社会上剥床以肤之关系也，可不惧欤”。19 世纪初欧洲人民处于极困穷难堪的境地，于是出现反对资本主义、个人主义的社会主义。它“以若德别尔多为先锋，以加尔马尔克为中锋，而德意志之社会党，始巩固不绝于今日”。关于“若德别尔多”译名，后面的注释说，其人生卒 1805－1875 年，普鲁士人，其学说“以贫困及商业及财政上之恐慌为社会二种之病毒，究其发生之原因，则由于劳动者配当额之减少，欲讲究增加之方法，则必依于国家之干涉，使生产额之配当平均，变更现时之经济组织，而规定其劳动之时间”。这是洛贝尔图斯的观点，即产生贫困和经济危机，由于劳动者工资在国民收入中所占份额逐渐减少，须由普鲁士王国出而采取某些干涉措施，保证工资随劳动生产率而增长。这是鼓吹普鲁士“国家社会主义”思想。关于“加尔马尔克”译名，注释如下：

“马尔克以千八百十八年生于德意志多利姆士，犹太人也，著

① 以上引文均见覃寿公译著：《经济政策要论》，北京顺天时报馆，1913 年 9 月增订再版本，第 288 页。

② 以下引文凡见于此节者，均系引自同上书，第 285－288 页。

有自由贸易论、资本论，被德所逐放。国际的劳动者同盟，实成立于氏之手。后卒于英之伦敦，时千八百八十三年也。”

这一注释，无论1818年生于时为普鲁士的特利尔城，1883年卒于英国伦敦，犹太人身份，被逐出普鲁士，还是发表《关于自由贸易的演说》、《资本论》等著作，创建国际工人协会等史实，显然指卡尔·马克思。这也是在当时流行于中国的经济学著作里，颇为鲜见地提到马克思及其简略生平之处。

列举社会主义的代表人物后，文中又阐释社会主义的内涵，“以现今社会之组织，依于其根本而为改革，对于资本劳力之配分，欲令其公平”。否定现存的社会阶级、财产相续权及政治特权等，让雇佣劳动者与政治家居于同一阶级，同样的劳务获得同样的报酬，“于根本改革上尽其全力，则庶乎劳动者，可以得充分之报酬，而社会之分配不平均者，或者于是而公平已”。这里称社会主义“实漠然而无薄之一语”，把社会主义等同于无厚薄之分、一视同仁的代名词。同时社会主义也有不同的主张。有的主张给予劳动同一报酬，一国之中无论宰相与车夫，“同在劳动之列，则当受同一之报酬”；也有的主张“稍稍平和”，区别体力劳务与智能劳务。不管哪种主张，“皆不认个人之私有财产权，而以财产权当为国家之所有”，一致同意由国家代表资本家或企业家，个人处于劳动的地位。现今发展起来的社会主义，“乃完成于国家实力之下，非谓个人各各复归于其天然之状态”，所以，不能将社会主义混同于无政府主义或虚无主义，“其实二者，殆有迳庭之分”。无政府主义与虚无主义主张“破坏社会而自由行为”，社会主义予以否定。共产主义与社会主义亦“全然异其旨趣”，共产主义不论青红皂白，一律要求平等分配，社会主义则主张“应于其劳动之量而为报酬”，二者“殊途”。谈到共产主义，曾有一条注释：“共产主义，马尔克亦尝言之，然而与兹述之主义有异。”换言之，马克思所说的共产主义，不同于上述与社会主义“全然异其旨趣”或“殊途”的共产主义。这是书中又一次提到马克思之处，它只是附带提及，却并非无关痛痒，至少是试图避免“尝言”共产主义的马克思何以又是社会主义“中锋”之类的误会。

对于社会主义“本欲依于现时社会之根底破坏之处而为著手”的理想，文中持批评态度，认为“持论激切，往往悉起暴动而害安宁秩序，不免为众罪之的”。按照它的说法，正是社会主义这一弊端，才促成“社会政策主义或社会改良主义”的产生，并标志“社会主义之大成”。称赞社会改良主义，“不如社会主义之过激”，“于现今社会组织之下，施以改良，使社会一般咸得满足，以防止危险思想之萌芽”。因此，这也是“今日世界各国之所汲汲图维者”。书中如此推崇社会改良主义，自称以此为社会政策编之“大旨”，“图劳动者阶级之健全，改良下级社会之生活”，使各种生活设施和法令“增进国家全体之幸福”。

至此，本书的思想倾向，清晰可辨。它面对贫富差距不断扩大的现实社会及其所孕育的潜在危机,试图加以解救,又竭力避免从根本上改革现存社会组织的社会主义途径,选择并极力推崇不去触动社会根基的社会改良主义方案,或称之为社会政策主义。类似的社会改良或社会政策思想,考察同一时期或前一时期流行于中国的社会主义思潮,屡见不鲜。覃寿公之书,从经济学角度看待这一问题,并把有关社会政策的论述,放在经济政策的框架之内。覃氏之书站在坚持社会政策论和批评社会主义论的立场上,比起那些把二者对立起来的激烈观点,显得比较缓和一些。它注意到,不论社会主义论或社会政策论,旨在克服同样的现实社会矛盾,并把社会政策论的出现看作社会主义流行的产物,甚至说社会政策主义乃"社会主义之大成"。当然,表面的缓和言词,从未改变其反对社会改革而信奉社会改良的实质。然而,它为不那么敌视并提及马克思及其学说,提供了一种氛围。

关于马克思,本书一处明确提到"加尔马尔克"即卡尔·马克思,并在附注中简略介绍了马克思的生平事迹;接下来另一处附带提及"马尔克"即马克思,两处皆见于第九编"社会政策"第1章第3节。还有一处即第一编第2章关于"马尔克士"的提法,是否指马克思,显得比较模糊。所谓"马尔克士",与前面"马尔克"译名,有些出入,仍属于 Karl Marx 的合理中文音译名。介绍"马尔克士"部分称其为德国研究经济政策学者的著名代表人物之一,鼓吹社会主义思想,主张从分配和劳动条件方面,依靠政策来改变社会分配的不平等和贫困者的悲境。这与介绍"马尔克"部分称其反对资本主义、个人主义和根本改革现存社会组织的目的,为了改变社会分配不平均和人民极困穷难堪的状况以实现公平,颇为相似。二者若指同一人,则此书有三处提到马克思,只是不知译者何以对同一人使用两种译名。不过,译名上的前后疏忽与不统一,在那一时期的译著里并不少见。

本书对于马克思学说的评介,十分单薄,未曾作专门论述。即便如此,从中仍能看到作者或者译著者认识马克思学说的一些特点。一是将马克思学说的思想源流更多限于德国一国范围内。如谓社会主义以洛贝尔图斯为先锋,以马克思为中锋,进而奠定了德国社会党的巩固基础,或谓马克思是德国经济政策学者的代表。这恐怕与作者或译者垂青德国式政府干预政策,不无关系。二是认为马克思学说的研究范围未超出分配领域。如谓马克思代表的"社会主义希望之处",针对社会分配的不平均,追求资本与劳力的分配公平,主张同一劳务获得同一报酬;或谓马克思等人鼓吹的社会主义思想,其研究范围"仅及于分配与关于劳动之经营设施,不涉及于其他"。换句话说,马克思学说主要研究分配问题。三是分析社会主义"希望"或"理想"从根本上改革现今社会组织或从根底上破坏现时社会,由此间接批评马克思学说作为其典型代表,"持论激切",易引起暴动而危害安宁秩序,不免成为众人谴责的对象。这一批评意见，实际上为著译者的社会改良或社会政策主张鸣锣开道。这些关于马克思学说的观点，如果放到社会主义思潮传入中国的考察中，大概除了突出马克思学说的德国特征有些奇异之外，没有什么新鲜之处，甚至不及一些社会主义论著对于马克思学说的论述具有更多的经济学分析意味。可是，就像从早期传入中国的社会主义论著里，最初发现有关马克思及其学说的评介资料令人如获至宝一样，现在从流行于中国的经济学著作里，最先发现关于马克思学说的评介资料，尽管其评介持批评的口气，同样值得珍视。这好比一线光亮，先是显现于社会主义论著里，现在又显现于经济学论著里。

在评介马克思经济学说方面，比起此前李佐庭的《经济学》译本，覃寿公的《经济政策要论》著译本，无论其篇幅或理论深度，要逊色得多。但前者纯系翻译之作，意在突出舶来的"纯正经济学之真理"；后者则根据国内时势的需要编译各国新政策以作参考，意在打破"吾国今日尚无经济政策之书"的局面。二者既有联系，又有区别，在经济学著作的引进过程中，相继从不同的侧重点或角度，较早接触到马克思经济学说。若将覃氏著译本同样视作中文经济学著作评介马克思经济学说的开端之一，尚须作一点说明。上面考察的是覃氏著译本1913年增订再版本，此前的初版本在1910年。由于未能查到1910年初版本，无从与其再版本对照比较，故此书有关马克思的三处评介，究竟见于其初版本，还是属于其再版本的增订内容，尚待考证。这里只能作些推测。根据覃氏再版时的"凡例"说明，两处确切提到马克思的第九编，属于"少有增改"部分，另一处模糊提到马克思的第一编，系较多增补部分。不过，据此还不足以判断这三处有关马克思的资料，哪些初版就有，哪些是再版增补的。这一说明又提示，初版本受专制时代的限制，缺乏言论自由的环境，其引述内容也与民国建设方针存在矛盾，难以参考最近各国的新政策和新事实，而再版本正是纠正这一偏差。依此而论，书中评介马克思的资料，属于从根本上改革现存社会组织或破坏社会根基的学说，与专制制度格格不入，似乎应是比较宽松条件下增补的再版内容，而不是专制条件下所形成的初版内容。

（二）《傅克思氏经济学》

这部文言体著作，宋任译述，1914年8月上海泰东图书局初版后，又分别于1924年、1928年和1929年发行其第3、4、5版，可见在中国颇为流行。此书"凡例"说明，它编译时，取材最多者为德国人傅克思（Fuchs）的《国民经济学》（Volkswirtschaftslehre），故标题中特冠以傅氏之名，"示不掠美"。书中内容与傅氏原书出入甚多，傅氏之说"间有偏于历史学派"，为初学者不易理解，本书作为"一般通俗"著作，编译时另外参考了其他人的著作，如意大利柯萨的《社会经济学启蒙》、英国亚当·斯密的《国富论》、英国李嘉图的《政治经济学及赋税原理》、美国塞利格曼的《经济学原理》、日本小林丑三郎的《经济学评论》、日本津村秀松的《国民经济学原论》等。[①] 时人在报纸上介绍推销这部著作时亦说,"德国傅克思氏为著名之历史派经济学者,是书即傅氏所著《国民经济学》之精义,日本帝国大学经济科专攻";宋任译述此书以饷我国学者,惟傅氏原书偏于历史学派,则略而益以其他参考书之说,此"诚近今经济学界最新之杰作"[②]。国人选择德国历史学派的著作为介绍对象,受到日本学者的影响,也迎合了当时国内不赞成古典学派的自由放任思想而主张国家干预经济生活的要求。宋任之作的多种版本,在内容上与其1914年初版本没有什么不同。

这部译述之作分五编,第一编绪言,然后依次阐述生产、交易、分配、消费各论。其中值得注意者有二,一是对经济学概念作了相当系统的论述,不论是否赞成其论述,它对于经济和经济学这些经过日人改造的舶来概念之流行并成为国人约定俗成的专用术语,像李佐庭的《经济学》译本一样,起到了不容忽视的推动作用。如绪论关于"经济学之根本观念"的论述,从最基本的人之欲望或经济欲望出发,谈到必求财物即经济物以满足欲望的动机,由此产生生产、交易、分配、消费等经济行为,经济行为的有序组织之集合体即为经济,经济的种类按其主体又分为个人经济与共同经济、私经济与公经济、综合经济与特殊经济、家庭经济氏族经济种族经济国民经济世界经济等等。关于"国民经济之沿革及其要件"的论述,带有典型的德国历史学派特征,认为今日经济已进入国民经济时代,即资本万能时代或工厂生产时代;国民经济离不开国家,其三要素为资产私有制度,经济行为自由与自由竞争,同时设法预防自由竞争之流弊。关于"经济学及经济学派"的论述,将经济学称为社会经济学,或以国家为社会之最发达者,如德国学者多称为国民经济学,其定义为"研究一国人民之经济,求其法则,究其所以然之原因,以断定如何而后可使一国人民全体得为最圆满之经济生活者"[③];经济学之分科,按通行做法,分纯正经济学与应用经济学二科,前者又名经济学原论,后者可分为经济政策及财政学;自斯密1776年发表《国富论》后,经济学成为一门有系统研究的科学,斯密为经济学鼻祖,此后形成近世经济学各种学派。诸如此类的论述,推动国人脱去传统经济观念,重新认识包含近代科学内涵的经济或经济学概念。这也像前述《社会经济学》等译本,强化了经济或经济学译名排除其他译名的纷扰而为国人所广泛接受的统一译名过程,为此创造更为有利的话语环境。

二是在考察近世经济学各种学派的过程中,点到作为社会主义代表人物之一的马克思。此前论述现代国民经济的特征,指出这是"资本万能时代",其

① 参看宋任译述:《傅克思氏经济学》,上海泰东图书局1914年初版,"凡例"。
② 《民国日报》,1916年1月22日第8版"经济学"广告栏目。
③ 宋任译述:《傅克思氏经济学》,上海泰东图书局1914年版,第25页。

社会表现，有资本者居主动地位，谓之资本家，无资本者流为工人，居被动地位。于是，“资本家与工人之别生，贫富悬隔因以日甚，而社会主义于以发生焉”。[①] 这里提到社会主义产生的原因，未涉及其代表人物。随后，“近世经济学之学派”一节，先叙述斯密及其继起者如马尔萨斯、李嘉图等人，组成英国学派亦即古典学派，其经济学强调“共通法则”的支配而未考虑各国实际经济情况的差异，鼓吹自由放任及自由贸易主义而排斥国家干涉与保护，重视生产而忽略分配，风靡一时，却多与实际相龃龉；然后叙述德国学者如李斯特等人力排英国学派的“共通之经济法则”，对外主张贸易保护主义，对内重视国家干涉主义，多以历史事实为根据，故称历史学派或德意志学派；随即叙述奥地利学者门格尔反对历史学派，为英国学派辩护，主张兼用德、英两派的归纳与演绎二法加以折衷，另创奥地利学派。接下来，文中叙述社会主义如下：

> “近世以来，社会上种种不平等之事，层见叠出，影响所及，每足变动经济学说，于是有所谓社会主义者出焉。沈西孟(St. Simon)、路意布兰(Louis Blane)等唱之于法兰西，麦克斯(Karl Marx)等继起于德意志，而社会主义遂风靡一时。其说大抵谓现在社会之贫富悬隔，民生疾苦，皆为资本家独揽利权之所致。补救之法，唯有将一切生产上所必要之物，归诸公有，废弃资产私有制度而已。社会主义之中，流派颇多，其所论亦不可厚非。”[②]

这是将法国的空想社会主义代表人物圣西门与小资产阶级社会主义代表人物路易·勃朗列为马克思的先驱，并以社会主义统称概括其所有流派的学说。至于各个流派的学说，文中托词“以专书甚多，不复具述”，结果只提到马克思之名，对于其学说，亦未具述。文中继续说，“近来德国有主张社会政策者，世人称为讲坛社会主义，盖即所谓国家社会主义者是也”。他们认为，社会的目的在于社会上所有人享有幸福，“社会上流之人”固然能够自谋幸福，而“下级贫民”如无国家资助，万难达此目的，故“国家政策，当以谋工人幸福为前提”。此派主张与社会主义“不同”：社会主义主张“破坏现在经济组织之基础，废资产私有制度，而归诸公有”，“建设一新社会”；国家社会主义则认为“现在经济组织亦可以增进工人”，“仅欲改良社会，而不希望社会革命”。

关于社会主义与社会政策不同的论述，似乎只是不偏不倚的客观介绍，并未掺入译述者的个人好恶。看来，译述者更关心的是，19世纪以来，机器的使用不断加剧了社会中贫者日贫，富者日富，“中产之家日益减少”的状况，以及如何解决企业家与工人即贫富两阶级“互相嫉视”的问题，强调“举凡关心民生

---

① 宋任译述：《傅克思氏经济学》，上海泰东图书局1914年版，第18页。
② 同上书，第29页。

者，咸以为忧，或创为社会主义，或提倡公产主义，要之皆资本主义流弊之所致"。换言之，针对资本主义流弊的举措，不论社会主义还是社会政策，都在介绍之列。此外，还介绍了其他用来补救这一流弊或"维持中产以下之人经济上之独立"的办法，如产业公会之类，"以抑制资本主义之跋扈"。这些办法，有的"与社会主义中人之理想，相去实不远"。[①] 不过，稍加辨析，仍可看出译述者的个人倾向。如书中叙述"工人问题"一节，先是感慨资本万能时代工人与雇主之间有天壤之别，工人不得不受雇主钳制，忍气吞声接受其苛刻条件，名为自由合同的雇佣契约，实则身不由己的买卖契约，"其结果必致工人沦为奴隶"，此系工人问题之由来，"实亦各国工党发生之原因"；接着谈到解决办法时，书中欣赏的不外是各国所谓保护工人之法如允许成立工会与设立工厂法及其他相关法律等等[②]。换句话说，译述者推崇的解决办法，最终仍未超出所谓社会政策的范畴。

以上两点，第一点关于经济学的理论论述，是一种介质，说明舶来经济学向中国传播的话语环境，在名词术语和表达方式等方面，经过相当一段时间的各种尝试，显现出强势统一的主流趋势。这个趋势也为马克思经济学说在中国的传播，提供了约定俗成的规范形式。重要的是第二点，即经济学专著点到马克思学说。关于这一点，对比宋任译述的《傅克思氏经济学》与覃寿公著译的《经济政策要论》，可以看到一个有趣现象。这两部著作，都以流行日本的德国国民经济学作为其蓝本；都面对社会贫富差距的加剧可能引起社会冲突甚至危机的矛盾，主张纠正主流经济学的自由放任流弊而倡导国家干预；都从社会经济的不平等论述中引出社会主义的话题从而提到马克思及其学说；又都强调马克思的德国人身份。此前李佐庭的《经济学》译本，已经提出应将德国系统学者的论著与英国系统学者的论著并重，形成评介马克思经济学说的一个特点。李氏译本尚兼顾英国和德国两个系统，覃寿公与宋任的译作则将重点放在德国系统方面。稍后马凌甫的《国民经济学原论》译本，更强化了这一特点。由此给人一个印象，传入中国的经济学著作里，最初接触马克思其人其说，似乎受到德国经济学著作的影响。德国经济学自李斯特(1789—1846)之后，批评英国古典经济学而强调国民经济学，要求国家在经济事务中起重要作用。这个独特学派的学说先是在日本学术界引起热烈反响，各种翻译、解释和引申之作蔚然成风，随后此风刮到中国，出现了覃寿公著译和宋任译述之类的代表作，把德国经济学者的著作说成"新世纪之福音"或"经济学界最新之杰作"。马克思经济学说与德国国民经济学说之间，并不存在特定的渊源关系，

① 宋任译述:《傅克思氏经济学》，上海泰东图书局 1914 年版，第 64—65 页。
② 同上书，第 164 页。

但覃氏与宋氏的经济学之作，都通过德国经济学著作，才注意到同为德国人的马克思。此前李佐庭译本和此后马凌甫译本，也是引进德国系统的经济学著作后，才触及马克思经济学说。这一动向，或许有助于解释马克思经济学说早期传入中国过程的一个未解之结。即为什么马克思经济学说传入中国，早先更多地是在涉及社会主义的非经济学论著中得到介绍，在经济学论著里难见一斑。看来，德国国民经济学的传入，打破原来流行于中国的舶来经济学尤其理论经济学方面，一直以英国古典经济学为其主流经济学的传统格局，这也为舶来经济学从单一走向多样，涌现出非主流乃至反主流的舶来经济学从而介绍马克思经济学说，创造了条件。

像覃寿公的著译一样，宋任的译述，提到马克思其人其说只是顺带言之，甚至更为简略。严格地说，它提到的只是马克思其人而非其说，以一般社会主义理论的介绍，包含了或替代了有关马克思经济学说的专题介绍。宋任之作的这些介绍，无非社会主义产生于社会贫富的不平等、社会主义针对资本家的独揽利权、社会主义主张将一切生产工具归诸公有而废弃资产私有制度等内容。这些关于社会主义的粗疏介绍，同覃寿公之作的有关介绍差不多，无法与那时流传的各种社会主义专题论著中的论述相媲美。它们只是因为出现在经济学著作里并与马克思其人其说相联系，才引起特别的注意。另外，宋任的译述像覃寿公的著译一样，津津乐道社会主义论与社会政策论或经济政策论之不同；也把它们的本质区别归结为：社会主义论者主张在破坏现在经济组织的基础上，通过废除资产私有制度的公有制建设一个新社会，社会政策论者则主张凭借现在经济组织，通过国家资助的社会改良而非社会革命以增进下级贫民与上流富人的共同幸福等等。到此为止，宋氏与覃氏之作的有关叙述，一直相近。再往前走，需要在社会主义论与社会政策论或经济政策论之间选择取舍时，二氏的态度流露出一些差别。覃氏之作几乎全盘照搬德国国民经济学说的意见，把从社会主义论中脱胎出来的社会经济政策论，赋予社会改良的意蕴而放到与旨在社会改革的社会主义相反对的地位，明确批评包括马克思学说在内的整个社会主义学说存在“持论激切”的弊病。宋任之作好像不完全偏向德国历史学派的观点，试图参考其他国家的经济学著述作些修正补充，表现在对待社会主义论与社会政策论二者的态度上也有些羞羞答答：一面肯定以马克思为其代表之一的社会主义之论“不可厚非”；一面不厌其详地兜售社会政策一类的货色。无论如何，除了李佐庭的译本，宋任之作是接踵覃寿公之作而在国内少见地提到马克思名字的最初经济学著作之一。前面考察覃氏著译中关于马克思的点滴评介资料，曾把它比作我国经济学著作中直接评介马克思经济学说的最初一线光亮，宋氏经济学译述里再次出现马克思的名字，又为这一线光亮增加了些许亮度。后来马凌甫的《国民经济学原论》译本问世，其中关于马克思经济学说的评介内容更多,超过了覃氏和宋氏二人的译本。

(三)《理财学沿革小史》

这是"棠公"通过征文发表在《东方杂志》1913年12月1日第10卷第6期上的一篇论文,简要论述西方经济学说的发展历史。此文认为,西方"理财学"滥觞于17世纪,成立于18世纪,比西方其他科学如哲学和法学的发展都迟。其原因是,理财学与其他科学如伦理学、政治学冲突,其真理"益难发明";理财学的名词如"财货"、"价值"、"地租"等,与它们作为普通名词的涵义有差别,乃"讲究斯学之一障碍";世人常抱谬见看待理财学,不了解它有确切例证、自成系统并已成为"科学之学说"。文中追溯理财学成为科学之前的理财议论,如古希腊柏拉图主张共产主义,"其说与中国老子相类",我国三代井田之制、北魏唐初均田之法,"与柏氏之意有暗合者";柏拉图的弟子亚里士多德驳斥共产主义之说,称其"难行";古罗马人富于实利思想,偶有论及理财者,却不显著;此后4世纪至14世纪的千余年为黑暗时代,理财学亦无足述者。文中重点叙述理财学成为科学的发展线索,从重商主义到重农主义,到斯密开创正统派,其后出现以马尔萨斯"人口论"、以李嘉图"经济学"为代表的"厌世派"和反对此派的"乐天派",再到"开新经济学派之先河"的约翰·穆勒"经济原论",依据斯密、李嘉图和马尔萨斯的学说,"参以社会主义",以其"精深博大"而成为英国大学教科书。至"最近理财学派",主要介绍"历史派理财学","社会主义派理财学",以及"国家社会主义派理财学"。

关于"历史派理财学",以德国李斯特和罗雪尔为其泰斗,认为国家经济的进化分为农业时代、工商渐兴时代与工商极盛时代三个阶段;处于第一、第三阶段者表现为自由贸易,唯有第二阶段不能不实行保护政策;当时只有英国居于第三阶段,德国还处于第二阶段,要实现工商业发达,"不能不用保护"。

关于"社会主义派理财学",此派"遥接柏拉图之共产主义",极力反对斯密的个人自由主义学说。其理由是,自由竞争达到极点,"必至富者愈富,贫者愈贫,一国中贫富两阶级相去悬绝",中等人家反缩减至甚少,这是"欧洲近日理财家之所患者"。其补救之法,"莫如为多数之贫者谋利益,使其渐有中人之产之希望,而富者亦使分其势勿任其继长增高",这是出于整个社会幸福的考虑。这一主张与自由主义主张互不相容,"自由主义主张个人幸福,社会主义则主张最大多数之幸福"。接着,文中概括道:

> "夫以多数幸福压制个人,则个人反不得自由而受社会之专制,故社会主义与斯密氏反对甚力。如国有土地共有财产学说,即社会主义学者所主张者也。法国圣西门、科留、波勒敦、路易伯兰,德国洛伯条斯、加尔玛士、非烈特力拉萨尔,皆是派之有名者。"

在这里,法国的圣西门、傅立叶、布朗基、路易·勃朗,德国的洛贝尔图斯、卡尔·马克思、拉萨尔等人，都被简单地归入主张“国有土地、共有财产学说”的社会主义学者名下，作为社会主义派经济学的代表人物。可见马克思其人其说，只是夹杂其中被附带提及，稍不留意，就被忽略了。

关于“国家社会主义派理财学”，这是俾斯麦的财政顾问官倡导的“德国最新之理财学派”。其学说“折衷自由主义与社会主义”，认为经济事业中，有必由国家经理者，也有任凭个人自由者，不可缺少自由竞争，又要立法加以规范，不许其放任，“使私益不至为公益之妨碍”；私人所不能为，或私人为之不及国家为之有利者，“当归之国家”，如邮政、电报、电话、铁路等事，“当为国家经营，不许私人竞争，其意在绝兼并而不流于专制”。此派理财学“崇自由而不流于放任，立说最完全”，学者多崇尚其说，又称“讲坛社会主义”。①

这篇文章令人感兴趣之处，一是提出理财学即经济学的成立迟于其他社会科学的命题及其理由。诸如早已存在的伦理学和政治学的意见存在“僻见与陋说”，与经济学的观点冲突，因而阻碍经济学发明其真理；经济学赋予一些普通名词以特殊涵义或“严正之解释”，往往被一般学者或读者的世俗“常意”所曲解或误识，成为经济学研究又一障碍；经济学论述的是世人熟知的普通经济生活，又不同于一般经济议论，为有系统有确例的科学学说，可是世人对于经济学常常抱有自以为是的谬见，如以理财混同于理财学；等等。这些理由，也从一个方面，可以解释马克思经济学说早期传入中国的路径，何以先见之于介绍社会主义的著述，而见之于经济学著述则较迟。这恐怕与理解经济学著述特别是马克思经济学说方面，存在上述诸多障碍，不无关系。比如文中提到“价值”一词，国内经济学著述的解释或翻译，甚为混乱。另外，此文强调“理财学”而非经济学的译名，似乎对当时经济学译名的流行颇为抵触。它使用理财学译名，按照前面《社会经济学》译本里的有关说明，仍可能受到日本曾风行理财学译名的影响。

二是与李佐庭的《经济学》译本有些相似，颇为看重经济学说的历史发展过程。所不同的是，它还以全文近 1/3 篇幅考察经济学独立成为科学以前的经济议论，如古希腊柏拉图和亚里斯多德的有关著述。文中以中国的老子和三代井田之制、北魏唐初均田之法附会柏拉图的共产主义主张。其言下之意，中国古代虽然出现过像古希腊先哲一样的经济议论，甚至涌现出诸如《史记·平准书》和《汉书·食货志》“其中所载多为理财精义”的著作，但终究不能称为科学的经济学说，只是一些无系统无确证的经济议论。换句话说，中国历史上未曾产生经济科学，经济学是 17、18 世纪滥觞和成立于西方国家后再传入中国的舶来品。联系前面所说的理解经济学的那些障碍，这意味着国人对于经

① 以上引文均引自棠公：《理财学沿革小史》，《东方杂志》第 10 卷第 6 期，第 40－45 页。

济学和马克思经济学说的理解,又多了一层障碍。文中叙述经济学成立后的发展轨迹,与李佐庭的译本大致差不多,也是按照重商主义、重农主义、斯密、马尔萨斯、李嘉图、约翰·穆勒之类的顺序,只不过中间穿插所谓"乐天派"反对马尔萨斯和李嘉图为代表的所谓"厌世派"之争。棠公的这篇文章介绍经济学发展历史,应是参考了与李氏《经济学》译本大致类似的原著。

三是介绍"最近理财学派",有其别致之处。一则它像前述几部经济学著作一样,强调德国经济学即所谓"历史派理财学"不同于传统"自然学派"的特殊内涵,指出这一内涵否认"一定不易之法理",具有"合乎该国之历史"的特性。如其"泰斗"德国李斯特之说,认为国家经济的进化,可分为农业时代、工商渐兴时代与工商极盛时代三期,处于第一和第三期者,其贸易可以是自由的,惟在第二期必须加以保护。当时世界各国只有英国发展到第三期,德国尚处于第二期,为了德国商工之发达,不能不用保护政策。意味着以斯密为代表的崇尚自由主义的正统经济学只适用于当时经济最为发达的英国,不适用于其他经济比较落后的国家,故后者谋求发展,必须选择适合本国国情的类似于德国历史学派的保护主义经济学。这一观点,对于当时处于更为落后状况的国人来说,具有强烈的吸引力,推动他们搁置甚至放弃对于正统自由主义经济学的兴趣,把眼光转向寻找更适合于中国国情的其他经济学说,当然也包括马克思经济学说在内。

二则它把"社会主义派理财学",说成"遥接"古希腊柏拉图的共产主义观念之产物。这与前几部经济学著作侧重从德国学派或德国系统方面引导出以马克思为代表的社会主义经济学,有所不同。根据这一理解,凡是主张"国有土地、共有财产学说"者,均可称为社会主义,从法国的圣西门、傅立叶,到德国的洛贝尔图斯、拉萨尔之流,都被归入同一个派别之内,马克思学说也不过这些"有名"者之一而已,实际上把社会主义经济学的概念泛化了。这篇文章介绍"社会主义派理财学",也与前述几部经济学著作强调德国系统特色相似,突出此派经济学反对斯密个人自由主义学说的特点,认为自由竞争的极点必然导致贫富悬隔,并提出与自由主义主张个人幸福不同的补救办法,主张考虑社会幸福而追求最大多数之幸福。这里所谓社会幸福或最大多数之幸福,指的是改变"中人之家"甚少的状况,让多数贫者"渐有中人之产之希望",其着眼点放在所谓"中人之家"或"中人之产"之上。显然,这不能代表马克思经济学说。看来,文章作者并不赞成社会主义派理财学,又不直言反对,而是采取比较迂回的方式。如借用斯密之名,认为"以多数幸福压制个人,而个人反不得自由而受社会之专制",意谓强调多数幸福或社会幸福压制了个人自由。又如谈到社会主义派理财学"遥接"柏拉图的共产主义主张,假托柏氏弟子亚里士多德之口,条分缕析地驳斥共产主义之难行,即在共产制度下,劳动及其报酬的分配难于达到平均；土地国家所有将使人们不能享有私有土地之乐，于国不利；财产共有无以奖励才能，鼓舞人之为善；实行共产主义无视人天生的智愚贤否差别，违反优劣者享有厚薄不同的“自然之理”，“远于人情”，“破坏社会”；等等。以上反对意见，自然也针对“遥接”柏氏共产主义主张的社会主义派理财学，其中包含马克思经济学说。这些都是文章作者想说而未曾明言的。

三则它对德国学派的经济学，作了阶段上的划分。前一阶段以李斯特等人为代表，称之为“历史派理财学”，后一阶段以俾斯麦的财政顾问为代表，称之为“国家社会主义派理财学”，或谓“德国最新之理财学派”，崇尚其说的学者又被称为“讲坛社会主义”。文章作者真正心仪的是后一派学说，将自由主义与社会主义折衷，宣扬“绝兼并而不流于专制，崇自由而不流于放任”，认为这是“最完全”的学说。将“最近理财学派”划分为历史派理财学、社会主义派理财学与国家社会主义派理财学三者，这一安排颇费心机。按照介绍，一般而言，这三者都属于经济学领域反对正统自然学派的派别。具体言之，历史派理财学依据德国自身历史发展状况，对坚持“一定不易之法理”的传统自由竞争学说，从理论上提出异议，认为导致贫富悬隔的极端弊病；社会主义派理财学强调社会幸福，将反对个人自由主义学说发展到极端；国家社会主义派理财学进行理论和政策上的折衷，对自由主义和社会主义学说，去其极端而取其妥适，使二者相互调和，形成“最完全”的学说。此文的最后结论，与前述几部经济学著作的结论没有什么差别，它得出这一结论的方式，却别具一格。

总之，棠公的《理财学沿革小史》，论及马克思其人其说，只是稍有接触，不如覃寿公编译的《经济政策要论》和宋任译述的《傅克思氏经济学》，更不用说李佐庭的《经济学》译本和马凌甫的《国民经济学原论》译本。然而，它以自撰形式谈及马克思，在早期中文经济学著述中与那些以翻译形式连带涉及马克思学说的舶来经济学著作有所区别。无论翻译还是自撰、著作还是论文，相近几年内连续出现这些在不同程度上评介马克思经济学说的经济学著述，这本身就是值得注意的现象。这表明，马克思经济学说向中国的传入，其渠道已经从原先体现社会主义思潮的舶来或自撰著述之一途，开始扩展到新引进的经济学著述领域。这一时期的经济学著述评介马克思经济学说，不论内容厚薄深浅，或言辞激烈缓和，其共同点是对马克思经济学说几乎持清一色的否定态度。这同本时期属于社会主义著述范畴的那些评介马克思经济学说的观点，交织着赞成与反对的态度乃至形成公开的冲突与争论，明显不同。这也意味着，通过经济学著述评介和引进马克思经济学说，已启其端，但比起社会主义著述的类似评介和引进，不仅迟缓，内容单薄，而且带有更多的偏见。

三、经济学著作的案例附论

以上经济学著作或论文,或多或少地提到马克思及其学说观点。但至此为止,在不断涌现出来的经济学著述里,这毕竟是如淘沙金般的极少数。绝大多数经济学著作,仍沿袭传统轨迹。为了便于对本时期一般经济学著作的发展水准,特别对其中述及社会主义经济学说的内容,有进一步了解,在这里,附带举出若干案例作补充分析,同时也为上述评介马克思经济学说的经济学著述,提供新的背景注释。

(一)《欧洲经济学思想变迁论》

率群的这篇文章,根据目前掌握的资料,时断时续地连载于《独立周报》1912年12月1日至1913年5月18日第11至第33期,历时半年,似乎仍未写完。此刊停刊时间不详,现仅见截至1913年6月1日的第35期,未能见到其后续文章。已见的内容,分为绪言、中世之经济思想、近世经济学思想之发端、重农学派、正统学派之兴起、亚当·斯密之学说、马尔萨斯与李嘉图之学说等部分。最后介绍李嘉图学说,只开了个头,曾预告对其1817年出版的"最有名之著作"《政治经济学及赋税原理》(原译为"经济租税之原理")中"使社会最注目"的若干原理,"下分言之"[①],随即戛然而止,未再见到下文。这篇专论欧洲经济学说史的文章,由于半途中断,无从得知它后来是否论及社会主义经济学乃至马克思经济学说。

从此文绪言看,作者不太满意当时负笈海外的学者,或"得风气最早"的江南荟萃之四方才智,"独言法治者众"。他说,日本学术兴起至晚,而且多取材于西方,但经过奋发努力,历年以来"法章修明,而经济学者尤盛";日本十年前也像我国一样偏重法制,近来"独经济学说增进较速",因为它"鉴于世界之潮流,恍然于生民之术为至要"。由此可以断言,中国从今往后,"经济学兴,必亦日月增加,以应此世界之需要"。进而言之,"生民要素,不外于养与治二事",经济学乃"养之学",其用途比言法者广泛;如果漠然对待经济学,"其何能国"。所以,需要好学深思人士认真考虑这一问题,并列举欧洲经济学说变迁的大势,"俾国人知欧洲能臻繁富之原因以及其学术之功用",将有助于国民的经济思想。[②] 可见,此文宗旨,像那一时期推崇经济学的论著一样,笃信经济学最为重要,具有更加广泛的使用价值,并且已为欧洲致富和日本效法致富的实践所证实,因此有必要向国人推介欧洲经济学说发展变迁的历史,了解其致富的原因和经济学的功用,以资借鉴。

---

① 率群:《欧洲经济学思想变迁论》,《独立周报》第32—33期(1913年5月18日),第11页。
② 同上文,《独立周报》第11期(1912年12月1日),第8页。

此文的考察，从号称欧洲"一切学术之元祖"的古代希腊开始，同时指出希腊的论者集中于国家学范围，经济学没有其独立地位，故经济学的思想变迁，与希腊思想之间只存在"间接之关系"，甚至说希腊诸贤之说"与今日经济学毫无关系"。罗马的学术思想，趋于实事之研求，不涉于"共产主义"、"国家万能主义"一类的高远之说，远逊于希腊时代学术之独盛；但它的重农之说，又有别于希腊，"实为后世生产论者开其先例，且社会主义论者所由出也，对于经济学者已生直接关系"。这句话的意思，作者的解释是，一般文化方面，希腊当然胜于罗马，经济方面，"毋宁谓罗马之影响为巨"。作者说了一句颇值得玩味的话：后来德意志人不愿附和世上论者常说的一个观点，即"希腊罗马均于经济学思想上无大关系"，盛称希腊罗马对于经济思想"均有绝大之贡献"。① 这里的"德意志人"所指何人，文中未予交代。联系前面所谓罗马重农之说为社会主义论者重视生产论学说开辟了先例这一说法，使人联想起德国人马克思的思想。马克思研究剩余价值理论，曾追溯到古代希腊罗马的先行思想，尤其对重农学派考察剩余价值的起源时从流通领域转到生产领域，给予高度评价。当然，这只是一种猜测，而且马克思所说的重农学派，也不同于古罗马的重农之说。

接着，文中考察"黑暗时代"的中世纪经济思想，称其种种发端为"伏因"，为种种新思潮显明于近世，创造了条件，此后经济学才能成为独立学科，并与近世史初期发生"密切之关系"。其中包括若干与经济学有间接关系的因素，如战争的结果导致贵族诸侯的失势和自由都市的兴起；宗教的影响唤起人们注意贫富的分配，而富力的分配"实为经济学中绝大之关键"。也包括产生经济学发现的有关学说，如阿奎那的价值说不同于近世正统学派的主观价值论，"主张以生产力规定其价值，乃社会主义论之精义"；连同其货币说与利息说等，均具有"宗教观念"色彩，"其影响于后世者，以社会主义之性质为多"，其"伟识"有功于经济学的发展。② 关于近世经济思想的发端，主要列举了古典学的复兴、新航路的发现、新大陆的发现、重商主义的勃兴、柯尔培尔与克林威尔的重商政策、布阿吉尔贝尔派质疑政府重商政策的反响、重农学派的先驱如威廉·配弟和康替龙等因素③。考察重农学派之前，文中有一附注，说明经济学盛极于近世，治经济学史者对其近世发展叙述特详，而对考察上古、中古时代经济思想的因缘展转之迹，往往缺如。所以，作者的叙述详于中古以前，重农学派以后，因进入近代范围，其内容记载为稍知经济学史者所熟悉，故悉从

---

① 率群：《欧洲经济学思想变迁论》，《独立周报》第 11 期，第 8－9 页。

② 同上文，《独立周报》第 12 期（1912 年 12 月 8 日），第 4－5 页。

③ 参看同上文，《独立周报》第 13 期（1912 年 12 月 15 日），第 14 期（1912 年 12 月 22 日），第 16 期（1913 年 1 月 19 日），第 17 期（1913 年 1 月 26 日），第 20 期（1913 年 2 月 16 日）。

概略。根据这一原则,文中简略介绍了重农主义的精髓,以及“集重农学派之大成者”魁奈[①];“本重农主义而益为精密,取重农主义而博大昌明之”,标志经济学开始成为科学的正统学派[②];斯密学说是经济学成为“纯正之科学”的“元祖”,其“首最注意者”劳力说,“近则申劳力之要旨,远则开社会主义派经济学之先河”,其“最可注意者”资本论表明,如今社会主义者的废绝利息之说,意味着无利息则资本家自然可转为劳动者,此乃“不合情事”的“极端之抽象论”等[③];斯密的门徒马尔萨斯与李嘉图之学说,对斯密草创或驳而不纯的正统学派,“始为确定其说”而“较为精进”[④];等等。

以上考察,似乎以日本的有关著述为本,并附以已见。此文叙述的宗旨详古略今,对于近代以来的思想沿革,又注重搜集其他专著未载的新说,其论述欧洲经济学的发展历史,较之当时国内流传的类似叙述,虽大同小异,却给人以新鲜的感觉。惜乎此文未得延续或未能见其延续之内容,不知它对于社会主义经济学有何新鲜见解。从已经发表的内容看,它时常联系社会主义经济学考察其先行思想。如谓:古希腊已有关于共产主义的高远之说;古罗马重农之说开辟的先例,成为社会主义生产论的起源;中世纪阿奎那的生产力价值说构成社会主义论之精义,其整个学说对于后世的影响,亦以社会主义性质为多;斯密的劳力说开启社会主义派经济学之先河;等等。这些评介之词,综合起来看,决非偶尔为之,表现出作者重视后来出现的社会主义经济学,反映了社会主义经济学在当时的影响力,因而有必要在考察历史时追溯其先行思想。作者重视社会主义经济学,并不意味赞同这一学说。文中曾批评社会主义者的废绝利息之说为不合情理的极端抽象论,尽管这可能指无政府主义者蒲鲁东的无息借贷设想[⑤],但它对于社会主义的基本态度,由此隐约可见。另外,此文考察欧洲经济学思想变迁,其眼光是,近来“吾人治经济者,度无不率德奥学者之说为标准”[⑥],以近来德国和奥地利学者的经济学说作为审视的标准,常提及德意志学者的观点。如谓德意志学者因斯密演绎法之谬误而采用归纳法,斯密的研究方法遂成为德意志学者的前驱等。为研究方法问题,作者还翻译了金井延著作中关于“经济学研究法”的内容,认为应当并用纯正经济学所

---

① 参看率群:《欧洲经济学思想变迁论》,《独立周报》第21期(1913年2月23日),第1—3页。

② 同上文,《独立周报》第22期(1913年3月2日),第10—12页。

③ 同上文,《独立周报》第25期(1913年3月23日),第6—7页;第30—31期(1913年5月4日),第9—11页。

④ 同上文,《独立周报》第32—33期(1913年5月18日),第9—11页。

⑤ 《独立周报》1913年3、4月间连载梦渔的《论社会主义》一文,其中提到无政府主义者蒲鲁东建议创立交易银行,通过无息借贷来维持公益,认为如此将使资本家丧失其图求利息的特殊地位而与劳动者平等。同一刊物大致同一时间发表率群的《欧洲经济学思想变迁论》一文,也提到社会主义者的废绝利息之说,同样认为如此将使资本家自然降入于劳动者地位,亦即奉行“劳力主义”学说。二者何其相似。

⑥ 率群:《欧洲经济学思想变迁论》,《独立周报》第30—31期,第9页。

坚持的演绎法与德意志学者所倡导的归纳法等①。当时的经济学论著强调德国学派的观点，曾是引出有关马克思经济学说评介的一个路径。率群的经济学文章，由于种种原因，无缘于此。

(二)《经济大要》

贺绍章编纂的这本书，英文名称为 Principles of Economy，商务印书馆初版于 1913 年 8 月，到 1918 年 1 月，五年间发行 12 版。它是教育部审定的中学校教科书，教育部曾对此书作如下批语："该书于普通经济上之知识大略具备，说理亦颇浅显。"②既然是中学教科书，其撰述自不同于学术著作。根据"编辑大意"，此书一则专为中学四年级学生授课之用，"以略知普通之经济知识为主，故力求简赅，不务高深"；二则为便于初学者领会，多举例证来说明理论；三则编写采用讲课体例而非著书体例，不求细密，让学生易于记忆；四则学术名词"悉用我国所固有者或通用者"，对那些字义令人费解的名词，力避不用；五则全书 3 万言适于一学期讲完；六则参考日本津村秀松及山崎觉次郎的著作，但与直译原著不同，"按切国情，则兢兢注重于国民经济，陈述古义，以唤起读者之爱国精神，尤为本书之特色"；七则不复繁征博引各家学说③。这一说明，多系中学教科书的题中应有之义，惟其第 4、第 6 两点说明，耐人寻味。

第 4 点说明，举例表示，如采用公司票据、期票、支给等名词，不用会社手形、约束手形、支拂等相应名词。不采用的淘汰名词，一望便知，来自日本文字。可见，舶来经济学传入中国的早期过程中，一方面，国人曾从日文里大量吸收和采纳经济学的学术概念或专门术语；另一方面，又根据中国人的语言习惯，通过筛选或修改，对外来名词进行不同程度的加工处理，力求去其生僻，取其通俗。这表明，舶来经济学的专有名词术语之传入中国，其约定俗成的过程，不全是被动消极的仿效照搬，还含有主动修正调整的积极因素。

第 6 点说明提到的参考著作，都是日本人的经济学著作，表明当时面向国内中学生进行普及教育的经济学教材，主要是以日人著作为其蓝本。其中津村秀松的著作，应是马凌甫翻译的《国民经济学原论》一书，宋任译述《傅克思氏经济学》一书的参考书里，亦有津村氏此作，借鉴德国学派的国民经济学。宋任译述之书和马凌甫译本均在贺绍章编纂的《经济大要》初版本之后，贺氏编纂之书所参考的，应是津村氏的同名或同类著作，否则贺氏也不会强调其书以注重国民经济为特色了。山崎觉次郎的著作，前面介绍李佐庭的《经济学》译本第三版"例言"时，有所提及。李氏因国内已有山崎氏的大学经济学讲义中译本，所以才另选小林丑三郎的经济学讲义替代山崎氏讲义作为翻译的原

① 参看金井延著，率群译：《经济学研究法》，《独立周报》第 32－33 期。
② 贺绍章编纂：《经济大要》，商务印书馆 1918 年第 12 版，版权页。
③ 同上书，"编辑大意"。

本。李氏译本强调经济学中德国系统与英国系统之不同,德国系统的经济学,即注重社会而非个人的国民经济学。看来,这一点上,山崎氏著作与小林氏著作有异曲同工之处,所以贺氏编纂《经济大要》时,被选作注重国民经济的参考书。如此说来,贺氏之书,同样在日本学者的引领下,受到德国系统或德国学派经济学的影响。只是贺氏之书作为力求简赅的浅显中学教材,不必交代清楚这一学术背景罢了。贺氏还将注重国民经济之说进一步推衍和引申,赋予其以既切合中国国情,又能唤起读者爱国精神的政治涵义。这样一来,注重国民经济并将其纳入国民教育之中,不止是学术问题,还是关乎爱国与否的政治问题。德国学派的国民经济学当时获得国人的青睐和重视,于此不难想见其原因。

全书目录6编23章,的确颇为注重国民经济。如第一编总论,分五章从欲望出发,论述财、经济行为、经济,最后归结到国民经济之发展;第二编专论国民经济发展之要件,包含天然、人口、国家三章。这些内容,大概就是其"编辑大意"所陈述的国民经济之"古义"即本意。此后四编按照四分法的经济学体系,分别是生产论、交易论、分配论与消费论。

可以注意到,书中第二编第三章论述"国家",曾提到国家职能之显著者包括"维持公安公益"、"征收赋税"、"国家岁计"、"国家之行政立法"诸方面。国家的行政立法"尤握国民经济之枢纽",即经济上的政策与法制,"只以谋大多数人利益为主旨"。说到这里,文中插入一段评论共产主义与社会主义的意见。其意:由于国家的经济政策与法制以谋求大多数人的利益为主旨,因此共产、社会等诸主义随之而起。共产主义与社会主义的差别在于,前者"欲使国内一切财产,悉归共有";后者"但取土地资本等生产的财产,归诸公有"。此二主义"只知现社会之有缺憾,而不知如实行此主义,则其缺憾将更甚"。人生来先天有强弱贤愚的差别,后天的成长更因各人而不同,"强欲齐之,使人人生计上立于平等之地位",不用说决无此可能,假令有可能,也是"必先消灭人类之利己心而后可,必先毁弃财产私有制而后可","欲求平等,必至大乱"。孟子说:"物之不齐,物之情也。比而同之,是乱天下"。"侈谈共产主义社会主义者"实在不懂这个道理,"实未见及此"。所以说,国家的职能,既为大多数人谋利益,又"不能不尊重个人之权利,许各个人以竞争之自由,而同时不能不为适当之制限",如此民众才能敬业乐群,"国民经济之发展乃有可期"。①

这些反对共产主义与社会主义的评论,是西方经济学中的老生常谈。贺绍章一书的特点,一是将这些评论性意见编入中学生教科书,使之成为经济学启蒙知识中不可移易的基本原则。二是用中国传统观念强化西方经济学的理

① 贺绍章编纂:《经济大要》,商务印书馆1918年第12版,第19—20页。

论命题。如西方经济学一向从人之天生与后天形成的固有差别来推断追求经济地位平等的不可行性，又从人之与生俱来的利己心来论证财产私有制的神圣不可侵犯性，此书更是根据孟子的“物之不齐”论，以普天之下永远存在差别现象为由，证明一切谋求人类经济平等的动机和行为势必导致“大乱”。这种尝试，将西方经济原理中国化，不满足于仅仅从人类的动机与差别中去寻找经济不平等与财产私有制的合理依据，还试图把这种“合理”性说成等同于万物皆不齐的普遍自然规律。三是从德国式国民经济学中吸取滋养，部分摒弃了纯粹从个人主义出发的传统自由竞争学说。此书强调在保护人类利己心和财产私有制的基础上尊重个人权利，允许竞争自由，强调“欲求平等，必至大乱”，似与传统的个人主义经济学无甚差异；但又强调为大多数人谋利益以纠正社会缺憾，着眼于国民经济发展而适当限制个人自由竞争，明显倾向于德国学派的国民经济学。为了在二者之间求得平衡，无非坚守国民经济的“古义”，避免走极端。在这一点上，此书与前面那些阐发德国学派或德国系统经济学的著作，十分相似。同时，此书作为国家教育部审定批准的中学普及性国民教育教材，须以占据统治地位的主流经济学共识作为基准，所以，它的基调不能偏离利己心、私有制、竞争自由等“古义”，纠正由此带来的社会缺憾，又必须严格区分国民经济以谋求大多数人利益为主旨与共产主义、社会主义主张财产共有或公有二者之不同。从这个意义上说，它只是用新引进的国民经济学之涵义，对传统的个人主义经济学作了某些修正。所以，它谈共产主义与社会主义，采取相当严厉的措辞，如谓“侈谈”、“决无此事”、“必至大乱”、实行此主义则“缺憾将更甚”云云，必欲置之死地而后快。

此书如此坚持传统经济学的“古义”，何以又大谈为大多数人谋利益的国民经济，看来乃时势之所致，不得已而为之。对此，书中第三编第一章论述产业组合之由来时，作了进一步说明：19 世纪产业革命以来，资本主义盛行，大资本家和大企业兼并小资本家和小企业，引起社会问题，“社会主义共产主义亦随时代所要求而发生”。可是，“社会主义共产主义，究非健全易行之政策”。救济之道，莫先于小企业与小资本家之自助，实行自助，尤须养成自助之精神与勤俭储蓄之美风，集中其储蓄所得的小资本，协力一致与大企业的资本家抗衡。这是产业组合兴起的原因。① 可见，资本主义盛行所带来的社会弊端，不仅是社会主义共产主义应运而生的原因，也是此书论述不得不考虑大多数人利益的原因。此书的特点，不全在于注重国民经济，更在于拼命地排斥共产主义与社会主义。排斥的理由，在前面是违反利己心和私有制等理论“古义”，在这里则是缺乏健全易行的政策。这些理论和政策方面的理由，互为关联，根子

① 贺绍章编纂：《经济大要》，商务印书馆 1918 年第 12 版，第 30 页。

还在经济学理论的所谓"古义"。根据"古义",弥补大资本家兼并等社会缺憾的救济之道,不能走消灭人类利己心与毁弃财产私有制之类的必至大乱道路,只能在保护利己心与私有制的基础上去培育弱者的自助勤俭精神,通过弱者的组合集中等方式提高与强者的抗衡能力。基于这些根深蒂固的观念,此书每每把排斥共产主义与社会主义作为普及教育的重点。由此也可以联想,前述那些曾评介马克思经济学说的经济学著述,其所以倡导德国学派的国民经济学之同时,又异口同声地批评或否定马克思经济学说,原因盖源于此。

(三)《经济学要览》

这部著作由东方法学会编纂、上海泰东图书局1914年6月初版。其"凡例"有两点说明。一则编纂要点有四:"以理论为经,以实际为纬";介绍欧美学者学说并附以"正确之批评";搜集最近材料叙述各种经济机关如卡特尔、托拉斯及各种组合的组织利害等;用"简单明了之文字"评述"闳深奥衍之学理"。二则主要参考书为日本津村秀松的《国民经济学原论》,此外参考了天野为之的《经济原论》、《经济学纲要》,田尻稻次郎的《经济大意》,金井延的《社会经济学》,松崎藏之助的《经济学要义》,田岛锦治的《最近经济论》,小林丑三郎的《纯正经济学》,福田德三的《国民经济原论》、《经济学研究》,《经济学讲义》,河上肇的《经济学原理》,山崎觉次郎的《经济学》,气贺勘重翻译的《威格尔氏经济学原论上卷》,以及《国民经济杂志》、《东京经济杂志》、《东洋经济新报》、《日本经济新志》刊载的诸位"大家"论说与质疑解答等内容。①

就其编纂要点看,这部经济学著作为"袖珍"《法政要览丛书》之一部,反映整个丛书有八个特色:"译纂东西名著"、"解释现行法规"、"学说丰富"、"问题完备"、"提挈纲领"、"助长记忆"、"携带至便"、"一目了然";此外还有"预备考试之利器"与"研究法政所必播"两个功能。联系这些要点、特色与功能翻阅此作,不难发现它以舶来经济学中具有应知应会性质的简要普及读本为其编纂宗旨。其写法之浓缩简略,如同提纲式条目。看来它确是在便于考试记忆和携带传输方面,下了一番功夫。

就其参考书目看,这部经济学著作又是一部东洋货,其中列举了日本十位学者的十余部经济学专著或译著,以及日本数家专门经济刊物,借机也炫耀了一下当时日本经济学界的实力和影响力。不过,列举如此多的参考书目,似有虚张声势之嫌。从它的目录看,分为总论、生产论、交易论、分配论、消费论五编,既是沿袭西方经济学著作的传统四分法体系,更是直接照搬津村氏的《国民经济学原论》体例。第一编总论,分为绪言、欲望、财、经济行为、经济、国民经济之发展、国民经济发展之要件七章,第七章国民经济发展之要件又分为天

① 东方法学会编纂:《经济学要览》,上海泰东图书局1914年再版,"凡例"。

然、人口与国家三节等，都与津村氏的著作如出一辙。不同的只是它将津村氏著作的独立部分第二编国民经济发达要件论，并入自己的第一编作为其第七章。换句话说，《经济学要览》的众多参考书中，其实主要是以津村氏之作为样本，其他参考书不过陪衬而已。

举例说，此要览关于共产主义与社会主义的评介，几乎都是以尽量简洁的概括式写法，复述津村氏之作的有关结论。如谓：关于财产制的变迁，古代各国均实行“共有财产制”；其后因财产有限和人口增加引起竞争，遂由强者分配和占有土地乃至万物，共有财产制蜕嬗为“私有财产制”；私有财产制因强弱之等差，生贫富之阶级，强者益富而弱者益贫，“此非永久且健全的社会组织”，于是产生“欲否认一切财产之私有，悉使归诸共有”的共产主义，以及“主张但取土地资本等生产的财产归诸共有”的社会主义，二者“皆欲变革私有财产制而为‘社会财产制’”。关于共产主义与社会主义，此二主义知“现社会组织之缺点”，但其论据“误点亦多”，不懂得“人类生而有智愚贤不肖之差”；共产主义“必谓人人应有平等之权利”，此乃“不平之甚”，社会主义谓“以土地资本为私有遂使资本主义有横夺劳动者之结果”，此乃不了解“无土地所有权则土地之改良不行，无资本所有权则资本之发生不起”，故二者“今必欲尽化私有为共有，其如利未形而弊先著”。关于现社会组织，“纯然的私有财产制决非永久且健全之社会组织”，因而“国家社会主义”与“社会改良主义”勃兴，如邮政、电信、电话等归于国有，电灯、煤气、水道、铁道等变为市有，表明国家承认私有财产制为原则，但在私经济与国民经济相反、个人利益与国家利益冲突、经济利害与政治利害不相容时，又不能不限制私有权，此亦“改良现社会组织所必要而正以助国民经济之发展者”。① 这些从津村氏著作中搬来的评介共产主义与社会主义的观点，到了《经济学要览》编纂者手中，不仅成为记诵经济学知识的精粹要旨，而且成为传播经济学理论的金口玉言。津村氏的《国民经济学原论》在当时中国的影响，于此可见。

（四）《经济学大意》

彭耕翻译这部著作，看来也是赶时髦，同样取自日本法学博士津村秀松的上述原著，上海群益书社 1915 年 12 月初版后，至 1928 年 6 月发行了 6 版。此译本“凡例”，说明津村氏的《国民经济学原论》一书，“为彼国前辈所倾服”，此译本即由该原著“撮要而成”，其宗旨，“任使初治经济学者得窥斯学大意”，故艰深理论一概删除，“第采普通学说以期简明”。又说明此译本适用于我国法政学校、实业学校、师范学校及中学校教科程度；正文之外，间以译者之意，

① 以上引文均见东方法学会编纂：《经济学要览》，上海泰东图书局 1914 年再版，第 33－34 页。

附注于后,以备教学或自修时参考。[①] 这表明,津村氏这部原论,当时既享誉于日本国,在中国也很流行。它不仅是 1913 年 8 月贺绍章编纂《经济大要》和 1914 年 8 月宋任译述《傅克思氏经济学》的参考书,1914 年 6 月东方法学会编纂《经济学要览》的主要依据,还在 1915 年 12 月马凌甫完整翻译这部原著的同时,由彭耕撮要翻译了 129 页的简明读本。

彭耕翻译此书的目的,主要针对中国传统的讳言财利观念,昭示经济学的重要性,使我国学者"知讳利之不可为训,救贫之亦自有方"[②]。他不像贺绍章自诩的那样,为了唤起读者的爱国精神;也不像东方法学会的编纂者表白的那样,为了追求便于传诵和考试的实用目的。但三人的翻译或编纂,以同一原著为对象或参考,故其内容十分相近。如《经济学大意》同样分为总论、生产论、交易论、分配论与消费共五编,其第一编总论亦包含欲望、财、经济行为、经济、经济之发达、天然、人口、国家共八章。与原著的篇章安排对照,彭耕译本稍微作了一些修改,取消原著第二编关于国民经济发达要件论的设置,将其包含的天然、人口、国家三章内容并入第一编。这与东方法学会编纂《经济学要览》的目次安排比较类似,不同于贺绍章编纂《经济大要》时仍保留专列国民经济发展之要件一编。这几部著作同出一脉,在贺绍章或东方法学会编纂之书中看到的那些特点,在彭耕的译本里也有所表现,而且更具有忠实于原著的学术意味。

比如,津村氏的原著,颇为重视经济学的理论解释。彭耕的简明译本,对经济一词的阐释,也是细致入微。其逻辑关系是,人类社会的欲望即"经济欲望",须以财即"经济财"来满足,二者的结合产生"经济行为"Economic activities,主观上基于"以最小之劳费,收最大效果之'经济主义'Economic principle",在市场交易环境下,"以若干经济行为,立于一定秩序之下,继续以维持之",这种活动即所谓"经济 Economy";由此形成各个种类的经济,如"商业经济 Commercial economy","工业经济 Industrial economy","农业经济 Agricultural economy","私经济 Private economy","公经济 Public economy","个人经济 Individual economy","共同经济 Collective economy","国民经济 National economy"等等[③]。这番解释,不论准确与否,对西方的 economy 术语,从理论上专门分析其内涵与外延,在此基础上相应地冠以"经济"译名。这是日本学者在引进西方经济学的过程中所作的消化吸收工作,经过这一先行工作,当西方经济学再被转贩给中国时,其专用名词术语自然免不了带有日本式的浓重痕迹。所以说,"经济"译名能够在众多的中译名中脱颖而出,为广大国

① 津村秀松著,彭耕译:《经济学大意》,上海群益书社 1915 年初版,"凡例"。
② 同上书,译者"绪言"。
③ 同上书,第 1—11 页。

人所接受，不能简单归之于一般习惯，有其理论阐释的先行优势。

又如，彭耕译本论述国民经济，除了见于第一编第五章第五节国民经济时代与第六节国民经济发达之条件，主要集中于该编第八章各节。第八章的内在结构，第一节国家与国民经济，提出国家的政治法律之良苦，直接关系"私有财产之安危，自由竞争之有无，与国民经济之影响"。第二节私有财产制与自由竞争，论述私有财产制由古代的共有或公有财产制演化而来，以解决人口增多而争夺有限财产的问题，由此引起基于各自利害关系的自由竞争并日益加剧，形成今日各国"事物改良，文明进步，勃然而兴"现象。第三节共产主义与社会主义，指出放任上述大势，富者益富，贫者益贫的贫富分化愈演愈烈，物竞天择的自然淘汰"致使社会上酿成贫富之一阶级而牢不可破"，如此不是"社会完全之组织"；物极必反，事久生变，于是产生"废私有财产制而行共有财产制之'共产主义'Communism论"，以及"禁止土地及资本生产手段之私有制，化归公有之'社会主义'Socialism论"。第四节共产主义与社会主义之批评，认为二者"仅窥见社会之缺点，以思矫正，而未得知社会之优点，以图改良，其所持论，不无偏畸"。人生来有智愚强弱的差别，一概"与以平等利益，立以平等关系"，如共产主义的主张，则愚弱者不劳可获，智强者虽劳亦无特别利益，"是实不公平之甚者"，这好比担忧土地与资本归诸私有，"资本家常横夺劳动者取得之结果"一样；或如社会主义的主张，"其中虽含有一部分之真理，然破坏社会进步基础之私有财产制及利己心已甚"，国家将难以立足于国际经济竞争。第五节现今社会组织之改良，最后归纳说，"极端之私有财产制度论，固非社会完全之组织，而极端之共有财产制度论及禁止土地资本私有制论，亦非社会完全之组织"。应"折衷其说"，比较"其事之可行而少害者"。在私有制度中，担心其有害公益者如邮政、电报、电话等，"收归公有"；其他如因私有财产而产生公私利害之冲突者，"尊重公益，否认私有，或加限制"。虽说"自由者进步之母，竞争者发达之基"，但"任其自由竞争之极，而酿成贫富之殊，则亦不可不加以相当之限制"。根据实际情况，国家应当"认其私有财产制度，以尊重个人权利，加以保护，使人民安居乐业，各专厥职，以图国家发展"；又"许其自由竞争，以尊重个人之自由，亦加以保护，使人民各尽其长，自在发挥，而促社会之进步"，如此才能实现国民经济的发达。如何进行社会改良，译者在随后的附注里介绍津村氏的"改良社会之三大纲"。一是"普及教育，以崇高一般国民之自觉心，而鼓舞独立自助之精神"。发之于下，赞成强迫教育，以促产业公会、劳动公会等产生。二是"阐扬宗教道德，以崇高一般社会之公德心，而实行和衷共济之业"。发之于上，赞成改革宗教、奖励德育，辅助慈善事业等。三是"以国家之权利，防止社会阶级之轧轹，而调和一般人民之利害"。由中而发，主张制定工场法、劳动保险法及其他劳动者保护法。[①]

上述内容,分析马凌甫的《国民经济学原论》译本时,均有所触及,彭耕译本只是将其简化而已。通过这些译本,恍然发现前面贺绍章编纂经济学教科书时,津津乐道其注重国民经济的特色,实在是大言不惭。有关国民经济的重要理论及其评论意见,贺氏之书均可抄自津村氏之原著,而且后者的阐述更为系统和理论化。彭耕的译本只是对其原著"撮要而成"的简明缩略本,从中仍可看到它高出贺氏之书一筹的理论系统性。彭耕译本里,国民经济的理论基石是财产私有制和自由竞争,也就是贺氏书中所说的经济学"古义"。按照彭耕译本,衡量国家政治法律的优劣,必须以私有财产的安危和自由竞争的有无作为标准;私有财产制和自由竞争是解决人口增长与财产有限之间矛盾的历史产物,是事物改良与文明进步勃然兴起的内在动力;共产主义与社会主义试图改变私有财产制与自由竞争之极端放任所造成的贫富严重分化趋势,却走向废除私有财产制或禁止生产资料私有制的另一极端;共产与社会二主义的平等观念,不顾人的天生差别,破坏作为社会进步基础的财产私有制及利己心,其说只见社会缺点未知社会优点;两个极端之论均"非社会完全之组织",应"折衷其说",取其可行而少害者,改良社会组织,在保护私有财产制度和自由竞争的前提下,适当限制其极端的偏差。它的整个论证过程,立足于私有财产制度神圣不可侵犯以及自由竞争为进步之母和发达之基之上,在此基础上作些社会改良以纠其偏。这些由津村氏著作所传达的经济学要领,经过彭耕译本的简化处理,省略了具体理论环节的来龙去脉。但是,文中承认私有财产制和自由竞争的极端发展造成贫富差距日益扩大,究非完全的社会组织,将物极必反,以及主张社会改良,适当加以限制等论调,由此来看,仍能发现这些要领不完全相同于英国传统的个人主义经济学,带有德国学派国民经济学的明显色彩。

既要坚持经济学"古义",又要弥补导致贫富分化严重的社会不完全组织或社会缺憾,这是国民经济学有别于其他社会主义著作的一个特色。其他社会主义著作,鼓吹社会改良而反对社会革命的论点也不乏其见,如所谓国家社会主义或社会政策论者即是。后一社会改良论点,着眼于避免破坏现存社会组织的政策改进,其理由五花八门,不必有共同的理论基础。而信奉同一资产阶级理念的西方经济学,经过长期的递延承续,不论其各个学派在形式上有多大差别和修正,在本质上仍遵循共同价值观和核心经济理论。所谓英国学派的传统经济学如此,所谓德国学派的新兴经济学亦如此。这一点,彭耕译本的表述,颇为典型。不管怎么承认共产主义与社会主义是社会物极则反、事久变

---

① 津村秀松著,彭耕译:《经济学大意》,上海群益书社 1915 年初版,第 20—24 页。

生的结果，怎么肯定社会主义的主张"含有一部分之真理"，怎么宣扬必须限制极端的私有财产制和自由竞争乃至在一定范围内收归公有和否认私有等等，它始终恪守的基本信念，仍以私有财产制和利己心及其如影随形的自由竞争，作为社会进步和国民经济发展的基础。因此，它的结论，必然是批评和排斥共产主义与社会主义主张，并把缓解社会矛盾的思路引向折衷主义的社会改良道路，在保护现状的前提下力图防止各种极端取向。在基本理论层面和社会改良政策上，贺绍章编纂之书跟着津村氏的意思或建议亦步亦趋，其中还要了一些小把戏，如用孟轲的"物之不齐"论附会人有天生差别不能待之以平等利益一说；全然否认社会主义主张含有任何真理成分，认定它只会使社会缺憾变得更糟等等。这些对于共产主义与社会主义的批评言论，比起彭耕译本的措词显得词锋严厉，其实追根溯源，二者出于同样的经济学理论。据此而论，当时若干经济学著作评介马克思经济学说时每每流露出来的否定口吻，决非偶然的巧合，而是建立在一切形式的共产主义与社会主义观点均触犯西方经济学理论根基的理念之上。

这一时期，津村秀松的《国民经济学原论》一书，似乎对国内经济学界有特殊的吸引力，成为国人竞相传译的对象。这是否也意味着，津村氏在其书中评介马克思经济学说的内容，同样为那时热衷于此书的国人所了解。研究表明，那几年间，除了马凌甫全文翻译津村氏原著，从而将书中评介马克思经济学说的内容作了完整展示之外，其他由此原著派生出来的各种中文版本，不论参考本、编纂本还是简译本，大多忽略或舍去其中有关马克思经济学说的评介观点，同时保留关于社会主义与共产主义的批评内容。这一事实说明，那时舶来经济学尚待普及，从经济学角度评介马克思学说，对于国人来说，还是一个比较陌生和模糊的领域，因而难免在编纂和摘译舶来经济学著作的过程中，对其中所论述的马克思经济学说，或者置之不理，或者与一般社会主义和共产主义观点混为一谈。

(五)《财政学》

这部由日本东京高等商业学校教授泷本美夫讲述、孟森译述的专题著作，商务印书馆 1916 年 3 月初版。举出该书作为本时期经济学著作的案例，有两点值得一提。一是孟森 1915 年识记的序言，曾提到当初严复翻译斯密的经济学著作，"经济学之名词，尚未公行于学界"，所以改其书名为《原富》，将这一学科命名为"计学"。"今既从东籍所定，谓之经济学，举国无有疑问，则名称固无事复从严译，而论斯学之内容，则亦大有古今新旧之不同"。[①] 严复翻译斯密的《原富》一书，1897－1900 年间译成，1902 年出版，其中各种专用经济学词

① 泷本美夫讲述，孟森译述：《财政学》，商务印书馆 1916 年初版，译者"序"，第 2－3 页。

汇,严复根据其原著自行揣摩,然后凭借文言汉语选择或自创相应的中文译名,比如将经济学译为计学。这些文言式译名,曾在一定范围流传,颇为局限。与此同时,来自"东籍"即日本的经济学译名,也传入中国。按照孟森的说法,到他写这篇序文时,国人采用来自日本的经济学译名,"举国无有疑问",并抛弃了严氏译名,使经济学内容的中文论述,发生"大有古今新旧之不同"的变化。这番描述,简略地勾勒出十余年间经济学传播领域发生的变化,令人瞩目。这一变化不仅为西方经济学在中国的传播扫除了名词术语方面的障碍,也为马克思经济学说的传入提供了便于理解的话语环境。

二是此译本从财政学角度,突出德国学派在经济学领域的影响力。孟森指出,《财政学》一书的作者泷本氏,生平服膺"德国财政学大家"、近世财政学之"集大成者"瓦格纳(原译怀古那)①。泷本氏的论述里,更是对德国财政学及瓦格纳大加推崇。如谓:"今之所谓财政学,则必当以十八世纪之德国,为其起源";19世纪中叶以后,瓦格纳在财政学划分新纪元时,"最能代表此新倾向",在财政学史上"可云占古今独步之地位",继承斯密等人及"社会主义之一切影响","遂唱所谓国家社会主义",自创租税新说和独特经济原论,革新财政学理论,在学理上和实际上产生"伟大之影响";等等②。这些内容,与前面分析的那些经济学著作旨在纠正传统经济学缺陷的内容汇聚在一起,共同强化了以德国学派为其特色的国民经济学或国家社会主义传入中国的趋势。

这一趋势对马克思经济学说传入中国会产生怎样的影响,要了解这一点,须先明了瓦格纳的财政学尤其他的国家社会主义。在这里,不妨引用西方学者的评论意见。这一意见认为,瓦格纳影响最久的杰出成就是财政学方面的著作,他把财政学从早先的行政工作方向解放出来,纳入整个政治经济学体系之中。在财政学著作中,他赋予国家十分重要的职责,而且考察这个观念,必须置于他自称为"国家社会主义"这一特殊社会哲学的较为广泛背景之下。"这个'国家社会主义'的观念,应该被理解为一种特殊德国类型的社会保守主义,建立在一种关于国家的有机概念和反对自由放任的基础之上。'国家社会主义'的目标把工人阶级结合在君主专制的国家之内,是和正在成长的社会民主党针锋相对的。这个目标要通过自由资本主义逐渐改造成为一个国家干预的经济来达到"。在这一点上,他比大部分志在社会改革的德国教授们、即所谓"讲坛社会主义者"更为坚定。他主张把高度垄断化的部门收归国有,特别是运输、公用事业、银行与保险业;赞成废除房地产的私有制;要求国家通过一种家长式的社会政策与再分配性的税收政策干预市场;基于税收的社会福利

① 泷本美夫讲述,孟森译述:《财政学》,商务印书馆1916年初版,译者"序",第1页。
② 同上书,第10—13页。

原则，主张实行累进的所得税、财产税、遗产税、奢侈品税和资本增值税。他认为，随着文化发展的一般过程，“公共和国家活动的不断增加”是一种历史“规律”。“这一套思想的特点在于瓦格纳当时是一个十分保守的普鲁士民族主义分子，他把德国国王威廉一世和俾斯麦也都称为‘国家社会主义者’”。[①] 这个评论意见表明，瓦格纳的财政学并非研究一般行政事务，而是纳入整个政治经济学体系作为其重要组成部分；他的财政学建立在“国家社会主义”观念之上，具有其德国类型的特殊标识，既反对自由放任主义，又抵制社会民主党；他强调国家职责的重要性，主张把一些垄断部门收归国有，国家实行社会政策和税收政策干预市场等等，借以实现威廉一世国王和俾斯麦政府所期望的“把工人阶级结合在君主专制的国家之内”的目标。

显而易见，瓦格纳的财政学及其经济学理论所支撑的国家社会主义观念，与马克思的经济学说不仅难以吻合，而且“针锋相对”。它作为德国学派经济学的代表，说明在西方经济学传入中国的过程中，德国学派的异峰突起，既在论述国民经济学或国家社会主义的同时曾连带提到马克思经济学说，更站到与马克思经济学说相对立的位置上排斥和批评这一学说。因此，国人接受德国学派经济学的熏染，若从对马克思经济学说传播的影响看，可能同时表现在两个方面。一方面通过其德国式评介率先在经济学领域接触马克思经济学说，另一方面又将马克思经济学说置于其喧嚣的否定声中。就舶来经济学而言，从绝口不提到开始提及马克思经济学说，是一个新的进展。而国人如何在经济学著述的这片反对声中来辨别和认识马克思经济学说，则是随即面临的另一种新的考验。

---

① 参看“瓦格纳，阿道夫·海因里希·戈特黑尔夫”条目，《新帕尔格雷夫经济学大辞典》中文版第4卷，经济科学出版社1992年版，第914页。

第五编

马克思主义经济学在中国的传播前史综述

以1917年尤其以俄国十月革命为界，将此前马克思经济学说传入中国的历史称之为前史，与此后马克思主义经济学在中国传播的历史区别开来，有其特定的意义。一方面，根据毛泽东的诠释之义，十月革命以前，中国人并不“真正知道”马克思主义，中国无产阶级的代表人物尚不知道马克思主义，马克思主义的传播主要限于欧洲而非全世界，马克思主义尚未与中国的反帝反封建斗争实际相结合并成为其指导思想等；十月革命以后，这一切发生了根本性变化。这一诠释，同样适用于马克思主义经济学在中国的传播历史之分界。另一方面，前史时期有关马克思经济学说的传入轨迹和知识积累，直接构成了十月革命以后马克思主义经济学在中国传播的先行思想资料；其中围绕马克思经济学说及其相关理论所积累的评介史料、所经历的辨识争论、所形成的阶段性特征，汇总起来，颇为可观，富于特色，也为以后的传播历史铺设了道路、开启了端倪，或提供了借镜。

第一章 传播前史的阶段划分及其特征

按照前面各编的叙述，大致将前史时期划分为1896—1904、1905—1907、1908—1911、1912—1916四个阶段。其划分依据，以马克思经济学说传入中国之从无到有、由表及里、由浅入深的发展轨迹为主要线索。同时考虑到，这一传入当时还没有从其他舶来知识或思潮的传播中分离出来，形成自身独立的传播系统，而是裹挟于其中，尤其以社会主义思潮在中国的传播作为依托，因此，上述阶段的划分，也体现了西方社会主义思潮早期传入中国的一些阶段性特征。另外，本书考察的重点，从中国经济思想史角度，发掘、梳理和总结马克思经济学说传入中国的演进和沿革历史，自然离不开西方经济学在中国的传播历史及其阶段性划分。事实上，在马克思经济学说传入中国之前，西方社会主义思潮和西方经济学早已流传于中国并产生不同程度的影响，可以说为马克思经济学说的传入，初步建立了完全区别于中国传统经济思想的西方思想范式。

在前史时期，马克思经济学说传入中国的每一步进展，与西方社会主义思潮和西方经济学在中国传播的扩展密不可分，只不过在其传入的阶段性划分上，与西方社会主义思潮的传播阶段有较高的吻合度，与西方经济学的传播阶段则不那么明显地吻合，主要表现在共同的扩展趋势上。这种密不可分的联系，也是前史时期马克思经济学说传入中国的一个重要特征，自此以后，尽管这种联系依然存在，但马克思经济学说逐渐从一般的舶来理论和知识中独立出来，形成自己的体系了然和传承分明的传播内容与线索，从而为研究马克思主义经济学在中国的传播，确立了边界清晰的独立研究对象。在前史时期，划定马克思经济学说的边界，亦非易事，它往往与马克思的其他观点或生平经历，与其他社会主义的观点，甚至与非社会主义的观点，混杂在一起。早期引进社会主义思潮并顺带引进马克思学说，最初主要为了解决民生、改善分配或预防贫富差距扩大等问题。所以，在国人眼里，社会主义学说和马克思学说从一开始就被看作旨在解决社会经济问题的学说，其他的理论观点、组织活动和政策功能均从属于或服务于这一社会经济主旨。从这个意义上说，早期传入中国的文献资料中,凡涉及马克思其人其说之处,哪怕点滴的记述或片断的引录,都与其经济学说相联系,构成其经济学说的一个组成部分。马克思学说具有完整的理论体系,包括哲学、政治经济学和科学社会主义等组成部分,相互密切关联,经济学说是其重要组成部分之一。这个道理,在前史时期以后,才逐渐为国人所了解,进而积蓄了专题研究资料,可以供此后考察马克思主义经济学在中国传播的历史进程之用。尽管前史时期传入的马克思经济学说尚未从其他舶来理论中独立出来,其自身边界也颇为模糊,但它是后来传播于中国的马克思主义经济学的前身,并在早期的流传过程中,留下了自己的阶段性轨迹和特征,足以供后人借鉴。前史时期属于早期阶段,有其不同于后面阶段的传入轨迹与特征,而前史时期内的各个传入阶段,又有其相沿而成的各自轨迹与特征。

一、1896—1904阶段的传入轨迹与特征

本阶段考察的是马克思经济学说传入中国的开端,也是最初传入时期的探源研究。在开端阶段,关注的重点,首先是马克思经济学说最早什么时间传入、怎样传入、传入的内容是什么等问题,其次是马克思经济学说的最初传入具备了哪些思想条件。两类问题联系在一起,共同构成了起始阶段探求其源头的研究内容。而且越往前追溯,它们的联系越为密切,难以划然区分它们之间的界限。前一类问题追根溯源,意在弄清当初马克思经济学说传入时的历史面貌。后一类问题同样追根溯源,意在弄清直接促成或支持马克思经济学说传入的那些思想条件的历史面貌。

(一)马克思经济学说的传入轨迹

以1896年为界来确定马克思经济学说传入中国的起始年份,其实不完全准确。这个年代是人们追溯马克思学说传入中国的起源时,目前可以查到并比较流行的涉及年代最早的一种说法,却未经证实。孙中山曾于1896—1897年间在伦敦考察欧洲政治,以他当时寻求真理的救国救民抱负和通晓英语的阅读能力,以及后来创立民生主义学说和宣传马克思学说的事迹,国内外均有人认为他在那一时期,“大概”研究了或肯定知道了马克思及其学说。这个推测,有其合理性,但缺乏直接的证明资料,难以确认。若以推测为凭,有人曾说19世纪60—70年代第一国际有过中国人支部,70年代后期严复留学英国时应当知道马克思和《资本论》之类,意味着早在孙中山之前20多年,已有中国人接触了马克思及其学说。这些说法都没有得到确证,也没有在后来的历史发展中留下其思想痕迹。尽管如此,以1896年为标帜,仍有其特定涵义。它说明马克思学说传入中国并产生影响,是在马克思尤其恩格斯去世之后,不像俄罗斯在其革命培育阶段接受马克思主义的熏陶是在马克思、恩格斯在世之

时。它又说明马克思学说最初传入中国的可信时间，大致是在甲午战争后刺激国内维新变法观念盛行的一段时间里，也就是说，不会早于促成专制政权内部戊戌变法产生的条件成熟之前。

根据伯纳尔的说法，1898 年夏，《万国公报》的编者在中国出版了"第一部"系统讲解多种社会主义学说的著作。这只是一条线索，同样没有实证材料。为此，有人按图索骥，哪怕伯氏没有提到这本书的名字和内容，或者猜测伯氏自己也没看过此书，单凭这条线索，仍相信可以找到此书实物。可惜的是，此类搜寻过于简单化，托辞如今很难见到实物，仅通过串联它与《万国公报》编者之间的关系，便断言这本书就是《泰西民法志》。由于《泰西民法志》译本所依据的英文原著及其后来的中译本里有不少评介马克思及其学说的内容，借此又推断，此书证明了马克思主义何时传入中国的问题，或称这是中国第一部介绍马克思学说的译著等等。然而，一查现存的《泰西民法志》，就发现这个推论根本不成立，那是上海广学会 1912 年初版的译著，比起伯氏所说的年代，晚了 14 年。据此，虽不能说这条线索系误记或子虚乌有，但至今查无实据。迄今为止，最早也最确切的证据是，1899 年 2—5 月间，《万国公报》连载发表《大同学》部分译文，其中提到，马克思是"著名"的"百工领袖"，属于"讲求安民新学之一家"，"主于资本"；同年稍后，上海广学会出版《大同学》全译本，其中又提到，马克思、恩格斯是"德国讲求养民学者"中的"名人"，恩格斯关于"贫民联合以制富人"之言，"实属不刊之名论"；等等。这些译文，出自"晚清传播西学的两位重要人物"，由英国传教士李提摩太口述，上海人蔡尔康笔录。19 世纪的西方传教士一般雇请中国文士捉刀代笔，由其口授，撰成专文专书。这是"中国文字与语言的脱节"，造成传教士说汉语易、写华文难，特别是撰写古雅的文言更觉难于登天的状况下，为了提高效率，便于中国读者理解，所采取的一种写作或翻译方式。[①] 由此带来译文的欠准确、不统一、增删窜改、粗疏随意等毛病，也充分反映在《大同学》译本对于马克思、恩格斯及其学说观点的评介之中。不过，这些评介资料，最早向国人传递了有关马克思学说的明确信息。此类信息从一开始，便突出"安民"、"养民"、"主于资本"、领导百工或联合贫民"以制富人"等社会经济或经济斗争涵义，所以，马克思学说传入中国之开端，同时也可以理解为马克思经济学说传入中国之开端。

马克思经济学说传入中国之初，进展比较缓慢。根据目前掌握的资料，在公开出版物里，1900 年未见有关马克思学说的中文资料。1901 年初，中国留日学生创办的《译书汇编》翻译转载日本学者的《近世政治史》一书，其中提到，德国社会党内分为"麦克司"与拉萨尔两派，"倡自由之说"，"其主义各不相

---

① [英]麦肯齐著，李提摩太、蔡尔康译：《泰西新史揽要》，上海书店 2002 年版，马军"点校说明"。

同”;马克思早年办报“倡均富之说”,为政府所不容,被驱逐出境;国际工人协会创立后,马克思“总理”其总委员会,主张生产资料“均为共有”或“为国家公有”,“全废土地私占之制”,组织“无恒产者”或“平民”与资本家或政府对抗,采取非“平和”手段;“麦克司之门弟子”建立的德国社会民主党在政治经济主张方面,“尤为激烈”;等等。这些译文,改变了西方传教士口述、中国士人笔录的传译转换方式,直接译自日文原著,在马克思及其经济学说的表述方面,可以避免多环节传递之误,读起来比较连贯和贴近历史事实。1902 年 10 月,梁启超在《新民丛报》上发表《进化论革命者颉德之学说》,提到“麦喀士”为“日耳曼人,社会主义之泰斗”,马克思的“过激之言”,“虽能难人,而不能解难于人”;“麦喀士之社会主义”,以为“今日社会之弊,在多数之弱者为少数之强者所压伏”,此说“持之有故,言之成理”,但“其目的皆在现在,而未尝有所谓未来者存”。这两条提到马克思之处,都是批评马克思之论。这似乎是国人自撰文章中最早提到马克思社会主义的地方,但稍加品味,不难看出梁氏之文转述基德(颉德)等人对马克思学说的意见,其文带有翻译痕迹,恐系编译日文著述而成。这样说来,此文对马克思学说的评介,并非梁氏自己的看法,不过捡拾他人之言,予以附和而已。同年 7 月作新社出版日本的《万国历史》中译本,顺便提到马克思为西方社会党中有“高旷之思想”的“善良者”之一,试图以“国家社会主义”的“理财”和“国法”之理拯救“贫民之急”,使之“同享安乐”等。其评介望文生义,不求甚解。同年 4 月还有罗大维翻译日本学者的《社会主义》,并于 12 月起在《翻译世界》上连载。有人怀疑罗氏译本的出版年代,认为应推后一年。除此不论,1899－1902 年 4 年间,在现有中文著述里,仅检索到寥寥几部(篇)译作和文章附带或偶尔涉及马克思及其经济学说,可谓凤毛麟角。到 1903 年,情况为之一变。

最突出的是在翻译日文著作方面,相继有一批论述社会主义的日文著作被介绍到中国,其中不乏涉及马克思经济学说的内容。例如:

1903 年 2 月 22 日,赵必振翻译《近世社会主义》一书出版。这部译作系统阐释近世社会主义,首次开辟专章评介马克思的“履历”和“学说”:在生平事迹中,介绍马克思从事理论研究和指导工人运动的主要经历和成果,特别列举了以经济学成果为主的代表作,如《哲学的贫困》、《关于自由贸易的演说》、《政治经济学批判》、《资本论》、《英国工人阶级状况》(恩格斯著)、《共产党宣言》(与恩格斯合著)等;评介者按照自己的理解和表达方式,大致循着《资本论》第一卷的顺序,“概略”介绍马克思的“经济学理”,接触有关资本和“剩余价格”理论的若干论证环节;引用马克思关于资本制度的自由契约含义、资本的定义、自由人联合体的设想、资本制度演化的历史趋势等原话,“推论”资本私有制向国有制乃至无政府的转变;援引反对马克思“新说”的各种“驳论”,包括劳动并非“唯一”之生产要素而忽略资本家的经营管理才能，资本家具有“正当”的分配权利，“剩余价格”或“余剩价格”是资本家享有的“生产社会必要之价格”等，以资比较。在专章之外，此译本其他编、章也有不少涉及马克思及其学说的内容。如国际劳动者同盟受马克思“欲以经济的方法而支配社会之组织”的学说指导，得以创立和发展；引用《共产党宣言》最后一段“结论”，完整引用马克思起草的《国际工人协会共同章程》的序言部分，引用马克思在阿姆斯特丹群众大会演说中开头、中间及结尾三段话；将马克思及其学说置于各派社会主义人物和观点之中，与诸如拉萨尔、洛贝尔图斯、巴枯宁等派，或并列、或长短、或反对，及其对各国的特别是对德国的马克思派别的影响；等等。赵氏译本专题介绍和评述马克思的“经济学理”，不论称之为“一代之伟人”、“一大经济学者”、“社会经济上之学者之良师”、“一代之大著述”、“无二之真理”、“确固不拔之学说”、“经典”等等，还是其评介内容的系统和详细程度，可算是马克思经济学说传入中国的早期历史上具有显著标志性的一个跳跃。然而，原作者提醒日本国人防患未然而非提倡社会主义和马克思学说的初衷，以及译者在转述过程中的各种偏差，都使这部译作的流传打了折扣。从当时我国人士的理解能力看，对于比较系统深入地引进马克思经济学说，似乎也未作好接受的准备，或者说缺乏理解和吸收的思想条件。因此，这部译作在我国未产生明显的影响。

罗大维的《社会主义》译本，其初版年代有异议，但 1903 年前期已流行此译本，同年 6 月还出版了同一著作的侯士绾译本。这两个译本通俗介绍社会主义之“妙理”，提到马克思的“剩余价格”或“余利益”概念，接近于剩余价值概念，却停留在它的边缘而未深入其理论；又节译引用《国际工人协会共同章程》中关于工人阶级经济解放思想的部分原文。这些涉及马克思经济学说的内容，均不及赵氏译本的同类介绍或引文之细致和完整，而且接触经济理论问题越多，二者的水平差距越大。但罗氏、侯氏译本“热烈欢迎”和钦佩社会主义的情绪，不同于赵氏译本的谨慎客观介绍，对于推进马克思经济学说的有限传播可以产生某种感染作用，尽管这种感染作用是由其基督教式热忱所推动的。

1903 年 10 月，《浙江潮》编辑所在东京出版中国达识译社翻译的《社会主义神髓》初译本。它的作者幸德秋水，宣称“我是一个社会主义者”，其 1902 年 8 月被翻译出版的《二十世纪之怪物帝国主义》中译本里，曾提到“科学的社会主义”将消灭野蛮的帝国主义，但未指明此概念是否马克思主义。《社会主义神髓》译本则明确指出，《共产党宣言》发表后，社会主义不同于旧时的空想狂热，“俨然成一科学”，并依据马克思学说（还有其他社会主义学说），通俗解释了“社会主义是什么”的问题。其中：在“社会主义之祖师”马克思揭示组织人类社会的“真相”方面，引用《共产党宣言》1888 年英文版序言里恩格斯概括马克思唯物史观原理一段话的上半段原文，又引用恩格斯在《社会主义从空想到科学的发展》中对于唯物史观的另一段表述原文,说明“经济的生产及交换之方法”或“生产交换方法”在社会组织中的“根底”或基础性作用;在资本家占有社会协同劳动产品而产生的“大矛盾”方面,参照《社会主义从空想到科学的发展》第三部分的叙述顺序,说明社会化生产和资本主义占有之间的基本矛盾及其表现形式;在马克思的“剩余价格”理论方面,引用《资本论》第1卷里有关资本家购买劳动力商品在生产中产生剩余价值的论述以及数字比喻,说明剩余价值的“掠夺”性质;在社会主义主张方面,引用上述马、恩著作中的有关语录,说明未来社会占有生产资料后将取代个人禽兽般的生存竞争、人类从必然王国进入自由王国、社会力量像自然力一样须加以认识和利用等观点。此译本阐释马克思的科学社会主义,力求其“正鹄”、“要领”和“神髓”,又讲究简洁明了,其介绍马克思经济学说的分量和水准,足以与《近世社会主义》译本比肩而另具特色,二者共同成为1903年标志马克思经济学说的引进形势为之一新的代表作。区别于《近世社会主义》译本只是搜罗各种社会主义学说以供参考,结果在中国未曾引起什么反响,《社会主义神髓》译本对于马克思学说及其他社会主义学说,在独立研究的基础上,经过消化吸收,力图以深入浅出的方式表达出来,同时又融入作者立志做一个社会主义者的真切情感,因而它对于时人,不论对日本读者还是中国读者,曾产生相当大的影响。此书在日本多次重版,随即激励中国留日学生多次重译,其热度经年未衰。不过,此译本对于国人的实际影响力,仍是有限的。由于其经济理论的难度超出国人的理解能力,也由于其自身(包括其译文)的缺陷,故国人所接受的,常常是译本中的通俗部分,由此有“新鲜”感,或憧憬“人人平等、消灭贫富”之类,未能进入马克思经济理论之中。

此外,1903年2—4月连载于《新世界学报》的《近世社会主义评论》译述本,附带提到路易·勃朗、马克思的“新社会党”在海牙代表大会上与“无政府党”分裂,成为今日“社会民政主义之纯团体”的前身;“社会学士”马克思祖述“勤劳”价值论;“近代社会主义”自圣西门“阐明”、马克思“显彰”之后,逐渐“蹈入实际问题”,不同于以前的“空论”,注重“改良”进步;等等。同年3月上海广智书局出版的《社会党》中译本,提及洛贝尔图斯与马克思扩充“社会思想”,拉萨尔“折衷于”洛氏与马克思之说,李卜克内西因与恩格斯相识而与马克思往来,倍倍尔因受李氏影响而信奉马克思之说;俄罗斯的普列汉诺夫,其主义以马克思为师;法国社会主义内部存在无政府主义与马克思主义的对立斗争;等等。3月上海通社出版的《世界之大问题》译本,与10月上海作新社出版的《社会主义概评》译本,译自同一日文原著。其中评论说:社会主义由理想进于实行,归功于拉萨尔与马克思;马克思“以科学精深之学说发现于世”,“以科学说明社会主义”,拉氏的社会主义之科学基础,多得之于马克思;拉氏与马克思倡导"新社会主义"，在经济学方面有"新见解"，对于资本的意见与旧经济学"相反"；马克思早年"研究经济学"，曾任国际工人协会"首脑"，后退出实际运动，撰成"有名"《资本论》，为其生平"最切实者"，乃19世纪十种"名家大著"之一；在"创始"经济学知识方面，马克思"胜于"拉氏"出一头地"，二人将黑格尔哲学用于经济学，主张"历史的进化"，"极力"于工人运动；马克思为"精深之思想家"，"以新经济学为组织"，"以国家之生产原资为社会所固有"；等等。1903年上海作新社发行的《新社会》中译本，以梦幻写法，描述未来新社会建立之初处置资本家财产时，参考的"新说"中，虽不必"精心研核"洛贝尔图斯、马克思的理论，也要对其他社会主义和社会改良的书籍"深晰其理"。同年5月或6月，闽学会在东京发行的《社会问题》中译本，除了引用马克思所谓万国"无资产者"共同起来"掠夺"财产而"均分之"一句话，曾介绍说：18世纪以前的社会主义是"失败"的"政治哲学之空想"，经19世纪中叶马克思提倡，如今的社会主义"有大进步"，是"科学的社会主义"，"实为经济之空想"；马克思早年"持倡社会主义"，与恩格斯、拉萨尔结识后支持"革命党"、"共产党"，成立"万国社会党同盟"，为社会主义事业"粉身碎骨"，曾著《资本论》未完，其书"主脑"宣传社会主义；今日社会主义即"科学的社会主义之经济说"，根基于马克思《资本论》，此书被社会主义者评为"社会主义之经济说"。马克思"否认财产私有制度"："论资本之沿革"，以资本为"残余价格所蓄积之物"，资本家依赖资本生活是"产业革命之恶果"，造成"贫富悬隔之弊"；划分"产业历史"为无阶级的"手工时代"、阶级出现的"制造及分业时代"以及机器发明和资本家与劳动者二阶级对立的"工艺勃兴时代"；"说明残余价格之说"，即资本家"除生产费用所得之价格"，意即劳动者的工资仅够糊口，其生产的残余价格"皆为资本家之利"；资本家"自肥"之法，一是"延长劳动时间"，"间接取利"，二是减少工资，节省生产费用，"直接取利"。认为马克思学说为"劳力价格说"，"以劳力为价格之唯一原因"，并模糊引用马克思关于劳动价值论的只言片语；批评马克思的资本理论有"误"，资本家的资本与劳动者的工资相同，都是"过去劳动"的报酬，其经济学说属于"狭义社会主义"，像个人主义一样，"失之极端，终无实行之一日"；等等。

以上五六个译本，形式多样，风格各异，有的专论社会主义，有的非专论而兼及社会主义；有的以现实政论为主，有的描述未来理想社会；有的侧重党派史实，有的偏于主义沿革，有的专注实际问题；大多数为翻译之作，个别掺入译者的叙述；如此等等。其实，这些译本，在评介马克思经济学说方面，不论其程度深浅，均远不及《近世社会主义》与《社会主义神髓》二译本之系统与详细，只是增补介绍了个别新的史料或理论观点。如俄罗斯的普列汉诺夫以马克思主义为师；资本是剩余价值的"蓄积之物"，其来源包括绝对和相对两种剩余价值;更加突出今日社会主义或马克思学说为“经济说”的特征等等。其中评介马克思经济学说较有分量者为《社会问题》译本,同时它又将马克思经济学说归入经济“空想”范畴,批评其极端而不可行,成为当时批评性评价中最为明确者。其他译本或将评介马克思经济学说放在次要地位乃至忽略不计,或评介之而极为空泛,不是诉诸基督教式热情,就是反对其“激烈者”而试图引向“平和”、“中正”的改良方向。由此可见,那时来自日文著述的各种中文译作评介马克思经济学说,其内容参差不齐,其理解深浅不一,其倾向各持己见,积极宣传者只占少数,多数出于客观介绍以防患未然、或附带提及以迎合己意、或纠正极端以适应改良等各种意图。它们对于中国读者的影响,各取所需,有很大的差异。

不管怎么说,1903 年一年内,从日本集中翻译引进了这么多专论或涉及社会主义的著述,在不同程度上纷纷评介马克思及其学说,由此对国人产生的冲击力,前所未有。那一时期,国人中能够摆脱日文著述的笼罩而论及马克思及其经济学说者,可谓绝无仅有。梁启超算是一个例子。他 1904 年初版的《新大陆游记》,记述 1903 年 1—9 月间在北美旅行的所见所闻。其中提到:对于“社会主义之泰斗”、德国人马克思的著书,社会主义党员热诚“崇拜”和“信奉”,就像耶稣教徒“迷信”圣经,“令人起敬”。1903 年 11、12 月间,他在《新民丛报》上连载发表《二十世纪之巨灵托辣斯》一文,谈到近今社会党的“生计学者”对于美国托拉斯组织,不仅没有贬词,还认为它“有合于”“社会主义之鼻祖”马克思的学理,“颂扬”它“实为变私财以作公财之一阶梯”。这里有关马克思的评价,并非新词,在他赴北美旅行之前已见著其文;有关社会主义党员或社会党生计学者对马克思学说的崇信和理解,则是他旅行期间获得的新见解。他在当时的国人中,对于马克思学说的认识具有更为开阔的眼界和国外信息来源,尽管这种认识仍受制于个人的理解局限。他在北美的见闻资料,其整理或撰写发表在日本,自会受到日本流行出版物及其表述方式的影响,这也反映在他对马克思学说的评介上。特别论及马克思经济学说时,更是如此。如他 1904 年 2 月发表于《新民丛报》的《中国之社会主义》一文,引用马克思所谓现今经济社会实由“少数人掠夺多数人之土地”而组成一句话,以佐证社会主义的“最要之义”是土地归公、资本归公、“专以劳力为百物价值之原泉”等内容,显然引自日文资料,虽然他宣称用的是中国例证。

当时国人中,鲜有梁氏的旅行经历和敏锐眼光,其他人谈到马克思经济学说,基本上是日人著述或日译本的翻版。如马君武 1903 年 2 月发表于《译书汇编》的《社会主义与进化论比较》一文,介绍社会主义“极盛于”德意志人拉萨尔和马克思,他们是黑格尔的弟子;关于“社会主义与达尔文主义相同之点”,马克思之徒相信,马克思“以唯物论解历史学”,“谓阶级竞争为历史之钥”,此“实与达尔文言物竞之旨合”;马克思学说属于“华严界之类”,企图经过一次大革命,“即可一蹴而致”,此为“大不可必之事”。其文章末尾依次列举马克思、恩格斯的《英国工人阶级状况》、《哲学的贫困》、《共产党宣言》、《政治经济批判》、《资本论》等五部著作的西文名称。这些内容,根据马君武的按语或附言,应译自当时流传于日本的西方著述。又如同年10、11月“大我”连载于《浙江潮》的《新社会之理论》一文,介绍共产主义一派“创于”法国人巴贝夫,犹太人马克思为其“后劲”;其原理主张废除一切阶级,实现平等,“必一跃而登于天”,“势固不能”。此文之意,与马君武之文,同出一类。此外,同年2月《译书汇编》发表的《俄罗斯之国会》提到,俄罗斯的新闻记者传播达尔文和马克思学说;6月《大陆》发表的《俄国虚无党三杰传》提到,巴枯宁加入第一国际后,反抗马克思势力,称马克思明确唯物史观是“莫大之功”,但其“学问不深”,富于理想而不去破坏,“遗人以笑柄”;12月《政艺通报》发表的《德国之社会民主党》提到,该党一向信奉马克思“革命的共产主义”以为圭臬,“激烈过度”;1904年1月《俄事警闻》发表的《告保皇会》提到,卢梭和“社会巨子”马克思的信徒,提倡“新义”以改革旧社会,“受大难,冒大险,百折不挠,九死不悔”;等等。所有这些,主要参考日文资料,得出的判断根据不同的对象而有所区别,大多数肯定马克思学说的独特贡献,又视之为不可能实现的过激空想,少数者针对保皇派的守旧态度,主张效法马克思信徒的革命精神。总的看来,此时国人的撰述,浮在马克思学说的表面,未能进入其理论层面,稍有接触,也是一些皮毛,比起那时翻译引进的日人著作,更是瞠乎其后。

综合这一时期的日译本与国人自撰文章,可以看到,马克思经济学说刚传入中国时的运行轨迹,颇为奇特。自1899年西方来华传教士与中国士人合作引进的《大同学》首次以文字形式介绍马克思及其经济观点后,最初二三年内,马克思经济学说传入中国的进度,极为缓慢,而且很难再看到直接来自西方渠道的介绍资料,有关资料的偶尔和零星介绍,开始转向间接地取自日本渠道。1902年底,尤其到1903年,译自或参考日文著述的介绍马克思经济学说的中文出版物,突然间出现一个高潮。与此相关,出版(或发表)著作(文章)的数量之多、影响国人的程度之大、跟踪有关日文著述的时间之紧凑、涉及马克思经济学说的内容之系统与详细,均呈现新的局面,明显提升了开端阶段马克思经济学说传入中国的水准。进入1904年,有关日文著述的翻译一度降温,未再延续前一年的兴盛局面,给人以潮起潮落之感,而国人的自撰文章仍保持其势头,不时提到马克思及其经济学说,只是其评介水平尚不如舶来著述。这一传入轨迹,为了突出其重点,单独就马克思经济学说的传入而言。其实,它的传入不是孤立的,与当时变化着的思想条件密切相关。

(二)马克思经济学说传入的思想条件

马克思经济学说作为舶来品,它在传入之初的面貌,与中国的社会政治经济条件相联系,离不开当时的思想条件。其中既有中国自身的思想条件,或阻碍其传入如历来的专制和等级观念,或配合其传入如传统的民主与平等因素,也有同样从外部引进的舶来思想条件。这里主要考察的是西方社会主义思潮和西方经济学传入中国的状况,它们一直与马克思经济学说的传入相伴随,在不同阶段以不同形式、从不同程度上起到了支撑和影响的作用。

与其说西方社会主义思潮的传入,对于马克思经济学说的传入,具有直接的促进作用,毋宁说,马克思经济学说最初依托于西方社会主义思潮的媒介和载体而传入中国。这一思潮进入中国的起源,可以追溯到19世纪70年代初,大致与日本早期引进西方社会主义的时间差不多,一直到马克思学说传入中国之前,延续了20余年。这一期间,主要有两类人,一类是中国政府的驻外或出使官员及其随从,他们以亲身经历,耳闻目睹,记录了西方国家的工人运动和社会主义组织等内容。这些内容,以史实为主,或直接见证了巴黎公社革命,或身临其境地感受到围绕缩短工作日与提高工资的激烈斗争,大多出自第一手资料,叙述比较平实;首次尝试用音译或半音译半意译方式,翻译西方的社会主义、共产主义、社会党等概念,或者试图以中国传统名词如“均贫富”、“通用”、“大同”、“平会”等,去诠释这些西方专用概念。此类记录多为一些私人日记或随记,不求发表和流传,影响有限。另一类是西方来华人士,他们依托国外现成资料,致力于向中国输入西方文化。他们的介绍,同样涉及欧美工人维护自身利益的罢工事件;对于西方社会主义、共产主义等专门概念,采取与中国士人合作翻译的口述笔录方式,推出类似的音译名词或代之以中国传统名词。与国人的记录注重史实而轻忽理论不同,西方来华人士的介绍,颇为看重欧美著作中有关社会主义学说的论述。如《富国策》译本介绍欧文和傅立叶的“均富之说”,虽“势必不能”或“必不可行”,却“未可厚非”;《佐治刍言》译本批评法国人的“平分产业”之论,同时也把“断不能见诸实事”的“空虚荒谬之谈”即法国社会主义观点,公之于众;《富国养民策》译本分析工会组织要求提高工资、减少工作时间和“人皆平等”观念的“误视”之处,从反面印证了西方工人运动的面貌;《回头看纪略》或《百年一觉》译本,幻想未来的“大同之世”,克服如今“俱为己计”、“贫富悬殊”、“视贫贱如奴仆”和“智愚之判”等现象,实现通国“均等”、“贫富一例”、“家家生计必皆余裕”的“尤大”变化,可惜“不过如一梦而已”;《救世教益》译本宣扬“公分”财产以“安民”,须建立在“仁爱之心”的基础上;诸如此类。这些涉及西方社会主义理论观点的介绍,不像国人的记录比较单薄和单纯,其内容更为庞杂,选材也更有心计。大多数介绍,属于空想社会主义的内容,少数提到现实工人斗争的主张和观念,未触及社会主义从空想发展到科学以后的内容。大多数评价，对社会主义持否定态度，少数未置可否或表面认可者，或将社会主义看作乌托邦式梦幻，或将其纳入传教士的宣讲范围。在西方来华人士的手中，早期传入中国的西方社会主义，最初就是以这种“不能”行、“不可行”、“空虚荒谬”、“误视”或南柯一梦的负面形象出现的，并凭借其媒体系统，在当时获得了比国人记录更加广泛的传播效果。

1895 年以后，尤其进入 20 世纪初，过去基本上由西方来华人士支配西方社会主义之评介和宣传口径的一统局面，发生了明显变化。

首先，更多的国人加入评介西方社会主义的潮流。他们不同于以往外交人员的零散记载随见随记或为了“述奇”，藏之私人，不以发表为目的，而是刻意传播，以供忧国忧民者参考，或者说，不再是消极的观望者，成为积极的参与者。1895－1896 年间，严复的《原强》，介绍西洋各国贫富不均之甚，“均贫富之党兴，毁君臣之议起”，惟“人心风俗”不改变，今日“悉均”一国财产，“明日之不齐又见”；谭嗣同致信指出，欧洲各国放任民间私办工商业，造成富商与劳工之间的深仇矛盾，因而兴起“均贫富之党”，但目前“贫富万无可均之理”，须等待未来“教化极盛之时”，该党的出现对欧美国家起到“警醒”作用；等等。“均贫富之党”，应是国人初期自创的意译西方社会主义组织的专有概念。严、谭等人谈论此党，显然受西方来华人士之著译作的影响，认为事出有因，较少排斥和偏见，只是马上“均贫富”尚不具备人心教化的成熟条件，须假以时日，可以借此“警醒”当局者。这种评价的变化，意味着西方社会主义不再仅仅是“述奇”的对象，开始纳入先进的中国人寻求救国救民真理的参考范围。前面考察马克思经济学说传入中国的早期轨迹，曾说以 1896 年为起始年份不准确，可是，以这一年作为国人探究西方社会主义思潮的一个转折点，却颇为贴切。自此以后，国人创办的刊物或编撰的出版物里，涉及西方社会主义的内容越来越多。如梁启超任总撰述的《时务报》，1896 年以来，先后报道社会党召开万国大会、西班牙的社会党刺客、德国社会党等。他本人 1898 年的《读孟子界说》，提到西方国家近来“颇倡贫富均财之说”，可惜“未得其道”；同年翻译小说《佳人奇遇》，描述面对欧美各国悲惨的“贫富悬隔之祸”，设想“以国家社会主义，调和于贫富之间”，此外“实无别法”；1899 年的《论强权》，分析今日资本家强权于劳力者，阶级未去，他日“必有不可避”之“资生革命（日本所谓经济革命）”，实现“人人皆有强权”的“太平”之世；1901 年的《康南海先生传》，称康氏哲学为“社会主义派哲学”，“泰西社会主义”起源于柏拉图“共产之论”；1902 年最初介绍马克思的社会主义，同时撰文介绍近世“所谓人群主义（Socialism）”，“专务保护劳力者”以“同享乐利”，龚自珍“颇明社会主义，能知治本”，柏拉图《理想国》是“后世共产主义（Communist）之权舆”；等等。1903－1904 年间，这是社会主义思潮传入中国的第一个高潮期，梁氏同样有更多的文章述及于此,其代表作前已介绍,无须再赘。早期梁氏的文章很有代表性和指向性,体现了国人之先驱受西方社会主义思潮影响的发展趋势。同样,在上述时期内,其他国人的刊物和著述,综合地看,也反映了大致的发展趋势。其中比较集中的议题:联系西方社会主义思潮,讨论如何认识和推行均贫富主张;把虚无党看作社会主义在专制国家俄罗斯的特殊产物,或予以推崇,或予以诅咒;对西方社会党作广义或狭义的解释,其广义包含各种倾向社会主义的组织形式,其狭义区别为急进派与改良派;诸如此类。总之,这一时期国人谈论西方社会主义,不是个别现象,成为热门话题。

其次,日文著述成为传播舶来社会主义思潮的主角。19世纪最后几年,在评介社会主义方面,来华传教士的著述或参考西文资料的著述占主导地位,日文著述的影响尚不明显。到20世纪头几年,这个局面一下颠倒过来,翻译或借鉴日文著述成为时髦,参考西方人士的著述反倒退居其次。形式上如此,内容上亦大有改观。西方来华人士的著译作,带有很强的选择性,如以介绍空想社会主义为主,很少涉及以后的科学发展;介绍个别观点,缺少系统论证;评介社会主义的同时,宣布社会主义的荒谬、错误和梦想性质等。与之相比,来自日文著述的中译本,如前述《近世政治史》、《社会主义》、《近世社会主义》、《社会主义神髓》、《近世社会主义评论》、《社会党》、《社会主义概评》、《新社会》、《社会问题》等译本,以专题或非专题形式,从历史沿革、理论学说、代表人物、派别差异、理想现实、社会影响等不同角度,比较系统和客观地介绍了舶来社会主义。其中既包括各个不同的派别,也包括各种不同的评价,有的批评,有的质疑,有的中立,有的同情,有的赞成,有的为之欢呼。这种兼容并蓄的介绍,使得社会主义以比较真实的面貌出现,为马克思学说的传入留下了空间。可以说,国人能够较为完整地认识舶来社会主义,其最初的助力,应当始自这些日文著述的翻译引进。作为马克思经济学说传入中国的载体,这些专题或非专题论述社会主义的日文著作之中译本,集中出现于1903年。在此前后,其他国人的刊物和文章或译作中,谈论社会主义的内容亦复不少,尽管它们未曾提及马克思及其学说。此类文章,大多也是译自或参考日文著述,其发表年份的分布,同样集中于1903年。这表明,开端阶段马克思经济学说传入中国的最初高潮期,与舶来社会主义传入中国的集中年份相一致,而舶来社会主义的传入密度,又取决于日文著述的自身发展和引进状况。

再次,形成西方社会主义思潮与中国传统理想相结合的独特产物。憧憬美好的理想社会,古已有之,而且绵延不绝,由此构成中国传统文化的重要组成部分。同时,中国古代社会理想与古代专制制度相伴而生,自我封闭式发展,始终未能脱出皇权掌控的现实罗网。近代初期,洪秀全发起太平天国革命,尝试从西方社会理想中吸取滋养以指导农民起义,结果只拿来一些西方基督教教义，未能改变起义失败的命运。此后，随着西方现代思想不断输入，传统专制观念发生动摇，孕育着新的社会理想的诞生。康有为被称为中国近代早期继洪秀全之后，向西方寻找真理的“先进的中国人”之一，其时代的先进性，恐怕除了主张变法维新，改君主专制制度为君主立宪制度，就是提出了《大同书》。《大同书》的写作，从酝酿思路、形成初稿到最终完稿，经历了很长时间，整个过程正好处于舶来社会主义思潮早期传入中国的时间范围之内。《大同书》旨在拯救中国和全世界，其内容极为繁杂，既保留中国传统的社会理想因素，如在所有制、分配、生产劳动、人际关系、生活水平、政府作用、过渡方式等方面，系统地阐释和综合各种古代理想要素，把古代大同理想提升到一个新的高度；又吸收外来的社会理想因素，如在生产力发展、宏观经济计划管理、商品与货币经济、劳动者素质、废除家庭等方面，引进非传统的西方现代理想制度与观念，并把揭露西方资本主义社会弊端、效法国外联邦制度甚至优化人种为白种人等等，统统搬进《大同书》。从《大同书》的各种思想来源里，可以明显看到西方社会主义思潮的影响。这种影响主要限于空想社会主义，兼及某些“共产”学说和“工党”派别，从未涉及科学社会主义，在认识上颇为零散和模糊，这也表明，康氏当时所接触的，主要是20世纪初以前西方来华人士介绍的社会主义，加上他本人在国外的一些见闻，很少或几乎未看过日文著述中有关社会主义的系统论述。即便如此，《大同书》毕竟是首次试图将西方社会主义思潮融入中国传统大同理想体系的时代产物。从这个意义上说，《大同书》也是将西方社会主义思潮与中国实际相结合、在开放的环境下探求中国式理想化道路的最初尝试。康氏勇于思索，却不敢公开其成果，长期秘不示人，生怕产生过激或负面影响。追求大同理想的思想体系，若不愿付诸实践，害怕面对群众，也就丧失了生命力。所以说，他写了《大同书》，但没有也不可能找到一条到达大同的路。

最后，出现社会主义是否适用于中国的论争萌芽。19世纪末20世纪初，西方社会主义思潮的传入逐渐引起国人的注意，随之而来的评论意见也愈益增多。以往的评论，以猎奇者或旁观者的身份，批评者有之，恐惧者有之，同情者亦有之，而反对和排斥的意见总是占据上风。这种置身事外的态度，根本谈不上西方社会主义与中国有什么关系。如今社会主义思潮的流行，推动国人由猎奇者变为选择者、由旁观者变为当事人，不得不思考一个现实问题：社会主义能否救中国、是否适用于中国。孙中山是最早认真考虑并明确提出这一问题的代表人物。他观察到西方资本主义社会贫富日益悬殊所包含的危险性，不愿中国重蹈覆辙，于是考虑把西方社会针对其弊端应运而生的社会主义思潮，拿过来为我所用，设想趁中国的贫富差距尚未扩大，未雨绸缪，及早推行社会主义，并预测“社会主义经济主义”的理想世界，“将现于实际”。那时，他所说的社会主义,有其约束条件,主要针对非人力所能创造的土地被少数富人占有,人力所能创造的工商财富“不可均”等贫富现象,因而选择乔治学说作为“深合于社会主义之主张”,形成其平均地权方案。与此同时,以邓实的《论社会主义》一文为代表,断言社会主义“极不切于中国”。邓文不反对社会主义,反而认为它是“光明奇伟之新主义”、“思想最高尚之主义”,只是它太新、太高尚,崇尚无国界的“世界主义”,不适应当今“国家主义之世界”。在这里,中国的落后,不像在孙中山眼里,比起先进的欧美国家,是更易于实行社会主义的有利条件,相反却是最大的障碍,因为这一乌托邦式超越违背了社会逐次进化的发展顺序;况且邓文所说的社会主义,更像是无政府主义,不是科学社会主义。这些理由不同于那些纯粹出于偏见的反对社会主义观点,以说理的方式探讨社会主义在中国的可行性问题。由此又引申出那一时期各种相互对峙的看法,或者将社会主义等同于墨子的“兼爱主义”,可用作我国今日“起死回生之妙药”;或者以他日可能推行“公地”措施作为“社会主义畅行”我国的体现;或者称中国实现“公产之论”或“公产平均”,须经历数百上千年的过渡,“万无一超飞跃之理”;或者表示文明的欧美国家对社会主义可“采其议而为之”,“据乱世”的中国则断难论及;或者专题“论大同平等之说不适用于今日之中国”,中西国情不同,欧洲社会党之说“必不能行”于中国,即使实行,“亦必大乱”;或者说“吾侪今日断不足以语大同”,可以崇尚大同并寄希望于异日盛行,但今日“不能实行”;如此等等。其间,《大陆》编辑部反驳梁启超“谓许行之说与近世社会主义同”之论,坚持社会主义学说今日“将见诸实事”,今日不能尽行,他日“期于必行”。围绕社会主义与中国的话题,开始出现不同观点之间的交锋。这些不同观点,区别于敌视社会主义的专制顽固势力及其御用文人,主要发生于共同追求进步和发展的国人中间。因此,他们的分歧,一般集中于在西方社会主义思潮的影响下,倾向于采取破坏激进的革命方式还是和平渐进的改良方式改造落后的中国社会问题,乃至于一向对社会主义持有疑义的梁启超,也称道国家社会主义“以极专制之组织,行极平等之精神”。总之,这些不同观点,已经孕育着即将到来的公开论战的萌芽,而有关中国是否选择社会主义的早期讨论,又成为将来讨论中国是否选择马克思经济学说以及马克思主义的直接前奏。

西方社会主义思潮早期传入中国过程中的这些变化,作为重要的思想条件,为马克思经济学说的最初传入,铺垫了不可或缺的基础。同时,马克思经济学说的经济学特性,又决定了它的传入离不开西方经济学传入的进展。那一时期,西方社会主义本身,常常被看作一种经济学说。如《社会问题》译本称“社会主义之经济说”或科学社会主义为“经济之空想”,孙中山称“社会主义经济主义”的理想世界等等,均将社会主义直接等同于经济学说或经济主义。其他讨论社会主义的著述，也往往从经济角度立论，旨在处理社会经济生活中的贫富不均、分配不公等问题。不过，社会主义学说的研究对象，不同于经济学说，二者有联系，又有区别。经济学作为研究人类社会经济发展过程中经济关系和经济活动规律及其应用的一门科学，有其特定的思维方式、理论体系和概念术语。接触并理解这些专门的理论和知识内容，显然有助于引进和认识马克思经济学说，反之，若无经济学知识的支撑，对于马克思经济学说的理解，将滞留表面而难于深入，或者根本无法领会而曲之为解，因而又会阻碍马克思经济学说的传入。

西方经济学传入中国，同样可以追溯到很早时期。先是一些简单的经济知识和概念，在中外商务交往活动的扩展过程中，相继被带到中国而逐渐流行起来。随着国外来华人士的引进介绍，国内人士的出国专修或附带学习，由少到多，由简入繁，由常识到理论，由零散变系统，不断积累起有关西方经济学的可观内容。应当说，有系统地引进舶来经济学论著，比起1903年前后从日本有系统地引进舶来社会主义论著，至少早了20年。如1880年的《富国策》，译自英国的《政治经济学指南》。此后，1886年的《富国养民策》，译自杰文斯的《政治经济学入门》；1889年的《保富述要》，译自英国的货币银行学原理著作；1896—1897年连载的《重译富国策》，是前述《富国策》的重译本，后来又派生出其他摘要或新策版本。进入20世纪初，更有1901年的《理财学》，译自德国李斯特的《政治经济学的国民体系》，以及1901—1902年严复翻译出版斯密的《原富》；至于译自日文的各种经济学著作，到1904年，已不胜枚举；此外还有国人自撰的各类经济学著述。舶来社会主义著述的传入，其运行轨迹偏于一端，见专题论著较晚，到1903年突然成批涌入，而且以西方人士著述为主和以日文著述为主的两种支配局面，相互交替，大起大落；舶来经济学著述的传入，其运行轨迹较为平缓，见专题论著甚早，随时势进展而逐渐增多，虽然1903年前后，来自日文著述的译本跳跃式大量增加，但来自西方著述特别是英国代表作的译本仍交叉出现，从质量上看，不遑多让，犹有其优势。

西方经济学的持续传入，先后通过直接来自欧美和间接来自日本的传输渠道，逐渐引导国人进入舶来经济学之堂奥。在早期阶段，这种传入对于引进马克思经济学说所产生的影响，表现在多个方面。譬如：西方经济学的传播，在观察和分析社会经济事物方面，开始取代数千年来相沿而成的中国传统经济思想之封闭体系和古典面貌，激励国人适应于新的社会经济状况，引进和借鉴科学的思想体系与新的经济理论予以指导；西方社会主义思潮的传播，国人常习惯于援引中国古代理想或事例加以比附，以证明现代社会主义理想，古人早已有之，与此不同，西方经济学与中国古代经济思想在框架体系、理论内涵乃至表达方式上的深刻差异，促使国人不得不放弃传统经济思想的主导地位，纷纷从舶来经济学中去寻找理想根据。西方经济学的传播,在统一规范专有经济学概念的中译名术语方面,经过自创、套用、引进、尤其大量借助日文著述的翻译,逐渐走向约定俗成,其中经济学译名从初创、折中到趋于一致的曲折确立过程,就是典型的例证,为认识和解读舶来经济学的科学道理,奠定共同的理解基础,避免因多种中译名词并存而产生混乱和歧义。同时,西方经济学的传播,在介绍资产阶级经济学特别是古典政治经济学方面,为引进马克思经济学说准备了必要的条件,因为欧洲古典政治经济学正是马克思主义经济学的重要思想来源;如《佐治刍言》译本论述经济问题部分,较早介绍了古典经济学中的劳动(人工)价值观点,后来的《原富》则详细翻译了古典经济学代表人物斯密关于劳动价值论等各种经济理论学说。这一时期,更值得关注的是,西方经济学的传播,尽管未曾讨论马克思经济学说,却从经济学角度,不时触及有关社会主义的论题。

前述《富国策》、《富国养民策》等早期政治经济学译本,均在不同程度上提到社会主义的经济观点,到 19 世纪末 20 世纪初,情况更是如此。如马林的《富民策》宣扬“抗拒富室”的“均财”之法,以“贫富不能均而必筹所以均之”为“至理”和“公义”,惟其富国“第一策”,仅归结为“按地科租之法”;《各家富国策辨》将乔治旨在解决贫富问题的著作,誉为“无我之公心”、“救人之良策”;《论地租归公之益》称乔治“创地税归公之说”,不同于其他“分财均富之术”,有望实现“天下之人既无大贫,亦无大富”的“太平盛象”;等等。这些评介性文章,把乔治之单税论看作西方社会主义的新发展,它们在 19 世纪末的影响,直接支持孙中山形成其平均地权主张。又如梁启超 1902 年的《生计学学说沿革小史》,简略叙述西方经济学说史说:柏拉图的《理想国》是“后世共产主义 Communist 之权舆”,莫尔的《乌托邦》是延展柏氏共产主义之“最著名者”,未超出早期空想社会主义的范围。再如 1903 年的《最新经济学》编译本,介绍“非斯密派”的“共产主义派”和“社会主义派”,主张“共有财产之制”,社会主义“仅言”共有土地及资本,允许私有其他享用财产,认为斯密派赞成私产制度和放任自由竞争以私益损害公益,认为生产货物来自“勤劳”,劳动者理应“享受生产之权”却被土地所有者和资本家“横夺”劳动报酬,故结成“勤劳者之团体”起来“颠覆”现存国家,或“矫正”现行制度弊端;社会主义派的代表人物有法国的圣西门、傅立叶、蒲鲁东、路易·勃朗,德国的洛贝尔图斯、马克思、拉萨尔等;德国经济学的“最新之主义”是“国家社会主义”,直接起源于俾斯麦政府的经济政策,主张国家经营个人不能做或做不好的事业,维持“社会之平衡”,谋求“众民之最大幸福”,与此相关联的“讲坛社会主义”是“经济学史上最新之学说”,主张凭借国家权力,“矫正社会不平等之弊”。这是舶来经济学著作中首次见到马克思的名字,比 1899 年介绍舶来社会主义的著述最初提到马克思其人其说，不仅晚了4年，还以极不起眼的形式出现，其中译名（“嘉玛古士”）颇为古怪和陌生，夹杂在一连串名字中间，很容易被读者遗漏或忽略，更谈不上关注其经济学说。这部专题经济学著作的日本作者，感兴趣的不是包括马克思在内的一般社会主义派经济学说，而是德国经济学“最新”的国家社会主义或讲坛社会主义学说。

大致说来，这一时期，专题经济学著作的传入，不像专题社会主义著作的传入有一个突兀期，相对比较平缓；也不像突兀期内接踵而至的各种专题社会主义著作，曾对西方社会主义作了相当系统的评介，不乏客观、正面的论述乃至积极为之呼吁，而是各随其偏好，选择评介社会主义经济学说，偏颇之处比比皆是。由于国人的经济学造诣尚浅，无法深入研究“极难之经济学”，故在西方经济学传播领域，亦未流行类似于国人参考西方社会主义思潮以应用于本国实际的讨论和论争。因为存在这些差异，所以当初马克思经济学说的传入，主要见于舶来的社会主义著述而非经济学著述。但早期西方经济学的传入也像早期西方社会主义思潮的传入一样，共同为引进马克思经济学说铺垫了最初的思想条件。而且，舶来经济学著作开始接触马克思的名字，也意味着经济学领域介绍和讨论马克思经济学说，已是呼之欲出。

（三）马克思经济学说的传入特征

前面综述马克思经济学说早期传入中国的行进轨迹及其思想条件，同时也包含了它的特征，在此再作如下概括。

第一，从时间纵向上看，马克思经济学说的传入，从最早可资凭信的零星端倪，到显出比较清晰的初步线索和大致框架，集中于1899－1904年间，以1903年为其峰值。持续数年内，马克思经济学说在中国从无到有，从点滴介绍到颇具系统，标志着一个宏大新时代的开端。同时，这一传入与中国实际比较隔膜，曾受到冷落，除了个别人，未在国人中引起什么反响。这也是开端时期的一个特征。

第二，从空间横向上看，马克思经济学说的传入，短短几年内在其来源渠道的地域分布上发生了替代性移转。马克思经济学说作为西方舶来品，似乎由西方人士介绍或直接译自西方著述较为合理。可是事实上，只在开始时由西方来华传教士根据欧洲资料提供了有关马克思及其学说的最初信息，为马克思经济学说传入中国肇其端，随后几年，这一传入所倚重的西方资料来源，一时间几乎全部转向日本的间接渠道，直接来自欧美国家的思想渠道，反倒处于无足轻重的地位。这一转变，有其特殊的历史原因。中国在甲午战争中败于日本，给国人以极大刺激，不再小觑日本的崛起，转向探求其崛起的道理以求自强；继则戊戌变法失败，维新人士迫于专制淫威，其代表人物纷纷逃亡国外；加之日本为近邻，同文同种，吸引中国的热血青年和精粹之士，开启了留学日本大潮的序幕。日本明治维新后,加速走上资本主义道路,同时面临资本主义社会的弊端;随着西方社会主义思潮在日本的传播,大概早于中国十七八年,日本人开始介绍马克思学说;经过持续不断的引进、消化、吸收并应用于本国的团体组织和运动实践,日本倾向于社会主义或其他激进派别的人士,在理解马克思学说体系及其阐释应用方面,逐渐培育了具有自身特色的理论知识素养,积累起日益增多的相关著述,足以供后起的中国学人借鉴。所有这些,都促成马克思经济学说传入中国的早期进程,先由西方传教士开头,很快便离开西方的原产轨道,转入日本式轨道从中吸取滋养。

第三,从内容上看,马克思经济学说的传入,凡具有一定程度的理论阐述或稍为详细具体的介绍,几乎都见于翻译本或译述和编译本,国人自撰者很少见,偶尔见之,也是简略粗浅的人物或知识介绍,与那些中译本代表作形成明显的落差。这种理解上的滞后状况,早期在所难免。当时尚处于单纯的引进阶段,国人缺乏素养和能力去驾驭引进资料的来源、方向、内容并形成自己的独立判断,只能从碰到的现成资料中选取某些流行的或自以为有用的内容予以翻译和编辑。由此也可以解释,为什么在 1903 年,包括马克思经济学说在内的社会主义著述的传入,突然达到高潮,接着又急落而下。因为那一年正是国人留学日本开始活跃与日本社会主义运动从普及转入艰难的结合点。大量东渡的中国留学生,适逢遇到日本普及时期流传的大量社会主义著作,于是纷纷引进,形成高潮;随即日本政府打压,中断这一普及进程,社会主义著述的流行马上退潮,面对无米之炊,引进的高潮亦骤然停止。跟着日文著述的起伏而上下的引进现象,说明初期国人对于马克思经济学说的传入,并非出于理性,多少带着赶时髦的情感色彩;也说明那时国人对于这种舶来学说的理论内容,还相当陌生,无法理解其中的奥妙以及对中国实践可能具有的意义。引进马克思经济学说很重要,能否理解和如何应用这一学说更为重要。在早期阶段,这二者的差别和距离十分明显。它反映在马克思经济学说的引进方面,具有理论色彩的内容,大多停留在翻译层面,或者译文尚可而无人呼应其意,或者译文粗劣而无法传达其意;少量国人撰写的文章,很难进入理论领域,更不用说去理解和应用这一理论。因此,1903 年集中引进的一批社会主义著作,其中论及马克思经济学说,虽说达到一定的广度和深度,但限于当时国人的认知水平和理解能力,基本上被束之高阁,随着潮涨潮落,留下一些痕迹,未产生多少影响。尽管如此,这是一个重要开端。自此以后,在引进马克思经济学说的逐步扩展和深入过程中,国人的理解和应用能力,也随之与时俱进。

第四,从思想倾向上看,马克思经济学说的传入,基于不同的来源渠道,带来传入者的不同态度或情绪,由此形成各种不同或对立思想倾向的并存局面。君主专制政权及其御用者出于自身统治的需要,本能地防范或抵制马克思经济学说的传入,但一般国人的态度有所区别。西方来华人士最初提到马克思及其学说,主要从“佐治”角度,提醒中国当权者注意这种倾向。他们对马克思学说持批判态度,迎合了统治者的意志;同时他们介绍有关马克思的史实和观点,又为质疑和反对专制统治的国人先行者提供了可资参考利用的精神食粮。早期国人对于舶来思想的功能作用,缺少独立的判断能力,容易受到外来传入者的左右引导,对于马克思经济学说也不例外。如从日文著述引进的评介马克思经济学说的内容,除了引用个别的段落或词句外,很少直接转达马克思本人有关经济理论的论述,大多数经过转述者的加工整理,掺入自己的倾向性看法,再通过转译或编译来影响国人。其中有的看起来持中立的客观态度,有的持积极的赞成态度,有的持坚决的反对态度,还有的随日本学者的兴趣为转移,如一会儿推崇美国式基督教社会主义,一会儿又推崇德国式国家社会主义,诸如此类,莫衷一是。大体说来,国人无法深入理解马克思经济理论时,只能以简化的方式来体会。如一般将马克思经济学说的形成,看作西方资本主义社会贫富差距扩大的产物,用以解决严重的民生不平等和社会分配不公问题。就此而言,国人大多倾向于认为有其合理性,分歧不明显。然而,一旦涉及怎样解决、解决到什么程度等问题,分歧立即出现。各种分歧,大致又归结为采取和平的渐进方式还是采取极端的过激方式。这一时期国人有关社会主义的讨论,主导的意见倾向于温和方式或试图预先避免中国步入西方式贫富悬殊状态,倾向激进方式者寥寥。依此而论,马克思经济学说既然被认为属于激进范畴,与温和方式相冲突,往往也为讨论者弃之不顾。所以,初期可以看到国人著述中曾提及马克思及其经济学说,却看不到国人围绕社会主义的讨论中曾运用马克思经济学说。这种漠视态度本身,同样反映了当时引进马克思经济学说的特征。

二、1905—1907 阶段的传入轨迹与特征

本阶段又称论战阶段,十分短暂,却颇为独特。马克思经济学说向中国的传入,从开端阶段进入论战阶段,因其短暂,前一阶段形成的基本轨迹、若干特征和思想条件,后一阶段或者延续,或者显化,得到进一步推进。同时,经过多年社会主义思潮的熏陶和舶来经济学的训练,基于中国自身日益严峻的形势和各种主客观因素的变化,国人对于马克思经济学说的认识和理解,也在酝酿新的进展,并在历史的长途中留下其独特的脚印。

(一)马克思经济学说的传入轨迹

这条轨迹,在前一阶段,主要表现为照搬国外的现成资料,先由西方来华人士介绍,后来又涌向翻译和参考日文著述,国人自撰者不过敲敲边鼓。到本阶段,国人还是以参考国外著述尤其日文著述为主,但已不是一味照搬,而是

根据自己的需要和理解进行选择,显出一定的指向性。这个变化,首先得益于围绕中国民族前途所展开的公开论战,其次得益于论战双方之外围绕救国救民的其他探索,综合二者,又可归结为向西方寻找真理与联系中国实际相结合的共同努力。本阶段的传入轨迹,由三条线索构成,一条线索见于孙中山派,一条线索见于梁启超派,两派即论战的双方,另一线索见于无政府主义派。

关于第一条线索,孙中山在1905年有两件事值得关注,一是以中国革命社会党领袖的身份拜访第二国际领导人,谈及中国的土地公有和简便赋税传统、工人及其行业组织现状、采用欧洲机器生产方式又避免工人受资本家剥削的社会主义目标设想、先于欧洲实现"完全的"或"最纯正的"集产主义制度的信心等;二是在《民报》发刊词里首次确定民生主义概念。这两件事,说明他应当了解马克思经济学说。然而,就像传说他早在1896—1897年间已接触马克思《资本论》、却缺乏直接的证据一样,他在这一年,仍然没有留下涉足马克思经济学说的第一手资料,也无从分析他对这一学说的理解水平。可以感受到的是,他那时对社会主义尤其对社会主义中国化的追求,极大地激励了他的支持者去探求马克思经济学说。

朱执信是其中最为执著和杰出的探求者。他1906年的长文《德意志社会革命家列传》,以泛论和单列一章的专论形式,介绍马克思等人为发展社会主义和德国社会党,"孤诣独行","义无反顾的奋斗";马克思开始"创说"时,面对专横政府和深恶势力,明知有危难而不存侥幸,"竭其能以从事",为了人民的利益宁可以寡敌众,其德行才能远远超过俾斯麦之流,结果其学说得以流传,今日不能不"宗师而尸祝之";马克思主张"经济上自由平等",拉萨尔谈论社会革命不如马克思完善而鼓吹实行,宗仰马克思的李卜克内西和倍倍尔等人后来建立"倡世界主义"的社会民主党;马克思早年"始读社会主义之书而悦之",为文"奇肆酣畅,风动一时",当世人士以不知马克思之名为耻;马克思通过研究政治经济学,"探社会主义之奥窾,深好笃信之",并提倡宣扬,为此屡遭驱逐;与恩格斯相识后,形成终身的友谊与合作,恩格斯从经济上接济马克思,传播他们的学说,"言共产主义者群宗之";马克思最重要的"事功"是与恩格斯共同起草《共产党宣言》,出版后"家户诵之",影响法国革命,感召德国劳动者起来反抗富豪,共产主义者同盟奉此为"金科玉律",以后"颂美"或"诟病"马克思的人皆归结于此书;马克思在学理上"尤为世所宗"者,是《资本论》和《剩余价值学说史》。介绍《共产党宣言》,它不同于以前社会主义的乌托邦空想,引用书中头尾两段关于阶级斗争的经典文句加以论述;完整引述共产党人的十条措施,说明马克思为拯救乱世贫民,"素欲以阶级争斗为手段";结合引用其他原文观察马克思之本意,以为《共产党宣言》之"大要"。介绍《资本论》,以资本家为掠夺者,像盗贼一样靠剥削劳动者"自肥";涉及"凡财皆从劳动而出"的劳动价值论；涉及"资本为掠夺之结果而劫取自劳动家所当受之庸钱"、资本的积累系"夺之劳动者而蓄积之"、每日12小时劳动中有6小时为无偿劳动等剩余价值论范畴；评论资本起源的掠夺说应区分个体经济与现代经济两个不同时代，将设置"农工奖励银行"的方案套在马克思头上；等等。稍后他在《论社会革命当与政治革命并行》中又说，自马克思以来，社会主义学说逐渐付诸实行，变为"科学的社会主义"。他的介绍，显示了当时国人中少见的经济学功底及其对马克思经济学说的理解，尽管这种理解不时出现一些偏差，其理论表述也不那么准确，但由此表现出来的对马克思经济学说的尊重、崇信和维护态度，独树一帜。同时，他还试图运用马克思经济理论，深入于社会经济组织的不完全，去分析国外国内的现实社会问题，如铁道国有、土地国有、社会革命等问题，其敏锐的率先探索精神，难能可贵。

其他如宋教仁的《万国社会党大会略史》译文介绍，《共产党宣言》中最后一段结束语，加以引用能够说明"万国社会党之大主义"；国际工人协会在马克思的指导下成立，是"经济的情势必然之结果"，其发展因巴枯宁派无政府党与马克思派社会党的争论而离散；不同于无政府党绝对排斥国家，主张自由自治的团体所有，马克思派社会党主张一切生产机关归代表全体国民的国家所有；马克思以英国为其"亡命之地"和"建筑劳动者运动之基础"，推动英国"激烈的产业革命之劳动者"加入国际工人协会，但英国工人组织领袖在巴黎公社失败后，看到马克思发表《法兰西内战》宣布赞成此事并得到该协会国际总委员会通过，遂远离此"激烈场"，仅服从于"社会改良主义之温和说"；法国社会党"可能派"主张工人阶级运动局限于资本主义制度"可能"的范围内，与马克思派"势不两立"，与马克思派所祖述者"大相龃龉"；马克思派创建第二国际，召开标志马克思派运动的第一次代表大会；马克思派第二次代表大会的决议，吸收了德国革命党的经验；第三次代表大会上，由于英国工人组织在马克思派主义的感召下重新回归，大会悬挂马克思像，恩格斯专程出席，以祝其友的胜利；第四次代表大会在伦敦召开，以期用马克思主义统一英国各派工人团体；第五、第六次代表大会，形成稳和派、改良派、临机应变派势力与马克思派、革命派、非调和派并驾齐驱的"硬软二派"，最终马克思派"独占胜利"；等等。以上介绍，将马克思经济学说在西方的传播历史，首次延展到第二国际前期；突出欧洲社会党内马克思派与其他各派的斗争；正面阐述马克思派所祖述的马克思主义；注重马克思学说中关于工人经济斗争的思想。这些都是日文原作的内容和特点，宋氏借用此文来观察"万国社会主义进行之势"，也反映了他本人的意愿和倾向。

又如，廖仲恺翻译《社会主义史大纲》，因为它与马克思、恩格斯的观察点"不无少为异同"，可供我国初学者研究比较，又可与前面的宋氏译文对照。其文介绍:在近世社会主义运动的众多领袖中,马克思的“唯物”社会主义哲学发源于“最有精神”的黑格尔哲学和“基督教社会主义”的费希特哲学,后者的国家哲学为当时教会所不容,遂产生拉萨尔、马克思等人的“物质运动”;马克思赞成德国组织全社会兄弟为一体以“发展此理想的国家”;马克思、恩格斯为唤醒公众对理想乐土的迷信,“导其先路”,1848 年成就《共产党宣言》,犹如洪水决堤,“浩浩滔天,势莫能御”,造成政治和社会革命的爆发;马克思主持国际工人协会,宣扬团结万国劳动者和“革命的社会主义”,后来与无政府主义者决裂,“破釜沉舟”,解散该协会,“社会主义亦因之得救”;等等。其中心意思,以“爱他心之冲动”为近世社会主义起源之神髓,认为第一国际是万国劳动者联合运动的第一步,第二国际“步步引人入胜”。他的另一篇译文《无政府主义与社会主义》,系姊妹篇,说明马克思派与巴枯宁派分手,基于社会主义与无政府主义二党在哲学观念和方法手段方面的对立,试图维护社会主义以反对无政府主义。他还翻译《虚无党小史》,介绍马克思和巴枯宁分别倡导社会主义和无政府主义,“风动一时”,又提到后来俄国虚无党秘密输入马克思《资本论》,以资组织和宣传,并涌现出普列汉诺夫一类代表人物。

比较起来,孙中山的支持者中,在评介马克思经济学说方面,朱执信最为突出。他以基于个人理解的自行撰述为主,以尊崇的态度,广泛涉及马克思的生平事迹、斗争目标、执著精神、理论贡献、代表著作、时代影响等内容,特别对马克思经济学说有较为深入(虽不尽正确)的研究并尝试用于国内外社会实际问题的分析,在当时国人中难有企及者。宋教仁和廖仲恺的有关介绍,均系翻译之作,非出自本人研究。宋氏的介绍,为了观察世界社会主义的发展趋势,特意选择正面介绍马克思及其学说的文本,以史实为主,着重于马克思指导建立第一国际和马克思派联合建立第二国际的发展过程,马克思经济学说发扬扩展或引起争论的沿革情况,弥补了朱执信的介绍之不足,故次之。廖氏的介绍,面对初学者,注重从比较对照的角度选择其文本,接触马克思及其学说的内容较为零散和单薄,在反对无政府主义崇尚破坏的同时,又模糊地把包含马克思学说在内的社会主义,归于“尚平和、守秩序”之列,几乎未涉及马克思经济理论,故再次之。早年曾留学东京法政大学,并于 1905 年加入同盟会的叶夏声,1906 年在《无政府党与革命党之说明》一文里,也转述了《共产党宣言》的十条措施以及类似于全世界无产者联合起来的号召,以此证明社会主义不同于无政府主义的破坏之“梦幻”。叶文引用这些原著内容的上下文意思是:1864 年国际工人协会在伦敦成立,马克思为其“首魁”;自此以后,“平和的社会主义”像洪水一样泛滥全欧洲,唤醒劳动者使之团结起来;社会主义以“调和”个人利益和社会全体利益为目的,授权国家和利用政府废除豪强、实行财产平均以获得“真自由”;《共产党宣言》提出设置“农工奖励银行”和十条措施,可以证明社会主义不是乌托邦，是谋求实行的事业。如此说来，引用《共产党宣言》的原文，重点说明马克思的社会主义不同于无政府主义，是从破坏走向平和，从乌托邦走向实行。这篇自撰文章，从引用马克思原文的完整程度看，可媲美朱执信，而从引文的意图看，为了表示社会主义的平和与秩序性质，又与廖仲恺差不多。

此外，胡汉民的《告非难民生主义者》提出，马克思和恩格斯"最能以资本论警动一世"，他们不仅许可自用资本私有，还许可农夫及手工业者的资本私有。这是针对"圆满的"社会革命必须举一切生产机关悉为国有的说法，根据日本学者的解释，认为既然连《资本论》这样"最极端之社会主义"也不说一切资本国有，则资本国有的用语应审慎。这有点钻牛角尖，为了在论战中赢得先机，锱铢必较，不惜把马克思、恩格斯关于生产资料公有制的基本思想放在一边，去争论哪些资本可以私有一类枝节问题。由此也可以看到，当时日本学者对于马克思经济学说的研究，精细到有些本末倒置的地步，这种研究方式发展下去，会引导人们走向学究式道路。当时《民报》还刊登译自日文的《欧美社会革命运动之种类及评论》，其中提到，社会党大力提倡限制私财及其使用权，鄙视个人，以社会为本位，谋求人类财产及权利"一律平等"，这个学说由"德儒"马克思、恩格斯创立，近来风靡欧洲；这种社会主义学说"偏重经济之平均"，轻视自由权利，不如土地均有学说之妥当。这样理解马克思经济学说，虽然浅显，却不准确，等同于经济平均之说，是日本学者又一误导。对此，《民报》同仁的意图，重点不是马克思经济学说，是为了把国人的兴趣，移注到土地均有之说上。

概括起来，支持者们在同时期内（以 1906 年为主），受孙中山的感染，相继在《民报》上发表一系列介绍社会主义的文章或译文，其中以专题或兼论方式，一再涉及马克思及其学说，其中不乏误解、矛盾甚至冲突之处，但以正面为主，为我所用，为马克思经济学说的新一轮传入，起到积极的推动作用。

关于第二条线索，以梁启超为代表。他在《开明专制》中说：马克思与蒲鲁东、圣西门等人的"架空理想"，"欲夺富人所有以均诸贫民"，这在欧美贫富极为悬殊的社会，常足以煽动下流，终究不可以实现，即使实现，也不是千数百年以内能够做到的，这是世界学者的"公论"；中国推行社会革命，若能发明新学理，补马克思所不逮，也要等到数百年后的文明社会来采择，何况其土地国有论夺田而有之，就像马克思说"田主及资本家皆盗"，这是以国家为先盗。评价马克思学说与无政府主义和空想社会主义一样，是煽动下流的架空理想，这与他此前介绍马克思为社会主义"泰斗"、"鼻祖"的较为客观并略带敬意态度，大为不同。恐怕既是受康有为渐进大同思想的影响而保持一致，亦是受论战对手的刺激而刻意挑明其对立态度。他在《社会革命果为今日中国所必要乎》中又说:俾斯麦赞成的社会改良主义派,“承认现在之社会组织而加以矫正”,马克思、倍倍尔等人率领的社会革命主义派,“不承认现在之社会组织而欲破坏之以再谋建设”,两者易于混同,性质正好相反;对于改良主义,“绝对表同情”,对于革命主义,“未始不赞美”,但“必不可行”,行之亦在千数百年之后。千数百年概念,源出于康有为,梁氏持之甚笃,并用于排斥马克思经济学说,以证明对现行社会组织,只能矫正不能破坏。此外,梁氏为之作序的《社会主义》一文提到,狭义社会主义即社会革命主义,“欲破坏现在之社会组织以建设”,可分为法兰西社会主义、耶稣教社会主义和包括信奉马克思主义在内的学问社会主义,广义社会主义又称社会改良主义或社会政策主义,“欲于现在之社会组织之下,谋有以矫正个人主义之流弊”;后者“广而易行”,前者“狭而难至”。这番涉及马克思经济学说的议论,反刍梁氏观点,顶多添加些花哨的理论定义。可见,梁氏一派从论辩角度,对马克思经济学说的基本性质作了清晰定位,进而表示不予接受的鲜明态度。这种定位和态度,固然会引起国人的注意,但从内容上说,对于马克思经济学说的传入,没有贡献什么新东西。看来,梁氏满足于对马克思经济学说的一知半解,拿来教训别人,虽然敏锐,却不求深入,结果逐渐褪去当初在国人中率先介绍马克思及其经济观点的探索精神,在新一轮引进马克思经济学说的过程中,留下的更多是些负面影响。

关于第三条线索,见于无政府主义刊物。1907 年,是国人在海外创立无政府主义刊物并为之大声疾呼的一年。当时无政府主义思潮在中国的传播,没有阻碍与之对立的马克思经济学说的传入,反而为其开辟了一个特殊通道。其中以创刊于日本的《天义报》载文最具有代表性。例如:

刘师培的《欧洲社会主义与无政府主义异同考》介绍:18 世纪末以来日益昌盛的社会主义中,有一派“以科学为根据者”,始于犹太人马克思与拉萨尔,他们因黑格尔之说“涉于空漠”,从事于“实际之经验”,倾向于“物质主义”,如马克思著“由空想的科学的社会主义之发达”一书;在社会主义发展的“成形时代”,始有 1848 年的《共产党宣言》,至“万国者同盟时代”,因巴枯宁提倡破坏之说,为马克思所排斥,无政府主义遂与社会主义分离;判断形势,“社会主义必有趋向无政府之一日”,以社会主义排斥无政府主义,此乃“偏于一隅之见”。这些内容,与前面廖仲恺翻译美国基督教社会主义者布利斯的《社会主义手册》内容,有些相似,却用于为无政府主义辩护,又弄不清《社会主义从空想到科学的发展》一书作者,究竟是马克思还是恩格斯。他的另一篇文章《亚洲现势论》提到:旅日印度人研究社会主义,“醉心”马克思、蒲鲁东学说;欧美国家资本家通过开拓殖民地扩张市场,加剧了贫富不平等状况,马克思在《共产党宣言》中说,欧洲资本家的势力增长于新大陆发现之后,克鲁泡特金也认为,富民扩张市场对平民的影响极大,“其言甚当”;《共产党宣言》发表后,逐渐实行

"万国劳动者团结"，如今无政府党也希望各国无政府主义团体联合起来，欢迎弱国人民与社会党、无政府党结合。结合亚洲形势的分析，援引马克思经济学说，引用《共产党宣言》中关于开拓世界市场促进了现代资产阶级发展、全世界无产者联合起来等重要思想，并予以肯定，这是此文优于前文的特点。同时，它的主张，立足在中国"先行"无政府主义上。

"天义派"在日本组织社会主义讲习会第一次会议上，邀请幸德秋水赴会讲演并予以发表。其中说到：1864 年，马克思领导创立国际工人协会，其宗旨在于谋求劳动者幸福，提高劳动者地位，"欲使土地财产均易私有为公有"；该协会"主义大略相同"，行事手段相异，分为激烈与平和两派，马克思属于平和派，巴枯宁属于激烈派，二派相争，导致协会解散；马克思派为德国派，"欲利用国家之力举土地财产为私有者易为公有"，巴枯宁派为法国派，"欲不用国家政治之力惟依劳动者固有之力出以相争"，此为二派不同之点；马克思派的势力及于德国和奥地利，巴枯宁派的势力亦延展至法国、意大利、西班牙等拉丁语国家，普法战争后遭到俾斯麦政府严厉镇压，反而越压越多。幸德氏的目的，想用简单的语言说明无政府主义的起源及其与社会主义的区别，因此对马克思经济学说一带而过。所涉及的内容，只剩下土地公有宗旨以及在国家问题上与无政府主义派的对立。这些内容对于国人来说，更为明确，却无多新意。

《天义报》1907 年 10 月 30 日刊登的社会主义书刊预告中，第一部是马克思等人著《共产党宣言》。此前，1906 年 12 月在东京出版的蜀魂译《社会主义神髓》一书末页，也附有社会主义丛书出版预告，总共五本书中，最后一本是德国马克思、恩格斯合著，中国蜀魂译《共产党宣言》，但仅此一说，最终未见其书。《天义报》不同，它在 1907 年底，还就《共产党宣言》"论妇女问题"，写了一段按语：马克思等人主张共产说，虽与无政府共产主义不同，但所言"甚当"；他们以为，消灭"资本私有制度"后，一切私娼现象自然不复存在，必须经过"经济革命"，才能废除这一制度，此可谓"探源之论"。这段按语出自国人中早期无政府主义者之口，表明他们那时未囿于已见而排斥马克思经济学说，还颇为推崇，并深入《共产党宣言》的有关重要论述，如消灭现行生产关系，从这种关系中产生的各种卖淫现象也随之消灭等。以上预告和按语，把着眼点放在《共产党宣言》上，预示对马克思经济学说的介绍，由间接引用二三手资料，开始转向直接引进其原著。

后来，景定成在他回忆 1907 年留学日本期间参加"天义派"组织活动的史料性著述《罪恶》里，提到日本社会党人召开的各种社会主义演说会中，"最有研究价值"的是马克思《资本论》，其中剩余价值学说令人"心折"。他介绍讲演者把剩余价值学说"详细理论"出来：论价值，既指满足人的生活欲望之价值，又指"劳力"将天生原料如棉花纺成线、织成布而产生之价值；资本购进原料和机器,雇用许多工人纺线织布,如果每天作工4小时,成品卖出后得来的钱,扣除原料、消耗、机器磨损、工资等费用,剩余不多,“资本家犹嫌不足”,于是要求做工6小时,多做2小时所得的价值,全归资本家,就叫“剩余价值”;剩余价值累积的数量很大,这是“资本家偷窃劳动者的东西”;如今社会主义者要求剩余价值归还劳动者,资本家自然不愿意,还有贪心不足的,让工人每天做十小时,甚至做十二三小时或十四五小时;所以马克思提倡罢工为救急之法,迫使资本家减少工作时间到每天不得超过八小时,增加劳动工资,“很生些效果”;自从马克思发表剩余价值后,世界经济学者“莫不赞同”,资本家的帮闲学者“很是有些不愉快”。这样解说马克思《资本论》的剩余价值学说,确实通俗易懂,难怪景氏听后感到“心折”诚服。由此可见,当时应有不少“天义派”成员或中国留学生在日本听过类似的讲演,对马克思经济学说有所了解,但在公开发表的文章或译文里,除了朱执信,尚未看到其他的根据自己理解来表达这一经济学说或予以翻译转达的中文著述。这个回忆录透露了一个信息,那时国人接触马克思的经济学说特别是其剩余价值学说,绝非个别现象,他们大多数只接触一些简单的解说,缺乏自我表达或转达的能力,个别较为深入接触并具有表达能力者如朱执信,亦未提及剩余价值概念;同时,他们也积淀了初步的理论知识,为马克思经济学说的继续传入,创造了比个别公开文章所展示的局限范围更为广泛一些的基础。

创刊于法国的《新世纪》载文,如译文《巴枯宁学说》提到,巴枯宁的意旨与马克思“有隙”,后跟马克思分离,这也是无政府党发达的开始。又如转译法文报道社会党召开世界代表大会的文章,附加按语说:社会党中有一派“一致之社会党”或“和平之社会党”,此派出于德国马克思,赞成并实行者如法国的饶勒斯、盖得,德国的倍倍尔,他们企图借助权位,改变现在的社会;社会党实现其主义的手段,“殊较和平”,仍被政府视为仇敌,虽然获得议员的人数不断增加,却不能达到自己的希望;它的“流弊”是,表面上主张公理,和平改革,暗地里以得到权位利益为目的,就像中国的“立宪党”一样。这是以激进社会党或无政府党的眼光,把马克思一派视为单纯追求议会手段的“和平”派,并把左翼与右翼代表人物不加区别地塞入马克思派别中,将之等同于阳奉阴违、追逐权力的中国式“立宪党”。可见,“新世纪派”对待马克思的看法,与“天义派”有较明显差别,更加坚持无政府主义的激进立场,不那么尊重马克思学说,有意或无意地回避对于马克思及其经济学说的介绍。“新世纪派”当时处于法国传播马克思学说比较寂寞的环境中,不像“天义派”在日本较多受到传播马克思学说的时代风潮之影响,这大概也与两派的上述差别有一定关联。

以上三条线索,并行不悖,在时间顺序上有所交叉和衔接。1905年,孙中山拜访第二国际领导人和确立民生主义概念,探索将西方社会主义中国化,鼓励其支持者研究并传布社会主义理论，同时带动对马克思经济学说的研究和传布，由此构成第一条线索的内容。1906年，是孙中山的支持者与梁启超等人论战最为激烈的时期，也是双方谈及马克思经济学说比较集中的时期。体现孙中山支持者观点的第一条线索与体现梁启超等人观点的第二条线索，交错在一起，前者丰硕、正面、积极，后者简略、负面、消极，二者反映了引进马克思经济学说的不同取向。1907年，前面两条线索的进展有些低落，接踵而起的是无政府主义者的第三条线索，由此引出区别于前两条线索的另一番格局。在梁启超等人眼里，对照渐进的改良主义，马克思社会主义属于激进的革命主义；而在"天义派"和"新世纪派"眼里，对照激进的无政府主义，马克思社会主义又变成平和的社会主义。从《天义报》和《新世纪》的报道看，它们不论根据日本资料还是法国资料，都给马克思一派戴上一顶"平和"或"和平"的帽子，与无政府党的激烈特性相对立。廖仲恺和叶夏声以"平和"一词称呼马克思社会主义，恐怕也得自这些国外资料来源。"平和"或"和平"词汇，在廖、叶等人看来，是褒义，在无政府主义者看来，则是贬义。无政府主义者中间的差异，一如"天义派"，对"平和"异类的马克思及其经济学说，仍给予足够的敬意；一如"新世纪派"，用"和平"的贬词替代对于马克思经济学说的介绍。总之，马克思经济学说在这一时期的传入轨迹，以第一条线索最为主动并富于生气，第二条线索比较被动并显得阴沉，第三条线索另辟途径并交织着来自不同国度影响的两股力量，尊重马克思者意欲推进其经济学说的传入，不屑者则绝口不谈其经济学说。

（二）马克思经济学说传入的思想条件

同前一时期一样，这一时期马克思经济学说的继续传入，离不开西方社会主义思潮的深一步传播。其重要标志是，开端时期围绕社会主义问题以萌芽状态初步显现的有关论争，发展为一场影响深远的公开论战。以孙中山的支持者为一方和以梁启超等人为另一方的这场论战，几乎在涉及社会主义论题的各个方面，短兵相接，针锋相对。论战双方接触马克思经济学说的内容，尚属有限，接触社会主义及其经济学说的内容，则颇为丰富。因此，考察他们辩论社会主义及其经济学说的不同观点，实际上也为考察他们认识马克思经济学说的不同指向，提供了更加宽泛的思想背景。

比如，关于什么是社会主义，双方均承认它产生于西方近代以来的贫富悬殊现象，一方认为必须先有产业革命，然后才会发生社会主义革命如梁氏；另一方认为无论是否有产业革命，社会主义革命都不可避免如孙氏支持者，朱执信还注意到贫富差距是"社会经济组织不完全"这一制度弊端的结果，非其本源。据此，双方都把通过分配解决贫富不均作为社会主义的目标，并接触到私有制问题，前者以"圆满的社会主义"为名，宣扬"圆满"即同时废除土地和资本私有权,意谓难于实现;后者强调可以折衷其做法,不必走极端,侧重心理的平等而非数理的平等,使"富者愈富,贫者亦富",不从根本上触动现行私有制度。结果,对于社会主义的前途,前者抽象地肯定社会主义的高尚、美妙、纯洁,具体地又说它的理想是一种空想或幻想,须待到千数百年以后;后者相信现在就可以着手付诸行动。由此联系到社会主义的实现方式,前者主张循序渐进,避免任何越级的冒进;后者将社会革命作为自己的宗旨。关于社会主义是否适用于中国,双方均承认中国不同于欧洲,结论截然相反,前者怀疑其适用性,表示不必行、不可行、不能行,只在矫正社会弊端时有所参用;后者充分肯定其适用性,积极探索中国式民生主义思想的道路。关于土地国有论,前者否定这是中国实行社会主义的有效办法,予以贬抑挖苦;后者从乔治的土地单税论中吸取滋养,把平均地权视若社会革命的主要手段,而且认为在当时中国的条件下,这是更加简便易行的土地国有办法,尽管后者也担心伤害富人的利益。

论战双方少见的共同点,是把国家社会主义当作社会主义的理想模式。在梁氏那里,国家社会主义无异于社会改良主义,意味着奖励和保护中国资本家,在承认现存社会经济组织的前提下,由国家出面矫正个人主义的流弊。吴仲遥为这种社会改良意义上的国家社会主义,披上一层广义社会主义的外衣,以区别于狭义社会主义的破坏性或偏激、极端。孙氏支持者的主导意见,把国家社会主义看作社会革命的重要组成部分,以此为手段破坏现存不完全的社会经济组织,却同样不赞成极端社会主义。唯独朱执信以俾斯麦政权的社会改良为例,指出其目的为了断绝社会革命,这并非主导意见。这两股力量在国家社会主义问题上接近于达成默契时,第三股力量出现了,这就是坚决反对任何国家组织或权力中心的无政府主义者。

无政府主义著述传入中国,由来已久,在1903年随着西方社会主义著述的传入达到高潮,也进入比较旺盛的时期。20世纪初,如同社会主义思潮的传入轨迹,无政府主义思潮的传入出现类似的变化:其资料来源的重心从欧美国家转向日本;国人的关注和兴趣增长,自撰文章增多;各种评介式著述由零散趋于系统;试图用这一舶来思想指导中国实际等等。更为显著的变化,是1907年"天义派"与"新世纪派"的先后创立。这两个中国式无政府主义派别,分别产生于日本和法国,由此带来各种差异,但它们共同信奉无政府主义的基本宗旨,都认为无政府主义最适用于中国的实际需要。可以说,有关社会主义的论战处于尾声之际,无政府主义派别应声而起。其风头之盛,一时间大有超过社会主义思潮的传播之势。对于这一时期从社会主义到无政府主义的转变,曾有西方学者评论说:许多历史学家没能注意这个转变,或者提到这个转变,却没有人去尝试分析其原因。他的分析是,这个转变发生于1906年7月—1907年7月,其基本原因,出于国人对俄国恐怖主义兴趣的增加,以及日本社会主义运动向无政府主义的转化，而日本式转化的起因，同样出于对俄国恐怖主义的兴趣；俄国恐怖主义者在那时的吸引力，表现为他们的能力和狂热，表现为他们宣称掌握了"现代的"、"科学的"无政府主义理论；在中国的激进分子看来，比起"马克思社会民主主义"诸如阶级斗争、超越资本主义、城市无产阶级霸权、通过议会获得社会公正等学说，无政府主义更加激进，是"真正的"社会主义；诸如此类。这个分析，不无道理，但他传达的意念，也颇为含混。如其文章标题所示，借这一转变证明 1906—1907 年间，"无政府主义对于马克思主义的胜利"；同时又说，许多历史学家未能注意这一转变，是因为具有无政府主义倾向的作者和刊物，在那时"延续了甚至发展了中国人对于马克思主义的兴趣"，意谓无政府主义并未战胜马克思主义；最后还说，1919 年几位中国思想家吸收了马克思主义的观点，表明他们一定是在 1907 年以前做到了这一点，或是在此后十年里从各种更加"现代的"理论中间间接地吸收了马克思主义的要素，意谓从 1907 年起，无政府主义或者阻碍了马克思主义的传入，或者成为传播马克思主义要素的媒介。[①] 究竟战胜了、阻碍了还是促进了马克思主义的传入，莫衷一是。如果说各种因素兼而有之，则战胜的说法有哗众取宠之嫌。另外，将转变的原因归之于俄国恐怖主义的影响和日本社会主义运动的变化，固然很重要，但完全忽略诸如活跃于法国的"新世纪派"等其他因素，亦属不妥。

对于当时的国人，这位西方学者的分析，有一句话是对的："为了领会马克思主义，一个人一定要具有对于西方经济学及其制度的知识和好奇心。"[②]这一时期西方经济学在中国的传播，仍延续前几年的发展趋势：相对平稳，以日文著述为主要参考物，经济学理论著作自成体系、带有普及性，各种分支经济学说的著述继续扩展，尝试运用近代经济学理论分析中国和世界的经济问题等等。没有得到延续者，从表面看，本期内流传的中文专题经济学著作中，尚未查到像 1903 年的《最新经济学》那样，曾提到马克思其人其说的例证。其实，这是一个潜移默化的过程。国人在学习、引进、消化、吸收西方经济学的过程中，逐渐培育起自身的近代经济学素养，对社会经济现象的观察，逐步从零散的常识性认识提升到系统的理论性认识。这个培育和提升的进程，对于领会马克思经济学说，不可或缺，并在朱执信评介马克思经济学说的文章里得到充分的体现。只要这个进程没有中断，专题经济学著作论述马克思经济学说，而非偶尔提及马克思其人其说，就是早晚的事情。同时，舶来经济学的传播，

---

① 参看 Martin Bernal, The Triumph of Anarchism over Marxism, 1906—1907，见 Mary Clabaugh Wrighte edited, *China in Revolution*: *The First Phase* 1900—1913, Yale University Press, 1968，第 137—142 页。

② 参看同上文，第 138 页。

从理解马克思经济学说所要求的经济学基础看，还相差颇远，并带有那一时期在传输过程中经日本人咀嚼过的浓重痕迹。这也是国人在早期阶段，表现出对于西方经济学的好奇心时，所能遇到的现成历史条件。正是在这样的历史条件下，西方社会主义思潮和西方经济学的传播，继续共同推动了马克思经济学说向中国的传入。

（三）马克思经济学说的传入特征

这个传入特征，既与前一时期有很强的关联性，又体现了本时期的明显发展。

第一，马克思经济学说的传入，从先前注重引进式介绍，发展为建立在理解基础上的应用分析。单从内容上看，这一时期通过各种线索传入的马克思经济学说，尚不及1903年几部社会主义著作中译本评介马克思经济学说之系统和深入。但是，那些中译本的评介内容，都是日本学者转达的舶来品，国人翻译拿来后，还未来得及消化吸收。换句话说，那时国人对于马克思经济学说，在引进与理解、介绍与应用之间，有些脱节。到本时期，从日本或从西方国家引进比较系统地评介马克思经济学说的现成著作的进程，由于各种原因，一时停滞不前。同时，基于已有的马克思经济学说内容，提出各式各样的理解，并尝试用于分析中国实际问题，却别开生面。这意味着国人对于前一阶段引进的马克思经济学说，开始从置身事外到参与其中，从单纯引进到注重理解，从介绍品评到尝试应用。这是一个重要的转变，它隐含着何者放弃、何者选择的走向。近代以来，中国内忧外患的恶劣环境，使传统用来支撑专制统治制度的古典经济思想，日益丧失其指导思想地位，一批批有识之士纷纷从外来的新兴经济思想中，寻求替代传统经济思想并能帮助中国走出困境的新的指导思想。这个寻找过程，与社会主义思潮不期而遇，随后又从中引出马克思经济学说。对此，国人曾探求了各种替代方式，它们在实践中，有的被放弃了，有的成为选择的方向。与前一时期相比，本时期未再看到康有为式的大同探索之延续。这一探索以中国传统理想为主，吸收若干空想社会主义和其他芜杂思想因素，试图臆造一个全新的思想体系，结果这条路走不通，被国人放弃了。本时期看到的是拿来西方社会主义的现成思想体系，结合中国实际，加以消化理解并试图用作指导思想。这在两类论战中得到突出的体现。一类是社会革命派与社会改良派的论战，双方曾激辩什么是社会主义、社会主义是否适用于中国等问题，由此连带如何看待马克思及其经济学说的问题。另一类是无政府主义者反对社会主义主张国家或权力中心的论战，以无政府主义最适用于中国实际，由此也引导出对于马克思及其经济学说的评介。这两类论战，内容不同，态度各异，但不约而同地都把马克思经济学说与中国实际或显或隐地联系在一起。这说明，在当时国人眼里，马克思经济学说不单是介绍的对象，还被列入寻找和更新指导性经济思想方面可供选择的对象之一。

第二，马克思经济学说的传入，涌现出以朱执信为代表的传播者。早期国人获得有关马克思经济学说的知识，基本上都是来自国外著述尤其日文著述的中译本，直至朱执信的《德意志社会革命家列传》一文问世，才有了国人自撰、并以专题形式出现的评介文本。此文理解马克思及其经济学说的水准，在当时的历史条件下，起点颇高，涉及马克思的经济学写作生涯、经济学代表作、经济学基本观点等，不仅为其同仁所不可比，亦为梁启超和"天义派"等人难以企及。这个高起点，并非凭空而来，主要借助于日本研究马克思学说的环境及其日文资料，可能还有孙中山的亲授教诲。这些外部条件，对于渴求真理的许多国人特别是社会革命派成员来说，是相同的。唯有朱执信脱颖而出，这同他对马克思研究的执着和热情，对马克思学说的钻研和崇敬是分不开的。他还尝试运用马克思经济学说分析中国和世界事物，得出一些与众不同的独特观点，其眼光之开阔、见解之深入，推崇之热忱，在国人中，为马克思经济学说传入中国以来所首见，此后十年间亦鲜有超过其文者。站在这个起点上，可以观察当时国人认识马克思经济学说的高度，也可以观察其缺陷。朱氏之文的不足同样很明显。它未能真正把握马克思经济学说的理论重点和关键环节、对剩余价值理论体系缺乏完整的表述甚至未提到这一概念、存在理解上的偏差、带有不得要领的抄录痕迹、译文质量方面有不少漏洞硬伤、流露出改良倾向等等。这些不足，也反映了其时代局限性。不论如何，朱执信文章的代表性具有特殊的显示度，它把国人对于马克思经济学说的引进水平、理解水平和应用水平，提升到一个前所未有的新高度。

第三，马克思经济学说的传入，在联系中国实际的应用者中引发不同的反应。早先，当马克思经济学说被包裹在社会主义思潮中，仅仅作为介绍对象进入中国时，还谈不上对这一学说有些什么反应，只是从对社会主义思潮的反应中，推想出对于这一学说可能产生的反应。到本时期，除了个别例外，一般仍未将马克思经济学说从笼统的社会主义思潮中分离出来，但由于国人纷纷联系中国实际讨论社会主义的适用性问题，于是对包裹在其中的马克思经济学说，也表示了不同的态度。一个学说，当它只是用作品尝把玩的物件时，可以不关心它的用途，亦不必发表相关的意见。然而，当它一旦被列入指导现行社会实践的可供选择对象时，就会激起利益相关者们的争论和较量，引发各种各样的反应。这些反应，当时主要表现在那些忧虑中国发展前途、主张改变中国现状的社会群体中间。他们作为各个社会群体在思想意识领域的代言人，形成若干派别，对待马克思经济学说的反应，各不相同。以孙中山为代表的社会革命派，大体接受马克思经济学说关于破坏现行社会经济组织并重新建设的观点，认为这是社会主义从空想走向实行的标志，甚至认为在中国的落后条件下更容易实现其经济平等目标，但在如何破坏和建设等问题上，又小心翼翼地避免伤害富人的利益，设想采取国家社会主义的平和方式使富人和穷人同时获利；以梁启超为代表的社会改良派，托词马克思经济学说所追求的"圆满"境界是千数百年以后的事，目前不可以、不必要也不可能实行，主张当务之急是在落后的中国鼓励资本家以发展资本主义，同时参用国家社会主义手段矫正个人主义的流弊；以"天义派"为代表的无政府主义派，强调马克思经济学说已经被更现代、更科学、更激进的无政府主义所取代，否定任何形式的国家组织和权力中心，认为无政府主义更适用于落后的中国。以上派别，各执一词，偏重于经济领域，对马克思经济学说的核心理论却缺乏深透的认识，了解些皮毛，便遽然作出利用、防范或排斥的反应。换一个角度看，这些反应，也说明了马克思经济学说传入中国的过程，由最初的不为人知，到知之渐多，再到引起争论，是一个逐渐发展的过程。其中重要的推进因素，便是根据中国实际，检验和判断这一学说的可行性。从这个意义上说，早期涉及马克思经济学说可行性的各种反应和争论，不论赞同与否，可以看作以后马克思主义中国化进程的历史前奏曲。

三、1908－1911 阶段的传入轨迹与特征

这个阶段正值辛亥革命及其前夕，是中国近代史上推翻清政府和两千年传统君主专制统治的重大历史时期。特殊的历史环境造就了特殊的引进方式，无政府主义刊物几乎占据引进马克思经济学说的主导地位，以翻译发表其原著而标示这个引进过程形成一个新的起点。同时，西方社会主义思潮和西方经济学的传播继续推进和扩展，并与马克思经济学说的传入形成更为密切的互动关系。

(一)马克思经济学说的传入轨迹

在前一阶段末期，可以看到引进马克思经济学说方面，"天义派"后来居上的态势，进入本阶段，这个态势成为定局。

其中引人注目的是，1908 年初，《天义报》第 15 期发表恩格斯 1888 年为《共产党宣言》英文版所作的序言中译文，接着，第 16－19 合期上，又发表《共产党宣言》正文前言和第一章的中译文。1888 年序言在马克思、恩格斯为《共产党宣言》所作的各篇序言里，尤显重要，它重申前面各篇序言的重要判断，总结和阐述《共产党宣言》的形成过程、基本原理和传播影响。《天义报》发表其中译文，第一次将这篇序言分为 12 段内容，完整地公之于众。借此还表达了《共产党宣言》"发明"阶级斗争学说"最有裨于历史"，可根据此序言考究当时思想变迁，作为研究社会主义发展历史的"入门"等印象，并称将要翻译发表《共产党宣言》"全文"。根据现有资料，当时只发表了前言和第一章内容。对

于这些内容，译者逐字逐句翻译，力求完整，已发表的内容大致占全文内容1/3强，属于不小的篇幅。这比起以往的引进者屡屡提及《共产党宣言》，只是寻章摘句的做法，前进了一大步。配合此译文，该报还刊登了刘师培的序文说明：马克思、恩格斯均为“社会主义大师”，受共产主义者同盟委托起草《共产党宣言》，国际工人协会成立时，亦由马克思起草其成立宣言；《共产党宣言》之“要归”，在于万国劳民团结，实行阶级斗争，此为“不易之说”；其共产主义为民主制，非无政府制，融合于集产主义，承认国家组织，由这一中心支配财产，使共产的良法美意“渐失其真”，此“马氏学说之弊”；《共产党宣言》“足以备参考”，了解欧洲资本制度的发展，“不可不研究斯编”，它以阶级斗争解释古今社会的变更，“发明之功甚巨”，讨论史学，亦“不可不奉为圭臬”；等等。这样，围绕《共产党宣言》，《天义报》提供了恩格斯 1888 年序言和正文前言及第一章的完整译文，又配发了编辑部的按语和刘师培的说明性序文，可见其版面之集中，用心之专注。其译文转译自日文译本，力求忠实于原文，翻译上有所进步，但在表述方式和名词术语等方面仍留下不少缺陷，其按语和序文对《共产党宣言》和马克思经济学说的评价，更是出于无政府主义眼光。然而这是我国首次尝试翻译引进马克思、恩格斯的原著全文，为比较完整和正确地理解其代表作《共产党宣言》，避免断章取义或以假乱真，迈出了必备和重要的一步。

《天义报》第 16—19 合期，发表涉及马克思、恩格斯学说的文章最为集中。《共产党宣言》中译文发表在这一期，同时发表《女子问题研究》一文。其文说：恩格斯的《家庭、私有制和国家的起源》一书，推论家庭的起源和历史，形成“视妇女为财产”的制度，其中论“财婚”一节，大约类似于如今“结婚均由金钱”之制。接着，文中分 8 段，摘译转述恩格斯原著第二章“家庭”论述资产阶级缔结婚姻的有关内容。这些译文，同样是我国最早出现的关于恩格斯这一代表作的部分翻译文本，它们不同于《共产党宣言》的翻译，常常出现一些跳跃和删节，主要用于佐证摘译者的文章观点，即现代婚姻关系依附于现代财产关系或现代经济关系。借助恩格斯“论财婚之弊”的译文，此文得出结论：如今结婚均由财产决定，从法律上看，基于男女之间的契约，实际上产生于经济关系，无异于雇主与工人的关系，所以，根据恩格斯学说，妇女解放“必自经济革命始”，这是“彰彰明”的道理。重视妇女解放问题是《天义报》的一个特色，此前该报按语“论妇女问题”，也提到马克思等人的“探源之论”，必俟“经济革命”以消灭资本私有制，才能消灭一切私娼制度。在那里，尚未说明此“探源之论”的原文是怎样表述的，而在这里，用相当多篇幅引述恩格斯原著内容。二者用马克思、恩格斯的“经济革命”思想诠释妇女问题，相互联系，又逐步深入，其突出之处是用原著论述为证，正如诠释阶级斗争历史和资本制度沿革，依靠《共产党宣言》一样。翻译恩格斯论家庭的论述，出于引用的目的和重点，经过选择，其内容有所压缩、中断或遗漏,不及《共产党宣言》的翻译之完整,亦有碍反映《家庭、私有制和国家的起源》或其主要章节之本来面貌。

在同一期上,还发表了英国人海德门的《社会主义经济论》中译文,以及译者的按语。开头的按语说:马克思认为,古今各种社会,均随着"产业制度"而变迁,一切历史事实,均依据"经营组织"而不同,只有阶级斗争"古今一轨";这个理论"发明"后,谈论社会主义者有所根据,所以恩格斯将马克思这个历史发现的功绩,等同于达尔文的生物学发现,"诚不诬也";当今世界,英国社会民主同盟的领袖海德门,"确守"马克思、恩格斯学派,讲演"生产方法之变迁",形成"社会主义经济论",其论述古今制度变迁的原因及其事实证据,可谓"经济变迁史大纲";中国史学者很少注意经济变迁,不懂得"经济变迁实一切历史之枢纽",故须采用哈氏之说观察一切历史。这是概述翻译海德门著作之原委。实际发表的是该著作第一章前两节中译文,其中曾引用马克思关于"强力"(今译"暴力")是每一个孕育着新社会的旧社会的"产婆"之比喻;并穿插按语评论说,马克思等人撰写《共产党宣言》时,尚未发现原始共产制度,其内容仅限于阶级斗争社会,而海德门之作足以弥补这个缺陷。这个译文着重于共产制的复归和原始共产制部分,体现了无政府主义者在翻译选择方面的鲜明意图,强调财产共产制和"强力"或暴力方式。他们为自己寻找理论根据的同时,也为宣扬马克思经济学说所坚持的历史唯物主义,提供了素材。

另外,同期发表布利斯的《社会主义史大纲》中译文,其译者按语提到,布利斯的基督教社会主义,与马克思诸派不同,也不同于巴枯宁的无政府主义,他对社会主义的发展历史,"叙说简明",足备中国人士参考。其译文提到马克思学说之处,与此前廖仲恺翻译同一文章的表述,大致相同,惟译笔有些出入,又因译文删节较多而舍弃一些内容。译文末尾,译者还对几位社会主义代表人物,加以注释,同时说,像马克思、海德门、巴枯宁等人的学术,"知之者众",不必再作注释。换言之,在《天义报》的著译者看来,马克思学说已是众所周知,广为流传了。其实,这只能就该报曾发表马克思的有关原著译文及学说观点而言,由此使阅读该报的国人多少知道一点马克思学说,其读者多一些而已,还谈不上比较全面和深入的认识,更不用说众所周知。

《天义报》停刊后,继之而起的《衡报》在其短暂存续期间,曾于1908年发表《论农业与工业联合制可行于中国》一文,其中提到:如今农民弃农作工,从受雇生产的全部利益中,仅获得工资,其"剩余价格"均被资本家拿走;如果实行农业与工业联合制,全部劳民都是资本主,将分享全部之利。这里所用的"剩余价格"概念,没有说明其出处,很可能引自马克思的剩余价值学说。若确系如此,则《衡报》载文同《天义报》一样,也是从马克思经济学说中寻找其理论根据。

《天义报》连续和集中地发表各种文章特别是较为完整的译文，介绍马克思、恩格斯的代表著作和重要理论，是极富时代色彩的一个奇特现象，虽然其中包藏强烈的无政府主义意图，却首次从引进原汁原味的代表作方面，推动了马克思经济学说的传入之深化。与此相比，同时期其他一些刊物和著述，也在不同程度上论及马克思经济学说，但相形见绌。例如，另一个无政府主义刊物《新世纪》，曾于1908年刊登《国粹之处分》一文，其中同样提到恩格斯在《家庭、私有制和国家的起源》里的一句话。这句话被简化了，称等到社会革命后，家庭、私产、国家之类，都应当放到博物馆去，同古代的纺车和青铜斧陈列在一起。其意应以此为准，对待中国的各种国粹。它割断上下文，单从表面上理解这句话，曲为之解，把家庭与私有制、国家放在一起，统统作为消灭的对象。这种废除家庭的观念，与恩格斯的原话无关，是典型的无政府主义私货。

又如，在非无政府主义著述方面，1911年有三个例子。一个是《维新人物考》。它介绍说：马克思是德国社会学家和法学家，曾"与闻"法国1848年革命，1864年建立国际工人协会，最著名的著作为"产业"（即《资本论》）；如今主张国家社会主义，利用议会选举"纯然"建立政党地位，马克思为其"元祖"，如英、法、德等国议会都有社会党，"咸宗马氏学者"，推举"第一社会学家"为天下后世之法。这个介绍，给人以若即若离、似是而非、随意演绎、误导读者之感，远不如已有一些介绍之真实可靠。另外两个均见《东方杂志》发表的文章。一篇是钱智修的《社会主义与社会政策》。它提到：马克思被公推为"近世社会主义之开山"，其《资本论》所述，意在集中土地、资本于社会，以经营共和的生产事业，为"社会民主主义"；其说"积盛于"欧美，近来又有渐进我国之势，而我国之人有"偏信学理，盲从袭取之积习"；等等。此文的主旨，告诫国人不要"偏信"和"盲从"包括马克思经济学说在内的西方社会主义，批评其要求改变现行社会组织的理论"谬点"和"违反人性"弊端，宣扬用"调和"式"救治"的社会政策取而代之。在这样的主旨支配下，提到马克思经济学说，全然作为打压、提防的对象，不会予以认真介绍和解释。另一篇是《纪近世英日等国暗杀党事》译文，其中提到：幸德秋水是日本"骇人党"成员，信奉马克思主义，而马克思是德国社会学者，主张"万国社会主义"；幸德开始研究马克思主义，最终趋入于无政府党派，是"改进派"社会学家，变通所学以求合用。这里说"万国社会主义"，似乎与《东方杂志》所倾向的国家社会主义相区别。

再如，李佐庭的《经济学》中译本，译自日本学者的大学讲义，1908年初版，1911年再版，其中多处谈到马克思经济学说。包括：其一，社会主义的"巢窟"以德国著称，马克思1859年著《政治经济学评论》，1867年改名为《资本论》，"大成其业"；旧时社会共和主义属于政治党派，马克思进而主张"纯然之科学的社会主义"；马克思经济学上的"价格论"，以"价格"来自"社会必要之结晶的劳力”，立足于斯密、李嘉图的“勤劳主义”，其结论反对他们的“自由主义”；1864年，马克思成为国际工人协会“首领”，攻击资本主义和雇佣劳动“不遗余力”；其主要观点认为，私有财产制度中资本和土地最容易“陷于独占”，倡导资本及土地的“共产主义”。其二，马克思的“立论”概述如下：“价格”为“社会必要的劳力之分量”，取决于“劳动时间”，同一劳动时间生产的货物，应当有同一“价格”；如今所谓“价格”，不决定于“劳动之分量”，决定于市场的需求供给即“交换的劳力”，依照货币标准计算，致使“价格之全部，不归于劳力者之手”；以市场上卖出数匹绵布为例，在付给劳力者工资之外，还获得巨额收入；劳力者为了自身及家庭的生存发展，他用于生产物品的劳动时间，本来一天6小时就够了，事实上他不得不劳动10小时，这4小时的“剩价”，归于雇主及借贷资本家或雇主兼资本家之手；由这个事实推论，现行劳力和资本制度，正是法国人蒲鲁东所谓“掠夺之组织”；劳力者天天劳动，又为社会生育新劳力者，使劳动者连续不绝地“生产价值”，如果其工资不足以补偿劳力的维持费用，社会何能期望得到将来的劳力者，所以说，“资本家者，掠夺者也”；资本家敢于掠夺，凭借其“地位之优胜，足以制劳动者之死命”，劳力者与雇主之间用“自由契约”决定工资，只会看到“掠夺竞争”，终不可期望“正当制度”，当私人占有土地及资本这些“生产之要具”时，“万事殆无可为”；“救正”现行产业制度的“弊害”，其“唯一之方策”，“破坏”和“解除”私有财产制度，将私有“生产要具”转为国家所有，归于国家监督下的团体，“解散”社会上各种市民阶级，劳力者作为“唯一之阶级”，根据国家的决定从事劳动，受取工资，其工资数量对应于其劳动时间，由此计谋将来劳动永续的利益，预算维持这一制度的费用，可以“长保”“社会之平和”。其三，马克思的指导，形成德国“共和的社会主义之创设者”。其四，评论马克思所说的劳动，仅指劳动者对于资本家的劳力，乃“大误”，马克思所谓的资本家取得“剩价”，“必不可谓为偷盗”，马克思等人主张“撤废”掠夺的财产制度这一“铁案”，“颇为薄弱”；救治现行的经济及政治弊害，“解除”私有财产制度不是“唯一之手段”，私有财产制度并非单纯的人为制度，是“准自然的制度”，“自然的事情”不归于消灭，则“撤废”私有财产制度，“终不能实行”。其五，国家社会主义的理论代表讲坛社会主义，不希望革命的改废，从理论上排斥马克思的“剩价论”和拉萨尔的工资铁律论。其六，马克思一派的社会主义，断言实行经济和政治上的根本改革，可以增加生产总量，这不过是一时之举，新增人口的不可遏抑，将形成“绝对的超过人口之势”，总生产物在过多的人口中间分配，必然引起“一般之贫弱”。意谓人口增加绝对过剩的自然趋势，是造成分配不均和贫富差距的主要因素，私有财产制度只是次要因素，人为地废除私有制不可能改变自然趋势。

《经济学》译本的内容，可以说是《天义报》载文之外，本时期涉及马克思经济学说最多的论述。其影响却迥然不同于《天义报》载文。一是它的内容，以经济学为主，注重马克思的经济学代表作如《政治经济学批判》和《资本论》，以及马克思的基本经济理论如劳动价值论和剩余价值论。相比起来，《天义报》的文章特别是译文，更加重视《共产党宣言》的翻译和诠释，兼及运用《家庭、私有制和国家的起源》中有关妇女问题的论述，它们强调马克思经济学说，似乎更感兴趣于其哲学基础即唯物史观，而不是其经济理论体系本身。此前的社会主义专题著述或译本，包括朱执信的文章，也有不少评介马克思《资本论》的内容，它们主要从社会主义发展沿革的角度论述，不像《经济学》译本对于马克思经济学说，提供了更多经济学方面的传承脉络和比较分析。类似《经济学》译本，用这么多篇幅专门谈论马克思经济学说，到此为止，在引进的经济学著述中，可谓绝无仅有。二是它的表述，以转达大意为主，不去引用马克思经济学著作的原文。这和《天义报》载文尽量翻译或引用马克思、恩格斯的原著内容以备参考的做法，有很大区别。当然，《经济学》译本也是翻译之作，或许在译者看来，其日本作者对于马克思经济学说的介绍或概述，完全符合原貌。其实不然，这种概述，不仅省去许多必要的理论环节，还掺入一些概述者自己的理解，再加上翻译方面的错讹走样和用词不当，无法完整正确地反映马克思经济学说的本来面貌。《天义报》的译文也存在不少翻译质量方面的问题，但毕竟力求忠实于原著，《经济学》译本的译文质量问题，则以有缺陷的原文为其前提，二者的根基是不同的。三是它的指向，以介绍为由头，以批评为落脚，这也是《经济学》译本与《天义报》载文的最大区别。《天义报》载文从无政府主义观念出发，对马克思经济学说颇有微词，但它的主要取向，称道并利用马克思经济学说，服务于自身的无政府主义目标。《经济学》译本从"纯正"经济学出发，提到马克思主张科学社会主义，却认为这一主张已经过时，不满劳动价值论忽略资本家的劳动，指责剩余价值论以资本家为掠夺偷盗是证据薄弱，宣扬废除私有财产制度的人为改革在挑战不可抗拒的自然趋势等等，从根本上否定马克思经济学说。这个批评，同钱智修的批评，异曲同工，说不定钱氏批评之出处，正是来自类似的《经济学》译本。无论《天义报》载文还是《经济学》译本，它们评介马克思经济学说的原作资料，都是选自日文著述，可是基于不同的观念和目的，选出资料的倾向判然有别。

（二）马克思经济学说传入的思想条件

在本时期，若仅仅注意国人翻译或评介马克思经济学说的直接思想资料，除了《天义报》载文最为突出，或许再加上李佐庭的《经济学》译本，几乎没有任何其他人的地位了。然而，若将这些直接思想资料放置于当时西方社会主义思想和西方经济学持续不断传入的潮流中，又是另一番景象，越来越多间接思想资料的出现，使得孕育、支持和推进马克思经济学说传入的思想土壤，逐渐深厚起来。

比如,这一时期仍保留了围绕社会主义问题的论战之余绪,其内容和形式又有所变化。从内容上看,争论的焦点,一是更加集中于社会主义在中国的适用性问题。在这方面,赞成的意见,尤其赞成以社会革命方式在中国推行社会主义的意见,比起论战时期大为逊色,几乎看不到强有力的代表作;质疑或反对的意见,却高调出击。尤以钱智修的文章为代表,它用论理的方式,全面否定试图改变现行社会组织的社会主义手段的可行性,推崇维持现状而进行调和的社会政策手段的合理性。这种反对意见,大致延续了梁启超的主张。梁氏坚决反对在中国实行社会主义,同时还留了一条尾巴,即社会主义的实现是千数百年以后的事,意谓现在不能实行,不等于遥远的将来不能实行。所以,他又把争论的重点,放在反对社会革命和主张社会改良上。在他那里,社会改良与社会主义并非完全对立,毋宁说是渐进平和地实现社会主义的一个手段,以此区别于激进极端的社会革命手段。钱氏更进一步,干脆把以改良调和为主的社会政策与社会主义对立起来,形成非此即彼的替代关系。这是有关中国实行社会主义的争论更为激化的一种表现。二是转向无政府主义或(无政府)共产主义在中国的适用性问题。此前,一提到无政府主义,往往作为贬义词,或当成激进、极端、暴力、空想的代名词。现在转眼间,无政府主义竟成为最现代、最科学的革命代表。于是,争论中国实行无政府主义或实行体现无政府主义宗旨的共产主义问题,一时间取代社会主义问题而成为新的热门话题。这个争论,不同于同期内围绕社会主义适用性问题的争论以反对一方占据主角位置,而以宣扬无政府主义一方取得优势地位。他们反对任何形式的国家或政府特别是国家社会主义,突出所有制和分配问题的重要性,认为中国的传统条件更易于实行共产制等等。因此,以往的论战双方社会革命派和社会改良派,都在其反对之列。对此炽热之势,不同意见的声音相对微弱,也比较温和,不足以构成对峙局面,倒显得无政府主义一方的论辩有些自娱自乐之趣。内容决定形式,这一时期的争论不同于论战时期阵营鲜明的双方对垒格局,除了无政府主义一派比较显眼外,其他论家各自为政,文随意出,比较分散。这种状况,并不说明国人关注社会主义的程度在下降,反而说明经过论战的推动,促使更多的国人去消化吸收舶来的社会主义学说,促使他们更多地把社会主义思潮与中国的前途命运联系在一起。赞成实行社会主义是如此,反对实行社会主义也是如此,宣扬实行比社会主义“更现代”、“更科学”的无政府主义同样是如此。

又如,这一时期在论辩性文章之外,各家对社会主义问题,继续以不同形式进行评介和探索。孙中山公开表示自己是“完全社会主义家”,竭力赞成并建议广泛宣传普及社会主义;梁启超继续坚持社会主义梦想“难行”,强调“最稳和”的国家社会主义最符合“中庸之理”；“天义派”从俄国无政府主义著述中汲取滋养，设想建立无中心、无政府、不受外力干扰的调和互助社会，主张土地“民有”而非“国有”；《衡报》载文推崇克鲁泡特金学说，相信中国比欧美国家更容易实行无政府共产制；“新世纪派”博取欧洲各国素材，把社会主义或共产主义归于无政府主义名下，宣扬在个人自由的基础上，反对一切强权、国家、私产、议会、现存社会组织等；其他人或者主张我国“参酌”社会主义，“击破个人经济主义”而“渐进于社会经济主义”，或者要求“仿行”社会主义，防范中国出现欧美国家的社会弊病，或者心仪国外盛行无政府主义，或者推崇社会主义重在“彰人权均贫富”；诸如此类。总的说来，这一时期国人有关社会主义的论述，带有浓厚的无政府主义色彩，同时其他各种观点主张也在并行发展。它们的共同之处，为解决中国实际问题选择和磨炼其理论武器，体现了辛亥革命时期及其前夕，为推翻传统专制政权的统治，纷纷转向从更为理想和更为现代的社会主义理论或国家社会主义理论或社会改良政策中寻求支持，甚至不惜诉诸最激进、最极端的无政府主义。这种诉求同那时的争论结合起来，事实上形成了引进马克思经济学说的天然土壤。

再如，舶来经济学的传入，在继续扩展的同时，逐渐增多有关社会主义经济学乃至马克思经济学说的论述分量。这一时期流传的中文经济学著述，比起前一时期，在数量上，无论独立出版的经济学著作和译作，还是发表于经济类刊物或非经济类刊物的经济学文章和译文，都有明显增长。在结构上，来自日文渠道的经济学著述，仍占相当大比例，同时来自西文渠道的经济学著述，不断增多；国人自撰或编撰的经济学著述，与翻译引进的经济学著述，开始形成并重的格局；理论性经济学著述的增长比较平缓，应用类经济学著述增长迅速，随着我国面临各类实际经济问题的紧迫程度而互为消长。在内容上，对经济学体系的理解逐步深化，对经济学理论的接触有所扩大，对经济学概念的表述趋于统一，更为显著的变化是用不少篇幅来评介社会主义经济学甚至马克思经济学说。前述李佐庭的《经济学》译本，就是突出一例。《天义报》上的《社会主义经济论》译文，也是从经济学角度评论社会主义。此外，熊崇煦等人译述的《经济学概论》，在“公经济”一编专列社会主义一章，系统讲述社会主义的要素、分配正义、社会主义非“颠覆”而是“扩充”现存制度、社会主义的长处、社会改良策、社会主义的短处、社会主义者的人格、虚无主义、共产主义等，给予社会主义以一定称许。其意在宣扬社会改良，但如此谈论社会主义，在当时的经济学著作中还是很少见的。陈家瓒译述的《社会经济学》，顺带说到与个人主义相对的社会主义，要求“全然打破”现有私有财产制度与自由竞争，不免陷于主张废止私有财产和消灭个人自由的共产主义，最终将导致极端专制社会的恶结果。陈氏译述本对社会主义的评价，比熊氏译述本，更多了一份严厉。

《比较财政学》译本也提到财政学方面国家主义与社会主义的两大对立系统，但它所说的社会主义，主要指德国国王和俾斯麦政府的所谓国家社会主义，与真正意义的社会主义完全是两回事。这些经济学著作介绍社会主义经济学，为了用作批评的靶子，或替代的对象，或根本就不是什么社会主义。但它们把经济学与社会主义联系起来，对于马克思经济学说的传入，在设置思想障碍的同时，又为其传入准备了条件。

(三)马克思经济学说的传入特征

由前一时期进入本时期，马克思经济学说的传入，从传入者、传入方式和传入内容看，都发生较大变化，似乎是两个不同的时代。实际上，二者有密切的前后继承关系，而论战的辩驳对于形成后来的传入特征，也在潜移默化之中发挥了重要影响。

第一，在引进马克思经济学说方面，从被动地接受第二手资料，开始转向比较主动地选择第一手资料。马克思经济学说传入中国，像其他舶来理论的传入一样，须经历一个由表及里、由浅入深的过程。这种一般性趋势具体体现在早期传入的各个阶段，显示出相互关联和互为区别的一系列演进特征。最初，马克思经济学说以极为粗浅的形式，被当作新鲜和猎奇的舶来品介绍到中国，对国人没有产生什么影响，却由此启动了传入的闸门；稍后，来自日文著述中有关马克思经济学说的评介资料，相继涌入，达到一个高潮，但那些评介资料主要是日本学者研究和解释的产物，国人只是囫囵吞枣，未及消化吸收，同时也为以后的传入铺垫了起步的基础；论战的展开，为国人消化吸收已引进和新引进的有关马克思经济学说的资料素材，提供了机会，进而结合自身实际，开始考虑马克思经济学说在中国的可行性问题，由此接触新的问题，在辩论什么是社会主义和社会主义是否适用于中国的过程中，他们不能单凭别人提供的评介性或解说性资料判断其是非，还需要掌握真实的原始资料，于是，包括马克思经济学说在内，在继续引进间接的二三手资料时，转向引进直接的第一手资料，自然会引起国人的关注；到本时期，这一关注变成现实，在引进马克思、恩格斯原著方面，首次发表《共产党宣言》节译本及《家庭、私有制和国家的起源》摘译本，其他如《社会主义经济论》节译本，也被认为是阐释马克思经济学说的代表作。把引进马克思、恩格斯原著作为马克思经济学说传入中国的一个新起点，一是意味着传入的真实性提高，不再局限于和满足于经过别人转手或咀嚼过的评介资料，转而寻找和介绍科学社会主义创始人的原著资料，虽然原著翻译过程中也有不少欠妥或错误之处，但可以避免因转述评介或自行取舍式解说而有意无意带来的曲解和失真；二是意味着传入的主动性增强，当马克思经济学说不再只是用作旁观猎奇的对象，进而讨论或争论它是否适用于指导解决中国实际问题时，这一学说本身究竟包含哪些内容、怎样了解这些内容，便显得十分重要，由此促使国人不能消极被动地等待人家送来加工过的、好像更容易理解和普及的现成资料，而是积极主动地选译那些难度更大却具有代表性的原著资料。这个新的起点，预示了以后马克思经济学说传入的新趋势。

第二，无政府主义思潮的兴起，主导了本时期马克思经济学说传入的形势。所谓主导，主要指 1908 年上半年，《天义报》第 15 期尤其第 16—19 合期，发表一系列评介马克思学说的译文和文章，构成这一时期引进马克思经济学说内容的主体部分。西方学者曾以 1907 年作为分界线，认为它标志着在中国，无政府主义战胜了马克思主义。可是，随即在第二年，无政府主义刊物却成了推动马克思经济学说传入中国的突出代表。如何解释这一现象，与俄国恐怖主义的影响没有什么关系，恐怕更多的是受到日本无政府主义代表人物由原来信奉马克思主义转变而来的影响。这也表明，当时无政府主义思潮在中国的流行，并不是要战胜马克思主义或与之相对立，而是基于特定的历史条件，认为当初马克思创立科学社会主义，承认国家权力的存在，为现行专制权力者或谋求新的专制权力者提供了可乘之机，未能体现革命的彻底性，需进一步发展，这就是所谓更激进、更现代、更科学的无政府主义，或称真正的社会主义。因此，在中国早期尤其是受日本环境熏染而产生的无政府主义者看来，无政府主义与马克思主义不是对头，有着天然联系，是马克思主义发展的结果。这样，他们利用和推进马克思经济学说的传入，也成为顺理成章的事情。另一方面，他们引进马克思学说的内容，其资料选择取向，同时体现了或服从于无政府主义的目标意图。这些内容，突出马克思的阶级斗争学说和暴力革命思想，从中可以找到与无政府主义激进观念相一致的根据；强调恩格斯的妇女解放思想，也是用来支持无政府主义打破男女界限的主张；介绍马克思以生产方式变迁或经济变迁作为观察古今制度变迁的历史原因的唯物史观，似乎同样可以用来证明实行无政府主义的必然性。他们的引进，以无政府主义目的为转移，除了选择翻译有关原著资料和借用现成结论，很少就马克思经济理论体系本身作广泛深入的翻译和研究。景定成后来回顾当时参加“天义派”组织的社会主义讲演，感到马克思《资本论》的剩余价值学说令人心服和最有研究价值，但在《天义报》载文里，却看不到有关这一经济学说的任何评介资料，只是在继起的《衡报》载文里，看到一点“剩余价格”的痕迹。总之，在社会主义思潮向中国传播的过程中，无政府主义思潮的兴起，既推动了马克思经济学说传入的原著翻译导向，又约束了马克思经济学说传入的深入发展。

第三，经济学著作提供有关马克思经济学说的评介资料，成为本时期一个新现象。早在 1903 年的《最新经济学》译本里，曾提到马克思是社会主义一派的众多代表人物之一。在那里，马克思的名字一晃而过，在社会主义派别中很不起眼，连社会主义派别本身也不是该书介绍非正统经济学的重点，它关注的是德国经济学中以俾斯麦为代表的国家社会主义及其理论代表讲坛社会主义。论战时期,在经济学著作中,连马克思的名字也看不到了。所以可以说,在初期,舶来经济学著述介绍马克思经济学说,一直是一个空白。到本时期,开始有《经济学》译本出而填补这个空白。这个变化,首先,基于当时一批舶来的经济学著述,在宣扬正统经济学的同时,纷纷补充介绍非正统的社会主义经济学。由此可以体会,西方社会主义思潮的流行,广泛渗透到西方经济学及其传播领域,因此舶来经济学著述也不能视而不见或回避社会主义经济学。这是引进的经济学著作译本开始评介马克思经济学说的时代背景和重要基础。其次,《经济学》译本评介马克思经济学说的内容资料,比起一些舶来社会主义著述,在广度、深度和专业程度上,未必有胜算,还有所不足,即便比起朱执信的自撰文章中有关评介,也互有短长。这个译本对马克思经济学说的介绍,经过作者的概括取舍,加上译者的翻译缺陷,摆在读者面前的,大多是一些理论片断和模糊概念,难以完整和清晰地反映其原貌。但这个译本从专题经济学的沿革脉络和思维逻辑上考察马克思经济学说,有着与社会主义著述的考察不同的角度与特点,可供国人作不同的参考和理解。最后,其他经济学著述讨论社会主义经济学,一般站在正统经济学立场上,或者批评其对现行制度具有破坏性,或者试图将其引导到改良道路上,与此相同,《经济学》译本介绍马克思经济学说,也是批评这一学说主张废除财产私有制之理据薄弱和不可实行,以人为改革对抗自然趋势等。本时期引进的社会主义著述中,对于马克思经济学说的评价,以同情、赞成甚至信奉的意见占相当大比重,公开批评和反对的意见并不取得优势(或者说还未来得及表现),连无政府主义著述也一度加入宣扬这一学说的行列,而在引进的经济学著作中,几乎清一色地批评和反对社会主义经济学和马克思经济学说,只是反对的程度有所差异而已。所以,《经济学》译本填补了我国经济学领域介绍马克思经济学说的空白,可是用来迎接这一填补的,不是花环和笑脸,而是刀枪和敌视。

四、1912—1916 阶段的传入轨迹与特征

辛亥革命后的民国初年,摆脱了传统皇权专制统治的中国人民,进入新的觉醒时期。对建设新中国的渴望,对君主制死灰复燃的抵制,对外强侵略掠夺的警觉,对西方发达国家出现各种社会弊端的防范等等,都在呼唤用新的思想学说来认识新的社会政治经济现象,来指导中国的救国救民实践,实现强国之梦。在这种思想环境的激励下,迎来了一个推动马克思经济学说传入中国的扩展时期。

(一)马克思经济学说的传入轨迹

本时期马克思经济学说的传入,不同于过去各时期主要涉及个别人或个

别派别，其线索比较单一，或者几条线索中，以某条线索为主，其他线索难以匹配，而是同时并行若干条线索，不同传人者的评介内容又各具特色。其中，孙中山对于马克思经济学说的评介，最具有代表性。

1. 孙中山的评介

他的有关评介，集中见于1912年10月中旬在中国社会党上海本部的讲演。其中论述：在"真正纯粹"的社会主义方面，德国马克思"苦心孤诣"研究资本问题达30年之久，著成《资本论》，阐发真理"不遗余力"，使无条理的学说成为"有统系之学理"，使研究社会主义者"咸知所本"，不再迎合一般粗浅激烈的议论；社会主义尚未像数理、天文等科学那样成为"完全科学"，"尚无一定标准"，将来若能成为一种科学，"更易"着手研究其措施；比较亨利·乔治与马克思二家学说，表面上稍有不同，实则"互相发明"，应当"并存"，亨利之说认为土地乃天造非人工所造，按社会主义经济理论不应为个人所有而应为公有，马克思之说专论资本即使人造，亦应公有，二者主张各不相同，一样为社会大多数谋幸福；马克思《资本论》主张资本公有，将来资本为机器，于是有"机器公有"之说，铁道、机械、无线电的发明者获得劳心的报酬后，其发明物作为"生利资本"应归公有，这种解释即马克思学说之所由来；经济学分新旧两派，旧经济学派的代表是亚当·斯密派，新经济学派的代表是马克思派，一般学者经过各国的学校教育，深受旧经济学的影响，反对社会主义，主张斯密的分配法，纵容资本家凭借其垄断压抑工人，"误信"其说之"过当"，未研究"新经济之真理"，而社会主义者均主张亨利、马克思二人的学说，为多数工人谋求生存幸福；社会主义学者面对现实社会的分配极不平现象，其激烈派提倡"均产之说"，最初思想简单，随后学说精进，方法稳健，知道"根本之解决当在经济问题"，由此产生亨利的土地公有和马克思的资本公有学说，得到"社会主义之真髓"；各国社会主义学者鉴于将来"社会革命之祸"，纷纷提倡马克思学说，主张"分配平均，求根本和平之解决"，以免激烈派推行"均产主义"，造成"攘夺变乱之祸"，所以，收回土地和公有资本两个学说，为谋国是者所赞许，劳动应得相当报酬学说，也为全世界学者所赞同；如此等等。

孙中山论述马克思学说，其着眼点放在经济学或经济问题领域，企图像欧美国家那样能够极大地发展社会经济，同时又能避免和事先防范未来社会经济发达后产生欧美国家那样资本家与工人极端对立、贫富不平差距严重扩大的弊病，这和他的民生主义思想主张民族革命、政治革命之后，应当把社会革命或经济革命摆在第一位的理念，也是一致的。为此，他评介马克思学说使社会主义由无条理的学说发展成为有系统的理论，成为研究社会主义者共同遵循的理论基础，同样专注于马克思的《资本论》以及所谓资本公有和分配平均等经济学著作和经济观点。他对马克思经济学说的理解，主旨不在于具体阐发其理论体系的结构逻辑、论证环节和理论要点，那是专门研究者的事情，而是根据这一学说的基本判断，结合中国实际，拿来为我所用。所以，他谈论马克思学说，一是说它还未像自然科学那样成为所谓“完全科学”，缺乏一定的实行标准，不易于着手研究相应措施。换言之，这是从实行而非纯理论的角度评价马克思学说。二是试图将它改造成同时区别于反对社会主义的旧经济学派和社会主义中的激进派、与乔治学说互为发明而并存、能够避免社会革命带来侵夺混乱的祸害、从根本上解决社会问题、又为各国当权者和全世界学者所赞许或赞同的和平方案。这种改造的意图是真诚和执著的，希望为社会大多数人谋幸福，其设想却极为天真和幼稚，在当时条件下只能沦为一种空想。但是，他对马克思经济学说的评介，体现了一种新的尝试，从试图运用社会主义学说分析和解决中国问题，再进一步，试图将马克思经济学说这一社会主义“真髓”，作为重要的借鉴和参考。

后来成为中国共产党创始人的陈独秀，当时对于马克思学说的认识，尚与孙中山相差颇远。他在 1915 年 9 月的《青年杂志》创刊号上，曾发表《法兰西人与近世文明》一文，其中说到：近世文明的缺点，在于过去的政治不平等和君主贵族压制，变为近代以来的社会不平等和资本家压制，为了去除这种不平等与压制，社会革命继政治革命而起，这就是社会主义；其学说始于法国革命时的巴贝夫，主张废除私有财产制和实行财产共有制，19 世纪初复兴于圣西门和傅立叶，主张财产为国家或社会所有，按照能力和劳动获得报酬，排斥私有权以建设新社会，其后数十年，德国的拉萨尔及马克思，师承法人学说而发扬光大；资本与劳力的斗争更加激烈，社会革命的呼声更加高涨，虽然不能马上废除财产私有制，但各国执政者和富豪也明白贫富差距过大决非社会之福，于是谋求调和资本与劳力、保护工人、限制兼并的社会政策，可见人类幸福受赐于法兰西人。这些论述中，提到马克思，只是用来衬托法兰西人对于近代文明的开创性影响与贡献，马克思学说本身不是考察的重点。至于与马克思学说有关的一些论点和判断，如社会革命针对资本家的压制造成近代社会不平等缺陷、马克思学说以法国社会主义思想为其来源、私有制不能马上废除、调和劳资矛盾的社会政策有利于人类幸福等等。此前以孙中山为代表的社会革命派或其他社会改良派评介社会主义和社会政策时，已广为流行，并不新鲜，也不激进。可见，那时陈独秀认识马克思经济学说的水平，尚处于正在学习和理解的初步阶段。

2.《新世界》的评介及其争论

在孙中山的暂时联盟者中，中国社会党地方支部刊物《新世界》，其评介马克思经济学说的各类文章和译文，引人注目。1912 年，它“重治”发表朱执信译述的《社会主义大家马儿克之学说》一文，其中增加一节序言说：当今能使全世界大多数人聚集在社会主义学说和社会党势力的旗帜下，使富家豪强感到从未有过的恐惧者，正是德国的马克思；马克思的智识和能力能使全世界的人类或“倾倒”或“嫉视”，因为他起草了万国社会党的《共产党宣言》；马克思不啻是全世界“造时势者”，《共产党宣言》又不啻是20世纪社会革命的“引导线”，是大同太平新世界的“原动力”；马克思起草的《共产党宣言》既然具有这样的势力和绩效，何以不能使我中华社会党“共闻之而共见之”；马克思所处的时代，德国俾斯麦政府凭借其威权，放逐社会党人，禁遏社会主义，然而，如今德国社会党在全国议会选举中占大多数，成为“全世界各国之冠”，岂不是马克思“精密之思想，高尚之人格，敏妙之文词”，产生“耸动”大多数人民的效果；马克思遭逢穷困放逐的生涯，最终“折其身而不变其志”，又岂非“豪杰人士”，其“见道甚深，处义至勇”，我党应当“崇拜之”、“景仰之”。为了给本党同仁和中国同胞提供信从和效法的榜样，于是重新整理和发表朱执信介绍马克思行义和学说的文章。这篇文章，从原作《德意志社会革命家列传》中抽取专论马克思一章，分为传略、《共产党宣言》概略、《资本论》概略三节，内容有所增删，与原作大同小异。变化的是增加一些按语，如称：马克思仍承认国家的存在，认为一时尚不能破除国界和废弃政府，不如使之成为人民的公仆；其所谓国家，是共和政体而非君主专制或君主立宪，以共和号召民众；既然是民主共和国，其地租收入越多，归还用于各种民政设施越多，不仅利于民，也利于国；马克思“醉心共和”，以社会民主主义号召民众，不承认德国君主威权，屡被放逐。此文从朱执信评介德国社会革命家数位代表人物的原作里，单独挑出并大力推崇马克思，呼吁同党人士信从和仿效，这在当时的国内舆论界极为醒目和突出，亦可见六年前朱氏专论马克思一文的影响之大。然而，它对马克思学说的理解，明显不及朱氏原作之广泛和深入，同时还为这种理解，不经意间抹上一层无政府主义的色彩。

《新世界》最值得称述的是，它自1912年5月创刊起，连载发表施仁荣“译述”恩格斯的《社会主义从空想到科学的发展》中译本，题名为《理想社会主义与实行社会主义》。这个译本，从形式上看，其分编、结构、顺序，按照原著翻译，除了最后一小部分段落不知何原因未能刊出外，可以说比较完整地提供了原著的全译本。此前各类中文著述或译本介绍马克思学说，曾多次提到恩格斯这部原著的名称、观点和个别引文，或如《天义报》的文章还成段引用其原文，但从未尝试翻译其全文，因此，施仁荣的这个全译本，可谓恩格斯这部代表作的第一个全译本，其完整性超过此前《天义报》发表的《共产党宣言》中译本，又可谓当时传入中国的所有马克思、恩格斯学说资料中，第一个真正意义上的原著全译本。从内容上看，既然是翻译，而且侧重于逐段逐句的翻译，自然会表达原著的基本精神和许多重要观点。可是，受时代和译述者自身的局限，其原著原貌的展现，打了一个很大的折扣。一是翻译方面，内容的删节、缺损和随意取舍，随处可见，从而隐去、回避和中断原著一些重要论述；理解上的偏差，造成原文的错译、反译等曲解表述，不胜枚举，甚至严重偏离原著的本来意思；自创或乱用各种译名，带来各种专门概念术语的漏译、不规范、欠统一、一词多译、词不达意等混乱状况。二是以译为主，边译边“述”，译者的叙述增补一些原著没有的内容，成为歪曲原著精神的重要来源。其中特别恶劣的，一则对资本家剥削劳动者现象，仅仅停留在道德谴责的层面；二则在原著译文中，夹杂私货，宣扬破除世间弊害和谋求美好治理，“非主张无治社会主义不可”，国家社会主义只是一时权宜之计，不足以根本解决问题云云。竟然从恩格斯原著中，引申出无政府主义结论。从这个意义上说，施仁荣译本，尚不如《天义报》的《共产党宣言》译本之忠实于原著。另外，这个译本将原著关于社会主义从“空想”到“科学”发展的命题，改变为“理想”社会主义与“实行”社会主义的命题，也给人留下一个印象，在马克思、恩格斯那里，社会主义的“科学”等于“实行”。这个翻译，并不准确，它反映了当时国人对于科学社会主义的一种误解，而且强化了这一误解。

《新世界》注重马克思学说的评介资料，与其主编煮尘有关。1912 年第 4 期，有人为《孙中山先生社会主义谈》一文加按语说：先生所论，纯系马克思学说，主张国家为公共机关，国家接纳和支配人民的一切公共事业，这是“纯粹的国家社会主义”，与中国社会党的主张不尽相同。对此，煮尘再加按语说：马克思主张国家社会主义，属于“急则治标，一时权宜之计”，因为眼下尚未破除国界，还存在政府，不如借国家之力来推行，并非以此为社会主义的最终目的，孙中山的意思，也是如此。这和他在前面“重治”朱执信文章时关于马克思学说的按语，相互一致。第 6 期，他辑述的《社会主义讲演集》第 7 章中说：社会主义思想博大精深，天下无匹，马克思为社会主义“倡首者”，他组织万国劳动同盟会的纲领，“大脍炙人口”；吾党主张无国界、无种界的“社会主义之真脉”，祈望大家信从和奉行，并传播于万国，使人人各得其所，以体现其志愿、魄力和精神。这又把马克思学说与无政府主义联系在一起。第 7 期，同一讲演集第 8 章中说：从马克思以共和号召民众的宣言可见，马克思未尝满足于此；其“资本史”提出：如今所谓政府与国家，以治人者为代表，实行社会主义后，其进步的结果是，作为人民真正代表的组织机关，势必由生产社会的全体代替政府，政府和国家将自行演进到消灭为止；马克思这一主张，与世界社会主义、无政府主义“未尝不相通”；无政府主义的倡导者打算以“暴力”打破国家组织，马克思则“任社会自然进步之结果而废置国家”，这也是近世所谓“科学的社会主义”，又称“实行社会主义”之由来。这里所说“资本史”中一段话，大概指《社会主义从空想到科学的发展》中有关“国家不是‘被废除’的，它是自行消亡的”一段论述。这段论述，又恰恰是施仁荣已发表的译本里被漏掉未予发表的最后一部分段落中的内容。煮尘的意图，尽力想弥合马克思的科学社会主义与无政府主义或世界社会主义之间的本质差别，硬说二者是“相通”的。

基于这一立场，煮尘反对《东方杂志》的文章，指出钱智修的《社会主义与社会政策》一文之谬误，驳斥欧阳溥存的《社会主义商兑》一文。钱文批评马克思经济学说“改变”现行社会组织、主张以社会政策“调和”现存社会矛盾的观点，已如上述。欧阳氏先发表《社会主义》一文，对马克思经济学说的介绍和评价如下：马克思《资本论》，社会主义者尊为“圣书”，马克思“纯用科学”为根据，一扫虚想浮议，“确乎不拔”，又“系统秩然”，使社会主义进步的“价值愈高”，获得世界的“同情益厚”；马克思学说推进斯密和李嘉图学说，认为经济上的生产“独在勤劳”，由此获得的“剩余价值”却归于业主，导致主、佣之间日趋不平，其根源在于国家立法保护财产私有制，让雇主占有土地和资本，故主张“改革”社会制度，首先消灭私有制；社会主义到马克思那里形成有秩序的科学研究，其书“深玄难通”，日本一些翻译者苦心钻研，仍难得其旨，需要通俗的“剩余价值解”。欧阳氏的解说是：马克思之意，生财“惟在劳动力”，无劳力则资本不能生新财；如“其值相等”的物品交换，无论商人输赢，“国财总额”没有增加；对物品加工，产生新财，这是劳动力之所为，故惟劳动力能生财，劳动力是“价值之本体”；劳动力生产新财，其所得反被资本家凭借法制攘夺，等于“欺诈强迫”，所攘夺的是“劳动力所生之剩余价值”；比如佣工每日工作 6 小时，做一丈布，值六百钱，资本和工资各占三百，不产生剩余价值，如今工资三百，工作 12 小时，做二丈布，得钱一千二百，所余三百归布商，便是剩余价值；若无布商，工作 6 小时赢钱三百，足以资生，不必“过度之劳作”，工作 12 小时获利六百，则生活丰裕，不坠入困辱，布商“重取”其 6 小时之劳，“巧夺”其三百之利，所以劳动者“可哀”；劳动者不能“自享”其剩余价值，由于自己无资本，资本为个人所私有，源于社会制度这一“罪魁”。经过以上解释，他说：马克思学说，“大略如此”；《资本论》是社会主义的“圣书”，剩余价值为其论之“精旨”；上述“译解”是“遍观”日本诸家论述的结果；考察社会主义，要“从根本上改革”，将资本、土地尽归国有，要“及时改良救济”，减少工厂工作时间，由此看马克思学说，领悟其“澈上澈下”，实为社会主义“一大宗”，即认为马克思学说上达根本改革，下达改良救济，均为社会主义正宗。这些介绍和评价，主要根据日本学者的研究成果，用于解释马克思《资本论》，尤其是剩余价值学说。

真正的挑战来自欧阳氏后来发表的《社会主义商兑》一文，它指出：从经济学上看，马克思使社会主义逐渐由“虚论”趋于“学理”，其论著之“本根”，即财富的生产出于“劳动”；这个涵义如果正确，则其主张“破坏私有财产制度”的说法，不论能否实行，其理论足以“自通”；然而，“科学的眼光”和“历史的现象”证明,今日的分工与交换经济时代不同于过去的自足经济时代,任何物品的生产都是多人协作和各业助力的结果,马克思这样的"浚哲"之士主张一切财产应归于劳动者,是一种"颠倒",有"所蔽之过";要从理论上折服马克思等人的观点,生产的财物"不应悉归劳动家所有",从事实上看更是如此,破坏今日社会制度来建设社会主义国家,"期期以为不可",不能令人心服,代之而兴的是"改良的国家社会政策";等等。针对于此,煮尘在《新世界》第8期上发表《驳社会主义商兑》一文。他认为,欧阳之文不如钱文尚能言之成理,每况愈下,强不知以为知,企图排斥马克思《资本论》,摧毁社会主义根本,其设计虽机巧,却"已陷于巨谬极戾而不自觉";它诘难马克思论"经济学物产关系之理",否定生产之物悉出于劳动,否定一切财产应归劳动者,殊不知这是"定论";"社会"物产本来就是"社会协同劳动"的结果,劳动包括狭义的体力劳动与广义的脑力劳力,将来实行社会主义,每个人都是劳动者,为何不可以说一切财产归劳动者,故其诘难乃"自误",却用来诋毁别人;所以,它自称以"科学的眼光"击破了马克思《资本论》,摧折了奠立社会主义根本的"第一义",经过驳斥,已"无立足地",其所谓"科学的眼光",完全是自己"眼光中之科学"。这番商兑与反驳的对立,第一次将马克思经济学说作为论辩的主题,延续了过去围绕社会主义的争论,又予以深化和发展。它们的辩论,深入到社会主义的"根本"和"第一义",即马克思《资本论》中的劳动价值论与剩余价值论。不过,其争论的焦点,主要集中于是否只有劳动创造价值以及由此引出的一切财产是否归劳动者问题,双方对于剩余价值理论,还局限于相当肤浅的理解层面。欧阳氏的解说,除了明确剩余价值概念,并未超过朱执信的解释范围,更不用说他是拿来作为诘难的靶子。

第8期《新世界》,还发表江亢虎的《社会主义学说》,其中提到:1847年成立万国劳动同盟时,马克思"专用"共产主义名词,到1872年万国劳动同盟分裂,马克思派转而"专用"社会主义名词,巴枯宁派"专用"无政府主义名词;巴枯宁派因无政府主义名词未能表达其财产主张,又不愿承袭马克思已用的共产主义名词,一时采用"集产主义"名词以作区别,后来见马克思派"习用"社会主义名词,不再沿用共产主义名词,于是反转采用共产名词,合称"无政府共产主义";由此可知,共产主义与集产主义二词的区别,属于历史的性质,不属于学术的性质,不能单从字义上推求其解。谈到法律和强权时,它曾引用恩格斯的"科学社会主义"之"结论":"从来政府为统治人民之机关,后此政府则为整理物件之机关"。接着,引用恩格斯的"科学社会主义"另一"结论":"燎原之火,可以为炊。杀人之电气,可以疗疾";以此说明世间之物本无善恶可言,只看人们能否利用。然后,又引用恩格斯的话:"社会全体掌握生产机关,阶级及国家自归无用,不待废止,立见消灭";以此证明社会主义将来也要消灭法律和强权，等于“无政府共产主义”，惟后者“悖于理论而不可通”，受到质疑。江氏自称一向信奉“历史唯物论”，他引用恩格斯的三句话或结论，应当出自《社会主义从空想到科学的发展》，只是其译文令人感到别扭。例如，前一个“结论”的原意为：当国家终于真正成为整个社会的代表时，“对人的统治将由对物的管理和对生产过程的领导所代替”；另一个“结论”的原意为：人们一旦理解今天的生产力的本性，它就会在联合起来的生产者手中从魔鬼似的统治者变成顺从的奴仆，“这里的区别正像雷电中的电的破坏力同电报机和弧光灯的被驯服的电之间的区别一样，正像火灾同供人使用的火之间的区别一样”；最后一句话的原意为：“国家真正作为整个社会的代表所采取的第一个行动，即以社会的名义占有生产资料，同时也是它作为国家所采取的最后一个独立行动。……国家不是‘被废除’的，它是自行消亡的”①。这些引文，有的此前或在同一时期，曾见于其他一些著译作，如关于电与火比喻的引文，早在 1903 年幸德秋水的《社会主义神髓》中文初译本里，即已见载，而关于国家自行消亡的引文，更是为国内早期无政府主义者所热衷，惟此三个“结论”式引文，均未见于施仁荣所翻译发表的恩格斯原著的中译本，因为它们都属于未被续载的那一部分译文内容。从这个意义上说，江氏引用恩格斯的这些“结论”，在某种程度上弥补了施仁荣的译文之不足。然而事实上，他从比较马克思派与巴枯宁派的名词纠纷入手、引用恩格斯的论述，是在混淆或模糊马克思社会主义与无政府主义之间的区别，以提倡社会主义为名，推销其类似于无政府主义的私货。

与煮尘的观点相似，殷仁 1912 年上书江亢虎，主张借助国家社会主义的“津梁”达到无政府主义的“彼岸”，二者可以互不反对，即使有冲突，也可以像马克思与巴枯宁两派在海牙代表大会上彼此分离那样，“各行其是”；不能只听到马克思的国家社会主义学说，听不到巴枯宁学说，因而背离无政府主义目标。这里强调国家社会主义的桥梁作用，也是刻意淡化马克思社会主义与巴枯宁无政府主义之间的差别。对此，中国社会党刊物《社会世界》载文反对说，这种主张自相矛盾，既非巴枯宁主义又非马克思主义，应当坚持彻底的无政府主义，划清与国家社会主义的界线。这是以无政府为前提的纯粹或极端社会主义观点。此刊物发表介绍巴枯宁的文章，称巴枯宁当初与马克思是“同党”，后来“不满意于”马克思的“政府社会主义”，主张“平等级、共财产、废法律”，创立无政府党，于是与马克思“各分派别”，1872 年的海牙代表大会是巴枯宁与马克思“分党”的“大纪念会”。以此证明巴枯宁派与马克思派的分歧，并非界线模糊，可以相安无事，而是水火不容，针锋相对。

由上可见，具有无政府主义倾向的《新世界》刊物发表诸多评介马克思经

① 《马克思恩格斯选集》第 3 卷，人民出版社 1972 年版，第 437、438 页。

济学说的译文和文章，主要基于两个原因。一是自以为从马克思学说中找到不少类似于无政府主义学说的共同点，特别是关于国家自行消亡的思想，更认为与无政府思想在根本目标上一致，只是达到目标的具体手段和方式有所不同。二是认为在一时难以废除国家的情况下，可以利用马克思的"国家"或"政府"社会主义，作为实现无政府主义理想的"津梁"即过渡或中介桥梁。此刊物关于马克思经济学说的知识，看来也主要来源于两个部分，一是恩格斯的《社会主义从空想到科学的发展》，二是孙中山讲演中的介绍。以此为基础，它的载文，对外维护马克思经济学说的声誉，驳斥那些诋毁马克思经济学说的论点，与孙中山一派结成同盟；对内淡化或模糊马克思一派与巴枯宁一派的本质差别，号召党内同仁崇拜、景仰马克思及其学说，并惹起与极端无政府主义派别的争论。《新世界》对于马克思经济学说的评介，内容可观，又颇为积极主动，当作自己的精神支柱和理论依据，代表了中国社会党内不那么极端一派的意见。那些反对马克思学说的意见，来自其党外者，介绍马克思经济学说的内容也颇为可观，却用作批判的对象；来自其党内者，几乎不去主动地介绍这一学说，只是被动地跟着已有的介绍资料作些附带的评论。这个刊物评介马克思经济学说，真正感兴趣的是有关国家或政府的论述，对其经济理论本身，未曾着意多少，有时反不如党外批评者介绍马克思经济学说特别是解说剩余价值理论的资料内容之专注。由此也体现了此刊物受制于其基本倾向的局限性。

3. 师复等人的评介

师复与《新世界》的主编煮尘，同出一源，都属于无政府主义阵营，但他们对马克思经济学说的评价，差异甚大。师复等人的评介之文，发表在《新世界》载文之后，因此，后者的评介内容，往往又成为前者的批评理由。

关于无政府学说与马克思学说的分歧，师复 1914 年译述《无政府主义之元祖》一文说：巴枯宁 1869 年加入国际工人协会，是"极端急激"的无政府家，反对当时势力颇盛的马克思派主张政治运动而主张革命论，又反对马克思主张共产而主张集产主义；三年后巴枯宁与马克思派分离，另组同盟，"纯取"无政府主义，这是近世无政府党发展的"雏形"或"权舆"；当时的共产是"中央集权"的共产主义，集产是今日的"自由"共产主义，实际上是马克思主张集产，巴枯宁主张共产。此文要解释的是，马克思与巴枯宁的所谓共产、集产之争，其实是中央集权与无政府式自由之争。

同年，他的《孙逸仙江亢虎之社会主义》一文，批评孙中山错误地将社会国营政策当作社会主义，进而把马克思的资本公有与乔治的土地公有相提并论，不懂得马克思所说的资本，是指货物生产过程中所发生的一种"社会的关系"，当生产机关掌握在直接生产者手中时，无资本可言，只有当它用来剥夺劳动者的利益时，才是资本，因此，以纯属社会政策的乔治单税论与理论上完全相反的马克思资本论相比，“尤为不伦”；同时，马克思的资本公有，也包括作为生产机关之一的土地在内，所以，“集产家”主张土地公有，将土地归直接生产者共有，而土地单一税说的是政府和地主分享土地利益，根本谈不上土地公有，孙中山所说的专征地税与国营，只是社会政策，不足与论社会主义，江亢虎比孙中山更等而下之。师复有关马克思将资本视为一种社会关系①，以及孙中山与江亢虎的专征地税或国营观点充其量是社会政策而非社会主义的评论，有其独到的见解。然而，一旦比较无政府主义，他对马克思经济学说的评价，才显出其真实的想法。他认为，马克思《资本论》是集产主义的“元祖”，就像蒲鲁东和巴枯宁是无政府主义即“自由”共产主义的“元祖”一样；这两大派别的主张之优劣，集产主义仍允许生活资料个人私有，不如共产主义反对任何私有权之彻底，故属于“不完全”或“非圆满”的社会主义。联系他的前文解释，那里主要区别马克思主张共产主义是假，主张集产主义是真，巴枯宁才真正主张共产主义，这里则主要判断马克思一派的集产主义，不如无政府党的共产主义之完全和圆满。

这一年，他还发表《驳江亢虎》一文，其中回顾说：早在巴枯宁与马克思分裂20余年前，蒲鲁东即发表无政府意见，以后巴枯宁又在国际组织上提出废除政府和极端破坏；国际工人协会成立后，旨在联合各国劳动者推翻资本家，夺回生产机关由劳动者自己掌握，未规定采取何种手段及分配方式，任何赞成劳动革命的派别均可加入，因此，主张“国家社会主义”的马克思与主张“无政府主义共产主义”的巴枯宁、克鲁泡特金等派别均加入国际；在国际内部，围绕斗争手段和目的问题，巴枯宁的“无政府主义派”对马克思的“国家社会主义派”，意见不合，反对最激烈，普法战争时，巴氏想乘势实现其“理想之无政府社会”，宣告废弃国家，“不幸”失败，后来马克思派势力日盛，巴氏联合其他组织以无政府主义为宗旨，至1872年与马克思派“完全分离”；巴氏的无政府运动，在加入国际前已经标明，无政府主义与马克思无关，加入国际后，亦保持“独立之运动”，公开无政府主义名义，与国际“不一致”，更与马克思“绝对不一致”，表明巴氏的无政府主义与马克思的社会主义“始终绝对不相合”，他们同在国际三年中，“互相角逐、互相争辩”。这一回顾，针对江亢虎在国家社会主义与无政府主义之间调和折衷的企图，用以突出历史上巴枯宁无政府主义的独立

① 其实，早在师复之前，1903年传入中国的《近世社会主义》中译本里，引用马克思观点时，已经提到资本体现了一种“社会的关系”。师复的有关引用和评论，应是参考了类似《近世社会主义》等在内的日文著作，惟其中文表述要比早期的《近世社会主义》译本更为明确一些。重要的是，师复不止引用马克思这一观点，还在辩论中国的发展前途时，较为合理地运用此观点作为其理论依据。正是在这一点上，显现出他具有独到的见解。

性质,从不苟合于马克思的社会主义。因此,师复对于马克思经济学说的评介,不同于煮尘主编的《新世界》。后者尽量弥合无政府主义与马克思社会主义的分歧,对马克思经济学说的评介,颇为详细和具体,以资为其所用;前者则极力强调这一分歧以维护无政府主义的独立性,对马克思经济学说的评介,不必多费笔墨,只须说明或辩明其主张集产主义的主旨即可。

师复之前,1913年有《致丁女士崇侠论无政府党与社会党派别事》一文,是回应《新世界》文章的反驳之作。其中说:社会主义的源流始于国际工人协会,当初无政府主义"开祖"巴枯宁与社会主义"巨子"马克思未尝不是"同派",后来,巴氏认为马克思的"国家主义"不合乎"真正公理",于是以反对宗派、私产、家族、祖国、军国这五大主义组织无政府党,开始与马克思的社会主义"割席";当时马克思的社会党主张以国家为主体,承认国家的存在,借助国家力量达到其目的,这一政策也为孙中山近来所提倡,马克思的社会主义与孙中山的民生主义,"本无差异",其中没有丝毫的无政府主义成分;"无政府社会主义"与"国家社会主义"相反,主张极端自由平等,决不承认国家的存在,正因为二者"极端反对",所以巴枯宁脱离马克思社会党,幸德秋水脱离日本社会党。为此,该文表示"最崇拜最敬爱无政府主义",与马克思的社会主义划清界限。这一论调,在倾向无政府主义的阵营里,师复与之相似,表现得更为彻底,认为巴枯宁的无政府主义从来就是独立的,未曾与马克思的社会主义处于同一派别;认为孙中山的民生主义错误理解马克思的资本公有学说,根本不是社会主义。刊载此文的《良心》杂志的社会党编者则以按语说:马克思与巴枯宁一辈早已分道而驰,我们不必奉他们为圭臬,只要变更社会政治组织为无政府,变更社会经济组织为共产,实行无政府与共产两主义,就是一个"完全之社会",这也是我们取名社会党的原因。看来,社会党想取无政府主义之实,不像师复那样,大肆张扬巴枯宁等人的无政府主义之名。一般而言,国人中主张无政府主义的比较极端者,不同于其比较缓和者,通常很少谈及马克思经济学说,即使稍有接触,也是为了批评或划清界限之用。这一状况,本时期如此,早些时期同样如此。如"新世纪派"在《新世纪》创刊之前,曾在世界社编印的《世界六十名人画像》里,最早刊登了马克思的画像,但他们从来没有认真介绍过马克思经济学说。

4.《泰西民法志》的评介

这一时期介绍马克思经济学说的另一个突出者,是1912年出版的《泰西民法志》译本。此译本论述西方社会主义的发展历史,有相当多内容涉及马克思及其经济学说。其书分上下卷,上卷的一般性论述中提到:社会主义由"最有魄力"的马克思提倡联合各国工党,倾覆政府,民间大多"靡然从之","尤为万众之所宗仰";社会主义的学理,1848年发表"宣告共产","崭然见头角",

1867年马克思删汰润色，近年又经各国著作名家仔细考核，其义更加“完固”，同志者多奉为“金科玉律”；法国社会主义之后，德国社会共和家拉萨尔、“万国民会学家”马克思与无政府党领袖巴枯宁相继出现，他们的理想比起路易·勃朗和蒲鲁东的成熟学说，迟了很久，“当时未见重要”；蒲鲁东的《什么是财产?》与马克思的《资本论》“见解略同”；马克思“扩充”欧文的“余利”之旨，“余利”生于“劳力”，劳力为“殖富之原”，劳力者仅能免于冻馁，其“血汗”创造的“余利”，雇主贪饱私囊，用于终日优游，未能“均享”，可见“不平孰甚”；拉萨尔、马克思、恩格斯和洛贝尔图斯是德国社会学家中“最负盛名者”；拉氏想望太平，比马克思“尤炽”，他在社会主义中的地位，与洛氏、马克思二人“绝相类”，取资于二人学说，又不同于二人“肤辞游语”，不切合实际；拉氏的工资铁律“异论”，与马克思的“羡余之议”，“同占重要之位置”，自有其独到见解，马克思考虑的是“富家享利之过当”，拉氏着眼于“佣工所得之瘠薄”，各持一半，“合则一事”；拉氏的方式，路径不一样，其“归宿”则与马克思、洛氏等人相同，“以共产为其宗旨”；洛氏为德国“最和平”的社会学家，“排斥革命”，“柔化积习，渐改大同”，其宗旨与拉氏、马克思相同，作用则不同；巴枯宁曾加入国际工人协会，后遭马克思党“屏逐”；无政府党的“革命”，一方面“类于”马克思的唯物论，此论“宜于昔不宜于今”，另一方面类似于巴枯宁障碍人类进化的荒谬主张；等等。

其下卷的一般性论述中提到：关于集权或自治，马克思“未尝明定权限”，但不同于巴枯宁的扫除政府意旨；德国社会学者只重“格律”，不懂“善变之机”，如马克思和洛氏等人习惯于普鲁士谋略，“侈谈”集权社会主义，他日若能扫除其唯物、革命、专政诸说，其造福人类，“当尤胜于前”；马克思与拉氏曾“私淑于”黑格尔，从“史学”的经济进入“哲理”的经济，读了达尔文《天演论》，“心向往之”，马克思派“尤甚”；达尔文没有唯物观，其论述有时不免落入唯物论之窠臼，与马克思学说“绝相类”，故马克思一派“竞附之”，马克思认为世间历史一直是“党争之纪录”，与达尔文的“物竞之说”，可为“同调”；德国议会1898年开会，设立马克思与拉萨尔的铜像，第二年开会又增加恩格斯的塑像，可见他们的“感化力”之扩张，为人们所“崇奉”，他们的著作“邃于理学”、“洞于时务”，各国人士“家有其书，人守其学”，他们一定是“史册中主要之人物”；按照马克思的“遗轨”，以为四海皆准，必不能顺应时势发展；其党人“泥古不通，坚僻自是”，偏重马克思“革命之谈”，未能察觉时局“蜕故入新之理”；马克思学说也有“和平之条理”，主张联合优势党派，“共赴坦平之大道”，明白“激进派”未必能成功，认可美英工人能“以柔胜刚”，这说明今日新时代，应当重视“柔和进化之理”；伯恩施坦评论马克思学说对现行制度不问其善否一概反对，“贻害民生者实大”，提倡“柔化”国家，逐渐进化，对此，倍倍尔以马克思学说为“壁垒”，振起尊崇之风；法国工人党中，一派主张“激烈”，推举马克思为“党魁”，一派主张

“乘机”;俄国罢市,“宗奉”马克思的党人“奋起有为”;马克思、恩格斯久居英国,当地的社会主义后来才因马克思理论而初醒;考察英国社会主义,“共和党”盛行马克思学说,“温和党”与马克思学说不合,英国工党最适合英国情势,“旨趣纯正”,不夹杂马克思“嚣张之旧说”,避免“大兴作大变革”;马克思的“事功”,在于“警觉工人”,改变其地位,今后要有新的“命世”英才为之先导;马克思学理在第二国际的影响“甚微”,马克思主张革命,也想利用政权改良社会,第二国际正相反,二者可谓“同源异流”,但“后胜于前”;德国社会民主党发展50年,影响深入人心,马克思、拉萨尔、恩格斯等人的学说播种于前,收获于今,同时也是社会主义进入20世纪后,不再涉于“暴激”,“和平变革”的结果;今日社会主义,若“拘牵于”马克思学说并“变本加厉”,将“饮鸩以自祸”;马克思学说刚流行时,学者不考虑“治心”,只注重“宰物”,形成“革命之狂热”,“深中人心,毒遍闾里”;马克思的“定式之教理”,束缚了雇佣劳动者,马克思曾说工人应当摆脱束缚,如今再用绳索捆绑其手足,类似“落井下石”,由“释放人类之豪杰”变为“人类之蟊贼”,这样做的人,正是“勇猛突过其师”的马克思之“后学”;马克思学说“不谐于世”,其婚姻伦常悖论,对现行法制“一切破坏”,“悍然反抗”宗教等,阻碍工党进步,难以“和平解决”问题;马克思党派违背基督教的兼爱、和平“精理”,势必造成恶果;马克思集中“毕生精力”于社会主义学说,其“雄才伟器,名列前茅”,后人引以为准绳并师法,但不能因此“蔑视外党”,“党同伐异”,特别对那些温和党派;马克思学派曾预言工业富家必将由盛而衰,但近世美、德等国雄厚巨子“勃兴”,不独运筹一国,兼能操纵世界;马克思有“注重破坏”、“忽视积累”的“误解”,以为资本不断增长将带来日益严重的强制行为,工人不免越来越贫困,不知“劳佣共和”是社会进化之祖,劳动者的知识道德将与时代同时并行;等等。

以上涉及马克思及其学说的论述散见于全书各篇,此外,译本还用专门篇目,集中介绍和评论马克思学说。在有关马克思的专篇里,它首先说:马克思与恩格斯一起,共同提倡“定律与革命”二义,势力“最伟”,学说“锋厉无前”,文明国家人士“莫不奉为矩矱”。接着介绍马克思生平,称他大学期间专注于史学和哲学,颇得黑格尔哲学之神髓;早年“游心革命”,不得志于时,却“意气不挠”;与恩格斯在巴黎“两雄相遇”,相交40年如一日;1845年恩格斯出版“伟著”《英国工人阶级状况》,两年后马克思的《哲学的贫困》一书,对真理“直抒胸臆”,为百万雇佣劳动者“请命”,但颇为隐晦,“不足动人观听”;1847年,他们公开发表志趣相同的内容,为劳动者的“终古奇冤”伸雪;当时伦敦的社会主义者跟从马克思“造极之学理”,结社成为国际工人协会的“先导”;1848年革命,马克思创办“绝顶之共和”的《新莱茵报》,一年后专心于经济学,以求实现其“革命之志”,晚年论述“纵横有奇气”;马克思去世后,恩格斯继承其志,为了穷人的托命，"独任劳怨"；马克思、恩格斯把社会主义看作为民众理政治财的"一贯之教宗"，他们依据"科学之纪律"，阐发社会主义"微眇闳深"之涵义，倡导"表里洞彻之法"，使社会主义成为科学"模范"，又"乘机"通过革命传布于欧洲各国。

关于马克思学说的介绍，它说：马克思一派的要点，关键在于"赢率之原理"（剩余价值理论），雇佣劳动者生产"赢率"，其所得仅够养家，其余都被雇主"渔夺"。马克思的剩余价值理论包括：

"价格随劳力而定"理论，马克思以"雄辩毅力，唤醒睡梦"，他"发挥光大"剩余价值原则，以此推求资本的沿革与影响，考察今日资本左右世界经济的因果关系，其发明成为社会主义"哲理之基"，匠心独运，不可能"剿袭"洛贝尔图斯之说；他是19世纪"破天荒之思想家"，毕生研究近代欧洲经济，"推陈出新"，"放一异彩"。马克思从近代经济"公例"中，揭示经济趋势"随资本而转移"，以经济的有余不足验证"资本权"的兴废盛衰，其结果必然趋于社会主义；他的学说是"理之至常"，绝非"矜奇炫异"，认为现行法制是实现社会主义的"必历"阶段，资本家势力"自由发展"，最终必然被"至善之法"替代。资本增长的真相，无非用本金征收"地租"，"搜括羡余，以自肥其私"；马克思通过剩余价值原理说明资本制度，他解释剩余价值，从"佣值"入手，由此展开其庞大体系。"劳力"与"价值"相联系的"原则"是：社会"浩繁"物品，无论产于自然还是人为，适用人的欲望才有"相当之价"；其"适用之值"（使用价值）为"财富之源"，在市场中取决于需求的缓急；各种物品彼此交换，其共同之处，均由人的"力作"完成，物品获得其"值"，"以人力为结晶"，或"以人力为引线"，故物品"无值"，人力"有值"；以"人工"为交换准则而确定的物价，是平均化的工作时间标准。资本"占优势"的条件，包括"囊括"生产资料的有权势者，与生产资料"隔绝"的自由劳动者，为市场输送货物的"交换制度"；马克思考察英国历史后"确知"，中世纪时，农民有少量生产资料，自给自足，后来失去生产资料而"托命于工场"，由此富人的财富发展为资本，资本家有了聚敛财货的机会，18世纪末工厂和机器不断发展，资本增殖方式如日中天。资本家的"赢余"不可能产生于交换，必须找到一种物品，其所产超过所费而出现"赢余"，这就是"佣工"：雇佣工人丧失生产资料，只能在市场上出售"其力"，获得工资以补偿"其劳"养家；其生产结果，支付各项费用后，"尚有余剩"，被雇佣者"攫为己有"，这是"抑勒"劳力者的工资。马克思认为，雇主的"溢收"，是被雇者"力作而未受偿"的利益部分；资本家"侵蚀"工资的方式，不同于过去封建主强迫奴隶劳动，看起来无损于工人自由，实际是"吮其脂膏"，用各种剥削计划，使劳力者不得不听命。马克思曾以百万言著作，论证这种奸诈的抽茧吸髓方式，揭露英国工业制度迫使工人过度劳动，使用女工童工，"视生命如草菅"，指出富家获利的秘密，

“伤天害理，莫此为甚”，其著作出版后，“和者颇众”。古代生产，资本和劳动出于一己，其赢利也归自己享有，今天的“合群力”生产，富家不劳而获，所以人们不满现行法制。竞争的激烈和机器的进步，造成“游手失业者日众”，“不患乏人”，资本家可以“操纵”使用劳动者；生产量不断增加，有“溢满之患”，劳动者“无力购求”，资本家之间“彼此倾轧”；资本制度既“开拓市场”，又“抑制销路”，其“矛盾”发展下去，将是货物积压、贩卖无术、成本亏损、破产众多、商业萧条、生机萎缩、富者趋贫、贫者益贫；这种“恐怖”现象，“久而一阅”，逐步加深；资本家为了“赢率”，盛行兼并，劳动者长久被压抑，要起来反抗破坏，将来“危机爆裂”，资本家不啻落入自设的陷阱。将来劳动者参预政权，掌握财权，“解除私人资本之制，群生利而群享之”，这是“自然之势”，应当“鼓吹”、“促成”其早日实现，不应“昧于大势，妄思抵抗”。剩余价值可以“毒天下”，其积累扩张培育助长了资本制度，其郁积充塞又“覆灭”了资本制度。马克思关于未来新社会的“精理”是：“集大群，用公产，同心协力”，共建社会；社会“共有”生产利益，储备一部分“以备扩张营业之需”，储备另一部分为“团体养命之源”；各人所得，按劳动时间作为衡量劳动多寡的比率和分利的标准。恩格斯推广到国家，认为旧有国家名义上庇护一国人民，实际是富商豪族的“私仆”，被用来“摧辱”小民；将来推翻旧国家，“劳力家”取得政权，国家拥有财产，成为“公器”，国家权力由“治人之具”变为“治业之具”，这不是“灭国体，废国界”，而是“一变其作用”。恩格斯的国家设想与“扫荡政府党”的差别极为细微，“殆未易辨”。

马克思学说“特立一宗，阐理綦详”，其唯物论具有“蜕故入新之优胜”。它表明社会主义基于历史进化之理，探求财富源泉和发展生产满足需求“并驾齐驱”，成为新社会之“张本”。马克思的社会主义学说“纲要”包括：以唯物论“贯彻”上下古今；以“理财”为社会政法、宗教、哲学等“要端”的基础；15 世纪以后，积财者与劳力者成为“资本制度”的阶级；积财者克减劳动工资而日富，劳力者仅够养家糊口而日贫，只有富者从社会生产中获利；工人团结起来；各种“扰乱”不断加剧，中产阶级以上的富户不再掌握财产权；劳力家掌握政权，“化私财为公有”，以“殖产公共之理”为制止经济危机“第一法”；永远废除旧政府，除去经济之“赘疣”，另外建立新政府，实行监督管理工业之权。

以上专门介绍马克思的生平与学说，然后又专门介绍马克思学说所产生的影响。它说：马克思学理推动国际工人协会与德国社会民主党的创立，在近代“影响颇大”；国际工人协会“发原于”马克思，在社会革命中占有“颇优”势力，对于推广马克思学说“功亦不少”；德国社会民主党先由拉萨尔提倡，不久也被马克思学说所吸引。

关于国际工人协会，它介绍：正义者同盟受马克思学说的“熏化”，后来共产主义者同盟推举马克思、恩格斯“同著新书”，宣示其宗旨。关于这部“新书”，恩格斯说：“欧美工人敬爱”的马克思去世后，吾“含哀雪涕”作序；马克思曾写下“警语”，古今历史，一直是“党派相争”之记录，“役于人者与役人者争，治于人者与治人者争”，其斗争按照社会变化的演进而有差异；对工党的摧残，“于今为烈”，如果不“合大群之力”加以拯救，使之永远摆脱“压制剥夺党争”的种种束缚，将不能摆脱“资本家之罗网”。此“宣言书”发现社会历史到今天，“党争”简化为“恃财”与“务力”二党对立；一再重申二者的来龙去脉以及相互“猜嫌倾轧”的原因。“宣言书”语气“矫激”，不免授人以口实：它说劳动者应有的财产权早就被废止，如今要废止的只是“资本家之攘夺权”；它说工厂鱼肉妇女儿童，“淫虐成风”，家庭伦理已经灭除；它说劳动者本来没有国家，谈不上爱国心；这些都是“强词夺理”之论。此书出于被放逐国外的“少年”之手，加上当时欧洲雇佣劳动者的悲伤愁苦正好被披露，于是它的发表成为各国工人联合的“导源”，成为历史记载中的“重要事实”；它“意义翻新，雄辩惊人”，乃19世纪中叶之“杰作”。恩格斯说，“宣言书”的发表，正在二月革命前，此后被译成各国文字，各国工党起义“多奉此为指南”；此前以“世界同胞”为号召，当时改为“万国工团”作号召，形成“万国攻取”形势；17年后，全世界公认“工团”，由此成为国际工人协会之“椝范”。马克思曾提出，资本家的“倾覆”，要等到其恶贯满盈，都知道其阻碍社会经济时，“一举荡平，势若摧枯”；他提出此“建议”后，即退处埋头研究，以期完成其“志业”。国际工人协会成立后，马克思成为维持工党“奇杰”，矫正其局限，起草“条令”和“讲义”，“深入人心，至于今不替”。概述其“讲义”即《国际工人协会成立宣言》有关内容；摘录“工会法章”即马克思著《国际工人协会共同章程》中的“序文”段落，以明了万国社会主义的“纲领”和“条件”；这些论述“奇才杰构”，“生气远出，阅世如新”。在国际工人协会里，马克思作为创立者，“综理百务，更著勤劳”；开会均按照他的“手授”方略，进行商榷、修整和补缀；凭借其“理势”使得蒲鲁东一派“俯首”听从“衔勒”。会议通过马克思的“条令草案”，包括八小时工作日和提高工人教育程度，是社会主义中“最易行”的“常理”。在海牙代表大会上，马克思将巴枯宁的“扫除政府党”驱逐出会；会后他在群众集会上发表“慷慨淋漓”的演讲，“语重心长，合座陨涕”。国际工人协会不久解散，但它“集大群以彰公道”，使世界人民“归心”，各国政府“侧目”，也使马克思之辈“赫奕一时，垂声后世”，解散后其“精神”和“魄力”犹在。

关于德国社会民主党，它介绍：该党跟从拉萨尔、马克思等人“急进”，直至“革命”，它起源于拉萨尔创立的全德工人联合会，最初马克思、恩格斯曾“赞助”拉氏创设《社会民主党人报》，后因其支持俾斯麦政策，与之断绝关系，“拒之如蛇蝎，不容两立”，拉氏一派则认为马克思、恩格斯远在外国，不熟悉内情。合并后的德国社会主义工人党奠定“盛业”，它“力主和平”，不曾“蠢动”，保持马克思“遗风”;俾斯麦政府实行禁止社会民主党的非常法令时,马克思曾说,工厂是工党的产地,工业演进,工党团体亦随之发展,如影随形,只要工人不自暴自弃,总有“勃兴”机会,即使面临禁令刑罚,“不能夺其志而挫其气”;此言促使德国工人“摄心定虑”,保持“宁静之天”。非常法令废除后,该党固然饱闻马克思的论述,但不拘泥于马克思的理想,通过新纲领,既不谈剩余价值论,也不说唯物论,将各种思想观点“融铸于一炉”。马克思等人的“空谈悬想”无助于德国实际,但社会民主党的大发展依靠这些“命世之奇英”为其开辟道路,其他人比起“播其种”的马克思、拉萨尔的才能,“瞠乎远矣”。

在专题或散见各篇介绍马克思学说的内容里,还有不少介绍者自己的评论性意见,有的比较分散,大多相对集中。包括:认为马克思解释劳动为“财富之源”,“似有欠缺”,仅适用于工商业简陋狭隘的时代,不适用于近代工商业发达广辟的形势;在竞争激烈、经济精进的社会,不能仅依靠“劳力”,还需要高超的才识、机权、智慧,才能取胜于全球市场;坚持“财富之源”为劳动,“所见不广”,质疑资本家的营利是敛取雇佣劳动所创造的赢余,“其说亦偏”;富者创业初始,所得靠自己努力,不可能敛取雇佣劳动者的赢余,因此马克思的解释“不可通”,资本“未必尽由剥夺而来”;现行社会以“互相获益”为“公例”,借贷取息符合这一公例,马克思关于资本制度演进的解释,不免“失实”。

认为资本家对于民生担负重任,大有利于社会演进,雇佣劳动者只居次要地位,马克思“以次要者为主要”,“昧于”新社会秩序;新社会的运行不能全靠劳动因素,还必须有推动工业进步的学识技巧等因素,投入资财创造这些新因素的人,应当享受其利益;马克思一面把推翻封建、振起自由的“原力”,归功于“深明大义”的富商,一面又说剩余价值得自失意的雇佣劳动者,这与马克思“自创”的历史哲理,“显相刺谬”。现代经济学家多次提及“劳力为赢率之原”,但从未说过“赢率”都归劳力者所有,马克思为“革命之极端”,其锐利辞锋与历史事实“不相合”;他创造剩余价值学说作为其学派“中坚”,旨在消灭富家,是“自示其弱点”,是“袭取博学家之陈说”。

对于恩格斯评价马克思的功绩为“发明”历史唯物论与“发明”资本家利用“赢率”二义,认为:其第一义是新学家唾弃的“陈腐语”,说宗教、哲学等依附于经济,与“心思发展”的史册记录相抵触,未考虑发展的众多因素,以偏概全;马克思“破除俗见,直言不讳”,使人们注意经济学,不能说“无裨于信史”,但他观察古今变迁大势,预料资本制度最终将“溃败决裂”,此言若“不幸而中”,必然经历“非常之痛苦”,这不是“图治之上策”;马克思一面说劳力者长期被束缚,处境低微,气量卑下,一面又要让这些卑微之人做社会的主人,相信他们能创造奇迹,克服艰难,不怕失败,这“有所不顺”。其第二义对剩余价值的解释,是马克思“年少”时对斯密学说“未加深察”,便花费毕生精力的结果,原本想借此改造民俗和凝聚人心，因"见理未真"，反而造成损害；他坚持唯物论，临事又忘记，以致所建立的程式与事理相违背者，"不胜枚举"；他不如斯密"切理餍心"，著述"直情径行"，全然不顾违反情俗，有负造物主所赋予的熔铸古今之大手笔，"自损其声望"；他"天才卓荦"，不难成名立业，留芳千古，却"限于"唯物论之"狭义"，"拘于"剩余价值论之"谬解"，留给后人的绝大多数著作，"愤世嫉俗"，"过当失中"，致使他旷世一见的"惊才绝学"，存在"缺陷"，为世人"诟病"；他的"特别之功"，在于"警觉"劳动者以自知责任与地位，以及"发明科学新理"，使全世界劳动者努力进取，以达到灿烂光明境界。

认为马克思"危言激论"，包含"扰乱种子"，然而以"盖世雄才"，敢于"怒吼"；他有浩然之气，"不慑于利害，不屈于威武"，不以时局绝望而胆怯，不以舆论反对而退缩，"守死不变"，只愿造福于人类以实现梦想；他针砭末俗，足以为后人"师表"，他蔑视富贵王侯，以贫民解放为己任，辛苦坚毅地坚持 40 年，足以使那些自私自利者羞愧；在 19 世纪的经济学家中，无人能与马克思的天赋才能"分庭抗礼"，他的名声为世人所重，不在于解释剩余价值，而在于揭示工场制度的演进，阐述社会的转型；马克思以经济为主，强调经济学的重要，使研究社会学者集中智力于此，将来的收效未可限量；马克思研究近世经济的性质，阐明资本制度的历史，超过一般史学家去论证自由竞争制度将土地、资本与人分开，"其制流弊孔多"，如今大势趋于"理想更高，范围更广"的社会，使世人知道社会主义是社会发展的"中枢"，由此可以确定马克思学说的地位。

《泰西民法志》译本关于马克思及其学说的评介，就其内容的篇幅而论，此前罕有其匹者。只有 1903 年的《近世社会主义》译本，在评介马克思学说方面，与前者体例有些相似，但内容尚不及此，而且其相似之处，还容易让人产生后者原作似乎引用或参考前者原作的感觉。与当时流行的中文著述之评介马克思学说相比，《泰西民法志》译本有共同的地方，也有其特殊之处。一是此译本从其译文表述和译名运用看，显然不是译自时髦的日文著述，很有可能直接译自其英文原著。这同时意味着，译者对于十年来，国人大量从日本引进有关社会主义和马克思学说著述的过程中，所逐渐形成的一套转译舶来思想的表达方式，不是比较陌生，就是有意抵制。一旦离开这套大体上约定俗成的话语系统，想以通畅明白的方式翻译表述原著的理论涵义，颇为困难。译者自称翻译时记事不难，述义则难，大概与此有关。同样，译本中关于马克思生平事迹的介绍，大体清楚无碍，关于马克思学说尤其经济理论的介绍，则生涩阻滞，难以卒读，其中不少古奥、不通或矛盾之处，除了原著和译者理解方面的原因外，恐怕就是受制于不同译文话语系统的缘故。在当时的环境下，偏离业已存在的主流话语系统，试图在国人习惯于借用日文词汇和日本式表达的翻译格局之外，直接按照西文原著，另创一套以文言汉语为主的翻译语言系统，看来是不成功的。其结果,《泰西民法志》译本不仅译者感到难以转述,读者感到难以理解,连这个译本自身,也很快被时人遗忘了。这部由英国名家撰写的专门论述西方社会主义史的早期中文译著,在后人记录西方社会主义传播于中国的史册里,几乎没有留下它的痕迹。

二是此译本介绍马克思及其学说的内容,从生平到学说、从理论到实践、从专题到比较,特别集中于介绍其唯物史观和剩余价值理论,相当丰富,其中的理论内容也包含马克思、恩格斯原著的一些片断,大多数由作者转述而成。早先引进马克思学说尤其经济学说,一般采用间接的转述方式而非直接的原著翻译方式。那些专题介绍马克思经济学说的著述,往往按照马克思原著的逻辑顺序予以介绍,如《近世社会主义》译本之介绍《资本论》第一卷;或者突出马克思原著的若干内容予以重点介绍,如朱执信的《德意志社会革命家列传》之介绍《共产党宣言》与《资本论》。《泰西民法志》译本与此不尽相同,它的转述,带有更多的评论性内容。如译本中也接触不少《资本论》第一卷里的有关观点,但按照转述者的眼光来取舍、编排、简化和概括,穿插着各种非马克思原有的表达方式和解释评点意见。这种夹叙夹议、转述与评论交叉混杂在一起的介绍方式,常常使人分不清所介绍的内容,究竟是马克思的原意,还是转述者的意思,很容易混淆或曲解马克思学说,再加上翻译上的缺陷,更加模糊了二者的界限,强化了这种混淆和曲解。此译本曾多处引用马克思、恩格斯的原话,可是恰恰在它最为注重的马克思经济学说的介绍中,很少作这种引用。它引述的那些原话,大多见于有关各种组织机构建立的宣言、章程和讲演,有关国家的论述,有关马克思功绩的评价等,这些引述,或是用来表示那些组织机构的性质和作用,或是用以证明马克思学说的最终目的,或是用作批评马克思学说的标靶,都不是为了客观介绍马克思经济学说。与此同时,《天义报》已在尝试忠实和完整地翻译马克思、恩格斯原著,而此译本对马克思学说的介绍,尽管其内容丰富,却以这种模糊不清的面貌出现,孰优孰劣,历史作出了明确选择。

三是此译本对于马克思学说,尤其对马克思的剩余价值学说,给予否定性评价。表面看来,此译本对于马克思其人其说,堆砌了许多溢美之词,似乎推崇备至。其实,真正值得注意的,是评价中的两个关键点。其一,认为马克思学说"宜于昔不宜于今",只适用于过去而不适用于现在,也就是过时了。其二,认为马克思的个人学识、能力、品性值得大加称述,但用错了地方,用于激进的革命学说,"自示其弱点","自损其声望"。这两点评价,集中到一点,就是全盘否定作为马克思学说根基的唯物史观与剩余价值理论。在它看来,唯物史观的错误,在于过分强调物质因素在社会历史发展中的基础性作用,忽视了精神因素的支配性作用,与历史事实不符;过分抬高卑微的劳动者阶级在社会中的地位和可能拥有的治理国家能力，贬低了资本家阶级曾经推翻封建专制统治的历史贡献和担负民生重任的现实地位，主次颠倒。剩余价值理论的错误，在于过分强调劳动是创造财富的源泉，忽略了管理才能与智慧等其他因素，见识不广；过分偏向劳动者应当获得剩余价值，未看到那是自给自足时代的产物，以及资本家创业和投资风险理应得到的回报，至于"非正当"资本家之狠毒奸诈，只是例外现象，"自当别论"。它也提到马克思学说的一些可取之处，如"警觉"工人以提高其地位，使学者关注经济及经济学等，但放在次要地位。它感兴趣的是所谓马克思学说中也有等待经济发展条件成熟的"和平"条理或"柔和进化"因素，但批评马克思只重视规律，不懂得"善变"，结果落入鼓吹"暴激"、"破坏"、"扰乱"的革命"狂热"或"极端"之中，其后人泥古不化，又使马克思学说成为束缚工人的固定教条，据此，它最后落脚于宣扬以伯恩施坦和第二国际机会主义为代表的和平改良与阶级调和路线。这些论点，在当时国人引进马克思学说的语境中，与倾向马克思学说的无政府主义报刊载文之流行激进的革命观点相比，不合时宜；与反对马克思学说的传统渐进改良论调相比，又显得过于曲折晦涩。所以，《泰西民法志》译本问世不久即湮没无闻，除了翻译因素外，还有其他的时代因素。与此相伴，译本中介绍马克思经济学说的诸多内容，也未能随之流传，有待以后它的重译版本再次出现，其内容才重新引起国人的关注。

5.《东方杂志》的评介

对于马克思经济学说，此杂志的基本态度，一如前述欧阳溥存的《社会主义》与《社会主义商兑》二文，既正面介绍，又负面批评，介绍的目的，是为了批评。例如：

1912年5—9月连载高劳重译幸德秋水的《社会主义神髓》，其中关于马克思学说的译文内容，比起1903年的初译本，应当说有比较明显的进步。如引用恩格斯的《共产党宣言》1888年英文版序言、以及《社会主义从空想到科学的发展》中关于唯物史观和社会主义前途等论述，比初译本更为贴切和清晰；介绍马克思的剩余价值学说，比初译本更加通畅和明了；弥补了初译本所遗漏的马克思有关资本家制度来龙去脉和敲响资本主义私有制丧钟等重要论述；更好地展示了幸德氏原著以马克思、恩格斯学说、特别是以恩格斯的《社会主义从空想到科学的发展》一书作为其重要参考依据的鲜明特征。但是，此重译本认为包括马克思学说在内的社会主义有研究的价值，并非肯定这一学说，而是担心它会带来危险，因此强调预作准备，趋利避害，把对社会主义"真髓"的了解，最后落实到刻不容缓的社会政策方面，也就是回到《东方杂志》的一贯立场上。

1912年发表的《论各国社会党之势力》译文，其中提到：德国社会民主党作为世界社会党发展的先导，由拉萨尔党与马克思党合并而成，党内派别的这两大潮流至今“并驾齐驱，相为雄长”，近年又出现伯恩施坦“修正派”，在党内成鼎足之势；各派“长驱而前”，相互交锋，它们有“倾覆资本主义，厉行社会民主”的共同目的，“人共一心，心共一理”，同仇敌忾，无形中化解了相互间的矛盾；英国社会民主同盟会是“极端”马克思派，日本社会党也属于马克思派。这是把马克思主义混同于拉萨尔主义，混同于伯恩施坦的修正主义，尽量弥合其中的矛盾。稍后发表钱智修翻译的《法国社会党之势力》一文又说：社会主义“发酵”于法国，马克思派“急激的革命方法”传入法国后，其社会党“参取”马克思学说制定其政纲，构成许多不正确观念，“徒托幻想”，随着社会主义的无孔不入而带来危险，需要极大的才能加以“匡正”。其匡正的方向，大概就是钱氏一向主张的和平改良的社会政策。1914 年发表的《欧美劳动者之独立自助运动》译文也说：欧美劳动组合的纲领有两种，一种是实现未来理想国家的“过激”思想，一种是抛弃未来空想而专务获得当前利益的“较为和平”主张；前者向劳动者头脑中注入“阶级战争”观念，由拉萨尔派和马克思派所提倡，后者强调资本与劳力的“利益之调和”，一门心思提高劳动者的生活水平；前者所说的社会主义，“吾人所不取”。这样把前文的匡正涵义，说得更为清晰和具体了。1913 年底发表的《理财学沿革小史》一文，介绍“社会主义派”经济学时说：社会主义派极力反对斯密的个人自由主义学说，主张国有土地、共有财产学说，以大多数人的幸福来压制个人，个人反而不得自由，“受社会之专制”，其学者中“有名”的是法国的圣西门、傅立叶、布朗基、路易·勃朗，德国的洛贝尔图斯、马克思、拉萨尔等人。由此也使马克思混迹于一般的社会主义经济学者，作者真正感兴趣的是德国式“国家社会主义派”经济学或“讲坛社会主义”，认为它区别于社会主义派经济学，崇尚自由又不流于放任，“立说最完全”。可见，此文向《东方杂志》投稿，正可谓人以群分，物以类聚。

1915 年转录晓洲的《挽近社会主义之派别与宗旨》一文，其中提到：马克思学说昌盛以前，傅立叶学说在法国劳动界有极大势力，其势力自马克思学说出现后“稍杀”；“科学的社会主义”以历史事实为立论根据，通过研究以往和现在的社会制度来推测未来社会，马克思为其“中枢”，它盛行于 19 世纪末叶；马克思学说包括“余值”与“资财由渐汇聚”两大学理。关于“余值”，指物价扣除工本费用后，资本家按其资本所得的“余利”；如制作靴子花费人工及原料 2 元，其售价 3.5 元，差额 1.5 元即资本所得，就是马克思说的“余值”；这个理论依据李嘉图的“物值论”，一切货物的价值取决于制造货物的“工作力”，马克思也以货物的价值乃“人力”工作的“精液”；如工人为雇主作工，一天的制造物售出 1.5 元，除去原料 0.5 元，雇主与工人各得 0.5 元，制成货物全是工人之力，其价值“理宜全归之于工人”，但雇主凭借资本“操纵其间”，不用力坐收 0.5 元之利，造成对工作者的“不公允”；资本家与劳动者处于“绝对相反”地位，不断冲突，资本家为了增加其“余值”，使用延长工作时间和减少工资等层出不穷的方法，劳动者不得不激愤应战，结果必然是劳动者胜利，因为这符合劳动（人力）创造价值的学理。关于“资财由渐汇聚”，这是个人私产制度的“天然效果”；大资本家与小资本家竞争，大者必胜，小者必败，由此往复，未来全球资财必将汇聚于极少数人手里，绝大多数人必将成为无任何私产的劳动者；劳动者必将借助于革命“利器”，一朝爆发，把极少数人的全部私产，没收归社会公有，“公立”政府代替少数人的操纵，指挥和经营全国的生产；所以说，私产制度必然遵循资产集中于极少数人的“公例”，又必然引起劳动者革命，这是私产制度被推翻的“自杀之道”，也是实现共产制度的“终南捷径”。以上介绍，集中于马克思的剩余价值理论和资本积累理论。

对此，文中评论说：马克思风靡于19世纪末叶，在欧洲占有绝大势力，但后来的学者研究认为，马克思所揭橥的“二大学理”，既无科学价值，也与事实背离；马克思所说的价值依据李嘉图学说，而大多数经济学家斥责李嘉图之说为“诬妄之说”，并证明物品的价值应以该物“末极之实用”即边际效用为标准，既然李嘉图学说已被推翻，马克思的剩余价值学说自然也没有立足之地；马克思的资本积累学说，事实足以证明其不确切，如农业领域的小农日渐扩张，工商业领域的零售小商业不可缺少，今日风行的托拉斯并非少数大资本家所私有，由千百个零星小股东所共有等等，这表明马克思的资财汇聚和小资本灭绝之说，“不合乎事实”。它还说：根据马克思学说，个人制向社会制的更替，是一个自然现象，等到将来资本集中于极少数人手里，由多数人采取革命举动，达到共产目的将“易如反掌”；即使如此，这一办法亦“非完美易行”，因为关系人类根本的事情，决不能采取“强权”方式，要避免各种损失，只有通过法律和教育逐渐使人们的觉悟臻于完善，才能实现制度更替的“佳美”效果。这些评论，借助西方流行的边际效用和股份公司等理论，否定马克思经济学说的核心内容，其理由为以前的批评言论所少见，这或许也可以算作此文的“新意”。另外，它把马克思的资本积累理论与剩余价值理论并列，共称为“二大”理论，虽不合适，却首次在介绍马克思经济学说时，将资本积累理论放到突出位置上而为国人所了解。它对这一理论的解释，带有自然而成的宿命论倾向，同时坚决反对多数无产者最终通过革命夺取少数大资本家权力的“强权”方式，结果仍落入不改变现行基本制度和不损害基本利益格局的国家社会主义窠臼。

这一时期《东方杂志》关于马克思经济学说的评介，形式多样，其宗旨始终如一。它对中国的落后现状忧心忡忡，想从先进的舶来思潮中找到能够有效改变这一落后面貌的指导性真理，但又先行设限，坚决反对走过激革命的道路。于是，它不排斥介绍马克思经济学说，时常还给予颇为可观的篇幅，在这一点上，比起主张激进无政府主义的师复等人进了一步，不过，它又将这一介绍有选择地限制用于批评和否定的范围内。它介绍马克思经济学说，既不同于《天义报》、《新世界》等刊物重视翻译马克思、恩格斯原著，也不同于《泰西民法志》译本给予马克思经济学说以比较细致的解释，而是一切服从于其和平改良的宗旨。

6. 其他著述的评介

本时期评介马克思经济学说的著述，线索纷杂，除了上述评介，还有其他一些比较突出者。例如：

1913年发表在《独立周报》上的《论社会主义》一文，曾列举现代社会主义学派，其中：马克思、恩格斯批评现代资本时代说，今日资本时代，制造货物自由竞争，没有机关可以"节制"；因此，资本家的制造，难以预计将来的销售，有时市场兴旺，生产有厚利，有时货物滞销，市场萧条，劳动者的生计"旋得旋失"，经常有多数失业者等待作工机会，不得不压低工资，"永远不能有所增益"，这些都是"私产资本"的为害；除去此弊，"须兴公产之制"，由国家规定组织经济事务，在"过渡时代"，应当以国家的强迫力量干涉私产与资本。马克思与恩格斯观察历史，采用"物质的历史观察"，认为人类文明中的政治、法律、社会现象、精神生活、以及高远的宗教和哲学，都决定于"生计之制度"，经济制度是一切文明的"基础"，是造成历史的"原因"。这一介绍，主要涉及马克思、恩格斯学说中，有关资本时代私有制和自由竞争造成生产无政府状态从而导致工人失业与贫困的理论，以及唯物史观。对于前一理论，它更多地停留在现象层面，提及资本私有制的为害，未深入到剩余价值理论；对于后一理论，它提到"物质的历史观察"概念，又予以绝对化，不是从归根到底的意义上介绍经济基础对于上层建筑的决定性作用，机械地把经济制度说成直接决定了每一种非物质现象乃至"高远的"宗教与哲学。此文承认包括马克思学说在内的社会主义有其科学性、合理性，但坚决否认社会主义可行于中国，其理由是不具备实行的政治和经济条件，也不符合人类的利己本性和人口增长的自然法则。这些理由，在那些批评马克思学说和社会主义的言论里，已是司空见惯，只是此文表现得不那么激烈而已。

1913年增订再版的《经济政策要论》译本，提到经济政策研究方面，包括马克思在内的几位著名学者，不同意"正统经济学派"提倡自由放任，以社会分配更加不调和，贫困者日益陷于悲惨境地为理由，鼓吹社会主义思想，但他们的研究仅涉及分配与保护劳动措施，不涉及其他。又介绍说：19世纪的社会主义，以洛贝尔图斯为"先锋"，以马克思为"中锋"，德国社会党由此得到巩固而发展到今日；马克思1818年生于德意志特利尔城，犹太人，著有《关于自由贸易的演说》、《资本论》，被德国放逐，创立国际工人协会，1883年卒于伦敦；

马克思谈论的共产主义，主张一律平等分配，与主张按劳分配的社会主义不同；等等。这些评介马克思经济学说的内容，从经济政策角度，谈到如何克服个人主义经济的流弊时，附带言之。其主旨为了说明，社会主义主张从破坏现行社会的根底入手，“持论激切”，往往通过“暴动”危害社会安宁，遭到众人谴责；区别于这种“过激”言行，“社会政策主义”或“社会改良主义”应运而生，主张在现行社会组织的前提下，实行改良，使社会一般人得到满足，又防止“危险思想”的萌芽。在这里，马克思经济学说只是作为社会改良主义的对立面而存在，既然属于被批评被抛弃的对象，自然也不需要对其理论体系给与认真细致的介绍，附带提及即可。

1914年初版的《傅克思氏经济学》译述本，更加简略地附带提到：近世以来社会上不断出现各种不平等现象，足以影响经济学说的变动，于是产生所谓社会主义，先是圣西门、路易·勃朗等人提倡于法国，继之马克思等人兴起于德国，风靡一时；社会主义学说认为，现在社会贫富悬隔，民生疾苦，都是资本家“独揽利权”所造成的，对此，补救的办法，只有将一切必要的生产资料“归诸公有”，“废弃资本私有制度”；社会主义流派颇多，其说“不可厚非”。看来，这一时期引进的经济学著述，一般描述经济学的历史沿革时，意识到以前主张个人自由放任的正统经济学之缺陷，或由此造成现实中贫富差距扩大之弊端，于是承认社会主义经济学的产生并非空穴来风，有其时代原因，进而提到作为其代表人物之一的马克思及其经济学说。此外，本时期的经济学著述，不同寻常地陆续提到马克思经济学说，还有一个原因，国人受日本学者的影响，对来自德国的所谓国家社会主义或讲坛社会主义，发生明显兴趣。这种以社会主义为标榜的资产阶级改良主义，像前一译本那样，将马克思经济学说作为其对立面，或者说，出于区别和批评的需要而提到马克思经济学说。此译述本对马克思经济学说的态度，似乎不如前一译本之褒贬鲜明，有些暧昧，曾表示社会主义经济学说“不可厚非”，其实无大差异，它的介绍最后仍乞助于德国式国家社会主义：认为社会主义企图破坏现有经济组织，废除资产私有制度而归诸公有，在此基础上建设一个新社会，国家社会主义与之不同，仅仅打算改良社会，“不希望社会革命”。这种介绍方式，面对如何纠正正统经济学的缺陷和现实社会的弊端，采取归类的办法，把马克思经济学说归入主张破坏或革命的一派，与归入主张改良的一派相区别。所谓破坏或革命一派中，无论科学还是空想、合理还是庸俗的观点，统统混杂在一起，马克思经济学说被抽象成一副空架子，只是用作对立于社会改良主义的经济学，与其他空想社会主义或非马克思派社会主义的经济学，几乎没有什么差别。这也是当时舶来经济学著作介绍马克思经济学说的比较通行方式，依此方式，除了个别例外，难以期待此类经济学著作对于马克思经济学说会有较为忠实和深入的介绍。

1915年初版马凌甫翻译的《国民经济学原论》译本,勉强可以算作一个例外。顾名思义,可以感到此译本受德国经济学的影响。谈到共产主义、社会主义发生或发展于英国和法国时,它说:此后继承其说而集大成者,反见于德国的马克思、恩格斯、洛贝尔图斯、拉萨尔等人,他们都极力主张于此,成为近代社会主义学者的"中坚",社会主义由于他们的研究,"整然"形成一种学说,世称"近世社会主义"或"学理的社会主义"。谈到社会主义的分配方式时说:按照劳动结果分配,为马克思一派之说,或酬劳法为圣西门及马克思派的主张,根据智愚强弱之别,适应不同的劳动种类,取得不同的劳动成效,财产分配应以劳动的种类与成效为标准。谈到社会主义的理由时,引用马克思的话说:一人一天劳动6小时,足以获得维持其生命的资助,这个劳动时间,是人类生活"必要之劳动时间",如今劳动者"实际之劳动时间",往往在12小时以上;必要劳动时间生产的结果,以工资名义支付,实际劳动时间生产的其余结果,不归于劳动者而尽被资本家"强夺",劳动者终年勤劳而仅够糊口,资本家却长年坐享"剩余价值"的利益;由此社会贫富悬隔益甚,人生幸运差别愈远,成为"虚伪社会",故主张根本改革现有社会组织,改变虚伪社会,实现"真正社会"。谈到"强夺"时解释说:这是指一切生产物来自劳力,本应归劳动者所有,可是劳动者只获得其一部分,资本家凭借私有财产的权势,造成贫富差距,压倒劳动者,强夺生产物的大部分;一般认为此说为马克思"创论",其实出于蒲鲁东之口,不过蒲氏提倡无政府主义,马克思提倡社会主义。谈到马克思的唯物论时解释说:马克思一派"学理的社会主义",将"唯物的人生观"奉为圭臬,以为物质幸福为一切幸福之母,可以单独依靠"分配之公平"来期待理想社会,这种"学理的社会主义",比起圣西门、傅立叶、路易·勃朗等人主张人类性情圆满发达的"妄想的社会主义",还要"稍逊一筹"。

马凌甫的这个译本,是李佐庭的《经济学》译本之后,又一本译自日文原著而较多论及马克思经济学说的经济学著作。马氏译本的评介,以更为清晰的表述,集中于马克思学说使社会主义由"妄想"发展到"学理",其要点在于剩余价值论和唯物史观。它对这两个要点的介绍,像李氏对于马克思经济学说的介绍一样,极为粗糙和肤浅,而且带有曲解之意,如把马克思的剩余价值论混同于蒲鲁东的掠夺说,把唯物史观庸俗化等等。显然,它的意图不是深入准确地介绍马克思学说,是从经济学角度大致确定其性质,然后施以否定性评论,在作者是用来表明学理的社会主义应由社会改良主义取而代之,在译者是用来佐证引入学理的社会主义以适用于中国,乃饮鸩止渴的"自毙"之举。在这一点上,它同李氏译本,异曲同工。从形式上看,李氏译本对于马克思经济学说的批评,指名道姓,针对性极强;马氏译本的批评,不是直接点名马克思经济学说,好像面对整个社会主义阵营,其实针对的主要对象仍是马克思经济学说，而且搜罗的批评理由也更加系统和多样，成为那一时期国人批评马克思经济学说所参考和借鉴的范本。由此也可以看到，在本时期，尽管触及马克思经济学说的舶来经济学著述逐渐增多，显示出经济学传播领域新的发展趋势，但比起社会主义思潮传播领域评介马克思经济学说的内容在数量和质量方面的显著增长，仍相形见绌，单薄了许多。其中一个重要的制约因素，经济学著述受正统支配观念的影响根深蒂固，对于非正统的社会主义经济学说，尤其对于视之为过激或极端的马克思经济学说，抱有强烈的偏见，基于批评或否定的冲动，很难在评介马克思经济学说方面，保持公正客观的态度。社会主义著述，虽然也不乏质疑和批评马克思经济学说的观点，尤以社会改良主义思想极为流行，但此类著述更多地以缓和或解决社会经济矛盾与弊端为其目的，不同于大量经济学著述主要出于维护现行社会经济制度的意图，因而随着社会主义著述传入中国的不断增多，也为马克思经济学说的引进和扩展，培育了适宜的思想土壤。

（二）马克思经济学说传入的思想条件

从社会主义思潮的传播看，本时期比起前一时期乃至以前时期，出现一些新的情况和特点，值得注意。

其一，马克思经济学说的评介与社会主义思潮的传播二者之间的关系，更加紧密。以前时期尤其是前一时期，有关马克思及其经济学说的评介，主要见于个别刊物或个别人士的著述或译作，似乎与社会主义思潮的传播形势有些脱节；或者说，社会主义思潮传入中国过程中所引起的各式各样的理解、反应和争论，很少甚至几乎没有反映在马克思经济学说传入中国的有限内容之中。所以，以前考察马克思经济学说传入中国的历史轨迹，曾用相当大篇幅考察社会主义思潮在中国的传播背景，借以说明马克思经济学说的传入不是孤立的，也不是如有限的评介资料表面看起来那么简单和微弱，有其更深的寓意和由弱渐强的发展趋势。本时期，这种脱节情况明显改观。更多的人在引进或论述有关社会主义的论题时，把评介马克思经济学说作为其中一部分内容，或者附带提及，或者放到十分重要的地位。由此而来，围绕社会主义问题的各种解说、讨论和商榷，不同程度地直接体现到有关马克思经济学说的评介中，使之逐渐深入下去和丰富起来。如果说，以前的考察，需要借助社会主义思潮的传播背景来分析马克思经济学说的传入意蕴，那么，现在的考察，大致可以通过马克思经济学说的传入资料来判断社会主义思潮的传播趋势。这也意味着，有关马克思经济学说的评介，开始形成相对独立的思想资料，不再混同于一般社会主义的思想史料。

其二，社会主义思潮的评介者中，分化为和并存着各种不同的代表人物。以前时期，在评介社会主义思潮方面，尽管分作不同的阶段，但每个阶段的代表人物相对说来比较单纯。例如,最初阶段社会主义思潮刚传入时,国人面对这一陌生的新思潮,尚以猎奇式介绍和累积型引进为主,谈不上具有独立观点的代表人物,后来接触社会主义是否适用于中国问题,产生不同的论点,只能算作初步的萌芽。随着国人对于社会主义思潮逐渐有所了解,论战阶段形成社会革命派与社会改良派相互对立的两派代表人物,其阵营线条简洁、清晰而又突出;公开的论战进入尾声时,无政府倾向的代表观点顺势而出,对前两派的基本思想均予以反对,表现出与论战时期的对峙有所不同的新一轮对峙,惟其阵营线条似以一方的独脚戏为主,几乎听不到对方的声音。进入前一阶段,社会革命派的观点仍在持续,却不如论战时之坚挺和强势,社会改良派的观点重整旗鼓,卷土再来,声势在其对手之上,然而此消彼长,社会革命派观点的受挫,代之以无政府主义观点近乎一枝独秀地上扬,在社会主义思潮传播领域一度占据起着支配性影响的优势地位。总的看来,前面各个阶段有关社会主义思潮的评介,轮番产生过各种代表人物,曾领一时风骚,具体到每个阶段,通常以某类代表人物为主,其他人或者为辅,或者不足以成为代表人物。到本阶段,国人中的各类代表人物经过分化组合,同时并存,各自表达对于社会主义的不同认识、理解和态度,相互比较和争论,形成社会主义思潮传播过程中由简单趋于复杂的一种气象。其中:孙中山代表社会革命派,一贯坚持社会主义在中国的适用性,现在更主张付诸实施的可行性,只是他所说的社会主义,钟情于乔治的土地单税论,主要见之于 1912 年的讲演宣传,自此以后,他和他的支持者们,由于注意力的转移,无暇关注社会主义问题,但其影响力依然存在。无政府主义派别的代表,继"天义派"和"新世纪派"之后,发生分化,以煮尘和《新世界》为代表的一派,较为缓和,与孙中山结成暂时同盟,认为可以借助国家桥梁实现无政府社会主义目标;以师复为代表的另一派,更加极端,极力排斥有悖于无政府共产主义之纯粹性的任何倾向;在社会主义思潮的传播中,无政府主义派别不仅继续与外部的其他社会主义派别或非社会主义派别论争,而且转移到内部的正统与非正统之争。《泰西民法志》译本,代表的是日文著述来源以外的西方社会主义著述,其评介内容和表达方式,别具一格,同时也是一些日文著述的参考依据和资料本源,它的出版,为比较系统地引进社会主义思潮,增添了更为丰富的内容,但它偏离当时趋于约定俗成的翻译体例或范式,自行其是,流传时受到诸多限制,终致昙花一现。社会改良派的代表性观点,延续梁启超的意见,较多见于《东方杂志》等报刊,其形式更加多样,理由更加拓展,显示出此派观点具有相当广泛的思想基础,而且从始至今,无论在哪一个传播阶段,都可以看到其踪迹,发展到本阶段,它已经形成能够与社会革命派和无政府派等派别持续抗衡的势力。这些派别势力,本时期也有起伏涨落,但它们从过去时间上的先后继起,到现在空间上的同时并存,反映了社会主义思潮在中国的传播，进一步引起各个利益集团及其代表人物围绕这一思潮的不同取舍和斗争较量。这是社会主义思潮与中国实际相结合而深入传播的标志，也是在斗争较量中比较和选择用什么样的社会主义思想指导中国未来发展道路的表现。

其三，有关社会主义思潮的评介内容里，透露出若干变化迹象。以上评介社会主义学说时贯串评介马克思经济学说的内容，以及各种有代表性的评介观点同时并存等，均可视为本时期社会主义思潮传播的变化迹象。此外，对社会主义条脉的梳理更为细致、对社会主义理论的引进更为深入、在社会主义学说中更加集中于其经济学说的阐述和解释等等，既系时势发展之思想演进，亦反映了变化的迹象。这里以国家社会主义概念为例，着重指出其评介内容的变化及特点。国家社会主义的概念引进颇早，其涵义亦较模糊。最初似乎在社会主义思潮影响下，凡是利用国家政权针对现行社会弊端的各种社会革命或社会改良观念与行为，均可归入国家社会主义范畴。这种认识，在论战时期为对立的双方所运用，引入马克思学说以提倡社会革命的一派如此，质疑马克思学说以主张社会改良的一派也是如此。同时，有个别人提出，国家社会主义专指德国俾斯麦政府的相关社会政策，甚至是专门用来对付德国社会民主党的措施，根本不应算作社会主义，这一说法孤立无援，并未产生什么反响。此后，随着无政府主义思潮的抬头与得势，其他社会主义观念统统被纳入有政府的异类，由此更加强化了国家社会主义的笼统概念。在无政府主义者眼里，无论马克思学说要求打破现行社会组织，还是改良派学说主张保存现行社会组织，抑或是现有政府采取某种缓解社会矛盾的调和措施，它们在保留国家这一点上是共同的，都属于国家社会主义，没有什么根本的区别，均不如无政府的社会主义或共产主义之纯粹和正宗。到本时期，这种笼统的国家社会主义概念，开始发生分解。一方面，强化的趋势仍在继续，不仅来自无政府主义一方的推动，还来自社会主义一方的评介，特别在评介马克思学说时，更加紧密地与评介拉萨尔和洛贝尔图斯的学说联为一体，给人留下这样一种印象，拉氏和洛氏企图利用旧国家政权进行社会改良的国家社会主义思想，与马克思学说同属一类。另一方面，无政府主义阵营内部的分化，引发对于国家政权的不同评价，其妥协或平和一方，认为不能马上消灭国家，可以利用国家作为津梁实现其目标，况且马克思、恩格斯的国家自行消亡思想，在最终目标上与无政府主义一致，故注重推荐马克思学说并不再突出它的所谓国家社会主义特征；其过激或极端一方，则认为任何企图保留国家政权的意念，哪怕是暂时的，都不能允许，必须坚决予以抵制，因此对马克思学说不屑一顾。再一方面，也是更值得注意的方面，受日本思想界的影响，同时也出于国内一些党派自身的需要，在社会主义思潮的传播过程中，相继引进一批反映德国国家社会主义或讲坛社会主义,以及第二国际机会主义的内容;这些内容,大多反对以马克思学说为代表的主张根本改变现行资本制度的社会主义思想,赞同维护现行资本制度的社会改良或社会政策思想,并以国家社会主义或讲坛社会主义作为其理论依据和经验参考;这个变化,在支撑社会改良主义思潮的同时,也对国家社会主义概念重新定义,将其变成社会改良主义的专用概念,从而与马克思学说区别和划分开来,实际上突出了马克思学说的独立地位。国家社会主义概念的演变过程,反映了国人对于社会主义和马克思学说的认识在逐步深化。

从西方经济学著述的传播看,这一时期延续前一时期的进展,一些变化因素在继续积累,如数量不断增加、领域不断扩大、自撰或编述比例不断增长、来自日文著述以外的西文著述译本不断增多等等。这里特别指出两种现象:一种是在中文经济学著述里,涉及社会主义的内容明显增加。这些内容,谈到以斯密为代表的传统或正统经济学提倡个人主义和自由竞争,由此造成社会贫富差距日益扩大的严重弊端时,不得不正视旨在纠正这种弊端的社会主义思潮之兴起;而且与社会改良主义思潮相呼应,对主张激进革命的社会主义思想持批评反对的态度。即便否定的意见占据主导地位,然而引进的重要经济学著述不能回避社会主义问题,已成事实。这表明,西方国家的社会弊端,已经严重到无法调和的地步,导致第一次世界大战的爆发,大大推动了社会主义思潮的传播,并从一般社会主义著述领域渗透到经济学著述领域,又随着西方经济学著述的翻译或转述,传入中国的经济思想界。另一种是在中文社会主义著述里,运用经济学分析方法的论述明显增加。这同国人往往把社会主义问题理解为经济领域问题或经济分配问题有关,也同经济学知识在中国的流行与普及有关,还同舶来经济学著述讨论社会主义问题时,依据经济学理由评介或批评社会主义观点的专业分析有关。两种现象交织在一起,意味着社会主义思潮的传播与西方经济学的传播二者,正由原来的相对比较隔膜走向相互融通,从而为马克思经济学说的传入和扩展,创造了更为开阔的思想条件。

(三)马克思经济学说的传入特征

上个时期比之以前,马克思经济学说的传入已经发生较大变化,到本时期,这一传入仍在继续扩展其变化趋势,并在若干方面带来新的突破,进而在俄国十月革命以前,为马克思经济学说传入中国的内容、范围与影响,奠立了基本的格局。以后马克思主义经济学在中国传播的发展和突破,都离不开这个既定的历史前提和已有的思想基础。

第一,尝试运用马克思经济学说分析解决中国实际问题。20世纪初论战前夕,最早提出社会主义是否适用于中国的命题,惟侧重论点,鲜有论证;论战时期,这个命题作为争论焦点之一,得到充分发挥,把它提到中国未来指导思想的选择对象的高度;自此以后,凡是用心评介社会主义思潮的国人,不论自行撰述或翻译国外著述，都不能回避这一命题，使之或隐或显地一直延续下来。可是，这个命题也有明显的漏洞。首先，它所说的社会主义，无所不包，不是一个内涵清晰的准确概念，不同的人可以有不同的理解，随着时间的推移，引进的社会主义观点和解释越多，未经科学的梳理，其内容更加芜杂，其涵义也更加模糊。其次，使用者常常按照自己的理解和偏好，谈论社会主义在中国的适用性问题，他们心目中的社会主义，随心所欲，难免误读、曲解甚至完全偏离社会主义的科学涵义，或者捡拾社会主义概念的一些皮毛，或者说的根本就不是真正意义上的社会主义。那个时期，笼统提出社会主义适用于中国的命题，有其进步意义，也有其历史局限性。本时期，以孙中山为代表，提出马克思《资本论》为"真正纯粹"的社会主义奠定了系统的科学体系，是社会主义的"真髓"，《资本论》的资本公有学说，正在成为各国执政者和学者谋求治理国家所应当参考的重要理论。这说明他本人在思考中国的治理方针时，也开始把马克思的资本公有学说当作重要理论依据，比当初社会革命派在论战时泛泛而论社会主义尤其国家社会主义在中国的适用性问题，更为鲜明。在孙中山的临时同盟者里，煮尘也表示，对于马克思学说，我国人应当"共闻"、"共见"之，我党人应当"崇拜"、"景仰"之，俨然把马克思学说奉为治国治党的楷模。这些观点，公开直率，以前不曾见过，预示马克思学说正从一般社会主义思想中划分和脱离出来，直接成为国人用来分析和解决中国问题的选择对象。这种尝试同样有其历史的局限性，如孙中山错误地将马克思的资本公有学说等同于乔治的土地公有学说，煮尘荒唐地从马克思学说中发掘无政府主义的共同点等等。但不可否认，运用马克思经济学说分析和解决中国实际问题，从历史的逻辑看，是选择马克思学说作为中国指导思想的最初而又重要的一步。从这个意义上说，本时期的这一尝试，是马克思经济学说传入中国过程中的一个突破。

第二，第一次出现围绕马克思经济学说的争论。以前围绕社会主义的争论，隐含对于马克思经济学说的不同看法，但从未形成专门针对马克思经济学说的公开交锋。这是一个逐渐积累的过程，随着日益增多的有关马克思经济学说的评介资料持续传入中国，一方面，给予肯定或部分肯定或表面肯定的意见不断出现，其资料从理论到经验、从历史到现实、从党派比较到马克思个人品质，持之有据；另一方面，予以批评和反对的声音从一开始就不绝于耳，到处弥漫，其理由花样翻新，搜罗备至。这个过程积累到一定程度，终于在本时期产生欧阳溥存的《社会主义商兑》与煮尘的《驳社会主义商兑》之间的争论。看起来，二文争论的题目是社会主义问题，其实，真正的核心问题在于如何看待马克思经济学说。这个争论也可以看作首次以马克思经济学说作为专题的争论，是又一个突破。争论的焦点，主要是马克思的劳动价值学说，批评或辩护财富的生产出自于劳动,以及一切财产应归劳动者所有的观点。批评者从社会分工条件下的社会劳动观念出发,否定财产只归劳动者所有的结论;辩护者同样基于社会劳动观念,相反地认为一切财产恰恰应归于一切社会劳动者所有。争论由批评者挑起,其主旨是在社会主义思潮的冲击下,坚持现有的资本私有制度,顶多做些改良式调节;辩护者奋起应战,其理由是将一切体力劳动和脑力劳动纳入社会劳动的范畴,以此否定资本私有制的合理性,维护社会主义的根本理念。在马克思的经济学说体系中,劳动价值论是其重要组成部分,是剩余价值学说的基础。就此而言,争论双方从这个基础性理论问题入手展开辩诘,有其意义。然而,双方的辩论停留在马克思经济学说的个别理论环节上,未及深入,便急于作出最终结论,结果双方除了各自亮出尖锐对立的观点,谁也没有试图说服对方,争论无疾而终。这也说明,围绕马克思经济学说的专题争论,刚刚起步,其深化仍在孕育过程之中。这个争论发生于倾向社会改良主义者与倾向无政府主义者之间,其辩护者并非真正信仰马克思主义,只是借用马克思学说的名义为其无政府主义目标服务,因而也谈不上真正为马克思经济学说的科学性辩护。尽管如此,这个争论是一个信号,它提示马克思经济学说的传入,已经发展到新的阶段,传入的推动者与反对者之间,经过多年的积累和酝酿,势必引发短兵相接的理论争论和优劣较量,特别是当马克思经济学说与国人解决自身问题的实践结合在一起时,情况更是如此。

第三,马克思经济学说的传入呈现新面貌。考察这一时期国人出版或发表的社会主义著述和译作,还没有出现有关马克思学说的专题作品,但涉及马克思学说尤其马克思经济学说的内容,大幅度增长,并且不像以往主要集中于个别刊物的载文或个别人物的著述,扩展分布于不同派别、不同刊物、不同人士的著译作之中。数量的增长,涉及面的扩大,同时带来质量的提升,形式的多样和特征的突出。

一是注重马克思、恩格斯原著的翻译和引用。《新世界》刊载施仁荣所译述的《理想社会主义与实行社会主义》,是继《天义报》刊载《共产党宣言》节译本之后,又一部按照马克思、恩格斯著作的原貌予以翻译的重要译本,而且比前面的节译本更加完整。这两个最早的原著译本,都出自具有无政府主义倾向的刊物,不能不说是马克思学说传入中国历史上的一件奇事。大概在中国的马克思主义者出现以前,一部分倾向无政府主义的人士既以革命派阵营中的激进分子面貌出现,似乎与马克思学说的革命主张最为接近,同时又未激进到极端或绝对的程度,以致与马克思学说划清界线,惟其如此,他们才会对马克思学说怀有强烈的兴趣,并率先将马克思、恩格斯原著引进中国。他们的引进,在选择和解释原著方面,显露出意在满足无政府主义口味的导向。如对《共产党宣言》译本,强调其阶级斗争思想;对《社会主义从空想到科学的发展》

译本，突出其国家自行消亡思想。特别对恩格斯的这部原著，几乎成了《新世界》同人一再引用马克思学说的主要出典，借以证明无政府主义的目标具有广泛的理论基础。此外，在各类著述里，不时出现引用马克思、恩格斯的论述片断或个别语录，这些内容仍以无政府主义的著述居多，但不局限于此，散见于各家，其中的重要者，主要涉及马克思在国际工人协会期间起草的宣言、章程和讲演，以及恩格斯对马克思学说的评价等。当时有关马克思学说的介绍，以转述为主，翻译很少见，难免与原意有偏差，不利于真实准确地理解，所以，出现通篇完整的原著翻译，尤为珍贵，而片断或零星的原文翻译，亦如珠玑。这些翻译文字的质量亟待提高，但本时期拓展原著或原文的学习、翻译和引进，终究是完整和正确地理解马克思学说的重要前提。

二是逐步聚焦剩余价值论和唯物史观的评介。以前国人介绍马克思学说，除了个别译本如《近世社会主义》具有明显的超前性，接触不少基本经济理论的内容，因而也很少为时人所理解和传承之外，一般是比较通俗易懂的知识性内容，如生平事迹、事件经过、党派斗争、具体措施、被浓缩概括或简化替代的观点概念等等，难以进入原著的学说体系作深入的理论性介绍，即使有所触及，也是浅尝辄止或隔靴搔痒。在本时期，这种徘徊在知识性表层的评介状况，仍十分盛行，同时有所改观，更多的评介内容，逐渐深入其理论性层面。其中比较突出者，如孙中山强调马克思《资本论》在社会主义从简单到科学发展过程中的奠基性地位，引导国人认识谋求大多数人的利益，根本在于解决经济问题，而解决经济问题的指导性理论，又溯源到马克思《资本论》。更为突出者，是《泰西民法志》译本对于马克思学说的理论体系，给予当时国内难得一见的详细描述和解释。它的介绍，就其理论部分而言，大量篇幅集中于马克思的《资本论》尤其剩余价值理论，同时引用恩格斯以剩余价值论与唯物史观作为马克思的主要功绩这一评价，又把唯物史观放在其评介的重要地位。施仁荣翻译恩格斯的《社会主义从空想到科学的发展》、《东方杂志》重译幸德秋水的《社会主义神髓》、煮尘重治朱执信的《社会主义大家马儿克之学说》等译本或文章，其中也涉及剩余价值论和唯物史观的内容，对于国人认识马克思学说的核心理论，大有助益；它们以译文为主，大多发表于 1912 年期间，即本时期的初期，对于后来提升国人的认识水平，起到先导的作用。与此同时特别是自此以后，国人自撰文章中，谈及马克思理论学说者，不论其出于何种意图，更多地聚焦于剩余价值论与唯物史观。例如，欧阳溥存的《社会主义》一文，介绍《资本论》，不仅解说劳动价值论，还试图给出一个通俗的“剩余价值解”；煮尘与欧阳氏的争论，集中于马克思的劳动价值论，处于剩余价值论的边缘；师复批评孙中山用马克思的资本公有论为自己的社会政策辩护，不懂得马克思将资本视为一种社会关系，这也是着眼于资本剥夺劳动者的剩余价值理论；《东方杂志》的《挽近社会主义之派别与宗旨》一文,同样着重介绍马克思的剩余价值理论和资本积累理论;《独立周报》的《论社会主义》一文,介绍马克思的唯物史观,使用"物质的历史观察"一词,这个专用术语既不同于此前《泰西民法志》译本里的"史策中之物理论"译名,也不同于此后《国民经济原论》译本里的"唯物的人生观"译名,有其独到之处;等等。总之,理论介绍的逐步聚焦,体现了国人对于马克思学说的理论认识,在逐步提高。

三是由马克思学说引出各种不同的评价。自马克思学说传入中国之日起,就伴随着从新奇、顾虑、担忧、曲解到怀疑、批评、反对或否定为主导的评价氛围。到本时期,这种舆论氛围未发生根本的转变,但在表现形式上,更加多样化了。例如:孙中山是率先客观评介和推崇马克思学说并用之于分析中国现实问题的代表人物,但他更愿意把马克思学说理解为不同于社会主义激烈派、谋求"根本和平"解决分配平均问题的一种思想体系,避免将来的"社会革命"或"攘夺变乱"祸害;换句话说,在他眼里,面对现行资本制度,马克思学说不是主张社会革命的学说,成了主张根本和平解决的学说。以煮尘为代表的《新世界》刊物,为马克思学说大作宣传,坚决回击那些反对马克思学说的论点,然而,煮尘说马克思学说与无政府主义"相通",施仁荣翻译恩格斯原著时搀入"非主张无治社会主义不可"的观点,又为马克思学说涂上了一层浓厚的无政府主义油彩。煮尘等人评介马克思学说,同时面对来自不同方向的两类对手,一类是鼓吹社会改良的钱智修、欧阳溥存等人,他们批评马克思学说要求"改变"或"破坏"现行社会组织或制度,万万不可以,主张由现行国家以"改良"的社会政策"调和"现有社会矛盾;另一类是更为极端的无政府主义代表师复等人,他们认为马克思的"国家社会主义"或"集产主义",仍保留国家和个人私有的生活资料,不如无政府共产主义来得彻底,属于"不完全"、"非圆满"的社会主义;对于这两类对手,煮尘等人一边予以反驳,一边也提不出什么对策,只是说可以借助国家社会主义的"津梁"达到无政府主义的"彼岸",这恐怕也是他们对恩格斯的国家自行消亡思想特别感兴趣的重要原因。引进《泰西民法志》译本,固然提供了大量介绍马克思经济学说的有价值内容,但它的基本结论是否定马克思学说,并且采用貌似公正的方式,认为马克思其说"宜于昔不宜于今",已经过时,其人具有超凡能力,却用于激进学说,是自示弱点,自损声望云云,这些评论,比起赤裸裸的攻击,更加具有迷惑性。《东方杂志》评介马克思学说的文章,继承早期梁启超的社会改良思想,特别重视国外社会主义运动中的新动向,提到近年出现伯恩施坦"修正派",对马克思学说的"极端"、"过激"、"徒托幻想"、"急激的革命方法"、"阶级战争"等加以"匡正",转向"较为和平"的"利益之调和";据此,它们更加反对马克思学说用"强权"颠覆现行社会制度,认为此"非完美易行",表示"吾人所不取"。其他如《论社会主义》一文，肯定马克思学说有其科学合理性，又借口不具备条件、不符合人性和自然法则等，否认社会主义可行于中国。诸如此类的评价，粗看起来，形式各异，仔细辨别，仍可发现：各派对于马克思学说的评价，均未站在马克思学说的立场观点上去分析问题和作出判断，他们或者曲之为解，或者形同实异，或者断章取义，或者加以修正，或者曲言挑错，或者直言反对，其中以孙中山的评价试图树立马克思学说之和平而非激烈的形象，颇具影响，以极端无政府主义的评价表现出比马克思学说更加革命的样子，亦较流行，而以社会改良主义的评价抵制马克思学说的革命内容，更占有相当普遍的优势地位。这说明，直至本时期，国人中尚未出现真正懂得以马克思学说认识世界并用来指导中国实际的评价。

第四，更多的经济学译本参与评介马克思经济学说。以前引进的经济学译本，一般回避马克思经济学说这个话题，津津乐道于西方主流的或正统的经济学理论及其历史沿革。由于西方国家的社会弊端日益严重，恪守传统经济学理论难以解决现实经济问题，西方经济学著作不得不接触和讨论包括社会主义学说在内的那些非传统经济理论，于是在传入中国的经济学译本里，也出现有关社会主义经济理论进而有关马克思经济学说的内容，惟评介马克思经济学说的内容，并未随着评介社会主义内容的增多而得到扩展，仅见于个别舶来的经济学著作。进入本时期，情况有所变化，更多的经济学论著陆续提到马克思及其学说，如《理财学沿革小史》以马克思为社会主义派的“有名”代表之一；《经济政策要论》译本将马克思称作推动社会主义发展的“中锋”，介绍他的经济学代表作和分配思想；《傅克思氏经济学》译本论述马克思等人在德国的兴起，使社会主义风靡一时；尤其是《国民经济学原论》译本，用较多篇幅，介绍马克思作为近世社会主义学者的“中坚”，使社会主义系统化而成为一门“学理”，包括其分配思想、唯物史观、特别是剩余价值理论；等等。这些经济学论著，在论述经济学流派的发展历史时，涉及社会主义学说，又在论述社会主义学说时，涉及马克思经济学说，它们介绍马克思经济学说的内容，哪怕有较多篇幅，在其整个著述里，也只是占极为次要的地位，或者只是附带提及。在有限的篇幅内，它们对马克思经济学说的介绍，不尽一致或相互矛盾，如有的说马克思主张一律平等分配的共产主义，与主张按劳分配的社会主义不同，有的则说按劳动结果分配正是马克思学说的突出特征。可见它们中的许多作者对于马克思经济理论的认识，并不认真，更谈不上深透。它们的一致性，体现在对待马克思经济学说的态度上，其中也有人表示马克思学说不可厚非，但在反对这一学说方面，众口一词。从上面几部论著依次看来，有的指责马克思学说从个人专制走向社会专制，相比之下，德国国家社会主义或讲坛社会主义的学说才“最完全”；有的批评马克思学说旨在破坏现行社会的根基，言论“激切”、

“过激”,有暴动“危害”,为防范此“危险之萌芽”,应以社会政策或社会改良主义取而代之;有的比照马克思学说,宣扬国家社会主义与主张废除资本私有制度的社会主义不同,注重改良,“不希望社会革命”;更有的译本为了推崇社会改良主义,贬抑马克思的科学社会主义甚至不如空想社会主义,其译者也随声附和说,科学社会主义不适用于中国,否则将是饮鸩止渴的自杀举动;诸如此类。由此可见,舶来的经济学著作更多地传入有关马克思经济学说的内容,并非主动于此,而是迫于西方社会弊病已经恶化到临近爆发世界大战的地步,不得不对严厉批判现行资本制度的马克思学说有所评点,其目的仍是为了维护现有资本制度,同时企图遏制马克思学说的批判锋芒,将人们的注意力从关注社会革命,引导到社会改良的道路上去。在这一点上,它们与本时期社会主义在中国的传播中颇占势力的社会改良主义思潮,取得了某种默契。可是,不论经过什么途径,马克思经济学说一旦传入中国,以更多的理论内容,为更多的国人所知晓,其未来发展前景,就由不得那些经济学家和社会改良主义者的批评所控制了。

第二章　几点启示

考察马克思主义经济学在中国的传播前史，可以感到，前史相对于正史，既有质的差异，也有量的延续，所谓量变到质变的转化即是。马克思经济学说在1917年以前传入中国的早期阶段，主要表现为量变的积累过程，它不同于1917年开始的新的传播是一种质变，从根本上改变了中国的面貌，同时又为这种新的传播，铺垫了最初的思想基础，构成其先行思想资料。前史并非一片空白，从中能够看到马克思经济学说最初传入中国时期的起源、轨迹、条件和特征，其内容综合地看，还是相当丰富的；前史亦非脱节孤立，不可能与以后的传播历史割断开来，相反地，忽略前史，将无由解释以后传播历史的若干传承脉络和特色路径。从这个意义上说，前史与正史的关联程度，应当引起研究马克思主义传播史的学者的重视。通过比较系统的考察，归纳起来，关于马克思主义经济学在中国传播的前史，至少可以提供以下一些启示。

启示之一：马克思经济学说早期传入中国，经历了一个曲折而又颇具特点的发展过程。这个过程的起步，有一定的偶然性，偶然见于1899年西方传教士带来的《大同学》中译本里，顺便提到马克思的名字以及身为百工领袖而讲求安民养民和主于资本的经济学说主旨。现在追溯马克思经济学说传入中国的思想源头，以此作为最早的可信资料，固然有其道理，可是放到当时的历史环境中，这一资料对于时人和后人，几乎没有留下任何影响的痕迹，它与后来的传入线索，似乎处于中断状态。这是从思想溯源的角度看问题，如果换一个角度，从历史发展趋势的角度考察，这种偶然现象的背后，又有其必然性。往前看，鸦片战争以后，国门洞开，国人在丧权辱国的列强威逼形势下，逐步意识到神圣皇权统治的虚弱和腐朽，意识到传统专制观念的愚昧和落后，于是转向学习西方先进的技术、管理、制度和思想观念；随着学习过程的深入，又察觉西方社会内部日益尖锐和严重的矛盾冲突，进而从19世纪70年代起，在学习和借鉴西方资本主义制度与观念的同时，开始介绍和引进与之对立的西方社会主义思潮，由此到19世纪末，持续不绝、日积月累达20余年之久。往后看，19世纪末以来，伴随西方社会主义思潮的传播，马克思经济学说的传入，从无到有,由浅入深,到1916年底,也有近20年时间。概括言之,在前史阶段,马克思经济学说传入中国,前面经过20多年传播西方社会主义的思想积累,后面又有近20年的不断延续,它最初出现于19世纪末,有其必然性。或者说,在那个历史时段,它即便不以西方来华传教士的中译本这种偶然形式出现,也会以其他什么形式出现,它出现的具体形式可能是偶然的,但它的出现是必然的。这是内部的需求与激励,以及外部的压力与诱导合在一起,共同作用的结果。必然性决定了偶然性,同时,偶然性也会影响必然性的表现形式。马克思经济学说传入中国的早期过程,尚属于从陌生到有所了解、从肤浅到逐步深化、从零碎到渐趋系统、从好奇到为我所用的初期积累阶段,由此表现出来国人对于马克思经济学说的认识和引用,虽然应时而生,却带有较多的盲目性、随意性和功利性,缺乏正确的指导。

马克思、恩格斯在世时,一直关注中国,深刻分析过中国的各种社会经济问题,包括中国传统经济制度以小农经济与家庭手工业为核心的特性、外国资本的侵入及其引起中国劳动者与劳动条件分离的生产方式变革、中国传统经济组织的必然解体以及因其内部坚固性和结构而形成长期的解体过程、中国在世界经济中的地位和影响等等,并通过中国近代平民不满贫富差别现象,要求重新分配财产甚至要求完全消灭私有制的造反事件,预判古老帝国的社会革命即将到来,进而提出"中国的社会主义"概念。这些分析和预见,同样是马克思经济学说的重要组成部分,而且针对中国现实的要害问题和发展趋势,具有直接的指导意义。可是事实上,直到恩格斯1895年去世,国人也无缘获悉马克思、恩格斯关于中国问题的论述,更谈不上借助或运用这些论述为指导,科学判断本国形势并相应采取正确措施;恩格斯去世后,当国人开始接触和介绍马克思学说时,因为长期隔膜,又远离这些更有针对性的论述,因而相当一段时间里,一直在黑暗中摸索,困窘迷茫,不得要领。这种状况,使马克思经济学说在中国的早期传入,不可避免地走上一条曲折的道路。

这条曲折的道路,在不同的发展阶段,以及各个阶段的联系上,又表现出那个时代的特点。总的来看,马克思经济学说的早期传入轨迹,不那么平稳,跳跃性起伏较大。1896-1904阶段,以1903年的传入最为集中,出现《近世社会主义》译本、《社会主义神髓》译本等代表作;1905-1907阶段,以1906年的传入最为典型,朱执信发表《德意志社会革命家列传》的重要文章,以及社会革命派和社会改良派在论战中相继涉猎马克思经济学说的评介;1908-1911阶段,以1908年的传入最为突出,《天义报》开始翻译介绍马克思、恩格斯原著即《共产党宣言》节译本、《家庭、私有制和国家的起源》摘译文,以及发表海德门的《社会主义经济论》节译本等,李佐庭的《经济学》初译本则是经济学著作中较多评介马克思经济学说的早期例证;1912-1916阶段,以1912年的传入最为瞩目，诸如孙中山解释马克思《资本论》理论的讲演、《新世界》刊登恩格斯原著《社会主义从空想到科学的发展》的完整中译本、煮尘与欧阳溥存围绕马克思劳动价值学说的争论、在评介马克思经济学说方面蔚为大观的《泰西民法志》译本的问世等等，都发生在这一年。在马克思经济学说早期传入中国的过程中，1903、1906、1908、1912 这几年，分开来看，是每个阶段的峰值标识，联系起来看，又是串连各个阶段的一系列峰值曲线。这些峰值，代表了传入过程的发展水准，也显示了跌宕起伏的传入方式，每次达到峰值之后，或者迅速退潮如第一阶段，或者转移重心如第二阶段，或者发生中断如第三阶段，或者蓄势待发如第四阶段。每个峰值前后的间隔，可以看作搜寻、酝酿、消化、吸收的时期，不断推动后一个峰值的整体发展水准超过前一个峰值，进而形成传入过程的持续深化趋势。同时，这种峰值现象，受到其他因素的影响作用较为明显，又体现其传入过程缺少内部逻辑的前后一贯性。

例如：第一阶段引进的翻译文本，借助于日文著述，在评介马克思经济学说方面，一开始就达到相当高的起点水平，但是，当国人的理论素养尚待培育，还未作好接收的准备时，这些引进的评介资料对时人并未产生多少影响，只是确立了引进马克思经济学说的取向，此后在相当长一段时间里，由主要取自西文著述，转向主要取自日文著述。第二阶段的论战，对立双方引述有关马克思经济学说的内容，很难看到与第一阶段的引进内容有直接的关联，或者说，本阶段的传入内容，包括朱执信的那篇著名文章在内，不是基于前阶段已有的传入内容予以阐释、深化和提高，而是另起炉灶，重新从以日文著述为主的原作里寻找有关材料，再加上自己的理解和评价，其结果既有自行研究的可贵见解，也有不少材料反不及前阶段的水准。第三阶段以无政府主义思潮占主导地位，它对马克思经济学说的评介，只与前一阶段后期《天义报》的介绍相衔接，撇开其他各派的评介内容，另辟蹊径，将翻译介绍马克思一派的经典原著和其他西方代表性著作作为其重点，由此一面开辟了马克思经济学说传入的新局面，一面又中断了既有的传入线索。第四阶段是各派别共同对马克思经济学说的传入有所贡献的时期，而且各自从不同程度上延续了本派在其前期的评介特点：社会革命派的代表孙中山一以贯之地倾向借助马克思经济学说；社会改良派继梁启超之后，主张抛弃、搁置或修正马克思经济学说；无政府派内部分派，其缓和者继续扩展马克思经济学说的原著翻译和观点介绍，其激进者则一向予以排斥；《泰西民法志》译本不必归入哪个派别，而在评介马克思经济学说方面，它应是《近世社会主义》等译本的来源；等等。第四阶段的传入内容比较前三个阶段，相对丰富，又显现出某些传承关系，但从引进马克思经济学说的自身内在逻辑看，断断续续，各行其是，特别是跟在日本思想界的风潮后面，一会儿推崇社会主义，一会儿转向无政府主义，更多地宣扬社会改良主义,结果使得马克思经济学说的传入内容,各取所需,游移不定,很难给国人留下持续稳定的印象。包括施仁荣翻译的《社会主义从空想到科学的发展》全译本,应当说它是当时按照原貌介绍马克思学说的比较突出者,然而在毛泽东的回忆里,却记不得是否看过,即使看过,也是“一刹那溜过去了,没有注意”。这表明,早期传入马克思经济学说,从各阶段看,有其重点和主要传入者,可是各阶段相互之间,没有什么联系,每个阶段的主导传入者,各领风骚三五年,甚至来去匆匆,倏忽而过,缺少连续性,加上传入者的评介出于各种意图,缺乏或一再偏离正确的指导路线,因此,早期的传入以间歇跳跃式特点,经历一条曲折的道路,也就在所难免了。

启示之二:马克思经济学说早期传入中国,一直借助其他的传播媒介,从未形成独立的传播格局。这里所说的其他传播媒介,按照本书的考察,主要指源自西方而来的社会主义和经济学著述。当然,这两个领域之外,不排除其他领域的舶来著述,也可能涉及马克思经济学说,但一般说来,涉及最多者,未超出这两个领域尤其是舶来社会主义著述领域,其他领域的著述,若有涉及,亦占极小比重,不足以影响基本判断。其实,本书考察的资料搜集,最初并未设定搜索范围,而以接触马克思经济学说及其相近资料为准,作类似于全方位的搜索,最终得出两个结果。也就是在早期的资料搜集中,一是未发现真正以研究马克思经济学说为专题的独立著述。1906 年朱执信的《德意志社会革命家列传》一文,恐怕算是最接近于此类著述的文章,惟其立论建立在拉萨尔与马克思并列的基础上,尚不是专论马克思的著述。后来煮尘于 1912 年重新整理朱氏文章,从中抽出论述马克思部分,单独以《社会主义大家马儿克之学说》的题目发表,这在早期资料中十分罕见,但整理他人文章,显然不属于独立研究的内容。至于说翻译马克思、恩格斯原著,如《共产党宣言》节译本和《社会主义从空想到科学的发展》全译本,不论其译笔如何,足以珍视,这为独立研究提供了良好理论条件,惟其本身仍不是专题研究的成果。除此之外,根据目前掌握的资料,没有找到国人专门研究马克思经济学说的任何著述,或许《天义报》1908 年节译发表《社会主义经济论》,可以看作国外学者阐释马克思经济学说特别是唯物史观的著述,然而在其译者看来,此译文重要的不是研究马克思学说,而是补充马克思学说,经过这一补充,更便于为无政府主义找到理论根据。经过这样的搜索,即便可能会有遗漏,也无关紧要,这说明所遗漏者在当时的影响,微乎其微,甚至微小到不及毛泽东所说的“一刹那溜过去了”的程度。

二是可以看到有关马克思经济学说的评介内容,首先集中于社会主义著述领域,其次见于经济学著述领域。所谓社会主义著述,概而言之,从其标题看,涉及诸如社会、政治、党派乃至各种散记等名目,大多数著述则以社会主义或民生主义或社会革命或社会党为题目。譬如,第一阶段谈到马克思学说的此类著述有:《大同学》译本、《近世政治史》译本、《进化论革命者颉德之学说》、《万国历史》译本、《近世社会主义》译本、《社会主义》译本、《社会主义神髓》译本、《近世社会主义评论》译本、《社会主义概评》(又名《世界之大问题》)译本、《社会问题》译本、《二十世纪之巨灵托辣斯》、《社会主义与进化论比较》、《新社会之理论》、《俄罗斯与国会》、《俄国虚无党三杰传》、《德国之社会民主党》、《告保皇会》、《新大陆游记》、《中国之社会主义》等,其中以社会主义为专题的著述,大致占到相关著述数量的一半,是评介马克思学说的主要内容来源,其他非专题的著述,数量虽多,往往只有一些零星片断的介绍。第二阶段有:《德意志社会革命家列传》、《论社会革命当与政治革命并行》、《万国社会党大会略史》译本、《社会主义史大纲》译本、《无政府主义与社会主义》译本、《无政府党与革命党之说明》、《告非难民生主义者》、《欧美社会革命运动之种类及评论》译本、《开明专制》、《社会革命果为今日中国所必要乎》、《社会主义》序、《欧洲社会主义与无政府主义异同考》、《亚洲现势论》、幸德秋水在社会主义讲习会上的讲演介绍、《巴枯宁学说》等,专题社会主义著述不仅是评介马克思学说的主体,而且在著述数量上也占有极大比例。第三阶段有:《共产党宣言》节译本、《女子问题研究》、《社会主义经济论》节译本、《社会主义史大纲》节译本、《论农业与工业联合制可行于中国》、《国粹之处分》、《维新人物考》、《社会主义与社会政策》、《纪近世英日等国暗杀党事》等,介绍马克思学说的主体仍是那些专题社会主义著述。第四阶段有:《孙中山先生社会主义谈》(即孙中山在中国社会党本部的讲演)及其按语、《社会主义大家马儿克之学说》、《理想社会主义与实行社会主义》译本、《社会主义讲演集》、《社会主义》、《社会主义商兑》、《驳社会主义商兑》、《社会主义学说》、《泰西民法志》译本、《社会主义神髓》重译本、《论各国社会党之势力》译文、《法国社会党之势力》译文、《致丁女士崇侠论无政府党与社会党派别事》、《论社会主义》、《无政府主义之元祖》译文、《孙逸仙江亢虎之社会主义》、《驳江亢虎》、《欧美劳动者之独立自助运动》译文、《挽近社会主义之派别与宗旨》、《法兰西人与近世文明》等,几乎全是专题社会主义著述在介绍马克思学说。经过系统的考察,可以确定地说,早期评介马克思经济学说的内容,集中于社会主义著述领域。同样的考察也显示,在社会主义著述之外,经济学著述是早期接触马克思经济学说的另一专门领域。不过,后者与前者比较,不论在数量和质量方面,都相差许多。早期经济学著述中亦有不少论及社会主义的内容,而论及马克思经济学说者先是寥寥,后来才有所起色。如第一阶段仅查到《最新经济学》译本曾提到马克思的名字,对其学说未及深论;第二阶段连提到马克思名字的经济学著述也未查到;第三阶段的《经济学》译本,有较多评介马克思经济学说的内容,亦仅此一本;第四阶段逐渐增多,有《理财学沿革小史》、《经济政策要论》译本、《傅克思氏经济学》译本等，尤以《国民经济学原论》译本在评介马克思经济学说方面，可媲美或在某种程度上超过《经济学》译本。总的看来，经济学著述的评介内容，开始构成马克思经济学说传入的一个重要组成部分，但不管进行分阶段比较，还是作整个早期比较，它都明显逊色于社会主义著述。

以上两个搜索结果表明，马克思经济学说的早期传入，尚未具备自身独立的传输系统，尽管偶尔一见专题介绍马克思学说的文章，却始终未能从它所假借的主要传播媒介，即相关的社会主义著述和经济学著述中分离出来，形成自己独立的边界划然、脉络清晰的传承线索。有关马克思经济学说的评介内容包含在社会主义著述和经济学著述里，从理论范畴上看，可以将社会主义或经济学，看作比马克思学说或马克思经济学说更为一般或更为基本的范畴，从前者引申出后者，有其合理性；从历史演进上看，就像当初传入的西方社会主义思潮或西方经济学观念，尚未从一般舶来思想中分离出来而裹挟于其中一样，现在传入的马克思学说或马克思经济学说，经过近 20 年的发展，虽不断积累，仍未从业已独立传播的社会主义著述或经济学著述中分离出来，正在等待新的突破，这种演变过程，也有其必然性。同时，马克思主义经济学具有科学和完整的思想体系，既区别于其他形形色色的社会主义学说，更不同于正统的或其他改头换面的经济学说。如果说，马克思经济学说的传入，最初不得不借助于社会主义著述和经济学著述之类的传播媒介，这是由那时的历史传入路径所规定的，那么，一直受制于传播媒介的外壳，在这一外壳的约束、限制甚至扭曲下，马克思经济学说将难以按照自身的本来面貌传入。因此，从这个外壳的束缚中独立出来，势在必行。实现自身独立的传入，不止是逻辑的推理，还需要相应成熟的历史条件。从外部看，马克思经济学说作为舶来品，需要强大的外力送来货真价实的正品而非赝品或仿造品；从内部看，马克思经济学说作为科学指导思想，需要国人中的先行者真正理解和信奉这一学说而非貌合神离或叶公好龙。具备这些条件，有一个成熟的过程，从而形成从量变到质变的转折时机。

启示之三：马克思经济学说早期传入中国，国人尚未当作完整的理论体系予以研究。国人早期认识并引进马克思经济学说，基于两个重要因素。一则马克思其人，超越过去的先行者，是西方社会主义的“泰斗”、“鼻祖”、“大师”或“第一社会学家”，是国际工人组织和社会民主党的“领袖”、“首魁”、“倡首者”等等，在世界工人阶级和革命者中间享有崇高的声望和广泛的号召力；二则马克思其说，不同于以往的“空想”或“理想”，是科学的社会主义学说，在纠正现行社会弊端的实行过程中具有极大的影响和权威的参照价值。这两个要素，又可以归结为马克思创立了科学社会主义学说。不过，那时国人对于马克思的科学社会主义学说，一般是只知其一，不知其二，只知道它的一些个别观点和概念，特别是它的影响非同寻常，值得推介、重视或引起警觉，不知道它的整个理论体系及其论证过程，或者说尚在逐步引进和积累有关其学说的理论知识，还谈不上进行系统和完整的研究。这种状况，既见于各种引进的舶来资料，又见于国人自撰的评介资料。一般说来，国人的自撰资料，比起引进的舶来资料，更能体现国人当时在马克思经济学说的传入过程中，还没有进入比较成熟的自主研究状态。

从引进的舶来资料看，最初的介绍，仅限于马克思、恩格斯讲求安民、养民，主于资本，联合贫民制约富人，或提倡“均富”学说，主张生产资料“共有”、“国家公有”、废除土地私有之类的笼统论点；也就是说，最初只是为马克思经济学说贴上一个与众不同的标签，至于这个标签的理论内容是什么，未予置评。1903 年，集中传入一批专题论述社会主义的译本，其中对马克思经济学说，描述了一个大体的轮廓。特别是《近世社会主义》与《社会主义神髓》两个译本，前者列举马克思、恩格斯的数部经典著作，参照《资本论》第一卷的顺序“概略”叙述马克思的经济学理，包括有关资本和剩余价值理论的某些论证环节，引用《共产党宣言》、《国际工人协会共同章程》以及马克思在阿姆斯特丹群众大会上演说的某些原文等；后者强调马克思学说是“科学的社会主义”，通过《资本论》说明剩余价值的掠夺性质，引用《共产党宣言》1888 年英文版序言、《社会主义从空想到科学的发展》中有关论断，意在把握马克思学说的“要领”和“神髓”等；这两个译本，是舶来资料中最早试图将马克思经济学说当作一个科学理论体系予以概略评介的著述，带给国人耳目一新的感觉，但经过日本作者的加工整理，它们对照马克思经济学说的原貌，有明显的差距。当时其他的社会主义译本，或是重申某个论点，如《社会主义概评》译本称马克思有“科学精深”的学说，“科学”说明了社会主义；或是接触某个论点，如《近世社会主义评论》译本提到马克思的劳动价值论，《社会主义》译本提到剩余价值概念；或是补充某个论点，如《社会主义》译本摘译《国际工人协会共同章程》部分原文，《社会问题》译本介绍《资本论》奠定了“科学的社会主义”之经济学说，以资本作为剩余价值的“蓄积”产物，靠剩余价值取利系通过延长劳动时间和减少工资两种方式；等等。此后若干年内，各种有关的译本，也提到马克思的《共产党宣言》和唯物论等，或在其他方面的介绍有所进展，但在马克思经济学说的评介方面，均未超过前两个译本。到 1908 年，出现一个新的气象，开始尝试翻译介绍经典原著，其突出者是节译发表《共产党宣言》1888 年序言及第一章正文，摘译发表《家庭、私有制和国家的起源》中有关妇女问题及其他问题的论述，这为正确理解马克思学说提供了初步的第一手资料，只是对于这些原著资料的解说明显受到派别意图的限制。同时期，《社会主义经济论》译本，号称“确守”马克思学说来讲述生产方式或经济变迁历史的“大纲”，其实已有译文除了接触历史唯物主义的一些皮毛和引用马克思关于暴力问题的论述,并没有为马克思经济学说的介绍增添什么新内容。倒是《经济学》译本在舶来的经济学著作中,率先用一定的篇幅,介绍马克思的经济学代表作体现了"纯然"科学的社会主义,叙述马克思从劳动价值论到剩余价值论及其掠夺含义再到未来社会推想的大概理据,带有比较典型的经济学论证色彩,然而其内容的广度和深度仍未超过上述两个社会主义译本,更不必说它是站在鲜明的反对立场上。到1912年,再次出现新的气象,《社会主义从空想到科学的发展》第一个中文全译本问世,使得原汁原味地展现马克思经济学说的本来面貌,第一次有了可能,惟其译笔不佳,又局限于无政府主义解说,有损于此译本的传播;《泰西民法志》译本以专题和非专题形式,提供了许多关于马克思事迹和学说的资料,洋洋大观,不仅涵盖《近世社会主义》译本的有关评介内容,还更为细致地叙述马克思经济学说,尤其是剩余价值学说,并引用恩格斯评价马克思历史功绩的高度概括,突出其唯物史观与剩余价值理论,然而它不愿顺应潮流的翻译方式,未被国人所接受,很快就湮没无闻了;《社会主义神髓》重译本比起1903年的初译本,更加清晰地表达了原作关于马克思经济学说的评介意见;等等。以后的有关译本,不时提到马克思某个经济观点,已成寻常之事,尤以《国民经济学原论》译本,介绍马克思经济学说成为完整的学说,是"学理的社会主义",并在介绍劳动价值论和剩余价值论时,涉及一些具体概念如必要劳动时间和实际劳动时间之类,它与前面的《经济学》译本相比,各具特色,亦同属一类。

早期各种社会主义或经济学译本介绍马克思经济学说,大多是一些零星、分散或片断的内容,不足以成为研究的依据。其中较有系统者,大概仅为《近世社会主义》、《社会主义神髓》和《泰西民法志》等极少数译本,其他《经济学》、《国民经济学原论》等译本,或可次之,却很勉强。即使这些较有系统者,也只是为马克思经济学说的介绍,提供大致的轮廓,而不是严谨的理论体系说明,虽可以借此增加国人的相关理论知识,仍不足以支持国人对马克思的经济理论体系,进行完整和深入的研究。早期译本中,更加有价值的是比较完整地翻译马克思、恩格斯的有关著作,它们不同于那些散见于自编著作中所引用的经典论述,脱离上下文联系,容易断章取义或难于理解,也不同于那些自行加工或带着有色眼光来介绍马克思经济学说的解释性论述,容易偏离原意或引入歧路,它们能够保持原著的基本面貌,像《共产党宣言》节译本和《社会主义从空想到科学的发展》全译本,就是珍贵的例证。可惜的是,这两个原著译本,在翻译中存在不少缺陷,在推介中带有偏执意识,其影响又有待传播过程中的普及,因此,它们同样未能形成早期国人研究马克思经济学说的理论基础。

从国人的自撰资料看,他们开始自行撰文介绍马克思经济学说,其时间要迟于最初的舶来资料。例如,梁启超较早在数篇文章里接触这个问题:马克思是社会主义的“泰斗”、“鼻祖”，以少数强者压服多数弱者为今日社会之弊，以“劳力”(劳动)为价值的源泉，主张将私财变为公财，实行土地和资本归公，因此获得其信徒“迷信”般的崇拜，然而其学说属于“过激”之言；马君武将马克思的唯物史观和阶级斗争学说与达尔文的进化论比较，认为二者有相同之处，并列举包括马克思经济学代表作在内的经典著作名称，同时又说马克思学说企图一蹴而就，实现其空想，“大不必可”；其他国人的文章或称马克思的废除阶级和实现平等要求，一步登天，“势固不能”，或称马克思创立唯物史观，“学问不深”，富于理想；等等。这些言论，与其说是介绍马克思的理论学说，不如说是从舶来资料中搬来若干标签式概念，借以表达自己的忧虑。1906 年，朱执信的《德意志社会革命家列传》一文发表，标志着国人尝试自行研究马克思经济学说的开端。其中介绍《共产党宣言》的“大要”，突出阶级斗争学说，重视各项具体措施，意在说明马克思学说抛弃以往的空想而进入实行阶段；概略介绍《资本论》，涉及劳动价值论和剩余价值论，重在解释资本掠夺之说即使混淆了个体经济时代与现代经济时代的区别，仍有其现实意义。他以马克思学说为“科学的社会主义”，其理论解说并未超出舶来社会主义著述的内容范围，但他思索的重点和特色代表了国人研究马克思经济学说的早期水平。当时的论战双方，不同程度地提到马克思的政治经济主张或《共产党宣言》、《资本论》等著作，惟以各自立场划线，肤浅者居多，或以马克思学说作为革命党的依据而区别于无政府党，或以马克思学说为“最极端之社会主义”尚保留国有主张，或以马克思学说企图破坏现有社会组织的建设不及保存现有社会组织的建设，或以马克思学说与无政府主义存在着共同之处，等等。到 1912 年，国人评介马克思经济学说的整体水准有所提高。其代表者首推孙中山，他提出，马克思的《资本论》是有系统的学理，其资本公有主张代表了不同于旧经济学派的新经济学派，其主旨在于根本解决经济问题，体现了社会主义的“真髓”。《新世界》刊载的自撰文章，重新整理发表朱执信介绍马克思学说的文章，号召以马克思作为本党的榜样，同时两面出击，一面针对党外那些批评马克思学说以劳动为价值的来源，进而破坏私有财产制度的观点，引用《社会主义从空想到科学的发展》中有关论述，介绍马克思的唯物史观、并就如何解释马克思的劳动价值论与批评者展开辩论；一面针对党内那些批评马克思学说保留国家或集权中心，从而违背无政府主义精神的观点，引用恩格斯的“科学社会主义”结论和国家自行消亡理论，宣扬作为急则治标的权宜之计，可以借助马克思学说的桥梁来达到无政府主义的理想彼岸。此后，连那些批评者谈论马克思学说时，也是引经据典，比如：马克思的《资本论》被尊为“圣书”，是经过科学研究的系统学说，劳动价值论尤其剩余价值论为其“精旨”，可以“剩余价值解”概括其学说“大略”，故驳倒这个精旨，也就推翻了马克思社会主义的基础；马克思的资本概念指的是生产过程中形成的社会关系，不是指具体的生产工具，资本公有也不是指一般的社会政策，但马克思的集产主义不如无政府主义反对私有制彻底，属于“不完全”或“非圆满”的社会主义；马克思学说包括剩余价值与资本积累两大学理，以此论证劳动者与资本家的对立和私有制的必然灭亡，然而这两个学理已被现代经济理论推翻，也不符合事实；等等。

在评介马克思经济学说方面，早期国人的著述，以 1906 年和 1912 年为其代表性时点，体现了自身学习和研究马克思理论的跨越式进展，而早期舶来的资料，以 1903 年、1908 年和 1912 年为其代表性时点，体现了从外部引进和传输马克思理论的跨越式进展。二者结合在一起，显示出早期马克思经济学说传入中国的一种周期性现象，即 1903 年的引进高潮，孕育并支持 1906 年出现朱执信的代表性研究成果；1908 年的引进深化，又孕育并支持 1912 年出现以孙中山为代表的一批国人研究成果；同时，1912 年也是新的引进之标志性时期，不仅为同时期国人研究的深入提供了新的思想资料，还为未来国人研究取得实质性突破打下了前期基础。当然，国人早期研究的资料来源，不止限于这些舶来资料，特别是那些留学或游学国外尤其日本者，既是舶来资料的学习研究者，又是舶来思想的翻译传输者，他们在国外可以更为广泛和深入地接触各种有关马克思经济学说的思想资料。如景定成回顾 1907 年在日本留学期间曾接触“最有研究价值”的《资本论》及其令人“心折”的剩余价值学说，就是例证。可是，无论从引进的资料看，还是从自撰的著述看，国人在马克思经济学说传入中国的早期，一直处于初步的接触、引进、研读、消化阶段。尽管引进的资料水准整体上高于自撰的著述水准，并引进了马克思、恩格斯个别代表作的部分或完整译本，但并未被国人当作系统研究马克思经济学说的重要资料依据；尽管自撰的著述评介马克思经济学说，随着阶段的推移而在扩展其内容和提高其水准，甚至带有考察其“大要”或“大略”的系统性色彩，但包括朱执信的文章和孙中山的讲演在内，始终未超出笼统评介的局限，往往专注于个别观点或具体措施，不足与论完整的理论体系研究。

启示之四：马克思经济学说早期传入中国，国人主要用作社会改良的理论依据。综合考察早期各种资料，可以看到，马克思经济学说自从随着西方社会主义思潮被介绍到中国后，一直受到国人的关注，具有不同倾向的人士和派别，不时引进和积累有关这一学说的知识与评价，虽时起时伏，却不拘于一人一派。从这个意义上说，早期国人中的各个派别，都在不同程度上为马克思经济学说的传入作出了某种贡献。其所以如此，一个重要的前提是，包含马克思经济学说在内的西方社会主义思潮的兴起，乃应运而生，针对的是西方资本主义社会中任何人都不能回避的严酷现实，即少数富人或强者对多数穷人或弱者的压迫剥削日益严重，贫富差距越来越大，正在到处散播和培育贫困者反抗的社会革命种子。对此，中国的专制政权及其御用文人，曾在19世纪70年代西方社会主义思潮传入后，不断抵制、诬蔑和诅咒这一思潮，惟恐危及自身利益。自19世纪末20世纪初马克思经济学说开始传入中国起，专制统治势力已是每况愈下，自顾不暇，无形中放松了对于外来思潮的打压和管制，于是也为这一新兴学说的传入，提供了限制相对松弛的环境和条件。由此带来早期书刊舆论界的现象是，对于引进的马克思经济学说，很少看到公开站在传统专制统治的立场上，不论青红皂白地一律予以全盘否定，而是一般承认或客观介绍这个学说的出现有其历史原因或时代需求，然后再给予各自不同的评论。换句话说，国人早期提供的各种相关资料里，不论舶来者还是自撰者，他们谈论马克思经济学说，哪怕是那些反对者，所考虑的不单是封杀或阻挡这个学说，而是以这个学说的现实存在并具有广泛影响作为前提，转向如何对待这个学说，尤其是能否或怎样应用于中国实际。

在马克思经济学说的适用性问题上，查看早期的舶来文献，存在着分歧。最初的介绍尚未联系其适用性问题时，曾笼统地称道马克思、恩格斯的"新学"属于"不刊之名论"；接着，强调这个学说主张采用非平和手段，"尤为激烈"，开始露出分歧的苗头。1903年，分歧显现出来。一方面，有人以社会主义者的身份宣扬马克思学说不同于空想而成为科学，如《社会主义神髓》译本；有人对马克思学说表示钦佩和"热烈欢迎"，如《社会主义》译本；这些译本使人感到马克思学说具有可行性，却比较抽象或空洞，没有具体谈到怎样实行的问题。另一方面，有人认为马克思不失为伟人、良师，其学说亦不乏真理、经典之处，但不能以劳动作为价值生产的唯一要素，否定资本家的经营管理才能及其参与分配的"正当"权利，如《近世社会主义》译本；有人承认马克思学说不同于过去的空论而转向实行，但应当走"改良"的道路，如《近世社会主义评论》译本；更有人批评马克思的科学社会主义仍是"经济之空想"，错误地把同属于过去劳动报酬的资本家之资本与劳动者之工资对立起来，过于极端，"永无实行之一日"，如《社会问题》译本；还有人在介绍马克思经济学说之后，鼓吹德国俾斯麦的国家社会主义才是"最新之主义"，与此相应的讲坛社会主义才是经济学的"最新之学说"，足以"矫正"社会不平等的弊端，如《最新经济学》译本；这些译本，或委婉，或直率，或诱导，或替代，均对马克思学说的可行性提出质疑或反对。此后，这种分歧的态势一直延续着，并随着舶来译本评介马克思经济学说的逐步深入和扩展，在理由陈述和表现形式上又有所变化。但无论怎样变化，真正站在马克思经济学说的立场上论证其可行性者，不曾一觏。当时译本中对马克思经济学说的流行评价，可以概括为：既承认或肯定其历史地位和影响，又否认或怀疑其现实可行性。其中比较典型者如《泰西民法志》译本，它在介绍马克思及其学说时，曾有不少赞誉之词，然而一旦触及可行性问题，马上声色俱厉:马克思学说“宜于昔不宜于今”,不懂得“善变”,已经过时了;马克思学说“空谈悬想”、“危言激论”、主张“急进”而非和平,包含“扰乱种子”,属于“革命之极端”一派,与无政府党差不多;马克思学说坚持劳动为财富的源泉、认定资本由剥夺而来、颠倒资本家与劳动者的社会地位等,是“欠缺”、“失实”、“自损其声望”、“自示其弱点”;马克思学说中也有和平”、“柔和进化”理论,而其信徒固执和错误地局限于那些“革命”和“破坏”理论,“泥古不通”,类似饮鸩止渴;等等。这是将过时论、过激论、缺失论与误解论合于一体,意味着怎么评价或赞扬马克思其人其说都可以,就是拒绝这个学说付诸实施的任何可行性或适用性。这种典型同样体现在西方经济学译本方面,此类译本不像西方社会主义译本那样,时常对马克思学说表现出某种程度的敬意或认可,而是更加抵触和戒备。如《经济学》译本批评说,马克思学说仅突出劳动者的劳动是“大误”,其资本掠夺说在理论上“颇为薄弱”,它主张“解除”财产私有制违反了自然制度或趋势,“终不能实行”等等,因此推崇国家社会主义及其理论代表讲坛社会主义的非革命式改良;《国民经济学原论》译本继续宣扬此类批评意见,甚至认为马克思的学理社会主义比空想社会主义还要“稍逊一筹”,意谓空想已是不可行,连空想都不如即更不可行。

早期舶来文献给予马克思经济学说的这些评价和意见,对国人产生了明显影响。几乎从一开始,国人的自撰著述提到马克思学说,就将其判定为“过激之言”或“激烈过度”,如以梁启超为代表,有的认为它只能诘难于人,不能为人解难,只关注现在,不考虑未来;有的认为它不如进化论,企图一蹴而就,是大可不必的空想;有的认为它是一步登天,根本不可能;等等。也有极个别者反其道而行之,认为它学问不深,激烈得不够,富于理想而不去破坏,“遗人以笑柄”。此后,以孙中山为代表的社会革命派出于寻找国家发展出路的需要,对西方社会主义思潮表现出强烈的兴趣,随之也对马克思经济学说的可行性问题作了初步的探索。这个探索,提出了与舶来文献对待这一可行性的分歧意见,既有联系又不尽相同的独特路径。首先,这个探索不同于舶来文献的主流意见完全排斥其可行性,认为马克思学说区别于过去的空想而发展为科学,已经奠立了实行的理论基础,甚至认为它的实行就是要从根本上改变现行社会经济组织。这种可行性观念,与梁启超一派发生激烈的冲突。因为在后者眼里,马克思主张破坏现存社会组织而谋求重新建设的社会革命思想,与承认现存社会组织而加以矫正的社会改良思想格格不入,纯系“架空理想”,即便有可能实行,也要等到千数百年以后,现在“必不可行”。梁启超一派的观点,与舶来文献的主流观点基本一致,而孙中山一派的观点,试图摆脱这一主流观点的束缚,结合中国实际进行新的探索。其次,这个探索从自身国情出发,认为中国的传统观念和落后经济条件,反而有利于按照马克思经济学说的精神,未雨绸缪，在发展过程中预先防范欧美国家日益严重的社会弊端。国情不同论的观点，后来国人在评介马克思学说时，曾广泛采用并予以深化，但由此得出的结论，各派截然不同，孙中山及其支持者是借以引进马克思学说在中国的可行性论题的最早一派。最后，也最具有时代特点的是，这个探索为了使马克思学说适用于中国实际，根据自己的理解在一定程度上改换了马克思学说的本来面貌。朱执信是孙中山一派中研究马克思学说最为深入者，他为了说明马克思学说的可行性，特别强调《共产党宣言》的阶级斗争学说和十条革命措施，以此区别于过去的乌托邦式空谈，可是他在突出其具体措施的同时，也就淡化乃至偏离了马克思学说的基本原理，结果捕风捉影地宣称马克思主张设立农工奖励银行，并对《资本论》中有关资本起源于掠夺的论证提出疑义。其他的支持者又进一步演绎，有的列举第二国际的前期史料，介绍马克思之后，世界社会主义的发展趋势包含软硬两派，既有非调和的、激烈的社会革命派，也有随机应变的、温和的社会改良派，二者势均力敌；有的模糊马克思学说与其他社会主义的区别，一概描述其具有“尚平和、守秩序”特征；有的承认马克思《资本论》代表“最极端”的社会主义，但又说这种极端学说仍保留一定限度的资本私有，意谓是可以接受的，可以支持另创的土地单税论；还有的与无政府党作比较，干脆说马克思学说就是“平和的社会主义”；等等。可见，早期的孙中山一派谈论马克思学说的可行性，内含着这样一种思维逻辑：它不仅代表了社会主义从乌托邦到实行的发展，同时还代表了社会主义从破坏到和平的发展。

继之而起的无政府主义一派，表面看来，是从更加激进的立场上谈论马克思学说的可行性问题。其实，此派内部又分为比较极端和比较缓和的两派，在引进马克思学说方面，以比较缓和一派的影响更大。比较极端一派的信仰是，马克思学说保留国家、集中权力和生活资料私有，不如无政府主义主张无国界、共产和个人完全自由之彻底，应实行更加圆满的无政府主义以取代不彻底的马克思学说。在其极端程度上，这一派别有的承认马克思学说与无政府主义之间的渊源关系，但在发展过程中后者超过了前者；有的强调无政府主义的独立性，始终与马克思学说划清界线；不论有何区别，他们都把无政府主义看作比马克思学说更好的实行方案。比较缓和一派则不然，它虽然推崇无政府主义的彻底性，却认为不可能马上取消国家，在目前条件下，需要借助马克思学说作为急则治标的权宜之计或过渡桥梁，因而把宣扬马克思学说的理论观点，以及寻找其中与无政府主义观点“未尝不相通”的一致性，摆到重要的议事日程上。

这时候，几派正好汇合在一起，在马克思学说传入中国的早期历史上，呈现出一个十分奇特的现象：国人中看起来相互不同、争论不绝甚至对立到剑拔弩张程度的主要各派，对待马克思学说的可行性问题，最后竟然殊途同归，走到彼此相似的一条道路上,即共同主张国家社会主义或讲坛社会主义。这在本质上是一条社会改良主义的道路,各派的区别仅在于其表达的方式和程度有所不同。孙中山一派强调社会革命,公开推崇马克思经济学说,实际上是为了防止中国出现类似于欧美国家的社会革命或攘夺变乱之"祸",谋求从根本上"和平"解决分配不均之类的经济问题,结果将乔治的土地公有与马克思的资本公有并列,将马克思经济学说引向国家社会主义的和平改良道路。无政府主义一派鼓吹"极端急激"的彻底破坏,批评马克思学说的"和平"流弊,然而其务实者更关注马克思学说的实用价值,相信马克思的国家学说与无政府主义有"相通"之处,马克思的社会主义最终将归入无政府主义,于是大谈采用马克思学说具有走向无政府主义的桥梁作用,从另一个角度将马克思学说引向国家社会主义的改良道路。梁启超一派素以社会改良为标志,一向反对运用马克思学说触动现行社会制度的任何过激行为,以发展中国的资本家和资本经营为当务之急,同时以为西方社会主义运动自出现伯恩施坦"修正派"后,已由马克思派主张激进阶级战争的革命方式,转向主张调和劳资利益的"较为和平"方式,因此宣扬采用"立说最完善"的国家社会主义和讲坛社会主义以矫正现有社会弊端,这是最为典型的和平改良道路。这几派都以国情不同为理由,纷纷认为中国的未发展现状更容易实现本派的理想目标,而在纷纭争论之中,最后又都选择所谓国家社会主义作为各自的发展路径。当时各派对于国家社会主义的理解,存在着差异。孙中山一派未曾将马克思学说等同于国家社会主义,反倒说马克思学说代表世界主义,但他们真诚地将马克思学说当作实行国家社会主义的理论依据,用孙中山自己的话说,马克思学说的系统学理不是自然科学那样的"完全科学",在实行上"尚无一定标准",意谓只能退而求其次,结合中国国情,通过和平手段采取土地公有和单一税之类的国家社会主义措施。无政府主义一派断定马克思学说就是国家社会主义,撇开其极端者拒绝一切保留国家权力的学说不论,其缓和务实者所借助的国家社会主义,表面上以马克思学说为宗旨,实则没有超出孙中山一派的范围,只是其言词更显激进一些而已。梁启超一派则将马克思学说与国家社会主义对立起来,关键在于是否承认现行社会组织,不承认并企图破坏后予以重建者,即马克思的社会革命学说,承认之并加以矫正者,即国家社会主义的社会改良学说,其态度是同情接受后者而抵制反对前者;此外,另一种说法是,对马克思学说可以"澈上澈下",上至根本改革,下至改良救济,均系正宗解释,实则曲之为解。国家社会主义原本是一种利用国家权力进行社会改良的资产阶级思想,与马克思学说背道而驰。依此说来,以上各派均属于社会改良的范畴。只是在形式上,孙中山一派从主观社会主义出发,力图参照马克思学说从事于社会革命,实际上未能脱出社会改良的窠臼;无政府主义一派自以为可以利用马克思学说达到其目的，结果不伦不类，形左实右，最终也没有走出社会改良的局限；梁启超一派倒是表里一致，最为彻底，从始至终都是道道地地的社会改良派。

当时出现这种现象，并非偶然，有其深刻的历史原因。辛亥革命前后，许多寻求救国救民真理的革命先行者和志士仁人，为了改变我国积贫积弱的经济落后状况，为了防范西方国家贫富悬殊的社会弊病，相信在政治上推翻君主专制制度之后，可以从舶来的社会主义思潮和马克思经济学说中，找到解决已有的或可能出现的社会经济问题的现成药方，至少从中获得某种警示。然而，在这些药方的提供方面，舶来文献中几乎都是以国家社会主义或讲坛社会主义为代表的社会改良货色，或者是欧美国家正在推行的社会政策案例；在这些药方的选择方面，国人著述中也没有人充分研究并真正理解马克思经济学说的理论精髓，或者带有偏见，或者病急乱投医，最积极的方式不过是在呼吁土地公有的社会革命名义下，把马克思学说当作和平社会主义的理论依据。早期国人中的各派基于富国强民的目标，不约而同地倾向采取有秩序的和平方式，担心破坏性的激进方式有损于本国社会经济，或给外国经济侵略提供可乘之机，这在当时的约束条件下，是可以理解的。他们选择带有改良主义色彩的方案，想用最小的社会成本代价，换取最大的社会发展成效，是一种善良的愿望，而舶来文献对于西方社会改良思潮的鼓动，国人自身对于本国社会经济问题缺乏正确思想的指导，又强化了这种善良愿望。可见，我国早期社会改良思潮占上风的形势，是外部因素和内部因素共同作用的结果，也是先驱者们选择中国发展道路的一次重要尝试。梁启超之流期望在不改变现行社会组织和经济利益格局的前提下，走西方资本主义的发展道路，同时对由此可能产生的社会弊端，通过社会改良加以矫正，至于马克思学说的社会革命方案，足以引起警觉，但在千数百年的长时期内没有必要付诸实行，这是此类尝试内容的一个组成部分。孙中山及其支持者乃至信奉无政府主义的临时同盟者，坚信有必要利用或借助国家权力对现行社会经济组织加以调整甚至改革，趁我国贫富差距尚未悬殊恶化，防患于未然，于是主张从马克思学说中吸取理论滋养，但又唯恐此举损害既得利益者并引起社会动乱，进而试图把马克思学说的理解引向非破坏性的和平轨道，结果与社会改良论者只是五十步和百步之差，这是此类尝试内容的另一个组成部分。这两部分思潮汇合在一起，共同推动了我国早期的社会改良之势。可是，实践反复证明，这条道路走不通，善良愿望碰了壁，而正确选择适应于中国国情的发展道路，有待十月革命以后各种主客观因素的变化。由此也说明，后来形成马克思主义中国化的发展道路，决非突如其来，早在前史时期，就经历了选择社会改良道路的不成功尝试。

启示之五：马克思经济学说早期传入中国，构成了中国近代经济思想史研究的重要内容。现有的中国近代经济思想史著作，其历史下限一般断代至

1919 年五四运动，对于此前传入中国的马克思经济学说，往往只是约略谈及，不曾作为专门的研究对象。其他著作尤其是论述马克思主义或社会主义在中国传播历史的著作，也经常追溯到 1917 年以前的历史，不乏论及早期传入的马克思经济学说，惟其将重点放在考察 1919 年以后的传播历史，对于此前历史的考察，仍以简约者居多。固然，1917 年以前，在中国近代经济思想史领域，马克思经济学说的传入，还很不成熟，这一段早期历史，明显不同于 1919 年以后的传播历史，故权且称之为马克思主义经济学在中国的传播前史。可是，不成熟传入的历史，同样是整个历史的一个组成部分。从不成熟到比较成熟的演进过程中，包含一系列的过渡环节和不间断的思想沟通，前面的过程为后面的过程疏通了道路，后面的过程又基于前面的过程而向前延展，因此，把马克思经济学说传入中国的早期历史，作为专门的考察对象，纳入中国近代经济思想史的研究范畴，有利于追溯马克思经济学说进入中国的早期起源及其经济思想环境，有利于把握早期起源与后来发展之间的传承起合与脉络线索，有利于揭示从前史进入正史的关联特征和不同差异，一句话，有利于在中国近代经济思想史的背景下，将马克思经济学说的传入连贯成为一部完整的历史。

譬如，马克思经济学说最初伴随着西方社会主义思潮传入中国，开始只是些零星点滴的内容，分散见于五花八门的叙述之中，既没有自身的体系，也无法与其他各种观点剥离开来。以后，随着传入的逐步积累和持续推进，构成这种零散和模糊不清局面的若干要素在发生变化和更新：对马克思经济学说的评介内容，从个别观点或概念，到形成某种系统，再到摘译或比较完整地翻译马克思、恩格斯的经典原著；其评介来源，从以翻译为主照搬舶来资料，到参照舶来资料自行撰述以消化吸收，再到根据各自的理解围绕马克思学说的理论观点展开论辩；其评介意图，从一般的新闻报道或猎奇，到用来对照和分析现实社会问题，再到争论是否适用于中国实际；其评介者队伍，从偶尔有人提及，到各类人士集中或间断地引进以日文为主的有关资料，再到出现不同的评介派别；等等。这个累进的发展过程，尽管主要表现为数量上的积累和程度上的提高，还没有从根本上改变马克思经济学说的传入形势，没有站在马克思主义的立场上观察分析问题，也没有形成马克思主义的独立传播地位，但它作为先行思想，提供了既定的历史前提，使后来具有本质变化的独立传播，不是从一片空白的处女地开始，而是有其基础和有所凭借。马克思经济学说在其早期传入过程中所形成的传入路径、传入资料和传入特征等，在以后的传播过程中即便改变或产生根本性变化，也不可能消失殆尽，其中一些内容经过延展、改造或凝练，会以其他形式继续保存下来。也就是说，考察以后马克思主义经济学在中国的传播历史，如果割断其前史，一些问题的来龙去脉，将无由得到完整的说明；或者说，只有将其前史与以后的传播历史衔接起来，才能更好地展现马克思主义经济学在中国传播的全貌，特别是当后来传播的若干轨迹和特点，当初曾以萌芽状态隐含在前史之中时，情况更是如此。

又如，19世纪末之前的半个世纪里，舶来经济理论和知识的持续涌入，由少积多，由表及里，由浅入深，实际上为马克思经济学说的传入开辟了道路。考察中国近代经济思想的发展演变过程，最初提出的问题是，鸦片战争之后，面对国外列强的经济侵入，中国数千年来建立在小农经济和君主专制统治基础上的传统经济思想，是继续维持其支配地位，还是加以改造，抑或是被外来经济思想所取代。经过数十年的较量和顽固抵制，在其势汹汹的西方资产阶级经济思想面前，中国传统经济思想最后败下阵来，丧失了传统的支配地位。经济思想的变革反映了经济基础的变革。对此，马克思和恩格斯在有关中国问题的观察和评论中，围绕小农经济与家族手工业相结合的内部结构及其坚固性，以及外国资本主义的机器工业生产方式在开拓国际市场过程中迫使中国这种传统封闭的生产方式解体之间，二者此消彼长的较量局势，曾经作过深刻的分析，并由此提出"中国的社会主义"问题。不过，中国终究没有从其内部自行产生现代科学意义上的社会主义，也没有在马克思、恩格斯生前，接触或引进他们所创立和传播的马克思主义经济学及其有关中国经济问题的论述。继则提出的问题是，当国外资本主义生产方式相对于中国传统生产方式的优越性日益显现，与之相伴又看到资本主义生产方式必将造成严重的贫富差距和社会分配不公现象时，是在中国完全照搬西方资产阶级经济学说，还是未雨绸缪，另辟蹊径。为了解答这个问题，与前一时期的后半段相交叉，在继续引进西方资产阶级经济学说的同时，引进了西方社会主义思潮。在国人眼里，西方社会主义从一开始就是主要用于解决因分配不公而产生的贫富悬殊等社会经济问题。解决此类经济问题的雏形式理想，中国传统经济思想中早已有之，但从未建立在科学理论的基础上，所以，真正意义上的社会主义，对于国人而言，同样是舶来的。这样看来，在马克思经济学说传入中国之前，西方资产阶级经济学的传播，摧毁了中国传统经济思想的顽强抵抗，从内容上输入西方经济学的理论学说和思维逻辑，从形式上引进西方经济学的表达方式和名词术语，为后来者清除了道路上的传统障碍。继之西方社会主义思潮的传播，又打破了西方资产阶级经济学的一统天下以及对于这一学说的迷信，从内容与形式上，提出与资产阶级经济学相抗衡的社会主义理论体系和专门概念，直接成为马克思经济学说传入的先导思想。马克思经济学说传入中国后，西方资产阶级经济学和一般社会主义思潮的传播仍然十分强劲，由此形成不同经济学理论体系之间的相互比较和斗争，从而为国人寻找和衡量适用于中国社会实际的指导性经济理论，提供了新的选择。可见，在中国近代经济思想史上，马克思经济学说的早期传入，与此前相继产生、后来同时并进的西方资产阶级经济学和西方社会主义思潮的传播，是一个相互连接而又互为影响的历史过程。这个连贯的历史过程，可以从不同的侧面加以考察，却不能割裂开来，只有把它放在中国近代经济思想发展沿革的完整历史背景下，才能比较真实地显现出来。

再如，马克思经济学说作为舶来品，同西方社会主义思潮一样，一旦进入中国，自然会与中国传统文化交织在一起，形成具有中国特色的传播特点。这种交织性特点，在其早期，以更加原始和直率的形式表现出来。考察中国古代经济思想，可以发掘出不少针对贫富不均和分配不公现象的经济对策、改革措施和社会理想，由此构成类似于社会主义成分的文化传统。马克思、恩格斯把中国近代初期的造反平民要求改变贫富分隔、重新分配财产乃至完全消灭私有制的呼声，称作“中国的社会主义”，很大程度上指的是这种传统意义上的社会主义思想因素。近代以来，当西方社会主义思潮传入中国后，舶来的社会主义学说与传统的社会主义因素发生接触和碰撞，进而带来各式各样的比较、联想、抵牾和融通，并对随后马克思经济学说的传入，产生了影响。从中国近代经济思想史上看，此类接触和碰撞，随时间的推移和各派的涌现而呈现出不同的特点。最初，为了使国人能够明白西方社会主义或社会党的大体意思，经常采用一些当时耳熟能详的传统词汇作解释，如“均富之说”、“平分产业之论”、“均贫富之党”、“通用之党”、“平会”、“大同学”之类。后来，借助于以日文译名为主的舶来词汇，又用现代社会主义等名词去诠释中国古代的类似观点和举措，或反转来再用古代案例附会现代社会主义；活跃于早期的各个派别，几乎都是如此，而且在不同的传入阶段，有不同的表现形式。例如：

在第一阶段，最典型者为康梁一派。康有为的《大同书》，可以说是结合西方社会主义思潮与中国传统社会理想的集大成者，举凡中国传统中有关所有制、分配、生产劳动、人际关系、生活水平、政府作用、过渡方式等方面的社会理想，搜罗毕至，再予以发挥，同时补充西方社会理想中的生产力发展、宏观计划管理、商品货币经济、劳动者素质等因素；首创用中国古说来比附西方社会主义，如以井田制的“均民授田”解释傅立叶的法郎吉，以孔子的“太平世”比喻西方的乌托邦，以孔子的“均无贫，安无倾”意谓美国近来流行的“均贫富产业之说”，以王莽的失败说明欧美国家不能实行“共产之法”或“共产之说”等等。他写了《大同书》，只是束之高阁，并不想实行，因此秘不示人。梁启超追随其师，又有所发展，他将龚自珍的《平均篇》关于社会贫富从“小不相齐”到“大不相齐”，到最终“丧天下”的分析，说成“颇明”近世泰西社会主义的根本观念；专门撰写《中国之社会主义》一文，举例王莽指责西汉时代富人“劫夺”、“欺凌”贫人的土地收入，类似于西方以地主和资本家为劫盗的社会主义观点，而北宋苏洵批评废除井田制后，土地私有制导致地主不劳而获和耕者劳而穷饿的弊端，又与国际工人协会的宣言书口吻"逼肖"，并由此推出中国古代井田制度与近世社会主义有"同一立脚点"的结论。梁氏所谓"中国之社会主义"，稍异于康氏《大同书》用中国传统观念阐释西方社会主义，主要用西方社会主义概念渲染中国传统观念，此时他尚未像其师那样十分警觉地区分社会主义的理想性与可行性，但已经与马克思经济学说联系起来。当时热衷于这一比较者，源源不断，而且不乏激进者。如有人称墨子的兼爱主义，就是欧美社会党倡导的社会主义，并且是挽救中国的"起死回生之妙药"；有人称中国历代的小土地平均分配办法，使中国的财产私有制度不及欧美国家坚固，故更有资格实现贫富平等；等等。不过，也有人如马君武以输入欧洲社会主义文明为己任，不赞成国人假托先秦儒家大同理想作为实行的依据，认为这种托古喻今的作法，忽略了中国的落后现状，以致社会的发展不能"进化"反而"退化"。还有人公开表明"大同平等之说不适用于今日之中国"，其理由不是否定大同平等学说本身，而是认为孔子和墨子提出这一学说，被后人利用来向异族统治的清政府献媚，不利于澄清华夷之辨；另外许行的君民并耕之说，违反了分工和竞争原则，也不利于秩序稳定和国家进化。这一观点，在解释大同平等学说的适用性涵义方面，与康氏不同，而在强调今日中国国情不同于欧洲国家，不能骤然实行此说，否则将引起大乱方面，又与康氏一致。此外，有人也对许行之说与近世社会主义相同的观点提出疑义，认为其说不懂得经济学中的分工原理，而主张放任主义又与社会主义的干涉主义相矛盾，但与前一说法连带否认大同平等学说的适用性不同，这只是质疑许行的观点，却相信完美精当的社会主义必将实行。

在第二阶段，孙中山一派倾向于利用中国传统思想为宣扬西方社会主义鸣锣开道。据说早在1899—1900年间，孙中山就经常讨论先秦的井田制、王莽的王田与解放奴婢、王安石的青苗法、洪秀全的公仓措施等，特别推崇古代大同理想，在研究西方社会主义的同时，注意发掘中国传统思想中的社会主义因素。他并非牵强附会，如不同意章太炎以"衰定赋税"的古法解决土地负担不均问题，或完全以北魏均田制解释平均地权思想，反而认为乔治的土地学说"深合于社会主义之主张"并加以采纳。在他的支持者中，朱执信阐述中国最利于实行社会革命的理由时，列举中国历史上屡见各种社会政策，如自古以来崇尚"抑豪者而利细民"政策，抑兼并为士人称道，汉代尊农贱商限制财富集积，谋求"抑富助贫"的"善政"，王安石的青苗法为救济的"根本之计"等等，以此说明中国的传统社会观念有助于轻而易举地推行土地国有之类措施。冯自由也认为民生主义滥觞于中国，远在希腊罗马文明以前，如古代井田制"分配公平"，后代视为"至治"；王莽禁止私有奴婢和实行土地国有，尤为民生主义"精理"，比美国的解放黑奴战争早了二千年，同时表达了平均地权"要旨"；王安石变法含有民生主义性质；太平天国设立公仓亦为民生主义措施；明朝推行的一条鞭法即乔治倡导的单税法等等，由此说明民生主义是中国数千年前的固有产物，不逊于欧美国家最近发明的社会主义新理，二者结合可以发扬光大民生主义理想，并使中国比其他国家更容易实行土地国有制度。连后来与孙中山不和的章太炎亦说，中国一切典章制度，不论好坏，好的如欧美国家难以企及的均田制度，坏的如刑法、科举制度，都“合于”或“近于”社会主义，从而为中国比欧美国家更容易实行社会主义，提供了感情上的优势。与此相对立，康梁一派同样利用中国传统思想，却为宣扬社会主义的不可行性鼓吹呐喊。康有为的论证重点，是以小康向大同的过渡须经千数百年时间而无须任何飞跃或超越为由，认为中国像欧美国家不能遽行“无君均产”一样，不可实行革命民主。梁启超的论证重点，是把参照所谓社会主义精神，严格限制在社会改良主义范围内，以为中国的传统观念和尚未积重难返的现实，不必、不可也不能实行社会主义，却可以比欧美国家更有效果地实行社会改良政策。初期无政府主义一派则意在剔除中国传统社会主义思想中的国家或政府观念，如刘师培的《西汉社会主义学发达考》一文，反对孙中山一派的平均地权思想，指出这一思想如同汉武帝和王莽的土地国有之说，“名为均财”，实则容易为政府所利用以“愚民”。

在第三阶段，颇为流行的无政府主义一派，其极端者将中国传统思想当作有利时利用、无利时丢弃的可有可无之物。如有人认为中国的国粹犹如过时文物，应当放到历史博物馆里；有人重新释义《礼运》大同学说，将其理解为废政府、废家庭、废婚姻、废金钱、废法律、天下一家，从而区别于社会党的无政府主义理想；有人为了驳斥中国今日不能提倡共产主义之说，对于那些拿古代井田制、王莽王田制和王安石变法说事，以证明“均产”、“均富”为“理想空谈”的观点，嗤之以鼻，认为均产与共产风马牛不相及，又认为二千年前孟子所批评的许行并耕之说，属于极端个人主义，与共产主义相差十万八千里；有人“论中国古代财政国有之弊”，由此延展到包括井田、限田、王田、均田、公田和官田在内的“土地国有之弊”，以及包括茶酒官府专卖、盐铁国有、均输平准、山泽国有在内的中国古代“弊政”，认为这些国有之说，都是假借限制兼并、平均贫富之名，垄断天下利源以便于专制；等等。其缓和者则利用中国传统思想来阐发新意。如有人认为远古创立井田之法、夏商王朝实行贡助之法、周文王以仁政制民之产、孟子经古制沦亡后又崛起以恢复王道和井田，都建立在地税归公制度的基础上，以此为现代平均地权、专征地税之说张目；有人认为古代区田制可以通过扩大田亩和增加产量，有效解决人口增加条件下的食物供给不足问题，从而成为维持共产制的“惟一要务”；有人认为中国太古以前为“共财之制”，三代有“宗族共产制”，孟子解释井田制为“乡里共产制”，尤以《礼运》大同之说是“共产之确据”，此后东汉张鲁设立“起义舍”乃行于一方的共产制，唐代可见旅行过程中“人民视食物为共有”的共产制，中古以后仍有共产“遗制”，至中国近代犹存“共产之制”，这表明中国不同于欧美各国，“共产制度未尽脱离，而财产私有制度亦未尽发达”，故“共产制易行于中国”；等等。此时，梁启超一派发思古之幽情，仍是维护其改良主义宗旨。如称王安石新政中的青苗、均输、市易诸法，由国家集中财权，调剂盈虚，以均诸百姓，正像如今盛行于欧美的社会主义；但社会主义学者梦想大同太平之极致，以国家为主，取消私有财产，可能数百年后都实现不了，欧美国家现在办不到的事，王安石想在数百年前实现，可见他是受了蒙蔽。又称管子二千年前着手解决贫富不齐和豪强兼并问题，为近代国民经济学“导其先河”；儒家主张恢复井田及其汉唐以来的均田、限田等政策，同西方社会主义主张土地及一切财产国有的说法相近，与此不同，管子的“均贫富”政策凭借国家权力，通过市场手段，将物价涨落所带来的利益归之于国家和全民所有，由此既可避免骤然废除私有制，又可防止自由放任过甚。

在第四阶段，孙中山更加明确地从中国古代去追溯社会主义思想因素。他考察历史后认为，我国素来主张社会主义，井田制为均产主义之“滥觞”，累世同居为共产主义之“嚆矢”，人民头脑里长久蕴含着社会主义精神，有利于“一日千里”地迅速推进社会主义，故深望中国建立和发展社会民主政党，实行社会主义政策；他也提到管子的经济成就，表明经济学“本滥觞于我国”，但并不像梁启超那样，推崇管子作为现行理想政策的古代榜样。与此相似，无政府主义一派的缓和者为了证明社会主义在中国的可行性，也认为，《礼运》言大同，老子言无为，庄子言宥天下而非治天下，孔子言均无贫、安无倾等，都属于社会主义精神，故中国不必如西方等到出现资本家和大地主，可以事先预防，通过有秩序的和平进化方式，实行社会主义。其激进者与此相左，他们同样引用《论证》言均无贫、《礼运》言大同“皆有合于社会主义”的古例，却认为孔子为宗法社会的圣人，要实行社会主义，必须先“废孔”从而废除五伦之说，才可以脱离宗法社会和国家社会，实行无家界、无国界、无种界的世界大同。这里说的社会主义，其实是无政府主义。其极端者更是对有人从中国古人学说中去挖掘个人的或共产的无政府主义思想，竭力反对，认为这是好古者的牵强附会之举。

可见，西方社会主义思潮传入中国后，不是处于真空之中，国人常常习惯于利用古代已有的理想观念和事例，来对照和比较这一舶来思潮，或加深理解，或塑造理想，或考证溯源，更多的是为自己的或派别的观点服务。他们对于同样的传统思想，往往有不同的解释和态度，而对于同样的派别观点，又可以发掘和提供不同的古代案例。这些古代范例，大多素有定论，如大同、井田之类，也有些根据新的情况推翻古代定论，如王莽新制和王安石变法等，或者只是为了证明西方的社会主义，中国古已有之，并非倾心于此。国人中用中国传统理想比对西方社会主义思潮，其清晰一贯者有孙中山一派，用以说明中国比西方更有条件或更容易实行社会主义；其起初捉摸不定后来公开心迹者有康梁一派，康有为耗费多年心血于《大同书》，却反复强调实现大同理想是一个极其漫长的过程并不可有丝毫的冒进逾越，梁启超率先从古代考证中提出“中国之社会主义”概念，后来却一再宣称社会主义不可行或小心翼翼地将社会主义引向改良之路；其矛盾起伏者有无政府主义一派，如缓和者同样从古代理想中寻求当今实行社会主义或无政府主义的有利条件，而激进者对于古代理想，或赋予它以无政府主义性质，或批评它的局限性不适于无政府主义，极端者则根本不屑理睬古代理想；其他比对者先是担忧宣扬古代理想不利于输入西方社会主义文明，或不利于推翻满清政府，后来大致随各人偏好，附和于各派之论。这种对照和比较现象，如此普遍，既说明中国传统理想中蕴含的社会主义思想因素，具有持久的生命力和影响力，也说明西方社会主义思潮的传入，重新激活了国人对于自身传统理想的联想和憧憬。西方社会主义思潮与中国传统理想的结合，共同为马克思经济学说的传入铺垫了道路，同时也使马克思经济学说自传入之日起，就面对着如何与中国实际包括如何与中国传统文化结合的问题，亦即面对着如何实现中国化的问题。这个问题，如何单就马克思经济学说的传入线索孤立地考察，很容易在思想联络的背景上忽略重要的历史环节和联系，特别是在它传入的早期，这种连接和联系十分紧密，很难人为地分离开来。因此，从中国近代经济思想史的角度，联系西方社会主义思潮的传入，联系西方经济学的传入，同时也联系中国传统社会理想的影响，来考察马克思经济学说的早期传入历史并将其作为中国近代经济思想史研究的重要内容，显然更有利于还原其本来面貌。

以上列举的若干启示，并不完整，从前史所提供的丰富史料中，还可以概括出其他的启示。但仅此几点启示，已足以证明，马克思经济学说传入中国的早期历史，在马克思主义经济学传播于中国的整个历史上，具有特殊的历史价值。一方面，其早期历史显示，那时马克思经济学说的传入，还很不成熟。这不仅表现为马克思经济学说的传入过程十分曲折，更主要地表现为：它除了个别的原著翻译文本外，一般是附着在或包含在其他舶来思想之内，从未分离出来而形成自己的独立传播路径；它的内容大多是些分散片断的观点和史料，偶见系统者也常常在评介者的解说过程中被掺入曲解、偏见或批评意见，从未被当作完整的理论体系加以研究和引进；它自传入后，经历了一段时间的好奇式追逐，即被卷入各派别的利用和相互攻讦之中，各派对待马克思经济学说尽管好恶有别，但从未站在马克思学说的立场上认识和分析问题，相反却不约而同地走向社会改良立场，即便宣扬马克思经济学说者，最终也把它主要用作社会改良的理论依据；等等。这些不成熟性，用毛泽东的话来概括，就是在 1917 年十月革命以前,“中国并没有人真正知道马克思主义的共产主义”。另一方面,其早期历史又显示,那时马克思经济学说的传入,填补空白,提供先行思想资料,业已形成一定的路径和基础。这主要表现在:马克思经济学说在曲折的传入过程中,从无到有,从少到多,积累了颇为可观的资料信息,国人通过接触和比较这些资料信息,对马克思其人其说开始摆脱完全陌生的状态;这种传入,从零敲碎打式的散漫介绍,到摘译、节译直至比较完整地翻译马克思、恩格斯的个别原著,从完全被动地依赖舶来译本,到有人参考舶来资料进行自我消化吸收的研究和宣传,从局限于极少数人的点滴介绍,到不同的派别相继参与评介,体现了逐步拓展和深入的趋势;它的传入,曾被国人中的先驱者用作认识世界、分析国情和提出各自解决方案的理论工具,尽管这种运用的尝试,在理论指导上是盲目的,在实践上是不成功的,没有走出茫茫黑夜中的摸索阶段,但终究是为寻求救国救民的真理,提供了新的选择希望;等等。这些先行思想和既有路径,与其不成熟性一起,共同构成了十月革命以后马克思主义经济学在中国传播的直接历史前提,或者说,在马克思经济学说早期传入中国的不成熟性中,已经孕育了后来马克思主义经济学传播的若干萌芽和雏形。

回溯历史,研究马克思主义经济学在中国的传播前史,也就是研究马克思经济学说在1917年俄国十月革命以前传入中国的历史,由此而带来的启示,推广言之,其实不仅限于前史阶段,对于以后阶段的历史研究,同样有其参考意义。它告诉我们,马克思主义经济学传入中国的历程,从一开始,包括从其朦胧的前史阶段起,就步入一个不平坦的过程。这种不平坦性的特征是,国人当初对于马克思经济学说的认识,没有权威,没有教条,没有先入之见,各类关心国家命运前途的人士,当他们面对内忧外患的严峻形势,各自探索救国救民的道理时,其中有不少人从舶来的西方学说那里,不约而同地发现了马克思经济学说的影响和价值,同时又基于不同的思想倾向和政治派别,按照自己的理解来诠释和评价这一学说。换句话说,马克思经济学说的最初传入,是在传入者用不同眼光予以打量、挑剔和批评的环境中,由弱渐强地发展起来,又是在评论者出于不同目的进行争论、辩解甚至攻击的氛围里,逐步密切了与中国实际的联系。不平坦的经历就像是一块试金石,反而使真理的传入得到检验和锤炼,进而为其从形形色色的舶来理论中脱颖而出并终于为中国人民所接受,创造了条件。这也表明,马克思经济学说能够为早期的中国先驱者所关注,形成日趋显露的发展趋势,首先取决于其理论本身内在的生命力和适用性,而不是乞助于外在的什么保护或恩赐;同时,来自不同观点或意图的评论和验证,在某种意义上,又为推动马克思经济学说与中国实际相结合,从而推动后来马克思主义经济学的中国化进程,共同作出了一定的贡献。

主要征引文献

基本文献

《毛诗正义》(十三经注疏),北京大学出版社 2000 年版。

《尚书》,见《四部丛刊经部》。

《春秋左传正义》(十三经注疏),北京大学出版社 2000 年版。

《春秋公羊经传解诂》,何休解诂,见《春秋公羊传注疏》(十三经注疏),北京大学出版社 2000 年版。

《周礼》,见《四部丛刊经部》。

《晏子春秋集释》,吴则虞撰,中华书局 1962 年版。

《晏子春秋校注》,张纯一校注,见《诸子集成》第 4 册,上海书店影印本,1986 年。

《论语译注》,杨伯峻译注,中华书局 1980 年版。

《纂图互注礼记》,见《四部丛刊经部》。

《墨子闲诂》,孙诒让撰,孙启治点校,中华书局 2001 年版。

《老子本义》,魏源撰,见《诸子集成》第 3 册,上海书店影印本,1986 年。

《庄子集解》,王先谦撰,中华书局 1987 年版。

《商君书注译》,高亨注译,中华书局 1974 年版。

《孟子正义》,焦循撰,沈文倬点校,中华书局 1987 年版。

《尉缭子》,见《百子全书》第 2 册,浙江人民出版社 1984 年版。

《六韬》,见《百子全书》,浙江人民出版社 1984 年版。

《管子校正》,刘向校,戴望校正,见《诸子集成》第 5 册,上海书店影印本,1986 年。

《新语校注》,王利器撰,中华书局 1986 年版。

《淮南子集释》,何宁撰,中华书局 1998 年版。

《文子疏义》,王利器撰,中华书局 2000 年版。

《春秋繁露义证》,苏舆撰,钟哲点校,中华书局 1992 年版。

《汉书》,中华书局1962年版。

《法言义疏》,汪荣宝撰,陈仲夫点校,中华书局1987年版。

《申鉴》,荀悦著,吴道传校,见《诸子集成》第7册,上海书店影印本,1986年。

《太平经合校》,王明编,中华书局1960年版。

《三国志》,中华书局1959年版。

《阮嗣宗集》,阮籍撰,见《汉魏六朝百三名家集》,扫叶山房藏版。

《嵇中散集》,嵇康撰,见《汉魏六朝百三名家集》,扫叶山房藏版。

《抱朴子》,葛洪著,孙星衍校正,见《诸子集成》第8册,上海书店影印本,1986年。

《靖节先生集》,陶潜著,见《万有文库》第1集,商务印书馆1933年版。

《列子集释》,杨伯峻,中华书局1979年版。

《无能子校注》,王明校注,中华书局1981年版。

《通典》,杜佑撰,见《万有文库》第2集,商务印书馆1935年版。

《杜诗详注》,杜甫撰,仇兆鳌注,中华书局1979年版。

《新唐书》,中华书局1975年版。

《化书》,谭峭撰,丁祯彦、李似珍点校,中华书局,1996年版。

《小畜集》,王禹偁撰,见《四部丛刊集部》。

《小畜外集》,王禹偁撰,见《四部丛刊集部》。

《李觏集》,王国轩校点,中华书局1981年版。

《嘉祐集》,苏洵撰,见《古逸丛书》三编之二十四,中华书局影印本,1986年。

《张载集》,中华书局1978年版。

《伯牙琴》,邓牧撰,见《四库全书》第1189册,上海古籍出版社影印本,1987年。

《南唐书》,陆游撰,见《四库全书》第464册,上海古籍出版社影印本,1987年。

《资治通鉴》,中华书局1956年版。

《渑水燕谈录》,王辟之撰,见《中国野史集成》第8册,巴蜀书社1993年版。

《梦溪笔谈》,沈括,见《四部丛刊续编》第53册,上海书店影印本1984年版。

《青溪寇轨》,方勺著,见《续修四库全书》第423册,上海古籍出版社影印本。

《三朝北盟会编》,徐梦莘撰,见《四库全书》第351册,上海古籍出版社影印本,1987年。

《文献通考》,马端临撰,见《万有文库》第2集,商务印书馆1935年版。

《李纲全集》,李纲著,王瑞明点校,岳麓书社2004年版。

元明史料笔记丛刊《草木子》,叶子奇撰,中华书局1959年版。

元明史料笔记丛刊《南村辍耕录》,陶宗仪著,中华书局1959年版。

《何心隐集》,容肇祖整理,中华书局1960年版。

《明儒学案》,黄宗羲著,沈芝盈点校,中华书局1985年版。

《明夷待访录》,黄宗羲著,见《丛书集成初编(补印本)》第0760册,商务印书馆1959年版。

《罪惟录》,查继佐著,浙江古籍出版社1986年版。

《霜红龛集》,傅山撰,见《续修四库全书》第1395册,上海古籍出版社影印本。

《潜书》,唐甄著,见《四库全书存目丛书·子部九五》,齐鲁书社1995年版。

《存治编》,颜元撰,见《四库全书存目丛书·子部二〇》,齐鲁书社1995年版。

《拟太平策》,李塨撰,见《丛书集成初编(补印本)》第0760册,商务印书馆1959年版。

《平书订》,李塨撰,见《续修四库全书》第947册,上海古籍出版社影印本。

《镜花缘》,李汝珍著,张友鹤校注,人民文学出版社1979年版。

《原道救世歌》,洪秀全,见中国近代史资料丛刊《太平天国》第1册,神州国光社1954年版。

《原道觉世训》,洪秀全,见中国近代史资料丛刊《太平天国》第1册,神州国光社1954年版。

《天朝田亩制度》,见中国近代史资料丛刊《太平天国》第1册,神州国光社1954年版。

《伦敦与巴黎日记》,郭嵩焘撰,岳麓书社1984年版。

《普法战纪》,张宗良口译,王韬辑撰,中华印务总局活字版,同治十二年癸酉七月(1873年8月)。

《使西日记(外一种)》,李凤苞撰,湖南人民出版社1981年版。

《西洋杂志》,黎庶昌撰,湖南人民出版社1981年版。

《出使英法义比四国日记》,薛福成撰,岳麓书社1985年版。

《万国史纪》第11卷,冈本监辅撰,上海申报馆仿坚珍版印,1879年。

《佐治刍言》,傅兰雅译,应祖锡述,江南制造总局1885年刊行,上海书店2002年版。

《富国策》,法思德著,汪凤藻译,同文馆聚珍版,1880年。

《随使法国记(三述奇)》,张德彝撰,湖南人民出版社1982年版。

《随使英俄记(四述奇)》,张德彝撰,岳麓书社1986年版。

《日本国志》,黄遵宪撰,台北文海出版社1981年版。

《人境庐诗草笺注》,黄遵宪著,钱仲联笺注,上海古籍出版社1981年版。

《严复集》,中华书局1986年版。

《康有为全集》,上海古籍出版社1987—1990年版。

《康有为全集》,姜义华、张荣华编校,中国人民大学出版社2007年版。

《大同书》,康有为著,章锡琛、周振甫点校,古籍出版社1956年版。

《万木草堂遗稿外编》,蒋贵麟编,台北成文出版社1978年版。

《请尊孔圣为国教立教部教会以孔子纪年而废淫祠折》,康有为撰,见中国近代史资料丛刊《戊戌变法》第2册,神州国光社1953年版。

《康南海自编年谱》,见中国近代史资料丛刊《戊戌变法》第4册,神州国光社1953年版。

《康有为政论集》,中华书局1981年版。

《康有为诗文选》,陈永正编注,广东人民出版社1983年版。

《论语注》,康有为著,楼宇烈整理,中华书局1984年版。

《孟子微》,康有为著,楼宇烈整理,中华书局1987年版。

《康南海先生口说》,吴熙钊点校,中山大学出版社1985年版。

《谭嗣同全集》,中华书局1981年版。

《总理全集》,胡汉民编,上海民智书局1930年版。

《孙中山选集》,人民出版社1956、1981年版。

《孙中山全集》,广东省社会科学院研究室编,中华书局1981—1984年版。

《吴稚晖学术论著》,上海出版合作社1925年版。

《章太炎选集·訄书》第三册,上海人民出版社1981年版。

《饮冰室合集》,梁启超撰,上海中华书局印行。

《新大陆游记》,梁启超著,何守真校点,湖南人民出版社1981年版年版。

《五十年中国进化概论》,梁启超撰,见《最近之五十年:1872—1922》,上海书店影印本,1987年。

《读西学书法》,梁启超撰,见《饮冰室合集·集外文》,北京大学出版社2005年版。

《黄兴集》,中华书局1981年版。

《宋教仁集》,陈旭麓主编,中华书局1981年版。

《朱执信集》,中华书局1979年版。

《李大钊文集》,人民出版社1984年版。

《泰西新史揽要》,麦肯齐著,李提摩太、蔡尔康译,上海书店出版社2002年版。

《百年一觉》,毕拉宓著,李提摩太译,广学会1894年版。

《回顾》,贝拉米著,林天斗、张自谋译,商务印书馆1984年版。

《富国养民策》,哲分斯著,艾约瑟编译,见《西政丛书》,慎记书庄石印,1897年夏。

《大同学》,李提摩太译,蔡尔康撰文,上海广学会1899年版。

《十九世纪大势变迁通论》,高山林次郎著,吴铭译,上海广智书局1902年版。

《西政通典》卷六十三,袁宗濂、晏志清编辑,萃新书店刊行,光绪壬寅(1902年)。

《社会主义》,村井知至著,侯士绾译,上海文明书局,光绪二十九年五月(1903年6月)。

《世界进步之大势》,东京民友社著,曾剑夫译,东京民友社 1903 年版。

《最新经济学》,作新社 1903 年藏版。

《社会经济学》,金井延著,陈家瓒译,上海群益书社 1908 年版。

《比较财政学》,小林丑三郎著,张锡之、晏才杰、熊钟麟译,东京九段印刷所,宣统元年(1909 年)十二月二十日发行。

《比较财政学》,小林丑三郎著,中国经世学社译,日本东京本社事务所,宣统二年(1910 年)四月二日发行。

《泰西民法志》,甘格士著,胡贻谷译,上海广学会藏版,1912 年。

《经济学》,李佐庭编辑,上海丙午社 1912 年三版。

《经济政策要论》,覃寿公译著,北京顺天时报馆 1913 年增订再版。

《傅克思氏经济学》,宋任译述,上海泰东图书局 1914 年版。

《经济学要览》,东方法学会编纂,上海泰东图书局 1914 年再版。

《经济学大意》,津村秀松著,彭耕译,上海群益书社 1915 年版。

《财政学》,泷本美夫讲述,孟森译述,商务印书馆 1916 年版。

《经济大要》,贺绍章编纂,商务印书馆 1918 年第 12 版。

《国民经济学原论》,津村秀松著,马凌甫译,上海群益书社 1920 年订正再版。

《马克思恩格斯论中国》,人民出版社 1950 年版。

《马克思恩格斯全集》,人民出版社 1959—1975 年版。

《马克思恩格斯选集》,人民出版社 1972 年版。

《剩余价值理论》,人民出版社 1975 年版。

《资本论》,人民出版社 1975 年版。

《列宁全集》,人民出版社 1960 年版。

《列宁选集》,人民出版社 1960 年版。

《毛泽东选集》,人民出版社 1991 年版。

《"七大"工作方针》,毛泽东,人民出版社 1981 年版。

《毛泽东评点二十四史》,周树留主编,中国档案出版社 1999 年版。

《中西普通书目表》,黄庆澄编,木刻本,1898 年。

《东西学书录》,徐维则辑,石印本,1899 年。

《中国学塾会书目》,美华书馆 1903 年版。

《约章成案汇览》,北洋洋务局纂辑,上海点石斋石印本,1905 年。

《中国近代出版史料》,张静庐编,群联出版社 1954 年版。

《辛亥革命前十年间时论选集》,张枬、王忍之编,三联书店 1960—1963 年版。

《中国近代期刊篇目汇录》,上海图书馆编,上海人民出版社 1965,1979—1982 年版。

《中国译日本书综合目录》,谭汝谦主编,香港中文大学出版社 1980 年版。

《辛亥革命时期期刊介绍》,丁守和主编,人民出版社 1982—1987 年版。

《马克思主义在中国——从影响的传入到传播》,林代昭、潘国华编,清华大学出版社1983年版。

《中国近代学制史料》,朱有瓛主编,华东师范大学出版社1983年版。

《社会主义学说在中国的初期传播》,姜义华编,复旦大学出版社1984年版。

《无政府主义在中国》,高军等主编,湖南人民出版社1984年版。

《无政府主义思想资料选》,葛懋春、蒋俊、李兴芝编,北京大学出版社1984年版。

《社会主义思想在中国的传播》,中共中央党校科研办公室1985年,1987年。

《五四运动前马克思主义在中国的介绍与传播》,高军等主编,湖南人民出版社1986年版。

《简明不列颠百科全书》中文版,中国大百科出版社1985年版。

《中国大百科全书·经济学》,中国大百科全书出版社1988年版。

《清会典》卷一百《总理各国事务衙门·同文馆》,中华书局影印本1991年版。

《中国近代报刊名录》,史和等编,福建人民出版社1991年版。

《新帕尔格雷夫经济学大辞典》中文版,经济科学出版社1992年版。

《民国时期总书目(1911—1949)》,北京图书馆编,书目文献出版社1993年版。

《中国经济学图书目录(1900—1949年)》,谈敏主编,中国财政经济出版社1995年版。

《万国公报》,台北华文书局股份有限公司1968年影印本。

《时务报》,中华书局1991年影印本。

《清议报》,中华书局1991年影印本。

《东方杂志》。

《民报》,科学出版社1957年影印本。

《天义报》。

《新世纪》。

《新世界》。

《独立周报》。

《青年杂志》(后改为《新青年》),人民出版社影印本,1954年。

《民国日报》,人民出版社影印本,1981年。

《晨钟报》(后改为《晨报》),人民出版社影印本,1980年。

参考文献(按汉语拼音排序)

埃德加·斯诺著,李方准、梁民译《红星照耀中国》,河北人民出版社1992年版。

波尔斯(H.,Cyril H. Powles)《艾贝·伊索以及基督教在创立日本社会主义运动中的作用》(Abe Iso and the Role of Christian in the Founding of the Japanese Socialist Movement,1895—1905,*Papers on Japan*,Vol. I)。

伯纳尔(Martin Bernal)《无政府主义战胜马克思主义,1906—1907》(The Triumph of Anarchism over Marxism,1906—1907. Mary Clabaugh Wrighte edited, *China in Revolution:The First Phase* 1900—1913,Yale University Press,1968)。

伯纳尔(Martin Bernal)《1913年以前中国的社会主义》(Chinese Socialism before 1913. Jack Gray,*Modern China's Search for a Political Form*,Oxford University Press,1969)。

伯纳尔(Martin Berna)著,丘权政、符致兴译《一九〇七年以前中国的社会主义思潮》(*Chinese Socialism to* 1907,Cornell University Press,1976),福建人民出版社1985年版。

蔡尔康、林乐知编译《李鸿章历聘欧美记》,湖南人民出版社1982年版。

陈铨亚《马克思主义何时传入中国》,载《光明日报》1987年9月16日第3版。

陈正炎、林其琰《中国古代大同思想研究》,上海人民出版社1986年版。

程福隆(Chieng Fu Lung 音译)《中国社会思想的演变》(*The Evolution of Chinese Social Thought*,The University of Southern California Press,1941)。

成章《中国第一部介绍马克思学说的译著——〈泰西民法志〉》,载《历史知识》1989年第4期。

戴金珊《亚当·斯密与近代中国的经济思想》,载《复旦学报》1990年第2期。

德克雷斯皮尼(P. R. C. De Crespigny)《本世纪的中国》(China This Century, ST. Martin's Press,1975)。

丁文江、赵丰田《梁启超年谱长编》,上海人民出版社1983年版。

方汉奇《中国近代报刊史》,山西人民出版社1981年版。

方之光《太平天国史研究如何与时俱进》(2003年10月15日修改稿),"南京文博信息网",(www. njmuseum. cn 或 www. njwb. com)。

费正清(Fairbank)《现代历史的东亚视界》(East Asian Views of Modern History),载 *American Historical Review*,LXII,1957。

弗兰茨·梅林《德国社会民主党史》第4卷,三联书店1973年版。

费正清主编《剑桥中国晚清史》,中国社会科学出版社1993年版。

冯天瑜《汉字术语近代转换过程中误植现象辨析——以"经济""封建""形而上学"为例》http://www. contemphil. net/article/history/hzsyjdzhgczwzxxbx. htm。

冯自由《革命逸史》,上海商务印书馆1945年版,中华书局1981年版。

傅兰雅《江南制造总局翻译西书事略》,见《格致汇编》第三年第五卷,1880年。

高坂正显原著,David Abosch 编译《明治时代的日本思想》(Japanese Thought

in the Meiji Era, Pan-Pacific Press, 1958)。

高放等《辛亥革命前革命党人对马克思主义的介绍和探索》，载《东岳论丛》1980 年第 2 期。

高放《马克思并未称太平天国为"中国的社会主义"》，载《社会科学研究》2004 年第 2 期。

高名凯、刘正埮《现代汉语外来词研究》，文字改革出版社 1958 年版。

古堡、沈骏《"五四"以前马克思主义在中国的传播和影响》，见湖北社会科学联合会编《马克思主义与中国革命——纪念马克思逝世一百周年学术讨论会文选》，湖北人民出版社 1984 年版。

哈克特(Roger F. Hackett)《中国学生在日本，1900－1910》(Chinese Students in Japan, 1900－1910)，见 *Paper on China*, Vol. 3, Harverd University, May 1949。

何伯言编著《朱执信·廖仲恺》，青年出版社 1945 年版。

何香凝《我的回忆》，见《辛亥革命回忆录》第 1 集，文史资料出版社 1981 年版。

赫胥黎《进化论与伦理学》，科学出版社 1971 年版。

亨利·乔治著，吴良健、王翼龙译《进步与贫困》，商务印书馆 1995 年版。

侯厚吉、吴其敬主编《中国近代经济思想史稿》，黑龙江人民出版社，1982－1984。

侯外庐等《中国思想通史》第 1 卷，人民出版社 1957 年版。

胡寄窗《中国经济思想史》，上海人民出版社 1962－1981 年版。

胡寄窗《中国古代经济思想的光辉成就》，中国社会科学出版社 1981 年版。

胡寄窗《中国近代经济思想史大纲》，中国社会科学出版社 1984 年版。

胡寄窗《〈周礼〉的经济思想》，见《中国经济思想史论》，人民出版社 1985 年版。

胡寄窗《政治经济学前史》，辽宁人民出版社 1988 年版。

胡培兆、林圃《〈资本论〉在中国的传播》，山东人民出版社 1985 年版。

胡希宁、张锦铨主编《二十世纪中国经济思想简史——马克思主义经济学在中国》，中共中央党校出版社 1999 年版。

黄宗智(Philip C, Huang)《梁启超与中国近代自由主义》(*Liang Chi-chao and Modern Chinese Liberalism*), University of Washington Press, 1972。

姜义华《我国何时介绍第一批马克思主义译著》，载《文汇报》1982 年 7 月 26 日。

蒋俊、李兴芝《中国近代的无政府主义思潮》，山东人民出版社 1990 年版。

金安平《近代留日学生与中国早期共产主义运动》，见任武雄主编《中国共产党创建史研究文集》，百家出版社 1991 年版。

康德黎·琼斯《孙逸仙与中国》，上海民智书店 1930 年版。

柯尔著,何瑞丰、何慕李译《社会主义思想史》,商务印务馆,1978－1986。

柯托夫著,于深译《马克思主义在俄国的传播》,时代出版社 1955 年版。

克卡朴原著,辟司增订,李季翻译《社会主义史》,新青年社 1920 年版。

库布林(Hyman Kublin)《日本社会主义传统的起源》(The Origins of Japanese Socialist Tradition),载 *The Journal of Politics*, Vol. 14,May 1952,No. 2)。

库布林(Hyman Kublin)《日本社会主义者与俄日战争》(The Japanese Socialist and the Russo—Japanese War),载 *The Journal of Modern History*,Vol. ⅩⅫ,December1950,No. 4。

冷少川、帕尔默(Shao Chuan Leng & Norman D. Palmer)《孙逸仙和共产主义》(*Sun Yat-Sen And Communism*),Great Britain:*Greenwood Press*,1961。

黎澍《马克思主义与中国革命》,人民出版社 1963 年版。

李博著,赵倩等译《汉语中的马克思主义术语的起源与作用：从词汇一概念角度看日本和中国对马克思主义的接受》,中国社会科学出版社 2003 年版。

李竞能《西方资产阶级经济学在旧中国的流传》,见《中国大百科全书·经济学》第 3 卷,中国大百科全书出版社 1988 年版。

李威周《日共创始人——片山潜》,商务印书馆 1985 年版。

李喜所《近代中国的留学生》,人民出版社 1987 年版。

李喜所《清末留日学生人数小考》,载《文史哲》1982 年第 3 期。

李又宁(Li Yu-ning)《社会主义传入中国》(*The Introduction of Socialism into China*), Columbia University Press,1971。

李泽厚《中国近代思想史论》,《李泽厚十年集:1979－1989》第 3 卷,安徽文艺出版社 1994 年版。

梁发《劝世良言》,香港基督教辅侨出版社 1959 年版。

林克光《革新派巨人康有为》,中国人民大学出版社 1990 年版。

林茂生《马克思主义在中国的传播》,书目文献出版社 1984 年版。

卢钢《我国近代大学课本——〈京师大学堂堂讲义〉》,新华网,http://news.xinhuanet.com/collection/2003－01/07/content_694310.htm。

马伯煌主编《中国近代经济思想史》,上海社会科学院出版社 1988－1993 年版。

马歇尔著,朱志泰译《经济学原理》,商务印书馆 1964 年版。

皮明庥《近代中国社会主义思潮觅踪》,吉林文史出版社 1991 年版。

片山潜著,王雨译,舒贻上校《日本的工人运动》,三联书店 1959 年版。

钱存训《近世译书对中国现代化的影响》,任武雄主编《中国共产党创建史研究文集》,百家出版社 1991 年版。

钱穆《中国近三百年学术史》,商务印书馆 1937 年版。

尚明轩、余炎光编《双清文集》,人民出版社 1985 年版。

实藤惠秀著，谭汝谦、林启彦译《中国人留学日本史》，三联书店 1983 年版。

史扶龄《孙中山与中国革命的起源》，中国社会科学出版社 1981 年版。

斯卡拉皮诺、希夫林（Robert A. Scalapino and Harold Schiffrin）《中国革命运动中的早期社会主义潮流：孙逸仙与梁启超》（Early Socialist Currents in the Chinese Revolutionary Movement，Sun Yat-sen Versus Liang Ch'i-ch'ao），载 *The Journal of Asian Studies*，Vol. XVIII，No. 3，May 1959。

斯卡拉皮诺（Robert A. Scalapino）《日本的共产主义运动，1920－1966》（*The Japanese Communist Movement*，1920－1966），University of California Press，1967。

斯卡拉皮诺（Robert A. Scalapino）《马克思主义的序曲：中国学生运动在日本，1900－1910》（Prelude to Marxism：The Chinese Student Movement in Japan，1900－1910），载福伊尔沃克、墨菲与赖特（Albert Feuerwerker，Rhoads Murphy and Mary C. Wright）编《现代中国历史入门》（Approaches to Modern Chinese History），University of California Press，1967。

斯卡拉皮诺（Robert A. Scalapino）：《亚洲的共产主义，用于比较分析》（Communism in Asia，toward a Comparative Analysis），见 *The Communist Revolution in Asia，Tactics，Goals，and Achievements*，edited by Robert A. Scalapino，Prentice-Hall，Inc.，1969。

宋庆龄《宋庆龄选集》，人民出版社 1992 年版。

孙宝瑄《忘山庐日记》，上海古籍出版社 1983 年版。

谭行等人《马君武诗注》，广西民族出版社 1985 年版。

泰勒（George E. Taylor）《共产主义与中国历史，苏维埃与中国的共产主义之异同》（Communism and Chinese History，Soviet and Chinese Communism Similarities and Differences），edited by Donald W. Treadgold，University of Washington Press，1967。

汤志钧《康有为与戊戌变法》，中华书局 1984 年版。

田伏隆、唐代望《马克思学说的早期译介者赵必振》，载《求索》1983 年第 1 期。

王彬彬《"经济"补说》，载《中华读书报》1998 年 6 月 24 日第 3 版。

王劲《二十世纪初中国的社会主义思潮》，载《兰州大学学报（社会科学版）》1983 年第 1 期。

王力《中国语法理论》，商务印书馆 1951 年版。

王力《中国现代语法》，中华书局 1954 年版。

王亚南《中国共产党和马克思主义》，载《新建设》第 4 卷第 5 期（1951 年 8 月 1 日）。

王以平译《孙中山访问布鲁塞尔社会党国际局的一篇报道》，见《国际共运史研究资料》第3辑,人民出版社1981年版。

吴汝纶《东游丛录》,见《吴汝纶全集》第3册,黄山书社2002年版。

吴玉章《回忆五四前后我的思想转变》,载《中国青年》1959年5月1日。

沃尔金著,中国人民大学编译室译《论空想社会主义者》,中国人民大学出版社1959年版。

萧公权(Kung-chuan Hsiao)《现代中国和新世界,康有为,革新者与空想家,1858—1927》(A Modern China and a New World, K'ang Yu-wei, Reformer and Utopian, 1858—1927), University of Washington Press, 1975。

萧公权著,汪荣祖译《近代中国与新世界:康有为变法与大同思想研究》,江苏人民出版社1997年版。

幸德秋水著,马采译《社会主义神髓》,商务印书馆1985年版。

熊彼得著,杨敬年译《经济分析史》,商务印书馆1992年版。

熊月之《西学东渐与晚清社会》,上海人民出版社1994年版。

亚当·斯密著,郭大力、王亚南译《国民财富的性质和原因的研究》,商务印书馆1972年版。

杨金海、胡永钦《〈共产党宣言〉在中国一百年》,载《光明日报》1998年9月13日第3版。

叶世昌《中国经济思想简史》,上海人民出版社1980年版。

叶世昌《经济学译名源流考》,载《复旦学报》1990年第5期。

叶世昌《近代中国经济思想史》,上海人民出版社1998年版。

叶坦《"中国经济学"寻根》,载《中国社会科学》1998年第4期。

伊·布拉斯拉夫斯基编《第一国际第二国际历史资料(第二国际)》,北京三联书店1964年版。

伊文成等主编《日本历史人物传(近现代篇)》,黑龙江人民出版社1987年版。

于晋《社会主义在中国的传播和中国共产党的形成》,载《学习》第4卷第12期(1951年10月)。

于右任《于右任辛亥文集》,复旦大学出版社1986年版。

章开沅、林增平《辛亥革命史》,人民出版社1980—1981年版。

张海鹏《中国留日学生与祖国的历史命运》,载《中国社会科学》1996年第6期。

张家骧主编《马克思主义经济学说在中国的传播、运用与发展》,河南人民出版社1993年版。

张君劢(Carsun Chang)《中国的第三种势力》(The Third Force in China), New York: Bookman Associate, 1952。

张问敏《中国政治经济学史大纲(1899—1992)》,中共中央党校出版社1994年版。

张玉法(Chang Yu－fa)《西方社会主义对于中国 1911 年革命的影响》(The Effects of Western Socialism on the 1911 Revolution in China),Submitted in partial fulfillment of the requirements for the degree of Master of Arts,in the Faculty of Political Science,Columbia University。

张之洞《劝学篇》,见《张之洞全集》第 12 册,河北人民出版社 1998 年版。

赵靖、易梦虹主编《中国近代经济思想史》,中华书局 1980 年版。

赵靖《经济学译名的由来》,载《教学与研究》1980 年第 2 期。

赵靖《中国近代经济思想史讲话》,人民出版社 1983 年版。

赵靖《中国古代经济思想史讲话》,人民出版社 1986 年版。

赵靖主编《中国经济思想通史续集》,北京大学出版社 2004 年版。

中国科学院近代史研究所资料编译组编译《外国资产阶级是怎样看待中国历史的》第 2 卷,商务印书馆 1962 年版。

周子东等编著《民主革命时期马克思主义在上海的传播(1898－1949)》,上海社会科学院出版社 1994 年版。

朱和中《欧洲同盟会记实》,见《辛亥革命回忆录》第 6 集,文史资料出版社 1981 年版。

邹鲁《中国国民党史稿》第六册,商务印书馆 1944 年版。

邹振环《晚清留日学生与日文西书的汉译活动》,见《中国近代现代出版史学术讨论会文集》,中国书籍出版社 1990 年版。

人名索引

K

L

N

O

P

Q

Z

跋

早在1991年，我完成了《法国重农学派学说的中国渊源》书稿的修改和出版，以及完成了此稿的副产品，即法国魁奈的《中华帝国的专制制度》这一独特著作的翻译和出版之后，就开始着手有关本研究项目的构思和设计。起初雄心勃勃，设想的题目颇大，意欲研究20世纪中国经济思想的发展和演变历史。其所以如此，当时考虑的主要原因有二。一则以为在既有的史料条件下，学术前辈们对于中国古代和1919年以前近代经济思想的发掘、整理和总结，已经比较成熟，难有新的突破，须另辟途径，寻求相对薄弱的研究领域。二则受恩师胡寄窗先生的教诲，耳濡目染，益加感觉整理1919－1949年间中国近代经济思想的重要，以及应当将整理新中国经济思想提上研究日程；两个历史时期连接起来，于是便有了20世纪中国经济思想史研究的设想。实际做起来，由于各种主客观因素，其困难和变化之大，超乎想象，结果一波三折，不得不在研究过程中不断调整研究目标，主要是缩短研究的历史期限，集中研究的对象范围，最终定格在现在的研究题目上。如今回过头来看，虽不能说播下的是龙种，也不能说收获的是跳蚤，但对本人而言，现有的研究成果，比起当初的设想，毕竟有了很大的改变。

最先的调整，很快放弃了独自研究1949年以后新中国经济思想史的考虑，打算专注于1919－1949年中国近代经济思想史研究。放弃的理由很简单，意识到自不量力，既无充裕的时间保证，也缺乏相关的理论知识去独立承担这一研究课题。课题本身是有意义的，不必因人而废。当时不得已，只好求助于年届九秩高龄的胡老亲自统领擘划，本人的工作，原本只须协助胡老，组织研究力量落实其设计思想即可。谁知天不遂人愿，胡老的去世，中断了这一安排。此后本人勉为其难，虽尽力按照胡老的意图去做，并在各位学术同仁的共同努力下，形成了《新中国经济思想史纲要》等一系列研究成果，但失去胡老的学术指导，又初次尝试由各经济学专业的学者协同合作，面世的成果，尽管有其特色，恐怕终难如胡老初衷之本意。这个调整，使得原先以整个20世纪的中国经济思想作为对象，需要循序推进的连贯研究课题，事实上分拆为前后两个历史阶段,变成同时入手的并列研究课题。相比起来,我对于新中国经济思想史课题的研究,名为主持者之一,实则主要精力用于组织协调那些参与合作者,结合各自的经济学专业,理解和推衍胡老的学术范式并使之具体化,至于最后完成的课题书稿,本人只不过写了一篇绪言和进行统稿而已。在此期间,并行着手的另一研究重点,即搜集整理解放前三十年的中国经济思想史料,这也是本人仍坚持独自研究此历史阶段经济思想的一项基础性工作。为此,先是借助上海财经大学图书馆专业人士,广泛查寻各种图书馆的藏书和各类已有的图书资料汇编,对 1900—1949 年间出版的中文经济学图书,进行统计、整理和编辑,汇集为包含约 12000 种专业图书的总目录,以便对这一时期经济思想发展的框架面貌,有一个大致的认识。此目录后来经加工出版,亦可以补本时期经济学专业书目汇总之不足。与此同时,本人前后花费一年半时间,查阅了新编书目中上千种书籍,择要编录和复印留存,足足装满了两层橱柜,以便深入研究之用。可是,接下来的调整,使得这些研究资料一放竟放了十几年而未动。

接着的调整,缘自 1993—1994 年间在美国大学的访问。那时有空闲时间,成天泡在哥伦比亚大学的图书馆尤其是东亚图书馆里。起初,接续在国内的资料搜集工作,主要考察中国近代留学生在欧美国家进修经济学的情况及其学习研究成果。因为中国近代经济思想的沿革演变过程,五四运动以后,一个显著的特征是,留学欧美人士在引进西方经济学并使之与中国实际相结合,从而影响本国经济思想发展的方向和进程方面,发挥着越来越大的作用,所以,研究 1919—1949 年的中国经济思想,自认为有必要对于这些经济学领域的留学人士概况及其典型案例,进行追溯式考察。另外一个考察重点,意在了解西方学者或英文著作对于这一时期中国经济思想的描述和分析,借以作为不同观点的比较和参考。可是,在翻阅各种有关外文资料的过程中,感觉海外学者更为关注的,不是西方经济学在中国的传播情况,而是西方社会主义或马克思主义在中国的传播情况,同时又将经济学的内容蕴含在社会主义或马克思主义的内容之中。此类关注,还引申出若干与国内所熟悉的观点不同甚至针锋相对的其他判断或结论,比如不同意毛泽东关于俄国十月革命与马克思列宁主义传入中国之间关系的论断等。由此联想,考察的指向面临一些需要深入解决的相关问题:考察解放前三十年的中国经济思想,离不开考察西方经济学在中国的传播;考察西方经济学在中国的传播,又离不开考察马克思主义经济学在中国传播的承前启后线索;而考察马克思主义经济学在中国的传播,既然对其源头有不同的理解,则有必要进行追根溯源的探究。这种反推式思索的结果,引起兴趣的转移,从而逐渐将考察的重点,由原来全面搜集中国近代经济学资料的意向,集中到专门考察马克思主义经济学传入中国的史料,由原来铺开研究20世纪前半叶中国经济思想的计划，收缩为首先弄清马克思主义经济学传入中国的前因后果。这是更大的思路调整，先前的准备工作，尽管也起到一定的支撑作用，但大多数已搜集的资料，暂时被搁置起来，只能留待以后研究之用。

回国后，按照新的思路，着手研究资料的搜集、整理和分析，几乎是重起炉灶。当然，国内学术界围绕马克思主义或社会主义在中国的传播这一专题，已经积累了相当丰富的史料和研究成果可资参考利用，但对于本人而言，这还是一个比较陌生的领域。不仅如此，将马克思主义经济学的引进和传播纳入中国近代经济思想史研究范畴，以此作为一条基本线索，连接它与其他经济思想线索之间的交互关系，进而展现整个近代经济思想的发展脉络和走向，这毕竟是新的研究尝试，不能简单照搬已有的史料和成果。而且，从经济思想史角度梳理马克思主义经济学传入中国的起源、沿革和发展，需要辨明其在不同传入阶段的内涵、外延以及一些重要边界，特别是涉及学术界现存的关键性争论，尤须举证翔实可靠的史料以资辨别，不可人云亦云或只是凭借一般推论。因此，重新开始的准备工作，颇感繁难。尤其追溯到马克思经济学说传入中国的起源时期，各种外来思想交织在一起，其边界十分模糊，不像它后来从其他思想中分离而独立出来，形成条分缕析和比较清晰的发展路径，才便于作单独的考察。在早期，传入的马克思经济学说资料，包含在传入的西方社会主义思想资料之中，而传入的西方社会主义思想资料，又包含在一般性外来思潮资料之中，最初连西方社会主义思想，都见不到专题性论述，遑论马克思经济学说；后来有了关于社会主义的专题中文论述，其内容五花八门，无所不包，即便论及马克思及其学说，亦不过当作其中一个分支流派而已。在这种情况下，如果只将直接涉及马克思经济学说的有关内容挑选出来，加以排列整理，固然可以显示其史料线索，而且颇为便捷，但这只是些干瘪松散的骨架，缺少活生生的血肉经络，看不到它得以出现、积聚、延续和发展的时代背景、传承联系和内在变化；如果将这些与马克思经济学说的传入有关的背景、联系和变化比较完整地反映出来，则必须先对早期的外来思潮作综合的考察，在此基础上再重点剖析那一时期西方社会主义思潮和经济学著述传入中国的情况，然后从中剥离出涉及马克思及其经济学观点的内容，作为深入考察的对象。这种研究方式，适用于那个历史阶段的史料真实状况和马克思经济学说的最初传入方式，同时也不尽相同于以后历史阶段的专题研究方式。比如：早期传入的史料中，马克思学说与社会主义学说的区别边界不那么清晰，马克思的经济学说与其他学说的边界也不那么清晰，既难以截然划分开来作相对独立的分析，又应视之为未来马克思主义经济学相对独立传入和发展的先行思想；史料来源的交叉混杂，史料内容的沙中含金，史料质量的良莠不齐，不得不花费不少的鉴别、披沙和辨析工夫;以文言为主的资料表述形式,往往古奥晦涩,需要先作通俗的白话文释义,再作进一步分析,以免失真和误解;等等。照此做来,可以更加清楚地认识马克思经济学说早期传入中国的源流、路径、内涵、演变和特征等真实内容,但由此占用的时间和精力,却大大超出了预先的想象。

原来打算尽快结束1919年以前部分的考察,转入1919—1949年部分。谁知动起手来,一拖再拖,写了十几年还未结束。其缘故,一是承担学校管理工作,留给自己的自由支配时间本来就不多,特别是1998年以后,公务的加重,又大大压缩了原来属于自己的假期和业余时间,使得有整段时间用于写作,简直成为一种奢侈。二是所需资料的庞杂和琐细,追踪起来,似乎难以穷尽,以致在写作过程中,常常停顿下来,去搜索或查证各式各样的资料。三是写作过程之长,其本身后来也成了问题,如在多年的写作期间,学术界不时发掘一些新的史料或提供一些新的研究成果,与本课题有关,须随时关注,以便参考和补充,即使如此,仍难免会有遗漏;写作过程的时辍时续,往往中断连贯的思路,不得不在每次重新执笔时,先要重温前面已有的内容,然后才能接续下面的写作;等等。通过这样一点一滴的积累,假以时日,于不知不觉之中,居然形成颇为可观的文字稿。由于篇幅较大,不易处理,于是又作了一次调整,即将考察1919年以前部分的文稿,根据考察对象的早期阶段性特征和内在实质性区别,再划分为两个相对独立的阶段。关于前一阶段的内容,以1916年末为截止期,其定稿便是《回溯历史——马克思主义经济学在中国的传播前史》,关于后一阶段的内容,拟定名为《1917—1919——马克思主义经济学在中国的传播启蒙》。如此划分,亦大致符合这一传播的理论逻辑与历史逻辑。其实,关于后一阶段内容的写作,也基本上完成了它的主体部分,但以目前的进度,最后定稿尚待他日,而将两个阶段的考察内容并在一起处置,既费重温之累,又不知拖延至何时。因此,划分之后,可以集中精力,对前一阶段已经大体完成其考察研究的内容与成果,进行概括、修改和润色,先行付梓以飨读者,接受批评指正。结果,经过十数年矻矻埋首和几番周折,现在先期拿出来的,就是这般模样的东西。自忖在不久的将来,与此相匹配的另一部书稿,亦可杀青。至于说当初的研究计划,应当是现有研究成果的自然延伸,虽然目前尚无暇入手,却始终不曾忘怀,仍须耐住性情,默默地期待。

常听说潜心研究是一件坐冷板凳的苦差事,使人望而生畏。可是,真的身历其境,时间长了,并不觉得有多么苦,反而感到会带来诸多率性的乐趣。特别是当这种研究,远离了追逐功名利禄的喧嚣,摆脱了应付考核评价的烦扰时,可以感受到一种令人向往的境界。沉潜于其中,在弄清历史真相和学术真知的好奇心和求知欲的驱使下,探赜索隐,钩沉致远,与古人和今人对话,自由独立地参与表达自己的观点,每每有所心得,感悟自身潜力,其情其景,使人陶醉。这种难以言传、却可意会的感觉，如同一股无形的力量，帮助你纯洁心灵，抵御各种诱惑和应酬，牵引你随时静下心来，渴望进入那种研究状态。久而久之，这种状态内化为一种生活状态，就像吃饭、睡觉之于人生一样，成为一个人生活的重要组成部分和基本表现形式之一。这也是我在这些年交织着急促的管理工作与平静的学术探索的过程中，通过本课题十数年如一日的研究，逐渐养成的一种心境。

说到现有的这部书稿，因在史料的引用和阐释方面着墨较多，如果从头到尾、按部就班地读起来，可能会觉得比较枯燥和费力，而且不易得其要领。因此，一般读者要掌握本书的框架结构、脉络线索和重要结论，可以先读最后一编的综述部分，对全书有一个大概的了解，若有进一步的兴趣，可以按图索骥，再作深入的阅读，借此或可收事半功倍之效。作为多年的心血，希望此书的出版，能够对本专题的研究，作出一些有益的贡献，并期待学术界同仁的教正。

谈　敏

2008 年元月 8 日于寓所

又及，本书稿完成后，在付梓校阅时，又补充了少量资料，包括 2008 年的研究资料。

2008 年 5 月 6 日